Grootens u.a.
Grundsteuergesetz, Bewertungsgesetz Kommentar

Zusätzliche digitale Inhalte für Sie!

Zu diesem Buch stehen Ihnen kostenlos folgende digitale Inhalte zur Verfügung:

- @ Online-Version ✓
- 📱 App
- 🎓 Online-Training
- 📄 Digitale Lernkarten
- 🔄 Aktualisierung im Internet ✓
- ☑ WissensCheck
- ⬇ Zusatz-Downloads

Schalten Sie sich das Buch inklusive Mehrwert direkt frei.

Scannen Sie den QR-Code **oder** rufen Sie die Seite **www.nwb.de** auf. Geben Sie den Freischaltcode ein und folgen Sie dem Anmeldedialog. Fertig!

Ihr Freischaltcode

BNQK-HBSI-FZEQ-NKLP-JPDP-XY

Grundsteuergesetz, Bewertungsgesetz

Kommentar

Inklusive Kommentierungen der Landesgrundsteuergesetze

Herausgegeben von

Mathias Grootens, Regierungsrat, Dipl.-Finanzwirt (FH), Werne

Unter Mitarbeit
von

Torsten Bock, Oberregierungsrat, Berlin
Dennis Kunz, M.Sc., StB, Frankfurt
Stephan Lange, Dipl.-Kfm., WP/StB, Duisburg
Wolfgang Lapp, Regierungsamtmann, Berlin
Ronald Lehmann, Dipl.-Finanzwirt (FH), StB, Berlin
Klaus Müller, Regierungsrat, Dipl.-Ing., Warendorf
Fritz Schmidt, Dipl.-Volkswirt, StB, Heidelberg
Erik Wredenhagen, Dipl.-Finanzwirt (FH), StB, Berlin

2. Auflage

Es haben bearbeitet:

Torsten Bock: §§ 13 - 24 GrStG; §§ 243 – 251 BewG; §§ 1 – 15 NGrStG; §§ 1 – 17 HGrStG
Mathias Grootens: §§ 25 – 31 GrStG; §§ 252 – 266 BewG; § 1 SächsGrStMG; § 1 GrStG-Saar
Dennis Kunz: §§ 3, 4 GrStG
Stephan Lange: §§ 1, 2, 6, 7, 8 GrStG
Wolfgang Lapp: §§ 1 – 15 NGrStG; §§ 1 – 17 HGrStG
Ronald Lehmann: §§ 32 – 38 GrStG; §§ 1 – 11 BayGrStG
Klaus Müller: §§ 232 – 242 BewG
Fritz Schmidt: §§ 9, 10, 11, 12 GrStG; §§ 1 – 62 LGrStG BW
Erik Wredenhagen: §§ 218 – 231 BewG

Zitiervorschlag:

Bearbeiter in Grootens, GrStG §...Rz. ...
Bearbeiter in Grootens, BewG §...Rz. ...

ISBN 978-3-482-67802-8

© NWB Verlag GmbH & Co. KG, Herne 2022
  www.nwb.de

Alle Rechte vorbehalten.

Dieses Buch und alle in ihm enthaltenen Beiträge und Abbildungen sind urheberrechtlich geschützt. Mit Ausnahme der gesetzlich zugelassenen Fälle ist eine Verwertung ohne Einwilligung des Verlages unzulässig.

Satz: PMGi Agentur für intelligente Medien GmbH, Hamm
Druck: CPI books, Leck

 Scannen Sie den QR-Code oder besuchen Sie Climate-Partner.com/16605-2105-1001 und erfahren Sie mehr zu unseren klimaneutralen Druckprodukten.

VORWORT

Die Grundsteuer ist mit einem bundesweiten Aufkommen von mehr als 14 Mrd. € pro Jahr ein wichtiger Baustein der kommunalen Finanzausstattung. Anders als die Gewerbesteuer ist die Grundsteuer keinen konjunkturellen Schwankungen unterworfen und sorgt somit für Planungssicherheit bei den Kommunen. Auch wenn in den letzten Jahren Einzeläußerungen im Schrifttum die Abschaffung der Grundsteuer gefordert und dies mit den verfassungsrechtlichen Problemen bei der Wertermittlung und dem damit einhergehenden hohen Verwaltungsaufwand begründet hatten, steht die Grundsteuer als solche nicht zur Disposition. Gleichzeitig ist der Reformbedarf bei der Grundsteuer seit Jahrzehnten unbestritten gewesen. Die Reformbedürftigkeit ergab sich nicht zuletzt auch daraus, dass in den jungen Bundesländern bis heute die Wertverhältnisse vom 1.1.1935 maßgeblich sind, während in den alten Bundesländern die Einheitswerte der Hauptfeststellung auf den 1.1.1964 der Grundsteuer zu Grunde gelegt werden.

Erste Beschlüsse der Finanzministerkonferenz zur Reform des Grundsteuerrechts gehen bereits auf das Jahr 1995 zurück und haben eine Vielzahl von Reforminitiativen ausgelöst, die letztendlich aber allesamt keine politische Mehrheit gefunden haben. Zu nennen sind hier insbesondere der sog. „Nomenklaturvorschlag" der Länder Bayern und Rheinland-Pfalz aus dem Jahr 2004, die in den Jahren 2010–2013 diskutierten Modelle einzelner Länderarbeitsgruppen („Verkehrswertmodell", „Wertunabhängiges Modell", „Gebäudewertunabhängiges Kombinationsmodell"), sowie die der Diskontinuität anheimgefallene Bundesratsinitiative aus dem Jahr 2016 („Kostenwertmodell", BR-Drucks. 515/16).

Nach der Entscheidung des Bundesverfassungsgerichts v. 10.4.2018 (1 BvL 11/14, BGBl 2018 I S. 531) stand der Gesetzgeber unter Druck. Das Bundesverfassungsgericht hatte die Verfassungswidrigkeit der Einheitsbewertung ab dem 1.1.2002 wegen eines Verstoßes gegen Art. 3 Abs. 1 GG festgestellt. Im Rahmen einer zweistufigen Übergangsfrist war der Gesetzgeber gefordert, bis zum 31.12.2019 eine Neuregelung der Bewertungsvorschriften zu verabschieden. Nach Verkündung einer Neuregelung dürfen die beanstandeten Regelungen für weitere fünf Jahre ab der Verkündung, längstens aber bis zum 31.12.2024, angewandt werden. Diese nach Dauer und Struktur ungewöhnliche Fortgeltungsanordnung war nach Auffassung des Bundesverfassungsgerichts durch die besonderen Sachgesetzlichkeiten der Grundsteuer geboten und von daher ausnahmsweise gerechtfertigt, weil ansonsten die ernsthafte Gefahr bestünde, dass viele Gemeinden ohne die Einnahmen aus der Grundsteuer in gravierende Haushaltsprobleme gerieten.

Der Gesetzgeber hat mit der Verabschiedung des Grundsteuer-Reformgesetzes (GrStRefG) v. 26.11.2019 fristgerecht neue Bewertungsregelungen geschaffen, die neben dem vom Bundesverfassungsgericht beanstandeten Bereich des Grundvermögens auch neue Bewertungsvorschriften für das land- und forstwirtschaftliche Vermögen umfassen. Der Gesetzgeber hat zudem angeordnet, eine Hauptfeststellung für die Grundsteuerwerte auf den 1.1.2022 durchzuführen. Dieses zeitliche Vorziehen der Neubewertung ist notwendig, um rechtzeitig bis Ende 2024 eine flächendeckende neue Bemessungsgrundlage für die Grundsteuer sicherstellen zu können. Flankiert wurde das GrStRefG zum einen durch ein Gesetz zur Änderung des Grundgesetzes v. 15.11.2019, mit dem die konkurrierende Gesetzgebungskompetenz des Bundes für die Grundsteuer aufgrund daran zweifelnder Stimmen in der Literatur abgesichert wurde. Zum anderen wurde durch das Gesetz zur Änderung des Grundsteuergesetzes zur Mobilisierung baureifer Grundstücke für die Bebauung v. 30.11.2019 den Gemeinden das Recht zugespro-

VORWORT

chen, für bestimmte unbebaute Grundstücke aus städtebaulichen Gründen einen höheren Grundsteuererhebesatz festzusetzen („Grundsteuer C"). Zwischenzeitlich sind mit dem JStG 2020 v. 21.12.2020, dem Fondsstandortgesetz v. 3.6.2021 und dem Grundsteuerreform-Umsetzungsgesetz (GrStRefUG) v. 16.7.2021 bereits vor Inkrafttreten der Neuregelungen Klarstellungen und Ergänzungen am Gesetzestext i. d. F. des GrStRefG vorgenommen worden. Darüber hinaus sind klarstellende Anwendungserlasse zum Grundvermögen und zum land- und forstwirtschaftlichen Vermögen (AEBewGrSt v. 9.11.2021) ergangen, in denen die Verwaltungsauffassung in zahlreichen Zweifelsfragen dargelegt wird. Die enge zeitliche Abfolge der Änderungsgesetze verdeutlicht nochmals den auf dem Gesetzgeber lastenden großen Druck, die Reform zur Sicherung des Grundsteueraufkommens erfolgreich umzusetzen.

Losgelöst von der bundesgesetzlichen Neuregelung besteht für die Länder aufgrund der mit der Änderung des Grundgesetzes ebenfalls neu eingeführten Länderöffnungsklausel in Art. 72 Abs. 3 Satz 1 Nr. 7 GG die Möglichkeit, im Bereich der Grundsteuer abweichendes Landesrecht aufgrund eigener Gesetzgebungskompetenz zur Anwendung kommen zu lassen. Die Öffnungsklausel umfasst nicht nur die Möglichkeit der Schaffung individueller Regelungen zur Bemessungsgrundlage, sondern auch zur Schaffung abweichender Regelungen im Grundsteuergesetz, z. B. im Bereich der Steuermesszahlen oder der Steuerbefreiungen. Von der Möglichkeit der Schaffung individueller Regelungen zur Bemessungsgrundlage haben für den Bereich des Grundvermögens die Bundesländer Baden-Württemberg, Bayern, Hamburg, Hessen und Niedersachsen Gebrauch gemacht. Die Bundesländer Sachsen und das Saarland folgen dem Bundesmodell auf der Bewertungsebene, haben aber von § 15 GrStG abweichende Messzahlen gesetzlich geregelt. Die Verfassungsmäßigkeit der jeweiligen Länderregelungen wird in der Literatur teilweise kritisch betrachtet. Letztlich werden die Länder die Verfassungsmäßigkeit der gewählten Modelle selbst verantworten müssen.

Der neue GrStG/BewG Kommentar unterstützt den steuerlichen Berater bei der Anwendung der neuen Bewertungsvorschriften und der Erstellung der Feststellungserklärungen im Rahmen der Hauptfeststellung auf den 1.1.2022 durch eine praxisnahe Kommentierung des neuen Bewertungsrechts (§§ 218–266 BewG). In dieser Auflage sind auch die umfassenden und ausführlichen Kommentierungen der jeweiligen Landesgesetze enthalten, mit denen vom Bundesrecht abweichende Regelungen geschaffen wurden. Lediglich die Kommentierung des HmbGrStG des Landes Hamburg lag bei Drucklegung dieses Kommentars noch nicht vor und wird zeitnah in der Online-Version dieses Kommentars nachgeliefert. Gleichzeitig bleibt der Kommentar durch Newseinschuss und (Online-)Aktualisierungen immer aktuell. Dies betrifft vor allem die im Zeitpunkt der Drucklegung des Kommentars z. T. noch nicht veröffentlichten Anwendungserlasse der Länder zu den jeweiligen Landesgesetzen, die zeitnah in die Online-Version des Kommentars eingearbeitet werden.

Ganz besonders bedanke ich mich bei den Autoren, die die Erstellung dieses Kommentars neben der Tätigkeit in der Verwaltung und in den Kanzleien geschultert haben und mit den laufenden Aktualisierungen der Online-Version das Werk stets auf einem aktuellen Stand halten. Für Anregungen und Hinweise zum Inhalt sind Herausgeber und Autoren stets dankbar.

Werne, im Mai 2022

Mathias Grootens
Dipl-Finanzwirt (FH)

INHALTSÜBERSICHT

	Seite
Vorwort	V
Zusatzinhalte	XIX
Abkürzungsverzeichnis	XXI
Literaturverzeichnis	XXV

A. Kommentierung des Grundsteuergesetzes		1
Abschnitt I: Steuerpflicht		1
§ 1	Heberecht	1
§ 2	Steuergegenstand	5
§ 3	Steuerbefreiung für Grundbesitz bestimmter Rechtsträger	14
§ 4	Sonstige Steuerbefreiungen	26
§ 5	Zu Wohnzwecken benutzter Grundbesitz	35
§ 6	Land- und forstwirtschaftlich genutzter Grundbesitz	39
§ 7	Unmittelbare Benutzung für einen steuerbegünstigten Zweck	45
§ 8	Teilweise Benutzung für einen steuerbegünstigten Zweck	49
§ 9	Stichtag für die Festsetzung der Grundsteuer; Entstehung der Steuer	52
§ 10	Steuerschuldner	54
§ 11	Persönliche Haftung	66
§ 12	Dingliche Haftung	77
Abschnitt II: Bemessung der Grundsteuer		84
§ 13	Steuermesszahl und Steuermessbetrag	84
§ 14	Steuermesszahl für Betriebe der Land- und Forstwirtschaft	96
§ 15	Steuermesszahl für Grundstücke	99
§ 16	Hauptveranlagung	117
§ 17	Neuveranlagung	122
§ 18	Nachveranlagung	129
§ 19	Anzeigepflicht	133
§ 20	Aufhebung des Steuermessbetrags	138
§ 21	Änderung von Steuermessbescheiden	142
§ 22	Zerlegung des Steuermessbetrags	144
§ 23	Zerlegungsstichtag	159
§ 24	Ersatz der Zerlegung durch Steuerausgleich	162

		Seite
Abschnitt III:	**Festsetzung und Entrichtung der Grundsteuer**	164
§ 25	Festsetzung des Hebesatzes	164
§ 26	Koppelungsvorschriften und Höchsthebesätze	183
§ 27	Festsetzung der Grundsteuer	187
§ 28	Fälligkeit	194
§ 29	Vorauszahlungen	200
§ 30	Abrechnung über die Vorauszahlungen	203
§ 31	Nachentrichtung der Steuer	206
Abschnitt IV:	**Erlass der Grundsteuer**	208
§ 32	Erlass für Kulturgut und Grünanlagen	208
§ 33	Erlass wegen wesentlicher Reinertragsminderung bei Betrieben der Land- und Forstwirtschaft	218
§ 34	Erlass wegen wesentlicher Ertragsminderung bei bebauten Grundstücken	225
§ 35	Verfahren	256
Abschnitt V:	**Übergangs- und Schlussvorschriften**	261
§ 36	Sondervorschriften für die Hauptveranlagung 2025	261
§ 37	Anwendung des Gesetzes	264
§ 38	Bekanntmachung	269
B.	**Kommentierung des Bewertungsgesetzes (Auszug)**	270
Zweiter Teil:	**Besondere Bewertungsvorschriften**	270
Siebenter Abschnitt:	**Bewertung des Grundbesitzes für die Grundsteuer ab 1. Januar 2022**	270
A.	**Allgemeines**	270
§ 218	Vermögensarten	270
§ 219	Feststellung von Grundsteuerwerten	277
§ 220	Ermittlung der Grundsteuerwerte	296
§ 221	Hauptfeststellung	300
§ 222	Fortschreibungen	307
§ 223	Nachfeststellung	323
§ 224	Aufhebung des Grundsteuerwerts	329
§ 225	Änderung von Feststellungsbescheiden	334
§ 226	Nachholung einer Feststellung	340
§ 227	Wertverhältnisse bei Fortschreibungen und Nachfeststellungen	347

		Seite
§ 228	Erklärungs- und Anzeigepflicht	354
§ 229	Auskünfte, Erhebungen und Mitteilungen	372
§ 230	Abrundung	382
§ 231	Abgrenzung von in- und ausländischem Vermögen	385

B. Land- und forstwirtschaftliches Vermögen — 389

I. Allgemeines — 389

§ 232	Begriff des land- und forstwirtschaftlichen Vermögens	389
§ 233	Abgrenzung land- und forstwirtschaftlichen Vermögens vom Grundvermögen in Sonderfällen	403
§ 234	Betrieb der Land- und Forstwirtschaft	410
§ 235	Bewertungsstichtag	423
§ 236	Bewertungsgrundsätze	425
§ 237	Bewertung des Betriebs der Land- und Forstwirtschaft	432
§ 238	Zuschläge zum Reinertrag	450
§ 239	Grundsteuerwert des Betriebs der Land- und Forstwirtschaft	455
§ 240	Kleingartenland und Dauerkleingartenland	460

II. Besondere Vorschriften — 464

a) Landwirtschaftliche Nutzung — 464

§ 241	Tierbestände	464

b) Übrige land- und forstwirtschaftliche Nutzungen — 474

§ 242	Übrige land- und forstwirtschaftliche Nutzungen	474

C. Grundvermögen — 483

I. Allgemeines — 483

§ 243	Begriff des Grundvermögens	483
§ 244	Grundstück	502
§ 245	Gebäude, Gebäudeteile und Anlagen für den Zivilschutz	519

II. Unbebaute Grundstücke — 524

§ 246	Begriff der unbebauten Grundstücke	524
§ 247	Bewertung der unbebauten Grundstücke	531

ÜBERSICHT — Inhalt

Seite

III. Bebaute Grundstücke — 546

§ 248	Begriff der bebauten Grundstücke	546
§ 249	Grundstücksarten	552
§ 250	Bewertung der bebauten Grundstücke	573
§ 251	Mindestwert	581
§ 252	Bewertung im Ertragswertverfahren	587
§ 253	Ermittlung des kapitalisierten Reinertrags	604
§ 254	Rohertrag des Grundstücks	613
§ 255	Bewirtschaftungskosten	619
§ 256	Liegenschaftszinssätze	623
§ 257	Ermittlung des abgezinsten Bodenwerts	634
§ 258	Bewertung im Sachwertverfahren	646
§ 259	Ermittlung des Gebäudesachwerts	655
§ 260	Wertzahlen	668

IV. Sonderfälle — 671

§ 261	Erbbaurecht	671
§ 262	Gebäude auf fremdem Grund und Boden	674

V. Ermächtigungen — 677

§ 263	Ermächtigungen	677

Dritter Teil: Schlussbestimmungen — 683

§ 264	Bekanntmachung	683
§ 265	Anwendungsvorschriften	683
§ 266	Erstmalige Anwendung des Siebenten Abschnitts des Zweiten Teils	684

Anhang BewG — 696

Anlagen zum Bewertungsgesetz — 696

Anlage 27 (zu § 237 Absatz 2)	Landwirtschaftliche Nutzung	696
Anlage 28 (zu § 237 Absatz 3)	Forstwirtschaftliche Nutzung	696
Anlage 29 (zu § 237 Absatz 4)	Weinbauliche Nutzung	698
Anlage 30 (zu § 237 Absatz 5)	Gärtnerische Nutzung	698
Anlage 31 (zu § 237 Absatz 6 und 7)	Übrige land- und forstwirtschaftliche Nutzungen sowie Abbauland, Geringstland und Unland	699
Anlage 32 (zu § 237 Absatz 8)	Nutzungsart Hofstelle	700

		Seite
Anlage 33 (zu § 238 Absatz 2)	Weitere den Ertragswert erhöhende Umstände	700
Anlage 34 (zu § 241 Absatz 5)	Umrechnungsschlüssel für Tierbestände in Vieheinheiten (VE) nach dem Futterbedarf	700
Anlage 35 (zu § 241 Absatz 5)	Gruppen der Zweige des Tierbestands nach der Flächenabhängigkeit	702
Anlage 36 (zu den §§ 251 und 257 Absatz 1)	Umrechnungskoeffizienten zur Berücksichtigung abweichender Grundstücksgrößen beim Bodenwert von Ein- und Zweifamilienhäusern	703
Anlage 37 (zu § 253 Absatz 2)	Vervielfältiger	704
Anlage 38 (zu § 253 Absatz 2 und § 259 Absatz 4)	Wirtschaftliche Gesamtnutzungsdauer	709
Anlage 39 (zu § 254)	Ermittlung des Rohertrags	710
Anlage 40 (zu § 255)	Bewirtschaftungskosten	716
Anlage 41 (zu § 257 Absatz 2)	Abzinsungsfaktoren	716
Anlage 42 (zu § 259 Absatz 1)	Normalherstellungskosten	722
Anlage 43 (zu § 260)	Wertzahlen für Teileigentum, Geschäftsgrundstücke, gemischt genutzte Grundstücke und sonstige bebaute Grundstücke nach § 249 Absatz 1 Nummer 5–8	724

C. Kommentierung der abweichenden Länderregelungen		725
Einführung zu den abweichenden Länderregelungen		725
Abschnitt I: Baden-Württemberg		728
Vorwort zur Kommentierung des Landesgrundsteuergesetzes Baden-Württemberg		728
Erster Teil: Allgemeine Vorschriften		737
§ 1	Entstehung der Grundsteuer	737
§ 2	Anwendung der Abgabenordnung und Rechtsweg	738
1. Abschnitt: Steuergegenstand und Steuerbefreiung		744
§ 3	Steuergegenstand	744
§ 4	Steuerbefreiung für Grundbesitz bestimmter Rechtsträger	745
§ 5	Sonstige Steuerbefreiungen	747
§ 6	Zu Wohnzwecken genutzter Grundbesitz	749
§ 7	Land- und forstwirtschaftlich genutzter Grundbesitz	751

		Seite
§ 8	Unmittelbare Benutzung für einen steuerbegünstigten Zweck	752
§ 9	Anwendung der Steuerbefreiung	752

2. Abschnitt: Steuerschuldner und Haftung — 753

§ 10	Steuerschuldner	753
§ 11	Persönliche Haftung	756
§ 12	Dingliche Haftung	756

Zweiter Teil: Bewertungsverfahren — 757

§ 13	Feststellung von Grundsteuerwerten	757
§ 14	Ermittlung der Grundsteuerwerte	759
§ 15	Hauptfeststellung	760
§ 16	Fortschreibungen	761
§ 17	Nachfeststellung	764
§ 18	Aufhebung des Grundsteuerwerts	765
§ 19	Änderung von Feststellungsbescheiden	767
§ 20	Nachholung einer Feststellung	767
§ 21	Wertverhältnisse bei einer Fortschreibung und Nachfeststellung	768
§ 22	Erklärungs- und Anzeigepflicht	769
§ 23	Auskünfte, Erhebungen und Mitteilungen	774

Dritter Teil: Bewertungsvorschriften — 777

§ 24	Bewertungsgrundsätze	777
§ 25	Wirtschaftliche Einheit	780

1. Abschnitt: Land- und forstwirtschaftliches Vermögen — 786

§ 26	Begriff des land- und forstwirtschaftlichen Vermögens	786
§ 27	Abgrenzung des land- und forstwirtschaftlichen Vermögens vom Grundvermögen in Sonderfällen	791
§ 28	Betrieb der Land- und Forstwirtschaft	793
§ 29	Bewertungsstichtag	795
§ 30	Ermittlung des Ertragswerts	796
§ 31	Bewertung des Betriebs der Land- und Forstwirtschaft	798
§ 32	Zuschläge zum Reinertrag	803
§ 33	Grundsteuerwert des Betriebs der Land- und Forstwirtschaft	804
§ 34	Kleingartenland und Dauerkleingartenland	805
§ 35	Tierbestände	807
§ 36	Übrige land- und forstwirtschaftliche Nutzungen	809

Seite

2. Abschnitt: Grundvermögen 811

| § 37 | Grundstück | 811 |
| § 38 | Bewertung von Grundstücken | 813 |

Vierter Teil: Bemessung der Grundsteuer 824

§ 39	Steuermesszahl und Steuermessbetrag	824
§ 40	Steuermesszahlen	825
§ 41	Hauptveranlagung	851
§ 42	Neuveranlagung	853
§ 43	Nachveranlagung	855
§ 44	Anzeigepflicht	857
§ 45	Aufhebung des Steuermessbetrags	867
§ 46	Änderung von Steuermessbescheiden	869
§ 47	Zerlegung des Steuermessbetrags	870
§ 48	Zerlegungsstichtag	872
§ 49	Ersatz der Zerlegung durch Steuerausgleich	873

Fünfter Teil: Festsetzung und Entrichtung der Grundsteuer 874

§ 50	Festsetzung des Hebesatzes	874
§ 50a	Gesonderter Hebesatz für baureife Grundstücke	875
§ 51	Festsetzung der Grundsteuer	879
§ 52	Fälligkeit	879
§ 53	Vorauszahlungen	880
§ 54	Abrechnung über die Vorauszahlungen	881
§ 55	Nachentrichtung der Steuer	882

Sechster Teil: Erlass der Grundsteuer 883

§ 56	Erlass für Kulturgut und Grünanlagen	883
§ 57	Erlass wegen wesentlicher Reinertragsminderung bei Betrieben der Land- und Forstwirtschaft	887
§ 58	Verfahren	889

Siebter Teil: Ermächtigungs- und Schlussvorschriften 893

§ 59	Hauptveranlagung 2025	893
§ 60	Übergangsvorschriften	897
§ 61	Ermächtigungen und datenschutzrechtliche Bestimmungen	900
§ 62	Bekanntmachung	903

	Seite
Anhang LGrStG BW	904
Anlagen zum Landesgrundsteuergesetz Baden-Württemberg	904
Anlage 2 (zu § 31 Absatz 3)	904
Anlage 3 (zu § 31 Absatz 4)	904
Anlage 4 (zu § 31 Absatz 5)	904
Anlage 5 (zu § 31 Absatz 6 und 7)	905
Anlage 6 (zu § 31 Absatz 8)	906
Anlage 7 (zu § 32 Absatz 2)	906
Anlage 8 (zu § 35 Absatz 5)	906
Anlage 9 (zu § 35 Absatz 5)	908
Abschnitt II: Bayern	909
Vorwort zur Kommentierung des Bayerischen Grundsteuergesetztes (BayGrStG)	909
Teil 1: Grundstücke/Grundsteuer B	918
Kapitel 1: Ermittlung der Grundsteuer	918
Art. 1 Steuergegenstand, Berechnungsformel	918
Art. 2 Maßgebliche Flächen	927
Art. 3 Äquivalenzzahlen	939
Art. 4 Grundsteuermesszahlen	949
Art. 5 Hebesatz	962
Kapitel 2: Verfahren	967
Art. 6 Feststellung der Äquivalenzbeträge	967
Art. 7 Veranlagungsverfahren	977
Art. 8 Erweiterter Erlass	981
Teil 2: Betriebe der Land- und Forstwirtschaft/Grundsteuer A	986
Art. 9 Ergänzende Regelungen	986
Teil 3: Übergangs- und Schlussvorschriften	992
Art. 10 Anwendung von Bundesrecht	992
Art. 10a Übergangsregelungen	995

		Seite
Art. 10b	Änderung des Kommunalabgabengesetzes	999
Art. 11	Inkrafttreten, Außerkrafttreten	1000

Abschnitt III: Hamburg — 1003

Kommentierung des Landesgrundsteuergesetzes Hamburg — 1003

Teil 1: Grundstücke; Grundsteuer B/Grundsteuer C — 1003

Abschnitt 1: Bemessung der Grundsteuer — 1003

§ 1	Steuergegenstand, Berechnungsformel	1003
§ 2	Maßgebliche Flächen	1003
§ 3	Äquivalenzzahlen	1004
§ 4	Grundsteuermesszahlen	1004
§ 5	Gesonderter Hebesatz bei unbebauten und baureifen Grundstücken (Grundsteuer C)	1005

Abschnitt 2: Verfahren — 1005

§ 6	Feststellungsverfahren	1005
§ 7	Veranlagungsverfahren	1006

Abschnitt 3: Erlass — 1006

§ 8	Erlass im Härtefall	1006

Teil 2: Betriebe der Land- und Forstwirtschaft; Grundsteuer A — 1007

§ 9	Abweichende Regelungen	1007

Teil 3: Erhebung der Grundsteuer — 1007

§ 10	Fälligkeit der Kleinbeiträgen	1007

Teil 4: Anwendung von Bundesrecht; Übergangs- und Schlussvorschriften — 1008

§ 11	Anwendung von Bundesrecht	1008
§ 12	Übergangsregelungen	1008
§ 13	Außerkrafttreten	1008

		Seite
Abschnitt IV: Hessen		1009
Vorwort zum Hessischen Grundsteuergesetz		1009
§ 1	Geltungsbereich	1019
§ 2	Abweichende Regelungen vom Grundsteuergesetz, Anwendung des Bewertungsgesetzes, der Abgabenordnung und des Finanzverwaltungsgesetzes	1022
§ 3	Steuerschuldner (ersetzt den § 10 des Grundsteuergesetzes)	1034
§ 4	Steuermessbetrag (ersetzt den § 13 des Grundsteuergesetzes)	1038
§ 5	Flächenbeträge (ersetzt den § 13 des Grundsteuergesetzes)	1043
§ 6	Steuermesszahlen (ersetzt den § 15 Abs. 1 und 5 des Grundsteuergesetzes)	1052
§ 7	Faktor (ersetzt den § 13 des Grundsteuergesetzes)	1061
§ 8	Hauptveranlagung (ersetzt die §§ 16 und 36 des Grundsteuergesetzes)	1068
§ 9	Neuveranlagung (ersetzt den § 17 des Grundsteuergesetzes)	1072
§ 10	Nachveranlagung (ersetzt den § 18 des Grundsteuergesetzes)	1077
§ 11	Aufhebung des Steuermessbetrags (ersetzt den § 20 des Grundsteuergesetzes)	1079
§ 12	Gemeinsame Vorschriften zur Neuveranlagung, Nachveranlagung und Aufhebung des Steuermessbetrags (ersetzt die §§ 17 Abs. 4, 18 Abs. 4, 20 Abs. 3 und 21 des Grundsteuergesetzes)	1082
§ 13	Hebesatz für baureife Grundstücke (ersetzt den § 25 Abs. 5 des Grundsteuergesetzes)	1087
§ 14	Erlass wegen wesentlicher Ertragsminderung	1094
§ 15	Rechtsweg und Revisibilität des Landesrechts	1097
§ 16	Ermächtigungen	1099
§ 17	Inkrafttreten	1102
Abschnitt V: Niedersachsen		1104
Vorwort zum Landesgrundsteuergesetz Niedersachen		1104
§ 1	Regelungszweck	1115
Erster Teil: Grundstücke, Grundsteuer B		1124
Erstes Kapitel: Ermittlung der Grundsteuer		1124
§ 2	Steuergegenstand, Berechnungsformel	1124
§ 3	Maßgebliche Flächen	1136
§ 4	Äquivalenzzahlen	1154
§ 5	Lage-Faktor	1163
§ 6	Grundsteuermesszahlen	1177
§ 7	Hebesatz	1186

Seite

Zweites Kapitel: Verfahren 1191

§ 8	Feststellungsverfahren	1191
§ 9	Veranlagungsverfahren	1200
§ 10	Erlass wegen wesentlicher Ertragsminderung	1207

Zweiter Teil: Betriebe der Land- und Forstwirtschaft, Grundsteuer A 1213

§ 11	Abweichende Regelungen	1213

Dritter Teil: Übergangs- und Schlussvorschriften 1221

§ 12	Anwendung von Bundesrecht	1221
§ 13	Übergangsregelungen	1225
§ 14	Evaluation	1228
§ 15	Inkrafttreten, Außerkrafttreten	1231

Abschnitt VI: Saarland 1234

Vorwort zur Kommentierung des LGrStG Saar Gesetz Nr. 2040 zur Einführung einer Landesgrundsteuer 1234
§ 1 Steuermesszahlen für Grundstücke des Grundvermögens 1238

Abschnitt VII: Sachsen 1243

Vorwort zur Kommentierung des Sächsischen Gesetzes über die Festsetzung der Steuermesszahlen bei der Grundsteuer 1243
§ 1 SächsGrStMG 1247

Stichwortverzeichnis 1252

ZUSATZINHALTE ZUM GRSTG-KOMMENTAR

Folgende Inhalte stehen in der NWB-Datenbank zum Download zur Verfügung:

Verwaltungsanweisungen:

Niedersächsisches Finanzministerium, Anwendung des Niedersächsischen Grundsteuergesetzes (NGrStG) zur Bewertung des Grundvermögens für die Grundsteuer ab 1.1.2022 (AENGrStG), Erlass v. 22.2.2022 - G 1002-6 - 62100, online abrufbar unter NWB UAAAI-60590

Koordinierte Erlasse der obersten Finanzbehörden der Länder v. 9.11.2021 – Anwendung des Siebenten Abschnitts des Zweiten Teils des Bewertungsgesetzes zur Bewertung des Grundbesitzes (**allgemeiner Teil und Grundvermögen**) für die Grundsteuer ab 1.1.2022 (**AEBewGrSt**), BStBl 2021 I S. 2334, online abrufbar unter NWB JAAAI-01156

Koordinierte Erlasse der obersten Finanzbehörden der Länder v. 9.11.2021 – Anwendung des Siebenten Abschnitts des Zweiten Teils des Bewertungsgesetzes zur Bewertung des Grundbesitzes (**land- und forstwirtschaftliches Vermögen**) für die Grundsteuer ab 1.1.2022 (**AEBewGrSt**), BStBl 2021 I S. 2369, online abrufbar unter NWB TAAAI-01157

Vordrucke zur Feststellungserklärung:

Vordrucke und Ausfüllanleitungen für die Erklärung zur Feststellung des Grundsteuerwerts auf den 1.1.2022 (Bundesmodell), BStBl 2021 I S. 2391, online abrufbar unter NWB UAAAI-01349

Arbeitshilfen und Grundlagen online:

Grundsteuer: Grundbesitzbewertung ab 2022/2025 (Sach- und Ertragswertverfahren) – **Checkliste mit Excel-Tool für Berechnungen** von Erik Wredenhagen, online abrufbar unter NWB NAAAH-93792

Umsetzung der Grundsteuerreform – **Muster und Checkliste** von Ronald Lehmann, online abrufbar unter NWB NAAAI-06081

ABKÜRZUNGSVERZEICHNIS

a. A.	anderer Auffassung
a. a. O.	vollständiges Zitat am vorher aufgeführten Ort
Abs.	Absatz
AG	Aktiengesellschaft
AO	Abgabenordnung
Art.	Artikel
BAnz	Bundesanzeiger
BauGB	Baugesetzbuch
BB	Der Betriebsberater (Zs.)
BetrKV	Betriebskostenverordnung
BewG	Bewertungsgesetz
BFH	Bundesfinanzhof
BFH/NV	Sammlung amtlich nicht veröffentlichter Entscheidungen des BFH
BGB	Bürgerliches Gesetzbuch
BGBl	Bundesgesetzblatt
BGF	Bruttogrundfläche
BGH	Bundesgerichtshof
BMF	Bundesministerium der Finanzen
BR-Drucks.	Bundesratsdrucksache
BStBl	Bundessteuerblatt
BT-Drucks.	Bundestagsdrucksache
Buchst.	Buchstabe
BVerfG	Bundesverfassungsgericht
BVerfGE	Bundesverfassungsgericht - Sammlung der Entscheidungen
bzw.	beziehungsweise
DB	Der Betrieb (Zs.)
d. h.	das heißt
DStR	Deutsches Steuerrecht (Zs.)
DStRE	DStR-Entscheidungsdienst (Zs.)
DStZ	Deutsche Steuer-Zeitung (Zs.)
DV/DVO	Durchführungsverordnung
DVBl	Deutsches Verwaltungsblatt
DVP	Deutsche Verwaltungspraxis (Zs.)
EFG	Entscheidungen der Finanzgerichte (Zs.)
EGAO	Einführungsgesetz zur Abgabenordnung
EMZ	Ertragsmesszahl
ErbSt/SchenkSt	Erbschaft-/Schenkungsteuer
Erl.	Erläuterung
EStDV	Einkommensteuer-Durchführungsverordnung
EStG	Einkommensteuergesetz
EStH	Einkommensteuer-Handbuch

EStR	Einkommensteuer-Richtlinien
EW	Einheitswert
FA	Finanzamt
f.	folgende
ff.	fortfolgende
FG	Finanzgericht
FGO	Finanzgerichtsordnung
FinMin	Finanzministerium
FinSen	Senator für Finanzen
FMK	Finanzministerkonferenz
FR	Finanzrundschau (Zs.)
FWW	Die Freie Wohnungswirtschaft (Zs.)
GBO	Grundbuchordnung
GbR	Gesellschaft bürgerlichen Rechts
gem.	gemäß
GG	Grundgesetz
GrESt	Grunderwerbsteuer
GrEStG	Grunderwerbsteuergesetz
GrStDV	Grundsteuer-Durchführungsverordnung
GrStG	Grundsteuergesetz
GrStR	Grundsteuer-Richtlinien
GrStRefG	Grundsteuer-Reformgesetz
GStB	Gestaltende Steuerberatung (Zs.)
GuG	Grundstücksmarkt und Grundstückswert
H	Hinweis
HFR	Höchstrichterliche Finanzrechtsprechung (Zs.)
HöfeO	Höfeordnung
ImmoWertV	Immobilienwertermittlungsverordnung
INF	Die Information über Steuer und Wirtschaft (Zs.)
i. H. v.	in Höhe von
i. S. d.	im Sinne des
i. V. m.	in Verbindung mit
JStG	Jahressteuergesetz
KFR	Kommentierte Finanzrechtsprechung (Zs.)
KÖSDI	Kölner Steuerdialog (Zs.)
KStZ	Kommunale Steuer Zeitschrift (Zs.)
LfSt	Landesamt für Steuern
m. E.	meines Erachtens
Mio.	Millionen
Mrd.	Milliarden
MüKo	Münchener Kommentar zum Bürgerlichen Gesetzbuch
n. F.	neue Fassung
NJW	Neue Juristische Wochenschrift (Zs.)
Nr.	Nummer
NVwZ	Neue Zeitschrift für Verwaltungsrecht (Zs.)

NWB	Neue Wirtschafts-Briefe (Zs.)
NWB-EV	Neue Wirtschafts-Briefe Erben und Vermögen (Zs.)
OFD	Oberfinanzdirektion
o. g.	oben genannte
OHG	Offene Handelsgesellschaft
R	Richtlinienabschnitt
Rev.	Revision (eingelegt)
Rz.	Randziffer
S.	Seite
s.	siehe
sog.	so genannte (r, s)
StÄndG	Steueränderungsgesetz
StB	Der Steuerberater (Zs.)
Stbg	Die Steuerberatung (Zs.)
st. Rspr.	ständige Rechtsprechung
StuB	Steuern und Bilanzen
StuW	Steuer und Wirtschaft (Zs.)
StW	Die Steuer-Warte (Zs.)
Tz.	Textziffer
u. a.	und andere
u. a.	unter anderem
u. ä.	und ähnliche
u. U.	unter Umständen
v. T.	von Tausend
VV	Vervielfältiger
WPg	Die Wirtschaftsprüfung (Zs.)
z. B.	zum Beispiel
ZErb	Zeitschrift für die Steuer- und Erbschaftspraxis (Zs.)
ZEV	Zeitschrift für Erbrecht und Vermögensnachfolge (Zs.)
ZKF	Zeitschrift für Kommunalfinanzen (Zs.)
ZNotP	Zeitschrift für die Notarpraxis (Zs.)
Zs.	Zeitschrift

LITERATURVERZEICHNIS

Dürig/Herzog/Scholz, Grundgesetz, Loseblatt, München

Eisele/Wiegand, Grundsteuerreform 2022/2025, Herne 2020

Ermann, BGB-Kommentar, Köln

Fock/Peters/Mannek, Praxis der Kommunalverwaltung, Band E 4 d 2 Bund, Kommentar Grundsteuergesetz

Glier, Grundsteuer, Online Kommentar, Internet-Ausgabe (rehm online), Heidelberg

Gosch, AO/FGO, Loseblatt, Bonn

Halaczinsky, Grundsteuer-Kommentar, gebunden, 2. Aufl. Herne 1995

Hau/Poseck, BeckOK BGB, München

Hübschmann/Hepp/Spitaler, AO/FGO, Loseblatt, Köln

Kleiber, Verkehrswertermittlung von Grundstücken, 9. Aufl. Köln 2020

König, Abgabenordnung, 4. Aufl. München 2021

Kral, BeckOK WEG, München

Kreutziger/Schaffner/Stephany, BewG, 5. Aufl. München 2021

Leopold/Madle/Rader, AO - Abgabenordnung, Praktikerkommentar, Loseblatt, Heidelberg

Lippross/Seibel (Hrsg.), Basiskommentar Steuerrecht, Loseblatt, Köln

Mannek, Die große Grundsteuer-Reform, 1. Aufl. Köln 2020

Martin/Krautzberg, Denkmalschutz und Denkmalpflege, 5. Aufl. München 2022

Maunz/Dürig, Grundgesetz, Loseblatt, München

Münchener Kommentar zum Bürgerlichen Gesetzbuch: BGB, 8. Aufl. München

Rössler/Troll, Bewertungsgesetz: BewG, Kommentar, Loseblatt, München

Roscher, GrStG Kommentar, Freiburg 2020

Roscher, 360° GrStG eKommentar, Bonn

Schnitter, 360° GrStG eKommentar, Bonn

Stenger/Loose, Bewertungsrecht - BewG ErbStG, Loseblatt, Köln

Stöckel/Vollquardsen, Grundsteuerrecht Kommentar, gebunden, 2. Aufl. Stuttgart 2012

Tipke/Kruse, AO/FGO, Loseblatt, Köln

Tipke/Lang, Steuerrecht, 24. Aufl. Köln 2021

Troll/Eisele, Grundsteuergesetz, Kommentar, gebunden, 12. Aufl. München 2021

Viskorf/Schuck/Wälzholz, Erbschaftsteuer- und Schenkungsteuergesetz, Bewertungsgesetz (Auszug), 6. Aufl. Herne 2020

von Oertzen/Loose (Hrsg.), Erbschaftsteuer- und Schenkungsteuergesetz: ErbStG, 2. Aufl. Köln 2020

A. Kommentierung des Grundsteuergesetzes
Abschnitt I: Steuerpflicht
§ 1 GrStG Heberecht

(1) Die Gemeinde bestimmt, ob von dem in ihrem Gebiet liegenden Grundbesitz Grundsteuer zu erheben ist.

(2) Bestehen in einem Land keine Gemeinden, so stehen das Recht des Absatzes 1 und die in diesem Gesetz bestimmten weiteren Rechte dem Land zu.

(3) Für den in gemeindefreien Gebieten liegenden Grundbesitz bestimmt die Landesregierung durch Rechtsverordnung, wer die nach diesem Gesetz den Gemeinden zustehenden Befugnisse ausübt.

Inhaltsübersicht	Rz.
A. Allgemeine Erläuterungen zu § 1 GrStG	1 - 15
I. Normzweck und wirtschaftliche Bedeutung der Vorschrift	1 - 5
II. Entstehung und Entwicklung der Vorschrift	6 - 9
III. Geltungsbereich	10 - 12
IV. Verhältnis zu anderen Vorschriften	13 - 15
B. Systematische Kommentierung	16 - 46
I. Heberecht der Gemeinde	16 - 35
1. Berechtigung zur Erhebung der Grundsteuer	16 - 20
2. Sachlicher Umfang des Heberechts	21 - 23
3. Örtlicher Umfang des Heberechts	24 - 29
4. Durchführung der Besteuerung	30 - 35
II. Heberecht der Länder	36 - 41
1. Geltungsbereich	36 - 38
2. Durchführung der Besteuerung	39 - 41
III. Grundbesitz in gemeindefreien Gebieten	42 - 46
1. Sachlicher Anwendungsbereich	42 - 44
2. Heberecht	45 - 46

LITERATUR:

Eisele/Wiegand, Grundsteuerreform 2022/2025, 1. Aufl. 2020, NWB CAAAH-44415; *Roscher*, 360° GrStG eKommentar, Bonn; *Troll/Eisele*, Grundsteuergesetz, 12. Aufl. 2021; Grundsteuer-Richtlinien (GrStR 1978 v. 9.12.1978, BStBl 1978 I S. 553).

A. Allgemeine Erläuterungen zu § 1 GrStG

I. Normzweck und wirtschaftliche Bedeutung der Vorschrift

Die Grundsteuer ist, abgesehen von der Sonderregelung in den Stadtstaaten Berlin und Hamburg, eine **Gemeindesteuer**. Nach Art. 106 Abs. 6 GG steht das Aufkommen der Realsteuern den Gemeinden zu. In den **Stadtstaaten** Berlin und Hamburg fällt das Aufkommen an das jeweilige Bundesland. Eine **Umlage** an Bund und Länder wie bei der Gewerbesteuer sieht Art. 106 Abs. 6 GG nicht vor. 1

Die Grundsteuer ist eine **Realsteuer** (§ 3 Abs. 2 AO). Für sie gelten weitgehend die Vorschriften der Abgabenordnung (§ 1 Abs. 2 AO). Sie orientiert sich an der Existenz und dem **Wert des Grundbesitzes**, unabhängig davon, wem der Grundbesitz zuzurechnen ist, wem die Erträge zufließen und ob die Grundsteuer eine angemessene Belastung darstellt. 2

3 Die Grundsteuer hat eine erhebliche **Bedeutung** für die Finanzen der Gemeinden. Die Einnahmen betragen aktuell etwa 14 Mrd. €.[1] Das Aufkommen der Grundsteuer ist weitgehend konjunkturunempfindlich und damit eine verlässliche Größe im kommunalen Haushalt.

4–5 *(Einstweilen frei)*

II. Entstehung und Entwicklung der Vorschrift

6 Die Vorschrift stammt aus der Einführung der Grundsteuer durch das Grundsteuergesetz 1936. Sie ist in den verschiedenen Novellierungen des Grundsteuergesetzes weitgehend unverändert geblieben.

7 Die Neufassung des Grundsteuergesetzes durch das **GrStRefG** v. 26.11.2019 (BGBl 2019 I S. 1875) hat § 1 GrStG nicht tangiert.

8–9 *(Einstweilen frei)*

III. Geltungsbereich

10 Die Vorschrift regelt, wem das Heberecht der Grundsteuer zusteht. Es betrifft **inländischen Grundbesitz** i. S. des § 2 GrStG.[2]

11–12 *(Einstweilen frei)*

IV. Verhältnis zu anderen Vorschriften

13 § 1 wiederholt inhaltlich die Regelungen aus **Art. 106 Abs. 6 GG**. Dort ist bereits festgelegt, dass das Aufkommen aus der Grundsteuer den Gemeinden zusteht (Art. 106 Abs. 6 Satz 1 GG), die Gemeinden die **Hebesätze** im Rahmen der Gesetze festzusetzen haben (Art. 106 Abs. 6 Satz 2 GG, vgl. Grootens in Grootens, GrStG § 25 Rz. 31 ff.) und beim Fehlen von Gemeinden die Berechtigung dem jeweiligen **Bundesland** zufällt (Art. 106 Abs. 6 Satz 3 GG). Art. 106 Abs. 6 Satz 4 GG bestimmt zudem im Umkehrschluss, dass Bund und Länder nicht durch eine Umlage am Grundsteueraufkommen beteiligt werden dürfen.

14–15 *(Einstweilen frei)*

B. Systematische Kommentierung

I. Heberecht der Gemeinde

1. Berechtigung zur Erhebung der Grundsteuer

16 Es steht der Gemeinde nach dem Gesetz frei, eine **Grundsteuer** zu **erheben**. Sie darf, wie andere Steuern auch, nur erhoben werden, wenn die sonstigen Finanzmittel und Steuern der Gemeinde nicht ausreichen (z. B. § 77 Abs. 2 GO NRW). Dabei hat sie auf die wirtschaftlichen Kräfte der Abgabepflichtigen Rücksicht zu nehmen (z. B. § 77 Abs. 3 GO NRW).[3]

17 Die Gemeinde kann auch auf die Erhebung der Grundsteuer **verzichten**. Infolge des Anteils an den Einnahmen und der Stetigkeit der Steuer macht hiervon, soweit bekannt, keine Gemeinde

---

[1] Eisele/Wiegand, Grundsteuerreform 2022/2025, 1. Aufl. 2020, Vorwort, NWB CAAAH-44415.
[2] Vgl. Lange in Grootens, GrStG § 2 Rz. 16.
[3] Zu Einzelheiten siehe Roscher in 360° GrStG eKommentar, § 1 Rz. 18 f.

Gebrauch. Im Rahmen des **kommunalen Finanzausgleichs** dürfte es sich ohnehin verbieten, auf die Erhebung von Grundsteuer zu verzichten, wenn anderseits Zuwendungen eingefordert werden.

(Einstweilen frei) 18–20

2. Sachlicher Umfang des Heberechts

Das Heberecht der Gemeinde bezüglich der Grundsteuer gilt nur für **Grundbesitz nach dem Bewertungsgesetz**.[1] Für anderes Vermögen, z. B. Betriebsvermögen, steht den Gemeinden kein Heberecht bei der Grundsteuer zu. 21

(Einstweilen frei) 22–23

3. Örtlicher Umfang des Heberechts

Das Heberecht der Gemeinde bezieht sich nur auf den in ihrem **Gemeindegebiet** liegenden Grundbesitz. Dazu gehören auch außerhalb des Hoheitsgebiets liegende **Exklaven** (z. B. Büsingen am Hochrhein),[2] aber nicht die zu einem fremden Hoheitsgebiet gehörenden **Enklaven**. Das Grundsteuergesetz gilt auch auf der Insel Helgoland.[3] 24

Liegen Grundstücke auf dem Gebiet **mehrerer Gemeinden**, ist die Grundsteuer auf die beteiligten Gemeinden zu verteilen. Hierzu sind die Steuermessbeträge auf die beteiligten Gemeinden zu zerlegen.[4] 25

Liegen Grundstücke nur teilweise im Inland, kann nur für den **inländischen Anteil** Grundsteuer erhoben werden, da der auf das Ausland entfallende Teil nicht zum Gemeindegebiet gehören kann. 26

Durch eine **Änderung des Zuschnitts** der Gemeinden geht das Heberecht mit dem Wirksamwerden der Änderung von der einen auf die andere Gemeinde über.[5] 27

(Einstweilen frei) 28–29

4. Durchführung der Besteuerung

Die **Verwaltung** der Grundsteuer obliegt den Finanzbehörden der Länder und den Gemeinden (zu den Stadtstaaten Berlin und Hamburg s. u. → Rz. 39). 30

Dabei werden die Bemessungsgrundlagen durch Festsetzung (§ 19 BewG) und Zerlegung der Einheitswerte durch die **Finanzämter** ermittelt (R 2 Satz 3 GrStR). Zuständig ist das Finanzamt, in dessen Bezirk das Grundstück i. S. von § 2 GrStG liegt. Bei Überschneidungen mehrerer Finanzämter bestimmt sich die Zuständigkeit nach dem wertvolleren Teil (R 3 Satz 3 GrStR). 31

Die **Gemeinden** legen die **Hebesätze** fest. Sie sind zudem für die **Erhebung**, die **Stundung**, die **Niederschlagung** und den **Erlass** der Grundsteuer zuständig (R 2 Satz 4 GrStR). Siehe auch §§ 25–34 GrStG. 32

(Einstweilen frei) 33–35

---

1 Zu Einzelheiten vgl. Lange in Grootens, GrStG § 2 Rz. 15.
2 Roscher in GrStG – eKommentar, GrStG § 1 Rz. 21.
3 BFH, Urteil v. 21.7.1961 - III 54/59 S, BStBl 1962 III S. 11.
4 Vgl. Bock in Grootens, GrStG § 22 Rz. 38 ff.
5 Roscher in 360° GrStG eKommentar, § 1 Rz. 21.

II. Heberecht der Länder

1. Geltungsbereich

36 Die Vorschrift ist nur für die beiden Stadtstaaten **Berlin** und **Hamburg** relevant, da in diesen Bundesländern keine Gemeinden bestehen. Das Bundesland Freie Hansestadt **Bremen** besteht hingegen aus den beiden selbstständigen Gemeinden Bremen und Bremerhaven. Dort gelten die allgemeinen Regeln.

37–38 *(Einstweilen frei)*

2. Durchführung der Besteuerung

39 In **Berlin und Hamburg** wird die Grundsteuer ausschließlich von den **Finanzbehörden** verwaltet (R 2 S. 2 GrStR).

40–41 *(Einstweilen frei)*

III. Grundbesitz in gemeindefreien Gebieten

1. Sachlicher Anwendungsbereich

42 Grundstücke, deren Benutzung ein Gemeindeleben ausschließt oder deren Verwaltung im Rahmen einer Gemeinde nicht gewährleistet ist, können ausnahmsweise zu **gemeindefreien Gebieten** erklärt werden, wenn dieses dem öffentlichen Interesse dient und sie im Eigentum des Bundes oder der Länder stehen.[1] Hierzu gehören vor allem Waldgebiete, Truppenübungsplätze der Alliierten und Teile der bayerischen Alpen, aber auch zwei bewohnte Gemeinden in Niedersachsen.[2]

43–44 *(Einstweilen frei)*

2. Heberecht

45 Für die in den gemeindefreien Gebieten liegenden Grundstücke bestimmt jeweils die Landesregierung die Erhebung der Grundsteuer. **In der Regel** wird dort **keine Grundsteuer** erhoben.[3] Vielmehr erfüllt der jeweilige Eigentümer, der Bund oder das Land, als „öffentlich-rechtlich Verpflichteter"[4] die öffentlichen Aufgaben. Er trägt sämtliche Kosten und erhält alle Einnahmen, die sonst der Gemeinde zufließen würden.[5]

46 Sollte der Eigentümer auf seinem gemeindefreien Grundbesitz eine Grundsteuer erheben, ist er an die Vorschriften des Grundsteuergesetzes gebunden.[6]

---

[1] Eisele in Troll/Eisele, GrStG § 1 Rz. 4. Danach gab es zum 1.3.2020 insgesamt 207 gemeindefreie Gebiete.
[2] Roscher in 360° GrStG eKommentar, § 1 Rz. 23.
[3] Eisele in Troll/Eisele, GrStG § 2 Rz. 4.
[4] Roscher in 360° GrStG eKommentar, GrStG § 1 Rz. 23.
[5] Eisele in Troll/Eisele, GrStG § 2 Rz. 4.
[6] BVerwG, Urteil v. 13.11.1964 - VII C 15.62, DGStZ 1965 S. 121 zitiert bei Roscher, GrStG – eKommentar, GrStG § 1 Rz. 23.

§ 2 GrStG Steuergegenstand

Steuergegenstand ist der inländische Grundbesitz im Sinne des Bewertungsgesetzes:
1. die Betriebe der Land- und Forstwirtschaft (§§ 232 bis 234, § 240 des Bewertungsgesetzes); diesen stehen die in § 218 Satz 2 des Bewertungsgesetzes bezeichneten Betriebsgrundstücke gleich;
2. die Grundstücke (§§ 243, 244 des Bewertungsgesetzes); diesen stehen die in § 218 Satz 3 des Bewertungsgesetzes bezeichneten Betriebsgrundstücke gleich.

Inhaltsübersicht

	Rz.
A. Allgemeine Erläuterungen zu § 2 GrStG	1 – 14
I. Normzweck und wirtschaftliche Bedeutung der Vorschrift	1 – 4
II. Entstehung und Entwicklung der Vorschrift	5 – 8
III. Geltungsbereich	9 – 11
IV. Verhältnis zu anderen Vorschriften	12 – 14
B. Systematische Kommentierung	15 – 78
I. Grundbesitz als Steuergegenstand (§ 2 GrStG)	15 – 20
II. Begrenzung auf den inländischen Grundbesitz	21
III. Betriebe der Land- und Forstwirtschaft und gleichgestellte Grundstücke (§ 2 Nr. 1 GrStG)	24 – 56
1. Begriff des land- und forstwirtschaftlichen Vermögens (§ 232 BewG)	27 – 33
2. Abgrenzung zum Gewerbebetrieb	34 – 37
3. Sonderregelung Windenergieanlagen (§ 233 Abs. 1 BewG)	38 – 40
4. Sonderregelung Konversionsflächen (§ 233 Abs. 2 BewG)	41 – 43
5. Sonderregelung Bauland (§ 233 Abs. 3 BewG)	44 – 46
6. Sonderregelung Kleingartenland und Dauerkleingartenland (§ 240 BewG)	47 – 49
7. Sonderregelung Tierbestände (§ 241 BewG)	50 – 52
8. Betriebsgrundstücke nach § 218 Satz 2 BewG	53 – 56
IV. Grundstücke und denen gleichgestellte Betriebsgrundstücke (§ 2 Nr. 2 GrStG)	57 – 78
1. Begriff des Grundvermögens (§ 243 BewG)	60 – 65
2. Begriff des Grundstücks (§ 244 BewG)	66 – 75
a) Definition (§ 244 Abs. 1 BewG)	66 – 68
b) Anteile an anderem Grundvermögen (§ 244 Abs. 2 BewG)	69 – 71
c) Erweiterung des Grundstücksbegriffs (§ 244 Abs. 3 BewG)	72 – 75
3. Betriebsgrundstücke nach § 218 Satz 3 BewG	76 – 78

LITERATUR:

Eisele, Reform der Grundsteuer – Gesetzentwurf liegt vor! Teil II, NWB 29/2019 S. 2127, NWB AAAAH-22096; *Roscher*, 360° GrStG eKommentar, Bonn; *Troll/Eisele*, Grundsteuergesetz, 12. Aufl. 2021.

A. Allgemeine Erläuterungen zu § 2 GrStG

I. Normzweck und wirtschaftliche Bedeutung der Vorschrift

Die Vorschrift bestimmt den inländischen Grundbesitz i. S. des Bewertungsgesetzes als **Gegenstand der Besteuerung**. 1

Sie definiert dabei, was unter dem **inländischen Grundbesitz** i. S. des Bewertungsgesetzes zu verstehen ist. Darunter fallen die **Betriebe der Land- und Forstwirtschaft** (§§ 232–234 und 240 BewG) einschließlich der land- und forstwirtschaftlichen Betriebsgrundstücke (§ 218 Satz 2 BewG), die **Grundstücke** (§§ 243 und 244 BewG) sowie die diesen gleichgestellten Betriebsgrundstücke gem. § 218 Satz 3 BewG. Zugleich dient die Vorschrift als **Klammer** zwischen dem 2

Grundsteuergesetz und dem Bewertungsgesetz, indem rechtssystematisch sauber auf die Vorschriften im Bewertungsgesetz verwiesen wird.

3–4 *(Einstweilen frei)*

II. Entstehung und Entwicklung der Vorschrift

5 Die Vorschrift ist seit der Zusammenfassung der §§ 2 und 3 GrStG im Jahre 1951 weitgehend unverändert.

6 Die **Neufassung des Grundsteuergesetzes** durch das **GrStRefG** v. 26.11.2019 (BGBl 2019 I S. 1875) führte einerseits zu einer Anpassung der in Klammern aufgeführten Vorschriften des ebenfalls geänderten Bewertungsgesetzes. Durch das JStG 2020 wurde eine redaktionelle Änderung des § 2 Nr. 1 vorgenommen,[1] da der Verweis auf die neuen Vorschriften des Bewertungsgesetzes in der ursprünglichen Fassung fehlerhaft war. Zudem wurde der Text durch Einfügen des Worts „inländische" dahingehend präzisiert, dass nur der **inländische Grundbesitz** Gegenstand der Grundsteuer ist.

7–8 *(Einstweilen frei)*

III. Geltungsbereich

9 Die Vorschrift bestimmt den Steuergegenstand. Sie ist auf **inländische Grundstücke** anzuwenden.

10–11 *(Einstweilen frei)*

IV. Verhältnis zu anderen Vorschriften

12 § 2 **verweist**, genauso wie § 13 GrStG auf die Vorschriften des Bewertungsgesetzes. Zudem **definiert** sie den inländischen Grundbesitz als Betriebe der Land- und Forstwirtschaft (§ 2 Nr. 1 GrStG) und als Grundstück (§ 2 Abs. 2 GrStG).

13–14 *(Einstweilen frei)*

B. Systematische Kommentierung

I. Grundbesitz als Steuergegenstand (§ 2 GrStG)

15 § 2 bestimmt als **Steuergegenstand** den inländischen Grundbesitz nach den Vorschriften des Bewertungsgesetzes unter Verweis auf den im Rahmen der Grundsteuerreform neu eingefügten siebten Abschnitt „Bewertung des Grundbesitzes für die Grundsteuer ab 1.1.2022".[2]

16 Der Begriff „**Grundbesitz**" ist dabei nicht gleichzusetzen mit dem Begriff „**Grundvermögen**" aus §§ 68 ff. BewG. Er ist weiter gefasst, da Grundbesitz i.S. des § 2 GrStG die Betriebe der Land- und Forstwirtschaft (§ 2 Nr. 1 GrStG) und die Grundstücke (§ 2 Nr. 2 GrStG) umfasst.

---

1 JStG 2020 Art. 31 Abs. 1, BGBl 2020 S. 3096, 3129.
2 §§ 218–262 BewG.

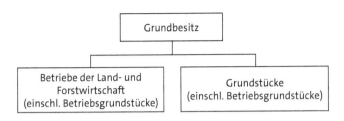

Der Begriff **„Grundvermögen"** in § 243 BewG betrifft nur Grundstücke,[1] die nicht zum land- und forstwirtschaftlichen Vermögen (§ 232 BewG) und zum Betriebsvermögen gehören (§ 99 BewG).

Der Begriff **„Grundbesitz"** i. S. des Bewertungsgesetzes ist auch nicht mit dem bürgerlich-rechtlichen Begriff des Grundbesitzes deckungsgleich. Zum einen gelten nicht alle bürgerlich-rechtlichen Bestandteile des Grundbesitzes zum Grundbesitz im bewertungsrechtlichen Sinne. Darunter fallen **Betriebsvorrichtungen** (s. u. → Rz. 63) und **Zubehör** (s. u. → Rz. 62). Andererseits geht der bewertungsrechtliche Begriff des Grundbesitzes über den Inhalt des bürgerlich-rechtlichen Begriffes hinaus. Er umfasst beispielsweise im Bereich der Land- und Forstwirtschaft **stehende und umlaufende Betriebsmittel** (s. u. → Rz. 28) sowie grundstücksgleiche Rechte wie **Erbbaurechte** und **Wohneigentum** (s. u. → Rz. 62).

(Einstweilen frei)

II. Begrenzung auf den inländischen Grundbesitz

Die Präzisierung auf den **inländischen Grundbesitz** wurde durch die Grundsteuerreform 2022/2025 in das Gesetz eingefügt. Sie soll klarstellen, dass die Grundsteuer nur auf den Grundbesitz erhoben wird, der sich im Inland befindet.

Dieser Klarstellung hätte es nicht bedurft, da § 1 GrStG eindeutig das Heberecht nur den Gemeinden, den Stadtstaaten Berlin und Hamburg, in den es keine Gemeinden gibt und bei gemeindefreien Gebieten den aufgrund einer landesrechtlichen Verordnung bestimmen Berechtigten zuteilt. Das Heberecht für die Grundsteuer ist demnach auf nicht im Inland belegenen Grundbesitz gar nicht anwendbar.[2]

(Einstweilen frei)

III. Betriebe der Land- und Forstwirtschaft und gleichgestellte Grundstücke (§ 2 Nr. 1 GrStG)

Die **Betriebe der Land- und Forstwirtschaft** und diesen gleichgestellte Betriebsgrundstücke werden durch den Verweis auf die im Zuge der Grundsteuerreform 2022/2025 im Einzelnen neu in das Bewertungsgesetz eingefügten Vorschriften beschrieben:

(Einstweilen frei)

---

1 § 243 Abs. 1 BewG.
2 Vgl. Lange in Grootens, GrStG § 1 Rz. 10 und 26.

1. Begriff des land- und forstwirtschaftlichen Vermögens (§ 232 BewG)

27 Der neu eingefügte § 232 BewG gibt mit leichten sprachlichen Anpassungen den Inhalt des § 33 BewG wieder. Unter Land- und Forstwirtschaft wird nach § 232 Abs. 1 BewG die planmäßige Nutzung der natürlichen Kräfte des Bodens zur Erzeugung von Pflanzen und Tieren sowie die Verwertung der dadurch selbst gewonnenen Erzeugnisse verstanden. Danach ist der **Betrieb der Land- und Forstwirtschaft** die wirtschaftliche Einheit des land- und forstwirtschaftlichen Vermögens (§ 232 Abs. 2 Satz 1 BewG).

28 Zu den Wirtschaftsgütern, die dem Betrieb der Land- und Forstwirtschaft dauernd zu dienen bestimmt sind, gehören nach § 232 Abs. 3 BewG insbesondere:

a) Der **Grund und Boden**. Das betrifft vor allem die land- und forstwirtschaftlich genutzten Flächen wie Äcker, Weiden, Wälder oder Weinberge. Die Flächen gehören aber nur insoweit zum land- und forstwirtschaftlichen Vermögen, wie sie nicht als Grundvermögen zu bewerten sind (s. u. → Rz. 30 und → Rz. 61).

b) Die **Wirtschaftsgebäude**. Hierunter fallen die für den Betrieb notwendigen Gebäude wie Ställe, Scheunen, Hallen, Lagerräume, Produktionsräume und Garagen für die Betriebsfahrzeuge. Bisher gehörte in den alten Bundesländern auch der Wohnteil zum land- und forstwirtschaftlichen Vermögen, während er in den neuen Ländern dem Grundvermögen zugerechnet wurde. Der Wohnteil einschließlich der Nebenflächen wie Stellplätze (m. E. nur für Privatfahrzeuge) und Gärten gehört nun bundeseinheitlich nicht mehr zum land- und forstwirtschaftlichen Vermögen.[1]

c) Die **stehenden Betriebsmittel**. Diese umfassen technische Einrichtungen (z. B. Melkanlagen), Betriebs- und Geschäftsausstattung und lebendes Inventar wie Zucht- und Milchvieh.

d) Der normale Bestand an **umlaufenden Betriebsmitteln**. Darunter versteht man die zum Verbrauch (Saatgut, Futter etc.) und zum Verkauf (landwirtschaftliche Erzeugnisse) bestimmten Vermögensgegenstände. Nach § 232 Abs. 3 Satz 2 gilt analog § 33 Abs. 2 BewG als normaler Bestand ein Umfang, der zur gesicherten Fortführung des Betriebs erforderlich ist.

e) Die **immateriellen Wirtschaftsgüter** stellen eine Ergänzung gegenüber dem Wortlaut des § 33 Abs. 2 BewG dar. Hier reagiert der Gesetzgeber auf die zunehmende Bedeutung immaterieller Vermögensgegenstände in der Wirtschaft. Darunter fällt vor allem die Software zum Betrieb von Produktionsanlagen, aber auch Namensrechte (Weinbau), Belieferungsrechte oder Fertigungsverfahren.

29 Analog zu § 33 Abs. 3 BewG wird bestimmt, dass die folgenden Vermögensgegenstände nicht zum land- und forstwirtschaftlichen Vermögen gehören:

30 a) Grund und Boden sowie dazugehörige Gebäude und Gebäudeteile, die **Wohnzwecken** oder anderen nicht land- und forstwirtschaftlichen Zwecken dienen. Diese führt (vgl. → Rz. 28) zu einer Änderung der Zurechnung in den alten Bundesländern. Der Gesetzgeber setzt hier systematisch die ertragsteuerrechtlichen Regelungen (§ 13 Abs. 4 EStG) um.

b) **Tierbestände** und damit zusammenhängende Wirtschaftsgüter, wenn die Tiere weder zur land- und forstwirtschaftlichen Nutzung nach § 241 BewG noch zu den sonstigen

---

1 Eisele, Reform der Grundsteuer – Gesetzentwurf liegt vor! Teil II, NWB 29/2019 S. 2127, NWB AAAAH-22096.

land- und forstwirtschaftlichen Nutzungen nach § 242 Abs. 2 BewG (z. B. Binnenfischerei, Imkerei oder Wanderschäferei).

c) **Zahlungsmittel**, Geldforderungen, Geschäftsguthaben, Wertpapiere und Beteiligungen. Der Begriff der Beteiligungen stellt eine Ergänzung gegenüber § 33 Abs. 3 Nr. 1 BewG dar. Auch hier passt der Gesetzgeber den Text an die aktuellen Verhältnisse an. Der Gesetzgeber hätte besser daran getan, statt einer abschließenden, aber dem Einzelfall nicht immer gerecht werdenden Aufzählung einen Verweis auf die einschlägigen Regelungen des Handelsgesetzbuches (§ 266 HGB) zu machen. Das birgt die Gefahr, dass künftige Entwicklungen auch im Grundsteuergesetz nachverfolgt werden müssen und ggf. ein Unterlassen zu einer ungewollten Abweichung führt.

d) **Geldschulden** und Pensionsverpflichtungen. Die Pensionsverpflichtungen wurden gegenüber dem Wortlaut des § 33 Abs. 3 BewG ergänzt. Auch hier hätte der Verweis auf die handelsrechtlichen Regelungen (z. B. die Posten Rückstellungen und Verbindlichkeiten aus § 266 HGB) zu einer eindeutigen Abgrenzung geführt. Es ist beispielsweise nicht nachvollziehbar, warum Sachleistungsverpflichtungen nicht abgezogen werden.

Die erwähnten Vermögensgegenstände werden beim **sonstigen Vermögen** erfasst und unterliegen damit mit Ausnahme der zu Wohnzwecken dienenden Grundstücke und Gebäude nicht der Grundsteuer. Vereinfacht kann man sagen, dass zum land- und forstwirtschaftlichen Vermögen das immaterielle Vermögen, das Sachanlagevermögen und der Normalbestand der Vorräte gehören. 31

(Einstweilen frei) 32–33

2. Abgrenzung zum Gewerbebetrieb

Die bewertungsrechtliche **Abgrenzung des Betriebs der Land- und Forstwirtschaft** von einem gewerblichen Betrieb ist keine Frage der Größe, sondern der Art der Nutzung. Sie erstreckt sich auf alle Wirtschaftsgüter, nicht nur auf den Grund und Boden. **Land- und Forstwirtschaft** ist die planmäßige Nutzung der natürlichen Kräfte des Bodens zur Erzeugung von Pflanzen und Tieren sowie die Verwertung der dadurch selbstgewonnenen Erzeugnisse.[1] Dabei ist die Unterscheidung nach dem Gesamtbild der Verhältnisse vorzunehmen. Wenn eine Trennung nach der Verkehrsauffassung möglich ist, sind land- und forstwirtschaftliche und gewerbliche Tätigkeiten zu trennen. 34

Sonderregelungen gelten z. B. beim Strukturwandel, für Nebenbetriebe, bei der unmittelbaren Verwertung organischer Abfälle und bei den verschiedenen Möglichkeiten des Absatzes eigener Erzeugnisse und Dienstleistungen.[2] 35

(Einstweilen frei) 36–37

3. Sonderregelung Windenergieanlagen (§ 233 Abs. 1 BewG)

Eine **Windenergieanlage** stellt einen gewerblichen Betrieb dar. Sofern eine Windenergieanlage auf einem ansonsten land- und forstwirtschaftlich genutzten Grundstück steht, sind die 38

---

[1] Gleich lautende Erlasse der obersten Finanzbehörden der Länder v. 15.12.2011, BStBl 2011 I S. 1213 (alte Bundesländer) und S. 1217 (neue Bundesländer).
[2] Hierzu eingehend die gleich lautenden Erlasse der obersten Finanzbehörden der Länder v. 15.12.2011, BStBl 2011 I S. 2013 und 1217.

Standortflächen für die Windenergieanlage und der dazugehörigen Betriebsvorrichtungen dem land- und forstwirtschaftlichen Vermögen zuzurechnen.

Die Vorschrift hat vor allem praktische Bedeutung, um eine gesonderte Bewertung der Flächen für die Windenergieanlagen zu vermeiden.[1]

39–40 *(Einstweilen frei)*

4. Sonderregelung Konversionsflächen (§ 233 Abs. 2 BewG)

41 In Abweichung von § 232 Abs. 3 Nr. 1 sind land- und forstwirtschaftlich genutzte Flächen dem Grundvermögen zuzurechnen, wenn anzunehmen ist, dass sie innerhalb eines Zeitraums von sieben Jahren anderen als land- und forstwirtschaftlichen Zwecken dienen werden (**Konversionsflächen**). Die Annahme muss dabei die Lage, die am Feststellungszeitpunkt bestehenden Verwertungsmöglichkeiten und sonstige Umstände berücksichtigen.

Die Sonderregelung berücksichtigt die näher am Zeitwert orientierte Bewertung des Grundvermögens.[2]

42–43 *(Einstweilen frei)*

5. Sonderregelung Bauland (§ 233 Abs. 3 BewG)

44 Sofern Flächen in einem Bebauungsplan als **Bauland** ausgewiesen werden, ihre sofortige Bebauung möglich ist und die Bebauung innerhalb des Plangebiets schon begonnen hat oder abgeschlossen ist, gehören sie zum Grundvermögen.

Auch hier wird dem Umstand Rechnung getragen, diese deutlich höherwertigen Grundstücke mit zeitnahen Werten zu erfassen. Dabei kommt es auf die tatsächliche Nutzung des Grundstücks nicht an.[3]

45–46 *(Einstweilen frei)*

6. Sonderregelung Kleingartenland und Dauerkleingartenland (§ 240 BewG)

47 Als Betrieb der Land- und Forstwirtschaft gilt auch das **Kleingartenland** und **Dauerkleingartenland** (§ 240 Abs. 1 BewG). Dabei gelten Sonderregelungen (§ 240 Abs. 2 und 3 BewG) für die Ermittlung des Ertragswerts und für die Größe von Gartenlauben als Wirtschaftsgebäude.[4] Der Grundsteuerwert dieses besonderen Betriebs stellt dann die kapitalisierten Reinerträge dar. Dabei wird, analog zu § 16 BewG, als Kapitalisierungsfaktor der Wert von 18,6 verwendet, der dem im Bewertungsgesetz verwendeten Zinssatz von 5,5 % (§ 15 Abs. 1 BewG) entspricht.

48–49 *(Einstweilen frei)*

7. Sonderregelung Tierbestände (§ 241 BewG)

50 Für **Tierbestände** gibt es bewertungsrechtlich eine Sonderregelung, die inhaltlich § 51 Abs. 2 BewG entspricht.

---

1 Zu weiteren Einzelheiten siehe Müller in Grootens, BewG § 233 Rz. 10.
2 Zu Einzelheiten siehe Müller in Grootens, BewG § 233 Rz. 22.
3 Zu Einzelheiten siehe Müller in Grootens, BewG § 233 Rz. 26.
4 Zu Einzelheiten siehe Müller in Grootens, BewG § 240 Rz. 15 ff.

Sinn der Vorschrift ist es, die besonderen Bewertungen für land- und forstwirtschaftliche Betriebe nur in solchen Betrieben anzuwenden, die unter die Idealvorstellungen der Land- und Forstwirtschaft fallen. Sofern die tatsächlichen Tierbestände die Werte in § 241 BewG übersteigen, handelt es sich nicht mehr um einen Betrieb der Land- und Forstwirtschaft, sondern um einen gewerblichen Betrieb. Die genutzten Gebäude fallen dann nicht mehr unter das land- und forstwirtschaftliche Vermögen, sondern sind als Grundvermögen zu bewerten.

(Einstweilen frei) 51–52

8. Betriebsgrundstücke nach § 218 Satz 2 BewG

Die Vorschrift betrifft **Betriebsgrundstücke** i. S. des § 99 Abs. 1 Nr. 2 BewG. Darunter versteht man den zu einem Gewerbebetrieb gehörenden Grundbesitz, der losgelöst von seiner Zugehörigkeit zum Gewerbebetrieb einen Betrieb der Land- und Forstwirtschaft bilden würde. Er ist relevant für Grundstücke eines Gewerbebetriebs, der aufgrund seiner Tätigkeit nicht als land- und forstwirtschaftlicher Betrieb gilt.[1]

Diese Betriebsgrundstücke sind wie land- und forstwirtschaftliches Vermögen zu bewerten. § 218 Satz 2 BewG wiederholt den Inhalt des § 99 Abs. 3 BewG. Zum einen stellt der Gesetzgeber damit klar, dass dieser Grundbesitz nicht in den Wert des gewerblichen Betriebs einbezogen wird und damit ggf. Steuergegenstand für die Grundsteuer ist. Zum anderen wird klargestellt, dass die Bewertung in diesen Fällen nach den Vorschriften für land- und forstwirtschaftliches Vermögen zu erfolgen hat. Die besondere Erwähnung in § 218 Satz 2 BewG hat vor allem technische Gründe, da § 99 Abs. 1 BewG für die Grundsteuer keine Bedeutung entfaltet.[2]

(Einstweilen frei) 55–56

IV. Grundstücke und denen gleichgestellte Betriebsgrundstücke (§ 2 Nr. 2 GrStG)

Auch die Vorschriften bezüglich des **Grundvermögens** wurden bei der Neufassung des Bewertungsgesetzes infolge der Grundsteuerreform neu gefasst. Sie umfassen die §§ 243 ff. BewG.

(Einstweilen frei) 58–59

1. Begriff des Grundvermögens (§ 243 BewG)

Die **Abgrenzung des Grundvermögens** in § 243 BewG ist fast wortgleich aus § 68 BewG entnommen. Auch wird enumerativ aufgeführt, welche Vermögensgegenstände zum Grundvermögen gehören und welche nicht in das Grundvermögen einzubeziehen sind.

Danach gehören zum Grundvermögen die nachfolgenden Gegenstände zu a)–d):

a) Grund und Boden, Gebäude, sonstige Bestandteile, Zubehör.
- ▶ Der **Grund und Boden** ist eine räumlich abgegrenzte Fläche der Erdoberfläche. Dabei kommt es nicht darauf an, ob der Grund und Boden bebaut oder unbebaut ist.
- ▶ Ein **Gebäude** ist ein Bauwerk, das Menschen oder Sachen durch räumliche Umschließung Schutz gegen Witterungseinflüsse gewährt, den Aufenthalt von Men-

---
1 S. o. → Rz. 51.
2 Dötsch in Gürsching/Stenger, BewG § 99 Rz. 34.

schen gestattet, fest mit dem Grund und Boden verbunden, von einiger Beständigkeit und ausreichend standfest ist.[1]

- Der Begriff **Bestandteil** stammt aus den §§ 93–96 BGB. Es gibt wesentliche und unwesentliche Bestandteile von Grundstücken und Gebäuden. Zu den wesentlichen Bestandteilen gehören beispielsweise mit dem Boden zusammenhängende Erzeugnisse und Außenanlagen.[2]

- **Zubehör** sind bewegliche Sachen, die, ohne Bestandteile der Hauptsache zu sein, dem wirtschaftlichen Zweck der Hauptsache zu dienen bestimmt sind und ihr in einem dieser Bestimmung entsprechenden räumlichen Verhältnis stehen (§ 97 Abs. 1 Satz 1 BGB). Dazu gehören z. B. Mülltonnen oder den Mietern zur Nutzung überlassene Waschmaschinen.[3][4]

b) Erbbaurecht.

Unter einem **Erbbaurecht** versteht man das veräußerliche und vererbliche Recht, auf oder unter der Oberfläche eines Grundstücks ein Bauwerk zu haben (§ 1 Abs. 1 Erbbaurechtsgesetz). Dieses Bauwerk gehört nicht als wesentlicher Bestandteil zum Gebäude.[5]

c) Wohnungseigentum und Teileigentum.

Wohnungseigentum ist das Sondereigentum an einer Wohnung i.V. mit dem Miteigentumsanteil an dem gemeinschaftlichen Eigentum, zu dem es gehört (§ 1 Abs. 2 Wohnungseigentumsgesetz). Unter **Teileigentum** versteht man das Sondereigentum an nicht zu Wohnzwecken dienenden Räumen eines Gebäudes i.V. mit dem Miteigentumsanteil an dem gemeinschaftlichen Eigentum, zu dem es gehört (§ 1 Abs. 3 Wohneigentumsgesetz).[6]

d) Wohnungserbbaurecht und Teilerbbaurecht nach § 30 Abs. 1 des Wohnungsteileigentumsgesetzes.

Es handelt sich beim **Wohnungserbbaurecht** und beim **Teilerbbaurecht** um Sonderfälle des Erbbaurechts, bei dem das Erbbaurecht mehreren gemeinschaftlich nach Bruchteilen zusteht und dann jedem Mitberechtigten das Sondereigentum an einer bestimmten Wohnung oder an nicht zu Wohnzwecken dienenden Räumen eingeräumt wird (§ 30 Abs. 1 Wohnungseigentumsgesetz).[7]

62 Ausdrücklich nicht zum Grundvermögen gehören die Gegenstände zu e)–g):

e) Bodenschätze

Bodenschätze gehören nicht zum Grundvermögen und unterliegen demnach nicht der Grundsteuer, da auch eine Einbeziehung in das land- und forstwirtschaftliche Vermögen nicht in Betracht kommt.

Bodenschätze sind mit Ausnahme von Wasser alle mineralischen Rohstoffe in festem oder flüssigen Zustand und Gase, die in natürlichen Ablagerungen oder Ansammlungen (Lagerstätten) in oder auf der Erde, auf dem Meeresgrund, im Meeresuntergrund oder im Meerwasser vorkommen (§ 3 Abs. 1 Bundesberggesetz).[8]

---

[1] BFH, Urteil v. 28.5.2003 - II R 41/01, BStBl 2003 II S. 693.
[2] R 1 Abs. 3 BewR Gr.
[3] R 1 Abs. 4 Satz 3 BewR Gr.
[4] Zu Details siehe Bock in Grootens, BewG § 243 Rz. 68.
[5] Zu Details siehe Bock in Grootens, BewG § 243 Rz. 71.
[6] Zu Details siehe Bock in Grootens, BewG § 243 Rz. 77 ff.
[7] Zu Details siehe Bock in Grootens, BewG § 243 Rz. 81.
[8] Zu Details siehe Bock in Grootens, BewG § 243 Rz. 85.

f) Maschinen und Betriebsvorrichtungen

Maschinen und Betriebsvorrichtungen gehören ebenfalls nicht zum Grundvermögen. Sie können Bestandteil des Betriebsvermögens oder des land- und forstwirtschaftlichen Vermögens sein.

Maschinen sind i. d. R. bewegliche technische Einrichtungen mit bewegten Teilen.

Unter **Betriebsvorrichtungen** versteht man Maschinen und sonstige Vorrichtungen aller Art, die zu einer Betriebsanlage gehören und mit denen das Gewerbe unmittelbar betrieben wird. Zur Abgrenzung wird auf den Erlass betr. Abgrenzung des Grundvermögens von den Betriebsvorrichtungen vom 5.6.2013 (BStBl 2013 I S. 734) verwiesen. Beispiele für Betriebsvorrichtungen[1] sind Lastenaufzüge in Gebäuden in Abgrenzung zu Personenaufzügen oder Klima- und Entstaubungsanlagen in der Fabrikation in Abgrenzung zu Klimaanlagen, die ein angenehmes Raumklima erzeugen sollen.[2]

g) Verstärkungen von Decken etc.

Zum Grundvermögen gehören nach § 234 Abs. 2 Satz 2 BewG hingegen **Verstärkungen von Decken** und die nicht ausschließlich zu einer Betriebsanlage gehörenden **Stützen und sonstige Bestandteile** wie Mauervorlagen und Verstrebungen. Sofern Sie zu einer Betriebsanlage gehören, liegen hingegen Betriebsvorrichtungen vor.[3]

(Einstweilen frei) 63–65

2. Begriff des Grundstücks (§ 244 BewG)

a) Definition (§ 244 Abs. 1 BewG)

Nach § 244 Abs. 1 BewG bildet jede wirtschaftliche Einheit des Grundvermögens ein **Grundstück** i. S. des Gesetzes. Dabei bestimmt die Verkehrsanschauung unter Berücksichtigung der örtlichen Gewohnheit, der tatsächlichen Übung, der Zweckbestimmung und der wirtschaftlichen Zusammengehörigkeit der einzelnen Wirtschaftsgüter, was als wirtschaftliche Einheit zu gelten hat (§ 2 Abs. 1 Satz 3 und 4 BewG).[4]

(Einstweilen frei) 67–68

b) Anteile an anderem Grundvermögen (§ 244 Abs. 2 BewG)

Gemäß § 244 Abs. 2 BewG wird die wirtschaftliche Einheit durch die Einbeziehung von **Anteilen an anderem Grundvermögen** erweitert, wenn diese Anteile zusammen mit dem Grundstück genutzt werden. Das Gesetz gibt gemeinschaftliche Hofflächen oder Garagen als Beispiel an. Die Erweiterung gilt aber nicht, wenn das gemeinschaftliche Grundvermögen nach der Verkehrsanschauung (§ 2 Abs. 1 Satz 3 und 4 BewG) als selbstständige wirtschaftliche Einheit anzusehen ist.[5]

(Einstweilen frei) 70–71

---

1 Gleich lautende Ländererlasse der obersten Finanzbehörden der Länder v. 5.6.2013, BStBl 2013 I S. 734, Tz. 3.5 und 3.6.
2 Zu Details siehe Bock in Grootens, BewG § 243 Rz. 91 ff.
3 Zu Details siehe Bock in Grootens, BewG § 243 Rz. 104.
4 Zu Details siehe Bock in Grootens, BewG § 244 Rz. 23.
5 Zu Details siehe Bock in Grootens, BewG § 244 Rz. 40.

c) Erweiterung des Grundstücksbegriffs (§ 244 Abs. 3 BewG)

72 § 244 Abs. 3 BewG legt fest, dass in Erweiterung des Grundstücksbegriffs auch die im Gesetz aufgeführten Zusammenfassungen als Grundstück für die Grundsteuer gelten. Dabei geht das Gesetz von dem Grundsatz des einheitlichen Eigentums ab und fasst wirtschaftliche zusammengehörige Rechte, wie z. B. das Eigentum am Grundstück und das Erbbaurecht, zu einer wirtschaftlichen Einheit zusammen.

73 Die **Erweiterung des Grundstücksbegriffs** erfasst folgende Fälle:[1]
- aa) Erbbaurecht mit dem Erbbaugrundstück (§ 244 Abs. 3 Nr. 1 BewG).
- bb) Gebäude auf fremden Grund und Boden mit dem dazugehörigen Grund und Boden (§ 244 Abs. 3 Nr. 2 BewG).
- cc) Wohneigentum und Teileigentum (§ 244 Abs. 3 Nr. 3 BewG).
- dd) Wohnungserbbaurecht und Teilerbbaurecht mit dem belasteten Grund und Boden.

74–75 *(Einstweilen frei)*

3. Betriebsgrundstücke nach § 218 Satz 3 BewG

76 Die Vorschrift betrifft **Betriebsgrundstücke** i. S. des § 99 Abs. 1 Nr. 1 BewG. Darunter versteht man den zu einem Gewerbebetrieb gehörenden Grundbesitz, der losgelöst von seiner Zugehörigkeit zum Betrieb zum Grundvermögen gehören würde.

77 Diese Betriebsgrundstücke sind wie Grundvermögen zu bewerten. § 218 Satz 2 BewG wiederholt den Inhalt des § 99 Abs. 3 BewG. Die besondere Erwähnung in § 218 Satz 2 BewG hat vor allem technische Gründe, da § 99 Abs. 1 für die Grundsteuer keine Bedeutung entfaltet.[2]

78 Diese Betriebsgrundstücke gehen in den Wert des Gewerbebetriebs ein. Um eine Doppelbesteuerung mit Gewerbesteuer und Grundsteuer zu vermeiden, wird bei der Gewerbesteuer eine **Kürzung des Gewerbeertrags** um 1,2 % des Einheitswerts vorgenommen (§ 9 Nr. 1 GewStG), wenn der Steuerpflichtige nicht von der besonderen Kürzung nach § 9 Nr. 1 Satz 2 GewStG für Grundstücksgesellschaften Gebrauch macht.

§ 3 GrStG Steuerbefreiung für Grundbesitz bestimmter Rechtsträger

(1) [1]Von der Grundsteuer sind befreit

1. Grundbesitz, der von einer inländischen juristischen Person des öffentlichen Rechts für einen öffentlichen Dienst oder Gebrauch benutzt wird. [2]Ausgenommen ist der Grundbesitz, der von Berufsvertretungen und Berufsverbänden sowie von Kassenärztlichen Vereinigungen und Kassenärztlichen Bundesvereinigungen benutzt wird;

1a. (weggefallen)

2. Grundbesitz, der vom Bundeseisenbahnvermögen für Verwaltungszwecke benutzt wird;

3. Grundbesitz, der von
   - a) einer inländischen juristischen Person des öffentlichen Rechts,

---

1 Zu Details siehe Bock in Grootens, BewG § 244 Rz. 47 ff.
2 Dötsch in Gürsching/Stenger, BewG § 99 Rz. 33.

b) einer inländischen Körperschaft, Personenvereinigung oder Vermögensmasse, die nach der Satzung, dem Stiftungsgeschäft oder der sonstigen Verfassung und nach ihrer tatsächlichen Geschäftsführung ausschließlich und unmittelbar gemeinnützigen oder mildtätigen Zwecken dient,

für gemeinnützige oder mildtätige Zwecke benutzt wird;

4. Grundbesitz, der von einer Religionsgesellschaft, die Körperschaft des öffentlichen Rechts ist, einem ihrer Orden, einer ihrer religiösen Genossenschaften oder einem ihrer Verbände für Zwecke der religiösen Unterweisung, der Wissenschaft, des Unterrichts, der Erziehung oder für Zwecke der eigenen Verwaltung benutzt wird. ²Den Religionsgesellschaften stehen die jüdischen Kultusgemeinden gleich, die nicht Körperschaften des öffentlichen Rechts sind;

5. Dienstwohnungen der Geistlichen und Kirchendiener der Religionsgesellschaften, die Körperschaften des öffentlichen Rechts sind, und der jüdischen Kultusgemeinden. ²§ 5 ist insoweit nicht anzuwenden;

6. Grundbesitz der Religionsgesellschaften, die Körperschaften des öffentlichen Rechts sind, und der jüdischen Kultusgemeinden, der am 1. Januar 1987 und im Veranlagungszeitpunkt zu einem nach Kirchenrecht gesonderten Vermögen, insbesondere einem Stellenfonds gehört, dessen Erträge ausschließlich für die Besoldung und Versorgung der Geistlichen und Kirchendiener sowie ihrer Hinterbliebenen bestimmt sind. ²Ist in dem in Artikel 3 des Einigungsvertrages genannten Gebiet die Zugehörigkeit des Grundbesitzes zu einem gesonderten Vermögen im Sinne des Satzes 1 am 1. Januar 1987 nicht gegeben, reicht es insoweit aus, dass der Grundbesitz zu einem Zeitpunkt vor dem 1. Januar 1987 zu einem gesonderten Vermögen im Sinne des Satzes 1 gehörte. ³Die §§ 5 und 6 sind insoweit nicht anzuwenden.

²Der Grundbesitz muss ausschließlich demjenigen, der ihn für die begünstigten Zwecke benutzt, oder einem anderen nach den Nummern 1 bis 6 begünstigten Rechtsträger zuzurechnen sein. ³Satz 2 gilt nicht, wenn der Grundbesitz von einem nicht begünstigten Rechtsträger im Rahmen einer Öffentlich Privaten Partnerschaft einer juristischen Person des öffentlichen Rechts für einen öffentlichen Dienst oder Gebrauch überlassen wird und die Übertragung auf den Nutzer am Ende des Vertragszeitraums vereinbart ist.

(2) ¹Öffentlicher Dienst oder Gebrauch im Sinne dieses Gesetzes ist die hoheitliche Tätigkeit oder der bestimmungsgemäße Gebrauch durch die Allgemeinheit. ²Ein Entgelt für den Gebrauch durch die Allgemeinheit darf nicht in der Absicht, Gewinn zu erzielen, gefordert werden.

(3) Öffentlicher Dienst oder Gebrauch im Sinne dieses Gesetzes ist nicht anzunehmen bei Betrieben gewerblicher Art von juristischen Personen des öffentlichen Rechts im Sinne des Körperschaftsteuergesetzes.

Inhaltsübersicht

	Rz.
A. Allgemeine Erläuterungen zu § 3 GrStG	1 - 30
I. Normzweck und wirtschaftliche Bedeutung der Vorschrift	1 - 5
II. Entstehung und Entwicklung der Vorschrift	6 - 12
III. Geltungsbereich	13 - 16
IV. Vereinbarkeit der Vorschrift mit höherrangigem Recht	17 - 21
V. Verhältnis zu anderen Vorschriften	22 - 30
B. Systematische Kommentierung	31 - 105
I. Systematik der Steuerbefreiungen in § 3 GrStG	31 - 38
II. Öffentliche Nutzung (§ 3 Abs. 1 Satz 1 Nr. 1, Satz 3 Abs. 2 und Abs. 3 GrStG)	39 - 62
1. Subjektive Voraussetzung	39 - 52
2. Objektive Voraussetzungen	53 - 62
III. Bundeseisenbahnvermögen (§ 3 Abs. 1 Nr. 2 GrStG)	63 - 70
1. Subjektive Voraussetzung	63 - 66
2. Objektive Voraussetzungen	67 - 70

IV. Gemeinnützige oder mildtätige Zwecke (§ 3 Abs. 1 Nr. 3 GrStG)	71 - 85
1. Subjektive Voraussetzung	71 - 76
2. Objektive Voraussetzungen	77 - 85
V. Religionsgesellschaften (§ 3 Abs. 1 Nr. 4, 5 und 6 GrStG)	86 - 105
1. Einleitung	86 - 90
2. Subjektive Voraussetzung	91 - 100
3. Objektive Voraussetzungen	101 - 105

HINWEIS:

FinMin NRW v. 31.8.1979 koordinierter Ländererlass, S 3199 – 19 – V A 4; G 1102 – 10 – V A 4, Erlass betr. Einheitsbewertung und grundsteuerliche Behandlung von Klöstern, Schülerheimen, Noviziaten usw.

A. Allgemeine Erläuterungen zu § 3 GrStG

I. Normzweck und wirtschaftliche Bedeutung der Vorschrift

1 Am Beginn des GrStG sind die **dauerhaften und umfassenden Steuerbefreiungen** geregelt. Diese sind abzugrenzen von den **Steuervergünstigungen, welche erst auf Ebene der Messzahlen ansetzen sowie den zeitlich begrenzten Erlassen (§§ 32–34 GrStG)**. Bei den dauerhaften Steuerbefreiungen handelt es sich sowohl um **sachliche** als auch **persönliche** Befreiungen. Grundsätzlich geht es, wie bei den meisten Steuerbefreiungen, um die Unterstützung von durch den Gesetzgeber als positiv beurteilte Tätigkeiten für das **Gemeinwohl**. Aufgrund der Vielfalt und dem Wortlaut recht eindeutig entnehmbaren Zielsetzungen, können diese den folgenden Abschnitten entnommen werden. Einige Steuerbefreiungen haben darüber hinaus historische Gründe (z. B. Stellenfonds, Nr. 6).

2 Mit Blick auf die **wirtschaftliche Bedeutung** ist zunächst festzustellen, dass die befreiten wirtschaftlichen Einheiten bzw. der befreite Grundbesitz gemessen an der Gesamtzahl von wirtschaftlichen Einheiten eine untergeordnete Rolle einnehmen. Dieses entspricht auch den allgemeinen Grundsätzen des Besteuerungssystems. Dem steht auch nicht entgegen, dass insbesondere mit den Begünstigungen des Verkehrs (§ 5 GrStG) und der öffentlichen Verwaltung auch Flächen intensiver Nutzungen und Aufmerksamkeit betroffen sind. Der geringe Anteil liegt auch in der umfangreichen Ausnahme von Wohnungen aus der Steuerbefreiung begründet. Für die wirtschaftliche Bedeutung der Steuerbefreiungen sorgt auch die im Regelfall bisher geringe Höhe der Grundsteuer. Dieser steht aber die große Bedeutung der Befreiungen von einzelnen Eigentümern mit umfangreichen Grundbesitz entgegen. Hier sind beispielhaft die Kirchen, die öffentliche Verwaltung sowie Verkehrsbetriebe zu nennen.

3–5 *(Einstweilen frei)*

II. Entstehung und Entwicklung der Vorschrift

6 Die Vorschriften der Steuerbefreiungen sind sehr alt und seit langem im Wesentlichen unverändert. Auch durch die sog. **Reform der Grundsteuer** durch das GrStRefG[1] ergeben sich keine direkten Änderungen für die Vorschriften der Steuerbefreiungen. Lediglich durch die veränderten Deklarationspflichten mag es neue Pflichten, aber auch Überschneidungen (mit Blick auf die Anzeigen) geben.

---

[1] BGBl 2019 I S. 1794.

Als letzte große Aktualisierungen des § 3 GrStG sind insbesondere die folgenden beiden Punkte zu nennen: 7

- Durch das ÖPP-Beschleunigungsgesetz v. 7.9.2005 erfolgte eine Erweiterung bei öffentlich privaten Partnerschaften.
- Mit dem Steuerbereinigungsgesetz v. 22.12.1999 erfolgte mit Blick auf den Begriff „juristische Personen bzw. Körperschaften" eine redaktionelle Anpassung an den Wortlaut des KStG.

Von größerer aktueller Bedeutung für die Praxis dürften hingegen die Folgen aus der umfassenden **Neuveranlagung** im Rahmen der Reform der Grundsteuer werden, obwohl die Vorschriften der Steuerbefreiungen von der Reform nicht direkt betroffen sind. Hier sind eine gewisse Bereinigungswirkung und Sachverhaltsaufklärung z. B. mit Blick auf die aktuelle Nutzung von Flächen (objektive Voraussetzung) zu erwarten. Gleichzeitig wird dies wohl das Ende von beidseitig eingespielten Mechanismen und Vereinfachungen bedeuten. Wie weit dann noch Raum für individuelle Absprachen und Klärungen des Sachverhaltes bleibt, ist abzuwarten, erscheint aber unwahrscheinlicher. Bisher erfolgte auch noch keine Aktualisierung der entsprechenden Richtlinien, diese ist dem Vernehmen nach aber angedacht. 8

(Einstweilen frei) 9–12

III. Geltungsbereich

Grundsätzlich umfassen die Steuerbefreiungen im GrStG alle steuerbaren wirtschaftlichen Einheiten in Deutschland. Diese gelten mit § 6 GrStG eindeutig auch für den Land- und forstwirtschaftlich genutzten Grundbesitz. Bis zur sog. Reform der Grundsteuer war der Geltungsbereich damit kaum eingeschränkt. Durch die Reform und die **Öffnungsklausel der Länder**, welche auch das GrStG umfassen, kann sich der Bereich der Befreiungen abhängig vom Bundesland unterscheiden. Bisher sind hier aber keine Absichten zur tiefergehender Abweichung bekannt bzw. umgesetzt worden.[1] Sofern die hier genannten Vorschriften nahezu wortgleich in Ländergesetzte übernommen worden sind, siehe Folgen daraus an der entsprechenden Stelle. 13

(Einstweilen frei) 14–16

IV. Vereinbarkeit der Vorschrift mit höherrangigem Recht

Anders als die Einheitsbewertung wird das System der Steuerbefreiungen mit Blick auf das **Grundgesetz** kaum als kritisch betrachtet.[2] Aus Sicht des europäischen Rechts wäre eine entsprechende Kritik mit Blick auf die subjektive Voraussetzung denkbar. Dieses gilt insbesondere aufgrund der z. B. fehlenden Erfassung von ausländischen öffentlichen Körperschaften. Praktisch scheint diese durch die weitreichenden Begünstigungen solcher ausländischen Gebilde (z. B. im Rahmen der Streitkräfte) nicht relevant zu sein.[3] Daher scheinen letztendlich Bedenken auch nicht notwendig.[4] 17

---

1 Vgl. zur Öffnungsklausel zugunsten der Länder Grootens in Grootens, BewG § 266 Rz. 244 f.
2 Vgl. BFH, Beschluss v. 1.7.2020 - II B 89/19 NV, NWB JAAAH-60309.
3 Vgl. Kühnold in Lippross/Seibel, Basiskommentar Steuerrecht, Vor §§ 3–8, Rz. 8.
4 Vgl. Roscher in 360° GrStG eKommentar, § 4 Rz. 7.

18 Verfassungsgemäß ist auch die Abgrenzung bei den Religionsgemeinschaften mit Blick auf besonderer Hervorhebung **jüdischer Kultusgemeinden**.[1]

19–21 *(Einstweilen frei)*

V. Verhältnis zu anderen Vorschriften

22 Aus der grundsätzlichen Normenstruktur sowie § 184 Abs. 1 AO ergibt sich die **Anwendung der Befreiung** erst auf Ebene des Grundsteuermessbetrages, aber vor der Anwendung der Messzahlen. Durch die bis zum 31.12.2024 gültige Verknüpfung in § 19 Abs. 4 BewG und der damit verbundenen Freistellung von der Feststellung der Einheitswerte erfolgt die (ggf. teilweise) Entscheidung aber im Regelfall bereits auf Ebene der Einheitswerte. Dieser bestehende Widerspruch überlässt faktisch den Finanzbehörden die Entscheidung, auf welcher Ebene die Ermittlung erfolgt. Unabhängig von der Stufe kann sich der Eigentümer gegen die Feststellung wehren.[2] Auch die neu veröffentlichten Formulare für das sog. Bundesmodell lassen aus meiner Sicht noch nicht erkennen, wie die Darstellung in Bescheiden zukünftig erfolgen soll.

23 Auch nach **Ablauf der Einheitswerte** und dem § 19 Abs. 4 BewG ab dem 1.1.2025 wird diese Struktur nach § 219 Abs. 3 BewG identisch fortgeführt.[3] Insofern ergeben sich durch die Reform keine Änderungen.

24 Unverändert bleibt dadurch auch die Pflicht zur **Anzeige des Wegfalls** der Voraussetzungen innerhalb von drei Monaten nach Wegfall (§ 19 GrStG). Die erstmalige Berücksichtigung ist dem Finanzamt anzuzeigen. Dieses kann eine solche Berücksichtigung selbstständig schon wegen der beschränkten Informationslage nicht vornehmen. Soweit erkennbar gilt dieses auch für alle bisher veröffentlichten sog. Ländermodelle. Bei Anzeige des Wegfalls und gleichzeitiger Betrachtung der neuen Anzeige nach § 228 Abs. 2 BewG kommt es zu einer doppelten Anzeigepflicht (ähnlich auch in einzelnen Ländermodellen). M. E. ist davon auszugehen, dass die Änderung der tatsächlichen Verhältnisse insbesondere die Nutzung für eine Steuerbefreiung erfassen soll. Dieses gilt insbesondere auch aufgrund der Tatsache, dass die jährliche Anzeige nicht aufgrund einer fehlenden Feststellung entfallen darf.

25 Durch die Reform wird nun eine **Abgabe von Erklärungen** zur Feststellung der Grundsteuerwerte alle sieben Jahre nach § 228 Abs. 1 BewG festgeschrieben. Es ist davon auszugehen, dass dieses im steuerpflichtigen Bereich gelebt wird. Unklar ist m. E., ob bei steuerbefreitem Grundbesitz keine Erklärungen abgegeben werden müssen, da keine Feststellung erfolgt. Bei den Einheitswerten war dies regelmäßig nicht notwendig (z. B. bei Erstfeststellungen). In dem neuen von Digitalisierung geprägten Verfahren ist dies aber nicht zwangsläufig gleich. Anhand der veröffentlichten Formulare (bisher für das sog. Bundesmodell) ist eine Erklärungsabgabe auch für vollbefreite Einheiten möglich und soll dem Vernehmen nach auch erfolgen. Ausnahmen sind höchsten auf Ebene und auf individuelle Entscheidung der einzelnen Länder möglich (z. B.: eine Abgabe ist nur vorgehsehen, wenn die vollbefreite Einheit noch keine Steuernummer hat). Hier wird es aber erst im Laufe des Jahres mehr Klarheit geben. Für den teilbefreiten Grundbesitz scheint eine vollständige Erfassung und Deklaration des Grundbesitzes unvermeidbar.[4]

---

1 BFH, Urteil v. 30.6.2010 - II R 12/09, BStBl 2011 II S. 48.
2 BFH, Urteil v. 24.7.1985 - II R 227/82, BStBl 1986 II S. 128.
3 Vgl. Wredenhagen in Grootens, BewG § 219 Rz. 21.
4 Vgl. Wredenhagen in Grootens, BewG § 219 Rz. 251 ff.

Je nachdem, ob eine Steuerbefreiung ganz oder teilweise wegfällt oder entsteht, wird dies unter Umständen zu einer Neufeststellung, dem Wegfall einer Feststellung oder einer Wertfortschreibung führen.

Dazu hat die Vorschrift insbesondere im Bereich der Gemeinnützigkeit direkte Verknüpfungen zu den Vorschriften der Abgabenordnung.

(Einstweilen frei)

B. Systematische Kommentierung

I. Systematik der Steuerbefreiungen in § 3 GrStG

Insgesamt enthält § 3 Abs. 1 Satz 1 GrStG **sechs aktuell besetzte Unterpunkte** mit jeweils eigenständigen Steuerbefreiungen. § 3 Abs. 1 Satz 2 GrStG ergänzt dieses mit einer weiteren Voraussetzung für alle sechs Steuerbefreiungen, wobei Satz 3 diese wiederum einschränkt. § 3 Abs. 1 Satz 3 GrStG sowie § 3 Abs. 2 und 3 GrStG erläutern insbesondere § 3 Abs. 1 Nr. 1 GrStG.

Alle sechs Steuerbefreiungen haben gemein, dass sie jeweils **eine subjektive und eine objektive Voraussetzung** erfordern. Die subjektive Voraussetzung bezieht sich auf den Eigentümer des Grundbesitzes; es gibt nur eine eingeschränkte Auswahl an **begünstigten Rechtsträgern**. Die objektive Voraussetzung stellt zusätzlich auf die **tatsächliche Nutzung** des Grundbesitzes ab.

Diese parallelen Voraussetzungen müssen nach dem **Stichtagsprinzip** (§ 9 Abs. 1 GrStG) zum Beginn des Kalenderjahres vorliegen. Voraussichtlich ist das Prinzip abgesehen von Eigentümerwechseln eher für die objektive Voraussetzung von Bedeutung. Grundsätzlich sind diese Voraussetzungen aber zeitlich unbegrenzt.

(Einstweilen frei)

II. Öffentliche Nutzung (§ 3 Abs. 1 Satz 1 Nr. 1, Satz 3 Abs. 2 und Abs. 3 GrStG)

1. Subjektive Voraussetzung

Begünstigt sind **inländische juristische Personen des öffentlichen Rechts. Ausgenommen** sind Berufsvertretungen und Berufsverbände sowie kassenärztliche Vereinigungen und kassenärztliche Bundesvereinigungen. Davon abzugrenzen sind **Körperschaften des privaten Rechts**. Im Zweifel hat das Finanzamt die Verwaltungsbehörde, welche für die Aufsicht zuständig ist, anzurufen.[1]

Der Begriff der **juristischen Person des öffentlichen Rechts** umfasst alle Gebilde und Institutionen, die aufgrund öffentlichen Rechts mit eigener Rechtsfähigkeit und Hoheitsbefugnissen ausgestattet sind. Die Entstehung und Beendigung einer juristischen Person des öffentlichen Rechts wird dabei durch einen staatlichen Hoheitsakt (u. a. Gesetz, Anerkennung oder Verleihung) begründet. Liegt ein solcher Hoheitsakt nicht vor, kann sich die öffentlich-rechtliche Eigenschaft in Ausnahmen auch aus der geschichtlichen Entwicklung, der Verwaltungsübung oder aus allgemeinen Rechtsgrundsätzen (z. B. öffentlich-rechtliche Religionsgemeinschaften)

---

[1] BFH, Urteil v. 1.3.1951 - I 52/50 U, BStBl 1951 III S. 120.

sowie Gewohnheitsrecht ergeben.[1] Die juristischen Personen des öffentlichen Rechts werden in Körperschaften des öffentlichen Rechts, Anstalten des öffentlichen Rechts sowie Stiftungen des öffentlichen Rechts unterschieden. Da alle dieser Vereinigungen begünstigt sind, ist die teilweise recht komplizierte Abgrenzung der einzelnen Gebilde für die Grundsteuer von untergeordneter Bedeutung.

41 **Körperschaften des öffentlichen Rechts** sind teilweise mitgliedschaftlich orientiert und haben unter Umständen eine verbandsmäßige Struktur. Hauptarten dieser Körperschaften des öffentlichen Rechts sind die Gebiets-, Personal-, Verbands- und Realkörperschaften. Der Hoheitsbereich einer **Gebietskörperschaft** wird durch einen räumlich abgegrenzten Teil des Staatsgebietes bestimmt. Alle in diesem Gebiet wohnenden Bürger und ansässigen Unternehmen sind Pflichtmitglieder der Gebietskörperschaft, sobald sie ihren Wohnsitz bzw. Rechtssitz dorthin verlegen. Zu den Gebietskörperschaften gehören Bund, Länder, Gemeinden und Gemeindeverbände. Im Regelfall aber nicht die Gemeindezweckverbände.

42 Bei **Personalkörperschaften** ergibt sich die Mitgliedschaft durch die Zugehörigkeit zu einer bestimmten Gruppe, insbesondere zu einem bestimmten Beruf, oder anderer auf die Person bezogener Merkmale. Zu den Personalkörperschaften gehören insbesondere Handels-, Handwerks-, Landwirtschafts- und Ärztekammern. Bei **Verbandskörperschaften** sind Mitglieder juristische Personen, die sich zum Erreichen eines öffentlichen Zweckes zusammengeschlossen haben, wie z. B. kommunale Zweckverbände. Bei **Realkörperschaften** basiert die Mitgliedschaft auf dem Eigentum an einem bestimmten Grundstück bzw. auf einer daraus resultierenden Berechtigung, wie beispielsweise bei Deichverbänden sowie Wasser- und Bodenverbänden.

43 **Anstalten des öffentlichen Rechts** sowie Stiftungen des öffentlichen Rechts haben hingegen keinen eigenen Mitgliedsbestand. Anstalten des öffentlichen Rechts sind öffentlich-rechtliche Verwaltungseinrichtungen, die einem besonderen öffentlichen Zweck zu dienen bestimmt sind. Zur Aufgabenerfüllung bündelt die Anstalt Sachmittel (Gebäude, Einrichtung, Fahrzeuge usw.) und Personal in einer Organisationseinheit. Juristische Personen des öffentlichen Rechts sind nur die vollrechtsfähigen Anstalten, die als eigene Rechtspersönlichkeit rechtlich aus der allgemeinen (unmittelbaren) Staatsverwaltung ausgegliedert sind und eigene Selbstverwaltungsrechte haben. Hierzu gehören beispielsweise die Bundesagentur für Arbeit (ehemals Bundesanstalt für Arbeit) sowie die meisten Landesrundfunkanstalten der ARD und des ZDF.

44 Eine **Stiftung des öffentlichen Rechts** ist ein öffentlich-rechtlicher, mit eigener Rechtspersönlichkeit ausgestatteter Vermögensbestand, der einen vom Stifter bestimmten Stiftungszweck verfolgt. Die Errichtung und die Rechtsverhältnisse einer Stiftung öffentlichen Rechts richten sich nach Landesrecht. Zu beachten ist, dass sich der Staat unter Umständen auch Stiftungen des privaten Rechts bedient, welche hier nicht erfasst werden.

45 **Ausdrücklich ausgenommen** sind nach § 3 Abs. 1 Satz 1 Nr. 1 Satz 2 GrStG aber in jeder der o. g. Formen errichteten Berufsvertretungen und Berufsverbände sowie von Kassenärztlichen Vereinigungen und Bundesvereinigungen auch wenn diese teilweise hoheitliche Aufgaben durchführen. Diese werden quasi durch den übergeordneten Status als z. B. Berufsverband infiziert.

46 **Berufsvertretungen und -verbände** zeichnen sich dabei durch die Vertretung der Interessen eines Berufsstandes oder eines/verschiedener Wirtschaftszweige aus.[2] Es kann sich hier sowohl

---

[1] Abschnitt 7 Abs. 2 GrStR.
[2] BFH, Urteil v. 12.7.1955 - I 104/53 U, BStBl 1955 III S. 271.

um ideelle als auch um wirtschaftliche Vertretungen handeln, soweit diese nicht nur einzelnen Mitgliedern dienen. Hilfreich sind an dieser Stelle auch die Körperschaftsteuerrichtlinien zu § 5 KStG. Hintergrund der Ausnahme ist wohl das Ziel der einheitlichen Behandlung unabhängig von der gewählten Rechtsform und der fehlenden politischen Anerkennung.

Die Vereinigungen der Kassenärzte zeichnen sich durch Vertretung des Berufes gegenüber den Krankenkassen aus und werden durch Gesetz dazu errichtet. Dadurch dürfte die Abgrenzung dieser in der Praxis relativ einfach sein. 47

Bei **Öffentlichen Privaten Partnerschaften** kann das Eigentum und die Begünstigung ausnahmsweise auseinanderfallen. Insoweit wird die objektive Voraussetzung hier im Rahmen einer Rückausnahme aufgeweicht. Der Begriff ÖPP ist gesetzlich nicht definiert. ÖPP heißt nach der Begründung des Entwurfs des ÖPPBeschlG Kooperation von öffentlicher Hand und privater Wirtschaft beim Entwerfen, bei der Planung, Erstellung, Finanzierung, dem Management, dem Betreiben und dem Verwerten von bislang in staatlicher Verantwortung erbrachten öffentlichen Leistungen.[1] Erhalten bleibt die objektive Voraussetzung der Nutzung, welche auch weiterhin unmittelbar durch eine juristische Person des öffentlichen Rechts erfolgen muss (§ 7 GrStG). Die zwischengeschaltete Überlassung kann diese natürlich nicht unterbrechen. Dazu kommt, dass die Immobilie am Ende der Partnerschaft auf den Nutzer übertragen werden muss. Dieses muss m. E. nach nicht nur tatsächlich erfolgen, sondern auch fest vertraglich vereinbart sein. Ein Optionsrecht reicht nicht aus.[2] Außerdem müssen auch **Erbbaurechte** zurückübertragen werden.[3] 48

(Einstweilen frei) 49–52

2. Objektive Voraussetzungen

Begünstigt ist die Nutzung für einen **öffentlichen Dienst oder Gebrauch, die dazu unmittelbar erfolgen soll**. Dieses ist nach § 3 Abs. 2 GrStG die hoheitliche Tätigkeit oder der bestimmungsgemäße Gebrauch durch die Allgemeinheit. Die Unterscheidung kann im Einzelfall schwierig sein, ist aber aus diesem Grund auch nicht notwendig. Der Gebrauch durch die Allgemeinheit kann gegen Entgelt erfolgen, sofern keine Gewinnerzielungsabsicht vorliegt. Dieses überschneidet sich mit Ausschluss von § 3 Abs. 3 GrStG mit Blick auf **Betriebe gewerblicher Art**. 53

Die **Feststellung einer hoheitlichen Tätigkeit** wird im Regelfall bereits bei der Körperschaft- oder Gewerbesteuer gefällt.[4] Dieses hat die Verwaltung nach Abschnitt 9 Abs. 1 Satz 6 GrStR im Rahmen der Grundsteuer zu übernehmen, welche nach m. E. auch nicht bedenklich ist. Insoweit gilt auch die gleiche inhaltliche Ausgestaltung dieser Begriffe wie im Körperschaft- und Gewerbesteuerrecht. Im Regelfall wird sich die Nutzung bereits aus einem Gesetz, Verwaltungsakt, Satzung oder ähnliches ergeben, dieses ist aber keine Voraussetzung, da auf die Nutzung abgestellt wird. Für Beispiele wird deshalb auch auf die o. g. Vorschriften verwiesen. 54

Der bestimmungsgemäße **Gebrauch durch die Allgemeinheit** wird sich hingegen nicht unbedingt aus anderen Gesetzen ableiten lassen. Überschneidungen mit etwaigen bestehenden Befreiungsvorschriften können Indizien für eine fehlende Steuerpflicht sein. Als Grundsatz steht fest, dass der Zugang zu den Flächen durch die Öffentlichkeit möglich und nicht auf Personen- 55

---

1 BT-Drucks. 15/5668 S. 10.
2 BFH, Urteil v. 27.9.2017 - II R 13/15, BStBl 2018 II S. 768.
3 BFH Urteil v. 6.12.2017 - II R 26/15, NWB JAAAG-72041.
4 R 4.1 KStR 2015.

kreise begrenzt ist.[1] Auch hier wird es im Regelfall Gesetz, Verwaltungsakt, Satzung oder ähnliches geben.[2] Dieses ist mit Blick auf die Abgrenzung und Nachweis der Fläche auch zu empfehlen. Eine Beschränkung ist nur aus Gründen der Ordnung im Interesse aller Nutzer möglich.

56 Bei **unterstützenden Tätigkeiten**, wie z. B. Kantinen, ist auf die Enge der Beziehung sowie der Unentbehrlichkeit für die Nutzung abzustellen.[3] Eine Zwischenschaltung eines Betreibers mit entsprechender Verpachtung solcher Flächen kann unschädlich sein. Die Anforderungen an eine solche enge Verbindung sind allerdings hoch (denkbar sind z. B. gemeinsame Richtlinien, keine Gewinnerzielungsabsicht aus dem Pachtverhältnis, keine Nutzung und Vertrieb am Markt) und müssen nachgewiesen werden. Als Gegenbeispiel ist hingegen die Überlassung eines Erbbaurechts nicht begünstigt, u. a. da die einfache Vermietung nicht unmittelbar ist.[4]

57 Auch **Hilfstätigkeiten/-flächen** wie z. B. ein Lager nach Abschnitt 8 Abs. 2 Satz 1 GrStR können begünstigt sein. Die Begünstigung von Parkplätzen bedarf dabei besonderer Aufmerksamkeit. Diese können u. a. der befreiten Tätigkeit zugeordnet oder ein Betrieb gewerblicher Art sein. Außerdem können die Befreiungen nach § 4 Nr. 3a GrStG[5] in Frage kommen.

58 Nicht begünstigt ist insbesondere der Grundbesitz, der zur **Vermögensverwaltung** verwendet wird. Auch die nicht begünstigten gewerblichen Betriebe werden im Regelfall bereits im Rahmen der Körperschaft- und Gewerbesteuer festgestellt. Wie oben bereits dargestellt spricht grundsätzlich nichts dagegen, diese Feststellung zu übernehmen (vgl. → Rz. 54). Dieses gilt mit Blick auf die bei der Körperschaftsteuer ggf. geltenden Freigrenzen bzw. geringe Gewichtungsregelungen nicht, so auch Abschnitt 9 Abs. 4 Satz 5 GrStR. Solche Regelungen würden nicht der Natur der Grundsteuer entsprechen, bei der diese Gewichtung mit § 7 GrStG erfolgt.

59–62 *(Einstweilen frei)*

III. Bundeseisenbahnvermögen (§ 3 Abs. 1 Nr. 2 GrStG)

1. Subjektive Voraussetzung

63 Begünstigt wird das Bundeseisenbahnvermögen. Dieses ist ein nicht **rechtsfähiges Sondervermögen der Bundesrepublik Deutschland** und damit auch von der Deutschen Bahn AG[6] abzugrenzen, für dieses sind die Befreiungen in § 4 Nr. 3 GrStG einschlägig. Aufgrund der umfangreichen Veräußerungen und der Trennung von für den Bahnbetrieb erforderlichen Grundbesitz scheint der Umfang des erfassten Grundbesitzes begrenzt.

64–66 *(Einstweilen frei)*

2. Objektive Voraussetzungen

67 Der Grundbesitz muss für Verwaltungszwecke genutzt werden. Davon abzugrenzen ist die Nutzung für Betriebszwecke. Dieses erfasst voraussichtlich nur noch die Dienststellen des Sondervermögens. Der Begriff Verwaltungszwecke ist dabei an den Aufgaben des Sondervermögens zu messen. Die reine Vermögensverwaltung, ggf. auch als Ergebnis der Verwaltung,

---

1 Vgl. Kühnold in Lippross/Seibel Basiskommentar Steuerrecht, GrStG § 3 Rz. 11.
2 Abschnitt 10 Abs. 1 GrStR.
3 BFH, Urteil v. 29.3.1968 - III 213/64, BStBl 1968 II S. 499.
4 BFH, Urteil v. 16.12.2009 - II R 29/08, BStBl 2010 II S. 829.
5 Vgl. Kunz in Grootens, GrStG § 3 Rz. 48.
6 Vgl. Bott in Bott/Walter, KStG § 5 Rz. 31.

dürfte davon nicht erfasst sein. Die Benutzung des Grundbesitzes für Betriebszwecke sowie für alle weiteren Zwecke ist voll steuerpflichtig.[1]

(Einstweilen frei) 68–70

IV. Gemeinnützige oder mildtätige Zwecke (§ 3 Abs. 1 Nr. 3 GrStG)

1. Subjektive Voraussetzung

Aufgrund der subjektiven Voraussetzung sind zum einen **inländische juristische Personen des öffentlichen Rechts** begünstigt. Dieses ist soweit deckungsgleich mit dem oben unter → Rz. 39 ff. dargestellten Begriff. Trotzdem wird der Anwendungsbereich durch die objektive Voraussetzung im Vergleich zur obigen Darstellung deutlich erweitert. 71

Ergänzend werden **inländische Körperschaften, Personenvereinigungen oder Vermögensmassen**, die nach der Satzung, dem Stiftungsgeschäft oder der sonstigen Verfassung und nach ihrer **tatsächlichen Geschäftsführung** ausschließlich und unmittelbar gemeinnützigen oder mildtätigen Zwecken dienen, erfasst. Die entsprechenden Definitionen und Voraussetzungen ergeben sich dabei aus der Abgabenordnung (§§ 51 ff. AO). 72

Im Regelfall kann die Bestimmung der subjektiven Voraussetzungen bei inländisch erfassten Gesellschaften der **Ertragsbesteuerung** bzw. dem zuständigen Finanzamt entnommen werden. Das Lagefinanzamt wird i.S. von Abschnitt 12 GrStR diese Entscheidung übernehmen. Ausländische Gesellschaften sind nicht begünstigt.[2] Die reine Feststellung der Gemeinnützigkeit/Satzung nach § 60a AO dürfte nicht ausreichen, da auch die tatsächliche **Geschäftsführung** nachgewiesen werden muss. Da dieses im Regelfall aber erst nachgelagert erfolgt, wird die Feststellung nach § 60a AO im Rahmen der ersten Veranlagung wohl auch verwendet werden können.[3] Dies ist insbesondere relevant in Gründungsfällen. Es gilt der Grundsatz der Ausschließbarkeit. 73

(Einstweilen frei) 74–76

2. Objektive Voraussetzungen

Der Grundbesitz muss daneben objektiv für **gemeinnützige oder mildtätige Zwecke** genutzt werden. Die Ausprägung dieses Zweckes folgt dabei den Grundsätzen der Abgabenordnung. Im Zweifel unterliegt die Klärung hier dem Lagefinanzamt, da der Grundbesitz den verschiedenen Bereichen/Sphären einer gemeinnützigen Einrichtung zugeordnet werden muss. Außerdem müssen gemischte Nutzungen erfasst werden (§ 7 und 8 GrStG). Die grundsätzlich steuerbefreiten Tätigkeiten und damit auch Nutzungen des Steuerpflichtigen sollten sich aber auch aus der Körperschaftsteuer ergeben (§ 5 f. KStG).[4] 77

So ist die Nutzung für **Wohnzwecke** (§ 5 GrStG) oder **Vermögensverwaltung** zwar ggf. subjektiv begünstigt, aber nicht objektiv. 78

Eindeutig ist, dass die Nutzung unmittelbar zu den begünstigen Zwecken erfolgen muss. Eine Vermietung oder Überlassung eines **Erbbaurechtes** wird dieses regelmäßig nicht erfüllen (sie- 79

---

1 Abschnitt 11 Abs. 3 GrStR.
2 Vgl. Roscher in 360° GrStG eKommentar, § 4 Rz.28.
3 Vgl. Troll/Eisele, GrStG § 3 Rz. 25.
4 Abschnitt 12 Abs. 3 Satz 4 GrStR.

he dazu auch → Rz. 47). Die Nutzung kann abweichend hiervon jedoch aber bei Überlassung an einen anderen subjektiv und objektiv begünstigten Nutzer begünstigt sein. Die Vorbehalte der §§ 5 und 6 GrStG sind zu beachten.

80 Der Grundbesitz, der im Rahmen von **wirtschaftlichen Geschäftsbetrieben** genutzt wird, ist im Regelfall demnach nicht begünstigt. Die Abgrenzung ergibt sich bereits im Rahmen der Körperschaftsteuer. Zu beachten ist aber, dass die Wesentlichkeitsgrenze und Steuerfreigrenze für Zwecke der Grundsteuer keine Bedeutung haben. Die Nutzung im Rahmen eines sog. Zweckbetriebes ist steuerfrei.[1]

81 Ähnlich der Grundsätze bei der öffentlichen Nutzung (vgl. → Rz. 57) sind **Hilfstätigkeiten/-flächen** und auch Verwaltungsräume, Kantinen etc. bei entsprechend enger und eindeutiger Verknüpfung befreit. Bei den sportlichen Zwecken gibt Abschnitt 13 Abs. 2 GrStR einen Katalog der Hilfstätigkeiten.

82–85 *(Einstweilen frei)*

V. Religionsgesellschaften (§ 3 Abs. 1 Nr. 4, 5 und 6 GrStG)

1. Einleitung

86 Die Struktur der Religionsgesellschaften bzw. **Kirchen** im weiteren Sinn ist äußerst kompliziert und für Laien nicht ersichtlich. Dieses wird im Rahmen der Steuerbefreiungen für Zwecke der Grundsteuer durch die verschiedenen sich teilweise überlagernden Vorschriften noch verstärkt. Daher werden diese an dieser Stelle zusammen erfasst, wobei natürlich auch eine Befreiung nach den Grundsätzen des § 3 Abs. 1 Nr. 3b GrStG möglich ist.

87–90 *(Einstweilen frei)*

2. Subjektive Voraussetzung

91 Nach § 3 Abs. 1 Nr. 4 GrStG werden subjektiv die Religionsgesellschaften, die Körperschaft des öffentlichen Rechts sind, einer ihrer Orden, einer ihrer religiösen Genossenschaften oder einem ihrer Verbände begünstigt. Dem stehen die jüdischen Kultusgemeinden gleich, auch wenn sie keine Körperschaften des öffentlichen Rechts sind.

92 Auch § 3 Abs. 1 Nr. 5 GrStG ist so zu lesen, dass die Wohnungen nicht den **Geistlichen und Kirchendienern** gehören sollen, sondern grundsätzlich die gleichen subjektiven Voraussetzungen wie bei Nr. 4 gelten. Zu beachten ist, dass die Orden etc. hier ausdrücklich nicht benannt werden und daher insoweit weiterhin § 5 GrStG unterliegen.

93 Die **Anerkennung** als Körperschaften des öffentlichen Rechts kann durch Bundes- oder Landesrecht erfolgen. Grundsätzlich gelten die gleichen Voraussetzungen wie oben. Diese Begrenzung und insbesondere die Erweiterung nur um die jüdischen Kultusgemeinden sind verfassungsgemäß.[2] Für Religionsgemeinschaften, die nicht als Körperschaften des öffentlichen Rechtsanerkannt sind, besteht die Möglichkeit aufgrund der Gemeinnützigkeit nach § 3 Abs. 1 Satz 1 Nr. 3b (vgl. → Rz. 72) von der Grundsteuer befreit zu werden.[3] Bei geborenen Körperschaften ergibt sich dieses durch die entsprechenden Grundlagen.

---

1 Vgl. Troll/Eisele, GrStG § 3 Rz. 44.
2 BFH, Urteil v. 30.6.2010 - II R 12/09, BStBl 2011 II S. 48.
3 Vgl. Kühnold in Lippross/Seibel, Basiskommentar Steuerrecht, Rz. 28.

Die **Orden** und anderen Formen sind hingegen sehr schwer und nur individuell abgrenzbar. Die Einordnung kann sich jedoch einfach vornehmen lassen, wenn bezüglich der Rechtsform keine Abgrenzung von den begünstigten Religionsgesellschaften vorliegt. Aufgrund der Natur der Orden und neuer Entwicklungen ist diese aber bei weitem nicht immer gegeben. In diesen Fällen ist wohl vorrangig die Anerkennung nach Landesrecht oder nachrangig wohl auch nach Kirchenrecht zu Grunde zu legen.[1]

§ 3 Abs. 1 Nr. 6 GrStG setzt subjektiv voraus, dass der Grundbesitz den unter Nr. 5 genannten Institutionen gehört (wirtschaftlich) und gleichzeitig einem nach Kirchenrecht gesonderten Vermögen, insbesondere einem Stellenfonds, zugeordnet ist. Dieses **Vermögen/Stellenfonds** muss ausschließlich für die Besoldung und Versorgung der Geistlichen und Kirchendiener sowie der Hinterbliebenen dienen.

M. E. ist dabei aktuell aber unklar, wer zivilrechtlich Eigentümer des Grundstücks sein kann bzw. darf. Dieses hat über den Steuerpflichtigen erhebliche Auswirkungen auf die Steuerbefreiung. So ist nicht klar, ob ein **Stellenfonds** eine eigene Rechtspersönlichkeit hat oder haben muss. So stehen diese teilweise im Grundbuch. Dem Wortlaut nach würde dieses dann ggf. nicht den Tatbestand Grundbesitz der Religionsgesellschaften unmittelbar erfüllen. Ggf. müsste man hier ein indirektes Eigentum bemühen. Zu beachten ist dabei aber auch die historische bzw. zeitliche Komponente der Zuordnung nach der Vorschrift.

(Einstweilen frei)

3. Objektive Voraussetzungen

Nr. 4 erfordert objektiv die Nutzung für Zwecke der religiösen Unterweisung, der Wissenschaft, des Unterrichts, der Erziehung oder für Zwecke der eigenen Verwaltung. Zur Bestimmung dieser kann auf § 54 AO zurückgegriffen werden. Zu beachten ist aber auch der entsprechende Ländererlass,[2] welcher wohl auch nach der Reform der Grundsteuer durch das GrStRefG[3] übernommen werden kann.

Nr. 5 erfordert hingegen allein die Nutzung als **Dienstwohnung eines Geistlichen oder Kirchendieners**. Wichtig ist hier, dass dadurch der § 5 GrStG ausgehebelt wird.

Dienstwohnungen sind dem Nutzer zuzuweisen und müssen zur ordnungsgemäßen Ausübung der dienstlichen Obliegenheiten erforderlich sein. Nach der Rechtsprechung ist eine gesonderte Zuweisung einer bestimmten Wohnung bei Anrechnung auf seine Bezüge nicht mehr notwendig.[4]

Für die Bestimmung **als Geistlicher oder Kirchendiener** kommt es dabei nicht darauf an, wie das (öffentlich-rechtliche oder privatrechtliche) Verhältnis bzw. die Tätigkeit zu Stande kommt. Es wird aber entweder als Geistliche wirken oder die sakralen Tätigkeiten der Kirche eng unterstützen.[5] Eine anteilige Aufteilung ist nicht denkbar, vielmehr muss das zu Grunde liegende Rechtsverhältnis eindeutig eingeordnet werden.

---

1 Abschnitt 14 Abs. 1 Satz 1 GrStR.
2 FinMin Rheinland-Pfalz, Erlass v. 6.9.1979, S 3199 A-446.
3 BGBl 2019 I S. 1794.
4 BFH, Urteil v. 16.2.1979 - III R 45/76, BStBl 1979 II S. 286.
5 Abschnitt 15 Abs. 2 und 3 GrStR.

105 Mit Blick auf die Befreiung nach Nr. 6 gibt es keine weiteren objektiven Einschränkungen, wobei sich die objektive Ausschließbarkeit der Nutzung bereits in der Definition der subjektiven Voraussetzung versteckt. Trotzdem ist die Befreiung damit im Vergleich zu den übrigen Vorschriften sehr umfangreich.

§ 4 GrStG Sonstige Steuerbefreiungen

Soweit sich nicht bereits eine Befreiung nach § 3 ergibt, sind von der Grundsteuer befreit

1. Grundbesitz, der dem Gottesdienst einer Religionsgesellschaft, die Körperschaft des öffentlichen Rechts ist, oder einer jüdischen Kultusgemeinde gewidmet ist;
2. Bestattungsplätze;
3. a) die dem öffentlichen Verkehr dienenden Straßen, Wege, Plätze, Wasserstraßen, Häfen und Schienenwege sowie die Grundflächen mit den diesem Verkehr unmittelbar dienenden Bauwerken und Einrichtungen, zum Beispiel Brücken, Schleuseneinrichtungen, Signalstationen, Stellwerke, Blockstellen;
   b) auf Verkehrsflughäfen und Verkehrslandeplätzen alle Flächen, die unmittelbar zur Gewährleistung eines ordnungsgemäßen Flugbetriebes notwendig sind und von Hochbauten und sonstigen Luftfahrthindernissen freigehalten werden müssen, die Grundflächen mit den Bauwerken und Einrichtungen, die unmittelbar diesem Betrieb dienen, sowie die Grundflächen ortsfester Flugsicherungsanlagen einschließlich der Flächen, die für einen einwandfreien Betrieb dieser Anlagen erforderlich sind;
   c) die fließenden Gewässer und die ihren Abfluss regelnden Sammelbecken, soweit sie nicht unter Buchstabe a fallen;
4. die Grundflächen mit den im Interesse der Ordnung und Verbesserung der Wasser- und Bodenverhältnisse unterhaltenen Einrichtungen der öffentlich-rechtlichen Wasser- und Bodenverbände und die im öffentlichen Interesse staatlich unter Schau gestellten Privatdeiche;
5. Grundbesitz, der für Zwecke der Wissenschaft, des Unterrichts oder der Erziehung benutzt wird, wenn durch die Landesregierung oder die von ihr beauftragte Stelle anerkannt ist, dass der Benutzungszweck im Rahmen der öffentlichen Aufgaben liegt. ²Der Grundbesitz muss ausschließlich demjenigen, der ihn benutzt, oder einer juristischen Person des öffentlichen Rechts zuzurechnen sein;
6. Grundbesitz, der für die Zwecke eines Krankenhauses benutzt wird, wenn das Krankenhaus in dem Kalenderjahr, das dem Veranlagungszeitpunkt (§ 13 Abs. 1) vorangeht, die Voraussetzungen des § 67 Abs. 1 oder 2 der Abgabenordnung erfüllt hat. ²Der Grundbesitz muss ausschließlich demjenigen, der ihn benutzt, oder einer juristischen Person des öffentlichen Rechts zuzurechnen sein.

Inhaltsübersicht	Rz.
A. Allgemeine Erläuterungen zu § 4 GrStG	1 – 17
I. Normzweck und wirtschaftliche Bedeutung der Vorschrift	1 – 5
II. Entstehung und Entwicklung der Vorschrift	6 – 10
III. Geltungsbereich	11 – 12
IV. Vereinbarkeit der Vorschrift mit höherrangigem Recht	13 – 14
V. Verhältnis zu anderen Vorschriften	15 – 17
B. Systematische Kommentierung	18 – 85
I. Systematik der Steuerbefreiungen in § 4 GrStG	18 – 25
II. Dem Gottesdienst gewidmeter Grundbesitz (§ 4 Nr. 1 GrStG)	26 – 35
III. Bestattungsplätze (§ 4 Nr. 2 GrStG)	36 – 42
IV. Dem Verkehr dienender Grundbesitz und fließende Gewässer (§ 4 Nr. 3 a, b, c GrStG)	43 – 65

1. Öffentlicher Verkehr (§ 4 Nr. 3a GrStG)	43 - 54
2. Flughäfen / Flugbetrieb (§ 4 Nr. 3b GrStG)	55 - 60
3. Fließende Gewässer (§ 4 Nr. 3c GrStG)	61 - 65
V. Grundflächen der Wasser- und Bodenverbände (§ 4 Nr. 4 GrStG)	66 - 72
VI. Für Zwecke der Wissenschaft, Unterricht und Erziehung genutzter Grundbesitz (§ 4 Nr. 5 GrStG)	73 - 82
VII. Für Zwecke eines Krankenhauses genutzter Grundbesitz (§ 4 Nr. 6 GrStG)	83 - 85

HINWEIS:

Gleich lautende Erlasse der obersten Finanzbehörden der Länder vom 15.1.2002, BStBl 2002 I S. 152; Grundsteuerliche Behandlung von Straßen, Wegen und Plätzen.

BW FinMin v. 11.12.2000, G 1108/3, Der Betrieb 2000 S. 2560; Grundsteuerbefreiung für Flughafengrundstücke gem. § 4 Nr. 3b GrStG.

Richtlinien für die Bewertung der Betriebsgrundstücke der Öffentlichen Verkehrsunternehmen (BewRÖVU) v. 10.8.1995 (OFD Frankfurt S 3015 A – 10 – St I 31).

LITERATUR:

Die grundsteuerliche Behandlung von Straßen, Wegen und Plätzen, NWB 45/2002 S. 3775, NWB BAAAA-74506.

A. Allgemeine Erläuterungen zu § 4 GrStG

I. Normzweck und wirtschaftliche Bedeutung der Vorschrift

Neben § 3 GrStG schließt § 4 GrStG die dauerhaften Steuerbefreiungen ab. Vom Wortlaut her sind die **Steuerbefreiungen** im § 4 GrStG den vorherigen nachgeordnet, aufgrund der gleichen Wirkung hat dieses praktisch aber keine Bedeutung. Vielmehr werden dadurch noch weitere Steuerbefreiungen, welche sich auch überschneiden können, ergänzt. Praktisch mag es auch von der Komplexität der jeweiligen **Nachweisbarkeit** abhängen, auf welche Vorschrift sich der Eigentümer beruft. 1

Mit Blick auf die **wirtschaftliche Bedeutung** gelten grundsätzlich die Ausführungen an entsprechender Stelle zu § 3 GrStG.[1] Aufgrund der bereits umfangreichen Begünstigungen von Religionsgesellschaften in § 3 Abs. 1 Nr. 4–6 GrStG füllt § 4 Nr. 1 GrStG hier nur eine Lücke. § 4 Nr. 6 GrStG findet nur bei Krankenhäusern Anwendung, wird für diese aber von entsprechender Bedeutung sein. Von wirklich großer Bedeutung ist nur die Regelung in § 4 Nr. 3 GrStG, welche Verkehrsflächen begünstigt. Die Anzahl von Eigentümern solcher Flächen dürfte jedoch ebenfalls begrenzt sein. 2

(Einstweilen frei)   3–5

II. Entstehung und Entwicklung der Vorschrift

Bezüglich der Folgen aus der sog. **Reform der Grundsteuer** durch das GrStRefG[2] siehe auch hier die entsprechende Kommentierung zu § 3 GrStG.[3] Neben den dort genannten Punkten wird mit Blick auf die **Verkehrsbetriebe** und die verschobene Erklärungspflicht bei **Erbbaurechten** 6

---

[1] Vgl. Kunz in Grootens, GrStG § 3 Rz. 2.
[2] BGBl 2019 I S. 1794.
[3] Vgl. Kunz in Grootens, GrStG § 3 Rz. 6 ff.

und **Gebäuden auf fremdem Grund und Boden** spannend, wie weit der Staat die Betriebe selbst in die Verpflichtung nimmt.

7   Die Vorschrift in ihrer **Struktur** ist schon längere Zeit **unverändert**. So erfolgte die letzte Änderung mit dem Steuerbereinigungsgesetz v. 22.12.1999. Dabei beinhaltete diese Änderung lediglich eine Klarstellung in der Definition der Verkehrsflughäfen und Verkehrslandeplätzen.

8–10   *(Einstweilen frei)*

III. Geltungsbereich

11   Grundsätzlich umfassen die Steuerbefreiungen im GrStG alle steuerbaren wirtschaftlichen Einheiten in Deutschland. Diese gelten mit § 6 GrStG eindeutig auch für den Land- und forstwirtschaftlich genutzten Grundbesitz. Bis zur sog. Reform der Grundsteuer war der Geltungsbereich damit kaum eingeschränkt. Durch die Reform und die **Öffnungsklausel der Länder**, welche auch das GrStG umfassen, kann sich der Bereich der Befreiungen abhängig vom Bundesland unterscheiden. Bisher sind hier aber keine Absichten zur Abweichung bekannt (vgl. zur Öffnungsklausel zugunsten der Länder Grootens in Grootens, BewG § 266 Rz. 244 f.).

12   *(Einstweilen frei)*

IV. Vereinbarkeit der Vorschrift mit höherrangigem Recht

13   Auch hier gelten die grundsätzlichen Anmerkungen an gleicher Stelle zu § 3 GrStG.[1] Als neue Rechtsprechung bestätigt der BFH in einem Beschluss erneut die Verfassungsmäßigkeit von § 4 und insbesondere die von Gesetzgeber vorgesehenen pragmatischen Einschränkung bei Eigentümern.[2]

14   *(Einstweilen frei)*

V. Verhältnis zu anderen Vorschriften

15   Obwohl wörtlich nachrangig zu **§ 3 GrStG** wird die Anwendung in der Praxis wohl eher parallel erfolgen. Ansonsten gelten auch hier die Einschränkungen der **§§ 5 und 6 GrStG** sowie Zuordnung nach den **§§ 7 und 8 GrStG**.

16–17   *(Einstweilen frei)*

B. Systematische Kommentierung

I. Systematik der Steuerbefreiungen in § 4 GrStG

18   Die Vorschrift hat **sechs Nummern** mit einzelnen Regelungen. Die Nr. 3 unterteilt sich dabei noch einmal in **drei** recht unterschiedlich zu behandelnde **Buchstaben**. Vereint werden diese drei Buchstaben durch die gemeinsame zu Grunde liegende Begünstigung von **Verkehrsflächen**.

19   Auf den ersten Blick wirken die in § 4 GrStG als Ergänzung zu § 3 GrStG vorgesehenen Regelungen, als würden sie **ohne subjektive Voraussetzung** auskommen. D. h., dass diese Regelungen

---

1 Vgl. Kunz in Grootens, GrStG § 3 Rz. 17.
2 Vgl. BFH, Beschluss v. 1.7.2020 - II B 89/19 NV, NWB JAAAH-60309.

nur auf die Nutzung des entsprechenden Grundbesitzes abstellen, unabhängig von dem Eigentümer dieses Grundbesitzes. Das trifft uneingeschränkt aber nur für § 4 Nr. 1–4 GrStG zu.

Mit Blick auf § 4 Nr. 4 GrStG ist klarzustellen, dass nur **Einrichtungen der öffentlich-rechtlichen Wasser- und Bodenverbände** von der begünstigen Nutzung erfasst sind. Die Person des Eigentümers des Grundbesitzes ist irrelevant. In der Wirkung ähnelt dieses in zweiter Stufe einer subjektiven Voraussetzung.

§ 4 Nr. 5 und 6 GrStG hingegen setzen explizit voraus, dass die begünstigte **Nutzung durch den Nutzer** direkt erfolgt oder einer juristischen Person des öffentlichen Rechts zuzurechnen ist. Damit liegt hier eine subjektive Voraussetzung wie bei § 3 GrStG vor.

(Einstweilen frei) 22–25

II. Dem Gottesdienst gewidmeter Grundbesitz (§ 4 Nr. 1 GrStG)

Die Regelung in § 4 Nr. 1 GrStG ergänzt die bereits sehr umfangreichen Befreiungen **von kirchlich genutztem Grundbesitz** insofern, dass nun die Zurechnung des Grundbesitzes unerheblich ist. Es kommt nur auf die finale Nutzung an. Somit kann der Grundbesitz auch an eine **Religionsgesellschaft** des öffentlichen Rechts **vermietet** werden. Die Befreiung ist dabei unabhängig von der Miethöhe, so auch Abschnitt 17 Abs. 2 GrStR.

Abschnitt 17 Abs. 2 Satz 4 GrStR stellt in diesem Zusammenhang darauf ab, dass der Grundbesitz überlassen wird. Ob die Verwaltung deshalb eine **rechtliche Vereinbarung zur Überlassung** voraussetzt ist m. E. unklar. Meines Erachtens kann dieses aber keine formelle Voraussetzung sein, vielmehr geht es um den Nachweis der Widmung bzw. Nutzung selbst. Auf jeden Fall ist es nicht erforderlich, dass die Widmung ein öffentlicher Rechtsakt ist.[1]

Die Voraussetzung der Nutzung wird dabei an die **Widmung für Gottesdienste** gebunden. Dabei sind nur Gottesdienste der **Religionsgesellschaften**, die **Körperschaften des öffentlichen Rechts** sind, sowie der **jüdischen Kultusgemeinden** begünstigt. Für die Ausgestaltung dieser beiden Institutionen siehe Kunz in Grootens, GrStG § 3 Rz. 91 ff.

Grundsätzlich stellt sich die Frage, ob **widmen** nur ein anderes Wort für nutzen ist. Die Verwaltung vertritt zumindest diese Auffassung, da für diese „nutzen" auch „bereithalten" umfasst. Demnach macht die Verwaltung den Begriff auch dem § 7 GrStG zugänglich. Meines Erachtens ist dann aber unklar, ob der Gesetzgeber nur aufgrund des kirchlichen Bezuges einen anderen Begriff gewählt hat. In der Praxis wird es hier aber kaum Differenzen oder zeitliche Verschiebungen geben und die Erfassung unter § 7 GrStG ist zwangsläufig, sodass die Diskussion nicht vertieft werden muss.

Ein **Gottesdienst** zeichnet sich dadurch aus, dass in feierlichen Formen Gemeinschaftsbekenntnisse zu Gott abgelegt werden.[2] Die Abgrenzung ist aber nicht eindeutig und wird von Einzelfall abhängen. Argumente für einen Gottesdienst sind m. E. Publikum, frontales Format ohne Diskussionen, Einmaligkeit in der Abgrenzung zur Übung sowie gemeinsame Gebete.

Wie bei den anderen Steuerbefreiungen sind auch **Hilfsflächen** der direkten Nutzung, wie z. B. Parkplätze und direkt angeschlossene und notwendige Lagerflächen, erfasst. Auch eine Zuordnung von Flächen, z. B. im Rahmen der Verwaltung von Gottesdiensten, erscheint denkbar.

(Einstweilen frei) 32–35

---

1 Vgl. Roscher in 360° GrStG eKommentar, § 4 Rz. 12.
2 Vgl. Troll/Eisele, GrStG § 4 Rz. 2.

III. Bestattungsplätze (§ 4 Nr. 2 GrStG)

36 Befreit sind Bestattungsplätze in jeder Form und Eigentumsverhältnis. Im Regelfall wird sich dieses aber mit den Befreiungen als **öffentliche Nutzung** in § 4 GrStG überschneiden. Daher verbleiben für die Befreiung nach dieser Vorschrift noch **private Familiengräber** im Rahmen der engen Grenzen der Bestattungsgesetze oder neuerdings auch bei privaten Trägern in Rahmen von Lockerungen der Gesetze.[1] Nicht befreit sind alleinstehende, der Bestattung vorhergehende oder diese vorbereitende Tätigkeiten, sondern die Durchführung.[2]

37 Ein **Bestattungsplatz bzw. Friedhof** zeichnet sich dadurch aus, dass eine **Grabstätte** vorhanden ist bzw. aufrechterhalten wird und der Grundbesitz zur Ehrung, Andacht und Erinnerung dieser verwendet wird. Eine Fläche zur einmaligen Ausstreuung von Asche wird diesem nach m. E. voraussichtlich nicht gerecht, bzw. dafür bedürfte es einer eindeutigen und längerfristigeren Einrichtung. Die Kennzeichnung mit entsprechenden Gedenksteinen etc. wird dafür ein Indiz sein. Soweit es sich bei den Flächen um sog. Friedwälder handelt, kann aufgrund von § 6 Nr. 3 GrStG dahingestellt bleiben, ob die Flächen auch noch forstwirtschaftlich genutzt werden z. B. zur Ordnung der Wälder.

38 Als **Hilfsflächen** bzw. Nebenflächen kommen hier insbesondere auch Grünflächen in Frage. Hier könnten sich ggf. Abgrenzungsfragen ergeben. Im Zweifel sind aber die Rahmen der entsprechenden öffentlichen Genehmigung erfassten Flächen zu berücksichtigen.

39–42 *(Einstweilen frei)*

IV. Dem Verkehr dienender Grundbesitz und fließende Gewässer (§ 4 Nr. 3 a, b, c GrStG)

1. Öffentlicher Verkehr (§ 4 Nr. 3a GrStG)

43 Begünstigt sind in Nr. 3a zuerst die dem **öffentlichen Verkehr** dienenden Straßen, Wege, Plätze Wasserstraßen, Häfen und Schienenwege.

44 Daneben sind auch die Grundflächen von **Bauwerken und Einrichtungen**, z. B. Brücken, Schleuseneinrichtungen, Signalstationen, Stellenwerke sowie Blockstellen, die dem öffentlichen Verkehr dienen begünstigt.

45 **Öffentlicher Verkehr** setzt zum einem voraus, dass die Nutzung der Öffentlichkeit zur Verfügung steht und von dieser auch genutzt wird. Eine **Beschränkung** auf einzelne Gruppen, wie z. B. Arbeitskräfte, ist schädlich.[3] Diese kann natürlich für zeitweilige Beschränkungen wie Bauarbeiten gelten. Die theoretische Möglichkeit zur Nutzung durch die Öffentlichkeit reicht nach Abschnitt 18 Abs. 1 GrStR nicht aus. Verkehr ist wohl weiterhin auch dergestalt zu verstehen, dass die Flächen dazu genutzt werden von A nach B zu kommen oder Waren entsprechend zu transportieren. Dieses kann u. a. die Nutzung durch Fahrzeuge, Boote oder Fußgänger erfassen. Der Aufenthalt auf diesen Flächen darf nach m. E. nicht einem **Selbstzweck**, wie z. B. bei Rennstrecken oder Grünanlagen, dienen. Erfasst vom dem Begriff Verkehr ist neben dem fließenden

---

1 Vgl. Troll/Eisele, GrStG § 4 Rz. 3.
2 FG Hessen, Urteil v. 10.6.2015 - 3 K 3027/10.
3 BFH, Urteil v. 14.11.1980 - III R 23/78, BStBl 1981 II S. 355.

Verkehr auch grundsätzlich das damit verbundene Parken, da ohne solche eine Fortbewegung von A nach B nicht denkbar ist. D.h. mit anderen Worten, dass auch der ruhende Verkehr erfasst sein kann.

Privatstraßen oder Mautstraßen können folglich dem öffentlichen Verkehr dienen und ebenso wird auch für durch Lasten eingeschränkten Grundbesitz die Steuerbefreiung greifen. Ohne Bedeutung ist auch der Betreiber des Verkehrs oder Schieneninfrastruktur.

46

Nur für Grundstücke, die neben dem öffentlichen Zweck einem verkehrsfremden Zweck dienen, ist eine **Widmung** und damit ein Verwaltungsakt notwendig.[1] Diese Widmung liegt im Straßen- und Wegerecht begründet. Soweit dieses durch neue Rechtsprechung gefestigt wurde, sind die GrStR noch nicht aktualisiert.[2] Bei anderen Grundstücken reichen die o.g. Voraussetzungen aus.

47

Zu den begünstigten Flächen gehören auch notwendige Flächen wie **Seitenstreifen und Böschungen**,[3] nicht jedoch Schutzstreifen. Parkplätze können steuerbefreit sein, zum einen nach der Definition von Hilfsflächen im Sinne anderer Vorschriften oder auch im Rahmen des § 4 Nr. 3a) GrStG. Dafür braucht es aber die o.g. genannte Widmung sofern andere Interessen wie etwa Gebühren bestehen. Dann können aber auch gebührenpflichtige Parkplätze befreit und Hilfsflächen für den Verkehr sein.[4]

48

Neben den Wegeflächen selbst können auch **Bauwerke** darauf begünstigt sein. Dieses umfasst nicht nur die im Gesetz ausdrücklich genannten direkten Verkehrsgebäude wie Brücken, sondern auch **Hilfsgebäude** wie Straßenmeistereien. Voraussetzung ist, dass diese den Verkehr ermöglichen und nicht diesem nachfolgen, wie z.B. Diensträume der Bundespolizei.[5]

49

Wasserstraßen und Häfen müssen dem öffentlichen Verkehr dienen und damit grundsätzlich jedermann zugänglich sein. Diese Vorgabe gilt nicht für Schutzflächen. Nicht begünstigt sind aber Werks- und auch die meisten Yachthäfen.[6] Die reine öffentliche Anerkennung als Hafen reicht nicht aus.[7]

50

Die Befreiung von **Schienenwegen** wird diese Verkehrswege voraussichtlich sehr umfassend begünstigen, da nur wenige Nutzungen denkbar sind, die nicht dem öffentlichen Verkehr dienen. Nicht begünstigt sind z.B. Werksbahnen oder ggf. touristische Bahnen sowie stillgelegte Flächen.[8] Auch hier werden **Neben- und Hilfsflächen** begünstigt. Dieses kann auch zumindest anteilig Verwaltungsflächen umfassen. Sollte bei **Seilbahnen** die Nutzung der Flächen unter dieser eingeschränkt sein, so sind auch diese befreit.[9]

51

(Einstweilen frei)   52–54

---

1 BFH, Urteil v. 25.4.2001 - II R 19/98, BStBl 2002 II S. 54.
2 Vgl. Roscher in 360° GrStG eKommentar, § 4 Rz. 16.
3 Abschnitt 18 Abs. 2 Satz 1 GrStR.
4 Vgl. Roscher in 360° GrStG eKommentar, § 4 Rz. 19.
5 Vgl. Troll/Eisele, GrStG § 4 Rz. 4.
6 Abschnitt 18 Abs. 5 Satz 2 GrStR.
7 FG Düsseldorf v. 20.10.1977, EFG 1978 S. 284.
8 Vgl. Roscher in 360° GrStG eKommentar, § 4 Rz. 18.
9 Abschnitt 18 Abs. 6 Satz 4 GrStR.

2. Flughäfen / Flugbetrieb (§ 4 Nr. 3b GrStG)

55 Befreit sind auf **Verkehrsflughäfen und Verkehrslandeplätzen** alle Flächen, die unmittelbar zur Gewährleistung eines **ordnungsgemäßen Flugbetriebes** notwendig sind. Dabei implizieren diese Begrifflichkeiten auch eine Nutzung für den öffentlichen Verkehr, Abschnitt 19 Satz 2 GrStR. (vgl. → Rz. 45). Dieser Befreiung liegt die Klassifizierung nach öffentlichem Recht zugrunde. Daraus ergibt sich auch die Anerkennung als solche. Voraussetzung ist, dass die Flächen auf anerkannten Bereichen dieser Institutionen liegen.

56 Für den **ordnungsgemäßen Flugbetrieb** sind dabei zumindest alle Sicherheits- und freigehaltenen Flächen notwendig. Aber auch die für die Abwicklung des Personenverkehrs notwendigen Flächen sind begünstigt. Nicht erfasst sind kommerzielle Nutzungen zum Beispiel durch Läden und Gastronomie.

57 Daneben sind die Grundflächen ortsfester **Flugsicherungsanlagen** einschließlich der Flächen, die für einen einwandfreien Betrieb dieser Anlagen erforderlich sind, begünstigt. Davon wird voraussichtlich hauptsächlich die Deutsche Flugsicherung erfasst. Damit sind aber auch Flächen außerhalb der o. g. Verkehrsflughäfen begünstigt.

58–60 *(Einstweilen frei)*

3. Fließende Gewässer (§ 4 Nr. 3c GrStG)

61 Unabhängig von der Nutzung und den Eigentumsverhältnissen sind **fließende Gewässer** wie Flüsse, Ströme und Kanäle begünstigt. Damit sind auch Werkskanäle erfasst. Nicht begünstigt sind aber Gebäude über solchen Gewässern sowie Seen und Teiche.[1] So kommt für private **Badeseen** regelmäßig keine Befreiung in Betracht.

62 Dazu umfasst der Begriff der **Sammelbecken** auch eine Auswahl von zumindest teilweise stehenden Gewässern. Diese müssen aber dem Abfluss dienen, wie. z. B. Stauanlagen, oder diesen zum Zwecke der Hochwasserkontrolle regulieren. Nach Ansicht der Verwaltung in Abschnitt 20 Abs. 2 Satz 2 GrStR wird dieses bei **kommerziellen Interessen** aber überlagert bzw. verdrängt (Fischereibetriebe, Energiegewinnung). Damit scheint die Befreiung von Sammelbecken von nicht öffentlichen Eigentümern und Nutzern beschränkt. Aber auch nicht kommerzielle Interessen wie Trinkwassergewinnung dürften nicht dem Abfluss dienen und diesen grundsätzlich verdrängen. In diesen Fällen kommt gegebenenfalls die Befreiungsvorschrift des § 4 Nr. 4 GrStG in Betracht.

63–65 *(Einstweilen frei)*

V. Grundflächen der Wasser- und Bodenverbände (§ 4 Nr. 4 GrStG)

66 Die Vorschrift § 4 Nr. 4 GrStG hat zwei getrennte Befreiungen. Zum einen werden Grundflächen mit den im **Interesse der Ordnung und Verbesserung der Wasser- und Bodenverhältnisse** unterhaltenden **Einrichtungen der öffentlich-rechtlichen Wasser- und Bodenverbände** begünstigt. Es genügt nach Abschnitt 21 Abs. 1 Satz 3 GrStR nicht, dass die Flächen oder Einrichtungen nur einer entsprechenden Ordnung und Verbesserung dienen. Es bedarf **subjektiv** einer öffentlichen Einrichtung. Dazu sind nach Abschnitt 21 Abs. 1 Satz 2 GrStR nur Ordnung und Verbesserung der Wasserverhältnisse und Bodenverhältnisse begünstigt.

---

[1] Vgl. Troll/Eisele, GrStG § 4 Rz. 8.

Unter **Einrichtungen** sind in erster Linie menschlich geschaffene Werke wie z. B. Deiche und Talsperren zu verstehen. Doch auch bewusst nicht genutzte und damit der Natur überlassene Flächen wie Deichvorland sind erfasst.[1] Hier ist § 6 GrStG zu beachten, da die Flächen trotz **land- und forstwirtschaftlicher Nutzung** begünstigt bleiben können.[2] Nicht begünstigt ist hingegen die gewerbliche Nutzung.

67

Durch diesen großen Umfang von Einrichtungen mag auch der Begriff **Grundfläche** hervorgerufen worden sein. Dieser ist m. E. aber wie der Begriff Flächen bei den anderen Befreiungen zu verstehen und soll keine Beschränkung oder Eingrenzung implizieren.

68

Zum anderen werden staatlich unter Schau gestellte **Privatdeiche** befreit. Diese erfolgt im Interesse der Öffentlichkeit. Außerdem sieht die Verwaltung auch hier Deichvorland mit begünstigt. Dabei wird sich in der Praxis die Frage nach der Hauptnutzung stellen.

69

(Einstweilen frei)

70–72

VI. Für Zwecke der Wissenschaft, Unterricht und Erziehung genutzter Grundbesitz (§ 4 Nr. 5 GrStG)

§ 4 Nr. 5 GrStG befreit Grundbesitz, der für Zwecke der Wissenschaft, des Unterrichts oder der Erziehung benutzt wird. **Subjektiv** muss die objektiv begünstigte Nutzung durch den Eigentümer selbst oder eine juristische Person des öffentlichen Rechts erfolgen. D. h. Eigentum einer dritten Partei, auch von Ehepartnern, ist immer ausgeschlossen.[3] Personengesellschaften können begünstigt sein, sofern Nutzer und Eigentümer deckungsgleich sind. Auf gleiche Anteile scheint es nicht anzukommen. Eine Durchrechnung durch Kapitalgesellschaften ist nicht möglich.[4] Damit sind zumindest mehrere Benutzer begünstigt, was der Wortlaut nicht eindeutig widerspiegelt.

73

Objektiv muss eine Nutzung für Zwecke der **Wissenschaft, des Unterrichts oder der Erziehung** vorliegen. Außerdem muss von öffentlicher Seite anerkannt werden, dass dieser Zweck im Rahmen **der öffentlichen Aufgaben** liegt. Durch die umfangreichen Befreiungen hat die Vorschrift insbesondere Bedeutung für Privatschulen, so wie es auch in Abschnitt 22 Abs. 1 Satz 2 GrStR erkannt wird, sowie für private Forschungsinstitute.

74

Wissenschaftlich tätig ist, wer schöpferische oder forschende Arbeit leistet oder wer das aus der Forschung hervorgegangene Wissen und Erkennen auf konkrete Vorgänge anwendet. Von wissenschaftlichem Arbeiten kann nur gesprochen werden, wenn grundsätzliche Fragen oder konkrete Vorgänge methodisch in ihren Ursachen erforscht, begründet und in einen Sinnzusammenhang gebracht werden. Die Förderung von Wissenschaft und Forschung ist nur dann gemeinnützig, wenn sie der Allgemeinheit dient.[5] Soweit dieses durch Industrieunternehmen erfolgt, ist nach Abschnitt 22 Abs. 2 Satz 2 GrStR auch bei Zusammenarbeiten mit öffentlichen Stellen zu hinterfragen, ob die Voraussetzungen für eine Begünstigung vorliegen. Dies wird im Zweifel im Anerkennungsverfahren zu klären sein.[6]

75

---

1 Abschnitt 21 Abs. 2 GrStR.
2 Vgl. Lange in Grootens, GrStG § 6 Rz. 55.
3 BFH, Urteil v. 9.10.1970 - III R 2/69, BStBl 1971 II S. 63 u. vgl. BFH, Beschluss v. 1.7.2020 - II B 89/19 NV, NWB JAAAH-60309.
4 Abschnitt 23 Abs. 2 Satz 3 und 4 GrStG.
5 BFH, Urteil v. 7.3.2007 - I R 90/04, BStBl 2007 II S. 628.
6 Vgl. Roscher in 360° GrStG eKommentar, § 4 Rz. 36.

76 **Unterricht** umfasst nicht nur allgemeinbildende, sondern auch weiterführende und berufsnahe Ausbildungen, muss aber immer im Rahmen der öffentlichen Aufgaben liegen. Private Kurse wie auch Sport sind grundsätzlich nicht zu erfassen. Aufgrund der Übereinstimmung kann hierbei auch auf die Umsatzsteuer (§ 4 Nr. 21a UStG) zurückgegriffen werden.[1]

77 **Erziehung** im Rahmen der öffentlichen Aufgaben wird in Waisenhäusern, Kindergärten und Kinderhorten erfüllt, wobei die Bedeutung des Aufenthalts hinter dem Zweck der Erziehung zurückstehen muss, Abschnitt 22 Abs. 4 Satz 1 GrStR. Zu beachten sind dabei auch die haftungsrechtlich geregelten Grenzen von Erziehung und Aufsicht. Auf die Methodik der Erziehung wird es im Regelfall nicht ankommen.

78 Die **Anerkennung** erfolgt durch die Landesregierung oder einer von dieser anerkannten Stelle. Eine Anerkennung bedeutet aber nicht zugleich, dass auch die o. g. Zwecke vorliegen.[2] In der **Praxis** wird dieses bzw. die Darlegung und Begründung aber deckungsgleich sein. Die Anerkennung erfolgt allein für die Zwecke der Grundsteuer. Einige Länder sehen pauschale Anerkennungen vor. Obwohl die Finanzverwaltung im Regelfall in den Prozess der Anerkennung einbezogen wird, muss diese die Anerkennung im Rahmen der Veranlagung der Grundsteuer uneingeschränkt akzeptieren.[3]

79–82 *(Einstweilen frei)*

VII. Für Zwecke eines Krankenhauses genutzter Grundbesitz (§ 4 Nr. 6 GrStG)

83 § 4 Nr. 6 GrStG befreit Grundbesitz, der für die Zwecke eines Krankenhauses benutzt wird. **Subjektiv** gelten hier die gleichen Grundsätze wie bei § 4 Nr. 5 GrStG, vgl. → Rz. 73.

84 **Objektiv** muss die Nutzung für Zwecke eines **begünstigten Krankenhauses** erfolgen. Die Begünstigung ergibt sich dabei durch **§ 67 Abs. 1 oder 2 AO** und muss im Kalenderjahr vor dem Veranlagungszeitraum vorgelegen haben. Eine entsprechende Einordnung für andere Steuern ist nach Abschnitt 23 Abs. 1 Satz 4 GrStR für Zwecke der Grundsteuer zu übernehmen. Auch hier wird der Hauptanwendungsbereich im privaten Sektor liegen.

85 Erfasst werden nach Abschnitt 23 Abs. 3 GrStR auch **Verwaltungsräume** sowie ein zur Erholung dienender **Garten**. Auch **Parkplätze** können erfasst sein, sofern diese **Hilfsflächen** sind. Die Befreiung wird bei einer Gebührenpflicht von der Verwaltung aber verneint.[4] M. E. ist dieses aber fraglich, sofern die Gebühren nicht zur Gewinnerzielung, sondern zur Ordnung und Unterstützung des Krankenhausbetriebes dienen, z. B. zur Abhaltung von Dauerparkern. Hier wird sich aber im Zweifel die Frage nach anderen Mitteln wie zeitlichen Begrenzungen stellen.

---

1 Vgl. Troll/Eisele, GrStG § 4 Rz. 11.
2 Abschnitt 23 Abs. 5 Satz 5 GrStR.
3 Vgl. Troll/Eisele, GrStG § 4 Rz. 15.
4 Vgl. Roscher in 360° GrStG eKommentar, § 4 Rz. 16.

§ 5 GrStG Zu Wohnzwecken benutzter Grundbesitz

(1) Dient Grundbesitz, der für steuerbegünstigte Zwecke (§§ 3 und 4) benutzt wird, zugleich Wohnzwecken, gilt die Befreiung nur für

1. Gemeinschaftsunterkünfte der Bundeswehr, der ausländischen Streitkräfte, der internationalen militärischen Hauptquartiere, der Bundespolizei, der Polizei und des sonstigen Schutzdienstes des Bundes und der Gebietskörperschaften sowie ihrer Zusammenschlüsse;
2. Wohnräume in Schülerheimen, Ausbildungs- und Erziehungsheimen sowie Prediger- und Priesterseminaren, wenn die Unterbringung in ihnen für die Zwecke des Unterrichts, der Ausbildung oder der Erziehung erforderlich ist. ²Wird das Heim oder Seminar nicht von einem der nach § 3 Abs. 1 Nr. 1, 3 oder 4 begünstigten Rechtsträger unterhalten, so bedarf es einer Anerkennung der Landesregierung oder der von ihr beauftragten Stelle, dass die Unterhaltung des Heims oder Seminars im Rahmen der öffentlichen Aufgaben liegt;
3. Wohnräume, wenn der steuerbegünstigte Zweck im Sinne des § 3 Abs. 1 Nr. 1, 3 oder 4 nur durch ihre Überlassung erreicht werden kann;
4. Räume, in denen sich Personen für die Erfüllung der steuerbegünstigten Zwecke ständig bereithalten müssen (Bereitschaftsräume), wenn sie nicht zugleich die Wohnung des Inhabers darstellen.

(2) Wohnungen sind stets steuerpflichtig, auch wenn die Voraussetzungen des Absatzes 1 vorliegen.

Inhaltsübersicht	Rz.
A. Allgemeine Erläuterungen zu § 5 GrStG	1 - 21
I. Normzweck und wirtschaftliche Bedeutung der Vorschrift	1 - 4
II. Entstehung und Entwicklung der Vorschrift	5 - 8
III. Geltungsbereich	9 - 12
IV. Vereinbarkeit der Vorschrift mit höherrangigem Recht	13 - 16
V. Verhältnis zu anderen Vorschriften	17 - 21
B. Systematische Kommentierung	22 - 53
I. Systematik der Einschränkungen in § 5 GrStG	22 - 26
II. Wohnzwecke, Wohnräume und Wohnungen (§ 5 Abs. 1 und Abs. 2 GrStG)	27 - 35
III. Gemeinschaftsunterkünfte (§ 5 Abs. 1 Nr. 1 GrStG)	36 - 41
IV. Wohnräume von Heimen und Seminaren (§ 5 Abs. 1 Nr. 2 GrStG)	42 - 46
V. Wohnräume für steuerbegünstigte Zwecke (§ 5 Abs. 1 Nr. 3 GrStG)	47 - 51
VI. Bereitschaftsräume (§ 5 Abs. 1 Nr. 4 GrStG)	52 - 53

HINWEIS:

OFD Karlsruhe, Vfg. v. 26.4.2012 - G 1102/11-St 344, Wohnungsbegriff nach § 5 Abs. 2 GrStG i.V. mit Antrag auf Befreiung nach § 3 Abs. 1 Nr. 3a GrStG.

LITERATUR:

Grootens, Anmerkung zu einer Entscheidung des BFH, Urteil v. 4.12.2014 - II R 20/14 – Mindestwohnfläche für Wohnungsbegriff i. S. des § 5 Abs. 2 GrStG, NWB OAAAE-87221.

A. Allgemeine Erläuterungen zu § 5 GrStG

I. Normzweck und wirtschaftliche Bedeutung der Vorschrift

Im Anschluss an die §§ 3 und 4 GrStG schränkt § 5 GrStG die Grundsteuerbefreiungen für den Bereich der **Wohnnutzung** erheblich ein. Hintergrund scheint hier zu sein, dass der Gesetzgeber nicht auch noch über diesen Weg Einfluss auf den Wohnungsmarkt nehmen möchte.

Dieses behält er anderen Wegen und Mitteln vor.[1] Dadurch ist ein erheblicher Bereich ausgenommen und schränkt die Befreiungen wirtschaftlich, aber auch in der öffentlichen Wahrnehmung, ein. Unbebaute Grundstücke dürften im Regelfall aufgrund der fehlenden Nutzung zu Wohnzwecken nicht vom Ausschluss des § 5 GrStG erfasst sein.

2–4 *(Einstweilen frei)*

II. Entstehung und Entwicklung der Vorschrift

5 Wie auch die §§ 3 und 4 GrStG wurde auch § 5 GrStG wenig und lange nicht mehr verändert. Die letzten Änderungen waren dazu kosmetischer Natur, so wurde z. B. „des Bundesgrenzschutzes" durch „der Bundespolizei" ersetzt, da eine Umbenennung erfolgte. Bezüglich der Auswirkungen der Reform der Grundsteuer durch das GrStRefG vgl. Kunz in Grootens, GrStG § 3 Rz. 6 ff.[2]

6–8 *(Einstweilen frei)*

III. Geltungsbereich

9 Grundsätzlich umfassen die Steuerbefreiungen im GrStG alle steuerbaren wirtschaftlichen Einheiten in Deutschland. Bis zur Reform der Grundsteuer durch das GrStRefG[3] war der Geltungsbereich damit kaum eingeschränkt. Durch die Reform und die **Öffnungsklausel der Länder**, welche auch das GrStG umfassen, kann sich der Bereich der Befreiungen abhängig vom Bundesland unterscheiden. Bisher sind hier aber keine Absichten zur Abweichung bekannt (vgl. zur Öffnungsklausel zugunsten der Länder Grootens in Grootens, BewG § 266 Rz. 244 f.).

10–12 *(Einstweilen frei)*

IV. Vereinbarkeit der Vorschrift mit höherrangigem Recht

13 Trotz der erheblichen Einschränkung gibt es auch aufgrund eindeutiger Rechtsprechung keine Bedenken gegen **die Verfassungsmäßigkeit** von § 5 GrStG.[4]

14–16 *(Einstweilen frei)*

V. Verhältnis zu anderen Vorschriften

17 § 5 GrStG baut als **Rückausnahme** auf die **§§ 3 und 4 GrStG** auf. Ohne die Anknüpfung ist die Vorschrift nicht denkbar. Bemerkenswert ist aber auch die Regelung in § 3 Abs. 1 Nr. 5 Satz 2 GrStG, welche die Rückausnahme für **Dienstwohnungen** der Geistlichen und Kirchendiener ausschließt.[5] Im Umkehrschluss öffnen sich dadurch wieder Anwendungsbereich für viele Steuervergünstigungen.

18 Außerdem hebelt § 5 GrStG die grundsätzlich vorgesehene **Gewichtung von Nutzungen** nach § 8 Abs. 2 GrStG aus.[6] So führt bereits eine geringe Mitnutzung für Wohnzwecke grundsätzlich

---

1 BT-Drucks. 6/3418 S. 81.
2 BGBl 2019 I S. 1794.
3 BGBl 2019 I S. 1794.
4 BVerfG, Dreierausschussbeschluss v. 4.4.1984 - 1 BvR 1139/82.
5 Vgl. Kunz in Grootens, GrStG § 3 Rz. 102.
6 Vgl. Lange in Grootens, GrStG § 8 Rz. 15.

zu einer **vollständigen Versagung der Steuerbefreiungen**. Diese Rechtsfolge ist aber der räumlichen Aufteilung des § 8 Abs. 1 GrStG nachgelagert.[1]

(Einstweilen frei) 19–21

B. Systematische Kommentierung

I. Systematik der Einschränkungen in § 5 GrStG

§ 5 Abs. 1 GrStG schränkt die Steuerbefreiungen aus den §§ 3 und 4 GrStG dahingehend ein, dass eine gleichzeitige Nutzung zu Wohnzwecken die Steuerbefreiung grundsätzlich **vollständig ausschließt**. Zugleich werden aber auch vier Rückausnahmen genannt, welche die Steuerbefreiungen wiederum ermöglichen. Diese betreffen dabei verschiedene Befreiungen aus den §§ 3 und 4 GrStG. 22

Abschließend werden diese **Rückausnahmen** durch die Einschränkung in § 5 Abs. 2 GrStG für den Bereich der **Wohnungen** wieder ausgenommen. Da Wohnzwecke im Regelfall Wohnungen betreffen, ist die Einordnung und Abgrenzung der Räumlichkeiten von erheblicher Bedeutung und wird daher vor die einzelnen und sehr speziellen Rückausnahmen (§ 5 Abs. 1 Nr. 1–4 GrStG) gezogen. 23

(Einstweilen frei) 24–26

II. Wohnzwecke, Wohnräume und Wohnungen (§ 5 Abs. 1 und Abs. 2 GrStG)

Grundsätzlich findet § 5 GrStG nur bei der Nutzung für **Wohnzwecke** Anwendung. Die Prüfung auf Wohnzwecke wird dabei regelmäßig auch bei der Bestimmung des Bewertungsverfahrens und damit der Grundstücksarten nach § 249 BewG erfolgen. Dabei erfüllen Wohnzwecke Wohnbedürfnisse.[2] 27

Sobald feststeht, dass die Flächen Wohnzwecken dienen, ist zu prüfen, ob es sich um **Wohnräume**, welche die Rückausnahmen eröffnen, oder um **Wohnungen** handelt. Die Unterscheidung ist dabei traditionell streitanfällig und findet u. a. im EStG als auch im BewG Anwendung. Außerdem wurde **mit § 249 Abs. 10 BewG** im Rahmen der Reform der Grundsteuer durch das GrStRefG[3] eine aktuelle Definition der Wohnung eingeführt. Diese gilt nach ihrer systematischen Stellung im BewG für die Grundsteuerwertbewertung und damit auch für die Steuerbefreiungen ab dem 1.1.2025.[4] Vergleiche zur Definition der Wohnung ausführlich Bock in Grootens, BewG § 249 Rz. 76 ff. 28

Dadurch unterscheiden sich die Definitionen der Wohnung im Rahmen der Einheitsbewertung, Grundbesitzbewertung sowie Grundsteuerwertbewertung. Daher ist im Rahmen der Neuveranlagungen eine Prüfung zu empfehlen, inwieweit der Begriff der Wohnung, insbesondere in Grenzfällen, noch oder nicht mehr erfüllt ist. 29

(Einstweilen frei) 30–35

---

1 Vgl. Roscher in 360° GrStG eKommentar, § 5 Rz. 5.
2 Vgl. Bock in Grootens, BewG § 249 Rz. 22.
3 BGBl 2019 I S. 1794.
4 Vgl. Roscher in 360° GrStG eKommentar, § 5 Rz. 8.

III. Gemeinschaftsunterkünfte (§ 5 Abs. 1 Nr. 1 GrStG)

36 Sofern keine Wohnungen vorliegen, sind **Gemeinschaftsunterkünfte** der folgenden Institutionen begünstigt:

- der Bundeswehr
- der ausländischen Streitkräfte
- der internationalen militärischen Hauptquartiere
- der Bundespolizei
- der Polizei
- der sonstigen Schutzdienste des Bundes und der Gebietskörperschaften sowie ihrer Zusammenschlüsse

37 Dabei umfasst der Begriff Gemeinschaftsunterkünfte trotz des Namens auch Räume, die für eine **Einzelnutzung** vorgesehen sind. Voraussetzung ist u. a. nach Abschnitt 25 Abs. 1 Satz 1 GrStR, dass die Räume erforderlich sind, um einen **Dienstbetrieb** aufrecht zu erhalten. Insofern liegt auch eine Überschneidung mit § 5 Abs. 1 Nr. 4 GrStG nahe. Die Räume können auch außerhalb von z. B. Kasernengeländen liegen.[1]

38 Dabei werden auch **Hilfsflächen** zur Aufrechterhaltung des Dienstbetriebs erfasst und in die Gemeinschaftsflächen miteinbezogen bzw. gehören zu diesen. Das umfasst exemplarisch nach Abschnitt 25 Abs. 2 Satz 1 GrStR auch Kantinen und Wirtschaftsräume, aber nach Abschnitt 25 Abs. 3 GrStR keine Ladengeschäfte oder Friseursalons.

39–41 *(Einstweilen frei)*

IV. Wohnräume von Heimen und Seminaren (§ 5 Abs. 1 Nr. 2 GrStG)

42 Begünstigt sind Wohnräume in Schülerheimen, Ausbildungs- und Erziehungsheimen sowie Prediger- und Priesterseminaren, wenn die Unterbringung in ihnen für die **Zwecke des Unterrichts, der Ausbildung oder der Erziehung** erforderlich ist. Dabei handelt es sich um eine abschließende Aufzählung, Abschnitt 26 Abs. 1 Satz 2 GrStR. Durch die Systematik der Befreiungen ergibt sich, dass gleichzeitig die Voraussetzungen nach § 3 oder 4 GrStG objektiv und subjektiv erfüllt sein müssen.[2]

43 Dazu muss das Heim oder Seminar von einem der nach § 3 Abs. 1 Nr. 1, 3 oder 4 GrStG begünstigten **Rechtsträger** unterhalten werden. Dieses ergänzt ggf. die subjektiven Voraussetzungen aus § 3 GrStG. Ansonsten bedarf es einer **Anerkennung** der Landesregierung oder der von ihr beauftragten Stelle, dass die Unterhaltung des Heims oder Seminars im Rahmen der öffentlichen Aufgaben liegt. Das Verfahren erfolgt dabei durch die Landesregierung.[3] Diese Anerkennung einer öffentlichen Aufgabe ist gleichzeitig aber auch von der Anerkennung nach § 4 Nr. 5 GrStG zu trennen, da verschiedenen Bereiche erfasst werden.[4]

44–46 *(Einstweilen frei)*

---

[1] BFH, Beschluss v. 10.5.1968 - III B 55/67, BStBl 1968 II S. 610.
[2] Vgl. Roscher in 360° GrStG eKommentar, § 5 Rz. 10.
[3] Vgl. Kunz in Grootens, GrStG § 4 Rz. 78.
[4] Vgl. Troll/Eisele, GrStG § 5 Rz. 6.

V. Wohnräume für steuerbegünstigte Zwecke (§ 5 Abs. 1 Nr. 3 GrStG)

Können steuerbegünstigte Zwecke nach § 3 Abs. 1 Nr. 1, 3 oder 4 GrStG nur durch die **Überlassung** von Wohnräumen erfüllt werden, ist dieses als Ausnahme auch begünstigt. Das gilt aber nicht für die Überlassung von Wohnungen. Der Verweis bedeutet auch, dass die **subjektiven** Voraussetzungen erfüllt sein müssen, Abschnitt 27 Abs. 1 Satz 2 GrStR. Wahrscheinlich war es dabei ein Versehen, dass § 4 Nr. 6 GrStG nicht erwähnt wird.[1]

BEISPIEL: Überlassungen, deren steuerbefreite Zwecke nur durch diese entsprechend erfüllt werden können, sind nach Abschnitt 27 Abs. 2 GrStR:
- Die Unterbringung von Straf- und Untersuchungsgefangenen in einer Justizvollzugsanstalt (Zellen)
- Die Unterbringung für die Fürsorge für Kranke (Unterbringung in Krankenhäusern)
- Die Unterbringung für Jugendliche (Unterbringung in Jugendherbergen, Jugendheimen, Kinderheimen)
- Die Unterbringung für erholungsbedürftige Personen (Unterbringung in Erholungsheimen)
- Die Unterbringung für pflegebedürftige und ältere Menschen (Unterbringung in Pflegeheimen, Altenheimen).

(Einstweilen frei) 49–51

VI. Bereitschaftsräume (§ 5 Abs. 1 Nr. 4 GrStG)

Begünstigt sind auch **Bereitschaftsräume**. Diese werden dabei definiert als Räume, in denen sich Personen für die Erfüllung der steuerbegünstigten Zwecke **ständig** bereithalten müssen. Nach Abschnitt 28 Abs. 1 Satz 3 GrStR bedeutet ständig dabei, dass das Personal jederzeit zur Verfügung stehen muss. Dazu braucht es nach Ansicht der Verwaltung eine Nähe, die keiner Motorisierung bedarf (Umkehrschluss Abschnitt 28 Abs. 3 GrStR). Dazu wurden diverse Erlässe mit pauschalen Grenzen erlassen.[2]

Durch die erneute Erwähnung bzw. Abgrenzung der Wohnung soll klar gemacht werden, dass es sich bei den Bereitschaftsräumen nicht um den **Hauptwohnsitz** handeln darf, unabhängig davon, ob es sich dabei um eine Wohnung i. S. des Gesetzes handelt.[3] Dabei ist auch das Melderecht zu beachten.[4] Dieses entspricht auch dem Hinweis nach Abschnitt 28 Abs. 4 GrStR, dass die Wohnzwecke nicht überwiegen dürfen, da es sonst eine Wohnung des **Inhabers** darstellt.

§ 6 GrStG Land- und forstwirtschaftlich genutzter Grundbesitz

Wird Grundbesitz, der für steuerbegünstigte Zwecke (§§ 3 und 4) benutzt wird, zugleich land- und forstwirtschaftlich genutzt, so gilt die Befreiung nur für
1. Grundbesitz, der Lehr- oder Versuchszwecken dient;
2. Grundbesitz, der von der Bundeswehr, den ausländischen Streitkräften, den internationalen militärischen Hauptquartieren oder den in § 5 Abs. 1 Nr. 1 bezeichneten Schutzdiensten als Übungsplatz oder Flugplatz benutzt wird;
3. Grundbesitz, der unter § 4 Nr. 1 bis 4 fällt.

---

1 Vgl. Troll/Eisele, GrStG § 5 Rz. 6.
2 Vgl. Roscher in 360° GrStG eKommentar, § 5 Rz. 12.
3 BFH, Urteil v. 23.2.1979 - III R 38/77, BStBl 1979 II S. 524–526.
4 Vgl. Troll/Eisele, GrStG § 5 Rz. 10.

Inhaltsübersicht	Rz.
A. Allgemeine Erläuterungen zu § 6 GrStG	1 - 12
I. Normzweck und wirtschaftliche Bedeutung der Vorschrift	1 - 3
II. Entstehung und Entwicklung der Vorschrift	4 - 6
III. Geltungsbereich	7 - 9
IV. Verhältnis zu anderen Vorschriften	10 - 12
B. Systematische Kommentierung	13 - 56
I. Konkurrenz zwischen land- und forstwirtschaftlicher und steuerbegünstigter Nutzung	13 - 25
1. Grundsatz	13 - 16
2. Land- und forstwirtschaftliche Nutzung	17 - 22
3. Ausnahmen (§ 6 Nr. 1–3 GrStG)	23 - 25
II. Grundbesitz, der Lehr- und Versuchszwecken dient (§ 6 Nr. 1 GrStG)	26 - 50
1. Land- und Forstwirtschaftliche Nutzung	27 - 29
2. Nutzung zu steuerbegünstigten Zwecken gemäß §§ 3 und 4 GrStG	30 - 34
3. Nutzung zu Lehr- oder Versuchszwecken	35 - 50
a) Lehrzwecke	37 - 40
b) Versuchszwecke	41 - 43
c) Mittelbar zu Lehr- oder Versuchszwecken dienende Wohngebäude	44 - 47
d) Pflanzenzuchtanstalten	48 - 50
III. Grundbesitz mit militärischer Nutzung (§ 6 Nr. 2 GrStG)	51 - 54
IV. Grundbesitz in den Fällen des § 4 Nr. 1–4 GrStG (§ 6 Nr. 3 GrStG)	55 - 56

LITERATUR:

Roscher, 360° GrStG eKommentar, Bonn; *Troll/Eisele*, Grundsteuergesetz, 12. Aufl. 2021.

A. Allgemeine Erläuterungen zu § 6 GrStG

I. Normzweck und wirtschaftliche Bedeutung der Vorschrift

1   § 6 führt zu einer **Einschränkung der Grundsteuerbefreiung** beim Zusammenfallen von steuerbegünstigter und **land- und forstwirtschaftlicher Nutzung** gegenüber den §§ 3 und 4 GrStG ein. Nach der **Gesetzesbegründung**[1] dient die Vorschrift vor allem der Sicherung des Grundsteueraufkommens kleinerer ländlicher Gemeinden, bei denen ein Zusammenfallen von land- und forstwirtschaftlicher sowie steuerbegünstigter Nutzung einen bestimmten Umfang einnimmt.

2–3   *(Einstweilen frei)*

II. Entstehung und Entwicklung der Vorschrift

4   Die Vorschrift stammt aus dem Grundsteuergesetz 1936. Die Neufassung des Grundsteuergesetzes durch das **GrStRefG** v. 26.11.2019 (BGBl 2019 I S. 1875) führte zu keiner Änderung der Vorschrift.

5–6   *(Einstweilen frei)*

---

[1] Zitiert über Eisele in Troll/Eisele, GrStG § 6 Rz. 1.

III. Geltungsbereich

Die Vorschrift gilt für die Erhebung der Grundsteuer beim **Zusammenfallen von** einer steuerbegünstigen **Nutzung nach §§ 3 und 4 GrStG und der Nutzung zu land- und forstwirtschaftlichen Zwecken**. Sie schränkt die Steuerbefreiung auf die in § 6 Nr. 1–3 genannten Fälle ein.

(Einstweilen frei)

IV. Verhältnis zu anderen Vorschriften

§ 6 GrStG schränkt die Steuerbefreiung nach den §§ 3 und 4 GrStG ein. Zudem geht er der Regelung in § 8 GrStG als **lex specialis** vor. Die Steuerbefreiung des ganzen Grundstücks bei **überwiegender Nutzung** zu steuerbegünstigten Zwecken entfällt zumindest anteilig, wenn das zu steuerbegünstigten Zwecken genutzte Grundstück zugleich land- und forstwirtschaftlich genutzt wird. Eine Rückausnahme von diesem Grundsatz gilt nach § 3 Abs. 1 Nr. 6 Satz 3 GrStG für den Grundbesitz von Religionsgemeinschaften.[1]

(Einstweilen frei)

B. Systematische Kommentierung

I. Konkurrenz zwischen land- und forstwirtschaftlicher und steuerbegünstigter Nutzung

1. Grundsatz

§ 6 schränkt die in den §§ 3 und 4 GrStG vorgesehene Grundsteuerbefreiung bei einer steuerbegünstigten Nutzung ein, wenn das Grundstück zugleich **land- und forstwirtschaftlich** genutzt wird. Das gilt sogar dann, wenn die land- und forstwirtschaftliche Nutzung der unmittelbaren Verwirklichung begünstigter Zwecke dient. So ist beispielsweise die **Gärtnerei eines Sozialversicherungsträgers** auch dann nicht von der Grundsteuer befreit, wenn in ihr ausschließlich Blumen und Pflanzen für die eigenen Heilstätten des Versicherungsträgers erzeugt werden.[2] Gleiches gilt für **Gewässer eines gemeinnützigen Sportfischervereins**, der von den Mitgliedern zum Fischen genutzt wird.[3]

Es kommt also, anders als bei § 8 Abs. 2 GrStG[4], nicht darauf an, ob eine steuerbegünstigte Nutzung des Grundstücks überwiegt oder nur in einem geringen Teil des Grundstücks verwirklicht wird. Die land- und forstwirtschaftliche Nutzung allein schließt die Steuerbefreiung bei der Benutzung für steuerbegünstigte Zwecke aus. **Ausnahmen** von diesem Grundsatz sind allein die in § 6 Nr. 1–3 dargestellten Sondertatbestände.

(Einstweilen frei)

---

1 Siehe hierzu Kunz in Grootens, GrStG § 3 Rz. 71 ff.
2 BFH, Urteil v. 7.2.1958 - III 290/57 U, BStBl 1958 III S. 185.
3 BFH, Urteil v. 31.7.1985 - II R 236/81, BStBl 1985 II S. 632.
4 Siehe Lange in Grootens, GrStG § 8 Rz. 16 und 28.

2. Land- und forstwirtschaftliche Nutzung

17 Nach dem Wortlaut betrifft die Regelung **für steuerbegünstigte Zwecke genutzten Grundbesitz**. Der Grundbesitz i. S. des Grundsteuergesetzes umfasst nach § 2 GrStG Betriebe der Land- und Forstwirtschaft (§ 2 Nr. 1 GrStG) und Grundstücke (§ 2 Nr. 2 GrStG).[1]

18 Auf die **bewertungsrechtliche Zuordnung** des Grundstücks kommt es dabei nicht an. Voraussetzung für die Anwendung des § 6 ist nur, dass der Grundbesitz land- und forstwirtschaftlich genutzt wird.[2] Darunter fällt auch eine nur extensive Nutzung wie die Schafhütung oder die Jagd.[3]

19 **Land- und Forstwirtschaft** ist die planmäßige Nutzung der natürlichen Kräfte des Bodens zur Erzeugung von Pflanzen und Tieren sowie die Verwertung der dadurch selbstgewonnenen Erzeugnisse.[4] Es liegt daher keine planmäßige Nutzung vor, wenn der Grundbesitz nicht im obigen Sinne genutzt wird oder seine Nutzung in diesem Sinne sogar verboten ist. Darunter fallen **Biotope** oder **Naturschutzgebiete**. Eine Anwendung des § 6 GrStG auf solche Grundstücke müsste bei systematischer Betrachtung ausgeschlossen sein. Diese Grundstücke werden aber, ungeachtet ihrer tatsächlichen Nutzung, bewertungsrechtlich als land- und forstwirtschaftliches Vermögen behandelt.[5] Aus diesem Grunde ist die Steuerbefreiung für ein Naturschutzgebiet, meines Erachtens unsystematisch, ausgeschlossen. Aufgrund der tatsächlichen Bewertung[6] fällt die Grundsteuerbelastung aber kaum ins Gewicht. Zudem kann ein Erlass der Grundsteuer nach § 32 Abs. 1 Nr. 1 GrStG[7] in Frage kommen.

20 **Forstwirtschaftliche Betriebe** unterscheiden sich von landwirtschaftlichen Betrieben dadurch, dass zwischen der Aufforstung einer Waldfläche und der Nutzung durch Holzernte viele Jahre vergehen. Es gibt daher in der Regel kleine Betriebe, die nicht jährlich Holz ernten. Solche **aussetzende Forstbetriebe**[8] nutzen den Grundbesitz trotzdem zu forstwirtschaftlichen Zwecken. Das gilt aber nicht mehr, wenn objektiv feststeht, dass die Ernte des zu diesem Stichtag vorhandenen Forstbestandes künftig nicht mehr erfolgen wird.[9]

21–22 *(Einstweilen frei)*

3. Ausnahmen (§ 6 Nr. 1–3 GrStG)

23 Von dem obigen Grundsatz der Einschränkung der Grundsteuerbefreiung beim Zusammenfallen von land- und forstwirtschaftlicher sowie steuerbegünstigter Nutzung gibt es die drei in § 6 Nr. 1–3 aufgezählten **Ausnahmen**.

24–25 *(Einstweilen frei)*

---

1 Siehe Lange in Grootens, GrStG § 2 Rz. 16.
2 Eisele in Troll/Eisele, GrStG § 6 Rz. 2.
3 OFD Magdeburg, Vfg. v. 20.6.2012 - G 1105-1-St 272, zitiert bei Roscher, GrStG - eKommentar, GrStG § 6 Rz. 7.
4 Gleich lautende Erlasse der obersten Finanzbehörden der Länder v. 15.12.2011, BStBl 2011 I S. 1213 und 1217.
5 Eisele in Troll/Eisele, GrStG § 6 Rz. 2 mit weiteren Nachweisen.
6 Siehe Müller in Grootens, BewG § 237 Rz. 43.
7 Siehe Lehmann in Grootens, GrStG § 32 Rz. 16.
8 Details bei Eisele in Troll/Eisele, GrStG § 6 Rz. 2.
9 BFH, Urteil v. 18.11.2009 - II R 30/08, NWB RAAAD-35175.

II. Grundbesitz, der Lehr- und Versuchszwecken dient (§ 6 Nr. 1 GrStG)

Land- und forstwirtschaftlicher genutzter Grundbesitz, der **Lehr-oder Versuchszwecken** dient, ist steuerfrei, wenn die Nutzung zudem zu steuerbegünstigten Zwecken gem. §§ 3 und 4 GrStG erfolgt. Es müssen danach die folgenden **Voraussetzungen** kumulativ gegeben sein: 26

1. Land- und Forstwirtschaftliche Nutzung

Der Grundbesitz muss **land- und forstwirtschaftlich genutzt** werden. Zum Umfang der land- und forstwirtschaftlichen Nutzung siehe → Rz. 18 und → 19. 27

(Einstweilen frei) 28–29

2. Nutzung zu steuerbegünstigten Zwecken gemäß §§ 3 und 4 GrStG

Es reicht für die Steuerbefreiung nicht aus, dass Grundstücke zu Lehr- oder Versuchszwecken genutzt werden oder zusätzlich auch eine Nutzung zu steuerbegünstigten Zwecken erfolgt. Notwendig ist, dass es sich um den **Grundbesitz bestimmter begünstigter Rechtsträger** nach § 3 GrStG handelt oder eine **sonstige Steuerbefreiung** nach § 4 GrStG vorliegt. 30

Zu dem begünstigten Grundbesitz nach § 3 GrStG gehört beispielsweise der Grundbesitz der inländischen Personen des öffentlichen Rechts mit einigen Ausnahmen (§ 3 Abs. 1 Nr. 1 GrStG) oder der Grundbesitz steuerbegünstigter Körperschaften, die gemeinnützige oder mildtätige Zwecke verfolgen (§ 3 Abs. 1 Nr. 3b GrStG).[1] 31

Sonstige steuerbefreite Grundstücke nach § 4 GrStG sind beispielsweise Bestattungsplätze (§ 4 Nr. 2 GrStG) oder die unmittelbar zur Gewährleistung eines ordnungsgemäßen Flugbetriebs notwendige Flächen auf Verkehrsflughäfen (§ 4 Nr. 3b GrStG).[2] 32

(Einstweilen frei) 33–34

3. Nutzung zu Lehr- oder Versuchszwecken

Unter den obigen Voraussetzungen muss der Grundbesitz zudem **zu Lehr- oder Versuchszwecken genutzt** werden. 35

(Einstweilen frei) 36

a) Lehrzwecke

Unter **Lehrzweck** versteht man die Ausbildung für einen Beruf. Der Grundbesitz muss diesem Zweck dienen, also bei der Berufsausbildung Verwendung finden. In Frage kommen z. B. botanische Gärten oder Wildgehege,[3] m. E. auch dazugehörige Gebäude. 37

Die Regelung fordert nicht, dass der Grundbesitz für die Ausbildung zwingend erforderlich ist oder bestimmte Ansprüche an die Qualität der Ausbildung[4] gestellt werden. Auch gibt es keine Regelung zu Größe und Beschaffenheit. Aus der Stellung der Vorschrift in Abgrenzung zu § 8 Abs. 2 GrStG geht hervor, dass der Grundbesitz **ausschließlich diesem Zweck** diesen muss. Eine 38

---

1 Zu Einzelheiten siehe Kunz in Grootens, GrStG § 3 Rz. 71 ff.
2 Zu Einzelheiten siehe Kunz in Grootens, GrStG § 4 Rz. 36 ff.
3 Eisele in Troll/Eisele, GrStG § 6 Rz. 3.
4 Roscher, GrStG – eKommentar, GrStG § 6 Rz. 8.

Mischnutzung scheidet somit aus. Eine gemeinsame Nutzung zu Lehr- und Versuchszwecken (z. B. Versuchslabor mit Lehreinrichtung) ist nicht schädlich.

39–40 *(Einstweilen frei)*

b) Versuchszwecke

41 **Versuchszwecke** stehen im Zusammenhang mit der Forschung und umfassen die Ermittlung und Erprobung von land- und forstwirtschaftlichen Erkenntnissen durch öffentliche Forschungsstationen, Universitäten und ähnliche Einrichtungen Der dieser **Forschung** dienende Grundbesitz ist steuerfrei. Darunter fallen auch Laborgebäude, Unterrichtsräume und Lagerräume.[1] Auch hier ist nicht vorgeschrieben, dass der Grundbesitz für die Versuchszwecke zwingend erforderlich ist, eine maximale Größe haben darf oder eine bestimmte Beschaffenheit aufweisen muss. Der Grundbesitz muss **m. E. ausschließlich zu Versuchszwecken** genutzt werden. Zur gemeinsamen Nutzung zu Lehr- und Versuchszwecken siehe → Rz. 38.

42–43 *(Einstweilen frei)*

c) Mittelbar zu Lehr- oder Versuchszwecken dienende Wohngebäude

44 Für **Wohngebäude**, die (mittelbar) zu Lehr- oder Versuchszwecken dienen, gilt die Steuerbefreiung nicht. Das ist in § 5 Abs. 2 GrStG als lex specialis eindeutig geregelt.[2]

45 Hofstellen werden nach § 237 Abs. 8 GrStG durch eigene Bewertungsfaktoren erfasst. Ggf. gibt es Zuschläge für bestimmte Gebäude.[3]

46–47 *(Einstweilen frei)*

d) Pflanzenzuchtanstalten

48 Für land- und forstwirtschaftliche Versuchsflächen müssen wegen der Fruchtfolge und Besonderheiten beim Anbau weitere Flächen freigehalten werden, die für eine Durchführung der Versuche zwingend erforderlich sind (sog. **Rotationsflächen**). Daher kann bei allgemeinen Flächen die begünstigte Fläche bis zum Dreifachen der durchschnittlich unmittelbar benötigten Fläche ausmachen. Beim Weinbau ist dieses auf die einfache Fläche beschränkt. In der Tierzucht werden die Flächen zum Anbau des Futters von einem Hektar je Vieheinheit zusätzlich begünstigt.[4]

49–50 *(Einstweilen frei)*

III. Grundbesitz mit militärischer Nutzung (§ 6 Nr. 2 GrStG)

51 **Militärisch** für Flughäfen oder Übungsplätze **genutzter Grundbesitz**, der zugleich land- und forstwirtschaftlich genutzt wird, ist nach § 6 Nr. 2 GrStG von der Grundsteuer befreit. Der eigentliche Flugplatz oder Übungsplatz fällt unter die Befreiung nach § 3 Abs. 1 Nr. 1 GrStG.[5]

---

[1] Roscher, GrStG – eKommentar, GrStG § 6 Rz. 8.
[2] Vgl. Kunz in Grootens, GrStG § 5 Rz. 42.
[3] Vgl. Müller in Grootens, BewG § 237 Rz. 77.
[4] Eisele in Troll/Eisele, GrStG § 6 Rz. 3.
[5] Vgl. Kunz in Grootens, GrStG § 5 Rz. 42.

Bei den in § 6 Nr. 2 angesprochenen Flächen handelt es sich um Schutz- oder Sicherheitszonen (Nebenflächen), die land- und forstwirtschaftlich genutzt werden können.[1] Dabei spielt der Umfang der militärischen Nutzung auf der einen und der Umfang der land- und forstwirtschaftlichen Nutzung auf der anderen Seite keine Rolle. Es muss aber eine **tatsächliche land- und forstwirtschaftliche Nutzung** erfolgen (siehe hierzu → Rz. 18), notfalls durch Verpachtung.[2] Eine lediglich mögliche Nutzung reicht m. E. nicht aus. Begünstigt sind nach dem Wortlaut der Vorschrift nur solche Flächen, die zu den **militärisch genutzten Flächen** gehören. Flächen außerhalb der Flugplätze oder der Übungsplätze gehören nicht dazu.[3]

52

(Einstweilen frei)

53–54

IV. Grundbesitz in den Fällen des § 4 Nr. 1–4 GrStG (§ 6 Nr. 3 GrStG)

Hierunter fallen

55

1. Zum **Gottesdienst** einer anerkannten Religionsgemeinschaft genutzte Grundstücke (§ 4 Nr. 1 GrStG).
2. **Bestattungsplätze** (§ 4 Nr. 2 GrStG).
3. a) Dem öffentlichen Verkehr dienende **Straßen**, Wege, Plätze Wasserstraßen etc. (§ 4 Nr. 3a GrStG).
   b) Zur Gewährleistung des Flugverkehrs notwendige Flächen auf Verkehrsflughäfen (§ 4 Nr. 3b GrStG)
   c) fließende Gewässer und Sammelbecken, die nicht unter 3a) fallen (§ 4 Nr. 3c GrStG).
4. Grundflächen der öffentlich-rechtlichen **Wasser- und Bodenverbände und Deiche** (§ 4 Nr. 4 GrStG).

Die Vorschrift hat nur **geringe Bedeutung**, da sich die beschriebene Tätigkeit und eine land- und forstwirtschaftliche Nutzung weitgehend ausschließen. Das betrifft vor allem die Nutzung für Gottesdienste und Bestattungen (§ 4 Nr. 1 und 2 GrStG). Sie kommt aber durchaus im Zusammenhang mit der Befreiung nach § 4 Nr. 3 und 4 GrStG für Randflächen wie Böschungen und Schutzstreifen bei Straßen, Wasserstraßen und Talsperren etc. in Betracht.[4]

56

§ 7 GrStG Unmittelbare Benutzung für einen steuerbegünstigten Zweck

[1]Die Befreiung nach den §§ 3 und 4 tritt nur ein, wenn der Steuergegenstand für den steuerbegünstigten Zweck unmittelbar benutzt wird. [2]Unmittelbare Benutzung liegt vor, sobald der Steuergegenstand für den steuerbegünstigten Zweck hergerichtet wird.

Inhaltsübersicht	Rz.
A. Allgemeine Erläuterungen zu § 7 GrStG	1 - 13
I. Normzweck und wirtschaftliche Bedeutung der Vorschrift	1 - 3
II. Entstehung und Entwicklung der Vorschrift	4 - 7

---

1 BFH, Urteil v. 27.8.2008 - II 27/06, NWB RAAAC-94769.
2 BFH, Urteil v. 15.3.1957 - III 17/57 S, BStBl 1957 III S. 183.
3 Eisele in Troll/Eisele, GrStG § 6 Rz. 4.
4 Eisele in Troll/Eisele, GrStG § 6 Rz. 5.

III. Geltungsbereich	8 - 10
IV. Verhältnis zu anderen Vorschriften	11 - 13
B. Systematische Kommentierung	14 - 32
I. Reduzierung der Steuerbefreiung auf unmittelbare Benutzung (§ 7 Satz 1 GrStG)	14 - 26
1. Unmittelbare Benutzung durch den Eigentümer	17 - 21
2. Mittelbare Benutzung durch den Eigentümer	22 - 26
II. Beginn der unmittelbaren Benutzung (§ 7 Satz 2 GrStG)	27 - 32

LITERATUR:

Roscher, 360° GrStG eKommentar, Bonn; *Troll/Eisele*, Grundsteuergesetz, 12. Aufl. 2021.

A. Allgemeine Erläuterungen zu § 7 GrStG

I. Normzweck und wirtschaftliche Bedeutung der Vorschrift

1 § 7 schränkt die **Steuerbefreiung** nach den § 3 und 4 GrStG weiter ein und definiert, ab wann eine **unmittelbare Benutzung** für einen **steuerbegünstigten Zweck** anzunehmen ist.

2–3 *(Einstweilen frei)*

II. Entstehung und Entwicklung der Vorschrift

4 Die Vorschrift stammt aus dem Grundsteuergesetz in der Fassung von 1973. In der Fassung von 1973 wurde die in Satz 2 beschriebene Rechtslage neu gefasst.[1] Bis dahin galt, dass die Benutzung nicht mit dem **Beginn der Herrichtung**, sondern erst mit der **Zuführung zum begünstigten Zweck** angenommen wurde.

5 Die Neufassung des Grundsteuergesetzes durch das GrStRefG vom 26.11.2019 (BGBl 2019 I S. 1875) führte zu keiner Änderung der Vorschrift.

6–7 *(Einstweilen frei)*

III. Geltungsbereich

8 Die Vorschrift gilt für die Erhebung der Grundsteuer bei einer **steuerbegünstigten Benutzung** i. S. der §§ 3 und 4 GrStG. Sie ist auf **inländische Grundstücke** anzuwenden (§ 1 GrStG).

9–10 *(Einstweilen frei)*

IV. Verhältnis zu anderen Vorschriften

11 § 7 GrStG reduziert nach dem Wortlaut die Anwendung der **§§ 3 und 4 GrStG**, da sie nur bei unmittelbarer Benutzung des Grundbesitzes für den begünstigten Zweck gelten soll. Dieses kann aber bereits aus dem Wortlaut der §§ 3 und 4 geschlossen werden. § 7 wird daher vor allem **klarstellende Wirkung** zugeschrieben.[2]

12–13 *(Einstweilen frei)*

---

[1] BT-Drucks. 6/3418 S. 81.
[2] BFH, Urteil v. 30.6.1967 - III 173/64, BStBl 1967 III S. 659.

B. Systematische Kommentierung

I. Reduzierung der Steuerbefreiung auf unmittelbare Benutzung (§ 7 Satz 1 GrStG)

Die Steuerbefreiungen nach §§ 3 und 4 GrStG werden nur gewährt, wenn der Steuergegenstand **unmittelbar** für die steuerbegünstigten Zwecke benutzt wird. Hierbei ist zwischen der Eigen- und Fremdnutzung durch den Eigentümer zu unterscheiden. Steuergegenstand ist nach § 2 GrStG der Grundbesitz i. S. des Bewertungsgesetzes.[1]   14

(Einstweilen frei)   15–16

1. Unmittelbare Benutzung durch den Eigentümer

Die **unmittelbare Benutzung durch den Eigentümer** setzt voraus, dass dieser auf einem eigenen Grundbesitz eine nach §§ 3 und 4 GrStG begünstigte Tätigkeit selbst ausführt. Zur mittelbaren Benutzung siehe → Rz. 22 ff.   17

Dabei reicht es aus, wenn auf dem Grundstück für den begünstigten Zweck **unentbehrliche Hilfstätigkeiten** ausgeführt werden.[2] Das gilt z. B. für **Verwaltungsräume** in einem zur Erfüllung des Zwecks begünstigten Ausmaßes[3] oder für eine **Garage**, in der ein den begünstigten Zwecken einer Religionsgemeinschaft dienendes Fahrzeug untergestellt wird.[4] Die Befreiung nach § 7 GrStG geht von einer ausschließlich steuerbegünstigten Tätigkeit aus. Zu nur teilweiser Ausübung einer begünstigten Tätigkeit vgl. Lange in Grootens, GrStG § 8 Rz. 15 ff.   18

(Einstweilen frei)   19–21

2. Mittelbare Benutzung durch den Eigentümer

Auch wenn § 7 Satz 1 GrStG wörtlich die „unmittelbare Nutzung" des Steuergegenstandes für einen begünstigten Zweck verlangt, kann daraus nicht geschlossen werden, dass die steuerbegünstigte Nutzung in jedem Fall durch den Eigentümer zu erfolgen hat. Denn die Vorschrift stellt auf **die Nutzung des Steuergegenstands** und nicht auf den Eigentümer des Steuergegenstands ab.[5]   22

Die Überlassung eines Grundstücks durch Einräumung eines **Erbbaurechts**,[6] m. E. aber auch durch einen **Miet- oder Pachtvertrag**, sagt alleine nichts über die unmittelbare Nutzung zu steuerbegünstigten Zwecken aus.[7] Denn es ist weiterhin möglich, dass die unmittelbare Beziehung zwischen dem Eigentümer des Grundstücks und dem steuerbegünstigten Zweck fortbesteht. Das gilt z. B. für die **Verpachtung von Kantinenräumen für einen öffentlichen Zweck**.[8] In der Regel wird man davon ausgehen, dass der vermietete oder verpachtete Grundbesitz   23

---

1 Vgl. Lange in Grootens, GrStG § 2 Rz. 16.
2 Abschnitt 31 Abs. 1 Satz 2 GrStR.
3 BFH, Urteil v. 10.12.1954 - II R 29/08, BStBl 1955 III S. 63 und R 31 Abs. 1 Satz 3 GrStR.
4 BFH, Urteil v. 16.7.1965 - III 125/03 U, BStBl 1965 III S. 568.
5 BFH, Urteil v. 29.3.1986 - III 213/64, BStBl 1968 II S. 499.
6 BFH, Urteil v. 16.12.2009 - II R 29/08, BStBl 2010 II S. 829.
7 Zu weiteren Nachweisen siehe BFH, Urteil v. 16.12.2009 - II R 29/08, BStBl 2010 II S. 829 und S. 830.
8 BFH, Urteil v. 29.3.1968 - III 213/64, BStBl 1968 II S. 499.

vom Mieter oder Pächter und nicht vom Eigentümer für eigene steuerbegünstigte Zwecke benutzt wird.[1]

24–26 *(Einstweilen frei)*

II. Beginn der unmittelbaren Benutzung (§ 7 Satz 2 GrStG)

27 Nach § 7 Satz 2 GrStG liegt eine unmittelbare Benutzung vor, sobald der Steuergegenstand für den steuerbegünstigten Zweck **hergerichtet** wird. Herrichten bedeutet die Veränderung des bisherigen Zustands und damit die Eignung für den steuerbegünstigten Zweck.[2]

28 Dieses Herrichten beginnt bei der Errichtung eines Gebäudes zu dem Zeitpunkt, in dem das Grundstück dem **ausführenden Bauunternehmer zur Durchführung der Bauarbeiten überlassen wird**.[3] Nach der hiervon ggf. abweichenden Auffassung von Roscher beginnt unter Hinweis auf das BFH-Urteil v. 13.11.1985[4] das Herrichten erst mit dem **tatsächlichen Beginn der Baumaßnahme** (z. B. eine Baustelle einrichten), da erst dann das Grundstück für die Baumaßnahme benutzt wird.[5] Die bloße **Absicht**, ein Gebäude für eine steuerbegünstigte Tätigkeit zu errichten, reicht für die unmittelbare Benutzung nicht aus,[6] selbst wenn bereits ein Bauschild aufgestellt ist.[7]

29 Muss für den begünstigten Zweck erst ein auf dem Grundstück vorhandenes Gebäude oder Gebäudeteil abgebrochen werden, beginnt die begünstigte Benutzung bereits mit dem **Beginn des Abbruchs**, sofern der Abbruch in einem unmittelbaren zeitlichen Zusammenhang mit dem Baubeginn steht und eine nicht begünstigte Zwischennutzung ausgeschlossen ist.[8]

30 Die **vorübergehende Unterbrechung** einer bislang im vollen Umfang **begünstigten Nutzung**, z. B. durch einen Gebäudeabbruch und Neubau oder einen Umbau ändert nichts an der Begünstigung. Wird jedoch nach der Maßnahme das Grundstück in einem **anderen Umfang** begünstigt benutzt, gilt diese geänderte Benutzung bereits ab dem **Beginn der Baumaßnahme**.[9]

31 Die Begünstigung bleibt so lange erhalten, wie die steuerbegünstigte Benutzung fortbesteht. Sie endet mit ihrer **Einstellung**. Ist eine spätere Wiederaufnahme der steuerbegünstigten Benutzung geplant, liegt in der Zwischenzeit keine Begünstigung vor. Insoweit ist der Wortlaut des § 7 Satz 1 GrStG eindeutig.[10]

32 **HINWEIS**

Praktisch kann eine vorübergehende Einstellung der Nutzung keine grundsteuerlichen Folgen auslösen, wenn diese innerhalb eines Kalenderjahres erfolgt, da es immer auf die Verhältnisse zu Beginn des Kalenderjahres ankommt.[11]

---

1 Eisele in Troll/Eisele, GrStG § 7 Rz. 2.
2 BFH, Urteil v. 13.11.1986 - II R 237/82, BStBl 1986 II S. 191.
3 BFH, Urteil v. 17.1.1969 - III 74/65, BStBl 1969 II S. 346. So auch R 31 Abs. 2 Satz 2 GrStR.
4 BFH, Urteil v. 13.11.1985 - II R 237/82, BStBl 1986 II S. 191.
5 Vgl. Roscher in 360° GrStG eKommentar, § 7 Rz. 9.
6 BFH, Urteil v. 30.6.1967 - III 173/64, BStBl 1967 III S. 659.
7 FinMin Bayern, Erlass v. 12.8.1986 – 34–S 3106–86/2–36 579, zitiert bei Roscher in 360° GrStG eKommentar, § 7 Rz. 9.
8 FinMin Bayern, Erlass v. 15.10.1975 – 34–G 1102–4/11–60 645, zitiert bei Roscher in 360° GrStG eKommentar, § 7 Rz. 9.
9 R 31 Abs. 2 Satz 3 und 4 GrStR.
10 Gleiche Ansicht Roscher in 360° GrStG eKommentar, § 7 Rz. 9.
11 Eisele in Troll/Eisele, GrStG § 7 Rz. 4.

§ 8 GrStG Teilweise Benutzung für einen steuerbegünstigten Zweck

(1) Wird ein räumlich abgegrenzter Teil des Steuergegenstandes für steuerbegünstigte Zwecke (§§ 3 und 4) benutzt, so ist nur dieser Teil des Steuergegenstandes steuerfrei.

(2) Dient der Steuergegenstand oder ein Teil des Steuergegenstandes (Absatz 1) sowohl steuerbegünstigten Zwecken (§§ 3 und 4) als auch anderen Zwecken, ohne dass eine räumliche Abgrenzung für die verschiedenen Zwecke möglich ist, so ist der Steuergegenstand oder der Teil des Steuergegenstandes nur befreit, wenn die steuerbegünstigten Zwecke überwiegen.

Inhaltsübersicht	Rz.
A. Allgemeine Erläuterungen zu § 8 GrStG	1 - 14
I. Normzweck und wirtschaftliche Bedeutung der Vorschrift	1 - 3
II. Entstehung und Entwicklung der Vorschrift	4 - 7
III. Geltungsbereich	8 - 10
IV. Verhältnis zu anderen Vorschriften	11 - 14
B. Systematische Kommentierung	15 - 40
I. Steuerbefreiung räumlich abgegrenzter Teile (§ 8 Abs. 1 Satz 1 GrStG)	15 - 27
1. Inhalt der Vorschrift	15 - 19
2. Aufteilungsmaßstab	20 - 23
3. Aufteilungstechnik	24 - 27
II. Steuerbefreiung bei gemischter Nutzung (§ 8 Abs. 2 GrStG)	28 - 40
1. Inhalt der Vorschrift	28 - 33
2. Aufteilungsmaßstab	34 - 37

LITERATUR:

Roscher, 360° GrStG eKommentar, Bonn; *Troll/Eisele*, Grundsteuergesetz, 12. Aufl. 2021.

A. Allgemeine Erläuterungen zu § 8 GrStG

I. Normzweck und wirtschaftliche Bedeutung der Vorschrift

§ 8 regelt den Umfang der **Steuerbefreiung** nach den §§ 3 und 4 GrStG, wenn der Steuergegenstand gemäß § 2 GrStG nur **teilweise für einen steuerbegünstigten Zweck** genutzt wird. Dabei erfolgt die Abgrenzung räumlich (§ 8 Abs. 1 GrStG) oder, falls das nicht möglich ist, nach seiner überwiegenden Benutzung (§ 8 Abs. 2 GrStG).   **1**

(Einstweilen frei)   **2–3**

II. Entstehung und Entwicklung der Vorschrift

Die Vorschrift stammt aus dem Grundsteuergesetz 1936 und ist seit der Fassung des Grundsteuergesetzes 1973[1] unverändert.   **4**

Die Neufassung des Grundsteuergesetzes durch das GrStRefG v. 26.11.2019 (BGBl 2019 I S. 1875) führte zu keiner Änderung der Vorschrift.   **5**

(Einstweilen frei)   **6–7**

---

1 BGBl 1973 I S. 965.

III. Geltungsbereich

8   Die Vorschrift gilt für die Erhebung der Grundsteuer bei einer **steuerbegünstigten Benutzung** i. S. der §§ 3 und 4 GrStG. Sie ist auf **inländische Grundstücke** anzuwenden (§ 1 GrStG).

9–10   *(Einstweilen frei)*

IV. Verhältnis zu anderen Vorschriften

11   § 8 ist eine Sondervorschrift zu den **§§ 3 und 4 GrStG** beim Zusammentreffen von steuerbegünstigter und nicht steuerbegünstigter Benutzung des Steuergegenstands.

12   Sofern der Steuergegenstand auch **Wohnzwecken** dient, ist die Vorschrift subsidiär zu den Sonderregelungen in § 5 GrStG.[1] Gleiches gilt hinsichtlich der Sondervorschriften bei **land- und forstwirtschaftlicher Nutzung** in § 6 GrStG.[2][3]

13–14   *(Einstweilen frei)*

B. Systematische Kommentierung

I. Steuerbefreiung räumlich abgegrenzter Teile (§ 8 Abs. 1 Satz 1 GrStG)

1. Inhalt der Vorschrift

15   Ein Steuergegenstand kann sowohl steuerbegünstigt als auch nicht steuerbegünstigt i. S. der §§ 3 und 4 GrStG genutzt werden, sog. **Mischnutzung**. Lässt sich in diesen Fällen die steuerbegünstigte Nutzung räumlich von der nicht begünstigten Benutzung trennen, ist nur der Teil des Steuergegenstandes steuerbefreit, der auf die begünstigte Benutzung entfällt (§ 8 Abs. 1 GrStG).

16   § 8 Abs. 1 GrStG gilt nur, soweit eine räumliche Trennung möglich ist. Andernfalls kommt § 8 Abs. 2 GrStG zur Anwendung.

17–19   *(Einstweilen frei)*

2. Aufteilungsmaßstab

20   Weder das Grundsteuergesetz noch die Grundsteuerrichtlinien sehen einen **Aufteilungsmaßstab** vor. Die Aufteilung muss daher nur **sachgerecht** sein. Denkbar wäre eine Aufteilung nach den jeweiligen Wohn- und Nutzflächen, nach dem Verhältnis des umbauten Raumes[4] oder bei Anwendung des Ertragswertverfahrens nach dem Verhältnis der auf die jeweiligen Teile entfallenden Mieten.[5]

21–23   *(Einstweilen frei)*

---

1   Vgl. Kunz in Grootens, GrStG § 5 Rz. 27 ff.
2   Siehe hierzu Lange in Grootens, GrStG § 6 Rz. 10.
3   Zur Subsidiarität des § 6 siehe auch FG Niedersachsen, Urteil v. 8.2.1994 - I 342/90.
4   FinMin Bayern, Erlass v. 31.8.1967 - S 3199-5/7-42 896 und S 3203-4-42 896, zitiert bei Roscher in 360° GrStG eKommentar, § 8 Rz. 8.
5   Roscher in 360° GrStG eKommentar, § 8 Rz. 8.

3. Aufteilungstechnik

Der Wortlaut des § 8 GrStG lässt vermuten, dass die Aufteilung des Steuergegenstandes bei der Festsetzung des Steuermessbetrags nach § 13 GrStG erfolgt. Tatsächlich erfolgt die räumliche Aufteilung des Steuergegenstandes bereits bei der **Einheitsbewertung des Grundbesitzes** (R 32.1 GrStR). Das gilt auch für Erbbaurechte.[1]

(Einstweilen frei)

II. Steuerbefreiung bei gemischter Nutzung (§ 8 Abs. 2 GrStG)

1. Inhalt der Vorschrift

Kommt bei einer Mischnutzung eine räumliche Aufteilung nicht in Betracht, ist der Steuergegenstand oder der Teil eines Steuergegenstands nur befreit, wenn die **steuerbegünstigten Zwecke überwiegen** (§ 8 Abs. 2 GrStG). Der Wortlaut ist etwas unglücklich gewählt, da es nicht auf das Überwiegen der steuerbegünstigten Zwecke, sondern auf die überwiegende Benutzung zu steuerbegünstigten Zwecken ankommt. Eine Befreiung liegt daher vor, wenn die Benutzung zu steuerbegünstigten Zwecken überwiegt.

Anders als in § 8 Abs. 1 kommt es bei § 8 Abs. 2 **nicht zu einer nur anteiligen Befreiung des Steuergegenstands**. Der Steuergegenstand wir bei einer Mischnutzung in diesen Fällen entweder vollständig oder gar nicht von der Steuer befreit.

> **HINWEIS:**
> Die Vorschrift bietet einen Gestaltungsspielraum, da bereits bei einer nur geringfügig überwiegenden Benutzung zu steuerbegünstigten Zwecken der gesamte Steuergegenstand von der Grundsteuer befreit wird, wenn keine räumliche Aufteilung vorgenommen werden kann.

(Einstweilen frei)

2. Aufteilungsmaßstab

Auch hier sehen das Grundsteuergesetz und die Grundsteuerrichtlinien keinen **Aufteilungsmaßstab** vor. Nach allgemeinem Sprachgebrauch ist eine Benutzung überwiegend, wenn sie zu mehr als der Hälfte erfolgt.[2] Dabei ist es unerheblich, ob die unterschiedliche Benutzung gleichzeitig oder zeitlich getrennt vorliegt. Liegt die **unterschiedliche Nutzung hintereinander**, kommt es auf das Überwiegen der einen Nutzung innerhalb des Kalenderjahrs an, dass dem nächsten Stichtag für die Festsetzung der Grundsteuer vorangeht.[3]

Die Grundsteuerrichtlinien geben in R 32 Abs. 2 Satz 3 GrStR ein Beispiel einer **Stadthalle**, die sowohl für öffentliche Versammlungen (begünstigt) und für private Konzerte (nicht begünstigt) verwendet wird. Die Aufteilung erfolgt dann nach der tatsächlichen Nutzung, wobei die Zeiten des Leerstands bei der Berechnung ausscheiden.[4]

---

[1] Vgl. Schmidt in Grootens, GrStG § 10 Rz. 60.
[2] So auch Eisele in Troll/Eisele, GrStG § 8 Rz. 4.
[3] Roscher in 360° GrStG eKommentar, § 8 Rz. 9 und Eisele in Troll/Eisele, GrStG § 8 Rz. 4.
[4] Eindeutig BFH, Urteil v. 27.11.1991 - II R 100/87, BStBl 1992 II S. 563. A. A. Eisele in Troll/Eisele, GrStG § 8 Rz. 4, der den Leerstand der begünstigten Nutzung zurechnen will und auf eine im Kalenderjahr überwiegende Benutzung zu begünstigten Zwecken abstellt.

36 Neben der zeitlichen Nutzung kann auch eine Abgrenzung nach den erzielten **Einnahmen** erfolgen.[1] Ebenfalls denkbar ist eine Abgrenzung aufgrund des **Zwecks der Herrichtung** oder der **Bauart** und **Einrichtung**.[2]

37 Fallen **räumliche Mischnutzung und Mischnutzung in übrigen Fällen** zusammen, z. B. weil einzelne Gebäudeteile abgrenzbar zu unterschiedlichen Zwecken genutzt werden, während bei anderen Teilen des Gebäudes eine solche Trennung nicht vorgenommen werden kann, sind diese Umstände gemeinsam zu würdigen.[3] Es kommt dann z. B. sowohl eine räumliche wie zeitliche Abgrenzung in Betracht.

38–40 *(Einstweilen frei)*

§ 9 GrStG   Stichtag für die Festsetzung der Grundsteuer; Entstehung der Steuer

(1) Die Grundsteuer wird nach den Verhältnissen zu Beginn des Kalenderjahres festgesetzt.

(2) Die Steuer entsteht mit dem Beginn des Kalenderjahres, für das die Steuer festzusetzen ist.

Inhaltsübersicht	Rz.
A. Allgemeine Erläuterungen zu § 9 GrStG	1 - 13
I. Normzweck und wirtschaftliche Bedeutung der Vorschrift	1 - 5
II. Entstehung und Entwicklung der Vorschrift	6 - 8
III. Geltungsbereich	9 - 10
IV. Verhältnis zu anderen Vorschriften	11 - 13
B. Systematische Kommentierung	14 - 24
I. Stichtagsprinzip	14 - 20
II. Entstehung der Steuerschuld	21 - 24

LITERATUR:

Eisele, Die Grundsteuer, NWB 39/2003 S. 3037, NWB LAAAA-74507.

A. Allgemeine Erläuterungen zu § 9 GrStG

I. Normzweck und wirtschaftliche Bedeutung der Vorschrift

1 Wesentlich für die Grundsteuer ist das **Stichtagsprinzip**. Die Höhe der Grundsteuer richtet sich ausschließlich nach den **Verhältnissen zu Beginn des Kalenderjahres**. Änderungen im Laufe eines Kalenderjahres wirken sich auf die Grundsteuer **erst im folgenden Kalenderjahr** aus. Durch das Stichtagsprinzip entfallen ggf. komplexe Abgrenzungsfragen, ab wann innerhalb eines Jahres sich die Verhältnisse geändert haben. Außerdem würden sich Änderungen der Verhältnisse relativ spät im Kalenderjahr ggf. nur minimal auswirken, so dass der damit ggf. zusammenhängende Verwaltungsaufwand in keinem angemessenen Verhältnis zur Veränderung der Grundsteuer stehen würde.

---

1 Eisele in Troll/Eisele, GrStG § 8 Rz. 4.
2 BFH, Urteil v. 7.10.1966 - III 283/63, BStBl 1967 III S. 30.
3 BFH, Urteil v. 27.11.1991 - II R 100/87, BStBl 1992 II S. 563.

Ein weiterer Aspekt des Stichtagsprinzips ist, dass die **Steuerschuld am Beginn des Kalenderjahres** entsteht. Auch hier sind Änderungen im Laufe des Kalenderjahres unmaßgeblich und wirken sich erst im folgenden Kalenderjahr aus, was zur Verwaltungsvereinfachung führt. Von Bedeutung ist dies insbesondere bei Eigentumsänderungen im Laufe des Kalenderjahres, weil der Verkäufer die gesamte Steuerschuld des Kalenderjahres zu entrichten hat, auch wenn er nicht mehr Eigentümer der Immobilie ist. 2

(Einstweilen frei) 3–5

II. Entstehung und Entwicklung der Vorschrift

Das in § 9 verankerte **Stichtagsprinzip** ist seit Jahrzehnten **fester Bestandteil des GrStG**. Bei der Novellierung des GrStG am 26.11.2019 wurde § 9 GrStG nicht geändert. 6

(Einstweilen frei) 7–8

III. Geltungsbereich

Die Vorschrift ist bei der **Erhebung der Grundsteuer** auf inländischen Grundbesitz durch die **Gemeinden** anzuwenden. 9

(Einstweilen frei) 10

IV. Verhältnis zu anderen Vorschriften

Maßgeblich für die Steuerentstehung ist der **festgestellte Grundsteuerwert** (§§ 218–231 BewG) und der daraufhin erlassene **Grundsteuermessbescheid** (§§ 13–24 GrStG). 11

Während bei vielen Steuergesetzen geregelt ist, dass die Steuer mit Ablauf des Geschäftsjahres entsteht (z. B. § 36 Abs. 1 EStG oder § 18 GewStG) entsteht die Grundsteuer bereits mit dem **Beginn des Kalenderjahres**, für das sie festzusetzen ist. 12

(Einstweilen frei) 13

B. Systematische Kommentierung

I. Stichtagsprinzip

Als Ausfluss des Stichtagsprinzips ist für die Festsetzung der Grundsteuer nur auf die **Verhältnisse zu Beginn des Kalenderjahres** abzuheben. **Veränderungen innerhalb eines Kalenderjahres** bleiben für dieses Kalenderjahr noch **unberücksichtigt**. Die Änderungen wirken sich erst über die Haupt- (§ 16 GrStG), Neu- (§ 17 GrStG) oder Nachveranlagung (§ 18 GrStG) auf den Beginn des folgenden Kalenderjahres aus. 14

Änderungen der Verhältnisse, die sich dann zu Beginn des folgenden Kalenderjahres auswirken sind: 15

a) die Eigentumsverhältnisse

> **BEISPIEL:** A überträgt sein Grundstück zum 2.1.02 im Wege der Schenkung auf seinen Sohn S. Das Grundstück wird A noch für das gesamte Jahr 02 zugerechnet, weil es ihm zu Beginn des Kalenderjahres zuzurechnen war. Erfolgt stattdessen die Übertragung zum 31.12.01, endet die Zurechnung bei A mit Ablauf des Jahres 01, am 1.1.02 ist sein Sohn Eigentümer und das Grundstück wird ihm zugerechnet.

b) die Nutzung des Grundstücks zu steuerfreien Zwecken (§ 3 GrStG)

BEISPIEL: Nachdem bei einer Kirchengemeinde die Pfarrstelle auf Dauer unbesetzt bleiben wird, vermietet sie das Pfarrhaus ab dem 1.12.01 als Wohnhaus an Fremde Dritte. Durch die Vermietung des Pfarrhauses für fremde Wohnzwecke zum 1.12.01 besteht zum 1.1.02 keine Verwendung mehr für steuerfreie Zwecke und das Grundstück ist zur Grundsteuer zu veranlagen. Im Jahr 01 bleibt es bei der Steuerbefreiung.

c) die Art des Grundstücks

BEISPIEL: Ein Grundstück wird bebaut, Baufertigstellung ist der 2.1.01. Das Grundstück wird erst bei der Veranlagung im Jahr 02 als bebautes Grundstück erfasst.

16 Diese Änderungen sind dann in den Bescheiden über die Feststellung des Grundsteuerwertes auf den Beginn des folgenden Kalenderjahres zu berücksichtigen. Änderungen, auch wenn sie bereits kurz nach dem 1. Januar eintreten, wirken sich für dieses Kalenderjahr nicht mehr aus.

17–20 *(Einstweilen frei)*

II. Entstehung der Steuerschuld

21 Nach § 38 AO entstehen die Ansprüche aus dem Steuerschuldverhältnis, sobald der Tatbestand verwirklicht ist, an den das Gesetz die Leistungspflicht knüpft. Tatbestand für die Steuerentstehung bei der Grundsteuer ist das Vorhandensein von steuerpflichtigem Grundbesitz am Stichtag. Während bei vielen Steuergesetzen geregelt ist, dass die Steuer mit Ablauf des Geschäftsjahres entsteht (z. B. § 36 Abs. 1 EStG oder § 18 GewStG) **entsteht die Grundsteuer bereits mit dem Beginn des Kalenderjahres**, für das sie festzusetzen ist. Vom Zeitpunkt des Entstehens ist aber der Zeitpunkt der Fälligkeit zu unterscheiden, der in § 28 GrStG geregelt ist.[1]

22 Der Zeitpunkt der Entstehung der Ansprüche aus dem Steuerschuldverhältnis ist u. a. wichtig für

a) die Festsetzung durch einen Steuerbescheid (§ 27 GrStG)

b) die Fälligkeit (§ 28 GrStG)

c) den Beginn der Festsetzungsverjährung

d) der Umfang der Haftung.

23 Weitere Ausführungen in diesem Zusammenhang, insbesondere bei Eigentumswechseln innerhalb eines Kalenderjahres vgl. Schmidt in Grootens, GrStG § 10 Rz. 21 ff.

24 Auch wenn die Steuerschuld mit Beginn des Kalenderjahres entsteht, ist sie zu diesem Zeitpunkt nicht fällig. Die Fälligkeit ergibt sich aus § 28 GrStG.[2]

§ 10 GrStG Steuerschuldner

(1) Schuldner der Grundsteuer ist derjenige, dem der Steuergegenstand bei der Feststellung des Grundsteuerwerts zugerechnet ist.

(2) Ist der Steuergegenstand mehreren Personen zugerechnet, so sind sie Gesamtschuldner.

---

[1] Zur Fälligkeit vgl. Grootens in Grootens, GrStG § 28 Rz. 36 ff.
[2] Vgl. Grootens in Grootens, GrStG § 28 Rz. 39 f.

Inhaltsübersicht

	Rz.
A. Allgemeine Erläuterungen zu § 10 GrStG	1 - 19
I. Normzweck und wirtschaftliche Bedeutung der Vorschrift	1 - 5
II. Entstehung und Entwicklung der Vorschrift	6 - 10
III. Geltungsbereich	11 - 13
IV. Verhältnis zu anderen Vorschriften	14 - 19
B. Systematische Kommentierung	20 - 90
I. Steuerschuldner	20 - 78
1. Zivilrechtlicher Eigentümer	21 - 45
a) Personenhandelsgesellschaften und Partnerschaften nach dem Partnerschaftsgesellschaftsgesetz	23 - 24
b) Gesellschaft bürgerlichen Rechts und Grundstücksgemeinschaften	25 - 27
c) Vereine	28 - 29
d) Kapitalgesellschaften und Genossenschaften	30 - 31
e) Wohnungseigentümergemeinschaft	32 - 34
f) Erbfälle	35 - 36
g) Einzelkaufleute und eingetragene Kaufleute	37 - 38
h) Umlage der Grundsteuer als Betriebskosten und Dingliche Belastungen	39 - 45
2. Wirtschaftlicher Eigentümer	46 - 55
a) Wirtschaftliches Eigentum beim Eigentumswechsel von Immobilien	48 - 55
3. Sonderfälle	56 - 78
a) Herrenlose Grundstücke	56 - 58
b) Erbbaugrundstücke	59 - 62
c) Land- und forstwirtschaftliche Betriebe	63 - 70
aa) Aktive land- und forstwirtschaftliche Betriebe	63 - 64
bb) Verpachtete land- und forstwirtschaftliche Betriebe (Stückländereien)	65 - 68
cc) Wohnteil/Betriebswohnungen des landwirtschaftlichen Betriebs	69 - 70
d) Nießbrauch	71 - 73
e) Erwerb im Zwangsversteigerungsverfahren	74 - 75
f) Bauten auf fremden Grundstücken	76 - 78
II. Gesamtschuldnerische Haftung (§ 10 Abs. 2 GrStG)	79 - 90
1. Gesamtschuldnerische Haftung nach dem GrStG	79
2. Gesamtschuldnerische Haftung aus Zivil- oder Gesellschaftsrecht	80 - 85
3. Folgen der Gesamtschuldnerischen Haftung	86 - 90

LITERATUR:

Eisele, Die Grundsteuer, NWB 39/2003 S. 3037, NWB LAAAA-74507; *Eisele*, Reform der Grundsteuer – Gesetzentwurf liegt vor! Teil I: Kernaussagen/Verfahrensfragen/Bewertung des Grundvermögens für Zwecke der Grundsteuer B, NWB 28/2019 S. 2043, NWB ZAAAH-21376; *Gehrmann*, Gesellschaft bürgerlichen Rechts, infoCenter, NWB IAAAA-88434; *Leopold/Madle/Rader*, AO, § 44, NWB AAAAC-32690; *Rössler/Troll*, BewG, 2019; OFD Magdeburg, Vfg. v. 19.2.2003 - S 3106-14-St 275 V, NWB HAAAA-82267.

A. Allgemeine Erläuterungen zu § 10 GrStG

I. Normzweck und wirtschaftliche Bedeutung der Vorschrift

Zweck der Vorschrift ist die **Bestimmung des Steuerschuldners**. Als Ausfluss des Stichtagsprinzips ist ein Steuerschuldner derjenige, dem das **Grundstück bei Feststellung** des Grundsteuerwertes **zugerechnet** wird. Unterjährige Änderungen der Eigentumsverhältnisse führen erst zu Beginn des folgenden Kalenderjahres zu einer Änderung der Steuerschuldnerschaft.

2   Abs. 2 regelt, dass bei **Zurechnung des Grundstücks auf mehrere Personen** diese **Gesamtschuldner** für die Grundsteuer sind.

3–5   *(Einstweilen frei)*

II. Entstehung und Entwicklung der Vorschrift

6   Die Regelungen zur Steuerschuldnerschaft sind **seit Jahrzehnten fester Bestandteil des GrStG** und blieben auch bei der Reform 2019 weitgehend unverändert. Mit dem GrStG v. 26.11.2019 wurde lediglich der **bisherige § 10 Abs. 2 GrStG aufgehoben** und der bisherige Abs. 3 zu Abs. 2. Die Gesetzesbegründung dazu lautet: „Die neue Fassung der Vorschrift trägt durch Wegfall des bisherigen Absatzes 2 den **bewertungsrechtlichen Änderungen bei Erbbaurechtsgrundstücken** Rechnung. Der bisherige Absatz 3 wird entsprechend Absatz 2."

7   Nach altem Recht wurden für das mit **einem Erbbaurecht belastete Grundstück zwei Einheitswerte festgestellt**, einer für das Erbbaurecht, der dem Erbbauberechtigten zugerechnet wurde, und einer für das belastete Grundstück, der dem Grundstückseigentümer zugerechnet wurde. Durch die gesetzliche Regelung in § 10 Abs. 2 GrStG-alt war der Erbbauberechtigte auch Schuldner der Grundsteuer für das belastete Grundstück, obwohl es ihm bei der Einheitsbewertung nicht zugerechnet worden war. Nach der **Neuregelung** wird das **Erbbaurecht** mit dem belasteten Grund und Boden zu **einer wirtschaftlichen Einheit zusammengefasst** (§ 244 Abs. 3 Nr. 1 BewG). Nach § 261 BewG wird nun für das mit einem **Erbbaurecht belastete Grundstück, einschließlich** dem ggf. darauf vorhandenen Gebäude ein Gesamtwert ermittelt, der dem **Erbbauberechtigten zugerechnet** wird.[1]

8   Durch die Regelung in **Abs. 2** wird für die Fälle von **Grundstücksgemeinschaften eine Gesamtschuldnerschaft der Eigentümer** normiert. Auch in den Fällen, in denen aufgrund von zivil- oder gesellschaftsrechtlichen Vorschriften eine Gesamtschuldnerschaft besteht, kann die Gemeinde von jedem Gesamtschuldner die gesamte festgesetzte Grundsteuer verlangen. Die Regelung zur Gesamtschuldnerschaft dient der **Sicherung des Steueraufkommens** und erleichtert die Durchsetzung der Ansprüche der Gemeinde. Sofern ein Gesamtschuldner von der Gemeinde in Anspruch genommen wird, gehen dann die Ansprüche der Gemeinde gegen die anderen Gesamtschuldner zivilrechtlich auf ihn über.

9–10   *(Einstweilen frei)*

III. Geltungsbereich

11   Die Vorschrift betrifft die **Erhebung der Grundsteuer** auf inländischen Grundbesitz durch die **Gemeinden** von den **Eigentümern bzw. die Gesamtschuldnerische Haftung** für die Grundsteuer bei mehreren Eigentümern.

12–13   *(Einstweilen frei)*

---

[1] Vgl. Grootens in Grootens, BewG § 261 Rz. 41 f.

IV. Verhältnis zu anderen Vorschriften

Die Entscheidung über die **Zurechnung eines Grundstücks auf einen Steuerpflichtigen** erfolgt nach § 219 BewG bei der Feststellung des Grundsteuerwertes. Einwendungen gegen die Zurechnung sind im Rechtsbehelfsverfahren gegen den Feststellungsbescheid vorzubringen. Grundsätzlich erfolgt die Zurechnung auf den zivilrechtlichen Eigentümer (§ 39 Abs. 1 AO). Damit ist **Steuerschuldner derjenige, der im Grundbuch als Eigentümer eingetragen** ist. Eine **Gesellschaft oder Grundstücksgemeinschaft** kann nur in das **Grundbuch eingetragen** werden, wenn sie rechtsfähig ist und dementsprechend **grundbuchfähig** ist. **Rechtsgrundlage** hierfür sind die spezifischen **Regelungen des Zivil- und Gesellschaftsrechts**. Sofern **wirtschaftliches Eigentum** (§ 39 Abs. 2 AO) vorliegt, ist dieses **maßgeblich** für die Zurechnung.[1]   14

Wird ein **Steuergegenstand mehreren Personen zugerechnet**, haften diese gesamtschuldnerisch für die Grundsteuer. Damit sind vorrangig **Grundstücksgemeinschaften** betroffen, unabhängig davon, ob die **Vermögensbindung zur Gesamten Hand** (§§ 705–740 BGB) oder in Bruchteilen (§ 741 BGB) erfolgt. Gemäß BGB besteht für die **eheliche Gütergemeinschaft** (§ 1419 BGB), die **Erbengemeinschaft** (§ 2032 BGB) und den **nicht rechtsfähigen Verein** (§ 54 Satz 1 BGB) eine **gesamthänderische Vermögensbindung** (vgl. §§ 718, 719, 1416, 1419, 2033 Abs. 2 BGB). Aufgrund **gesellschaftsrechtlicher Vorschriften** besteht bei der OHG (§§ 105 ff. HGB), bei der KG (§§ 161 ff. HGB) – wobei die Haftung des Kommanditisten durch die §§ 171, 172 HGB begrenzt bzw. ausgeschlossen ist – und bei der Partnerschaftsgesellschaft (§ 8 Abs. 1 PartGG) eine **gesamtschuldnerische Haftung** der Gesellschafter.   15

Die Folgen der gesamtschuldnerischen Haftung ergeben sich aus § 44 AO. Hat ein Gesamtschuldner die Gemeinde befriedigt, geht im **Innenverhältnis** der Gesamtschuldner untereinander nach § 426 Abs. 2 BGB die **Forderung der Gemeinde aus der Grundsteuer gegen die übrigen Schuldner auf ihn über**.   16

(Einstweilen frei)   17–19

B. Systematische Kommentierung

I. Steuerschuldner

Steuerschuldner ist derjenige, dem der Steuergegenstand, also das Grundstück bei der **Feststellung des Grundsteuerwertes** (§ 219 BewG) **zugerechnet** worden ist.   20

1. Zivilrechtlicher Eigentümer

Im Regelfall ist nach § 39 Abs. 1 AO der **bürgerlich-rechtliche Eigentümer** eines Grundstücks Steuerschuldner, also derjenige, der im **Grundbuch als Eigentümer eingetragen** ist. Der Eigentümer ist Steuerschuldner, unabhängig davon, ob es sich um natürliche oder juristische Personen, um In- oder Ausländer handelt.   21

Damit hängt die Frage der Steuerschuldnerschaft wesentlich davon ab, wer im Grundbuch als Eigentümer einer Immobilie eingetragen ist.   22

---

[1] Vgl. BFH, Urteil v. 23.2.2021 - II R 44/17, NWB SAAAH-82452.

a) Personenhandelsgesellschaften und Partnerschaften nach dem Partnerschaftsgesellschaftsgesetz

23 Die **Offene Handelsgesellschaft (OHG)** kann nach § 124 Abs. 1 HGB in das Grundbuch eingetragen werden, ebenso die **Kommanditgesellschaft (KG)** nach § 161 HGB i.V. mit § 124 Abs. 1 HGB. Auch **Partnerschaften nach dem Partnerschaftsgesellschaftsgesetz (PartGG)** sind nach § 7 Abs. 2 PartGG i.V. mit § 124 HGB grundbuchfähig. Schuldner der Grundsteuer ist die Gesellschaft.

24 *(Einstweilen frei)*

b) Gesellschaft bürgerlichen Rechts und Grundstücksgemeinschaften

25 Die **GbR** (§ 705 ff BGB)[1] kann nach § 899a BGB **ins Grundbuch eingetragen** werden. Nach § 47 Abs. 2 Grundbuchordnung (GBO) sind auch deren Gesellschafter im Grundbuch einzutragen. Auch wenn neben der GbR die Gesellschafter ins Grundbuch eingetragen werden, so ist die in das **Grundbuch eingetragene GbR Steuerschuldner**. **Die GbR ist grundbuchfähig**, wenn sie und ihre Gesellschafter in der **notariellen Auflassungsverhandlung** benannt sind und die für die Gesellschaft handelnden Personen erklären, dass sie deren alleinige Gesellschafter sind. Gemäß § 15 Abs. 1 Grundbuchverfügung (GBV) sind **die Gesellschafter mit Namen, Geburtsdatum, ggf. Beruf und Wohnort bzw. Namen der Firma, Sitz** (juristische Person) zu bezeichnen, darüberhinausgehende Angaben sind nicht erforderlich.[2]

26 Sofern keine Eintragung der GbR ins Grundbuch erfolgt, sind die Gesellschafter einzutragen. Die Vermögensbindung kann hier gesamthänderisch oder zu Bruchteilen sein; für die Steuerschuldnerschaft ist die Frage der Vermögensbindung allerdings ohne Belang. **Steuerschuldner sind die Miteigentümer entsprechend ihrer Beteiligung.** Im Rahmen der Feststellung der Grundsteuerwerte sind nach § 219 Abs. 2 Nr. 2 BewG bei mehreren Beteiligten an einer wirtschaftlichen Einheit Feststellungen über die Höhe ihrer Anteile zu treffen.[3]

27 *(Einstweilen frei)*

c) Vereine

28 Ein **eingetragener Verein** ist **rechtsfähig** und kann ins **Grundbuch eingetragen** werden, während ein **nichtrechtsfähiger Verein** nicht ins Grundbuch eingetragen werden kann, **einzutragen sind dessen Mitglieder**.[4]

29 *(Einstweilen frei)*

d) Kapitalgesellschaften und Genossenschaften

30 **Kapitalgesellschaften** (AG, KGaA und GmbH) und **Genossenschaften** sind **grundbuchfähig**, auch die **Vor-GmbH** kann ins Grundbuch eingetragen werden[5] und wird damit Schuldner der Grundsteuer.

31 *(Einstweilen frei)*

---

1 Gehrmann, Gesellschaft bürgerlichen Rechts, infoCenter, NWB IAAAA-88434.
2 BGH, Beschluss v. 28.4.2011 - V ZB 194/10, NWB IAAAD-83983.
3 Vgl. Wredenhagen in Grootens, BewG § 219 Rz. 231 ff.
4 BGH, Beschluss v. 21.1.2016 - V ZB 19/15 (KG), NZM 2016 S. 908.
5 BGH, Urteil v. 2.5.1966 - II ZR 219/63, BGHZ 45 S. 338–350.

e) Wohnungseigentümergemeinschaft

Erwirbt eine **Wohnungseigentümergemeinschaft** selbst Wohnungs- oder Teileigentum, ist sie als Eigentümerin **in das Grundbuch einzutragen**.[1] **Steuerschuldner** ist in diesem Fall dann die **Wohnungseigentümergemeinschaft als Verband**. — 32

Der **Wohnungseigentümer** wird für das von ihm erworbene Wohnungs- bzw. Teileigentum in das **Grundbuch eingetragen**. — 33

(Einstweilen frei) — 34

f) Erbfälle

In Erbfällen ist der **Erblasser** noch für das Jahr, in dem er verstorben ist, Steuerschuldner. Ab dem Jahr, das auf den Erbfall folgt, ist der **Erbe** bzw. die **Erbengemeinschaft** Steuerschuldner. Sind die **Erben (noch) unbekannt**, so ist der Steuerbescheid einem zu bestellenden **Nachlasspfleger** als gesetzlichem Vertreter bekannt zu geben. Der Nachlasspfleger wird von Amts wegen oder auf Antrag eines Nachlassgläubigers vom Nachlassgericht bestellt (AEAO, § 122 Abschnitte 2.13.1.3, 2.13.2). Nach § 1 GrStG sind die Gemeinden Berechtigte für die Erhebung der Grundsteuer und der gerichtlich geltend zumachende Anspruch i. S. des § 1961 BGB ist die festgesetzte Grundsteuer. Daher haben die Gemeinden aufgrund eines berechtigten Interesses die Möglichkeit, die Bestellung eines Nachlasspflegers beim Nachlassgericht zu beantragen.[2] — 35

(Einstweilen frei) — 36

g) Einzelkaufleute und eingetragene Kaufleute

Einzelkaufleute oder **eingetragene Kaufleute** können **nicht mit ihrer Firma** in das Grundbuch **eingetragen** werden. **Einzutragen ist die natürliche Person**, die das Gewerbe betreibt und damit Steuerschuldner ist. — 37

(Einstweilen frei) — 38

h) Umlage der Grundsteuer als Betriebskosten und Dingliche Belastungen

Bei Wohnraummietverträgen kann die Grundsteuer nach § 2 Nr. 1 **Betriebskostenverordnung** (BetrKV) und bei Gewerbemietverträgen aufgrund vertraglicher Vereinbarungen auf die **Mieter umgelegt** werden. Trotz der Umlage der Grundsteuer als Betriebskosten **bleibt der Eigentümer Schuldner der Grundsteuer**. — 39

Dingliche Belastungen des Grundstücks sind für die Steuerschuldnerschaft **unbeachtlich**, sofern nicht durch diese Belastungen das wirtschaftliche Eigentum am Grundstück auf einen anderen übergeht. — 40

(Einstweilen frei) — 41–45

2. Wirtschaftlicher Eigentümer

Das **wirtschaftliche Eigentum** ergibt sich aus **vertraglichen Vereinbarungen** zwischen zwei Parteien, die dann dazu führen, dass die Partei, die **zivilrechtlicher Eigentümer** ist, dauerhaft von — 46

---

1 OLG Hamm, Beschluss v. 20.10.2009 - I-15 Wx 81/09, ZMR 2010 S. 216; OLG Celle, Beschluss v. 26.2.2008 - 4 W 213/07; NJW 2008 S. 1537–1539.
2 OFD Magdeburg, Vfg. v. 26.11.2010 - G 1100-5-St 272; GrSt-Kartei ST § 1 GrStG Karte 1.

der Einwirkung auf ihr Eigentum ausgeschlossen** ist und die andere Partei wirtschaftlicher Eigentümer wird (§ 39 Abs. 2 AO). Zum wirtschaftlichen Eigentum bei Dauernutzungsrechten vgl. Schmidt in Grootens, GrStG § 11 Rz. 34.

47 *(Einstweilen frei)*

a) Wirtschaftliches Eigentum beim Eigentumswechsel von Immobilien

48 Ein Hauptanwendungsfall des wirtschaftlichen Eigentums bei der Grundsteuer ergibt sich bei **Grundstücksverkäufen**. Hier erlangt der **Erwerber** erst mit **Eintragung ins Grundbuch zivilrechtliches Eigentum** am Grundstück (§ 873 Abs. 1 BGB). Da der Zeitpunkt der Eintragung der Eigentumsänderung im Grundbuch von den Vertragsparteien nicht beeinflusst werden kann, vereinbaren die Vertragsparteien regelmäßig einen Zeitpunkt für den **Übergang von Nutzen und Lasten**, da die wirtschaftlichen Folgen des Grundstückskaufvertrages nicht davon abhängig gemacht werden sollen, dass der Eigentumsübergang im Grundbuch eingetragen wird. Nach ständiger Rechtsprechung des BFH[1] erfolgt bei **Grundstücken mit dem Übergang von Nutzen und Lasten der wirtschaftliche Eigentumsübergang**.

49 Die Kaufvertragsparteien sind **zivilrechtlich frei zu bestimmen**, zu welchem Zeitpunkt der **Übergang von Nutzen und Lasten** (Übergabe) des Grundstücks erfolgen soll. Je nach dem zu welchem Zeitpunkt die Übergabe vereinbart ist, können sich rechtliche Nachteile für Erwerber oder Verkäufer ergeben. Der **Besitzübergang**, kann **sofort** erfolgen oder zu einem **bestimmten in der Zukunft liegenden Zeitpunkt** oder zu einem **Zeitpunkt, der vom Eintritt bestimmter Bedingungen abhängig** ist. Regelmäßig wird die Besitzübergabe erst nach **vollständiger Kaufpreiszahlung** vereinbart. Durch diese Regelung wird der Verkäufer dagegen abgesichert, dass z. B. der Käufer in eine Wohnimmobilie einzieht, aber dann nicht bezahlt. Auch bei einer vermieteten Immobilie kann eine Übergabe vor Zahlung des Kaufpreises für den Verkäufer nachteilig sein, weil nach § 446 Satz 1 BGB der Käufer schon Anspruch auf die Mieteinnahmen hätte, obwohl er selbst den Kaufpreis noch nicht geleistet hat.

BEISPIELE FÜR DEN ÜBERGANG DES WIRTSCHAFTLICHEN EIGENTUMS: Ein Grundstückskaufvertrag wird im Oktober 01 abgeschlossen; vereinbart ist der Nutzen und Lastenübergang mit vollständiger Kaufpreiszahlung.
  a) Der Käufer bezahlt am 30.12.01. Der Erwerber ist am 1.1.02 wirtschaftlicher Eigentümer der Immobilie und er ist Schuldner der Grundsteuer.
  b) Der Käufer bezahlt am 3.1.02. Der Verkäufer ist am 1.1.02 noch Eigentümer der Immobilie und damit Steuerschuldner für das gesamte Jahr 02. Die von ihm bezahlte Grundsteuer für den Zeitraum 3.1.02–31.12.02 kann er auf Grundlage des § 446 BGB vom Erwerber fordern.

50 Nach § 446 Satz 2 BGB trägt mit **der Übergabe** der verkauften Sache der Käufer die **Lasten der Sache**. Zu den **Lasten** gehören nach § 103 BGB auch die **regelmäßig wiederkehrenden Lasten**, also auch die **Grundsteuer**. Aufgrund des **Stichtagsprinzips** in § 9 GrStG bleibt aber der **Verkäufer Schuldner der Grundsteuer während des gesamten Kalenderjahres**, weil unterjährige Änderungen im Eigentum des Grundstücks keine Auswirkungen auf die Grundsteuer haben. Die **zivilrechtlichen Vereinbarungen zum wirtschaftlichen Eigentum** an der Immobilie haben keine Auswirkungen auf die Grundsteuerschuld im **Jahresverlauf**. Wegen des Stichtagsprinzips bleibt der Verkäufer Steuerschuldner bis zum Stichtag der Zurechnungsfortschreibung.

---

[1] Z. B. BFH, Urteil v. 7.11.1991 - IV R 43/90, BStBl 1992 II S. 398, NWB CAAAA-94057.

Nach § 446 Satz 2 BGB hat der **Verkäufer** einen zivilrechtlichen **Anspruch auf Ausgleich** der von ihm **bis zur Fortschreibung** des Grundsteuerwertes **zu bezahlenden Grundsteuer**. In der Praxis erfolgt die Belastung in der Weise, dass der Verkäufer dem Erwerber eine **Belastungsanzeige** schickt, in der die Grundsteuer für den Zeitraum ab Übergabe angefordert wird. 51

Als **alternatives Vorgehen** wäre denkbar, dass die Vertragsparteien vereinbaren, dass der **Käufer ab dem Zeitpunkt des Nutzungsübergangs unmittelbar an die Gemeinde bezahlt**. Dazu müsste der Verkäufer dem Käufer die Höhe der Grundsteuerraten und das Buchungszeichen der Gemeinde mitteilen. Sollte der Käufer der Zahlungspflicht nicht nachkommen, wird die Gemeinde den Verkäufer als Schuldner der Grundsteuer in Anspruch nehmen und er hätte dann auch noch Mahngebühren zu bezahlen, weshalb diese **Vorgehensweise selten** gewählt wird. 52

Beim Abschluss von Grundstückskaufverträgen hat die Kommune ein Vorkaufsrecht; sie hat damit das Recht, ein Grundstück zu den in einem Kaufvertrag zwischen Verkäufer und Käufer definierten Konditionen selbst zu erwerben. Die Rechtsgrundlagen hierfür finden sich in den §§ 24–28 BauGB sowie im Naturschutz-, Denkmalschutz-, Reichssiedlungs- oder Eisenbahngesetz. Mit Ausübung des Vorkaufsrechts geht das wirtschaftliche Eigentum nicht automatisch auf den Vorkaufsberechtigten über, wenn nach den Bedingungen im Kaufvertrag das wirtschaftliche Eigentum auf den Vorkaufsberechtigten übergegangen wäre. Vereinbaren Grundstückseigentümer und Vorkaufsberechtigter, dass für das Kaufverhältnis zwischen ihnen andere Bestimmungen als für das ursprünglich mit dem Dritten geschlossene Geschäft gelten sollen, sind diese Bedingungen für die Beurteilung, ob wirtschaftliches Eigentum vorliegt, maßgebend.[1] 53

(Einstweilen frei) 54–55

3. Sonderfälle

a) Herrenlose Grundstücke

Der Eigentümer kann nach § 928 Abs. 1 BGB das Eigentum an einem Grundstück dadurch aufgeben, dass er gegenüber dem Grundbuch den **Eigentumsverzicht erklärt** und der Verzicht im **Grundbuch eingetragen** wird. Dem **Fiskus des Bundeslandes** in dem das Grundstück liegt, steht das **Recht zur Aneignung** des **aufgegebenen Grundstücks** zu (§ 928 Abs. 2 BGB). Lässt sich der Fiskus als Eigentümer in das Grundbuch eintragen, wird er Eigentümer, verzichtet er auf das Aneignungsrecht, bleibt das Grundstück „herrenlos". 56

In solchen Fällen hat nach der Verfügung der OFD Magdeburg v. 19.2.2003[2] eine Zurechnung beim bisherigen Eigentümer nicht mehr zu erfolgen. Dem bisherigen Eigentümer soll mitgeteilt werden, dass auf den 1.1. des dem Verzicht folgenden Kalenderjahres das Grundstück ihm nicht mehr zuzurechnen ist und die Steuerpflicht endet. Es ist eine Zurechnungsfortschreibung und die Neuveranlagung des Grundsteuermessbetrages vorzunehmen, wobei als Eigentümer: „Ohne Eigentümer (Eigentumsverzicht nach § 928 BGB)" einzutragen ist. Die Zurechnungsfortschreibung ist dem bisherigen Eigentümer bekannt zu geben und der zuständigen Gemeinde sind die Gemeindeausfertigungen der Grundsteuermessbetragsveranlagung zu übersenden. 57

(Einstweilen frei) 58

---

[1] BFH, Urteil v. 23.2.2021 - II R 44/17, NWB SAAAH-82452.
[2] OFD Magdeburg, Vfg. v. 19.2.2003 - S 3106 - 14 - St 275 V, NWB HAAAA-82267.

b) Erbbaugrundstücke

59 Das **Erbbaurecht** ist das **veräußerliche und vererbliche dingliche Recht**, auf oder unter der Oberfläche eines Grundstücks eines Dritten ein bestehendes oder noch zu errichtendes **Bauwerk zu haben** (§ 1 ErbbauRG).[1]

60 Erbbaugrundstücke werden nach § 261 Satz 2 BewG dem Erbbauberechtigten zugerechnet.[2] Damit ist der **Erbbauberechtigte Steuerschuldner der GrSt**.

61 Es bleibt den Vertragsparteien nach § 2 Nr. 3 ErbbauRG unbenommen, **auf zivilrechtlicher Grundlage eine abweichende Regelung zur Tragung der Grundsteuer** zu treffen. Diese **vertragliche Abrede** hat aber **keinen Einfluss auf die Steuerschuldnerschaft**, diese bleibt beim Erbbauberechtigten, auch wenn er aufgrund privatrechtlicher Vereinbarung die Grundsteuer wirtschaftlich nicht zu tragen hat.

62 *(Einstweilen frei)*

c) Land- und forstwirtschaftliche Betriebe

aa) Aktive land- und forstwirtschaftliche Betriebe

63 Nach § 232 Abs. 1 Satz 2 BewG gehören zum **land- und forstwirtschaftlichen Vermögen alle Wirtschaftsgüter, die einem Betrieb der Land- und Forstwirtschaft dauernd zu dienen** bestimmt sind. Die wirtschaftliche Einheit des land- und forstwirtschaftlichen Vermögens ist der Betrieb der Land- und Forstwirtschaft. **Steuerschuldner** ist damit der **Eigentümer** (§ 232 Abs. 2 Satz 1 BewG).

64 *(Einstweilen frei)*

bb) Verpachtete land- und forstwirtschaftliche Betriebe (Stückländereien)

65 Auch wenn über den **ganzen Betrieb der Land- und Forstwirtschaft** oder auch nur **für einzelne Grundstücke (Stückländereien)** ein **Pachtverhältnis** mit einem aktiven land- und forstwirtschaftlichen Betrieb abgeschlossen ist, so gilt dies als Fortsetzung der land- und forstwirtschaftlichen Tätigkeit des verpachtenden Eigentümers. **Steuerschuldner** ist in diesen Fällen der **Eigentümer der verpachteten land- und forstwirtschaftlichen Grundstücke** (§ 232 Abs. 2 Satz 2 BewG).

66 Auf die **Unterscheidung** zwischen **aktiv wirtschaftenden und verpachteten Betrieben** wird wegen der damit verbundenen Abgrenzungsschwierigkeiten vom Gesetzgeber **verzichtet**.[3]

67 Zur Bewertung von Stückländereien vgl. Müller in Grootens, BewG § 232 Rz. 43.

68 *(Einstweilen frei)*

cc) Wohnteil/Betriebswohnungen des landwirtschaftlichen Betriebs

69 Nach § 232 Abs. 4 BewG gehören der Grund und Boden sowie **Gebäude und Gebäudeteile, die Wohnzwecken oder anderen nicht land- und forstwirtschaftlichen Zwecken dienen, nicht zum land- und forstwirtschaftlichen Vermögen**, sondern zum **Grundvermögen**. Für die **Wohn-**

---

[1] Schmidt, NWB 6/2017 S. 444, NWB UAAAG-35943.
[2] Vgl. Grootens in Grootens, BewG § 261 Rz. 41 f.
[3] Vgl. BR-Drucks. 354/19 S. 106.

gebäude gelten damit die **allgemeinen Grundsätze**, dass der Eigentümer Schuldner der Grundsteuer ist.[1] Einzelheiten hierzu siehe Müller in Grootens, BewG § 232 Rz. 67.

(Einstweilen frei) 70

d) Nießbrauch

Der Nießbrauch ist die **Belastung einer Sache** (hier also des Grundstücks) **mit einer persönlichen Dienstbarkeit**, die den Inhaber der Dienstbarkeit berechtigt, die **Nutzungen** eines Gegenstandes kraft eigenen Rechts zu ziehen, ohne selbst dessen Eigentümer zu sein (§ 1030 BGB, § 1037 BGB). Der Nießbrauch umfasst den Sachbesitz und das Recht zur Vermietung und Verpachtung hinsichtlich dieses Gegenstandes (§ 1036 BGB). Als höchstpersönliches Recht ist es unvererblich (§ 1061 BGB) und grundsätzlich unübertragbar (§§ 1059, 1059a BGB).[2] Es besteht allerdings eine dingliche Mithaftung des Nießbrauchers vgl. Schmidt in Grootens, GrStG § 11 Rz. 26. 71

Das Bestehen eines **Nießbrauchs** führt regelmäßig **nicht zum Übergang des wirtschaftlichen Eigentums** auf den Nießbraucher,[3] damit bleibt der **Eigentümer** des mit dem Nießbrauch belasteten Grundstücks **Steuerschuldner**. 72

(Einstweilen frei) 73

e) Erwerb im Zwangsversteigerungsverfahren

Beim Erwerb eines Grundstücks bleibt – entsprechend den allgemeinen Grundsätzen – in dem **Jahr, in dem der Zuschlag im Zwangsversteigerungsverfahren** erfolgt, Steuerschuldner der bisherige **Eigentümer**. Der bisherige Eigentümer hat einen zivilrechtlichen Ausgleichsanspruch nach § 56 Satz 2 ZVG gegen den Erwerber. Erst im **Folgejahr** wird der **Erwerber** Steuerschuldner.[4] 74

(Einstweilen frei) 75

f) Bauten auf fremden Grundstücken

Ein Gebäude auf fremdem Grund und Boden liegt vor, wenn ein anderer als der Eigentümer des Grund und Bodens (z. B. der Mieter oder Pächter) darauf ein Gebäude errichtet hat und ihm das Gebäude bewertungsrechtlich zuzurechnen ist. 76

Nach § 262 BewG werden das Gebäude auf fremdem Grund und Boden und das damit belastete Grundstück als eine **wirtschaftliche Einheit** bewertet und ein Gesamtwert festgestellt, der dem zivilrechtlichen **Eigentümer des Grund und Bodens** zugerechnet wird, der damit **Schuldner der Grundsteuer** wird. In der Regel bestehen zwischen Eigentümer und dem Mieter/Pächter **zivilrechtliche Vereinbarungen**, in denen der Eigentümer die Grundsteuer auf den Mieter/Pächter **abwälzt**, so dass dieser wirtschaftlich Belasteter ist.[5] 77

(Einstweilen frei) 78

---

1 Vgl. BR-Drucks. 354/19 S. 106.
2 Schmalbach, Grundvermögen, infoCenter, NWB AAAAB-03406.
3 BFH, Urteil v. 26.11.1998 - IV R 39/98, BStBl 1999 II S. 263, NWB GAAAA-23505.
4 VGH München, Beschluss v. 6.12.2010 - 4 ZB 10.1848.
5 Vgl. BR-Drucks. 354/19 S. 129.

II. Gesamtschuldnerische Haftung (§ 10 Abs. 2 GrStG)

1. Gesamtschuldnerische Haftung nach dem GrStG

79 Der Gesetzestext nennt als Tatbestandsvoraussetzung für die gesamtschuldnerische Haftung, dass ein Steuergegenstand **mehreren Personen zugerechnet** wird. Dies könnte die Auslegung nahelegen, dass die gesamtschuldnerische Haftung nur dann zum Tragen kommen soll, wo eine Zurechnung des Grundstücks nach § 3 BewG auf mehrere Beteiligte erfolgt ist.[1] Nach § 39 Abs. 2 Nr. 2 AO hat eine getrennte Zurechnung allerdings nur zu erfolgen, soweit diese für die Besteuerung erforderlich ist. Nach dem BFH-Urteil v. 22.2.2001[2] ist **keine Aufteilung** des Einheitswerts (jetzt **Grundsteuerwertes**) eines Grundstücks im Gesamthandseigentum **auf die Gesamthänder** vorzunehmen, wenn der **Wert nur noch für die Grundsteuer von Bedeutung** ist. Die **Aufteilung ist für Grundsteuerzwecke nicht erforderlich**, weil § 10 Abs. 1 und 2 GrStG für beide denkbaren Möglichkeiten der Zurechnung (Gesamthandsgemeinschaft oder Bruchteilseigentum) eine Regelung über den Steuerschuldner enthält. Das GrStG richtet sich vielmehr in der Frage der Steuerschuldnerschaft bei Grundstücken im Gesamthandsvermögen danach, wem das Grundstück zugerechnet worden ist, indem es in § 10 Abs. 1 GrStG vorschreibt, Steuerschuldner sei derjenige, dem der Steuergegenstand bei der Feststellung des Grundsteuerwertes zugerechnet ist, und für den Fall, dass der Grundsteuerwert mehreren Personen zugerechnet ist, in § 10 Abs. 2 GrStG klarstellt, dass diese dann Gesamtschuldner sind. Danach kommt die **Gesamtschuldnerschaft für alle Grundstücksgemeinschaften in Betracht, unabhängig davon, ob es sich um eine Gesamthandsgemeinschaft oder eine Bruchteilsgemeinschaft** handelt.[3]

2. Gesamtschuldnerische Haftung aus Zivil- oder Gesellschaftsrecht

80 Bei folgenden Gemeinschaften/Gesellschaften sind die einzelnen Eigentümer ggf. nicht im Grundbuch eingetragen, dennoch besteht aufgrund von zivil- bzw. gesellschaftsrechtlichen Regelungen eine Gesamtschuldnerschaft für die Beteiligten bzw. Gesellschafter: **Gesellschaft bürgerlichen Rechts** (§§ 705 ff. BGB) unabhängig davon, ob die Gesellschafter als Eigentümer im Grundbuch eingetragen sind, oder die GbR eingetragen ist, bei der **Gütergemeinschaft** (§ 1415 BGB) und der **fortgesetzten Gütergemeinschaft** (§§ 1483 ff. BGB), bei der **OHG** (§§ 1415 ff. BGB), bei der **KG** (§§ 161 ff. HGB), wobei die **Haftung des Kommanditisten** durch die §§ 171, 172 HGB begrenzt bzw. ausgeschlossen ist, oder bei der **Partnerschaftsgesellschaft** (§ 8 Abs. 1 PartGG).

81 Bei der **Wohnungseigentümergemeinschaft** kann eine Haftung bestehen, soweit sie als **Verband selbst Sondereigentum erworben** hat (vgl. → Rz. 32) allerdings haften die einzelnen Miteigentümer nur nach dem Verhältnis ihres Miteigentumsanteils (§ 10 Abs. 8 WEG); eine gesamtschuldnerische Haftung besteht nicht. Hat nicht die Gemeinschaft als Verband, sondern die **Wohnungseigentümer als Gemeinschaft** außerhalb des Verbands (Eintragung aller Wohnungseigentümer im Grundbuch) das Wohnungs- bzw. Teileigentum erworben, liegt eine Grundstücksgemeinschaft vor und es gelten die in → Rz. 78 und → Rz. 79 beschriebenen Haftungsregelungen, unabhängig von der Vermögensbindung (Bruchteil oder Gesamthandseigen-

---

[1] Halaczinsky in Rössler/Troll, GrStG § 10 Rz. 12.
[2] BFH, Urteil v. 22.2.2001 - II B 39/00 BStBl 2001 II S. 476, NWB ZAAAA-88946.
[3] Eisele, Die Grundsteuer, NWB 39/2003 S. 3037, NWB LAAAA-74507.

tum). Für das **Wohnungs- bzw. Teileigentum des einzelnen Eigentümers** besteht keine gesamtschuldnerische Haftung der übrigen Eigentümer.

Die **Beteiligten an einer Erbengemeinschaft** haften gesamtschuldnerisch (§§ 2032 ff. BGB). Der **Erblasser** ist noch **für das Jahr, in dem er verstorben ist**, Steuerschuldner. Die Grundsteuer ist insofern Nachlassverbindlichkeit. In Bezug auf die Nachlassverbindlichkeiten steht dem Erben gemäß § 1990 Abs. 1 Satz 1 BGB die Dürftigkeitseinrede dann zu, wenn die Anordnung der Nachlassverwaltung oder die Eröffnung des Nachlassinsolvenzverfahrens wegen Mangels einer den Kosten entsprechenden Masse nicht tunlich ist oder aus diesem Grunde die Nachlassverwaltung aufgehoben oder das Insolvenzverfahren eingestellt wird. Ab dem Jahr, das auf den Erbfall folgt, ist die Erbengemeinschaft Steuerschuldner. Diese Steuerschuld fällt in die Erbmasse, so dass die „Dürftigkeitseinrede" hier nicht relevant ist.[1]   82

(Einstweilen frei)   83–85

3. Folgen der Gesamtschuldnerischen Haftung

Liegt eine Gesamtschuldnerschaft vor, schuldet nach § 44 Abs. 1 Satz 2 AO jeder Gesamtschuldner die **gesamte Leistung**. Nach § 44 Abs. 2 Satz 1 AO wirkt die **Erfüllung der Schuld** durch einen der Gesamtschuldner auch **für die übrigen Schuldner**. Die gilt auch wenn die Schuld durch Aufrechnung oder eine Sicherheitsleistung erfüllt wird. Der Gemeinde steht es im Rahmen ihres **pflichtgemäßen Ermessens** frei, an welchen Gesamtschuldner sie sich halten will. Die geschuldete Leistung kann von jedem Gesamtschuldner ganz oder zu einem Teil gefordert werden. Zur Inanspruchnahme eines Gesamtschuldners genügt es, dass die Gemeinde zu der Annahme gelangt, dass die Vollstreckung in das bewegliche Vermögen des anderen aussichtslos sein werde.[2] Die Ermessensentscheidung ist nach § 121 Abs. 1 AO zu begründen, soweit dies zu ihrem Verständnis erforderlich ist und eine Begründung nicht nach § 121 Abs. 2 AO entbehrlich ist.[3]   86

Soweit einem **Gesamtschuldner Stundung** (§ 222 AO), **Zahlungsaufschub** (§ 223 AO), Erlass (§ 227 AO), **Vollstreckungsaufschub** (§ 258 AO), **Niederschlagung** (§ 261 AO) oder **Aussetzung der Vollziehung** (§ 361 AO) gewährt wird, wirkt dies nur für diesen Gesamtschuldner, **nicht** aber **zugunsten der anderen Gesamtschuldner** (§ 44 Abs. 2 Satz 3 AO).   87

Hat ein Gesamtschuldner die Gemeinde befriedigt, geht im **Innenverhältnis** der Gesamtschuldner untereinander nach § 426 Abs. 2 BGB die **Forderung** der Gemeinde aus der Grundsteuer gegen die übrigen Schuldner **auf ihn über**. Von den übrigen Gesamtschuldnern kann er dann den Ausgleich, der auf ihn übergegangenen Forderung verlangen. Für das Steuerschuldverhältnis sind die Verhältnisse der Haftungsschuldner untereinander ohne Bedeutung.[4]   88

Zur **Geltendmachung der Haftungsschuld** gegenüber einem Gesamtschuldner durch die Gemeinde vgl. Schmidt in Grootens, GrStG § 11 Rz. 73 ff.   89

BEISPIEL: ▶ A und B gehören im Bruchteilseigentum jeweils die Hälfte eines Grundstücks. Es wurden zwei Grundsteuerbescheide an A und B über jeweils 500 € erlassen. B kann die Steuer nicht bezahlen. Die Gemeinde erlässt einen Haftungsbescheid gegen A i.H. der von B zu bezahlenden Grundsteuer von 500 €. Nach Zahlung der Grundsteuer durch A geht die Forderung der Gemeinde gegen B i.H. von 500 € auf ihn über.   90

---

1 VGH München, Beschluss v. 12.7.2018 - 4 C 18.1135, BeckRS 2018 S. 17235.
2 BFH, Urteil v. 30.8.2017 - II R 48/15, BStBl 2018 II S. 24, NWB HAAAG-61393.
3 Madle in Leopold/Madle/Rader, AO, § 44, NWB AAAAC-32690.
4 Madle in Leopold/Madle/Rader, AO, § 44, NWB AAAAC-32690, Abschnitt 4.

§ 11 GrStG Persönliche Haftung

(1) Neben dem Steuerschuldner haften der Nießbraucher des Steuergegenstandes und derjenige, dem ein dem Nießbrauch ähnliches Recht zusteht.

(2) ¹Wird ein Steuergegenstand ganz oder zu einem Teil einer anderen Person übereignet, so haftet der Erwerber neben dem früheren Eigentümer für die auf den Steuergegenstand oder Teil des Steuergegenstandes entfallende Grundsteuer, die für die Zeit seit dem Beginn des letzten vor der Übereignung liegenden Kalenderjahres zu entrichten ist. ²Das gilt nicht für Erwerbe aus einer Insolvenzmasse und für Erwerbe im Vollstreckungsverfahren.

Inhaltsübersicht	Rz.
A. Allgemeine Erläuterungen zu § 11 GrStG	1 - 20
I. Normzweck und wirtschaftliche Bedeutung der Vorschrift	1 - 5
II. Entstehung und Entwicklung der Vorschrift	6 - 8
III. Geltungsbereich	9 - 10
IV. Verhältnis zu anderen Vorschriften	11 - 20
B. Systematische Kommentierung	21 - 87
I. Haftung	21 - 72
1. Haftungstatbestände aus dem GrStG	23 - 46
a) Haftung des Nießbrauchers (§ 11 Abs. 1 GrStG)	25 - 30
b) Haftung bei den Nießbrauch ähnlichen Rechten (§ 11 Abs. 1 GrStG)	31 - 38
c) Haftung des Erwerbers (§ 11 Abs. 2 GrStG)	39 - 46
2. Keine Haftung bei Erwerben aus einer Insolvenzmasse und im Vollstreckungsverfahren (§ 11 Abs. 2 Satz 2 GrStG)	47 - 54
3. Haftung nach der Abgabenordnung	55 - 66
a) Haftung der Vertreter (§ 69 AO)	57 - 64
b) Haftung bei Betriebsübernahme (§ 75 AO)	65 - 66
4. Haftungstatbestände nach dem Zivil- und Gesellschaftsrecht	67 - 72
a) Gesamtschuldnerische Haftung	69 - 70
b) Haftung des Firmenfortführers	71 - 72
II. Inanspruchnahme des Haftenden und Rechtsbehelfe dagegen	73 - 87
1. Haftungsbescheide	73 - 80
2. Rechtsbehelfe	81 - 86
a) Rechtsbehelfe gegen einen Haftungsbescheid	81 - 82
b) Rechtsbehelfe gegen die Primärbescheide	83 - 86
3. Mögliche Einwendungen gegen einen Haftungsbescheid	87

LITERATUR:

Eisele, Die Grundsteuer, NWB 39/2003 S. 3037, NWB LAAAA-74507; *Gerlach*, Zahlungsverjährung, infoCenter, NWB HAAAA-41731; *Halaczinsky*, Grundsteuer-Kommentar, 2. Aufl., § 11 Rz. 4; *Troll/Eisele*, GrStG, 2006; *Haack*, Firmenfortführung bei Erwerb und Übertragung, infoCenter, NWB QAAAD-98190; *Leopold/Madle/Rader*, AO, 2018.

A. Allgemeine Erläuterungen zu § 11 GrStG

I. Normzweck und wirtschaftliche Bedeutung der Vorschrift

1 Nach § 11 GrStG wird der **persönlich Haftende** für eine **fremde Schuld** in **Anspruch** genommen. Die Regelung **erweitert** insofern die **Zahl der Haftenden** über die in § 10 Abs. 2 GrStG genannten Personen hinaus auf die **Erwerber** bei Übertragung eines Grundstücks und die **Nießbraucher** und **Inhaber ähnlicher Rechte**. Die Regelung dient der **Sicherung des Steueraufkommens**,

weil dem staatlichen Gläubiger eine **effektive Steuerbeitreibung** durch einen **zusätzlichen Schuldner** gesichert wird.[1] Die persönliche Haftung ist der **Höhe nach unbeschränkt** und erstreckt sich auf das **gesamte Vermögen des Haftenden**, doch bestehen **Haftungsbegrenzungen**, z. B. bei Erwerben, bei denen nur für das **Jahr der Übertragung** und **das diesem Jahr vorangegangene Jahr gehaftet** wird. Der **Haftende** stellt dabei **keinen Ersatzschuldner** zum Steuerschuldner dar, sondern steht von Gesetzes wegen als **Gesamtschuldner neben diesem auf derselben Stufe**.

Die persönliche Haftung des Erwerbers besteht nach § 11 Abs. 2 Satz 2 GrStG ausdrücklich nicht, wenn der **Erwerb aus einer Insolvenzmasse** oder im **Vollstreckungsverfahren** erfolgt. Grund der Regelung ist, dass die **Abwicklung dieser Verfahren erleichtert** werden soll. Die **Haftung des Grundstücks** nach § 12 GrStG **bleibt davon aber unberührt**. 2

Die **Haftung des Nießbrauchers** ist darin begründet, dass ihm die Einnahmen aus dem Steuergegenstand zustehen und er nach **§ 1047 BGB** ohnehin zur **Tragung der dauernden Lasten** des Grundstücks **verpflichtet** ist. 3

(Einstweilen frei) 4–5

II. Entstehung und Entwicklung der Vorschrift

Die Vorschrift ist seit Jahrzehnten **fester Bestandteil des GrStG**. Bei der Novellierung des GrStG am 26.11.2019 wurde § 11 GrStG nicht geändert. 6

(Einstweilen frei) 7–8

III. Geltungsbereich

Die Vorschrift ist bei der **Erhebung der Grundsteuer** auf inländischen Grundbesitz durch die **Gemeinden** anzuwenden. 9

(Einstweilen frei) 10

IV. Verhältnis zu anderen Vorschriften

In § 11 GrStG ist die **persönliche Haftung einer Person** für die Grundsteuer einer anderen Person geregelt, während **§ 12 GrStG die Sachhaftung des Grundstücks** für die auf ihm lastende GrSt zum Gegenstand hat. 11

Die **Haftung des Erwerbers** betrifft grundsätzlich **alle Übereignungen**, z. B. aufgrund **Kaufvertrag, Schenkung** (§ 516 BGB), **Vermögensübernahme** (§ 311b BGB), **Zuschlag im Zwangsversteigerungsverfahren** oder bei einer **Erbauseinandersetzung**. 12

Neben den in § 11 GrStG genannten **Haftungstatbeständen** (Erwerber, Nießbraucher) bestehen aus **Abgabenordnung** (relevant für die GrSt: § 69 AO (**Haftung der Vertreter**) und § 75 AO (**Haftung des Betriebsübernehmers**) und Zivil- bzw. Gesellschaftsrecht (Fälle der gesamtschuldnerischen Haftung, vgl. Schmidt in Grootens, GrStG § 10 Rz. 15 und § 25 HGB (**Haftung des Firmenübernehmers**) weitere Haftungstatbestände. 13

---

[1] VG Gießen, Urteil v. 14.6.2012 - 8 K 2454/10, NJW 2012 S. 3804.

14 Die Inanspruchnahme des Haftungsschuldners erfolgt durch den **Erlass eines Haftungsbescheids**, dabei sind die einschlägigen **Vorschriften der AO** zu beachten, insbesondere die §§ 191 und 219 AO.

15 Gegen den von der Gemeinde erlassenen Haftungsbescheid kann in den Flächenstaaten **Widerspruch (§ 40 VwGO)** eingelegt werden, während in den **Stadtstaaten** (Berlin, Hamburg, Bremen) **Einspruch** (§ 347 ff. AO) einzulegen ist. Teilweise bestehen **landesrechtliche Regelungen** (z. B. in Niedersachsen) wonach sofort Klage zu erheben ist. Gegen eine ablehnende außergerichtliche Rechtsbehelfsentscheidung ist in den **Flächenstaaten** vor dem **Verwaltungsgericht** zu klagen, während in den **Stadtstaaten** das **Finanzgericht** zuständig ist.

16–20 *(Einstweilen frei)*

B. Systematische Kommentierung

I. Haftung

21 Haftung bedeutet, **eine Person** muss für die **Steuerschuld eines anderen** einstehen. Dabei **haftet diese Person** mit ihrem **ganzen Vermögen**. Neben den im GrStG genannten Haftungstatbeständen ergeben sich auch solche aus der **AO** und dem **Gesellschafts- und Zivilrecht**.

22 *(Einstweilen frei)*

1. Haftungstatbestände aus dem GrStG

23 **Haftungstatbestände des GrStG** sind die Haftung des **Nießbrauchers** bzw. des **Inhabers eines dem Nießbrauch ähnlichen Rechts** und des **Erwerbers** einer Immobilie.

24 *(Einstweilen frei)*

a) Haftung des Nießbrauchers (§ 11 Abs. 1 GrStG)

25 Zum Inhalt und den **zivilrechtlichen Grundlagen** eines **Nießbrauchs** (§ 1030 ff. BGB) vgl. Schmidt in Grootens, GrStG § 10 Rz. 70.

26 Der **Nießbraucher haftet neben dem Eigentümer** für die GrSt des mit dem Nießbrauch **belasteten Grundstücks**. Nach § 1047 BGB ist der **Nießbraucher gegenüber dem Eigentümer** ohnehin verpflichtet, für die Dauer des Nießbrauchs die **auf dem Grundstück ruhenden privaten und öffentlichen Lasten zu tragen**. Besteht der Nießbrauch nur **an einem Teil des Grundstücks** (z. B. an einer Wohnung in einem Mehrfamilienhaus, oder an bestimmten Räumen in einem Einfamilienhaus), beschränkt sich die **Haftung des Nießbrauchers nur auf den Teil** der GrSt, die auf diesen Teil des Grundstücks entfällt.

27 Die **Haftung** des Nießbrauchers **beginnt mit Eintragung des Nießbrauchs** im Grundbuch, insofern besteht auch hier eine Haftungsbegrenzung, da für Grundsteuern vor Bestellung des Nießbrauchs nicht gehaftet wird.

28–30 *(Einstweilen frei)*

b) Haftung bei den Nießbrauch ähnlichen Rechten (§ 11 Abs. 1 GrStG)

Als ein dem Nießbrauch ähnliches Recht wird in der Literatur[1] bei **landwirtschaftlichen Betrieben** das **Recht des überlebenden Ehegatten** zur **Verwaltung und Nutznießung am Hof** bis zur **Vollendung des 25. Lebensjahres des Hoferben** genannt. Eine gesetzliche Regelung hierzu ist die **Höfeordnung** die in Hamburg, Niedersachsen, Nordrhein-Westfalen und Schleswig-Holstein anzuwenden ist. **Landesgesetzliche Hoferbenregelungen** bestehen in Baden-Württemberg, Brandenburg, Bremen, Hessen und Rheinland-Pfalz. Ob in diesen **landesrechtlichen Regelungen** ähnliche **Nutznießungsregelungen** wie in der Höfeordnung enthalten sind, ist **im Einzelfall zu prüfen**. Soweit keine landesrechtlichen Regelungen bestehen, sind die **§§ 2049 und 2312 BGB** einschlägig. Darin ist **keine Nutzungsregelung** entsprechend der Höfeordnung enthalten und es besteht in diesen Bundesländern **keine Haftung** aus einem dem Nießbrauch ähnlichen Recht. 31

Eigentümer eines Gebäudes auf fremden Grund und Boden sowie **Mieter und Pächter** verfügen über **kein dem Nießbrauch ähnliches Recht**, da die **Nutzung nicht** aus einem **dinglichen Recht**, sondern aus einem **Schuldverhältnis** heraus erfolgt; sie sind damit nicht in die Haftung des § 11 Abs. 1 GrStG einzubeziehen. 32

Nach § 1093 BGB ist ein **dingliches Wohnrecht** eine **beschränkte persönliche Dienstbarkeit**, die dem Wohnungsrechtsinhaber das **Recht** verschafft, ein **Gebäude** oder **einen Teil eines Gebäudes unter Ausschluss des Eigentümers als Wohnung zu benutzen**. Auf dieses Recht finden die für den Nießbrauch geltenden Vorschriften der §§ 1031, 1034, 1036, des § 1037 Abs. 1 und der §§ 1041, 1042, 1044, 1049, 1050, 1057, 1062 BGB entsprechende Anwendung. Im Kommentar von Troll/Eisele[2] wird problematisiert, dass ein dingliches Wohnrecht seinem wirtschaftlichen Gehalt nach ein dem Nießbrauch ähnliches Recht darstellen müsste, allerdings soll **nach der Gesetzesbegründung** das dingliche Wohnrecht für den Berechtigten **keine Haftung nach § 11 Abs. 1 GrStG auslösen**. Halaczinsky[3] stellt lapidar fest, dass der Inhaber eines dinglichen Wohnrechts nicht als Nutznießer oder Nießbraucher anzusehen ist und deshalb § 11 Abs. 1 GrStG nicht einschlägig ist. Rechtsprechung zu dieser Frage liegt nicht vor, obwohl die Vorschrift schon Jahrzehnte existiert, was ein Indiz dafür ist, dass diese Vorschrift in der **Praxis** von **geringer Relevanz** ist. 33

Es ist davon auszugehen, dass **§ 11 Abs. 1 GrStG** in Bezug auf den Nießbraucher **Ausfluss von § 1047 BGB** ist, wonach der **Nießbraucher** gegenüber dem Eigentümer die **auf dem Grundstück ruhenden Lasten zu tragen** hat. Damit wird der Gemeinde lediglich ein unmittelbarer Zugriff auf den Nießbraucher ermöglicht, wenn der Eigentümer seiner Zahlungspflicht gegenüber der Gemeinde nicht nachkommt. Der **Nießbraucher** wird durch die Haftungsregelung **wirtschaftlich nicht schlechter gestellt**, da er mit der Zahlung an die Gemeinde zugleich seine Verpflichtung gegenüber dem Eigentümer erfüllt hat. Bezüglich des **dinglichen Wohnrechts** wird in § 1093 BGB nur auf **einzelne Regelungen zum Nießbrauch** verwiesen, aber gerade **nicht auf § 1047 BGB**. Hintergrund dafür ist wohl, dass dem Inhaber des Wohnrechts nicht durch ein Gesetz die Tragung der Lasten auferlegt werden soll, sondern es dem Besteller des dinglichen Wohnrechts überlassen wird, ob er eine Regelung zur Tragung der Lasten mit dem Inhaber des 34

---

1 Halaczinsky, Grundsteuer-Kommentar, 2. Aufl., § 11 Rz. 4.
2 Troll/Eisele, GrStG, 2006, § 11 Rz. 3.
3 Halaczinsky, Grundsteuer-Kommentar, 2. Aufl., § 11 Rz. 4.

Wohnrechts treffen will. Ist der **Inhaber nach dem Inhalt des Wohnrechts** analog § 1047 BGB verpflichtet, sich an den **öffentlichen und privaten Lasten der Immobilie zu beteiligen**, ist davon auszugehen, dass ein dem **Nießbrauch ähnliches Recht** und damit die Haftung des dinglichen Wohnrechtsinhabers nach § 11 Abs. 1 GrStG besteht.

35 Nach dem Urteil des BayOLG[1] soll es aber nicht möglich sein, eine solche Regelung zu treffen, da die Pflicht zur Tragung der öffentlichen und privatrechtlichen Lasten aufgrund der fehlenden Verweisung auf § 1047 in § 1093 Abs. 1 Satz 2 beim Eigentümer verbleiben soll, hiervon könne mit dinglicher Wirkung nicht abgewichen werden. Diese Rechtsauffassung wird damit begründet, dass abweichende Vereinbarungen über den Inhalt eines dinglichen Rechts nur dann mit dinglicher Wirkung möglich seien, wenn entweder das Gesetz selbst die Abänderbarkeit vorsieht oder zulässt, oder wenn bei der Änderung des Inhalts eines Rechts nicht gegen tragende und zwingende Grundprinzipien verstoßen wird, die das Recht prägen. Ein solcher Verstoß liege aber vor, wenn der Wohnungsberechtigte zur Lastentragung verpflichtet sei, da diese Bestimmung sich ihrem Wesen nach als Vereinbarung eines Entgelts darstelle. In der Literatur ist die Auffassung des BayOLG umstritten.[2] Unter Anlegung einer wirtschaftlichen Betrachtungsweise erscheint die Argumentation des BayOLG für die hier relevante Rechtsfrage nicht anwendbar.

36 Nach **§ 31 WEG** kann an einem Grundstück ein **Dauerwohnrecht** in der Weise begründet werden, dass der **Wohnrechtsinhaber berechtigt** ist, unter **Ausschluss des Eigentümers** eine **bestimmte Wohnung** in einem Gebäude zu **bewohnen** oder in anderer Weise zu **nutzen**. Sofern sich dieses Recht **nicht auf Wohnungen** erstreckt, spricht man von einem **Dauernutzungsrecht** (§ 31 Abs. 1 WEG). Ein solches Recht soll nur bestellt werden, wenn die **Wohnung in sich abgeschlossen** ist. Insofern **unterscheidet** sich das **Dauerwohnrecht vom dinglichen Wohnrecht**, bei dem **keine abgeschlossene Wohnung** erforderlich ist; außerdem ist das Dauerwohnrecht im Gegensatz zum dinglichen Wohnrecht **vererblich**. Das Dauerwohnrecht ist im **Grundbuch einzutragen**, der Berechtigte wird aber **nicht zivilrechtlicher Eigentümer**. Als Inhalt des Dauerwohnrechts können **Vereinbarungen zur Instandhaltung** der dem Dauerwohnrecht unterliegenden Gebäudeteilen und zur **Tragung öffentlicher oder privatrechtlicher Lasten** des Grundstücks durch den Berechtigten getroffen werden.

37 Abhängig von der konkreten Ausgestaltung kann das Dauerwohnrecht eine ähnliche Lastentragung wie § 1047 BGB vorsehen, so dass es ein dem **Nießbrauch ähnliches Recht** darstellen kann. Eine Haftung des Berechtigten ergibt sich nur dann, wenn er nicht ohnehin schon Steuerschuldner ist, weil er wirtschaftlicher Eigentümer der Wohnung ist. Nach dem BMF-Schreiben v. 10.2.1998[3] wird der **Berechtigte wirtschaftlicher Eigentümer**, wenn seine **Rechte und Pflichten** bei **wirtschaftlicher Betrachtungsweise** den Rechten und Pflichten eines **Eigentümers** der Wohnung **entsprechen** und wenn er aufgrund des Dauerwohnrechtsvertrags bei **Beendigung** des Dauerwohnrechts eine **angemessene Entschädigung** erhält. Dies ist nach den Verhältnissen des Einzelfalls zu beurteilen.[4] Entspricht der Dauerwohnrechtsvertrag dem **Mustervertrag** über die **Bestellung eines eigentumsähnlichen Dauerwohnrechts**,[5] so kann ohne weitere Prüfung anerkannt werden, dass der Dauerwohnberechtigte **wirtschaftlicher Eigentümer der Wohnung** ist.

---

1 BayOLG, Urteil v. 29.7.1988 - BReg 2 Z 76/88, NJW-RR 1989 S. 14.
2 Kazele, BGB, § 1093 Rz. 210.
3 BMF, Schreiben v. 10.2.1998 - IV B 3 - EZ 1010 - 11/98, BStBl 1998 I S. 190, NWB TAAAA-83034.
4 BFH, Urteil v. 22.10.1985 - IX R 48/82, BStBl 1986 II S. 258, NWB SAAAA-97640.
5 Bundesbaublatt 1956 S. 615.

Auch der **Inhaber einer Grunddienstbarkeit** (§ 1018 BGB) **könnte** eine dem **Nießbraucher ähnliche Rechtsstellung** haben und entsprechend § 11 Abs. 1 GrStG für die GrSt haften. So ist es möglich, einem Stellplatznutzer in einer gemeinschaftlichen Tiefgarage eine Grunddienstbarkeit an einem bestimmten Stellplatz einzuräumen. Bei der Bestellung der Dienstbarkeit wird dann festgelegt, dass der Inhaber der Dienstbarkeit sich an den **Kosten der Tiefgarage** (Betriebskosten, Instandhaltung, Wiederherstellung) zu beteiligen hat. Darin dürfte ein einem Nießbrauch ähnliches Recht zu sehen sein, weil der Inhaber der Dienstbarkeit rechtlich (uneingeschränkte Nutzungsmöglichkeit) und wirtschaftlich (Tragung der Kosten, Nutzungsmöglichkeit) **dem Nießbraucher angenähert** ist. Im **Einzelfall** ist deshalb der **Inhalt der Grunddienstbarkeit zu prüfen**, um festzustellen, ob eine Haftung bestehen kann.

c) Haftung des Erwerbers (§ 11 Abs. 2 GrStG)

Wird ein Grundstück **übereignet**, haftet der Erwerber neben dem Eigentümer für die Grundsteuer. Die Regelung ist grundsätzlich auch anzuwenden, wenn **Miteigentumsanteile** an einem Grundstück übereignet werden, die Haftung nach § 11 Abs. 2 GrStG beschränkt sich dann zwar auf die anteilige Grundsteuer, doch besteht in diesen Fällen auch eine **gesamtschuldnerische Haftung nach § 10 Abs. 2 GrStG für die gesamte Grundsteuer**. In der Regel wird die Gemeinde deshalb ihren Haftungsanspruch auf § 10 Abs. 2 GrStG stützen. Zu Einzelheiten der gesamtschuldnerischen Haftung vgl. Schmidt in Grootens, GrStG § 10 Rz. 78 und 86 ff.

Zwar ist die **persönliche Haftung** des Erwerbers der Höhe nach **unbegrenzt**, doch haftet er nur für die **Zeit seit dem Beginn des letzten vor der Übereignung liegenden Kalenderjahres**.

Der Gesetzgeber verweist mit dem abstrakten Begriff der Übereignung auf das **Zivilrecht** (§ 873, §§ 925 ff. BGB). Die **Gründe**, die zur Übereignung geführt haben,[1] oder ob die Übereignung **entgeltlich oder unentgeltlich** erfolgt ist, **sind unbeachtlich**. In erster Linie werden Übereignungen aufgrund eines **Kaufvertrags** von Bedeutung sein. Betroffen sind aber auch **Schenkungen** (§ 516 BGB), **Vermögensübernahmen** (§ 311b BGB) und **Erbauseinandersetzungen**.

Während zivilrechtlich die Eintragung ins Grundbuch für den Eigentumsübergang maßgeblich ist, ist steuerrechtlich auf den **Übergang des wirtschaftlichen Eigentums** abzuheben,[2] zum wirtschaftlichen Eigentum vgl. Schmidt in Grootens, GrStG § 10 Rz. 48 ff. Würde man auf den **zivilrechtlichen Eigentumserwerb** abheben, würde die **Vorschrift ggf. ins Leere gehen**, da der **wirtschaftliche Eigentumserwerb bei Grundstücken vor** bzw. **spätestens mit dem zivilrechtlichen** Eigentumsübergang erfolgt, aber nie danach.

BEISPIEL: ▶ Ein Grundstück wird veräußert. Nutzen- und Lastenübergang und damit der wirtschaftliche Eigentumserwerb ist am 2.12.01. Die Eintragung ins Grundbuch und damit der zivilrechtliche Eigentumserwerb erfolgt am 5.2.03.

Das Grundstück wird ab dem 1.1.02 dem Erwerber zugerechnet, der dann ab dem Jahr 02 Schuldner der Grundsteuer ist. Würde man den zivilrechtlichen Eigentumsübergang als Zeitpunkt der Übereignung bestimmen, würde eine Haftung für die Grundsteuer der Jahre 02 und 03 bestehen. Steuerrechtlich ist der Erwerber aber bereits ab dem Jahr 02 Steuerschuldner. Die Haftungsregelung des § 11 Abs. 2 GrStG ginge damit ins Leere, wenn die Haftung mit dem zivilrechtlichen Eigentumsübergang beginnen würde.

---

1 RFH, Urteil v. 7.11.1934, RStBl 1934 S. 1571.
2 Bestätigend VG Düsseldorf, Urteil v. 8.2.1988 - 11 K 1107/87, ZKF 1988 S. 254.

43 Nach dem VG Gießen[1] soll haftungsbegründend allein die **bürgerlich-rechtliche Übereignung des Grundstücks** sein, nicht der wirtschaftliche Eigentumsübergang. Das VG stützt seine Rechtsauffassung auf das Urteil des BFH v. 17.12.1970.[2] Sachverhalt des BFH-Verfahrens war eine Haftung aufgrund einer Vermögensübertragung nach § 419 BGB (jetzt § 311b BGB). Die rechtliche Beurteilung dieses Sachverhalts kann aber **nicht ohne Weiteres auf Erwerbe von Immobilien durch einen Kaufvertrag übertragen werden**, insbesondere weil dann in diesen Fällen – wie im Beispiel gezeigt – die Haftung ins Leere gehen könnte. Durch die neuere Rechtsprechung des BFH ist die auffassung des VG Gießen zwischenzeitlich überholt.[3]

44–46 *(Einstweilen frei)*

2. Keine Haftung bei Erwerben aus einer Insolvenzmasse und im Vollstreckungsverfahren (§ 11 Abs. 2 Satz 2 GrStG)

47 Die **persönliche Haftung** des Erwerbers besteht nach § 11 Abs. 2 Satz 2 GrStG ausdrücklich **nicht,** wenn der Erwerb aus einer **Insolvenzmasse** oder im **Vollstreckungsverfahren** erfolgt.

48 Das Insolvenzverfahren dient dazu, die **Gläubiger eines Schuldners gemeinschaftlich zu befriedigen,** indem das **Vermögen des Schuldners verwertet** und der **Erlös verteilt** oder in einem Insolvenzplan eine abweichende Regelung insbesondere zum Erhalt des Unternehmens getroffen wird (§ 1 InsO).

49 Im Rahmen des **Vollstreckungsverfahrens** kann die **Zwangsversteigerung** (§§ 15 ff. ZVG) der Immobilie erfolgen, um durch die Verwertung des Grundstückes die Gläubiger zu befriedigen. Es kann aber auch die **Zwangsverwaltung** (§ 146 ff. ZVG) angeordnet werden, bei der dem Schuldner die Verwaltung des Grundstücks entzogen und auf einen Zwangsverwalter übertragen wird. Die Gläubiger werden dann aus den Nutzungen des Grundstücks befriedigt. Damit der **Zwangsverwaltung keine Übereignung** des Grundstücks verbunden ist, erfüllt sie nicht den Tatbestand des § 11 GrStG. Auch der **Erwerb eines unter Zwangsverwaltung stehenden Grundstücks** führt **nicht zum Haftungsausschluss, da kein Erwerb im Vollstreckungsverfahren** erfolgt.

50 Ist zum Zeitpunkt des Erwerbs die **Zwangsversteigerung** des Grundstücks **angeordnet,** aber **nicht durch Zuschlagsbeschluss im Zwangsversteigerungsverfahren erworben,** greift der **Haftungsausschluss nicht.** Eine analoge Anwendung scheidet ebenfalls **aus,** da jedenfalls keine Anhaltspunkte für das Vorliegen einer planwidrigen Gesetzeslücke gegeben sind.[4]

51 Auch wenn in diesen Fällen die persönliche Haftung des Erwerbers nicht besteht, kann sich die Gemeinde aus der **dinglichen Haftung des Grundstücks befriedigen,** zu Einzelheiten vgl. Schmidt in Grootens, GrStG § 12 Rz. 33 ff.

52–54 *(Einstweilen frei)*

3. Haftung nach der Abgabenordnung

55 Nach § 1 Abs. 2 AO kommen insbesondere § 69 AO (**Haftung der Vertreter**) und § 75 AO (**Haftung des Betriebsübernehmers**) in Betracht.

56 *(Einstweilen frei)*

---

[1] VG Gießen, Urteil v. 14.6.2012 - 8 K 2454/10.GI, NJW 2012 S. 3804.
[2] BFH, Urteil v. 17.12.1970 - IV R 133/70, BStBl 1971 II S. 553, NWB CAAAA-98853.
[3] BFH, Urteil v. 23.2.2021 - II R 44/17, NWB SAAAH-82452.
[4] VG Gelsenkirchen, Urteil v. 25.8.2016 - 5 K 5407/15, BeckRS 2016 S. 51411.

a) Haftung der Vertreter (§ 69 AO)

Der **gesetzliche Vertreter** haftet, soweit durch seine **Pflichtverletzung** (grob fahrlässig oder vorsätzlich) die Grundsteuer nicht rechtzeitig gezahlt wird. Die Haftung umfasst auch zu zahlende **Säumniszuschläge**. Gesetzliche Vertreter in diesem Zusammenhang sind die **Geschäftsführer/Vorstände für die Kapitalgesellschaften und Genossenschaften**, die **Eltern** für ihre Kinder, aber auch der **Zwangsverwalter** sowie der **Konkursverwalter** und der **gesetzliche Betreuer**. 57

> **BEISPIEL:** Ein Unternehmen ist in finanziellen Schwierigkeiten. Um einen Auftrag fertigstellen zu können, stellt der Geschäftsführer sämtliche Steuerzahlungen, also auch die Zahlung der Grundsteuer ein, um mit der damit eingesparten Liquidität wichtige Lieferanten bezahlen zu können. Da die Gemeinde gegenüber Lieferanten benachteiligt wurde, haftet der Geschäftsführer persönlich für die Grundsteuer.

Der **Zwangsverwalter eines Grundstücks** muss wissen, dass typischerweise hierfür Grundsteuer zu bezahlen ist, selbst wenn ihm der Grundsteuerbescheid nicht vorliegt. Nach dem Urteil des VG Köln[1] hat er sich notfalls **bei der Kommune zu erkundigen**, ob ein Grundsteuerbescheid ergangen ist. Der Zwangsverwalter hat die **Grundsteuern für das Grundstück vollständig abzuführen, bevor** er **Zahlungen an die** Zwangsverwaltung betreibenden **Gläubiger** leisten darf, weil Grundsteuern in § 10 Abs. 1 ZVG ausdrücklich (Nr. 3) vor den Forderungen der Gläubiger (Nr. 5) genannt sind. Nur wenn die Ausgaben der Verwaltung und die Kosten des Zwangsverwaltungsverfahrens nicht gedeckt sind, sind Grundsteuern vom Zwangsverwalter nicht zu begleichen. Diese Pflichten bestehen auch für den **Konkursverwalter**, sofern sich Grundstücke in der Konkursmasse befinden. 58

Kann ein **Volljähriger** aufgrund einer **psychischen Krankheit** oder einer **körperlichen, geistigen oder seelischen Behinderung** seine **Angelegenheiten** ganz oder teilweise **nicht besorgen**, so bestellt das Betreuungsgericht auf seinen Antrag oder von Amts wegen für ihn einen **Betreuer** (§ 1896 BGB). Der Betreuer vertritt den Betreuten gerichtlich und außergerichtlich (§ 1902 BGB). Ein **Betreuer** hat als gesetzlicher Vertreter des Betreuten nach § 34 AO dafür zu sorgen, dass die **Grundsteuer bezahlt wird**, soweit eine Grundsteuerfestsetzung gegenüber dem Betreuten wirksam erfolgt ist. Soweit Rückstände bei der Grundsteuer aufgelaufen sind, hat er diese ebenfalls zu begleichen. Ein **Haftungsschaden** i. S. von § 69 Satz 1 AO liegt vor, wenn Ansprüche aus dem Steuerschuldverhältnis aufgrund **grob fahrlässigen Verhaltens des Betreuers** nicht erfüllt worden sind.[2] 59

(Einstweilen frei) 60–64

b) Haftung bei Betriebsübernahme (§ 75 AO)

Nach § 75 AO haftet derjenige, der einen **Betrieb** oder **selbständigen Teilbetrieb** entgeltlich oder unentgeltlich **übernimmt**, für die **Steuern des Betriebes, die seit dem Beginn des letzten, vor der Übereignung liegenden Kalenderjahres entstanden sind** und **bis zum Ablauf von einem Jahr nach Anmeldung des Betriebs durch den Erwerber festgesetzt oder angemeldet werden**. Die Haftung ist **beschränkt** auf den Bestand des **übernommenen Vermögens**. Voraussetzung ist, dass der Betrieb/Teilbetrieb im Ganzen übergeht, so dass der Erwerber in der Lage ist, den Betrieb ohne große organisatorische und finanzielle Änderungen weiterzuführen. Es muss sich 65

---

1 VG Köln, Urteil v. 26.11.2008 - 23 K 31/07, BeckRS 2009 S. 30656.
2 VG Köln, Urteil v. 26.11.2008 - 23 K 31/07, BeckRS 2009 S. 30656.

ferner um einen „lebenden" Betrieb handeln, bei dem nicht von vornherein feststeht, dass er unmittelbar nach der Übertragung liquidiert wird. Nach § 75 Abs. 2 AO besteht **keine Haftung für Erwerbe aus einer Insolvenzmasse und für Erwerbe im Vollstreckungsverfahren.**

66 Erfolgt mit der **Betriebsübernahme** auch die Übereignung der Betriebsgrundstücke, besteht ohnehin eine **Haftung nach § 11 Abs. 2 GrStG.** Von daher könnte § 75 AO nur für die Fälle von Bedeutung sein, bei denen die **Betriebsgrundstücke nicht übergehen, sondern lediglich an den Übernehmer verpachtet** werden, ob dann überhaupt ein Betriebsübergang vorliegt, ist im Einzelfall zu prüfen. Da nach § 75 AO nur für die Steuerschulden gehaftet wird, die seit dem Beginn des letzten, vor der Übereignung liegenden Kalenderjahres entstanden sind, ist der **Umfang der Haftung derjenigen des § 11 Abs. 2 GrStG** angenähert.

4. Haftungstatbestände nach dem Zivil- und Gesellschaftsrecht

67 Ergibt sich die **Haftung** aus dem **Zivil- oder Gesellschaftsrecht,** kann ein Haftungsbescheid ergehen, solange die **Haftungsansprüche nach dem für sie maßgebenden Recht noch nicht verjährt** sind (§ 191 Abs. 4 AO). Sind die Ansprüche nach dem Zivil- bzw. Gesellschaftsrecht verjährt, können Sie nicht mehr geltend gemacht werden, auch wenn steuerrechtlich noch keine Festsetzungs- oder Zahlungsverjährung eingetreten ist.

68 *(Einstweilen frei)*

a) Gesamtschuldnerische Haftung

69 Zur Haftung bei der **Grundstücksgemeinschaft,** der **ehelichen Gütergemeinschaft,** der **Erbengemeinschaft,** den **nicht rechtsfähigen Verein** und der Gesellschafter von **OHG** (§§ 105 ff. HGB), **KG** (§§ 161 ff. HGB) und der **Partnerschaftsgesellschaft** siehe Schmidt in Grootens, GrStG § 10 Rz. 15 ff.

70 *(Einstweilen frei)*

b) Haftung des Firmenfortführers

71 Wird im Rahmen einer Betriebsübernahme die **Firma fortgeführt,** haftet der **Firmenübernehmer** nach § 25 HGB für **alle Schulden der Firma,** die **vor der Übernahme** entstanden sind, also auch für die Steuerschulden. Eine Haftung besteht nicht, wenn die Haftung wirksam ausgeschlossen wurde. Erfolgt keine Fortführung der Firma, besteht grundsätzlich keine Haftung. Sofern ein **wirksamer Haftungsausschluss** vereinbart wird, umfasst dieser auch die ggf. bestehenden Schulden aus der Grundsteuer. Sollten im Rahmen der Übernahme Grundstücke auf den Übernehmer übertragen werden, besteht die Haftung nach § 11 Abs. 2 GrStG und kann nicht begrenzt bzw. ausgeschlossen werden. Die **Haftung umfasst das gesamte Vermögen des Firmenfortführers,** nicht nur das des von ihm erworbenen Handelsgeschäfts.[1]

72 *(Einstweilen frei)*

---

[1] Haack, Firmenfortführung bei Erwerb und Übertragung, infoCenter, NWB QAAAD-98190.

II. Inanspruchnahme des Haftenden und Rechtsbehelfe dagegen

1. Haftungsbescheide

Besteht ein Haftungsanspruch nach Steuer- oder Zivilrecht, kann die Gemeinde einen **Haftungsbescheid** gegen den Haftenden erlassen (§ 191 AO). Nach § 191 Abs. 3 AO ist es hierzu **nicht erforderlich**, dass die **Erstschuld gegenüber dem Steuerschuldner bereits festgesetzt** wurde.[1] Es ist auch **nicht erforderlich**, dass die Gemeinde **vor Erlass** des Haftungsbescheids **alle in Betracht kommenden Vollstreckungsmöglichkeiten** gegenüber dem **Steuerschuldner ausgeschöpft** hat.[2] Der Steueranspruch muss aber bereits entstanden sein und es darf in Bezug auf den Primäranspruch im Zeitpunkt des Erlasses des Haftungsbescheids **keine Zahlungs- oder Festsetzungsverjährung** eingetreten sein (§ 191 Abs. 5 AO). 73

Die Inanspruchnahme des Haftungsschuldners steht im **Ermessen** der Gemeinde („kann", § 191 Abs. 1 Satz 1 AO). Im Rahmen der pflichtgemäßen Ermessensausübung (§ 5 AO) hat sie zu entscheiden, **ob und in welcher Höhe ein Haftungsschuldner in Anspruch genommen werden soll**. Ausreichend ist dabei, dass die Gemeinde zu der **Annahme** gelangt ist, eine **Vollstreckung beim Erstschuldner** werde **ohne Erfolg** sein, weil bei diesem Vermögenslosigkeit eingetreten ist.[3] Bei **mehreren Haftungsschuldnern** steht es im **Auswahlermessen der Gemeinde**, ob sie sich nur an **einen oder an mehrere** halten will. Das **Auswahlermessen ist zu begründen**.[4] 74

Nach § 219 AO darf der Haftungsschuldner nur auf Zahlung in Anspruch genommen werden, soweit die **Vollstreckung in das bewegliche Vermögen des Steuerschuldners ohne Erfolg** geblieben ist oder **anzunehmen** ist, dass die **Vollstreckung aussichtslos** ist. Eine an **Gewissheit grenzende Wahrscheinlichkeit der Erfolglosigkeit** von Vollstreckungsversuchen braucht **nicht vorzuliegen. Ebenso** wenig bedarf es des Nachweises der Aussichtslosigkeit der Vollstreckung, evtl. durch **erfolglose Vollstreckungsversuche**.[5] Ein Haftungsbescheid wird sinnvollerweise deshalb erst dann erlassen, wenn auch die Voraussetzungen für die Inanspruchnahme des Haftungsschuldners gegeben sind. Auch wenn die Voraussetzungen des § 219 noch nicht vorliegen, kann es dennoch sinnvoll sein, einen **Haftungsbescheid** zu erlassen, allerdings **ohne Leistungsgebot**. Dieser Weg wird dann beschritten, wenn der **Ablauf der Festsetzungsfrist** droht (§ 191 Abs. 3 AO).[6] Ist ein **Haftungsbescheid ohne Zahlungsaufforderung** ergangen, **beginnt die Zahlungsverjährung mit Ablauf des Kalenderjahrs, in dem der Haftungsbescheid wirksam geworden ist** (§ 229 Abs. 2 AO). 75

(Einstweilen frei) 76–80

2. Rechtsbehelfe

a) Rechtsbehelfe gegen einen Haftungsbescheid

Außer in den Stadtstaaten (Berlin, Hamburg, Bremen) werden die Grundsteuerbescheide und damit auch die Haftungsbescheide von den Gemeinden erlassen. Damit ist in diesen Ländern das Rechtsmittel gegen den Haftungsbescheid der **Widerspruch** (§ 40 VwGO), während in den 81

---

1 BVerwG, Urteil v. 16.9.1997 - 8 B 143.97, BStBl 1997 II S. 782, NWB KAAAA-96033.
2 VG Gießen, Urteil v. 14.6.2012 - 8 K 2454/10.GI, NJW 2012 S. 3804.
3 VG Gelsenkirchen, Urteil v. 25.8.2016 - 5 K 5407/15, BeckRS 2016 S. 51411.
4 BFH, Urteil v. 9.8.2002 - VI R 41/96, BStBl 2003 II S. 160, NWB JAAAA-89436.
5 BFH, Beschluss v. 24.4.2008 - VII B 262/07, NWB YAAAC-84516.
6 Lindwurm in Leopold/Madle/Rader, AO, § 219 Rz. 4.

Stadtstaaten Einspruch (§ 347 ff. AO) einzulegen ist. Teilweise bestehen **landesrechtliche Regelungen** (z. B. in Niedersachsen) wonach **kein Widerspruch**, sondern **sofort Klage** zu erheben ist. **Außerhalb der Stadtstaaten** ist **Klage vor dem Verwaltungsgericht** zu erheben, während in den **Stadtstaaten** beim **Finanzgericht** zu klagen ist.

82 *(Einstweilen frei)*

b) Rechtsbehelfe gegen die Primärbescheide

83 Grundsätzlich kann der Haftungsschuldner auch **Einwendungen gegen die Erstschuld** geltend machen, für die er als Haftender in Anspruch genommen wird, **selbst wenn die Steuerfestsetzung unanfechtbar** ist.[1] Dem steht auch nicht § 166 AO entgegen, wonach der Gesamtrechtsnachfolger bzw. der Vertreter oder Bevollmächtigte die Steuerfestsetzung gegen sich gelten lassen muss, wenn er in der Lage gewesen wäre, den Erstbescheid anzufechten, weil die Regelung des § 166 AO nicht für Haftungsbescheide gilt.[2] Eine **Anwendung des § 166 AO auf Haftungsbescheide ist weder in § 191 AO noch an anderer Stelle angeordnet.** Wird also ein GmbH-Geschäftsführer seinerseits als Haftender für die Grundsteuerschulden der GmbH in Anspruch genommen, bleiben ihm sämtliche Einwendungen gegen Grund und Höhe des Primäranspruchs erhalten, auch wenn der gegen die Gesellschaft gerichtete Haftungsbescheid bestandskräftig ist. Zu Einzelheiten vgl. OFD Hannover, Vfg. v. 29.9.2004.[3]

84 Auch wenn der Haftungsschuldner den **Bescheid über die Feststellung des Grundsteuerwerts anfechten** kann, ist dies in einem **gesonderten Einspruchsverfahren bei Finanzamt** bzw. einem **Finanzgerichtsverfahren** zu führen, **nicht im Widerspruchsverfahren oder der Klage vor dem Verwaltungsgericht** gegen den Haftungsbescheid. Die Gemeinde ist nach § 182 Abs. 1, § 184 Abs. 1 AO an die Feststellungen in den Grundlagenbescheiden gebunden, weil diese Bescheide gem. §§ 122, 124 AO auch gegenüber der Gemeinde Bindungswirkung entfalten – auch wenn diese Grundlagenbescheide für den Kläger noch anfechtbar sind. Dies ergibt sich auch aus § 182 Abs. 1 Satz 1 AO, wonach solche Feststellungsbescheide, auch wenn sie noch nicht unanfechtbar sind, u. a. für andere Feststellungsbescheide und für Steuerbescheide bindend sind, soweit die in den Feststellungsbescheiden getroffenen Feststellungen für diese Folgebescheide von Bedeutung sind.[4] Die **Gemeinde und auch das Verwaltungsgericht** sind **nicht befugt**, die insoweit verbindlichen Festsetzungen zu missachten oder mögliche **Einwendungen gegen die Festsetzung des Grundsteuerwertes im laufenden Verfahren zu berücksichtigen.**[5]

85–86 *(Einstweilen frei)*

3. Mögliche Einwendungen gegen einen Haftungsbescheid

87 Ansatzpunkte gegen einen Haftungsbescheid können sein:

1. Besteht eine **Rechtsgrundlage nach GrStG, AO oder Zivil-/Gesellschaftsrecht** für die Haftung?

---

1 BVerfG, Urteil v. 29.11.1996 - 2 BvR 1157/93, BStBl 1997 II S. 415, NWB EAAAA-95867.
2 BFH, Urteil v. 16.11.1995 - VI R 82/95, NWB UAAAB-37646.
3 OFD Hannover, Vfg. v. 29.9.2004 - S 0338 - 43 - StH 464S 0338 - 24 - StO 321, NWB OAAAB-36193.
4 OVG Bautzen, Beschluss v. 25.9.2015 - 3 A 371/15, BeckRS 2016 S. 42214.
5 BVerwG, Urteil v. 12.3.1993 - 8 C 20/90, KStZ 1993 S. 194.

2. Kann gegen die dem Haftungsbescheid zugrunde liegende Feststellung des Grundsteuerwertes bzw. den Grundsteuermessbescheid mit Aussicht auf Erfolg vorgegangen werden?
3. Ist für die Steuer, für die gehaftet werden soll, **vor Erlass des Haftungsbescheids Feststellungs- oder Zahlungsverjährung eingetreten?**
4. Sofern sich die Haftung auf **zivilrechtliche Anspruchsgrundlagen** stützt: ist nach den zivilrechtlichen Regelungen bereits **Verjährung eingetreten?**
5. Sofern **mehrere Haftungsschuldner** bestehen, ist das Ermessen für die Auswahl des oder der Haftungsschuldner begründet worden und ist es **ermessensfehlerfrei** ausgeübt?
6. Ist **nachgewiesen**, dass die **Vollstreckung in das bewegliche Vermögen des Steuerschuldners ohne Erfolg** geblieben oder **anzunehmen** ist, dass die **Vollstreckung aussichtslos** sein wird?

§ 12 GrStG   Dingliche Haftung

Die Grundsteuer ruht auf dem Steuergegenstand als öffentliche Last.

Inhaltsübersicht

	Rz.
A. Allgemeine Erläuterungen zu § 12 GrStG	1 - 22
I. Normzweck und wirtschaftliche Bedeutung der Vorschrift	1 - 8
II. Entstehung und Entwicklung der Vorschrift	9 - 10
III. Geltungsbereich	11 - 12
IV. Verhältnis zu anderen Vorschriften	13 - 22
B. Systematische Kommentierung	23 - 64
I. Grundlage, Begriffsbestimmungen	23 - 32
II. Geltendmachung der dinglichen Haftung	33 - 40
III. Rechtsbehelfe	41 - 47
1. Rechtsbehelfe gegen den Duldungsbescheid	41 - 43
2. Rechtsbehelfe gegen die zugrundeliegenden Primärbescheide	44 - 47
IV. Mögliche Einwendungen gegen einen Duldungsbescheid	48 - 51
V. Die Behandlung der öffentlichen Last im Zwangsversteigerungsverfahren	52 - 58
VI. Die Öffentliche Last im Insolvenzverfahren	59 - 61
VII. Absicherung des Erwerbers	62 - 64

LITERATUR

Eisele, Die Grundsteuer, NWB 39/2003 S. 3037, NWB LAAAA-74507; *Troll/Eisele*, GrStG, 2006.

A. Allgemeine Erläuterungen zu § 12 GrStG

I. Normzweck und wirtschaftliche Bedeutung der Vorschrift

Durch die öffentliche Last werden **dingliche Verwertungsrechte am Grundstück** begründet, **soweit Grundsteuerschulden** bestehen. Die Gemeinde kann damit ihre **Grundsteuerforderungen** unmittelbar aus dem haftenden Gegenstand, also dem Grundstück, befriedigen. Der Eigentümer muss die **Zwangsvollstreckung in das Grundstück dulden**, auch wenn er nicht der Erstschuldner ist, weil er z. B. das Grundstück zwischenzeitlich erworben hat. Damit **wirkt die öffentliche Last wie ein Grundpfandrecht**, ohne dass diese öffentliche Last in das Grundbuch eingetragen ist.

2   Die Inanspruchnahme des dinglich Haftenden ist eine **subsidiäre Maßnahme**, sie kommt erst in Betracht, wenn erkennbar ist, dass der **ursprüngliche Steuerschuldner** nach § 10 GrStG oder ein **Haftungsschuldner nach § 11 GrStG** zur Erfüllung seiner Schuld **nicht willens oder nicht in der Lage** ist. Damit dient die Vorschrift der **Sicherung des Steueraufkommens**. Durch die dingliche Haftung ist der Eingang der Grundsteuer auch dann gewährleistet, wenn die Forderung bei dem **persönlichen Schuldner uneinbringlich** ist und eine **persönliche Haftung Dritter nicht greift**.[1] Die Vorschrift führt aber auch zur **Verwaltungsvereinfachung**, weil bei einer **Stundung oder Aussetzung der Vollziehung** die Behörde nicht prüfen muss, ob der Anspruch gefährdet ist. Wären Grundsteuerforderungen nicht durch die öffentliche Last gesichert, müsste die Gemeinde in solchen Fällen die **Bestellung von Sicherheiten** verlangen.

3   Für den **Eigentümer**, der die Grundsteuer schuldet, stellt die Vollstreckung in das Grundstück aus der öffentlichen Last – von den damit verbundenen Kosten abgesehen – **keine Verschlechterung seiner wirtschaftlichen Situation** dar. Er schuldet die Grundsteuer und wird sie letztlich, wenn er keine anderen Mittel zur Begleichung seiner Schuld hat, durch den Verkauf des Grundstücks aufbringen müssen.

4   Für einen **Grundstückserwerber**, der beim Erwerb des Grundstücks keine Kenntnis von den bestehenden Grundsteuerschulden hatte, kann es eine **erhebliche wirtschaftliche Belastung** bedeuten, wenn die Gemeinde in das Grundstück vollstrecken will, insbesondere wenn die Grundsteuer für mehrere Jahre gefordert wird und eine Zahlungsverjährung dieser Forderungen nicht eingetreten ist. Der Erwerber kann dann zwar **zivilrechtlich gegen den früheren Eigentümer vorgehen**, was aber bei diesen Konstellationen mangels Vermögens des früheren Eigentümers häufig nicht von Erfolg gekrönt sein wird.

5   In der Regel kommt es nicht zur Zwangsvollstreckung in das Grundstück, da der Eigentümer, um sein Grundstück nicht zu verlieren und um sich die Kosten zu ersparen, die die Zwangsvollstreckung mit sich bringt, die Steuerschuld bezahlen wird. Insofern ist § 12 GrStG ein **starkes Druckmittel**, um die Steueransprüche durchzusetzen.

6–8   *(Einstweilen frei)*

II. Entstehung und Entwicklung der Vorschrift

9   Die Vorschrift ist seit Jahrzehnten **fester Bestandteil des GrStG**. Bei der Novellierung des GrStG am 26.11.2019 wurde § 12 GrStG nicht geändert.

10   *(Einstweilen frei)*

III. Geltungsbereich

11   Die Vorschrift ist bei der **Erhebung der Grundsteuer** auf inländischen Grundbesitz durch die **Gemeinden** anzuwenden.

12   *(Einstweilen frei)*

IV. Verhältnis zu anderen Vorschriften

13   Die dingliche Haftung des Grundstücks ist nur **akzessorisch**, weil sie von dem **Bestehen einer Abgabenschuld abhängt**. Der Steuerschuldner nach § 10 GrStG und der persönlich Haftende

---

[1] VG Schleswig, Urteil v. 25.9.2019 - 4 A 605/1725, ZfIR 2019 S. 776.

nach § 11 GrStG werden durch das Bestehen der dinglichen Haftung nicht von ihrer persönlichen Haftung befreit. Die **persönliche Haftung geht der dinglichen Haftung vor**, weil es sich bei § 12 GrStG nur um eine **zusätzliche Sachhaftung** handelt. Dies ergibt sich auch daraus, dass zur Rechtmäßigkeit eines Duldungsbescheides die **vorherige Steuerfestsetzung erforderlich** ist, während ein Haftungsbescheid ergehen kann, ohne dass zuvor ein Steuerbescheid gegenüber dem persönlichen Schuldner erlassen worden ist.[1]

Die Haftungstatbestände der §§ 11 und 12 GrStG bestehen nebeneinander. Auch wenn es beim **Erwerb im Zwangsversteigerungs- oder Insolvenzverfahren** zu **keiner persönlichen Haftung** des Erwerbers kommt, **kann die Gemeinde** nach § 12 GrStG **in das Grundstück vollstrecken.**

Für die Inanspruchnahme des Grundstücks aus der öffentlichen Last sind die **Vorschriften der AO** maßgeblich, allerdings sind die **Regelungen der AO zur Vollstreckung nicht anzuwenden**, weil § 3 Abs. 2 i.V. mit § 1 Abs. 2 AO nicht auf die Vorschriften des Sechsten Teils der AO verweist, in dem die Vollstreckung geregelt ist. Damit ist die **Vollstreckung** in das Grundstück nach den **landesrechtlichen Vorschriften** durchzuführen, wobei die Verwaltungsvollstreckungsgesetze der Länder teilweise wieder auf Regelungen des sechsten Teils der AO verweisen.

Die **dingliche Haftung** des Grundstücks wird nicht **durch** einen Haftungsbescheid, sondern einen **Duldungsbescheid** herbeigeführt. Zwar haben Haftungs- und Duldungsbescheid ihre Rechtsgrundlage in § 191 AO, dennoch bestehen gravierende Unterschiede. So sind für Duldungsbescheide die **Regelungen zur Festsetzungsverjährung** in § 169 AO **nicht einschlägig**, da die Steuer festgesetzt sein muss. Damit sind für Duldungsbescheide die Regelungen zur **Zahlungsverjährung** anzuwenden.

Der **Haftungsschuldner aufgrund des Duldungsbescheids** ist von **Einwendungen** gegen den seiner Inanspruchnahme zugrunde liegenden **bestandskräftigen** Steuerbescheid **ausgeschlossen**, während der Haftungsschuldner nach § 11 GrStG auch noch einen bestandskräftigen Primärbescheid anfechten kann. Sofern die Erstbescheide noch nicht bestandskräftig sind, können diese vom Duldungsschuldner angefochten werden.

Die **dingliche Haftung** nach § 12 GrStG ist auf die Haftung des Grundstücks, **vom zeitlichen Umfang** her aber **nicht begrenzt**. Dagegen umfasst die persönliche Haftung nach § 11 GrStG das gesamte Vermögen des Haftungsschuldners, wobei hier die Haftung aber auf zwei Grundsteuerjahre begrenzt ist.

Durch die bestehende öffentliche Last kann die Gemeinde in das Grundstück vollstrecken, durch Verweise in den **Verwaltungsvollstreckungsgesetzen** der Länder sind hierfür die Vorschriften des **Zwangsvollstreckungsgesetzes** (ZVG) und der **Insolvenzordnung** (InsO) einschlägig.

(Einstweilen frei)

---

[1] BFH, Urteil v. 28.2.1973 - II R 57/71, BStBl 1973 II S. 573, NWB SAAAA-99623.

B. Systematische Kommentierung

I. Grundlage, Begriffsbestimmungen

23 Nach § 12 GrStG sind Grundsteuerforderungen öffentliche Lasten, die **auf dem Grundstück lasten**. Der Begriff der öffentlichen Last ist gesetzlich nicht definiert. Es besteht aber Einigkeit darüber, dass eine öffentliche Last eine **Abgabenverpflichtung** ist, die auf **öffentlichem Recht** beruht, durch **wiederkehrende oder einmalige Geldleistung** zu erfüllen ist und nicht nur die persönliche Haftung des Schuldners, sondern auch die **dingliche Haftung des Grundstücks** voraussetzt. Die Grundsteuer ist die einzige Steuer, die eine solche öffentliche Last begründet. Diese öffentlichen Lasten beruhen zwar auf öffentlichem Recht, sind aber **dingliche Verwertungsrechte**, da der **Eigentümer** nach § 77 AO die **Zwangsvollstreckung in das Grundstück dulden muss**. Sie **wirken** damit **wie ein Grundpfandrecht, ohne** dass diese öffentliche Last aber in das **Grundbuch eingetragen** ist (§ 54 GBO). Wie eine Hypothek ist die öffentliche Last aus § 12 GrStG **akzessorisch**, weil sie **von dem Bestehen einer Abgabenschuld abhängt**. Da die öffentliche Last am Grundstück haftet, bleibt sie auch bestehen, wenn das Grundstück veräußert wird, sofern die damit zusammenhängende **Grundsteuerforderung** der Gemeinde **fällig und vollstreckbar** ist. Nach § 77 AO muss der neue Eigentümer die Vollstreckung in das Grundstück dulden. Die öffentliche Last begründet also neben der persönlichen Haftung des Erwerbers nach § 11 GrStG eine **zusätzliche Sachhaftung**.

24 Aufgrund der öffentlichen Last kann die Gemeinde **in das Grundstück vollstrecken**, also die Zwangsversteigerung betreiben, eine **Zwangshypothek eintragen lassen** oder bei vermieteten Grundstücken eine **Zwangsverwaltung** beantragen. Der Grundstückseigentümer kann **durch Zahlung der Steuerschuld die Vollstreckung** abwenden. **Anspruchsgegner** ist derjenige, der **im Grundbuch als Eigentümer eingetragen ist, nicht der wirtschaftliche Eigentümer**.

25–27 *(Einstweilen frei)*

28 **Steuergegenstand** ist grundsätzlich das **im Grundbuch eingetragene Grundstück**.

29 Die **wirtschaftliche Einheit des Betriebs der Land- und Forstwirtschaft** setzt sich aus mehreren **Einzelgrundstücken** zusammen. Nach Troll[1] besteht eine **dingliche Gesamthaftung an sämtlichen zum Betrieb gehörenden Grundstücken**, soweit sie in den Einheitswert des Betriebs einbezogen sind. Gleichwohl wäre dann **in ein oder mehrere Grundstücke, die in das Grundbuch eingetragen sind, zu vollstrecken**. **Keine Gesamthaftung** besteht für **unbebaute Grundstücke** oder den **Wohnteil/die Betriebswohnung** des landwirtschaftlichen Betriebs, die einen eigenen Steuergegenstand bilden.

30 **Zivilrechtlicher Eigentümer** des mit dem **Erbbaurecht** belasteten Grundstücks ist der **Erbbaurechtsgeber**. **Schuldner der Grundsteuer** ist der **Erbbauberechtigte**. Das mit dem Erbbaurecht belastete Grundstück haftet für die Grundsteuer, der **Duldungsbescheid** ist damit gegenüber dem **zivilrechtlichen Eigentümer des Grundstücks**, also gegenüber dem **Erbbaurechtsgeber** zu erlassen.

31–32 *(Einstweilen frei)*

---

[1] Troll/Eisele, GrStG, § 12 Rz. 2.

II. Geltendmachung der dinglichen Haftung

Zur **Durchführung der Vollstreckung** erlässt die Gemeinde einen **Duldungsbescheid** (§ 77 Abs. 2 Satz 1 AO i.V. mit § 191 Abs. 1 Satz 1 AO) gegen denjenigen, der die Vollstreckung dulden muss; also den **zivilrechtlichen Eigentümer** des Grundstücks. Nach der Fiktion des § 77 Abs. 2 Satz 2 AO **gilt als Eigentümer**, wer als solcher **im Grundbuch eingetragen** ist, auch wenn zwischenzeitlich ein anderer wirtschaftlicher Eigentümer geworden sein sollte.

Der Duldungsbescheid darf erst erlassen werden, wenn der **zugrundeliegende Steueranspruch festgesetzt** ist (§ 218 Abs. 1 AO),[1] **fällig und vollstreckbar** ist. Darüber hinaus darf bei Erlass des Duldungsbescheids der **Steueranspruch nicht erloschen** sein (z. B. durch Erlass oder Verjährung). Schließlich darf die Inanspruchnahme des Grundstücks auch **nicht ermessensfehlerhaft** sein.

Die **Vollstreckbarkeit** von Grundsteuerbescheiden richtet sich nicht nach der AO, sondern nach **Landesrecht**, weil § 3 Abs. 2 i.V. mit § 1 Abs. 2 AO nicht auf die Vorschriften des Sechsten Teils der AO verweist, in dem die Vollstreckung geregelt ist. Dies ergibt sich daraus, dass die Grundsteuer eine Realsteuer ist, die von den Gemeinden festgesetzt und verwaltet wird. Damit können die Gemeinden die Vollstreckung nach den ihnen bekannten landesrechtlichen Vorschriften durchführen. Eine Vollstreckung ist deshalb nur zulässig, wenn diese nach den landesrechtlichen Bestimmungen möglich ist.[2]

Häufig darf nach den **Verwaltungsvollstreckungsgesetzen der Länder** die Vollstreckung erst dann beginnen, nachdem der Erstschuldner **mit einer Zahlungsfrist von einer Woche angemahnt worden ist**. Diese Mahnung an den Erstschuldner ist erst nach Ablauf einer Woche nach Fälligkeit der Leistung zulässig. Wird über das **Vermögen des Erstschuldners das Insolvenzverfahren eröffnet** bevor er angemahnt wurde, ist die **Mahnung unzulässig**, weil nach § 89 InsO Zwangsvollstreckungsmaßnahmen für einzelne Insolvenzgläubiger während der Dauer des Insolvenzverfahrens unzulässig sind. Hierunter fällt auch die Mahnung, da sie dem Vollstreckungsverfahren zuzurechnen ist, wenngleich sie diesem als Tatbestandsmerkmal für den Beginn der Vollstreckung vorgelagert ist. Sofern nach dem Verwaltungsvollstreckungsgesetz eine Mahnung nicht entbehrlich ist, ist dann mangels Mahnung an den Erstschuldner die Voraussetzung der Vollstreckbarkeit gegenüber dem Erstschuldner nicht erfüllt. Der Duldungsbescheid gegen den Haftungsschuldner ist dann rechtswidrig.[3]

Beim Erlass des Duldungsbescheids hat die Gemeinde ihr **Auswahlermessen auszuüben**, dabei sind **alle Möglichkeiten** einer Befriedigung der offenen Abgabenforderung zumindest **gegeneinander abzuwägen**. Soweit **keine oder eine fehlerhafte Ermessensausübung** vorliegt, ist der **Duldungsbescheid rechtswidrig**.[4] In die Ermessensausübung ist auch einzubeziehen, ob weitere Haftungsschuldner (z. B. aus den §§ 10, 11 GrStG oder aus Einzelgesetzen) bestehen, die vorrangig in Anspruch zu nehmen wären, bevor in das Grundstück vollstreckt wird.

Der die Festsetzungsverjährung regelnde § 169 AO ist nicht einschlägig für § 12 GrStG, weil er ausschließlich für die Steuerfestsetzung gilt. Bei der öffentlichen Last des § 12 GrStG geht es aber um die Durchsetzung des bereits **festgesetzten Steueranspruchs**. Überdies unterliegt, wie sich aus § 191 Abs. 3 Satz 1 AO ergibt, nur eine aus Steuergesetzen folgende Haftungsschuld,

---

1 BVerwG, Urteil v. 13.2.1987 - 8 C 25.85, BStBl 1987 II S. 475.
2 BVerwG, Urteil v. 13.2.1987 - 8 C 25.85, BStBl 1987 II S. 475.
3 VG Schleswig, Urteil v. 25.9.2019 - 4 A 605/1725, ZfIR 2019 S. 776.
4 VG Köln, Urteil v. 26.11.2008 - 23 K 31/07, BeckRS 2009 S. 30656.

nicht dagegen eine Duldungsschuld der Festsetzungsverjährung. Da der Steueranspruch nicht erloschen sein darf, könnte der **Erlass eines Duldungsbescheids dann unzulässig** sein, wenn **Zahlungsverjährung eingetreten** ist. Nach § 228 AO i.V. mit Art. 13 Abs. 1 Nr. 5a KAG beträgt die **Frist für die Zahlungsverjährung fünf Jahre**. Sie beginnt mit Ablauf des Kalenderjahres, in dem der Anspruch erstmals fällig geworden ist (§ 229 Abs. 1 Satz 1 AO). Fällig wird die Grundsteuer zu je einem Viertel ihres Jahresbetrages am 15. Februar, 15. Mai, 15. August und 15. November.

39   In den Fällen des § 231 Abs. 1 AO (z. B. Stundung, Durchführung einer Vollstreckungsmaßnahme, Anmeldung zur Insolvenztabelle, Sicherheitsleistung) wird die **Verjährung unterbrochen (§ 231 Abs. 1 AO)** und eine neue Verjährungsfrist in Lauf gesetzt (§ 231 Abs. 3 AO). Jede an den Steuerpflichtigen gerichtete Maßnahme i. S. des § 231 AO, aus der deutlich wird, dass die Behörde ihren Zahlungsanspruch nicht aufgibt, unterbricht als Realakt die Zahlungsverjährung. Auf den ausdrücklichen Regelungsgehalt des Verwaltungsaktes kommt es nicht an. Auch wenn die Stundungsverfügung mit einer aufschiebenden oder auflösenden Bedingung verbunden ist, ergibt sich aus dem Stundungsakt unmissverständlich, dass die Steuerforderung auch in Zukunft weiterverfolgt werden soll.[1]

40   *(Einstweilen frei)*

III. Rechtsbehelfe

1. Rechtsbehelfe gegen den Duldungsbescheid

41   Vgl. Schmidt in Grootens, GrStG § 11 Rz. 80.

42–43   *(Einstweilen frei)*

2. Rechtsbehelfe gegen die zugrundeliegenden Primärbescheide

44   Der **Haftungsschuldner aufgrund des Duldungsbescheids** ist von **Einwendungen** gegen den seiner Inanspruchnahme zugrundeliegenden **bestandskräftigen Steuerbescheid ausgeschlossen**.[2] Noch nicht **bestandskräftige Erstbescheide** können von ihm allerdings **angefochten** werden.

45–47   *(Einstweilen frei)*

IV. Mögliche Einwendungen gegen einen Duldungsbescheid

48   Ansatzpunkte gegen einen Duldungsbescheid können sein:

1. Sind die dem Duldungsbescheid zugrundeliegenden **Bescheide über die Feststellung des Grundsteuerwertes bzw. des Grundsteuermessbetrags** noch **nicht bestandskräftig** und kann mit **Aussicht auf Erfolg dagegen vorgegangen werden**?
2. Ist für die Steuer, für die gehaftet werden soll, vor Erlass des Duldungsbescheids **Zahlungsverjährung eingetreten**?

---

1 VG Würzburg, Urteil v. 6.11.2017 - 8 K 16.457, BeckRS 2017 S. 139819.
2 BFH, Urteil v. 1.3.1988 - VII R 109/86, BStBl 1988 II S. 408, NWB PAAAA-92544.

3. Sofern auch Haftungsschuldner aus § 11 GrStG bestehen, ist das Ermessen für die Auswahl des Grundstücks als Haftungsschuldner begründet worden und ist das **ausgeübte Ermessen fehlerfrei**?
4. Ist nach den **landesrechtlichen Vorschriften** die **Vollstreckung überhaupt möglich**?

(Einstweilen frei) 49–51

V. Die Behandlung der öffentlichen Last im Zwangsversteigerungsverfahren

Im **Zwangsversteigerungsverfahren** sichert nach § 10 Abs. 1 Nr. 3 ZVG **die dingliche Last die Grundsteuerrückstände der letzten vier Jahre, privilegiert** sind aber nur die **laufenden Rückstände und die Grundsteuerforderungen aus den letzten zwei Jahren**. Nach § 13 ZVG gehören zu den laufenden Rückständen der letzte vor der Beschlagnahme fällige Betrag und die später fällig werdenden Beträge. Die **privilegierten Forderungen** haben bei der **Erlösverteilung Vorrang gegenüber** den „Rechten aus dem Grundstück", zu denen insbesondere die **Grundpfandrechte** zählen. Ältere Rückstände haben diese Privilegierung nicht und nehmen wie andere nicht privilegierte Forderungen an der Verteilung des Veräußerungserlöses teil.[1] 52

Soweit die Gemeinde zum Versteigerungstermin eine **Grundsteuerforderung nicht angemeldet hat, haftet das Grundstück nicht dinglich für diese Forderung**. Es spielt dabei keine Rolle, dass die Gemeinde den Anspruch möglicherweise gar nicht anmelden konnte, weil das Finanzamt bis zu diesem Zeitpunkt noch keinen Grundsteuermessbescheid erlassen hatte oder der erlassene Grundsteuermessbescheid zu niedrig war.[2] Sofern es im Rahmen der Grundsteuerreform zu **Verzögerungen bei der Festsetzung der Grundsteuermessbeträge** durch die Finanzämter kommen sollte, könnte die Gemeinde die **vorläufige Festsetzung eines Steuermessbetrags beim Finanzamt beantragen**, um ihre Ansprüche im Zwangsversteigerungsverfahren geltend machen zu können. 53

Steuerschuldner für die nach dem Zuschlag im Zwangsversteigerungsverfahren fälligen **Grundsteuern des laufenden Jahres** ist zwar weiterhin der **frühere Eigentümer**, doch hat er nach § 56 Satz 2 ZVG einen **Ersatzanspruch gegen den Ersteher**. Der Ersteher haftet mit dem Grundstück auch dinglich für die Grundsteuer, die auf die Zeit vom Zuschlag bis zum Ende des Kalenderjahres entfällt.[3] 54

(Einstweilen frei) 55–58

VI. Die Öffentliche Last im Insolvenzverfahren

Im Insolvenzverfahren steht der Gemeinde aus der öffentlichen Last ein Recht auf **abgesonderte Befriedigung** zu (§ 49 InsO). Auch hierzu ist die **Anmeldung der Forderung** erforderlich. 59

(Einstweilen frei) 60–61

VII. Absicherung des Erwerbers

Da die **öffentliche Last nicht** in das **Grundbuch eingetragen** wird, kann es für einen **Grundstückserwerber** zu einer **erheblichen wirtschaftlichen Belastung** führen, wenn die **Gemeinde in das Grundstück vollstrecken will**, insbesondere wenn die Grundsteuer für mehrere Jahre gefor- 62

---

1 BGH, Vorlagebeschluss v. 12.3.2015 - V ZB 41/14, NWB MAAAE-90456.
2 BVerwG, Urteil v. 7.9.1984 - 8 C 30.82, BStBl 1985 II S. 25.
3 BVerwG, Urteil v. 14.8.1992 - 8 C 15.90, NVwZ 1993 S. 486.

dert wird. In **Grundstückskaufverträgen** wird regelmäßig **von den Verkäufern zugesichert, dass keine Grundsteuerrückstände bestehen**. Zwar kann der Erwerber **zivilrechtlich gegen den Verkäufer vorgehen**, wenn die im **Kaufvertrag** gemachte Zusicherung nicht zutrifft. Hat der **Verkäufer**, was bei diesen Konstellationen die Regel sein dürfte, mangels Vermögens **keine finanziellen Mittel** zur Begleichung seiner Schuld, werden die **Ansprüche des Käufers** dennoch **nicht befriedigt** werden.

63 Eine **Absicherung des Erwerbers** erscheint nur möglich, wenn er von der **Gemeinde** darüber **informiert** wird, ob **Grundsteuerrückstände** bestehen. Die Gemeinde trifft **keine Verpflichtung**, den potenziellen **Erwerber über die Möglichkeit der Inanspruchnahme** nach § 12 GrStG **zu unterrichten**. Es gibt auch keine Vorschrift des Bundesrechts, die den Steuergläubiger dazu verpflichtet, den dinglich Haftenden ohne dessen Ersuchen über die Sachlage zu unterrichten.[1] Damit ist Grundstückserwerbern zu empfehlen, **sich bei der Gemeinde zu erkundigen**, ob für das Grundstück Rückstände bei der Grundsteuer bestehen. Aufgrund der Regelungen zum Steuergeheimnis wird der **Veräußerer** regelmäßig **den Erwerber bevollmächtigen** müssen, eine solche **Auskunft einzuholen**.

64 **Besondere Vorsicht** ist in Fällen angebracht, wo der **wirtschaftliche Eigentümer bei der Veräußerung eines Grundstücks mitwirkt**, weil er mangels vollständiger Kaufpreiszahlung nie zivilrechtlicher Eigentümer wurde. Weitere Indizien für Rückstände können sein, wenn der Grundstückserwerb **im Rahmen einer Zwangsversteigerung oder zur Vermeidung einer solchen** erfolgt, eine **Zwangsverwaltung** besteht oder bestand oder eine **Sicherungshypothek** eingetragen ist. In solchen Fällen besteht dann der begründete Verdacht, dass auch die Grundsteuer nicht bezahlt wurde.

Abschnitt II: Bemessung der Grundsteuer

§ 13 GrStG   Steuermesszahl und Steuermessbetrag

[1]Bei der Berechnung der Grundsteuer ist von einem Steuermessbetrag auszugehen. [2]Dieser ist durch Anwendung eines Promillesatzes (Steuermesszahl) auf den Grundsteuerwert oder seinen steuerpflichtigen Teil zu ermitteln, der nach dem Bewertungsgesetz im Veranlagungszeitpunkt (§ 16 Absatz 1, § 17 Absatz 3, § 18 Absatz 3) für den Steuergegenstand maßgebend ist.

Inhaltsübersicht	Rz.
A. Allgemeine Erläuterungen zu § 13 GrStG	1 - 19
I. Normzweck und wirtschaftliche Bedeutung der Vorschrift	1 - 5
II. Entstehung und Entwicklung der Vorschrift	6 - 8
III. Geltungsbereich	9 - 13
IV. Verhältnis zu anderen Vorschriften	14 - 19
B. Systematische Kommentierung	20 - 93
I. Steuermessbetrag (§ 13 Satz 1 GrStG)	20 - 24
II. Ermittlung des Steuermessbetrags (§ 13 Satz 2 GrStG)	25 - 32
III. Steuermessbetragsverfahren (§ 184 AO)	33 - 93
1. Zuständigkeit	33 - 36
2. Allgemeine Verfahrensvorschriften, Regelungsinhalt und Mitteilung an die Gemeinden	37 - 45

---

1 BVerwG, Urteil v. 13.2.1987 - 8 C 25.85, BStBl 1987 II S. 475.

3.	Inhaltsadressat und Bekanntgabe	46 – 51
4.	Bindungswirkung des Grundsteuermessbescheids	52 – 57
5.	Festsetzungsfrist	58 – 62
6.	Änderungsmöglichkeiten	63 – 67
7.	Billigkeitsmaßnahmen	68 – 72
8.	Rechtsbehelfs- und Klageverfahren gegen den Grundsteuermessbescheid	73 – 93
	a) Allgemeines	73 – 76
	b) Klagearten	77 – 81
	c) Rechtsbehelfs- und Klagebefugnis sowie Beschwer	82 – 92
	d) Streitwert	93

ARBEITSHILFEN UND GRUNDLAGEN ONLINE:

Berechnung der Grundsteuer nach der Gesetzesreform, Berechnungstool „Grundsteuer" nach dem Entwurf v. 21.6.2019, NWB NAAAH-30144.

A. Allgemeine Erläuterungen zu § 13 GrStG

I. Normzweck und wirtschaftliche Bedeutung der Vorschrift

Mit § 13 GrStG beginnt der II. Abschnitt des Grundsteuergesetzes zur **Bemessung der Grundsteuer**. § 13 Satz 1 GrStG bestimmt als Eingangsnorm, dass bei der Berechnung der Grundsteuer von dem **Steuermessbetrag** auszugehen ist. Nach § 13 Satz 2 GrStG ergibt sich der Steuermessbetrag durch Anwendung eines Promillesatzes (**Steuermesszahl**) auf den festgestellten Grundsteuerwert oder seinem steuerpflichtigen Teil. Wie bisher wird damit die Grundsteuer in einem **dreistufigen Verfahren** bestehend aus der Ermittlung und Feststellung des Grundsteuerwerts nach § 219 BewG, dem Steuermessbetragsverfahren nach §§ 13 ff. GrStG und sich diesem anschließenden Grundsteuerfestsetzungsverfahren nach §§ 25 ff. GrStG ermittelt.

1

Mit der Zwischenschaltung des **Steuermessbetragsverfahrens** kann der Bundesgesetzgeber und nunmehr durch die **Öffnungsklausel** nach Art. 72 Abs. 3 Nr. 7 GG auch der Landesgesetzgeber durch Festlegung bestimmter Steuermesszahlen Einfluss auf die Belastungsverteilung zwischen den einzelnen Vermögensarten, Grundstücksarten oder einzelner Eigentümergruppen nehmen.[1] Unter der Prämisse einer aufkommensneutralen Grundsteuerreform ermöglichen unterschiedliche länderspezifische Steuermesszahlen eine **Aufkommensneutralität** für die einzelnen Vermögensarten und Grundstücksarten auf Landesebene.

2

(Einstweilen frei) 3–5

II. Entstehung und Entwicklung der Vorschrift

Die Norm wurde in ihrer heutigen Fassung durch das Grundsteuerreformgesetz v. 7.8.1973[2] eingeführt. Durch das **GrStRefG** v. 26.11.2019[3] wurde § 13 GrStG lediglich an die aktuelle Rechtschreibung sowie begrifflich angepasst.

6

(Einstweilen frei) 7–8

---

1 Vgl. BT-Drucks. 6/3418 S. 82 zum Zweiten Steuerreformgesetz (ursprünglicher Gesetzentwurf zum Grundsteuerreformgesetz v. 7.8.1973).
2 BGBl 1973 I S. 965.
3 GrStRefG v. 26.11.2019, BGBl 2019 I S. 1794.

III. Geltungsbereich

9 § 13 GrStG gilt nach § 2 GrStG, soweit die Länder in Bezug auf § 13 GrStG nicht von ihrer Abweichungskompetenz nach Art. 72 Abs. 3 Satz 1 Nr. 7 GG Gebrauch gemacht haben, für **inländischen Grundbesitz**, mithin für die Betriebe der Land- und Forstwirtschaft sowie diesen gleichgestellte Betriebsgrundstücke (wirtschaftliche Einheiten des **land- und forstwirtschaftlichen Vermögens**) und die Grundstücke sowie diesen gleichgestellte Betriebsgrundstücke (wirtschaftliche Einheiten des **Grundvermögens**).[1] Erfasst werden durch die Anknüpfung an den Grundsteuerwert auch die inländischen Teile einer wirtschaftlichen Einheit, die sich sowohl auf das Inland als auch auf das Ausland erstrecken.

10 § 13 GrStG i.d.F. des GrStRefG v. 26.11.2019 findet gem. § 37 Abs. 1 GrStG für die Grundsteuer **ab dem Kalenderjahr 2025** Anwendung. § 13 GrStG i.d.F. des Grundsteuerreformgesetzes v. 7.8.1973 mit der letzten Änderung durch Art. 38 des Gesetzes v. 19.12.2008 (BGBl I S. 2794) findet nach § 37 Abs. 2 GrStG für die Grundsteuer **bis einschließlich des Kalenderjahres 2024** Anwendung.

11–13 *(Einstweilen frei)*

IV. Verhältnis zu anderen Vorschriften

14 Der Steuermessbetrag ergibt sich durch Anwendung der Steuermesszahl nach § 13 Satz 2 GrStG auf den nach **§ 219 Abs. 1 BewG** festgestellten Grundsteuerwert. § 17 Abs. 1 BewG verweist in der ab dem 1.1.2025 geltenden Fassung[2] für die Anwendung des Bewertungsgesetzes ausschließlich auf die Einzelsteuergesetze. Das GrStG verweist in § 13 GrStG, indem der Grundsteuerwert in Bezug genommen wird, wie er nach dem Bewertungsgesetz im Veranlagungszeitpunkt für den Steuergegenstand maßgeblich ist, auf den **Siebenten Abschnitt des Bewertungsgesetzes**.[3] Die auf die jeweiligen Grundstücke anzuwendende Steuermesszahl ergibt sich für die wirtschaftlichen Einheiten des land- und forstwirtschaftlichen Vermögens aus **§ 14 GrStG** und für die wirtschaftlichen Einheiten des Grundvermögens aus **§ 15 GrStG**.

15 Das Steuermessbetragsverfahren ist allgemein in **§ 184 AO** und ergänzend für die Grundsteuer in den **§§ 16 ff. GrStG** geregelt. Nach **§ 16 Abs. 1 Satz 1 GrStG** werden die Steuermessbeträge bei der Hauptveranlagung allgemein festgesetzt. **§ 17 GrStG** regelt die Neuveranlagung des Steuermessbetrags bei einer Fortschreibung des Grundsteuerwerts nach **§ 222 BewG** und **§ 18 GrStG** die Nachveranlagung des Steuermessbetrags bei einer Nachfeststellung des Grundsteuerwerts nach **§ 223 BewG**. **§ 20 GrStG** regelt die Aufhebung, **§ 21 GrStG** die Änderung des Grundsteuermessbescheids bei Neu- und Nachveranlagungen vor dem jeweiligen Veranlagungszeitpunkt und die **§§ 22 ff. GrStG** regeln das Zerlegungsverfahren der sich nach § 13 Satz 1 GrStG ergebenden Steuermessbeträge.

16 Der Grundsteuermessbescheid ist nach § 184 Abs. 1 Satz 4 i.V. mit **§ 182 Abs. 1 AO** Folgebescheid des Grundsteuerwertbescheids i.S. des **§ 219 BewG** und nach § 184 Abs. 1 Satz 4 i.V. mit **§ 171 Abs. 10 AO** Grundlagenbescheid des Grundsteuerbescheids i.S. des **§ 27 GrStG**.

17–19 *(Einstweilen frei)*

---

1 Schnitter, GrStG – eKommentar, § 13 Rz. 6; Marx in Stenger/Loose, GrStG § 13 Rz. 12.
2 Vgl. Art. 2 Nr. 2 und Art. 18 Abs. 3 des GrStRefG v. 26.11.2019, BGBl 2019 I S. 1794.
3 Vgl. auch Kreutziger in Kreutziger/Schaffner/Stephany, BewG § 17 Rz. 4.

B. Systematische Kommentierung

I. Steuermessbetrag (§ 13 Satz 1 GrStG)

Nach § 13 Satz 1 GrStG ist bei der Berechnung der Grundsteuer von einem **Steuermessbetrag** auszugehen. Die Höhe der Grundsteuer im Einzelfall wird folglich nicht unmittelbar durch Anwendung des Hebesatzes der jeweiligen Gemeinden auf den Grundsteuerwert ermittelt.[1] Die Ermittlung der konkreten Grundsteuer für die jeweilige wirtschaftliche Einheit erfolgt vielmehr durch Anwendung des jeweiligen Hebesatzes der Gemeinde auf den Steuermessbetrag.

Die Grundsteuerermittlung erfolgt damit in einem **dreistufigen Verfahren**.[2] Zunächst erfolgt eine Wertermittlung des Grundbesitzes mit dem Grundsteuerwert nach §§ 232 ff. BewG. Der jeweilige Grundsteuerwert wird nach §§ 219 ff. BewG im **Grundsteuerwertverfahren** förmlich festgestellt. Diesem Verfahren schließt sich das **Steuermessbetragsverfahren** an, in dem der Steuermessbetrag festgesetzt wird. Anschließend erfolgte die **Festsetzung der Grundsteuer** durch die Gemeinden. Die drei Verfahren müssen nicht zwingend getrennt durchgeführt werden, sondern können auch in einem Bescheid zusammengefasst sein, wenn jeweils dieselbe Behörde zuständig ist (beispielsweise in den Stadtstaaten; siehe auch → Rz. 41).

(Einstweilen frei)

II. Ermittlung des Steuermessbetrags (§ 13 Satz 2 GrStG)

Der Steuermessbetrag ergibt sich nach § 13 Satz 2 GrStG durch Anwendung eines **Promillesatzes auf den Grundsteuerwert** oder seinen steuerpflichtigen Teil. Das Finanzamt setzt in der zweiten Stufe im Grundsteuermessbescheid den Steuermessbetrag durch Multiplikation der Steuermesszahl mit dem Grundsteuerwert fest (siehe vertiefend zum Steuermessbetragsverfahren → Rz. 33 ff.).[3] Über die Festlegung unterschiedlicher Steuermesszahlen (siehe § 14 GrStG und § 15 GrStG) kann der Gesetzgeber auf die Belastungsverteilung zwischen den Vermögenarten, einzelnen Grundstücksarten und Eigentümergruppen Einfluss nehmen (siehe bereits → Rz. 2).

BEISPIEL: Für ein Einfamilienhaus wurde ein Grundsteuerwert i. H. von 290.000 € ermittelt und im Grundsteuerwertverfahren festgestellt. Es soll der Grundsteuermessbetrag festgesetzt werden.

LÖSUNG: Der Steuermessbetrag ermittelt sich nach §§ 13 und 15 GrStG wie folgt:

290.000 € x 0,00031 = **89,9 €**

Der Steuermessbetrag wird lediglich auf den **steuerpflichtigen Teil** festgesetzt, wenn der Grundbesitz teilweise steuerbefreit nach §§ 3 ff. GrStG ist. Besteht mithin eine Steuerbefreiung, erfolgt keine Festsetzung eines Steuermessbetrags im Hinblick des steuerbefreiten Teils.[4] Ist der Grundbesitz insgesamt steuerbefreit, erfolgt auch keine Festsetzung eines Steuermessbetrags.

---

1 Vgl. auch BT-Drucks. 19/11085 S. 87.
2 Schnitter, GrStG – eKommentar § 13 Rz. 9.
3 FG Berlin-Brandenburg, Urteil v. 22.11.2017 - 3 K 3051/15, EFG 2018 S. 1325.
4 Schnitter, GrStG – eKommentar § 13 Rz. 11.

28 Die Nichtfestsetzung ist jedoch nur insoweit von **Bedeutung**, als die Steuerbefreiung noch nicht bei der Grundsteuerwertfeststellung berücksichtigt wurde. Nach § 219 Abs. 3 BewG wird der Grundsteuerwert nur insoweit festgestellt, als er für die Grundsteuer von Bedeutung ist. Das Finanzamt trifft daher spätestens mit dem Steuermessbescheid auch eine Entscheidung über die persönliche und sachliche Steuerpflicht (vgl. § 184 Abs. 1 Satz 2 AO, siehe auch → Rz. 40).

29 Da sowohl auf Ebene der Grundsteuerwertfeststellung als auch auf Ebene des Grundsteuermessbetrags über die persönliche und sachliche Steuerpflicht entschieden werden soll und der Gesetzgeber diesen Widerspruch bisher nicht aufgelöst hat, kann der Steuerpflichtige gegen beide Bescheide im **Rechtsbehelfs- und Klageverfahren** vorbringen, dass eine Steuerpflicht in sachlicher oder persönlicher Hinsicht nicht besteht (siehe auch → Rz. 82).[1]

30 Der Grundsteuermessbetrag wird auf den jeweils maßgeblichen **Veranlagungszeitpunkt** festgesetzt. Dies ist bei der Hauptveranlagung nach § 16 Abs. 1 GrStG[2] der Hauptfeststellungszeitpunkt, bei einer Neuveranlagung der Neuveranlagungszeitpunkt nach § 17 Abs. 3 GrStG[3] und bei einer Nachveranlagung der Nachveranlagungszeitpunkt nach § 18 Abs. 3 GrStG.[4]

31–32 *(Einstweilen frei)*

III. Steuermessbetragsverfahren (§ 184 AO)

1. Zuständigkeit

33 Für das Steuermessbetragsverfahren ist nach § 22 Abs. 1 Satz 1 AO das **Lagefinanzamt** nach § 18 Abs. 1 Nr. 1 AO zuständig. Dies ist bei Betrieben der Land- und Forstwirtschaft, bei Grundstücken und diesen jeweils gleichgestellten Betriebsgrundstücken das Finanzamt, in dessen Bezirk der Betrieb, das Grundstück oder das diesen gleichgestellte Betriebsgrundstück sich erstreckt. Erstreckt sich der Betrieb, das Grundstück oder das diesen gleichgestellte Betriebsgrundstück auf die Bezirke mehrerer Finanzämter, ist dasjenige Finanzamt zuständig, in dessen Bezirk der wertvollste Teil liegt.

34–36 *(Einstweilen frei)*

2. Allgemeine Verfahrensvorschriften, Regelungsinhalt und Mitteilung an die Gemeinden

37 Nach § 184 Abs. 1 Satz 1 AO wird der Grundsteuermessbetrag durch Steuermessbescheid festgesetzt. Der Steuermessbescheid ist eine besondere Form des **Steuerverwaltungsaktes** nach § 118 AO. Damit finden die allgemeinen Vorschriften, insbesondere die allgemeinen Verfahrensvorschriften der AO Anwendung.

38 Der Grundsteuermessbescheid ist **kein Steuerbescheid**, da mit ihm lediglich Besteuerungsgrundlagen und noch kein konkreter Steuerbetrag festgesetzt werden.[5] Auf ihn finden aber die **Regelungen zur Durchführung der Besteuerung** (4. Teil der AO, §§ 134–217 AO) nach § 184

---

1 Vgl. BFH, Urteil v. 10.7.2002 - II R 22/00, NWB MAAAA-68190; BFH, Urteil v. 24.7.1985 - II R 227/82, BStBl 1986 II S. 128; BFH, Urteil v. 16.4.1986 - II R 207/84, NWB ZAAAB-28662; Boeker in Hübschmann/Hepp/Spitaler, AO/FGO, AO § 184 Rz. 96 m.w.N; Schnitter, GrStG – eKommentar § 13 Rz. 11.
2 Siehe vertiefend Bock in Grootens, GrStG § 16 Rz. 33 ff.
3 Siehe vertiefend Bock in Grootens, GrStG § 17 Rz. 41 ff.
4 Siehe vertiefend Bock in Grootens, GrStG § 18 Rz. 32 ff.
5 Schnitter, GrStG – eKommentar § 13 Rz. 13.

Abs. 1 Satz 3 AO sinngemäße Anwendung. Ob dies auch für die Regelungen der §§ 179–183 AO gilt, ist wegen der gesonderten Regelungen in § 184 Abs. 1 Satz 4 AO umstritten.[1] Für § 181 Abs. 5 Satz 1 AO hat der BFH die Anwendung für die Grundsteuer bejaht, sodass ein Grundsteuerwertbescheid und ein Grundsteuermessbescheid solange noch erlassen werden kann, wie die Festsetzungsfrist für die Grundsteuer noch nicht abgelaufen ist.[2]

Regelungsinhalt des Steuermessbescheids ist zunächst allein die **Höhe des Steuermessbetrags**. Der Steuermessbescheid enthält keine Regelung über die Höhe des Grundsteuerwerts (siehe zur Folge beim Rechtsbehelfs- und Klageverfahren → Rz. 85). Die Höhe des Grundsteuerwerts wird allein im Grundsteuerwertbescheid geregelt, der Grundlagenbescheid für den Grundsteuermessbescheid ist. Eine erneute Entscheidung über die Höhe des Grundsteuerwerts im Grundsteuermessbescheid erfolgt daher nicht.

Im Steuermessbescheid wird darüber hinaus nach § 184 Abs. 1 Satz 2 AO über die **persönliche und sachliche Steuerpflicht** entschieden, soweit dies nicht bereits im Rahmen des Grundsteuerwertbescheids erfolgt ist (siehe bereits → Rz. 27 ff.). Eine Feststellung des Grundsteuerwerts erfolgt nach § 219 Abs. 3 BewG nur insoweit, als der Grundsteuerwert für die Grundsteuer von Bedeutung ist. Steuerbefreiter Grundbesitz wird daher in der Regel nicht bewertet und der Wert nicht förmlich festgestellt. § 184 Abs. 1 Satz 2 AO geht insoweit häufig ins Leere. Das Finanzamt kann allerdings auch ausdrücklich die Entscheidung über die persönliche und sachliche Steuerpflicht dem Grundsteuermessbetragsverfahren vorbehalten.

Da sowohl für die gesonderte **Feststellung des Grundsteuerwerts** als auch für die **Festsetzung des Grundsteuermessbetrags** das Lagefinanzamt nach § 18 Abs. 1 Nr. 1 AO zuständig ist, erfolgt häufig eine **Verbindung beider Bescheide** innerhalb eines Schriftstücks. In den Stadtstaaten ist auch eine Verbindung mit der **Grundsteuerfestsetzung** möglich, wenn für diese auch das Lagefinanzamt zuständig ist (siehe bereits → Rz. 21).

Der Inhalt des Steuermessbescheids wird nach § 184 Abs. 3 AO von den Finanzbehörden den **Gemeinden mitgeteilt**, denen die Grundsteuerfestsetzung, mithin der Erlass des Grundsteuerbescheids obliegt. Da für die Festsetzung der Grundsteuer nur die Höhe des Grundsteuermessbetrag erforderlich ist, wird den Gemeinden in aller Regel nicht der Inhalt des Grundsteuerwertbescheid, also die Ermittlungsgrundlage und der zugrundeliegende Sachverhalt, mitgeteilt.

(Einstweilen frei)

3. Inhaltsadressat und Bekanntgabe

Der Grundsteuermessbescheid muss an den richtigen Adressaten gerichtet sein. Inhaltsadressat ist der **Schuldner der Grundsteuer.**[3] Ergibt sich aus dem Grundsteuermessbetrag der Inhaltsadressat nicht eindeutig, sodass eine Verwechslung nicht ausgeschlossen werden kann, ist der Grundsteuermessbescheid unwirksam.[4] Der Grundsteuermessbescheid ist auch unwirksam, wenn der Inhaltsadressat nicht oder unzutreffend bezeichnet wird und sich der richtige

---

1 Vgl. vertiefend Kunz in Gosch, AO/FGO, AO § 184 Rz. 11; Boeker in Hübschmann/Hepp/Spitaler, AO/FGO, AO § 184 Rz. 50a.
2 BFH, Urteil v. 11.11.2009 - II R 14/08, BStBl 2010 II S. 723.
3 Siehe hierzu vertiefend Schmidt in Grootens, GrStG § 10 Rz. 1 ff.
4 BFH, Urteil v. 13.12.2007 - IV R 91/05, NWB KAAAC-81424; Brandis in Tipke/Kruse, AO/FGO, AO § 184 Rz. 14.

Inhaltsadressat auch nicht durch Auslegung des angefochtenen Bescheids oder der Einspruchsentscheidung ergibt.[1]

47 Der Grundsteuermessbescheid ist nach § 122 AO an den **Inhaltsadressat** bekannt zu geben. Erst mit der **Bekanntgabe** wird er nach § 124 Abs. 1 AO wirksam. Miteigentümern eines Grundstücks, die nach § 10 Abs. 2 GrStG Gesamtschuldner der Grundsteuer sind,[2] kann gem. § 184 Abs. 1 Satz 3 AO i.V. mit § 155 Abs. 3 Satz 1 AO ein zusammengefasster Grundsteuermessbescheid unter Beachtung von § 122 Abs. 6 AO bekannt gegeben werden. Eine Bekanntgabe an einen Empfangsbevollmächtigten nach § 184 Abs. 1 Satz 4 AO i.V. mit § 183 AO und an einen Bevollmächtigten nach § 80 AO ist möglich.

48 Die Länder haben teilweise die **Durchführung der Bekanntgabe** der Grundsteuermessbescheide an die **Gemeinden** übertragen (beispielsweise § 9 Abs. 2 Satz 2 KAG – Baden-Württemberg) oder eine Inanspruchnahme der Hilfe der Gemeinden bei der Bekanntgabe geregelt (beispielsweise § 1 Abs. 2 Real StüG – Brandenburg). Handelt die Gemeinde bei der Bekanntgabe ohne entsprechende gesetzliche Ermächtigung sowie ohne Wissen und Willen der zuständigen Landesbehörde, dürfte es in der Regel an einer wirksamen Bekanntgabe fehlen und der Bescheid damit unwirksam sein. Übernimmt die unzuständige Gemeinde lediglich die maschinelle Abwicklung und Übermittlung des Bescheids als Botin, führt dies nicht zur Nichtigkeit des Bescheids.[3] Eine fehlerhafte Bekanntgabe kann im Einspruchsverfahren geheilt werden.[4]

49–51 *(Einstweilen frei)*

4. Bindungswirkung des Grundsteuermessbescheids

52 Der **Grundsteuermessbescheid** ist **Grundlagenbescheid** i.S. des § 171 Abs. 10 AO für den von der Gemeinde zu erlassenden Grundsteuerbescheid, der nach § 184 Abs. 1 Satz 4 AO i.V. mit § 182 Abs. 1 AO **Folgebescheid** des Grundsteuermessbescheids ist.[5] Die Bindungswirkung tritt gem. § 184 Abs. 1 Satz 4 AO i.V. mit § 182 Abs. 1 AO bereits ein, auch wenn der Grundsteuermessbescheid noch nicht bestandskräftig ist. Die Gemeinde ist daher an einen wirksamen (nicht zwingend rechtmäßigen) Grundsteuermessbescheid gebunden (siehe zur grundsätzlich fehlenden Klagebefugnis der Gemeinde → Rz. 86 ff.).[6] Der Grundsteuermessbescheid ist zudem Folgebescheid zum Grundsteuerwertbescheid, der wiederum Grundlagenbescheid für den Grundsteuermessbescheid ist. Auf die gesetzlich vorgesehene Bindungswirkung des Grundsteuerwertbescheids für den Steuermessbescheid kann nicht rechtswirksam verzichtet werden.[7]

53 Nach § 184 Abs. 1 Satz 3 AO i.V. mit § 155 Abs. 2 AO kann ein Grundsteuermessbescheid bereits erlassen werden, auch wenn der Grundlagenbescheid (Grundsteuerwertbescheid) noch nicht erlassen wurde.

54 Nach § 184 Abs. 1 Satz 4 AO findet § 182 Abs. 2 AO sinngemäße Anwendung. Der Grundsteuermessbescheid wirkt nach § 182 Abs. 2 Satz 1 AO auch gegenüber dem **Rechtsnachfolger**, auf

---

1 Vgl. BFH, Urteil v. 13.12.2007 - IV R 91/05, NWB KAAAC-81424 zum Gewerbesteuermessbescheid.
2 Vgl. Schmidt in Grootens, GrStG § 10 Rz. 79 ff.
3 BFH, Urteil v. 31.7.1990 - I R 28/88, BStBl 1991 II S. 244 sowie BFH, Beschluss v. 12.11.1992 - XI 69/92, BStBl 1993 II S. 263 m.w.N.
4 BFH, Beschluss v. 12.11.1992 - XI B 69/92, BStBl 1993 II S. 263.
5 Schnitter, GrStG – eKommentar § 13 Rz. 14.
6 VG Gelsenkirchen, Gerichtsbescheid v. 29.7.2014 - 5 K 756/14, juris.
7 BFH, Urteil v. 16.2.1962 - III 31/60 U, BStBl 1962 III S. 241; Troll/Eisele, GrStG § 16 Rz. 2.

den der Gegenstand der Feststellung (die wirtschaftliche Einheit des Grundbesitzes) nach dem Feststellungszeitpunkt mit steuerlicher Wirkung übergeht (dingliche Wirkung des Grundsteuermessbescheids).[1] Rechtsnachfolger ist nicht nur der Gesamtrechtsnachfolger, sondern auch der Einzelrechtsnachfolger.[2] Tritt die Rechtsnachfolge ein, bevor der Feststellungsbescheid ergangen ist (vor Bekanntgabe an den Rechtsvorgänger), so wirkt er gem. § 182 Abs. 2 Satz 2 AO gegen den Rechtsnachfolger nur dann, wenn er ihm bekannt gegeben wird. Die dingliche Wirkung gegenüber dem Rechtsnachfolger wird durch § 353 AO flankiert. Danach ist der Rechtsnachfolger befugt innerhalb der für den Rechtsvorgänger geltenden Einspruchsfrist Einspruch einzulegen (siehe auch → Rz. 82).

Im Übrigen ist der **Umfang** der dinglichen Wirkung **umstritten**. Nach Auffassung von Teilen der Rechtsprechung, Teilen der Literatur und der Finanzverwaltung[3] beträfe die dingliche Wirkung des Grundsteuermessbescheids auch den Wert und die Art der wirtschaftlichen Einheit. Im Rahmen einer Neuveranlagung nach § 17 Abs. 1 GrStG sei daher nicht über die Höhe des Grundsteuermessbetrags, sondern nur über die Zurechnung des unverändert zu übernehmenden Grundsteuermessbetrags zu entscheiden. Nach anderer Auffassung in der Rechtsprechung[4] erlaubt § 17 Abs. 1 GrStG bei einer Zurechnungsfortschreibung des Grundsteuerwerts eine neue Festsetzung des Grundsteuermessbetrags und nicht nur eine bloße Zurechnungsfortschreibung des Grundsteuermessbetrags. Die dingliche Wirkung nach § 182 Abs. 2 Satz 1 AO habe für die Grundsteuer damit kaum (allemal über die dingliche Haftung nach § 12 GrStG[5]) praktische Bedeutung. Der Grundsteuermessbescheid enthielte keine Aussage über die Zurechnung der wirtschaftlichen Einheit, sodass hierüber bei einer Neuveranlagung keine Feststellungen getroffen würden. 55

Der letzten Ansicht ist zu folgen. Die erste Ansicht überzeugt im neuen Grundsteuerrecht schon deshalb nicht, weil ein **Eigentümerwechsel** zu einer **ermäßigten Steuermesszahl** nach § 15 Abs. 2 bis 5 GrStG führen oder eine gewährte Ermäßigung wegfallen kann. In diesen Fällen müsste jedenfalls eine Neuveranlagung nach § 17 Abs. 2 Nr. 1 GrStG erfolgen, da der Finanzverwaltung Gründe bekannt geworden sind, die beim Grundsteuerwert keine Rolle spielen, aber zu einer anderen Festsetzung des Grundsteuermessbetrags führen.[6] Dies wäre mit einer dinglichen Wirkung wie sie die h. M. vorsieht nicht zu vereinbaren. Zudem kann sich die dingliche Wirkung nicht auf etwas, wie die Berechnungsgrundlagen, beziehen, was nicht Inhalt des Bescheides ist. In Bestandskraft erwächst durch den Grundsteuermessbescheid allein der Grundsteuermessbetrag und nicht die Berechnungsgrundlagen. Der Grundsteuermessbescheid würde die Richtigkeit der h. M. unterstellt den Rechtsnachfolger weiter binden, als er es gegenüber dem Rechtsvorgänger täte. Die dingliche Wirkung des Grundsteuermessbescheids (also des Grundsteuermessbetrags) nach § 182 Abs. 2 Satz 1 AO wird von § 17 Abs. 1 GrStG durchbrochen. Danach ist eine (betragsmäßig korrekte) Neufestsetzung des Grundsteu- 56

---

1 Sächsisches OVG, Beschluss v. 25.9.2015 - 3 A 371/15, juris; Boeker in Hübschmann/Hepp/Spitaler, AO/FGO, AO § 184 Rz. 77; Kunz in Gosch, AO/FGO, AO § 184 Rz. 16.
2 Schnitter, GrStG – eKommentar § 13 Rz. 13.
3 BFH, Urteil v. 12.2.2020 - II R 10/17, NWB HAAAH-52402; Sächsische OVG, Beschluss v. 6.4.2009 - 5 B 107/07, KStZ 2010 S. 138; Troll/Eisele, GrStG § 17 Rz. 2; Roscher, 360° GrStG eKommentar, GrStG § 17 Rz. 8 m.w. N.; zust. Krause in Stenger/Loose, GrStG § 17 Rz. 44 ff.; Schnitter, GrStG – eKommentar § 16 Rz. 12; vgl. auch Anm. von Lemaire, AO-StB 2020 S. 246; Günther, ErbStB 2020 S. 216; Kugelmüller-Pugh, HFR 2020 S. 833.
4 FG Berlin-Brandenburg, Urteil v. 18.01.2017 - 3 K 3179/16, NWB KAAAG-40471, nrkr., aufgehoben durch BFH, Urteil v. 12.2.2020 - II R 10/17, NWB HAAAH-52402.
5 Siehe dazu vertiefend Schmidt in Grootens, GrStG § 12 Rz. 1 ff.
6 Siehe dazu Bock in Grootens, GrStG § 17 Rz. 31.

ermessbetrags durchzuführen, wenn und nicht insoweit eine Wertfortschreibung, Artfortschreibung oder Zurechnungsfortschreibung des Grundsteuerwerts durchgeführt wurde.[1] Für eine erneut betragsmäßig fehlerhafte Festsetzung obwohl der Gesetzgeber bereits einen Anlass für die Durchbrechung der Bestandskraft gesehen und eine entsprechende Änderungsnorm geschaffen hat, sind tragfähige Gründe nicht ersichtlich. Ein anderer Wille des Gesetzgebers findet sich auch nicht im Wortlaut des § 17 Abs. 1 GrStG wieder.

57 *(Einstweilen frei)*

5. Festsetzungsfrist

58 Es gelten die allgemeinen Vorschriften zur **Festsetzungsverjährung** nach §§ 169 ff. AO (vgl. auch § 16 Abs. 3 GrStG). Es gilt nach § 169 Abs. 2 Nr. 2 AO die allgemeine Festsetzungsfrist von vier Jahren.[2] Die Frist beginnt für den Grundsteuermessbescheid nach § 170 Abs. 1 AO mit Ablauf des Kalenderjahres, in dem die Grundsteuer entstanden ist.[3] Nach § 184 Abs. 1 Satz 3 i.V. mit § 181 Abs. 5 Satz 1 AO kann ein Grundsteuermessbescheid solange noch erlassen werden, wie die Festsetzungsfrist für die Grundsteuer noch nicht abgelaufen ist.[4]

59 Bei einer **Anzeigepflicht** in Bezug auf den Grundsteuermessbescheid nach § 19 GrStG beginnt die Festsetzungsfrist für den Grundsteuermessbescheid mit Ablauf des Kalenderjahres, in dem die Anzeige beim Finanzamt eingeht, spätestens jedoch mit Ablauf des dritten Kalenderjahres, das auf das Kalenderjahr folgt, in dem die Grundsteuer entstanden ist.[5]

60–62 *(Einstweilen frei)*

6. Änderungsmöglichkeiten

63 Es gelten zunächst die **allgemeinen Änderungsvorschriften** der AO, insbesondere die §§ 172 ff. AO.[6] Diese ermöglichen eine Änderung des Steuermessbescheids von Beginn an. Als Dauerverwaltungsakt würde nach Ablauf der Festsetzungsfrist eine Änderung auch für die Zukunft nicht möglich sein. Zudem gibt es Sachverhalte, die eine Änderung des Grundsteuermessbescheids nicht von Beginn an, sondern von einem anderen Zeitpunkt an, erforderlich machen (bspw. bei einer Wertfortschreibung). Die Korrekturvorschriften der AO sehen für sich genommen die Rechtsfolge, einen Bescheid mit Wirkung für einen späteren Zeitpunkt zu ändern, nicht vor.[7] Die allgemeinen Änderungsvorschriften der AO werden daher durch ergänzende Regelungen in den **§§ 16 ff. GrStG** für Änderungen ab dem jeweiligen dort genannten Veranlagungszeitpunkt ergänzt. Der Grundsteuermessbescheid kann bei **offensichtlichen Fehlern**, wie Rechenfehlern, nach § 129 AO geändert werden.[8]

64 Wird ein Grundsteuerwertbescheid **erlassen, geändert oder aufgehoben**, ist der Grundsteuermessbescheid nach § 175 Abs. 1 Satz 1 Nr. 1 AO entsprechend zu erlassen, aufzuheben oder zu

---

1 Ähnlich FG Berlin-Brandenburg, Urteil v. 18.1.2017 - 3 K 3179/16, NWB KAAAG-40471.
2 Sächsisches FG, Urteil v. 30.1.2008 - 1 K 1250/05, NWB VAAAC-76229.
3 Sächsisches FG, Urteil v. 30.1.2008 - 1 K 1250/05, NWB VAAAC-76229; Boeker in Hübschmann/Hepp/Spitaler, AO/FGO, AO § 184 Rz. 48.
4 BFH, Urteil v. 11.11.2009 - II R 14/08, BStBl 2010 II S. 723.
5 Boeker in Hübschmann/Hepp/Spitaler, AO/FGO, AO § 184 Rz. 48.
6 Boeker in Hübschmann/Hepp/Spitaler, AO/FGO, AO § 184 Rz. 51.
7 BFH, Urteil v. 11.11.2009 - II R 14/08, BStBl 2010 II S. 723.
8 Boeker in Hübschmann/Hepp/Spitaler, AO/FGO, AO § 184 Rz. 46.

ändern.[1] Ist die Festsetzungsfrist für eine Änderung des Steuermessbescheids von Beginn an bereits abgelaufen oder muss eine Änderung zu einem späteren Veranlagungszeitpunkt erfolgen, bleibt zu prüfen, ob ein Fall der Neuveranlagung nach § 17 GrStG, der Nachveranlagung nach § 18 GrStG oder der Aufhebung nach § 20 GrStG gegeben ist.[2]

(Einstweilen frei) 65–67

7. Billigkeitsmaßnahmen

Nach § 184 Abs. 2 Satz 1 AO schließt die Befugnis, Grundsteuermessbeträge festzusetzen, auch die Befugnis zu Maßnahmen nach § 163 Abs. 1 Satz 1 AO ein, soweit für solche Maßnahmen in einer allgemeinen Verwaltungsvorschrift der Bundesregierung, der obersten Bundesfinanzbehörde oder einer obersten Landesfinanzbehörde Richtlinien aufgestellt worden sind.[3] Für **Billigkeitsmaßnahmen nach § 163 AO** sind grundsätzlich die Gemeinden zuständig. Unter den Voraussetzungen des § 184 Abs. 2 Satz 1 AO kann das jeweilige Finanzamt Grundsteuermessbeträge niedriger festsetzen und einzelne Besteuerungsgrundlagen, die den Grundsteuermessbetrag erhöhen, bei der Festsetzung des Grundsteuermessbetrags unberücksichtigt lassen, wenn die Festsetzung des Grundsteuermessbetrags nach Lage des einzelnen Falls unbillig wäre.

Die Entscheidung über die Billigkeitsmaßnahme ist ein **eigenständiger Steuerverwaltungsakt**, der Grundlagenbescheid für den Steuermessbescheid ist (zur Folge im Hinblick auf das Rechtsbehelfs- und Klageverfahren → siehe Rz. 84).[4] Eine Verbindung mit dem Steuermessbescheid ist gem. § 184 Abs. 1 Satz 3 AO i.V. mit § 163 Abs. 2 AO zulässig.

(Einstweilen frei) 70–72

8. Rechtsbehelfs- und Klageverfahren gegen den Grundsteuermessbescheid

a) Allgemeines

Gegen den Grundsteuermessbescheid ist der **Finanzrechtsweg** nach § 33 Abs. 1 Nr. 1 FGO eröffnet. Vor Klageerhebung ist nach § 44 Abs. 1 FGO i. d. R. das **Einspruchsverfahren** nach §§ 347 ff. AO als Rechtsbehelfsverfahren durchzuführen. Der Einspruch gegen den Grundsteuermessbescheid ist nach § 357 Abs. 2 AO bei der erlassenden Finanzbehörde, die zugleich Einspruchsbehörde ist (kein Devolutiveffekt) und Klage nach erfolglosem Einspruchsverfahren gem. § 35 FGO beim Finanzgericht einzureichen. Hinsichtlich örtlicher **Zuständigkeit** (§ 36 FGO), **Form** (insbesondere § 357 Abs. 1 AO/§ 64 Abs. 1 FGO) und **Frist** (§ 355 AO/§ 47 FGO) von Einspruch und Klage, **Rechtsbehelfsbelehrung** (§ 356 AO/§ 55 FGO), **Beteiligten-** (§ 78 AO), **Handlungs-** (§ 79 AO/§ 58 FGO) und **Postulationsfähigkeit** (§ 62 FGO) sowie **Rechtschutzbedürfnis**[5] gelten die allgemeinen Regelungen der AO und FGO.

(Einstweilen frei) 74–76

---

1 Boeker in Hübschmann/Hepp/Spitaler, AO/FGO, AO § 184 Rz. 52.
2 Vgl. auch Troll/Eisele, GrStG § 21 Rz. 3.
3 Vgl. Abschnitt 43 GrStR.
4 Boeker in Hübschmann/Hepp/Spitaler, AO/FGO, AO § 184 Rz. 83.
5 Vgl. BFH, Beschluss v. 4.10.1996 - I B 54/96, BStBl 1997 II S. 136 zum fehlenden Rechtschutzbedürfnis einer Gemeinde bei einem Antrag auf Aussetzung der Vollziehung des Grundsteuermessbescheids.

b) Klagearten

77 Es gelten die allgemeinen Klagearten nach § 40 FGO. In den meisten Fällen wird die **Anfechtungsklage** statthaft sein, da eine Aufhebung oder Änderung des Grundsteuermessbescheids begehrt wird. Wird der Erlass eines bisher unterlassenen Grundsteuermessbescheids begehrt, wäre hingegen die **Verpflichtungsklage** statthaft, wobei es hier regelmäßig an der Beschwer fehlen dürfte. Die Verpflichtungsklage kommt vor allem bei der Festsetzung von Erstattungen, bei einer begehrten Aufhebung des Steuermessbetrags nach § 20 GrStG[1] sowie bei Billigkeitsmaßnahmen nach § 184 Abs. 2 i.V. mit § 163 Abs. 1 AO in Betracht.

78 Wird die Feststellung des Nichtbestehens der Grundsteuerpflicht begehrt und hat der Kläger ein berechtigtes Interesse an einer baldigen Feststellung, ist die **allgemeine Feststellungsklage** statthaft. Hat sich das ursprüngliche Begehr gegen den Grundsteuermessbescheid erledigt und hat der Steuerpflichtige beispielsweise wegen einer zu befürchtenden Wiederholungsgefahr ein Interesse an der Feststellung der Rechtswidrigkeit des sich erledigten Grundsteuermessbescheids, wäre die **Fortsetzungsfeststellungklage** statthaft.

79–81 *(Einstweilen frei)*

c) Rechtsbehelfs- und Klagebefugnis sowie Beschwer

82 Die Rechtsbehelfs- und Klagebefugnis steht grundsätzlich nur dem **Inhaltsadressaten** als demjenigen zu, der unmittelbar von dem Grundsteuermessbescheid beschwert ist. Wegen der dinglichen Wirkungen des Grundsteuermessbescheids nach § 184 Abs. 1 Satz 4 AO i.V. mit § 182 Abs. 2 AO ist auch der Rechtsnachfolger gem. § 353 AO befugt Einspruch einzulegen. Eine Beschwer kann nur hinsichtlich des **Regelungsinhalts** des Grundsteuermessbescheids vorliegen (siehe dazu → Rz. 39 f.). Eine Beschwer kann daher insbesondere im Hinblick auf

- die mit dem Grundsteuermessbescheid nach § 184 Abs. 1 Satz 2 AO zu erfolgende Entscheidung über die **persönliche und sachliche Steuerpflicht**, insbesondere den Umfang oder die Gewährung von Steuerbefreiungen, soweit hierüber nicht bereits im Rahmen des Grundsteuerwertbescheids nach § 219 Abs. 3 BewG entschieden wurde (Feststellung nur soweit für die Grundsteuer erforderlich; siehe vertiefend → Rz. 29),[2]
- die richtige Anwendung der zutreffenden **Steuermesszahl** sowie
- die eigentliche Berechnung des Steuermessbetrags vorliegen.[3]

Die **Aufhebung** eines Grundsteuermessbescheids kann i. d. R. nicht allein deshalb begehrt werden, weil der Grundsteuermessbescheid durch ein örtlich unzuständiges Finanzamt erlassen wurde.[4]

83 Besteht Streit über den **zutreffenden Grundsteuerberechtigten** kann dies nicht im Rahmen des Rechtsbehelfs- oder Klageverfahrens gegen Grundsteuermessbescheid geltend gemacht werden. Der Einwand, den auch der Steuerpflichtige erheben kann, ist mittels eines **Zuteilungsver-**

---

[1] Vgl. etwa BFH, Beschluss v. 12.1.2012 – II B 49/11, NWB JAAAE-04389.
[2] Vgl. BFH, Urteil v. 10.7.2002 – II R 22/00, NWB MAAAA-68190; BFH, Urteil v. 24.7.1985 – II R 227/82, BStBl 1986 II S. 128; BFH, Urteil v. 16.4.1986 – II R 207/84, NWB ZAAAB-28662; Boeker in Hübschmann/Hepp/Spitaler, AO/FGO, AO § 184 Rz. 96 m.w.N.
[3] Boeker in Hübschmann/Hepp/Spitaler, AO/FGO, AO § 184 Rz. 88.
[4] BFH, Urteil v. 19.11.2003 – I R 88/02, BStBl 2004 II S. 751.

fahrens nach § 190 AO[1] geltend zu machen und ggf. der Rechtsweg gegen den Zuteilungsbescheid zu bestreiten.[2]

Gegen eine **abgelehnte Billigkeitsmaßnahme** nach § 184 Abs. 2 AO i.V. mit § 163 Abs. 1 AO (siehe dazu → Rz. 68 f.) kann der Steuerpflichtige nicht im Rahmen eines Verfahrens gegen den Grundsteuermessbescheid vorgehen. Es ist ggf. der Rechtsweg gegen den selbstständigen Verwaltungsakt zu bestreiten, in dem über die Billigkeitsmaßnahme entschieden wird.[3]

84

Wird eine **Änderung des Grundsteuerwerts** begehrt, muss diese gegen den Grundsteuerwertbescheid geltend gemacht werden. In einem Klageverfahren gegen den Grundsteuermessbescheid als Folgebescheid des Grundsteuerwertbescheids kann das Begehr zur Änderung oder Aufhebung des Grundsteuerwerts nicht durchgesetzt werden. Eine Klage gegen den Grundsteuermessbescheid aus Gründen, die sich nur gegen den zugrundeliegenden Grundsteuerwertbescheid wenden, wäre daher mangels Beschwer durch den Grundsteuermessbescheid unzulässig.[4]

85

Den **Gemeinden** steht grundsätzlich **keine Rechtsbehelfs- und Klagebefugnis** gegen den Grundsteuermessbescheid zu.[5] Insbesondere im Grundsteuermessbescheid berücksichtigte Steuerbefreiungen mindern das Steueraufkommen der Gemeinden, sodass die Gemeinden ein Interesse haben gegen den Grundsteuermessbescheid vorzugehen, wenn dieser beispielsweise rechtswidrig eine Grundsteuerbefreiung gewährt. Als Grundlagenbescheid ist die Gemeinde an den Grundsteuermessbescheid gebunden, sodass er ihr gegenüber unmittelbar Rechtswirkungen entfaltet.

86

§ 40 Abs. 3 FGO, der im Einspruchsverfahren entsprechend gilt,[6] schränkt allerdings die Klagebefugnis der Gemeinde ein. Nach § 40 Abs. 3 FGO können die Gemeinden nur in den Fällen Klage erheben, in denen das Land die Grundsteuer oder einen Teil der Grundsteuer unmittelbar oder mittelbar schulden würde. Eine unmittelbare Schuld der Grundsteuer liegt vor, wenn das Land selbst Steuerschuldner, also insbesondere Eigentümer von steuerpflichtigem Grundbesitz ist. Mittelbar i. S. des § 40 Abs. 3 FGO schuldet ein Land eine Abgabe nur dann, wenn es öffentlich-rechtlich verpflichtet ist, die Abgabenschuld eines Dritten zu erfüllen.[7] Eine mittelbare Schuld der Grundsteuer im Sinne einer Haftungsschuld ist nicht gegeben, wenn das Land einen rechtswidrigen Grundsteuermessbescheid erlassen hat. Die Klagebefugnis nach § 40 Abs. 3 FGO beschränkt sich daher auf Fälle einer Interessenkollision.[8] Diese Einschränkung verstößt nicht gegen Art. 19 Abs. 4 GG.[9] Eine generelle Klagebefugnis der Gemeinden könnte das

87

---

1 Siehe dazu vertiefend Bock in Grootens, GrStG § 22 Rz. 113 ff.
2 Boeker in Hübschmann/Hepp/Spitaler, AO/FGO, AO § 184 Rz. 92.
3 Vgl. BFH, Urteil v. 11.10.1988 - VIII R 419/83, BStBl 1989 II S. 284 zum Gewerbesteuermessbescheid; Batis in Tipke/Kruse, AO/FGO, AO § 184 Rz. 19; Boeker in Hübschmann/Hepp/Spitaler, AO/FGO, AO § 184 Rz. 94.
4 BFH, Urteil v. 11.5.1983 - III R 20/80, juris; Finanzgericht Brandenburg, Urteil v. 21.11.2001 - 2 K 2309/99, NWB JAAAB-06945.
5 St. Rspr. BFH, Urteil v. 30.1.1976 - III R 60/74, BStBl 1976 II S. 426 m.w.N; Schnitter, GrStG – eKommentar § 13 Rz. 16; a. A. Fischer, StuW 1970 S. 63.
6 BFH, Beschluss v. 17.10.2001 - I B 6/01, BStBl 2002 II S. 91; FG Köln, Urteil v. 12.10.2012 - 13 V 2802/12, NWB CAAAE-25243.
7 BFH, Beschluss v. 21.6.2017 - IV B 8/16, NWB NAAAG-53333; BFH, Beschluss v. 17.10.2001 - I B 6/01, BStBl 2002 II S. 91 jeweils zur Gewerbesteuer.
8 FG Köln, Urteil v. 12.10.2012 - 13 V 2802/12, NWB CAAAE-25243.
9 BFH, Urteil v. 30.1.1976 - III R 60/74, BStBl 1976 II S. 426.

Vertrauen der Steuerpflichtigen in die Bestandskraft der Grundsteuermessbescheide und damit die Akzeptanz der Grundsteuer nachhaltig erschüttern.[1]

88 Eine **Klage- und Einspruchsbefugnis** gegen den Grundsteuermessbescheid aus der verfassungsrechtlich garantierten **Ertragshoheit der Gemeinden** nach Art. 106 Abs. 6 GG kann ebenfalls nicht hergeleitet werden, da Art. 106 Abs. 6 GG nicht den Erlass bestimmter Grundsteuermessbescheide, sondern lediglich die Zuweisung des tatsächlich angefallenen Ertrages garantiert.[2] Eine Klagebefugnis der Gemeinde aus der kommunalen Finanzhoheit nach Art. 28 Abs. 2 Satz 3 GG kann nur ausnahmsweise angenommen werden, wenn eine nachhaltige, von der Gemeinde nicht mehr zu bewältigende und hinzunehmende Einengung ihrer Finanzspielräume vorliegt.[3]

89 Eine **Klage- und Einspruchsbefugnis** der Gemeinde kann sich zudem ausnahmsweise aus Art. 19 Abs. 4 Satz 1 GG ergeben. Die Gemeinde befindet sich zwar nicht in einem von Art. 19 Abs. 4 Satz 1 GG i. d. R. vorausgesetzten Über- und Unterordnungsverhältnis zum Finanzamt. **Entscheidet** das Finanzamt beim Erlass des Grundsteuermessbescheids aber **willkürlich**, d. h. ohne Begründung, aus offenbar falschen oder unsachlichen Gründen, soll sich die Gemeinde in einem faktischen Über- und Unterordnungsverhältnis befinden, sodass die Rechtsprechung ihr ein Klagerecht in diesen Fällen zugesteht.[4]

90–92 *(Einstweilen frei)*

d) Streitwert

93 Der **Streitwert** richtet sich wie bei Verfahren gegen die Grundsteuerwertfestsetzung gem. § 52 Abs. 1 GKG nach der **Bedeutung der Sache** für den Kläger. Danach richtet sich der Streitwert in einem Verfahren gegen den Grundsteuermessbescheid i. d. R. nach der durch die Aufhebung oder Änderung vom Steuerpflichtigen begehrten Grundsteuerersparnis für den Hauptveranlagungszeitraum von sieben Jahren.[5]

§ 14 GrStG Steuermesszahl für Betriebe der Land- und Forstwirtschaft

Für Betriebe der Land- und Forstwirtschaft beträgt die Steuermesszahl 0,55 Promille.

Inhaltsübersicht	Rz.
A. Allgemeine Erläuterungen zu § 14 GrStG	1 - 17
I. Normzweck und wirtschaftliche Bedeutung der Vorschrift	1 - 5
II. Entstehung und Entwicklung der Vorschrift	6 - 8
III. Geltungsbereich	9 - 13
IV. Verhältnis zu anderen Vorschriften	14 - 17

---

1 BFH, Urteil v. 30.1.1976 - III R 60/74, BStBl 1976 II S. 426.
2 BFH, Urteil v. 30.1.1976 - III R 60/74, BStBl 1976 II S. 426 zur Grundsteuer; BFH, Beschluss v. 21.6.2017 - IV B 8/16, NWB NAAAG-53333; BVerwG, Urteil v. 15.6.2011 - 9 C 4/10, NWB HAAAD-93498 jeweils zur Grunderwerbsteuer.
3 BVerwG, Urteil v. 15.6.2011 - 9 C 4/10, NWB HAAAD-93498 zur Grunderwerbsteuer.
4 BFH, Urteil v. 10.11.1961 - III 279/58 S, BStBl 1962 III S. 145; FG Köln, Urteil v. 12.10.2012 - 13 V 2802/12, NWB CAAAE-25243.
5 Vgl. BFH, Urteil v. 16.10.1996 - II R 17/96, BStBl 1997 II S. 228; FG Berlin-Brandenburg, Beschluss v. 8.6.2017 - 3 K 3033/17, NWB DAAAG-50205.

B. Systematische Kommentierung	18 - 25
I. Bundesgesetzliche Steuermesszahl für die land- und forstwirtschaftlichen Betriebe (§ 14 GrStG)	18 - 23
II. Abweichende landesrechtliche Steuermesszahlen für die land- und forstwirtschaftlichen Betriebe	24 - 25

A. Allgemeine Erläuterungen zu § 14 GrStG

I. Normzweck und wirtschaftliche Bedeutung der Vorschrift

§ 14 GrStG bestimmt zunächst bundeseinheitlich die **Steuermesszahl** für die wirtschaftlichen Einheiten des **land- und forstwirtschaftlichen Vermögens**. Die Steuermesszahl beträgt für die Betriebe der Land- und Forstwirtschaft **0,55 Promille**. Sie wird auf den festgestellten Grundsteuerwert für den jeweiligen land- und forstwirtschaftlichen Betrieb angewendet und ergibt den Grundsteuermessbetrag der jeweiligen wirtschaftlichen Einheit des land- und forstwirtschaftlichen Vermögens. Auf den Steuermessbetrag findet der jeweilige Hebesatz der Gemeinde für das land- und forstwirtschaftliche Vermögen Anwendung und ergibt die Grundsteuer für den jeweiligen Betrieb der Land- und Forstwirtschaft (sog. **Grundsteuer A**).

Nach Art. 72 Abs. 3 Nr. 7 GG können die **Länder** von der bundesgesetzlich geregelten Grundsteuer **abweichende Regelungen** treffen. Dies gilt auch für die Steuermesszahlen. Die Länder können daher auch nur abweichende Steuermesszahlen festlegen und im Übrigen das Bundesmodell anwenden. Auf diese Weise können die Länder ein aufkommensneutrales Steuermessbetragsvolumen auf Landesebene beispielsweise in Bezug auf das land- und forstwirtschaftliche Vermögen herstellen.

(Einstweilen frei)   3–5

II. Entstehung und Entwicklung der Vorschrift

§ 14 GrStG wurde durch das Grundsteuerreformgesetz v. 7.8.1973[1] eingeführt. Durch das **GrStRefG** v. 26.11.2019[2] wurde die Steuermesszahl für die land- und forstwirtschaftlichen Betriebe von ursprünglich sechs vom Tausend auf 0,55 Promille angepasst, um für das land- und forstwirtschaftliche Vermögen ein aufkommensneutrales Steuermessbetragsvolumen auf Bundesebene zu schaffen.[3]

(Einstweilen frei)   7–8

III. Geltungsbereich

§ 14 GrStG gilt für die **Betriebe der Land- und Forstwirtschaft** sowie diesen gleichgestellte Betriebsgrundstücke (wirtschaftliche Einheiten des land- und forstwirtschaftlichen Vermögens), soweit die Länder in Bezug auf § 14 GrStG nicht von ihrer Abweichungskompetenz nach Art. 72 Abs. 3 Satz 1 Nr. 7 GG Gebrauch gemacht haben (siehe dazu → Rz. 24 f.). § 14 findet **keine Anwendung** auf die wirtschaftlichen Einheiten des **Grundvermögens**. Die Steuermesszahlen für das Grundvermögen sind in § 15 GrStG geregelt. Erfasst werden durch die Anknüpfung an den

---

1 Grundsteuerreformgesetz v. 7.8.1973, BGBl 1973 I S. 965.
2 GrStRefG v. 26.11.2019, BGBl 2019 I S. 1794.
3 Vgl. BT-Drucks. 19/11085 S. 87.

10 § 14 GrStG i. d. F. des GrStRefG v. 26.11.2019 findet gem. § 37 Abs. 1 GrStG für die Grundsteuer **ab dem Kalenderjahr 2025** Anwendung.[1] § 14 GrStG i. d. F. des Grundsteuerreformgesetzes v. 7.8.1973 mit der letzten Änderung durch Art. 38 des Gesetzes v. 19.12.2008 (BGBl I S. 2794) findet nach § 37 Abs. 2 GrStG für die Grundsteuer **bis einschließlich des Kalenderjahres 2024** Anwendung.

11–13 *(Einstweilen frei)*

IV. Verhältnis zu anderen Vorschriften

14 Die Steuermesszahl für Betriebe der Land- und Forstwirtschaft ergibt nach **§ 13 Satz 2 GrStG** den Steuermessbetrag und ist auf den nach **§ 219 Abs. 1 BewG** festgestellten Grundsteuerwert des jeweiligen land- und forstwirtschaftlichen Betriebs anzuwenden. Der Grundsteuerwert eines land- und forstwirtschaftlichen Betriebs bestimmt sich nach den **§§ 232 ff. BewG**.[2] **§ 40 Abs. 1 LGrStG BW,** der ebenfalls eine Grundsteuermesszahl für land- und forstwirtschaftliche Betriebe i. H. von 0,55 Promille bestimmt, geht der bundesgesetzlichen Regelung in § 14 GrStG für in Baden-Württemberg gelegene land- und forstwirtschaftliche Betriebe vor.

15–17 *(Einstweilen frei)*

B. Systematische Kommentierung

I. Bundesgesetzliche Steuermesszahl für die land- und forstwirtschaftlichen Betriebe (§ 14 GrStG)

18 Die bundesgesetzlich geregelte **Steuermesszahl** für Betriebe der Land- und Forstwirtschaft beträgt nach § 14 GrStG einheitlich **0,55 Promille**. Mit ihr ist zur Ermittlung des Steuermessbetrags der festgestellte Grundsteuerwert des jeweiligen Betriebs der Land- und Forstwirtschaft zu multiplizieren. Wann ein Betrieb der Land- und Forstwirtschaft vorliegt und was dieser alles umfasst, richtet sich nach §§ 232 ff. BewG.[3]

19 **BEISPIEL:** Der Grundsteuerwert eines land- und forstwirtschaftlichen Betriebs wurde mit 150.000 € ermittelt und im Grundsteuerwertverfahren festgestellt. Es soll der Grundsteuermessbetrag festgesetzt werden.

LÖSUNG: Der Steuermessbetrag für den Betrieb der Land- und Forstwirtschaft beträgt nach §§ 13 und 14 GrStG:
150.000 € x 0,00055 = **82,50 €**

20 Anders als im bisherigen Recht werden Gebäude, die Wohnzwecken dienen, nach § 232 Abs. 4 BewG nicht dem land- und forstwirtschaftlichen Vermögen zugerechnet.[4] Die Steuermesszahl nach § 14 GrStG findet daher keine Anwendung mehr auf den **Wohnteil** und die **Betriebswohnungen** (vgl. noch § 33 Abs. 2 BewG). Damit erfolgt eine Gleichbehandlung mit anderen Wohn-

---

1 Schnitter, GrStG – eKommentar § 14 Rz. 4.
2 Siehe dazu vertiefend Müller in Grootens, BewG §§ 232 ff.
3 Siehe dazu vertiefend Müller in Grootens, BewG §§ 232 ff.
4 Siehe vertiefend Müller in Grootens, BewG § 232 Rz. 72 f. sowie BT-Drucks. 19/11085 S. 100.

gebäuden sowohl im Hinblick auf die Bewertung als auch im Hinblick auf die anzuwendende Steuermesszahl.

(Einstweilen frei) 21–23

II. Abweichende landesrechtliche Steuermesszahlen für die land- und forstwirtschaftlichen Betriebe

Mit dem Gesetz zur Änderung des Grundgesetzes (Art. 71, 105 und 125b) v. 15.11.2019 wurde den Ländern das Recht eingeräumt, vom Bundesrecht abweichende Regelungen bei der Grundsteuer zu treffen. Die Abweichungsbefugnis ist umfassend und kann sich auch nur auf einzelne Regelungen beziehen. Die Länder haben daher das Recht beispielsweise nur **abweichende Steuermesszahlen** zu bestimmen und im Übrigen das Bundesrecht anzuwenden. Sinn und Zweck von abweichenden Steuermesszahlen kann insbesondere sein, auf Landesebene ein aufkommensneutrales Steuermessbetragsvolumen in Bezug auf die einzelnen Vermögensarten und Grundstücksarten zu erreichen. 24

Von dem Recht der Höhe nach eine abweichende Steuermesszahl bei den Betrieben der Land- und Forstwirtschaft zu bestimmen, hat bisher noch **kein Land Gebrauch gemacht**. Baden-Württemberg hat mit dem Gesetz zur Regelung einer Landesgrundsteuer (Landesgrundsteuergesetz – LGrStG)[1] in § 40 Abs. 1 LGrStG BW[2] ebenfalls eine Grundsteuermesszahl für Betriebe der Land- und Forstwirtschaft von 0,55 Promille festgelegt die der Grundsteuermesszahl nach § 14 GrStG vorgeht. 25

§ 15 GrStG Steuermesszahl für Grundstücke

(1) Die Steuermesszahl beträgt

1. für unbebaute Grundstücke im Sinne des § 246 des Bewertungsgesetzes 0,34 Promille,

2. für bebaute Grundstücke

   a) im Sinne des § 249 Absatz 1 Nummer 1 bis 4 des Bewertungsgesetzes 0,31 Promille,

   b) im Sinne des § 249 Absatz 1 Nummer 5 bis 8 des Bewertungsgesetzes 0,34 Promille.

(2) ¹Die Steuermesszahl nach Absatz 1 Nummer 2 Buchstabe a wird um 25 Prozent ermäßigt, wenn

1. für das Grundstück nach § 13 Absatz 3 des Wohnraumförderungsgesetzes vom 13. September 2001 (BGBl I S. 2376), das zuletzt durch Artikel 3 des Gesetzes vom 2. Oktober 2015 (BGBl I S. 1610) geändert worden ist, eine Förderzusage erteilt wurde und

2. die sich aus der Förderzusage im Sinne des § 13 Absatz 2 des Wohnraumförderungsgesetzes ergebenden Bindungen für jeden Erhebungszeitraum innerhalb des Hauptveranlagungszeitraums bestehen.

²Liegen die Voraussetzungen des Satzes 1 für einen Teil der Gebäude oder für Teile eines Gebäudes vor, so ist die Ermäßigung der Steuermesszahl entsprechend anteilig zu gewähren.

(3) Absatz 2 gilt entsprechend für Grundstücke, für die nach dem Ersten Wohnungsbaugesetz vom 24. April 1950 (BGBl S. 83) in der bis zum 31. Dezember 1987 geltenden Fassung, nach dem Zweiten Wohnungsbaugesetz vom 27. Juni 1956 (BGBl I S. 523) in der bis zum 31. Dezember 2001 geltenden Fassung oder nach den Wohnraumförderungsgesetzen der Länder eine Förderzusage erteilt wurde.

---

1 Gesetz zur Regelung einer Landesgrundsteuer (Landesgrundsteuergesetz – LGrStG) v. 4.11.2020, GBl 2020 S. 974.
2 Siehe hierzu auch Schmidt in Grootens, LGrStG BW § 40 Rz. 27 f.

(4) ¹Liegen für ein Grundstück weder die Voraussetzungen des Absatzes 2 noch des Absatzes 3 vor, wird die Steuermesszahl nach Absatz 1 Nummer 2 Buchstabe a um 25 Prozent ermäßigt, wenn das jeweilige Grundstück

1. einer Wohnungsbaugesellschaft zugerechnet wird, deren Anteile mehrheitlich von einer oder mehreren Gebietskörperschaften gehalten werden und zwischen der Wohnungsbaugesellschaft und der Gebietskörperschaft oder den Gebietskörperschaften ein Gewinnabführungsvertrag besteht,

2. einer Wohnungsbaugesellschaft zugerechnet wird, die als gemeinnützig im Sinne des § 52 der Abgabenordnung anerkannt ist, oder

3. einer Genossenschaft oder einem Verein zugerechnet wird, der seine Geschäftstätigkeit auf die in § 5 Absatz 1 Nummer 10 Buchstabe a und b des Körperschaftsteuergesetzes genannten Bereiche beschränkt und von der Körperschaftsteuer befreit ist.

²Der Abschlag auf die Steuermesszahl nach Satz 1 wird auf Antrag für jeden Erhebungszeitraum innerhalb des Hauptveranlagungszeitraums gewährt, wenn nachgewiesen wird, dass die jeweiligen Voraussetzungen am Hauptveranlagungsstichtag vorlagen. ³Entfallen die Voraussetzungen des Satzes 1 während des Hauptveranlagungszeitraums, ist dies nach § 19 Absatz 2 anzuzeigen.

(5) ¹Die Steuermesszahl nach Absatz 1 Nummer 2 wird für bebaute Grundstücke um 10 Prozent ermäßigt, wenn sich auf dem Grundstück Gebäude befinden, die Baudenkmäler im Sinne des jeweiligen Landesdenkmalschutzgesetzes sind. ²Stehen auf einem Grundstück nur ein Teil der Gebäude oder nur Teile eines Gebäudes im Sinne des jeweiligen Landesdenkmalschutzgesetzes unter Denkmalschutz, so ist die Ermäßigung der Steuermesszahl entsprechend anteilig zu gewähren.

Inhaltsübersicht

	Rz.
A. Allgemeine Erläuterungen zu § 15 GrStG	1 - 21
I. Normzweck und wirtschaftliche Bedeutung der Vorschrift	1 - 5
II. Entstehung und Entwicklung der Vorschrift	6 - 11
III. Geltungsbereich	12 - 16
IV. Verhältnis zu anderen Vorschriften	17 - 21
B. Systematische Kommentierung	22 - 131
I. Steuermesszahl für Grundstücke (§ 15 Abs. 1 GrStG)	22 - 56
1. Steuermesszahl für unbebaute Grundstücke (§ 15 Abs. 1 Nr. 1 GrStG)	22 - 26
2. Steuermesszahl für bebaute Grundstücke (§ 15 Abs. 1 Nr. 2 GrStG)	27 - 34
a) Steuermesszahl für die Wohngrundstücke (§ 15 Abs. 1 Nr. 2 Buchst. a GrStG)	27 - 30
b) Steuermesszahl für die Nichtwohngrundstücke und gemischt genutzten Grundstücke (§ 15 Abs. 1 Nr. 2 Buchst. b GrStG)	31 - 34
3. Abweichende landesrechtliche Steuermesszahlen	35 - 56
II. Ermäßigung der Steuermesszahl für Zwecke der Wohnraumförderung (§ 15 Abs. 2–4 GrStG)	57 - 99
1. Allgemeines	57 - 64
2. Förderung nach dem Wohnraumförderungsgesetz des Bundes (§ 15 Abs. 2 Satz 1 GrStG)	65 - 70
3. Teilweise nach dem Wohnraumförderungsgesetz geförderte wirtschaftliche Einheiten (§ 15 Abs. 2 Satz 2 GrStG))	71 - 73
4. Ermäßigung für nach dem Wohnungsbaugesetz und nach landesrechtlichen Wohnraumförderungsgesetzen geförderte Wohngrundstücke (§ 15 Abs. 3 GrStG)	74 - 77
5. Ermäßigung für bestimmte Eigentümer (§ 15 Abs. 4 GrStG)	78 - 99
a) Allgemeines	78 - 82
b) Ermäßigung für Wohnungsbaugesellschaften von Gebietskörperschaften (§ 15 Abs. 4 Satz 1 Nr. 1 GrStG)	83 - 88

c) Ermäßigung für gemeinnützige Wohnungsbaugesellschaften (§ 15 Abs. 4 Satz 1 Nr. 2 GrStG)	89 - 93
d) Ermäßigung für körperschaftsteuerbefreite Genossenschaften und Vereine (§ 15 Abs. 4 Satz 1 Nr. 3 GrStG)	94 - 99
III. Ermäßigung für denkmalgeschützte Gebäude und Gebäudeteile (§ 15 Abs. 5 GrStG)	100 - 130
1. Allgemeines	100 - 106
2. Ermäßigte Steuermesszahl bei denkmalgeschützten Gebäuden (§ 15 Abs. 5 Satz 1 GrStG)	107 - 117
3. Aufteilung bei teilweise denkmalgeschützten Gebäuden und Gebäudeteilen (§ 15 Abs. 5 Satz 2 GrStG)	118 - 130
IV. Kumulierte Ermäßigung nach § 15 Abs. 2, 3 oder 4 GrStG und § 15 Abs. 5 GrStG	131

LITERATUR:

Eisele, Reform der Grundsteuer – Gesetzentwurf liegt vor! Teil II: Bewertung des land- und forstwirtschaftlichen Vermögens für Zwecke der Grundsteuer A/Änderungen des Grundsteuergesetzes, NWB 29/2019 S. 2127, NWB AAAAH-22096; *Eisele*, Update Reform der Grundsteuer (II), NWB 2019 S. 3291, NWB SAAAH-33427; *Eisele/Wiegand*, Grundsteuerreform 2022/2025, Stand: Januar 2020 (1. Aufl.), NWB CAAAH-44415; *Schmidt*, Reform der Grundsteuer - Eine erste Analyse der Wertermittlung nach dem Ertragswertverfahren, NWB 50/2019 S. 3719, NWB BAAAH-36269.

ARBEITSHILFEN UND GRUNDLAGEN ONLINE:

Berechnung der Grundsteuer nach der Gesetzesreform, Berechnungstool „Grundsteuer" nach dem Entwurf v. 21.6.2019, NWB NAAAH-30144.

A. Allgemeine Erläuterungen zu § 15 GrStG

I. Normzweck und wirtschaftliche Bedeutung der Vorschrift

§ 15 GrStG bestimmt die **Steuermesszahlen** für die Grundstücksarten **des Grundvermögens**. Dabei differenziert § 15 Abs. 1 GrStG dem Grunde nach zwischen den unbebauten Grundstücken und den Grundstücksarten der Wohngrundstücke und der Nichtwohngrundstücke einschließlich der gemischt genutzten Grundstücke. Der Höhe nach beträgt die Steuermesszahl für die Wohngrundstücke **0,31 Promille** und für die übrigen Grundstücke einheitlich **0,34 Promille**. Die Steuermesszahl wird auf den festgestellten Grundsteuerwert für das jeweilige Grundstück angewendet und ergibt den Grundsteuermessbetrag der jeweiligen wirtschaftlichen Einheit des Grundvermögens. Auf den Steuermessbetrag findet der jeweilige Hebesatz der Gemeinde für das Grundvermögen Anwendung und ergibt die Grundsteuer für das jeweilige Grundstück (sog. **Grundsteuer B**). § 25 Abs. 5 GrStG i. d. F. des Gesetzes zur Mobilisierung baureifer Grundstücke für die Bebauung sieht ab dem 1.1.2025 zudem die Möglichkeit für die Gemeinden vor, für baureife unbebaute Grundstücke einen erhöhten Hebesatz festzulegen (sog. **Grundsteuer C**).[1]

1

§ 15 Abs. 2–4 GrStG enthält Ermäßigungen der Steuermesszahlen für nach dem **Wohnungsbauförderungsgesetz** des Bundes und der Länder geförderte Grundstücke sowie für Grundstücke bestimmter Eigentümer, deren Vermögen öffentlich-rechtlich oder privatrechtlich zweckgebunden zu verwenden ist. § 15 Abs. 5 GrStG enthält eine ermäßigte Steuermesszahl für **denkmalgeschützte Gebäude**.

2

---

1 Siehe hierzu vertiefend Grootens in Grootens, GrStG § 25 Rz. 121 ff.

3   Nach Art. 72 Abs. 3 Nr. 7 GG können die **Länder** von der bundesgesetzlich geregelten Grundsteuer **abweichende Regelungen** treffen. Dies gilt auch für die Steuermesszahlen. Die Länder können daher auch nur abweichende Steuermesszahlen festlegen und im Übrigen das Bundesmodell anwenden. Auf diese Weise können die Länder ein aufkommensneutrales Steuermessbetragsvolumen beispielsweise in Bezug auf das Grundvermögen auf Landesebene herstellen.

4–5 *(Einstweilen frei)*

II. Entstehung und Entwicklung der Vorschrift

6   § 15 GrStG wurde durch das Grundsteuerreformgesetz v. 7.8.1973[1] eingeführt und durch das **GrStRefG** v. 26.11.2019[2] erheblich angepasst. Neben der Anpassung der Steuermesszahlen des Grundvermögens erfolgte die Aufnahme von Ermäßigungen bei der Steuermesszahl in bestimmten Sachverhaltskonstellationen.

7   § 15 Abs. 5 GrStG wurde erst im Laufe des Gesetzgebungsverfahren in das Gesetz aufgenommen.[3] Der Regierungsentwurf und der Entwurf der Fraktionen der CDU/CSU und der SPD zur Reform des Grundsteuer- und Bewertungsrechts sahen eine Ermäßigung auf die Steuermesszahl bei **denkmalgeschützten Gebäuden** nicht vor.

8   In der Stellungnahme des Bundesrats wurde gefordert, den § 15 Abs. 2 Nr. 1 dahingehend zu ergänzen, dass neben der Förderzusage durch Verwaltungsakt die **Förderzusage durch öffentlich-rechtlichen Vertrag** ergänzt wird.[4] Die Ergänzung wurde zunächst nicht aufgenommen und die Forderung vom Bundesrat im weiteren Gesetzgebungsverfahren nicht aufrechterhalten. Das Regelungsbegehren wurde anschließend im Gesetzgebungsverfahren zum **GrStRefUG**[5] durch Streichung der Einschränkung auf einen Verwaltungsakt aufgenommen.[6]

9   Über die in → Rz. 8 dargestellte Änderung hinaus wurde § 15 GrStG im GrStRefUG an mehreren Stellen angepasst. Die **Steuermesszahl** für **Wohngebäude** in § 15 Abs. 1 Nr. 2 Buchst. a GrStG wurde von 0,34 auf 0,31 Promille abgesenkt. Die Anpassung wurde zur Wiederherstellung der Aufkommensneutralität in Bezug auf das Messbetragsvolumen auf Bundesebene erforderlich, da mit dem GrStRefUG auch die Nettokaltmieten an den Mikrozensus 2018 angepasst wurden.[7] In § 15 Abs. 2 GrStG wurde klargestellt, dass die **Förderzusage i. S. des § 13 Abs. 2 des Wohnraumförderungsgesetzes** und nicht die Bestimmungen i. S. des § 13 Abs. 2 des Wohnraumförderungsgesetzes gemeint sind.[8] In § 15 Abs. 2 GrStG wurde zudem eine Regelung **für teilweise nach dem Wohnraumförderungsgesetz geförderte wirtschaftliche Einheiten** aufgenommen.[9] In § 15 Abs. 3 GrStG wurde klargestellt, dass auch eine Förderung nach dem **Vorgängergesetz** des Wohnraumförderungsgesetz für die Gewährung einer ermäßigten Steuermesszahl genügt.[10]

10–11 *(Einstweilen frei)*

---

1 BGBl 1973 I S. 965.
2 GrStRefG v. 26.11.2019, BGBl 2019 I S. 1794.
3 Vgl. Beschlussempfehlung des Finanzausschusses, BT-Drucks. 19/14138 S. 52.
4 Vgl. BT-Drucks. 19/13453 S. 23.
5 Gesetz zur erleichterten Umsetzung der Reform zur Grundsteuer und zur Änderung weiterer steuerrechtlicher Vorschriften (GrStRefUG) v. 16.7.2021, BGBl I 2021 S. 2931.
6 Vgl. Bericht und Beschlussempfehlung des Finanzausschusses des BT zum GrStRefUG, BT-Drucks. 19/30489 S. 24.
7 Vgl. RegE zum GrStRefUG, BT-Drucks. 19/28902 S. 25.
8 Vgl. Bericht und Beschlussempfehlung des Finanzausschusses des BT zum GrStRefUG, BT-Drucks. 19/30489 S. 24.
9 Vgl. Bericht und Beschlussempfehlung des Finanzausschusses des BT zum GrStRefUG, BT-Drucks. 19/30489 S. 24.
10 Vgl. Bericht und Beschlussempfehlung des Finanzausschusses des BT zum GrStRefUG, BT-Drucks. 19/30489 S. 24.

III. Geltungsbereich

§ 15 GrStG gilt für die Grundstücke und diesen gleichgestellten Betriebsgrundstücken (wirtschaftliche Einheiten des **Grundvermögens**), soweit die Länder in Bezug auf § 15 GrStG nicht von ihrer Abweichungskompetenz nach Art. 72 Abs. 3 Satz 1 Nr. 7 GG Gebrauch gemacht haben (siehe dazu → Rz. 35 ff.). § 15 GrStG gilt hingegen **nicht für das land- und forstwirtschaftliche Vermögen**. Die Steuermesszahl für das land- und forstwirtschaftliche Vermögen ist in § 14 GrStG geregelt. Da die Wohngebäude eines land- und forstwirtschaftlichen Betriebs nunmehr dem Grundvermögen zugeordnet werden, findet § 15 GrStG auf diese uneingeschränkte Anwendung.[1] Erfasst werden durch die Anknüpfung an den Grundsteuerwert auch die inländischen Teile einer wirtschaftlichen Einheit, die sich sowohl auf das Inland als auch auf das Ausland erstrecken.[2]

§ 15 GrStG i. d. F. des GrStRefG v. 26.11.2019 findet gem. § 37 Abs. 1 GrStG für die Grundsteuer **ab dem Kalenderjahr 2025** Anwendung.[3] § 15 GrStG i. d. F. des Grundsteuerreformgesetzes v. 7.8.1973 mit der letzten Änderung durch Art. 38 des Gesetzes v. 19.12.2008 (BGBl I S. 2794) findet nach § 37 Abs. 2 GrStG für die Grundsteuer **bis einschließlich des Kalenderjahres 2024** Anwendung.

(Einstweilen frei)

IV. Verhältnis zu anderen Vorschriften

Die Steuermesszahl für das Grundvermögen ergibt nach **§ 13 Satz 2 GrStG** den Steuermessbetrag und ist auf den nach **§ 219 Abs. 1 BewG** festgestellten Grundsteuerwert der jeweiligen wirtschaftlichen Einheit des Grundvermögens anzuwenden. Die Ermittlung des Grundsteuerwerts des jeweiligen Grundstücks richtet sich nach **§§ 243 ff. BewG**. § 15 Abs. 1 GrStG differenziert zwischen den unbebauten Grundstücken nach **§ 246 BewG** und innerhalb der bebauten Grundstücke zwischen den Wohngrundstücken nach **§ 249 Abs. 1 Nr. 1–4 BewG** und den Nichtwohngrundstücken einschließlich der gemischt genutzten Grundstücke nach **§ 249 Abs. 1 Nr. 5–8 BewG**. Die Einordnung in eine der Grundstücksarten ergibt sich aus § 249 Abs. 2–10 BewG.

§ 25 Abs. 5 GrStG i. d. F. des Gesetzes zur Mobilisierung baureifer Grundstücke für die Bebauung sieht ab dem 1.1.2025 zudem die Möglichkeit für die Gemeinden vor, für baureife unbebaute Grundstücke i. S. von § 15 Abs. 1 Nr. 1 GrStG einen erhöhten Hebesatz festzulegen (sog. **Grundsteuer C**).[4]

(Einstweilen frei)

B. Systematische Kommentierung

I. Steuermesszahl für Grundstücke (§ 15 Abs. 1 GrStG)

1. Steuermesszahl für unbebaute Grundstücke (§ 15 Abs. 1 Nr. 1 GrStG)

Die bundesgesetzlich geregelte **Steuermesszahl** für unbebaute Grundstücke beträgt nach § 15 Abs. 1 Nr. 1 GrStG einheitlich **0,34 Promille**. Wann ein unbebautes Grundstück vorliegt, richtet

---

1 Schnitter, GrStG – eKommentar § 15 Rz. 7.
2 Schnitter, GrStG – eKommentar § 15 Rz. 7.
3 Schnitter, GrStG – eKommentar § 15 Rz. 5.
4 Siehe hierzu vertiefend Grootens in Grootens, GrStG § 25 Rz. 121 ff.

sich nach § 246 BewG.[1] Mit ihr ist zur Ermittlung des Steuermessbetrags der festgestellte Grundsteuerwert des jeweiligen unbebauten Grundstücks zu multiplizieren.

23 **BEISPIEL:** Der Grundsteuerwert eines unbebauten Grundstücks wurde mit 200.000 € ermittelt und im Grundsteuerwertverfahren festgestellt. Es soll der Grundsteuermessbetrag festgesetzt werden.

LÖSUNG: Der Steuermessbetrag für das unbebaute Grundstück beträgt nach §§ 13 und 15 Abs. 1 Nr. 1 GrStG:

200.000 € x 0,00034 = **68,00 €**

24–26 *(Einstweilen frei)*

2. Steuermesszahl für bebaute Grundstücke (§ 15 Abs. 1 Nr. 2 GrStG)

a) Steuermesszahl für die Wohngrundstücke (§ 15 Abs. 1 Nr. 2 Buchst. a GrStG)

27 Die bundesgesetzlich geregelte **Steuermesszahl** für die Wohngrundstücke i. S. des § 249 Abs. 1 Nr. 1–4 BewG beträgt nach § 15 Abs. 1 Nr. 1 GrStG einheitlich **0,31 Promille** (siehe auch → Rz. 9). Wohngrundstücke i. S. des § 249 Abs. 1 Nr. 1–4 BewG sind Ein- und Zweifamilienhäuser, Mietwohngrundstücke und das Wohnungseigentum. Die Einordnung in eine dieser Grundstücksarten richtet sich nach § 249 Abs. 2–5 und 10 BewG.[2] Mit der Steuermesszahl ist zur Ermittlung des Steuermessbetrags der festgestellte Grundsteuerwert des jeweiligen bebauten Grundstücks i. S. des § 249 Abs. 1 Nr. 1–4 BewG zu multiplizieren (siehe Beispiel → Rz. 23).

28–30 *(Einstweilen frei)*

b) Steuermesszahl für die Nichtwohngrundstücke und gemischt genutzten Grundstücke (§ 15 Abs. 1 Nr. 2 Buchst. b GrStG)

31 Die bundesgesetzlich geregelte **Steuermesszahl** für die Nichtwohngrundstücke und gemischt genutzten bebauten Grundstücke i. S. des § 249 Abs. 1 Nr. 5–8 BewG beträgt nach § 15 Abs. 1 Nr. 1 GrStG einheitlich **0,34 Promille**. Nichtwohngrundstücke i. S. des § 249 Abs. 1 Nr. 5, Nr. 6 und Nr. 8 BewG sind Teileigentum, die Geschäftsgrundstücke und sonstige bebaute Grundstücke. Die Einordnung in eine dieser Grundstücksarten richtet sich nach § 249 Abs. 6–9 BewG.[3] Mit der Steuermesszahl ist zur Ermittlung des Steuermessbetrags der festgestellte Grundsteuerwert des jeweiligen bebauten Grundstücks i. S. des § 249 Abs. 1 Nr. 5–8 BewG zu multiplizieren (siehe Beispiel → Rz. 23).

32–34 *(Einstweilen frei)*

3. Abweichende landesrechtliche Steuermesszahlen

35 Mit dem Gesetz zur Änderung des Grundgesetzes (Art. 71, 105 und 125b) v. 15.11.2019 wurde den Ländern das Recht eingeräumt, vom Bundesrecht abweichende Regelungen bei der Grund-

---

[1] Siehe dazu vertiefend Bock in Grootens, BewG § 246.
[2] Siehe dazu vertiefend Bock in Grootens, BewG § 249 Rz. 19 ff.
[3] Siehe dazu vertiefend Bock in Grootens, BewG § 249 Rz. 64 ff.

steuer zu treffen. Die Abweichungsbefugnis ist umfassend und kann sich auch nur auf einzelne Regelungen beziehen. Die Länder haben daher das Recht beispielsweise nur **abweichende Steuermesszahlen** zu bestimmen und im Übrigen das Bundesrecht anzuwenden. Sinn und Zweck von abweichenden Steuermesszahlen kann insbesondere sein, auf Landeebene ein aufkommensneutrales Steuermessbetragsvolumen in Bezug auf die Vermögensarten und einzelnen Grundstücksarten zu erreichen.

Einige Länder (**Baden-Württemberg,**[1] **Bayern,**[2] **Hessen,**[3] **Niedersachsen**[4] **und Hamburg**[5]) haben eigene Grundsteuermodelle verabschiedet und in diesem Zusammenhang eigene Steuermesszahlen auf das Grundvermögen verabschiedet, die aufgrund einer anders ermittelten Bemessungsgrundlage nicht mit den bundesgesetzlichen Grundsteuermesszahlen vergleichbar sind. Von dem Recht ausschließlich abweichende Steuermesszahlen bei den Grundstücken zu bestimmen, haben **Sachsen**[6] und das **Saarland**[7] Gebrauch gemacht. 36

Für das Land **Sachsen** ergeben sich nach § 1 SächsGrStMG für die wirtschaftlichen Einheiten des Grundvermögens folgende Grundsteuermesszahlen: 37

Grundstücksart	Grundsteuermesszahl	Norm
Unbebaute Grundstücke	0,36 Promille	§ 1 Nr. 1 SächsGrStMG[8]
Wohngrundstücke	0,36 Promille	§ 1 Nr. 2 SächsGrStMG[9]
Nichtwohngrundstücke einschl. gemischt genutzte Grundstücke	0,72 Promille	§ 1 Nr. 3 SächsGrStMG[10]

Für das **Saarland** ergeben sich nach § 1 GrStG Saar für die wirtschaftlichen Einheiten beim Grundvermögen folgende Grundsteuermesszahlen: 38

Grundstücksart	Grundsteuermesszahl	Norm
Unbebaute Grundstücke	0,64 Promille	§ 1 Abs. 1 Nr. 1 GrStG Saar[11]
Wohngrundstücke	0,34 Promille	§ 1 Abs. 1 Nr. 2 GrStG Saar[12]
Nichtwohngrundstücke einschl. gemischt genutzte Grundstücke	0,64 Promille	§ 1 Abs. 1 Nr. 3 GrStG Saar[13]

---

1 Vgl. § 40 des Gesetzes zur Regelung einer Landesgrundsteuer (Landesgrundsteuergesetz – LGrStG) v. 4.11.2020, GBl f. BW 2020 S. 974; siehe auch Schmidt in Grootens, LGrStG BW § 40 Rz. 27 ff.
2 Vgl. Art. 4 des Bayerischen Grundsteuergesetzes (BayGrStG) v. 10.12.2021, GVBl 2021 S. 638; siehe auch Lehmann in Grootens, BayGrStG Art. 4 Rz. 1 ff.
3 Vgl. § 6 des Hessischen Grundsteuergesetzes (HGrStG) v. 15.12.2021, GBl f. HE 2020 S. 906; siehe auch Bock/Lapp in Grootens, HGrStG § 6 Rz. 1 ff.
4 Vgl. § 6 des Niedersächsischen Grundsteuergesetzes v. 7.7.2021, Nds. GVBl Nr. 27/2021 S. 502 ff.; siehe auch Bock/Lapp in Grootens, NGrStG § 6 Rz. 26 ff.
5 Vgl. § 4 des Hamburgischen Grundsteuergesetzes (HmbGrStG) v. 24.8.2021, HmbGVBl 2020, S 600 ff.
6 Vgl. § 1 des Sächsischen Gesetzes zur Umsetzung der Grundsteuerreform v. 3.2.2021, SächsGVBl 2021 S. 242; siehe auch Grootens in Grootens, SächsGrStMG § 1 Rz. 22 ff.
7 Vgl. § 1 des Gesetzes zur Einführung einer Landesgrundsteuer (Saarländisches Grundsteuergesetz, GrStG-Saar), Amtsblatt des Saarlandes I 2021 S. 2372; siehe auch Grootens in Grootens, GrStG-Saar § 1 Rz. 22 ff.
8 Siehe vertiefend Grootens in Grootens, SächsGrStMG § 1 Rz. 22 ff.
9 Siehe vertiefend Grootens in Grootens, SächsGrStMG § 1 Rz. 27 f.
10 Siehe vertiefend Grootens in Grootens, SächsGrStMG § 1 Rz. 31 f.
11 Siehe vertiefend Grootens in Grootens, GrStG Saar § 1 Rz. 22 ff.
12 Siehe vertiefend Grootens in Grootens, GrStG Saar § 1 Rz. 27 f.
13 Siehe vertiefend Grootens in Grootens, GrStG Saar § 1 Rz. 31 f.

39 Folgende Grundsteuermesszahlen für die wirtschaftlichen Einheiten des Grundvermögens in den Ländern mit eigenem Grundsteuermodell sowie:

	BY § 4 BayGrStG	BW § 40 LGrStG BW	HE § 6 HGrStG	HH § 4 HmbGrStG	NI § 5 NGrStG
Grundstücke	100 %	1,3 ‰	100 %	100 %	100 %
Wohnzwecke	70 %	-30 %	70 %	70 %	70 %

40 Folgende prozentuale Ermäßigungen auf die Grundsteuermesszahlen (siehe dazu vertiefend → Rz. 57 ff.) ergeben sich für das gesamte Bundesgebiet:

Ermäßigungstatbestände	Bund § 15 GrStG	BY § 4 BayGrStG	BW § 40 LGrStG BW	HE § 6 HGrStG	HH § 4 HmbGrStG	NI § 5 NGrStG
Wohnraumförderung*	-25 %	-25 %	-25 %	-25 %	-25 %	-25 %
Wohnungsbaugesellschaften*	-25 %	-25 %	-25 %	-25 %	-	-25 %
Denkmalschutz	-10 %	-25 %	-10 %	-25 %	-25 %	-25 %
Wohnteil LuF	-	-	-	-25 %	-	-25 %
Wohnlage normal	-	-	-	-25 %	-25 %	-

*Liegen die Voraussetzungen beider Ermäßigungstatbestände für Wohnraumförderung und Wohnungsbaugesellschaften vor, wird nur eine Ermäßigung gewährt.

41–56 (Einstweilen frei)

II. Ermäßigung der Steuermesszahl für Zwecke der Wohnraumförderung (§ 15 Abs. 2–4 GrStG)

1. Allgemeines

57 § 15 Abs. 2–4 GrStG enthält eine **Ermäßigung der Grundsteuermesszahl** i. H. von 25 % für bestimmte Grundstücke und Eigentümer, die der Wohnraumförderung dient. Nach § 15 Abs. 2 und 3 GrStG wird für Grundstücke eine ermäßigte Steuermesszahl gewährt, die nach dem Wohnraumförderungsgesetz des Bundes oder der Länder gefördert wurden. Nach § 15 Abs. 4 GrStG wird für Grundstücke von bestimmten Gesellschaften, denen gemein ist, dass der Hauptzweck die Schaffung von bezahlbarem Wohnraum ist, eine ermäßigte Steuermesszahl gewährt.[1] § 15 Abs. 2–4 GrStG nimmt die Steuermesszahl der Grundstücke nach § 15 Abs. 1 Nr. 2 Buchst. a GrStG in Bezug. Dies sind die sog. Wohngrundstücke (Ein- und Zweifamilienhäuser, Mietwohngrundstücke und Wohnungseigentum). Nicht erfasst von den Ermäßigungstatbeständen des § 15 Abs. 2–4 werden mithin die Nichtwohngrundstücke einschließlich der gemischt genutzten Grundstücke. Die um 25 % ermäßigte Grundsteuermesszahl für Wohngrundstücke beträgt **0,2325 Promille**.

58 Die Ermäßigung der Steuermesszahl nach § 15 Abs. 2–4 GrStG begegnet **keinen verfassungsrechtlichen Bedenken**. Nach der Rechtsprechung des Bundesverfassungsgerichts kann der Gesetzgeber bei den weiteren sich an die Bewertung anschließenden Schritten auf den im Hin-

---

[1] BT-Drucks. 19/11085 S. 124.

blick auf das Bewertungsziel zutreffend ermittelten Wert aufbauen und Lenkungszwecke, etwa in Form steuerlicher Ermäßigungen bei der Steuermesszahl, zielgenau und normenklar ausgestalten.[1] Wohnen ist ein elementares Grundbedürfnis und die Schaffung und Verfügbarmachung von ausreichendem Wohnraum ein für das Gemeinwohl originärer Faktor von ganz erheblichem Gewicht.[2]

Die **Nichtförderung von privaten Vermietern**, die unterhalb der üblichen Miete aus altruistischen Gründen vermieten, begegnet keinen durchgreifenden verfassungsrechtlichen Bedenken. Die freiwillige Vermietung von Wohnraum unterhalb der üblichen Miete hat nicht dieselbe Bindung, wie bei den nach § 15 Abs. 2–4 GrStG geförderten Grundstücken und Eigentümern. Die freiwillige Vermietung unterhalb der üblichen Miete kann bei Vorliegen der gesetzlichen Voraussetzungen grundsätzlich jederzeit aufgegeben werden. Zudem kann die tatsächliche Motivation des Vermieters und die tatsächliche Vermietung unterhalb der ortsüblichen Miete in einem Massenverfahren nicht laufend überprüft werden. Besteht eine vergleichbare Bindung, wird auch bei privaten Vermietern unter den Voraussetzungen von § 15 Abs. 4 Satz 1 Nr. 2 und 3 GrStG eine ermäßigte Steuermesszahl gewährt. 59

Aufgrund der Ermäßigung der Steuermesszahl werden die Gemeinden, um ein **konstantes Grundsteuervolumen** zu erreichen, ihre Hebesätze entsprechend höher festsetzen, insbesondere wenn ein größerer Teil der in der Gemeinde liegenden Grundstücke die Voraussetzung für eine ermäßigte Grundsteuermesszahl erfüllen. Die Ermäßigung der Steuermesszahl wird daher i. d. R. nicht im gleichen Maße zu einer Ermäßigung der Grundsteuerbelastung führen. Die übrigen Grundstückseigentümer dürften entsprechend mit einer höheren Grundsteuer belastet werden. 60

BEISPIEL: In einer Gemeinde befinden sich zwei Grundstücke, für die jeweils ein Steuermessbetrag von 100 € festzusetzen wäre. Die Gemeinde will ein Grundsteuervolumen von 200 € erreichen. Der Hebesatz wäre mithin 100 %. Eines der Grundstücke erhält jedoch eine ermäßigte Steuermesszahl nach § 15 Abs. 2 GrStG i. H. von 25 %. Es wird ein Steuermessbetrag von 75 € festgesetzt. Die Gemeinde muss den Hebesatz auf ca. 114 % anheben, um ein Grundsteuervolumen von 200 € zu erreichen. Die Grundsteuerbelastung für das Grundstück mit der ermäßigten Steuermesszahl verringert sich um ca. 14 €, während sich die Grundsteuerbelastung des Grundstücks ohne ermäßigte Steuermesszahl um ca. 14 € erhöht. 61

(Einstweilen frei) 62–64

2. Förderung nach dem Wohnraumförderungsgesetz des Bundes (§ 15 Abs. 2 Satz 1 GrStG)

§ 15 Abs. 2 Satz 1 GrStG enthält eine **Ermäßigung der Steuermesszahl** i. H. von 25 % für Grundstücke, denen nach § 13 Abs. 3 des **Wohnraumförderungsgesetzes** (WoFG)[3] eine Förderzusage erteilt wurde. Voraussetzung ist nach § 15 Abs. 2 Nr. 2 GrStG darüber hinaus, dass die sich aus der Förderzusage i. S. des § 13 Abs. 2 WoFG ergebenden Bestimmungen für jeden Erhebungszeitraum innerhalb des Hauptveranlagungszeitraums bestehen. Werden sie im Laufe des Hauptveranlagungszeitraums nicht mehr eingehalten, muss eine Neuveranlagung nach § 17 Abs. 2 Nr. 1 GrStG erfolgen. § 15 Abs. 2 Nr. 2 GrStG dürfte nicht so zu verstehen sein, dass eine 65

---

1 BVerfG, Urteil v. 7.11.2006 - 1 BvL 10/02, BStBl 2007 II S. 192, Rz. 106; vgl. auch BT-Drucks. 19/11085 S. 124.
2 BT-Drucks. 19/11085 S. 123.
3 WoFG v. 13.9.2001, BGBl 2001 I S. 2376.

Ermäßigung der Steuermesszahl nur dann erfolgt, wenn über den gesamten Hauptveranlagungszeitraum eine Wohnförderung nach dem WoFG vorliegt.[1] Der Ermäßigungstatbestand kann folglich jahresweise für jeden vollen Erhebungszeitraum erfüllt werden **(zeitanteilige Erfüllung der Tatbestandsvoraussetzungen).** Fallen die Voraussetzungen von § 15 Abs. 4 GrStG im Laufe des Hauptveranlagungszeitraums weg, hat der Steuerpflichtige dies nach § 19 Abs. 2 GrStG **anzuzeigen.**[2]

66 Mit der **sozialen Wohnraumförderung** soll der Wohnungsbau und andere Maßnahmen zur Unterstützung von Haushalten bei der Versorgung mit Mietwohnraum, einschließlich genossenschaftlich genutzten Wohnraums, und bei der Bildung von selbst genutztem Wohneigentum gefördert werden (§ 1 Abs. 1 WoFG). Zielgruppe der sozialen Wohnraumförderung sind nach § 1 Abs. 2 Satz 1 WoFG Haushalte, die sich am Markt nicht angemessen mit Wohnraum versorgen können und auf Unterstützung angewiesen sind.

67 **Fördergegenstände** sind nach § 2 Abs. 1 WoFG der Wohnungsbau, einschließlich des erstmaligen Erwerbs des Wohnraums innerhalb von zwei Jahren nach Fertigstellung (Ersterwerb), Modernisierung von Wohnraum, Erwerb von Belegungsrechten an bestehendem Wohnraum und unter weiteren Voraussetzungen der Erwerb bestehenden Wohnraums. Die **Förderung erfolgt** nach § 2 Abs. 2 WoFG durch Gewährung von Fördermitteln, als Darlehen zu Vorzugsbedingungen, als Zuschüsse, durch Übernahme von Bürgschaften, Garantien und sonstigen Gewährleistungen sowie durch Bereitstellung von verbilligtem Bauland. Die geförderten Wohnungen werden an Personen mit Wohnberechtigungsschein vermietet.

68 Die **Förderzusage** dürfte **Grundlagenbescheid** i. S. von § 171 Abs. 10 AO sein, da an sie die Ermäßigung der Steuermesszahl geknüpft ist.[3] Der Gesetzgeber geht zudem typisierend davon aus, dass Fehlförderungen, d. h. Fälle, in denen Wohnkostenentlastungen im Hinblick auf den Förderzweck, die Zielgruppe sowie die Förderintensität unangemessen sind, nach § 7 WoFG zu vermeiden oder auszugleichen sind und eine detaillierte Prüfung einzelner Wohnungen unterbleiben könne.[4]

69 Nach Streichung des Tatbestandsmerkmals Förderzusage durch Verwaltungsakt mit dem GrStRefUG[5] (siehe dazu vertiefend → Rz. 8) ist nunmehr auch klargestellt, dass neben der Förderzusage durch Verwaltungsakt auch die Förderzusage durch **öffentlich-rechtlichen Vertrag** erfasst wird.[6]

70 *(Einstweilen frei)*

3. Teilweise nach dem Wohnraumförderungsgesetz geförderte wirtschaftliche Einheiten (§ 15 Abs. 2 Satz 2 GrStG))

71 § 15 Abs. 2 Satz 2 GrStG, der durch das GrStRefUG eingefügt wurde (siehe dazu vertiefend → Rz. 9), bestimmt für den Fall, dass die Voraussetzungen des § 15 Abs. 2 Satz 1 GrStG **für ei-**

---

[1] Zust. Schnitter, GrStG – eKommentar § 15 Rz. 15; Krause in Stenger/Loose, GrStG § 15 Rz. 44.
[2] Siehe dazu vertiefend Bock in Grootens, GrStG § 19 Rz. 27 ff.
[3] Zust. Schnitter, GrStG – eKommentar § 15 Rz. 15.
[4] BT-Drucks. 19/11085 S. 124.
[5] Gesetz zur erleichterten Umsetzung der Reform zur Grundsteuer und zur Änderung weiterer steuerrechtlicher Vorschriften (GrStRefUG) v. 16.7.2021, BGBl I 2021 S. 2931.
[6] Vgl. BT-Drucks. 19/13453 S. 23.

nen **Teil der Gebäude** oder für **Teile eines Gebäudes** vorliegen, die Ermäßigung der Steuermesszahl entsprechend nur anteilig zu gewähren ist. Die Aufteilung kann nach dem Verhältnis der geförderten Wohnfläche zur gesamten Wohn- und Nutzfläche des Gebäudes erfolgen.[1]

> **BEISPIEL:** Ein Grundstück besteht aus einem Gebäude mit vier gleich großen Wohnungen. Der Bau hat 1 Mio. € gekostet. Für den Bau wurde ein vergünstigtes Darlehen i. H. von 500.000 € nach dem Wohnraumförderungsgesetz unter der Bedingung gewährt, dass zwei Wohnungen anschließend der Mietpreisbindung unterliegen und unterhalb der ortsüblichen Vergleichsmiete angeboten werden.

72

> **LÖSUNG:** Die Förderzusage nach § 13 Abs. 2 WoFG bezieht sich auf zwei der vier Wohnungen. Die Steuerermäßigung nach § 15 Abs. 1 Satz 1 GrStG i. H. von 25 % ist daher nur zur Hälfte i. H. von 12,5 % zu gewähren.

(Einstweilen frei) 73

4. Ermäßigung für nach dem Wohnungsbaugesetz und nach landesrechtlichen Wohnraumförderungsgesetzen geförderte Wohngrundstücke (§ 15 Abs. 3 GrStG)

Nach § 15 Abs. 3 GrStG gilt die Ermäßigung nach § 15 Abs. 2 GrStG auch für Wohnungen, die nach dem **Ersten Wohnungsbaugesetz** (WoBauG)[2] und dem **Zweiten Wohnungsbaugesetz** (II. WoBauG)[3] gefördert wurden. Voraussetzung ist, dass die Bindungswirkungen trotz Aufhebung des WoBauG und des II. WoBauG weiterhin für die jeweilige wirtschaftliche Einheit besteht. Die Ausführungen unter → Rz. 65 ff. gelten insoweit entsprechend.

74

Das Wohnraumförderungsgesetz wird von den Ländern umgesetzt. Nach § 5 WoFG treffen soweit erforderlich die Länder auf der Grundlage des WoFG Bestimmungen, insbesondere über Voraussetzungen der Förderung und deren Durchführung. Zudem können die Länder eigenständige Fördertatbestände regeln. Für nach **Wohnraumförderungsgesetzen der Länder** geförderte Grundstücke gilt § 15 Abs. 2 GrStG nach § 15 Abs. 3 GrStG und damit die Ausführungen unter → Rz. 65 ff. entsprechend.

75

(Einstweilen frei) 76–77

5. Ermäßigung für bestimmte Eigentümer (§ 15 Abs. 4 GrStG)

a) Allgemeines

§ 15 Abs. 4 GrStG gewährt eine Ermäßigung der Steuermesszahl i. H. von 25 % für Grundstücke bestimmter Gesellschaften. Den Gesellschaften ist gemein, dass deren Hauptzweck die **Schaffung bezahlbaren Wohnraums** ist.[4] Voraussetzung ist, dass keine ermäßigte Steuermesszahl nach § 15 Abs. 2 und 3 GrStG zu gewähren ist. Damit wird eine doppelte Begünstigung durch

78

---

1 Krause in Stenger/Loose, GrStG § 15 Rz. 40d, der allerdings auch die Bruttogrundfläche beim Sachwertverfahren in Bezug nimmt, die bei Wohngrundstücken nicht in Betracht kommt.
2 Erstes Wohnungsbaugesetz v. 24.4.1950, BGBl 1950 S. 83, aufgehoben durch § 8 Abs. 2 Nr. 10 des Gesetzes v. 14.7.1987, BGBl I 1987 S. 1625 m. W. v. 1.1.1988.
3 Zweites Wohnungsbaugesetz (Wohnungsbau- und Familienheimgesetz - II. WoBauG) in der Fassung der Bekanntmachung v. 19.8.1994, BGBl I 1994 S. 2137, zuletzt geändert (aufgehoben m. W. v. 1.1.2002) durch Art. 2 Gesetz zur Reform des Wohnungsbaurechts v. 13.9.2001, BGBl I 2001 S. 2376.
4 BT-Drucks. 19/11085 S. 124.

die kumulative Gewährung einer ermäßigten Steuermesszahl nach § 15 Abs. 2 oder 3 GrStG und § 15 Abs. 4 GrStG ausgeschlossen.

79 Die Gewährung der ermäßigten Steuermesszahl erfolgt nach § 15 Abs. 4 Satz 2 GrStG nur auf **Antrag**. Eine Form ist für den Antrag nicht vorgegeben. Er kann daher schriftlich, elektronisch oder auf andere Weise, beispielsweise im Rahmen der Steuererklärung nach § 228 Abs. 1 BewG gestellt werden. Eine zeitliche Begrenzung ist für den Antrag nicht geregelt. Er kann daher bis zum Eintritt der Festsetzungsverjährung gestellt werden.

80 Die Voraussetzungen von § 15 Abs. 4 GrStG müssen zum Hauptveranlagungszeitpunkt vorliegen. Dies dürfte vorbehaltlich der Maßgeblichkeit anderer Veranlagungszeitpunkte gelten (beispielsweise § 17 Abs. 3 GrStG oder § 18 Abs. 3 GrStG). Die ermäßigte Steuermesszahl wird zunächst für den gesamten Hauptveranlagungszeitraum gewährt. Der Steuerpflichtige muss nachweisen, dass die Voraussetzungen für jeden Erhebungszeitraum (das jeweilige Kalenderjahr) innerhalb des Hauptveranlagungszeitraums vorgelegen haben. Fallen die Voraussetzungen von § 15 Abs. 4 GrStG im Laufe des Hauptveranlagungszeitraums weg, hat der **Steuerpflichtige** dies nach § 15 Abs. 4 Satz 3 GrStG i.V. mit § 19 Abs. 2 GrStG **anzuzeigen.**[1] Es erfolgt dann eine Neuveranlagung nach § 17 Abs. 2 Nr. 1 GrStG.[2] Der Ermäßigungstatbestand kann folglich jahresweise für jeden vollen Erhebungszeitraum erfüllt werden (**zeitanteilige Erfüllung der Tatbestandsvoraussetzungen**).

81–82 *(Einstweilen frei)*

b) Ermäßigung für Wohnungsbaugesellschaften von Gebietskörperschaften (§ 15 Abs. 4 Satz 1 Nr. 1 GrStG)

83 Nach § 15 Abs. 4 Satz 1 Nr. 1 GrStG wird die Ermäßigung der Steuermesszahl für Grundstücke gewährt, die **Wohnungsbaugesellschaften** zugerechnet werden, deren Anteile mehrheitlich von einer oder mehreren Gebietskörperschaften gehalten werden. **Gebietskörperschaften** sind der Bund, die Länder und die Kommunen. Hauptanwendungsbereich der Norm dürften die kommunalen Wohnungsbaugesellschaften sowie die Wohnungsbaugesellschaften der Länder sein. Keine Gebietskörperschaft ist die Kirche. Für Grundstücke von kirchlichen Wohnungsbaugesellschaften wird daher keine ermäßigte Steuermesszahl nach § 15 Abs. 4 Satz 1 Nr. 1 GrStG, sondern unter den dort genannten Voraussetzungen nach § 15 Abs. 4 Satz 1 Nr. 3 GrStG gewährt. Die Rechtsform der Wohnungsbaugesellschaft ist hingegen unerheblich.

84 Bei Wohnungsbaugesellschaften von Gebietskörperschaften steht die Versorgung der Bevölkerung mit **bezahlbarem Wohnraum** und nicht die Gewinnerzielung im Vordergrund. Die Wohnungen werden teilweise zu vergünstigten Mieten vermietet. Wohnungen die zu ortsüblichen Mieten vermietet werden, finanzieren die vergünstigten Wohnungen mit. Dadurch wird auch eine urbane Durchmischung unterschiedlichster sozialer Schichten sichergestellt und der Bildung von Armenvierteln entgegengewirkt. Die Anknüpfung an die Wohnungsbaugesellschaft und nicht an die einzelne Wohnung ist daher sachlich gerechtfertigt (siehe zu verfassungs-

---

[1] Siehe dazu vertiefend Bock in Grootens, GrStG § 19 Rz. 27 ff.
[2] BT-Drucks. 19/11085 S. 125; Eisele, NWB 29/2019 S. 2127, 2139, NWB AAAAH-22096; Eisele/Wiegand, Grundsteuerreform 2022/2025 S. 79, NWB CAAAH-44415; siehe zur Neuveranlagung vertiefend Bock in Grootens, GrStG § 17 Rz. 31 ff.

rechtlichen Aspekten auch schon → Rz. 58 f.). Bei den Wohnungsbaugesellschaften der Gebietskörperschaften dürfte häufig bereits die Voraussetzungen von § 15 Abs. 2 oder 3 GrStG vorliegen, sodass eine Anwendung von § 15 Abs. 4 GrStG nur in Bezug auf Grundstücke in Betracht kommt, die nicht nach dem WoFG, WoBauG, II. WoBauG oder den Wohnungsförderungsgesetzen der Länder gefördert wurden.

Weitere Voraussetzung ist, dass zwischen der Wohnungsbaugesellschaft und der Gebietskörperschaft oder den Gebietskörperschaften ein **Gewinnabführungsvertrag** besteht. Damit soll sichergestellt werden, dass der Gewinn aus der Wohnungsbaugesellschaft der kommunalen Daseinsfürsorge zugutekommt.[1] Ob Gewinnabführungsverträge in der Realität in dieser Konstellation häufig vorkommen, wird bezweifelt.[2] **Thesaurierungsbestimmungen**, um den Gewinn in neue Wohnungsbauprojekte zu investieren, dürften mit Sinn und Zweck der Norm vereinbar und daher unschädlich sein. 85

(Einstweilen frei) 86–88

c) Ermäßigung für gemeinnützige Wohnungsbaugesellschaften (§ 15 Abs. 4 Satz 1 Nr. 2 GrStG)

Nach § 15 Abs. 4 Satz 1 Nr. 2 GrStG wird für Grundstücke, die einer als **gemeinnützig** i. S. des § 52 AO anerkannten **Wohnungsbaugesellschaft** zugerechnet wird, eine Ermäßigung der Steuermesszahl i. H. von 25 % gewährt. Der Anwendungsbereich dürfte nach Aufhebung des Wohnungsgemeinnützigkeitsgesetzes zum 31.12.1989 gering sein.[3] Nicht auszuschließen ist eine Gemeinnützigkeit einer Wohnungsbaugesellschaft über die Öffnungsklausel des § 52 Abs. 2 AO, wenn sie der Gemeinwohlförderung in vergleichbarer Weise dient.[4] Eher anzutreffen dürften Wohnungsbaugesellschaften sein, die mildtätige Zwecke i. S. des § 53 AO verfolgen.[5] § 53 AO ist jedoch nicht in Bezug genommen. Eine Subsumtion unter die Altenhilfe, Jugendhilfe oder Wohlfahrtspflege kann in diesen Fällen möglich sein.[6] 89

Die Gemeinnützigkeit muss im **Hauptfeststellungszeitpunkt** vorliegen. Da auf die Anerkennung abgestellt wird, dürfte genügen, dass die Gemeinnützigkeit noch nicht aberkannt wurde. Wird sie aberkannt, hat eine Anzeige nach § 19 Abs. 2 GrStG zu erfolgen (siehe bereits → Rz. 79). 90

(Einstweilen frei) 91–93

d) Ermäßigung für körperschaftsteuerbefreite Genossenschaften und Vereine (§ 15 Abs. 4 Satz 1 Nr. 3 GrStG)

Nach § 15 Abs. 4 Satz 1 Nr. 3 GrStG wird für Grundbesitz, der einer Genossenschaft oder einem Verein zugerechnet wird, eine **Ermäßigung der Steuermesszahl** i. H. von 25 % gewährt. Die Geschäftstätigkeit der Genossenschaft oder des Vereins muss allerdings auf die in § 5 Abs. 1 94

---

1 BT-Drucks. 19/11085 S. 124.
2 Siehe vertiefend Schmidt, NWB 50/2019 S. 3719, 3721, NWB BAAAH-36269; Krause in Stenger/Loose, GrStG § 15 Rz. 60.
3 Zu weitgehend Schmidt, NWB 50/2019 S. 3719, 3721, NWB BAAAH-36269, der von gar keinem Anwendungsbereich ausgeht.
4 Vgl. auch BT-Drucks. 19/11085 S. 124.
5 BFH, Urteil v. 24.7.1996 - I R 35/94, BStBl 1996 II S. 583.
6 König in König, AO § 52 Rz. 68 unter Stichwort Wohnungsvermietung.

Nr. 10 Buchst. a und b KStG genannten Bereiche beschränkt und die Genossenschaft oder der Verein von der Körperschaftsteuer befreit sein. Von der Norm werden insbesondere private Wohnungsbaugenossenschaften erfasst.

95 Nach § 5 Abs. 1 Nr. 10 KStG sind sog. **Vermietungsgenossenschaften und -vereine** von der Körperschaftsteuer befreit. Voraussetzung ist nach § 5 Abs. 1 Nr. 10 Buchst. a KStG, dass die Genossenschaft oder der Verein Wohnungen herstellt oder erwirbt und sie den Mitgliedern aufgrund eines Mietvertrags oder aufgrund eines genossenschaftlichen Nutzungsvertrags zum Gebrauch überlässt. Den Wohnungen stehen Räume in Wohnheimen i. S. des § 15 II. WoBauG gleich. Darüber hinaus sind die Genossenschaften und Vereine nach § 5 Abs. 1 Nr. 10 Buchst. b KStG von der Körperschaftsteuer befreit, soweit sie im Zusammenhang mit einer Tätigkeit i. S. des § 5 Abs. 1 Nr. 10 Buchst. a KStG Gemeinschaftsanlagen oder Folgeeinrichtungen herstellen oder erwerben und sie betreiben, wenn sie überwiegend für Mitglieder bestimmt sind und der Betrieb durch die Genossenschaft oder den Verein notwendig ist.

96 Die Steuerbefreiung ist ausgeschlossen, wenn neben Einnahmen aus der Tätigkeit i. S. des § 5 Abs. 1 Nr. 10 Buchst. a und b KStG **weitere Einnahmen** aus anderen Tätigkeiten erzielt werden und diese Tätigkeiten grundsätzlich **10 % der gesamten Einnahmen** übersteigen. Die Beschränkung der Geschäftstätigkeit auf die Bereiche i. S. des § 5 Abs. 1 Nr. 10 Buchst a und b KStG könnte so verstanden werden, dass jegliche weitere Tätigkeit auch innerhalb der Unerheblichkeitsgrenze die Gewährung der ermäßigten Steuermesszahl nach § 15 Abs. 4 Satz 1 Nr. 3 GrStG ausschließt. Eine solche Lesart wäre jedoch schwer mit Sinn und Zweck der ermäßigten Steuermesszahl zu vereinbaren, körperschaftsteuerbefreite Genossenschaften und Vereine des Wohnungsbaus zu fördern. Wenn der Gesetzgeber auf Ebene der Körperschaftsteuer eine Erheblichkeitsschwelle für weitere Einnahmen regelt, bei der er dennoch von einer Förderwürdigkeit ausgeht, kann für die Ermäßigung der Steuermesszahl bei der Grundsteuer nichts anderes gelten, wenn gerade auf das KStG verwiesen wird. Gründe für eine Differenzierung sind nicht ersichtlich und ergeben sich auch nicht aus der Gesetzesbegründung.[1]

97 Die Anknüpfung an die Körperschaftsteuerbefreiung ist sachlich gerechtfertigt.[2] Aufgrund der fehlenden Bindung bei freien Genossenschaften ist eine Ermäßigung der Steuermesszahl für diese hingegen nicht gerechtfertigt.

98–99 *(Einstweilen frei)*

III. Ermäßigung für denkmalgeschützte Gebäude und Gebäudeteile (§ 15 Abs. 5 GrStG)

1. Allgemeines

100 Nach § 15 Abs. 5 GrStG wird für nach dem jeweiligen Landesrecht denkmalgeschützte Gebäude oder Gebäudeteile eine ggf. anteilige **Ermäßigung der Steuermesszahl i. H. von 10 %** gewährt. Die um 10 % ermäßigte Grundsteuermesszahl beträgt für Wohngebäude 0,279 % und für Nichtwohngebäude 0,306 %. Der Grundsteuerwert ist zunächst in voller Höhe festzustellen. Die Steuerermäßigung wirkt sich erst auf Messbetragsebene aus. Die Voraussetzungen müssen zum jeweiligen Veranlagungszeitpunkt vorliegen. Fallen die Voraussetzungen von § 15 Abs. 4 GrStG im Laufe des Hauptveranlagungszeitraums weg, hat der **Steuerpflichtige**

---

[1] Zust. Schnitter, GrStG – eKommentar § 15 Rz. 22.
[2] A. A. Schmidt, NWB 50/2019 S. 3719, 3721, NWB BAAAH-36269.

dies nach § 19 Abs. 2 GrStG **anzuzeigen**.[1] Unterstellt, dass in den jeweiligen Gemeinden, insbesondere in Gemeinden mit vielen denkmalgeschützten Gebäuden, die Hebesätze zur Erreichung eines konstanten Steuervolumens höher festgelegt werden, dürfte die durch die ermäßigte Steuermesszahl eintretende Minderung der Steuerbelastung im Ergebnis geringer als 10 % ausfallen. Umgekehrt dürfte die Steuerbelastung für die übrigen nicht denkmalgeschützten Grundstücke mittelbar erhöht werden (siehe Beispiel in → Rz. 61).

Im Einheitswertverfahren wurde die Denkmaleigenschaft eines Gebäudes bereits auf Bewertungsebene bei der Schätzung der üblichen Miete beim Ertragswertverfahren oder durch eine Ermäßigung im Sachwertverfahren (vgl. § 88 BewG) berücksichtigt. Im Wege der Verwaltungsanweisung[2] erfolgte ein vereinfachter pauschaler Abschlag von 5 % und bei entsprechenden Nachweisen von bis zu 10 % vom Einheitswert. Eine generelle Wertminderung durch Denkmalschutz kann jedoch nicht festgestellt werden.[3] Die Denkmaleigenschaft, insbesondere in begehrten Lagen, kann sich auch werterhöhend auswirken, sodass ein pauschaler Abschlag auf Bewertungsebene mit verfassungsrechtlichen Zweifeln verbunden ist.[4] Die individuelle Berücksichtigung der Denkmaleigenschaft auf Bewertungsebene wäre zudem komplex und verwaltungsaufwendig gewesen. 101

Der Gesetzgeber hat aus diesen Gründen zurecht die Berücksichtigung der Denkmaleigenschaft von der Bewertungsebene auf die **Messbetragsebene** verlegt und als Ermäßigung der Steuermesszahl ausgestaltet. Damit trägt er der Rechtsprechung des Bundesverfassungsgerichts Rechnung, die Belastungsgrundentscheidung folgerichtig durch eine einheitliche Bewertung orientiert am Bewertungsziel umzusetzen. Erst bei den weiteren sich an die Bewertung anschließenden Schritten kann der Gesetzgeber auf den auf diese Weise zutreffend ermittelten Wert aufbauen und Lenkungszwecke, etwa in Form steuerlicher Ermäßigungen bei der Steuermesszahl, zielgenau und normenklar ausgestalten.[5] 102

Bei der Wahl der **Lenkungszwecke**, die der Gesetzgeber verfolgen will, ist er weitgehend frei. Denkmalgeschützte Gebäude gehen häufig mit erhöhten Unterhaltungskosten, Kosten bei der Sanierung oder Nutzungseinschränkungen einher. Die **Erhaltung** von Baudenkmälern als **kulturelles Erbe** liegt im besonderen öffentlichen Interesse und ist daher zuvorderst eine Aufgabe der öffentlichen Hand.[6] Diese im öffentlichen Interesse liegende Aufgabe wird jedoch in den meisten Fällen durch private Eigentümer der Immobilien wahrgenommen, die die mit der Immobilien verbundenen Einschränkungen und Nachteile im Interesse der Allgemeinheit hinzunehmen haben.[7] Zur Förderung und Erhalt des Denkmalsschutzes wird daher für denkmalgeschützte Gebäude die Grundsteuerbelastung durch eine Ermäßigung der Steuermesszahl i. H. von 10 % verringert.[8] Die Ermäßigung der Steuermesszahl für denkmalgeschützte Gebäude begegnet keinen durchgreifenden verfassungsrechtlichen Bedenken. 103

(Einstweilen frei) 104–106

---

1 Siehe dazu vertiefend Bock in Grootens, GrStG § 19 Rz. 27 ff.
2 Gleichlautender Erlass der obersten Finanzbehörden der Länder v. 21.10.1985 - S3201, BStBl 1985 I S. 648.
3 BT-Drucks. 19/14158 S. 17.
4 BT-Drucks. 19/14158 S. 17.
5 BVerfG, Beschluss v. 7.11.2006 - 1 BvL 10/02, BStBl 2007 II S. 192, Rz. 106.
6 BT-Drucks. 19/14158 S. 17.
7 BT-Drucks. 19/14158 S. 17.
8 BT-Drucks. 19/14158 S. 17.

2. Ermäßigte Steuermesszahl bei denkmalgeschützten Gebäuden (§ 15 Abs. 5 Satz 1 GrStG)

107 § 15 Abs. 5 Satz 1 GrStG gewährt eine zehnprozentige Ermäßigung auf die jeweilige Steuermesszahl für bebaute Grundstücke nach § 15 Abs. 1 Nr. 2 GrStG, wenn sich auf dem Grundstück Gebäude befinden, die **Baudenkmäler** i. S. des jeweiligen Landesdenkmalschutzgesetzes sind. Der Wortlaut ist etwas missverständlich. Es genügt für die volle Ermäßigung nicht, wie sich aus § 15 Abs. 5 Satz 2 GrStG ergibt (siehe → Rz. 118 ff.), wenn sich überhaupt denkmalgeschützte Gebäude auf dem Grundstück befinden. Für die volle Gewährung der Ermäßigung ist erforderlich, dass sich **ausschließlich** denkmalgeschützte Gebäude auf dem Grundstück befinden (bei Gebäuden von untergeordneter Bedeutung siehe → Rz. 124).

108 Für den Denkmalschutz sind grundsätzlich nach Art. 70 GG die Länder ausschließlich zuständig.[1] Die Frage nach der Denkmaleigenschaft eines Gebäudes richtet sich mithin nach dem jeweiligen Landesrecht. Der Denkmalschutz wird in den jeweiligen Ländern durch zwei verschiedene Formen des Schutzes erreicht.[2] Nach dem deklaratorischen System sind Denkmäler kraft Gesetzes (ipso jure) geschützt. Die Aufnahme in die jeweilige Denkmalliste hat nur nachrichtlichen Charakter. Sie ist deklaratorisch.[3] Bei dem konstitutiven System bedarf es der rechtsförmlichen Eintragung in die Denkmalliste.[4] Erst mit der Eintragung erhält ein Gebäude die Denkmaleigenschaft. Die Eintragung wirkt konstitutiv. Teilweise existieren auch Mischsysteme.[5] Bei der Prüfung der Denkmaleigenschaft eines Gebäudes wird die Finanzverwaltung auf die **Denkmallisten** und **Denkmalbücher** der jeweils zuständigen Denkmalschutzbehörde des jeweiligen Landes zurückgreifen.[6] Bei Denkmälern im deklaratorischen System, die nicht in der Denkmalliste aufgeführt sind, dürften Rechtsstreitigkeiten über die Denkmaleigenschaft auf die Finanzgerichtsbarkeit zukommen. Der allgemeine Schutz des Ortsbildes nach dem BauGB und den Bauordnungen der Länder genügt hingegen für die Gewährung der ermäßigten Steuermesszahl nicht.

109 Von § 15 Abs. 5 Satz 1 GrStG werden die sog. **Baudenkmäler** erfasst. Baudenkmäler sind bauliche Anlagen oder Teile davon aus vergangener Zeit, deren Erhaltung wegen ihrer geschichtlichen, künstlerischen, städtebaulichen, wissenschaftlichen oder volkskundlichen Bedeutung im Interesse der Allgemeinheit liegt.[7] **Bewegliche Denkmäler** werden mangels Gebäudeeigenschaft nicht erfasst, auch wenn sie in die Denkmalliste eingetragen sind.

110 Für **Ensembledenkmäler** ist ebenfalls eine Ermäßigung der Steuermesszahl vorzunehmen. Bei Ensembledenkmälern besteht der Denkmalschutz nicht isoliert für das einzelne Gebäude, sondern nur im Zusammenhang mit weiteren Gebäuden. Sinn und Zweck der Gewährung der ermäßigten Steuermesszahl trifft auch auf diese Denkmäler zu.

111 Denkmalgeschützte **Außenanlagen** führen nicht zu einer Ermäßigung der Steuermesszahl, da die Außenanlagen mit dem Grundsteuerwert abgegolten sind und keine Gebäude oder Gebäudeteile darstellen.

---

1 Vgl. Uhle in Maunz/Dürig, GG Art. 70 Rz. 92.
2 Vgl. Davydov in Martin/Krautzberg, Denkmalschutz und Denkmalpflege, C.III.1. Rz. 75.
3 Verfassungsrechtlich zulässig vgl. BVerwG, Beschluss v. 26.4.1996 - 4 B 19/96, juris.
4 Davydov in Martin/Krautzberg, Denkmalschutz und Denkmalpflege, C.III.1. Rz. 75.
5 Vgl. vertiefend Davydov in Martin/Krautzberg, Denkmalschutz und Denkmalpflege, C.III.1. Rz. 75.
6 BT-Drucks. 19/14158 S. 17.
7 Vgl. etwa Art. 1 Abs. 2 BayDSchG.

Denkmalgeschützte **Wirtschaftsgebäude** von **land- und forstwirtschaftlichen Betrieben** erhalten keine ermäßigte Steuermesszahl. Dies ist überwiegend sachgerecht, da die Wirtschaftsgebäude i.d.R. nicht gesondert bewertet werden. Lediglich bei den übrigen land- und forstwirtschaftlichen Nutzungen (siehe § 237 Abs. 6 BewG) sowie bei der Hofstelle der weinbaulichen Nutzung (siehe § 237 Abs. 8 BewG i.V. mit § 238 Abs. 1 Nr. 3 BewG) erfolgt eine gesonderte Bewertung der Wirtschaftsgebäude.[1] Dass für diese keine ermäßigte Steuermesszahl gewährt wird, wirft gleichheitsrechtliche Fragen auf. — 112

Die Norm nimmt lediglich Gebäude in Bezug, die Baudenkmäler i.S. der jeweiligen landesrechtlichen Regelungen sind. **Bodendenkmäler** erhalten demnach keine Steuerermäßigung nach § 15 Abs. 5 GrStG[2]. Bodendenkmäler sind mit dem Boden verbundene oder im Boden verborgene Sachen, Sachgesamtheiten und Spuren von Sachen, die von Menschen geschaffen oder bearbeitet wurden oder Aufschluss über menschliches Leben in vergangener Zeit geben und aus geschichtlichen, künstlerischen, wissenschaftlichen oder städtebaulichen Gründen erhaltenswert sind.[3] Ebenfalls nicht erfasst werden mangels Gebäudeeigenschaft **Naturdenkmäler**. Die unbebauten Grundstücke sind von § 15 Abs. 5 GrStG nicht in Bezug genommen. Dass für Bodendenkmäler und Naturdenkmäler keine Ermäßigung gewährt wird, könnte gleichheitsrechtlich bedenklich sein, wenn sich die Denkmaleigenschaft nicht auf den Bodenwert ausgewirkt hat. Andererseits wird in vielen Fällen der Erlass der Grundsteuer nach § 32 GrStG in Betracht kommen.[4] — 113

Die Ermäßigung der Steuermesszahl wird ebenfalls nicht für nach dem Kulturgüterschutzgesetz[5] geschützte **Kulturgüter** bewahrende Einrichtungen gewährt. Kulturgüter nach dem Kulturgüterschutzgesetz sind gem. § 2 Abs. 1 Nr. 10 KGSG jede bewegliche Sache oder Sachgesamtheit von künstlerischem, geschichtlichem oder archäologischem Wert oder aus anderen Bereichen des kulturellen Erbes, insbesondere von paläontologischem, ethnographischem, numismatischem oder wissenschaftlichem Wert. Für Gebäude, die etwa nach dem Kulturgüterschutzgesetz geschützte Bibliotheken, Archive oder Gemälde enthalten, wird die ermäßigte Steuermesszahl nicht gewährt, wenn sie nicht selbst nach dem Denkmalschutzgesetz des jeweiligen Landes ein Baudenkmal sind. Für diese kommt allerdings ein Erlass nach § 32 Abs. 2 GrStG in Betracht.[6] Ebenfalls von § 15 Abs. 5 GrStG nicht erfasst werden nach internationalen Vereinbarungen geschützte Bauwerke, wie Bauwerke mit dem **UNESCO-Weltkulturerbe**-Status. Diese dürften allerdings i.d.R. auch nach den jeweiligen Landesdenkmalschutzgesetzen geschützt sein. — 114

(Einstweilen frei) — 115–117

3. Aufteilung bei teilweise denkmalgeschützten Gebäuden und Gebäudeteilen (§ 15 Abs. 5 Satz 2 GrStG)

Nach § 15 Abs. 3 Satz 2 GrStG ist die Ermäßigung der **Steuermesszahl** nur **anteilig** zu gewähren, wenn auf dem Grundstück nur ein **Teil der Gebäude** oder nur **Teile eines Gebäudes** i.S. des jeweiligen Landesdenkmalschutzgesetzes unter Denkmalschutz stehen. Die vollständige Ge- — 118

---

1 Siehe Müller in Grootens, BewG § 238 Rz. 79.
2 Eisele, NWB 2019 S. 3291, NWB SAAAH-33427.
3 Vgl. § 3 Abs. 4 NiedsDSchG.
4 Siehe dazu Lehmann in Grootens, GrStG § 32 Rz. 16.
5 KGSG v. 31.7.2016, BGBl 2016 I S. 1914.
6 Siehe dazu Lehmann in Grootens, GrStG § 32 Rz. 65 ff.

119 Das Gesetz bestimmt nicht, nach welcher Bezugsgröße der Anteil der Ermäßigung der Steuermesszahl zu berechnen ist. Naheliegend ist eine Aufteilung nach der jeweiligen **Wohn- und Nutzfläche** des denkmalgeschützten Gebäudes oder Gebäudeteils zur gesamten Wohn- und Nutzfläche des Grundstücks.[1]

120 **BEISPIEL:** Auf dem Grundstück steht ein denkmalgeschütztes altes Fachwerkhaus mit einer Wohn- und Nutzfläche von 160 m² sowie ein weiteres kleines nicht denkmalgeschütztes Wohnhaus mit einer Wohn- und Nutzfläche von 80 m². Der festgestellte Grundsteuerwert beträgt 480.000 €. Der Steuermessbetrag soll festgesetzt werden

LÖSUNG: Der Steuermessbetrag ergibt sich unter Berücksichtigung der nach der Wohn- und Nutzfläche anteiligen ermäßigten Steuermesszahl nach § 15 Abs. 4 GrStG wie folgt:

160 m²/240 m² x 480.000 € = 320.000 € x 0,000306 (0,00034 – 10 %)	= 97,92 €
80 m²/240 m² x 480.000 € = 160.000 € x 0,00034	= 54,40 €
Gesamter Steuermessbetrag:	152,32 €

121 Der Aufteilungsmaßstab nach der Wohn- und Nutzfläche der jeweiligen Gebäude und Gebäudeteile hat zur Folge, dass der im Grundsteuerwert enthaltene **Anteil für den Grund und Boden** ebenfalls entsprechend dem Verhältnis der Wohn- und Nutzfläche des denkmalgeschützten Gebäudes oder Gebäudeteils zur gesamten Wohn- und Nutzfläche unabhängig von der jeweiligen Aufstellfläche der Gebäude aufgeteilt und dem denkmalgeschützten Gebäude oder Gebäudeteil entsprechend zugerechnet wird.

122 Die denkmalgeschützten **Gebäudeteile** müssen eine gewisse **Selbstständigkeit** haben, um zu einer anteiligen Ermäßigung der Steuermesszahl zu kommen. Dies ist etwa der Fall, wenn ein denkmalgeschütztes Gebäude einen nicht denkmalgeschützten Anbau hat, der aus Bestandsschutzgründen nicht abgerissen werden muss. Ist der Gebäudeteil nicht sinnvoll vom übrigen Gebäude zu trennen, ist im Zweifel die vollständige Ermäßigung der Steuermesszahl zu gewähren.

123 **BEISPIEL:** Denkmalgeschützt ist lediglich die Außenfassade eines Gebäudes. Die Innengestaltung ist hingegen nicht denkmalgeschützt.

LÖSUNG: Die Ermäßigung der Steuermesszahl i. H. von 10 % ist auf den gesamten Grundsteuerwert zu gewähren, auch wenn der Großteil der Wohn- und Nutzfläche nicht dem Denkmalschutz unterliegt, da der Außenfassade die erforderliche Selbstständigkeit fehlt, um eine Aufteilung der Ermäßigung vornehmen zu können.[2]

124 Fraglich ist, ob die Ermäßigung der Steuermesszahl ebenfalls nur anteilig zu gewähren ist, wenn neben dem denkmalgeschützten Gebäude ausschließlich **Gebäude von untergeordneter Bedeutung**, insbesondere Nebengebäude wie etwa ein Geräteschuppen, eine Garage o. ä. stehen. Überschreiten diese Gebäude nicht die Erheblichkeitsschwelle, dürfte es zulässig sein, die Ermäßigung der Steuermesszahl insgesamt zu gewähren. Davon dürfte auszugehen sein, wenn die Nutzfläche der Nebengebäude 10 % der Wohn- und Nutzfläche des denkmalgeschützten Hauptgebäudes nicht überschreitet.

125–130 *(Einstweilen frei)*

---

[1] So auch BT-Drucks. 19/14158 S. 17; zust. Schnitter, GrStG – eKommentar § 15 Rz. 25..
[2] Vgl. aber auch die andere Behandlung beim Erlass nach § 32 GrStG bei Lehmann in Grootens, GrStG § 32 Rz. 55.

IV. Kumulierte Ermäßigung nach § 15 Abs. 2, 3 oder 4 GrStG und § 15 Abs. 5 GrStG

Erfüllt ein Grundstück sowohl die Voraussetzungen für eine ermäßigte Grundsteuermesszahl nach § 15 Abs. 2, 3 oder 4 GrStG (Wohnraumförderung; siehe hierzu → Rz. 57 ff.) als auch nach § 15 Abs. 5 GrStG (Denkmalschutz; siehe dazu → Rz. 100 ff.), sind die Prozentsätze der Ermäßigungen zu summieren und eine Ermäßigung i. H. von 35 % zu gewähren (**entspricht einer Grundsteuermesszahl von 0,2015 Promille**). Die Ermäßigungstatbestände nehmen jeweils die Grundsteuermesszahlen nach § 15 Abs. 1 Nr. 2 GrStG in Bezug. Auf diese wird jeweils eine prozentuale Ermäßigung gewährt. Ein stufenweises Vorgehen widerspräche zudem der Gleichmäßigkeit der Besteuerung. 131

§ 16 GrStG Hauptveranlagung

(1) ¹Die Steuermessbeträge werden auf den Hauptfeststellungszeitpunkt (§ 221 Absatz 2 des Bewertungsgesetzes) allgemein festgesetzt (Hauptveranlagung). ²Dieser Zeitpunkt ist der Hauptveranlagungszeitpunkt.

(2) ¹Der bei der Hauptveranlagung festgesetzte Steuermessbetrag gilt vorbehaltlich der §§ 17 und 20 von dem Kalenderjahr an, das zwei Jahre nach dem Hauptveranlagungszeitpunkt beginnt. ²Dieser Steuermessbetrag bleibt unbeschadet der §§ 17 und 20 bis zu dem Zeitpunkt maßgebend, von dem an die Steuermessbeträge der nächsten Hauptveranlagung wirksam werden. ³Der sich nach den Sätzen 1 und 2 ergebende Zeitraum ist der Hauptveranlagungszeitraum.

(3) Ist die Festsetzungsfrist (§ 169 der Abgabenordnung) bereits abgelaufen, so kann die Hauptveranlagung unter Zugrundelegung der Verhältnisse vom Hauptveranlagungszeitpunkt mit Wirkung für einen späteren Veranlagungszeitpunkt vorgenommen werden, für den diese Frist noch nicht abgelaufen ist.

Inhaltsübersicht	Rz.
A. Allgemeine Erläuterungen zu § 16 GrStG	1 - 18
I. Normzweck und wirtschaftliche Bedeutung der Vorschrift	1 - 5
II. Entstehung und Entwicklung der Vorschrift	6 - 8
III. Geltungsbereich	9 - 13
IV. Verhältnis zu anderen Vorschriften	14 - 18
B. Systematische Kommentierung	19 - 41
I. Hauptveranlagung und Hauptveranlagungszeitpunkt (§ 16 Abs. 1 GrStG)	19 - 32
1. Hauptveranlagung (§ 16 Abs. 1 Satz 1 GrStG)	19 - 23
2. Hauptveranlagungszeitpunkt (§ 16 Abs. 1 Satz 2 GrStG)	24 - 32
II. Hauptveranlagungszeitraum (§ 16 Abs. 2 GrStG)	33 - 39
III. Nachholung der Hauptveranlagung bei abgelaufener Festsetzungsfrist (§ 16 Abs. 3 GrStG)	40 - 41

ARBEITSHILFEN UND GRUNDLAGEN ONLINE:

Berechnung der Grundsteuer nach der Gesetzesreform, Berechnungstool „Grundsteuer" nach dem Entwurf v. 21.6.2019, NWB NAAAH-30144.

A. Allgemeine Erläuterungen zu § 16 GrStG

I. Normzweck und wirtschaftliche Bedeutung der Vorschrift

1 § 16 GrStG regelt die **Hauptveranlagung** der Steuermessbeträge für Zwecke der Grundsteuer. Die Steuermessbeträge werden anknüpfend an die Hauptfeststellung sämtlicher wirtschaftlicher Einheiten in der Hauptveranlagung nach § 16 Abs. 1 Satz 1 GrStG auf den Hauptfeststellungszeitpunkt allgemein festgesetzt. Der Zeitpunkt auf den die Steuermessbeträge festgesetzt werden, ist nach § 16 Abs. 1 Satz 2 GrStG der **Hauptveranlagungszeitpunkt**.

2 § 16 Abs. 2 GrStG bestimmt die **Geltungsdauer** der in der Hauptveranlagung festgesetzten **Steuermessbeträge**. Die bei der Hauptveranlagung festgesetzten Steuermessbeträge gelten nach § 16 Abs. 2 Satz 1 GrStG von dem Kalenderjahr an, das zwei Jahre nach dem Hauptveranlagungszeitpunkt beginnt und bleiben nach § 16 Abs. 2 Satz 2 GrStG bis zu dem Zeitpunkt maßgebend, von dem an die Steuermessbeträge der nächsten Hauptveranlagung wirksam werden. Dieser Zeitraum der Geltungsdauer wird nach § 16 Abs. 2 Satz 3 GrStG **Hauptveranlagungszeitraum** genannt. Die Geltungsdauer eines Steuermessbetrags über den Hauptveranlagungszeitraum gilt vorbehaltlich einer Neuveranlagung des jeweiligen Steuermessbetrags nach § 17 GrStG und einer Aufhebung des jeweiligen Steuermessbetrags nach § 20 GrStG.

3 § 16 Abs. 3 GrStG bestimmt, dass bei **abgelaufener Festsetzungsfrist** eine Hauptveranlagung auf einen Zeitpunkt erfolgen kann, für den die Festsetzungsfrist noch nicht abgelaufen ist.

4–5 *(Einstweilen frei)*

II. Entstehung und Entwicklung der Vorschrift

6 Die Norm wurde in ihrer heutigen Fassung durch das Grundsteuerreformgesetz v. 7.8.1973[1] eingeführt. Durch das **GrStRefG** v. 26.11.2019[2] wurde § 16 GrStG an den Wegfall der Einheitsbewertung in Bezug auf einen Verweis ins Bewertungsgesetz angepasst.[3]

7–8 *(Einstweilen frei)*

III. Geltungsbereich

9 § 16 GrStG gilt, soweit die Länder in Bezug auf § 16 GrStG nicht von ihrer Abweichungskompetenz nach Art. 72 Abs. 3 Satz 1 Nr. 7 GG Gebrauch gemacht haben, nach § 2 GrStG für **inländischen Grundbesitz**, mithin für die Betriebe der Land- und Forstwirtschaft sowie diesen gleichgestellte Betriebsgrundstücke (wirtschaftliche Einheiten des **land- und forstwirtschaftlichen Vermögens**) und die Grundstücke sowie diesen gleichgestellte Betriebsgrundstücke (wirtschaftliche Einheiten des **Grundvermögens**). Erfasst werden durch die Anknüpfung an den Grundsteuerwert auch die inländischen Teile einer wirtschaftlichen Einheit, die sich sowohl auf das Inland als auch auf das Ausland erstrecken.

10 § 16 GrStG i. d. F. des GrStRefG v. 26.11.2019 findet gem. § 37 Abs. 1 GrStG für die Grundsteuer **ab dem Kalenderjahr 2025** Anwendung.[4] § 16 GrStG i. d. F. des Grundsteuerreformgesetzes v. 7.8.1973 mit der letzten Änderung durch Art. 38 des Gesetzes v. 19.12.2008 (BGBl I S. 2794)

---

[1] BGBl 1973 I S. 965.
[2] GrStRefG v. 26.11.2019, BGBl 2019 I S. 1794.
[3] BT-Drucks. 19/11085 S. 124.
[4] Schnitter, GrStG – eKommentar § 16 Rz. 6.

findet nach § 37 Abs. 2 GrStG für die Grundsteuer **bis einschließlich des Kalenderjahres 2024** Anwendung.[1]

(Einstweilen frei) 11–13

IV. Verhältnis zu anderen Vorschriften

Die Steuermessbeträge ergeben sich nach **§ 13 GrStG** durch Anwendung der Steuermesszahl auf die nach **§ 219 Abs. 1 BewG** in der Hauptfeststellung nach **§ 221 BewG** festgestellten Grundsteuerwerte. Die Steuermesszahl für die land- und forstwirtschaftlichen Betriebe ergibt sich aus **§ 14 GrStG** und für die Grundstücke nach **§ 15 GrStG**. Die in der Hauptveranlagung festgesetzten Steuermessbeträge gelten vorbehaltlich einer Neuveranlagung nach **§ 17 GrStG** und einer Aufhebung nach **§ 20 GrStG** für den Hauptveranlagungszeitraum. Entsteht eine neue wirtschaftliche Einheit oder wird eine bestehende wirtschaftliche Einheit erstmals zur Grundsteuer herangezogen, weshalb eine Hauptveranlagung des Steuermessbetrags zum Hauptfeststellungszeitpunkt nicht erfolgen konnte bzw. erfolgte, wird eine Nachveranlagung nach **§ 18 GrStG** durchgeführt. Das Steuermessbetragsverfahren wird allgemein in **§ 184 AO** geregelt.[2] 14

Die erste Hauptveranlagung wird nach **§ 36 Abs. 1 GrStG** abweichend von § 16 Abs. 1 GrStG nicht auf den 1.1.2022 als erster Hauptfeststellungszeitpunkt, sondern auf den 1.1.2025 durchgeführt. Die Grundsteuermessbeträge gelten gem. **§ 36 Abs. 2 BewG** abweichend zu § 16 Abs. 2 Satz 2 GrStG bereits ab dem 1.1.2025. Dies ist der erste Hauptveranlagungszeitpunkt. 15

(Einstweilen frei) 16–18

B. Systematische Kommentierung

I. Hauptveranlagung und Hauptveranlagungszeitpunkt (§ 16 Abs. 1 GrStG)

1. Hauptveranlagung (§ 16 Abs. 1 Satz 1 GrStG)

Wie die Grundsteuerwerte aller 36 Millionen wirtschaftlichen Einheiten **alle sieben Jahre** nach § 221 BewG festgestellt werden, werden die Steuermessbeträge daran anknüpfend in der Hauptveranlagung nach § 16 Abs. 1 Satz 1 GrStG auf den Hauptveranlagungszeitpunkt allgemein festgesetzt. 19

Die Feststellung des Grundsteuerwerts und die Festsetzung der Steuermessbeträge können in einem Bescheid erfolgen.[3] 20

(Einstweilen frei) 21–23

2. Hauptveranlagungszeitpunkt (§ 16 Abs. 1 Satz 2 GrStG)

Der Zeitpunkt, auf den die Steuermessbeträge allgemein festgesetzt werden, ist der Hauptveranlagungszeitpunkt. Der **Hauptveranlagungszeitpunkt** ist nach § 16 Abs. 1 Satz 1 und 2 GrStG grundsätzlich derselbe wie der **Hauptfeststellungszeitpunkt** (siehe aber auch → Rz. 25). Für die Festsetzung der Steuermessbeträge sind die tatsächlichen Verhältnisse im Hauptveranla- 24

---

1 Schnitter, GrStG – eKommentar § 16 Rz. 6.
2 Siehe dazu vertiefend Bock in Grootens, GrStG § 13 Rz. 33 ff.
3 Troll/Eisele, GrStG § 16 Rz. 7.

gungszeitpunkt maßgeblich. So sind beispielsweise für das Vorliegen der Ermäßigungstatbestände des § 15 Abs. 2–5 GrStG die Verhältnisse im Hauptveranlagungszeitpunkt zugrunde zu legen. Der Hauptveranlagungszeitpunkt hat zudem Einfluss auf den Zeitpunkt, ab dem der Steuermessbetrag gilt (siehe → Rz. 33).

25 Bei der ersten Hauptveranlagung gilt nach § 36 Abs. 1 GrStG als erster Hauptveranlagungszeitpunkt der **1.1.2025**. Auf den 1.1.2025 werden erstmals die Steuermessbeträge beruhend auf den neuen Grundsteuerwerten allgemein festgesetzt. Dies soll dem Urteil des BVerfG v. 10.4.2018 Rechnung tragen.[1] Ab diesem Zeitpunkt an darf die Grundsteuer nicht mehr auf Basis der Einheitswerte erhoben werden.

26 Die Notwendigkeit einer Verschiebung des ersten Hauptveranlagungszeitpunkts wird nicht hinreichend deutlich. Der Gesetzgeber geht davon aus, dass die Steuermessbeträge gemeinsam mit den Grundsteuerwerten festgesetzt werden können.[2] Aufgrund der Verschiebung des Hauptveranlagungszeitpunkts müssen jedoch die **tatsächlichen Verhältnisse unterschiedlicher Zeitpunkte** bei der **Feststellung der Grundsteuerwerte** einerseits und der **Festsetzung der Steuermessbeträge** andererseits zu Grunde gelegt werden. Es hätte genügt den Wirksamkeitszeitpunkt der Steuermessbeträge der Hauptveranlagung um ein Jahr nach hinten zu verschieben.

27–32 *(Einstweilen frei)*

II. Hauptveranlagungszeitraum (§ 16 Abs. 2 GrStG)

33 Die Steuermessbescheide gelten nach § 16 Abs. 2 Satz 1 GrStG vorbehaltlich einer Neuveranlagung nach § 17 GrStG oder einer Aufhebung nach § 20 GrStG des jeweiligen Steuermessbetrags von dem Kalenderjahr an, das zwei Jahre nach dem Hauptveranlagungszeitpunkt beginnt. Dies ist i.V. mit § 16 Abs. 2 Satz 3 GrStG der **Beginn des Hauptveranlagungszeitraums**. Der Finanzverwaltung soll damit genügend Zeit eingeräumt werden, für sämtliche wirtschaftlichen Einheiten die Steuermessbeträge festzusetzen, ehe diese Wirkung für die Grundsteuer entfalten.[3] Das Volumen der Steuermessbeträge soll des Weiteren so frühzeitig wie möglich bekannt sein, dass die Gemeinden ihre Hebesätze entsprechend festsetzen können.[4]

34 Ohne die Festlegung eines bestimmten Zeitpunkts, ab dem der Steuermessbetrag Wirkung entfaltet, würde der Steuermessbetrag mit der Bekanntgabe wirksam werden. Damit wäre der von Zufälligkeiten abhängige Bearbeitungszeitpunkt bei der jeweiligen wirtschaftlichen Einheit für das Wirksamwerden der Steuermessbeträge maßgeblich. Um die Gleichmäßigkeit der Besteuerung zu gewährleisten, wird daher für alle wirtschaftlichen Einheiten ein **einheitlicher, fester Zeitpunkt** für das **Wirksamwerden** der **Steuermessbeträge** bestimmt.

35 Die erste Hauptveranlagung zum 1.1.2025 mit zeitgleicher Wirkung für die Grundsteuer ist nur dann administrierbar, wenn die Steuermessbescheide bereits **vor dem Hauptveranlagungszeitpunkt** erlassen werden können. Die Zulässigkeit des vorzeitigen Erlasses der Steuermessbescheide ist nach der Rechtsprechung des BFH[5] ohne eine entsprechende Ermächtigungsgrundlage jedoch fraglich, da den Steuermessbescheiden die Verhältnisse zum 1.1.2025 zugrunde zu legen sind und diese erst mit Ablauf des 31.12.2024 vorliegen. Eine solche Mög-

---

1 BT-Drucks. 19/11085 S. 126.
2 BT-Drucks. 19/11085 S. 126.
3 Troll/Eisele, GrStG § 16 Rz. 7.
4 Siehe dazu Grootens in Grootens, GrStG § 25 Rz. 64 ff.
5 BFH, Urteil v. 15.9.1961 - III 102/59 U, BStBl 1961 III S. 4; vgl. auch BT-Drucks 6/1888 S. 5 zu § 24a BewG.

lichkeit des vorzeitigen Erlasses der Steuermessbescheide sieht der mit dem Jahressteuergesetz 2020[1] eingeführte § 36 Abs. 3 Satz 1 GrStG daher vor.[2] Steuermessbescheide, die vor dem Hauptveranlagungszeitpunkt erlassen werden, entfalten Ihre Wirkung jedenfalls erst zum Beginn des Hauptveranlagungszeitraums an. Bei zwischen Erlass und Hauptfeststellungszeitpunkt eintretenden Änderungen, die zu einem anderen Steuermessbetrag führen würden, muss eine Änderung des Steuermessbetrags erfolgen. Eine solche Änderungsmöglichkeit ist nach § 36 Abs. 3 Satz 2 GrStG i.V. mit § 21 Satz 2 GrStG vorgesehen.

Die Steuermessbeträge bleiben nach § 16 Abs. 2 Satz 2 GrStG vorbehaltlich einer Neuveranlagung nach § 17 GrStG oder einer Aufhebung nach § 20 GrStG des jeweiligen Steuermessbetrags bis zum Wirksamwerden der Steuermessbeträge der nächsten Hauptveranlagung wirksam. Mit der nächsten Hauptveranlagung **endet** i.V. mit § 16 Abs. 2 Satz 3 GrStG der **Hauptveranlagungszeitraum**. Damit lösen die neuen Steuermessbeträge die alten Steuermessbeträge ab und es entsteht kein grundsteuerfreier Zeitraum. Der erste Hauptveranlagungszeitraum beträgt nicht sieben sondern sechs Jahre:

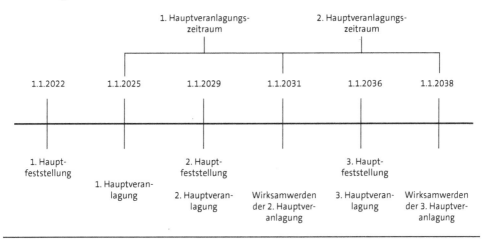

(Einstweilen frei)

III. Nachholung der Hauptveranlagung bei abgelaufener Festsetzungsfrist (§ 16 Abs. 3 GrStG)

Ist die Festsetzung des Steuermessbetrags bei der Hauptveranlagung unterblieben und die Festsetzungsfrist bereits abgelaufen, gestattet § 16 Abs. 3 GrStG **eine Festsetzung des Steuermessbetrags** auf einen Zeitpunkt, für den die **Festsetzungsfrist noch nicht abgelaufen** ist (sog. Nachholung der Hauptveranlagung). Zu einer Nichtfestsetzung des Steuermessbetrags kann es aus unterschiedlichen Gründen, beispielsweise bei einer fälschlichen Annahme einer Steuerbefreiung, kommen.

> **BEISPIEL:** Für eine wirtschaftliche Einheit wurde kein Grundsteuerwert auf den 1.1.2022 festgestellt und auch kein Steuermessbescheid erlassen, da die Finanzverwaltung fälschlicher Weise eine Steuerbefreiung angenommen hat. Der Fehler fällt im Jahr 2030 auf.

---

1 Jahressteuergesetz 2020 v. 21.12.2020, BGBl 2020 I S. 3096.
2 Siehe vertiefend Lehmann in Grootens, GrStG § 36 Rz. 5 f.

LÖSUNG: Der Steuermessbescheid auf den 1.1.2025 mit Wirkung ab dem 1.1.2025 und der Grundsteuerbescheid ab dem Jahr 2025 kann im Jahr 2030 nicht mehr erlassen werden, da insoweit die vierjährige Festsetzungsfrist abgelaufen ist. Es kann allerdings nach § 16 Abs. 3 GrStG die Hauptveranlagung auf den 1.1.2025 mit Wirkung vom 1.1.2026 nachgeholt werden, da hierfür die Festsetzungsfrist noch nicht abgelaufen ist. Der Grundsteuerwert kann ebenfalls mit dieser Wirkung festgestellt werden, da die Feststellungsfrist nach § 181 Abs. 5 AO solange nicht abläuft, wie die Grundsteuer noch nicht festsetzungsverjährt ist.[1]

§ 17 GrStG Neuveranlagung

(1) Wird eine Wertfortschreibung § 222 Absatz 1 des Bewertungsgesetzes) oder eine Artfortschreibung oder Zurechnungsfortschreibung (§ 222 Absatz 2 des Bewertungsgesetzes) durchgeführt, so wird der Steuermessbetrag auf den Fortschreibungszeitpunkt neu festgesetzt (Neuveranlagung).

(2) Der Steuermessbetrag wird auch dann neu festgesetzt, wenn dem Finanzamt bekannt wird, dass

1. Gründe, die im Feststellungsverfahren über den Grundsteuerwert nicht zu berücksichtigen sind, zu einem anderen als dem für den letzten Veranlagungszeitpunkt festgesetzten Steuermessbetrag führen oder

2. die letzte Veranlagung fehlerhaft ist; § 176 der Abgabenordnung ist hierbei entsprechend anzuwenden; das gilt jedoch nur für Veranlagungszeitpunkte, die vor der Verkündung der maßgeblichen Entscheidung eines obersten Gerichts des Bundes liegen.

(3) [1]Der Neuveranlagung werden die Verhältnisse im Neuveranlagungszeitpunkt zugrunde gelegt. [2]Neuveranlagungszeitpunkt ist

1. in den Fällen des Absatzes 1 der Beginn des Kalenderjahres, auf den die Fortschreibung durchgeführt wird;

2. in den Fällen des Absatzes 2 Nr. 1 der Beginn des Kalenderjahres, auf den sich erstmals ein abweichender Steuermessbetrag ergibt. [2]§ 16 Abs. 3 ist entsprechend anzuwenden;

3. in den Fällen des Absatzes 2 Nr. 2 der Beginn des Kalenderjahres, in dem der Fehler dem Finanzamt bekannt wird, bei einer Erhöhung des Steuermessbetrags jedoch frühestens der Beginn des Kalenderjahres, in dem der Steuermessbescheid erteilt wird.

(4) Treten die Voraussetzungen für eine Neuveranlagung während des Zeitraums zwischen dem Hauptveranlagungszeitpunkt und dem Zeitpunkt des Wirksamwerdens der Steuermessbeträge (§ 16 Abs. 2) ein, so wird die Neuveranlagung auf den Zeitpunkt des Wirksamwerdens der Steuermessbeträge vorgenommen.

Inhaltsübersicht	Rz.
A. Allgemeine Erläuterungen zu § 17 GrStG	1 - 21
I. Normzweck und wirtschaftliche Bedeutung der Vorschrift	1 - 7
II. Entstehung und Entwicklung der Vorschrift	8 - 11
III. Geltungsbereich	12 - 16
IV. Verhältnis zu anderen Vorschriften	17 - 21
B. Systematische Kommentierung	22 - 54
I. Neuveranlagung bei Fortschreibung des Grundsteuerwerts (§ 17 Abs. 1 GrStG)	22 - 30
II. Neuveranlagung ohne Fortschreibung des Grundsteuerwerts (§ 17 Abs. 2 GrStG)	31 - 44
1. Neuveranlagung ohne Änderung des Grundsteuerwertbescheids (§ 17 Abs. 2 Nr. 1 GrStG)	31 - 35
2. Fehlerbeseitigende Neuveranlagung (§ 17 Abs. 2 Nr. 2 GrStG)	36 - 44

---

1 BFH, Urteil v. 11.11.2009 - II R 14/08, BStBl 2010 II S. 723.

III. Neuveranlagungszeitpunkt (§ 17 Abs. 3 GrStG)	45 – 52
IV. Neuveranlagungszeitpunkt bei einer Neuveranlagung zwischen Hauptveranlagungszeitpunkt und Wirksamwerden der Steuermessbeträge (§ 17 Abs. 4 GrStG)	53 – 54

A. Allgemeine Erläuterungen zu § 17 GrStG

I. Normzweck und wirtschaftliche Bedeutung der Vorschrift

§ 17 GrStG regelt die **Neuveranlagung des Steuermessbetrags**. Zu einer Neuveranlagung kommt es nach § 17 Abs. 1 GrStG, wenn eine **Wertfortschreibung** nach § 222 Abs. 1 BewG oder eine **Art-** oder **Zurechnungsfortschreibung** nach § 222 Abs. 2 BewG durchgeführt wurde. In diesem Fall muss der Steuermessbetrag an den neuen Grundsteuerwert angepasst werden oder ggf. an einen neuen Adressaten bekannt gegeben werden. 1

§ 17 Abs. 2 GrStG bestimmt, dass eine Neuveranlagung des Steuermessbetrags auch zu erfolgen hat, wenn der Finanzbehörde Gründe bekannt werden, die im Feststellungsverfahren über den Grundsteuerwert nicht zu berücksichtigen sind, aber zu einem anderen als dem für den letzten Veranlagungszeitpunkt festgesetzten Steuermessbetrag führen oder wenn die **letzte Veranlagung fehlerhaft** ist. 2

§ 17 Abs. 3 GrStG regelt die **Neuveranlagungszeitpunkte** auf denen die Neuveranlagung zu erfolgen hat. § 17 Abs. 4 GrStG regelt den Neuveranlagungszeitpunkt in dem Sonderfall, dass zwischen Hauptveranlagungszeitpunkt und Wirksamwerden der Steuermessbeträge die Tatbestandsvoraussetzungen einer Neuveranlagung eintreten. 3

§ 17 GrStG ist damit im Wesentlichen eine **Änderungsnorm**, um Änderung der Steuermessbescheide aufgrund geänderte Grundsteuerwertbescheide vornehmen zu können. § 17 Abs. 1 GrStG korrespondiert mit den Änderungsvorschriften des BewG zum Grundsteuerwert[1] (§ 222 BewG). 4

(Einstweilen frei) 5–7

II. Entstehung und Entwicklung der Vorschrift

Die Norm wurde in ihrer heutigen Fassung durch das Grundsteuerreformgesetz v. 7.8.1973[2] eingeführt. Durch das **GrStRefG** v. 26.11.2019[3] wurde § 17 GrStG an den Wegfall der Einheitsbewertung hinsichtlich der Verweise ins BewG angepasst.[4] Der in § 17 Abs. 2 Nr. 1 GrStG i. d. F. des GrStRefG v. 26.11.2019 noch verwendete Begriff des Einheitswerts wurde mit dem Jahressteuergesetz 2020 durch den zutreffenden Begriff des Grundsteuerwerts ersetzt.[5] 8

(Einstweilen frei) 9–11

---

1 Vgl. BT-Drucks. 6/3418 S. 89 zum Zweiten Steuerreformgesetz (ursprünglicher Gesetzentwurf zum Grundsteuerreformgesetz v. 7.8.1973).
2 BGBl 1973 I S. 965.
3 GrStRefG v. 26.11.2019, BGBl 2019 I S. 1794.
4 BT-Drucks. 19/11085 S. 124.
5 Jahressteuergesetz 2020 v. 21.12.2020, BGBl 2020 I S. 3096.

III. Geltungsbereich

12 § 17 GrStG gilt, soweit die Länder in Bezug auf § 17 GrStG nicht von ihrer Abweichungskompetenz nach Art. 72 Abs. 3 Satz 1 Nr. 7 GG Gebrauch gemacht haben, nach § 2 GrStG für **inländischen Grundbesitz**, mithin für die Betriebe der Land- und Forstwirtschaft sowie diesen gleichgestellte Betriebsgrundstücke (wirtschaftliche Einheiten des **land- und forstwirtschaftlichen Vermögens**) und die Grundstücke sowie diesen gleichgestellte Betriebsgrundstücke (wirtschaftliche Einheiten des **Grundvermögens**). Erfasst werden durch die Anknüpfung an den Grundsteuerwert auch die inländischen Teile einer wirtschaftlichen Einheit, die sich sowohl auf das Inland als auch auf das Ausland erstrecken.

13 § 17 GrStG i. d. F. des GrStRefG v. 26.11.2019 findet gem. § 37 Abs. 1 GrStG für die Grundsteuer **ab dem Kalenderjahr 2025** Anwendung.[1] § 17 GrStG i. d. F. des Grundsteuerreformgesetzes v. 7.8.1973 mit der letzten Änderung durch Art. 38 des Gesetzes v. 19.12.2008 (BGBl I S. 2794) findet nach § 37 Abs. 2 GrStG für die Grundsteuer **bis einschließlich des Kalenderjahres 2024** Anwendung.[2]

14–16 *(Einstweilen frei)*

IV. Verhältnis zu anderen Vorschriften

17 Eine Neuveranlagung des Steuermessbetrags nach § 17 Abs. 1 GrStG hat nach einer Wertfortschreibung nach **§ 222 Abs. 1 BewG** und einer Art- oder Zurechnungsfortschreibung nach **§ 222 Abs. 2 BewG** zu erfolgen. Die Berechnung des Steuermessbetrags richtet sich auch bei der Neuveranlagung nach **§§ 13 ff. GrStG**. Aufgrund des um zwei Jahre verzögerten Wirksamwerdens der Steuermessbeträge der Hauptveranlagung nach **§ 16 Abs. 2 GrStG** bedarf es der Sonderregelung in Bezug auf den Neuveranlagungszeitpunkt in § 17 Abs. 4 GrStG.

18 Die Änderungsmöglichkeiten des Steuermessbescheids nach § 17 GrStG bestehen neben den allgemeinen Änderungsvorschriften nach der AO (**§§ 172 ff. AO**)[3]. Bei einer Änderung des Grundsteuerwertbescheids als Grundlagenbescheid kann auch eine Änderung des Grundsteuermessbescheids nach **§ 175 Abs. 1 Nr. 1 AO** in Betracht kommen. § 17 Abs. 2 Nr. 2 GrStG hat insbesondere Bedeutung bei abgelaufener Festsetzungsfrist nach **§§ 169 ff. AO** für eine Änderung des Grundsteuermessbescheids von Beginn an. Die Vertrauensschutzvorschrift des **§ 176 AO** findet auf eine fehlerbeseitigende Neuveranlagung nach § 17 Abs. 2 Nr. 2 GrStG entsprechende Anwendung.

19–21 *(Einstweilen frei)*

---

[1] Schnitter, GrStG – eKommentar § 17 Rz. 7.
[2] Schnitter, GrStG – eKommentar § 17 Rz. 7.
[3] Siehe dazu Bock in Grootens, GrStG § 13 Rz. 63 f.

B. Systematische Kommentierung

I. Neuveranlagung bei Fortschreibung des Grundsteuerwerts (§ 17 Abs. 1 GrStG)

Nach § 17 Abs. 1 GrStG erfolgt eine Neuveranlagung des Grundsteuermessbetrags, wenn eine **Wert-, Art oder Zurechnungsfortschreibung** des Grundsteuerwerts nach § 222 BewG erfolgt ist. Die Neuveranlagung setzt begrifflich einen bereits festgesetzten Grundsteuermessbetrag voraus.[1] Die Neuveranlagung erfolgt von Amts wegen. Ein Antrag des Steuerpflichtigen ist nicht erforderlich.

Zu einer **Wertfortschreibung** nach § 222 Abs. 1 BewG kommt es, wenn aufgrund einer Änderung der tatsächlichen Umstände, beispielsweise Abriss eines Gebäudes oder Neubau eines Gebäudes, ein anderer Grundsteuerwert festzustellen ist.[2] Der durch eine Wertfortschreibung geänderte Grundsteuerwert würde entsprechend zu einem anderen Steuermessbetrag führen, so dass dieser nach § 17 Abs. 1 GrStG neu zu veranlagen ist. Die wertmäßigen Veränderungen müssen nach § 222 Abs. 1 BewG bestimmte Größenordnungen erreichen. Werden diese nicht erreicht, erfolgt keine Wertfortschreibung und damit auch keine Neuveranlagung des Grundsteuermessbetrags.[3]

BEISPIEL: Der Grundsteuerwert eines unbebauten Grundstücks wurde in der 2. Hauptfeststellung auf den 1.1.2029 mit 150.000 € festgestellt und ein Grundsteuermessbetrag i. H. von 51 € festgesetzt. Zum 1.1.2033 wird der Bau eines Einfamilienhauses fertiggestellt. Es ergibt sich dadurch ein Grundsteuerwert i. H. von 300.000 €.

LÖSUNG: Die Voraussetzungen einer Wertfortschreibung nach § 222 Abs. 1 BewG liegen vor und der Grundsteuerwert ist auf den 1.1.2033 i. H. von 300.000 € festzustellen. Aufgrund der Wertfortschreibung erfolgt eine Neuveranlagung des Grundsteuermessbetrags auf den 1.1.2033 i. H. von 102 €.

Zu einer **Artfortschreibung** nach § 222 Abs. 2 BewG kommt es, wenn sich die Grundstücksart ändert.[4] Diese ist regelmäßig mit einer Wertfortschreibung verbunden.[5] Aufgrund der Artfortschreibung ist der Grundsteuermessbetrag nach § 17 GrStG neu zu veranlagen, wenn sich ein geänderter Grundsteuermessbetrag ergibt.

Eine **Zurechnungsfortschreibung** erfolgt, wenn sich die Eigentumsverhältnisse und damit die Zurechnung der wirtschaftlichen Einheit ändern.[6] Damit ist auch der Adressat des Grundsteuerwertbescheids ein anderer. In diesem Fall muss auch der Grundsteuermessbescheid an den neuen Eigentümer bekannt gegeben werden. Dies erfolgt über eine Neuveranlagung nach § 17 GrStG. Über das Ende der Steuerpflicht ist der alte Eigentümer zu bescheiden, da er ein besonderes Interesse an der Feststellung des Endes seines Steuerschuldverhältnisses (sog. **Negativ-**

---

1 BFH, Urteil v. 13.6.1984 - III R 131/80, BStBl 1984 II S. 816 in Bezug auf die Fortschreibung des Einheitswerts; Roscher, 360° GrStG eKommentar, § 17 Rz. 8 (a. F.); Troll/Eisele, GrStG § 17 Rz. 3.
2 Siehe hierzu vertiefend Wredenhagen in Grootens, GrStG § 222 Rz. 71 ff.
3 Roscher, 360° GrStG eKommentar, § 17 Rz. 8 (a. F.).
4 Siehe hierzu vertiefend Wredenhagen in Grootens, GrStG § 222 Rz. 91 ff.
5 Roscher, 360° GrStG eKommentar, § 17 Rz. 8 (a. F.).
6 Siehe hierzu vertiefend Wredenhagen in Grootens, GrStG § 222 Rz. 101 ff.

bescheid) haben kann.[1] Seine Pflicht zu Vorauszahlungen würde nach § 29 GrStG anderenfalls erst mit Bekanntgabe eines neuen Grundsteuerbescheids enden.[2]

27 Umstritten ist, ob bei einer Neuveranlagung aufgrund Zurechnungsfortschreibung des Grundsteuerwerts auch über die Höhe des Grundsteuermessbescheids neu entschieden wird.[3] Dies ist zu bejahen, da ein Eigentümerwechsel zum **Wegfall oder zur Begründung einer ermäßigten Steuermesszahl** nach § 15 Abs. 2–5 GrStG führen kann und jedenfalls eine Neuveranlagung nach § 17 Abs. 2 Nr. 1 GrStG zu erfolgen hätte.

28–30 *(Einstweilen frei)*

II. Neuveranlagung ohne Fortschreibung des Grundsteuerwerts (§ 17 Abs. 2 GrStG)

1. Neuveranlagung ohne Änderung des Grundsteuerwertbescheids (§ 17 Abs. 2 Nr. 1 GrStG)

31 § 17 Abs. 2 Nr. 1 GrStG ermöglicht eine Änderung des Steuermessbescheids für Zwecke der Grundsteuer in Fällen, in denen der **Grundsteuerwert** unverändert bleibt, aber Änderungen eingetreten sind, die zu einem anderen Grundsteuermessbetrag führen.[4]

32 Die Norm betrifft insbesondere Fälle, bei denen die Voraussetzungen für die **Ermäßigung der Steuermesszahl** nach § 15 Abs. 2–5 GrStG wegfallen.[5] Erfasst werden auch Fälle anderer **Steuerbefreiungen**, wenn im Rahmen der Feststellung des Grundsteuerwerts nicht über die sachliche Steuerpflicht entschieden wurde.[6] Bei einer Steuerbefreiung der gesamten wirtschaftlichen Einheit hat allerdings eine Aufhebung nach § 20 Abs. 1 Nr. 2 Buchst. a GrStG zu erfolgen.[7] Bei Wegfall einer Steuerbefreiung der gesamten wirtschaftlichen Einheit hat eine Nachveranlagung nach § 18 Abs. 2 GrStG zu erfolgen.[8]

33–35 *(Einstweilen frei)*

2. Fehlerbeseitigende Neuveranlagung (§ 17 Abs. 2 Nr. 2 GrStG)

36 Eine Neuveranlagung ist nach § 17 Abs. 2 Nr. 2 GrStG auch zur **Fehlerbeseitigung** durchzuführen.[9] § 17 Abs. 2 Nr. 2 GrStG ist insbesondere einschlägig, wenn sich der Fehler nicht auf den Grundsteuerwert, sondern nur auf den Grundsteuermessbetrag ausgewirkt hat und es daher nicht zu einer Neuveranlagung nach § 17 Abs. 1 GrStG kommt.[10] Mit der Norm soll verhindert

---

1 Zu weitgehend Troll/Eisele, GrStG § 17 Rz. 2, die eine Bekanntgabe des neuen Grundsteuermessbescheids an den alten Eigentümer für zweckmäßig halten. Dies dürfte wegen des Steuergeheimnisses unzulässig sein. Lediglich die reine Zurechnungsfortschreibung ist gegenüber dem neuen und dem alten Zurechnungsempfänger einheitlich festzustellen. Vgl. BFH, Urteil v. 8.6.1988 - II R 219/84, BStBl 1984 II S. 760; BFH, Urteil v. 27.4.1956 - III 41/56 S, BStBl 1956 III S. 203.
2 Siehe dazu vertiefend Grootens in Grootens, GrStG § 29 Rz. 36.
3 Vgl. vertiefend zur damit zusammenhängenden Frage der dinglichen Wirkung des Grundsteuermessbescheids m. N. Bock in Grootens, GrStG § 13 Rz. 55 f.
4 Vgl. BT-Drucks. 6/3418 S. 82 zum Zweiten Steuerreformgesetz (ursprünglicher Gesetzentwurf zum Grundsteuerreformgesetz v. 7.8.1973).
5 Vgl. zur Ermäßigung nach § 58 GrStDV 1937 in den neuen Bundesländern FG Thüringen, Urteil v. 17.1.1996 - I 109/95, EFG 1996 S. 668.
6 Vgl. vertiefend hierzu Bock in Grootens, GrStG § 13 Rz. 27 ff.
7 Siehe dazu vertiefend Bock in Grootens, GrStG § 20 Rz. 20 ff.
8 Siehe dazu vertiefend Bock in Grootens, GrStG § 18 Rz. 20 ff.
9 Siehe bereits BFH, Urteil v. 30.4.1964 - III 53/61 U, BStBl 1964 III S. 412.
10 Schnitter, GrStG – eKommentar § 17 Rz. 14.

werden, dass der fehlerhafte Grundsteuermessbetrag für zukünftige Erhebungszeiträume festgeschrieben wird.

Ein Fehler ist jede **objektive Unrichtigkeit**.[1] Anknüpfungspunkte können sämtliche tatsächlichen und rechtlichen Umstände sein, die nicht für die Höhe des Grundsteuerwerts, aber für die Höhe des Grundsteuermessbetrags von Bedeutung sind oder sein können (beispielsweise zutreffende Steuermesszahl, Berechnung des Steuermessbetrags, sachliche und persönliche Steuerpflicht usw.).[2]

Unerheblich ist, ob sich der Fehler **zugunsten oder zuungunsten des Steuerpflichtigen** auswirkt.[3] Ein Verschulden bei der fehlerhaften Festsetzung hat keinen Einfluss auf die Zulässigkeit einer Neuveranlagung. Die Anzahl der korrigierten Fälle ist ebenfalls unerheblich.[4] Das Nichterreichen der Wertgrenzen nach § 222 Abs. 1 BewG genügt allerdings nicht für eine Neuveranlagung nach § 17 Abs. 2 Nr. 1 GrStG. Der Grundsteuerwertbescheid als Grundlagenbescheid ist insoweit für den Grundsteuermessbescheid bindend.[5]

§ 176 AO ist bei der fehlerbeseitigenden Neuveranlagung entsprechend anzuwenden, d. h. der Steuerpflichtige genießt **Vertrauensschutz** bei einer Änderung der höchstrichterlichen Rechtsprechung in Bezug auf die Veranlagungszeiträume vor dem jeweiligen Urteil.

Die Neuveranlagung nach § 17 Abs. 2 GrStG ist **von Amts wegen** durchzuführen. Ein Antrag des Steuerpflichtigen ist nicht erforderlich. Wiedereinsetzung in den vorherigen Stand ist daher nicht möglich.[6]

Eine Neuveranlagung nach § 17 Abs. 2 Nr. 1 GrStG kann auch mit einer fehlerbeseitigenden Neuveranlagung nach § 17 Abs. 2 Nr. 2 GrStG verbunden werden. Die **Neuveranlagungen** stehen dennoch **selbstständig nebeneinander** und sind ggf. auf unterschiedliche Neuveranlagungszeitpunkte i. S. des § 17 Abs. 3 GrStG durchzuführen (siehe dazu → Rz. 45 ff.).[7]

(Einstweilen frei)

III. Neuveranlagungszeitpunkt (§ 17 Abs. 3 GrStG)

§ 17 Abs. 3 GrStG regelt die **Veranlagungszeitpunkte** bei einer Neuveranlagung. Der Neuveranlagung sind nach § 17 Abs. 3 Satz 1 GrStG die Verhältnisse im Neuveranlagungszeitpunkt zugrunde zu legen.[8] Dies ist i. d. R. der Beginn eines bestimmten Kalenderjahres (siehe → Rz. 47 ff.). Änderungen während eines Kalenderjahres können daher erst zu Beginn des nächsten Kalenderjahres berücksichtigt werden.[9] Nach § 21 GrStG können die Neuveranlagungsbescheide allerdings auch schon vor dem Neuveranlagungszeitpunkt erlassen werden.[10]

---

1 Vgl. BFH, Urteil v. 29.11.1989 - II R 53/87, BStBl 1990 II S. 149 zu § 22 Abs. 3 BewG.
2 BFH, Urteil v. 29.11.1989 - II R 53/87, BStBl 1990 II S. 149; FG Thüringen, Urteil v. 17.1.1996 - I 109/95, EFG 1996 S. 668; siehe auch Roscher, 360° GrStG eKommentar, § 17 Rz. 9 (a. F.).
3 Troll/Eisele, GrStG § 17 Rz. 4; Roscher, 360° GrStG eKommentar, § 17 Rz. 9 (a. F.).
4 Vgl. BFH, Urteil v. 5.5.1993 - II R 17/90, BStBl 1993 II S. 745 zur Kollektivfortschreibung beim Einheitswert.
5 Troll/Eisele, GrStG § 17 Rz. 3; Roscher, 360° GrStG eKommentar, § 17 Rz. 9 (a. F.).
6 BFH, Urteil v. 23.6.1978 - III R 112/76, BStBl 1978 II S. 642.
7 BFH, Urteil v. 15.10.1981 - II R 96/80, BStBl 1982 II S. 15; Troll/Eisele, GrStG § 17 Rz. 5.
8 BFH, Urteil v. 18.10.1963 - III 152/61 U, BStBl 1964 III S. 2; BFH, Urteil v. 9.9.1992 - II R 109/89, BStBl 1993 II S. 653 zur Nachfeststellung des Einheitswerts; BFH, Urteil v. 30.6.2010 - II R 13/09, NWB CAAAD-52031 zum Fortschreibungszeitpunkt des Einheitswerts; Roscher, 360° GrStG eKommentar, § 17 Rz. 10 (a. F.); Troll/Eisele, GrStG § 17 Rz. 5
9 BFH, Urteil v. 18.10.1963 - III 152/61 U, BStBl 1964 III S. 2; Troll/Eisele, GrStG § 17 Rz. 5; Roscher, 360° GrStG eKommentar, § 17 Rz. 8 (a. F.).
10 Siehe vertiefend Bock in Grootens, GrStG § 21 Rz. 1 ff.

46 Eine Neuveranlagung ist solange möglich wie die **Festsetzungsfrist** für den Neuveranlagungszeitpunkt noch nicht abgelaufen ist. Dies ist nach § 169 Abs. 2 Nr. 2 AO der Fall, wenn die Festsetzungsfrist für die Grundsteuer des betreffenden Jahres noch nicht abgelaufen ist.[1] Eine Neuveranlagung kann daher auch auf einen zurückliegenden Zeitpunkt erfolgen.[2]

47 Der **Neuveranlagungszeitpunkt** ist nach § 17 Abs. 3 Satz 2 Nr. 1 GrStG in den Fällen der **Neuveranlagung nach § 17 Abs. 1 GrStG** aufgrund einer **Fortschreibung des Grundsteuerwerts** der Beginn des Kalenderjahres, auf den die Fortschreibung durchgeführt wird. Der Fortschreibungszeitpunkt nach § 222 Abs. 4 Nr. 1 BewG ist daher identisch mit dem Neuveranlagungszeitpunkt.[3]

48 In den Fällen der **Neuveranlagung nach § 17 Abs. 2 Nr. 1 GrStG** aufgrund von Gründen, die im Feststellungsverfahren über den Grundsteuerwert nicht zu berücksichtigen sind und zu einem anderen als dem für den letzten Veranlagungszeitpunkt festgesetzten Steuermessbetrag führen, ist der **Neuveranlagungszeitpunkt** nach § 17 Abs. 3 Satz 2 Nr. 2 GrStG der Beginn des Kalenderjahres, auf den sich erstmals ein abweichender Steuermessbetrag ergibt. § 16 Abs. 3 GrStG ist dabei nach § 17 Abs. 3 Satz 3 GrStG entsprechend anzuwenden. Ist mithin die Festsetzungsfrist für die Neuveranlagung bereits abgelaufen, so kann diese unter Zugrundelegung der Verhältnisse vom Neuveranlagungszeitpunkt mit Wirkung für einen späteren Veranlagungszeitpunkt vorgenommen werden, für den diese Frist noch nicht abgelaufen ist.[4]

49 Der **Neuveranlagungszeitpunkt** ist nach § 17 Abs. 3 Satz 2 Nr. 3 GrStG in den Fällen einer **fehlerbeseitigenden Neuveranlagung nach § 17 Abs. 2 Nr. 2 GrStG** der Beginn des Kalenderjahres, in dem der Fehler dem Finanzamt bekannt wird, bei einer Erhöhung des Steuermessbetrags jedoch frühestens der Beginn des Kalenderjahres, in dem der Steuermessbescheid erteilt wird. Der Neuveranlagungszeitpunkt bei einer fehlerbeseitigenden Neuveranlagung differenziert folglich danach, ob der Steuermessbetrag zu Gunsten oder zu Ungunsten des Steuerpflichtigen zu korrigieren ist. Ist die Neuveranlagung zu Gunsten des Steuerpflichtigen ist Neuveranlagungszeitpunkt der Beginn des Jahres, in dem das Finanzamt von dem Fehler Kenntnis erlangt. Wirkt sich die Neuveranlagung zu Ungunsten des Steuerpflichtigen aus, ist der Neuveranlagungszeitpunkt der Beginn des Jahres, in dem der Steuermessbescheid dem Steuerpflichtigen bekannt gegeben wird.

50–52 *(Einstweilen frei)*

IV. Neuveranlagungszeitpunkt bei einer Neuveranlagung zwischen Hauptveranlagungszeitpunkt und Wirksamwerden der Steuermessbeträge (§ 17 Abs. 4 GrStG)

53 § 17 Abs. 4 GrStG enthält eine **Sonderreglung** für den **Neuveranlagungszeitpunkt** bei Eintreten der Voraussetzungen für eine Neuveranlagung zwischen Hauptveranlagungszeitpunkt und Wirksamwerden der Steuermessbeträge.[5] Treten die Voraussetzungen für eine Neuveranlagung während des Zeitraums zwischen dem Hauptveranlagungszeitpunkt und dem Zeitpunkt des Wirksamwerdens der Steuermessbeträge (zwei Jahre nach dem Hauptveranlagungszeit-

---

1 Siehe vertiefend Bock in Grootens, GrStG § 13 Rz. 58 f.
2 Troll/Eisele, GrStG § 17 Rz. 5.
3 Troll/Eisele, GrStG § 17 Rz. 5.
4 Siehe vertiefend Bock in Grootens, GrStG § 16 Rz. 40 f.
5 Roscher, 360° GrStG eKommentar, § 17 Rz. 11.

raum, vgl. § 16 Abs. 2 GrStG)[1] ein, wird die Neuveranlagung auf den Zeitpunkt des Wirksamwerdens der Steuermessbeträge und nicht auf die Neuveranlagungszeitpunkte nach § 17 Abs. 3 GrStG vorgenommen. Damit wird verhindert, dass die Neuveranlagung auf einen Zeitpunkt vorgenommen wird, der vor dem Wirksamwerden der Steuermessbeträge der Hauptveranlagung liegt.

Für die **erste Hauptveranlagung** geht die Regelung allerdings ins Leere, da der Hauptveranlagungszeitpunkt und das Wirksamwerden der Steuermessbeträge nach § 36 Abs. 2 GrStG auf denselben Zeitpunkt fällt.[2] Es existiert damit kein Zeitraum zwischen Hauptveranlagungszeitpunkt und Wirksamwerden der Steuermessbeträge.

54

§ 18 GrStG Nachveranlagung

(1) Wird eine Nachfeststellung (§ 223 Absatz 1 des Bewertungsgesetzes) durchgeführt, so wird der Steuermessbetrag auf den Nachfeststellungszeitpunkt nachträglich festgesetzt (Nachveranlagung).

(2) Der Steuermessbetrag wird auch dann nachträglich festgesetzt, wenn der Grund für die Befreiung des Steuergegenstandes von der Grundsteuer wegfällt, der für die Berechnung der Grundsteuer maßgebende Grundsteuerwert (§ 13 Abs. 1) aber bereits festgestellt ist.

(3) ¹Der Nachveranlagung werden die Verhältnisse im Nachveranlagungszeitpunkt zugrunde gelegt. ²Nachveranlagungszeitpunkt ist

1. in den Fällen des Absatzes 1 der Beginn des Kalenderjahres, auf den der Grundsteuerwert nachträglich festgestellt wird;

2. in den Fällen des Absatzes 2 der Beginn des Kalenderjahres, der auf den Wegfall des Befreiungsgrundes folgt. ²§ 16 Abs. 3 ist entsprechend anzuwenden.

(4) Treten die Voraussetzungen für eine Nachveranlagung während des Zeitraums zwischen dem Hauptveranlagungszeitpunkt und dem Zeitpunkt des Wirksamwerdens der Steuermessbeträge (§ 16 Abs. 2) ein, so wird die Nachveranlagung auf den Zeitpunkt des Wirksamwerdens der Steuermessbeträge vorgenommen.

Inhaltsübersicht	Rz.
A. Allgemeine Erläuterungen zu § 18 GrStG	1 - 19
I. Normzweck und wirtschaftliche Bedeutung der Vorschrift	1 - 6
II. Entstehung und Entwicklung der Vorschrift	7 - 10
III. Geltungsbereich	11 - 15
IV. Verhältnis zu anderen Vorschriften	16 - 19
B. Systematische Kommentierung	20 - 40
I. Nachveranlagung bei Nachfeststellung des Grundsteuerwerts (§ 18 Abs. 1 GrStG)	20 - 26
II. Nachveranlagung bei Wegfall einer Steuerbefreiung (§ 18 Abs. 2 GrStG)	27 - 31
III. Nachveranlagungszeitpunkt (§ 18 Abs. 3 GrStG)	32 - 38
IV. Nachveranlagungszeitpunkt bei einer Nachveranlagung zwischen Hauptveranlagungszeitpunkt und Wirksamwerden der Steuermessbeträge (§ 18 Abs. 4 GrStG)	39 - 40

---

1 Siehe Bock in Grootens, GrStG § 16 Rz. 33 ff.
2 Siehe dazu vertiefend Lehmann in Grootens, GrStG § 36 Rz. 13 ff.

A. Allgemeine Erläuterungen zu § 18 GrStG

I. Normzweck und wirtschaftliche Bedeutung der Vorschrift

1 § 18 GrStG regelt die **Nachveranlagung von Steuermessbeträgen**. Die Norm korrespondiert dabei mit der Nachfeststellung der Grundsteuerwerte nach § 223 Abs. 1 BewG. Wird eine Nachfeststellung eines Grundsteuerwerts durchgeführt, hat nach § 18 Abs. 1 GrStG auch eine Nachveranlagung des Steuermessbetrags zu erfolgen.

2 § 18 Abs. 2 GrStG bestimmt, dass eine **Nachveranlagung** des Grundsteuermessbetrags auch zu erfolgen hat, wenn die Voraussetzungen für eine **Steuerbefreiung** des gesamten Steuergegenstandes wegfallen und der Grundsteuerwert bereits festgestellt wurde. Damit sind Fälle erfasst, in denen über die sachliche Steuerpflicht erst im Rahmen des Steuermessbescheids entschieden wurde. Die Bedeutung von § 18 Abs. 2 GrStG dürfte jedenfalls nach der Grundsteuerreform gering sein, da für einen steuerbefreiten Steuergegenstand nach § 219 Abs. 3 BewG keine Feststellung des Grundsteuerwerts erfolgen soll.

3 § 18 Abs. 3 GrStG regelt den **Nachveranlagungszeitpunkt** als den Zeitpunkt auf den die Nachveranlagung durchzuführen ist. § 18 Abs. 4 GrStG enthält eine Sonderregelung für den Nachveranlagungszeitpunkt in den Fällen, in denen die Voraussetzungen für eine Nachveranlagung zwischen dem Hauptveranlagungszeitpunkt und dem Wirksamwerden der Steuermessbeträge eintreten.

4–6 *(Einstweilen frei)*

II. Entstehung und Entwicklung der Vorschrift

7 Die Norm wurde in ihrer heutigen Fassung durch das Grundsteuerreformgesetz v. 7.8.1973[1] eingeführt. Durch das **GrStRefG** v. 26.11.2019[2] wurde § 18 GrStG an den Wegfall der Einheitsbewertung hinsichtlich der Verweise ins BewG angepasst.[3] Mit dem Jahressteuergesetz 2020 wurden in § 18 Abs. 2 und Abs. 3 Satz 2 Nr. 1 GrStG i.d.F. des GrStRefG v. 26.11.2019 der noch verwendete Begriff des Einheitswerts durch den zutreffenden Begriff des Grundsteuerwerts ersetzt.[4]

8–10 *(Einstweilen frei)*

III. Geltungsbereich

11 § 18 GrStG gilt, soweit die Länder in Bezug auf § 18 GrStG nicht von ihrer Abweichungskompetenz nach Art. 72 Abs. 3 Satz 1 Nr. 7 GG Gebrauch gemacht haben, nach § 2 GrStG für **inländischen Grundbesitz**, mithin für die Betriebe der Land- und Forstwirtschaft sowie diesen gleichgestellte Betriebsgrundstücke (wirtschaftliche Einheiten des **land- und forstwirtschaftlichen Vermögens**) und die Grundstücke sowie diesen gleichgestellte Betriebsgrundstücke (wirtschaftliche Einheiten des **Grundvermögens**). Erfasst werden durch die Anknüpfung an den Grundsteuerwert auch die inländischen Teile einer wirtschaftlichen Einheit, die sich sowohl auf das Inland als auch auf das Ausland erstrecken.

---

1 BGBl 1973 I S. 965.
2 GrStRefG v. 26.11.2019, BGBl 2019 I S. 1794.
3 BT-Drucks. 19/11085 S. 124.
4 Jahressteuergesetz 2020 v. 21.12.2020, BGBl I 2020 S. 3096.

§ 18 GrStG i. d. F. des GrStRefG v. 26.11.2019 findet gem. § 37 Abs. 1 GrStG für die Grundsteuer **ab dem Kalenderjahr 2025** Anwendung.[1] § 18 GrStG i. d. F. des Grundsteuerreformgesetzes v. 7.8.1973 mit der letzten Änderung durch Art. 38 des Gesetzes v. 19.12.2008 (BGBl I S. 2794) findet nach § 37 Abs. 2 GrStG für die Grundsteuer **bis einschließlich des Kalenderjahres 2024** Anwendung.[2]

(Einstweilen frei) 13–15

IV. Verhältnis zu anderen Vorschriften

Eine Nachveranlagung des Steuermessbetrags nach § 18 Abs. 1 GrStG setzt eine Nachfeststellung des Grundsteuerwerts nach **§ 223 Abs. 1 BewG** voraus. Die Berechnung des Steuermessbetrags auch bei der Nachveranlagung richtet sich nach **§§ 13 ff. GrStG**. Aufgrund des um zwei Jahre verzögerten Wirksamwerdens der Steuermessbeträge der Hauptveranlagung nach **§ 16 Abs. 2 GrStG** bedarf es der Sonderregelung in Bezug auf den Nachveranlagungszeitpunkt in § 18 Abs. 4 GrStG.

(Einstweilen frei) 17–19

B. Systematische Kommentierung

I. Nachveranlagung bei Nachfeststellung des Grundsteuerwerts (§ 18 Abs. 1 GrStG)

Nach § 18 Abs. 1 GrStG erfolgt eine Nachveranlagung, wenn eine Nachfeststellung des Grundsteuerwerts nach § 223 Abs. 1 BewG erfolgt ist. Zu einer Nachfeststellung des Grundsteuerwerts und damit zu einer Nachveranlagung des Grundsteuermessbetrags kommt es, wenn eine **wirtschaftliche Einheit** zwischen zwei Hauptfeststellungszeitpunkten **neu entsteht oder erstmals zur Grundsteuer** herangezogen werden soll.[3] Die Nachveranlagung setzt daher voraus, dass bisher kein Steuermessbescheid für den Steuergegenstand vorliegt.

Eine neue wirtschaftliche Einheit kann beispielsweise durch Teilung eines Grundstücks, Begründung von Wohneigentum oder Eröffnung eines land- und forstwirtschaftlichen Betriebs entstehen. Eine wirtschaftliche Einheit wird erstmals zur Grundsteuer herangezogen, wenn die Voraussetzungen einer **Steuerbefreiung** wegfallen und deshalb bisher kein Grundsteuerwert festgestellt wurde.[4]

BEISPIEL: ▸ Ein unbebautes Grundstück für das zum 1.1.2029 ein Grundsteuerwert i. H. von 300.000 € festgestellt und ein Steuermessbetrag i. H. von 102 € festgesetzt wurde, wird zum 1.1.2030 in zwei gleich große Grundstücke geteilt, sodass zwei wirtschaftliche Einheiten entstehen.

LÖSUNG: ▸ Der Grundsteuerwert ist aufgrund des Wegfalls der wirtschaftlichen Einheit aufzuheben und für die zwei neuen wirtschaftlichen Einheiten jeweils ein Grundsteuerwert i. H. von 150.000 € im Wege der Nachfeststellung nach § 223 Abs. 1 BewG festzustellen und jeweils ein Grundsteuermessbetrag i. H. von 51 € im Wege der Nachveranlagung nach § 18 Abs. 1 GrStG festzusetzen. In der Praxis dürfte aus verwaltungsökonomischen Gründen in diesen Fällen häufig eine Wertfortschreibung des Grund-

---

1 Schnitter, GrStG – eKommentar § 18 Rz. 7.
2 Schnitter, GrStG – eKommentar § 18 Rz. 7.
3 Siehe vertiefend Wredenhagen in Grootens, BewG § 223 Rz. 61 ff.
4 Vgl. zur Folge der Entscheidung über die sachliche und persönliche Steuerpflicht sowohl auf Ebene der Grundsteuerwertfeststellung als auch auf Ebene der Grundsteuermessbetragsfestsetzung Bock in Grootens, GrStG § 13 Rz. 27 ff.

steuerwerts hinsichtlich der einen wirtschaftlichen Einheit auf 150.000 € nach § 222 Abs. 1 BewG und eine Neuveranlagung des Steuermessbetrags i. H. von 51 € nach § 17 Abs. 1 GrStG sowie nur für die zweite wirtschaftliche Einheit eine Nachfeststellung nach § 223 Abs. 1 BewG des Grundsteuerwerts i. H. von 150.000 € und eine Nachveranlagung des Steuermessbetrags nach § 18 Abs. 1 GrStG i. H. von 51 € vorgenommen werden.

23 Die Nachveranlagung erfolgt **von Amts wegen**. Ein Antrag des Steuerpflichtigen ist nicht erforderlich.[1] Eine Nachveranlagung kann nicht in eine nachgeholte Hauptveranlagung umgedeutet werden.[2]

24–26 *(Einstweilen frei)*

II. Nachveranlagung bei Wegfall einer Steuerbefreiung (§ 18 Abs. 2 GrStG)

27 § 18 Abs. 2 GrStG bestimmt, dass eine Nachveranlagung des Steuermessbetrags auch dann erfolgt, wenn der Grund für die Befreiung des Steuergegenstandes von der Grundsteuer wegfällt und der für die Berechnung der Grundsteuer maßgebende **Grundsteuerwert** i. S. des § 13 Abs. 1 GrStG aber bereits festgestellt ist.

28 Ein Grundsteuerwert wird i. d. R. nach § 219 Abs. 3 BewG nur festgestellt, wenn er **für die Grundsteuer von Bedeutung** ist. Ist der Steuergegenstand steuerbefreit, hat er insoweit keine Bedeutung für die Grundsteuer und es erfolgt keine Grundsteuerwertfeststellung. Die Bedeutung von § 18 Abs. 2 GrStG dürfte daher gering sein.[3] Erfolgt trotz Steuerbefreiung dennoch eine Feststellung des Grundsteuerwerts, wird spätestens auf Steuermessbetragsebene nach § 184 Abs. 2 Satz 2 AO über die sachliche und persönliche Steuerpflicht entschieden. Ist der Steuergegenstand steuerbefreit, erfolgt dann jedenfalls keine Festsetzung eines Steuermessbetrags. Fällt nun die Steuerbefreiung für den Steuergegenstand weg, erfolgt eine Nachveranlagung des Steuermessbetrags nach § 18 Abs. 2 GrStG und mangels Nachfeststellung nicht nach § 18 Abs. 1 GrStG.

29–31 *(Einstweilen frei)*

III. Nachveranlagungszeitpunkt (§ 18 Abs. 3 GrStG)

32 § 18 Abs. 3 GrStG bestimmt den **Nachveranlagungszeitpunkt**. Nach § 18 Abs. 3 Satz 1 GrStG sind die Verhältnisse im Nachveranlagungszeitpunkt für die Nachveranlagung maßgeblich. Der Nachveranlagungszeitraum ist der Beginn eines bestimmten Kalenderjahres. Änderungen innerhalb eines Jahres, die zu einer Nachveranlagung führen, können daher erst zu Beginn des folgenden Jahres berücksichtigt werden. Nach § 21 GrStG können die Nachveranlagungsbescheide allerdings auch schon vor dem Nachveranlagungszeitpunkt erlassen werden.[4]

33 Der Nachveranlagungszeitpunkt ist nach § 18 Abs. 3 Satz 2 Nr. 1 GrStG in den Fällen der **Nachveranlagung des § 18 Abs. 1 GrStG** aufgrund einer Nachfeststellung des Grundsteuerwerts der Beginn des Kalenderjahres, auf den der Grundsteuerwert nachträglich festgestellt wird. Der Nachveranlagungszeitpunkt ist folglich mit dem Nachfeststellungszeitpunkt identisch.

---

1 Troll/Eisele, GrStG § 18 Rz. 2.
2 Vgl. BFH, Urteil v. 27.2.1970 - III R 83/68, BStBl 1970 II S. 301 zur Nachfeststellung.
3 So auch Schnitter, GrStG – eKommentar § 18 Rz. 13.
4 Siehe vertiefend Bock in Grootens, GrStG § 21 Rz. 1 ff.

In den Fällen der **Nachveranlagung** aufgrund Wegfalls einer Steuerbefreiung des Steuergegenstandes nach § 18 Abs. 2 GrStG ist der Nachveranlagungszeitpunkt nach § 18 Abs. 3 Satz 2 Nr. 2 GrStG der Beginn des Kalenderjahres, der auf den Wegfall des Befreiungsgrundes folgt. Die Steuerbefreiung wirkt damit noch bis zum Ende des jeweiligen Jahres. § 16 Abs. 3 GrStG[1] ist dabei nach § 18 Abs. 3 Satz 3 GrStG entsprechend anzuwenden. Ist mithin die Festsetzungsfrist für die Neuveranlagung bereits abgelaufen, so kann diese unter Zugrundelegung der Verhältnisse vom Neuveranlagungszeitpunkt mit Wirkung für einen späteren Veranlagungszeitpunkt vorgenommen werden, für den diese Frist noch nicht abgelaufen ist. 34

Wie bei der Neuveranlagung kann unter sinngemäßer Anwendung von § 176 AO eine Nachveranlagung aufgrund **geänderter höchstrichterlicher Rechtsprechung** zu Ungunsten des Steuerpflichtigen nur zu Beginn des auf das Urteil folgenden Jahres erfolgen.[2] 35

(Einstweilen frei) 36–38

IV. Nachveranlagungszeitpunkt bei einer Nachveranlagung zwischen Hauptveranlagungszeitpunkt und Wirksamwerden der Steuermessbeträge (§ 18 Abs. 4 GrStG)

§ 18 Abs. 4 GrStG enthält eine **Sonderregelung** für den **Nachveranlagungszeitpunkt** bei Eintreten der Voraussetzungen für eine Nachveranlagung zwischen Hauptveranlagungszeitpunkt und Wirksamwerden der Steuermessbeträge.[3] Treten die Voraussetzungen für eine Nachveranlagung während des Zeitraums zwischen dem Hauptveranlagungszeitpunkt und dem Zeitpunkt des Wirksamwerdens der Steuermessbeträge (zwei Jahre nach dem Hauptveranlagungszeitraum, vgl. § 16 Abs. 2 GrStG) ein, wird die Nachveranlagung auf den Zeitpunkt des Wirksamwerdens der Steuermessbeträge und nicht auf die Nachveranlagungszeitpunkte nach § 18 Abs. 3 GrStG vorgenommen. Damit wird verhindert, dass die Nachveranlagung auf einen Zeitpunkt vorgenommen wird, der vor dem Wirksamwerden der Steuermessbeträge der Hauptveranlagung liegt. 39

Für die **erste Hauptveranlagung** geht die Regelung allerdings ins Leere, da Hauptveranlagungszeitpunkt und Wirksamwerden der Steuermessbeträge nach § 36 Abs. 2 GrStG derselbe Zeitpunkt ist.[4] Es existiert damit kein Zeitraum zwischen Hauptveranlagungszeitpunkt und Wirksamwerden der Steuermessbeträge. 40

§ 19 GrStG Anzeigepflicht

(1) ¹Jede Änderung in der Nutzung oder in den Eigentumsverhältnissen eines ganz oder teilweise von der Grundsteuer befreiten Steuergegenstandes hat derjenige anzuzeigen, der nach § 10 als Steuerschuldner in Betracht kommt. ²Die Anzeige ist innerhalb von drei Monaten nach Eintritt der Änderung bei dem Finanzamt zu erstatten, das für die Festsetzung des Steuermessbetrags zuständig ist.

(2) ¹Den Wegfall der Voraussetzungen für die ermäßigte Steuermesszahl nach § 15 Absatz 2 bis 5 hat derjenige anzuzeigen, der nach § 10 als Steuerschuldner in Betracht kommt. ²Die Anzeige ist innerhalb von

---

1 Siehe dazu Bock in Grootens, GrStG § 16 Rz. 40 f.
2 RFH, Urteil v. 3.9.1941 – III 115/41, RStBl 1941 S. 770 zur Nachfestsetzung; Troll/Eisele, GrStG § 18 Rz. 3; vgl. auch Bock in Grootens, GrStG § 17 Rz. 35.
3 Roscher, 360° GrStG eKommentar, § 18 Rz. 11 (a. F.).
4 Siehe dazu vertiefend Lehmann in Grootens, GrStG § 36 Rz. 13 ff.

drei Monaten nach dem Wegfall der Voraussetzungen bei dem Finanzamt zu erstatten, das für die Festsetzung des Steuermessbetrags zuständig ist.

Inhaltsübersicht | Rz.

A. Allgemeine Erläuterungen zu § 19 GrStG | 1 - 18
  I. Normzweck und wirtschaftliche Bedeutung der Vorschrift | 1 - 5
  II. Entstehung und Entwicklung der Vorschrift | 6 - 8
  III. Geltungsbereich | 9 - 13
  IV. Verhältnis zu anderen Vorschriften | 14 - 18
B. Systematische Kommentierung | 19 - 29
  I. Anzeigepflicht aufgrund gewährter Grundsteuerbefreiung (§ 19 Abs. 1 GrStG) | 19 - 26
  II. Anzeigepflicht aufgrund gewährter ermäßigter Steuermesszahl nach § 15 Abs. 2–5 GrStG (§ 19 Abs. 2 GrStG) | 27 - 29

LITERATUR:

Wehrheim/Hohensträter, Problembereiche der Anzeigepflicht nach § 19 GrStG bei Eigentümerwechsel, BB 2005 S. 2665.

A. Allgemeine Erläuterungen zu § 19 GrStG

I. Normzweck und wirtschaftliche Bedeutung der Vorschrift

1   § 19 GrStG normiert **Anzeigepflichten** des Steuerpflichtigen in Bezug auf die Steuermessbeträge. Eine Steuererklärung ist im GrStG nicht vorgesehen, da die Festsetzung der Grundsteuer und der Grundsteuermessbeträge i. d. R. auf Grundlage der Steuererklärung zum Grundsteuerwert nach § 228 Abs. 1 BewG[1] erfolgen kann.[2] In bestimmten Fällen ist allerdings erforderlich, dass das Finanzamt Kenntnis bei Änderung der tatsächlichen Verhältnisse erhält, um ggf. den Grundsteuermessbetrag durch eine Neuveranlagung anpassen zu können.[3] Dies sollen die Anzeigepflichten nach § 19 GrStG sicherstellen. Die Anzeige – auch eine unterlassene – hat Einfluss auf den Beginn der Festsetzungsfrist nach § 170 Abs. 2 Nr. 1 AO.[4]

2   Nach § 19 Abs. 1 GrStG hat derjenige, der als Steuerschuldner in Betracht kommt, sämtliche **Änderungen der Nutzung oder der Eigentumsverhältnisse** eines ganz oder teilweise von der Grundsteuer befreiten Steuergegenstandes anzuzeigen. Die Bedeutung der Norm dürfte im Hinblick auf die Eigentumsverhältnisse gering sein, da diese dem Finanzamt bereits über § 229 Abs. 4 Nr. 1 BewG vom Grundbuchamt mitgeteilt werden.[5] Zudem dürften die anzeigepflichtigen Vorgänge i. d. R. bereits auf Ebene des Grundsteuerwerts nach § 228 Abs. 2 BewG anzeigepflichtig sein. Die Norm soll sicherstellen, dass Änderungen in Bezug auf eine gewährte Steuerbefreiung dem Finanzamt zur Kenntnis gelangen, um daraus die entsprechenden Folgerungen auf Ebene des Steuermessbetrags zu ziehen.

3   Nach § 19 Abs. 2 GrStG hat derjenige, der als Steuerschuldner in Betracht kommt, den Wegfall der Voraussetzungen für die **ermäßigte Grundsteuermesszahl** nach § 15 Abs. 2–5 GrStG anzuzeigen. Die Vorschrift soll sicherstellen, dass die zuständige Finanzbehörde beim Wegfall der

---

1 Wredenhagen in Grootens, BewG § 228 Rz. 61 ff.
2 Kirschstein in Stenger/Loose, GrStG § 19 Rz. 2.
3 Kirschstein in Stenger/Loose, GrStG § 19 Rz. 4.
4 Schnitter, GrStG – eKommentar § 19 Rz. 8.
5 Vgl. zur ursprünglichen Intention des Gesetzgebers BT-Drucks. 6/3418 S. 89.

Voraussetzungen für die ermäßigte Steuermesszahl nach § 15 Abs. 2–5 GrStG Kenntnis erlangt und dies im Wege einer Neuveranlagung berücksichtigen kann.[1]

(Einstweilen frei) 4–5

II. Entstehung und Entwicklung der Vorschrift

Die Norm wurde in ihrer heutigen Fassung durch das Grundsteuerreformgesetz v. 7.8.1973[2] eingeführt. Durch das **GrStRefG** v. 26.11.2019[3] wurde § 19 GrStG um eine weitere Anzeigepflicht nach Abs. 2 in Bezug auf die ermäßigte Steuermesszahl nach § 15 Abs. 4 GrStG erweitert.[4]

Mit dem **Grundsteuerreform-Umsetzungsgesetz**[5] wurde die Anzeigepflicht nach § 19 Abs. 2 GrStG auf sämtliche Fälle der ermäßigten Grundsteuermesszahl nach § 15 Abs. 2–5 GrStG erweitert. Bis zur Änderung bezog sich die Anzeigepflicht nur auf den Fall des § 15 Abs. 4 GrStG. Mit der Ergänzung soll strukturell sichergestellt, dass die zuständige Finanzbehörde auch von dem Wegfall der Voraussetzungen für die ermäßigte Grundsteuermesszahl nach § 15 Abs. 2, 3 und 5 GrStG Kenntnis erlangt und dies im Wege einer Neuveranlagung berücksichtigen kann.[6]

(Einstweilen frei) 8

III. Geltungsbereich

Die Anzeigepflicht nach § 19 Abs. 1 GrStG gilt nach § 2 GrStG, soweit die Länder in Bezug auf § 19 GrStG nicht von ihrer Abweichungskompetenz nach Art. 72 Abs. 3 Satz 1 Nr. 7 GG Gebrauch gemacht haben, für **inländischen Grundbesitz**, mithin für die Betriebe der Land- und Forstwirtschaft sowie diesen gleichgestellte Betriebsgrundstücke (wirtschaftliche Einheiten des **land- und forstwirtschaftlichen Vermögens**) und die Grundstücke sowie diesen gleichgestellte Betriebsgrundstücke (wirtschaftliche Einheiten des **Grundvermögens**).[7] Erfasst werden durch die Anknüpfung an den Grundsteuerwert auch die inländischen Teile einer wirtschaftlichen Einheit, die sich sowohl auf das Inland als auch auf das Ausland erstrecken. Die Anzeigepflicht nach § 19 Abs. 2 GrStG betrifft nur Eigentümer von Grundstücken i. S. des § 15 Abs. 2–5 GrStG.[8]

§ 19 GrStG i. d. F. des GrStRefG v. 26.11.2019 findet gem. § 37 Abs. 1 GrStG für die Grundsteuer **ab dem Kalenderjahr 2025** Anwendung.[9] § 19 GrStG i. d. F. des Grundsteuerreformgesetzes v. 7.8.1973 mit der letzten Änderung durch Art. 38 des Gesetzes v. 19.12.2008 (BGBl I S. 2794) findet nach § 37 Abs. 2 GrStG für die Grundsteuer **bis einschließlich des Kalenderjahres 2024** Anwendung.[10]

(Einstweilen frei) 11–13

---

1 BT-Drucks. 19/11085 S. 125; BT-Drucks. 19/30489 S. 24.
2 BGBl 1973 I S. 965.
3 GrStRefG v. 26.11.2019, BGBl 2019 I S. 1794.
4 BT-Drucks. 19/11085 S. 125.
5 Gesetz zur erleichterten Umsetzung der Reform der Grundsteuer und Änderung weiterer steuerrechtlicher Vorschriften (Grundsteuerreform-Umsetzungsgesetz - GrStRefUG) v. 16.7.2021, BGBl 2021 I S. 2931.
6 Beschlussempfehlung und Bericht des Finanzausschusses, BT-Drucks. 19/30489 S. 24.
7 Schnitter, GrStG – eKommentar § 19 Rz. 7.
8 Bock in Grootens, GrStG § 15 Rz. 78 ff.
9 Schnitter, GrStG – eKommentar § 19 Rz. 5.
10 Schnitter, GrStG – eKommentar § 19 Rz. 5.

IV. Verhältnis zu anderen Vorschriften

14 Die Anzeigepflicht nach § 19 Abs. 1 GrStG gilt uneingeschränkt für sämtliche Steuerbefreiungen nach **§§ 3 ff. GrStG**. Ohne Gewährung einer Steuerbefreiung besteht auch keine Anzeigepflicht nach § 19 Abs. 1 GrStG. Die Anzeigepflicht nach § 19 Abs. 2 GrStG betrifft ausschließlich die ermäßigte Steuermesszahl nach **§ 15 Abs. 4 GrStG** und setzt deren Gewährung voraus.

15 Die Anzeigepflichten nach § 19 GrStG bestehen neben den Steuererklärungs- und Anzeigepflichten nach **§ 228 BewG** sowie den allgemeinen **Anzeigepflichten der AO**.[1] Die Anzeige – auch eine unterlassene – hat Einfluss auf den Beginn der Festsetzungsfrist nach **§ 170 Abs. 2 Satz 1 Nr. 1 AO**.[2]

16–18 *(Einstweilen frei)*

B. Systematische Kommentierung

I. Anzeigepflicht aufgrund gewährter Grundsteuerbefreiung (§ 19 Abs. 1 GrStG)

19 Nach § 19 Abs. 1 Satz 1 GrStG hat derjenige, der als Steuerschuldner nach § 10 GrStG[3] in Betracht kommt, sämtliche **Änderungen bei der Nutzung sowie bei den Eigentumsverhältnissen** eines vollständig oder teilweise steuerbefreiten Steuergegenstandes anzuzeigen.

20 Es kommen **sämtliche Steuerbefreiungstatbestände** der §§ 3 ff. GrStG in Betracht. Die Anzeige ist nach § 19 Abs. 1 Satz 2 GrStG innerhalb von drei Monaten nach Eintritt der Änderung beim zuständigen **Lagefinanzamt** (Finanzamt, das für die Festsetzung des Steuermessbetrags zuständig ist[4]) einzureichen. Die Anzeige nach § 19 Abs. 2 GrStG ist anders als beispielsweise die Anzeige nach § 228 Abs. 2 BewG[5] **keine Steuererklärung** i. S. der AO (vgl. § 228 Abs. 5 BewG).[6] Für die Anzeige ist daher keine bestimmte Form vorgesehen, insbesondere findet § 150 AO keine Anwendung.[7] Sie kann damit beispielsweise schriftlich, mündlich oder per E-Mail erfolgen.

21 **Steuerschuldner** nach § 10 GrStG ist derjenige dem der Steuergegenstand bei der Feststellung des Grundsteuerwerts zugerechnet wurde.[8] Dies ist i. d. R. der Eigentümer der wirtschaftlichen Einheit. Ist der Steuergegenstand mehreren Personen zugerechnet worden, trifft jeden unabhängig voneinander die Anzeigepflicht nach § 19 Abs. 1 GrStG. Die Anzeige hat bei Unmündigen oder Körperschaften der gesetzliche Vertreter vorzunehmen.[9]

22 Der **Wortlaut** der Norm ist **zu weit** geraten. Es müssen bei den Nutzungsänderungen nur solche angezeigt werden, die Einfluss auf die gewährte Steuerbefreiung haben.[10] Besteht durch

---

1 So auch Schnitter, GrStG – eKommentar § 19 Rz. 8.
2 Schnitter, GrStG – eKommentar § 19 Rz. 8.
3 Siehe dazu vertiefend Schmidt in Grootens, § 10 Rz. 1 ff.
4 Siehe dazu vertiefend Bock in Grootens, GrStG § 13 Rz. 33.
5 Wredenhagen in Grootens, BewG § 228 Rz. 111 ff.
6 Wredenhagen in Grootens, BewG § 228 Rz. 181 f.
7 Eisele/Troll, GrStG § 19 Rz. 2; Roscher, 360° GrStG eKommentar, § 19 Rz. 8 (a. F.); Schnitter, GrStG – eKommentar § 19 Rz. 11; Kirchstein in Stenger/Loose, GrStG § 19 Rz. 18.
8 Siehe hierzu vertiefend Schmidt in Grootens, GrStG § 10 Rz. 1 ff.
9 Roscher, 360° GrStG eKommentar, § 19 Rz. 8 (a. F.); Schnitter, GrStG – eKommentar § 19 Rz. 10.
10 BFH, Beschluss v. 12.12.1990 – II B 128/90, NWB VAAAA-97798; Eisele/Troll, GrStG § 19 Rz. 2.

eine Änderung der Nutzung die Steuerbefreiung eindeutig weiter, besteht auch keine Anzeigepflicht.[1]

Da die anzeigepflichtigen Vorgänge nach § 19 Abs. 1 GrStG i. d. R. bereits auf Ebene des Grundsteuerwerts nach § 228 Abs. 2 BewG anzeigepflichtig sind und Änderungen bei den Eigentumsverhältnissen bereits nach § 229 Abs. 4 Nr. 1 BewG von den Grundbuchämtern mitgeteilt werden, ist die **Bedeutung** von § 19 Abs. 1 GrStG **gering** (siehe bereits → Rz. 2).[2]

(Einstweilen frei)

II. Anzeigepflicht aufgrund gewährter ermäßigter Steuermesszahl nach § 15 Abs. 2–5 GrStG (§ 19 Abs. 2 GrStG)

Nach § 19 Abs. 2 Satz 1 GrStG hat derjenige, der nach § 10 GrStG als Steuerschuldner in Betracht kommt, den Wegfall der Voraussetzungen für die **ermäßigte Steuermesszahl nach § 15 Abs. 2–5 GrStG** anzuzeigen. Dies betrifft insbesondere

- den **Wegfall der Wohnraumförderung** i. S. des § 15 Abs. 2 und 3 GrStG,[3]
- den **Eigentumswechsel** (siehe aber auch → Rz. 2 und → Rz. 23),
- **Änderungen der Gesellschafterstruktur** (Wegfall der Mehrheitsgesellschaftereigenschaft) bei Eigentümern i. S. des § 15 Abs. 4 Nr. 1 GrStG,[4]
- die **Auflösung des Gewinnabführungsvertrags** bei Eigentümern i. S. des § 15 Abs. 4 Nr. 1 GrStG,[5]
- den **Wegfall der Gemeinnützigkeit** bei Eigentümern i. S. des § 15 Abs. 4 Nr. 2 GrStG[6]
- den **Wegfall der Voraussetzungen für die Körperschaftsteuerbefreiung** nach § 5 Abs. 1 Nr. 10 KStG bei Eigentümern i. S. des § 15 Abs. 4 Nr. 3 GrStG[7] und
- den **Wegfall der Denkmaleigenschaft** i. S. des § 15 Abs. 5 GrStG.[8]

Die Anzeige ist nach § 19 Abs. 2 Satz 2 GrStG innerhalb von **drei Monaten** nach dem Wegfall der Voraussetzungen für die ermäßigte Steuermesszahl beim zuständigen **Lagefinanzamt** (Finanzamt, das für die Festsetzung des Steuermessbetrags zuständig ist[9]) einzureichen. Die Anzeige nach § 19 Abs. 2 GrStG ist anders als beispielsweise die Anzeige nach § 228 Abs. 2 BewG[10] keine Steuererklärung i. S. der AO (vgl. § 228 Abs. 5 BewG).[11] Für die Anzeige ist daher **keine bestimmte Form** vorgesehen, insbesondere gilt § 150 AO nicht.[12] Sie kann daher beispielsweise schriftlich, mündlich oder per E-Mail erfolgen.

---

1 Eisele/Troll, GrStG § 19 Rz. 2 m. w. N.
2 So auch Schnitter, GrStG – eKommentar § 19 Rz. 10; Kirschstein in Stenger/Loose, GrStG § 19 Rz. 8; Wehrheim/Hohensträter, BB 2005 S. 2665.
3 Bock in Grootens, GrStG § 15 Rz. 65 ff.
4 Bock in Grootens, GrStG § 15 Rz. 83.
5 Bock in Grootens, GrStG § 15 Rz. 85.
6 Bock in Grootens, GrStG § 15 Rz. 89 f.
7 Bock in Grootens, GrStG § 15 Rz. 94 ff.
8 Bock in Grootens, GrStG § 15 Rz. 100 ff.
9 Siehe dazu vertiefend Bock in Grootens, GrStG § 13 Rz. 33.
10 Wredenhagen in Grootens, BewG § 228 Rz. 111 ff.
11 Wredenhagen in Grootens, BewG § 228 Rz. 181 f.
12 Eisele/Troll, GrStG § 19 Rz. 2.

29 **Steuerschuldner** nach § 10 GrStG ist derjenige dem der Steuergegenstand bei der Feststellung des Grundsteuerwerts zugerechnet wurde.[1] Dies ist i.d.R. der Eigentümer der wirtschaftlichen Einheit. Ist der Steuergegenstand mehreren Personen zugerechnet worden, trifft jeden unabhängig voneinander die Anzeigepflicht nach § 19 Abs. 2 GrStG. Die Anzeige hat bei Körperschaften der gesetzliche Vertreter vorzunehmen.

§ 20 GrStG Aufhebung des Steuermessbetrags

(1) Der Steuermessbetrag wird aufgehoben,

1. wenn der Grundsteuerwert aufgehoben wird oder
2. wenn dem Finanzamt bekannt wird, dass
   a) für den ganzen Steuergegenstand ein Befreiungsgrund eingetreten ist oder
   b) der Steuermessbetrag fehlerhaft festgesetzt worden ist.

(2) Der Steuermessbetrag wird aufgehoben

1. in den Fällen des Absatzes 1 Nr. 1 mit Wirkung vom Aufhebungszeitpunkt (§ 224 Absatz 2 des Bewertungsgesetzes) an;
2. in den Fällen des Absatzes 1 Nr. 2 Buchstabe a mit Wirkung vom Beginn des Kalenderjahres an, der auf den Eintritt des Befreiungsgrundes folgt. [2]§ 16 Abs. 3 ist entsprechend anzuwenden;
3. in den Fällen des Absatzes 1 Nr. 2 Buchstabe b mit Wirkung vom Beginn des Kalenderjahres an, in dem der Fehler dem Finanzamt bekannt wird.

(3) Treten die Voraussetzungen für eine Aufhebung während des Zeitraums zwischen dem Hauptveranlagungszeitpunkt und dem Zeitpunkt des Wirksamwerdens der Steuermessbeträge (§ 16 Abs. 2) ein, so wird die Aufhebung auf den Zeitpunkt des Wirksamwerdens der Steuermessbeträge vorgenommen.

Inhaltsübersicht	Rz.
A. Allgemeine Erläuterungen zu § 20 GrStG	1 - 19
I. Normzweck und wirtschaftliche Bedeutung der Vorschrift	1 - 6
II. Entstehung und Entwicklung der Vorschrift	7 - 10
III. Geltungsbereich	11 - 15
IV. Verhältnis zu anderen Vorschriften	16 - 19
B. Systematische Kommentierung	20 - 33
I. Aufhebung des Grundsteuermessbetrags (§ 20 Abs. 1 GrStG)	20 - 25
II. Zeitpunkt der Wirkung der Aufhebung (§ 20 Abs. 2 GrStG)	26 - 31
III. Zeitpunkt der Wirkung bei Aufhebung zwischen Hauptveranlagungszeitpunkt und Wirksamwerden der Steuermessbeträge (§ 20 Abs. 3 GrStG)	32 - 33

A. Allgemeine Erläuterungen zu § 20 GrStG

I. Normzweck und wirtschaftliche Bedeutung der Vorschrift

1 § 20 GrStG regelt Fälle, in denen der Steuermessbetrag aufzuheben ist. Nach § 20 Abs. 1 Nr. 1 GrStG erfolgt eine **Aufhebung des Grundsteuermessbetrags**, wenn der zugrundeliegende

---

[1] Siehe hierzu vertiefend Schmidt in Grootens, GrStG § 10 Rz. 1 ff.

Grundsteuerwert nach § 224 Abs. 1 BewG aufgehoben wurde. In diesem Fall kann auch der Steuermessbetrag nicht fortbestehen und ist daher aufzuheben.

Nach § 20 Abs. 1 Nr. 2 Buchst. a GrStG wird der Grundsteuermessbescheid ohne vorherige Aufhebung des Grundsteuerwerts aufgehoben, wenn für den gesamten **Steuergegenstand** eine **Steuerbefreiung** eingetreten ist. Nach § 20 Abs. 1 Nr. 2 Buchst. b GrStG wird ein Grundsteuermessbetrag aufgehoben, wenn der **Steuermessbetrag fehlerhaft** ergangen ist. § 20 Abs. 1 Nr. 2 Buchst. a und b GrStG dürfte für die Grundsteuer geringe Bedeutung haben, da in den betreffenden Fällen der Grundsteuerwert i. d. R. nach § 224 Abs. 1 BewG aufzuheben ist und daher eine Aufhebung des Steuermessbetrags nach § 20 Abs. 1 Nr. 1 GrStG erfolgt. 2

§ 20 Abs. 2 GrStG bestimmt den **Zeitpunkt**, ab dem eine Aufhebung seine **Wirkung** entfaltet. § 20 Abs. 3 GrStG enthält eine **Sonderregelung** für den Zeitpunkt, ab dem die Aufhebung seine Wirkung entfaltet, wenn die Voraussetzungen für eine Aufhebung zwischen dem Hauptveranlagungszeitpunkt und dem Wirksamwerden der Steuermessbeträge eintreten. 3

(Einstweilen frei) 4–6

II. Entstehung und Entwicklung der Vorschrift

Die Norm wurde in ihrer heutigen Fassung durch das Grundsteuerreformgesetz v. 7.8.1973[1] eingeführt. Durch das **GrStRefG** v. 26.11.2019[2] wurde § 20 GrStG an den Wegfall der Einheitsbewertung hinsichtlich der Verweise ins BewG angepasst.[3] 7

(Einstweilen frei) 8–10

III. Geltungsbereich

§ 20 GrStG gilt nach § 2 GrStG, soweit die Länder in Bezug auf § 20 GrStG nicht von ihrer Abweichungskompetenz nach Art. 72 Abs. 3 Satz 1 Nr. 7 GG Gebrauch gemacht haben, für **inländischen Grundbesitz**, mithin für die Betriebe der Land- und Forstwirtschaft sowie diesen gleichgestellte Betriebsgrundstücke (wirtschaftliche Einheiten des **land- und forstwirtschaftlichen Vermögens**) und die Grundstücke sowie diesen gleichgestellte Betriebsgrundstücke (wirtschaftliche Einheiten des **Grundvermögens**).[4] Erfasst werden durch die Anknüpfung an den Grundsteuerwert auch die inländischen Teile einer wirtschaftlichen Einheit, die sich sowohl auf das Inland als auch auf das Ausland erstrecken. 11

§ 20 GrStG i. d. F. des GrStRefG v. 26.11.2019 findet gem. § 37 Abs. 1 GrStG für die Grundsteuer **ab dem Kalenderjahr 2025** Anwendung.[5] § 20 GrStG i. d. F. des Grundsteuerreformgesetzes v. 7.8.1973 mit der letzten Änderung durch Art. 38 des Gesetzes v. 19.12.2008 (BGBl I S. 2794) findet nach § 37 Abs. 2 GrStG für die Grundsteuer **bis einschließlich des Kalenderjahres 2024** Anwendung.[6] 12

(Einstweilen frei) 13–15

---

1 BGBl 1973 I S. 965.
2 GrStRefG v. 26.11.2019, BGBl 2019 I S. 1794.
3 BT-Drucks. 19/11085 S. 124.
4 Schnitter, GrStG – eKommentar § 20 Rz. 8.
5 Schnitter, GrStG – eKommentar § 20 Rz. 6.
6 Schnitter, GrStG – eKommentar § 20 Rz. 6.

IV. Verhältnis zu anderen Vorschriften

16 Die Aufhebung nach § 20 Abs. 1 GrStG setzt eine Aufhebung des Grundsteuerwerts nach **§ 224 Abs. 1 BewG** voraus. Aufgrund des um zwei Jahre verzögerten Wirksamwerdens der Steuermessbeträge der Hauptveranlagung nach **§ 16 Abs. 2 GrStG** bedarf es der Sonderregelung in Bezug auf den Aufhebungszeitpunkt in § 20 Abs. 4 GrStG. § 20 Abs. 1 GrStG besteht neben der Änderungsvorschrift des **§ 175 Abs. 1 Nr. 1 AO** für eine Aufhebung des Grundsteuermessbescheids von Beginn an.[1]

17–19 *(Einstweilen frei)*

B. Systematische Kommentierung

I. Aufhebung des Grundsteuermessbetrags (§ 20 Abs. 1 GrStG)

20 Nach § 20 Abs. 1 Nr. 1 GrStG wird der Grundsteuermessbetrag aufgehoben, wenn der **Grundsteuerwert** nach § 224 Abs. 1 GrStG **aufgehoben** wird. Dies ist der Fall, wenn dem Finanzamt bekannt wird, dass die wirtschaftliche Einheit wegfällt oder der Grundsteuerwert der wirtschaftlichen Einheit infolge von Befreiungsgründen der Besteuerung nicht mehr zugrunde gelegt wird.[2] Eine wirtschaftliche Einheit fällt beispielsweise weg, wenn zwei wirtschaftliche Einheiten zu einer neuen wirtschaftlichen Einheit zusammengelegt werden oder wenn ein Betrieb der Land- und Forstwirtschaft stillgelegt wird.

21 Nach § 20 Abs. 1 Nr. 2 Buchst. a GrStG erfolgt eine Aufhebung des Grundsteuermessbetrags, wenn dem Finanzamt bekannt wird, dass für den ganzen **Steuergegenstand** ein **Befreiungsgrund** eingetreten ist. Der Aufhebungsgrund dürfte für die Grundsteuer nur geringe Bedeutung haben, da in diesen Fällen i. d. R. eine Aufhebung des Grundsteuerwerts nach § 224 Abs. 1 Nr. 2 BewG erfolgt und eine Aufhebung des Grundsteuermessbetrags nach § 20 Abs. 1 Nr. 1 GrStG vorzunehmen ist.[3]

22 Nach § 20 Abs 1 Nr. 2 Buchst. b GrStG wird der Grundsteuermessbetrag aufgehoben, wenn der **Steuermessbetrag fehlerhaft festgesetzt** worden ist. Gedacht ist insbesondere an den Fall, dass ohne Aufhebung des Grundsteuerwerts der Erlass eines Steuermessbetrags dem Grunde nach schon nicht hätte erfolgen dürfen, weil beispielsweise eine vorhandene Grundsteuerbefreiung für den gesamten Steuergegenstand nicht beachtet wurde.[4] Bei einem fehlerhaft festgesetzten Steuermessbetrag der Höhe nach erfolgt zweckmäßigerweise eine Neuveranlagung nach § 17 GrStG. Die Norm dürfte für die Grundsteuer nur geringe Bedeutung haben, da beispielsweise bei einer übersehenen Steuerbefreiung für den gesamten Steuergegenstand auch der Grundsteuerwert aufzuheben wäre und eine Aufhebung des Steuermessbetrags dann nach § 20 Abs. 1 Nr. 1 GrStG vorzunehmen ist.[5]

23–25 *(Einstweilen frei)*

---

[1] Vgl. vertiefend Bock in Grootens, GrStG § 13 Rz. 63 f.
[2] Siehe dazu vertiefend Wredenhagen in Grootens, BewG § 224 Rz. 61 ff.
[3] So auch Schnitter, GrStG – eKommentar § 20 Rz. 11.
[4] Vgl. den Fall beim BFH, Urteil v. 31.7.1985 – II R 242/82, BStBl 1985 II S. 681; FG Düsseldorf, Urteil v. 23.11.1999 - 11 K 2087/98 Gr, EFG 2000 S. 187; FG Hessen, Urteil v. 20.11.1996 - 3 K 479/93, EFG 1997 S. 558.
[5] So auch Schnitter, GrStG – eKommentar § 20 Rz. 11.

II. Zeitpunkt der Wirkung der Aufhebung (§ 20 Abs. 2 GrStG)

§ 20 Abs. 2 GrStG regelt den Zeitpunkt, ab dem eine Aufhebung seine Wirkung entfaltet. Nach § 20 Abs. 2 Nr. 1 GrStG erfolgt die **Aufhebung des Steuermessbetrags in den Fällen des § 20 Abs. 1 Nr. 1 GrStG** bei einer Aufhebung des Grundsteuerwerts nach § 224 Abs. 1 BewG mit Wirkung vom Aufhebungszeitpunkt i. S. des § 224 Abs. 2 BewG an. Der Aufhebungszeitpunkt nach § 224 Abs. 2 BewG ist in den Fällen des Wegfalls der wirtschaftlichen Einheit der Beginn des Kalenderjahres, das auf den Wegfall der wirtschaftlichen Einheit folgt. In den Fällen, in denen der Grundsteuerwert wegen eines Befreiungsgrundes nicht mehr der Besteuerung zugrunde gelegt werden soll, ist der Aufhebungszeitpunkt der Beginn des Kalenderjahres, in dem der Grundsteuerwert erstmals der Besteuerung nicht mehr zugrunde gelegt wird.

26

Nach § 20 Abs. 2 Nr. 2 Satz 1 GrStG erfolgt die **Aufhebung des Steuermessbetrags in den Fällen des § 20 Abs. 1 Nr. 2 Buchst. a GrStG** bei Eintritt von Befreiungsgründen für den gesamten Steuergegenstand mit Wirkung vom Beginn des Kalenderjahres an, der auf den Eintritt des Befreiungsgrundes folgt. § 16 Abs. 3 GrStG ist dabei nach § 20 Abs. 2 Nr. 2 Satz 2 GrStG entsprechend anzuwenden. Ist mithin die **Festsetzungsfrist** bereits **abgelaufen**, sodass eine Aufhebung des Steuermessbetrags mit Wirkung für diesen Zeitpunkt an nicht mehr erfolgen kann, kann die Aufhebung mit Wirkung für einen späteren Veranlagungszeitpunkt vorgenommen werden, für den diese Frist noch nicht abgelaufen ist.[1]

27

Nach § 20 Abs. 2 Nr. 3 GrStG erfolgt die **Aufhebung des Steuermessbetrags in den Fällen des § 20 Abs. 1 Nr. 2 Buchst. b GrStG** bei einer fehlerhaften Festsetzung des Grundsteuermessbetrags mit Wirkung vom Beginn des Kalenderjahres an, in dem der Fehler dem Finanzamt bekannt wird.

28

(Einstweilen frei)

29–31

III. Zeitpunkt der Wirkung bei Aufhebung zwischen Hauptveranlagungszeitpunkt und Wirksamwerden der Steuermessbeträge (§ 20 Abs. 3 GrStG)

§ 20 Abs. 3 GrStG enthält eine **Sonderregelung** für den **Zeitpunkt**, ab dem die Aufhebung ihre Wirkung entfaltet, wenn die Voraussetzungen für eine Aufhebung zwischen dem Hauptveranlagungszeitpunkt und dem Wirksamwerden der Steuermessbeträge eintreten.[2] Treten die Voraussetzungen für eine Aufhebung während des Zeitraums zwischen dem Hauptveranlagungszeitpunkt und dem Zeitpunkt des Wirksamwerdens der Steuermessbeträge (zwei Jahre nach dem Hauptveranlagungszeitraum, vgl. § 16 Abs. 2 GrStG) ein, wird die Aufhebung auf den Zeitpunkt des Wirksamwerdens der Steuermessbeträge und nicht auf die Aufhebungszeitpunkte nach § 20 Abs. 2 GrStG vorgenommen. Damit wird verhindert, dass die Aufhebung auf einen Zeitpunkt vorgenommen wird, der vor dem Wirksamwerden der Steuermessbeträge der Hauptveranlagung liegt.

32

---

1 Siehe vertiefend Bock in Grootens, GrStG § 16 Rz. 40 f.
2 Roscher, 360° GrStG eKommentar, § 18 Rz. 11 (a. F.).

33 Für die **erste Hauptveranlagung** geht die Regelung allerdings ins Leere,[1] da Hauptveranlagungszeitpunkt und Wirksamwerden der Steuermessbeträge nach § 36 Abs. 2 GrStG derselbe Zeitpunkt ist.[2] Es existiert damit kein Zeitraum zwischen Hauptveranlagungszeitpunkt und Wirksamwerden der Steuermessbeträge.

§ 21 GrStG Änderung von Steuermessbescheiden

[1]Bescheide über die Neuveranlagung oder die Nachveranlagung von Steuermessbeträgen können schon vor dem maßgebenden Veranlagungszeitpunkt erteilt werden. [2]Sie sind zu ändern oder aufzuheben, wenn sich bis zu diesem Zeitpunkt Änderungen ergeben, die zu einer abweichenden Festsetzung führen.

Inhaltsübersicht	Rz.
A. Allgemeine Erläuterungen zu § 21 GrStG	1 - 17
I. Normzweck und wirtschaftliche Bedeutung der Vorschrift	1 - 5
II. Entstehung und Entwicklung der Vorschrift	6 - 8
III. Geltungsbereich	9 - 13
IV. Verhältnis zu anderen Vorschriften	14 - 17
B. Systematische Kommentierung	18 - 24
I. Vorzeitiger Erlass von Bescheiden zur Neuveranlagung und Nachveranlagung (§ 21 Satz 1 GrStG)	18 - 22
II. Änderung der vorzeitigen Neuveranlagungs- und Nachveranlagungsbescheide (§ 21 Satz 2 GrStG)	23 - 24

A. Allgemeine Erläuterungen zu § 21 GrStG

I. Normzweck und wirtschaftliche Bedeutung der Vorschrift

1 § 21 Satz 1 GrStG regelt, dass Bescheide über die **Neuveranlagung** oder die **Nachveranlagung** von Steuermessbeträgen schon **vor** dem maßgebenden **Veranlagungszeitpunkt** erteilt werden können. Nach § 21 Satz 2 GrStG sind sie zu ändern oder aufzuheben, wenn sich bis zu diesem Zeitpunkt Änderungen ergeben, die zu einer abweichenden Festsetzung führen. Der Anwendungsbereich von § 21 Satz 2 GrStG dürfte sehr gering sein, da eine Änderung nach § 21 Satz 2 GrStG nur erfolgt, wenn eine Änderung des Grundsteuerwerts nicht nach § 225 Satz 2 BewG erfolgt (dann Änderung des Grundsteuermessbetragsbescheids nach § 175 Abs. 1 Nr. 1 AO).[3]

2 Der vorzeitige Erlass soll sowohl im **Interesse der Gemeinde** als auch des **Steuerpflichtigen** liegen, um so früh wie möglich geänderte Grundsteuerbescheide zu erlassen und Klarheit über die zukünftige Grundsteuerzahlungen zu haben.[4]

3–5 *(Einstweilen frei)*

---

1 Ähnlich Schnitter, GrStG – eKommentar § 20 Rz. 15; zust. Marx in Stenger/Loose, GrStG § 20 Rz. 31.
2 Siehe dazu vertiefend Lehmann in Grootens, GrStG § 36 Rz. 13 ff.
3 So auch Schnitter, GrStG – eKommentar § 21 Rz. 10; Marx in Stenger/Loose, GrStG § 21 Rz. 3.
4 Vgl. Troll/Eisele, GrStG § 21 Rz. 2.

II. Entstehung und Entwicklung der Vorschrift

Die Norm wurde in ihrer heutigen Fassung durch das Grundsteuerreformgesetz v. 7.8.1973[1] eingeführt. Durch das **GrStRefG** v. 26.11.2019[2] wurde § 21 GrStG nicht geändert.

(Einstweilen frei)

III. Geltungsbereich

§ 21 GrStG gilt nach § 2 GrStG, soweit die Länder in Bezug auf § 21 GrStG nicht von ihrer Abweichungskompetenz nach Art. 72 Abs. 3 Satz 1 Nr. 7 GG Gebrauch gemacht haben, für **inländischen Grundbesitz**, mithin für die Betriebe der Land- und Forstwirtschaft sowie diesen gleichgestellte Betriebsgrundstücke (wirtschaftliche Einheiten des **land- und forstwirtschaftlichen Vermögens**) und die Grundstücke sowie diesen gleichgestellte Betriebsgrundstücke (wirtschaftliche Einheiten des **Grundvermögens**).[3] Erfasst werden durch die Anknüpfung an den Grundsteuerwert auch die inländischen Teile einer wirtschaftlichen Einheit, die sich sowohl auf das Inland als auch auf das Ausland erstrecken.

§ 21 GrStG i.d.F. des GrStRefG v. 26.11.2019 findet gem. § 37 Abs. 1 GrStG für die Grundsteuer **ab dem Kalenderjahr 2025** Anwendung.[4] § 21 GrStG i.d.F. des Grundsteuerreformgesetzes v. 7.8.1973 mit der letzten Änderung durch Art. 38 des Gesetzes v. 19.12.2008 (BGBl I S. 2794) findet nach § 37 Abs. 2 GrStG für die Grundsteuer **bis einschließlich des Kalenderjahres 2024** Anwendung.[5]

(Einstweilen frei)

IV. Verhältnis zu anderen Vorschriften

Die Vorschrift entspricht der Möglichkeit eine Fortschreibung oder Nachfeststellung des Grundsteuerwerts nach **§ 225 BewG** bereits vor dem maßgeblichen Fortschreibungs- bzw. Nachfeststellungszeitpunkts vorzunehmen. In diesen Fällen ist auch eine Neuveranlagung bzw. Nachveranlagung des Steuermessbetrags vorzunehmen.

(Einstweilen frei)

B. Systematische Kommentierung

I. Vorzeitiger Erlass von Bescheiden zur Neuveranlagung und Nachveranlagung (§ 21 Satz 1 GrStG)

§ 21 Satz 1 GrStG erlaubt den Erlass von Bescheiden über die **Neuveranlagung** oder die **Nachveranlagung** von Steuermessbeträgen schon **vor dem maßgebenden Veranlagungszeitpunkt**. Da der Neuveranlagung und der Nachveranlagung die Verhältnisse im jeweiligen Veranlagungszeitpunkt zugrunde gelegt werden müssen und diese erst zum Veranlagungszeitpunkt vorhanden sind, wäre ein Erlass der Bescheide ohne die Norm untunlich.[6] Es besteht jedoch

---

1 BGBl 1973 I S. 965.
2 GrStRefG v. 26.11.2019, BGBl 2019 I S. 1794.
3 Schnitter, GrStG – eKommentar § 21 Rz. 6.
4 Schnitter, GrStG – eKommentar § 21 Rz. 4.
5 Schnitter, GrStG – eKommentar § 21 Rz. 4.
6 BFH, Urteil v. 15.9.1961 - III 102/59 U, BStBl 1962 III S. 4.

ein praktisches Interesse für einen frühzeitigen Erlass der Bescheide zur Neu- und Nachveranlagung. Für Aufhebungsbescheide gilt § 21 GrStG nicht.[1]

19 Der vorzeitige Erlass des Neuveranlagungsbescheids oder des Nachveranlagungsbescheids steht im **Ermessen** der Finanzbehörde.[2] Diese hat ihr Ermessen rechtfehlerfrei auszuüben. Da der vorzeitige Erlass eher aus Zweckmäßigkeit erfolgt, dürften Ermessensfehler selten sein.

20–22 *(Einstweilen frei)*

II. Änderung der vorzeitigen Neuveranlagungs- und Nachveranlagungsbescheide (§ 21 Satz 2 GrStG)

23 Da zwischen dem Zeitpunkt des Erlasses der Neuveranlagungs- und Nachveranlagungsbescheide bis zum Veranlagungszeitpunkt sich noch **Änderungen** ergeben können, die zu einer abweichenden Festsetzung im Veranlagungszeitpunkt führen, sind die Bescheide nach § 21 Satz 2 GrStG in diesen Fällen zu ändern oder aufzuheben. Der Anwendungsbereich von § 21 Satz 2 GrStG dürfte sehr gering sein, da eine Änderung nach § 21 Satz 2 GrStG nur erfolgt, wenn eine Änderung des Grundsteuerwerts nicht nach § 225 Satz 2 BewG erfolgt (dann Änderung des Grundsteuermessbetragsbescheids nach § 175 Abs. 1 Nr. 1 AO).

24 Eine Änderung nach § 21 Satz 2 GrStG hat **von Amts wegen** und unabhängig davon zu erfolgen, ob sie zugunsten oder zuungunsten des Steuerpflichtigen erfolgt oder ob bestimmte Wertgrenzen überschritten werden.[3] Es muss sich allerdings um eine **Änderung von tatsächlichen Umständen** handeln.[4] Umstände, die schon bei Erteilung des Bescheids vorlagen, aber nicht bekannt waren, erlauben ebenso wenig eine Änderung nach § 21 Satz 2 GrStG wie Fehler bei der Anwendung des Gesetzes.[5] Die Änderung nach § 21 Satz 2 GrStG erfolgt unabhängig von einer Änderung des Grundsteuerwerts.[6] Fälle, in denen nicht auch der Grundsteuerwert zu ändern ist, sind selten. Der Anwendungsbereich der Norm dürfte auch aus diesem Grund sehr gering sein. Die Änderungsmöglichkeit nach § 21 Satz 2 GrStG besteht neben den Änderungsmöglichkeiten der AO.[7] Liegen die Voraussetzungen für eine Änderung nach der AO nicht vor, hat eine Änderung des Grundsteuermessbescheids nach § 21 GrStG zu erfolgen.

§ 22 GrStG   Zerlegung des Steuermessbetrags

(1) Erstreckt sich der Steuergegenstand über mehrere Gemeinden, so ist der Steuermessbetrag vorbehaltlich des § 24 anteilig in die auf die einzelnen Gemeinden entfallenden Anteile zu zerlegen (Zerlegungsanteile).

(2) Zerlegungsmaßstab ist bei Betrieben der Land- und Forstwirtschaft der nach § 239 Absatz 2 des Bewertungsgesetzes ermittelte Gemeindeanteil am Grundsteuerwert des Betriebs der Land- und Forstwirtschaft.

(3) ¹Zerlegungsmaßstab ist bei Grundstücken das Verhältnis, in dem die auf die einzelnen Gemeinden entfallenden Flächengrößen zueinander stehen. ²Führt die Zerlegung nach Flächengrößen zu einem offenbar

---

1 Troll/Eisele, GrStG § 21 Rz. 2.
2 Roscher, 360° GrStG eKommentar, § 21 Rz. 8.
3 Troll/Eisele, GrStG § 21 Rz. 2; Marx in Stenger/Loose, GrStG § 21 Rz. 20.
4 Troll/Eisele, GrStG § 21 Rz. 2.
5 Troll/Eisele, GrStG § 21 Rz. 2.
6 Troll/Eisele, GrStG § 21 Rz. 2; Roscher, 360° GrStG eKommentar, § 21 Rz. 8 (a. F.).
7 Siehe dazu vertiefend Bock in Grootens, GrStG § 13 Rz. 63 f.

unbilligen Ergebnis, sind die Zerlegungsanteile maßgebend, auf die sich die Gemeinden mit dem Steuerschuldner einigen.

(4) Entfällt auf eine Gemeinde ein Zerlegungsanteil von weniger als 25 Euro, so ist dieser Anteil der Gemeinde zuzuweisen, der nach Absatz 2 oder 3 der größte Zerlegungsanteil zusteht.

Inhaltsübersicht	Rz.
A. Allgemeine Erläuterungen zu § 22 GrStG	1 - 23
I. Normzweck und wirtschaftliche Bedeutung der Vorschrift	1 - 6
II. Entstehung und Entwicklung der Vorschrift	7 - 12
III. Geltungsbereich	13 - 17
IV. Verhältnis zu anderen Vorschriften	18 - 23
B. Systematische Kommentierung	24 - 125
I. Begriff und Voraussetzung der Zerlegung (§ 22 Abs. 1 GrStG)	24 - 30
II. Zerlegungsmaßstab bei den Betrieben der Land- und Forstwirtschaft (§ 22 Abs. 2 GrStG)	31 - 37
III. Zerlegungsmaßstab bei den Grundstücken (§ 22 Abs. 3 GrStG)	38 - 54
1. Zerlegung nach Flächenanteilen (§ 22 Abs. 3 Satz 1 GrStG)	38 - 43
2. Zerlegung nach Einigung der Beteiligten (§ 22 Abs. 3 Satz 2 GrStG)	44 - 54
IV. Mindestzerlegungsanteil (§ 22 Abs. 4 GrStG)	55 - 58
V. Zerlegungsverfahren (§§ 185 ff. AO)	59 - 121
1. Allgemeine Verfahrensvorschriften, insbesondere Zuständigkeit (§ 185 AO)	59 - 67
2. Beteiligte (§ 186 AO)	68 - 72
3. Akteneinsicht (§ 187 AO)	73 - 78
4. Zerlegungsbescheid (§ 188 AO)	79 - 86
5. Festsetzungsfrist	87 - 92
6. Änderungsmöglichkeiten (§ 189 AO)	93 - 102
7. Rechtsbehelfs- und Klageverfahren	103 - 121
a) Allgemeines	103 - 107
b) Klagearten	108 - 111
c) Rechtsbehelfs- und Klagebefugnis sowie Beschwer	112 - 116
d) Streitwert und Kosten	117 - 121
VI. Zuteilungsverfahren (§ 190 AO)	122 - 125

LITERATUR:
App, Die Frist für den Erlass eines Grundsteuer-Zerlegungsbescheid des Finanzamts, ZMR 2012 S. 852.

A. Allgemeine Erläuterungen zu § 22 GrStG

I. Normzweck und wirtschaftliche Bedeutung der Vorschrift

§ 22 GrStG regelt in materieller Hinsicht das sog. **Zerlegungsverfahren** zwischen mehreren Gemeinden als Teil des Steuermessbetragsverfahrens.[1] Das Zerlegungsverfahren in formeller Hinsicht wird in § 185 ff. AO geregelt.

Eine **Zerlegung des Steuermessbetrags** erfolgt, wenn eine wirtschaftliche Einheit sich über das Gebiet mehrerer Gemeinden erstreckt. Die Steuerhoheit der einzelnen Gemeinde bei der Grundsteuer endet an der jeweiligen Gemeindegrenze,[2] während die Bestimmung der wirt-

---
1 Vgl. auch Brandis in Tipke/Kruse, AO/FGO, AO § 185 Rz. 1; Boeker in Hübschmann/Hepp/Spitaler, AO/FGO, AO § 185 Rz. 6.
2 Siehe dazu vertiefend Lange in Grootens, GrStG § 1 Rz. 24 ff.

schaftlichen Einheit und darauf beruhend des Grundsteuerwerts sowie des Grundsteuermessbetrags nicht gemeindescharf erfolgt.[1] Mit der Zerlegung wird der Anteil der jeweiligen Gemeinde am Grundsteuermessbetrag der sich über mehrere Gemeindegebiete hinweg erstreckende wirtschaftliche Einheit ermittelt, auf den die jeweilige Gemeinde mit ihrem Hebesatz Grundsteuer erheben darf.

3 Der **Steuerpflichtige** als Schuldner der Grundsteuer sieht sich durch die Zerlegung **mehreren Grundsteuergläubigern** (sog. Steuerberechtigten) gegenüber, denen er die Grundsteuer zu zahlen hat. Die Zerlegung kann durch **unterschiedliche Hebesätze** in den Gemeinden Einfluss auf die Höhe der Grundsteuer haben.

4 § 22 Abs. 1 GrStG gibt vor, unter welchen **Voraussetzungen** ein Zerlegungsverfahren durchzuführen ist. § 22 Abs. 2 GrStG regelt den **Zerlegungsmaßstab** für die Betriebe der Land- und Forstwirtschaft und § 22 Abs. 3 GrStG für die Grundstücke. § 22 Abs. 4 GrStG normiert einen **Mindestzerlegungsanteil**.

5–6 *(Einstweilen frei)*

II. Entstehung und Entwicklung der Vorschrift

7 Die Norm wurde in ihrer heutigen Fassung durch das Grundsteuerreformgesetz v. 7.8.1973[2] eingeführt. Durch das **GrStRefG** v. 26.11.2019[3] wurde das Zerlegungsverfahren nach § 22 GrStG an die Ermittlung der Grundsteuerwerte angepasst und erheblich vereinfacht.

8 Als Zerlegungsmaßstab bei der Ermittlung der Zerlegungsanteile für Betriebe der Land- und Forstwirtschaft können nunmehr die Reinertragsverhältnisse zugrunde gelegt werden, die gemäß § 239 Abs. 2 BewG für jede Gemeinde im Rahmen der Bewertung eines Betriebs der Land- und Forstwirtschaft zu ermitteln und auszuweisen sind.[4] Nach **bisherigem Recht** wurde noch ein nach **Wohnungswert** und **Wirtschaftswert** differenzierender Zerlegungsmaßstab normiert. Nachdem der Wohnteil nunmehr dem Grundvermögen zugeordnet wird, bedarf es dieser Differenzierung nicht mehr.

9 Im Hinblick auf die Zerlegung des Steuermessbetrags bei den Grundstücken erfolgte ebenfalls eine erhebliche Vereinfachung. Das **bisherige Recht** sah noch ein aufeinander **abgestimmtes mehrstufiges Verfahren** zur Ermittlung des Zerlegungsanteils der jeweiligen Gemeinde vor. Nunmehr erfolgt die Zerlegung nach den Flächenanteilen, wenn sich die Beteiligten nicht auf einen anderen Maßstab einigen.

10–12 *(Einstweilen frei)*

III. Geltungsbereich

13 § 22 GrStG gilt, soweit die Länder in Bezug auf § 22 GrStG nicht von ihrer Abweichungskompetenz nach Art. 72 Abs. 3 Satz 1 Nr. 7 GG Gebrauch gemacht haben, für die Zerlegung von Steuermessbeträgen von **inländischem Grundbesitz**, mithin bei Betrieben der Land- und Forstwirtschaft sowie diesen gleichgestellte Betriebsgrundstücke (wirtschaftliche Einheiten des **land- und forstwirtschaftlichen Vermögens**) und bei den Grundstücken sowie diesen gleich-

---

[1] BT-Drucks. 6/3418 S. 90; Boeker in Hübschmann/Hepp/Spitaler, AO/FGO, AO § 185 Rz. 7.
[2] BGBl 1973 I S. 965.
[3] GrStRefG v. 26.11.2019, BGBl 2019 I S. 1794.
[4] BT-Drucks. 19/11085 S. 125.

gestellte Betriebsgrundstücke (wirtschaftliche Einheiten des **Grundvermögens**).[1] Erfasst werden durch die Anknüpfung an den Grundsteuerwert beim Grundsteuermessbetrag auch die inländischen Teile einer wirtschaftlichen Einheit, die sich sowohl auf das Inland als auch auf das Ausland erstrecken.

§ 22 GrStG i.d.F. des GrStRefG v. 26.11.2019 findet gem. § 37 Abs. 1 GrStG für die Grundsteuer **ab dem Kalenderjahr 2025** Anwendung.[2] § 22 GrStG i.d.F. des Grundsteuerreformgesetzes v. 7.8.1973 mit der letzten Änderung durch Art. 38 des Gesetzes v. 19.12.2008 (BGBl I S. 2794) findet nach § 37 Abs. 2 GrStG für die Grundsteuer **bis einschließlich des Kalenderjahres 2024** Anwendung.[3]

(Einstweilen frei)

IV. Verhältnis zu anderen Vorschriften

§ 23 GrStG regelt den Zerlegungsstichtag. Die Verhältnisse am Zerlegungsstichtag sind der Zerlegung nach § 22 GrStG zugrunde zu legen. **§ 24 GrStG** ermöglicht den Ländern durch Rechtsverordnung anstelle der Zerlegung bei Betrieben der Land- und Forstwirtschaft einen Steuerausgleich zwischen den Gemeinden zu regeln. Der nach § 24 GrStG landesrechtlich geregelte Steuerausgleich geht mithin der Zerlegung nach § 22 GrStG vor. Von der Ermächtigung nach § 24 GrStG hat bisher kein Land Gebrauch gemacht.

Der Zerlegung ist der nach **§§ 13 ff. GrStG** festgesetzte Steuermessbetrag zugrunde zu legen. Der Zerlegungsbescheid ist Folgebescheid des Grundsteuermessbescheids, der wiederum Grundlagenbescheid für den Zerlegungsbescheid ist.[4] Der Zerlegungsbescheid ist Grundlagenbescheid für den Grundsteuerbescheid.[5] Der nach **§ 219 Abs. 1 BewG** festzustellende und nach **§§ 232 ff. BewG** zu ermittelnde Grundsteuerwert unterliegt nicht der Zerlegung.

Das formelle Zerlegungsverfahren ist in **§§ 185 ff. AO** geregelt (siehe dazu → Rz. 59 ff.). § 22 GrStG regelt hingegen die materiellen Voraussetzungen des Zerlegungsverfahrens. Ist ein Steuermessbetrag in voller Höhe einem Steuerberechtigten zuzuteilen, besteht aber Streit darüber, welchem Steuerberechtigten der Steuermessbetrag zusteht, ist nicht das Zerlegungsverfahren, sondern das Zuteilungsverfahren nach **§ 190 AO** durchzuführen (siehe dazu → Rz. 122 ff.). Die Zerlegungsgrundlagen sind nach **§ 162 Abs. 1 AO** zu schätzen, wenn sie nicht sicher festgestellt werden können (siehe dazu → Rz. 60).[6] Da der Grundsteuermessbescheid Grundlagenbescheid für den Zerlegungsbescheid ist, ist der Zerlegungsbescheid nach **§ 175 Abs. 1 Nr. 1 AO** zu ändern, wenn der Grundsteuermessbescheid geändert wird (siehe dazu → Rz. 97).[7]

(Einstweilen frei)

---

1 Schnitter, GrStG – eKommentar § 22 Rz. 9.
2 Schnitter, GrStG – eKommentar § 22 Rz. 7; Marx in Stenger/Loose, GrStG § 22 Rz. 8.
3 Schnitter, GrStG – eKommentar § 22 Rz. 7; Marx in Stenger/Loose, GrStG § 22 Rz. 8.
4 Boeker in Hübschmann/Hepp/Spitaler, AO/FGO, AO § 185 Rz. 8.
5 Boeker in Hübschmann/Hepp/Spitaler, AO/FGO, AO § 185 Rz. 8.
6 Marx in Stenger/Loose, GrStG § 22 Rz. 29.
7 Marx in Stenger/Loose, GrStG § 22 Rz. 28.

B. Systematische Kommentierung

I. Begriff und Voraussetzung der Zerlegung (§ 22 Abs. 1 GrStG)

24 Als Zerlegung bezeichnet man die **Aufteilung des Steuermessbetrags** auf mehrere Steuerberechtigte (hier: Gemeinden) nach einem bestimmten Aufteilungsmaßstab.[1] § 22 Abs. 1 GrStG enthält die materiellen Voraussetzungen, wann eine solche Aufteilung (sog. **Zerlegungsverfahren**) durchzuführen ist.

25 Ein Grundsteuermessbetrag ist zu zerlegen, wenn sich der Steuergegenstand, also die wirtschaftliche Einheit des Grundbesitzes, **über mehrere Gemeinden erstreckt**. Hierzu kann es kommen, da der Grundsteuerwert für die wirtschaftliche Einheit festgestellt wird unabhängig davon, ob der land- und forstwirtschaftliche Betrieb beispielsweise mehrere Felder in verschiedenen Gemeinden bewirtschaftet oder eine wirtschaftliche Einheit des Grundvermögens über eine Gemeindegrenze verläuft. Der Steuermessbetrag für den Steuergegenstand ist dann anteilig in die auf die einzelnen Gemeinden entfallenden Anteile zu zerlegen (sog. **Zerlegungsanteile**).

26 Die Zerlegung nach § 22 GrStG gilt zwar nur vorbehaltlich, dass kein **Ersatz** der Zerlegung durch **Steuerausgleich** landesrechtlich gem. § 24 GrStG[2] geregelt ist, davon wurde allerdings bisher kein Gebrauch gemacht.[3] An dem Zerlegungsverfahren können auch mehr als zwei Gemeinden beteiligt sein.

27 Die Messbetragszerlegung ist vom Gesetzgeber bewusst aus **verwaltungsökonomischen** Gründen im Hinblick auf den Massencharakter des Grundsteuerverfahrens einfach gewählt worden.[4] Eine die jeweiligen Besonderheiten des Einzelfalls voll gerecht werdende Zerlegung, beispielsweise nach Wertanteilen beim Grundvermögen, würde zu erheblichem Verwaltungsmehraufwand führen.[5] Es ist daher von Verfassungs wegen nicht zu beanstanden, dass der Gesetzgeber beim Grundvermögen grundsätzlich den Aufteilungsmaßstab nach Flächengrößen vorgesehen hat.[6] Er durfte sich insoweit von **Praktikabilitätserwägungen** leiten lassen.[7]

28–30 *(Einstweilen frei)*

II. Zerlegungsmaßstab bei den Betrieben der Land- und Forstwirtschaft (§ 22 Abs. 2 GrStG)

31 § 22 Abs. 2 GrStG regelt den **Zerlegungsmaßstab bei land- und forstwirtschaftlichen Betrieben**. Der Zerlegungsmaßstab ist bei Betrieben der Land- und Forstwirtschaft der nach § 239 Abs. 2 BewG ermittelte Gemeindeanteil am Grundsteuerwert des Betriebs der Land- und Forstwirtschaft.

32 Nach § 239 Abs. 2 Satz 1 BewG ist **die Summe der Reinerträge** einschließlich der Zuschläge (§§ 237, 238 BewG) eines Betriebs der Land- und Forstwirtschaft für jede Gemeinde gesondert

---

[1] Vgl. auch Boeker in Hübschmann/Hepp/Spitaler, AO/FGO, AO § 185 Rz. 5.
[2] Siehe dazu Bock in Grootens, GrStG § 24 Rz. 1 ff.
[3] Troll/Eisele, GrStG § 22 Rz. 2.
[4] BT-Drucks. 6/3418 S. 90; BFH, Beschluss v. 4.12.1991 - II B 35/91, NWB BAAAB-32149.
[5] BT-Drucks. 6/3418 S. 90; Troll/Eisele, GrStG § 22 Rz. 4.
[6] BFH, Beschluss v. 4.12.1991 - II B 35/91, NWB BAAAB-32149; Troll/Eisele, GrStG § 22 Rz. 4; Roscher, 360° GrStG eKommentar, § 22 Rz. 7 (a. F.); Marx in Stenger/Loose, GrStG § 22 Rz. 5.
[7] BFH, Beschluss v. 4.12.1991 - II B 35/91, NWB BAAAB-32149.

zu ermitteln, wenn sich die wirtschaftliche Einheit über mehrere Gemeinden erstreckt. Der auf eine Gemeinde entfallende Anteil am Grundsteuerwert berechnet sich nach § 239 Abs. 2 Satz 2 BewG aus der jeweils für eine Gemeinde gesondert ermittelten Summe der Reinerträge im Verhältnis zur Gesamtsumme der Reinerträge des Betriebs der Land- und Forstwirtschaft.

An dieser nach den Gemeinden getrennt ermittelten Summe der Reinerträge knüpft § 22 Abs. 2 GrStG an. Die jeweilige Gemeinde erhält entsprechend des Verhältnisses der ihnen zugeordneten Summe der Reinerträge zur Gesamtsumme der Reinerträge einen Anteil am Grundsteuermessbetrag des Betriebs der Land- und Forstwirtschaft. Anders als noch im früheren Recht ist eine **Zerlegung durch Einigung** der beteiligten Gemeinden und des Steuerpflichtigen **nicht mehr vorgesehen** und auch wegen der gemeindescharf ermittelten Summe der Reinerträge nicht mehr erforderlich. 33

BEISPIEL: Ein Betrieb der Land- und Forstwirtschaft hat einen Grundsteuerwert i.H. von 200.000 € und einen sich daraus ergebenden Grundsteuermessbetrag i.H. von 110 € (200.000 € x 0,00055). Für die Gemeinde A wurde eine Summe der Reinerträge i.H. von 120.000 € und für die Gemeinde B i.H. von 80.000 € ermittelt. 34

LÖSUNG: Der Zerlegungsanteil der Gemeinde A am Grundsteuermessbetrag beträgt 3/5 (120.000 €/200.000 €) und der Gemeinde B 2/5 (80.000 €/200.000 €). Der Gemeinde A wird mithin ein Steuermessbetrag i.H. von 66 € und der Gemeinde B i.H. von 44 € zugeordnet.

(Einstweilen frei) 35–37

III. Zerlegungsmaßstab bei den Grundstücken (§ 22 Abs. 3 GrStG)

1. Zerlegung nach Flächenanteilen (§ 22 Abs. 3 Satz 1 GrStG)

§ 22 Abs. 3 GrStG regelt den **Zerlegungsmaßstab bei Grundstücken**. Dabei sieht das Gesetz ein stufenweises Vorgehen nach zwei aufeinander abgestimmte Stufen vor. Grundsätzlich ist nach § 22 Abs. 3 Satz 1 GrStG der Zerlegungsmaßstab bei Grundstücken das Verhältnis, in dem die auf die einzelnen Gemeinden entfallenden Flächengrößen zueinanderstehen. Unerheblich ist, wie sich die wirtschaftliche Einheit wertmäßig auf die Gebiete der betroffenen Gemeinden verteilt. 38

Der Gesetzgeber hat das **Zerlegungsverfahren** bei den Grundstücken **weiter vereinfacht**. Nunmehr kommt der Zerlegungsmaßstab nach den Flächenanteilen grundsätzlich zum Ansatz. Nur ausnahmsweise kann dieser durch einen von den Beteiligten vereinbarten Aufteilungsmaßstab ersetzt werden, wenn der Aufteilungsmaßstab nach den Flächenanteilen zu einem offenbar unbilligen Ergebnis führt (siehe → Rz. 44 ff.). 39

BEISPIEL: Für ein Grundstück mit Einfamilienhaus wird ein Grundsteuerwert i.H. von 300.000 € festgestellt und ein Grundsteuermessbetrag von 93 € festgesetzt (300.000 € x 0,00031). Das Grundstück mit einer Größe von 600 m² liegt mit 400 m² auf dem Gebiet der Gemeinde A und mit 200 m² auf dem Gebiet der Gemeinde B. Auf dem Gebiet der Gemeinde A befindet sich das Einfamilienhaus. 40

LÖSUNG: Da sich der Steuergegenstand über das Gebiet mehrerer Gemeinden erstreckt, ist der Grundsteuermessbetrag nach § 22 GrStG zu zerlegen. Nach § 22 Abs. 3 Satz 1 GrStG erfolgt die Zerlegung nach dem Verhältnis, in dem die auf die einzelnen Gemeinden entfallenden Flächengrößen zueinanderstehen. Der Gemeinde A ist daher ein Zerlegungsanteil von 62 € (400 m²/600 m² x 93 €) und der Gemeinde B von 31 € (200 m²/600 m² x 93 €) zuzuordnen. Dass sich auf dem Gebiet der Gemeinde A das Einfamilienhaus befindet, spielt keine Rolle.

(Einstweilen frei) 41–43

2. Zerlegung nach Einigung der Beteiligten (§ 22 Abs. 3 Satz 2 GrStG)

44 Da die größte Gewähr für **Rechtsfrieden** i.d.R. eine einvernehmliche Einigung zwischen den Beteiligten bietet, hat der Gesetzgeber nach § 22 Abs. 3 Satz 2 GrStG zurecht die Möglichkeit vorgesehen, eine unbillige Zerlegung durch eine gemeinsame Vereinbarung der Beteiligten zu ersetzen.[1] Aus Gründen der Gleichmäßigkeit der Zerlegung eröffnet der Gesetzgeber anders als nach bisherigem Recht die Möglichkeit zur Einigung allerdings nur, wenn das Ergebnis des gesetzlichen Zerlegungsmaßstabs offensichtlich unbillig ist. Die Zerlegung soll nicht völlig im Belieben der Beteiligten stehen.

45 Führt die Zerlegung nach Flächengrößen zu einem **offenbar unbilligen Ergebnis**, sind nach § 22 Abs. 3 Satz 2 GrStG die Zerlegungsanteile maßgebend, auf die sich die Gemeinden mit dem Steuerschuldner einigen. Zu einem offenbar unbilligen Ergebnis kann es insbesondere kommen, wenn der maßgebliche wertbildende Faktor eines Grundstücks (beispielsweise die Gebäude bei geringwertigem Grund und Boden) auf dem Gebiet der einen Gemeinde liegt und die Aufteilung nach der Fläche dies nicht hinreichend widerspiegelt.

46 Die Tatsache, dass das **Gebäude** auf dem Gebiet der einen Gemeinde liegt, **genügt** für sich allein genommen **nicht** für die Annahme eines offenbar unbilligen Ergebnisses, da dies in den weit überwiegenden Zahl der Fälle so sein wird. Auch wenn der Grundsteuerwert sich aus einzelnen Komponenten ermittelt, ist die wirtschaftliche Einheit und der dafür ermittelte Grundsteuerwert als Ganzes zu sehen. Dieser Wert erstreckt sich gleichmäßig auf die gesamte wirtschaftliche Einheit, sodass die Aufteilung nach der Fläche in aller Regel sachgerecht ist.[2]

47 Sollten sich die Beteiligten am Zerlegungsverfahren bei einem offenbar unbilligen Ergebnis der Zerlegung nach Flächenanteilen nicht einigen, nimmt der Gesetzgeber das offenbar unbillige Ergebnis nach den Flächenanteilen hin. Auch nach bisherigem Recht war ohne Einigung zwischen den beteiligten Gemeinden und dem Steuerpflichtigen eine Aufteilung nach den Flächenanteilen selbst dann vorzunehmen, wenn diese zu einem unbilligen Ergebnis führte.[3]

48 Die Zerlegung durch Einigung setzt nach Ansicht der Finanzverwaltung und Teilen der Literatur einen **gemeinsamen Antrag** der betroffenen Gemeinden und des Steuerpflichtigen voraus.[4] Einen solchen Antrag sieht das Gesetz allerdings nicht vor. Die Zerlegung hat auch nach einem vereinbarten Aufteilungsmaßstab von Amts wegen zu erfolgen (siehe auch → Rz. 64), sobald die zuständige Finanzbehörde von der Einigung Kenntnis erlangt.[5] Wodurch sie Kenntnis erlangt, spielt keine Rolle. Ein Antrag auf Zerlegung nach einem vereinbarten Aufteilungsmaßstab ist andererseits aber auch nicht unzulässig.[6] Ist bereits ein Zerlegungsbescheid ergangen, kommt ein Antrag auf Änderung des Zerlegungsbescheids in Betracht. Begehrt nur einer der Beteiligten eine andere Aufteilung oder erkennt das Finanzamt die offenbare Unbilligkeit der

---

1 Ähnlich Troll/Eisele, GrStG § 22 Rz. 5.
2 So auch Schnitter, GrStG – eKommentar § 22 Rz. 16; Marx in Stenger/Loose, GrStG § 22 Rz. 51.
3 Vgl. zu den Betrieben der Land- und Forstwirtschaft Niedersächsisches FG, Urteil v. 8.12.1992 - I 798/87, EFG 1993 S. 398; Troll/Eisele, GrStG § 22 Rz. 3; Roscher, 360° GrStG eKommentar, § 22 Rz. 9 (a. F.).
4 Niedersächsisches Finanzministerium, Verfügung v. 27.4.1976 - G 1140-4-34, juris; Troll/Eisele, GrStG § 22 Rz. 3; Roscher, 360° GrStG eKommentar, § 22 Rz. 11 (a. F.).
5 Schnitter, GrStG – eKommentar § 22 Rz. 16.
6 Brandis in Tipke/Kruse, AO/FGO, AO § 185 Rz. 3.

Zerlegung nach den Flächenanteilen, ist die Finanzbehörde nicht verpflichtet, eine Einigung anzuregen oder herbeizuführen.[1]

Der Vereinbarung muss sich ein **Aufteilungsschlüssel** entnehmen lassen. Das Gesetz gibt keinen bestimmten Aufteilungsschlüssel vor. Die Aufteilung kann daher beispielsweise nach Bruchteilen, nach Prozentsätzen, betragsmäßig oder nach einem anderen beliebigen Aufteilungsschlüssel erfolgen.[2] Eine betragsmäßige Aufteilung ist bei der anschließenden Umsetzung durch die Finanzbehörde am wenigsten fehleranfällig und daher vorzugswürdig. 49

Die Einigung gilt längstens für einen **Hauptveranlagungszeitraum**.[3] Nach einer erneuten Hauptveranlagung bedarf es einer erneuten Einigung der Beteiligten, soll nicht der gesetzliche Aufteilungsmaßstab zum Tragen kommen. Eine erfolgte Einigung kann durch **Kündigung** von jedem Beteiligten gegenüber den anderen Beteiligten oder durch gemeinsame Erklärung aufgehoben werden.[4] Eine Änderung der Vereinbarung bedarf ebenfalls einer Einigung aller Beteiligten.[5] Das Finanzamt ist zu unterrichten, damit die entsprechenden Folgen für die Zerlegung gezogen werden können. 50

Mit der **Aufhebung der Einigung** oder ihrer **Änderung** ändert sich die Grundlage für die Zerlegung, ohne dass der Grundsteuerwert fortgeschrieben oder nachträglich festgestellt wird, sodass nach § 23 Abs. 2 GrStG die Zerlegungsanteile nach dem Stand vom 1. Januar des folgenden Jahres neu zu ermitteln sind. Die Zerlegung erfolgt nach dem gesetzlichen Aufteilungsmaßstab oder nach dem vereinbarten Aufteilungsmaßstab, falls sich die Beteiligten erneut einigen. Auf die Mindestgrenze für eine Änderung nach § 23 Abs. 2 GrStG dürfte es bei einer Aufteilung nach dem gesetzlichen Aufteilungsmaßstab anders als bei einem geänderten vereinbarten Aufteilungsmaßstab insoweit i. d. R. nicht ankommen, als bei einer derart geringen Abweichung von vornherein keine offenbare Unrichtigkeit vorliegt und es nicht zu einer Aufteilung nach § 22 Abs. 3 Satz 2 GrStG hätte kommen dürfen. 51

(Einstweilen frei) 52–54

IV. Mindestzerlegungsanteil (§ 22 Abs. 4 GrStG)

§ 22 Abs. 4 GrStG regelt einen **Mindestzerlegungsanteil**, der sich nach den § 22 Abs. 2 oder 3 GrStG ergeben muss, um einen Anteil am Steuermessbetrag als Gemeinde zugewiesen zu bekommen. Entfällt auf eine Gemeinde ein Zerlegungsanteil nach § 22 Abs. 2 oder 3 GrStG von weniger als 25 €, so ist dieser Anteil derjenigen Gemeinde zuzuweisen, der der größte Zerlegungsanteil nach § 22 Abs. 2 oder 3 GrStG zusteht. 55

(Einstweilen frei) 56–58

---

1 Vgl. bereits zum bisherigen Recht Niedersächsisches FG, Urteil v. 10.11.1980 - VI 38/78, EFG 1981 S. 353; Troll/Eisele, GrStG § 22 Rz. 5; Schnitter, GrStG – eKommentar § 22 Rz. 16; Marx in Stenger/Loose, GrStG § 22 Rz. 65.
2 Niedersächsisches Finanzministerium, Verfügung v. 27.4.1976 - G 1140-4-34, juris.
3 BFH, Urteil v. 20.4.1999 - VIII R 13/97, BStBl 1999 II S. 542 betr. GewSt; Troll/Eisele, GrStG § 22 Rz. 5.
4 Troll/Eisele, GrStG § 22 Rz. 5.
5 Troll/Eisele, GrStG § 22 Rz. 5.

V. Zerlegungsverfahren (§§ 185 ff. AO)

1. Allgemeine Verfahrensvorschriften, insbesondere Zuständigkeit (§ 185 AO)

59 § 185 AO bestimmt, dass die **Vorschriften** für das **Steuermessbetragsverfahren**[1] auf das Zerlegungsverfahren entsprechend anzuwenden sind, soweit sich aus den §§ 185 ff. AO nichts anderes ergibt. Nach § 185 AO i.V. mit § 184 Abs. 1 Satz 3 AO finden daher die Regelungen über die Durchführung der Besteuerung entsprechende Anwendung. Der Zerlegungsbescheid ist ein **Steuerverwaltungsakt** i. S. des § 118 AO. Damit finden die allgemeinen Vorschriften, insbesondere die allgemeinen Verfahrensvorschriften der AO Anwendung.[2]

60 Es sind insbesondere die **§§ 151 ff. AO** anzuwenden.[3] Es gelten daher **§ 164 AO** für den Vorbehalt der Nachprüfung,[4] **§ 165 AO** für einen vorläufigen Erlass,[5] die **§§ 169 ff. AO** in Bezug auf die Festsetzungsfrist (siehe vertiefend → Rz. 87 ff.) und die **§§ 172 ff. AO** in Bezug auf die Änderungsmöglichkeiten (siehe vertiefend → Rz. 95 ff.).[6] Können die Zerlegungsgrundlagen, insbesondere die Flächenanteile der einzelnen Gemeinden, nicht ermittelt werden, kommt eine **Schätzung** nach § 162 AO Abs. 1 in Betracht.[7]

61 Sachlich **zuständig** für das Zerlegungsverfahren sind nach § 17 Abs. 2 FVG die Finanzämter und örtlich zuständig nach § 22 Abs. 1 Satz 1 AO das **Lagefinanzamt** nach § 18 Abs. 1 Nr. 1 AO.[8] Dies ist bei Betrieben der Land- und Forstwirtschaft, bei Grundstücken und diesen jeweils gleichgestellten Betriebsgrundstücken das Finanzamt, in dessen Bezirk der Betrieb, das Grundstück oder das diesen gleichgestellte Betriebsgrundstück sich erstreckt.

62 Da bei der Zerlegung Voraussetzung ist, dass der Steuergegenstand sich über die Gebiete mehrerer Gemeinden erstreckt, ist es auch möglich, dass sich der Gegenstand über die **Zuständigkeitsgebiete mehrerer Finanzämter** erstreckt. In diesem Fall ist dasjenige Finanzamt nach § 22 Abs. 1 Satz 1 AO i.V. mit § 18 Abs. 1 Nr. 1 AO örtlich zuständig, in dem der wertvollere Teil des Steuergegenstandes liegt.

63 Diese Zuständigkeitsregelung erscheint widersprüchlich, wenn der Gesetzgeber einerseits wegen der damit verbundenen Schwierigkeiten einen **wertabhängigen Zerlegungsmaßstab** ablehnt, andererseits für die **Zuständigkeitsverteilung** dem Zerlegungsverfahren vorgelagert einen solchen vorsieht. Anders als bei der Zerlegung wird für die Zuständigkeitsermittlung jedoch eine überschlägige Wertermittlung genügen müssen. Im Streitfall entscheidet nach § 28 Abs. 1 AO die fachlich zuständige Aufsichtsbehörde (i. d. R. die oberste Finanzbehörde des Landes). § 25 AO findet keine Anwendung, da sich nach § 18 Abs. 1 Nr. 1 AO eine eindeutige Zuständigkeit einer Finanzbehörde ergibt.[9] Dass tatsächlich eine genaue Wertermittlung zur Be-

---

1 Siehe dazu vertiefend Bock in Grootens, § 13 Rz. 33 ff.
2 Boeker in Hübschmann/Hepp/Spitaler, AO/FGO, AO § 185 Rz. 10.
3 Brandis in Tipke/Kruse, AO/FGO, AO § 185 Rz. 2.
4 BFH, Urteil v. 27.3.1996 - I R 83/94, BStBl 1996 II S. 509; Boeker in Hübschmann/Hepp/Spitaler, AO/FGO, AO § 185 Rz. 11; Brandis in Tipke/Kruse, AO/FGO, AO § 185 Rz. 2; Schmieszek in Gosch, AO/FGO, AO § 188 Rz. 8.
5 Boeker in Hübschmann/Hepp/Spitaler, AO/FGO, AO § 185 Rz. 11; Schmieszek in Gosch, AO/FGO, AO § 188 Rz. 8.
6 Brandis in Tipke/Kruse, AO/FGO, AO § 185 Rz. 2; vgl. zu § 175 AO BFH, Urteil v. 20.4.1999 - VIII R 13/97, BStBl 1999 II S. 542 betr. GewSt.
7 Boeker in Hübschmann/Hepp/Spitaler, AO/FGO, AO § 185 Rz. 11; Brandis in Tipke/Kruse, AO/FGO, AO § 185 Rz. 3; Troll/Eisele, GrStG § 22 Rz. 7; Marx in Stenger/Loose, GrStG § 22 Rz. 29.
8 Boeker in Hübschmann/Hepp/Spitaler, AO/FGO, AO § 185 Rz. 8.
9 Vgl. Schmieszek in Gosch, AO/FGO, AO § 25 Rz. 5.

stimmung der Zuständigkeit erforderlich sein sollte, dürfte sich auf wenige Ausnahmefälle beschränken, bei denen die Schwierigkeit der wertmäßigen Aufteilung dann hinzunehmen sind.

Die Durchführung des Verfahrens setzt **keinen Antrag** voraus.[1] Die Zerlegung hat **von Amts wegen** zu erfolgen.[2] Dies gilt auch für eine Zerlegung nach einem vereinbarten Zerlegungsmaßstab nach § 22 Abs. 3 Satz 2 GrStG (str.; siehe → Rz. 48). Ein Antrag auf Zerlegung ist andererseits nicht unzulässig.[3]   64

(Einstweilen frei)   65–67

2. Beteiligte (§ 186 AO)

Nach § 186 Nr. 2 Satz 1 AO sind **Beteiligte** am Zerlegungsverfahren grundsätzlich die steuerberechtigten **Gemeinden**, denen ein Steuermessbetrag zugeteilt wurde oder die einen Anteil am Steuermessbetrag beanspruchen. Obliegt den steuerberechtigten Gemeinden nicht die Festsetzung der Steuer ist Beteiligte die dafür zuständige Behörde. Dies betrifft insbesondere die Stadtstaaten, bei denen die Grundsteuer von den Landesfinanzbehörden verwaltet werden.   68

Bei der Zerlegung geht es zwar vorrangig um die Zuweisung von Steuersubstrat an die jeweils betroffenen Gemeinden. Der **Steuerpflichtige** ist aber als letztendlich mit der Grundsteuer Belasteter durch ggf. unterschiedliche Hebesätze und mehreren Zahlungsempfängern in seinen Interessen betroffen und daher nach § 186 Nr. 1 AO ebenfalls Beteiligter im Zerlegungsverfahren.[4] Ob tatsächlich unterschiedliche Hebesätze vorhanden sind und damit die Grundsteuerbelastung von der Zerlegung abhängt, spielt für die Beteiligteneigenschaft keine Rolle (vgl. aber den Einfluss auf die Rechtsbehelfs- und Klagebefugnis des Steuerpflichtigen → Rz. 112).[5]   69

(Einstweilen frei)   70-72

3. Akteneinsicht (§ 187 AO)

§ 187 AO normiert ein **Auskunfts- und Akteneinsichtsrecht** der steuerberechtigten Gemeinden von bzw. bei der zuständigen Finanzbehörde. Sie können insbesondere Auskunft über die Zerlegungsgrundlagen verlangen. Hierzu gehören auch die Besteuerungsgrundlagen.[6] Ein Verstoß gegen das Steuergeheimnis liegt jedenfalls nach § 30 Abs. 4 Nr. 2 AO nicht vor. Einsichtsberechtigt sind nur die Amtsträger, nicht hingegen Bevollmächtigte.[7]   73

Den steuerberechtigten Gemeinden wird i. d. R. nur der Steuermessbescheid nach § 184 Abs. 3 AO mitgeteilt.[8] Im Zerlegungsverfahren sind die steuerberechtigten Gemeinden Beteiligte i. S. des § 186 AO, sodass sie ein besonderes Interesse an dem Inhalt der Zerlegungsunterlagen bei der zuständigen Finanzbehörde haben, um ihre Rechte effektiv durchsetzen zu können. Pa-   74

---

1 Brandis in Tipke/Kruse, AO/FGO, AO § 185 Rz. 3; Troll/Eisele, GrStG § 22 Rz. 7.
2 Boeker in Hübschmann/Hepp/Spitaler, AO/FGO, AO § 185 Rz. 11; Brandis in Tipke/Kruse, AO/FGO, AO § 185 Rz. 3; vgl. auch Orientierungssatz BFH, Urteil v. 8.11.2000 - I R 1/00, BStBl 2001 II S. 769.
3 Boeker in Hübschmann/Hepp/Spitaler, AO/FGO, AO § 185 Rz. 11; Brandis in Tipke/Kruse, AO/FGO, AO § 185 Rz. 3.
4 Boeker in Hübschmann/Hepp/Spitaler, AO/FGO, AO § 186 Rz. 3; Brandis in Tipke/Kruse, AO/FGO, AO § 185 Rz. 1; Troll/Eisele, GrStG § 22 Rz. 7.
5 Boeker in Hübschmann/Hepp/Spitaler, AO/FGO, AO § 186 Rz. 3.
6 Boeker in Hübschmann/Hepp/Spitaler, AO/FGO, AO § 187 Rz. 6.
7 FG Düsseldorf, Urteil v. 11.9.1998 - 18 K 3888/96, EFG 1998 S. 1555; in der nachfolgenden Revision offen gelassen mangels vorhandenen Rechtschutzbedürfnisses BFH, Urteil v. 21.7.1999 - I R 111/98, NWB CAAAA-63027; vertiefend Boeker in Hübschmann/Hepp/Spitaler, AO/FGO, AO § 187 Rz. 7.
8 Bock in Grootens, GrStG § 13 Rz. 42.

rallel zu § 187 AO ist in § 21 Abs. 3 FVG ein allgemeines Akteneinsichts-, Auskunfts- und Teilhaberecht der Gemeinden bei den Realsteuern geregelt. Dem **Steuerpflichtigen** steht das Akteneinsichts- und Auskunftsrecht nach § 189 AO nicht zu.[1]

75 Gegen die Ablehnung einer Akteneinsicht kann **Einspruch** und **Klage** erhoben werden.[2] Das Rechtschutzbedürfnis fehlt allerdings bei einem festgesetzten oder festzusetzenden Steuermessbetrag von 0 € (beispielsweise wegen einer vorhandenen Steuerbefreiung).[3]

76–78 *(Einstweilen frei)*

4. Zerlegungsbescheid (§ 188 AO)

79 Das Zerlegungsverfahren ist ein **selbstständiger Verfahrensabschnitt** innerhalb des Steuermessbetragsverfahrens, der nach § 188 Abs. 1 AO mit einem einheitlichen rechtsbehelfsfähigen (siehe → Rz. 103 ff.) **schriftlichen Verwaltungsakt** abgeschlossen wird.[4] Der Zerlegungsbescheid ist eine alle Beteiligten bindende Entscheidung, die gegenüber allen Verfahrensbeteiligten, soweit sie von ihm betroffen sind, nach § 188 Abs. 1 AO bekannt zu geben ist.[5] Er kann mit dem Grundsteuermessbescheid verbunden werden.[6]

80 Da der **Steuerpflichtige** von dem Steuermessbescheid insgesamt betroffen ist, wird er ihm vollständig bekannt gegeben. Den Gemeinden wird er hingegen nur verkürzt, soweit sie von ihm betroffen sind, bekannt gegeben.[7]

81 Inhaltlich muss der Zerlegungsbescheid nach § 188 Abs. 2 AO die Höhe des zu zerlegenden Steuermessbetrags sowie die **Zerlegungsgrundlagen** angeben und bestimmen, welche Anteile den beteiligten Steuerberechtigten zugeteilt werden.[8] Fehlen diese nachholbaren Angaben führt dies nicht zur Nichtigkeit des Zerlegungsbescheids.[9]

82 Der Zerlegungsbescheid ist zwischen dem Grundsteuermessbescheid und dem Grundsteuerbescheid geschoben.[10] Der Zerlegungsbescheid ist **Folgebescheid** des Grundsteuermessbescheids, der wiederum **Grundlagenbescheid** für den Zerlegungsbescheid ist.[11] Der Zerlegungsbescheid ist Grundlagenbescheid für den Grundsteuerbescheid und in Bezug auf den Zerlegungsanteil bindend.[12]

83 Wenn die Zerlegungsanteile nicht angegeben werden, ist der **Zerlegungsbescheid** mangels hinreichender inhaltlicher Bestimmtheit nach § 125 Abs. 1 AO und wegen dieses schwerwie-

---

1 Boeker in Hübschmann/Hepp/Spitaler, AO/FGO, AO § 187 Rz. 3; Troll/Eisele, GrStG § 22 Rz. 7.
2 BFH, Urteil v. 21.7.1999 - I R 111/98, NWB CAAAA-63027.
3 BFH, Urteil v. 21.7.1999 - I R 111/98, NWB CAAAA-63027; Boeker in Hübschmann/Hepp/Spitaler, AO/FGO, AO § 187 Rz. 8.
4 BFH, Urteil v. 24.3.1992 - VIII R 33/90, BStBl 1992 II S. 869; BFH, Urteil v. 12.10.1977 - I R 227/75, BStBl 1978 II S. 160 (keine Trennung in zwei Bescheiden); Schmieszek in Gosch, AO/FGO, AO § 188 Rz. 6; Brandis in Tipke/Kruse, AO/FGO, AO § 185 Rz. 1; Troll/Eisele, GrStG § 22 Rz. 8.
5 Brandis in Tipke/Kruse, AO/FGO, AO § 185 Rz. 1; Troll/Eisele, GrStG § 22 Rz. 8.
6 Troll/Eisele, GrStG § 22 Rz. 8.
7 Boeker in Hübschmann/Hepp/Spitaler, AO/FGO, AO § 188 Rz. 3; Schmieszek in Gosch, AO/FGO, AO § 188 Rz. 11; vgl. auch BFH, Urteil v. 27.3.1996 - I R 83/94, BStBl 1996 II S. 509, Tz. 14 (II. 2. b)).
8 Boeker in Hübschmann/Hepp/Spitaler, AO/FGO, AO § 188 Rz. 4; Troll/Eisele, GrStG § 22 Rz. 8.
9 Boeker in Hübschmann/Hepp/Spitaler, AO/FGO, AO § 188 Rz. 4; Brandis in Tipke/Kruse, AO/FGO, AO § 188 Rz. 3; Schmieszek in Gosch, AO/FGO, AO § 188 Rz. 15.
10 Boeker in Hübschmann/Hepp/Spitaler, AO/FGO, AO § 185 Rz. 8.
11 BFH, Urteil v. 28.6.2000 - I R 84/98, BStBl 2001 II S. 3; Boeker in Hübschmann/Hepp/Spitaler, AO/FGO, AO § 185 Rz. 8; Schmieszek in Gosch, AO/FGO, AO § 188 Rz. 6 m. w. N.; Troll/Eisele, GrStG § 22 Rz. 8.
12 Boeker in Hübschmann/Hepp/Spitaler, AO/FGO, AO § 185 Rz. 8.

genden offenkundigen Fehlers **nichtig**.[1] Ist der Grundsteuermessbescheid nichtig, führt dies nicht zur Nichtigkeit, sondern zur Rechtswidrigkeit des Zerlegungsbescheids.[2] Die Zuteilung eines Zerlegungsanteils an eine nicht hebeberechtigte Gemeinde führt ebenfalls nicht zur Nichtigkeit, sondern zur Rechtswidrigkeit des Zerlegungsbescheids.[3]

(Einstweilen frei) 84–86

5. Festsetzungsfrist

Die Regelungen der §§ 169 ff. AO zur **Festsetzungsverjährung** gelten entsprechend. Nach Ablauf der Festsetzung für die Grundsteuer von vier Jahren nach § 169 Abs. 2 Nr. 2 AO darf ein Zerlegungsbescheid nicht mehr ergehen, geändert oder aufgehoben werden.[4] Für Beginn und Ablauf der Festsetzungsfrist gelten dieselben Regeln wie für den Steuermessbescheid.[5]

Im Fall einer **Änderung oder Nachholung** der Zerlegung nach § 189 Satz 1 AO (siehe dazu → Rz. 93 f.) gilt eine besondere Ausschlussfrist (sog. Zerlegungssperre).[6] Nach § 189 Satz 3 AO unterbleibt eine Änderung oder Nachholung der Zerlegung, wenn ein Jahr vergangen ist, seitdem der Steuermessbescheid unanfechtbar geworden ist, es sei denn, dass der übergangene Steuerberechtigte die Änderung oder Nachholung der Zerlegung vor Ablauf des Jahres beantragt hatte. Sinn und Zweck der Zerlegungssperre liegt darin, innerhalb eines Jahres nach Bestandskraft des Steuermessbescheids Klarheit darüber zu erlangen, ob noch weitere Steuerberechtigte einen Zerlegungsanteil beanspruchen.[7] Dies verhindert auch Ausgleichszahlungen zwischen den einzelnen Gemeinden.

Der Steuerpflichtige ist nicht antragsbefugt, auch nicht im Namen der steuerberechtigten Gemeinde.[8] Der Eintritt der Festsetzungsverjährung schließt eine Änderung nach **§ 189 Satz 1 AO** nicht aus.[9] Die Jahresfrist beginnt jeweils erneut zu laufen, sobald ein Grundsteuermessbescheid geändert, ein den Steuermessbetrag betreffender Vorbehalt der Nachprüfung aufgehoben oder die vorläufige Festsetzung eines Steuermessbetrags für endgültig erklärt und der Bescheid unanfechtbar wird.[10] **Wiedereinsetzung in den vorherigen Stand** ist möglich.[11] Ein fristgerecht gestellter Antrag wirkt nur für den beantragenden Steuerberechtigten.[12]

(Einstweilen frei) 90–92

---

1 Boeker in Hübschmann/Hepp/Spitaler, AO/FGO, AO § 188 Rz. 4 m.w.N.; Brandis in Tipke/Kruse, AO/FGO, AO § 188 Rz. 3.
2 Boeker in Hübschmann/Hepp/Spitaler, AO/FGO, AO § 188 Rz. 4.
3 FG Brandenburg, Urteil v. 19.2.2002 - 3 K 722/00, EFG 2002 S. 655, NWB IAAAB-06993; Boeker in Hübschmann/Hepp/Spitaler, AO/FGO, AO § 188 Rz. 4; Brandis in Tipke/Kruse, AO/FGO, AO § 188 Rz. 3.
4 Boeker in Hübschmann/Hepp/Spitaler, AO/FGO, AO § 185 Rz. 26.
5 Siehe daher vertiefend dazu Bock in Grootens, GrStG, § 13 Rz. 58 f.
6 Brandis in Tipke/Kruse, AO/FGO, AO § 189 Rz. 4; BFH, Urteil v. 12.5.1992 - VIII R 45/90, NWB UAAAB-33320.
7 BFH, Urteil v. 28.6.2000 - I R 84/98, BStBl 2001 II S. 3 m.w.N.
8 Brandis in Tipke/Kruse, AO/FGO, AO § 189 Rz. 1.
9 BFH, Urteil v. 28.6.2000 - I R 84/98, BStBl 2001 II S. 3.
10 BFH, Urteil v. 28.6.2000 - I R 84/98, BStBl 2001 II S. 3 m.w.N.
11 BFH, Urteil v. 28.6.2000 - I R 84/98, BStBl 2001 II S. 3; Brandis in Tipke/Kruse, AO/FGO, AO § 189 Rz. 4 m.w.N.
12 BFH, Urteil v. 17.2.1993 - I R 19/92, BStBl 1993 II S. 679, NWB WAAAA-94594.

6. Änderungsmöglichkeiten (§ 189 AO)

93 Die **spezielle Änderungsvorschrift** des § 189 AO ergänzt die allgemeinen Änderungsmöglichkeiten der AO (siehe dazu → Rz. 95 ff.).[1] Eine weitere besondere Änderungsvorschrift für den Zerlegungsbescheid enthält § 23 Abs. 2 GrStG.[2] In dem Sonderfall, dass eine steuerberechtigte Gemeinde bei der Zerlegung aus welchem Grund auch immer weder berücksichtigt noch zurückgewiesen wurde, ist nach § 189 Satz 1 AO eine Zerlegung von Amts wegen oder auf Antrag zu ändern oder nachzuholen.

94 Nach § 189 Satz 2 AO dürfen bei der Änderung der Zerlegung nur solche Änderungen vorgenommen werden, die sich aus der nachträglichen Berücksichtigung des bisher übergangenen Steuerberechtigten ergeben, wenn der bisherige Zerlegungsbescheid gegenüber denjenigen Steuerberechtigten, die an dem Zerlegungsverfahren bereits beteiligt waren, unanfechtbar geworden ist. Es sind daher nur solche **Änderungen des Zerlegungsbescheids** möglich, die für die nachträgliche Berücksichtigung des Anspruchs der bisher unberücksichtigten Gemeinde erforderlich sind.[3]

95 Es gelten darüber hinaus nach § 185 AO i.V. mit § 184 Abs. 1 Satz 3 AO die allgemeinen Änderungsmöglichkeiten der AO. **Offenbare Unrichtigkeiten**, wie Rechenfehler, können nach § 129 AO berichtigt werden.[4]

96 Darüber hinaus kann der Zerlegungsbescheid unter den dort genannten Voraussetzungen nach § 173 AO wegen **nachträglich bekanntgewordener Tatsachen**, etwa eines anderen tatsächlichen Grundstücksverlaufs, geändert werden.[5] § 173 AO findet für die Gemeinde sinngemäße Anwendung, auch wenn diese kein Steuerpflichtiger im eigentlichen Sinne der Norm ist. Auf eine Unterscheidung zwischen einer Änderung zugunsten oder zuungunsten des Steuerpflichtigen bzw. der Gemeinde kommt es nicht an.[6] Da eine höhere Grundsteuerberechtigung bei der einen Gemeinde zwangsläufig zu einer niedrigeren Grundsteuerberechtigung bei der anderen Gemeinde führt, kann es konsequenterweise für keinen der Beteiligten nach § 173 Abs. 1 Nr. 2 Satz 2 AO auf ein Verschulden ankommen.[7]

97 Des Weiteren ist der Zerlegungsbescheid nach § 175 Abs. 1 Satz 1 Nr. 1 AO zu ändern oder aufzuheben, wenn der **Grundsteuermessbescheid als Grundlagenbescheid** i.S. des § 170 Abs. 10 AO aufgehoben oder geändert wird.[8] Eine Änderung ist allerdings nur insoweit möglich, als die Änderung des Grundsteuermessbetrags reicht (kein vollständiges Aufrollen der bestandskräftigen Zerlegung).[9] § 177 AO findet allerdings Anwendung.[10] § 175 Abs. 1 Satz 1 Nr. 1 AO ermöglicht nur eine Änderung der Zerlegung von Beginn an. Wird der Grundsteuermessbescheid mit Wirkung für einen späteren Zeitpunkt geändert (bspw. bei einer Neuveranlagung nach § 17

---

1 BFH, Urteil v. 28.6.2000 - I R 84/98, BStBl 2001 II S. 3.
2 Siehe dazu vertiefend Bock in Grootens, GrStG § 23 Rz. 22 ff.
3 Brandis in Tipke/Kruse, AO/FGO, AO § 189 Rz. 3.
4 Boeker in Hübschmann/Hepp/Spitaler, AO/FGO, AO § 185 Rz. 11; Schmieszek in Gosch, AO/FGO, AO § 188 Rz. 19.
5 Boeker in Hübschmann/Hepp/Spitaler, AO/FGO, AO § 185 Rz. 17 ff.
6 BFH, Urteil v. 24.3.1992 - VIII R 33/90, BStBl 1992 II S. 869; BFH, Urteil v. 7.9.2005 - VIII R 42/02, NWB JAAAB-76223; Boeker in Hübschmann/Hepp/Spitaler, AO/FGO, AO § 185 Rz. 18.
7 Boeker in Hübschmann/Hepp/Spitaler, AO/FGO, AO § 185 Rz. 19; Schmieszek in Gosch, AO/FGO, AO § 188 Rz. 19.
8 Marx in Stenger/Loose, GrStG § 22 Rz. 29.
9 BFH, Urteil v. 20.4.1999 - VIII R 13/97, BStBl 1999 II S. 542; Boeker in Hübschmann/Hepp/Spitaler, AO/FGO, AO § 185 Rz. 20; Schmieszek in Gosch, AO/FGO, AO § 188 Rz. 18; a. A. wohl Troll/Eisele, GrStG § 22 Rz. 8 (wie bei einer erstmaligen Zerlegung zu verfahren).
10 BFH, Urteil v. 20.4.1999 - VIII R 13/97, BStBl 1999 II S. 542; Boeker in Hübschmann/Hepp/Spitaler, AO/FGO, AO § 185 Rz. 22; Schmieszek in Gosch, AO/FGO, AO § 188 Rz. 19.

Abs. 1 GrStG wegen einer Wertfortschreibung des Grundsteuerwerts) dürfte eine neue Zerlegung des geänderten Grundsteuermessbetrags durchzuführen sein.[1] Erfolgte die zu ändernde Zerlegung aufgrund einer Einigung der Beteiligten nach § 22 Abs. 3 Satz 2 GrStG hat das Finanzamt die Beteiligten zu unterrichten, damit diese sich ggf. wieder auf eine Zerlegung einigen können.[2]

Werden Gemeindegebiete zusammengefasst und führt dies dazu, dass eine wirtschaftliche Einheit sich nicht mehr über mehrere Gemeindegebiete erstreckt, ist der Zerlegungsbescheid mit **Wirkung für die Zukunft** aufzuheben.[3] Nach Ansicht der Finanzverwaltung soll in Fällen ohne Neufestsetzung des Grundsteuermessbescheids ein neuer Zerlegungsbescheid ergehen, der den bisher Beteiligten bekannt gegeben wird und aus dem sich die Zuweisung des gesamten Steuermessbetrags an eine Gemeinde ergibt.[4] Im Fall einer Neuveranlagung soll der nicht mehr beteiligten Gemeinde eine nicht rechtbehelfsfähige Mitteilung gemacht werden.[5]

Eine Aufhebung des Zerlegungsbescheids erfolgt in den Fällen der **Zusammenfassung von Gemeindegebieten** selbst dann, wenn nach § 25 Abs. 4 Satz 2 GrStG[6] die betroffenen Gebietsteile für einen Übergangszeitraum unterschiedliche Hebesätze haben.[7] Nach Ansicht der Finanzverwaltung bleibt es den Gemeinden überlassen eine geeignete Aufteilung vorzunehmen. Im Wege der Amtshilfe kann das Finanzamt ersucht werden, der Gemeinde den jeweiligen Teil am Steuermessbetrag, der auf die unterschiedlichen Gemeindeteile entfällt, nach Zerlegungsgrundsätzen oder einem anderen geeigneten Verfahren mitzuteilen.[8] Da es sich bei dieser Mitteilung nicht um einen Verwaltungsakt handelt, hat der Steuerpflichtige keine gesonderte Rechtsbehelfsmöglichkeit gegen die Aufteilung.[9] Rechtsbehelfsfähig ist erst der Grundsteuerbescheid.

(Einstweilen frei) 100–102

7. Rechtsbehelfs- und Klageverfahren

a) Allgemeines

Für das Zerlegungsverfahren gelten wie auch beim Steuermessbetragsverfahren[10] die allgemeinen Rechtsbehelfs- und Klagevoraussetzungen. Gegen den Zerlegungsbescheid ist insbesondere der **Finanzrechtsweg** nach § 33 Abs. 1 Nr. 1 FGO eröffnet. Vor Klageerhebung ist nach § 44 Abs. 1 FGO i. d. R. das **Einspruchsverfahren** nach §§ 347 ff. AO als Rechtsbehelfsverfahren durchzuführen. Die am Zerlegungsverfahren Beteiligten sind notwendig beizuladen (siehe aber auch → Rz. 112).[11]

Der Zerlegungsbescheid kann im Fall der **Zerlegung nach Einigung** gem. § 22 Abs. 3 Satz 2 GrStG (siehe dazu vertiefend → Rz. 44 ff.) wegen sonst mangelnden **Rechtschutzbedürfnisses**

---

1 Vgl. BFH, Urteil v. 11.11.2009 - II R 14/08, BStBl 2010 II S. 723.
2 Niedersächsisches Finanzministerium, Verfügung v. 27.4.1976 - G 1140-4-34, juris.
3 Troll/Eisele, GrStG § 22 Rz. 2.
4 Niedersächsisches Finanzministerium, Verfügung v. 27.4.1976 - G 1140-4-34, juris.
5 Niedersächsisches Finanzministerium, Verfügung v. 27.4.1976 - G 1140-4-34, juris.
6 Siehe dazu vertiefend Grootens in Grootens, GrStG § 25 Rz. 111 ff.
7 Troll/Eisele, GrStG § 22 Rz. 2; Roscher, 360° GrStG eKommentar, § 22 Rz. 8(a. F.).
8 Niedersächsisches Finanzministerium, Verfügung v. 25.1.1974 - G 1140-1-34, juris.
9 Troll/Eisele, GrStG § 22 Rz. 2.
10 Siehe daher ergänzend Bock in Grootens, GrStG § 13 Rz. 73 ff.
11 BFH, Urteil v. 24.6.1971 - IV R 219/68, BStBl 1971 II S. 714; Troll/Eisele, GrStG § 22 Rz. 9.

nur hinsichtlich einer fehlerhaften Umsetzung der Vereinbarung durch das Finanzamt oder bei sonstigen Abweichungen von der Vereinbarung der Beteiligten mit einem Rechtsbehelf angegriffen werden.[1]

105–107 *(Einstweilen frei)*

b) Klagearten

108 Neben der üblichen **Anfechtungsklage** kommen insbesondere die **Verpflichtungsklage** in Betracht, wenn die Finanzbehörde ablehnt, einen Zerlegungsbescheid überhaupt zu erlassen.[2] Die **Untätigkeitsklage** nach § 46 Abs. 1 FGO kommt in Betracht, wenn die zuständige Finanzbehörde nicht innerhalb einer angemessenen Zeit über die Zerlegung entschieden hat. **Nichtigkeitsfeststellungklage** ist zu erheben, wenn an der Feststellung der Nichtigkeit des Zerlegungsbescheids (siehe → Rz. 81 ff.) ein Interesse besteht.

109–111 *(Einstweilen frei)*

c) Rechtsbehelfs- und Klagebefugnis sowie Beschwer

112 Eine Rechtsbehelfs- und Klagebefugnis ist nur gegeben, wenn der Beteiligte geltend macht durch die angegriffene Entscheidung **beschwert**, also in seinen Rechten verletzt zu sein. Eine Beschwer des Steuerpflichtigen ist nicht gegeben, wenn die Hebesätze der betreffenden Gemeinden gleich hoch sind und die Grundsteuerhöhe damit vom Zerlegungsverfahren unabhängig ist.[3] Eine Beiladung im Rechtstreit zwischen den Gemeinden soll dann nicht erforderlich sein (siehe aber auch → Rz. 103).[4]

113 Im Verfahren gegen den Zerlegungsbescheid können nur **Einwendungen** gegen diesen Bescheid, jedoch nicht Einwendungen gegen den **Grundsteuermessbescheid** oder den **Grundsteuerwertbescheid** geltend gemacht werden.[5]

114–116 *(Einstweilen frei)*

d) Streitwert und Kosten

117 Der **Streitwert** dürfte sich wie beim Steuermessbetragsverfahren gem. § 52 Abs. 1 GKG nach der **Bedeutung der Sache** für den Kläger richten. Danach richtet sich der Streitwert in einem Verfahren gegen den Zerlegungsbescheid i. d. R. nach der durch die Aufhebung oder Änderung vom Steuerpflichtigen durch die Zerlegung begehrten Grundsteuerersparnis für den Hauptveranlagungszeitraum von sieben Jahren. Bei einer Klage durch die Gemeinde richtet sich der Streitwert nach der begehrten Zuweisung von Zerlegungsanteilen und den dadurch begehrten Grundsteuermehreinnahmen durch die Änderung des Zerlegungsbescheids.[6]

---

1 BFH, Urteil v. 25.9.1968 - I B 118/65, BStBl 1968 II S. 827; Troll/Eisele, GrStG § 22 Rz. 5.
2 Troll/Eisele, GrStG § 22 Rz. 9.
3 BFH, Urteil v. 16.8.1961 - I B 148/60, HFR 1963 S. 110; Troll/Eisele, GrStG § 22 Rz. 9.
4 BFH, Urteil v. 20.4.1999 - VIII R 13/97, BStBl 1999 II S. 542; BFH, Urteil v. 22.7.1988 - III R 286/84, NWB RAAAB-29479 betr. jeweils GewSt; vgl. auch vertiefend zur Beiladung der Gemeinde Boeker in Hübschmann/Hepp/Spitaler, AO/FGO, AO § 186 Rz. 9 ff.; Schmieszek in Gosch, AO/FGO, AO § 188 Rz. 24; Troll/Eisele, GrStG § 22 Rz. 9.
5 Boeker in Hübschmann/Hepp/Spitaler, AO/FGO, AO § 188 Rz. 9; Schmieszek in Gosch, AO/FGO, AO § 188 Rz. 21; Troll/Eisele, GrStG § 22 Rz. 9.
6 BFH, Urteil v. 17.3.1982 - I R 189/79, BStBl 1982 II S. 624.

Die beteiligten **Gemeinden** sind im Zerlegungsverfahren **keine Finanzbehörden** i. S. des § 139 Abs. 2 FGO. Dies ist das jeweilige Lagefinanzamt. Die Gemeinden haben daher im Fall des Obsiegens einen Kostenerstattungsanspruch für die notwendigen Auslagen.[1]

118

(Einstweilen frei)

119–121

VI. Zuteilungsverfahren (§ 190 AO)

§ 190 Satz 1 AO regelt das sog. **Zuteilungsverfahren**. Besteht Streit darüber, welcher steuerberechtigten Gemeinde ein Steuergegenstand zusteht, ist nicht ein Zerlegungsverfahren, sondern ein Zuteilungsverfahren nach § 190 AO durchzuführen. Das Zerlegungsverfahren setzt eine Zuordnung des Steuergegenstandes dem Grunde nach an die steuerberechtigten Gemeinden voraus. Im Zerlegungsverfahren wird der Steuergegenstand der Höhe nach auf die Steuerberechtigten zerlegt, während im Zuteilungsverfahren der Steuergegenstand dem Grunde nach den Steuerberechtigten zugeteilt wird. Für das Zuteilungsverfahren gelten nach § 190 Satz 2 AO die Vorschriften zum Zerlegungsverfahren entsprechend.

122

Die Durchführung eines Zuteilungsverfahren setzt einen **Antrag** voraus.[2] Es sind nicht nur die Gemeinden, sondern auch der Steuerpflichtige antragsberechtigt, wenn die Zuteilung zum richtigen Steuerberechtigten wegen unterschiedlicher Hebesätze Auswirkungen auf die Höhe der Grundsteuer haben kann.[3]

123

Möglich ist auch die Durchführung zunächst eines Zuteilungsverfahrens nach § 190 AO und anschließend eines Zerlegungsverfahrens nach § 185 ff. AO i. V. mit § 22 GrStG. Die Verfahren können auch verbunden werden.

124

BEISPIEL: Ein Grundstück liegt an den zusammentreffenden Grenzen der drei Gemeinden A, B und C. Alle Gemeinden beanspruchen den Steuergegenstand für sich. Tatsächlich erstreckt sich das Grundstück über die Gemeindegebiete der Gemeinden A und B.

125

LÖSUNG: Der Steuergegenstand ist zunächst den Gemeinden A und B nach § 190 AO zuzuteilen und anschließend der Grundsteuermessbetrag nach § 22 GrStG auf diese zu zerlegen. Dies kann auch innerhalb eines Bescheides erfolgen, der nur soweit an die Beteiligten bekannt gegeben wird, als sie von ihm betroffen sind (siehe → Rz. 79 f.).

§ 23 GrStG Zerlegungsstichtag

(1) Der Zerlegung des Steuermessbetrags werden die Verhältnisse in dem Feststellungszeitpunkt zugrunde gelegt, auf den der für die Festsetzung des Steuermessbetrags maßgebende Grundsteuerwert festgestellt worden ist.

(2) Ändern sich die Grundlagen für die Zerlegung, ohne dass der Grundsteuerwert fortgeschrieben oder nachträglich festgestellt wird, so sind die Zerlegungsanteile nach dem Stand vom 1. Januar des folgenden Jahres neu zu ermitteln, wenn wenigstens bei einer Gemeinde der neue Anteil um mehr als ein Zehntel, mindestens aber um zehn Euro von ihrem bisherigen Anteil abweicht.

---

1 BFH, Urteil v. 31.7.1974 - I B 32/74, BStBl 1974 II S. 747; Boeker in Hübschmann/Hepp/Spitaler, AO/FGO, AO § 188 Rz. 13; a. A. Troll/Eisele, GrStG § 22 Rz. 9 unter Berufung auf BFH, Beschluss v. 6.2.1962 - I B 31/59 U, NWB SAAAB-51064 zur alten Rechtslage.
2 Brandis in Tipke/Kruse, AO/FGO, AO § 190 Rz. 1
3 BFH, Beschluss v. 12.11.1959 - IV B 130/58, HFR 1963 S. 70.

Inhaltsübersicht	Rz.
A. Allgemeine Erläuterungen zu § 23 GrStG	1 – 17
I. Normzweck und wirtschaftliche Bedeutung der Vorschrift	1 – 5
II. Entstehung und Entwicklung der Vorschrift	6 – 8
III. Geltungsbereich	9 – 13
IV. Verhältnis zu anderen Vorschriften	14 – 17
B. Systematische Kommentierung	18 – 27
I. Zerlegungsstichtag (§ 23 Abs. 1 GrStG)	18 – 21
II. Änderung bei fehlender Änderung des Grundsteuerwertbescheids (§ 23 Abs. 2 GrStG)	22 – 27

A. Allgemeine Erläuterungen zu § 23 GrStG

I. Normzweck und wirtschaftliche Bedeutung der Vorschrift

1 § 23 GrStG soll nach seiner Überschrift den Zerlegungsstichtag für die Zerlegung nach § 22 GrStG regeln. Tatsächlich wird der **Zerlegungsstichtag** in § 23 GrStG nicht ausdrücklich legal definiert. Nach § 23 Abs. 1 GrStG sind bei der Zerlegung des Grundsteuermessbetrags die Verhältnisse in dem Feststellungszeitpunkt zugrunde zu legen, auf den der für die Festsetzung des Steuermessbetrags maßgebende Grundsteuerwert festgestellt worden ist. Mittelbar ergibt sich daraus, dass dies der Zerlegungsstichtag ist.

2 § 23 Abs. 2 GrStG enthält eine **besondere Änderungsvorschrift**. Nach § 23 Abs. 2 GrStG sind die Zerlegungsanteile nach dem Stand vom 1. Januar des folgenden Jahres neu zu ermitteln, wenn sich die Grundlagen für die Zerlegung, ohne dass der Grundsteuerwert fortgeschrieben oder nachträglich festgestellt wird, ändern und wenigstens bei einer Gemeinde der neue Anteil um mehr als ein Zehntel, mindestens aber um zehn Euro von ihrem bisherigen Anteil abweicht.

3–5 *(Einstweilen frei)*

II. Entstehung und Entwicklung der Vorschrift

6 Die Norm wurde in ihrer heutigen Fassung durch das Grundsteuerreformgesetz v. 7.8.1973[1] eingeführt. Durch das **GrStRefG** v. 26.11.2019[2] wurde in § 23 GrStG lediglich der Begriff Einheitswert durch den Begriff Grundsteuerwert ersetzt.

7–8 *(Einstweilen frei)*

III. Geltungsbereich

9 § 23 GrStG gilt, soweit die Länder in Bezug auf § 23 GrStG nicht von ihrer Abweichungskompetenz nach Art. 72 Abs. 3 Satz 1 Nr. 7 GG Gebrauch gemacht haben, für die Zerlegung von Steuermessbeträgen von **inländischem Grundbesitz**, mithin bei Betrieben der Land- und Forstwirtschaft sowie diesen gleichgestellte Betriebsgrundstücke (wirtschaftliche Einheiten des **land- und forstwirtschaftlichen Vermögens**) und bei den Grundstücken sowie diesen gleichgestellte Betriebsgrundstücke (wirtschaftliche Einheiten des **Grundvermögens**).[3] Erfasst wer-

---

[1] BGBl 1973 I S. 965.
[2] GrStRefG v. 26.11.2019, BGBl 2019 I S. 1794.
[3] Schnitter, GrStG – eKommentar § 23 Rz. 7.

den durch die Anknüpfung an den Grundsteuerwert beim Grundsteuermessbetrag auch die inländischen Teile einer wirtschaftlichen Einheit, die sich sowohl auf das Inland als auch auf das Ausland erstrecken.

§ 23 GrStG i. d. F. des GrStRefG v. 26.11.2019 findet gem. § 37 Abs. 1 GrStG für die Grundsteuer **ab dem Kalenderjahr 2025** Anwendung.[1] § 23 GrStG i. d. F. des Grundsteuerreformgesetzes v. 7.8.1973 mit der letzten Änderung durch Art. 38 des Gesetzes v. 19.12.2008 (BGBl I S. 2794) findet nach § 37 Abs. 2 GrStG für die Grundsteuer **bis einschließlich des Kalenderjahres 2024** Anwendung.[2]

(Einstweilen frei)

IV. Verhältnis zu anderen Vorschriften

§ 23 Abs. 1 GrStG bestimmt den Zerlegungszeitpunkt und damit die Verhältnisse, auf die es bei der Zerlegung nach **§ 22 GrStG** ankommt. Maßgeblich sind die Verhältnisse des jeweiligen Feststellungszeitpunkts des Grundsteuerwerts nach **§ 221 Abs. 2 BewG** (Hauptfeststellungszeitpunkt), **§ 222 Abs. 4 BewG** (Fortschreibungszeitpunkt) und **§ 223 Abs. 2 BewG** (Nachfeststellungszeitpunkt). § 23 Abs. 2 GrStG ermöglicht eine Änderung der Zerlegung nach § 22 GrStG, ohne dass der Grundsteuerwert nach **§ 222 Abs. 1 BewG** fortgeschrieben oder nach **§ 223 Abs. 1 BewG** nachträglich festgestellt wird.

(Einstweilen frei)

B. Systematische Kommentierung

I. Zerlegungsstichtag (§ 23 Abs. 1 GrStG)

Da der nach § 22 GrStG zu zerlegende Grundsteuermessbetrag auf der Feststellung des Grundsteuerwerts beruht, stellt § 23 Abs. 1 GrStG hinsichtlich des **Zerlegungsstichtags** auf den Feststellungszeitpunkt ab, auf den der für die Festsetzung des Steuermessbetrags maßgebende Grundsteuerwert festgestellt worden ist.

Der Zerlegungsstichtag ist danach

▶ bei einer Hauptfeststellung des Grundsteuerwerts der **Hauptfeststellungszeitpunkt** nach § 221 Abs. 2 BewG,[3]

▶ bei einer Fortschreibung des Grundsteuerwerts der **Fortschreibungszeitpunkt** nach § 222 Abs. 4 BewG[4] und

▶ bei einer Nachfeststellung der **Nachfeststellungszeitpunkt** nach § 223 Abs. 2 BewG.[5]

(Einstweilen frei)

---

[1] Schnitter, GrStG – eKommentar § 23 Rz. 5; Marx in Stenger/Loose, GrStG § 23 Rz. 5.
[2] Schnitter, GrStG – eKommentar § 23 Rz. 5; Marx in Stenger/Loose, GrStG § 23 Rz. 4.
[3] Siehe dazu Wredenhagen in Grootens, BewG § 221 Rz. 71 ff.
[4] Siehe dazu Wredenhagen in Grootens, BewG § 222 Rz. 151 ff.
[5] Siehe dazu Wredenhagen in Grootens, BewG § 223 Rz. 91 ff.

II. Änderung bei fehlender Änderung des Grundsteuerwertbescheids (§ 23 Abs. 2 GrStG)

22 § 23 Abs. 2 GrStG enthält eine neben den allgemeinen Änderungsvorschriften[1] bestehende **besondere Änderungsvorschrift** für den Zerlegungsbescheid, wenn sich die Zerlegungsgrundlagen ändern, ohne dass es zu einer Anpassung des Grundsteuerwerts kommt. In diesen Fällen sind die Zerlegungsanteile nach dem Stand vom 1. Januar des folgenden Jahres neu zu ermitteln. Voraussetzung ist, dass wenigstens bei einer Gemeinde der neue Anteil um mehr als ein Zehntel, mindestens aber um zehn Euro von ihrem bisherigen Anteil abweicht.

23 Die Grundlagen der Zerlegung ändern sich, ohne dass es einer Anpassung des Grundsteuerwerts bedarf, wenn beispielsweise **Gemeindegrenzen verändert** werden, so dass sich der Flächenanteil der jeweiligen Gemeinde am Grundsteuermessbetrag ändert.[2] In diesen Fällen bleibt der Grundsteuerwert unverändert.

24 Eine Änderung nach § 23 Abs. 2 GrStG findet auch statt, wenn sich die Zerlegungsgrundlage dadurch ändert, dass die **Einigung zwischen den Beteiligten**, aufgrund derer die Zerlegung erfolgte, gekündigt, geändert oder auf andere Weise aufgehoben wird.[3]

25 § 23 Abs. 2 GrStG findet seinem Wortlaut nach auch Anwendung, wenn sich beispielsweise aufgrund des **Wegfalls** der Voraussetzungen einer **Ermäßigung der Steuermesszahl** der Grundsteuermessbetrag, aber nicht der Grundsteuerwert ändert.[4]

26 Eine Änderung der Zerlegung findet nicht statt, wenn zwar die Mindeständerungsgrenzen des § 23 Abs. 2 GrStG überschritten werden, aber auch nach der gedachten Anpassung nicht der **Mindestzerlegungsanteil** nach § 22 Abs. 4 GrStG[5] erreicht wird.[6] Führen erst die geänderten Zerlegungsgrundlagen zum Unterschreiten des Mindestzerlegungsanteils und ist deshalb der Grundsteuermessbetrag insgesamt einer Gemeinde zuzuteilen, ist der Zerlegungsbescheid aufzuheben.

27 Die Änderung der Zerlegung hat **von Amts wegen** zu erfolgen.[7] Ein **Antrag** auf Änderung ist aber zulässig.

§ 24 GrStG Ersatz der Zerlegung durch Steuerausgleich

[1]Die Landesregierung kann durch Rechtsverordnung bestimmen, dass bei Betrieben der Land- und Forstwirtschaft, die sich über mehrere Gemeinden erstrecken, aus Vereinfachungsgründen an Stelle der Zerlegung ein Steuerausgleich stattfindet. [2]Beim Steuerausgleich wird der gesamte Steuermessbetrag der Gemeinde zugeteilt, in der der wertvollste Teil des Steuergegenstandes liegt (Sitzgemeinde); an dem Steueraufkommen der Sitzgemeinde werden die übrigen Gemeinden beteiligt. [3]Die Beteiligung soll annähernd zu dem Ergebnis führen, das bei einer Zerlegung einträte.

---

1 Siehe vertiefend Bock in Grootens, GrStG § 22 Rz. 93 ff.
2 Troll/Eisele, GrStG § 23 Rz. 3.
3 Siehe Bock in Grootens, GrStG § 22 Rz. 51; a. A. Troll/Eisele, GrStG § 23 Rz. 3 und § 22 Rz. 5.
4 Troll/Eisele, GrStG § 23 Rz. 3.
5 Bock in Grootens, GrStG § 22 Rz. 55.
6 Troll/Eisele, GrStG § 23 Rz. 3.
7 Troll/Eisele, GrStG § 23 Rz. 3.

Inhaltsübersicht	Rz.
A. Allgemeine Erläuterungen zu § 24 GrStG	1 - 17
I. Normzweck und wirtschaftliche Bedeutung der Vorschrift	1 - 5
II. Entstehung und Entwicklung der Vorschrift	6 - 8
III. Geltungsbereich	9 - 12
IV. Verhältnis zu anderen Vorschriften	13 - 17
B. Systematische Kommentierung	18 - 20

A. Allgemeine Erläuterungen zu § 24 GrStG

I. Normzweck und wirtschaftliche Bedeutung der Vorschrift

§ 24 GrStG ermächtigt die **Länderregierungen**, durch **Rechtsverordnung** zu bestimmen, dass bei Betrieben der Land- und Forstwirtschaft, die sich über mehrere Gemeinden erstrecken, aus Vereinfachungsgründen an Stelle der Zerlegung nach § 22 Abs. 1 und 2 GrStG einen **Steuerausgleich** zu regeln. 1

Von der Ermächtigung einen Steuerausgleich zu regeln, hat bisher kein Land Gebrauch gemacht. Die Norm hat daher **keine praktische Bedeutung**.[1] Das Bayerische Staatsministerium hat mit Verfügung vom 21.3.1975 von einem Steuerausgleich durch Rechtsverordnung ausdrücklich abgesehen.[2] 2

(Einstweilen frei) 3–5

II. Entstehung und Entwicklung der Vorschrift

Die Norm wurde in ihrer heutigen Fassung durch das Grundsteuerreformgesetz v. 7.8.1973[3] eingeführt. Durch das **GrStRefG** v. 26.11.2019[4] wurde § 24 GrStG nicht geändert. 6

(Einstweilen frei) 7–8

III. Geltungsbereich

Der Steuerausgleich nach § 24 GrStG ist nur anstelle der Zerlegung für die **Betriebe der Land- und Forstwirtschaft** nach § 22 Abs. 1 und 2 GrStG möglich. Die Norm gilt, soweit die Länder in Bezug auf § 24 GrStG nicht von ihrer Abweichungskompetenz nach Art. 72 Abs. 3 Satz 1 Nr. 7 GG Gebrauch gemacht haben. 9

(Einstweilen frei) 10–12

IV. Verhältnis zu anderen Vorschriften

Ein Steuerausgleich nach § 24 GrStG ist anstelle der Zerlegung der Steuermessbeträge von land- und forstwirtschaftlichen Betrieben nach **§ 22 Abs. 1 und 2 GrStG** zulässig. Die Abwei- 13

---

1 Troll/Eisele, GrStG § 22 Rz. 2 und § 24 Rz. 2; Schnitter, GrStG – eKommentar § 24 Rz. 5; Marx in Stenger/Loose, GrStG § 24 Rz. 2; Kühnhold in Lippross/Seidel, GrStG § 24 Rz. 1.
2 Bayerisches Staatsministerium, Vfg. v. 21.3.1975 - 34-G 1030-7/25-17 966, juris.
3 BGBl 1973 I S. 965.
4 GrStRefG v. 26.11.2019, BGBl 2019 I S. 1794.

chungsbefugnis nach § 24 GrStG besteht neben der generellen Abweichungsbefugnis bei der Grundsteuer nach **Art. 72 Abs. 3 Nr. 7 GG**.

14–17 *(Einstweilen frei)*

B. Systematische Kommentierung

18 § 24 Satz 1 GrStG ermächtigt die Landesregierung **anstelle der Zerlegung** nach § 22 Abs. 1 und 2 GrStG aus Vereinfachungsgründen einen Steuerausgleich zwischen den betroffenen Gemeinden vorzusehen. Der landesrechtlich geregelte Steuerausgleich ist ausschließlich bei **Betrieben der Land- und Forstwirtschaft** möglich, die sich über mehrere Gemeinden erstrecken. Der Steuerausgleich ist durch Rechtsverordnung zu regeln.

19 Der gesamte Steuermessbetrag des Betriebs, der sich über mehrere Gemeinden erstreckt, ist nach § 24 Satz 2 GrStG zunächst derjenigen Gemeinde zuzuteilen, in der der **wertvollste Teil des Steuergegenstandes** liegt (sog. Sitzgemeinde). Die dadurch am Steuermessbetrag nicht berücksichtigten Gemeinden, auf deren Gebiet sich ein Teil des Betriebs der Land- und Forstwirtschaft erstreckt, werden anschließend an dem **Steueraufkommen** der **Sitzgemeinde** beteiligt. Die Beteiligung soll nach § 24 Satz 3 GrStG annähernd zu dem Ergebnis führen, das bei einer Zerlegung einträte.

20 Aufgrund der mittlerweile vorgesehenen Möglichkeit von der bundesgesetzlich geregelten Grundsteuer nach Art. 72 Abs. 3 Nr. 7 GG **abweichende Regelungen** zu treffen, hätte es der Abweichungsbefugnis nach § 24 GrStG nicht mehr unbedingt bedurft. Freilich genügt nach § 24 GrStG eine Rechtsverordnung der Landesregierung, während eine Abweichung nach Art. 72 Abs. 3 Nr. 7 GrStG die Durchführung des vorgesehenen Gesetzgebungsverfahren erfordert.

Abschnitt III: Festsetzung und Entrichtung der Grundsteuer

§ 25 GrStG   Festsetzung des Hebesatzes

(1) Die Gemeinde bestimmt, mit welchem Hundertsatz des Steuermessbetrags oder des Zerlegungsanteils die Grundsteuer zu erheben ist (Hebesatz).

(2) Der Hebesatz ist für ein oder mehrere Kalenderjahre, höchstens jedoch für den Hauptveranlagungszeitraum der Steuermessbeträge festzusetzen.

(3) ¹Der Beschluss über die Festsetzung oder Änderung des Hebesatzes ist bis zum 30. Juni eines Kalenderjahres mit Wirkung vom Beginn dieses Kalenderjahres zu fassen. ²Nach diesem Zeitpunkt kann der Beschluss über die Festsetzung des Hebesatzes gefasst werden, wenn der Hebesatz die Höhe der letzten Festsetzung nicht überschreitet.

(4) ¹Der Hebesatz muss vorbehaltlich des Absatzes 5 jeweils einheitlich sein

1. für die in einer Gemeinde liegenden Betriebe der Land- und Forstwirtschaft und
2. für die in einer Gemeinde liegenden Grundstücke.

²Werden Gemeindegebiete geändert, so kann die Landesregierung oder die von ihr bestimmte Stelle für die von der Änderung betroffenen Gebietsteile für eine bestimmte Zeit verschiedene Hebesätze zulassen.

(5) ¹Die Gemeinde kann aus städtebaulichen Gründen baureife Grundstücke als besondere Grundstücksgruppe innerhalb der unbebauten Grundstücke im Sinne des § 246 des Bewertungsgesetzes bestimmen

und abweichend von Absatz 4 Satz 1 Nummer 2 für die Grundstücksgruppe der baureifen Grundstücke einen gesonderten Hebesatz festsetzen. ²Baureife Grundstücke sind unbebaute Grundstücke im Sinne des § 246 des Bewertungsgesetzes, die nach Lage, Form und Größe und ihrem sonstigen tatsächlichen Zustand sowie nach öffentlich-rechtlichen Vorschriften sofort bebaut werden könnten. ³Eine erforderliche, aber noch nicht erteilte Baugenehmigung sowie zivilrechtliche Gründe, die einer sofortigen Bebauung entgegenstehen, sind unbeachtlich. ⁴Als städtebauliche Gründe kommen insbesondere die Deckung eines erhöhten Bedarfs an Wohn- und Arbeitsstätten sowie Gemeinbedarfs- und Folgeeinrichtungen, die Nachverdichtung bestehender Siedlungsstrukturen oder die Stärkung der Innenentwicklung in Betracht. ⁵Die Gemeinde hat den gesonderten Hebesatz auf einen bestimmten Gemeindeteil zu beschränken, wenn nur für diesen Gemeindeteil die städtebaulichen Gründe vorliegen. ⁶Der Gemeindeteil muss mindestens 10 Prozent des gesamten Gemeindegebiets umfassen und in dem Gemeindeteil müssen mehrere baureife Grundstücke belegen sein. ⁷Die genaue Bezeichnung der baureifen Grundstücke, deren Lage sowie das Gemeindegebiet, auf das sich der gesonderte Hebesatz bezieht, sind jeweils nach den Verhältnissen zu Beginn eines Kalenderjahres von der Gemeinde zu bestimmen, in einer Karte nachzuweisen und im Wege einer Allgemeinverfügung öffentlich bekannt zu geben. ⁸In der Allgemeinverfügung sind die städtebaulichen Erwägungen nachvollziehbar darzulegen und die Wahl des Gemeindegebiets, auf das sich der gesonderte Hebesatz beziehen soll, zu begründen. ⁹Hat eine Gemeinde die Grundstücksgruppe baureifer Grundstücke bestimmt und für die Grundstücksgruppe der baureifen Grundstücke einen gesonderten Hebesatz festgesetzt, muss dieser Hebesatz für alle in der Gemeinde oder dem Gemeindeteil liegenden baureifen Grundstücke einheitlich und höher als der einheitliche Hebesatz für die übrigen in der Gemeinde liegenden Grundstücke sein.

Inhaltsübersicht

		Rz.
A.	Allgemeine Erläuterungen zu § 25 GrStG	1 - 30
I.	Normzweck und wirtschaftliche Bedeutung der Vorschrift	1 - 10
II.	Entstehung und Entwicklung der Vorschrift	11 - 15
III.	Geltungsbereich	16 - 20
IV.	Verhältnis zu anderen Vorschriften	21 - 30
B.	Systematische Kommentierung	31 - 192
I.	Bestimmung des Hebesatzes durch die Gemeinde (§ 25 Abs. 1 GrStG)	31 - 60
	1. Rechtliche Grundlagen der Hebesatzautonomie – Einschränkungsmöglichkeiten durch bundes- und landesgesetzliche Regelungen	31 - 45
	2. Ermessensspielraum der Gemeinde bei der Festsetzung der Hebesätze	46 - 60
II.	Festsetzung des Hebesatzes für ein Jahr oder mehrere Jahre (§ 25 Abs. 2 GrStG)	61 - 75
III.	Fristen für die Festsetzung des Hebesatzes (§ 25 Abs. 3 GrStG)	76 - 100
	1. Rückwirkende Festsetzung des Hebesatzes	76 - 90
	2. Besonderheiten für das Kalenderjahr 2025 – Umstieg auf die Grundsteuerwerte als Bemessungsgrundlage	91 - 100
IV.	Hebesatzeinheitlichkeit - Grundsteuer A und B (§ 25 Abs. 4 GrStG)	101 - 120
	1. Grundsatz der Hebesatzeinheitlichkeit innerhalb des Gemeindegebietes	101 - 110
	2. Durchbrechung der Hebesatzeinheitlichkeit bei Änderungen der Gemeindegebiete	111 - 120
V.	Besonderer Hebesatz für baureife Grundstücke – Grundsteuer C (§ 25 Abs. 5 GrStG)	121 - 192
	1. Lenkungszweck der Grundsteuer C	121 - 135
	2. Recht zur Festlegung eines gesonderten Hebesatzes für baureife Grundstücke (§ 25 Abs. 5 Satz 1 GrStG)	136 - 150
	3. Definition der baureifen Grundstücke (§ 25 Abs. 5 Satz 2 und 3 GrStG)	151 - 160
	4. Definition der städtebaulichen Gründe (§ 25 Abs. 5 Satz 4 GrStG)	161 - 170

5. Beschränkung des gesonderten Hebesatzes auf Teile des Gemeindegebiets (§ 25 Abs. 5 Satz 5 und 6 GrStG)	171 - 180
6. Bekanntgabe der baureifen Grundstücke in einer Allgemeinverfügung (§ 25 Abs. 5 Satz 7 und 8 GrStG)	181 - 190
7. Hebesatzeinheitlichkeit und Höhe des gesonderten Hebesatzes (§ 25 Abs. 5 Satz 9 GrStG)	191 - 192

LITERATUR:

Eisele, Reform der Grundsteuer – Gesetzentwurf liegt vor! Teil III – Baulandmobilisierung durch Einführung einer optionalen Grundsteuer C, NWB 30/2019 S. 2204, NWB PAAAH-22603; *Eisele/Wiegand*, Grundsteuerreform 2022/2025, Stand: Januar 2020 (1. Aufl.), NWB CAAAH-44415; *Feldner/Schätzlein*, Die (wieder-)eingeführte Grundsteuer C und ihre Umsetzung in den Ländern und Gemeinden, DStR 2021 S. 512; *Löhr*, Wenn schon, denn schon: Konzept für eine Erweiterung der Grundsteuer C, BB 25/2019 S. 1431; *Rauber*, Gibt es rechtliche Grenzen für die Hebesätze der Grundsteuer B?, KStZ 7/2015 S. 122; *Ronnecker*, Zur aktuellen Debatte um die Grundsteuer C, ZKF 9/2019 S. 193; *Vogelpoth*, Die neue Grundsteuer C auf baureife Grundstücke, DStR 20/2020 S. 1026.

A. Allgemeine Erläuterungen zu § 25 GrStG

I. Normzweck und wirtschaftliche Bedeutung der Vorschrift

1 Die Ermittlung und Festsetzung der Grundsteuer erfolgt in **drei Stufen**. Die **Feststellung des Grundsteuerwerts** (vgl. § 219 BewG) auf der ersten Stufe und die **Festsetzung des Grundsteuermessbetrags** (vgl. § 13 GrStG und § 22 GrStG) auf der zweiten Stufe erfolgen durch das Finanzamt. § 25 GrStG bildet den Beginn der dritten Stufe: Die **Festsetzung des Hebesatzes** durch die Gemeinde zur Anwendung auf den Grundsteuermessbetrag. Die Festsetzung des Hebesatzes ist notwendige Voraussetzung für die Festsetzung der Grundsteuer (vgl. § 27 GrStG).

2 § 25 Abs. 1 GrStG regelt die Umsetzung der **verfassungsrechtlich garantierten Hebesatzautonomie** der Gemeinden.[1] Der **Hebesatz** kann gem. § 25 Abs. 2 GrStG **für ein oder mehrere Kalenderjahre** festgesetzt werden. § 25 Abs. 3 GrStG regelt, **bis wann** der **Beschluss über die Höhe** des Hebesatzes zu fassen ist.

3 Der Grundsatz der **Hebesatzeinheitlichkeit** ist in § 25 Abs. 4 GrStG geregelt. Der Hebesatz muss vorbehaltlich des § 25 Abs. 5 GrStG **jeweils** für die in einer Gemeinde liegenden **Betriebe der Land- und Forstwirtschaft** (Grundsteuer A) und für die in einer Gemeinde liegenden **Grundstücke des Grundvermögens** (Grundsteuer B) **einheitlich** sein.

4 § 25 Abs. 5 spricht der Gemeinde das Recht zu, für bestimmte **baureife Grundstücke** aus städtebaulichen Gründen einen gegenüber dem übrigen Grundvermögen **höheren Hebesatz** festzusetzen. Ziel der mit dem Gesetz zur Änderung des Grundsteuergesetzes zur **Mobilisierung von baureifen Grundstücken** für die Bebauung[2] eingeführten Regelung ist es, **Grundstücksspekulationen** zu verhindern und **Baulücken in Innenstadtlagen** zu schließen.[3] Die Neuregelung ist gem. § 37 Abs. 3 GrStG ab dem 1.1.2025 anzuwenden.[4]

5–10 *(Einstweilen frei)*

---

[1] Vgl. für das Heberecht § 1 GrStG sowie für die Hebesatzautonomie Art. 28 Abs. 2 GG und Art. 106 Abs. 6 Satz 2 GG.
[2] Gesetz zur Änderung des Grundsteuergesetzes zur Mobilisierung von baureifen Grundstücken für die Bebauung v. 30.11.2019, BGBl 2019 I S. 1875.
[3] Vgl. BT-Drucks. 19/11086 S. 1.
[4] Vgl. Lehmann in Grootens, GrStG § 37 Rz. 33.

II. Entstehung und Entwicklung der Vorschrift

Nach der Neufassung des Grundsteuergesetzes[1] v. 7.8.1973 wurde § 25 GrStG lange Zeit nicht geändert. Durch das Gesetz zur Änderung des Grundsteuergesetzes zur **Mobilisierung von baureifen Grundstücken** für die Bebauung[2] wurde § 25 Abs. 5 GrStG hinzugefügt, der gem. § 37 Abs. 3 GrStG ab dem 1.1.2025 anwendbar ist.[3] **11**

Der Entwurf eines Gesetzes zur Änderung des Grundsteuergesetzes zur Mobilisierung von baureifen Grundstücken für die Bebauung wurde zwar zeitgleich mit dem Gesetzentwurf zum GrStRefG[4] platziert, er ist jedoch **nicht als gesetzgeberische Maßnahme infolge der Feststellung der Verfassungswidrigkeit der Einheitsbewertung durch das BVerfG**[5] zu interpretieren.[6] Vielmehr geht das Regelungsanliegen einer Baulandmobilisierung auf die **Koalitionsvereinbarung der Regierungsparteien** v. 12.3.2018 (Titel: „Ein neuer Aufbruch für Europa – Eine neue Dynamik für Deutschland – Ein neuer Zusammenhalt für unser Land") zurück. **12**

(Einstweilen frei) **13–15**

III. Geltungsbereich

Die Vorschrift ist bei der Festsetzung der **Grundsteuer** auf **inländischen Grundbesitz** durch die Gemeinden anzuwenden, soweit die Länder nicht von ihrer Abweichungskompetenz nach Art. 72 Abs. 3 Satz 1 Nr. 7 GG Gebrauch gemacht haben. **16**

(Einstweilen frei) **17–20**

IV. Verhältnis zu anderen Vorschriften

Die Grundlage für die Ermittlung der Grundsteuer bildet die **Feststellung der Grundsteuerwerte gem. § 219 BewG**. Auf Grundlage der Grundsteuerwerte erfolgt die **Festsetzung des Grundsteuermessbetrags** (vgl. **§ 13 GrStG**), der bei Erstreckung der wirtschaftlichen Einheit über mehrere Gemeinden zu **zerlegen** ist (vgl. **§ 22 GrStG**). Die eigentliche **Festsetzung der Grundsteuer** ist in **§ 27 GrStG** geregelt. **21**

Das **Heberecht der Gemeinde** für die Erhebung der Grundsteuer ergibt sich aus **§ 1 GrStG** und fußt auf der verfassungsrechtlich garantieren **Hebesatzautonomie** (vgl. **Art. 28 Abs. 2 GG** und **Art. 106 Abs. 6 Satz 2 GG**). Durch § 25 GrStG wird der Regelungsauftrag des **Art. 106 Abs. 6 Satz 2 GG** erfüllt. **22**

§ 26 GrStG ermächtigt die Bundesländer, **Koppelungsvorschriften** für die Hebesätze zu erlassen und **Höchsthebesätze** zu bestimmen. **23**

(Einstweilen frei) **24–30**

---

[1] Grundsteuergesetz v. 7.8.1973, BGBl 1973 I S. 965.
[2] Gesetz zur Änderung des Grundsteuergesetzes zur Mobilisierung von baureifen Grundstücken für die Bebauung v. 30.11.2019, BGBl 2019 I S. 1875.
[3] Vgl. Lehmann in Grootens, GrStG § 37 Rz. 33.
[4] GrStRefG v. 26.11.2019, BGBl 2019 I S. 1794.
[5] BVerfG, Urteil v. 10.4.2018 - 1 BvL 11/14, 1 BvL 12/14, 1 BvL 1/15, 1 BvR 639/11, 1 BvR 889/12, NWB MAAAG-80435.
[6] Vgl. ausführlich Eisele, NWB 30/2019 S. 2204, NWB PAAAH-22603.

B. Systematische Kommentierung

I. Bestimmung des Hebesatzes durch die Gemeinde (§ 25 Abs. 1 GrStG)

1. Rechtliche Grundlagen der Hebesatzautonomie – Einschränkungsmöglichkeiten durch bundes- und landesgesetzliche Regelungen

31 Die Gemeinde bestimmt, mit welchem **Hundertsatz des Steuermessbetrags** (vgl. § 13 GrStG) oder des **Zerlegungsanteils** (vgl. § 22 GrStG) die Grundsteuer zu erheben ist (**Hebesatz**). Grundlage dieses Rechts ist das sich aus § 1 GrStG ergebende **Heberecht der Gemeinden**. Das Heberecht fußt auf der verfassungsrechtlich garantieren **Hebesatzautonomie**.[1] Die Gemeinden haben die Hebesätze gem. Art. 106 Abs. 6 Satz 2 GG **im Rahmen der Gesetze** festzusetzen (Gesetzesvorbehalt).

32 Das Hebesatzrecht dient der Sicherung einer **angemessenen Finanzausstattung der Gemeinden**. Es ermöglicht ihnen, ihre Einnahmen durch Anhebung der Grundsteuer (und/oder der ebenfalls ihrem Hebesatzrecht unterliegenden Gewerbesteuer) an den Finanzbedarf anzupassen und damit angesichts wachsender Haushaltslasten handlungsfähig zu bleiben.[2] Angesichts der Vielzahl von Gemeinden mit erheblichen **Haushaltsdefiziten** ist die Grundsteuer zu einer Art Hoffnungsträger geworden.[3]

33 Der Gesetzesvorbehalt des Art. 106 Abs. 6 Satz 2 GG kann jedoch mit Blick auf die bundesverfassungsrechtliche **Verteilung der Gesetzgebungskompetenz** nicht dahin verstanden werden, dass den Ländern der landesrechtliche Zugriff auf die bundesrechtlich geregelte Grundsteuer – namentlich deren Hebesatz – erlaubt wäre. Im „Rahmen der Gesetze" bedeutet nach Auffassung des BVerwG[4] vielmehr nach Maßgabe der bestehenden Gesetzgebungsbefugnisse. Soweit der Bund von seiner **Gesetzgebungsbefugnis** Gebrauch gemacht habe, sei für damit nicht in Einklang stehendes Landesrecht kein Raum mehr (Art. 31 GG). Das den Gemeinden unter Inanspruchnahme der konkurrierenden Gesetzgebungskompetenz **bundesrechtlich eingeräumte Hebesatzrecht** könne mithin nur durch den **Bundesgesetzgeber** selbst oder **mit seiner Ermächtigung landesrechtlich** eingeschränkt werden. Wegen der Ermächtigung zur Einschränkung durch Landesrecht in Form von **Koppelungsvorschriften** und **Höchsthebesätzen** vgl. die Ermächtigungsregelung in § 26 GrStG.

34 Durch das Gesetz zur Änderung des Grundgesetzes[5] v. 15.11.2019 wurde dem Bundesgesetzgeber die **konkurrierende Gesetzgebungskompetenz** für die Grundsteuer eingeräumt (Art. 105 Abs. 2 GG). Gleichzeitig wurde den Ländern in Art. 72 Abs. 3 Nr. 7 GG das Recht eingeräumt, **abweichende landesspezifische Regelungen** zur Grundsteuer in Kraft zu setzen. Somit sind die Länder – im Rahmen der verfassungsmäßigen Grenzen – frei in der Gestaltung abweichender Vorschriften zur Erhebung der Grundsteuer. Die vorgenannten Grundsätze der eingeschränkten Regelungskompetenz haben somit nur noch für die Länder Bedeutung, die von der **Öffnungsklausel** des Art. 72 GG nicht Gebrauch gemacht haben und in deren Hoheitsbereich somit die **bundesgesetzliche Regelung** (BewG, GrStG) zum Tragen kommt.

---

1 Vgl. Art. 28 Abs. 2 GG und Art. 106 Abs. 6 Satz 2 GG.
2 VG Köln, Urteil v. 2.2.2016 - 17 K 868/15.
3 Vgl. Rauber, KStZ 7/2015 S. 121.
4 Vgl. zur Gewerbesteuer BVerwG, Urteil v. 11.6.1993 - 8 C 32/90.
5 Gesetz zur Änderung des Grundgesetzes (Art. 72, 105 und 125b) v. 15.11.2019, BGBl 2019 I S. 1546.

Steuersätze müssen sich hinsichtlich ihrer Höhe nicht daran messen lassen, wie die **kommunale Willensbildung** abgelaufen ist. Auf die Erwägungen und Beweggründe, also die **Motivation des Satzungsgebers**, kommt es bei der Beurteilung der Rechtmäßigkeit nicht an.[1] Die als Bestandteil der **allgemeinen Selbstverwaltungsgarantie** (Art. 28 Abs. 2 GG) gewährleistete **kommunale Finanzhoheit** schließt allerdings nicht aus, im Wege der **staatlichen Kommunalaufsicht** eine **Senkung der Realsteuerhebesätze zu beanstanden**, wenn die betreffende Gemeinde sich in einer anhaltenden Haushaltsnotlage befindet und das von ihr vorgelegte **Haushaltssicherungskonzept** nicht erkennen lässt, wie der Einnahmeverlust ausgeglichen werden soll.[2] In einer solchen Situation dürfe die betroffene Gemeinde die Hebesätze nicht auf ein deutlich niedrigeres Niveau festsetzen, wenn ein Ausgleich des Einnahmeausfalls weder konkret in der Haushaltsplanung vorgesehen noch hinreichend konkret absehbar sei.

35

Bei der Beschaffung der zum Haushaltsausgleich erforderlichen Einnahmen binden die Gemeindeordnungen der Länder die Gemeinden haushaltsrechtlich zwar insofern, als auf Steuerquellen nur zurückgegriffen werden darf, soweit die sonstigen Einnahmen nicht zur Deckung des Haushalts ausreichen (**Subsidiaritätsprinzip**). Daraus lässt sich indessen nach Auffassung des BVerwG[3] kein einklagbarer Anspruch der Steuerzahler auf Senkung der Hebesätze herleiten. Denn die **Gemeinden** seien haushaltsrechtlich **nicht verpflichtet**, einen durch Erhöhung der Leistungsentgelte etwa gewonnenen **finanziellen Spielraum gerade zu einer Senkung des Hebesatzes zu nutzen**. In welchem Ausmaß sie zur Deckung ihres Finanzbedarfs aus den ihr zur Verfügung stehenden Steuerquellen schöpfen, bleibe vielmehr ihrem Ermessen überlassen. Stöckel geht davon aus, dass bei allen Gemeinden die Deckung des Haushalts durch sonstige Einnahmen nicht möglich ist und dem Subsidiaritätsprinzip damit in jedem Falle Rechnung getragen wird.[4]

36

(Einstweilen frei) 37–45

2. Ermessensspielraum der Gemeinde bei der Festsetzung der Hebesätze

Die **Rechtsform** und das **Verfahren** bei der **Festsetzung des Hebesatzes** sind bundesrechtlich nicht vorgegeben, sondern richten sich nach **Landesrecht**.[5] Die Entscheidung zur Erhebung von Grundsteuer und die Festsetzung des Hebesatzes liegen grds. im **Ermessen der Gemeinde**. Die Festsetzung des Hebesatzes kann in der **Haushaltssatzung** oder in einer **gesonderten Satzung** erfolgen.[6] Letzteres wird regelmäßig der Fall sein, wenn der Hebesatz für mehrere Jahre festgesetzt wird (vgl. → Rz. 61). Die Festsetzung des Hebesatzes für die Grundsteuer in einer **gesonderten Satzung** ist nach Auffassung des Bayerischen Verwaltungsgerichtshof[7] rechtlich unbedenklich. Spätere Änderungen des Hebesatzes bedürfen entweder einer **Nachtragshaushaltssatzung** oder einer Änderung der gesonderten Satzung.[8]

46

---

1 OVG Nordrhein-Westfalen, Beschluss v. 16.7.2013 - 14 A 2761/12.
2 BVerwG, Urteil v. 27.10.2010 - 8 C 43/09, NWB MAAAD-60239 sowie BVerwG, Beschluss v. 26.10.2016 - 9 B 28/16, NWB TAAAF-87290.
3 BVerwG, Urteil v. 11.6.1993 - 8 C 32/90.
4 Stöckel in Stöckel/Vollquardsen, GrStG § 25 Rz. 4.
5 VGH München, Beschluss v. 21.2.2006 - 4 ZB 05.1169.
6 VG Halle (Saale), Urteil v. 1.2.2010 - 4 A 304/09.
7 VGH München, Beschluss v. 21.2.2006 - 4 ZB 05.1169.
8 Vgl. Stöckel in Stöckel/Vollquardsen, GrStG § 25 Rz. 3.

47 Der Ermessensspielraum der Gemeinde bei der Festsetzung des Hebesatzes leitet sich aus der ihr gemäß Art. 106 Abs. 6 Satz 2 GG eingeräumten Steuerhoheit ab.[1] Die **verwaltungsgerichtliche Kontrolle** beschränkt sich darauf, ob die gesetzlichen Grenzen des Normsetzungsermessens überschritten sind oder die Normsetzung als solche willkürlich, d. h. ihre Unsachlichkeit evident ist.[2] Eine **willkürliche Hebesatzfestsetzung** kann zu bejahen sein, wenn ein wirtschaftlich in keinem Fall mehr vertretbarer und deshalb nicht im Rahmen einer ordnungsgemäßer Verwaltung liegender Verbrauch öffentlicher Mittel festzustellen ist.[3] Es liegt dabei im Ermessen der Gemeinde, in welchem Ausmaß sie zur Deckung ihres Finanzbedarfs ihre Steuerquellen heranziehen will. In der Praxis wird eine solche Feststellung nur schwerlich zu treffen sein.

48 Eine Überschreitung der Ermessensgrenzen liegt nach Auffassung des VG Halle (Saale)[4] vor, wenn die **Steuerpflichtigen unter normalen Umständen die Steuer nicht aufbringen** können. Diese ist jedoch erst dann gegeben, wenn nicht nur ein einzelner Grundsteuerpflichtiger, sondern die **Gesamtheit der Grundsteuerpflichtigen** die sie jeweils treffende Grundsteuer unter normalen Umständen nicht mehr aufbringen kann.[5] Die Gemeinde darf nach Auffassung des BVerwG[6] – sofern keine landesgesetzlich bestimmte Höchstgrenze bestimmt ist (vgl. § 26 GrStG) – den Hebesatz für die Grundsteuer **bis zur Grenze der erdrosselnden Wirkung** erhöhen, sofern sie nicht willkürlich handelt. Im Einzelfall kommen **Billigkeitsmaßnahmen** nach § 227 AO in Betracht. Wegen der **Grenzen für die Hebesätze der Grundsteuer B** vgl. auch ausführlich Rauber, KStZ 7/2015 S. 122.

49 Das **Sozialstaatsprinzip** im Steuerrecht beschränkt sich auf die Befugnis und gegebenenfalls das Gebot zur Berücksichtigung sozialer Gesichtspunkte und das Gebot, Einkommen insoweit steuerfrei zu belassen, als es zur Schaffung der **Mindestvoraussetzungen für ein menschenwürdiges Dasein** benötigt wird.[7] Eine Begrenzung der absoluten Höhe der Steuerbelastung ergibt sich nicht aus dem Sozialstaatsgebot, sondern aus dem **rechtsstaatlichen Übermaßverbot**.[8] Der Hebesatz für die Grundsteuer B in Berlin i. H. von 810 % hat nach Auffassung des FG Berlin-Brandenburg keine erdrosselnde Wirkung.[9] Eine erdrosselnde Wirkung einer Hebesatzanhebung hinsichtlich der Grundsteuer und damit ein Verstoß gegen Art. 14 GG entsteht nach Auffassung des VG Köln selbst bei einer **Anhebung des Hebesatzes auf 800 % und mehr** nicht.[10]

50 **PRAXISHINWEIS:**
Der von der Gemeinde festgesetzte Hebesatz kann nicht unmittelbar mit einem Rechtsbehelf angefochten werden. Der Steuerschuldner hat jedoch die Möglichkeit, im Rahmen eines Rechtsbehelfsverfahrens gegen den Grundsteuerbescheid den angewendeten Hebesatz überprüfen zu lassen. Darüber hinaus hat er die Möglichkeit bei der zuständigen Gemeindeaufsichtsbehörde eine entsprechende Nachprüfung anzuregen.[11] Aufgrund der dargestellten eindeutigen Rechtsprechung ist eine Anfechtung des Grundsteuer-

---

1 FG Berlin, Urteil v. 6.10.2004 - 2 K 2386/02, NWB LAAAB-40425.
2 VGH München, Beschluss v. 21.2.2006 - 4 ZB 05.1169.
3 VGH München, Beschluss v. 15.10.2008 - 4 ZB 07.2854.
4 VG Halle (Saale), Urteil v. 1.2.2010 - 4 A 304/09.
5 VG Köln, Urteil v. 29.9.2015 - 17 K 704/15.
6 BVerwG, Beschluss v. 26.10.2016 - 9 B 28/16, NWB TAAAF-87290.
7 Vgl. BVerfG, Beschluss v. 10.11.1998 - 2 BvL 42/93, BStBl 1999 II S. 174.
8 OVG Nordrhein-Westfalen, Beschluss v. 16.7.2013 - 14 A 2761/12.
9 FG Berlin-Brandenburg, Urteil v. 11.5.2011 - 3 K 3107/07.
10 VG Köln, Urteil v. 29.9.2015 - 17 K 704/15.
11 Vgl. Roscher, 360° GrStG eKommentar, § 25 Rz. 8.

bescheids wegen der Höhe des Hebesatzes regelmäßig nicht erfolgreich, solange die Hebesatzfestsetzung die formalen Voraussetzungen der Hebesatzfestsetzung erfüllt hat.

Die Gemeinde ist nicht verpflichtet, ihre Hebesätze den **Hebesätzen der umliegenden Gemeinden anzupassen**. Es wäre mit der den Gemeinden in Art. 28 Abs. 2 GG garantierten **Selbstverwaltung** nicht vereinbar, wenn eine Gemeinde sich bei Wahrnehmung der ihr zustehenden Rechtsetzungsbefugnisse den Regelungen anderer Gemeinden anzupassen hätte.[1] Das statistische Bundesamt (DESTATIS) veröffentlicht regelmäßig **Übersichten zum Grundsteueraufkommen** und zum gewogenen Durchschnittshebesatz.[2] Für 2020 ergeben sich im Bundesgebiet für die Grundsteuer A ein Durchschnittssatz von 345 % und für die Grundsteuer B ein Durchschnittssatz von 478 %. Dabei ist eine **hohe Streuung der Hebesätze** zu verzeichnen. Vergleiche zur **Bedeutung der Grundsteuer für die Gemeinden** auch Lehmann in Grootens, GrStG § 37 Rz. 20 ff.   51

(Einstweilen frei)   52–60

II. Festsetzung des Hebesatzes für ein Jahr oder mehrere Jahre (§ 25 Abs. 2 GrStG)

Nach § 25 Abs. 2 GrStG hat die Gemeinde die **Möglichkeit**, den **Hebesatz für ein oder mehrere Kalenderjahre festzusetzen**. Landesrechtliche Maßgaben zur Festlegung von bestimmten Intervallen für die Hebesatzfestsetzung sind dabei zu beachten. Mit diesem **Wahlrecht** wurde eine **Verwaltungsvereinfachung** bezweckt.[3] Die Hebesatzfestsetzung ist Voraussetzung für die Festsetzung der Grundsteuer durch Steuerbescheid (vgl. § 27 GrStG). Eine mehrjährige Festsetzung des Hebesatzes ermöglicht somit eine Festsetzung der Grundsteuer für mehrere Jahre.   61

Soll der Zeitraum der Hebesatzfestsetzung die Geltungsdauer des Haushaltsplans der Gemeinde übersteigen, ist eine Festsetzung des Hebesatzes in einer **gesonderten Satzung** notwendig (zur gesonderten Satzung vgl. auch → Rz. 46). Die Gemeinde muss dabei **kein genaues Enddatum** der Gültigkeit benennen. Die Festsetzung von Hebesätzen „bis auf Weiteres" führt nicht zur Unwirksamkeit einer Satzung.[4] In diesem Fall wird die Festsetzung des Hebesatzes wegen der eindeutigen gesetzlichen Begrenzung der zeitlichen Gültigkeit der Hebesatzfestsetzung in § 25 Abs. 2 GrStG **bis zum Ende des Hauptveranlagungszeitraums** gelten.   62

Eine Festsetzung des Hebesatzes für mehrere Jahre hindert die Gemeinde nicht, für **spätere Jahre** unter Beachtung der Fristen des § 25 Abs. 3 GrStG (vgl. → Rz. 76 ff.) einen **abweichenden Hebesatz festzusetzen**.   63

Die Festsetzung kann gem. § 25 Abs. 2 GrStG **höchstens** für den **Hauptveranlagungszeitraum** der Steuermessbeträge (vgl. § 16 GrStG) erfolgen. Der Hauptveranlagungszeitraum für die Grundsteuermessbeträge ist abhängig vom **Hauptfeststellungszeitraum** der Grundsteuerwerte (§ 16 Abs. 1 und Abs. 2 GrStG, vgl. Bock in Grootens, GrStG § 16 Rz. 33 ff.). Die Hauptfeststellungen der Grundsteuerwerte sind gem. § 221 Abs. 1 BewG in **Zeitabständen von sieben Jahren** durchzuführen. Eine Hauptfeststellung hat eine **Veränderung des Steuermessbetragsvolumens** einer Gemeinde zufolge, die einer **Anpassung der Hebesätze** bedarf. Die zeitliche Begren-   64

---

1 Vgl. zur Lohnsummensteuer BVerfG, Beschluss v. 21.12.1966 - 1 BvR 33/64, NWB CAAAG-54634.
2 http://go.nwb.de/u7trc.
3 Vgl. Roscher, 360° GrStG eKommentar, § 25 Rz. 9.
4 OVG NRW, Beschluss v. 16.7.2013 - 14 A 464/13.

zung des § 25 Abs. 2 GrStG hatte bei der Einheitsbewertung faktisch keine Bedeutung, da eine zweite Hauptfeststellung nie durchgeführt wurde und es somit nicht zum Ende des Hauptveranlagungszeitraums kam.

65 Die **erste Hauptfeststellung** für die Grundsteuerwerte des siebten Abschnitts des zweiten Teils des BewG ist gem. § 266 Abs. 1 BewG **auf den 1.1.2022** durchzuführen, die **zweite Hauptfeststellung** somit gem. § 221 Abs. 1 BewG **auf den 1.1.2029**. Die **erste Hauptveranlagung** auf Basis der neuen Grundsteuerwerte ist gem. § 266 Abs. 1 GrStG **auf den 1.1.2025** durchzuführen. Die im Rahmen der Hauptveranlagung auf den 1.1.2025 **festgesetzten Steuermessbeträge gelten** gem. § 36 Abs. 2 Satz 1 GrStG abweichend von § 16 Abs. 2 Satz 1 GrStG **mit Wirkung ab dem 1.1.2025**.

66 Nach § 16 Abs. 2 Satz 3 GrStG **endet der erste Hauptveranlagungszeitraum** wegen des in § 16 Abs. 2 Satz 1 GrStG angeordneten zweijährigen „Nachlaufs" der Grundsteuerfestsetzung **am 31.12.2030**. Die auf den 1.1.2022 festgestellten Grundsteuerwerte werden also im Ergebnis für insgesamt **sechs Jahre** der Grundsteuerfestsetzung zu Grunde gelegt. Auf diesen Zeitraum könnte eine Gemeinde folglich eine Hebesatzfestsetzung erstrecken.

67 Erst im nachfolgenden **zweiten Hauptfeststellungszeitraum** (1.1.2029–31.12.2035) beträgt die **Gültigkeit der Steuermessbeträge sieben Jahre** (1.1.2031–31.12.2037). Die Verkürzung der Gültigkeit der Steuermessbeträge im ersten Hauptfeststellungszeitraum ergibt sich aus der **Notwendigkeit des längeren Vorlaufs** zwischen erster Hauptfeststellung und erster Hauptfestsetzung.[1]

68–75 *(Einstweilen frei)*

III. Fristen für die Festsetzung des Hebesatzes (§ 25 Abs. 3 GrStG)

1. Rückwirkende Festsetzung des Hebesatzes

76 § 25 Abs. 3 setzt der Gemeinde **Fristen** für die Festsetzung des Hebesatzes. Der Beschluss über die **Festsetzung oder Änderung des Hebesatzes** ist gem. § 25 Abs. 3 Satz 1 GrStG **bis zum 30.6. eines Kalenderjahres** mit Wirkung vom Beginn dieses Kalenderjahres zu fassen. **Nach diesem Zeitpunkt** kann der Beschluss über die Festsetzung des Hebesatzes gem. § 25 Abs. 3 Satz 2 GrStG für dieses Kalenderjahr **nur noch** gefasst werden, **wenn der Hebesatz die Höhe der letzten Festsetzung nicht überschreitet**. Diese Fristen gelten ausdrücklich auch für die **Änderung** einer bereits bestehenden **Festsetzung** unabhängig davon, ob diese für **ein oder mehrere Jahre** durchgeführt wurde (vgl. → Rz. 61).

77 Die Fristen erlauben den Gemeinden eine **rückwirkende Festsetzung oder Änderung** für das bereits laufende (oder abgelaufene) Kalenderjahr. Entschließt sich eine Gemeinde, ihren Hebesatz jeweils für das laufende Haushaltsjahr neu festzusetzen, entsteht mit Abschluss eines Haushaltsjahres bis zum Beschluss der das Folgejahr betreffenden Haushaltssatzung ein für den betroffenen Grundstückseigentümer **erkennbarer Schwebezustand**. Dieser erkennbare Zustand schließt aus, dass der Steuerschuldner berechtigterweise darauf vertrauen darf, die Grundsteuer werde sich im laufenden Jahr nicht erhöhen.[2]

---

[1] Vgl. Grootens in Grootens, BewG § 266 Rz. 36 ff.
[2] VG Düsseldorf, Urteil v. 17.11.1988 - 11 K 5427/87.

Die durch § 25 Abs. 3 GrStG eröffnete (befristete) **Möglichkeit einer rückwirkenden Erhöhung** 78
des Grundsteuerhebesatzes ist nach Auffassung des FG Berlin-Brandenburg[1] **verfassungsrechtlich unbedenklich und verstößt** insbesondere **nicht gegen das Rückwirkungsverbot**. Letztlich könne offenbleiben, ob § 25 Abs. 3 GrStG eine „echte Rückwirkung" oder „unechte Rückwirkung" begründet. Denn auch bei Vorliegen einer „echten Rückwirkung" sei § 25 Abs. 3 GrStG in seiner konkreten Ausgestaltung als rechtsstaatlich unbedenklich anzusehen. Nach der Rechtsprechung des BVerfG gelte das **Vertrauensschutzprinzip** auch bei rückwirkend belastenden Gesetzen **nicht ausnahmslos**. Derartige Gesetze seien dann nicht rechtsstaatswidrig, wenn das **öffentliche Interesse** zwingend dem **Vertrauensinteresse vorgeht oder** wenn der **Vertrauenstatbestand nicht bestand**.

Aufgrund des Interesses des Steuerpflichtigen an der Kalkulierbarkeit der Grundsteuerbelastung (insbesondere für gewerbliche Betriebe) hat der Gesetzgeber die **Frist für eine nachträgliche Erhöhung des Hebesatzes** nach Auffassung des FG Berlin-Brandenburg[2] **äußerst kurz gehalten**. Aus Gründen des Erfordernisses einer **geordneten öffentlichen Finanzwirtschaft** hätte er andererseits nicht generell auf eine rückwirkende Änderungsmöglichkeit der Hebesätze verzichten können. Trotz des **Gebotes einer vorausschauenden Finanzplanung** müsse es den Kommunen unter zeitlich engen Voraussetzungen möglich sein, eine **rückwirkende Hebesatzerhöhung** zu beschließen. Andernfalls würde ihnen die Möglichkeit genommen, während des laufenden Haushaltsjahres auf nicht vorhersehbare Entwicklungen und Belastungen für den kommunalen Haushalt durch (moderate) Erhöhungen des Grundsteueraufkommens adäquat zu reagieren. Würde man den Kommunen hingegen ein solches Recht zur rückwirkenden Erhöhung des Hebesatzes (aus rechtsstaatlichen Erwägungen) generell absprechen, wären die Kommunen letztlich darauf beschränkt, **unvorhergesehene Finanzierungslücken** im Haushalt mit Hilfe neuer **Schuldaufnahmen** auf den allgemeinen Finanzmärkten zu schließen. 79

Für die **Einhaltung der Fristen** ist nach h. M. sowohl bei erstmaligen Festsetzungen als auch bei Änderungen auf den **Beschluss des Gemeinderats** abzustellen.[3] Die **Bekanntgabe** der jeweiligen **Haushalts- oder ggf. Abgabensatzung** kann ebenso wie die in einzelnen Ländern erforderliche **Genehmigung des Hebesatzbeschlusses** durch die **Gemeindeaufsichtsbehörde** auch nach dem 30.6. erfolgen. Der Gemeinderat beschließt über die **Haushaltssatzung** samt ihren Anlagen in **öffentlicher Sitzung**,[4] so dass dem Kalkulationsinteresse des Steuerpflichtigen regelmäßig durch eine Veröffentlichung der beschlossenen Hebesätze in der Presse genüge getan wird. 80

Eine **Herabsetzung oder eine Bestätigung** der zuletzt geltenden Hebesätze kann **auch nach dem 30.6.** des laufenden Kalenderjahrs noch wirksam beschlossen werden.[5] Selbst **nach Ablauf des Kalenderjahres** wäre dies noch möglich. Ein **Vertrauensschutzinteresse** des Steuerpflichtigen besteht insoweit nicht, da er die bisherige Höhe des Hebesatzes durch die für die Vergangenheit ergangenen Grundsteuerfestsetzungen kennt und der nachträglich festgesetzte Hebesatz die zu erwartende Steuer nur bestätigt oder herabsetzt. 81

(Einstweilen frei) 82–90

---

1 FG Berlin-Brandenburg, Urteil v. 14.1.2009 - 3 K 2287/04 B, NWB UAAAD-15306.
2 FG Berlin-Brandenburg, Urteil v. 14.1.2009 -3 K 2287/04 B, NWB UAAAD-15306.
3 BVerwG, Beschluss v. 13.7.1979 – 7 B 143/79; vgl. Roscher, 360° GrStG eKommentar, § 25 Rz. 10, Troll/Eisele, GrStG § 25 Rz. 7, Mannek/Sklareck in Stenger/Loose, GrStG 25 Rz. 35 sowie Halaczinsky, GrStG § 25 Rz. 5.
4 Vgl. exemplarisch Art. 65 Abs. 1 der Gemeindeordnung für den Freistaat Bayern.
5 VG Lüneburg, Urteil v. 16.5.2013 - 2 A 97/12.

2. Besonderheiten für das Kalenderjahr 2025 – Umstieg auf die Grundsteuerwerte als Bemessungsgrundlage

91 Die Fristsetzung des § 25 Abs. 3 GrStG hat besondere Bedeutung für die **Festsetzung der Hebesätze für das Kalenderjahr 2025**. Da zu diesem **Hauptveranlagungszeitpunkt** erstmals die neuen Grundsteuerwerte der Grundsteuermessbetragsfestsetzung zugrunde zu legen sind, muss zur Wahrung der angestrebten **Aufkommensneutralität** der Grundsteuerreform eine **Anpassung des Hebesatzes** einer jeden Gemeinde erfolgen.

92 Die **Festsetzung der Hebesätze für das Jahr 2025** hat m. E. zwingend bis zum **30.6.2025** zu erfolgen. Eine nachträgliche Festsetzung des Hebesatzes gem. § 25 Abs. 3 Satz 2 GrStG unter Beibehaltung oder Absenkung des auf Basis der Einheitsbewertung festgesetzten Hebesatzes ist m. E. ausgeschlossen, da auch bei einer Beibehaltung des bisherigen Hebesatzes wegen der **gravierenden Veränderung der Bemessungsgrundlage** eine deutlich höhere Grundsteuer für den einzelnen Steuerpflichtigen möglich ist. Insofern würde der **Schwebezustand der Rechtsunsicherheit** über die tatsächliche Grundsteuerlast über den vom Gesetzgeber als zumutbar erachteten Zeitpunkt hinaus verlängert.

93 Diese Problematik tritt zu Beginn eines **jeden neuen Hauptveranlagungszeitraums** – wenn auch nicht im gleichen gravierenden Umfang – erneut auf (vgl. zu den zeitlichen Abläufen für die ersten beiden Hauptveranlagungszeiträume → Rz. 65 ff.). Eine **Beibehaltung des Hebesatzes** nach einem Hauptfeststellungszeitpunkt wird regelmäßig mit einer **versteckten Grundsteuererhöhung** einher gehen. Durch die Anknüpfung der Grundsteuerwerte an die **Bodenrichtwerte**, die **landesüblichen Mieten** und den **Baupreisindex** ist trotz des fortgeschrittenen Alters des Gebäudes eine Erhöhung der Grundsteuerwerte für viele wirtschaftliche Einheiten denkbar und auch wahrscheinlich. M. E. ist daher auch für die folgende Hauptveranlagungszeiträume eine **Festsetzung des Hebesatzes für das erste Jahr des Hauptveranlagungszeitraums stets bis zum 30.6. dieses Jahres** durchzuführen.

94–100 *(Einstweilen frei)*

IV. Hebesatzeinheitlichkeit - Grundsteuer A und B (§ 25 Abs. 4 GrStG)

1. Grundsatz der Hebesatzeinheitlichkeit innerhalb des Gemeindegebietes

101 Die Gemeinden haben die Möglichkeit, die absolute Höhe des Grundsteueraufkommens im Gemeindegebiet zu bestimmen. Die Verteilung der Steuerlast auf die einzelnen Steuerpflichtigen kann die Gemeinde aufgrund der in § 25 Abs. 4 Satz 1 GrStG festgelegten **Hebesatzeinheitlichkeit** jedoch nicht beeinflussen. Der Hebesatz muss vorbehaltlich des § 25 Abs. 5 GrStG **jeweils**

- ▶ für die in einer Gemeinde liegenden **Betriebe der Land- und Forstwirtschaft** und
- ▶ für die in einer Gemeinde liegenden **Grundstücke des Grundvermögens**

einheitlich sein.

102 Dem Gesetzgeber schien diese **Differenzierung der Hebesätze** gerechtfertigt, weil die **Grundsteuer A** in erster Linie die Produktionsmittel der Land- und Forstwirtschaft (Boden, Wirtschaftsgebäude, stehende und umlaufende Betriebsmittel) belastet und damit einen wesentlich anderen Charakter hat als die für das Grundvermögen geltende **Grundsteuer B**.[1] Die Belas-

---

[1] Vgl. Roscher, 360° GrStG eKommentar, § 25 Rz. 11.

tung des land- und forstwirtschaftlichen Betriebs mit der Grundsteuer A wird auch als Begründung für die **Gewerbesteuerfreiheit der Land- und Forstwirtschaft** herangezogen.[1]

Die **Hebesatzeinheitlichkeit** steht unter dem **Vorbehalt des § 25 Abs. 5 GrStG** und wird für das Grundvermögen bei Ausübung des Wahlrechtes der Gemeinde, für **baureife Grundstücke** aus städtebaulichen Erwägungen einen besonderen (höheren) Hebesatz festzulegen, durchbrochen (vgl. im Einzelnen → Rz. 121 ff.). Die sog. **Grundsteuer C** kann erstmals ab dem **Kalenderjahr 2025** erhoben werden (vgl. § 37 Abs. 3 GrStG).

(Einstweilen frei) 104–110

2. Durchbrechung der Hebesatzeinheitlichkeit bei Änderungen der Gemeindegebiete

Werden **Gemeindegebiete geändert**, so kann die **Landesregierung** oder die von ihr bestimmte Stelle gem. § 25 Abs. 4 Satz 2 GrStG für die von der Änderung betroffenen Gebietsteile **für eine bestimmte Zeit verschiedene Hebesätze zulassen**. Andernfalls müssten die aufnehmende und die abgebende Gemeinde vor der Gebietsänderung ihren Hebesatz vereinheitlichen, um den Vorgaben des § 25 Abs. 4 Satz 1 GrStG zu genügen. Die Regelung dient somit der **Verwaltungsvereinfachung**. Nach Auffassung von Troll/Eisele und Halaczinsky ist die bestimmte Zeit, in der unterschiedliche Hebesätze nebeneinander gelten dürfen, auf **fünf Jahre** begrenzt.[2]

Übersteigt im Zeitpunkt der kommunalen Neugliederung der Hebesatz der aufnehmenden Gemeinde die Hebesätze der eingegliederten Gemeinden, schließt dies eine **Erhöhung des Hebesatzes der aufnehmenden Gemeinde für ihr bisheriges Gemeindegebiet** während der bestimmten Übergangszeit nicht aus.[3]

Insbesondere bei land- und forstwirtschaftlichen Betrieben kann es vorkommen, dass sich die **wirtschaftliche Einheit auf zwei Gemeindegebiete erstreckt**. Im Falle einer Änderung der Gemeindegebiete kann der abweichende Hebesatz nur für die neu zum Gemeindegebiet hinzugekommenen Teile der wirtschaftlichen Einheit angewendet werden. Da seitens des Finanzamtes aufgrund der Zugehörigkeit der wirtschaftlichen Einheit zu derselben Gemeinde **keine Zerlegung des Grundsteuermessbetrags gem. § 22 GrStG** mehr vorzunehmen ist, muss die Gemeinde selbst eine fiktive Zerlegung durchführen.[4] Dabei wird die Gemeinde regelmäßig auf die **Unterstützung des Finanzamtes** angewiesen sein, da der Gemeinde die für die Zerlegung notwendigen Daten nicht bekannt sind.

(Einstweilen frei) 114–120

V. Besonderer Hebesatz für baureife Grundstücke – Grundsteuer C (§ 25 Abs. 5 GrStG)

1. Lenkungszweck der Grundsteuer C

Bisher konnten die Gemeinden bei der Grundsteuer zwei verschiedene Hebesätze festlegen, die einheitlich für die in der Gemeinde befindlichen **Betriebe der Land- und Forstwirtschaft** (Grundsteuer A) einerseits und für die **Grundstücke** (Grundsteuer B) andererseits angewendet

---

1 BVerfG, Beschluss v. 15.1.2008 - 1 BvL 2/04, NWB CAAAC-80313.
2 Vgl. Troll/Eisele, GrStG § 25 Rz. 8 und Halaczinsky, GrStG § 25 Rz. 11.
3 Vgl. zur Gewerbesteuer BVerwG, Beschluss v. 15.9.1981 - 8 B 210/81.
4 Vgl. die Verfügung des Niedersächsischen Finanzministeriums v. 25.1.1974, G 1140-1-34, GrSt-Kartei ND § 22 GrStG Karte 1.

werden mussten (Hebesatzeinheitlichkeit, vgl. § 25 Abs. 4 GrStG). Die Neuregelung in § 25 Abs. 5 GrStG spricht der Gemeinde das Recht zu, für bestimmte **baureife Grundstücke** aus **städtebaulichen Gründen** unter Durchbrechung des Grundsatzes der Hebesatzeinheitlichkeit einen gegenüber dem übrigen Grundvermögen **höheren Hebesatz** festzusetzen. Das **Wahlrecht** wurde mit dem Gesetz zur Änderung des Grundsteuergesetzes zur **Mobilisierung von baureifen Grundstücken für die Bebauung**[1] eingeführt. Die Neuregelung ist gem. § 37 Abs. 3 GrStG **ab dem 1.1.2025** anzuwenden.[2] Aus dem Wahlrecht erwächst gleichwohl nicht die Pflicht der Gemeinde, ab diesem oder einem späteren Zeitpunkt eine Grundsteuer C einzuführen.

122 Insbesondere in **Ballungsgebieten** besteht nach Feststellung des Gesetzgebers[3] ein **erheblicher Wohnungsmangel**. Die damit verbundene Wertentwicklung von Grundstücken würde vermehrt dazu genutzt, **baureife Grundstücke als Spekulationsobjekt** zu halten. Diese Grundstücke würden nur aufgekauft, um eine Wertsteigerung abzuwarten und die Grundstücke anschließend gewinnbringend wieder zu veräußern. Einer sachgerechten und sinnvollen Nutzung würden diese Grundstücke nicht zugeführt. Trotz des damit vorhandenen Baulands werde der erforderliche Wohnungsbau ausgebremst. Ziel des Gesetzes sei es, den Kommunen zu ermöglichen, **steuerliche Anreize bei der Grundsteuer zu setzen** und damit **baureife Grundstücke für eine Bebauung zu mobilisieren**.

123 Um die baureifen Grundstücke für die Bebauung zu mobilisieren, wird den Gemeinden in § 25 Abs. 5 GrStG die Möglichkeit eingeräumt, einen **erhöhten Hebesatz auf baureife Grundstücke** festzusetzen. Die zusätzliche grundsteuerliche Belastung von baureifen aber brachliegenden Baulandgrundstücken ist im Rahmen der Einschätzungsprärogative des Gesetzgebers ein wichtiges Instrument, um einerseits **Spekulationen** zu begegnen und andererseits **Bauland für die Bebauung zu mobilisieren**.[4] Zugleich könnten wichtige **Impulse für die Innenentwicklung der Städte und Gemeinden** gegeben werden. Die bundesgesetzlich geregelte Optionsmöglichkeit zur Einführung eines eigenständigen Hebesatzrechtes für baureife Grundstücke (sog. **Grundsteuer C**) berücksichtige zugleich die **regional und örtlich unterschiedlichen Grundstücksmärkte** sowie das jeweilige Angebot und die jeweilige Nachfrage von Bauland. Damit könne die Grundsteuer C zielgerichtet in den Gemeinden eingesetzt werden.

124 Nach überzeugendem Einwand von Ronnecker ist die **Grundsteuer C als Instrument zur Bekämpfung von Bodenpreisspekulationen** eher ungeeignet.[5] Hierfür wäre stets ein **Hebesatzniveau** notwendig, mit dem im Zusammenspiel mit den weiteren Kostenfaktoren für das Halten von Grundstücken die potentiell hohen **Gewinne aus der Spekulation mit Baugrund** auch tatsächlich **größtenteils abgeschöpft** werden können. Die Hebesätze müssten hierzu den Marktpreisentwicklungen stets zeitlich sehr eng folgen. Hauptziel der Einführung der Grundsteuer C sei aus Sicht der Gemeinden vielmehr die Schaffung von Anreizen zur Mobilisierung von **Vorrats- und Anlagegrundstücken**, die zur späteren Bebauung für die Familie vorgehalten oder als sicheres nichtmonetäres Anlageobjekt betrachtet werden würden.

---

1 Gesetz zur Änderung des Grundsteuergesetzes zur Mobilisierung von baureifen Grundstücken für die Bebauung v. 30.11.2019, BGBl 2019 I S. 1875.
2 Vgl. Lehmann in Grootens, GrStG § 37 Rz. 32 f.
3 Vgl. BT-Drucks. 19/11086 S. 1.
4 Vgl. BT-Drucks. 19/11086 S. 5.
5 Vgl. Ronnecker, ZKF 9/2019 S. 193.

Um eine baldige bauliche Nutzung derjenigen Grundstücke zu erreichen, die nach den rechtlichen Voraussetzungen und den tatsächlichen Gegebenheiten sofort bebaut werden können, ist die Erhebung der Grundsteuer mittels eines besonderen Hebesatzes beschränkt auf die **besondere Grundstücksgruppe der sog. „baureifen Grundstücke"**. Als solche gelten nur **unbebaute Grundstücke**, die der Grundsteuerpflicht unterliegen und innerhalb oder außerhalb eines Plangebiets **trotz ihrer Baureife nicht baulich genutzt werden**. Dabei bleiben **Hinderungsgründe zivilrechtlicher Art**, die einer möglichen sofortigen Bebauung entgegenstehen, bei der Beurteilung der Baureife eines Grundstücks **außer Betracht**.

125

Die jeweils örtlich zuständige Gemeinde entscheidet nach pflichtgemäßem Ermessen darüber, ob eine **besondere Nachfrage nach Bauland** besteht und welche steuerliche Belastung im Rahmen der verfassungsmäßigen Vorgaben den betroffenen Grundstückseigentümern auferlegt werden soll. Da die Grundsteuerhebesätze regelmäßig von den Gemeinden jährlich überprüft werden und der besondere Hebesatz für „baureife Grundstücke" nach den vorgesehenen Regelungen vom allgemeinen Hebesatz für Grundstücke abweichen darf, kann die Besteuerung nach Auffassung des Gesetzgebers flexibel an die jeweilige Marktlage und die örtlichen Verhältnisse angepasst werden.[1] Gleichzeitig setze die zusätzliche Besteuerung der Grundstücksgruppe „baureife Grundstücke" nicht das Verhältnis von Angebot und Nachfrage außer Kraft, so dass dessen volkswirtschaftliche Funktion erhalten bleibt.

126

Positiv zu bewerten ist nach Ansicht von Ronnecker, dass die Grundsteuer C auch über die steuerliche Anreizwirkung hinaus die **Transparenz auf dem Immobilienmarkt** erhöhen kann.[2] Die Grundsteuer C werde im Zusammenhang mit der erforderlichen **Kartendarstellung** (vgl. → Rz. 182) der baureifen Grundstücke Impulse für mehr Transparenz über das **verfügbare Baulandpotential** in den Städten und Gemeinden liefern.

127

Bereits Anfang der 1960er Jahre war die **Baulandsteuer** als Bestandteil eines bodenbezogenen steuerlichen Anreizinstrumentariums in den Fokus des Steuergesetzgebers gelangt. Der damalige Gesetzgeber hatte mit dieser Baulandsteuer, die mit Rechtswirkung zum 1.1.1961 eingeführt wurde und keine eigenständige Steuer war, vielmehr als Sonderform der Grundsteuer debütierte und infolgedessen auch Grundsteuer C genannt wurde, den Lenkungszweck verbunden, unbebautes, aber baureifes Bauland zu mobilisieren. Das **Horten von Bauland** sollte mit der Grundsteuer C derart **stark belastet** werden, dass Baugrundstücke zügiger einer planadäquaten Bebauung und Nutzung zugeführt werden konnten. Desgleichen sollte das spekulative Zurückhalten von Grundstücken tendenziell zurückgefahren werden. Die Baulandsteuer wurde aufgrund **anhaltender Diskussionen**[3] rückwirkend zum 1.1.1963 durch das Gesetz zur Änderung grundsteuerlicher Vorschriften[4] v. 10.6.1964 aufgehoben. Mithin waren dieser Steuer lediglich **zwei Jahre Gültigkeit** (1961 und 1962) beschieden. Vergleiche zur **Baulandsteuer als steuerhistorisches Vorbild** ausführlich Eisele, NWB 30/2019 S. 2204, NWB PAAAH-22603, sowie Ronnecker, ZKF 9/2019 S. 193.

128

(Einstweilen frei)

129–135

---

1 Vgl. BT-Drucks. 19/11086 S. 5.
2 Vgl. Ronnecker, ZKF 9/2019 S. 193.
3 Vgl. BT-Drucks. 19/15636.
4 Gesetz zur Änderung grundsteuerlicher Vorschriften v. 10.6.1964, BGBl 1964 I S. 347.

2. Recht zur Festlegung eines gesonderten Hebesatzes für baureife Grundstücke (§ 25 Abs. 5 Satz 1 GrStG)

136 § 25 Abs. 5 Satz 1 schafft für den Steuergegenstand Grundstücke (vgl. § 2 Nr. 2 GrStG) abweichend von § 25 Abs. 4 Satz 1 Nr. 2 **aus städtebaulichen Gründen** die rechtliche **Möglichkeit** zur **Festsetzung eines gesonderten Hebesatzes** (Grundsteuer C) für die besondere **Grundstücksgruppe baureifer Grundstücke** (vgl. für die Definition der baureifen Grundstücke → Rz. 151 ff.). Was in die **Kategorie der städtebaulichen Gründe** fällt, ist aus der beispielhaften Aufzählung in § 25 Abs. 5 Satz 4 GrStG ersichtlich (vgl. → Rz. 161 ff.). Der von der Gemeinde gesondert festgesetzte **Hebesatz** ist im jeweiligen Einzelfall unmittelbar auf den vom örtlich zuständigen Finanzamt mitgeteilten **Steuermessbetrag** anzuwenden.

137 Die jeweils örtlich zuständige **Gemeinde** entscheidet nach **pflichtgemäßem Ermessen** darüber, ob eine **besondere Nachfrage nach Bauland** besteht und **welche steuerliche Belastung** im Rahmen der verfassungsmäßigen Vorgaben den betroffenen Grundstückseigentümern auferlegt werden soll. Ob und in welchem Umfang die Gemeinden von dieser Möglichkeit Gebrauch machen werden, kann derzeit noch nicht abgeschätzt werden.[1] Daher sind gegenwärtig weder die finanziellen Auswirkungen auf das **Steueraufkommen** noch die Auswirkungen auf den **Erfüllungsaufwand der Verwaltung** ermittelbar.

138 Hat sich die Gemeinde für einen gesonderten Hebesatz für baureife Grundstücke (Grundsteuer C) entschieden, sind **gesetzliche Vorgaben** zu beachten. Zum einen sind die **genaue Bezeichnung der baureifen Grundstücke**, deren **Lage** sowie das **Gemeindegebiet**, auf das sich der gesonderte Hebesatz bezieht, jeweils nach den **Verhältnissen zu Beginn eines Kalenderjahres** (= Entstehungszeitpunkt der Grundsteuer, § 9 Abs. 2 GrStG) von der Gemeinde **zu bestimmen**, in einer **Karte nachzuweisen** und im Wege einer **Allgemeinverfügung öffentlich bekannt** zu geben (§ 25 Abs. 5 Satz 7 GrStG, vgl. → Rz. 181 ff.). Zum anderen hat die Gemeinde in der **Allgemeinverfügung** die **städtebaulichen Erwägungen nachvollziehbar darzulegen** und die **Wahl des Gemeindegebiets**, auf das sich der gesonderte Hebesatz beziehen soll, zu begründen.

139 Was die Festsetzung des Hebesatzes für die Grundsteuer C anbelangt, muss dieser **Hebesatz für alle** in der Gemeinde oder dem Gemeindeteil liegenden **baureifen Grundstücke einheitlich und höher** als der einheitliche Hebesatz für die übrigen in der Gemeinde liegenden Grundstücke (Grundsteuer B) sein (§ 25 Abs. 5 Satz 9 GrStG, vgl. → Rz. 191 ff.). Mit diesem „Abstandsgebot" der Grundsteuer C zur „normalen" Grundsteuer B soll der **Lenkungszweck** der Norm, nämlich die **Baulandmobilisierung**, unterstrichen werden.

140–150 *(Einstweilen frei)*

3. Definition der baureifen Grundstücke (§ 25 Abs. 5 Satz 2 und 3 GrStG)

151 § 25 Abs. 5 Satz 2 BewG definiert die **Grundstücksgruppe „baureife Grundstücke"** und grenzt diese von der bewertungsrechtlichen Grundstücksart „unbebaute Grundstücke" ab. Als baureife Grundstücke kommen ausschließlich **unbebaute Grundstücke** i.S. des § 246 BewG in Betracht (vgl. zur Abgrenzung von den bebauten Grundstücken Bock in Grootens, BewG § 246 Rz. 17). Auch eine „Alibi-Bebauung" in Form eines Gebäudes von untergeordneter Bebauung führt zur Annahme eines bebauten Grundstücks und versperrt daher die Anwendung der

---

[1] Vgl. BT-Drucks. 19/15636 S. 2.

Grundsteuer C für diese wirtschaftliche Einheit.[1] Befinden sich auf einem Grundstück lediglich Außenanlagen und/oder Betriebsvorrichtungen, liegt hingegen ein unbebautes Grundstück vor.[2] Während der Bauzeit eines Gebäudes ist ein zuvor unbebautes Grundstück bis zur Bezugsfertigkeit ebenso weiterhin als unbebaut einzustufen. Dies führt nach zutreffendem Hinweis von Feldner/Schätzlein zu einer Erhöhung der Baukosten und wirkt dem Lenkungszweck der Grundsteuer C entgegen, da es gerade für weniger finanzstarke Bauwillige die Baukosten in diesem Gebiet nochmals in die Höhe treibt.[3]

Die unbebautenGrundstücke müssen nach dem Wortlaut des Gesetzes   152

- **Lage,**
- **Form,**
- **Größe** und
- ihrem **sonstigen tatsächlichen Zustand** sowie
- nach **öffentlich-rechtlichen Vorschriften**

sofort bebaut werden können.

> **PRAXISHINWEIS:**   153
> Eine erforderliche, aber noch nicht erteilte Baugenehmigung sowie zivilrechtliche Gründe, die einer sofortigen Bebauung entgegenstehen, sind gem. § 25 Abs. 5 Satz 3 GrStG unbeachtlich. Dies ist im Hinblick darauf, dass eine Baugenehmigung keine umgehende Bauverpflichtung nach sich zieht, nachvollziehbar.[4] Ebenso sind wirtschaftliche Gründe für eine bisher nicht erfolgte Bebauung nicht zu berücksichtigen.[5] So könnte eine Bebauung wegen Lärmquellen besonders unattraktiv sein, das Grundstück sehr ungünstig geschnitten sein oder sich Altlasten auf dem Grundstück befinden, die nur mit sehr hohem finanziellen Aufwand zu beseitigen sind. In diesen Fällen ist der Grundstückseigentümer gehalten, gegen die Einstufung seines Grundstücks durch die Allgemeinverfügung vorzugehen und die Gemeinde durch Vortragen der Gründe für die fehlende Bebauung dazu zu bewegen, das fragliche Grundstück im Rahmen des pflichtgemäßen Ermessens von der Einstufung als baureifes Grundstück auszunehmen.

Die **Einordnung** eines unbebauten Grundstücks **als baureifes Grundstück** wird **nicht im Grundsteuerwertbescheid als Grundlagenbescheid** getroffen, sondern ist von der Gemeinde im Rahmen der gesetzlich vorgesehenen öffentlichen Bekanntmachung der Festlegung der baureifen Grundstücke vorzunehmen (vgl. → Rz. 181). Daraus ergibt sich, dass Einwände gegen diese Einstufung durch **Anfechtung der Allgemeinverfügung** vorzubringen sind (wegen der verfahrensrechtlichen Rahmenbedingungen zur Anfechtung vgl. Grootens in Grootens, GrStG § 27 Rz. 91 ff.).   154

Im Hinblick auf die in der Gesetzesbegründung[6] genannten **Sanierungsgebiete** als möglichen Anwendungsbereich der Erhebung der Grundsteuer C ist festzustellen, dass die **Grundsteuer C für bebaute Grundstücke nicht erhoben** werden kann. Solange das Grundstück gem. § 248 BewG als bebautes Grundstück einzustufen ist, kann für dieses Grundstück **nur der Hebesatz der Grundsteuer B** zur Anwendung kommen. Löhr weist zutreffend darauf hin, dass die **Len-**   155

---

1 Vgl. Bock in Grootens, BewG § 248 Rz. 20.
2 Vgl. Bock in Grootens, BewG § 246 Rz. 17.
3 Vgl. Feldner/Schätzlein, DStR 2021 S. 512.
4 Vgl. dazu kritisch Feldner/Schätzlein, DStR 2021 S. 512, die ab dem Zeitpunkt der Bauantragsstellung eine Bauwilligkeit des Grundstückseigentümers attestieren wollen. Sie regen eine Gesetzesänderung an, um die ab dem Zeitpunkt der Bauantragsstellung als Grundsteuer C zusätzlich anfallende Grundsteuer nach erfolgter Bebauung erstatten zu können.
5 Vgl. dazu kritisch Ronnecker, ZKF 9/2019 S. 193.
6 Vgl. BT-Drucks. 19/14159 S. 11.

kungsziele des Gesetzes gleichwohl auch zahlreiche als bebaut geltende Grundstücke betreffen und spricht sich daher für eine **Erweiterung des Anwendungsbereichs der Grundsteuer C** aus.[1] Dies gelte insbesondere für „Schrottimmobilien" und mindergenutzte Grundstücke.

156–160 *(Einstweilen frei)*

4. Definition der städtebaulichen Gründe (§ 25 Abs. 5 Satz 4 GrStG)

161 Was in die Kategorie der **städtebaulichen Gründe** fällt, ist aus der **beispielhaften Aufzählung** in § 25 Abs. 5 Satz 4 GrStG ersichtlich. Als städtebauliche Gründe kommen demnach **insbesondere**

- die Deckung eines **erhöhten Bedarfs an Wohn- und Arbeitsstätten** sowie **Gemeinbedarfs- und Folgeeinrichtungen,**
- die **Nachverdichtung** bestehender **Siedlungsstrukturen** oder
- die **Stärkung** der **Innenentwicklung** in Betracht.

162 Als Gemeinbedarfseinrichtungen kommen z. B. übergeordnete Gemeinbedarfseinrichtungen wie

- Krankenhäuser,
- Hochschulen oder Forschungseinrichtungen

sowie **Einrichtungen des wohnungsbezogenen Gemeinbedarfs** wie z. B.

- Kindertagesstätten,
- Jugendfreizeitstätten oder
- Grundschulen

in Betracht.[2]

163 Im Städtebau wird mit dem Begriff der Nachverdichtung die Nutzung freier Flächen im Kontext bereits bestehender Bebauung bezeichnet. Eine Nachverdichtung kann so z. B. durch **Aufstockungen**, **Hinterlandbebauung** oder das „Andocken" von Flächen erfolgen. Mit einer Nachverdichtung, bisweilen auch Innenverdichtung genannt, wird u. a. also die Erhöhung der Kubatur angestrebt, was die **Bebauungsdichte** (mithin den Wohnraum je verbauter Fläche) erhöht. Im Ergebnis wird mit einer Nachverdichtung einer **Zersiedelung entgegengewirkt**.[3]

164 Im ursprünglichen Gesetzesentwurf[4] war die Formulierung „…kann in **Gebieten mit besonderem Wohnraumbedarf**…" vorgesehen. Diese Formulierung wurde im Gesetzgebungsverfahren in „…kann **aus städtebaulichen Gründen**…" geändert.[5] Mit der Änderung wird der **Anwendungsbereich** der Grundsteuer C **erweitert**. Aus Gründen der Verhältnismäßigkeit und Bestimmtheit erfolgte eine tatbestandliche Beschränkung auf bestimmte städtebauliche Gründe. Unverändert kann ein dringender **Wohnbedarf der Bevölkerung** einschließlich der Gemeinbedarfs- und Folgeeinrichtungen im Rahmen städtebaulicher Gründe berücksichtigt werden.

---

1 Vgl. Löhr, BB 25/2019 S. 1431.
2 Vgl. Eisele/Wiegand, Grundsteuerreform 2022/2025 S. 92.
3 Vgl. Eisele/Wiegand, Grundsteuerreform 2022/2025 S. 92.
4 Vgl. BT-Drucks. 19/11086 S. 3.
5 Vgl. die Beschlussempfehlung des Finanzausschusses, BT-Drucks. 19/14139 S. 5.

Eine weitere maßgebliche Richtschnur ist die in § 1a Abs. 2 Satz 1 BauGB enthaltene „Bodenschutzklausel", wonach mit Grund und Boden sparsam und schonend umzugehen ist.[1] Zur Verringerung der zusätzlichen Inanspruchnahme von Flächen für bauliche Nutzungen seien die Möglichkeiten der Entwicklung der Gemeinde insbesondere durch **Wiedernutzbarmachung von Flächen, Nachverdichtungen der Siedlungsstrukturen** und andere **Maßnahmen zur Innenentwicklung** zu nutzen.

(Einstweilen frei) 166–170

5. Beschränkung des gesonderten Hebesatzes auf Teile des Gemeindegebiets (§ 25 Abs. 5 Satz 5 und 6 GrStG)

Abweichend vom Regierungsentwurf[2] hat die Gemeinde den **gesonderten Hebesatz auf einen bestimmten Gemeindeteil zu beschränken**, wenn nur für diesen Gemeindeteil die **städtebaulichen Gründe vorliegen** (§ 25 Abs. 5 Satz 5 GrStG). Was die Größe und den steuergegenständlichen Umfang eines solchen Gemeindeteils anbetrifft, muss dieser **mindestens 10 % des gesamten Gemeindegebiets** umfassen (§ 25 Abs. 5 Satz 6 GrStG). Zudem müssen in dem Gemeindeteil **mehrere baureife Grundstücke** belegen sein. Als Grundstück i. S. der Vorschrift gilt die **wirtschaftliche Einheit** i. S. des § 244 Abs. 1 BewG. Die Mindestvoraussetzungen des Satzes 6 sollen offenbar eine **missbräuchliche Anwendung** der Grundsteuer C durch die Gemeinden als „**Strafsteuer**" für einen einzelnen Steuerpflichtigen verhindern.

Die **Beschränkung des gesonderten Hebesatzrechts** nur auf einen **Gemeindeteil** (§ 25 Abs. 5 Satz 5 GrStG) soll den Städten und Gemeinden ausweislich der Gesetzesbegründung[3] ermöglichen, die **Erhebung des gesonderten Hebesatzes zielgenau** vornehmen zu können. Dies kann beispielsweise nur auf den **Ortskern**, das **Sanierungsgebiet** oder das **neue Baugebiet** zutreffen.

> **PRAXISHINWEIS:**
> Die Vorgaben zur Mindestgröße von 10 % des Gemeindegebiets und zur Mindestanzahl der unbebauten Grundstücke innerhalb des abgegrenzten Teils des Gemeindegebiets sind in der Praxis leicht zu erfüllen, indem benachbarte Bereiche der Gemeinde mit ausschließlich bebauten Grundstücken zu zwei unbebauten Grundstücken hinzugezogen werden. Das Gesetz kann nicht so ausgelegt werden, dass die Gemeindeteile nur aus unbebauten Grundstücken bestehen müssen. Andernfalls wäre die in der Gesetzesbegründung genannte Beschränkung auf den Ortskern nicht möglich. Ein direktes Angrenzen der Grundstücksflächen ist im Gesetz für die Bestimmung des Teils einer Gemeinde nicht gefordert und wäre wegen der die einzelnen Grundstücke trennenden Verkehrsflächen auch nicht erreichbar. Zweifelsohne wird angesichts der Beispiele in der Gesetzesbegründung[4] gleichwohl ein räumlicher Zusammenhang vorliegen müssen, um von einem „Teil eines Gemeindegebietes" sprechen zu können.

Insbesondere in **Großstädten** wie etwa Berlin wird es **mehrere Gemeindeteile** geben, in denen (verschiedene) **städtebauliche Gründe** für eine Mobilisierung baureifer Grundstücke zum Tragen kommen. Gerade in diesen Großstädten ist z. B. die **Nachfrage nach Wohnimmobilien** besonders hoch. Auch wenn das Gesetz zahlenmäßig nur von **einem Gemeindeteil** ausgeht, auf den sich die städtebaulichen Gründe beschränken, müssen nach dem Sinn und Zweck des Gesetzes auch **mehrere Gemeindegebiete mit unterschiedlichen oder deckungsgleichen städtebaulichen Gründen** gebildet werden können. Andernfalls wäre die in der Gesetzesbegründung[5]

---

1 Vgl. die Beschlussempfehlung des Finanzausschusses, BT-Drucks. 19/14139 S. 5.
2 Vgl. BT-Drucks. 19/11086 S. 8.
3 Vgl. BT-Drucks. 19/14159 S. 11.
4 Vgl. BT-Drucks. 19/14159 S. 11.
5 Vgl. BT-Drucks. 19/14159 S. 11.

als Begründung für die Einfügung des Satzes 5 angeführte **zielgenaue Abgrenzung** der städtebaulichen Entwicklungsgebiete nicht umsetzbar. Umgekehrt ist es nicht sachgerecht, das gesamte Stadtgebiet einer Großstadt und damit **alle unbebauten Grundstücke** – auch die ohne Notwendigkeit einer Mobilisierung – in **eine einzige Zone einzuordnen**, um alle Bereiche der Gemeinde mit städtebaulichem Entwicklungsbedarf zu erfassen. Unabhängig davon kann der **Hebesatz der Grundsteuer C** für alle Gemeindeteile und alle denkbaren städtebaulichen Gründe **nur einheitlich festgesetzt** werden (vgl. → Rz. 191).

175–180   *(Einstweilen frei)*

6. Bekanntgabe der baureifen Grundstücke in einer Allgemeinverfügung (§ 25 Abs. 5 Satz 7 und 8 GrStG)

181 § 25 Abs. 5 Satz 7 GrStG regelt in Übereinstimmung mit dem **bewertungsrechtlichen Stichtag** (vgl. § 221 Abs. 2 BewG) und dem **Zeitpunkt der Grundsteuerentstehung**, dass

- die genaue **Bezeichnung der baureifen Grundstücke**,
- deren **Lage** sowie
- das **Gemeindegebiet**, auf das sich der gesonderte Hebesatz bezieht,

jeweils nach den **Verhältnissen zu Beginn eines Kalenderjahres** von der Gemeinde zu bestimmen sind. Die Nennung des Eigentümers des baureifen Grundstücks ist keine gesetzliche Tatbestandsvoraussetzung.[1]

182 Die Feststellungen sind in einer **Karte** nachzuweisen und im Wege einer **Allgemeinverfügung** öffentlich bekannt zu geben. In der Allgemeinverfügung sind gem. § 25 Abs. 5 Satz 8 GrStG die **städtebaulichen Erwägungen** nachvollziehbar darzulegen und die **Wahl des Gemeindegebiets**, auf das sich der gesonderte Hebesatz beziehen soll, **zu begründen**. Eine Allgemeinverfügung ist ein **Verwaltungsakt**, der sich an einen nach allgemeinen Merkmalen bestimmten oder bestimmbaren Personenkreis richtet oder die öffentlich-rechtliche Eigenschaft einer Sache oder ihre Benutzung durch die Allgemeinheit betrifft (vgl. § 118 AO). Als **kommunaler Verwaltungsakt** kann die Allgemeinverfügung nach den allgemeinen Grundsätzen angefochten werden.[2]

183 Damit wird nach Auffassung des Gesetzgebers[3] bereits dem Grunde nach die **rechtliche Überprüfung** zur Heranziehung eines baureifen Grundstücks **gewährleistet**. Eine **nochmalige Erläuterung im Grundsteuerbescheid** bei Anwendung der Grundsteuer C auf ein in der Allgemeinverfügung bezeichnetes baureifes Grundstück ist wegen der öffentlichen Bekanntmachung damit **rechtlich entbehrlich**. Gleichwohl ist es i. S. der **Bürgerorientierung** sinnvoll, betroffene Steuerpflichtigen auch im Grundsteuerbescheid noch einmal auf die Besonderheit der Hebesatzfestlegung hinzuweisen und die in der Allgemeinverfügung benannten Gründe nochmals aufzuführen. Ungeachtet dessen läuft der Grundstückseigentümer Gefahr, nicht ausreichend vor **Ablauf der Rechtsbehelfsfrist** der Allgemeinverfügung Kenntnis von der Verfügung zu erhalten, da sie ihm persönlich gar nicht zugeht bzw. der Zugang vom Zufall abhängt. Da es der Gemeinde ohne weiteres möglich wäre, die Grundstückseigentümer als Inhaltsadressaten der Einstufung für eine Bekanntgabe per individuellem Bescheid zu bestimmen, beschränkt die Festlegung im Wege einer Allgemeinverfügung erheblich die Rechtsschutzmöglichkeiten.[4]

---

[1] Vgl. BT-Drucks. 19/15636 S. 8.
[2] Vgl. zur Anfechtung Grootens in Grootens, GrStG § 27 Rz. 71.
[3] Vgl. BT-Drucks. 19/11086 S. 8.
[4] Gl. A. Vogelpoth, DStR 20/2020 S. 1026.

Die **Festsetzung eines gesonderten Hebesatzes für baureife Grundstücke** (Grundsteuer C) durch die Gemeinde erfolgt entweder im Rahmen der **Haushaltssatzung** oder in einer **gesonderten Satzung** (vgl. zu den Möglichkeiten der Festsetzung des Hebesatzes ausführlich → Rz. 46). Für den Steuerpflichtigen ergibt sich eine Möglichkeit zur **Anfechtung der Höhe des Hebesatzes für baureife Grundstücke** m. E. erst bei **Erhalt des Grundsteuerbescheids**.[1]

184

(Einstweilen frei)

185–190

7. Hebesatzeinheitlichkeit und Höhe des gesonderten Hebesatzes (§ 25 Abs. 5 Satz 9 GrStG)

§ 25 Abs. 5 Satz 9 GrStG regelt ergänzend, dass im Falle der gesonderten Festsetzung eines Hebesatzes für die besondere Grundstücksgruppe baureifer Grundstücke dieser **Hebesatz innerhalb des Gemeindegebiets nur einheitlich** zur Anwendung kommen darf und der **Hebesatz** dem Gesetzeszweck entsprechend **höher als für die übrigen Grundstücke** des Grundvermögens (Grundsteuer B) sein muss. Eine unterschiedliche Festsetzung von gesonderten Hebesätzen für innerhalb eines Gemeindegebiets unterschiedlich belegene baureife Grundstücke ist damit ausgeschlossen. Die Grundstückseigentümer in einem Gebiet, in dem die Gemeinde die Voraussetzungen als gerade noch gegeben ansieht und eine Mobilisierung von Bauland eher für wünschenswert als für unbedingt erforderlich hält, werden nach zutreffendem Hinweis von Vogelpoth hinsichtlich des Steuersatzes (relativ) also in gleichem Maße belastet, wie der aus Sicht der Gemeinde unbedingt zu verdrängende „Großspekulant" in einem anderen Bereich der Gemeinde.[2] Zur **maximalen Höhe des Hebesatzes** für die Grundsteuer C trifft § 25 GrStG keine Aussage. Neben **landesrechtlichen Höchstgrenzen** (vgl. § 26 GrStG) sind somit insbesondere die verfassungsrechtlichen **Grenzen der Erdrosselungsbesteuerung** zu beachten, denen sich auch die Hebesätze der Grundsteuer A und B unterwerfen müssen (vgl. → Rz. 48).

191

Insbesondere in **Großstädten** hätte es aus Sicht der Gemeinden sicher eine interessante **Gestaltungsmöglichkeit** dargestellt, wenn die Festsetzung **unterschiedlicher Hebesätze für verschiedene städtebauliche Entwicklungsgründe** für zulässig erklärt worden wäre. Eine solche Vorgehensweise hätte zu einer Vielzahl unterschiedlicher Hebesätze innerhalb einer Gemeinde führen können. Der Grundsatz der **Hebesatzeinheitlichkeit** (§ 25 Abs. 4 Satz 1 GrStG, vgl. → Rz. 101) wäre mit einer derartigen Erweiterung aber gänzlich ausgehöhlt worden. Insofern ist nachvollziehbar, dass der Gesetzgeber die Hebesatzmöglichkeiten der Gemeinde auf nunmehr **drei denkbare Hebesätze** beschränkt. Dies stellt insbesondere **Großstädte** mit baureifen Grundstücken in mehreren Gebieten mit unterschiedlichen städtebaulichen Gründen bei der Festlegung des Hebesatzes für die Grundsteuer C vor das große Problem, die **unterschiedlichen Lenkungszwecke unter einen Hut** zu bringen.

192

§ 26 GrStG Koppelungsvorschriften und Höchsthebesätze

In welchem Verhältnis die Hebesätze für die Grundsteuer der Betriebe der Land- und Forstwirtschaft, für die Grundsteuer der Grundstücke und für die Gewerbesteuer zueinander stehen müssen, welche Höchstsätze nicht überschritten werden dürfen und inwieweit mit Genehmigung der Gemeindeaufsichtsbehörde Ausnahmen zugelassen werden können, bleibt einer landesrechtlichen Regelung vorbehalten.

---

1 Vgl. zu den Anfechtungsmöglichkeiten Grootens in Grootens, GrStG § 27 Rz. 91 ff.
2 Vgl. Vogelpoth, DStR 20/2020 S. 1026.

Inhaltsübersicht	Rz.
A. Allgemeine Erläuterungen zu § 26 GrStG	1 – 35
I. Normzweck und wirtschaftliche Bedeutung der Vorschrift	1 – 8
II. Entstehung und Entwicklung der Vorschrift	9 – 15
III. Geltungsbereich	16 – 25
IV. Verhältnis zu anderen Vorschriften	26 – 35
B. Systematische Kommentierung	36 – 41
I. Landesregelung zur Festlegung der Hebesätze	36 – 41

LITERATUR:

Rauber, Gibt es rechtliche Grenzen für die Grundsteuer B?, KStZ 7/2015 S. 121.

A. Allgemeine Erläuterungen zu § 26 GrStG

I. Normzweck und wirtschaftliche Bedeutung der Vorschrift

1 Die Festlegung der Hebesätze für die Grundsteuer und die Gewerbesteuer unterliegt grundsätzlich der **kommunalen Hebesatzautonomie** (Art. 28 Abs. 2 Satz 3 GG, vgl. § 25 GrStG). § 26 GrStG schafft eine **Beschränkungsmöglichkeit**, indem es den Ländern die Möglichkeit einer **landesrechtlichen Regelung** einräumt. Die Regelungsmöglichkeit umfasst das **Verhältnis der Hebesätze** zueinander, **Höchsthebesätze** und **Ausnahmeregelungen** von diesen Festlegungen. Von dieser Ermächtigung macht aktuell kein Bundesland Gebrauch.[1]

2 Durch das Gesetz zur Änderung des Grundgesetzes[2] vom 15.11.2019 wurde dem Bundesgesetzgeber die **konkurrierende Gesetzgebungskompetenz** für die Grundsteuer eingeräumt (Art. 105 Abs. 2 GG). Gleichzeitig wurde den Ländern in Art. 72 Abs. 3 Nr. 7 GG das Recht eingeräumt, **abweichende landesspezifische Regelungen** zur Grundsteuer in Kraft zu setzen. Somit sind die Länder – im Rahmen der verfassungsmäßigen Grenzen – frei in der Gestaltung abweichender Vorschriften zur Erhebung der Grundsteuer. Dies schließt die Festlegung von Hebesatzgrenzen oder auch den Verzicht darauf ein. § 26 GrStG hat somit nur noch für die Länder Bedeutung, die von der **Öffnungsklausel** des Art. 72 GG ausdrücklich nicht Gebrauch gemacht haben und in deren Hoheitsbereich somit die bundesgesetzliche Regelung zum Tragen kommt.

3–8 *(Einstweilen frei)*

II. Entstehung und Entwicklung der Vorschrift

9 § 26 GrStG[3] übernimmt den Regelungsinhalt aus § 21 Abs. 2 GrStG[4] vom 10.8.1951. Seitdem wurde § 26 GrStG nur im Rahmen des Gesetzes zur Fortsetzung der Unternehmenssteuerreform[5] geändert. Der Gesetzestext wurde hierbei einerseits durch Streichung des Hinweises auf die weggefallene Lohnsummensteuer und anderseits durch Beschränkung auf die Gewerbesteuer nach dem Wegfall der Gewerbekapitalsteuer gekürzt.

10–15 *(Einstweilen frei)*

---

[1] Vgl. Rauber, KStZ 7/2015 S. 121.
[2] Gesetz zur Änderung des Grundgesetzes (Art. 72, 105 und 125b) v. 15.11.2019, BGBl 2019 I S. 1546.
[3] Neufassung des Grundsteuergesetzes v. 7.8.1973, BGBl 1973 I S. 965.
[4] BGBl 1951 I S. 519.
[5] UntStRFoG v. 29.10.1997, BGBl 1997 I S. 2590.

III. Geltungsbereich

Die Vorschrift ist bei der Festsetzung und Entrichtung der **Grundsteuer** auf **inländischen Grundbesitz** durch die Gemeinden anzuwenden, soweit die Länder nicht von ihrer Abweichungskompetenz nach Art. 72 Abs. 3 Satz 1 Nr. 7 GG Gebrauch gemacht haben.

(Einstweilen frei)

IV. Verhältnis zu anderen Vorschriften

Die Möglichkeit zur **Festlegung von Hebesätzen** für die Grundsteuer durch die jeweilige Gemeinde ist in **§ 25 GrStG** geregelt. Diese Hebesätze sind auf die **Steuermessbeträge** i. S. des **§ 13 GrStG** oder anteilig zerlegte Steuermessbeträge i. S. des **§ 22 GrStG** anzuwenden.

(Einstweilen frei)

B. Systematische Kommentierung

I. Landesregelung zur Festlegung der Hebesätze

Nach § 26 GrStG sind landesrechtliche Regelungen zulässig über

- das **Verhältnis der Hebesätze** (Grundsteuer A, Grundsteuer B, Grundsteuer C, Gewerbesteuer) zueinander,
- die **Höchstsätze** für die einzelnen Hebesätze und
- inwieweit mit Genehmigung der Gemeindeaufsichtsbehörde **Ausnahmen** zugelassen werden können.

Von dieser Ermächtigung macht aktuell kein Bundesland Gebrauch.[1] Darüber hinausgehende **Einschränkungen** des Hebesatzrechts der Gemeinden durch den Landesgesetzgeber sind **unzulässig**.[2] Das verfassungsrechtlich geschützte kommunale Selbstverwaltungsrecht kann allerdings vom Gesetzgeber auch unabhängig von Festlegungen eines Hebesatz-Höchstbetrags beschränkt werden. Unter den in Art. 28 Abs. 2 Satz 1 und Art. 106 Abs. 6 Satz 2 GG normierten Gesetzesvorbehalt fallen etwa landesgesetzliche Regelungen zur kommunalen Haushaltswirtschaft oder zur staatlichen Kommunalaufsicht. Danach kann je nach Landesrecht etwa eine **kommunalaufsichtliche Maßnahme gegen die Absenkung der Hebesätze** für die Grundsteuer in einer hochverschuldeten Gemeinde gerechtfertigt sein.[3]

Das grundgesetzlich eingeräumte **Hebesatzrecht** (Art. 28 Abs. 2 Satz 3 GG, vgl. § 25 GrStG) dient der Sicherung einer angemessenen **Finanzausstattung** der Gemeinden. Die Gemeinden sollen die Möglichkeit haben, ihre Einnahmen durch Anhebung der Grundsteuer an den Finanzbedarf anzupassen und damit angesichts wachsender Haushaltslasten handlungsfähig zu bleiben.[4] Die Festsetzung des Hebesatzes liegt im weiten, pflichtgemäßen Ermessen der Gemeinde, das von Gerichten nur eingeschränkt daraufhin überprüft werden kann, ob die Grenzen für die Normsetzung überschritten wurden oder die Steuererhebung willkürlich ist.[5] Dabei unterliegt die Gemeinde bei der Festsetzung des Hebesatzes grundsätzlich keiner gesetzlichen

---

1 Vgl. Rauber, KStZ 7/2015 S. 121.
2 BVerwG, Urteil v. 11.6.1993 - 8 C 32/90.
3 BVerwG, Urteil v. 27.10.2010 - 8 C 43/09.
4 Vgl. Grootens in Grootens, GrStG § 25 Rz. 36.
5 VG Wiesbaden, Urteil v. 27.1.2017 - 1 K 684/15.WI.

Höchstgrenze, es sei denn, der Landesgesetzgeber hat im Rahmen der durch § 26 GrStG eröffneten Möglichkeiten eine solche festgelegt.

38 Nach § 26 GrStG bleibt es einer landesrechtlichen Regelung vorbehalten, die **Höchstsätze für Hebesätze** festzulegen, die bei der Grundsteuer nicht überschritten werden dürfen. Nach dem klaren Wortlaut der Bestimmung handelt es sich um eine **Ermächtigung** der Länder, nicht aber um eine **Rechtspflicht** der Länder, eine entsprechende Regelung zu erlassen.[1]

39 Dieses aus dem Wortlaut der Bestimmung abzuleitende Ergebnis wird durch die **Gesetzesbegründung** bestätigt. Hierin ist ausgeführt: „Der Bund könnte damit auch den Ermessensspielraum der Gemeinden eingrenzen. Es erscheint jedoch zweckmäßig, dass der Bund von seinem Gesetzgebungsrecht insoweit keinen Gebrauch macht, sondern es den Ländern überlässt, inwieweit entsprechende Gesetze zu erlassen sind".[2] Dieser Begründung lässt sich zweifelsfrei entnehmen, dass es allein der freien Entscheidung der Länder überlassen bleibt, ob sie von dieser Ermächtigung Gebrauch machen. Der **Verzicht auf eine solche gesetzliche Regelung** schlägt damit nicht auf die Rechtmäßigkeit von Steuerbescheiden, die auf einem für das Veranlagungsjahr erhöhten Hebesatz beruhen, durch.[3]

40 Hat der Landesgesetzgeber von § 26 GrStG keinen Gebrauch gemacht, ergibt sich ein Höchsthebesatz auch nicht aus anderen gesetzlichen Regelungen. Insbesondere stellt das **haushaltsrechtliche Subsidiaritätsgebot** (z. B. § 93 Abs. 2 Hessische Gemeindeordnung), d. h. der Vorrang von Leistungsentgelten (Gebühren und Beiträgen) vor Steuern bei der kommunalen Einnahmeerzielung, keine derartige Höchstsatzbestimmung i. S. des § 26 GrStG dar.[4] Das grundsätzlich weite Ermessen, das den Gemeinden im Rahmen ihrer Finanzhoheit zusteht, werde lediglich dadurch begrenzt, dass Steuern **nicht willkürlich erhöht** werden und keine „erdrosselnde" Wirkung haben dürfen.[5] Ob dies der Fall sei, könne aber regelmäßig nur im jeweiligen Einzelfall bewertet werden.

41 Unter einer landesrechtlichen Regelung kann nach Auffassung von Troll/Eisele sowohl ein **Gesetz** des Landesparlaments als auch eine **Rechtsverordnung** der Landesregierung zu verstehen sein.[6] Nach Art. 80 Abs. 1 Satz 2 GG können die Bundesregierung, ein Bundesminister oder die Landesregierungen durch ein Gesetz ermächtigt werden, Rechtsverordnungen zu erlassen. Dabei müssen nach Art. 80 Abs. 1 Satz 2 GG Inhalt, Zweck und Ausmaß der erteilten Ermächtigung im Gesetz bestimmt werden. Es ist m. E. äußerst zweifelhaft, dass die Ermächtigung zum Erlass einer „landesrechtlichen Regelung", wie sie § 26 GrStG vorsieht, diesen Vorgaben genügt. Nach Art. 72 Abs. 3 Nr. 7 GG können die Länder bei der Grundsteuer durch Gesetz **vom Bundesrecht abweichende Regelungen** treffen.[7] Deshalb kann auf eine Prüfung, ob die Ermächtigung alle Anforderungen des Art. 80 Abs. 1 GG erfüllt, verzichtet werden.

---

1 BVerwG, Beschluss v. 21.1.1991 - 8 NB 1/90.
2 Zitiert nach Troll/Eisele, GrStG § 26 Rz. 1.
3 Niedersächsisches Finanzgericht, Urteil v. 18.9.1975 - VII 103/72.
4 BVerwG, Beschluss v. 26.10.2016 - 9 B 28/16, NWB TAAAF-87290.
5 Vgl. etwa BVerwG, Urteil v. 3.6.1969 - 7 C 8.68 zur Verdoppelung der Schankerlaubnissteuer und Urteil v. 15.10.2014 - 9 C 8.13, NWB GAAAE-82854 zur erdrosselnden Wirkung einer Kampfhundesteuer.
6 Vgl. Troll/Eisele, GrStG § 26 Rz. 3, a. A. Halaczinsky, GrStG § 26 Rz. 3 mit Bezug auf Glier, GrStG § 26 Rz. 3.
7 Recht zur Festlegung abweichenden Landesrechts im Bereich der Grundsteuer, eingefügt durch das Gesetz zur Änderung des Grundgesetzes v. 15.11.2019, BGBl 2019 I S. 1546.

§ 27 GrStG Festsetzung der Grundsteuer

(1) ¹Die Grundsteuer wird für das Kalenderjahr festgesetzt. ²Ist der Hebesatz für mehr als ein Kalenderjahr festgesetzt, kann auch die jährlich zu erhebende Grundsteuer für die einzelnen Kalenderjahre dieses Zeitraums festgesetzt werden.

(2) Wird der Hebesatz geändert (§ 25 Abs. 3), so ist die Festsetzung nach Absatz 1 zu ändern.

(3) ¹Für diejenigen Steuerschuldner, die für das Kalenderjahr die gleiche Grundsteuer wie im Vorjahr zu entrichten haben, kann die Grundsteuer durch öffentliche Bekanntmachung festgesetzt werden. ²Für die Steuerschuldner treten mit dem Tage der öffentlichen Bekanntmachung die gleichen Rechtswirkungen ein, wie wenn ihnen an diesem Tage ein schriftlicher Steuerbescheid zugegangen wäre.

Inhaltsübersicht	Rz.
A. Allgemeine Erläuterungen zu § 27 GrStG	1 - 35
I. Normzweck und wirtschaftliche Bedeutung der Vorschrift	1 - 8
II. Entstehung und Entwicklung der Vorschrift	9 - 15
III. Geltungsbereich	16 - 25
IV. Verhältnis zu anderen Vorschriften	26 - 35
B. Systematische Kommentierung	36 - 94
I. Festsetzung der Grundsteuer als Jahressteuer (§ 27 Abs. 1 GrStG)	36 - 60
1. Festsetzung der Grundsteuer für ein Kalenderjahr (§ 27 Abs. 1 Satz 1 GrStG)	36 - 50
2. Festsetzung der Grundsteuer für mehrere Kalenderjahre (§ 27 Abs. 1 Satz 2 GrStG)	51 - 60
II. Änderung der Grundsteuerfestsetzung bei Hebesatzänderungen (§ 27 Abs. 2 GrStG)	61 - 70
III. Öffentliche Bekanntmachung der Grundsteuerfestsetzung (§ 27 Abs. 3 GrStG)	71 - 90
IV. Verfahrensrechtliche Grundsätze der Steuerfestsetzung	91 - 94

A. Allgemeine Erläuterungen zu § 27 GrStG

I. Normzweck und wirtschaftliche Bedeutung der Vorschrift

§ 27 GrStG regelt das **Festsetzungsverfahren** für die Grundsteuer. Die Vorschrift bestimmt, dass die Grundsteuer als **Jahressteuer** festgesetzt wird. Die Festsetzung ist gem. § 27 Abs. 2 GrStG zu ändern, wenn der **Hebesatz** (vgl. § 25 Abs. 3 GrStG) geändert wird. Darüber hinaus regelt § 27 Abs. 3 die Möglichkeit der **öffentlichen Bekanntmachung** der Festsetzung der Grundsteuer bei gleichbleibender Grundsteuer und die Konsequenzen für die Steuerschuldner bei einer solchen öffentlichen Bekanntmachung.   1

Die Festsetzung der Grundsteuer ist den **Landesfinanzbehörden** übertragen worden (Art. 108 Abs. 2 GG), die sie aber auf die **Gemeinden** übertragen dürfen (Art. 108 Abs. 4 Satz 2 GG). Hiervon haben alle Länder Gebrauch gemacht und in den Kommunalabgabengesetzen[1] die **Festsetzung und Erhebung** der Grundsteuer den Gemeinden übertragen.   2

(Einstweilen frei)   3–8

---

[1] Vgl. die Auflistung der KAG der einzelnen Länder in Troll/Eisele, GrStG § 25 Rz. 2.

II. Entstehung und Entwicklung der Vorschrift

9 Die Vorschrift ist seit Jahrzehnten **fester Bestandteil des GrStG**.[1] Bei der Novellierung des GrStG durch das **GrStRefG**[2] v. 26.11.2019 wurde § 27 GrStG nicht geändert.

10–15 *(Einstweilen frei)*

III. Geltungsbereich

16 Die Vorschrift ist bei der Festsetzung und Entrichtung der **Grundsteuer** auf **inländischen Grundbesitz** durch die Gemeinden anzuwenden, soweit die Länder nicht von ihrer Abweichungskompetenz nach Art. 72 Abs. 3 Satz 1 Nr. 7 GG Gebrauch gemacht haben.

17–25 *(Einstweilen frei)*

IV. Verhältnis zu anderen Vorschriften

26 Für die Festsetzung und Erhebung der Grundsteuer gelten grundsätzlich die **Vorschriften der AO**. Ausgenommen von diesem Prinzip sind die Vorschriften zum Rechtsbehelf und zur Vollstreckung in den Flächenstaaten. Die Rechtsbehelfe regeln sich dort nach der **Verwaltungsgerichtsordnung** (außergerichtliches Verfahren - vgl. **§ 40 Abs. 1 VwGO**). Für Klagen ist der **Verwaltungsgerichtsweg** zu beschreiten - vom Verwaltungsgericht über die Oberverwaltungsgerichte (oder Verwaltungsgerichtshöfe) bis zum Bundesverwaltungsgericht.[3] Die **Vollstreckung** richtet sich nach den Verwaltungsvollstreckungsgesetzen der Länder.

27 Für die **Stadtstaaten** Berlin und Hamburg sowie die Stadt Bremen (nicht Bremerhaven) sind die **Finanzämter** sowohl für die Festsetzung als auch die Erhebung der Grundsteuer zuständig. Die AO gilt daher vollumfänglich, so dass die Rechtsbehelfe im **Finanzrechtsweg** über die Finanzgerichte bis zum Bundesfinanzhof verfolgt werden.

28 Die **Fälligkeit** der Grundsteuer ergibt sich aus **§ 28 GrStG**, die **Vorauszahlungen** ergeben sich aus **§ 29 GrStG**.

29–35 *(Einstweilen frei)*

B. Systematische Kommentierung

I. Festsetzung der Grundsteuer als Jahressteuer (§ 27 Abs. 1 GrStG)

1. Festsetzung der Grundsteuer für ein Kalenderjahr (§ 27 Abs. 1 Satz 1 GrStG)

36 In § 27 Abs. 1 Satz 1 GrStG wird der Grundsatz normiert, dass die Grundsteuer als **Jahressteuer** für ein **Kalenderjahr** festzusetzen ist. Somit ist die Grundsteuer durch Steuerbescheid für den Zeitraum vom 1.1.–31.12. eines Jahres festzusetzen. **Inhaltsadressat** des **Steuerbescheids** ist der **Steuerschuldner** gem. § 10 GrStG. Der Steuerschuldner schuldet die Grundsteuer für das gesamte Jahr, auch wenn er den Grundbesitz im Laufe des Jahres veräußert.[4]

---

[1] Vgl. die Neufassung des Grundsteuergesetzes v. 7.8.1973, BGBl 1973 I S. 965.
[2] GrStRefG v. 26.11.2019, BGBl 2019 I S. 1794.
[3] Vgl. Kühnhold in Lippross/Seibel, GrStG § 27 Rz. 2.
[4] Vgl. Schmidt in Grootens, GrStG § 10 Rz. 50.

Der Steuerfestsetzung sind gem. § 9 GrStG die Verhältnisse am 1.1. des Jahres zu Grunde zu legen (Stichtagsprinzip). Dies ist gleichzeitig der **Steuerentstehungszeitpunkt** für die Grundsteuer des jeweiligen Kalenderjahres.[1]

37

Die Festsetzung (vgl. § 155 AO) erfolgt durch **schriftlichen Steuerbescheid** (vgl. § 157 AO), allerdings kann unter bestimmten Voraussetzungen auch eine Festsetzung durch **öffentliche Bekanntmachung** erfolgen (vgl. Rz. → 71). Der Steuerschuldner hat bis zur Bekanntgabe eines neuen Steuerbescheids zu den bisherigen Fälligkeitstagen **Vorauszahlungen** unter Zugrundelegung der zuletzt festgesetzten Jahressteuer zu entrichten (vgl. § 29 GrStG).

38

PRAXISHINWEIS:

39

Die Gemeinden gehen in der Praxis unterschiedlich vor, zum Teil werden jährlich Grundsteuerbescheide mit anderen Grundbesitzabgaben (Straßenreinigung, Müllentsorgung, Wasser) verbunden, zum Teil wird auch von der mehrjährigen Festsetzung oder der öffentlichen Bekanntmachung Gebrauch gemacht.[2]

Der festzusetzende Jahresbetrag der Grundsteuer wird durch Anwendung des von den der Gemeinde festgelegten **Hebesatzes** (vgl. § 25 GrStG) auf den vom FA festgesetzten **Steuermessbetrag** (vgl. § 13 GrStG) oder auf den auf die Gemeinde entfallenden **Zerlegungsanteil** am **Grundsteuermessbetrag** (vgl. § 22 GrStG) ermittelt.

40

BEISPIEL: ▸ Der Grundsteuermessbetrag für ein Einfamilienhaus beträgt 100 €, der Hebesatz (Grundsteuer B) der Gemeinde beträgt 650 %. Die Grundsteuer beträgt 100 € x 650 % = 650 €.

41

Ein **Mindestbetrag** für die Grundsteuerfestsetzung ist gesetzlich nicht geregelt. Eine Rechtsverordnung i. S. des § 156 Abs. 1 AO[3] (Absehen von der Steuerfestsetzung) existiert für die Grundsteuer ebenso nicht. Insbesondere findet die **Kleinbetragsverordnung**[4] keine Anwendung (vgl. die abschließende Aufzählung in § 1 KBV, in der die Grundsteuer nicht aufgeführt ist), die aber ohnehin nur die Berichtigung oder Änderung von Steuerfestsetzungen betrifft.

42

Auch zur Festsetzung des **Grundsteuermessbetrags** enthält die KBV keine Regelung: nach § 2 KBV wird lediglich die Festsetzung eines **Gewerbesteuermessbetrages** nach § 2 KBV nur geändert oder berichtigt, wenn die Abweichung von der bisherigen Festsetzung bei einer Änderung oder Berichtigung zugunsten des Steuerpflichtigen mindestens 2 € und bei einer Änderung oder Berichtigung zuungunsten des Steuerpflichtigen mindestens 5 € beträgt.

43

Ein **Mindestbetrag für die Grundsteuer** ergibt sich somit nur mittelbar aus der **Abrundung** der ermittelten **Grundsteuerwerte** auf **volle 100 €** (vgl. § 230 BewG). Die Gemeinden können allerdings bestimmen, dass **Kleinbeträge** abweichend von der regulären **Fälligkeit** zu entrichten sind.[5]

44

Eine **Rundungsvorschrift** für die Grundsteuerfestsetzung existiert nicht. Vielmehr hat der Gesetzgeber eine bestehende Abrundungsregelung in der seinerzeit geltenden Kleinbetragsverordnung mit dem Steuerbereinigungsgesetz 1985[6] ausdrücklich aufgehoben und diese Aufhebung wie folgt[7] begründet: „*Für [die Grundsteuer] werden auf volle Markbeträge abgerunde-*

45

---

1 Vgl. Schmidt in Grootens, GrStG § 9 Rz. 21.
2 Vgl. Kühnhold in Lippross/Seibel, GrStG § 27 Rz. 5.
3 Vgl. Forchhammer in Leopold/Madle/Rader, AO § 156 Rz. 2.
4 Kleinbetragsverordnung (KBV) v. 20.3.2022, BGBl 2000 I S. 1790.
5 Vgl. Grootens in Grootens, GrStG § 28 Rz. 56 ff.
6 Steuerbereinigungsgesetz 1985 (StBerG 1985) v. 14.12.1984, BGBl 1984 I S. 1493.
7 BT-Drucks. 10/1636 S. 53.

te Jahressteuerbeträge festgesetzt. Erhoben werden aber in der Regel vierteljährliche Teilzahlungsbeträge, die nach dem Wortlaut der Regelung nicht abzurunden sind; bei der Aufteilung des Jahresbetrages auf vier Teilbeträge entstehen deshalb wiederum Pfennigbeträge. In der Praxis hat sich außerdem gezeigt, daß die vorgeschriebene Abrundung von Grundsteuerjahresbeträgen auch deshalb nicht zu einer Vereinfachung führt, weil die Grundsteuer außer in Vierteljahresbeträgen oft auch zusammen mit anderen Abgaben (z.B. Abwassergebühr, Straßenreinigungsgebühr usw.) in Sammel-Abgabenbescheiden angefordert wird. In diesen kombinierten Bescheiden entstehen bei der Erhebung der Grundsteuer in Vierteljahresbeträgen und durch die Zusammenfassung mit nicht abgerundet festgesetzten sonstigen Abgaben in der Regel wieder ungerundete Grundsteuer- und Abgabenbeträge. Die ursprüngliche Vereinfachung bei der Festsetzung der Jahresgrundsteuer wird dadurch wieder aufgehoben. Die bisherige Regelung führt somit durch die Abrundung nur zu Haushaltsausfällen, ohne daß ein Vereinfachungseffekt erzielt wird. Daher soll künftig bei der Festsetzung der Jahresbeträge der Grundsteuer eine Rundung nicht mehr vorgeschrieben werden."

46–50 *(Einstweilen frei)*

2. Festsetzung der Grundsteuer für mehrere Kalenderjahre (§ 27 Abs. 1 Satz 2 GrStG)

51 Nach § 27 Abs. 1 Satz 2 GrStG kann die Grundsteuer auch für **mehrere Jahre im Voraus** festgesetzt werden. Um diese Möglichkeit nutzen zu können, muss die Gemeinde die **Hebesätze** für diese Jahre bereits festgesetzt haben. Eine Änderung der Hebesätze führt zu einer **Neufestsetzung** der Steuer (§ 27 Abs. 2 GrStG, vgl. → Rz. 61). Es handelt sich bei der Möglichkeit der Festsetzung für mehrere Jahre um ein **Wahlrecht** zugunsten der Gemeinde. Es handelt sich auch bei der mehrjährigen Festsetzung um die Festsetzung eines Jahresbetrags der Grundsteuer für ein Kalenderjahr, lediglich die **jährliche Bekanntgabe** durch separate Steuerbescheide **entfällt**.

52 Die Festsetzung für mehrere Jahre kann nur **innerhalb der Hauptveranlagungszeitraums** erfolgen, nicht über einen Hauptveranlagungszeitpunkt hinaus. Eine mehrjährige Festsetzung der Grundsteuer basierend auf den neuen Grundsteuerwerten wäre somit für die **Jahre 2025 bis einschließlich 2030** (= sechs Jahre) möglich, da zum 1.1.2029 eine neue **Hauptfeststellung** durchgeführt wird (vgl. § 221 BewG und § 266 BewG) und dies eine neue **Hauptveranlagung** der Grundsteuermessbeträge gem. § 16 GrStG zur Folge hat. Die bei der Hauptveranlagung festgesetzten Steuermessbeträge gelten grundsätzlich erst **zwei Jahre nach der Hauptfeststellung** (vgl. § 16 Abs. 2 GrStG).

53 **Wechselt** innerhalb der mehrjährigen Festsetzung der **Eigentümer**, wirkt der **Grundsteuerwertbescheid** gem. § 182 Abs. 2 Satz 1 AO auch gegenüber dem **Rechtsnachfolger**, auf den der Gegenstand der Feststellung nach dem Feststellungszeitpunkt mit steuerlicher Wirkung übergeht. Unabhängig davon ist dem Voreigentümer von Seiten der Gemeinde in einem **formellen Bescheid** das Entfallen der GrSt bekannt zu geben und dem neuen Eigentümer für das Folgejahr des Eigentumswechsels ein neuer Grundsteuerbescheid zu erteilen.[1]

54 Ein Grundsteuerwertbescheid ist in diesen Fällen nur dann dem **Rechtsnachfolger** bekannt zu geben, wenn die Rechtsnachfolge eintritt, bevor der Bescheid dem Rechtsvorgänger bekannt gegeben worden ist (§ 182 Abs. 2 Satz 2 AO). Maßgebend ist der Zeitpunkt, in dem **zivilrechtlich** der **Eigentumsübergang** eintritt, nicht der Zeitpunkt, in dem das FA davon Kenntnis er-

---

[1] Vgl. Halaczinsky, GrStG § 27 Rz. 5.

langt. **Wiedereinsetzung** in den vorigen Stand (§ 110 AO) kommt allein im Hinblick auf die Rechtsnachfolge **nicht in Betracht**.[1] § 182 Abs. 2 AO ist auch für **Grundsteuermessbescheide** anwendbar (vgl. § 184 Abs. 1 Satz 4 AO).

(Einstweilen frei) 55–60

II. Änderung der Grundsteuerfestsetzung bei Hebesatzänderungen (§ 27 Abs. 2 GrStG)

Wird der Hebesatz geändert, so ist die **Festsetzung** der **Grundsteuer** zwingend zu **ändern** (§ 27 Abs. 2 GrStG). Die Gemeinde kann für jedes Jahr den Hebesatz ändern, auch wenn er in einem früheren Jahr bereits für das Festsetzungsjahr beschlossen war. Der Beschluss über die **Festsetzung oder Änderung des Hebesatzes** ist bis zum **30.6.** eines Kalenderjahres mit Wirkung vom Beginn dieses Kalenderjahres zu fassen (vgl. § 25 Abs. 3 Satz 1 GrStG). Nach diesem Zeitpunkt kann der Beschluss über die Festsetzung des Hebesatzes gefasst werden, wenn der Hebesatz die **Höhe der letzten Festsetzung nicht überschreitet** (vgl. § 25 Abs. 3 Satz 2 GrStG). Der Bescheid über die Neufestsetzung der Grundsteuer aufgrund eines nach oben hin geänderten Hebesatzes kann m. E. auch nach dem 30.6. des jeweiligen Jahres ergehen, sofern die Erhöhung des Hebesatzes i. S. des § 25 Abs. 3 GrStG fristgerecht erfolgte.[2] Ein Rechtsschutzbedürfnis besteht insoweit nicht, da sich der Steuerpflichtige aufgrund des Ratsbeschlusses bereits auf die Erhöhung der Grundsteuer einstellen konnte (vgl. zur Öffentlichkeit des Beschlusses Grootens in Grootens, GrStG § 25 Rz. 80). Dem steht auch das Urteil des VG Minden[3] vom 10.11.2004 nicht entgegen, dass bei der notwendigen Neufestsetzung bis zum 30.6. eines Jahres auf den Hebesatz und nicht auf die Grundsteuerfestsetzung abstellt.

61

BEISPIEL: Die Gemeinde hat den Hebesatz für die Grundsteuer B in einer Hebesatzsatzung für die Jahre 2025–2028 auf 450 % festgelegt. Die Grundsteuerfestsetzung für das Jahr 2027 (450 €) erfolgte im Jahr 2025 in einem Bescheid, der die Grundsteuer der Jahre 2025–2028 jeweils auf 450 € festsetzte. Im April 2027 beschließt der Stadtrat, den Hebesatz zur Grundsteuer B ab dem Jahr 2027 auf 600 % zu erhöhen. Die Grundsteuer für das Jahr 2027 und 2028 wird mit einem Änderungsbescheid auf 600 € festgesetzt (§ 27 Abs. 2 GrStG).

62

(Einstweilen frei) 63–70

III. Öffentliche Bekanntmachung der Grundsteuerfestsetzung (§ 27 Abs. 3 GrStG)

Für diejenigen Steuerschuldner, die für das Kalenderjahr die gleiche Grundsteuer wie im Vorjahr zu entrichten haben, kann die Grundsteuer durch **öffentliche Bekanntmachung** festgesetzt werden (vgl. § 27 Abs. 3 Satz 1 GrStG). Für die Steuerschuldner treten mit dem Tage der öffentlichen Bekanntmachung die **gleichen Rechtswirkungen** ein, wie wenn ihnen an diesem Tage ein **schriftlicher Steuerbescheid** zugegangen wäre (§ 27 Abs. 3 Satz 2 GrStG). Der Begriff „zugegangen" ist m. E. mit dem Begriff der **wirksamen Bekanntgabe** eines Verwaltungsaktes (vgl. § 122 AO) gleichzusetzen.[4] Die Vorschrift erleichtert für ihren Anwendungsbereich aus

71

---

1 Vgl. Leopold/Madle/Rader, AO § 182 Rz. 18.
2 A. A. Mannek/Sklareck in Stenger/Loose, GrStG § 27 Rz. 22, die auch eine Neufestsetzung der Grundsteuer i. S. des § 27 Abs. 2 GrStG bis zum 30.6. des jeweiligen Jahres für notwendig erachten.
3 Vgl. VG Minden, Urteil v. 10.11.2004 – 11 K 6733/03.
4 Gl. A. Halaczinsky, GrStG § 27 Rz. 8.

Gründen der **Verwaltungspraktikabilität** nicht erst die Bekanntgabe, sondern bereits die Festsetzung der Steuer.

72 Eine öffentlich bekannt gemachte Festsetzung setzt voraus, dass

- ▶ **keine Änderung des Hebesatzes** durch die Gemeinde für das Festsetzungsjahr erfolgt ist und
- ▶ der **Grundsteuermessbetrag** des Vorjahres für das Grundstück **unverändert** bleibt, d.h. keine Neu- oder Nachveranlagung erfolgt ist (vgl. § 17 GrStG und § 18 GrStG). Dies wäre beispielsweise bei **baulichen Veränderungen** des Gebäudes der Fall (Wertfortschreibung, vgl. § 222 Abs. 1 BewG).

73 Die öffentliche Bekanntgabe kommt nur dann in Frage, wenn diese Form der Bekanntgabe – wie in § 27 Abs. 3 GrStG geschehen – ausdrücklich durch eine Rechtsvorschrift vorgesehen ist (§ 122 Abs. 3 Satz 1 AO). Das **Verfahren der öffentlichen Bekanntgabe** ist in § 122 Abs. 4 AO geregelt. Die öffentliche Bekanntmachung wird i. S. des § 122 Abs. 4 Satz 1 AO dadurch bewirkt, dass der verfügende Teil des Grundsteuerbescheides ortsüblich, z. B. in Aushängen, Veröffentlichungen in Zeitungen oder Amtsblättern, bekannt gemacht wird.

74 Die öffentliche Bekanntgabe muss ein **Leistungsgebot** enthalten.[1] Hierzu gehören **keine Angaben zu den Besteuerungsgrundlagen**, wie der Grundsteuerwert und der Grundsteuermessbetrag oder die persönliche und sachliche Steuerpflicht.[2] Wegen eines exemplarischen **Beispiels** vgl. die öffentliche Bekanntmachung[3] der Finanzbehörde der Freien und Hansestadt Hamburg vom 28.10.2008 für die Jahre 2007 und 2008 sowie für ein Muster Stöckel in Stöckel/Vollquardsen, GrStG § 27 Rz. 4.

75 Bei der Festsetzung der Grundsteuer durch öffentliche Bekanntmachung i. S. des § 27 Abs. 3 GrStG braucht allerdings nicht angegeben zu werden, „wo der **Verwaltungsakt** und seine **Begründung eingesehen** werden können" (§ 122 Abs. 4 Satz 2 AO). Diese Regelung genügt nach Auffassung des BVerwG[4] den Anforderungen der verfassungsrechtlichen Gewährleistung eines **effektiven Rechtsschutzes**. Die in § 122 Abs. 4 Satz 2 AO getroffene Regelung ergänze § 122 Abs. 3 Satz 1 AO. Diese setze voraus, dass ein individuell existierender Verwaltungsakt lediglich in vereinfachter Weise bekanntgegeben wird. Darüber gehe § 27 Abs. 3 Satz 1 GrStG hinaus. In seinem Geltungsbereich bedürfe es nicht einmal der **individuellen Festsetzung**. Infolgedessen sei auch für eine Heranziehung des § 122 Abs. 4 Satz 2 AO kein Raum. Da die individuelle Festsetzung entfalle, fehle „der gleichsam zusätzliche Verwaltungsakt", der als solcher irgendwo „eingesehen werden" könnte. § 27 Abs. 3 Satz 1 GrStG regele dementsprechend abschließend, in welcher Weise bei der von ihm zugelassenen **erleichterten Steuerfestsetzung** zu verfahren sei; einer zusätzlichen Angabe bedürfe es nicht.

76 § 27 Abs. 3 Satz 1 GrStG genüge mit diesem Inhalt den Anforderungen des durch Art. 19 Abs. 4 GG gewährleisteten **effektiven Rechtsschutzes**. Die Festsetzung der Grundsteuer durch öffentliche Bekanntmachung treffe auf **vorinformierte Bürger**. Die betroffenen Grundeigentümer wüssten infolge der letzten ihnen individuell bekanntgegebenen schriftlichen Steuerbescheide, dass sie von der Gemeinde zur Grundsteuer veranlagt werden. Aufgrund der ihnen individuell bekanntgegebenen Bescheide des Finanzamts (Einheitswertbescheid, Grundsteuermess-

---

[1] Vgl. Halaczinsky, GrStG § 27 Rz. 7.
[2] Vgl. Roscher, 360° GrStG eKommentar, § 27 Rz. 10.
[3] Finanzbehörde der Freien und Hansestadt Hamburg, öffentliche Bekanntmachung v. 28.10.2008, 53-G 1150-003/06.
[4] BVerwG, Urteil v. 21.11.1986 - 8 C 127/84, BStBl 1987 II S. 472.

bescheid) sei ihnen die für sie als maßgebend **festgesetzten Besteuerungsgrundlagen bekannt** (persönliche und sachliche Steuerpflicht, Grundsteuermessbetrag; § 184 Abs. 1 Satz 1 und 2 AO). Die daran anknüpfenden **Grundsteuerbescheide** der Gemeinde hätten nur einen **geringen Regelungsinhalt**.

Mit ihnen würden lediglich der in der Haushaltssatzung bestimmte, öffentlich bekanntgemachte **Hebesatz auf den** im Grundsteuermessbescheid festgesetzten **Grundsteuermessbetrag angewendet** (§ 25 Abs. 1 GrStG). Diesen Vorgang könnten die betroffenen Grundeigentümer im Fall der Grundsteuerfestsetzung durch öffentliche Bekanntmachung anhand des ihnen zuletzt individuell bekanntgegebenen Steuerbescheids feststellen. Ist dieser Bescheid abhandengekommen, so sei es den Betroffenen zuzumuten, von der Gemeinde eine entsprechende **Auskunft** einzuholen, auf deren Erteilung ein **Rechtsanspruch** bestehe (§ 89 AO). 77

Bestünde für einen betroffenen Grundeigentümer ausnahmsweise, z. B. infolge **Wohnsitzes oder dauerhaften Aufenthalts in einer anderen Gemeinde**, nicht die Möglichkeit, in zumutbarer Weise von der Grundsteuerfestsetzung durch **öffentliche Bekanntmachung Kenntnis** zu nehmen, könne im Fall der Versäumung der **Widerspruchsfrist** der **Rechtsschutz** durch **Wiedereinsetzung in den vorigen Stand** gewährleistet werden (§§ 70 Abs. 2, 60 VwGO). Stöckel fordert gleichwohl, nicht ortsansässigen Grundstückseigentümern zusätzlich zu der öffentlichen Bekanntmachung mindestens noch eine besondere **Zahlungsaufforderung** zuzuschicken.[1] Tatsächlich geschehe dies bereits, in dem die Gemeinde sämtliche an sie abzuführende Abgaben und Gebühren in einem Bescheid ausweise. Insofern sei der in einer gewissen **Arbeitsersparnis** liegende Vorteil der öffentlichen Bekanntmachung weitestgehend gegenstandslos geworden. 78

Ebenso ist es nach Auffassung von Troll/Eisele kaum sinnvoll, z. B. einen Grundstückseigentümer, der nicht ortsansässig ist, bei nicht rechtzeitiger Zahlung der Grundsteuer lediglich mit dem Hinweis auf die öffentliche Bekanntmachung mit **Mahngebühren** und **Säumniszuschlägen** zu belasten. Er spricht sich daher ebenfalls für die Übersendung einer **Zahlungsaufforderung** aus.[2] 79

M. E. kann im Hinblick auf das Urteil des BVerwG[3] zu § 27 Abs. 3 GrStG auf eine solche Serviceleistung verzichtet werden. Die **Grundsteuerfestsetzung** kommt für den Steuerpflichtigen **nicht überraschend**. Da sie zudem in gleicher Höhe wie bisher erfolgt – was Voraussetzung für die öffentliche Bekanntmachung ist – kann eine fristgerechte Zahlung auch von nicht ortsansässigen Grundstückseigentümern ohne Weiteres verlangt werden. Dies gilt umso mehr, als § 29 GrStG vom Steuerschuldner bis zur Bekanntgabe eines neuen Steuerbescheids zu den bisherigen Fälligkeitstagen die Entrichtung von **Vorauszahlungen** unter Zugrundelegung der zuletzt festgesetzten Jahressteuer (die der öffentlich bekannt gegebenen Grundsteuer entspricht) verlangt. 80

(Einstweilen frei) 81–90

IV. Verfahrensrechtliche Grundsätze der Steuerfestsetzung

Für die Festsetzung und Erhebung der Grundsteuer gelten grundsätzlich die **Vorschriften der AO**. Ausgenommen von diesem Prinzip sind die Vorschriften zum **Rechtsbehelf** und zur **Voll-** 91

---

[1] Stöckel in Stöckel/Vollquardsen, GrStG § 27 Rz. 4.
[2] Troll/Eisele, GrStG § 27 Rz. 4.
[3] BVerwG, Urteil v. 21.11.1986 - 8 C 127/84, BStBl 1987 II S. 472.

streckung in den Flächenstaaten. Die Rechtsbehelfe regeln sich nach der **Verwaltungsgerichtsordnung** (außergerichtliches Verfahren - vgl. § 40 Abs. 1 VwGO). Für Klagen ist der **Verwaltungsgerichtsweg** zu beschreiten - vom Verwaltungsgericht über die Oberverwaltungsgerichte (oder Verwaltungsgerichtshöfe) bis zum Bundesverwaltungsgericht.[1]

92 Die **Vollstreckung** richtet sich nach den Verwaltungsvollstreckungsgesetzen der Länder. Für eine **Aussetzung der Vollziehung** des Grundsteuermessbescheids als **Grundlagenbescheid** für den Grundsteuerbescheid kommt § 361 AO in Betracht. Die Gemeinde kann den angefochtenen **Grundsteuerbescheid** auf der Grundlage des § 80 VwGO aussetzen.

93 Im Einzelnen gelten folgende **Regelungen der AO**:
- die Grundsteuer wird von den Gemeinden auf der Grundlage des Grundsteuermessbescheides als **Grundlagenbescheid** (§ 171 Abs. 10 AO) von Amts wegen festgesetzt,
- die Grundsteuer wird durch **förmlichen Steuerbescheid** festgesetzt (§ 155 AO, § 157 Abs. 1 AO),
- der Steuerbescheid stellt die Grundlage für die Verwirklichung des **Steueranspruchs** dar (§ 218 Abs. 1 AO),
- der Steuerbescheid muss dem Steuerschuldner **wirksam bekanntgegeben** werden (§ 157 AO, § 155 AO, § 122 AO, § 124 AO),
- die Bekanntgabe kann in bestimmten Fällen auch durch **öffentliche Bekanntmachung** erfolgen (vgl. →Rz. 71),
- eine Steuerfestsetzung ist nicht mehr zulässig, wenn **Festsetzungsverjährung** eingetreten ist,
- die Festsetzungsfrist für die Grundsteuer beträgt nach § 169 Abs. 2 AO grundsätzlich **vier Jahre**,
- für die **Änderung** und **Berichtigung** des Grundsteuerbescheides sind die **abgabenrechtlichen Korrekturvorschriften** (§ 129 AO, §§ 172 ff. AO) heranzuziehen.

94 Für die **Stadtstaaten** Berlin und Hamburg sowie die Stadt Bremen (nicht Bremerhaven) sind die **Finanzämter** sowohl für die Festsetzung als auch die Erhebung der Grundsteuer zuständig. Die **AO** gilt daher **vollumfänglich**, so dass die Rechtsbehelfe im **Finanzrechtsweg** über die Finanzgerichte bis zum Bundesfinanzhof verfolgt werden.

§ 28 GrStG Fälligkeit

(1) Die Grundsteuer wird zu je einem Viertel ihres Jahresbetrags am 15. Februar, 15. Mai, 15. August und 15. November fällig.

(2) Die Gemeinden können bestimmen, dass Kleinbeträge wie folgt fällig werden:

1. am 15. August mit ihrem Jahresbetrag, wenn dieser fünfzehn Euro nicht übersteigt;
2. am 15. Februar und 15. August zu je einer Hälfte ihres Jahresbetrags, wenn dieser dreißig Euro nicht übersteigt.

(3) ¹Auf Antrag des Steuerschuldners kann die Grundsteuer abweichend vom Absatz 1 oder Absatz 2 Nr. 2 am 1. Juli in einem Jahresbetrag entrichtet werden. ²Der Antrag muss spätestens bis zum 30. September des vorangehenden Kalenderjahres gestellt werden. ³Die beantragte Zahlungsweise bleibt so lange maß-

---

[1] Vgl. Kühnhold in Lippross/Seibel, GrStG § 27 Rz. 2.

gebend, bis ihre Änderung beantragt wird; die Änderung muss spätestens bis zum 30. September des vorangehenden Jahres beantragt werden.

Inhaltsübersicht	Rz.
A. Allgemeine Erläuterungen zu § 28 GrStG	1 - 35
I. Normzweck und wirtschaftliche Bedeutung der Vorschrift	1 - 8
II. Entstehung und Entwicklung der Vorschrift	9 - 15
III. Geltungsbereich	16 - 25
IV. Verhältnis zu anderen Vorschriften	26 - 35
B. Systematische Kommentierung	36 - 72
I. Entrichtung der Grundsteuer in Vierteljahresbeträgen (§ 28 Abs. 1 BewG)	36 - 55
II. Abweichende Fälligkeit für Kleinbeträge (§ 28 Abs. 2 BewG)	56 - 65
III. Antragsrecht des Steuerschuldners auf jährliche Entrichtung der Grundsteuer (§ 28 Abs. 3 BewG)	66 - 72

A. Allgemeine Erläuterungen zu § 28 GrStG

I. Normzweck und wirtschaftliche Bedeutung der Vorschrift

§ 28 GrStG regelt die **Fälligkeit** der nach § 27 GrStG festgesetzten Grundsteuer in **quartalsweise** zu zahlenden Teilbeträgen. Die Gemeinden können bestimmen, dass **Kleinbeträge** in Jahres- oder Halbjahresbeträgen zu zahlen sind. Der Steuerpflichtige kann unter Beachtung einer Frist den **Antrag** stellen, die Grundsteuer als **Jahressteuer** am 1. Juli eines Jahres zu entrichten.   1

(Einstweilen frei)   2–8

II. Entstehung und Entwicklung der Vorschrift

§ 28 GrStG ist seit Jahrzehnten **fester Bestandteil des GrStG** und wurde durch das Gesetz zur Umrechnung und Glättung steuerlicher Euro-Beträge[1] vom 19.12.2000 lediglich hinsichtlich der **Umstellung der DM-Beträge auf Euro** geändert.   9

(Einstweilen frei)   10–15

III. Geltungsbereich

Die Vorschrift ist bei der **Entrichtung** der **Grundsteuer** auf **inländischen Grundbesitz** durch die Gemeinden anzuwenden. Die geregelten Fälligkeiten gelten für das land- und forstwirtschaftliche Vermögen (**Grundsteuer A**), das Grundvermögen (**Grundsteuer B**) und die baureifen Grundstücke (**Grundsteuer C**), vgl. § 25 GrStG, soweit die Länder nicht von ihrer Abweichungskompetenz nach Art. 72 Abs. 3 Satz 1 Nr. 7 GG Gebrauch gemacht haben.   16

(Einstweilen frei)   17–25

IV. Verhältnis zu anderen Vorschriften

Die **Ansprüche aus dem Steuerschuldverhältnis** entstehen gem. **§ 38 AO**, sobald der Tatbestand verwirklicht ist, an den das Gesetz die Leistungspflicht knüpft. Die **Grundsteuer entsteht** gem.   26

---

[1] Gesetz zur Umrechnung und Glättung steuerlicher Euro-Beträge (StEuglG) v. 19.12.2000, BGBl 2000 I S. 1790.

§ 9 Abs. 2 GrStG mit dem **Beginn des Kalenderjahres**, für das die Steuer festzusetzen ist.[1] Die Fälligkeit setzt eine mit **Steuerbescheid** festgesetzte Steuer voraus (vgl. zur Festsetzung der Grundsteuer **§ 27 GrStG**).

27 Die Zahlung der mit Steuerbescheid festgesetzten jährlichen Grundsteuer **in Teilbeträgen** nach § 28 GrStG ist von den **Vorauszahlungen** nach § 29 GrStG zu unterscheiden. Diese Vorauszahlungen hat der Steuerschuldner **nach Ablauf des Festsetzungszeitraums des letzten Grundsteuerbescheids** für die folgenden Jahre bis zur Bekanntgabe eines neuen Steuerbescheides zu den bisherigen Fälligkeitsterminen unter Zugrundelegung der zuletzt festgesetzten Jahressteuer zu entrichten. Die Fälligkeit in Fällen der **Nachentrichtung** der Grundsteuer ist in § 31 GrStG geregelt.

28 Die Fälligkeit hat darüber hinaus Bedeutung für

- die **Stundung** von Steueransprüchen (§ 222 AO),
- die **Zahlungsverjährung** (§ 228 AO, § 229 AO),
- die **Vollstreckung** und
- die Entstehung von **Säumniszuschlägen** (§ 240 AO).

29–35 *(Einstweilen frei)*

B. Systematische Kommentierung

I. Entrichtung der Grundsteuer in Vierteljahresbeträgen (§ 28 Abs. 1 BewG)

36 Die Grundsteuer wird nach § 28 Abs. 1 GrStG grundsätzlich zu je einem **Viertel ihres Jahresbetrags** am 15. Februar, 15. Mai, 15. August und 15. November fällig. Fällt der Fälligkeitstag auf **Sonntag**, einen staatlich anerkannten allgemeinen **Feiertag** oder einen **Sonnabend**, tritt die Fälligkeit erst am nächsten **Werktag** ein (vgl. § 108 Abs. 1 AO i.V. mit § 193 BGB). Die genannten Zahlungstermine wurden deshalb gewählt, um **Überschneidungen** mit den großen **Steuerterminen** (10. März, 10. Juni, 10. September und 10. Dezember) zu vermeiden.[2]

37 Die geregelten Fälligkeiten gelten

- für das land- und forstwirtschaftliche Vermögen (**Grundsteuer A**),
- das Grundvermögen (**Grundsteuer B**) und
- die baureifen Grundstücke (**Grundsteuer C**).

Wegen der unterschiedlichen Hebesätze und der Abgrenzung vgl. § 25 GrStG.

38 Abweichend von den Fälligkeitsgrundsätzen des § 28 Abs. 1 GrStG kann die Gemeinde für Kleinbeträge die **Jahres- oder Halbjahreszahlung** anordnen (§ 28 Abs. 2 GrStG, vgl. →Rz. 56) und der Steuerpflichtige die **Jahreszahlung** der Grundsteuer **beantragen** (§ 28 Abs. 3 GrStG, vgl. →Rz. 66). Über die Regelungen des § 28 Abs. 2 GrStG hinaus ist die **Gemeinde nicht berechtigt, abweichende Fälligkeitstermine** zu bestimmen.

39 Die **Ansprüche aus dem Steuerschuldverhältnis** entstehen gem. § 38 AO, sobald der Tatbestand verwirklicht ist, an den das jeweilige Gesetz die Leistungspflicht knüpft. Die **Grundsteuer** ent-

---

[1] Vgl. Schmidt in Grootens, GrStG § 9 Rz. 21.
[2] Vgl. Roscher in 360° GrStG eKommentar, § 28 Rz. 3.

steht gem. § 9 Abs. 2 GrStG mit dem **Beginn des Kalenderjahres**, für das die Steuer festzusetzen ist.[1]

Die **Fälligkeit von Ansprüchen aus dem Steuerschuldverhältnis** richtet sich nach den Vorschriften der jeweiligen Steuergesetze (vgl. § 220 Abs. 1 AO). Die Fälligkeit der Grundsteuer setzt eine **Festsetzung** mit **Steuerbescheid** oder durch **öffentliche Bekanntmachung** voraus (vgl. § 220 Abs. 2 Satz 2 AO; vgl. zur Festsetzung der Grundsteuer § 27 GrStG). Daher regelt die Fälligkeitsvorschrift des § 28 Abs. 1 GrStG nicht etwa die quartalsweise Fälligkeit der **abstrakt entstandenen Grundsteuerforderung** mit der Folge automatischen Anfalls von Säumniszuschlägen (§ 240 AO) auch ohne Steuerfestsetzung durch Steuerbescheid, sondern die **Fälligkeit der gem. § 27 GrStG festgesetzten Grundsteuer**.[2] 40

Zum jeweiligen Fälligkeitszeitpunkt können die Gemeinden als Steuergläubiger die **Zahlung** vom Steuerschuldner (vgl. § 10 GrStG) verlangen. Der Steuerschuldner hat gleichwohl die Möglichkeit, die Grundsteuer bereits **vor den Fälligkeitszeitpunkten** zu entrichten. Gleichzeitig besteht für die Gemeinde die Möglichkeit, die **Steuer** zu **stunden** (vgl. § 222 AO). 41

BEISPIEL: Im Rahmen der Abfederung der Auswirkungen der SARS-CoV-2-Pandemie haben zahlreiche Gemeinden die Möglichkeit zur Stundung der Grundsteuer eingeräumt. So weist z. B. die Stadt Köln[3] darauf hin, dass die Möglichkeit besteht, einen Antrag auf Stundung von Grundsteuerzahlungen zu stellen. Wenn die Stundung der Vermeidung von Liquiditätsengpässen infolge der Corona-Pandemie diene, könnten dabei auch die Stundungszinsen erlassen werden. 42

Ansprüche aus dem Steuerschuldverhältnis erlöschen gem. § 47 AO insbesondere 43

- durch **Zahlung** (§§ 224, 224a, 225 AO),
- **Aufrechnung** (§ 226 AO),
- **Erlass** (§§ 163, 227 AO) und
- **Verjährung** (Festsetzungsverjährung gem. §§ 169–171 AO und Zahlungsverjährung gem. §§ 228–232 AO).

Wegen der Einzelheiten der **Zahlungsmöglichkeiten** vgl. Lindwurm in Leopold/Madle/Rader, AO § 224 Rz. 1 ff. Wegen **Teilzahlungen** vgl. § 225 AO.

Die **Fälligkeit** der Grundsteuer hat über die reine Terminierung der Zahlungsverpflichtung hinaus **Bedeutung** für 44

- die **Stundung** von Steueransprüchen (§ 222 AO),
- die **Zahlungsverjährung** (§ 228 AO, § 229 AO),
- die Entstehung von **Säumniszuschlägen** (§ 240 AO) und
- die **Vollstreckung**.

Die Fälligkeit der Grundsteuer in Vierteljahresbeträgen ist zu unterscheiden von der **Vorauszahlung der Grundsteuer** gem. § 29 GrStG bei fehlender Grundsteuerfestsetzung für das jeweilige Kalenderjahr. Ist am Fälligkeitstermin die Grundsteuer für das Jahr des Fälligkeitstermins noch nicht festgesetzt, hat der Steuerschuldner gem. § 29 GrStG **bis zur Bekanntgabe eines neuen Steuerbescheids** zu den bisherigen Fälligkeitstagen Vorauszahlungen unter Zugrundelegung der **zuletzt festgesetzten Jahressteuer** zu entrichten. 45

---

1 Vgl. Schmidt in Grootens, GrStG § 9 Rz. 21.
2 OVG NRW, Urteil v. 9.8.2012 - 14 A 2640/09.
3 Pressemitteilung der Stadt Köln v. 17.3.2020, http://go.nwb.de/elpv6, zuletzt abgerufen am 18.1.2022.

46 Hatte der Steuerschuldner bis zur **Bekanntgabe der Jahressteuerfestsetzung** keine Vorauszahlungen nach § 29 zu entrichten, so hat er die Steuer, die sich nach dem bekanntgegebenen Steuerbescheid für die vorangegangenen Fälligkeitstage gem. § 28 GrStG ergibt, **innerhalb eines Monats nach Bekanntgabe des Steuerbescheids** zu entrichten (**Nachentrichtung**, vgl. § 31 GrStG).

47 **BEISPIEL:** In einem Neubaugebiet wird eine größere ehemals landwirtschaftlich genutzte Fläche im November 2025 parzelliert und im Dezember 2025 an verschiedene Eigentümer veräußert. Die Finanzbehörde erlässt im März 2027 Nachfeststellungsbescheide für die neu entstandenen wirtschaftlichen Einheiten. Die Gemeinde setzt daraufhin im Juni 2027 die Grundsteuer für die Jahre 2026 und 2027 mit Grundsteuerbescheid (vgl. § 27 GrStG) gegenüber den Eigentümern der Baugrundstücke fest. Für das Jahr 2028 hatte die Gemeinde die Grundsteuerfestsetzung erst im Juli 2028 durchgeführt.

Da die wirtschaftlichen Einheiten neu entstanden sind und bisher keine Grundsteuerfestsetzungen für diese wirtschaftlichen Einheiten erfolgt sind, waren von den Steuerpflichtigen keine Vorauszahlungen gem. § 29 GrStG zu entrichten. Ebenso war die Grundsteuer für die Jahre 2026 (alle Quartale) und 2027 (I. und II. Quartal) noch nicht festgesetzt, so dass keine Fälligkeit der Jahressteuer nach § 28 GrStG eingetreten ist. Die Steuerschuldner haben daher gem. § 31 GrStG die Steuer für die sechs Quartale innerhalb eines Monats nach Bekanntgabe des Grundsteuerbescheid im Juni 2027 zu entrichten.

Für das Jahr 2028 sind gem. § 29 GrStG am 15.2. und am 15.5. Vorauszahlungen in Höhe eines Viertels des bisher festgesetzten Jahresbetrags zu entrichten (wegen der Fälligkeitstermine der Vorauszahlungen vgl. § 28 Abs. 1 GrStG). Aufgrund der Steuerfestsetzung für 2028 mit Steuerbescheid von Juli 2028 sind das dritte und vierte Viertel der Jahressteuer gem. § 28 GrStG am 15.8. und am 15.11. zu entrichten. Die Vorauszahlungen für das erste und zweite Quartal 2028 werden gem. § 30 GrStG auf die für 2028 festgesetzte Jahressteuer angerechnet. Zu einer Nachentrichtung i. S. des § 31 GrStG kommt es in diesen Fällen nicht, da für das Jahr 2028 Vorauszahlungen zu entrichten waren.

48–55 *(Einstweilen frei)*

II. Abweichende Fälligkeit für Kleinbeträge (§ 28 Abs. 2 BewG)

56 Die Gemeinden können bestimmen, dass **Kleinbeträge** abweichend von den allgemeinen vierteljährlichen Fälligkeitsterminen des § 28 Abs. 1 wie folgt fällig werden:

1. am 15. August mit ihrem **Jahresbetrag**, wenn dieser **15 €** nicht übersteigt;
2. am 15. Februar und 15. August zu je einer **Hälfte ihres Jahresbetrags**, wenn dieser **30 €** nicht übersteigt.

57 Es handelt sich hierbei um ein **Wahlrecht** der Gemeinde, welches die Gemeinde für alle Steuerpflichtigen einheitlich im Rahmen einer **gesonderten Satzung** ausüben muss.[1] Die Möglichkeit einer **Stundung** mit abweichender Zahlungsvereinbarung im Einzelfall (vgl. § 222 AO) bleibt davon unberührt.

58 Über die Regelungen des § 28 Abs. 2 GrStG hinaus können die Gemeinden von den Fälligkeitsterminen des § 28 Abs. 1 GrStG nicht abweichen. Die abweichenden Regelungen zur Fälligkeit von Kleinbeträgen in den **ostdeutschen Bundesländern** (vgl. § 45 GrStG a. F.) wurden im Zuge der Grundsteuerreform 2019[2] aufgehoben. Für den Steuerpflichtigen hingegen eröffnet § 28 Abs. 3 GrStG ein **Wahlrecht**, von der vierteljährlichen Zahlung abweichen zu dürfen.

59–65 *(Einstweilen frei)*

---

[1] Vgl. Roscher, 360° GrStG eKommentar, § 28 Rz. 9, Halaczinsky, GrStG § 28 Rz. 3, Stöckel in Stöckel/Volquardsen, GrStG § 28 Rz. 2 sowie Troll/Eisele, GrStG § 28 Rz. 3.
[2] GrStRefG v. 26.11.2019, BGBl 2019 I S. 1794.

III. Antragsrecht des Steuerschuldners auf jährliche Entrichtung der Grundsteuer (§ 28 Abs. 3 BewG)

Auf **Antrag des Steuerschuldners** kann die Grundsteuer gem. § 28 Abs. Abs. 3 Satz 1 GrStG abweichend von den Regelungen des § 28 Abs. 1 GrStG (vierteljährliche Fälligkeit) oder § 28 Abs. 2 Nr. 2 GrStG (halbjährliche Fälligkeit) am **1. Juli** in einem **Jahresbetrag** entrichtet werden. Die Gemeinde hat dem Antrag aufgrund des **Rechtsanspruchs des Antragstellers** zu entsprechen.[1] Es ist ratsam, den Antrag **schriftlich** oder **zur Niederschrift** zu stellen. Ist über einen Antrag auf jährliche Zahlung gem. § 28 Abs. 3 Satz 1 GrStG seitens der Behörde noch nicht entschieden, muss der Grundsteuerschuldner sein Begehren notfalls mit einer Verpflichtungsklage durchsetzen.[2]

Für Kleinbeträge bis 15 € besteht dieses Antragsrecht aufgrund der eindeutigen einschränkenden Formulierung des § 28 Abs. 3 Satz 1 GrStG nur, wenn die Gemeinde **nicht** von Ihrem **Wahlrecht zur Bestimmung von abweichenden Fälligkeiten** für Kleinbeträge nach § 28 Abs. 2 GrStG Gebrauch gemacht hat und somit für derartige Kleinbeträge grundsätzlich die **allgemeine quartalsweise Fälligkeit** gem. § 28 Abs. 1 GrStG vorsieht. Hat die Gemeinde von Ihrem Wahlrecht Gebrauch gemacht, ist die Steuer für **Beträge bis 15 €** gem. § 28 Abs. 2 Nr. 1 GrStG am **15. August** in einem **Jahresbetrag** fällig.

Ein **Telefonanruf** bei der zuständigen Stelle der Gemeinde mit dem schlichten Hinweis, dass der Steuerpflichtige die Grundsteuer jährlich zahlen werde, ist nach Auffassung des Sächsischen OVG **kein Antrag** i. S. des § 28 Abs. 3 Satz 1 GrStG.[3] Ein Antrag auf eine Entscheidung sei hierin nicht zu sehen, sondern der schlichte Hinweis darauf, abweichend von den gesetzlich festgelegten Fälligkeitsterminen zahlen zu wollen. Die eigenmächtige, von den gesetzlichen Fälligkeitsterminen **abweichende Zahlung der Grundsteuer** enthalte weder einen entsprechenden Antrag, noch könne ein Steuerpflichtiger davon ausgehen, dass ein solcher „Antrag" stillschweigend von der Behörde positiv verbeschieden worden war.

Der **Antrag** muss gem. § 28 Abs. 3 Satz 2 GrStG **spätestens bis zum 30. September** des **vorangehenden Kalenderjahres** gestellt werden. Ist über einen Antrag auf jährliche Zahlung gemäß § 28 Abs. 3 Satz 1 GrStG seitens der Behörde noch nicht entschieden, muss der Grundsteuerschuldner sein Begehren notfalls mit einer **Verpflichtungsklage** durchsetzen. Ein Recht, ohne einen entsprechenden Bescheid die Grundsteuerzahlung abweichend vom gesetzlichen Regelfall vorzunehmen, entspringt hieraus nicht.[4]

Nach Auffassung von Troll/Eisele ist bei einem **verspäteten Antrag** ein Entgegenkommen der Gemeinde möglich. Zeigt die Gemeinde kein Entgegenkommen, würde der Antrag erst für das Folgejahr gelten.[5] Da die **Antragsfrist** in § 28 Abs. 3 Satz 2 GrStG **gesetzlich** eindeutig **festgelegt** ist und die Gemeinde über § 28 Abs. 2 GrStG hinaus nicht befugt ist, **abweichende Fälligkeitstermine** festzulegen, ist diese Auffassung m. E. abzulehnen. Es bleibt bei einem verspäteten Antrag bei den gesetzlichen Fälligkeitsfristen des § 28 Abs. 1 oder Abs. 2 GrStG. Allerdings steht der Gemeinde das Instrument der **Stundung** gem. § 222 AO für die an den beiden ersten Fällig-

---

1 Vgl. Troll/Eisele, GrStG § 28 Rz. 4.
2 Vgl. Götz in Stenger/Loose, GrStG § 28 Rz. 24.
3 Sächsisches OVG, Beschluss v. 21.6.2018 - 3 A 459/18.
4 Sächsisches OVG, Beschluss v. 21.6.2018 - 3 A 459/18.
5 Vgl. Troll/Eisele, GrStG § 28 Rz. 4.

keitsterminen des Jahres fällige Grundsteuer **bis zum 1. Juli** zur Verfügung, womit dem verspäteten Antrag des Steuerpflichtigen auf Umwegen entsprochen werden kann.

71 Die beantragte **Zahlungsweise** bleibt gem. § 28 Abs. 3 Satz 3 GrStG so lange **maßgebend**, bis ihre **Änderung beantragt** wird. Die Änderung muss spätestens bis zum **30. September** des vorangehenden Jahres beantragt werden. Dies gilt nach Auffassung von Troll/Eisele auch im Falle des **Eigentümerwechsels** für das vom Antrag auf Jahreszahlung betroffene Grundstück.[1]

72 Bei der Zahlungsweise nach § 28 Abs. 3 GrStG wird ein Teil der Vierteljahresraten zu spät, ein Teil der Vierteljahresraten aber entsprechend früher entrichtet. Zinsvorteile und Zinsnachteile gleichen sich somit aus. Es besteht deshalb in diesen Fällen auch kein Anlass für die Gewährung eines besonderen Bonus.[2]

§ 29 GrStG Vorauszahlungen

Der Steuerschuldner hat bis zur Bekanntgabe eines neuen Steuerbescheids zu den bisherigen Fälligkeitstagen Vorauszahlungen unter Zugrundelegung der zuletzt festgesetzten Jahressteuer zu entrichten.

Inhaltsübersicht	Rz.
A. Allgemeine Erläuterungen zu § 29 GrStG	1 - 35
I. Normzweck und wirtschaftliche Bedeutung der Vorschrift	1 - 8
II. Entstehung und Entwicklung der Vorschrift	9 - 15
III. Geltungsbereich	16 - 25
IV. Verhältnis zu anderen Vorschriften	26 - 35
B. Systematische Kommentierung	36 - 43
I. Pflicht zur Entrichtung von Vorauszahlungen (§ 29 GrStG)	36 - 43

A. Allgemeine Erläuterungen zu § 29 GrStG

I. Normzweck und wirtschaftliche Bedeutung der Vorschrift

1 Ist für ein Kalenderjahr noch **keine Grundsteuerfestsetzung** gem. § 27 GrStG ergangen, hat der Steuerpflichtige gem. § 29 GrStG zu den bisherigen **Fälligkeitsterminen** (vgl. § 28 GrStG) **Vorauszahlungen** zu leisten, die jeweils anteilig der zuletzt festgesetzten jährlichen Grundsteuer entsprechen. Die Vorschrift soll den Gemeinden das **laufende Grundsteueraufkommen** sichern.

2 Die Pflicht zur Leistung von Vorauszahlungen besteht nicht, soweit für die Vorjahre bisher **keine Grundsteuer festgesetzt** worden ist, z. B. weil die wirtschaftliche Einheit bisher noch nicht existiert hat. In diesen Fällen kommt statt den Vorauszahlungen eine **Nachentrichtung** gem. § 31 GrStG in Betracht.

3–8 *(Einstweilen frei)*

---

[1] Vgl. Troll/Eisele, GrStG § 28 Rz. 4; a. A. Götz in Stenger/Loose, GrStG § 28 Rz. 26, da ein Wahlrecht des Rechtsvorgängers ohne eine entsprechende gesetzliche Regelung, die den Eintritt in ein Wahlrecht des Rechtsvorgängers regelt, nicht denkbar sei.
[2] Vgl. Götz in Stenger/Loose, GrStG § 28 Rz. 22.

II. Entstehung und Entwicklung der Vorschrift

Die Vorschrift ist seit Jahrzehnten **fester Bestandteil des GrStG**.[1] Bei der Novellierung des GrStG durch das **GrStRefG**[2] v. 26.11.2019 wurde § 29 GrStG nicht geändert.

(Einstweilen frei)

III. Geltungsbereich

Die Vorschrift ist bei der Entrichtung der **Grundsteuer** auf **inländischen Grundbesitz** durch die Gemeinden anzuwenden, soweit die Länder nicht von ihrer Abweichungskompetenz nach Art. 72 Abs. 3 Satz 1 Nr. 7 GG Gebrauch gemacht haben.

(Einstweilen frei)

IV. Verhältnis zu anderen Vorschriften

Die Pflicht für den Steuerschuldner (vgl. **§ 10 GrStG**) zur Entrichtung von Vorauszahlungen setzt voraus, dass für ein Jahr, in dem die Grundsteuerpflicht besteht, noch keine **Festsetzung der Grundsteuer** i.S. des § 27 GrStG durchgeführt wurde. Die **Fälligkeit der Vorauszahlungen** richtet sich nach den Fälligkeitsterminen des § 28 GrStG. Die **Abrechnung der Vorauszahlungen** bei einer später erfolgenden Festsetzung der Grundsteuer für das Jahr der geleisteten Vorauszahlungen ist in **§ 30 GrStG** geregelt. Sind für eine grundsteuerpflichtige wirtschaftliche Einheit keine Vorauszahlungen zu leisten, ist die **Grundsteuer** bei verspäteter Festsetzung gem. **§ 31 GrStG** nachzuentrichten.

(Einstweilen frei)

B. Systematische Kommentierung

I. Pflicht zur Entrichtung von Vorauszahlungen (§ 29 GrStG)

Der Steuerschuldner hat **bis zur Bekanntgabe eines neuen Steuerbescheids** zu den **bisherigen Fälligkeitstagen** des § 28 GrStG Vorauszahlungen unter Zugrundelegung der zuletzt festgesetzten **Jahressteuer** zu entrichten. Die Pflicht zur Entrichtung von Vorauszahlungen setzt voraus, dass für ein Jahr, in dem die Grundsteuerpflicht besteht, egal aus welchem Grund **noch keine Festsetzung** der Grundsteuer i.S. des § 27 GrStG durchgeführt wurde. Gleichzeitig muss für ein **Vorjahr** eine Festsetzung durchgeführt worden sein, da es ansonsten an der bisherigen **Jahressteuer als Bemessungsgrundlage** für die Vorauszahlungen mangelt. Liegen die Voraussetzungen an einem Fälligkeitszeitpunkt des § 28 GrStG vor, besteht für den **Steuerschuldner** (vgl. § 10 GrStG) die **Pflicht** zur Entrichtung von Vorauszahlungen.

Der Steuerschuldner ist gem. § 29 GrStG **kraft Gesetzes** bis zur Bekanntgabe eines neuen Steuerbescheides verpflichtet, zu den bisherigen Fälligkeitstagen **Vorauszahlungen** unter Zugrundelegung der zuletzt festgesetzten Jahressteuer zu entrichten. Eine **besondere Verfügung** der Gemeinde ist **nicht erforderlich**.[3] Gleichwohl wird im Allgemeinen im Grundsteuerbescheid

---

1 Vgl. die Neufassung des Grundsteuergesetzes v. 7.8.1973, BGBl 1973 I S. 965.
2 GrStRefG v. 26.11.2019, BGBl 2019 I S. 1794.
3 VG München, Urteil v. 3.3.2011 - M 10 K 10.2293.

auf die **Verpflichtung zur Zahlung** von Grundsteuervorauszahlungen und Angabe der Beträge und Fälligkeiten **hingewiesen**.[1]

38 Grundsteuer-Vorauszahlungen sind zu den **geltenden Fälligkeitsterminen** des § 28 GrStG in der jeweils **anteiligen Höhe** zu entrichten (Jahresbetrag, Halbjahresbetrag, Quartalsbetrag). Die Gemeinde ist nicht berechtigt, selbst **Vorauszahlungen** in **abweichender Höhe** oder zu **anderen Stichtagen** festzusetzen. Davon unberührt bleibt das **Recht der Gemeinde**, eine fällige **Vorauszahlung** gem. § 222 AO ganz oder teilweise zu **stunden.**

39 Ebenso kann die Gemeinde die Grundsteuer für ein Kalenderjahr auch **ohne** vorliegenden **Grundsteuermessbescheid** als **Grundlagenbescheid** in gegenüber der bisherigen Festsetzung für die Vorjahre **abweichender Höhe** gem. § 155 Abs. 2 AO i.V. mit § 162 Abs. 1 AO festsetzen. In diesem Fall **entfällt** die **Vorauszahlungspflicht** des § 29 GrStG und die Grundsteuer wird nach Maßgabe des § 28 GrStG in der abweichend festgesetzten Höhe fällig.

40 Wird die Grundsteuer für ein Jahr, für das Vorauszahlungen geleistet wurden, zu einem späteren Zeitpunkt mach Maßgabe des § 27 GrStG festgesetzt, sind die **geleisteten Vorauszahlungen** nach Maßgabe des § 30 GrStG **abzurechnen**. Die Pflicht zur Leistung von Vorauszahlungen besteht nicht, soweit für die **Vorjahre bisher keine Grundsteuer festgesetzt** worden ist, z. B. weil die wirtschaftliche Einheit bisher noch nicht existiert hat. In diesen Fällen kommt statt den Vorauszahlungen eine **Nachentrichtung** gem. § 31 GrStG in Betracht.

41 **BEISPIEL:** In einem Neubaugebiet wird eine größere ehemals landwirtschaftlich genutzte Fläche im November 2025 parzelliert und im Dezember 2025 an verschiedene Eigentümer veräußert. Die Finanzbehörde erlässt im März 2027 Nachfeststellungsbescheide für die neu entstandenen wirtschaftlichen Einheiten. Die Gemeinde setzt daraufhin im Juni 2027 die Grundsteuer für die Jahre 2026 und 2027 mit Grundsteuerbescheid (vgl. § 27 GrStG) gegenüber den Eigentümern der Baugrundstücke fest. Für das Jahr 2028 hatte die Gemeinde die Grundsteuerfestsetzung erst im Juli 2028 durchgeführt.

Da die wirtschaftlichen Einheiten neu entstanden sind und bisher keine Grundsteuerfestsetzung für diese wirtschaftlichen Einheiten erfolgt ist, waren von den Steuerpflichtigen keine Vorauszahlungen gem. § 29 GrStG zu entrichten. Ebenso war die Grundsteuer für die Jahre 2026 (alle Quartale) und 2027 (I. und II. Quartal) noch nicht festgesetzt, so dass keine Fälligkeit der Jahressteuer nach § 28 GrStG eingetreten ist. Die Steuerschuldner haben daher gem. § 31 GrStG die Steuer für die sechs Quartale innerhalb eines Monats nach Bekanntgabe des Grundsteuerbescheid im Juni 2027 zu entrichten.

Für das Jahr 2028 sind gem. § 29 GrStG am 15.2. und am 15.5. Vorauszahlungen in Höhe eines Viertels des bisher festgesetzten Jahresbetrags zu entrichten (wegen der Fälligkeitstermine der Vorauszahlungen vgl. § 28 Abs. 1 GrStG). Aufgrund der Steuerfestsetzung für 2028 mit Steuerbescheid von Juli 2028 sind das dritte und vierte Viertel der Jahressteuer gem. § 28 GrStG am 15.8. und am 15.11. zu entrichten. Die Vorauszahlungen für das erste und zweite Quartal 2028 werden gem. § 30 GrStG auf die für 2028 festgesetzte Jahressteuer angerechnet. Zu einer Nachentrichtung i. S. des § 31 GrStG kommt es in diesen Fällen nicht, da für das Jahr 2028 Vorauszahlungen zu entrichten waren.

42 Grundsteuer-Vorauszahlungen sind **Steuerschulden** i. S. des § 240 Abs. 1 Satz 1 AO. Die Nichtentrichtung zum Fälligkeitstermin löst daher **Säumniszuschläge** aus. § 240 Abs. 1 Satz 3 AO (Pflicht zur vorherigen Festsetzung der Steuer) greift bei den Grundsteuervorauszahlungen nicht, da sie keiner Festsetzung durch Bescheid bedürfen, sondern bereits **kraft Gesetzes** entstehen (vgl. → Rz. 37).

---

[1] Vgl. Halaczinsky, GrStG § 29 Rz. 2.

Rückständige Grundsteuervorauszahlungen lasten als **dingliche Last** auf dem Grundstück.[1] Darüber hinaus **haftet der Erwerber** eines Grundstücks für noch nicht geleistete Grundsteuervorauszahlungen.[2]

§ 30 GrStG   Abrechnung über die Vorauszahlungen

(1) ¹Ist die Summe der Vorauszahlungen, die bis zur Bekanntgabe des neuen Steuerbescheids zu entrichten waren (§ 29), kleiner als die Steuer, die sich nach dem bekannt gegebenen Steuerbescheid für die vorausgegangenen Fälligkeitstage ergibt (§ 28), so ist der Unterschiedsbetrag innerhalb eines Monats nach Bekanntgabe des Steuerbescheids zu entrichten. ²Die Verpflichtung, rückständige Vorauszahlungen schon früher zu entrichten, bleibt unberührt.

(2) Ist die Summe der Vorauszahlungen, die bis zur Bekanntgabe des neuen Steuerbescheids entrichtet worden sind, größer als die Steuer, die sich nach dem bekannt gegebenen Steuerbescheid für die vorangegangenen Fälligkeitstage ergibt, so wird der Unterschiedsbetrag nach Bekanntgabe des Steuerbescheids durch Aufrechnung oder Zurückzahlung ausgeglichen.

(3) Die Absätze 1 und 2 gelten entsprechend, wenn der Steuerbescheid aufgehoben oder geändert wird.

Inhaltsübersicht	Rz.
A. Allgemeine Erläuterungen zu § 30 GrStG	1 - 35
I. Normzweck und wirtschaftliche Bedeutung der Vorschrift	1 - 8
II. Entstehung und Entwicklung der Vorschrift	9 - 15
III. Geltungsbereich	16 - 25
IV. Verhältnis zu anderen Vorschriften	26 - 35
B. Systematische Kommentierung	36 - 62
I. Nachzahlung bei zu niedriger Vorauszahlung (§ 30 Abs. 1 GrStG)	36 - 50
II. Erstattung oder Aufrechnung bei zu hoher Vorauszahlung (§ 30 Abs. 2 GrStG)	51 - 60
III. Aufhebung oder Änderung von Steuerfestsetzung (§ 30 Abs. 3 GrStG)	61 - 62

A. Allgemeine Erläuterungen zu § 30 GrStG

I. Normzweck und wirtschaftliche Bedeutung der Vorschrift

§ 30 GrStG regelt die **Abrechnung der** nach § 29 GrStG zu leistenden **Vorauszahlungen** bei späterer **Festsetzung** der Grundsteuer gem. § 27 GrStG. Dies betrifft insbesondere die Fälle **der Über- oder Unterzahlung** durch den Steuerschuldner. Die Regelungen gelten auch für die die **Änderung oder Aufhebung von Grundsteuerbescheiden.**

(Einstweilen frei)

II. Entstehung und Entwicklung der Vorschrift

Die Vorschrift ist seit Jahrzehnten **fester Bestandteil des GrStG**.[3] Bei der Novellierung des GrStG durch das **GrStRefG**[4] v. 26.11.2019 wurde § 29 GrStG nicht geändert.

(Einstweilen frei)

---

1 Vgl. Schmidt in Grootens, GrStG § 12 Rz. 23.
2 Vgl. Schmidt in Grootens, GrStG § 11 Rz. 39.
3 Vgl. die Neufassung des Grundsteuergesetzes v. 7.8.1973, BGBl 1973 I S. 965.
4 GrStRefG v. 26.11.2019, BGBl 2019 I S. 1794.

III. Geltungsbereich

16 Die Vorschrift ist bei der Entrichtung der **Grundsteuer** auf **inländischen Grundbesitz** durch die Gemeinden anzuwenden, soweit die Länder nicht von ihrer Abweichungskompetenz nach Art. 72 Abs. 3 Satz 1 Nr. 7 GG Gebrauch gemacht haben.

17–25 *(Einstweilen frei)*

IV. Verhältnis zu anderen Vorschriften

26 § 30 GrStG regelt die Abrechnung der gem. **§ 29 GrStG geleisteten Vorauszahlungen** bei einer **Grundsteuerfestsetzung** gem. **§ 27 GrStG**. Waren keine Vorauszahlungen zu leisten, richtet sich die **Nachentrichtung** der Steuer für die Vergangenheit nach **§ 31 GrStG**. Die **Fälligkeitstermine** für die Vorauszahlungen ergeben sich aus **§ 28 GrStG**. Streitigkeiten über Erstattungen sind im **Verwaltungsgerichtsweg** zu klären. Eine Ausnahme bilden die Stadtstaaten, in denen der **Finanzgerichtsweg** eingeschlagen werden muss.[1]

27–35 *(Einstweilen frei)*

B. Systematische Kommentierung

I. Nachzahlung bei zu niedriger Vorauszahlung (§ 30 Abs. 1 GrStG)

36 Ist für ein Kalenderjahr noch **keine Grundsteuerfestsetzung** gem. § 27 GrStG ergangen, hat der Steuerpflichtige gem. § 29 GrStG zu den bisherigen **Fälligkeitsterminen** (vgl. § 28 GrStG) Vorauszahlungen zu leisten, die jeweils anteilig der zuletzt festgesetzten jährlichen Grundsteuer entsprechen. Wird die Jahressteuerschuld für das laufende Kalenderjahr festgesetzt, erfolgt eine **Abrechnung** der bisher entrichteten Vorauszahlungen. Bleibt die **Jahressteuer** gegenüber der den Vorauszahlungen zu Grunde gelegten Jahressteuer **unverändert**, führt dies für die Abrechnung über das **anteilige Erlöschen des Steueranspruchs** hinaus zu **keiner Rechtsfolge**.

37 Ist die **Summe der Vorauszahlungen**, die bis zur Bekanntgabe des neuen Steuerbescheids zu entrichten waren (§ 29 GrStG i.V. mit § 28 GrStG), **kleiner als die Steuer**, die sich nach dem bekanntgegebenen Steuerbescheid für die vorausgegangenen Fälligkeitstage ergibt, so ist der **Unterschiedsbetrag** gem. § 30 Abs. 1 Satz 1 GrStG innerhalb eines Monats nach Bekanntgabe des Steuerbescheids zu entrichten. Das gleiche gilt, wenn bisher **keine Vorauszahlungen** geleistet worden sind (vgl. § 31 GrStG). Die Gemeinde hat die Möglichkeit, den **Unterschiedsbetrag** gem. § 222 AO zu **stunden**.

38 § 30 Abs. 1 Satz 1 GrStG stellt auf die Vorauszahlungen ab, die **zu entrichten** waren. Die Verpflichtung, **rückständige Vorauszahlungen** nach Maßgabe des § 29 GrStG schon früher zu entrichten, bleibt gem. § 30 Abs. 1 Satz 2 GrStG unberührt. Für diese Vorauszahlungen wird durch die Festsetzung der Jahressteuerschuld gem. § 27 GrStG auch **keine neue Fälligkeit** begründet. Lediglich für den **Erhöhungsbetrag** als Differenz zwischen den **Vorauszahlungen** gem. § 29 GrStG und der auf diese Vorauszahlungszeitpunkte entfallenden **festgesetzten Jahressteuer** beträgt die **Zahlungsfrist einen Monat** nach Bekanntgabe des Steuerbescheids. Für die Voraus-

---

[1] Vgl. zum Rechtsweg Grootens in Grootens, GrStG § 27 Rz. 91.

zahlungen entstehen bei nicht fristgerechter Zahlung ungeachtet der späteren Festsetzung der Jahressteuer **Säumniszuschläge** nach Maßgabe des § 240 AO.

Die Einziehung der aus Anlass baulicher Änderungen nachgeforderten Grundsteuer ist nicht deshalb sachlich unbillig, weil der Grundstückseigentümer den **Nachforderungsbescheid** im Gegensatz zu anderen Steuerpflichtigen so spät erhalten hat, dass er die **Grundsteuer** nach den **mietrechtlichen Vorschriften** nicht mehr als **Betriebskosten auf den Mieter abwälzen** kann.[1]   39

(Einstweilen frei)   40–50

II. Erstattung oder Aufrechnung bei zu hoher Vorauszahlung (§ 30 Abs. 2 GrStG)

Ist die **Summe der Vorauszahlungen**, die bis zur Bekanntgabe des neuen Steuerbescheids entrichtet worden sind (§ 29 GrStG i.V. mit § 28 GrStG), **größer als die Steuer**, die sich nach dem bekanntgegebenen Steuerbescheid für die vorangegangenen Fälligkeitstage ergibt, so wird der **Unterschiedsbetrag** gem. § 30 Abs. 2 GrStG nach **Bekanntgabe des Steuerbescheids** durch **Aufrechnung** oder **Zurückzahlung** ausgeglichen.   51

Die Regelung in § 30 Abs. 2 GrStG stellt nicht auf die zu entrichtenden, sondern auf die **tatsächlich entrichteten Vorauszahlungen** ab. **Säumniszuschläge** für **verspätet geleistete Vorauszahlungen** sind **auch dann** zu entrichten, wenn später die Steuerschuld durch endgültigen Veranlagungsbescheid auf einen niedrigeren Betrag als die Summe der einjährigen Vorauszahlungen festgesetzt wird und daher der **Unterschiedsbetrag** dem Steuerschuldner **zu erstatten ist**.[2] Eine (rückwirkende) **Herabsetzung der Vorauszahlungen** für die bisherigen Vorauszahlungszeitpunkte erfolgt bei einer niedrigeren Jahressteuerfestsetzung nicht, da die **Vorauszahlungen kraft Gesetzes** in anteiliger Höhe der Jahressteuer des Vorjahres **entstehen** (vgl. § 29 GrStG).[3]   52

Der **Unterschiedsbetrag** ist mit Bekanntgabe des Steuerbescheids sofort **fällig**, d.h. die Gemeinde muss die **Rückzahlung** unverzüglich veranlassen.[4] Der **Anspruch des Steuerschuldners** auf Rückzahlung kann gem. § 46 Abs. 1 AO **abgetreten, verpfändet und gepfändet** werden. Der Erstattungsanspruch verjährt wie der Steueranspruch selbst, die Verjährungsfrist beträgt also fünf Jahre, § 228 AO. Die **Verjährung** beginnt mit Ablauf des Kalenderjahrs, in dem der Anspruch erstmals fällig geworden ist, § 229 Abs. 1 AO. Das ist im Anwendungsbereich des § 30 Abs. 3 GrStG der Ablauf des Kalenderjahres, in dem der geänderte Bescheid erlassen wurde.[5]   53

Eine **Aufrechnung** kommt grundsätzlich nur mit anderen **fälligen Grundsteuerschulden** oder sonstigen **Gemeindeforderungen** gegenüber dem Steuerschuldner in Betracht. Eine Verrechnung mit noch **nicht fälligen Forderungen**, etwa beispielsweise mit **künftigen Vierteljahresraten** nach § 28 Abs. 1 GrStG, ist **nicht möglich**, es sei denn, der Steuerschuldner erklärt insoweit sein **Einverständnis**.[6] Eine **Aufrechnung** mit Ansprüchen aus dem Steuerschuldverhältnis   54

---

1 BVerwG, Urteil v. 4.6.1982 - 8 C 126/81.
2 BVerwG, Urteil v. 26.10.1973 - VII C 25.72, BStBl 1974 II S. 279.
3 Vgl. Troll/Eisele, GrStG § 30 Rz. 4.
4 Gl. A. Götz in Stenger/Loose, GrStG § 30 Rz. 12.
5 Vgl. Götz in Stenger/Loose, GrStG § 30 Rz. 16.
6 Vgl. Roscher, 360° GrStG eKommentar, § 30 Rz. 9., a. A. ohne Begründung Halaczinsky, GrStG § 30 Rz. 4.

ist **unzulässig**, wenn sie durch **Verjährung** oder Ablauf einer Ausschlussfrist **erloschen** sind (§ 226 Abs. 2 AO).

55 Die **Verjährung des Grundsteueranspruchs** löst einen **Anspruch auf Erstattung** geleisteter Vorauszahlungen nach § 37 Abs. 2 Satz 2 AO aus.[1] Ein **Vorauszahlungsbescheid** bildet insoweit keinen Rechtsgrund für das Behaltendürfen. § 164 Abs. 1 Satz 2 AO und § 164 Abs. 4 Satz 1 AO ändern daran nichts.

56–60 *(Einstweilen frei)*

III. Aufhebung oder Änderung von Steuerfestsetzung (§ 30 Abs. 3 GrStG)

61 Wir die **Steuerfestsetzung** für die Jahressteuer **aufgehoben** oder **geändert**, können sich ebenfalls **Nachzahlungs-** oder **Erstattungsbeträge** ergeben. Nach § 30 Abs. 3 GrStG gelten die Regelungen des § 30 Abs. 1 und Abs. 2 GrStG entsprechend. Ein **Erstattungsanspruch** zu viel gezahlter Beträge entsteht auch bei eindeutiger Sachlage erst durch abweichende Festsetzung mit **Steuerbescheid** (vgl. § 27 GrStG). Für den Erstattungsanspruch gelten die gleichen **Verjährungsregelungen** wie für den Steueranspruch selbst (vgl. § 228 AO).

62 Für eine Änderung i.S. von Abs. 3 kommt jedoch nur die rückwirkende Änderung oder Aufhebung einer Jahressteuerschuld in Betracht, nicht dagegen die rückwirkende Änderung von Vorauszahlungen, da eine solche im System der Grundsteuer nicht vorgesehen ist.

§ 31 GrStG Nachentrichtung der Steuer

Hatte der Steuerschuldner bis zur Bekanntgabe der Jahressteuer keine Vorauszahlungen nach § 29 zu entrichten, so hat er die Steuer, die sich nach dem bekannt gegebenen Steuerbescheid für die vorangegangenen Fälligkeitstage ergibt (§ 28), innerhalb eines Monats nach Bekanntgabe des Steuerbescheids zu entrichten.

Inhaltsübersicht	Rz.
A. Allgemeine Erläuterungen zu § 31 GrStG	1 - 35
I. Normzweck und wirtschaftliche Bedeutung der Vorschrift	1 - 8
II. Entstehung und Entwicklung der Vorschrift	9 - 15
III. Geltungsbereich	16 - 25
IV. Verhältnis zu anderen Vorschriften	26 - 35
B. Systematische Kommentierung	36 - 39
I. Nachentrichtung der Grundsteuer (§ 31 GrStG)	36 - 39

A. Allgemeine Erläuterungen zu § 31 GrStG

I. Normzweck und wirtschaftliche Bedeutung der Vorschrift

1 Ist für eine wirtschaftliche Einheit in der Vergangenheit noch keine Grundsteuer festgesetzt worden, entsteht für den Steuerpflichtigen gem. § 29 GrStG **keine Pflicht zur Entrichtung von Vorauszahlungen**. Erlässt die Gemeinde zu einem späteren Zeitpunkt einen Grundsteuerbescheid, so hat der Steuerschuldner (vgl. § 10 GrStG) die **Steuer**, die sich nach dem bekannt-

---

[1] Sächsisches OVG, Beschluss v. 1.4.2003 - 5 B 115/01.

gegebenen Steuerbescheid für die **vorangegangenen Fälligkeitstage** ergibt (vgl. § 28 GrStG), **innerhalb eines Monats nach Bekanntgabe des Steuerbescheids** zu entrichten (**Nachentrichtung**).

Der Fall der Nachentrichtung ist zu unterscheiden von den Fällen, in den **Vorauszahlungen** in gegenüber der Jahressteuer **abweichender Höhe** geleistet wurden und es daher zur **Abrechnung** der Vorauszahlung gem. § 30 GrStG und zur **Nachzahlung** des übersteigenden Betrages kommt. 2

(Einstweilen frei) 3–8

II. Entstehung und Entwicklung der Vorschrift

Die Vorschrift ist seit Jahrzehnten **fester Bestandteil des GrStG**.[1] Bei der Novellierung des GrStG durch das **GrStRefG**[2] v. 26.11.2019 wurde § 29 GrStG nicht geändert. 9

(Einstweilen frei) 10–15

III. Geltungsbereich

Die Vorschrift ist bei der Entrichtung der **Grundsteuer** auf **inländischen Grundbesitz** durch die Gemeinden anzuwenden, soweit die Länder nicht von ihrer Abweichungskompetenz nach Art. 72 Abs. 3 Satz 1 Nr. 7 GG Gebrauch gemacht haben. 16

(Einstweilen frei) 17–25

IV. Verhältnis zu anderen Vorschriften

§ 30 GrStG regelt die **Abrechnung** der gem. **§ 29 GrStG geleisteten Vorauszahlungen** bei einer **Steuerfestsetzung** gem. **§ 27 GrStG**. Nur wenn **keine Vorauszahlungen** zu leisten waren, richtet sich die **Nachentrichtung** der Steuer für die Vergangenheit nach § 31 GrStG. Die Nachentrichtung ist für bereits **vorangegangene Fälligkeitstage** vorzunehmen. Die **Fälligkeitstermine** ergeben sich aus **§ 28 GrStG**. 26

(Einstweilen frei) 27–35

B. Systematische Kommentierung

I. Nachentrichtung der Grundsteuer (§ 31 GrStG)

Wird die Grundsteuer für ein Jahr, für das Vorauszahlungen geleistet wurden, zu einem späteren Zeitpunkt mach Maßgabe des § 27 GrStG festgesetzt, sind die **geleisteten Vorauszahlungen** nach Maßgabe des § 30 GrStG **abzurechnen**. Die Pflicht zur Leistung von Vorauszahlungen besteht nicht, soweit für die **Vorjahre bisher keine Grundsteuer festgesetzt** worden ist, z. B. weil die wirtschaftliche Einheit bisher noch nicht existiert hat oder für die wirtschaftliche Einheit eine Grundsteuerbefreiung zum Tragen kam. In diesen Fällen kommt statt den Vorauszahlungen eine **Nachentrichtung** gem. § 31 GrStG in Betracht. 36

---

[1] Vgl. die Neufassung des Grundsteuergesetzes v. 7.8.1973, BGBl 1973 I S. 965.
[2] GrStRefG v. 26.11.2019, BGBl 2019 I S. 1794.

37 Erlässt die Gemeinde zu einem späteren Zeitpunkt einen Grundsteuerbescheid, so hat der Steuerschuldner (vgl. § 10 GrStG) die **Steuer**, die sich nach dem bekanntgegebenen Steuerbescheid für die **vorangegangenen Fälligkeitstage** ergibt (vgl. § 28 GrStG), **innerhalb eines Monats nach Bekanntgabe des Steuerbescheids** zu entrichten (**Nachentrichtung**). Dies umfasst auch die im laufenden Jahr bereits fälligen **Vorauszahlungsbeträge**.[1] § 31 GrStG setzt somit einen **gesonderten gesetzlichen Fälligkeitstermin** in Übereinstimmung mit der Regelung zu Nachzahlungsfällen in § 30 Abs. 1 GrStG.[2] Die Gemeinde kann den fälligen Betrag gem. § 222 AO **stunden** und mit dem Steuerschuldner **Ratenzahlung** vereinbaren.

38 Bei dem nachzuentrichtenden Betrag kann es sich um die gesamte **Jahressteuer eines abgelaufenen Kalenderjahres** und/oder um die anteilige Jahressteuer für **einzelne Fälligkeitszeitpunkte des laufenden Kalenderjahres** handeln. Für alle Fälligkeitszeitpunkte des laufenden Kalenderjahres **nach der Bekanntgabe** des Grundsteuerbescheids gelten die allgemeinen Fälligkeitsregelungen des § 28 GrStG.

39 **BEISPIEL:** In einem Neubaugebiet wird eine größere ehemals landwirtschaftlich genutzte Fläche im November 2025 parzelliert und im Dezember 2025 an verschiedene Eigentümer veräußert. Die Finanzbehörde erlässt im März 2027 Nachfeststellungsbescheide für die neu entstandenen wirtschaftlichen Einheiten. Die Gemeinde setzt daraufhin im Juni 2027 die Grundsteuer für die Jahre 2026 und 2027 mit Grundsteuerbescheid (vgl. § 27 GrStG) gegenüber den Eigentümern der Baugrundstücke fest. Für das Jahr 2028 hatte die Gemeinde die Grundsteuerfestsetzung erst im Juli 2028 durchgeführt.

Da die wirtschaftlichen Einheiten neu entstanden sind und bisher keine Grundsteuerfestsetzung für diese wirtschaftlichen Einheiten erfolgt ist, waren von den Steuerpflichtigen keine Vorauszahlungen gem. § 29 GrStG zu entrichten. Ebenso war die Grundsteuer für die Jahre 2026 (alle Quartale) und 2027 (I. und II. Quartal) noch nicht festgesetzt, so dass keine Fälligkeit der Teilzahlungen der Jahressteuer nach § 28 GrStG eingetreten ist. Die Steuerschuldner haben daher gem. § 31 GrStG die Steuer für die sechs Quartale innerhalb eines Monats nach Bekanntgabe des Grundsteuerbescheids für 2026 und 2027 im Juni 2027 zu entrichten.

Für das Jahr 2028 sind gem. § 29 GrStG am 15.2. und am 15.5. Vorauszahlungen in Höhe eines Viertels des bisher festgesetzten Jahresbetrags zu entrichten (wegen der Fälligkeitstermine der Vorauszahlungen vgl. § 28 Abs. 1 GrStG). Aufgrund der Steuerfestsetzung für 2028 mit Steuerbescheid von Juli 2028 sind das dritte und vierte Viertel der Jahressteuer gem. § 28 GrStG am 15.8. und am 15.11. zu entrichten. Die Vorauszahlungen für das erste und zweite Quartal 2028 werden gem. § 30 GrStG auf die für 2028 festgesetzte Jahressteuer angerechnet. Zu einer Nachentrichtung i. S. des § 31 GrStG kommt es in diesen Fällen nicht, da für das Jahr 2028 Vorauszahlungen zu entrichten waren.

Abschnitt IV: Erlass der Grundsteuer
§ 32 GrStG   Erlass für Kulturgut und Grünanlagen

(1) Die Grundsteuer ist zu erlassen

1. für Grundbesitz oder Teile von Grundbesitz, dessen Erhaltung wegen seiner Bedeutung für Kunst, Geschichte, Wissenschaft oder Naturschutz im öffentlichen Interesse liegt, wenn die erzielten Einnahmen und die sonstigen Vorteile (Rohertrag) in der Regel unter den jährlichen Kosten liegen. ²Bei Park- und Gartenanlagen von geschichtlichem Wert ist der Erlass von der weiteren Voraussetzung

---

1 Vgl. Troll/Eisele, GrStG § 31 Rz. 2.
2 Vgl. Roscher, 360° GrStG eKommentar, § 31 Rz. 9.

abhängig, dass sie in dem billigerweise zu fordernden Umfang der Öffentlichkeit zugänglich gemacht sind;

2. für öffentliche Grünanlagen, Spiel- und Sportplätze, wenn die jährlichen Kosten in der Regel den Rohertrag übersteigen.

(2) ¹Ist der Rohertrag für Grundbesitz, in dessen Gebäuden Gegenstände von wissenschaftlicher, künstlerischer oder geschichtlicher Bedeutung, insbesondere Sammlungen oder Bibliotheken, dem Zweck der Forschung oder Volksbildung nutzbar gemacht sind, durch die Benutzung zu den genannten Zwecken nachhaltig gemindert, so ist von der Grundsteuer der Hundertsatz zu erlassen, um den der Rohertrag gemindert ist. ²Das gilt nur, wenn die wissenschaftliche, künstlerische oder geschichtliche Bedeutung der untergebrachten Gegenstände durch die Landesregierung oder die von ihr beauftragte Stelle anerkannt ist.

Inhaltsübersicht	Rz.
A. Allgemeine Erläuterungen zu § 32 GrStG	1 - 14
I. Normzweck und wirtschaftliche Bedeutung der Vorschrift	1 - 3
II. Entstehung und Entwicklung der Vorschrift	4 - 7
III. Geltungsbereich	8 - 10
IV. Verhältnis zu anderen Vorschriften	11 - 14
B. Systematische Kommentierung	15 - 76
I. Erlass für Grundbesitz oder Teile von Grundbesitz im öffentlichen Interesse (§ 32 Abs. 1 Nr. 1 GrStG)	15 - 58
1. Öffentliches Interesse zur Erhaltung des Grundbesitzes	15 - 22
2. Ermittlung der Unrentabilität des Grundbesitzes	23 - 39
3. Kausalität zwischen der Unrentabilität und dem öffentlichen Interesse	40 - 50
4. Rechtsfolgen	51 - 58
II. Erlass für öffentliche Grünanlagen, Spiel- und Sportplätze (§ 32 Abs. 1 Nr. 2 GrStG)	59 - 64
III. Erlass bei Gegenständen von wissenschaftlicher, künstlerischer oder geschichtlicher Bedeutung (§ 32 Abs. 2 GrStG)	65 - 76
1. Voraussetzungen für den Erlass (§ 32 Abs. 2 Satz 1 GrStG)	65 - 74
2. Anerkennung durch Landesbehörde (§ 32 Abs. 2 Satz 2 GrStG)	75 - 76

LITERATUR:

Eisele, Update Reform der Grundsteuer (II) – Gesetzesbeschluss des Bundestages zum Gesetzespaket der Koalitionsfraktionen, NWB 45/2019 S. 3291, NWB SAAAH-33427; *Feldner,* Die Befreiung von der Grundsteuer nach § 32 Abs. 1 Nr. 1 GrStG, DStR 33-34/2018 S. 1749; *Eisele,* Die Grundsteuer, NWB 39/2003 S. 3037, NWB LAAAA-74507; *Ostendorf,* Die Grundsteuer, NWB 46/1992 S. 3769, NWB HAAAA-74504.

A. Allgemeine Erläuterungen zu § 32 GrStG

I. Normzweck und wirtschaftliche Bedeutung der Vorschrift

§ 32 GrStG enthält spezielle Erlassvorschriften für **Grundbesitz oder Teile vom Grundbesitz**, soweit bestimmte Voraussetzungen erfüllt werden. Liegen die Voraussetzungen des § 32 GrStG vor, so ist die Grundsteuer zu erlassen. Es besteht ein **Rechtsanspruch auf Erlass** der Grundsteuer. Der § 32 GrStG durchbricht mithin den **Objektcharakter** der Grundsteuer.

(Einstweilen frei)

II. Entstehung und Entwicklung der Vorschrift

4 § 32 GrStG wurde im Rahmen des GrStRefG v. 26.11.2019[1] unverändert mit Wirkung ab 1.1.2025 in das GrStG übernommen und entspricht der bisherigen Gesetzesfassung v. 7.8.1973 (BStBl 1973 I S. 965), die zuletzt durch Art. 38 des Gesetzes v. 19.12.2008 (BGBl 2008 I S. 2794) geändert worden ist (vgl. § 37 GrStG).

5–7 *(Einstweilen frei)*

III. Geltungsbereich

8 Die Vorschriften gelten für **inländischen Grundbesitz** i. S. des Bewertungsgesetzes. Dazu zählen die **Betriebe der Land- und Fortwirtschaft** (§§ 233, 240 BewG) und **Grundstücke** (§ 243 BewG) sowie jeweils diesen in § 218 Satz 2 und Satz 3 BewG bezeichneten gleichgestellten **Betriebsgrundstücke** (vgl. § 2 GrStG).

9–10 *(Einstweilen frei)*

IV. Verhältnis zu anderen Vorschriften

11 § 32 GrStG stellt eine **Spezialvorschrift** zu den allgemeinen Billigkeitsmaßnahmen i. S. der Abgabenordnung dar. In Fällen, in den die Voraussetzungen des § 32 GrStG nicht erfüllt sind, kann dennoch ein Erlass nach §§ 163, 227 AO in Betracht kommen.[2]

12 Weiterhin ist § 32 GrStG nur bei bestehen einer **materiellen Grundsteuerpflicht** anzuwenden. In Fällen, in denen bereits eine **Befreiung von der Grundsteuer** z. B. nach § 3 GrStG vorliegt, kommt § 32 GrStG nicht mehr zur Anwendung.

13–14 *(Einstweilen frei)*

B. Systematische Kommentierung

I. Erlass für Grundbesitz oder Teile von Grundbesitz im öffentlichen Interesse (§ 32 Abs. 1 Nr. 1 GrStG)

1. Öffentliches Interesse zur Erhaltung des Grundbesitzes

15 Nach § 32 Abs. 1 Nr. 1 GrStG ist die Grundsteuer für Grundbesitz oder Teile von Grundbesitz zu erlassen, wenn seine Erhaltung aufgrund der **Bedeutung für Kunst, Geschichte, Wissenschaft oder Naturschutz** im **öffentlichen Interesse** liegt und wenn der **Rohertrag** in der Regel die jährlichen Kosten übersteigt, d. h. dass der Grundbesitz oder Teile von Grundbesitz also **unrentabel** sind.

16 Ein öffentliches Interesse zur Erhaltung des Grundbesitzes liegt dabei in der Regel vor, soweit die Erhaltung des Grundbesitzes im **besonderen öffentlichen Interesse** der Allgemeinheit liegt. Dies gilt insbesondere für Grundstücke, welche die **Denkmaleigenschaft** nach den jeweiligen Denkmalschutzgesetzen, wie z. B. **Baudenkmale, Gartendenkmale und Bodendenkmale**, erfül-

---

[1] GrStRefG v. 26.11.2019, BGBl 2019 I S. 1794.
[2] Abschnitt 43 GrStR.

len.[1] Bei Grundbesitz, der dem **Naturschutz** dient, muss es sich um ein **Naturdenkmal** nach dem BNatSchG oder den landesrechtlichen Naturschutzgesetzen handeln.[2]

Aufgrund der hohen Anforderung an das öffentliche Interesse, sollte dem Antrag auf Grundsteuererlass bereits eine **Bescheinigung über die Denkmaleigenschaft** bzw. ein Auszug aus der **Denkmalliste** beigefügt werden. Im Zweifel hat der Antragsteller das öffentliche Interesse am Grundbesitz durch eine Bescheinigung der zuständigen Landesbehörde nachzuweisen.[3]

Der Grundsteuererlass kommt dabei nur in Betracht, soweit der Grundbesitz nicht bereits von der Grundsteuer befreit ist. Eine **Befreiung für Grundbesitz, der dem Naturschutz dient**, kann hiernach unter bestimmten Voraussetzungen z. B. bereits nach § 3 Abs. 1 Satz 1 Nr. 3 GrStG in Betracht kommen.[4][5][6]

(Einstweilen frei) 19–22

2. Ermittlung der Unrentabilität des Grundbesitzes

Neben dem öffentlichen Interesse, ist weitere Voraussetzung für den Grundsteuererlass, dass die erzielten **Einnahmen und die sonstigen Vorteile (Rohertrag)** die jährlichen Kosten in der Regel nicht übersteigen. Die Bewirtschaftung des Grundbesitzes muss für den Eigentümer folglich unrentabel sein.

Der Rohertrag ermittelt sich aus sämtlichen Einnahmen und **sonstigen Vorteilen**, welche der Grundbesitz bietet.[7] Für den Begriff der „Einnahmen" kann hierbei auf das Einkommensteuergesetz zurückgegriffen werde. Danach sind Einnahmen gem. § 8 Abs. 1 EStG alle Güter, die in Geld oder Geldeswert bestehen und im unmittelbaren Zusammenhang mit der Verwaltung und Bewirtschaftung des Grundbesitzes stehen. Dazu zählen die **Miet- und Pachteinnahmen** sowie die **Einnahmen aus Besichtigungen und Führungen**.[8]

Bei den Miet- und Pachteinnahmen handelt es sich dabei um die **Kaltmieten** ohne die vereinnahmten **umlagefähigen Betriebskosten**. Die vereinnahmte **Umsatzsteuer** gehört dagegen zu den Einnahmen.[9]

Die Einnahmen sind nur zu berücksichtigen, soweit sie dem Grundstückseigentümer auch zugeflossen sind, d. h. in dessen **Verfügungsmacht** gelangt sind. Bei Vermietung des Grundbesitzes ist daher auf die tatsächlich **zugeflossene Miete** abzustellen. Eine bei zu niedriger Vermietung tatsächliche höhere ortsübliche Miete ist nicht zu berücksichtigen.[10] Beruht die zu geringe Miete jedoch auf persönliche Gründe des Steuerschuldners, so kann dies den notwendigen Kausalzusammenhang zwischen Denkmaleigenschaft und Unrentabilität widerlegen (vgl. → Rz. 43).

---

1 SenFin Berlin, Erlass v. 4.5.2015 - III D - G 1163 - 1/2014 - 1, Tz. 1.2.2., NWB QAAAE-90232.
2 SenFin Berlin, Erlass v. 4.5.2015 - III D - G 1163 - 1/2014 - 1, Tz. 1.3., NWB QAAAE-90232.
3 Abschnitt 35 Abs. 1 Satz 2 GrStR.
4 Vgl. Kunz in Grootens, GrStG § 3 Rz. 71 ff.
5 OFD Magdeburg, Vfg. v. 2.12.1997 - G 1105 - 1 - St 336 V, NWB IAAAA-85586.
6 Gl. A. Eisele, NWB 45/2019 S. 3291, NWB SAAAH-33427.
7 Abschnitt 35 Abs. 2 Satz 1 GrStR.
8 Abschnitt 35 Abs. 2 Satz 2 GrStR.
9 Vgl. Feldner, DStR 33-34/2018 S. 1749.
10 BVerwG, Urteil v. 8.7.1998 - 8 C 23.97, BStBl 1998 II S. 590.

27 Zum Rohertrag zählen weiterhin die erzielten sonstigen Vorteile. Diese beinhalten insbesondere den **Nutzungswert**, den der Grundstückseigentümer aus der Eigennutzung des Grundbesitzes hat. Die Höhe des Nutzungswert ist aus den ortüblichen Miet- und Pachtzinsen zu ermitteln.[1]

28 PRAXISHINWEIS:
Die ortsüblichen Miet- und Pachtzinsen können regelmäßig den Mietspiegeln der Städte und Gemeinden oder den Marktberichten von Gutachterausschüssen sowie von Unternehmen aus der Bewertungsbranche entnommen werden. Auch die Industrie- und Handelskammern veröffentlichen in aller Regel jährlich Mietpreisspiegel. Diese sind oftmals frei verfügbar oder können bei den zuständigen Gutachterausschüssen erworben werden.

29 Nach Auffassung der Senatsverwaltung Berlin bestehen grundsätzlich keine Bedenken, wenn für die Ermittlung des Rohertrags auf die bei der Ermittlung der Einkünfte i. S. des EStG zugrunde gelegten Einnahmen zurückgegriffen werden. Der Nutzungswert einer eventuellen Eigennutzung sei dann ggf. noch hinzuzurechnen.[2] Dies erleichtert den Antrag, da ggf. nicht nochmal eine ausführliche Berechnung eingereicht werden muss.

30 Vom ermittelten Rohertrag sind die **jährlich anfallenden Kosten** abzuziehen. Die Kosten umfassen alle **Verwaltungs- und Betriebsausgaben**, welche notwendigerweise mit der Verwaltung und Bewirtschaftung des Grundbesitzes anfallen und welche keine umlagefähigen Betriebskosten sind.[3]

31 Daneben gehören zu den Kosten auch:
- die „normalen" **Abschreibungen für Absetzungen**, soweit es sich nicht um erhöhte oder um **Sonderabschreibungen** handelt,[4]
- Absetzungen nach § 82i EStDV,[5]
- **Rückstellungen** aufgrund größerer Reparaturen für mehrere Jahre unter angemessener Aufteilung, soweit die Rückstellungen auch tatsächlich gebildet wurden,[6]
- die erhobene Grundsteuer und grundstücksbezogene **Versicherungsbeiträge**,[7]
- Aufwendungen die sich aus Besichtigungen und Führungen ergeben,[8]
- die an das Finanzamt gezahlte Umsatzsteuer.[9]

32 Nicht als Kosten zu berücksichtigen sind **Schuldzinsen** und die **Verzinsung des Eigenkapitals**. Eine Differenzierung, ob der Grundbesitz unter Verzicht auf Zinseinnahmen mit Eigenkapital oder mit Fremdkapital finanziert wurde, entspricht nicht der Ausgestaltung der Grundsteuer als Objektsteuer.[10]

33 Der Erlass der Grundsteuer kommt nur in Betracht, soweit der Grundbesitz „in der Regel" unrentabel ist. Es reicht also nicht aus, dass lediglich in einem Jahr die Kosten den Rohertrag

---

[1] Abschnitt 35 Abs. 2 Satz 4 GrStR.
[2] SenFin Berlin, Erlass v. 4.5.2015 - III D - G 1163 - 1/2014 - 1, Tz. 2.1.1., NWB QAAAE-90232.
[3] VGH München, Urteil v. 31.3.1993 - 4 B 91.968, BeckRS 993, 11005.
[4] BVerwG, Urteil v. 15.2.1991 - 8 C 3.89, BStBl 1992 II S. 577.
[5] Vgl. Eisele in Troll/Eisele, GrStG § 32 Rz. 5.
[6] Vgl. Feldner, DStR 33-34/2018 S. 1749.
[7] BVerwG, Urteil v. 8.7.1998 - 8 C 23.97, BStBl 1998 II S. 590.
[8] Abschnitt 35 Abs. 2 Satz 9 GrStR.
[9] Vgl. Feldner, DStR 33-34/2018 S. 1749.
[10] BVerwG, Urteil v. 15.2.1991 - 8 C 3.89, BStBl 1992 II S. 577.

übersteigen während in den anderen Jahren der Rohertrag höher als die Kosten ist. Vielmehr muss eine voraussichtlich **dauerhafte Unrentabilität** vorliegen. Sinn und Zweck des Erlasses ist es nämlich nicht, Verluste zu reduzieren, sondern vielmehr den Grundstückseigentümer bei dauerhafter Unrentabilität des Grundbesitzes aufgrund der besonderen öffentlichen Auflagen z. B. beim Denkmalschutz zu entlasten.

Für den Grundsteuererlass ist daher ein **Dreijahreszeitraum** zu betrachten. Soweit in diesem Zeitraum bei zwei Jahren der Rohertrag unter den jährlichen Kosten liegt, ist die Grundsteuer für den gesamten Dreijahreszeitraum zu erlassen.[1] Ein ausnahmsweise in einem Jahr erzielter geringer Überschuss ist unschädlich.[2] Zu beachten ist dabei jedoch, dass eine Saldierung von Einnahmen und Ausgaben für den Dreijahreszeitraum nicht in Betracht kommt.[3] Da erst nach Ablauf des Dreijahreszeitraums endgültig festgestellt werden kann, ob der Grundbesitz „in der Regel" unrentabel ist, sollen die Gemeinden in der Praxis die Grundsteuer daher für den zu betrachtenden Dreijahreszeitraum zuerst einmal stunden.[4]

34

BEISPIEL 1: A ist Eigentümer eines marktüblich vermieteten, unter Denkmalschutz stehenden Mietwohngrundstückes. Aufgrund der gestaffelten Mietverträge ergeben sich für der A für die Jahre 01–03 die folgenden Mieteinnahmen: 01: 60.000 €, 02: 65.000 €, 03: 70.000 €. Die Anschaffungskosten des Grundstücks betrugen 1.400.000 €. Das Grundstück wird steuerlich mit 2 % gem. § 7 Abs. 4 Satz 1 Nr. 2 Buchst. a EStG abgeschrieben. Die notwendigerweise mit der Verwaltung und Bewirtschaftung des Grundstücks anfallenden Kosten betragen voraussichtlich jährlich 35.000 €. Die jährliche Grundsteuer beträgt 1.000 €. A möchte für die Jahre ab 01 ein Antrag auf Grundsteuererlass einreichen.

35

LÖSUNG: Für die Überprüfung des Grundsteuererlasses muss der Rohertrag „in der Regel" unter den jährlichen Kosten liegen. Dafür ist ein Dreijahreszeitraum zu betrachten. Dazu sind der Rohertrag und die Kosten in einer Rentabilitätsberechnung gegenüberzustellen:

Einnahmen/Kosten	Jahr 01	Jahr 02	Jahr 03
Mieteinnahmen	60.000 €	65.000 €	70.000 €
Betriebs- und Verwaltungskosten	-35.000 €	-35.000€	-35.000 €
Absetzung für Abnutzung	-28.000 €	-28.000 €	-28.000 €
Grundsteuer	-1.000 €	-1.000 €	-1.000 €
Überschuss/Verlust	-4.000 €	1.000 €	6.000 €

Da in diesem Fall nur für das Jahr 01 die Einnahmen geringer als die jährlichen Kosten sind, ist der Grundbesitz nicht dauerhaft unrentabel. Somit kommt für A kein Grundsteuererlass, auch nicht für das Jahr 01, in Betracht.

BEISPIEL 2: Wie Beispiel 1, nur das der A eine Etage mit einer Wohnfläche von 100 m² des Mietwohngrundstücks selbst bewohnt. Die Mieteinnahmen aus den vermieteten Wohnungen betragen in 01: 45.000 €, in 02: 48.000 € und in 03: 51.000 €. Die örtliche Vergleichsmiete für die Jahre 01–03 beträgt lt. Mietpreisspiegel 10 €/m².

36

LÖSUNG: Für die eigengenutzte Wohnung ist der Nutzungswert anhand der örtlichen Vergleichsmiete zu ermitteln. Der Nutzungswert beträgt danach: 100 m² x 10 €/m² x 12 Monate = 12.000 € pro Jahr. Dieser erhöht als sonstiger Vorteil den Rohertrag des Grundstücks.

---

1 Abschnitt 35 Abs. 2 Satz 14 GrStR.
2 Abschnitt 35 Abs. 2 Satz 11 GrStR.
3 VG Neustadt a. d. Weinstraße, Urteil v. 13.7.2020 - 3 K 209/20.NW, BeckRS 2020, 16613.
4 Abschnitt 35 Abs. 2 Satz 12 GrStR.

Aus den Angaben ergibt sich folgende Rentabilitätsberechnung:

Einnahmen/Kosten	Jahr 01	Jahr 02	Jahr 03
Mieteinnahmen	45.000 €	48.000 €	51.000 €
Sonstige Vorteile (Nutzungswert)	12.000 €	12.000 €	12.000 €
Betriebs- und Verwaltungskosten	-35.000 €	-35.000 €	-35.000 €
Absetzung für Abnutzung	-28.000 €	-28.000 €	-28.000 €
Grundsteuer	-1.000 €	-1.000 €	-1.000 €
Überschuss/Verlust	-7.000 €	-4.000 €	-1.000 €

In den Jahren 01–03 unterliegt der Rohertrag jeweils den jährlichen Kosten. Der Grundbesitz ist daher „in der Regel" unrentabel. Die Grundsteuer ist für die Jahre 01–03 zu erlassen. In der Praxis wird die zuständige Gemeinde bei Antrag des A im Jahr 01 die Grundsteuer für die Jahre 01–03 stunden. Nach Ablauf des Jahres 03 hat A die o. g. Rentabilitätsberechnung bei der Gemeinde einzureichen und die Grundsteuer wird von der Gemeinde endgültig erlassen.

37–39 *(Einstweilen frei)*

3. Kausalität zwischen der Unrentabilität und dem öffentlichen Interesse

40 Als ungeschriebenes **Tatbestandsmerkmal** verlangt der Grundsteuererlass nach § 32 Abs. 1 Nr. 1 GrStG einen **Kausalzusammenhang** zwischen dem öffentlichen Erhaltungsinteresse und der Unrentabilität des Grundbesitzes. Dies ist inzwischen nach allgemeiner Rechtsprechung und in der Literatur anerkannt.[1]

41 Bei der Ausgestaltung der Grundsteuer als Objektsteuer kommt es nämlich nicht darauf an, ob der Grundbesitz wirtschaftlich rentabel ist oder nicht. Für eine Durchbrechung dieses Grundsatzes durch § 32 Abs. 1 Nr. 1 GrStG sind daher besonders strenge Anforderungen zu stellen. Diese liegen nur vor, wenn die **Unrentabilität des Grundbesitzes** gerade auf Kultureigenschaft und die dadurch bedingten Einschränkungen zurückzuführen sind.[2]

42 Ein Grundsteuererlass kommt daher nicht in Betracht, wenn die Unrentabilität nicht durch die Kultureigenschaft verursacht wird. Dies soll **Gestaltungsmissbräuche** verhindern.

43 **BEISPIEL:** Bei einer Entbehrlichkeit des Kausalzusammenhanges könnte der Eigentümer eines denkmalgeschützten Grundstücks durch nicht notwendige Kosten oder Verringerung der Einnahmen, die nicht auf die Denkmaleigenschaft beruhen, die Grundsteuer umgehen. Ein Grundstückseigentümer unter den gleichen Voraussetzungen, nur ohne Denkmalschutz, hätte währenddessen keinen Rechtsanspruch auf den Erlass der Grundsteuer. Dies würde zu einer Ungleichbehandlung führen, obwohl die Denkmaleigenschaft auf die Rentabilität in diesem Fall keine Auswirkung hat.

44 Ein Kausalzusammenhang ist danach auch nicht gegeben, wenn ein **im Vorhinein unrentables, denkmalgeschütztes Grundstück** erworben wird und die **im öffentlichen Interesse liegenden Belastungen** die vorhandene Unrentabilität nur verschärfen. Grund dafür ist, dass der Grundstückseigentümer bei Erwerb eines unrentablen Grundstücks, ohne Beabsichtigung Erträge daraus zu erzielen, keine zusätzliche Last trägt.[3]

---

1 BVerwG, Urteil v. 5.5.2015 - 9 C 6.14, NWB PAAAE-94580.
2 BVerwG, Urteil v. 8.7.1998 - 8 C 23.97, BStBl 1998 II S. 590.
3 VG Koblenz, Urteil v. 21.1.2020 - 5 K 760/19.KO.

BEISPIEL: Der Steuerschuldner erwirbt ein von vorhinein unrentables Grundstück unter Denkmalschutz aus „Liebhaberei". In diesem Fall ist keine Kausalität zwischen der Unrentabilität und dem öffentlichen Erhaltungsinteresse, da das Objekt nicht aufgrund des Denkmalschutzes unrentabel wird.[1]

45

Den Kausalzusammenhang hat der Grundstückseigentümer im Rahmen des Erlassantrages nachzuweisen. Dabei bietet es sich an, sämtliche durch den Denkmalschutz vorgegebene Auflagen aufzuführen und einen **Kostenvergleich oder eine Vergleichsrechnung** beizufügen.[2]

46

BEISPIEL: A ist Eigentümer eines unter Denkmalschutz stehenden Fachwerkhauses. Der A wurde von Landesdenkmalamt dazu aufgefordert, die Fassade und die Fensterrahmen nach den denkmalschutzspezifischen Anforderungen zu restaurieren. Die Restaurierung ist mit erheblichen Kosten verbunden, da nur bestimmten Farben für die Fassade und ein spezielles, von Hand gearbeitetes Holz verwendet werden darf. Ohne Denkmalschutz hätte A lediglich die Fassade und die Fensterrahmen mit günstiger Farbe neu gestrichen. Im Rahmen eines Antrages auf Erlass der Grundsteuer sollte der A einen Kostenvergleich zwischen den Kosten für die auflagenbedingte Restaurierung und den Kosten für das „einfache" streichen beifügen, um den Kausalzusammenhang nachzuweisen.

47

(Einstweilen frei) 48–50

4. Rechtsfolgen

Liegen die Voraussetzungen für den Grundsteuererlass vor, ist die Grundsteuer zu erlassen. Der Grundstückseigentümer hat einen **Rechtsanspruch auf Erlass** der Grundsteuer. Bei einem bebauten Grundstück umfasst der Erlass die Grundsteuer für das gesamte Grundstück, also die Grundsteuer für den Grund und Boden und die Gebäude.[3] Dabei kommt es bei § 32 Abs. 1 Nr. 1 Satz. 1 GrStG grundsätzlich nicht darauf an, ob der Grundbesitz der Öffentlichkeit zugänglich ist.[4]

51

Dies gilt nicht für einen Erlass bei **Park- und Gartenanlagen von geschichtlichem Wert**. Nach § 32 Abs. 1 Nr. 1 Satz 2 GrStG ist bei diesen weiterhin Voraussetzung, dass diese in dem billigerweise zu forderndem Umfang der Öffentlichkeit zugänglich gemacht werden. Es genügt dabei, dass sie mindestens den interessierten Kreisen ohne weiteres zugänglich sind und dies auch allgemein erkennbar ist.[5]

52

Der Grundsteuererlass ist weiterhin möglich, soweit nur die Erhaltung eines **Teils des Grundbesitzes** im öffentlichen Interesse liegt. Die Ermittlung des Rohertrags und der Kosten ist dann nur für den Teil des Grundstücks vorzunehmen und die Grundsteuer in der Höhe zu erlassen, welche dem Teil des Grundbesitzes im Verhältnis zum gesamten Steuergegenstand entspricht.[6] Für eine Aufteilung ist es jedoch erforderlich, dass es sich um **separat bewertbare Grundstücksteile** handelt, bei denen eine gesonderte Ermittlung des Rohertrags möglich ist.[7]

53

BEISPIEL 1: A ist Eigentümer eines Grundstücks, welches mit einem vermieteten Wohnhaus und einer separaten Garage bebaut ist. Das Wohnhaus steht unter Denkmalschutz. Bei dem Wohnhaus und der Garage handelt es sich jeweils um selbstständig nutzbare und eigenständig bewertbare Grundstück-

54

---

1 VG Koblenz, Urteil v. 21.1.2020 - 5 K 760/19.KO.
2 Vgl. Feldner, DStR 33-34/2018 S. 1749.
3 Abschnitt 35 Abs. 1 Satz 3 GrStR.
4 Abschnitt 35 Abs. 3 Satz 1 GrStR.
5 Abschnitt 35 Abs. 3 Satz 2 GrStR.
6 Abschnitt 35 Abs. 4 GrStR.
7 SenFin Berlin, Erlass v. 4.5.2015 - III D - G 1163 - 1/2014 - 1, Tz. 3., NWB QAAAE-90232.

teile, bei denen eine separate Ermittlung des Rohertrags und der Kosten möglich ist. Insofern kommt ein Erlass für den Teil der Grundsteuer, welcher auf das Wohnhaus entfällt, in Betracht.

55 **BEISPIEL 2:** B ist Eigentümer eines vermieteten Wohnhauses mit einer denkmalgeschützten Fassade. Ein Erlass für einen Teil des Grundbesitzes ist in diesem Fall nicht möglich, da die Fassade ein unselbstständiger Gebäudeteil ist. Eine gesonderte Ermittlung eines Rohertrags für die Fassade und für das restliche Gebäude ist nicht möglich. Ein Erlass der Grundsteuer kann in diesem Fall insgesamt nicht gewährt werden.[1]

56–58 *(Einstweilen frei)*

II. Erlass für öffentliche Grünanlagen, Spiel- und Sportplätze (§ 32 Abs. 1 Nr. 2 GrStG)

59 Nach § 32 Abs. 1 Nr. 2 GrStG ist die Grundsteuer auch für **öffentliche Grünanlagen, Spiel- und Sportplätze** zu erlassen, wenn die jährlichen Kosten in der Regel den Rohertrag übersteigen. Der Grundbesitz muss also wie in den Fällen des § 32 Abs. 1 Nr. 1 GrStG in der Regel unrentabel sein (vgl. → Rz. 23).

60 Grünanlagen, Spiel- und Sportplätze liegen dabei nicht vor, wenn der Grundbesitz lediglich zu diesen Zwecken der Öffentlichkeit zugänglich gemacht wird.[2] Vielmehr bedarf es der Erlangung des Status öffentlicher Grünanlagen, Spiel- und Sportplätze durch **Widmung**.[3] **Sportplätze** sind Anlagen, die zu sportlichen Zwecken der Öffentlichkeit benutzt werden dürfen.[4] **Spielplätze** sind Anlagen, die von Kindern und Jugendlichen ungehindert für ihre Spiele benutzt werden dürfen.[5]

61 Zu beachten ist, dass bei Grünanlagen, Sport- und Spielplätzen, die sich im Eigentum von **inländischen juristischen Personen des öffentlichen Rechts** befinden, auch eine Grundsteuerbefreiung nach § 3 Abs. 1 Nr. 1 GrStG oder § 3 Abs. 1 Nr. 3 GrStG in Betracht kommen kann.[6] § 32 Abs. 1 Nr. 2 GrStG ist also nur anwendbar bei Vorliegen einer materiellen Grundsteuerpflicht. Die Vorschrift wird daher vorrangig für Grundbesitz von **privaten Eigentümern** Anwendung finden.

62–64 *(Einstweilen frei)*

III. Erlass bei Gegenständen von wissenschaftlicher, künstlerischer oder geschichtlicher Bedeutung (§ 32 Abs. 2 GrStG)

1. Voraussetzungen für den Erlass (§ 32 Abs. 2 Satz 1 GrStG)

65 Nach § 32 Abs. 2 Satz 1 GrStG ist die Grundsteuer für Grundbesitz zu erlassen, soweit sich in den Gebäuden **Gegenstände von wissenschaftlicher, künstlerischer oder geschichtlicher Bedeutung** befinden. Als Gegenstände werden insbesondere **Sammlungen und Bibliotheken** genannt. Auch Inneneinrichtungen eines Gebäudes kommen in Frage.

---

1 Bayer. VGH, Urteil v. 19.4.1989 - 4 B 87.03744, ZKF S. 205.
2 Abschnitt 36 Abs. 2 Satz 1 GrStR.
3 Abschnitt 36 Abs. 2 Satz 1 GrStR.
4 Abschnitt 36 Abs. 3 Satz 1 GrStR.
5 Abschnitt 36 Abs. 4 GrStR.
6 Vgl. Kunz in Grootens, GrStG § 3 Rz. 39 ff. und 71 ff.

Maßgebend ist nur die **Beurteilung der Gegenstände**, welche auf dem Grundbesitz untergebracht sind. Die Frage, um welche Art des Grundbesitzes oder des Gebäudes es sich handelt oder wie dieses genutzt wird, ist unbeachtlich.

Die **begünstigten Gegenstände** müssen in einem den Verhältnissen entsprechenden Umfang der Öffentlichkeit, mindestens aber den interessierten Kreisen, ohne weiteres zugänglich sein. Zudem muss dieses auch allgemein erkennbar sein.[1]

Der **Rohertrag des Grundbesitzes** muss durch die Aufbewahrung der Gegenstände nachhaltig gemindert sein. Der Rohertrag entspricht dem Begriff i. S. des § 32 Abs. 1 Nr. 1 GrStG. Dabei ist es unerheblich, ob der Gegenstand nur in einem Teil des Grundbesitzes untergebracht ist. Es ist vielmehr der Rohertrag des gesamten Steuergenstandes zu betrachten.[2]

Ist der Rohertrag durch die Aufbewahrung der begünstigten Gegenstände nachhaltig gemindert, so ist im Gegensatz zu § 32 Abs. 1 GrStG, bei dem die volle Grundsteuer zu erlassen ist, hier grundsätzlich nur ein **Teil der Grundsteuer** zu erlassen. Die zu erlassene Grundsteuer ermittelt sich dabei aus dem Hundertsatz, um den der normalerweise erzielbare Rohertrag durch die **Aufbewahrung der begünstigten Gegenstände** gemindert ist.

Zum Nachweis der Rohertragsminderung sollte der Grundstückseigentümer daher der Gemeinde eine **Vergleichsrechnung** beifügen, aus der hervorgeht, wie hoch der Rohertrag ohne die Bereitstellung der begünstigten Gegenstände tatsächlich wäre. Dabei kann auch hier zu Ermittlung des üblicherweise erzielbaren Rohertrags die marktübliche Miete herangezogen werden. Eventuell anfallende Einnahmen aus der Besichtigung der begünstigten Gegenstände gehören jedoch nicht zum Rohertrag.[3]

In Fällen, bei denen die Ermittlung des Rohertrags schwierig oder nicht möglich ist, z.B. bei **vollständig eigengenutzten Grundbesitz** und/oder fehlenden üblichen Mieten für bestimmte Gebäudearten oder Lagen, ist eine abweichende Ermittlung der zu erlassenen Grundsteuer möglich. Ist danach ein Rohertrag nicht ermittelbar und verbleibt für die Teile des Grundbesitzes, in denen die begünstigen Gegenstände untergebracht sind, kein Rohertrag, so ist die Grundsteuer in der Höhe zu erlassen, in der dieser Grundstücksteil im gesamten Grundsteuerwert des Grundstücks enthalten ist.[4] Dafür muss folglich ein fiktiver Grundsteuerwert des Grundstücksteils, in dem die begünstigten Gegenstände untergebracht sind, errechnet werden. Hierfür ist grundsätzlich die Mitwirkung des für die Grundsteuerwerte zuständigen Finanzamtes notwendig, da die Gemeinden regelmäßig nur die Steuermessbescheide und nicht die Bescheide über die Feststellung des Grundsteuerwertes erhalten.

(Einstweilen frei)

2. Anerkennung durch Landesbehörde (§ 32 Abs. 2 Satz 2 GrStG)

Der Erlass kommt nur in Betracht, soweit die wissenschaftliche, künstlerische oder geschichtliche Bedeutung der Gegenstände von der Landesregierung oder die von ihr beauftrage Stelle anerkannt wurde. Die Anerkennung richtet sich dabei nach den landesrechtlichen Vorgaben.

---

1 Abschnitt 37 Abs. 2 Satz 2 und 3 GrStR.
2 Abschnitt 36 Abs. 3 Satz 3 GrStR.
3 Vgl. Eisele, NWB 39/2003 S. 3037, NWB LAAAA-74507.
4 Abschnitt 37 Abs. 4 GrStR.

In der **Bescheinigung** hat die anerkennende Stelle ebenfalls Angaben zu machen, ob die Gegenstände dem Zwecke der **Forschung oder der Volksbildung** nutzbar gemacht werden.[1]

76 Liegt eine vollständige **Anerkennung** vor, so ist diese für die Gemeinde **verbindlich**.[2] Die Gemeinde hat also in der Regel über die Voraussetzung, ob die Gegenstände von wissenschaftlicher, künstlerischer oder gerichtlicher Bedeutung sind und dem Zwecke der Forschung oder der Volksbildung nutzbar gemacht werden, nicht mehr zu entscheiden. Vielmehr hat die Gemeinde lediglich die **nachhaltige Minderung des Rohertrags** durch die Benutzung zu den begünstigten Zwecken sowie den **Umfang des Grundsteuererlasses** zu überprüfen.

§ 33 GrStG Erlass wegen wesentlicher Reinertragsminderung bei Betrieben der Land- und Forstwirtschaft

(1) [1]Die Grundsteuer wird in Höhe von 25 Prozent erlassen, wenn bei Betrieben der Land- und Forstwirtschaft der tatsächliche Reinertrag des Steuergegenstandes um mehr als 50 Prozent gemindert ist und der Steuerschuldner die Minderung des tatsächlichen Reinertrags nicht zu vertreten hat. [2]Beträgt die vom Steuerschuldner nicht zu vertretende Minderung des tatsächlichen Reinertrags 100 Prozent, ist die Grundsteuer abweichend von Satz 1 in Höhe von 50 Prozent zu erlassen. [3]Der tatsächliche Reinertrag eines Betriebs der Land- und Forstwirtschaft ermittelt sich nach den Grundsätzen des § 236 Absatz 3 Satz 1 und 2 des Bewertungsgesetzes für ein Wirtschaftsjahr. [4]Er gilt als in dem Erlasszeitraum bezogen, in dem das für den Betrieb der Land- und Forstwirtschaft maßgebliche Wirtschaftsjahr endet.

(2) [1]Der Erlass nach Absatz 1 wird nur gewährt, wenn die Einziehung der Grundsteuer nach den wirtschaftlichen Verhältnissen des Betriebs unbillig wäre. [2]Ein Erlass nach Absatz 1 ist insbesondere ausgeschlossen, wenn für den Betrieb der Land- und Forstwirtschaft nach § 4 Absatz 1, § 4 Absatz 3 oder § 13a des Einkommensteuergesetzes für dasjenige Wirtschaftsjahr ein Gewinn ermittelt wurde, das im Erlasszeitraum bei der Ermittlung des tatsächlichen Reinertrags nach Absatz 1 zugrunde zu legen ist.

(3) Eine Ertragsminderung ist kein Erlassgrund, wenn sie für den Erlasszeitraum durch Fortschreibung des Grundsteuerwerts berücksichtigt werden kann oder bei rechtzeitiger Stellung des Antrags auf Fortschreibung hätte berücksichtigt werden können.

Inhaltsübersicht	Rz.
A. Allgemeine Erläuterungen zu § 33 GrStG	1 - 20
I. Normzweck und wirtschaftliche Bedeutung der Vorschrift	1 - 6
II. Entstehung und Entwicklung der Vorschrift	7 - 12
III. Geltungsbereich	13 - 15
IV. Verhältnis zu anderen Vorschriften	16 - 20
B. Systematische Kommentierung	21 - 68
I. Grundvoraussetzungen für den Erlass bei Betrieben der Land- und Forstwirtschaft (§ 33 Abs. 1 GrStG)	21 - 57
1. Anwendungsbereich	21 - 30
2. Minderung des tatsächlichen Reinertrags	31 - 42
3. Vertreten müssen der Minderung des normalen Rohertrags	43 - 52
4. Höhe des Grundsteuererlasses	53 - 57
II. Weiteren Voraussetzungen	58 - 68
1. Unbilligkeit der Einziehung der Grundsteuer (§ 33 Abs. 2 GrStG)	58 - 65
2. Kein Erlassgrund bei Wertfortschreibung (§ 33 Abs. 3 GrStG)	66 - 68

---

1 Abschnitt 37 Abs. 2 Satz 1 GrStR.
2 Abschnitt 37 Abs. 1 Satz 4 GrStR.

> **LITERATUR:**
> *Eisele/Wiegand*, Grundsteuerreform 2022/2025 – Stand: Januar 2020 (1. Auflage), NWB TAAAH-44405; *Eisele*, Update Reform der Grundsteuer (I) – Bundesrat äußert sich zum Gesetzespaket der Bundesregierung, NWB 42/2019, NWB LAAAH-31831; *Eisele*, Reform der Grundsteuer – Gesetzesentwurf liegt vor! – Teil II – Bewertung des land- und forstwirtschaftlichen Vermögens für Zwecke der Grundsteuer A/Änderungen des Grundsteuergesetzes, NWB 29/2019 S. 2127, NWB AAAAH-22096.

A. Allgemeine Erläuterungen zu § 33 GrStG

I. Normzweck und wirtschaftliche Bedeutung der Vorschrift

§ 33 GrStG regelt die **Erlassvorschriften der Grundsteuer für Betriebe der Land- und Forstwirtschaft** bei wesentlicher Ertragsminderung. Dies betrifft die Voraussetzungen, wann eine wesentliche Ertragsminderung vorliegt und in welcher Höhe die Grundsteuer zu erlassen ist. 1

Die Vorschrift zum Erlass der Grundsteuer bei Betrieben der Land- und Forstwirtschaft begründet bei Vorliegen der Voraussetzungen einen **Rechtsanspruch** auf zumindest teilweisen **Erlass der Grundsteuer** und entlastet den Grundstückseigentümer insbesondere in Zeiten, in denen dieser ohnehin bereits wirtschaftlich belastet ist und deutlich niedrigere Erträge als üblich aus seinem land- und forstwirtschaftlichen Betrieb erzielt. 2

Ferner stellt § 33 GrStG klar, dass der **tatsächliche Reinertrag** eines Betriebs der Land- und Forstwirtschaft nach den Grundsätzen des § 236 Abs. 3 Satz 1 und 2 des BewG zu ermitteln ist. 3

(Einstweilen frei) 4–6

II. Entstehung und Entwicklung der Vorschrift

§ 33 GrStG wurde mit dem **GrStRefG v. 26.11.2019**[1] in das GrStG eingefügt und ist erstmals für die Grundsteuer des Kalenderjahres 2025 anzuwenden (vgl. § 37 GrStG). 7

Die Vorschrift entspricht dabei teilweise der Regelung des § 33 GrStG in der bisher gültigen Fassung des Gesetzes v. 7.8.1973 (BStBl 1973 I S. 965), das zuletzt durch Art. 38 des Gesetzes v. 19.12.2008 (BGBl 2008 I S. 2794) geändert worden ist. Die folgenden Regelungen entsprechen inhaltlich den bisherigen Regelungen: 8

- § 33 Abs. 2 Satz 1 GrStG entspricht inhaltlich dem bisherigen § 33 Abs. 1 Satz 3
- § 33 Abs. 3 GrStG entspricht inhaltlich dem bisherigen § 33 Abs. 5 GrStG

Mit der Neuregelung des § 33 GrStG wurden auch Klarstellungen und Konkretisierungen eingefügt. So wurde in § 33 Abs. 1 Satz 3 GrStG der Begriff des **Reinertrags** unter Bezugnahme auf die bewertungsrechtliche Definition nach § 236 Abs. 3 Satz 1 und 2 BewG konkretisiert.[2] Ferner wurde durch die Neuregelung der neue bewertungsrechtliche **Begriff des Grundsteuerwerts** berücksichtigt.[3] 9

(Einstweilen frei) 10–12

---
1 GrStRefG v. 26.11.2019, BGBl 2019 I S. 1794.
2 Vgl. BT-Drucks. 18/11085, Begründung, B. Besonderer Teil, Teil C (Grundvermögen).
3 Vgl. BT-Drucks. 18/11085, Begründung, B. Besonderer Teil, Teil C (Grundvermögen).

III. Geltungsbereich

13　Die Vorschriften gelten für **inländischen Grundbesitz** i. S. des Bewertungsgesetzes (vgl. § 2 GrStG). Es muss sich um **Betriebe der Land- und Forstwirtschaft** nach den Vorschriften des §§ 232 ff. des Bewertungsgesetzes handeln.

14–15　*(Einstweilen frei)*

IV. Verhältnis zu anderen Vorschriften

16　§ 33 GrStG stellt eine **Spezialvorschrift** zu den allgemeinen Billigkeitsmaßnahmen i. S. der Abgabenordnung dar. In Fällen, in denen die Voraussetzungen des § 33 GrStG nicht erfüllt sind, kann dennoch ein Erlass nach §§ 163, 227 AO in Betracht kommen.[1]

17　Weiterhin ist § 33 GrStG nur bei Bestehen einer **materiellen Grundsteuerpflicht** anzuwenden. In Fällen, in denen bereits eine **Befreiung von der Grundsteuer** z. B. nach §§ 3 oder 4 GrStG vorliegt, kommt ein Erlass nach § 33 GrStG nicht mehr zur Anwendung.

18–20　*(Einstweilen frei)*

B. Systematische Kommentierung

I. Grundvoraussetzungen für den Erlass bei Betrieben der Land- und Forstwirtschaft (§ 33 Abs. 1 GrStG)

1. Anwendungsbereich

21　Nach § 33 Abs. 1 GrStG hat der Steuerschuldner einen **Rechtsanspruch** auf teilweisen Erlass der Grundsteuer, wenn bei einem Betrieb der Land- und Forstwirtschaft der tatsächliche Reinertrag des Steuergegenstandes um **mehr als 50 %** gemindert ist und die Minderung vom Steuerschuldner nicht zu vertreten ist.

22　Bei dem zu betrachtenden Steuergegenstand muss es sich um einen **Betrieb der Land- und Forstwirtschaft** handeln. Wann es sich um land- und forstwirtschaftliches Vermögen handelt, definieren die Regelungen des Bewertungsgesetzes (vgl. §§ 232 ff. BewG). Danach umfasst der Betrieb der Land- und Forstwirtschaft:

- land- und forstwirtschaftliche **Nutzungen** wie
  - die landwirtschaftliche Nutzung,
  - die forstwirtschaftliche Nutzung,
  - die weinbauliche Nutzung,
  - die gärtnerische Nutzung,
  - die übrigen land- und forstwirtschaftliche Nutzungen wie z. B. Hopfenanbau, Spargelanbau und sonstige land- und forstwirtschaftliche Nutzungen (vgl. dazu § 242 BewG),
- Nutzungsarten wie
  - Abbauland,
  - Geringstland,

---

[1] Abschnitt 43 GrStR.

- Unland,
- Hofstellen,
- Nebenbetriebe.

Für detaillierte Erläuterungen zum land- und forstwirtschaftlichen Vermögen siehe die Erläuterungen zu § 234 BewG.

Weiterhin gehören zum Betrieb der Land- und Forstwirtschaft auch **Kleingartenland** und **Dauerkleingartenland** i. S. des Bundeskleingartengesetzes (vgl. § 240 BewG). Durch die neue Regelung des § 240 BewG werden diese als Betriebe der Land- und Forstwirtschaft fingiert.[1]

Nach den neuen Regelungen nicht mehr zum Betrieb der Land- und Forstwirtschaft gehören die zu Wohnzwecken genutzten Gebäude oder Gebäudeteile (**Wohngebäude**) und die dazugehörigen Flächen des Grund und Bodens.[2] Die Wohngebäude gehören nunmehr zum bewertungsrechtlichen Grundvermögen. Die Prüfung eines Grundsteuererlasses hat folglich nach den Regelungen des § 34 GrStG zu erfolgen.

Ferner nicht zum Betrieb der Land- und Forstwirtschaft gehören die weiteren in § 232 Abs. 4 BewG aufgeführten Vermögensteile.

(Einstweilen frei) 26–30

2. Minderung des tatsächlichen Reinertrags

Für den Erlass der Grundsteuer muss der **tatsächliche Reinertrag** des Betriebs der Land- und Forstwirtschaft **um mehr als 50 %** gemindert sein. Da die Vorschrift den Grundsteuererlass an das Erreichen bestimmter Prozentgrenzen knüpft, ist auch die **Minderung des Reinertrags** in einem Prozentsatz zu ermitteln. Für die Ermittlung der Minderung des tatsächlichen Reinertrags kann wie folgt vorgegangen werden:

1. Ermittlung des tatsächlichen Reinertrags, der sich ohne die Minderung für den Erlasszeitraums ergeben würde
2. Ermittlung des tatsächlichen Reinertrags im Erlasszeitraum
3. Ermittlung des Unterschiedsbetrags
4. Ermittlung des Prozentsatzes der Minderung des tatsächlichen Reinertrags

Der **tatsächliche Reinertrag** ist dabei nach den Grundsätzen des § 236 Abs. 3 Satz 1 und 2 BewG zu ermitteln. Nach § 236 Abs. 3 Satz 1 und 2 BewG ermittelt sich der Reinertrag des Betriebs der Land- und Forstwirtschaft getrennt für jede **Klassifizierung** gesondert nach § 2 des Landwirtschaftsgesetztes oder aus Erhebungen der Finanzverwaltung. Für jede der Klassifizierungen ist dabei vom **Durchschnittswert** der zehn Jahre vor dem Hauptfeststellungszeitpunkt geendeten Wirtschaftsjahre auszugehen.

Es handelt sich bei dem tatsächlichen Reinertrag damit folglich um einen standardisierten Reinertrag des Grund und Bodens, welches insbesondere der **Verfahrenserleichterung** dient.[3]

---

1 Eisele, Reform der Grundsteuer – Gesetzesentwurf liegt vor! – Teil II – Bewertung des land- und forstwirtschaftlichen Vermögens für Zwecke der Grundsteuer A/Änderungen des Grundsteuergesetzes, NWB 29/2019 S. 2127, NWB AAAAH-22096.
2 Vgl. Müller in Grootens, BewG § 232 Rz. 58.
3 Vgl. Eisele, Reform der Grundsteuer – Gesetzesentwurf liegt vor! – Teil II – Bewertung des land- und forstwirtschaftlichen Vermögens für Zwecke der Grundsteuer A/Änderungen des Grundsteuergesetzes, NWB 29/2019 S. 2127, NWB AAAAH-22096.

Zur ausführlichen Beschreibung der Ermittlung des Reinertrags nach den bewertungsrechtlichen Regelungen.[1]

34 **BEISPIEL:** Der tatsächliche Reinertrag für den Erlasszeitraum des Betriebs der Land- und Forstwirtschaft beträgt nach den Vorschriften des § 236 Abs. 3 Satz 1 und 2 BewG insgesamt 50.000 €. Aufgrund einer sehr langen Dürre beträgt der Reinertrag tatsächlich aber nur 10.000 €.

tatsächlicher Reinertrag nach §236 Abs. 3 Satz 1 und 2 BewG:		= 50.000 €
tatsächlicher Reinertrag für den Erlasszeitraum:		= 10.000 €
Minderung:	50.000 €./. 10.000 €	= 40.000 €
Minderung in Prozent:	$\frac{40.000\ €\ \times\ 100}{50.000\ €}$	80 %

35 Besteht der Betrieb der Land- und Forstwirtschaft aus **unterschiedlichen Nutzungen** (z. B. landwirtschaftlichen und forstwirtschaftlichen Teil), so ist die Minderung des tatsächlichen Reinertrags für den gesamten Betrieb zu berechnen, auch wenn nur bei einem Teil des Betriebs der Reinertrag tatsächlich gemindert ist.

36 § 33 Abs. 1 Satz 4 GrStG stellt nunmehr auch klar, für welchen **Erlasszeitraum** der tatsächliche Reinertrag als bezogen gilt. Der tatsächliche Reinertrag gilt in dem Erlasszeitraum als bezogen, in dem das für den Betrieb der Land- und Forstwirtschaft maßgebliche Wirtschaftsjahr endet. Grund dafür ist, dass Betriebe der Land- und Forstwirtschaft i. d. R. ein vom Kalenderjahr abweichendes Wirtschaftsjahr haben (vgl. zu den Wirtschaftsjahren der Land- und Forstwirtschaft ausführlich Müller in Grootens, BewG § 235 Rz. 13 ff.).

37 **BEISPIEL:** A betreibt einen landwirtschaftlichen Betrieb mit einem vom Kalenderjahr abweichenden Wirtschaftsjahr. Das Wirtschaftsjahr beginnt am 1. Juli und endet am 30. Juni. Für den Erlasszeitraum 01 wäre somit der tatsächliche Reinertrag des Wirtschaftsjahres 1.7.2000–30.6.2001 maßgebend.

38–42 *(Einstweilen frei)*

3. Vertreten müssen der Minderung des normalen Rohertrags

43 Das Tatbestandsmerkmal des **Vertretenmüssens** ist hier inhaltsgleich mit dem in der Regelung des § 34 Abs. 1 Satz 1 GrStG.[2] Des Weiteren sollten zur Prüfung des **Vertretenmüssens** auch die bisherigen Grundsätze der Regelungen des § 33 GrStG in der bisher gültigen Fassung v. 7.8.1973 (BStBl 1973 I S. 965), das zuletzt durch Art. 38 des Gesetzes v. 19.12.2008 (BGBl 2008 I S. 2794) geändert worden ist, weiter gelten.

44 Die **Gründe** für die Minderung des tatsächlichen Reinertrags für Betriebe der Land- und Forstwirtschaft sind in der Praxis **nicht so vielfältig** wie bei den bebauten vermieteten/verpachteten oder den eigengewerblich genutzten bebauten Grundstücken.

45 Da die Vorschriften des § 33 GrStG auf den tatsächlichen Reinertrag des Betriebs der Land- und Forstwirtschaft abstellen, müssen die Ereignisse oder Geschehnisse Auswirkung auf den tatsächlichen Reinertrag haben und diesen mindern. So wird die Minderung des Reinertrags bei Betrieben der Land- und Forstwirtschaft, welche durch den Steuerschuldner nicht zu vertreten ist, in der Praxis am häufigsten die Folge von **Naturkatastrophen** oder extremen **Wettererscheinungen und Witterungsbedingen** sein.

---

[1] Vgl. Müller in Grootens, BewG § 236 Rz. 33 ff.
[2] Bzgl. der ausführlichen Erläuterungen vgl. Lehmann in Grootens, GrStG § 34 Rz. 74 ff.

BEISPIELE KÖNNTEN SEIN:

- Landwirtschaftliche Nutzung:

  A baut auf seinem Grundstück Getreide an. Aufgrund einer extremen Dürre ist der Reinertrag um mehr als 50 % gemindert.

- Forstwirtschaftliche Nutzung:

  Aufgrund eines Waldbrandes brennt der Wald des A komplett nieder.

- Weinbauliche Nutzung:

  Kurz vor der Traubenernte zerstört ein Hagelschauer 90 % der Trauben des Grundstückseigentümers.

- Gärtnerische Nutzung:

  Der Gemüseanbau des Grundstückseigentumes wird aufgrund einer Schneckenplage vollständig vernichtet.

- Übrige land- und forstwirtschaftliche Nutzung:

  Durch einen Biberdamm wird das Spargelfeld des Steuerschuldners vollständig überflutet. Er verliert die gesamte Spargelernte.

  Durch eine überdurchschnittliche Kormoran- und Fischotterpopulation sinken die Fischerträge des Steuerschuldners im Erlasszeitraum um mehr als 50 %.

Zu vertreten hat der Steuerschuldner hingegen Ertragsminderungen, soweit er sie bewusst in Kauf genommen hat. Dazu gehört z. B., wenn der Steuerschuldner den Betrieb der Land- und Forstwirtschaft oder Teile davon nicht, nicht ordnungsgemäß oder **nicht nachhaltig bewirtschaftet**.

BEISPIEL: A lässt Teile seines bewirtschafteten Feldes im Jahr 01 brach liegen, da er in diesem Jahr den Ausbau seines Wohnhauses plant und daher nicht so viel Zeit in die Bewirtschaftung investieren möchte. A hat die Minderung des Reinertrags zu vertreten, da er Teile seines Betriebs bewusst nicht bewirtschaftet.

Ein besonderer Fall liegt vor, wenn der Steuerschuldner eine landwirtschaftliche Fläche nicht bestellen kann, da der Boden aufgrund der jahrelangen landwirtschaftlichen Nutzung und dem damit einhergehenden **Nährstoffmangel** eine gewisse Zeit nicht mehr nutzbar ist. Auch wenn der Steuerschuldner deshalb keinen Reinertrag erwirtschaften kann, ist ein Grundsteuererlass grds. nicht möglich. Dies liegt daran, dass für den nicht mehr bewirtschafteten Fläche auch kein tatsächlicher oder normaler Rohertrag mehr erzielbar ist, welcher gemindert sein könnte.[1]

(Einstweilen frei) 50–52

4. Höhe des Grundsteuererlasses

Die Höhe des Grundsteuererlasses richtet sich nach der **Minderung des tatsächlichen Reinertrags des Betriebs der Land- und Forstwirtschaft**. Danach ist die Grundsteuer i. H. von 25 % zu erlassen, wenn die Minderung des tatsächlichen Reinertrags mehr als 50 % beträgt. Bei einer Minderung des tatsächlichen Reinertrags i. H. von 100 %, ist die Grundsteuer i. H. von 50 % zu erlassen.[2]

---

[1] Vgl. Eisele in Troll/Eisele, GrStG § 33 Rz. 10.
[2] Vgl. Lehmann in Grootens, GrStG § 34 Rz. 161.

54 Die Höhe des Grundsteuererlasses ist folglich identisch mit der des § 34 GrStG. Auch hier ist im Gegensatz zu § 32 GrStG, bei dem die gesamte Grundsteuer zu erlassen ist, nur ein teilweiser Grundsteuererlass bis höchstens 50 % möglich.

55–57 *(Einstweilen frei)*

II. Weiteren Voraussetzungen

1. Unbilligkeit der Einziehung der Grundsteuer (§ 33 Abs. 2 GrStG)

58 Der Erlass der Grundsteuer ist nur unter der Voraussetzung möglich, soweit die Einziehung der Grundsteuer nach den wirtschaftlichen Verhältnissen des Betriebs **unbillig** wäre (§ 33 Abs. 2 Satz 1 GrStG). Dies entspricht der Regelung nach § 34 Abs. 2 Satz 2 GrStG für eigengewerbliche genutzte bebaute Grundstücke mit wesentlicher Ertragsminderung.[1]

59 Für die Prüfung der Unbilligkeit kommt es nur auf die **wirtschaftlichen Verhältnisse** des Betriebs der Land- und Forstwirtschaft an. Persönliche oder andere Verhältnisse sind nicht zu prüfen.

60 Die Einziehung der Grundsteuer ist jedenfalls dann nicht unbillig, wenn sich für den Betrieb der Land- und Forstwirtschaft nach den Vorschriften des § 4 Abs. 1, Abs. 3 oder § 13a EStG ein **Gewinn** für das Wirtschaftsjahr, das im Erlasszeitraum zugrunde zu legen ist, ergibt (§ 33 Abs. 2 Satz 1 GrStG). Ein Grundsteuererlass ist in diesen Fällen ausgeschlossen.

61 Durch die Negativabgrenzung des § 33 Abs. 2 Satz 1 GrStG kann gefolgert werden, dass für die Prüfung der Unbilligkeit regelmäßig auf das ermittelte **Betriebsergebnis** nach den steuerlichen Vorschriften zurückgegriffen werden kann. Es benötigt keiner eigenständigen Ermittlung für Zwecke des Grundsteuererlasses durch den Steuerschuldner oder der Gemeinde. Dies trägt insbesondere der Verfahrenserleichterung und -beschleunigung Rechnung.

62 Dennoch sollte auch hier die Gemeinde nicht an die **steuerliche Gewinnermittlung** gebunden sein, wenn beispielsweise ein Verlust nur durch steuerliche **Sondereffekte** entsteht. In diesen Fällen kann die Gemeinde vielmehr diese Sondereffekte neutralisieren und den Grundsteuererlass ggf. zurückweisen.[2]

63 Neben dem Merkmal des Betriebsergebnisses sind auch hier die Merkmale **zur finanziellen Lage** des Gesamtunternehmens sowie die **Gewichtung der Grundsteuer** in Bezug auf die Gesamtaufwendungen zur Prüfung der Unbilligkeit zu berücksichtigen. Nur wenn der Betrieb der Land- und Forstwirtschaft durch die Zahlung der Grundsteuer in **Liquiditätsschwierigkeiten** geraten würde und die Grundsteuer von nicht nur geringem Gewicht ist, kommt eine Unbilligkeit der Einziehung der Grundsteuer überhaupt in Frage.[3]

64–65 *(Einstweilen frei)*

2. Kein Erlassgrund bei Wertfortschreibung (§ 33 Abs. 3 GrStG)

66 Der Grundsteuererlass aufgrund der Minderung des tatsächlichen Reinertrags bei Betrieben der Land- und Forstwirtschaft ist ausgeschlossen, wenn im Erlasszeitraum die wesentliche Ertragsminderung durch eine **Wertfortschreibung** des Grundsteuerwerts hätte berücksichtigt

---

[1] Vgl. Lehmann in Grootens, GrStG § 34 Rz. 214 ff.
[2] Vgl. Lehmann in Grootens, GrStG § 34 Rz. 219.
[3] Vgl. Lehmann in Grootens, GrStG § 34 Rz. 220 und 221.

werden können. Gleiches gilt, wenn eine Wertfortschreibung möglich gewesen wäre, der Steuerschuldner den Antrag auf Wertfortschreibung aber versäumt hat.

Eine Wertfortschreibung des Grundsteuerwerts kann durch die **Änderung der tatsächlichen Verhältnisse** erfolgen. Bei Betrieben der Land- und Forstwirtschaft ist dies beispielsweise durch Abgänge der bewirtschafteten Flächen gegeben. 67

Die Vorschrift ist somit identisch mit der Regelung des § 34 Abs. 4 GrStG. Es wird daher auch auf die Erläuterungen in § 34 GrStG verwiesen.[1] Auch hier ist in der Praxis darauf zu achten, dass in Fällen der Wertfortschreibung oft dennoch ein Grundsteuererlass in Betracht kommen kann, da die Wertfortschreibung des Grundsteuerwerts aufgrund der Änderung der tatsächlichen Verhältnisse erst auf den Beginn des Kalenderjahres erfolgt, welches dem Jahr der Änderung folgt. 68

§ 34 GrStG Erlass wegen wesentlicher Ertragsminderung bei bebauten Grundstücken

(1) ¹Die Grundsteuer wird in Höhe von 25 Prozent erlassen, wenn bei bebauten Grundstücken der normale Rohertrag des Steuergegenstandes um mehr als 50 Prozent gemindert ist und der Steuerschuldner die Minderung des normalen Rohertrags nicht zu vertreten hat. ²Beträgt die vom Steuerschuldner nicht zu vertretende Minderung des normalen Rohertrags 100 Prozent, ist die Grundsteuer abweichend von Satz 1 in Höhe von 50 Prozent zu erlassen. ³Normaler Rohertrag ist bei bebauten Grundstücken die nach den Verhältnissen zu Beginn des Erlasszeitraums geschätzte übliche Jahresmiete. ⁴Die übliche Jahresmiete ist in Anlehnung an die Miete zu ermitteln, die für Räume gleicher oder ähnlicher Art, Lage und Ausstattung regelmäßig gezahlt wird. ⁵Betriebskosten sind nicht einzubeziehen.

(2) ¹Bei eigengewerblich genutzten bebauten Grundstücken gilt als Minderung des normalen Rohertrags die Minderung der Ausnutzung des Grundstücks. ²In diesen Fällen wird der Erlass nach Absatz 1 nur gewährt, wenn die Einziehung der Grundsteuer nach den wirtschaftlichen Verhältnissen des Betriebs unbillig wäre.

(3) ¹Wird nur ein Teil des Grundstücks eigengewerblich genutzt, so ist die Ertragsminderung für diesen Teil nach Absatz 2, für den übrigen Teil nach Absatz 1, zu bestimmen. ²In diesen Fällen ist für den ganzen Steuergegenstand ein einheitlicher Prozentsatz der Ertragsminderung nach dem Anteil der einzelnen Teile am Grundsteuerwert des Grundstücks zu ermitteln.

(4) Eine Ertragsminderung ist kein Erlassgrund, wenn sie für den Erlasszeitraum durch Fortschreibung des Grundsteuerwerts berücksichtigt werden kann oder bei rechtzeitiger Stellung des Antrags auf Fortschreibung hätte berücksichtigt werden können.

Inhaltsübersicht	Rz.
A. Allgemeine Erläuterungen zu § 34 GrStG	1 - 20
I. Normzweck und wirtschaftliche Bedeutung der Vorschrift	1 - 6
II. Entstehung und Entwicklung der Vorschrift	7 - 12
III. Geltungsbereich	13 - 15
IV. Verhältnis zu anderen Vorschriften	16 - 20
B. Systematische Kommentierung	21 - 241
I. Erlass bei bebauten Grundstücken (§ 34 Abs. 1 GrStG)	21 - 172
1. Anwendungsbereich	21 - 32
2. Ermittlung des „normalen Rohertrags" und der „üblichen Jahresmiete"	33 - 55

---

[1] Vgl. Lehmann in Grootens, GrStG § 34 Rz. 235 ff.

	3.	Berechnung der Minderung des Rohertrags	56 - 73
	4.	Vertreten müssen der Minderung des normalen Rohertrags	74 - 135
		a) Allgemeines	74 - 83
		b) Leerstand aufgrund fehlender Mietnachfrage	84 - 90
		c) Zahlungsunfähigkeit der Mieter	91 - 96
		d) Sanierung oder Renovierung	97 - 104
		e) Verfall oder Abriss	105 - 111
		f) Verkaufsverhandlungen	112 - 119
		g) Naturkatastrophen	120 - 124
		h) Epidemien	125 - 128
		i) Ferienwohnungen	129 - 131
		j) Mietfreie Zeiten	132 - 135
	5.	Ortsübliche Vermietung	136 - 143
	6.	Art und Nachweis der Vermietungsbemühungen	144 - 160
	7.	Höhe des Grundsteuererlasses	161 - 170
	8.	Zusammenfassendes Beispiel	171 - 172
II.	Erlass bei eigengewerblich genutzten Grundstücken (§ 34 Abs. 2 GrStG)		173 - 225
	1.	Begriff der eigengewerblichen Nutzung	173 - 184
	2.	Minderung der Ausnutzung des Grundstücks	185 - 200
	3.	Vertretenmüssen der Minderausnutzung	201 - 213
	4.	Unbilligkeit der Einziehung der Grundsteuer	214 - 225
III.	Erlass bei unterschiedlich genutztem Grundbesitz (§ 34 Abs. 3 GrStG)		226 - 234
IV.	Kein Erlassgrund bei möglicher Wertfortschreibung (§ 34 Abs. 4 GrStG)		235 - 241

LITERATUR:

Eisele/Wiegand, Grundsteuerreform 2022/2025 – Stand: Januar 2020 (1. Aufl.), NWB TAAAH-44405; *Waschkies/Günther/Rotter*, Aktuelles zur Grundsteuer – Benutzbarkeit bzw. Bezugsfertigkeit von Gebäuden und Erlasstatbestände, NWB 23/2014 S. 1716, NWB BAAAE-65393; *Ritzer*, Erlass von Grundsteuer für Opfer von Unwettern – Wesentliche Ertragsminderung als Rechtsgrund, NWB 51/2013 S. 4047, NWB RAAAE-50883; *Puhl*, Grundsteuererlass bei wesentlicher Ertragsminderung (§ 33 GrStG), KStZ 2010 S. 88; *Eisele*, Die Grundsteuer, NWB 39/2003 S. 3037, NWB LAAAA-74507; *Ostendorf*, Die Grundsteuer, NWB 46/1992 S. 3769, NWB HAAAA-74504.

A. Allgemeine Erläuterungen zu § 34 GrStG

I. Normzweck und wirtschaftliche Bedeutung der Vorschrift

1 § 34 GrStG regelt den Erlass der Grundsteuer für **bebaute Grundstücke bei wesentlicher Ertragsminderung**. Für den Erlass der Grundsteuer unterscheidet § 34 GrStG in gegen Entgelt überlassene (z. B. Vermietung, Verpachtung) und in **eigengewerblich genutzte bebaute Grundstücke**. Ebenfalls wird der Erlass bei nur teilweise eigengewerblich genutzten bebauten Grundstücken geregelt.

2 Die Vorschrift zum Erlass der Grundsteuer bei bebauten Grundstücken begründet bei Vorliegen der Voraussetzungen einen **Rechtsanspruch** des Grundstückseigentümers auf zumindest teilweisen **Erlass der Grundsteuer** und entlastet ihn insbesondere in Zeiten, in denen er ohnehin bereits wirtschaftlich aufgrund deutlich niedrigerer Erträge, die er aus seinem Grundbesitz bezieht, belastet ist.

3 Des Weiteren definiert § 34 GrStG den **normalen Rohertrag** bei bebauten Grundstücken sowie die Ermittlung der **üblichen Jahresmiete**.

4–6 *(Einstweilen frei)*

II. Entstehung und Entwicklung der Vorschrift

§ 34 GrStG wurde mit dem GrStRefG v. 26.11.2019[1] in das GrStG eingefügt und ist erstmals für die **Grundsteuer des Kalenderjahres 2025** anzuwenden (vgl. § 37 GrStG).

Die Vorschrift entspricht dabei **teilweise der Regelung des § 33 GrStG** in der bisher gültigen Fassung vom 7.8.1973 (BStBl 1973 I S. 965), das zuletzt durch Art. 38 des Gesetzes v. 19.12.2008 (BGBl 2008 I S. 2794) geändert worden ist. Die folgenden Regelungen entsprechen inhaltlich den bisherigen Regelungen[2]:

▶ § 34 Abs. 2 GrStG entspricht dem bisherigen § 33 Abs. 1 Satz 3 und Abs. 2 GrStG
▶ § 34 Abs. 3 GrStG entspricht inhaltlich dem bisherigen § 33 Abs. 4 GrStG
▶ § 34 Abs. 4 GrStG entspricht inhaltlich dem bisherigen § 33 Abs. 5 GrStG

Mit der Neuregelung der § 34 GrStG wurden auch **Klarstellungen und Konkretisierungen** eingefügt, welche im bisherigen § 33 GrStG nicht vorhanden waren und in der Praxis zu häufigen rechtlichen Streitigkeiten mit den Gemeinden geführt hatten. Die vom Gesetzgeber vorgenommenen Klarstellungen und Konkretisierungen sind zu begrüßen, da so die **Umsetzung in der Praxis vereinfacht** wird. Ferner wurde im Rahmen der Neuregelung der neue bewertungsrechtliche Begriff des Grundsteuerwerts redaktionell eingefügt.[3]

(Einstweilen frei)

III. Geltungsbereich

Die Vorschriften gelten für **inländischen, bebauten Grundbesitz** i. S. des Bewertungsgesetzes (vgl. § 2 GrStG). Die Regelungen betreffen nur das Grundvermögen gem. § 243 BewG. Es muss sich ferner um ein bebautes Grundstück handeln (vgl. § 248 BewG). Dazu zählen die folgenden Grundstücke:

▶ vermietete Grundstücke,
▶ eigengewerblich genutzte Grundstücke,
▶ teilweise eigengewerblich und teilweise vermietete Grundstücke.

Die Regelungen des § 34 GrStG sind nicht für land- und forstwirtschaftliches Vermögen anzuwenden. Für den Grundsteuererlass bei land- und forstwirtschaftlichen Vermögen vgl. § 33 GrStG.

(Einstweilen frei)

IV. Verhältnis zu anderen Vorschriften

§ 34 GrStG stellt eine **Spezialvorschrift** zu den **allgemeinen Billigkeitsmaßnahmen** i. S. der Abgabenordnung dar. In Fällen, in denen die Voraussetzungen des § 34 GrStG nicht erfüllt sind, kann dennoch ein Erlass nach §§ 163, 227 AO in Betracht kommen.[4]

---

1 GrStRefG v. 26.11.2019, BGBl 2019 I S. 1794.
2 Vgl. BT-Drucks. 18/11085, Begründung, B. Besonderer Teil, Teil C (Grundvermögen).
3 Vgl. BT-Drucks. 18/11085, Begründung, B. Besonderer Teil, Teil C (Grundvermögen).
4 Abschnitt 43 GrStR.

17 Weiterhin ist § 34 GrStG nur bei Bestehen einer **materiellen Grundsteuerpflicht** anzuwenden. In Fällen, in denen bereits eine **Befreiung von der Grundsteuer** z. B. nach §§ 3 oder 4 GrStG vorliegt, kommt ein Erlass nach § 34 GrStG nicht zur Anwendung. Dies entspricht den Regelungen, welche auch für das land- und forstwirtschaftliche Vermögen gelten.[1]

18 Bei dem Erlass der Grundsteuer nach § 34 GrStG handelt es sich um eine dem Erlass nach § 227 AO vergleichbare Entscheidung, die nicht im **Steuerfestsetzungsverfahren**, sondern im **Steuererhebungsverfahren** getroffen wird. Daher besteht bei Erlass der Grundsteuer durch eine rechtskräftige gerichtliche Entscheidung kein Anspruch auf **Prozesszinsen** nach § 236 Abs. 1 AO.[2]

19–20 *(Einstweilen frei)*

B. Systematische Kommentierung

I. Erlass bei bebauten Grundstücken (§ 34 Abs. 1 GrStG)

1. Anwendungsbereich

21 Nach § 34 Abs. 1 GrStG besteht ein **Rechtsanspruch auf Grundsteuererlass**, wenn bei einem bebauten Grundstück der normale **Rohertrag** des Steuergegenstands **um mehr als 50 % gemindert** ist und die Minderung vom Grundstückseigentümer nicht zu vertreten ist.

22 Bei dem zu betrachtenden Steuergegenstand muss es ich um ein **bebautes Grundstück** handeln. Für **unbebaute Grundstücke** scheidet ein Erlass folglich aus. Die Abgrenzung, ob es sich um ein bebautes oder um ein unbebautes Grundstück handelt, richtet sich nach den §§ 246, 248 BewG.

23 Da die **Begriffsbestimmung der unbebauten Grundstücke** und die **Abgrenzung zu den bebauten Grundstücken** nach § 246 BewG im Wesentlichen der bisherigen Regelung des § 72 BewG folgt sowie die Definition der bebauten Grundstücke nach § 248 BewG dem bisherigen § 74 BewG entspricht, gelten die diesbezüglich anerkannten und festgestellten Grundsätze und Regelungen fort.[3] Ein Grundstück gilt danach als unbebaut, wenn sich auf dem Grundstück keine benutzbaren Gebäude befinden. Die Benutzbarkeit beginnt mit dem Zeitpunkt der **Bezugsfertigkeit** der Gebäude. Dabei ist für die Entscheidung, ob das Gebäude bezugsfertig ist, auf das gesamte Gebäude abzustellen und nicht nur auf einzelne Wohnungen oder Räume.[4] Dies gilt nicht, wenn das Gebäude in einzelnen **Bauabschnitten** errichtet wird. In diesem Fall gilt jeder fertiggestellte Bauabschnitt als bezugsfertiges Gebäude.[5]

24 **BEISPIEL:** A hat auf seinem Grundstück in Jahr 01 mit dem Bau eines viergeschossigen Wohnhauses begonnen. Bis zum 31.12.01 ist das Erdgeschoss und das 1. Obergeschoss bereits bezugsfertig. Das 2. und 3. Obergeschoss werden im Jahr 02 bezugsfertig.

Für die Bezugsfertigkeit ist auf das gesamte Gebäude abzustellen. Das Gebäude ist daher erst im Jahr 02 bezugsfertig geworden. Das Grundstück ist mithin erst auf den nächsten Feststellungszeitpunkt ab dem Jahr 03 als bebautes Grundstück zu qualifizieren (Feststellungszeitpunkt ist bei einer Änderung

---

1 Vgl. Lehmann in Grootens, GrStG § 33 Rz. 16 und 17.
2 BFH, Urteil v. 20.4.2020 - II B 22/19, NWB KAAAH-53143.
3 Vgl. BT-Drucks. 18/11085, Begründung, B. Besonderer Teil, Teil C (Grundvermögen).
4 BewR Gr 6. Abs. 2 Satz 1, NWB PAAAA-72206.
5 BewR Gr 6. Abs. 2 Satz 4, NWB PAAAA-72206.

der Verhältnisse der Beginn des Kalenderjahres, das auf die Änderung folgt, vgl. § 222 BewG). Ein Grundsteuererlass nach § 34 GrStG kommt daher erst ab dem Jahr 03 in Betracht.

Ferner gelten Grundstücke als unbebaut in z. B. den folgenden Fällen: 25

▶ Auf dem Grundstück befinden sich zwar Gebäude, diese beinhalten aber keine auf Dauer **benutzbaren Räume** mehr, da diese dem **Verfall** preisgegeben oder zerstört sind.[1]

▶ Das Gebäude beinhaltet infolge einer **Entkernung** keine der bestimmungsgemäßen Nutzung zuführbaren Räume mehr. Dies gilt auch, wenn dieser Zustand aufgrund einer Wiederherstellung eines benutzbaren Gebäudes lediglich ein Zwischenstadium darstellt.[2]

▶ Grundstücke, auf denen sich nur Außenanlagen oder Betriebsvorrichtungen befinden.[3]

PRAXISHINWEIS: 26
Im Feststellungsbescheid über den Grundsteuerwert ist ebenfalls die Grundstücksart festzustellen (vgl. § 219 BewG). Dort ist somit bereits festgestellt, ob es sich um ein bebautes oder unbebautes Grundstück handelt. In der Praxis lässt sich mit Blick auf den Grundsteuerwertbescheid somit schnell erkennen, um welche Art von Grundstück es sich handelt.

Zur ausführlichen Definition und der Abgrenzung zwischen **bebauten und unbebauten Grundstücken** vgl. Bock in Grootens, BewG § 246 Rz. 21 ff. und Bock in Grootens, BewG § 248 Rz. 19 ff. 27

(Einstweilen frei) 28–32

2. Ermittlung des „normalen Rohertrags" und der „üblichen Jahresmiete"

Nach § 34 Abs. 1 GrStG muss für den Grundsteuererlass der **normale Rohertrag** gemindert sein. Der normale Rohertrag ist bei bebauten Grundstücken die nach den Verhältnissen zu Beginn des Erlasszeitraums geschätzte **übliche Jahresmiete**. 33

Mit der Neufassung des § 34 Abs. 1 GrStG durch dem GrStRefG v. 26.11.2019[4], wurde abweichend zu den bisherigen Regelungen auch der **Begriff der üblichen Jahresmiete** für Zwecke des Grundsteuererlasses definiert. Danach ist die übliche Jahresmiete in Anlehnung an die Miete zu ermitteln, die für Räume gleicher oder ähnlicher Ausstattung regelmäßig gezahlt wird.[5] Die **Betriebskosten** sind in die Ermittlung der üblichen Jahresmiete nicht einzubeziehen[6]. 34

Die **Definition der üblichen Jahresmiete** im § 34 GrStG ist zu begrüßen und soll in der Praxis zur Vereinfachung der Anwendung der Rechtsnorm führen. In den bisherigen Regelungen zum Grundsteuererlass für bebaute Grundstücke mit wesentlicher Ertragsminderung war diesbezüglich keine eindeutige Regelung vorhanden. Vielmehr zog man bei den bisherigen Regelungen den Begriff der üblichen Miete des § 79 Abs. 2 BewG heran. 35

Zur Bestimmung der üblichen Jahresmiete ist die Miete heranzuziehen, welche für Räume gleicher oder ähnlicher Ausstattung gezahlt wird. Der Grundstückseigentümer hat somit eine **marktübliche Vergleichsmiete** zu ermitteln. 36

---

1 BewR Gr 12. Abs. 1 Satz 1, NWB PAAAA-72206.
2 BFH, Urteil v. 24.10.1990 - II R 9/88 BStBl 1991 II S. 60, NWB OAAAA-93726.
3 Vgl. Eisele in Troll/Eisele, GrStG § 33 Rz. 11.
4 GrStRefG v. 26.11.2019, BGBl 2019 I S. 1794.
5 Vgl. § 34 Abs. 1 Satz 4 GrStG.
6 Vgl. § 34 Abs. 1 Satz 5 GrStG.

37 Zur Ermittlung der marktüblichen Vergleichsmiete gibt es in der Praxis verschiedene Möglichkeiten. Wichtig ist dabei, dass die Vergleichsmiete soweit wie möglich mit den **spezifischen Gebäudeeigenschaften** des Steuergegenstandes übereinstimmt. Denn umso mehr Merkmale zwischen dem Steuergegenstand und den **Vergleichsobjekten** übereinstimmen, umso eher würde ein fremder Dritter den Steuergegenstand auch zu diesen Konditionen mieten.

38 Für die **Ermittlung der üblichen Miete** sind beispielsweise **folgende Merkmale** heranzuziehen:

- Lage des Steuergegenstandes
- Grundstücksart (z. B. EFH, ZFH, Mietwohngrundstück, Geschäftsgrundstück)
- Nutzung des Grundstücks (z. B. Wohnzwecke, Lager, Produktion, Hotel)
- Ausstattung des Gebäudes oder der Räume
- Baujahr des Gebäudes
- Größe der Wohn- oder Nutzflächen

39 Die Möglichkeiten zur Ermittlung einer Vergleichsmiete sind vielfältig. Für die bisherige Einheitsbewertung hatte der BFH dazu entschieden, dass zuerst zu prüfen ist, ob eine übliche Miete durch den unmittelbaren Vergleich aus tatsächlich gezahlten **Mieten für Vergleichsobjekte** abgeleitet werden kann.[1] Diese Vorgehensweise ist m. E. auch für die Ermittlung der übliche Jahresmiete gem. § 34 Abs. 1 Satz 3 GrStG anzuwenden, da die Miete aus tatsächlichen gezahlten Mieten für Vergleichsobjekte regelmäßig den Merkmalen und Gegebenheiten des Steuergegenstandes am nächsten kommen wird.

40 Liegt eine tatsächlich gezahlte Miete für Vergleichsobjekte nicht vor, was in der Praxis häufiger der Fall sein wird, so kann die Ermittlung der üblichen Jahresmiete anhand von **Mietpreisspiegeln** erfolgen.[2] Insbesondere bei zu Wohnzwecken genutzten Gebäuden liegen in der Regel für die meisten Städte und Gemeinden Mietpreisspiegel vor, welche herangezogen werden können, da diese oft auch die verschiedenen **Merkmale wie Lage, Baujahr, Größe und Ausstattung** berücksichtigen. Da in den Mietspiegeln jedoch oft **Mietspannen** für bestimmte Wohnungskategorien angegeben sind, empfiehlt es sich, hier grds. den **Mittelwert der Mietspanne** anzusetzen. Sollte die Ober- oder Untergrenze der Mietspanne angesetzt werden, empfiehlt sich, dies ausführlich zu begründen, um Rückfragen der Gemeinden zu verhindern.[3] Gerade in Fällen, in denen sich die Minderung des normalen Rohertrags nah an der 50 %-Grenze bewegt, kann durch leichte Anpassung der üblichen Jahresmiete innerhalb der Mietpreisspanne die 50 %-Grenze über- oder unterschritten werden.

41 **BEISPIEL:** In einem Wohnhaus mit dem Baujahr 1995 befinden sich zwei Wohnungen von jeweils 65 m². Im Jahr 2018 wurde das Dachgeschoss zu einer Wohnung mit einer Wohnfläche von 50 m² ausgebaut. Der Auszug aus dem vorliegenden Mietspiegel sieht wie folgt aus:

Baujahr	Größe der Wohnung	Miete (min) in €/m²	Miete (max.) in €/m²
vor 1950	< 40 m²	4,50	6,00
	40 m²–60 m²	4,30	5,80
	> 60 m²	4,15	5,50

---

[1] BFH, Urteil v. 10.8.1984 - III R 18/76 BStBl 1985 II S. 200, NWB AAAAA-92014.
[2] BFH, Urteil v. 10.8.1984 - III R 18/76 BStBl 1985 II S. 200, NWB AAAAA-92014.
[3] Gl. A. Eisele in Troll/Eisele, GrStG § 33 Rz. 14.

Baujahr	Größe der Wohnung	Miete (min) in €/m²	Miete (max.) in €/m²
von 1951–1990	< 40 m²	6,00	8,00
	40 m²–60 m²	5,90	7,70
	> 60 m²	5,60	7,30
von 1991–2010	< 40 m²	8,00	9,50
	40 m²–60 m²	7,75	9,15
	> 60 m²	7,40	8,80
ab 2011	< 40 m²	10,00	12,50
	40 m²–60 m²	9,50	12,00
	> 60 m²	9,10	11,70

Die übliche Jahresmiete kann anhand des Mietspiegels geschätzt werden. Sofern keine besonderen Gründe zum Ansatz der Unter- oder Obergrenze vorliegen, empfiehlt es sich jeweils dem Mittelwert anzusetzen. Die übliche Miete für die Wohnungen beträgt:

Wohnung 1: (7,40 €/m² + 8,80 €/m²)/2 = 8,10 €/m²

Wohnung 2: (7,40 €/m² + 8,80 €/m²)/2 = 8,10 €/m²

Wohnung 3 (Dachgeschoss): (9,50 €/m² + 12,00 €/m²)/2 = 10,75 €/m²

Bei nicht zu Wohnzwecken genutzten Gebäuden kann es vorkommen, dass kein Mietspiegel vorliegt. Zwar gibt es ebenfalls **Gewerbemietspiegel**, jedoch liegen diese oft nur für die größeren Ballungsgebiete innerhalb Deutschlands vor, sind zum Teil schwierig zu beschaffen und gelten regelmäßig auch nur für bestimmte gewerbliche Flächen, z. B. Büroflächen, Lagerflächen, Verkaufsflächen. Wenn keine Mietspiegel vorliegen, kann die übliche Miete anhand anderer Quellen geschätzt werden.

Andere Quellen zur Schätzung der üblichen Miete sind zum Beispiel **Immobilienmarktberichte**. Viele große Bewertungs- und Maklerfirmen, aber auch Versicherungen und Banken veröffentlichen in regelmäßigen Abständen (oft jährlich, teilweise auch quartalsweise) Immobilienmarktberichte für verschiedene Nutzungsarten wie **Wohn-, Büro-, Einzelhandels-, Produktions- und Logistikimmobilien**. Die Immobilienmarktberichte dienen in der Regel dazu, Investoren einen kurzen Überblick über die Entwicklung und das Preisniveau für die jeweilige Immobilienart zu geben. Dabei werden oft ebenfalls Mieten für den betrachteten Zeitraum nach Lage und ggf. Ausstattung bekanntgegeben, welche zur Schätzung der üblichen Miete herangezogen werden können.

PRAXISHINWEIS:
Bei der Nutzung von Immobilienmarktberichten zur Ermittlung der üblichen Miete sollte nicht nur auf einen Marktbericht zurückgegriffen werden. Es ist zu empfehlen, zwei oder drei Marktberichte verschiedener Herausgeber zugrunde zu legen und die Mieten zu vergleichen. Ggf. kann dann aus den Mieten der einzelnen Marktberichte ein Mittelwert gebildet werden. Die Marktberichte sollten dem Antrag auf Grundsteuererlass beigefügt werden, um der Gemeinde die Berechnungen und Annahmen offenzulegen sowie zu zeigen, dass man sich über die Ermittlung der üblichen Jahresmiete ausreichend Gedanken gemacht hat.

Weiterhin kommen auch **Anzeigen in Zeitungen** oder auf einschlägigen **Internetportalen** zur Schätzung der üblichen Miete in Fragen. Sollten weder Mietpreisspiegel noch Marktberichte oder Anzeigen vorliegen, kann die übliche Miete auch in Höhe der tatsächlichen Miete geschätzt werden.[1] Dies sollte jedoch nur in Ausnahmefällen, wenn eine Schätzung anhand anderer Quellen nicht möglich ist, geschehen.

46 **BEISPIEL:** A ist Eigentümer eines bebauten Grundstücks in einer kleinen Gemeinde, welches er zu Produktionszwecken vermietet. Der Mietvertrag läuft im April 01 aus. Trotz umfangreicher Vermietungsbemühungen gelingt es A erst im Jahr 02 wieder einen neuen Mieter für das Grundstück zu finden. Aufgrund der abgelegenen Lage existieren weder Vergleichsgrundstücke noch sind Mietspiegel oder Marktberichte verfügbar, aus denen sich eine übliche Miete ableiten lässt. Für den Grundsteuererlass des Jahres 01 kann daher im Ausnahmefall die bis zum April 01 tatsächlich vereinbarte Miete als übliche Miete angesetzt werden.

47 Bei der **Ermittlung der üblichen Jahresmiete** ist auf die Verhältnisse zu **Beginn des Erlasszeitraums** abzustellen. Maßgebend ist somit immer der 1.1. eines jeden Jahres. Da die Miete regelmäßig auf den Monat als Zahlungszeitraum abstellt, ist somit für die Ermittlung der üblichen Jahresmiete der Monat Januar maßgebend. Die **übliche Miete für den Monat Januar** ist mit zwölf zu multiplizieren und ergibt so die übliche Jahresmiete.

48 **PRAXISHINWEIS:**
Auch die herangezogenen Nachweise für die übliche Miete sollten möglichst jeweils den Beginn des Erlasszeitraums betreffen. Denn umso mehr der betrachtete Zeitraum der Referenz vom Beginn des Erlasszeitraums abweicht, umso leichter kann es der Gemeinde fallen, die ermittelte übliche Jahresmiete zu widerlegen und den Erlassantrag ggf. abzulehnen.

49 Werden Räume im Laufe des Erlasszeitraums verändert (z. B. durch **Modernisierung** oder **Nutzungsänderung**), so hat dies in der Regel auch Einfluss auf die übliche erzielbare Miete. Entsprechend ist für die Ermittlung der üblichen Jahresmiete ab dem Zeitpunkt der Veränderung die geänderte übliche Miete zu berücksichtigen.

50 **BEISPIEL:** In einem zweigeschossigen Objekt befinden sich zwei Wohnungen mit jeweils 75 m². Die Wohnung im EG wird zum 1.7. in einen Laden umgebaut. Lt. dem Mietpreisspiegel betragen die Vergleichsmieten 7 €/m² für Wohnungen und 25 €/m² für Einzelhandelsflächen.

Ermittlung der üblichen Jahresmiete:

Erdgeschoss:		
Wohnung (6 Monate)	75 m² x 7 €/m² x 6 Monate	= 3.150 €
Laden (6 Monate)	75 m² x 25 €/m² x 6 Monate	= 11.250 €
Obergeschoss:		
Wohnung (12 Monate)	75 m² x 7 €/m² x 12 Monate	= 6.300 €
übliche Jahresmiete	= 20.700 €	

51 Die übliche Jahresmiete ist gem. § 34 Abs. 1 GrStG in jedem Fall zu ermitteln. Es kommt für die Ermittlung der üblichen Jahresmiete nicht auf die **tatsächlichen Vermietungsverhältnisse** an oder ob die übliche Miete von der tatsächlichen vereinbarten Miete abweicht.

52–55 *(Einstweilen frei)*

3. Berechnung der Minderung des Rohertrags

56 Der ermittelte **normale Rohertrag** des bebauten Grundstücks muss für den Erlasszeitraum um mehr als 50 % oder um 100 % gemindert sein. Für die Ermittlung der **Rohertragsminderung** ist

---

[1] Gl. A. Eisele in Troll/Eisele, GrStG § 33 Rz. 14.

der tatsächliche Rohertrag des bebauten Grundstücks für den Erlasszeitraum mit dem ermittelten normalen Rohertrag des Erlasszeitraums zu vergleichen.[1] Die Differenz zwischen dem tatsächlichen Rohertrag und dem normalen Rohertrag ergibt die Rohertragsminderung für den Erlasszeitraum. Die Rohertragsminderung ist in einem Prozentsatz anzugeben.[2]

Formel zur Ermittlung der Rohertragsminderung

normaler Rohertrag ./. tatsächlicher Rohertrag = Rohertragsminderung

$$\frac{\text{Rohertagsminderung} \times 100}{\text{normaler Rohertrag}} = \text{Rohertragsminderung in Prozent}$$

BEISPIEL: Der tatsächliche Rohertrag beträgt für das Jahr 01 insgesamt 10.000 € und der normale Rohertrag 25.000 €.

Die Rohertragsminderung ermittelt sich wie folgt:

Rohertragsminderung:	25.000 € ./. 10.000 €	= 15.000 €
Rohertragsminderung in Prozent:	$\frac{15.000 \,€ \times 100}{25.000 \,€}$	= 60 %

Der tatsächliche Rohertrag ist anhand der für den Erlasszeitraum tatsächlichen **gezahlten Entgelte** zu ermitteln. Danach gehören zur Jahresrohmiete alle Entgelte, die der Mieter (Pächter) für die Benutzung des Grundstücks oder Grundstücksteils zu entrichten hat.[3] Es handelt sich dabei jeweils um die **Bruttomieteinnahmen**.[4]

Dies schließt auch die Entgelte mit ein, welche für die Benutzung von **Nebengebäude** wie z. B. Garagen, Schuppen, Ställe, Gartenhäuser oder **Grundstücksflächen** wie z. B. Stellplätze oder Hausgarten gezahlt werden.[5] Ebenfalls zum tatsächlichen Rohertrag gehören **Baukostenzuschüsse** oder **Mietvorauszahlungen**, soweit diese auf die Miete angerechnet werden.[6]

Bei **gewerblichen Grundstücken** werden oft enthaltene Betriebsvorrichtungen mit vermietet oder verpachtet. Da **Betriebsvorrichtungen** nicht zum Grundvermögen gehören, ist auch der Teil des Entgelts, welcher auf die Betriebsvorrichtungen entfällt, nicht bei der Ermittlung des tatsächlichen Rohertrags zu berücksichtigen.[7] Wird für ein gewerbliches Grundstück mit enthaltenen Betriebsvorrichtungen nur eine Gesamtmiete vereinbart, so ist diese anteilig auf das vermietete Grundvermögen und die Betriebsvorrichtungen aufzuteilen. Dies wird in der Praxis regelmäßig zu Problemen führen und kaum möglich sein. Notfalls muss die anteilige Miete auf die Betriebsvorrichtungen dann geschätzt werden.[8]

BEISPIEL: Ein Produktionshalle mit einer automatischen Krananlage wird für insgesamt 10 €/m² vermietet. Von der Miete entfallen 2 € auf die Krananlage.

Die Krananlage ist als Betriebsvorrichtung nicht Teil des Grundvermögens[9]. Die anteilige Miete ist bei der Ermittlung des tatsächlichen Rohertrags auszuscheiden. Für die Berechnung des tatsächlichen Rohertrags ist eine Miete von 8 €/m² anzusetzen.

---

1 Abschnitt 40 Abs. 1 Satz 1 GrStR.
2 Abschnitt 40 Abs. 1 Satz 2 GrStR.
3 BewR Gr 21. Abs. 1 S. 1, NWB PAAAA-72206.
4 Vgl. Eisele in Troll/Eisele, GrStG § 33 Rz. 13.
5 BewR Gr 21. Abs. 1 Satz 2, NWB PAAAA-72206.
6 BewR Gr 21. Abs. 3 Satz 2, NWB PAAAA-72206.
7 BewR Gr 21. Abs. 2 Satz 2, NWB PAAAA-72206.
8 Vgl. Halaczinsky in Rössler/Troll, BewG § 79 Rz. 7.
9 § 68 Abs. 2 Nr. 2 BewG.

63 Maßgebend für die Ermittlung des tatsächlichen Rohertrags ist die **vertraglich vereinbarte Miete**. Es kommt grds. nicht auf die Zahlung der Miete an.

64 **BEISPIEL 1:** Die Dezembermiete ist am 1.12.01 fällig, wird jedoch erst am 10.2.02 gezahlt.
Für die Ermittlung des tatsächlichen Rohertrags ist die im Jahr 01 fällige Dezembermiete zu berücksichtigen.

65 Die vereinbarte Miete ist ausnahmsweise nicht bei der Ermittlung des tatsächlichen Rohertrags anzusetzen, soweit bereits mit hinreichender Sicherheit feststeht, dass die Miete z. B. aufgrund einer **Zahlungsunfähigkeit** des Mieters ausfällt.[1]

66 **BEISPIEL 2 (ABWANDLUNG):** Wie Beispiel 1, jedoch ist mit der Bezahlung der Dezembermiete nicht mehr zu rechnen, da der Mieter ab Dezember 01 zahlungsunfähig ist.
Für die Ermittlung des tatsächlichen Rohertrags ist die Dezembermiete nicht mehr zu berücksichtigen. Der tatsächliche Rohertrag ergibt sich aus der vereinbarten Miete von Januar–November 01.

67 Wird einem Mieter aufgrund des Zahlungsverzugs gekündigt oder kündigt dieser von selber und wird aufgrund des Mietvertrags eine **Vertragsstrafe** gezahlt, so ist diese bei der Ermittlung des tatsächlichen Rohertrags ebenfalls zu berücksichtigen. Gleiches gilt, wenn sich der Vermieter aus einer gestellten **Mietsicherheit** aufgrund einer vorzeitigen Kündigung befriedigt. In diesem Fall ist die Befriedigung aus der Mietsicherheit Teil des tatsächlichen Rohertrags.

68 **BEISPIEL:** Grundstückseigentümer A vermietet ein Hotelgrundstück. Der Mietvertrag wird ab dem 1.1.01 für die feste Dauer von 25 Jahren abgeschlossen. Dem Mieter wird aufgrund des Zahlungsverzugs für die Monate April–September mit Monatsende September 01 gekündigt. Mit den Mietzahlungen für April–September 01 ist aufgrund der Zahlungsunfähigkeit des Mieters nicht mehr zu rechnen. Der abgeschlossene Mietvertrag enthält unter anderem folgende Regelungen:
„Der Mieter ist zur Stellung einer Mietsicherheit, die sechs Bruttomonatsmieten beträgt, verpflichtet. Aus der Mietsicherheit kann sich der Vermieter wegen seiner fälligen Ansprüche befriedigen. Die Mietsicherheit wird erst zurückgegeben, wenn das Objekt ordnungsgemäß zurückgegeben wurde, die Nebenkosten abgerechnet wurden und sämtliche Verbindlichkeiten oder Verpflichtungen aus dem Mietverhältnis erfüllt sind."
Aufgrund der Zahlungsunfähigkeit des Mieters ist die vereinbarte Miete für die Monate April–September 01 grds. bei der Ermittlung des tatsächlichen Rohertrags nicht mehr zu berücksichtigen. Jedoch kann sich der Vermieter hier aus der Mietsicherheit befriedigen. Da noch Mietzahlungen für sechs Monate ausstehen, kann der Vermieter die volle Mietsicherheit einbehalten. Diese ist dem tatsächlichen Rohertrag des Jahres 01 hinzuzurechnen.

69–73 *(Einstweilen frei)*

4. Vertreten müssen der Minderung des normalen Rohertrags

a) Allgemeines

74 Der Grundsteuererlass kommt nur in Betracht, soweit der Steuerschuldner die Minderung des normalen Rohertrags **nicht zu vertreten** hat. Dem Tatbestandsmerkmal des „**Vertreten müssen**" kommt dabei eine besondere Bedeutung zu. In der Praxis scheitert ein Grundsteuererlass in den meisten Fällen daran, dass der Steuerschuldner die Minderung des normalen Rohertrags zu vertreten hat.

---

[1] Abschnitt 38 Abs. 4 Satz 3 GrStR.

Auch hat sich die Rechtsprechung bereits in zahlreichen Fällen damit beschäftigt. Dies zeigt, dass die Frage des vertreten müssen in der Praxis oft Streitpunkt zwischen dem Grundstückseigentümer und der Gemeinde ist und folglich von der Gemeinde ausführlich und sehr genau geprüft wird. Der Erlass der Grundsteuer soll nur eine Ausnahme in besonderen Fällen darstellen. Anderenfalls ergäben sich für den Steuerschuldner vielfältige Gestaltungsmöglichkeiten, um die Grundsteuer zu umgehen. Dies entspricht jedoch nicht dem **Objektcharakter** der Grundsteuer, bei dem es gerade nicht auf die tatsächlichen Verhältnisse des Steuerschuldners, sondern lediglich auf den Besitz des Grundstücks ankommen soll.

Der Steuerschuldner hat die Minderung des normalen Rohertrags nicht zu vertreten, wenn die Umstände, welche zu einer Minderung des Rohertrags führen, zwingend von außen in die **Ertragslage** des bebauten Grundstücks eingegriffen haben und der Steuerschuldner auf den Eintritt oder Nichteintritt keinen Einfluss hatte, sich dieser also nicht erwehren konnte.[1] Weiterhin darf die Minderung des Rohertrags nicht auf einer **Willensentscheidung** des Steuerschuldners, sei es durch Tun oder Unterlassen, welche die Rohertragsminderung herbeigeführt oder zumindest nicht verhindert haben, beruhen.

Wenn eine wirtschaftliche Einheit aus mehreren unterschiedlich ausgestatteten oder zu unterschiedlichen Zwecken genutzten und **getrennt vermieteten Räumlichkeiten** besteht und sich dadurch für die einzelnen Räumlichkeiten verschieden hohe marktgerechte Mieten ergeben, ist für jede leerstehende Räumlichkeit gesondert zu prüfen, ob der Steuerschuldner die Minderung des Rohertrags zu vertreten hat.[2]

BEISPIEL: In einem Gebäude stehen die folgenden Räume leer:
- Wohnung in guter Ausstattung, Leerstand aufgrund von Zahlungsunfähigkeit des Mieters
- Wohnung in schlechter Ausstattung, Leerstand aufgrund von Modernisierung
- Ladengeschäft, Leerstand aufgrund überhöhter Mietforderung

Für die Räumlichkeiten ist jeweils getrennt zu prüfen, ob der Steuerschuldner die Rohertragsminderung zu vertreten hat, da diese unterschiedlich ausgestattet oder genutzt und getrennt vermietet werden. Für die Wohnung, welche aufgrund der Zahlungsunfähigkeit des Mieters leer steht, hat der Steuerschuldner die Rohertragsminderung nicht zu vertreten. Für die anderen beiden Räumlichkeiten muss sich der Steuerschuldner die Rohertragsminderung zurechnen lassen.

(Einstweilen frei)

b) Leerstand aufgrund fehlender Mietnachfrage

Bei bebauten Grundstücken hat der Steuerpflichtige die Minderung des normalen Rohertrags in der Regel nicht zu vertreten, wenn die Räume aufgrund von **fehlender Mietnachfrage** ganz oder teilweise leer stehen.

Bei Mietwohngrundstücken oder Geschäftsräumen kann die fehlende Mietnachfrage durch ein **Überangebot** am Markt begründet werden. Dies ist vor allem im ländlichen Bereich denkbar. In den Ballungsgebieten wird ein Überangebot bei der derzeitigen Immobiliennachfrage eher unwahrscheinlich sein. Dies ist jedoch immer nur eine Momentaufnahme, welche sich von Zeit zu Zeit auch schnell wandeln kann (vgl. zur strukturellen Ertragsminderung auch → Rz. 140 und → Rz. 141).

---

[1] Abschnitt 38 Abs. 2 Satz 1 GrStR.
[2] BFH, Urteil v. 27.9.2012 - II R 8/12, BStBl 2014 II S. 117.

86 Bei Produktionsgrundstücken (z. B. Fabrikhallen) oder Logistikimmobilien (z. B. große Lagerhallen) kann der Leerstand auch durch strukturpolitische oder konjunkturelle Situationen entstehen,[1] wenn z. B. aufgrund **Konjunkturschwäche** die Nachfrage sinkt oder der Markt nach einem Bauboom gesättigt ist.

87 **BEISPIEL:** Der Steuerpflichtige A Besitz eine Produktionshalle. Der aktuelle Mieter geht aufgrund einer anhaltenden Rezession insolvent. Es lässt sich aufgrund der schwachen Konjunktur vorerst kein neuer Mieter finden.

88–90 *(Einstweilen frei)*

c) Zahlungsunfähigkeit der Mieter

91 Der Steuerschuldner hat die Minderung des Rohertrags nicht zu vertreten, wenn er den Steuergegenstand marktgerecht vermietet, die Miete jedoch nicht erhalten konnte und dies außerhalb seines Machtbereichs lag, wie z. B. bei **Zahlungsunfähigkeit** des Mieters.[2]

92 Der Vermieter muss jedoch alles ihm Zumutbare unternommen haben, die **versäumten Mietzahlungen einzutreiben** und/oder die **Räumung** des Mietobjekts herbeiführen.[3] So ist in der Regel der Vermieter bei Versäumnis anzumahnen. Es ist jedoch nicht notwendig, dass er die Gerichtsverfahren durch alle Instanzen zur Beitreibung der Miete führt.[4] Schließlich muss auch die **wirtschaftliche Zumutbarkeit der Betreibungsversuche** im Auge behalten werden. Es kann nicht Voraussetzung sein, dass der Mieter ggf. deutlich mehr Kosten zur Betreibung der Miete aufwenden muss, als die Einnahmen durch die Miete betragen würden. Die geeigneten Maßnahmen müssen in der Praxis im Rahmen des Einzelfalls geprüft werden.

93 Voraussetzung bei Mietausfall ist nicht, dass der Vermieter bei der **Auswahl des Mieters** im Vorhinein besonders vorsichtig war. Stimmt der Vermieter später einem Vergleich zu, so hat er den Mietausfall grds. nicht zu vertreten.[5] Sollte jedoch andererseits bei Abschluss des Mietvertrages bereits mit hoher Wahrscheinlichkeit feststehen, dass der Mieter die Miete voraussichtlich nicht zahlen kann, hat dies m. E. der Mieter auch zu vertreten.

94–96 *(Einstweilen frei)*

d) Sanierung oder Renovierung

97 Stehen Räumlichkeiten leer, weil diese **modernisiert** oder **renoviert** werden müssen, so hat der Steuerschuldner die Minderung des Rohertrags in der Regel zu vertreten. Dies gilt ebenso für **leerstehende Mietshäuser**, welche zum **Zweck der Sanierung** erworben werden und dadurch während der Sanierung nicht vermietet werden können.

98 Auch in Fällen, in denen ein Gebäude aufgrund der **Sanierungsbedürftigkeit** nicht mehr am Markt angeboten werden kann oder keine Mieter mehr gefunden werden, hat der Steuerschuldner die Rohertragsminderung zu vertreten, da der Vermieter es versäumt hat Sanierungen oder Renovierungen vorzunehmen.[6]

---

1 Vgl. Eisele in Troll/Eisele, GrStG § 33 Rz. 15.
2 Abschnitt 38 Abs. 4 Satz 3 GrStR.
3 OVG Saarlouis, Urteil v. 28.9.2001 - 1 Q 26/01, NVwZ-RR 2002 S. 885.
4 Vgl. Ostendorf, Die Grundsteuer, NWB 46/1992 S. 3769, NWB HAAAA-74504.
5 Vgl. Ostendorf, Die Grundsteuer, NWB 46/1992 S. 3769, NWB HAAAA-74504.
6 VG Gelsenkirchen, Urteil v. 31.5.2012 - 5 K 2548/11, NVwZ-RR 2012.

Alle Gebäude unterliegen grds. der Abnutzung und sind von Zeit zu Zeit in Stand zu setzten. Dem Steuerschuldner muss bei Anschaffung und Vermietung seines bebauten Grundstücks klar sein, dass er die **vermieteten Räumlichkeiten regelmäßig sanieren und/oder renovieren muss**. Wenn er diese Maßnahmen nicht vornimmt, um z. B. Kosten zu sparen oder die Vermietung so lange wie möglich beizubehalten, so trifft er diese Entscheidung bewusst und muss damit rechnen, dass ab einen bestimmten Zeitpunkt eine Vermietung ggf. nicht mehr möglich ist. Entsprechend muss er sich die unterlassene Sanierung/Renovierung zurechnen lassen und den Leerstand vertreten. Auch in diesen Fällen wird das vertreten müssen sehr streng ausgelegt. So hat der Steuerpflichtige auch den Fall zu vertreten, wenn bei Erwerb des Objektes bereits bekannt war, dass eine Vermietung mit Blick auf **baurechtliche Vorgaben** nur zu Gewerbezwecken (Büroräume) in Betracht kommt, der Steuerpflichtige jedoch keine geeigneten Maßnahmen ergriffen hat, die Ursachen für die Ertragsminderung zu verhindern. Die Ursachen der Ertragsminderung beruhten in besagten Fall gerade darauf, dass der Steuerpflichtige es unterlassen hat, das Objekt in einen Zustand zu versetzen, der sich für eine baurechtsgemäße Nutzung eignet. Statt dessen wurde das als Mehrfamilienhaus errichtete Gebäude, das baurechtlich allerdings nur als Bürogebäude vermietet werden durfte, im ursprünglichen Zustand belassen. Dies steht einer Vermietung als Gewerbeobjekt jedoch entgegen und der Steuerpflichtige hat die Ertragsminderung zu vertreten.[1]

Ist eine Vermietung aufgrund von Sanierungsbedürftigkeit nicht mehr möglich und entschließt sich der Steuerpflichtige zum **Abriss** des Gebäudes, so hat er den Mietausfall zu vertreten. Dies gilt auch, wenn aus strukturpolitischen Erwägungen die Kommune, in der das Gebäude stand, den Abriss planerisch begleitet und der Bund und das Land diesen durch **Zuwendungen** gefördert haben. Zwar mag der Abriss im Interesse einer wirtschaftlich effektiven Nutzung sinnvoll sein. Dies ändert aber nichts daran, dass die Nichtvermietung und der Abriss auf eine selbstständige Entscheidung des Grundstückseigentümers beruhen. Durch die planerische Unterstützung der Stadt sowie die Zuwendungen von Bund und Land werden lediglich die Handlungsmöglichkeiten erweitert, nicht aber eingeschränkt.[2]

Liegt das bebaute Grundstück jedoch in einem städtebaulichen **Sanierungsgebiet** und steht dieses sanierungsbedingt leer, so hat der Steuerschuldner die Rohertragsminderung in der Regel nicht zu vertreten. Denn in diesen Fällen kann sich der Steuerschuldner einer zügigen Durchführung der zur Erfüllung des Sanierungszwecks erforderlichen **Baumaßnahmen nicht entziehen**. Er hat den Leerstand auch dann nicht zu vertreten, wenn er die Entscheidung über den Zeitpunkt der Sanierung selbst getroffen hat.[3]

(*Einstweilen* frei)

e) Verfall oder Abriss

Ebenfalls zu vertreten hat der Steuerschuldner den Leerstand, wenn er das Gebäude verfallen und dann abreißen lässt oder er den **Verfall** nicht entgegenwirkt und somit die Nichtvermietbarkeit in Kauf nimmt.[4]

---

1 VG Koblenz, Urteil v. 16.11.2021 - 5 K 256/21.KO, BeckRS 2021, 37081.
2 VG Dresden, Urteil v. 20.7.2010 - 2 K 34/08, juris.
3 BFH, Urteil v. 17.12.2014 - II R 41/12, BStBl 2015 II S. 663.
4 VG Meiningen, Urteil v. 4.3.2004 - 8 K 582/00.Me, juris.

106 **BEISPIEL:** A kauft ein bebautes Grundstück. Das Gebäude ist in einem schlechten baulichen Zustand. Nach Auszug der letzten Mieter unterlässt es A das Gebäude zu sanieren, wodurch das Objekt nicht mehr vermietbar ist. A plant das Gebäude verfallen zu lassen, es abzureißen und danach einen hochwertigen Neubau zu errichten, da er so eine deutlich höhere Rendite erzielen kann.

Ein Grundsteuererlass ist für A nicht möglich, da er den Verfall und die damit einhergehende Nichtvermietbarkeit des Grundstücks in Kauf nimmt und folglich den Leerstand zu vertreten hat. Er nimmt die Nichtvermietbarkeit bewusst in Kauf.

107 Den Leerstand nicht zu vertreten hat der Steuerschuldner, wenn das bebaute Grundstück aufgrund einer **baurechtlichen Anordnung** nicht mehr bewohnbar ist oder abgerissen werden muss.[1] Gleiches gilt, wenn der Vermieter gezwungen wird, einen Umbau vorzunehmen.[2]

108 **BEISPIEL:** Bei einem vermieteten Gebäude wurde im Rahmen der routinemäßigen Untersuchung der Bauaufsichtsbehörde durch den sachverständigen Gutachter festgestellt, dass das Gebäude aufgrund einer zu geringen Feuerwiderstandsklasse die Brandschutzbestimmungen nicht mehr erfüllt und somit nicht länger vermietet werden darf. Um den Umbau auf die geforderte Feuerschutzklasse durchzuführen, wurden die vermieteten Flächen entmietet. Das Gebäude steht während der Umbaumaßnahmen leer.

Der Steuerschuldner hat den Leerstand nicht zu vertreten, da er von der Bauaufsichtsbehörde zum Umbau gezwungen wurde und der Leerstand so kurzfristig durch externe Umstände eingetreten ist. Der Steuerschuldner konnte sich der Ertragsminderung nicht mehr entziehen.

109–111 *(Einstweilen frei)*

f) Verkaufsverhandlungen

112 Plant der Grundstückseigentümer das bebaute Grundstück nach Leerstand zu **verkaufen** und unternimmt er daher keine Vermietungsbemühungen mehr, so hat er den Leerstand zu vertreten, mit der Folge, dass ein Grundsteuererlass nicht in Betracht kommt.

113 **BEISPIEL:** Der Steuerschuldner erwirbt ausschließlich zum Verkauf bestimmte Eigentumswohnungen, welche jedoch mangels Kaufinteressenten lange Zeit nicht verkauft werden können und daher leer stehen. Ein Grundsteuererlass kommt nicht in Betracht, da der Steuerschuldner den Leerstand zu vertreten hat.[3]

114 **Verkaufsverhandlungen** für ein bebautes Grundstück sind jedoch nicht automatisch schädlich für einen Grundsteuererlass. Liegen intensive und nachhaltige Vermietungsbemühungen des Steuerschuldners vor und zieht dieser daneben auch eine Veräußerung des Steuergegenstandes in Betracht, so schließt dies den Grundsteuererlass nicht aus, da es nicht Ziel des Grundsteuererlasses ist, dem Steuerschuldner an einem wirtschaftlich sinnvollen Verhalten zu hindern.[4]

115 Die **Verkaufsabsicht** steht Vermietungsbemühungen daher nicht von vornherein entgegen.[5] Es ist vielmehr regelmäßig die Prüfung des Einzelfalls notwendig, wenn der Grundstückseigentümer neben den Vermietungsbemühungen diese alternativ auch zum Verkauf stellt. Zwar ist es denkbar, dass die Verkaufsabsicht die Vermietungsbemühungen verdrängen kann und die **Ver-**

---

1 Vgl. Eisele in Troll/Eisele, GrStG § 33 Rz. 16.
2 OVG Nordrhein-Westfalen, Urteil v. 18.3.1959 - III A 1370/56, BB 1959 S. 884, DStZ/B 1959 S. 375.
3 VG Freiburg, Urteil v. 5.3.1982 - VS VII 127/79, KStZ 1982 S. 177.
4 Vgl. Puhl, Grundsteuererlass bei wesentlicher Ertragsminderung (§ 33 GrStG), KStZ 05/2010 S. 88.
5 VG Augsburg, Urteil v. 19.5.2010 - Au 6 K 09.1893, BeckRS 2010.

mietungsbemühungen nur noch zum Schein ausgeführt werden. Dies muss aber anhand der jeweiligen Umstände von der Gemeinde nachgewiesen werden und kann nicht bei Vorliegen gleichzeitiger Verkaufsbemühungen automatisch unterstellt werden.[1]

Der Grundstückseigentümer hat vielmehr in diesen Fällen nachzuweisen, dass er sich abgesehen von den Verkaufsverhandlungen ebenso um eine marktgerechte Vermietung intensiv und nachhaltig bemüht hat. Er sollte dieselbe Anstrengung für eine Vermietung unternehmen, wie wenn er keine gleichzeitigen Verkaufsverhandlungen führt. Als **Nachweis für ernsthafte Vermietungsbemühungen** reicht es nicht aus, lediglich ein Schild am Gebäude anzubringen oder das Einstellen im Internet.[2] Es sollten weitreichende und nachhaltige Vermietungsbemühen durch Anzeigen und Angebote über verschiedene Medien nachgewiesen werden.

(Einstweilen frei)

g) Naturkatastrophen

Der Grundstückseigentümer hat den Leerstand des bebauten Grundstücks nicht zu vertreten, wenn der Leerstand aus der Folge von **Naturkatastrophen** resultiert. Die Ertragsminderungen liegen dabei außerhalb der Einflussmöglichkeit des Grundstückseigentümers.[3]

Dazu zählen z. B. die folgenden **Naturereignisse**:

- Hochwasser und Überschwemmungen
- Brand
- Erdbeben
- Erdrutsch
- Stürme
- Hagel
- Blitzeinschlag
- Pandemie

BEISPIEL: Aufgrund eines Hochwassers und den daraus entstandenen Schäden konnte das Erdgeschoss eines bebauten Grundstücks nicht vermietet werden.

Der Grundstückseigentümer hat den Leerstand nicht zu vertreten, da er auf das Hochwasser keinen Einfluss hatte.

(Einstweilen frei)

h) Epidemien

Auch in Fällen von **Pandemien** oder **Gesundheitskatastrophen**, wie z. B. der SARS-CoV-2-Pandemie im Jahre 2020, ist ein Grundsteuererlass denkbar, da auch hier der Grundstückseigentümer auf einen evtl. bedingten Leerstand des Objekts bzw. verminderte Mieteinnahmen keinen Einfluss hatte.

---

1 VGH München, Urteil v. 11.5.2011 - 4 ZB 10.1673, BeckRS 2011.
2 VG München, Urteil v. 23.7.2009 - 10 K 08.3415, BeckRS 2010.
3 Ritzer, Erlass von Grundsteuer für Opfer von Unwettern – Wesentliche Ertragsminderung als Rechtsgrund, NWB 51/2013 S. 4047, NWB RAAAE-50883.

126 Dies sollte insbesondere auch für Fälle bei eigengenutzten bebauten Grundstücken gelten, wenn der Grundstückseigentümer aufgrund einer Pandemie z.B. verpflichtet wird, sein Geschäft oder seinen Betrieb zu schließen. Zum Grundsteuererlass für eigengewerblich genutzte bebaute Grundstück siehe → Rz. 173 ff.

127–128 *(Einstweilen frei)*

i) Ferienwohnungen

129 Hält der Grundstückseigentümer Wohnungen aufgrund der angestrebten Nutzung als **Ferienwohnung** frei, so hat er den Leerstand der Wohnungen in der nicht vermieteten Zeit zu vertreten. Etwas anderes gilt, wenn er für eine typische Ferienwohnung innerhalb der Ferienzeit keine Mieter findet, sich um eine Vermietung jedoch intensiv bemüht hat.[1]

130–131 *(Einstweilen frei)*

j) Mietfreie Zeiten

132 Gewährt der Steuerschuldner einem Mieter zu Beginn einer Vermietung eine **mietfreie Zeit**, so hat er die Minderung des Rohertrags zu vertreten. Mit der Gewährung der mietfreien Zeit verzichtet der Steuerschuldner bewusst auf die Zahlung der Miete.

133 Es handelt sich um einen **Willensentschluss** des Vermieters, der die Annahme, er habe die Ertragsminderung nicht zu vertreten ausschließt.[2]

134 **PRAXISHINWEIS:**
In der Praxis ist die Gewährung von mietfreien Zeiten insbesondere bei nicht zu Wohnzwecken genutzten Gebäuden und Immobilieninvestoren üblich. Oft handelt es sich dabei um Mietverträge mit langen Grundmietzeiten (z.B. fünf oder zehn Jahre, teilweise noch länger). Die mietfreie Zeit dient dabei als Entgegenkommen des Vermieters für den Abschluss eines langfristigen Mietvertrages. Der Verzicht auf eine Miete für einige Monat zu Beginn des Mietvertrages rentiert sich dabei in der Regel über die lange Laufzeit des Mietvertrages. So spart der Grundstückeigentümer z.B. Kosten für Makler, wenn er immer wieder nach einigen Jahren neue Mieter suchen müsste oder das Grundstück bei häufigen Mieterwechseln immer wieder einige Zeit leer stehen würde.

135 *(Einstweilen frei)*

5. Ortsübliche Vermietung

136 Der Steuerschuldner hat den Leerstand bei Wohnungen und anderen Räumen nicht zu vertreten, wenn er sich um eine **ortsübliche Vermietung** bemüht hat.[3] Die Bemühung um eine ortsübliche Vermietung bedeutet, dass die Räume zu einer **marktüblichen Miete am Markt** angeboten werden müssen.

137 Dabei ist die marktübliche Miete im Rahmen des **Fremdvergleichsgrundsatzes** zu ermitteln. Es darf keine höhere als die marktübliche Miete verlangt werden.[4] In Fällen, in denen der Grundstückseigentümer die Räumlichkeiten zu einem überhöhten oder unrealistischen Entgelt an-

---

[1] Vgl. Eisele in Troll/Eisele, GrStG § 33 Rz. 16.
[2] OVG Nordrhein-Westfalen, Urteil v. 26.7.2013 - 14 A 1471/13, juris
[3] Abschnitt 38 Abs. 4 Satz 1 GrStR.
[4] Abschnitt 38 Abs. 4 Satz 2 GrStR.

bietet, hat dieser den Leerstand und die Rohertragsminderung zu vertreten, da er bewusst in Kauf nimmt, aufgrund seiner überhöhten Mietforderung keinen Mieter zu finden.[1]

Der Steuerschuldner muss die Wohnung folglich mit einer Miete am Markt anbieten, die sich innerhalb der Spanne der üblichen Miete bewegt. Dabei kann nach neuerer Auffassung des FG Berlin vom Steuerschuldner aber auch bei einem **Überangebot** nicht verlangt werden, dass er die Wohnungen oder Räume stets am unteren Rand der Mietpreisspanne anzubieten hat.[2] In einer früheren Entscheidung vertrat der Hessische Verwaltungsgerichtshof mit Urteil v. 7.3.2005[3] die Auffassung, dass bei einem Überangebot vom Steuerschuldner verlangt werden kann, auch an den unteren Rand der Mietpreisspanne zu gehen, damit die Nichtvermietung nicht auf eigenes Verhalten zurückzuführen ist. 138

Diese Sichtweise wurde jedoch nicht sehr lange vertreten. So wurde die o. g. neuere Auffassung des FG Berlin durch das Bundesverwaltungsgericht mit Urteil v. 25.6.2008[4] bestätigt. 139

Diese Auffassung hat sich jedoch durch die Rechtsprechung des BFH mit Urteil v. 24.10.2007[5] geändert. Danach ist es für den Grundsteuererlass nunmehr unbeachtlich, ob die Ertragsminderung **typisch, atypisch, strukturell** oder nicht strukturell bedingt, **vorübergehend** oder nicht vorübergehend ist. Bestätigt wurde dies auch vom BVerwG mit Urteil v. 25.6.2008.[6] Danach kommt auch bei strukturellem Leerstand ein Grundsteuererlass in Betracht, wenn die Ertragsminderung weder atypisch noch vorübergehend ist. Auch muss der Steuerpflichtige den Steuergegenstand nicht am unteren Rand oder unter der Mietpreisspanne anbieten, denn die Maßnahmen, die die Ertragsminderung reduzieren oder auffangen können, müssen dem Steuerschuldner wirtschaftlich zumutbar sein. 140

Durch die Änderung der Rechtsauffassung konnten die Regelungen zum Grundsteuererlass deutlich entschärft werden. So ist es nunmehr grds. nicht mehr von Bedeutung, ob die Rohertragsminderung strukturell bedingt ist oder wie lange diese anhält. Auch ist nunmehr unbeachtlich, ob bei Neubauten mit **Anlaufschwierigkeiten** bzgl. der erstmaligen Tätigkeit zu rechnen ist.[7] 141

Auf diese Änderung der Rechtsauffassung reagierte der Gesetzgeber mit der Verschärfung des ehemaligen § 33 GrStG durch das Jahressteuergesetz 2009[8] v. 19.12.2008 mit Wirkung zum 1.1.2008. Bis dahin kam ein Grundsteuererlass bei Betrieben der Land- und Forstwirtschaft und bei bebauten Grundstücken bereits in Betracht, soweit der normale Rohertrag um mehr als 20 % gemindert war. Da durch die höchstrichterliche Rechtsprechung nun aber ein Erlass auch bei strukturellem Leerstand möglich war, sahen die Gemeinden die für sie so wichtigen Grundsteuereinnahmen gefährdet. Der Prozentsatz der Minderung des normalen Rohertrags wurde daraufhin auf über 50 % erhöht und es wurden die zwei Billigkeitsstufen (Ertragsminderung über 50 % und 100 %) eingeführt. Die Eintrittsschwelle für den Grundsteuererlass wurde folglich angehoben.[9] 142

(Einstweilen frei) 143

---

1 FG Berlin, Urteil v. 17.1.2001 - 2 K 2268/98, NWB BAAAB-06806.
2 BFH, Urteil v. 24.10.2007 - II R 6/05, NWB QAAAC-70393.
3 VGH Hessen, Urteil v. 7.3.2005 - 5 UE 3009/02, NWB EAAAB-53847.
4 BVerwG, Urteil v. 25.6.2008 - 9 C 8.07, NWB FAAAC-90045.
5 BFH, Urteil v. 24.10.2007 - II R 6/05, NWB QAAAC-70393.
6 BVerwG, Urteil v. 25.6.2008 - 9 C 8.07, NWB FAAAC-90045.
7 Vgl. Eisele in Troll/Eisele, GrStG § 33 Rz. 15.
8 Jahressteuergesetz 2009 v. 19.12.2008, BGBl 2008 I S. 2794, BStBl 2009 I S. 74.
9 Vgl. Roscher in 360° GrStG eKommentar, § 33 Rz. 2 und 3.

6. Art und Nachweis der Vermietungsbemühungen

144 Die Vermietungsbemühungen des Steuerschuldners müssen **intensiv und nachhaltig** sein.[1] Es reicht nicht aus, dass lediglich sog. „Alibi-Vermietungsbemühungen" vorliegen, bei denen der Steuergengestand nur sehr kurz oder z. B. nur mittels einer Anzeige in einer regionalen Tageszeitung am Markt angeboten wird, um den Vermietungsbemühungen für den Grundsteuererlass zu genügen.

145 Vielmehr muss sich über die gesamte Zeit des Leerstands intensiv und immer wieder um eine **marktgerechte Vermietung** gekümmert werden. Dies bedeutet auch, dass bei einem längeren Leerstand über mehrere Jahre nicht irgendwann mit der Inserierung von Angeboten aufgehört werden darf, nur weil in den vorherigen Jahren dies nicht zum Erfolg geführt hat. Der Mietmarkt unterliegt vielmehr ständigen Veränderungen, was den Kreis der potenziellen Mietinteressenten laufend ändert.[2] Auch kann sich die **allgemeine Nachfragesituation am Markt** über Jahre hinweg immer wieder ändern.

146 Das **Offerieren der Räumlichkeiten am Markt** hat danach auch in Abhängigkeit der Nutzung (z. B. Wohnung oder Gewerbe) oder der Größe der Räumlichkeiten zu erfolgen. Der Steuerschuldner muss sicherstellen, dass er mit dem Mietangeboten einen **möglichst großen und unterschiedlichen Kundenkreis** anspricht.

147 Für das Anbieten der Räumlichkeiten am Markt kommen regelmäßig das Schalten von **Anzeigen** in regionalen und überregionalen Zeitungen, **Annoncen** auf einschlägigen Internetportalen und bei größeren Objekten auch die Beauftragung von **Maklern** in Betracht.

148 In der Rechtsprechung wurde dabei immer wieder über das Schalten von **Zeitungsinseraten** entschieden. Dabei ging es hauptsächlich um die Frage, ob das Schalten von Inseraten in regionalen und überregionalen Zeitungen zwingend Bestandteil der Vermietungsbemühungen sein muss oder ob es ausreichend ist, Angebote über einschlägige **Internetportale** oder Makler zu offerieren.

149 Lange Zeit vertrat die Rechtsprechung die Meinung, dass Zeitungsinserate in jedem Fall vorliegen müssen. So beispielsweise das VG Oldenburg mit Urteil v. 16.12.2010[3], wonach ein Grundsteuererlass nur möglich ist, wenn der Steuergegenstand nicht nur im Internet angeboten wird, sondern auch in regionalen und überregionalen Zeitungen, um zu gewährleisten, dass das Angebot einen möglichst breiten **Interessenkreis** bekannt wird.

150 Gleicher Ansicht war das VG Dresden mit Urteil v. 25.1.2011[4]. Danach ist für den Steuerschuldner auch in Zeiten der zunehmenden Bedeutung des Internets für den Mietwohnungsmarkt zumutbar, die leerstehenden Wohnungen auch in regionalen und überregionalen **Zeitungen und Anzeigeblättern** anzubieten. Durch die Nutzung beider Medienformen wird ein größerer, voneinander abweichender Interessenkreis erschlossen. Bei Unterlassen von gleichzeitigen Anzeigen in Zeitungen hat der Steuerschuldner die Rohertragsminderung zu vertreten.

---

[1] Vgl. Eisele in Troll/Eisele, GrStG § 33 Rz. 17.
[2] VGH München, Urteil v. 18.1.2010 - 4 ZB 09.1962, BeckRS 2010.
[3] VG Oldenburg, Urteil v. 16.12.2010 - 2 A 1149/10, BeckRS 2011.
[4] VG Dresden, Urteil v. 25.1.2011 - 2 K 1890/09, juris.

Das Internet hat jedoch in den letzten Jahren enorm an Bedeutung gewonnen, während die Tageszeitungen/Printmedien einen immer kleineren Kundenkreis bedienen. **Mietangebote über Internetportale** sind m. E. mittlerweile zum **Standard** geworden und sowohl für den Mietwohnmarkt als auch den Gewerbemietmarkt nicht mehr wegzudenken. M. E. ist es in der jetzigen Zeit zumindest für bestimmte Mietobjekte wie z. B. Gewerbeobjekte fraglich, ob mit Anzeigen in Zeitungen noch ein größerer, vom Internet abweichender Interessenkreis erschlossen werden kann. Eine pauschale Annahme ist hier m. E. nicht mehr gerechtfertigt. Vielmehr muss auf die **besonderen Umstände des Einzelfalls** abgestellt werden.

151

Auch in der Rechtsprechung setzt sich nach und nach die Meinung durch, dass Zeitungsinserate zumindest in bestimmten Fällen nicht mehr zwingend erforderlich sind. Vor allem für **Gewerbeobjekte** müssen Mietangebote durch Zeitungsinserate nicht ausnahmslos vorliegen. Es kann nach Auffassung des VG Stuttgart darauf verzichtet werden, wenn die Veröffentlichung in Zeitungen für den Steuerschuldner unzumutbar gewesen ist. Dem Steuerschuldner sei die Veröffentlichung in Zeitungen unzumutbar, wenn von der Maßnahme vernünftigerweise kein Erfolg zu erwarten ist, der auch nur in einem annähernden Verhältnis zu den damit verbunden Aufwendungen und Kosten steht.[1]

152

Bei einer Suche nach Gewerbemietobjekten wird nach Ansicht des OVG Berlin-Brandenburg kaum ein Interessent das Internet auslassen, da hier gezielt nach bestimmten Auswahlkriterien gesucht werden kann. Bei Grundstücken mit einer besonderen Marktstruktur und Beschaffenheit des Grundstücks könne so z. B. davon ausgegangen werden, dass Zeitungsinserate mit wirtschaftlich verhältnismäßigem Aufwand nicht einen **zusätzlichen Interessenkreis** öffnen können. Auch die Aufgabe von zwei Zeitungsinseraten könne dem Steuerschuldner in diesem Fall nicht zugemutet werden, wenn auch die damit verbunden Kosten unzumutbar gewesen sind, weil der Markterreichungsgrad mit nur zwei Zeitungsinseraten erst recht nicht nennenswert gesteigert worden wäre und es sich somit nur um sog. **„Alibi-Maßnahmen"** gehandelt hätte.[2]

153

Auch wenn z. B. eine Werbung in der Zeitung wenig erfolgsversprechend ist und folglich nur Angebote auf Internetportalen inseriert werden, so ist dies auch im Hinblick auf die immer mehr zunehmende Nutzung von **gewerblichen Internetportalen** nach Auffassung des VG Düsseldorf als ausreichend zu betrachten.[3] Bei größeren Gewerbeobjekten, für eine Vielzahl von Nutzungsmöglichkeiten in Betracht kommt, gehört es nach Auffassung des VGH München sogar dazu, ein überregionales Angebot über das Internet zu schalten.[4] In den Anzeigen ist das Vermietungsobjekt so zu beschreiben, dass sich ein Mietinteressent aufgrund der konkreten Beschreibung angesprochen fühlt.[5]

154

In jedem Fall hat der Steuerschuldner die getätigten **Vermietungsbemühungen** nachzuweisen, da das Bestehen der **Vermietungsabsicht** nur anhand erkennbarer äußerer Merkmale zweifelsfrei festgestellt werden kann.[6] Aus den Nachweisen der Vermietungsbemühungen sollten stets die **Angebotskonditionen** hervorgehen, da die Gemeinde nur so feststellen kann, ob der Steuergegenstand zu einer marktgerechten Miete angeboten wurde. So auch bestätigt vom

155

---

1 VG Stuttgart, Urteil v. 18.3.2011 - 1 K 1200/09.
2 OVG Berlin-Brandenburg, Urteil v. 27.6.2011 - OVG 9 B 16.10, BeckRS 2011.
3 VG Düsseldorf, Urteil v. 11.5.2009 - 5 K 3933/08, BeckRS 2009.
4 VGH München, Urteil v. 8.12.2016 - 4 ZB 16.1583, BeckRS 2016.
5 VG Dresden, Urteil v. 16.5.2017 - 2 K 2383/16, juris.
6 FG Hamburg, Urteil v. 24.8.2007 - 2 K 8/06, NWB GAAAC-63640.

VG München mit Urteil v. 20.5.2021,[1] wonach keine nachhaltigen Vermietungsbemühungen zu einem marktüblichen Mietzinsns vorliegen, wenn nicht dargelegt und bewiesen werden kann, zu welchem Mietzins das Objekt angeboten wird und ob die Angebotskonditionen einem marktüblichen Mietzins entsprechen.

156 Bei einem seit mehreren Jahren leerstehenden Steuergegenstand reicht es zum **Nachweis der Vermietungsbemühungen** nicht aus, wenn ein- bis zweimal im Jahr Zettel an Bäumen etc. aufgehängt werden. Vielmehr ist es erforderlich die Vermietungsbemühungen zu steigern oder auf andere Angebotskanäle umzusteigen, wenn sich herausstellt, dass die bisherigen Bemühungen zu keinem Erfolg führen.[2]

157 **PRAXISHINWEIS:**

Da an den Vermietungsbemühungen und deren Nachweis regelmäßig sehr hohe Anforderungen seitens der Gemeinde geknüpft sind, sollte der Steuerschuldner sich von Beginn an in verschiedenen Medien (Zeitung, Internet, Makler) um eine Vermietung bemühen.

Weiterhin sollten alle Anfragen und Verhandlungen mit Mietinteressenten schriftlich dokumentiert werden, um die ernsthaften und intensiven Vermietungsbemühungen nachzuweisen. Hierzu können z. B. Auszüge aus der E-Mail-Korrespondenz mit potenziellen Mietern oder die Verhandlungsnachweise der beauftragten Makler vorgelegt werden.

158–160 *(Einstweilen frei)*

7. Höhe des Grundsteuererlasses

161 Die Höhe des Grundsteuererlasses ist von der Minderung des Rohertrags abhängig. § 34 Abs. 1 GrStG unterscheidet dabei die folgenden Fälle:

Minderung des Rohertrags	
bis 50 %	kein Grundsteuererlass
51 %–99 %	Grundsteuererlass i. H. von 25 %
100 %	Grundsteuererlass i. H. von 50 %

162 Bei den Prozentsätzen des § 34 Abs. 1 GrStG handelt es sich um **feste Grenzen**. Der Wortlaut des Gesetzes ist dahingehend eindeutig. Ein Grundsteuererlass kommt erst in Betracht, soweit der Rohertrag um **mehr als 50 % gemindert** ist. Beträgt die Minderung des Rohertrags für den Erlasszeitraum nicht mehr als 50 %, ist kein Grundsteuererlass möglich. Im Extremfall bedeutet dies, dass bei einer Minderung des Rohertrags von 50 % kein Grundsteuerlass möglich ist.

163 Beträgt die Minderung des Rohertrags mehr als 50 %, so ist die Grundsteuer zu 25 % zu erlassen (§ 34 Abs. 1 Satz 1 GrStG). Bei einer **Minderung von 100 %** ist die Grundsteuer i. H. von 50 % zu erlassen (§ 34 Abs. 1 Satz 2 GrStG). Maßgebend ist die für den Erlasszeitraum festgesetzte Grundsteuer.

---

[1] VG München, Urteil v. 20.5.2021 - M 10 K 19.425, BeckRS 2021, 26825.
[2] FG Hamburg, Urteil v. 24.8.2007 - 2 K 8/06, NWB GAAAC-63640.

Damit ist im Gegensatz zu § 32 GrStG, bei dem die gesamte Grundsteuer zu erlassen ist, den Fällen des § 34 GrStG nur ein **Teilerlass** der Grundsteuer möglich. Insofern sollten stets zunächst die Möglichkeiten des § 32 GrStG geprüft werden.

Aufgrund der strengen Grenzen ist insbesondere bei Ermittlung der üblichen Jahresmiete besondere Sorgfalt gefragt, da bereits eine minimale Änderung der üblichen Miete das über- oder unterschreiten der **50 %-Grenze** nach sich ziehen kann. Sofern die 50 %-Grenze nur knapp überschritten wird, sollte daher die Ermittlung der üblichen Miete besonders gründlich geprüft und ausführlich begründet werden, um der Gemeinde eine entgegenstehende Auffassung zu erschweren.

BEISPIEL 1: Ein vermietetes Gebäude mit einer Gesamtfläche von 2.500 m² wird im Jahr 01 wie folgt genutzt:

Gewerbe vermietet:	500 m²
Wohnungen vermietet:	500 m²
Wohnungen Leerstand:	1.500 m²

Die übliche Miete für die Gewerbefläche in gleicher Lage und mit einer vergleichbaren Ausstattung beträgt 15 €/m². Der Mietpreisspiegel für die Wohnflächen weist eine Mietspanne von 8 €/m²– 12 €/m² aus.

Der Mietpreis für die Gewerbeeinheit beträgt 15 €/m² und für die Wohnungen 10 €/m². Die leerstehenden Wohnungen haben eine durchschnittliche Ausstattung:

Die Minderung des Rohertrags für das Jahr 01 berechnet sich wie folgt:

1. Ermittlung der üblichen Jahresmiete:

    Ansatz der üblichen Miete für Gewerbe mit 15 €/m² und für die Wohnflächen mit dem Mittelwert von 10 €/m².

Gewerbe:	500 m² x 15 €/m² x 12 Monate	= 90.000 €
Wohnungen:	2000 m² x 10 €/m² x 12 Monate	= 240.000 €
		330.000 €

2. Ermittlung des normalen (tatsächlichen) Rohertrags:

Gewerbe:	500 m² x 15 €/m² x 12 Monate	= 90.000 €
Wohnungen:	500 m² x 10 €/m² x 12 Monate	= 60.000 €
		150.000 €

3. Ermittlung der Rohertragsminderung:

Differenz:	330.000 € ./. 150.000 €	= 180.000 €
Rohertragsminderung:	$\dfrac{180.000\ € \times 100}{330.000\ €}$	= 54,5 %

Die Rohertragsminderung beträgt mehr als 50 %. Die Grundsteuer für das Jahr 01 ist i. H. von 25 % zu erlassen.

BEISPIEL 2 (ABWANDLUNG): Wie Beispiel 1, jedoch haben die leerstehenden Wohnungen eine sehr einfache Ausstattung. Für diese ist daher nur die Untergrenze der Mietspanne i. H. von 8 €/m² anzusetzen.

Die Minderung des Rohertrags für das Jahr 01 berechnet sich wie folgt:

1. Ermittlung der üblichen Jahresmiete:

Gewerbe:	500 m² x 15 €/m² x 12 Monate	= 90.000 €
Wohnungen vermietet:	500 m² x 10 €/m² x 12 Monate	= 60.000 €
Wohnungen Leerstand:	1.500 m² x 8 €/m² x 12 Monate	= 144.000 €
		294.000 €

2. Ermittlung des normalen Rohertrags:

Gewerbe:	500 m² x 15 €/m² x 12 Monate	= 90.000 €
Wohnungen:	500 m² x 10 €/m² x 12 Monate	= 60.000 €
		150.000 €

Ermittlung der Rohertragsminderung:

Differenz:	294.000 € ./. 150.000 €	= 144.000 €
Rohertragsminderung:	$\frac{144.000 \,€ \times 100}{294.000 \,€}$	= 49 %

Die Rohertragsminderung beträgt nicht mehr als 50 %. Die Grundsteuer für das Jahr 01 ist nicht zu erlassen.

168–170 *(Einstweilen frei)*

8. Zusammenfassendes Beispiel

171 **BEISPIEL:** Das Unternehmen A ist Eigentümer eines großen Geschäftsgrundstücks mit Einzelhandels-, Büro- und Lagerflächen, welche in verschiedene Mieteinheiten getrennt sind und an unterschiedliche Mieter vermietet sind. Zum Steuergegenstand gehören weiterhin eine Tiefgarage mit 962 Stellplätzen sowie eine vermietete Mobilfunkantenne auf dem Dach des Gebäudes. Für das Jahr 01 hat das Unternehmen A für das bebaute Grundstück 500.000 € Grundsteuer gezahlt.

Im Jahr 01 standen mehrere Mietflächen aufgrund fehlender Mietnachfrage leer. Das Unternehmen A hat sich jedoch im gesamten Jahr 01 intensiv und nachhaltig um eine Vermietung bemüht. Es hat mehrere Immobilienmakler beauftragt, Zeitungsanzeigen geschaltet und auch auf einschlägigen Internetportalen Vermietungsanzeigen veröffentlicht.

Die üblichen Monatsmieten für das Jahr 01 betragen für die jeweiligen Nutzungen wie folgt:

Büroflächen:	16,00 €/m²
Einzelhandelsflächen:	20,00 €/m²
Lagerflächen:	4,50 €/m²
Tiefgaragenstellplatz:	110,00 € je Stellplatz

Das Unternehmen A möchte nach Ablauf des Jahres 01 prüfen, ob ein Grundsteuererlass nach § 34 Abs. 1 GrStG in Betracht kommt und falls ja, wie hoch dieser ist.

Zur Prüfung des Grundsteuererlasses nach § 34 Abs. 1 GrStG kann wie folgt vorgegangen werden:[1]

---

1 Vgl. für ein umfassendes Prüfschema auch Waschkies/Günther/Rotter, Aktuelles zur Grundsteuer – Benutzbarkeit bzw. Bezugsfertigkeit von Gebäuden und Erlasstatbestände, NWB 23/2014 S. 1716, NWB BAAAE-65393.

Systematische Kommentierung § 34 GrStG

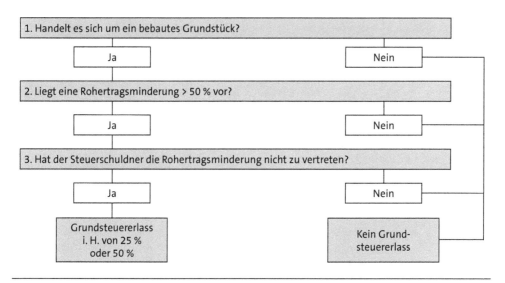

Zu 1.: Bei dem Grundstück des A handelt es sich um ein bebautes Grundstück.

Zu 2.: A hat die Rohertragsminderung für das Jahr 01 zu ermitteln. Diese ergibt sich aus dem Unterschiedsbetrag zwischen dem normalen Rohertrag und dem tatsächlichen Rohertrag im Jahr 01. Der Rohertrag muss um mehr als 50 % gemindert sein. Die Ermittlung kann A beispielsweise mittels folgender Berechnungsanlage darstellen:

Nutzung	Mieter	Fläche [m²]/Anzahl	Vermietung	Leerstand	tatsächlicher Jahresrohertrag [€]	übliche Miete [€/m²]	normaler Rohertrag [€]
Handel	Mieter 1	169	1.1.–31.12.		37.359	20,00	40.560
Lager	Leer	46	1.1.–31.12.			4,50	2.484
Handel	Mieter 2	546	1.1.–31.12.		150.782	20,00	131.040
Handel	Mieter 3	245	1.1.–31.12.		51.293	20,00	58.800
Handel	Mieter 4	92	1.1.–31.12.		22.080	20,00	22.080
Büro	Mieter 5	1.895	1.1.–31.12.		433.698	16,00	363.840
Büro	Mieter 6	2.491	1.1.–31.12.		570.206	16,00	478.272
Lager	Mieter 6	131	1.1.–31.12.		7.096	4,50	7.074
Büro	Mieter 8	3.187	1.1.–30.09.		545.056	16,00	458.928
Büro	Mieter 8	2.759	1.10.–31.12.		159.060	16,00	132.432
Büro	Leer	429		1.10.–31.12.		16,00	20.592
Lager	Mieter 8	540	1.1.–31.12.		31.718	4,50	29.160
Handel	Mieter 9	118	1.1.–31.3.	1.4.–31.12.	7.397	20,00	28.320
Büro	Mieter 10	257	1.1.–31.12.		58.876	16,00	49.344
Lager	Mieter 11	512	1.1.–31.12.		119.704	4,50	27.648
Büro	Mieter 11	605	1.1.–31.12.		141.461	16,00	116.160
Lager	Mieter 11	129	1.1.–31.12.		30.076	4,50	6.966
Handel	Mieter 12	87	1.1.–30.4.	1.5.–31.12.	6.296	20,00	20.880
Lager	Mieter 13	4.872	1.1.–31.12.		192.000	18,00	263.088

Nutzung	Mieter	Fläche [m²]/Anzahl	Vermietung	Leerstand	tatsächlicher Jahresrohertrag [€]	übliche Miete [€/m²]	normaler Rohertrag [€]
Handel	Mieter 14	44	1.1.–31.12.		10.748	20,00	10.560
Büro	Mieter 15	959	1.1.–31.12.		115.275	16,00	184.128
Büro	Mieter 16	814	1.1.–31.12.		170.820	16,00	156.288
Büro	Mieter 16	2.162	1.1.–31.12.		541.871	16,00	415.104
Büro	Mieter 16	1.950	1.1.–31.12.		409.095	16,00	374.400
Lager	Mieter 16	578	1.1.–31.12.		55.532	4,50	31.212
Büro	Leer	20		1.1.–31.12.		16,00	3.840
Lager	Leer	16		1.1.–31.12.		4,50	864
Büro	Leer	22.296		1.1.–31.12.		16,00	4.280.832
Lager	Leer	10.483		1.1.–31.12.		4,50	566.082
Stellpl.	Mieter 17	399	1.1.–31.12.		356.094	110,00	526.680
Stellpl.	Mieter 5	5	1.1.–31.12.		6.024	110,00	6.600
Stellpl.	Mieter 8	50	1.1.–31.12.		60.225	110,00	66.000
Stellpl.	Mieter 15	5	1.1.–31.12.		8.416	110,00	6.600
Stellpl.	Mieter 16	50	1.1.–31.12.		60.095	110,00	66.000
Stellpl.	Leer	453		1.1.–31.12.		110,00	597.960
				Summe	4.358.354		9.550.818
				in %	45,63 %		100,00 %
				Minderung Rohertrag	54,37 %		
				Grundsteuer für das Jahr 01	500.000 €		
				davon zu erlassen	25 %		
				Erlass Grundsteuer 01	125.000 €		

Da die Rohertragsminderung für das Jahr 01 mehr als 50 % beträgt, kommt ein Grundsteuererlass i. H. von 25 % in Betracht.

Zu 3.: A hat den Leerstand auch nicht zu vertreten, da er sich intensiv und nachhaltig im gesamten Jahr 01 um eine Vermietung bemüht hat. Zum Nachweis hat A neben der obigen Berechnung der Rohertragsminderung für sämtliche Vermietungsbemühung die Verträge mit den Immobilienmaklern, Kopien von den Internetannoncen und den Zeitungsinseraten sowie die Korrespondenz mit Mietinteressenten bei der zuständigen Gemeinde einzureichen.

172 *(Einstweilen frei)*

II. Erlass bei eigengewerblich genutzten Grundstücken (§ 34 Abs. 2 GrStG)

1. Begriff der eigengewerblichen Nutzung

173 Ein Grundsteuererlass ist auch für **eigengewerblich** genutzte bebaute Grundstücke möglich. Dem Begriff der eigengewerblichen Nutzung kommt dabei entscheidende Bedeutung zu.

174 Ein bebautes Grundstück wird i. S. dieser Vorschrift eigengewerblich genutzt, wenn es durch den Steuerschuldner, dem das Grundstück bei der Festsetzung des Grundsteuerwerts zugerechnet wird, für **eigengewerbliche Zwecke** tatsächlich genutzt wird. Es muss sich um eine eigengewerbliche Tätigkeit des Steuerschuldners handeln (§ 15 EStG oder § 18 EStG). Dies be-

deutet, dass der Grundstückseigentümer seine Tätigkeit auf dem Grundstück selbst ausüben muss. Wird das Grundstück zu gewerblichen Zwecken vermietet oder verpachtet oder wird an dem Steuergegenstand ein Nießbrauch oder anderes Nutzungerecht eingeräumt, dann erfolgt die Betrachtung des Erlasses nach den Grundsätzen des § 34 Abs. 1 GrStG.

Es kommt weiterhin nicht darauf an, wie das Grundstück bewertungsrechtlich behandelt worden ist. Es ist allein die tatsächliche gewerbliche Nutzung maßgebend.[1] Das bebaute Grundstück wird nicht durch eine **natürliche Person** eigengewerblich genutzt, die das Grundstück an eine GmbH & Co. KG vermietet hat, an der die natürliche Person mittelbar und unmittelbar beteiligt ist.[2] 175

Befinden sich bebaute Grundstücke im Eigentum von **Wohnungsgesellschaften**, so dienen diese in der Regel, auch wenn es sich um Wohnungen handelt, allein der Erfüllung des gesellschaftsrechtlichen Vermietungszwecks. Aus der Sicht der Wohnungsgesellschaft liegt daher eine **eigengewerbliche Nutzung** der bebauten Grundstücke vor.[3] 176

Da es für den Grundsteuererlass nach § 34 Abs. 2 auf die tatsächliche gewerbliche Nutzung des Steuerschuldners ankommt, gelten ab dem Zeitpunkt, in dem die **eigengewerbliche Nutzung eingestellt** wird, nicht mehr die besonderen Voraussetzungen des § 34 Abs. 2 GrStG, sondern der Erlass richtet sich dann nach Regelungen des § 34 Abs. 1 GrStG.[4] 177

Für die Frage der Dauer der gewerblichen Nutzung kann dabei auch nicht auf § 2 Abs. 2 Satz 1 GewStG abgestellt werden, denn die **Gewerbesteuerpflicht** knüpft darin nicht an die faktische Ausübung eines Gewerbes an, sondern qualifiziert die Kapitalgesellschaft aufgrund ihrer Organisationsform als Gewerbebetrieb.[5] 178

(Einstweilen frei) 179–184

2. Minderung der Ausnutzung des Grundstücks

Voraussetzung für den Erlass bei eigengewerblich genutzten bebauten Grundstücken ist, dass eine **Minderung der Ausnutzung** des Grundstücks von mehr als 50 % vorliegt. Die Minderung der Ausnutzung des Grundstücks berechnet sich wie folgt: 185

normale Ausnutzung ./. tatsächliche Ausnutzung = Minderung der Ausnutzung

$$\frac{\text{Minderung der Ausnutzung} \times 100}{\text{normale Ausnutzung}} = \text{Minderung der Ausnutzung in Prozent}$$

Für die Minderung der Ausnutzung kann auf verschiedene Merkmale abgestellt werden. In der Regel liegt eine Minderausnutzung vor, wenn das Grundstück **zeitlich, räumlich oder wirtschaftlich** weniger genutzt wird, als es üblicherweise der Fall ist. Unerheblich ist es jedoch, ob eine Minderung der normalerweise erzielbaren Erträge vorliegt. 186

Bei einem **vollständigen Leerstand** des Gebäudes beträgt die Minderausnutzung 100 %. Steht das Gebäude nur teilweise leer, bestimmt sich die Minderausnutzung anhand des Prozentsatzes der **leerstehenden Fläche zur Gesamtfläche** des Gebäudes.[6] Auch wenn ein Gebäude nicht 187

---

[1] Vgl. Fock/Peters/Mannek, Praxis der Kommunalverwaltung E 4 d 2, Bund, GrStG § 33.
[2] VGH Baden-Württemberg, Urteil v. 31.1.1978 - II 2503/76, KStZ 1978 S. 151.
[3] OFD Berlin, Rundverfügung v. 10.4.2003 St 162 - G 1163 a - 1/97, NWB WAAAA-82330.
[4] Vgl. Fock/Peters/Mannek, Praxis der Kommunalverwaltung E 4 d 2, Bund, GrStG § 33.
[5] OVG Lüneburg, Urteil v. 16.1.1991 - 13 A 94/88.
[6] Abschnitt 40 Abs. 5 Satz 4 und 5 GrStR.

leer steht, kann z. B. aufgrund von **Kurzarbeit** dennoch eine Minderung der Ausnutzung vorliegen.

188 In den wenigsten Fällen wird sich jedoch die Minderung der Ausnutzung so leicht anhand des **zeitlichen oder flächenmäßigen Leerstandes** feststellen lassen. Vielmehr wird in der Praxis die Schwierigkeit bestehen, das richtige Merkmal zu Bestimmung der Minderung der Ausnutzung zu finden.

189 Die Bestimmung der Merkmale richtet sich nach den **wirtschaftlichen Gesichtspunkten** sowie den besonderen Verhältnissen des Betriebes. So kommen beispielsweise folgende Merkmale in Betracht:[1]

- für **Fabrikations-, Handwerks- und Handelsbetriebe** z. B. Arbeitsstunden, der Produktionsmitteleinsatz, der Produktionsausstoß, die Produktionsstunden, der Umsatz oder ähnliche Merkmale,[2]
- bei **Hotels, Sanatorien** und **Kurheimen** die Bettenbelegung,[3]
- bei **Kinos** und **Theatern** die Zahl der belegten Sitzplätze.[4]

190 In den meisten Fällen wird jedoch der **Umsatz** als Merkmal zur Bestimmung der Minderausnutzung gewählt, da dieser häufig am einfachsten zu ermitteln und zu vergleichen ist. Es ist aber auch eine Kombination mehrerer Merkmale denkbar, wenn z. B. ein eigengewerblich genutztes Grundstück aus verschieden genutzten Teilen besteht. In diesem Fall kann die **Minderung der Ausnutzung** entsprechend nach § 34 Abs. 3 GrStG zuerst für jeden Teil getrennt ermittelt werden. Die Gesamtminderung ergibt sich dann aus den Wertanteilen der selbstständigen Teile am Grundsteuerwert.

191 **BEISPIEL:** A betreibt auf seinem Grundstück ein Kino inkl. einem kleinen Restaurant. Im Jahr 01 betrug die Anzahl der Kinogäste 9.000, während sie in den drei vorangehenden Jahren durchschnittlich 20.000 betrug. Der Umsatz des Restaurants betrug im Jahr 01 insgesamt 30.000 €, der durchschnittliche Umsatz für die letzten drei Kalenderjahre 40.000 €. Der Anteil des Kinos am Grundsteuerwert beträgt 90 % und der Anteil des Restaurants 10 %.

1. Ermittlung der Minderung der Ausnutzung der einzelnen Nutzungen:
   a) Minderung der Ausnutzung für das Kino:

   Als Merkmal zur Bestimmung der tatsächlichen und normalen Ausnutzung kann für das Kino auf die Anzahl der Kinogäste (belegte Kinoplätze) abgestellt werden.

normaler Ausnutzung:		= 20.000
tatsächliche Ausnutzung:		= 9.000
Minderung:	20.000 ./. 9.000	= 11.000
Minderung in Prozent:	$\dfrac{11.000 \times 100}{20.000}$	= 55 %

   b) Minderung der Ausnutzung für das Restaurant:

   Als Merkmal zur Bestimmung der tatsächlichen und normalen Ausnutzung kann für das Restaurant auf den Umsatz abgestellt werden.

normale Ausnutzung:	40.000 €
tatsächliche Ausnutzung:	30.000 €

---

[1] Abschnitt 40 Abs. 5 Satz 11–13 GrStR.
[2] BVerwG, Urteil v. 26.5.1989 - 8 C 20.87, BStBl 1989 II S. 1042.
[3] BVerwG, Urteil v. 3.7.1979 - 7 B 44/78, KStZ 1980 S. 11.
[4] OVG Münster, Urteil v. 25.6.1976 - II B 267/76, KStZ 1976 S. 212.

Minderung:	40.000 € ./. 30.000 €	= 10.000 €
Minderung in Prozent:	$\frac{10.000 € \times 100}{40.000 €}$	= 25 %

2. Ermittlung der Minderung der Ausnutzung für das gesamte Grundstück:

Ermittlung der Anteile am Grundsteuerwert:

Kino:	$\frac{55\% \times 90\%}{100}$	= 49,5 %
Gewerbe:	$\frac{25\% \times 10\%}{100}$	= 2,5 %

Die Minderung für das Gesamtgrundstück beträgt 52 %

Ist ein geeignetes Merkmal identifiziert worden, ist die Minderung der Ausnutzung im Erlasszeitraum zu ermitteln. Dazu ist der Unterschiedsbetrag zwischen der tatsächlichen Ausnutzung und der normalen Ausnutzung zu ermitteln. Für die **normale Ausnutzung** ist dabei auf die nachhaltig und gewöhnlich erzielbare Ausnutzung, welche sich bei einer ordnungsgemäßen Bewirtschaftung für den Erlasszeitraum ergebe, abzustellen.   192

Die normale Ausnutzung ist dabei grds. aus dem Durchschnitt der drei dem Erlassantrag vorangehenden Kalenderjahre abzuleiten.[1] Dies ist aber nur möglich, soweit die **drei vorangehenden Kalenderjahre** auch üblich gewesen sind. War die Ausnutzung bereits in einem der drei vorangehenden Jahre erheblich gemindert, so ist die normale Ausnutzung aus dem Durchschnitt der letzten drei Kalenderjahre abzuleiten, in denen eine ungeminderte Ausnutzung vorlag.[2]   193

Auch in Fällen, in denen in den vorangehenden Kalenderjahren **besondere Ereignisse** stattgefunden haben, die einen nicht unerheblichen Einfluss auf die normale Ausnutzung hatten, sind diese Kalenderjahre **nicht in die Durchschnittsberechnung** einzubeziehen. Besondere Ereignisse können z. B. die Stilllegung oder Eröffnung einer neuen Betriebsstätte sowie Kapazitätserweiterungen sein.   194

Wird der Umsatz zur Bestimmung der Ausnutzungsminderung herangezogen, so müssen bei Ermittlung des Durchschnittsumsatzes der letzten drei Kalenderjahre ggf. **die allgemeinen Preisniveauveränderungen** berücksichtigt werden. Dazu können neben dem Verbraucherpreisindex oder den regelmäßig veröffentlichten Inflationsraten auch anderen Maßstäbe, wie z. B. speziell für die einzelnen Branchen ermittelte Indexzahlen, genutzt werden.[3]   195

(Einstweilen frei)   196–200

3. Vertretenmüssen der Minderausnutzung

Auch bei eigengewerblich genutzten Grundstücken ist der Grundsteuererlass nur zulässig, soweit der Steuerschuldner die Minderung der Ausnutzung des bebauten Grundstücks nicht zu vertreten hat. Dabei kommen die grds. gleichen Maßstäbe zur Anwendung wie bei der Prüfung des „**Vertretenmüssen**" bei den vermieteten bebauten Grundstücken (vgl. → Rz. 74 ff.).   201

---

1 BVerwG, Urteil v. 3.7.1979 - 7 B 44/78, KStZ 1980 S. 11.
2 BVerwG, Urteil v. 26.5.1989 - 8 C 20.87, BStBl 1989 II S. 1042.
3 Vgl. Eisele in Troll/Eisele, GrStG § 33 Rz. 23.

202 In der Praxis wird die Prüfung des „Vertretenmüssen" in den meisten Fällen jedoch ungleich schwieriger sein. Viele eigengewerblich genutzten Grundstücke sind speziell an die Bedürfnisse des Betriebes angepasst, sodass es schwer werden kann, dieses überhaupt anderweitig zu nutzen. Ferner geht der Grundstückseigentümer in der Regel auch selbst davon aus, dass die Minderung nur vorrübergehender Natur ist und er das Grundstück bald wieder voll nutzen kann.[1]

203 Der Grundstückseigentümer hat die Minderung der Ausnutzung danach nicht zu vertreten, wenn für ihn keine Möglichkeit bestand, die Minderung zu beseitigen und auf die Ursachen der Minderung in zumutbarer Weise Einfluss zu nehmen.[2] So können auch **strukturelle** oder **konjunkturelle** Entwicklungen zu einer Minderung der Ausnutzung des Grundstücks führen, welche der Steuerschuldner nicht zu vertreten hat, wenn er dadurch seinen Betrieb stilllegen oder einschränken muss.[3]

204 Hat der Grundstückseigentümer die Minderung der Ausnutzung durch eine eigene **Willensentscheidung** herbeigeführt, diese bewusst in Kauf genommen oder keine geeigneten und zumutbaren Maßnahmen dagegen unternommen, so muss er die Minderung in der Regel vertreten.[4]

205 Auch in Fällen, in denen ein Betrieb neu gegründet oder die Kapazität ausgeweitet wird, hat der Steuerschuldner die Minderung regelmäßig zu vertreten, da diese auf das allgemeine **Unternehmerrisiko** zurückzuführen ist.[5] Der Steuerschuldner kann nicht davon ausgehen, dass bei **Neugründungen** oder **Kapazitätserweiterungen** von Anfang an eine Vollauslastung vorliegen wird.

206 Bei der Neugründung kann daher mit **Anlaufschwierigkeiten** für die ersten drei Jahre gerechnet werden, welche bei Minderung vom Steuerschuldner zu vertreten sind.[6] Die gilt nicht, wenn die Minderung in den Anlaufjahren durch **Fehlentscheidungen** begründet wurden, welche im normalen Geschäftsbetrieb nicht mehr ausgeglichen werden können.[7]

207 Nicht zu vertreten hat der Steuerschuldner die Minderung der Ausnutzung aufgrund von **Naturkatastrophen**.

208 **BEISPIEL:** A betreibt ein Ski und Snowboard Fachgeschäft. Aufgrund einer Lawine wurden die Verkaufsräume stark beschädigt, sodass A erhebliche Umsatzeinbußen in Kauf nehmen muss. A hat die Minderung der Ausnutzung seines eigengewerblich genutzten Grundstücks nicht zu vertreten.

209 Auch **Pandemien** wie z. B. aufgrund SARS-CoV-2 und die daraus resultierende Minderung der Ausnutzung hat der Steuerschuldner nicht zu vertreten.

210 **BEISPIEL:** A betreibt eine Diskothek mit Bar. Aufgrund einer Pandemie hat A diese nach Anordnung des Bundes und der Länder bis auf weiteres zu schließen. A hat die Minderung nicht zu vertreten.

211–213 *(Einstweilen frei)*

---

1 Vgl. Eisele in Troll/Eisele, GrStG § 33 Rz. 23a.
2 Abschnitt 38 Abs. 4a Satz 1 GrStR.
3 Abschnitt 38 Abs. 4a Satz 2 GrStR.
4 BVerwG, Urteil v. 15.4.1983 - 8 C 146/81.
5 VG Düsseldorf, Urteil v. 13.5.1985 - 11 K 2760/81, juris.
6 Vgl. Roscher in 360° GrStG eKommentar, § 33 Rz. 19.
7 BFH, Urteil v. 6.8.1971 - III R 88/68, BStBl 1972 II S. 109.

4. Unbilligkeit der Einziehung der Grundsteuer

Abweichend vom Erlass bei vermieteten Grundstücken nach § 34 Abs. 1 GrStG kommt ein Erlass für eigengewerblich genutzte bebaute Grundstücke nach § 34 Abs. 2 GrStG nur unter der besonderen Voraussetzung in Betracht, dass die **Einziehung der Grundsteuer nach den wirtschaftlichen Verhältnissen** des Betriebs **unbillig** wäre (§ 34 Abs. 2 Satz 2 GrStG). 214

Damit ähnelt diese Regelung einem Erlass nach den allgemeinen Billigkeitsmaßnahmen i. S. der Abgabenordnung. Jedoch kommt es nach dem Wortlaut des § 34 Abs. 2 Satz 2 GrStG für die Prüfung der **Unbilligkeit** nur auf die **wirtschaftlichen Verhältnisse** des Betriebs an, während es bei den Billigkeitsmaßnahmen i. S. der §§ 163, 227 AO nicht nur auf die wirtschaftlichen Verhältnisse, sondern auch auf die persönlichen und sachlichen Verhältnisse des Steuerschuldners[1] ankommt. 215

Für die Prüfung der wirtschaftlichen Verhältnisse des Betriebs kommt es auf das **Gesamtunternehmen** und nicht nur auf die isolierte Betrachtung des Steuergegenstands „bebautes Grundstück" an.[2] Gehören zu einem Betrieb mehrere Betriebsstätten, so kommt es auf die wirtschaftlichen Verhältnisse des gesamten Betriebs an. 216

Im Fall einer **Organschaft** ist für die Betrachtung der Unbilligkeit auf die wirtschaftlichen Verhältnisse der **Organtochter und der Muttergesellschaft** abzustellen.[3] Ist eine GmbH im Rahmen einer gewerbesteuerlichen Organschaft als Organgesellschaft in eine AG als Organträger eingegliedert, so kommt es auch hier für die Frage der Unbilligkeit auf die wirtschaftlichen Verhältnisse des **Organkreises** an. Dies gilt auch dann, wenn zwischen der Organgesellschaft und dem Organträger kein Ergebnisabführungsvertrag abgeschlossen wird.[4] 217

Die Prüfung der wirtschaftlichen Verhältnisse des Gesamtunternehmens erfolgt in der Regel anhand des **Betriebsergebnisses**. Dabei kann von dem ermittelten Gewinn oder Verlust ausgegangen werden, welcher für Zwecke der Einkommensteuer oder Körperschaftsteuer ermittelt wurde.[5] 218

Die zuständige Gemeinde braucht so keine eigene Gewinnermittlug mehr vorzunehmen. Jedoch ist der für die Einkommensteuer und Körperschaftsteuer maßgebende Gewinn nicht bindend für die Gemeinde. Diese kann z. B. eine **Sonderabschreibung** oder **erhöhte Abschreibungen** abziehen und wenn nur dadurch ein Verlust entsteht, den Grundsteuererlassantrag ablehnen.[6] 219

Unbillig ist die Einziehung der Grundsteuer nur, wenn das **Betriebsergebnis** des Gesamtunternehmens negativ ist und die Entrichtung der Grundsteuer aus dem Vermögen oder durch Kreditaufnahme für den Steuerschuldner nicht zumutbar ist.[7] Es ist folglich neben dem Betriebsergebnis auch die finanzielle Lage des Gesamtunternehmens zu betrachten. Danach gilt es zu prüfen, ob das Unternehmen durch die Zahlung der Grundsteuer in **Liquiditätsschwierigkeiten** geraten würde. 220

---

1 Vgl. Leopold/Madle/Rader, AO § 163, NWB ZAAAC-32822 und Lindwurm in Leopold/Madle/Rader, AO § 227, NWB PAAAC-32902.
2 OFD Berlin, Rundvfg. v. 10.4.2003 - St 162 - G 1163 a - 1/97, NWB WAAAA-82330.
3 BFH, Urteil v. 19.4.1989 - II R 16/89, BStBl 1989 II S. 804.
4 BFH, Urteil v. 17.1.1990 - II R 97/85, BStBl 1990 II S. 448.
5 Abschnitt 38 Abs. 5 Satz 6 und 7 GrStR.
6 Vgl. Ostendorf, NWB 46/1992 S. 3769, NWB HAAAA-74504.
7 Abschnitt 38 Abs. 5 Satz 8 GrStR.

221 Die Grundsteuer darf weiterhin innerhalb des Aufwands des Gesamtunternehmens von nicht nur **geringfügigem** Gewicht sein.[1] Auch dies ist jeweils im Rahmen des Einzelfalls für jeden Betrieb gesondert zu prüfen, da je nach Betriebsgröße auch die Höhe der Grundsteuer einen unterschiedlich hohen Anteil an den Betriebsausgaben des Betriebs haben wird.

222 Maßgebend für die Frage der wirtschaftlichen Verhältnisse ist das **Kalenderjahr**, für das der Erlass beantragt wird.[2] Damit wird klargestellt, dass sich die über den Antrag entschiedene Gemeinde bei der Prüfung auch nur auf den Erlasszeitraum beschränkt und nicht die Änderung von wirtschaftlichen Verhältnissen in der Vergangenheit oder der Zukunft mit berücksichtigt.

223–225 *(Einstweilen frei)*

III. Erlass bei unterschiedlich genutztem Grundbesitz (§ 34 Abs. 3 GrStG)

226 In den Fällen, in denen ein bebautes Grundstück sowohl eigengewerblich i. S. des § 34 Abs. 2 GrStG als auch i. S. des § 34 Abs. 1 GrStG (z. B. Vermietung zu Wohnzwecken oder fremdgewerbliche Vermietung) genutzt wird, sind die unterschiedlich genutzten Teile für die Prüfung der Ertragsminderung wie **selbstständige Grundstücksteile** zu behandeln.

227 Im ersten Schritt ist für den jeweiligen Grundstücksteil die **Minderung nach den für den Grundstücksteil maßgeblichen Vorschriften** zu ermitteln. Für den eigengewerblich genutzten Teil ist die Minderung der Ausnutzung nach § 34 Abs. 2 GrStG und für den übrigen Teil die Minderung des normalen Rohertrags nach § 34 Abs. 1 GrStG zu ermitteln.

228 Im zweiten Schritt erfolgt die Prüfung, ob die Minderung insgesamt mehr als 50 % beträgt. Dabei ist dann nicht mehr auf die selbstständigen Grundstücke abzustellen. Vielmehr ist für den **gesamten Steuergegenstand** ein Prozentsatz der Minderung zu ermitteln.

229 Der Prozentsatz ermittelt sich nach den **Anteilen der selbstständigen Grundstücksteile am Grundsteuerwert** des Grundstücks.

230 **PRAXISHINWEIS:**
Die Ermittlung der Anteile der Grundstücksteile am Grundsteuerwert des gesamten Grundstücks, kann in der Praxis kompliziert sein. Es bietet sich daher an, die Ermittlung von Anfang an mit dem Finanzamt abzustimmen. Vor allem wird die Gemeinde die Aufteilung dann ggf. nicht mehr in Frage stellen, wenn diese vom zuständigen Finanzamt bereits bestätigt oder sogar vorgenommen wurde.

231 **BEISPIEL:** A ist Eigentümer eines bebauten Grundstücks. Im Erdgeschoss des Gebäudes betreibt A einen Gewerbebetrieb. Das Obergeschoss vermietet er zu Wohnzwecken. Aufgrund eines Hochwassers Anfang April 01 muss A das Erdgeschoss renovieren. Erst Anfang Januar 02 kann er sein Gewerbe wieder betreiben und daraus Umsätze erzielen. Aus den letzten drei Jahren ergibt sich, dass der Umsatz gleichmäßig auf alle Monate verteilt anfiel.

Der Mieter des Obergeschosses zieht im September 01 aus. Trotz intensiven und marktgerechten Vermietungsbemühungen findet A erst im Jahr 02 wieder einen Mieter. Die tatsächliche Miete betrug während der Vermietung 1.000 € pro Monat. Dies entspricht auch der marktüblichen Miete Anfang 01.

Der Anteil der gewerblichen Räume am Grundsteuerwert beträgt 60 % und der Anteil der Wohnungen 40 %.

---

[1] BVerwG, Urteil v. 26.5.1989 - 8 C 20.87, BStBl 1989 II S. 1042.
[2] Abschnitt 38 Abs. 5 Satz 3 GrStR.

1. Ermittlung der Rohertragsminderung der einzelnen Grundstücksteile:
   Rohertragsminderung der Wohnung:

normaler Rohertrag:	1.000 € x 12	=12.000 €
tatsächlicher Rohertrag:	1.000 € x 9	= 9.000 €
Minderung:	12.000 € ./. 9.000 €	= 3.000 €
Minderung in Prozent:	$\frac{3.000\ € \times 100}{12.000\ €}$	= 25 %

   Minderung der Ausnutzung der gewerblich genutzten Räume:

normale Ausnutzung:		12 Monate
tatsächliche Ausnutzung:		3 Monate
Minderung:	12 Monate ./. 3 Monate	= 9 Monate
Minderung in Prozent:	$\frac{9\ \text{Monate} \times 100}{12\ \text{Monate}}$	= 75 %

2. Ermittlung der Ertragsminderung für das gesamte Grundstück:
   Ermittlung der Anteile am Grundsteuerwert:

Wohnung:	$\frac{25\ \% \times 40\ \%}{100}$	= 10 %
Gewerbe:	$\frac{75\ \% \times 60\ \%}{100}$	= 45 %
Summe der Ertragsminderung:	10 % + 45 %	**= 55 %**

   Die Minderung für das Gesamtgrundstück beträgt mehr als 50 %. A hat Rechtsanspruch auf einen Grundsteuererlass.

(Einstweilen frei) 232–234

IV. Kein Erlassgrund bei möglicher Wertfortschreibung (§ 34 Abs. 4 GrStG)

Der Grundsteuererlass aufgrund wesentlicher Ertragsminderung bei bebauten Grundstücken ist ausgeschlossen, wenn im Erlasszeitraum die wesentliche Ertragsminderung durch eine **Wertfortschreibung** des Grundsteuerwerts hätte berücksichtigt werden können.

Dies gilt auch, wenn eine Wertfortschreibung möglich gewesen wäre, der Steuerschuldner den **Antrag auf Wertfortschreibung** aber versäumt hat. Damit soll verhindert werden, dass der Steuerschuldner sein Versäumen noch durch ein Grundsteuererlass ausgleichen kann.

Eine Wertfortschreibung des Einheitswerts ist vorzunehmen, wenn sich die **tatsächlichen Verhältnisse** des Grundstücks geändert haben sowie die **Wertgrenzen** für eine Wertfortschreibung erfüllt sind.[1]

Bei einer Ertragsminderung aufgrund von **Leerstand** oder **Mietausfall** kommt jedoch keine Wertfortschreibung des Grundsteuerwerts in Betracht. Denn die Berechnung des Grundsteuerwerts basiert im **Ertragswertverfahren auf dem pauschalierten Rohertrag** des Grundstücks (vgl. § 254 BewG) und im **Sachwertverfahren auf den Normalherstellungskosten** (vgl. § 259 BewG). In beiden Fällen spielt jedoch weder der normale Rohertrag noch der tatsächliche Rohertrag des bebauten Grundstücks eine Rolle.

---

[1] Vgl. Wredenhagen in Grootens, BewG § 222 Rz. 71 ff.

239 Vielmehr kommt die Vorschrift des § 34 Abs. 4 GrStG in Fällen zur Anwendung, in denen die Ertragsminderung auf tatsächliche Veränderungen am Grundstück zurückzuführen ist, z. B. durch **Verfall oder Zerstörung**.[1] Die Zerstörung eines Gebäudes kann z. B. aufgrund einer Naturkatastrophe verursacht worden sein. Ebenso kommt ein **Abriss** des Gebäudes durch den Grundstückseigentümer als Änderung der tatsächlichen Verhältnisse in Betracht.

240 Auch bei tatsächlichen Veränderungen am Grundstück kann dennoch ein Erlass der Grundsteuer in Betracht kommen. Dies liegt daran, dass die Fortschreibung des Grundsteuerwerts bei einer Änderung der tatsächlichen Verhältnisse erst auf den Beginn eines Kalenderjahres durchgeführt wird, welches auf die Änderung folgt.

241 **BEISPIEL:** Das bebaute Grundstück des A brennt aufgrund eines Blitzeinschlags im März 01 aus. Die vermieteten Wohnungen sind ab diesen Zeitpunkt nicht mehr nutzbar. Das Gebäude wird noch im Jahr 01 vollständig entkernt und erst im Dezember 02 wieder bezugsfertig.

Durch die vollständige Entkernung des Grundstücks handelt es sich um ein unbebautes Grundstück, da keine benutzbaren Räume mehr vorhanden sind. Der Grundsteuerwert ist danach fortzuschreiben. Die Fortschreibung erfolgt jedoch erst auf den 1.1.02.

Im Jahr 01 handelt es sich noch um ein bebautes Grundstück. Weiterhin liegt aufgrund des Brandes und der Entkernung eine wesentliche Ertragsminderung des normalen Rohertrags vor, welche A nicht zu vertreten hat. Für das Jahr 01 hat A daher einen Rechtsanspruch auf Grundsteuererlass.

§ 35 GrStG Verfahren

(1) ¹Der Erlass wird jeweils nach Ablauf eines Kalenderjahres für die Grundsteuer ausgesprochen, die für das Kalenderjahr festgesetzt worden ist (Erlasszeitraum). ²Maßgebend für die Entscheidung über den Erlass sind die Verhältnisse des Erlasszeitraums.

(2) ¹Der Erlass wird nur auf Antrag gewährt. ²Der Antrag ist bis zu dem auf den Erlasszeitraum folgenden 31. März zu stellen.

(3) ¹In den Fällen des § 32 bedarf es keiner jährlichen Wiederholung des Antrags. ²Der Steuerschuldner ist verpflichtet, eine Änderung der maßgeblichen Verhältnisse der Gemeinde binnen drei Monaten nach Eintritt der Änderung anzuzeigen.

Inhaltsübersicht	Rz.
A. Allgemeine Erläuterungen zu § 35 GrStG	1 - 14
I. Normzweck und wirtschaftliche Bedeutung der Vorschrift	1 - 5
II. Entstehung und Entwicklung der Vorschrift	6 - 10
III. Geltungsbereich	11 - 14
B. Systematische Kommentierung	15 - 43
I. Definition des Erlasszeitraums (§ 35 Abs. 1 GrStG)	15 - 23
II. Form und Frist für den Erlass der Grundsteuer (§ 35 Abs. 2 GrStG)	24 - 40
1. Form (§ 35 Abs. 2 Satz 1 GrStG)	24 - 29
2. Frist (§ 35 Abs. 2 Satz 2 GrStG)	30 - 40
III. Besonderes Verfahren für den Erlass der Grundsteuer für Grünanlagen und Kulturgüter nach § 32 GrStG (§ 35 Abs. 3 GrStG)	41 - 43

---

1 Vgl. Eisele in Troll/Eisele, GrStG § 33 Rz. 28.

LITERATUR:

Feldner, Die Befreiung von der Grundsteuer nach § 32 Abs. 1 Nr. 1 GrStG, DStR 33–34/2018; *Ostendorf*, Die Grundsteuer, NWB 46/1992 S. 3769, NWB HAAAA-74504.

A. Allgemeine Erläuterungen zu § 35 GrStG

I. Normzweck und wirtschaftliche Bedeutung der Vorschrift

§ 35 GrStG enthält die **Definition des Erlasszeitraums** sowie die Beschreibung des **Verfahrens zum Erlass der Grundsteuer**. Dies Vorschrift regelt wann, für welchen Zeitraum und wie der Antrag zu stellen ist. Die Definition des Erlasszeitraums und die Festlegung des Verfahrens ist dabei von entscheidender Bedeutung, um einen festgelegten Verfahrensablauf sowohl für die Behörden als auch für den Antragssteller festzulegen und Rechtssicherheit herzustellen. 1

Für Grundsteuererlassanträge für **Kulturgüter und Grünanlagen** nach § 32 GrStG ordnet § 35 GrStG ein abweichendes Verfahren für den Antrag auf Erlass der Grundsteuer an und legt dem Antragsteller besondere Pflichten auf. 2

(Einstweilen frei) 3–5

II. Entstehung und Entwicklung der Vorschrift

§ 35 GrStG wurde mit dem GrStRefG v. 26.11.2019[1] in das GrStG eingefügt und ist erstmals für die Grundsteuer des Kalenderjahres 2025 anzuwenden (vgl. § 37 GrStG). 6

Die Vorschrift entspricht der Regelung des § 34 GrStG in der bisher gültigen Fassung v. 7.8.1973 (BStBl 1973 I S. 965), die zuletzt durch Art. 38 des Gesetzes v. 19.12.2008 (BGBl 2008 I S. 2794) geändert worden ist. Entsprechend sollten die Grundsätze und Regelungen des bisherigen § 34 GrStG fortgelten. 7

(Einstweilen frei) 8–10

III. Geltungsbereich

Das in § 35 GrStG geregelte Verfahren zum Antrag auf Grundsteuererlass ist für den Erlass der Grundsteuer nach den §§ 32, 33 und 34 GrStG anzuwenden. 11

(Einstweilen frei) 12–14

B. Systematische Kommentierung

I. Definition des Erlasszeitraums (§ 35 Abs. 1 GrStG)

§ 35 Abs. 1 Satz 1 GrStG definiert den Erlasszeitraum. Danach ist **Erlasszeitraum für die Grundsteuer** das Kalenderjahr, für welches die Grundsteuer festgesetzt wird. 15

---

[1] GrStRefG v. 26.11.2019, BGBl 2019 I S. 1794.

16 Die endgültige Entscheidung über den Grundsteuererlass erfolgt mithin erst **nach Ablauf eines Erhebungszeitraums**. Es erfolgt somit eine rückwirkende Betrachtung für die Vergangenheit, da erst nach Ablauf des Erlasszeitraums geprüft werden kann, ob die Voraussetzungen für den Erlass vorgelegen haben.

17 **BEISPIEL:** Die Grundsteuer des Jahres 01 wird für das Kalenderjahr 01, folglich vom 1.1.01 bis 31.12.01 festgesetzt. Nach Ablauf des Kalenderjahres am 31.12.01 kann für den Erlasszeitraum 01 ein Grundsteuererlass beantragt und ausgesprochen werden.

18 Ist ein Erlass der Grundsteuer aller Voraussicht nach zu erwarten, so kann die Gemeinde die Grundsteuer bereits für den laufenden Erlasszeitraum **stunden** (vgl. § 222 AO). Dies dient der Verfahrenserleichterung, da so vermieden wird, dass die Grundsteuer zunächst entrichtet werden muss und nach Ablauf des Erlasszeitraums wieder erstattet wird.[1]

19 In den Fällen des § 32 GrStG ist Grundsteuer ebenfalls von der Gemeinde zunächst zu stunden, da erst nach Ablauf des **Dreijahreszeitraums** eine abschließende Prüfung über den Erlass erfolgen kann.[2]

20 Für die Entscheidung über den Grundsteuererlass sind immer nur die **Verhältnisse** des jeweiligen Erlasszeitraums maßgebend (§ 35 Abs. 1 Satz 2 GrStG). Es erfolgt somit eine **eigenständige Betrachtung** und die Gemeinde hat die Voraussetzungen für den Erlass für jeden Erlasszeitraum erneut vollumfänglich zu prüfen.

21–23 *(Einstweilen frei)*

II. Form und Frist für den Erlass der Grundsteuer (§ 35 Abs. 2 GrStG)

1. Form (§ 35 Abs. 2 Satz 1 GrStG)

24 Der Erlass der Grundsteuer ist nur **auf Antrag** möglich. Es erfordert somit ein aktives Handeln des Grundstückseigentümers. Eine Prüfung von Amts wegen erfolgt nicht.

25 § 35 Abs. 2 Satz 1 GrStG nennt für den Antrag auf Grundsteuererlass **keine vorgeschriebene Form**. Somit ist ein Antrag grds. formlos möglich. Es ist jedoch ausdrücklich zu empfehlen, den Antrag **schriftlich** bei der zuständigen Gemeinde zu stellen, um eine **rechtsichere Dokumentation** zu gewährleisten.[3]

26 Aufgrund der eigenständigen Betrachtung für jeden Erlasszeitraum (vgl. → Rz. 19) ist daher grds. auch **für jeden Erlasszeitraum ein neuer Erlassantrag** notwendig (Ausnahmen vgl. → Rz. 41).

27–29 *(Einstweilen frei)*

---

1 Vgl. Ostendorf, NWB 46/1992 S. 3769, NWB HAAAA-74504.
2 Vgl. Lehmann in Grootens, GrStG § 32 Rz. 34.
3 Gl. A. Eisele in Troll/Eisele, § 34 GrStG, Rz. 3.

2. Frist (§ 35 Abs. 2 Satz 2 GrStG)

Der Antrag auf Erlass der Grundsteuer ist bis zu dem **auf den Erlasszeitraum folgenden 31.3.** eines jeden Jahres zu stellen. Die Frist ist mithin knapp bemessen und muss von Antragstellern stets im Auge behalten werden.

> **BEISPIEL:** Für die Grundsteuer 01 endet der Erlasszeitraum mit Ablauf des 31.12.01. Der Antrag auf Erlass ist folglich bis zum 31.3.02 bei der Gemeinde zu stellen.

Bei der Antragsfrist handelt es sich um eine gesetzliche **Ausschlussfrist**. Eine Verlängerung der Frist ist nicht möglich.[1] Ist der Antragsteller jedoch ohne Verschulden daran gehindert die Frist einzuhalten, so ist **Wiedereinsetzung in den Vorherigen Stand** nach § 110 AO möglich.[2]

In Fällen, in denen der Grundsteuerbescheid (vgl. § 27 GrStG) dem Grundsteuerschuldner nicht rechtzeitig zugeht, kommt es auf die Frist zum 31.3. nicht an. Der Antrag auf Erlass ist dann noch bis zum **Ablauf der Rechtsbehelfsfrist** für den Grundsteuerbescheid möglich.[3]

Geht dem Grundstückseigentümer nach Ablauf der gesetzlichen Frist ein **Änderungsbescheid** zu, mit dem die Grundsteuer erhöht wird, so ist ein Antrag auf Erlass der für die bisherige Steuerschuld **übersteigenden Grundsteuerbeträge** innerhalb von 3 Monaten nach Bekanntgabe des Änderungsbescheids möglich.[4]

> **BEISPIEL:** A hat für das Jahr 01 einen geänderten Grundsteuerbescheid erhalten. Danach hat sich die Grundsteuer 01 um 500 € erhöht. Der Bescheid ist dem A am 30.6.02 wirksam bekannt geworden. Soweit die Voraussetzungen für einen Erlass der Grundsteuer nach den §§ 32–34 GrStG vorliegen, kann A einen Erlassantrag innerhalb von 3 Monaten nach wirksamer Bekanntgabe des Änderungsbescheides – hier also bis zum 30.9.02 – für die Erhöhung der Grundsteuer von 500 € bei der Gemeinde stellen.

Für die Einhaltung der Antragsfrist ist nicht notwendig, dass innerhalb der Frist ein **vollständig begründeter Antrag** gestellt wird.[5] Es ist vielmehr ausreichend, wenn ein **Antrag zur Fristwahrung** ohne Begründung eingereicht wird. Eine entsprechende Begründung des Antrags kann dann auch noch nach Ablauf der Frist nachgeholt werden. Auch kann der Antrag zurückgenommen werden.

> **PRAXISHINWEIS:**
> Ist nicht sicher, ob die Voraussetzungen für einen Grundsteuererlass vorliegen oder ist eine Prüfung vor Fristablauf zeitlich nicht mehr möglich, kann ohne großen Aufwand ein fristwahrender Antrag nach folgendem Muster gestellt werden

---

1 Abschnitt 41 Abs. 2 Satz 2 GrStR.
2 Abschnitt 41 Abs. 2 Satz 3 GrStR.
3 Abschnitt 41 Abs. 2 Satz 2 GrStR.
4 BFH, Urteil v. 23.8.1995 - II R 97/92, NWB UAAAB-37205.
5 VGH Baden-Württemberg, Urteil v. 14.11.2005 - 2 S 1884/03.

```
Stadt/Gemeinde
Titel Vorname Name
Position/Abteilung
Straße Nr.
PLZ Ort

                                                                    XX.XX.XXXX

Kassenzeichen/Aktenzeichen: XXX
Objekt: XXXX;
Gesellschaft: XXX
Antrag auf Erlass der Grundsteuer für 20XX gem. § 32/33/34 GrStG


Sehr geehrte Damen und Herren,

namens und im Auftrag unserer Mandantin beantragen wir gem. § 32/33/34 GrStG den Erlass der Grundsteuer für
das Jahr 20XX.

Nach endgültiger Zusammenstellung und Prüfung der erforderlichen Unterlagen und Informationen werden wir den
Antrag begründen oder gegebenenfalls zurücknehmen.

Für Rückfragen stehen wir gern zur Verfügung.

Mit freundlichen Grüßen


XXX
```

38–40 *(Einstweilen frei)*

III. Besonderes Verfahren für den Erlass der Grundsteuer für Grünanlagen und Kulturgüter nach § 32 GrStG (§ 35 Abs. 3 GrStG)

41 Für den Antrag auf Erlass der Grundsteuer nach § 32 GrStG ist gem. § 35 Abs. 3 Satz 1 GrStG abweichend von den o. g. Regelungen nicht für jeden einzelnen Erlasszeitraum ein **gesonderter Antrag** notwendig. Ein gestellter Erlassantrag gilt vielmehr solange als gestellt, bis er **vom Antragssteller widerrufen** wird.

42 Wenn sich die maßgebenden Verhältnisse für den Grundsteuererlass ändern, hat der Steuerschuldner der Gemeinde gem. § 35 Abs. 3 Satz 2 GrStG innerhalb von drei Monaten nach **Änderung der Verhältnisse** diese Änderung anzuzeigen.[1]

43 Zeigt der Steuerschuldner den **Wegfall der Erlassvoraussetzungen** an, so ist der Erlass der Grundsteuer für den Zeitraum an zu widerrufen, in dem die Erlassvoraussetzungen nicht mehr gegeben sind. Maßgebend für die Betrachtung ist dabei immer der Erlasszeitraum, welcher das Kalenderjahr betrifft. Bei unterjährigem Wegfall der Voraussetzungen kommt ein Grundsteuerlass daher für den entsprechend Erlasszeitraum nicht mehr in Betracht. Liegen in einem nachfolgenden Jahr die Erlassvoraussetzungen wieder vor, ist ein erneuter Antrag notwendig.

---

[1] Abschnitt 41 Abs. 2 Satz 2 GrStR.

Abschnitt V: Übergangs- und Schlussvorschriften

§ 36 GrStG Sondervorschriften für die Hauptveranlagung 2025

(1) Auf den 1. Januar 2025 findet eine Hauptveranlagung der Grundsteuermessbeträge statt (Hauptveranlagung 2025).

(2) ¹Die in der Hauptveranlagung 2025 festgesetzten Steuermessbeträge gelten abweichend von § 16 Absatz 2 vorbehaltlich der §§ 17 bis 20 mit Wirkung von dem am 1. Januar 2025 beginnenden Kalenderjahr an. ²Der Beginn dieses Kalenderjahres ist der Hauptveranlagungszeitpunkt.

(3) ¹Bescheide über die Hauptveranlagung können schon vor dem Hauptveranlagungszeitpunkt erteilt werden. ²§ 21 Satz 2 ist entsprechend anzuwenden.

Inhaltsübersicht	Rz.
A. Allgemeine Erläuterungen zu § 36 GrStG	1 - 12
I. Normzweck und wirtschaftliche Bedeutung der Vorschrift	1 - 4
II. Entstehung und Entwicklung der Vorschrift	5 - 8
III. Geltungsbereich	9 - 12
B. Systematische Kommentierung	13 - 30
I. Hauptveranlagung der Grundsteuermessbeträge (§ 36 Abs. 1 GrStG)	13 - 21
II. Zeitlicher Anwendungsbereich der Steuermessbeträge (§ 36 Abs. 2 GrStG)	22 - 28
III. Änderungen vor dem Hauptveranlagungszeitpunkt (§ 36 Abs. 3 GrStG)	29 - 30

A. Allgemeine Erläuterungen zu § 36 GrStG

I. Normzweck und wirtschaftliche Bedeutung der Vorschrift

§ 36 GrStG legt den ersten **Hauptveranlagungszeitpunkt** der Grundsteuermessbeträge und den zeitlichen Anwendungsbereich der in der **Hauptveranlagung** festgesetzten **Steuermessbeträge** fest.   1

(Einstweilen frei)   2–4

II. Entstehung und Entwicklung der Vorschrift

§ 36 GrStG wurde mit dem GrStRefG v. 26.11.2019[1] in das GrStG eingefügt und ist erstmals für die **Grundsteuer des Kalenderjahres 2025** anzuwenden[2]   5

Durch das Jahressteuergesetz 2020 v. 21.12.2020[3] wurde in § 36 GrStG i. d. F. des Gesetzes v. 26.11.2019 (BGBl S. 1794) mit Wirkung v. 3.12.2019 der Abs. 3 eingefügt.   6

(Einstweilen frei)   7–8

III. Geltungsbereich

Die in § 36 GrStG festgelegten Regelungen bezüglich der Steuermessbeträge sind für die **Hauptveranlagung 2025** anzuwenden.   9

(Einstweilen frei)   10–12

---

1 GrStRefG v. 26.11.2019, BGBl 2019 I S. 1794.
2 Vgl. § 37 GrStG.
3 JStG 2020 v. 21.12.2020, BGBl 2020 I S. 3096.

B. Systematische Kommentierung

I. Hauptveranlagung der Grundsteuermessbeträge (§ 36 Abs. 1 GrStG)

13 § 36 Abs. 1 GrStG definiert die **erste Hauptveranlagung der Steuermessbeträge**. Danach ordnet § 36 Abs. 1 GrStG die erste Hauptveranlagung der Steuermessbeträge auf den **1.1.2025** an.

14 Hierbei ist die Besonderheit zu beachten, dass die eigentlich Hauptfeststellung der **Grundsteuerwerte**, welche Grundlage für die Berechnung der Steuermessbeträge sind, bereits auf den **Hauptfeststellungszeitpunkt 1.1.2022** erfolgt.[1]

15 Dies führt zu einem **zeitlichen Auseinanderfallen** der **Feststellung der Grundsteuerwerte** für Zwecke der Grundsteuer **und** der **Festsetzung der Steuermessbeträge**. Ursache dafür sind vor allem administrative Gründe.

16 Es bedarf bereits der Hauptfeststellung der Grundsteuerwerte auf den 1.1.2022, da für **sämtliche wirtschaftliche Einheiten** in der Bundesrepublik Deutschland ein neuer Grundsteuerwert festgestellt werden muss. Schätzungsweise ist für ca. 36 „Mio." wirtschaftliche Einheiten ein Grundsteuerwert zu ermitteln und festzustellen.[2] Durch die Hauptfeststellung der Grundsteuerwerte auf den 1.1.2022 bleibt den Finanzämtern zumindest etwas Zeit, dieses Mengenproblem bis zur Hauptveranlagung zu bewältigen. Vgl. zum Erfordernis einer neuen Hauptfeststellung und den damit verbundenen Umsetzungsproblemen auch Grootens in Grootens, BewG § 266 Rz. 36 ff.

17 In den Fällen, in denen der Grundsteuerwert bereits vor der Hauptveranlagung auf den 1.1.2025 festgestellt wird, wird die Feststellung der Steuermessbeträge dann zeitlich bei der Hauptveranlagung auf den 1.1.2025 nachgeholt. Eine **zeitgleiche Feststellung des Steuermessbetrags** mit Wirkung zum 1.1.2025 mit der Feststellung des Grundsteuerwerts ist gem. § 21 GrStG ebenfalls möglich und wird aufgrund der einheitlichen Zuständigkeit des Finanzamts der Regelfall sein.[3]

18 **BEISPIEL:** A ist Eigentümer eines unbebauten Grundstücks, für das er bisher 100 € Grundsteuer im Jahr bezahlt. Das Finanzamt stellt den Grundsteuerwert für die wirtschaftliche Einheit des A im Jahr 2023 auf den Hauptfeststellungszeitpunkt 1.1.2022 neu fest. Dies hat auf die bisherige Grundsteuer des A jedoch noch keine Auswirkung. Bis zum 31.12.2024 bleibt weiterhin der bisherige festgestellte Einheitswert und damit auch die festgesetzte Grundsteuer für die wirtschaftliche Einheit gültig. Die jährliche Grundsteuer i. H. von 100 € hat A bis einschließlich des Jahres 2024 weiterhin zu zahlen. Im Jahr 2025 erfolgt die Feststellung des Steuermessbetrages auf den 1.1.2025 auf Basis des bereits im Jahr 2023 auf den 1.1.2022 festgestellten Grundsteuerwerts. Die zuständige Gemeinde erlässt dann einen neuen Grundsteuerbescheid für A mit Wirkung ab 2025.

19–21 *(Einstweilen frei)*

II. Zeitlicher Anwendungsbereich der Steuermessbeträge (§ 36 Abs. 2 GrStG)

22 Die im Rahmen der Hauptveranlagung neu festgestellten Steuermessbeträge gelten mit Wirkung **ab dem am 1.1.2025 beginnenden Kalenderjahr**. Es handelt sich dabei um den materiell-

---

1 Vgl. § 266 Abs. 1 BewG.
2 Vgl. BT-Drucks. 19/11085, Begründung, A. Allgemeiner Teil.
3 Vgl. BT-Drucks. 19/11085, Begründung, B. Besonderer Teil.

rechtlichen Hauptveranlagungszeitpunkt der Steuermessbeträge, auf denen die Gemeinden die Grundsteuerveranlagung erstmals durchführen.[1]

Für die **erste Hauptveranlagung der Steuermessbeträge** auf den 1.1.2025 ist dabei die Abweichung zu der Regelung in § 16 Abs. 2 GrStG zu beachten. Nach § 16 Abs. 2 GrStG sollen die Steuermessbeträge grundsätzlich von dem Kalenderjahr an gelten, das zwei Jahre nach dem Hauptveranlagungszeitpunkt beginnt. Damit soll erreicht werden, dass genügend Zeit zur Feststellung der Grundsteuerwerte und Steuermessbeträge verbleibt, bevor die Steuermessbeträge anzuwenden sind. Die erste Hauptfeststellung der Grundsteuerwerte erfolgt auf den 1.1.2022 (vgl. § 266 Abs. 1 BewG). Ohne die Sonderregelung des § 36 GrStG für den ersten Hauptfeststellungszeitpunkt, wären nach § 16 Abs. 2 GrStG die Steuermessbeträge somit grds. nach Ablauf von zwei Jahren, folglich auf den 1.1.2024 anzuwenden. Dieser Zeitraum schien dem Gesetzgeber jedoch bei der ersten Hauptveranlagung nicht ausreichend, sodass durch § 36 Abs. 2 GrStG der erste Hauptveranlagungszeitpunkt auf den 1.1.2025 „verschoben" wurde, die Steuermessbeträge mithin erst nach dem Ablauf von drei Jahren anzuwenden sind.

23

Diese Sonderregelung für den ersten Hauptveranlagungszeitpunkt ist zu begrüßen, da **ein Zeitraum von zwei Jahren zwischen dem Hauptfeststellungszeitpunkt und dem Beginn des Hauptveranlagungszeitpunkts** bei ca. 36 „Mio." zu bewertenden wirtschaftlichen Einheiten deutlich zu kurz erscheint. Selbst der nunmehr geltende Zeitraum von drei Jahren erscheint aufgrund der schlichtweg großen Anzahl der wirtschaftlichen Einheiten und der ebenso mit der Reform des Grundsteuer- und Bewertungsgesetzes verbundenen vollständigen Umstellung und Neuentwicklung der technischen Systeme und Prozesse sowie der Erstellung neuer Formulare zumindest sehr ambitioniert.

24

Da es sich bei der Regelung des § 36 GrStG um **eine Sonderregelug nur für die erste Hauptveranlagung auf den 1.1.2025** handelt, gilt für den nächsten Hauptveranlagungszeitpunkt wieder der Grundsatz des § 16 Abs. 2 GrStG, wonach die Steuermessbeträge dann vorbehaltlich der §§ 17–20 GrStG von dem Kalenderjahr an gelten, das zwei Jahre nach dem Hauptveranlagungszeitpunkt beginnt. Die bei dem **nächsten Hauptfeststellungszeitpunkt auf den 1.1.2029** (vgl. § 221 Abs. 1 BewG) festgesetzten Steuermessbeträge gelten dann grundsätzlich nach § 16 Abs. 2 GrStG ab dem 1.1.2031.

25

(Einstweilen frei)   26–28

III. Änderungen vor dem Hauptveranlagungszeitpunkt (§ 36 Abs. 3 GrStG)

Durch die Einführung des § 36 Abs. 3 Satz 1 GrStG im Rahmen des Jahressteuergesetzes 2020[2] wird klargestellt, dass die Bescheide für die Hauptveranlagung bereits vor dem **Hauptveranlagungszeitpunkt** erlassen werden können.[3] Die Bescheide über den Grundsteuermessbetrag auf den 1.1.2025 können mithin bereits davor, z. B. im Jahr 2024 erlassen werden. Da die erste Feststellung der Grundsteuerwerte auf den 1.1.2022 und mithin bereits drei Jahre vor der ersten Hauptveranlagung der Grundsteuermessbeträge erfolgt, ist die Reglung von hoher Praxisrelevanz. Die Bescheide über die Grundsteuermessbeträge können somit durch die Finanzämter schon im Zuge der Feststellungsbescheide über die Grundsteuerwerte mit erlassen werden.

29

---

1 Vgl. BT-Drucks. 19/11085, Begründung, B. Besonderer Teil.
2 JStG 2020 v. 21.12.2020, BGBl 2020 I S. 3096.
3 Gesetzesentwurf der Bundesregierung – Entwurf eines Jahressteuergesetzes 2020, Begründung, B. Besonderer Teil, Zu Art. 25 (Änderung des Grundsteuergesetzes [TnV]).

30 Durch § 36 Abs. 3 Satz 2 GrStG und die dadurch entsprechende Anwendung des § 21 Abs. 2 GrStG wird außerdem sichergestellt, dass die Hauptveranlagungsbescheide, welche ggf. nach § 36 Abs. 3 Satz 1 GrStG vor dem Hauptveranlagungszeitpunkt erlassen wurden, bei zu einer abweichenden Festsetzung führenden Änderungen bis zum Hauptveranlagungszeitpunkt auch wieder geändert oder aufgehoben werden können.[1]

§ 37 GrStG   Anwendung des Gesetzes

(1) Diese Fassung des Gesetzes gilt erstmals für die Grundsteuer des Kalenderjahres 2025.

(2) Für die Grundsteuer bis einschließlich zum Kalenderjahr 2024 findet das Grundsteuergesetz in der Fassung vom 7. August 1973 (BGBl I S. 965), das zuletzt durch Artikel 38 des Gesetzes vom 19. Dezember 2008 (BGBl I S. 2794) geändert worden ist, weiter Anwendung.

(3) § 25 Absatz 4 und 5 in der am 1. Januar 2025 geltenden Fassung ist erstmals bei der Hauptveranlagung auf den 1. Januar 2025 anzuwenden.

Inhaltsübersicht	Rz.
A. Allgemeine Erläuterungen zu § 37 GrStG	1 - 8
I. Normzweck und wirtschaftliche Bedeutung der Vorschrift	1 - 4
II. Entstehung und Entwicklung der Vorschrift	5 - 8
B. Systematische Kommentierung	9 - 33
I. Hintergrund der Neuregelung	9 - 25
1. Verfassungswidrigkeit der Einheitsbewertung als Bemessungsgrundlage für die Grundsteuer	9 - 13
2. Zeitlicher Rahmen	14 - 19
3. Bedeutung der Grundsteuer	20 - 25
II. Zeitliche Anwendung der Neu- und Altregelungen (§ 37 Abs. 1 und Abs. 2 GrStG)	26 - 31
III. Zeitliche Anwendung des § 25 Abs. 4 und 5 GrStG (§ 37 Abs. 3 GrStG)	32 - 33

A. Allgemeine Erläuterungen zu § 37 GrStG

I. Normzweck und wirtschaftliche Bedeutung der Vorschrift

1 § 37 GrStG regelt die **zeitliche Anwendung des Grundsteuergesetzes** in der Fassung des GrStRefG[2] sowie die Anwendbarkeit der bisherigen Fassung. Die Festlegung der zeitlichen Anwendung des Gesetzes ist von entscheidender Bedeutung, da ab diesem Zeitpunkt die bisherigen gesetzlichen Regeln nicht mehr gelten und damit spätestens auch auf bereits bestandskräftige Grundsteuerbescheide, die auf nach dem vom BVerfG mit Urteil v. 10.4.2018[3] als verfassungswidrig festgestellten Vorschriften zur Einheitsbewertung beruhen, keine Belastungen mehr gestützt werden dürfen.

2–4 *(Einstweilen frei)*

---

[1] Gesetzesentwurf der Bundesregierung – Entwurf eines Jahressteuergesetzes 2020, Begründung, B. Besonderer Teil, Zu Art. 25 (Änderung des Grundsteuergesetzes [TnV]).
[2] GrStRefG v. 26.11.2019, BGBl 2019 I S. 1794.
[3] BVerfG, Urteil v. 10.4.2018 - 1 BvL 11/14, 1 BvL 12/14, 1 BvL 1/15, 1 BvR 639/11, 1 BvR 889/12, NWB MAAAG-80435.

II. Entstehung und Entwicklung der Vorschrift

§ 37 GrStG wurde mit dem **GrStRefG** v. 26.11.2019[1] in das GrStG eingefügt und ist erstmals für die **Grundsteuer des Kalenderjahres 2025** anzuwenden.

(Einstweilen frei)

B. Systematische Kommentierung

I. Hintergrund der Neuregelung

1. Verfassungswidrigkeit der Einheitsbewertung als Bemessungsgrundlage für die Grundsteuer

Das **BVerfG** hat mit Urteil v. 10.4.2018[2] die **Einheitsbewertung**, welche als Bemessungsgrundlage für die Grundsteuer gilt, für **verfassungswidrig** erklärt. Danach sind die Regelungen zur Einheitsbewertung jedenfalls seit Beginn des Jahres 2002 nicht mehr mit Art. 3 Abs. 1 GG vereinbar.[3] Grund dafür sind die nicht mehr hinnehmbaren Wertverzerrungen, welche sich durch die Einheitsbewertung auf den Hauptfeststellungszeitpunkt 1.1.1964 in den alten Bundesländern und der Aussetzung neuer Hauptfeststellungen ergeben.[4]

Die Regelungen der Einheitsbewertung wurden jedoch **nicht rückwirkend** für nichtig erklärt. Vielmehr stellte das Bundesverfassungsgericht lediglich die Unvereinbarkeit mit dem Gleichheitsgrundsatz fest, da dem Gesetzgeber hier verschiedene Möglichkeiten zur Schaffung einer verfassungsgemäßen Regelung zur Verfügung stehen.[5]

(Einstweilen frei)

2. Zeitlicher Rahmen

Dem Gesetzgeber wurde durch das Bundesverfassungsgericht die Möglichkeit eingeräumt, bis zum 31.12.2019 eine **Neuregelung** zu schaffen.[6] Die bisherigen, für verfassungswidrig festgestellten Regelungen sind noch mindestens bis zum 31.12.2019 anwendbar.[7]

Bei einer gesetzlichen Neuregelung bis zum 31.12.2019, sieht es das Bundesverfassungsgericht als gerechtfertigt an, die bisherigen Regelungen für **weitere fünf Jahre**, längstens aber bis zum **31.12.2024** anzuwenden.[8]

---

1 GrStRefG v. 26.11.2019, BGBl 2019 I S. 1794.
2 BVerfG, Urteil v. 10.4.2018 - 1 BvL 11/14, 1 BvL 12/14, 1 BvL 1/15, 1 BvR 639/11, 1 BvR 889/12, NWB MAAAG-80435.
3 BVerfG, Urteil v. 10.4.2018 - 1 BvL 11/14, 1 BvL 12/14, 1 BvL 1/15, 1 BvR 639/11, 1 BvR 889/12, Rz. 160 -161, NWB MAAAG-80435.
4 BVerfG, Urteil v. 10.4.2018 - 1 BvL 11/14, 1 BvL 12/14, 1 BvL 1/15, 1 BvR 639/11, 1 BvR 889/12, Rz. 163, NWB MAAAG-80435.
5 BVerfG, Urteil v. 10.4.2018 - 1 BvL 11/14, 1 BvL 12/14, 1 BvL 1/15, 1 BvR 639/11, 1 BvR 889/12, Rz. 164-166, NWB MAAAG-80435.
6 BVerfG, Urteil v. 10.4.2018 - 1 BvL 11/14, 1 BvL 12/14, 1 BvL 1/15, 1 BvR 639/11, 1 BvR 889/12, Rz. 167, NWB MAAAG-80435.
7 BVerfG, Urteil v. 10.4.2018 - 1 BvL 11/14, 1 BvL 12/14, 1 BvL 1/15, 1 BvR 639/11, 1 BvR 889/12, Rz. 172, NWB MAAAG-80435.
8 BVerfG, Urteil v. 10.4.2018 - 1 BvL 11/14, 1 BvL 12/14, 1 BvL 1/15, 1 BvR 639/11, 1 BvR 889/12, Rz. 177, NWB MAAAG-80435.

16 Durch das **GrStRefG** v. 26.11.2019[1] wurde folglich gerade noch rechtzeitig eine **Neuregelung beschlossen**. Hätte der Gesetzgeber bis zum 31.12.2019 keine Neuregelung verkündet, so hätte ab dem 1.1.2020 keine Grundsteuer mehr auf Basis der verfassungswidrigen Normen erhoben werden dürfen.

17–19 *(Einstweilen frei)*

3. Bedeutung der Grundsteuer

20 Grund für den langen Zeitraum, in den die alten Regelungen noch anwendbar sind, ist die **besondere Bedeutung der Grundsteuer**. Die Grundsteuer steht den Gemeinden zu und ist für diese von erheblicher finanzieller Bedeutung. Das liegt zum einen an den jährlich steigenden Grundsteuereinnahmen der Gemeinden und zum anderen daran, dass die Grundsteuer als Objektsteuer **nicht konjunkturabhängig** ist. Auch bei ansonsten sinkenden Steuereinnahmen, z. B. aufgrund einer wirtschaftlichen Rezession, bleiben die Einnahmen aus der Grundsteuer für die Gemeinde konstant, da nur das Eigentum am Grundstück maßgebend ist.

21 In den letzten Jahren entwickelte sich das **Grundsteueraufkommen** in Deutschland wie folgt:

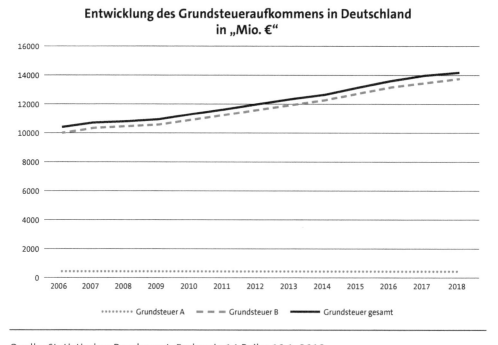

Quelle: Statistisches Bundesamt, Fachserie 14 Reihe 10.1, 2018.

22 Ohne die Einnahmen aus der Grundsteuer bestünde die Gefahr, dass viele Gemeinden in ernsthafte finanzielle Schwierigkeiten gerieten.[2] Weiterhin können die Gemeinden durch die **Anpassung der Hebesätze** direkten Einfluss auf die Höhe der Grundsteuer und damit auch auf ihre

---

[1] GrStRefG v. 26.11.2019, BGBl 2019 I S. 1794.
[2] BVerfG, Urteil v. 10.4.2018 - 1 BvL 11/14, 1 BvL 12/14, 1 BvL 1/15, 1 BvR 639/11, 1 BvR 889/12, Rz. 173, NWB MAAAG-80435.

Einnahmen nehmen. Die durchschnittlichen Hebesätze stiegen dabei seit 2006 kontinuierlich an:

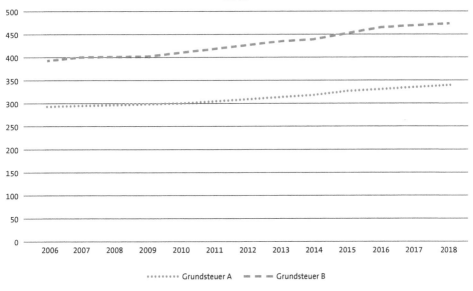

Quelle: Statistisches Bundesamt, Fachserie 14 Reihe 10.1, 2018.

(Einstweilen frei) 23–25

II. Zeitliche Anwendung der Neu- und Altregelungen (§ 37 Abs. 1 und Abs. 2 GrStG)

Das Grundsteuergesetz in der gültigen Fassung ist gem. § 37 Abs. 1 GrStG für die **Grundsteuer des Kalenderjahres 2025** erstmalig anzuwenden. Somit sind die Regelungen ab dem 1.1.2025 anwendbar.

Das **bisherige Grundsteuergesetz** i.d. F. v. 7.8.1973[1], das zuletzt durch Artikel 38 des Gesetzes v. 19.12.2008[2] geändert wurde, bleibt gem. § 37 Abs. 2 GrStG **bis zum 31.12.2024** gültig und anwendbar.

Danach ergibt sich zusammenfassend folgender **zeitlicher Ablauf:**

---

[1] BStBl 1973 I S. 965.
[2] BGBl 2008 I S. 2794.

10.04.2018	▸ Entscheidung des Bundesverfassungsgerichts: Verfassungswidrigkeit der Einheitsbewertung als Bemessungsgrundlage für die Grundsteuer ▸ Aufforderung an den Gesetzgeber zur Schaffung einer Neuregelung bis spätestens 31.12.2019
31.12.2019	▸ Spätester Zeitpunkt für eine gesetzliche Neuregelung ▸ Verkündigung der Neuregelung durch GrStRefG v. 26.11.2019, BStBl 2019 I S. 1794
31.12.2024	▸ Weiteranwendung der Altregelungen bis zum 31.12.2024
01.01.2025	▸ Anwendung der Neuregelungen ab dem 1.1.2025

29–31 *(Einstweilen frei)*

III. Zeitliche Anwendung des § 25 Abs. 4 und 5 GrStG (§ 37 Abs. 3 GrStG)

32 Im Zuge der Neuregelung des Grundsteuergesetzes wurde mit § 25 Abs. 5 GrStG den Gemeinden durch das **Gesetz zur Mobilisierung baureifer Grundstücke**[1] die Möglichkeit eingeräumt, besondere Hebesätze auf **unbebaute baureife Grundstücke** festzulegen (sog. **Grundsteuer C**), um auf kommunalpolitischer Ebene einen Anreiz für die Bebauung zu schaffen und Bodenwertspekulationen zu verhindern. Zu den detaillierten Voraussetzungen vgl. die Erläuterungen zu § 25 GrStG.[2]

33 Die Regelungen sind dabei gem. § 37 Abs. 3 GrStG erstmalig für die Hauptveranlagung der Grundsteuer auf den 1.1.2025 anzuwenden. Vorher ist die Festlegung abweichender Hebesätze für baureife Grundstücke nach Ansicht der Bundesregierung nicht möglich. Zwar wurde bereits über ein Inkrafttreten der Grundsteuer C ab dem 1.1.2020 diskutiert, der Gesetzgeber hielt dies jedoch aus verfassungsrechtlichen Bedenken für nicht durchführbar. Die Grundsteuer C würde sich bei einer früheren Einführung als dem 1.1.2025 an die vom Bundesverfassungsgericht mit Urteil v. 10.4.2018 für verfassungswidrig erklärten Regelungen orientieren. Lt. dem Urteil des BVerfG betrifft die Fortgeltungsdauer der bisherigen Regelungen bis zum 31.12.2024 jedoch nur das geltende Recht.[3]

---

[1] Vgl. BT-Drucks. 19/11086.
[2] Vgl. Grootens in Grootens, GrStG § 25 Rz. 121 ff. Vgl. zur Änderung des § 25 GrStG und des damit verfolgten Ziels ausführlich Eisele, NWB 30/2019 S. 2204.
[3] Vgl. BT-Drucks. 19/16698.

§ 38 GrStG   Bekanntmachung

Das Bundesministerium der Finanzen wird ermächtigt, den Wortlaut dieses Gesetzes in der jeweils geltenden Fassung bekannt zu machen.

Inhaltsübersicht	Rz.
A. Allgemeine Erläuterungen zu § 38 GrStG	1 - 2
I. Normzweck und wirtschaftliche Bedeutung der Vorschrift	1
II. Entstehung und Entwicklung der Vorschrift	2

A. Allgemeine Erläuterungen zu § 38 GrStG

I. Normzweck und wirtschaftliche Bedeutung der Vorschrift

Der § 38 GrStG ermächtigt das Bundesministerium der Finanzen das **Grundsteuergesetz** in der jeweils gültigen Fassung **neu bekannt zu machen**.   1

II. Entstehung und Entwicklung der Vorschrift

§ 38 GrStG wurde mit dem **GrStRefG** v. 26.11.2019[1] in das GrStG eingefügt und ist erstmals für die **Grundsteuer des Kalenderjahres 2025** anzuwenden (vgl. § 37 GrStG).   2

---

[1] GrStRefG v. 26.11.2019, BGBl 2019 I S. 1794.

B. Kommentierung des Bewertungsgesetzes (Auszug)

Zweiter Teil: Besondere Bewertungsvorschriften

Siebenter Abschnitt: Bewertung des Grundbesitzes für die Grundsteuer ab 1. Januar 2022

A. Allgemeines

§ 218 BewG   Vermögensarten

¹Für Vermögen, das nach diesem Abschnitt zu bewerten ist, erfolgt abweichend von § 18 eine Unterscheidung in folgende Vermögensarten:

1. Land- und forstwirtschaftliches Vermögen (§ 232),
2. Grundvermögen (§ 243).

²Betriebsgrundstücke im Sinne des § 99 Absatz 1 Nummer 2 werden dem land- und forstwirtschaftlichen Vermögen zugeordnet und sind wie land- und forstwirtschaftliches Vermögen zu bewerten. ³Betriebsgrundstücke im Sinne des § 99 Absatz 1 Nummer 1 werden dem Grundvermögen zugeordnet und sind wie Grundvermögen zu bewerten.

Inhaltsübersicht	Rz.
A. Allgemeine Erläuterungen	1 - 60
I. Hinweise auf Verwaltungsanweisungen	1 - 10
II. Normzweck und wirtschaftliche Bedeutung der Vorschrift	11 - 20
III. Entstehung und Entwicklung der Vorschrift	21 - 30
IV. Geltungsbereich	31 - 40
V. Vereinbarkeit der Vorschrift	41 - 50
VI. Verhältnis zu anderen Vorschriften	51 - 60
B. Systematische Kommentierung	61 - 114
I. Vermögensarten für die grundsteuerliche Grundbesitzbewertung (§ 218 Satz 1 BewG)	61 - 100
1. Abweichen vom Grundsatz nach § 18 BewG	61 - 80
2. Abgrenzung der Vermögensarten	81 - 100
a) Nr. 1: Land- und forstwirtschaftliches Vermögen	82 - 90
b) Nr. 2: Grundvermögen	91 - 100
II. Zuordnung von Grundstücken des Betriebsvermögens (§ 218 Satz 2 und 3 BewG)	101 - 114
1. Begriff des bewertungsrechtlichen Betriebsvermögens	101 - 110
2. Zuordnung von Betriebsgrundstücken zu den grundsteuerlichen Vermögensarten	111 - 114

LITERATUR:

Höreth/Stelzer, Grundsteuerreform – der Druck auf den Gesetzgeber steigt, DStZ 2019 S. 607–612; *Marfels*, Die Neubewertung von Grundvermögen nach dem Entwurf für ein Grundsteuerreformgesetz (GrStRefG), ErbStB 2019 S. 266–275; *Marx*, Ökonomische Analyse des Grundsteuer-Reformgesetzentwurfs, DStZ 2019 S. 372–379; *Neufang*, Das Grundsteuerreformgesetz – ein gesetzgeberisches Chaos?, BB 2019 S. 3035–3038; *Eichholz*, Novellierung der Grundsteuer, DStZ 2020 S. 1158–1167; *Eisele/Wiegand*, Grundsteuerreform 2022/2025, 2020, S. 9–22, NWB CAAAH-44415; *Heine*, Reform des Bewertungs- und Grundsteuerrechts. Werden die Reformziele erreicht?, KStZ 2020 S. 2–6; *Heine*, Hauptfeststellung und Nachfeststellung sowie Fortschreibung und Aufhebung von Einheits- und Grundsteuerwerten nach altem und neuem Recht als Grundlage für die Veranlagung der Grundsteuer, KStZ 2020 S. 21–30; *Wünnemann/ Koller*, Die Grundsteuerreform – ein Resümee aus Sicht der Industrie, BB 2020 S. 215–219.

> **VERWALTUNGSANWEISUNGEN:**
>
> Koordinierte Erlasse der obersten Finanzbehörden der Länder v. 9.11.2021 –Anwendung des Siebenten Abschnitts des Zweiten Teils des Bewertungsgesetzes zur Bewertung des Grundbesitzes (allgemeiner Teil und Grundvermögen) für die Grundsteuer ab 1.1.2022 (AEBewGrSt), BStBl I 2021 S. 2334.

A. Allgemeine Erläuterungen

I. Hinweise auf Verwaltungsanweisungen

Verwaltungsvorschriften wurden durch A 218 AEBewGrSt[1] erlassen, beschränken sich aber weitgehend auf die Wiedergabe des Gesetzestextes des § 218 BewG. Hinsichtlich der materiellrechtlichen **Unterscheidung** zwischen **land- und forstwirtschaftlichem Vermögen und Grundvermögen** und in diesem Zusammenhang ergangene Verwaltungsanweisungen wird auf die Ausführungen zu §§ 232 ff. BewG[2] und §§ 243 ff. BewG[3] verwiesen. **1**

(Einstweilen frei) **2–10**

II. Normzweck und wirtschaftliche Bedeutung der Vorschrift

Zweck der Norm ist, eine **grundsätzliche Kategorisierung** der zu bewertenden Vermögensgegenstände – hier der Grundstücke – vorzunehmen. Die Bewertungsverfahren für land- und forstwirtschaftliches Vermögen und für Grundvermögen unterscheiden sich in grundsätzlicher Natur. Die wirtschaftliche Einheit i. S. des § 2 BewG muss einer der beiden **Vermögensarten** zugeordnet werden, um die auf der Vermögensart aufbauenden Bewertungsverfahren zuzuordnen. **11**

Ferner ist bereits hier der **Umfang der wirtschaftlichen Einheit** abzugrenzen, welche Grundstücksbestandteile dem jeweiligen Vermögen zugeordnet werden, sollten beispielsweise zwei wirtschaftliche Einheiten aneinandergrenzen und derselben Person zuzurechnen sein. **12**

(Einstweilen frei) **13–20**

III. Entstehung und Entwicklung der Vorschrift

Die **Unterscheidung von Vermögensarten** war bereits in den ursprünglichen Bewertungsgesetzen vorgesehen (§ 2 RBewG 1925, § 21 RBewG 1931, § 19 RBewG 1934 sowie § 18 BewG 1964). **21**

§ 218 BewG war bereits Bestandteil der Einheitsbewertung (§ 18 BewG). § 18 BewG sah neben dem **land- und forstwirtschaftlichen Vermögen** und dem **Grundvermögen** auch **Betriebsvermögen** (Nr. 3) sowie **sonstiges Vermögen** (Nr. 4) vor. Das sonstige Vermögen hatte für die **Vermögensteuer** (Nichterhebung seit 1997) Bedeutung und wurde nach der Nichterhebung der Vermögensteuer für Veranlagungsstichtage nach dem 31.12.1996 abgeschafft.[4] **22**

---

1 Koordinierte Erlasse der obersten Finanzbehörden der Länder v. 9.11.2021, BStBl I 2021 S. 2334 ff. AEBewGrSt.
2 Müller in Grootens, BewG § 232 Rz. 15 ff.
3 Bock in Grootens, BewG § 243 Rz. 19 ff.
4 Art. 1 Nr. 4 JStG 1997, BGBl 1996 I S. 2049, 2050.

23 Mit Umstellung von der Einheitsbewertung auf die Grundbesitzbewertung für Grundsteuerzwecke zum Hauptfeststellungszeitpunkt 1.1.2022 entfiel die Kategorie der **Betriebsgrundstücke** (ehemals Nr. 3). Betriebsgrundstücke sind nun einer der beiden Vermögensarten der Land- und Forstwirtschaft oder des Grundvermögens zuzuordnen (§ 218 Satz 2, 3 BewG).

24 Im Rahmen des Siebten Abschnitts des Zweiten Teils des BewG ist insbesondere innerhalb des **Grundvermögens** nicht mehr unterschieden, ob oder inwieweit eine wirtschaftliche Einheit dem Betriebsvermögen zuzurechnen ist.

25–30 *(Einstweilen frei)*

IV. Geltungsbereich

31 Die Vermögensarten gelten nur für die **Bewertung für Zwecke der Grundsteuer** im Rahmen der §§ 218–263 BewG des Siebten Abschnitts des Zweiten Teils des Bewertungsgesetzes.[1] Andere Bewertungsverfahren (Einheitsbewertung § 18 BewG, Bedarfsbewertung § 157 Abs. 1, 2 BewG) unterscheiden die Vermögensarten nach eigenen Vorschriften.

32 Nicht davon betroffen sind **ertragsteuerliche Zuordnungen** bei der Unterscheidung des Betriebs- und Privatvermögens oder den Einkunftsarten nach §§ 13, 15, 21 EStG. Diese Zuordnung sind nach den Maßstäben der Einzelsteuergesetze und losgelöst vom Bewertungsgesetz (entgegen der allgemeinen Regelung des § 1 Abs. 1 BewG) vorzunehmen.

33 Die §§ 218 ff. BewG werden zeitlich erstmals auf den **Hauptfeststellungszeitpunkt** auf den **1.1.2022** und für die grundsteuerliche **Hauptveranlagung** auf den **1.1.2025** angewendet, vgl. § 266 Abs. 1 BewG. Bis einschließlich dem 31.12.2024 bleiben die bisherigen Bewertungs- und Vermögensarten nach §§ 18 ff. BewG im Rahmen der Einheitsbewertung weiterhin anwendbar, vgl. § 266 Abs. 4 BewG.

34 Das **Landesrecht** kann von § 218 BewG abweichende Vorschriften vorsehen, Art. 72 Abs. 3 Nr. 7 GG. Dies wurde in folgenden Fällen inzwischen vorgenommen:

- § 3 LGrStG BW, in dem die Bundesregelung des § 218 Satz 1 BewG wiederholt wird;
- § 1 i.V. mit § 2 Abs. 3 Nr. 1 HGrStG, worin die Bundesregelung des § 218 Satz 1 Nr. 2 und Satz 3 BewG übernommen wird und die unbeschränkte Fortgeltung des § 218 Satz 1 BewG für land- und forstwirtschaftliches Vermögen angeordnet wird.

35 Die Landesgesetze der Länder Bayern, Hamburg und Niedersachsen sehen keine Abweichung vor und übernehmen durch deren Anwendungsvorschriften das Bundesrecht des § 218 BewG (Art. 10 Abs. 1 Satz 1 BayGrStG, § 11 Abs. 1 Satz 1 HmbGrStG, § 1 Satz 1, 2 NGrStG).

36 Im Übrigen wird auf die Kommentierung der jeweiligen Landesgesetze im Teil C dieses Kommentars hingewiesen.

37–40 *(Einstweilen frei)*

---

1 A 218 Satz 1 AEBewGrSt. Siehe auch Bezeichnung des Siebten Abschnitts: „Bewertung des Grundbesitzes für die Grundsteuer ab 1.1.2022".

V. Vereinbarkeit der Vorschrift

Durch den § 218 BewG hat der Bundesgesetzgeber von seiner konkurrierenden Gesetzgebung nach Art. 105 Abs. 2 Satz 1 GG Gebrauch gemacht. Ungeachtet dessen kann das Landesrecht aber abweichende Vorschriften vorsehen, die Vorrang von der bundesgesetzlichen Regelung haben, Art. 72 Abs. 3 Nr. 7 GG. 41

Die Unterscheidung zwischen land- und forstwirtschaftlichem Vermögen sowie Grundvermögen begegnet keinen Bedenken zur Vereinbarkeit mit Verfassungs- oder Europarecht. Insbesondere hatte das Bundesverfassungsgericht diese Unterscheidung in seinem Urteil[1] über die Verfassungsmäßigkeit der Einheitsbewertung nicht beanstandet. 42

(Einstweilen frei) 43–50

VI. Verhältnis zu anderen Vorschriften

Durch §§ 218 ff. BewG werden abweichend vom Ersten Teil des BewG besondere – das heißt: vorrangige – Bewertungsvorschriften aufgenommen, vgl. **§ 1 Abs. 2 BewG**.[2] Damit sind die Bewertungsmaßstäbe und -methoden des Ersten Teils des BewG nicht anwendbar. Insbesondere scheidet damit ein Ansatz nach gemeinem Wert (**§ 9 BewG**) oder Teilwert (**§ 10 BewG**) aus. 51

Nach allgemeinen Grundsätzen kann eine wirtschaftliche Einheit i. S. des **§ 2 BewG** nur einer Vermögensart (hier i. S. des § 218 BewG) zugeordnet werden. Daraus folgt die Beachtung der §§ 218, 232, 243 BewG bei der Bestimmung des Umfangs der wirtschaftlichen Einheit. Dies ergibt sich bereits aus § 233 Abs. 2 Satz 1 BewG für land- und forstwirtschaftliches Vermögen sowie § 244 Abs. 1 BewG für das Grundvermögen. 52

Parallel bleibt die Vorgängervorschrift **§ 18 BewG** bestehen. Diese ist eine Eingangsvorschrift des Zweiten Teils des BewG und ist in Folge im Wesentlichen für Zwecke der Bewertung nach dem Sechsten Abschnitt (§§ 157 ff. BewG) für Zwecke der Erbschaft- und Schenkungsteuer sowie für die Grunderwerbsteuer für Stichtage ab dem 1.1.2009 von Bedeutung. Durch spezialgesetzliche Regelung ist für Zwecke der Grundsteuerwertermittlung des Siebten Abschnitts der §§ 218 BewG maßgeblich. 53

Die Einordnung in land- und fortwirtschaftliches Vermögen sowie Grundvermögen ergibt sich aus den materiellrechtlichen Regelungen der **§§ 232 ff. BewG** sowie **§§ 243 ff. BewG**. 54

(Einstweilen frei) 55–60

B. Systematische Kommentierung

I. Vermögensarten für die grundsteuerliche Grundbesitzbewertung (§ 218 Satz 1 BewG)

1. Abweichen vom Grundsatz nach § 18 BewG

§ 218 Satz 1 BewG regelt die **Vermögensarten**, in die das Bewertungsobjekt der **wirtschaftlichen Einheit** (§ 2 BewG) einzuordnen ist. Diese wirtschaftliche Einheit muss entweder dem 61

---

[1] BVerfG, Urteil v. 10.4.2018 - 1 BvL 11/14 (u. a.), NWB MAAAG-80435.
[2] Grundlegend BFH, Urteil v. 12.12.1975 - III R 51/74, BStBl 1976 II S. 281.

land- und fortwirtschaftlichen Vermögen i. S. der §§ 232 ff. BewG oder dem Grundvermögen i. S. der §§ 243 ff. BewG zugeordnet werden.

62 Damit wird im Siebten Abschnitt von der Vermögensarteneinteilung i. S. des § 18 BewG abgewichen und **spezialgesetzlich** eine eigene Regelung geschaffen. Diese hat für Zwecke der Grundsteuerwertermittlung des Siebten Abschnitts Vorrang.

63 § 18 BewG bleibt auch nach Inkrafttreten des neuen Bewertungsrechts ab dem 1.1.2025 in geänderter Fassung wirksam. Die Regelung führt ab dem 1.1.2025 weiterhin auf, dass im Bewertungsrecht zwischen

- land- und fortwirtschaftlichen Vermögen (§ 18 Nr. 1 BewG),
- Grundvermögen (§ 18 Nr. 2 BewG) und
- Betriebsvermögen (§ 18 Nr. 3 BewG)

unterschieden wird. **Spezialgesetzlich** schließt § 218 Satz 1 BewG nun die Vermögensart **Betriebsvermögen** aus, die durch § 218 Satz 2 und 3 BewG den Vermögensarten des land- und forstwirtschaftlichen Vermögens und des Grundvermögens zugeordnet wird (vgl. Rz. 111 ff.).

64 Eine „gemischte" wirtschaftliche Einheit kann damit nicht vorliegen und ist notwendigenfalls in beide Vermögensarten aufzutrennen. Die **Abgrenzung** erfolgt nach den Regelungen der §§ 232 ff. BewG und §§ 243 ff. BewG, auf deren Kommentierung verwiesen wird.[1] Im Folgenden sollen daher nur die Grundzüge der Zuordnung dargestellt werden.

65 Dabei ist zu beachten, dass eine grundsätzliche **Privilegierung des land- und forstwirtschaftlichen Vermögens** vorliegt: Alles, was nicht land- und forstwirtschaftliches Vermögen i. S. der §§ 232 ff. BewG ist, wird damit dem Grundvermögen zugeordnet, vgl. § 243 Abs. 1 Satz 1 BewG. Daher müssen stets Voraussetzung eines land- und forstwirtschaftlichen Betriebs vorliegen, damit die wirtschaftliche Einheit dem land- und forstwirtschaftlichen Vermögen zugeordnet werden kann, vgl. § 232 Abs. 2 Satz 2 BewG. Was alles zum land- und forstwirtschaftlichen Betrieb gehört, ist positiv durch § 234 BewG abgegrenzt. Der **Umfang der wirtschaftlichen Einheit des land- und forstwirtschaftlichen Vermögens** ist dahingehend in § 233 BewG gegenüber dem Grundvermögen abgegrenzt.

66 Liegen die Voraussetzungen des land- und forstwirtschaftlichen Vermögens nicht vor, ist die wirtschaftliche Einheit dem **Grundvermögen** zuzuordnen, vgl. § 243 Abs. 1 Satz 1 BewG.

67–80 *(Einstweilen frei)*

2. Abgrenzung der Vermögensarten

81 Nachfolgend werden die Vermögensarten kurz voneinander abgegrenzt. Für die Details der Abgrenzung wird auf die Kommentierung der §§ 232 ff. und §§ 243 ff. BewG verwiesen.[2]

---

[1] Vgl. Müller in Grootens, BewG § 232 Rz. 15 ff. und Bock in Grootens, BewG § 243 Rz. 19.
[2] Vgl. Müller in Grootens, BewG § 232 Rz. 15 ff. und Bock in Grootens, BewG § 243 Rz. 19.

a) Nr. 1: Land- und Forstwirtschaftliches Vermögen

Der **Begriff des land- und forstwirtschaftlichen Vermögens** wird in §§ 232–234 BewG abgegrenzt. Dabei ist der Umfang des Vermögens anhand eines bestehenden **land- und forstwirtschaftlichen Betriebs** zu bestimmen, § 232 Abs. 2 Satz 1 BewG. Welche **Nutzungen** unter einen solchen Betrieb fallen, wird in § 234 Abs. 1 BewG aufgezählt.

Aus dem land- und forstwirtschaftlichen Vermögen sind einzelne **Wirtschaftsgüter** verpflichtend **auszuscheiden**, vgl. § 244 BewG. Dazu gehören insbesondere Grund und Boden sowie Gebäude für außerhalb des land- und forstwirtschaftlichen Bereichs liegenden Zwecken (insbesondere **Wohnzwecke**), § 232 Abs. 4 Nr. 1 BewG, sowie **Tierbestände** (§ 232 Abs. 4 Nr. 2 BewG), **Zahlungsmittel** und **Forderungen** (§ 232 Abs. 4 Nr. 3 BewG) und **Verbindlichkeiten** (§ 232 Abs. 4 Nr. 4 BewG). Diese Wirtschaftsgüter sind entweder dem Grundvermögen als separate wirtschaftliche Einheit zuzuordnen (wie im Falle des Grund und Bodens und Gebäudes für Wohnzwecke oder andere Zwecke außerhalb des land- und forstwirtschaftlichen Betriebs, § 232 Abs. 4 Nr. 1 BewG) oder **nicht in die Grundsteuerwertermittlung einzubeziehen** (betreffend der § 232 Abs. 4 Nr. 2–4 BewG).

> **HINWEIS:**
> Wird ein land- und forstwirtschaftlicher Betrieb durch die Betriebsinhaber zu eigenen Wohnzwecken genutzt oder für Zwecke, die dem land- und forstwirtschaftlichen Betrieb fremd sind, vermietet, liegen zwingend zwei separate wirtschaftliche Einheiten vor: eine wirtschaftliche Einheit des land- und forstwirtschaftlichen Vermögens und eine (oder mehrere) wirtschaftliche Einheit(en) des Grundvermögens.[1]

(Einstweilen frei)

b) Nr. 2: Grundvermögen

Der **Begriff des Grundvermögens** wird in § 243–245 BewG definiert. Demnach gehören zum Grundvermögen insbesondere **Grund und Boden und Gebäude** (§ 243 Abs. 1 Nr. 1 BewG), **Erbbaurechte** (§ 243 Abs. 1 Nr. 2 BewG), **Wohnungs- und Teileigentum** (§ 243 Abs. 1 Nr. 3 BewG) sowie **Wohnungs- und Teilerbbaurechte** (§ 243 Abs. 1 Nr. 4 BewG). Sind diese Wirtschaftsgüter nicht dem land- und forstwirtschaftlichen Vermögen zuzuordnen, liegt Grundvermögen vor (§ 243 Abs. 1 Einleitungssatz BewG).

Aufbauten auf dem Grund und Boden sind nach § 243 Abs. 2 Nr. 2 BewG und § 245 BewG gesondert abzugrenzen. Handelt es sich um **Betriebsvorrichtungen**, die keine Gebäude oder Außenanlagen darstellen, sind diese nicht in die Bewertung miteinzubeziehen. Hintergrund ist, dass Betriebsvorrichtungen nicht zu den Gebäudebestandteilen zählen.[2] Die mit Betriebsvorrichtungen vergleichbaren zivilrechtlichen Gebäudebestandteile, die ertragsteuerrechtlich verselbstständigt werden – wie **Mietereinbauten, Schaufensteranlagen und Scheinbestandteile**[3] – sind mangels Eigenschaft einer Betriebsvorrichtung als Gebäudebestandteil in die Grundsteuerwertermittlung miteinzubeziehen.

---

1 Siehe Müller in Grootens, BewG § 232 Rz. 70 ff.
2 Vgl. R 4.2 Abs. 3 Satz 3 und 4 EStR 2012; R 7.1 Abs. 2–4 EStR 2012; Gleich lautende Erlasse der obersten Finanzbehörden der Länder v. 5.6.2013, BStBl 2013 I S. 734.
3 Vgl. Aufzählung nach R 4.2 Abs. 3 Satz 3 Nr. 2–4 EStR 2012.

Wredenhagen

93 Bei der Abgrenzung der Betriebsvorrichtung von Außenanlagen oder Gebäudebestandteilen sind die allgemeinen Grundsätze zur **Abgrenzung der Betriebsvorrichtung von Gebäuden** (und deren Bestandteilen) oder Außenanlagen anzuwenden.[1] Inwieweit Gebäudebestandteile (im ertragsteuerlichen Sinne) selbstständig oder unselbstständig sind, hat zunächst keine Bedeutung. Eine verselbstständigte Bewertung ist durch **die Abgeltungswirkung des Ertrags- und Sachwertverfahrens** ausgeschlossen.[2]

94–100 *(Einstweilen frei)*

II. Zuordnung von Grundstücken des Betriebsvermögens (§ 218 Satz 2 und 3 BewG)

1. Begriff des bewertungsrechtlichen Betriebsvermögens

101 Das **Betriebsvermögen** ist – abweichend vom Grundsatz nach § 18 Nr. 3 BewG – **keine eigene Vermögensart** für Zwecke der Grundsteuerwertermittlung i. S. des Siebten Abschnitts des BewG. Durch § 218 Satz 2 und 3 BewG werden Grundstücke des Betriebsvermögens den verbleibenden Vermögensarten des land- und forstwirtschaftlichen Vermögens und Grundvermögens zugeordnet und diesen gleichgestellt.[3] Im Ergebnis wird damit für Zwecke der Bewertung des Siebten Abschnitts **nicht zwischen ertragsteuerlichem Privat- und Betriebsvermögen unterschieden**.

102 Der **Umfang des Betriebsvermögens** wird in §§ 95–97 BewG geregelt. Demnach sind die ertragsteuerlichen Grundsätze des EStG[4] anzuwenden. Dementsprechend verweisen die einschlägigen Vorschriften des Bewertungsrechts auf die **einkommensteuerlichen Vorschriften**:

1. § 95 Abs. 1 BewG für den Gewerbebetrieb nach § 15 Abs. 1 Nr. 1 EStG,

2. § 96 BewG für selbstständige Tätigkeit nach § 18 Abs. 1 Nr. 1 EStG,

3. § 97 Abs. 1 Nr. 5 BewG für gewerbliche Mitunternehmerschaften (§ 15 Abs. 1 Nr. 2 EStG) und selbstständig tätige Mitunternehmerschaften (§ 18 Abs. 4 Satz 2 EStG);

4. § 97 Abs. 1 Satz 1–4 und Abs. 4 BewG für Körperschaften, die nach dem KStG ertragsteuerpflichtig sind.

103 Zum Betriebsvermögen gehören demnach alle Wirtschaftsgüter, die ausschließlich oder unmittelbar für eigenbetriebliche Zwecke genutzt werden oder dazu bestimmt sind (**notwendiges Betriebsvermögen**).[5] Grundvermögen zählt regelmäßig zum notwendigen Betriebsvermögen, wenn es für eigene betriebliche Zwecke verwendet wird.[6] Gewillkürtes Betriebsvermögen liegt bei Grundstücken vor, die fremdbetrieblich oder zu fremden Wohnzwecken gegen

---

[1] Gleich lautende Erlasse der obersten Finanzbehörden der Länder v. 5.6.2013, BStBl 2013 I S. 734. Siehe auch Bock in Grootens, BewG § 243 Rz. 94 ff.
[2] Vgl. Grootens in Grootens, BewG § 252 Rz. 76 ff. und Grootens in Grootens, BewG § 258 Rz. 106 ff.
[3] A 218 Satz 2 AEBewGrSt.
[4] R 4.2 Abs. 1 EStR 2012.
[5] R 4.2 Abs. 1 Satz 1 EStR 2012.
[6] R 4.2 Abs. 7 Satz 1 EStR 2012.

Entgelt genutzt werden (also vermietet oder verpachtet werden) und vom Ertragsteuerpflichtigen bewusst dem Betriebsvermögen zugeordnet werden.[1]

Ertragsteuerliches Betriebsvermögen eines **land- und forstwirtschaftlichen Betriebs** i. S. der §§ 13 ff. EStG ist kein Betriebsvermögen i. S. der §§ 95 ff. BewG, § 95 Abs. 2 BewG.[2]

(Einstweilen frei)   105–110

2. Zuordnung von Betriebsgrundstücken zu den grundsteuerlichen Vermögensarten

Da die Bewertungsvorschriften der §§ 232 ff. BewG für land- und forstwirtschaftliches Vermögen und §§ 243 ff. BewG für das Grundvermögen keine Unterscheidung hinsichtlich des in §§ 95 ff. BewG geregelten Betriebsvermögens treffen, ist die **Vermögensart des Betriebsvermögens** (§ 18 Nr. 3 BewG) nicht für die Grundsteuerwertermittlung anzuwenden.

Durch den Wegfall des Betriebsvermögens als eigene Vermögensart sind die Grundstücke, die einem Betriebsvermögen zugeordnet wurden, den Vermögensarten i. S. des § 218 Satz 1 BewG zuzuordnen. § 218 Satz 2 und 3 BewG übernimmt nun die Regelungen des § 99 Abs. 1 Nr. 1 und 2 BewG in die Grundsteuerwertermittlung i. S. der §§ 218 ff. BewG.[3]

Demnach ist ein Grundstück der Vermögensart zuzuordnen, als ob es nicht zum Betriebsvermögen gehören würde, vgl. § 99 Abs. 1 Einleitungssatz BewG.[4] Der Zuordnung zum – notwendigen oder gewillkürten – Betriebsvermögen kommt damit keine Bedeutung im Rahmen der Grundsteuerwertermittlung zu. Die Zuordnung zur Vermögensart erfolgt anhand der spezialgesetzlichen Kriterien der §§ 232 ff. BewG und §§ 243 ff. BewG.

Letztlich wiederholt der Gesetzgeber klarstellend, dass eine Zuordnung der Betriebsgrundstücke zu den Vermögensarten i. S. des § 218 Satz 1 BewG zu erfolgen hat.[5]

§ 219 BewG Feststellung von Grundsteuerwerten

(1) Grundsteuerwerte werden für inländischen Grundbesitz, und zwar für Betriebe der Land- und Forstwirtschaft (§§ 232 bis 234, 240) und für Grundstücke (§§ 243 und 244) gesondert festgestellt (§ 180 Absatz 1 Satz 1 Nummer 1 der Abgabenordnung).

(2) In dem Feststellungsbescheid (§ 179 der Abgabenordnung) sind auch Feststellungen zu treffen über:

1. die Vermögensart und beim Grundvermögen auch über die Grundstücksart (§ 249) sowie

2. die Zurechnung der wirtschaftlichen Einheit und bei mehreren Beteiligten über die Höhe ihrer Anteile.

(3) Die Feststellungen nach den Absätzen 1 und 2 erfolgen nur, soweit sie für die Besteuerung von Bedeutung sind.

---

1 R 4.2 Abs. 9 Satz 1 EStR 2012.
2 Zur Abgrenzung des land- und forstwirtschaftlichen Betriebs vom Betriebsvermögen i. S. der § 95 ff. BewG; siehe gleich lautende Erlasse der obersten Finanzbehörden der Länder v. 15.12.2011, BStBl 2011 I S. 1213.
3 A 218 Satz 3 AEBewGrSt.
4 A 218 Satz 4 AEBewGrSt.
5 BT-Drucks. 19/11085 S. 93 zu § 218 BewG. Siehe auch Eisele/Wiegand, Grundsteuerreform 2022/2025 S. 9, NWB CAAAH-44415.

Inhaltsübersicht

	Rz.
A. Allgemeine Erläuterungen	1 - 60
I. Hinweise auf Verwaltungsanweisungen	1 - 10
II. Normzweck und wirtschaftliche Bedeutung der Vorschrift	11 - 20
III. Entstehung und Entwicklung der Vorschrift	21 - 30
IV. Geltungsbereich	31 - 40
V. Vereinbarkeit der Vorschrift	41 - 50
VI. Verhältnis zu anderen Vorschriften	51 - 60
B. Systematische Kommentierung	61 - 282
I. Feststellung von Grundsteuerwerten (§ 219 Abs. 1 BewG)	61 - 210
1. Inländischer Grundbesitz	61 - 70
2. Vermögensart des inländischen Grundbesitzes	71 - 80
3. Rechtsfolge: Feststellung von Grundsteuerwerten	81 - 210
a) Inhalt der gesonderten Feststellung von Grundsteuerwerten	81 - 90
b) Verfahren zur Feststellung der Grundsteuerwerte	91 - 210
aa) Verpflichtung zur gesonderten Feststellung	91 - 100
bb) Sachliche und örtliche Zuständigkeit zur Feststellung	101 - 110
cc) Beteiligte im Feststellungsverfahren	111 - 120
dd) Feststellungsfrist	121 - 160
ee) Bekanntgabe des Feststellungsbescheids	161 - 170
ff) Wirkung des Feststellungsbescheids	171 - 180
gg) Steuerliche Nebenleistungen im Feststellungsverfahren	181 - 200
hh) Überprüfung der Feststellung durch Außenprüfung	201 - 210
II. Weitere Feststellungen (§ 219 Abs. 2 BewG)	211 - 270
1. „Auch" festzustellende Besteuerungsgrundlagen	211 - 220
2. Inhalt der weiteren Feststellungen	221 - 270
a) Nr. 1: Vermögens- und Grundstücksart	221 - 240
aa) Vermögensart	221 - 230
bb) Grundstücksart bei Grundvermögen	231 - 240
b) Nr. 2: Zurechnung und Anteile	241 - 270
aa) Zurechnung der wirtschaftlichen Einheit	241 - 260
bb) Feststellung der Anteile mehrerer Beteiligter	261 - 270
III. Voraussetzung zur Feststellung (§ 219 Abs. 3 BewG)	271 - 282
1. Wesentlichkeit für das Besteuerungsverfahren	271 - 280
2. Rechtsfolge bei teilweiser Steuerbefreiung	281 - 282

LITERATUR:

Höreth/Stelzer, Grundsteuerreform – der Druck auf den Gesetzgeber steigt, DStZ 2019 S. 607–612; *Marfels*, Die Neubewertung von Grundvermögen nach dem Entwurf für ein Grundsteuerreformgesetzentwurfs (GrStRefG), ErbStB 2019 S. 266–275; *Marx*, Ökonomische Analyse des Grundsteuer-Reformgesetzentwurfs, DStZ 2019 S. 372–379; *Neufang*, Das Grundsteuerreformgesetz – ein gesetzgeberisches Chaos?, BB 2019 S. 3035–3038; *Eichholz*, Novellierung der Grundsteuer, DStZ 2020 S. 1158–1167; *Eisele/Wiegand*, Grundsteuerreform 2022/2025, Stand: Januar 2020 (1. Aufl.), S. 9–22, NWB CAAAH-44415; *Heine*, Reform des Bewertungs- und Grundsteuerrechts. Werden die Reformziele erreicht?, KStZ 2020 S. 2–6; *Heine*, Hauptfeststellung und Nachfeststellung sowie Fortschreibung und Aufhebung von Einheits- und Grundsteuerwerten nach altem und neuem Recht als Grundlage für die Veranlagung der Grundsteuer, KStZ 2020 S. 21–30; *Wünnemann/Koller*, Die Grundsteuerreform – ein Resümee aus Sicht der Industrie, BB 2020 S. 215–219.

ARBEITSHILFEN UND GRUNDLAGEN ONLINE:

Abruf der Zuständigkeiten insbesondere für die Grundbesitzbewertung der Finanzämter in Deutschland auf der Internetseite des Bundeszentralamts für Steuern: http://go.nwb.de/pqkur

VERWALTUNGSANWEISUNGEN:
Koordinierte Erlasse der obersten Finanzbehörden der Länder v. 9.11.2021 – Anwendung des Siebenten Abschnitts des Zweiten Teils des Bewertungsgesetzes zur Bewertung des Grundbesitzes (allgemeiner Teil und Grundvermögen) für die Grundsteuer ab 1.1.2022 (AEBewGrSt), BStBl I 2021 S. 2334.

A. Allgemeine Erläuterungen

I. Hinweise auf Verwaltungsanweisungen

Verwaltungsanweisungen zu § 219 BewG liegen mit A 219 AEBewGrSt vor.[1] Für das Feststellungsverfahren bestehen allgemeine verfahrensrechtliche Verwaltungsanweisungen im **Anwendungserlass der AO**, siehe §§ 179 ff. AO.

(Einstweilen frei)

II. Normzweck und wirtschaftliche Bedeutung der Vorschrift

Die Vorschrift ist die grundlegende Norm für den ersten Schritt des **dreistufigen Grundsteuerbesteuerungsverfahrens**. Die Feststellung der Grundsteuerwerte ist die Grundlage für die nachfolgende Festsetzung des **Grundsteuermessbetrags** (§§ 13 ff. GrStG). Aufbauend auf dem Messbetrag, der eventuell **zerlegt** wird (§§ 22 ff. BewG), erfolgt die eigentliche **Grundsteuerfestsetzung** (§§ 25 ff. GrStG) durch die jeweilige Gebietskörperschaft mit dem **Grundsteuerhebeberecht** nach § 1 Abs. 1 oder 2 GrStG.

Durch § 219 BewG wird die besondere **Feststellung der Grundsteuerwerte** außerhalb der eigentlichen Steuerfestsetzung i. S. des § 179 Abs. 1 AO angeordnet. Die an § 219 BewG anknüpfende Vorschrift zum Verfahrensrecht ist § 180 Abs. 1 Satz 1 Nr. 1 AO, wonach Einheitswerte (ab 1.1.2022: auch Grundsteuerwerte) verpflichtend gesondert festgestellt werden müssen.

Unmittelbare wirtschaftliche Bedeutung hat die Vorschrift nicht, da es sich um eine **verfahrensrechtliche Vorschrift** für das Feststellungsverfahren handelt.

(Einstweilen frei)

III. Entstehung und Entwicklung der Vorschrift

Vorgänger des § 219 BewG in der Einheitsbewertung war § 19 BewG mit im Wesentlichen identischem Regelungsinhalt, welcher mit Wirkung zum 1.1.2025 aufgehoben wird.

Redaktionelle Änderungen bezogen sich auf die **gesetzlichen Verweise** sowie das Entfernen des bereits in der Einheitsbewertung weggefallenen Abs. 2 des § 19 BewG.

Mit der Neufassung der **Vorschriften zur Grundsteuerwertermittlung ab 1.1.2022** entfiel die Notwendigkeit, die bisher in der Einheitsbewertung noch fortgeltenden Bewertungsvorschriften auf den **Hauptfeststellungszeitpunkt 1.1.1935** zu übernehmen (vgl. § 19 Abs. 3 Nr. 1 BewG a. F.). Diese Vorschriften übernahmen die Bewertungsvorschriften aus dem Reichsbewertungsgesetz sowie der Durchführungsverordnung zum Reichsbewertungsgesetz für die bundesdeutsche Einheitsbewertung in Ostdeutschland (ohne West-Berlin), da es für diese Grundstücke an einer **Hauptfeststellung zum 1.1.1964** mangelte. Die damit zusammenhängenden Übergangs-

---

[1] Koordinierte Erlasse der obersten Finanzbehörden der Länder v. 9.11.2021, BStBl I 2021 S. 2334 (AEBewGrSt).

vorschriften des Dritten Abschnitts (§§ 125–133 BewG) werden dementsprechend mit dem GrStRefG mit Wirkung zum 1.1.2025 **aufgehoben**.[1]

24 Mit dem Inkrafttreten des § 219 BewG wird gleichermaßen der **Wortlaut der verfahrensrechtlichen Vorschriften** nach §§ 179 ff. AO **angepasst**. Die für Einheitswerte einschlägigen Vorschriften sind damit ebenso für die Grundsteuerwerte anzuwenden, insbesondere § 180 Abs. 1 Satz 1 Nr. 1 AO, § 182 Abs. 2 Satz 1 AO, § 183 Abs. 4 AO. Insoweit handelt es sich lediglich um **redaktionelle Änderungen**. In der **Übergangszeit** vom 1.1.2022–31.12.2024 sehen die verfahrensrechtlichen Vorschriften damit sowohl die Feststellung von Einheits- als auch von Grundsteuerwerten vor.[2] Ab dem 1.1.2025 sind dann folgerichtig lediglich Grundsteuerwerte festzustellen, die Verweise auf Einheitswerte werden insoweit gestrichen (Art. 97 § 10 Abs. 2 Satz 3 EGAO, Art. 97 § 10b Satz 3 EGAO).[3]

25–30 *(Einstweilen frei)*

IV. Geltungsbereich

31 Die Vorschrift gilt lediglich für die Bewertungsvorschriften des Siebten Abschnitts des Zweiten Teils des Bewertungsgesetzes, also für die **Feststellung von Grundsteuerwerten** für Zwecke der Festsetzung der GrSt nach dem GrStG.

32 Das **Landesrecht** kann von § 219 BewG abweichende Vorschriften vorsehen, Art. 72 Abs. 3 Nr. 7 GG. Dies wurde durch folgende Länder inzwischen umgesetzt:

▶ § 13 LGrStG BW des Landes Baden-Württemberg, worin im Wesentlichen die Bundesregelung für Zwecke des baden-württembergischen Bewertungsmodells angepasst wird.

▶ § 6 Abs. 1 und 2 HmbGrStG des Landes Hamburg, worin der Feststellungsinhalt abweichend geregelt wird.

▶ § 8 Abs. 1 NGrStG des Landes Niedersachsen, worin der Feststellungsinhalt ausgeweitet wird, und die Regelung des § 219 BewG im Übrigen in das landeseigene Bewertungsmodell übernommen wird.

33 Das Land Bayern trifft in seinem Landesgesetz keine vom Bundesrecht abweichenden Regelung und übernimmt durch Anwendungsvorschriften den Regelungsinhalt des § 219 BewG (Art. 10 Abs. 1 Satz 1 BayGrStG).

34 Das Land Hessen hat in dessen Landesgrundsteuergesetz weder eine ausdrückliche Anwendung des § 219 BewG noch eine eigene Landesregelung als Ersatz des § 219 BewG vorgesehen (fehlende Nennung in § 2 Abs. 2–4 HGrStG). Mangels abweichender landeseigener Regelung ist davon auszugehen, dass eine eigene Landesregelung der verfahrensrechtlichen Bestimmungen des § 219 BewG nach Art. 72 Abs. 3 Nr. 7 GG insoweit nicht vorliegt. Im Ergebnis ist daher das Bundesrecht entsprechend im Rahmen des Landesrechts des HGrStG anzuwenden.

35 Im Übrigen wird auf die Kommentierung der jeweiligen Landesgesetze im Teil C dieses Kommentars hingewiesen.

36–40 *(Einstweilen frei)*

---

[1] Art. 2 Nr. 9 GrStRefG.
[2] Art. 4 Nr. 1, 3, 4 GrStRefG, BT-Drucks. 19/11085 S. 127 zu Art. 4 „Allgemein".
[3] Art. 5 Nr. 2, 4, 5 GrStRefG, BT-Drucks. 19/11085 S. 128 zu Art. 5 „Allgemein".

V. Vereinbarkeit der Vorschrift

Aufgrund der rein verfahrensrechtlichen Natur der Vorschrift sowie der Entsprechung zum Recht der Einheitsbewertung begegnet die Vorschrift **keinen Bedenken** bezüglich der **Vereinbarkeit mit höherrangigem Recht**. 41

Durch den § 219 BewG hat der **Bundesgesetzgeber** von seiner **konkurrierenden Gesetzgebung** nach Art. 105 Abs. 2 Satz 1 GG Gebrauch gemacht. Ungeachtet dessen kann das Landesrecht aber abweichende Vorschriften vorsehen, die Vorrang von der bundesgesetzlichen Regelung haben, Art. 72 Abs. 3 Nr. 7 GG. 42

(Einstweilen frei) 43–50

VI. Verhältnis zu anderen Vorschriften

§ 219 BewG ist die korrespondierende Vorschrift zu § 180 Abs. 1 Satz 1 Nr. 1 AO. Durch § 219 BewG wird die **Feststellungspflicht** sowie der **Umfang der festzustellenden Besteuerungsgrundlagen** festgelegt. Dementsprechend sind bei der Feststellung nach § 219 BewG die **verfahrensrechtlichen Vorschriften der §§ 180–183 AO** zu beachten und wirken für die Grundsteuerwertfeststellung entsprechend. 51

§ 219 BewG bildet die **Rahmenvorschrift** für die Feststellung der Grundsteuerwerte. Diese Feststellung kann im Rahmen 52

- einer **Hauptfeststellung** nach § 221 BewG,
- einer **Fortschreibung** nach § 222 BewG oder
- einer **Nachfeststellung** nach § 223 BewG erfolgen.
- Als negative Feststellung ist auch die **Aufhebung eines Grundsteuerwerts** nach § 224 BewG von den Vorschriften über die Feststellung i. S. des § 219 BewG betroffen.

Die **Abgrenzung des inländischen Grundbesitzes** im Feststellungsverfahren erfolgt nach § 231 BewG. Demnach unterliegt nur der inländische Teil einer (grenzüberschreitenden) wirtschaftlichen Einheit (§ 2 Abs. 1 BewG) der grundsteuerlichen Grundbesitzbewertung. Der ausländische Teil ist hierfür nicht erheblich, § 231 Abs. 2 BewG. 53

Die **festzustellenden Werte** und andere Besteuerungsgrundlagen ergeben sich aus dem weiteren Verfahrensrecht der §§ 218 ff. BewG sowie dem **materiellen Bewertungsrecht** der §§ 232 ff. BewG. 54

(Einstweilen frei) 55–60

B. Systematische Kommentierung

I. Feststellung von Grundsteuerwerten (§ 219 Abs. 1 BewG)

1. Inländischer Grundbesitz

Der Feststellung der Grundsteuerwerte erfolgt nach § 219 Abs. 1 BewG nur für „**inländischen Grundbesitz**". Das Bewertungsgesetz beinhaltet keine eigene Begriffsbestimmung des Inlands bzw. dessen Umfangs. Auch andere Gesetze, die auf die Grundsteuerwertermittlung anzuwenden sind – insbesondere AO und GrStG – enthalten **keine eigene Inlandsdefinition**. Somit muss auf die grundgesetzliche Beschreibung des Anwendungsbereichs des Gesetzes zurückgegriffen werden. Demnach umfasst das **Inland** das **Gebiet aller 16 Bundesländer**, Satz 2 der 61

Präambel des GG. Damit ist das gesamte deutsche Staatsgebiet, also auch **Exklaven** (i. e. Büsingen) sowie die Hoheitsgewässer einschließlich aller Inseln Deutschlands, von der Grundsteuerwertfeststellung grds. erfasst.

62 Weist eine wirtschaftliche Einheit **keinen Inlandsbezug** aus, scheidet eine grundsteuerliche Grundbesitzbewertung damit von vornherein aus. Eine Feststellung ist nach § 219 Abs. 1 BewG nur für inländischen Grundbesitz durchzuführen.

63 Wirtschaftliche Einheiten sind nach § 2 Abs. 1 Satz 2 BewG stets einheitlich zu bewerten. Gleichzeitig ist der **Umfang einer wirtschaftlichen Einheit** anhand der **Verkehrsanschauung** (§ 2 Abs. 1 Satz 3 und 4 BewG) und des **zivilrechtlichen Eigentums** (§ 2 Abs. 2 BewG) zu bestimmen.[1] Damit kann eine wirtschaftliche Einheit **grenzüberschreitend** bestehen, also sowohl im Inland als auch im Ausland liegen.

64 Dieser – weite – Umfang der wirtschaftlichen Einheit steht im Konflikt mit dem Begriff des inländischen Grundbesitzes nach § 219 Abs. 1 BewG. Die Feststellung stellt jedoch auf den **inländischen Grundbesitz**, nicht auf die inländische wirtschaftliche Einheit ab. Daraus folgt bereits, dass die Feststellung sich auf den inländischen Teil der grenzüberschreitenden wirtschaftlichen Einheit beschränken muss. Dementsprechend schreibt § 231 Abs. 1 BewG vor, dass die wirtschaftliche Einheit in diesem grenzüberschreitenden Fall nur im Umfang des inländischen Teils als wirtschaftliche „Untereinheit" festzustellen ist.[2]

65 Daraus folgt, dass eine **Feststellung nur im Umfang des inländischen Teils** einer wirtschaftlichen Einheit zu erfolgen hat, § 231 BewG. Soweit ausländische Teile vorliegen, sind diese für die Grundsteuerwertfeststellung nicht erheblich und bleiben außer Ansatz. Folglich sind diese nach § 219 Abs. 3 BewG nicht zu bewerten.

66 Durch gesetzlichen Verweis sind die Bewertungsvorschriften der §§ 232 ff. BewG für das land- und forstwirtschaftliche Vermögen und die Bewertungsvorschriften der §§ 243 ff. BewG für das Grundvermögen für die Grundsteuerwertermittlung anzuwenden.

67–70 *(Einstweilen frei)*

2. Vermögensart des inländischen Grundbesitzes

71 Die Feststellung eines Grundsteuerwerts erfolgt für die in § 219 Abs. 1 BewG genannten Vermögensarten. Die **Vermögensarten** entsprechen der Zuordnung bzw. Abgrenzung nach § 218 BewG. Feststellungen sind daher für Grundbesitz des **land- und forstwirtschaftlichen Vermögens** (§ 218 Satz 1 Nr. 1 BewG) sowie des **Grundvermögens** (§ 218 Satz 1 Nr. 2 BewG) vorzunehmen.[3]

72 Die **Betriebsgrundstücke** unterliegen – ebenfalls entsprechend § 218 Satz 2 und 3 BewG – nicht der gesonderten Feststellung i. S. des § 219 Abs. 1 BewG. Diese werden innerhalb der in § 218 Satz 1 Nr. 1 und 2 BewG genannten Vermögensarten bewertet. Eine gesonderte Erfassung von Betriebsgrundstücken findet daher nicht statt.

73–80 *(Einstweilen frei)*

---

[1] Vgl. Bock in Grootens, BewG § 244 Rz. 23 ff.
[2] Vgl. Wredenhagen in Grootens, BewG § 231 Rz. 71 ff.
[3] A 219 Satz 1 AEBewGrSt.

3. Rechtsfolge: Feststellung von Grundsteuerwerten

a) Inhalt der gesonderten Feststellung von Grundsteuerwerten

Der gesonderten Feststellung unterliegt der **Grundsteuerwert**, § 219 Abs. 1 BewG. Der Wert ermittelt sich nach den gesetzlich verwiesenen Bewertungsvorschriften. 81

Für das **land- und forstwirtschaftliche Vermögen** umfasst dies die Grundsteuerwerte für 82
1. Land- und forstwirtschaftliche Betriebe, die die wirtschaftliche Einheit nach §§ 232–240 BewG bilden;
2. Kleingarten- und Dauerkleingartenland nach § 240 BewG, die einem land- und forstwirtschaftlichen Betrieb gleichgestellt werden.

Für das **Grundvermögen** sind Grundsteuerwerte für 83
1. Grund und Boden, Gebäude und deren zivilrechtliche Bestandteile und Zubehör nach § 243 Abs. 1 Nr. 1 BewG, jedoch nur soweit es sich nicht um Betriebsvorrichtungen handelt, § 243 Abs. 2 Nr. 2 BewG,
2. Erbbaurechte nach § 243 Abs. 1 Nr. 2 BewG,
3. Wohnungseigentum bzw. Teileigentum, § 243 Abs. 1 Satz 1 Nr. 3 BewG,
4. Erbbaurechte auf Wohnungs- und Teileigentum, § 243 Abs. 1 Satz 1 Nr. 4 BewG sowie
5. Gebäude auf fremden Grund- und Boden, § 244 Abs. 3 Nr. 2 BewG

festzustellen.

Die Ermittlung der jeweiligen Werte erfolgt nach den **materiellen Bewertungsvorschriften** der §§ 232 ff. BewG und §§ 243 ff. BewG. 84

(Einstweilen frei) 85–90

b) Verfahren zur Feststellung der Grundsteuerwerte

aa) Verpflichtung zur gesonderten Feststellung

Durch § 219 Abs. 1 BewG in Verbindung mit § 180 Abs. 1 Satz 1 AO ist verpflichtend das **Feststellungsverfahren** gesondert von der Grundsteuermessbetrags- oder Grundsteuerermittlung durchzuführen. Dadurch ist nach § 179 Abs. 1 AO ein selbstständiger Feststellungsbescheid zu erlassen, der unabhängig vom (nachfolgenden) Grundsteuermessbescheid oder Grundsteuerbescheid ist. 91

Ein **Ermessen** (§ 5 AO) zum Verzicht auf das Feststellungsverfahren (z. B. in Fällen von geringer Bedeutung) ist **gesetzlich nicht vorgesehen** und scheidet damit regelmäßig aus. 92

Das in § 180 Abs. 2 Satz 2 Nr. 1 AO i.V. mit § 4 Satz 2 der Verordnung zu § 180 Abs. 2 AO vorgesehene **Absehen von einer gesonderten Feststellung** ist für die Grundsteuerwertfeststellung nach § 180 Abs. 1 Nr. Satz 1 Nr. 1 AO **nicht anwendbar**.[1] 93

Auch eine **Abweichung aus Billigkeitsgründen** i.S. des § 163 Abs. 1 AO **scheidet aus**, da nach § 220 Satz 1 BewG eine Anwendung der Billigkeitsgrundsätze für die Grundsteuerwertermittlung ausgeschlossen ist. 94

(Einstweilen frei) 95–100

---

[1] AEAO zu § 180 AO, Tz. 3.

bb) Sachliche und örtliche Zuständigkeit zur Feststellung

101 **Sachlich zuständig** sind nach § 16 AO i.V. mit § 17 Abs. 2 Satz 1 FVG die **Finanzämter** als Finanzbehörden i. S. des § 6 Abs. 2 Nr. 4a AO.

102 **Örtlich zuständig** ist das **Lagefinanzamt**, in dessen Bezirk die wirtschaftliche Einheit des Grundbesitzes belegen ist, § 18 Abs. 1 Nr. 1 AO.

103 Liegt eine zu bewertende **wirtschaftliche Einheit in mehreren Finanzamtsbezirken**, ist das Finanzamt örtlich zuständig, das sich **zuerst** mit der Grundsteuerwertfeststellung **befasst** hat (§ 25 Satz 1 AO). **Abweichend** davon können die Finanzämter untereinander oder die gemeinsame Oberbehörde der Finanzämter eine **andere Zuständigkeit festlegen**, § 25 Satz 2 AO.

104 Die **örtliche Zuständigkeit** kann ferner durch die oberste Finanzbehörde der Länder abweichend von Finanzamtsbezirk **zugewiesen** werden, § 17 Abs. 2 Satz 3 Nr. 1 und 2 FVG. Die dazu notwendigen Verordnungen werden durch die Landesregierung bzw. die oberste Landesfinanzbehörde erlassen.[1]

105 **HINWEIS:**
Die örtlichen Zuständigkeiten werden in dem Fachverfahren „GemFA" der Finanzverwaltung gespeichert und durch das Bundeszentralamt für Steuern (BZSt) online zugänglich gemacht: http://go.nwb.de/pqkur. Dort kann unter Eingabe der Finanzamtsbezeichnung, der Postleitzahl oder der Bundesfinanzamtsnummer die übernommenen oder abgegebenen Zuständigkeiten abgerufen werden.

106–110 *(Einstweilen frei)*

cc) Beteiligte im Feststellungsverfahren

111 Beteiligte im Feststellungsverfahren sind jene **Personen, an die sich der Feststellungsbescheid richtet**, § 78 Abs. 1 Nr. 2 AO. Dies ist zunächst der **Grundsteuerpflichtige** nach § 33 Abs. 1 AO i.V. mit § 10 Abs. 1 GrStG, dem die zu bewertende wirtschaftliche Einheit zuzuordnen ist.

112 Der Beteiligte und Steuerpflichtige kann sich nach § 80 AO von einem **Bevollmächtigten** vertreten lassen.

113 Ist die wirtschaftliche Einheit einer **Personengesellschaft** oder einer **juristischen Person** (privaten oder öffentlichen Rechts) zuzurechnen, ist der **gesetzliche Vertreter** (§ 34 Abs. 1 AO), **Vermögensverwalter** (§ 34 Abs. 2 AO) oder der **Verfügungsberechtigte** (§ 35 AO) der Beteiligte als **Bekanntgabeadressat**. Inhaltsadressat des Feststellungsbescheids bleibt dabei die vertretene Personengesellschaft oder juristische Person.

114 Wird die wirtschaftliche Einheit **Ehegatten** (§ 1353 Abs. 1 Satz 1 BGB) oder **Lebenspartnern** (§ 1 Satz 2 Nr. 1 LPartG) zugeordnet, sind beide Ehegatten/Lebenspartner Feststellungsbeteiligte.

115 Liegen **mehrere Feststellungsverfahrensbeteiligte** vor – beispielsweise durch eine Mehrheit von Vertretern nach § 34 AO oder bei Ehegatten/Lebenspartnern – können sich die Beteiligten durch ein **gemeinsamen Vertreter** nach § 183 Abs. 1 AO vertreten lassen. Dies kann entweder einer der Beteiligten sein oder ein Bevollmächtigter nach § 80 AO, § 183 Abs. 1 AO. Im Falle von Ehegatten/Lebenspartnern kann ein Ehegatte/Lebenspartner den anderen kraft Gesetzes vertreten, § 183 Abs. 4 AO i.V. mit § 122 Abs. 7 AO.

---

1 Vgl. beispielsweise die Finanzamtszuständigkeitsverordnung des Landes Berlin.

Ist die wirtschaftliche Einheit einem – nach §§ 104 ff. BGB geschäftsunfähigen – **Kind** zuzurechnen, vertreten die **Eltern** das Kind, § 1629 BGB. Das Kind ist damit zwar Feststellungsbeteiligter (Inhaltsadressat), kann aber nur durch den gesetzlichen Vertreter, in der Regel die Eltern als gesetzliche Vertreter nach § 34 Abs. 1 AO (Bekanntgabeadressat) handeln. Die Eltern sind gleichzeitig **Empfangsbevollmächtigte** des Kindes, § 183 Abs. 4 Nr. 2 AO i.V. mit § 122 Abs. 7 Nr. 2 AO, wenn sie sich nicht durch einen Bevollmächtigten i. S. des § 80 AO vertreten lassen.

Liegen **mehrere Feststellungsbeteiligte** vor, denen die wirtschaftliche Einheit anteilig zuzurechnen ist, ist die gesonderte **Grundsteuerwertfeststellung einheitlich** vorzunehmen, § 179 Abs. 2 Satz 2 AO.

(Einstweilen frei)

dd) Feststellungsfrist

Die Vorschriften des **Steuerfestsetzungsverfahrens** nach §§ 155 ff. AO sind auf das **Feststellungsverfahren** und damit auch für das Grundsteuerwertfeststellungsverfahren **anzuwenden**, § 181 Abs. 1 Satz 1 AO. Damit richtet sich die **Feststellungsfrist** nach §§ 169–171 AO. Diese Vorschriften gelten aber nicht, soweit für das Feststellungsverfahren im Allgemeinen und für die Grundsteuerwertfeststellung im Besonderen **eigene Fristregelungen**, insbesondere durch § 181 Abs. 3–5 AO, bestehen. Für die mathematische Fristberechnung finden die allgemeinen Vorschriften nach § 108 Abs. 1 und 3 AO i.V. mit §§ 187 und 188 BGB Anwendung.

(Einstweilen frei)

(1) Beginn der Feststellungsfrist

Der Beginn der Feststellungsfrist für Grundsteuerwerte richtet sich nach § 181 Abs. 3 Satz 1 AO in der Fassung des GrStRefG.[1] Demnach beginnt die Feststellungsfrist **mit Ablauf des Jahres, auf dessen Beginn die Feststellung vorzunehmen** ist. Die Feststellungen für Grundsteuerzwecke nach §§ 221 ff. BewG sind jeweils auf den Beginn eines Kalenderjahres (§ 221 Abs. 2 BewG, § 222 Abs. 4 Satz 3 BewG, § 223 Abs. 2 Nr. 1 oder 2 BewG, § 224 Abs. 2 Nr. 1 oder 2 BewG) vorzunehmen. Die Feststellungsfrist beginnt damit grds. mit Ablauf des dort bezeichneten Kalenderjahres.

Der **Beginn verschiebt sich** jedoch, wenn eine **Abgabepflicht** zur **Grundsteuerwertfeststellungserklärung** besteht, § 181 Abs. 3 Satz 2 AO. Diese Pflicht kann sich sowohl gesetzlich oder aus behördlicher Anordnung ergeben. Für Zwecke der Grundsteuerwertfeststellung regelt § 228 Abs. 1 AO die **Erklärungspflicht**, die demnach **nur auf Aufforderung** – also behördlich – besteht. Eine gesetzliche Erklärungspflicht wie im Ertrags-[2] oder Umsatzsteuerrecht[3] besteht damit nicht.

Fordert das Finanzamt zur Abgabe einer **Grundsteuerwertfeststellungserklärung** nach § 228 Abs. 1 AO auf, **beginnt die Feststellungsfrist** damit nach § 181 Abs. 3 Satz 2 Alternative 1 AO **mit Ablauf des Jahres der Abgabe der Feststellungserklärung**. Diese „Anlaufhemmung" endet **spätestens mit Ablauf des dritten auf den Feststellungszeitpunkt folgenden Jahres**, § 181 Abs. 3 Satz 2 Alternative 2 AO. Datum der Aufforderung oder Frist zur Aufforderung bleiben

---

[1] Art. 4 Nr. 2 lit. a und Art. 5 Nr. 4 lit. a GrStRefG (vgl. BT-Drucks. 19/11085).
[2] Vgl. § 25 Abs. 3 EStG i.V. mit § 56 EStDV, § 31 Abs. 1 Satz 1 KStG, § 14a Abs. 1 Satz 1 GewStG.
[3] Vgl. § 18 Abs. 1–4 UStG.

134 **BEISPIEL:** Es soll eine Hauptfeststellung auf den 1.1.2022 durchgeführt werden. Das zuständige Finanzamt fordert den Steuerpflichtigen mit Schreiben vom 4.8.2024 auf, die Grundsteuerwertfeststellungserklärung bis zum 8.9.2025 abzugeben. Die tatsächliche, wirksame Abgabe erfolgt jedoch erst am 2.1.2026.

Die Feststellungsfrist beginnt nach § 181 Abs. 3 Satz 1 grds. mit Ablauf des Kalenderjahres des Feststellungszeitpunkts (hier: Hauptfeststellungszeitpunkt), also mit Ablauf des Kalenderjahres 2022. Durch die Aufforderung zur Abgabe einer Feststellungserklärung greift jedoch die Anlaufhemmung nach § 181 Abs. 3 Satz 2 AO ein. Danach beginnt die Feststellungsfrist mit Ablauf des Kalenderjahres der Erklärungsabgabe (2026), spätestens aber mit Ablauf des dritten Folgejahres des Kalenderjahres des Feststellungszeitpunkts (Ablauf 2022 + drei Jahre = Ablauf 2025). Die Anlaufhemmung führt damit dazu, dass die Feststellungsfrist damit mit Ablauf der Dreijahresfrist mit Ablauf des Kalenderjahres 2025 beginnt.

135 Eine **Anzeige** i. S. des § 153 Abs. 1 Nr. 1 AO führt regelmäßig nicht zu einer Anwendung der **Anlaufhemmung**, da es sich im Regelfall nicht um eine Steuererklärung i. S. des § 149 AO handelt.[1] Jedoch ist die in § 228 Abs. 2 BewG verankerte Anzeige einer Steuererklärung gesetzlich gleichgestellt (§ 228 Abs. 5 BewG). Damit ist auch die Anzeige über die Änderung der tatsächlichen Verhältnisse i. S. des § 228 Abs. 2 BewG für die Feststellungsfrist nach § 181 Abs. 3 AO als eine Steuererklärung anzusehen.

136 Fehlt es an einer wirksamen Feststellungserklärung, beginnt die Feststellungsfrist nach § 181 Abs. 3 Satz 2 Alternative 2 AO **mit Ablauf des dritten Folgejahres des Feststellungszeitpunkts**. So wäre z. B. eine nicht unterschriebene Feststellungserklärung nichtig, da die Unterschrift gesetzlich vorgeschrieben ist (§ 228 Abs. 5 BewG).[2] Auch andere **Nichtigkeitsgründe** (z. B. fehlende Geschäftsfähigkeit des Erklärenden, § 105 Abs. 1 BGB) führen zur Nichtigkeit der Feststellungserklärung und damit zur Unwirksamkeit der Feststellungserklärung.

137 Findet die Anlaufhemmung nach § 181 Abs. 3 Satz 2 AO Anwendung, wird der **Feststellungsfristbeginn der nachfolgenden Feststellungszeitpunkte**, die nach dem gleichen Hauptfeststellungszeitpunkt folgen, **hinausgeschoben**. Damit verlängern sich die Feststellungsfristen der Fortschreibungs-, Neufeststellungs- und Aufhebungszeitpunkte innerhalb der siebenjährigen Hauptfeststellungsperiode entsprechend um mindestens den gleichen Zeitraum der Anlaufhemmung nach § 181 Abs. 3 Satz 2 AO. Insoweit ist eine **weitere Anlaufhemmung aus nachfolgenden Erklärungen nicht zu prüfen**.[3] Diese automatische Anlaufhemmung entfällt für Feststellungen zu oder nach einem folgenden Hauptfeststellungszeitpunkt (§ 221 Abs. 1 BewG).

138 Eine weitere **Anlaufhemmung** nach § 181 Abs. 4 AO führt dazu, dass der Beginn frühestens mit Ablauf des Kalenderjahres eintritt, in dem die **Feststellung erstmalig der Besteuerung zu Grunde gelegt** wird. Die Grundsteuerwertfeststellung ist für die Grundsteuerhaupt-, -neu- oder -nachveranlagung (§§ 16–18 GrStG) erforderlich. Für den Hauptfeststellungszeitpunkt zum 1.1.2022 (§ 266 Abs. 1 BewG) werden die Grundsteuerwerte erstmalig der Hauptveranlagung zum 1.1.2025 zu Grunde gelegt werden. Somit beginnt die **Feststellungsfrist der ersten Hauptfeststellung nicht vor Ablauf des Kalenderjahres 2025** (§ 181 Abs. 4 AO).

---

1 AEAO zu § 170 AO, Tz. 3 Abs. 1 mit Verweis auf BFH, Urteil v. 22.1.1997 - II B 40/96, BStBl 1997 II S. 266.
2 Siehe auch Drüen in Tipke/Kruse, AO/FGO, AO § 170 Rz. 12.
3 AEAO zu § 181 AO, Tz. 2.

Ist ein anderer **Feststellungsbeteiligter** bereits der **Verpflichtung zur Abgabe nachgekommen**, sind **andere Beteiligte** insoweit von der Verpflichtung **befreit** (§ 182 Abs. 2 Satz 3 AO). Insoweit ist nur noch eine nicht anlaufhemmende freiwillige Abgabe durch andere Beteiligte möglich.

(Einstweilen frei)

(2) Dauer der Feststellungsfrist

Die **Feststellungsfrist** beträgt nach § 181 Abs. 1 Satz 1 AO i.V. mit § 169 Abs. 2 Nr. 2 AO grundsätzlich **vier Jahre**. Liegen **Steuerstraftaten** oder **Steuerordnungswidrigkeiten** im Zusammenhang mit der Grundsteuerwertfeststellung nach § 369 ff. AO vor, verlängert sich die Feststellungsfrist nach § 169 Abs. 2 Satz 2 AO auf **fünf** bzw. **zehn Jahre**.

(Einstweilen frei)

(3) Ende der Feststellungsfrist

Die Feststellungsfrist endet grds. nach dem mathematischen Ablauf der Dauer nach dem Fristbeginn i.S. des § 181 Abs. 3 und 4 AO unter Anwendung der allgemeinen Grundsätze nach § 108 Abs. 1 AO i.V. mit §§ 187 Abs. 1 und 188 Abs. 2 BGB. Dabei können **allgemeine Ablaufhemmungen** nach § 181 Abs. 1 Satz 1 AO i.V. mit § 171 AO anzuwenden sein. Insbesondere hemmen laufende **Änderungsanträge** (§ 171 Abs. 3 AO) sowie **Einspruchsverfahren** (§ 171 Abs. 3a AO) den Ablauf der Feststellungsfrist.

Für die Feststellungsfrist ist daneben eine grundsätzliche **Ablaufhemmung nach § 181 Abs. 5 AO** zu beachten. Demnach endet die Feststellungsfrist nicht, soweit auf Basis der Feststellung **Folge-Steuerbescheide** ergehen können, für die die **Festsetzungsfrist** noch nicht abgelaufen ist. Für die Grundsteuerwertfeststellung ist dies der Grundsteuermessbescheid i.S. des § 184 AO i.V. mit §§ 16 ff. GrStG.

Damit ist eine Grundsteuerwertfeststellung solange möglich, wie die Festsetzungsverjährung des Grundsteuermessbetrags nach § 16 ff. GrStG nicht abgelaufen ist. Da der Grundsteuermessbescheid selbst nur Grundlagenbescheid des (kommunalen) Grundsteuerbescheids ist, ist somit eine Feststellung so lange möglich, bis die Grundsteuerfestsetzungsfrist abgelaufen ist. § 181 Abs. 5 Satz 1 AO findet insoweit sowohl auf die Grundsteuerwertfeststellung als auch auf die Grundsteuermessbetragsfestsetzung Anwendung. Dies hat der BFH bereits für das dreistufige Verfahren der Einheitsbewertung entschieden[1] und unterliegt insoweit durch das neue Recht keiner Änderung.

(Einstweilen frei)

ee) Bekanntgabe des Feststellungsbescheids

Die Bekanntgabe des Grundsteuerwertfeststellungsbescheids erfolgt gegenüber demjenigen, dem der **Feststellungsgegenstand** – die wirtschaftliche Einheit des Grundbesitzes – **zugerechnet** wird. **Inhaltsadressat** i.S. des § 122 Abs. 1 AO ist damit der **wirtschaftliche Eigentümer**, der auch die Steuer schuldet.

Im Falle von **Alleineigentum** ist dies die jeweilige **natürliche oder juristische Person**. Steht der Grundbesitz im (wirtschaftlichen) Alleineigentum einer **Personengesellschaft**, ist Steuerschuld-

---

[1] BFH, Urteil v. 11.11.2009 - II R 14/08, BStBl 2010 II S. 723.

ner die Personengesellschaft selbst (§ 10 Abs. 1 GrStG). Die Bekanntgabe erfolgt daher gegen einen oder mehreren ihrer Vertreter (§ 34 Abs. 1 AO). Bei der Mehrheit von Vertretern reicht die Bekanntgabe gegen einen **Empfangsbevollmächtigten** nach § 183 Abs. 1 AO aus.

163 Sind **Ehegatten/Lebenspartner** gemeinsame Eigentümer des Grundbesitzes, sind die einzelnen Personen im Umfang ihres Bruchteils nach § 39 Abs. 2 Nr. 2 AO Inhaltsadressaten.[1]

164 Ist die wirtschaftliche Einheit einem – nach §§ 104 ff. BGB geschäftsunfähigen – **Kind** zuzurechnen, ist das Kind zwar Inhaltsadressat, die Bekanntgabe muss aber gegenüber dem **gesetzlichen Vertreter** (§ 34 Abs. 1 AO, § 1629 BGB) als Bekanntgabeadressat erfolgen. Empfangsbevollmächtigte sind dabei regelmäßig die Eltern nach § 122 Abs. 7 AO i.V. mit § 183 Abs. 4 AO, wenn sie sich nicht durch einen Bevollmächtigten i. S. des § 80 AO vertreten lassen.

165–170 *(Einstweilen frei)*

ff) Wirkung des Feststellungsbescheids

171 Der **Feststellungsbescheid** steht einem **Steuerbescheid gleich**, § 181 Abs. 1 Satz 1 AO. Folge ist, dass ein Grundsteuerwertfeststellungsbescheid wie ein Steuerbescheid zu behandeln ist. Somit muss der Feststellungsbescheid einerseits die Formanforderungen des § 155 Abs. 1 AO und § 157 Abs. 1 AO erfüllen. Andererseits ist der Feststellungsbescheid damit durch §§ 129, 164, 165 und 172 ff. AO änderbar.

172 **Tenor des Bescheids** ist der **Grundsteuerwert**, § 119 Abs. 1 AO. Fehlt der Grundsteuerwert ist er nicht hinreichend inhaltlich bestimmt und damit nichtig (§ 125 Abs. 1 AO) und damit unwirksam, § 124 Abs. 3 AO.

173 Der Feststellungsbescheid muss den **Grundbesitz** (i. e. die wirtschaftliche Einheit) im Umfang und in der Bezeichnung **hinreichend benennen**. Dies wird in der Regel über die postalische Adresse genügen, welche unter Umständen durch Flur, Flurstück, Grundbuchbezeichnungen und andere Lagebezeichnungen ergänzt werden kann. Die Lagebezeichnung muss eine Verwechslungsgefahr ausschließen und eine eindeutige Zuordnung des Bescheids zum Grundstück ermöglichen. Fehlt die hinreichend eindeutige Bezeichnung ist der Feststellungsbescheid nicht hinreichend nach § 119 Abs. 1 AO bestimmt und damit nichtig (§ 125 Abs. 1 AO) und unwirksam, § 124 Abs. 3 AO.

174 Der Feststellungsbescheid wirkt gleichzeitig als **Grundlagenbescheid** für seine Folgebescheide, § 182 Abs. 1 Satz 1 AO. Dies ist der **Grundsteuermessbescheid** i. S. des § 184 Abs. 1 AO. Folge ist, dass der Grundsteuerwertfeststellungsbescheid nach § 171 Abs. 10 AO die Festsetzungsfrist des Grundsteuermessbescheids im Ablauf hemmt und eine Änderung des Folgebescheids (Grundsteuermessbescheid) nach § 175 Abs. 1 Nr. 1 AO ermöglicht.

175–180 *(Einstweilen frei)*

gg) Steuerliche Nebenleistungen im Feststellungsverfahren

(1) Verspätungszuschläge

181 Wird eine Grundsteuerwertfeststellungserklärung verspätet abgegeben, entsteht kraft Gesetzes ein **Verspätungszuschlag** nach § 152 Abs. 2 AO. Die maßgebliche Frist ist jene behördliche

---

[1] AEAO zu § 122 AO, Tz. 2.5.4.

Frist, die das Finanzamt gegenüber dem Steuerpflichtigen in der Aufforderung zur Abgabe der Feststellungserklärung nennt, § 228 Abs. 1 Satz 1 BewG. Diese Frist darf aber **nicht weniger als 14 Monate nach dem Besteuerungszeitpunkt** (hier: Feststellungszeitpunkt nach §§ 221 ff. BewG) enden, § 152 Abs. 2 Nr. 1 AO. Eine **Verlängerung der Frist** nach § 109 Abs. 1 AO schließt insoweit auch einen Verspätungszuschlag aus, § 152 Abs. 3 Nr. 1 AO.

Der Verspätungszuschlag beträgt **25 € je angefangenen Monat der Verspätung**, § 152 Abs. 6 Satz 2 AO. Die Verspätung ist taggenau nach § 108 Abs. 1 AO zu berechnen. 182

Für Feststellungserklärungen zum **Hauptfeststellungszeitpunkt** 1.1.2022 ist ein automatischer **Verspätungszuschlag nach § 152 Abs. 2 AO ausgeschlossen**, Art. 97 § 8 Abs. 5 EGAO. Diese Übergangsregelung ist ab dem 1.1.2022 wirksam (Art. 6 GrStRefG) und gilt für die Abgabe der Feststellungserklärungen zum Grundsteuerwert **einmalig** auf den 1.1.2022. 183

Von der Ausnahmeregelung sind jedoch **nicht die ermessensgerecht festgesetzten Verspätungszuschläge** nach § 152 Abs. 1 AO – nach eindeutigem Wortlaut des Art. 97 § 8 Abs. 5 EGAO – betroffen, da lediglich die Anwendung des § 152 Abs. 2 AO ausgeschlossen wird.[1] 184

Die Ausnahmeregelung gilt dabei – nach eindeutigem Wortlaut des Art. 97 § 8 Abs. 5 EGAO – sowohl für Steuererklärungen nach § 228 Abs. 1 BewG **als auch für Anzeigen** über die Änderung der tatsächlichen Verhältnisse nach § 228 Abs. 2 BewG. Diese Anzeigen gelten nach § 228 Abs. 5 BewG für Zwecke der AO – und damit insbesondere für § 152 AO und Art. 97 § 8 Abs. 5 EGAO als Steuererklärungen. Jedoch ist fraglich, inwieweit dies dem Sinn und Zweck der Regelung entspricht. Der Gesetzgeber nimmt hier keine Einschränkung auf die eigentlichen Erklärungen nach § 228 Abs. 1 AO vor.[2] 185

Nach der hier vertretenen Auffassung ist dies auch **nach Sinn und Zweck zutreffend**, die Anzeigen nicht mit einem automatischen Verspätungszuschlag nach § 152 Abs. 2 AO zu sanktionieren. Denn die Ausnahmeregelung nach Art. 97 § 8 Abs. 5 EGAO ist erforderlich, um die Sanktionierung der Steuerpflichten durch eine neue Steuerrechtslage mit neuen Erklärungs- und Anzeigepflichten zu vermeiden. Dies gilt sowohl für die erstmalige Erklärung zur Hauptfeststellung als auch für nachträglich einzureichende Anzeigen über Änderungen der tatsächlichen Verhältnisse oder Anzeigen, die zu Fortschreibungen nach § 222 BewG oder Neufeststellungen nach § 223 BewG führen. 186

Nach Sinn und Zweck sollte nach der hier vertretenen Auffassung die Ausnahmeregelung vom automatischen Verspätungszuschlag nach § 152 Abs. 2 AO damit **zumindest für die erstmaligen Anzeigen** i.S. des § 228 Abs. 2 AO anwendbar sein. Wird eine zweite Anzeige nach § 228 Abs. 2 BewG notwendig, besteht kein Grund, von einer Sanktionierung abzusehen, da die Berichtspflichten inzwischen bekannt sind, da bereits eine erstmalige Anzeige abgegeben wurde. 187

(Einstweilen frei) 188–190

(2) Zwangsmittel

Im Feststellungsverfahren sind auch weiterhin die Zwangsmittel nach §§ 328 ff. AO anwendbar. Wird die Grundsteuerwertfeststellungserklärung oder die Anzeige nach § 228 Abs. 2 BewG nicht abgegeben, kann die Finanzbehörde dies bis zur Vornahme der entsprechenden Handlung durch **Androhung** (§ 332 AO) und anschließender **Festsetzung** (§ 333 AO) **eines Zwangsgeldes** 191

---

[1] Siehe auch BT-Drucks. 19/11085 S. 128/129, zu Art. 6.
[2] Siehe auch BT-Drucks. 19/11085 S. 128/129, zu Art. 6.

von bis zu 25.000 € (§ 329 AO) erzwingen. Bleibt auch die Festsetzung und Erhebung eines oder mehrerer Zwangsgelder ohne Erfolg (Erzwingen der Handlung der Erklärungs- oder Anzeigenabgabe), ist als letztes verhältnismäßiges Mittel **Ersatzzwangshaft** (§ 334 AO) möglich.

192 Das Zwangsmittel darf nicht durchgesetzt werden, wenn die Handlung nachgeholt wurde (§ 335 AO). Wird die Handlung durchgeführt, nachdem bereits ein rechtmäßig festgesetztes Zwangsgeld gezahlt/aufgerechnet wurde, kann das **Zwangsgeld nicht zurückgefordert** werden.[1]

193–200 *(Einstweilen frei)*

hh) Überprüfung der Feststellung durch Außenprüfung

201 Eine Außenprüfung zur **Überprüfung der Angaben einer Grundsteuerwertfeststellungserklärung** bzw. der festgestellten Besteuerungsgrundlagen ist jederzeit nach **pflichtgemäßem Ermessen** für die Finanzbehörde nach § 193 Abs. 2 Nr. 2 AO eröffnet. Gerade bei umfangreichem Grundbesitz oder schwierig zu ermittelnden Besteuerungsgrundlagen ist diese Möglichkeit eröffnet.

202 Ferner ist die Möglichkeit bei Steuerpflichten bereits nach § 193 Abs. 1 AO eröffnet, wenn der **Grundbesitz einer Gewinneinkunftsart dient**. Insbesondere bei der Nutzung durch einen gewerbesteuerbaren Gewerbebetrieb nach § 2 GewStG besteht insbesondere eine Veranlassung für die Überprüfung der einfachen **gewerbesteuerlichen Grundbesitzkürzung** nach § 9 Nr. 1 Satz 1 GewStG i.V. mit § 20 GewStDV.

203–210 *(Einstweilen frei)*

II. Weitere Feststellungen (§ 219 Abs. 2 BewG)

1. „Auch" festzustellende Besteuerungsgrundlagen

211 Neben dem Grundsteuerwert ist nach § 219 Abs. 2 BewG verpflichtend vorgeschrieben, weitere Besteuerungsgrundlagen nach § 179 Abs. 1 Satz 1, § 180 Abs. 1 Nr. 1 AO festzustellen. Diese Besteuerungsgrundlagen sind damit ebenfalls **selbstständige Besteuerungsgrundlagen**, die dem Feststellungs- (§ 179 ff. AO) und damit nicht dem Festsetzungsverfahren unterliegen.

212 Die weiteren Besteuerungsgrundlagen – hier **Art und Zurechnung der wirtschaftlichen Einheit** – sind **keine notwendigen Bestandteile** des Feststellungsbescheids i.S. des § 219 Abs. 1 BewG, die zu einer nicht hinreichenden inhaltlichen Bestimmung nach § 119 Abs. 1 AO führen würden, wenn sie fehlen.

213 Fehlen die Art- und Zurechnungsfeststellungen, können die Feststellungen durch **Ergänzungsbescheid** (§ 179 Abs. 3 AO) nachgeholt werden. Eine Nachholung ist dabei nur möglich, wenn der Feststellungsbescheid bisher keine – weder positiv noch negativ – Feststellung, auf die sich der Ergänzungsbescheid bezieht, enthält.[2] Da die **Feststellungspflicht** weiterhin besteht, steht ein Ergänzungsbescheid nicht im Ermessen der Finanzverwaltung und ist daher zwingend zu erlassen.[3]

214 Sofern diese zusätzlichen Besteuerungsgrundlagen fehlen, können die Besteuerungsgrundlagen bereits vor Feststellung im Wege der **Schätzung** (§ 184 Abs. 1 Satz 3 AO i.V. mit § 162

---

1 BFH, Beschluss v. 11.1.2007 - VII B 262/06, NWB ZAAAC-41518, FG Baden-Württemberg, Urteil v. 9.3.1995 - 6 K 197/94, NWB XAAAC-60649.
2 AEAO zu § 179 AO, Tz. 2 Abs. 3.
3 AEAO zu § 179 AO, Tz. 3 Abs. 4.

Abs. 5 AO) bei der Grundsteuermessbetragsfestsetzung berücksichtigt werden. Der Grundsteuermessbescheid ist nach Ergehen des Ergänzungsbescheids gegebenenfalls zu ändern, § 175 Abs. 1 Nr. 1 AO.

(Einstweilen frei) 215–220

2. Inhalt der weiteren Feststellungen

a) Nr. 1: Vermögens- und Grundstücksart

aa) Vermögensart

Die **Artfeststellung** umfasst zunächst die **Vermögensart**. Durch gesetzlichen Verweis wird bereits klargestellt, dass es sich um die Vermögensart i. S. des § 218 Satz 1 BewG handelt. Die Entscheidung über die Vermögensartzuordnung ist nach den materiellen Bewertungsvorschriften nach §§ 232 ff. BewG und §§ 243 ff. BewG zu treffen.[1] 221

Die Feststellung der Vermögensart wird für die Auswahl der zutreffenden **Messzahl** benötigt. Für **land- und forstwirtschaftliches Vermögen** ist die Messzahl nach **§ 14 GrStG** auszuwählen. Ferner kann die hebeberechtigte Kommune einen eigenen **Hebesatz für land- und forstwirtschaftliches Vermögen** festsetzen, § 25 Abs. 4 Nr. 1 GrStG (auch „Grundsteuer A" genannt[2]). 222

Für das **Grundvermögen** ist die Feststellung ebenfalls für die Ermittlung der Steuermesszahl nach **§ 15 GrStG** notwendig. Auch für das Grundvermögen kann ein eigener Hebesatz festgelegt werden, § 25 Abs. 4 Nr. 2 GrStG (auch „Grundsteuer B" genannt[3]). Als Untergruppe im Grundvermögen ist es der hebeberechtigten Kommune gestattet, einen eigenen Hebesatz für baureife Grundstücke festzulegen, § 25 Abs. 5 GrStG (auch „Grundsteuer C" genannt[4]). 223

(Einstweilen frei) 224–230

bb) Grundstücksart bei Grundvermögen

Im Bereich des Grundvermögens wird ferner die **Grundstücksart** festgestellt. Durch gesetzlichen Verweis wird klargestellt, dass die Feststellung die Grundstückart i. S. des **§ 249 BewG** betrifft. 231

§ 249 BewG ordnet bebaute Grundstücke diversen Grundstücksarten zu. Diese Feststellung wird für die Auswahl der richtigen **Messzahl** zur Festsetzung des Grundsteuermessbetrags nach § 15 GrStG benötigt.[5] Die Zuordnung zu der jeweiligen Grundstücksart wird nach den Maßstäben des § 249 Abs. 2–10 BewG getroffen. 232

Ist ein **Grundstück unbebaut**, gehört es zu keiner Grundstücksart i. S. des § 249 BewG, da diese Unterteilung nur bebaute Grundstücke betrifft, § 249 Abs. 1 Satz 1 BewG. Dies ist eine Abkehr vom bisherigen Feststellungsumfang, wonach bei der Einheitsbewertung auch der Bebauungszustand nach § 72 BewG miteinzubeziehen war, § 19 Abs. 3 Nr. 1 BewG. Jedoch wird weiterhin der Bebauungszustand für die Festsetzung des Grundsteuermessbetrags benötigt, da für un- 233

---

1 A 219 Abs. 1 Satz 4 AEBewGrSt.
2 Vgl. Grootens in Grootens, GrStG § 25 Rz. 101 ff.
3 Vgl. Grootens in Grootens, GrStG § 25 Rz. 101 ff.
4 Vgl. Grootens in Grootens, GrStG § 25 Rz. 121 ff.
5 Vgl. Bock in Grootens, GrStG § 15 Rz. 22 ff.

bebaute Grundstücke eine eigene Messzahl vorliegt, § 15 Abs 1 Nr. 1 GrStG.[1] Auch die Gesetzesmaterialen[2] sehen dazu keine Regelung vor.

234 Es ist daher davon auszugehen, dass die zuständigen Finanzbehörden weiterhin auch den **Bebauungszustand** nach § 246 BewG **gesondert feststellen** werden, auch wenn dies nicht gesetzlicher Umfang der Feststellung nach § 180 Abs. 1 Nr. 1 AO ist. Diese Mitteilung kann im Rahmen der **allgemeinen Amtshilfe nachrichtlich im Feststellungsbescheid** erfolgen. In diesem Fall wäre der Bebauungszustand im Rahmen des Feststellungsverfahren nicht selbstständig anfechtbar, da sie Bestandteil der unselbstständigen Feststellungsgrundlagen der Wertfeststellung nach § 219 Abs. 1 ist.

235–240 *(Einstweilen frei)*

b) Nr. 2: Zurechnung und Anteile

aa) Zurechnung der wirtschaftlichen Einheit

241 Zur Feststellung des **Steuerschuldners** (§ 10 Abs. 1 GrStG) sowie des **Inhaltsadressaten** der Grundsteuerfestsetzung ist die **Zurechnung der wirtschaftlichen Einheit** festzustellen.[3]

242 Die Zurechnung erfolgt nach allgemeinen Grundsätzen des § 39 AO. Demnach wird **grds.** auf das **zivilrechtliche Eigentum** abgestellt, § 39 Abs. 1 AO. Demnach ist derjenige Eigentümer, der im Grundbuch als Eigentümer eingetragen ist, § 873 Abs. 1 BGB.[4]

243 **Abweichend** davon ist steuerrechtlich das sogenannte **wirtschaftliche Eigentum** i. S. des § 39 Abs. 2 Nr. 1 Satz 1 AO vorrangig.[5] Demnach ist die wirtschaftliche Einheit demjenigen zuzurechnen, der wie ein (zivilrechtlicher) Eigentümer aus einer **rechtlich gesicherten Stellung** heraus über die wirtschaftliche Einheit verfügen kann. Dies ist der Fall, wenn der wirtschaftliche Eigentümer den zivilrechtlichen Eigentümer in der Weise ausschließen kann, dass der zivilrechtliche Eigentümer nicht mehr wirtschaftlich über die wirtschaftliche Einheit verfügen kann.

244 Dem wirtschaftlichen Eigentümer müssen **alle wesentlichen Rechte aus der wirtschaftlichen Einheit** zustehen. Insbesondere muss er **Nutzen und Lasten** der wirtschaftlichen Einheiten tragen (wirtschaftliches Risiko und wirtschaftliche Chancen), die Nutzung bestimmen können, sowie eine Einwirkung von Dritten in der Weise ausschließen können, dass der zivilrechtliche **Eigentümer letztlich keine Verfügungsmacht** über die wirtschaftliche Einheit gegen den Willen des wirtschaftlichen Eigentümers hat. Die Abgrenzung von wirtschaftlichem und zivilrechtlichem Eigentum ist Gegenstand ständiger Rechtsprechung und muss auf den Einzelfall abstellen.[6]

245 Die Unterscheidung beruht auf den handels- und ertragsteuerrechtlichen Zuordnungen hinsichtlich der **Aktivierungspflicht von Wirtschaftsgütern**. Daher kann auf entsprechende Verwaltungsanweisungen des Ertragsteuerrechts zurückgegriffen werden. Insbesondere sind die „Leasing-Erlasse" bezüglich der Voll- oder Teilamortisation von Grundstücken hilfreich.[7]

---

[1] Vgl. Bock in Grootens, GrStG § 15 Rz. 22 f.
[2] BT-Drucks. 19/11085 S. 93, zu § 219 BewG.
[3] A 219 Abs. 1 Satz 4 AEBewGrSt.
[4] Für weitere Fälle des zivilrechtlichen Eigentums vgl. Schmidt in Grootens, GrStG § 10 Rz. 21 ff.
[5] Vgl. auch Schmidt in Grootens, GrStG § 10 Rz. 46 ff.
[6] Z.B. grundlegend BFH, Urteil v. 13.10.1972 - IX ZR 273/88, BStBl 1973 II S. 209. Jüngst BFH, Urteil v. 5.7.2018 - VI R 67/15, BStBl 2018 II S. 798.
[7] BMF, Schreiben v. 21.3.1972 - F/IV B 2-S 2170-11/72, BStBl 1972 I S. 188 zum Finanzierungsleasing, BMF, Schreiben v. 23.12.1991 - IV B 2-S 2170-115/91, BStBl 1992 I S. 13.

246 Im Regelfall kann bei Grundbesitz darauf abgestellt werden, wer **Nutzen und Lasten** des Grundbesitzes trägt bzw. erhält. Demnach ist zu bestimmen, wer die Früchte aus dem Grundbesitz erhält (Mieterträge, landwirtschaftliche Nutzung) und wer Aufwendungen aus dem Grundbesitz trägt (öffentliche Beiträge etc.).

247 Jedoch muss auch hier darauf geachtet werden, wer die Aufwendungen wirtschaftlich trägt. Wie bereits aus der beispielhaften Aufzählung nach § 39 Abs. 2 Nr. 1 Satz 2 AO hervorgeht, ist bei **Treuhandverhältnissen** das wirtschaftliche Eigentum dem Treugeber (also dem „Hintermann") zuzuordnen – nicht demjenigen, der nominell die Erträge vereinnahmt und Aufwendungen verausgabt. Treuhandverhältnisse sind davon gekennzeichnet, dass der Treuhänder („Mittelsmann") stets einen vollumfänglichen Ausgleichsanspruch von Aufwendungen sowie eine **Herausgabepflicht der Erträge** gegenüber dem Treugeber hat.

248 Wirtschaftliches Eigentum liegt ferner vor, wenn eine **wirtschaftliche Einheit** (beispielsweise ein Gebäude auf fremden Grund und Boden) durch den Nutzungsberechtigten innerhalb der (ausschließlichen) Nutzungsdauer **vollumfänglich oder nahezu vollumfänglich verbraucht** wird.[1]

(Einstweilen frei) 249–260

bb) Feststellung der Anteile mehrerer Beteiligter

261 Die Feststellung soll ferner umfassen, wem **Anteile im Falle von Miteigentum** zuzuordnen sind, § 219 Abs. 2 Nr. 2 BewG. Da auf die Mehrzahl von Anteilen abgestellt wird, ist auf das wirtschaftliche Miteigentum mehrerer selbstständiger Steuerschuldner i. S. des § 10 Abs. 2 GrStG abzustellen.

262 Eine **Feststellung der Anteile** erfolgt daher nur, wenn **zwei oder mehr (natürliche oder juristische) Personen**, Personengesellschaften oder Vermögensmassen wirtschaftliches Eigentum am Grundbesitz haben.[2]

263 Eine Aufteilung bei **Gesamthandsgemeinschaften** (wie in § 39 Abs. 2 Nr. 2 AO grds. vorgeschrieben) ist für Zwecke der Grundsteuer jedoch nicht vorzunehmen.[3] Gerade für **Personengesellschaften** entfällt daher eine Feststellung von Anteilen.

264 Damit ist die Anteilsfeststellung lediglich beim ideellen **Bruchteilseigentum**, wie beispielsweise bei **Ehegatten und Lebenspartnern** notwendig. In diesen Fällen bilden die Ehegatten/Lebenspartner keine Gesamthandsgemeinschaft. Sie werden vielmehr – unabhängig von ihrem Güterstand – als fremde Dritte im Steuerrecht betrachtet.[4] Gleiches gilt nach § 39 Abs. 2 Nr. 2 AO für **Erbengemeinschaften**, die zwar zivilrechtlich eine Gesamthandschaft bildet, jedoch steuerrechtlich wie ideelles Bruchteilseigentum behandelt wird.

(Einstweilen frei) 265–270

---

[1] Vgl. BMF, Schreiben v. 21.3.1972 - F/IV B 2-S 2170-11/72, BStBl 1972 I S. 188.
[2] A 219 Abs. 1 Satz 4 AEBewGrSt.
[3] Vgl. BFH, Beschluss v. 22.2.2001 - II B 39/00, BStBl 2001 II S. 476.
[4] Vgl. BFH, Urteil v. 25.11.1987 - II R 36/86, NWB LAAAB-29575, vgl. auch AEAO zu § 122 AO, Tz 2.5.1.

III. Voraussetzung zur Feststellung (§ 219 Abs. 3 BewG)

1. Wesentlichkeit für das Besteuerungsverfahren

271 Eine Feststellung der Grundsteuerwerte erfolgt nur, wenn und insoweit sie für die **Besteuerung von Bedeutung** sind, § 219 Abs. 3 BewG.[1] Dieser bewertungsrechtliche Kerngrundsatz zielt auf die **Steuerpflicht der wirtschaftlichen Einheit** ab.[2] Da die Grundsteuerwerte lediglich für grundsteuerliche Zwecke benötigt werden, ist daher die Steuerfreiheit bereits hier zu prüfen.

272 Die **Steuerbefreiungen** sind nach §§ 3–8 GrStG abschließend geregelt und vor Bestimmung des Feststellungsumfangs zu prüfen. Liegt demnach eine vollumfängliche Grundsteuerbefreiung vor, ist nach § 219 Abs. 3 BewG keine Feststellung vorzunehmen und ein **Negativbescheid** zu erteilen.[3]

273 Eine **Wesentlichkeit für die Besteuerung** ist stets anhand der **grundsteuerlichen Steuerpflicht** zu prüfen. Die gewerbesteuerliche Kürzung nach § 9 Nr. 1 Satz 1 GewStG erfolgt nur, wenn es sich um grundsteuerpflichtigen Grundbesitz handelt. Ohne Grundsteuerpflicht liegt damit auch **keine Wesentlichkeit für die Gewerbesteuer** vor. Damit ist letztlich stets auf die Grundsteuerpflicht abzustellen.

274 Die Finanzverwaltung ist der Auffassung, dass das Vorliegen einer vollständigen oder teilweisen Steuerbefreiung **sowohl bei Grundsteuerwertfeststellung als auch bei der Grundsteuermessbetragsfestsetzung** geprüft werden kann.[4] Sie verweist dazu auf die Regelung des § 184 Abs. 1 Satz 2 AO, wonach die Entscheidung über die persönliche und sachliche Steuerpflicht mit Festsetzung des Messbetrags getroffen wird. Die erscheint vor dem Hintergrund des – als spezialgesetzliche Regelung vorrangigen – § 219 Abs. 3 BewG als widersprüchlich. Denn – wie auch die Finanzverwaltung wiederholt[5] – liegt eine **Bedeutung für die Besteuerung** nur vor, „soweit" eine Grundsteuerpflicht vorliegt. Die Bedeutung für die Besteuerung wird hier damit positiv definiert. Liegt eine Steuerbefreiung teilweise oder vollständig vor, ist der Wortlaut „soweit" als **Beschränkung des Feststellungserfordernisses** auszulegen. Liegt eine vollständige oder teilweise Steuerbefreiung vor, ist damit die Feststellung des Grundsteuerwerts auf den grundsteuerpflichtigen Teil der wirtschaftlichen Einheit zu beschränken.

275 Wäre dies nicht der Fall, müssten sämtliche Grundstücke einer vollständigen Wertermittlung unterzogen werden, darunter insbesondere der öffentlich-rechtliche Grundbesitz wie beispielsweise Verkehrsflächen, Amts- und Dienstgebäude, und Kulturbesitz, für die in aller Regel keine Bodenrichtwerte vorliegen und die als Gebäude teilweise nicht mit den Gebäudearten der Anlagen 38, und 42 BewG ein Einklang gebracht werden können. Um solche **Ermittlungsschwierigkeiten** zu vermeiden, wurde gerade die Vorschrift des § 219 Abs. 3 BewG (und seiner Vorgängervorschrift, § 19 Abs. 3 BewG a. F.) geschaffen.

276 Mit Blick auf das gesamte Besteuerungsverfahren ergibt sich auch keine Notwendigkeit, die Grundsteuerfreiheit erst auf Ebene des Grundsteuermessbetrags zu prüfen. Durch **Anzeigepflichten** nach § 19 Abs. 1 GrStG ist sichergestellt, dass Nutzungsänderungen – und damit die

---

1 A 219 Abs. 1 Satz 1 AEBewGrSt.
2 A 219 Abs. 1 Satz 2 AEBewGrSt.
3 A 219 Abs. 1 Satz 5 und 6 AEBewGrSt.
4 A 219 Abs. 1 Satz 3 AEBewGrSt.
5 A 219 Abs. 1 Satz 2 AEBewGrSt.

Erweiterung des steuerpflichtigen Teils der wirtschaftlichen Einheit – kurzfristig einer neuen Besteuerung bzw. Wertfortschreibung/Neufeststellung zugeführt werden können. Eine Besteuerung des steuerpflichtigen Grundbesitzes ist damit sichergestellt.

Ferner droht eine solche Ausweitung des Feststellungsverfahrens auf sämtliche Grundsteuerwerte zu Verfälschungen der Bewertungsergebnisse zu führen. Nach bisheriger Verwaltungspraxis im Rahmen der Einheitsbewertung wurden als **steuerfrei eingestufte Flächenteile des Grund und Bodens sowie der Gebäude aus der steuerpflichtigen wirtschaftlichen Einheit ausgeschieden** und der „verbleibende" Grundbesitz den Bewertungsvorschriften unterworfen (Bestimmung der Grundstücksart, Auswahl des Bewertungsverfahrens, Wertermittlung insoweit der steuerpflichtige Teil reicht). Wird dieser Grundsatz nun durchbrochen, drohen Umklassifizierungen und Mehrbelastungen von Grundstücken allein durch das Vorliegen steuerbefreiter Zwecke.

Letztlich kommt erschwerend hinzu, dass eine Prüfung der Steuerbefreiung auf Grundsteuermessbetragsebene vor praktischen Hürden steht, die weder gesetzlich noch durch die Finanzverwaltung geklärt sind. Es müsste ein **Maßstab zur Berechnung des steuerfreien Anteils** und zur Aufteilung des Grundsteuermessbetrags ermittelt werden. Inwieweit dieser Maßstab ein Flächenschlüssel nach Gebäudefläche oder Grund und Boden sein kann, ist nicht erkennbar.

Im Ergebnis ist nach der hier vertretenen Auffassung eine Umsetzung der **Steuerfreiheit ausschließlich bei der Grundsteuerwertfeststellung möglich und durchzuführen.** Eine Anwendung auf Ebene des Grundsteuermessbetrags scheidet aufgrund des **klaren gesetzlichen Auftrags**, wie er im Wortlaut des § 219 Abs. 3 BewG zum Ausdruck kommt, aus.

Zur Veranschaulichung der praktischen Folgen einer Ausweitung des Feststellungsumfangs sei auf folgendes Beispiel verwiesen:

BEISPIEL: Eine Universität (Körperschaft öffentlichen Rechts) besitzt ein Grundstück, das sowohl mit einem Hörsaalgebäude als auch mit einem angrenzenden Parkplatz bebaut ist. Das Hörsaalgebäude wird zu 100 % zu öffentlichen Dienstzwecken (§ 3 Abs. 1 Nr. 1 Satz 1 GrStG) verwendet. Der Parkplatz wird – aufgrund der Nähe zum Hörsaalgebäude und den Studentenwohnheimen – sowohl für öffentliche Dienstzwecke (Stellplatz für Bedienstete) als auch für gewerbliche Zwecke (Stellplatzvermietung an fremde Dritte) verwendet.

Folgen nach bisheriger Verwaltungspraxis: Das Grundstück unterliegt nur insoweit einer Wertermittlung, wie es steuerpflichtig genutzt wird. Dies ist nur in Hinsicht des auf den Parkplatz entfallenden Grund und Bodens (beispielsweise bebaute Fläche) gegeben. Das Hörsaalgebäude wird aufgrund der steuerbefreiten Verwendung aus der wirtschaftlichen Einheit ausgeschieden. Im Ergebnis wird die wirtschaftliche Einheit als unbebautes Grundstück der Grundsteuerwertfeststellung zugeführt (Parkplatz ist kein Gebäude). Damit findet die Grundsteuermesszahl für unbebaute Grundstücke von 0,34 ‰ (§ 15 Abs. 1 Nr. 1 GrStG) Anwendung.

Folgen bei Anwendung der Steuerbefreiung auf Ebene des Grundsteuermessbetrags: Das Grundstück unterliegt sowohl im Umfang des Grund und Bodens als auch des Hörsaalgebäudes der Grundsteuerwertermittlung. Als Nichtwohngebäude kommt es für das Hörsaalgebäude damit zur Anwendung des Sachwertverfahrens. Das Gebäude muss dazu einer der Gebäudearten nach Anlage 38, 42 BewG zugeordnet und vermessen werden. Ferner ist die Wertzahl zu bestimmen, mit der der vorläufige Sachwert angepasst wird. Im Ergebnis findet die Grundsteuermesszahl für Nichtwohngrundstücke von 0,34 ‰ (§ 15 Abs. 1 Nr. 1 GrStG) Anwendung. Anschließend muss die Steuerbefreiung nach einem Aufteilungsschlüssel angewendet werden. Dieser Aufteilungsschlüssel könnte die Standfläche von Parkplatz und Gebäude sein oder es müsste ein anderes Maß gewählt werden.

2. Rechtsfolge bei teilweiser Steuerbefreiung

281 **Grundsteuerbefreiungen** nach §§ 3 und 4 GrStG sind nur **insoweit** zu gewähren, als die wirtschaftliche Einheit den **steuerbegünstigten Zwecken dient**, § 8 Abs. 1 GrStG. In diesen Fällen ist die wirtschaftliche Einheit nicht vollumfänglich dem Feststellungsverfahren zu unterwerfen, sondern lediglich nur der nicht steuerbegünstigte Teil, der dadurch grundsteuerpflichtig bleibt.

282 Ist die **wirtschaftliche Einheit nur teilweise befreit**, ist das Feststellungsverfahren nur isoliert für diesen Teil der wirtschaftlichen Einheit durchzuführen, § 219 Abs. 3 BewG. Daraus folgt direkt, dass dies auch für die materiellen Bestimmungen des Umfangs der wirtschaftlichen Einheit gilt. Dementsprechend sind die Abgrenzungen und Zuordnungen nach §§ 232 ff. BewG und §§ 242 ff. BewG (insbesondere die Bestimmung der Grundstücksart nach § 249 BewG) zu beachten.

Der so festzustellende Umfang der wirtschaftlichen Einheit geht damit in die Feststellung nach § 219 Abs. 1 BewG ein und ist nach dem **materiellen Bewertungsrecht** zu bestimmen.

§ 220 BewG Ermittlung der Grundsteuerwerte

¹Die Grundsteuerwerte werden nach den Vorschriften dieses Abschnitts ermittelt. ²Bei der Ermittlung der Grundsteuerwerte ist § 163 der Abgabenordnung nicht anzuwenden; hiervon unberührt bleiben Übergangsregelungen, die die oberste Finanzbehörde eines Landes im Einvernehmen mit den obersten Finanzbehörden der übrigen Länder trifft.

Inhaltsübersicht

	Rz.
A. Allgemeine Erläuterungen	1 - 60
I. Hinweise auf Verwaltungsanweisungen	1 - 10
II. Normzweck und wirtschaftliche Bedeutung der Vorschrift	11 - 20
III. Entstehung und Entwicklung der Vorschrift	21 - 30
IV. Geltungsbereich	31 - 40
V. Vereinbarkeit der Vorschrift	41 - 50
VI. Verhältnis zu anderen Vorschriften	51 - 60
B. Systematische Kommentierung	61 - 82
I. Ausschließliche Bewertungsvorschriften (§ 220 Satz 1 BewG)	61 - 70
II. Billigkeitsmaßnahmen (§ 220 Satz 2 BewG)	71 - 82
1. Verbot von Billigkeitsmaßnahmen im Einzelfall (§ 220 Satz 2 Halbsatz 1 BewG)	71 - 80
2. Zulässigkeit von Erleichterungen nach Landesrecht (§ 220 Satz 2 Halbsatz 2 BewG)	81 - 82

LITERATUR:

Höreth/Stelzer, Grundsteuerreform – der Druck auf den Gesetzgeber steigt, DStZ 2019 S. 607–612; *Marfels*, Die Neubewertung von Grundvermögen nach dem Entwurf für ein Grundsteuerreformgesetz (GrStRefG), ErbStB 2019 S. 266–275; *Marx*, Ökonomische Analyse des Grundsteuer-Reformgesetzentwurfs, DStZ 2019 S. 372–379; *Neufang*, Das Grundsteuerreformgesetz – ein gesetzgeberisches Chaos?, BB 2019 S. 3035–3038; *Eichholz*, Novellierung der Grundsteuer, DStZ 2020 S. 1158–1167; *Eisele/Wiegand*, Grundsteuerreform 2022/2025, Stand: Januar 2020 (1. Aufl.), S. 9–22, NWB CAAAH-44415; *Heine*, Reform des Bewertungs- und Grundsteuerrechts. Werden die Reformziele erreicht?, KStZ 2020, S. 2–6; *Heine*, Hauptfeststellung und Nachfeststellung sowie Fortschreibung und Aufhebung von Einheits- und Grundsteuerwerten nach altem und neuem Recht als Grundlage für die Veranlagung der Grundsteuer, KStZ 2020 S. 21–30; *Wünnemann/Koller*, Die Grundsteuerreform – ein Resümee aus Sicht der Industrie, BB 2020 S. 215–219.

VERWALTUNGSANWEISUNGEN:

Koordinierte Erlasse der obersten Finanzbehörden der Länder v. 9.11.2021 – Anwendung des Siebenten Abschnitts des Zweiten Teils des Bewertungsgesetzes zur Bewertung des Grundbesitzes (allgemeiner Teil und Grundvermögen) für die Grundsteuer ab 1.1.2022 (AEBewGrSt), BStBl I 2021 S. 2334.

A. Allgemeine Erläuterungen

I. Hinweise auf Verwaltungsanweisungen

Verwaltungsvorschriften wurden mit dem A 220 AEBewGrSt erlassen.[1] Darin wird sich jedoch auf die Wiedergabe des Gesetzeswortlauts beschränkt.

(Einstweilen frei)

II. Normzweck und wirtschaftliche Bedeutung der Vorschrift

§ 220 BewG legt den **Grundsatz** fest, wie die **Grundsteuerwerte** zu ermitteln sind, die nach § 219 Abs. 1 BewG der gesonderten Feststellung unterliegen. Die Vorschrift hat damit grundlegende verfahrensrechtliche Bedeutung.

Gleichzeitig ordnet die Vorschrift an, dass allgemeine **Grundsätze der Billigkeit** nach § 163 AO für vom materiellen Bewertungsrecht (§§ 232 ff. BewG) abweichende Wertfeststellungen grundsätzlich **nicht zulässig** sind.

(Einstweilen frei)

III. Entstehung und Entwicklung der Vorschrift

Die Vorschrift entspricht bis auf redaktionelle Änderungen der **bisherigen Rechtslage** der Vorschrift des § 20 BewG aus der Einheitsbewertung, die in Form des bisherigen Satzes 2 des § 20 BewG weiter fort gilt (Verbot der Billigkeitsmaßnahmen). § 20 BewG hat dabei nur allgemeine Bedeutung für den Fünften und Sechsten Abschnitt des Zweiten Teils des BewG. Eine Anwendung im Rahmen der Grundsteuerwertermittlung scheidet aufgrund der vorrangigen spezialgesetzlichen Vorschrift des § 220 BewG aus.

(Einstweilen frei)

IV. Geltungsbereich

Die Vorschrift gilt lediglich für die **Feststellung der Grundsteuerwerte** im Rahmen des Siebten Abschnitts des Zweiten Teils des BewG.

Das **Landesrecht** kann von § 220 BewG abweichende Vorschriften vorsehen, Art. 72 Abs. 3 Nr. 7 GG. Dies wurde durch die Landesgesetzgeber inzwischen mit folgenden Regelungen vorgenommen:

▶ § 14 LGrStG BW des Landes Baden-Württemberg, worin der Regelungsinhalt des § 220 BewG (Ausschluss des § 163 AO, Erlaubnis von Übergangsvorschriften) weitgehend über-

---

[1] Koordinierte Erlasse der obersten Finanzbehörden der Länder v. 9.11.2021, BStBl I S. 2021, 2334 (AEBewGrSt).

nommen wird. Hinzuweisen ist auf die Regelung nach § 38 Abs. 4 LGrStG BW, durch die eine faktische Billigkeitsklausel durch das Gestatten einer gutachterlichen Ermittlung eines niedrigeren tatsächlichen Werts geschaffen wird.[1]

- Art. 6 Abs. 1 Satz 3 sowie Art. 10 Abs. 1 Satz 1 BayGrStG des Landes Bayern, worin die Anwendung des § 163 AO für die Ermittlung der bayerischen Äquivalenzbeträge ausgeschlossen wird und mangels weiterer Bestimmungen der Regelungsinhalt des § 220 BewG übernommen wird.

- § 6 Abs. 1 Satz 3 und § 11 Abs. 1 Satz 1 HmbGrStG des Landes Hamburg, worin die Nichtanwendung des § 163 AO übernommen wird und im Übrigen das Bundesrecht (in Bezug auf die Übergangsvorschriften) angewendet werden kann.

- § 2 Abs. 2–4 HGrStG des Landes Hessen, worin de facto eine Nichtanwendung des § 220 BewG durch Nichtnennung in der Aufzählung der bundesrechtlichen Vorschriften vorgesehen ist. Eine ersetzende oder vergleichbare Regelung ist im übrigen Landesgesetz nicht ersichtlich.

- § 8 Abs. 2 Satz 4 und § 12 Abs. 1 NGrStG des Landes Niedersachsen, worin die Nichtanwendung des § 163 AO übernommen wird und im Übrigen das Bundesrecht (in Bezug auf die Übergangsvorschriften) angewendet werden kann.

33 Im Übrigen wird auf die Kommentierung der jeweiligen Landesgesetze im Teil C dieses Kommentars verwiesen.

34–40 *(Einstweilen frei)*

V. Vereinbarkeit der Vorschrift

41 Die Vorschrift begegnet keinen verfassungs- oder europarechtlichen Bedenken.

42 Durch den § 220 BewG hat der **Bundesgesetzgeber** von seiner **konkurrierenden Gesetzgebung** nach Art. 105 Abs. 2 Satz 1 GG Gebrauch gemacht. Ungeachtet dessen kann das Landesrecht aber abweichende Vorschriften vorsehen, die Vorrang vor der bundesgesetzlichen Regelung haben, Art. 72 Abs. 3 Nr. 7 GG.

43 Auch **das Verbot von Billigkeitsfestsetzungsmaßnahmen** nach § 163 AO ist ebenfalls nicht verfassungswidrig. Das Bundesverfassungsgericht hatte in dem maßgebenden Urteil zur Verfassungswidrigkeit der Einheitsbewertung geurteilt, dass die Bewertungsverhältnisse realitätsnah abgebildet werden müssen. Dies setzt voraus, dass die **Bewertung des Grundbesitzes vergleichbar** erfolgt und Wertrelationen realitätsnah abgebildet werden.[2]

44 Der verfassungsrechtliche Gleichheitssatz nach Art. 3 Abs. 1 GG erfordert, dass Gleiches gleich und Ungleiches ungleich bewertet wird. Dies wird gerade durch die einheitlichen Bewertungsvorschriften sichergestellt. Die **Billigkeitsregelung nach § 163 AO** soll dementgegen sicherstellen, dass der verfassungsrechtliche Gleichheitssatz sichergestellt bleibt, wenn das materielle Steuerrecht dies nicht leisten kann. In diesem Fall ist zur Sicherstellung der Gleichmäßigkeit der Besteuerung (§ 85 AO) eine Billigkeitsmaßnahme zur Abweichung vom materiellen Recht zulässig.

---

1 Im Übrigen vgl. Schmidt in Grootens, LGrStG BW § 34.
2 BVerfG, Urteil v. 10.4.2018 - 1 BvL 11/14, NWB MAAAG-80435.

Das Bundesverfassungsgericht hatte die Verfassungswidrigkeit des § 20 BewG lediglich aufgrund des Gesamtzusammenhangs mit der Einheitsbewertung bestätigt, nicht wegen des konkreten Regelungsinhalts. Billigkeitsmaßnahmen könnten, auch wenn sie zulässig wären, keine verfassungswidrige Bewertung nach den materiellen Bewertungsvorschriften „heilen".

Dementsprechend lässt der Gesetzgeber auch **Billigkeitsmaßnahmen als Übergangsregelungen** zu, wenn sie landesweit einheitlich getroffen werden, um den Gleichheitssatz zu wahren.

Die **Pauschalisierungseffekte** nimmt der Gesetzgeber dabei bewusst in Kauf. Als Indiz kann dazu bereits § 9 Abs. 2 Satz 3 und Abs. 3 BewG dienen, wonach subjektive Merkmale nicht zu berücksichtigen sind.

(Einstweilen frei)

VI. Verhältnis zu anderen Vorschriften

§ 220 BewG bildet den Rahmen und die Ausgangsvorschrift für die materiellen Bewertungsvorschriften nach **§§ 232 ff. BewG und §§ 243 ff. BewG**. Durch gesetzliches Verbot wird gleichzeitig die Anwendung des **§ 163 AO** ausgeschlossen. Gleichzeitig werden andere Bewertungsmaßstäbe und -verfahren, wie das Bedarfswertverfahren nach **§§ 157 ff. BewG** oder die Bewertung mit dem gemeinen Wert (**§ 9 BewG**) oder Teilwert (**§ 10 BewG**), ausgeschlossen.

Ferner verankert § 220 Satz 2 Halbsatz 2 BewG, dass einzelne Länder eigene Übergangs- und Vereinfachungsregelungen treffen können, sofern dies im Einvernehmen mit den obersten Finanzbehörden der übrigen Länder geschieht.

Von § 220 BewG nicht beschränkt ist die Vorschrift des ermessensgerechten Erlasses der Grundsteuer (als gedankliche Fortführung des § 163 AO im Erhebungsverfahren). Einerseits kann im bewertungsrechtlichen Feststellungsverfahren keine Steuer (§ 3 Abs. 1 AO) nach § 227 AO erlassen werden, andererseits wird die Steuer auf Ebene der hebeberechtigten Gebietskörperschaft erhoben, wodurch ihr auch die Entscheidung über den Erlass der Grundsteuer zukommt. Dieses Entscheidungsrecht wird durch § 220 BewG nicht beschränkt. Ferner ist ein solcher Erlass nach § 32 ff. GrStG möglich.

(Einstweilen frei)

B. Systematische Kommentierung

I. Ausschließliche Bewertungsvorschriften (§ 220 Satz 1 BewG)

Durch § 220 Satz 1 BewG wird festgeschrieben, dass die **Bewertung** ausschließlich nach dem Siebten Abschnitt, d. h. nach §§ 232 ff. BewG und §§ 243 ff. BewG erfolgt.[1] Andere Bewertungsverfahren sind damit nicht zugelassen.

Insbesondere sind innergesetzliche Verfahren wie auch außergesetzliche Bewertungsverfahren ausgeschlossen. Insbesondere sind damit eine Bewertung nach §§ 157 ff. BewG durch **Bedarfswerte** sowie andere, wirtschaftlich angewendete Bewertungsverfahren durch **Sachverständigengutachten** beispielsweise auf Basis der **Immobilienwertermittlungsverordnung** (ImmoWertV) ausgeschlossen. Auch eigene individuelle Bewertungsmethoden, die einem gemeinen Wert näherkommen sollen, sind damit nicht anwendbar.

(Einstweilen frei)

---

1 A 220 Abs. 1 AEBewGrSt.

II. Billigkeitsmaßnahmen (§ 220 Satz 2 BewG)

1. Verbot von Billigkeitsmaßnahmen im Einzelfall (§ 220 Satz 2 Halbsatz 1 BewG)

71 § 163 AO als Teil der AO ist grundsätzlich auf alle Steuerarten und Steuerfestsetzungen und über § 181 Abs. 1 Satz 1 AO auch auf **Feststellungen** anwendbar. Jedoch ist durch § 220 Satz 2 Halbsatz 1 BewG diese **Anwendung** nun **untersagt**.[1]

72 Durch den Ausschluss solcher **Billigkeitsmaßnahmen** bleibt die grundsätzlich geforderte Gleichbehandlung bei der Bewertung erhalten, da nicht auf subjektive Einzelumstände abgestellt werden darf. Grundsätzlich ist es notwendig, die **Bewertungsrelationen** zwischen den einzelnen Bewertungsobjekten zu wahren.

73 Durch § 220 Satz 2 BewG werden ferner keine **Billigkeitsmaßnahmen außerhalb des Feststellungsverfahrens** ausgeschlossen. Insbesondere kann die letztlich festgesetzte Grundsteuer durch die hebeberechtigte **Gebietskörperschaft** (i. d. R. Kommune) weiterhin nach **§ 222 AO gestundet** und nach **§ 227 AO erlassen** werden. Eine ermessensbasierte Entlastung von einer unbillig hohen Grundsteuerbelastung ist damit weiterhin sichergestellt. Ebenso kommt bei Vorliegen der Voraussetzungen ein Erlass der Grundsteuer nach §§ 32–35 GrStG in Betracht.[2]

74–80 *(Einstweilen frei)*

2. Zulässigkeit von Erleichterungen nach Landesrecht (§ 220 Satz 2 Halbsatz 2 BewG)

81 Zum Übergang in das neue Besteuerungsverfahren, lässt § 220 Satz 2 Halbsatz 2 BewG zu, dass die obersten Landesfinanzbehörden in Abstimmung untereinander gleich lautende Erleichterungen zugestehen.[3]

82 Bisher sind keine solchen Übergangsregelungen bekanntgegeben worden.

§ 221 BewG Hauptfeststellung

(1) Die Grundsteuerwerte werden in Zeitabständen von je sieben Jahren allgemein festgestellt (Hauptfeststellung).

(2) Der Hauptfeststellung werden die Verhältnisse zu Beginn des Kalenderjahres (Hauptfeststellungszeitpunkt) zugrunde gelegt.

Inhaltsübersicht	Rz.
A. Allgemeine Erläuterungen	1 - 60
I. Hinweise auf Verwaltungsanweisungen	1 - 10
II. Normzweck und wirtschaftliche Bedeutung der Vorschrift	11 - 20
III. Entstehung und Entwicklung der Vorschrift	21 - 30
IV. Geltungsbereich	31 - 40
V. Vereinbarkeit der Vorschrift	41 - 50
VI. Verhältnis zu anderen Vorschriften	51 - 60

---

1 A 220 Abs. 2 Satz 1 AEBewGrSt.
2 Vgl. für land- und forstwirtschaftliches Vermögen Lehmann in Grootens, GrStG § 33 Rz. 21 ff. und für Grundvermögen Lehmann in Grootens, GrStG § 34 Rz. 21 ff.
3 A 220 Abs. 2 Satz 2 AEBewGrSt.

B. Systematische Kommentierung	61 - 79
I. Festlegung der Hauptfeststellungsperiode (§ 221 Abs. 1 BewG)	61 - 70
II. Hauptfeststellungszeitpunkt als Bewertungsstichtag (§ 221 Abs. 2 BewG)	71 - 79

LITERATUR:

Höreth/Stelzer, Grundsteuerreform – der Druck auf den Gesetzgeber steigt, DStZ 2019 S. 607–612; *Marfels*, Die Neubewertung von Grundvermögen nach dem Entwurf für ein Grundsteuerreformgesetz (GrStRefG), ErbStB 2019 S. 266–275; *Marx*, Ökonomische Analyse des Grundsteuer-Reformgesetzentwurfs, DStZ 2019 S. 372–379; *Neufang*, Das Grundsteuerreformgesetz – ein gesetzgeberisches Chaos?, BB 2019 S. 3035–3038; *Eichholz*, Novellierung der Grundsteuer, DStZ 2020 S. 1158–1167; *Eisele/Wiegand*, Grundsteuerreform 2022/2025, Stand: Januar 2020 (1. Aufl.), S. 9–22; *Heine*, Reform des Bewertungs- und Grundsteuerrechts. Werden die Reformziele erreicht?, KStZ 2020 S. 2–6; *Heine*, Hauptfeststellung und Nachfeststellung sowie Fortschreibung und Aufhebung von Einheits- und Grundsteuerwerten nach altem und neuem Recht als Grundlage für die Veranlagung der Grundsteuer, KStZ 2020 S. 21–30; *Wünnemann/Koller*, Die Grundsteuerreform – ein Resümee aus Sicht der Industrie, BB 2020 S. 215–219.

VERWALTUNGSANWEISUNGEN:

Koordinierte Erlasse der obersten Finanzbehörden der Länder v. 9.11.2021 – Anwendung des Siebenten Abschnitts des Zweiten Teils des Bewertungsgesetzes zur Bewertung des Grundbesitzes (allgemeiner Teil und Grundvermögen) für die Grundsteuer ab 1.1.2022 (AEBewGrSt), BStBl I 2021 S. 2334.

A. Allgemeine Erläuterungen

I. Hinweise auf Verwaltungsanweisungen

Verwaltungsanweisungen bezüglich des § 221 BewG sind inzwischen mit A 221 AEBewGrSt[1] erlassen worden, der sich auf die Wiedergabe des gesetzlichen Wortlauts beschränkt. Ferner wird klargestellt, dass § 235 Abs. 2 BewG hinsichtlich der Ermittlung der maßgeblichen Wertverhältnisse uneingeschränkt fort gilt und nicht durch § 221 Abs. 2 BewG verdrängt wird.[2]   1

(Einstweilen frei)   2–10

II. Normzweck und wirtschaftliche Bedeutung der Vorschrift

§ 221 BewG verankert die **Hauptfeststellung** als zentralen Zeitpunkt und Verfahrensschritt des Grundsteuerwertfeststellungsverfahrens. Die Hauptfeststellung ist der zentrale verfahrensrechtliche Ausgangspunkt für die verschiedenen Grundsteuerwertfeststellungsverfahren.   11

Mit der Hauptfeststellung wird auch der **Wertfeststellungsstichtag** festgelegt. Die Bewertung erfolgt jeweils auf den Hauptfeststellungsstichtag, was sich in den materiellen Bewertungsvorschriften und den entsprechenden Anlagen widerspiegelt.   12

Letztlich regelt § 221 BewG eine **periodische Erneuerung der Hauptfeststellung**, um dem verfassungsrechtlichen Gebot der vergleichbaren Wertverhältnisse nachzukommen.   13

Eine **wirtschaftliche Bedeutung** kommt dem § 221 BewG aufgrund seines verfahrensrechtlichen Charakters nicht unmittelbar zu. Es ist lediglich ein wirtschaftliches Risiko vorhanden, sollten sich die Wertverhältnisse innerhalb einer Hauptfeststellungsperiode (sieben Jahre, § 221 Abs. 1 BewG) stark ändern, welche dann erstmalig zum nächsten Hauptfeststellungszeit-   14

---

[1] Koordinierte Erlasse der obersten Finanzbehörden der Länder v. 9.11.2021, BStBl I 2021 S. 2334 (AEBewGrSt).
[2] A 221 Satz 4 AEBewGrSt.

punkt in voller Höhe zu berücksichtigen sind. **Wertfortschreibungen** (§ 222 Abs. 1 BewG) sind weiterhin auf die Wertverhältnisse des letzten (also maximal sechs Jahre zurückliegenden) Hauptfeststellungszeitpunkts vorzunehmen, § 227 BewG. Insbesondere während der Hauptfeststellungsperiode eingetretene Wertveränderungen unterhalb der Bagatellgrenze von 15.000 € (§ 222 Abs. 1 BewG), werden damit regelmäßig zu einer Veränderung der Grundsteuer führen. Damit kann es zum Beginn einer neuen Hauptfeststellungsperiode zu erheblichen Wertveränderungen kommen. Aufgrund einer nicht automatisch erfolgenden Anpassung der – kommunal geregelten – Hebesätze kann damit proportional auch eine **Grundsteuererhöhung** oder -minderung gegeben sein.

15–20 *(Einstweilen frei)*

III. Entstehung und Entwicklung der Vorschrift

21 Die Vorschrift des § 221 BewG ist **Nachfolger des § 21 BewG** im Rahmen der Einheitsbewertung mit nahezu identischem Regelungsinhalt. § 21 BewG entfällt mit Wirkung zum 1.1.2025.

22 Neben der redaktionellen Änderung auf Grundsteuerwerte wurde der Zeitabstand von zwei Hauptfeststellungen von sechs auf sieben Jahre verlängert (**Hauptfeststellungszeitraum**).

23 Ferner wurde der § 21 Abs. 2 Satz 2 BewG nicht mehr übernommen. Demnach waren für Zwecke der Einheitsbewertung von land- und forstwirtschaftlichen Vermögen teilweise ein abweichender Zeitpunkt zu berücksichtigen (vgl. § 35 Abs. 2 BewG a. F. für umlaufende Betriebsmittel und §§ 54–60 BewG a. F. für forstwirtschaftliche, weinbauliche und gärtnerische Nutzungen). Jedoch sind in den neuen Bewertungsvorschriften weiterhin **abweichende Bewertungsstichtage** vorgeschrieben. Daher ist abweichend von § 221 BewG ein spezialgesetzlicher Bewertungszeitpunkt weiterhin möglich. Insofern gehen die materiellrechtlichen Bewertungsvorschriften dem allgemeinen Hauptfeststellungsstichtag vor (vgl. → Rz. 73).

24–30 *(Einstweilen frei)*

IV. Geltungsbereich

31 § 221 BewG verankert für die Grundsteuerwertermittlung nach dem Siebten Abschnitt des BewG den Zeitpunkt der **zentralen Wertverhältnisse** und die **periodische Wiederholung der Hauptfeststellung**. Auf andere Bewertungsverfahren ist er damit nicht anwendbar.

32 Ferner findet § 221 BewG nur Anwendung für die Grundsteuerwertermittlung. Die darauf aufbauenden grundsteuerlichen Hauptveranlagungszeitpunkte sind separat geregelt (§ 16 Abs. 1 Satz 2 GrStG).

33 Das **Landesrecht** kann von § 221 BewG abweichende Vorschriften vorsehen, Art. 72 Abs. 3 Nr. 7 GG. Dies wurde inzwischen von folgenden Ländern vorgenommen:

- § 15 LGrStG BW des Landes Baden-Württemberg, worin die Festlegung des Hauptfeststellungszeitpunkts und seine Periodizität entsprechend dem Bundesrecht geregelt wird. Ferner wird der erste Hauptfeststellungszeitpunkt entsprechend § 266 Abs. 1 BewG auf den 1.1.2022 festgelegt.
- Art. 6 Abs. 1 Satz 1 und 2 BayGrStG des Landes Bayern, worin der erstmalige Zeitpunkt (§ 266 Abs. 1 BewG) und der erstmalige Wertermittlungszeitpunkt wie im Bundesrecht geregelt werden, jedoch die Periodizität der Hauptfeststellung nicht übernommen und ausdrücklich nicht angewendet wird.

- § 6 Abs. 1 Satz 1 und 2 HmbGrStG des Landes Hamburg, worin der erstmalige Zeitpunkt (§ 266 Abs. 1 BewG) und der erstmalige Wertermittlungszeitpunkt wie im Bundesrecht geregelt werden, jedoch die Periodizität der Hauptfeststellung nicht übernommen und ausdrücklich nicht angewendet wird.
- § 2 Abs. 2–4 HGrStG des Landes Hessen, worin de facto eine Nichtanwendung des § 221 BewG durch Nichtnennung in der Aufzählung der bundesrechtlichen Vorschriften vorgesehen ist. Eine ersetzende oder vergleichbare Regelung ist im übrigen Landesgesetz nicht ersichtlich.
- § 8 Abs. 2 Satz 1–3 NGrStG des Landes Niedersachsen, worin der erstmalige Zeitpunkt (§ 266 Abs. 1 BewG) und der erstmalige Wertermittlungszeitpunkt wie im Bundesrecht geregelt werden, jedoch die Periodizität der Hauptfeststellung nicht übernommen und ausdrücklich nicht angewendet wird.

Im Übrigen wird auf die Kommentierung der jeweiligen Landesgesetze im Teil C dieses Kommentars verwiesen.

(Einstweilen frei)

V. Vereinbarkeit der Vorschrift

Die Vorschrift begegnet keinen verfassungsrechtlichen oder europarechtlichen Bedenken.

Durch den § 221 BewG hat der **Bundesgesetzgeber** von seiner **konkurrierenden Gesetzgebung** nach Art. 105 Abs. 2 Satz 1 GG Gebrauch gemacht. Ungeachtet dessen kann das Landesrecht aber abweichende Vorschriften vorsehen, die Vorrang von der bundesgesetzlichen Regelung haben, Art. 72 Abs. 3 Nr. 7 GG.

Ein zentraler Kritikpunkt der als verfassungswidrig anerkannten Einheitsbewertung waren die zu großen Zeitabstände zwischen dem Besteuerungszeitpunkt nach § 9 Abs. 1 GrStG und der letztmaligen Hauptfeststellung. Das Bundesverfassungsgericht hatte in dem entscheidenden Verfahren festgestellt, dass jedenfalls seit 2002 eine Verletzung des Gleichheitsgrundsatzes des Art. 3 Abs. 1 GG vorlag.[1] Das Urteil des Bundesverfassungsgerichts betraf lediglich westdeutsche Grundstücke, für die auf den 1.1.1964 letztmalig eine Hauptfeststellung durchgeführt wurde. Unstrittig ist dabei aber, dass das Urteil dementsprechend auch die Verfassungswidrigkeit der Einheitswerte der ostdeutschen Grundstücke feststellte, bei denen der letzte Hauptfeststellungszeitpunkt auf dem 1.1.1935 lag, da die zeitlichen Abstände zwischen Wertfeststellung und Besteuerungszeitpunkt noch größer sind.

Somit sieht das Bundesverfassungsgericht eine Zeitspanne von jedenfalls 38 Jahren zwischen Hauptfeststellung und Veranlagungszeitraum der Grundsteuer als zu groß an. Eine Periode von sieben Jahren nach § 221 BewG würde demnach zunächst verfassungsgemäß sein. Das Bundesverfassungsgericht führte aus, dass **Wertverzerrungen** „schon relativ bald nach Überschreiten des ursprünglichen Sechs-Jahres-Zyklus begonnen haben".[2] Daher darf die **Hauptfeststellungsperiode nicht uneingeschränkt ausgedehnt** werden.

Nach der hier vertretenen Auffassung ist zumindest die **Verlängerung von sechs auf sieben Jahre** verfassungsrechtlich nicht bedenklich. Jedoch sollte eine etwaige **Aussetzung der nächsten Hauptfeststellung** (turnusmäßig zum 1.1.2029) – wie sie auch bei der Einheitsbewertung

---

1 BVerfG, Urteil v. 10.4.2018 - 1 BvL 11/14 (u. a.), NWB MAAAG-80435, Leitsatz 3 und Rz. 147.
2 BVerfG, Urteil v. 10.4.2018 - 1 BvL 11/14 (u. a.), NWB MAAAG-80435, Rz. 150.

zum 1.1.1970 ausgesetzt wurde[1] – in jedem Fall zur Verfassungswidrigkeit führen, da in diesem Fall die vom Bundesverfassungsgericht festgestellten Wertverzerrungen angesichts eines 14-Jahres-Zeitraums zu groß werden würden. Eine solche Aussetzung ist jedoch derzeit nicht abzusehen. Hinsichtlich etwaiger vom Hauptfeststellungszeitpunkt abweichender Wertverhältnisse nach § 263 Abs. 1 Satz 1 BewG → Rz. 74 ff.

46–50 *(Einstweilen frei)*

VI. Verhältnis zu anderen Vorschriften

51 § 221 BewG präzisiert als zentrale **Feststellungsart** die in § 219 BewG vorgeschriebenen Feststellungen. Demnach sind die Feststellungen der Grundsteuerwerte nach **§ 181 Abs. 1 Satz 1 Nr. 1 AO** grundsätzlich als **Hauptfeststellungen** vorzunehmen.

52 Die anderen Feststellungsarten

- Fortschreibungen (§ 222 BewG),
- Neufeststellung (§ 223 BewG) oder
- die **Aufhebung (§ 224 BewG)** als negative Feststellungsart

beziehen sich jeweils auf die Hauptfeststellung als grundlegende Feststellungsart. Den weiteren Feststellungsarten sind weiterhin die **Wertverhältnisse zur Hauptfeststellungsstichtag** zuzuordnen (§ 222 Abs. 4 Satz 2 BewG i.V. mit § 227 BewG). Sie sind nur auf einen anderen Stichtag innerhalb des Hauptfeststellungszeitraums (§ 221 Abs. 1 BewG) vorzunehmen.

53–60 *(Einstweilen frei)*

B. Systematische Kommentierung

I. Festlegung der Hauptfeststellungsperiode (§ 221 Abs. 1 BewG)

61 Die Hauptfeststellung als die grundlegende **Feststellungsart** ist regelmäßig zu wiederholen. Dies ergibt sich aus § 221 Abs. 1 BewG. Die Zeitdauer zwischen zwei Hauptfeststellungen beträgt **sieben Jahre**.[2] Diese Frist unterliegt keiner verfahrensrechtlichen Fristberechnung (beispielsweise nach § 108 Abs. 1 und 3 AO), da die Dauer lediglich **Zeitpunkte** regelt, auf denen **Wertfeststellungen** vorzunehmen sind.

62 Spezialgesetzlich können Ausnahmen von dem siebenjährigen Wiederholungszeitraum geregelt werden. Dies wurde aufgrund der unerwartet **langwierigen Wertfeststellungen** im Zuge der Einheitsbewertung zum 1.1.1964 bereits durchgeführt. Letztlich fanden damals Einheitswerte erstmals auf den 1.1.1974 Anwendung. Die in Folge vorgeschriebenen Hauptfeststellungen bedurften einer spezialgesetzlichen Regelung, die aber nicht mehr erfolgte.

63 **Erstmaliger Hauptfeststellungszeitpunkt** i.S. des § 221 Abs. 2 BewG ist der 1.1.2022 (§ 266 Abs. 1 BewG). Nach § 221 Abs. 1 BewG ist damit der nächste Hauptfeststellungszeitpunkt der 1.1.2029.

64 Treten innerhalb der Hauptfeststellungsperiode **Änderungen der tatsächlichen Verhältnisse** ein – also des Werts, der Art oder der Zurechnung der wirtschaftlichen Einheit – ist keine er-

---

[1] Art. 2 Abs. 1 BewÄndG 1965, Art. 2 Gesetz zu Änderung und Ergänzung bewertungsrechtlicher Vorschriften und des Einkommensteuergesetzes v. 22.7.1970 (BGBl 1970 I S. 1118).
[2] A 221 Satz 1 AEBewGrSt.

neute Hauptfeststellung durchzuführen oder die Hauptfeststellung zu ändern, sondern eine **Fortschreibung** nach § 222 BewG vorzunehmen. Die Hauptfeststellung ist insoweit die erste Feststellung im Rahmen der Grundsteuerwertermittlung, die innerhalb einer Hauptfeststellungsperiode nicht durch Ereignisse nach dem Hauptfeststellungszeitpunkt geändert wird.

Mit der Hauptfeststellung sind regelmäßig **Erklärungspflichten** des Feststellungsbeteiligten vorgesehen, § 228 Abs. 1 Satz 1 BewG. Jedoch besteht keine gesetzliche Erklärungspflicht. Nur nach **behördlicher Aufforderung** zur Abgabe einer Grundsteuerwertfeststellungserklärung muss auf den Hauptfeststellungszeitpunkt eine Erklärung nach § 228 Abs. 1 Satz 1 BewG abgegeben werden.

(Einstweilen frei) 66–70

II. Hauptfeststellungszeitpunkt als Bewertungsstichtag (§ 221 Abs. 2 BewG)

Durch § 221 Abs. 2 BewG wird der erstmalige Hauptfeststellungszeitpunkt nach § 266 Abs. 1 BewG und die weiteren alle sieben Jahre folgenden Hauptfeststellungszeitpunkte als **Wertermittlungs- und Bewertungsstichtag** festgelegt.

§ 221 Abs. 2 BewG bringt damit den **Stichtagscharakter** der Grundsteuerwertermittlung zum Ausdruck. Es sind damit grundsätzlich die Werte und tatsächlichen und rechtlichen Verhältnisse auf diesen Stichtag zu berücksichtigten.[1]

Bezüglich den **Veränderungen am Bewertungsstichtag** selbst ist – gem. dem Gesetzeswortlaut – auf den Beginn des Kalenderjahres und damit auf den Tagesbeginn abzustellen.[2] Veränderungen an Art, Wert oder Zurechnung der wirtschaftlichen Einheit, die im Laufe des 1.1. eines Jahres eintreten, können daher erst zum darauffolgenden Bewertungsstichtag im Rahmen einer (weiteren) Feststellung (§§ 222–224 BewG) berücksichtigt werden. Ferner ist auf die Anzeigepflichten nach § 19 Abs. 1 GrStG zu achten.

Dieses **Stichtagsprinzip** wird im Einzelnen durch materielle Vorschriften und Ermächtigungsvorschriften **durchbrochen**. Diese Ausnahmen sind durch spezialgesetzliche Regelungen auch ohne direkten gesetzlichen Verweis zu beachten, auch wenn der Gesetzgeber den ehemals ähnlichen Verweis nach § 21 Abs. 2 Satz 2 BewG a. F. nicht übernommen hat. Es handelt sich um spezialgesetzliche Regelungen, die der allgemeinen Vorschrift des § 221 Abs. 2 BewG vorgehen. Dies ist im Rahmen des Siebten Abschnitts im Rahmen der Grundsteuerwertermittlung in folgenden Fällen zu beachten:

1. Bei **land- und forstwirtschaftlichen Vermögen** sind **stehende und umlaufende Betriebsmittel** auf den letzten Abschlussstichtag des Wirtschaftsjahres nach § 4a Abs. 1 Satz 1 Nr. 1, § 4a Abs. 2 Nr. 1 EStG oder § 8c EStDV zu bewerten, § 235 Abs. 2 BewG.[3]

2. Der **Reinertrag eines land- und forstwirtschaftlichen Betriebs** ist auf Basis des arithmetischen Mittels der letzten zehn abgeschlossenen Wirtschaftsjahre i. S. des § 4a EStG und § 8c EStDV zu berücksichtigen, § 236 Abs. 3 Satz 2 BewG.[4]

---

[1] A 221 Satz 2 AEBewGrSt.
[2] A 221 Satz 3 AEBewGrSt.
[3] A 221 Satz 4 AEBewGrSt; siehe auch Müller in Grootens, BewG § 235 Rz. 12 ff.
[4] Müller in Grootens, BewG § 236 Rz. 39 ff.

3. Beim **Reinertrag der forstwirtschaftlichen Nutzung** sind die Bewertungsfaktoren auf Basis der zuletzt durchgeführten Bundeswaldinventur bestimmt, § 237 Abs. 3 Satz 3 BewG.[1]

4. Das Bundesministerium der Finanzen kann – mit Zustimmung des Bundesrats – die **Bewertungsfaktoren der Anlagen 27–43 BewG** aktualisieren, § 263 Abs. 1 Satz 1 BewG.

74 Die in § 263 Abs. 1 Satz 1 BewG bestimmten Bewertungsfaktoren könnten – so zumindest der Wortlaut – bereits zum nächsten Feststellungszeitpunkt einer Grundsteuerwertermittlung zu Grunde gelegt werden, § 263 Abs. 1 Satz 2 BewG. Dies würde zur Folge haben, dass bereits vor einem zukünftigen Hauptfeststellungszeitpunkt andere Wertverhältnisse als zum Hauptfeststellungszeitpunkt zu berücksichtigen wären. Damit ergibt sich ein offensichtlicher Widerspruch gegenüber § 221 Abs. 2 BewG sowie § 227 BewG, wonach allein auf die Wertverhältnisse in dem letzten Hauptfeststellungszeitpunkt (Stichtagsprinzip) abzustellen ist. Insoweit ist die vorzeitige Anwendung der geänderten Bewertungsfaktoren vor einer Hauptfeststellung höchst strittig.

75 Eine vorzeitige Anwendung wird aus dem **Sinn und Zweck der Hauptfeststellung** und der damit verbundenen Durchbrechung der Wertverhältnisse auf den letzten Hauptfeststellungsstichtag gänzlich abgelehnt.[2] Dies ergebe sich bereits aus der erforderlichen Vergleichbarkeit der Wertverhältnisse auf einen für alle wirtschaftlichen Einheiten geltenden (Hauptfeststellungs-)Zeitpunkt. Wäre eine vorzeitige Anwendung der Bewertungsfaktoren vorzunehmen, müssten letztlich damit alle wirtschaftlichen Einheiten neu bewertet und gegebenenfalls durch Wertfortschreibung (§ 222 Abs. 1 BewG) neu festgestellt werden. Dies gebiete der Gleichheitssatz der Bewertung (Art. 3 Abs. 1 GG), was letztlich nur durch identische Bewertungszeitpunkte erreicht werden kann. Somit seien die geänderten Bewertungsfaktoren erst bei **der nächsten tatsächlich durchgeführten Hauptfeststellung** zu berücksichtigen.

76 Eine andere Rechtsauffassung[3] vertritt, dass bei einer erneuten Verschiebung oder Aussetzung einer Hauptfeststellung – wie bereits in der Einheitsbewertung – zum rechnerisch nächsten Hauptfeststellungszeitpunkt nach § 221 Abs. 1 BewG die geänderten Bewertungsfaktoren nach § 263 Abs. 1 Satz 2 BewG **ab dem rechnerischen Hauptfeststellungszeitpunkt** zu Grunde zu legen sind. Diese würden folglich auch die Wertverhältnisse nach § 227 BewG für Fortschreibungen und Nachfeststellungen bilden.

77 Letztlich könnte **dem Wortlaut** gefolgt werden, wonach die nach § 263 Abs. 1 Satz 2 geänderten Bewertungsfaktoren dem **nachfolgenden Feststellungszeitpunkt** zu Grunde zu legen sind. Dieser kann damit vor einem grundsätzlich wertbegründenden Hauptfeststellungszeitpunkt liegen. Denn in § 263 Abs. 1 Satz 2 BewG wird ausdrücklich auf einen „Feststellungszeitpunkt", nicht Hauptfeststellungszeitpunkt abgestellt. **Feststellungszeitpunkt** kann jeder Jahresbeginn sein, da auf diese Zeitpunkte Fortschreibungen (§ 222 Abs. 4 Satz 3 BewG) und Nachfeststellungen (§ 223 Abs. 2 Satz 2 BewG) möglich sind.

78 Diesem Verständnis würde auch der im § 263 Abs. 1 Satz 2 BewG genannten Zweck entsprechen: Es sollen die **verfassungsrechtlich gebotene Gleichmäßigkeit** der Besteuerung und eine relations- und realitätsgerechte Grundsteuerwertermittlung sichergestellt werden.[4] Letztlich

---

[1] Müller in Grootens, BewG § 237 Rz. 40.
[2] Grootens in Grootens, BewG § 263 Rz. 22 ff.
[3] Eisele/Wiegand, Grundsteuerreform 2022/2025, Herne S. 49, NWB CAAAH-44415.
[4] Vgl. BT-Drucks. 19/1185 S. 120 zu § 263 Abs. 1 BewG.

ist auf diesen Mangel der Einheitsbewertung die Verfassungswidrigkeit der Regelungen nach §§ 18 ff. BewG a. F. zurückzuführen.[1]

Folge wäre, dass allein durch eine Änderung der Anlagen 27–43 zum BewG eine Wertfortschreibung vorzunehmen sein könnte (§ 222 BewG). Dagegen kann – aufgrund der reinen Änderung der Bewertungsfaktoren – eine Nachfeststellung (§ 223 BewG) oder Aufhebung der Grundsteuerwertfeststellung (§ 224 BewG) nicht ausgelöst werden, da hier die rein tatsächlichen Verhältnisse auslösendes Ereignis bleiben.[2]

79

§ 222 BewG Fortschreibungen

(1) Der Grundsteuerwert wird neu festgestellt (Wertfortschreibung), wenn der in Euro ermittelte und auf volle 100 Euro abgerundete Wert, der sich für den Beginn eines Kalenderjahres ergibt, von dem entsprechenden Wert des letzten Feststellungszeitpunkts nach oben oder unten um mehr als 15 000 Euro abweicht.

(2) Über die Art oder Zurechnung der wirtschaftlichen Einheit (§ 219 Absatz 2) wird eine neue Feststellung getroffen (Artfortschreibung oder Zurechnungsfortschreibung), wenn sie von der zuletzt getroffenen Feststellung abweicht und es für die Besteuerung von Bedeutung ist.

(3) [1]Eine Fortschreibung nach Absatz 1 oder 2 findet auch zur Beseitigung eines Fehlers der letzten Feststellung statt. [2]§ 176 der Abgabenordnung über den Vertrauensschutz bei der Aufhebung und Änderung von Steuerbescheiden ist hierbei entsprechend anzuwenden. [3]Satz 2 gilt nur für die Feststellungszeitpunkte, die vor der Verkündung der maßgeblichen Entscheidung eines der in § 176 der Abgabenordnung genannten Gerichte liegen.

(4) [1]Eine Fortschreibung ist vorzunehmen, wenn dem Finanzamt bekannt wird, dass die Voraussetzungen für sie vorliegen. [2]Der Fortschreibung werden vorbehaltlich des § 227 die Verhältnisse im Fortschreibungszeitpunkt zugrunde gelegt. [3]Fortschreibungszeitpunkt ist:

1. bei einer Änderung der tatsächlichen Verhältnisse der Beginn des Kalenderjahres, das auf die Änderung folgt, und

2. in den Fällen des Absatzes 3 der Beginn des Kalenderjahres, in dem der Fehler dem Finanzamt bekannt wird, bei einer Erhöhung des Grundsteuerwerts jedoch frühestens der Beginn des Kalenderjahres, in dem der Feststellungsbescheid erteilt wird.

Inhaltsübersicht	Rz.
A. Allgemeine Erläuterungen	1 - 60
I. Hinweise auf Verwaltungsanweisungen	1 - 10
II. Normzweck und wirtschaftliche Bedeutung der Vorschrift	11 - 20
III. Entstehung und Entwicklung der Vorschrift	21 - 30
IV. Geltungsbereich	31 - 40
V. Vereinbarkeit der Vorschrift	41 - 50
VI. Verhältnis zu anderen Vorschriften	51 - 60
B. Systematische Kommentierung	61 - 182
I. Systematische Einordnung der bewertungsrechtlichen Fortschreibung	61 - 70
II. Durchführung einer Wertfortschreibung (§ 222 Abs. 1 BewG)	71 - 90
1. Gründe für eine Wertfortschreibung	71 - 80
2. Bagatellgrenze für Wertfortschreibungen	81 - 90

---

[1] BVerfG, Urteil v. 10.4.2018 - 1 BvL 11714, NWB MAAAG-80435, Rz. 163.
[2] Wredenhagen in Grootens, § 223 BewG Rz. 72 f. und 81 ff.

III.	Durchführung einer Art- oder Zurechnungsfortschreibung (§ 222 Abs. 2 BewG)	91 - 120
	1. Artfortschreibung	91 - 100
	2. Zurechnungsfortschreibung	101 - 120
	a) Änderung der Zurechnung	101 - 110
	b) Drittwirkung und Drittanfechtung der Zurechnungsfortschreibung	111 - 120
IV.	Fortschreibung zur Fehlerbeseitigung (§ 222 Abs. 3 BewG)	121 - 150
	1. Durchführung einer fehlerbeseitigenden Fortschreibung (§ 222 Abs. 3 Satz 1 BewG)	121 - 130
	2. Keine Fehlerbeseitigung bei Vertrauensschutz nach § 176 AO (§ 222 Abs. 3 Satz 2 BewG)	131 - 140
	3. Zeitliche Beschränkung des Vertrauensschutzes (§ 222 Abs. 3 Satz 3 BewG)	141 - 150
V.	Feststellungs- und Ermittlungszeitpunkt (§ 222 Abs. 4 BewG)	151 - 182
	1. Durchführung bei Bekanntwerden der Änderung der Verhältnisse (§ 222 Abs. 4 Satz 1 BewG)	151 - 160
	2. Ermittlungszeitpunkt der Verhältnisse (§ 222 Abs. 4 Satz 2 BewG)	161 - 170
	3. Feststellungszeitpunkt (§ 222 Abs. 4 Satz 3 BewG)	171 - 182
	a) Zeitpunkt bei Änderung tatsächlicher Verhältnisse (§ 222 Abs. 4 Satz 3 Nr. 1 BewG)	171 - 180
	b) Zeitpunkt bei Berichtigungsfortschreibung (§ 222 Abs. 4 Satz 3 Nr. 2 BewG)	181 - 182

LITERATUR:

Höreth/Stelzer, Grundsteuerreform – der Druck auf den Gesetzgeber steigt, DStZ 2019 S. 607–612; *Marfels*, Die Neubewertung von Grundvermögen nach dem Entwurf für ein Grundsteuerreformgesetz (GrStRefG), ErbStB 2019 S. 266–275; *Marx*, Ökonomische Analyse des Grundsteuer-Reformgesetzentwurfs, DStZ 2019 S. 372–379; *Neufang*, Das Grundsteuerreformgesetz – ein gesetzgeberisches Chaos?, BB 2019 S. 3035–3038; *Eichholz*, Novellierung der Grundsteuer, DStZ 2020 S. 1158–1167; *Eisele/Wiegand*, Grundsteuerreform 2022/2025, 2020, Stand: Januar 2020 (1. Aufl.), S. 9–22, NWB CAAAH-44415; *Heine*, Reform des Bewertungs- und Grundsteuerrechts. Werden die Reformziele erreicht?, KStZ 2020 S. 2–6; *Heine*, Hauptfeststellung und Nachfeststellung sowie Fortschreibung und Aufhebung von Einheits- und Grundsteuerwerten nach altem und neuem Recht als Grundlage für die Veranlagung der Grundsteuer, KStZ 2020 S. 21–30; *Wünnemann/Koller*, Die Grundsteuerreform – ein Resümee aus Sicht der Industrie, BB 2020 S. 215–219.

VERWALTUNGSANWEISUNGEN:

Koordinierte Erlasse der obersten Finanzbehörden der Länder v. 9.11.2021 – Anwendung des Siebenten Abschnitts des Zweiten Teils des Bewertungsgesetzes zur Bewertung des Grundbesitzes (allgemeiner Teil und Grundvermögen) für die Grundsteuer ab 1.1.2022 (AEBewGrSt), BStBl I 2021 S. 2334.

A. Allgemeine Erläuterungen

I. Hinweise auf Verwaltungsanweisungen

1 Verwaltungsanweisungen bezüglich der Fortschreibung i. S. des § 222 BewG sind mit dem A 222 AEBewGrSt ergangen.[1] Darin werden umfangreiche Klarstellungen vorgenommen.

2–10 *(Einstweilen frei)*

---

[1] Koordinierte Erlasse der obersten Finanzbehörden der Länder v. 9.11.2021, BStBl I 2021 S. 2334 (AEBewGrSt).

II. Normzweck und wirtschaftliche Bedeutung der Vorschrift

§ 222 BewG ist ein **wesentliches Element** im Rahmen der Grundsteuerwertermittlung außerhalb von Hauptfeststellungen. Durch Fortschreibungen wird ermöglicht, die **Hauptfeststellung an geänderte tatsächliche Verhältnisse** der wirtschaftlichen Einheit **anzupassen**.

Eine **Änderung der Verhältnisse** liegt insbesondere bei

- wesentlichen **Veränderungen des Werts** i. S. des § 222 Abs. 1 BewG,
- einer **Änderung der Vermögensart oder der Grundstücksart** im Bereich des Grundvermögens nach § 219 Abs. 2 Nr. 1 BewG i.V. mit § 222 Abs. 2 BewG und
- einer **Änderung der Zurechnung** der wirtschaftlichen Einheit nach § 219 Abs. 2 Nr. 2 i.V. mit § 222 Abs. 2 BewG

vor. Durch eine Fortschreibung nach § 222 Abs. 1 oder 2 BewG kann die nach dem Hauptfeststellungszeitpunkt (§ 221 Abs. 2 BewG) eingetretene Änderung der tatsächlichen Verhältnisse bei der Grundsteuerwertfeststellung berücksichtigt werden.

Ferner ermöglicht § 222 Abs. 3 BewG, eine **berichtigende Fortschreibung** vorzunehmen, wodurch Fehler bei einer Wertfortschreibung früherer Feststellungszeitpunkte nachträglich mit Wirkung für nachfolgende Feststellungszeitpunkte beseitigt werden können.

(Einstweilen frei) 14–20

III. Entstehung und Entwicklung der Vorschrift

§ 222 BewG geht auf die gleichlautende Vorschrift im Rahmen der **Einheitsbewertung** (§ 22 BewG a. F.) zurück. Dementsprechend ist der Regelungsinhalt im Wesentlichen gleichgeblieben.

Eine wesentliche Änderung hat sich bei den **Bagatellgrenzen der Wertfortschreibung** i. S. des § 222 Abs. 1 BewG ergeben. Diese wurden deutlich vereinfacht. Nach § 22 Abs. 1 BewG waren unterschiedliche Wertgrenzen bei Wertfortschreibung nach oben oder unten zu prüfen. Daneben war je Fortschreibung sowohl eine kombinierte relativ-absolute Bagatellgrenze neben einer rein absoluten Wertgrenze zu prüfen. Dies wurde nun durch eine rein absolute **Bagatellgrenze i. H. von 15.000 €** ersetzt, die sowohl bei werterhöhenden und -senkenden Wertfortschreibungen anzuwenden ist.

Ferner ist die Nennung der **Wertermittlungszeitpunkte**, die vom Hauptfeststellungszeitpunkt abweichen (§ 22 Abs. 4 Satz 4 BewG a. F.), wie schon im Rahmen der Haupt- und Nachfeststellung gestrichen worden.

Die weiteren Änderungen gegenüber § 22 BewG a. F. beschränken sich im Übrigen auf **Aktualisierungen des Wortlauts** („Grundsteuerwert" statt „Einheitswert", „Euro" statt „Deutsche Mark"). Die gesetzlichen Verweise auf § 176 AO im § 222 Abs. 3 Satz 2 und 3 BewG wurden mit ausdrücklicher Nennung des Zwecks des § 176 AO deklaratorisch ergänzt.

(Einstweilen frei) 25–30

IV. Geltungsbereich

§ 222 BewG regelt die **Fortschreibung** als **besondere Form der Feststellung** i. S. des § 219 BewG. Diese Vorschrift ist auf die Anwendung des Siebten Abschnitts des BewG beschränkt.

32   Ferner sind die Wertgrenzen nicht bei Haupt- oder Nachfeststellung anzuwenden. Die **Haupt- und Nachfeststellungen** werden stets im vollen Umfang vorgenommen, da die Feststellungsvorschriften nach § 221 BewG beziehungsweise § 223 BewG **keine Bagatellgrenzen** beinhalten.

33   Jedoch ist eine **Fortschreibung** nach § 222 Abs. 1–3 BewG für Haupt- und Nachfeststellungen früherer Feststellungszeitpunkte vorzunehmen. Dies ist letztlich der Sinn und Zweck der Vorschrift: eine „Aktualisierung" der nach § 219 BewG vorgenommenen früheren Feststellungen.

34   Das **Landesrecht** kann von § 222 BewG abweichende Vorschriften vorsehen, Art. 72 Abs. 3 Nr. 7 GG. Dies wurde durch Landesgesetzgeber inzwischen mit folgenden Regelungen vorgenommen:

- § 16 LGrStG BW des Landes Baden-Württemberg, worin der Inhalt des § 222 BewG wiederholt wird;
- Art. 6 Abs. 3 und 4 BayGrStG des Landes Bayern, wodurch die bundesrechtlichen Regelungen, der §§ 222–224 BewG übernommen werden;
- § 6 Abs. 3 und 4 HamGrStG des Landes Hamburg, wodurch die bundesrechtlichen Regelungen, der §§ 222–224 BewG übernommen werden;
- § 2 Abs. 2–4 HGrStG des Landes Hessen, worin die Vorschrift des § 222 BewG nicht aufgezählt wird und damit nicht anwendbar ist.
- § 8 Abs. 3 und 4 NGrStG des Landes Niedersachsen, worin die Fortschreibung originär landesrechtlich geregelt wird und somit § 222 BewG zunächst ersetzt.

35   Im Übrigen wird auf die Kommentierung der landesrechtlichen Regelungen in Teil C dieses Kommentars verwiesen.

36–40 *(Einstweilen frei)*

V. Vereinbarkeit der Vorschrift

41   Die Vorschrift begegnet **keinen verfassungsrechtlichen oder europarechtlichen Bedenken.**

42   Durch den § 222 BewG hat der **Bundesgesetzgeber** von seiner **konkurrierenden Gesetzgebung** nach Art. 105 Abs. 2 Satz 1 GG Gebrauch gemacht. Ungeachtet dessen kann das Landesrecht aber abweichende Vorschriften vorsehen, die Vorrang von der bundesgesetzlichen Regelung haben, Art. 72 Abs. 3 Nr. 7 GG.

43   Vielmehr ist die Vorschrift zur Fortschreibung nach § 222 BewG ein **zentraler Bestandteil einer verfassungsmäßigen Grundsteuerwertermittlung**, insbesondere der vom Bundesverfassungsgericht geforderten realitätsnahen Bewertung.[1] Das gilt nicht nur für die konkrete Wertermittlung, sondern auch für die tatsächlichen Verhältnisse der Zurechnung, der Vermögens- oder Grundstücksart sowie der vorhandenen Bebauung und Nutzung der wirtschaftlichen Einheit. Verändern sich diese Umstände, sind sie zum **Erhalt der relativen und realitätsnahen Bewertung** in eine Feststellung miteinzubeziehen.

44   Dabei sind nach § 222 Abs. 4 Satz 2 BewG die **Verhältnisse im Feststellungsstichtag** zu Grunde zu legen. Lediglich die **Wertverhältnisse** sind zum Erhalt der Vergleichbarkeit der Bestandsbewertungen auf den letzten **Hauptfeststellungszeitpunkt** zu ermitteln, § 227 BewG.

45–50 *(Einstweilen frei)*

---

1 BVerfG Urteil v. 10.4.2018 - 1 BvL 11/14, NWB MAAAG-80435, Rz. 105.

VI. Verhältnis zu anderen Vorschriften

§ 222 BewG steht im engen Zusammenhang mit der **grundlegenden Feststellungsvorschrift** nach **§ 219 BewG**, die den Rahmen der Feststellung sowie die notwendigen verfahrensrechtlichen Vorschriften beinhaltet. Die drei Fortschreibungsarten des § 222 Abs. 1 und 2 BewG spiegeln auch die **festzustellenden Besteuerungsgrundlagen** nach § 219 Abs. 1 und 2 BewG wider. 51

Voraussetzung zur Anwendung einer Fortschreibung ist, dass eine **Haupt- (§ 221 BewG)** oder **Nachfeststellung (§ 223 BewG)** erfolgt ist und der festgestellte Grundsteuerwert **nicht nach § 224 BewG aufgehoben** wurde. 52

Auslöser einer Wertfortschreibung wird regelmäßig eine **Anzeige** i. S. des **§ 228 Abs. 2 BewG** sein, in der der Steuerpflichtige eine Änderung der tatsächlichen Verhältnisse mitteilt. Möglich ist aber auch eine Fortschreibung von Amts wegen, die durch **Auskünfte, Erhebungen oder Mitteilungen von dritter Seite** nach § 229 BewG ausgelöst wird. 53

(Einstweilen frei) 54–60

B. Systematische Kommentierung

I. Systematische Einordnung der bewertungsrechtlichen Fortschreibung

Die Fortschreibung ist im deutschen Besteuerungssystem inzwischen als Ermittlungsvorschrift einmalig, da sie aufgrund des **Stichtagsprinzips** der Grundsteuer von besonderer Bedeutung ist, um die richtigen Besteuerungsgrundlagen weiter der Grundsteuer zu Grunde zu legen. Für Zwecke der Grundsteuer müssen die Besteuerungsgrundlagen (tatsächliche Verhältnisse i. S. des § 222 BewG) regelmäßig überprüft und gegebenenfalls angepasst werden, damit der Grundsteuer entsprechend dem § 9 Abs. 1 GrStG die zutreffenden Verhältnisse zu Grunde gelegt werden können. 61

Die Fortschreibung ist daher ein verfahrensrechtliches Instrument zur **Ermittlung der Besteuerungsgrundlagen** für den Feststellungszeitpunkt nach § 222 Abs. 4 Satz 3 BewG. Sie ist damit eng an die materiellrechtlichen Bewertungsvorschriften sowie an die Zuordnung der wirtschaftlichen Einheit nach § 39 AO gebunden. Die Fortschreibung wird durch diese Normen inhaltlich festgelegt. 62

Nach abgeschlossener Bewertung und der Bestimmung der Art und Zurechnung im Rahmen einer früheren Feststellung nach § 219 BewG bestimmt § 222 BewG, ob und inwieweit eine Anpassung der bisherigen Feststellung vorzunehmen ist. § 222 BewG begründet damit ein **neues Feststellungsverfahren** i. S. des § 219 BewG und wird losgelöst von früheren oder zukünftigen Feststellungsverfahren nach § 219 BewG durchgeführt. Im Rahmen der Fortschreibung können damit alle Verhältnisse neu überprüft werden und nach § 222 Abs. 4 Satz 2 AO berücksichtigt werden. Eine Bindung an vorherige Feststellungsverfahren besteht nicht. 63

Die Vorschrift des § 222 BewG muss dabei von anderen, ähnlich wirkenden Vorschriften abgegrenzt werden. Insbesondere ist die **Fortschreibung keine Änderungsvorschrift**. Sie ist nicht mit §§ 129 ff., § 164, § 165 oder §§ 172 ff. AO vergleichbar. In diesen Vorschriften wird ein ursprünglicher Feststellungsbescheid berichtigt, korrigiert oder anderweitig geändert. Das heißt in den Fällen der Änderungsvorschriften wird ein materiell bereits abgeschlossenes Feststel- 64 lungsverfahren punktuell oder vollständig aufgehoben oder geändert, wodurch die materielle Bestandskraft (§ 124 Abs. 2 AO) des bisherigen Feststellungsbescheids durchbrochen wird. Hingegen stellt eine Fortschreibung ein gänzlich neues Feststellungsverfahren dar, § 219 BewG.

65 Somit sind sämtliche Feststellungsbescheide, die im Rahmen einer Fortschreibung ergehen, **selbstständige Feststellungsbescheide**. Folgen mehrere Bescheide aufeinander, besteht zwischen Ihnen keine Beziehung wie zwischen Grundlagen- und Folgebescheiden. Jedes Feststellungsverfahren über Grundsteuerwerte ist selbstständig und kann grundsätzlich alle tatsächlichen Verhältnisse vollumfänglich berücksichtigen und sie der Feststellung zu Grunde legen. § 222 Abs. 3 und 4 BewG schränken diesbezüglich lediglich den **Zeitpunkt** ein, ab wann die tatsächlichen Verhältnisse einzubeziehen sind.

66 Dies kommt insbesondere durch § 222 Abs. 3 BewG zum Ausdruck, der insbesondere eine „**fehlerbeseitigende**" **Fortschreibung** ermöglicht. Denn hier lag bereits eine Änderung der Verhältnisse vor, die zwar einer früheren Feststellung (in fehlerhafter Weise) zu Grunde gelegt wurde, nun aber erstmals in zutreffender Weise in einem Feststellungsverfahren berücksichtigt wird. § 222 Abs. 3 BewG ist dabei keine Änderungsvorschrift, da die ursprüngliche Feststellung nicht geändert wird. Durch § 222 Abs. 3 BewG wird ein neues selbstständiges Feststellungsverfahren auf einen folgenden Feststellungsstichtag ausgelöst, nicht hingegen die Änderung des bisherigen Bescheids auf den ursprünglichen Feststellungszeitpunkt i. S. der §§ 172 ff. AO.

67 Im Ergebnis sind **Änderungsvorschriften der AO** oder auch des § 225 Satz 2 BewG losgelöst von einer Fortschreibung zu betrachten. Beide Verfahrensarten (fehlerbeseitigendes Feststellungsverfahren und Änderungsverfahren) sind nebeneinander anwendbar und genau voneinander zu trennen.

68–70 *(Einstweilen frei)*

II. Durchführung einer Wertfortschreibung (§ 222 Abs. 1 BewG)

1. Gründe für eine Wertfortschreibung

71 § 222 Abs. 1 BewG schreibt verpflichtend vor, dass eine Wertfortschreibung vorzunehmen ist, wenn sich die **tatsächlichen Verhältnisse** derart ändern, dass der **Grundsteuerwert** i. S. des § 219 Abs. 1 BewG erstmals zum Feststellungszeitpunkt nach § 222 Abs. 4 Satz 3 Nr. 1 BewG **anzupassen** ist.[1]

72 Inwieweit sich der festzustellende Grundsteuerwert ändert, bestimmt sich allein nach **den materiellen Bewertungsvorschriften** nach §§ 232–262 BewG (§ 231 Abs. 1 Satz 1 BewG). Dabei sind sämtliche Wertänderungen, die eine Änderung der Verhältnisse bewirken in die neue Wertermittlung einzubeziehen und zusammenzufassen.[2] Der gesamte Grundsteuerwert muss im Rahmen der Überprüfung vollständig neu ermittelt werden, da sich durch Vervielfältiger und Wertzahlen die Verhältnisse auch für den Altbestand zum vorangegangenen Bewertungsstichtag ändern können.

73 Eine **Änderung der tatsächlichen Verhältnisse**, die sich auf den Grundsteuerwert auswirkt, ist insbesondere in folgenden Fallkonstellationen denkbar (nicht abschließend):

---

[1] A 222 Abs. 1 Satz 1 AEBewGrSt.
[2] A 222 Abs. 1 Satz 2 AEBewGrSt.

1. Die Fläche des **Grund und Bodens** der wirtschaftlichen Einheit verändert sich (z. B. durch An- oder Verkauf);[1]
2. Der Entwicklungszustand des **Grund und Bodens** (insbesondere bei unbebauten Grundstücken) ändert sich;[2]
3. Der **Zustand der Bebauung** i. S. des § 246 BewG ändert sich, wodurch beispielsweise ein bisher unbebautes Grundstück nicht mehr nach § 246 BewG, sondern nach §§ 248 ff. BewG zu bewerten ist;[3]
4. Die **Bebauung** eines Grundstücks **wird erweitert** oder ein **Gebäude wird abgerissen/zerstört.** Durch die Erhöhung bzw. Verringerung der Wohn- und Nutzflächen erweitert/verringert sich die Substanz der wirtschaftlichen Einheit;[4]
5. Eine **Nutzungsänderung** führt zu einem **Wechsel der Grundstücksart** und in der Folge des Grundbewertungsverfahrens (§ 250 Abs. 2 oder 3 BewG);[5]
6. Der Nutzungsanteil einer **persönlichen oder sachlichen Grundsteuerbefreiung** ändert sich derart, dass vor und nach Änderung zumindest eine teilweise steuerpflichtige Nutzung vorlag. In der Folge ist nach § 219 Abs. 3 BewG die **Bedeutung der wirtschaftlichen Einheit für die Besteuerung** wieder teilweise eingetreten oder weggefallen.
7. Das Gebäude wird kernsaniert, wodurch ein fiktives Baujahr der Bewertung zu Grunde zu legen ist. Die Finanzverwaltung sieht in der jährlich eintretenden Änderung des Gebäudealters allein keinen Wertfortschreibungsgrund, weil das Gebäudealter im Zeitpunkt des Hauptfeststellungszeitpunkts zu Grunde zu legen ist (§ 227 BewG).[6] Unter Anwendung der Auffassung der Finanzverwaltung bestimmt sich das anzusetzende Baujahr – das Grundlage für die Bestimmung der Alterswertminderung ist – in Fällen der Kernsanierung nach dem Jahr der Kernsanierung.[7] Somit kann in diesen Fällen letztendlich eine Veränderung des Gebäudealters eintreten, wodurch eine Änderung der Verhältnisse vorliegt, die einer Wertfortschreibung zu Grunde zu legen sind.[8]

Eine **Artfortschreibung** (§ 222 Abs. 2 BewG) kann in gewissen Fällen gleichzeitig eine Wertfortschreibung auslösen. Dies ist bei der **Änderung der Vermögensart** nach § 218 Satz 1 BewG stets der Fall, jedoch nach Auffassung der Finanzverwaltung in diesen Fällen nicht durchzuführen (→ Rz. 93a). Aufgrund der Unterschiedlichkeit der Bewertungsverfahren für land- und forstwirtschaftliches Vermögen (§§ 232 ff. BewG) und Grundvermögen (§§ 243 ff. BewG) ist in aller Regel zu erwarten, dass sich der Grundsteuerwert in maßgeblicher Weise ändert. 74

Auch eine Artfortschreibung durch **Veränderung** der **Grundstücksart** (§ 249 BewG) kann durch die Auswahl eines anderen **Bewertungsverfahrens** (§ 250 Abs. 2 oder 3 BewG) zu einer Wertveränderung führen. Eine solche Veränderung kann sowohl durch physische Erweiterung der Bebauung (Anbau, Ausbau, Umbau) oder durch eine reine Veränderung der Nutzung durch an- 75

---

[1] A 227 Abs. 3 Satz 3 Nr. 1 AEBewGrSt.
[2] A 227 Abs. 3 Satz 3 Nr. 2 AEBewGrSt.
[3] A 227 Abs. 3 Satz 3 Nr. 3 AEBewGrSt.
[4] A 227 Abs. 3 Satz 3 Nr. 1, 3, 5 AEBewGrSt.
[5] A 227 Abs. 3 Satz 3 Nr. 4 AEBewGrSt.
[6] A 222 Abs. 1 Satz 4 und 5 AEBewGrSt.
[7] A 253.1 Abs. 3 Satz 11 und 13 AEBewGrSt, vgl. auch A 254 Abs. 4 Satz 2 AEBewGrSt für das Ertragswertverfahren sowie Grootens in Grootens BewG § 253 Rz. 72 ff. und A 259.5 Abs. 4 Satz 4 AEBewGrSt sowie Grootens in Grootens, BewG § 259 Rz. 101 ff. für das Sachwertverfahren.
[8] A 222 Abs. 1 Satz 5 AEBewGrSt.

dere Personen entstehen. Letztlich hängt auch die Wahl der **Bewertungsparameter** innerhalb der einzelnen Bewertungsverfahren von der Grundstücksart ab.[1]

76 Letztlich kann aber auch die reine **Erweiterung der Bebauung** zu einer Wertfortschreibung führen, wenn sich die Wohn- und Nutzfläche beispielsweise durch **Neu-, Aus- oder Umbau** erhöht oder durch **Abriss** verringert.

77 Die **Wertverhältnisse** – also die Bewertungsfaktoren, mit denen die tatsächlichen Verhältnisse anzusetzen sind – sind dabei stets auf den **letzten Hauptfeststellungszeitpunkt** zurück zu beziehen, § 227 BewG. Jedoch wird dieser Rückbeziehungsgrundsatz punktuell durch materielle Bewertungsvorschriften durchbrochen.[2]

78–80 *(Einstweilen frei)*

2. Bagatellgrenze für Wertfortschreibungen

81 Eine Wertfortschreibung ist nur vorzunehmen, wenn die Bagatellgrenze von **15.000 €** nach „unten" oder „oben" überschritten wird.

82 Demnach ist der **auf den letzten Feststellungszeitpunkt festgestellte Grundsteuerwert** als **Vergleichsgrundlage** heranzuziehen. Anschließend ist der Grundsteuerwert nach dem materiellen Bewertungsrecht nach §§ 232–262 BewG neu auf den neuen Feststellungszeitpunkt nach § 222 Abs. 3 Satz 3 Nr. 1 BewG zu bestimmen. Dieser neue, vorläufige Grundsteuerwert ist nach Abrundung auf volle Hundert Euro mit dem bisherigen Grundsteuerwert zu vergleichen.

83 Die Differenz zwischen beiden Werten ist dabei unabhängig von einer etwaigen **Erhöhung oder Verminderung** zu prüfen, da für beide Fälle die gleiche absolute Bagatellgrenze gilt.

84 Beträgt die **Differenz mehr als 15.000 €** – also aufgrund der Rundung mindestens 15.100 € – ist eine **Wertfortschreibung verpflichtend** vorzunehmen. In diesem Fall ist der neu ermittelte Grundsteuerwert einem Feststellungsverfahren nach § 219 Abs. 1 BewG zu Grunde zu legen und nach § 180 Abs. 1 Satz 1 Nr. 1 AO gesondert festzustellen.

85 Die Wertfortschreibung kann mit Art- und Zurechnungsfortschreibungen i. S. des § 222 Abs. 2 BewG verbunden werden und dem Feststellungsbeteiligten in einem „Papierbescheid" zusammengefasst bekanntgegeben werden. Dies ändert jedoch nichts daran, dass **Wert-, Art- und Zurechnungsfortschreibung jeweils selbstständige Verwaltungsakte** bleiben, die damit auch selbständig anfechtbar sind.[3]

86 Beträgt die **Differenz 15.000 € oder weniger**, ist keine Wertfortschreibung vorzunehmen. Dies gilt selbst dann, wenn der Wert der wirtschaftlichen Einheit auf 0 € sinken würde, die Wertdifferenz zur vorangegangenen Wertermittlung unter 15.000 € liegt.[4] Dies führt jedoch nicht dazu, dass die Wertveränderung als Fortschreibungsgrund untergeht. Vielmehr wird bei einer zukünftigen Änderung der Verhältnisse abermals zu überprüfen sein, ob sich der Grundsteuerwert in erheblicher Weise geändert hat. Die Änderung der Verhältnisse als auslösendes Ereignis wird dadurch nicht verbraucht, wenn keine Wertfortschreibung erfolgt. Sie hat zu erfolgen, sobald die Bagatellgrenze überschritten ist.

---

1 Vgl. für die Liegenschaftszinssätze exemplarisch Grootens in Grootens, BewG § 256 Rz. 25 ff.
2 Vgl. Wredenhagen in Grootens, BewG § 219 Rz. 73 ff.; hinsichtlich neuer Bewertungsfaktoren durch Rechtsverordnung vgl. Grootens in Grootens, BewG § 263 Rz. 22 ff.
3 Zur Einheitsbewertung bereits BFH, Urteil v. 13.11.1981 - III R 116/78, BStBl 1983 II S. 88.
4 A 222 Abs. 1 Satz 3 AEBewGrSt.

Bleibt die Wertdifferenz stets unter der Bagatellgrenze, wirkt sie sich endgültig bei der nächsten **Hauptfeststellung** (§ 221 Abs. 2 BewG) aus, da hier keine Bagatellgrenze besteht. Somit wird eine erneute Hauptfeststellung zur vollen Berücksichtigung jeder Wertdifferenz führen. Gleichzeitig sind aber auch die **Wertverhältnisse des (neuen) Hauptfeststellungszeitpunkts** zu Grunde zu legen, § 221 Abs. 2 BewG.

(Einstweilen frei)

III. Durchführung einer Art- oder Zurechnungsfortschreibung (§ 222 Abs. 2 BewG)

1. Artfortschreibung

Die Artfortschreibung nach § 222 Abs. 2 AO ist in zwei Facetten möglich. Zunächst kann sich die **Vermögensart** der wirtschaftlichen Einheit i. S. des § 218 Satz 1 BewG ändern. Dies ist nur bei einem **Wechsel zwischen land- und forstwirtschaftlichen Vermögen oder Grundvermögen** möglich. Dies ergibt sich aus dem Feststellungsbestandteil der Vermögensart nach § 219 Abs. 2 Nr. 1 BewG.

Eine Einbeziehung in ein **gewerbliches (§ 15 EStG) oder selbstständiges (§ 18 EStG) Betriebsvermögen** i. S. des § 95 ff. BewG bleibt dabei ohne Folgen, da das Betriebsvermögen nach § 218 Satz 2 und 3 BewG dem land- und forstwirtschaftlichen Vermögen oder dem Grundvermögen zwingend zuzuordnen ist. Das Betriebsvermögen stellt keine eigene Vermögensart mehr dar.[1]

Wird **ein Teil der wirtschaftlichen Einheit** zukünftig **verselbstständigt** und durch eine andere Vermögensart charakterisiert, ist eine **Nachfeststellung** für die neu entstandene wirtschaftliche Einheit und eine **Wertfortschreibung** für die alte wirtschaftliche Einheit vorzunehmen.[2]

> **BEISPIEL:** Errichtung eines Einfamilienhauses auf ursprünglich land- und forstwirtschaftlichem Vermögen unter Fortbestand des land- und forstwirtschaftlichen Betriebs. Es ist eine Nachfeststellung für das Einfamilienhaus im Grundvermögen und eine Wertfortschreibung für den weiterhin bestehenden land- und forstwirtschaftlichen Betrieb nach unten unter Beibehaltung der Artfeststellung durchzuführen.

Nach Auffassung der Finanzverwaltung ist in den Fällen des Wechsels der Vermögensart für die gesamte wirtschaftliche Einheit jedoch keine Artfortschreibung vorzunehmen.[3] Für die die Vermögensart wechselnden Flächen sei eine **Nachfeststellung** durchzuführen (§ 223 BewG), für die ursprüngliche wirtschaftliche Einheit sei hingegen eine **Aufhebung** des Grundsteuerwerts vorzunehmen. Weshalb die Finanzverwaltung hier den Anwendungsbereich der Artfortschreibung faktisch auf die Änderung der Grundstücksart nach § 249 BewG einschränkt, ist nicht ersichtlich. Die Fortschreibungsrichtlinien der Einheitsbewertung sahen beim Wechsel der Vermögensart hingegen noch eine Artfortschreibung vor.[4] Möglich ist, dass dies rein verwaltungstechnische Gründe hat.

Nach der hier vertretenen Auffassung ist die Auffassung der Finanzverwaltung rechtlich nicht begründet. Wesentliches Merkmal der Neufeststellung ist, dass eine wirtschaftliche Einheit

---

1 Im Übrigen siehe Wredenhagen in Grootens, BewG § 218 Rz. 111 ff.
2 A 227 Abs. 3 Satz 6 AEBewGrSt.
3 A 227 Abs. 3 Satz 4 bis 6 AEBewGrSt.
4 Richtlinien für die Bewertung des Grundbesitzes im Hauptfeststellungszeitraum 1964 v. 2.12.1971 Rz. 4, Wechsel von Grundvermögen in Betriebsvermögen.

neu entsteht oder sie erstmals zur Grundsteuer herangezogen wird.[1] Bei dem **Übergang einer vollständigen wirtschaftlichen Einheit von einer Vermögensart in eine andere Vermögensart** entsteht jedoch keine neue wirtschaftliche Einheit i. S. des § 2 BewG, sondern sie ändert lediglich ihren Charakter und damit die bewertungsrechtlichen Folgen. Zusätzlich erscheint das Vorgehen der Finanzverwaltung als unnötig komplex, da bei einem Wechsel der vollständigen wirtschaftlichen Einheit zwischen den Vermögensarten sowohl eine Aufhebung des Grundsteuerwerts als auch eine Nachfeststellung erforderlich wäre, wohingegen mit einer Artfortschreibung (und damit mittels eines Feststellungsverfahrens) das verfahrens- und materiellrechtlich gleiche Ergebnis erreicht wird.

92e Das Vorgehen der Finanzverwaltung wirft ebenso die Frage auf, welche **Erklärungs- und Anzeigepflichten** i. S. des § 228 BewG der Grundsteuerpflichtige zu erfüllen hat. Ist keine Artfortschreibung vorzunehmen, müsste der Grundsteuerpflichtige eine Nachfeststellungserklärung sowie eine Aufhebungserklärung fertigen und der Finanzverwaltung übermitteln. Diese doppelte Erklärungspflicht erscheint bei dem alleinigen Änderungsgrund des Vermögensartwechsels als unbillig.

93 Eine Artfortschreibung ist ferner vorzunehmen, wenn sich die **Grundstücksart** i. S. des § 249 BewG verändert (vgl. § 219 Abs. 2 Nr. 1 BewG).[2] Dies kann sowohl durch eine veränderte Nutzung oder durch eine Erweiterung der Flächen eintreten, durch die sich die Anteile der Nutzung für Wohnzwecke und Betriebszwecke verschiebt. Die Feststellung erfolgt hierbei stets **ohne Rücksicht auf eine Wertänderung.**. Die Wertgrenzen i. S. des § 222 Abs. 1 BewG sind bei Artfortschreibungen unbeachtlich.[3] Inwieweit eine Wertfortschreibung mit der Artfortschreibung zu verbinden ist, beurteilt sich selbstständig nach den Vorschriften des § 222 Abs. 1 BewG. Eine Feststellung hat damit insbesondere auch dann zu erfolgen, wenn das Bewertungsverfahren nach § 250 Abs. 2 und 3 BewG unverändert bleibt, denn die Grundstücksart beeinflusst auch einzelne Bewertungsparameter wie Bewirtschaftungskosten (§ 255 BewG) oder Liegenschaftszinssatz (§ 256 BewG).

93a Die Artfortschreibung ist durchzuführen, wenn die tatsächlichen Verhältnisse von der letzten Feststellung abweichen. Damit ist eine Artfortschreibung davon abhängig, ob die Nutzung der wirtschaftlichen Einheit der Nutzung entspricht, wie sie der letzten Feststellung des Grundsteuerwerts zu Grunde lag. Bei einer Divergenz ist eine Artfortschreibung durchzuführen.[4] Inwieweit sich aus der Artfortschreibung grundsteuerliche Folgen ergeben, ist für die Fortschreibung unbeachtlich. Nach Auffassung der Finanzverwaltung ist die Artfortschreibung stets durchzuführen.[5]

94 Gesetzlich nicht erfasst ist die Veränderung der Grundstücksart, wenn sich der Bebauungszustand verändert. Wechselt ein Grundstück zwischen **unbebautem Zustand** nach § 246 BewG und **bebautem Zustand** (§ 248 BewG), ist dies nach dem Gesetzwortlaut des § 222 Abs. 2 i. V. mit § 219 Abs. 2 Nr. 1 BewG nicht ausdrücklich festzustellen. Unterbleibt damit eine solche Artfortschreibung, ist der Bebauungszustand notfalls im Wege der allgemeinen **Amtshilfe** nachrichtlich in den Feststellungsbescheid aufzunehmen.[6] Hintergrund ist, dass der Bebau-

---

1 Vgl. Wredenhagen in Grootens, § 223 BewG Rz. 61 ff.
2 A 222 Abs. 2 Satz 3 AEBewGrSt.
3 A 222 Abs. 2 Satz 2 AEBewGrSt.
4 A 222 Abs. 2 Satz 1 AEBewGrSt.
5 A 222 Abs. 6 AEBewGrSt.
6 Vgl. Wredenhagen in Grootens, BewG § 219 Rz. 203 f.

ungszustand für die Auswahl der zutreffenden **Grundsteuermesszahl** (§ 15 Abs. 1 Nr. 1 oder 2 GrStG) notwendig ist.

Ist eine Artfortschreibung durchzuführen, kann sie mit der Wertfortschreibung nach § 222 Abs. 1 BewG oder der Zurechnungsfortschreibung nach § 222 Abs. 2 BewG verbunden werden und in einem „Papierbescheid" bekanntgegeben werden.[1] Dies ändert jedoch nichts daran, **dass Wert-, Art- und Zurechnungsfortschreibung jeweils selbstständige Verwaltungsakte** bleiben, die damit auch selbstständig anfechtbar sind.[2] Ist eine Fortschreibung anderer Art (Wertfortschreibung, Zurechnungsfortschreibung) bereits vorgenommen worden, ist eine Artfortschreibung weiterhin auf den gleichen Feststellungszeitpunkt möglich.[3] Ist bereits eine Artfortschreibung zu einem Feststellungszeitpunkt vorgenommen worden, kann auf diesen Feststellungszeitpunkt keine weitere Artfortschreibung durchgeführt werden. In diesem Fall wären die Änderungsvorschriften der AO oder des BewG sowie die fehlerbeseitigende Artfortschreibung auf einen folgenden Feststellungszeitpunkt zu prüfen.[4]

(Einstweilen frei) 96–100

2. Zurechnungsfortschreibung

a) Änderung der Zurechnung

Eine Zurechnungsfortschreibung ist vorzunehmen, wenn sich die **Zurechnung i. S. des § 219 Abs. 2 Nr. 2 BewG** ändert. Dies ist der Fall, wenn das **zivilrechtliche** oder das vorrangige **wirtschaftliche Eigentum** (§ 39 Abs. 1 oder Abs. 2 AO) auf eine andere Person übergeht. Regelmäßig bedarf es dazu einem **Rechtsträgerwechsel** (z. B. Erbschaft, Schenkung, Kauf, Änderung der Miteigentumsanteile).[5] Eine reine Umfirmierung des Rechtsträgers führt nicht zu einer Zurechnungsfortschreibung, da kein Rechtsträgerwechsel stattfand.[6]

Dies ist typischerweise durch **Kaufvertrag** im Zeitpunkt des **Übergangs von Nutzen und Lasten** des Grundstücks der Fall, § 39 Abs. 2 Nr. 1 Satz 1 AO. Auch andere Vermögensübergänge führen dazu, beispielsweise bei **Gesamtrechtsnachfolge** durch **Erbschaft** (§ 1922 BGB) oder **umwandlungsrechtlichen Vorgängen** (§ 1 UmwG). Bei Umwandlungen i. S. des UmwG ist dabei auf den Zeitpunkt der Wirksamkeit des Rechtsgeschäfts, also regelmäßig **mit Eintragung im Handelsregister** (z. B. für Verschmelzung nach § 20 Abs. 1 Nr. 1 UmwG), abzustellen.[7]

Eine Zurechnungsfortschreibung ist auch durchzuführen, wenn sich **Anteile am Grundbesitz** i. S. des § 219 Abs. 2 Nr. 2 BewG ändern. Gerade bei der Auseinandersetzung von **Erbengemeinschaften** ist dies von Bedeutung. Setzt sich die Erbengemeinschaft auseinander, erlangt typischerweise einer der Miteigentümer das Alleineigentum. Damit ist die wirtschaftliche Einheit nach § 219 Abs. 2 Nr. 2 BewG und § 39 Abs. 1 BewG nun dem Übernehmer allein zuzurechnen. Eine Feststellung der Anteile würde demnach zukünftig entfallen.

---

1 A 222 Abs. 3 Satz 2 und 3 AEBewGrSt.
2 A 222 Abs. 3 Satz 1 AEBewGrSt; Zur Einheitsbewertung bereits BFH, Urteil v. 13.11.1981 - III R 116/78, BStBl 1983 II S. 88.
3 A 222 Abs. 3 Satz 4 AEBewGrSt mit Verweis auf BFH, Urteil v. 9.1.1959 -III 288/57 U, BStBl 1959 III S. 110.
4 A 222 Abs. 3 Satz 5 und 6 AEBewGrSt.
5 A 222 Abs. 2 Satz 5 und 6 AEBewGrSt.
6 A 222 Abs. 2 Satz 7 AEBewGrSt.
7 Zu der weiteren Bestimmung des wirtschaftlichen Eigentums vgl. Wredenhagen in Grootens, BewG § 219 Rz. 241 ff.

104 Ist eine Zurechnungsfortschreibung durchzuführen, kann sie mit der Wertfortschreibung nach § 222 Abs. 1 BewG oder der Artfortschreibung nach § 222 Abs. 2 BewG verbunden werden und in einem „Papierbescheid" zusammengefasst bekanntgegeben werden.[1] Dies ändert jedoch nichts daran, dass **Wert-, Art- und Zurechnungsfortschreibung jeweils selbstständige Verwaltungsakte** bleiben, die damit auch selbstständig anfechtbar sind.[2] Ist eine Fortschreibung anderer Art bereits vorgenommen worden, ist eine Artfortschreibung weiterhin auf den gleichen Feststellungszeitpunkt möglich.[3] Ist bereits eine Zurechnungsfortschreibung zu einem Feststellungszeitpunkt vorgenommen worden, kann keine weitere Zurechnungsfortschreibung auf diesen Stichtag durchgeführt werden. In diesem Fall wären die Änderungsvorschriften der AO oder des BewG sowie die fehlerbeseitigende Zurechnungsfortschreibung auf einen folgenden Feststellungszeitpunkt zu prüfen.[4]

105 Ist eine Zurechnungsfortschreibung auf einen Feststellungszeitpunkt erfolgt, wird eine weitere Zurechnungsfortschreibung auf einen vorherigen Feststellungszeitpunkt nach höchstrichterlicher Rechtsprechung versperrt.[5] Diesbezüglich ist die Finanzverwaltung der Auffassung, dass diese Sperrwirkung aber nur gegenüber dem Inhaltsadressaten der Zurechnungsfortschreibung – und damit regelmäßig dem neuen (wirtschaftlichen) Eigentümer – eintritt.[6] Daher sei es möglich, eine Zurechnungsfortschreibung auch auf frühere Zeitpunkte als der ursprünglichen Zurechnungsfortschreibung durchzuführen. Die Sperrwirkung, wie sie in der Rechtsprechung vertreten wird, träte nicht ein, da der Inhaltsadressat ein anderer sei und dadurch eine Bestandskraft gegenüber dem bisher nicht durch Zurechnungsfortschreibung berücksichtigten Dritten nicht vorliegt.

106 Nach der hier vertretenen Auffassung überzeugt die Auffassung der Finanzverwaltung nicht. Denn gerade der Zurechnungsbescheid entfaltet signifikante Drittwirkung (→ Rz. 111 ff.). Dies hat bereits die Rechtsprechung offengelegt und darauf verwiesen, dass eine spätere Zurechnungsfortschreibung ansonsten von einer früheren Zurechnungsfortschreibung ausgehöhlt werden konnte. Mit der Auffassung der Finanzverwaltung wird dies de facto nun verwirklicht und in der Gesamtschau des Bewertungsverfahrens lägen sich widersprechende (eventuell sogar widerstreitende i. S. des § 174 AO) Zurechnungsfortschreibungen vor. M. E. ist ein Erlass einer in der Vergangenheit liegenden Zurechnungsfortschreibung nicht möglich, wenn bereits später eine Zurechnungsfortschreibung ergangen war.

107–110 *(Einstweilen frei)*

b) Drittwirkung und Drittanfechtung der Zurechnungsfortschreibung

111 Durch die Änderung der Zurechnung wird dem **bisherigen (wirtschaftlichen) Eigentümer die wirtschaftliche Einheit nicht mehr zugerechnet** und stattdessen nun einem neuen wirtschaftlichen Eigentümer zugerechnet. Dadurch kann ein Dritter, der nicht Inhaltsadressat des Feststellungsbescheids der Zurechnung nach § 219 Abs. 2 Nr. 1 BewG ist, in seinen Rechten verletzt werden. Insbesondere ist dies für die **Gewerbesteuerkürzung** nach § 9 Nr. 1 Satz 1 GewStG re-

---

[1] A 222 Abs. 3 Satz 2 und 3 AEBewGrSt.
[2] A 222 Abs. 3 Satz 1 AEBewGrSt; Zur Einheitsbewertung bereits BFH, Urteil v. 13.11.1981 - III R 116/78, BStBl 1983 II S. 88.
[3] A 222 Abs. 3 Satz 4 AEBewGrSt mit Verweis auf BFH, Urteil v. 9.1.1959 - III 288/57 U, BStBl 1959 III S. 110.
[4] A 222 Abs. 3 Satz 5 und 6 AEBewGrSt.
[5] A 222 Abs. 4 Satz 1 AEBewGrSt, BFH, Urteil v. 23.9.1955 - III 1/55 U – BStBl III 1955 S. 316.
[6] A 222 Abs. 4 Satz 3–5 AEBewGrSt.

levant, da hier auf die bewertungsrechtliche Zurechnung auf den Jahresbeginn abgestellt wird, § 20 Abs. 2 GewStDV.

In diesen Fällen entfaltet die Feststellung nach § 181 Abs. 1 Satz 1 AO i.V. mit § 166 AO eine **Drittwirkung** gegen denjenigen, dem die wirtschaftliche Einheit nicht (mehr) zugerechnet wird. Der Dritte muss daher Anspruch auf eine Drittanfechtung haben. Diese ist regelmäßig nach § 347 Abs. 1 Nr. 1, Abs. 2 AO auch statthaft eröffnet, da eine **Bekanntgabe dem Dritten gegenüber nicht erforderlich** ist. Es ist lediglich von Bedeutung, dass der Dritte in seinen Rechten – hier dem Recht aus dem Grundstück im Rahmen der Zurechnung - beschwert ist und er dies geltend macht, § 350 AO. Dies ist regelmäßig der Fall, denn er hat durch die Zurechnungsfortschreibung keinen Anspruch mehr auf die Zurechnung des Grundstücks zu seinen Gunsten. Entsprechend würde die gewerbesteuerliche Kürzung nach § 9 Nr. 1 Satz 1 GewStG entfallen.

Das Drittanfechtungsrecht kann jedoch nicht in Anspruch genommen werden, wenn bereits durch § 166 AO eine **unanfechtbare Drittwirkung** eingetreten ist.

(Einstweilen frei) 114–120

IV. Fortschreibung zur Fehlerbeseitigung (§ 222 Abs. 3 BewG)

1. Durchführung einer fehlerbeseitigenden Fortschreibung (§ 222 Abs. 3 Satz 1 BewG)

Neben einer Fortschreibung aufgrund einer Änderung der Verhältnisse der wirtschaftlichen Einheit ermöglicht § 222 Abs. 3 Satz 1 BewG auch eine **Änderung zur Beseitigung eines Fehlers**, der bei **einer früheren Feststellung** i. S. des § 219 BewG unterlaufen war.

Dabei handelt es sich jedoch **nicht um eine Änderungsvorschrift**. Der frühere fehlerhafte Feststellungsbescheid bleibt weiterhin uneingeschränkt bestehen. Der Fehler wird durch § 222 Abs. 3 Satz 1 BewG in einem **gesonderten Feststellungsverfahren** beseitigt. Der frühere Feststellungsbescheid bleibt davon aber unberührt und behält damit seine Wirksamkeit (§ 124 Abs. 2 AO).

Eine fehlerbeseitigende Fortschreibung ist möglich, wenn in einem **früheren Feststellungsbescheid** eine **falsche Feststellung** getroffen wurde. Wurde keine Feststellung getroffen (beispielsweise Fehlen der Art (§ 219 Abs. 2 Nr. 1 BewG) oder der Zurechnung (§ 219 Abs. 2 Nr. 2 BewG), ist eine erstmalige Feststellung vorzunehmen. Dies kann regelmäßig im Wege des **Ergänzungsbescheids** (§ 179 Abs. 3 AO) erfolgen.

Fehler sind jede objektive Unrichtigkeit[1] und **materiell unrichtig festgestellte Besteuerungsgrundlagen** (§ 177 Abs. 3 AO). Dies kann sich sowohl auf die unzutreffende Höhe des Grundsteuerwerts, der Vermögens- oder Grundstücksart sowie auf die Zurechnung beziehen. Somit können nach § 222 Abs. 3 Satz 1 BewG insbesondere **falsche rechtliche Würdigungen** beseitigt werden. Insbesondere bei der Abgrenzung von Gebäude(-bestandteilen) und Betriebsvorrichtungen ist dies möglich. Im Falle einer fehlerbeseitigenden Wertfortschreibung muss gleichzeitig die Bagatellgrenze nach § 222 Abs. 1 BewG überschritten werden.[2]

Dieser **Fehler** muss ferner **zum Feststellungszeitpunkt** nach § 222 Abs. 4 Satz 3 Nr. 2 BewG **weiter fortbestehen**. Entfällt er vorher, kann er nicht nachträglich berücksichtigt werden, weil

---

1 A 222 Abs. 5 Satz 2 AEBewGrSt.
2 A 222 Abs. 5 Satz 4 AEBewGrSt.

stets die tatsächlichen Verhältnisse am Feststellungszeitpunkt zu Grunde zu legen sind, § 222 Abs. 4 Satz 2 BewG.

126 Bei einer fehlerbeseitigenden Fortschreibung ist die Änderung nicht auf den Fehler beschränkt. Nach eindeutigem Wortlaut („findet auch zur Beseitigung eines Fehlers […] statt", § 222 Abs. 3 Satz 1 BewG) ist **neben der Fehlerbeseitigung die originäre Fortschreibung** nach § 222 Abs. 1 oder 2 BewG) möglich, sollten sich die Verhältnisse entsprechend geändert haben.

127 Ungeachtet des § 222 Abs. 3 Satz 1 BewG ist weiterhin eine verfahrensrechtliche Änderung der früheren Feststellung nach den **allgemeinen Änderungsvorschriften der AO** und des BewG (§ 225 Satz 2 BewG) möglich. Deren Anwendungsbereich wird durch § 222 Abs. 3 Satz 1 BewG nicht eingeschränkt.

128–130 *(Einstweilen frei)*

2. Keine Fehlerbeseitigung bei Vertrauensschutz nach § 176 AO (§ 222 Abs. 3 Satz 2 BewG)

131 Da § 222 Abs. 3 Satz 1 BewG insbesondere die Beseitigung von **Rechtsanwendungsfehlern** zulässt, kann der Feststellungsbeteiligte insoweit keinen Rechtsschutz geltend machen, wenn bei bereits verwirklichen Handlungen (z. B. Baumaßnahmen, Nutzungen etc.) eine unabsehbare Rechtsfolge eintritt. Dieser Unsicherheit und **Mangel an Rechtsschutz** begegnet der Gesetzgeber mit der **Vertrauensschutzregelung** nach § 222 Abs. 3 Satz 2 BewG.[1]

132 Dem Feststellungsbeteiligten wird damit zuerkannt, dass bei einer **Änderung der Rechtsprechung** i.S. des § 176 AO für **zurückliegende Feststellungszeitpunkte keine Verschlechterung** der Rechtslage eintritt. Voraussetzung ist, dass die Rechtsprechung von einem **höchstrichterlichen Gericht** nach § 176 Abs. 1 Nr. 1–3 AO ergangen ist.

133 Die Rechtsprechung des Bundesverfassungsgerichts oder eines obersten Bundesgerichts (Bundesgerichtshof, Bundesfinanzhof, Bundesarbeitsgericht, Bundessozialgericht, Bundesverwaltungsgericht) muss dazu führen, dass sich die **Rechtslage zu Ungunsten des Feststellungsbeteiligten ändert**. Die bisher günstigere Rechtslage muss der Besteuerung zu Grunde gelegt worden sein, damit der Vertrauensschutz greift. Der **Europäische Gerichtshof** ist kein Gericht i. S. des § 176 AO.

134 Im Ergebnis wird durch § 176 AO sichergestellt, dass die Feststellung so erfolgt, als ob die **günstigere Rechtslage für den Feststellungsbeteiligten weiter gilt**. Dadurch erhält der Feststellungsbeteiligte auch beim Bestehen eines Vorbehalts der Nachprüfung vollen Rechtsschutz.[2]

135 § 176 AO greift jedoch nur ein, wenn für das Finanzamt entweder die Anwendung der günstigeren Rechtslage aus der Feststellungserklärung hervorging oder stillschweigend zu Grunde gelegt wurde und die **Finanzverwaltung** diese **günstigere Rechtslage allgemein akzeptiert** hatte.[3]

136 Im Ergebnis kann eine **fehlerbeseitigende Fortschreibung** damit **nicht durchgeführt** werden, wenn für bereits eingetretene Änderungen der Verhältnisse dem Feststellungsbeteiligten **steuerliche Nachteile allein aus einer Änderung der Rechtsprechung** entstehen.

137–140 *(Einstweilen frei)*

---

[1] A 222 Abs. 5 Satz 5 AEBewGrSt.
[2] AEAO zu § 176 AO, Tz. 2.
[3] AEAO zu § 176 AO, Tz. 3.

3. Zeitliche Beschränkung des Vertrauensschutzes (§ 222 Abs. 3 Satz 3 BewG)

Der in § 222 Abs. 3 Satz 2 BewG gewährte **Vertrauensschutz** greift dabei **nur für bereits verstrichene Feststellungszeitpunkte**. Nur insoweit kann der Feststellungsbeteiligte auf die Rechtsprechung vertrauen. Für **zukünftige Feststellungszeitpunkte** kann nach § 222 Abs. 3 Satz 3 BewG damit folgerichtig **kein Vertrauensschutz** bestehen. 141

Aufgrund der **Periodizität der Grundsteuerwertermittlung** sind auf einen Feststellungszeitpunkt stets die **aktuellen tatsächlichen Verhältnisse** heranzuziehen (§ 242 Abs. 4 Satz 2 BewG). Dem kann eine inzwischen aufgegebene günstigere Rechtsprechung nach § 176 AO nicht entgegenstehen. 142

§ 222 Abs. 3 Satz 3 BewG entfaltet seine Wirkung mit **Verkündung** – nicht mit Veröffentlichung – der Entscheidung des Gerichts. Damit können unter Umständen auch bei Veröffentlichung schon verstrichene Feststellungszeitpunkte vom Vertrauensschutz ausgeschlossen sein, wenn die Verkündung noch vor diesem Stichtag erfolgte. 143

(Einstweilen frei) 144–150

V. Feststellungs- und Ermittlungszeitpunkt (§ 222 Abs. 4 BewG)

1. Durchführung bei Bekanntwerden der Änderung der Verhältnisse (§ 222 Abs. 4 Satz 1 BewG)

Nach § 222 Abs. 4 Satz 1 BewG besteht die bereits in § 222 Abs. 1–3 BewG zum Ausdruck gebrachte Fortschreibungspflicht ab dem **Bekanntwerden des Vorliegens der Voraussetzungen einer Fortschreibung**. Somit wird nochmals betont, dass es sich **nicht um eine Ermessensentscheidung** handelt. 151

Nach allgemeinen Besteuerungsgrundsätzen der **gleichmäßigen und gesetzmäßigen Besteuerung** (§ 85 AO) sowie nach dem **Untersuchungsgrundsatz** (§ 88 Abs. 1 Satz 1 AO) hat das Finanzamt damit auch wertmindernde Umstände bei Bekanntwerden zu prüfen und beim Vorliegen der Voraussetzungen eine entsprechende Wertfortschreibung nach § 222 Abs. 1 BewG vorzunehmen. 152

Das Bekanntwerden der Voraussetzungen wird in der Regel über die **Anzeige** über geänderte tatsächliche Verhältnisse nach § 228 Abs. 2 BewG oder über andere **behördliche Auskünfte, Mitteilung und Erhebungen** nach § 229 BewG erfolgen. 153

(Einstweilen frei) 154–160

2. Ermittlungszeitpunkt der Verhältnisse (§ 222 Abs. 4 Satz 2 BewG)

Die für die Fortschreibungen nach § 222 Abs. 1–3 BewG heranzuziehenden **tatsächlichen Verhältnisse** werden auf den **Feststellungszeitpunkt** nach § 222 Abs. 4 Satz 3 BewG bestimmt. 161

Diese Verhältnisse umfassen alle **tatsächlichen und rechtlichen bedeutsamen Lebenssachverhalte**, die für die Grundsteuerwertermittlung von Bedeutung sind (§ 219 Abs. 3 BewG). Dies umfasst insbesondere Nutzung, Zurechnung und Bebauung von Grundstücken sowie die Flä- 162 chengrößen. Davon ausgenommen sind lediglich die **Wertverhältnisse**, die nach § 227 BewG auf den letzten zurückliegenden **Hauptfeststellungszeitpunkt** zurückzubeziehen sind.[1]

163 Diese Regelung ist notwendig, um dem **verfassungsrechtlichen Gebot der realitätsnahen und relational zutreffenden Bewertung** nachzukommen. Ferner ist gerade die Zurechnungsfortschreibung nur möglich, wenn auf die zum Feststellungszeitpunkt richtige Zuordnung abzustellen ist. Dies entspricht auch § 9 Abs. 1 GrStG, wonach sich die Grundsteuer nach den Verhältnissen des Kalenderjahresbeginns bemisst. Im Ergebnis entspricht die Regelung damit § 223 Abs. 2 Satz 1 BewG.

164–170 *(Einstweilen frei)*

3. Feststellungszeitpunkt (§ 222 Abs. 4 Satz 3 BewG)

a) Zeitpunkt bei Änderung tatsächlicher Verhältnisse (§ 222 Abs. 4 Satz 3 Nr. 1 BewG)

171 Ändern sich die tatsächlichen Verhältnisse, sind sie erst **zum nächsten Kalenderjahresbeginn** als Feststellungszeitpunkt zu berücksichtigen, § 222 Abs. 4 Satz 3 Nr. 1 BewG. Dies ist nur folgerichtig, denn die Grundsteuer entsteht und bemisst sich nach den Verhältnissen zum Kalenderjahresbeginn, § 9 Abs. 1 GrStG.

172 Eine Berücksichtigung von **unterjährig eingetretenen Veränderungen** der tatsächlichen Verhältnisse würde damit unzutreffender Weise die Grundbesteuerung für die Zeiträume ändern, für die die Verhältnisse sich nicht geändert hatten. Damit ist konsequenterweise nach § 222 Abs. 4 Satz 3 Nr. 1 BewG die Besteuerungsfolge erst zum nächsten Kalenderjahresbeginn zu ziehen.[2]

173–180 *(Einstweilen frei)*

b) Zeitpunkt bei Berichtigungsfortschreibung (§ 222 Abs. 4 Satz 3 Nr. 2 BewG)

181 Liegt hingegen ein Fehler vor, der nach § 222 Abs. 3 BewG im Rahmen einer fehlerbeseitigenden Fortschreibung beseitigt werden kann, ist dieser auf den Beginn des Kalenderjahres zurück zu beziehen, in dem der **Fehler dem Finanzamt bekannt** wird. Bei einer Erhöhung des Grundsteuerwerts ist der Zeitpunkt jedoch frühestens der **Beginn des Kalenderjahres**, in dem der **Feststellungsbescheid erteilt** wird. Damit ist sichergestellt, dass der Steuerpflichtige nicht durch eine lange Bearbeitungszeit des Finanzamtes von einer rückwirkenden Änderung für mehrere Grundsteuererhebungszeiträume überrascht wird.

182 Ein solches Zurückbeziehen ist hier zutreffend, denn auf den zurückliegenden Kalenderjahresbeginn lagen bereits andere tatsächliche Verhältnisse vor. Nach diesen wurde der Grundsteuerwert bisher nicht festgestellt, dennoch muss sich die Grundsteuer nach § 9 Abs. 1 BewG nach diesen Verhältnissen bemessen. Damit dieser Fehler nun berichtigt werden kann und die Divergenz zwischen Grundsteuerwert und Grundsteuer beseitigt werden kann, wird der Grundsteuerwert **rückwirkend auf den Kalenderjahresbeginn des Fehlerentdeckungsjahres** nach § 222 Abs. 3 BewG fortgeschrieben.[3]

---

[1] Bezüglich der Ausnahmen der Wertverhältnisse vgl. Wredenhagen in Grootens, BewG § 277 Rz. 62; hinsichtlich neuer Bewertungsfaktoren durch Rechtsverordnung vgl. Grootens in Grootens, BewG § 263 Rz. 21 ff.
[2] A 222 Abs. 6 Satz 2 AEBewGrSt.
[3] A 222 Abs. 6 Satz 6 AEBewGrSt.

§ 223 BewG Nachfeststellung

(1) Für wirtschaftliche Einheiten, für die ein Grundsteuerwert festzustellen ist, wird der Grundsteuerwert nachträglich festgestellt (Nachfeststellung), wenn nach dem Hauptfeststellungszeitpunkt:

1. die wirtschaftliche Einheit neu entsteht oder
2. eine bereits bestehende wirtschaftliche Einheit erstmals zur Grundsteuer herangezogen werden soll.

(2) ¹Der Nachfeststellung werden vorbehaltlich des § 227 die Verhältnisse im Nachfeststellungszeitpunkt zugrunde gelegt. ²Nachfeststellungszeitpunkt ist:

1. in den Fällen des Absatzes 1 Nummer 1 der Beginn des Kalenderjahres, das auf die Entstehung der wirtschaftlichen Einheit folgt, und
2. in den Fällen des Absatzes 1 Nummer 2 der Beginn des Kalenderjahres, in dem der Grundsteuerwert erstmals der Besteuerung zugrunde gelegt wird.

Inhaltsübersicht

	Rz.
A. Allgemeine Erläuterungen	1 – 60
I. Hinweise auf Verwaltungsanweisungen	1 – 10
II. Normzweck und wirtschaftliche Bedeutung der Vorschrift	11 – 20
III. Entstehung und Entwicklung der Vorschrift	21 – 30
IV. Geltungsbereich	31 – 40
V. Vereinbarkeit der Vorschrift	41 – 50
VI. Verhältnis zu anderen Vorschriften	51 – 60
B. Systematische Kommentierung	61 – 113
I. Fälle der Neufeststellung (§ 223 Abs. 1 BewG)	61 – 90
1. Neuentstehen einer wirtschaftlichen Einheit (§ 223 Abs. 1 Nr. 1 BewG)	71 – 80
2. Erstmaliges Heranziehen zur Grundsteuer (§ 223 Abs. 1 Nr. 2 BewG)	81 – 90
II. Nachfeststellungszeitpunkt (§ 223 Abs. 2 BewG)	91 – 113
1. Maßgebliche Wertverhältnisse des Nachfeststellungszeitpunkts (§ 223 Abs. 2 Satz 1 BewG)	91 – 100
2. Festlegung des Nachfeststellungszeitpunkts (§ 223 Abs. 2 Satz 2 BewG)	101 – 113
a) Nachfeststellungszeitpunkt bei Neuentstehen (§ 223 Abs. 2 Satz 2 Nr. 1 BewG)	101 – 110
b) Nachfeststellungszeitpunkt bei erstmaligem Heranziehen zur Grundsteuer (§ 223 Abs. 2 Satz 2 Nr. 2 BewG)	111 – 113

LITERATUR:

Höreth/Stelzer, Grundsteuerreform – der Druck auf den Gesetzgeber steigt, DStZ 2019 S. 607–612; *Marfels*, Die Neubewertung von Grundvermögen nach dem Entwurf für ein Grundsteuerreformgesetz (GrStRefG), ErbStB 2019 S. 266–275; *Marx*, Ökonomische Analyse des Grundsteuer-Reformgesetzentwurfs, DStZ 2019 S. 372–379; *Neufang*, Das Grundsteuerreformgesetz – ein gesetzgeberisches Chaos?, BB 2019 S. 3035–3038; *Eichholz*, Novellierung der Grundsteuer, DStZ 2020 S. 1158–1167; *Eisele/Wiegand*, Grundsteuerreform 2022/2025, Stand: Januar 2020 (1. Aufl.), S. 9–22, NWB CAAAH-44415; *Heine*, Reform des Bewertungs- und Grundsteuerrechts. Werden die Reformziele erreicht?, KStZ 2020 S. 2–6; *Heine*, Hauptfeststellung und Nachfeststellung sowie Fortschreibung und Aufhebung von Einheits- und Grundsteuerwerten nach altem und neuem Recht als Grundlage für die Veranlagung der Grundsteuer, KStZ 2020 S. 21–30; *Wünnemann/Koller*, Die Grundsteuerreform – ein Resümee aus Sicht der Industrie, BB 2020 S. 215–219.

VERWALTUNGSANWEISUNGEN:

Koordinierte Erlasse der obersten Finanzbehörden der Länder v. 9.11.2021 – Anwendung des Siebenten Abschnitts des Zweiten Teils des Bewertungsgesetzes zur Bewertung des Grundbesitzes (allgemeiner Teil und Grundvermögen) für die Grundsteuer ab 1.1.2022 (AEBewGrSt), BStBl I 2021 S. 2334.

A. Allgemeine Erläuterungen

I. Hinweise auf Verwaltungsanweisungen

1   Zur Nachfeststellung i. S. des § 223 BewG sind Verwaltungsanweisungen mit A 223 AEBewGrSt ergangen.[1] Darin werden zum gesetzlichen Regelungsinhalt weitere Klarstellungen getroffen.

2–10   *(Einstweilen frei)*

II. Normzweck und wirtschaftliche Bedeutung der Vorschrift

11   Durch § 223 BewG wird festgelegt, wie mit wirtschaftlichen Einheiten umzugehen ist, wenn keine Hauptfeststellung erfolgte, **nach dem Hauptfeststellungszeitpunkt** jedoch eine Bedeutung der wirtschaftlichen Einheit für Grundsteuerzwecke (§ 219 Abs. 3 BewG) nach dem Hauptfeststellungszeitpunkt eingetreten ist.

12   Eine wirtschaftliche Bedeutung kommt der Vorschrift aufgrund des **verfahrensrechtlichen Charakters** nicht zu.

13–20   *(Einstweilen frei)*

III. Entstehung und Entwicklung der Vorschrift

21   § 223 BewG geht auf die Vorgängervorschrift der Einheitsbewertung des § 23 BewG a. F. zurück. Dessen Wortlaut wurde zunächst redaktionell geändert sowie nun von **Grundsteuerwerten** statt Einheitswerten gesprochen. Die **Zeitpunktregelung** des § 23 Abs. 2 Satz 3 BewG entfiel ersatzlos.[2]

22–30   *(Einstweilen frei)*

IV. Geltungsbereich

31   Die Nachfeststellung nach § 223 BewG ist eine der **Feststellungsarten** i. S. des § 219 Abs. 1 BewG und als solche nur bei der Grundsteuerwertermittlung und der nachfolgenden Feststellung nach dem Siebten Abschnitt des BewG anzuwenden.

32   Das **Landesrecht** kann von § 223 BewG abweichende Vorschriften vorsehen, Art. 72 Abs. 3 Nr. 7 GG. Dies wurde durch Landesgesetzgeber inzwischen mit folgenden Regelungen vorgenommen:

- § 17 LGrStG BW des Landes Baden-Württemberg, worin der Inhalt des § 223 BewG wiederholt wird.
- Art. 6 Abs. 4 BayGrStG des Landes Bayern, wodurch die bundesrechtlichen Regelungen der §§ 222–224 BewG übernommen werden.
- § 6 Abs. 4 HamGrStG des Landes Hamburg, wodurch die bundesrechtlichen Regelungen der §§ 222–224 BewG übernommen werden.
- § 2 Abs. 2–4 HGrStG des Landes Hessen, worin die Vorschrift des § 223 BewG nicht aufgezählt wird und damit nicht anwendbar ist.

---

[1] Koordinierte Erlasse der obersten Finanzbehörden der Länder v. 9.11.2021, BStBl I 2021 S. 2334 (AEBewGrSt).
[2] Siehe dazu Wredenhagen in Grootens, BewG § 221 Rz. 23.

- § 8 Abs. 4 NGrStG des Landes Niedersachsen, worin die Regelungen des § 223 BewG in das Landesrecht übernommen werden und für anwendbar erklärt werden.

Im Übrigen wird auf die Kommentierung der landesrechtlichen Regelungen in Teil C dieses Kommentars verwiesen.

(Einstweilen frei) 34–40

V. Vereinbarkeit der Vorschrift

Die Vorschrift begegnet keinen verfassungsrechtlichen oder europarechtlichen Bedenken, da sie rein **verfahrensrechtlicher Natur** ist.

Durch den § 223 BewG hat der **Bundesgesetzgeber** von seiner **konkurrierenden Gesetzgebung** nach Art. 105 Abs. 2 Satz 1 GG Gebrauch gemacht. Ungeachtet dessen kann das Landesrecht aber abweichende Vorschriften vorsehen, die Vorrang von der bundesgesetzlichen Regelung haben, Art. 72 Abs. 3 Nr. 7 GG.

(Einstweilen frei) 43–50

VI. Verhältnis zu anderen Vorschriften

§ 223 BewG ist eng mit **§ 221 BewG** verbunden, da eine Nachfeststellung nur in Frage kommt, wenn für die wirtschaftliche Einheit **keine Hauptfeststellung** durchgeführt wurde. In welchen Fällen dies der Fall ist, wird durch § 223 Abs. 1 BewG festgelegt.

Ist eine Nachfeststellung durchzuführen, sind die **Wertverhältnisse** des (letzten zurückliegenden) Hauptfeststellungszeitpunkts zu Grunde zu legen, **§ 227 BewG**. Dabei sind jedoch die Ausnahmen des Wertermittlungszeitpunkts zu beachten, die vom Hauptfeststellungszeitpunkt abweichen.[1]

(Einstweilen frei) 53–60

B. Systematische Kommentierung

I. Fälle der Neufeststellung (§ 223 Abs. 1 BewG)

Eine Nachfeststellung nach § 223 Abs. 1 BewG setzt zunächst voraus, dass bisher **keine Hauptfeststellung** erfolgt ist. Das gilt entsprechend, wenn zwischenzeitlich die Hauptfeststellung nach § 224 BewG aufgehoben worden war. Eine Hauptfeststellung wird stets durchgeführt, wenn zum Hauptfeststellungsstichtag die **wirtschaftliche Einheit nach § 2 BewG besteht** und sie für § 219 Abs. 3 BewG für die **Grundsteuer von Bedeutung** ist.[2]

Die Nachfeststellung ist damit ein **notwendiger Ersatz**, um weiterhin alle wirtschaftlichen Einheiten für die Grundbesteuerung erfassen zu können.

Ist eine Nachfeststellung durchzuführen, finden die in § 219 BewG genannten **Feststellungsverfahrensvorschriften** Anwendung. Ebenso richtet sich der Feststellungsumfang nach § 219 BewG.

(Einstweilen frei) 64–70

---

1 Siehe dazu Wredenhagen in Grootens, BewG § 221 Rz. 73 ff.
2 A 223 Abs. 1 AEBewGrSt.

1. Neuentstehen einer wirtschaftlichen Einheit (§ 223 Abs. 1 Nr. 1 BewG)

71 Nach § 223 Abs. 1 Nr. 1 BewG ist eine Nachfeststellung beim **Neuentstehen** einer wirtschaftlichen Einheit **nach dem Hauptfeststellungszeitpunkt** durchzuführen.

72 Eine wirtschaftliche Einheit kann in mehreren Fällen neu entstehen. In der Regel wird im Gegenzug eine andere (bisherige) wirtschaftliche Einheit im Umfang verringert oder ganz entfallen. Mögliche Fälle eines Neuentstehens sind beispielsweise (nicht abschließend):

   1. Eine bisherige **wirtschaftliche Einheit** wird sachenrechtlich **geteilt**. Dies ist regelmäßig bei der Aufteilung eines Mitwohngrundstücks in Wohn-, Teil- oder Sondereigentum (§§ 3 und 8 WEG) oder der Parzellierung von Bauland der Fall.[1]

   2. Eine bisherige wirtschaftliche Einheit wird teilweise veräußert. Beispielsweise sind hier die **Teilung und der Verkauf eines Grundstücks** (im engeren Sinne der Grund und Boden) möglich.[2]

   3. Denkbar ist auch die Veräußerung von einem **Garagenstellplatz** oder **Sondernutzungsflächen** (Keller etc.) einer Wohnung im Rahmen eines Ein- oder Zweifamilienhauses oder von Wohnungseigentum. Solche Garagenstellplätze sind regelmäßig der wirtschaftlichen Einheit der Wohnung zuzurechnen (vgl. Verkehrsanschauungsgrundsatz nach § 2 Abs. 1 Satz 2 und 3 BewG).

   4. Nach Auffassung der Finanzverwaltung bildet auch der **Übergang einer wirtschaftlichen Einheit als Ganzes in eine andere Vermögensart** nach § 218 Satz 1 BewG einen Anwendungsfall für die Nachfeststellung.[3] Nach der hier vertretenen Auffassung ist dies im Falle des Wechsels einer wirtschaftlichen Einheit in eine andere Vermögensart nicht der Fall.[4] Hingegen ist lediglich das Herauslösen einer Teilfläche aus einer bisherigen wirtschaftlichen Einheit ein Anwendungsfall der Nachfeststellung, sofern die ursprüngliche wirtschaftliche Einheit (in gemindertem Umfang) fortbesteht.

   5. **Umlage** von Grundstücken.

   6. **Parzellierung von Bauland.** Die neuen Parzellen bilden eigene, neue wirtschaftliche Einheiten, die zum Feststellungsobjekt werden.[5]

73 Liegt ein solches Neuentstehen vor, ist eine Nachfeststellung nur durchzuführen, wenn das Neuentstehen **nach dem Hauptfeststellungszeitpunkt** erfolgte.

74 Kein Neuentstehen liegt dagegen vor, wenn eine **wirtschaftliche Einheit erweitert** wird, beispielsweise durch Ankauf oder Anbau. Hier besteht bereits eine wirtschaftliche Einheit zum Hauptfeststellungszeitpunkt, für die eine Feststellung durchgeführt wurde. Die Änderung der tatsächlichen Verhältnisse durch An- oder Verkauf oder durch Anbau oder Abriss würde zu einer **Fortschreibung** nach § 222 BewG führen.

75–80 *(Einstweilen frei)*

---

1 A 223 Abs. 2 Satz 1 Nr. 1 AEBewGrSt.
2 A 223 Abs. 2 Satz 1 Nr. 2 AEBewGrSt.
3 A 223 Abs. 2 Satz 1 Nr. 3 AEBewGrSt.
4 Im Übrigen siehe Wredenhagen in Grootens, BewG § 222 Rz. 92a ff.
5 A 223 Abs. 2 Satz 6 und 7 AEBewGrSt.

2. Erstmaliges Heranziehen zur Grundsteuer (§ 223 Abs. 1 Nr. 2 BewG)

Eine wirtschaftliche Einheit unterliegt keiner Grundsteuerwertfeststellung, wenn sie für die **Besteuerung nicht von Bedeutung** ist, § 219 Abs. 3 BewG. Dies ist der Fall, wenn die sachlichen oder persönlichen Grundsteuerbefreiungen nach §§ 3–8 GrStG greifen und die wirtschaftliche Einheit vollständig von der Grundsteuer befreien. Voraussetzung ist somit, dass die **wirtschaftliche Einheit bereits** zum Hauptfeststellungszeitpunkt (§ 221 Abs. 2 BewG) **bestanden hat**, § 2 BewG.

Eine Nachfeststellung ist damit durchzuführen, wenn erstmalig nach der Hauptfeststellung eine Grundsteuerbedeutung zumindest teilweise besteht. Dies ist der Fall, wenn für einen Teil der wirtschaftlichen Einheit eine **Grundsteuerbefreiung wegfällt**.[1]

Hierbei ist zu beachten, dass es mangels **Bagatellgrenze** ausreicht, wenn nur in geringstem Maße eine grundsteuerpflichtige Nutzung der wirtschaftlichen Einheit vorliegt, um eine auf diesen Teil beschränkte (§ 219 Abs. 3 BewG) Bewertung und Nachfeststellung auszulösen.

Liegt hingegen eine teilweise grundsteuerbefreite und teilweise grundsteuerpflichtige Nutzung der wirtschaftlichen Einheit vor, unterliegt die wirtschaftliche Einheit bereits (auf den grundsteuerpflichtigen Teil beschränkt) der (Haupt-)Feststellung nach § 219 Abs. 3 BewG. Eine **Nachfeststellung scheidet** damit insoweit **aus**. Damit ist insbesondere bei einer Erhöhung der grundsteuerpflichtigen Nutzungsanteile einer wirtschaftlichen Einheit keine Nachfeststellung, sondern – aufgrund der Änderung der tatsächlichen Verhältnisse – eine **Fortschreibung** nach § 222 BewG vorzunehmen.

(Einstweilen frei) 85–90

II. Nachfeststellungszeitpunkt (§ 223 Abs. 2 BewG)

1. Maßgebliche Wertverhältnisse des Nachfeststellungszeitpunkts (§ 223 Abs. 2 Satz 1 BewG)

Bei einer Nachfeststellung muss zunächst geklärt werden, welche Wertverhältnisse der Nachfeststellung bei der Grundsteuerwertermittlung zu Grunde zu legen sind. Dies regelt § 223 Abs. 2 Satz 1 BewG. Demnach ist grundsätzlich auf die **Wertverhältnisse zum Hauptfeststellungszeitpunkt** abzustellen.

Dies entspricht dem gesetzlichen Vorbehalt des § 227 BewG, wonach bei Nachfeststellungen auf den Hauptfeststellungszeitpunkt abzustellen ist. Dies gilt nach § 227 BewG jedoch nur für die Wertverhältnisse. Hierbei ist jedoch zu beachten, dass das **Stichtagsprinzip** der Hauptfeststellung punktuell durch materielles Recht **durchbrochen** wird.[2] Dadurch können abweichend von § 223 Abs. 2 Satz 1 BewG i.V. mit § 227 BewG punktuell Wertverhältnisse zum Nachfeststellungszeitpunkt zu berücksichtigen sein. Inwieweit dies aber möglich ist, insbesondere in den Fällen des § 263 Abs. 1 Satz 2 BewG, ist umstritten.[3]

Ohne eine solche Rückbeziehung der Wertverhältnisse auf den letzten Hauptfeststellungszeitpunkt (§ 221 Abs. 2 BewG) würden für wirtschaftliche Einheiten die **gleichmäßige Wertermittlung** im Vergleich mit hauptfestgestellten Einheiten nicht eingehalten werden. Die Wertfest-

---
[1] A 223 Abs. 3 AEBewGrSt.
[2] Siehe dazu Wredenhagen in Grootens, BewG § 221 Rz. 73.
[3] Siehe dazu Wredenhagen in Grootens, BewG § 221 Rz. 74 ff.

stellungen wären dann in verfassungswidriger Weise nicht entsprechend Art. 3 Abs. 1 GG erfolgt.

94 Andere Verhältnisse, wie z. B. **tatsächlicher Umfang und Substanz** der wirtschaftlichen Einheit, deren **Art** und **Zurechnung** ist nach § 223 Abs. 2 Satz 1 BewG mangels anderer zeitlicher Vorschrift stets auf den **Nachfeststellungszeitpunkt** zu ermitteln und der Grundsteuerwertermittlung zu Grunde zu legen.

95 Hintergrund ist, dass ohne dieses Abstellen auf den späteren Nachfeststellungszeitpunkt die Nachfeststellung sofort geändert werden müsste, wenn Umfang, Art und Zurechnung der wirtschaftlichen Einheit sich zwischen Haupt- und Nachfeststellungszeitpunkt geändert hätten. Um dieses „doppelte" Feststellungsverfahren zu vermeidet, entschied sind der Gesetzgeber (entsprechend der alten Rechtslage) **die Berücksichtigung dieser tatsächlichen Verhältnisse** bei der Nachfeststellung beizubehalten.

96–100 *(Einstweilen frei)*

2. Festlegung des Nachfeststellungszeitpunkts (§ 223 Abs. 2 Satz 2 BewG)

a) Nachfeststellungszeitpunkt bei Neuentstehen (§ 223 Abs. 2 Satz 2 Nr. 1 BewG)

101 Entsteht die wirtschaftliche Einheit nach dem Hauptfeststellungsstichtag, ist die Nachfeststellung auf den nächsten **Kalenderjahresbeginn** durchzuführen, § 223 Abs. 2 Satz 2 Nr. 1 BewG.

102 Diese nachträgliche Feststellung ist notwendig, um die zutreffende Festsetzung der Grundsteuer sicherzustellen. Diese entsteht nach **§ 9 Abs. 2 GrStG** zu Beginn eines Kalenderjahres für dieses Kalenderjahr.[1] Inwieweit die Grundsteuer entsteht, richtet sich nach den tatsächlichen Verhältnissen i. S. des § 9 Abs. 1 GrStG am Kalenderjahresbeginn.

103 Ohne das Abstellen auf den nächsten Kalenderjahresbeginn würde eine Grundsteuerwertfeststellung erfolgen, ohne dass dieser Grundsteuerwert einer **Grundsteuerveranlagung** zu Grunde gelegt werden könnte. Um diesen Widerspruch mit § 219 Abs. 3 BewG zu vermeiden, ordnet § 223 Abs. 2 Satz 2 Nr. 1 BewG dementsprechend zutreffend an, dass erst auf den nächsten Kalenderjahresbeginn die (Nach-)Feststellung zu erfolgen hat.

104–110 *(Einstweilen frei)*

b) Nachfeststellungszeitpunkt bei erstmaligem Heranziehen zur Grundsteuer (§ 223 Abs. 2 Satz 2 Nr. 2 BewG)

111 Ist eine wirtschaftliche Einheit erstmalig innerhalb der Hauptfeststellungsperiode der Grundsteuer zu Grunde zulegen, ist die Nachfeststellung auf den nächsten **Kalenderjahresbeginn** durchzuführen, § 223 Abs. 2 Satz 2 Nr. 2 BewG.[2]

112 Diese nachträgliche Feststellung ist unter Rücksichtnahme auf § 219 Abs. 3 BewG und § 9 Abs. 1 GrStG erst zeitverschoben nachträglich auf den nächsten Kalenderjahresbeginn durchzuführen. Nach § 9 Abs. 1 GrStG sind jeweils die Verhältnisse zum Kalenderjahresbeginn maßgeblich. Im Jahr des Eintritts der Grundsteuerpflicht und der damit verbundenen **Bedeutung für die Grundsteuer** (§ 219 Abs. 3 BewG) ist weiterhin auf den Beginn des Kalenderjahres abzustellen, wodurch die Änderung der tatsächlichen Verhältnisse keine sofortige Folge für das

---

[1] A 223 Abs. 4 Satz 1 AEBewGrSt.
[2] A 223 Abs. 4 Satz 1 AEBewGrSt.

Feststellungsverfahren hat. Der Wegfall der Steuerbefreiung bleibt weiterhin ohne Bedeutung für die Grundsteuer im Jahr des Wegfalls.

Erst mit dem nächsten Kalenderjahresbeginn haben sich die Verhältnisse entsprechend § 9 Abs. 1 GrStG steuerwirksam geändert, wodurch dann die **Nachfeststellung** durch die Bedeutung für die Besteuerung durchzuführen ist. 113

§ 224 BewG   Aufhebung des Grundsteuerwerts

(1) Der Grundsteuerwert wird aufgehoben, wenn dem Finanzamt bekannt wird, dass:
1. die wirtschaftliche Einheit wegfällt oder
2. der Grundsteuerwert der wirtschaftlichen Einheit infolge von Befreiungsgründen der Besteuerung nicht mehr zugrunde gelegt wird.

(2) Aufhebungszeitpunkt ist:
1. in den Fällen des Absatzes 1 Nummer 1 der Beginn des Kalenderjahres, das auf den Wegfall der wirtschaftlichen Einheit folgt, und
2. in den Fällen des Absatzes 1 Nummer 2 der Beginn des Kalenderjahres, in dem der Grundsteuerwert erstmals der Besteuerung nicht mehr zugrunde gelegt wird.

Inhaltsübersicht   Rz.

A. Allgemeine Erläuterungen	1 - 60
I. Hinweise auf Verwaltungsanweisungen	1 - 10
II. Normzweck und wirtschaftliche Bedeutung der Vorschrift	11 - 20
III. Entstehung und Entwicklung der Vorschrift	21 - 30
IV. Geltungsbereich	31 - 40
V. Vereinbarkeit der Vorschrift	41 - 50
VI. Verhältnis zu anderen Vorschriften	51 - 60
B. Systematische Kommentierung	61 - 102
I. Fälle der Aufhebung des Grundsteuerwerts (§ 224 Abs. 1 BewG)	61 - 90
1. Wegfallen einer wirtschaftlichen Einheit (§ 224 Abs. 1 Nr. 1 BewG)	71 - 80
2. Wegfall der Bedeutung der wirtschaftlichen Einheit für die Besteuerung (§ 224 Abs. 1 Nr. 2 BewG)	81 - 90
II. Aufhebungszeitpunkt (§ 224 Abs. 2 BewG)	91 - 102
1. Zeitpunkt bei Wegfall der wirtschaftlichen Einheit (§ 224 Abs. 2 Nr. 1 BewG)	91 - 100
2. Zeitpunkt bei Wegfall der Bedeutung für die Besteuerung (§ 224 Abs. 2 Nr. 2 BewG)	101 - 102

LITERATUR:

Höreth/Stelzer, Grundsteuerreform – der Druck auf den Gesetzgeber steigt, DStZ 2019 S. 607–612; *Marfels*, Die Neubewertung von Grundvermögen nach dem Entwurf für ein Grundsteuerreformgesetz (GrStRefG), ErbStB 2019 S. 266–275; *Marx*, Ökonomische Analyse des Grundsteuer-Reformgesetzentwurfs, DStZ 2019 S. 372–379; *Neufang*, Das Grundsteuerreformgesetz – ein gesetzgeberisches Chaos?, BB 2019 S. 3035–3038; *Eichholz*, Novellierung der Grundsteuer, DStZ 2020 S. 1158–1167; *Eisele/Wiegand*, Grundsteuerreform 2022/2025, Stand: Januar 2020 (1. Aufl.), S. 9–22, NWB CAAAH-44415; *Heine*, Reform des Bewertungs- und Grundsteuerrechts. Werden die Reformziele erreicht?, KStZ 2020 S. 2–6; *Heine*, Hauptfeststellung und Nachfeststellung sowie Fortschreibung und Aufhebung von Einheits- und Grundsteuerwerten nach altem und neuem Recht als Grundlage für die Veranlagung der Grundsteuer, KStZ 202 S. 21–30; *Wünnemann/Koller*, Die Grundsteuerreform – ein Resümee aus Sicht der Industrie, BB 2020 S. 215–219.

> **VERWALTUNGSANWEISUNGEN:**
> Koordinierte Erlasse der obersten Finanzbehörden der Länder v. 9.11.2021 – Anwendung des Siebenten Abschnitts des Zweiten Teils des Bewertungsgesetzes zur Bewertung des Grundbesitzes (allgemeiner Teil und Grundvermögen) für die Grundsteuer ab 1.1.2022 (AEBewGrSt), BStBl I 2021 S. 2334.

A. Allgemeine Erläuterungen

I. Hinweise auf Verwaltungsanweisungen

1 Verwaltungsvorschriften bezüglich der Aufhebung von Grundsteuerwerten sind mit A 224 AEBewGrSt inzwischen ergangen.[1] Darin werden vorwiegend klarstellende Ausführungen gemacht.

2–10 *(Einstweilen frei)*

II. Normzweck und wirtschaftliche Bedeutung der Vorschrift

11 § 224 BewG regelt den Fall, dass eine **wirtschaftliche Einheit** vollständig **aus der Grundsteuerbesteuerung ausscheidet**. Endet die Grundbesteuerung für die wirtschaftliche Einheit, muss das auslösende Ereignis und der Zeitpunkt geregelt werden.

12 Aufgrund der rein **verfahrensrechtlichen Bedeutung** kommt dem § 224 BewG nur eine mittelbare wirtschaftliche Bedeutung zu. Wird der Grundsteuerwert nach § 224 BewG aufgehoben, entfällt damit auch die darauf aufbauende Grundsteuer. Damit wird im Rahmen der Aufhebung des Grundsteuerwerts auch über eine **Grundsteuerpflicht** entschieden (§ 219 Abs. 3 BewG).

13–20 *(Einstweilen frei)*

III. Entstehung und Entwicklung der Vorschrift

21 Der § 224 BewG basiert auf § 24 BewG der **Einheitsbewertung**, der zum 1.1.2025 aufgehoben wird.[2] Der Wortlaut ist dabei abseits orthografischer und redaktioneller Änderung übernommen worden, wobei nun von der Aufhebung von **Grundsteuerwerten** und nicht mehr von Einheitswerten gesprochen wird.

22–30 *(Einstweilen frei)*

IV. Geltungsbereich

31 § 224 BewG findet auf die Grundsteuerwertermittlung des Siebten Abschnitts des Bewertungsgesetzes Anwendung. Er findet außerhalb dieser **Grundsteuerwertermittlung** damit keine Anwendung.

32 Das **Landesrecht** kann von § 224 BewG abweichende Vorschriften vorsehen, Art. 72 Abs. 3 Nr. 7 GG. Dies wurde durch Landesgesetzgeber inzwischen mit folgenden Regelungen vorgenommen:

- ▶ § 18 LGrStG BW des Landes Baden-Württemberg, worin der Inhalt des § 223 BewG wiederholt wird.

---

[1] Koordinierte Erlasse der obersten Finanzbehörden der Länder v. 9.11.2021, BStBl I 2021 S. 2334 (AEBewGrSt).
[2] Art. 2 Nr. 6, Art. 18 Abs. 3 GrStRefG.

- Art. 6 Abs. 4 BayGrStG des Landes Bayern, wodurch die bundesrechtlichen Regelungen der §§ 222–224 BewG übernommen werden.
- § 6 Abs. 4 HamGrStG des Landes Hamburg, wodurch die bundesrechtlichen Regelungen der §§ 222–224 BewG übernommen werden.
- § 2 Abs. 2–4 HGrStG des Landes Hessen, in dem die Vorschrift des § 224 BewG nicht aufgezählt wird und damit nicht anwendbar ist.
- § 8 Abs. 4 NGrStG des Landes Niedersachsen, worin die Regelungen des § 224 BewG in das Landesrecht übernommen und für anwendbar erklärt werden.

Im Übrigen wird auf die Kommentierung der landesrechtlichen Regelungen in Teil C dieses Kommentars verwiesen.

(Einstweilen frei)

V. Vereinbarkeit der Vorschrift

Die Vorschrift begegnet keinen verfassungsrechtlichen oder europarechtlichen Bedenken.

Durch den § 224 BewG hat der **Bundesgesetzgeber** von seiner **konkurrierenden Gesetzgebung** nach Art. 105 Abs. 2 Satz 1 GG Gebrauch gemacht. Ungeachtet dessen kann das Landesrecht aber abweichende Vorschriften vorsehen, die Vorrang von der bundesgesetzlichen Regelung haben, Art. 72 Abs. 3 Nr. 7 GG.

(Einstweilen frei)

VI. Verhältnis zu anderen Vorschriften

§ 224 BewG vollzieht im **Feststellungsverfahren** die Rechtsfolge des **§ 219 Abs. 3 BewG** nach, wenn eine wirtschaftliche Einheit aus der Grundsteuerbesteuerung ausscheidet. Bei Wegfall der wirtschaftlichen Einheit selbst oder beim Beginn einer persönlichen oder sachlichen Grundsteuerbefreiung ist § 224 BewG anzuwenden.

Ferner stellt § 224 BewG ein **systematisches Spiegelbild** gegenüber **§§ 221, 223 BewG** dar. In den Fällen des § 224 BewG ist der Grundsteuerwert einer wirtschaftlichen Einheit nach dem Haupt- oder Nachfeststellungszeitpunkt aufzuheben, wenn eine wirtschaftliche Einheit zum Haupt- oder Nachfeststellungszeitpunkt (**§§ 221 Abs. 2, 223 Abs. 3 BewG**) vorlag, nun aber entfällt oder nicht mehr für die Grundsteuer von Bedeutung ist.

Eine **Anzeige** über die Änderung der tatsächlichen Verhältnisse nach **§ 228 Abs. 2 BewG** kann ein Auslöser der Aufhebung des Grundsteuerwerts sein.

(Einstweilen frei)

B. Systematische Kommentierung

I. Fälle der Aufhebung des Grundsteuerwerts (§ 224 Abs. 1 BewG)

Damit es überhaupt zu einer Aufhebung kommt, muss zeitlich vorher eine Feststellung in Gestalt der **Haupt- oder Nachfeststellung** vorgenommen worden sein. Ohne eine solche Feststellung läuft eine etwaige Aufhebung des Grundsteuerwerts ins Leere, da bereits zuvor keine Grundsteuerwertfeststellung durchgeführt wurde und damit kein Grundsteuerwert aufzuheben ist.

62 Nach § 224 Abs. 1 BewG ist eine Aufhebung des Grundsteuerwerts erst durchzuführen, wenn der **Aufhebungsgrund** dem Finanzamt bekannt wird. Damit ist das Bekanntwerden, beispielsweise durch Anzeige nach § 228 BewG, ein zentrales **auslösendes Ereignis** innerhalb des Feststellungsverfahren.

63 Mit „Finanzamt" ist hier das **örtlich zuständige Finanzamt** i. S. des § 18 Abs. 1 Nr. 1 AO i.V. mit § 6 Abs. 2 Nr. 4a AO gemeint.[1]

64–70 *(Einstweilen frei)*

1. Wegfallen einer wirtschaftlichen Einheit (§ 224 Abs. 1 Nr. 1 BewG)

71 Eine wirtschaftliche Einheit kann entfallen, wenn sie vollständig untergeht. In der Regel wird eine wirtschaftliche Einheit **in neue wirtschaftliche Einheiten vollständig aufgeteilt** werden, sodass die ursprüngliche wirtschaftliche Einheit vollständig erlischt. Möglich ist auch, dass die wirtschaftliche Einheit aufgrund **geänderter Verkehrsanschauung** (§ 2 Abs. 1 Satz 2 und 3 BewG) erlischt und in der Folge ebenfalls aufgeteilt wird.[2]

72 Denkbar ist auch ein dauerhafter **Wegfall der Wirtschaftsgüter**, die die wirtschaftliche Einheit gebildet haben, beispielsweise durch Zerstörung von Gebäuden auf fremdem Grund und Boden oder Einbezug von Grund und Boden in einen bergbaulichen Tagebau (durch das „Abbaggern").

73 Letztlich ist auch der **Einbezug** einer bisherigen wirtschaftlichen Einheit **in eine andere wirtschaftliche** Einheit denkbar.[3] Beispielsweise ist ein Garagenstellplatz regelmäßig einer korrespondierenden Wohneinheit (Ein-/Zweifamilienhaus oder Wohneigentum) zuzuordnen. Standen Garage und Wohneinheit bisher in unterschiedlichem Eigentum, bestanden zwei getrennte wirtschaftliche Einheiten, § 2 Abs. 2 BewG. Vereinigt ein Eigentümer nun sowohl das Eigentum an der Wohneinheit als auch an dem Garagenstellplatz, liegt nach der Verkehrsanschauung (§ 2 Abs. 1 Satz 2 und 3 BewG) nur noch eine („zusammengefasste") wirtschaftliche Einheit vor. Die vorher wie nachher vorliegende wirtschaftliche Einheit unterliegt gleichzeitig regelmäßig einer Wertfortschreibung i. S. des § 222 Abs. 1 BewG.[4] Etwaige Wertfortschreibungen und Aufhebungen nach § 224 BewG sind dabei separate Feststellungsverfahren und bedingen sich nicht gegenseitig (beachte aber § 174 AO bei widerstreitender Feststellung).[5]

74 Hingegen fällt eine wirtschaftliche Einheit nicht weg, wenn sie nur im Umfang beschränkt wird, jedoch im Wesen fortbesteht. Eine solche **Umfangsreduzierung** unterliegt als Änderung der tatsächlichen Verhältnisse der **Fortschreibung** nach § 222 BewG.

75 Liegen die Voraussetzungen der Aufhebung vor, ist auf den Aufhebungszeitpunkt (§ 224 Abs. 2 BewG) eine **negative Grundsteuerwertfeststellung** vorzunehmen, in der die Aufhebung als Feststellung in einem Grundlagenbescheid (§ 182 Abs. 1 Satz 1 AO) verankert wird. Als Folge sind **Grundsteuermessbescheid** und **Grundsteuerbescheid** als **Folgebescheide** aufzuheben.

76 Ist eine Haupt- oder Nachfeststellung fehlerhaft vorgenommen worden (beispielsweise für eine nicht-existente wirtschaftliche Einheit), lässt die Finanzverwaltung eine sogenannte „feh-

---

[1] Bezüglich der Zuständigkeit vgl. Wredenhagen in Grootens, BewG § 219 Rz. 101 ff.
[2] A 224 Abs. 1 Satz 1 AEBewGrSt.
[3] A 224 Abs. 1 Satz 2, 5, 6 AEBewGrSt.
[4] A 224 Abs. 1 Satz 3 AEBewGrSt.
[5] A 224 Abs. 1 Satz 4 AEBewGrSt.

lerbeseitigende Aufhebung" zu. In Anlehnung an die fehlerbeseitigende Fortschreibung (§ 222 Abs. 3 BewG) ist die Fehlerbeseitigung im Jahr des Bekanntwerdens des Fehlers durch die Finanzbehörde auf den Beginn dieses Kalenderjahrs (Aufhebungszeitpunkt) vorzunehmen.[1]

(Einstweilen frei) 77–80

2. Wegfall der Bedeutung der wirtschaftlichen Einheit für die Besteuerung (§ 224 Abs. 1 Nr. 2 BewG)

Ein Wegfall der Bedeutung für die Besteuerung der wirtschaftlichen Einheit ergibt sich aus § 219 Abs. 3 BewG. Durch das Ereignis des Wegfalls der Bedeutung für die Grundbesteuerung wäre ab diesem Zeitpunkt nach § 219 Abs. 3 BewG keine Feststellung vorzunehmen. Diese Änderung wird nun durch § 224 Abs. 1 Nr. 2 BewG umgesetzt, indem aufgrund des **Wegfalls der Besteuerungsbedeutung** der Grundsteuerwert aufgehoben wird.[2]

Die Bedeutung der Besteuerung nach § 219 Abs. 3 BewG entfällt, wenn eine persönliche oder sachliche **Grundsteuerbefreiung** erstmalig eintritt, §§ 3–8 GrStG. Erstreckt sich die Grundsteuerbefreiung nur auf einen Teil der wirtschaftlichen Einheit, ist der Grundsteuerwert nicht aufzuheben, sondern im Wege einer **Fortschreibung** nach § 222 BewG i.V. mit § 219 Abs. 3 BewG anzupassen.

(Einstweilen frei) 83–90

II. Aufhebungszeitpunkt (§ 224 Abs. 2 BewG)

1. Zeitpunkt bei Wegfall der wirtschaftlichen Einheit (§ 224 Abs. 2 Nr. 1 BewG)

Ist eine wirtschaftliche Einheit nach § 224 Abs. 1 Nr. 1 BewG weggefallen, ist erst zeitversetzt die Aufhebung des Grundsteuerwerts nach § 224 Abs. 2 Nr. 1 BewG durchzuführen. Demnach ist erst auf den nächsten **Kalenderjahresbeginn** nach dem Wegfall der wirtschaftlichen Einheit der Grundsteuerwert aufzuheben.[3]

Dies ist folgerichtig entsprechend des § 9 Abs. 1 GrStG. Die Grundsteuer entsteht stets zum Jahresbeginn. Ein **Wegfall** der wirtschaftlichen Einheit **wirkt** jedoch **nicht** auf den Kalenderjahresbeginn **zurück**, denn die Grundsteuerpflicht richtet sich nach § 9 Abs. 1 GrStG allein nach den Verhältnissen am Stichtag zum Kalenderjahresbeginn.

Folgerichtig sieht § 224 Abs. 2 Nr. 1 BewG die Aufhebung des Grundsteuerwerts erst zum nächsten **Stichtag der Grundsteuer** am folgenden Kalenderjahresbeginn vor, § 9 Abs. 1 GrStG.

(Einstweilen frei) 94–100

2. Zeitpunkt bei Wegfall der Bedeutung für die Besteuerung (§ 224 Abs. 2 Nr. 2 BewG)

Fällt die Bedeutung für die Besteuerung weg, ist nach § 224 Abs. 1 Nr. 2 BewG der Grundsteuerwert aufzuheben, nach § 224 Abs. 2 Nr. 2 BewG erst zum folgenden **Kalenderjahresbeginn**, der auf den Eintritt der Grundsteuerbefreiung folgt.[4]

---

[1] A 224 Abs. 3 Satz 1, 2 AEBewGrSt mit Verweis auf BFH, Urteil v. 16.10.1991 - II R 23/89, BStBl II 1992 S. 454.
[2] A 224 Abs. 1 Satz 1, 7, 8 AEBewGrSt.
[3] A 224 Abs. 2 Satz 1 AEBewGrSt.
[4] A 224 Abs. 2 Satz 2 AEBewGrSt.

102 Dies ist folgerichtig, denn nach § 9 Abs. 1 GrStG beurteilt sich die **festzusetzende Grundsteuer** nach den **Verhältnissen zum Kalenderjahresbeginn**. Im Jahr, in dem die Bedeutung für die Besteuerung entfällt, bleiben diese Verhältnisse damit uneingeschränkt erhalten. Folgerichtig ist daher die Aufhebung des Grundsteuerwerts erst auf den nächsten Kalenderjahresbeginn vorzunehmen, § 224 Abs. 2 Nr. 2 BewG.

§ 225 BewG Änderung von Feststellungsbescheiden

[1]Bescheide über Fortschreibungen oder über Nachfeststellungen von Grundsteuerwerten können schon vor dem maßgeblichen Feststellungszeitpunkt erteilt werden. [2]Sie sind zu ändern oder aufzuheben, wenn sich bis zu diesem Zeitpunkt Änderungen ergeben, die zu einer abweichenden Feststellung führen.

Inhaltsübersicht	Rz.
A. Allgemeine Erläuterungen	1 - 60
I. Hinweise auf Verwaltungsanweisungen	1 - 10
II. Normzweck und wirtschaftliche Bedeutung der Vorschrift	11 - 20
III. Entstehung und Entwicklung der Vorschrift	21 - 30
IV. Geltungsbereich	31 - 40
V. Vereinbarkeit der Vorschrift	41 - 50
VI. Verhältnis zu anderen Vorschriften	51 - 60
B. Systematische Kommentierung	61 - 77
I. Durchführung der Feststellung vor dem Feststellungszeitpunkt (§ 225 Satz 1 BewG)	61 - 70
II. Änderungspflicht bei Änderung der tatsächlichen Verhältnisse bis zum Feststellungszeitpunkt (§ 225 Satz 2 BewG)	71 - 77

LITERATUR:

Höreth/Stelzer, Grundsteuerreform – der Druck auf den Gesetzgeber steigt, DStZ 2019 S. 607–612; *Marfels*, Die Neubewertung von Grundvermögen nach dem Entwurf für ein Grundsteuerreformgesetz (GrStRefG), ErbStB 2019 S. 266–275; *Marx*, Ökonomische Analyse des Grundsteuer-Reformgesetzentwurfs, DStZ 2019 S. 372–379; *Neufang*, Das Grundsteuerreformgesetz – ein gesetzgeberisches Chaos?, BB 2019 S. 3035–3038; *Eichholz*, Novellierung der Grundsteuer, DStZ 2020 S. 1158–1167; *Eisele/Wiegand*, Grundsteuerreform 2022/2025, Stand: Januar 2020 (1. Aufl.), S. 9–22, NWB CAAAH-44415; *Heine*, Reform des Bewertungs- und Grundsteuerrechts. Werden die Reformziele erreicht?, KStZ 2020 S. 2–6; *Heine*, Hauptfeststellung und Nachfeststellung sowie Fortschreibung und Aufhebung von Einheits- und Grundsteuerwerten nach altem und neuem Recht als Grundlage für die Veranlagung der Grundsteuer, KStZ 2020 S. 21–30; *Wünnemann/Koller*, Die Grundsteuerreform – ein Resümee aus Sicht der Industrie, BB 2020 S. 215–219.

VERWALTUNGSANWEISUNGEN:

Koordinierte Erlasse der obersten Finanzbehörden der Länder v. 9.11.2021 – Anwendung des Siebenten Abschnitts des Zweiten Teils des Bewertungsgesetzes zur Bewertung des Grundbesitzes (allgemeiner Teil und Grundvermögen) für die Grundsteuer ab 1.1.2022 (AEBewGrSt), BStBl I 2021 S. 2334.

A. Allgemeine Erläuterungen

I. Hinweise auf Verwaltungsanweisungen

Verwaltungsanweisungen bezüglich der Änderung der Feststellung i. S. des § 225 BewG sind mit dem A 225 AEBewGrSt ergangen.[1] Darin werden wenige ergänzende Klarstellungen vorgenommen.   1

(Einstweilen frei)   2–10

II. Normzweck und wirtschaftliche Bedeutung der Vorschrift

Durch § 225 Satz 1 BewG wird der Finanzverwaltung eingeräumt, **Bescheide** auch **vor dem verfahrensrechtlichen Feststellungszeitpunkt** zu erlassen. Dies dient der finanzamtsinternen **Verfahrenserleichterung** und entspricht sowohl den Bedürfnissen der Steuerpflichtigen auf frühestmögliche Rechtssicherheit und Überprüfbarkeit der Bewertungsgrundlagen sowie der Arbeitserleichterung und besserer Verteilung der Arbeiten der Feststellung auf den jeweiligen Feststellungszeitpunkt.   11

Der Gesetzgeber weicht hier von der Stichtagsbewertung, die die tatsächlichen und rechtlichen Verhältnisse auf den Feststellungszeitpunkt zu berücksichtigen hat, ab und lässt eine Feststellung – und damit verbundene Bewertung – bereits bis dahin zu. Um diesen **Durchbruch des Stichtagsprinzips** abzuhelfen, sieht § 225 Satz 2 BewG eine entsprechende **Änderungspflicht** vor, sollten die tatsächlichen Verhältnisse des Feststellungszeitpunkts nicht den zuvor festgestellten Besteuerungsgrundlagen entsprechen.   12

Eine wirtschaftliche Bedeutung kommt dem § 225 BewG aufgrund der rein **verfahrensrechtlichen Bedeutung** damit nicht zu.   13

(Einstweilen frei)   14–20

III. Entstehung und Entwicklung der Vorschrift

§ 225 BewG geht auf § 24a BewG a. F. zurück, der bis auf redaktionelle Änderungen und dem Verweis auf **Grundsteuerwerte** dem jetzigen § 225 BewG entspricht. § 24a BewG wird zum 1.1.2025 aufgehoben.[2]   21

Im Rahmen der Einheitsbewertung und der Hauptfeststellung auf den 1.1.1964 hatte sich die Bewertung bis Ende der 1960er Jahre hingestreckt. Dadurch bestand bei der Finanzverwaltung das Erfordernis, die zwischen Hauptfeststellungszeitpunkt und nachfolgendem Feststellungszeitpunkt eingetretenen **Änderungen der tatsächlichen und rechtlichen Verhältnisse** (Umfang, Art und Zurechnung der wirtschaftlichen Einheit) bereits in den Feststellungsbescheiden zu berücksichtigen. Letztlich wurden die Feststellungen erstmals für Grundsteuerzwecke auf den 1.1.1974 angewendet.   22

Jedoch verneinte der BFH in seiner Rechtsprechung ein entsprechendes Berücksichtigen vor dem maßgeblichen Feststellungsstichtag.[3] Er erkannte, dass eine **stichtagsbezogene Bewertung**, die die tatsächlichen Verhältnisse zu berücksichtigen hat, **nicht vor diesem Stichtag** er-   23

---

[1] Koordinierte Erlasse der obersten Finanzbehörden der Länder v. 9.11.2021, BStBl I 2021 S. 2334 (AEBewGrSt).
[2] Art. 2 Nr. 6, Art. 18 Abs. 3 GrStRefG.
[3] BFH, Urteil v. 15.9.1961 - III 102/59 U, BStBl 1962 III S. 4.

folgen kann. Aufgrund der möglichen Änderung der Verhältnisse sei dies auch nicht zweckmäßig.

24 Als Reaktion auf die Rechtsprechung des BFH hat der Gesetzgeber § 24a BewG a. F. eingeführt, um auch **vor den Feststellungszeitpunkten bereits Feststellungen durchführen** zu können, die erst zu späteren Zeitpunkten der Besteuerung zu Grunde gelegt wurden. Dies war notwendig, um die rechtzeitige Festsetzung der Grundsteuer sicherzustellen.[1]

25 Da sich auch im Rahmen der Grundbesitzwertermittlung eine **vergleichbare Problemstellung** zwischen Auseinanderfallen des Hauptfeststellungszeitpunkts (1.1.2022) und dem Hauptveranlagungszeitpunkt (1.1.2025, § 266 Abs. 1 BewG) ergibt, ist es nur folgerichtig, diese Regelung auch in das neue Bewertungsrecht zu übernehmen.

26–30 *(Einstweilen frei)*

IV. Geltungsbereich

31 § 225 BewG findet lediglich im Rahmen der Grundsteuerwertermittlung nach dem Siebten Abschnitt des BewG Anwendung.

32 Das **Landesrecht** kann von § 225 BewG abweichende Vorschriften vorsehen, Art. 72 Abs. 3 Nr. 7 GG. Dies wurde durch Landesgesetzgeber inzwischen mit folgenden Regelungen vorgenommen:

- § 19 LGrStG BW des Landes Baden-Württemberg, worin der Inhalt des § 225 BewG wiederholt wird.
- Art. 6 Abs. 4 BayGrStG des Landes Bayern, wodurch die bundesrechtliche Regelung des § 225 BewG übernommen wird.
- § 6 Abs. 4 HmbGrStG des Landes Hamburg, wodurch die bundesrechtliche Regelung des § 225 BewG übernommen wird.
- § 2 Abs. 2–4 HGrStG des Landes Hessen, worin die Vorschrift des § 225 BewG nicht aufgezählt wird und damit nicht anwendbar ist.
- § 8 Abs. 4 Satz 1 NGrStG des Landes Niedersachsen, wodurch die bundesrechtliche Regelung des § 225 BewG übernommen wird.

32a Im Übrigen wird auf die Kommentierung der landesrechtlichen Regelungen in Teil C dieses Kommentars verwiesen.

33 Ferner ist § 225 BewG nur anzuwenden, sofern ein **Feststellungsbescheid für einen in der Zukunft liegenden Feststellungszeitpunkt** erteilt wird. Bei einer Feststellung auf einen vergangenen Feststellungszeitpunkt ist § 225 Satz 1 BewG aufgrund eindeutigen Wortlauts nicht anwendbar. Damit ist auch die Anwendung der Änderungsvorschrift nach § 225 Satz 2 BewG ausgeschlossen.

34–40 *(Einstweilen frei)*

---

[1] BT-Drucks. VI/1888 S. 5 zu Art. 3 Nr. 3.

V. Vereinbarkeit der Vorschrift

Die Vorschrift begegnet keinen verfassungsrechtlichen oder europarechtlichen Bedenken. 41

Durch den § 225 BewG hat der **Bundesgesetzgeber** von seiner **konkurrierenden Gesetzgebung** 42
nach Art. 105 Abs. 2 Satz 1 GG Gebrauch gemacht. Ungeachtet dessen kann das Landesrecht aber abweichende Vorschriften vorsehen, die Vorrang von der bundesgesetzlichen Regelung haben, Art. 72 Abs. 3 Nr. 7 GG.

(Einstweilen frei) 43–50

VI. Verhältnis zu anderen Vorschriften

§ 225 BewG regelt eine „vorzeitige" **Feststellung** vor den maßgeblichen Feststellungszeitpunk- 51
ten nach **§ 222** und **§ 223 BewG**.

Während § 225 BewG das **Feststellungsverfahren der Grundsteuerwerte** betrifft, hat das GrStG 52
spiegelbildlich mit **§ 21 GrStG** eine entsprechende Vorschrift für die vorzeitige **Festsetzung** des **Grundsteuermessbetrags**.

(Einstweilen frei) 53–60

B. Systematische Kommentierung

I. Durchführung der Feststellung vor dem Feststellungszeitpunkt (§ 225 Satz 1 BewG)

Voraussetzung ist zunächst, dass eine **Feststellung** nach § 219 Abs. 3 BewG **für die Grundsteu-** 61
er von Bedeutung ist. Ohne eine solche Bedeutung wäre eine Feststellung des Grundbesitzwerts von vornherein nicht durchzuführen.

Ferner muss das Finanzamt vor dem betroffenen Feststellungszeitpunkt eine Feststellung 62
durchführen wollen.[1] Dabei sind nur **Nachfeststellungen** i. S. des § 223 BewG oder **Fortschreibungen** nach § 222 BewG betroffen. Eine vorzeitige **Hauptfeststellung** (§ 221 BewG) oder eine vorzeitige **Aufhebung** des Grundsteuerwerts (§ 224 BewG) sind damit **ausgeschlossen**.

Anstoß einer Fortschreibung oder Nachfeststellung wird regelmäßig eine **Anzeige** nach § 228 63
Abs. 2 BewG sein, worin der Feststellungsbeteiligte dem örtlich zuständigen Finanzamt mitteilt, dass sich die **tatsächlichen oder rechtlichen Verhältnisse geändert** haben.

In diesem Fall steht es im **pflichtgemäßen Ermessen** (§ 5 AO) des Finanzamts, eine vorzeitige 64
Fortschreibung oder Nachfeststellung vorzunehmen. In aller Regel sollte die pflichtgemäße Ermessensausübung dazu führen, eine sofortige (vorzeitige) Fortschreibung oder Nachfeststellung durchzuführen. Insbesondere dürfte es nicht ermessensgerecht sein, wenn das Finanzamt trotz einer frühzeitigen Anzeige nach § 228 Abs. 2 BewG eine Feststellung hinauszögert und damit die rechtzeitige Grundsteuerfestsetzung zum Kalenderjahresbeginn verhindert.

Hier kann sich für den Steuerpflichtigen als Folge eine Zusammenballung von Grundsteuer- 65
vorauszahlungen ergeben, wobei die erste Vorauszahlung am 15. Februar des Kalenderjahres bereits fällig wird (§ 28 Abs. 1 GrStG). Damit kann es im Folgejahr im Rahmen einer Wertfortschreibung zu einer Zahllast im Rahmen der Verrechnung mit bisherigen Vorauszahlungen

---

1 A 225 Satz 1 AEBewGrSt.

i. S. des § 30 GrStG kommen. Liegt eine Nachfeststellung nach § 223 BewG vor, wurden mangels Grundsteuerwertfeststellung bisher keine Vorauszahlungen nach § 28 GrStG gezahlt, wodurch die bisher unterbliebenen Vorauszahlungsbeträge i. S. des § 31 Abs. 1 GrStG nachzuentrichten sind.

66 **BEISPIEL:** Der Steuerpflichtige errichtet auf einem bisher unbebauten Grundstück (Hauptfeststellung zum 1.1.2022 bereits zutreffend erfolgt) ein Mietwohnhaus mit drei gleich großen Wohneinheiten. Er plant, eine Wohnung für eigene Wohnzwecke zu verwenden und die verbleibenden zwei Wohneinheiten fremd zu vermieten. Dies zeigt er dem Finanzamt mit Herstellungsbeginn am 23.2.2023 an, in dem er als planmäßigen Fertigstellungstag den 31.8.2023 angibt. Der Steuerpflichtige bittet um schnellstmögliche Feststellung des neuen Grundsteuerwerts, damit er seine Mietkostenkalkulation rechtzeitig zum Vermietungsbeginn am 1.9.2023 fertigstellen kann.

Das Finanzamt hat aufgrund objektiv nachvollziehbarer Änderung der Verhältnisse auf den 1.1.2024 eine Wert- und Artfortschreibung durchzuführen. Danach ist eine Artfeststellung (§ 222 Abs. 2 BewG) als Mietwohngrundstück nach § 249 Abs. 1 Nr. 3, Abs. 5 BewG und eine Wertfortschreibung (§ 222 Abs. 1 BewG) aufgrund der Bewertung im Ertragswertverfahren (§ 250 Abs. 2 Nr. 3 BewG) festzustellen. Nach pflichtgemäßer Ermessensausübung ist damit eine vorzeitige Art- und Wertfortschreibung i. S. des § 225 Satz 1 BewG auf den 1.1.2024 (§ 222 Abs. 4 Satz 3 Nr. 1 BewG) vorzunehmen.

67 Dementsprechend ist es jedoch ermessensgerecht zunächst von einer Feststellung abzusehen, wenn für das Finanzamt absehbar ist, dass sich die **tatsächlichen oder rechtlichen Verhältnisse** im verbleibenden Zeitraum bis zum Feststellungszeitpunkt nochmals **ändern werden**. Beispielsweise kann dies bei

- einer bekannten Veräußerungsabsicht,
- bei einer absehbaren oder erwartbaren Nutzungsänderung oder
- bei im Bau befindlichen Gebäude(-teile-)n

der Fall sein.

68 Bis zum Feststellungszeitpunkt hätte eine vorzeitige Feststellung **keine materiellen Rechtsfolgen** für den Steuerpflichtigen, da die Feststellung der Grundsteuer stets erst zum nächsten Kalenderjahresbeginn zu Grunde gelegt werden kann (§ 222 Abs. 4 Satz 3 Nr. 1 BewG, § 223 Abs. 2 BewG). Entsprechend bemisst sich die **Grundsteuer** eines Jahres nach den **Verhältnissen zu Beginn des Kalenderjahres** (§ 9 Abs. 1 GrStG).

69–70 *(Einstweilen frei)*

II. Änderungspflicht bei Änderung der tatsächlichen Verhältnisse bis zum Feststellungszeitpunkt (§ 225 Satz 2 BewG)

71 Feststellungsbescheide im Rahmen der Nachfeststellung und Fortschreibung haben die **tatsächlichen Verhältnisse des Feststellungszeitpunkts** zu berücksichtigen (§ 222 Abs. 2, § 223 Abs. 2 Satz 1 BewG). Daraus folgt, dass bei einer Divergenz zwischen vorzeitiger Feststellung nach § 225 Satz 1 BewG und den tatsächlichen Verhältnissen am Feststellungsstichtag eine Korrektur notwendig ist.[1]

72 Eine solche Änderung wird durch die besondere, spezialgesetzliche **Änderungsvorschrift** des § 225 Satz 2 BewG ermöglicht. Es handelt sich dabei um eine Änderungsvorschrift nach sonsti-

---
[1] A 225 Satz 2 AEBewGrSt.

gen Gesetzen i.S. des § 172 Abs. 1 Satz 1 Nr. 2 Buchst. d Halbsatz 1 AO i.V. mit § 181 Abs. 1 Satz 1 AO.

Voraussetzung dafür ist, dass die Feststellung nach § 222 und § 223 BewG vor dem zu Grunde gelegten Feststellungszeitpunkt erfolgte. Nach dem Wortlaut muss der Feststellungsbescheid vor dem Feststellungszeitpunkt „erteilt" worden sein, § 225 Satz 1 BewG. Die „Erteilung" ist als Bekanntgabe i.S. des § 122 Abs. 1 AO i.V. mit § 124 Abs. 2 AO zu verstehen. Damit muss für die Anwendung des § 225 Satz 2 BewG die **Bekanntgabe noch vor dem Feststellungszeitpunkt** erfolgt sein.

Rechtsfolge ist, dass spezialgesetzlich der Feststellungsbescheid unter punktueller **Durchbrechung der materiellen und formellen Bestandskraft** (§ 124 Abs. 1 AO und § 351 Abs. 1 AO) geändert werden kann. Die Änderung hat abermals durch Feststellungsbescheid i.S. des § 219 Abs. 1 und 2 BewG i.V. mit §§ 179 ff. AO zu erfolgen.

Da es sich um eine **Änderungsvorschrift** gegenüber einer bereits erfolgten Fortschreibung oder Nachfeststellung handelt, sind etwaige Wertgrenzen (wie in § 222 Abs. 1 BewG für die Wertfortschreibung) im Vergleich zum schon auf denselben Feststellungszeitpunkt erlassenen Feststellungsbescheid nicht zu prüfen.[1] Durch § 225 Satz 2 BewG soll sichergestellt werden, dass der tatsächliche Bestand der wirtschaftlichen Einheit der Grundsteuer unterworfen wird und insbesondere die nach der vorläufigen Feststellung nach § 225 Satz 1 BewG eingetretenen Änderungen berücksichtigt werden. Hingegen dienen die Wertgrenzen nach § 222 Abs. 1 BewG als Bagatellgrenzen, ob überhaupt eine Wertfortschreibung durchzuführen ist. Diese Prüfung des Fortschreibungsanlasses ist aber nicht Teil der Änderung nach § 225 Satz 2 BewG, wodurch unbeachtlich etwaiger Wertgrenzen zu ändern ist. Ist hingegen bei einer Feststellung nach § 225 Satz 1 BewG aufgrund von zwischenzeitlich eingetretenen Änderungen der tatsächlichen Verhältnisse ein im Verhältnis zur auf diesen Stichtag durchgeführten Feststellung gegenläufige Wertänderung eingetreten und sind dadurch die Wertgrenzen des § 221 Abs. 1 BewG gegenüber dem letzten **vorherigen Feststellungszeitpunkt** nicht mehr erfüllt, ist der für die Zukunft erlassene Feststellungsbescheid nach § 225 Satz 2 BewG **aufzuheben**.

> **BEISPIEL:** Sachverhalt wie Beispiel oben (→ Rz. 66). Entgegen seiner Absicht nutzt der Steuerpflichtige die Wohneinheit im Erdgeschoss nun als Ort der Geschäftsleitung und Büroräume für seinen Gewerbebetrieb i.S. des § 15 Abs. 1 Nr. 1 EStG. Dies teilt der Steuerpflichtige dem zuständigen Finanzamt nach § 228 Abs. 2 BewG am 15.9.2023 mit.
>
> Das Finanzamt hat aufgrund der eingetretenen Divergenz zum ursprünglichen Feststellungsbescheid eine Änderung nach § 225 Satz 2 BewG vorzunehmen. Durch die geänderte – tatsächliche – Nutzung liegt nun eine andere Grundstücksart (gemischt genutztes Grundstück, § 249 Abs. 1 Nr. 7, Abs. 8 BewG) mit der Folge eines anderen Bewertungsverfahrens vor (§ 250 Abs. 3 Nr. 2 BewG). Entsprechend ist eine (geänderte) Art- und Wertfortschreibung nach § 225 Satz 1 und 2 i.V. mit § 222 Abs. 1 und 2 BewG auf den 1.1.2024 (§ 222 Abs. 4 Satz 3 Nr. 1 BewG) vorzunehmen.

Sollte § 225 Satz 2 BewG ausnahmsweise nicht anwendbar sein, wären andere Änderungsvorschriften zu prüfen. Ein Fehler eines Grundsteuerwertfeststellungsbescheids kann regelmäßig durch eine **fehlerbeseitigende Fortschreibung** nach § 222 Abs. 3, Abs. 4 Satz 3 Nr. 2 BewG berichtigt werden. Ist der vorzeitig erteilte Feststellungsbescheid selbst fehlerhaft, kann dieser nur nach den **allgemeinen Änderungsvorschriften der AO** geändert oder berichtigt werden. Dies sind nach § 181 Abs. 1 Satz 1 AO die Berichtigung nach § 129 AO, Änderung aufgrund der

---
[1] A 225 Satz 3 AEBewGrSt.

Nebenbestimmungen nach §§ 164 und 165 AO sowie der punktuellen Korrekturvorschriften nach § 172 ff. AO.

77 Im Übrigen ist insbesondere § 173 Abs. 1 Nr. 1 oder 2 AO regelmäßig nicht anwendbar, da die **Tatsache** i. S. des § 173 Abs. 1 AO **erst nach letztmaliger Willensbildung** im Rahmen der Feststellung verwirklicht wurde. Eine solche Tatsache ist nicht für eine Änderung nach § 173 Abs. 1 AO tauglich.[1]

§ 226 BewG   Nachholung einer Feststellung

(1) ¹Ist die Feststellungsfrist (§ 181 der Abgabenordnung) abgelaufen, kann eine Fortschreibung (§ 222) oder Nachfeststellung (§ 223) unter Zugrundelegung der Verhältnisse vom Fortschreibungs- oder Nachfeststellungszeitpunkt mit Wirkung für einen späteren Feststellungszeitpunkt vorgenommen werden, für den diese Frist noch nicht abgelaufen ist. ²§ 181 Absatz 5 der Abgabenordnung bleibt hiervon unberührt.

(2) Absatz 1 ist bei der Aufhebung des Grundsteuerwerts (§ 224) entsprechend anzuwenden.

Inhaltsübersicht	Rz.
A. Allgemeine Erläuterungen	1 - 60
I. Hinweise auf Verwaltungsanweisungen	1 - 10
II. Normzweck und wirtschaftliche Bedeutung der Vorschrift	11 - 20
III. Entstehung und Entwicklung der Vorschrift	21 - 30
IV. Geltungsbereich	31 - 40
V. Vereinbarkeit der Vorschrift	41 - 50
VI. Verhältnis zu anderen Vorschriften	51 - 60
B. Systematische Kommentierung	61 - 91
I. Erhalt von Besteuerungsgrundlagen trotz Verjährung (§ 226 Abs. 1 BewG)	61 - 90
1. Einbeziehung von Besteuerungsgrundlagen in noch nicht verjährte Feststellungen (§ 226 Abs. 1 Satz 1 BewG)	61 - 80
2. Keine Einschränkung der Ablaufhemmung nach § 181 Abs. 5 AO (§ 226 Abs. 1 Satz 2 BewG)	81 - 90
II. Nachholung der Aufhebung des Grundsteuerwerts (§ 226 Abs. 2 BewG)	91

LITERATUR:

Höreth/Stelzer, Grundsteuerreform – der Druck auf den Gesetzgeber steigt, DStZ 2019 S. 607–612; *Marfels*, Die Neubewertung von Grundvermögen nach dem Entwurf für ein Grundsteuerreformgesetz (GrStRefG), ErbStB 2019 S. 266–275; *Marx*, Ökonomische Analyse des Grundsteuer-Reformgesetzentwurfs, DStZ 2019 S. 372–379; *Neufang*, Das Grundsteuerreformgesetz – ein gesetzgeberisches Chaos?, BB 2019 S. 3035–3038; *Eichholz*, Novellierung der Grundsteuer, DStZ 2020 S. 1158–1167; *Eisele/Wiegand*, Grundsteuerreform 2022/2025, Stand: Januar 2020 (1. Aufl.), S. 9–22, NWB CAAAH-44415; *Heine*, Reform des Bewertungs- und Grundsteuerrechts. Werden die Reformziele erreicht?, KStZ 2020 S. 2–6; *Heine*, Hauptfeststellung und Nachfeststellung sowie Fortschreibung und Aufhebung von Einheits- und Grundsteuerwerten nach altem und neuem Recht als Grundlage für die Veranlagung der Grundsteuer, KStZ 2020 S. 21–30; *Wünnemann/Koller*, Die Grundsteuerreform – ein Resümee aus Sicht der Industrie, BB 2020 S. 215–219.

VERWALTUNGSANWEISUNGEN:

Koordinierte Erlasse der obersten Finanzbehörden der Länder v. 9.11.2021 – Anwendung des Siebenten Abschnitts des Zweiten Teils des Bewertungsgesetzes zur Bewertung des Grundbesitzes (allgemeiner Teil und Grundvermögen) für die Grundsteuer ab 1.1.2022 (AEBewGrSt), BStBl I 2021 S. 2334.

---

1 AEAO zu § 173 AO, Tz. 1.3.

A. Allgemeine Erläuterungen

I. Hinweise auf Verwaltungsanweisungen

Verwaltungsanweisungen bezüglich der Nachholung der Feststellung i.S. des § 226 BewG sind mit dem A 226 AEBewGrSt ergangen.[1] Darin werden Klarstellungen zur Anwendung des § 226 BewG vorgenommen. 1

(Einstweilen frei) 2–10

II. Normzweck und wirtschaftliche Bedeutung der Vorschrift

§ 226 BewG ermöglicht die **frühestmögliche Nachholung** einer Feststellung aufgrund von Änderungen der tatsächlichen und rechtlichen Verhältnisse, wenn sie bisher aufgrund einer bereits eingetretenen **Feststellungsverjährung** nach § 181 Abs. 3–5 AO nicht berücksichtigt werden konnte. 11

§ 226 BewG ist dabei **keine Ablaufhemmung** der Feststellungsfrist. § 226 BewG schützt vielmehr die Möglichkeit, eine vergleichbare und zutreffende Bewertung des Grundbesitzes sicherzustellen und setzt damit den **Grundsatz der gleichmäßigen Besteuerung** um, § 85 AO. 12

Damit kommt § 226 BewG eine **zentrale wirtschaftliche Bedeutung** zu. Da durch § 226 BewG alle Änderungen der tatsächlichen Verhältnisse in der Feststellung stets, wenn auch zu einem späteren Zeitpunkt, berücksichtigt werden können, bilden die nicht berücksichtigten Änderungen der Verhältnisse stille Lasten bzw. stille Reserven eines Grundstücks. Die Finanzverwaltung hat damit stets die Möglichkeit die Grundsteuer soweit wie möglich zu erheben, wie es die Feststellungs- und Festsetzungsfrist zu lässt. 13

Insbesondere bei einer Änderung der **Zurechnung der wirtschaftlichen Einheit** hat dies wesentliche Bedeutung, da der Rechtsnachfolger alle **Lasten aus dem Grundstück** übernimmt – nicht nur die bereits festgesetzten aber noch nicht entrichteten (über die Duldung der Vollstreckung der Grundsteuer als dingliche Last, § 12 GrStG i.V. mit § 77 Abs. 2 Satz 1 AO), sondern auch die noch nicht festgestellten Änderungen des Grundsteuerwerts und die darauf entfallende Grundsteuer über § 226 BewG. 14

Ferner ist § 226 BewG **keine eigene Änderungsvorschrift**. Aufgrund von § 226 BewG kann, ähnlich dem § 177 AO, ein materieller Fehler, der auf bereits feststellungsverjährte Zeiträume entfällt, noch einer späteren Feststellung zu Grunde gelegt werden, wenn dies materiellrechtlich und verfahrensrechtlich anderweitig zugelassen wird. 15

(Einstweilen frei) 16–20

III. Entstehung und Entwicklung der Vorschrift

§ 226 BewG entspricht der Vorgängervorschrift des § 25 BewG a.F. der Einheitsbewertung. Dieser wurde lediglich im Wortlaut und den gesetzlichen Verweisen redaktionell angepasst und wurde damit inhaltsgleich übernommen. Daneben werden nun die **Grundsteuerwerte** anstatt der Einheitswerte genannt. 21

(Einstweilen frei) 22–30

---

[1] Koordinierte Erlasse der obersten Finanzbehörden der Länder v. 9.11.2021, BStBl I 2021 S. 2334 (AEBewGrSt).

IV. Geltungsbereich

31 § 226 BewG gilt für Feststellungen im Rahmen
- einer **Fortschreibung** (§ 222 BewG),
- einer **Nachfeststellung** (§ 223 BewG) sowie
- durch § 226 Abs. 2 BewG ebenfalls für die **Aufhebung** nach § 224 BewG.

Nicht genannt ist hingegen die **Hauptfeststellung** (§ 221 BewG).

32 Somit kann nach § 226 Satz 1 BewG eine **Hauptfeststellung nicht nachgeholt** werden. Wurde eine Hauptfeststellung trotz Bedeutung für die Besteuerung und Bestehen der wirtschaftlichen Einheit nicht nach § 221 BewG vorgenommen, scheidet eine Nachholung i. S. des § 226 BewG aus.

33 Hatte ursprünglich zum Hauptfeststellungszeitpunkt aufgrund fehlender Bedeutung für die Besteuerung oder dem Nichtbestehen der wirtschaftlichen Einheit keine Hauptfeststellung zu erfolgen, ist § 226 BewG jedoch weiterhin anwendbar, da in diesen Fällen eine **Nachfeststellung** nachgeholt werden kann.

34 Das **Landesrecht** kann von § 226 BewG abweichende Vorschriften vorsehen, Art. 72 Abs. 3 Nr. 7 GG. Dies wurde durch Landesgesetzgeber inzwischen mit folgenden Regelungen vorgenommen:
- § 20 LGrStG BW des Landes Baden-Württemberg, worin der Inhalt des § 226 BewG wiederholt wird.
- Art. 6 Abs. 4 BayGrStG des Landes Bayern, wodurch die bundesrechtliche Regelung des § 226 BewG übernommen wird.
- § 6 Abs. 4 HmbGrStG des Landes Hamburg, wodurch die bundesrechtliche Regelung des § 226 BewG übernommen wird.
- § 2 Abs. 2–4 HGrStG des Landes Hessen, worin die Vorschrift des § 226 BewG nicht aufgezählt wird und damit nicht anwendbar ist.
- § 8 Abs. 4 Satz 1 NGrStG des Landes Niedersachsen, wodurch die bundesrechtliche Regelung des § 226 BewG übernommen wird.

35 Im Übrigen wird auf die Kommentierung der landesrechtlichen Regelungen in Teil C dieses Kommentars verwiesen.

36–40 *(Einstweilen frei)*

V. Vereinbarkeit der Vorschrift

41 § 226 BewG begegnet keinen verfassungsrechtlichen oder europarechtlichen Bedenken.

42 Durch den § 226 BewG hat der **Bundesgesetzgeber** von seiner **konkurrierenden Gesetzgebung** nach Art. 105 Abs. 2 Satz 1 GG Gebrauch gemacht. Ungeachtet dessen kann das Landesrecht aber abweichende Vorschriften vorsehen, die Vorrang von der bundesgesetzlichen Regelung haben, Art. 72 Abs. 3 Nr. 7 GG.

43 Zwar weitet § 226 BewG den **Grundsatz der gleichmäßigen und gesetzmäßigen Steuer** deutlich zu Ungunsten des Steuerpflichtigen aus, worin sein Anspruch auf Rechtssicherheit der einmal festgestellten und festgesetzten Steuern eingeschränkt wird. Dies ist gerade im Vergleich zu anderen Steuern beispiellos, da beispielsweise im Ertragsteuer- oder Umsatzsteuerrecht einmal verjährte Besteuerungsgrundlagen nicht mehr einer Besteuerung unterliegen. Jedoch

ist die Grundsteuer als öffentliche Last des Grundbesitzes und als Realsteuer im deutsche Besteuerungssystem auch nicht mit anderen Steuern vergleichbar.

Die Vorgehensweise des § 226 BewG ähnelt am ehesten der Bilanzberichtigung nach § 4 Abs. 2 Satz 1 EStG im ersten nach der AO noch änderbaren Veranlagungszeitraum.[1] Auch hier ist das Ziel der Korrektur, Fehler aus bestandskräftigen Festsetzungen für die Zukunft zu korrigieren. 44

Dies ergibt damit ein **nicht zu beanstandendes Vorgehen des Gesetzgebers**, die Grundsteuern, soweit sie materiellrechtlich tatsächlich entstanden sind, auch festzusetzen und zu erheben. 45

(Einstweilen frei) 46–50

VI. Verhältnis zu anderen Vorschriften

§ 226 BewG steht aufgrund des **Bezugs zur abgelaufenen Feststellungsfrist** in einem engen Zusammenhang zu den allgemein-verfahrensrechtlichen Grundsätzen nach **§ 181 Abs. 1 Satz 1 i.V. mit §§ 169 ff. AO und § 181 Abs. 3–5 AO**. Ausdrücklich wird die Anwendbarkeit des **§ 181 Abs. 5 AO** nicht durch § 226 Satz 2 BewG eingeschränkt. Die Feststellungsfrist ist damit nach allgemeinen Grundsätzen zu bestimmen.[2] 51

§ 226 BewG begründet, dass die auf verjährte Feststellungszeiträume entfallenden Änderungen der tatsächlichen Verhältnisse bei einer Fortschreibung (**§ 222 BewG**), einer Nachfeststellung (**§ 223 BewG**) oder einer Aufhebung des Grundsteuerwerts (**§ 224 BewG i.V. mit § 226 Abs. 2 BewG**) zu Grunde gelegt werden können. Regelmäßig sind diese Vorschriften daher für die Berücksichtigung der Änderung der tatsächlichen Verhältnisse heranzuziehen. 52

(Einstweilen frei) 53–60

B. Systematische Kommentierung

I. Erhalt von Besteuerungsgrundlagen trotz Verjährung (§ 226 Abs. 1 BewG)

1. Einbeziehung von Besteuerungsgrundlagen in noch nicht verjährte Feststellungen (§ 226 Abs. 1 Satz 1 BewG)

Durch § 226 BewG werden **Änderungen der tatsächlichen oder rechtlichen Verhältnisse** stets für Zwecke einer Fortschreibung oder Nachfeststellung erhalten. Nach § 226 Abs. 1 Satz 1 BewG wird damit eine Änderung der Verhältnisse, die nach §§ 222 und 223 BewG einer Feststellung auf einen Feststellungszeitpunkt, für den die **Feststellungsfrist** nach allgemeinen Vorschriften **bereits abgelaufen** war, für spätere Feststellungen erhalten.[3] 61

Demnach findet § 226 Abs. 1 Satz 1 BewG nur Anwendung, wenn 62

1. eine **Änderung der tatsächlichen oder rechtlichen Verhältnisse** vorliegt,
2. diese Änderung der Verhältnisse an einem bereits **verjährten Feststellungszeitpunkt** i.S. des § 222 Abs. 4 Satz 3 oder § 223 Abs. 2 Satz 2 BewG bestand und
3. diese **Änderung** der Verhältnisse an einem Feststellungszeitpunkt nach § 222 Abs. 4 Satz 3 BewG oder § 223 Abs. 2 Satz 2 BewG **noch fortbesteht**;

---

[1] R 4.4 Abs. 1 Satz 9 EStR 2012, H 4.4 „Berichtigung einer Bilanz, die einer bestandskräftigen Veranlagung zu Grunde liegt" EStH 2019.
[2] Wredenhagen in Grootens, BewG § 219 Rz. 121 ff.
[3] A 226 Abs. 1 AEBewGrSt.

4. eine **Berichtigung, Änderung oder Aufhebung nach Vorschriften der AO oder des BewG** der jeweiligen Feststellungsbescheide nach §§ 222 und 223 BewG durchgeführt wird.[1]

63 Ist die **Änderung** der tatsächlichen Verhältnisse für die **Besteuerung ohne Bedeutung** (§ 219 Abs. 3 BewG), wirkt sie sich folgerichtig auch nach § 226 Abs. 1 Satz 1 BewG nicht aus.

64 Eine **fehlerbeseitigende Fortschreibung** nach § 222 Abs. 3 BewG wird lediglich auf den Kalenderjahresbeginn der Fehlerentdeckung durchgeführt (§ 222 Abs. 4 Satz 3 Nr. 2 BewG). Auch Korrekturvorschriften der AO führen regelmäßig in den Fällen des § 226 BewG nicht zu einer Änderung, da sie keine Möglichkeit vorsehen, einen Bescheid mit späterer Wirkung zu erlassen.[2]

65 **BEISPIEL:**[3] Im Jahr 2023 erwarb der Steuerpflichtige einen Miteigentumsanteil an einem Grundstück, das der Grundsteuer unterlag. Der Grundbesitz war vor Erwerb grundsteuerfrei und damit nach § 219 Abs. 3 BewG nicht festgestellt worden, wird nun jedoch aufgrund der nicht begünstigten Nutzung grundsteuerpflichtig. Fälschlicherweise wird bei der Nachfeststellung auf den 1.1.2024 eine Grundstücksfläche von 1.000 m² statt zutreffenden 100 m² berücksichtigt. Nach etlichen Jahren fällt dem Steuerpflichtigen dieser Fehler im Jahr 2029 auf und er beantragt die Berücksichtigung der zutreffenden Grundstücksfläche und damit verbundene Änderung des Feststellungsbescheids zum 1.1.2025.

Im Bearbeitungszeitpunkt (2029) ist die Feststellungsfrist nach § 181 Abs. 3 AO für den Feststellungszeitpunkt 1.1.2025 bereits abgelaufen. Jedoch ist die Festsetzungsfrist der Grundsteuer (Beginn mit Ablauf 2025, § 170 Abs. 1 AO, Dauer vier Jahre, § 169 Abs. 2 Satz 1 Nr. 1 AO, Ende der Festsetzungsfrist damit mit Ablauf 2029, § 108 Abs. 1 AO) noch nicht abgelaufen. Somit ist auch die Feststellungsfrist für den Feststellungszeitpunkt 1.1.2025 nach § 181 Abs. 5 Satz 1 AO noch nicht abgelaufen, da sowohl Grundsteuer als auch Grundsteuermessbetrag (§ 184 AO) noch nicht verjährt sind.

Folge ist, dass erstmals zum 1.1.2025 der tatsächlich zutreffende Miteigentumsanteil von 100 m² der Grundsteuerwertfeststellung nach § 226 Abs. 1 Satz 1 BewG i.V. mit § 223 Abs. 1 BewG zu Grunde gelegt werden kann. § 222 Abs. 3 und Abs. 4 Satz 3 Nr. 2 BewG ist hier nicht anzuwenden, da hierdurch keine weitestgehende Nachholung der zutreffenden Grundsteuerwertfeststellung vorgenommen werden kann. Eine Änderung wäre hier erst auf den Kalenderjahresbeginn des Bekanntwerdens des Fehlers möglich (hier: 1.1.2029).

66 In seiner Entscheidung bezieht sich der BFH dabei auf eine „entsprechende" Anwendung des § 25 BewG a. F. (jetzt § 226 BewG). Eine Nachfeststellung nach § 223 BewG kann dabei nur vorgenommen werden, wenn eine **Nachfeststellung bisher gänzlich nicht durchgeführt** wurde. Wurde sie jedoch (wie im BFH-Urteil) bereits durchgeführt, tritt Wirksamkeit und Bestandskraft des Nachfeststellungsbescheids ein. Diese wird entweder durch Änderungsvorschriften der AO oder des Bewertungsverfahrensrechts durchbrochen, welche hier aber nicht anwendbar waren.

67 Eine Durchbrechung erfolgt aber insbesondere nicht nach § 222 Abs. 3 Satz 1 BewG oder § 226 BewG, da es sich hier um keine Änderungsvorschriften, sondern um erstmalige Wertermittlungs- und Feststellungsvorschriften handelt. Der **Fehler der Nachfeststellung** kann damit auf einen späteren Feststellungszeitpunkt **nur nach § 222 Abs. 3 BewG beseitigt** werden, der nach eindeutiger Regelung nach § 222 Abs. 4 Satz 3 Nr. 2 BewG aber erst mit Wirkung zum Kalenderjahresbeginn der Fehlerentdeckung berücksichtigt werden kann. Eine Nachfeststellung erneut durchzuführen, wie vom BFH entschieden, müsste demnach ausscheiden.

---

1 A 226 Abs. 3 AEBewGrSt.
2 BFH, Urteil v. 11.11.2009 - II R 14/08, BStBl 2010 II S. 723.
3 Sachverhalt nach BFH, Urteil v. 11.11.2009 - II R 14/08, BStBl 2010 II S. 723.

Die vom BFH angewendeten Grundsätze ermöglichen damit eine **„berichtigende" Nachfeststellung** und – bei analoger Anwendung – auch eine **„berichtigende" Fortschreibung** außerhalb des § 222 Abs. 3 BewG. Insbesondere ist es nach Auffassung des BFH nicht erforderlich, dass bisher keine Nachfeststellung oder Fortschreibung durchgeführt wurde. Der BFH erlaubt die Anwendung des § 226 BewG auch bei einer bereits durchgeführten Nachfeststellung oder Fortschreibung, die aber sachlich unrichtig erfolgte und ermöglicht eine zweite (im Ergebnis berichtigende) Nachfeststellung oder Fortschreibung, die aufgrund der eingetretenen Feststellungsfrist lediglich später wirkt (§ 226 Abs. 1 Satz 2 BewG).

Wäre hingegen eine Berichtigungswirkung vergleichbar mit den Änderungsvorschriften der AO beabsichtigt, würde der Steuerpflichtige gerade durch eine **eingetretene Verjährung deutlich schlechter gestellt**, als wenn noch keine Verjährung eingetreten war. Ohne eine Verjährung des betreffenden (fehlerbehafteten) Feststellungszeitpunkts kann § 226 AO nicht zur Anwendung kommen. In dieser Lage würde eine Fehlerbeseitigung nur nach § 222 Abs. 3 i.V. mit Abs. 4 Satz 3 Nr. 2 BewG möglich sein und damit erst ab dem Jahr der Fehlerentdeckung grundsteuerlich wirken. Hingegen würde mit einem Eintreten der Verjährung – und damit **höheren Rechtssicherheit** für den Steuerpflichtigen wie die Finanzverwaltung – eine zeitlich weitergreifende Änderung der Grundsteuer ergeben und damit der **erhöhten Rechtssicherheit durch Verjährung widersprechen**.

Nach der hier vertretenen Auffassung ist das Vorgehen des BFH nicht zutreffend und lässt die eindeutige und ausschließliche Vorschrift zum Vorgehen bei Fehlerbeseitigungen nach § 222 Abs. 3 Satz 1 BewG außer Acht. Ist damit eine Fortschreibung oder Nachfeststellung in der Vergangenheit ergangen, ist eine **Anwendung des § 226 BewG nur möglich, wenn bereits zu einem verjährten Feststellungszeitpunkt der Fehler entdeckt war** (vgl. § 222 Abs. 4 Satz 3 Nr. 2 BewG). War bisher kein Feststellungsbescheid ergangen, kann die notwendige Nachfeststellung oder Fortschreibung originär nach § 223 Abs. 1 BewG bzw. § 222 Abs. 1 und 2 BewG vorgenommen werden.[1]

Zweifelsfrei ist hingegen die Anwendung des § 226 BewG ohne Beachtung des § 222 Abs. 3 BewG weiterhin möglich, wenn auf den bereits verjährten Feststellungszeitpunkt eine **Änderungsvorschrift i. S. der AO oder nach § 225 BewG anwendbar** ist. Denn hierdurch würde bereits die materielle Bestandskraft i. S. des § 124 Abs. 1 Satz 2, Abs. 2 AO durchbrochen werden und ein Rechtsschutzbedürfnis nicht bestehen.[2]

Unter Berufung auf die BFH-Rechtsprechung kann somit nur über § 226 Abs. 1 Satz 1 BewG die tatsächlichen und rechtlichen zutreffenden Verhältnisse auf den **frühestmöglichen, noch nicht verjährten Feststellungszeitpunkt** berücksichtigt werden.

Im einem **Feststellungsbescheid** nach § 226 Abs. 1 Satz 1 BewG muss auf die rückgreifende und erst **später wirkende Feststellung hingewiesen** werden (entsprechend § 181 Abs. 5 Satz 2 AO).[3]

Fällt die **Änderung der Verhältnisse vor dem ersten noch nicht verjährten Feststellungszeitpunkt weg**, kann die Änderung nicht berücksichtigt werden, denn zum ersten nicht verjährten Feststellungszeitpunkt sind stets die tatsächlichen Verhältnisse des jeweiligen Feststellungs-

---

1 In der Kritik zustimmend Bruschke in Stenger/Loose, BewG § 25 Rz. 32. Wohl dem BFH zustimmend Halaczinsky in Rössler/Troll, BewG § 25 Rz. 5.
2 Zustimmend Grootens in Lippross/Seibel, BewG § 25 Rz. 10.
3 Vgl. A 226 Abs. 2 Satz 2 AEBewGrSt.

zeitpunkts zu Grunde zulegen (§ 222 Abs. 4 Satz 2 und § 223 Abs. 2 Satz 1 BewG). Dies ist nur folgerichtig, denn die Grundsteuer bemisst sich ebenfalls auf diesen Zeitpunkt (Kalenderjahresbeginn nach § 9 Abs. 1 GrStG).

75 **BEISPIEL:** Im Jahr 2023 erwarb der Steuerpflichtige ein unbebautes Grundstück, welches zutreffend als unbebautes Grundstück nach § 246 BewG festgestellt wurde. Der Steuerpflichtige errichtet danach ohne Baugenehmigung ein Gebäude noch in 2023, muss es aber aufgrund der fehlenden behördlichen Genehmigung in 2024 sofort abreißen, wodurch das Grundstück zum 1.1.2025 zutreffend als unbebaut nach § 246 BewG gilt. Dieser Vorgang wird dem Finanzamt aufgrund von Übermittlungsfehlern erst im Jahr 2029 bekannt.

Es ergibt sich wie im Beispiel oben (→ Rz. 65) der erste nicht feststellungsverjährte Feststellungszeitpunkt auf den 1.1.2025. Zu diesem Zeitpunkt weist der jetzige Feststellungsbescheid bereits eine zutreffende Bewertung als unbebautes Grundstück auf. Die Bebauung zum – verjährten – Feststellungsstichtag am 1.1.2024 bleibt damit außer Ansatz, da die Änderung der Verhältnisse (Bebauung) nicht den tatsächlichen Verhältnissen auf den 1.1.2025 entspricht.

76–80 *(Einstweilen frei)*

2. Keine Einschränkung der Ablaufhemmung nach § 181 Abs. 5 AO (§ 226 Abs. 1 Satz 2 BewG)

81 Durch § 226 Abs. 1 Satz 2 AO wird festgelegt, dass die **Feststellungsfristberechnung** uneingeschränkt nach den allgemeinen Grundsätzen nach § 181 Abs. 3 bis 5 AO erfolgt. Auch die **Ausdehnung der Feststellungsfrist nach § 185 Abs. 5 Satz 1 AO**, soweit sie für die Festsetzung von Steuern noch von Bedeutung ist, gilt hier uneingeschränkt durch eindeutigen Wortlaut.[1]

82 § 181 Abs. 5 Satz 1 AO entfaltet auch im **Verhältnis zwischen Grundsteuerwert und Grundsteuermessbetrag** (Messbetrag i. S. des § 184 Abs. 1 AO) seine Wirkung. Dies ergibt sich bereits dadurch, dass auf (Grundsteuer-)Messbeträge nach § 184 Abs. 1 Satz 2 AO die Bestimmungen über die Festsetzung von Steuern entsprechend Anwendung finden.[2]

83 Ist die **Feststellungsverjährung**, insbesondere durch § 181 Abs. 5 Satz 1 AO, noch nicht eingetreten, besteht keine Notwendigkeit zur Anwendung des § 226 BewG. In diesem Fall kann auf den jeweilig maßgeblichen Feststellungszeitpunkt die Feststellung nach § 222 oder § 223 BewG nach allgemeinen Grundsätzen durchgeführt werden.[3]

84–90 *(Einstweilen frei)*

II. Nachholung der Aufhebung des Grundsteuerwerts (§ 226 Abs. 2 BewG)

91 Die **Grundsätze** des § 226 Abs. 1 BewG sind nach § 226 Abs. 2 BewG entsprechend auf die Aufhebung von Grundbesitzwerten i. S. des § 224 BewG **anwendbar**. Dies ist nur folgerichtig, da durch § 226 Abs. 1 Satz 1 BewG die Nachfeststellung nach § 223 BewG – als **spiegelbildliche Vorschrift** zu § 224 BewG – bereits einbezogen wird. Somit muss auch der Fall zu Gunsten des Steuerpflichtigen der Aufhebung der Grundsteuerwerte mit der Vorschrift des § 226 Abs. 1 Satz 1 BewG erfasst werden.

---

[1] Vgl. auch Wredenhagen in Grootens, BewG § 219 Rz. 133 f.
[2] Siehe auch BFH, Urteil v. 11.11.2009 - II R 14/08, BStBl 2010 II S. 773, Rz. 17 und Wredenhagen in Grootens, BewG § 219 Rz. 133 und 134 f.
[3] A 226 Abs. 2 Satz 1 AEBewGrSt.

§ 227 BewG Wertverhältnisse bei Fortschreibungen und Nachfeststellungen

Bei Fortschreibungen und bei Nachfeststellungen der Grundsteuerwerte sind die Wertverhältnisse im Hauptfeststellungszeitpunkt zugrunde zu legen.

Inhaltsübersicht

	Rz.
A. Allgemeine Erläuterungen	1 - 60
I. Hinweise auf Verwaltungsanweisungen	1 - 10
II. Normzweck und wirtschaftliche Bedeutung der Vorschrift	11 - 20
III. Entstehung und Entwicklung der Vorschrift	21 - 30
IV. Geltungsbereich	31 - 40
V. Vereinbarkeit der Vorschrift	41 - 50
VI. Verhältnis zu anderen Vorschriften	51 - 60
B. Systematische Kommentierung	61 - 88
I. Festschreibung der Wertverhältnisse auf den Hauptfeststellungszeitpunkt	
II. Wertverhältnisse des land- und forstwirtschaftlichen Vermögens	71 - 80
III. Wertverhältnisse des Grundvermögens	81 - 88

LITERATUR:

Höreth/Stelzer, Grundsteuerreform – der Druck auf den Gesetzgeber steigt, DStZ 2019 S. 607–612; *Marfels*, Die Neubewertung von Grundvermögen nach dem Entwurf für ein Grundsteuerreformgesetz (GrStRefG), ErbStB 2019 S. 266–275; *Marx*, Ökonomische Analyse des Grundsteuer-Reformgesetzentwurfs, DStZ 2019 S. 372–379; *Neufang*, Das Grundsteuerreformgesetz – ein gesetzgeberisches Chaos?, BB 2019 S. 3035–3038; *Eichholz*, Novellierung der Grundsteuer, DStZ 2020 S. 1158–1167; *Eisele/Wiegand*, Grundsteuerreform 2022/2025, Stand: Januar 2020 (1. Aufl.), S. 9–22, NWB CAAAH-44415; *Heine*, Reform des Bewertungs- und Grundsteuerrechts. Werden die Reformziele erreicht?, KStZ 2020 S. 2–6; *Heine*, Hauptfeststellung und Nachfeststellung sowie Fortschreibung und Aufhebung von Einheits- und Grundsteuerwerten nach altem und neuem Recht als Grundlage für die Veranlagung der Grundsteuer, KStZ 2020 S. 21–30; *Wünnemann/Koller*, Die Grundsteuerreform – ein Resümee aus Sicht der Industrie, BB 2020 S. 215–219.

VERWALTUNGSANWEISUNGEN:

Koordinierte Erlasse der obersten Finanzbehörden der Länder v. 9.11.2021 – Anwendung des Siebenten Abschnitts des Zweiten Teils des Bewertungsgesetzes zur Bewertung des Grundbesitzes (allgemeiner Teil und Grundvermögen) für die Grundsteuer ab 1.1.2022 (AEBewGrSt), BStBl I 2021 S. 2334.

A. Allgemeine Erläuterungen

I. Hinweise auf Verwaltungsanweisungen

Verwaltungsanweisungen bezüglich der Nachholung der Feststellung i. S. des § 225 BewG sind mit dem A 227 AEBewGrSt ergangen.[1] Darin werden Klarstellungen zur Anwendung des § 227 BewG vorgenommen sowie aufgezählt, welche Wertverhältnisse nach Ansicht der Finanzverwaltung zum Hauptfeststellungszeitpunkt festgeschrieben und welche Verhältnisse veränderlich bleiben. 1

(Einstweilen frei) 2–10

---

1 Koordinierte Erlasse der obersten Finanzbehörden der Länder v. 9.11.2021, BStBl I 2021 S. 2334 (AEBewGrSt).

II. Normzweck und wirtschaftliche Bedeutung der Vorschrift

11 Durch § 227 BewG wird festgelegt, welche **Wertverhältnisse** bei einer **nach der Hauptfeststellung** zu erfolgenden **Nachfeststellung** (§ 223 BewG) oder einer **(Wert-)Fortschreibung** (§ 222 Abs. 1 BewG) zu Grunde zu legen sind. Dies ist notwendig, da grundsätzlich die Verhältnisse des Feststellungszeitpunktes nach § 222 Abs. 4 Satz 2 BewG bzw. § 223 Abs. 2 Satz 1 BewG zu Grunde zu legen sind.

12 Durch den gesetzlichen Vorbehalt nach § 227 BewG wird nun aber geregelt, dass abweichend davon weiter die **Wertverhältnisse zum letzten Hauptfeststellungszeitpunkt** zu Grunde zu legen sind.

13 Der Vorschrift kommt durch die Regelung der Wertverhältnisse damit eine **erhebliche wirtschaftliche Bedeutung** zu. Durch das Abstellen auf die höchstens sechs Jahre zurückliegenden Wertverhältnisse des vorangegangenen Hauptfeststellungszeitpunkts können sich die **Wertveränderungen** in den Bewertungsfaktoren damit zum nächsten Hauptfeststellungszeitpunkt schlagartig auswirken.

14 Gleichzeitig wird durch § 227 BewG aber eine **schleichende Grundsteuererhöhung** durch eine jährliche Wertsteigerung der Bewertungsfaktoren **innerhalb einer Hauptfeststellungsperiode vermieden**.

15–20 *(Einstweilen frei)*

III. Entstehung und Entwicklung der Vorschrift

21 § 227 BewG geht auf § 27 BewG a. F. im Rahmen der Einheitsbewertung zurück, der zum 1.1.2025 außer Kraft tritt.[1] Diese Vorschrift wurde lediglich redaktionell angepasst, indem nun der Bezug zu den **Grundsteuerwerten** hergestellt wurde.

22–30 *(Einstweilen frei)*

IV. Geltungsbereich

31 § 227 BewG findet lediglich im Rahmen der **Grundsteuerwertermittlung** nach dem Siebten Abschnitt des Bewertungsgesetzes Anwendung.

32 Das **Landesrecht** kann von § 227 BewG abweichende Vorschriften vorsehen, Art. 72 Abs. 3 Nr. 7 GG. Dies wurde durch Landesgesetzgeber inzwischen mit folgenden Regelungen vorgenommen:

- § 21 LGrStG BW des Landes Baden-Württemberg, worin der Inhalt des § 227 BewG wiederholt wird.
- § 2 Abs. 2–4 HGrStG des Landes Hessen, worin die Vorschrift des § 227 BewG sinngemäß übernommen wird. Es sei darauf hingewiesen, dass der hessische Hauptveranlagungszeitraum (der für Zwecke der Wertermittlung funktional dem **Hauptfeststellungszeitraum** des § 221 BewG entspricht) **14 Jahre** beträgt und damit doppelt so lang ausfällt wie der bundesrechtliche Hauptfeststellungszeitraum.
- § 8 Abs. 2 Satz 3 NGrStG des Landes Niedersachsen, worin lediglich die Äquivalenzbeträge einer Hauptfeststellung und damit Festschreibung der Wertverhältnisse unterliegen.

---

[1] Art. 2 Nr. 6, Art. 18 Abs. 3 GrStRefG.

Hingegen weisen folgende Länder keine dem Bundesrecht entsprechende Vorschrift auf, weil keine periodische Hauptfeststellung vorgenommen wird, wodurch auch ein Festschreiben der Wertverhältnisse i. S. des § 227 BewG nicht vorzunehmen ist: 32a

▶ Art. 6 Abs. 1 Satz 2 BayGrStG des Landes Bayern.

▶ § 6 Abs. 1 Satz 2 HmbGrStG des Landes Hamburg.

Im Übrigen wird auf die Kommentierung der landesrechtlichen Regelungen in Teil C dieses Kommentars verwiesen. 32b

Nach eindeutigem Wortlaut schreibt § 227 BewG lediglich die **Wertverhältnisse** vor, nicht jedoch die zeitliche Bestimmung der tatsächlichen und rechtlichen Verhältnisse, welche sich stets nach § 222 Abs. 4 Satz 2 BewG bzw. § 223 Abs. 2 Satz 1 BewG bestimmen. 33

(Einstweilen frei) 34–40

V. Vereinbarkeit der Vorschrift

Die Vorschrift begegnet keinen verfassungsrechtlichen oder europarechtlichen Bedenken. 41

Durch den § 227 BewG hat der **Bundesgesetzgeber** von seiner **konkurrierenden Gesetzgebung** nach Art. 105 Abs. 2 Satz 1 GG Gebrauch gemacht. Ungeachtet dessen kann das Landesrecht aber abweichende Vorschriften vorsehen, die Vorrang von der bundesgesetzlichen Regelung haben, Art. 72 Abs. 3 Nr. 7 GG. 42

Die **Festschreibung der Wertverhältnisse** auf einen Zeitpunkt im Rahmen der Grundsteuerwertermittlung stellt zwar hinsichtlich der verfassungsrechtlich nach Art. 3 Abs. 1 GG gebotenen **relationalen und realitätsgerechten Bewertung** eine **Einschränkung** dar, ist aber dem Grunde nach nicht vom Bundesverfassungsgericht beanstandet worden.[1] Zwar entschied das Bundesverfassungsgericht, dass auch § 27 BewG a. F. verfassungswidrig sei, dies bezog sich aber auf einen allgemeinen systematischen Zusammenhang zur Einheitsbewertung und nicht auf den materiellen Regelungsinhalt der Vorschrift. 43

Das Bundesverfassungsgericht wies lediglich darauf hin, dass die Wertverhältnisse des 1.1.1964 im Entscheidungszeitraum ab 2002 „mittlerweile keine hinreichend objektivierbare Schätzungsgrundlage" darstellten.[2] Innerhalb einer **Hauptfeststellungsperiode** sollten derartige **Wertverzerrungen** jedoch nicht zu erwarten bzw. bezüglich ihres Umfangs tolerierbar sein. 44

(Einstweilen frei) 45–50

VI. Verhältnis zu anderen Vorschriften

§ 227 BewG bildet die **Wertermittlungsgrundlage** im Rahmen einer **(Wert-)Fortschreibung** nach § 221 BewG sowie einer **Nachfeststellung (§ 223 BewG)**. Hingegen hat § 227 BewG keinen Regelungswirkung bei einer Hauptfeststellung, da hier kein Konflikt bei der Bestimmung der Wertverhältnisse besteht, und der **Aufhebung des Grundsteuerwerts (§ 224 BewG)**, da hier kein Wert ermittelt, sondern aufgehoben wird. 51

---

[1] BVerfG, Urteil v. 10.4.2018 - 1 BvL 11/14 (u. a.), NWB MAAAG-80435.
[2] BVerfG, Urteil v. 10.4.2018 - 1 BvL 11/14 (u. a.), NWB MAAAG-80435.

52 § 227 BewG verweist für die Bewertung nach den materiellrechtlichen Bewertungsvorschriften der **§§ 232 ff. BewG** sowie **§§ 243 ff. BewG** auf die **Anlagen 27–43 zum BewG**, die die entscheidenden **Bewertungsfaktoren** enthalten.

53 Der **Hauptfeststellungszeitpunkt**, der der Wertermittlung zu Grunde zu legen ist, ergibt sich aus **§ 221 Abs. 2 BewG**.

54–60 *(Einstweilen frei)*

B. Systematische Kommentierung

I. Festschreibung der Wertverhältnisse auf den Hauptfeststellungszeitpunkt

61 § 227 regelt die Fälle, in denen **Feststellungszeitpunkt** (und damit Wertermittlungszeitpunkt) **und Hauptfeststellungszeitpunkt auseinanderfallen**. Dies ist, wie der Wortlaut des § 227 BewG bereits zeigt, nur bei der **(Wert-)Fortschreibung** nach § 222 Abs. 1 BewG sowie der Nachfeststellung nach § 223 BewG der Fall.

62 Abweichend von den dort verankerten **Ermittlungszeitpunkten** der wesentlichen der Besteuerung zu Grunde zu legenden Verhältnisse (§ 222 Abs. 4 Satz 2 BewG, § 223 Abs. 2 Satz 1 BewG), schreibt § 227 BewG vor, dass verpflichtend und stets die Wertermittlung nach den **Verhältnissen des letzten Hauptfeststellungszeitpunkts** i. S. des § 221 Abs. 2 BewG vorzunehmen ist.[1]

63 Nicht vom Rückgriff auf den Hauptfeststellungszeitpunkt umfasst sind die **tatsächlichen und rechtlichen Verhältnisse** der wirtschaftlichen Einheit. Dies geht bereits aus den Vorschriften der Fortschreibung (§ 222 Abs. 4 Satz 2 BewG) und Nachfeststellung (§ 223 Abs. 2 Satz 1 BewG) hervor. Ferner würde eine solche Rückbeziehung dem Sinn der Fortschreibung oder Nachfeststellung an sich widersprechen, da in der Folge einer solchen vollumfänglichen Rückbeziehung während der gesamten Hautfeststellungsperiode keine Berücksichtigung der Änderung der Verhältnisse möglich wäre und es einer Fortschreibung oder Nachfeststellung nicht bedürfte.

64 Im Rahmen der materiellen Bewertungsvorschriften sind jedoch **punktuelle Durchbrechungen** des Grundsatzes vorgesehen, wonach nicht auf die Wertverhältnisse des letzten Hauptfeststellungszeitpunkts abzustellen ist.[2]

65 **PRAXISHINWEIS:**

Im Ergebnis ist die von § 227 BewG geforderte Festschreibung der Wertverhältnisse unter der hypothetischen Frage:

„Wie wäre die Hauptfeststellung durchzuführen, wenn der jetzige (nach dem Hauptfeststellungszeitpunkt eingetretene) tatsächliche Zustand der wirtschaftlichen Einheit bereits zum Hauptfeststellungszeitpunkt vorlag?"

zu verstehen.

66–70 *(Einstweilen frei)*

---

[1] A 227 Abs. 1 AEBewGrSt.
[2] Siehe dazu Wredenhagen in Grootens, BewG § 221 Rz. 72 ff. sowie Grootens in Grootens, BewG § 263 Rz. 23 und 24.

II. Wertverhältnisse des land- und forstwirtschaftlichen Vermögens

Nach **Auffassung der Finanzverwaltung** sind folgende Wertverhältnisse auf den Hauptfeststellungszeitpunkt (§ 221 Abs. 2 BewG) festzuschreiben und für den gesamten Hauptfeststellungszeitraum unveränderlich:

- Reinerträge je Flächeneinheit oder sonstiger Einheit, wie sie – nach Nutzungsart gestaffelt – in den Anlage 27–31 BewG aufgeführt werden.[1]
- Zuschläge i. S. des § 238 BewG i. V. mit der Anlage 33 des BewG.[2]

Es sei darauf hingewiesen, dass die Finanzverwaltung hier die Frage offenlässt, inwieweit sich durch Rechtsverordnung **geänderte Anlagen zum BewG** (§ 263 Abs. 1 Nr. 1 BewG) innerhalb eines Hauptfeststellungszeitraums auswirken.[3]

Andere Verhältnisse sind nach Auffassung der Finanzverwaltung unter Umständen jährlich veränderbar und können Grund für eine (Wert-)Fortschreibung sein:

- Veränderung der Flächengrößen des Grund und Bodens, sowohl in Bezug auf die Veränderung der Gesamtfläche des land- und forstwirtschaftlichen Betriebs,[4] als auch Teilflächennutzungen nach Nutzungsart[5] oder Anbau- oder Ausbauformen;[6]
- Veränderung der Bruttogrundflächen der Wirtschaftsgebäude;[7]
- Veränderungen in Art und Anzahl des Tierbestands.[8]

Im Ergebnis müssen die genannten wertbildenden Faktoren damit jährliche überprüft und gegebenfalls vorsorglich Veränderungen nach § 228 Abs. 2 BewG angezeigt werden.[9] Inwieweit Wertgrenzen nach § 222 Abs. 1 BewG überschritten sind ist hierfür unerheblich.[10]

(Einstweilen frei)

III. Wertverhältnisse des Grundvermögens

Nach **Auffassung der Finanzverwaltung** sind folgende wertbildende Verhältnisse auf den Hauptfeststellungszeitpunkt – und damit für die Hauptfeststellungsperiode unveränderlich – festgeschrieben:

- Bodenrichtwerte des Grund und Bodens,[11] nicht aber dessen Entwicklungszustand;[12]
- Wertparameter im Ertragswertverfahren in Bezug auf Rohmieten, Kapitalisierungsfaktoren, Bewirtschaftungskosten, Liegenschaftszinssätze und Abzinsungsfaktoren;[13]

---

1 A 227 Abs. 2 Satz 2 Nr. 1 AEBewGrSt.
2 A 227 Abs. 2 Satz 2 Nr. 2 AEBewGrSt.
3 Siehe Wredenhagen in Grootens, BewG § 221 Rz. 74 ff.
4 A 227 Abs. 2 Satz 3 Nr. 1 AEBewGrSt.
5 A 227 Abs. 2 Satz 3 Nr. 2 AEBewGrSt.
6 A 227 Abs. 2 Satz 3 Nr. 5 AEBewGrSt.
7 A 227 Abs. 2 Satz 3 Nr. 3 AEBewGrSt.
8 A 227 Abs. 2 Satz 3 Nr. 4 AEBewGrSt.
9 Wredenhagen in Grootens, BewG § 221 Rz. 111 ff.
10 Wredenhagen in Grootens, BewG § 221 Rz. 114.
11 A 227 Abs. 3 Satz 2 Nr. 1 AEBewGrSt.
12 A 227 Abs. 3 Satz 3 Nr. 2 AEBewGrSt.
13 A 227 Abs. 3 Satz 2 Nr. 2 AEBewGrSt mit dortigen Unternummern.

▶ Wertparameter im Sachwertverfahren in Bezug auf Normalherstellungskosten, Baupreisindex und Gebäudealter.[1]

82 Die Festschreibung dieser Wertverhältnisse gilt jedoch nur in Bezug auf die eigentlichen Werte vor Anwendung und (Neu-)Berechnung des Grundsteuerwerts. So sind die oben genannten Faktoren unter folgenden Umständen veränderlich und eventuell im Rahmen einer Wertfortschreibung zu berücksichtigen:

▶ **Rohmietertrag**: lediglich die pauschalierten monatlichen Nettokaltmieten nach Anlage 29 des BewG sind festgeschrieben. Der Rohmietertrag selbst – nach Multiplikation mit der jeweiligen Fläche – verändert sich durch eine Veränderung der Gebäudefläche. Daneben kann sich die monatliche Nettokaltmiete selbst durch Veränderung der Gebäudeart (weitere Wohnung i. S. des § 249 Abs. 10 BewG im Gebäude oder Nutzungsänderung der bestehenden Einheiten) oder des Baujahrs (über Kernsanierungen[2]) ebenfalls ändern.

▶ **Kapitalisierungsfaktor**: der Faktor bestimmt sich mathematisch aus der Restnutzungsdauer und dem jeweiligen Liegenschaftszinssatz (§ 253 Abs. 2 Satz 2 BewG), wie an der unter Anlage 37 des BewG wiedergegebene Berechnungsformel erkennbar ist. Der zum Hauptfeststellungszeitpunkt festzuschreibende Wert ist die Restnutzungsdauer in Abhängigkeit der Gebäudeart (Anlage 38 des BewG) und des anzusetzenden Baujahrs. Beide Merkmale können sich jedoch unter umfangreichen Baumaßnahmen erheblich ändern, beispielsweise durch Neuerrichtung eines Gebäudes oder Kernsanierung.[3]

▶ **Bewirtschaftungskosten**: der Prozentsatz bestimmt sich nach Anlage 40 des BewG aus der Grundstücksart (i. S. des § 249 BewG) und der Restnutzungsdauer. Auch hier gilt, dass durch umfangreiche Baumaßnahmen nach dem Hauptfeststellungszeitpunkt sich beide Merkmale ändern können, beispielsweise durch Neuerrichtung eines Gebäudes oder Kernsanierung eines bestehenden Gebäudes.[4]

▶ **Liegenschaftszinssatz und Abzinsungsfaktor**: der anzusetzende Liegenschaftszinssatz ergibt sich abhängig von der Grundstücksart nach § 256 Abs. 1 Satz 2 BewG, der Anzahl der Wohnungen nach § 249 Abs. 10 BewG und gegebenenfalls der notwendigen Anpassung aufgrund besonders hochwertiger Lage des Grundstücks. Darauf aufbauend bestimmt sich der Abzinsungsfaktor des Bodenwerts anhand des Liegenschaftszinssatzes und der Restnutzungsdauer des Gebäudes. Sowohl die Anzahl der Wohnungen (und damit die Grundstücksart) als auch die Restnutzungsdauer können sich durch umfangreiche Baumaßnahmen nach dem Hauptfeststellungszeitpunkt ändern, beispielsweise durch Neuerrichtung eines Gebäudes oder Kernsanierung.[5]

▶ **Umrechnungsfaktor**: der Vollständigkeit halber sei der Umrechnungsfaktor nach Anlage 36 BewG bei Ein- und Zweifamilienhäusern genannt. Dieser ermittelt sich sowohl aus der Grundstücksart (und damit der Anzahl der Wohnungen), als auch aus der Fläche des Grund und Bodens. Wird die Fläche des Grund und Bodens oder die Anzahl der Wohnungen verändert, ergibt sich daraus eine Veränderung des Umrechnungsfaktors.

---

1 A 227 Abs. 3 Satz 2 Nr. 3 AEBewGrSt mit dortigen Unternummern.
2 A 254 Abs. 4 Satz 2 AEBewGrSt.
3 A 253.1 Abs. 3 Satz 11 AEBewGrSt.
4 A 253.1 Abs. 3 Satz 11 AEBewGrSt.
5 A 253.1 Abs. 3 Satz 11 AEBewGrSt.

- **Gebäudealter:** Das Gebäudealter – wie die spiegelbildlich zu betrachtende Restnutzungsdauer – ist laut Auffassung der Finanzverwaltung unveränderlich. Jedoch ist im AEBewGrSt die Vorgehensweise bei Kernsanierungen geregelt, die das Gebäudealter und somit auch die Restnutzungsdauer erheblich beeinflussen → Rz. 84.[1]

Die Finanzverwaltung sieht zudem folgende Parameter als veränderlich an:

- Flächenänderungen des Grund und Bodens;
- Veränderung des Entwicklungszustands (Rohbauland ↔ Bauerwartungsland ↔ baureifes Land);[2]
- Flächenänderung des Gebäudebestands,[3] beispielsweise durch Abriss/Zerstörung,[4] Neubau/Fertigstellung[5] oder Aus- und Anbau des Gebäudebestands;
- Veränderung der Nutzungsart[6] (insbesondere Abgrenzung von Wohn- und Nichtwohnzwecke (vgl. § 249 Abs. 2–9 BewG), der Vermögensart[7] sowie der steuerfreien Nutzungszwecke (§§ 3–8 GrStG).

Hinsichtlich der im Ertragswertverfahren anzusetzenden Restnutzungsdauer (§ 253 Abs. 2 Satz 2–6 BewG) und der im Sachwertverfahren anzusetzenden Alterswertminderung (§ 259 Abs. 4 BewG) ist das Alter des Gebäudes im Hauptfeststellungszeitpunkt zu ermitteln. Abbruchverpflichtungen haben auf das Gebäudealter (in der vorzunehmenden retrospektiven Ermittlung) keine Auswirkungen.[8]

Bei nach dem Hauptfeststellungszeitpunkt **neu errichteten Gebäuden** wird keine Alterswertminderung angesetzt, da diese Gebäude - unabhängig vom späteren Baujahr - zu den Wertverhältnissen des Hauptfeststellungszeitpunkts berücksichtigt werden.[9]

Durch Anknüpfen an das Baujahr bei der Gebäudeermittlung ist bei einer durchgeführten Kernsanierung auf das **Jahr der Kernsanierung** abzustellen, welches um 10 % der wirtschaftlichen Gesamtnutzungsdauer zu mindern ist.[10] Bei kernsanierten Gebäuden mit geringer wirtschaftlicher Gesamtnutzungsdauer kann es dazu kommen, dass sich nach einer Kernsanierung keine Alterswertminderung ergibt.

BEISPIEL:

Baujahr:	1990
Wirtschaftliche Gesamtnutzungsdauer:	40 Jahre (Sporthalle)
Jahr des Hauptfeststellungszeitpunkts:	2022
Jahr der Kernsanierung:	2027
Gebäudealter vor Kernsanierung:	2022–1990 = 32 Jahre
Gebäudealter nach Kernsanierung:	2022–(2027–10 %*40 Jahre) = 2022–2023 = -1 Jahr

Zum Hauptfeststellungszeitpunkt ist damit keine Alterswertminderung vorzunehmen.

---

1 Siehe auch A 253.1 Abs. 3 AEBewGrSt und A 259.5 Abs. 4 AEBewGrSt.
2 A 227 Abs. 3 Satz 3 Nr. 2 AEBewGrSt.
3 A 227 Abs. 3 Satz 3 Nr. 1 AEBewGrSt.
4 A 227 Abs. 3 Satz 3 Nr. 5 AEBewGrSt.
5 A 227 Abs. 3 Satz 3 Nr. 3 AEBewGrSt.
6 A 227 Abs. 3 Satz 3 Nr. 4 AEBewGrSt.
7 Entgegen Auffassung der Finanzverwaltung, A 227 Abs. 3 Satz 4, 5 AEBewGrSt. Siehe aber hierzu Wredenhagen in Grootens, BewG § 222 Rz. 92a.
8 A 227 Abs. 4 Satz 2 AEBewGrSt.
9 A 227 Abs. 4 Satz 5, 7 AEBewGrSt.
10 A 253.1 Abs. 3 Satz 11 AEBewGrSt.

88 Bei der **Aufteilung einer wirtschaftlichen Einheit in Wohn- und Teileigentum** wird stets auf das eigentliche Gebäudealter – nicht auf den Aufteilungsstichtag – abgestellt. Dies ist nur folgerichtig, da das Baujahr und nicht der Aufteilungsstichtag das wertbildende Merkmal ist. Für ein zum Hauptfeststellungszeitpunkt bereits bestehendes, aber erst danach in Wohn-/Teileigentum aufgeteiltes Gebäude ist damit das ursprüngliche Baujahr bei der erforderlichen Nachfeststellung anzusetzen.[1]

§ 228 BewG Erklärungs- und Anzeigepflicht

(1) ¹Die Steuerpflichtigen haben Erklärungen zur Feststellung der Grundsteuerwerte für den Hauptfeststellungszeitpunkt oder einen anderen Feststellungszeitpunkt abzugeben, wenn sie hierzu durch die Finanzbehörde aufgefordert werden (§ 149 Absatz 1 Satz 2 der Abgabenordnung). ²Fordert die Finanzbehörde zur Abgabe einer Erklärung auf, hat sie eine Frist zur Abgabe der Erklärung zu bestimmen, die mindestens einen Monat betragen soll. ³Die Aufforderung zur Abgabe einer Erklärung kann vom Bundesministerium der Finanzen im Einvernehmen mit den obersten Finanzbehörden der Länder durch öffentliche Bekanntmachung erfolgen.

(2) ¹Eine Änderung der tatsächlichen Verhältnisse, die sich auf die Höhe des Grundsteuerwerts, die Vermögensart oder die Grundstücksart auswirken oder zu einer erstmaligen Feststellung führen kann, ist auf den Beginn des folgenden Kalenderjahres anzuzeigen. ²Gleiches gilt, wenn das Eigentum oder das wirtschaftliche Eigentum an einem auf fremdem Grund und Boden errichteten Gebäude übergegangen ist. ³Die Frist für die Abgabe dieser Anzeige beträgt einen Monat und beginnt mit Ablauf des Kalenderjahres, in dem sich die tatsächlichen Verhältnisse geändert haben oder das Eigentum oder das wirtschaftliche Eigentum an einem auf fremdem Grund und Boden errichteten Gebäude übergegangen ist.

(3) Die Erklärung nach Absatz 1 und die Anzeige nach Absatz 2 sind abzugeben

1. von dem Steuerpflichtigen, dem die wirtschaftliche Einheit zuzurechnen ist,
2. bei einem Grundstück, das mit einem Erbbaurecht belastet ist, vom Erbbauberechtigten unter Mitwirkung des Erbbauverpflichteten oder
3. bei einem Gebäude auf fremdem Grund und Boden vom Eigentümer des Grund und Bodens unter Mitwirkung des Eigentümers oder des wirtschaftlichen Eigentümers des Gebäudes.

(4) Die Erklärungen nach Absatz 1 und die Anzeigen nach Absatz 2 sind bei dem für die gesonderte Feststellung zuständigen Finanzamt abzugeben.

(5) Die Erklärungen nach Absatz 1 und die Anzeigen nach Absatz 2 sind Steuererklärungen im Sinne der Abgabenordnung, die eigenhändig zu unterschreiben sind.

(6) ¹Die Erklärungen nach Absatz 1 und die Anzeigen nach Absatz 2 sind nach amtlich vorgeschriebenem Datensatz durch Datenfernübertragung zu übermitteln. ²Auf Antrag kann die Finanzbehörde zur Vermeidung unbilliger Härten auf eine Übermittlung durch Datenfernübertragung verzichten. ³Für die Entscheidung über den Antrag gilt § 150 Absatz 8 der Abgabenordnung.

Inhaltsübersicht	Rz.
A. Allgemeine Erläuterungen	1 - 60
I. Hinweise auf Verwaltungsanweisungen	1 - 10
II. Normzweck und wirtschaftliche Bedeutung der Vorschrift	11 - 20
III. Entstehung und Entwicklung der Vorschrift	21 - 30
IV. Geltungsbereich	31 - 40

---

1 A 227 Abs. 4 Satz 4 AEBewGrSt.

V. Vereinbarkeit der Vorschrift	41 - 50
VI. Verhältnis zu anderen Vorschriften	51 - 60
B. Systematische Kommentierung	61 - 195
I. Feststellungserklärungspflicht (§ 228 Abs. 1 BewG)	61 - 110
1. Pflicht bei Aufforderung (§ 228 Abs. 1 Satz 1 und 3 BewG)	61 - 70
2. Erklärungsinhalte der Feststellungserklärung (§ 228 Abs. 1 Satz 1 BewG)	71 - 80a
3. Mindestfrist zur Erklärungsabgabe (§ 228 Abs. 1 Satz 2 BewG)	81 - 110
a) Gesetzliche Fristenregelungen	81 - 90
b) Behördliche Fristsetzung innerhalb der Erklärungsabgabeaufforderung	91 - 100
c) Fristverlängerung bei Erklärungspflichten	101 - 110
II. Anzeigepflicht bei Änderung der tatsächlichen Verhältnisse (§ 228 Abs. 2 BewG)	111 - 150
1. Umfang der Anzeigepflicht (§ 228 Abs. 2 Satz 1 und 2 BewG)	111 - 120
2. Erklärungsinhalt der Anzeige über geänderte tatsächliche Verhältnisse (§ 228 Abs. 2 Satz 1 BewG)	121 - 130
3. Frist zur Anzeige (§ 228 Abs. 2 Satz 3 BewG)	131 - 150
a) Gesetzliche Fristregelung (§ 228 Abs. 2 Satz 3 BewG)	131 - 140
b) Fristverlängerung bei Anzeigepflichten	141 - 150
III. Erklärungs- und Anzeigepflichtige Personen (§ 228 Abs. 3 BewG)	151 - 170
IV. Erklärungs- und Anzeigenempfänger (§ 228 Abs. 4 BewG)	171 - 180
V. Unterschrift und Gleichstellung zur Steuererklärung (§ 228 Abs. 5 BewG)	181 - 190
VI. Form der Erklärungen und Anzeigen (§ 228 Abs. 6 BewG)	191 - 195

LITERATUR:

Höreth/Stelzer, Grundsteuerreform – der Druck auf den Gesetzgeber steigt, DStZ 2019 S. 607–612; *Marfels*, Die Neubewertung von Grundvermögen nach dem Entwurf für ein Grundsteuerreformgesetz (GrStRefG), ErbStB 2019 S. 266–275; *Marx*, Ökonomische Analyse des Grundsteuer-Reformgesetzentwurfs, DStZ 2019 S. 372–379; *Neufang*, Das Grundsteuerreformgesetz – ein gesetzgeberisches Chaos?, BB 2019 S. 3035–3038; *Eichholz*, Novellierung der Grundsteuer, DStZ 2020 S. 1158–1167; *Eisele/Wiegand*, Grundsteuerreform 2022/2025, Stand: Januar 2020 (1. Aufl.), S. 9–22, NWB CAAAH-44415; *Heine*, Reform des Bewertungs- und Grundsteuerrechts. Werden die Reformziele erreicht?, KStZ 2020 S. 2–6; *Heine*, Hauptfeststellung und Nachfeststellung sowie Fortschreibung und Aufhebung von Einheits- und Grundsteuerwerten nach altem und neuem Recht als Grundlage für die Veranlagung der Grundsteuer, KStZ 2020 S. 21–30; *Wünnemann/Koller*, Die Grundsteuerreform – ein Resümee aus Sicht der Industrie, BB 2020 S. 215–219.

VERWALTUNGSANWEISUNGEN:

Koordinierte Erlasse der obersten Finanzbehörden der Länder v. 9.11.2021 – Anwendung des Siebenten Abschnitts des Zweiten Teils des Bewertungsgesetzes zur Bewertung des Grundbesitzes (allgemeiner Teil und Grundvermögen) für die Grundsteuer ab 1.1.2022 (AEBewGrSt), BStBl I 2021 S. 2334.

A. Allgemeine Erläuterungen

I. Hinweise auf Verwaltungsanweisungen

Der **Anwendungserlass** zum Siebenten Teil des Bewertungsgesetzes[1] (AEBewGrSt) weist unter A 228 AEBewGrSt die betreffenden Verwaltungsanweisungen aus.   1

---

[1] Koordinierter Ländererlass v. 9.11.2021, BStBl I 2021 S. 2334 ff.

2 Die **Erklärungsvordrucke** bzw. die **Datensatzbeschreibung** für die einzureichenden Erklärungen nach § 228 Abs. 1 BewG und Anzeigen i.S. des § 228 Abs. 2 BewG liegen inzwischen vor. Die Vordrucke mit der dazugehörigen Ausfüllanleitung wurden am 24.12.2021 veröffentlicht.[1]

3–10 *(Einstweilen frei)*

II. Normzweck und wirtschaftliche Bedeutung der Vorschrift

11 Durch § 228 BewG werden die **Mitwirkungspflichten** und der Kreis der **Feststellungsbeteiligten** präzisiert. In Ergänzung zu §§ 90 ff. AO verankert § 228 BewG die **spezialgesetzlichen Regelungen** zur Feststellung des Grundsteuerwerts.

12 Zusätzlich legt § 228 BewG auch fest, in welcher **Form** die Erklärungen und Anzeigen eingereicht bzw. übermittelt werden müssen.

13–20 *(Einstweilen frei)*

III. Entstehung und Entwicklung der Vorschrift

21 § 228 BewG hat sein historisches Vorbild in § 28 BewG a. F., der aus der Einheitsbewertung stammt und zum 1.1.2025 außer Kraft tritt.[2]

22 Der Wortlaut des § 28 BewG a. F. wurde dabei nur in geringem Maße übernommen. § 28 BewG a. F. sah insbesondere vor, dass eine generelle – gesetzliche – **Erklärungspflicht zum Hauptfeststellungszeitpunkt** bestand (§ 28 Abs. 1 Satz 1 BewG a. F.). Diese Regelung wurde durch eine – behördliche – **Erklärungspflicht nach Aufforderung durch die zuständige Behörde** ersetzt (§ 228 Abs. 1 Satz 1 BewG). Aber auch § 28 Abs. 2 Satz 3 BewG a. F. sah eine behördliche Aufforderung zur Abgabe einer Erklärung vor, die eine Mindestfrist von einem Monat auszuweisen hatte. Dies entspricht der neuen Rechtslage des § 228 Abs. 1 Satz 2 BewG.

23 § 28 Abs. 2 Satz 1 und 2 BewG a. F. sah daneben die **Mitteilung der Erklärungsfrist** durch Veröffentlichung im Bundesanzeiger vor. In Entsprechung dazu sieht § 228 Abs. 1 Satz 3 BewG vor, dass die Aufforderung der Abgabe der Grundsteuerwertfeststellungserklärung durch **öffentliche Bekanntmachung** erfolgen kann.

24 Der **Personenkreis der Erklärungspflichtigen** nach § 28 Abs. 3 BewG a. F., wonach die Erklärung von demjenigen abzugeben war, dem der Grundbesitz zuzurechnen ist, wurde durch § 228 Abs. 3 BewG ersetzt und präziser ausgeführt. Der Grundsatz, dass derjenige eine Erklärung abzugeben hat, dem die **wirtschaftliche Einheit zuzurechnen** ist, bleibt weiter bestehen (§ 228 Abs. 3 Nr. 1 BewG). Darüberhinausgehend sind jetzt aber auch **Erbbaurechtsinhaber** sowie Eigentümer bzw. wirtschaftliche Eigentümer von Gebäuden auf fremdem Grund und Boden ausdrücklich genannt.

25 Vollständig neu ist die Pflicht der Feststellungsbeteiligten, **Anzeigen** über die **Veränderung der tatsächlichen Verhältnisse** auch zwischen zwei Hauptfeststellungszeitpunkten einzureichen (§ 228 Abs. 2 BewG). Eine solche **Anzeigepflicht** bestand bisher nur mittelbar durch die Anzeigepflicht nach § 153 Abs. 1 Nr. 1 AO sowie spezialgesetzlich nach § 19 Abs. 1 GrStG n. F. Durch diese Anzeigepflicht soll dem bisherigen **Vollzugsdefizit** der Grundsteuer bei Änderungen ins-

---

[1] BMF, Schreiben v. 1.12.2021, BStBl 2021 I S. 2391 ff.
[2] Art. 2 Nr. 6 GrStRefG, Art. 18 Abs. 3 GrStRefG.

besondere im Bereich der Veränderungen des Bebauungszustands sowie der persönlichen und sachlichen Grundsteuerbefreiungen entgegengewirkt werden.

(Einstweilen frei) 26–30

IV. Geltungsbereich

Die Erklärungs- und Anzeigepflichten nach § 228 Abs. 1 BewG gelten nur für die **Grundsteuerwertermittlung** im Rahmen des Siebten Abschnitts des BewG. 31

Das **Landesrecht** kann von § 228 BewG abweichende Vorschriften vorsehen, Art. 72 Abs. 3 Nr. 7 GG. Dies ist in folgenden Bundesländern inzwischen erfolgt: 32

- § 22 LGrStG BW des Landes Baden-Württemberg,
- Art. 6 Abs. 5, 6 BayGrStG des Landes Bayern,
- § 2 Abs. 4 HGrStG des Landes Hessen,
- § 8 Abs. 5, 6 NGrStG des Landes Niedersachsen,
- § 6 Abs. 5, 6 HmbGrStG des Landes Hamburg.

Wegen der Einzelheiten vgl. die Kommentierung der jeweiligen Landesgesetze im Teil C dieses Kommentars.

Mittelbar ist zu erwarten, dass die Erklärungen und Anzeigen auch **Besteuerungsgrundlagen** abfragen bzw. erfordern, die erst für die **Festsetzung von Grundsteuermessbetrag und Grundsteuer** erforderlich sind. Das GrStG an sich kennt keine Erklärung für Grundsteuerzwecke. Angesichts der umfangreichen Regelungen über Messbeträge sowie der ausgeweiteten Anzeigenpflichten nach § 19 GrStG ist zu erwarten, dass in den Erklärungsvordrucken bzw. Datensatzbeschreibungen auch die dafür benötigten Daten abgefragt werden. 33

(Einstweilen frei) 34–40

V. Vereinbarkeit der Vorschrift

Die Vorschrift des § 228 BewG begegnet keinen verfassungsrechtlichen oder europarechtlichen Bedenken. 41

Durch den § 228 BewG hat der **Bundesgesetzgeber** von seiner **konkurrierenden Gesetzgebung** nach Art. 105 Abs. 2 Satz 1 GG Gebrauch gemacht. Ungeachtet dessen kann das Landesrecht aber abweichende Vorschriften vorsehen, die Vorrang von der bundesgesetzlichen Regelung haben, Art. 72 Abs. 3 Nr. 7 GG. 42

(Einstweilen frei) 43–50

VI. Verhältnis zu anderen Vorschriften

Durch § 228 BewG wird die Finanzbehörde regelmäßig die zentralen **Besteuerungsgrundlagen zur Durchführung der Feststellung** i. S. des § 219 BewG und der Anwendung des materiellen Bewertungsrechts nach §§ 232–262 BewG erhalten. 51

Nach § 228 Abs. 5 BewG sind die **Erklärungen und Anzeigen** i. S. des § 228 BewG als **Steuererklärungen** nach §§ 149–152 AO anzusehen und werden diesen gleichgestellt. Damit sind ins- 52 besondere die Vorschriften über **Verspätungszuschlag** (§ 152 AO) und **Zwangsmittel** (§§ 328 ff. AO) insoweit anwendbar.[1]

53   Mit § 228 BewG werden die **allgemein-verfahrensrechtlichen Vorschriften** nach §§ 90 Abs. 1 und 2, 92, 94–99 AO der Feststellungsbeteiligten **präzisiert und ergänzt**. Insbesondere die **Berichtigungspflicht** nach § 153 Abs. 1 Nr. 1 AO spiegelt sich in der **Anzeigepflicht** nach § 228 Abs. 2 BewG wider.

54–60   *(Einstweilen frei)*

B. Systematische Kommentierung

I. Feststellungserklärungspflicht (§ 228 Abs. 1 BewG)

1. Pflicht bei Aufforderung (§ 228 Abs. 1 Satz 1 und 3 BewG)

61   Eine Verpflichtung zur Abgabe einer Erklärung besteht erst, wenn eine Aufforderung der zuständigen Finanzbehörde vorliegt. Die **Aufforderung zur Abgabe einer Steuererklärung** ist nach § 149 Abs. 1 Satz 2 AO ein **selbstständiger Verwaltungsakt**, der dementsprechend anfechtbar ist, § 347 Abs. 1 Nr. 1, Abs. 2 AO.

61a   Die Finanzverwaltung sieht vor, dass eine Feststellungserklärung zu Hauptfeststellungszeitpunkten verpflichtend anzufordern ist.[2] Diese Aufforderung kann auch durch öffentliche Bekanntmachung erfolgen.[3]

61b   Demgegenüber ist es bei einer Änderung der tatsächlichen Verhältnisse[4] außerhalb der Hauptfeststellung dem Ermessen der Finanzbehörde überlassen, ob eine Erklärung angefordert wird.[5] Es ist daher möglich, – und im Hinblick auf die angestrebte Automatisierung des Besteuerungsverfahrens im Rahmen der Grundsteuer wahrscheinlich – dass Neufeststellungen oder (Wert-)Fortschreibungen von Amts wegen ohne vorherige Erklärungsanforderung durchgeführt werden.[6] Die Finanzverwaltung sieht dies insbesondere im Fall anwendbar, wenn keine Erklärung/Anzeige i. S. des § 228 BewG eingereicht/übermittelt wird und dem Finanzamt alle steuererheblichen Tatsachen bereits bekannt sind.[7] Eine solche Feststellung wird durch die Finanzverwaltung ohne zeitliche Beschränkung zugelassen, was verfahrensrechtlich nur durch das Ablaufen der Festsetzungsfrist bei der Grundsteuer beschränkt wird.[8]

62   Im Umkehrschluss bedeutet dies, dass **ohne** wirksame (§ 124 Abs. 2 AO) **Aufforderung** auch **keine Erklärungspflicht** besteht. Dies ist nicht nur für die Festsetzung etwaiger **Verspätungszuschläge** nach § 152 Abs. 1 und 2 AO relevant, sondern auch für den Beginn (bzw. die Anlaufhemmung) der **Feststellungsfrist** nach § 181 Abs. 3 Satz 1 und 2 AO von entscheidender Bedeutung.

---

1   Im Übrigen vgl. Wredenhagen in Grootens, BewG § 219 Rz. 161 ff.
2   A 228 Abs. 1 Satz 1 AEBewGrSt.
3   A 228 Abs. 1 Satz 2 AEBewGrSt.
4   A 227 Abs. 2–4 AEBewGrSt, vgl. Wredenhagen in Grootens, BewG § 222 Rz. 71 ff.
5   A 228 Abs. 1 Satz 4 AEBewGrSt.
6   A 228 Abs. 6 Satz 1 AEBewGrSt.
7   A 228 Abs. 6 Satz 2 AEBewGrSt.
8   A 228 Abs. 6 Satz 3, 4 AEBewGrSt.

Fehlt es damit an einer Aufforderung zur Abgabe einer Steuererklärung i. S. des § 149 Abs. 1 Satz 2 AO, scheiden Erklärungspflichten sowie Sanktionen aus. Dies wäre insbesondere der Fall, falls die Aufforderung keinen Verwaltungsakt nach § 118 Satz 1 AO oder keine Allgemeinverfügung i. S. des § 118 Satz 2 AO darstellt.

63

Nach § 118 Satz 1 AO liegt ein **Verwaltungsakt** vor, wenn

64

1. eine Behörde
(hier: Finanzbehörde nach § 6 Abs. 2 Nr. 4a AO, das Finanzamt)
2. eine Maßnahme
(hier: Aufforderung zur Abgabe einer Erklärung nach § 228 Abs. 1 Satz 1 BewG)
3. auf dem Gebiet des öffentlichen Rechts
(hier: betreffend der öffentlich-rechtlichen Grundsteuerwertfeststellung)
4. eine Einzelfallregelung
(hier: unmittelbar gegenüber dem Feststellungsbeteiligten beziehungsweise seinem Bevollmächtigten)
5. mit unmittelbarer Außenwirkung
(hier: gegenüber einem Dritten, dem Feststellungsbeteiligten außerhalb des verwaltungsinternen Verfahrens)

erlässt. Inwieweit diese Merkmale im Einzelfall vorliegen, muss **im Wege der Auslegung** (§§ 133 und 157 BGB) ermittelt werden. In aller Regel sollte bei einer Maßnahme gegenüber nur einem Feststellungsbeteiligten stets ein solcher Verwaltungsakt vorliegen.

Liegt ein Verwaltungsakt vor, entfaltet er erst mit **ordnungsgemäßer Bekanntgabe** seine Wirkung (§ 122 Abs. 1 Satz 1, § 124 Abs. 1 AO). Dabei kann die Bekanntgabe auch fernmündlich (telefonisch) erfolgen, da sonstige Verwaltungsakte **formlos** ergehen können, § 119 Abs. 2 Satz 1 AO.

65

Ein Verwaltungsakt kann aber auch als **Allgemeinverfügung** ergehen. Eine Allgemeinverfügung nach § 118 Satz 2 AO liegt dabei vor, wenn sich die Finanzbehörde statt an einen einzelnen Feststellungsbeteiligten (Einzelfallregelung) an einen nach allgemeinen Merkmalen bestimmbaren größeren Personenkreis richtet. Dies wäre gerade für die erstmalige Abgabe von Erklärungen auf den Hauptfeststellungszeitpunkt zum 1.1.2022 (§ 266 Abs. 1 BewG) denkbar.

66

Für diese Zwecke wurde gesetzlich die **öffentliche Bekanntmachung** (§ 122 Abs. 4 AO) einer Aufforderung zur Abgabe der Erklärung i. S. des § 228 Abs. 1 BewG vorbehalten. Der Gesetzgeber erhofft sich dadurch eine Verwaltungserleichterung.[1] Diese öffentliche Bekanntmachung muss aber, damit sie den selbstständigen Verwaltungsakt nach § 149 Abs. 1 Satz 2 und 3 AO ergibt, als **Allgemeinverfügung** entsprechend ausgestaltet sein. Die öffentliche Bekanntgabe ist lediglich eine Form der Bekanntgabe nach §§ 122 und 122a AO und muss für einen Verwaltungsakt i. S. des § 118 Satz 1 oder 2 AO erfolgen. Deswegen sind auch **reine Erinnerungen oder Hinweise**, die öffentlich bekanntgemacht werden, verfahrensrechtlich keine Verwaltungsakte (mangels abschließender Regelung des Einzelfalls).

67

Fehlt es an einer Bekanntgabe des Verwaltungsakts oder der Allgemeinverfügung, liegt ein sogenannter „Scheinverwaltungsakt" vor. Mangels Bekanntgabe ist er nicht wirksam geworden, § 124 Abs. 1 Satz 1 AO, und damit gegenstandslos.

68

(Einstweilen frei)

69–70

---

[1] BT-Drucks. 19/11085 S. 96 zu § 228 Abs. 1 BewG.

2. Erklärungsinhalte der Feststellungserklärung (§ 228 Abs. 1 Satz 1 BewG)

71 Mangels Veröffentlichung des **Datensatzes** oder von **Erklärungsvordrucken** steht der **Umfang der Besteuerungsgrundlagen**, die im Rahmen der Erklärung angegeben werden müssen, noch nicht fest.

72 Der Gesetzgeber beabsichtigt, die **Feststellung** und darauf aufbauende Messbetrags- und Steuerfestsetzung so weit wie möglich **automationsgestützt** durchzuführen.[1] Dies ist sowohl als Erleichterung für die Steuerpflichtigen, die Bürger und die Wirtschaft, gedacht, nicht zuletzt aber gerade für die Finanzverwaltung notwendig. Der Gesetzgeber geht im Rahmen der gesamten Grundsteuerreform von einem erheblichen **Personalaufbau** im Rahmen der Bewertungsstellen sowie der informationstechnischen Entwicklung aus.[2]

73 Entsprechend erwägt der Gesetzgeber – auch unter Berücksichtigung der umfangreichen **Mitteilungspflichten außersteuerlicher Behörden** nach § 229 BewG – eine **vorausgefüllte Steuererklärung** zu erstellen.[3] Der Steuerpflichtige würde hierdurch in erheblichem Maße von einer eigenständigen Ermittlung entlastet.

74 Jedoch sollte er in diesem Fall die Besteuerungsgrundlagen dennoch gründlich überprüfen, zu Gunsten wie zu Ungunsten, denn die Erklärung wird nach Übermittlung beziehungsweise Unterschrift als seine **Willenserklärung** ausgelegt und kann damit insbesondere bei unterlassenen steuererhöhenden Korrekturen zu einer **Steuerverkürzung** i. S. des § 370 Abs. 4 Satz 1 AO führen. Somit besteht für den Steuerpflichtigen bei einer nachlässigen Überprüfung einer vorausgefüllten Steuererklärung ein nicht geringes Risiko einer **leichtfertigen Steuerverkürzung** (§ 379 AO) oder – bei aktivem oder bedingtem Vorsatz – sogar eine **Steuerhinterziehung** i. S. des § 370 Abs. 1 Satz 1 Nr. 1 oder 2 AO.

75 Eine **Grundsteuerwertfeststellungserklärung** muss in jedem Fall – neben den verfahrenstechnischen persönlich-individuellen Angaben des Feststellungsbeteiligten – die für die Anwendung der **materiellen Bewertungsvorschriften** nach § 232–262 BewG notwendigen **Besteuerungsgrundlagen** enthalten. Daneben sind auch Angaben über die **Zurechnung** und **Miteigentumsanteile** i. S. des § 219 Abs. 2 Nr. 2 BewG notwendig.

76 Ferner sollte davon ausgegangen werden, dass im Rahmen der Grundsteuerwertfeststellungserklärung auch **Antragsrechte** auszuüben und **Besteuerungsgrundlagen** zu erfassen sind, welche lediglich für die **Grundsteuermessbetrags-** und **Grundsteuerfestsetzung** von Bedeutung sind. Das Grundsteuergesetz sieht dafür keine eigenen Erklärungen vor. Dies bezieht sich insbesondere auf die Auswahl einer niedrigeren Grundsteuermesszahl bzw. die **Ermäßigung des Grundsteuermessbetrags** für begünstigtes Grundvermögen nach § 15 Abs. 2–5 GrStG. Ferner werden voraussichtlich auch Daten für eine etwaige **Zerlegung** des **Grundsteuermessbetrags** bereits innerhalb der Grundsteuerwertfeststellungserklärung angegeben werden müssen.

---

[1] BT-Drucks. 19/1105 S. 82, Abschnitt 3 und S. 91, 92 Abschnitt 5.
[2] BT-Drucks. 19/1105 S. 91, 92 Abschnitt 5.
[3] BT-Drucks. 19/11085 S. 96 zu § 228 Abs. 1 BewG.

Nach derzeitigem Stand liegenden folgende Formblätter für die Grundsteuerwertfeststellungserklärung vor: 77

- Erklärung zur Feststellung des Grundsteuerwerts (GW-1, Hauptvordruck, „Mantelbogen")
- Anlage Feststellungsbeteiligte (GW-1A)
- Anlage Grundstück (GW-2)
- Einlageblatt zur Anlage Grundstück (GW-2A)
- Anlage Land- und Forstwirtschaft (GW-3)
- Anlage Tierbestand (GW-3A)
- Anlage Grundsteuerbefreiung/-vergünstigung (GW-4)

Dabei sind die **Vordrucke GW-2 und GW-2A lediglich für Erklärungen für Grundvermögen** (§§ 242 ff. BewG) abzugeben. **Die Vordrucke GW-3 und GW-3A betreffen hingegen nur Erklärungen zu land- und forstwirtschaftlichen Vermögen** (§§ 231–241 BewG). Der **Vordruck GW-4 betrifft hingegen wiederum alle Erklärungen** und fragt ab, ob Grundsteuerbefreiungen nach §§ 3 ff. GrStG oder Ermäßigungen des Grundsteuermessbetrags nach § 15 Abs. 2–5 GrStG vorliegen.

Nach den am 24.12.2021 veröffentlichten Vordrucken[1] sind folgende **Angaben in den Grundsteuerwertfeststellungserklärungen** zu erfassen: 78

Allgemeine Angaben betreffend aller Erklärungen (sowohl Grundvermögen als auch land- und forstwirtschaftliches Vermögen: 79

Stichwort	Beschreibung	Formblatt, Zeile	Sachbereich, Kennzahl
Allgemeine Feststellungsangaben	- Feststellungstichtag, Steuernummer, Finanzamt - Art der Feststellung (Haupt-/Nachfeststellung, Fortschreibung) - Vermögensart nach § 218 BewG	GW-1, Zeile 1-4	Sb. 13 Kz 10/11
Lagemerkmale des Grund und Bodens	- Postalische Adresse (Ort, Postleitzahl, Straße, Hausnummer) - Grundstückslage in mehreren Gemeinden - Grundbuchangaben (Gemarkung, Grundbuchblatt, Flur, Flurstück, Miteigentumsanteile	GW-1, Zeile 9-21	Sb. 33, Kz. 11-18, 21/22, 24-26, 31, 90
Empfangsvollmacht	- Kontaktdaten des Empfangsbevollmächtigten - Angaben bei Erbengemeinschaften, ob eine Bevollmächtigung nach § 183 AO vorliegt	GW-1, Zeile 22-29	Sb. 46, Kz. 10/11, 13/14, 20, 22, 24-27, 30, 40
Ergänzende Angaben zur Erklärung	- Freitextfeld, in das Annahmen und Vorgehensweisen des Erklärungserstellers oder Rückfragen an das Finanzamt eingegeben werden können. Dieses Feld stoppt eine automatisierte Verarbeitung der Erklärung	GW-1, Zeile 30	
Eigentumsverhältnisse	- Angabe der Art des Rechtsträgers: Alleineigentum natürlicher/ juristischer Personen, Gemeinschaften aus Erben, Ehegatten oder andere Grundstücksgemeinschaften	GW-1, Zeile 32	Sb. 13, Kz. 40
Angaben zur Grundstücksgemeinschaft	- nur notwendig bei Gemeinschaft als Eigentümer: Adresse und wenn vorhanden: Firma der Grundstücksgemeinschaft,	GW-1, Zeile 33-40	Sb. 45, Kz. 10, 20, 22, 24-27, 30, 40, 91/92

---

1 BMF, Schreiben v. 1.12.2021, BStBl 2021 I S. 2391 ff.

Angaben Beteiligte	- nur notwendig bei Gemeinschaft als Eigentümer: Name/Firma der Beteiligten, Geburtsdatum, Adresse, Anteile am Grundstück, - Angaben zum Bevollmächtigten des Beteiligten	GW-1, Zeile 41-94 Fortsetzung ab Beteiligter Nr. 4 auf GW-1A, Zeile 4-39	Sb. 45, Kz. 10/11, 12/14, 18-20, 24-27, 30, 40, 70/71, 73/74; Sb. 46, Kz. 10/11, 13/14, 20, 22, 24-27, 30, 40
Unterschrift, Mitwirkung	- Unterschriftfeld bei eigenhändiger Unterschrift, Angaben zum mitwirkenden Dritten (z. B. Steuerberater)	GW-1, Zeile 96-97	
Angaben zu Grundsteuer-Befreiungen (§§ 3 ff. GrStG)	- Entweder: Angabe Nutzungszweck bei vollständiger grundsteuerfreier Nutzung - Oder: Angabe Nutzungszweck und der jeweiligen Teilflächen bei einer oder mehrerer grundsteuerfreien Nutzung - Oder: Angabe Nutzungszweck bei räumlich nicht abgrenzbarer grundsteuerbefreiter Nutzung	GW-1, Zeile 31 GW-4, Zeile 3-11	Sb. 13, Kz. 62, 64
Angaben zur Grundsteuervergünstigung (§ 15 Abs. 2-5 GrStG)	- Entweder: Angabe Vergünstigungsgrund des gesamten Grundstücks - Oder: Vergünstigungsgrund der jeweiligen Teilfläche bei einem oder mehreren Vergünstigungsgründen	GW-1, Zeile 31 GW-4, Zeile 13-22	Sb. 13, Kz. 63, 65

80 Für Grundvermögen nach § 242 ff. BewG notwendige Angaben:

Stichwort	Beschreibung	Formblatt, Zeile	Sachbereich, Kennzahl
Grundstücksart	- Einordnung nach § 249 BewG in die betreffende Grundstücksart	GW-2, Zeile 3	Sb. 13, Kz. 22
Angabe Bodenrichtwert	- Angabe zweier Flächensummen mit dazugehörigen Bodenrichtwerten - Wenn unbebaut: Entwicklungszustand	GW-2, Zeile 4-6	Sb. 30, Kz. 10/11, 20/21, 51
Angaben zum **Ertragswertverfahren** je Gebäude	- Baujahr (ab 1949), sonst Angabe Bezugsfertigkeit vor 1949 - Jahr der Kernsanierung und/oder Abbruchverpflichtung - Anzahl (Tief-)Garagenstellplätze - Anzahl und Gesamtfläche der Wohnungen <60 m² - Anzahl und Gesamtfläche der Wohnungen 60 bis <100 m² - Anzahl und Gesamtfläche der Wohnungen ab 100 m² - Anzahl und Gesamtfläche weiterer Wohnflächen außerhalb von Wohnungen - Lage, Nutzungszweck Einzelflächen und Gesamtfläche der Nutzfläche	GW-2, Zeile 7-19 Fortsetzung ab Gebäude Nr. 2: GW-2, Zeile 35, GW-2A, Zeile 4-16	Sb. 31, Kz. 13-16, 21/22, 31/32, 41/42, 51/52, 62, 71
Angaben zum **Sachwertverfahren** je Gebäude	- Lageplannummer, Gebäudeart, Baujahr, Bruttogrundfläche - Jahr der Kernsanierung und/oder Abbruchverpflichtung - Teilfläche für Zwecke des Zivilschutzes	GW-2, Zeile 20-34 Fortsetzung ab Gebäude Nr. 2: GW-2, Zeile 35, GW-2A, Zeile 17-37	Sb. 32, Kz. 10, 12, 20-22, 30, 41
Wohn-/Teileigentum	- Datum des Antrags auf Eintragung des Wohn- und Teileigentums	GW-2, Zeile 36	Sb. 13, Kz. 25
Angaben Erbbaurecht bzw. Gebäude auf fremden Grund und Boden	- Angaben zum Erbbauverpflichteten bzw. zum (wirtschaftlichen) Eigentümer des Gebäudes auf fremdem Grund und Boden.	GW-2, Zeile 37-44	Sb. 13, Kz. 23/24

Für **land- und forstwirtschaftliches Vermögen** nach §§ 231–241 BewG notwendige Angaben: 80a

Stichwort	Beschreibung	Formblatt, Zeile	Sachbereich, Kennzahl
Lage des Grund und Bodens	- Gemarkung, Gemarkungsnummer, Flur, Flurstück, amtliche Fläche		
Nutzungsangaben je Teilfläche	- Nutzungsart laut Ausfüllhilfe, Fläche der Nutzungsart, ggfls. Ertragsmesszahl, ggfls. Bruttogrundfläche der Wirtschaftsgebäude, ggfls. Durchflussmenge		
Gesamtflächen-Aufstellung	- Eigentumsflächen - An Dritte verpachtete Flächen - Von Dritten gepachtete Flächen	GW-3A, Zeile 3-6	Sb. 22, Kz. 11-14
Angaben zur Tierzucht	- Bestand der jeweiligen Tierart im Durchschnitt der letzten drei Wirtschaftsjahre - Erzeugung der jeweiligen Tierarten im Durchschnitt der letzten drei Wirtschaftsjahre - Bei Schweinen aller Arten: Zukäufe im Durchschnitt der letzten drei Wirtschaftsjahre	GW-3A, Zeile 7-52	Sb. 22, Kz. 21-42, 51-78, 81-85

3. Mindestfrist zur Erklärungsabgabe (§ 228 Abs. 1 Satz 2 BewG)

a) Gesetzliche Fristenregelungen

Das BewG wie auch das GrStG sieht **keine Frist** für die Einreichung von Steuererklärungen vor. Auch § 228 Abs. 1 Satz 2 BewG regelt insoweit auch nur eine **Mindestfrist** von einem Monat nach der behördlichen Aufforderung nach § 228 Abs. 1 Satz 1 BewG und legt damit auch keine allgemeingültige Fristenregelung fest. 81

Mangels besonderer Fristenregelung gilt damit im Grundsatz § 149 Abs. 1 Satz 2 AO. Demnach ist die Steuererklärung – hier die Grundsteuerwertfeststellungserklärung i. S. des § 228 Abs. 1 Satz 1 BewG – **innerhalb von sieben Monaten nach Ablauf des gesetzlich bestimmten Zeitpunkts** spätestens abzugeben. Der gesetzlich bestimmte Zeitpunkt i. S. des § 149 Abs. 2 Satz 1 AO ist der Feststellungszeitpunkt nach § 221–224 BewG. Eine Erklärung zum Grundsteuerwert ist damit spätestens sieben Monate nach dem erstmaligen Hauptfeststellungszeitpunkt (1.1.2022, § 266 Abs. 1 BewG) abzugeben. Das Ende der **Frist zur Abgabe der Grundsteuerwertfeststellungserklärung kann damit nicht vor dem 1.8.2022** liegen, da sonst ein Verstoß gegen den gesetzlich gesicherten Siebenmonatszeitraum nach § 149 Abs. 2 Satz 1 AO vorläge. Eine freiwillige vorzeitige Abgabe durch den Erklärungspflichtigen ist aber ohne weiteres möglich. 82

Die **Mindestfrist** nach § 149 Abs. 2 Satz 1 AO verlängert sich für **Land- und Forstwirte** nach § 149 Abs. 2 Satz 2 AO nicht, da diese Norm lediglich auf Besteuerungszeiträume abstellt. Für Grundsteuerwertermittlungszwecke muss aber auf einen Zeitpunkt abgestellt werden. Daher greift hier die Verlängerung der Frist nach § 149 Abs. 2 Satz 2 AO nicht durch und es bleibt auch für Land- und Forstwirte bei der **stichtagsbezogenen Siebenmonatsfrist**. 83

Die Siebenmonatsfrist nach § 149 Abs. 2 Satz 1 AO wird dabei nicht nach § 149 Abs. 3 AO automatisch durch eine **steuerliche Vertretung** (§ 80 AO) verlängert. Mangels Nennung der Grundsteuerwertfeststellung i. S. des § 180 Abs. 1 Satz 1 Nr. 1 AO in der abschließenden Aufzählung nach § 149 Abs. 3 AO greift diese Regelung nicht durch, auch wenn der Feststellungsbeteiligte steuerlich vertreten wird. 84

(Einstweilen frei) 85–90

b) Behördliche Fristsetzung innerhalb der Erklärungsabgabeaufforderung

91 Parallel muss die Finanzbehörde **zur Abgabe der Erklärung auffordern**. Zu einem solchen Aufforderungsbescheid nach § 149 Abs. 1 Satz 2 AO ist zur hinreichenden inhaltlichen Bestimmung auch die **Nennung der Frist** notwendig (§ 119 Abs. 1 AO). Das Finanzamt muss die Frist mindestens auf **einen Monat nach Bekanntgabe der Aufforderung** bemessen (§ 228 Abs. 1 Satz 2 BewG).

92 Dabei darf die behördlich gesetzte Frist jedoch den **Siebenmonatszeitraum** nach § 149 Abs. 2 Satz 1 AO nicht verkürzen. Der Siebenmonatszeitraum ist gesetzlich als Mindestfrist vorgesehen und wird nicht durch die behördliche Frist verdrängt.[1]

93 Das Finanzamt hat dementsprechend in **pflichtgemäßer Ermessensausübung** (§ 5 AO) eine rechtmäßige Frist nach § 149 Abs. 2 Satz 1 AO i.V. mit § 228 Abs. 1 Satz 2 BewG festzulegen. Diese – behördliche – Frist kann im Rahmen des **selbstständigen Verwaltungsakts** der Erklärungsabgabeaufforderung durch **Einspruch** nach § 347 Abs. 1 Nr. 1, Abs. 2 AO angefochten werden oder nach den **Vorschriften des §§ 129 ff. AO geändert** werden.

94 Die **behördliche Frist** soll dabei **in der Regel einen Monat** betragen.[2] In besonderen Fällen, beispielsweise bei drohendem Verstreichen der Feststellungsfrist und einer zumutbaren kürzeren Frist kann auch eine kürzere Frist als die Monatsfrist gesetzt werden.[3] Dies sollte sich auf seltene Ausnahmefälle beschränken, da sich einerseits die Feststellungsfrist für den Grundlagenbescheid im Zweifel verfahrensrechtlich verlängert (§ 181 Abs. 5 AO)[4] und andererseits eine Zumutbarkeit angesichts der umfangreich einzureichenden Feststellungsgrundlagen in aller Regel nicht bei einer kürzeren Frist vorliegen sollte.

95–100 *(Einstweilen frei)*

c) Fristverlängerung bei Erklärungspflichten

101 Da es sich um eine behördliche Fristsetzung handelt, kann die Erklärungsfrist laut Aufforderungsbescheid nach § 109 Abs. 1 Satz 1 AO durch **behördliche Fristverlängerung** verlängert werden. Diese ist **auf Antrag** zu gewähren und unterliegt einer **Ermessensausübung** des Finanzamts nach § 5 AO. Sie ist auch **rückwirkend verlängerbar**, sollte bei der Entscheidung über den Antrag die Frist bereits abgelaufen sein, § 109 Abs. 1 Satz 2 AO.

102 Eine Ablehnung einer Fristverlängerung ist als **Ablehnungsbescheid** selbstständig anfechtbar.

103 Die Fristverlängerung kann mit **Nebenbestimmungen** i.S. des § 120 AO – insbesondere des **Vorbehalts des Widerrufs**, § 120 Abs. 2 Nr. 3 AO – versehen werden.

104 Werden **Fristverlängerungsanträge** innerhalb der Finanzverwaltung **automationsgestützt** verarbeitet, ist grds. nur eine **automationsgestützte Fristverlängerung** zulässig, § 109 Abs. 4 AO. Nur in begründeten Einzelfällen, die durch das automationsgestützte Verfahren nicht abgebildet werden können, ist eine **Ermessensausübung des einzelnen Finanzbeamten** eröffnet, § 109 Abs. 4 AO.

105–110 *(Einstweilen frei)*

---

[1] Schindler in Gosch, Abgabenordnung/Finanzgerichtsordnung, 154. Erg.-Lfg. § 149 AO Rz. 22 mit weiteren Nennungen.
[2] A 228 Abs. 1 Satz 5 AEBewGrSt.
[3] A 228 Abs. 1 Satz 6 AEBewGrSt.
[4] Vgl. Wredenhagen in Grootens, BewG § 218 Rz. 132 ff.

II. Anzeigepflicht bei Änderung der tatsächlichen Verhältnisse (§ 228 Abs. 2 BewG)

1. Umfang der Anzeigepflicht (§ 228 Abs. 2 Satz 1 und 2 BewG)

Ändern sich die **tatsächlichen** Verhältnisse, die einer Feststellung zu Grunde gelegt wurden (vgl. § 221 Abs. 2, § 222 Abs. 4 Satz 2, § 223 Abs. 2 Satz 1 BewG), ist der Feststellungsbeteiligte verpflichtet, insoweit eine **Anzeige über die Änderung** abzugeben. Diese Vorschrift konkretisiert die **Mitwirkungs- und Berichtigungspflicht** nach § 153 Abs. 1 Nr. 1 AO, sofern die tatsächlichen Verhältnisse einer früheren Erklärung nach § 228 Abs. 1 BewG oder einer früheren Anzeige nach § 228 Abs. 2 BewG nicht mehr den Verhältnissen eines späteren Feststellungsstichtags entspricht.

Dabei führt aber nicht jede **Änderung der tatsächlichen Verhältnisse** zu einer Anzeigepflicht nach § 228 Abs. 2 Satz 1 BewG. Wie bereits aus § 219 Abs. 3 BewG hervorgeht, muss eine **Änderung grundsteuerlich von Bedeutung** sein, wie auch die Finanzverwaltung aufzeigt.[1] Eine solche Bedeutung liegt nach § 228 Abs. 2 Satz 1 und 2 BewG in folgenden Fällen vor:

1. Der **Grundsteuerwert erhöht sich**. Eine Anzeigepflicht besteht hingegen nicht, wenn der Grundsteuerwert sich verringert. In diesen Fällen hat der Feststellungsbeteiligte und Grundsteuerpflichtige aber bereits ein ureigenes wirtschaftliches Interesse, die Grundsteuer entsprechend durch Herabsetzung des Grundsteuerwerts zu verringern.
2. Die **Vermögensart** (§ 218 Satz 1 BewG) **ändert sich.**
3. Die **Grundstücksart** innerhalb des Grundvermögens nach § 249 BewG **ändert sich.**
4. Eine erstmalige Feststellung im Rahmen einer **Nachfeststellung** nach § 223 BewG ist **durchzuführen.**
5. **Ein Gebäude auf fremdem Grund und Boden** wird übertragen. Dies umfasst sowohl die Übertragung auf den (wirtschaftlichen) Eigentümer des Grund und Bodens („Heimfall") als auch auf einen dritten Übernehmer, der in den Vertrag, durch den das wirtschaftliche Eigentum des Veräußerers am Gebäude begründet wurde (vgl. § 566 BGB), eintritt.[2]

Eine Änderung der Zurechnung der wirtschaftlichen Einheit (mit der Folge, dass ein anderer Rechtsträger steuerpflichtig wird) ist keine anzeigenerhebliche Änderung der tatsächlichen Verhältnisse.[3] Hintergrund ist, dass diese Änderungen bereits durch die Grundbuchämter elektronisch an das Finanzamt gemeldet werden.[4]

Darüber hinausgehend sollte nach dem Sinn und Zweck der Vorschrift auch eine Anzeigepflicht bestehen, wenn sich der **Bebauungszustand** einer wirtschaftlichen Einheit eines Grundvermögens ändert, da sich dadurch die Wertermittlung ändert und sich Folgen für das weitere Besteuerungsverfahren – insbesondere der Auswahl der zutreffenden Grundsteuermesszahl nach § 15 Abs. 1 Satz 1 Nr. 1 oder 2 GrStG – ergeben.[5]

Die Anzeigepflicht besteht uneingeschränkt, auch wenn die **Bagatellgrenze** nach § 222 Abs. 1 BewG im Rahmen der Wertfortschreibung nicht überschritten wird. Die Anzeige ist dennoch notwendig, weil spätestens zum nächsten **Hauptfeststellungszeitpunkt** (§ 221 Abs. 2 BewG)

---

1 A 228 Abs. 2 Satz 1 AEBewGrSt.
2 A 228 Abs. 2 Satz 3 AEBewGrSt.
3 A 228 Abs. 2 Satz 2 AEBewGrSt.
4 Vgl. Wredenhagen in Grootens, BewG § 229 Rz. 101 ff.
5 Vgl. Wredenhagen in Grootens, BewG § 219 Rz. 203 f.

diese Werterhöhungen miteinzubeziehen sind. Ferner können **weitere Werterhöhungen** innerhalb der gleichen Hauptfeststellungsperiode (§ 221 Abs. 1 BewG) zu einem **Überschreiten der Bagatellgrenze** führen.

115 Hinsichtlich der Anzeige aufgrund der Veränderungen der tatsächlichen Verhältnisse besteht eine gewisse **Konkurrenz** hinsichtlich der allgemeinen **Anzeigepflicht für Grundsteuerzwecke** nach § 19 Abs. 1 Satz 1 GrStG. Die Finanzverwaltung stellt klar, dass eine Anzeigepflicht nach § 228 Abs. 2 BewG unabhängig von der Anzeigepflicht nach § 19 GrStG besteht.[1] Der Inhalt der Anzeigen nach § 228 Abs. 2 Satz 1 und 2 BewG und § 19 Abs. 1 Satz 1 GrStG sollte regelmäßig übereinstimmen. Dennoch sind die Anzeigen zu **unterschiedlichen Zeitpunkten** zu machen. Während § 228 Abs. 2 Satz 3 BewG eine Anzeige bis spätestens einen Monat nach dem nachfolgenden Feststellungszeitpunkt zulässt, ist nach § 19 Abs. 1 Satz 2 GrStG die Anzeige innerhalb von drei Monaten nach Änderung der Verhältnisse vorzunehmen.[2]

116 Eine Anzeigepflicht besteht hingegen nicht, wenn Besteuerungsgrundlagen nach § 219 Abs. 3 BewG außer Betracht bleiben oder weil sie auf **ausländische Teile einer wirtschaftlichen Einheit** entfallen (§ 231 Abs. 2 BewG). Eine Anzeige braucht ebenfalls nicht zu erfolgen, wenn die Finanzbehörde bereits durch **Mitteilungen anderer Behörden** – insbesondere des Grundbuchamts – Kenntnis von der Änderung einer Zurechnung einer wirtschaftlichen Einheit erhält.[3]

117 Ferner besteht keine Anzeigepflicht nach § 228 Abs. 2 BewG bei Änderungen der Verhältnisse, die lediglich die **Auswahl der Grundsteuermesszahl nach § 15 GrStG** beeinflussen. Diese sind nach eigener Vorschrift im Rahmen der Anzeige des § 19 Abs. 2 GrStG anzuzeigen.[4]

118–120 *(Einstweilen frei)*

2. Erklärungsinhalt der Anzeige über geänderte tatsächliche Verhältnisse (§ 228 Abs. 2 Satz 1 BewG)

121 Mangels der Veröffentlichung etwaiger **Anzeigenvordrucke** oder **Datensatzbeschreibungen** kann der Inhalt einer Anzeige derzeit nicht abschließend beurteilt werden.

122 Der Gesetzgeber beabsichtigt, die amtlichen Vordrucke bzw. Datensätze als eine **vereinfachte Steuererklärung** nach dem Vorbild des § 228 Abs. 1 Satz 1 BewG auszugestalten.[5]

123 Die Anzeige muss demnach zumindest – neben den persönlichen verfahrenstechnisch benötigten Merkmalen des Feststellungsbeteiligten – die oben genannten **Daten** enthalten (vgl. → Rz. 112 und Rz. 113).

124–130 *(Einstweilen frei)*

---

1 A 228 Abs. 2 Satz 5 AEBewGrSt.
2 Vgl. Bock in Grootens, GrStG § 19 Rz. 20 und 28.
3 Ausdrücklich so der Gesetzgeber, BT-Drucks. 19/11085 S. 96 zu § 228 Abs. 2 BewG und die Finanzverwaltung in A 228 Abs. 2 Satz 1 AEBewGrSt.
4 A 228 Abs. 2 Satz 5 AEBewGrSt.
5 Ausdrücklich so der Gesetzgeber, BT-Drucks. 19/11085 S. 96 zu § 228 Abs. 2 BewG.

3. Frist zur Anzeige (§ 228 Abs. 2 Satz 3 BewG)

a) Gesetzliche Fristregelung (§ 228 Abs. 2 Satz 3 BewG)

Nach § 228 Abs. 2 Satz 3 BewG wird eine spezialgesetzliche und damit gegenüber § 149 Abs. 2 AO vorrangige **Fristregelung für die Anzeige** nach § 228 Abs. 2 Satz 1 und 2 BewG festgelegt. Diese Anzeige ist einer **Steuererklärung** i. S. der §§ 149 ff. AO gleichgestellt (§ 228 Abs. 5 BewG). Damit bestimmt § 228 Abs. 2 BewG eine gesetzliche Pflicht zur Abgabe einer Steuererklärung i. S. des § 149 Abs. 1 Satz 1 BewG. 131

Die **Frist** für die Anzeige **beginnt** demnach **mit Ablauf des Kalenderjahres**, in dem die Änderung der Verhältnisse erfolgte, § 228 Abs. 2 Satz 3 BewG. So wird sichergestellt, dass die Anzeige nach § 228 Abs. 2 Satz 1 und 2 BewG auch die tatsächlichen Verhältnisse zum maßgeblichen Beurteilungsstichtag – den Fortschreibungs- oder Nachfeststellungszeitpunkt i. S. des § 222 Abs. 4 Satz 3 Nr. 1 BewG oder § 223 Abs. 2 Satz 2 BewG berücksichtigt. Damit wird eine Ausnahme des sonst allgemein geltenden Unverzüglichkeitsgrundsatzes nach § 153 Abs. 1 Nr. 1 AO zugelassen. 132

> **HINWEIS:** 133
>
> Angesichts dieser Fristregelung erscheint es damit vertretbar, mehrere Änderungen der Verhältnisse innerhalb eines Jahres in einer Anzeige für Zwecke der Grundsteuerwertfeststellung zusammenzufassen. Letztlich wirken die so angezeigten Änderungen der Verhältnisse sich erst auf den nächsten Kalenderjahresbeginn aus, wodurch eine mehrfache unterjährige Anzeige innerhalb des Feststellungsverfahrens ohne Folge bliebe, da stets die letzte Anzeige mit den Verhältnissen des Feststellungszeitpunkts (nächster Kalenderjahresbeginn) zu Grunde zu legen ist.
>
> Dies gilt jedoch nicht für Anzeigen i. S. des § 19 Abs. 1 GrStG, da hier innerhalb von drei Monaten nach jeder einzelnen Änderung der Verhältnisse eine eigene selbstständige Anzeige zu erteilen ist.

Die Frist stellt durch den Beginn mit Ablauf eines Tages eine **Ereignisfrist** i. S. des § 108 Abs. 1 AO i. V. mit § 187 Abs. 1 BGB dar. Die Frist dauert nach § 228 Abs. 2 Satz 3 BewG einen Monat,[1] wodurch sie nach § 108 Abs. 1 AO i. V. mit § 188 Abs. 2 BGB regelmäßig mit Ablauf des Januars des nachfolgenden Jahres endet (**Ablauf des 31. Januar des Folgejahres**). Fällt der 31. Januar auf einen Samstag, Sonntag oder gesetzlichen Feiertag, verschiebt sich das **Fristende** auf den **nächsten Werktag** (§ 108 Abs. 3 AO). 134

(Einstweilen frei) 135–140

b) Fristverlängerung bei Anzeigepflichten

Die Anzeige i. S. des § 228 Abs. 2 wird einer **Steuererklärung** i. S. der §§ 149 ff. AO **gleichgestellt** (§ 228 Abs. 5 BewG). Folge ist, dass die gesetzliche Anzeigefrist als Steuererklärungsfrist i. S. des § 149 Abs. 1 Satz 1 AO gilt. 141

Damit findet auch bei den Anzeigen nach § 228 Abs. 2 BewG die **Fristverlängerungsvorschrift** nach § 109 Abs. 1 AO Anwendung. Siehe dazu oben → Rz. 101 ff. 142

(Einstweilen frei) 143–150

---

1 A 228 Abs. 2 Satz 4 AEBewGrSt.

III. Erklärungs- und Anzeigepflichtige Personen (§ 228 Abs. 3 BewG)

151 Durch § 228 Abs. 3 BewG wird der Kreis der beteiligten Personen (vgl. § 78 AO) am Feststellungsverfahren bestimmt. Im engeren Sinne legt § 228 Abs. 3 BewG fest, wer die **Erklärungspflichten** nach § 228 Abs. 1 BewG und die **Anzeigepflichten** nach § 228 Abs. 2 BewG zu erfüllen hat.

152 **Feststellungsbeteiligte** sind demnach folgende Personen:
1. der **Steuerpflichtige nach § 33 Abs. 1 AO** für Zwecke der Grundsteuer. Das ist derjenige, dem die wirtschaftliche Einheit (§ 2 BewG), welche der Feststellung nach § 219 BewG unterliegt, zuzurechnen ist, § 228 Abs. 3 Nr. 1 BewG. Dies ist der wirtschaftliche Eigentümer i. S. des § 219 Abs. 2 Nr. 2 BewG i.V. mit § 39 Abs. 2 AO;[1]
2. der **Erbbauberechtigte**, § 228 Abs. 3 Nr. 2 BewG.[2] Dem Erbbauverpflichteten kommt nach Auffassung der Finanzverwaltung jedoch eine Mitwirkungspflicht zu, da bestimmte Informationen womöglich nur ihm vorlägen;[3]
3. der Eigentümer oder **wirtschaftliche Eigentümer** des Grund und Bodens, auf dem ein Gebäude auf fremdem Grund und Boden steht, § 228 Abs. 3 Nr. 3 BewG.[4] Dem (wirtschaftlichen) Eigentümer des Gebäudes auf fremden Grund und Boden kommt dabei nur eine dem Eigentümer des Grund und Bodens unterstützende Mitwirkungspflicht zu.[5]

153 Der **(wirtschaftliche) Eigentümer** des Grundstücks i. S. des § 244 BewG ist in aller Regel der einzig vorhandene Feststellungsbeteiligte. Liegt hingegen ein Fall der Feststellung der **Zurechnungsanteile** nach § 219 Abs. 2 Nr. 2 BewG i.V. mit § 39 Abs. 2 Nr. 2 AO (z. B. bei Erbengemeinschaften) vor, bei denen der Grundsteuerwert **gesondert** und aufgrund der Mehrzahl der Beteiligten auch **einheitlich festzustellen** ist (§ 179 Abs. 2 Satz 2 AO), sind nach § 228 Abs. 3 Nr. 1 BewG **mehrere Personen** verpflichtet, § 181 Abs. 2 Satz 1 AO. Sobald ein Beteiligter dieses Personenkreises aber der Erklärungs- oder Anzeigenpflicht nachkommt, sind die anderen Feststellungsbeteiligten insoweit von der Pflicht befreit, § 181 Abs. 2 Satz 3 AO.

154 In den besonderen Fällen von **Erbbaurechten** und **Gebäuden auf fremdem Grund und Boden** folgt die Notwendigkeit zur abweichenden Regelung aus den Sondervorschriften im Rahmen der Bewertung, §§ 261 und 262 BewG. Abweichend von allgemeinen Grundsätzen wird hier nicht die wirtschaftliche Einheit Bewertungsobjekt, sondern ein darüber hinaus **erweiterter Grundstücksbegriff** i. S. des § 244 Abs. 3 BewG. Demnach sind Erbbaurecht und damit verbundene Gebäude sowie das mit dem Erbbaurecht belastete Grundstück (Grund und Boden) als ein Grundstück zusammenzufassen (§ 244 Abs. 3 Nr. 1 BewG). Gleiches gilt bei Gebäuden auf fremdem Grund und Boden, bei dem das Gebäude dem wirtschaftlichen Eigentümer des Grund und Bodens zugeordnet wird (§ 244 Abs. 3 Nr. 2 BewG).

155 Diese erweiterten Bewertungsobjekte unterliegen in der Folge nur einer Bewertung auf Ebene des Erbbauberechtigten (§ 261 BewG) bzw. des (wirtschaftlichen) Eigentümers des Grund und Bodens (§ 262 BewG). Das gilt auch in Bezug auf die Gebäude, die diesen Personen zwar nicht nach allgemeinen Grundsätzen des § 39 AO aber nach den spezialgesetzlichen Regelungen nach §§ 261, 262 BewG zuzuordnen sind. Durch diese vereinfachte Bewertung erfolgt nun

---

[1] Vgl. Wredenhagen in Grootens, BewG § 219 Rz. 211 ff.
[2] A 228 Abs. 3 Satz 2 AEBewGrSt.
[3] A 228 Abs. 3 Satz 3 AEBewGrSt.
[4] A 228 Abs. 3 Satz 4 AEBewGrSt.
[5] A 228 Abs. 3 Satz 5 AEBewGrSt.

durch § 228 Abs. 3 Nr. 2 und 3 BewG die folgerichtige **Übertragung der Erklärungs- und Anzeigepflicht**.

Somit sind **Erbbauverpflichteter** sowie der **(wirtschaftliche) Eigentümer des Gebäudes** auf fremdem Grund und Boden **nicht von einer Erklärungs- und Anzeigepflicht erfasst**. Diese Personen sind aber weiterhin zur Mitwirkung gegenüber dem Erklärungs- und Anzeigepflichtigen verpflichtet.[1] Dies ergibt sich bereits aus den allgemeinen Mitwirkungspflichten (§§ 90 ff. AO) also auch durch die ausdrückliche Betonung in § 228 Abs. 3 Nr. 2 und 3 BewG. Sie haben dem Erklärungs- und Anzeigepflichtigen daher **alle notwendigen Daten und Unterlagen bereitzustellen**, damit die Erklärungs- und Anzeigepflichten zutreffend erfüllt werden können. Im Feststellungsverfahren verpflichtete Person bleibt aber weiterhin der Erbbauberechtigte bzw. der Eigentümer des Grund und Bodens.

Insbesondere bei der **Erklärungs- und Anzeigepflicht des (wirtschaftlichen) Eigentümers des Grund und Bodens** nach § 228 Abs. 3 Nr. 3 BewG ist dies von besonderer Bedeutung. Wie das Gebäude auf fremdem Grund und Boden genutzt wird und inwieweit Grundstücke damit grundsteuerfrei sind, ist für den wirtschaftlichen Eigentümer des Grund und Bodens regelmäßig nicht erkennbar. Der **Eigentümer des Gebäudes auf fremdem Grund und Boden** muss in diesem Fall daher die einzelnen **grundsteuerfreien und -pflichtigen Nutzungen mitteilen**. Der wirtschaftliche Eigentümer des Gebäudes auf fremdem Grund und Boden kann das Gebäude sowohl durch eigene als auch fremde Nutzung grundsteuerfrei verwenden.

> **HINWEIS:**
> Im Rahmen von Miet-, Pacht- und Leasingverträgen, die einen Übergang des wirtschaftlichen Eigentums an einem Eigentum begründen, sollte der Vermieter/Verpächter oder Leasinggeber solche Berichtspflichten als vertragliche Nebenpflichten fest verankern. Aufgrund der Frist für die Anzeigepflicht nach § 19 Abs. 1 GrStG sollten diese Berichte spätestens alle zwei bis zweieinhalb Monate zu erfolgen haben, damit dem Erklärungs- und Anzeigepflichtigen genügend Zeit für die Erklärung/Anzeige gegenüber der Finanzbehörde bleibt.

Unterbleibt eine derartige Mitwirkung, muss der Erklärungs- und Anzeigenpflichtige dies dem Finanzamt unverzüglich offenlegen. Dem Finanzamt stehen in der Folge weitere Mittel zur Verfügung. Insbesondere kann es im Wege der **Drittauskunft** direkt an den wirtschaftlichen Eigentümer des Gebäudes (§ 262 BewG) bzw. den Eigentümer des Grund und Bodens (§ 261 BewG) herantreten, § 93 Abs. 1 Satz 3 AO. Der Eigentümer ist im Bezug auf den Erklärungs- und Anzeigenpflichtigen eine außerhalb des Feststellungsverfahrens stehende Person.

In den Fällen des § 228 Abs. 3 Nr. 2 und 3 BewG bleibt die **originäre Erklärungs- und Anzeigepflicht des Erbbauverpflichteten** bzw. wirtschaftlichen Eigentümers des Gebäudes auf fremdem Grund und Boden nach § 228 Abs. 3 Nr. 1 AO aber uneingeschränkt bestehen. Während die Verhältnisse i. S. des § 228 Abs. 3 Nr. 2 und 3 BewG fortbestehen, ist dem Eigentümer m. E. weiterhin die wirtschaftliche Einheit des Grund und Bodens nach § 2 Abs. 2 BewG zuzurechnen.[2] Lediglich im Wert wird der Wert durch die Zusammenfassung nach § 261 und 262 BewG nicht oder auf 0 € festgestellt. Dennoch ist ihm weiterhin eine wirtschaftliche Einheit nach § 219 Abs. 2 Nr. 2 i. V. mit § 2 Abs. 2 BewG zuzurechnen. § 244 Abs. 1 oder Abs. 3 Nr. 1 und 2 BewG ändern daran m. E. nichts, da die Vorschriften lediglich den Umfang des Grundstücks für Zwecke der §§ 246–260 BewG bestimmen.

---

1 A 228 Abs. 3 Satz 3 und 5 AEBewGrSt.
2 A. A. bezüglich des Umfangs der wirtschaftlichen Einheiten vgl. Bock in Grootens, BewG § 244 Rz. 47 und Rz. 73.

161 Der Eigentümer hat damit weiterhin geänderte Verhältnisse dem Finanzamt anzuzeigen, insbesondere den Wegfall eines Erbbaurechts oder den Erwerb des Gebäudes, das bisher auf fremdem Grund und Boden stand.

162–170 *(Einstweilen frei)*

IV. Erklärungs- und Anzeigenempfänger (§ 228 Abs. 4 BewG)

171 Zuständig und damit jene Finanzbehörde, an die die Erklärungen und Anzeigen zu richten sind, ist nach § 6 Abs. 2 Nr. 4a AO das Finanzamt, in dessen Bezirk die wirtschaftliche Einheit belegen ist, § 18 Abs. 1 Nr. 1 Alternative 1 AO.[1] Dies ist regelmäßig das **Lagefinanzamt** des Grundstücks.

172 Überschreitet die wirtschaftliche Einheit **zwei Finanzamtsbezirke** richtet sich die Zuständigkeit nach dem Finanzamtsbezirk, in dem der **wertvollste Teil der wirtschaftlichen Einheit** liegt, § 18 Abs. 1 Nr. 1 Alternative 2 AO.

173 Dabei sind aber **abweichende Finanzamtszuständigkeiten** zu beachten, wie sie eventuell durch oberste Landesfinanzbehörden festgelegt wurden.[2] Die örtliche Zuständigkeit der Finanzämter kann – insbesondere für die gesonderte Grundsteuerwertermittlung – im Internet auf der Seite des BZSt für Steuern ermittelt werden.[3]

174–180 *(Einstweilen frei)*

V. Unterschrift und Gleichstellung zur Steuererklärung (§ 228 Abs. 5 BewG)

181 Nach § 228 Abs. 5 BewG werden die lediglich als **Erklärungen** (§ 228 Abs. 1 BewG) und **Anzeigen** (§ 228 Abs. 2 BewG) bezeichneten Willenserklärungen des Feststellungsbeteiligten i. S. des § 228 Abs. 3 BewG einer verfahrensrechtlichen **Steuererklärung** i. S. des § 149 Abs. 1 AO **gleichgestellt**.[4]

182 Als Folge sind sämtliche **verfahrensrechtlichen Vorschriften für Steuererklärungen** auch für die Erklärungen und Anzeigen i. S. des § 228 Abs. 1 und 2 BewG anzuwenden. Dies betrifft insbesondere nicht abschließend

1. die **Fristregelung** nach § 149 Abs. 2 Satz 1 AO für Erklärungen nach § 228 Abs. 1 BewG. Für Anzeigen sieht § 228 Abs. 2 Satz 3 BewG eine vorrangige Fristenregelung vor.
2. **Form und Inhalt** der Steuererklärungen nach § 150 AO,
3. **Aufnahme** der Steuererklärung **an Amtsstelle**, § 151 AO,
4. Festsetzung von **Verspätungszuschlägen**, § 152 AO,[5]
5. **Berichtigungspflichten** nach § 153 AO,
6. **Anlaufhemmung** der Feststellungsfrist nach § 181 Abs. 3 Satz 2 AO,
7. Vorschriften zur **Verlängerung von Abgabefristen** nach § 109 AO,

---

1 A 228 Abs. 4 Satz 2 AEBewGrSt.
2 Im Übrigen siehe Wredenhagen in Grootens, BewG § 219 Rz. 104 f.
3 http://go.nwb.de/pqkur.
4 A 228 Abs. 5 Satz 1 AEBewGrSt.
5 A 228 Abs. 5 Satz 2 AEBewGrSt. Beachte aber zur Anwendbarkeit des § 152 Abs. 2 AO auf den ersten Hauptfeststellungszeitpunkt am 1.1.2022 Wredenhagen in Grootens, BewG § 219 Rz. 163 ff.

8. **Vermutung des groben Verschuldens**[1] bezüglich **nachträglich bekannt gewordener Tatsachen** bei Änderungen nach § 173 Abs. 1 Nr. 2 AO.

9. **Erzwingbarkeit der Erklärungs-/Anzeigenhandlung** im Wege der Zwangsmittel (Zwangsgeldandrohung und -festsetzung, Zwangshaft) nach §§ 328 ff. AO.[2]

Ferner wird durch § 228 Abs. 5 BewG festgelegt, dass der Erklärungs- und Anzeigepflichtige i.S. des § 228 Abs. 3 BewG die Steuererklärung **eigenhändig zu unterschreiben** hat. Erst dadurch liegt eine wirksame (und damit anlaufhemmende[3]) Willensäußerung vor, die der Besteuerung zu Grunde gelegt werden darf. Fehlt die Unterschrift, kann das Finanzamt die Steuererklärung als solche nicht verwerten. Eine Schätzung i.S. des § 162 Abs. 5 AO ist aber auf Basis der mitgeteilten Besteuerungsgrundlagen stets möglich. Eine Unterzeichnung durch **Bevollmächtigte** ist dabei nur in Ausnahmefällen möglich, § 150 Abs. 3 Satz 2 AO.

Werden die Grundsteuerwerterklärungen nach § 228 Abs. 6 BewG i.V. mit § 87a Abs. 1 AO in elektronischer Form an das Finanzamt übermittelt, ist eine eigenhändige Unterschrift insoweit nicht notwendig. Die elektronische **Übermittlung im authentifizierten Verfahren** ersetzt insoweit sowohl eine gesetzlich vorgeschriebene Schriftform (§ 87a Abs. 3 Satz 1 AO) also auch die vorgeschriebene Unterschrift (§ 87a Abs. 6 Satz 1 AO).[4] Eine solche elektronisch authentifizierte Übermittlung ist auch durch den Bevollmächtigten möglich, soweit der Bevollmächtigte im Auftrag des Steuererklärungspflichtigen handelt.

HINWEIS:

Um eine solche Auftragsübermittlung sicherzustellen kann im Wege der Freigabe der entworfenen Steuererklärung durch den Steuererklärungspflichtigen folgender Freigabesatz verwendet werden:

„Ich, [Vorname] [Nachname], bestätige, dass die Steuererklärung zur Grundsteuerwertfeststellung mit der Telenummer ___ richtig und vollständig ist und beauftrage [Name des Bevollmächtigten] mit der Übermittlung der Grundsteuerwertfeststellungserklärung auf den 1. Januar [Jahr der Feststellung] an die Finanzverwaltung auf elektronischem Wege."

Wird die freigebende Person als ein Vertreter oder Vermögensverwalter i.S. der §§ 34 und 35 AO tätig, sollte dies präzisierend aufgenommen werden:

„Ich, [Vorname] [Nachname], als [Vertreterrolle] der [Gesellschaft oder andere Rechtsperson], bestätige, dass die Steuererklärung zur Grundsteuerwertfeststellung mit der Telenummer ___ richtig und vollständig ist und beauftrage [Name des Bevollmächtigten] mit der Übermittlung der Grundsteuerwertfeststellungserklärung auf den 1. Januar [Jahr der Feststellung] an die Finanzverwaltung auf elektronischem Wege."

(Einstweilen frei)

VI. Form der Erklärungen und Anzeigen (§ 228 Abs. 6 BewG)

Durch § 228 Abs. 6 BewG wird zur Ermöglichung eines **digitalisierten und automationsgestützten Verfahrens** vorgeschrieben, dass die Erklärungen und Anzeigen nach § 228 Abs. 1 und 2 BewG **elektronisch** nach § 87a Abs. 1 AO an das zuständige Finanzamt (§ 228 Abs. 4 BewG) zu übermitteln sind.

Eine elektronische Übermittlung setzt die Eröffnung eines entsprechenden Zugangs im Rahmen des **ELSTER-Verfahrens** voraus, § 87a Abs. 1 Satz 2 BewG. Dadurch wird ein sicheres Ver-

---

1 AEAO zu § 173 AO, Tz. 5.1.2 und 5.1.3.
2 Siehe auch Wredenhagen in Grootens, BewG § 219 Rz. 168 f.
3 Siehe Wredenhagen in Grootens, BewG § 219 Rz. 136.
4 AEAO zu § 87a AO, Tz. 3.2.1.

fahren garantiert, bei dem der Datenübermittler (hier die erklärungs- und anzeigepflichtige Person nach § 228 Abs. 3 BewG) sich **authentifiziert** hat, § 87a Abs. 6 Satz 1 AO. Diesbezüglich genügt insbesondere ein Tele- oder Computerfax nicht der elektronischen Datenübermittlung i. S. des § 87a Abs. 1 BewG.[1]

193 In **Härtefällen persönlicher oder sachlicher Art** ist davon abweichend ausnahmsweise eine **Abgabe in Schriftform** möglich (§ 228 Abs. 6 Satz 2, und 3 BewG). In diesen Fällen wird auf Antrag nach § 150 Abs. 8 AO auf eine elektronische Übermittlung zu verzichtet.[2] Durch die nicht-elektronische Übermittlung ist damit in aller Regel eine eigenhändige Unterschrift des Feststellungsbeteiligten erforderlich.[3] Unter Umständen kann der Bevollmächtigte für den Feststellungsbeteiligten die Unterschrift leisten (vgl. § 150 Abs. 3 AO), beispielsweise bei Verhinderung aufgrund des geistigen oder körperlichen Zustands des Feststellungsbeteiligten oder durch längere Abwesenheit.[4]

194 Dem Antrag ist zuzustimmen, wenn durch die elektronische Übermittlung eine **unzumutbare persönliche oder wirtschaftliche Belastung** eintreten würde, § 150 Abs. 8 Satz 1 AO.[5] Bei steuerlich nach § 80 AO vertretenen erklärungs- und Anzeigepflichtigen wird dies in aller Regel nicht der Fall sein, da der **Bevollmächtigte** eine Auftragsübermittlung vornehmen kann (→ Rz. 184 f.).

195 Ein Verzicht auf Datenübermittlung ist insbesondere bei einem **hohen finanziellen Aufwand** zur Durchführung einer Datenübermittlung gegeben oder wenn aufgrund **fehlender persönlich-individueller Kenntnisse und Fähigkeiten** eine solche Datenübermittlung nicht zumutbar ist. Sofern dem Erklärungs- und Anzeigepflichtigen jedoch die **Beauftragung eines Angehörigen der steuerberatenden Berufe (§ 80 Abs. 1 AO) wirtschaftlich zumutbar ist**, ist auf eine Datenübermittlung nicht zu verzichten.

§ 229 BewG   Auskünfte, Erhebungen und Mitteilungen

(1) ¹Die Eigentümer von Grundbesitz haben der Finanzbehörde auf Anforderung alle Angaben zu machen, die sie für die Sammlung der Kauf-, Miet- und Pachtpreise braucht. ²Dabei haben sie zu versichern, dass sie die Angaben nach bestem Wissen und Gewissen gemacht haben.

(2) ¹Die Finanzbehörden können zur Vorbereitung einer Hauptfeststellung und zur Durchführung von Feststellungen der Grundsteuerwerte örtliche Erhebungen über die Bewertungsgrundlagen anstellen. ²Das Grundrecht der Unverletzlichkeit der Wohnung (Artikel 13 des Grundgesetzes) wird insoweit eingeschränkt.

(3) Die nach Bundes- oder Landesrecht zuständigen Behörden haben den Finanzbehörden die rechtlichen und tatsächlichen Umstände mitzuteilen, die ihnen im Rahmen ihrer Aufgabenerfüllung bekannt geworden sind und die für die Feststellung von Grundsteuerwerten oder für die Grundsteuer von Bedeutung sein können.

(4) ¹Die Grundbuchämter haben den für die Feststellung des Grundsteuerwerts zuständigen Finanzbehörden mitzuteilen:

---

1 AEAO zu § 87a AO, Tz. 4.
2 AEAO zu § 150 AO, Tz. 4.
3 A 228 Abs. 4 Satz 1 AEBewGrSt.
4 Vgl. auch AEAO zu § 149 AO, Tz. 3.
5 Vgl. auch zu möglichen Gründen AEAO zu § 150 AO, Tz. 4.1.1. und 4.1.2.

1. die Eintragung eines neuen Eigentümers oder Erbbauberechtigten sowie bei einem anderen als einem rechtsgeschäftlichen Erwerb zusätzlich die Anschrift des neuen Eigentümers oder Erbbauberechtigten; dies gilt nicht für die Fälle des Erwerbs nach den Vorschriften des Zuordnungsrechts,
2. die Eintragung der Begründung von Wohnungseigentum oder Teileigentum,
3. die Eintragung der Begründung eines Erbbaurechts, Wohnungserbbaurechts oder Teilerbbaurechts.

²In den Fällen des Satzes 1 Nummer 2 und 3 ist gleichzeitig der Tag des Eingangs des Eintragungsantrags beim Grundbuchamt mitzuteilen. ³Bei einer Eintragung aufgrund Erbfolge ist das Jahr anzugeben, in dem der Erblasser verstorben ist. ⁴Die Mitteilungen sollen der Finanzbehörde über die für die Führung des Liegenschaftskatasters zuständige Behörde oder über eine sonstige Behörde, die das amtliche Verzeichnis der Grundstücke (§ 2 Absatz 2 der Grundbuchordnung) führt, zugeleitet werden.

(5) ¹Die nach den Absätzen 3 oder 4 mitteilungspflichtige Stelle hat die betroffenen Personen vom Inhalt der Mitteilung zu unterrichten. ²Eine Unterrichtung kann unterbleiben, soweit den Finanzbehörden Umstände aus dem Grundbuch, den Grundakten oder aus dem Liegenschaftskataster mitgeteilt werden.

(6) ¹Die nach den Absätzen 3 oder 4 mitteilungspflichtigen Stellen übermitteln die Mitteilungen den Finanzbehörden nach amtlich vorgeschriebenem Datensatz über die amtlich bestimmte Schnittstelle. ²Die Grundbuchämter und die für die Führung des Liegenschaftskatasters zuständigen Behörden übermitteln die bei ihnen geführten Daten laufend, mindestens alle drei Monate. ³Das Bundesministerium der Finanzen legt im Einvernehmen mit den obersten Finanzbehörden der Länder und den obersten Vermessungs- und Katasterbehörden der Länder die Einzelheiten der elektronischen Übermittlung und deren Beginn in einem Schreiben fest. ⁴Dieses Schreiben ist im Bundesanzeiger und im Bundessteuerblatt zu veröffentlichen.

Inhaltsübersicht

	Rz.
A. Allgemeine Erläuterungen	1 - 60
I. Hinweise auf Verwaltungsanweisungen	1 - 10
II. Normzweck und wirtschaftliche Bedeutung der Vorschrift	11 - 20
III. Entstehung und Entwicklung der Vorschrift	21 - 30
IV. Geltungsbereich	31 - 40
V. Vereinbarkeit der Vorschrift	41 - 50
VI. Verhältnis zu anderen Vorschriften	51 - 60
B. Systematische Kommentierung	61 - 123
I. Erhebungen zur Anlage von Kauf-, Miet- und Pachtpreissammlungen (§ 229 Abs. 1 BewG)	61 - 70
II. Örtliche Erhebungen zur Vorbereitung von Feststellungen (§ 229 Abs. 2 BewG)	71 - 80
III. Mitteilungspflichten von Bundes- und Landesbehörden (§ 229 Abs. 3–6 BewG)	81 - 123
1. Allgemeine Mitteilungspflichten nach § 229 Abs. 3 BewG	91 - 100
2. Mitteilungspflichten der Grundbuchämter (§ 229 Abs. 4–5 BewG)	101 - 120
a) Umfang der mitzuteilenden Daten (§ 229 Abs. 4 BewG)	101 - 110
b) Unterrichtungspflicht des Feststellungsbeteiligten bei erfolgter Mitteilung (§ 229 Abs. 5 BewG)	111 - 120
3. Form der Mitteilung durch Bundes- oder Landesbehörden (§ 229 Abs. 6 BewG)	121 - 123

LITERATUR:

Höreth/Stelzer, Grundsteuerreform – der Druck auf den Gesetzgeber steigt, DStZ 2019 S. 607–612; *Marfels*, Die Neubewertung von Grundvermögen nach dem Entwurf für ein Grundsteuerreformgesetz (GrStRefG), ErbStB 2019 S. 266–275; *Marx*, Ökonomische Analyse des Grundsteuer-Reformgesetzentwurfs, DStZ 2019 S. 372–379; *Neufang*, Das Grundsteuerreformgesetz – ein gesetzgeberisches Chaos?, BB 2019 S. 3035–3038; *Eichholz*, Novellierung der Grundsteuer, DStZ 2020 S. 1158–1167; *Eisele/Wiegand*,

Grundsteuerreform 2022/2025, Stand: Januar 2020 (1. Aufl.), S. 9–22, NWB CAAAH-44415; *Heine*, Reform des Bewertungs- und Grundsteuerrechts. Werden die Reformziele erreicht?, KStZ 2020 S. 2–6; *Heine*, Hauptfeststellung und Nachfeststellung sowie Fortschreibung und Aufhebung von Einheits- und Grundsteuerwerten nach altem und neuem Recht als Grundlage für die Veranlagung der Grundsteuer, KStZ 2020 S. 21–30; *Wünnemann/Koller*, Die Grundsteuerreform – ein Resümee aus Sicht der Industrie, BB 2020 S. 215–219.

VERWALTUNGSANWEISUNGEN:

Koordinierte Erlasse der obersten Finanzbehörden der Länder v. 9.11.2021 – Anwendung des Siebenten Abschnitts des Zweiten Teils des Bewertungsgesetzes zur Bewertung des Grundbesitzes (allgemeiner Teil und Grundvermögen) für die Grundsteuer ab 1.1.2022 (AEBewGrSt), BStBl I 2021 S. 2334.

A. Allgemeine Erläuterungen

I. Hinweise auf Verwaltungsanweisungen

1 Verwaltungsanweisungen bezüglich der Auskünfte, Erhebungen und Mitteilungen i. S. des § 229 BewG liegen derzeit nicht vor. A 229 AEBewGrSt[1] blieb unbesetzt.

2–10 *(Einstweilen frei)*

II. Normzweck und wirtschaftliche Bedeutung der Vorschrift

11 Durch § 229 BewG werden Dritte verpflichtet, der Finanzverwaltung **ergänzende Informationen** zur Verfügung zu stellen, welche die Finanzverwaltung einerseits in der Bewertung des Einzelfalls sowie andererseits für die **Abbildung aktueller Wertverhältnisse** innerhalb der gesetzlichen Bewertungsfaktoren benötigt. Der Gesetzgeber verfolgt damit das Ziel, der Finanzverwaltung möglichst die Informationen zur Durchführung eines **automationsgestützten Bewertungsverfahrens** zur Verfügung zu stellen. Neben den **Erklärungs- und Anzeigepflichten** nach § 228 Abs. 1 und 2 BewG bilden die **Auskunfts- und Mitteilungspflichten** nach § 229 BewG hier ein wichtiges Element.

12 § 229 Abs. 1 und 2 BewG verpflichtet Grundstückseigentümer zur Verfügungstellung von Informationen, auf deren Basis eine **Aktualisierung der Bewertungsfaktoren** i. S. der Anlagen 27–43 des BewG durchgeführt werden kann. Dies korrespondiert mit der bereits gesetzlich verankerten Ermächtigungsvorschrift nach § 263 BewG, wonach das BMF die entsprechenden Anlagen mit neuen Werten bekanntgeben kann. § 229 BewG schafft die Informationsgrundlage für die Durchführung der Aktualisierung der Anlagen nach § 263 BewG.[2] Solche Daten können im Wege von **Miet-, Pacht- und Kaufpreissammlungen** (§ 229 Abs. 1 BewG) oder durch **örtliche Besichtigung** der Besteuerungsobjekte erhoben werden (§ 229 Abs. 2 BewG).

13 Daneben sind nach § 229 Abs. 3 und 4 BewG **Bundes- und Landesbehörden** – insbesondere Grundbuchämter – verpflichtet, Änderungen der ihnen bekannten Verhältnisse des jeweiligen Einzelfalls der Finanzverwaltung mitzuteilen, soweit sie für die Besteuerung von Bedeutung sind. Durch diese **Mitteilungspflichten** soll sichergestellt werden, dass die Finanzverwaltung möglichst die rechtlich grundlegenden Verhältnisse erfährt, die für die Besteuerung des Grundbesitzes von Bedeutung sind. Dies erstreckt sich insbesondere auf **Eigentümerwechsel**,

---

[1] Koordinierte Erlasse der obersten Finanzbehörden der Länder v. 9.11.2021, BStBl I 2021 S. 2334 (AEBewGrSt).
[2] Hinsichtlich der Anwendbarkeit aktualisierter Bewertungsfaktoren siehe Grootens in Grootens, BewG § 263 Rz. 22 ff. und Wredenhagen in Grootens, BewG § 221 Rz. 74 ff.

die im Grundbuch eingetragen werden, auf die **Bestellung von Erbbaurechten** sowie auf die wohnrechtliche **Teilung von Grundstücken** in mehrere Teilgrundstücke.

Letztlich regelt § 229 Abs. 5 BewG die Pflicht der Behörden zur **Unterrichtung der betroffenen Person** und wann diese Unterrichtung unterbleiben kann (vgl. Art. 13 Abs. 4 DSGVO). Durch § 229 Abs. 6 BewG wird festgelegt, dass die Landes- und Bundesbehörden i. S. der § 229 Abs. 3 und 4 BewG ihren Mitteilungspflichten durch ein **elektronisches Datenübertragungsverfahren** nachzukommen haben. Dies sieht der Gesetzgeber als eine wesentliche Grundvoraussetzung für eine automationsgestützte Neubewertung des gesamten Grundbesitzes an.[1]

Der Vorschrift kommt aufgrund des vorwiegend verwaltungsinternen Charakters **keine unmittelbare wirtschaftliche Bedeutung** zu. Wirtschaftliche Belastungen des nach § 229 Abs. 1 und 2 BewG Verpflichteten können jedoch durch die **Mitwirkungspflichten** bei Erhebungen von Miet-, Pacht- und Kaufpreissammlungen sowie der Inaugenscheinnahme von Grundbesitz eintreten.

(Einstweilen frei)

III. Entstehung und Entwicklung der Vorschrift

§ 229 BewG geht auf die weitgehend **inhaltsgleiche Vorschrift** des § 29 BewG im Rahmen der Einheitsbewertung zurück, die zum 1.1.2025 außer Kraft tritt.[2]

§ 29 Abs. 1 Satz 2 BewG a. F. sah vor, dass die Angaben für **Miet-, Pacht- und Kaufpreissammlungen** durch eine Erklärung vorzunehmen sind. Um Verwechslungsgefahr mit dem verfahrensrechtlichen Begriff der **Steuererklärung** nach § 149 ff. AO auszuschließen, wurde diese Bezeichnung gestrichen.

Ferner hat der Gesetzgeber **Mitteilungspflichten** der Behörden i. S. des § 229 Abs. 3 BewG auf die Informationen eingeschränkt, die **für die Grundsteuer und den Grundsteuerwert von Bedeutung** sind. Bisher war nach § 29 Abs. 3 Satz 1 BewG a. F. auch eine Verpflichtung zur Mitteilung der relevanten Informationen vorgeschrieben, die lediglich bei **Grunderwerbsteuer** und **Erbschaftsteuer** von Bedeutung sind. Da diese Gesetze inzwischen aber eigene umfangreiche **Anzeige- und Mitteilungspflichten** von Behörden vorsehen (§ 34 ErbStG, §§ 4–11 ErbStDV, § 18 GrEStG), ist diese Mitteilungspflicht insoweit nicht mehr erforderlich.

Eine besonders genannte **Mitteilungspflicht der Wohnungsämter** hinsichtlich der besonderen Zweckbestimmung im Bereich des sozialen Wohnungsbaus nach § 29 Abs. 3 Satz 2 BewG a. F. ist ebenfalls entfallen. Diese ist insoweit nicht mehr erforderlich, als dass diese Behörden vom Behördenbegriff nach § 229 BewG bereits erfasst sind und damit bereits der grundsätzlichen Mitteilungspflicht unterliegen.

Die Änderungen sind im Übrigen redaktioneller Natur, wobei sich die gesetzlichen Bestimmungen nun auf **Grundsteuerwerte** (statt wie bisher auf Einheitswerte) beziehen. Daneben wurden Anpassungen an den zeitgemäßen gesetzlichen Sprachgebrauch vorgenommen.

(Einstweilen frei)

---

[1] BT-Drucks. 19/11085 S. 98.
[2] Art. 2 Nr. 6, Art. 18 Abs. 3 GrStRefG.

IV. Geltungsbereich

31 Die Erhebungen, Auskunfts- und Mitteilungspflichten nach § 229 BewG bestehen lediglich für **Grundsteuerwertermittlungszwecke** i.S. des Siebten Abschnitts des BewG. Andere Steuergesetze, insbesondere ErbStG und GrEStG, sehen eigene Mitwirkungspflichten vor.

32 Das **Landesrecht** kann von § 229 BewG abweichende Vorschriften vorsehen, Art. 72 Abs. 3 Nr. 7 GG. Dies wurde durch Landesgesetzgeber inzwischen mit folgenden Regelungen vorgenommen:

- § 23 LGrStG BW des Landes Baden-Württemberg, worin der Inhalt des § 229 BewG im Wesentlichen wiederholt wird;
- Art. 10 Abs. 1 BayGrStG des Landes Bayern, wodurch die bundesrechtlichen Regelungen der § 229 BewG übernommen werden;
- § 11 Abs. 1 Satz 1 HmbGrStG des Landes Hamburg, wodurch die bundesrechtlichen Regelungen der § 229 BewG übernommen werden;
- § 2 Abs. 4 HGrStG des Landes Hessen, wodurch die bundesrechtlichen Regelungen der § 229 BewG übernommen werden. Die Anwendung des § 229 Abs. 5 BewG wird nur leicht eingeschränkt, § 16 Satz 2 HGrStG;
- § 1 Satz 2 NGrStG des Landes Niedersachsen, wodurch die bundesrechtlichen Regelungen der § 229 BewG übernommen werden.

33 Im Übrigen wird auf die Kommentierung der landesrechtlichen Regelungen in Teil C dieses Kommentars verwiesen.

34–40 *(Einstweilen frei)*

V. Vereinbarkeit der Vorschrift

41 Die Vorschrift nach § 229 BewG begegnet keinen verfassungsrechtlichen oder europarechtlichen Bedenken.

42 Durch den § 229 BewG hat der **Bundesgesetzgeber** von seiner **konkurrierenden Gesetzgebung** nach Art. 105 Abs. 2 Satz 1 GG Gebrauch gemacht. Ungeachtet dessen kann das Landesrecht aber abweichende Vorschriften vorsehen, die Vorrang von der bundesgesetzlichen Regelung haben, Art. 72 Abs. 3 Nr. 7 GG.

43 Insbesondere europarechtlich sind die zwischenbehördlichen **Auskunfts- und Erhebungspflichten durch Art. 13 Abs. 4 und Art. 23 Abs. 1 Buchst. e DSGVO gedeckt**, die insoweit Vorrang vor den Steuergesetzen hat, § 2a Abs. 3 AO.[1] Im Übrigen kam die Finanzverwaltung bereits ihren datenschutzrechtlichen Informationspflichten nach.[2]

44–50 *(Einstweilen frei)*

VI. Verhältnis zu anderen Vorschriften

51 § 229 BewG ergänzt die Informationsbeschaffung des Finanzamts über **Erklärungen und Anzeigen** nach **§ 228 Abs. 1 und 2 BewG**. So ist eine Anzeige beispielsweise nach **§ 228 Abs. 2 Satz 1 BewG** nicht notwendig, wenn sich die Zurechnung einer wirtschaftlichen Einheit ändert

---

[1] BT-Drucks. 19/11085b S. 97 zu § 229, Abs. 4 BewG.
[2] Vgl. BMF, Schreiben v. 25.5.2018, BStBl 2018 I S. 607.

und die Finanzbehörde bereits durch **behördliche Mitteilung** i. S. des § 229 Abs. 4 Satz 1 Nr. 1 BewG unterrichtet wird. Dementsprechend sieht **§ 228 Abs. 2 Satz 1 BewG** in diesem Fällen **keine Anzeigepflicht** des Feststellungsbeteiligten vor.[1]

Die nach § 229 Abs. 6 BewG vorgeschriebene **Datenübermittlung** erfolgt im Rahmen der allgemein-verfahrensrechtlichen Bestimmungen nach **§ 87b AO**.[2] 52

Durch Datenerhebungen i. S. des § 229 Abs. 2 Satz 1 BewG hat die Finanzbehörde insbesondere das Recht der **Inaugenscheinnahme des Grundbesitzes** sowie **Betreten des Grundstücks und insbesondere der Wohnung (§§ 98, 99 AO)**. Damit wird in den grundgesetzlich besonders **geschützten Bereich der Wohnung (Art. 13 Abs. 1 und 2 GG)** eingegriffen. Grundgesetzlich ist in diesen Fällen des Grundrechtseingriffs ein ausdrücklicher gesetzlicher Hinweis vorgeschrieben, **Art. 19 Abs. 1 Satz 2 GG**. Diesem **Verfassungsgebot** kommt der Gesetzgeber durch § 229 Abs. 2 Satz 2 BewG nach. 53

(Einstweilen frei) 54–60

B. Systematische Kommentierung

I. Erhebungen zur Anlage von Kauf-, Miet- und Pachtpreissammlungen (§ 229 Abs. 1 BewG)

Die **Finanzbehörden** – also nicht nur das Finanzamt – i. S. des § 6 Abs. 2 AO können Erhebungen vornehmen und Auskünfte anfordern, die zu einer Anlage von **Sammlungen von Daten** erforderlich sind, die für die **Beurteilung des Verkehrswerts** von Grundbesitz geeignet sind. Was dies für Daten sind, führt § 229 Abs. 1 BewG abschließend aus. 61

Demnach sind die Angaben für Zwecke der Sammlung der 62

- **Kaufpreise** (gemeint sind die Gegenleistungen im Rahmen von notariell beurkundeten Kaufverträgen i. S. des § 311b BGB i. V. mit § 433 Abs. 2 BGB),
- **Mietpreise** (gemeint sind die vereinbarten Gegenleistungen nach § 535 Abs. 2 BGB im Rahmen von Mietverträgen, §§ 535 ff. BGB) und
- **Pachtpreise** (gemeint sind die vereinbarten Gegenleistungen nach § 581 Abs. 1 Satz 2 BGB im Rahmen von Pachtverträgen nach § 581 ff. BGB)

zu machen.

Dabei ist zu beachten, dass die Datenübermittlung **nicht für den konkreten Bewertungsfall** i. S. des § 219 BewG vorzunehmen ist. Einschränkungen auf bestimmte Punkte liegen daher nicht vor. 63

Zur effektiven Datenerhebung und Auswertung wird es nicht zu beanstanden sein, wenn auch weitere Daten wie **Identifikationsmerkmale** (Grundsteuernummer oder Aktenzeichen für die Feststellung der Grundsteuerwerte, § 5 Abs. 1 Nr. 2 StStatG), **Lagemerkmale** (Adresse, Flur, Flurstück) und **Nutzungsdaten** (z. B. betriebliche, öffentlich-rechtliche Zwecke, private Wohnzwecke) erhoben werden. 64

Diese Datensammlung wird im Wesentlichen zur Überprüfung der **Bewertungsfaktoren** (nach den materiellen Bewertungsvorschriften der §§ 232–262 BewG und den dafür bestehenden 65

---

[1] Bereits so BT-Drucks. 19/11085 S. 96 zu § 228 Abs. 2 BewG.
[2] BT-Drucks. 19/11085 S. 98, Abs. 1.

Anlagen 27–43 zum BewG) benötigt. Innerhalb der ersten **Hauptfeststellungsperiode** (§ 221 Abs. 1 BewG) beabsichtigt der Gesetzgeber, die Bewertungsvorschriften insoweit zu evaluieren.[1]

66 Letztlich ist aber wohl davon auszugehen, dass – um eine einheitliche Datenerhebung zu gewährleisten – eine gesetzliche Regelung (§ 4 AO) oder zumindest eine Verwaltungsanweisung zur **Durchführung der Datenerhebung** erlassen werden wird, in der Verfahren und Inhalt der Erhebungen und Auskünfte präzisiert werden.

67 Dahingehend ist auch fraglich, inwieweit die Finanzbehörden vom **Erhebungsrecht** Gebrauch machen werden. Schließlich werden für andere steuerliche Zwecke bereits ähnliche Datensammlungen angelegt. Beispielsweise werden **Kaufpreissammlungen** bereits durch die baurechtlichen Gutachterausschüsse i. S. der § 192 ff. BauGB angelegt. Vielerorts liegen auch **Mietspiegel** vor, die eine Sammlung der örtlich vertraglich vereinbarten Mieten wiedergeben.

68 Ungeachtet dessen, inwieweit eine Erhebung nach § 229 Abs. 1 BewG „sinnvoll" wäre, unterliegt der **Eigentümer** des Grundbesitzes der **Mitwirkungspflicht** i. S. des § 229 BewG. Verpflichtet ist daher derjenige, dem das Grundstück nach § 39 AO zuzurechnen ist. Fordert die Finanzbehörde beispielsweise über ein **Auskunftsersuchen** (§ 93 Abs. 1 und 2 AO) die Daten an, ist dies durch Verwaltungsakt jederzeit möglich und unterliegt dem pflichtgemäßen Ermessen nach § 5 AO. Der Eigentümer i. S. des § 39 AO hat die Daten nach bestem Wissen und Gewissen mitzuteilen, § 229 Abs. 1 Satz 1 BewG.

69–70 *(Einstweilen frei)*

II. Örtliche Erhebungen zur Vorbereitung von Feststellungen (§ 229 Abs. 2 BewG)

71 Neben allgemeinen Preissammlungen im Sinne des § 229 Abs. 1 BewG ermächtigt § 229 Abs. 2 BewG zur Erhebung von darüberhinausgehenden **örtlichen Besteuerungsmerkmalen**, die entweder für die Vorbereitung einer zukünftigen **Hauptfeststellung** (§ 221 BewG) oder für eine **andere Feststellung** (§§ 222–224 BewG) geeignet sind.

72 Ebenso wie in § 229 Abs. 1 BewG ist hier **kein konkretes Feststellungserfordernis** notwendig, um Erhebungen durchführen zu können. Wäre eine Feststellung nach § 219 BewG durchzuführen, bestünden bereits konkret auf den Einzelfall bezogen **Erklärungs- und Anzeigepflichten** i. S. des § 228 Abs. 1 und 2 BewG. Daher kommt dem § 229 Abs. 2 BewG auch eher eine **datenerhebende Funktion** zu, die insbesondere bei der **Evaluierung der Bewertungsverfahren und -faktoren**[2] sowie der Überprüfung und gegebenenfalls Anpassung der Anlagen 27–43 des Bewertungsgesetzes nach § 263 BewG zur Anwendung kommt.

73 Mit § 229 Abs. 2 Satz 2 BewG kommt der Gesetzgeber dem verfassungsrechtlichen Erfordernis des **Hinweises auf Grundrechtseinschränkungen** durch Gesetze nach (Art. 19 Abs. 1 Satz 2 GG). Implizit wird dadurch deutlich, dass die Finanzbehörde im Zuge der Erhebungen nach § 229 Abs. 2 Satz 1 BewG berechtigt ist, den **Grundbesitz vor Ort** nach § 98 AO **in Augenschein zu nehmen** und nach § 99 AO **Grundstücke und Räume zu betreten**.

---

[1] BT-Drucks. 11/1085 S. 92, Abschnitt IX Abs. 2.
[2] BT-Drucks. 11/1085 S. 92, Abschnitt IX Abs. 2.

Eine Erhebung nach § 229 Abs. 2 Satz 1 BewG setzt einen **Verwaltungsakt** voraus, wobei insbesondere das **Auskunftsersuchen**, § 93 AO, in Frage kommt. 74

Da eine örtliche Datenerhebung insbesondere für die **Vorbereitung von Hauptfeststellungen** möglich ist, ist insbesondere damit zu rechnen, dass für diese Zwecke eine Regelung der **Datenerhebungen** durch Gesetz (§ 4 AO) oder Verwaltungsanweisung erfolgen wird, sollte von dem Erhebungsrecht Gebrauch gemacht werden. Nur so kann eine einheitliche und gleichmäßige Datenerhebung sichergestellt werden. 75

Der **Personenkreis** der zur Auskunft verpflichteten Personen wird durch § 229 Abs. 2 BewG nicht eingeschränkt. Vom Sinn und Zweck – der Datenerhebung – ausgehend kommen aber nur jene Personen in Betracht, die über die **Kenntnisse der örtlichen Verhältnisse** und Besteuerungsgrundlagen verfügen. Dies wird in aller Regel der nach § 39 AO zu bestimmende **Eigentümer** der wirtschaftlichen Einheit sein. Es ist jedoch auch denkbar, beispielsweise im Wege einer **Drittauskunft** (§ 93 Abs. 1 Satz 3 AO), auf Dritte (z. B. Mieter und Pächter) zurückzugreifen und deren Informationen ebenfalls zu erheben. 76

(Einstweilen frei) 77–80

III. Mitteilungspflichten von Bundes- und Landesbehörden (§ 229 Abs. 3–6 BewG)

Der Gesetzgeber ist bestrebt, die **Grundsteuerwertermittlung weitgehend automationsgestützt** und elektronisch zu ermöglichen.[1] Zentrales Element sind dabei **elektronische Mitteilungen** der anderen **außersteuerlichen Behörden**, um einerseits einen möglichst aktuellen Stand der Feststellungsgrundlagen sicherzustellen und andererseits zügig auf Veränderungen innerhalb der Feststellungsgrundlagen wie Zurechnung, Verkehrsanschauung, Bebauung und Nutzung reagieren zu können. 81

Daher beabsichtigte der Gesetzgeber, den Finanzbehörden bereits alle **Feststellungsgrundlagen**, die aus außersteuerlichen Gründen bei anderen Behörden erhoben wurden, für die Besteuerungszwecke nach § 219 BewG zur Verfügung zu stellen. Letztlich könnte auf Basis dieser Daten auch eine **vorausgefüllte Grundsteuerwertfeststellungserklärung** für den Erklärungs- oder Anzeigepflichtigen erstellt werden.[2] 82

Werden der Finanzbehörde Daten nach § 229 Abs. 3–6 BewG mitgeteilt und diese vom zuständigen Finanzamt der Feststellung nach § 219 BewG zu Grunde gelegt, finden die allgemeinen **Änderungsvorschriften** nach § 173a AO und § 175b AO Anwendung. Somit kann innerhalb der Feststellungsfrist ein **Datenübermittlungsfehler** korrigiert werden. Ist die Feststellungsfrist bereits abgelaufen, können die zutreffenden Besteuerungsgrundlagen im ersten noch nicht verjährten Feststellungszeitpunkt nach § 226 BewG zu Grunde gelegt werden. 83

Inwieweit der Feststellungsbeteiligte **Vertrauensschutz** hinsichtlich seiner gesetzlichen Anzeigepflicht nach § 228 Abs. 2 BewG genießt, ist derzeit nicht geklärt. Es stellt sich die Frage, inwieweit der gutgläubige Feststellungsbeteiligte (§ 228 Abs. 3 BewG) von einer Anzeige nach § 228 Abs. 2 BewG absehen könnte, wenn eine Behörde i. S. des § 229 Abs. 3–6 BewG die vom ihm anzuzeigenden Verhältnisse dem zuständigen Finanzamt hätte mitteilen müssen. Nach 84

---

[1] BT-Drucks. 19/11085 S. 82, Abschnitt 3.
[2] BT-Drucks. 19/11085 S. 96 zu § 228 Abs. 1 BewG.

dem Wortlaut des Gesetzes wird die **Anzeigepflicht** nach § 228 Abs. 2 BewG **nicht** von einer Mitteilungspflicht einer Behörde nach § 229 Abs. 3–6 BewG **beseitigt**.

85 Der Gesetzgeber sieht eine solche **Befreiung von der Anzeigenpflicht** als gegeben an, wenn sich lediglich die Zurechnung des Grundstücks i. S. des § 219 Abs. 2 Nr. 2 BewG ändert.[1] In diesem Fall wird das Grundbuchamt dem Finanzamt den Eigentümerwechsel nach § 229 Abs. 4 Nr. 1 BewG mitteilen. Jedoch teilt das Grundbuchamt nur den **zivilrechtlichen Eigentumswechsel** mit, nicht jedoch den Zeitpunkt des Übergangs des **wirtschaftlichen Eigentums** (§ 39 Abs. 2 AO), welcher der Zurechnungsfeststellung nach § 219 Abs. 2 Nr. 2 BewG aber zu Grunde zu legen ist.

86 **HINWEIS:**
Zu Vorbeugung einer möglichen Verletzung der Mitwirkungs-, Erklärungs- und Anzeigepflichten sollte stets eine Anzeige nach § 228 Abs. 2 AO über die Änderung der Verhältnisse in Betracht gezogen werden. Andernfalls kann eine Steuerverkürzung nach § 370 Abs. 4 Satz 1 AO nicht ausgeschlossen werden (Nichtfestsetzung oder nicht rechtzeitige Steuerfestsetzung).

87–90 *(Einstweilen frei)*

1. Allgemeine Mitteilungspflichten nach § 229 Abs. 3 BewG

91 Durch § 229 Abs. 3 BewG werden alle Bundes- und Landesbehörden verpflichtet, erhebliche **Besteuerungs- und Feststellungsgrundlagen**, die im Rahmen eines Feststellungsverfahrens nach § 219 BewG benötigt werden, der Finanzverwaltung mitzuteilen.

92 Diese globale Verpflichtung für alle Verwaltungszweige und alle Verwaltungsebenen (außer kommunaler Behörden wie Einwohnermeldeämter oder Wohnungsämter) wird voraussichtlich **verwaltungsintern** und damit **ohne Außenwirkung** für den Feststellungsbeteiligten konkretisiert und genauer geregelt werden.

93 Betroffen sind hiervon insbesondere **Bauaufsichtsbehörden** („Bauämter"), soweit es sich dabei um Landes- oder Bundesbehörden handelt. Die auf dem Gebiet des Bauaufsichtsrechts zuständigen Behörden werden insbesondere in den landesrechtlich unterschiedlichen **Landesbauordnungen** geregelt (vgl. beispielsweise § 57 BauO des Landes Berlin). Diesen Behörden liegen in wesentlichem Umfang detaillierte Daten vor, aus denen sich die Bewertungsmaßstäbe für die Bewertung des Grundvermögens ableiten lassen. Dies sind insbesondere Baujahr, Wohn- und Nutzflächen sowie die Bruttogrundfläche.

94 Welche Einrichtung als **Behörde** gilt, richtet sich nach dem allgemeinen oder besonderen Verwaltungsrecht auf Bundes- oder Landesebene. Davon umfasst sind in jedem Fall die Finanzbehörden i. S. des § 6 AO sowie die in § 1 Abs. 1 und 4 VwVfG genannten Behörden (vorbehaltlich eigener landesrechtlicher Regelungen, § 1 Abs. 3 VwVfG).

95–100 *(Einstweilen frei)*

---

[1] BT-Drucks. 19/11085 S. 96 zu § 228 Abs. 2 BewG.

2. Mitteilungspflichten der Grundbuchämter (§ 229 Abs. 4–5 BewG)

a) Umfang der mitzuteilenden Daten (§ 229 Abs. 4 BewG)

Aufgrund besonderer gesetzlicher Regelung sind **Grundbuchämter** besonders zur Mitteilung von Daten nach § 229 Abs. 4 BewG verpflichtet. Sie haben demnach verpflichtend der Finanzbehörde die in § 229 Abs. 4 BewG genannten Daten mitzuteilen.

Die mitzuteilenden Daten umfassen die Mitteilung über

1. die Eintragung eines neuen (zivilrechtlichen) **Eigentümers** oder **Erbbauberechtigten** im Grundbuch (§ 229 Abs. 4 Nr. 1 BewG). Eine Mitteilung unterbleibt hingegen in den Fällen des **Zuordnungsrechts** (§ 229 Abs. 4 Nr. 1 Halbsatz 2 BewG);
2. die **Anschrift** des neuen (zivilrechtlichen) Eigentümers oder Erbbauberechtigten (§ 229 Abs. 4 Nr. 1 BewG);
3. die erstmalige **Begründung eines Rechts** des **Wohnungs- oder Teileigentums** (§ 229 Abs. 4 Nr. 2 BewG). Das ist regelmäßig bei der wohnrechtlichen Teilung eines Mietwohngrundstücks in mehrere selbstständige Eigentumswohnungen (§ 8 WEG) oder durch Einräumung von Sondereigentum (§ 3 WEG) der Fall;
4. die erstmalige **Begründung eines Erbbaurechts**, § 1 ErbbauRG, Wohnungs- oder Teilerbbaurechts, § 30 WEG (§ 229 Abs. 4 Nr. 3 BewG);
5. den **Tag der Eintragung** im Falle von der **erstmaligen Begründung** von Erbbaurechten oder Wohnungs- oder Teileigentum (§ 229 Abs. 4 Satz 2 BewG).

Im Falle einer **Gesamtrechtsnachfolge** durch Erbschaft (§ 1922 BGB) ist auch das Jahr anzuzeigen, in dem die Gesamtrechtsnachfolge eingetreten ist, § 229 Abs. 4 Satz 3 BewG. Dies ist das **Jahr des Erbfalls** (Todestag des Erblassers), da sofort mit Erbfall die Gesamtrechtsnachfolge eintritt, § 1922 Abs. 1 BGB. Zu diesem Zeitpunkt geht damit auch die **Zurechnung des Grundbesitzes** nach § 39 AO i.V. mit § 219 Abs. 2 Nr. 2 BewG auf die Erben über, auf eine Testamentseröffnung oder Erbauseinandersetzung kommt es insoweit zunächst nicht an.

Die Mitteilung nach § 229 Abs. 4 Satz 1–3 BewG soll über das **Katasteramt erfolgen**, welches das betreffende Liegenschaftskataster des Grundbesitzes führt, § 229 Abs. 4 Satz 4 BewG.

Die Grundbuchämter sind nicht mitteilungspflichtig bei Eintragung eines neuen Eigentümers u. Ä. nach dem **Zuordnungsrecht** im Zusammenhang mit der Verwertung des ehemals volkseigenen Vermögens der DDR (vgl. VZOG), weil insoweit die Mitteilungspflicht der Zuordnungsbehörde besteht (§ 229 Abs. 4 Satz 1 Nr. 1 Halbsatz 2 BewG).[1] Angesichts der im größten Teil abgeschlossenen Zuordnungen sollte diese Ausnahme zur Übermittlungspflicht in den meisten Fällen nicht vorliegen.

(Einstweilen frei)

b) Unterrichtungspflicht des Feststellungsbeteiligten bei erfolgter Mitteilung (§ 229 Abs. 5 BewG)

Die mitteilungspflichtige Stelle – also die Behörde, welche die Mitteilung nach § 229 Abs. 3 oder 4 BewG erteilte – ist verpflichtet, gleichzeitig den **Feststellungsbeteiligten** über die erfolgte **Mitteilung zu unterrichten**, § 229 Abs. 5 BewG. Zunächst werden damit **datenschutzrecht-**

---

[1] Vgl. Haas in Stenger/Loose, Bewertungsrecht, BewG § 29 Rz. 48.

liche Grundsätze eingehalten (vgl. Art. 13 Abs. 3 DSGVO), wie bereits der Gesetzgeber ausführte.[1] Zudem erhält der Feststellungsbeteiligte die Gelegenheit, gegenüber der empfangenen Finanzbehörde rechtliches Gehör nach § 91 AO in Anspruch zu nehmen, um beispielsweise eine etwaige fehlerhafte Mitteilung richtigzustellen.

112 Eine solche **Unterrichtung** braucht hingegen **nicht erfolgen**, wenn der Feststellungsbeteiligte bereits über diese Informationen verfügte (Art. 13 Abs. 4 DSGVO). Dies ist nach § 229 Abs. 5 Satz 2 BewG bei **Unterlagen des Grundbuchamts** (Grundbuchauszüge, Grundbuchakten, Liegenschaftskasterunterlagen) bereits der Fall. Denn diese **Unterlagen** sind bei einem berechtigten Interesse **öffentlich einsehbar** (vgl. § 12 GBO). Beauftragte einer inländischen öffentlichen Behörde (wie die Finanzbehörde nach § 6 Abs. 2 AO) können diese Einsicht sogar **ohne ein berechtigtes Interesse** verlangen, § 43 Abs. 1 GBV. Dementsprechend sind die Daten, die sich aus den Grundbuchunterlagen ergeben, nicht besonders nach § 225 Abs. 5 Satz 2 BewG schützenswert.

113–120 *(Einstweilen frei)*

3. Form der Mitteilung durch Bundes- oder Landesbehörden (§ 229 Abs. 6 BewG)

121 Die **Erfüllung der Mitteilungspflichten** hat nach § 229 Abs. 6 Satz 1 BewG im Wege eines **amtlich festgeschriebenen Datensatzes** zu erfolgen. Vor dem Hintergrund einer weitgehenden **Automatisierung des Bewertungsverfahrens** wird voraussichtlich ein **elektronisches Übermittlungsverfahren** nach § 87b AO eingerichtet werden.

122 Die **Übermittlung** hat dabei „laufend", also regelmäßig, zu erfolgen, § 229 Abs. 6 Satz 2 BewG. Die Mitteilung muss **zumindest alle drei Monate** erfolgen. Das Mitteilungsverfahren kann dabei aber auch einen kürzeren Mitteilungsrhythmus vorsehen.

123 Die Details des Mitteilungsverfahrens sind noch in einem **Schreiben des Bundesministeriums für Finanzen** festzulegen, welches im Einvernehmen mit den (das Verfahren umsetzenden) obersten Landesfinanzbehörden bekanntzumachen ist, § 229 Abs. 6 Satz 3 BewG. Dieses ist auch zwingend öffentlich durch **Veröffentlichung im Bundessteuerblatt** bekanntzumachen, § 229 Abs. 6 Satz 4 BewG.

§ 230 BewG Abrundung

Die ermittelten Grundsteuerwerte werden auf volle 100 Euro nach unten abgerundet.

Inhaltsübersicht	Rz.
A. Allgemeine Erläuterungen	1 - 60
I. Hinweise auf Verwaltungsanweisungen	1 - 10
II. Normzweck und wirtschaftliche Bedeutung der Vorschrift	11 - 20
III. Entstehung und Entwicklung der Vorschrift	21 - 30
IV. Geltungsbereich	31 - 40
V. Vereinbarkeit der Vorschrift	41 - 50
VI. Verhältnis zu anderen Vorschriften	51 - 60
B. Systematische Kommentierung	61 - 63

---

[1] BT-Drucks. 19/11085 S. 97 zu § 229 Abs. 4 BewG.

> **LITERATUR:**
> *Höreth/Stelzer*, Grundsteuerreform – der Druck auf den Gesetzgeber steigt, DStZ 2019 S. 607–612; *Marfels*, Die Neubewertung von Grundvermögen nach dem Entwurf für ein Grundsteuerreformgesetz (GrStRefG), ErbStB 2019 S. 266–275; *Marx*, Ökonomische Analyse des Grundsteuer-Reformgesetzentwurfs, DStZ 2019 S. 372–379; *Neufang*, Das Grundsteuerreformgesetz – ein gesetzgeberisches Chaos?, BB 2019 S. 3035–3038; *Eichholz*, Novellierung der Grundsteuer, DStZ 2020 S. 1158–1167; *Eisele/Wiegand*, Grundsteuerreform 2022/2025, Stand: Januar 2020 (1. Aufl.), S. 9–22, NWB CAAAH-44415; *Heine*, Reform des Bewertungs- und Grundsteuerrechts. Werden die Reformziele erreicht?, KStZ 2020 S. 2–6; *Heine*, Hauptfeststellung und Nachfeststellung sowie Fortschreibung und Aufhebung von Einheits- und Grundsteuerwerten nach altem und neuem Recht als Grundlage für die Veranlagung der Grundsteuer, KStZ 2020 S. 21–30; *Wünnemann/Koller*, Die Grundsteuerreform – ein Resümee aus Sicht der Industrie, BB 2020 S. 215–219.
>
> **VERWALTUNGSANWEISUNGEN:**
> Koordinierte Erlasse der obersten Finanzbehörden der Länder v. 9.11.2021 – Anwendung des Siebenten Abschnitts des Zweiten Teils des Bewertungsgesetzes zur Bewertung des Grundbesitzes (allgemeiner Teil und Grundvermögen) für die Grundsteuer ab 1.1.2022 (AEBewGrSt), BStBl I 2021 S. 2334.

A. Allgemeine Erläuterungen

I. Hinweise auf Verwaltungsanweisungen

Verwaltungsanweisungen bezüglich der Abrundung des Grundsteuerwerts sind mit dem A 230 AEBewGrSt ergangen.[1] Darin wird die gesetzliche Rundungsvorschrift durch eine kaufmännische Rundung der Zwischenergebnisse der Bewertung ergänzt.

(Einstweilen frei) 2–10

II. Normzweck und wirtschaftliche Bedeutung der Vorschrift

Durch § 230 BewG soll das **Besteuerungsverfahren** bei der Durchführung **erleichtert** werden. Durch die gerundeten Grundsteuerwerte wird die Berechnung des Grundsteuermessbetrags und der darauf aufbauenden Grundsteuer vereinfacht.

Eine **wirtschaftliche Bedeutung** kommt § 230 BewG nur in geringem Maße zu. Durch die Abrundung verringert sich der maßgebliche Grundsteuerwert um maximal 99 €, wodurch sich letztlich eine geringere Grundsteuer ergibt.

(Einstweilen frei) 13–20

III. Entstehung und Entwicklung der Vorschrift

§ 230 BewG geht auf § 30 BewG a. F. im Rahmen der Einheitsbewertung zurück. Demgegenüber wurde lediglich redaktionell der Bezug zum nun maßgeblichen **Grundsteuerwert** aufgenommen. Ebenso entfiel die im Rahmen der Einheitsbewertung notwendige Umrechnung der in Deutscher Mark berechneten Einheitswerte in Euro.

Der in § 30 BewG a. F. noch enthaltene Satz 2, wonach auf ganze Euro abzurunden war, ist mit dem neuen Bewertungsrecht des Siebten Abschnitts des BewG **gegenstandslos** geworden. Die Bewertungsvorschriften ergeben bereits einen Betrag in Euro, wodurch es **keiner Umrechnung** mehr bedarf.

(Einstweilen frei) 23–30

---

[1] Koordinierte Erlasse der obersten Finanzbehörden der Länder v. 9.11.2021, BStBl I 2021 S. 2334 (AEBewGrSt).

IV. Geltungsbereich

31 § 230 BewG schreibt eine Abrundung lediglich im Rahmen der **Grundsteuerwertermittlung** vor. Eine Anwendung auf andere Bewertungsverfahren ist ausgeschlossen.

31a Das **Landesrecht** kann von § 230 BewG abweichende Vorschriften vorsehen, Art. 72 Abs. 3 Nr. 7 GG. Dies wurde durch Landesgesetzgeber inzwischen mit folgenden Regelungen vorgenommen:

- § 24 Abs. 4 LGrStG BW des Landes Baden-Württemberg, worin der Inhalt des § 230 BewG wiederholt wird;
- Art. 1 Abs. 1 Satz 3, Abs. 2 Satz 2, Art. 2 Abs. 5 BayGrStG des Landes Bayern, worin eigene Rundungsvorschriften regelt werden.
- § 1 Abs. 1 Satz 3, Abs. 2 Satz 2, § 2 Abs. 5 HmbGrStG des Landes Hamburg, worin eigene Rundungsvorschriften, auch für Grundsteuermessbetrag und die Grundsteuer selbst, geregelt werden.
- § 2 Abs. 2–4 HGrStG des Landes Hessen sieht keine ausdrückliche Übernahme des § 230 BewG vor. Ferner definiert das HGrStG eigene Rundungsregeln, beispielsweise § 5 Abs. 6 HGrStG.
- § 2 Abs. 1 Satz 3, Abs. 2 Satz 3, § 3 Abs. 5 NGrStG des Landes Niedersachsen, worin eigene Rundungsvorschriften, auch für Grundsteuermessbetrag und die Grundsteuer selbst, geregelt werden.

31b Im Übrigen wird auf die Kommentierung der landesrechtlichen Regelungen in Teil C dieses Kommentars verwiesen.

32 Ferner greift die Abrundungspflicht nicht auf die nachfolgenden Schritte der **Grundsteuermessbetrags- und Grundsteuerfestsetzung** durch. Dort bestehen keine Rundungsregeln.[1]

33–40 *(Einstweilen frei)*

V. Vereinbarkeit der Vorschrift

41 Die Vorschrift begegnet keinen verfassungsrechtlichen oder europarechtlichen Bedenken.

42 Das **Landesrecht** kann von § 230 BewG abweichende Vorschriften vorsehen, Art. 72 Abs. 3 Nr. 7 GG.

43–50 *(Einstweilen frei)*

VI. Verhältnis zu anderen Vorschriften

51 § 230 BewG legt im Feststellungsverfahren des **§ 219 BewG** den letzten Schritt fest, bevor der Wert nach § 219 Abs. 1 BewG gesondert festgestellt wird.

52 Durch den § 230 BewG hat der **Bundesgesetzgeber** von seiner **konkurrierenden Gesetzgebung** nach Art. 105 Abs. 2 Satz 1 GG Gebrauch gemacht. Ungeachtet dessen kann das Landesrecht

---

[1] Vgl. für die Grundsteuer Grootens in Grootens, GrStG § 27 Rz. 45.

aber abweichende Vorschriften vorsehen, die Vorrang von der bundesgesetzlichen Regelung haben, Art. 72 Abs. 3 Nr. 7 GG.

Einer Abrundung muss die Wertermittlung nach den materiellen Bewertungsvorschriften nach §§ 232 ff. BewG und §§ 243 ff. BewG vorausgegangen sein. 53

(Einstweilen frei) 54–60

B. Systematische Kommentierung

Die Abrundung ist grundsätzlich **bei jeder Wertfeststellung** – also einer Haupt- oder Nachfeststellung oder einer Wertfortschreibung – vorzunehmen. 61

Eine Abrundung ist auf volle hundert Euro vorzunehmen. Das bedeutet, dass auf das **nächstkleinere Vielfache von 100 €** abgerundet werden muss. Dabei ist mangels entgegenstehender Vorschrift auch eine Abrundung auf 0 € (0 · 100 € = 0 €) möglich und durchzuführen. 62

Im Rahmen des AEBewGrSt weist die Finanzverwaltung auf eine kaufmännische Rundung der Zwischenwerte im Bewertungsverfahren hin.[1] Damit impliziert ist unter anderem auch eine Aufrundung, die unter Umständen zu Ungunsten des Grundsteuerpflichtigen ausfallen kann. Aufgrund der Rundung auf zwei Nachkommastellen (und damit letztlich auf Centbeträge) sollte sich die wirtschaftlich nachteilige Auswirkung jedoch auf ein Minimalmaß beschränken. 62a

Eine **Abrundung** ist bei der gesonderten Wertfeststellung, die aufgrund der Mehrheit von Anteilen i. S. des § 219 Abs. 2 Nr. 2 BewG ergeht, **nur einmalig** auf den gesamten einheitlichen Grundsteuerwert vorzunehmen. Feststellungsgegenstand sind hier neben dem Grundsteuerwert separat die **Anteile am Grundsteuerwert**. Der Grundsteuerwert ist nach § 219 Abs. 2 Nr. 2 BewG nicht auf die Anteilsinhaber aufzuteilen, stattdessen sind die Anteile Bestandteil der Zurechnungsfeststellung i. S. des § 219 Abs. 2 Nr. 2 BewG. 63

§ 231 BewG Abgrenzung von in- und ausländischem Vermögen

(1) ¹Für die Bewertung des inländischen nach diesem Abschnitt zu bewertenden Vermögens gelten die §§ 232 bis 262. ²Nach diesen Vorschriften sind auch die inländischen Teile einer wirtschaftlichen Einheit zu bewerten, die sich sowohl auf das Inland als auch auf das Ausland erstrecken.

(2) Die ausländischen Teile einer wirtschaftlichen Einheit unterliegen nicht der gesonderten Feststellung nach § 219.

Inhaltsübersicht	Rz.
A. Allgemeine Erläuterungen	1 - 60
I. Hinweise auf Verwaltungsanweisungen	1 - 10
II. Normzweck und wirtschaftliche Bedeutung der Vorschrift	11 - 20
III. Entstehung und Entwicklung der Vorschrift	21 - 30
IV. Geltungsbereich	31 - 40
V. Vereinbarkeit der Vorschrift	41 - 50
VI. Verhältnis zu anderen Vorschriften	51 - 60

---

1 A 230 AEBewGrSt.

B. Systematische Kommentierung	61 - 82
I. Anzuwendende Bewertungsvorschriften für inländischen Grundbesitz (§ 231 Abs. 1 BewG)	61 - 80
1. Anwendung der Bewertungsvorschriften zur Grundsteuerwertermittlung (§ 231 Abs. 1 Satz 1 BewG)	61 - 70
2. Beschränkung der Bewertung auf das Inland (§ 231 Abs. 1 Satz 2 BewG)	71 - 80
II. Verbot der Bewertung ausländischen Grundbesitzes (§ 231 Abs. 2 BewG)	81 - 82

LITERATUR:

Höreth/Stelzer, Grundsteuerreform – der Druck auf den Gesetzgeber steigt, DStZ 2019 S. 607–612; *Marfels*, Die Neubewertung von Grundvermögen nach dem Entwurf für ein Grundsteuerreformgesetz (GrStRefG), ErbStB 2019 S. 266–275; *Marx*, Ökonomische Analyse des Grundsteuer-Reformgesetzentwurfs, DStZ 2019 S. 372–379; *Neufang*, Das Grundsteuerreformgesetz – ein gesetzgeberisches Chaos?, BB 2019 S. 3035–3038; *Eichholz*, Novellierung der Grundsteuer, DStZ 2020 S. 1158–1167; *Eisele/Wiegand*, Grundsteuerreform 2022/2025, Stand: Januar 2020 (1. Aufl.), S. 9–22, NWB CAAAH-44415; *Heine*, Reform des Bewertungs- und Grundsteuerrechts. Werden die Reformziele erreicht?, KStZ 2020 S. 2–6; *Heine*, Hauptfeststellung und Nachfeststellung sowie Fortschreibung und Aufhebung von Einheits- und Grundsteuerwerten nach altem und neuem Recht als Grundlage für die Veranlagung der Grundsteuer, KStZ 2020 S. 21–30; *Wünnemann/Koller*, Die Grundsteuerreform – ein Resümee aus Sicht der Industrie, BB 2020 S. 215–219.

VERWALTUNGSANWEISUNGEN:

Koordinierte Erlasse der obersten Finanzbehörden der Länder v. 9.11.2021 – Anwendung des Siebenten Abschnitts des Zweiten Teils des Bewertungsgesetzes zur Bewertung des Grundbesitzes (allgemeiner Teil und Grundvermögen) für die Grundsteuer ab 1.1.2022 (AEBewGrSt), BStBl I 2021 S. 2334.

A. Allgemeine Erläuterungen

I. Hinweise auf Verwaltungsanweisungen

1 Verwaltungsanweisungen bezüglich der Abrundung des Grundsteuerwerts sind mit dem A 231 AEBewGrSt ergangen.[1] Darin wird im Wesentlichen der gesetzliche Wortlaut wiedergegeben.

2–10 *(Einstweilen frei)*

II. Normzweck und wirtschaftliche Bedeutung der Vorschrift

11 § 231 BewG wiederholt zunächst, welche **Bewertungsvorschriften für den inländischen Grundbesitz** anzuwenden sind, was sich bereits aus § 219 Abs. 1 BewG ergibt. Zusätzlich legt § 231 Abs. 1 Satz 2 BewG fest, dass nur der **inländische Teil der wirtschaftlichen Einheit** insoweit der Bewertung unterliegt.

12 Durch § 231 Abs. 2 BewG wird übereinstimmend mit § 219 Abs. 1 BewG festgelegt, dass nur **inländischer Grundbesitz** bei der Grundsteuerwertermittlung **miteinzubeziehen** ist. Dementsprechend untersagt § 231 Abs. 2 BewG eine Grundsteuerwertermittlung für ausländisches Vermögen in Übereinstimmung nach § 219 Abs. 3 BewG.

13–20 *(Einstweilen frei)*

---

[1] Koordinierte Erlasse der obersten Finanzbehörden der Länder v. 9.11.2021, BStBl I 2021 S. 2334 (AEBewGrSt).

III. Entstehung und Entwicklung der Vorschrift

§ 231 BewG geht auf die ähnliche Vorschrift des § 31 BewG zurück, in der die Bewertung von **ausländischem Sachvermögen** geregelt ist. Diese Vorschrift behält auch nach dem 31.12.2024 weiterhin Gültigkeit, ist zukünftig aber nur für erbschaftsteuerliche Zwecke relevant (§ 12 Abs. 7 ErbStG). 21

Sachvermögen (abseits des Grundbesitzes) ist für die **Grundsteuerwertermittlung** jedoch außer Betracht zu lassen. Daher wird § 231 BewG letztlich vollständig neu gefasst. § 31 BewG sah ursprünglich vor, dass ausländisches Vermögen nach dem Ersten Teil des BewG zu bewerten ist. Dies gilt sowohl für vollständig ausländisches als auch für nur teilweise im Ausland liegendes Vermögen. 22

Zusätzlich übernimmt § 231 BewG Regelungsinhalte des § 32 BewG a. F., wonach bereits im Rahmen der Einheitsbewertung eine **Bewertung des im Inland liegenden Teils** nach den inländischen Bewertungsvorschriften zu erfolgen hatte. 23

(Einstweilen frei) 24–30

IV. Geltungsbereich

§ 231 BewG legt den **Umfang der Bewertung einer wirtschaftlichen Einheit** für die Grundsteuerwertermittlung fest. § 219 Abs. 1 Satz 1 BewG schreibt vor, dass nur inländischer Grundbesitz zu bewerten ist. Durch § 231 BewG wird dies nun konkretisiert und allein auf den inländischen Teil des Grundbesitzes (i. e. der wirtschaftlichen Einheit) eingegrenzt. 31

Das **Landesrecht** kann von § 231 BewG abweichende Vorschriften vorsehen, Art. 72 Abs. 3 Nr. 7 GG. Dies wurde durch Landesgesetzgeber inzwischen mit folgenden Regelungen vorgenommen: 32

- § 25 Abs. 3 Satz 1 und 2 Abs. 4 LGrStG BW des Landes Baden-Württemberg, worin sowohl der Inhalt des § 231 BewG im Wesentlichen übernommen als auch durch eine Abgrenzung gegenüber anderen Bundesländern vorgenommen wird.
- Art. 10 Abs. 1 Satz 1 BayGrStG des Landes Bayern, worin § 231 BewG übernommen wird; eine eigene Abgrenzung gegenüber anderen Bundesländern wird nicht vorgenommen.
- § 11 Abs. 1 Satz 1 HmbGrStG des Landes Hamburg, worin § 231 BewG übernommen wird; eine eigene Abgrenzung gegenüber anderen Bundesländern wird nicht vorgenommen.
- § 2 Abs. 2–4 HGrStG des Landes Hessen sieht keine ausdrückliche Übernahme des § 231 BewG vor; eine eigene Abgrenzung gegenüber anderen Bundesländern wird nicht vorgenommen.
- § 1 Abs. 1 Satz 2 NGrStG des Landes Niedersachsen, worin § 231 BewG übernommen wird; eine eigene Abgrenzung gegenüber anderen Bundesländern wird nicht vorgenommen.

Im Übrigen wird auf die Kommentierung der landesrechtlichen Regelungen in Teil C dieses Kommentars verwiesen. 33

(Einstweilen frei) 34–40

V. Vereinbarkeit der Vorschrift

41 Die Vorschrift begegnet keinen verfassungsrechtlichen oder europarechtlichen Bedenken.

42 Durch den § 231 BewG hat der **Bundesgesetzgeber** von seiner **konkurrierenden Gesetzgebung** nach Art. 105 Abs. 2 Satz 1 GG Gebrauch gemacht. Ungeachtet dessen kann das Landesrecht aber abweichende Vorschriften vorsehen, die Vorrang von der bundesgesetzlichen Regelung haben, Art. 72 Abs. 3 Nr. 7 GG.

43–50 *(Einstweilen frei)*

VI. Verhältnis zu anderen Vorschriften

51 § 231 BewG steht im engen Zusammenhang **mit § 219 Abs. 1 Satz 1 BewG** und dem dort genannten Feststellungsgegenstand: dem **inländischen Grundbesitz**. Durch § 231 BewG wird dieser Objektbegriff nun in Bezug auf ausländische Teile genau abgegrenzt. Spiegelbildlich wird entsprechend des **§ 219 Abs. 3 BewG** festgelegt, dass ausländische Teile einer wirtschaftlichen Einheit (mangels Bedeutung für die inländische Grundbesteuerung) nicht der Bewertung unterliegen.

52 Ferner verweist § 231 BewG auf die **materiellrechtlichen Bewertungsvorschriften der §§ 232–262 BewG**, die für den inländischen Grundbesitz anzuwenden sind.

53–60 *(Einstweilen frei)*

B. Systematische Kommentierung

I. Anzuwendende Bewertungsvorschriften für inländischen Grundbesitz (§ 231 Abs. 1 BewG)

1. Anwendung der Bewertungsvorschriften zur Grundsteuerwertermittlung (§ 231 Abs. 1 Satz 1 BewG)

61 Durch § 231 Abs. 1 Satz 1 BewG wird der bereits im § 219 Abs. 1 Satz 1 BewG ausgeführte **Bezug zu den materiellen Bewertungsvorschriften** wiederholt und konkretisiert. Durch ausdrücklichen gesetzlichen Verweis werden die für die Grundsteuerwertermittlung im Rahmen des Siebten Abschnitts des BewG die Vorschriften der §§ 232–262 BewG als anzuwendende Bewertungsvorschriften genannt.

62 Deren Anwendung wird durch **Ermächtigungs- und Anwendungsvorschriften** begleitet (§§ 263, 266 BewG).

63–70 *(Einstweilen frei)*

2. Beschränkung der Bewertung auf das Inland (§ 231 Abs. 1 Satz 2 BewG)

71 Wie der Gesetzgeber bereits ausführte,[1] ist die Anwendung der in § 231 Abs. 1 Satz 1 BewG genannten Bewertungsvorschriften klarstellend nun auf den nur im **Inland**[2] liegenden Teil der **wirtschaftlichen Einheit** anzuwenden.[3]

---

[1] BT-Drucks. 19/11085 S. 98, zu § 231 BewG.
[2] Zum Inlandsbegriff vgl. Wredenhagen in Grootens, BewG § 219 Rz. 61.
[3] A 231 Satz 1 AEBewGrSt.

Die wirtschaftliche Einheit – auch wenn sie nach § 2 BewG grenzüberschreitend vorliegt – reduziert sich damit auf den inländischen Teil des Grundbesitzes. Folge ist, dass **Besteuerungsmerkmale**, die sich aus dem im Ausland liegenden Grundbesitzteil ergeben, bei der Anwendung der Bewertungsvorschriften außer Ansatz bleiben.[1]

72

Insbesondere sind damit die **Vermögensart** i. S. des § 218 Satz 1 BewG sowie im Falle des Grundvermögens auch die **Grundstücksart** nach § 249 BewG nur nach den **Merkmalen des inländischen Teils** des Grundbesitzes zu beurteilen.

73

Gleiches gilt für die **wertmäßigen Bewertungsfaktoren**, wie sie in den materiellen Bewertungsvorschriften und den diesbezüglichen Anlagen zum BewG genannt sind.

74

Die Finanzverwaltung sieht insbesondere einen Anwendungsfall bei grenzüberschreitend betriebenen land- und forstwirtschaftlichen Betrieben.[2]

75

> **BEISPIEL:** Ein niederländischer Landwirt betreibt seinen Betrieb vornehmlich mit Sitz in den Niederlanden. Teile seiner Ackerflächen und Weiden liegen mit einer Scheune im deutschen Geltungsbereich des BewG und GrStG (Land Nordrhein-Westfalen).
>
> Der deutsche Grund und Boden mit dem Wirtschaftsgebäude Scheune unterliegt der Grundsteuerbesteuerung. Durch das Gesamtgepräge des niederländischen Landwirts unter Betrachtung des gesamten Betriebs wird die (inländische) wirtschaftliche Einheit als land- und forstwirtschaftliches Vermögen eingeordnet. Der Wertermittlung und Feststellung unterliegt nach § 219 Abs. 3 BewG mit § 231 Abs. 2 BewG jedoch nur der inländische Teil des land- und forstwirtschaftlichen Betriebs.

76

(Einstweilen frei) 77–80

II. Verbot der Bewertung ausländischen Grundbesitzes (§ 231 Abs. 2 BewG)

Durch § 231 Abs. 2 BewG wird nochmals klargestellt, dass – entsprechend der Rechtsfolge des § 219 Abs. 3 BewG – eine Bewertung ausländischen Grundbesitzes nicht erfolgt. Hintergrund ist, dass eine **Bedeutung für die Grundsteuer** nur bei inländischem Grundbesitz vorliegt, (§ 219 Abs. 1 Satz 1 BewG).

81

Durch § 231 Abs. 2 BewG wird damit klarstellend jegliche **Bewertung ausländischen Vermögens** für grundsteuerliche Zwecke **ausgeschlossen**.[3]

82

B. Land- und forstwirtschaftliches Vermögen

I. Allgemeines

§ 232 BewG Begriff des land- und forstwirtschaftlichen Vermögens

(1) ¹Land- und Forstwirtschaft ist die planmäßige Nutzung der natürlichen Kräfte des Bodens zur Erzeugung von Pflanzen und Tieren sowie die Verwertung der dadurch selbst gewonnenen Erzeugnisse. ²Zum land- und forstwirtschaftlichen Vermögen gehören alle Wirtschaftsgüter, die einem Betrieb der Land- und Forstwirtschaft dauernd zu dienen bestimmt sind.

---

1 A 231 Satz 4 AEBewGrSt.
2 A 231 Satz 3 AEBewGrSt.
3 A 231 Satz 5 AEBewGrSt.

(2) ¹Die wirtschaftliche Einheit des land- und forstwirtschaftlichen Vermögens ist der Betrieb der Land- und Forstwirtschaft. ²Wird der Betrieb der Land- und Forstwirtschaft oder werden Teile davon einem anderen Berechtigten zur Erzeugung von Pflanzen und Tieren sowie zur Verwertung der dadurch selbst gewonnenen Erzeugnisse überlassen, so gilt dies als Fortsetzung der land- und forstwirtschaftlichen Tätigkeit des Überlassenden.

(3) ¹Zu den Wirtschaftsgütern, die dem Betrieb der Land- und Forstwirtschaft dauernd zu dienen bestimmt sind, gehören insbesondere:

1. der Grund und Boden,
2. die Wirtschaftsgebäude,
3. die stehenden Betriebsmittel,
4. der normale Bestand an umlaufenden Betriebsmitteln,
5. die immateriellen Wirtschaftsgüter.

²Als normaler Bestand an umlaufenden Betriebsmitteln gilt ein Bestand, der zur gesicherten Fortführung des Betriebs erforderlich ist.

(4) Nicht zum land- und forstwirtschaftlichen Vermögen gehören:

1. Grund und Boden sowie Gebäude und Gebäudeteile, die Wohnzwecken oder anderen nicht land- und forstwirtschaftlichen Zwecken dienen,
2. Tierbestände oder Zweige des Tierbestands und die hiermit zusammenhängenden Wirtschaftsgüter (zum Beispiel Gebäude und abgrenzbare Gebäudeteile mit den dazugehörenden Flächen, stehende und umlaufende Betriebsmittel), wenn die Tiere weder nach § 241 zur landwirtschaftlichen Nutzung noch nach § 242 Absatz 2 zu den sonstigen land- und forstwirtschaftlichen Nutzungen gehören; die Zugehörigkeit der landwirtschaftlich genutzten Flächen zum land- und forstwirtschaftlichen Vermögen wird hierdurch nicht berührt,
3. Zahlungsmittel, Geldforderungen, Geschäftsguthaben, Wertpapiere und Beteiligungen sowie
4. Geldschulden und Pensionsverpflichtungen.

Inhaltsübersicht

	Rz.
A. Allgemeine Erläuterungen zu § 232 BewG	1 – 14
I. Normzweck und wirtschaftliche Bedeutung der Vorschrift	1 – 5
II. Entstehung und Entwicklung der Vorschrift	6 – 9
III. Geltungsbereich	10 – 14
B. Systematische Kommentierung	15 – 81
I. Abgrenzungsgrundsätze	15 – 32
1. Definition der Land- und Forstwirtschaft (§ 232 Abs. 1 Satz 1 BewG)	15 – 24
2. Begriff des land- und forstwirtschaftlichen Vermögens (§ 232 Abs. 1 Satz 2 BewG)	25 – 28
3. Exkurs: Bewertung von land- und forstwirtschaftlichen Körperschaften, Personenvereinigungen und Vermögensmassen	29 – 32
II. Betrieb der Land- und Forstwirtschaft als wirtschaftliche Einheit (§ 232 Abs. 2 BewG)	33 – 44
1. Betrieb der Land- und Forstwirtschaft (§ 232 Abs. 2 Satz 1 BewG)	33 – 40
2. Nutzungsüberlassungen (§ 232 Abs. 2 Satz 2 BewG)	41 – 44
III. Wirtschaftsgüter eines Betriebs der Land- und Forstwirtschaft (§ 232 Abs. 3 BewG)	45 – 69
1. Benennung der land- und forstwirtschaftlichen Wirtschaftsgüter (§ 232 Abs. 3 Satz 1 BewG)	45 – 48
2. Grund und Boden (§ 232 Abs. 3 Satz 1 Nr. 1 BewG)	49 – 51
3. Rechte am Grund und Boden (§ 232 Abs. 3 Satz 1 Nr. 1 BewG)	52 – 54

4.	Wirtschaftsgebäude (§ 232 Abs. 3 Satz 1 Nr. 2 BewG)	55 - 60
5.	Stehende und umlaufende Betriebsmittel (§ 232 Abs. 3 Satz 1 Nr. 3 und Nr. 4, Satz 2 BewG)	61 - 66
6.	Immaterielle Wirtschaftsgüter (§ 232 Abs. 3 Satz 1 Nr. 5 BewG)	67 - 69
IV.	Besonderheiten des land- und forstwirtschaftlichen Vermögens (§ 232 Abs. 4 BewG)	70 - 81
1.	Abgrenzungsgrundsätze	70 - 72
2.	Grund und Boden (§ 232 Abs. 4 Nr. 1 BewG)	73 - 77
3.	Tierbestände (§ 232 Abs. 4 Nr. 2 BewG)	78 - 80
4.	Zahlungsmittel, Geldforderungen, Geschäftsguthaben, Wertpapiere und Beteiligungen sowie Geldschulden und Pensionsverpflichtungen (§ 232 Abs. 4 Nr. 3 und 4 BewG)	81

LITERATUR:

Eisele/Wiegand, Grundsteuerreform 2022/2025, Stand: Januar 2020 (1. Aufl.), NWB CAAAH-44415; *Eisele*, Reform der Grundsteuer – Gesetzentwurf liegt vor! Teil II: Bewertung des land- und forstwirtschaftlichen Vermögens für Zwecke der Grundsteuer A/Änderungen des Grundsteuergesetzes, NWB 29/2019 S. 2127, NWB AAAAH-22096; *Marx*, Ökonomische Analyse des Grundsteuer-Reformgesetzentwurfs, DStZ 2019 S. 372.

VERWALTUNGSANWEISUNGEN:

Koordinierte Erlasse der obersten Finanzbehörden der Länder v. 9.11.2021 – Anwendung des Siebenten Abschnitts des Zweiten Teils des Bewertungsgesetzes zur Bewertung des Grundbesitzes (land- und forstwirtschaftliches Vermögen) für die Grundsteuer ab 1.1.2022 (AEBewGrSt), BStBl I 2021 S. 2369.

A. Allgemeine Erläuterungen zu § 232 BewG

I. Normzweck und wirtschaftliche Bedeutung der Vorschrift

Die Regelung definiert den **tätigkeitsbezogenen Begriff der Land- und Forstwirtschaft**. Der Sammelbegriff umfasst neben der Landwirtschaft und der Forstwirtschaft auch den Weinbau, den Gartenbau und die sonstigen Betriebszweige.[1]

Zugleich regelt § 232 Abs. 1 Satz 2 BewG den **Umfang des land- und forstwirtschaftlichen Vermögens**. Dienen Wirtschaftsgüter nach ihrer Zweckbestimmung einer land- und forstwirtschaftlichen Tätigkeit **dauerhaft zur planmäßigen und ständigen Bewirtschaftung**, werden sie unter objektiven Gesichtspunkten dieser Vermögensart zugerechnet.[2]

(Einstweilen frei) 3–5

II. Entstehung und Entwicklung der Vorschrift

§ 232 BewG wurde mit dem GrStRefG v. 26.11.2019[3] in das BewG eingefügt. Die Regelung entspricht wortgleich dem § 158 BewG und ist dort mit dem ErbStRG 2009 vom 24.12.2008 (BGBl 2008 I S. 3018) neu geschaffen worden. Sie greift jedoch in Satz 2 im Wesentlichen auf die bestehenden Vorschriften zur Einheitsbewertung (§ 33 BewG) zurück. Erstmals ist § 232 BewG für den **Hauptfeststellungszeitpunkt 1.1.2022** anzuwenden (vgl. § 266 BewG).

(Einstweilen frei) 7–9

---

1 BT-Drucks. 19/11085 S. 99.
2 BT-Drucks. 19/11085 S. 99.
3 GrStRefG v. 26.11.2019, BGBl 2019 I S. 1794.

III. Geltungsbereich

10 Die in § 232 BewG festgelegten Grundsätze sind bei der **Bewertung des land- und forstwirtschaftlichen Vermögens** anzuwenden. Bewertungsgegenstand ist der Betrieb der Land- und Forstwirtschaft i. S. des § 234 Abs. 1 BewG. Die Vorschriften der §§ 232 und 233 BewG gehen § 243 BewG vor. Liegt land- und forstwirtschaftliches Vermögen nach § 232 BewG vor, kann grds. kein **Grundvermögen** vorliegen. Etwas anderes gilt für land- und forstwirtschaftliche Flächen, die nach § 233 Abs. 2 und 3 BewG dem Grundvermögen zugeordnet werden (insbes. **Bauerwartungs- und Rohbauland**).[1]

11 Die Vorschriften gelten gem. § 231 BewG nur für die Bewertung des **inländischen** zu bewertenden Vermögens. Dabei sind auch die inländischen Teile einer wirtschaftlichen Einheit zu bewerten, die sich sowohl auf das Inland als auch auf das Ausland erstrecken.

12–14 *(Einstweilen frei)*

B. Systematische Kommentierung

I. Abgrenzungsgrundsätze

1. Definition der Land- und Forstwirtschaft (§ 232 Abs. 1 Satz 1 BewG)

15 § 232 Abs. 1 Satz 1 BewG definiert den Begriff **Land- und Forstwirtschaft**. Er stellt auf eine aktive Bewirtschaftung des Betriebs ab und beschreibt das, was man seit jeher allgemein unter Landwirtschaft versteht.[2] Der Begriff steht für mehrere Nutzungen, denn er umfasst neben der Land- und Forstwirtschaft auch den Weinbau, den Gartenbau und die sonstigen Betriebszweige. Stephany[3] hält den Ansatz des Gesetzgebers in diesem Punkt für nicht nachvollziehbar und im Grunde genommen für falsch. Er argumentiert, dass für eine **Substanzsteuer** wie der Grundsteuer, es nicht auf die Tätigkeit ankomme, sondern auf den Bewertungsgegenstand. Insoweit spiele es auch keine Rolle, ob der Bewertungsgegenstand des land- und forstwirtschaftlichen Betriebs aktiv bewirtschaftet oder verpachtet wird, sondern ob der Bewertungsgegenstand für land- und forstwirtschaftliche Zwecke – von wem auch immer – genutzt wird.

16 Grds. wird eine Produktion von **pflanzlichen und tierischen Erzeugnissen** unterstellt. In Übereinstimmung mit dem Einkommensteuergesetz sind als Boden auch Substrate und Wasser anzusehen. Während die Erzeugnisse des Grund und Bodens eine land- und forstwirtschaftliche Urproduktion darstellen, muss es sich bei den tierischen Erzeugnissen um Produkte handeln, die der Ernährung oder Bekleidung dienen.[4]

17 **Forstwirtschaft** ist die planmäßige Nutzung der natürlichen Kräfte des Waldbodens zur Gewinnung von Walderzeugnissen und insbesondere Rohholz. Als **Rohholz** wird in der Forstwirtschaft das geerntete und für den Verkauf angebotene Holz bezeichnet. Dies sind gefällte, entastete und entwipfelte Bäume, die keine weitere Bearbeitung erfahren haben. Hierzu gehört auch die unmittelbare Veräußerung oder Verwertung des Holzes. Die bisherigen Regelungen, dass **Saat- und Pflanzkämpe**, aber auch **Samenplantagen**, zur Forstwirtschaft gehören, wenn sie zu mehr als zwei Dritteln der Erzeugung von Pflanzen für den eigenen Betrieb dienen, wer-

---

[1] Vgl. Bock in Grootens, BewG § 243 Rz. 10.
[2] BFH, Urteil v. 31.3.1955 - IV 134/54 U, BStBl 1995 III S. 150; BFH, Urteil v. 23.1.1992 - IV R 19/90, BStBl 1992 II S. 651.
[3] Vgl. Stephany, AgrB 6 - 2019 S. 337.
[4] Vgl. Wiegand in Viskorf/Schuck/Wälzholz, BewG § 158 Rz. 2.

den aufgegeben. Sie sind nunmehr der gärtnerischen Nutzung und dort dem Nutzungsteil **Baumschulen** zugeordnet.[1] Die innerhalb eines Waldes gelegenen **Wildwiesen** und **Wildäcker** gehören ebenfalls zur forstwirtschaftlichen Nutzung, wenn sie nicht bodengeschätzt sind und landwirtschaftlich genutzt werden.[2]

Weinbau ist die (landwirtschaftliche) Kultivierung von Weinreben zur Gewinnung und anschließenden Kelterung von Trauben sowie der **Ausbau** (Ausbau bezeichnet alle kellerwirtschaftlichen Arbeiten in der Zeitspanne zwischen dem Ende der **Gärung** und der **Abfüllung** eines Weins) des Weins. Unter Gartenbau fasst man den Anbau von Blumen, Gemüse, Obst und Baumschulerzeugnissen im Rahmen intensiver Kulturverfahren zusammen. 18

Als **sonstige land- und forstwirtschaftliche Nutzungen** (vgl. § 242 Abs. 2 BewG) kommen die Binnenfischerei, die Teichwirtschaft, die Fischzucht für Binnenfischerei und Teichwirtschaft, die Imkerei, die Wanderschäferei, die Saatzucht, der Pilzanbau, die Produktion von Nützlingen Weihnachtbaumkulturen und die Kurzumtriebsplantagen in Betracht. 19

(Einstweilen frei) 20–24

2. Begriff des land- und forstwirtschaftlichen Vermögens (§ 232 Abs. 1 Satz 2 BewG)

Bewertungsgegenstand für Zwecke der Grundsteuer ist innerhalb des land- und forstwirtschaftlichen Vermögens die **wirtschaftliche Einheit** des Betriebs der Land- und Forstwirtschaft. Die wirtschaftliche Einheit bestimmt sich nach den **wirtschaftlichen Eigentumsverhältnissen** beim Grund und Boden am Bewertungsstichtag und umfasst die damit in engem sachlichem Zusammenhang stehenden Wirtschaftsgüter, die in Abs. 3 konkretisiert werden.[3] Entscheidend dafür, ob das Wirtschaftsgut dem Betrieb der Land- und Forstwirtschaft dauernd zu dienen bestimmt ist, ist der dem Wirtschaftsgut zukommende Zweck **(Zweckbestimmung)** am Bewertungsstichtag (§ 235 BewG).[4] 25

Eine Zuordnung zum land- und forstwirtschaftlichen Vermögen erfolgt nach § 232 Abs. 1 Satz 2 immer dann, wenn Wirtschaftsgüter dauerhaft einem Betrieb der Land- und Forstwirtschaft zu dienen bestimmt sind. Das setzt eine gewisse planmäßige und ständige Bewirtschaftung voraus.[5] Der Wille des Eigentümers muss daher darauf abzielen, einen angemessenen Nutzen in Form eines nachhaltig erzielbaren **Rohertrags** zu erwirtschaften.[6] Grund und Boden sowie Gebäude, die einem Betrieb der Land- und Forstwirtschaft dauernd zu dienen bestimmt sind, gehören auch dann zum land- und forstwirtschaftlichen Vermögen, wenn der Betrieb ganz oder in Teilen auf bestimmte oder unbestimmte Zeit **nicht bewirtschaftet** wird. Dies ist dann der Fall, wenn sie keine andere Zweckbestimmung erhalten haben, die zu einer zwingenden Zuordnung zum Grund- oder Betriebsvermögen führen.[7] 26

Das Grundsteuerreformgesetz[8] selbst trifft keine besonderen Regelungen zur **Abgrenzung des land- und forstwirtschaftlichen Vermögens vom gewerblichen Betriebsvermögen**. Gleichwohl 27

---

1 Vgl. A 237.9 Abs. 3 S. 1 AEBewGrSt.
2 BFH, Beschluss v. 15.3.2001 - IV B 72/00, NWB SAAAA-67044 sowie A 237.1 Abs. 1 S. 4 AEBewGrSt.
3 BT-Drucks. 19/11085 S. 100.
4 Vgl. A 232.1 Abs. 2 S. 3 AEBewGrSt.
5 RFH, Urteil v. 27.2.1941 - III 167/39, RStBl 1941 S. 746.
6 BFH, Urteil v. 4.3.1987 - III R 8/86, BStBl 1987 II S. 370 und BFH, Beschluss v. 10.10.1990 - II B 70/90.
7 R B 158.1 Abs. 5 ErbStR 2019 sowie a232.1 Abs. 2 S. 4 AEBewGrSt.
8 GrStRefG v. 26.11.2019, BGBl 2019 I S. 1794.

gilt es, wie bisher, Lebenssachverhalte zu beurteilen, die diese Abgrenzungsfragen aufwerfen. Insoweit ist auf das bisherige Bewertungsrecht und das Ertrag- und Forststeuerrecht zurückzugreifen, die in diesem Zusammenhang insbesondere die Abgrenzung des landwirtschaftlichen Vermögens und des gewerblichen Betriebsvermögens deckungsgleich regeln.[1] Soweit jedoch zur Frage der Zuordnung von Wirtschaftsgütern keine eigenständigen Regelungen vorhanden sind, muss auf die ertragsteuerlichen Regelungen in R 15.5 EStR 2012 nicht nur im Rahmen der Grundbesitzbewertung (§ 158 BewG) sondern m. E. auch bei der Ermittlung der Grundsteuerwerte zurückgegriffen werden. A 232.3 Abs. 1 Satz 3 AEBewGrSt bestätigt die Auffassung und bestimmt, dass eine Abgrenzung vorrangig u. a. nach R 15.5 Abs. 1–12 EStR vorzunehmen ist.

28 Schließlich (er-)fordert § 232 Abs. 1 BewG im Gegensatz zu § 13 Abs. 1 EStG **keine Gewinnerzielungsabsicht** nach § 15 Abs. 2 EStG, weshalb auch sog. **Liebhabereibetriebe** land- und forstwirtschaftliche Betriebe i. S. des BewG sind. Somit kommt es für die bewertungsrechtliche Einordnung der Wirtschaftsgüter als land- und forstwirtschaftliches Vermögen grds. nicht auf die ertragssteuerliche Einordnung an. Dies bedeutet, dass zum land- und forstwirtschaftlichen Vermögen auch Wirtschaftsgüter gehören können, die ertragssteuerrechtlich als **Privatvermögen** zu behandeln sind (z. B. aufgegebene Betriebe, im Privatvermögen verbliebene Flächen nach dem Einigungsvertrag)[2].

3. Exkurs: Bewertung von land- und forstwirtschaftlichen Körperschaften, Personenvereinigungen und Vermögensmassen

29 Nach § 95 Abs. 2 BewG gilt die Land- und Forstwirtschaft nicht als Gewerbe, wenn sie den **Hauptzweck des Betriebs** bildet. Dagegen stellt kraft gesetzlicher Fiktion eine land- und forstwirtschaftliche Betätigung der in § 97 Abs. 1 BewG genannten Körperschaften, Personenvereinigungen und Vermögensmassen einen Gewerbebetrieb dar. In der Praxis dürfte dies am häufigsten auf **Kapitalgesellschaften** und **Genossenschaften** zutreffen. Der Umfang der wirtschaftlichen Einheit erstreckt sich in diesen Fällen auf alle Wirtschaftsgüter des Betriebsvermögens, unabhängig davon, ob sie dem eigentlichen Gewerbebetrieb dienen oder tatsächlich gar kein Gewerbe betrieben wird.

30 Grundbesitz der – losgelöst von einem Gewerbebetrieb – einen Betrieb der Land- und Forstwirtschaft bilden würde, ist nach dem Recht der Einheitsbewertung gem. § 99 Abs. 1 Nr. 2 i. V. mit Abs. 3 BewG wie land- und forstwirtschaftliches Vermögen zu bewerten. Da es für Zwecke der Grundsteuer **keine Vermögensart Betriebsvermögen** gibt, ordnet § 218 Satz 1 BewG klarstellend an, dass diese Grundsätze auch für die Grundsteuer gelten. Hieraus ergibt sich – wie im bisherigen Recht –, dass alle Wirtschaftsgüter i. S. des § 232 Abs. 3 BewG hiervon erfasst werden. Nicht davon erfasst werden die nach § 232 Abs. 4 BewG auszuscheidenden Wirtschaftsgüter, da diese nicht der Grundsteuer unterliegen.[3]

31 Die Verwaltungsanweisungen eröffnen im ersten Hauptfeststellungszeitraum für **bestehende wirtschaftliche Einheiten**, die im Eigentum einer in § 97 Abs. 1 Satz 1 bezeichneten Körperschaft, Personenvereinigung oder Vermögensmasse stehen, folgende **Vereinfachung**: Soweit für Zwecke der Einheitsbewertung die wirtschaftlichen Einheiten dieser Bewertungsobjekte

---

[1] Vgl. gleich lautende Erlasse der obersten Finanzbehörden der Länder v. 15.12.2011, BStBl 2011 I S. 1213 und 1217.
[2] Vgl. Wiegand in Viskorf/Schuck/Wälzholz, BewG § 158 Rz. 8.
[3] Vgl. Wiegand in Eisele/Wiegand, Grundsteuerreform 2022/2025, Stand: Januar 2020 (1. Aufl.), NWB CAAAAH-44415, S. 53.

unter Anwendung von § 34 Abs. 4–6 BewG gebildet wurden, können diese Verhältnisse weiterhin für Zwecke der Feststellung von Grundsteuerwerten zugrunde gelegt werden.[1] Insoweit kann das land- und forstwirtschaftliche Vermögen bei **Personengesellschaften** und bei **Personengemeinschaften** im **ersten Hauptfeststellungszeitraum** wie bisher jeweils bei der Einheitsbewertung einheitlich ermittelt werden, auch wenn die Wirtschaftsgüter nur einem Beteiligten gehören.[2]

Landwirt A und Landwirt B gründeten eine GbR mit dem Ziel, die landwirtschaftlich genutzten Flächen gemeinsam zu bewirtschaften und Tiere (Mastweine) zu halten. A und B brachten jeweils 75 ha landwirtschaftliche Nutzfläche in den Betrieb ein, insgesamt wurden 4.000 Mastschweine aus schweren Ferkeln (= 480 VE) erzeugt.

Die Bewertung der Flächen sowie der verstärkten Tierhaltung erfolgte bisher bei der Einheitsbewertung gem. § 34 Abs. 6 i.V. mit § 51 BewG. Daher ist auch bei der Feststellung des Grundsteuerwerts von einem einheitlichen Betrieb unter Berücksichtigung der in den §§ 237–239 BewG getroffenen Regelungen auszugehen.

II. Betrieb der Land- und Forstwirtschaft als wirtschaftliche Einheit (§ 232 Abs. 2 BewG)

1. Betrieb der Land- und Forstwirtschaft (§ 232 Abs. 2 Satz 1 BewG)

Die wirtschaftliche Einheit des land- und forstwirtschaftlichen Vermögens ist der Betrieb der Land- und Forstwirtschaft. Er besteht grds. aus der **Gesamtheit der Wirtschaftsgüter**, die ihm nicht nur vorübergehend, sondern objektiv dauernd zu dienen bestimmt sind und im Eigentum des Betriebsinhabers stehen. Im Hinblick auf die jeweiligen **Eigentumsverhältnisse** konkretisieren die Verwaltungsanweisungen Folgendes: Befinden sich Flächen am Bewertungsstichtag **noch nicht im zivilrechtlichen Eigentum des Steuerpflichtigen**, genügt für eine Zurechnung an den Steuerpflichtigen das wirtschaftliche Eigentum (§ 39 Abs. 2 Nr. 1 Satz 1 AO) an diesen Flächen. Wirtschaftliches Eigentum liegt insbesondere vor, wenn **Besitz, Nutzen, Lasten und Gefahren** auf den Steuerpflichtigen übergegangen sind. So ist z. B. bei Flächen in Flurbereinigungsverfahren nach dem Flurbereinigungsgesetz (FlurbG) grds. auf den Zeitpunkt des Übergangs des wirtschaftlichen Eigentums im Rahmen der vorläufigen Besitzeinweisung nach § 65 FlurbG abzustellen. Der Übergang des wirtschaftlichen Eigentums kann ausnahmsweise in einem früheren Stadium vor einer Besitzeinweisung i. S. des § 65 FlurbG in Betracht kommen, wenn der Fall der §§ 52, 53 FlurbG gegeben ist; hier ist der Zeitpunkt der Unwiderruflichkeit der Zustimmung zum Landabfindungsverzicht (Zugang der Erklärung bei der zuständigen Flurbereinigungsbehörde) maßgebend.[3]

Ferner wurde für den ersten Hauptfeststellungszeitraum durch die Einfügung des § 266 Abs. 5 BewG in das BewG die Möglichkeit geschaffen, dass für bestehende wirtschaftliche Einheiten, bei denen für Zwecke der Einheitsbewertung die Wirtschaftsgüter von Eheleuten oder Lebenspartnern und Lebenspartnerinnen nach § 26 BewG zusammengefasst wurden, diese Verhältnisse weiterhin für Zwecke der Feststellung der jeweiligen Grundsteuerwerte zugrunde gelegt

---
1 Wegen der gesetzlichen Grundlage für die Vereinfachung in § 266 Abs. 5 BewG vgl. Grootens in Grootens, BewG § 266 Abs. 5 Rz. 111 ff.
2 Vgl. A 232.2 Abs. 5 AEBewGrSt.
3 Vgl. A 232.2 Abs. 1 Satz 2–5 AEBewGrSt.

werden können.[1] Diese Regelung ist aus verwaltungsökonomischen Gründen eingeführt worden und spart der Finanzverwaltung die Bereitstellung zusätzlicher Aktenzeichen. Wegen der gesetzlichen Grundlage für die Vereinfachung in § 266 Abs. 5 BewG vgl. Grootens in Grootens, BewG § 266 Rz. 111 ff.

35 Ein Betrieb setzt insoweit weder eine **Mindestgröße** noch einen **vollen land- und forstwirtschaftlichen Besatz** mit Wirtschaftsgebäuden, Betriebsmitteln usw. voraus.[2] Wesentlich sind aber immer die tatsächliche nachhaltige Nutzung und deren **Zweckbestimmung** durch den Eigentümer.[3] Deshalb ist auch ein einzelnes land- und forstwirtschaftlich genutztes Grundstück, das nach § 233 Abs. 2 und 3 BewG nicht zum Grundvermögen zu rechnen ist, ein Betrieb der Land- und Forstwirtschaft i. S. des BewG.

Demzufolge verlieren **leerstehende**, früher land- und forstwirtschaftlich genutzte Wirtschaftsgebäude mit der Einstellung der aktiven Bewirtschaftung des Betriebs[4] und der nicht langfristigen Verpachtung der Ländereien nicht regelmäßig ihre land- und forstwirtschaftliche Zweckbestimmung i. S. des § 232 Abs. 1 Satz 2 BewG.[5] Dies auch deshalb, weil der Normgeber an den Grundstrukturen des bisherigen Rechts festhält.[6]

36 Was als **wirtschaftliche Einheit** zu gelten hat, ist nach der **Verkehrsanschauung** zu entscheiden. Dabei sind die örtliche Gewohnheit, die tatsächliche Übung, die Zweckbestimmung und die wirtschaftliche Zusammengehörigkeit der einzelnen Wirtschaftsgüter zu berücksichtigen.[7] Beim land- und forstwirtschaftlichen Vermögen tritt die Zweckbestimmung in den Vordergrund, so dass ein räumlicher Zusammenhang für die Zusammenfassung von Grundstücke nicht erforderlich ist.[8] **Mehrere Flächen desselben Eigentümers** bilden grds. dann eine wirtschaftliche Einheit, wenn diese zusammen bewirtschaftet werden und zwischen ihnen ein innerwirtschaftlicher Zusammenhang besteht. Das ist zu verneinen, wenn die Bewirtschaftung abgelegener Flächen von der Hofstelle oder einem sonstigen Sitz der Betriebsleitung aus als nicht gegendüblich anzusehen ist oder der Betriebsinhaber keine unmittelbare Einwirkungsmöglichkeit und eigene Aufsicht über die sachdienliche Nutzung dieser Flächen hat.[9] In den vorgenannten Fällen kommt die Bildung mehrerer wirtschaftlichen Einheiten in Betracht. Bei der Abgrenzung der wirtschaftlichen Einheiten sind die Besonderheiten der jeweiligen wirtschaftlichen Einheit zu berücksichtigen.

37 Die Zusammenfassung zu einer wirtschaftlichen Einheit erfolgt dann, wenn die Flächen von einer Hofstelle aus bewirtschaftet werden. Es muss jedoch ein gewisser **räumlicher Zusammenhang** bestehen. Eine feste Grenze definiert das Gesetz nicht. Eine räumliche Entfernung von ca. 10 km zwischen zwei Betrieben kann bereits gegen eine Zusammenfassung der Flä-

---

[1] Vgl. A 232.2 Abs. 3 AEBewGrSt.
[2] BFH, Urteil v. 31.3.1955 - IV 134/54 U, BStBl 1955 III S. 150, BFH, Urteil v. 21.12.1965 - III 291/62 U, BStBl 1966 III S. 138 und BFH, Urteil v. 18.3.1999 - IV R 65/98, BStBl 1999 II S. 398.
[3] BFH, Urteil v. 5.12.1980 - III R 56/77, BStBl 1981 II S. 498.
[4] Vgl. Müller in Grootens, BewG § 232 Rz. 26.
[5] BFH, Urteil v. 28.3.2012 - II R 37/10, NWB LAAAE-14522.
[6] BT-Drucks. 19/11085 S. 100 sowie A 232.1 Abs. 4 AEBewGrSt.
[7] Vgl. A 232. Abs. 2 S. 5 AEBewGrSt.
[8] RFH, Urteil v. 3.7.1930 - III A 452/29, RStBl 1930 S. 576.
[9] Vgl. Abschnitt 1.05 Abs. 2 BewR L.

chen sprechen.[1] Dabei spielt es keine Rolle, wenn landwirtschaftlich genutzte Parzellen durch Landes-, Bezirks- oder Gemeindegrenzen von der Hofstelle getrennt sind.[2]

Ob mehrere **räumlich** voneinander **getrennte Betriebsstätten** einen einheitlichen Betrieb bilden, ist aufgrund einer Gesamtbetrachtung der betrieblichen Verhältnisse zu entscheiden. Auch größere Entfernungen können im Einzelfall die Annahme eines einheitlichen Betriebs der Land- und Forstwirtschaft (weiterhin) rechtfertigen. So hat der BFH[3] eine Höchstgrenze von 40 km in Bezug auf die Norm des § 51a Abs. 1 Nr. 3 BewG abgelehnt und ausgeführt, dass es „eine höchstzulässige Entfernung" nicht gibt. 38

Bei der forstwirtschaftlichen Nutzung ist für die Beantwortung der Frage, ob eine oder mehrere wirtschaftliche Einheiten vorliegen, nicht die verwaltungsmäßige Zusammenfassung, sondern die betriebswirtschaftliche, entscheidend.[4] Deshalb bildet bei mehreren Forsten desselben Eigentümers, die jeweils nach einem **selbstständigen Betriebswerk** bewirtschaftet werden, jeder Forst grds. eine selbstständige wirtschaftliche Einheit. 39

Ein Betrieb der Land- und Forstwirtschaft kann sich einerseits im Inland befinden aber auch auf das **Ausland** erstrecken. Für die zutreffende Bewertung sind die Regelungen des § 231 Abs. 1 BewG maßgeblich. Diese Regelung ist insbesondere für die Bewertung von Betrieben der Land- und Forstwirtschaft von praktischer Bedeutung, da diese teilweise über Landesgrenzen hinweg betrieben werden. Bewertet für Zwecke der Grundsteuer wird in diesen Fällen nur der **inländische Teil** der wirtschaftlichen Einheit. Zudem wird klargestellt, dass der ausländische Teil einer wirtschaftlichen Einheit nicht der gesonderten Feststellung nach § 219 BewG unterliegt.[5] 40

2. Nutzungsüberlassungen (§ 232 Abs. 2 Satz 2 BewG)

§ 232 Abs. 2 Satz 2 regelt die **Verpachtung** des Betriebs oder von Teilen eines Betriebs der Land- und Forstwirtschaft. Dabei kommt es entsprechend dem Charakter einer objektiven Flächenbewertung zunächst nicht darauf an, ob der Eigentümer oder der Pächter den Grund und Boden selbst bewirtschaftet. Auf die Unterscheidung zwischen aktiv wirtschaftenden Betrieben einschließlich etwaiger Ertragswertsteigerungen durch Zupachtflächen einerseits und Stückländereien sowie verpachteten Betrieben einschließlich etwaiger Ertragswertminderungen andererseits sowie den damit verbundenen Abgrenzungsschwierigkeiten und Korrekturrechnungen bei besonders intensiven Nutzungen wird deshalb verzichtet.[6] 41

Die Einstellung der land- und forstwirtschaftlichen Tätigkeit würde wegen der tätigkeitsbezogenen Definition grds. zum Wegfall der Voraussetzungen des § 232 Abs. 1 Satz 1 BewG führen. Nach § 232 Abs. 1 Satz 2 BewG kommt es jedoch auf die dauerhafte Zweckbestimmung der Wirtschaftsgüter des land- und forstwirtschaftlichen Vermögens und die Verkehrsanschauung an. Deshalb sind einerseits nicht genutzte Wirtschaftsgüter bis zu einer anderweitigen Verwendung und andererseits die unentgeltliche oder entgeltliche **Nutzungsüberlassung** der wirtschaftlichen Einheit dem Betrieb der Land- und Forstwirtschaft zuzurechnen. Infolgedessen 42

---

1 Vgl. Wiegand in Viskorf/Schuck/Wälzholz, BewG § 158 Rz. 10.
2 RFH, Urteil v. 4.5.1932 - III A 633/31, RStBl 1932 S. 763.
3 BFH, Urteil v. 10.4.1997 - IV R 48/96, NWB OAAAB-39028.
4 RFH, Urteil v. 15.3.1934 - III A 70/34, RStBl 1934 S. 696.
5 BT-Drucks. 19/11085 S. 98.
6 BT-Drucks. 19/11085 S. 99 sowie A 232.2 Abs. 2 S. 3 AEBewGrSt.

können unter verschiedenen Konstellationen land- und forstwirtschaftlich genutzte Grundstücke einen Betrieb der Land- und Forstwirtschaft bilden, wenn sie entsprechend § 232 Abs. 1 Satz 2 BewG diesen Zwecken dauernd zu dienen bestimmt sind.

43 **PAXISHINWEIS:**
Das Gesetz nennt den aus § 34 Abs. 7 BewG bekannten Begriff der Stückländerei nicht. Gleichwohl wird in § 232 Abs. 2 Satz 2 BewG ein Bezug hierzu hergestellt, indem die Überlassung eines Betriebs der Land- und Forstwirtschaft oder Teile davon, der land- und forstwirtschaftlichen Betätigung des Überlassenden zugeordnet werden.

44 *(Einstweilen frei)*

III. Wirtschaftsgüter eines Betriebs der Land- und Forstwirtschaft (§ 232 Abs. 3 BewG)

1. Benennung der land- und forstwirtschaftlichen Wirtschaftsgüter (§ 232 Abs. 3 Satz 1 BewG)

45 § 232 Abs. 3 BewG bestimmt **enumerativ** die **Wirtschaftsgüter**, die dem Betrieb der Land- und Forstwirtschaft dauernd zu dienen bestimmt sind. Zu diesen Wirtschaftsgütern gehören insbesondere der **Grund und Boden**, die **Wirtschaftsgebäude**, die **stehenden Betriebsmittel**, der normale Bestand an **umlaufenden Betriebsmitteln** und die **immateriellen Wirtschaftsgüter**.[1] Diese Aufzählung ist nicht abschließend und insoweit beispielhaft.

46 Für die **Abgrenzung des land- und forstwirtschaftlichen Vermögens vom Grundvermögen** i. S. des § 218 Satz 1 BewG ist grds. die **Zweckbestimmung** der vorhandenen und eingesetzten Wirtschaftsgüter nach § 232 Abs. 1 BewG entscheidend. Die Zweckbestimmung richtet sich i. d. R. nach den Tätigkeiten, die im Zusammenhang mit Wirtschaftsgütern, insbesondere Grund und Boden, Wirtschaftsgebäuden, Betriebsmitteln oder immateriellen Wirtschaftsgütern, ausgeübt werden. Eine Abgrenzung ist vorrangig nach R 15.5 Abs. 1–12 EStR sowie gem. Abschnitt III der gleich lautenden Erlasse der Obersten Finanzbehörden der Länder v. 15.12.2011, BStBl 2011 I S. 1213 und S. 1217 hinsichtlich der Zuordnung von Grundstücken und Gebäuden vorzunehmen.[2]

47–48 *(Einstweilen frei)*

2. Grund und Boden (§ 232 Abs. 3 Satz 1 Nr. 1 BewG)

49 Zum **Grund und Boden** gehören regelmäßig alle Flächen, die nicht als Grundvermögen zu erfassen sind. Das sind Ackerland, Grünland, die Forst-, Weinbau-, und Gartenbauflächen, die Hof- und Gebäudeflächen. Als weitere zum Betrieb gehörende Flächen sind zu nennen z. B. **Wirtschaftswege**, **Gräben**, **Hecken**, **Schneisen**, **Grenzraine** und **Parkflächen**. Ferner gehören auch das **Abbauland** (§ 234 Abs. 1 Nr. 2 Buchst. a BewG), das **Geringstland** (§ 234 Abs. 1 Nr. 2 Buchst. b BewG) und das **Unland** (§ 234 Abs. 1 Nr. 2 Buchst. c BewG) dazu, soweit diese dauerhaft einem Betrieb der Land- und Forstwirtschaft dienen. Neben **Brachflächen** gehören auch von der Bodenschätzung erfassten **Feucht- und Trockenbiotope** zur landwirtschaftlichen Nutzung, solange eine landwirtschaftliche Erzeugung auf diesen Flächen möglich ist.[3]

50–51 *(Einstweilen frei)*

---

1 BT-Drucks. 19/11085 S. 100.
2 Vgl. A 232.3 Abs. 1 AEBewGrSt.
3 Vgl. A 232.1 Abs. 3 S. 4 AEBewGrSt.

3. Rechte am Grund und Boden (§ 232 Abs. 3 Satz 1 Nr. 1 BewG)

Zu den Wirtschaftsgütern, die dem Grunde nach einem Betrieb der Land- und Forstwirtschaft dauernd dienen, gehören auch **Grunddienstbarkeiten** und wiederkehrende Nutzungen und Leistungen, wie **Weiderechte**, **Streunutzungsrechte**, **Wegerechte**, **Fischereirechte**, **Fährgerechtigkeiten**, das Rechts auf **Viehtrift** und **Viehtränke**, u. a. Hiervon abzugrenzen sind Anteile am Grundbesitz einer Hauberg-, Wald-, Forst- oder Laubgenossenschaft oder einer ähnlichen Realgemeinde mit eigener Rechtspersönlichkeit sowie Forstnutzungsrechte und Berechtigungen aus Reallasten.[1]

(Einstweilen frei)

4. Wirtschaftsgebäude (§ 232 Abs. 3 Satz 1 Nr. 2 BewG)

Wirtschaftsgebäude i. S. des § 232 Abs. 3 Nr. 2 BewG sind Gebäude oder Gebäudeteile, die ausschließlich der unmittelbaren Bewirtschaftung des Betriebs und nicht Wohnzwecken dienen.[2] Hierzu zählen Stallgebäude, Scheunen, Lager- und Maschinenhallen, Schuppen, Wagenremisen, Werkstätten, Hopfendarren, Kesselräume, Arbeitsräume, Kelleranlagen u. dgl. Büros, in denen die Betriebsorganisation und Betriebsführung koordiniert werden, gehören ebenfalls zu den Wirtschaftsgebäuden.

Wirtschaftsgebäude gehören immer zum land- und forstwirtschaftlichen Vermögen. Dies gilt selbst dann, wenn sie **vorübergehend oder dauernd leer** stehen. So ist beispielsweise der leerstehende Rindviehstall eines Betriebs, dessen Inhaber wegen Wirtschaftsumstellung das Rindvieh abgeschafft hat, weiterhin dem land- und forstwirtschaftlichen Vermögen zuzurechnen.[3] Entscheidend ist jedoch, dass die Gebäude **keine andere Zweckbestimmung** erhalten. Das setzt voraus, dass grds. eine Bewirtschaftung des zu bewertenden Betriebs stattfindet und die Gebäude diesem auch weiterhin auf Dauer dienen können.

> **PRAXISHINWEIS:**
> Der Leerstand von Wirtschaftsgebäude ist ähnlich wie die Brache als vorübergehende Einstellung der Bewirtschaftung auszulegen und für die Annahme von land- und forstwirtschaftlichem Vermögen unschädlich. Dagegen führt eine Nutzungsänderung von Wirtschaftsgebäuden, z. B. durch das Unterstellen von Wohnwagen, Booten oder die Überlassung an Gewerbetreibende zu Lagerzwecken o. ä. immer dazu, dass diese Gebäude oder Gebäudeteile einschließlich des dazugehörigen Grund und Bodens als Grundvermögen zu bewerten sind.

Werden Wirtschaftsgebäude eines aktiven oder auch ehemaligen Hofes zu **Wohnzwecken** umgebaut, verlieren sie dadurch ihre land- und forstwirtschaftliche Zweckbestimmung. Die so erstellten Wohnungen werden zu eigenen wirtschaftlichen Einheiten des **Grundvermögens**. Der mit den Wohnungen im Zusammenhang stehende Grund und Boden und die Gebäude sind nach § 232 Abs. 4 Nr. 1 BewG nicht beim land- und forstwirtschaftlichen Vermögen zu erfassen; sie sind dem Grundvermögen zuzuordnen.

(Einstweilen frei)

---

1 Vgl. Abschnitt 1.01 Abs. 2 BewR L.
2 BT-Drucks. 19/11085 S. 100.
3 Vgl. Abschnitt 1.01 Abs. 3 Nr. 3 BewR L.

5. Stehende und umlaufende Betriebsmittel (§ 232 Abs. 3 Satz 1 Nr. 3 und Nr. 4, Satz 2 BewG)

61 § 232 Abs. 3 BewG unterscheidet **stehende Betriebsmittel** (Nr. 3) und **umlaufende Betriebsmittel** (Nr. 4). Ob Betriebsmittel den stehenden oder umlaufenden zuzuordnen sind, ist nach seiner Zweckbestimmung zu entscheiden.[1] Der Begriff „Betriebsmittel" kann als lebendes und totes Inventar umschrieben werden.

62 **Stehende Betriebsmittel** i. S. des § 232 Abs. 3 Nr. 3 BewG sind die Wirtschaftsgüter die im Betrieb verbleiben und dauernd dazu bestimmt sind, dem Betriebszweck, d. h. der Erzeugung von pflanzlichen und tierischen Produkten zu dienen. Dazu gehören z. B. Maschinen, Last- und Personenkraftwagen, Ackergeräte sowie das Zug- und Zuchtvieh, Milchkühe und Legehennen.[2] Aus stehenden Betriebsmitteln werden nicht deshalb umlaufende Betriebsmittel, weil sie wegen Abnutzung oder Alters (z. B. Milchkühe) zum Verkauf stehen.[3]

63 Zu den **umlaufenden Betriebsmitteln** i. S. des § 232 Abs. 3 Nr. 4 BewG sind Wirtschaftsgüter zu zählen, die entweder bei der Bewirtschaftung des Betriebs verbraucht (z. B. Saatgut, Dünge- u. Pflanzenschutzmittel, Futtermittel) oder als Erzeugnisse des Betriebs verkauft werden (z. B. Getreide, Zuckerrüben, eingeschlagenes Holz, Gemüse und Zierpflanzen).[4] Werden Tiere zum Verkauf gezüchtet bzw. gehalten, sind sie umlaufende Betriebsmittel. Werden Tiere durch Nutzung ihrer Erträge oder Leistungen gehalten, liegen stehende Betriebsmittel vor.[5] Zum land- und forstwirtschaftlichen Vermögen rechnen die umlaufenden Betriebsmittel nur dann, wenn ein normaler Bestand vorhanden ist.

64 § 232 Abs. 3 Satz 2 bestimmt, dass als **normaler Bestand an umlaufenden Betriebsmitteln** ein Bestand gilt, der zu **gesicherten Fortführung des Betriebs** erforderlich ist. Das bedeutet, dass hierdurch eine Bewirtschaftung des Betriebs nach guter fachlicher Praxis (ordnungsgemäß) bis zur nächsten Ernte möglich ist. Für die stehenden und umlaufenden Betriebsmittel ist nach § 235 Abs. 2 BewG der Stand am Ende des Wirtschaftsjahres maßgebend, das dem Feststellungszeitpunkt vorangegangen ist. Ob und inwieweit ein normaler Bestand vorliegt, muss nach den Besonderheiten der einzelnen Nutzungen beurteilt werden. So gehört z. B. bei der forstwirtschaftlichen Nutzung das eingeschlagene Holz zum Normalbestand, soweit es den jährlichen Nutzungssatz nicht übersteigt. Gleiches gilt für das Schlachtvieh, das noch nicht verkaufsreif ist.[6] Die in Baumschulbetrieben angezogenen Gewächse sind in vollem Umfang als Normalbestand anzusehen.

65 § 232 Abs. 4 BewG regelt im Gegensatz zu § 33 Abs. 2 Nr. 3 bzw. § 158 Abs. 4 BewG **nicht,** wie ein **Überbestand an umlaufenden Betriebsmitteln** bewertungsrechtlich zu berücksichtigen ist. Insoweit hat ein Überbestand an umlaufenden Betriebsmitteln **faktisch keine Bedeutung** für die Grundsteuer, da der nicht abgegoltene Überbestand wertmäßig, im Gegensatz zur Erbschaftsteuer, wo er neben dem Grundbesitzwert zusätzlich angesetzt wird, nicht erfasst wird.

66 *(Einstweilen frei)*

---

1 BFH, Urteil v. 8.5.1964 - III 337/60 U, BStBl 1964 III S. 447; BFH, Urteil v. 15.11.1984 - IV R 131/83, BStBl 1985 II S. 156.
2 Vgl. Wiegand in Viskorf/Schuck/Wälzholz, BewG § 158 Rz. 27.
3 BFH, Urteil v. 17.9.1987 - IV R 122/85, BStBl 1988 II S. 16.
4 RFH, Urteil v. 21.6.1934 - III A 114/34, RStBl 1934 S. 919.
5 BFH, Urteil v. 15.11.1984 - IV R 181/83, BStBl 1985 II S. 156.
6 RFH, Urteil v. 6.5.1943 - III 108/43, RStBl 1943 S. 783.

6. Immaterielle Wirtschaftsgüter (§ 232 Abs. 3 Satz 1 Nr. 5 BewG)

Immaterielle Wirtschaftsgüter i. S. des § 232 Abs. 3 Nr. 5 BewG gehörten schon bisher zum land- und forstwirtschaftlichen Vermögen.[1] Sie werden erstmals in § 140 Abs. 1 Satz 2 BewG konkret als solche benannt und werden in der weiteren Gesetzesentwicklung Bestandteil des § 158 Abs. 3 Nr. 5 BewG. Im Gegensatz zu den materiellen Wirtschaftsgütern sind immaterielle Wirtschaftsgüter körperlich nicht fassbar, stellen einen wirtschaftlichen Wert dar und müssen selbständig bewertbar sein.

Zu den immateriellen Wirtschaftsgütern gehören allgemein **Rechte** (z. B. Markenrechten dienenden Patente, Gebrauchsmuster, Urheberrechte, Lizenzen, und Leistungsrechte), **rechtsähnliche Werte** (z. B. Konzessionen, Wettbewerbsrechte, Vertriebsrechte und Vorkaufsrechte) und **sonstige Vorteile** (Geheimrezepte, Fertigungsverfahren). In der Land- und Forstwirtschaft sind häufig Brennrechte, Milchlieferrechte, Zuckerrübenlieferrechte, Jagdrechte, Weiderechte, Pflanzrechte im Weinbau und Saatgutlizenzen anzutreffen. Ferner gehören hierzu auch Zahlungsansprüche nach der GAP-Reform. Sie gehören zum land- und forstwirtschaftlichen Vermögen, wenn sie einem Betrieb der Land- und Forstwirtschaft auf Dauer zu dienen bestimmt sind.[2] Zahlungsansprüche nach den jeweils gültigen EU-Verordnungen sind zwar grds. immaterielle Wirtschaftsgüter, jedoch bei der Bewertung der land- und forstwirtschaftlichen Nutzung nicht besonders zu erfassen, weil sie bei der Feststellung der Reinerträge nach § 236 Abs. 3 BewG bereits berücksichtigt worden sind.

(Einstweilen frei)

IV. Besonderheiten des land- und forstwirtschaftlichen Vermögens (§ 232 Abs. 4 BewG)

1. Abgrenzungsgrundsätze

Die Vorschrift entspricht im Wesentlichen § 33 Abs. 3 BewG. Neu ist jedoch, dass insbesondere die zu **Wohnzwecken**, aber auch die zu **gewerblichen** und/oder **öffentlichen Zwecken** dienenden Gebäude und Gebäudeteile, stets dem **Grundvermögen** zuzurechnen sind. An der bisherigen Regelung, dass der Grund und Boden und die einer gewerblichen Tierhaltung dienenden Gebäude und Gebäudeteile dem Grundvermögen zuzuordnen sind, wird festgehalten (§ 233 Abs. 4 Nr. 2 BewG).

(Einstweilen frei)

2. Grund und Boden (§ 232 Abs. 4 Nr. 1 BewG)

Im Gegensatz zur bisherigen Rechtslage (vgl. § 47 BewG) umfasst der Betrieb der Land- und Forstwirtschaft künftig nicht mehr die **Wohngebäude** (z. B. Wohnteil einschließlich **Altenteilerwohnung, Wohnungen der Arbeitnehmer**) und den dazugehörenden Grund und Boden. Folglich wird einerseits nicht mehr an der grds. Bewertung der Wohngebäude im Ertragswertverfahren als Mietwohngrundstücke festgehalten und andererseits entfällt der **Abschlag i. H. von 15 %** gem. § 47 Satz 3 BewG, der die Nachteile, die das Leben auf einer Hofstelle mit sich bringt (z. B. Lage im Außenbereich, Gerüche, Fliegen) ausgleicht und eine „Doppelbewertung" des

---

[1] Vgl. Abschnitt 1.01 Abs. 2 BewR L.
[2] Vgl. Wiegand in Viskorf/Schuck/Wälzholz, BewG § 158 Rz. 30.

Grund und Bodens, der bereits mit dem Wirtschaftswert des Betriebs erfasst ist, vermeidet. Insoweit ist eine Abgrenzung zwischen dem land- und forstwirtschaftlichen Vermögen und dem Grundvermögen geboten. Zum Grund und Boden der Wohngebäude zählen neben der bebauten Fläche auch die Nebenflächen wie z. B. Stellplätze und Gärten.

74 **PRAXISHINWEIS:**
Bei Betrieben in den alten Ländern, die vor dem 31.12.1998 bereits bestanden haben, ist eine Abgrenzung der Wohngebäude einschließlich des Grund und Bodens nach § 13 Abs. 4 und 5 EStG erfolgt, die grds. zu übernehmen ist. Bei Betrieben in den neuen Ländern sind die Wohngebäude stets abgegrenzt und als Grundvermögen erfasst. Insoweit ist eine Abgrenzung nur in künftig neu entstehenden wirtschaftlichen Einheiten vorzunehmen.

75 Im Übrigen wird die **traditionelle Verkehrsanschauung** in § 232 Abs. 4 Nr. 2–4 BewG im Bereich der Land- und Forstwirtschaft fortgeführt, wonach der Betriebsinhaber im Falle einer Veräußerung seines Betriebs die abschließend aufgeführten Wirtschaftsgüter nicht zwangsläufig mitveräußert oder dem Erwerber besonders in Rechnung stellt. Eine Änderung dieser Rechtslage hätte zur Folge, dass auch für diese Wirtschaftsgüter Grundsteuer zu entrichten wäre.[1]

76–77 *(Einstweilen frei)*

3. Tierbestände (§ 232 Abs. 4 Nr. 2 BewG)

78 Soweit die Voraussetzungen der § 241 BewG oder § 242 Abs. 2 BewG vorliegen, gehören **Tierbestände** oder Zweige des Tierbestands zum land- und forstwirtschaftlichen Vermögen. Dabei ist das Verhältnis der in **Vieheinheiten (VE)** umgerechneten Tierbestände zu den selbstbewirtschafteten landwirtschaftlich genutzten Flächen maßgeblich. Werden auf Grund einer intensiven Viehhaltung die Grenzen des § 241 BewG überschritten, sind diese Tierbestände oder Zweige von Tierbeständen einschließlich der hiermit im Zusammenhang stehenden Wirtschaftsgüter (z. B. Gebäude und abgrenzbare Gebäudeteile mit den dazugehörigen Flächen) nicht mehr dem land- und forstwirtschaftlichen Vermögen, sondern dem **Grundvermögen** zuzuordnen. Nach § 232 Abs. 4 Satz 1 Halbsatz 2 BewG wird hierdurch die Zugehörigkeit der landwirtschaftlich genutzten Flächen (Ackerflächen, Futterflächen) zum land- und forstwirtschaftlichen Vermögen nicht berührt.

79–80 *(Einstweilen frei)*

4. Zahlungsmittel, Geldforderungen, Geschäftsguthaben, Wertpapiere und Beteiligungen sowie Geldschulden und Pensionsverpflichtungen (§ 232 Abs. 4 Nr. 3 und 4 BewG)

81 Der Gesetzgeber greift auf die bewährten Regelungen der §§ 33 Abs. 3 Nr. 1 und 2 sowie 158 Abs. 4 BewG zurück und führt diese Norm in § 232 Abs. 4 Nr. 3 und 4 BewG fort. Die dort genannten Wirtschaftsgüter würden auch zum land- und forstwirtschaftlichen Vermögen gehören. Jedoch müsste eine Trennung zwischen den Beständen, die zum **Betriebsvermögen** gehören und denen die zum **Privatvermögen** erfolgen. Da diese Abgrenzung nicht durchführbar ist, ordnet § 158 Abs. 4 Nr. 3 und 6 BewG diese Wirtschaftsgüter nicht dem land- und forstwirtschaftlichen Vermögen zu.[2]

---

[1] BT-Drucks. 19/11085 S. 100.
[2] Vgl. Wiegand in Viskorf/Schuck/Wälzholz, BewG § 158 Rz. 30.

§ 233 BewG Abgrenzung land- und forstwirtschaftlichen Vermögens vom Grundvermögen in Sonderfällen

(1) Dienen im Umgriff einer Windenergieanlage Flächen einem Betrieb der Land- und Forstwirtschaft, sind abweichend von § 232 Absatz 4 Nummer 1 die Standortflächen der Windenergieanlage und der dazu gehörenden Betriebsvorrichtungen (abgegrenzte Standortfläche der Windenergieanlage) dem land- und forstwirtschaftlichen Vermögen zuzurechnen.

(2) Land- und forstwirtschaftlich genutzte Flächen sind dem Grundvermögen zuzurechnen, wenn nach ihrer Lage, den am Feststellungszeitpunkt bestehenden Verwertungsmöglichkeiten oder den sonstigen Umständen anzunehmen ist, dass sie innerhalb eines Zeitraums von sieben Jahren anderen als land- und forstwirtschaftlichen Zwecken, insbesondere als Bau-, Gewerbe- oder Industrieland oder als Land für Verkehrszwecke, dienen werden.

(3) ¹Flächen sind stets dem Grundvermögen zuzurechnen, wenn sie in einem Bebauungsplan als Bauland festgesetzt sind, ihre sofortige Bebauung möglich ist und die Bebauung innerhalb des Plangebiets in benachbarten Bereichen begonnen hat oder schon durchgeführt ist. ²Satz 1 gilt nicht für die Hofstelle.

Inhaltsübersicht	Rz.
A. Allgemeine Erläuterungen zu § 233 BewG	1 - 9
I. Normzweck und wirtschaftliche Bedeutung der Vorschrift	1 - 3
II. Entstehung und Entwicklung der Vorschrift	4 - 6
III. Geltungsbereich	7 - 9
B. Systematische Kommentierung	10 - 33
I. Standortflächen für Windenergieanlagen (§ 233 Abs. 1 BewG)	10 - 19
II. Zurechnung zum Grundvermögen bei einer Zweckänderung in einem Zeitraum von sieben Jahren (§ 233 Abs. 2 BewG)	20 - 25
III. Zurechnung zum Grundvermögen bei baureifen Grundstücken (§ 233 Abs. 3 BewG)	26 - 33
1. Grundsätze für die Annahme baureifer Grundstücke (§ 233 Abs. 3 Satz 1 BewG)	26 - 30
2. Ausnahme Hofstelle (§ 233 Abs. 3 Satz 2 BewG)	31 - 33

LITERATUR:

Eisele/Wiegand, Grundsteuerreform 2022/2025 Stand: Januar 2020 (1. Aufl.), NWB CAAAH-44415; *Eisele*, Reform der Grundsteuer – Gesetzentwurf liegt vor! Teil II: Bewertung des land- und forstwirtschaftlichen Vermögens für Zwecke der Grundsteuer A/Änderungen des Grundsteuergesetzes, NWB 29/2019 S. 2127, NWB AAAAH-22096.

VERWALTUNGSANWEISUNGEN:

Koordinierte Erlasse der obersten Finanzbehörden der Länder v. 9.11.2021 – Anwendung des Siebenten Abschnitts des Zweiten Teils des Bewertungsgesetzes zur Bewertung des Grundbesitzes (land- und forstwirtschaftliches Vermögen) für die Grundsteuer ab 1.1.2022 (AEBewGrSt), BStBl I 2021 S. 2369.

A. Allgemeine Erläuterungen zu § 233 BewG

I. Normzweck und wirtschaftliche Bedeutung der Vorschrift

Die Norm grenzt das **land- und forstwirtschaftliche Vermögen** vom **Grundvermögen** in Sonderfällen ab. Zu diesen Sonderfällen gehören einerseits die Fälle, in denen Flächen als Stand- 1 orte für **Windenergieanlagen** genutzt und andererseits die Fallgestaltungen, in denen Flächen zukünftig **anderen als land- und forstwirtschaftlichen Zwecken** dienen werden.

2–3 *(Einstweilen frei)*

II. Entstehung und Entwicklung der Vorschrift

4 § 233 BewG wurde mit dem GrStRefG v. 26.11.2019[1] in das BewG eingefügt. Dabei bestimmt § 233 Abs. 1 BewG erstmalig, wie bewertungsrechtlich mit Standorten für **Windenergieanlagen** zu verfahren ist. Die Norm greift in Abs. 2 und 3 BewG jedoch hinsichtlich der Flächen, die zukünftig eine außerlandwirtschaftliche Verwertungsmöglichkeit haben (können) im Wesentlichen auf die bestehenden Vorschriften zur Einheitsbewertung (§ 69 BewG) zurück. Erstmals ist § 232 BewG für den **Hauptfeststellungszeitpunkt 1.1.2022** anzuwenden (vgl. § 266 BewG).

5–6 *(Einstweilen frei)*

III. Geltungsbereich

7 Die in § 233 BewG festgelegten Grundsätze sind bei der **Abgrenzung des land- und forstwirtschaftlichen Vermögens** in Verbindung mit Standorten für **Windenergieanlagen** und Flächen mit anderen als land- und forstwirtschaftlichen **Verwertungsmöglichkeiten** anzuwenden. Bewertungsgegenstand sind ausschließlich Flächen (Grund und Boden) des Betriebs der Land- und Forstwirtschaft i. S. des § 232 Abs. 3 Nr. 1 BewG. Die Vorschriften gelten gem. § 231 BewG nur für die Bewertung des **inländischen** zu bewertenden Vermögens. Dabei sind auch die inländischen Teile einer wirtschaftlichen Einheit zu bewerten, die sich sowohl auf das Inland als auch auf das Ausland erstrecken.

8–9 *(Einstweilen frei)*

B. Systematische Kommentierung

I. Standortflächen für Windenergieanlagen (§ 233 Abs. 1 BewG)

10 Nach der bisherigen Rechtslage sind die **Standortflächen** von **Windenergieanlagen** auf land- und forstwirtschaftlich genutzten Flächen dem Grundvermögen zuzurechnen. Nach der neueren Rechtsprechung des Bundesfinanzhofs[2] hierzu, sind bei bestellten Grunddienstbarkeiten und einer weiteren land- und forstwirtschaftlichen Nutzung der Flächen (einschließlich einer Unternutzung der **Umgriffsfläche**), nur die eigentlichen Standortflächen aus dem land- und forstwirtschaftlichen Vermögen auszuscheiden. In Folge dessen muss jeweils für kleinste wirtschaftliche Einheiten des Grundvermögens eine Wertermittlung erfolgen, ohne dass in der Regel die eigentliche Betriebsvorrichtung Windkraftanlage der Grundsteuer unterliegt.[3]

11–12 *(Einstweilen frei)*

13 Neben den Schwierigkeiten bei der Abgrenzung der Standortflächen ergeben sich solche auch bei der Bewertung dieser Flächen, da den Gutachterausschüssen hierfür keine ausreichende Zahl von Kauffällen zur Ermittlung entsprechender Bodenrichtwerte zur Verfügung stehen.

---

1 GrStRefG v. 26.11.2019, BGBl 2019 I S. 1794.
2 BFH, Urteil v. 25.1.2012 - II R 25/10, BStBl 2012 II S. 403.
3 BR-Drucks. 354/19 S. 106.

Aus diesen Gründen regelt § 233 Abs. 1 BewG, dass land- und forstwirtschaftlich genutzte Flächen in **Sondergebieten für Windenergieanlagen** aus Vereinfachungsgründen stets und in vollem Umfang (einschließlich der Standortfläche) dem land- und forstwirtschaftlichen Vermögen zugerechnet werden. Alle übrigen **Energieerzeugungsflächen** werden weiterhin über § 232 Abs. 1 Nr. 1 BewG dem Grundvermögen zugerechnet.[1]

Die Vorschrift hat somit zum Ziel, einerseits die Zuordnung der abgrenzbaren Standortfläche der Windenenergieanlagen und von Flächen, die im Umgriff einer Windenergieanlage liegen zu vereinfachen, weil beide Flächenkategorien nunmehr **einheitlich zum land- und forstwirtschaftlichen Vermögen** gehören. Gleichwohl sind andererseits im Rahmen der Bewertung noch zielgenaue Abgrenzungen im Hinblick auf die abgegrenzte Standortfläche und die Umgriffsfläche vorzunehmen. Dies deshalb, weil der Wert der **abgrenzbaren Standortfläche** gem. § 238 Abs. 2 als **Zuschlag** zu erfassen ist. Dieser Zuschlag ist gem. § 238 Abs. 1 an dem Reinertrag der jeweiligen Nutzung der „Umgriffsfläche" vorzunehmen. Im Falle z. B. der landwirtschaftlichen Nutzung ist zuerst der Reinertrag gem. § 237 Abs. 2 BewG auf der Basis der Flächenwerte (Flächenwert = Produkt aus gesetzlich klassifizierter Eigentumsfläche und den Bewertungsfaktoren der Anlage 27) gesondert zu berechnen. Dieser Reinertrag ist dann gem. § 238 Abs. 2 BewG um einen Zuschlag zu erhöhen.

BEISPIEL

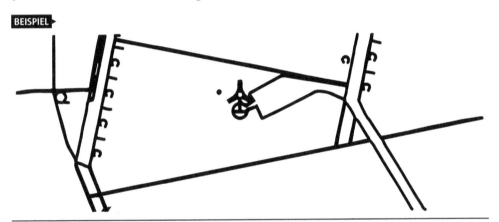

Dem Auszug aus dem Liegenschaftskataster sind folgende Angaben zu entnehmen:

	Nutzungsart	Fläche in m²
Amtliche Fläche (m²)		12.490
Tatsächliche Nutzung	Landwirtschaft/Ackerland	11.481
	Industrie- und Gewerbefläche/ Betriebsfläche Versorgungsanlage, Elektrizität	1.009

In diesem Fallbeispiel beziehen sich die ausgewiesenen 1.009 m² (Industrie- und Gewerbefläche/Betriebsfläche Versorgungsanlage, Elektrizität) auf die **gesamte versiegelte Fläche**. Dabei dienen rd. 900 m² als Zuwegungs-/Aufbaufläche. Die durch die Betriebsvorrichtung – Windenergieanlage – tatsächlich in Anspruch genommene Fläche hat eine Größe von rd. 109 m². Eine derartige detailliertere Aufteilung findet seitens **der Vermessungs- und Katasterverwaltung** derzeit nicht statt. Sie kann jedoch für die Bewertung nach § 233 Abs. 1 i.V. mit § 238

---

[1] BR-Drucks. 351/19 S. 107.

Abs. 2 BewG aus meiner Sicht grds. erforderlich sein. Die 1.009 m² sind gem. § 233 Abs. 1 BewG insgesamt dem land- und forstwirtschaftlichen Vermögen zuzuordnen. Dennoch wäre die Frage zu klären, ob der Zuschlag nach § 238 Abs. 2 BewG für die gesamte Fläche (1009 m²) oder für die (abgrenzbare) Standortfläche der Betriebsvorrichtung (109 m²) zu ermitteln ist.

17 Unstreitig ist, dass die 900 m² versiegelte Fläche zunächst für den **Aufbau der Windenergieanlage** angelegt worden ist bzw. bereitzustellen war. Auch nach dem Aufbau der Windenergieanlage dient diese Flächen weiterhin – im stand by – der Durchführung möglicher **Reparatur- oder Wartungsarbeiten**.[1] Diese Nutzung tritt unmittelbar nach dem Aufbau einer Anlage eindeutig in den Hintergrund; vielmehr werden derartige Flächen überwiegend für die Bewirtschaftung z. B. als Zuwegung der landwirtschaftlichen Nutzung in Anspruch genommen. Unter Berücksichtigung dieses Sachverhalts ist nach meiner Auffassung für diese Form der Nutzung kein Zuschlag nach § 238 Abs. 2 BewG gerechtfertigt. Infolgedessen war zunächst offen, ob diese Flächen durch diese Inanspruchnahme als Wegefläche den Hofstellen zuzuordnen sind, oder insgesamt von einer abgrenzbaren Standortfläche auszugehen ist. Eine abschließende Klärung wird ggf. durch den Einführungserlass zum GrStRefG[2] erfolgen.

18 Die zwischenzeitlich ergangenen Verwaltungsanweisungen[3] bestätigen, dass **Standortflächen von** Windenergieanlagen, in deren Umgriff land- und forstwirtschaftlich genutzte Flächen eines Betriebs der Land- und Forstwirtschaft liegen, gem. § 233 Abs. 1 BewG zum land- und forstwirtschaftlichen Vermögen gehören. Dies gilt grds. dann, wenn wenigstens an einer Seite der Standortfläche Flächen angrenzen, die der landwirtschaftlichen, forstwirtschaftlichen, gärtnerischen oder einer anderen Urproduktion dienen. Davon abzugrenzen sind Standortflächen von Windenergieanlagen in anderen Gebieten, insbesondere in Gewerbegebieten. Derartig gelegene Standortflächen gehören dann zum Grundvermögen.

19 Darüber hinaus definiert der AEBewGrSt die **abgegrenzte Standortfläche.** Sie besteht aus der Standfläche des Turms einschließlich der **Betriebsvorrichtungen** (Transformatorhaus) mit Umgriff, soweit dort tatsächlich keine landwirtschaftliche Nutzung mehr erfolgt. Ferner zählen die befestigten **Betriebsflächen einschließlich Umgriff** wie Böschungen und der befestigten Zuwegung, soweit diese vorrangig dem Betrieb der Windenergieanlage dienen, dazu. Zur Betriebsfläche gehören insbesondere die **befestigten Flächen, die für Aufbau und Wartung der Anlagen** durch den Betreiber vorzuhalten sind. Flächen für die Zuwegung sind die Grundstücksteile, die ausschließlich der Erschließung der Windenergieanlage dienen und von denen aus keine land- und forstwirtschaftlichen Flächen bewirtschaftet werden.[4] In dem unter → Rz. 15 genannten Beispiel ist die abgrenzbare Standortfläche unter Anwendung der dargestellten Regelungen 1.009 m² groß und die Bewertung richtet sich nach den Regelungen in A 237.2 Abs. 4 und A 238 Abs. 4 AEBewGrSt.

II. Zurechnung zum Grundvermögen bei einer Zweckänderung in einem Zeitraum von sieben Jahren (§ 233 Abs. 2 BewG)

20 Die Vorschrift entspricht inhaltlich § 69 Abs. 1 BewG. Sie ersetzt jedoch das nach bisherigem Recht gültige Tatbestandsmerkmal „auf absehbare Zeit", das durch die hierzu ergangene

---

1 Vgl. Grootens, ErbStB 2012 S. 137–138.
2 GrStRefG v. 26.11.2019, BGBl 2019 I S. 1794.
3 Vgl. A 233 Abs. 1 AEBewGrSt.
4 Vgl. A 233 Abs. 2 AEBewGrSt.

höchstrichterliche Rechtsprechung mit sechs Jahren konkretisiert wurde, in Übereinstimmung mit dem **Hauptfeststellungszeitraum** durch **sieben Jahre**.[1] Insoweit haben Literatur und Rechtsprechung zu § 69 BewG m. E. auch ihre Bedeutung für die Anwendung von § 233 Abs. 2 und 3 BewG behalten.

Die allgemeinen **Grundsätze für die Abgrenzung zwischen dem land- und forstwirtschaftlichen Vermögen und dem Grundvermögen** ergeben sich nach bisherigem Recht aus §§ 33 und 68 BewG und werden mit § 232 und § 243 BewG fortgeführt. Dabei ist nun zu unterstellen, dass die Vorschriften des § 232 BewG den Vorschriften des § 243 vorgehen. In § 243 Abs. 1 BewG wird der Begriff des Grundvermögens zum Begriff des land- und forstwirtschaftlichen Vermögens (§§ 232–242) negativ abgegrenzt, während § 232 BewG positiv bestimmt, welcher Grundbesitz als land- und forstwirtschaftliches Vermögen anzusehen ist.[2]

§ 233 Abs. 2 BewG bestimmt allgemein, unter welchen Voraussetzungen noch land- und forstwirtschaftlich genutzte Flächen im Hinblick auf eine schon am Feststellungszeitpunkt (§ 235 BewG), innerhalb eines Zeitraums von sieben Jahren anzunehmende Nutzungsänderung, dem Grundvermögen zuzurechnen sind. Nach dieser Vorschrift gehören noch land- und forstwirtschaftlich genutzte Flächen dann zum Grundvermögen, wenn nach ihrer **Lage**, den am Feststellungszeitpunkt bestehenden **Verwertungsmöglichkeiten** oder den **sonstigen Umständen** anzunehmen ist, dass sie innerhalb eines Zeitraums von sieben Jahren, anderen als land- und forstwirtschaftlichen Zwecken, insbesondere als **Bau-, Gewerbe- oder Industrieland** oder als Land für **Verkehrszwecke** dienen werden. So kann z. B. eine in einer Dorflage gelegene Fläche, die tatsächlich noch als Schafweide genutzt wird, unter den genannten Voraussetzungen dem Grundvermögen zuzuordnen sein. Die Entscheidung, ob Grundstücke zum land- und forstwirtschaftlichen Vermögen oder zum Grundvermögen zu rechnen sind, hängt im Wesentlichen von deren **Zweckbestimmung**[3] ab.

§ 233 Abs. 2 BewG nennt in diesem Zusammenhang das Bau-, Gewerbe- oder Industrieland und das Land für Verkehrszwecke. Die Verwaltungsanweisungen ergänzen diese Aufzählung zutreffend um die Flächen, die zum Abbau von (gewerblichen) Bodenschätzen verwendet werden. Diese Aufzählung ist nicht abschließend („insbesondere"). Es können deshalb auch in anderen Fällen **land- und forstwirtschaftlich genutzte Flächen** dem **Grundvermögen** zugerechnet werden. Bei einer zu erwartenden Verwendung von Flächen für andere als für land- und forstwirtschaftliche Zwecke sind insbesondere Fallgestaltungen[4] zu prüfen, bei denen mindestens eines der folgenden Merkmale zutrifft:

1. Fehlen eines **Bebauungsplanes**;
2. Einstufung im Bebauungsplan nicht als Bauland, aber z. B. als **Grünfläche** oder als **Verkehrsfläche**;
3. fehlende **Möglichkeit der sofortigen Bebauung**;
4. noch keine im **benachbarten Bereich** begonnene oder durchgeführte Bebauung;
5. **Hofstelle**.

Nach § 233 Abs. 2 BewG ist eine **Zurechnung zum Grundvermögen** bereits dann vorzunehmen, wenn zum Feststellungszeitpunkt anzunehmen ist, dass die land- und forstwirtschaftlichen

---

1 BT-Drucks. 19/11085 S. 101.
2 BFH, Urteil v. 5.12.1980 - III R 56/77, BStBl 1981 II S. 498.
3 Vgl. Müller, in Grootens, BewG § 232 Rz. 2.
4 Vgl. A 233 Abs. 4 AEBewGrSt.

Flächen aufgrund ihrer Lage, den am maßgeblichen Bewertungsstichtag bestehenden Verwertungsmöglichkeiten oder den sonstigen Umständen **innerhalb eines Zeitraums von sieben Jahren anderen als land- und forstwirtschaftlichen Zwecken** dienen werden. Die Erwartung einer künftigen Verwendung der Flächen für andere als land- und forstwirtschaftliche Zwecke kann sich auf folgende Umstände[1] gründen:

1. auf die Möglichkeit einer **künftigen Verwendung als Bauland** oder auf einen Erwerb zu Baulandpreisen, wenn die Fläche nicht als Ersatzland (z. B. bei Enteignungen) oder zur Abrundung eines Betriebs der Land- und Forstwirtschaft dienen soll;
2. auf den **Erwerb durch einen Nichtlandwirt,** z. B. durch eine Grundstücksgesellschaft, ein Wohnungsunternehmen, ein Abbau- oder auch ein Industrieunternehmen, das die Fläche vorläufig noch in der land- und forstwirtschaftlichen Nutzung des Veräußerers belässt;
3. auf die **Bestellung von Grunddienstbarkeiten** für Zwecke der Energieerzeugung;
4. auf Landverkäufe, die z. B. eine **beginnende Parzellierung** erkennen lassen, z. B. weil die Fläche für eine Brückenauffahrt benötigt wird oder für einen in Richtung auf die Fläche fortschreitenden Straßenbau;
5. auf den Abschluss von **Pacht- und/oder Ausbeuteverträgen** oder
6. auf eine **Nutzungsüberlassung** unter **Einräumung des Rechts Bodenschätze aufzusuchen und zu gewinnen.**

Sind diese Voraussetzungen erfüllt, kommt es weder auf den **Willen des Eigentümers,** die Fläche weiterhin oder gleichzeitig land- und forstwirtschaftlich zu nutzen, noch auf eine spätere **objektiv mögliche land- und forstwirtschaftliche Nutzung** an. Liegen die Voraussetzungen des § 233 Abs. 2 BewG zu einem späteren Feststellungszeitpunkt nicht mehr vor und ist der Grundbesitz wieder zur land- und forstwirtschaftlichen Nutzung dauernd zu dienen bestimmt, ist dieser wieder dem land- und forstwirtschaftlichen Vermögen zuzurechnen.

25 *(Einstweilen frei)*

III. Zurechnung zum Grundvermögen bei baureifen Grundstücken (§ 233 Abs. 3 BewG)

1. Grundsätze für die Annahme baureifer Grundstücke (§ 233 Abs. 3 Satz 1 BewG)

26 Nach § 233 Abs. 3 sind land- und forstwirtschaftlich genutzte Flächen **stets** dem **Grundvermögen** zuzurechnen, wenn die folgenden drei Voraussetzungen gem. § 233 Abs. 3 Satz 1 BewG alle erfüllt sind:

1. Die Flächen müssen in einem (rechtsverbindlichen) **Bebauungsplan als Bauland** ausgewiesen sein.
2. Die **sofortige Bebauung** muss in rechtlicher und tatsächlicher Hinsicht möglich sein.
3. Die Bebauung muss innerhalb des Plangebiets in benachbarten Bereichen begonnen haben oder schon durchgeführt sein.

Unter diesen drei Voraussetzungen, also bei baureifen Grundstücken, ist der für die allgemeine Abgrenzung zwischen land- und forstwirtschaftlichem Vermögen und Grundvermögen auch

---

[1] Vgl. A 233 Abs. 5 AEBewGrSt.

maßgebende **Wille des Eigentümers**, die Flächen weiterhin landwirtschaftlich zu nutzen, **unerheblich**.[1]

Werden Flächen **nur teilweise** als **Bauland** im Bebauungsplan festgesetzt, müssen diese für die Zurechnung zum Grundvermögen abgegrenzt werden. Außerdem bleibt zu prüfen, ob trotz landwirtschaftlicher Nutzung die Zurechnung zum Grundvermögen nach § 233 Abs. 2 BewG in Betracht kommt.[2]

Das Merkmal der **möglichen sofortigen Bebauung** erfordert, dass eine Bebauung weder tatsächlich, etwa durch die Größe, den Zuschnitt der Fläche oder die Bodenbeschaffenheit, noch rechtlich, etwa durch Vorschriften des BauGB, der Landesbauordnung oder Naturschutzbeschränkungen, ausgeschlossen ist. Dies gilt z. B., wenn die Grundstücksfläche für die vorgeschriebene **offene Bebauung** zu klein ist. Für eine ausreichende Erschließung genügt, dass die Erschließungsanlagen bis zur Fertigstellung der zu erschließenden baulichen Anlagen benutzbar sind.[3]

Für das Erfordernis, dass die **Bebauung innerhalb des Plangebiets** in benachbarten Bereichen bereits begonnen hat oder schon durchgeführt ist, kommt es allein auf das jeweilige Plangebiet an. Die Bebauung von Flächen außerhalb des Plangebiets kommt selbst dann, wenn diese Flächen unmittelbar an das Plangebiet anschließen, nicht als Bebauung in einem benachbarten Bereich in Betracht. Andererseits ist hierfür nicht zu fordern, dass die Bebauung in unmittelbarer Nachbarschaft des zu bewertenden Grundstücks begonnen hat. Die Beurteilung des benachbarten Bereichs richtet sich nach den **örtlichen Verhältnissen**, wobei Baulücken innerhalb geschlossener Ortslagen stets die geforderten Voraussetzungen erfüllen.[4]

Bei der Zuordnung von land- und forstwirtschaftlich genutzten Flächen zum Grundvermögen ist zu beachten, dass die Voraussetzungen nach § 233 Abs. 2 BewG und nach § 233 Abs. 3 BewG nebeneinander vorliegen können. Die Zuordnung zu einer Vermögensart nach § 233 Abs. 2 BewG kann daher insbesondere dann in Betracht kommen, wenn das in einem Bebauungsplan ausgewiesene Gelände mit Sicherheit schon in Kürze **in unbebautem Zustand für gewerbliche Zwecke genutzt** werden wird, auf der anderen Seite aber die Möglichkeit einer sofortigen Bebauung zweifelhaft erscheint oder zumindest schwer festzustellen ist.

2. Ausnahme Hofstelle (§ 233 Abs. 3 Satz 2 BewG)

Hofstellen werden nach dem Wortlaut der Vorschrift **nicht dem Grundvermögen zugerechnet**, selbst wenn nach § 233 Abs. 3 Satz 1 BewG die Voraussetzungen hierfür vorliegen. Anders als in § 69 Abs. 3 Satz 2 BewG verzichtet der Gesetzgeber auf eine über die Hofstelle hinausgehende Fläche von einem Hektar. Insoweit ist hier die katastermäßig als Hofstelle ausgewiesene Nutzung maßgeblich.

Über den Wortlaut des Gesetzes hinaus handelt es sich um eine **allgemeine Begünstigungsvorschrift**,[5] die auch für die Anwendung des § 233 Abs. 2 gilt. Die Hofstelle bleibt unter den Voraussetzungen des § 232 BewG stets land- und forstwirtschaftliches Vermögen. Eine Zurechnung zum Grundvermögen kommt für die vorgenannten Flächen insoweit erst dann in Be-

---

1 Vgl. Wiegand in Viskorf/Schuck/Wälzholz, BewG § 159 Rz. 17.
2 BFH, Urteil v. 21.5.1982 III - R 127/80, BStBl 1982 II S. 582.
3 BFH, Urteil v. 2.5.1980 - III R 15/78, BStBl 1980 II S. 490.
4 Vgl. Wiegand in Viskorf/Schuck/Wälzholz, BewG § 159 Rz. 19.
5 FG München, Urteil v. 17.7.1980 - IV 390/77 EFG 1981 S. 72.

33 Zur Hofstelle gehören nach § 234 Abs. 6 BewG alle **Hof- oder Wirtschaftsgebäudeflächen**, einschließlich der **Nebenflächen**, wenn von dort aus land- und forstwirtschaftliche Flächen nachhaltig bewirtschaftet werden.

§ 234 BewG   Betrieb der Land- und Forstwirtschaft

(1) Ein Betrieb der Land- und Forstwirtschaft umfasst:

1. die land- und forstwirtschaftlichen Nutzungen:
   a) die landwirtschaftliche Nutzung,
   b) die forstwirtschaftliche Nutzung,
   c) die weinbauliche Nutzung,
   d) die gärtnerische Nutzung,
      aa) Nutzungsteil Gemüsebau,
      bb) Nutzungsteil Blumen- und Zierpflanzenbau,
      cc) Nutzungsteil Obstbau,
      dd) Nutzungsteil Baumschulen,
   e) die übrigen land- und forstwirtschaftlichen Nutzungen,
2. die Nutzungsarten:
   a) Abbauland,
   b) Geringstland,
   c) Unland,
   d) Hofstelle,
3. die Nebenbetriebe.

(2) Die land- und forstwirtschaftlichen Betriebsflächen sind einer Nutzung, innerhalb der gärtnerischen Nutzung einem Nutzungsteil, oder einer Nutzungsart zuzuordnen (gesetzliche Klassifizierung).

(3) Zum Abbauland gehören die Betriebsflächen, die durch Abbau der Bodensubstanz überwiegend für den Betrieb der Land- und Forstwirtschaft nutzbar gemacht werden, zum Beispiel Steinbrüche, Torfstiche, Sand-, Kies- und Lehmgruben.

(4) Zum Geringstland gehören die Betriebsflächen geringster Ertragsfähigkeit, für die nach dem Bodenschätzungsgesetz keine Wertzahlen festzustellen sind.

(5) Zum Unland gehören die Betriebsflächen, die auch bei geordneter Wirtschaftsweise keinen Ertrag abwerfen können.

(6) Zur Hofstelle gehören alle Hof- und Wirtschaftsgebäudeflächen einschließlich der Nebenflächen, wenn von dort land- und forstwirtschaftliche Flächen nachhaltig bewirtschaftet werden.

(7) Als Nebenbetrieb gilt ein Betrieb, der dem Hauptbetrieb zu dienen bestimmt ist und nicht einen selbständigen gewerblichen Betrieb darstellt.

---

[1] Bew-Kartei OFD NRW, § 69 BewG Zurechnung land- und forstwirtschaftlich genutzter Flächen zum Grundvermögen, Karte 6.

Inhaltsübersicht

	Rz.
A. Allgemeine Erläuterungen zu § 234 BewG	1 – 11
I. Normzweck und wirtschaftliche Bedeutung der Vorschrift	1 – 4
II. Entstehung und Entwicklung der Vorschrift	5 – 7
III. Geltungsbereich	8 – 11
B. Systematische Kommentierung	12 – 86
I. Gliederung des Betriebs der Land- und Forstwirtschaft (§ 234 Abs. 1 BewG)	12 – 14
II. Umfang des Betriebs der Land- und Forstwirtschaft (§ 234 Abs. 1–7 BewG)	15 – 86
1. Landwirtschaftliche Nutzung (§ 234 Abs. 1 Nr. 1 Buchst. a BewG)	19 – 25
2. Forstwirtschaftliche Nutzung (§ 234 Abs. 1 Nr. 1 Buchst. b BewG)	26 – 31
3. Weinbauliche Nutzung (§ 234 Abs. 1 Nr. 1 Buchst. c BewG)	32 – 35
4. Gärtnerische Nutzung (§ 234 Abs. 1 Nr. 1 Buchst. d BewG)	36 – 47
5. Übrige land- und forstwirtschaftliche Nutzungen (§ 234 Abs. 1 Nr. 1 Buchst. e BewG)	48 – 50
6. Definition des Nebenbetriebs (§ 234 Abs. 7 BewG)	51 – 64
a) Abgrenzung des Nebenbetriebs vom Gewerbebetrieb	51 – 54
b) Be- und Verarbeitungsbetriebe	55 – 60
c) Substanzbetriebe	61 – 64
7. Abbauland (§ 234 Abs. 3 BewG)	65 – 70
8. Geringstland (§ 234 Abs. 4 BewG)	71 – 78
9. Unland (§ 234 Abs. 5 BewG)	79 – 82
10. Besonderheiten der Hofstelle (§ 234 Abs. 6 BewG)	83 – 86

LITERATUR:

Eisele/Wiegand, Grundsteuerreform 2022/2025, Stand: Januar 2020 (1. Aufl.), NWB CAAAH-44415; *Eisele*, Reform der Grundsteuer – Gesetzentwurf liegt vor! Teil II: Bewertung des land- und forstwirtschaftlichen Vermögens für Zwecke der Grundsteuer A/Änderungen des Grundsteuergesetzes, NWB 29/2019 S. 2127, NWB AAAAH-22096.

VERWALTUNGSANWEISUNGEN:

Koordinierte Erlasse der obersten Finanzbehörden der Länder v. 9.11.2021 – Anwendung des Siebenten Abschnitts des Zweiten Teils des Bewertungsgesetzes zur Bewertung des Grundbesitzes (land- und forstwirtschaftliches Vermögen) für die Grundsteuer ab 1.1.2022 (AEBewGrSt), BStBl I 2021 S. 2369.

A. Allgemeine Erläuterungen zu § 234 BewG

I. Normzweck und wirtschaftliche Bedeutung der Vorschrift

§ 234 BewG beschreibt den Betrieb der Land- und Forstwirtschaft und gliedert ihn in seine einzelnen **Nutzungen, Nutzungsteile** und **Nutzungsarten**. Der Begriff der Nutzung umfasst grundsätzlich die Gesamtheit aller jeweils hierzu gehörenden Wirtschaftsgüter, die einem Betriebszweig oder mehreren Betriebszweigen der Urproduktion dienen. Dies hat den Vorteil, dass mehreren Nutzungen dienende Wirtschaftsgüter nicht im Einzelnen quotal aufgeteilt werden müssen. Die Definitionen des **Abbaulands**, **Geringstlands** und **Unlands** entsprechen § 34 Abs. 2 Nr. 2 BewG werden jedoch aus automationstechnischen Gründen künftig als **Nutzungsart** bezeichnet.[1]

Gebäude oder **Gebäudeteile**, die innerhalb land- und forstwirtschaftlich genutzter Hofstellen **Wohnzwecken** oder **anderen** als land- und forstwirtschaftlichen Zwecken dienen, werden dem **Grundvermögen** zugerechnet. Im Bereich der Wohngebäude des Betriebsinhabers wird damit

---

[1] BT-Drucks. 19/11085 S. 101.

die Rechtslage der neuen Länder bundeseinheitlich eingeführt und es erfolgt eine bundesweite Gleichbehandlung aller Land- und Forstwirte.[1]

3–4 *(Einstweilen frei)*

II. Entstehung und Entwicklung der Vorschrift

5 § 234 BewG wurde mit dem GrStRefG v. 26.11.2019[2] in das BewG eingefügt. Die Vorschrift greift auf die bewährten Regelungen des § 34 Abs. 1 und 2 BewG zurück. Sie enthält eine Beschreibung des Betriebs der Land- und Forstwirtschaft und gliedert diesen für Zwecke der Wertermittlung auf. Erstmals ist § 234 BewG für den **Hauptfeststellungszeitpunkt 1.1.2022** anzuwenden (vgl. § 266 BewG).

6–7 *(Einstweilen frei)*

III. Geltungsbereich

8 Die in § 234 BewG festgelegte Gliederung ist für die **zutreffende Bewertung eines Betriebs der Land- und Forstwirtschaft** beim Vorhandensein der jeweiligen Nutzungen, Nutzungsteile und Nutzungsarten maßgeblich.

9 Die Vorschriften gelten gem. § 231 BewG nur für die Bewertung des **inländischen zu bewertenden Vermögens**. Dabei sind auch die inländischen Teile einer wirtschaftlichen Einheit zu bewerten, die sich sowohl auf das Inland als auch auf das Ausland erstrecken.

10–11 *(Einstweilen frei)*

B. Systematische Kommentierung

I. Gliederung des Betriebs der Land- und Forstwirtschaft (§ 234 Abs. 1 BewG)

12 Ein Betrieb der Land- und Forstwirtschaft besteht grds. aus dem **Wirtschaftsteil**. Neu ist, dass der **Wohnteil**, d. h. die Wohnung des Betriebsinhabers und das Altenteil sowie die **Wohnungen für die Arbeitnehmer** dem Grundvermögen zugeordnet werden.[3] Insoweit beschreibt § 234 Abs. 1 BewG das Bewertungsobjekt „Betrieb der Land- und Forstwirtschaft" in Anlehnung an §§ 34 Abs. 2 und § 160 Abs. 2 BewG.

13–14 *(Einstweilen frei)*

II. Umfang des Betriebs der Land- und Forstwirtschaft (§ 234 Abs. 1–7 BewG)

15 Nach der Gesetzesbegründung[4] greift die Vorschrift auf die bewährten Regelungen des § 34 Abs. 1 und 2 BewG zurück und hält an dem Begriff der „**Nutzungen**" als Gesamtheit der jeweils hierzu gehörenden Wirtschaftsgüter fest. Die gärtnerische Nutzung (§ 234 Abs. 1 Nr. 1 Buchst. d) wird entsprechend der jeweiligen Produktionsrichtung in weitere **Nutzungsteile** auf-

---

[1] BT-Drucks. 19/11085 S. 101.
[2] GrStRefG v. 26.11.2019, BGBl 2019 I S. 1794.
[3] Vgl. Müller in Grootens, BewG § 232 Rz. 72.
[4] BT-Drucks. 19/11085 S. 107.

geteilt. Neu ist die Bezeichnung **Nutzungsart** für das Abbauland, Geringstland, Unland und die Hofstelle. **Nebenbetriebe** werden wie bisher dem Betrieb der Land- und Forstwirtschaft zugeordnet und gesondert erfasst. Für die Abgrenzung des Nebenbetriebs zum Gewerbebetrieb gelten die bisherigen Grundsätze.

Der Betrieb der Land- und Forstwirtschaft setzt sich demnach aus den jeweiligen Flächen der landwirtschaftlichen Nutzung, der forstwirtschaftlichen Nutzung, der weinbaulichen Nutzung, der gärtnerischen Nutzung und den übrigen land- und forstwirtschaftlichen Nutzungen als Auffangtatbestand zusammen. Zu den jeweiligen Flächen gehören bisher nach § 40 Abs. 3 BewG auch Wirtschaftswege, Hecken, Gräben, Grenzraine und dergleichen, soweit sie zu ihnen gehören und nicht gesondert im Liegenschaftskataster ausgewiesen sind. Ein aktueller Hinweis bzw. ein Rückgriff auf § 40 BewG fehlt im Gesetz, er ist aber in die Verwaltungsanweisungen aufgenommen worden.[1] Insoweit gelten diese Regelungen fort. Dies gilt auch für Wasserflächen, soweit sie nicht Unland sind oder zur sonstigen land- und forstwirtschaftlichen Nutzung (§ 242 Abs. 2 BewG) gehören.

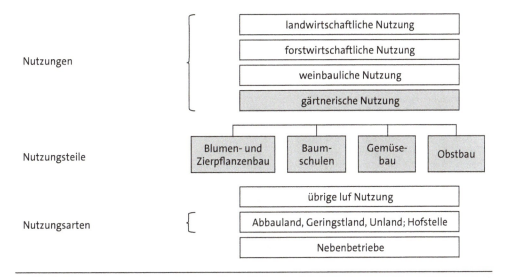

Betrieb der Land- und Forstwirtschaft

Grundsätzlich sind nach Auffassung der Finanzverwaltung die bei der Vermessungs- und Katasterverwaltung geführten amtlichen Flächengrößen der Flurstücke heranzuziehen. Die Zuordnung der Flächen zu den Nutzungen, Nutzungsteilen und Nutzungsarten bildet die **gesetzliche Klassifizierung**. In der **Steuererklärung** sind die jeweiligen Flächengrößen und die gesetzliche Klassifizierung entsprechend **der tatsächlichen Verhältnisse am Bewertungsstichtag** anzugeben. Wird bei der Vermessungs- und Katasterverwaltung im Amtlichen Liegenschaftskatasterinformationssystem (ALKIS®) unter der Objektart AX_Bewertung eine **gesetzliche Klassifizierung** geführt, ist grds. **diese Klassifizierung für die Bewertung maßgebend.** Bei **zwischenzeitlich eingetretenen Veränderungen** hinsichtlich der Nutzung sind die Angaben an die tatsächlichen Verhältnisse **anzupassen**. Die im ALKIS® geführte tatsächliche Nutzung kann Hinweise auf die jeweilige Nutzung gem. § 234 Abs. 1

---

[1] Vgl. A 237 Abs. 4 Satz 3 AEBewGrSt.

BewG geben und ein Indiz für die gesetzliche Klassifizierung gem. § 234 Abs. 2 BewG sein. Maßgebend für die gesetzliche Klassifizierung sind die Regelungen in A 237.2 bis A 237.24 AEBewGrSt. Die für Zwecke der Bewertung jeweils maßgebende gesetzliche Klassifizierung zum Bewertungsstichtag ist der Vermessungs- und Katasterverwaltung zur Einhaltung ihrer gesetzlichen Mitteilungspflicht i. S. des § 229 Abs. 3 BewG für den nächsten Feststellungszeitpunkt zu übermitteln.[1]

18   *(Einstweilen frei)*

1. Landwirtschaftliche Nutzung (§ 234 Abs. 1 Nr. 1 Buchst. a BewG)

19   Zur landwirtschaftlichen Nutzung gehören alle Wirtschaftsgüter, die der **Pflanzen- und Tierproduktion** im Rahmen landwirtschaftlicher Produktionsverfahren dienen. Hierzu zählen dem Grunde nach das **Ackerland** und **Grünland**, soweit diese Nutzungen im Rahmen der **gesetzlichen Klassifizierung** als solche im Kataster ausgewiesen sind.

20   Die **Tierhaltung und Tierzucht** gehört nach den allgemeinen Grundsätzen zur landwirtschaftlichen Nutzung i. S. des § 234 Abs. 1 Nr. 1 Buchst. a BewG. Bei der Abgrenzung der landwirtschaftlichen von der gewerblichen Tierhaltung ist § 241 BewG i. V. mit den Anlagen 34 und 35 und § 242 Abs. 2 BewG zu beachten. Darüber hinaus wird gem. § 238 Abs. 1 Nr. 1 BewG i. V. mit Anlage 27 ein Zuschlag wegen **verstärkter Tierhaltung** i. H. von 79 €/Vieheinheit (VE) zum Reinertrag der landwirtschaftlichen Nutzung vorzunehmen sein, wenn der Viehbesatz 2 VE/Hektar der selbstbewirtschafteten Fläche der landwirtschaftlichen Nutzung übersteigt.

21   **BEISPIEL:** Landwirt L erzeugt auf seiner selbst bewirtschafteten Fläche von 75 Hektar (ha) im Jahr nachhaltig 250 Mastbullen (Masttiere, Mastdauer länger als ein Jahr) die mit 1,00 VE laut Anlage 34 bewertet werden. Nach den Vorgaben der Anlage 27 kann L auf der selbstbewirtschafteten Flächen von 75 ha (75 ha x 2,00 VE/ha =) unschädlich 150 VE produzieren. Da er nachhaltig aber 250 VE/Jahr (250 Tiere x 1,00 VE/Masttier) erzeugt, ist für 100 VE (250 VE Erzeugung − 150 VE Normalbestand = 100 VE Überstand) ein Zuschlag i. H. von 7.900 € (79 €/VE x 100 VE) an dem Reinertrag der landwirtschaftlichen Nutzung vorzunehmen. Die Grenze Landwirtschaft/Gewerbe ist durch den Umfang der Tierhaltung noch nicht überschritten, deshalb ist die Mastbullenhaltung weiterhin dem land- und forstwirtschaftlichen Vermögen zuzuordnen.[2]

22   Das Ackerland umfasst die **bodengeschätzten Flächen**, die zum Anbau von Getreide, Hülsen- und Ölfrüchten, Hackfrüchten, Futterpflanzen und weiteren landwirtschaftlichen Kulturpflanzen genutzt werden. Zum Ackerland gehören auch die Flächen, auf denen **Kopfkohl** (Weiß-, Rot- und Wirsingkohl); **Pflückerbsen** und **Pflückbohnen** nach landwirtschaftlicher Anbaumethode im Rahmen der **landwirtschaftlichen Fruchtfolge als Hauptkultur** angebaut werden. **Hopfen** und **Spargel** gehören nunmehr gem. § 242 Abs. Nr. 1 BewG zu den übrigen land- und forstwirtschaftlichen Nutzungen. Gemäß § 2 Abs. 3 Nr. 2 BodSchätzG[3] umfasst das **Grünland** die Dauergrasflächen, die i. d. R. gemäht und geweidet werden. Zum Grünland rechnen auch die Streuwiesen, Hutungen und Almen.

23   In die Fläche der landwirtschaftlichen Nutzung sind auch die zu ihr gehörenden (unbefestigten) **Wirtschaftswege**, **Hecken**, **Gräben**, **Grenzraine** und dergleichen einzubeziehen.[4]

24–25   *(Einstweilen frei)*

---

1 Vgl. A 234 Abs. 3 AEBewGrSt.
2 Vgl. Müller in Grootens, BewG § 241 Rz. 14.
3 Vgl. BodSchätzG v. 20.12.2007, BGBl 2007 I S. 3150.
4 Vgl. A 237.24 Abs. 1 Satz 3 AEBewGrSt.

2. Forstwirtschaftliche Nutzung (§ 234 Abs. 1 Nr. 1 Buchst. b BewG)

Zur forstwirtschaftlichen Nutzung gehören alle Wirtschaftsgüter, die der **Erzeugung und Gewinnung von Rohholz** dienen. Baumgruppen und Baumreihen auf Flächen anderer land- und forstwirtschaftlicher Nutzungen, z. B. auf Wiesen und Weiden, an Wegrändern und Hofzufahrten rechnen nicht zur forstwirtschaftlichen Nutzung.[1]

Der Grund und Boden der forstwirtschaftlichen Nutzung umfasst alle Flächen, die dauernd der Erzeugung von Rohholz gewidmet sind. Dabei sind zu unterscheiden:

a) die **Holzbodenflächen**. Zur Holzbodenfläche gehören neben den bestockten Flächen auch Schneisen und Schutzstreifen, wenn ihre Breite einschließlich der Gäben 5 m nicht übersteigt, sowie die Blößen (vorübergehend nicht bestockte Flächen),

b) die dem Transport und der Lagerung des Holzes dienenden Flächen (**Nichtholzbodenfläche**),

c) die **Wildwiesen und Wildäcker**, soweit sie nicht der landwirtschaftlichen Nutzung (bodengeschätzte Flächen) oder zum Geringstland gehören,

d) **Hof- und Gebäudeflächen, wenn sie in die forstwirtschaftliche Nutzung einzubeziehen sind**,

e) die Wirtschaftsgebäude

BEISPIEL: F ist in W (NRW) Eigentümer nur eines im Kataster als Wald/Holz ausgewiesen Flurstücks mit einer amtlichen Fläche von 5.000 Ar. Aus dem Forstbetriebswerk bzw. einem Betriebsgutachten können folgende Informationen entnommen werden: 4.800 Ar forstwirtschaftlichen Nutzung (FN) (Wuchsgebiet 16 = Westfälische Bucht, Bewertungsfaktor 70,03 €/ha lt. Anlage 28), 75 Ar werden als Wildwiese/Wildackergenutzt, 15 Ar dienen dem Transport und der Holzlagerung und 10 Ar sind Hof- und Gebäudefläche, die ausschließlich für den Forstbetrieb genutzt wird. Im Hinblick darauf, dass die Wertermittlung für die FN auf der Grundlage der gesetzlichen Klassifizierung durchzuführen ist, ergeben sich für die Bewertung folgende Flächengrößen: 4.990 Ar FN (Bewertung mit dem Flächenwert x Bewertungsfaktor der Anlage 28); 10 Ar Hof- und Gebäudefläche (Bewertung als Hofstelle mit dem Flächenwert x dem dreifachen Bewertungsfaktor der Anlage 32. Dies deshalb, weil die gesetzliche Klassifizierung nicht die unter Rz. 25 a–g aufgeführten Unterscheidungen übernimmt.

Nebennutzungen, wie z. B. die Gewinnung von **Schmuckreisig**, **Weihnachtsbäumen** (auf Holzbodenflächen), **Beeren** und **Pilzen** sowie die Ausübung der **Jagd** rechnen ebenfalls grds. zur forstwirtschaftlichen Nutzung. Dagegen sind **Weihnachtsbaumkulturen**, die i. d. R. auf landwirtschaftlich genutzten Flächen angebaut werden, der sonstigen Nutzung (§ 242 Abs. 2 BewG) zuzuordnen. **Parkanlagen** mit Baumbeständen zählen grds. nicht zur forstwirtschaftlichen Nutzung, es sei denn, sie dienen der nachhaltigen Erzeugung von Rohholz.[2]

(Einstweilen frei)

3. Weinbauliche Nutzung (§ 234 Abs. 1 Nr. 1 Buchst. c BewG)

Zur **weinbaulichen Nutzung** gehören alle Wirtschaftsgüter, die der Erzeugung von Trauben und der Gewinnung von Wein und Süßmost aus diesen Trauben dienen. Dazu gehören die Flächen

- mit im Ertrag stehenden Rebanlagen,
- die vorübergehend nicht bestockten Flächen, sogenannte Brachflächen, sowie
- die noch nicht ertragsfähigen Jungfelder.

---

[1] Vgl. Abschnitt 1.09 Abs. 1 BewR L.
[2] Vgl. Wiegand in Viskorf/Schuck/Wälzholz, BewG § 160 Rz. 11.

Neu ist, dass der Anbau von **Reben** zur Gewinnung von Unterlagsholz (sog. **Rebmuttergärten**) und die Anzucht von Pflanzreben (sog. **Rebschulen**) losgelöst davon, ob sie zu mehr als zwei Drittel dem Eigenbedarf des Betriebs dienen, nicht mehr zur weinbaulichen Nutzung gehört.[1] Nunmehr sind diese Produktionsformen der gärtnerischen Nutzung und dort dem Nutzungsteil Baumschulen zuzuordnen. In die Weinlage eingesprengte Flächen anderer Nutzungen sind der weinbaulichen Nutzung zuzurechnen, wenn sie nur vorübergehend nicht weinbaulich genutzt werden.[2]

33 Zur weinbaulichen Nutzung gehören die Gebäude und Gebäudeteile, die der Gewinnung, dem **Ausbau** und der **Lagerung** des Weins dienen. Diese Wirtschaftsgüter sind gem. § 238 Abs. 1 Nr. 3 BewG auf der Basis der **Bruttogrundfläche** der Wirtschaftsgebäude gesondert mit einem Zuschlag an der Hoffläche zu erfassen. Entsprechend sind auch die Hof- und Gebäudeflächen, soweit sie der weinbaulichen Nutzung dienen, in diese Nutzung einzubeziehen.

34–35 *(Einstweilen frei)*

4. Gärtnerische Nutzung (§ 234 Abs. 1 Nr. 1 Buchst. d BewG)

36 Die gärtnerische Nutzung gliedert sich in die Nutzungsteile:

aa) Gemüsebau,

bb) Blumen- und Zierpflanzenbau,

cc) Obstbau,

dd) Baumschulen.

Zu ihr gehören alle Wirtschaftsgüter, die dazu bestimmt sind, unter Anwendung gärtnerischer Kulturverfahren, Produkte des Gartenbaus durch z. B. intensive Bodenbearbeitung zu erzeugen. Dies sind zum einen die gärtnerisch genutzten Anbauflächen, aber auch die Wirtschaftsgebäude (Kulturräume), Maschinen, maschinellen Anlagen (Topfanlagen) und sonstigen Betriebsmittel. Die **Zurechnung der Flächen zu den einzelnen Nutzungsteilen** erfolgt unter Anwendung von § 235 BewG. Ist eine Zurechnung am Bewertungsstichtag nicht möglich, sind die Verhältnisse nach der vorgesehenen Nutzung der Fläche zugrunde zu legen.

37 Abweichend von den bisherigen Regelungen[3] sind die Flächen aller Nutzungsteile (§ 234 Abs. 1 Nr. 1 d aa–dd BewG) für die Bewertung unter Berücksichtigung der Anlage 30 (zu § 237 Abs. 5 BewG) aufzugliedern in Flächen, die als **Freilandflächen** und in **Flächen die unter Glas und Kunststoffen** bewirtschaftet werden. Zur Fläche des jeweiligen Nutzungsteils gehören auch Flächenanteile, die den Pflanzenbeständen nicht unmittelbar als Standraum dienen, wie **Zwischenflächen**, **Vorgewende** und für die Bearbeitung notwendigen Wege.[4]

38 Zu den **Flächen unter Glas und Kunststoffen** gehören insbesondere mit Gewächshäusern (z. B. Breitschiff-, Venlo- und Folienhäuser), Folientunneln und anderen Kulturräumen (z. B. Treibräume) überbaute Flächen. Zu den Flächen unter Glas und Kunststoffen gehören begehbare Folientunnel nur dann, wenn deren Bogenkonstruktion fest mit dem Erdboden verankert ist.[5] Die

---

1 A 237.9 Abs. 3 Satz 1 AEBewGrSt.
2 A 237.4 Abs. 2 Satz 3 AEBewGrSt.
3 Vgl. R B 160.6 Abs. 1 ErbStR 2019.
4 Vgl. A 237.5 Abs. 2 Satz 4 AEBewGrSt.
5 Vgl. A 237. 5 Abs. 3 Satz 2 AEBewGrSt.

Größe der Flächen unter Glas und Kunststoffen bemisst sich nach der **Größe der überdachten Fläche einschließlich der Umfassungswände**, d. h. von Außenkante zu Außenkante des aufsteigenden Mauerwerks bzw. der Stehwände gemessen.[1]

> **PRAXISHINWEIS:**
>
> Die vom Gesetz geforderte Aufteilung und auf den Quadratmeter genaue Feststellung der „bebauten" Flächen der gärtnerischen Nutzung mit ihren Nutzungsteilen kann nur dann zufriedenstellend umgesetzt werden, wenn die Angaben zu den gesetzlich zu klassifizierenden Flächen im Amtlichen Liegenschaftskatasterinformationssystem (ALKIS) bundeseinheitlich auf der Rechtsgrundlage des § 229 Abs. 3 i.V. mit Abs. 6 der Finanzverwaltung zur Verfügung gestellt werden. Dies setzt aber die genaue Kenntnis der mitteilungspflichtigen Behörde über den tatsächlichen Gebäudebestand voraus. Ob die Abbildung aller zu klassifizierenden Flächen im ALKIS bis zum Hauptfeststellungszeitpunkt 1.1.2022 gelingt, bleibt abzuwarten.

39

Beim **Gemüsebau** wird auf die bisherige Bestimmung der Intensitätsstufen 1–4[2] des Nutzungsteils verzichtet. Es wird ausschließ das **Freiland** von den **Anbauflächen unter Glas und Kunststoffen** abgegrenzt. § 237 Abs. 5 BewG bestimmt darüber hinaus, dass der Nutzungsteil Gemüsebau wie eine landwirtschaftliche Nutzung bewertet wird, wenn im Wechsel landwirtschaftliche und gärtnerische Erzeugnisse gewonnen werden und keine **Bewässerungsmöglichkeiten** bestehen.

40

Zum Gemüsebau gehört nach der bisherigen Rechtslage auch der Anbau von **Tee, Gewürz- und Heilkräutern**. Flächen, die der Gemüsesamenvermehrung dienen, sind entsprechend den Anweisungen für die Bewertung des Gemüsebaus zu bewerten.[3] Flächen, die der Vermehrung von Blumensamen, Blumenzwiebeln und dergleichen dienen, sind nach den Anweisungen für die Bewertung des Blumen- und Zierpflanzenbaus zu bewerten.[4]

41

Flächen zur Gewinnung von **Schmuckreisig** und **Bindegrün** (auch wenn es von forstwirtschaftlichen genutzten Flächen als Vornutzung gewonnen wird), die überwiegend zum Verkauf bestimmt sind, und Flächen zur Produktion von **Rollrasen** oder **Vegetationsmatten** sind nach wie vor dem Blumen- und Zierpflanzenbau zuzurechnen.[5]

42

Zum Nutzungsteil **Obstbau** gehören die obstbaulich genutzten Flächen, insbesondere des Baumobstes, des Strauchbeerenobstes und der Erdbeeren, einschließlich derjenigen Flächenanteile, die den Pflanzenbeständen nicht unmittelbar als Standraum dienen, wie Zwischenflächen und Vorgewende.

43

Zum Nutzungsteil **Baumschulen** gehören die Flächen, die dem Anbau von Baumschulerzeugnissen dienen. Dazu rechnen insbesondere die Anzucht von Nadel- und Laubgehölzen, **Rhododendren**, **Azaleen** sowie Obstgehölzen einschließlich **Beerenobststräuchern**. Die Anzucht von Rosen und Stauden rechnet nur dann zum Nutzungsteil Baumschulen, wenn ihre Nutzung als Dauerkultur nicht überwiegt. Andernfalls sind sie dem Nutzungsteil Blumen- und Zierpflanzenbau zuzuordnen.[6]

44

---

1 A 237.5 Abs. 3 Satz 3 AEBewGrSt.
2 Vgl. Abschnitt 6.07 Abs. 1 BewR L.
3 Vgl. A 237.6 Abs. 2 Satz 2 AEBewGrSt.
4 A 237.7 Abs. 1 Satz 3 AEBewGrSt.
5 A 237.7 Abs. 1 AEBewGrSt.
6 A 237.9 Abs. 1–3 AEBewGrSt.

45 **Forstliche Saat- und Pflanzkämpe** gehören grds. zum Nutzungsteil Baumschulen. Die in der Einheitsbewertung angewandte Abgrenzung über die Produktionsmenge, „wenn sie nicht zu mehr als zwei Drittel der Erzeugung von Pflanzen für den Eigenbedarf der in demselben Betrieb der Land- und Forstwirtschaft vorhandenen forstwirtschaftlichen Nutzung dienen", wurde im Rahmen der Grundsteuerwertfeststellung aufgegeben.[1] Eine Erfassung als Nebenbetrieb scheidet aus.

46–47 *(Einstweilen frei)*

5. Übrige land- und forstwirtschaftliche Nutzungen (§ 234 Abs. 1 Nr. 1 Buchst. e BewG)

48 Der Betriff der **übrigen land- und forstwirtschaftlichen Nutzungen** fasst alle die land- und forstwirtschaftlichen Nutzungen zusammen, die nicht zu den in § 234 Abs. 1 Nr. 1 Buchst. a–d genannten gehören. § 242 Abs. 1 BewG grenzt in der Folge die **Sonderkulturen** (Nr. 1) von den **sonstigen** land- und forstwirtschaftlichen Nutzungen (Nr. 2) ab.

49–50 *(Einstweilen frei)*

6. Definition des Nebenbetriebs (§ 234 Abs. 7 BewG)

a) Abgrenzung des Nebenbetriebs vom Gewerbebetrieb

51 Nebenbetriebe gehören gem. § 234 Abs. 7 BewG zum land- und forstwirtschaftlichen Vermögen. Das setzt voraus, dass sie **nicht einen selbständigen gewerblichen Betrieb darstellen**. Von einem Nebenbetrieb ist aber nur dann auszugehen, wenn er durch den **Hauptbetrieb** geprägt ist und diesen **fördert und ergänzt**. In funktionaler Hinsicht muss der Nebenbetrieb vom Hauptbetrieb abhängig sein. Die Verbindung darf nicht nur zufällig oder vorübergehend und nicht ohne Nachteil für diesen lösbar sein. Die **Verpachtung** eines landwirtschaftlichen Nebenbetriebs hätte dann rechtslogisch die Folge, dass der Nebenbetrieb seinen funktionalen Zusammenhang mit dem Hauptbetrieb verliert. Es entsteht daher ein selbständiger Gewerbebetrieb.[2]

52 Ein **Nebenbetrieb** liegt u. a. dann vor, wenn:

a) überwiegend im Hauptbetrieb erzeugte **Rohstoffe be- oder verarbeitet** werden und die dabei gewonnenen Erzeugnisse **überwiegend für den Verkauf** bestimmt sind oder

b) ein Land- und Forstwirt Umsätze aus der **Übernahme von Rohstoffen** (z. B. organische Abfälle) erzielt, diese be- oder verarbeitet und die dabei **gewonnenen Erzeugnisse nahezu ausschließlich im Hauptbetrieb verwendet** und die Erzeugnisse im Rahmen einer ersten Be- oder Verarbeitung, die noch dem land- und forstwirtschaftlichen Bereich zuzuordnen ist, hergestellt werden.

Zu den weiteren Voraussetzungen ab dem 1.1.2012 ist Tz. II Abs. 3 der gleich lautenden Erlasse vom 15.12.2011 maßgeblich.[3]

53–54 *(Einstweilen frei)*

---

[1] Vgl. A 237.9 Abs. 3 Satz 1. AEBewGrSt.
[2] RFH, Urteil v. 27.7.1932 - III A 9/32, RStBl 1932 S. 985.
[3] Vgl. BStBl 2011 I S. 1213, 1217.

b) Be- und Verarbeitungsbetriebe

Be- und Verarbeitungsbetriebe sind die einem Hauptbetrieb der Land- und Forstwirtschaft angeschlossenen Einrichtungen zur Verarbeitung und zur Verwertung der im **Hauptbetrieb gewonnenen Erzeugnisse** (funktionale Verbindung). Ein solcher Betrieb ist als landwirtschaftlicher Nebenbetrieb anzusehen, wenn er gegenüber dem Hauptbetrieb von untergeordneter Bedeutung ist. Die eingesetzte **Rohstoffmenge** in Fällen der Vermengung muss deshalb **überwiegend** im eigenen land- und forstwirtschaftlichen Hauptbetrieb erzeugt werden und das be- und verarbeitete Produkt überwiegend für den Verkauf bestimmt sein. Die im Werklohn für fremde Unternehmer be- oder verarbeiteten land- und forstwirtschaftlichen Erzeugnisse sind wie zugekaufte Erzeugnisse zu behandeln. Bei dem durch Be- oder Verarbeitung gewonnenen Erzeugnis muss es sich um ein **Produkt der Land- und Forstwirtschaft** handeln. Beispiele hierfür sind:

- das einem Forstbetrieb angeschlossene **Sägewerk**, das aus Rundholz Bretter, Balken und Latten herstellt,
- die zu einem landwirtschaftlichen Betrieb gehörende (Korn-) **Brennerei**, in der Roh- und Feinsprit[1] gewonnen wird, und
- **Fischräuchereien**, die im Rahmen der Teichwirtschaft Räucherforellenfilets produzieren.
- Die Erzeugung von Biogas im Rahmen der ersten Bearbeitungsstufe stellt einen Nebenbetrieb dar.[2]
- Die Erzeugung von **Kompost aus Bio-Abfällen** ist ein Nebenbetrieb, wenn die organische Substanz überwiegend aus dem eigenen Betrieb herrührt und das Erzeugnis an Dritte abgegeben wird (vgl. Verwendung im eigenen Betrieb).[3]

Die **Abnahme** von biologischen Abfällen und die daran anschließende Be- und Verarbeitung dieser Abfälle zur **Erzeugung von Humus** ist ein landwirtschaftlicher Nebenbetrieb, wenn die dabei gewonnenen Erzeugnisse nahezu ausschließlich im eigenen Betrieb verwendet werden. Unter **nahezu ausschließlich** ist mehr als 90 % zu verstehen. Der Annahme eines Nebenbetriebs steht nicht entgegen, dass der Betriebsinhaber Zahlungen für diese Tätigkeit z. B. von der Kreisverwaltung erhält. Einen Nebenbetrieb bilden auch das Einsammeln und das Aufbereiten von **Küchenabfällen** zur Verfütterung im eigenen Betrieb.

Die Be- oder Verarbeitung land- und forstwirtschaftlicher Erzeugnisse ist ein **integrierter Bestandteil** – also kein Nebenbetrieb – einer land- und forstwirtschaftlichen Nutzung, eines Nutzungsteils oder einer der sonstigen land- und forstwirtschaftlichen Nutzungen, wenn das be- oder verarbeitete Produkt **überwiegend im eigenen Betrieb** der Land- und Forstwirtschaft verwendet wird. Auf den Anteil der zugekauften Rohstoffe kommt es dabei nicht an. Auch ist der Absatz von Eigenerzeugnissen über einen eigenen Einzel- oder Großhandelsbetrieb sowie die Ausführung von Dienstleistungen nicht als Nebenbetrieb anzusehen. Dagegen ist eine **Brüterei**, in der im eigenen landwirtschaftlichen Betrieb erzeugte Bruteier ausgebrütet werden, als landwirtschaftlicher Nebenbetrieb zu bewerten und nicht als Teil des landwirtschaftlichen Hauptbetriebs anzusehen, wenn die Küken verkauft und nicht in der eigenen Landwirtschaft aufgezogen werden.[4]

(Einstweilen frei)

---

[1] BFH, Urteil v. 16.10.1970 - III R 25/69, BStBl 1971 II S. 287.
[2] BMF, Schreiben v. 6.3.2006, BStBl 2006 I S. 248.
[3] Vgl. → Rz. 56.
[4] BFH, Urteil v. 27.5.1998 - II R 38/96, NWB HAAAC-83995.

c) Substanzbetriebe

61 Substanzbetriebe sind Betriebe, in denen die **Substanz des Bodens** gewonnen und verwertet wird, z. B. Ziegeleien, Tongruben, Kreidebrüche usw. Bei diesen Betrieben besteht regelmäßig keine betriebsmäßige Beziehung zum Betrieb der Land- und Forstwirtschaft; sie werden daher i. d. R. selbstständige Gewerbebetriebe darstellen.[1] Ein Substanzbetrieb ist nur dann ein Nebenbetrieb der Land- und Forstwirtschaft, wenn die gewonnene Substanz **überwiegend im eigenen land- und forstwirtschaftlichen Betrieb** verwendet wird. Hierbei ist jedoch zu beachten, dass Betriebsflächen, die durch Abbau der Bodensubstanz nutzbar gemacht werden, nach § 234 Abs. 2 Nr. 2 Buchst. a BewG als Abbauland zu bewerten sind. Deshalb wird nur noch in Ausnahmefällen ein Substanzbetrieb als Nebenbetrieb der Land- und Forstwirtschaft in Frage kommen.

62–64 *(Einstweilen frei)*

7. Abbauland (§ 234 Abs. 3 BewG)

65 Beim Abbauland wird die **Bodensubstanz**, z. B. Sand, Kies, Steine, durch **Abbau** genutzt. Die gewonnene Bodensubstanz muss aber **überwiegend im eigenen Betrieb** verwendet werden, damit das Abbauland noch zum land- und forstwirtschaftlichen Vermögen gehört. Das dürfte im Allgemeinen nur bei kleineren Abbauflächen der Fall sein. Größere Sand- und Kiesgruben sowie Steinbrüche, bei denen mehr als die Hälfte der Substanz veräußert wird, sind gewerbliche Betriebe[2]. **Stillgelegtes Abbauland**, z. B. Kiesgruben und Steinbrüche, sind Unland § 234 Abs. 1 Nr. 2 Buchst. c BewG.

66 Zu der Frage inwieweit die **Überlassung von Ackerflächen an Dritte zum Abbau von Bodenschätzen** zu einem Wechsel der Vermögensart führt hat der BFH im Revisionsverfahren mit Urteil v. 22.7.2020 zwischenzeitlich entschieden, dass eine zum Abbau eines Bodenschatzes verpachtete Fläche ihre Zuordnung zum Betrieb der Land- und Forstwirtschaft nicht verliert, wenn die Rekultivierung und die Wiederaufnahme der land- und forstwirtschaftlichen Nutzung wieder vorgesehen sind.[3]

67 Das Urteil ist im Grundsatz zu § 33 BewG ergangen und bezieht sich auf die Einheitsbewertung 1964. § 33 Abs. 3 BewG weicht im Wortlaut deutlich von § 232 Abs. 4 BewG ab. § 232 Abs. 4 BewG normiert die Wirtschaftsgüter, die nicht zum land- und forstwirtschaftlichen Vermögen gehören. Nach Verwaltungsauffassung gehören demzufolge Flächen auf denen für **gewerbliche Zwecke** Bodensubstanz abgebaut wird, nicht dem land- und forstwirtschaftlichen Vermögen.[4] Die Reaktion der Praxis bliebt im Hinblick auf die Beurteilung derartiger Fälle abzuwarten.

68–70 *(Einstweilen frei)*

---

1 Vgl. StEK BewG 1965 § 42 Nr. 18.
2 Vgl. Wiegand in Viskorf/Schuck/Wälzholz, BewG § 160 Rz. 33.
3 BFH, Urteil v. 22.7.2020 - II R 28/18, BStBl II 2021 S. 515.
4 Vgl. A 232.3 Abs. 2 Satz 2 AEBewGrSt.

8. Geringstland (§ 234 Abs. 4 BewG)

Zur Definition des Geringstlandes greift § 234 Abs. 4 BewG auf das **Bodenschätzungsgesetz** zurück.[1] Betriebsflächen **geringster Ertragsfähigkeit** (Geringstland) sind unkultivierte, jedoch kulturfähige Flächen, deren Ertragsfähigkeit so gering ist, dass sie in ihrem derzeitigen Zustand land- und forstwirtschaftlich nicht regelmäßig genutzt werden können. Dazu gehören insbesondere **unkultivierte Moor- und Heideflächen**, die gelegentlich als Schafhutung oder zur Gewinnung von Streu genutzt werden.[2] Ebenso zählen auch die ehemals bodengeschätzten Flächen und die **ehemaligen Weinbauflächen** dazu, deren Nutzungsart sich durch den **Verlust des Kulturzustands** verändert hat.

Der **Verlust des Kulturzustands** ist dann als gegeben anzusehen, wenn der kalkulierte Aufwand zur Wiederherstellung des Kulturzustands in einem Missverhältnis zu der Ertragsfähigkeit steht, die nach der Rekultivierung zu erwarten ist. Dies ist regelmäßig dann der Fall, wenn der Aufwand den einer **Neukultivierung** übersteigen würde. Bei bodengeschätzten Flächen kann der nachhaltige Verlust des Kulturzustands insbesondere erst nach folgenden Ereignissen eintreten:

1. **Ansiedlung von Gehölzen** infolge Nichtnutzung bei Hutungen und Hackrainen,
2. **Versteinerung oder Vernässung** infolge Nichtnutzung, z. B. bei Hochalmen,
3. **Ansiedlung von Gehölzen** und Verschlechterung der **Wasserverhältnisse** infolge Nichtnutzung, z. B. bei Streuwiesen,
4. Nachhaltige Verschlechterung des Pflanzenbestandes und der Wasserverhältnisse infolge zunehmender Überflutungsdauer und steigender Wasserverschmutzung bei Überschwemmungsgrünland oder Staunässe in Bodensenkungsgebieten,
5. **Vergiftung** und **Vernichtung** des Pflanzenbestandes infolge schädlicher **Industrieimmissionen**.

Bei **Weinbauflächen**, insbesondere in Steilhanglagen, kann der Verlust des Kulturzustands durch Ansiedlung von Gehölzen, Bodenabtrag sowie Einsturz von Mauern und Treppen infolge Nichtnutzung eintreten.[3] Für derartige Flächen werden bei der Bodenschätzung keine Wertzahlen festgestellt.

PRAXISHINWEIS:
Flächen bzw. Teilflächen des Geringstlands können im Liegenschaftskataster eindeutig über die gesetzliche Klassifizierung mit der Bezeichnung GER identifiziert und entsprechend erklärt werden.

Das Geringstland ist einerseits abzugrenzen von den Flächen, für die nach dem Bodenschätzungsgesetz keine Wertzahlen festzustellen sind und von den Flächen des Holzbodens; andererseits vom Unland.[4] Zum Geringstland gehören auch die klassifizierten Eigentumsflächen der forstwirtschaftlichen Nutzung mit **katastermäßig nachgewiesenen Bewirtschaftungsbeschränkungen**, wenn infolge der Bewirtschaftungsbeschränkungen eine nachhaltige forstwirtschaftliche Nutzung unterbleibt (§ 237 Abs. 3 Satz 4 BewG).

(Einstweilen frei)

---

1 Vgl. Gesetz zur Schätzung des landwirtschaftlichen Kulturbodens v. 20.12.2007, BGBl 2007 I S. 3150.
2 A 237.22 Abs. 1 AEBewGrSt.
3 Vgl. R B 160.20 ErbStR 2019 sowie A 237.4 Abs. 2 Satz 4 AEBewGrSt.
4 Vgl. A 237.23 Abs. 1 und Abs. 2 AEBewGrSt.

9. Unland (§ 234 Abs. 5 BewG)

79 Zum Unland gehören nach § 234 Abs. 5 BewG die Flächen, die auch **bei geordneter Wirtschaftsweise keinen Ertrag** abwerfen können. Derartige Betriebsflächen sind dem Grunde nach und auch tatsächlich **nicht kulturfähig**. Die Einordnung einer Betriebsfläche als Unland ist zwingend an Hand der natürlichen Ertragsfähigkeit des Bodens auf der Grundlage objektiver Kriterien vorzunehmen. Für die Ertragslosigkeit ist nicht auf die erzielten oder erzielbaren Erlöse durch die Bewirtschaftung von Flächen abzustellen.[1]

80 Die **nachhaltige natürliche Ertragsfähigkeit eines Bodens**, d. h. ist er tatsächlich – losgelöst von seinem derzeitigen Zustand – landwirtschaftlich nutzbar, gewinnt deshalb entscheidende Bedeutung für die Einordnung als Unland. **Brachflächen** (Stilllegungsflächen), die landwirtschaftliche Kulturflächen betreffen, sind im Regelfall nicht als Unland zu qualifizieren. Es sei denn, dass z. B. durch die Ansiedlung von Gehölzen die natürliche Ertragsfähigkeit derart eingeschränkt ist und der Rekultivierungsaufwand den Aufwand für eine Neukultivierung übersteigen würde. Dann käme eine **Änderung der Nutzungsart nach dem Bodenschätzungsgesetz** in Betracht.

81–82 *(Einstweilen frei)*

10. Besonderheiten der Hofstelle (§ 234 Abs. 6 BewG)

83 § 234 Abs. 6 BewG bestimmt, dass zur Hofstelle alle **Hof- und Wirtschaftsgebäudeflächen** einschließlich der **Nebenflächen** gehören, wenn von dort aus land- und forstwirtschaftliche Flächen nachhaltig bewirtschaftet werden.

84 Die Vorschrift definiert die vom Grundvermögen abgegrenzten Hofstellen, die zur **Vereinfachung der Bewertung** gesondert zu erfassen sind. Umfang und Ausstattung der jeweiligen Hofstelle richten sich grundsätzlich nach den Erfordernissen und der Größe der von dieser Stelle aus bewirtschafteten Flächen. Die Hofflächen werden unabhängig davon, ob sie bebaut oder unbebaut sind, dem Betrieb der Land- und Forstwirtschaft zugerechnet, wenn sie zumindest teilweise der Bewirtschaftung der übrigen land- und forstwirtschaftlichen Flächen dienen. Die sich auf den Hofflächen befindlichen Wirtschaftsgebäude werden grds. mit dem Flächenwert der Hofstelle erfasst. In bestimmten Fallgestaltungen (Fass- und Flaschenweinerzeugung, Imkerei, Wanderschäferei, Pilzanbau, Produktion von Nützlingen und Nebenbetriebe) wird der höhere Ertragswert dieser Nutzungen über die jeweiligen **Brutto-Grundflächen** der diesen Nutzungen dienenden Wirtschaftsgebäude erfasst und ebenfalls der Hofstelle zugerechnet.[2] Eine Bewertung der genannten Nutzungen mit unmittelbaren Vergleichswerten oder auch Einzelertragswerten, unter Berücksichtigung der Erzeugung der jeweiligen Produkte, kommt nicht mehr in Betracht und führt dem Grunde nach zu einer Vereinfachung der automationsgestützten Bewertungsverfahren.

85 Bei aktiv wirtschaftenden Betrieben ist diese Betrachtung unproblematisch. Davon ausgehend, dass rd. 60 % aller landwirt- und forstwirtschaftlichen Flächen im Rahmen von Pachtverhältnissen bewirtschaftet werden,[3] stellt sich die Frage, wie sogenannte „Resthofstellen" bewertet werden. Dies sind i. d. R. die Fallgestaltungen, in denen der überwiegende Anteil der landwirt-

---

[1] BFH, Urteil v. 24.1.2018 - II R 59/18, BStBl 2018 II S. 619.
[2] BT-Drucks. 19/11085 S. 108.
[3] Vgl. Statistisches Bundesamt, Statistisches Jahrbuch 2019 S. 495.

schaftlichen Nutzfläche Dritten zur Nutzung überlassen wird und nur noch die Hofstelle dem Verpächter verbleibt. Sofern der Verpächter von hier aus Restflächen bewirtschaftet, ist die Bewertung der Hofstelle nach Maßgabe des § 237 Abs. 8 BewG zutreffend. Aber auch in den Fällen, in denen der **Verpächter ausschließlich das Wohnhaus nutzt** und die Hofstelle einschließlich der Wirtschaftsgebäude keine andere Nutzung erfährt, wäre aus meiner Sicht die Bewertung dieser Wirtschaftsgüter im Grundvermögen unzutreffend.[1]

Die Nutzungsüberlassung von Flächen an Dritte ändert grds. nicht die Widmung des Betriebs, sondern gilt nach § 232 Abs. 2 Satz 2 BewG vielmehr als Fortsetzung der bisherigen der land- und forstwirtschaftlichen Tätigkeit durch den Überlassenden. Sofern die Wirtschaftsgebäude und die dazugehörige Hof- und Gebäudeflächen nicht anders genutzt werden – dazu gehört auch der Leerstand von Gebäuden[2] – sind folgerichtig diese Wirtschaftsgüter weiterhin dem land- und forstwirtschaftlichen Vermögen zuzuordnen.

86

§ 235 BewG   Bewertungsstichtag

(1) Für die Größe des Betriebs sowie für den Umfang und den Zustand der Gebäude sind die Verhältnisse im Feststellungszeitpunkt maßgebend.

(2) Für die stehenden und umlaufenden Betriebsmittel ist der Stand am Ende des Wirtschaftsjahres maßgebend, das dem Feststellungszeitpunkt vorangegangen ist.

Inhaltsübersicht	Rz.
A. Allgemeine Erläuterungen zu § 235 BewG	1 - 10
I. Normzweck und wirtschaftliche Bedeutung der Vorschrift	1 - 3
II. Entstehung und Entwicklung der Vorschrift	4 - 6
III. Geltungsbereich	7 - 10
B. Systematische Kommentierung	11 - 16
I. Maßgebender Zeitpunkt für die Betriebsverhältnisse (§ 235 Abs. 1 BewG)	11
II. Abweichender Zeitpunkt für stehende und umlaufende Betriebsmittel (§ 235 Abs. 2 BewG)	12 - 15
III. Neugründung des Betriebs	16

LITERATUR:

Eisele/Wiegand, Grundsteuerreform 2022/2025, Stand: Januar 2020 (1. Aufl.), NWB CAAAH-44415; *Eisele*, Reform der Grundsteuer – Gesetzentwurf liegt vor! Teil II: Bewertung des land- und forstwirtschaftlichen Vermögens für Zwecke der Grundsteuer A/Änderungen des Grundsteuergesetzes, NWB 29/2019 S. 2127, NWB AAAAH-22096.

VERWALTUNGSANWEISUNGEN:

Koordinierte Erlasse der obersten Finanzbehörden der Länder v. 9.11.2021 – Anwendung des Siebenten Abschnitts des Zweiten Teils des Bewertungsgesetzes zur Bewertung des Grundbesitzes (land- und forstwirtschaftliches Vermögen) für die Grundsteuer ab 1.1.2022 (AEBewGrSt), BStBl I 2021 S. 2369.

---

1 Vgl. Müller in Grootens, BewG § 232 Rz. 55.
2 Vgl. Müller in Grootens, BewG § 232 Rz. 55.

Müller

A. Allgemeine Erläuterungen zu § 235 BewG

I. Normzweck und wirtschaftliche Bedeutung der Vorschrift

1 Die Vorschrift regelt, dass für die Feststellung des Grundsteuerwerts allgemein die **Verhältnisse zum Feststellungszeitpunkt** (d.h. zum Stichtag 1.1. eines Jahres) maßgebend sind, auch wenn in der Land- und Forstwirtschaft regelmäßig **abweichende Wirtschaftsjahre** bestehen.[1]

2–3 *(Einstweilen frei)*

II. Entstehung und Entwicklung der Vorschrift

4 § 235 BewG wurde mit dem **GrStRefG** v. 26.11.2019[2] in das BewG eingefügt. Die Vorschrift greift auf die bewährten Regelungen des § 35 Abs. 1 und 2 BewG zurück. Sie legt fest, dass für die Größe des Betriebs sowie für den Umfang und den Zustand der Gebäude die **Verhältnisse im Feststellungszeitpunkt** maßgeblich sind. Für stehende und umlaufende Betriebsmittel ist eine hiervon abweichende Regelung getroffen worden. Erstmals ist § 235 BewG für den **Hauptfeststellungszeitpunkt 1.1.2022** anzuwenden (vgl. § 266 BewG).

5–6 *(Einstweilen frei)*

III. Geltungsbereich

7 Die in § 235 BewG gesetzte Norm ist für die zutreffende Erfassung der **Größe des Betriebs** (Grund und Boden) sowie für den **Umfang und den Zustand der Gebäude** (Wirtschaftsgebäude) eines Betriebs der Land- und Forstwirtschaft maßgebend.

8 Die Vorschriften gelten gem. § 231 BewG nur für die Bewertung des **inländischen** zu bewertenden Vermögens. Dabei sind auch die inländischen Teile einer wirtschaftlichen Einheit zu bewerten, die sich sowohl auf das Inland als auch auf das Ausland erstrecken.

9–10 *(Einstweilen frei)*

B. Systematische Kommentierung

I. Maßgebender Zeitpunkt für die Betriebsverhältnisse (§ 235 Abs. 1 BewG)

11 Zum **Bewertungsstichtag** (d.h. zum Stichtag 1.1. eines Jahres) sind die Verhältnisse des Betriebs der Land- und Forstwirtschaft festzustellen. Dazu ist die **Größe der land- und forstwirtschaftlichen Nutzungen** sowie der **Umfang und Zustand der Gebäude** zu ermitteln. Es sind die Flächen der einzelnen in § 234 Abs. 1 Nr. 1 und Nr. 2 BewG definierten Nutzungen, Nutzungsteile und Nutzungsarten zu erfassen. Umfang und Zustand der Wirtschaftsgebäude sind nur in besonderen Fällen festzustellen.

---

[1] A 235 AEBewGrSt.
[2] GrStRefG v. 26.11.2019, BGBl 2019 I S. 1794.

II. Abweichender Zeitpunkt für stehende und umlaufende Betriebsmittel (§ 235 Abs. 2 BewG)

Abweichend von der Regelung des § 235 Abs. 1 BewG und damit abweichend von § 221 Abs. 2 BewG, § 222 Abs. 4 Satz 2 BewG sowie § 223 Abs. 2 Satz 1 BewG wird aus **Zweckmäßigkeitsgründen** auf die **Bestände zum Schluss des vorangegangenen Wirtschaftsjahres** abgestellt. Grundsätzlich erleichtert dies die Ermittlung der **umlaufenden Betriebsmittel** und die Abgrenzung der **Überbestände**. Bedeutung erlangt die Vorschrift bei der Ermittlung der **Tierbestände** für die Abgrenzung der landwirtschaftlichen von der gewerblichen Tierhaltung.[1]

Mithin sind für die Feststellung des **Umfangs der umlaufenden Betriebsmittel** grds. die Verhältnisse am Ende eines Wirtschaftsjahres, das dem Bewertungsstichtag vorangeht maßgeblich. Der **Begriff des Wirtschaftsjahres** wird im Bewertungsrecht und Einkommensteuerrecht synonym angewendet.[2] In der Land- und Forstwirtschaft **endet das Wirtschaftsjahr** regelmäßig **am 30.6.** (§ 4a Abs. 1 Satz 2 Nr. 1 EStG).

Von dieser Regelung **abweichend** können Betriebsinhaber auch folgende **Zeitpunkte** für den Jahresabschluss **wählen**:

a) Betrieb mit einem **Futterbauanteil** von 80 % und mehr der Fläche, der landwirtschaftlichen Nutzung: **30.4.** (§ 8c Abs. 1 Satz 1 Nr. 1 EStDV),

b) Betriebe mit **reiner Forstwirtschaft**: **30.9.** (§ 8c Abs. 1 Satz 1 Nr. 2 EStDV),

c) **Reine Weinbaubetriebe**: **31.8.** (§ 8c Abs. 1 Satz 1 Nr. 3 EStDV),

d) Gartenbau, Obstbau-, Baumschul- und reine **Forstbetriebe** können auch das **Kalenderjahr** als Wirtschaftsjahr bestimmen (§ 8c Abs. 2 EStDV).

Bei **Pachtbetrieben** ist das vom Pächter gewählte Wirtschaftsjahr maßgeblich und anzunehmen.

(Einstweilen frei)

III. Neugründung des Betriebs

Wird ein Betrieb der Land- und Forstwirtschaft neu gegründet, wird anstatt auf das Ende des letzten Wirtschaftsjahres, auf den **Beginn des neuen – ersten – Wirtschaftsjahres**, abgestellt.

§ 236 BewG Bewertungsgrundsätze

(1) Der Bewertung eines Betriebs der Land- und Forstwirtschaft ist der Ertragswert zugrunde zu legen.

(2) ¹Bei der Ermittlung des Ertragswerts ist von der Ertragsfähigkeit auszugehen. ²Ertragsfähigkeit ist der bei ordnungsmäßiger Bewirtschaftung gemeinhin und nachhaltig erzielbare Reinertrag eines pacht- und schuldenfreien Betriebs mit entlohnten fremden Arbeitskräften (Reinertrag). ³Er ermittelt sich aus dem Betriebseinkommen abzüglich des Lohnaufwands für die entlohnten Arbeitskräfte und des angemessenen Anteils für die Arbeitsleistung des Betriebsleiters sowie der nicht entlohnten Arbeitskräfte. ⁴Hierbei sind alle Umstände zu berücksichtigen, die bei einer Selbstbewirtschaftung des Betriebs den Wirtschaftserfolg beeinflussen.

(3) ¹Der Reinertrag wird aus den Erhebungen nach § 2 des Landwirtschaftsgesetzes oder aus Erhebungen der Finanzverwaltung für jede gesetzliche Klassifizierung gesondert ermittelt. ²Bei der Ermittlung des je-

---

[1] BR-Drucks. 354/19 S. 108.
[2] RFH, Urteil v. 19.12.1928 - VI A 398/27, RStBl 1929 S. 31.

weiligen Reinertrags ist zur Berücksichtigung der nachhaltigen Ertragsfähigkeit ein Durchschnitt aus den letzten zehn vorliegenden Wirtschaftsjahren zu bilden, die vor dem Hauptfeststellungszeitpunkt geendet haben.

(4) Der Ertragswert ist das 18,6fache der Summe der Reinerträge des Betriebs.

Inhaltsübersicht

	Rz.
A. Allgemeine Erläuterungen zu § 236 BewG	1 – 12
I. Normzweck und wirtschaftliche Bedeutung der Vorschrift	1 – 4
II. Entstehung und Entwicklung der Vorschrift	5 – 7
III. Geltungsbereich	8 – 12
B. Systematische Kommentierung	13 – 44
I. Bewertungsgrundsätze (§ 236 BewG)	13 – 18
II. Ertragswert als Bewertungsmaßstab (§ 236 Abs. 1 BewG)	19 – 22
III. Begriff der Ertragsfähigkeit (§ 236 Abs. 2 Satz 1 und 2 BewG)	23 – 27
IV. Änderungen gegenüber der bisherigen Rechtslage (§ 236 Abs. 2 BewG)	28 – 32
V. Der Reinertrag als maßgeblicher Ertragswert (§ 236 Abs. 2 Satz 3 BewG)	33 – 38
VI. Ermittlung des Reinertrags (§ 236 Abs. 3 BewG)	39 – 43
VII. Der Ertragswert (§ 236 Abs. 4 BewG)	44

LITERATUR:

Eisele/Wiegand, Grundsteuerreform 2022/2025, Stand: Januar 2020 (1. Aufl.), NWB CAAAH-44415; *Eisele*, Reform der Grundsteuer – Gesetzentwurf liegt vor! Teil II: Bewertung des land- und forstwirtschaftlichen Vermögens für Zwecke der Grundsteuer A/Änderungen des Grundsteuergesetzes, NWB 29/2019 S. 2127, NWB AAAAH-22096.

ARBEITSHILFEN UND GRUNDLAGEN ONLINE:

Berechnung der Grundsteuer nach der Gesetzesreform, Berechnungstool „Grundsteuer" nach dem Entwurf v. 21.6.2019, NWB NAAAH-30144.

VERWALTUNGSANWEISUNGEN:

Koordinierte Erlasse der obersten Finanzbehörden der Länder v. 9.11.2021 – Anwendung des Siebenten Abschnitts des Zweiten Teils des Bewertungsgesetzes zur Bewertung des Grundbesitzes (land- und forstwirtschaftliches Vermögen) für die Grundsteuer ab 1.1.2022 (AEBewGrSt), BStBl I 2021 S. 2369.

A. Allgemeine Erläuterungen zu § 236 BewG

I. Normzweck und wirtschaftliche Bedeutung der Vorschrift

1 Die Vorschrift normiert im Allgemeinen als **Bewertungsmaßstab** für den Betrieb der Land- und Forstwirtschaft den **Ertragswert**. Bei der Ermittlung des Ertragswerts wird davon ausgegangen, dass der **Eigentümer** den zu bewertenden **Betrieb** der Land- und Forstwirtschaft **behält, fortlaufend nutzt und hieraus Erträge erzielt**.[1]

2–4 *(Einstweilen frei)*

II. Entstehung und Entwicklung der Vorschrift

5 Mit dem **GrStRefG** v. 26.11.2019[2] wurde § 236 BewG in das Gesetz eingefügt. Die Vorschrift greift auf die wesentlichen Inhalte der Regelungen des § 36 Abs. 1 und 2 BewG zurück. Sie legt

---

[1] BT-Drucks. 19/11085 S. 102.
[2] GrStRefG v. 26.11.2019, BGBl 2019 I S. 1794.

den **Ertragswert als Bewertungsmaßstab** für den Betrieb der Land- und Forstwirtschaft fest. Sie definiert den Begriff **Ertragsfähigkeit** und bestimmt, wie der hierauf basierende **Reinertrag** zu ermitteln ist. Erstmals ist § 236 BewG für den **Hauptfeststellungszeitpunkt 1.1.2022** anzuwenden (vgl. § 266 BewG).

(Einstweilen frei) 6–7

III. Geltungsbereich

Die in § 236 Abs. 1 BewG gesetzte Norm legt fest, dass für die **Bewertung** des **Betriebs der Land- und Forstwirtschaft** der **Ertragswert** zugrunde zu legen ist. Gem. § 236 Abs. 2 BewG ist bei der Ermittlung des Ertragswerts von der **Ertragsfähigkeit** auszugehen ist. Die Ertragsfähigkeit stellt für die Bewertung nicht auf den tatsächlich erzielten Reinertrag des jeweiligen Betriebes ab. Die Ertragsfähigkeit bestimmt sich vielmehr nach dem bei ordnungsgemäßer Bewirtschaftung gemeinhin und nachhaltig erzielbaren Reinertrag eines pacht- und schuldenfreien Betriebs mit entlohnten fremden Arbeitskräften.[1] Die Ertragsfähigkeit wird durch den **nachhaltig erzielbaren Reinertrag** bestimmt.

Die Vorschriften gelten gem. § 231 BewG nur für die Bewertung des **inländischen** zu bewertenden Vermögens. Dabei sind auch die inländischen Teile einer wirtschaftlichen Einheit zu bewerten, die sich sowohl auf das Inland als auch auf das Ausland erstrecken. 9

(Einstweilen frei) 10–12

B. Systematische Kommentierung

I. Bewertungsgrundsätze (§ 236 BewG)

Die Besteuerung der land- und forstwirtschaftlichen Betriebe erfolgt künftig durch eine **standardisierte Bewertung der Flächen und der Hofstellen** mittels einer weitgehenden **Automation des Bewertungs- und Besteuerungsverfahrens**. Dies muss zugleich zu einer erheblichen **Vereinfachung der Bewertungssystematik** führen, da auf einzelbetriebliche Differenzierungen und Abgrenzungen des Grund und Bodens, wie nach der bisherigen Verfahrensweise, dann weitgehend verzichtet werden kann. Die Bewertung der einzelnen land- und forstwirtschaftlichen Nutzungen (Sollertrag des Grund und Bodens sowie der stehenden und umlaufenden Betriebsmittel) und der Hofstelle einer wirtschaftlichen Einheit erfolgt dabei auf Basis eines **typisierenden durchschnittlichen Ertragswertverfahrens**. Die unterschiedlichen land- und forstwirtschaftlichen Nutzungsformen (landwirtschaftlich, forstwirtschaftlich, weinbaulich, gärtnerisch) werden **Bewertungsfaktoren** zugeordnet, die grds. den durchschnittlichen bundeseinheitlichen Ertrag je Flächeneinheit widerspiegeln. Die jeweilige Grundstücksfläche der jeweiligen Nutzung wird mit dem Bewertungsfaktor multipliziert, sodass sich der **Reinertrag** der individuell genutzten land- und forstwirtschaftlichen Fläche ergibt.[2] 13

Die Bewertung des land- und forstwirtschaftlichen Vermögens mittels eines durchschnittlichen Ertragswertverfahrens trägt der **Belastungsentscheidung durch Anknüpfung an den Sollertrag des Grundbesitzes** Rechnung. Das auf diese Weise objektivierte Ertragswertverfahren steht zu dem allgemeinen Bewertungsmaßstab des § 9 Abs. 1 BewG nicht in Widerspruch, son- 14

---

1 Vgl. A 236 Abs. 1 Satz 2 und 3 AEBewGrSt.
2 BT-Drucks. 19/11085 S. 85.

dern konkretisiert unter Berücksichtigung des speziellen Bewertungsvorbehalts und der Ausgestaltung der Grundsteuer als Sollertragsteuer das **Bewertungsziel** eines **objektiviert-realen Ertragswerts** eines **selbstbewirtschafteten, pacht- und schuldenfreien Betriebs**.

15 Dies wird durch die **Differenzierung der einzelnen Nutzungen sowie Nutzungsarten**, die Berücksichtigung der dafür jeweils maßgebenden **Bewertungsfaktoren** und den hierfür jeweils gesondert ermittelten **Reinertrag** erreicht. Damit wird eine **relationsgerechte Abbildung aller Wirtschaftsgüter** innerhalb des land- und forstwirtschaftlichen Vermögens gewährleistet. Das Bewertungsverfahren typisiert die regelmäßig vorliegende Selbstbewirtschaftung der Flächen oder des Betriebs im Wege einer **Betriebsfortführung**. Unter ökonomischen Gesichtspunkten wird mit dem Ertragswert eine **relationsgerechte Abbildung der Vermögensart** land- und forstwirtschaftliches Vermögen für Zwecke der Grundsteuer sichergestellt.[1]

16–18 *(Einstweilen frei)*

II. Ertragswert als Bewertungsmaßstab (§ 236 Abs. 1 BewG)

19 Der Ertragswert wird als Bewertungsmaßstab zur Ermittlung des Grundsteuerwertes für den Betrieb der Land- und Forstwirtschaft in § 236 Abs. 1 BewG normiert. Bei der Ermittlung des Ertragswerts wird davon ausgegangen, dass der Eigentümer den zu bewertenden Betrieb der Land- und Forstwirtschaft behält, fortlaufend nutzt und hieraus Erträge erzielt. Sinn und Zweck des Ertragswerts ist es somit, außerlandwirtschaftliche Faktoren auszuscheiden, die zwar den Veräußerungspreis (gemeinen Wert) eines Betriebs beeinflussen, jedoch in keinem ökonomischen Zusammenhang mit der objektiven Ertragsfähigkeit einer land- und forstwirtschaftlichen Urproduktion stehen.[2] Zur Ermittlung des Ertragswerts ist einerseits ein Reinertrag und andererseits ein auf den jeweiligen Zweck abgestellter Kapitalisierungsfaktor (§ 236 Abs. 4 BewG) erforderlich.

20–22 *(Einstweilen frei)*

III. Begriff der Ertragsfähigkeit (§ 236 Abs. 2 Satz 1 und 2 BewG)

23 Ausgangspunkt für die Ermittlung der jeweiligen Ertragswerte ist nach § 236 Abs. 2 Satz 2 BewG die Bestimmung der **nachhaltigen Ertragsfähigkeit land- und forstwirtschaftlicher Betriebe**. Dabei ist **nicht** auf das **individuell** durch den Land- und Forstwirt erwirtschaftete Ergebnis abzustellen, sondern auf den **gemeinhin und nachhaltig erzielbaren Reinertrag** eines pacht- und schuldenfreien Betriebs (**Sollertrag**). Es ist also zu unterstellen, dass der Betrieb unter Anwendung der „guten, fachlichen Praxis" bewirtschaftet wird und die Bewirtschaftung des Betriebs nicht nur kurzfristig, sondern auf Dauer angelegt ist. Das setzt eine gewisse planmäßige und ständige Bewirtschaftung des Betriebs voraus.[3] Eine ordnungsgemäße Selbstbewirtschaftung liegt dann vor, wenn für die Bewirtschaftung nur der **betriebsnotwendige Arbeitskräfte- und Inventarbesatz** vorhanden ist.

24 Bei der Beurteilung dieser Grundsätze ist nicht auf Muster- oder Spitzenbetriebe, sondern auf **durchschnittliche Betriebsergebnisse** abzustellen, die anhand der gesetzlich normierten Gliederung eines Betriebs üblicherweise erzielt werden. Dabei sind alle wesentlichen Umstände,

---

1 BT-Drucks. 19/11085 S. 85.
2 BT-Drucks. 19/11085 S. 102.
3 Vgl. Müller in Grootens, BewG § 232 Rz. 26.

die auf den **Wirtschaftserfolg** Einfluss nehmen oder von denen die Verwertung der gewonnenen Erzeugnisse abhängig ist, zu berücksichtigen. Außerdem ist zu unterstellen, dass der Betrieb **schuldenfrei** und mit einem für die ordnungsgemäße, gemeinhin übliche Bewirtschaftung **notwendigen Bestand an Wirtschaftsgebäuden und Betriebsmitteln** ausgestattet ist.[1]

(Einstweilen frei)

IV. Änderungen gegenüber der bisherigen Rechtslage (§ 236 Abs. 2 BewG)

Nach der bisherigen Rechtslage (vgl. § 40 BewG) gehen die land- und forstwirtschaftlichen Flächen, die Hofflächen, die Wirtschaftsgebäude und die Betriebsmittel allgemein im Ertragswert eines Betriebs der Land- und Forstwirtschaft auf und beeinflussen über das jeweilige Ertrags- und Aufwandsgefüge den entsprechenden **Hektarwert** der einzelnen Nutzungen oder den unmittelbaren **Vergleichswert**. Deshalb ist bisher geregelt, dass bei aktiv wirtschaftenden Betrieben die gegendüblichen Abweichungen gegenüber den unterstellten Ertragsverhältnissen durch Zu- oder Abrechnungen und die betriebsindividuellen Abweichungen insbesondere für Wirtschaftsgebäude und Vieh als Betriebsmittel durch Zu- oder Abschläge erfolgen (vgl. § 38 BewG). Dagegen sind in den Fällen einer **Stückländerei** beim Eigentümer des Grund und Bodens keine Abschläge wegen fehlender Betriebsmittel und dementsprechend keine Zuschläge für den Überbestand an Betriebsmitteln bei deren Eigentümer zulässig. Aufgrund der Notwendigkeit einer weitgehend vollautomatisierten Bewertung der land- und forstwirtschaftlichen Flächen wird auf **eine vergleichende Bewertung** und deren umfangreiche Ermittlungen **verzichtet**.[2]

Stattdessen wird unmittelbar **für jede Nutzung ein Reinertrag** ermittelt. Die neue Rechtslage unterstellt, dass der Reinertrag der gesondert zu bewertenden Nutzungen das jeweilige **Ertragswertpotential** des bewirtschafteten Grund und Bodens abbildet und mit dessen Ansatz die hierfür unmittelbar erforderlichen Betriebsmittel ideell abgegolten werden. Dabei kommt es entsprechend dem Charakter einer objektiven Flächenbewertung zunächst nicht darauf an, ob der Eigentümer oder der Pächter den Grund und Boden selbst bewirtschaftet.

Auf die **Unterscheidung zwischen aktiv wirtschaftenden Betrieben** einschließlich etwaiger Ertragswertsteigerungen durch Zupachtflächen einerseits **und Stückländereien sowie verpachteten Betrieben** einschließlich etwaiger Ertragswertminderungen andererseits sowie den damit verbundenen Abgrenzungsschwierigkeiten und Korrekturrechnungen bei besonders intensiven Nutzungen **wird** deshalb **verzichtet**. Dennoch wird den im bisherigen Recht berücksichtigten Umständen dem Grunde nach auf vereinfachte Weise dadurch Rechnung getragen, dass die typischerweise von aktiv wirtschaftenden Betrieben unterhaltenen **Hofstellen** eigenständig bewertet werden. Durch die gesonderte Erfassung von **Viehzuschlägen** oder der Bewertung der **Wirtschaftsgebäude** werden weitere ertragswertsteigernde Umstände ersatzweise pauschal erfasst, die wesentlich und fachlich unbestritten sind.[3]

(Einstweilen frei)

---

[1] BT-Drucks. 19/11085 S. 99.
[2] BT-Drucks. 19/11085 S. 99.
[3] BT-Drucks. 19/11085 S. 99.

V. Der Reinertrag als maßgeblicher Ertragswert (§ 236 Abs. 2 Satz 3 BewG)

33 Der **nachhaltig erzielbare Reinertrag** wird grds. als die **Ertragsfähigkeit** eines Betriebs der Land- und Forstwirtschaft verstanden, die sich durch seine Bewirtschaftung typischerweise einstellt. Dazu werden folgende **Eingangsvoraussetzungen** unterstellt:

- ▶ eine Bewirtschaftung mit entlohnten fremden Arbeitskräften,
- ▶ ausschließliche Selbstbewirtschaftung von Eigentumsflächen (pachtfrei) und
- ▶ keine Fremdfinanzierung (schuldenfrei) des Betriebs.

Mithin kommt es bei der Ermittlung des Reinertrags nicht auf die individuelle Leistungsfähigkeit des Betriebs an. Der unter den o. g. Grundsätzen berechnete Reinertrag eines Betriebs ist deshalb als „objektiver" Wert zu verstehen, den subjektive Einflüsse – insbesondere die Kompetenzen des Betriebsleiters – nicht beeinflussen. Anders als bei der Bedarfsbewertung wird hier auf eine weitergehende **Regionalisierung und Typisierung nach Betriebsform- und größe** des Betriebs der Land- und Forstwirtschaft gem. § 163 Abs. 3 BewG verzichtet und auf **bundeseinheitlich** festgestellte Werte abgestellt.

34 Die Ableitung der Reinerträge erfolgt zur Umsetzung der gesetzlichen Vorgaben (vgl. § 236 Abs. 3 Satz 2 BewG) aus den Erhebungen nach § 2 des Landwirtschaftsgesetzes[1] oder aus Erhebungen der Finanzverwaltung und damit soweit als möglich aus den **durchschnittlichen Ertragsverhältnissen** der **Testbetriebe** beim Bundesministerium für Ernährung und Landwirtschaft für das gesamte Bundesgebiet. Zur realitätsgerechten Abbildung der nachhaltigen Ertragsfähigkeit wurden die notwendigen Kennzahlen für **jede Nutzung** gesondert **als Durchschnittswerte aus zehn Wirtschaftsjahren** ermittelt.

35 Damit wird die starke Differenzierung (**Typisierung und Regionalisierung**) der Betriebe, die mit § 163 BewG im Rahmen der Grundbesitzbewertung eingeführt wurde, **nicht fortgeführt**. Vielmehr wird unterstellt, dass über **bundeseinheitliche Standardwerte** die Ertragsfähigkeit des land- und forstwirtschaftlichen Vermögens realitätsgerecht abgebildet werden kann. Dieser Ansatz ist sicherlich der Forderung an ein **automationsgestütztes Verfahren** geschuldet. Durch die Berücksichtigung der **Ertragsmesszahlen** im Rahmen der Ermittlung der Reinerträge bei bestimmten Nutzungen, wird dieses „Manko" ein Stück weit ausgeglichen.[2] Aus eigenen Ermittlungen kann grds. bestätigt werden, dass eine **positive Korrelation zwischen Ertragsmesszahl (EMZ) und Ertragswert** (Kaufpreise für Flächen der landwirtschaftlichen Nutzung) nachgewiesen werden kann. In den Regionen, in denen aber z. B. eine **verstärkte Tierhaltung** oder **Intensivgemüsebau** stattfindet, wird die Aussagekraft der EMZ durch diese Besonderheiten deutlich überlagert.

36 Ausgangspunkt ist das **durchschnittliche Betriebseinkommen** der Betriebe. Es ergibt sich aus dem Gewinn/Jahresüberschuss zuzüglich Pachtaufwand, Zinsaufwand und Personalaufwand und repräsentiert die gemeinhin erzielbare Entlohnung der Produktionsfaktoren Boden, (Besatz-) Kapital und Arbeit; sie entspricht der Nettorentabilität. Der **Reinertrag** ergibt sich aus dem Betriebseinkommen abzüglich des Lohnaufwands für fremde Arbeitskräfte und dem angemessenen Anteil für die Arbeit des Betriebsleiters sowie der nicht entlohnten Arbeitskräfte (n. AK).[3]

37–38 *(Einstweilen frei)*

---

[1] Vgl. LwG v. 31.8.2015, BGBl I S. 1474.
[2] Vgl. Müller in Grootens, BewG § 237 Rz. 33.
[3] BT-Drucks. 19/11085 S. 102.

VI. Ermittlung des Reinertrags (§ 236 Abs. 3 BewG)

Zur Vereinfachung des Bewertungsverfahrens wird der Reinertrag für jede gesetzliche Klassifizierung gesondert ermittelt. Neben den Abzügen nach § 236 Abs. 2 BewG ist darüber hinaus **als technische Korrektur ein Abzug für die Wirtschaftsgebäude als Betriebsmittel** auf der Basis einer Verzinsung von 5,5 % vorzunehmen, da eine Unterscheidung zwischen aktiv wirtschaften Betrieben und Verpachtungsbetrieben nicht erfolgt und Wirtschaftsgebäude ideell bei der Nutzungsart Hofstelle – mithin bei aktiv wirtschaftenden Betrieben - erfasst werden. Das Ergebnis ist der standardisierte Reinertrag für den Grund und Boden. Er bildet das **Ertragswertpotential** des Grund und Bodens und der zur Bewirtschaftung erforderlichen Betriebsmittel ab.

Daraus ergibt sich für den **standardisierten Reinertrag** des Grund und Bodens das folgende **Schema**:

    Durchschnittliches Betriebseinkommen der Betriebe
    geteilt durch die durchschnittlich bewirtschaftete Landwirtschaftsfläche (LF) in Hektar
= Betriebseinkommen / ha LF
    abzüglich Lohnaufwand für fremde Arbeitskräfte / ha LF
    abzüglich angemessener Lohnansatz für Betriebsleiter und nicht entlohnte AK / ha LF
    abzüglich anteiliger Reinertrag für die Wirtschaftsgebäude / ha LF
= anteiliger Reinertrag des Grund und Bodens einschließlich der Betriebsmittel zur LuF Erzeugung / ha LF

Grundlage für die **Ermittlung des angemessenen Lohnansatzes** der nicht entlohnten Arbeitskräfte einschließlich des Betriebsleiters sind die **Richtsätze des BMEL**. Dies deshalb, weil auch hier nicht der individuelle Lohnansatz für den Betriebsleiter und die Arbeitskräfte maßgeblich sein kann, sondern innerhalb eines standardisierten Verfahrens pauschale Kenngrößen gefordert sind. Sie unterscheiden zunächst zwischen **Landwirtschaft** (einschließlich Weinbau) und dem **Gartenbau**. Gleichzeitig wird das **unterschiedliche Lohnniveau** zwischen Betriebsleiter und nicht entlohnten Arbeitskräften abgebildet.

BEISPIEL: Der Lohnansatz wird für die nicht entlohnten Arbeitskräfte in Anlehnung an die für fremde Arbeitskräfte gezahlten Löhne (Monatslöhne) einschließlich Arbeitgeberanteil zur Sozialversicherung ermittelt. Für den Betriebsleiter wird ein Zuschlag für die leitende Tätigkeit vorgenommen. Für das Kalenderjahr 2017 bzw. das Wirtschaftsjahr 2017/18 wurden folgende Werte eingesetzt:

nicht entlohnte Arbeitskräfte	Landwirtschaft und Weinbau	Gartenbau
	je nicht entlohnter AK	
Grundlohn Betriebsleiter	33.461 €	43.115 €
Betriebsleiterzuschlag (BLZ)	+ 3,17 € * ha LF + 0,93 € * Tsd. € Bilanzvermögen + 2,21 € * Tsd. € Umsatzerlöse 227 € * Arbeitskräfte	130 € Je 5.000 € Umsatz
Sonstige nicht entlohnte AK	26.179 €	31.702 €

Nach der Ermittlung der absoluten Zahlen für den Betriebsleiter und die nicht entlohnten AK wurde für die weitere Berechnung wie folgt vorgegangen: In Wirtschaftsjahren, in denen die **Nettorentabilität des Betriebs 100 %** erreichte und somit eine volle Entlohnung aller Produktionsfaktoren möglich war, wird der Lohnansatz der nicht entlohnten Arbeitskräfte in vollem

Umfang abgezogen. In Wirtschaftsjahren, in denen die **Nettorentabilität unter 100 %** lag, wird nur der Anteil des Lohnansatzes abgezogen der dem Prozentsatz der ermittelten Nettorentabilität entspricht.[1] Zur Vertiefung der am Beispiel des Wirtschaftsjahres 2017/18 dargestellten Werte wird auf das Testbetriebsnetz des BMEL verwiesen.[2]

VII. Der Ertragswert (§ 236 Abs. 4 BewG)

44 Der Ertragswert ermittelt sich gem. § 236 Abs. 4 BewG aus dem **18,6-fachen des Reinertrages**, den ein Betrieb der Land- und Forstwirtschaft aufgrund seiner wirtschaftlichen Ausrichtung im Durchschnitt der Jahre nachhaltig erbringen kann. Hierzu ist die Summe der Reinerträge der jeweiligen Nutzungen, Nutzungsteile, Nutzungsarten und der Nebenbetriebe zu ermitteln und zu kapitalisieren. Der Kapitalisierungsfaktor unterstellt dabei eine **immerwährende Verzinsung** der Reinerträge auf der Basis eines **Zinssatzes von 5,5 %**.[3]

§ 237 BewG Bewertung des Betriebs der Land- und Forstwirtschaft

(1) [1]Bei der Ermittlung des Ertragswerts für einen Betrieb der Land- und Forstwirtschaft sind die land- und forstwirtschaftlichen Nutzungen, Nutzungsarten und die Nebenbetriebe (§ 234 Absatz 1) mit ihrem jeweiligen Reinertrag nach den Absätzen 2 bis 8 zu bewerten. [2]Mit dem Ansatz des jeweiligen Reinertrags sind auch dem Eigentümer des Grund und Bodens nicht gehörende stehende und umlaufende Betriebsmittel, die der Bewirtschaftung des Betriebs dienen, abgegolten.

(2) [1]Der Reinertrag der landwirtschaftlichen Nutzung ermittelt sich aus der Summe der Flächenwerte. [2]Der jeweilige Flächenwert ist das Produkt aus der Größe der gesetzlich klassifizierten Eigentumsfläche des Betriebs und den Bewertungsfaktoren der Anlage 27. [3]Die Bewertungsfaktoren Grundbetrag und Ertragsmesszahl nach § 9 des Bodenschätzungsgesetzes sind für jede Eigentumsfläche gesondert zu ermitteln.

(3) [1]Der Reinertrag der forstwirtschaftlichen Nutzung ermittelt sich aus der Summe der Flächenwerte. [2]Der jeweilige Flächenwert ist das Produkt aus der Größe der gesetzlich klassifizierten Eigentumsfläche des Betriebs und dem jeweiligen gegendüblichen Bewertungsfaktor gemäß Anlage 28. [3]Die gegendüblichen Bewertungsfaktoren bestimmen sich nach den forstwirtschaftlichen Wuchsgebieten und deren Baumartenanteilen nach der zuletzt vor dem Hauptfeststellungszeitpunkt durchgeführten Bundeswaldinventur (§ 41a des Bundeswaldgesetzes). [4]Abweichend hiervon werden klassifizierte Eigentumsflächen mit katastermäßig nachgewiesenen Bewirtschaftungsbeschränkungen als Geringstland bewertet, wenn infolge der Bewirtschaftungsbeschränkungen eine nachhaltige forstwirtschaftliche Nutzung unterbleibt.

(4) [1]Der Reinertrag der weinbaulichen Nutzung ermittelt sich aus der Summe der Flächenwerte. [2]Der jeweilige Flächenwert ist das Produkt aus der Größe der gesetzlich klassifizierten Eigentumsfläche des Betriebs und dem Bewertungsfaktor für die Verwertungsform Traubenerzeugung gemäß Anlage 29.

(5) [1]Der Reinertrag der gärtnerischen Nutzung ist gegliedert nach den Nutzungsteilen zu ermitteln. [2]Der Reinertrag eines Nutzungsteils ermittelt sich aus der Summe der Flächenwerte. [3]Der jeweilige Flächenwert ist das Produkt aus der gesetzlich klassifizierten Eigentumsfläche des Betriebs und dem jeweiligen Bewertungsfaktor gemäß Anlage 30. [4]Abweichend hiervon wird der Nutzungsteil Gemüsebau wie eine landwirtschaftliche Nutzung bewertet, wenn im Wechsel landwirtschaftliche und gärtnerische Erzeugnisse gewonnen werden und keine Bewässerungsmöglichkeiten bestehen.

---

1 BT-Drucks. 19/11085 S. 103.
2 Vgl. http://go.nwb.de/f7tb2.
3 BT-Drucks. 19/11085 S. 103.

(6) ¹Der Reinertrag für die übrigen land- und forstwirtschaftlichen Nutzungen ist für jede Nutzung nach § 242 gesondert zu ermitteln. ²Der Reinertrag einer übrigen land- und forstwirtschaftlichen Nutzung ermittelt sich aus der Summe der Flächenwerte. ³Der jeweilige Flächenwert ist das Produkt aus der Größe der gesetzlich klassifizierten Eigentumsfläche des Betriebs und dem jeweiligen Bewertungsfaktor einschließlich des Zuschlags gemäß Anlage 31. ⁴Für die sonstigen land- und forstwirtschaftlichen Nutzungen, für die kein Bewertungsfaktor festgelegt wurde, ist der Reinertrag der jeweiligen Nutzung durch Multiplikation der Bruttogrundflächen der nachhaltig genutzten Wirtschaftsgebäude mit dem Zwölffachen des Werts gemäß Anlage 31 und für den dazu gehörenden Grund und Boden nach Absatz 8 zu ermitteln; dies gilt unabhängig von einer gesetzlichen Klassifizierung als Hofstelle.

(7) ¹Der Reinertrag für die Nutzungsarten Abbauland, Geringstland und Unland ermittelt sich aus der Summe der Flächenwerte der jeweiligen Nutzungsart. ²Der jeweilige Flächenwert ist das Produkt aus der Größe der gesetzlich klassifizierten Eigentumsfläche des Betriebs und dem jeweiligen Bewertungsfaktor gemäß Anlage 31.

(8) ¹Der Reinertrag für die Hofflächen und die Nebenbetriebe ermittelt sich aus der Summe der Flächenwerte. ²Der Flächenwert ist das Produkt aus der jeweils als Hofstelle gesetzlich klassifizierten Eigentumsfläche des Betriebs und dem dreifachen Bewertungsfaktor gemäß Anlage 32.

Inhaltsübersicht

	Rz.
A. Allgemeine Erläuterungen zu § 237 BewG	1 – 22
I. Normzweck und wirtschaftliche Bedeutung der Vorschrift	4 – 9
II. Entstehung und Entwicklung der Vorschrift	10 – 13
III. Geltungsbereich	14 – 18
IV. Verhältnis zu anderen Vorschriften	19 – 22
B. Systematische Kommentierung	23 – 86
I. Ermittlung des Ertragswerts für einen Betriebs der Land- und Forstwirtschaft (§ 237 Abs. 1 Satz 1 BewG)	23 – 26
II. Ermittlung des Ertragswerts in Fällen der Nutzungsüberlassung (§ 237 Abs. 1 Satz 2 BewG)	27 – 30
III. Bewertung der Betriebszweige (Nutzungen, Nutzungsarten) (§ 237 Abs. 2–7 BewG)	31 – 86
1. Landwirtschaftliche Nutzung (§ 237 Abs. 2 BewG)	31 – 38
2. Forstwirtschaftliche Nutzung (§ 237 Abs. 3 BewG)	39 – 46
3. Weinbauliche Nutzung (§ 237 Abs. 4 BewG)	47 – 53
4. Gärtnerische Nutzung (§ 237 Abs. 5 BewG)	54 – 60
5. Übrige land- und forstwirtschaftliche Nutzungen (§ 237 Abs. 6 BewG)	61 – 67
6. Nutzungsarten Abbauland, Geringstland und Unland (§ 237 Abs. 7 BewG)	68 – 75
7. Hofstelle und Nebenbetriebe (§ 237 Abs. 8 BewG)	76 – 86

LITERATUR:

Eisele/Wiegand, Grundsteuerreform 2022/202, Stand: Januar 2020 (1. Aufl.), NWB CAAAH-44415; *Eisele*, Reform der Grundsteuer – Gesetzentwurf liegt vor! Teil II: Bewertung des land- und forstwirtschaftlichen Vermögens für Zwecke der Grundsteuer A/Änderungen des Grundsteuergesetzes, NWB 29/2019 S. 2127, NWB AAAAH-22096.

VERWALTUNGSANWEISUNGEN:

Koordinierte Erlasse der obersten Finanzbehörden der Länder v. 9.11.2021 – Anwendung des Siebenten Abschnitts des Zweiten Teils des Bewertungsgesetzes zur Bewertung des Grundbesitzes (land- und forstwirtschaftliches Vermögen) für die Grundsteuer ab 1.1.2022 (AEBewGrSt), BStBl I 2021 S. 2369.

A. Allgemeine Erläuterungen zu § 237 BewG

1 Die Norm stellt innerhalb des Bewertungsverfahrens für das land- und forstwirtschaftliche Vermögen die größte Neuerung dar und hat im Hinblick auf die zukünftige Bewertung der Betriebe der Land- und Forstwirtschaft eine besondere Bedeutung. Die Vorschrift regelt, dass die **Gesamtbewertung eines Betriebs** der Land- und Forstwirtschaft zur Vereinfachung des Bewertungsverfahrens **nach dessen Gliederung** erfolgt. Hierzu sind für jede der land- und forstwirtschaftlichen **Nutzungen, Nutzungsteile** sowie für die **Nutzungsarten** die entsprechenden **Eigentumsflächen** des Betriebs der Land- und Forstwirtschaft mit dem nach § 236 BewG ermittelten **standardisierten Reinertrag** zu multiplizieren. Der standardisierte Reinertrag ergibt sich aus den jeweiligen **Bewertungsfaktoren**, die in den **Anlagen 27–33 zum BewG** festgelegt sind.[1]

2–3 *(Einstweilen frei)*

I. Normzweck und wirtschaftliche Bedeutung der Vorschrift

4 Die Bewertung der wirtschaftlichen Einheit Betrieb der Land- und Forstwirtschaft erfolgt über die dem **Eigentümer zuzurechnenden Flächen**, unabhängig davon, ob er diese im Rahmen seines **aktiv wirtschaftenden Betriebs selbst bewirtschaftet oder** ob diese einem anderen aktiv wirtschaftenden Betrieb dienen oder **zur Nutzung überlassen** sind. Gleiches gilt wegen des nachhaltig erzielbaren Reinertrags für den Fall, dass die Flächen am Bewertungsstichtag nur vorübergehend nicht bewirtschaftet werden (sog. **Brachflächen**) oder einer entsprechenden **Stilllegungsverpflichtung** unterliegen (Ansatz des **Sollertrags**).

5 Aus diesen Gründen müssen im Rahmen eines Ertragswerts diejenigen Wirtschaftsgüter, die dem Eigentümer des Grund und Bodens nicht gehören, jedoch den Ertrag eines Betriebs beeinflussen, der wirtschaftlichen Einheit zugerechnet werden. Dieses Prinzip entspricht im Wesentlichen § 34 Abs. 4 BewG, wonach die **Wirtschaftsgüter ideell zugerechnet und bewertet** werden. Neu ist, dass die einem **Eigentümer nicht gehörenden Betriebsmittel** sich ausdrücklich auf die jeweiligen land- und forstwirtschaftlichen Eigentumsflächen erstrecken und damit **fiktiv abgegolten** werden. Folglich kommt es nicht darauf an, ob der Eigentümer die Flächen tatsächlich selbst bewirtschaftet oder diese zur Nutzung überlässt.

6 **PRAXISHINWEIS:**
Eine Unterscheidung zwischen aktiv wirtschaftenden Betrieben, verpachteten Betrieben und Stückländereien kann deshalb im Rahmen des Massenverfahrens entfallen. Dies dient der grundlegenden Vereinfachung und ermöglicht zugleich eine weitgehende und rechtssichere Bewertung der Flächen im vollautomatisierten Verfahren.

7–9 *(Einstweilen frei)*

II. Entstehung und Entwicklung der Vorschrift

10 Mit dem **GrStRefG** v. 26.11.2019[2] wurde § 237 BewG in das Gesetz eingefügt. Die Vorschrift weicht in wesentlichen Inhalten von den Regelungen des § 37 Abs. 1 und 2 BewG ab. Ansatzweise vergleichbar ist, dass beide Normen auf die **Gliederung des Betriebs** abstellen und die gesonderte Bewertung der **Nutzungen, Nutzungsteile, Nutzungsarten** und **Nebenbetriebe** an-

---
[1] BT-Drucks. 19/11085 S. 103
[2] GrStRefG v. 26.11.2019, BGBl 2019 I S. 1794.

ordnet. Weggefallen ist einerseits das vergleichende Verfahren, mit dem Unterschiede der Ertragsfähigkeit innerhalb der einzelnen Nutzungen und Nutzungsteile berücksichtigt wurden und andererseits ist auch **kein Einzelertragswertverfahren** mehr für bestimmte Fallgestaltungen vorgesehen. Erstmals ist § 237 BewG für den **Hauptfeststellungszeitpunkt 1.1.2022** anzuwenden (vgl. § 266 BewG).

(Einstweilen frei)

III. Geltungsbereich

Die Vorschrift § 237 Abs. 1 BewG regelt, dass für die Ermittlung des Ertragswerts der **Betrieb der Land- und Forstwirtschaft** zunächst in seine jeweiligen **Nutzungen, Nutzungsteile** und **Nutzungsarten** und **Nebenbetriebe** (§ 234 Abs. 1 BewG) zu gliedern ist. Sodann wird entsprechend der vorgenommenen Gliederung jede „Gliederungsebene" mit dem Reinertrag nach § 237 Abs. 2–8 BewG bewertet.

Die Norm gilt gem. § 237 BewG nur für die Bewertung des **inländischen** zu bewertenden Vermögens. Dabei sind auch die inländischen Teile einer wirtschaftlichen Einheit zu bewerten, die sich sowohl auf das Inland als auch auf das Ausland erstrecken.

(Einstweilen frei)

IV. Verhältnis zu anderen Vorschriften

Für die Anwendung der Vorschrift ist zunächst die **Gliederung des Betriebs** der Land- und Forstwirtschaft i. S. des § 234 Abs. 1 BewG zwingend erforderlich. Das weitere Bewertungsverfahren sieht vor, dass für jede der land- und forstwirtschaftlichen Nutzungen, Nutzungsteile sowie für die Nutzungsarten die entsprechenden Eigentumsflächen des Betriebs der Land- und Forstwirtschaft mit dem nach § 236 BewG ermittelten **standardisierten Reinertrag** zu multiplizieren sind. Der standardisierte Reinertrag ergibt sich aus den in den **Anlagen 27–33 zum BewG** festgelegen **Bewertungsfaktoren**. Wegen der Aktualisierung der Bewertungsfaktoren in den Anlagen vgl. Grootens in Grootens, BewG § 263 Rz. 29 ff.

(Einstweilen frei)

B. Systematische Kommentierung

I. Ermittlung des Ertragswerts für einen Betriebs der Land- und Forstwirtschaft (§ 237 Abs. 1 Satz 1 BewG)

Die **Gesamtbewertung** eines Betriebs der Land- und Forstwirtschaft erfolgt nach dieser Vorschrift nach dessen Gliederung und dient zur **Vereinfachung des Bewertungsverfahrens**. Hierzu sind für jede der land- und forstwirtschaftlichen Nutzungen, Nutzungsteile sowie für die Nutzungsarten die entsprechenden **Eigentumsflächen** des Betriebs der Land- und Forstwirtschaft mit dem nach § 236 BewG ermittelten **standardisierten Reinertrag zu multiplizieren**. Der standardisierte Reinertrag ergibt sich aus den jeweiligen **Bewertungsfaktoren**, die in den Anlagen **27–33 zum BewG** festgelegt sind.

(Einstweilen frei)

II. Ermittlung des Ertragswerts in Fällen der Nutzungsüberlassung (§ 237 Abs. 1 Satz 2 BewG)

27 Die Bewertung der wirtschaftlichen Einheit Betrieb der Land- und Forstwirtschaft erfolgt über die dem Eigentümer zuzurechnenden Flächen, unabhängig davon, ob er diese im Rahmen seines aktiv wirtschaftenden Betriebs bewirtschaftet oder ob diese einem anderen aktiv wirtschaftenden Betrieb dienen oder zur **Nutzung überlassen** sind. Gleiches gilt wegen des nachhaltig erzielbaren Reinertrags für den Fall, dass die Flächen am Bewertungsstichtag nur vorübergehend nicht bewirtschaftet werden (**Brachflächen**) oder einer entsprechenden **Stilllegungsverpflichtung** unterliegen (Ansatz des **Sollertrags**). Aus diesen Gründen müssen im Rahmen eines Ertragswerts diejenigen Wirtschaftsgüter, die dem Eigentümer des Grund und Bodens nicht gehören, jedoch den Ertrag eines Betriebs beeinflussen, der wirtschaftlichen Einheit zugerechnet werden. Dieses Prinzip entspricht im Wesentlichen § 34 Abs. 4 BewG, wonach die Wirtschaftsgüter ideell zugerechnet und bewertet werden.

28 Neu ist, dass die einem **Eigentümer nicht gehörenden Betriebsmittel** sich ausdrücklich auf die jeweiligen land- und forstwirtschaftlichen Eigentumsflächen erstrecken und damit **fiktiv abgegolten** werden. Folglich kommt es nicht darauf an, ob der Eigentümer die Flächen tatsächlich selbst bewirtschaftet oder diese zur Nutzung überlässt. Eine Unterscheidung zwischen **aktiv wirtschaftenden Betrieben**, **verpachteten Betrieben** und **Stückländereien** kann deshalb im Rahmen des Massenverfahrens entfallen. Dies dient der grundlegenden Vereinfachung und ermöglicht zugleich eine weitgehende und rechtssichere Bewertung der Flächen im **vollautomatisierten Verfahren**.[1]

29–30 *(Einstweilen frei)*

III. Bewertung der Betriebszweige (Nutzungen, Nutzungsarten) (§ 237 Abs. 2–7 BewG)

1. Landwirtschaftliche Nutzung (§ 237 Abs. 2 BewG)

31 Die Vorschrift konkretisiert die Ermittlung des standardisierten Reinertrags für die Nutzung von **Ackerland und Grünland** sowie einer damit verbundenen **Tierhaltung** nach Maßgabe des § 241 BewG. Die Einstufung in Acker- oder Grünland erfolgt nach dem **Bodenschätzungsgesetz**. Sie ist im amtlichen **Liegenschaftskataster** zur Berechnung der Ertragsmesszahlen nachzuweisen. Die **Ertragsmesszahl** ist das Produkt einer Fläche in Ar und der Acker- oder Grünlandzahl (Wertzahlen).[2] In allen Fällen, in denen im Liegenschaftskataster **keine Ertragsmesszahlen** nachgewiesen werden, **kann zur Vereinfachung die durchschnittliche Ertragsmesszahl der Gemarkung** angesetzt werden.[3] Von Bedeutung ist diese Regelung für die Bewertung der landwirtschaftlichen Nutzung, für die Saatzucht und die Kurzumtriebsplantagen, weil für deren Bewertung neben der Flächengröße auch die Ertragsmesszahl maßgeblich ist.

32 **PRAXISHINWEIS:**
Ackerland und Grünland werden zukünftig als Landwirtschaftliche Nutzung zusammengefasst. Damit entfällt eine „nutzungsspezifische", getrennte Angabe und Berechnung der jeweiligen Flächengrößen sowie der Ertragsmesszahlen [EMZ] für das Acker- und Grünland.

---

1 BT-Drucks. 19/11085 S. 103.
2 BT-Drucks. 19/11085 S. 104.
3 Vgl. A 237.2 Abs. 3 Satz 3 AEBewGrSt.

Die **Bewertungsfaktoren Grundbetrag** und **Ertragsmesszahl** sind deshalb von der im Kataster ausgewiesenen amtlichen Flächengröße abhängig und müssen folgerichtig für jede Fläche gesondert ermittelt werden. Die summierten Ergebnisse aus der Vervielfältigung der jeweiligen Eigentumsflächen des Betriebs mit deren individuell ermitteltem Reinertrag ergeben den zu kapitalisierenden **Reinertrag der landwirtschaftlichen Nutzung**. Wirtschaftsgebäude und weitere den Ertragswert steigernde Betriebsmittel werden nach § 237 Abs. 8 und 9 BewG erfasst.[1]

Auszug aus Anlage 27 (zu § 237 Abs. 2 BewG)

Bewertungsfaktoren	Bezugseinheit	in €
Grundbetrag	pro Ar	2,52
Ertragsmesszahl	pro Ertragsmesszahl (Produkt aus Acker-/Grünlandzahl und Ar)	0,041

Der **Reinertrag der landwirtschaftlichen Nutzung** ergibt sich gem. § 237 Abs. 2 Satz 1 BewG aus der **Summe der Flächenwerte**. Der jeweilige Flächenwert ist das **Produkt** aus der **Größe** der gesetzlich klassifizierten **Eigentumsfläche** des Betriebs und den **Bewertungsfaktoren** der Anlage 27 zum BewG. Die Bewertungsfaktoren Grundbetrag und Ertragsmesszahl nach § 9 des Bodenschätzungsgesetzes sind für jede Eigentumsfläche **gesondert zu ermitteln**.

BEISPIEL: FLÄCHENNACHWEIS BEWERTUNG; LANDWIRTSCHAFT Dem „Flächennachweis Bewertung" aus dem Liegenschaftskataster (Layout des Beispiels in Anlehnung an die Mitteilungen der Vermessungs- und Katasterverwaltung in Nordrhein-Westfalen) sind folgende Angaben zu entnehmen:

Gemarkung 055xxx A-Dorf		Flur 25			Flurstück 53
		Nutzungsart			Fläche in m²
Amtliche Fläche (m²)					11481
Tatsächliche Nutzung		Landwirtschaft/Grünland			11481
Bodenschätzung	G.K.	Klasse	Wertzahl	Fläche [m²]	EMZ
	GrA	T II a 3	46 / 46	11481	5281
Gemarkung 055xxx A-Dorf		Flur 28			Flurstück 2
		Nutzungsart			Fläche in m²
Amtliche Fläche (m²)					14227
Tatsächliche Nutzung		Landwirtschaft/Ackerland Landwirtschaft/Grünland			13265 962
Bodenschätzung	G.K.	Klasse	Wertzahl	Fläche [m²]	EMZ
	AGr	T 5 DV	45 / 41	13265	5439
	Gr	T III a 3	41/41	962	394
				14227	5833

---

[1] BT-Drucks. 19/11085 S. 104.

Landwirt L ist in NRW Eigentümer zweier Grundstücke, die der landwirtschaftlichen Nutzung zuzuordnen sind. Die Grundstücksinformationen Gemarkungs-Nr., Gemarkung, Flur und Flurstück ergeben sich aus dem oben dargestellten „Flächennachweis Bewertung". Ferner sind hier die „Tatsächliche Nutzung" der Flurstücke, die Größe sowie die gesetzliche Klassifizierung (=G.K.) und die Merkmale der Bodenschätzung dargestellt.

Bewertungsfaktoren Flur 25, Flurstück 53		
Grundbetrag	114,81 Ar x 2,52	= 289,32 €
Ertragsmesszahl [EMZ]	5.281 x 0,041	= 216,52 €
Flächenwert Der landwirtschaftlichen Nutzung		= 505,84 €
Bewertungsfaktoren Flur 28, Flurstück 2		
Grundbetrag	142,27 Ar x 2,52	= 358,52 €
Ertragsmesszahl [EMZ]	5.833 x 0,041	= 239,15 €
Flächenwert Der landwirtschaftlichen Nutzung		= 597,67 €
Reinertrag des Betriebs		
Summe der Flächenwerte = Reinertrag der landwirtschaftlichen Nutzung		= 1.103,51 €

Soweit in einem Betrieb der Land- und Forstwirtschaft **ertragswertsteigernde Verhältnisse** wegen einer **übernormalen Tierhaltung** vorliegen, sind diese gem. § 238 Abs. 1 Nr. 1 BewG zusätzlich bei der landwirtschaftlichen Nutzung als **Zuschlag** wegen **verstärkter Tierhaltung** zu erfassen.

36–38 *(Einstweilen frei)*

2. Forstwirtschaftliche Nutzung (§ 237 Abs. 3 BewG)

39 Zur forstwirtschaftlichen Nutzung gehören grds. alle Flächen (Holzboden und Nichtholzboden), die der **nachhaltigen Produktion von Rohholz** dienen.[1] Die **Summe aller Flächenwerte** bildet den Reinertrag der forstwirtschaftlichen Nutzung. Der jeweilige Flächenwert ergibt sich nach § 237 Abs. 3 Satz 2 BewG aus der **Multiplikation** der gesetzlich klassifizierten **Eigentumsfläche** des Betriebs mit dem jeweiligen gegendüblichen **Bewertungsfaktor** gem. Anlage 28 zum BewG.

40 PRAXISHINWEIS:

Die gesetzliche Klassifizierung entspricht i. d. R. der durch die Vermessungsverwaltung festgestellten „Tatsächliche Nutzung" und bildet die Flächen ausschließlich nach den Tatbestandmerkmalen Wald/Laubholz, Wald/Nadelholz, Wald/Laub- und Nadelholz ab. Eine Zuordnung der Forstflächen zu den maßgeblichen Wuchsgebieten erfolgt seitens der Vermessungs- und Katasterverwaltung derzeit nicht. Nach aktuellem Stand werden von der Finanzverwaltung die erforderlichen Informationen im Wege der Berechnung des Grundsteuerwerts zur Verfügung gestellt; die Wuchsgebiete und auch die dazugehörigen Bewertungsfaktoren sind nicht gesondert zu erklären.

---

1 Vgl. Müller in Grootens, BewG § 234 Rz. 24.

Auszug aus Anlage 28 (zu § 237 Abs. 3 BewG)

Bewertungsfaktor für Wuchsgebiet		in €/ha
15	Mittelwestniedersächsisches Tiefland	67,41
16	Westfälische Bucht	70,03
17	Weserbergland	101,93
18	Nordwestdeutsche Berglandschwelle	73,10

Die gegendüblichen Bewertungsfaktoren werden aus den forstwirtschaftlichen Wuchsgebieten und deren Baumartenanteilen nach der zuletzt vor dem Hauptfeststellungszeitpunkt durchgeführten **Bundeswaldinventur** (§ 41a des Bundeswaldgesetzes) abgeleitet. Die letzte Inventur fand 2012 statt, im **April 2021** startet die **vierte Bundeswaldinventur**. Bis Ende Dezember 2022 sind alle Daten einzusammeln. Dabei werden folgende Grunddaten erhoben: Baumarten, Baumdurchmesser, Baumhöhe an ausgewählten Probebäumen, Totholz, Landnutzung vor oder nach Wald und andere. Daraus werden der **aktuelle Zustand des Waldes** und seine Veränderung seit der letzten Bundeswaldinventur im Jahre 2012 abgeleitet werden. Fragen zur **Waldbewirtschaftung**, der Veränderung der Baumartenanteile und der Holznutzung, aber auch zum Totholz und zu weiteren ökologischen Fragestellungen werden dann beantwortet werden können.[1]

BEISPIEL: FORSTEN ▶ Forstwirt F ist in NRW Eigentümer von zwei Grundstücken, die der forstwirtschaftlichen Nutzung zuzuordnen sind. Grundstück 1 führt die Bezeichnung Flur 7 Flurstück 116, hat eine amtliche Größe von 600.000 m² und liegt im Wuchsgebiet 18 „Nordwestdeutsche Berglandschwelle". Grundstück 2, Flur 1, Flurstück 42 ist 33.700 m² groß und liegt im Wuchsgebiet 17 „Weserbergland".

Bewertungsfaktoren Flur 1, Flurstück 7		
Wuchsgebiet Nordwestdeutsche Berglandschwelle	60,00 ha x 73,10 €/ha	= 4.386,00 €
Flächenwert der forstwirtschaftlichen Nutzung		= 4.386,00 €
Bewertungsfaktoren Flur 1, Flurstück 42		
Wuchsgebiet Weserbergland	3,37 ha x 101,93 €/ha	= 343,50 €
Flächenwert der forstwirtschaftlichen Nutzung		= 343,50 €
Reinertrag des Betriebs		
Summe der Flächenwerte = Reinertrag der forstwirtschaftlichen Nutzung		= 4.729,50 €

Eine Ausnahme von den bisher dargestellten Regelungen betreffen die Eigentumsflächen, auf denen **katastermäßig nachgewiesene Bewirtschaftungsbeschränkungen** festgestellt und klassifiziert sind. Das bedeutet, im Kataster müssen diese Bewirtschaftungsbeschränkung explizit aus-/nachgewiesen sein und diese Beschränkung muss behördlich festgestellt worden sein. Diese i. d. R. in **Naturschutzgebieten** liegenden forstwirtschaftlichen Flächen mit weitgehenden Bewirtschaftungsbeschränkungen sind dann als Geringstland zu bewerten. Dabei ist zu

---

[1] BMEL, https://www.bundeswaldinventur.de.

beachten, dass nicht jede in einem Naturschutzgebiet gelegene Fläche auch von der forstwirtschaftlichen Nutzung (Rohholzgewinnung) ausgeschlossen ist.

44–46 *(Einstweilen frei)*

3. Weinbauliche Nutzung (§ 237 Abs. 4 BewG)

47 Die Vorschrift konkretisiert die Ermittlung des standardisierten Reinertrags für die Nutzung von **Weinbauflächen** einschließlich der **vorübergehend nicht bestockten Flächen**, noch nicht ertragsfähigen **Jungfeldern** und **im Ertrag stehenden Rebanlagen**.[1]

48 Im Rahmen der Grundbesitzbewertung hat der Gesetzgeber zur Beurteilung der Ertragsfähigkeit der weinbaulichen Nutzung bisher die Nutzungsart (**Verwertungsform**) der gesamten Trauben berücksichtigt und dabei die **Traubenerzeugung** von der **Fassweinerzeugung** sowie **Flaschenweinerzeugung** unterschieden (vgl. § 163 Abs. 5 BewG i.V. mit R B 163 Abs. 5 ErbStR 2019). Diese Differenzierung wird im Rahmen der Gesetzesentwicklung zur Grundsteuerreform aufgegeben. Vielmehr wird zur grundlegenden Vereinfachung des Bewertungsverfahrens gegenüber der bisherigen Rechtslage der Reinertrag ausschließlich für die **Verwertungsform Traubenerzeugung** gesetzlich normiert.[2]

Auszug aus Anlage 29 (zu § 237 Abs. 4 BewG)

Bewertungsfaktor für	Flächeneinheit	in €
Traubenerzeugung	pro Ar	11,70

49 Die summierten Ergebnisse aus der Vervielfältigung der jeweiligen **Eigentumsflächen des Betriebs** mit dem ermittelten **Reinertrag** für die Verwertungsform Traubenerzeugung ergeben den zu kapitalisierenden Reinertrag der weinbaulichen Nutzung.[3] Mit dem Reinertrag sind die der Traubenerzeugung dienenden **stehenden und umlaufenden Betriebsmittel** fiktiv erfasst und abgegoltenen. Dagegen sind die **Wirtschaftsgebäude**, die dem Ausbau des Weins (Fass- und Flaschenweinerzeugung) dienen, **nicht** in der Bewertung des gesetzlich klassifizierten Grund und Bodens der weinbaulichen Nutzung **enthalten**. Folgerichtig werden diese nach § 237 Abs. 8 BewG als **Hofstelle** zusätzlich und die **Wirtschaftsgebäude**, die der Verwertungsform **Fass- und Flaschenweinerzeugung** dienen, durch **Zuschläge** über den Ansatz der Bruttogrundfläche der entsprechenden Gebäude nach § 238 Abs. 1 Nr. 3 BewG erfasst.

50 **BEISPIEL**[4] Eine der weinbaulichen Nutzung zuzurechnende weinbauwürdige Fläche mit der Flurstücknummer 6713/2 ist 0,75 ha groß.

Bewertungsfaktoren Flurstück 6713/2		
Traubenerzeugung	75 Ar x 11,70 €/Ar	= 877,50 €
Flächenwert und zugleich Reinertrag der weinbaulichen Nutzung		= 877,50 €

51–53 *(Einstweilen frei)*

---

1 Vgl. Müller in Grootens, BewG § 234 Rz. 32.
2 BT-Drucks. 19/11085 S. 104.
3 BT-Drucks. 19/11085 S. 104.
4 Vgl. Wiegand in Eisele/Wiegand, Grundsteuerreform 2022/2025 S. 41.

4. Gärtnerische Nutzung (§ 237 Abs. 5 BewG)

Der **Reinertrag der gärtnerischen Nutzung** ist gem. § 237 Abs. 5 Satz 1 BewG gegliedert nach den **Nutzungsteilen** zur ermitteln. Die Differenzierung der jeweiligen **Nutzungsteile** ergibt sich aus § 234 Abs. 1 Nr. 1 Buchst. d Doppelbuchst. aa–bb BewG[1]. In der Folge sind die Flächen für den **Gemüsebau**, den **Blumen- und Zierpflanzenbau**, den **Obstbau** und die **Baumschulen** gesondert zu ermitteln. Dabei ist die weitere Aufteilung der Flächen in **Freiland** und **Flächen unter Glas und Kunststoffen** zu beachten.

54

Der **Reinertrag eines Nutzungsteils** ermittelt sich nach § 237 Abs. 5 Satz 2 BewG aus der **Summe** der **Flächenwerte**. Den jeweiligen Flächenwert definiert § 237 Abs. 5 Satz 3 BewG als das **Produkt** aus der gesetzlich klassifizierten **Eigentumsfläche** des Betriebs und dem jeweiligen **Bewertungsfaktor** für den Nutzungsteil gem. **Anlage 30 zum BewG**.

55

Auszug Anlage 30 (zu § 237 Abs. 5 BewG)

Nutzungsteil Blumen-/Zierpflanzenbau		
Bewertungsfaktor für	Flächeneinheit	in €
Flächen	pro Ar	27,60
im Freiland		
Nutzungsteil Baumschulen		
Bewertungsfaktor für	Flächeneinheit	in €
Flächen	pro Ar	22,29
im Freiland		

Zur grundlegenden Vereinfachung des Bewertungsverfahrens gegenüber der bisherigen Rechtslage bestimmt § 237 Abs. 5 Satz 4 BewG, dass der **Gemüsebau im Wechsel mit landwirtschaftlichen Kulturen** wie eine landwirtschaftliche Nutzung bewertet wird. Dies aber nur dann, wenn keine **Bewässerungsmöglichkeiten** bestehen vgl. § 237 Abs. 5 Satz 4 Halbsatz 2 BewG.[2] Dieser Ansatz wirft dennoch Fragen auf. M. E. ist noch zu klären, ob insbesondere die genannte Voraussetzung, dass die Flächen **keine** Bewässerungsmöglichkeiten haben dürfen, vorliegen muss. Dies deshalb, weil es Regionen gibt, in denen auch landwirtschaftliche Kulturen bewässert werden. Steht dann Gemüse mit in der Fruchtfolge, das ebenfalls beregnet wird (werden muss), kann man nach obiger Abgrenzung durchaus zu dem Ergebnis kommen, dass in diesen Fällen die Flächen als Nutzungsteil Gemüsebau zu bewerten sind. Nach meiner Auffassung sollte auf die überwiegende Nutzung abgestellt werden, d. h., es ist danach abzugrenzen, welche Kultur (landwirtschaftliche oder gärtnerische Pflanzen) in dem Zeitraum eines Jahres länger auf der Fläche steht; auf eine Bewässerungsmöglichkeit sollte es in diesen Fällen nicht ankommen.

> **PRAXISHINWEIS:**
>
> Ist Wintergetreide die Hauptfrucht in der Fruchtfolge, benötigt dieses von der Saat bis zur Ernte eine Kulturdauer von 9–10 Monaten; die Ernte erfolgt im Juli/August. Danach kann z. B. noch Spinat angebaut und geerntet werden. Eine so bewirtschaftete Fläche wäre wie eine landwirtschaftliche Nutzung zu erfassen.

---

1 Vgl. Müller in Grootens, BewG § 234 Rz. 36.
2 BT-Drucks. 19/11085 S. 104 sowie A 237.6 Abs. 2 Satz 3 AEBewGrSt.

56 **BEISPIEL: GÄRTNERISCHE NUTZUNG UND LANDWIRTSCHAFT** ▶ Landwirt L ist Eigentümer folgender Grundstücke: Eine grds. der gärtnerischen Nutzung dienende Ackerfläche mit der Katasterbezeichnung Flur 8 Flurstück 15 ist 200 Ar groß und die Summe der Ertragsmesszahlen [EMZ] beträgt 10.000 EMZ. Auf der Fläche werden im Wechsel Kopfkohl und Getreide (Weizen, Gerste, Hafer, Triticale) angebaut; es besteht keine Bewässerungsmöglichkeit. Auf dem Flurstück 14 mit einer Größe von 100 Ar stehen Blumen zum Selbstpflücken. Die Fläche Flurstück 10 hat eine Größe 300 Ar und dient dem Erdbeeranbau.

Bewertungsfaktoren Flur 8, Flurstück 15		
Grundbetrag	200,00 Ar x 2,52	= 504,00 €
Ertragsmesszahl [EMZ]	10.000 x 0,041	= 410,00 €
Flächenwert der landwirtschaftlichen Nutzung		= 914,00 €
Bewertungsfaktoren Flur 8, Flurstück 14		
Nutzungsteil Blumen- und Zierpflanzenbau	100 Ar x 27,60	= 2.760,00 €
Flächenwert des Nutzungsteils Blumen- und Zierpflanzenbau		= 2.760,00 €
Bewertungsfaktoren Flur 8, Flurstück 10		
Nutzungsteil Obstbau	300 Ar x 9,53	= 2.859,00 €
Flächenwert des Nutzungsteils Obstbau		= 2.859,00 €
Ermittlung der Reinerträge des Betriebs		
Summe der Flächenwerte = Reinertrag der landwirtschaftlichen Nutzung		= 914,00 €
Summe der Flächenwerte = Reinertrag der gärtnerischen Nutzung		= 6.533,00 €

57 Die summierten Ergebnisse aus der Vervielfältigung der jeweiligen Eigentumsflächen des Betriebs mit dem hierzu ermittelten **Reinertrag eines Nutzungsteils** einschließlich einer etwaigen **Ertragssteigerung** bei der **Erzeugung unter Glas und Kunststoffen** ergibt den zu kapitalisierenden Reinertrag des gärtnerischen Nutzungsteils. **Wirtschaftsgebäude** (z. B. Verkaufsräume) und weitere den **Ertragswert steigernde Umstände** werden nach § 237 Abs. 8 BewG und durch **Zuschläge** nach § 238 Abs. 1 Nr. 2 und Abs. 2 BewG erfasst.[1]

58–60 *(Einstweilen frei)*

5. Übrige land- und forstwirtschaftliche Nutzungen (§ 237 Abs. 6 BewG)

61 Der Begriff der übrigen land- und forstwirtschaftlichen Nutzungen ist eine **Sammelbegriff** für alle land- und forstwirtschaftlichen Nutzungen, die nicht zu den in § 234 Abs. Nr. 1 Buchst. a–d genannten Nutzungen oder Nutzungsteilen gehören. Es werden gem. § 242 Abs. 1 Nr. 1 BewG insbesondere **Hopfen, Spargel und andere Sonderkulturen** und die **sonstigen land- und forstwirtschaftlichen Nutzungen**[2] unterschieden.[3] Diese entsprechen im Wesentlichen der Aufzählung in § 62 BewG, die aufgrund der Formulierung „insbesondere" nicht abschließend ist. Dies

---

1 BT-Drucks. 19/11085 S. 104.
2 Vgl. § 242 Abs. 1 Nr. 2 BewG.
3 Vgl. R B 160.9 ErbStR 2019.

bietet zukünftig die Möglichkeit, weitere noch nicht vorhersehbare Entwicklungen in der Land- und Forstwirtschaft abbilden zu können.

Die Vorschrift konkretisiert die Ermittlung des standardisierten Reinertrags für die in § 242 BewG beispielhaft aufgeführten übrigen land- und forstwirtschaftlichen Nutzungen. Die bisherigen **Sonderkulturen** Hopfen und Spargel werden wegen des von der landwirtschaftlichen Nutzung abweichenden Ertrags- und Aufwandsgefüges als **Sondernutzungen** erfasst.[1] Zur Auslegung der Begriffe **Sonderkulturen und Sondernutzungen** vgl. Müller in Grootens, BewG § 242 Rz. 16.

§ 237 Abs. 6 Satz 1 BewG ordnet an, dass der Reinertrag für jede in § 242 BewG genannte übrige land- und forstwirtschaftliche Nutzung gesondert zu ermitteln ist. Für die sonstigen land- und forstwirtschaftlichen Nutzungen werden für die **flächengebundenen Nutzungen** wie bisher Reinerträge ausgewiesen. Bei den flächengebundenen Nutzungen ermittelt sich der Reinertrag gem. § 237 Abs. Satz 2 BewG aus der **Summe der Flächenwerte**. Der Flächenwert selbst ergibt sich nach § 237 Abs. 6 Satz 3 BewG aus der **Multiplikation** der Größe der gesetzlich klassifizierten **Eigentumsfläche** des Betriebs mit dem jeweiligen **Bewertungsfaktor** einschließlich des **Zuschlags** gem. **Anlage 31 zum BewG**. Die summierten Ergebnisse aus der Vervielfältigung der jeweiligen Eigentumsflächen des Betriebs mit dem hierzu ermittelten Bewertungsfaktor ergeben den **Reinertrag** der übrigen land- und forstwirtschaftlichen Nutzungen.

Auszug aus Anlage 31 (zu § 237 Abs. 6 und 7 BewG)

Sondernutzungen		
Bewertungsfaktor für	Flächeneinheit	in €
Hopfen	pro Ar	13,75
Spargel	pro Ar	12,69
Sonstige land- und forstwirtschaftliche Nutzungen		
Bewertungsfaktor für	Bezugseinheit	in €
Wasserflächen	pro Ar	1,00
Zuschläge für stehende Gewässer		
Wasserflächen für Binnenfischerei, Teichwirtschaft und Fischzucht für Binnenfischerei und Teichwirtschaft	ab 1,00 kg bis 4,00 kg Fischertrag/Ar pro Ar	2,00
Wasserflächen für Binnenfischerei, Teichwirtschaft und Fischzucht für Binnenfischerei und Teichwirtschaft	über 4,00 kg Fischertrag/Ar pro Ar	2,50
Zuschläge für fließende Gewässer		
Binnenfischerei, Teichwirtschaft und Fischzucht für Binnenfischerei und Teichwirtschaft	bis 500 Liter/Sekunde Durchfluss pro Liter/Sekunde	12,50
Binnenfischerei, Teichwirtschaft und Fischzucht für Binnenfischerei und Teichwirtschaft	über 500 Liter/Sekunde Durchfluss pro Liter/Sekunde	15,00
Saatzucht	pro Ar	Anlage 27
Weihnachtsbaumkulturen	pro Ar	19,40
Kurzumtriebsplantagen	pro Ar	Anlage 27

---

1 BT-Drucks. 19/11085 S. 104 f.

64 Nach § 237 Abs. 6 Satz 4 BewG ist der Reinertrag für die jeweilige **sonstige land- und forstwirtschaftlichen Nutzung, für die kein Bewertungsfaktor festgelegt wurde**, durch Multiplikation der **Bruttogrundfläche** der nachhaltig genutzten **Wirtschaftsgebäude** mit dem **Zwölffachen** des **Wertes** gem. Anlage 31 zum BewG zu ermitteln.

Sonstige land- und forstwirtschaftliche Nutzungen, für die kein Bewertungsfaktor festgelegt wurde		
Wirtschaftsgebäude	pro Quadratmeter Bruttogrundfläche und Monat	1,23

Für die Bewertung des zu den Wirtschaftsgebäuden gehörenden **Grund und Bodens** gilt, dass dieser bei den nicht flächengebundenen Nutzungen (z. B. der Imkerei, der Wanderschäferei und der Pilzzucht) – unabhängig von einer gesetzlichen Klassifizierung als Hofstelle – nach § 237 Abs. 8 BewG jedoch bei der jeweiligen Nutzung zu erfassen ist.

65 **BEISPIEL: WANDERSCHÄFEREI** ▶ Wanderschäfer W ist Eigentümer eines Grundstückes mit der Katasterbezeichnung Flur 17 Flurstück 4, das der sonstigen land- und forstwirtschaftlichen Nutzung „Wanderschäferei" zuzuordnen ist. Das Grundstück ist 20 Ar groß. Auf der Fläche befindet sich eine massive Feldscheune mit einer Bruttogrundfläche von 500 m².

Bewertungsfaktoren Flur 17, Flurstück 4		
Wirtschaftsgebäude	500 m² x 1,23 €/m² x 12	= 7.380,00 €
Wert der sonstigen land- und forstwirtschaftlichen Nutzung		= 7.380,00 €
Bewertungsfaktoren Flur 17, Flurstück 4 (Grund und Boden)		
Grund und Boden (Hofstelle)	20 Ar x 6,62 € x 3	= 397,20 €
Flächenwert für den Grund und Boden der sonstigen land- und forstwirtschaftlichen Nutzung		= 397,20 €
Ermittlung des Reinertrags für die sonstige land- und forstwirtschaftliche Nutzung „Wanderschäferei"		
Summe der Werte = Reinertrag der sonstigen land- und forstwirtschaftlichen Nutzung		= 7.380,00 €
Summe der Flächenwerte = Reinertrag für den Grund und Boden der sonstigen land- und forstwirtschaftlichen Nutzung		= 397,20 €
Summe der Reinerträge des Betriebs		= 7.777,20 €

66–67 *(Einstweilen frei)*

6. Nutzungsarten Abbauland, Geringstland und Unland (§ 237 Abs. 7 BewG)

68 Die Vorschrift bestimmt, dass die **gesetzlich klassifizierten Flächen** Abbauland, Geringstland und Unland[1] mit einem **standardisierten Reinertrag** gem. **Anlage 31 zum BewG** zu erfassen sind. Auch wenn den Flächen regelmäßig keine größere Bedeutung zukommt, muss die Bewertung von Abbauland, Geringstland und Unland entsprechend dem Gebot der vollständigen **Erfassung** der Flächen des Betriebs für Zwecke einer relationsgerechten Besteuerung und **aus automationstechnischen Gründen** erfolgen.[2]

---

1 Vgl. Müller in Grootens, BewG § 234 Rz. 65, 71 und 79.
2 BT-Drucks. 19/11085 S. 105.

Auszug aus Anlage 31 (zu § 237 Abs. 6 und 7 BewG)

Nutzungsarten Abbauland, Geringstland und Unland		
Bewertungsfaktor für	Flächeneinheit	in €
Abbauland	pro Ar	1,00
Geringstland	pro Ar	0,38
Unland	pro Ar	0,00

Der **Reinertrag** für das Abbauland, Geringstland und Unland ermittelt sich nach § 237 Abs. 7 Satz 1 BewG aus der **Summe der Flächenwerte der jeweiligen Nutzungsart**. Der Flächenwert ist wie bei den übrigen Nutzungen gem. § 237 Abs. 7 Satz 2 BewG das **Produkt** aus der gesetzlich klassifizierten **Eigentumsfläche** des Betriebs und dem jeweiligen **Bewertungsfaktor**, der sich aus der **Anlage 31 zum BewG** ergibt. 69

Neu ist, dass dem **Abbauland ein Bewertungsfaktor zugewiesen** wird. Im Gegensatz hierzu bestimmt § 43 Abs. 2 BewG, dass bei der Einheitsbewertung das Abbauland mit dem **Einzelertragswert** zu bewerten ist. Auch bei der Grundbesitzbewertung kommt nach § 163 Abs. 8 BewG für die Bestimmung eines Reingewinns entweder ein **Einzelertragswert** oder ein **pauschalierter Reingewinn** zur Anwendung, soweit für die jeweilige Region auf einen durch statistische Erhebungen ermittelten pauschalierten Reingewinn zurückgegriffen werden kann. 70

Die Ermittlung der entsprechenden Werte durch ein **Einzelertragswertverfahren** war immer problematisch. Dies deshalb, weil in der überwiegenden Anzahl der Fälle, die für die Ermittlung des Einzelertragswertes erforderlichen Daten nicht unmittelbar aus den Aufzeichnungen der Betrieb hergeleitet werden können. Für die Einheitsbewertung ist darüber hinaus noch zwingend eine **Objektivierung der Daten und eine Rückführung der Ergebnisse auf die Verhältnisse zum 1.1.1964** erforderlich. Insoweit ist es verständlich und letztendlich auch zu begrüßen, dass sich der Gesetzgeber dazu entschlossen hat, von einer Ermittlung bestimmter Reinerträge über ein Einzelertragswertverfahren abzusehen. 71

Für das Geringstland wird bei der Einheitsbewertung ein fester Ertragswert von 50 DM/ha (vgl. § 44 Abs. 2 BewG) und im Rahmen der Grundbesitzbewertung ein pauschaler Reingewinn von 5,40 €/ha (vgl. § 163 Abs. 9 BewG) unterstellt. Aus **Anlage 31 zum BewG** ergibt sich für das Geringstland ein Wert von 33,00 €/ha. Dabei ist zu beachten, dass **Reingewinn** und **Reinertrag** aufgrund unterschiedlicher Ermittlungsmethoden nicht identisch und damit nicht unmittelbar vergleichbar sind. Das **Unland** wird, da es auch bei geordneter Wirtschaftsweise keinen Ertrag abwirft, in allen Bewertungsbereichen durchgängig zutreffend mit 0 DM bzw. **0 €** bewertet. 72

(Einstweilen frei) 73–75

7. Hofstelle und Nebenbetriebe (§ 237 Abs. 8 BewG)

Die Vorschrift regelt die Bewertung der Hofstelle und konkretisiert die **Ermittlung des standardisierten Reinertrags**. Zur Hofstelle gehören gem. § 234 Abs. 6 BewG alle **Hof- und Wirtschaftsgebäudeflächen** einschließlich der **Nebenflächen**, wenn von dort aus land- und forstwirtschaftliche Flächen nachhaltig bewirtschaftet werden[1]. 76

---

[1] Vgl. Müller in Grootens, BewG § 234 Rz. 83.

77 Nach der bisherigen Rechtslage (vgl. § 40 Abs. 3 Satz 2 BewG) werden **Hausgärten** bis zu 10 Ar zur Hof- und Gebäudefläche gerechnet. Ferner wird die gesamte Hof- und Gebäudefläche für Zwecke der Bewertung in eine Nutzung oder bei Vorliegen mehrerer Nutzungen in diese anteilig einbezogen, soweit sie ihr dienen. Zur grundlegenden **Vereinfachung des Bewertungsverfahrens** gegenüber der bisherigen Rechtslage werden nunmehr die Hof- und Wirtschaftsgebäudeflächen gesondert bewertet. Hier muss beachtet werden, dass § 40 Abs. 3 Satz 2 BewG nicht mehr anzuwenden ist, da nach § 232 Abs. 4 Nr. 1 BewG Gebäude und Gebäudeteile, die Wohnzwecken dienen, nicht mehr dem land- und forstwirtschaftlichen Vermögen zuzurechnen sind. Da **Hausgärten**, überwiegend den Wohnteilen dienen, teilen sie m. E. das „Schicksal" der Wohngebäude und werden folgerichtig wie diese ebenfalls **im Grundvermögen bewertet**.

78 Gebäude oder Gebäudeteile, die Wohnzwecken oder anderen nicht land- und forstwirtschaftlichen Zwecken dienen, bilden jeweils mit dem anteiligen Grund und Boden eine **eigene wirtschaftliche Einheit des Grundvermögens** (§ 232 Abs. 4 Nr. 1 BewG). Für die anteilige Zuordnung des Grund und Bodens ist grds. die Verkehrsauffassung maßgeblich (§ 2 Abs. 2 BewG). Im Rahmen der Zuordnung des anteiligen Grund und Bodens zu den jeweiligen wirtschaftlichen Einheiten des Grundvermögens oder zu den Flächen der Hofstelle sind neben den bebauten Flächen auch die übrigen Flächen, wie **Garten- und Stellplatzflächen,** einzubeziehen.[1]

79 Eine grds. im land- und forstwirtschaftlichen Vermögen verbleibende Fläche, die nach der Verkehrsauffassung nicht eindeutig einer Vermögensart zugeordnet werden kann, ist hilfsweise nach dem **Verhältnis der jeweiligen bebauten Fläche des Gebäudes zur bebauten Fläche aller Gebäude** zu ermitteln. Ist die bebaute Fläche eines zu bewertenden Gebäudes nur anteilig dem Grundvermögen zuzuordnen, ist der maßgebliche Anteil durch Aufteilung der bebauten Fläche nach dem **Verhältnis der Wohn- und Nutzfläche** festzulegen.[2]

80 Es bestehen nach Verwaltungsauffassung aus Vereinfachungsgründen keine Bedenken, die **ertragsteuerrechtlich getroffene Entscheidung** zugrunde zu legen. An dieser Stelle weicht die Verwaltung – wohl aus verwaltungsökonomischen Gründen – von der Gesetzesbegründung ab, die letztendlich die einkommensteuerrechtlich getroffenen Feststellungen im Hinblick auf den zur Wohnung gehörenden Grund und Boden präferiert.[3] In Fällen mit einer hohen Anzahl von zu berücksichtigenden Gebäuden und/oder Gebäudeteilen, bei Gebäuden mit mehreren Geschossen sowie bei fehlender Datengrundlage kann der dem Grundvermögen zugehörige Grund und Boden hilfsweise mit dem **Dreifachen der Wohn- und Nutzfläche** der jeweils zu bewertenden Gebäude und/oder Gebäudeteile angesetzt werden. Damit werden alle dem Grundvermögen zuzuordnenden Flächen erfasst.

81 **BEISPIEL: ABGRENZUNG DER HOFSTELLE**[4] ▶ Die Hofstelle (1.820 m²) eines Landwirts umfasst die Wohnung des Landwirts (1: bebaute Fläche 120 m²), einen Garten (300 m²) und zwei Stellplätze (40 m²), die jeweils der Wohnung zugeordnet werden können, sowie ein Bürogebäude (2: bebaute Fläche 60 m²), ein Wirtschaftsgebäude (3: bebaute Fläche 300 m²) und eine Restfläche von 1.000 m². Insgesamt ergibt sich daraus eine bebaute Fläche von 480 m² (siehe Abbildung 2).

---

1 Vgl. A 237.24 Abs. 5 und 6 AEBewGrSt.
2 Vgl. A 237.24 Abs. 7 AEBewGrSt.
3 Vgl. BT-Drucks. 19/11085 S. 100.
4 Vgl. A 237.24 Beispiel 1 AEBewGrSt.

Bürogebäude LuF (2) (60 m² bebaute Fläche)

Wohnung des Landwirts (1) (120 m² bebaute Fläche)

Wirtschaftsgebäude (3) (300 m² bebaute Fläche)

Hofstelle

Die Gebäude (2) und (3) gehören als Wirtschaftsgebäude zum Betrieb der Land- und Forstwirtschaft. Der Wert der Gebäude ist über den Ansatz als Hofstelle sowie dem Zuschlag nach § 238 BewG ertragsmäßig abgegolten. Die Fläche der Hofstelle umfasst dabei nicht die dem Grundvermögen zuzurechnenden Flächenanteile. Das Gebäude (1) ist als eigenständige wirtschaftliche Einheit des Grundvermögens in Abhängigkeit von der Grundstücksart i. S. des § 249 BewG zu bewerten.

Dem Gebäude (1) können darüber hinaus die zur Wohnung des Landwirts zugehörige bebaute Fläche (120 m²), ein Garten (300 m²) sowie zwei Stellplätze (40 m²) zugeordnet werden. Die restliche Fläche (1.000 m²) kann den einzelnen Gebäuden unter Berücksichtigung der Verkehrsauffassung nicht konkret zugeordnet werden. Da eine Abgrenzung nach ertragsteuerlichen Grundsätzen nicht erfolgt ist, kann der nicht den land- und forstwirtschaftlichen Zwecken zuzuordnende Grund und Boden (1.000 m²) wie in Tabelle dargestellt, aufgeteilt werden.

Tabelle: Aufteilung des Grund und Bodens zum Beispiel „Abgrenzung der Hofstelle" (A 237.24 AE-BewGrSt)

Nr.	Gebäude/-teil	überbaute Fläche	gesamte bebaute Fläche	zugeordnete Fläche
1	Wohnung Landwirt	120 m²	480 m²	rd. 250 m²
2	Bürogebäude LuF	60 m²	480 m²	rd. 125 m²
3	Wirtschaftsgebäude	300 m²	480 m²	rd. 625 m²
Summe		480 m²		1.000 m²

Als anteilige Fläche des Grund und Bodens sind dem Grundvermögen die überbaute Fläche der Wohnung des Landwirts (1) mit 120 m², die anteilig zugeordnete unbebaute Fläche von 250 m², der private Garten mit 300 m² sowie die Stellplätze mit 40 m² zuzurechnen. Hieraus ergibt sich eine dem Grundvermögen zuzurechnende Gesamtfläche von 710 m².

Der Grund und Boden der Hofstelle wird anhand der zuvor gegenüber dem Grundvermögen abgegrenzten Hoffläche **typisierend** mit dem **höchsten Reinertrag der landwirtschaftlichen Nutzung** bewertet (Annahme einer **Acker-/Grünlandzahl von 100**). Dabei ist zu beachten, dass die o.g. **Hausgärten** i.d.R. folgerichtig dem Grundvermögen zugerechnet werden und dem Grunde nach nicht mehr als Hofstelle zur erfassen sind, da sie in unmittelbarem Zusammenhang mit den zu Wohnzwecken dienenden Gebäuden (Wohnteil/Betriebsleiterwohnung, Altenteilerwohnung und Wohnung für Arbeitskräfte) stehen.[1]

83 Für die Hofflächen ist der entsprechende Bewertungsfaktor in Anlage 32 zum BewG ausgewiesen. Damit wird die bisher mittelbar erfolgte Bewertung der Hofstelle dem Grunde nach praxisgerecht fortgeführt und für Zwecke einer vollautomatischen Bewertung nutzbar gemacht. Zugleich wird dadurch gewährleistet, dass Flächenänderungen bei den Nutzungen sich folgerichtig nicht auf die Bewertung der Hofstelle auswirken. Ferner wird der höchste Reinertrag **zur Abgeltung ertragswerterhöhender Umstände einer Hofstelle in Relation zu den land- und forstwirtschaftlich nutzbaren Flächen verdreifacht**. Damit wird auf eine tatsächliche Erfassung von Wirtschaftsgebäuden in der Masse der Fälle verzichtet.[2] Insoweit kann auch die Gemeinde, in der sich die Hofstelle befindet, realitätsgerecht von einem höheren Grundsteueraufkommen profitieren.[3]

84 Der Reinertrag der Nutzungsart Hofstelle ergibt sich gem. § 237 Abs. 8 Satz 1 BewG aus der Summenbildung der Flächenwerte. Der Flächenwert selbst ergibt sich nach § 237 Abs. 8 Satz 2 BewG aus der **Multiplikation** der jeweils als Hofstelle gesetzlich klassifizierten **Eigentumsfläche** des Betriebs und dem **dreifachen Bewertungsfaktor** gem. Anlage 32.

Auszug aus Anlage 32 (zu § 237 Abs. 8 BewG)

Bewertungsfaktor für	Flächeneinheit	in €
Hofflächen	pro Ar	6,62
Zuschläge für	Flächeneinheit	in €
Wirtschaftsgebäude der weinbaulichen Nutzung bei Fass- und Flaschenweinerzeugung	pro Quadratmeter Bruttogrundfläche und Monat	1,23

85 Im Gesetzentwurf des Bundesrates zum Entwurf eines Gesetzes zur Änderung des Bewertungsgesetzes[4] ist der Bundesrat noch davon ausgegangen, die **Bewertung von Hofstellen** im Hinblick auf die auf einer Hofstelle für unterschiedliche Zwecke vorhanden Wirtschaftsgebäude durch eine sehr differenzierte Bewertung des Grund und Bodens und zusätzlich der Wirtschaftsgebäude umzusetzen. Im Rahmen des Gesetzgebungsverfahrens wurde auf die **gesonderte Bewertung der Wirtschaftsgebäude verzichtet**. Mit dem jetzigen Ansatz des höchsten dreifachen Reinertrags der landwirtschaftlichen Nutzung (unterstellt werden hierbei 100 EMZ/Ar) sind die Wirtschaftsgebäude überwiegend typisierend abgegolten. Für die Wirtschaftsgebäude der **weinbaulichen** Nutzung und der **Nebenbetriebe** ist es aufgrund einer i. d. R. fehlenden automationsgestützten Bestimmung der gesetzlichen Klassifizierung erforderlich, den Ertragswertanteil dieser Wirtschaftsgüter „manuell" über einen **Zuschlag** zu erfassen.

---

1 Vgl. § 232 Abs. 4 Nr. 1 BewG.
2 BT-Drucks. 19/11085 S. 105.
3 Vgl. Wiegand in Eisele/Wiegand, Grundsteuerreform 2022/2025 S. 46 f.
4 BR-Drucks. 515/16 S. 61. Der Bundesrat hat in seiner 950. Sitzung am 4.11.2016 beschlossen, den als Anlage 1 beigefügten Gesetzentwurf gem. Art. 76 Abs. 1 GG beim Deutschen Bundestag einzubringen und die aus Anlage 2 ersichtliche Entschließung zu fassen.

BEISPIEL: LANDWIRTSCHAFTLICHE NUTZUNG, TIERHALTUNG, HOFSTELLE ▸ Landwirt L ist Eigentümer von 86 mehreren Grundstücken, die der landwirtschaftlichen Nutzung zuzuordnen sind. Folgende Grundstücksinformationen sind zu berücksichtigen: Gemarkung A-Dorf, Flur 25,

Flurstück 57, Größe: 5.000 Ar, tats. Nutzung A, EMZ 175.000
Flurstück 60, Größe: 2.500 Ar, tats. Nutzung Gr, EMZ 100.000,
Flurstück 61, Größe; 125 Ar, tats. Nutzung Hofstelle.

Ferner werden Milchkühe mit Nachzucht, die umgerechnet in Vieheinheiten 125 VE ergeben, gehalten.

Bewertungsfaktoren Flur 25, Flurstück 57		
Grundbetrag	5.000,00 Ar x 2,52	= 12.600,00 €
Ertragsmesszahl [EMZ]	175.000 x 0,041	= 7.175,00 €
Flächenwert der landwirtschaftlichen Nutzung		= 19.775,00 €
Bewertungsfaktoren Flur 25, Flurstück 60		
Grundbetrag	2.500,00 Ar x 2,52	= 6.300,00 €
Ertragsmesszahl [EMZ]	100.000 x 0,041	= 4.100,00 €
Flächenwert der landwirtschaftlichen Nutzung		= 10.400,00 €
Bewertungsfaktoren Flur 25, Flurstück 61		
Hofstelle	125 Ar x 6,62 x 3	= 2.482,50 €
Flächenwert der Nutzungsart Hofstelle		= 2.482,50 €
Ermittlung der Reinerträge des Betriebs		
Summe der Flächenwert = Reinertrag der landwirtschaftlichen Nutzung		= 30.175,00 €
Summe der Flächenwert = Reinertrag der Nutzungsart Hofstelle		= 2.482,50 €
Summe der Reinerträge des Betriebs		= 32.657,50 €

Im Ergebnis werden die jeweiligen Flächenwerte der landwirtschaftlichen Nutzung und der Flächenwert der Nutzungsart Hofstelle addiert und ergeben insgesamt den Reinertrag des Betriebs in der Gemeinde A-Dorf. Die Wirtschaftsgebäude für die Milchkühe und deren Nachzucht sind ebenfalls eindeutig der landwirtschaftlichen Nutzung zuzurechnen. Die Grenze Landwirtschaft/Gewerbe gem. § 241 Abs. 1 BewG ist nicht überschritten, da hiernach auf 75 ha landwirtschaftliche Nutzfläche insgesamt 465,00 VE unschädlich gehalten werden können.[1] Ein Zuschlag wegen verstärkter Tierhaltung ist ebenfalls nicht einschlägig, weil der tatsächliche Tierbestand (125 VE) die in Anlage 27 genannte Grenze von 2 VE/ha (d. h. 75 ha x 2 VE/ha= insgesamt 150 VE) nicht überschreitet. Gleichwohl sind mit dem Reinertrag der Nutzungsart Hofstelle alle vorhandenen Wirtschaftsgebäude, soweit sie der landwirtschaftlichen Nutzung dienen, in Art und Umfang abgegolten.

---

[1] Vgl. Müller in Grootens, BewG § 241 Rz. 14.

§ 238 BewG Zuschläge zum Reinertrag

(1) Ein Zuschlag zum Reinertrag einer Nutzung oder Nutzungsart ist vorzunehmen,

1. bei der landwirtschaftlichen Nutzung gemäß Anlage 27, wenn der tatsächliche Tierbestand am maßgeblichen Bewertungsstichtag (§ 235) die in Anlage 27 genannte Grenze nachhaltig überschreitet,

2. bei der gärtnerischen Nutzung gemäß Anlage 30, wenn in einem Nutzungsteil Flächen unter Glas und Kunststoffen dem Betrieb zu dienen bestimmt sind. ²Zu den Flächen unter Glas und Kunststoffen gehören insbesondere mit Gewächshäusern, begehbaren Folientunneln, Foliengewächshäusern und anderen Kulturräumen überbaute Bruttogrundflächen. ³Unerheblich ist, ob die Flächen unter Glas und Kunststoffen neben der Erzeugung auch zur Lagerung oder zum Vertrieb der Erzeugnisse zu dienen bestimmt sind,

3. bei der Nutzungsart Hofstelle gemäß Anlage 32 für die weinbauliche Nutzung und für Nebenbetriebe. ²Der Zuschlag ermittelt sich durch Multiplikation der Bruttogrundflächen der nachhaltig genutzten Wirtschaftsgebäude mit dem Zwölffachen des jeweiligen Bewertungsfaktors. ³Unerheblich ist, ob die Wirtschaftsgebäude neben der Erzeugung auch zur Lagerung oder zum Vertrieb der Erzeugnisse zu dienen bestimmt sind.

(2) ¹Der Reinertrag einer Nutzung oder Nutzungsart ist um einen Zuschlag zu erhöhen, wenn die Eigentumsflächen des Betriebs zugleich der Stromerzeugung aus Windenergie dienen. ²Der Zuschlag ermittelt sich aus dem Produkt der abgegrenzten Standortfläche der Windenergieanlage und dem Bewertungsfaktor gemäß Anlage 33.

Inhaltsübersicht

	Rz.
A. Allgemeine Erläuterungen zu § 238 BewG	1 - 13
I. Normzweck und wirtschaftliche Bedeutung der Vorschrift	1 - 4
II. Entstehung und Entwicklung der Vorschrift	5 - 7
III. Geltungsbereich	8 - 10
IV. Verhältnis zu anderen Vorschriften	11 - 13
B. Systematische Kommentierung	14 - 34
I. Eingangsvoraussetzungen für einen Zuschlag zum Reinertrag (§ 238 Abs. 1 BewG)	14 - 32
1. Landwirtschaftliche Nutzung – Verstärkte Tierhaltung (§ 238 Abs. 1 Nr. 1 BewG)	14 - 21
2. Gärtnerische Nutzung – Flächen unter Glas und Kunststoffen (§ 238 Abs. 1 Nr. 2 BewG)	22 - 27
3. Weinbauliche Nutzung und Nebenbetriebe – Flächen der Wirtschaftsgebäude (§ 238 Abs. 1 Nr. 3 BewG)	28 - 32
II. Flächen der Windenergieerzeugung (§ 238 Abs. 2 BewG)	33 - 34

LITERATUR:

Eisele/Wiegand, Grundsteuerreform 2022/2025, Stand: Januar 2020 (1. Aufl.), NWB CAAAH-44415; *Eisele*, Reform der Grundsteuer – Gesetzentwurf liegt vor! Teil II: Bewertung des land- und forstwirtschaftlichen Vermögens für Zwecke der Grundsteuer A/Änderungen des Grundsteuergesetzes, NWB 29/2019 S. 2127, NWB AAAAH-22096.

VERWALTUNGSANWEISUNGEN:

Koordinierte Erlasse der obersten Finanzbehörden der Länder v. 9.11.2021 – Anwendung des Siebenten Abschnitts des Zweiten Teils des Bewertungsgesetzes zur Bewertung des Grundbesitzes (land- und forstwirtschaftliches Vermögen) für die Grundsteuer ab 1.1.2022 (AEBewGrSt), BStBl I 2021 S. 2369.

A. Allgemeine Erläuterungen zu § 238 BewG

I. Normzweck und wirtschaftliche Bedeutung der Vorschrift

Die Vorschrift regelt die **Ermittlung von Zuschlägen**, die jeweils am Reinertrag einer Nutzung eines Nutzungsteils oder einer Nutzungsart anzubringen sind. Nach der bisherigen Rechtslage der Einheitsbewertung sind Zuschläge nach § 41 BewG am Vergleichswert zu machen, soweit die tatsächlichen Verhältnisse bei einer Nutzung oder einem Nutzungsteil von den bei der Bewertung unterstellten regelmäßigen Verhältnissen der Gegend (§ 38 Abs. 2 Nr. 2 BewG) um mehr als 20 % abweichen und wenn bestimmte Wertgrenzen überschritten werden. Aufgrund der Notwendigkeit einer weitgehend **vollautomatisierten Bewertung der land- und forstwirtschaftlichen Flächen** wird auf eine vergleichende Bewertung und deren umfangreiche Ermittlungen verzichtet. Insoweit sind die bisherigen Ermittlungsgrundsätze für eine Zuschlagsberechnung diesen Erfordernissen anzupassen und ggf. neu zu gestalten.   1

(Einstweilen frei)   2–4

II. Entstehung und Entwicklung der Vorschrift

Mit dem **GrStRefG** v. 26.11.2019[1] wurde § 238 BewG in das Gesetz eingefügt. Die Vorschrift führt die maßgeblichen Inhalte der Regelungen des § 41 Abs. 1–3 BewG nicht fort. Ansatzweise vergleichbar ist, dass beide Normen in bestimmten Fällen sogenannte Normalverhältnisse unterstellen und immer dann die **Ermittlung von Zuschlägen** anordnet, wenn über die Bewertung des Grund und Bodens keine hinreichende Erfassung der **Ertragsfähigkeit** einer Nutzung oder Nutzungsteils sichergestellt ist. Erstmals ist § 238 BewG für den **Hauptfeststellungszeitpunkt 1.1.2022** anzuwenden (vgl. § 266 BewG).   5

(Einstweilen frei)   6–7

III. Geltungsbereich

Die Norm gilt gem. § 231 BewG nur für die Bewertung des **inländischen** zu bewertenden Vermögens. Dabei sind auch die inländischen Teile einer wirtschaftlichen Einheit zu bewerten, die sich sowohl auf das Inland als auch auf das Ausland erstrecken.   8

(Einstweilen frei)   9–10

IV. Verhältnis zu anderen Vorschriften

Für die Anwendung der Vorschrift ist zunächst gesondert festzustellen, ob bei bestimmten **Nutzungen, Nutzungsteilen oder auch Nutzungsarten** Voraussetzungen vorliegen, die einen **Zuschlag** an der jeweiligen Nutzung oder Nutzungsteil rechtfertigen. Derartige Voraussetzungen können ausschließlich bei der **landwirtschaftlichen Nutzung** (§ 234 Abs. 1 Nr. 1 Buchst. a BewG i.V. mit der Anlage 27 zum BewG, bei der **gärtnerischen Nutzung** i. S. des § 242 Abs. 1 Nr. 1 Buchst. d BewG im Zusammenhang mit der Anlage 30 zum BewG und bei der **Nutzungsart Hofstelle** (§ 234 Abs. 1 Nr. 2 Buchst. d) und der Anlage 32 zum BewG vorliegen.   11

(Einstweilen frei)   12–13

---

[1] GrStRefG v. 26.11.2019, BGBl 2019 I S. 1794.

B. Systematische Kommentierung

I. Eingangsvoraussetzungen für einen Zuschlag zum Reinertrag (§ 238 Abs. 1 BewG)

1. Landwirtschaftliche Nutzung – Verstärkte Tierhaltung (§ 238 Abs. 1 Nr. 1 BewG)

14 Zur **Abgeltung ertragswerterhöhender Umstände** werden bei Betrieben der Land- und Forstwirtschaft mit verstärkter Tierhaltung **Viehzuschläge** auf der Grundlage der **selbst bewirtschafteten Flächen** der landwirtschaftlichen Nutzung erfasst. Mit den Viehzuschlägen werden der **erhöhte Tierbestand** und die dazu notwendigen **Wirtschaftsgebäude abgegolten**.[1]

15 Eine verstärkte Tierhaltung liegt nach § 238 Abs. 1 Nr. 1 BewG immer dann vor, wenn der **tatsächliche Tierbestand** am maßgeblichen Bewertungsstichtag (§ 235 BewG) die **Grenze von zwei Vieheinheiten [VE] je Hektar selbstbewirtschafteter Fläche** der landwirtschaftlichen Nutzung nachhaltig überschreitet. Die **Höhe des Zuschlags** ist insoweit von zwei Kenngrößen, nämlich dem gehaltenen, in Vieheinheiten umgerechneten **Tierbestand** und der **selbstbewirtschafteten Fläche** abhängig.[2]

Anlage 27 (zu § 237 Abs. 2 BewG)[3]

Bewertungsfaktoren	Bezugseinheit	in €
Verstärkte Tierhaltung	je Vieheinheit über einem Besatz von 2,0 Vieheinheiten je Hektar selbst bewirtschafteter Fläche der landwirtschaftlichen Nutzung	79,00

16 Die Erklärung der **gehaltenen bzw. erzeugten Tiere** zum Bewertungsstichtag unter Anwendung der Anlage 34 erscheint unproblematisch, da diese Angaben in den letzten Jahrzehnten gängige Praxis sind und die Anlage „Umrechnungsschlüssel für Tierbestände in Vieheinheiten" seitdem nur geringe Veränderungen erfahren hat (Anlage 34 zum BewG ist die unveränderte Fassung der Anlage 19 zu § 169 BewG).[4] Die **selbstbewirtschaftete Fläche** der landwirtschaftlichen Nutzung ist die **Summe** aus **Eigentumsfläche** der landwirtschaftlichen Nutzung **plus zugepachteter Flächen** der landwirtschaftlichen Nutzung **minus verpachteter Flächen** der landwirtschaftlichen Nutzung.

17 Die bisherige Rechtslage zur Einheitsbewertung berücksichtigt hier neben der landwirtschaftlichen Nutzung auch die **Hopfen- und Spargelanbauflächen**. Dies ist rechtsfolgerichtig, da § 52 BewG bestimmt, dass Hopfen, Spargel und andere Sonderkulturen als landwirtschaftliche Nutzungsteile (§ 37 Abs. 1 BewG) zu bewerten sind. Diese Vorgehensweise wird ebenso in Abschnitt 2.20 Abs. 2 Nr. 1a BewR L normiert, da der gegendübliche Tierbestand in VE je 100 ha des Bewertungsstützpunktes auf die maßgebliche Fläche – das ist die regelmäßig landwirtschaftlich genutzte Fläche (§ 51 Abs. 1 BewG) aller Eigentums- und Zupachtflächen – umzurechnen ist. Die **maßgebliche Fläche** umfasst hiernach die Fläche der landwirtschaftlichen Nutzung einschließlich der Fläche der Sonderkulturen, jedoch ohne die Hof- und Gebäudeflächen usw. Daneben werden auch Flächenanteile von Streuwiesen, Hutungen und Obstbauflächen mit regelmäßiger landwirtschaftlicher Unternutzung angerechnet.[5]

---

1 BT-Drucks. 19/11085 S. 105.
2 Vgl. Müller in Grootens, BewG § 234 Rz. 21.
3 Vgl. Anlage 27 i. d. F. der VO v. 29.6.2021 (BGBl I S. 2290) mit Wirkung v. 9.7.2021.
4 BGBl 2011 I S. 2592.
5 Vgl. R 13.2 EStR 2012.

Weder § 238 Abs. Nr. 1 BewG i.V. mit Anlage 27 zum BewG noch die Gesetzesbegründung geben eine eindeutige Antwort darauf, **welche Nutzungen als maßgebliche Fläche zu berücksichtigen sind.** Beide Normen stellen auf die Fläche der landwirtschaftlichen Nutzung ab. Hier ist durch die Verwaltungsanweisung in A 238 Abs. 1 Satz 3 AEBewGrSt mit Verweis auf A 241 Abs. 3 AEBewGrSt eine klarstellende Regelung getroffen, dass nunmehr auch **Hopfen- und Spargelanbauflächen** bei der Ermittlung der maßgeblichen Fläche zur Feststellung einer verstärkten Tierhaltung zu berücksichtigen sind. Insoweit ist die bisherige Rechtsanwendung bestätigt worden. Dies dürfte für einen Teil der Betriebe im Hinblick auf eine verstärkte Tierhaltung eine eindeutige Entlastung bedeuten.

(Einstweilen frei)

2. Gärtnerische Nutzung – Flächen unter Glas und Kunststoffen (§ 238 Abs. 1 Nr. 2 BewG)

Bei den gärtnerischen Nutzungsteilen werden zur Abgeltung ertragswerterhöhender Umstände Zuschläge gem. Anlage 30 zum BewG für die Ertragssteigerung bei **Flächen unter Glas und Kunststoffen** erfasst. Voraussetzung hierfür ist, dass die Flächen nach § 238 Abs. Nr. 2 Satz 1 BewG dem Betrieb dauernd zu dienen bestimmt sind. Zu den Flächen unter Glas und Kunststoffen gehören gem. § 238 Abs. 1 Nr. 2 Satz 2 BewG insbesondere mit **Gewächshäusern, begehbaren Folientunneln, Foliengewächshäusern** und **anderen Kulturräumen** überbaute **Bruttogrundflächen.** Dabei ist unerheblich, ob die Flächen unter Glas und Kunststoffen neben der **Erzeugung** auch zur **Lagerung** und dem **Verbleib** der **Erzeugnisse** zu dienen bestimmt sind.[1]

Damit führt der Gesetzgeber im Hinblick auf die **Glasanlagen** die bekannten und bewährten Bewertungsansätze der Einheitsbewertung i. S. des Abschnitts 6.14 Abs. 1 BewR L und im Übrigen die zur Grundbesitzbewertung aufgestellten Grundsätze nach R B 160.6 Abs. 2 ErbStR 2019 dem Grunde nach fort. Zur Beibehaltung des Vereinfachungseffekts, der sich aus der **Automationsunterstützung** ergibt, wird dabei nicht mehr zwischen Gebäuden (z. B. **Glasanlagen**) und Betriebsvorrichtungen (z. B. **Folientunnel**) sowie zwischen **beheizbaren** und **nicht beheizbaren Flächen** unterschieden. **Niederglasanlagen** werden ebenfalls nicht mehr gesondert berücksichtigt und dürften dem Freiland zugerechnet werden Als Niederglas gelten sogenannte Frühbeete, die mit entsprechenden Frühbettfenstern abgedeckt werden können.

Im Gegensatz zur bisherigen Rechtslage der Einheitsbewertung wird nunmehr die **gesonderte Betrachtung der Ertragswertsteigerung** beim Vorhandensein von **heizbaren und nicht heizbaren Glasanlagen aufgegeben.**[2] Heizbaren Glasanlagen wird in der Praxis im Unterschied zu den Nichtheizbaren eine signifikant **höhere Steigerung der Ertragsfähigkeit** zugerechnet. **Flächen unter Kunststoffen,** d. h. begehbare Folientunnel und Foliengewächshäuser, werden zutreffender Weise nicht mehr – wie bisher – dem Freiland zugeordnet, sondern zur Abgeltung ertragswerterhöhender Umstände mit einem **Zuschlag** an dem jeweiligen Nutzungsteil, dem sie dienen, erfasst.

---

[1] Vgl. § 238 Abs. 1 Nr. 2 Satz 3 BewG sowie A 238 Abs. 2 AEBewGrSt.
[2] Vgl. A 238 Abs. 2 Satz 3 AEBewGrSt.

Auszug aus Anlage 30 (zu § 237 Abs. 5 BewG)[1]

Nutzungsteil Gemüsebau		
Zuschläge für	Flächeneinheit	in €
Flächen unter Glas und Kunststoffen	pro Ar	45,00
Nutzungsteil Blumen-/Zierpflanzenbau		
Zuschläge für	Flächeneinheit	in €
Flächen unter Glas und Kunststoffen	pro Ar	65,15
Nutzungsteil Obstbau		
Zuschläge für	Flächeneinheit	in €
Flächen unter Glas und Kunststoffen	pro Ar	45,00
Nutzungsteil Baumschulen		
Zuschläge für	Flächeneinheit	in €
Flächen unter Glas und Kunststoffen	pro Ar	65,15

25–27 *(Einstweilen frei)*

3. Weinbauliche Nutzung und Nebenbetriebe – Flächen der Wirtschaftsgebäude (§ 238 Abs. 1 Nr. 3 BewG)

28 Die weinbaulich Nutzung wird grds. über die Fläche mit einem standardisierten Reinertrag bewertet und hierbei ausschließlich die **Verwertungsform Traubenerzeugung** unterstellt. Zur Abgeltung der Verwertungsformen „ausbauender Betrieb mit Fassweinerzeugung" und „ausbauender Betrieb mit Flaschenweinerzeugung" sind die hiermit im Zusammenhang stehenden **Wirtschaftsgebäude** nach § 238 Abs. 1 Nr. 3 Satz 1 BewG als **Zuschlag** an der Hofstelle gemäß Anlage 32 zum BewG zu erfassen. § 238 Abs. 1 Nr. 3 Satz 2 BewG bestimmt, das der Zuschlag durch Multiplikation der **Bruttogrundfläche** der nachhaltig genutzten **Wirtschaftsgebäude** mit dem **Zwölffachen** des jeweiligen **Bewertungsfaktors** zu ermitteln ist. Dabei ist es unerheblich, ob die Wirtschaftsgebäude neben der **Erzeugung** auch zur **Lagerung** und dem **Vertrieb** der **Erzeugnisse** zu dienen bestimmt sind (§ 238 Abs. 1 Nr. 3 Satz 3 BewG).[2]

29 Die bekannten **Nebenbetriebe**[3] können grds. nicht auf der Basis eines **Flächenwertes** bewertet werden. Gleichwohl sind für die Bewirtschaftung eines Nebenbetriebs i.d.R. **Gebäude oder bauliche Anlagen** und **Teile der Hofstelle** des jeweiligen Betriebs der Land- und Forstwirtschaft erforderlich. Die Bewertung der einem Nebenbetrieb dienen **Wirtschaftsgebäude** erfolgt über einen **Zuschlag** an der Hofstelle auf Basis der **Bruttogrundfläche** und dem **Zwölffachen** des jeweiligen in Anlage 32 zum BewG genannten Bewertungsfaktors.[4] Während die bisherige Bewertung auf der Grundlage des jeweiligen **Produktionsumfangs** (z. B. Höhe des Brennrechts in Hektoliter) die Ertragswertsteigerung im Rahmen komplizierter **Einzelertragswertverfahren** erfasste, wird jetzt **pauschal und stark vereinfacht** auf einen **Zuschlag**, der auch noch für die unterschiedlichen Produktionsrichtungen in gleicher Höhe bestimmt wird, abgestellt.

---

[1] Vgl. Anlage 30 i. d. F. der VO v. 29.6.2021 (BGBl I S. 2290) mit Wirkung v. 9.7.2021.
[2] Vgl. A 238 Abs. 2 Satz 1 und 2 AEBewGrSt.
[3] Vgl. Müller in Grootens, BewG § 234 Rz. 51.
[4] Vgl. A 238 Abs. 2 Satz 3 AEBewGrSt.

Auszug aus Anlage 32 (zu § 237 Abs. 8 BewG)[1]

Zuschläge für	Flächeneinheit	in €
Wirtschaftsgebäude der weinbaulichen Nutzung bei Fass- und Flaschenweinerzeugung	pro Quadratmeter Bruttogrundfläche und Monat	1,23
Wirtschaftsgebäude der Nebenbetriebe	pro Quadratmeter Bruttogrundfläche und Monat	1,23

(Einstweilen frei) 30–32

II. Flächen der Windenergieerzeugung (§ 238 Abs. 2 BewG)

Für land- und forstwirtschaftliche Flächen, die als **Sondergebiet der Windenergieerzeugung** dienen, regelt § 233 Abs. 1 BewG die **Zuordnung zur Land- und Forstwirtschaft**. Folgerichtig sind diese werterhöhenden Umstände, die auch den Ertragswert einer Fläche steigern, bei der Bewertung der Standortfläche zu berücksichtigen.[2] Deshalb ordnet § 238 Abs. 2 Satz 1 BewG an, dass der Reinertrag einer Nutzung oder Nutzungsart um einen **Zuschlag** zu erhöhen ist, wenn die Eigentumsflächen des Betriebs zugleich der **Stromerzeugung aus Windenergie** dienen. Für das zusätzliche **Ertragswertpotential** des Grund und Bodens ist ein Zuschlag gemäß Anlage 33 zu erfassen.[3]

Die bisherige Bewertung im Rahmen der Einheitsbewertung sieht zunächst eine Abgrenzung des land- und forstwirtschaftlichen Vermögens vom Grundvermögen vor, da die Standorte der Windenergieanlagen bislang grds. dem Grundvermögen zugeordnet werden. Eine solche **Abgrenzung** ist für die **Bemessung des Zuschlags** auch zukünftig erforderlich. Zu den sich hieraus ergebenden Problemen.[4]

§ 239 BewG Grundsteuerwert des Betriebs der Land- und Forstwirtschaft

(1) Die Summe der Reinerträge des Betriebs einschließlich der Zuschläge (§§ 237, 238) ist zur Ermittlung des Ertragswerts mit dem Faktor 18,6 zu kapitalisieren und ergibt den Grundsteuerwert des Betriebs der Land- und Forstwirtschaft.

(2) ¹Die Summe der Reinerträge einschließlich der Zuschläge (§§ 237, 238) eines Betriebs der Land- und Forstwirtschaft ist für jede Gemeinde gesondert zu ermitteln, wenn sich die wirtschaftliche Einheit über mehrere Gemeinden erstreckt. ²Der auf eine Gemeinde entfallende Anteil am Grundsteuerwert berechnet sich aus der jeweils für eine Gemeinde gesondert ermittelten Summe der Reinerträge im Verhältnis zur Gesamtsumme der Reinerträge des Betriebs der Land- und Forstwirtschaft.

---

1 Vgl. Anlage 32 i. d. F. der VO v. 29.6.2021 (BGBl I S. 2290) mit Wirkung v. 9.7.2021.
2 BT-Drucks. 19/11085 S. 106.
3 Vgl. A 238 Abs. 4 AEBewGrSt.
4 Vgl. Müller in Grootens, BewG § 233 Rz. 7.

Inhaltsübersicht | Rz.

A. **Allgemeine Erläuterungen zu § 239 BewG** — 1 - 16
   I. Normzweck und wirtschaftliche Bedeutung der Vorschrift — 1 - 4
   II. Entstehung und Entwicklung der Vorschrift — 5 - 8
   III. Geltungsbereich — 9 - 12
   IV. Verhältnis zu anderen Vorschriften — 13 - 16
B. **Systematische Kommentierung** — 17 - 32
   I. Grundsätze der Ermittlung des Grundsteuerwerts — 17 - 19
   II. Ermittlung des Grundsteuerwerts des Betriebs (§ 239 Abs. 1 BewG) — 20 - 23
   III. Zerlegung des Grundsteuerwerts (§ 239 Abs. 2 BewG) — 24 - 32

LITERATUR:
Eisele/Wiegand, Grundsteuerreform 2022/2025, Stand: Januar 2020 (1. Aufl.), NWB CAAAH-44415; *Eisele*, Reform der Grundsteuer – Gesetzentwurf liegt vor! Teil II: Bewertung des land- und forstwirtschaftlichen Vermögens für Zwecke der Grundsteuer A/Änderungen des Grundsteuergesetzes, NWB 29/2019 S. 2127, NWB AAAAH-22096.

VERWALTUNGSANWEISUNGEN:
Koordinierte Erlasse der obersten Finanzbehörden der Länder v. 9.11.2021 – Anwendung des Siebenten Abschnitts des Zweiten Teils des Bewertungsgesetzes zur Bewertung des Grundbesitzes (land- und forstwirtschaftliches Vermögen) für die Grundsteuer ab 1.1.2022 (AEBewGrSt), BStBl I 2021 S. 2369.

A. Allgemeine Erläuterungen zu § 239 BewG

I. Normzweck und wirtschaftliche Bedeutung der Vorschrift

1 Die Vorschrift fasst die zur Vereinfachung der Bewertung jeweils gesondert ermittelten Reinerträge als **Reinertragsanteile** zu einem Gesamtwert für den Betrieb der Land- und Forstwirtschaft (Summe der Reinerträge) zusammen. Anschließend sind diese zu **kapitalisieren**.

2–4 *(Einstweilen frei)*

II. Entstehung und Entwicklung der Vorschrift

5 Mit dem GrStRefG v. 26.11.2019[1] wurde § 239 BewG neu in das Gesetz eingefügt. Hiernach ermittelt sich der Grundsteuerwert in einem mehrstufigen Verfahren. Nach der Ermittlung der Reinerträge für die jeweilige Nutzung, den Nutzungsteil oder die Nutzungsart, werden diese summiert und abschließend mit dem in § 236 Abs. 4 BewG festgelegten Faktor von 18,6 kapitalisiert. Die Vorschrift ist weder mit § 40 „Ermittlung des Vergleichswertes" bzw. § 165 BewG „Bewertung des Wirtschaftsteils mit dem Fortführungswert" vergleichbar, noch führt sie diese fort. Erstmals ist § 239 BewG für den Hauptfeststellungszeitpunkt 1.1.2022 anzuwenden (vgl. § 266 BewG).

6–8 *(Einstweilen frei)*

III. Geltungsbereich

9 Die Norm gilt gem. § 231 BewG nur für die Bewertung des **inländischen** zu bewertenden Vermögens. Dabei sind auch die inländischen Teile einer wirtschaftlichen Einheit zu bewerten, die sich sowohl auf das Inland als auch auf das Ausland erstrecken.

10–12 *(Einstweilen frei)*

---
[1] GrStRefG v. 26.11.2019, BGBl 2019 I S. 1794.

IV. Verhältnis zu anderen Vorschriften

Die Anwendung der Vorschrift setzt voraus, dass zunächst unter Berücksichtigung von § 236 BewG der **Ertragswert** des Betriebs der Land- und Forstwirtschaft als Reinertrag ermittelt wird. Die Summe der **Eigentumsflächen** der jeweiligen Nutzungen, Nutzungsteile und Nutzungsarten des Betriebs multipliziert mit den entsprechenden Bewertungsfaktoren ergibt nach § 237 Abs. 2–8 BewG den Reinertrag der Nutzungen, Nutzungsteile und Nutzungsarten. Die **Summe der Reinerträge** einschließlich der nach § 238 Abs. 1 und 2 BewG zu ermittelnden **Zuschläge** ergeben nach der **Kapitalisierung** mit dem Faktor 18,6 den jeweiligen **Grundsteuerwert** des Betriebs der Land- und Forstwirtschaft.

(Einstweilen frei)

B. Systematische Kommentierung

I. Grundsätze der Ermittlung des Grundsteuerwerts

Der Wert des Betriebs der Land- und Forstwirtschaft – an dem bisherigen Begriff des Wirtschaftsteils wird nicht weiter festgehalten – wird als **Grundsteuerwert** im **Ertragswertverfahren** ermittelt. Hierzu werden die in § 234 Abs. 1 und 2 BewG genannten Nutzungen, Nutzungsteile sowie Nutzungsarten im Rahmen eines **Reinertragsverfahrens** mit ihrem jeweiligen Wert nach § 237 Abs. 2–8 BewG gesondert bewertet.

(Einstweilen frei)

II. Ermittlung des Grundsteuerwerts des Betriebs (§ 239 Abs. 1 BewG)

Die **Summe der Reinerträge des Betriebs** einschließlich der **Zuschläge** (§§ 237, 238) ist zur Ermittlung des Ertragswerts mit dem nach § 236 Abs. 4 BewG festgelegten **Faktor von 18,6 zu kapitalisieren** und ergibt nach Anwendung von § 230 BewG den auf volle 100 € nach unten abgerundeten Grundsteuerwert für den Betrieb der Land- und Forstwirtschaft. Hier fällt auf, dass der Gesetzgeber die Ermittlung des Ertragswerts bereits in § 236 Abs. 4 BewG als die mit dem Faktor 18,6 kapitalisierte Summe der Reinerträge einschließlich der in § 238 BewG normierten Zuschläge niedergelegt hat.[1]

(Einstweilen frei)

III. Zerlegung des Grundsteuerwerts (§ 239 Abs. 2 BewG)

Bei Betrieben der Land- und Forstwirtschaft, die sich über **mehrere Gemeinden** erstrecken, ist gem. § 239 Abs. 2 Satz 1 BewG die Summe der Reinerträge einschließlich der Zuschläge (§§ 237, 238 BewG) für jede Gemeinde gesonderte zu ermitteln. Die gesonderte Ermittlung der Reinerträge bildet die Grundlage für ein **vereinfachtes Zerlegungsverfahren**. Zur Bestimmung des **Zerlegungsmaßstabs** wird aufgrund der standardisierten Flächenbewertung jeweils der **in einer Gemeinde erzielte Reinertrag** in Abhängigkeit von den Nutzungen berechnet. Soweit Reinerträge ausschließlich auf der Grundlage von Eigentumsflächen einschließlich der damit im Zusammenhang stehenden Zuschläge (z. B. für Flächen unter Glas und Kunststoffen) ermit-

---

[1] Vgl. A 239 Abs. 1 AEBewGrSt.

Müller

telt werden, kann der anteilige Grundsteuerwert der jeweiligen Gemeinde unmittelbar im Zerlegungsverfahren zielgenau und folgerichtig zugewiesen werden.[1]

25 Der auf eine Gemeinde entfallende **Anteil am Grundsteuerwert** berechnet sich nach § 239 Abs. 2 Satz 2 BewG aus der jeweils für eine Gemeinde **gesondert ermittelten Summe der Reinerträge** im **Verhältnis zur Gesamtsumme der Reinerträge des Betriebs** der Land- und Forstwirtschaft. Mit diesen Regelungen lassen sich die Grundsteuerwerte für eine Vielzahl von Fällen ermitteln. In den Fällen, in denen ein Zuschlag wegen einer **verstärkten Tierhaltung** an der landwirtschaftlichen Nutzung anzubringen ist, ergeben sich allerdings Besonderheiten.

26 Nach der bisherigen Rechtslage werden **Zuschläge** nach § 41 BewG für z. B. verstärkte Tierhaltungen, Überbestände an Wirtschaftsgebäuden oder für Reithallen am Vergleichswert der landwirtschaftlichen Nutzung angebracht. Im Falle einer Zerlegung wird dann der gesamte Einheitswert des Betriebs der Land- und Forstwirtschaft im Verhältnis der Flächenanteile (Zerlegungsmaßstab Gemeindefläche in Quadratmeter) auf die zerlegungsberechtigten Gemeinden aufgeteilt. Im Zuge der Ermittlung der Grundsteuerwerte wird diesem Umstand in besonderer Weise Rechnung getragen.

27 **BEISPIEL: LANDWIRTSCHAFTLICHER BETRIEB MIT VERSTÄRKTER TIERHALTUNG; ZERLEGUNG DER REINERTRÄGE ▶**

Landwirt L ist Eigentümer von mehreren Grundstücken, die der landwirtschaftlichen Nutzung zuzuordnen sind. Folgende Grundstücksinformationen sind zu berücksichtigen:

▶ Gemeinde A, Flur 25, Flurstück 57, Größe: 5.000 Ar, tats. Nutzung A (Ackerland), EMZ 175.000;
▶ Gemeinde B, Flur 1, Flurstück 60, Größe: 2.500 Ar, tats. Nutzung Gr (Grünland), EMZ 100.000;
▶ Gemeinde B, Flur 1 Flurstück 61, Größe; 125 Ar, tats. Nutzung Hofstelle.
▶ Ferner werden Milchkühe mit Nachzucht und Mastbullen, die umgerechnet in Vieheinheiten 250 VE ergeben, gehalten.

Überprüfung, ob ein Zuschlag wegen verstärkter Tierhaltung anzubringen ist:		
tatsächliche Vieheinheiten		250,00
Eigentumsfläche der landwirtschaftlichen Nutzung - Verpachtete Fläche + zugepachtete Fläche = selbstbewirtschaftete Fläche	75,00 ha 0,00 ha 0,00 ha 75,00 ha	
X Faktor gem. Anlage 27 zum BewG	2,00 VE/ha	
= Zulässige Vieheinheiten		150,00
Überbestand an VE		= 100,00
Gemeinde A: Bewertungsfaktoren Flur 25, Flurstück 57		
Grundbetrag	5.000,00 Ar x 2,52 €/Ar	= 12.600,00 €
Ertragsmesszahl [EMZ]	175.000 EMZ x 0,041 €/EMZ	= 7.175,00 €
Flächenwert der landwirtschaftlichen Nutzung		= 19.775,00 €
Berechnung eines anteiligen Zuschlags für verstärkte Tierhaltung Gemeinde A:		
Überbestand	100 VE	
x Faktor Anlage 27 zum BewG	79 €/VE	
= Zuschlag für den Betrieb der Land- und Forstwirtschaft	79 €/VE x 100 VE = 7.900 €	

---

1 Vgl. A 239 Abs. 2 AEBewGrSt.

X Eigentumsfläche in der Gemeinde A-Dorf	7.900 € x 5.000 Ar = 39.500.000	
/ gesamte landwirtschaftlich genutzte Eigentumsfläche	39.500.000/ 7.500 Ar	
Zuschlagsanteil für Gemeinde A		= 5.266,67 €
Ermittlung der Reinerträge des Betriebs in der Gemeinde A		
Summe der Flächenwerte = Reinertrag der landwirtschaftlichen Nutzung		= 19.775,00 €
Anteil Zuschlag verstärkte Tierhaltung		= 5.266,67 €
Summe der Reinerträge des Betriebs		= 25.041,67 €
Gemeinde B: Bewertungsfaktoren Flur 1, Flurstück 60		
Grundbetrag	2.500,00 Ar x 2,52	= 6.300,00 €
Ertragsmesszahl [EMZ]	100.000 x 0,041	= 4.100,00 €
Flächenwert der landwirtschaftlichen Nutzung		= 10.400,00 €
Berechnung eines anteiligen Zuschlags für verstärkte Tierhaltung Gemeinde B:		
Überbestand	100 VE	
x Faktor Anlage 27	79 €/VE	
= Zuschlag für den Betrieb der Land- und Forstwirtschaft	79 €/VE x 100 VE = 7.900 €	
X Eigentumsfläche in der Gemeinde B	7.900 € x 2.500 Ar = 19.750.000	
/ gesamte landwirtschaftlich genutzte Eigentumsfläche	19.750.000/ 7.500 Ar	
Zuschlagsanteil für Gemeinde B		= 2.633,33 €
Gemeinde B: Bewertungsfaktoren Flur 1, Flurstück 61		
Hofstelle	125 Ar x 6,62 x 3	= 2.482,50 €
Flächenwert der Nutzungsart Hofstelle		= 2.482,50 €
Ermittlung der Reinerträge des Betriebs für die Gemeinde B-Dorf		
Summe der Flächenwerte = Reinertrag der landwirtschaftlichen Nutzung		= 10.400,00 €
Summe der Flächenwerte = Reinertrag der Nutzungsart Hofstelle		= 2.482,50 €
Anteil Zuschläge verstärkte Tierhaltung		= 2.633,33 €
Summe der Reinerträge des Betriebs		= 15.515,83 €

28 Die Wirtschaftsgebäude für die Milchkühe, deren Nachzucht und die Mastbullen sind grundsätzlich der landwirtschaftlichen Nutzung zuzurechnen. Die Grenze Landwirtschaft/Gewerbe gem. § 241 Abs. 1 BewG ist nicht überschritten, da hiernach auf 75 ha landwirtschaftliche Nutzfläche insgesamt 465,00 VE unschädlich gehalten werden können.[1] Ein Zuschlag wegen verstärkter Tierhaltung ist wie dargestellt zu berechnen, weil der tatsächliche Tierbestand (250 VE) die in Anlage 27 zum BewG genannte Grenze von 2 VE/ha (d. h., insgesamt 150 VE) mit 100 VE überschreitet. Zu beachten ist, dass alle vorhanden Wirtschaftsgebäude, die der Tierhaltung dienen, mit dem Reinertrag der Nutzungsart Hofstelle in Art und Umfang abgegolten sind.

29 **PRAXISHINWEIS: IM ERGEBNIS KANN FOLGENDE VORGEHENSWEISE EMPFOHLEN WERDEN:**

- In einem 1. Schritt wird überprüft, ob und ggf. in welcher Höhe (in VE) eine verstärkte Tierhaltung vorliegt.
- Im 2. Schritt wird der Reinertrag der landwirtschaftlichen Nutzung für die jeweilige Gemeinde ermittelt. Im vorliegenden Beispiel liegen die Flächen in zwei Gemeinden, die jede für sich grundsteuerberechtigt ist. Unter Beachtung der in § 239 Abs. 2 Satz 2 BewG festgelegten Grundätze, ist der Zuschlag wegen verstärkter Tierhaltung, im Verhältnis der Eigentumsfläche je Gemeinde zur Gesamteigentumsfläche der landwirtschaftlichen Nutzung, auf die jeweiligen Gemeinden aufzuteilen.
- Die Aufteilung erfolgt ausschließlich im Verhältnis der bewirtschafteten Eigentumsflächen der landwirtschaftlichen Nutzung des Betriebs; die Lage und die Nutzungsart Hofstelle bestimmt insoweit nicht den Aufteilungsmaßstab.

30 Die durch § 239 Abs. 2 BewG angeordnete Art der „Zerlegung" führt m. E. auch bei **Betrieben** der Land- und Forstwirtschaft, deren **Eigentumsflächen in mehr als einer Gemeinde** liegen und die zusätzlich eine **verstärkte Tierhaltung** haben, zu einem zutreffenden Ergebnis.

31 Auch in den Fällen, in denen neben der **Eigentumsfläche** noch **gepachtete Flächen** der landwirtschaftlichen Nutzung bewirtschaftet werden, kann die dargestellte Aufteilung des Tierzuschlags unverändert angewendet werden. Diese Flächen finden bereits bei der Berechnung eines Überbestands (1. Schritt) folgerichtig eine entsprechende Berücksichtigung, so dass sie für die eigentliche **Aufteilung der Reinerträge** – auf der Grundlage der vorhandenen Eigentumsflächen – **keine weitere Bedeutung** mehr haben können. Dieses gilt auch losgelöst davon, in welcher Gemeinde sie tatsächlich liegen.

32 Nach bisherigem Recht kann erst dann ein Zuschlag am Vergleichswert gemacht werden, wenn die hierzu erforderlichen Voraussetzungen gem. § 41 Abs. 1 Nr. 1 und 2 BewG erfüllt sind. Zum einen müssen die tatsächlichen Verhältnisse um mehr als 20 % von den **gegendüblichen Verhältnissen** abweichen und zum anderen muss der berechnete Zuschlag eine bestimmte Wertgrenze überschreiten, bevor er am Vergleichswert angebracht wird. Der **Vergleich** der **tatsächlichen** mit den **gegendüblichen Verhältnissen** ist wegen der „Abschaffung" des vergleichenden Verfahrens gegenstandslos geworden. Im Gegensatz dazu finden sich im Gesetz keine Hinweise auf Wertgrenzen, die zu berücksichtigen sind. In der Folge führt schon ein **geringfügiges Überschreiten** der höchstzulässigen Grenze von 2 VE/Hektar zur Berechnung eines **Zuschlags** wegen einer **verstärkten Tierhaltung**.

§ 240 BewG   Kleingartenland und Dauerkleingartenland

(1) Als Betrieb der Land- und Forstwirtschaft gelten auch Kleingartenland und Dauerkleingartenland im Sinne des Bundeskleingartengesetzes.

(2) [1]Bei der Ermittlung des Ertragswerts für Kleingartenland und Dauerkleingartenland ist abweichend von § 237 der Reinertrag für den Nutzungsteil Gemüsebau anzusetzen. [2]Der Reinertrag ergibt sich aus der Summe der Produkte der jeweils gesetzlich klassifizierten Eigentumsfläche und dem Reinertrag für das Freiland gemäß Anlage 30.

---

1 Vgl. Müller in Grootens, BewG § 241 Rz. 14.

(3) ¹Gartenlauben von mehr als 30 Quadratmetern Brutto-Grundfläche gelten als Wirtschaftsgebäude. ²§ 237 Absatz 8 findet entsprechende Anwendung.

(4) Die Summe der Reinerträge nach den Absätzen 2 und 3 ist zur Ermittlung des Ertragswerts mit dem Faktor 18,6 zu kapitalisieren und ergibt den Grundsteuerwert des Betriebs der Land- und Forstwirtschaft.

Inhaltsübersicht

	Rz.
A. Allgemeine Erläuterungen zu § 240 BewG	1 - 10
I. Normzweck und wirtschaftliche Bedeutung der Vorschrift	1 - 4
II. Entstehung und Entwicklung der Vorschrift	5 - 7
III. Geltungsbereich	8 - 10
B. Systematische Kommentierung	11 - 23
I. Kleingartenland und Dauerkleingartenland als Betrieb der Land- und Forstwirtschaft (§ 240 Abs. 1 BewG)	11 - 14
II. Ermittlung des Ertragswerts des Klein- und Dauerkleingartenlandes (§ 240 Abs. 2 BewG)	15 - 19
III. Berücksichtigung von Gartenlauben (§ 240 Abs. 3 BewG)	20 - 22
IV. Grundsteuerwert für Kleingarten- und Dauerkleingartenland (§ 240 Abs. 4 BewG)	23

LITERATUR:

Eisele/Wiegand, Grundsteuerreform 2022/2025, Stand: Januar 2020 (1. Aufl.), NWB CAAAH-44415; *Eisele*, Reform der Grundsteuer – Gesetzentwurf liegt vor! Teil II: Bewertung des land- und forstwirtschaftlichen Vermögens für Zwecke der Grundsteuer A/Änderungen des Grundsteuergesetzes, NWB 29/2019 S. 2127, NWB AAAAH-22096.

VERWALTUNGSANWEISUNGEN:

Koordinierte Erlasse der obersten Finanzbehörden der Länder v. 9.11.2021 – Anwendung des Siebenten Abschnitts des Zweiten Teils des Bewertungsgesetzes zur Bewertung des Grundbesitzes (land- und forstwirtschaftliches Vermögen) für die Grundsteuer ab 1.1.2022 (AEBewGrSt), BStBl I 2021 S. 2369.

A. Allgemeine Erläuterungen zu § 240 BewG

I. Normzweck und wirtschaftliche Bedeutung der Vorschrift

Die Norm definiert das **Kleingartenland** und auch **Dauerkleingartenland** i. S. des Bundeskleingartengesetzes **als Betrieb der Land- und Forstwirtschaft**. Damit gehören diese Flächen weiterhin zum land- und forstwirtschaftlichen Vermögen.   **1**

(Einstweilen frei)   **2–4**

II. Entstehung und Entwicklung der Vorschrift

Mit dem GrStRefG v. 26.11.2019[1] wurde § 240 BewG in das Gesetz eingefügt. Die Vorschrift führt die maßgeblichen Inhalte der Regelungen des Abschnitts 1.11 Abs. 1 Nr. 2 i.V. mit Abschnitt 6.01 Abs. 1 Nr. 2 BewR L zur Einheitsbewertung fort. Im Gegensatz hierzu bestimmt § 158 Abs. 4 Nr. 2 BewG für die Grundbesitzbewertung, dass Kleingärten und Dauerkleingartenland nicht zum land- und forstwirtschaftlichen Vermögen gehören. Im Rahmen der Grundbesitzbewertung war es auf Grund der geringen Roherträge dieser Nutzungen, aber auch um Abgrenzungsschwierigkeiten zu vermeiden, erforderlich, dass solche Flächen nicht mehr dieser   **5**

---

[1] GrStRefG v. 26.11.2019, BGBl 2019 I S. 1794.

Vermögensart zugeordnet wurden. Neu ist allerdings die Regelung in § 240 Abs. 3 BewG, dass nunmehr **Gartenlauben** ab einer bestimmten Größe als **Wirtschaftsgebäude** gelten und gesondert zu bewerten sind. Erstmals ist § 240 BewG für den **Hauptfeststellungszeitpunkt 1.1.2022** anzuwenden (vgl. § 266 BewG).

6–7 *(Einstweilen frei)*

III. Geltungsbereich

8 Die Vorschrift ist gem. § 231 BewG nur für die Bewertung des **inländischen** zu bewertenden Vermögens anzuwenden. Dabei sind auch die inländischen Teile einer wirtschaftlichen Einheit zu bewerten, die sich sowohl auf das Inland als auch auf das Ausland erstrecken.

9–10 *(Einstweilen frei)*

B. Systematische Kommentierung

I. Kleingartenland und Dauerkleingartenland als Betrieb der Land- und Forstwirtschaft (§ 240 Abs. 1 BewG)

11 Kleingartenland und Dauerkleingartenland gelten nach § 240 Abs. 1 BewG als Betrieb der Land- und Forstwirtschaft. Was unter Kleingartenland und Dauerkleingartenland zu verstehen ist, dazu verweist der Gesetzgeber auf das **Bundeskleingartengesetz**. Danach ist ein Kleingarten ein Garten,

- ▶ der dem Nutzer (**Kleingärtner**) zur **nichterwerbsmäßigen gärtnerischen Nutzung**, insbesondere zur Gewinnung von Gartenbauerzeugnissen für den **Eigenbedarf**, und zur **Erholung** dient (kleingärtnerische Nutzung) und

- ▶ in einer Anlage liegt, in der **mehrere Einzelgärten mit gemeinschaftlichen Einrichtungen**, zum Beispiel Wegen, Spielflächen und Vereinshäusern, zusammengefasst sind (**Kleingartenanlage**).

Ein **Dauerkleingarten** ist ein Kleingarten auf einer Fläche, die im **Bebauungsplan** für Dauerkleingärten festgesetzt ist.[1]

12 Nach den bisherigen Verwaltungsregelungen (vgl. Abschnitt 6.22 BewR L) gehören selbständige Kleingärten zur **gärtnerischen Nutzung** und werden mit einem vereinfacht ermittelten **Reinertrag für Gemüsebau** bewertet. Insoweit sichert § 240 Abs. 1 BewG die bisherige Rechtspraxis zur Einheitsbewertung ab, weil die in § 232 Abs. 1 BewG geforderte dauerhafte, planmäßige und ständige Bewirtschaftung der Flächen verwirklicht wird. Das neben der eigentlichen gärtnerischen Nutzung (Gewinnung von **Gartenbauerzeugnissen** für den **Eigenbedarf**), die Flächen auch der **Erholung** dienen, nimmt der Gesetzgeber hin. Entscheidend ist, dass die **planungsrechtlich geforderte Infrastruktur** gegeben ist.

13–14 *(Einstweilen frei)*

---

[1] BGBl 2006 I S. 2046.

II. Ermittlung des Ertragswerts des Klein- und Dauerkleingartenlandes (§ 240 Abs. 2 BewG)

Die Bewertung von Kleingartenland und Dauerkleingartenland erfolgt gem. § 240 Abs. 2 Satz 1 BewG abweichend von § 237 BewG mit dem **Reinertrag für den Nutzungsteil Gemüsebau** der **gärtnerischen Nutzung**. Der entsprechende Reinertrag ermittelt sich gem. § 240 Abs. 2 Satz 2 BewG aus der **Summe** der **Produkte** der jeweils gesetzlich klassifizierten **Eigentumsfläche** und dem **Reinertrag für das Freiland** gemäß Anlage 30 zum BewG.[1]

PRAXISHINWEIS:

In der Regel sind die Kleingärtner oder Bewirtschafter von Kleingärten bzw. Dauerkleingartenland Pächter der jeweiligen Grundstücke. Eigentümer können u.a. Kleingartenvereine, Gemeinden aber auch Land- und Forstwirte sein. In der Folge wird eine Kleingartenanlage wie bisher als eine wirtschaftliche Einheit mit allen ihr dienen Flächen bewertet werden. Der Grundsteuerwert wird dementsprechend dem jeweiligen Eigentümer der Gesamtfläche zuzurechnen sein.

(Einstweilen frei)

III. Berücksichtigung von Gartenlauben (§ 240 Abs. 3 BewG)

Die Vorschrift fingiert, dass **Gartenlauben** von mehr als **30 m² Brutto-Grundfläche**, abweichend von der bisherigen Rechtslage, als **Wirtschaftsgebäude** anzusehen sind. Bei der bisherigen Bewertung ist der Ertragswert von Wirtschaftsgebäuden im Vergleichswert der jeweiligen Nutzung oder dem jeweiligen Nutzungsteil enthalten und deshalb einer gesonderten Bewertung nicht zugänglich. Gartenlauben sind nach § 240 Abs. 3 Satz 2 BewG, soweit sie die Größe von 30 m² Bruttogrundfläche überschreiten, mit ihrer Gesamtgröße entsprechend § 237 Abs. 8 BewG zu bewerteten.[2] Wegen der Bewertung von Hofstellen gem. § 237 Abs. 8 BewG.[3]

(Einstweilen frei)

IV. Grundsteuerwert für Kleingarten- und Dauerkleingartenland (§ 240 Abs. 4 BewG)

Zur Ermittlung eines Grundsteuerwertes für Kleingartenland und Dauerkleingartenland ist gem. § 240 Abs. 4 BewG zunächst die **Summe** aus den nach § 240 Abs. 2 und 3 BewG ermittelten **Reinerträgen** zu bilden. Diese setzt sich zusammen:

▶ für die **Freilandflächen** aus dem **Reinertrag** für den Nutzungsteil **Gemüsebau**,

▶ im Falle einer über 30 m² großen **Gartenlaube** aus dem Wert für den bebauten **Grund und Boden** gem. § 237 Abs. 8 BewG und aus dem Produkt von **Bruttogrundfläche** und dem **Bewertungsfaktor** für **Wirtschaftsgebäude** gem. Anlage 32 zum BewG.

Der sich aus der Addition ergebende Summe der Reinerträge ist mit dem **Faktor 18,6 zu kapitalisieren** und ergibt den als Grundsteuerwert festzusetzenden Ertragswert.

---

1 Vgl. A 240 Abs. 1 AEBewGrSt.
2 BT-Drucks. 19/11085 S. 106.
3 Vgl. Müller in Grootens, BewG § 237 Rz. 77.

II. Besondere Vorschriften

a) Landwirtschaftliche Nutzung

§ 241 BewG Tierbestände

(1) ¹Tierbestände gehören in vollem Umfang zur landwirtschaftlichen Nutzung, wenn im Wirtschaftsjahr

für die ersten	20 Hektar	nicht mehr als	10	Vieheinheiten,
für die nächsten	10 Hektar	nicht mehr als	7	Vieheinheiten,
für die nächsten	20 Hektar	nicht mehr als	6	Vieheinheiten,
für die nächsten	50 Hektar	nicht mehr als	3	Vieheinheiten,
und für die weitere Fläche		nicht mehr als	1,5	Vieheinheiten

je Hektar der vom Inhaber des Betriebs selbst bewirtschafteten Flächen der landwirtschaftlichen Nutzung erzeugt oder gehalten werden. ²Zu den selbst bewirtschafteten Flächen gehören die Eigentumsflächen und die zur Nutzung überlassenen Flächen. ³Die Tierbestände sind nach dem Futterbedarf in Vieheinheiten umzurechnen.

(2) ¹Übersteigt die Anzahl der Vieheinheiten nachhaltig die in Absatz 1 bezeichnete Grenze, so gehören nur die Zweige des Tierbestands zur landwirtschaftlichen Nutzung, deren Vieheinheiten zusammen diese Grenze nicht überschreiten. ²Zunächst sind mehr flächenabhängige Zweige des Tierbestands und danach weniger flächenabhängige Zweige des Tierbestands zur landwirtschaftlichen Nutzung zu rechnen. ³Innerhalb jeder dieser Gruppen sind zuerst Zweige des Tierbestands mit der geringeren Anzahl von Vieheinheiten und dann Zweige mit der größeren Anzahl von Vieheinheiten zur landwirtschaftlichen Nutzung zu rechnen. ⁴Der Tierbestand des einzelnen Zweiges wird nicht aufgeteilt.

(3) ¹Als Zweig des Tierbestands gilt bei jeder Tierart für sich:

1. das Zugvieh,
2. das Zuchtvieh,
3. das Mastvieh,
4. das übrige Nutzvieh.

²Das Zuchtvieh einer Tierart gilt nur dann als besonderer Zweig des Tierbestands, wenn die erzeugten Jungtiere überwiegend zum Verkauf bestimmt sind. ³Ist das nicht der Fall, so ist das Zuchtvieh dem Zweig des Tierbestands zuzurechnen, dem es überwiegend dient.

(4) ¹Die Absätze 1 bis 3 gelten nicht für Pelztiere. ²Pelztiere gehören nur dann zur landwirtschaftlichen Nutzung, wenn die erforderlichen Futtermittel überwiegend von den vom Inhaber des Betriebs landwirtschaftlich genutzten Flächen gewonnen werden.

(5) Der Umrechnungsschlüssel für Tierbestände in Vieheinheiten sowie die Gruppen der mehr oder weniger flächenabhängigen Zweige des Tierbestands sind den Anlagen 34 und 35 zu entnehmen.

Inhaltsübersicht	Rz.
A. Allgemeine Erläuterungen zu § 241 BewG	1 - 10
I. Normzweck und wirtschaftliche Bedeutung der Vorschrift	1 - 3
II. Entstehung und Entwicklung der Vorschrift	4 - 7
III. Geltungsbereich	8 - 10
B. Systematische Kommentierung	11 - 60
I. Abgrenzung der Tierbestände	11 - 39
1. Zulässige Höchstgrenze der Tierbestände eines Betriebs (§ 241 Abs. 1 BewG)	14 - 26

	2. Tierbestände, die aus dem land- und forstwirtschaftlichen Vermögen auszugliedern sind (§ 241 Abs. 2 BewG)	27 – 32
	3. Zweige von Tierbeständen (§ 241 Abs. 3 BewG)	33 – 39
	a) Landwirtschaftliche Tierhaltung	33 – 35
	b) Gewerbliche Tierhaltung	36 – 39
II.	Einzelfragen	40 – 54
	1. Pferdehaltung	40 – 44
	2. Pelztiere (§ 241 Abs. 4 BewG)	45 – 47
	3. Umrechnungsschlüssel	48 – 52
	4. Gemeinschaftliche Tierhaltung (§ 51a BewG)	53 – 54
III.	Anlagen 34 und 35 zum BewG	55 – 60
	1. Umrechnungsschlüssel für Tierbestände in Vieheinheiten nach dem Futterbedarf (Anlage 34 zum BewG)	55 – 58
	2. Gruppen der Zweige des Tierbestands nach der Flächenabhängigkeit (Anlage 35 zum BewG)	59 – 60

LITERATUR:

Eisele/Wiegand, Grundsteuerreform 2022/2025, Stand: Januar 2020 (1. Aufl.), NWB CAAAH-44415; *Eisele*, Reform der Grundsteuer – Gesetzentwurf liegt vor! Teil II: Bewertung des land- und forstwirtschaftlichen Vermögens für Zwecke der Grundsteuer A/Änderungen des Grundsteuergesetzes, NWB 29/2019 S. 2127, NWB AAAAH-22096. *Stephany*, Grundsteuerreform 2019 – neue Bewertungsregeln für das land- und forstwirtschaftliche Vermögen, AgrB 6-2019 S. 342.

VERWALTUNGSANWEISUNGEN:

Koordinierte Erlasse der obersten Finanzbehörden der Länder v. 9.11.2021 – Anwendung des Siebenten Abschnitts des Zweiten Teils des Bewertungsgesetzes zur Bewertung des Grundbesitzes (land- und forstwirtschaftliches Vermögen) für die Grundsteuer ab 1.1.2022 (AEBewGrSt), BStBl I 2021 S. 2369.

A. Allgemeine Erläuterungen zu § 241 BewG

I. Normzweck und wirtschaftliche Bedeutung der Vorschrift

Die besonderen Vorschriften zur Abgrenzung der **landwirtschaftlichen Tierhaltung** von der **gewerblichen Tierhaltung** entsprechen den bisherigen bewertungsrechtlichen und ertragsteuerlichen Grundsätzen. Ist die Tierhaltung als gewerblich einzustufen, sind die für die Tierhaltung genutzten Gebäude nicht als land- und forstwirtschaftliches Vermögen, sondern als **Grundvermögen** i. S. des § 218 Satz 1 Nr. 2 BewG zu bewerten und der **Grundsteuer B** zu unterwerfen.

(Einstweilen frei)   2–3

II. Entstehung und Entwicklung der Vorschrift

Mit dem **GrStRefG** v. 26.11.2019[1] wurde in Teil II des 7. Abschnitts „Besondere Vorschriften" im Teil a) die „Landwirtschaftliche Nutzung" aufgenommen und dort § 241 BewG in das Gesetz eingefügt. Die Vorschrift übernimmt fast wortgleich die Inhalte der bisherigen Regelungen aus § 51 BewG. Hierzu ist allerdings anzumerken, dass die Regelung aus § 51 Abs. 1 BewG weg-

---

[1] GrStRefG v. 26.11.2019, BGBl 2019 I S. 1794.

gefallen ist und § 51 Abs. 2–5 BewG geändert worden sind.[1] Durch das Gesetz zur Anpassung steuerlicher Vorschriften der Land- und Forstwirtschaft v. 29.6.1998[2] ist Abs. 1a in § 51 BewG eingefügt worden. Er bestimmt, dass die Norm für Feststellungszeitpunkte ab dem 1.1.1999 anzuwenden ist. Auf diesen Verweis kann verzichtet werden, da die Regelungen des § 241 BewG erstmals für den **Hauptfeststellungszeitpunkt 1.1.2022** anzuwenden sind (vgl. § 266 BewG).

5–7 *(Einstweilen frei)*

III. Geltungsbereich

8 Die Vorschrift ist gem. § 231 BewG nur für die Bewertung des **inländischen** zu bewertenden Vermögens anzuwenden. Dabei sind auch die inländischen Teile einer wirtschaftlichen Einheit zu bewerten, die sich sowohl auf das Inland als auch auf das Ausland erstrecken.

9–10 *(Einstweilen frei)*

B. Systematische Kommentierung

I. Abgrenzung der Tierbestände

11 Die Norm bildet die rechtliche Grundlage für eine gesetzliche **Abgrenzung zwischen der landwirtschaftlichen und gewerblichen Tierhaltung**. Sie regelt die Einzelheiten zu deren steuerrechtlichen Behandlung.

12–13 *(Einstweilen frei)*

1. Zulässige Höchstgrenze der Tierbestände eines Betriebs (§ 241 Abs. 1 BewG)

14 Tierbestände gehören gem. § 241 Abs. 1 Satz 1 BewG nur dann in vollem Umfang zum land- und forstwirtschaftlichen Vermögen, wenn im Wirtschaftsjahr nicht mehr als die gesetzlich festgelegte Anzahl an Tieren (umgerechnet in **Vieheinheiten**) je Hektar der vom Inhaber des Betriebs **selbst bewirtschafteten Fläche der landwirtschaftlichen Nutzung** erzeugt oder gehalten werden. Zur selbst bewirtschafteten Fläche zählen nach § 241 Abs. 1 Satz 2 BewG die **Eigentumsflächen** und die dem Steuerpflichtigen zur **Nutzung überlassenen Flächen**.

15 Hier fällt auf, dass der Gesetzgeber die bisherige Formulierung „regelmäßig landwirtschaftlich genutzte Flächen" in „Flächen der landwirtschaftlichen Nutzung" geändert hat. Wird § 241 Abs. 1 Satz 1 BewG so eng ausgelegt, dass ausschließlich die in § 234 Abs. 1 Nr. 1 Buchst. a BewG genannte landwirtschaftliche Nutzung gemeint ist, wird die für die Tierhaltung berücksichtigungsfähige Fläche in einzelnen Betrieben erheblich eingeschränkt werden. Insbesondere trifft dies auf die **Hopfen-** und **Spargelanbauflächen** zu, die zumindest in der Anlage 31 zum BewG als sogenannte **Sondernutzungen** bezeichnet werden.[3] Dies hat der Gesetzgeber in seinen Verwaltungsanweisungen in der Weise korrigiert, dass gem. A 242 Abs. 3 Satz 1 AEBewGrSt zur **maßgeblichen Fläche auch die Sondernutzungen Hopfen und Spargel** zählen. Damit wird der bisherige Rechtsstand unverändert fortgeführt.

---

[1] BGBl 2001 I S. 3794.
[2] BGBl 1998 I S. 1692.
[3] Vgl. Müller in Grootens, BewG § 242 Rz. 18, 19.

Die Tierbestände eines Betriebs der Land- und Forstwirtschaft sind gem. § 241 Abs. 1 Satz 3 BewG nach ihrem **Futterbedarf** in Vieheinheiten [VE] umzurechnen. Die Anzahl des in VE umgerechneten Tierbestandes ist dann mit der Größe der landwirtschaftlich genutzten Flächen in Bezug zu setzen. Der Umfang des Tierbestandes, der noch als landwirtschaftliche Tierhaltung gilt, ist daher abhängig von den bewirtschafteten Flächen der landwirtschaftlichen Nutzung des Betriebs. Dabei sind sowohl die selbst bewirtschafteten eigenen als auch die gepachteten Flächen anzusetzen.

Bei der Ermittlung der regelmäßig landwirtschaftlich genutzten Flächen ist der letzte angefangene ha nicht als voller ha zu berücksichtigen.[1] Diese Regelung zeigt, wie bedeutend die Fläche an sich für die Abgrenzung zwischen Landwirtschaft und Gewerbebetrieb ist. In bestimmten Fallkonstellationen zählt letztendlich jeder Quadratmeter. Auch **Brachflächen** sind als **Flächengrundlage** für die Tierhaltung zu berücksichtigen, denn die Brache (d.h. die geplante Nichtbewirtschaftung) ist auch eine Art der landwirtschaftlichen Nutzung und insoweit ist es folgerichtig, derartige Flächen als „Futterfläche" mit zu erfassen.

Dies trifft ebenso für die bodengeschätzten Flächen, die als **Feucht- oder Trockenbiotope** ausgewiesen sind zu, soweit eine landwirtschaftliche Nutzung noch möglich ist. Ebenfalls stellen **stillgelegte Flächen** i.S. des Gesetzes noch eine Futtergrundlage, die nach § 241 Abs. 1 BewG zu berücksichtigen ist, dar. Nicht zur Flächengrundlage gehören dagegen forstwirtschaftlich, weinbaulich und gärtnerisch genutzte Flächen sowie die Nutzungsarten Abbauland, Geringstland und Unland.[2]

Bei den nach § 241 BewG geforderten Flächen wird nicht zwingend vorausgesetzt, dass sie als **Futtergrundlage** für die **auf dem Hof gehaltenen Tiere** genutzt werden.[3] Insoweit müssen die auf den Flächen der landwirtschaftlichen Nutzung angebauten Kulturen nicht zwingend an die auf dem Betrieb gehaltenen Tiere verfüttert werden. Bei der Beurteilung der Flächen geht es ausschließlich darum, ob sie grds. der Tierhaltung als Futtergrundlage dienen könnten.

Ferner können auch **Pachtflächen**, die im Lohnverfahren bewirtschaftet werden und von den Stallgebäuden der Tierhaltung weiter entfernt liegen, die flächenmäßigen Voraussetzungen erfüllen. Ein gewisser räumlicher Zusammenhang zu den Stallgebäuden muss allerdings bestehen. Bei einer Entfernung von 80 km zwischen den Flächen und Wirtschafsgebäuden der Tierhaltung ist ein räumlicher Zusammenhang nicht mehr gegeben.[4]

Wird die **Höchstgrenze** der Tierhaltung nach § 241 BewG ausgeschöpft, können die Tiere grds. nicht ohne erheblichen Futterzukauf gehalten werden. Die Futterproduktion je Hektar landwirtschaftlich genutzter Fläche reicht i.d.R. höchsten zur Versorgung von 2 VE.[5] Deshalb kann insoweit nicht mehr von einer **bodengebundenen Tierhaltung** gesprochen werden. Die Grenzen des § 241 BewG haben deshalb keinen betriebswirtschaftlichen, sondern eher einen **agrarpolitischen Hintergrund**.[6]

Als **gewerbliche Tierzucht** oder **gewerbliche Tierhaltung** wird jede Tierzucht oder Tierhaltung eingestuft, der nach § 241 Abs. 1 Satz 1 BewG keine ausreichenden Flächen der landwirtschaft-

---

1 BFH, Urteil v. 13.7.1989 - V R 110-112/84, BStBl 1989 II S. 1036.
2 Vgl. A 241 Abs. 3 Satz 2 AEBewGrSt.
3 BFH, Urteil v. 17.12.2008 - IV R 34/06, BStBl 2008 II S. 453, BFH, Urteil v. 6.5.2015 - II R 9/13, BStBl 2015 II S. 888.
4 BFH, Beschluss v. 12.6.1995 - V B 33/95, NWB TAAAB-37373.
5 Vgl. Grüner Bericht 1963 BT-Drucks. IV/940.
6 Vgl. Wiegand in Viskorf/Schuck/Wälzholz, BewG § 169 Rz. 4.

lichen Nutzung als Futtergrundlage zur Verfügung stehen.[1] Dabei stellt § 241 BewG auf den ab 1.1.1999 gültigen Vieheinheitenschlüssel ab.[2] Befinden sich **zugekaufte Tiere weniger als drei Monate** im Betrieb, kommt es darauf an, dass sie bis zur **„Verkaufsreife gehalten"** werden. Dieser Begriff setzt einen bestimmten Zeitraum voraus, in dem landwirtschaftliche Urproduktion d. h. Eigenerzeugung verwirklicht wird. Das ist aber nur in den Fällen erfüllt, in denen die gesamte Produktionsdauer grds. weniger als drei Monate beträgt.

23 In der **Hähnchenmast** liegt die Haltungsdauer der Tiere vom Einstallen der Küken bis zum Ausstallen der verkaufsreifen Tiere bei deutlich unter zwei Monaten. Auch in den Produktionsverfahren, in denen sich eine Teilproduktion in einem abgeschlossen Zeitraum vollzieht und die Tiere am Ende des Verfahrens eine eigene Verkaufsreife haben, z. B. in der **arbeitsteiligen Ferkelproduktion** (Aufzucht von (abgesetzten) Babyferkeln zu schweren Ferkeln/Läufern/Mastschweinen), ist die Haltungsdauer von drei Monaten unmaßgeblich. Werden dagegen **nicht marktgängige „Halbprodukte"** wie z. B. Schweine mit einem Gewicht von 85 kg zur Weiterveräußerung als Mastschwein mit einem Gewicht von rd. 105 kg gekauft, liegt eine gewerbliche Tierhaltung vor, da die Tiere – für diesen Abschnitt werden nur rd. 25 Tage benötigt – nicht drei Monate im eigenen Betrieb gehalten werden.

24 Zur Ermittlung der maßgeblichen Anzahl der im Betrieb gehaltenen oder erzeugten VE ist gem. § 241 Abs. 1 Satz 1 BewG auf den Zeitraum des **Wirtschaftsjahres** abzustellen.[3] Das landwirtschaftliche Wirtschaftsjahr beginnt regelmäßig am 1.7. eines Jahres und endet am 30.6. des Folgejahres. Da Tiere keinen „Biorhythmus" haben, der zwingend dem Beginn und Ende eines WJ folgt, kann es im Rahmen der Produktion zu erheblichen Schwankungen innerhalb einer Tierart kommen. Deshalb ist bei stark schwankenden und um die **Höchstgrenze** fluktuierenden Tierbeständen ein Zeitraum von drei Jahren zur gesicherten Beurteilung einer nachhaltigen Tierproduktion vor dem Bewertungsstichtag maßgebend.[4]

25 Bei Betrieben, die **fremde Tiere** halten, sind sowohl beim **Eigentümer** der Tiere als auch beim **Aufzüchter** die Abgrenzungsmerkmale des § 241 Abs. 1 BewG maßgebend. Dabei sind beim Eigentümer die Tiere, die er in seinem eigenen Betrieb hält mit denen, die er zur Aufzucht in fremde Betriebe gegeben hat, zusammenzurechnen. Beim Aufzüchter sind dessen eigenen Tiere mit den in seinem Betrieb aufgezogenen fremden Tieren zusammenzurechnen. **Pensionstiere** (z. B. Pferde) sind auch dann beim Pensionsbetrieb zum Tierbestand zu zählen, wenn sie beim Eigentümer übriges Vermögen darstellen.[5]

26 *(Einstweilen frei)*

2. Tierbestände, die aus dem land- und forstwirtschaftlichen Vermögen auszugliedern sind (§ 241 Abs. 2 BewG)

27 Übersteigt die Anzahl der Vieheinheiten nachhaltig die in Abs. 1 genannte Grenze so gehören nach § 241 Abs. 2 Satz 1 nur die Tierzweige zur landwirtschaftlichen Nutzung, deren Vieheinheiten zusammen diese Grenze nicht überschreiten. Die Norm stellt zutreffend im 1. Halbsatz auf **„ein nachhaltiges Überschreiten"** der Grenzen ab. Bei Tierarten, deren Produktion deutlich

---

[1] BFH, Urteil v. 29.6.1988 - X R 33/82, BStBl 1988 II S. 922, BFH, Urteil v. 24.1.1989 - VIII R 91/93, BStBl 1989 II S. 416.
[2] Vgl. Gesetz zur Anpassung steuerlicher Vorschriften der Land- und Forstwirtschaft v. 29.6.1998, BGBl 1998 I S. 1692.
[3] Vgl. A 241 Abs. 1 Satz 1 AEBewGrSt.
[4] Vgl. → Rz. 28; R 13.2 Abs. 2 i.V. mit R 15.5 Abs. 2 EStR.
[5] Vgl. Wiegand in Viskorf/Schuck/Wälzholz, BewG § 169 Rz. 6 sowie A 241 Abs. 4 AEBewGrSt.

unter einem Jahr liegt (z. B. Masthähnchen, Aufzuchtferkel, Mastschweine), kann es vorkommen, dass die Tierzahlen insbesondere um des Ende des Wirtschaftsjahres stark schwanken; entweder haben sie kurz vor Ende des WJ ihre Verkaufsreife erreicht und „belasten"/erhöhen damit die Tierzahlen für das abgelaufene WJ, oder sie werden zum Anfang des folgenden Wirtschaftsjahres verkauft und können in dem Jahr das Bild verzerren.

Bei **einzelnen Tieren**, die nach und nach im Jahr verkauft werden, ist dies unerheblich. In den heutigen Produktionsverfahren werden aber häufig ganze **Produktionseinheiten** (Ställe) zum gleichen Zeitpunkt mit einer großen Anzahl an Tieren belegt, die letztendlich auch fast alle zur gleichen Zeit ihre Verkaufsreife erreichen. Der Gesetzgeber kennt die Problematik und hat zutreffend angeordnet, in diesen Fällen auf einen längeren Betrachtungszeitraum für die Beurteilung einer nachhaltigen Tierproduktion abzustellen. In Anlehnung an R 15.5 Abs. 2 EStR 2012 ist hier von einem Zeitraum von **drei aufeinander folgenden Wirtschaftsjahren** auszugehen. In den Fällen, in denen der Inhaber eines Betriebs durch aktives Handeln (z. B. Stallneubau) die Grenze Landwirtschaft/Gewerbe überschreitet, beginnt nach R 15.5 Abs. 2 Satz 2 EStR 2012 der Gewerbebetrieb aufgrund des **Strukturwandels** zu dem Zeitpunkt, zu dem diese Tätigkeit dauerhaft umstrukturiert wird, d. h. mit dem Neubau des Stalles. 28

Werden mehr Vieheinheiten gehalten oder erzeugt als nach § 241 Abs. 1 Satz 1 BewG möglich, ordnet § 241 Abs. 2 Satz 1 BewG eine differenzierte Betrachtung des Tierbestands an. Demnach sind zunächst die **mehr flächenabhängigen Zweige** des Tierbestands und danach die **weniger flächenabhängigen Zweige** des Tierbestands zur landwirtschaftlichen Nutzung zu rechnen. Daraus folgt, dass immer nur ein Zweig des Tierbestands **insgesamt** entweder der **landwirtschaftlichen oder der gewerblichen Tierhaltung** zugeordnet werden kann; eine Aufteilung kommt insoweit nicht in Betracht.[1] 29

Übersteigt z. B. in einem Betrieb, der **ausschließlich Mastschweine** (in mehreren Ställen) produziert, die Anzahl der erzeugten Vieheinheiten die höchstzulässige Grenze, so muss der **gesamte Tierbestand der gewerblichen Tierhaltung** zugerechnet werden. Der Tierbestand kann nicht stallweise aufgeteilt werden, da eine weitere **Aufteilung des Bestands nicht zulässig** ist. 30

Wird auf einem Betrieb ein **Tierbestand mit mehreren Zweigen** gehalten, so richtet sich deren jeweilige Zuordnung nach der **Flächenabhängigkeit**. Dabei ist davon auszugehen, dass das Mastvieh (Geflügel, Schweine) eher den **weniger flächenabhängigen Zweigen** und das Rindvieh (Rauhfutterfresser) mehr den **flächenabhängigen Zweigen** zugeordnet werden kann. Der gewerblichen Tierhaltung und Tierzucht sind dabei zuerst die weniger flächenabhängigen Zweige des Tierbestands zuzurechnen, bis die in § 241 Abs. 1 BewG genannte Grenze unterschritten wird.[2] 31

(Einstweilen frei) 32

3. Zweige von Tierbeständen (§ 241 Abs. 3 BewG)

a) Landwirtschaftliche Tierhaltung

Als **Zweig eines Tierbestands** ist jede Tierart für sich anzunehmen. § 241 Abs. 3 Satz 1 BewG unterscheidet: 33

1. das Zugvieh,
2. das Zuchtvieh,

---

[1] Vgl. A 241 Abs. 2 AEBewGrSt.
[2] Vgl. A 241 Abs. 2 Satz 3 AEBewGrSt.

3. das Mastvieh,
4. das übrige Nutzvieh.

Die Tierarten im Einzelnen und der entsprechende **Umrechnungsschlüssel in Vieheinheiten** ergeben sich aus der Anlage 34 zum BewG.

34 Nach § 241 Abs. 3 Satz 2 BewG sind noch folgende Besonderheiten zu beachten: Als **besonderer Zweig des Tierbestands** gilt das **Zuchtvieh** einer Tierart nur dann, wenn die erzeugten Jungtiere **überwiegend zum Verkauf** bestimmt sind. Das ist beispielsweise dann der Fall, wenn auf einem Betrieb der Land- und Forstwirtschaft ausschließlich Zuchtsauen zur Ferkelproduktion für die Schweinemast gehalten werden und die erzeugten Ferkel überwiegend an Schweinemäster verkauft werden. Ist dies nicht der Fall, so bestimmt § 241 Abs. 3 Satz 3 BewG, dass das Zuchtvieh dem Zweig des Tierbestandes zuzurechnen ist, dem es überwiegend dient. Wird der dargestellte Sachverhalt dahingehend abgewandelt, dass die Sauenhaltung ausschließlich der Mast der selbsterzeugten Ferkel auf dem Betrieb dient, ist die Sauenhaltung untrennbar dem Bereich Mastvieh zuzuordnen.

35 **BEISPIEL:** Auf 30 ha einer landwirtschaftlichen Nutzung können nach § 241 Abs. 1 BewG 270 VE gehalten bzw. erzeugt werden. Für einen Betrieb ergibt sich folgender tatsächlicher Tierbestand:

Tierart	Anzahl/Stück	VE/Stück	VE insges.
Zuchtstuten	3	1,10	= 3,30
Milchkühe	15	1,00	= 15,00
Rinder 1-2 Jahre	5	0,70	= 3,50
Zuchtsauen	50	0,33	= 16,50
Mastschweine aus selbsterzeugten Ferkeln	1.000	0,16	= 160,00
Legehennen	10.000	0,02	= 200,00
Insgesamt			398,30

Der tatsächliche Tierbestand übersteigt die höchstzulässige Grenze von 270 VE. Zu den weniger flächenabhängigen Tierzweigen gehören die Schweinemast (einschließlich Zuchtsauen, siehe oben) und die Legehennenhaltung. Die Legehennenhaltung ist aus der landwirtschaftlichen Tierhaltung auszuscheiden, weil sie die größere Anzahl an VE (200 VE) umfasst (vgl. § 241 Abs. 2 Satz 3 BewG). Die Legehennen bilden eine gewerbliche Tierhaltung. Zur landwirtschaftlichen Tierhaltung gehören demnach „nur" noch (398,30 VE − 200,00 VE =) 198,30 Vieheinheiten. Diese verbleibenden Vieheinheiten sind bei der Überprüfung, ob für den Betrieb ein Zuschlag wegen einer verstärkten Tierhaltung gem. § 238 Abs. 1 Nr. 1 BewG anzubringen ist, zu berücksichtigen. Die Überprüfung führt zu folgendem Ergebnis:

Überprüfung ob ein Zuschlag wegen verstärkter Tierhaltung anzubringen ist:		
tatsächliche Vieheinheiten		198,30
Eigentumsfläche der landwirtschaftlichen Nutzung - verpachtete Fläche + zugepachtete Fläche = selbstbewirtschaftete Fläche	30,00 ha 0,00 ha 0,00 ha 30,00 ha	
X Faktor gem. Anlage 27	2,00 VE/ha	
= zulässige Vieheinheiten		− 60,00
Überbestand an VE		= 138,30

In diesem Beispiel würde ein Zuschlag wegen verstärkter Tierhaltung auf der Grundlage von 138,30 VE i. H. von 10.925,70 € berechnet werden (138,30 VE x 79 €/VE).

b) Gewerbliche Tierhaltung

Tierbestände oder Zweige von Tierbeständen, die die Grenzen des § 241 BewG nachhaltig überschreiten, gehören zum **Betriebsvermögen**. Sie bilden mit den dazugehörigen Wirtschaftsgütern (Gebäude, sonstiges Anlagevermögen, Forderungen, Geldbestände usw.) einen **gewerblichen Betrieb**. Gebäude oder Gebäudeteile, die dem Tierbestand dienen, sind nach § 99 Abs. 1 Nr. 1 BewG i.V. mit § 218 Satz 3 BewG als Betriebsgrundstück zu qualifizieren, dem **Grundvermögen** zuzuordnen und wie Grundvermögen zu bewerten. Die **Flächen der landwirtschaftlichen Nutzung** (Ackerflächen, Dauergrünland, Wiesen und Futterflächen), die den gewerblichen Tierbeständen als Futtergrundlage dienen, **bleiben land- und forstwirtschaftliches Vermögen**.[1]

Darüber hinaus gibt es Fallgestaltungen, in denen ein Landwirt (bewusst) einen Zweig seiner Tierhaltung aus dem landwirtschaftlichen Betrieb ausgliedert. Führt der Landwirt diesen **ausgegliederten Tierbestand** als gewerbliche Tierhaltung weiter, kann, wenn die hierzu erforderlichen Eingangsvoraussetzungen vorliegen, eine landwirtschaftliche Tierhaltung neben der gewerblichen Tierhaltung anerkannt werden. Voraussetzung hierfür ist, dass die gewerbliche Tierhaltung und der landwirtschaftliche Betrieb als vollkommen **selbstständige Betriebe** geführt werden. Werden also auf einem Betrieb zwei unterschiedliche Tierarten gehalten und soll eine davon als gewerbliche Tierhaltung betrieben werden, erscheint dies unproblematisch. In den Fällen, in denen der Tierbestand einer Tierart aufgeteilt werden soll, was § 241 Abs. 2 Satz 4 BewG eindeutig widerspricht, ist dies unter Umständen nur durch **Gründung einer Gesellschaft** möglich.

(Einstweilen frei)

II. Einzelfragen

1. Pferdehaltung

Bei der Pferdezucht handelt es sich heute im Allgemeinen um die **Züchtung und Haltung von Reitpferden**.[2] Diese Tiere gehören zum land- forstwirtschaftlichen Vermögen, soweit der Tierbestand des Gesamtbetriebs die **Grenzen des § 241 Abs. 1 BewG** nicht überschreitet und deshalb eine **ausreichende Futtergrundlage** vorhanden ist. Gleiches gilt für die bloße Vermietung von Reitpferden an Feriengäste durch einen Landwirt im Rahmen der Flächendeckung.[3]

Eine Tierhaltung wandelt sich aber auch nicht zu einer gewerblichen Tätigkeit, wenn Pferde angekauft, zu **Reit- und Dressurpferden ausgebildet** und nach einiger Zeit wieder verkauft werden. Nach Auffassung des BFH gilt dies auch dann, wenn angerittene Pferde ausgebildet werden. Voraussetzung für die Pferdehaltung als land- und forstwirtschaftliche Tätigkeit ist allerdings stets das Vorliegen einer ausreichenden **Futtergrundlage**.[4]

In Abgrenzung zu dieser Rechtsprechung kann allerdings eine Tierhaltung (Pferdehaltung) unter bestimmten Umständen einen gewerblichen Charakter annehmen.[5] Das ist dann der Fall,

---

[1] BFH, Urteil v. 18.12.1985 - II B 35/85, BStBl 1986 II S. 282.
[2] BFH, Urteil v. 6.5.2015 - II R 9/13, BStBl 2015 II S. 888.
[3] BFH, Urteil v. 24.1.1989 - VIII R 91/83, BStBl 1989 II S. 416.
[4] BFH, Urteil v. 6.5.2015 - II R 9/13, BStBl 2015 II S. 888.
[5] BFH, Urteil v. 24.1.1989 - VIII R 91/83, BStBl 1989 II S. 416, BFH, Urteil v. 29.11.2007 - IV R 49/05, BStBl 2008 II S. 425.

wenn entweder zusätzlich zu der Versorgung der Tiere **wesentliche Leistungen gegenüber Dritten angeboten** werden (z. B. Reitunterricht[1] oder Polospielanlage[2]) oder wenn die Tierhaltung lediglich der Unterstützung oder Vorbereitung einer anderweitigen gewerblichen Tätigkeit dient.[3] Schließlich kann eine Tätigkeit, bei der Tiere angekauft und sodann – mit oder ohne Verarbeitung – alsbald weiter veräußert werden, nicht als „Haltung" der Tiere angesehen werden. In einem solchen Fall liegt vielmehr ein gewerblich einzustufender **Tierhandel** vor.[4]

43 Dass Unterstellen und Füttern fremder Pferde (**Pensionspferdehaltung**) gegen Entgelt zählt zur landwirtschaftlichen Tierhaltung, wenn der Tierbestand des pensionsgebenden Betriebs einschließlich der fremden Tiere (Pensionspferde) die Grenzen des § 241 Abs. 1 BewG nicht überschreitet. Pensionstierhaltung bleibt auch dann ein landwirtschaftlicher Betrieb und ist kein Gewerbebetrieb, wenn sich die Dienstleistungen des Betriebsinhabers für die Pferdebesitzer im Wesentlichen auf das **Füttern und Unterstellen** beschränken.[5] Die Pensionspferdehaltung rechnet auch dann zur landwirtschaftlichen Tierhaltung, wenn den Pferdeeinstellern Reitanlagen (einschließlich einer Reithalle) zur Verfügung gestellt werden.[6] Werden darüber hinaus weitere Leistungen (z. B. eine Reithalle sowie **Speisen und Getränke**) angeboten, handelt es sich hierbei um eine gewerbliche Tätigkeit.[7] Ebenso ist die Erteilung von **Reitunterricht** gegen Entgelt keine landwirtschaftliche Leistung.

44 *(Einstweilen frei)*

2. Pelztiere (§ 241 Abs. 4 BewG)

45 Für **Pelztiere** gelten gem. § 241 Abs. 4 Satz 1 BewG die in § 241 Abs. 1–3 BewG aufgestellten Grundsätze nicht. Pelztiere gehören nach § 241 Abs. 4 Satz 2 BewG nur dann zum land- und forstwirtschaftlichen Vermögen, wenn die für die Ernährung erforderlichen **Futtermittel** überwiegend von den vom Inhaber des Betriebs landwirtschaftlichen Flächen gewonnen werden. Nach allgemeiner Auffassung kann daraus geschlossen werden, dass nur solche Pelztiere zum land- und forstwirtschaftlichen Vermögen gehören, die insbesondere **pflanzliche Nahrung** aufnehmen. Pelztiere, die von Nahrung tierischer Herkunft leben, werden nicht zur Landwirtschaft gerechnet.[8]

46–47 *(Einstweilen frei)*

3. Umrechnungsschlüssel

48 Der **Umrechnungsschlüssel** für Tierbestände in Vieheinheiten sowie die **Gruppen der mehr oder weniger flächenabhängigen Zweige des Tierbestandes** sind den **Anlagen 34 und 35 zum BewG** zu entnehmen. Der Umrechnungsschlüssel beruht auf dem Futterbedarf. Nach

---

[1] BFH, Urteil v. 16.11.1978 - IV R 191/74, BStBl 1979 II S. 246.
[2] BFH, Urteil v. 13.8.1996 - II R 41/94, NWB VAAAB-37971.
[3] BFH, Urteil v. 19.7.1990 - IV R 82/89, BStBl 1991 II S. 333.
[4] Vgl. Wiegand in Viskorf/Schuck/Wälzholz, BewG § 169 Rz. 11.
[5] BFH, Urteil v. 16.11.1978 - IV R 191/74, BStBl 1979 II S. 246.
[6] Vgl. BFH, Urteil v. 23.9.1988 - III R 182/84, BStBl 1989 II S. 111.
[7] BFH, Urteil v. 16.7.1987 - V R 22/78, BStBl 1988 II S. 83.
[8] BFH, Urteil v. 19.12.2002 - IV R 47/01, BStBl 2003 II S. 507.

dem BFH-Urteil v. 7.10.1977[1] ist die Umrechnung in Vieheinheiten auf der Futtergrundlage rechtens. In seinem Urteil v. 8.12.1993[2] hat der BFH erneut bestätigt, dass der **Umrechnungsschlüssel nicht gegen Art. 3 Abs. 1 GG** verstößt. Die dagegen erhobene Verfassungsbeschwerde wurde nicht zur Entscheidung angenommen.[3] Die Entscheidung betrifft die Erzeugung von **Mastschweinen**. Der Umrechnungsschlüssel ist durch das Beitreibungsrichtlinien-Umsetzungsgesetz v. 7.12.2011 im Rahmen des ErbStRG ergänzt und als Anlage 19 zu § 169 BewG anzuwenden.[4] Die bisher für die Einheitsbewertung geltenden Anlagen 1 und 2 zu § 51 BewG sind mit den entsprechenden Ergänzungen nunmehr auch als Anlage 34 und 35 zum BewG gem. § 265 Abs. 4 BewG anzuwenden.

Bei der Umrechnung der Tierbestände in Vieheinheiten ist bei Mastvieh die **Jahreserzeugung**, bei allem übrigen Vieh der **Jahresdurchschnittsbestand** anzusetzen. Für sieben bis zehn Monate alte Mastrinder ist – bezogen auf den Jahresdurchschnittsbestand – der Umrechnungsschlüssel für „Kühe, Färsen und Masttiere – 1,0 Vieheinheiten" anzuwenden.[5] Zur Vieheinheitenberechnung bei der Abgrenzung der verschiedenen **Gewichtsgruppen in der Schweinehaltung** vgl. das Urteil des BFH v. 28.7.1999.[6] 49

(Einstweilen frei) 50–52

4. Gemeinschaftliche Tierhaltung (§ 51a BewG)

Die bisherigen Regelungen der Einheitsbewertung zur gemeinschaftlichen Tierhaltung in § 51a BewG wurden **nicht in die Vorschriften zur Ermittlung der Grundsteuerwerte übernommen**. Mit dem Gesetz zur steuerlichen Förderung der Elektromobilität und zur Änderung weiterer steuerlicher Vorschriften v. 12.12.2019[7] werden gemeinschaftliche Tierhaltungen mit Wirkung v. 1.1.2025 an in § 13b EStG aufgenommen. 53

Stephany[8] sieht diese Vorgehensweise als problematisch an und kommt zu dem Ergebnis, dass **Tierhaltungskooperationen** gem. § 51a BewG zukünftig als gewerbliche Tierhaltungen einzuordnen sind und damit dem **Grundvermögen** zugeschlagen werden. Der Gesetzgeber nutze einfach die Streichung der §§ 33 ff. BewG und tilge damit ersatzlos die Tierhaltungskooperationen aus den Bewertungsregeln. Dies bedeute eine eindeutige **Schlechterstellung der Land- und Forstwirtschaft** und ist nicht mit der Kernaussage der Politik, eine Schlechterstellung oder höhere Belastung im Rahmen der Grundsteuerreform zu vermeiden, vereinbar. Seiner Ansicht nach erfolgt die Streichung ohne Not. Ohne Weiteres könnten die Regeln des § 51a BewG einfach fortgeführt oder neue Regeln eingeführt werden. Nachvollziehbar führt er aus, dass das vom Gesetzgeber vorgebrachte Argument, die neue **Bewertung** erfolge **vollautomatisch** und deshalb sei § 51a BewG zu streichen, nicht trägt. Denn auch für die Ermittlungen des neuen Tierzuschlags müssen die Steuerpflichtigen die **zugepachtete Fläche** und die **Anzahl der Vieheinheiten** übermitteln, da die Finanzverwaltung auf diese Daten nicht anderweitig elektronisch zurückgreifen kann. 54

---

[1] BFH, Urteil v. 7.10.1977 - III R 13/75, BStBl 1978 II S. 89.
[2] BFH, Urteil v. 28.7.1999 - II R 83/96, BStBl 1999 II S. 815.
[3] BVerfG, Kammerbeschluss v. 2.5.1994 - 1 BvR 607/94, HFR 1995 S. 40.
[4] BGBl 2011 I S. 2592.
[5] BFH, Urteil v. 17.10.1991 - IV R 134/89, BStBl 1992 II S. 378.
[6] BFH, Urteil v. 28.7.1999 - II R 83/96, BStBl 1999 II S. 815.
[7] BGBl 2019 I S. 2451.
[8] Vgl. Stephany, AgrB 6-2019 S. 342.

III. Anlagen 34 und 35 zum BewG

1. Umrechnungsschlüssel für Tierbestände in Vieheinheiten nach dem Futterbedarf (Anlage 34 zum BewG)

55 Der Umrechnungsschlüssel für Tierbestände in Vieheinheiten nach dem Futterbedarf ist in Anlage 34 zum BewG wiedergegeben. Der Gesetzgeber hat hierfür hinsichtlich des **Vieheinheitenschlüssels** die bisherigen Verwaltungsanweisungen aus den Anlage 19 und 20 zu § 169 Abs. 5 BewG übernommen.

56–58 *(Einstweilen frei)*

2. Gruppen der Zweige des Tierbestands nach der Flächenabhängigkeit (Anlage 35 zum BewG)

59 Die Anlage 35 teilt die Tiere in **mehr flächenabhängige** Tierzweige und **weniger flächenabhängige** Tierzweige auf. Einerseits handelt es sich hier mit Pferden, Rindern und Schafen um Rauhfutterfresser, die als mehr flächenabhängige Tierzweige gelten, weil deren Futterbedarf überwiegend über Weiden, Wiesen und Ackerfutter gedeckt wird. Andererseits gehören zu den weniger flächenabhängigen Tierzweigen Schweine und Geflügel als „Körnerfresser". Der **Futterverbrauch** dieser Tiere ist im Verhältnis zu den Rauhfutterfressern deutlich geringer, weil die **Energiedichte** des hier eingesetzten Futters höher ist als beispielsweise der Energiegehalt von Grünland- oder Ackerfutterflächen.

60 Bei der Anwendung der Anlage 35 zum BewG sind noch folgende Besonderheiten zu beachten:

▶ Die **Kälbermast** gehört zur Rindermast und ist genauso wie die **Damtierhaltung** den mehr flächenabhängigen Tierarten zuzuordnen.

▶ **Kaninchen** bilden dagegen einen weniger flächenabhängigen Tierzweig.

▶ Die **Junghennenaufzucht** gehört wie die **Legehennenhaltung** zum Zweig des Tierbestandes „übriges Nutzvieh" (vgl. § 242 Abs. 3 Nr. 4 BewG) und nicht zum Mastvieh.[1]

b) Übrige land- und forstwirtschaftliche Nutzungen

§ 242 BewG Übrige land- und forstwirtschaftliche Nutzungen

(1) Zu den übrigen land- und forstwirtschaftlichen Nutzungen gehören:

1. Hopfen, Spargel und andere Sonderkulturen,
2. die sonstigen land- und forstwirtschaftlichen Nutzungen.

(2) Zu den sonstigen land- und forstwirtschaftlichen Nutzungen gehören insbesondere:

1. die Binnenfischerei,
2. die Teichwirtschaft,
3. die Fischzucht für Binnenfischerei und Teichwirtschaft,
4. die Imkerei,
5. die Wanderschäferei,

---

1 FG Münster, Urteil v. 27.9.1994 – 15 K 1553/93.

6. die Saatzucht,
7. der Pilzanbau,
8. die Produktion von Nützlingen,
9. die Weihnachtsbaumkulturen,
10. die Kurzumtriebsplantagen.

Inhaltsübersicht

	Rz.
A. Allgemeine Erläuterungen zu § 242 BewG	1 - 14
I. Normzweck und wirtschaftliche Bedeutung der Vorschrift	1 - 4
II. Entstehung und Entwicklung der Vorschrift	5 - 8
III. Geltungsbereich	9 - 11
IV. Verhältnis zu anderen Vorschriften	12 - 14
B. Systematische Kommentierung	15 - 56
I. Abgrenzung der landwirtschaftlichen von der übrigen land- und forstwirtschaftlichen Nutzung (§ 242 Abs. 1 BewG)	15 - 17
II. Sonderkulturen (§ 242 Abs. 1 Nr. 1 BewG)	18 - 22
III. Sonstige land- und forstwirtschaftliche Nutzungen (§ 242 Abs. 1 Nr. 2 BewG)	23 - 56
1. Binnenfischerei (§ 242 Abs. 2 Nr. 1 BewG)	24 - 26
2. Teichwirtschaft sowie Fischzucht für Binnenfischerei und Teichwirtschaft (§ 242 Abs. Nr. 2 und 3 BewG)	27 - 30
3. Imkerei (§ 242 Abs. 2 Nr. 4 BewG)	31 - 33
4. Wanderschäferei (§ 242 Abs. 2 Nr. 5 BewG)	34 - 37
5. Saatzucht (§ 242 Abs. 2 Nr. 6 BewG)	38 - 42
6. Pilzanbau (§ 242 Abs. 2 Nr. 7 BewG]	43 - 45
7. Produktion von Nützlingen (§ 242 Abs. 2 Nr. 8 BewG)	46 - 48
8. Weihnachtsbaumkulturen (§ 242 Abs. 2 Nr. 9 BewG)	49 - 53
9. Kurzumtriebsplantagen (§ 242 Abs. 2 Nr. 10 BewG)	54 - 56

LITERATUR:

Eisele/Wiegand, Grundsteuerreform 2022/2025, Stand: Januar 2020 (1. Aufl.), NWB CAAAH-44415; *Eisele*, Reform der Grundsteuer – Gesetzentwurf liegt vor! Teil II: Bewertung des land- und forstwirtschaftlichen Vermögens für Zwecke der Grundsteuer A/Änderungen des Grundsteuergesetzes, NWB 29/2019 S. 2127, NWB AAAAH-22096.

VERWALTUNGSANWEISUNGEN:

Koordinierte Erlasse der obersten Finanzbehörden der Länder v. 9.11.2021 – Anwendung des Siebenten Abschnitts des Zweiten Teils des Bewertungsgesetzes zur Bewertung des Grundbesitzes (land- und forstwirtschaftliches Vermögen) für die Grundsteuer ab 1.1.2022 (AEBewGrSt), BStBl I 2021 S. 2369.

A. Allgemeine Erläuterungen zu § 242 BewG

I. Normzweck und wirtschaftliche Bedeutung der Vorschrift

Die Vorschrift regelt die Art und den Umfang der übrigen land- und forstwirtschaftlichen Nutzungen als sogenannten Auffangtatbestand. Es werden Hopfen, Spargel und andere Sonderkulturen von den sonstigen land- und forstwirtschaftlichen Nutzungen abgegrenzt.   1

(Einstweilen frei)   2–4

II. Entstehung und Entwicklung der Vorschrift

5 Die Vorschrift entspricht § 175 Abs. 1 BewG. Sie gliedert die **übrigen land- und forstwirtschaftlichen Nutzungen** auf und definiert die **Sonderkulturen**.[1] Im Gegensatz zur Rechtslage bei der Einheitsbewertung ist § 242 BewG gegenüber § 62 BewG um die Nr. 1 des § 242 Abs. 1 BewG, nämlich um die **Sonderkulturen**, erweitert worden. Dies ist deshalb erforderlich, weil die Sonderkulturen durch § 52 BewG bewertungsrechtlich den landwirtschaftlichen Nutzungsteilen (§ 37 Abs. 1 BewG) zugeordnet werden.

6–8 *(Einstweilen frei)*

III. Geltungsbereich

9 Die Vorschrift ist gem. § 231 BewG nur für die Bewertung des **inländischen** zu bewertenden Vermögens anzuwenden. Dabei sind auch die inländischen Teile einer wirtschaftlichen Einheit zu bewerten, die sich sowohl auf das Inland als auch auf das Ausland erstrecken.

10–11 *(Einstweilen frei)*

IV. Verhältnis zu anderen Vorschriften

12 § 234 Abs. 1 BewG benennt bei der **Gliederung des Betriebs der Land- und Forstwirtschaft** in Nr. 1 Buchst. e die übrigen land- und forstwirtschaftlichen Nutzungen als **eigenständige Gruppe** aller möglichen Nutzungen. Sie werden, weil die Anzahl der Betriebe mit den genannten jeweiligen Nutzungen relativ gering und damit auch die statistische Auswertbarkeit begrenzt ist, in § 242 BewG als **übrige land- und forstwirtschaftliche Nutzungen** zusammengefasst.

13–14 *(Einstweilen frei)*

B. Systematische Kommentierung

I. Abgrenzung der landwirtschaftlichen von der übrigen land- und forstwirtschaftlichen Nutzung (§ 242 Abs. 1 BewG)

15 Die Vorschrift dient – so der Gesetzgeber[2] – der besseren **Abgrenzung von der landwirtschaftlichen Nutzung** und ermöglicht eine zielgenauere Ermittlung der Reinerträge, da bei **Sonderkulturen** sowohl hinsichtlich der Erträge als auch der Aufwendungen besondere Verhältnisse vorliegen. Hier ist anzumerken, dass diese Verhältnisse schon bei der bisherigen Rechtslage seit jeher gelten und der Gesetzgeber diese Erkenntnis bereits durch **besondere Bewertungsverfahren** erfasst hat.[3] Weil die Bedeutung des Tabakanbaus in Deutschland weiter abnimmt und es sich nicht um eine Dauerkultur handelt, wurde zwecks eindeutiger gesetzlicher Klassifizierung der Flächen der **Tabakanbau nicht mehr** den **Sondernutzungen** zugeordnet.[4]

16–17 *(Einstweilen frei)*

---

1 BT-Drucks. 19/11085 S. 107.
2 BT-Drucks. 19/11085 S. 107.
3 Vgl. A 237.11 Abs. 1 AEBewGrSt.
4 BT-Drucks. 19/11085 S. 107.

II. Sonderkulturen (§ 242 Abs. 1 Nr. 1 BewG)

Die Vorschrift gliedert zunächst die **übrigen** land- und forstwirtschaftlichen Nutzungen in die **Sonderkulturen** und die **sonstigen land- und forstwirtschaftlichen Nutzungen**. In der Gesetzesbegründung fällt auf, dass die Begriffe **Sonderkulturen, Sondernutzungen** und auch **Dauerkulturen** synonym verwendet werden. Gleichzeitig wird ein direkter Bezug zu § 175 BewG, der für die Grundbesitzbewertung einschlägig ist, hergestellt.

Im Rahmen der Grundbesitzbewertung ist diese Betrachtung insoweit von Bedeutung, als das durch die Abgrenzung der Sondernutzungen von der landwirtschaftlichen Nutzung sich die jeweilige **Betriebsform und Betriebsgröße** über den Ansatz der zutreffenden **Standarddeckungsbeiträge** ermittelt und hierdurch die weitere Berechnung des Fortführungswertes maßgeblich beeinflusst wird. Zur Feststellung des Grundsteuerwertes ist die Frage, inwieweit die Definition der Sondernutzungen durch § 160 Abs. 2 Satz 2 BewG eine Wirkung entfaltet, zumindest im Hinblick auf seine Höhe unmaßgeblich. Der **Ertragswert der Sonderkulturen** (vgl. § 242 Abs. 1 Nr. 1 BewG) Hopfen und Spargel (beide Kulturen werden dagegen in der Anlage 31 zum BewG explizit als Sondernutzungen bezeichnet) wird jeweils über den entsprechenden **Bewertungsfaktor je Flächeneinheit** bestimmt.

In diesem Kontext hat die Berücksichtigung der Hopfen- und insbesondere der Spargelanbauflächen bei der Ermittlung der **maßgeblichen Fläche für die Feststellung einer verstärkten Tierhaltung**, aber auch bei der **Abgrenzung der landwirtschaftlichen** von der **gewerblichen Tierhaltung** eine wesentlich größere Bedeutung. Nach der bisherigen Rechtslage sind sowohl bei der Einheitsbewertung – über den Verweis in § 52 BewG – und der Grundbesitzbewertung die **Hopfen- und Spargelanbauflächen der landwirtschaftlichen Nutzung** zugeordnet und damit bei den Abgrenzungskriterien zur Feststellung einer landwirtschaftlichen oder gewerblichen Tierhaltung berücksichtigt worden. Zur Berücksichtigung von „Sondernutzungen" bei der Ermittlung eines Grundsteuerwertes für den Betrieb der Land- und Forstwirtschaft mit Tierhaltung.[1]

(Einstweilen frei)

III. Sonstige land- und forstwirtschaftliche Nutzungen (§ 242 Abs. 1 Nr. 2 BewG)

Die Vorschrift entspricht § 62 Abs. 1 BewG und ist um weitere Nutzungen erweitert worden.[2] In der Folge sind dann auch die Regelungen des Abschnitts 7 der BewR L mit den Hauptabschnitten A–G maßgebend. Nach dem Wortlaut des § 242 Abs. 2 BewG werden einzelne land- und forstwirtschaftliche Betätigungen beispielhaft aufgezählt. Die **nicht bodengebunden Nutzungen** (z. B. Imkerei, Wanderschäferei) sind aber nach der Verkehrsauffassung einem Betrieb der Land- und Forstwirtschaft zuzuordnen. Zur **sonstigen land- und forstwirtschaftlichen Nutzung** wurden in neuer Zeit unterschiedliche Auffassungen[3] vertreten. Insbesondere war fraglich, ob es sich bei den in § 62 BewG aufgeführten Betätigungen um jeweils eine eigene Nutzung oder um Nutzungsteile handelt. Dies wird durch eine neue Formulierung „Nutzungen" – bisher wird nur die Bezeichnung „Nutzung" verwendet – begrifflich klargestellt.[4] Zum

---

[1] Vgl. Müller in Grootens, BewG § 241 Rz. 15.
[2] BT-Drucks. 19/11085 S. 107.
[3] Vgl. Wiegand in Viskorf/Schuck/Wälzholz, BewG § 175 Rz. 1.
[4] Vgl. Wiegand in Viskorf/Schuck/Wälzholz, BewG § 175 Rz. 1.

Begriff der sonstigen land- und forstwirtschaftlichen Nutzung vgl. das Urteil des RFH v. 26.11.1943.[1]

1. Binnenfischerei (§ 242 Abs. 2 Nr. 1 BewG)

24 Zur **Binnenfischerei** gehören die Fischerei in **stehenden Gewässern** sowie die Fischerei in **fließenden Gewässern** einschließlich der Kanäle. Gegenstand der Bewertung ist nach bisherigem Recht die Ausübung der Fischerei in Binnengewässern aufgrund von **Fischereiberechtigungen**. Dabei ist es für die Bewertung ohne Bedeutung ob die Fischereiberechtigung,

- ▶ dem Inhaber des Fischereibetriebs als Ausfluss seines **Grundeigentums** zusteht oder,
- ▶ als selbstständiges **besonderes Recht** ausgeübt wird oder
- ▶ auf einer sonstigen Nutzungsberechtigung, z. B. **Nutzungsüberlassung**, beruht.

25 Sind die Rechtsverhältnisse nicht geklärt, so gilt für die Bewertung als **Inhaber der Fischereiberechtigung**, wer über sie tatsächlich verfügt.[2] Die bisherige Bewertung erfolgt auf der Grundlage der jährlich gefangenen Fischmenge. Diese Bewertungsmethode wird nunmehr aufgegeben. Der Grundsteuerwert der Binnenfischerei wird über den **Ansatz der Wasserfläche** mit einem „Grundwert" und zusätzlich über einen **Zuschlag**, gemessen an einem differenzierten Fischfang in kg/Ar, abgebildet wird.

26 *(Einstweilen frei)*

2. Teichwirtschaft sowie Fischzucht für Binnenfischerei und Teichwirtschaft (§ 242 Abs. Nr. 2 und 3 BewG)

27 Gegenstand der Bewertung sind hier die Teichwirtschaft (§ 242 Abs. 2 Nr. 2 BewG) und die Fischzucht für Binnenfischerei und Teichwirtschaft (§ 242 Abs. 2 Nr. 3 BewG). Bei der Teichwirtschaft sowie bei der Fischzucht für Binnenfischerei und Teichwirtschaft kommen die verschiedensten Formen und Kombinationen beider Nutzungen vor. In vielen Fällen wird nur eine Art von Fischen z. B. **Forellen** oder **Karpfen** erzeugt, in anderen Fällen werden mehrere Arten von Fischen nebeneinander erzeugt. Die Teichwirtschaft kommt, ebenso wie die Fischzucht, für sich allein vor; vielfach sind aber auch Teichwirtschaft und Fischzucht miteinander verbunden.[3]

28 Kommen beide Nutzungen nebeneinander vor, so gilt nach der bisherigen Rechtslage, dass die **Ertragswerte** je für sich zu ermitteln und zu einem gemeinsamen Wert für die Teichwirtschaft und Fischzucht zusammenzuführen sind. Diese Form der Bewertung wird dem Grunde nach fortgeführt, indem der Gesetzgeber in § 237 Abs. 6 BewG für die flächengebunden Nutzungen Teichwirtschaft und Fischzucht für Binnenfischerei und Teichwirtschaft anordnet, dass sich deren **Reinertrag** aus der **Summe der Flächenwerte** ergibt. Der Flächenwert ist das **Produkt** aus der Größe der klassifizierten **Eigentumsfläche** des Betriebs und dem jeweiligen **Bewertungsfaktor** einschließlich des **Zuschlags** gem. Anlage 31 zum BewG.

29 Neu ist hingegen, dass zunächst die den Nutzungen dienenden **Wasserflächen** mit einem pauschalen Wert bewertet werden. Die entsprechenden **Zuschläge** werden bei stehenden Gewässern aus dem jeweiligen **Fischfang** in kg/Ar bzw. bei fließenden Gewässern aus der **Durchfluss-**

---

[1] RFH, Urteil v. 26.11.1943 - III 24/43, RStBl 1944 S. 51.
[2] Vgl. A 237.13 Abs. 1 AEBewGrSt.
[3] Vgl. A 237.13 Abs. 3 AEBewGrSt.

menge an Wasser in Liter/Sekunde über entsprechende **Bewertungsfaktoren** abgeleitet. Die Summe beider Werte, der Pauschalwert für die Wasserfläche plus der getrennt ermittelte Zuschlag für die „Fischausbeute", ergeben den **Reinertrag der Nutzung**.

(Einstweilen frei) 30

3. Imkerei (§ 242 Abs. 2 Nr. 4 BewG)

Gegenstand der Bewertung ist die Imkerei. Sie umfasst alle Formen der **Bienenhaltung**, die auf ein wirtschaftliches Ziel ausgerichtet sind. Dabei ist zu unterscheiden zwischen der Bienenhaltung zur Gewinnung von Honig und Wachs und Spezialformen der Bienenhaltung. Zu den Spezialformen der Imkerei zählen z. B. die **Königinnenzuchten** oder Bienenhaltungen zu **pharmazeutischen Zwecken**. Damit die Imkerei einer Bewertung überhaupt zugänglich ist, muss sie **nachhaltig** und auf einen **wirtschaftlichen Erfolg** ausgerichtet sein.[1] Der koordinierende Ländererlass konkretisiert den wirtschaftlichen Erfolg nicht weiter. Nach meiner Auffassung kann hier die Anzahl der vorhanden Wirtschaftsvölker (z. B. mindestens 30 Bienenkästen) weiterhin als Orientierung dienen. 31

Die **Nutzungsgröße einer Imkerei** wird im bisherigen Recht durch **die Zahl der Wirtschaftsvölker** bestimmt. Als Bewertungseinheit gilt der mit einem Wirtschaftsvolk besetzte **Bienenkasten** und bewertet wird eine Imkerei erst ab einer Nutzungsgröße von 30 Bienenkästen. Diese Form der Bewertung ist mit dem angestrebten Verfahren einer digitalen Erfassung von Flächen und deren Auswertung im Hinblick auf die erforderliche **Klassifizierung** dieser Flächen für Bewertungszwecke nicht mehr durchführbar. Deshalb hat der Gesetzgeber mit Anwendung des § 237 Abs. 6 BewG i.V. mit Anlage 31 zum BewG bestimmt, dass sich bei den **nicht flächengebundenen sonstigen land- und forstwirtschaftlichen Nutzungen** der Reinertrag der jeweiligen Nutzung aus dem **Produkt** der **Bruttogrundfläche** und dem **Bewertungsfaktor** der ihr dienenden **Wirtschaftsgebäude** einschließlich der Berücksichtigung des § 237 Abs. 8 BewG ermittelt.[2] 32

(Einstweilen frei) 33

4. Wanderschäferei (§ 242 Abs. 2 Nr. 5 BewG)

Die typischen Merkmale der Wanderschäferei sind die **Haltungsform der Großherde** unter ständiger **Aufsicht eines Schafmeisters** und die Sicherstellung der Futtergrundlage, ggf. ausschließlich durch Nutzung fremder Flächen. Sie ist durch ständigen **Standortwechsel** gekennzeichnet. Wenn die Schafhaltung jedoch überwiegend auf Flächen stattfindet, die durch **Nutzungsüberlassungsverträge** dauernd (ganzjährig) zur Beweidung zur Verfügung stehen, handelt es sich nicht mehr um Wanderschäfereien, sondern um eine **Schafhaltung**, die im Rahmen der landwirtschaftlichen Nutzung zu bewerten ist.[3] 34

Die Nutzungsgröße der Wanderschäferei ergibt sich aus dem **Tierbestand zum Bewertungsstichtag**. Der Tierbestand umfasst Zuchtböcke, Mutterschafe, Hammel und Lämmer. Besteht neben der Wanderschäferei eine Tierhaltung im Rahmen der landwirtschaftlichen Nutzung, so vermindert sich die Nutzungsgröße der Wanderschäferei unter Anwendung **des Umrechnungs-** 35

---

[1] Vgl. A 237.14 Abs. 1 AEBewGrSt.
[2] Vgl. A 237.14 Abs. 4 AEBewGrSt.
[3] Vgl. A237.15 Abs. 1 AEBewGrSt.

schlüssels für Vieheinheiten[1] um die entsprechende Zahl der Tiere. § 241 BewG gilt aber nicht für **den Nutzungsteil** Wanderschäferei.[2]

36 Neu ist die Bewertung von Wanderschäfereien. Während bei der Einheitsbewertung die Bewertung über einen entsprechenden Ertragswert je Tier, also letztendlich über den am Bewertungsstichtag vorhanden **Tierbestand** erfolgte, wird nunmehr (soweit vorhanden) der Wert der Wanderschäferei über den **Ertragswert** der ihr dienen **Wirtschaftsgebäude** unter Anwendung der Anlage 31 zum BewG i.V. mit § 237 Abs. 8 BewG erfasst.[3]

37 *(Einstweilen frei)*

5. Saatzucht (§ 242 Abs. 2 Nr. 6 BewG)

38 Ein Saatzuchtbetrieb **züchtet Saatgut**, vermehrt und verkauft es. Zum Saatgut zählen Samen, Pflanzgut oder Pflanzenteile, die für die **Erzeugung von Kulturpflanzen** bestimmt sind. Dabei ist nicht zu unterscheiden zwischen Nutzpflanzensaatgut und dem Saatgut anderer Kulturpflanzen.[4] Zuchtsaatgut ist nach den Regeln der Erhaltungszüchtung gewonnenes Saatgut züchterisch bearbeiteter Sorten von Kulturpflanzen. **Vermehrung und Verkauf von Zuchtsaatgut ohne Züchtung ist keine Saatzucht.** Die Saatzucht bildet entweder allein oder zusammen mit weiteren land- und forstwirtschaftlichen Nutzungen desselben Eigentümers einen Betrieb der Land- und Forstwirtschaft. Eine Saatzucht kann auch auf gepachteten Grundstücksflächen betrieben werden.

39 Zur Saatzucht gehören insbesondere folgende **Wirtschaftsgüter**:

- **Grund und Boden** für die Zuchtgärten und Pflanzkämpe einschließlich der Hof- und Gebäudeflächen, Wirtschaftsweg, Trennstreifen,
- **Wirtschaftsgebäude**, das sind Zuchtlaboratorien, Gewächshäuser, Lagergebäude und die zur Saatgutaufbereitung, zur Verwaltung und zum Geschäftsbetrieb erforderlichen Räume,
- **stehende Betriebsmittel**, insbesondere Pflanzenbestände sowie Maschinen und Geräte für Sichtung, Aufbereitung und Lagerung,
- **umlaufende Betriebsmittel**, darunter sind die zum Verbrauch bestimmten Erzeugnisse und die zum Verbrauch bestimmten Vorräte zu verstehen.[5]

Die der **Saatgutvermehrung** dienenden Flächen und Betriebsmittel gehören nicht zur Saatzucht. Sie sind der landwirtschaftlichen Nutzung zuzurechnen.[6] Zur Saatgutvermehrung durch Dritte im Rahmen der Land- und Forstwirtschaft vgl. das Urteil des FG Baden-Württemberg v. 27.3.1998.[7]

40 Der geforderten Vereinfachung der bisherigen Bewertungssystematik ist der Gesetzgeber dadurch gefolgt, dass er die Saatzucht den **flächengebunden sonstigen land- und forstwirtschaftlichen Nutzungen** zugeordnet hat. Im Zuge dessen wird die Saatzucht nunmehr der landwirt-

---

[1] Vgl. Müller in Grootens, BewG § 241 Rz. 55.
[2] Vgl. Wiegand in Viskorf/Schuck/Wälzholz, BewG § 175 Rz. 9.
[3] Vgl. Müller in Grootens, BewG § 237 Rz. 64.
[4] Vgl. A 237.16 Abs. 1 AEBewGrSt.
[5] Vgl. A 237.16 Abs. 1 Satz 4 AEBewGrSt.
[6] Vgl. Wiegand in Viskorf/Schuck/Wälzholz, BewG § 175 Rz. 10.
[7] FG Baden-Württemberg, Urteil v. 27.3.1998 - 9 V 54/97, EFG 1998 S. 1003 sowie A 237.16 Abs. 2 AEBewGrSt.

schaftlichen Nutzung zugewiesen und anstelle eines Einzelertragswertverfahrens mit den **Bewertungsfaktoren** der Anlage 27 zum BewG bewertet.

(Einstweilen frei) 41–42

6. Pilzanbau (§ 242 Abs. 2 Nr. 7 BewG)

Zum Pilzanbau gehören alle Wirtschaftsgüter, die der Erzeugung von **Speisepilzen** dienen, insbesondere die **Wirtschaftsgebäude** mit den Beetflächen, Pasteurisierungs-, Anwachs- und Anspinnräumen sowie Konservierungsanlagen und Lagerplätze.[1] Das **GrStRefG** v. 26.11.2019[2] sieht für die Bewertung des land- und forstwirtschaftlichen Vermögens keine Ermittlung von Einzelertragswerten mehr vor. Deshalb wird diese Form der Nutzung den sonstigen land- und forstwirtschaftlichen Nutzungen zugeordnet, für die **keine Bewertungsfaktoren** festgelegt wurden. Folgerichtig werden die im Zusammenhang mit der Produktion von Pilzen stehenden **Wirtschaftsgebäude** mit der jeweiligen **Bruttogrundfläche** und dem entsprechenden **Bewertungsfaktor** gem. Anlage 31 zum BewG unter Berücksichtigung des § 237 Abs. 8 BewG bewertet. 43

(Einstweilen frei) 44–45

7. Produktion von Nützlingen (§ 242 Abs. 2 Nr. 8 BewG)

Werden Spinnentiere (z. B. Raubmilben) oder Insekten (z. B. Schlupfwespen) u. a. für den **integrierten Pflanzenschutz** oder andere Zwecke produziert, gehören sie zur Produktion von Nützlingen. Bisher wurde der Reinertrag dieser Nutzung im Einzelertragswertverfahren ermittelt. Nunmehr wird diese Form der Nutzung den **sonstigen land- und forstwirtschaftlichen Nutzungen** zugeordnet, für die **keine Bewertungsfaktoren** festgelegt wurden. Folglich werden die im Zusammenhang mit der Produktion von Nützlingen stehenden **Wirtschaftsgebäude** mit der jeweiligen **Bruttogrundfläche** und dem entsprechenden **Bewertungsfaktor** gem. Anlage 31 zum BewG unter Berücksichtigung des § 237 Abs. 8 BewG bewertet.[3] 46

(Einstweilen frei) 47–48

8. Weihnachtsbaumkulturen (§ 242 Abs. 2 Nr. 9 BewG)

Zur Weihnachtsbaumkultur gehören alle Flächen sowie die übrigen Wirtschaftsgüter, die ausschließlich dem **Anbau von Weihnachtsbäumen** dienen. Die Nutzung umfasst die dem Anbau von Weihnachtsbäumen dienenden Flächen einschließlich der zur Weihnachtsbaumkultur gehörenden **Lagerplätze** und **Fahrschneisen**. Dienen Flächen der **Jungpflanzenanzucht**, gehören diese Flächen zum gärtnerischen Nutzungsteil **Baumschulen**. Zum Nutzungsteil Weihnachtsbaumkultur gehören auch **langfristig forstwirtschaftlich genutzte Flächen**, aus denen **mehr als zwei Drittel** des Bestandes **als Weihnachtsbäume geschlagen** werden, da in diesen Fällen die Vorkultur Weihnachtsbaumkultur den Grundsteuerwert maßgeblich prägt. 49

Bei der Abgrenzung der Weihnachtsbaumkultur von dem gärtnerischen Nutzungsteil Baumschulen sind die **Kulturmaßnahmen** als wesentliche **Unterscheidungsmerkmale** heranzuziehen. Die Bäume einer Weihnachtsbaumkultur unterscheiden sich insbesondere dadurch von 50

---

[1] Vgl. A 237.17 Abs. 1 AEBewGrSt.
[2] GrStRefG v. 26.11.2019, BGBl 2019 I S. 1794.
[3] Vgl. A 237.18 Abs. 1 und 2 AEBewGrSt.

Baumschulkulturen, dass sie **nach der Anpflanzung nicht umgeschult** werden. Der untergeordnete Verkauf von **Ballenware** führt nicht zu einer Bewertung der Fläche als Baumschule. Flächen der forstwirtschaftlichen Nutzung, aus denen **gelegentlich** Weihnachtsbäume geschlagen werden (z. B. bei Durchforstungen), sind keine Weihnachtsbaumkulturen, da sie **primär der Rohholzerzeugung** zu dienen bestimmt sind.[1]

51 Bei der **Einheitsbewertung** werden feste Ertragswerte je Hektar bewirtschafteter Weihnachtsbaumkulturfläche angesetzt. Unter Berücksichtigung weiterer Zu- und Abrechnungen ergibt sich der Vergleichswert für die sonstige land- und forstwirtschaftliche Nutzung Weihnachtsbaumkultur. In diesem Wert ist der Wert für den Grund und Boden, den aufstehenden Weihnachtsbäumen und der Wirtschaftsgüter, die der Nutzung dauerhaft dienen, enthalten. § 237 Abs. 6 BewG führt diese Bewertung grds. fort und sieht für die **Grundsteuerwertermittlung** ein Bewertungsverfahren vor, in dem die **Eigentumsfläche** der Nutzung in Ar mit dem sich aus Anlage 31 zum BewG ergebenden **Bewertungsfaktor** multipliziert wird; das Ergebnis ist der **Reinertrag** der sonstigen land- und forstwirtschaftlichen Nutzung Weihnachtbaumkultur.

52–53 *(Einstweilen frei)*

9. Kurzumtriebsplantagen (§ 242 Abs. 2 Nr. 10 BewG)

54 Eine **Kurzumtriebsplantage** (KUP) ist eine Anpflanzung schnell wachsender Bäume mit dem Ziel, innerhalb kurzer Umtriebszeiten **Holz als nachwachsenden Rohstoff** zu produzieren. Dabei handelt es sich um landwirtschaftliche Kulturen und **nicht um Wald i. S. des Bundeswaldgesetz**.[2] In Deutschland dürfen Kurzumtriebsplantagen nur auf Ackerland angebaut werden. Eine Umwandlung von Wald zu Kurzumtriebsplantagen ist gesetzlich ausgeschlossen. Gegenüber etablierten einjährigen Ackerkulturen erfordern Kurzumtriebsplantagen relativ **hohe Investitionen bei Bestandsbegründung** sowie einen verhältnismäßig langen Produktionszeitraum und erzeugen **unregelmäßige Zahlungsströme**. Gleichzeitig fallen nach einer erfolgreichen Etablierung keine nennenswerten weitere Kosten für die Bewirtschaftung der Plantagen (abgesehen von den Erntekosten) an. Die Finanzverwaltung hat Kurzumtriebsplantagen als **sonstige land- und forstwirtschaftliche Nutzung** eingeordnet.

55 Zur wirtschaftlichen Einheit Kurzumtriebsplantage gehören alle Flächen sowie die übrigen Wirtschaftsgüter, die ausschließlich dem Anbau von **Energieholz** oder **Holz zur stofflichen Verwertung** dienen. Die Fläche der Kurzumtriebsplantage umfasst die dem Anbau dienenden Flächen einschließlich der dazu gehörenden Lagerplätze, Vorgewende, Wege und Fahrschneisen, die Wirtschaftsgebäude sowie die sonstigen Betriebsmittel.[3]

56 Der geforderten Vereinfachung der bisherigen Bewertungssystematik ist der Gesetzgeber dadurch gefolgt, dass er die Kurzumtriebsplantage den **flächengebunden sonstigen land- und forstwirtschaftlichen Nutzungen** zugeordnet hat. Im Zuge dessen wird die Kurzumtriebsplantage nunmehr über Anlage 31 zum BewG der landwirtschaftlichen Nutzung zugewiesen und dementsprechend mit den **Bewertungsfaktoren** der Anlage 27 zum BewG bewertet.[4]

---

1 Vgl. A 237.19 Abs. 1 und 2 AEBewGrSt.
2 Vgl. A 237.20 Abs. 1 AEBewGrSt.
3 Vgl. Wiegand in Viskorf/Schuck/Wälzholz, BewG § 175 Rz. 17.
4 Vgl. A 237.20 Abs. 2 AEBewGrSt.

C. Grundvermögen

I. Allgemeines

§ 243 BewG Begriff des Grundvermögens

(1) Zum Grundvermögen gehören, soweit es sich nicht um land- und forstwirtschaftliches Vermögen (§§ 232 bis 242) handelt:

1. der Grund und Boden, die Gebäude, die sonstigen Bestandteile und das Zubehör,
2. das Erbbaurecht,
3. das Wohnungseigentum und das Teileigentum,
4. das Wohnungserbbaurecht und das Teilerbbaurecht nach § 30 Absatz 1 des Wohnungseigentumsgesetzes.

(2) In das Grundvermögen sind nicht einzubeziehen:

1. Bodenschätze,
2. die Maschinen und sonstigen Vorrichtungen aller Art, die zu einer Betriebsanlage gehören (Betriebsvorrichtungen), auch wenn sie wesentliche Bestandteile sind.

(3) Einzubeziehen sind jedoch die Verstärkungen von Decken und die nicht ausschließlich zu einer Betriebsanlage gehörenden Stützen und sonstigen Bauteile wie Mauervorlagen und Verstrebungen.

Inhaltsübersicht	Rz.
A. Allgemeine Erläuterungen zu § 243 BewG	1 - 18
I. Normzweck und wirtschaftliche Bedeutung der Vorschrift	1 - 5
II. Entstehung und Entwicklung der Vorschrift	6 - 9
III. Geltungsbereich	10 - 14
IV. Verhältnis zu anderen Vorschriften	15 - 18
B. Systematische Kommentierung	19 - 104
I. Gegenstände des Grundvermögens (§ 243 Abs. 1 Nr. 1–4 BewG)	19 - 84
1. Kein land- und forstwirtschaftliches Vermögen	19 - 22
2. Grund und Boden, Gebäude, sonstige Bestandteile und das Zubehör (§ 243 Abs. 1 Nr. 1 BewG)	23 - 70
a) Grund und Boden	23 - 26
b) Gebäude	27 - 59
aa) Räumliche Umschließung	33 - 36
bb) Gestattung des Aufenthalts von Menschen	37 - 43
cc) Feste Verbindung mit dem Grund und Boden	44 - 50
dd) Beständigkeit	51 - 54
ee) Standfestigkeit	55 - 59
c) Sonstige Bestandteile	60 - 66
d) Zubehör	67 - 70
3. Erbbaurecht (§ 243 Abs. 1 Nr. 2 BewG)	71 - 76
4. Wohnungs- und Teileigentum (§ 243 Abs. 1 Nr. 3 BewG)	77 - 80
5. Wohnungserbbau- und Teilerbbaurecht (§ 243 Abs. 1 Nr. 4 BewG)	81 - 84
II. Nicht einzubeziehende Teile (§ 243 Abs. 2 BewG)	85 - 103
1. Bodenschätze (§ 243 Abs. 2 Nr. 1 BewG)	85 - 88
2. Maschinen und sonstige Betriebsvorrichtungen (§ 243 Abs. 2 Nr. 2 BewG)	89 - 103
a) Allgemein	89 - 93
b) Abgrenzung der Betriebsvorrichtungen von Gebäudebestandteilen	94 - 99
c) Abgrenzung der Betriebsvorrichtungen von den Außenanlagen	100 - 103
III. Rückausnahme von Decken, Stützen und Mauervorlagen (§ 243 Abs. 3 BewG)	104

LITERATUR:

Eisele/Wiegand, Grundsteuerreform 2022/2025, Stand: Januar 2020 (1. Aufl.), NWB CAAAH-44415.

ARBEITSHILFEN UND GRUNDLAGEN ONLINE:

Berechnung der Grundsteuer nach der Gesetzesreform, Berechnungstool „Grundsteuer" nach dem Entwurf v. 21.6.2019, NWB NAAAH-30144; Grundsteuer: Grundbesitzbewertung ab 2022/2025 (Sach- und Ertragswertverfahren) – Checkliste mit Berechnungen, NWB NAAAH-93792.

VERWALTUNGSANWEISUNGEN:

Gleich lautende Erlasse der obersten Finanzbehörden der Länder, Abgrenzung des Grundvermögens von den Betriebsvorrichtungen v. 5.6.2013 - S 3130 (im Folgenden nur Abgrenzungserlass v. 5.6.2013), BStBl 2013 I S. 734, NWB DAAAE-40449; BayLfSt, Vfg. v. 15.11.2013 - S 3230, S 3190, S 3206, S 3209 B, S 3208, S 3228, S 3204, juris; Koordinierte Erlasse der obersten Finanzbehörden der Länder v. 9.11.2021 – Anwendung des Siebenten Abschnitts des Zweiten Teils des Bewertungsgesetzes zur Bewertung des Grundbesitzes (allgemeiner Teil und Grundvermögen) für die Grundsteuer ab 1.1.2022 (AEBewGrSt), BStBl I 2021 S. 2334.

A. Allgemeine Erläuterungen zu § 243 BewG

I. Normzweck und wirtschaftliche Bedeutung der Vorschrift

1   § 243 BewG definiert **Begriff und Umfang des Grundvermögens** als eine der beiden Vermögensarten, die der Grundsteuer unterliegen.[1] Die Norm entspricht § 68 BewG bei der Einheitsbewertung und § 176 BewG bei der Bedarfsbewertung für Zwecke der Erbschaft- und Schenkungsteuer sowie der Grunderwerbsteuer.[2] Die Norm zählt enumerativ bestimmte **Vermögensgegenstände** auf, die unter dem Begriff des Grundvermögens fallen und sondert in negativer Hinsicht andere Vermögensgegenstände aus.

2   Es müssen **nicht alle Vermögensgegenstände** einer Ziffer vorliegen. Es genügt beispielsweise nur das Vorhandensein von Grund und Boden i. S. des § 243 Abs. 1 Nr. 1 BewG (unbebautes Grundstück). Ferner können auch Vermögensgegenstände verschiedener Ziffern vorliegen, wie beispielsweise beim Erbbaurecht das aufgrund des Erbbaurechts errichtete Gebäude, das wesentlicher Bestandteil des Erbbaurechts ist. Das **Zubehör** eines Grundstücks spielt bei der Ermittlung des Grundsteuerwerts keine Rolle, da dieses bei der Wertermittlung nicht gesondert erfasst wird. Auch die **sonstigen Bestandteile** sowie die **Abgrenzung zu den Betriebsvorrichtungen** hat nicht dieselbe Bedeutung wie etwa bei der Erbschaft- und Schenkungsteuer.[3] Nur wenn die Betriebsvorrichtungen die Brutto-Grundfläche bei der Bewertung im Sachwertverfahren erhöhen würden oder das Bauwerk nicht den Gebäudebegriff erfüllt, hat die Abgrenzung zu den Betriebsvorrichtungen einen unmittelbaren Einfluss auf den Grundsteuerwert. Die Bedeutung des Zubehörs und der Abgrenzung zu den Betriebsvorrichtungen könnte sich allerdings erhöhen, wenn der **Nachweis eines niedrigeren gemeinen Werts** analog nach § 198 BewG möglich sein sollte,[4] da der Nachweis dann für die gesamte wirtschaftliche Einheit des Grundvermögens (einschließlich sonstiger Bestandteile und Zubehör) zu führen ist.

---

1   A 243 Abs. 1 Satz 1 AEBewGrSt.
2   Vgl. auch BT-Drucks. 19/11085 S. 108.
3   Vgl. hierzu vertiefend Bock in Viskorf/Schuck/Wälzholz, BewG § 176 Rz. 1 ff.
4   Vgl. zur analogen Anwendung von § 198 BewG im Rahmen des Liquidationswerts nach § 166 BewG BFH, Urteil v. 30.1.2019 – II R 9/16, NWB UAAAH-11889; vgl. auch BFH, Urteil v. 11.12.2013 – II R 22/11, NWB FAAAE-65759 zur Bewertung eines mit einem Erbbaurecht belasteten Grundstücks für Zwecke der Grunderwerbsteuer und Grootens in Grootens, BewG § 252 Rz. 106 ff.

Mit der Trennung von **Wohnungseigentum und Teileigentum** sowie **Wohnungserbbaurecht und Teilerbbaurecht** in separaten Nummern ist keine materiell-rechtliche Änderung verbunden. Auch das Fehlen der Zitierung des Wohnungseigentumsgesetzes beim Wohnungseigentum und Teileigentum intendiert keine Änderung der materiellen Rechtslage, da die Definition in § 249 Abs. 4 und 5 BewG wortgleich mit derjenigen in § 1 Abs. 2 und 3 WEG ist.   3

(Einstweilen frei)   4–5

II. Entstehung und Entwicklung der Vorschrift

§ 243 BewG wurde mit dem **GrStRefG** v. 26.11.2019[1] in das BewG eingefügt.   6

(Einstweilen frei)   7–9

III. Geltungsbereich

Die Norm gilt nur für im Bundesgebiet belegenes **Grundvermögen**, soweit die Länder in Bezug auf § 243 BewG nicht von ihrer Abweichungskompetenz nach Art. 72 Abs. 3 Satz 1 Nr. 7 GG Gebrauch gemacht haben.[2] Die Vorschriften der §§ 232 und 233 BewG gehen § 243 BewG vor. Liegt land- und forstwirtschaftliches Vermögen nach § 232 BewG vor, kann grundsätzlich kein Grundvermögen vorliegen. Etwas anderes gilt für land- und forstwirtschaftliche Flächen, die nach § 233 Abs. 2 und 3 BewG ausdrücklich dem Grundvermögen zugeordnet werden (insbes. **Bauerwartungs- und Rohbauland**). Die Standortflächen von **Windenergieanlagen** einschließlich der Betriebsvorrichtungen sind nach § 233 Abs. 1 BewG nicht dem Grundvermögen, sondern dem land- und forstwirtschaftlichen Vermögen zugeordnet. § 243 BewG gilt auch für **Betriebsgrundstücke** i. S. des § 99 Abs. 1 Nr. 1 BewG, die gem. § 218 Satz 3 BewG dem Grundvermögen zugeordnet und wie Grundvermögen bewertet werden. Eine genaue Abgrenzung der Betriebsgrundstücke von anderem Grundbesitz ist nicht erforderlich, da für Zwecke der Grundsteuer nur zwischen land- und forstwirtschaftlichen Vermögen und Grundvermögen unterschieden wird.[3]   10

Liegt Grundvermögen vor, erfolgt eine Bewertung mit dem Grundsteuerwert gem. § 231 BewG nur für **inländisches Grundvermögen**. Erfasst werden auch die inländischen Teile einer wirtschaftlichen Einheit, die sich sowohl auf das Inland als auch auf das Ausland erstrecken.[4]   11

§ 243 BewG ist gem. § 266 BewG erstmals für den **Hauptfeststellungszeitpunkt auf den 1.1.2022** anzuwenden.[5]   12

(Einstweilen frei)   13–14

IV. Verhältnis zu anderen Vorschriften

Inländisches Grundvermögen stellt einen **Teil des inländischen Grundbesitzes** i. S. des Bewertungsrechts dar, der gem. **§ 2 GrStG** Steuergegenstand der Grundsteuer ist und für den gem.   15

---

1 GrStRefG v. 26.11.2019, BGBl 2019 I S. 1794.
2 Schnitter in GrStG - eKommentar, BewG § 243 Rz. 7.
3 Krause in Stenger/Loose, BewG § 243 Rz. 15.
4 Schnitter in GrStG - eKommentar, BewG § 243 Rz. 7.
5 Schnitter in GrStG - eKommentar, BewG § 243 Rz. 8.

§ 219 Abs. 1 BewG Grundsteuerwerte gesondert festgestellt werden. Nach § 218 BewG werden verschiedene Vermögensarten (Land- und Forstwirtschaftliches Vermögen und Grundvermögen) differenziert, für die unterschiedliche Bewertungsregelungen vorgesehen sind. Betriebsgrundstücke i. S. des § 99 Abs. 1 Nr. 1 BewG werden gem. § 218 Satz 3 BewG dem Grundvermögen zugeordnet und wie Grundvermögen bewertet. § 243 BewG bestimmt abstrakt, welches Vermögen für Zwecke der Grundsteuer zur Vermögensart des Grundvermögens gehört und als Folge mit den Bewertungsregelungen der §§ 246 ff. BewG zu bewerten sind. Grundvermögen kann nur vorliegen, wenn kein land- und forstwirtschaftliches Vermögen i. S. der §§ 232–242 BewG vorliegt. Die Abgrenzung des konkreten Bewertungsgegenstandes im Grundvermögen, nämlich die wirtschaftliche Einheit des Grundvermögens (bewertungsrechtliches Grundstück), erfolgt durch § 244 BewG (i.V. mit § 2 BewG).

16 Das **Wohnungseigentum** wird in **§ 249 Abs. 4 BewG** und das **Teileigentum** in **§ 249 Abs. 5 BewG** legaldefiniert. Für das Erbbaurecht existiert in **§ 261 Satz 1 und 2 BewG** eine Sonderregelung für die Ermittlung und Zurechnung des Grundsteuerwerts, die nach **§ 261 Satz 3 BewG**[1] für Wohnungserbbau- und Teilerbbaurechte entsprechend gilt. Danach ist ein Gesamtwert, der dem jeweiligen Erbbauberechtigten zugerechnet wird, zu ermitteln, der ohne die Erbbaurechtsbelastung festzustellen wäre. Für Gebäude auf fremdem Grund und Boden wird in **§ 262 BewG** bestimmt, dass ein Gesamtwert mit dem Grund und Boden zu bilden ist, der dem Eigentümer des Grund und Bodens zugerechnet wird.

17–18 *(Einstweilen frei)*

B. Systematische Kommentierung

I. Gegenstände des Grundvermögens (§ 243 Abs. 1 Nr. 1–4 BewG)

1. Kein land- und forstwirtschaftliches Vermögen

19 **Grundvermögen** stellt einen Teil des **Grundbesitzes** i. S. des Bewertungsrechts dar (vgl. → Rz. 15). Grundvermögen ist Grundbesitz, bei dem es sich **nicht um land- und forstwirtschaftliches Vermögen** handelt.[2] Vermögensgegenstände, die unter § 243 Abs. 1 Nr. 1–3 BewG subsumiert werden können, sind folglich daraufhin zu überprüfen, ob sie die Voraussetzungen der §§ 232, 233 Abs. 1 BewG erfüllen. Nur wenn sie diese Voraussetzungen nicht oder nicht mehr oder die Voraussetzungen des § 233 Abs. 2 und 3 BewG erfüllen, können sie Grundvermögen i. S. des § 243 BewG sein. So sind z. B. ehemals landwirtschaftlich genutzte unbebaute Grundstücke, die auf Dauer an einen Golfplatzbetreiber verpachtet sind, nach § 243 Abs. 1 Nr. 1 BewG dem Grundvermögen zuzurechnen, weil sie nicht mehr i. S. des § 232 Abs. 1 und 2 BewG dauernd dazu bestimmt sind, einem Betrieb der Land- und Forstwirtschaft zu dienen.[3]

20 Der **Wohnteil** eines land- und forstwirtschaftlichen Betriebs wird nach § 232 Abs. 4 Nr. 1 BewG für Zwecke der Bewertung bei der Grundsteuer nicht dem land- und forstwirtschaftlichen Vermögen, sondern dem Grundvermögen zugeordnet. Die Zuordnung des Wohnteils zum Grund-

---

[1] Eingefügt mit dem Jahressteuergesetz 2020 v. 21.12.2020, BGBl I 2020 S. 3096.
[2] Vgl. auch A 243 Abs. 7 AEBewGrSt und A 232.3 AEBewGrSt und A 233 AEBewGrSt.
[3] Für die Einheitsbewertung vgl. BFH, Urteil v. 20.10.2004 - II R 34/02, BStBl 2005 II S. 256.

vermögen macht es erforderlich, dem Wohnteil auch einen Teil des Grund und Bodens zuzurechnen. Die **Aufteilung** des **Grund und Bodens**, der zum Wohnteil und damit zum Grundvermögen einerseits sowie zur Hofstelle und damit zum land- und forstwirtschaftlichen Vermögen andererseits gehört, kann zu erheblichen Schwierigkeiten führen. Im Rahmen der Zuordnung des anteiligen Grund und Bodens zu den jeweiligen wirtschaftlichen Einheiten des Grundvermögens oder zu den Flächen der Hofstelle sind neben den bebauten Flächen auch die übrigen Flächen, wie Garten- und Stellplatzflächen, einzubeziehen.[1] Eine Aufteilung kann nach dem Verhältnis der mit dem Wohnteil bebauten Fläche zur bebauten Fläche der anderen Gebäude, nach der ertragsteuerrechtlichen Einordnung oder mit dem Dreifachen der mit dem Wohnteil bebauten Fläche erfolgen.[2]

(Einstweilen frei) 21–22

2. Grund und Boden, Gebäude, sonstige Bestandteile und das Zubehör (§ 243 Abs. 1 Nr. 1 BewG)

a) Grund und Boden

Zum Grundvermögen gehört zunächst der **Grund und Boden** unter der Voraussetzung, dass kein land- und forstwirtschaftliches Vermögen vorliegt (siehe dazu → Rz. 19 f.).[3] Der Begriff des Grund und Bodens ist zivilrechtlich zu verstehen.[4] Zum Grund und Boden gehören damit die Grundstücke i. S. des bürgerlichen Rechts.[5] Der Grund und Boden bezeichnet eine räumlich abgegrenzte Fläche der **Erdoberfläche** und umfasst zunächst auch den **Raum über der Oberfläche** und den **Erdkörper unter der Oberfläche** (vgl. § 905 BGB; zu den Einschränkungen → Rz. 85).[6]

(Einstweilen frei) 24–26

b) Gebäude

Ebenfalls zum Grundvermögen gehören die **Gebäude**.[7] Gebäude sind gem. § 94 Abs. 1 BGB grds. wesentliche Bestandteile des Grund und Bodens (zu den Ausnahmen siehe → Rz. 30). Befinden sich auf dem Grundstück Gebäude ist das Grundstück als bebautes Grundstück nach §§ 250 ff. BewG andernfalls als unbebautes Grundstück nach § 247 BewG zu bewerten. Die Gebäudeeigenschaft eines Bauwerks hat daher erhebliche Bedeutung für den Grundsteuerwert. Für die Beurteilung, ob ein Gebäude vorliegt, sind die tatsächlichen Verhältnisse des jeweiligen Feststellungszeitpunkts zugrunde zu legen.[8] Ein Gebäude im bewertungsrechtlichen Sinn ist

---

1 A 237.24 Abs. 6 Satz 2 AEBewGrSt.
2 Siehe A 237.24 Abs. 7 AEBewGrSt sowie die dort aufgeführten Beispiele.
3 A 243 Abs. 1 Satz 2 AEBewGrSt.
4 Schnitter in GrStG - eKommentar, BewG § 243 Rz. 12.
5 Vgl. zur Bestimmung der wirtschaftlichen Einheit und Abgrenzung zum Grundstück im bewertungsrechtlichen Sinn Bock in Grootens, BewG § 244 Rz. 19.
6 A 243 Abs. 2 Satz 1 AEBewGrSt; siehe zu den Einschränkungen A 243 Abs. 7 und 8 AEBewGrSt; Schnitter in GrStG - eKommentar, BewG § 243 Rz. 12; vgl. auch zur Erbschaft- und Schenkungsteuer Bock in Viskorf/Schuck/Wälzholz, BewG § 176 Rz. 7.
7 A 243 Abs. 1 Satz 2 AEBewGrSt.
8 BFH, Urteil v. 22.7.2020 – II R 37/17, BStBl 2021 II S. 662.

- ein **Bauwerk**,
- das Menschen oder Sachen durch **räumliche Umschließung** Schutz gegen Witterungseinflüsse gewährt (siehe → Rz. 33),
- den **Aufenthalt von Menschen** gestattet (siehe → Rz. 37 ff.),
- **fest** mit dem Grund und Boden **verbunden** (siehe → Rz. 44 ff.),
- von einiger **Beständigkeit** (siehe → Rz. 51)
- und ausreichend **standfest** ist (siehe → Rz. 55 f.).[1]

28 Der Gebäudebegriff ist ein Typusbegriff. Ob ein Gebäude vorliegt, ist daher stark einzelfallabhängig. Wie häufig bei Typusbegriffen wirken die in der Rechtsprechung und den Verwaltungsanweisungen der Finanzbehörden vorkommenden Beispielsfälle recht ambivalent. Sie sind einer abstrakten Kategorisierung schwer zugänglich.[2]

29 Ein bewertungsrechtliches Gebäude setzt nicht voraus, dass das Bauwerk über die Erd- oder Wasseroberfläche hinausragt (beispielsweise Tiefgaragen, unterirdische Betriebsräume, Lager- oder Gärkeller).[3] Unerheblich ist auch, ob sich das Bauwerk ganz oder teilweise in Berghängen befindet oder auf eigenem oder fremdem Grund und Boden steht.[4]

30 **Gebäude**, die nicht wesentliche Bestandteile des Grundstücks, sondern **Scheinbestandteile** i. S. von § 95 BGB sind (**Gebäude auf fremdem Grund und Boden**), gehören ebenfalls zum Grundvermögen (siehe dazu die Fiktion in § 244 Abs. 3 Nr. 2 BewG[5]). Liegt kein Gebäude vor, bleibt zu prüfen, ob es sich bei dem Bauwerk um einen Gebäudebestandteil, eine Außenanlage oder um eine Betriebsvorrichtung handelt (zur Bedeutung der Abgrenzung siehe → Rz. 2).

31 Gebäude sind vor allem von Betriebsvorrichtungen abzugrenzen. Ein Gebäude kann nach st. Rspr. des BFH[6] keine Betriebsvorrichtung sein, selbst wenn es seiner Zweckbestimmung nach einem Betrieb dient. Betriebsvorrichtungen können daher nur Gebäudeteile sein, jedoch nicht selbst Gebäude i. S. des § 243 Abs. 1 Nr. 1 BewG. Betriebsvorrichtungen werden im Rahmen der Bewertung des Grundvermögens für Zwecke der Grundsteuer nicht erfasst. Für die **Praxis der Bewertung** hat die Finanzverwaltung **gleichlautende Erlasse der obersten Finanzbehörden der Länder zur Abgrenzung der Betriebsvorrichtungen vom Grundvermögen** v. 5.6.2013[7] für § 68 BewG herausgegeben, die für die wörtlich nahezu identischen Bestimmungen in § 243 BewG ebenfalls Anwendung finden.[8]

32 *(Einstweilen frei)*

---

[1] St. Rspr. zuletzt BFH, Urteil v. 22.7.2020 - II R 37/17, BStBl 2021 II S. 662; siehe auch BFH, Urteil v. 26.10.2011 - II R 27/10, BStBl 2012 II S. 274; BFH, Urteil v. 7.4.2011 - III R 8/09, NWB GAAAD-84117; BFH, Urteil v. 28.5.2003 - II R 41/01, BStBl 2003 II S. 693 BFH, Urteil v. 24.5.1963 - III 140/60 U, BStBl 1963 III S. 376; A 243 Abs. 3 Satz 1 AEBewGrSt; Tz. 2.2 des Abgrenzungserlasses v. 5.6.2013, BStBl 2013 I S. 734, findet entsprechende Anwendung nach A 243 Abs. 8 AEBewGrSt.

[2] Bock in Viskorf/Schuck/Wälzholz, BewG § 176 Rz. 28.

[3] Tz. 2.2 des Abgrenzungserlasses v. 5.6.2013 findet entsprechende Anwendung nach A 243 Abs. 8 AEBewGrSt; BStBl 2013 I S. 734; BFH, Urteil v. 9.12.1998 - II R 1/96 (für ein Unterwasserkraftwerk), NWB DAAAA-63096; Schnitter in GrStG - eKommentar, BewG § 243 Rz. 14.

[4] Tz. 2.2 des Abgrenzungserlasses v. 5.6.2013, BStBl 2013 I S. 734, findet entsprechende Anwendung nach A 243 Abs. 8 AEBewGrSt.

[5] Bock in Grootens, BewG § 244 Rz. 73.

[6] U. a. Urteil v. 18.3.1987 - II R 222/84, BStBl 1987 II S. 551; Urteil v. 21.1.1988 - IV R 116/86, BStBl 1988 II S. 628; Urteil v. 15.6.2005 - II R 67/04, BStBl 2005 II S. 688.

[7] BStBl 2006 I S. 314.

[8] Siehe A 243 Abs. 8 Satz 2 AEBewGrSt.

aa) Räumliche Umschließung

Ein Gebäude muss räumlich umschlossen sein.[1] Liegt keine räumliche Umschließung vor, kommt eine Betriebsvorrichtung in Betracht. Das Begriffsmerkmal der **räumlichen Umschließung**, die Schutz gegen Witterungseinflüsse gewähren soll, setzt nicht voraus, dass an allen Seiten des Bauwerks Außenwände vorhanden sind.[2] Allein eine **Überdachung** kann, muss aber nicht genügen.[3]

(Einstweilen frei) 34–36

bb) Gestattung des Aufenthalts von Menschen

Für die Annahme eines Gebäudes ist erforderlich, dass das Bauwerk den Aufenthalt von Menschen gestattet.[4] Dies ist noch nicht der Fall, wenn das Bauwerk noch nicht fertiggestellt und daher noch nicht bezugsfertig ist.[5] Der Gebäudebegriff setzt **nicht** voraus, dass das Bauwerk zum **Aufenthalt von Menschen bestimmt** oder zum **dauernden Aufenthalt geeignet** ist.[6] Es genügt, wenn sich **Menschen** in dem Bauwerk nach seiner Beschaffenheit **vorübergehend aufhalten können**. Dies soll insbesondere bei **kleinen Bauwerken** nicht gegeben sein, die Betriebsvorrichtungen enthalten und nicht mehr als 30 m² Grundfläche haben.[7] Dagegen soll eine aus Benutzer- und Technikraum bestehende und sich selbst reinigende **öffentliche Toilette** als Gebäude zu bewerten sein.[8] Das Bauwerk muss ferner durch **normale Eingänge**, z. B. Türen, betreten werden können. Behelfsmäßige Eintrittsmöglichkeiten wie Luken, Leitern und schmale Stege genügen nicht.[9]

Es genügt, wenn das Bauwerk so beschaffen ist, dass **Menschen** darin **arbeiten** können.[10] Bei der Einordnung als Gebäude ist unerheblich, ob der Aufenthalt in dem Bauwerk wegen baulicher Unzulänglichkeiten (**schlechte Licht- und Luftverhältnisse**) oder wegen auf Dauer gesundheitsschädlicher Einwirkungen (beispielsweise **extremer Lärm oder Temperaturen**) nur unter erschwerten Bedingungen möglich ist (beispielsweise mit **Schutzkleidung**).[11] Das Überschrei-

---

1 Siehe vertiefend mit weiteren Beispielen und Nachweisen Bock in Viskorf/Schuck/Wälzholz, BewG § 176 Rz. 30.
2 Tz. 2.3 und Zeichnung 1 des Abgrenzungserlasses v. 5.6.2013, BStBl 2013 I S. 734, findet entsprechende Anwendung nach A 243 Abs. 8 AEBewGrSt.
3 Vgl. Zeichnungen 1 und 2 des Abgrenzungserlasses v. 5.6.2013, BStBl 2013 I S. 734, findet entsprechende Anwendung nach A 243 Abs. 8 AEBewGrSt.
4 Siehe vertiefend mit weiteren Beispielen und Nachweisen Bock in Viskorf/Schuck/Wälzholz, BewG § 176 Rz. 31 ff.
5 Vgl. zum Begriff der Bezugsfertigkeit Bock in Grootens, BewG § 246 Rz. 21 ff.
6 BFH, Urteil v. 7.4.2011 - III R 8/09, BFH/NV 2011 S. 1187, m.w.N., NWB GAAAD-84117; Hessisches FG, Urteil v. 3.11.2016 - 3 K 320/15, NWB AAAAG-36495.
7 Tz. 2.4 des Abgrenzungserlasses v. 5.6.2013, BStBl 2013 I S. 734, findet entsprechende Anwendung nach A 243 Abs. 8 AEBewGrSt; BayLfSt, Vfg. v. 15.11.2013 - S 3230, S 3190, S 3206, S 3209 B, S 3208, S 3228, S 3204, juris.
8 BFH, Urteil v. 24.5.2007 - II R 68/05, BStBl 2008 II S. 12; vgl. auch FG Berlin, Urteil v. 27.10.2004 - 2 K 22228/02, EFG 2005 S. 581 und FG Berlin-Brandenburg, Urteil v. 18.3.2009 - 3 K 3235/07, NWB WAAAD-22857.
9 Tz. 2.4 Abs. 1 des Abgrenzungserlasses v. 5.6.2013, BStBl 2013 I S. 734, findet entsprechende Anwendung nach A 243 Abs. 8 AEBewGrSt.
10 BFH, Urteil v. 30.11.1955 - II R 41/55 U, BStBl 1956 III S. 21, betr. ein Tankwärterhaus.
11 BFH, Urteil v. 15.6.2005 - II R 67/04, BStBl 2005 II S. 688 (Lärmpegel in einer Zementmühle); BFH, Urteil v. 14.11.1975 - III R 150/74, BStBl 1976 II S. 198 (Autowaschstraße); BFH Urteil v. 7.4.2011 - III R 8/09, NWB GAAAD-84117 (Tiefkühllager); vgl. dagegen BFH, Urteil v. 30.1.1991 - II R 48/88, BStBl 1991 II S. 618 (Kühlzellen, die Betriebsvorrichtungen darstellen); zu Zementmühlen s. auch BayLfSt, Vfg. v. 15.11.2013 - S 3230, S 3190, S 3206, S 3209 B, S 3208, S 3228, S 3204.

ten der **arbeitsschutzrechtlichen Grenzwerte** beispielsweise nach § 15 Abs. 1 Satz 2 Nr. 3 ArbStättV genügt für sich allein genommen nicht, um die Gebäudeeigenschaft abzulehnen.[1] Nur wenn der Aufenthalt von Menschen bei einem fortlaufenden Betriebsvorgang überhaupt nicht oder nur während kurzer Betriebspausen in Betracht kommt, ist das Bauwerk kein Gebäude.[2] Ohne Schutzkleidung genügt die Möglichkeit eines Aufenthalts in dem Bauwerk, der über wenige Minuten hinausgeht.[3]

39 Unerheblich ist weiter, dass die Räume während eines bestimmten Betriebsvorgangs (z. B. bei Versuchen oder gewissen Arbeitsvorgängen in Laboratorien) nicht betreten werden können oder dass der Aufenthalt in dem Bauwerk nur auf Betriebsvorrichtungen wie z. B. **Arbeitsbühnen** möglich ist.[4] Zu den Gebäuden rechnen daher regelmäßig auch **Autowaschanlagen**,[5] selbst wenn sie aus Fertigbetonteilen errichtet, mit einem Rolltor verschließbar sind und ausschließlich die für die Waschanlage notwendigen Einrichtungen enthalten (sog. **Stewing-Hallen**).[6] Selbstbedienungsautowaschanlagen sollen ebenfalls den Gebäudebegriff erfüllen.[7] Betriebsvorrichtung und kein Gebäude ist hingegen ein **vollautomatisches Hochregallager**, bei dem die einzelnen Lagergassen nur betreten werden können, wenn die rechnergesteuerten Lagermaschinen zur Durchführung etwa von Inspektions- und Wartungsarbeiten außer Betrieb gesetzt werden.[8]

40 Enthält ein Bauwerk neben den Aufenthalt von Menschen nicht gestattenden Räumen auch Räume, die den Aufenthalt von Menschen gestatten, so ist das gesamte Bauwerk – bei Vorliegen der übrigen Merkmale – als Gebäude zu behandeln, wenn die zum Aufenthalt geeigneten Räume nicht von untergeordneter Bedeutung sind.[9] Das FG Rheinland-Pfalz[10] hat einen **Wasserturm** als Gebäude angesehen, weil gut 40 % seines Rauminhalts den vorübergehenden Aufenthalt von Menschen zu betrieblichen Zwecken (Überwachung und regelmäßige Wartung) erlaubten. Das Grundstück war daher zutreffend als Geschäftsgrundstück und nicht als unbebautes Grundstück (mit einer Betriebsvorrichtung) zu bewerten.

41–43 *(Einstweilen frei)*

---

[1] BFH, Urteil v. 30.1.1991 - II R 48/88, BStBl 1991 II S. 618; BFH Urteil v. 15.6.2005 - II R 67/04, BStBl 2005 II S. 688 (Vorinstanz FG Rheinland-Pfalz, Urteil v. 23.9.2003 - 2 K 3118/99, n.v.); BFH, Urteil v. 15.6.2005 - II R 60/02, NWB CAAAB-58936 (Vorinstanz FG Düsseldorf v. 7.11.2002 - 11 K 4981/99 BG, AAAAB 07223).

[2] BFH, Urteil v. 30.1.1991 - II R 48/88, BStBl 1991 II S. 618; Tz. 2.4 des Abgrenzungserlasses v. 5.6.2013, BStBl 2013 I S. 734, findet entsprechende Anwendung nach A 243 Abs. 8 AEBewGrSt; vgl. dagegen BFH, Urteil v. 7.4.2011 - III R 8/09, NWB GAAAD-84117; FG Münster, Urteil v. 12.1.2012 - 3 K 1220/09 EW, NWB UAAAE-06497 zu einem Tiefkühllager.

[3] Hessisches FG, Urteil v. 3.11.2016 - 3 K 320/15, NWB AAAAG-36495: bei 50°C Raumtemperatur Aufenthalt über wenige Minuten hinaus ohne Schutzkleidung möglich (Kesselhaus); FG Münster, Urteil v. 12.1.2012 - 3 K 1220/09 EW, NWB UAAAE-06497: bei -24°C Raumtemperatur Aufenthalt von max. 45 Minuten mit Schutzkleidung (Tiefkühllager).

[4] Tz. 2. 3 des Abgrenzungserlasses v. 5.6.2013, BStBl 2013 I S. 734, findet entsprechende Anwendung nach A 243 Abs. 8 AEBewGrSt.

[5] BFH, Urteil v. 14.11.1975 - III R 150/74, BStBl 1976 II S. 198; BayLfSt, Vfg. v. 15.11.2013 - S 3230, S 3190, S 3206, S 3209 B, S 3208, S 3228, S 3204, juris.

[6] OFD München, Erlass v. 26.7.1989 - S 3190 - 47/2 St 242, NWB DokSt F. 9 §§ 68–71 BewG 3/90; OFD Nürnberg, Erlass v. 26.7.1989 - S 3190 - 101/St 31, NWB DokSt F. 9 §§ 68–71 BewG 3/90; BayLfSt, Vfg. v. 15.11.2013 - S 3230, S 3190, S 3206, S 3209 B, S 3208, S 3228, S 3204, juris.

[7] BayLfSt, Vfg. v. 15.11.2013 - S 3230, S 3190, S 3206, S 3209 B, S 3208, S 3228, S 3204, juris.

[8] BFH, Urteil v. 18.3.1987 - II R 222/84, BStBl 1987 II S. 551; FG Düsseldorf, Urteil v. 19.9.2013 - 11 K 211/12 BG, NWB UAAAE-50976; vgl. hingegen zu einem manuell gesteuerten Hochregallager BFH, Urteil v. 28.5.2003 - II R 41/01, BStBl 2003 II S. 693.

[9] BFH, Urteil v. 14.11.1975 - III R 150/74, BStBl 1976 II S. 198, betr. Autowaschhalle; BFH Urteil v. 6.8.1976 - III R 163/73, BStBl 1976 II S. 772, betr. Hühnerstall.

[10] FG Rheinland-Pfalz, Urteil v. 10.3.1998 - 2 K 2778/97, EFG 1998 S. 1113.

cc) Feste Verbindung mit dem Grund und Boden

Ein Gebäude liegt nur vor, wenn es mit dem Grund und Boden fest verbunden ist (sog. **Ortsfestigkeit**), anderenfalls ist es ein bewegliches Wirtschaftsgut. Eine **feste Verbindung mit dem Grund und Boden liegt** stets vor, wenn das Bauwerk **mit einem Fundament verbunden ist**.[1] Dies gilt auch für **Container, Raumzellen, Modulbauten, Pavillons, Baracken, Buden und sog. Tiny Häuser**.[2]

Für die Annahme eines Fundaments genügt jede gesonderte (eigene) Einrichtung, die eine feste Verbindung mit dem Grund und Boden bewirkt und nicht durch **bloßen Abtransport** entfernt werden kann.[3] Dabei kommt es nicht auf Art, Tiefe oder Material der Fundamente an.[4] Es bedarf ferner keines durchgängigen Fundaments. Es genügen Streifenfundamente, Punktfundamente, eingegrabene Betonstützen oder Holzpfähle.[5]

Eine Verankerung des Bauwerks mit dem Fundament ist nicht erforderlich, wenn es infolge der **eigenen Schwere** auf dem Fundament ruht.[6] Steht ein selbständiges Gebäude auf einem anderen selbständigen Bauwerk (z. B. Trelementbauten), das kein Gebäude zu sein braucht, soll es genügen, dass das Gebäude mit dem anderen Bauwerk und das andere Bauwerk mit dem Grund und Boden fest verbunden sind.[7] Ein **Bürocontainer**, der nicht zur Verwendung an stets wechselnden Einsatzstellen bestimmt ist und kraft seiner Eigenschwere auf vier frostfreien Betonpunktfundamenten (40 cm tief) ruht, ist nach diesen Grundsätzen – trotz der Möglichkeit seines Abtransports – bewertungsrechtlich ein Gebäude.[8]

Selbst für Bauwerke **ohne Fundament** kann unter besonderen Umständen eine feste Verbindung mit dem Grund und Boden angenommen werden. Die Rechtsprechung hat für die Annahme der erforderlichen **Ortsfestigkeit** insbesondere bei Containerbauten bestimmte **Kriterien** entwickelt. Diese sind das Gewicht, die Aufstelldauer, der Umfang der Abbauarbeiten für eine Ortsveränderung sowie das Erscheinungsbild und die Zweckbestimmung des Bauwerks.[9]

---

1 BFH, Urteil v. 22.7.2020 - II R 37/17, BStBl 2021 II S. 662; BFH, Urteil v. 10.6.1988 - III R 65/84, BStBl 1988 II S. 847; Tz. 2.5 des Abgrenzungserlasses v. 5.6.2013, BStBl 2013 I S. 734, findet entsprechende Anwendung nach A 243 Abs. 8 AEBewGrSt.

2 FG Hamburg, Urteil v. 29.1.2016 - 3 K 95/15, NWB EAAAF-71266, m.w.N. sowie nachfolgend Urteil v. 28.4.2017 - 3 K 95/15, NWB WAAAG-59665, nrkr., aufgehoben aus anderen Gründen durch BFH, Urteil v. 22.7.2020 - II R 37/17, BStBl 2021 II S. 662; vgl. aber auch FG Rheinland-Pfalz, Urteil v. 18.3.2011 - 4 K 2522/08, NWB EAAAE-02655, betr. Verkaufspavillon „Brezelhaus".

3 BFH, Urteil v. 22.7.2020 - II R 37/17, BStBl 2021 II S. 662; BFH, Urteil v. 23.9.1988 - III R 67/85, BStBl 1989 II S. 113; BFH Urteil v. 1.12.1970 - VI R 380/69, BStBl II 1971 S. 317; FG Thüringen, Urteil v. 6.12.1995 - I 36/95, EFG 1996 S. 524.

4 BFH, Urteil v. 10.6.1988 - III R 65/84, BStBl 1988 II S. 847, betr. Bürocontainer.

5 BFH, Urteil v. 21.2.1973 - II R 140/67, BStBl 1973 II S. 507, (Holzpfähle); BFH, Urteil v. 23.9.1988 - III R 67/85, BStBl 1989 II S. 113, (Betonpunktfundament); FG Sachsen-Anhalt, Urteil v. 9.11.1999 - I 360/96, NWB HAAAB-12960 (zu Streifen- und Punktfundamenten); FG Hamburg, Urteil v. 29.1.2016 - 3 K 95/15, NWB EAAAF-71266 (Streifenfundament, eine Pfahlgründung, eingegrabene Betonstützen); nrkr., aufgehoben aus anderen Gründen durch BFH, Urteil v. 22.7.2020 - II R 37/17, BStBl 2021 II S. 662.

6 Vgl. BFH, Urteil v. 22.7.2020 - II R 37/17, BStBl 2021 II S. 662; BFH, Urteil v. 4.10.1978 - II R 15/77, BStBl 1979 II S. 190; BFH, Urteil v. 18.6.1986 - II R 222/83, BStBl 1986 II S. 787.

7 Tz. 2.5 sowie Zeichnung 4 des Abgrenzungserlasses v. 5.6.2013, BStBl 2013 I S. 734, findet entsprechende Anwendung nach A 243 Abs. 8 AEBewGrSt; BayLfSt, Vfg. v. 15.11.2013 - S 3230, S 3190, S 3206, S 3209 B, S 3208, S 3228, S 3204, juris.

8 BFH, Urteil v. 23.9.1988 - III R 67/85, BStBl 1989 II S. 113; BFH, Urteil v. 25.4.1996 - III R 47/93, BStBl 1996 II S. 613, betr. Bestätigung der bisherigen Rechtsprechung und Klarstellung zu BFH, Urteil v. 23.9.1988, a.a.O.

9 Vgl. FG Hamburg, Urteil v. 29.1.2016 - 3 K 95/15, NWB EAAAF-71266 sowie nachfolgend Urteil v. 28.4.2017 - 3 K 95/15, NWB WAAAG-59665, nrkr., aufgehoben aus anderen Gründen durch BFH, Urteil v. 22.7.2020 - II R 37/17, BStBl 2021 II S. 662.

48 Die nötige Ortsfestigkeit ist anzunehmen, wenn das Bauwerk aufgrund seines Eigengewichts einer Verankerung gleich auf dem Grund und Boden festgehalten wird.[1] Ist für eine Ortsveränderung ein Abbruch und Wiederaufbau erforderlich, spricht dies für eine Ortsfestigkeit.[2] Nicht auf Fundamenten errichtete **Container** können Gebäude sein, wenn sie im Einzelfall – wie z. B. regelmäßig **Büro- und Verkaufscontainer** – für eine **dauernde Nutzung** aufgestellt sind und die ihnen so zugedachte Ortsfestigkeit sich auch im äußeren Erscheinungsbild manifestiert.[3] Indiz dafür ist in erster Linie die einem solchen Bauwerk (ggf. unternehmerisch) zugedachte **Funktion oder Zweckbestimmung** (sog. funktionaler Gebäudebegriff).[4] Die Zweckbestimmung oder Funktion ist als innere Tatsache anhand äußerer Merkmale und objektiver Umstände zu bestimmen, beispielsweise anhand der baurechtlichen Genehmigung, der Art der Nutzung und des Ausmaßes der Integration in einem Betrieb oder auf dem Grundstück.[5] Danach sind grds. **Büro- und Wohncontainer** als Gebäude zu beurteilen.[6]

49 Ungeachtet der im Einzelfall gegebenen Zweckbestimmung ist nach **Ablauf einer längeren Standzeit** des Bauwerks am selben Ort von einer auf Dauer angelegten Nutzung (= Gebäude) und damit von der erforderlichen Ortsfestigkeit auszugehen.[7] Insbesondere bei Leasing oder Miete der Container ist die Nutzungszeit und die Intention der Vertragsparteien zu berücksichtigen.[8] Führen in einem solchen Fall außerhalb der Zweckbestimmung liegende Umstände, wie z. B. die Kündigung des Pachtvertrags über das Grundstück, zu einer tatsächlichen Veränderung des Aufstellplatzes der Container, hat dies keinen Einfluss auf ihre Beurteilung als Gebäude.[9] Für eine auf Dauer angelegte Nutzung wird ein Zeitraum in Anlehnung an § 21 Abs. 1 Nr. 1 BewG (Hauptfeststellungszeitraum) von **sechs Jahren** angenommen.[10] Ob die Verlängerung des Hauptfeststellungszeitraums nach § 221 Abs. 1 BewG auf sieben Jahre eine entsprechende Verlängerung der Aufstelldauer nach sich zieht, bleibt abzuwarten. Soll ein Container auf unabsehbare Zeit ein massives Gebäude ersetzen, ist dieser, wenn sich dies auch im äußeren Erscheinungsbild manifestiert, jedenfalls als Gebäude im bewertungsrechtlichen Sinn anzusehen.[11] Die Finanzverwaltung hat diese Abgrenzungskriterien inzwischen generell für Bauwerke übernommen.[12] Die Abgrenzungskriterien gelten auch für Flüchtlingsunterkünfte, insbesondere für Flüchtlingsunterkünfte in Wohncontainern.

---

1 BFH, Urteil v. 22.7.2020 - II R 37/17, BStBl 2021 II S. 662; BFH, Urteil v. 26.10.2011 - II R 27/10, BStBl 2012 II S. 274.
2 FG Hamburg, Urteil v. 29.1.2016 - 3 K 95/15, NWB EAAAF-71266 sowie nachfolgend Urteil v. 28.4.2017 - 3 K 95/15, NWB WAAAG-59665, aufgehoben aus anderen Gründen durch BFH, Urteil v. 22.7.2020 - II R 37/17, BStBl 2021 II S. 662.
3 BFH, Urteil v. 22.7.2020 - II R 37/17, BStBl 2021 II S. 662; BFH, Urteil v. 23.9.1988 - III R 67/85, BStBl 1989 II S. 113; BFH, Urteil v. 12.3.1997 - II B 71/96, NWB GAAAA-97362.
4 BFH, Urteil v. 22.7.2020 - II R 37/17, BStBl 2021 II S. 662.
5 BFH, Urteil v. 22.7.2020 - II R 37/17, BStBl 2021 II S. 662 m.w. N.
6 FG Münster, Urteil v. 13.1.1994 - 3 K 5924/92, EFG 1994 S. 555; FG Hamburg, Urteil v. 29.1.2016 - 3 K 95/15, NWB EAAAF-71266 sowie nachfolgend Urteil v. 28.4.2017 - 3 K 95/15, NWB WAAAG-59665, nrkr., aufgehoben durch BFH, Urteil v. 22.7.2020 - II R 37/17, BStBl 2021 II S. 662.
7 FG Hamburg, Urteil v. 29.1.2016 - 3 K 95/15, NWB EAAAF-71266 sowie nachfolgend v. 28.4.2017 - 3 K 95/15, NWB WAAAG-59665, nrkr., aufgehoben aus anderen Gründen durch BFH, Urteil v. 22.7.2020 - II R 37/17, BStBl 2021 II S. 662; vgl. zu einem Mobilheim auch FG Schleswig-Holstein, Urteil v. 12.8.2019 - 3 K 55/18, NWB RAAAH-35150, UVR 2020 S. 44.
8 BFH, Urteil v. 22.7.2020 - II R 37/17, BStBl 2021 II S. 662.
9 BFH, Urteil v. 22.7.2020 - II R 37/17, BStBl 2021 II S. 662.
10 BFH, Urteil v. 22.7.2020 - II R 37/17, BStBl 2021 II S. 662.
11 BFH, Urteil v. 22.7.2020 - II R 37/17, BStBl 2021 II S. 662.
12 Vgl. Tz. 2.5 des Abgrenzungserlasses v. 5.6.2013, BStBl 2013 I S. 734, findet entsprechende Anwendung nach A 243 Abs. 8 AEBewGrSt.

Bauwerken (ohne Fundamente), die nach ihrer baulichen Gestaltung zur Verwendung auf stets wechselnden Einsatzstellen vorgesehen und ohne größere bauliche Maßnahmen jederzeit versetzbar und transportabel sind, fehlt es an der dem Gebäudebegriff immanenten Ortsfestigkeit (beispielsweise **Baustellencontainer**).[1] Sollen Container nach Errichtung, Erweiterung oder Instandsetzung eines massiven Gebäudes oder nach Wegfall eines von vornherein nur zeitweise bestehenden Raumbedarfs wieder entfernt werden, fehlt der für die Annahme eines Gebäudes erforderliche nicht nur vorübergehende Nutzungszweck.[2] Eine auf dem Wasser **schwimmende (Hotel-)Anlage** ist mangels fester Verbindung mit dem Grund und Boden und wegen fehlender Standfestigkeit ebenfalls kein Gebäude.[3]

dd) Beständigkeit

Weiteres Merkmal für ein Gebäude ist die **Beständigkeit** des Bauwerks.[4] Diese richtet sich allein nach der Beschaffenheit des Bauwerks. Sie wird nur in Ausnahmefällen insbesondere bei **Zelten** oder bei Bauwerken mit kurzer Bestandsdauer (beispielsweise Iglus) zweifelhaft sein. Unerheblich ist für die Beständigkeit, ob das Bauwerk nur behelfsmäßig oder für einen vorübergehenden Zweck errichtet worden ist (vgl. aber auch zum Merkmal der Ortsfestigkeit → Rz. 44 ff.).[5] Dies gilt insbesondere für **Musterhäuser** der Bauindustrie.[6]

(Einstweilen frei)

ee) Standfestigkeit

Schließlich muss ein Gebäude eine gewisse **Standfestigkeit** aufweisen. Bei einem Bauwerk, das fest mit dem Grund und Boden verbunden ist, kann davon ausgegangen werden, dass es auch standfest ist. Bauwerke mit pneumatischen Konstruktionen (**Traglufthallen**) sollen mangels ausreichender Standfestigkeit keine Gebäude sein.[7] Die Standfestigkeit des Gebäudes ist darüber hinaus i.d.R. nur bei Umschließungen und Überdachungen besonders zu prüfen, wenn eine **Betriebsvorrichtung** mit der Umschließung oder Überdachung in besonders enger Verbindung steht oder Teile der Betriebsvorrichtung selbst die Umschließung bilden.[8] Dem liegt die Vorstellung zugrunde, dass ein Gebäude für die Annahme seiner Standfestigkeit nicht einstürzen darf, wenn die als Betriebsvorrichtungen anzusehenden Teile des Bauwerks entfernt würden.

---

1 BFH, Urteil v. 22.7.2020 - II R 37/17, BStBl 2021 II S. 662; BFH, Urteil v. 18.6.1986 - II R 222/83, BStBl 1986 II S. 787; FG Hamburg, Urteil v. 29.1.2016 - 3 K 95/15, NWB EAAAF-71266 sowie nachfolgend Urteil v. 28.4.2017 - 3 K 95/15, NWB WAAAG-59665, nrkr., Rev. eingelegt, BFH-Az.: II R 37/17.
2 BFH, Urteil v. 22.7.2020 - II R 37/17, BStBl 2021 II S. 662.
3 BFH, Urteil v. 26.10.2011 - II R 27/10, BStBl 2012 II S. 274, m. Anm. Meßbacher-Hönsch, jurisPR-SteuerR 7/2012 Rz. 1; OFD Koblenz, Erlass v. 19.11.2012 - S 3190 - St 35 6, NWB UAAAE-40413; vgl. auch Stöckel, NWB 34/2012 S. 2770, NWB QAAAE-15420; vgl. andererseits aber auch OLG Schleswig, Urteil v. 19.4.2016 - 2 Wx 12/16, wonach schwimmende Häuser Gebäude i. S. des WEG sind.
4 Tz. 2.6 des Abgrenzungserlasses v. 5.6.2013, BStBl 2013 I S. 734, findet entsprechende Anwendung nach A 243 Abs. 8 AEBewGrSt.
5 Tz. 2.6 des Abgrenzungserlasses v. 5.6.2013, BStBl 2013 I S. 734, findet entsprechende Anwendung nach A 243 Abs. 8 AEBewGrSt.
6 Siehe zur Einheitswertfeststellung Niedersächsisches FG, Urteil v. 28.4.2003 - 1 K 1037/97, NWB UAAAB-05884.
7 Tz. 2.7 Abs. 9 des Abgrenzungserlasses v. 5.6.2013, BStBl 2013 I S. 734, findet entsprechende Anwendung nach A 243 Abs. 8 AEBewGrSt; BayLfSt, Vfg. v. 15.11.2013 - S 3230, S 3190, S 3206, S 3209 B, S 3208, S 3228, S 3204, juris.
8 Vgl. Tz. 2.7 sowie Zeichnung 5 des Abgrenzungserlasses v. 5.6.2013, BStBl 2013 I S. 734, findet entsprechende Anwendung nach A 243 Abs. 8 AEBewGrSt; BFH, Urteil v. 13.6.1969 - III R 132/67, BStBl 1969 II S. 612.

56 Die Standfestigkeit eines Bauwerks ist gegeben, wenn die Umschließung ihre Standfestigkeit erst durch besondere Bauteile (Fundamente, Stützen, Mauervorlagen, Verstrebungen) erhält oder selbst als Tragekonstruktion ausgebildet ist und die besonderen Bauteile oder solche Tragekonstruktionen **gleichzeitig** einer Betriebsvorrichtung dienen.[1] § 243 Abs. 2 Nr. 2 Satz 2 BewG rechnet derartige Bauteile, die einen **doppelten Zweck** erfüllen, zum Grundvermögen und nicht zu den Betriebsvorrichtungen, z. B. Umwandungen von Generatorengehäusen eines Wasserkraftwerks, die nicht nur der Aufnahme der Generatoren und Turbinen, sondern auch als tragende Teile der Konstruktion des gesamten Gebäudes dienen (siehe → Rz. 104).[2]

57–59 *(Einstweilen frei)*

c) Sonstige Bestandteile

60 Die Einordnung als sonstige Bestandteile[3] hat für die Grundsteuer nicht dieselbe Bedeutung wie für die Bedarfsbewertung.[4] Nur sofern die Bestandteile die **Wohnfläche** i. S. des § 254 BewG oder die **Brutto-Grundfläche** i. S. des § 259 Abs. 2 BewG erhöhen, haben sie unmittelbaren Einfluss auf die Höhe des Grundsteuerwerts (siehe bereits → Rz. 2).

61 Der Begriff der **sonstigen Bestandteile** des Grund und Bodens ist **zivilrechtlich** zu verstehen.[5] Der Begriff ist dementsprechend nach §§ 93 ff. BGB auszulegen[6] und erfasst **wesentliche** wie **unwesentliche** Grundstücks- und Gebäudebestandteile.[7] **Bestandteile** sind körperliche Gegenstände, die zusammen mit anderen entweder von Natur aus eine einheitliche Sache bilden oder durch die Verbindung miteinander ihre Selbständigkeit dergestalt verloren haben, dass sie, solange die Verbindung dauert, als Elemente einer einheitlichen Sache erscheinen.[8] Als Bestandteile des Grundstücks gelten nach § 96 BGB auch die mit dem Eigentum verbundenen Rechte (dingliche Rechte wie Überbaurechte (§ 912 BGB) und Grunddienstbarkeiten (§ 1081 BGB, z. B. Wege- und Fensterrechte)).[9] Unter Rechte i. S. von § 96 BGB fallen diejenigen Rechte, die dem jeweiligen Eigentümer des herrschenden Grundstücks hinsichtlich eines anderen Grundstücks zustehen. Sie gehören als Bestandteile des herrschenden Grundstücks zwar zum Grundvermögen, werden allerdings nach §§ 243 ff. BewG nicht als eigene wirtschaftliche Einheit erfasst und auch nicht bei der Bewertung des herrschenden oder des belasteten Grundstücks berücksichtigt.[10] Die Grundsteuer erfasst als Sollertragsteuer den Bruttowert des Grundstücks. Nach Ansicht der Finanzverwaltung sollen hingegen Nutzungsrechte (Nießbrauch und Wohnrechte) nicht zum Grundvermögen gehören, da sie nach Inhalt und Entste-

---

1 Tz. 2.7 Abs. 2 sowie Zeichnungen 6–9 des Abgrenzungserlasses v. 5.6.2013, BStBl 2013 I S. 734, findet entsprechende Anwendung nach A 243 Abs. 8 AEBewGrSt.
2 BFH, Urteil v. 9.12.1998 - II R 1/96, NWB DAAAA-63096; BayLfSt, Vfg. v. 15.11.2013 - S 3230, S 3190, S 3206, S 3209 B, S 3208, S 3228, S 3204, juris.
3 A 243 Abs. 1 Satz 2 AEBewGrSt.
4 Siehe dazu vertiefend Bock in Viskorf/Schuck/Wälzholz, BewG § 176 Rz. 9 ff.
5 BFH, Urteil v. 9.4.1997 - II R 95/94, BStBl 1997 S. 452; A 243 Abs. 4 Satz 1 AEBewGrSt; Schnitter in GrStG - eKommentar, BewG § 243 Rz. 16; Krause in Stenger/Loose, BewG § 243 Rz. 29.
6 Vgl. u. a. BFH, Urteil v. 13.10.1982 - II R 90/81, BStBl 1983 II S. 62; Tz. 2.2 des Abgrenzungserlasses v. 5.6.2013, BStBl 2013 I S. 734, findet entsprechende Anwendung nach A 243 Abs. 8 AEBewGrSt. A 243 Abs. 4 Satz 2 AEBewGrSt.
7 A 243 Abs. 4 Satz 2 AEBewGrSt.
8 BGH, Urteil v. 11.11.2011 - V ZR 231/10, NWB KAAAD-99861; Stresemann in MüKo-BGB, § 93 Rz. 3.
9 A 243 Abs. 4 Satz 7 und 9 AEBewGrSt; Schnitter in GrStG - eKommentar, BewG § 243 Rz. 14.
10 A 243 Abs. 4 Satz 8 AEBewGrSt; Krause in Stenger/Loose, BewG § 243 Rz. 40.

hung nicht mit der Beschaffenheit des Grundstücks zusammenhängen.[1] Dies dürfte jedoch nur dann gelten, wenn es sich nicht um Rechte i. S. von § 96 BGB handelt.

Wesentliche Bestandteile einer Sache sind nach § 93 BGB solche Bestandteile, die voneinander nicht getrennt werden können, ohne dass der eine oder der andere Teil zerstört oder in seinem Wesen verändert wird. Wesentliche Bestandteile können nicht Gegenstand gesonderter Rechte sein und teilen daher das zivilrechtliche Schicksal der Hauptsache.

Unwesentliche Bestandteile gehören ebenfalls zum Grundvermögen und sind insbesondere von den selbständigen Sachen abzugrenzen. Selbständigen Sachen fehlt die oben beschriebene Zusammengehörigkeit mit einer anderen Sache. Im Unterschied zu den wesentlichen Bestandteilen sind **unwesentliche Bestandteile** wie das Zubehör **sonderrechtsfähig**. Eine Abgrenzung zum Zubehör ist daher nicht erforderlich. Auch Grundstücke können Bestandteile anderer Grundstücke sein. Ein Grundstück kann beispielsweise dadurch zum Bestandteil eines anderen Grundstücks gemacht werden, indem der Eigentümer es dem anderen Grundstück im Grundbuch zuschreiben lässt (§ 890 Abs. 2 BGB).

Bei Grundstücken gehören nach § 94 Abs. 1 BGB zivilrechtlich darüber hinaus die mit dem Grund und Boden fest verbundenen Sachen, insbesondere Gebäude, sowie u. a. die mit dem Boden zusammenhängenden **Erzeugnisse und Außenanlagen** zu den wesentlichen Bestandteilen des Grundstücks.[2] Die Außenanlagen werden bei der Bewertung des Grundvermögens für Zwecke der Grundsteuer nicht gesondert angesetzt, sondern sind mit dem Grundsteuerwert abgegolten.[3] Die Außenanlagen gehören dem Grunde nach zum Grundvermögen, sie erhöhen jedoch einzelfallbezogen nicht den Grundsteuerwert.[4] Im Sachwertverfahren wurden die Normalherstellungskosten zur Erfassung der Außenanlagen um 3 % pauschal erhöht.[5] Zu den Außenanlagen zählen insbesondere Platz- und Wegebefestigungen, Terrassen, Gartenanlagen, Umzäunungen sowie Leitungen und sonstige Anlagen außerhalb der Gebäude, welche der Versorgung und der Kanalisation dienen.[6] Vom Grundsteuerwert werden auch Nebengebäude und Zubehörräume (z. B. Keller-, Abstell- und Heizungsräume) gerechnet, wenn sie auf dem mit dem Hauptgebäude bebauten Grundstück stehen (z. B. Garagen) oder zusammen mit dem Grundstück genutzt werden.[7]

Nach § 94 Abs. 2 BGB gehören zu den wesentlichen Bestandteilen des Gebäudes neben den Bestandteilen nach § 93 BGB die zu seiner Herstellung eingefügten Gegenstände,[8] wenn sie nicht ohne Beschädigung oder erheblichen Aufwand herausgenommen werden können. Eine Sache ist zur Herstellung des Gebäudes eingefügt, wenn sie zwischen Teile eines Gebäudes gebracht und durch Einpassen an eine für sie bestimmte Stelle mit den sie umschließenden Stücken vereinigt und damit ihrer Zweckbestimmung zugeführt wird.[9] Hierunter fallen insbesondere Türen, Treppen, Fenster, eingebaute Möbel und Öfen, Badeinrichtungen, Zentralhei-

---

[1] A 243 Abs. 4 Satz 10 AEBewGrSt.
[2] A 243 Abs. 4 Satz 3 und 4 AEBewGrSt.
[3] A 243 Abs. 4 Satz 5 AEBewGrSt; siehe auch A 247.1 Abs. 1 Satz 2 AEBewGrSt und A 258 Abs. 1 Satz 4 AEBewGrSt.
[4] Krause in Stenger/Loose, BewG § 243 Rz. 16, 31.
[5] Vgl. RegE zum GrStRefG, BT-Drucks. 19/11085 S. 77.
[6] A 243 Abs. 4 Satz 6 AEBewGrSt; Krause in Stenger/Loose, BewG § 243 Rz. 30.
[7] A 243 Abs. 5 AEBewGrSt.
[8] BFH, Urteil v. 31.7.1997 - III R 247/94, NWB QAAAA-97405, betr. eingebaute Schrank- und Trennwände; FG Sachsen-Anhalt, Urteil v. 14.7.2003 - 1 K 386/99, NWB FAAAB-05918, betr. Einbaumöbel für eine Apotheke; A 243 Abs. 3 Satz 2 AEBewGrSt.
[9] BFH, Urteil v. 4.5.1962 - III 348/60 U, BStBl 1962 III S. 333; A 243 Abs. 3 Satz 3 AEBewGrSt.

zungs-, Warmwasser- und Brennstoffversorgungsanlagen sowie Aufzüge, auch wenn sie nachträglich eingebaut worden sind.[1] Wesentliche Bestandteile des Gebäudes sind insbesondere auch die mit diesem verbundenen Anbauten, z. B. Wintergärten.[2] Unter den o. g. Voraussetzungen gehören Sachen auch dann zivilrechtlich zu den wesentlichen Bestandteilen, wenn es sich bei den wesentlichen Bestandteilen um Betriebsvorrichtungen handelt.[3] Für Zwecke der Grundsteuer werden sie vom Grundvermögen grds. nach § 243 Abs. 2 Nr. 2 BewG wieder ausgenommen (siehe → Rz. 89 ff., insbesondere → Rz. 94 ff.).[4]

66 Keine Bestandteile, sondern nur **Scheinbestandteile** eines Grundstücks sind solche Sachen, die zu einem **vorübergehenden Zweck** mit dem Grund und Boden verbunden sind (§ 95 Abs. 1 Satz 1 BGB)[5]. Das Gleiche gilt für ein Gebäude oder anderes Werk, das in **Ausübung** eines **dinglichen Rechts** an einem fremden Grundstück von dem Berechtigten mit dem Grundstück verbunden worden ist (§ 95 Abs. 1 Satz 2 BGB). Sachen, die nur zu einem vorübergehenden Zweck in ein Gebäude eingefügt sind, gehören nicht zu den Bestandteilen des Gebäudes (§ 95 Abs. 2 BGB). Die Scheinbestandteile gehören nicht zum Grundvermögen, wenn kein Fall des Gebäudes auf fremdem Grund und Boden vorliegt.[6]

d) Zubehör

67 Das Zubehör eines Grundstücks oder Gebäudes gehört nach § 243 Abs. 1 Nr. 1 zum Grundvermögen.[7] Da das Zubehör bei der Wertermittlung für Zwecke der Grundsteuer nicht berücksichtigt wird und mit dem Grundsteuerwert abgegolten ist,[8] hat die Einordnung als Zubehör zum Grundvermögen nicht dieselbe Bedeutung wie bei der Erbschaft- und Schenkungsteuer (siehe → Rz. 2).[9]

68 Der Begriff des Zubehörs ist zivilrechtlich zu verstehen.[10] Nach § 97 Abs. 1 Satz 1 BGB gehören zum Zubehör **bewegliche selbständige Sachen**, die dem wirtschaftlichen Zweck einer Hauptsache zu dienen bestimmt sind, ohne Bestandteile der Hauptsache zu sein, und entsprechend dieser Bestimmung zu der Hauptsache in einem bestimmten räumlichen Verhältnis stehen.[11] Zubehör muss auf Dauer dem wirtschaftlichen Zweck der Hauptsache gewidmet sein (beispielsweise Alarmanlage einer Eigentumswohnung,[12] Treppenläufer, Beleuchtungskörper, Mülltonnen[13]). Zum Zubehör kann insbesondere nach § 98 BGB das gewerbliche und landwirtschaftliche Inventar gehören. Rechte können kein Zubehör sein.[14] Zum Zubehör gehören auch

---

1 A 243 Abs. 3 Satz 4 AEBewGrSt; Krause in Stenger/Loose, BewG § 243 Rz. 33.
2 A 243 Abs. 4 Satz 3 AEBewGrSt.
3 A 243 Abs. 3 Satz 5 AEBewGrSt.
4 A 243 Abs. 3 Satz 6 und Abs. 8 AEBewGrSt.
5 BFH, Urteil v. 22.10.1965 -III 145/62 U, BStBl 1966 III S. 5; A 243 Abs. 3 Satz 7 AEBewGrSt.
6 Siehe hierzu Bock in Grootens, BewG § 244 Rz. 77 ff.
7 A 243 Abs. 1 Satz 2 AEBewGrSt.
8 A 243 Abs. 6 Satz 4 AEBewGrSt; Krause in Stenger/Loose, BewG § 243 Rz. 36.
9 Vgl. dazu vertiefend Bock in Viskorf/Schuck/Wälzholz, BewG § 176 Rz. 17.
10 BFH, Urteil v. 9.4.1997 - II R 95/94, BStBl II 1997 S. 452; A 243 Abs. 4 Satz 1 AEBewGrSt; Schnitter in GrStG - eKommentar, BewG § 243 Rz. 16; Krause in Stenger/Loose, BewG § 243 Rz. 35.
11 A 243 Abs. 6 Satz 1 AEBewGrSt.
12 OLG München, Urteil v. 3.7.1979 - 5 U 1851/79, MDR 1979 S. 934.
13 A 243 Abs. 6 Satz 2 AEBewGrSt; Krause in Stenger/Loose, BewG § 243 Rz. 36.
14 BGH, Urteil v. 25.4.1997 - BLw 1/97, BGHZ 135 S. 292.

vom Grundstückseigentümer mitvermietete oder den Mietern zur Verfügung gestellte Waschmaschinen, Kühlschränke, Herde, Öfen u. Ä.[1]

Bestandteile einer Sache oder Sachen, die nur zu einem **vorübergehenden Zweck** (Scheinbestandteile) mit dem Grund und Boden verbunden oder in ein Gebäude eingefügt sind, können kein Zubehör **dieses** Grund und Bodens oder Gebäudes sein.[2] Aufgrund der Verbindung zu einem vorübergehenden Zweck werden Scheinbestandteile eines Grundstücks, insbesondere auch Gebäude, wie bewegliche Sachen i. S. des bürgerlichen Rechts behandelt und können daher Zubehör **eines anderen** Grundstücks sein.[3] Sie sind dann Gebäude auf fremdem Grund und Boden.[4] 69

(Einstweilen frei) 70

3. Erbbaurecht (§ 243 Abs. 1 Nr. 2 BewG)

Das **Erbbaurecht** gehört nach § 243 Abs. 1 Nr. 2 BewG zum **Grundvermögen**.[5] Anders als in der Bedarfsbewertung[6] wird für Zwecke der Grundsteuer keine besondere Bewertungsmethode für das Erbbaurechtsgrundstück und das Erbbaurecht geregelt. Nach § 244 Abs. 3 Nr. 1 BewG bilden das Erbbaurechtsgrundstück sowie das Erbbaurecht eine wirtschaftliche Einheit, die nach § 261 BewG zusammen wie ein unbelastetes Grundstück zu bewerten sind und dem Erbbauberechtigten zugerechnet werden. 71

Bewertungsrechtlich ist unter einem Erbbaurecht nichts anderes als im Zivilrecht zu verstehen. Zivilrechtlich ist das Erbbaurecht ein **Recht auf einem Grundstück ein Gebäude zu haben** (§ 1 Abs. 1 des Gesetzes über das Erbbaurecht – ErbbauRG). Das Erbbaurecht trennt folglich das Eigentum am Gebäude vom Eigentum am Grundstück ab. Das Gebäude, sonst grundsätzlich wesentlicher Bestandteil des Grund und Bodens, wird damit sonderrechtsfähig. Das Erbbaurecht muss zivilrechtlich wirksam entstanden sein. Für die Entstehung des Erbbaurechts ist zivilrechtlich gem. § 11 Abs. 1 ErbbauRG i.V. mit § 873 Abs. 1 BGB die Einigung der Vertragsparteien zur Bestellung des Erbbaurechts sowie die Eintragung in das Grundbuch (sog. Erbbaugrundbuch) erforderlich.[7] 72

Beim Erbbaurecht ist zwischen der **dinglichen Erbbaurechtsbelastung**,[8] der möglichen Beschränkung der **Ausübung des Erbbaurechts**[9] sowie der **Erstreckung des Erbbaurechts**,[10] nämlich die durch das Erbbaurecht vermittelte Nutzungsberechtigung des Grund und Bodens, zu unterscheiden. 73

(Einstweilen frei) 74–76

---

1 A 243 Abs. 6 Satz 3 AEBewGrSt; Krause in Stenger/Loose, BewG § 243 Rz. 36.
2 Stresemann in MüKo-BGB, § 97 Rz. 8.
3 RG, Urteil v. 19.9.1903 - V 106/03, RGZ 55 S. 281 betr. Anbau auf fremdem Grundstück an einem Ziegeleimaschinenhaus für eine auf dem eigenen Nachbargrundstück betriebenen Ziegelei; Stresemann in MüKo-BGB, § 97 Rz. 5, 8.
4 Siehe dazu Bock in Grootens, BewG § 244 Rz. 77 ff.
5 A 243 Abs. 1 Satz 3 AEBewGrSt; A 261.1 AEBewGrSt.
6 Siehe dazu Bock in Viskorf/Schuck/Wälzholz, BewG §§ 192 ff.
7 Siehe vertiefend Bock in Viskorf/Schuck/Wälzholz, BewG § 192 Rz. 12.
8 Siehe vertiefend Bock in Grootens, BewG § 244 Rz. 53.
9 Siehe vertiefend Bock in Grootens, BewG § 244 Rz. 54.
10 Siehe vertiefend Bock in Grootens, BewG § 244 Rz. 55.

4. Wohnungs- und Teileigentum (§ 243 Abs. 1 Nr. 3 BewG)

77 **Wohnungs- und Teileigentum** gehören gem. § 243 Abs. 1 Nr. 3 BewG zum **Grundvermögen**.[1] **Wohnungseigentum** ist das Sondereigentum an einer bestimmten Wohnung eines Gebäudes und **Teileigentum** das Sondereigentum an nicht zu Wohnzwecken dienenden Räumen eines Gebäudes jeweils in Verbindung mit dem Miteigentumsanteil an dem gemeinschaftlichen Eigentum, zu dem es jeweils gehört.[2]

78 Das Wohnungs- und Teileigentum spaltet mithin das Eigentum an Teilen des Gebäudes vom übrigen Gebäudeeigentum ab. Die Wohnung bzw. die Räume, normalerweise wesentliche Bestandteile des Gebäudes, werden damit sonderrechtsfähig. Vertraglich kann nach § 3 WEG das Sondereigentum auch an Räumen in einem erst zu errichtenden Gebäude eingeräumt werden.[3] Die Teilung nach § 8 Abs. 1 WEG ist ebenfalls vor Errichtung des Gebäudes möglich. Vor Errichtung des Gebäudes handelt es sich zwar um Grundvermögen nach § 243 Abs. 1 Nr. 3 BewG, jedoch nicht um ein bebautes Grundstück i. S. von § 249 Abs. 5 oder 6 BewG. Das Wohnungseigentum ist dann nach den Regeln für unbebaute Grundstücke zu bewerten (Miteigentumsanteil am Grund und Boden).[4]

79 Wohnungs- und Teileigentum werden entweder durch die vertragliche Einräumung von Sondereigentum (§ 3 WEG) oder durch Teilung (§ 8 WEG) begründet.[5] Zur Einräumung des Sondereigentums ist u. a. die Einigung der Beteiligten über den Eintritt der Rechtsänderung, die der Form der Auflassung bedarf, und die Eintragung im Grundbuch erforderlich (§ 4 WEG).[6] Die Teilung durch Erklärung gegenüber dem Grundbuchamt wird erst mit der Anlegung der Wohnungsgrundbücher wirksam (§ 8 Abs. 2 WEG). Die Finanzverwaltung will bereits dann Wohnungseigentum annehmen, sowohl bei bereits errichteten als auch noch zu errichtenden Gebäuden, wenn die Teilungserklärung beurkundet ist und der Eintragungsantrag beim Grundbuch eingegangen ist.[7]

80 Das Dauerwohnrecht i. S. von § 31 WEG, also die Belastung eines Grundstücks in der Weise, dass der Berechtigte unter Ausschluss des Eigentümers eine bestimmte Wohnung in einem auf dem Grundstück errichteten oder zu errichtenden Gebäude bewohnen oder in anderer Weise nutzen kann, gilt grds. **nicht als wirtschaftliche Einheit des Grundvermögens**.[8] Die **Finanzverwaltung** will ein Dauerwohnrecht **ausnahmsweise** dann wie ein Wohnungseigentum behandeln (entsprechendes gilt für das Dauernutzungsrecht und Teileigentum[9]), wenn der Dauerwohnberechtigte aufgrund der zwischen ihm und dem Grundstückseigentümer getroffenen Vereinbarungen wirtschaftlich einem Wohnungseigentümer gleichsteht.[10] Dies soll dann der Fall sein, wenn der Dauerwohnberechtigte statt des zivilrechtlichen Eigentümers die Kosten der Anschaffung oder Herstellung einer von ihm selbstgenutzten Wohnung und die Gefahr des wirtschaftlichen Untergangs trägt sowie ihm auf Dauer, nämlich für die voraus-

---

1 A 243 Abs. 1 Satz 3 AEBewGrSt und A 249.5 und 249.6 AEBewGrSt.
2 Siehe § 249 Abs. 5 und Abs. 6 BewG, der § 1 Abs. 2 und 3 WEG wiederholt sowie dazu vertiefend Bock in Grootens, BewG § 249 Rz. 56 ff.; A 249.5 Abs. 3 Satz 1 AEBewGrSt.
3 A 249.5 Abs. 1 Satz 3 AEBewGrSt; vgl. zum zivilrechtlichen Problem auch Bock in Grootens, BewG § 249 Rz. 56.
4 So auch A 249.5 Abs. 2 Satz 4 AEBewGrSt.
5 A 249.5 Abs. 1 Satz 2 AEBewGrSt.
6 Vgl. auch A 249.5 Abs. 2 Satz 1 AEBewGrSt.
7 A 249.5 Abs. 2 Satz 2 und 3 AEBewGrSt.
8 A 249.5 Abs. 5 Satz 1 AEBewGrSt.
9 A 249.5 Abs. 5 Satz 6 AEBewGrSt; vgl. auch BFH, Urteil v. 22.10.1985 - IX R 48/82, BStBl 1986 II S. 258.
10 A 249.5 Abs. 5 Satz 2 AEBewGrSt.

sichtliche Nutzungsdauer der Wohnung, Substanz und Ertrag der Wohnung wirtschaftlich zustehen.[1] In diesem Fall ist er wirtschaftlicher Eigentümer.[2] Diese Voraussetzungen seien insbesondere gegeben, wenn ihm bei Heimfall des Dauerwohnrechts ein Anspruch auf Ersatz des vollen Verkehrswertes der Wohnung gegen den zivilrechtlichen Eigentümer zusteht.[3] Eine Entschädigung nur i. H. des Verkehrswerts des Dauerwohnrechts soll hingegen nicht genügen.[4]

5. Wohnungserbbau- und Teilerbbaurecht (§ 243 Abs. 1 Nr. 4 BewG)

Ein **Erbbaurecht** (Recht auf dem Grundstück ein Gebäude zu haben), das **mehreren** (den Wohnungseigentümern) **gemeinschaftlich nach Bruchteilen** zusteht, kann nach § 30 WEG in der Weise beschränkt werden, dass **jedem** der Mitberechtigten das **Sondereigentum** an einer **bestimmten Wohnung (Wohnungserbbaurecht)** oder an nicht zu Wohnzwecken dienenden bestimmten **Räumen (Teilerbbaurecht)** in einem aufgrund des Erbbaurechts errichteten oder zu errichtenden Gebäude eingeräumt wird (vgl. § 30 Abs. 1 WEG). Die Wohnungserbbauberechtigten und Teilerbbauberechtigten ersparen sich in diesen Fällen den Kaufpreis für den Erwerb des Miteigentumsanteils am Grund und Boden. Nach § 243 Abs. 1 Nr. 4 BewG gehören Wohnungs- und Teilerbbaurechte zum Grundvermögen.[5]

Beim Wohnungserbbaurecht und Teilerbbaurecht bilden jeweils das Wohnungserbbaurecht oder Teilerbbaurecht nach § 244 Abs. 3 Nr. 4 BewG zusammen mit dem anteiligen[6] Erbbaurechtsgrundstück **eine wirtschaftliche Einheit**, die nach § 261 BewG wie ein unbelastetes Grundstück zu bewerten ist und dem jeweiligen Wohnungserbbauberechtigten oder Teilerbbauberechtigten zugerechnet wird (siehe bereits → Rz. 16).[7] Im Ergebnis wird das Wohnungserbbaurecht oder Teilerbbaurecht damit wie Wohnungseigentum oder Teileigentum bewertet.

(Einstweilen frei)

II. Nicht einzubeziehende Teile (§ 243 Abs. 2 BewG)

1. Bodenschätze (§ 243 Abs. 2 Nr. 1 BewG)

Nach § 243 Abs. 1 BewG gehört zum Grund und Boden der unter der Erdoberfläche befindliche Erdkörper (siehe → Rz. 23), soweit es sich dabei um **Bodenschätze** handelt, werden sie nach § 243 Abs. 2 Nr. 1 BewG von der Einbeziehung in das Grundvermögen wieder herausgenommen. Bodenschätze sind mit Ausnahme von Wasser alle mineralischen Rohstoffe unabhängig vom Aggregatzustand, die in natürlichen Ablagerungen oder Ansammlungen (Lagerstätten) in oder auf der Erde vorkommen.[8] Der Ausschluss der Bodenschätze aus dem Grundvermögen gilt unabhängig davon, ob sich die Berechtigung an den Bodenschätzen unmittelbar aus dem Eigentum, aus grundstücksgleichen, subjektiv-dinglichen (§ 96 BGB) oder rein persönlichen Rechten ableitet. Von der Herausnahme der Bodenschätze aus dem Grundvermögensbegriff

---

[1] A 249.5 Abs. 5 Satz 3 AEBewGrSt.
[2] A 249.5 Abs. 5 Satz 3 AEBewGrSt.
[3] A 249.5 Abs. 5 Satz 4 AEBewGrSt.
[4] A 249.5 Abs. 5 Satz 5 AEBewGrSt.
[5] A 243 Abs. 1 Satz 3 AEBewGrSt und A 261.3 AEBewGrSt.
[6] Klargestellt mit dem Jahressteuergesetz 2020, BR-Drucks. 503/20 S. 52.
[7] Siehe vertiefend Bock in Grootens, BewG § 244 Rz. 96 sowie Grootens in Grootens, GrStG § 261 Rz. 31 ff.
[8] Vgl. auch § 3 Bundesberggesetz, der keine unmittelbare Anwendung für Zwecke der Grundsteuer findet und BFH, Urteil v. 22.7.2020 - II R 28/18, BStBl II 2021 S. 515; Krause in Stenger/Loose, BewG § 243 Rz. 36.

unberührt bleiben die Erdoberfläche des Grund und Bodens sowie die sich darauf befindlichen Gebäude.[1] Für diese wird weiterhin ein Grundsteuerwert festgestellt.

86–88 *(Einstweilen frei)*

2. Maschinen und sonstige Betriebsvorrichtungen (§ 243 Abs. 2 Nr. 2 BewG)

a) Allgemein

89 **Maschinen** und sonstige Vorrichtungen aller Art, die zu einer Betriebsanlage gehören – **Legaldefinition der Betriebsvorrichtungen** – sind für die Grundsteuer selbst dann nicht in das Grundvermögen einzubeziehen, wenn sie wesentliche Bestandteile des Grund und Bodens oder eines Gebäudes i. S. der §§ 93 ff. BGB sind.[2] Für die Grundsteuer werden die Betriebsvorrichtungen nicht im Grundsteuerwert erfasst.

90 Zu den Betriebsvorrichtungen gehören nicht nur Maschinen oder maschinenähnliche Vorrichtungen, sondern alle Vorrichtungen einer Betriebsanlage, die in einer so engen Beziehung zu dem auf dem Grundstück ausgeübten Betrieb stehen, dass dieser unmittelbar mit den Vorrichtungen betrieben wird.[3] Dabei muss es sich nicht um rein technische Vorrichtungen handeln, die für die Betriebsanlage zwingend erforderlich sind.[4] Zwischen der Betriebsvorrichtung und dem Betriebsablauf muss allerdings ein ähnlich enger Zusammenhang bestehen, wie er üblicherweise bei Maschinen gegeben ist.

91 Es genügt nicht ohne Weiteres, wenn eine Anlage für einen Betrieb lediglich nützlich, notwendig oder sogar rechtlich (z. B. sicherheitsrechtlich oder gewerbeschutzrechtlich) unabdingbar vorgeschrieben ist.[5] Zu den Betriebsvorrichtungen können auch selbständige Bauwerke oder Teile von Bauwerken gehören, wie Schornsteine, Öfen, Kanäle. **Keine Betriebsvorrichtungen** und stets in das Grundvermögen einzubeziehen sind aber nach § 243 Abs. 2 Satz 2 BewG die **Verstärkung von Decken** und die nicht ausschließlich zu einer Betriebsanlage gehörenden Bauteile wie **Stützen, Mauervorlagen und Verstrebungen** (dazu → Rz. 104).

92 Die **Abgrenzung** zwischen **Betriebsvorrichtungen** und **Grundvermögen**, die ertragsteuerlich nach gleichen Grundsätzen wie im Bewertungsrecht erfolgt,[6] ist insbesondere **bei betrieblichen Anlagen** problematisch. Je nachdem, ob z. B. ein Bauwerk auf einem Grundstück die Begriffsmerkmale eines Gebäudes (siehe dazu → Rz. 27 ff.) erfüllt oder ob das Bauwerk als Betriebsvorrichtung zu beurteilen ist, liegt entweder ein nach § 248 ff. BewG zu bewertendes **bebautes Grundstück** oder ein nur mit dem Bodenwert nach §§ 246 f. BewG – i. d. R. wesentlich niedriger zu bewertendes – unbebautes Grundstück vor.[7] Bedeutung hat die Abgrenzung der Betriebsvorrichtung von dem Grundvermögen auch in den Fällen, in denen die Betriebsvorrichtung als Gebäudeteil die Brutto-Grundfläche des Gebäudes erhöhen würde.

93 *(Einstweilen frei)*

---

[1] Schnitter in GrStG - eKommentar, BewG § 243 Rz. 24.
[2] A 243 Abs. 8 Satz 1 AEBewGrSt.
[3] BFH, Urteil v. 2.6.1971 - III R 18/70, BStBl 1971 II S. 673; BFH, Urteil v. 23.3.1990 - III R 63/97, BStBl 1990 II S. 751; BFH, Urteil v. 10.10.1990 - II R 171/87, BStBl 1991 II S. 59; BFH, Urteil v. 11.12.1991 - II R 14/89, BStBl 1992 II S. 278.
[4] BFH, Urteil v. 2.6.1971 - III R 18/70, BStBl 1971 II S. 673.
[5] St. Rspr. BFH, Beschluss v. 16.8.2013 - III B 144/12, NWB QAAAE-45400; BFH, Urteil v. 28.9.2000 - III R 26/99, BStBl 2001 II S. 1137, m. w. N; BFH, Urteil v. 2.6.1971 - III R 18/70, BStBl 1971 II S. 673.
[6] BFH, Urteil v. 1.12.1970 - VI R 380/69, BStBl 1971 II S. 317.
[7] Vgl. Stöckel, DStZ 2000 S. 165, 166 unter 5; FinMin Thüringen, Erlass v. 24.6.1999, StEK BewG 1965 § 145 Nr. 3 mit Berechnungsbeispielen.

b) Abgrenzung der Betriebsvorrichtungen von Gebäudebestandteilen

Erfüllt ein Bauwerk den Gebäudebegriff, können dennoch einzelne Bestandteile i. S. des bürgerlichen Rechts bewertungsrechtlich Betriebsvorrichtungen sein und damit nicht zum Grundvermögen gehören. Die Zuordnung einzelner Bestandteile zu den **Gebäudebestandteilen** oder zu den **Betriebsvorrichtungen** richtet sich danach, ob sie der Benutzung des Gebäudes ohne Rücksicht auf den gegenwärtig ausgeübten Betrieb zuzurechnen sind oder ob sie ähnlich der Funktion von Maschinen in besonderer und unmittelbarer Beziehung zu dem auf dem Grundstück ausgeübten Betrieb stehen.[1] Betriebsvorrichtungen setzen voraus, dass mit ihnen das Gewerbe unmittelbar betrieben wird (vgl. bereits → Rz. 88).[2]

94

Innerhalb von Gebäuden sind nach § 243 Abs. 3 BewG regelmäßig die Decken und Böden von Betriebsvorrichtungen Gebäudebestandteil (siehe → Rz. 104),[3] sodass die Einordnung der Vorrichtung als Betriebseinrichtung die Brutto-Grundfläche regelmäßig nicht verringert. Sobald den Einrichtungen eine statische Funktion für das Gesamtgebäude zukommt (Doppelfunktion) wird die Einrichtung ebenfalls i. d. R. dem Grundvermögen zugerechnet (siehe bereits → Rz. 56). Nur wenn ein Wegdenken der Betriebsvorrichtung das Gebäude bestehen lässt (es gedanklich nicht einstürzt), kann die Einordnung als Betriebsvorrichtung zu einer Verringerung der Brutto-Grundfläche führen und sich auf den Grundsteuerwert auswirken. Dies ist etwa bei angebauten **Transformatorenhäuschen** der Fall, die allein den Gebäudebegriff nicht erfüllen, weil während des Betriebsvorgangs (insbesondere wegen Gesundheitsgefährdung) nur ein vorübergehender Aufenthalt von Menschen oder gar nur ein Aufenthalt von Menschen bei Betriebspausen der Vorrichtung möglich ist (siehe dazu → Rz. 38).

95

Aufzüge und ähnliche Anlagen,[4] die der Benutzung von Gebäuden zur Bewältigung des üblichen Publikumsverkehrs dienen, sind dem Gebäude zuzurechnen.[5] Dies gilt auch für in einem Anbau enthaltene **Fahrstühle** und **Treppen** eines **Betriebsgebäudes**[6] und für **Fahrstühle** in einem **Altenheim**.[7] Typische **Lastenaufzüge** gewerblich genutzter Gebäude sowie **Autoaufzüge** in **Parkhäusern** sind Betriebsvorrichtungen, weil sie unmittelbar Betriebsvorgängen dienen.[8] Der **Fahrstuhlschacht** ist insoweit Teil der Betriebsvorrichtung.[9] Fahrstuhlschächte, die allerdings innerhalb eines Gebäudes liegen, haben regelmäßig auch statische Funktionen (Aufnahme der Eigen- und Nutzlasten angrenzender Geschossdecken) und gehören daher zum Gebäude.

96

(Einstweilen frei)

97–99

---

[1] Tz. 3.1 des Abgrenzungserlasses v. 5.6.2013, BStBl 2013 I S. 734, findet entsprechende Anwendung nach A 243 Abs. 8 AEBewGrSt.
[2] BFH, Urteil v. 23.3.1990 - III R 63/97, BStBl 1990 II S. 751; BFH, Urteil v. 10.10.1990 - II R 171/87, BStBl 1991 II S. 59; BFH, Urteil v. 11.12.1991 - II R 14/89, BStBl 1992 II S. 278.
[3] Tz 3.2 Abs. 1 des Abgrenzungserlasses v. 5.6.2013, BStBl 2013 I S. 734, findet entsprechende Anwendung nach A 243 Abs. 8 AEBewGrSt.
[4] Tz. 3.5 des Abgrenzungserlasses v. 5.6.2013, BStBl 2013 I S. 734, findet entsprechende Anwendung nach A 243 Abs. 8 AEBewGrSt.
[5] BFH, Urteil v. 5.3.1971 - II R 90/69, BStBl 1971 II S. 455, betr. Personenaufzüge und Rolltreppen in einem Warenhaus; BFH, Urteil v. 12.1.1983 - I R 70/79, BStBl 1983 II S. 223, betr. Rolltreppen in einem Textilhaus; FG Baden-Württemberg, Urteil v. 20.9.1999 - 9 K 47/99, NWB FAAAB-06621, betr. Panorama-Personenaufzug in einer Möbelausstellungshalle; Thüringer FG, Urteil v. 28.6.2011 - 4 K 609/10, NWB MAAAE-25244, betr. Multifunktionsaufzug (16 Personen oder Lasten bis zu 1 600 kg).
[6] FG Baden-Württemberg, Urteil v. 18.11.1986 - I K 470/83, EFG 1987 S. 284.
[7] Niedersächsisches FG, Urteil v. 10.1.1995 - I 21/89, EFG 1995 S. 604.
[8] BFH, Urteil v. 28.2.2013 - III R 35/12, BStBl 2013 II S. 606 m. Anm. Selder, jurisPR-SteuerR 29/2013 Rz. 4, betr. Aufzugsanlage einer Bäckerei.
[9] BFH, Urteil v. 7.10.1977 - III R 48/76, BStBl 1978 II S. 186.

c) Abgrenzung der Betriebsvorrichtungen von den Außenanlagen

100 Eine **Abgrenzung** der **Betriebsvorrichtungen** zu den **Außenanlagen**[1] ist für Zwecke der Grundsteuer im Einzelfall nicht erforderlich, da die Außenanlagen mit der Ermittlung des Grundsteuerwerts abgegolten sind und die Betriebsvorrichtungen ebenfalls nicht gesondert bewertet werden (siehe → Rz. 2 und vertiefend → Rz. 6).

101–103 *(Einstweilen frei)*

III. Rückausnahme von Decken, Stützen und Mauervorlagen (§ 243 Abs. 3 BewG)

104 § 243 Abs. 3 BewG normiert eine Rückausnahme zu der Ausnahme von Betriebsvorrichtungen. Danach werden **Verstärkungen der Decken, Fundamente und Mauern,**[2] wenn sie sowohl dem Gebäude als auch der Betriebsvorrichtung dienen (**Doppelfunktion**), gem. § 243 Abs. 2 Nr. 2 Satz 2 BewG dem Grundvermögen zugerechnet (siehe auch → Rz. 88). **Verfliesung** von Böden und Wänden, selbst wenn sie beispielsweise wie bei einem milchverarbeitenden Betrieb gesetzlich vorgeschrieben ist, stellt grds. keine Betriebsvorrichtung dar und zählt daher zum Grundvermögen.[3] Einzelfundamente für Maschinen sind hingegen Betriebsvorrichtungen.[4] Aufgrund der Zuordnung von Verstärkungen von Decken, Fundamenten und Mauern zum Grundvermögen hat die Zuordnung zu den Betriebsvorrichtungen i. d. R. keine Verringerung der Brutto-Grundfläche zur Folge und damit keine Auswirkung auf den Grundsteuerwert (siehe auch → Rz. 2).

§ 244 BewG Grundstück

(1) Jede wirtschaftliche Einheit des Grundvermögens bildet ein Grundstück im Sinne dieses Abschnitts.

(2) ¹Ein Anteil des Eigentümers eines Grundstücks an anderem Grundvermögen (zum Beispiel an gemeinschaftlichen Hofflächen oder Garagen) ist in die wirtschaftliche Einheit Grundstück einzubeziehen, wenn der Anteil zusammen mit dem Grundstück genutzt wird. ²Das gilt nicht, wenn das gemeinschaftliche Grundvermögen nach den Anschauungen des Verkehrs als selbständige wirtschaftliche Einheit anzusehen ist (§ 2 Absatz 1 Satz 3 und 4).

(3) Als Grundstück gelten auch:

1. das Erbbaurecht zusammen mit dem Erbbaurechtsgrundstück,

2. ein Gebäude auf fremdem Grund und Boden zusammen mit dem dazugehörenden Grund und Boden,

3. jedes Wohnungseigentum und Teileigentum nach dem Wohnungseigentumsgesetz sowie

4. jedes Wohnungserbbaurecht und Teilerbbaurecht zusammen mit dem anteiligen belasteten Grund und Boden.

---

[1] Siehe dazu vertiefend Bock in Viskorf/Schuck/Wälzholz, BewG § 176 Rz. 54 ff.
[2] Tz. 3.3 des Abgrenzungserlasses v. 5.6.2013, BStBl 2013 I S. 734.
[3] FG Düsseldorf, Urteil v. 17.5.1983 - XI 684/78, EFG 1984 S. 166.
[4] Vgl. Tz. 3.3 Abs. 2 des Abgrenzungserlasses v. 5.6.2013, BStBl 2013 I S. 734.

Inhaltsübersicht

	Rz.
A. Allgemeine Erläuterungen zu § 244 BewG	1 - 17
I. Normzweck und wirtschaftliche Bedeutung der Vorschrift	1 - 5
II. Entstehung und Entwicklung der Vorschrift	6 - 8
III. Geltungsbereich	9 - 13
IV. Verhältnis zu anderen Vorschriften	14 - 17
B. Systematische Kommentierung	18 - 96
I. Das Grundstück als wirtschaftliche Einheit des Grundvermögens (§ 244 Abs. 1 BewG)	18 - 39
1. Begriff des Grundstücks	18 - 22
2. Bestimmung der wirtschaftlichen Einheit	23 - 38
3. Grundsätzlich keine abweichende Zurechnung bei Ehegatten	39
II. Einbeziehung von Anteilen an anderen Grundstücken in die wirtschaftliche Einheit (§ 244 Abs. 2 BewG)	40 - 46
III. Grundstücksfiktion in Sonderfällen (§ 244 Abs. 3 BewG)	47 - 96
1. Erbbaurecht (§ 244 Abs. 3 Nr. 1 BewG)	47 - 72
a) Allgemein	47 - 52
b) Sonderfälle	53 - 72
aa) Erbbaurechtsbelastung, Beschränkung der Ausübung und Erstreckung des Erbbaurechts auf einen Grundstücksteil	53 - 58
bb) Ober- und Untererbbaurecht	59 - 62
cc) Gesamterbbaurecht	63 - 66
dd) Nachbarerbbaurecht	67 - 71
ee) Miterbbaurechte	72
2. Gebäude auf fremdem Grund und Boden (§ 244 Abs. 3 Nr. 2 BewG)	73 - 87
a) Fälle des Gebäudes auf fremdem Grund und Boden	77 - 83
b) Wirtschaftliche Einheit des Gebäudes auf fremdem Grund und Boden	84 - 87
3. Wohnungseigentum und Teileigentum (§ 244 Abs. 3 Nr. 3 BewG)	88 - 93
4. Wohnungserbbaurecht und Teilerbbaurecht (§ 244 Abs. 3 Nr. 4 BewG)	94 - 96

LITERATUR:

Eisele, Reform der Grundsteuer – Gesetzentwurf liegt vor!, Teil I, NWB 2019 S. 2043, NWB ZAAAH-21376; *Grootens*, Die Reform der Grundsteuer, NWB IAAAH-21201; *Eisele/Wiegand*, Grundsteuerreform 2022/2025, Stand: Januar 2020 (1. Aufl.), NWB CAAAH-44415.

ARBEITSHILFEN UND GRUNDLAGEN ONLINE:

Berechnung der Grundsteuer nach der Gesetzesreform, Berechnungstool „Grundsteuer" nach dem Entwurf v. 21.6.2019, NWB NAAAH-30144. Grundsteuer: Grundbesitzbewertung ab 2022/2025 (Sach- und Ertragswertverfahren) – Checkliste mit Berechnungen, NWB NAAAH-93792.

VERWALTUNGSANWEISUNGEN:

Koordinierte Erlasse der obersten Finanzbehörden der Länder v. 9.11.2021 – Anwendung des Siebenten Abschnitts des Zweiten Teils des Bewertungsgesetzes zur Bewertung des Grundbesitzes (allgemeiner Teil und Grundvermögen) für die Grundsteuer ab 1.1.2022 (AEBewGrSt), BStBl I 2021 S. 2334.

A. Allgemeine Erläuterungen zu § 244 BewG

I. Normzweck und wirtschaftliche Bedeutung der Vorschrift

1 § 244 BewG enthält Regelungen zum **Umfang der wirtschaftlichen Einheit beim Grundvermögen** für Zwecke der Grundsteuer. § 244 Abs. 1 BewG definiert den Begriff des Grundstücks als wirtschaftliche Einheit des Grundvermögens.[1] § 244 Abs. 2 BewG erweitert die wirtschaftliche Einheit des Grundvermögens auf **Anteile** des Eigentümers **an anderem Grundvermögen**, wenn dieses mit der wirtschaftlichen Einheit zusammen genutzt wird. § 244 Abs. 3 BewG fingiert eine wirtschaftliche Einheit für bestimmte **Sonderfälle** in Abweichung zum Grundsatz des einheitlichen Eigentums.

2 Die Bestimmung der wirtschaftlichen Einheit hat grundlegende Bedeutung für die Anwendung der einzelnen **Bewertungsvorschriften** nach §§ 246 ff. BewG. Die Tatbestandsmerkmale müssen von der jeweiligen wirtschaftlichen Einheit als Ganzes erfüllt werden. Die Rechtsfolgen der jeweiligen Bewertungsvorschriften werden auf die gesamte wirtschaftliche Einheit angewandt.

3 Je nach Umfang der wirtschaftlichen Einheit kann sich der Grundsteuerwert erheblich unterscheiden. Insbesondere die **Grundstücksfiktionen** nach § 244 Abs. 3 BewG haben erhebliche Auswirkung auf die Ermittlung der Grundsteuerwerte und Zurechnung zum jeweiligen Steuerschuldner nach § 10 GrStG.

4–5 *(Einstweilen frei)*

II. Entstehung und Entwicklung der Vorschrift

6 § 244 BewG wurde mit dem **GrStRefG** v. 26.11.2019[2] in das BewG eingefügt. Mit dem Jahressteuergesetz 2020 wurde in § 244 Abs. 3 Nr. 4 BewG klargestellt, dass jedes Wohnungserbbau- und Teilerbbaurecht zusammen mit dem jeweiligen **Anteil** des belasteten Bodens eine wirtschaftliche Einheit bildet.[3]

7–8 *(Einstweilen frei)*

III. Geltungsbereich

9 § 244 BewG gilt nur für im Bundesgebiet belegenes **Grundvermögen**,[4] soweit die Länder in Bezug auf § 244 BewG nicht von ihrer Abweichungskompetenz nach Art. 72 Abs. 3 Satz 1 Nr. 7 GG Gebrauch gemacht haben. Auf das **land- und forstwirtschaftliche Vermögen** findet § 244 BewG keine Anwendung. Für das land- und forstwirtschaftliche Vermögen gilt § 232 Abs. 2 BewG. § 244 BewG ist gem. § 266 BewG erstmals für den **Hauptfeststellungszeitpunkt auf den 1.1.2022** anzuwenden.[5]

10 Die Bewertung der wirtschaftlichen Einheit des Grundvermögens, also des einzelnen Grundstücks i. S. des § 244 BewG mit dem Grundsteuerwert erfolgt gem. § 231 BewG nur für **inländi-**

---

1 A 244 Abs. 1 Satz 1 AEBewGrSt.
2 GrStRefG v. 26.11.2019, BGBl 2019 I S. 1794.
3 Jahressteuergesetz 2020 v. 21.12.2020, BGBl I 2020 S. 3096.
4 Siehe hierzu vertiefend Bock in Grootens, BewG § 243 Rz. 10 f.
5 Schnitter in GrStG - eKommentar, BewG § 244 Rz. 8.

sches **Grundvermögen**. Erfasst werden auch die inländischen Teile eines Grundstücks i. S. des § 244 BewG, das sich sowohl auf das Inland als auch auf das Ausland erstreckt.

(Einstweilen frei) 11–13

IV. Verhältnis zu anderen Vorschriften

Die jeweiligen Bewertungsnormen der **§§ 246 ff. BewG** sind auf die jeweilige wirtschaftliche Einheit anzuwenden (siehe bereits → Rz. 2). § 244 BewG hat neben der Bestimmung der wirtschaftlichen Einheit erhebliche Bedeutung für die Steuerschuldnerschaft nach **§ 10 GrStG**,[1] da insbesondere die Grundstücksfiktionen nach § 244 Abs. 3 BewG mit den entsprechenden Zurechnungsnormen des Bewertungsgegenstandes nach **§§ 261 f. BewG** korrespondieren. Nach § 261 BewG wird dem Erbbauberechtigten die wirtschaftliche Einheit nach § 244 Abs. 3 Nr. 1 BewG und nach § 262 BewG wird dem Grundstückseigentümer die wirtschaftliche Einheit bei einem Gebäude auf fremdem Grund und Boden nach § 244 Abs. 3 Nr. 2 BewG zugerechnet. Entsprechend § 261 BewG[2] wird auch bei einem Wohnungserbbaurecht oder Teilerbbaurecht die wirtschaftliche Einheit dem Wohnungserbbauberechtigten bzw. Teilerbbauberechtigten zugerechnet (siehe vertiefend → Rz. 95). 14

(Einstweilen frei) 15–17

B. Systematische Kommentierung

I. Das Grundstück als wirtschaftliche Einheit des Grundvermögens (§ 244 Abs. 1 BewG)

1. Begriff des Grundstücks

Nach § 244 Abs. 1 BewG bildet jede **wirtschaftliche Einheit des Grundvermögens ein Grundstück** i. S. des Siebenten Abschnitts.[3] Die Definition entspricht derjenigen des § 70 Abs. 1 BewG für die Einheitsbewertung.[4] Der bewertungsrechtliche Begriff des Grundstücks ist ein Substitut und steht als Ersatz für die wirtschaftliche Einheit des Grundvermögens. Darüber hinaus wird mit dem bewertungsrechtlichen Begriff des Grundstücks der Bewertungsgegenstand umschrieben, der Anknüpfungspunkt für die Bewertungsregelungen der §§ 246 ff. BewG ist.[5] Der zutreffenden Bestimmung und Abgrenzung der wirtschaftlichen Einheit kommt daher besondere Bedeutung für die Bewertung zu (siehe bereits → Rz. 2). 18

Der **bewertungsrechtliche Grundstücksbegriff** deckt sich nicht mit dem Grundstücksbegriff des bürgerlichen Rechts,[6] weil der bewertungsrechtliche Grundstücksbegriff – teils enger[7] – nicht das land- und forstwirtschaftliche Vermögen und die wie solches bewerteten Betriebsgrundstücke umfasst und sich – teils weiter – nicht wie im **bürgerlichen Grundbuchrecht** nur 19

---

1 Siehe dazu vertiefend Schmidt in Grootens, GrStG § 10 Rz. 1 ff.
2 Soll durch § 261 Satz 2 BewG (neu) mit dem Jahressteuergesetz 2020 klargestellt werden, BR-Drucks. 503/20 S. 52. Bei Drucklegung war das Gesetzgebungsverfahren noch nicht abgeschlossen.
3 A 244 Abs. 1 Satz 1 AEBewGrSt.
4 BT-Drucks. 19/11085 S. 108.
5 Schnitter in GrStG - eKommentar, BewG § 244 Rz. 11.
6 A 244 Abs. 1 Satz 2 AEBewGrSt; Schnitter in GrStG - eKommentar, BewG § 244 Rz. 12; Krause in Stenger/Loose, BewG § 243 Rz. 18 und § 244 Rz. 19.
7 Krause in Stenger/Loose, BewG § 244 Rz. 20.

auf den räumlich abgegrenzten Teil der Erdoberfläche erstrecken muss, der im Grundbuch ein eigenes Grundbuchblatt erhält (vgl. § 3 GBO).[1] Auch die **katasterrechtliche Einordnung** als Flurstück spielt keine Rolle.[2] Ein Grundstück i. S. des BewG kann sowohl mehrere Grundstücke i. S. des bürgerlichen Rechts als auch nur einen Teil eines bürgerlich-rechtlichen Grundstücks umfassen.[3]

20–22 *(Einstweilen frei)*

2. Bestimmung der wirtschaftlichen Einheit

23 Was als wirtschaftliche Einheit des Grundvermögens (Grundstück) zu gelten hat, bestimmt sich gem. § 2 Abs. 1 Satz 3 BewG vornehmlich nach den **Anschauungen des Verkehrs** unter Berücksichtigung der **örtlichen Gewohnheit**, der **tatsächlichen Übung**, der **Zweckbestimmung** und der **wirtschaftlichen Zusammengehörigkeit** der einzelnen Wirtschaftsgüter.[4] Es sind also neben **objektiven** auch **subjektive** Merkmale maßgebend.[5] Stehen Letztere, wie z. B. die Zweckbestimmung, im Widerspruch zu den objektiven Merkmalen, wie z. B. der örtlichen Gewohnheit, so sind die **objektiven Merkmale entscheidend**.[6]

24 Weitere Voraussetzung für die Annahme einer nach objektiven Merkmalen abgegrenzten wirtschaftlichen Einheit ist stets die **Möglichkeit** ihrer **selbständigen Veräußerung**.[7] Hierbei ist nicht auf eine abstrakt bestehende Möglichkeit der Teilung und Veräußerung abzustellen, wie z. B. die bei allen abgeschlossenen Wohnungen abstrakt bestehende Möglichkeit, **Wohnungseigentum** zu schaffen, sondern auf eine die tatsächlichen Gegebenheiten des Bewertungsgegenstandes berücksichtigende Veräußerungsmöglichkeit.[8]

25 Es gilt der Grundsatz des **einheitlichen Eigentums** (siehe § 2 BewG), der in bestimmten Sonderfällen durchbrochen wird (siehe hierzu → Rz. 40 ff.).[9] Nach § 2 Abs. 2 BewG kann grds. zu einer wirtschaftlichen Einheit nur Grundbesitz zusammengefasst werden, der **demselben Eigentümer** gehört. Eine räumliche Trennung der zivilrechtlichen Grundstücke, etwa durch eine Straße, steht der Zusammenfassung i. d. R. entgegen (siehe aber auch → Rz. 28 und → Rz. 40 ff.). Steht mehreren Personen der Grundbesitz gemeinsam zu (beispielsweise Miteigentum nach Bruchteilen oder Gesamthandseigentum), liegt von dem Grundsatz abweichend eine wirtschaftliche Einheit vor. Eintragungsfähig in das Grundbuch sind insbesondere auch Personenhandels-

---

[1] Vgl. auch Krause in Stenger/Loose, BewG § 244 Rz. 20.
[2] BFH, Urteil v. 25.1.2012 - II R 25/10, BStBl 2012 II S. 403 zur wirtschaftlichen Einheit bei Windkraftanlagen m. Anm. Stöckel, NWB 2013 S. 292 und Meßbacher-Hönsch, jurisPR-SteuerR 20/2012 Rz. 2; Schnitter in GrStG - eKommentar, BewG § 244 Rz. 12; Krause in Stenger/Loose, BewG § 244 Rz. 19.
[3] A 244 Abs. 1 Satz 4 AEBewGrSt; vgl. auch Halaczinsky in Rössler/Troll, BewG § 70 Rz. 4; Esskandari in Gürsching/Stenger, BewG § 70 Rz. 7; Krause in Stenger/Loose, BewG § 244 Rz. 20; vgl. auch BFH, Urteil v. 26.2.1986 - II R 236/83, NWB WAAAB-28676.
[4] Vgl. auch A 244 Abs. 1 Satz 3 AEBewGrSt.
[5] BFH, Urteil v. 25.1.2012 - II R 25/10, BStBl 2012 II S. 403 zur wirtschaftlichen Einheit bei Windkraftanlagen m. Anm. Stöckel, NWB 2013 S. 292 und Meßbacher-Hönsch, jurisPR-SteuerR 20/2012 Rz. 2.
[6] BFH, Urteil v. 16.2.1979 - III R 67/79, BStBl 1979 II S. 279; BFH, Urteil v. 15.6.1983 - III R 40/82, BStBl 1983 II S. 752; BFH, Urteil v. 23.1.1985 - II R 35/82, BStBl 1985 II S. 336; BFH, Urteil v. 25.1.2012 - II R 25/10, BStBl 2012 II S. 403 zur wirtschaftlichen Einheit bei Windkraftanlagen m. Anm. Stöckel, NWB 2013 S. 292 und Meßbacher-Hönsch, jurisPR-SteuerR 20/2012 Rz. 2; vgl. zu Windkraftanlagen OFD Koblenz, Erlass v. 19.11.2012 - S 3190-St 35 6, NWB UAAAE-40413.
[7] BFH, Urteil v. 25.2.1983 - III R 81/82, BStBl 1983 II S. 552, m.w.N.
[8] BFH, Urteil v. 2.10.1970 - III R 163/66, BStBl 1970 II S. 822.
[9] Vgl. auch A 244 Abs. 1 Satz 5 AEBewGrSt; zu den Ausnahmen A 244 Abs. 3, A 261 und A 262 AEBewGrSt; Schnitter in GrStG - eKommentar, BewG § 244 Rz. 14; Krause in Stenger/Loose, BewG § 243 Rz. 18.

gesellschaften und Gesellschaften bürgerlichen Rechts (GbR), sodass diesen nach § 39 Abs. 1 AO i.V. mit § 10 GrStG der Steuergegenstand zugerechnet wird und sie selbst Steuerschuldner sind. Eine Aufteilung des Gesamtwerts auf die einzelnen Beteiligten nach § 3 BewG findet nicht statt. Flächen, die im Eigentum eines Eigentümers stehen und Flächen, die ihm und anderen Personen gemeinsam – gesamthänderisch oder nach Bruchteilen – gehören, können in der Regel nicht zu einer wirtschaftlichen Einheit zusammengefasst werden.[1] Dieser Grundsatz wird bei Wohnungs- und Teileigentum sowie dem Wohnungserbbaurecht und Teilerbbaurecht durchbrochen (vgl. → Rz. 88 ff.).

Für die im Einzelfall nach den vorgenannten Grundsätzen zum maßgebenden Feststellungszeitpunkt zu bestimmende wirtschaftliche Einheit des Grundvermögens dienen folgende **Einordnungen als Richtschnur**: Zur wirtschaftlichen Einheit eines bebauten Grundstücks gehört der **Grund** und **Boden**, die **Gebäude** einschließlich etwaiger Anbauten, die **Außenanlagen**, sonstige **wesentliche Bestandteile** und das **Zubehör** (vgl. auch § 243 BewG).[2]

Nicht einzubeziehen sind **Scheinbestandteile**, es sei denn, es liegt ein Gebäude auf fremdem Grund und Boden vor (siehe hierzu → Rz. 73 ff.). **Betriebsvorrichtungen** und **Maschinen** sind nicht in die wirtschaftliche Einheit einzubeziehen, selbst wenn sie wesentliche Bestandteile sind.[3]

Zum **Grund** und **Boden** gehören die bebaute Fläche und die mit dem Gebäude im Zusammenhang stehende unbebaute Fläche, insbesondere der **Hofraum** sowie **Haus-** und **Vorgarten**.[4] Bei einer größeren unbebauten Fläche kommt es auf die Verkehrsauffassung im konkreten Einzelfall an.[5] Im Grundstückswert zu erfassen sind die **Nebengebäude**, wenn sie auf dem mit dem Hauptgebäude bebauten Grundstück stehen wie etwa **Garagen**.[6] Nebengebäude, die getrennt von dem Hauptgebäude, z. B. auf der anderen Straßenseite, stehen, werden i.d.R. nicht in die wirtschaftliche Einheit einzubeziehen sein. Sie bilden eine eigene wirtschaftliche Einheit (siehe zu der gesetzlich normierten Ausnahme → Rz. 40 ff.). Von Wohnungs- und Teileigentum **getrennt liegende Garagen** können aber bei nicht zu großer räumlicher Trennung in die wirtschaftliche Einheit einbezogen werden,[7] auch wenn sie auf der anderen Seite einer nicht dem Durchgangsverkehr dienenden Straße liegen.[8]

Bei **einem** mit einem **Wohngebäude** bebauten **Grundstück** bildet grds. das gesamte Gebäude mit der bebauten Fläche einschließlich des unbebauten Hofraums, der Nebengebäude, wie etwa Garagen, sowie der Hausgarten **einen einzigen Bewertungsgegenstand**, wenn noch ein gewisser **räumlicher Zusammenhang zum Gebäude** besteht.[9] Eine wirtschaftliche Einheit mit dem entsprechenden räumlichen Zusammenhang hat der BFH[10] z. B. für **unbebaute Flächen**,

---

1 A 244 Abs. 1 Satz 6 AEBewGrSt; zu den Ausnahmen siehe A 244 Abs. 3 und A 266.2 Abs. 5; zu letzterem Grootens in Grootens, BewG § 266 Rz. 111 ff.
2 Vgl. für die Erbschaft- und Schenkungsteuer R B 180 Abs. 3 Satz 1 ErbStR 2019.
3 Vgl. Bock in Grootens, BewG § 243 Rz. 89 ff.
4 Vgl. für die Erbschaft- und Schenkungsteuer R B 180 Abs. 4 Satz 1 ErbStR 2019.
5 Vgl. für die Erbschaft- und Schenkungsteuer R B 180 Abs. 4 Satz 2 ErbStR 2019.
6 Schnitter in GrStG - eKommentar, BewG § 244 Rz. 18; Krause in Stenger/Loose, BewG § 244 Rz. 68 f.; vgl. zur Erbschaft- und Schenkungsteuer R B 180 Abs. 5 Satz 2 ErbStR 2019.
7 Vgl. etwa zur Einheitsbewertung FG Düsseldorf, Urteil v. 21.10.1980 - XI 265/78, EFG 1981 S. 434; Mannek, NWB F. 9 S. 2265, unter 4 zu der Bedarfsbewertung.
8 Vgl. etwa FG Hamburg, Beschluss v. 18.1.2016 - 3 K 176/15, NWB KAAAF-68718, m.w.N. und zu den gemeinschaftlichen Garagenbauten → Rz. 40 ff.
9 Vgl. zur Erbschaft- und Schenkungsteuer R B 180 Abs. 4 Satz 1 ErbStR 2019.
10 BFH, Urteil v. 4.10.1974 - III R 127/73, BStBl 1975 II S. 302; BFH, Urteil v. 16.2.1979 - III R 67/76, BStBl 1979 II S. 279.

die **an** ein **Wohnhaus** grenzen, bei offener Bauweise (einzelne Häuser oder Häuserblöcke) angenommen.[1] Die Größe der Grundstücke gestatte in diesen Fällen nicht nur eine Bebauung mit weiteren Gebäuden, sondern auch die Anlage eines größeren Gartens oder einer Grünfläche. Abzugrenzen sind diese Fälle von den Fällen einer wirtschaftlichen Einheit mit einer selbständig nutzbaren Teilfläche.[2]

30 Bei **nebeneinander liegenden Gebäuden** desselben Eigentümers liegen **mehrere wirtschaftliche Einheiten** vor, wenn sie durch Brand- und Trennwände, gesonderte Eingänge und eigene Versorgungsanlagen für Heizung, Wasser, Strom usw. derart abgetrennt sind, dass sie nach ihrer baulichen Gestaltung und Einrichtung – und daher baurechtlich möglicher Teilungsgenehmigung – selbständig veräußert werden können.[3]

31 **Zusammenhängende Gebäude**, die erst nach wesentlicher baulicher Änderung selbständig veräußert werden können, stellen dagegen ein bewertungsrechtliches Grundstück dar. Bei **Doppelhaushälften** liegen selbst bei abweichender Beurteilung u. a. durch die Baubehörde nach der Verkehrsanschauung gesonderte wirtschaftliche Einheiten vor, wenn gemeinsame Ver- und Entsorgungseinrichtungen vorhanden sind.[4]

32 Zwei auf **verschiedenen** bürgerlich-rechtlichen **Grundstücken** errichtete sowie mit einem Gang zu einem Gesamtgebäude verbundene **Bauteile** sind hingegen trotz jeweils eigenständiger Ver- und Entsorgungseinrichtungen als eine einzige wirtschaftliche Einheit beurteilt worden.[5] Ein **Einfamilienhaus** und ein Gartenhaus mit einer separaten Wohnung – kein Nebengebäude –, die zusammen auf einem bürgerlich-rechtlichen Grundstück errichtet worden sind, können als zwei wirtschaftliche Einheiten zu bewerten sein.[6]

33 Bei **aneinander gebauten Mietshäusern** auf verschiedenen bürgerlich-rechtlichen Grundstücken hat der BFH[7] trotz miteinander verbundenen Ver- und Entsorgungseinrichtungen **mehrere wirtschaftliche Einheiten** angenommen. Mehrere wirtschaftliche Einheiten können selbst dann anzunehmen sein, wenn die verschiedenen Gebäude aufgrund tatsächlicher Gegebenheiten der Gesamtanlage (parkähnlicher Charakter, Umzäunung der Anlage und auf die Bedürfnisse der Bewohner abgestimmte Infrastruktur) über einen wirtschaftlichen Zusammenhang verfügen.[8] Nach dieser Rechtsprechung kommt eine einheitliche Zweckbestimmung als maßgebliches Abgrenzungskriterium zur Bestimmung der wirtschaftlichen Einheit eher bei Grundstücken in Betracht, die zu einem land- und forstwirtschaftlichen Betrieb oder einem sonstigen Betrieb gehören.

34 Bei **Mietshäusern** spricht dagegen bereits die **selbständige Nutzbarkeit** gegen die Annahme einer einzigen wirtschaftlichen Einheit. In der Literatur[9] wird zutreffend darauf hingewiesen,

---

[1] Siehe auch A 244 Abs. 2 Satz 1 AEBewGrSt; Krause in Stenger/Loose, BewG § 243 Rz. 20.
[2] A 244 Abs. 2 Satz 2 AEBewGrSt.
[3] BFH, Urteil v. 15.10.1954 - III 148/54 U, BStBl 1955 III S. 2, betr. Doppel- und Reihenhäuser; BFH, Urteil v. 29.11.1963 - III 157/61, HFR 1964 S. 113, betr. Wohn- und Geschäftshaus und Hallenbau für ein Kino; BFH, Urteil v. 7.2.1964 - III 230/61 U, BStBl 1964 III S. 180, betr. größere Baublöcke von Siedlungsgesellschaften; BFH, Urteil v. 2.10.1970 - III R 163/66, BStBl 1970 II S. 822, betr. Reiheneinfamilienhäuser.
[4] BFH, Urteil v. 14.2.1990 - II R 2/87, NWB IAAAB-31542.
[5] BFH, Urteil v. 28.4.1993 - II S 6/93, NWB FAAAB-33792.
[6] Siehe BFH, Urteil v. 10.12.1997 - II R 10/95, NWB BAAAB-38902; Vorinstanz FG Berlin, Urteil v. 14.10.1998 - 2 K 2073/98, EFG 1999 S. 221.
[7] BFH, Urteil v. 23.1.1985 - II R 35/82, BStBl 1985 II S. 336.
[8] FG Köln, Urteil v. 19.10.2016 - 4 K 1866/11, NWB YAAAF-89267.
[9] Mannek, NWB F. 9 S. 2265 (7/2007).

dass angesichts der städtebaulichen Entwicklung mit der zunehmenden Schaffung von zentralen Anlagen – wie z. B. Fernheizung – der Verbindung von Ver- und Entsorgungssystemen für die Einordnung als eine wirtschaftliche Einheit kein erhebliches Gewicht mehr beigemessen werden kann.

Zwei **aneinandergrenzende bebaute** Grundstücke, von denen das eine **gewerblichen und** das andere **privaten** Zwecken dient, stellen grds. zwei wirtschaftliche Einheiten dar. Ausnahmsweise ist **eine wirtschaftliche Einheit** anzunehmen, wenn sie in einem durch einen Bebauungsplan ausgewiesenen Gewerbegebiet liegen, das auf dem privat genutzten Grundstück errichtete Wohnhaus nur als Wohnung des Betriebsinhabers genutzt werden kann und die Grundstücke aus baurechtlichen Gründen nur gemeinsam veräußert werden dürfen.[1]

Darüber hinaus hat der BFH[2] entschieden, dass das Wohngebäude des Betriebsinhabers, das durch Versorgungsleitungen, eine gemeinsame Zufahrt und gemeinsame Gestaltung der Außenanlagen mit dem Betriebsgebäude wirtschaftlich verbunden ist und über ein dem Betrieb dienendes Büro verfügt, zusammen mit dem Betriebsgebäude auch dann eine wirtschaftliche Einheit bildet, wenn beide nach dem Willen des Betriebsinhabers nicht einem gemeinsamen Zweck dienen. Auf die Veräußerbarkeit kommt es in diesem Fall nicht mehr an.

Befindet sich auf einem **Fernsehturm** neben den fernmeldetechnischen Anlagen in einem besonderen Bauteil mit eigenem Zugang ein gastronomischer Betrieb, so bildet dieser eine eigene wirtschaftliche Einheit.[3] Werden zwei Grundstücke desselben Eigentümers durch einen **Überbau** verklammert, bilden diese ebenfalls eine wirtschaftliche Einheit.[4]

(Einstweilen frei)

3. Grundsätzlich keine abweichende Zurechnung bei Ehegatten

Mehrere Wirtschaftsgüter, die nach der Verkehrsauffassung eine wirtschaftliche Einheit bilden, können nach § 2 Abs. 2 BewG nur insoweit zusammengefasst werden, als sie demselben Eigentümer oder denselben Eigentümern gemeinschaftlich gehören. Dieser Grundsatz ist bei Eheleuten für die Einheitsbewertung des Grundbesitzes für Zwecke der Grundsteuer durch § 26 BewG durchbrochen worden, wonach die Zurechnung mehrerer Wirtschaftsgüter zu einer wirtschaftlichen Einheit beim Grundbesitz nicht dadurch ausgeschlossen wird, dass sie zum Teil dem einen und zum Teil dem anderen Ehegatten gehören. **§ 26 BewG** gilt aber mangels entsprechenden Verweises grds. **nicht** für den **Grundsteuerwert**. Mit dem Fondsstandortgesetz[5] wurde in § 266 Abs. 5 BewG allerdings eine Übergangsvorschrift aufgenommen, nach der auf Grundlage von § 26 BewG bereits gebildete wirtschaftliche Einheiten weiterhin der Bewertung nach dem Siebenten Abschnitt zugrunde gelegt werden können.[6] Dies soll Verwaltungsaufwand vermeiden, der bei der Aufspaltung der so gebildeten wirtschaftlichen Einheiten ent-

---

[1] BFH, Urteil v. 25.2.1983 - III R 81/82, BStBl 1983 II S. 552.
[2] BFH, Urteil v. 15.6.1983 - III R 40/82, BStBl 1983 II S. 752; BFH, Urteil v. 26.2.1986 - II R 236/83, NWB WAAAB-28676.
[3] FG Hessen, Urteil v. 26.6.1997 - 3 K 1059/94, EFG 1998 S. 22; bestätigt von BFH, Beschluss v. 17.6.1998 - II B 126/97, NWB QAAAA-62354.
[4] FG Hamburg, Urteil v. 27.10.2017 - 3 K 141/16, NWB WAAAG-80812 (Wohn- und Garagengrundstück mit nur einer Zufahrt).
[5] Gesetz zur Stärkung des Fondsstandorts Deutschland und zur Umsetzung der Richtlinie (EU) 2019/1160 zur Änderung der Richtlinien 2009/65/EG und 2011/61/EU im Hinblick auf den grenzüberschreitenden Vertrieb von Organismen für gemeinsame Anlagen (Fondsstandortgesetz – FoStoG) v. 3.6.2021, BGBl 2021 I S. 1498.
[6] Siehe vertiefend Grootens in Grootens, BewG § 66 Rz. 111 ff.

stünde.[1] Die Vorschrift tritt mit Ablauf des 31.12.2028 nach Art. 8 i.V. mit Art. 19 Abs. 3 Fondsstandortgesetz wieder außer Kraft.

II. Einbeziehung von Anteilen an anderen Grundstücken in die wirtschaftliche Einheit (§ 244 Abs. 2 BewG)

40 § 244 Abs. 2 Satz 1 BewG **erweitert** abweichend vom Grundsatz des einheitlichen Eigentums (§ 2 BewG) bei der Bestimmung der wirtschaftlichen Einheit einem praktischen Bedürfnis folgend (ähnlich § 34 Abs. 5 BewG) die **Bewertungseinheit** des Grundvermögens dadurch, dass Anteile an anderem Grundvermögen in die wirtschaftlichen Einheiten der **Hauptgrundstücke** der jeweiligen Eigentümer einbezogen werden, wenn der Anteil zusammen mit dem Grundstück genutzt wird.[2] Gedacht ist, wie sich aus dem Klammerzusatz bezüglich gemeinschaftlicher Hofflächen oder Garagen ergibt, an gemeinschaftliches Grundvermögen, das seine wirtschaftliche Bedeutung erst dadurch erhält, dass es zusammen mit anderen, im Einzeleigentum der Beteiligten stehenden Grundstücken genutzt wird.[3] Dies gilt gem. § 244 Abs. 2 Satz 2 BewG allerdings nicht, wenn im Einzelfall nach der **Verkehrsanschauung** das Gemeinschaftseigentum als selbständige wirtschaftliche Einheit anzusehen ist.[4]

41 Nach § 244 Abs. 2 Satz 1 BewG ist entgegen § 70 Abs. 2 Satz 1 BewG bei der Ermittlung des **Grundsteuerwerts** für Zwecke der **Grundsteuer** nicht erforderlich, dass alle an dem gemeinschaftlichen Eigentum Beteiligten ihren Grundstücksanteil jeweils zusammen mit ihrem Grundstück nutzen. Es genügt also bei einem **gemeinschaftlichen Garagenbau**, dass nur eine einzelne Garage von dem Eigentümer eines Hauptgrundstücks genutzt wird, um die Garage in die wirtschaftliche Einheit des Hauptgrundstücks einzubeziehen.

42 **BEISPIEL:**[5] Ein Garagengrundstück steht im Miteigentum einer Vielzahl von Eigentümern und wird von einzelnen Eigentümern gemeinsam mit ihrem in räumlicher Nähe liegenden Wohnungseigentum genutzt. Der Anteil des Eigentümers an dem Garagengrundstück zusammen mit seinem Wohnungseigentum bilden in diesem Fall eine wirtschaftliche Einheit. Für die Zusammenfassung zu einer wirtschaftlichen Einheit ist es nicht erforderlich, dass alle Miteigentümer des Garagengrundstücks ihren Anteil jeweils zusammen mit einem Reihenhaus nutzen.

43 Wie weit der **Begriff der Nutzung** der Anteile zusammen mit den Hauptgrundstücken der jeweiligen Eigentümer zu verstehen ist, wird im Gesetz nicht weiter definiert. Eine Eigennutzung ist nicht erforderlich. Die Nutzung durch einen Mieter des Hauptgrundstücks genügt.[6] Wenn die Garage einem Dritten, der nicht Nutzer des Hauptgrundstücks ist, zum Gebrauch überlassen wird, ist eine Nutzung zusammen mit dem Hauptgrundstück nicht mehr gegeben. Ob indessen bei größerer Entfernung des Garagenbaues von den Hauptgrundstücken, mit denen er zusammen genutzt wird, wegen der räumlichen Trennung eine Einbeziehung in die wirtschaftliche Einheit des jeweiligen Hauptgrundstücks vorzunehmen ist, erscheint zweifelhaft, auch wenn für die Benutzer der Hauptgrundstücke die Garage lediglich Zubehörräume des Hauptgrundstücks sind. Inwieweit die Einbeziehung auch für unbebaute Flächen gilt, etwa für Gärten, lässt sich nur aufgrund der Verhältnisse des Einzelfalles unter Berücksichtigung der auch

---

[1] Vgl. Beschlussempfehlung des FzA, BT-Drucks. 19/28868 S. 129 ff.
[2] Vgl. BT-Drucks. 19/11085 S. 108; A 244 Abs. 3 Satz 1 AEBewGrSt.
[3] Vgl. auch BT-Drucks. 19/11085 S. 108; A 244 Abs. 3 AEBewGrSt.
[4] A 244 Abs. 3 Satz 3 AEBewGrSt.
[5] Vgl. auch Beispiel 1 bei A 244 Abs. 3 AEBewGrSt.
[6] Halaczinsky in Rössler/Troll, BewG § 70 Rz. 38.

sonst für die Abgrenzung der Grundstücke anerkannten Grundsätze beantworten. Die Einbeziehung des gemeinschaftlichen Eigentums in die wirtschaftliche Einheit erfolgt mit dem entsprechenden Miteigentumsanteil.

BEISPIEL:[1] Eine unbebaute Fläche von 1 000 m² wird gemeinsam von den Eigentümern der angrenzenden Einfamilienhäuser (z. B. als Spielplatz oder Gartenfläche) genutzt. An dem unbebauten Flurstück besteht Miteigentum der Eigentümer der angrenzenden Einfamilienhäuser zu einem Anteil von jeweils 25/100.

LÖSUNG: Jedem Eigentümer wird seine anteilige Fläche des unbebauten Grundstücks zugerechnet und in die wirtschaftliche Einheit miteinbezogen. Zu der Fläche des Grund und Bodens jeder wirtschaftlichen Einheit ist eine Fläche von 250 m² hinzuzurechnen. Ob für das unbebaute Flurstück ein eigenes Grundbuchblatt angelegt wurde, ist insoweit unbeachtlich.

§ 70 Abs. 2 BewG ist wie auch bei der Einheitsbewertung[2] **analog** anzuwenden, wenn die Hauptgrundstücke, die verschiedene wirtschaftliche Einheiten bilden, und die diesen untergeordneten Flächen, Gebäude usw. demselben Eigentümer gehören, wie etwa bei einem Waschhaus für eine aus mehreren Einheiten bestehende Wohnhausgruppe einer Wohnungsgesellschaft.

(Einstweilen frei)

III. Grundstücksfiktion in Sonderfällen (§ 244 Abs. 3 BewG)

1. Erbbaurecht (§ 244 Abs. 3 Nr. 1 BewG)

a) Allgemein

§ 244 Abs. 3 Nr. 1 BewG bestimmt für die Ermittlung des Grundsteuerwerts i. d. R. abweichend vom allgemeinen Grundsatz des einheitlichen Eigentums, dass das **Erbbaurecht zusammen mit dem Erbbaugrundstück eine wirtschaftliche Einheit bildet**.[3] Dies gilt auch für das **Eigentümererbbaurecht**, bei dem der Erbbauberechtigte und der Eigentümer des Grund und Bodens dieselbe Person ist.[4]

Die Zusammenfassung zu einer wirtschaftlichen Einheit und Zurechnung zum Erbbauberechtigten nach § 261 BewG dient der **Vereinfachung sowie Automation des Besteuerungsverfahrens**[5] und begegnet keinen durchgreifenden verfassungsrechtlichen Bedenken. Die Regelung ist vom Gestaltungsspielraum des Gesetzgebers gedeckt, da das Erbbaurecht das Eigentum an dem Gebäude sowie dinglich das Nutzungsrecht an dem Grundstück vermittelt.[6] Auf die bisher nach der Einheitsbewertung erforderliche getrennte Bewertung wird zukünftig aus Vereinfachungs- und Automationsgründen verzichtet.[7] Auch bisher war der Erbbauberechtigte nach § 10 Abs. 2 GrStG a. F. Steuerschuldner der Grundsteuer für die wirtschaftliche Einheit des be-

---

1 Beispiel 2 bei A 244 Abs. 3 AEBewGrSt.
2 Vgl. Abschnitt 4 Abs. 2 BewR Gr.
3 A 244 Abs. 4 Satz 1 und 2 AEBewGrSt; siehe auch A 261 AEBewGrSt und Grootens in Grootens, BewG § 261 Rz. 31 ff.
4 Vgl. vertiefend Bock in Viskorf/Schuck/Wälzholz, BewG § 192 Rz. 22 ff.
5 BT-Drucks. 19/11085 S. 108 und Grootens in Grootens, BewG § 261 Rz. 31 ff.
6 Vgl. auch Eisele, NWB 28/2019 S. 2043 und S. 2058, NWB ZAAAH-21376.
7 Begründung zum Entwurf des GrStRefG, BT-Drucks. 19/11085 S. 108.

lasteten Grundstücks, sodass sich über § 261 BewG i.V. mit § 10 Abs. 1 GrStG an der Steuerschuldnerschaft für den Erbbauberechtigten insoweit nichts ändert.[1]

49 Die **Reichweite der wirtschaftlichen Einheit des Erbbaurechts und des Erbbaugrundstücks** wird vom Gesetz nicht ausdrücklich definiert und auch nicht durch § 244 Abs. 3 Nr. 1 BewG vorgegeben. Die Reichweite der wirtschaftlichen Einheit lässt sich nicht ohne Blick auf die konkreten Bewertungsregelungen bestimmen. Da die wirtschaftliche Einheit des Erbbaurechts und des Erbbaugrundstücks wie ein unbelastetes Grundstück bewertet wird, erfasst die **wirtschaftliche Einheit** des Erbbaurechts und Erbbaugrundstücks neben dem ggf. aufgrund des Erbbaurechts errichteten **Gebäude** den **Grund und Boden**. Die Erbbauzinsen werden nicht miterfasst. **Belastungsgegenstand** und Erstreckungsfläche des Erbbaurechts wird regelmäßig das **gesamte Grundstück** sein, sodass sich die wirtschaftliche Einheit entsprechend auf das gesamte Grundstück bezieht (zu den Ausnahmen vgl. → Rz. 55).[2]

50–52 *(Einstweilen frei)*

b) Sonderfälle

aa) Erbbaurechtsbelastung, Beschränkung der Ausübung und Erstreckung des Erbbaurechts auf einen Grundstücksteil

53 **Dinglich belastet** mit einem Erbbaurecht wird stets das **gesamte Grundstück** (materiell-rechtliche Belastung, § 1 Abs. 1 ErbbauRG).[3] Die Belastung nur eines Grundstücksteils ist nicht möglich.[4] Soll nur ein realer Grundstücksteil belastet werden ist dieser Teil nach § 7 GBO abzuschreiben und ein selbständiges Grundstück zu bilden.[5] Ferner ist grds. die Belastung des Grundstücks mit nur einem selbständigen Erbbaurecht zulässig.[6]

54 Eine **Ausnahme** existiert nach dem **Sachenrechtsbereinigungsgesetz (SachenRBerG)**. Nach § 39 Abs. 1 SachenRBerG können mehrere Erbbaurechte an einem Grundstück bestellt werden, wenn jedes von ihnen nach seinem Inhalt nur an einer jeweils anderen **Grundstücksteilfläche** ausgeübt werden kann. In den Erbbaurechtsverträgen muss jeweils in einem **Lageplan** bestimmt sein, auf welche Teilfläche des Grundstücks sich die Nutzungsbefugnis des Erbbauberechtigten erstreckt (§ 39 Abs. 1 Satz 2 SachenRBerG). Je nach Anzahl der Erbbaurechte werden in diesen Fällen entsprechend viele wirtschaftliche Einheiten gebildet.

55 Die **Ausübung des Erbbaurechts** auf einen realen Grundstücksteil zu **beschränken** (z. B. soll der Bau des Gebäudes auf einem bestimmten Teil des Grundstücks erfolgen), ist hingegen stets **zulässig**.[7] Der entsprechende Grundstücksteil ist in einem Lageplan festzulegen. In diesem Fall verbleibt es dennoch bei **einer wirtschaftlichen Einheit**. Es wird keine zweite wirtschaftliche Einheit für den Teil des (unbebauten) Grundstücks gebildet, auf dem das Erbbaurecht nicht ausgeübt werden darf.

---

[1] Vgl. auch BT-Drucks. 19/11085 S. 108 und Schmidt in Grootens, GrStG § 10 Rz. 59 ff.
[2] Vgl. für die Erbschaft- und Schenkungsteuer R B 192.1 Abs 3 Satz 1 ErbStR 2019.
[3] Heinemann in MüKo BGB, § 1 ErbbauRG Rz. 20, 29.
[4] Heinemann in: MüKo BGB, § 1 ErbbauRG Rz. 29.
[5] Winkler, NJW 1992 S. 2514 und S. 2515; Schmenger, BWNotZ 2006 S. 73 und S. 81.
[6] H. M., vgl. Heinemann in MüKo BGB, § 1 ErbbauRG Rz. 37 m.w.N.
[7] OLG Hamm v. 7.6.2005 - 15 W 158/05, FGPrax 2006 S. 2; BayObLG v. 26.4.1984 - BReg 2 Z 33-35/84, Rpfleger 1984 S. 313, BayObLGZ 1984 S. 105; Winkler, NJW 1992 S. 2514 und S. 2515; Schmenger, BWNotZ 2006 S. 73 und S. 81.

Das **Erbbaurecht**, als Recht ein Gebäude auf einem Grundstück zu haben, **erstreckt** sich grds. **nur auf das Gebäude** und den für das Gebäude erforderlichen Teil des Grundstücks (Erstreckungsfläche, real belastete Fläche).[1] Folge ist, dass das sich aus dem Erbbaurecht ableitende **Nutzungsrecht nur das Gebäude** und die Aufstellfläche erfasst. Das Nutzungsrecht für das übrige Grundstück verbleibt danach beim Eigentümer des Grundstücks.[2] § 1 Abs. 2 ErbbauRG lässt es jedoch zu, das Erbbaurecht auf einen für das Bauwerk nicht erforderlichen Teil des Grundstücks zu erstrecken, sofern das Bauwerk wirtschaftlich die Hauptsache bleibt (z. B. Nutzung anderer Teile des Grundstücks als Zugang, Hof oder Gartenfläche).[3] Dies dürfte von den jeweiligen Vertragsparteien des Erbbaurechtsvertrags i. d. R. auch so ggf. stillschweigend[4] **vereinbart** werden, sodass sich das Erbbaurecht regelmäßig **auf das gesamte Grundstück** erstreckt (siehe bereits → Rz. 49).[5]

Erstreckt sich das Erbbaurecht hingegen nur auf einen Teil des Grundstücks, dürfte wie bei der Erbschaft- und Schenkungsteuer der andere Teil des Grundstücks eine selbständige wirtschaftliche Einheit bilden.[6] Der andere Teil des Grundstücks wird nach den allgemeinen Regeln als bebautes oder unbebautes Grundstück bewertet.[7] Dies ist deshalb sachgerecht, da der andere Teil des Grundstücks weiterhin vom Grundstückseigentümer genutzt werden kann.

(Einstweilen frei)

bb) Ober- und Untererbbaurecht

Zivilrechtlich ist es möglich, das **Erbbaurecht selbst zu belasten** und hieran ein Erbbaurecht zu bestellen.[8] Man spricht in diesen Fällen von **Ober- und Untererbbaurecht**. Das Untererbbaurecht ist im Erbbaugrundbuch einzutragen. Das **Untererbbaurecht**, da es sich vom Obererbbaurecht ableitet, kann **nicht weitreichender** sein **als das Obererbbaurecht**. Ein Untererbbaurecht ist beispielsweise zweckmäßig, wenn bei großen Grundstücken der Grundstückseigentümer einem Bauträger ein Erbbaurecht und dieser wiederum den einzelnen Bauherren Untererbbaurechte erteilt. In den Fällen der Belastung des Obererbbaurechts mit einem Untererbbaurecht dürfte es bei einer wirtschaftlichen Einheit des Obererbbaurechts mit dem Erbbaugrundstück verbleiben, die dem Obererbbauberechtigten nach § 261 BewG zugerechnet wird. Mit dem Begriff Erbbaurecht in § 244 Abs. 3 Nr. 1 BewG ist bewertungsrechtlich bisher stets das den Grund und Boden belastende Erbbaurecht gemeint. Dies ist das Obererbbaurecht. Sachgerechter wäre dem Untererbbauberechtigten die wirtschaftliche Einheit zuzurechnen, da dieser letztlich das Eigentum am Gebäude und das Nutzungsrecht am Grund und Boden erhält.

(Einstweilen frei)

---

1 Heinemann in MüKo BGB, § 1 ErbbauRG Rz. 20; Grziwotz in Erman, BGB § 1 ErbbauRG Rz. 3.
2 KG Berlin v. 16.4.1991 - 1 W 7518/88, NJW-RR 1992 S. 214; BayOLG v. 26.4.1984 - BReg 2 Z 33-35/84, Rpfleger 1984 S. 313, BayOLGZ 1984 S. 105; Grziwotz in Erman, BGB § 1 ErbbauRG Rz. 3.
3 BayOLG v. 26.4.1984 - BReg 2 Z 33-35/84, Rpfleger 1984 S. 313, BayOLGZ 1984 S. 105.
4 Insbesondere wenn es in der Natur der Sache liegt. Vgl. KG Berlin v. 16.4.1991 - 1 W 7518/88, NJW-RR 1992 S. 214.
5 Vgl. zur Erbschaft- und Schenkungsteuer R B 192.1 Abs. 3 Satz 1 ErbStR 2019.
6 Vgl. zur Erbschaft- und Schenkungsteuer R B 192.1 Abs. 3 Satz 2 ErbStR 2019.
7 Vgl. zur Erbschaft- und Schenkungsteuer R B 192.1 Abs. 3 Satz 3 ErbStR 2019.
8 BGH, Urteil v. 22.2.1974 - V ZR 67/72, BGHZ 62 S. 179.

cc) Gesamterbbaurecht

63 Bei einem **Gesamterbbaurecht** belastet ein einheitliches Erbbaurecht **mehrere Grundstücke**.[1] Je nach Anzahl der belasteten Grundstücke werden wirtschaftliche Einheiten zusammen mit dem Erbbaurecht gebildet. Ein Gesamterbbaurecht kann beispielsweise durch Teilung eines Grundstücks oder Ausdehnung eines Erbbaurechts auf ein weiteres Grundstück entstehen.[2] Ist der Eigentümer an den Grundstücken dieselbe Person, können je nach den Umständen des Einzelfalls und der Verkehrsauffassung die Grundstücke zu einer wirtschaftlichen Einheit zusammengefasst werden.

64–66 *(Einstweilen frei)*

dd) Nachbarerbbaurecht

67 Von einem **Nachbarerbbaurecht** ist die Rede, wenn **mehrere angrenzende Grundstücke mit Einzelerbbaurechten** belastet werden, deren Inhalt darin besteht, **auf den einzelnen Grundstücken unselbständige Teile eines Gesamtgebäudes** haben zu dürfen. Denkbar sind dabei Konstellationen, bei denen der Erbbauberechtigte Eigentümer eines der Grundstücke ist.

68 Die Zulässigkeit von Nachbarerbbaurechten ist höchst umstritten und noch nicht höchstrichterlich entschieden. Sie wird aufgrund von § 1 Abs. 3 ErbbauRG, der die **Beschränkung des Erbbaurechts auf einen Teil des Gebäudes** verbietet, überwiegend verneint.[3] Jedenfalls für den Fall, dass eine solche Bebauung bereits bei Bestellung des Erbbaurechts geplant war, hält der BGH Nachbarerbbaurechte für unzulässig.[4] Eine Ausnahme besteht nach § 39 Abs. 3 SachenRBerG. Danach sind unter bestimmten Voraussetzungen Nachbarerbbaurechte ausdrücklich zugelassen.

69 Hält man ein Nachbarerbbaurecht für zulässig sowie unstreitig in den Fällen des § 39 Abs. 3 SachenRBerG, entstehen je nach der Anzahl der belasteten Grundstücke und Anzahl der Erbbaurechte entsprechend viele **wirtschaftliche Einheiten**. Gehört dem Erbbauberechtigten eines der angrenzenden Grundstücke, ist der Gebäudeteil auf dem erbbaurechtsbelasteten Grundstück bei der Bewertung des Erbbaurechts und das eigene Grundstück mit dem dort errichteten Gebäudeteil als bebautes Grundstück zu bewerten.[5] Entsprechendes dürfte auch gelten, wenn das angrenzende Grundstück nicht im Eigentum des Erbbauberechtigten ist, sondern das Gebäude aufgrund eines Pachtvertrags bebaut worden ist.[6] Für diesen Gebäudeteil erfolgt dann eine Bewertung als Gebäude auf fremdem Grund und Boden gemeinsam mit dem belasteten Grund und Boden. In diesem Fall kommt es zu dem eigentümlichen Ergebnis, dass ein Gebäudeteil zusammen mit dem Erbbaugrundstück dem Erbbauberechtigten zugerechnet

---

[1] Allgemein anerkannt. Vgl. BGH, Urteil v. 21.11.1975 - V ZR 21/74, BGHZ 65 S. 345; BayOLG v. 26.4.1984 - RZ 33 - 35/84, BayOLGZ 1984 S. 105; BFH, Urteil v. 24.4.2013 - II R 53/10, BStBl 2013 II S. 755 (betrifft GrESt); Grziwotz in Erman, BGB, § 1 ErbbauRG, Rz. 5, 10.

[2] BayOLG v. 26.4.1984 - RZ 33 - 35/84, BayOLGZ 1984 S. 105; Grziwotz in Erman, BGB, § 1 ErbbauRG Rz. 10.

[3] OLG Köln v. 6.5.2013 - 2 W 128/13, MittBayNot 2014 S. 157; BayObLG v. 16.7.1957 - BReg 2 Z 78/57, BayObLGZ 1957 S. 217; Heinemann in MüKo BGB, § 1 ErbbauRG Rz. 52 ff.; Maaß in Beck-OK BGB, § 1 ErbbauRG Rz. 21 ff. jeweils m.w.N.; a.A. OLG Stuttgart v. 17.1.1975 - 8 W 281/73, NJW 1975 S. 786; OLG Düsseldorf v. 23.3.1973 - 3 W 8/73, MittBayNot 1973 S. 280.

[4] BGH v. 22.6.1973 - V ZR 160/71, NJW 1973 S. 1656.

[5] Vgl. BFH, Urteil v. 22.4.1982 - III R 101/78, BStBl 1982 II S. 580 zu § 92 BewG und zur Erbschaft- und Schenkungsteuer R B 192.1 Abs. 4 Satz 1 ErbStR 2019.

[6] Vgl. zur Erbschaft- und Schenkungsteuer R B 192.1 Abs. 4 Satz 2 ErbStR 2019.

wird und der andere Gebäudeteil als Gebäude auf fremdem Grund und Boden dem Grundstückseigentümer, auf dessen Grundstück es steht.

(Einstweilen frei) 70–71

ee) Miterbbaurechte

Steht ein Erbbaurecht mehreren Personen **gemeinschaftlich nach Bruchteilen** zu, so werden die einzelnen Anteile als **Miterbbaurechte** bezeichnet. Das Eigentum an dem aufgrund des Erbbaurechts errichteten **Gebäudes** steht dann im **Miteigentum der Erbbauberechtigten**. Hinsichtlich der Bestimmung der wirtschaftlichen Einheit bei **Miterbbaurechten** ist zu differenzieren. Grundsätzlich liegt **eine wirtschaftliche Einheit des gemeinschaftlich nach Bruchteilen zustehenden Erbbaurechts** vor, die mehreren Personen gemeinschaftlich nach Bruchteilen zugerechnet wird. Es ist daher grundsätzlich ein Gesamtwert zu bilden, der gem. § 3 BewG auf die Miterbbauberechtigten entsprechend ihres Verhältnisses am Erbbaurecht aufzuteilen ist (entsprechende Behandlung wie beim Miteigentum). Etwas anderes dürfte nur dann gelten, wenn die Ausübung des Miterbbaurechts in der Weise begrenzt ist, dass für jedes Miterbbaurecht eine selbständige wirtschaftliche Einheit anzunehmen ist (beispielsweise ist die Ausübung der Miterbbaurechte an einem großen Grundstück auf eine Teilfläche und ein eigenes Gebäude beschränkt). Zu Wohnungserbbau- und Teilerbbaurechten vgl. → Rz. 94 f. 72

2. Gebäude auf fremdem Grund und Boden (§ 244 Abs. 3 Nr. 2 BewG)

Nach § 244 Abs. 3 Nr. 2 BewG gilt ein **Gebäude auf fremdem Grund und Boden** gemeinsam mit dem Grund und Boden in Abweichung vom Grundsatz des einheitlichen (wirtschaftlichen) Eigentums als **Grundstück** i. S. des BewG und damit als eine eigene wirtschaftliche Einheit des Grundvermögens.[1] Gegen die Zusammenfassung zu einer wirtschaftlichen Einheit bestehen **keine verfassungsrechtlichen Bedenken**. Gebäude auf fremdem Grund und Boden entstehen i. d. R. im Rahmen von schuldrechtlichen Nutzungsverhältnissen, sodass die Zusammenfassung des Grund und Bodens gemeinsam mit dem Gebäude zu einer wirtschaftlichen Einheit und Zurechnung dieser nach § 262 BewG zum Grundstückseigentümer vom Gestaltungsspielraum des Gesetzgebers gedeckt ist.[2] 73

(Einstweilen frei) 74–76

a) Fälle des Gebäudes auf fremdem Grund und Boden

Da bei Vorliegen eines Gebäudes auf fremdem Grund und Boden das Gebäude dem Eigentümer des Grund und Bodens zugerechnet wird und die wirtschaftliche Einheit wie ein unbelastetes bebautes Grundstück bewertet wird, bedarf es grds. keiner besonderen Prüfung, ob ein Gebäude sich auch im Eigentum des Grundstückseigentümers befindet. Eine Ausnahme besteht lediglich für das Erbbaurecht. Dies führt zu einer erheblichen **Verwaltungsvereinfachung** (siehe aber auch → Rz. 84). 77

---

[1] A 244 Abs. 4 Satz 3 AEBewGrSt; siehe auch A 262 AEBewGrSt und Grootens in Grootens, BewG § 262 Rz. 32 ff.; vgl. auch Eisele, NWB 28/2019 S. 2043 und S. 2058, NWB ZAAAH-21376.
[2] Siehe dazu vertiefend Grootens in Grootens, BewG § 262 Rz. 31 ff.

78 Ein Gebäude auf fremdem Grund und Boden liegt vor, wenn ein **anderer als der Eigentümer des Grund und Bodens** darauf ein **Gebäude errichtet** hat und ihm das Gebäude wirtschaftlich oder zivilrechtlich zuzurechnen ist.[1] Dies ist anzunehmen,[2]

- wenn das Gebäude **Scheinbestandteil** des Grund und Bodens ist (§ 95 BGB),
- wenn der Nutzer des Gebäudes aufgrund eines Nutzungsverhältnisses einen vertraglichen oder gesetzlichen **Entschädigungsanspruch** i. H. des **Verkehrswerts bei Beendigung** des Nutzungsverhältnisses für das Gebäude hat und
- in sonstigen Fällen, in denen der Nutzungsberechtigte **wirtschaftliches Eigentum am Gebäude** hat.

79 Überlässt ein **Erbbauberechtigter** ein unbebautes oder ein bebautes Erbbaugrundstück einem Dritten, der darauf ein Gebäude errichtet, das zivilrechtlich wesentlicher Bestandteil des Erbbaurechts wird, kann ein Gebäude auf fremdem Grund und Boden vorliegen, wenn der Dritte wirtschaftlicher Eigentümer des Gebäudes wird. In diesem Fall wird das Gebäude dem Erbbauberechtigten zugerechnet.

80 **Gebäudeteile** auf fremdem Grund und Boden kommen grds. **nicht als selbständige wirtschaftliche Einheiten** in Betracht.[3] Hat ein Grundstückseigentümer allerdings auf seinem eigenen Grundstück und auf einem nur gepachteten Nachbargrundstück ein einheitliches Gebäude errichtet, das, soweit es auf dem Nachbargrundstück steht, ein Gebäude auf fremdem Grund und Boden ist, so wird man das Gebäude auf fremdem Grund und Boden nicht in die wirtschaftliche Einheit des eigenen Grundstücks einbeziehen können. Anzunehmen sind **zwei wirtschaftliche Einheiten**: das eigene bebaute Grundstück mit einem Teilgebäude, ein Teilgebäude auf fremdem Grund und Boden zusammen mit dem vom Teilgebäude belasteten Grundstück.[4] Einer einheitlichen Wertfeststellung stehen die unterschiedlichen Eigentümer der Grundstücke entgegen. In diesen Fällen fällt die Steuerschuldnerschaft in Bezug auf die zwei wirtschaftlichen Einheiten auseinander. Die Grundsteuerlast für die wirtschaftliche Einheit des Gebäudes auf fremdem Grund und Boden kann im Wege einer schuldrechtlichen Vereinbarung auf den Gebäudenutzer abgewälzt werden.

81–83 *(Einstweilen frei)*

b) Wirtschaftliche Einheit des Gebäudes auf fremdem Grund und Boden

84 Die wirtschaftliche Einheit des Gebäudes auf fremdem Grund und Boden erfasst die **belastete Grundstücksfläche** sowie das **Gebäude**. Die wirtschaftliche Einheit des Gebäudes auf fremdem Grund und Boden ist räumlich zu den mit dem fremden Gebäude unbelasteten Flächen abzugrenzen. Dies ist insbesondere bei großen Grundstücken von Bedeutung, deren Größe für die Gebäudenutzung nicht erforderlich ist.[5] Ist das mit dem Gebäude bebaute fremde Grundstück im Ertragswertverfahren zu bewerten, würde der unbelastete Teil als unbebautes Grundstück zu bewerten sein und der Wert des Grund und Bodens nicht in die Abzinsung nach § 257

---

[1] Vgl. für die Erbschaft- und Schenkungsteuer R B 195.1 Abs. 2 Satz 1 ErbStR 2019.
[2] Siehe vertiefend Bock in Viskorf/Schuck/Wälzholz, BewG § 195 Rz. 6 ff.
[3] BFH, Urteil v. 9.7.1965 - VI 202/64, HFR 1965 S. 508; FG Rheinland-Pfalz, Urteil v. 15.12.1983 - 3 K 85/80, EFG 1984 S. 439 zu § 70 Abs. 3 BewG.
[4] So auch für die Erbschaft- und Schenkungsteuer R B 195.1 Abs. 3 Satz 5 ErbStR 2019 i.V. mit R B 192.1 Abs. 4 ErbStR 2019.
[5] BFH, Urteil v. 6.10.1978 - III R 23/75, BStBl 1979 II S. 37 zu § 94 BewG; vgl. auch den Fall in A 244 Abs. 2 Satz 3 AEBewGrSt.

BewG mit einbezogen werden. Das Grundstück ist in diesen Fällen in zwei wirtschaftliche Einheiten, einmal in ein mit einem fremden Gebäude belastetes Grundstück sowie in ein weiteres von einem fremden Gebäude unbelastetes Grundstück, aufzuteilen. Ist eine eindeutige Abgrenzung nicht möglich, dürften keine Bedenken bestehen, auch bei § 245 BewG vom **Fünffachen** der **bebauten Fläche** auszugehen.[1] Ist das Grundstück mit einem fremden **Gebäudeteil** belastet (vgl. → Rz. 80), umfasst die wirtschaftliche Einheit des belasteten Grundstücks nur die Aufstellfläche des Gebäudeteils.

(Einstweilen frei) 85–87

3. Wohnungseigentum und Teileigentum (§ 244 Abs. 3 Nr. 3 BewG)

Jedes Wohnungseigentum und jedes Teileigentum stellt nach § 244 Abs. 3 Nr. 3 BewG **ein Grundstück** im bewertungsrechtlichen Sinne dar.[2] Für die nach den allgemeinen Vorschriften abzugrenzenden wirtschaftlichen Einheiten des Wohnungs- und Teileigentums ist grds.[3] nach den Vorschriften über die Bewertung eines bebauten Grundstücks im Ertragswertverfahren (siehe §§ 250 ff. BewG) jeweils **getrennt** ein **Grundsteuerwert festzustellen**. 88

Es ist für die Bestimmung der wirtschaftlichen Einheit bei Wohnungs- und Teileigentum darauf abzustellen, ob eine für sich allein veräußerliche Einheit vorliegt und nicht darauf, ob die abstrakte Möglichkeit besteht, sie rechtlich weiter aufzuteilen (siehe auch → Rz. 24). Es ist daher zu prüfen, ob nur **ein** (rechtlich einheitliches) **Sondereigentumsrecht** zu beurteilen ist oder ob **mehrere** (rechtlich getrennte) **Sondereigentumsrechte** vorliegen. Befinden sich in einem Gebäude mehrere räumlich voneinander getrennte Wohnungen, sind nach der Verkehrsauffassung mehrere wirtschaftliche Einheiten anzunehmen.[4] Die Führung mehrerer selbständiger Wohnungseigentumsrechte auf einem gemeinsamen Wohnungsgrundbuch (Zusammenschreibung) hat für sich genommen nicht zur Folge, dass die selbständigen Wohnungseigentumsrechte zu einer wirtschaftlichen Einheit zusammengefasst werden.[5] 89

Nach dem WEG können auch **zwei** oder **mehr Wohnungen** mit **einem Miteigentumsanteil** zu einem Wohnungseigentum verbunden werden. Liegt dementsprechend bürgerlich-rechtlich ein einziges Wohnungseigentum vor, so ist grds. bewertungsrechtlich eine einzige wirtschaftliche Einheit gegeben.[6] **Ausnahmsweise** ist von **mehreren wirtschaftlichen Einheiten** auszugehen, wenn die **tatsächlichen Gegebenheiten** nach der Verkehrsanschauung der Annahme einer wirtschaftlichen Einheit entgegenstehen.[7] 90

Danach liegt eine einzige wirtschaftliche Einheit vor, wenn die **Wohnungen** in demselben **Haus unmittelbar übereinander** oder **nebeneinander liegen** und **baulich so miteinander verbunden sind**, dass sie sich als ein Raumkörper darstellen.[8] Besteht keine derartige Verbindung, weil sich die Wohnungen getrennt von anderen im Sondereigentum stehenden Wohnungen 91

---

[1] BFH, Urteil v. 19.1.1979 - III R 42/77, BStBl 1979 II S. 398 zu § 94 BewG sowie zur Erbschaft- und Schenkungsteuer R B 195.1 Abs. 3 Satz 4 ErbStR 2019.
[2] A 249.5 Abs. 1 Satz 1 AEBewGrSt bzw. A 249.6 Satz 1 AEBewGrSt.
[3] Zur Ausnahme vgl. Bock in Grootens, BewG § 243 Rz. 78 und § 249 Rz. 56 sowie A 249.5 Abs. 2 Satz 4 AEBewGrSt.
[4] A 249.5 Abs. 3 Satz 2 AEBewGrSt.
[5] BFH, Urteil v. 1.8.1990 - II R 46/88, BStBl 1990 II S. 1016; A 249.5 Abs. 3 Satz 3 AEBewGrSt.
[6] Vgl. für die Erbschaft- und Schenkungsteuer vertiefend Bock in Viskorf/Schuck/Wälzholz, BewG § 176 Rz. 22 und R B 181.2 ErbStR 2019.
[7] Vgl. für die Erbschaft- und Schenkungsteuer R B 181.2 Abs. 3 Satz 3 ErbStR 2019.
[8] BFH, Urteil v. 1.4.1987 - II R 79/86, BStBl 1987 II S. 840; BFH, Urteil v. 1.4.1987 - II R 56/86, NWB KAAAB-29584.

im Gebäude befinden, liegen hingegen mehrere wirtschaftliche Einheiten vor.[1] Die **bauliche Umgestaltung** mehrerer Wohnungen zu einer Wohnung dergestalt, dass sie ohne größere bauliche Veränderungen nicht mehr einzeln zu veräußern sind, führt zu einer einzigen wirtschaftlichen Einheit.[2] Dies gilt entsprechend für die bauliche Zusammenfassung von Wohnung und Gewerberaum.[3]

92 **Zubehörräume**, insbesondere **Kellerräume** und sonstige **Abstellräume**, die der Wohnungseigentümer gemeinsam mit seinem Miteigentumsanteil nutzt, sind ohne Rücksicht auf die zivilrechtliche Gestaltung in die wirtschaftliche Einheit einzubeziehen, ebenso zur Eigentumswohnung gehörende **Garagen**[4] unabhängig von der Ausgestaltung des Eigentums daran.[5] Dies gilt auch, wenn die Garagen sich nicht auf dem Gelände der Anlage, sondern auf einem Grundstück in der näheren Umgebung befinden (siehe → Rz. 40 ff.).[6] **Abstellplätze** außerhalb von Sammelgaragen (Gemeinschaftseigentum) können mittels einer Nutzungsvereinbarung einem bestimmten Wohnungs- oder Teileigentum zugeordnet werden.[7] Wurde an den Zubehörräumen Sondereigentum begründet, ist es für die Zusammenfassung zu einer wirtschaftlichen Einheit unerheblich, ob die Eintragung im Grundbuch auf einem Grundbuchblatt oder auf zwei separaten Grundbuchblättern erfolgt ist.[8] Wird ein Tiefgaragenstellplatz getrennt von der Eigentumswohnung, mit der er als wirtschaftliche Einheit zusammengefasst wurde, veräußert und entfällt somit der direkte Nutzungszusammenhang, ist er aus dieser wirtschaftlichen Einheit herauszulösen und für die bisherige wirtschaftliche Einheit ist eine Wertfortschreibung[9] zu prüfen.[10]

93 *(Einstweilen frei)*

4. Wohnungserbbaurecht und Teilerbbaurecht (§ 244 Abs. 3 Nr. 4 BewG)

94 Nach § 244 Abs. 3 Nr. 4 bildet jedes Wohnungserbbau- und Teilerbbaurecht zusammen mit dem anteiligen belasteten Boden ein Grundstück im bewertungsrechtlichen Sinne.[11] Wohnungserbbau- und Teilerbbaurechte entstehen, wenn **Anteile an einem Erbbaurecht** (Miterbbaurechte, siehe dazu → Rz. 74) dahingehend **beschränkt** werden, dass jedem der Mitberechtigten das Sondereigentum an einer bestimmten Wohnung oder an nicht zu Wohnzwecken dienenden bestimmten Räumen in einem aufgrund des Erbbaurechts errichteten oder zu errichtenden Gebäude eingeräumt wird (vgl. § 30 des Wohnungseigentumsgesetzes – WEG). Für jeden Anteil am Erbbaurecht wird dann ein Wohnungserbbau- oder Teilerbbaugrundbuch geführt (§ 30 Abs. 3 Satz 1 WEG).

---

1 BFH, Urteil v. 1.4.1987 – II R 251/84, BStBl 1987 II 838; BFH, Urteil v. 1.4.1987 – II R 56/86, NWB KAAAB-29584; vgl. auch BFH, Urteil v. 17.5.1990 – II R 104/87, NWB WAAAB-31520; BFH, Urteil v. 24.10.1990 – II R 82/88, BStBl 1991 II S. 503 m. Anm. Stöcker/Eggers, KFR F. 9 BewG § 93, 1/91 S. 75; BFH, Urteil v. 1.8.1990 – II R 46/88, BStBl 1990 II S. 1016.
2 Vgl. BFH, Urteil v. 23.2.1979 – III R 73/77, BStBl 1979 II S. 547; BFH, Urteil v. 1.4.1987 – II R 79/86, BStBl 1987 S. 840; A 249.5 Abs. 3 Satz 4 AEBewGrSt.
3 A 249.5 Abs. 3 Satz 5 AEBewGrSt.
4 A 249.5 Abs. 4 Satz 5 AEBewGrSt.
5 BFH, Urteil v. 30.11.1984 – III R 121/83, BStBl 1985 II S. 451.
6 A 249.5 Abs. 4 Satz 6 AEBewGrSt.
7 Vgl. zur Erbschaft- und Schenkungsteuer R B 181.2 Abs. 5 Satz 5 ErbStR 2019.
8 A 249.5 Abs. 4 Satz 3 AEBewGrSt; vgl. zur Abgeltung der Außenanlagen bei der Bewertung Bock in Grootens, BewG § 243 Rz. 64, 100 sowie A 243 Abs. 4 Satz 5–7 AEBewGrSt.
9 Siehe hierzu Wredenhagen in Grootens, BewG § 222 Rz. 61 ff. und A 222 AEBewGrSt.
10 A 249.5 Abs. 4 Satz 4 AEBewGrSt; zur Bewertung eines (Tief-)Garagenstellplatzes siehe Grootens in Grootens, BewG § 257 Rz. 49 sowie A 254 Abs 5 AEBewGrSt.
11 A 244 Abs. 4 Satz 4 AEBewGrSt; Grootens in Grootens, BewG § 261 Rz. 47 f.

Das Wohnungserbbaurecht und damit die wirtschaftliche Einheit erstreckt sich auf einen 95
Bruchteil am Erbbaugrundstück und das Sondereigentum an einer bestimmten Wohnung. Entsprechendes gilt für Teilerbbaurechte. **Jedes Wohnungserbbaurecht und Teilerbbaurecht** stellt anders als bei reinen Miterbbaurechten (vgl. → Rz. 74) wegen des Sondereigentums eine selbständige **wirtschaftliche Einheit** dar, auch wenn den Wohnungs- und Teilerbbauberechtigten das Erbbaurecht am Grundstück gemeinschaftlich zusteht.[1] § 3 BewG findet insofern keine Anwendung. Es ist daher kein Gesamtwert des Erbbaurechts am Grundstück zu bilden und dieses auf die Wohnungs- und Teilerbbauberechtigten entsprechend ihres Anteils am Erbbaurecht aufzuteilen.

Die Wohnungserbbau- und Teilerbbaurechte sind zusammen mit dem Sondereigentum und 96
dem anteiligen belasteten Boden den Wohnungserbbau- bzw. Teilerbbauberechtigten zuzurechnen und einheitlich zu bewerten als bestünde die Belastung mit dem Wohnungs- bzw. Teilerbbaurecht nicht. Dies ist nunmehr durch die mit dem Jahressteuergesetz 2020[2] korrigierten § 244 Abs. 3 Nr. 4 BewG und § 261 Satz 3 BewG eindeutig klargestellt.[3] Damit werden Wohnungserbbau- und Teilerbbaurechte wie Wohnungs- und Teileigentum behandelt. Zur Bestimmung der wirtschaftlichen Einheit gelten die Ausführungen zu Wohnungs- und Teileigentum entsprechend (siehe → Rz. 88 ff.).

§ 245 BewG Gebäude, Gebäudeteile und Anlagen für den Zivilschutz

Gebäude, Gebäudeteile und Anlagen, die wegen der in § 1 des Zivilschutz- und Katastrophenhilfegesetzes bezeichneten Zwecke geschaffen worden sind und im Frieden nicht oder nur gelegentlich oder geringfügig für andere Zwecke benutzt werden, bleiben bei der Ermittlung des Grundsteuerwerts außer Betracht.

Inhaltsübersicht	Rz.
A. Allgemeine Erläuterungen zu § 245 BewG	1 - 17
I. Normzweck und wirtschaftliche Bedeutung der Vorschrift	1 - 5
II. Entstehung und Entwicklung der Vorschrift	6 - 8
III. Geltungsbereich	9 - 13
IV. Verhältnis zu anderen Vorschriften	14 - 17
B. Systematische Kommentierung	18 - 30
I. Schaffung für Zwecke des Zivilschutzes	18 - 21
II. Keine oder nur geringfügige Nutzung zu anderen Zwecken in Friedenszeiten	22 - 25
III. Durchführung des Nichtansatzes bei den jeweiligen Bewertungsmethoden	26 - 30

LITERATUR:
Grootens, Die Reform der Grundsteuer, NWB IAAAH-21201.

ARBEITSHILFEN UND GRUNDLAGEN ONLINE:
Berechnung der Grundsteuer nach der Gesetzesreform, Berechnungstool „Grundsteuer" nach dem Entwurf v. 21.6.2019, NWB NAAAH-30144.Grundsteuer: Grundbesitzbewertung ab 2022/2025 (Sach- und Ertragswertverfahren) – Checkliste mit Berechnungen, NWB NAAAH-93792.

---
1 So auch Grootens, NWB-EV 7/2019 S. 228, NWB IAAAH-21201.
2 Jahressteuergesetz 2020 v. 21.12.2020, BGBl I 2020 S. 3096.
3 Jahressteuergesetz 2020 v. 21.12.2020, BGBl I 2020 S. 3096.

> **VERWALTUNGSANWEISUNGEN:**
> Koordinierte Erlasse der obersten Finanzbehörden der Länder v. 9.11.2021 – Anwendung des Siebenten Abschnitts des Zweiten Teils des Bewertungsgesetzes zur Bewertung des Grundbesitzes (allgemeiner Teil und Grundvermögen) für die Grundsteuer ab 1.1.2022 (AEBewGrSt), BStBl I 2021 S. 2334.

A. Allgemeine Erläuterungen zu § 245 BewG

I. Normzweck und wirtschaftliche Bedeutung der Vorschrift

1 § 245 BewG enthält eine besondere Bewertungsregelung für **Gebäude oder Gebäudeteile**, die dem **Zivilschutz** dienen. § 245 BewG entspricht § 197 BewG für die Bedarfsbewertung sowie im Wesentlichen auch § 75 BewG für die Einheitsbewertung. Nach § 245 BewG bleiben bei der Ermittlung der Grundsteuerwerte für Zwecke der Grundsteuer die **dem Zivilschutz dienenden Gebäude**, **Gebäudeteile** und **Anlagen** unter bestimmten Voraussetzungen außer Betracht.[1]

2 Der Nichtansatz der Gebäude und Gebäudeteile für den Zivilschutz führt zu einem **geringeren Grundsteuerwert** und damit einer geringen Grundsteuerbelastung. Die Norm geht **für Anlagen** eines Grundstücks **ins Leere**, da die Anlagen eines Grundstücks mit dem Grundsteuerwert abgegolten sind (siehe § 252 Satz 2 BewG und § 258 Abs. 3 Satz 2 BewG). Für den Nichtansatz ist Voraussetzung, dass die entsprechenden Gebäude und Gebäudeteile in Friedenszeiten keiner oder nur einer geringfügig anderen Nutzung zugeführt werden. Insoweit ist zweifelhaft, wie häufig die Norm zur Anwendung kommen dürfte.

3 Nach der ganz überwiegenden Meinung werden die Vorschriften (§§ 71, 197, 245 BewG) zum Nichtansatz der Gebäude und Gebäudeteile für den Zivilschutz als **sachliche (Steuer-)Befreiungen** angesehen.[2] Als Steuerbefreiungsvorschrift auf Bewertungsebene wäre die Norm jedoch fehlplatziert,[3] begegnet verfassungsrechtlichen Bedenken[4] und würde den vermeintlichen Sinn und Zweck der Steuerbefreiung, die im überwiegenden Interesse der Bevölkerung erfolgten Mehraufwendungen keiner Besteuerung zu unterwerfen,[5] nicht erreichen. Näher liegt es, § 245 BewG als **reine Bewertungsvorschrift** zu verstehen, die berücksichtigt, dass Gebäude und Gebäudeteile, die dem Zivilschutz dienen und in Friedenszeiten keinen oder nur geringfügig anderen Zwecken dienen, keinerlei Nutzwert haben.[6] Ein im Ergebnis typisierter Ansatz von 0 € ist daher sachgerecht. Werden hingegen die dem Zivilschutz dienenden Gebäude und Gebäudeteile in Friedenszeiten anderweitig genutzt, kommt ihnen auch ein Nutzwert zu und sie sind in die Grundsteuerwertermittlung einzubeziehen.

4–5 *(Einstweilen frei)*

---

1 A 245 Abs. 1 Satz 1 AEBewGrSt.

2 Vgl. etwa die Begründung zum Gesetzentwurf der Koalitionsfraktionen zum GrStRefG in BT-Drucks. 19/11058 S. 108; Begründung zum Gesetzentwurf der Bundesregierung zum ErbStRefG in BT-Drucks. 16/7918 S. 47; Bericht des Finanzausschusses zum Gesetzentwurf der Bundesregierung zum ErbStRefG in BT-Drucks. 16/11107 S. 21; Grootens, NWB-EV 7/2019 S. 228, NWB IAAAH-21201; Halaczinsky in Rössler/Troll, BewG § 71 Rz. 1; Mannek/Krause in Gürsching/Stenger, BewG § 197 Rz. 2; Mannek in von Oertzen/Loose, BewG § 197 Rz. 10; Krause in Stenger/Loose, BewG § 245 Rz. 15; vgl. auch R B 197 Abs. 1 Satz 5 ErbStR 2019.

3 So auch Grootens, NWB-EV 7/2019 S. 228, NWB IAAAH-21201; Halaczinsky in Rössler/Troll, BewG § 71 Rz. 1.

4 So auch Grootens, NWB-EV 7/2019 S. 228, NWB IAAAH-21201; Schnitter in GrStG - eKommentar, BewG § 245 Rz. 9; zweifelnd auch Krause in Stenger/Loose, BewG § 245 Rz. 41; siehe vertiefend Bock in Viskorf/Schuck/Wälzholz, BewG § 197 Rz. 2.

5 So Halaczinsky in Rössler/Troll, BewG § 150 Rz. 2.

6 Zust. Schnitter in GrStG - eKommentar, BewG § 245 Rz. 9; siehe auch Bock in Viskorf/Schuck/Wälzholz, BewG § 197 Rz. 3.

II. Entstehung und Entwicklung der Vorschrift

§ 245 BewG wurde mit dem **GrStRefG** v. 26.11.2019[1] in das BewG eingefügt.   6

(Einstweilen frei)   7–8

III. Geltungsbereich

§ 245 BewG ist systematisch unter den allgemeinen Vorschriften des Grundvermögens normiert und findet damit für die Bewertung des im Bundesgebiet belegenden **Grundvermögens**[2] sowohl im **Ertragswert**- als auch im **Sachwertverfahren** Anwendung, soweit die Länder in Bezug auf § 245 BewG nicht von ihrer Abweichungskompetenz nach Art. 72 Abs. 3 Satz 1 Nr. 7 GG Gebrauch gemacht haben. § 245 BewG gilt auch für **Betriebsgrundstücke** i. S. des § 99 Abs. 1 Nr. 1 BewG, die gem. § 218 Satz 3 BewG dem Grundvermögen zugeordnet und wie Grundvermögen bewertet werden.   9

§ 245 BewG gilt **nicht** für das **land- und forstwirtschaftliche Vermögen**. Die Norm findet jedoch auf die Wohngebäude der jeweiligen Betriebsinhaber Anwendung, da diese nach § 232 Abs. 4 Nr. 1 BewG dem Grundvermögen zugeordnet werden. Damit erfolgt keine Erweiterung des Anwendungsbereichs im Vergleich zur Einheits- und Bedarfsbewertung, da bei der Bedarfsbewertung und der Einheitsbewertung § 197 BewG bzw. § 71 BewG auf den Wohnteil entsprechend Anwendung finden.   10

§ 245 BewG ist nach § 266 BewG erstmals für den **Hauptfeststellungszeitpunkt auf den 1.1.2022** anzuwenden.[3]   11

(Einstweilen frei)   12–13

IV. Verhältnis zu anderen Vorschriften

§ 245 BewG setzt voraus, dass **Grundvermögen** i. S. des **§ 243 BewG** vorliegt. Der Nichtansatz erfolgt im Rahmen der jeweiligen Bewertungsmethoden über **§ 247 BewG** für die Bewertung der unbebauten Grundstücke, über **§ 252 BewG** für die Bewertung der Wohngrundstücke im Ertragswertverfahren und über **§ 258 BewG** für die Bewertung der Nichtwohngrundstücke einschließlich der gemischt genutzten Grundstücke im Sachwertverfahren. Von § 245 BewG wird **§ 1 des Zivilschutz- und Katastrophenhilfegesetzes (ZSKG)**[4] in Bezug genommen.   14

(Einstweilen frei)   15–17

---

1 GrStRefG v. 26.11.2019, BGBl 2019 I S. 1794.
2 Siehe hierzu vertiefend Bock in Grootens, BewG § 243 Rz. 10 f.
3 Schnitter in GrStG - eKommentar, BewG § 245 Rz. 7.
4 Zivilschutz- und Katastrophenhilfegesetz v. 25.3.1997 (BGBl I S. 726), das zuletzt durch Art. 144 der Verordnung v. 19.6.2020 (BGBl I 2020 S. 1328) geändert worden ist.

B. Systematische Kommentierung

I. Schaffung für Zwecke des Zivilschutzes

18 Der Nichtansatz bei der Bewertung hängt zum einen davon ab, ob die Gebäude, Gebäudeteile und Anlagen zu den nach dem Zivilschutzgesetz bezeichneten Zwecken geschaffen worden sind.[1] Gemäß § 1 Abs. 1 ZSKG[2] ist Aufgabe des Zivilschutzes, durch nichtmilitärische Maßnahmen die Bevölkerung, ihre Wohnungen und Arbeitsstätten, lebens- oder verteidigungswichtige zivile Dienststellen, Betriebe, Einrichtungen und Anlagen sowie das Kulturgut vor Kriegseinwirkungen zu schützen und deren Folgen zu beseitigen oder zu mildern. Dem Zivilschutz dienen daher insbesondere **(Luftschutz-, Atomschutz-)Bunker** sowie **Hausschutzräume**, wie **Druckkammern, Gasschleusen, Luftschutzkeller und -räume**.[3]

19–21 *(Einstweilen frei)*

II. Keine oder nur geringfügige Nutzung zu anderen Zwecken in Friedenszeiten

22 Weitere Voraussetzung der Norm ist, dass die für den Zivilschutz geschaffenen Gebäude, Gebäudeteile und Anlagen in **Friedenszeiten nicht für andere Zwecke benutzt werden**.[4] Eine nur **gelegentliche** oder **geringfügige Mitbenutzung** in Friedenszeiten für andere als dem Zivilschutz dienende Zwecke ist unschädlich.[5] Eine gelegentliche Mitbenutzung für andere Zwecke soll z. B. vorliegen, wenn in einem für die begünstigten Zwecke geschaffenen Raum von Zeit zu Zeit **Veranstaltungen** abgehalten werden, zu deren Durchführung der Raum nicht besonders hergerichtet zu werden braucht.[6] Werden in einem Keller lediglich **Gartengeräte, Fahrräder** oder dgl. abgestellt, handelt es sich ebenfalls um eine geringfügige Mitbenutzung.[7] Ein Ansatz bei der Bewertung hat jedoch zu erfolgen, wenn die Gebäude, Gebäudeteile oder Anlagen **ständig** anderen Zwecken dienen, z. B. als **Lager-, Lehr-** oder **Ausbildungsräume**,[8] als **Waschküche, Bügelraum, Nähraum, Musikraum, Hobby- und Fitnessraum**[9] oder **Garage**.[10] Maßgebend dafür sind die tatsächlichen Verhältnisse im Feststellungszeitpunkt. Die Erforderlichkeit einer Prüfung, ob die Gebäude oder Gebäudeteile für den Zivilschutz in Friedenszeiten zu anderen Zwecken genutzt werden, dürfte eine automatisierte Berechnung des Grundsteuerwerts in den Fällen des § 245 BewG verhindern.

23–25 *(Einstweilen frei)*

---

1 A 245 Abs. 1 Satz 2 AEBewGrSt.

2 Zivilschutz- und Katastrophenhilfegesetz v. 25.3.1997 (BGBl I S. 726), das zuletzt durch Art. 144 der Verordnung v. 19.6.2020 (BGBl I 2020 S. 1328) geändert worden ist.

3 A 245 Abs. 1 Satz 1 AEBewGrSt; vgl. auch Niedersächsisches FG, Urteil v. 18.5.1993 - I 58/88, EFG 1993 S. 767; FG Düsseldorf, Urteil v. 23.1.1992 - 11 K 81/91 BG, EFG 1992 S. 315; Schnitter in GrStG - eKommentar, BewG § 245 Rz. 11; Halaczinsky in Rössler/Troll, BewG § 71 Rz. 6.

4 A 245 Abs. 1 Satz 3 AEBewGrSt.

5 A 245 Abs. 1 Satz 4 AEBewGrSt; Grootens in Lippross/Seibel, Basiskommentar Steuerrecht, § 197 BewG Rz. 5; Mannek/Krause in Gürsching/Stenger, BewG § 197 Rz. 7; Mannek in von Oertzen/Loose, ErbStG § 197 Rz. 8.

6 A 245 Abs. 1 Satz 5 AEBewGrSt.

7 A 245 Abs. 1 Satz 6 AEBewGrSt; Schnitter in GrStG - eKommentar, BewG, § 245 Rz. 11.

8 Vgl. zur Erbschaft- und Schenkungsteuer R B 197 Abs. 1 Satz 5 ErbStR 2019.

9 Alle bei Halaczinsky in Rössler/Troll, BewG § 71 Rz. 10.

10 FG Düsseldorf, Urteil v. 23.1.1992 - 11 K 81/91 BG, EFG 1992 S. 315.

III. Durchführung des Nichtansatzes bei den jeweiligen Bewertungsmethoden

Sind die Voraussetzungen der Vorschrift gegeben, bleiben die betroffenen **Gebäude oder Gebäudeteile** (z. B. An- und Ausbauten) bei der **Ermittlung des Grundsteuerwerts außer Ansatz**.[1] Erfüllen Gebäude oder Gebäudeteile (siehe zu den Anlagen → Rz. 2) die Voraussetzungen von § 245 BewG, deren Wert im Ertrags- oder Sachwertverfahren ermittelt wird, ist bei der Bewertung der Gebäudewertanteil der dem Zivilschutz dienenden Gebäudeteile und Gebäude auszuscheiden. Der Wert des Grund und Bodens ist, sofern er gesondert ermittelt wird und in den Gesamtwert einfließt, voll und zwar auch hinsichtlich der Standfläche der dem Zivilschutz dienenden Gebäude und Gebäudeteile anzusetzen.[2]

Befinden sich auf dem Grundstück ausschließlich Gebäude, welche die Voraussetzungen des § 245 BewG erfüllen, entspricht der Grundsteuerwert im Ergebnis dem **Wert** des **Grund und Bodens** und damit demjenigen eines unbebauten Grundstücks nach § 247 BewG.[3] Da in diesen Fällen das Gebäude als Ganzes nicht erheblich zu anderen als dem Zivilschutz dienenden Zwecken genutzt werden darf, liegt ein sonstiges bebautes Grundstück vor, das im Sachwertverfahren zu bewerten ist. Ein Gebäudesachwert ist in diesen Fällen nicht anzusetzen, sodass der Wert des Grund und Bodens verbleibt.

Für die **betragsmäßige Auswirkung** in anderen Fällen kommt es auf die für das zu bewertende Grundstück maßgebende **Bewertungsmethode** an. Zur Bestimmung der Gebäudeart sind die dem Zivilschutz dienenden Gebäudeteile und Gebäude miteinzubeziehen (str.).[4] Überschreitet der Nutzungsanteil der dem Zivilschutz dienenden Gebäudeteile und Gebäude die Grenzen für Wohngrundstücke oder Geschäftsgrundstücke in § 249 BewG, liegt in der Regel ein sonstiges bebautes Grundstück vor.

Wird der Grundsteuerwert von Wohngrundstücken im **Ertragswertverfahren** nach §§ 252 ff. BewG ermittelt, erfolgt eine Nichtberücksichtigung, indem die dem Zivilschutz dienende **Nutzfläche** bei der Ermittlung des Rohertrags nach § 254 BewG **nicht angesetzt** wird.[5] Flächen, die zu anderen als Wohnzwecken genutzt werden, gelten bei der Ermittlung des Rohertrags nach § 154 BewG gem. Anlage 39 zum BewG als Wohnfläche.

Bei im **Sachwertverfahren** nach §§ 258 ff. BewG zu bewertenden Nichtwohngrundstücken kann der Nichtansatz durch entsprechende Nichtberücksichtigung der auf die Gebäude und Gebäudeteile für den Zivilschutz entfallenden **Bruttogrundfläche** beim **Gebäudenormalherstellungswert** nach § 259 Abs. 2 BewG erfolgen.

---

1 A 245 Abs. 2 AEBewGrSt; Schnitter in GrStG - eKommentar, BewG § 245 Rz. 12.
2 Vgl. Grootens in Lippross/Seibel, Basiskommentar Steuerrecht, § 197 BewG Rz. 12, 18, 23.
3 So auch Krause in Stenger/Loose, BewG § 245 Rz. 21 f.
4 Siehe auch Bock in Grootens, BewG § 249 Rz. 24 und Bock in Viskorf/Schuck/Wälzholz, BewG § 197 Rz. 8; a. A.. Krause in Stenger/Loose, BewG § 245 Rz. 39; Mannek/Krause in Gürsching/Stenger, BewG § 197 Rz. 27 ff.
5 Krause in Stenger/Loose, BewG § 245 Rz. 27 ff. mit weiteren Alternativen; vgl. auch Grootens in Lippross/Seibel, Basiskommentar Steuerrecht, § 197 BewG Rz. 17.

II. Unbebaute Grundstücke

§ 246 BewG Begriff der unbebauten Grundstücke

(1) ¹Unbebaute Grundstücke sind Grundstücke, auf denen sich keine benutzbaren Gebäude befinden. ²Die Benutzbarkeit beginnt zum Zeitpunkt der Bezugsfertigkeit. ³Gebäude sind als bezugsfertig anzusehen, wenn den zukünftigen Bewohnern oder sonstigen vorgesehenen Benutzern die bestimmungsgemäße Gebäudenutzung zugemutet werden kann. ⁴Nicht entscheidend für den Zeitpunkt der Bezugsfertigkeit ist die Abnahme durch die Bauaufsichtsbehörde.

(2) ¹Befinden sich auf dem Grundstück Gebäude, die auf Dauer keiner Nutzung zugeführt werden können, so gilt das Grundstück als unbebaut. ²Als unbebaut gilt auch ein Grundstück, auf dem infolge von Zerstörung oder Verfall der Gebäude auf Dauer kein benutzbarer Raum mehr vorhanden ist.

Inhaltsübersicht	Rz.
A. Allgemeine Erläuterungen zu § 246 BewG	1 – 16
I. Normzweck und wirtschaftliche Bedeutung der Vorschrift	1 – 4
II. Entstehung und Entwicklung der Vorschrift	5 – 8
III. Geltungsbereich	9 – 12
IV. Verhältnis zu anderen Vorschriften	13 – 16
B. Systematische Kommentierung	17 – 43
I. Begriff des unbebauten Grundstücks (§ 246 Abs. 1 Satz 1 BewG)	17 – 20
II. Begriff, Beginn und Ende der Bezugsfertigkeit (§ 246 Abs. 1 Satz 2 BewG)	21 – 32
III. Grundstücke mit Gebäuden, die auf Dauer keiner Nutzung zugeführt werden können (§ 246 Abs. 2 Satz 1 BewG)	33 – 38
IV. Grundstücke mit auf Dauer nicht benutzbarem Raum (§ 246 Abs. 2 Satz 2 BewG)	39 – 43

LITERATUR:

Eisele, Reform der Grundsteuer – Gesetzentwurf liegt vor!, Teil I, NWB 2019 S. 2043, NWB ZAAAH-21376; *Grootens,* Die Reform der Grundsteuer, NWB IAAAH-21201; *Eisele/Wiegand,* Grundsteuerreform 2022/2025, Stand: Januar 2020 (1. Aufl.), NWB IAAAH-44397, *Mannek,* Die große Grundsteuer-Reform 2020 (1. Aufl.).

ARBEITSHILFEN UND GRUNDLAGEN ONLINE:

Grundsteuer: Grundbesitzbewertung ab 2022/2025 (Sach- und Ertragswertverfahren) – Checkliste mit Berechnungen, NWB NAAAH-93792.

VERWALTUNGSANWEISUNGEN:

Koordinierte Erlasse der obersten Finanzbehörden der Länder v. 9.11.2021 – Anwendung des Siebenten Abschnitts des Zweiten Teils des Bewertungsgesetzes zur Bewertung des Grundbesitzes (allgemeiner Teil und Grundvermögen) für die Grundsteuer ab 1.1.2022 (AEBewGrSt), BStBl I 2021 S. 2334.

A. Allgemeine Erläuterungen zu § 246 BewG

I. Normzweck und wirtschaftliche Bedeutung der Vorschrift

1   § 246 BewG definiert den **Begriff des unbebauten Grundstücks.** § 246 BewG entspricht im Wesentlichen § 72 BewG für die Einheitsbewertung sowie § 178 BewG für die Bedarfsbewertung.[1] Ein unbebautes Grundstück liegt nach § 246 Abs. 1 BewG vor, wenn sich keine oder **keine be-**

---

1 BT-Drucks. 19/11085 S. 109; Grootens, NWB-EV 7/2019 S. 228, NWB IAAAH-21201.

nutzbaren Gebäude auf dem Grundstück befinden.[1] Die Benutzbarkeit eines Gebäudes beginnt mit dessen Bezugsfertigkeit. Bauwerke, die nicht oder noch nicht den Gebäudebegriff[2] erfüllen, führen nicht zu einem bebauten Grundstück und werden für Zwecke der Grundsteuer nicht mitbewertet. § 246 BewG hat daher erhebliche Auswirkungen auf die Höhe des Grundsteuerwerts. § 246 Abs. 2 BewG ergänzt den § 246 Abs. 1 BewG um bestimmte rein klarstellende Fallkonstellationen, in denen von einem unbebauten Grundstück auszugehen ist.

(Einstweilen frei) 2–4

II. Entstehung und Entwicklung der Vorschrift

§ 246 BewG wurde mit dem **GrStRefG** v. 26.11.2019[3] in das BewG eingefügt. 5

(Einstweilen frei) 6–8

III. Geltungsbereich

§ 246 BewG findet auf im Bundesgebiet belegenes **Grundvermögen**[4] Anwendung, soweit die Länder in Bezug auf § 246 BewG nicht von ihrer Abweichungskompetenz nach Art. 72 Abs. 3 Satz 1 Nr. 7 GG Gebrauch gemacht haben und gilt **nicht** für das **land- und forstwirtschaftliche Vermögen**. § 246 BewG ist nach § 266 BewG erstmals für den **Hauptfeststellungszeitpunkt auf den 1.1.2022** anzuwenden.[5] 9

(Einstweilen frei) 10–12

IV. Verhältnis zu anderen Vorschriften

§ 246 BewG und **§ 248 BewG** schließen sich aus. Liegt ein unbebautes Grundstück nach § 246 BewG vor, kann kein bebautes Grundstück nach § 248 BewG vorliegen und umgekehrt. Das Vorliegen eines unbebauten Grundstücks ist Voraussetzung für eine Bewertung nach **§ 247 BewG**, während bebaute Grundstücke nach **§§ 250 ff. BewG** bewertet werden. 13

§ 15 Abs. 1 Nr. 1 GrStG knüpft für die Steuermesszahl an das Vorliegen eines unbebauten Grundstücks nach § 246 BewG an. Innerhalb der Grundstücksart der unbebauten Grundstücke nach § 246 BewG können die Gemeinden nach **§ 25 Abs. 5 GrStG** (in der Fassung v. 1.1.2025) ab dem 1.1.2025 einen gesonderten Hebesatz für die Grundstücksgruppe der baureifen Grundstücke zur Mobilisierung für die Bebauung festlegen (sog. Grundsteuer C).[6] 14

(Einstweilen frei) 15–16

---

1 A 246 Abs. 1 Satz 1 AEBewGrSt.
2 Siehe dazu Bock in Grootens, BewG § 243 Rz. 27 ff.
3 GrStRefG v. 26.11.2019, BGBl 2019 I S. 1794.
4 Siehe hierzu vertiefend Bock in Grootens, BewG § 243 Rz. 10 f.
5 Schnitter in GrStG - eKommentar, BewG § 246 Rz. 7.
6 Gesetz zur Änderung des Grundsteuergesetzes zur Mobilisierung von baureifen Grundstücken für die Bebauung v. 30.11.2019, BGBl 2019 I S. 1875. Siehe auch Grootens in Grootens, GrStG § 25 Rz. 121 ff.

B. Systematische Kommentierung

I. Begriff des unbebauten Grundstücks (§ 246 Abs. 1 Satz 1 BewG)

17 Unbebaute Grundstücke sind nach § 246 Abs. 1 Satz 1 BewG solche, auf denen sich keine oder **keine benutzbaren Gebäude** befinden.[1] Die Abgrenzung zwischen bebauten und unbebauten Grundstücken bestimmt sich nach der Zumutbarkeit der bestimmungsgemäßen Gebäudenutzung zum **Feststellungszeitpunkt**.[2] Das Vorhandensein von Bauwerken auf dem Grundstück genügt für sich genommen noch nicht um ein bebautes Grundstück i. S. des § 248 BewG anzunehmen. Es müssen vielmehr Bauwerke vorhanden sein, die den Gebäudebegriff erfüllen und benutzbar sind. Sind zum jeweiligen Feststellungszeitpunkt lediglich Bauwerke vorhanden, die den **Gebäudebegriff**[3] nicht erfüllen, z. B. **Außenanlagen**[4] oder **Betriebsvorrichtungen**,[5] erübrigt sich die Prüfung der **Benutzbarkeit**. Anderenfalls kommt es darauf an, ob die Benutzbarkeit des Bauwerks, das mit der Benutzbarkeit den Gebäudebegriff erfüllen würde, zum jeweiligen Feststellungszeitpunkt bereits oder noch vorhanden ist.

18–20 *(Einstweilen frei)*

II. Begriff, Beginn und Ende der Bezugsfertigkeit (§ 246 Abs. 1 Satz 2 BewG)

21 Die **Benutzbarkeit** von Gebäuden **beginnt** nach § 246 Abs. 1 Satz 2 BewG im Zeitpunkt der **Bezugsfertigkeit**.[6] Ein Bauwerk ist erst dann zum Aufenthalt für Menschen oder Sachen geeignet und damit ein Gebäude i. S. des § 243 Abs. 1 Nr. 1 BewG,[7] wenn es bezugsfertig ist. Gebäude sind nach § 246 Abs. 1 Satz 3 BewG als bezugsfertig anzusehen, wenn den zukünftigen Bewohnern oder sonstigen Benutzern **zugemutet** werden kann, die Wohnung oder Räume des Gebäudes zu benutzen.[8] Erst zu diesem Zeitpunkt ist das Grundstück nicht mehr unbebaut.

22 Die Bezugsfertigkeit des Gebäudes ist mit der Zumutbarkeit der Nutzung der Räumlichkeiten für den **vorgesehenen Zweck**[9] gegeben. Die Zumutbarkeit der Nutzung muss sich dabei an objektiven Kriterien unter Berücksichtigung der Verkehrsauffassung manifestieren lassen.[10] Auf die tatsächliche Benutzung der Gebäude kommt es nicht an. **Leerstehende**, aber benutzbare **Gebäude** führen daher nicht zur Bewertung als unbebautes Grundstück.[11]

23 Dass sich die Bezugsfertigkeit nur anhand der für das Bauwerk bezweckten Nutzung beurteilen lässt, ergibt sich aus einer Verschiebung der **Zumutbarkeitsgrenze** der Nutzung des jeweiligen Bauwerks je nach Zweck des Bauwerks.[12] Eine Wohnung beispielsweise ist ohne Sanitär-

---

1 A 246 Abs. 1 Satz 1 AEBewGrSt.
2 BFH, Urteil v. 14.5.2003 - II R 14/01, BStBl 2003 II S. 906; A 246 Abs. 2 Satz 3 AEBewGrSt.
3 Siehe dazu und zu dessen Abgrenzung Bock in Grootens, BewG § 243 Rz. 27 ff.
4 Siehe dazu Bock in Grootens, BewG § 243 Rz. 28, 100.
5 Siehe dazu Bock in Grootens, BewG § 243 Rz. 89 ff.
6 A 246 Abs. 2 Satz 1 AEBewGrSt.
7 Siehe dazu Bock in Grootens, BewG § 243 Rz. 37.
8 A 246 Abs. 2 Satz 2 AEBewGrSt.
9 A. A. FG Rheinland-Pfalz, Urteil v. 6.5.1985 - 5 K 246/84, EFG 1985 S. 543; aus anderen Gründen nicht bestätigt durch BFH, Urteil v. 28.9.1988 - II R 179/85, NWB UAAAB-29546.
10 St. Rspr.; vgl. BFH, Urteil v. 18.4.2012 - II R 58/10, BStBl 2012 II S. 874, m. w. N. und m. Anm. Loose, juris-PR-SteuerR 34/2012 Rz. 2; R B 178 Abs. 2 Satz 2 ErbStR 2019.
11 BFH, Urteil v. 18.12.2002 - II R 20/01, BStBl 2003 II S. 228, betr. Einheitsbewertung.
12 Ähnlich BFH, Urteil v. 18.4.2012 - II R 58/10, BStBl 2012 II S. 874, m. w. N. und m. Anm. Loose, juris-PR-SteuerR 34/2012 Rz. 2.

einrichtungen als nicht bezugsfertig zu beurteilen, als Lagerraum wäre dasselbe Bauwerk hingegen auch ohne Sanitäreinrichtungen bezugsfertig. Bei einem betrieblich genutzten Gebäude ist von einer Bezugsfertigkeit auszugehen, wenn das Gebäude in seinen wesentlichen Bereichen **bestimmungsgemäß für den vorgesehenen Betrieb** nutzbar ist.[1]

Ein Gebäude ist als bezugsfertig und die Benutzung als zumutbar anzusehen, wenn die **wesentlichen Bauarbeiten** zur Errichtung des Gebäudes **ausgeführt** worden sind.[2] Dabei kommt es nach § 246 Abs. 1 Satz 4 BewG auf die **Abnahme** durch die **Bauaufsichtsbehörde** nicht an.[3] Anders als bei der Bedarfsbewertung wird auf eine Bewertung von **Grundstücken im Zustand der Bebauung** verzichtet, sodass noch nicht fertig gestellte Gebäude grds. bei der Grundsteuer nicht bewertet werden.[4] Eine Abgrenzung zu den Grundstücken im Zustand der Bebauung ist daher nicht erforderlich. 24

Mangels Abschlusses der **wesentlichen Bauarbeiten** liegt die Bezugsfertigkeit nicht vor, wenn noch 25

- Türen und Fenster einzubauen sind,[5]
- Anschlüsse für Strom und Wasser verlegt werden müssen,[6]
- die Heizung zu installieren ist,[7]
- sanitäre Einrichtungen einzubauen sind,[8]
- der Untergrund für den Fußbodenbelag aufzubringen ist (beispielsweise Estrich)[9] oder
- an der zur Wohnung führenden Treppe das Geländer fehlt.[10]

Unerhebliche Restarbeiten hindern die Annahme der Bezugsfertigkeit nicht,[11] insbesondere wenn es sich um Arbeiten handelt, die üblicherweise kurz vor Einzug nach den Wünschen des Nutzers durchgeführt werden. Zu unerheblichen Restarbeiten zählen 26

- Malerarbeiten (Erst- oder Neuanstrich von Wänden und Heizkörpern, Tapezierarbeiten),[12]
- Einbau von Herd und Spüle,[13]

---

1 St. Rspr.; vgl. BFH, Urteil v. 18.4.2012 - II R 58/10, BStBl 2012 II S. 874, m.w.N. und m. Anm. Loose, juris-PR-SteuerR 34/2012 Rz. 2.
2 A 246 Abs. 2 Satz 3 AEBewGrSt.
3 A 246 Abs. 2 Satz 5 AEBewGrSt.
4 BT-Drucks. 19/11085 S. 119; Eisele, NWB 28/2019 S. 2043, NWB ZAAAH-21376; Schnitter in GrStG - eKommentar, BewG § 246 Rz. 16.
5 BFH, Urteil v. 25.4.2013 - II R 44/11, NWB XAAAE-42084; BFH, Urteil v. 18.4.2012 - II R 58/10, BStBl 2012 II S. 874, m. Anm. Loose, juris-PR-SteuerR 34/2012 Rz. 2; BFH, Urteil v. 26.6.1970 - III R 56/69, BStBl 1970 III S. 769; BFH, Beschluss v. 9.12.1997 - X B 213/96, NWB KAAAB-39521.
6 BFH, Urteil v. 18.4.2012 - II R 58/10, BStBl 2012 II S. 874, m. Anm. Loose, juris-PR-SteuerR 34/2012 Rz. 2; BFH, Urteil v. 26.6.1970 - III R 56/69, BStBl 1970 III S. 769; BFH, Beschluss v. 9.12.1997 - X B 213/96, NWB KAAAB-39521.
7 BFH, Urteil v. 18.4.2012 - II R 58/10, BStBl 2012 II S. 874, m. Anm. Loose, juris-PR-SteuerR 34/2012 Rz. 2; BFH, Beschluss v. 9.12.1997 - X B 213/96, NWB KAAAB-39521; FG Baden-Württemberg, Urteil v. 23.4.1992 - 8 K 308/89, EFG 1993 S. 132, betr. mangelnde Bezugsfertigkeit – fehlende Heizkörper – als neue Tatsache.
8 Vgl. auch BFH, Urteil v. 29.4.1987 - II R 262/83, BStBl 1987 II S. 594; BFH, Urteil v. 26.6.1970 - III R 56/69, BStBl 1970 III S. 769; BFH, Urteil v. 25.7.1980 - III R 46/78, BStBl 1981 II S. 152; BFH, Beschluss v. 9.12.1997 - X B 213/96, NWB KAAAB-39521; a. A. mglw. BFH, Urteil v. 25.4.2013 - II R 44/11, NWB XAAAE-42084 (vgl. Orientierungssatz einerseits und Rz. 10 andererseits).
9 BFH, Urteil v. 25.4.2013 - II R 44/11, NWB XAAAE-42084.
10 FG Baden-Württemberg, Urteil v. 23.4.1992 - 8 K 308/89, EFG 1993 S. 132.
11 A 246 Abs. 2 Satz 4 AEBewGrSt.
12 BFH, Beschluss v. 9.12.1997 - X B 213/96, NWB KAAAB-39521 zu § 10e Abs. 6a EStG; BFH, Urteil v. 25.4.2013 - II R 44/11, NWB XAAAE-42084.
13 BFH, Urteil v. 25.7.1980 - III R 46/78, BStBl 1981 II S. 152.

- der Einbau von nichttragenden Innenwänden (insbesondere Flurwände, Trennwände) und Innentüren,[1]
- Verlegen des Fußbodenbelags[2] sowie
- das Anbringen der Fernsehantenne oder Satellitenanlage.[3]

27 Die genannten Grundsätze sind nicht schematisch anzuwenden. Es kommt entscheidend auf die Zumutbarkeit der Nutzung im Einzelfall unter Beachtung der Verkehrsauffassung an. Fehlende Restarbeiten, die beim Bezug eines Einfamilienhauses unerheblich erscheinen, können z. B. für die Zumutbarkeit des Bezugs einer **Kleinwohnung** in einer Wohnanlage von erheblicher Bedeutung sein, weil der Bewohner bei solchen Arbeiten nicht in andere Räume ausweichen kann (vgl. bereits zur nutzungszweckabhängigen Auslegung → Rz. 22 f.). Der Zeitpunkt des **tatsächlichen Einzugs**, der aus individuellen Gründen vielfach zeitlich vor oder nach dem gesetzlich maßgebenden Zeitpunkt der **Zumutbarkeit** der Benutzung liegen kann, ist für die Bestimmung des konkreten Zeitpunkts der Bezugsfertigkeit allein nicht ausschlaggebend. Der tatsächliche Einzug lässt jedoch den widerlegbaren Schluss auf die Bezugsfertigkeit zu.[4]

28 Für die Frage, ob ein Gebäude bezugsfertig ist, ist grds. auf das **Gebäude im Ganzen** und nicht auf einzelne Wohnungen oder Räume abzustellen, es sei denn, es handelt sich um eigenständige wirtschaftliche Einheiten.[5] Sind z. B. Wohnungen im Erdgeschoss vor dem jeweiligen Feststellungszeitpunkt, die übrigen Wohnungen erst danach bezugsfertig geworden, ist das Gebäude am Feststellungszeitpunkt als nicht bezugsfertig anzusehen.[6] Wird ein Gebäude dagegen zum Teil fertiggestellt und soll der **Innenausbau** nach den Wünschen und Bedürfnissen der künftigen Nutzer zurückgestellt werden, ist das Gebäude insgesamt als bezugsfertig anzusehen.[7] Ein neu errichtetes Bürogebäude beispielsweise, das nach seiner Funktion zur Vermietung einzelner, entsprechend den individuellen Bedürfnissen der Mieter gestalteter Büros dienen soll, ist bereits bezugsfertig, wenn die für das Gebäude wesentlichen Bestandteile (z. B. Außenwände, Fenster, tragende Innenwände, Estrichböden, Dach, Treppenhaus) fertiggestellt sind und zumindest eine Büroeinheit benutzbar ist.[8]

29 Die **Gebäudeeigenschaft endet**, wenn das Gebäude nicht mehr benutzbar ist.[9] Ein bebautes Grundstück wird daher in dem Augenblick wieder zu einem unbebauten Grundstück, ab dem eine **Gebäudenutzung nicht mehr zumutbar** ist.[10] Die Gebäudeeigenschaft endet jedenfalls, wenn die Unzumutbarkeit der Nutzung **auf Dauer** ist (vgl. hierzu vertiefend → Rz. 33 ff.). Die Gebäudeeigenschaft ist mangels anderer gesetzlicher Regelung auch zu verneinen, wenn aufgrund von Bauschäden, Instandhaltungsbedarf, Umbauarbeiten etc. eine Nutzung des Gebäu-

---

1 BFH, Urteil v. 25.4.2013 - II R 44/11, NWB XAAAE-42084.
2 BFH, Urteil v. 25.4.2013 - II R 44/11, NWB XAAAE-42084; BFH, Urteil v. 25.7.1980 - III R 46/78, BStBl 1981 II S. 152; BFH, Urteil v. 19.7.1985 - III R 139/80, NWB WAAAB-27947; BFH, Beschluss v. 9.12.1997 - X B 213/96, NWB KAAAB-39521 zu § 10e Abs. 6a EStG.
3 FG Köln, Urteil v. 18.3.1992 - 4 K 3530/87, EFG 1993 S. 130, betr. u. a. Restarbeiten im Keller eines in Bauabschnitten errichteten Zweifamilienhauses.
4 BFH, Urteil v. 26.6.1970 - III R 56/69, BStBl 1970 II S. 769; BFH, Urteil v. 25.7.1980 - III R 46/78, BStBl 1981 II S. 152.
5 A 246 Abs. 3 Satz 1 AEBewGrSt.
6 V A 246 Abs. 3 Satz 2 AEBewGrSt.
7 A 246 Abs. 3 Satz 3 AEBewGrSt.
8 BFH, Urteil v. 18.4.2012 - II R 58/10, BStBl 2012 II S. 874, m. Anm. Loose, juris-PR-SteuerR 34/2012 Rz. 2; BFH, Urteil v. 25.4.2013 - II R 44/11, NWB XAAAE-42084.
9 A 246 Abs. 4 Satz 1 AEBewGrSt.
10 BFH, Urteil v. 18.12.2002 - II R 20/01, BStBl 2003 II S. 228; BFH, Urteil v. 14.5.2003 - II R 14/01, BStBl 2003 II S. 906, jeweils zur Einheitsbewertung in den neuen Ländern; Schnitter in GrStG - eKommentar, BewG § 246 Rz. 14.

des **vorübergehend** während der Bauarbeiten unzumutbar ist (str.).[1] Die Unzumutbarkeit der Nutzung muss daher nicht auf Dauer sein[2] und ist nicht erst bei einer Kernsanierung anzunehmen.[3] Ob ein zugemüllter Zustand (beispielsweise Wohnung einer Person, die unter zwanghaftem Sammeln und Horten leidet) für die Annahme der Unzumutbarkeit der Nutzung und damit eines unbebauten Grundstücks genügt, ist ungeklärt.[4] Für Zwecke der Grundsteuer ergeben sich allerdings nur Auswirkungen auf den Grundsteuerwert, wenn die Umbauarbeiten i.d.R. über mehrere Kalenderjahre hinweg durchgeführt werden, da für eine Fortschreibung bei einer Änderung der tatsächlichen Verhältnisse nach § 222 Abs. 4 Nr. 1 BewG die Verhältnisse zu Beginn des Kalenderjahres, das auf die Änderung folgt, maßgeblich sind. Sind die Umbauarbeiten zu diesem Zeitpunkt bereits wieder abgeschlossen und liegt ein bezugsfertiges Gebäude vor, erfolgt auch keine Fortschreibung für den Zeitraum der Umbauarbeiten.

(Einstweilen frei) 30–32

III. Grundstücke mit Gebäuden, die auf Dauer keiner Nutzung zugeführt werden können (§ 246 Abs. 2 Satz 1 BewG)

Nach der gesetzlichen Fiktion des § 246 Abs. 2 Satz 1 BewG **gilt** ein (bebautes) Grundstück als unbebaut, wenn sich auf ihm **Gebäude** befinden, die auf Dauer **keiner Nutzung** zugeführt werden können. Das ist insbesondere der Fall, wenn Gebäude **auf Dauer** aus bautechnischen oder anderen objektiven Gründen nicht genutzt werden können. Die Norm hat allemal klarstellende Funktion. Befinden sich auf dem Grundstück ausschließlich Gebäude, die auf Dauer keiner Nutzung zugeführt werden können, ist bereits § 246 Abs. 1 Satz 1 BewG erfüllt („keine benutzbaren Gebäude").

§ 246 Abs. 2 Satz 1 BewG ist nicht erfüllt, wenn bereits vorhandene Gebäude im Feststellungszeitpunkt wegen behebbarer baulicher Mängel[5] oder fehlender Ausstattungsmerkmale – wie etwa Heizung oder Wohnungstüren – **vorübergehend** nicht benutzbar sind. Von einem bloß vorübergehenden Umbau ist allerdings nicht auszugehen, wenn das auf dem Grundstück befindliche, nicht nutzbare Gebäude abgerissen werden muss und das Grundstück für einen Neubau erst in einen unbebauten Zustand versetzt wird.[6] Die Regelung des § 72 Abs. 2 BewG für die Einheitsbewertung, wonach auch Grundstücke als unbebaut gelten, die nur einer **Nutzung von untergeordneter Bedeutung** zugeführt werden können, wurde nicht übernommen.[7] Bei diesen Grundstücken handelt es sich daher um bebaute Grundstücke.

Der Wortlaut der Norm ist zu weit geraten. Die Fiktion gilt nach Sinn und Zweck der Norm nur, wenn sich auf dem Grundstück Gebäude befinden, die auf Dauer keiner Nutzung zuge-

---

[1] BFH, Urteil v. 18.12.2002 - II R 20/01, BStBl 2003 II S. 228; BFH, Urteil v. 14.5.2003 - II R 14/01, BStBl 2003 II S. 906, jeweils zur Einheitsbewertung in den neuen Ländern; a. A. Finanzverwaltung A 246 Abs. 5 Satz 3 und 4 AEBewGrSt; Krause in Stenger/Loose, BewG § 248 Rz. 33.
[2] BFH, Urteil v. 18.12.2002 - II R 20/01, BStBl 2003 II S. 228, zur Einheitsbewertung in den neuen Ländern; a.A. FG Hessen, Urteil v. 26.5.2011 - 3 K 2993/09, NWB UAAAD-89484.
[3] So aber die Finanzverwaltung, A 246 Abs. 5 Satz 5 AEBewGrSt; siehe auch Krause in Stenger/Loose, BewG § 245 Rz. 34; zur Kernsanierung: BFH, Urteil v. 24.10.1990 - II R 9/88, BStBl 1991 II S. 60, betr. Einheitsbewertung; siehe auch Bauer, KFR F. 9 BewG § 22, 1 /91, S. 111.
[4] Verneinend FG Hessen, Urteil v. 26.5.2011 - 3 K 2993/09, NWB UAAAD-89484.
[5] BFH, Urteil v. 14.5.2003 - II R 14/01, BStBl 2003 II S. 906, zur Einheitsbewertung.
[6] BFH, Urteil v. 24.10.1990 - II R 9/88, BStBl 1991 II S. 60; BFH, Urteil v. 28.11.1990 - II R 36/87, BStBl 1991 II S. 209, jeweils zur Einheitsbewertung.
[7] Mannek, Die große Grundsteuer-Reform 2020 S. 240, Anm. zu § 246 BewG; siehe auch Schnitter in GrStG - eKommentar, BewG § 246 Rz. 11.

führt werden können und **sich auch im Übrigen keine benutzbaren Gebäude auf dem Grundstück befinden**. Existiert neben Gebäuden, die auf Dauer keiner Nutzung zugeführt werden können, mindestens ein weiteres benutzbares Gebäude, so handelt es sich dennoch um ein bebautes Grundstück.

36–38 *(Einstweilen frei)*

IV. Grundstücke mit auf Dauer nicht benutzbarem Raum (§ 246 Abs. 2 Satz 2 BewG)

39 Ein Grundstück gilt nach § 246 Abs. 2 BewG als unbebaut, wenn infolge von **Zerstörung** oder **Verfall** der Gebäude auf **Dauer kein benutzbarer Raum** mehr vorhanden ist.[1] Die Regelung hat klarstellende Funktion. Liegt auf Dauer kein benutzbarer Raum in einem Bauwerk vor, endet die Gebäudeeigenschaft des Bauwerks. Einer Fiktion bedarf es insoweit nicht. Die Norm ist auch nicht als Definition des Endes der Gebäudeeigenschaft formuliert, sodass erst mit dem Zeitpunkt, in dem auf Dauer kein benutzbarer Raum mehr vorhanden ist, die Gebäudeeigenschaft enden würde.

40 Ein Gebäude ist dem **Verfall** preisgegeben, wenn dieser so weit fortgeschritten ist, dass das Gebäude nach objektiven Verhältnissen auf **Dauer** nicht mehr genutzt werden kann.[2] Die Verfallsmerkmale müssen an der Bausubstanz erkennbar sein und das gesamte Gebäude betreffen.[3]

41 Von einem Verfall ist auszugehen, wenn erhebliche Schäden an konstruktiven Teilen des Gebäudes eingetreten sind und ein Zustand gegeben ist, der aus bauordnungsrechtlicher Sicht die **sofortige Räumung** nach sich ziehen würde.[4] Das ist stets der Fall, wenn eine Anordnung der Bauaufsichtsbehörde zur sofortigen Räumung des Grundstücks insbesondere wegen Einsturzgefahr vorliegt; dabei ist gesondert zu prüfen, ob der Zustand von Dauer ist.[5] Es darf keine teilweise Nutzung zu Wohnzwecken, gewerblichen, freiberuflichen oder anderen bestimmungsgemäßen Zwecken auf Dauer möglich sein.[6]

42 Ein Gebäude ist zerstört, wenn aufgrund von äußerer Substanzveränderungen keine benutzbaren Räume mehr vorhanden sind und die bestimmungsgemäße Nutzung der Räume völlig ausgeschlossen ist.[7] Die **Zerstörung** kann sich auch aus einem fortlaufenden Verfall des Gebäudes ergeben, wenn (infolge allmählichen Verfalls) sich die Räume oder Gebäudeteile in einem Zustand befinden, der aus Gründen der Bau- oder Gesundheitsaufsicht eine dauernde, der Zweckbestimmung entsprechende Benutzung nicht gestattet.[8]

43 **Behebbare Baumängel** und **Bauschäden** sowie **aufgestauter Reparaturbedarf** infolge unterlassener Instandsetzungs- und Reparaturarbeiten wirken sich regelmäßig **vorübergehend** auf Art

---

[1] A 246 Abs. 4 Satz 2 AEBewGrSt.
[2] Vgl. zur Erbschaft- und Schenkungsteuer R B 178 Abs. 4 Satz 2 ErbStR 2019.
[3] Vgl. zur Erbschaft- und Schenkungsteuer R B 178 Abs. 4 Satz 3 ErbStR 2019.
[4] Vgl. zur Erbschaft- und Schenkungsteuer R B 178 Abs. 4 Satz 4 ErbStR 2019.
[5] Vgl. zur Erbschaft- und Schenkungsteuer R B 178 Abs. 4 Satz 5 ErbStR 2019.
[6] Siehe BFH, Urteil v. 20.6.1975 - III R 87/74, BStBl 1975 II S. 803, betr. baupolizeiliche Räumungsanordnung.
[7] Vgl. zur Erbschaft- und Schenkungsteuer R B 178 Abs. 4 Satz 11 ErbStR 2019.
[8] Stöckel, NWB F. 10 2001 S. 277, unter Hinweis auf Entscheidungen des Thüringer FG u. a. v. 20.7.2000 - II 412/99, NWB VAAAB-13158, bestätigt durch BFH, Urteil v. 14.5.2003 - II R 14/01, BStBl 2003 II S. 906, betr. Einheitsbewertung in den neuen Ländern.

und Umfang der Gebäudenutzung aus und betreffen nicht unmittelbar die Konstruktion des Gebäudes.[1] Sie führen daher nicht dazu, dass ein Gebäude i. S. des § 246 Abs. 2 Satz 2 BewG als dem Verfall preisgegeben anzusehen ist.[2]

§ 247 BewG Bewertung der unbebauten Grundstücke

(1) ¹Der Grundsteuerwert unbebauter Grundstücke ermittelt sich regelmäßig durch Multiplikation ihrer Fläche mit dem jeweiligen Bodenrichtwert (§ 196 des Baugesetzbuchs). ²Soweit in den §§ 243 bis 262 sowie in den Anlagen 36 bis 43 nichts anderes bestimmt ist, werden Abweichungen zwischen den Grundstücksmerkmalen des Bodenrichtwertgrundstücks und des zu bewertenden Grundstücks mit Ausnahme unterschiedlicher

1. Entwicklungszustände und
2. Arten der Nutzung bei überlagernden Bodenrichtwertzonen

nicht berücksichtigt.

(2) Die Bodenrichtwerte sind von den Gutachterausschüssen im Sinne der §§ 192 ff. des Baugesetzbuchs auf den Hauptfeststellungszeitpunkt zu ermitteln, zu veröffentlichen und nach amtlich vorgeschriebenem Datensatz durch Datenfernübertragung an die zuständigen Finanzbehörden zu übermitteln.

(3) Wird von den Gutachterausschüssen im Sinne der §§ 192 ff. des Baugesetzbuchs kein Bodenrichtwert ermittelt, ist der Wert des unbebauten Grundstücks aus den Werten vergleichbarer Flächen abzuleiten.

Inhaltsübersicht	Rz.
A. Allgemeine Erläuterungen zu § 247 BewG	1 - 45
I. Normzweck und wirtschaftliche Bedeutung der Vorschrift	1 - 10
II. Entstehung und Entwicklung der Vorschrift	11 - 20
III. Vereinbarkeit mit höherrangigem Recht	21 - 30
IV. Geltungsbereich	31 - 35
V. Verhältnis zu anderen Vorschriften	36 - 45
B. Systematische Kommentierung	46 - 117
I. Ermittlung des Grundsteuerwerts der unbebauten Grundstücke (§ 247 Abs. 1 BewG)	46 - 85
1. Ermittlung aus Fläche und Bodenrichtwert (§ 247 Abs. 1 Satz 1 BewG)	46 - 55
2. Anpassungen des Bodenrichtwerts (§ 247 Abs. 1 Satz 2 BewG)	56 - 85
a) Entwicklungszustände	66 - 75
b) Arten der Nutzung bei überlagernden Bodenrichtwertzonen	76 - 85
II. Ermittlung, Veröffentlichung und Übermittlung der Bodenrichtwerte durch die Gutachterausschüsse (§ 247 Abs. 2 BewG)	86 - 115
1. Allgemeines	86 - 95
2. Ermittlung	96 - 105
3. Veröffentlichung	106 - 110
4. Übermittlung an die Finanzverwaltung	111 - 115
III. Ableitung des Bodenwerts durch die Finanzverwaltung (§ 247 Abs. 3 BewG)	116 - 117

LITERATUR

Ramb, Neubewertung der Grundstücke im Grundvermögen, NWB 2020 S. 1356, NWB JAAAH-47116; *Mannek*, Die große Grundsteuer-Reform 2020 (1. Aufl.); *Eichholz*, Novellierung der Grundsteuer, DSTR 2020 S. 1158.

---

[1] Vgl. zur Erbschaft- und Schenkungsteuer R B 178 Abs. 4 Satz 6 ErbStR 2019.
[2] Vgl. zur Erbschaft- und Schenkungsteuer R B 178 Abs. 4 Satz 7 ErbStR 2019.

> **ARBEITSHILFEN UND GRUNDLAGEN ONLINE:**
>
> Grundsteuer: Grundbesitzbewertung ab 2022/2025 (Sach- und Ertragswertverfahren) – Checkliste mit Berechnungen, NWB NAAAH-93792.
>
> **VERWALTUNGSANWEISUNGEN:**
>
> Koordinierte Erlasse der obersten Finanzbehörden der Länder v. 9.11.2021 – Anwendung des Siebenten Abschnitts des Zweiten Teils des Bewertungsgesetzes zur Bewertung des Grundbesitzes (allgemeiner Teil und Grundvermögen) für die Grundsteuer ab 1.1.2022 (AEBewGrSt), BStBl I 2021 S. 2334.

A. Allgemeine Erläuterungen zu § 247 BewG

I. Normzweck und wirtschaftliche Bedeutung der Vorschrift

1 § 247 BewG regelt für die wirtschaftlichen Einheiten des Grundvermögens für Zwecke der Ermittlung des Grundsteuerwerts die **Bewertung der unbebauten Grundstücke**. Danach sind gem. § 247 Abs. 1 BewG die unbebauten Grundstücke i. d. R. mit den von den Gutachterausschüssen veröffentlichten **Bodenrichtwerten** im Wesentlichen ohne Anpassung multipliziert mit der **Grundstücksfläche** zu bewerten (siehe Rz. → 28 ff.).[1]

2 § 247 Abs. 2 BewG bestimmt, dass die Bodenrichtwerte von den **Gutachterausschüssen** i. S. der §§ 192 ff. des Baugesetzbuchs auf den Hauptfeststellungszeitpunkt zu ermitteln, zu veröffentlichen und nach amtlich vorgeschriebenem Datensatz durch Datenfernübertragung an die zuständigen Finanzbehörden zu übermitteln sind. Mit der **elektronischen Übermittlungspflicht** der Bodenrichtwerte soll eine automationsunterstützte Feststellung der Grundsteuerwerte gewährleistet werden. Zum **Hauptfeststellungszeitpunk auf den 1.1.2022** ist es jedoch noch erforderlich, dass der Steuerpflichtige den für die jeweilige wirtschaftliche Einheit geltenden Bodenrichtwert erklärt. In Zukunft soll dieser automatisiert bereitgestellt werden.[2]

3 Für den seltenen Fall, dass ein Bodenrichtwert von den Gutachterausschüssen nicht ermittelt werden kann oder nicht ermittelt wird, berechtigt § 247 Abs. 3 BewG die **Finanzverwaltung** einen **Bodenwert** aus den Werten vergleichbarer Flächen **abzuleiten**. Damit wird eine flächendeckende Bewertung sämtlicher Grundstücke sichergestellt.

4 § 247 BewG hat darüber hinaus für die Bewertung des Grundvermögens ganz erhebliche Bedeutung und beeinflusst die **Höhe des jeweiligen Grundsteuerwerts**:

- ▶ bei der Bewertung bebauter Grundstücke im **Ertragswertverfahren** über den zu ermittelnden abgezinsten Bodenwert i. V. mit §§ 252 Satz 1, 257 Abs. 1 Satz 1 BewG,

- ▶ im **Sachwertverfahren** über den gesondert zu ermittelnden Bodenwert i. V. mit § 258 Abs. 2 BewG,

- ▶ für die Ermittlung des **Mindestwerts** nach § 251 BewG über den Ansatz von 75 % des Werts, mit dem der Grund und Boden allein nach § 247 BewG zu bewerten wäre.

5–10 *(Einstweilen frei)*

---

[1] A 247.1 Abs. 1 Satz 1 AEBewGrSt.
[2] Vgl. BT-Drucks. 19/11085 S. 110.

II. Entstehung und Entwicklung der Vorschrift

§ 247 BewG wurde mit Ausnahme des § 247 Abs. 1 Satz 2 BewG durch das **GrStRefG** v. 26.11.2019[1] in das BewG eingefügt.

§ 247 Abs. 1 Satz 2 BewG wurde durch das Fondsstandortgesetz[2] eingefügt.[3] Der **Bundesrat** hatte sich in seiner Stellungnahme zum **Regierungsentwurf** des **GrStRefG** bereits dafür ausgesprochen, § 247 Abs. 1 BewG dahingehend zu konkretisieren, dass der Bodenrichtwert der jeweiligen Bodenrichtwertzone ohne Anpassung aufgrund abweichender Grundstücksmerkmale zum Beispiel hinsichtlich des Erschließungszustands, des beitrags- und abgabenrechtlichen Zustands, der Art und des Maßes der baulichen Nutzung anzuwenden ist (sog. Zonenwert).[4]

Der **Forderung** des Bundesrats ist der **Gesetzgeber** zunächst zurecht **nicht gefolgt**. Jedenfalls in Bezug auf bestimmte Grundstücksmerkmale dürfte eine Anpassung des Bodenrichtwerts zwingend erforderlich sein, um nicht zu unsachgemäßen Ergebnissen zu kommen. Beispielsweise müsste die (bauliche) Nutzung des Grundstücks berücksichtigt werden. Die Anwendung eines Bodenrichtwerts für Ein- und Zweifamilienhäuser kann jedenfalls bei sich überlagernden Bodenrichtwertzonen keine Anwendung für Gewerbegrundstücke finden, der Bodenrichtwert für land- und forstwirtschaftliche Grundstücke kann nicht für bebaute Grundstücke angewandt werden usw. Die Forderung des Bundesrats wurde im weiteren Gesetzgebungsverfahren zum GrStRefG nicht aufrechterhalten.

Eine den in → Rz. 13 dargestellten Bedenken gerecht werdende gesetzliche Anpassung des § 247 BewG hat der Bundesrat daraufhin in seiner Stellungnahme zum Jahressteuergesetz 2020 eingebracht,[5] die jedoch trotz Zustimmung der Bundesregierung[6] nicht übernommen wurde.[7] Die Regelung wurde dann eher sachfremd in Art. 6 des Regierungsentwurfs des Fondsstandortgesetzes aufgenommen und beschlossen.[8]

Im Gesetzgebungsverfahren zum GrStRefG hat der Bundesrat darüber hinaus gebeten, die Angabe „regelmäßig" in § 247 Abs. 1 BewG präziser zu umschreiben oder die Fälle zu umschreiben, bei denen die Regel nicht greift.[9] Die Wahl des Begriffes „regelmäßig" ist rechtstechnisch unglücklich. Gemeint sein dürfte „grundsätzlich". Die Ausnahme vom Grundsatz regelt § 247 Abs. 3 BewG für Fälle, in denen ein Bodenrichtwert durch den Gutachterausschuss nicht ermittelt werden konnte oder ermittelt wurde. Die Forderung wurde im weiteren Gesetzgebungsverfahren vom Bundesrat nicht aufrechterhalten.

(Einstweilen frei)

---

1 GrStRefG v. 26.11.2019, BGBl 2019 I S. 1794.
2 Gesetz zur Stärkung des Fondsstandorts Deutschland und zur Umsetzung der Richtlinie (EU) 2019/1160 zur Änderung der Richtlinien 2009/65/EG und 2011/61/EU im Hinblick auf den grenzüberschreitenden Vertrieb von Organismen für gemeinsame Anlagen (Fondsstandortgesetz – FoStoG) v. 3.6.2021, BGBl 2021 I S. 1498.
3 Vgl. zur umstrittenen Rechtslage davor Bock in Grootens, 1. Aufl., § 247 Rz. 28 ff., insbesondere Rz. 63.
4 BT-Drucks. 19/13453 S. 20.
5 Vgl. BT-Drucks. 19/23551 S. 79.
6 Vgl. BT-Drucks. 19/23551 S. 47 und S. 58.
7 Vgl. verkündetes Jahressteuergesetz 2020 v. 21.12.2020, BGBl I 2020 S. 3096.
8 BR-Drucks. 51/21 S. 49.
9 BT-Drucks. 19/13453 S. 20.

III. Vereinbarkeit mit höherrangigem Recht

21 Die Heranziehung der Bodenrichtwerte zur Bewertung begegnet für sich genommen keinen verfassungsrechtlichen Bedenken.[1] Der Ansatz der Bodenrichtwerte hat sich sowohl im Rahmen der Grundbesitzbewertung für Zwecke der Erbschaft- und Schenkungsteuer sowie der Grunderwerbsteuer als auch anlässlich ertragsteuerrechtlicher Wertermittlungsanlässe, wie z. B. der Kaufpreisaufteilung, in langjähriger Praxis bewährt[2] und ist ebenfalls in der Verkehrswertermittlung anerkannt. Bei der Wertermittlungsmethode für unbebaute Grundstücke unter Heranziehung der Bodenrichtwerte handelt es sich um eine verfassungsrechtlich unbedenkliche typisierende Bewertungsmethode, die der Vereinfachung der Grundsteuerwertermittlung dient.[3] Wünschenswert wäre es für Zwecke der Bewertung im Steuerrecht insbesondere aus Gründen der Rechtstaatlichkeit und Gleichmäßigkeit der Besteuerung **verbindliche und justiziable Vorgaben** für die Ermittlung der Bodenrichtwerte zu implementieren. Mit der teilweisen Aufnahme der Regelungen aus der BRW-Richtlinie[4] mit empfehlenden Charakter in die ImmoWertV 2021,[5] die verbindlichen Charakter hat, wurde der Forderung nach mehr Verbindlichkeit bei der Ermittlung der Bodenrichtwerte durch die Gutachterausschüsse teilweise Rechnung getragen.

22 Bei der Bewertung mit dem Bodenrichtwert kann es einer Typisierung immanent und verfassungsrechtlich für sich genommen unproblematisch bei atypischen Fällen auch zu ganz erheblichen Abweichungen vom gemeinen Wert kommen (beispielsweise bei Grundstücken mit Altlasten, siehe auch die Fälle in → Rz. 16). Ob in diesen Fällen ein **Nachweis des geringeren gemeinen Werts** in verfassungskonformer Auslegung analog nach § 198 BewG möglich ist, bleibt abzuwarten.[6] Der Siebente Abschnitt des BewG sieht eine solche Möglichkeit jedenfalls nicht vor.

23 § 247 Abs. 1 Satz 2 BewG, wonach der **Bodenrichtwert** im Wesentlichen **ohne Anpassungen** anzusetzen ist, dürfte ebenfalls noch vom Typisierungsspielraum des Gesetzgebers gedeckt sein.[7] Die Bodenrichtwertzonen sind so zu bilden, dass die Grundstücksmerkmale der in der Bodenrichtwertzone befindlichen Grundstücke weitgehend übereinstimmen und die lagebedingten Wertunterschiede der Grundstücke nicht mehr als +/- 30 % betragen sollen. Bei abweichenden Grundstücksmerkmalen handelt es sich daher um Ausnahmen in der jeweiligen Bodenrichtwertzone, die insbesondere in einem Massenverfahren typisierend außer Betracht bleiben können.

24 Die Bewertung für unbebaute Grundstücke sieht anders als § 145 BewG a. F. für Zwecke der Bewertung bei der Erbschaft- und Schenkungsteuer sowie der Grunderwerbsteuer ab dem 1.1.1996 bzw. 1.1.1997 und bis zum 31.12.2008 **keinen pauschalen Abschlag** vom Bodenrichtwert i. H. von **20 %** für **wertmindernde Umstände wie Ecklage, Größe, Zuschnitt, Oberflächenbeschaffenheit, Beschaffenheit des Baugrundes** und **Außenanlagen** sowie **Lärm, Staub-** oder **Geruchsbelästigungen, Altlasten** und **Grunddienstbarkeiten** vor (siehe zu deren Nichtberück-

---

[1] So auch Schnitter, GrStG eKommentar, § 247 BewG, Rz. 11.
[2] So auch die Begründung zum GrStRefG, BT-Drucks. 19/11085 S. 109.
[3] Vgl. auch BFH-Urteil v. 12.7.2006 - II R 1/04, BStBl 2006 II S. 742; krit. Eichholz, DStR 2020 S. 1158.
[4] Bodenrichtwert-Richtlinie v. 11.1.2011, BAnz 2011 S. 597.
[5] Immobilienwertermittlungsverordnung v. 14.7.2021, BGBl 2021 I S. 2805.
[6] Vgl. zur Frage nach der analogen Anwendung von § 198 BewG zum Nachweis eines niedrigeren gemeinen Werts bereits Bock in Grootens, BewG § 243 Rz. 2 sowie vertiefend Grootens in Grootens, BewG § 252 Rz. 106 ff.; vgl. zum verfassungsrechtlichen Problem auch Seer, FR 2019 S. 941; Schnitter, GrStG eKommentar, § 247 BewG, Rz. 11.
[7] So auch die Begründung zum RegE eines Fondsstandortgesetzes, BT-Drucks. 19/27631 S. 113.

sichtigung → Rz. 57 f.).[1] Diese atypischen Sachverhaltskonstellationen werden bei der Ermittlung des Grundsteuerwerts nicht berücksichtigt. Dies ist vom Typisierungsspielraum des Gesetzgebers gedeckt. Ein pauschaler Abschlag in allen Bewertungsfällen kann nur gerechtfertigt sein, wenn im typischen Fall stets wertmindernde Umstände vorliegen und die Grundstückswerte nach § 247 BewG daher dem unüblichen Fall entsprechen würden. Davon kann nicht ausgegangen werden, sodass der Gesetzgeber zu Recht keinen pauschalen Abschlag vom Wert des unbebauten Grundstücks nach § 247 BewG vorgesehen hat.

(Einstweilen frei) 25–30

IV. Geltungsbereich

§ 247 BewG findet auf im Bundesgebiet belegenes **Grundvermögen**[2] Anwendung, soweit die Länder in Bezug auf § 247 BewG nicht von ihrer Abweichungskompetenz nach Art. 72 Abs. 3 Satz 1 Nr. 7 GG Gebrauch gemacht haben und gilt **nicht für das land- und forstwirtschaftliche Vermögen**. § 251 BewG ist nach § 266 BewG erstmals für den **Hauptfeststellungszeitpunkt auf den 1.1.2022** anzuwenden.[3]

(Einstweilen frei) 32–35

V. Verhältnis zu anderen Vorschriften

Die Definition der unbebauten Grundstücke erfolgt in **§ 246 BewG**.[4] Der sich nach § 247 BewG ergebende Grundsteuerwert ist nach **§ 230 BewG**[5] auf volle 100 € nach unten abzurunden. Ob die Umrechnungskoeffizienten nach **Anlage 36 zum BewG** Anwendung bei der Ermittlung des Bodenwerts von unbebauten Grundstücken in Ein- und Zweifamilienhaussiedlungen finden, ist fraglich (siehe vertiefend → Rz. 57).

Der Bodenwert nach § 247 BewG wird zudem als Komponente in den Bewertungsverfahren des Ertragswertverfahrens nach **§§ 252 ff. BewG**[6] und dem Sachwertverfahren nach **§§ 258 ff. BewG**[7] benötigt. Nach **§ 252 Satz 1 BewG**[8] besteht der Ertragswert eines Grundstücks aus der Summe des kapitalisierten Reinertrags des Grundstücks und dem abgezinsten Bodenwert nach **§ 257 BewG**.[9] Nach **§ 257 Abs. 1 Satz 1 BewG**[10] ist für den abgezinsten Bodenwert von dem Bodenwert nach § 247 BewG auszugehen. Dieser wird in Abhängigkeit der Restnutzungsdauer des Gebäudes abgezinst. Im Sachwertverfahrens wird nach **§ 258 Abs. 1 BewG**[11] der Wert der Gebäude (Gebäudesachwert) getrennt vom Bodenwert ermittelt. Der Bodenwert ist nach **§ 258 Abs. 2 BewG**[12] der Wert des unbebauten Grundstücks nach § 247 BewG.

---

1 Siehe auch A 247.2 Abs. 8 AEBewGrSt.
2 Siehe hierzu vertiefend Bock in Grootens, BewG § 243 Rz. 10 f.
3 Schnitter in GrStG - eKommentar, BewG § 247 Rz. 7.
4 Bock in Grootens, BewG § 246 Rz. 17 ff.
5 Wredenhagen in Grootens, BewG § 230 Rz. 61 ff.
6 Siehe die Kommentierung Grootens in Grootens, BewG § 252–§ 257.
7 Siehe die Kommentierung Grootens in Grootens, BewG § 258–§ 260.
8 Siehe hierzu vertiefend Grootens in Grootens, BewG § 252 Rz. 36 ff.
9 Siehe hierzu vertiefend Grootens in Grootens, BewG § 257 Rz. 36 ff.
10 Siehe hierzu vertiefend Grootens in Grootens, BewG § 257 Rz. 36.
11 Siehe hierzu vertiefend Grootens in Grootens, BewG § 258 Rz. 36 ff.
12 Siehe hierzu vertiefend Grootens in Grootens, BewG § 258 Rz. 71 ff.

38 Der Bodenwert nach § 247 BewG ist der Maßstab für den Mindestwert eines Grundstücks nach § 251 BewG. Der Grundsteuerwert eines Grundstücks darf 75 % des Werts, mit dem der Grund und Boden allein nach § 247 BewG zu bewerten wäre, nicht unterschreiten.

39 Grundsätze der Ermittlung der Bodenrichtwerte durch die Gutachterausschüsse sind in **§ 196 BauGB** geregelt. **§ 196 Abs. 1 Satz 6 BauGB** bestimmt, dass für Zwecke der steuerlichen Bewertung des Grundbesitzes die Bodenrichtwerte nach ergänzenden Vorgaben der Finanzverwaltung zum jeweiligen Hauptfeststellungszeitpunkt oder sonstigen Feststellungszeitpunkt zu ermitteln sind.

40 Die Grundsätze werden durch die Rechtsverordnung nach § 199 Abs. 1 BauGB, insbesondere **§ 10 ImmoWertV 2010**[1] sowie die hierzu ergangene **BRW-RL**[2] (ab 1.1.2022 nur noch §§ 13 ff. ImmoWertV 2021[3]) ergänzt. Nach **§ 10 Abs. 3 ImmoWertV 2010** i. d. F. des GrStRefG (ab 1.1.2022: § 15 Abs. 1 Satz 2 ImmoWertV 2021) sind die von den Gutachterausschüssen zu bildenden Bodenrichtwertzonen i. S. des **§ 196 Abs. 1 Satz 3 BauGB** so abzugrenzen, dass lagebedingte Wertunterschiede zwischen der Mehrzahl der Grundstücke und dem Bodenrichtwertgrundstück nicht mehr als +/- 30 % betragen. Die Präzisierung der Norm führt zu weniger kleinteiligen Bodenrichtwerten, die bei der Bewertung der unbebauten Grundstücke anzusetzen sind.

41 § 247 BewG entspricht im Wesentlichen **§ 179 BewG**[4] für die Bewertung für Zwecke der Erbschaft- und Schenkungsteuer sowie Grunderwerbsteuer.

42–45 *(Einstweilen frei)*

B. Systematische Kommentierung

I. Ermittlung des Grundsteuerwerts der unbebauten Grundstücke (§ 247 Abs. 1 BewG)

1. Ermittlung aus Fläche und Bodenrichtwert (§ 247 Abs. 1 Satz 1 BewG)

46 Unbebaute Grundstücke werden nach § 247 Abs. 1 BewG nach den **tatsächlichen Verhältnissen** und den **Wertverhältnissen** zum Hauptfeststellungszeitpunkt grds. mit dem jeweiligen **Bodenrichtwert nach § 196 BauGB im Wesentlichen ohne Anpassungen** (siehe → Rz. 56 ff.) **multipliziert mit der Grundstücksfläche des Grundstücks** bewertet.[5] Dabei umfasst der Wert unbebauter Grundstücke den Wert des Grund und Bodens, mit dem die Außenanlagen abgegolten sind.[6]

47 Die zu der Berechnung des Bodenwerts anzusetzende **Grundstücksfläche** richtet sich nach dem Umfang der wirtschaftlichen Einheit des Grundvermögens.[7] Zur Bestimmung der konkreten Größe können das **Grundbuch** oder **Katasterunterlagen** zu Hilfe genommen werden.[8] Die Grundstücksfläche ist in Quadratmeter anzugeben. Ist die Grundstücksfläche noch zu vermes-

---

1 Immobilienwertermittlungsverordnung v. 14.7.2021, BGBl 2021 I S. 2805.
2 Richtlinie zur Ermittlung von Bodenrichtwerten (Bodenrichtwertrichtlinie – BRW-RL) v. 11.1.2011, BAnz 2011 S. 597.
3 Vgl. BR-Drucks. 407/21 S. 12 ff.
4 Siehe dazu vertiefend Bock in Viskorf/Schuck/Wälzholz, BewG § 179 Rz. 1 ff.
5 A 247.1 Abs. 1 Satz 1 AEBewGrSt.
6 A 247.1 Abs. 1 Satz 2 AEBewGrSt.
7 Siehe dazu vertiefend Bock in Grootens, BewG § 244 Rz. 23 ff.
8 Schnitter in GrStG - eKommentar, BewG § 247 Rz. 15.

sen, dürfte das amtliche Vermessungsergebnis gelten, auch wenn die Vermessung erst nach dem Hauptfeststellungszeitpunkt erfolgt.[1]

Die Fläche des Grundstücks ist gem. § 247 Abs. 1 BewG mit dem **Bodenrichtwert** nach § 196 BauGB zu multiplizieren. Der Bodenrichtwert nach § 196 BauGB ist der durch den örtlichen Gutachterausschuss auf den jeweiligen Hauptfeststellungszeitpunk ermittelte Bodenrichtwert.[2] Der jeweils auf den Hauptfeststellungszeitpunkt[3] vom Gutachterausschuss ermittelte Bodenrichtwert gilt für den gesamten Hauptfeststellungszeitraum. Die Heranziehung von Bodenrichtwerten als durchschnittliche Werte für den Grund und Boden ist in der Verkehrswertermittlung anerkannt. Für steuerrechtliche Zwecke hat sich die Bewertung anhand des Bodenrichtwerts sowohl im Rahmen der Grundbesitzbewertung für Zwecke der Erbschaft- und Schenkungsteuer sowie der Grunderwerbsteuer als auch anlässlich ertragsteuerrechtlicher Wertermittlungsanlässe, wie z. B. der Kaufpreisaufteilung, in langjähriger Praxis bewährt (siehe auch → Rz. 89 ff.).[4] Die Bewertung anhand von Bodenrichtwerten begegnet als typisierende, der Vereinfachung dienende Bewertungsmethode **keinen verfassungsrechtlichen Bedenken** (siehe vertiefend → Rz. 21 ff.).[5]

48

(Einstweilen frei)

49–55

2. Anpassungen des Bodenrichtwerts (§ 247 Abs. 1 Satz 2 BewG)

§ 247 Abs. 1 Satz 2 BewG bestimmt, soweit in den §§ 243 bis 262 BewG sowie in den Anlagen 36–43 nichts anderes bestimmt ist, Abweichungen zwischen den Grundstücksmerkmalen des Bodenrichtwertgrundstücks und des zu bewertenden Grundstücks mit Ausnahme unterschiedlicher

56

- Entwicklungszustände (siehe hierzu → Rz. 66 ff.) und
- Arten der Nutzung bei überlagernden Bodenrichtwertzonen (siehe hierzu → Rz. 77 ff.)

nicht berücksichtigt werden.[6] § 15 Abs. 2 ImmoWertV 2021 ist insoweit nicht zu berücksichtigen.

Anzusetzen ist damit grds. der Bodenrichtwert bezogen auf das Bodenrichtwertgrundstück.[7]

Abweichungen von diesem Grundsatz ergeben sich neben den in § 247 Abs. 1 Satz 2 Nr. 1 und 2 BewG genannten Fällen in §§ 243–262 BewG sowie in den Anlagen 36–43 lediglich nach §§ 251, 257 Abs. 1 BewG i.V. mit Anlage 36 zum BewG bei der Bewertung **bebauter Grundstücke** in Bezug auf die **Umrechnungskoeffizienten** zur Berücksichtigung abweichender Grundstücksgrößen beim **Bodenwert von Ein- und Zweifamilienhäusern**. Ob die **typisierenden Umrechnungskoeffizienten der Anlage 36 zum BewG** für Ein- und Zweifamilienhäuser bei der Bewertung von **unbebauten Grundstücken** in Ein- und Zweifamilienhausgebieten Anwendung finden, ist fraglich. Ein entsprechender Verweis in § 247 BewG auf die Anlage 36 zum BewG fehlt jedenfalls. Dies dürfte zu dem nicht sachgerechten Ergebnis führen, dass der Bodenwert

57

---

1 Schnitter in GrStG - eKommentar, BewG § 247 Rz. 15; vgl. zur Erbschaft- und Schenkungsteuer Halaczinsky in Rössler/Troll, BewG § 179 Rz. 5.
2 A 247.1 Abs. 1 Satz 3 AEBewGrSt.
3 A 247.1 Abs. 1 Satz 4 AEBewGrSt.
4 BT-Drucks. 19/11085 S. 109.
5 A 247.2 Abs. 1 Satz 2 AEBewGrSt.
6 A 247.2 Abs. 1 Satz 2 AEBewGrSt.
7 A 247.2 Abs. 1 Satz 1 AEBewGrSt.

vor einer Bebauung mit einem Ein- oder Zweifamilienhaus anders zu bewerten sein könnte als nach der Bebauung. Um dieses Ergebnis zu vermeiden, dürfte eine analoge Anwendung der Umrechnungskoeffizienten in Betracht zu ziehen sein.

58 Zu keiner Anpassung des Bodenrichtwerts führen folgende wertbeeinflussende Merkmale, wenn diese von denjenigen des Bodenrichtwertgrundstücks abweichen (vgl. Anlage 1 BRW-RL, ab 1.1.2022: § 2 Abs. 3 ImmoWertV 2021):

- Sanierungs- und Erschließungszustand,
- beitragsrechtlicher Zustand,
- Grundstücksgröße mit Ausnahme bei den Einfamilien- und Zweifamilienhäusern (vgl. §§ 251, 257 Abs. 1 BewG i.V. mit Anlage 36 zum BewG),
- Grundstückstiefe, insbesondere Vorder- und Hinterland,
- grundstücksbezogenen Rechte und Belastungen und
- Art der baulichen Nutzung, insbesondere die Geschossflächenzahl.

59 Ebenfalls keine Berücksichtigung finden besondere wertbeeinflussende Merkmale des zu bewertenden Grundstücks (siehe auch → Rz. 24),[1] wie insbesondere:

- Ecklage,
- besonderer Zuschnitt des Grundstücks,
- Oberflächenbeschaffenheit,
- Beschaffenheit des Baugrunds,
- Lärm-, Staub- oder Geruchsbelästigung,
- Altlasten und
- Außenanlagen.

60–65 *(Einstweilen frei)*

a) Entwicklungszustände

66 Nach § 247 Abs. 1 Satz 2 Nr. 1 BewG sind Abweichungen beim Entwicklungszustand zwischen dem zu bewertenden Grundstück und dem Bodenrichtwertgrundstück bei der Bewertung eines Grundstücks für Zwecke der Grundsteuer zu berücksichtigen. Als **Entwicklungszustände** kommen insbesondere in Betracht:[2]

- Flächen der Land- und Forstwirtschaft (vgl. zu deren Bewertung §§ 232–242 BewG),[3]
- Bauerwartungsland,
- Rohbauland und
- baureifes Land.

Mit der Überarbeitung der ImmoWertV wurde mit den sonstigen Flächen nach § 3 Abs. 5 ImmoWertV 2021 ein **neuer Entwicklungszustand** eingeführt. **Sonstige Flächen** sind danach Flächen, die sich keinen der o. g. Entwicklungszustände zuordnen lassen.

---

1 A 247.2 Abs. 8 AEBewGrSt.
2 Vgl. auch A 247.2 Abs. 2 AEBewGrSt.
3 Siehe vertiefend die Kommentierung bei Müller in Grootens, BewG §§ 232–242.

Der Entwicklungszustand des Bodenrichtwertgrundstücks ist für das zu bewertende Grundstück regelmäßig zu übernehmen.[1] Weicht der **Entwicklungszustand** des **Bodenrichtwertgrundstücks** von demjenigen des zu bewertenden Grundstücks ab, kann der Bodenrichtwert nicht oder nicht ohne Anpassungen auf das zu bewertende Grundstück übertragen werden. So kann ein Bodenrichtwert für land- und forstwirtschaftliche Flächen nicht für baureifes Land angewendet werden und umgekehrt. Bauerwartungsland, Bruttorohbauland und Nettorohbauland werden durch entsprechende pauschale Abschläge bei dem Bodenrichtwert für baureifes Land berücksichtigt (siehe → Rz. 117).[2]

Unter baureifem Land werden Flächen verstanden, die nach öffentlich-rechtlichen Vorschriften und den tatsächlichen Gegebenheiten baulich nutzbar sind (siehe § 5 Abs. 4 ImmoWertV 2010, ab 1.1.2022: § 3 Abs. 4 ImmoWertV 2021).[3] Der Gutachterausschuss ermittelt die Bodenrichtwerte i. d. R. für baureifes Land.[4]

Bauerwartungsland sind Flächen, die nach ihren weiteren Grundstücksmerkmalen (siehe § 6 ImmoWertV 2010, ab 1.1.2022: § 5 ImmoWertV 2021), insbesondere dem Stand der Bauleitplanung und der sonstigen städtebaulichen Entwicklung des Gebiets, eine bauliche Nutzung aufgrund konkreter Tatsachen mit hinreichender Sicherheit erwarten lassen (vgl. auch § 233 Abs. 2 BewG).[5] Diese Erwartung kann sich insbesondere auf eine entsprechende Darstellung dieser Flächen im Flächennutzungsplan, auf ein entsprechendes Verhalten der Gemeinde oder auf die allgemeine städtebauliche Entwicklung des Gemeindegebiets gründen (§ 5 Abs. 2 ImmoWertV 2010, ab 1.1.2022: § 3 Abs. 2 ImmoWertV 2021). Ist damit zu rechnen, dass die Flächen innerhalb eines Zeitraums von sieben Jahren anderen als land- und forstwirtschaftlichen Zwecken dienen werden und daher gem. § 233 Abs. 2 BewG als Grundvermögen anzusehen sind, werden diese Flächen regelmäßig als **Bauerwartungsland** angesetzt.[6]

Unter **Rohbauland** versteht man nach § 5 Abs. 3 ImmoWertV 2010 (ab 1.1.2022: § 3 Abs. 3 ImmoWertV 2021) Flächen, die nach den §§ 30, 33 und 34 BauGB für eine bauliche Nutzung bestimmt sind, deren Erschließung aber noch nicht gesichert ist oder die nach Lage, Form oder Größe für eine bauliche Nutzung unzureichend gestaltet sind.[7] Im Regelfall handelt es sich hierbei um größere, unerschlossene Grundstücksflächen, die die Eigenschaft als land- und forstwirtschaftliches Vermögen verloren haben, selbst wenn sie noch land- und forstwirtschaftlich genutzt werden.[8] **Bruttorohbauland** schließt im Gegensatz zum **Nettorohbauland** die für öffentliche Zwecke benötigten Flächen des Planungsgebiets ein (Gemeinbedarfsflächen). Eine Unterscheidung zwischen Bruttorohbauland und Nettorohbauland ist bei der Bewertung für Zwecke der Grundsteuer nicht erforderlich.[9]

(Einstweilen frei)

---

1 A 247.2 Abs. 6 Satz 1 AEBewGrSt.
2 A 247.2 Abs. 6 Satz 2 AEBewGrSt.
3 Vgl. auch A 247.2 Abs. 5 Satz 1 AEBewGrSt.
4 Vgl. auch A 247.2 Abs. 5 Satz 2 AEBewGrSt.
5 Vgl. auch A 247.2 Abs. 3 Satz 1 AEBewGrSt.
6 Vgl. Müller in Grootens, BewG § 233 Rz. 20 ff. und auch A 247.2 Abs. 3 Satz 2 AEBewGrSt.
7 Vgl. auch A 247.2 Abs. 4 Satz 1 AEBewGrSt.
8 Vgl. auch A 247.2 Abs. 4 Satz 2 AEBewGrSt.
9 Vgl. auch A 247.2 Abs. 4 Satz 3 AEBewGrSt.

b) Arten der Nutzung bei überlagernden Bodenrichtwertzonen

76 Die Art der baulichen Nutzung des Bodenrichtwertgrundstücks ist für das zu bewertende Grundstück regelmäßig zu übernehmen.[1] Eine **abweichende Nutzungsart** (beispielsweise gewerbliche Nutzung in einem Wohngebiet[2]) führt mithin für sich genommen nicht dazu, dass der Bodenrichtwert nicht auf das zu bewertende Grundstück anzuwenden ist. Der Bodenrichtwert ist in Abhängigkeit der üblichen Nutzung gebildet worden, so dass eine Abweichung hiervon in einem typisierenden Verfahren außer Betracht bleiben kann.

77 Nur bei sich **überlagernden Bodenrichtwertzonen** ist die Art der Nutzung zu berücksichtigen. In diesen Fällen ist derjenige Bodenrichtwert für das Bodenrichtwertgrundstück heranzuziehen, dessen Art der Nutzung am ehesten der des zu bewertenden Grundstücks entspricht.[3]

78 **BEISPIEL:**[4] Für eine Bodenrichtwertzone liegen unterschiedliche Bodenrichtwerte für Geschäftshäuser und Mehrfamilienhäuser vor. Für ein Einfamilienhaus ist der Bodenrichtwert für Mehrfamilienhäuser zugrunde zu legen, da diese Art der Nutzung am ehesten der des zu bewertenden Grundstücks entspricht.

79 Bildet der Gutachterausschuss in einem **Mischgebiet** eine Bodenrichtwertzone für Mehrfamilienhäuser und eine Bodenrichtwertzone für Büro- und Geschäftshäuser ist je nach Art der Nutzung des zu bewertenden Grundstücks der jeweilige Bodenrichtwert anzuwenden.[5] Bei gemischt genutzten Grundstücken ist im Zweifel ohne entsprechende Vorgaben des Gutachterausschusses der Bodenrichtwert für Büro- und Geschäftshäuser anzuwenden. Bei sich überlagernden Bodenrichtwertzonen, die in Abhängigkeit der Geschosszahl differenzieren, ist derjenige Bodenrichtwert anzuwenden, der der Geschosszahl des zu bewertenden Grundstücks entspricht.

80 **BEISPIEL:**[6] Für eine Bodenrichtwertzone liegen zwei unterschiedliche Bodenrichtwerte für "Wohnen" – einmal für "mehrgeschossig", einmal für "ein-/zweigeschossig" – vor. Für ein zweigeschossiges Einfamilienhaus ist der Bodenrichtwert für "Wohnen, ein-/zweigeschossig" zugrunde zu legen.

81 Es kommt auch vor, dass der Gutachterausschuss **zwei verschiedene Bodenrichtwertzonen** bestimmt, wobei die eine die bauliche Ausnutzung des **Vorderlands** und die andere die fehlende bauliche Nutzbarkeit des **Hinterlands** berücksichtigt. In diesem Fall existieren **zwei verschiedene Bodenrichtwerte** für die **wirtschaftliche Einheit**. Die Fläche der wirtschaftlichen Einheit ist entsprechend aufzuteilen und mit dem jeweiligen Bodenrichtwert zu multiplizieren.[7] Die Finanzverwaltung wendet in diesem Fall die Umrechnungskoeffizienten der Anlage 36 zum BewG nicht auf die Gesamtfläche des Grundstücks, sondern nur auf die bebaubare Teilfläche des Vorderlandes an.[8] Für diese Ansicht spricht, dass zwei Bodenrichtwerte existieren, deren wertbeeinflussendes Merkmal der Grundstücksgröße sich auf die jeweilige Teilfläche bezieht. Eine Anpassung des jeweiligen Bodenrichtwerts ist daher nur dann sachgerecht, wenn die Teilfläche von der zugrunde gelegten Grundstücksgröße des Bodenrichtwerts abweicht. Entspre-

---

1 A 247.2 Abs. 7 Satz 1 AEBewGrSt.
2 Vgl. auch das Beispiel bei A 247.2 Abs. 7 Satz 1 AEBewGrSt.
3 A 247.2 Abs. 7 Satz 2 AEBewGrSt.
4 Beispiel 2 bei A 247.2 Abs. 7 Satz 2 AEBewGrSt.
5 Vgl. auch Mannek, Die große Grundsteuer-Reform 2020 S. 247, Anm. zu § 247 BewG.
6 Beispiel 1 bei A 247.2 Abs. 7 Satz 2 AEBewGrSt.
7 Siehe auch Mannek, Die große Grundsteuer-Reform 2020 S. 247, Anm. zu § 247 BewG.
8 Vgl. Beispiel 1 zu A 257.4 Abs. 3 AEBewGrSt.

chendes gilt auch, wenn die zwei Bodenrichtwertzonen nicht Vorder- und Hinterland berücksichtigen. Bei **Splitterflächen,** die in aller Regel aufgrund fehlender Georeferenzierung der Bodenrichtwertzone und dem Grundstücksverkehr unterliegenden Grundstücken entstehen, dürfte es zulässig sein, den auf die ganz überwiegende Fläche bezogenen Bodenrichtwert aus Vereinfachungsgründen auch auf die Splitterfläche anzuwenden.

Liegen keine **zonierten Bodenrichtwerte** vor, ist der Bodenrichtwert unverändert zu übernehmen und mit der Grundstücksfläche zu multiplizieren. Die Umrechnungskoeffizienten der **Anlage 36 zum BewG** bei der Bewertung von Ein- und Zweifamilienhäuser finden auf die Gesamtfläche Anwendung.[1] Liegt eine selbständig nutzbare Teilfläche vor, wendet die Finanzverwaltung die Umrechnungskoeffizienten nicht auf die Gesamtfläche sondern nur auf die bebaute Teilfläche an.[2] Ob dies immer sachgerecht ist, kann bezweifelt werden. Zumal § 257 Abs. 2 BewG die selbständig nutzbare Teilfläche lediglich aus der Abzinsung des Bodenwerts herausnimmt, nicht jedoch aus der Ermittlung des Bodenwerts einschließlich der Umrechnungskoeffizienten nach § 257 Abs. 1 BewG.[3] 82

Für den bebauten **Außenbereich** (§ 35 BauGB) werden vom Gutachterausschuss i. d. R. für die **land- und forstwirtschaftliche Nutzung** separate Bodenrichtwerte ermittelt.[4] Für die Bewertung von bebauten Grundstücken können die ggf. vorhandenen Bodenrichtwerte für land- und forstwirtschaftliche Flächen nicht zugrunde gelegt werden.[5] Werden keine Bodenrichtwerte für den bebauten Außenbereich vom Gutachterausschuss ermittelt, kann auf vom Gutachterausschuss, vom Oberen Gutachterausschuss oder von der Zentralen Geschäftsstelle der Gutachterausschüsse zur Verfügung gestellte Umrechnungskoeffizienten in Bezug auf den Bodenrichtwert vergleichbarer baureifer Grundstücke benachbarter Baugebiete zurückgegriffen werden.[6] Die Finanzverwaltung sieht in einer solchen Wertableitung einen Anwendungsfall des § 247 Abs. 3 BewG (siehe hierzu → Rz. 116 f.). 83

(Einstweilen frei) 84–85

II. Ermittlung, Veröffentlichung und Übermittlung der Bodenrichtwerte durch die Gutachterausschüsse (§ 247 Abs. 2 BewG)

1. Allgemeines

§ 247 Abs. 2 BewG bestimmt, dass die Bodenrichtwerte 86

▶ von den Gutachterausschüssen i. S. der §§ 192 ff. des Baugesetzbuchs auf den Hauptfeststellungszeitpunkt zu ermitteln (siehe → Rz. 96 ff.),

▶ zu veröffentlichen (siehe → Rz. 100 ff.) und

▶ nach amtlich vorgeschriebenem Datensatz durch Datenfernübertragung an die zuständigen Finanzbehörden zu übermitteln sind (siehe → Rz. 111).

Bei dem Bodenrichtwert handelt es sich um durchschnittliche Lagewerte des Bodens für eine überwiegende Anzahl von Grundstücken in einem Gebiet (Bodenrichtwertzone) je Quadrat- 87

---

1 Vgl. Beispiel zu A 257.2 Abs. 2 AEBewGrSt.
2 Vgl. Beispiel zu A 257.4 Abs. 2 AEBewGrSt.
3 Siehe hierzu auch ergänzend Grootens in Grootens, BewG § 257 Rz. 93 ff.
4 A 247.3 Abs. 3 Satz 1 AEBewGrSt.
5 A 247.3 Abs. 3 Satz 2 AEBewGrSt.
6 A 247.3 Abs. 3 Satz 3 AEBewGrSt.

meter (vgl. Abschnitt 2 Satz 1 der BRW-RL, ab 1.1.2022: § 13 Abs. 1 ImmoWertV 2021), die nach ihren **Grundstücksmerkmalen** (§ 4 Abs. 2 ImmoWertV 2010, ab 1.1.2022: § 8 ImmoWertV 2021), insbesondere nach Art und Maß der Nutzbarkeit (§ 6 Abs. 1 ImmoWertV 2010, ab 1.1.2022: § 5 Abs. 1 ImmoWertV 2021), weitgehend übereinstimmen und für die im Wesentlichen gleiche allgemeine Wertverhältnisse (§ 3 Abs. 2 ImmoWertV 2010, ab 1.1.2022: § 2 Abs. 2 ImmoWertV 2021) vorliegen.[1] Nach § 10 Abs. 3 ImmoWertV 2010 (ab 1.1.2022: § 15 Abs. 1 ImmoWertV 2021) sind die Bodenrichtwertzonen daher so abzugrenzen, dass lagebedingte Wertunterschiede zwischen der Mehrzahl der Grundstücke und dem Bodenrichtwertgrundstück nicht mehr als +/- 30 % betragen. Die Bodenrichtwerte sind von den Gutachterausschüssen nach § 10 Abs. 1 Satz 1 ImmoWertV 2010 (ab 1.1.2022: § 14 Abs. 1 ImmoWertV 2021) vorrangig im **Vergleichswertverfahren** aus der Kaufpreissammlung tatsächlicher Verkaufsfälle flächendeckend zu ermitteln. Bei der Bewertung der unbebauten Grundstücke handelt es sich daher um ein mittelbares (indirektes) Vergleichswertverfahren.[2]

88 Wegen der überregionalen **Bedeutung der Bodenrichtwertermittlung**, die u. a. die Einhaltung einheitlicher Standards erfordert, hat der Bundesminister für Verkehr, Bau und Stadtentwicklung die am 11.2.2011 in Kraft getretene Richtlinie zur Ermittlung von Bodenrichtwerten – **Bodenrichtwertrichtlinie – BRW-RL** (ab 1.1.2022 in die §§ 13 ff. ImmoWertV 2021[3] integriert)[4] erlassen, deren Anwendung die Ermittlung und Darstellung der Bodenrichtwerte durch die regionalen Gutachterausschüsse nach einheitlichen und marktgerechten Grundsätzen und Verfahren sicherstellen soll.[5]

89 Die Ermittlung der Bodenrichtwerte nach dem Baugesetzbuch für steuerliche Zwecke hat der Gesetzgeber nicht der Finanzverwaltung übertragen, sondern bedient sich diesbezüglich der **Gutachterausschüsse**. Aufgrund ihrer besonderen Sach- und Fachkenntnis, ihrer unter Umständen größeren Ortsnähe[6] sowie der in hohem Maße von Beurteilungs- und Ermessensabwägungen abhängigen Wertfindung gesteht der Gesetzgeber den Gutachterausschüssen eine **vorgreifliche Kompetenz** bei der Feststellung der Bodenrichtwerte zu.[7]

90 Wegen der **Selbständigkeit und Unabhängigkeit** der Gutachterausschüsse (§ 192 BauGB) insbesondere auch von der Finanzverwaltung, trotz der geringfügigen personellen Verflechtung (Mitwirkung eines Bediensteten der Finanzverwaltung bei der Ermittlung der Bewertungsgrundlagen ist erforderlich, § 192 Abs. 3 Satz 2 BauGB), dürfte eine größere **Akzeptanz der ermittelten Werte** seitens der Steuerpflichtigen zu erwarten sein. Andererseits fehlt es an einer Instanz, die die Einhaltung der Vorschriften nach dem BauGB und der Grundsätze nach den erlassenen Richtlinien überwacht und notfalls einfordern kann.

91 Die Bodenrichtwerte sind aufgrund dieser gesetzlichen Regelung der Zuständigkeit und im Rahmen der vom Gesetzgeber beabsichtigten Typisierung und Vereinfachung bei der Grund-

---

1 A 247.1 Abs. 2 Satz 1 und 2 AEBewGrSt.
2 So zutreffend Halaczinsky in Rössler/Troll, BewG § 179 Rz. 4.
3 Immobilienwertermittlungsverordnung v. 14.7.2021, BGBl 2021 I S. 2805.
4 Vom 11.1.2011, BAnz 2011 S. 597.
5 Siehe dazu auch Krause/Grootens, NWB-EV 9/2011 S. 297 f.
6 Die Anzahl der Gutachterausschüsse in den Ländern ist sehr unterschiedlich. Im Jahr 2015 existieren in Baden-Württemberg beispielsweise 910 Gutachterausschüsse, in Niedersachsen lediglich 9.
7 BFH, Urteil v. 25.8.2010 - II R 42/09, BStBl 2011 II S. 205; FG Hamburg, Urteil v. 18.1.2016 - 3 K 176/15, NWB KAAAF-68718; FG Hamburg, Urteil v. 7.7.2015 - 3 K 244/14, NWB LAAAF-01750.

besitzbewertung für steuerrechtliche Zwecke für die Beteiligten **verbindlich** und einer gerichtlichen Überprüfung regelmäßig nicht zugänglich.[1] Die dem Finanzamt mitgeteilten Bodenrichtwerte sind deswegen von den am Steuerrechtsverhältnis Beteiligten (grundsätzlich) ungeprüft und ohne eigenen Bewertungsspielraum der Ermittlung des Grundsteuerwerts zugrunde zu legen.[2] Immerhin eine Prüfung, ob die Mitteilungen des Gutachterausschusses offensichtlich fehlerhaft sind, soll zulässig sein.[3]

(Einstweilen frei) 92–95

2. Ermittlung

Unter **Bodenrichtwerten** sind nach § 196 Abs. 1 Satz 1 BauGB von den örtlichen Gutachterausschüssen insbesondere aufgrund von Kaufpreissammlungen[4] unter Berücksichtigung des unterschiedlichen Entwicklungszustands (siehe hierzu → Rz. 66 ff.) **flächendeckend** zu ermittelnde **durchschnittliche Lagewerte für den Boden** zu verstehen. Für Zwecke der Grundsteuer sind die Gutachterausschüsse verpflichtet, die Bodenrichtwerte nach § 247 Abs. 2 BewG auf den Hauptfeststellungszeitpunkt zu ermitteln.[5] Der jeweils auf den Hauptfeststellungszeitpunkt vom Gutachterausschuss ermittelte Bodenrichtwert gilt für den gesamten Hauptfeststellungszeitraum.[6]

96

Die **Bodenrichtwerte** werden üblicherweise nach § 196 Abs. 1 Satz 4 BauGB für die Grundstücksbewertung mit ihren **wertbeeinflussenden Merkmalen**[7] von den Gutachterausschüssen bereitgestellt. Der Bodenrichtwert ist nicht nur eine Zahl in Euro je m². Mit ihm verbunden sind vielmehr seine **wesentlichen wertbeeinflussenden Merkmale**. Die von den Gutachterausschüssen mitgeteilten **Bodenrichtwerte** sind damit **auf das Bodenrichtwertgrundstück zugeschnitten**. In der Verkehrswertermittlung werden die Bodenrichtwerte daher nur 1:1 übernommen, wenn die wertbeeinflussenden Merkmale des zu bewertenden Grundstücks mit denen des Bodenrichtwertgrundstücks übereinstimmen. Anderenfalls wird der Bodenrichtwert durch die vom Gutachterausschuss angegebenen **Zu- und Abschläge** oder **Umrechnungskoeffizienten** zur Ermittlung von Zu- und Abschlägen **angepasst** (siehe § 4 Abs. 2 ImmoWertV 2010, ab 1.1.2022: § 9 Abs. 1 ImmoWertV 2021).[8] Dadurch sollen Wertunterschiede von Grundstücken, die sich aus Abweichungen bestimmter wertbeeinflussender Merkmale sonst gleichartiger Grundstücke ergeben, insbesondere aus dem unterschiedlichen Maß der baulichen Nutzung, erfasst werden.[9]

97

Für die **Bewertung für Zwecke der Grundsteuer** spielen die **wertbeeinflussenden Merkmale** beim Bodenrichtwert **grds. keine Rolle** (siehe dazu → Rz. 56 ff.). Einige Länder planen für Zwecke der Grundsteuer die Bodenrichtwerte aufzuarbeiten und dem Steuerpflichtigen in geeig-

98

---

[1] BFH, Urteil v. 11.5.2005 - II R 21/02, BStBl 2005 II S. 686; FG Hamburg, Urteil v. 18.1.2016 - 3 K 176/15, NWB KAAAF-68718; FG Hamburg, Urteil v. 7.7.2015 - 3 K 244/14, NWB LAAAF-01750.
[2] BFH, Urteil v. 18.8.2005 - II R 62/03, BStBl 2006 II S. 5.
[3] Vgl. Niedersächsisches FG, Urteil v. 17.9.2015 - 1 K 147/12, EFG 2016 S. 185, NWB NAAAF-45677 zur Bewertung für Zwecke der Erbschaft- und Schenkungsteuer; Schnitter in GrStG - eKommentar, BewG § 247 Rz. 19..
[4] Vgl. vertiefend zu den unterschiedlichen Quellen der Gutachterausschüsse sowie zur konkreten Ermittlungsmethode Bock in Viskorf/Schuck/Wälzholz, BewG § 179 Rz. 13 ff.
[5] A 247.1 Abs. 1 Satz 3 AEBewGrSt.
[6] A 247.1 Abs. 1 Satz 4 AEBewGrSt.
[7] Vgl. zur üblichen Darstellung der Bodenrichtwerte Bock in Grootens, 1. Aufl., BewG § 247 Rz. 54 ff.
[8] BFH, Urteil v. 12.7.2006 - II R 1/04, BStBl 2006 II S. 742 zu § 145 BewG.
[9] BFH, Urteil v. 12.7.2006 - II R 1/04, BStBl 2006 II S. 742 zu § 145 BewG.

neter Weise, beispielsweise als Informationsschreiben oder über eine Internetseite (so etwa in Niedersachsen, § 5 Abs. 5 NGrStG,[1] sog. Grundsteuer-Viewer) zur Verfügung zu stellen.[2]

99 Bei **Fortschreibungen** und **Nachfeststellungen** von Grundsteuerwerten während des Hauptfeststellungszeitraums sind die **Wertverhältnisse im Hauptfeststellungszeitpunkt** und die tatsächlichen Verhältnisse im Feststellungszeitpunkt zugrunde zu legen.[3] Nach § 196 Abs. 2 Satz 2 BauGB sind die Gutachterausschüsse verpflichtet, wenn sich der Entwicklungszustand der Grundstücke in der Bodenrichtwertzone im Hauptfeststellungszeitraum ändert, bei der nächsten Fortschreibung der Bodenrichtwerte auf der Grundlage der geänderten Qualität auch Bodenrichtwerte bezogen auf die Wertverhältnisse zum Zeitpunkt der letzten Hauptfeststellung zu ermitteln.[4] Eine **Änderung des Entwicklungszustands** kann beispielsweise infolge der Erschließung eines Neubaugebiets eintreten, wenn sich dadurch Bauerwartungsland im Hauptfeststellungszeitpunkt in baureifes Land im Feststellungszeitpunkt ändert.[5] Nach § 196 Abs. 2 Satz 2 BauGB kann das zuständige Finanzamt auf eine Ermittlung der wegen des geänderten Entwicklungszustands anzupassenden Bodenrichtwerte auf den Hauptfeststellungszeitpunkt durch den Gutachterausschuss verzichten, wenn eine sachgerechte Wertableitung, insbesondere durch vom Gutachterausschuss zur Verfügung gestellte Indexreihen, gewährleistet bleibt.[6] Die Finanzverwaltung sieht in einer solchen Wertableitung einen Anwendungsfall des § 247 Abs. 3 BewG (siehe dazu → Rz. 116 f.).

100–105 *(Einstweilen frei)*

3. Veröffentlichung

106 Nach § 247 Abs. 2 BewG sind die Bodenrichtwerte zu veröffentlichen. Bereits nach § 10 Abs. 4 ImmoWertV 2010 (ab 1.1.2022: § 17 ImmoWertV 2021) sind die Bodenrichtwerte in automatisierter Form auf der Grundlage der amtlichen Geobasisdaten zu führen und gem. § 196 Abs. 3 BauGB zu **veröffentlichen**. Jedermann kann von der Geschäftsstelle des zuständigen Gutachterausschusses (nähere) **Auskunft** über die Bodenrichtwerte nach Maßgabe der landesrechtlichen Vorschriften verlangen. Der Bundesgesetzgeber hat die Länder aufgefordert einen kostenlosen Zugriff der Bürger auf die Bodenrichtwerte sicherzustellen, damit diese die Bodenrichtwerte für die erste Hauptfeststellung nach neuem Recht auf den 1.1.2022 erklären können.[7] In den folgenden Ländern können die Bodenrichtwerte online und **kostenlos über BORIS** (Apronym für **BO**den**R**ichtwert**I**nformations**S**ystem) eingesehen werden:

- Baden-Württemberg (teilweise): https://www.gutachterausschuesse-bw.de/borisbw/
- Berlin: http://fbinter.stadt-berlin.de/boris/
- Brandenburg: www.boris-brandenburg.de/
- Hamburg: www.geoportal-hamburg.de/boris (für Grundsteuer nicht erforderlich)
- Hessen: https://www.geoportal.hessen.de/
- Nordrhein-Westfalen: www.boris.nrw.de

---

1 Bock/Lapp in Grootens, NGrStG § 5 Rz. 86 f.
2 Vgl. Anlage 2 der BWR-RL.
3 A 247.3 Abs. 2 Satz 1 AEBewGrSt, siehe auch A 227 AEBewGrSt.
4 A 247.3 Abs. 2 Satz 2 AEBewGrSt.
5 A 247.3 Abs. 2 Satz 2 AEBewGrSt.
6 A 247.3 Abs. 2 Satz 3 AEBewGrSt.
7 BT-Drucks. 19/11085 S. 109.

- Mecklenburg-Vorpommern: https://www.geoportal-mv.de/gaia/gaia.php
- Rheinland-Pfalz: www.geoportal.rlp.de/
- Saarland: https://www.borisportal.de/bodenrichtwert/saarland
- Sachsen: www.boris.sachsen.de/
- Schleswig-Holstein: http://danord.gdi-sh.de/viewer/resources/apps/VBORIS/
- Thüringen: https://thueringenviewer.thueringen.de/thviewer/boris.html
- Niedersachsen: https://immobilienmarkt.niedersachsen.de/bodenrichtwerte
- Bremen über Niedersachsen: https://immobilienmarkt.niedersachsen.de/bodenrichtwerte
- Sachsen-Anhalt: https://www.lvermgeo.sachsen-anhalt.de/de/geodatendienst-bodenrichtwerte.html (im Gastzugang)

In Bayern ist die Einsichtnahme **kostenpflichtig.** Da Bayern ein reines Flächenmodell bei der Grundsteuer verfolgt, sind die **Bodenrichtwerte nicht erforderlich.**

- Bayern: www.boris-bayern.de

In den meisten Ländern sind die Bodenrichtwerte kostenlos auch über **BORIS-Deutschland** (https://www.bodenrichtwerte-boris.de/borisde/?lang=de) verfügbar. Diese sollen allerdings ausweislich eines Hinweises auf der Internetseite nicht für Zwecke der Grundsteuer verwendet werden. Einige Länder, wie Rheinland-Pfalz planen ein Informationsschreiben an jeden Eigentümer eines Grundstücks mit grundstücksbezogenen Daten zu versenden.[1] Einige Länder planen für die Grundsteuer besondere Internetportale, mit denen neben dem Bodenrichtwert für das jeweilige Grundstück weitere grundstücksbezogene Informationen abgerufen werden können. Für diese Länder sollten daher folgende Seiten verwendet werden:

- Brandenburg: https://informationsportal-grundstuecksdaten.brandenburg.de
- Mecklenburg-Vorpommern: https://www.geodaten-mv.de/grundsteuerdaten
- Niedersachsen: https://grundsteuer-viewer.niedersachsen.de/
- Sachsen: https://www.finanzamt.sachsen.de/grundsteuerportal-sachsen-flurstuecksinformationen-11764.html
- Sachsen-Anhalt: https://www.grundsteuerdaten.sachsen-anhalt.de
- Thüringen: https://thueringenviewer.thueringen.de/thviewer/grundsteuer.html

(Einstweilen frei) 109–110

4. Übermittlung an die Finanzverwaltung

Nach § 247 Abs. 2 BewG sind die Gutachterausschüsse verpflichtet die Bodenrichtwerte nach **amtlich vorgeschriebenem Datensatz durch Datenfernübertragung** an die zuständigen Finanzbehörden zu übermitteln. Dies soll eine automationsunterstützte Ermittlung des Grundsteuerwerts, insbesondere zu den folgenden Hauptfeststellungszeitpunkten, ermöglichen. Bei der ersten Hauptfeststellung werden die Bodenrichtwerte für das jeweilige Grundstück vom Steuerpflichtigen erklärt.

(Einstweilen frei) 112–115

---

1 Siehe https://www.lfst-rlp.de/unsere-themen/grundsteuer unter Unser Service.

III. Ableitung des Bodenwerts durch die Finanzverwaltung (§ 247 Abs. 3 BewG)

116 Unbebaute Grundstücke sind **i. d. R.** mit Hilfe der **Bodenrichtwerte** zu bewerten. Wurden vom Gutachterausschuss unabhängig aus welchem Grund **keine Bodenrichtwerte** ermittelt, kann auch keine Bewertung mit Hilfe der Bodenrichtwerte erfolgen. Für diesen Fall sieht das Gesetz eine Bewertung nach § 247 Abs. 3 BewG **durch Ableitung von Werten vergleichbarer Flächen**[1] vor. Durch Multiplikation von Grundstücksfläche und abgeleitetem Bodenwert pro m² sowie Abrundung des Ergebnisses auf volle Euro ergibt sich danach der Bodenwert. Das Ergebnis unterliegt uneingeschränkt der gerichtlichen Nachprüfbarkeit.[2]

117 Die Finanzverwaltung setzt ähnlich wie bei der Bewertung für Zwecke der Erbschaft- und Schenkungsteuer[3] bei **Bauerwartungsland** (siehe zur Definition → Rz. 69) den Bodenwert mit **25 %** des **Bodenrichtwerts** sowie bei Rohbauland (siehe zur Definition → Rz. 70) mit **50 %** des **Bodenrichtwerts** für vergleichbares erschließungsbeitragsfreies Bauland an, wenn der jeweilige Gutachterausschuss hierfür keine anderweitigen Bodenrichtwerte ermittelt hat. Ob nach Ansicht der Finanzverwaltung die pauschalen Abschläge auch dann anzuwenden sind, wenn der Gutachterausschuss für die abweichenden Entwicklungszustände Abschläge veröffentlicht hat, ist zweifelhaft. Es spricht viel dafür, die Vorgaben des jeweiligen Gutachterausschusses zu berücksichtigen und erst dann nach § 247 Abs. 3 BewG zu bewerten, wenn keinerlei Vorgaben des Gutachterausschusses vorliegen. Künftig soll Bauerwartungsland und Rohbauland nach Abschnitt 5 Abs. 4 BRW-RL, ab 1.1.2022 § 15 Abs. 4 Satz 1 ImmoWertV 2021 allerdings in die Bodenrichtwertzonen einbezogen werden, so dass die Bedeutung von § 247 Abs. 3 BewG abnehmen dürfte. Weitere Anwendungsfälle liegen nach Ansicht der Finanzverwaltung bei den Sachverhalten in → Rz. 83 und → Rz. 99 vor.

III. Bebaute Grundstücke

§ 248 BewG Begriff der bebauten Grundstücke

[1]Bebaute Grundstücke sind Grundstücke, auf denen sich benutzbare Gebäude befinden. [2]Wird ein Gebäude in Bauabschnitten errichtet, ist der bezugsfertige Teil als benutzbares Gebäude anzusehen.

Inhaltsübersicht	Rz.
A. Allgemeine Erläuterungen zu § 248 BewG	1 - 18
I. Normzweck und wirtschaftliche Bedeutung der Vorschrift	1 - 5
II. Entstehung und Entwicklung der Vorschrift	6 - 11
III. Geltungsbereich	12 - 14
IV. Verhältnis zu anderen Vorschriften	15 - 18
B. Systematische Kommentierung	19 - 30
I. Begriff der bebauten Grundstücke (§ 248 Satz 1 BewG)	19 - 24
II. Errichtung von Gebäuden in Bauabschnitten (§ 248 Satz 2 BewG)	25 - 30

---

1 A 247.3 Abs. 1 Satz 1 AEBewGrSt.
2 Schnitter in GrStG - eKommentar, BewG § 247 Rz. 20.
3 Siehe hierzu H B 179.3 (2) ErbStH 2019.

> **ARBEITSHILFEN UND GRUNDLAGEN ONLINE:**
> Berechnung der Grundsteuer nach der Gesetzesreform, Berechnungstool „Grundsteuer" nach dem Entwurf v. 21.6.2019, NWB NAAAH-30144; Grundsteuer: Grundbesitzbewertung ab 2022/2025 (Sach- und Ertragswertverfahren) – Checkliste mit Berechnungen, NWB NAAAH-93792.
>
> **VERWALTUNGSANWEISUNGEN:**
> Koordinierte Erlasse der obersten Finanzbehörden der Länder v. 9.11.2021 – Anwendung des Siebenten Abschnitts des Zweiten Teils des Bewertungsgesetzes zur Bewertung des Grundbesitzes (allgemeiner Teil und Grundvermögen) für die Grundsteuer ab 1.1.2022 (AEBewGrSt), BStBl I 2021 S. 2334.

A. Allgemeine Erläuterungen zu § 248 BewG

I. Normzweck und wirtschaftliche Bedeutung der Vorschrift

§ 248 BewG entspricht im Wesentlichen § 74 BewG für die Einheitsbewertung und § 180 BewG für die Bedarfsbewertung.[1] § 248 BewG enthält die gesetzliche **Definition der bebauten Grundstücke** und ist im Zusammenhang mit der Definition der unbebauten Grundstücke nach § 246 BewG zu lesen. Die Bedeutung der Abgrenzung der bebauten von den unbebauten Grundstücken liegt in der Anwendung der für beide Grundstücksgruppen **unterschiedlichen Bewertungsmethoden** nach § 247 BewG für die unbebauten Grundstücke und nach §§ 249 ff. BewG für die bebauten Grundstücke. Die unbebauten Grundstücke werden mittels des Bodenrichtwerts und der jeweiligen Grundstücksfläche bewertet (indirektes Vergleichswertverfahren).[2] Für die bebauten Grundstücke findet in Abhängigkeit von den in § 249 BewG genannten **unterschiedlichen Grundstücksarten** entweder das Ertragswertverfahren nach §§ 252 ff. BewG für die Wohngrundstücke oder das Sachwertverfahren nach §§ 258 ff. BewG für die Nichtwohngrundstücke einschließlich der gemischt genutzten Grundstücke Anwendung. 1

Ein bebautes Grundstück liegt nach § 248 Satz 1 BewG vor, wenn sich **auf dem Grundstück benutzbare Gebäude** befinden.[3] Entscheidend ist damit, ob Bauwerke den Gebäudebegriff erfüllen. Befinden sich auf dem Grundstück ausschließlich Bauwerke, die keine Gebäude i. S. des Bewertungsrechts sind, wird das Grundstück als unbebautes Grundstück bewertet. Sämtliche Bauwerke, die keine Gebäude sind, sind mit dem Grundsteuerwert abgegolten. Der **Gebäudebegriff** und die Definition des bebauten Grundstücks hat damit erhebliche Bedeutung für die Höhe des Grundsteuerwerts. 2

§ 248 Satz 2 BewG enthält eine **Fiktion** für ein benutzbares **Gebäude** bei bezugsfertigen Gebäudeteilen und damit für ein bebautes Grundstück, wenn ein Gebäude in Bauabschnitten errichtet wird. 3

(Einstweilen frei) 4–5

II. Entstehung und Entwicklung der Vorschrift

§ 248 BewG wurde mit dem **GrStRefG** v. 26.11.2019[4] in das BewG eingefügt. 6

Anders als bei der Bedarfsbewertung muss bei einer **Errichtung in Bauabschnitten** der Gebäudeteil nicht nur fertiggestellt (vgl. § 180 Abs. 1 Satz 2 BewG), sondern nach § 248 Satz 2 BewG 7

---

1 Siehe auch BT-Drucks. 19/11085 S. 110.
2 Siehe vertiefend Bock in Grootens, BewG § 247 Rz. 34.
3 A 248 Abs. 1 Satz 1 AEBewGrSt.
4 GrStRefG v. 26.11.2019, BGBl 2019 I S. 1794.

bezugsfertig sein. Der Begriff der Fertigstellung bereitet Auslegungsschwierigkeiten, da unklar ist, ob ggf. noch erforderliche geringfügige Restarbeiten[1] die Fertigstellung des Gebäudeteils ausschließen und ob der Gebäudeteil separat bereits i. S. eines Gebäudes nutzbar sein muss.[2] Bei der Einheitsbewertung ist erforderlich, dass der Gebäudeteil fertiggestellt und bezugsfertig ist (vgl. § 74 Satz 2 BewG).

8–11 *(Einstweilen frei)*

III. Geltungsbereich

12 § 248 BewG findet auf im Bundesgebiet belegenes **Grundvermögen**[3] Anwendung, soweit die Länder in Bezug auf § 248 BewG nicht von ihrer Abweichungskompetenz nach Art. 72 Abs. 3 Satz 1 Nr. 7 GG Gebrauch gemacht haben und gilt **nicht** für das **land- und forstwirtschaftliche Vermögen**. § 248 BewG ist nach § 266 BewG erstmals für den **Hauptfeststellungszeitpunkt auf den 1.1.2022** anzuwenden.[4]

13–14 *(Einstweilen frei)*

IV. Verhältnis zu anderen Vorschriften

15 **§ 248 BewG** und **§ 246 BewG** schließen einander aus. Liegt ein bebautes Grundstück vor, kann kein unbebautes Grundstück vorliegen und umgekehrt. Liegt ein bebautes Grundstück vor, kommt in Abhängigkeit der in **§ 249 BewG** normierten Grundstücksarten entweder das Ertragswertverfahren nach **§§ 252 ff. BewG** für die Wohngrundstücke oder das Sachwertverfahren nach **§§ 258 ff. BewG** für die Nichtwohngrundstücke einschließlich der gemischt genutzten Grundstücke zur Anwendung.

16–18 *(Einstweilen frei)*

B. Systematische Kommentierung

I. Begriff der bebauten Grundstücke (§ 248 Satz 1 BewG)

19 § 248 Satz 1 BewG definiert den Begriff des bebauten Grundstücks. Danach sind bebaute Grundstücke im Gegensatz zu den unbebauten Grundstücken nach § 246 Abs. 1 Satz 1 BewG Grundstücke, auf denen sich **benutzbare Gebäude** befinden.[5] Die Begriffe des unbebauten und des bebauten Grundstücks korrespondieren miteinander und schließen sich gegenseitig aus (siehe bereits → Rz. 13). Ein bebautes Grundstück liegt vor, wenn sich auf dem Grundstück ein Bauwerk befindet, das den **Gebäudebegriff**[6] erfüllt und (bereits oder noch) **benutzbar, also bezugsfertig** ist.[7] Nur wenn ein Bauwerk auf dem Grundstück als Gebäude anzusehen ist, erfolgt eine Bewertung nach den §§ 250 ff. BewG für bebaute Grundstücke. Der Gebäudebegriff ist dabei insbesondere von **Betriebsvorrichtungen**[8] sowie von **Bauwerken im Zustand der Bebau-**

---

[1] Vgl. hierzu vertiefend Bock in Grootens, BewG § 246 Rz. 26.
[2] Vgl. Bock in Viskorf/Schuck/Wälzholz, BewG § 180 Rz. 5.
[3] Siehe hierzu vertiefend Bock in Grootens, BewG § 243 Rz. 10 f.
[4] Schnitter in GrStG - eKommentar, BewG § 248 Rz. 6.
[5] A 248 Abs. 1 Satz 1 AEBewGrSt.
[6] Siehe zum Gebäudebegriff vertiefend Bock in Grootens, BewG § 243 Rz. 27 ff.; A 243 Abs. 3 AEBewGrSt.
[7] Siehe dazu vertiefend Bock in Grootens, BewG § 246 Rz. 21 ff.; A 246 Abs. 2–4 AEBewGrSt.
[8] Siehe dazu vertiefend Bock in Grootens, BewG § 243 Rz. 89 ff.

ung, mithin in einem noch nicht bezugsfertigen Zustand,[1] abzugrenzen. Nicht bezugsfertige Gebäude und Gebäudeteile bleiben bei der Grundsteuerwertermittlung unberücksichtigt.[2] Es genügt für die Anwendung der Bewertungsregelungen der §§ 250 ff. BewG, wenn sich ein Gebäude auf dem Grundstück befindet. Dass sich neben einem Gebäude noch weitere Bauwerke befinden, die keine Gebäude sind, spielt für die Anwendung der §§ 250 ff. BewG keine Rolle.

Existieren auf dem Grundstück Bauwerke, die an sich den Gebäudebegriff erfüllen, jedoch auf Dauer **keiner Nutzung** zugeführt werden können oder in denen infolge Zerstörung oder Verfall auf Dauer kein benutzbarer Raum mehr vorhanden ist, **gelten** die Grundstücke nach § 246 Abs. 2 BewG **als unbebaut**.[3] Dies ist anders als bei der Einheitsbewertung (§ 72 Abs. 2 BewG) nicht bei Gebäuden der Fall, die nur eine **untergeordnete Bedeutung** haben (beispielsweise befindet sich auf einem größeren Grundstück eine geringwertige Baracke).[4] Sie gehören zu den bebauten Grundstücken. Aufgrund der geringen baulichen Auslastung kann es insbesondere bei einer Bewertung im Sachwertverfahren in diesen Fällen zum Mindestwertansatz nach § 251 BewG kommen.[5]

20

Zur **wirtschaftlichen Einheit**[6] eines **bebauten Grundstücks** gehören der **Grund und Boden**, die **Gebäude**, die **Außenanlagen**, sonstige **wesentliche Bestandteile** und das **Zubehör**.[7] Grund und Boden ist die bebaute und die mit dem Gebäude im Zusammenhang stehende unbebaute Fläche, wie Hofraum, Haus- und Vorgarten.[8] Ob eine hieran anschließende, größere unbebaute Fläche zu der wirtschaftlichen Einheit gehört, ist nach der **Verkehrsanschauung** zu beurteilen.[9] Abzugrenzen ist in diesen Fällen von einer wirtschaftlichen Einheit mit einer selbständig nutzbaren Teilfläche.[10] Wesentliche Bestandteile des Gebäudes sind insbesondere die mit diesen verbundenen Anbauten, z. B. Wintergärten.[11] Im Grundbesitzwert sind Nebengebäude zu erfassen, wenn sie auf dem mit dem Hauptgebäude bebauten Grundstück stehen (z. B. Garagen).[12] **Nebengebäude**, die vom Hauptgebäude getrennt, z. B. auf der anderen Straßenseite stehen, bilden i. d. R. eine eigene wirtschaftliche Einheit und sind nicht in die wirtschaftliche Einheit des bebauten Grundstücks miteinzubeziehen.[13] Nach § 244 Abs. 2 BewG kann in Ausnahmefällen eine Bewertung von auf einem anderen Grundstück befindlichen Nebengebäuden zusammen mit dem Hauptgebäude erfolgen.[14]

21

Bei der Bewertung für Zwecke der Grundsteuer werden Gebäude und Gebäudeteile, die innerhalb **land- und forstwirtschaftlich genutzter Hofstellen** Wohnzwecken oder anderen als land-

22

---

1 Siehe dazu vertiefend Bock in Grootens, BewG § 246 Rz. 24 ff.
2 A 246 Abs. 3 Satz 8 AEBewGrSt; Krause in Stenger/Loose, BewG § 248 Rz. 43.
3 Siehe dazu vertiefend Bock in Grootens, BewG § 246 Rz. 33.
4 A 248 Abs. 1 Satz 2 AEBewGrSt und Beispiel 1–3 bei A 248 AEBewGrSt; Mannek in Stenger/Loose, BewG § 248 Rz. 35.
5 Siehe Bock in Grootens, BewG § 251 Rz. 21 ff.
6 Siehe vertiefend zur Bestimmung der wirtschaftlichen Einheit Bock in Grootens, BewG § 244 Rz. 23 ff.
7 Siehe vertiefend zur Bedeutung von Außenanlagen, Bestandteilen und Zubehör Bock in Grootens, BewG § 243 Rz. 60, 67 und 100.
8 A 248 Abs. 2 Satz 1 AEBewGrSt.
9 A 248 Abs. 2 Satz 2 AEBewGrSt.
10 A 248 Abs. 2 Satz 3 AEBewGrSt; siehe auch A 244 Abs. 2 und A 257.4 AEBewGrSt; Bock in Grootens, BewG § 244 Rz. 29; Grootens in Grootens, BewG § 257 Rz. 81 ff.
11 A 243 Abs. 4 Satz 3 AEBewGrSt; siehe auch Bock in Grootens, BewG § 243 Rz. 65.
12 Vgl. für die Erbschaft- und Schenkungsteuer R B 180 Abs. 5 Satz 2 ErbStR 2019.
13 Siehe vertiefend Bock in Grootens, BewG § 244 Rz. 25 f.
14 Siehe hierzu vertiefend Bock in Grootens, BewG § 244 Rz. 40 ff.

und forstwirtschaftlichen Zwecken dienen, dem **Grundvermögen** zugeordnet.[1] Zweifelhaft kann die Zuordnung eines entsprechenden Anteils des Grund und Bodens zu den **Wohnzwecken** dienenden Gebäuden sein, vor allem wenn viele Gebäude bei der Abgrenzung zu berücksichtigen sind.[2] Ist eine Zuordnung nicht zweifelsfrei möglich, lässt die Finanzverwaltung den Ansatz des Dreifachen der Wohn- und Nutzfläche zu.[3]

23–24 *(Einstweilen frei)*

II. Errichtung von Gebäuden in Bauabschnitten (§ 248 Satz 2 BewG)

25 Ein bebautes Grundstück liegt nach § 248 Satz 2 BewG bereits dann vor, wenn ein **Gebäude in Bauabschnitten errichtet** wird und ein Bauabschnitt abgeschlossen wurde. In diesem Fall ist der fertig gestellte und bezugsfertige Gebäudeteil als benutzbares Gebäude anzusehen und damit das Grundstück als bebaut i. S. des § 248 Satz 1 BewG.[4] Die Prüfung der Benutzbarkeit eines Gebäudes, deren Vorliegen für die Annahme eines Gebäudes erforderlich ist, bezieht sich grds. auf das gesamte Gebäude. Erforderlich ist damit regelmäßig, dass das gesamte Gebäude bezugsfertig ist.[5] Nach der gesetzlichen Fiktion des § 248 Satz 2 BewG wird dieser Grundsatz durchbrochen und ein Gebäudeteil ist bereits dann als ein benutzbares Gebäude und damit ein Grundstück als bebaut i. S. des § 248 Satz 1 BewG anzusehen, wenn das **Gebäude** in **Bauabschnitten** errichtet wird und bereits bezugsfertige Gebäudeteile vorhanden sind. Mit der Norm soll u. a. verhindert werden, dass planmäßig nicht vollends fertiggestellte Gebäude zu einem unbebauten Grundstück führen und benutzbare und bezugsfertige Gebäudeteile nicht in die Bewertung einfließen.

26 Wann eine Errichtung in Bauabschnitten vorliegt, bestimmt das Gesetz nicht. Eine **Errichtung in Bauabschnitten** ist gegeben, wenn ein baurechtlich genehmigtes Gebäude, einschließlich des Innenausbaus, nicht in **zusammenhängender Bauentwicklung im planmäßig vorgesehenen Umfang** bezugsfertig erstellt wird und die Unterbrechung der Bautätigkeit nicht nur technisch bedingt ist (z. B. durch Frostperioden, Lieferprobleme) oder nicht nur unvorhergesehen erfolgt (z. B. durch Eigentümerwechsel im Erbfall) oder nur vorübergehender Art ist (z. B. Eigenleistung kann nur am Wochenende erbracht werden).[6] Die Entscheidung, ob eine Errichtung in Bauabschnitten vorliegt, hat anhand **objektiver Kriterien** zu erfolgen.[7] Unter Bauabschnitt ist danach nicht nur die äußerlich (etwa durch Bau eines von zwei geplanten Geschossen) erkennbare Bauunterbrechung, sondern auch die geplante Zurückstellung des Innenausbaus einer weiteren Wohnung zu verstehen.[8] Es kommt dabei nicht darauf an, wie in der konkreten Bauplanung oder in der Baugenehmigung der Bauverlauf vorgesehen wurde, sondern wie der Bau

---

[1] A 248 Abs. 3 Satz 1 AEBewGrSt.
[2] Siehe bereits Bock in Grootens, BewG § 243 Rz. 20, Müller in Grootens, BewG § 232 Rz. 73 ff. und A 248 Abs. 3 Satz 2 AEBewGrSt.
[3] A 248 Abs. 3 Satz 2 AEBewGrSt; siehe vertiefend A 237.24 Abs. 7 AEBewGrSt.
[4] A 248 Abs. 4 Satz 1 AEBewGrSt und A 246 Abs. 3 Satz 4 AEBewGrSt.
[5] Vgl. vertiefend Bock in Grootens, BewG § 243 Rz. 28.
[6] BFH, Urteil v. 29.4.1987 - II R 262/83, BStBl 1987 II S. 594; BFH, Urteil v. 28.11.1990 - II R 36/87, BStBl 1991 II S. 209 jeweils zur Einheitsbewertung; A 246 Abs. 3 Satz 5 AEBewGrSt.
[7] BFH, Urteil v. 29.4.1987 - II R 262/83, BStBl 1987 II S. 594 zur Einheitsbewertung.
[8] BFH, Urteil v. 29.4.1987 - II R 262/83, BStBl 1987 II S. 594 zur Einheitsbewertung; vgl. auch BFH, Urteil v. 18.4.2012 - II R 58/10, BStBl 2012 II S. 874; m. Anm. Loose, juris-PR-SteuerR 34/2012 Rz. 2 zur Bedarfsbewertung.

in die Tat umgesetzt wird.¹ § 248 Satz 2 BewG findet auch auf nachträglich geplante Umbauten bestehender Gebäude Anwendung.²

Bei ungeplanten Unterbrechungen muss diese, um von einer Errichtung in Bauabschnitten ausgehen zu können, von einer gewissen Dauer (mindestens zwei Jahre) sein.³ Erst zu dem Zeitpunkt, in dem die ungeplante Unterbrechung nachgewiesen werden kann, erfolgt eine Fortschreibung des Grundsteuerwerts.⁴ Bei Grundstücken mit bereits teilweise bezugsfertigen Gebäudeteilen führt eine erhebliche Verzögerung der bezugsfertigen Erstellung weiterer geplanter Gebäudeteile wegen beabsichtigter **Eigenleistungen** oder aus **Finanzierungsgründen** zu einer Bewertung als **bebautes Grundstück**. Dabei spielt auch eine Rolle, wie lange üblicherweise mit einer Fertigstellung zu rechnen ist.⁵ Entsprechendes gilt, wenn ein bereits **bestehendes Gebäude** umgebaut wird und der Umbau die technisch angemessene Frist für seine Durchführung eindeutig überschreitet.⁶

27

Nur wenn bei einer erheblichen Verzögerung des Baufortschritts nachgewiesen werden kann, dass im Einzelfall **bautechnische Ursachen** vorgelegen haben, kann daher bis zur Bezugsfertigkeit des gesamten Gebäudes ein unbebautes Grundstück angenommen werden.⁷ Wird vor Fertigstellung eines Gebäudes mit einer Wohnung die **Baugenehmigung zum Ausbau** als Zweifamilienhaus beantragt und erfolgt der Ausbau innerhalb von zwei Jahren ab Bezugsfertigkeit der ersten Wohnung (Hauptwohnung), so liegt bewertungsrechtlich bis zur Fertigstellung des Zweifamilienhauses ebenfalls ein unbebautes Grundstück vor.⁸

28

Die für die Anwendung der Bewertungsmethode bei bebauten Grundstücken entscheidende Bestimmung der **Grundstücksart** für den zum Feststellungszeitpunkt in einem Bauabschnitt fertiggestellten **Gebäudeteil** richtet sich nach § 249 BewG. Soll bei einem baurechtlichen Einfamilienhaus mit Einliegerwohnung (bewertungsrechtlich: Zweifamilienhaus) die zweite Wohnung erst in einem weiteren Bauabschnitt i. S. des § 248 Abs. 1 Satz 2 BewG nach dem Feststellungszeitpunkt fertiggestellt werden, ist das Grundstück im Feststellungszeitpunkt als Einfamilienhaus zu bewerten, weil baulich bisher nur eine Wohnung vorhanden ist. Dies gilt selbst dann, wenn die Wohnung bereits bewohnt wird.⁹

29

BEISPIEL:¹⁰ Ein genehmigtes Einfamilienhaus mit Einliegerwohnung wurde errichtet und die bezugsfertige Hauptwohnung am 1.1.2021 tatsächlich bezogen. Die Einliegerwohnung wird mit Eigenleistungen erst drei Jahre nach dem Hauptfeststellungszeitpunkt (z. B. wegen Tods des Bauherrn) bezugsfertig.

30

LÖSUNG: Das in Bauabschnitten errichtete bewertungsrechtliche Zweifamilienhaus ist zum Hauptfeststellungszeitpunkt als Einfamilienhaus zu bewerten. Die Grundstücksart bestimmt sich nach dem bezugsfertig hergestellten Teil des Gebäudes. Nach drei Jahren ist eine Artfortschreibung der Grundstücksart vorzunehmen, da erst zu diesem Zeitpunkt ein Zweifamilienhaus vorliegt. Bei Überschreiten der in § 222 Abs. 1 BewG normierten Wertgrenzen ist auch eine Wertfortschreibung vorzunehmen.

---

1 BFH, Urteil v. 29.4.1987 - II R 262/83, BStBl 1987 II S. 594; Abschnitt 4 Abs. 3 Satz 7 AEBewGrV.
2 BFH, Urteil v. 28.11.1990 - II R 36/87 BStBl 1991 II S. 209 zur Einheitsbewertung.
3 BFH, Urteil v. 29.4.1987 - II R 262/83, BStBl 1987 II S. 594 (über 2,5 Jahre); FG Baden-Württemberg, Urteil v. 29.9.1983 - I 60/81, EFG 1984 S. 333 (mehr als drei Jahre); Bayerisches Staatsministerium der Finanzen, Erlass v. 13.7.1981 - 34 - S 3197-1/7-4 330, Bew-Kartei BY, § 74 BewG Karte 2 jeweils zur Einheitsbewertung; A 246 Abs. 3 Satz 6 AEBewGrS.
4 BFH, Urteil v. 28.11.1990 - II R 36/87 BStBl 1991 II S. 209 zur Einheitsbewertung.
5 BFH, Urteil v. 29.4.1987 - II R 262/83, BStBl 1987 II S. 594 zur Einheitsbewertung.
6 BFH, Urteil v. 28.11.1990 - II R 36/87 BStBl 1991 II S. 209 zur Einheitsbewertung.
7 BFH, Urteil v. 29.4.1987 - II R 262/83, BStBl 1987 II S. 594; FG Baden-Württemberg, Urteil v. 29.9.1983 - I 60/81, EFG 1984 S. 333 jeweils zur Einheitsbewertung; A 246 Abs. 3 Satz 6 AEBewGrSt.
8 FG München, Urteil v. 8.7.1982 - IV 101/81, EFG 1983 S. 106 zur Einheitsbewertung.
9 FG Rheinland-Pfalz, Urteil v. 4.9.1986 - 3 K 45/86, EFG 1987 S. 14.
10 Vgl. auch das Beispiel bei A 249.1 Abs. 6 AEBewGrSt.

§ 249 BewG Grundstücksarten

(1) Bei der Bewertung bebauter Grundstücke sind die folgenden Grundstücksarten zu unterscheiden:
1. Einfamilienhäuser,
2. Zweifamilienhäuser,
3. Mietwohngrundstücke,
4. Wohnungseigentum,
5. Teileigentum,
6. Geschäftsgrundstücke,
7. gemischt genutzte Grundstücke und
8. sonstige bebaute Grundstücke.

(2) ¹Einfamilienhäuser sind Wohngrundstücke, die eine Wohnung enthalten und kein Wohnungseigentum sind. ²Ein Grundstück gilt auch dann als Einfamilienhaus, wenn es zu weniger als 50 Prozent der Wohn- und Nutzfläche zu anderen als Wohnzwecken mitbenutzt und dadurch die Eigenart als Einfamilienhaus nicht wesentlich beeinträchtigt wird.

(3) ¹Zweifamilienhäuser sind Wohngrundstücke, die zwei Wohnungen enthalten und kein Wohnungseigentum sind. ²Ein Grundstück gilt auch dann als Zweifamilienhaus, wenn es zu weniger als 50 Prozent der Wohn- und Nutzfläche zu anderen als Wohnzwecken mitbenutzt und dadurch die Eigenart als Zweifamilienhaus nicht wesentlich beeinträchtigt wird.

(4) Mietwohngrundstücke sind Grundstücke, die zu mehr als 80 Prozent der Wohn- und Nutzfläche Wohnzwecken dienen und nicht Ein- und Zweifamilienhäuser oder Wohnungseigentum sind.

(5) Wohnungseigentum ist das Sondereigentum an einer Wohnung in Verbindung mit dem Miteigentumsanteil an dem gemeinschaftlichen Eigentum, zu dem es gehört.

(6) Teileigentum ist das Sondereigentum an nicht zu Wohnzwecken dienenden Räumen eines Gebäudes in Verbindung mit dem Miteigentum an dem gemeinschaftlichen Eigentum, zu dem es gehört.

(7) Geschäftsgrundstücke sind Grundstücke, die zu mehr als 80 Prozent der Wohn- und Nutzfläche eigenen oder fremden betrieblichen oder öffentlichen Zwecken dienen und nicht Teileigentum sind.

(8) Gemischt genutzte Grundstücke sind Grundstücke, die teils Wohnzwecken, teils eigenen oder fremden betrieblichen oder öffentlichen Zwecken dienen und nicht Ein- und Zweifamilienhäuser, Mietwohngrundstücke, Wohnungseigentum, Teileigentum oder Geschäftsgrundstücke sind.

(9) Sonstige bebaute Grundstücke sind solche Grundstücke, die nicht unter die Absätze 2 bis 8 fallen.

(10) ¹Eine Wohnung ist in der Regel die Zusammenfassung mehrerer Räume, die in ihrer Gesamtheit so beschaffen sein müssen, dass die Führung eines selbständigen Haushalts möglich ist. ²Die Zusammenfassung der Räume muss eine von anderen Wohnungen oder Räumen, insbesondere Wohnräumen, baulich getrennte, in sich abgeschlossene Wohneinheit bilden und einen selbständigen Zugang haben. ³Daneben ist erforderlich, dass die für die Führung eines selbständigen Haushalts notwendigen Nebenräume (Küche, Bad oder Dusche, Toilette) vorhanden sind. ⁴Die Wohnfläche soll mindestens 20 Quadratmeter betragen.

Inhaltsübersicht	Rz.
A. Allgemeine Erläuterungen zu § 249 BewG	1 - 18
I. Normzweck und wirtschaftliche Bedeutung der Vorschrift	1 - 5
II. Entstehung und Entwicklung der Vorschrift	6 - 10
III. Geltungsbereich	11 - 14
IV. Verhältnis zu anderen Vorschriften	15 - 18
B. Systematische Kommentierung	19 - 106
I. Grundstücksarten (§ 249 Abs. 1 BewG)	19 - 28

II. Einfamilienhaus (§ 249 Abs. 2 BewG)	29 - 47
1. Vorhandensein einer Wohnung	29 - 33
2. Mitbenutzung zu anderen als Wohnzwecken	34 - 40
3. Wesentliche Beeinträchtigung der Eigenart eines Einfamilienhauses	41 - 47
III. Zweifamilienhaus (§ 249 Abs. 3 BewG)	48 - 51
IV. Mietwohngrundstücke (§ 249 Abs. 4 BewG)	52 - 55
V. Wohnungseigentum (§ 249 Abs. 5 BewG)	56 - 59
VI. Teileigentum (§ 249 Abs. 6 BewG)	60 - 63
VII. Geschäftsgrundstücke (§ 249 Abs. 7 BewG)	64 - 67
VIII. Gemischt genutzte Grundstücke (§ 249 Abs. 8 BewG)	68 - 71
IX. Sonstige bebaute Grundstücke (§ 249 Abs. 9 BewG)	72 - 75
X. Begriff der Wohnung (§ 249 Abs. 10 BewG)	76 - 106
1. Allgemeines	76 - 82
2. Möglichkeit der Führung eines selbständigen Haushalts (§ 249 Abs. 10 Satz 1 BewG)	83 - 91
3. Bauliche Trennung von anderen Wohneinheiten (§ 249 Abs. 10 Satz 2 BewG)	92 - 99
4. Vorhandensein erforderlicher Nebenräume (§ 249 Abs. 10 Satz 3 BewG)	100 - 103
5. Ausreichend vorhandene Wohnfläche (§ 249 Abs. 10 Satz 4 BewG)	104 - 106

LITERATUR:

Eisele, Reform der Grundsteuer – Gesetzentwurf liegt vor!, Teil I, NWB 2019 S. 2043, NWB ZAAAH-21376; *Eisele*, Update Reform der Grundsteuer (I), NWB 2019 S. 3060, NWB LAAAH-31831; *Grootens*, Die Reform der Grundsteuer, NWB IAAAH-21201; *Schmidt*, Reform der Grundsteuer, NWB 2019 S. 3719, NWB BAAAH-36269; *Eisele/Wiegand*, Grundsteuerreform 2022/2025, Stand: Januar 2020 (1. Auflage), NWB CAAAH-44415; *Eggert*, Überblick zur Reform der Grundsteuer, BBK 5/2020 S. 227, NWB HAAAH-42948; *Ramb*, Neubewertung der Grundstücke im Grundvermögen, NWB 2020 S. 1356, NWB JAAAH-47116; *Mannek*, Die große Grundsteuer-Reform 2020 (1. Aufl.); *Stöckel*, Hauptfeststellung der Grundsteuer auf den 1.1.2022, NWB 2020 S. 3324, NWB PAAAH-62449.

ARBEITSHILFEN UND GRUNDLAGEN ONLINE:

Berechnung der Grundsteuer nach der Gesetzesreform, Berechnungstool „Grundsteuer" nach dem Entwurf v. 21.6.2019, NWB NAAAH-30144. Grundsteuer: Grundbesitzbewertung ab 2022/2025 (Sach- und Ertragswertverfahren) – Checkliste mit Berechnungen, NWB NAAAH-93792.

VERWALTUNGSANWEISUNGEN:

Koordinierte Erlasse der obersten Finanzbehörden der Länder v. 9.11.2021 – Anwendung des Siebenten Abschnitts des Zweiten Teils des Bewertungsgesetzes zur Bewertung des Grundbesitzes (allgemeiner Teil und Grundvermögen) für die Grundsteuer ab 1.1.2022 (AEBewGrSt), BStBl I 2021 S. 2334.

A. Allgemeine Erläuterungen zu § 249 BewG

I. Normzweck und wirtschaftliche Bedeutung der Vorschrift

§ 249 Abs. 1 BewG enthält eine **abschließende Aufzählung der Grundstücksarten** bei den bebauten Grundstücken für Zwecke der Grundsteuerwertermittlung.[1] In § 249 Abs. 2–9 BewG sind die einzelnen Grundstücksarten und in § 249 Abs. 10 BewG der für die Abgrenzung von Ein- und Zweifamilienhäuser erforderliche **Wohnungsbegriff** legaldefiniert. § 249 BewG ent-

---

[1] BT-Drucks. 19/11085 S. 110; A 249.1 Abs. 1 Satz 1 AEBewGrSt; vgl. auch die tabellarische Übersicht bei A 249.1 Abs. 1 AEBewGrSt.

spricht im Wesentlichen § 75 BewG für die Einheitsbewertung[1] und § 181 BewG für die Bedarfsbewertung.

2 Die Einordnung der bebauten Grundstücke in eine **Grundstücksart** i. S. des § 249 BewG hat erhebliche Bedeutung für den Grundsteuerwert. In Abhängigkeit der Grundstücksart kommt nach § 250 BewG entweder das **Ertrags-** oder das **Sachwertverfahren** zur Anwendung. Einzelne **Bewertungsparameter**, wie die nach pauschalierten Erfahrungssätzen festgelegten Bewirtschaftungskosten nach § 255 BewG sowie die gesetzlich festgelegten Liegenschaftszinssätze nach § 256 BewG, hängen von der jeweiligen Grundstücksart ab. Zudem differenziert § 15 Abs. 1 Nr. 2 GrStG hinsichtlich der **Steuermesszahl** dem Grunde und mittlerweile auch der Höhe nach zwischen den Wohngrundstücken i. S. des § 249 Abs. 1 Nr. 1–4 BewG und den Nichtwohngrundstücken einschließlich der gemischt genutzten Grundstücken i. S. des § 249 Abs. 1 Nr. 5–8 BewG. Eine Differenzierung der Höhe nach kann wie in Sachsen und im Saarland auch auf Landesebene erfolgen.[2]

3–5 *(Einstweilen frei)*

II. Entstehung und Entwicklung der Vorschrift

6 § 251 BewG wurde mit dem **GrStRefG** v. 26.11.2019[3] in das BewG eingefügt.

7 Der **Bundesrat** hat sich in seiner **Stellungnahme zum Regierungsentwurf** des GrStRefG dafür ausgesprochen, im Interesse einer Rechtsvereinheitlichung die für das Vorliegen einer **Wohnung** maßgebende **Mindestgröße** entsprechend der Regelung in § 181 Abs. 9 Satz 4 auf 23 m² festzulegen.[4] Dem Begehren wurde nicht gefolgt. Der Bundesrat hat die Forderung im weiteren Verfahren nicht aufrecht erhalten. Nach der Rechtsprechung des BFH genügt, insbesondere bei Studentenwohnheimen, eine Mindestgröße von 20 m².[5] Zudem handelt es sich bei § 249 Abs. 10 Satz 4 BewG um eine Sollvorschrift,[6] sodass die Festlegung der Mindestgröße der Wohnung nicht in jedem Fall gelten würde (siehe vertiefend → Rz. 104 ff.).

8–10 *(Einstweilen frei)*

III. Geltungsbereich

11 § 249 BewG findet auf im Bundesgebiet belegenes **Grundvermögen**[7] und dort für bebaute Grundstücke Anwendung, soweit die Länder in Bezug auf § 249 BewG nicht von ihrer Abweichungskompetenz nach Art. 72 Abs. 3 Satz 1 Nr. 7 GG Gebrauch gemacht haben und gilt **nicht** für das **land- und forstwirtschaftliche Vermögen**. § 249 BewG ist nach § 266 BewG erstmals für den **Hauptfeststellungszeitpunkt auf den 1.1.2022** anzuwenden.[8]

12–14 *(Einstweilen frei)*

---

1 BT-Drucks. 19/11085 S. 110.
2 Vgl. vertiefend Bock in Grootens, GrStG § 15 Rz. 3, 35 ff.
3 GrStRefG v. 26.11.2019, BGBl 2019 I S. 1794.
4 BT-Drucks. 19/13453 S. 20; so auch Mannek, Die große Grundsteuer-Reform 2020 S. 255, Anm. zu § 249 BewG; vgl. zu den Folgen Eisele, NWB 2019 S. 3060.
5 BFH, Urteil v. 4.12.2014 - II R 20/14, BStBl 2015 II S. 610; BFH, Urteil v. 17.5.1990 - II R 182/87, BStBl 1990 II S. 705; BFH, Urteil v. 21.7.1993 - II R 75/92, NWB LAAAB-33777.
6 Hierzu krit. Eisele, NWB 2019 S. 3060.
7 Siehe hierzu vertiefend Bock in Grootens, BewG § 243 Rz. 10 f.
8 Schnitter in GrStG - eKommentar, BewG § 249 Rz. 15.

IV. Verhältnis zu anderen Vorschriften

Die Einordnung eines bebauten Grundstücks i. S. des § 248 BewG in eine Grundstücksart entscheidet über das anzuwendende Bewertungsverfahren nach § 250 BewG. Für die Grundstücksarten des § 249 Abs. 1 Nr. 1–4 BewG findet das Ertragswertverfahren nach §§ 252 ff. BewG und für die Grundstücksarten nach § 249 Abs. 1 Nr. 5–8 BewG das Sachwertverfahren nach §§ 258 ff. BewG Anwendung. Die pauschalierenden Bewirtschaftungskosten nach § 255 BewG sowie die gesetzlich festgelegten Liegenschaftszinssätze nach § 256 BewG sind abhängig von der jeweiligen Grundstücksart. Die Grundstücksart ist im Feststellungsbescheid nach § 219 Abs. 2 Nr. 1 BewG neben dem Grundsteuerwert festzustellen. § 15 Abs 1 Nr. 2 GrStG differenziert hinsichtlich der Steuermesszahl zwischen den Grundstücksarten nach § 249 Abs. 1 Nr. 1–4 BewG einerseits und den Grundstücksarten nach § 249 Abs. 1 Nr. 5–8 BewG andererseits.

(Einstweilen frei)

B. Systematische Kommentierung

I. Grundstücksarten (§ 249 Abs. 1 BewG)

§ 249 Abs. 1 BewG untergliedert die **bebauten Grundstücke** i. S. des § 248 BewG in acht verschiedene **Grundstücksarten**, die in den folgenden Abs. 2–9 im Einzelnen definiert werden.[1] Die **festzustellende Grundstücksart** wird entscheidend vom Umfang der wirtschaftlichen Einheit geprägt.[2]

Für die zutreffende Einordnung[3] eines bebauten Grundstücks in die Grundstücksarten des § 249 Abs. 1 BewG ergibt sich aufgrund der Definitionen der einzelnen Grundstücksarten folgende von der Reihenfolge der Aufzählung im Gesetz **abweichende Prüfungsfolge**:

(1) Wohnungseigentum (→ Rz. 56)

(2) Einfamilienhäuser (→ Rz. 29 ff.)

(3) Zweifamilienhäuser (→ Rz. 48)

(4) Mietwohngrundstücke (→ Rz. 52 f.)

(5) Teileigentum (→ Rz. 60)

(6) Geschäftsgrundstücke (→ Rz. 64)

(7) gemischt genutzte Grundstücke (→ Rz. 68)

(8) sonstige bebaute Grundstücke (→ Rz. 72)

Ein- und Zweifamilienhäuser können nur vorliegen, wenn kein Wohnungseigentum vorliegt. Mietwohngrundstücke liegen nur vor, wenn kein Wohnungseigentum und kein Ein- oder Zweifamilienhaus vorliegt. Liegt Teileigentum vor, kann kein Geschäftsgrundstück vorliegen. Gemischt genutzte Grundstücke liegen nur vor, wenn eine Zuordnung zu den anderen Grund-

---
[1] A 249.1 Abs. 1 Satz 1 AEBewGrSt; vgl. auch die tabellarische Übersicht bei A 249.1 Abs. 1 AEBewGrSt.
[2] Siehe dazu vertiefend Bock in Grootens, BewG § 244 Rz. 23 ff.
[3] Vgl. auch Beispiele bei Stöckel, NWB 2020 S. 3324.

stücksarten (1)–(6) nicht möglich ist. Ist auch keine Zuordnung zu den gemischt genutzten Grundstücken möglich, liegen sonstige bebaute Grundstücke vor.

21 Die Einordnung in eine der Grundstücksarten erfolgt grundsätzlich danach, welchem **Nutzungszweck** das Grundstück mit seinem Gebäude oder den jeweiligen Gebäudeteilen dient. Dabei ist auf die **tatsächliche Nutzung am jeweiligen Feststellungszeitpunkt** abzustellen. Es ist nicht wie noch bei der Einheitsbewertung auf das Verhältnis der Jahresrohmieten abzustellen.[1] Zukünftig ist das **Verhältnis** der jeweiligen **Wohn- oder Nutzflächen** zur gesamten Wohn- und Nutzfläche maßgeblich.[2]

22 Bei der Festlegung der Grundstücksart ist stets die **gesamte wirtschaftliche Einheit**[3] zu betrachten, auch wenn sich auf einem Grundstück mehrere Gebäude oder Gebäudeteile unterschiedlicher Bauart oder Nutzung befinden.[4] Es kommt daher zunächst darauf an, die wirtschaftliche Einheit des Grundbesitzes nach ihrem Umfang zu bestimmen und bei wirtschaftlichen Einheiten, die mehrere Gebäude oder Gebäudeteile unterschiedlicher Bauart oder Nutzung umfassen, z. B. gewerblich und zu Wohnzwecken genutzte Gebäude, die einheitliche Grundstücksart anhand des Verhältnisses der Wohn- und Nutzflächen zu bestimmen.[5]

23 **BEISPIEL:**[6] ▸ Zu einer wirtschaftlichen Einheit gehören zwei aneinandergrenzende Gebäude. In dem einen Gebäude befindet sich eine Wohneinheit und in dem anderen Gebäude befinden sich zwei Wohneinheiten. Die Wohneinheiten erfüllen jeweils den Begriff der Wohnung. Bewertungsrechtlich handelt es sich um eine wirtschaftliche Einheit mit mehr als zwei Wohnungen (= Mietwohngrundstück). Dass die Gebäude, würden sie jeweils eine selbständige wirtschaftliche Einheit bilden, als Ein- bzw. Zweifamilienhaus einzuordnen wären, ist unerheblich.

24 Flächen gehören zu den Wohnflächen, wenn sie **Wohnbedürfnissen** dienen.[7] Dies gilt grds. auch für ein in die Wohnung integriertes Arbeitszimmer (siehe hierzu vertiefend → Rz. 32).[8] Alle anderen, wie **gewerblichen** (z. B. Werkstätte, Verkaufsläden, Büroräume), **freiberuflichen, öffentlich-rechtlichen** und **sonstigen Zwecken** dienende Flächen gehören zu den nicht Wohnzwecken dienenden Flächen.[9] Öffentlichen Zwecken dienen Flächen, die zur Wahrnehmung öffentlich-rechtlicher Aufgaben genutzt werden.[10] Für die Einordnung von Flächen zu einem Nutzungszweck ist die tatsächliche Nutzung der Haupträume im Feststellungszeitpunkt maßgeblich.[11] Steuerbefreite Gebäude und Gebäudeteile sind entsprechend ihres Nutzungszwecks mit einzubeziehen (str.).[12] Für die Einordnung in eine Gebäudeart ist es unerheblich, ob die entsprechenden Räumlichkeiten fremden oder eigenen Wohn- oder Nutzzwecken dienen oder

---

1 BT-Drucks. 19/11085 S. 110; vgl. auch BFH, Urteil v. 23.10.1985 - II R 250/81, BStBl 1986 II S. 173; BFH, Urteil v. 17.4.1991 - II R 96/87, NWB BAAAB-32269 jeweils zu § 75 BewG; Krause in Stenger/Loose, BewG § 249 Rz. 30.
2 A 249.1 Abs. 3 Satz 1 AEBewGrSt.
3 Siehe dazu Bock in Grootens, BewG § 244 Rz. 23 ff.
4 A 249.1 Abs. 2 Satz 1 AEBewGrSt; A 250 Abs. 4 AEBewGrSt; Krause in Stenger/Loose, BewG § 249 Rz. 75 f.
5 Vgl. dazu Bock in Grootens, BewG § 244 Rz. 30 ff.
6 Beispiel bei A 249.1 Abs. 2 AEBewGrSt.
7 RFH, Urteil v. 14.3.1940 - III 282/38, RStBl 1940 S. 589; FG Berlin, Urteil v. 13.8.1997 - II 391/94, EFG 1998 S. 16 jeweils zur Einheitsbewertung.
8 BFH, Urteil v. 9.11.1988 - II R 61/87, BStBl 1989 II S. 135; BFH, Urteil v. 6.11.1991 - II R 91/87, NWB NAAAB-32265 jeweils zur Einheitsbewertung; A 249.1 Abs. 4 Satz 3 AEBewGrSt.
9 A 249.1 Abs. 4 Satz 2 AEBewGrSt.
10 A 249.1 Abs. 4 Satz 4 AEBewGrSt.
11 A 249.1 Abs. 3 Satz 2 AEBewGrSt.
12 A 249.1 Abs. 3 Satz 3 AEBewGrSt; a. A. Schnitter in GrStG - eKommentar, BewG § 249 Rz. 21; Krause in Stenger/Loose, BewG § 249 Rz. 88 ff.

leer stehen (vorgesehener Nutzungszweck maßgeblich).[1] Liegt eine Errichtung in Bauabschnitten vor, ist für die Ermittlung des Verhältnisses von Wohn- und Nutzfläche auf den im Feststellungszeitpunkt fertiggestellten Teil des Gebäues abzustellen.[2]

Neben- und Zubehörräume (beispielsweise Keller, Abstell-, Wasch-, Trocken- und Heizungsräume sowie Garagen[3]) teilen nach der zutreffenden Rechtsprechung das Schicksal der Haupträume, denen sie zuzuordnen sind.[4] Dasselbe gilt für **Balkone** und **Loggien**. Gehört ein **Keller** zu einer Wohnung ist er entsprechend bei der Bestimmung der Wohnfläche dort entgegen der Ansicht der Finanzverwaltung und Teilen der Literatur[5] miteinzubeziehen. Dient ein Keller hingegen Räumen, die nicht zu Wohnzwecken genutzt werden (beispielsweise als Archiv für eine Anwaltskanzlei), sind sie der Nutzung zu anderen als Wohnzwecken zuzurechnen.[6]

Liegt danach eine reine Wohnnutzung vor, handelt es sich um ein Wohngrundstück (ggf. Wohnungseigentum, Ein- oder Zweifamilienhaus, Mietwohngrundstück). Wird das Grundstück hingegen ausschließlich nicht zu Wohnzwecken genutzt, liegt ein Nichtwohngrundstück (Geschäftsgrundstück, Teileigentum oder ein sonstiges Grundstück vor). Erfolgt eine Nutzung sowohl zu Wohnzwecken als auch zu anderen Zwecken, kommt es entscheidend auf das Verhältnis der Wohnnutzung zur Nichtwohnnutzung an. Die **Abgrenzung** der Grundstücksarten ist dann nach dem **Verhältnis** der **Wohnfläche zu der anderen Zwecken dienenden Nutzfläche** vorzunehmen. Je nach dem Verhältnis handelt es sich bei dem Grundstück um ein Wohngrundstück, gemischt genutztes Grundstück oder ein Geschäftsgrundstück. Legt man die prozentuale Wohnnutzung und Nichtwohnnutzung zugrunde, ergibt sich für die Grundstücksarten folgende Übersicht:

---

[1] A 249.1 Abs. 3 Satz 4 und 5 AEBewGrSt.
[2] A 249.1 Abs. 6 AEBewGrSt; siehe vertiefend zur Errichtung in Bauabschnitten Bock in Grootens, BewG § 248 Rz. 25 ff., insbes. Beispiel in Rz. 30; A 246 Abs. 3 Satz 3–6 AEBewGrSt und A 248 Abs. 4 AEBewGrSt.
[3] A 249.1 Abs. 5 Satz 4 AEBewGrSt.
[4] St. Rspr. BFH, Urteil v. 6.11.1991 - II R 91/87, NWB NAAAB-32265; BFH, Urteil v. 9.11.1988 - II R 61/87, BStBl 1989 II S. 135 jeweils zur Einheitsbewertung; BFH, Urteil v. 17.4.1996 - II R 20/93, NWB VAAAB-37958 zur GrESt; so auch FG Baden-Württemberg, Urteil v. 8.9.1994 - 3 K 229/89, EFG 1995 S. 191 zur Einheitsbewertung, die allerdings nur $^1/_2$ der Flächen berücksichtigen wollen.
[5] Vgl. A 249.1 Abs. 5 Satz 3 AEBewGrSt sowie das Beispiel zu A 249.1 Abs. 5.
[6] Insoweit auch die Finanzverwaltung A 249.1 Abs. 5 Satz 5 AEBewGrSt; Schnitter in GrStG – eKommentar BewG, § 249 Rz. 20.

	Wohnungsnutzung				
	100 %	80 %	50 %	20 %	0 %
Wohnungseigentum	■				
Mietwohngrundstück		▶			
Ein-/Zweifamilienhaus			■		
Gemischt genutztes Grundstück			◀ ▶		
Geschäftsgrundstück				◀	■
Teileigentum					■
	0 %	20 %	50 %	80 %	100 %
	Andere Nutzung				

Die Tabelle dient einem Überblick und kann nicht streng schematisch angewendet werden. So hängt beispielsweise die Einordnung als bewertungsrechtliches Ein- oder Zweifamilienhaus über die Wohnnutzung hinaus entscheidend davon ab, ob der Wohnungsbegriff nach § 249 Abs. 10 BewG erfüllt wird.

27 Wie bei der Bedarfsbewertung[1] erfolgt die **Berechnung** der **Wohnfläche** nach Ansicht der Finanzverwaltung und Teilen der Literatur[2] regelmäßig nach der **Wohnflächenverordnung**[3] (WoFlV). Die Nutzflächen sind nach der DIN 227 zu ermitteln.[4] Die Berechnung der Wohnfläche nach der WoFlV, die für die Berechnung der Wohnfläche nach dem Wohnraumförderungs-

---
[1] Vgl. R B 181.1 Abs. 1 Satz 5 ErbStR 2019.
[2] A 249.1 Abs. 5 Satz 1 AEBewGrSt; Schnitter in GrStG – eKommentar, BewG § 249 Rz. 20; Krause in Stenger/Loose, BewG § 249 Rz. 41.
[3] WoFlV v. 25.11.2003, BGBl 2003 I S. 2346.
[4] A 249.1 Abs. 5 Satz 1 AEBewGrSt.

gesetz erlassen wurde,[1] überzeugt nicht und findet auch keine Stütze im Gesetz.[2] Auch wenn jedenfalls bei vermieteten Wohnungen die Wohnfläche nach der WoFlV regelmäßig vorhanden sein wird, mag sie allenfalls als grober Anhaltspunkt dienen, für eine konkrete Berechnung des Verhältnisses von der zu Wohnzwecken genutzten Fläche zu der nicht zu Wohnzwecken genutzten Fläche i. S. des § 249 BewG taugt sie nicht. Insbesondere die Nichtberücksichtigung von Zubehör- und Nebenräumen sowie die nur teilweise Berücksichtigung von Räumen mit einer lichten Höhe unter 2 m führen zu nicht sachgemäßen Ergebnissen und ist mit dem Ansatz der Durchschnittsmieten nach Anlage 39 des BewG auch für Flächen, die zu anderen als Wohnzwecken genutzt werden, nicht zu vereinbaren. Die Anwendung der WoFlV kann auch deshalb nicht überzeugen, weil sie nur eine der beiden Nutzungsarten betrifft.[3] Näher läge eine Berechnung einheitlich nach DIN 227.

(Einstweilen frei) 28

II. Einfamilienhaus (§ 249 Abs. 2 BewG)

1. Vorhandensein einer Wohnung

§ 249 Abs. 2 BewG enthält die Definition des Einfamilienhauses. Ein **Einfamilienhaus** ist danach ein **Wohngrundstück** (siehe → Rz. 2), das **eine Wohnung** enthält und kein Wohnungseigentum ist.[4] Maßgebend ist zunächst ausschließlich die Anzahl der Wohnungen i. S. von § 249 Abs. 10 BewG (siehe dazu → Rz. 76 ff.). Ein ausschließlich zu Wohnzwecken genutztes Gebäude mit einer bewertungsrechtlichen Wohnung ist auch dann ein Einfamilienhaus, wenn es nach dem äußeren Erscheinungsbild und der baulichen Gestaltung nicht dem typischen Einfamilienhaus entspricht.[5]

Bei der Bestimmung der Anzahl der Wohnungen eines Gebäudes sind sämtliche Wohnungen mitzuzählen, die den bewertungsrechtlichen Wohnungsbegriff nach § 249 Abs. 10 BewG erfüllen. Nach dem eindeutigen Wortlaut des § 249 Abs. 10 BewG kommt es für die Grundstücksart des Einfamilienhauses, wenn kein Wohnungseigentum gegeben ist, nur darauf an, dass ein **Wohngrundstück** mit höchstens einer Wohnung i. S. des § 249 Abs. 10 BewG (siehe dazu → Rz. 76 ff.) vorliegt. Mitzuzählen sind daher auch – anders als bei der für die Einheitsbewertung geltenden Vorschrift des § 75 Abs. 5 Satz 2 und Abs. 6 Satz 2 BewG – Wohnungen des Hauspersonals.[6] Ebenfalls mitzuzählen sind Wohnungen von untergeordneter Bedeutung. Eine zweite Wohnung, selbst wenn sie von untergeordneter Bedeutung ist, wie z. B. eine **Einliegerwohnung** oder die Wohnung des Gärtners in einer Villa, steht dem bewertungsrechtlichen Begriff des Einfamilienhauses entgegen. Selbst ein Grundstück, das nur zeitweise bewohnt wird oder aus rechtlichen Gründen nicht dauernd bewohnt werden darf, kann als Einfamilienhaus einzuordnen sein, wenn die Räumlichkeiten im Gebäude (beispielsweise ein winterfestes

---

[1] Vgl. Häublein in MüKo-BGB, § 536 Rz. 11.
[2] BFH, Urteil v. 19.9.2019 - II R 15/16, NWB PAAAH-38405.
[3] Siehe zutreffend FG Baden-Württemberg, Urteil v. 8.9.1994 - 3 K 229/89, EFG 1995 S. 191 zur Anwendung der Zweiten Berechnungsverordnung (Vorgängerverordnung zur WoFlV) bei der Einheitsbewertung.
[4] A 249.2 Satz 1 AEBewGrSt.
[5] Vgl. BFH, Urteil v. 20.9.2000 - II R 7/99, NWB KAAAA-66857; a. A. FG Berlin, Urteil v. 13.8.1997 - II 391/94, EFG 1998 S. 16 jeweils zur Einheitsbewertung.
[6] Siehe auch A 249.10 Satz 7 AEBewGrSt.

Wochenendhaus in einem Wochenendhausgebiet i. S. des § 10 Satz 1 BauNVO[1]) den Wohnungsbegriff erfüllen.

31–33 *(Einstweilen frei)*

2. Mitbenutzung zu anderen als Wohnzwecken

34 Ist ein Grundstück, das kein Wohnungseigentum darstellt, nach der Anzahl der enthaltenen Wohnungen (siehe dazu → Rz. 29 f.) in die Grundstücksart des Einfamilienhauses einzuordnen, so gilt es gem. § 249 Abs. 2 Satz 2 BewG **auch dann** als **Einfamilienhaus**, wenn es zu **weniger als 50 %**, berechnet nach der Wohn- oder Nutzfläche, zu **anderen als Wohnzwecken mitbenutzt** wird und durch die andere Nutzung die **Eigenart** als Einfamilienhaus **nicht wesentlich beeinträchtigt** wird.[2] **Überwiegt** die **Nutzung zu anderen als Wohnzwecken**, kommt es auf das zweite Abgrenzungsmerkmal der wesentlichen Beeinträchtigung nicht mehr an.[3] Es liegt dann kein Einfamilienhaus vor. Es ist bei der Ermittlung des prozentualen Verhältnisses allein auf das Verhältnis der zu anderen als Wohnzwecken genutzten Flächen zu der Gesamtfläche und nicht auf das der Jahresrohmieten abzustellen (siehe bereits → Rz. 21).[4]

35 Ein Grundstück wird für andere als Wohnzwecke mitbenutzt, wenn **Grundstücksteile** zum jeweiligen Feststellungszeitpunkt tatsächlich einer anderen als der wohnlichen Nutzung zugeführt worden sind. Für die **Bestimmung** des **Flächenverhältnisses** sind auch Räume einzubeziehen, die wie **Zubehörräume** oder **Nebenräume** (z. B. Kellerräume oder Garagen) nach der WoFlVO (siehe bereits → Rz. 23 ff.) nicht in der Wohnflächenberechnung enthalten sind, wenn sich die Mitbenutzung zu anderen als Wohnzwecken auf derartige Räume erstreckt.[5]

36 Eine betriebliche (gewerbliche) freiberufliche oder öffentliche **Mitbenutzung ist darüber hinaus** anzunehmen, wenn alle wesentlichen objektiven Vorkehrungen, insbesondere die bauliche Gestaltung für die nachfolgende tatsächliche betriebliche Nutzung, getroffen worden sind. Schon dadurch wird die Nutzung des Grundstücks nachhaltig bestimmt, wenn sie unmittelbar und in angemessener Zeit nachfolgt.[6] Dies gilt auch für zwischenzeitlich ungenutzte Räume. Bei **vorübergehend nicht genutzten Räumen** ist auf die **Zweckbestimmung** der Räume abzustellen.[7] Vorübergehend nicht genutzte **Räume**, die zuvor Wohnzwecken dienten, können erst dann betrieblich, freiberuflich, öffentlich genutzten Flächen zugerechnet werden, wenn sie der anderen als wohnlichen Nutzung im Feststellungszeitpunkt tatsächlich zugeführt worden sind oder wenn bezüglich dieser Räume zum Feststellungszeitpunkt alle wesentlichen objektiven Vorkehrungen für die nachfolgende betriebliche, freiberufliche oder öffentlichen Zwecken dienende Nutzung getroffen worden sind.[8]

37 Die Abgrenzung der Flächen, die Wohnzwecken dienen und derjenigen, die anderen als Wohnzwecken dienen, kann im Einzelfall schwierig sein. Ein in eine Wohnung eingegliedertes zu be-

---

1 BFH, Urteil v. 25.5.1979 - III R 41/78, BStBl 1979 II S. 534 zur Einheitsbewertung; vgl. auch A 249.2 Satz 7 AEBewGrSt.
2 BFH, Urteil v. 9.11.1988 - II R 61/87, BStBl II 1989 S. 135; A 249.2 Satz 1 AEBewGrSt; vgl. auch Beispiel bei Stöckel, NWB 2020 S. 3324.
3 BFH, Urteil v. 9.11.1988 - II R 61/87, BStBl II 1989 S. 135; A 249.2 Satz 6 AEBewGrSt.
4 BFH, Urteil v. 23.10.1985 - II R 250/81, BStBl 1986 II S. 173; BFH, Urteil v. 17.4.1991 - II R 96/87, NWB BAAAB-32269 jeweils zur Einheitsbewertung.
5 St. Rspr. BFH, Urteil v. 6.11.1991 - II R 91/87, NWB NAAAB-32265; BFH, Urteil v. 17.4.1996 - II R 20/93, NWB VAAAB-37958; a. A. die Finanzverwaltung A 249.1 Abs. 5 AEBewGrSt.
6 BFH, Urteil v. 23.3.1979 - III R 14/78, BStBl 1979 II S. 433 zur Einheitsbewertung.
7 So zutreffend Haas in Gürsching/Stenger, BewG § 181 Rz. 10.
8 BFH, Urteil v. 17.4.1991 - II R 96/87, NWB BAAAB-32269 zur Einheitsbewertung.

trieblichen oder freiberuflichen Zwecken mitgenutztes Arbeitszimmer gehört beispielsweise noch zu der Wohnnutzung.[1] Ob dies auch gilt, wenn in dem Arbeitszimmer ausschließlich eine freiberufliche Tätigkeit ausgeübt wird, erscheint schon fraglich, wird allerdings von der Rechtsprechung bejaht.[2] Zu verneinen sei eine Wohnnutzung eines Arbeitszimmers erst bei baulicher Abtrennung zur Wohnung.[3] Andererseits soll **unerheblich** sein, ob sich die Mitbenutzung zu betrieblichen Zwecken **innerhalb der Wohnung** oder aber in Räumen vollzieht, die **baulich von der Wohnung getrennt** sind und innerhalb eines äußerlich einheitlich erscheinenden Gebäudes eine gewisse **Selbständigkeit** aufweisen.[4] Letztlich ist eine Einordnung nicht schematisch durchführbar und hängt von den Umständen des Einzelfalls und der Verkehrsanschauung ab.

(Einstweilen frei) 38–40

3. Wesentliche Beeinträchtigung der Eigenart eines Einfamilienhauses

Für das Vorhandensein eines Einfamilienhauses darf bei einer Mitbenutzung zu anderen als Wohnzwecken die **Eigenart** als Einfamilienhaus **nicht wesentlich beeinträchtigt** sein. Die vom Einzelfall unter Gesamtbetrachtung sämtlicher Umstände[5] abhängige Frage, ob eine wesentliche Beeinträchtigung der Eigenart eines Einfamilienhauses durch eine nicht zu Wohnzwecken dienende Mitbenutzung vorliegt, lässt sich nicht schematisch nach der **Größe** der zu anderen als Wohnzwecken mitbenutzten **Fläche** entscheiden. Die Rechtsprechung und Finanzverwaltung stellen in erster Linie auf das **äußere Erscheinungsbild** des Grundstücks ab.[6] Dabei soll es nicht auf die Verkehrsanschauung ankommen, da der Begriff des Einfamilienhauses im bewertungsrechtlichen Sinn nicht ein von der Verkehrsauffassung bestimmter Begriff sei, sondern ein durch die bewertungsrechtliche Umschreibung gekennzeichneter Rechtsbegriff, von dem ausgehend über eine wesentliche Beeinträchtigung der Eigenart durch die Mitbenutzung zu anderen als Wohnzwecken zu entscheiden ist.[7] Maßgeblich soll nach der Rechtsprechung sein, dass die Mitbenutzung zu anderen als Wohnzwecken nach außen in der Weise hervortritt, dass sie die Eigenart des Grundstücks deutlich prägt, also in den Vordergrund tritt.[8]

41

Ein Grundstück mit nur einer Wohnung, das in nahezu gleichem räumlichem Umfang zu Wohn- und freiberuflichen Zwecken genutzt wird, sei daher als **Einfamilienhaus** zu bewerten, wenn der Wohncharakter dem Grundstück dennoch das Gepräge gibt.[9] Die Eigenart als Einfamilienhaus werde nicht dadurch wesentlich beeinträchtigt, dass sich in einem selbständigen Gebäudeteil, der weder nach seinem Umfang noch nach seinem Baucharakter dem Grund-

42

---

1 BFH, Urteil v. 9.11.1988 - II R 19/88, BStBl 1989 II S. 135; BFH, Urteil v. 6.11.1991 - II R 91/87, NWB NAAAB-32265 jeweils zur Einheitsbewertung; A 249.1 Abs. 4 Satz 3 AEBewGrSt.
2 BFH, Urteil v. 9.11.1988 - II R 19/88, BStBl 1989 II S. 135 zur Einheitsbewertung.
3 BFH, Urteil v. 9.11.1988 - II R 19/88, BStBl 1989 II S. 135 zur Einheitsbewertung.
4 BFH, Urteil v. 5.2.1986 - II R 31/85, BStBl 1986 II S. 446; BFH, Urteil v. 12.11.1986 - II R 48/85, BStBl 1987 II S. 104; BFH, Urteil v. 9.11.1988 - II R 61/87, BStBl II 1989 S. 135; BFH, Urteil v. 6.11.1991 - II R 91/87, NWB NAAAB-32265 jeweils zur Einheitsbewertung.
5 A 249.2 Satz 3 AEBewGrSt.
6 BFH, Urteil v. 5.2.1986 - II R 31/85, BStBl 1986 II S. 446 zur Einheitsbewertung; A 249.2 Satz 4 AEBewGrSt.
7 BFH, Urteil v. 5.2.1986 - II R 31/85, BStBl 1986 II S. 446; BFH, Urteil v. 12.11.1986 - II R 48/85, BStBl 1987 II S. 104; a. A. noch BFH, Urteil v. 7.12.1973 - III R 158/72, BStBl 1974 II S. 195 jeweils zur Einheitsbewertung.
8 BFH, Urteil v. 23.10.1985 - II R 250/81, BStBl 1986 II S. 173; BFH, Urteil v. 12.11.1986 - II R 48/85, BStBl 1987 II S. 104 jeweils zur Einheitsbewertung; A 249.2 Satz 5 AEBewGrSt.
9 BFH, Urteil v. 6.7.1979 - III R 77/77, BStBl 1979 II S. 726; BFH, Urteil v. 4.7.1990 - II R 74/87, NWB VAAAA-93498; BFH, Beschluss v. 3.3.1993 - II B 89/92, NWB CAAAB-33686 jeweils zur Einheitsbewertung.

stück das Gepräge gibt, eine **Arztpraxis** befindet.[1] Eine Mitbenutzung zu **freiberuflichen** Zwecken beeinträchtige in der Regel den Einfamilienhauscharakter eines Grundstücks weniger als eine **gewerbliche Mitbenutzung**.[2] An den im Vordergrund stehenden Einfamilienhauscharakter sollen auch Umstände, wie bestehende Zugänge zwischen Wohn- und Praxisbereich, die Mitbenutzung eines Wohnungsflurs durch Mandanten eines Freiberuflers, eine größere Zahl von Stellplätzen, Praxisbeschilderungen und dgl. nichts ändern.[3] Allein die **Gliederung** eines **Baukörpers** steht der Eigenart eines Einfamilienhauses nicht entgegen.[4] Die tatsächlichen Feststellungen zu der Mitbenutzung müssen nicht notwendig durch eine Ortsbesichtigung erfolgen. Vorgelegte Fotos, beigezogene Bauakten oder vorgelegte Baupläne können genügen.[5]

43 Insbesondere bei einer **betrieblichen Mitbenutzung** kann das **äußere Erscheinungsbild** eines **Grundstücks**, selbst bei einer flächenmäßig deutlich geringeren gewerblichen Mitbenutzung der Bewertung als Einfamilienhaus **entgegenstehen**, wenn es Merkmale aufweist, die die gewerbliche Mitbenutzung deutlich in den Vordergrund rücken und damit dem Grundstück das Gepräge geben. Dann kommt es nach der Rechtsprechung weniger auf die innere bauliche Gestaltung und grundsätzlich auch nicht auf das Verhältnis der betrieblich genutzten Fläche zur Wohnfläche in Gebäuden oder Gebäudeteilen an.[6]

44 Die in den → Rz. 41 ff. skizzierte Rechtsprechung vermag vor allem dogmatisch nicht vollends zu überzeugen. Sie lässt insbesondere offen, wonach sich das **Gepräge eines Gebäudes** bestimmen lassen soll, wenn nicht nach der Ansicht eines billig und gerecht denkenden Durchschnittsbetrachters (also nach der Verkehrsauffassung).[7] Nach hiesiger Ansicht handelt es sich bei dem Begriff des Einfamilienhauses um einen **Typusbegriff**, dem die Vorstellung von einem typischen Einfamilienhaus zugrunde liegt (Nämliches gilt für ein Zweifamilienhaus). Ein typisches Einfamilienhaus zeichnet sich durch eine bestimmte Bauweise, eine ausschließliche Nutzung zu Wohnzwecken sowie eine für die Wohnzwecke erforderliche (Innen-)Ausstattung und räumliche Gestaltung aus. Diese Eigenart des Einfamilienhauses darf durch eine Mitbenutzung zu anderen als Wohnzwecken nicht wesentlich beeinträchtigt sein. Eine solche Beeinträchtigung lässt sich nur anhand der Umstände des Einzelfalls und durch ein Abstellen auf die Verkehrsauffassung ermitteln. Zu fragen ist, ob trotz der Mitbenutzung zu anderen als Wohnzwecken ein verständiger Dritter dennoch den Schluss ziehen würde, dass es sich bei dem Grundstück um ein Einfamilienhaus handelt. Dieser Ansicht widerspricht auch nicht, dass ein Einfamilienhaus bei reiner Wohnnutzung stets anzunehmen ist, wenn eine Wohnung vorliegt, unabhängig davon, ob das Gebäude nach seinem äußeren Erscheinungsbild ebenfalls dem typischen Einfamilienhaus entspricht.[8] So stellt der BFH in einem Fall letztlich ebenfalls

---

1 BFH, Urteil v. 9.11.1988 - II R 19/88, BStBl 1989 II S. 135; BFH, Urteil v. 23.9.1977 - III R 18/77, BStBl 1978 II S. 188; BFH, Urteil v. 2.7.1976 - III R 54/75, BStBl 1976 II S. 640 betr. Zweifamilienhaus mit **Rechtsanwaltskanzlei**, jeweils zur Einheitsbewertung.
2 BFH, Urteil v. 23.10.1991 - II R 45/89, m. w. N. NWB AAAAB-32252 zur Einheitsbewertung.
3 BFH, Urteil v. 23.10.1991 - II R 103/88, (Mitbenutzung durch **Arztpraxis**, trotz Beschilderung), NWB IAAAB-32232; BFH, Urteil v. 24.10.1990 - II R 101/87, (Mitbenutzung durch ein **Solartechnik-Ingenieurbüro**, trotz Solaranlagen und Werbeschildern), NWB FAAAB-31517; BFH, Urteil v. 6.11.1991 - II R 91/87, (Mitbenutzung durch ein **Planungsbüro**), NWB NAAAB-32265; Niedersächsisches FG, Urteil v. 19.1.1988 - I 496/85, EFG 1988 S. 346 (**Polsterei** in einem Anbau, trotz Werbeschilder auf dem Grundstück) jeweils zur Einheitsbewertung.
4 BFH, Urteil v. 20.4.1988 - II R 198/85, NWB DAAAB-29556; BFH, Urteil v. 23.10.1991 - II R 103/88, NWB IAAAB-32232 jeweils zur Einheitsbewertung.
5 FG Rheinland-Pfalz, Urteil v. 13.10.1994 - 6 K 2264/91, EFG 1995 S. 412 zur Einheitsbewertung.
6 BFH, Urteil v. 23.10.1985 - II R 250/81, BStBl 1986 II S. 173 zur Einheitsbewertung.
7 Vgl. auch BFH, Urteil v. 7.12.1973 - III R 158/72, BStBl 1974 II S. 195.
8 Vgl. BFH, Urteil v. 20.9.2000 - II R 7/99, NWB KAAAA-66857.

darauf ab, dass sich ein Gebäude „dem Betrachter als ein typisches Zweifamilienhaus"[1] darstellt. Mit anderen Worten, dass das Gebäude nach der Verkehrsauffassung dem Typusbegriff eines Zweifamilienhauses entspricht.

(Einstweilen frei) 45–47

III. Zweifamilienhaus (§ 249 Abs. 3 BewG)

§ 249 Abs. 3 BewG enthält die Definition des **Zweifamilienhauses**. Ein Zweifamilienhaus liegt nach § 249 Abs. 3 Satz 1 BewG bei einem Wohngrundstück vor, das **zwei Wohnungen** i. S. von § 249 Abs. 10 BewG (siehe dazu → Rz. 76 ff.) enthält und kein Wohnungseigentum ist.[2] Ein Grundstück gilt nach § 249 Abs. 3 Satz 2 BewG auch dann als Zweifamilienhaus, wenn es zu **weniger als 50 % der Wohn- und Nutzfläche** zu anderen als Wohnzwecken mitbenutzt und dadurch die Eigenart als Zweifamilienhaus nicht wesentlich beeinträchtigt wird.[3] Ein Zweifamilienhaus unterscheidet sich von einem Einfamilienhaus demnach nur durch Anzahl der Wohnungen. Die Ausführungen zu den Einfamilienhäusern in → Rz. 29 ff. gelten daher entsprechend, mit der Maßgabe, dass bei einem Zweifamilienhaus zwei Wohnungen in dem Gebäude vorliegen müssen. Unter die Gebäudeart fallen neben typischen Zweifamilienhäusern mit zwei meist vertikal getrennten Wohnungen auch Wohngrundstücke mit einer Haupt- und einer Einliegerwohnung, wenn die Einliegerwohnung alle Merkmale des bewertungsrechtlichen Wohnungsbegriffs erfüllt.[4] Andernfalls handelt es sich unter den o. g. weiteren Voraussetzungen (siehe → Rz. 29 ff.) um ein Einfamilienhaus.[5]

48

(Einstweilen frei) 49–51

IV. Mietwohngrundstücke (§ 249 Abs. 4 BewG)

§ 249 Abs. 4 BewG definiert die Grundstücksart der Mietwohngrundstücke. **Mietwohngrundstücke** sind nach der gesetzlichen Definition Grundstücke, die zu **mehr als 80 %,** berechnet nach der **Wohn- und Nutzfläche, Wohnzwecken** dienen und nicht Ein- und Zweifamilienhäuser oder Wohnungseigentum sind.[6] Ob die Räumlichkeiten tatsächlich vermietet sind oder selbstgenutzt werden, spielt für die Einordnung als Mietwohngrundstück entgegen dem insoweit anderes vermuten lassenden Begriff keine Rolle. Ein Mietgrundstück unterscheidet sich von den vorrangig zu prüfenden Grundstücksarten der Ein- oder Zweifamilienhäuser dadurch, dass es in der Regel **mehr als zwei Wohnungen** i. S. von § 249 Abs. 10 BewG (siehe dazu → Rz. 76 ff.) enthält.[7] Befinden sich zumindest drei selbständige, abgeschlossene Wohnungen i. S. des § 249 Abs. 10 BewG in dem Gebäude, liegt ein Mietwohngrundstück, sog. Mehrfamilienhaus[8] vor, wenn die nicht zu Wohnzwecken genutzten Räumlichkeiten weniger als 20 % betragen.[9] Dies folgt definitorisch aus dem Ausschluss eines Mietwohngrundstück, wenn die

52

---

1 BFH, Urteil v. 24.10.1990 - II R 101/87, NWB FAAAB-31517.
2 A 249.3 Satz 1 AEBewGrSt.
3 Vgl. auch Beispiel bei Stöckel, NWB 2020 S. 3324.
4 A 249.3 Satz 2 AEBewGrSt.
5 A 249.3 Satz 3 AEBewGrSt.
6 A 249.4 Satz 1 AEBewGrSt; vgl. auch Beispiel bei Stöckel, NWB 2020 S. 3324.
7 A 249.4 Satz 2 AEBewGrSt.
8 A 249.4 Satz 4 AEBewGrSt.
9 A 249.4 Satz 5 AEBewGrSt.

Merkmale eines Ein- oder Zweifamilienhauses erfüllt sind.[1] Auf die Erhaltung der Eigenart des Mietwohngrundstücks kommt es bei einer Mitbenutzung zu anderen als Wohnzwecken nicht an.[2]

53 **BEISPIEL:**[3] Ein großzügiges Herrenhaus mit einer Hauptwohnung und zwei Einliegerwohnungen für Gäste oder Bedienstete ist im bewertungsrechtlichen Sinn ein Mietwohngrundstück.

54 Das Vorhandensein von mehr als zwei Wohnungen ist nach dem Gesetz allerdings nicht Voraussetzung für das Vorliegen eines Mietwohngrundstückes, da das Gesetz lediglich auf eine mehr als 80%ige **Wohnnutzung** abstellt. Möglich ist auch, dass sich in dem Gebäude Räume zu Wohnzwecken befinden, die alle nicht den Wohnungsbegriff erfüllen (beispielsweise Wohnräume in einem Studentenwohnheim in Gestalt eines Apartmenthauses).[4] Anders als es der Begriff des Mietwohngrundstückes vermuten lässt, müssen zudem nicht zwingend Mietwohnungen vorliegen (siehe bereits → Rz. 52).

55 *(Einstweilen frei)*

V. Wohnungseigentum (§ 249 Abs. 5 BewG)

56 § 249 Abs. 5 BewG definiert den Begriff des Wohnungseigentums als das **Sondereigentum an einer Wohnung** in Verbindung mit dem **Miteigentumsanteil an dem gemeinschaftlichen Eigentum**, zu dem es gehört. Der Begriff des Wohnungseigentums ist rein zivilrechtlich zu verstehen und entspricht der **Definition** nach **§ 1 Abs. 2 des Wohnungseigentumsgesetz** (WEG). Ist zivilrechtlich Wohnungseigentum mit Eintragung in das Grundbuch wirksam begründet worden,[5] liegt auch i.S. des § 249 Abs. 5 BewG Wohnungseigentum vor.[6] Ob die Begründung von vollwertigem Wohnungseigentum nach dem WEG das Bestehen der entsprechenden Räumlichkeiten voraussetzt, ist zivilrechtlich umstritten.[7] Vor Bestehen der Räumlichkeiten dürfte lediglich ein Anwartschaftsrecht in Bezug auf das Sondereigentum an der Wohnung begründbar sein.[8] Damit die wirtschaftliche Einheit Wohnungseigentum ein bebautes Grundstück i.S. von § 249 Abs. 5 BewG darstellt, müssen die Räumlichkeiten jedenfalls vorhanden sein, andernfalls kann kein Sondereigentum an einer Wohnung vorliegen.[9] Das gemeinschaftliche Eigentum umfasst das Eigentum am Grund und Boden sowie an Teilen, Anlagen und Einrichtungen des Gebäudes, die nicht im Sondereigentum oder im Eigentum eines Dritten stehen (§ 1 Abs. 4 WEG).

57–59 *(Einstweilen frei)*

---

[1] BFH, Urteil v. 20.9.2000 - II R 7/99, NWB KAAAA-66857.
[2] A 249.4 Satz 6 AEBewGrSt.
[3] Vgl. auch A 249.4 Satz 7 AEBewGrSt.
[4] Vgl. etwa FG Münster, Urteil v. 13.12.2018 - 3 K 34/16 EW, NWB YAAAH-14150, rkr. zur Grundsteuerbefreiung nach § 5 GrStG; A 249.4 Satz 3 AEBewGrSt..
[5] Siehe zur Abgrenzung der wirtschaftlichen Einheit Bock in Grootens, BewG § 244 Rz. 88 ff.
[6] Vgl. BFH, Urteil v. 24.7.1991 - II R 132/88, BStBl 1993 II S. 87 zur Einheitsbewertung.
[7] Vgl. zum Streit Leidner, BeckOK WEG § 3 Rz. 33 ff.
[8] Vgl. Kral, BeckOK-WEG, § 8 Rz. 38; a. A. BGH, Urteil v. 22.12.1989 - V R 339/87, NJW 1990 S. 1111.
[9] So auch A 249.5 Abs. 3 Satz 4 AEBewGrSt.

VI. Teileigentum (§ 249 Abs. 6 BewG)

§ 249 Abs. 6 BewG definiert den Begriff des Teileigentums als das **Sondereigentum an nicht zu Wohnzwecken dienenden Räumen** (beispielsweise Ladenlokale, Büroräume, Werkstätten[1]) eines Gebäudes i.V. mit **dem Miteigentum an dem gemeinschaftlichen Eigentum**, zu dem es gehört.[2] Der Begriff des Teileigentums ist rein zivilrechtlich zu verstehen und entspricht der **Definition nach § 1 Abs. 3 WEG**.[3] Ist zivilrechtlich Teileigentum mit Eintragung in das Grundbuch wirksam begründet worden,[4] liegt auch i.S. des § 249 Abs. 6 BewG Teileigentum vor.[5] Teileigentum als bebautes Grundstück i.S. von § 249 Abs. 6 BewG setzt das Bestehen der entsprechenden Räumlichkeiten voraus (siehe zum zivilrechtlichen Problem → Rz. 56). Das gemeinschaftliche Eigentum umfasst das Eigentum am Grund und Boden sowie an Teilen, Anlagen und Einrichtungen des Gebäudes, die nicht im Sondereigentum oder im Eigentum eines Dritten stehen (§ 1 Abs. 4 WEG).[6]

60

(Einstweilen frei) 61–63

VII. Geschäftsgrundstücke (§ 249 Abs. 7 BewG)

§ 249 Abs. 7 BewG definiert die Grundstücksart der Geschäftsgrundstücke. **Geschäftsgrundstücke** sind nach der gesetzlichen Definition Grundstücke, die zu **mehr als 80 %**, berechnet nach der **Wohn- und Nutzfläche**, eigenen oder fremden **betrieblichen** (insbes. gewerblichen und freiberuflichen[7] Zwecken) oder **öffentlichen Zwecken** dienen (siehe vertiefend → Rz. 34 ff.) und **nicht Teileigentum** (siehe dazu → Rz. 60) sind.[8] Stellt ein Grundstück kein Teileigentum dar und dient es zu weniger als 20 %, berechnet nach der Wohn- und Nutzfläche, Wohnzwecken, so ist es allein nach seiner Nutzungsart der Gruppe der Geschäftsgrundstücke zuzuordnen. Dabei kommt es nicht darauf an, ob und wie viele Wohnräume oder Wohnungen in dem den Wohnzwecken dienenden Grundstücksteil vorhanden sind.[9] Geschäftsgrundstücke i.S. der Norm können insbesondere bei mit Fabrik-, Industrie, Verwaltungs-, Bürogebäuden, Hotels oder Dienstgebäuden der öffentlichen Verwaltung bebauten Grundstücken vorliegen.[10]

64

(Einstweilen frei) 65–67

VIII. Gemischt genutzte Grundstücke (§ 249 Abs. 8 BewG)

§ 249 Abs. 8 BewG enthält die Definition der Grundstücksart der gemischt genutzten Grundstücke. **Gemischt genutzte Grundstücke** sind nach der gesetzlichen Definition Grundstücke, die sowohl Wohnzwecken als auch eigenen oder fremden betrieblichen (insbes. gewerblichen und freiberuflichen Zwecken) oder öffentlichen Zwecken dienen und nicht Ein- und Zweifamilienhäuser, Mietwohngrundstücke, Wohnungseigentum, Teileigentum oder Geschäftsgrund-

68

---

[1] Commichau, in MüKo-BGB, WEG § 1 Rz. 13.
[2] A 249.6 Satz 2 AEBewGrSt.
[3] A 249.6 Satz 4 AEBewGrSt.
[4] Siehe zur Abgrenzung der wirtschaftlichen Einheit Bock in Grootens, BewG § 244 Rz. 88 ff.
[5] Vgl. BFH, Urteil v. 24.7.1991 - II R 132/88, BStBl 1993 II S. 87 zum Wohnungseigentum bei der Einheitsbewertung.
[6] A 249.6 Satz 3 AEBewGrSt.
[7] Vgl. BFH, Urteil v. 22.2.1985 - III R 78/81, BStBl 1985 II S. 284 zur Einheitsbewertung.
[8] A 249.7 Satz 1 AEBewGrSt.
[9] Vgl. BFH, Urteil v. 22.2.1985 - III R 78/81, BStBl 1985 II S. 284 zur Einheitsbewertung; vgl. auch Beispiel bei Stöckel, NWB 2020 S. 3324.
[10] A 249.7 Satz 2 AEBewGrSt.

stücke sind.[1] Die gemischt genutzten Grundstücke sind solche, die zu **mindestens 20%** (andernfalls Geschäftsgrundstück, siehe → Rz. 64) und zu höchstens 80% (andernfalls Mietwohngrundstück, siehe → Rz. 52 f.) **Wohnzwecken** dienen.[2] Bei einer Wohnnutzung ab 50% muss zusätzlich geprüft werden, ob sich in dem Gebäude nur eine oder zwei Wohnungen befinden. Anderenfalls könnte ein Ein- bzw. Zweifamilienhaus vorliegen (zur Abgrenzung siehe → Rz. 34 ff.).

69–71 *(Einstweilen frei)*

IX. Sonstige bebaute Grundstücke (§ 249 Abs. 9 BewG)

72 § 249 Abs. 1 Nr. 8 i.V. mit Abs. 9 BewG enthält mit den sonstigen bebauten Grundstücken einen Auffangtatbestand. Zu den **sonstigen bebauten Grundstücken** gehören alle Grundstücke, die nicht unter § 249 Abs. 2–8 BewG subsumiert werden können, die also zu keiner der vorstehend in den → Rz. 29 ff. aufgeführten Grundstücksarten gehören.[3] Zu den sonstigen bebauten Grundstücken zählen etwa **Clubhäuser, Vereinshäuser, Bootshäuser, studentische Verbindungshäuser, Turnhallen von Sportvereinen, Schützenhallen oder Jagdhütten**.[4] **Garagengrundstücke** fallen auch unter die Grundstücksart sonstiges bebautes Grundstück, soweit sie nicht betrieblich genutzt werden oder in eine andere wirtschaftliche Einheit nach § 244 Abs. 2 BewG einzubeziehen sind.[5] **Gartenlaubengrundstücke** können zu den bebauten Grundstücken zählen und je nach den Umständen des Einzelfalles entweder zum land- und forstwirtschaftlichen Vermögen (Kleingartenland) gehören,[6] Einfamilienhäuser oder sonstige bebaute Grundstücke darstellen.[7] **Nicht winterfeste** und damit nicht dauerhaft bewohnbare **Wochenendhäuser**, die anderenfalls Einfamilien-, Zweifamilienhäuser oder Mietwohngrundstücke wären, gehören ebenfalls der Grundstücksart sonstiges bebautes Grundstück an.[8]

73–75 *(Einstweilen frei)*

X. Begriff der Wohnung (§ 249 Abs. 10 BewG)

1. Allgemeines

76 Mit § 249 Abs. 10 BewG enthält das BewG erstmals eine **gesetzliche Definition** des bewertungsrechtlichen Begriffs der **Wohnung** für Zwecke der Bewertung bei der Grundsteuer.[9] Sie ist maßgebend für die Abgrenzung der Grundstücksarten, soweit es dabei auf das Vorliegen einer Wohnung oder die Anzahl der Wohnungen in der wirtschaftlichen Einheit ankommt (insbes. bei Ein- und Zweifamilienhäusern). Eine Wohnung setzt nach § 249 Abs. 10 BewG voraus:

---

[1] A 249.8 Satz 1 AEBewGrSt.
[2] A 249.8 Satz 2 AEBewGrSt.
[3] A 249.9 Satz 1 AEBewGrSt.
[4] A 249.9 Satz 2 AEBewGrSt; Schnitter in GrStG – eKommentar, BewG § 249 Rz. 35; Krause in Stenger/Loose, BewG § 249 Rz. 171.
[5] A 249.9 Satz 3 AEBewGrSt; siehe hierzu vertiefend Bock in Grootens, BewG § 244 Rz. 40 ff. und A 244 Abs. 3 AEBewGrStG.
[6] Vgl. Müller in Grootens, BewG § 240 Rz. 20.
[7] Siehe im Einzelnen Christoffel, INF 1985 S. 32.
[8] A 249.9 Satz 4 AEBewGrSt; Krause in Stenger/Loose, BewG § 249 Rz. 171.
[9] BT-Drucks. 19/11085 S. 111.

- In der Regel eine Zusammenfassung mehrerer Räume, die in ihrer Gesamtheit so beschaffen sein müssen, dass die **Führung eines selbständigen Haushalts** möglich ist (§ 249 Abs. 10 Satz 1 BewG).[1]
- Die Räume müssen eine von anderen Wohnungen oder Räumen, insbesondere Wohnräumen, **baulich getrennte**, in sich **abgeschlossene Wohneinheit** bilden und einen **selbständigen Zugang** haben (§ 249 Abs. 10 Satz 2 BewG).[2]
- Vorhandensein der für die Führung eines selbständigen Haushalts **notwendigen Nebenräume** (**Küche, Bad** oder **Dusche, Toilette**) (§ 249 Abs. 10 Satz 3 BewG).[3]
- Die Räume sollen insgesamt eine **Wohnfläche** von **mindestens 20 m²** aufweisen (§ 249 Abs. 10 Satz 4 BewG).[4]

Der in § 249 Abs. 10 BewG definierte Wohnungsbegriff gibt die von der Rechtsprechung des BFH zu § 75 BewG und zu § 5 Abs. 2 GrStG[5] entwickelte typologischen Umschreibungen zum Wohnungsbegriff wieder.[6] Nach der Rechtsprechung handelt es sich beim Wohnungsbegriff um einen Typusbegriff[7] mit der Folge, dass die einzelnen Tatbestandsmerkmale nicht zwingend vollständig vorliegen müssen. Die in § 249 Abs. 10 BewG vorgenommene offenere Definition der Wohnung durch Verwendung von Begriffen wie „in der Regel" und „soll" wird dem Typusbegriff der Wohnung eher gerecht als die als Klassenbegriff ausgestaltete Definition in § 181 Abs. 9 BewG.[8]

Insbesondere das Merkmal, ob die Führung eines Haushalts in den Räumlichkeiten objektiv möglich ist und ob die Räumlichkeiten die erforderliche **Mindestfläche** erfüllen, ist nicht an konkrete unveränderliche Voraussetzungen geknüpft, sondern nach den Umständen des Einzelfalls unter Zugrundelegung der Verkehrsauffassung zu beurteilen.[9] Beispielsweise ist die Einordnung einer Wohneinheit eines Studentenwohnheims als eine Wohnung i. S. des § 249 Abs. 10 BewG möglich, wenn die Wohneinheiten lediglich 20 m² statt die bei der Erbschaft- und Schenkungsteuer nach § 181 Abs. 9 Satz 4 BewG zwingend erforderlichen 23 m² aufweisen.[10] Den Wohnungsbegriff können auch sog. **Tiny-Häuser** (d. h. Kleinst- oder Mikrohäuser) erfüllen, bei denen ein Wohnen auf möglichst engem Raum das Wohnkonzept darstellt, wenn sie eine Wohnfläche unter 20 m² aufweisen.[11]

Die Merkmale einer Wohnung betreffen insbesondere die **bauliche Gestaltung**[12] und **Ausstattung** der Räumlichkeiten. Die Begriffsmerkale müssen zum jeweiligen **Feststellungszeitpunkt**

---

1 A 249.10 Satz 2 AEBewGrSt.
2 A 249.10 Satz 3 AEBewGrSt.
3 A 249.10 Satz 4 AEBewGrSt.
4 A 249.10 Satz 5 AEBewGrSt.
5 Vgl. dazu BFH, Urteil v. 5.10.1984 - III R 192/83, BStBl 1985 II S. 151; BFH, Urteil v. 21.4.1999 - II R 5/97, BStBl 1999 II S. 496; BFH, Urteil v. 5.10.1984 - III R 192/83, BStBl 1985 II S. 151; FG Münster v. 13.12.2018 - 3 K 34/16, NWB YAAAH-14150, rkr.
6 BT-Drucks. 19/11085 S. 111; Krause in Stenger/Loose, BewG § 249 Rz. 180.
7 Pahlke, DStR-Beih. 2011 S. 66; BFH, Urteil v. 5.10.1984 - III R 192/83, BStBl 1985 II S. 151, danach handelt es sich beim Wohnungsbegriff um einen Typusbegriff mit einem festen „Begriffskern" und einem relativ weiten „Begriffshof".
8 Vgl. dazu vertiefend Bock in Viskorf/Schuck/Wälzholz, BewG § 181 Rz. 26.
9 BFH, Urteil v. 5.10.1984 - III R 192/83, BStBl 1985 II S. 151; BFH, Urteil v. 17.5.1990 - II R 182/87, BStBl 1990 II S. 705; A 249.10 Satz 6 AEBewGrSt.
10 Vgl. BFH, Urteil v. 4.12.2014 - II R 20/14, BStBl 2015 II S. 610.
11 A 249.10 Satz 6 AEBewGrSt; Krause in Stenger/Loose, BewG § 249 Rz. 182.
12 BFH, Urteil v. 21.4.1999 - II R 5/97, BStBl 1999 II S. 496 zur Einheitsbewertung.

erfüllt sein.[1] Auf den Zeitpunkt der Errichtung oder eines An-, Aus- oder Umbaus des betreffenden Gebäudes kommt es insofern ebenso wenig an, wie auf die subjektive Sicht des einzelnen Nutzers.[2] Unerheblich ist das Vorhandensein einer Klingel, eines Briefkastens, eines Telefon-, Fernseh- oder Internetanschlusses sowie ob die Wohnung den derzeitigen Wohnstandards entspricht.[3] Für Billigkeitsmaßnahmen ist grundsätzlich kein Raum (§ 220 Satz 2 BewG).[4] Der Begriff der Wohnung setzt inzident voraus, dass die zu einer Wohnung zusammengefassten Räume tatsächlich **Wohnzwecken** dienen oder dazu zu dienen bestimmt sind.[5] Es darf sich insbesondere nicht um Raumeinheiten handeln, die eigenen oder fremden **betrieblichen** (gewerblichen), freiberuflichen oder öffentlichen Zwecken dienen oder hierzu bestimmt sind.[6] Als Wohnbeispiel eingerichtete Räumlichkeiten in einem Einrichtungshaus erfüllen daher nicht den Wohnungsbegriff i. S. des § 249 Abs. 10 BewG. Unerheblich ist, ob die Räume selbst genutzt werden, vermietet sind oder leer stehen. Eine Raumeinheit, deren Nutzung zu Wohnzwecken ertragsteuerrechtlich zu gewerblichen Einkünften führt, kann eine Wohnung im bewertungsrechtlichen Sinne sein.[7]

80–82 *(Einstweilen frei)*

2. Möglichkeit der Führung eines selbständigen Haushalts (§ 249 Abs. 10 Satz 1 BewG)

83 Eine Wohnung setzt in der Regel eine Zusammenfassung mehrerer Räume voraus, die in ihrer Gesamtheit so beschaffen sein müssen, dass sie auf Dauer zur Führung eines selbständigen Haushalts geeignet sind.[8] Unter welchen Voraussetzungen die Führung eines selbständigen Haushalts möglich ist, entscheidet sich nach der **Verkehrsauffassung**.[9] Das heißt nach der gerichtsbekannten Anschauung, die urteilsfähige und unvoreingenommene Bürger von einer Sache haben oder gewinnen, wenn sie mit ihr befasst werden.[10]

84 Das Bild einer Wohnung nach der Verkehrsauffassung wird wesentlich durch die **örtlichen Verhältnisse** mitbestimmt.[11] So sind an eine Wohnung in einem Altenheim, in dem die Hauptmahlzeiten in der Regel nicht in der Wohnung selbst zubereitet werden, geringere Anforderun-

---

1 BFH, Urteil v. 9.12.1970 - III R 3/69, BStBl 1971 II S. 230 zur Einheitsbewertung.
2 BFH, Urteil v. 21.4.1999 - II R 5/97, BStBl 1999 II S. 496; FG Münster, Urteil v. 26.7.2018 - 3 K 233/18 EW, EFG 2018 S. 1873, NWB LAAAG-96768, nrkr. Rev. eingelegt, BFH-Az.: II R 39/18 zu einem **Ferienhaus**; jeweils zur Einheitsbewertung.
3 FG Münster, Urteil v. 26.7.2018 - 3 K 233/18 EW, NWB LAAAG-96768, nrkr. Rev. eingelegt, BFH-Az.: II R 39/18 zur Einheitsbewertung betr. **Ferienhaus.**
4 Siehe dazu vertiefend Wredenhagen in Grootens, BewG § 220 Rz. 71 ff.
5 BFH, Urteil v. 5.2.1986 - II R 31/85, BStBl 1986 II S. 446; BFH, Urteil v. 22.2.1985 - III R 78/81, BStBl 1985 II S. 284 jeweils zur Einheitsbewertung.
6 Vgl. u. a. BFH, Urteil v. 5.2.1986 - II R 31/85, BStBl 1986 II S. 448 zur Einheitsbewertung.
7 BFH, Urteil v. 14.3.1990 - II R 31/87, BStBl 1990 II S. 531 zur Einheitsbewertung, betr. Vermietung einer Raumeinheit an eine GmbH zur Unterbringung von Geschäftsfreunden.
8 BFH, Urteil v. 11.4.2006 - II R 77/04, BStBl 2006 II S. 1707; BFH, Urteil v. 17.5.1990 - II R 182/87, BStBl 1990 II S. 705; BFH, Urteil v. 30.4.1982 - III R 33/80, BStBl 1982 II S. 67; BFH, Urteil v. 11.2.1987 - II R 210/83, BStBl 1987 II S. 306, jeweils zu § 5 Abs. 2 GrStG; BFH, Urteil v. 5.10.1984 - III R 192/83, BStBl 1985 II S. 151 zur Einheitsbewertung.
9 BFH, Urteil v. 17.5.1990 - II R 182/87, BStBl 1990 II S. 705; BFH, Urteil v. 30.5.1990 - II R 139/86, NWB YAAAB-31528; BFH, Urteil v. 11.2.1987 - II R 210/83, BStBl 1987 II S. 306; BFH, Urteil v. 30.4.1982 - III R 33/80, BStBl 1982 II S. 67 jeweils zu § 5 Abs. 2 GrStG; BFH, Urteil v. 5.10.1984 - III R 192/83, BStBl 1985 II S. 151 zur Einheitsbewertung.
10 BFH, Urteil v. 25.5.1979 - III R 101/77, BStBl 1979 II S. 542; BFH, Urteil v. 9.12.1970 - III R 3/69, BStBl 1971 II S. 230 jeweils zur Einheitsbewertung.
11 BFH, Urteil v. 30.4.1982 - III R 33/80, BStBl 1982 II S. 67 zu § 5 Abs. 2 GrStG; BFH, Urteil v. 25.5.1979 - III R 101/77, BStBl 1979 II S. 542 zur Einheitsbewertung.

gen zu stellen als an eine Wohnung in einem Ein- oder Zweifamilienhaus.[1] Unter Umständen kann auch ein Raum genügen (beispielsweise eine Loftwohnung), um den Wohnungsbegriff zu erfüllen. Der Führung eines selbständigen Haushalts steht nicht entgegen, dass die Nutzer der Räumlichkeiten im Rahmen ihrer Betreuung wieder eine Selbständigkeit erlangen sollen, die ihnen ein Leben ohne medizinische, psychologische und organisatorische Hilfe ermöglicht.[2]

Nicht erforderlich ist, dass die Räumlichkeiten baulich auf die Bedürfnisse einer typischen Familie zugeschnitten sind, mehrere Bewohner tatsächlich einen gemeinsamen Haushalt führen oder ein gemeinsames Wohnzimmer vorhanden ist.[3] Dass die Räumlichkeiten tatsächlich nur vorübergehend von häufig wechselnden Personen genutzt werden, ist unerheblich.[4] Unerheblich ist auch, ob das betroffene Grundstück bauplanungsrechtlich in einem **Wochenendhausgebiet** liegt.[5] Werden die Räumlichkeiten, insbesondere Studentenapartments, nur möbliert vermietet, spricht dies allein nicht gegen die Einordnung als Wohnung.[6] 85

Von einer Wohnung i.S. des BewG kann nicht ausgegangen werden, wenn ausreichender, zur **Führung eines selbständigen Haushalts** objektiv geeigneter, d.h. **benutzbarer Wohnraum**, nicht oder nicht mehr vorhanden ist. Dies ist etwa der Fall, wenn ein für die Erfüllung des Wohnungsbegriffs erforderlicher Gebäudeteil **zerstört** ist, der Raum oder Gebäudeteil aus **baurechtlichen Gründen** nicht zum dauernden Aufenthalt von Menschen geeignet ist[7] oder sich in einem Zustand befindet, der aus Gründen der Bau- oder Gesundheitsaufsicht eine dauernde – der Zweckbestimmung entsprechende – **Benutzung nicht gestattet**.[8] Dabei ist es unerheblich, ob der Wohnraum tatsächlich als Wohnung genutzt wird.[9] 86

Die **Bauordnungsvorschriften der Länder** über die Anforderungen an die Eignung von Räumen zum dauernden Aufenthalt von Menschen können für den bewertungsrechtlichen Wohnungsbegriff indiziell von Bedeutung sein, sind aber für den bundesrechtlichen Begriff der Wohnung nach § 249 Abs. 10 BewG letztlich nicht verbindlich.[10] Die Landesbauordnungen, die Regelungen des 2. Wohnungsbaugesetzes und die Fachnormen des Deutschen Normausschusses (beispielsweise die DIN-Vorschriften Hochbau, DIN 283) können Ausdruck der Verkehrsauffassung sein.[11] 87

---

1 BFH, Urteil v. 30.4.1982 - III R 33/80, BStBl 1982 II S. 67 zu § 5 Abs 2 BewG.
2 BFH, Urteil v. 21.4.1999 - II R 5/97, BStBl 1999 II S. 496 zu § 5 Abs. 2 GrStG betr. ein **Wohnheim**.
3 BFH, Urteil v. 4.12.2014 - II R 20/14, BStBl 2015 II S. 610; BFH, Urteil v. 11.4.2006 - II R 77/04, BStBl 2006 II S. 1707; BFH, Urteil v. 15.3.2001 - II R 38/99, NWB JAAAA-66827; BFH, Urteil v. 21.4.1999 - II R 5/97, BStBl 1999 II S. 496; BFH, Urteil v. 21.7.1993 - II R 75/92, NWB LAAAB-33777 jeweils zu § 5 Abs. 2 GrStG.
4 BFH, Urteil v. 22.9.1993 - II R 63/91, BStBl 1994 II S. 415 zu § 5 Abs. 2 GrStG betr. eine **Ferienwohnung**; FG Münster v. 26.7.2018 - 3 K 233/18 EW, EFG 2018 S. 1873, NWB LAAAG-96768, nrkr. Rev. eingelegt, BFH-Az.: II R 39/18 zu § 5 Abs. 2 GrStG betr. ein **Ferienhaus**.
5 FG Münster v. 26.7.2018 - 3 K 233/18 EW, NWB LAAAG-96768, nrkr. Rev. eingelegt, BFH-Az.: II R 39/18 zu § 5 Abs. 2 GrStG betr. ein **Ferienhaus**.
6 BFH, Urteil v. 21.7.1993 - II R 75/92, NWB LAAAB-33777 zu § 5 Abs. 2 GrStG.
7 BFH, Urteil v. 24.4.1991 - II R 2/89, BStBl 1991 II S. 683, zur Einheitsbewertung; BFH, Urteil v. 21.7.1993 - II R 75/92, NWB LAAAB-33777 zu § 5 Abs. 2 GrStG.
8 Vgl. auch zur möglicherweise Nichterfüllung des Gebäudebegriffs in diesen Fällen Bock in Grootens, BewG § 246 Rz. 33 ff.
9 BFH, Urteil v. 23.4.1992 - II R 19/89, NWB AAAAA-32975; BFH, Urteil v. 24.4.1991 - II R 2/89, BStBl 1991 II S. 683; BFH, Urteil v. 5.10.1984 - III R 192/83, BStBl 1985 II S. 151, NWB VAAAA-92007 jeweils zur Einheitsbewertung.
10 Vgl. auch BFH, Urteil v. 19.9.2019 - II R 15/16, NWB PAAAH-38405; BFH, Urteil v. 24.4.1991 - II R 2/89, BStBl 1991 II S. 683; BFH, Urteil v. 21.7.1993 - II R 75/92, NWB LAAAB-33777 jeweils zu § 5 GrStG.
11 BFH, Urteil v. 24.11.1978 - III R 81/76, BStBl 1979 II S. 255, NWB LAAAA-91394; BFH, Urteil v. 25.5.1979 - III R 41/78, BStBl 1979 II S. 543 jeweils zur Einheitsbewertung.

88　Insbesondere bei **Raumeinheiten in Kellergeschossen** können die in den Landesbauordnungen enthaltenen Vorschriften über **Mindestraumhöhen** und ausreichende **Belichtung** und **Belüftung** von Wohnräumen für die Anerkennung einer Wohnung in Bezug genommen werden. Das FG Hamburg[1] hat daher eine Zusammenfassung mehrerer Räume, die zur Führung eines Haushalts eingerichtet waren, nicht als (zweite) Wohnung anerkannt, weil die **lichte Höhe** der Räume nach den zum Stichtag geltenden bauordnungsrechtlichen Vorschriften unter den für Aufenthaltsräume vorgeschriebenen Mindestmaßen lag. Dies schließt allerdings nicht aus, einzelne in diesem Sinne **baurechtswidrig**, z. B. als Arbeitszimmer oder Hobbyraum **genutzte Kellerräume**, einer sonst vorhandenen Wohnung zuzurechnen.

89–91　*(Einstweilen frei)*

3. Bauliche Trennung von anderen Wohneinheiten (§ 249 Abs. 10 Satz 2 BewG)

92　Maßgebend ist neben den übrigen Merkmalen, die eine Wohnung erfüllen muss, dass die zu Wohnzwecken dienenden Räume von anderen Wohnungen oder Wohnräumen eindeutig **baulich getrennte**, in sich **abgeschlossene Einheiten** mit einem **eigenen Zugang** darstellen.[2] Wegen der Vielzahl denkbarer Gestaltungen hängt die Annahme einer baulich abgeschlossenen Wohneinheit maßgeblich von den Umständen des Einzelfalls sowie der Verkehrsauffassung ab.[3] Es muss allerdings allein nach der inneren **baulichen Gestaltung** möglich sein, jeden einzelnen Wohnraum einer bestimmten Wohnung unabhängig von den konkreten Nutzungsverhältnissen zuzuordnen, damit gewährleistet ist, dass nur Änderungen der Bausubstanz zu einer Änderung der Zahl der Wohnungen führen.

93　Daraus folgt weiter das Erfordernis einer gewissen **Dauerhaftigkeit** und eines gewissen **Bestands** des **baulichen Abschlusses** von zwei Raumeinheiten.[4] Eine Hartfaserplatte[5] oder eine Tür zwischen zwei unmittelbar aneinandergrenzenden Wohnbereichen, auch wenn sie verschlossen oder mit Möbeln zugestellt ist,[6] reichen daher als Abschluss grundsätzlich nicht aus.[7] Die Ausgestaltung der Türverbindung im Einzelnen ist nicht maßgeblich, soweit die Verbindung dazu dienen soll, den unmittelbaren Zugang zwischen den beiden Raumeinheiten zu ermöglichen.[8] Dabei ist unerheblich, ob der Zugang zu dem anderen Wohnbereich unmittelbar oder über Nebenräume besteht.[9]

94　Für die Annahme von zwei Wohnungen müssen **beide Wohneinheiten nach ihrer baulichen Lage und Funktion vollständig voneinander getrennt** sein.[10] Nicht erforderlich ist, dass die Räumlichkeiten über eine separate Strom-, Gas- und Wasserversorgung verfügen.[11] Ausrei-

---

1　FG Hamburg, Urteil v 1.2.1994 - III 288/91, EFG 1994 S. 777, rkr.; vgl. auch BFH, Urteil v. 24.4.1991 - II R 2/89, BStBl 1991 II S. 683 zur Einheitsbewertung.
2　BFH, Urteil v. 25.10.1985 - III R 67/82, BStBl 1986 II S. 279 zur Einheitsbewertung.
3　BFH, Urteil v. 5.10.1984 - III R 192/83, BStBl 1985 II S. 151 zur Einheitsbewertung.
4　BFH, Urteil v. 25.10.1985 - III R 67/82, BStBl 1986 II S. 279 zur Einheitsbewertung.
5　BFH, Urteil v. 22.6.1979 - III R 17/77, BStBl 1980 II S. 175 zur Einheitsbewertung.
6　BFH, Urteil v. 22.10.1984 - III R 2/82, BStBl 1985 II S. 318 zur Einheitsbewertung.
7　Anders für den Verschluss einer Tür durch eine Holzkonstruktion BFH, Urteil v. 5.12.1990 - II R 102/87, NWB PAAAB-31518.
8　BFH, Urteil v. 13.8.1996 - II B 102/95, NWB VAAAB-37851 zur Einheitsbewertung.
9　BFH, Urteil v. 8.2.1985 - III R 62/84, BStBl 1985 II S. 319 zur Einheitsbewertung.
10　BFH, Urteil v. 4.8.1993 - II R 23/91, NWB VAAAB-33752 zur Einheitsbewertung.
11　BFH, Urteil v. 22.9.1993 - II R 63/91, BStBl 1994 II S. 415 zu § 5 Abs. 2 GrStG; FG Münster v. 26.7.2018 - 3 K 233/18 EW, NWB LAAAG-96768, nrkr. Rev. eingelegt, BFH-Az.: II R 39/18 zu § 5 Abs. 2 GrStG betr. ein **Ferienhaus**.

chend ist, dass die Räumlichkeiten an entsprechende Gesamteinrichtungen angeschlossen sind.[1]

Die baulich abgeschlossenen Wohnungen oder Räume müssen darüber hinaus einen eigenen **abschließbaren Zugang** vom Freien, von einem Treppenhaus oder einem Vorraum haben, so dass der Wohnbereich aufgrund baulicher Maßnahmen nicht ohne weiteres gegen den Willen des Inhabers von anderen betreten werden kann.[2] Ein daneben vorhandener weiterer Zugang zu gemeinsamen Kellerräumen ist unschädlich.[3]

95

Das Vorhandensein **gemeinsam genutzter Verkehrsflächen im Gebäude** (beispielsweise Treppenhaus) kann der Beurteilung von zwei Wohneinheiten als selbständige Wohnungen entgegenstehen, wenn sie nach ihrer baulichen Lage und Funktion von beiden Wohnbereichen nicht vollständig getrennt sind (beispielsweise von beiden Wohneinheiten genutztes Gäste-WC).[4] Ebenso wie eine gemeinsame Diele bei offener Bauweise[5] darf danach ein **Windfang, Vorraum, Flur oder Treppenhaus**, wenn nur ein Eingang vorhanden ist, nach seiner Lage und baulichen Funktion nur dem Zugang zu den Wohnbereichen, aber selbst nicht eigenen Wohnzwecken (z. B. der Verbindung von Räumen der Hauptwohnung) dienen.[6] Dass der abschließbare Zugang aufgrund der konkreten Nutzung nicht abgeschlossen wird, ist unerheblich.[7]

96

(Einstweilen frei) 97–99

4. Vorhandensein erforderlicher Nebenräume (§ 249 Abs. 10 Satz 3 BewG)

Eine Wohnung muss die für die Führung eines selbständigen Haushalts notwendigen **Nebenräume** aufweisen. Dazu gehören nach der gesetzlichen Aufzählung eine **Toilette**, ein eigenes **Bad** oder eine **Dusche** sowie eine **Küche**. Vorausgesetzt ist dabei, wie sich aus § 249 Abs. 10 Satz 2 BewG ergibt, dass die genannten Nebenräume nicht von Inhabern einer anderen Wohneinheit mitbenutzt werden. Daraus folgt, dass konsequenterweise keine selbständigen Wohnungen bei gemeinsam genutztem Etagenbad anzunehmen sind. Die gemeinsame Nutzung einer Küche und eines Bades von zwei oder mehr Wohneinheiten in einem Studentenwohnheim dürfte dazu führen, dass die Wohneinheiten zu einer Wohnung i. S. des § 249 Abs. 10 BewG zusammengefasst werden.[8] Dass zu den einzelnen Wohneinheiten separate abschließbare Zugänge bestehen, dürfte dem nicht widersprechen.[9]

100

(Einstweilen frei) 101–103

---

[1] BFH, Urteil v. 22.9.1993 - II R 63/91, BStBl 1994 II S. 415 zu § 5 Abs. 2 GrStG.
[2] FG Münster, Urteil v. 13.12.2018 - 3 K 34/16 EW, NWB YAAAH-14150, rkr. zu § 5 Abs. 2 GrStG.
[3] FG Berlin, Urteil v. 12.4.1989 - II 377/88, EFG 1990 S. 221; siehe auch im Anschluss daran FG Baden-Württemberg, Urteil v. 3.6.1994 - 3 K 7/89, StEd 1994 S. 603.
[4] BFH, Urteil v. 26.3.1985 - III R 124/84, BStBl 1985 II S. 496, betr. Windfang, v. 24.4.1991 - II R 106/89, NWB CAAAB-32234 zur Einheitsbewertung betr. **Treppenhaus** als Zugang zu einem weiteren Zimmer und einer Wohnung.
[5] BFH, Urteil v. 5.10.1984 - III R 192/83, BStBl 1985 II S. 151 zur Einheitsbewertung.
[6] BFH, Urteil v. 24.4.1991 - II R 106/89, NWB CAAAB-32234 zur Einheitsbewertung betr. **Treppenhaus** als Zugang zu einem weiteren Zimmer und einer Wohnung.
[7] BFH, Urteil v. 11.4.2006 - II R 77/04, BStBl 2006 II S. 1707; BFH, Urteil v. 15.3.2001 - II R 38/99, NWB JAAAA-66827.
[8] BFH, Urteil v. 21.7.1993 - II R 75/92, NWB LAAAB-33777 zur Einheitsbewertung.
[9] BFH, Urteil v. 21.7.1993 - II R 75/92, NWB LAAAB-33777 zur Einheitsbewertung.

5. Ausreichend vorhandene Wohnfläche (§ 249 Abs. 10 Satz 4 BewG)

104 Eine Wohneinheit darf eine bestimmte **Fläche** nicht unterschreiten, um nach der Rechtsprechung für die Führung eines Haushaltes geeignet zu sein.[1] Die Mindestfläche soll sicherstellen, dass der Bewohner genügend Raum zur Entfaltung seiner Persönlichkeit hat und die Räumlichkeiten nicht nur eine vorübergehende Schlafmöglichkeit mit eng begrenztem Arbeitsplatz darstellen.[2] Welche Fläche mindestens vorhanden sein muss, entscheidet sich nach der Rechtsprechung des BFH in Abhängigkeit der Verkehrsauffassung.[3] Nach Auffassung des BFH ist bei der Einheitsbewertung für eine Wohnung i. S. des § 75 Abs. 5 und 6 BewG grundsätzlich eine Wohnfläche von mehr als 23 m² erforderlich.[4] Bei Apartments in einem **Studentenwohnheim** oder einem **Altenwohnheim** lässt die Rechtsprechung jedoch bereits eine Gesamtwohnfläche von **nicht unter 20 m²** für die Annahme einer Wohnung genügen.[5]

105 Auf diese BFH-Rechtsprechung fußt die gesetzliche Bestimmung des § 249 Abs. 10 Satz 4 BewG, wonach die **Wohnfläche mindestens 20 m²** betragen soll.[6] Damit wird die Definition in § 249 Abs. 10 BewG eher dem Typusbegriff gerecht als die Definition der Wohnung in § 181 Abs. 9 BewG, die eine Mindestgröße von 23 m² festschreibt. Diese offene Definition macht es möglich beispielsweise Tiny-Häuser mit einer Fläche von weniger als 20 m² dennoch als Einfamilienhäuser zu bewerten.

106 Bei der Ermittlung der Gesamtwohnfläche einer abgeschlossenen Raumeinheit sind nur die Wohnflächen solcher Räume zusammenzurechnen, die nach ihrer baulichen Lage zu einer Einheit zusammengefasst sind. Ein Windfang z. B. hinter dem Eingang zur Hauptwohnung ist daher einer Einliegerwohnung nicht anteilig zuzurechnen. Das **häusliche Arbeitszimmer** innerhalb einer Wohnung ist noch dem Wohnen zuzurechnen.[7] Die ertragsteuerrechtliche Einordnung des häuslichen Arbeitszimmers ist hierbei unerheblich. Ein außerhalb einer abgeschlossenen Wohnung als Büro oder häusliches Arbeitszimmer genutzter Raum wird der Wohnfläche hingegen nicht mehr zugerechnet (vgl. bereits → Rz. 37).

---

[1] BFH, Urteil v. 30.5.1990 - II R 139/86, NWB YAAAB-31528; BFH, Urteil v. 17.5.1990 - II R 182/87, BStBl 1990 II S. 705; BFH, Urteil v. 11.2.1987 - II R 210/83, BStBl 1987 II S. 306 jeweils zu § 5 Abs. 2 GrStG; BFH, Urteil v. 25.5.1979 - III R 101/77, BStBl 1979 II S. 542 zur Einheitsbewertung.

[2] BFH, Urteil v. 17.5.1990 - II R 182/87, BStBl 1990 II S. 705 zu § 5 Abs. 2 GrStG betr. **Studentenwohnheim**.

[3] BFH, Urteil v. 17.5.1990 - II R 182/87, BStBl 1990 II S. 705 zu § 5 Abs. 2 GrStG; BFH, Urteil v. 25.5.1979 - III R 101/77, BStBl 1979 II S. 542 zur Einheitsbewertung.

[4] BFH, Urteil v. 24.11.1978 - III R 81/76, BStBl 1979 II S. 255; BFH, Urteil v. 26.3.1985 - III R 124/84, BStBl 1985 S. 496 (knapp 15 m² nicht ausreichend); BFH, Urteil v. 20.6.1985 - III R 71/83, BStBl 1985 II S. 582 m.w.N. jeweils zur Einheitsbewertung; BFH, Urteil v. 11.2.1987 - II R 210/83, BStBl 1987 II S. 306 (15,70 m² und 16,50 m² nicht ausreichend) zu § 5 Abs. 2 GrStG.

[5] BFH, Urteil v. 4.12.2014 - II R 20/14, BStBl 2015 II S. 610; BFH, Urteil v. 17.5.1990 - II R 182/87, BStBl 1990 II S. 705; BFH, Urteil v. 21.7.1993 - II R 75/92, NWB LAAAB-33777 jeweils zu § 5 Abs. 2 GrStG bei **Studentenwohnheimen**; BFH, Urteil v. 30.4.1982 - III R 33/80, BStBl 1982 II S. 671 zu § 5 Abs. 2 GrStG für Wohnräume in einem **Altenwohnheim**.

[6] BT-Drucks. 19/11085 S. 111.

[7] BFH, Urteil v. 9.11.1988 - II R 61/87, BStBl 1989 II S. 135; BFH, Urteil v. 6.11.1991 - II R 91/87, NWB ZAAAA-93530 jeweils zur Einheitsbewertung.

§ 250 BewG Bewertung der bebauten Grundstücke

(1) Der Grundsteuerwert bebauter Grundstücke ist nach dem Ertragswertverfahren (Absatz 2) oder dem Sachwertverfahren (Absatz 3) zu ermitteln.

(2) Im Ertragswertverfahren nach den §§ 252 bis 257 sind zu bewerten:

1. Einfamilienhäuser,
2. Zweifamilienhäuser,
3. Mietwohngrundstücke,
4. Wohnungseigentum.

(3) Im Sachwertverfahren nach den §§ 258 bis 260 sind zu bewerten:

1. Geschäftsgrundstücke,
2. gemischt genutzte Grundstücke,
3. Teileigentum,
4. sonstige bebaute Grundstücke.

Inhaltsübersicht

	Rz.
A. Allgemeine Erläuterungen zu § 250 BewG	1 – 16
I. Normzweck und wirtschaftliche Bedeutung der Vorschrift	1 – 5
II. Entstehung und Entwicklung der Vorschrift	6 – 8
III. Geltungsbereich	9 – 12
IV. Verhältnis zu anderen Vorschriften	13 – 16
B. Systematische Kommentierung	17 – 42
I. Bewertung der bebauten Grundstücke im Ertrags- oder Sachwertverfahren (§ 250 Abs. 1 BewG)	17 – 20
II. Bewertung im Ertragswertverfahren (§ 250 Abs. 2 BewG)	21 – 24
III. Bewertung im Sachwertverfahren (§ 250 Abs. 3 BewG)	25 – 28
IV. Verfassungsrechtliche Bewertung zur Festlegung der Bewertungsmethoden	29 – 42

LITERATUR:

Becker, Grundsteuerreformmodelle im Vergleich – Konzeption und Praxisfolgen, BB 2011 S. 535; *Feldner/Stoklassa*, Verfassungsrechtliche Fragen zur sog. Länderöffnungsklausel bei der Grundsteuerreform, DStR 2019 S. 2505; *Freund*, Der Belastungsgrund der Grundsteuer – von Leistungsfähigkeit und Äquivalenz, FR 2019 S. 931; *Jarass/Trautwetter*, Grundsteuerreform - Wer gewinnt, wer verliert?, BB 2019 S. 1751; *Kirchhoff*, Die grundgesetzlichen Grenzen der Grundsteuerreform, DStR 2018 S. 2661; *Löhr*, Grundsteuerreform: Abschaffung der Umlagefähigkeit?, BB 2019 S. 91; *Löhr*, Flächensteuer: Eine Mogelpackung?, BB 2019 S. 2589; ders., Entwurf zum Grundsteuer-Reformgesetz: Die große Unvollendete, DStR 2019 S. 1433; *Löhr*, Grundsteuerreform: Panne auf der Zielgeraden?, ZKF 2019 S. 169; *Maiterth/Lutz*, Grundsteuerreform und Gleichmäßigkeit der Besteuerung, StuW 2019 S. 22; *Marx*, Ökonomische Analyse des Grundsteuer-Reformgesetzentwurfs, DStZ 2019 S. 372; *Mayer*, Perspektiven und Schranken einer GrSt-Reform nach dem BVerfG-Urteil v. 10.4.2018, DB 2018 S. 2200; *Schmidt*, Reform der Grundsteuer, NWB 2019 S. 3719, NWB BAAAH-36269; *Schmidt*, Verfassungswidrigkeit der Grundsteuer als Flächensteuer, DStR 2020 S. 249; *Seer*, Grundsteuer nach dem Urteil des BVerfG v. 10.4.2018 – Analyse und Folgerungen, DB 2018 S. 1488; *Seer*, Reform der Grundsteuer nach dem Entwurf der Bundesregierung, FR 2019 S. 941; *Stöckel*, Grundsteuerreform: Auswirkungen der Einführung einer Öffnungsklausel, NWB 2020 S. 850, NWB YAAAH-44237; *Ramb*, Neubewertung der Grundstücke im Grundvermögen, NWB 2020 S. 1356, NWB JAAAH-47116; *Vogel*, Die Reform der Grundsteuer – Hintergrund, Herausforderungen und Handlungsoptionen für den Gesetzgeber, jM 2019 S. 206; *Eggert*, Überblick zur Reform der Grundsteuer, Wie sich Steuerberater und ihre Mandanten auf die Neuberechnung vorbereiten sollten, BBK 2020 S. 227; *Nagel*, Steuerliche Immobilienbewertung: Vom Einheitswert zum Verkehrswert, NWB 2020 S. 2688; *Scheffler/Feldner*, Umsetzung der Grundsteuerreform in den Bundesländern – Auswirkungen und verfassungsrechtliche Beurteilung, ifst-Schrift Nr. 542.

ARBEITSHILFEN UND GRUNDLAGEN ONLINE:
Berechnung der Grundsteuer nach der Gesetzesreform, Berechnungstool „Grundsteuer" nach dem Entwurf v. 21.6.2019, NWB NAAAH-30144. Grundsteuer: Grundbesitzbewertung ab 2022/2025 (Sach- und Ertragswertverfahren) – Checkliste mit Berechnungen, NWB NAAAH-93792.

VERWALTUNGSANWEISUNGEN:
Koordinierte Erlasse der obersten Finanzbehörden der Länder v. 9.11.2021 – Anwendung des Siebenten Abschnitts des Zweiten Teils des Bewertungsgesetzes zur Bewertung des Grundbesitzes (allgemeiner Teil und Grundvermögen) für die Grundsteuer ab 1.1.2022 (AEBewGrSt), BStBl I 2021 S. 2334.

A. Allgemeine Erläuterungen zu § 250 BewG

I. Normzweck und wirtschaftliche Bedeutung der Vorschrift

1 § 250 Abs. 1 BewG bestimmt als die für die einzelnen Grundstücksarten bebauter Grundstücke anzuwendenden Bewertungsmethoden das **Ertrags- und Sachwertverfahren**.[1] Für die **Wohngrundstücke** findet nach § 250 Abs. 2 BewG zwingend das Ertragswertverfahren und für die **Nichtwohngrundstücke** einschließlich der gemischt genutzten Grundstücke nach § 250 Abs. 3 BewG zwingend das Sachwertverfahren Anwendung.[2] § 250 BewG stellt ein abgeschlossenes Regelungssystem dar, von dem nicht abgewichen werden kann. Das jeweilige Bewertungsverfahren ist für die jeweilige Grundstücksart festgelegt.

2 Mit der Festlegung der jeweiligen Bewertungsmethode für die jeweilige Grundstücksart wird unmittelbar Einfluss auf die **Höhe des Grundsteuerwerts** genommen. Auch wenn beiden Bewertungsmethoden ein am gemeinen Wert orientierter Grundsteuerwert zugrunde liegt, führen die beiden Bewertungsmethoden zu unterschiedlichen Werten. Insbesondere bei Grundstücken mit Wohn- und Nichtwohnnutzung entscheidet der ggf. schwankende Anteil der Nichtwohnnutzung über die Anwendung der Bewertungsmethode. Liegen mehr als zwei Wohnungen vor und übersteigt der Anteil der Nichtwohnnutzung 20 % (dann gemischt genutztes Grundstück i. S. des § 250 Abs. 3 Nr. 2 BewG oder Geschäftsgrundstück) findet das Sachwertverfahren Anwendung. Liegt der Anteil der Nichtwohnnutzung unterhalb von 20 % (dann Mietwohngrundstück i. S. des § 250 Abs. 2 Nr. 3 BewG) findet hingegen das Ertragswertverfahren Anwendung.

3–5 *(Einstweilen frei)*

II. Entstehung und Entwicklung der Vorschrift

6 § 250 BewG wurde mit dem **GrStRefG** v. 26.11.2019[3] in das BewG eingefügt.

7–8 *(Einstweilen frei)*

III. Geltungsbereich

9 § 250 BewG findet auf im Bundesgebiet belegenes **Grundvermögen**[4] und dort für bebaute Grundstücke Anwendung, soweit die Länder in Bezug auf § 250 BewG nicht von ihrer Abweichungskompetenz nach Art. 72 Abs. 3 Satz 1 Nr. 7 GG Gebrauch gemacht haben und gilt **nicht**

---

1 AE 250 Abs. 1 Satz 1 AEBewGrSt.
2 Vgl. AE 250 Abs. 1 Satz 2 AEBewGrSt.
3 GrStRefG v. 26.11.2019, BGBl 2019 I S. 1794.
4 Siehe hierzu vertiefend Bock in Grootens, BewG § 243 Rz. 10 f.

für das **land- und forstwirtschaftliche Vermögen**. § 250 BewG ist nach § 266 BewG erstmals für den **Hauptfeststellungszeitpunkt auf den 1.1.2022** anzuwenden.[1]

(Einstweilen frei) 10–12

IV. Verhältnis zu anderen Vorschriften

Für die in **§ 249 BewG** definierten Grundstücksarten der bebauten Grundstücke i. S. des **§ 248 BewG** wird nach § 250 BewG die Anwendung des Ertragswertverfahrens nach den **§§ 252 ff. BewG** oder des Sachwertverfahrens nach den **§§ 258 ff. BewG** bestimmt.

(Einstweilen frei) 14–16

B. Systematische Kommentierung

I. Bewertung der bebauten Grundstücke im Ertrags- oder Sachwertverfahren (§ 250 Abs. 1 BewG)

§ 250 Abs. 1 BewG legt für die bebauten Grundstücke die anzuwendenden **Bewertungsmethoden** für die Wertermittlung für Zwecke der Grundsteuer fest. Anders als in der Verkehrswertermittlung sind die Bewertungsmethoden auch nicht mit einer entsprechenden Begründung (vgl. § 8 Abs. 1 Satz 2 ImmoWertV) wählbar. Das in der Bedarfswertermittlung für bestimmte Grundstücksarten, wie Ein- und Zweifamilienhäuser, vorrangig anzuwendende **Vergleichswertverfahren** findet bei der Grundsteuerwertermittlung gar **keine Anwendung**. Die Bewertungsmethoden des (vereinfachten) Ertragswertverfahrens nach den §§ 252 ff. BewG und des Sachwertverfahrens nach den §§ 258 ff. BewG sind zwingend vorgegeben und richten sich nach der Grundstücksart nach § 249 BewG.[2] Befinden sich auf dem Grundstück mehrere selbständige Gebäude und Gebäudeteile, ohne dass diese eigene wirtschaftliche Einheiten bilden, erfolgt die Wertermittlung für die gesamte wirtschaftliche Einheit, abhängig von der Grundstücksart entweder im Ertragswert- oder im Sachwertverfahren.[3]

(Einstweilen frei) 18–20

II. Bewertung im Ertragswertverfahren (§ 250 Abs. 2 BewG)

§ 250 Abs. 2 BewG bestimmt für welche Grundstücksarten das Ertragswertverfahren nach den §§ 252 ff. BewG anzuwenden ist. Im Ertragswertverfahren sind zu bewerten:[4]

▶ Einfamilienhäuser i. S. des § 249 Abs. 1 Nr. 1 BewG[5]
▶ Zweifamilienhäuser i. S. des § 249 Abs. 1 Nr. 2 BewG[6]
▶ Mietwohngrundstücke i. S. des § 249 Abs. 1 Nr. 3 BewG[7]
▶ Wohnungseigentum i. S. des § 249 Abs. 1 Nr. 4 BewG[8]

---

1 Schnitter in GrStG - eKommentar, BewG § 250 Rz. 8.
2 AE 250 Abs. 1 Satz 1 und Satz 2 AEBewGrSt; siehe zur Grundstücksart Bock in Grootens, BewG § 249 Rz. 19 ff.
3 AE 250 Abs. 4 AEBewGrSt; vgl. auch Bock in Grootens, BewG § 249 Rz. 22.
4 AE 250 Abs. 2 AEBewGrSt.
5 Siehe dazu Bock in Grootens, BewG § 249 Rz. 29 ff.
6 Siehe dazu Bock in Grootens, BewG § 249 Rz. 48.
7 Siehe dazu Bock in Grootens, BewG § 249 Rz. 52 f.
8 Siehe dazu Bock in Grootens, BewG § 249 Rz. 56.

22 Bei Ein- und Zweifamilienhäusern findet anders als bei der Bewertung für Zwecke der Erbschaft- und Schenkungsteuer, bei der vorrangig das Vergleichswertverfahren und das Sachwertverfahren als Auffangverfahren anzuwenden sind, das Ertragswertverfahren Anwendung. Eine **großzügige Villa** mit zwei zusätzlichen Wohnungen für Bedienstete ist folglich wie auch bei der Erbschaft- und Schenkungsteuer als Mietwohngrundstück zu bewerten. In der Verkehrswertermittlung würde ein solches Grundstück eher im Sachwertverfahren bewertet werden, wenn die einzelnen Wohnungen nicht tatsächlich vermietet wären.[1]

23–24 *(Einstweilen frei)*

III. Bewertung im Sachwertverfahren (§ 250 Abs. 3 BewG)

25 § 250 Abs. 3 bestimmt für welche Grundstücksarten das Sachwertverfahren nach den §§ 258 ff. BewG anzuwenden ist. Im Sachwertverfahren sind zu bewerten:[2]

- Geschäftsgrundstücke i. S. des § 249 Abs. 1 Nr. 6 BewG[3]
- Gemischt genutzte Grundstücke i. S. des § 249 Abs. 1 Nr. 7 BewG[4]
- Teileigentum i. S. des § 249 Abs. 1 Nr. 5 BewG[5]
- Sonstige bebaute Grundstücke i. S. des § 249 Abs. 1 Nr. 8 BewG[6]

26 Für die Bewertung von Geschäftsgrundstücken und gemischt genutzten Grundstücken im Sachwertverfahren ist es unerheblich, ob sich auf dem örtlichen Grundstücksmarkt eine **übliche Miete** ermitteln lässt. Anders als bei der Bewertung für Zwecke der Erbschaft- und Schenkungsteuer findet in diesem Fall nicht das Ertragswertverfahren Anwendung.[7] Eine solche Prüfung, ob eine übliche Miete auf dem örtlichen Grundstücksmarkt zu ermitteln ist, hätte einer weitgehend automationsgestützten Bewertung widersprochen.

27–28 *(Einstweilen frei)*

IV. Verfassungsrechtliche Bewertung zur Festlegung der Bewertungsmethoden

29 Die Festlegung bestimmter Bewertungsmethoden für die einzelnen Grundstücksarten begegnet **keinen durchgreifenden verfassungsrechtlichen Bedenken**. Die Regelungen des Bewertungsgesetzes müssen insbesondere mit dem allgemeinen Gleichheitssatz vereinbar sein. Art. 3 Abs. 1 GG lässt dem Gesetzgeber bei der Ausgestaltung von Bewertungsvorschriften für die steuerliche Bemessungsgrundlage einen weiten Spielraum, verlangt aber ein **in der Relation der einzelnen Bewertungsgegenstände zueinander realitätsgerechtes Bewertungssystem**.[8] Die Bemessungsgrundlage muss, um die gleichmäßige Belastung der Steuerpflichtigen zu gewährleisten, so gewählt und ihre Erfassung so ausgestaltet sein, dass sie den mit der Steuer verfolg-

---

[1] Vgl. auch Bock in Grootens, BewG § 249 Rz. 30 und 52; Mannek, Die große Grundsteuer-Reform 2020 S. 258, Anm. zu § 250 BewG.
[2] AE 250 Abs. 3 AEBewGrSt.
[3] Siehe dazu Bock in Grootens, BewG § 249 Rz. 64.
[4] Siehe dazu Bock in Grootens, BewG § 249 Rz. 68.
[5] Siehe dazu Bock in Grootens, BewG § 249 Rz. 60.
[6] Siehe dazu Bock in Grootens, BewG § 249 Rz. 72.
[7] Mannek, Die große Grundsteuer-Reform 2020 S. 258, Anm. zu § 250 BewG.
[8] BVerfG, Urteil v. 10.4.2018 - 1 BvL 11/14, 1 BvL 12/14, 1 BvL 1/15, 1 BvR 639/11, 1 BvR 889/12, Rz. 92, NWB MAAAG-80435.

ten **Belastungsgrund** in der Relation der Wirtschaftsgüter zueinander realitätsgerecht abbildet.[1] Um beurteilen zu können, ob die gesetzlichen Bemessungsregeln eine in der Relation der einzelnen Bewertungsgegenstände zueinander realitätsgerechte Bewertung und damit die Vergleichbarkeit der Bewertungsergebnisse im Einzelfall sicherstellen[2], muss das Gesetz das für den steuerlichen Belastungsgrund als maßgeblich erachtete **Bemessungsziel** erkennen lassen.[3]

Ausgehend von diesen Vorgaben hat der Gesetzgeber bei der Wahl der Bemessungsgrundlage und der Ausgestaltung der Ermittlungsregeln einen großen Spielraum, solange sie nur prinzipiell geeignet sind, den Belastungsgrund der Steuer zu erfassen.[4] Dabei ist der Gesetzgeber von Verfassungs wegen nicht verpflichtet, sich auf die Wahl nur eines **Maßstabs zur Bemessung der Besteuerungsgrundlage** festzulegen.[5] Je nach Art und Vielfalt der von der Steuer erfassten Wirtschaftsgüter wird eine gleichheitsgerechte Bemessung der Erhebungsgrundlage ohnehin oft nur durch die Verwendung mehrerer Maßstäbe möglich sein.[6] Bei der Wahl des geeigneten Maßstabs darf sich der Gesetzgeber auch von Praktikabilitätserwägungen leiten lassen, die je nach Zahl der zu erfassenden Bewertungsvorgänge an Bedeutung gewinnen und so auch in größerem Umfang **Typisierungen und Pauschalierungen** rechtfertigen können, dabei aber deren verfassungsrechtliche Grenzen wahren müssen.[7]

Aus diesen verfassungsrechtlichen Vorgaben ergibt sich, dass der Gesetzgeber bei der Wahl der Bewertungsmethode relativ frei ist.[8] Er ist nicht auf eine bestimmte Bewertungsmethode oder mehrere Bewertungsmethoden festgelegt.[9] Der Gesetzgeber kann sich, solange der **Belastungsgrund erfasst und das Bewertungsziel erreicht** wird, auf eine bestimmte Bewertungsmethode wie etwa im Kostenwertmodell der Länder aus dem Jahr 2016[10] festlegen oder wie mit § 250 BewG geschehen, für zwei Bewertungsmethoden in Abhängigkeit von der jeweiligen Grundstücksart entscheiden.

Bei der Wahl der Bewertungsmethoden zur Ermittlung des Grundsteuerwerts hat sich der Gesetzgeber insbesondere von **Praktikabilitätserwägungen** leiten lassen. Die wiederkehrende Bewertung von 36 Millionen wirtschaftlichen Einheiten kann nur **automationsunterstützt** sichergestellt werden.[11] Die Ausgestaltung der Bewertungsregelungen wird sich daher zwingend daran orientieren müssen, inwieweit typisierend festgelegte und elektronisch abrufbare Bewertungsparameter vorhanden sind. Das Ertragswertverfahren[12] hat der Gesetzgeber folgerichtig

---

1 BVerfG, Urteil v. 10.4.2018 - 1 BvL 11/14, 1 BvL 12/14, 1 BvL 1/15, 1 BvR 639/11, 1 BvR 889/12, Rz. 97, NWB MAAAG-80435.
2 Siehe zu den Belastungswirkungen der einzelnen Modelle: Löhr, ZFK 2019 S. 169; Jarass/Trautwetter, BB 2019 S. 1751; Stöckel, NWB 2020 S. 850, NWB YAAAH-44237.
3 BVerfG, Urteil v. 10.4.2018 - 1 BvL 11/14, 1 BvL 12/14, 1 BvL 1/15, 1 BvR 639/11, 1 BvR 889/12, Rz. 97, NWB MAAAG-80435.
4 BVerfG, Urteil v. 10.4.2018 - 1 BvL 11/14, 1 BvL 12/14, 1 BvL 1/15, 1 BvR 639/11, 1 BvR 889/12, Rz. 98, NWB MAAAG-80435.
5 BVerfG, Urteil v. 10.4.2018 - 1 BvL 11/14, 1 BvL 12/14, 1 BvL 1/15, 1 BvR 639/11, 1 BvR 889/12, Rz. 98, NWB MAAAG-80435.
6 BVerfG, Urteil v. 10.4.2018 - 1 BvL 11/14, 1 BvL 12/14, 1 BvL 1/15, 1 BvR 639/11, 1 BvR 889/12, Rz. 98, NWB MAAAG-80435.
7 BVerfG, Urteil v. 10.4.2018 - 1 BvL 11/14, 1 BvL 12/14, 1 BvL 1/15, 1 BvR 639/11, 1 BvR 889/12, Rz. 98, NWB MAAAG-80435.
8 Vgl. dazu auch Bock in Viskorf/Schuck/Wälzholz, BewG Vor §§ 176–198 Rz. 7 ff. zur Erbschaft- und Schenkungsteuer.
9 So auch Mayer, DB 2018 S. 2200.
10 Vgl. BR-Drucks. 515/16.
11 BT-Drucks. 19/11085 S. 98.
12 Siehe aber auch die Kritik bei Grootens in Grootens, BewG § 252 Rz. 126 ff.

für diejenigen Grundstücksarten und das land- und forstwirtschaftliche Vermögen[1] gewählt, bei denen er statistisch **durchschnittliche Erträge zur Erfassung des Sollertrags des Grundbesitzes** ermitteln konnte. Dies betrifft den weit überwiegenden Teil der wirtschaftlichen Einheiten. Bei den bebauten Grundstücken sind dies immerhin 24 Mio.[2] und bei dem land- und forstwirtschaftlichen Vermögen nochmals vier Mio. wirtschaftliche Einheiten.[3]

33 Nur ausnahmsweise kommt daher für ca. acht Mio. wirtschaftliche Einheiten das **Sachwertverfahren als Auffangverfahren** für die übrigen Grundstücksarten zur Anwendung. Bei den Grundstücksarten, die im Sachwertverfahren nach § 250 Abs. 3 BewG zu bewerten sind, konnte der Gesetzgeber keine durchschnittlichen Erträge ermitteln,[4] so dass er auf die durchschnittlichen Anschaffungs-/Herstellungskosten zurückgreifen durfte. Die Bewertungsmethoden sind darüber hinaus anerkannte Bewertungsmethoden der Grundstücksbewertung, sodass dem Grunde nach keine Zweifel bestehen, dass mit diesen der Belastungsgrund (Leistungsfähigkeit aufgrund des Innehabens von Grundbesitz) und das Bewertungsziel (am Verkehrswert orientierter Wert) erfasst bzw. erreicht wird.[5] Im Hinblick auf den Belastungsgrund, darauf aufbauend das Bewertungsziel und die Wahl der Bewertungsmethoden ist das Bundesmodell aus verfassungsrechtlicher Sicht unbedenklich.[6]

34 Erst in einem nächsten Schritt ist zu prüfen, ob die bei den Bewertungsmethoden vorgesehenen Typisierungen und Pauschalierungen den verfassungsrechtlichen Anforderungen entsprechen. Dabei dürfen die Anforderungen an den Gesetzgeber nicht überspitzt werden. Jede Pauschalierung und Typisierung führt zwangsläufig zu gewissen **Wertverzerrungen** und damit zu einer Ungleichbehandlung, die im Einzelfall erheblich sein kann. Das BVerfG hat dem Gesetzgeber, insbesondere bei einem Massenverfahren wie der Grundsteuer, einen weiten **Typisierungs- und Pauschalierungsspielraum** eingeräumt,[7] den der Gesetzgeber auch wahrnehmen können muss. Die Feststellung einer Ungleichbehandlung durch Wertverzerrungen genügt daher nicht, um eine Verfassungswidrigkeit annehmen zu können. Die Bewertungsmethoden müssen nur prinzipiell und nicht in jedem Einzelfall geeignet sein, das Bewertungsziel zu erreichen.

35 Selbst die Feststellung einer **strukturellen Überbewertung von günstigen Lagen** und einer **strukturellen Unterbewertung von teureren Lagen** in größeren Städten durch den Ansatz der Durchschnittsmieten genügt für sich allein genommen nicht.[8] Jeder Ansatz eines Durchschnittswerts (so auch der Ansatz der Bodenrichtwerte nach § 247 BewG, der pauschalierten Bewirtschaftungskosten nach § 255 BewG, der Liegenschaftszinssätze nach § 256 BewG, der

---

1 Vgl. dazu BT-Drucks. 19/11085 S. 99.
2 BT-Drucks. 19/11085 S. 112.
3 BT-Drucks. 19/11085 S. 112.
4 BT-Drucks. 19/11085 S. 112.
5 So auch Eisele, NWB 2019 S. 2043, 2049, NWB ZAAAH-21376; vgl. aber auch die Kritik bei Grootens in Grootens, BewG § 258 Rz. 141 ff.
6 So ebenfalls Löhr, Öffentliche Anhörung im Finanzausschuss des Deutschen Bundestages am 11.9.2019, http://go.nwb.de/v91w3 S. 12 ff.; Hey, Stellungnahme zu dem Entwurf der Fraktionen der CDU/CSU und SPD Grundsteuer-Reformgesetz (BT-Drucks. 19/11085) sowie dem Antrag der FDP-Fraktion (Grundsteuer – Einfaches Flächenmodell – BT-Drucks. 19/11144), http://go.nwb.de/38x7z, S. 8 f.; Wissenschaftlicher Dienst des BT, WD 4 - 3000 - 119/19, S. 13; Vogel, pM 2019 S. 206; a. A. Kirchhoff, DStR 2018 S. 2661; ders., DStR 2020 S. 1073; Marx, DStZ 2019 S. 372; krit. Feldner/Stoklassa, DStR 2019 S. 2505; Eichholz, DStR 2020 S. 1158.
7 BVerfG, Urteil v. 10.4.2018 - 1 BvL 11/14, 1 BvL 12/14, 1 BvL 1/15, 1 BvR 639/11, 1 BvR 889/12, Rz. 98, NWB MAAAG-80435.
8 So aber augenscheinlich Hey, Stellungnahme zu dem Entwurf der Fraktionen der CDU/CSU und SPD Grundsteuer-Reformgesetz (BT-Drucks. 19/11085) sowie dem Antrag der FDP-Fraktion (Grundsteuer – Einfaches Flächenmodell – BT-Drucks. 19/11144), http://go.nwb.de/38x7z S. 2 und 11; Löhr, Öffentliche Anhörung im Finanzausschuss des Deutschen Bundestages am 11.9.2019, http://go.nwb.de/v91w3 S. 5 f.; ders., ZFK 2019 S. 169.

Normalherstellungskosten nach § 259 BewG usw.) führt zwangsläufig zu einem überhöhten Ansatz der unter dem Durchschnittswert liegenden Werte und einem zu niedrigen Ansatz der über dem Durchschnittswert liegenden Werte. Jeder Versuch den Verkehrswert auf Basis von **objektivierten Schätzgrundlagen** zu ermitteln, muss zwangsläufig auf solche typisierenden Durchschnittssätze zurückgreifen. Insoweit ist bereits zweifelhaft, wann von einer den Einzelfall ausblendenden und verfassungsrechtlich zu rechtfertigenden Typisierung auszugehen ist und wann es sich um einen jedem objektivierenden Bewertungsverfahren methodisch immanenten vergleichenden Ansatz von Bewertungsparametern handelt.

Bei der Feststellung einer Ungleichbehandlung bei der Bewertung des Grundbesitzes ist darüber hinaus zu berücksichtigen, dass es einen zu einem beliebigen Zeitpunkt im Wege der Bewertung sicher zu bestimmenden Verkehrswert ohne tatsächliche Veräußerung nicht gibt. Bewertung ist in den meisten Fällen eine retrospektive Schätzung, welcher Wert am Markt wahrscheinlich zu erzielen sein wird. Aufgrund dieser Retroperspektive „rennt" der ermittelte Wert den tatsächlichen Verkehrswerten ein Stück weit hinterher. Ein realer **Verkehrswert im Bewertungszeitpunkt** kann daher nicht mit Sicherheit, sondern allemal mit einer gewissen Wahrscheinlichkeit festgestellt werden. Auch aus späteren Verkäufen kann nicht mit absoluter Sicherheit auf einen Verkehrswert zu einem früheren Zeitpunkt geschlussfolgert werden. Die Verkehrswertermittlung nach dem BauGB ist zwar kleinteiliger als die Bewertung nach dem BewG, aber ebenfalls auf Typisierungen und vergleichenden objektivierten Ansätzen angewiesen und kann unabhängig davon ebenfalls nicht mit absoluter Sicherheit einen Wert feststellen, der dem Wert am Markt tatsächlich entspricht.

36

Das Bundesverfassungsgericht nimmt wegen dieser Unwägbarkeiten einen **Bewertungskorridor von plus/minus 20 %**[1] der Verkaufspreise für ein und dasselbe Objekt an, innerhalb diesem ein festgestellter Wert als noch vertretbar angesehen werden kann.[2] Das grundlegende Problem bleibt allerdings bestehen. Der Wert, an dem eine vermeintliche Ungleichbehandlung zu prüfen wäre, kann nicht sicher festgestellt werden. Es wird auch selten mehrere tatsächliche Kaufpreise innerhalb eines überschaubaren Zeitraums für ein- und dasselbe Objekt geben. Damit gibt es auch keinen festen Wert, mit dem man die Einhaltung des 20 %-Korridors sicher prüfen könnte. Aufgabe des Gesetzgebers kann es daher nur sein, ein **Bewertungsverfahren** als Schätzgrundlage zu regeln, das zum Ziel hat, einen **Wert auf widerspruchsfreie, vergleichbare** und **nachprüfbare** Weise durch **objektiv ermittelte Bewertungsgrundlagen** zu erreichen, der sich in dem Gros der Fälle **innerhalb eines Korridors mit wahrscheinlich auf dem Markt üblicherweise zu erzielender Kaufpreise befindet**.[3] Dies ist dem Gesetzgeber mit der Ermittlung des Grundsteuerwerts im Wesentlichen gelungen.

37

Einzig für die **anzusetzenden Durchschnittsmieten** stellt sich für größere Städte die Frage, ob der Typisierungsspielraum des Gesetzgebers überschritten wurde.[4] Vor allem in **Großstädten** könnten die tatsächlich erzielbaren Mieten so weit auseinanderliegen, dass die lediglich von

38

---

1 Vgl. zur Relativierung des angenommenen Bewertungskorridors Bock in Viskorf/Schuck/Wälzholz, BewG Vor §§ 176–198 Rz. 13.
2 BVerfG, Urteil v. 7.11.2006 - 1 BvL 10/02, BStBl 2007 II S. 192, mit Berufung auf Seer, StuW 1997 S. 283; Moench, Erbschaft- und Schenkungsteuer, § 12 Abschnitt I Rz. 6; Wolf, DStR 1997 S. 349; Jakob, Möglichkeiten einer Vereinfachung der Bewertung des Grundbesitzes, 1992 S. 126; Mannek in Gürsching/Stenger, BewG § 146 Rz. 30; Loritz, DStR 1995, Beihefter zu Heft 8 S. 3.
3 Vgl. Bock in Viskorf/Schuck/Wälzholz, BewG Vor §§ 176–198 Rz. 13.
4 So insbesondere Seer, FR 2019 S. 941; zweifelnd auch Löhr, DStR 2019 S. 1433.

Baujahr und Grundstücksart abhängigen Durchschnittsmieten die tatsächlich erzielbaren Mieten zu sehr nivellieren. Diese Bedenken hätte der Gesetzgeber durch **Zuschläge auf die Durchschnittsmieten** bei Überschreiten bestimmter **Bodenrichtwertgrenzen** ausräumen können, deren konkrete Höhe ggf. in Abhängigkeit des jeweiligen Mietniveaus der Gemeinde bestimmt werden könnte.[1]

39 Bei der Frage, ob der Typisierungsspielraum insbesondere im Hinblick auf die Durchschnittsmieten überschritten ist, spielt auch eine Rolle, dass der Grundsteuerwert, wie auch ursprünglich beim Einheitswert vorgesehen, hinsichtlich der **Wertverhältnisse für sieben Jahre festgeschrieben** wird (hiergegen hat sich das BVerfG nicht generell gewendet[2]). Die Vergröberung bei der Bewertung führt dazu, dass in dem Hauptfeststellungszeitraum eintretende Veränderungen beispielsweise bei den tatsächlichen Mieteinnahmen sich nicht auf den Grundsteuerwert auswirken und damit innerhalb des Hauptfeststellungszeitraum grundsteuerrechtlich nicht zu einer Wertverzerrung führen können. Insoweit wäre es widersprüchlich einerseits zu einem bestimmten Feststellungszeitpunkt eine vermeintlich äußerst präzise Wertermittlung zu verlangen, diese anschließend für sieben Jahre hinsichtlich der Wertverhältnisse festzuschreiben und andererseits die dann in den sieben Jahren eintretende Verschiebung der Relation der Wirtschaftsgüter zueinander als verfassungsrechtlich hinnehmbar zu erklären. Unberücksichtigt kann auch nicht bleiben, dass das BVerfG und der BFH[3] erst nach Jahrzehnten der Wertfestschreibung den Einheitswert für die Grundsteuer für verfassungswidrig gehalten haben. Dies macht deutlich, dass der Gesetzgeber einen besonders weiten Typisierungs- und Pauschalierungsspielraum hat, den er mit den Bewertungsregelungen des Siebenten Abschnitts für Zwecke der Grundsteuer nicht überschritten hat.[4]

40 Andere **Grundsteuerkonzepte** wie das Flächenmodell nach dem **Äquivalenzprinzip**[5] dürften erheblich mehr Schwierigkeiten haben, ein den verfassungsrechtlichen Anforderungen entsprechendes Bewertungssystem aufzubauen und zutreffende Bewertungsmethoden zu bestimmen.[6] So ist bereits fraglich, ob das für Gebühren und Beiträge geltende Äquivalenzprinzip überhaupt eine für das Steuerrecht taugliche Grundlage in Bezug auf die konkrete Ausgestaltung von Steuern sein kann.[7]

41 Speziell bei der Grundsteuer kann das Äquivalenzprinzip nicht erklären, warum die Grundstücks- und Gebäudefläche, beispielsweise bei einer 70 m² großen Wohnung im Vergleich zu einer 75 m² großen Wohnung zu einer höheren **Inanspruchnahme von Gemeindeleistungen**, wie Straßenbau, ÖPNV, Kindergärten, Museen, Leistungen der Kommunalverwaltung usw. füh-

---

1 Ähnlich Löhr, ZFK 2019 S. 169.
2 BVerfG, Urteil v. 10.4.2018 - 1 BvL 11/14, 1 BvL 12/14, 1 BvL 1/15, 1 BvR 639/11, 1 BvR 889/12, Rz. 106 ff., NWB MAAAG-80435.
3 Im Jahr 2005 vom BFH ohne Einschränkung als noch verfassungsgemäß gehalten, Urteil v. 2.2.2005 - II R 36/03, BStBl 2005 II S. 428; vgl. auch BFH, Urteil v. 30.6.2010 - II R 60/08, BStBl 2010 II S. 897; BFH, Urteil v. 30.6.2010 - II R 12/09, BStBl 2011 II S. 48.
4 Offen Vogel, pM 2019 S. 206; zweifelnd Schmidt, NWB 2019 S. 3719, NWB BAAAH-36269; vgl. zur a. A. Grootens in Grootens, BewG § 252 Rz. 146 ff. m.w. N.
5 Siehe zum Äquivalenzmodell vertiefend Bock/Lapp in Grootens, NGrStG Vorwort Rz. 42 ff.
6 Ähnlich Löhr, ZFK 2019 S. 168; ders. BB 2019 S. 2589; Schmidt, DStR 2020 S. 249; Vogel, pM 2019, 206; Löhr, BB 2022 S. 87; Kriese/Löhr, WuM 2018 S. 312 (328); a. A. Wissenschaftlicher Dienst BT - WD 4 - 3000 - 147/18 S. 13; Freund, FR 2019 S. 931 m.w. N.; Kirchhoff, DStR 2018 S. 2661; Mayer, DB 2018 S. 2200; Leuchtenberg, NWB 2020 S. 1372, NWB DAAAH-47118.
7 Siehe vertiefend die zutreffende Ansicht bei Hey in Tipke/Lang, § 3 Rz. 46 m.w. N.; Seer, DB 2018 S. 1488; Löhr, ZFK 2019 S. 169; Becker, BB 2011 S. 535.

ren sollen, die teilweise mit der Grundstücks- und Gebäudegröße in keinerlei Zusammenhang stehen.[1] Die Grundsteuer ist zudem in seiner derzeitigen Ausgestaltung **nicht auf die Umlage auf den Nutzer** angelegt. Sie ist keine indirekte Steuer wie die Umsatzsteuer. Wird die Grundsteuer über das Äquivalenzprinzip begründet, müsste sie konsequenterweise den Grundstücksnutzern als den wesentlichen Leistungsbeziehern auferlegt werden und nicht dem Eigentümer des Grundstücks.[2] Dies gilt jedenfalls für solche Gemeindeleistungen, die nicht originär grundstücksbezogen sind. Die grundstücksbezogenen Leistungen werden darüber hinaus häufig über Beiträge umgelegt, sodass auch diesbezüglich fraglich ist, ob dann noch eine Steuer auf solche grundstücksbezogenen Leistungen begründet werden kann. Konsequenterweise müssten leerstehende Gebäude oder Wohnungen mangels Nutzern, welche die Gemeindeleistungen in Anspruch nehmen können, von der Grundsteuer ausgenommen sein.

Unklar beim Flächenmodell ist zudem, welches Bewertungsziel mit dem Flächenansatz als Bewertungsmethode erreicht werden soll. Dies müsste nach dem Konzept des Flächenmodells ein real existierender Wert für die Möglichkeit der Inanspruchnahme von Gemeindeleistungen sein.[3] Die Existenz eines solchen Zielwerts ist bisher nicht schlüssig begründet worden.[4] Nach Maiterth/Lutz liegt ein selbstreferenzielles System vor, das sich einer Überprüfung der Bewertungsergebnisse an real existierenden Werten entzieht.[5] Letztlich müsste auch die Bewertung des land- und forstwirtschaftlichen Vermögens in einem Flächenmodell dem Flächenansatz folgen. Mischkonzepte widersprechen den verfassungsrechtlichen Anforderungen einer folgerichtigen Ausgestaltung am Belastungsgrund und Bewertungsziel.[6]

42

§ 251 BewG Mindestwert

[1]Der für ein bebautes Grundstück anzusetzende Wert darf nicht geringer sein als 75 Prozent des Werts, mit dem der Grund und Boden allein als unbebautes Grundstück zu bewerten wäre (§ 247). [2]Bei der Bewertung von Ein- und Zweifamilienhäusern im Sinne des § 249 Absatz 2 und 3 ist bei der Ermittlung des Mindestwerts § 257 Absatz 1 Satz 2 anzuwenden.

Inhaltsübersicht	Rz.
A. Allgemeine Erläuterungen zu § 251 BewG	1 - 18
I. Normzweck und wirtschaftliche Bedeutung der Vorschrift	1 - 5
II. Entstehung und Entwicklung der Vorschrift	6 - 10
III. Geltungsbereich	11 - 14
IV. Verhältnis zu anderen Vorschriften	15 - 18
B. Systematische Kommentierung	19 - 33
I. Mindestwert bei bebauten Grundstücken (§ 251 Satz 1 BewG)	19 - 30
II. Mindestwert bei Ein- und Zweifamilienhäusern (§ 251 Satz 2 BewG)	31 - 33

---

1 So auch Hey, Stellungnahme zu dem Entwurf der Fraktionen der CDU/CSU und SPD Grundsteuer-Reformgesetz (BT-Drucksache 19/11085) sowie dem Antrag der FDP-Fraktion (Grundsteuer – Einfaches Flächenmodell – BT-Drucksache 19/11144), http://go.nwb.de/d2z0i S. 8 f.; kritisch auch Löhr, Öffentliche Anhörung im Finanzausschuss des Deutschen Bundestages am 11.9.2019, http://go.nwb.de/hx3o4 S. 12 ff.; ders., BB 2019 S. 2589; Maiterth/Lutz, StUW 2019 S. 22; Schmidt, DStR 2020 S. 249; Ronnecker, ZKF 2019 S. 265.
2 Ähnlich Löhr, BB 2019 S. 2589; vgl. auch ders. BB 2019 S. 91.
3 Ähnlich auch Seer, DB 2018 S. 1488; Vogel, pM 2019 S. 206; Ronnecker, ZKF 2019 S. 265.
4 Ebenso Löhr, BB 2020 S. 1687 (S. 1692); krit. auch Seer, DB 2018 S. 1488.
5 Maiterth/Lutz, StUW 2019 S. 22.
6 Siehe hierzu vertiefend Bock/Lapp in Grootens, NGrStG Vorwort Rz. 45 und § 11 Rz. 21 ff.

> **LITERATUR:**
> *Eisele*, Reform der Grundsteuer – Gesetzentwurf liegt vor!, Teil I, NWB 2019 S. 2043, NWB ZAAAH-21376; *Grootens*, Die Reform der Grundsteuer, NWB IAAAH-21201; *Schmidt*, Reform der Grundsteuer, NWB 2019 S. 3719, NWB BAAAH-36269; *Eisele/Wiegand*, Grundsteuerreform 2022/2025, Stand: Januar 2020 (1. Aufl.), NWB CAAAAH-44415; *Eggert*, Überblick zur Reform der Grundsteuer, BBK 5/2020 S. 227, NWB HAAAH-42948; *Mannek*, Die große Grundsteuer-Reform 2020 (1. Aufl.).
>
> **ARBEITSHILFEN UND GRUNDLAGEN ONLINE:**
> Berechnung der Grundsteuer nach der Gesetzesreform, Berechnungstool „Grundsteuer" nach dem Entwurf v. 21.6.2019, NWB NAAAH-30144.Grundsteuer: Grundbesitzbewertung ab 2022/2025 (Sach- und Ertragswertverfahren) – Checkliste mit Berechnungen, NWB NAAAH-93792.
>
> **VERWALTUNGSANWEISUNGEN:**
> Koordinierte Erlasse der obersten Finanzbehörden der Länder v. 9.11.2021 – Anwendung des Siebenten Abschnitts des Zweiten Teils des Bewertungsgesetzes zur Bewertung des Grundbesitzes (allgemeiner Teil und Grundvermögen) für die Grundsteuer ab 1.1.2022 (AEBewGrSt), BStBl I 2021 S. 2334.

A. Allgemeine Erläuterungen zu § 251 BewG

I. Normzweck und wirtschaftliche Bedeutung der Vorschrift

1 Das **typisierte Ertragswertverfahren** kann aufgrund der festgelegten Durchschnittsmieten und der Abzinsung des Bodenwerts in Abhängigkeit der Restnutzungsdauer des Wohngebäudes dazu führen, dass der Grundsteuerwert unterhalb des Werts des gedachten unbebauten Grund und Bodens nach § 247 BewG liegt. Auch beim **typisierten Sachwertverfahren** kann aufgrund der Wertzahlen nach § 260 BewG der Wert des gedachten unbebauten Grund und Bodens nach § 247 BewG unterschritten werden. § 251 Satz 1 BewG bestimmt in diesen Fällen, dass der für ein bebautes Grundstück anzusetzende Grundsteuerwert nicht geringer als **75 %** des Werts sein darf, mit dem der Grund und Boden allein als **unbebautes Grundstück** zu bewerten wäre.[1] § 251 BewG kann daher im Einzelfall erhebliche Auswirkungen auf die Höhe Grundsteuerwerts haben.

2 § 251 Satz 2 BewG bestimmt, dass die **Umrechnungskoeffizienten** der Anlage 36 zum BewG für Ein- und Zweifamilienhäuser nach § 249 Abs. 2 und 3 BewG mit abweichenden Grundstücksgrößen bei der Ermittlung des Mindestwerts **Anwendung** finden. Über die Umrechnungskoeffizienten der Anlage 36 zum BewG wird der Wert des Grund und Bodens aus Bodenrichtwert und Grundstücksfläche des Ein- oder Zweifamilienhauses in Abhängigkeit der Grundstücksgröße durch einen Faktor angepasst. Entsprechend verändert sich nach § 251 Satz 2 BewG der ggf. anzusetzende Mindestwert für das jeweilige Ein- und Zweifamilienhaus.

3–5 *(Einstweilen frei)*

II. Entstehung und Entwicklung der Vorschrift

6 § 251 BewG wurde mit dem **GrStRefG** v. 26.11.2019[2] in das BewG eingefügt.

7 Der Bundesrat hat sich im Gesetzgebungsverfahren für die **Streichung der Umrechnungskoeffizienten** der Anlage 36 zum BewG bei Ein- und Zweifamilienhäusern ausgesprochen und im Zusammenhang damit auch eine **Streichung von § 251 Satz 2 BewG** befürwortet.[3] Das Anlie-

---
1 A 251 Abs. 1 Satz 1 AEBewGrSt.
2 GrStRefG v. 26.11.2019, BGBl 2019 I S. 1794.
3 Siehe Stellungnahme des Bundesrats zum Regierungsentwurf, BT-Drucks. 19/13453 S. 20; vgl. auch Grootens in Grootens, BewG § 257 Rz. 46 ff.

gen des Bundesrats wurde im Gesetzgebungsverfahren zurecht[1] **nicht umgesetzt** und vom Bundesrat nicht weiter aufrecht erhalten.

(Einstweilen frei) 8–10

III. Geltungsbereich

§ 251 BewG findet auf im Bundesgebiet belegenes **Grundvermögen**[2] Anwendung, soweit die Länder in Bezug auf § 251 BewG nicht von ihrer Abweichungskompetenz nach Art. 72 Abs. 3 Satz 1 Nr. 7 GG Gebrauch gemacht haben und gilt **nicht** für das **land- und forstwirtschaftliche Vermögen**. § 251 BewG ist nach § 266 BewG erstmals für den **Hauptfeststellungszeitpunkt auf den 1.1.2022** anzuwenden.[3]

(Einstweilen frei) 12–14

IV. Verhältnis zu anderen Vorschriften

§ 251 BewG findet sowohl auf die Bewertung der Wohngrundstücke im Ertragswertverfahren nach **§§ 252 ff. BewG** als auch auf die Bewertung der Nichtwohngrundstücke im Sachwertverfahren nach **§§ 258 ff. BewG** Anwendung.[4] Der Mindestwert leitet sich vom Wert des gedachten unbebauten Grundstücks nach § 247 BewG ab. Beim Ansatz des Mindestwertes bei der Ermittlung des Grundsteuerwerts von Ein- und Zweifamilienhäusern i. S. von **§ 249 Abs. 2 und 3 BewG** sind die Umrechnungskoeffizienten für abweichende Grundstücksgrößen nach **§ 257 Abs. 1 Satz 2 BewG** zu berücksichtigen.

(Einstweilen frei) 16–18

B. Systematische Kommentierung

I. Mindestwert bei bebauten Grundstücken (§ 251 Satz 1 BewG)

§ 251 Satz 1 BewG bestimmt, dass der anzusetzende Grundsteuerwert eines bebauten Grundstücks **nicht geringer als 75 %** desjenigen Werts sein darf, den das Grundstück als **unbebautes Grundstück nach § 247 BewG** haben würde.[5] In einem typisierenden teils rein mathematischen Wertermittlungsverfahren können Ergebnisse entstehen, die zu nicht realistischen Werten führen würden. Der **Ansatz von Mindestwerten** ist daher in typisierenden Verfahren, wie etwa auch nach § 77 BewG für die Einheitsbewertung oder nach § 192 Satz 2 BewG für die Bewertung von Erbbaurechtsfällen für Zwecke der Erbschaft- und Schenkungsteuer **üblich**. 19

Der Mindestwertansatz berücksichtigt, dass bei nicht marktgerechter baulicher Nutzung die vorhandene Bebauung abgerissen werden müsste, um das Grundstück einer angemessenen Nutzung zuzuführen.[6] Der Mindestwertansatz nach § 251 BewG unterstellt dabei, dass ein gedachter Käufer eines Grundstücks wenigstens den Wert des Grund und Bodens abzüglich **pauschalierend unterstellten Abriss- und Freilegungskosten von 25 %** ansetzen würde.[7] Der Min- 20

---

1 So auch Mannek, Die große Grundsteuer-Reform 2020 S. 261, Anm. zu § 251 BewG.
2 Siehe hierzu vertiefend Bock in Grootens, BewG § 243 Rz. 10 f.
3 Schnitter in GrStG - eKommentar, BewG § 251 Rz. 7.
4 BT-Drucks. 19/11085 S. 112.
5 A 251 Abs. 1 Satz 1 AEBewGrSt.
6 Vgl. auch Mannek, Die große Grundsteuer-Reform 2020 S. 261, Anm. zu § 251 BewG.
7 BT-Drucks. 19/11085 S. 112.

destwertansatz ist vom **Typisierungsspielraum des Gesetzgebers** gedeckt. Der Ansatz tatsächlich anfallender Freilegungskosten scheidet aus.[1] In einem Massenverfahren wie der Wertermittlung für Zwecke der Grundsteuer wäre es nur mit unverhältnismäßig großem Aufwand möglich in jedem Einzelfall zu prüfen, ob der im Ertrags- oder Sachwertverfahren ermittelte Wert einen für die jeweilige Gegend üblichen Mindestwert abzüglich etwaiger im konkreten Einzelfall erforderlicher Abriss- und Freilegungskosten unterschreitet.

21 Zu einer **Unterschreitung des Mindestwerts** kann es sowohl im Ertragswert- als auch im Sachwertverfahren kommen. Im **Ertragswertverfahren** dürfte vor allem in teureren Lagen durch die **Abzinsung des Bodenwerts** und des Ansatzes von **kapitalisierten Durchschnittsmieten** jeweils in Abhängigkeit der Restnutzungsdauer des Gebäudes ein Unterschreiten des Mindestwerts auftreten. Im **Sachwertverfahren** dürfte der Mindestwert ebenfalls insbesondere bei hohen Bodenwerten und geringen Gebäudesachwerten anzusetzen sein, da dann eine **niedrige Wertzahl nach § 260 BewG** zum Ansatz kommt.

22 **BEISPIEL (FÜR ERTRAGSWERTVERFAHREN):** ▶ Sachverhalt:

Ein Mietwohngrundstück in Aachen ist auf den Stichtag 1.1.2022 zu bewerten. Das Grundstück weist folgende Eigenschaften auf:

- ▶ Grundstücksgröße: 1.000 m²
- ▶ Bodenrichtwert: 1.000 €/m²
- ▶ 5 Wohnungen zu je 70 m²
- ▶ Baujahr: 2011

LÖSUNG: ▶

	Ermittlung der monatlichen Nettokaltmiete	Zuschlag/Abschlag	€/m²
	gesetzlich normierte durchschnittliche Nettokaltmiete für Nordrhein-Westfalen (Anlage 39, Teil I)		7,38
+	Zuschlag für Aachen nach der Mietniveaustufe IV (Anlage 39, Teil II)	10 %	0,73
	monatliche Nettokaltmiete		8,11
Jährlicher Rohertrag EFH (8,11 €/m² x 350 m² x 12) =			34.062 €
Bewirtschaftungskosten (34.062 € x 21 %) = (RND 69 Jahre bei einer Gesamtnutzungsdauer von 80 Jahren lt. Anlage 38)			-7.153 €
Jährlicher Reinertrag =			26.909 €
Vervielfältiger = (gem. Anlage 37, RND 69 Jahre und Liegenschaftszinssatz 4 %)			23,33
Barwert des Reinertrags =			627.787 €
Bodenwert (1.000 m² x 1.000 €/m²) =			1.000.000 €
Abgezinster Bodenwert (1.000.000 x 0,0668) = (Abzinsungsfaktor gem. Anlage 41, RND 69 Jahre und Liegenschaftszinssatz 4 %)			66.800 €
Ertragswert (abgezinster Bodenwert + Barwert des Reinertrags)			694.587 €
Mindestwert (§ 251 BewG, Bodenwert 1.000.000 € x 75 %) (Ansatz, da höher als Ertragswert)			750.000 €
Grundsteuerwert			750.000 €

---

1 A 251 Abs. 1 Satz 3 AEBewGrSt; Mannek in Stenger/Loose, BewG § 251 Rz. 22.

BEISPIEL (FÜR SACHWERTVERFAHREN): Sachverhalt:

Ein großes Seegrundstück in begehrter Lage in Berlin, auf dem sich derzeit lediglich ein Bootshaus befindet (Sonstiges bebautes Grundstück; Gebäudeart 12.1), ist auf den Stichtag 1.1.2022 zu bewerten. Das Grundstück weist folgende Eigenschaften auf:

- Grundstück: 3.000 m²
- Bodenrichtwert: 1.000 €/m²
- Bruttogrundfläche: 100 m²
- Baujahr: 1990
- Baupreisindex 1.1.2022: 148,6

LÖSUNG:

Normalherstellungskosten (lt. Anlage 42, Baujahrgruppe vor 1995) =	148,6 €/m²
Baupreisindex (1.1.2022) =	130,0
Brutto-Grundfläche	100 m²
Gebäudenormalherstellungswert = (283 €/m² x 148,6/100 x 100 m²)	42.053 €
Alterswertminderung = (Gesamtnutzungsdauer 80 Jahre gem. Anlage 37, Gebäudealter 32 Jahre) (42.053 € x 32/80)	− 16.821 €
Gebäudesachwert =	25.232 €
Bodenwert = (3.000 m² x 1.000 €/m²)	3.000.000 €
Vorläufiger Sachwert (25.232 € + 3.000.000 €) =	3.025.232 €
Wertzahl (gem. Anlage 43)	0,7
Sachwert (§ 258 BewG) =	2.117.662 €
Mindestwert (§ 251 BewG, Bodenwert 3.000.000 € x 75 %) (Ansatz, da höher als Sachwert)	2.250.000 €
Grundsteuerwert =	2.250.000 €

Ist der nach dem Ertrags- oder Sachwertverfahren ermittelte Wert geringer als 75 % des Werts des gedachten unbebauten Grundstücks nach § 247 BewG, ist der Mindestwert anzusetzen. **Weitere Voraussetzungen** für den Mindestwertansatz **existieren nicht**, insbesondere muss die bauliche Ausnutzung eines Grundstückes nicht von der üblichen oder üblicherweise möglichen abweichen, so dass der unter normalen Verhältnissen zu erzielende Bodenpreis höher ist als es durch die Nutzung des Gebäudes zum Ausdruck kommt.[1] Die Anwendung der Vorschrift ist nicht auf bestimmte Ausnahmefälle beschränkt und wird auch nicht dadurch ausgeschlossen, dass Umstände vorliegen, die möglicherweise eine geringere Bewertung als den Mindestwert rechtfertigen würden.[2] Auch wenn der **Mindestwert** sich ausschließlich aus dem Bodenwert

---

[1] Vgl. BFH, Urteil v. 15.3.1963 - III 364/60 U, BStBl 1963 III S. 252 zu § 52 Abs. 2 BewG als Vorgängervorschrift zu § 77 BewG.
[2] So bereits RFH, Urteil v. 26.1.1933 - III A 7/33, RFHE 32 S. 282 zu § 56 Abs. 2 RBewG, einer Vorgängervorschrift zu § 77 BewG.

ermittelt, **umfasst** er die **gesamte wirtschaftliche Einheit** einschließlich der sich auf dem Grundstück befindlichen Gebäude.[1]

25 Die Mindestwertregelung setzt voraus, dass der Grund und Boden gemeinsam mit dem Gebäude eine wirtschaftliche Einheit bildet.[2] Der Mindestwertansatz findet daher auch in **Erbbaurechtsfällen** sowie anders als noch bei der Einheitsbewertung bei **Gebäuden auf fremdem Grund und Boden** Anwendung, da in diesen Fällen nach § 244 Abs. 2 Nr. 1 und 2 BewG das Erbbaurecht zusammen mit dem Erbbaugrundstück bzw. das Gebäude auf fremdem Grund und Boden gemeinsam mit dem dazugehörenden Grund und Boden eine wirtschaftliche Einheit bilden.[3]

26–30 *(Einstweilen frei)*

II. Mindestwert bei Ein- und Zweifamilienhäusern (§ 251 Satz 2 BewG)

31 § 251 Satz 2 BewG bestimmt, dass bei der **Ermittlung des Mindestwerts** die **Umrechnungskoeffizienten** der Anlage 36 zum BewG für Ein- und Zweifamilienhäusern i. S. des § 249 Abs. 2 und 3 BewG Anwendung finden.[4] Nach der Bestimmung des Werts des gedachten unbebauten Grundstücks mit dem Bodenrichtwert multipliziert mit der Fläche des betreffenden Grundstücks sind anschließend die Umrechnungskoeffizienten anzuwenden. Erst danach erfolgt der Abschlag von 25 % für die typisiert unterstellten Freilegungskosten.[5]

32 **BEISPIEL:**[6] **Sachverhalt:**

Ein Einfamilienhaus in Aachen ist auf den Stichtag 1.1.2022 zu bewerten. Das Grundstück weist folgende Eigenschaften auf:
- ▶ Grundstück: 1.000 m²
- ▶ Bodenrichtwert: 700 €/m²
- ▶ Wohnfläche: 80 m²
- ▶ Baujahr: 1923

LÖSUNG:

Ermittlung der monatlichen Nettokaltmiete	Zuschlag/Abschlag	€/m²
gesetzlich normierte durchschnittliche Nettokaltmiete für Nordrhein-Westfalen (Anlage 39, Teil I)		6,10
+ Zuschlag für Aachen nach der Mietniveaustufe IV (Anlage 39, Teil II)	10 %	0,61
= monatliche Nettokaltmiete		6,71

Jährlicher Rohertrag EFH (6,71 €/m² x 80 m² x 12) =	6.441 €
Bewirtschaftungskosten (6.441 € x 25 %) = (Mindest-RND 24 Jahre bei einer Gesamtnutzungsdauer von 80 Jahren lt. Anlage 38)	-1.610 €

---

1 Vgl. BFH, Urteil v. 14.5.1954 - III 17/53 S, BStBl 1954 III S. 211; BFH, Urteil v. 15.3.1963 - III 364/60 U, BStBl 1963 III S. 252 zu § 52 Abs. 2 BewG als Vorgängervorschrift zu § 77 BewG.
2 Mannek in Gürsching/Stenger, BewG § 77 Rz. 7; Halaczinsky in Rössler/Troll, BewG § 77 Rz. 4.
3 Schnitter in GrStG - eKommentar, BewG § 251 Rz. 10; vgl. zur Einheitsbewertung Mannek in Gürsching/Stenger, BewG § 77 Rz. 7; Halaczinsky in Rössler/Troll, BewG § 77 Rz. 4.
4 A 251 Abs. 2 AEBewGrSt.
5 Siehe Beispiel bei Grootens in Grootens, BewG § 252 Rz. 86.
6 Siehe auch das Beispiel bei A 251 Abs. 2 AEBewGrSt.

Jährlicher Reinertrag =	4.831 €
Vervielfältiger = (gem. Anlage 37, RND 24 Jahre und Liegenschaftszinssatz 2,3 % - Anpassung des Liegenschaftszinssatzes um 0,2 %, da der Bodenrichtwert 500 € um volle 200 € übersteigt)	18,29
Barwert des Reinertrags =	88.359 €
Bodenwert (1.000 × 700 €/m² × 0,84) = (Umrechnungskoeffizient aus Anlage 36 wegen abweichender Grundstücksgröße = 0,84)	588.000 €
Abgezinster Bodenwert (588.000 × 0,5794) = (Abzinsungsfaktor gem. Anlage 41, Restnutzungsdauer 24 Jahre und Liegenschaftszinssatz 2,3 %)	340.687 €
Ertragssteuerwert (abgezinster Bodenwert + Barwert des Reinertrags)	429.046 €
Mindestwert (§ 251 BewG, Bodenwert einschließlich Umrechnungskoeffizient 588.000 € × 75 %) (Ansatz, da höher als Ertragswert)	441.000 €
Grundsteuerwert	441.000 €

Die **Anwendung der Umrechnungskoeffizienten** für Ein- und Zweifamilienhäuser bei der Ermittlung des Mindestwerts ist **sachgerecht**.[1] Zwar ermittelt sich der Mindestwert anhand des gedachten unbebauten Grundstücks, jedoch ist in Ein- und Zweifamilienhaussiedlungen zu berücksichtigen, dass für unbebaute Grundstücke mit abweichenden Grundstücksgrößen der jeweilige Bodenrichtwert i. d. R. nicht verwirklicht werden kann. Eine entsprechende Regelung zur Anwendung der Umrechnungskoeffizienten der Anlage 36 zum BewG in § 247 BewG fehlt bei der Bewertung von tatsächlich unbebauten Grundstücken.[2]

33

§ 252 BewG Bewertung im Ertragswertverfahren

[1]Im Ertragswertverfahren ermittelt sich der Grundsteuerwert aus der Summe des kapitalisierten Reinertrags nach § 253 (Barwert des Reinertrags) und des abgezinsten Bodenwerts nach § 257. [2]Mit dem Grundsteuerwert sind die Werte für den Grund und Boden, die Gebäude, die baulichen Anlagen, insbesondere Außenanlagen, und die sonstigen Anlagen abgegolten.

Inhaltsübersicht	Rz.
A. Allgemeine Erläuterungen zu § 252 BewG	1 - 35
I. Normzweck und wirtschaftliche Bedeutung der Vorschrift	1 - 8
II. Entstehung und Entwicklung der Vorschrift	9 - 15
III. Geltungsbereich	16 - 25
IV. Verhältnis zu anderen Vorschriften	26 - 35
B. Systematische Kommentierung	36 - 156
I. Ermittlung des Grundsteuerwerts im Ertragswertverfahren (§ 252 Satz 1 BewG)	36 - 75
1. Entstehungsgeschichte und Grundlage des Ertragswertverfahrens	36 - 50
2. Systematik des Ertragswertverfahrens	51 - 75
II. Abgeltung der Grundstücksbestandteile durch den Ertragswert (§ 252 Satz 2 BewG)	76 - 85
III. Berechnungsbeispiel Ertragswertverfahren	86 - 95

---

1 Zur grundlegenden Kritik an den Umrechnungskoeffizienten vgl. Grootens in Grootens, BewG § 257 Rz. 46 ff.
2 Siehe hierzu vertiefend Bock in Grootens, BewG § 247 Rz. 82 f.

IV. Fehlende Öffnungsklausel zum Nachweis eines niedrigeren Werts - Übermaßverbot	96 - 125
V. Umsetzung der verfassungsrechtlichen Vorgaben	126 - 156
1. Vorgaben des BVerfG	126 - 135
2. Auffassung des Gesetzgebers	136 - 145
3. Kritische Würdigung des Ertragswertverfahrens	146 - 156

LITERATUR:

Bräutigam/Spengel/Winter, GrSt-Reform: Eine analytische Betrachtung der bundesgesetzlichen Regelung sowie weiterer Bewertungsverfahren, BB 40/2020 S. 2090; *Eichholz*, Novellierung der Grundsteuer – Überblick über die wesentlichen Änderungen und Konsequenzen der Grundsteuer-Reform sowie kritische Beurteilung ausgewählter Aspekte (Teil II), DStR 24/2020 S. 1217; *Eggert*, Überblick zur Reform der Grundsteuer - Wie sich Steuerberater und ihre Mandanten auf die Neuberechnung vorbereiten sollten, BBK 5/2020 S. 227, NWB HAAAH-42948; *Grootens*, Die Reform der Grundsteuer - Eine erste Analyse des Gesetzentwurfs der Bundesregierung v. 21.6.2019, NWB-EV 7/2019 S. 228, NWB IAAAH-21201; *Heine*, Reform des Bewertungs- und Grundsteuerrechts – Werden die Reformziele erreicht?, KStZ 1/2020 S. 1; *Löhr*, Entwurf zum Grundsteuer-Reformgesetz: Die große Unvollendete, DStR 28/2019 S. 1433; *Marx*, Ökonomische Analyse des Grundsteuer-Reformgesetzentwurfs, DStZ 2019 S. 372; *Seer*, Reform der Grundsteuer nach dem Entwurf der Bundesregierung, FR 2019 S. 941; *Schmidt*, Reform der Grundsteuer - Eine erste Analyse der Wertermittlung nach dem Ertragswertverfahren, NWB 50/2019 S. 3719, NWB BAAAH-36269.

ARBEITSHILFEN UND GRUNDLAGEN ONLINE:

Grundsteuer: Grundbesitzbewertung ab 2022/2025 (Sach- und Ertragswertverfahren) – Checkliste mit Berechnungen, NWB NAAAH-93792.

VERWALTUNGSANWEISUNGEN:

Koordinierte Erlasse der obersten Finanzbehörden der Länder v. 9.11.2021 - Anwendung des Siebenten Abschnitts des Zweiten Teils des Bewertungsgesetzes zur Bewertung des Grundbesitzes (allgemeiner Teil und Grundvermögen) für die Grundsteuer ab 1.1.2022 (AEBewGrSt), BStBl 2021 I S. 2334.

A. Allgemeine Erläuterungen zu § 252 BewG

I. Normzweck und wirtschaftliche Bedeutung der Vorschrift

1 Als vorrangige Bewertungsmethode kommt für Zwecke der Grundsteuer als **Sollertragsteuer** ein typisiertes **vereinfachtes Ertragswertverfahren** zur Anwendung. Nur wenn die Anwendung dieses Ertragswertverfahrens nicht in Betracht kommt, erfolgt eine Bewertung anhand eines **vereinfachten Sachwertverfahrens** als **Auffangverfahren**. Gemäß § 250 Abs. 2 BewG ist das Ertragswertverfahren nur für bestimmte **Grundstücksarten** (Wohngrundstücke) anzuwenden.[1] Das Ertragswertverfahren nach § 252 ff. BewG zur Bewertung des Grundvermögens für Zwecke der Grundsteuer wurde in Anlehnung an das **vereinfachte Ertragswertverfahren nach § 17 Abs. 2 Satz 1 Nr. 2 ImmoWertV 2010** geregelt.

2 § 252 Satz 1 BewG ordnet die **Ermittlung des Ertragswerts** als Summe aus dem **kapitalisierten Reinertrag** des Grundstücks nach § 253 BewG und dem **abgezinsten Bodenwert** nach § 257 BewG an. Darüber hinaus bestimmt § 252 Abs. 2 BewG, welche **Bestandteile des Grundstücks** mit dem im Ertragswertverfahren ermittelten Grundsteuerwert **abgegolten** sind.

3–8 *(Einstweilen frei)*

---

[1] Vgl. Bock in Grootens, BewG § 250 Rz. 21.

II. Entstehung und Entwicklung der Vorschrift

§ 252 BewG wurde mit dem GrStRefG v. 26.11.2019[1] in das BewG eingefügt und ist erstmals für den **Hauptfeststellungszeitpunkt 1.1.2022** anzuwenden (vgl. § 266 BewG).

(Einstweilen frei)

III. Geltungsbereich

Der **Anwendungsbereich** des Ertragswertverfahrens ist gem. § 250 Abs. 2 BewG in Abhängigkeit der festgestellten **Grundstücksart** i. S. des § 249 BewG festgelegt worden. **Bewertungsgegenstand** ist das Grundstück i. S. des § 244 Abs. 1 BewG. Bezogen auf das Bundesgebiet wären ca. 24 Millionen der insgesamt 36 Millionen wirtschaftliche Einheiten im Ertragswertverfahren zu bewerten.[2] Durch die abweichenden Länderregelungen verringert sich diese Zahl.

Die Vorschriften gelten gem. § 231 BewG nur für die Bewertung des **inländischen** zu bewertenden Vermögens. Dabei sind auch die inländischen Teile einer wirtschaftlichen Einheit zu bewerten, die sich sowohl auf das Inland als auch auf das Ausland erstrecken.

(Einstweilen frei)

IV. Verhältnis zu anderen Vorschriften

§ 252 Satz 1 BewG verweist zur Ermittlung des **Barwertes des Reinertrages** auf § 253 BewG und für die Ermittlung des **abgezinsten Bodenwerts** auf § 257 BewG. Die Anwendbarkeit des Ertragswertverfahrens wird in **§ 250 BewG** in Abhängigkeit der **Grundstücksarten** des § 249 BewG bestimmt. Die **Bestandteile des Grundstücks**, auf die sich die Abgeltungsanordnung des § 252 Satz 2 BewG bezieht, ergeben sich aus **§ 243 BewG**. Der **Mindestwert** nach § 251 BewG darf bei der Grundsteuerwertfeststellung nicht unterschritten werden.

(Einstweilen frei)

B. Systematische Kommentierung

I. Ermittlung des Grundsteuerwerts im Ertragswertverfahren (§ 252 Satz 1 BewG)

1. Entstehungsgeschichte und Grundlage des Ertragswertverfahrens

Die Bemessungsgrundlage der Grundsteuer knüpfte vor Einführung der Grundsteuerwerte nach dem Siebten Abschnitt des Zweiten Teils des BewG durch das GrStRefG[3] an die **Einheitswerte** des Ersten Abschnitts des Zweiten Teils des BewG an. Der Gesetzgeber verfolgte damit ursprünglich ein Konzept einer **mehrfachen Verwendung der Bewertungsgrundlagen** für verschiedene Steuern durch turnusmäßige Neubewertungen des Grundbesitzes (Hauptfeststellungen). Die Bewertung des Grundbesitzes gewährleistete das allgemeine Bewertungsziel des § 9 Abs. 1 BewG.

---

[1] GrStRefG v. 26.11.2019, BGBl 2019 I S. 1794.
[2] BT-Drucks. 19/11085 S. 112.
[3] GrStRefG v. 26.11.2019, BGBl 2019 I S. 1794.

37 Der nach § 21 Abs. 1 BewG normierte **Turnus von sechs Jahren** für eine neue **Hauptfeststellung** wurde jedoch durch Art. 2 Abs. 1 Satz 3 des Gesetzes zur Änderung des Bewertungsgesetzes (BewÄndG 1965) i. d. F. des Art. 2 des Gesetzes zur Änderung und Ergänzung bewertungsrechtlicher Vorschriften und des Einkommensteuergesetzes v. 22.7.1970[1] **ausgesetzt**. Infolgedessen lagen den Einheitswerten in den alten Ländern weiterhin die Wertverhältnisse der letzten Hauptfeststellung auf den **1.1.1964** zugrunde. Für Grundstücke in den neuen Ländern galten gem. § 129 Abs. 1 BewG weiterhin die Einheitswerte, die nach den Wertverhältnissen zum **1.1.1935** festgestellt worden sind oder noch festgestellt werden. Daneben kam für Mietwohngrundstücke und Einfamilienhäuser, für die ein im Veranlagungszeitpunkt für die Grundsteuer maßgebender Einheitswert 1935 nicht festgestellt wurde oder festzustellen ist, eine **Ersatzbemessungsgrundlage** nach § 42 GrStG zur Anwendung.

38 Für Fortschreibungen und Nachfeststellungen im laufenden Hauptfeststellungszeitraum waren gem. § 27 BewG weiterhin die **Wertverhältnisse der vorgenannten Hauptfeststellungszeitpunkte** zugrunde zu legen. Das Abstellen auf die unterschiedlichen Hauptfeststellungszeitpunkte und Bemessungsgrundlagen bei der Grundsteuer schloss eine **Nutzung der elektronisch vorhandenen Daten des Immobilienmarkts** und der **Geodateninfrastruktur** bisher weitgehend aus. Die Notwendigkeit einer Reform des Bewertungsrechts war deshalb seit Jahren unbestritten.

39 Das **Ertragswertverfahren** des bisherigen Systems der Einheitsbewertung auf der Grundlage der jährlichen Reinerträge nach §§ 78–82 BewG (Reinertragsverfahren)[2] wurde unter Berücksichtigung des aktuellen Stands des Wertermittlungsrechts und der aktuellen Datenlage **fortentwickelt**. Das Ertragswertverfahren nach § 252 ff. BewG wurde hierzu in Anlehnung an das vereinfachte Ertragswertverfahren nach **§ 17 Abs. 2 Satz 1 Nr. 2 ImmoWertV 2010** normiert.

40–50 *(Einstweilen frei)*

2. Systematik des Ertragswertverfahrens

51 Der Ertragswertmethodik liegt der Gedanke zugrunde, dass sich der **objektiviert-reale Wert** eines Grundstücks – ähnlich wie beim land- und forstwirtschaftlichen Vermögen – aus seinem **nachhaltig erzielbaren Reinertrag** ermitteln lässt. Im Ertragswertverfahren ist der auf den Bewertungsstichtag bezogene **Barwert** (Gegenwartswert) **aller zukünftigen Erträge** zu ermitteln. Hierbei ist zu beachten, dass die Lebensdauer (Nutzungsdauer) eines Gebäudes – im Gegensatz zum Grund und Boden – begrenzt ist. Während die Erträge oder Ertragsanteile für ein Gebäude nur für die am Bewertungsstichtag verbleibende und begrenzte Nutzungsdauer (**Restnutzungsdauer**) des Gebäudes kapitalisiert werden können, sind die dem Grund und Boden zuzurechnenden Erträge bzw. Ertragsanteile für eine unbegrenzte Nutzungsdauer als **„ewige Rente"** zu kapitalisieren. Der Wert des Grund und Bodens ist grundsätzlich eine stete Größe, die nur allgemeinen Wertschwankungen unterworfen ist.

52 Im **vereinfachten Ertragswertverfahren** nach §§ 252 ff. BewG wird diesen Grundsätzen der Wertfindung Rechnung getragen, indem der vorläufige Ertragswert am Bewertungsstichtag aus dem

---

[1] BGBl 1970 I S. 1118.
[2] Vgl. BT-Drucks. IV/1488 S. 56 ff.

- über die Restnutzungsdauer des Gebäudes **kapitalisierten jährlichen Reinertrag** des Grundstücks (Reinerträge aus Grund und Boden sowie Gebäude/ohne vorherigen Abzug einer Bodenwertverzinsung, vgl. § 253 BewG) zuzüglich des
- über die Restnutzungsdauer des Gebäudes **abgezinsten Bodenwerts** (vgl. § 257 BewG)

ermittelt wird.

Mit dem Ertragswertverfahren wird der Wert des Grundstücks durch Abzinsung/Kapitalisierung der Reinerträge ermittelt, die mit dem Grundstück dauerhaft erwirtschaftet werden können. Der Ertragswert stellt sich damit als **Barwert der zukünftigen Erträge des Grundstücks** dar. Der Ertragswertermittlung liegt damit der Gedanke zugrunde, dass das Gebäude über die Zeit seiner unterstellten **wirtschaftlichen Nutzungsdauer** Reinerträge erwirtschaftet. Um diesen wiederkehrenden Reinerträgen einen Wert zum Wertermittlungszeitpunkt zu geben, müssen diese kapitalisiert werden. Am Ende der Restnutzungsdauer eines Gebäudes erwirtschaftet dieses keine Erträge mehr, sodass lediglich der Wert des Grund und Bodens verbleibt. 53

Unterstellt wird, dass der Grund und Boden zum Ablauf der Restnutzungsdauer dem heutigen Wert entspricht, der auf den Wertermittlungszeitpunkt abzuzinsen ist. Der Kapitalisierung des jährlichen Reinertrags des Grundstücks und der Abzinsung des Bodenwerts ist jeweils derselbe **Liegenschaftszinssatz** zugrunde zu legen. Der Liegenschaftszinssatz entspricht den Erwartungen der Marktteilnehmer in die zukünftige Marktentwicklung und spiegelt die **marktübliche Verzinsung der Liegenschaften** wider. Dabei wird die Kapitalisierungs- bzw. Abzinsungsdauer nach der wirtschaftlichen Restnutzungsdauer des Gebäudes bemessen (wegen der Ermittlung der Liegenschaftszinssätze vgl. § 256 BewG, wegen der Ermittlung der Restnutzungsdauer vgl. § 253 Abs. 2 BewG). 54

PRAXISHINWEIS:
Aufgrund der sehr langen Abzinsungszeiträume von bis zu 80 Jahren wirkt sich der Bodenwert als einziger individueller Lagefaktor des Grundstücks innerhalb des Ertragswertverfahren bei jüngeren Gebäuden kaum aus.[1] Dies hat zur Folge, dass insbesondere bei älteren Gebäuden in hochwertiger Lage hohe Grundsteuerwerte aufgrund der hohen Bodenrichtwerte zu verzeichnen sind, während für jüngere Gebäude in diesen Lagen der Bodenrichtwert kaum ins Gewicht fällt. Da die Nettokaltmiete nicht an den Bodenrichtwert gekoppelt ist, spielt die Lage des Grundstücks bei Mietwohngrundstücken mit jungen Gebäuden nahezu keine Rolle. Bei Ein- und Zweifamilienhäusern und Wohnungseigentum ist der Effekt aufgrund der absinkenden Liegenschaftszinssätze in höherwertigen Lagen nicht ganz so stark ausgeprägt, so dass sich die höheren Bodenrichtwerte in etwas stärkerem Umfang als bei Mietwohngrundstücken widerspiegeln (vgl. zum besonderen Liegenschaftszinssatz bei Ein- und Zweifamilienhäusern Grootens in Grootens, § 256 BewG Rz. 35 ff. und bei Wohnungseigentum Grootens in Grootens, § 256 BewG Rz. 51 ff.). Je nach Höhe der Mietansätze in der Anlage 39 kann dies in hochwertigen Lagen zu dem kurios anmutenden Bewertungsergebnis führen, dass für ältere Mietwohngrundstücke nahezu derselbe Wert oder sogar ein höherer Wert als für ein in jüngerer Vergangenheit errichtetes Mietwohngrundstück festgestellt wird (vgl. Beispiel 2, →Rz. 87).

Der Berechnungsweise liegt der Gedanke zugrunde, dass in den **Mieten** eine **Abgeltung des Werts des Grund und Bodens** für den Zeitraum der typisierend angenommenen Restnutzungsdauer bereits enthalten ist und nach Ablauf der Restnutzungsdauer des Gebäudes der Wert des Grund und Bodens verbleibt. Der jährliche Reinertrag des Grundstücks wird daher in Abhängigkeit der Restnutzungsdauer des Gebäudes kapitalisiert und der heutige **Wert des Grund und Bodens** in Abhängigkeit der Restnutzungsdauer des Gebäudes auf den Bewertungsstichtag **abgezinst**. 55

---

[1] Vgl. mit ausführlichen Vergleichsrechnungen Bräutigam/Spengel/Winter, BB 40/2020 S. 2090.

56 Diese Vereinfachung berücksichtigt nicht, dass vor einer **Folgenutzung** des Grund und Bodens **Freilegungskosten** anfallen, um den Grund und Boden von dem nicht mehr nutzbaren Gebäude zu befreien.[1] Freilegungskosten werden lediglich bei der Festlegung des **Mindestwertes** für bebaute Grundstücke pauschal durch den **Abschlag von 25 %** vom Wert des unbebauten Grundstücks berücksichtigt.[2]

57 Für Ein- und Zweifamilienhäuser, Mietwohngrundstücke und Wohnungseigentum wird ein vorgegebener **durchschnittlicher Sollertrag** in Form einer Nettokaltmiete je Quadratmeter in Abhängigkeit der Lage des Grundstücks typisierend angenommen (vgl. § 254 BewG). Dieses Vorgehen soll in den meisten Fällen eine weitestgehend **automatisierte Feststellung von Grundsteuerwerten** sowie zukünftig bei gleichbleibenden tatsächlichen Verhältnissen eine vorausgefüllte Steuererklärung ermöglichen.

58 Den unterschiedlichen Ausprägungen einzelner Grundstücksarten soll insbesondere durch spezifische **Bewirtschaftungskosten** (vgl. § 255 BewG) und **Liegenschaftszinssätze** (vgl. § 256 BewG) Rechnung getragen werden. Das **Sachwertverfahren** dient gem. § 250 Abs. 3 BewG für Nichtwohngrundstücke als **Auffangverfahren**, da sich für diese nach den vorhandenen statistischen Quellen derzeit keine durchschnittlichen Nettokaltmieten für die gesamte Nutzung ermitteln lassen.[3] Die parallele Anwendung von Ertrags- und Sachwertverfahren im Rahmen der steuerlichen Bewertung des Grundbesitzes wurde durch das BVerfG ausdrücklich anerkannt.[4]

59 Das vereinfachte Ertragswertverfahren lässt sich über folgende **Formel**[5] darstellen:

$$EW = RE \times KF + BW \times AF$$

$$\text{wobei } KF = \frac{q^n - 1}{q^n \times (q - 1)} \qquad q = 1 + LZ$$

$$\text{wobei } LZ = \frac{p}{100}$$

$$\text{wobei } AF = q^{-n}$$

EW = Ertragswert
RE = jährlicher Reinertrag
KF = Kapitalisierungsfaktor (Barwertfaktor; Anlage 37 zum BewG)
AF = Abzinsungsfaktor (Barwertfaktor; Anlage 41 zum BewG)
BW = Bodenwert ohne selbständig nutzbare Teilfläche
LZ = Liegenschaftszinssatz
n = wirtschaftliche Restnutzungsdauer
p = Zinsfuß

60 Das hierauf aufbauende typisierte Ertragswertverfahren nach den §§ 252–257 BewG stellt sich schematisch wie folgt[6] dar:

---

[1] Vgl. Grootens, NWB-EV 7/2019 S. 228, NWB IAAAH-21201.
[2] Vgl. Bock in Grootens, BewG § 251 Rz. 20.
[3] Vgl. BT-Drucks. 19/11085 S. 86.
[4] BVerfG, Urteil v. 10.4.2018 - 1 BvL 11/14, 1 BvL 12/14, 1 BvL 1/15, 1 BvR 639/11, 1 BvR 889/12, NWB MAAAG-80435.
[5] Vgl. BT-Drucks. 19/11085 S. 113.
[6] Vgl. BT-Drucks. 19/11085 S. 113.

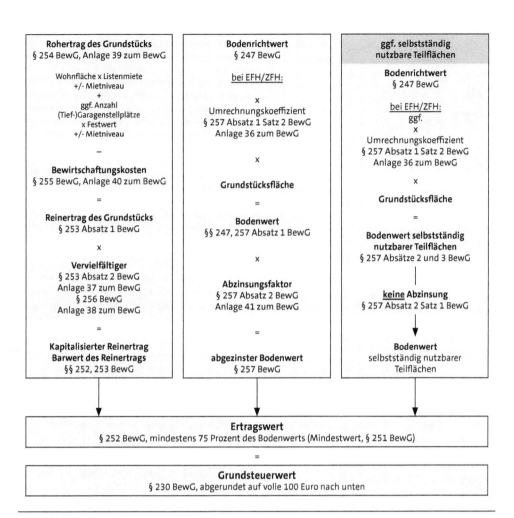

61 **Besondere objektspezifische Grundstücksmerkmale** (vgl. § 8 Abs. 3 ImmoWertV 2010) werden im Rahmen dieser typisierenden Wertermittlung nicht gesondert ermittelt.[1] Solche besonderen objektspezifischen Grundstücksmerkmale können, soweit dies dem gewöhnlichen Geschäftsverkehr entspricht, bei der **Verkehrswertermittlung** durch marktgerechte **Zu- oder Abschläge** oder in anderer geeigneter Weise berücksichtigt werden.

62 **BEISPIEL:** ▶ Besondere objektspezifische Grundstücksmerkmale sind beispielsweise eine wirtschaftliche Überalterung, ein überdurchschnittlicher Erhaltungszustand, Baumängel oder Bauschäden sowie von den marktüblich erzielbaren Erträgen erheblich abweichende Erträge.

63–75 *(Einstweilen frei)*

II. Abgeltung der Grundstücksbestandteile durch den Ertragswert (§ 252 Satz 2 BewG)

76 § 252 Satz 2 BewG bestimmt, dass die Werte für den **Grund und Boden**, die **Gebäude**, die **baulichen Anlagen**, insbesondere **Außenanlagen**, und die **sonstigen Anlagen** durch den Ansatz des Grundsteuerwerts abgegolten sind. Diese **Grundstücksbestandteile** gehören gem. § 243 Abs. 1 Nr. 1 BewG zum **Grundvermögen**.[2] Nach der Aufzählung des § 243 Abs. 1 Nr. 1 BewG gehören der Grund und Boden, die Gebäude, die sonstigen Bestandteile und das **Zubehör** zum Grundvermögen. Auch wenn das **Zubehör** in der Aufzählung des § 252 Satz 2 BewG nicht ausdrücklich genannt ist, kann m. E. davon ausgegangen werden, dass auch das Zubehör mit dem Grundsteuerwert im Ertragswertverfahren **abgegolten** ist. Es kann m. E. die Intention des Gesetzgebers unterstellt werden, dass die Abgeltungsanordnung allumfassend sein soll.

77 § 21 Abs. 1 ImmoWertV 2010 unterscheidet zwischen **baulichen** und **sonstigen Anlagen**. Die Außenanlagen werden wiederum in § 21 Abs. 3 ImmoWertV 2010 nach den **baulichen** und **sonstigen Außenanlagen** untergliedert. Hieraus folgt, dass mit „sonstigen Anlagen" i. S. der Vorschrift insbesondere der auf einem Grundstück vorhandene **Aufwuchs** angesprochen ist.[3]

78 **BEISPIELE:** ▶ Zu den baulichen **Außenanlagen** zählen z. B. befestigte Wege und Plätze, Ver- und Entsorgungseinrichtungen auf dem Grundstück und Einfriedungen. Zu den **sonstigen Anlagen** zählen insbesondere Gartenanlagen.

79–85 *(Einstweilen frei)*

III. Berechnungsbeispiel Ertragswertverfahren

86 **BEISPIEL 1:** ▶ Sachverhalt:

Ein Einfamilienhaus mit Garage in Münster, NRW, ist auf den Stichtag 1.1.2022 zu bewerten. Das Grundstück weist folgende Eigenschaften auf:

▶ Grundstück: 700 m²
▶ Bodenrichtwert 1.1.2022: 650 €/m²
▶ Wohnfläche nach Wohnflächenverordnung: 150 m²
▶ Baujahr: 2011

---

[1] Vgl. A 252 Abs. 2 AEBewGrSt.
[2] Vgl. Bock in Grootens, BewG § 243 Rz. 23 ff.
[3] Vgl. Kleiber, Verkehrswertermittlung von Grundstücken, Teil IV – ImmoWertV 2010, Rz. 47.

LÖSUNG:

Ermittlung der monatlichen Nettokaltmiete EFH	Zuschlag/Abschlag	€/m²
gesetzlich normierte durchschnittliche Nettokaltmiete für NRW (Anlage 39, Teil I, Baujahr ab 2001, Wohnung > 100 m²)		6,88
+ Zuschlag für Münster nach der Mietniveaustufe IV (Anlage 39, Teil II)	20 %	1,38
monatliche Nettokaltmiete		**8,26**

Ermittlung der monatlichen Nettokaltmiete Garage	Zuschlag/Abschlag	€/m²
gesetzlich normierte Nettokaltmiete (Anlage 39, Teil I, Festwert)		35,00
+ Zuschlag für Münster nach der Mietniveaustufe IV (Anlage 39, Teil II)	20 %	7,00
monatliche Nettokaltmiete		**42,00**

Jährlicher Rohertrag EFH (8,26 €/m² x 150 m² x 12) =	14.868 €
Jährlicher Rohertrag Garage (42 € x 12) =	504 €
Summe Jährlicher Rohertrag =	15.372 €
Bewirtschaftungskosten (15.372 € x 18 %) = (RND 69 Jahre bei einer Gesamtnutzungsdauer von 80 Jahren lt. Anlage 38)	-2.767 €
Jährlicher Reinertrag =	12.605 €
Vervielfältiger = (gem. Anlage 37, Restnutzungsdauer 69 Jahre und Liegenschaftszinssatz 2,4 % - Anpassung des Liegenschaftszinssatzes um 0,1 %, da der Bodenrichtwert 500 € um volle 100 € übersteigt)	33,56
Barwert des Reinertrags =	423.023 €
Bodenwert (700 m² x 650 €/m² x 0,92) = (Umrechnungskoeffizient aus Anlage 36 wegen abweichender Grundstücksgröße = 0,92)	418.600 €
Abgezinster Bodenwert (418.600 x 0,1947) = (Abzinsungsfaktor gem. Anlage 41, Restnutzungsdauer 69 Jahre und Liegenschaftszinssatz 2,4 %)	81.501 €
Grundsteuerwert (abgezinster Bodenwert + Barwert des Reinertrags), gerundet auf volle 100 €	504.500 €
Mindestwert (§ 251 BewG, Bodenwert 418.600 € x 75 %) (Kein Ansatz, da niedriger als Grundsteuerwert)	313.950 €

BEISPIEL 2: **Sachverhalt:**

Zwei ansonsten identische Mietwohngrundstücke mit unterschiedlichen Baujahren sind in Berlin auf den Stichtag 1.1.2022 zu bewerten. Die Grundstücke weisen folgende Eigenschaften auf:
- Grundstück: 1.000 m²
- Bodenrichtwert 1.1.2022: 2.500 €/m²
- Wohnfläche nach Wohnflächenverordnung: 8 Wohnungen mit je 150 m²
- Baujahr: Gebäude Grundstück A = 1947, Gebäude Grundstück B = 2000
- Mietniveaustufe Berlin: Stufe 4 = 10 % Zuschlag auf den Rohertrag

LÖSUNG:

	Grundstück A (Baujahr 1947)	Grundstück B (Baujahr 2000)
Rohertrag	106.603,20 € (Anlage 39 BewG) (8 x 150 m² x 6,73 €/m² x 12 x 110 %)	109.454,40 € (Anlage 39 BewG) (8 x 150 m² x 6,91 €/m² x 12 x 110 %)

Bewirtschaftungskosten	- 28.782,86 €	- 25.174,51 €
	(Anlage 40 BewG)	(Anlage 40 BewG)
Reinertrag	77.820,34 €	84.279,89 €
Vervielfältiger	x 14,50	x 20,49
	(Anlage 37 BewG)	(Anlage 37 BewG)
	(Mindest-RND 24 Jahre, 4,5 % LZS)	(RND 58 Jahre, 4,5 % LZS)
Kapitalisierter Reinertrag	1.128.394,87 €	1.726.894,95 €
Abgezinster Bodenwert	869.250 €	194.500 €
	(Anlage 41 BewG)	(Anlage 41 BewG)
	(2.500 €/m² x 1.000 m² x 0,3477)	(2.500 €/m² x 1.000 m² x 0,0778)
Grundsteuerwert	**1.997.600 €**	**1.921.300 €**
Mindestwert	1.875.000 €	1.875.000 €
	(kein Ansatz)	(kein Ansatz)

Anmerkung zur Lösung: Obwohl das Gebäude auf Grundstück B ein deutlich jüngeres Baujahr aufweist, ergibt sich für dieses Grundstück ein niedrigerer Grundsteuerwert als für das Grundstück A. Dies liegt zum einen am Ansatz der **Mindestrestnutzungsdauer** beim Gebäude auf Grundstück A. Statt der tatsächlichen Restnutzungsdauer von 5 Jahren wird gem. § 253 Abs. 2 Satz 5 BewG eine Mindestrestnutzungsdauer von 30 % der Gesamtnutzungsdauer zugrunde gelegt. Damit ergibt sich ein vergleichsweise hoher kapitalisierter Reinertrag für das Grundstück A. Zum anderen wirkt sich der hohe Bodenrichtwert aufgrund der unterschiedlichen **Abzinsungsfaktoren** beim Grundstück A deutlich stärker aus. Diese starke Abweichung wird nicht durch höhere Roherträge beim Grundstück B ausgeglichen, da die typisierten Mietansätze in der Anlage 39 zum BewG die hochwertigen Lagen innerhalb einer Kommune nicht ausreichend berücksichtigen (vgl. auch die Ausführungen in →Rz. 54). Im Ergebnis werden insbesondere Mietwohngrundstücke jüngeren Baujahrs gegenüber Mietwohngrundstücken älteren Baujahrs strukturell unterbewertet. Eine **relations- und realitätsgerechte Bewertung,** wie das BVerfG sie im Urteil[1] vom 10.4.2018 fordert, wird damit nicht erreicht (vgl. zur Kritik am Ertragswertverfahren ausführlich →Rz. 146 ff.).

88–95 *(Einstweilen frei)*

IV. Fehlende Öffnungsklausel zum Nachweis eines niedrigeren Werts - Übermaßverbot

96 Eine **Öffnungsklausel** (auch Escape-Klausel genannt) zum **Nachweis des niedrigen gemeinen Werts** ist vom Gesetzgeber im System der Grundsteuerwertermittlung nach dem Siebten Abschnitt des Zweiten Teils des BewG nicht vorgesehen. Eine solche Regelung sieht z. B. § 198 BewG für die Grundbesitzbewertung für Zwecke der Erbschaft-, Schenkung- und Grunderwerbsteuer vor. Im Rahmen der Grundsteuerwertermittlung geht der Gesetzgeber offenbar davon aus, dass die aufgrund der Typisierungen bei den Bewertungsverfahren **systemimmanenten**

---

[1] BVerfG, Urteil v. 10.4.2018 - 1 BvL 11/14, 1 BvL 12/14, 1 BvL 1/15, 1 BvR 639/11, 1 BvR 889/12, NWB MAAAG-80435.

Wertverzerrungen durch den Steuerpflichtigen hinzunehmen sind.[1] In der Gesetzesbegründung zum GrStRefG[2] geht der Gesetzgeber auf die Problematik einer unzutreffend hohen Bewertung nicht ein.

Dem Vorschlag von Löhr, eine **Öffnungsklausel** in das Gesetz zu implementieren, die erst ab einer gewissen (größeren) Abweichung greift und somit den Verwaltungsaufwand in Grenzen hält, ist der Gesetzgeber nicht gefolgt.[3] Seer sieht aufgrund der vielen Typisierungen die Gefahr einer systembedingten Übersteuerung, gegen die kein effektiver **Rechtsschutz** eröffnet wird.[4] Dies werde gegenüber Art. 19 Abs. 4 GG nicht zu halten sein. — 97

Durch die Wahl des **Sollertrags als Belastungsgrund** wird der Verkehrswertbegriff als Bewertungsziel umgangen (vgl. für die Grundbesitzbewertung § 177 BewG - gemeiner Wert). Gleichwohl bedient sich der Gesetzgeber **Verkehrswertermittlungsgrundsätzen** und **-verfahren** zur Ermittlung der Grundsteuerwerte (vgl. → Rz. 39). Aufgrund des für unbebaute Grundstücke gewählten Bewertungsmaßstabs Bodenrichtwert und der Anlehnung des vereinfachten Ertragswertverfahren und des Sachwertverfahrens an die **ImmoWertV 2010** zur Herleitung der Grundsteuerwerte für bebaute Grundstücke müssen sich die **Bewertungsergebnisse m. E. gleichwohl am Verkehrswert des jeweiligen Grundstücks messen** lassen.[5] — 98

Bereits mit Urteil v. 26.6.1981 hatte der BFH[6] entschieden, dass bei der Einheitsbewertung typisierte Bewertungsergebnisse nicht in jedem Fall hinzunehmen sind. Die **Durchschnittswerte** für die **Raummeterpreise** im Sachwertverfahren könnten zu **ermäßigen oder zu erhöhen** sein, wenn sie für den gemeinen Wert des Gebäudes bedeutsame Eigenschaften und Umstände z. B. hinsichtlich Bauart, Bauweise, Konstruktion und Objektgröße nicht ausreichend berücksichtigen und die **Abweichung** zwischen dem auf Grundlage der Durchschnittswerte (Anlagen 14 und 15 zu Abschnitt 38 BewRGr) und dem nach den **tatsächlichen durchschnittlichen Herstellungskosten** vergleichbarer Bauwerke ermittelten Gebäudenormalherstellungswert **außerhalb** jeder bei Anwendung von Durchschnittswerten **üblichen und noch vertretbaren Toleranz** liegt. — 99

Bei der Bedarfswertermittlung für Gebäude auf fremdem Grund und Boden hatte der BFH[7] entschieden, dass wenn der nach § 148 Abs. 2 i.V. mit Abs. 1 Satz 1 BewG ermittelte Wert solch eines Grundstücks im Einzelfall gegen das **Übermaßverbot** verstößt, er im Wege **verfassungskonformer Auslegung der Vorschrift** auf den **Verkehrswert des Grundstücks herabzusetzen** ist. Einer gesetzlichen Öffnungsklausel bedarf es für die Herabsetzung folglich nicht. — 100

Diese für die Bedarfswertermittlung ergangen Rechtsprechung wollte der **BFH** bis zuletzt nicht auf die Einheitsbewertung übertragen wissen.[8] Da die Einheitsbewertung des inländischen Grundbesitzes nur noch für die Grundsteuer von Bedeutung ist, seien **Wertverzerrungen bei der Bemessungsgrundlage** wegen der geringeren steuerlichen Belastungswirkung **verfassungsrechtlich in höherem Ausmaß hinnehmbar** als bei der Erbschaftsteuer und der Schen- — 101

---

1 Gl. A. Seer, FR 20/2019 S. 941.
2 GrStRefG v. 26.11.2019, BGBl 2019 I S. 1794.
3 Vgl. Löhr, DStR 28/2019 S. 1433.
4 Vgl. Seer, FR 20/2019 S. 941.
5 Gl. A. Löhr, DStR 28/2019 S. 1433.
6 BFH, Urteil v. 26.6.1981 - III R 3/79, BStBl 1981 II S. 643, NWB DAAAA-91657.
7 BFH, Urteil v. 2.7.2004 - II R 9/02, BStBl 2004 II S. 1039, NWB YAAAB-27809.
8 BFH, Urteil v. 30.6.2010 - II R 60/08, BStBl 2010 II S. 897, NWB FAAAD-48042 unter Verweis auf BFH, Urteil v. 2.2.2005 - II R 36/03, BStBl 2005 II S. 428 und auf BFH, Urteil v. 21.2.2006 - II R 31/04, NWB OAAAB-89184.

kungsteuer. Die im Urteilsfall vom FG angeführte o. g. Rechtsprechung zum **Übermaßverbot** bei der früher in § 148 BewG vorgesehenen Ermittlung des Grundstückswerts für Grundstücke lasse sich daher auf die **Einheitsbewertung** von inländischem Grundbesitz **nicht übertragen**.

102 Dieser Auffassung wurde zunächst in der Literatur widersprochen. Der BFH berücksichtigt nach m. E. zutreffendem Einwand von Zimmermann[1] damit nicht ausreichend, dass die **Grundsteuer Jahr für Jahr erhoben** wird und eine unzutreffende Bewertung sich damit u.U. über Jahrzehnte auswirkt. Selbst wenn die steuerliche Auswirkung pro Jahr keinen fünfstelligen Betrag erreichen sollte, verlangte der **allgemeine Gleichheitssatz** seines Erachtens eine hinreichend folgerichtige Ausgestaltung der Einheitsbewertung unter Berücksichtigung der seit 1.1.1964 eingetretenen tatsächlichen Veränderungen.

103 Auch weniger einschneidende Steuern entbinden nach ebenso überzeugender Auffassung von Dötsch[2] den Gesetzgeber nicht von der **Beachtung und Verwirklichung des steuerlichen Gleichbehandlungsgebots** (Art. 3 Abs. 1 GG) und des damit zusammenhängenden Prinzips der bei allen Ertragsteuern (und damit auch bei der Grundsteuer als einer - wenn auch grob strukturierten - Sollertragsteuer) Geltung beanspruchenden **Besteuerung nach der Leistungsfähigkeit**.

104 Schließlich hat auch das **BVerfG**[3] in seiner Entscheidung zur **Verfassungswidrigkeit der Einheitsbewertung** vom 10.4.2018 dieser Auffassung des BFH eindeutig widersprochen. Das vielfach vorgebrachte Argument der **Geringfügigkeit der Grundsteuer** trage nicht. Es möge zwar sein, dass bei einer absolut geringen Steuerbelastung Brüche und Ungleichbehandlungen in den Randbereichen bei der Feststellung der Bemessungsgrundlage mit entsprechenden Konsequenzen für die Bemessung der Steuer eher rechtfertigungsfähig und hinnehmbar sind als bei Steuern mit hoher Belastungswirkung. Das steuerliche **Gleichbehandlungsgebot aus Art. 3 Abs. 1 GG** verlange im Grundsatz jedoch **auch bei geringen Steuerbelastungen** Beachtung.

105 Es bedürfe im Urteil keiner abschließenden Entscheidung, inwieweit solche Geringfügigkeitsargumente überhaupt verfassungsrechtlich tragfähig sind. Eine **substantielle und weitgreifende Ungleichbehandlung** wie bei den festgestellten Wertverzerrungen im Kernbereich einer Steuererhebung vermögen **Geringfügigkeitserwägungen** jedenfalls **nicht zu rechtfertigen**. Es sei für die verfassungsrechtliche Beurteilung von Gleichheitsverstößen in der Einheitsbewertung deshalb grundsätzlich auch ohne Belang, dass sie mittlerweile wegen ihrer weitgehenden Begrenzung auf das Recht der Grundsteuer wesentlich an allgemeiner Bedeutung verloren hat.

106 Bei der Grundbesitzbewertung von land- und forstwirtschaftlichen Betrieben mit dem **Liquidationswert** gem. § 166 BewG ist – wie bei den Grundsteuerwerten des Siebten Abschnitts des Zweiten Teils des BewG – eine **Öffnungsklausel** zum Nachweis des niedrigeren gemeinen Werts **im BewG nicht verankert**. Um einen Verstoß gegen das **grundgesetzliche Übermaßverbot** zu verhindern, ist nach Auffassung des BFH[4] der Nachweis eines niedrigeren gemeinen Werts bei verfassungskonformer Auslegung auch dann geboten, wenn er nach dem Wortlaut des BewG nicht vorgesehen ist. Diese ursprünglich zur pauschalierten Bewertung von erbbaurechtsbelasteten Grundstücken ergangene Rechtsprechung gelte auch dann, wenn der Steuerpflichtige ein Grundstück aus einem land- und forstwirtschaftlichen Betrieb nach dem Bewer-

---

[1] Zimmermann, Anmerkung in EFG 2009 S. 161.
[2] Dötsch, jurisPR-SteuerR 27/2005 Rz. 1.
[3] BVerfG, Urteil v. 10.4.2018 - 1 BvL 11/14, 1 BvL 12/14, 1 BvL 1/15, 1 BvR 639/11, 1 BvR 889/12, Rz. 127 und 141, NWB MAAAG-80435.
[4] BFH, Urteil v. 30.1.2019 - II R 9/16, BStBl 2019 II S. 599.

tungsstichtag veräußert hat und der Wert für dieses Grundstück nach § 166 Abs. 2 BewG zu ermitteln ist.

Im Streitfall betrug der vom FA nach § 166 Abs. 2 Nr. 1 BewG ermittelte und **angesetzte Wert das 1,55-fache** des durch den zeitnahen Verkauf **nachgewiesenen tatsächlich erzielten Veräußerungserlöses**. Der Grundbesitzwert war deshalb i. H. des Veräußerungserlöses anzusetzen. Der sich bei typisierender Bewertung mit dem Bodenrichtwert ergebende Wert übersteigt damit den nachgewiesenen gemeinen Wert so erheblich, dass sich der festgestellte Grundstückswert als **extrem über das normale Maß hinausgehend** erweist.

BEISPIEL: Extrem über das normale Maß hinaus geht beispielsweise das **Dreifache des gemeinen Werts**[1] bzw. das rund **1,4-fache**[2] eines aus dem Bodenrichtwert errechneten **Verkehrswerts**. Eine Bewertungsdifferenz von **10 %**[3] ist hingegen als Folge der typisierenden Bewertungsmethode aufgrund der mit der Wertschätzung verbundenen **Ungenauigkeit hinzunehmen**.

PRAXISHINWEIS:
Der BFH hat eine Übertragung seiner zur Bedarfswertermittlung ergangenen Rechtsprechung zum Übermaßverbot bisher mit Hinweis auf die Geringfügigkeit der Grundsteuer abgelehnt. Dieses Argument ist durch die Rechtsprechung des BVerfG zur Verfassungswidrigkeit der Einheitsbewertung hinfällig geworden. Steuerpflichtige, bei denen der ermittelte Grundsteuerwert deutlich über dem Verkehrswert liegt, können sich daher m. E. auf die Rechtsprechung des BVerfG und das Übermaßverbot berufen und eine Herabsetzung des Grundsteuerwerts auf den durch tatsächlich erzielten Kaufpreis oder Sachverständigengutachten nachgewiesenen Verkehrswert verlangen.[4] Dies ist im Hinblick auf die notwendige Verletzung des Übermaßverbotes und auf die Vorgaben des BVerfG zur Ermittlung des Verkehrswerts (vgl. ausführlich →Rz. 128) allerdings nur dann möglich, wenn der nachgewiesene tatsächliche gemeine Wert um mehr als 20 % unter dem festgestellten Grundsteuerwert liegt. Der Steuerpflichtige trägt hierfür die Beweislast.

Auch nach Auffassung von Eggert ist es höchst problematisch, dass keine Berücksichtigung eines **Renovierungsstaus** und auch sonstiger **Schäden**, aber insbesondere auch nicht der Nachweis eines **tatsächlichen** (niedrigeren) **Werts** im Bewertungsgesetz vorgesehen sind.[5] Zu begründen sei dies wohl nur mit der notwendigen **Vereinfachung** des Wertfindungsverfahrens. Unschwer nachvollziehbar sei, dass dies in Einzelfällen zu einer **Übermaßbesteuerung** führen kann. Mindestens den Nachweis eines niedrigeren Werts hätte das Gesetz seines Erachtens im Hinblick auf eine **sachgerechte Steuerfestsetzung** vorsehen müssen. Sollte das BMF zusammen mit den Länderfinanzministerien hier eine praktikable Abhilfe auf Verwaltungsebene schaffen, sei das mehr als zu begrüßen.

Es sei nach Auffassung von Eggert denkbar, dass die Praxis darauf mit Anträgen reagieren wird, bereits den Grundsteuerwert aus **Billigkeitsgründen** abweichend festzusetzen.[6] Eine solche **Vorgehensweise** ist m. E. durch § 220 Satz 2 BewG **ausgeschlossen**,[7] da diese Regelung die Anwendung von § 163 AO (abweichende Festsetzung von Steuern aus Billigkeitsgründen) bei der Ermittlung der Grundsteuerwerte ausschließt.

(Einstweilen frei)

---

1 Vgl. BFH-Urteil v. 5.5.2004 - II R 45/01, BStBl 2004 II S. 1036, NWB ZAAAB-23792.
2 Vgl. BFH-Urteil v. 23.10.2002 - II B 153/01, BStBl 2003 II S. 118, NWB QAAAA-89425.
3 Vgl. BFH-Urteil v. 11.12.2013 - II R 22/11, NWB FAAAE-65759.
4 Gl. A. Schnitter in GrStG - eKommentar, § 252 BewG Rz. 11.
5 Vgl. Eggert, BBK 5/2020 S. 227, NWB HAAAH-42948.
6 Vgl. Eggert, BBK 5/2020 S. 227 NWB HAAAH-42948, gl. A. Eichholz, DStR 24/2020 S. 1217.
7 Vgl. Wredenhagen in Grootens, BewG § 220 Rz. 71 ff.

V. Umsetzung der verfassungsrechtlichen Vorgaben

1. Vorgaben des BVerfG

126 Das BVerfG hielt in seinem Urteil[1] v. 10.4.2018 die Vorschriften über die **Einheitsbewertung** jedenfalls seit dem Bewertungsstichtag **1.1.2002 für verfassungswidrig**, weil die Aussetzung einer erneuten Hauptfeststellung über einen langen Zeitraum systembedingt in erheblichem Umfang zu **Ungleichbehandlungen** durch **ungleiche Bewertungsergebnisse** führt, die mit dem allgemeinen Gleichheitssatz nach Art. 3 Abs. 1 GG nicht zu vereinbaren sind. Eine ausreichende **Rechtfertigung** für diese Ungleichbehandlungen ergibt sich für die Einheitsbewertung und die Grundsteuererhebung

- ▶ weder allgemein aus dem Ziel der Vermeidung eines allzu großen **Verwaltungsaufwands**
- ▶ noch aus Gründen der **Typisierung und Pauschalierung**
- ▶ noch wegen **Geringfügigkeit der Grundsteuerlast**
- ▶ noch aus einer etwaigen Kompensation durch **Nachfeststellungen** und **Wertfortschreibungen**.

127 Zu den **verfassungsrechtlichen Anforderungen** einer gleichheitsgerechten Bewertung führte das BVerfG[2] grundlegend aus:

- ▶ Der Gesetzgeber hat bei der **Wahl der Bemessungsgrundlage** und bei der Ausgestaltung der **Bewertungsregeln** einer Steuer einen großen Spielraum, solange sie geeignet sind, den **Belastungsgrund der Steuer** zu erfassen und dabei die **Relation der Wirtschaftsgüter** zueinander **realitätsgerecht** abzubilden.

- ▶ Um beurteilen zu können, ob die gesetzlichen Bemessungsregeln eine in der Relation realitätsgerechte Bewertung der erfassten Güter und damit die Vergleichbarkeit der Bewertungsergebnisse im Einzelfall sicherstellen, muss das Gesetz das für den steuerlichen **Belastungsgrund** als maßgeblich erachtete **Bemessungsziel** erkennen lassen.

- ▶ Dabei ist der Gesetzgeber von Verfassungs wegen auch nicht verpflichtet, sich auf die Wahl nur eines Maßstabs zur Bemessung der Besteuerungsgrundlage festzulegen. Je nach Art und Vielfalt der von der Steuer erfassten Wirtschaftsgüter wird eine gleichheitsgerechte Bemessung der Erhebungsgrundlage ohnehin oft nur durch die **Verwendung mehrerer Maßstäbe** möglich sein. Bei der Wahl des geeigneten Maßstabs darf sich der Gesetzgeber auch von **Praktikabilitätserwägungen** leiten lassen, die je nach Zahl der zu erfassenden Bewertungsvorgänge an Bedeutung gewinnen und so auch in größerem Umfang **Typisierungen** und **Pauschalierungen** rechtfertigen können, dabei aber deren **verfassungsrechtliche Grenzen** wahren müssen.

- ▶ Dies gilt in besonderem Maße bei steuerlichen Massenverfahren. Bei der Ausgestaltung eines solchen Systems zur Erfassung der Bemessungsgrundlage kann der Gesetzgeber **Praktikabilitätserwägungen** Vorrang vor Gesichtspunkten der **Ermittlungsgenauigkeit** einräumen und dabei auch beträchtliche **Bewertungs- und Ermittlungsunschärfen** in Kauf nehmen, um die darauf beruhende Festsetzung und Erhebung der Steuer handhabbar zu halten. Begrenzt wird sein Spielraum dadurch, dass die von ihm geschaffenen Be-

---

[1] BVerfG, Urteil v. 10.4.2018 - 1 BvL 11/14, 1 BvL 12/14, 1 BvL 1/15, 1 BvR 639/11, 1 BvR 889/12, NWB MAAAG-80435.
[2] BVerfG, Urteil v. 10.4.2018 - 1 BvL 11/14, 1 BvL 12/14, 1 BvL 1/15, 1 BvR 639/11, 1 BvR 889/12, NWB MAAAG-80435.

messungsregeln grundsätzlich in der Lage sein müssen, den mit der Steuer verfolgten **Belastungsgrund in der Relation realitätsgerecht** abzubilden.

▶ Da die Wertverhältnisse während der folgenden Jahre eines Hauptfeststellungszeitraums typischerweise **verkehrswertrelevanten Veränderungen** unterliegen, bedarf es in regelmäßigen und nicht zu weit auseinander liegenden Abständen einer neuen **Hauptfeststellung**.

Der Gesetzgeber hat im Rahmen der Grundsteuerreform 2019 den **Sollertragswert** als Belastungsentscheidung für die Grundsteuer gewählt. Gleichzeitig hat der Gesetzgeber mit dem Rückgriff auf die **Bodenrichtwerte** zur Bewertung unbebauter Grundstücke und mit dem Rückgriff auf die Bewertungssystematik der **Verkehrswertermittlung** durch Anlehnung an die ImmoWertV 2010 dokumentiert, dass sich der **Sollertragswert am Verkehrswert des Grundstücks orientiert**. Zur Frage der **Verfassungsmäßigkeit des ErbStG** führte das BVerfG[1] grundlegend aus:

„*Für Grundvermögen gibt es keinen absoluten und sicher realisierbaren Marktwert, sondern allenfalls ein **Marktwertniveau**, auf dem sich mit mehr oder weniger großen Abweichungen vertretbare Verkehrswerte bilden. Dabei wird von einer **Streubreite von plus/minus 20% der Verkaufspreise** für ein und dasselbe Objekt ausgegangen, innerhalb derer ein festgestellter Verkehrswert **als noch vertretbar** angesehen wird. Der nach den erbschaftsteuerlichen Bewertungsvorschriften ermittelte Grundbesitzwert kann deshalb nur daraufhin überprüft werden, ob er sich noch **innerhalb des Korridors vertretbarer Verkehrswerte** bewegt oder außerhalb dieses Bereichs liegt.*"

(Einstweilen frei)

2. Auffassung des Gesetzgebers

Zur Frage der **verfassungskonformen Ausgestaltung der Bewertungsverfahren** führt der Gesetzgeber[2] folgendes aus:

„*Die Bewertung des Grundvermögens mittels eines typisierenden Ertragswert- und Sachwertverfahrens trägt der **Belastungsentscheidung** durch Anknüpfung an den **Sollertrag** des Grundbesitzes Rechnung. Die Bewertungsverfahren stehen mit dem allgemeinen Bewertungsgrundsatz im Einklang, da sie unter Berücksichtigung des speziellen Bewertungsvorbehalts das **Bewertungsziel eines objektiviert-realen Werts** konkretisieren und dessen **relationsgerechte Abbildung** innerhalb der Grundsteuer als Sollertragsteuer gewährleisten. Zudem ist höchstrichterlich anerkannt, dass das Sachwertverfahren und die sachgerechte Vervielfältigung jährlicher Erträge den objektiviert realen Wert innerhalb des **verfassungsgerichtlich gebotenen Wertekorridors** erreichen und strukturell die Bemessungsgrundlage für die Grundsteuer realitätsgerecht abbilden können. Die Differenzierung der einzelnen Grundstücksarten, die darauf beruhende Zuordnung zu einem sachgerechten Bewertungsverfahren und die typisierende Anwendung spezifischer Bewertungsfaktoren gewährleisten eine **relationsgerechte Abbildung aller Wirtschaftsgüter innerhalb des Grundvermögens** und einen realitätsgerechten Grundstückswert als Bemessungsgrundlage für die Grundsteuer.*"

(Einstweilen frei)

---

[1] BVerfG, Beschluss v. 7.11.2006 - 1 BvL 10/02, BStBl 2007 II S. 192.
[2] Vgl. BT-Drucks. 19/11085 S. 87.

3. Kritische Würdigung des Ertragswertverfahrens

146 Die Auseinanderentwicklung zwischen **Verkehrswert** und festgestelltem Einheitswert über den langen Hauptfeststellungszeitraum war nach Auffassung des BVerfG[1] für sich genommen verfassungsrechtlich nicht bedenklich. Würden die Einheitswerte in allen Fällen **gleichmäßig** hinter steigenden Verkehrswerten zurückbleiben, führte dies allein zu keiner verfassungsrechtlich relevanten **Ungleichbehandlung**, da das Niveau der Einheitswerte untereinander in **Relation zum Verkehrswert** gleichbliebe. Insofern liegen die Verhältnisse bei der Bewertung nur einer Art von Vermögensgegenständen – hier von Grundstücken – anders als in den Fällen der **Vermögensteuer** und der **Erbschaftsteuer**. Während es dort um die Vergleichbarkeit ganz verschiedenartiger, nach unterschiedlichen Maßstäben zu bewertender Wirtschaftsgüter ging, ist dies bei den Normen der Einheitsbewertung für Grundvermögen nicht der Fall.

147 Es geht vielmehr durchgängig um den Wert von bebauten und unbebauten Grundstücken. Die zu erwartenden und unbestritten auch in erheblichem Umfang eingetretenen Unterschiede in der Einheitsbewertung betreffen also nicht **Wertdifferenzen** zu **anderen Vermögensarten**. Sie sind Ausdruck von **Wertverzerrungen innerhalb derselben Vermögensart** (Zur Frage der verfassungsrechtlichen Zulässigkeit von Wertverzerrungen vgl. auch Bock in Grootens, BewG § 250 Rz. 29 ff.) Es gibt keine Anhaltspunkte dafür und wird auch weder von der Bundesregierung noch von den Ländern behauptet, dass sich die durch den Verzicht auf regelmäßige Hauptfeststellungen zwangsläufig zunehmenden Wertverzerrungen in einer **gleichmäßigen Relation zum Verkehrswert** bewegten. Dies wäre aber für eine Verfassungsmäßigkeit der Einheitswerte notwendig gewesen.

148 Der Gesetzgeber hat im Rahmen der neu gefassten **Grundsteuerwertermittlung** mit der Wahl des **Bodenrichtwerts** für unbebaute Grundstücke für diese Grundstücke den **Verkehrswert als Bewertungsmaßstab** gewählt. Alle anderen bebauten Grundstücke müssen sich m. E. an dieser **Wertrelation messen**, mithin ebenfalls den Verkehrswert abbilden (vgl. ausführlich →Rz. 98). Auch der wissenschaftliche Dienst des Bundestages geht in seiner Ausarbeitung vom 17.10.2019 davon aus, dass der **gemeine Wert im Rahmen eines Typisierungskorridors** das **Bewertungsziel** der Grundsteuerwerte darstellt.[2]

149 Das **Ertragswertverfahren** weist an vielen Stellen **Typisierungen** auf, die zum einen den **Verkehrswert als Bewertungsziel unerreichbar** werden lassen und zum anderen **Wertunterschiede** zwischen den im Ertragswertverfahren bewerteten Grundstücken **nicht relationsgerecht** abbilden.

150 Im Einzelnen betrifft dies insbesondere

▶ die Ermittlung des **Rohertrags** in standardisierter Form ohne Berücksichtigung der Unterschiede innerhalb einer Gemeinde,[3]

▶ den Rückgriff auf typisierte **Restnutzungsdauern** unter Verwendung von **Verlängerungsmodellen** und **Mindestrestnutzungsdauern**,[4]

---

[1] BVerfG, Urteil v. 10.4.2018 - 1 BvL 11/14, 1 BvL 12/14, 1 BvL 1/15, 1 BvR 639/11, 1 BvR 889/12, Rz. 109, NWB MAAAG-80435.
[2] Vgl. Ausarbeitung der Wissenschaftlichen Dienste des Bundestages vom 17.10.2019, Verfassungsrechtliche Aspekte des Belastungsgrundes und der Bewertungsvorschriften im Grundsteuer-Reformgesetz, WD 4 - 3000 - 119/19, S. 5.
[3] Vgl. Grootens in Grootens, BewG § 254 Rz. 65, gl. A. Bräutigam/Spengel/Winter, BB 40/2020 S. 2090; a. A. Bock in Grootens, BewG § 250 Rz. 35.
[4] Vgl. Grootens in Grootens, BewG § 253 Rz. 71 ff.

- die Ermittlung der abweichenden **Liegenschaftszinssätze** für bestimmte Grundstücksarten in besonders hochwertigen Lagen,[1]
- den unterschiedlich starken Einfluss des **Bodenwerts** auf den Grundsteuerwert in Abhängigkeit von der Restnutzungsdauer des Gebäudes,[2]
- die Anwendung von **systemwidrigen Umrechnungsfaktoren** auf den **Bodenwert** in Abhängigkeit der Größe des Grundstücks von **Ein- und Zweifamilienhäusern**.[3]

151 Es bestehen nach überzeugender Darstellung von Schmidt erhebliche Zweifel, ob der Gesetzgeber mit dem vorliegenden Gesetz die **Wertunterschiede** in den verschiedenen Lagen einer Gemeinde **realitätsgerecht** abgebildet hat.[4] Eine gewisse **Spreizung der Grundsteuerwerte** innerhalb einer Gemeinde ergebe sich lediglich durch den Ansatz der Bodenrichtwerte. Da aber nur die abgezinsten Bodenwerte berücksichtigt werden, falle diese Spreizung gering aus. Im Einzelfall wird das zu erwartende Ergebnis durch die Bewertungsmethodik sogar umgekehrt (vgl. Beispiel 2, →Rz. 87)

152 Die vom BVerfG mit Bezug auf Art. 3 Abs. 1 GG geforderte **gleichheitsgerechte Bemessungsgrundlage** einer Steuer, die so gewählt und ausgeformt sein muss, dass sie den mit der Steuer verfolgten **Belastungsgrund** in der **Relation der Wirtschaftsgüter zueinander realitätsgerecht** abbildet, wird nach ebenso überzeugender Argumentation von Marx nicht geschaffen.[5] Die Bewertung nach dem GrStG sei abhängig von der wirtschaftlichen Einheit **unterschiedlich komplex** ausgestaltet. Die Ausgestaltung des Ertragswertverfahrens führt nach Ansicht von Schnitter aufgrund der unterschiedlichen Typisierungen zu einer nicht realitätsgerechten Abbildung der Verkehrswerte im Verhältnis der Grundstücke zueinander.[6] Folge sei eine **systembedingte Unterbewertung von Immobilien in teuren Lagen**. Demgegenüber würden Grundstücke in schlechten Lagen mit dem Verkehrswert oder auch mit einem darüber liegenden Wert abgebildet. Ursache hierfür sei die **unzureichende Lagedifferenzierung**. Es ist m. E. zudem auch fraglich, ob die Grundsteuerwerte im Ertragswertverfahren und die Grundsteuerwerte im Sachwertverfahren realitätsgerecht zueinander stehen. So haben die Länder Sachsen und das Saarland ihre Grundsteuermesszahlen angepasst, um die niedrigen Grundsteuerwerte im Sachwertverfahren auszugleichen.[7]

153 Auch der **Wissenschaftliche Dienst des Bundestages** hat erhebliche Zweifel am Ertragswertverfahren geäußert.[8] Die wertbildenden Faktoren des GrStRefG[9] seien in Bezug auf bebaute Grundstücke so stark typisierend, dass es zu **erheblichen Verzerrungen zwischen Grundsteuer- und Verkehrswert** kommen könne. Insbesondere innerhalb eines Gemeindegebietes könnten größere Wertunterschiede auf Grund der jeweiligen Lage der Immobilie nicht adäquat mit der vom Gesetzgeber gewählten Bewertungsmethode abgebildet werden. Erste Musterberechnungen legten es nahe, dass **teure Wohnlagen systematisch unterbewertet** und **mittlere bis einfache Wohnlagen über dem Verkehrswert** bewertet würden.

---

1 Vgl. Grootens in Grootens, BewG § 256 Rz. 34 ff.
2 Vgl. Grootens in Grootens, BewG § 256 Rz. 45.
3 Vgl. Grootens in Grootens, BewG § 257 Rz. 46 ff.
4 Vgl. Schmidt, NWB 50/2019 S. 3719, NWB BAAAH-36269.
5 Vgl. Marx, DStZ 2019 S. 372.
6 Vgl. Schnitter in GrStG - eKommentar, § 252 BewG Rz. 10.
7 Vgl. Grootens in Grootens, Vorwort GrStG Saar Rz. 4 ff. und Grootens in Grootens, Vorwort SächsGrStMG Rz. 4 ff.
8 Vgl. Ausarbeitung der Wissenschaftlichen Dienste des Bundestages vom 17.10.2019, Verfassungsrechtliche Aspekte des Belastungsgrundes und der Bewertungsvorschriften im Grundsteuer-Reformgesetz, WD 4 - 3000 - 119/19, S. 13.
9 GrStRefG v. 26.11.2019, BGBl 2019 I S. 1794.

154 Verfassungsrechtlich problematisch seien dabei nicht die isoliert betrachteten Abweichungen des Grundsteuerwerts von den Verkehrswerten (vgl. → Rz. 146). Denn **verfassungsrechtlich problematisch** würden die Bewertungsmethode erst durch die **fehlerhafte Bewertung teurer Lagen zu günstigen Wohnlagen**. Zwar basieren die bisherigen Beurteilungen nur auf stichprobenhaften Berechnungen. Diese gäben einen deutlichen Hinweis darauf, dass die Verwendung **einheitlicher Mietstufen in Großstädten** und bei sehr heterogenen Immobilienlagen in einer Gemeinde die **realitätsgerechte Bewertung** der Grundstücke und Gebäude **beeinträchtigen** würde, wenngleich die abschließende verfassungsrechtliche Beurteilung der Abweichungen dem BVerfG vorbehalten sei.

155 Diese Typisierung seien mit dem vom Gesetzgeber gewählten **Belastungsgrund** einer am **Verkehrswert** orientierten **Sollertragsteuer** kaum zu vereinbaren. Sie lasse sich auch vor dem Hintergrund des **Äquivalenzprinzips** nicht rechtfertigen, denn Grundstücke und Gebäude in hochwertigeren Lagen nehmen nicht per se die kommunale Infrastruktur stärker in Anspruch als Grundstücke und Gebäude in durchschnittlichen Wohnlagen.

156 Es ist somit nur eine Frage der Zeit, bis auch die Grundsteuerwertermittlung dem BVerfG zur Überprüfung vorgelegt werden wird.[1] Die an dieser Stelle aufgezeigten **strukturellen Wertverzerrungen des Ertragswertverfahrens** sprechen m. E. deutlich für eine **Verfassungswidrigkeit** der im Ertragswertverfahren ermittelten **Grundsteuerwerte** (a. A. Bock in Grootens, BewG § 250 Rz. 29 ff., wegen der Wertverzerrungen beim Sachwertverfahren vgl. Grootens in Grootens, BewG § 258 Rz. 141 ff.). Gleichzeitig stellt es eine **Quadratur des Kreises** dar, notwendige **Typisierungen** eines **Massenverfahrens** mit den **Vorgaben des BVerfG** im Hinblick auf Art. 3 Abs. 1 GG in **Einklang** zu bringen. Der Gesetzgeber – sei es auf Bundes- oder Landesebene – ist daher m. E. gut beraten, bereits jetzt über **alternative Grundsteuersysteme** nachzudenken, die das System des Sollertrages und des Verkehrswertes als Belastungsgrund verlassen.

§ 253 BewG Ermittlung des kapitalisierten Reinertrags

(1) ¹Zur Ermittlung des kapitalisierten Reinertrags ist vom Reinertrag des Grundstücks auszugehen. ²Dieser ergibt sich aus dem Rohertrag des Grundstücks (§ 254) abzüglich der Bewirtschaftungskosten (§ 255).

(2) ¹Der Reinertrag des Grundstücks ist mit dem sich aus Anlage 37 ergebenden Vervielfältiger zu kapitalisieren. ²Maßgebend für den Vervielfältiger sind der Liegenschaftszinssatz nach § 256 und die Restnutzungsdauer des Gebäudes. ³Die Restnutzungsdauer ist grundsätzlich der Unterschiedsbetrag zwischen der wirtschaftlichen Gesamtnutzungsdauer, die sich aus Anlage 38 ergibt, und dem Alter des Gebäudes im Hauptfeststellungszeitpunkt. ⁴Sind nach der Bezugsfertigkeit des Gebäudes Veränderungen eingetreten, die die wirtschaftliche Gesamtnutzungsdauer des Gebäudes wesentlich verlängert haben, ist von einer der Verlängerung entsprechenden Restnutzungsdauer auszugehen. ⁵Die Restnutzungsdauer eines noch nutzbaren Gebäudes beträgt mindestens 30 Prozent der wirtschaftlichen Gesamtnutzungsdauer. ⁶Bei einer bestehenden Abbruchverpflichtung für das Gebäude ist die Restnutzungsdauer abweichend von den Sätzen 3 bis 5 auf den Unterschiedsbetrag zwischen der tatsächlichen Gesamtnutzungsdauer und dem Alter des Gebäudes im Hauptfeststellungszeitpunkt begrenzt.

---

1 Gl. A. Heine, KStZ 1/2020 S. 1.

Inhaltsübersicht

	Rz.
A. Allgemeine Erläuterungen zu § 253 BewG	1 - 35
I. Normzweck und wirtschaftliche Bedeutung der Vorschrift	1 - 10
II. Entstehung und Entwicklung der Vorschrift	11 - 15
III. Geltungsbereich	16 - 25
IV. Verhältnis zu anderen Vorschriften	26 - 35
B. Systematische Kommentierung	36 - 105
I. Ermittlung des Reinertrags des Grundstücks (§ 253 Abs. 1 BewG)	36 - 45
II. Ermittlung des kapitalisierten Reinertrags (§ 253 Abs. 2 BewG)	46 - 105
1. Kapitalisierung des Reinertrags des Grundstücks (§ 253 Abs. 2 Satz 1 und 2 BewG)	46 - 55
2. Ermittlung der Restnutzungsdauer (§ 253 Abs. 2 Satz 3 BewG)	56 - 70
3. Verlängerung der Restnutzungsdauer (§ 253 Abs. 2 Satz 4 BewG)	71 - 85
4. Mindestrestnutzungsdauer (§ 253 Abs. 2 Satz 5 BewG)	86 - 100
5. Begrenzung der Restnutzungsdauer bei einer Abbruchverpflichtung (§ 252 Abs. 2 Satz 6 BewG)	101 - 105

LITERATUR:

Eisele, Fondsstandortgesetz: Nachjustierungen beim reformierten grundsteuerlichen Bewertungsrecht-Änderungen schon zum Stichtag 1.1.2022 von Bedeutung, NWB 28/2021 S. 2031, NWB XAAAH-83094; *Grootens*, Diskussionsbedarf bei der Reform der Grundsteuer – Änderungsvorschläge des Bundesrates und Verabschiedung des Gesetzentwurfs durch den Bundestag, NWB-EV 11/2019 S. 381, NWB CAAAH-33629; *Nagel*, Steuerliche Immobilienbewertung: vom Einheitswert - zum Verkehrswert - Teil IV: Verfahren zur Wertermittlung für Ertragsteuern und Grundsteuer im Bundesmodell ab 1.1.2022, NWB 36/2021 S. 2688, NWB AAAAH-88177; *Seer*, Reform der Grundsteuer nach dem Entwurf der Bundesregierung, FR 2019 S. 941.

ARBEITSHILFEN UND GRUNDLAGEN ONLINE:

Grundsteuer: Grundbesitzbewertung ab 2022/2025 (Sach- und Ertragswertverfahren) – Checkliste mit Berechnungen, NWB NAAAH-93792.

VERWALTUNGSANWEISUNGEN:

Koordinierte Erlasse der obersten Finanzbehörden der Länder v. 9.11.2021 – Anwendung des Siebenten Abschnitts des Zweiten Teils des Bewertungsgesetzes zur Bewertung des Grundbesitzes (allgemeiner Teil und Grundvermögen) für die Grundsteuer ab 1.1.2022 (AEBewGrSt), BStBl 2021 I S. 2334.

A. Allgemeine Erläuterungen zu § 253 BewG

I. Normzweck und wirtschaftliche Bedeutung der Vorschrift

§ 253 Abs. 1 BewG regelt die **Ermittlung des jährlichen Reinertrags des Grundstücks** als erste Stufe der Wertermittlung im vereinfachten Ertragswertverfahren. Hierzu sind vom jährlichen **Rohertrag** des Grundstücks (§ 254 BewG) die nicht umlagefähigen **Bewirtschaftungskosten** (§ 255 BewG) abzuziehen.   **1**

§ 253 Abs. 2 BewG regelt die Ermittlung des Barwerts der Reinerträge durch Anwendung des **Vervielfältigers** (Barwertfaktors) nach **Anlage 37 zum BewG** auf den **jährlichen Reinertrag des Grundstücks**. Zu diesem Zweck bestimmt § 253 Abs. 2 BewG in den Sätzen 3–6 die Ermittlung der **Restnutzungsdauer** im Regelfall und in Sonderfällen (Verlängerung der Restnutzungsdauer aufgrund von Modernisierungen, Mindestrestnutzungsdauer, Restnutzungsdauer bei Abrissverpflichtung).   **2**

(Einstweilen frei)   **3–10**

II. Entstehung und Entwicklung der Vorschrift

11 § 253 BewG wurde mit dem **GrStRefG** v. 26.11.2019[1] in das BewG eingefügt und ist erstmals für den **Hauptfeststellungszeitpunkt 1.1.2022** anzuwenden (vgl. § 266 BewG). In § 253 Abs. 2 Satz 3 und 6 BewG wurden durch das FoStoG v. 3.6.2021[2] jeweils die Wörter „am Bewertungsstichtag" durch die Wörter „im Hauptfeststellungszeitpunkt" ersetzt. Mit der Änderung wird in § 253 Abs. 2 Satz 3 BewG klargestellt, dass im Rahmen der Ermittlung der Restnutzungsdauer im Ertragswertverfahren das Alter des Gebäudes im Hauptfeststellungszeitpunkt maßgeblich ist. Dies gilt nach § 253 Abs. 2 Satz 6 BewG auch bei bestehender Abbruchverpflichtung. Die Klarstellung ist bereits für die erste Hauptfeststellung am 1.1.2022 zu berücksichtigen (vgl. Art. 19 FoStoG: Geltung ab 1.7.2021).

12–15 *(Einstweilen frei)*

III. Geltungsbereich

16 Der **Anwendungsbereich** des Ertragswertverfahrens ist gem. § 250 Abs. 2 BewG in Abhängigkeit der festgestellten **Grundstücksart** festgelegt worden. **Bewertungsgegenstand** ist das Grundstück i. S. des § 244 Abs. 1 BewG.

17 Die Vorschriften gelten gem. § 231 BewG nur für die Bewertung des **inländischen** zu bewertenden Vermögens. Dabei sind auch die inländischen Teile einer wirtschaftlichen Einheit zu bewerten, die sich sowohl auf das Inland als auch auf das Ausland erstrecken.

18–25 *(Einstweilen frei)*

IV. Verhältnis zu anderen Vorschriften

26 § 253 Abs. 1 BewG verweist zur Ermittlung **Reinertrags des Grundstücks** auf den **Rohertrag** (§ 254 BewG) und die **Bewirtschaftungskosten (§ 255 BewG)**. Der für die Kapitalisierung anzuwendende Vervielfältiger ergibt sich aus der **Anlage 37 zum BewG** und ist in Abhängigkeit von der **Restnutzungsdauer** des Gebäudes, die sich in Abhängigkeit von der **Gesamtnutzungsdauer** nach **Anlage 38 zum BewG** ergibt, und des **Liegenschaftszinssatzes (§ 256 BewG)** zu bestimmen.

27–35 *(Einstweilen frei)*

B. Systematische Kommentierung

I. Ermittlung des Reinertrags des Grundstücks (§ 253 Abs. 1 BewG)

36 Die Vorschrift regelt die Ermittlung des **jährlichen Reinertrags des Grundstücks** als **erste Stufe** der Wertermittlung im vereinfachten Ertragswertverfahren. Hierzu sind vom jährlichen **Rohertrag des Grundstücks (§ 254 BewG)** die **nicht umlagefähigen Bewirtschaftungskosten (§ 255 BewG)** abzuziehen. Wegen des **Ermittlungsschemas** des vereinfachten Ertragswertverfahrens vgl. Grootens in Grootens, BewG § 252 Rz. 60.

37–45 *(Einstweilen frei)*

---

[1] GrStRefG v. 26.11.2019, BGBl 2019 I S. 1794.
[2] FoStoG v. 3.6.2021, BGBl 2021 I S. 1498.

II. Ermittlung des kapitalisierten Reinertrags (§ 253 Abs. 2 BewG)

1. Kapitalisierung des Reinertrags des Grundstücks (§ 253 Abs. 2 Satz 1 und 2 BewG)

§ 253 Abs. 2 Satz 1 BewG regelt die Ermittlung des **Barwerts der Reinerträge** durch Anwendung des **Vervielfältigers** (Barwertfaktors) nach **Anlage 37 zum BewG** auf den jährlichen **Reinertrag des Grundstücks**. Die Vervielfältiger wurden aus der Anlage 1 zu § 20 ImmoWertV 2010 (**Barwertfaktor** für die Kapitalisierung) übernommen. Maßgeblich für den Vervielfältiger sind der **Liegenschaftszinssatz** (§ 256 BewG) und die **Restnutzungsdauer** des Gebäudes.

Finanzmathematisch handelt es sich um einen **Zeitrentenbarwertfaktor** einer jährlich nachschüssig zahlbaren Rente, wobei als Rente die jährlich anfallenden Reinerträge des Grundstücks über die Restnutzungsdauer des Gebäudes mit Hilfe des Vervielfältiger (Barwertfaktors) kapitalisiert werden.

Berechnungsvorschrift für die Vervielfältiger (Barwertfaktoren für die Kapitalisierung):

$$\text{Vervielfältiger} = \frac{q^n - 1}{q^n \times (q-1)}$$

$q = 1 + LZ$ wobei $LZ = \frac{p}{100}$

LZ = Zinssatz (Liegenschaftszinssatz)

n = Restnutzungsdauer

p = Zinsfuß

(Einstweilen frei)

2. Ermittlung der Restnutzungsdauer (§ 253 Abs. 2 Satz 3 BewG)

Die Restnutzungsdauer wird grundsätzlich nach der **wirtschaftlichen Gesamtnutzungsdauer** des Gebäudes, die in **Anlage 38 zum BewG** typisierend geregelt ist, und dem **Alter des Gebäudes** im Hauptfeststellungszeitpunkt ermittelt. Es bestehen seitens der Finanzverwaltung aus Vereinfachungsgründen keine Bedenken, das Alter des Gebäudes durch Abzug des Jahres der Bezugsfertigkeit des Gebäudes (Baujahr) vom Jahr des Hauptfeststellungszeitpunkts zu bestimmen.[1] Die typisierte wirtschaftliche Gesamtnutzungsdauer eines Gebäudes richtet sich nach der Grundstücksart i.S. des § 250 BewG und den in der Anlage 38 zum BewG ausgewiesenen Gebäudearten. Die wirtschaftliche **Gesamtnutzungsdauer** beträgt für die im Ertragswertverfahren zu bewertenden **Wohngrundstücke einheitlich 80 Jahre.** Dies gilt unabhängig davon, ob im Gebäude enthaltene Räume (z.B. Verkaufsräume oder Büros) für Zwecke genutzt werden, für die eine abweichende wirtschaftliche Gesamtnutzungsdauer anzunehmen wäre.[2] Dies gilt zudem auch für Garagen und Nebengebäude. Liegen keine anderweitigen Erkenntnisse vor, so bestehen nach Verwaltungsauffassung keine Bedenken, bei **Garagen und Nebengebäuden** die Bezugsfertigkeit im Zeitpunkt der Bezugsfertigkeit des Hauptgebäudes zu unterstellen.[3]

BEISPIEL: Von einem Mietwohngrundstück mit einer Wohn- und Nutzfläche von insgesamt 1.500 m² dienen 1.300 m² Wohnzwecken. Ein Gebäudeteil mit 200 m² Nutzfläche wird als Büroeinheit genutzt.

---

1 Vgl. A 253.1 Abs. 1 Satz 2 AEBewGrSt.
2 Vgl. A 253.1 Abs. 2 Satz 4 AEBewGrSt.
3 Vgl. A 253.2 Abs. 2 Satz 2 AEBewGrSt.

Die wirtschaftliche Gesamtnutzungsdauer laut Anlage 38 zum BewG beträgt für Mietwohngrundstücke 80 Jahre. Ein gesonderter Ansatz der wirtschaftlichen Gesamtnutzungsdauer für den Gebäudeteil Büroeinheit von 200 m² (z. B. 60 Jahre für Bürogebäude) ist ausgeschlossen.

58 Die Anlage 38 zum BewG entspricht im Wesentlichen der **Anlage 3 der Sachwertrichtlinie**.[1] Dabei wurde bei den Wohngebäuden auf die **höchstmögliche Gesamtnutzungsdauer** laut Anlage 3 abgestellt. Dies führt im Ergebnis zu **höheren Grundsteuerwerten** aufgrund von längeren verbleibenden Restnutzungsdauern und zu **Überbewertungen** bei Objekten, die eine deutlich kürzere Gesamtnutzungsdauer aufweisen. Bemerkenswert ist, dass z. B. für **Mehrfamilienhäuser** bei der Grundbesitzwertermittlung im Ertragswertverfahren für Zwecke der Erbschaftsteuer gem. Anlage 22 zum BewG (**70 Jahre GND**) eine andere Gesamtnutzungsdauer gilt als bei der Grundsteuerwertermittlung im Ertragswertverfahren gem. Anlage 38 zum BewG (**80 Jahre GND**). Ungeachtet aller Typisierungen können nicht beide Gesamtnutzungsdauern gleichzeitig sachlich zutreffend sein.[2]

59 **Anbauten** teilen bei der Ermittlung der Restnutzungsdauer grds. auf Grund ihrer Bauart oder Nutzung das Schicksal des Hauptgebäudes. Ist dagegen anzunehmen, dass ein Erweiterungsbau nach Größe, Bauart oder Nutzung eine andere Restnutzungsdauer als das Hauptgebäude haben wird, ist von einer eigenständigen Restnutzungsdauer auszugehen. Für **Aufstockungen** ist grds. das Baujahr der unteren Geschosse zugrunde zu legen. Es ist jedoch zu prüfen, ob die baulichen Maßnahmen eine Kernsanierung darstellen und daher die Restnutzungsdauer des Gebäudes wesentlich verlängert worden ist, (vgl. → Rz. 71 ff.). Bei einer wirtschaftlichen Einheit mit mehreren **nichtselbständigen** Gebäuden oder Gebäudeteilen ist hingegen von einer einheitlichen Restnutzungsdauer auszugehen.

60 Ergeben sich bei einer **wirtschaftlichen Einheit aus mehreren selbständigen Gebäuden** oder Gebäudeteilen unterschiedliche Restnutzungsdauern, ist eine **gewogene Restnutzungsdauer** unter Berücksichtigung der jeweiligen Roherträge zu ermitteln.[3] Da die Grundstücksart für die gesamte wirtschaftliche Einheit bestimmt wird, kann dies auch die Einbeziehung von abweichenden Gesamtnutzungsdauern als 80 Jahre bedeuten (vgl. zur Bestimmung der Grundstücksart bei einer wirtschaftlichen Einheit mit mehreren Gebäuden Bock in Grootens, § 249 BewG Rz. 22). Für die in der Anlage 38 nicht aufgeführten Gebäudearten ist die wirtschaftliche Gesamtnutzungsdauer aus der wirtschaftlichen Gesamtnutzungsdauer vergleichbarer Gebäudearten abzuleiten (**Auffangklausel**).

61 **BEISPIEL:** ▶ Mietwohngrundstück bestehend aus zwei Gebäuden mit je vier Wohnungen. Gebäude A wurde 1970 fertiggestellt (Alter des Gebäudes am Bewertungsstichtag 1.1.2022 = 52 Jahre), die typisierten Roherträge belaufen sich auf 22.000 €. Das Gebäude B wurde 2005 fertiggestellt (Alter des Gebäudes im Hauptfeststellungszeitpunkt 1.1.2022 = 17 Jahre), die typisierten Roherträge betragen 38.000 €. Insgesamt sind für das Mietwohngrundstück Roherträge von 60.000 € (22.000 € + 38.000 €) anzusetzen.

Für das Gebäude A ergeben sich, bezogen auf die Restnutzungsdauer von 28 Jahren im Hauptfeststellungsstichtag (Gesamtnutzungsdauer 80 Jahre abzüglich Alter am Bewertungsstichtag 52 Jahre), anzusetzende Erträge von

28 Jahre x 22.000 € = 616.000 €.

---

[1] Sachwertrichtlinie (SW-RL), v. 5.9.2012, BAnz AT 18.10.2012 B1.
[2] Gl. A. Nagel, NWB 36/2021 S. 2688, NWB AAAAH-88177.
[3] Vgl. A 253.2 Abs. 3 AEBewGrSt.

Für das Gebäude B ergeben sich, bezogen auf die Restnutzungsdauer im Hauptfeststellungsstichtag von 63 Jahren (Gesamtnutzungsdauer 80 Jahre abzüglich Alter am Bewertungsstichtag 17 Jahre) anzusetzende Erträge von

63 Jahre x 38.000 € = 2.394.000 €.

Die Summe der anzusetzenden Erträge für das Mietwohngrundstück betragen somit

616.000 € + 2.394.000 € = 3.010.000 €.

Die gewogene Restnutzungsdauer ergibt sich, indem die Summe der anzusetzenden Erträge durch die Summe der jährlichen Erträge geteilt wird:

3.010.000 € / 60.000 € = 50,17 Jahre.

Die gewogene Restnutzungsdauer wird kaufmännisch auf volle Jahre gerundet und beträgt somit 50 Jahre.

(Einstweilen frei) 62–70

3. Verlängerung der Restnutzungsdauer (§ 253 Abs. 2 Satz 4 BewG)

Sind nach der Bezugsfertigkeit des Gebäudes, bauliche Maßnahmen durchgeführt worden, die zu einer **wesentlichen Verlängerung der wirtschaftlichen Gesamtnutzungsdauer** des Gebäudes geführt haben, ist von einer entsprechend **verlängerten wirtschaftlichen Restnutzungsdauer** auszugehen. Die Wirkung der verlängerten Restnutzungsdauer auf den Bodenwert und den Gebäudewert ist gegenläufig: Während eine längere Restnutzungsdauer den Bodenwertanteil durch einen erhöhten Abzinsungsfaktor mindert, erhöht sich für den Gebäudeertragswert der Vervielfältiger.[1]

Von einer wesentlichen Verlängerung der wirtschaftlichen Gesamtnutzungsdauer ist nach Verwaltungsauffassung nur bei einer **Kernsanierung** auszugehen.[2] Eine Kernsanierung soll demnach vorliegen, wenn nicht nur der Ausbau (u. a. Heizung, Fenster und Sanitäreinrichtungen) umfassend modernisiert, sondern auch der Rohbau jedenfalls teilweise erneuert worden ist. Bauliche Maßnahmen an nicht tragenden Bauteilen (z. B. Neugestaltung der Fassade) verlängern die Gesamtnutzungsdauer allein hingegen nicht wesentlich. Durch eine Kernsanierung wird das Gebäude in einen Zustand versetzt, der nahezu einem neuen Gebäude entspricht. Dazu wird das Gebäude zunächst bis auf die tragende Substanz zurückgebaut. Decken, Außenwände, tragende Innenwände und ggf. der Dachstuhl bleiben dabei in der Regel erhalten; ggf. sind diese zu ertüchtigen und/oder instand zu setzen.

Voraussetzungen für das Vorliegen einer Kernsanierung sind nach Verwaltungsauffassung[3] insbesondere die komplette Erneuerung

▶ der Dacheindeckung,
▶ der Fassade,
▶ der Innen- und Außenwände mit Ausnahme der tragenden Wände,
▶ der Fußböden,
▶ der Fenster,
▶ der Innen- und Außentüren sowie

---
1 Vgl. Seer, FR 2019 S. 941.
2 Vgl. A 253.1 Abs. 3 Satz 2 AEBewGrSt.
3 Vgl. A 253.1 Abs. 3 Satz 8 AEBewGrSt

▶ sämtlicher technischer Systeme wie z. B. der Heizung einschließlich aller Leitungen, des Abwassersystems einschließlich der Grundleitungen, der elektrischen Leitungen und der Wasserversorgungsleitungen, sofern diese technisch einwandfrei und als neubauähnlich und neuwertig zu betrachten sind.

Der Anwendungsbereich der Regelung wird damit klein gehalten. Nur die wenigsten Objekte dürften diese Kriterien erfüllen. Im Einzelfall müssen nach Verwaltungsauffassung gleichwohl **nicht zwingend alle der vorgenannten Kriterien gleichzeitig** erfüllt sein.[1] Dies gelte insbesondere für solche Gebäude und Gebäudeteile, bei denen aufgrund baurechtlicher Vorgaben eine weitreichende Veränderung nicht zulässig ist (z. B. unter **Denkmalschutz** stehende Gebäude und Gebäudeteile).

74 Die Finanzverwaltung setzt die Vorgabe des § 253 Abs. 2 Satz 4 BewG in der Weise um, dass im Jahr der Kernsanierung die Restnutzungsdauer aus Vereinfachungsgründen **90 % der wirtschaftlichen Gesamtnutzungsdauer** des Gebäudes betragen soll.[2] Mit dem pauschalen Abschlag i. H. von 10 % wird die teilweise noch verbliebene alte Bausubstanz berücksichtigt. Als Jahr der Kernsanierung gilt das Jahr, in dem die Kernsanierung abgeschlossen wurde. Bei der Wahl des **Rohertragsansatzes** nach Anlage 39 zum BewG ist zur Einordnung des Gebäudes in die jeweilige Baujahrgruppe auf ein fiktives Baujahr abzustellen, das sich aus dem Jahr der Kernsanierung abzüglich acht Jahre (10 % der wirtschaftlichen Gesamtnutzungsdauer) ergibt.[3]

75 **BEISPIEL:** Baujahr 1970, Kernsanierung 2008, GND 80 Jahre
   Lösung: 80 Jahre GND abzgl. 10 % = 72 Jahre neue GND in 2008
   Restnutzungsdauer 1.1.2022: 72 Jahre - (2022 - 2008) = 58 Jahre
   Baujahr für Anwendung der Anlage 39: Abschluss Kernsanierung 2008 - 8 Jahre = Baujahr 2000

76 Der Bundesrat hielt die Berücksichtigung solcher das Gebäudealter verlängernder oder verkürzender Umstände für einen nicht zu rechtfertigenden **bürokratischen und administrativen Aufwand** und empfahl im Gesetzgebungsverfahren die Streichung der Regelungen.[4] Betroffene Eigentümer müssten in den Feststellungserklärungen entsprechende **Zusatzangaben** machen, z. B. zum Umfang erfolgter Sanierungen, um zu beurteilen, ob hierdurch eine Verlängerung der wirtschaftlichen Gesamtnutzungsdauer eingetreten ist. Auch in Anbetracht der vermutlich sehr geringen Anzahl von Fällen, in denen diese Berücksichtigung steuerrelevant wäre, ist eine solche **Verkomplizierung des Bewertungsverfahrens** nach Ansicht des Bundesrates abzulehnen.[5]

77 Im Vordruck „Anlage GW-2" zur Feststellungserklärung (online abrufbar unter NWB UAAAI-01349) wird ausschließlich nach der Durchführung einer Kernsanierung gefragt. Eine aufgeschlüsselte Angabe aller Modernisierungsmaßnahmen, wie sie für die Durchführung der Grundbesitzbewertung für Zwecke der Erbschaft- und Schenkungsteuer erforderlich ist, ist daher entbehrlich. M. E. ist bei der Umsetzung dieser Regelung ein **strukturelles Vollzugsdefizit** zu erwarten, da die Finanzverwaltung aufgrund der hohen Zahl an Bewertungsfällen zum Hauptfeststellungszeitpunkt nicht in der Lage sein wird, umfassende Ermittlungen zur Überprüfung der Richtigkeit der Angaben zum Modernisierungszustand – insbesondere durch **Orts-**

---

[1] Vgl. A 253.1 Abs. 3 Satz 9 und 10 AEBewGrSt.
[2] Vgl. A 253.1 Abs. 3 Satz 11 AEBewGrSt.
[3] Vgl. A 254 Abs. 4 Satz 2 AEBewGrSt.
[4] BR-Drucks. 354/19 S. 9.
[5] Vgl. zur Diskussion im Gesetzgebungsverfahren Grootens, NWB-EV 11/2019 S. 381, NWB CAAAH-33629.

besichtigungen – durchzuführen. Streitfälle werden sich in der Praxis m. E. insbesondere dann ergeben, wenn die Sanierung nicht im Zuge einer einheitlichen Baumaßnahme, sondern **zeitlich gestreckt** und auf **Einzelbaumaßnahmen** verteilt durchgeführt wurde.

(Einstweilen frei) 78–85

4. Mindestrestnutzungsdauer (§ 253 Abs. 2 Satz 5 BewG)

Die Regelung zur **Mindestrestnutzungsdauer** i. H. von **30 % der wirtschaftlichen Gesamtnutzungsdauer** berücksichtigt, dass auch ein älteres Gebäude, das laufend instand gehalten wird, nicht wertlos wird. Sie macht in vielen Fällen – gerade bei älteren Gebäuden – die Prüfung entbehrlich, ob die restliche Lebensdauer infolge baulicher Maßnahmen wesentlich verlängert wurde. Bei älteren, noch nutzbaren Gebäuden schließt die Mindestrestnutzungsdauer in typisierender Weise eine Verlängerung der Restnutzungsdauer durch geringfügige Modernisierungen ein. Bei bestehender Abbruchverpflichtung für das Gebäude kann die Mindest-Restnutzungsdauer unterschritten werden. Vgl. → Rz. 101.

BEISPIEL: Bei einer wirtschaftlichen Gesamtnutzungsdauer für Wohngrundstücke von 80 Jahren sich eine Mindestrestnutzungsdauer von 24 Jahren (80 Jahre x 30 %).

Das Erreichen der **Mindestrestnutzungsdauer** kann den nachfolgenden Tabellen entnommen werden.

Gebäudeart	GND/LZS	Vervielfältiger bei voller Gesamtnutzungsdauer	Mindestrestnutzungsdauer	Vervielfältiger bei Mindestrestnutzungsdauer	Anteil am Gesamtwert
§ 256 Abs. 2: EFH/ZFH	80 Jahre (Liegenschaftszinssatz 1,5 %)	46,41	24 Jahre	20,03	43,16 %
EFH/ZFH	80 Jahren (Liegenschaftszinssatz 2,5 %)	34,45	24 Jahre	17,88	51,90 %
§ 256 Abs. 3: Wohnungseigentum	80 Jahren (Liegenschaftszinssatz 2,0 %)	39,74	24 Jahre	18,91	47,58 %
Wohnungseigentum	80 Jahren (Liegenschaftszinssatz 3,0 %)	30,20	24 Jahre	16,94	56,09 %
Mietwohngrundstücke mit bis zu sechs Wohnungen	80 Jahren (Liegenschaftszinssatz 4,0 %)	23,92	24 Jahre	15,25	63,75 %
Mietwohngrundstücke mit mehr als sechs Wohnungen	80 Jahren (Liegenschaftszinssatz 4,5 %)	21,57	24 Jahre	14,50	67,22 %

Die Tabelle weist auch den **prozentualen Restwert** bezogen auf den **Vervielfältiger** aus, der sich aus dem Ansatz der Mindestrestnutzungsdauer ergibt. Die Ergebnisse verdeutlichen, dass der verbleibende Mindestvervielfältiger bis zu 67,22 % und somit deutlich über 30 % des Ausgangswertes beträgt. Dieses Ergebnis entsteht durch den **Abzinsungseffekt** in der Rentenbarwertformel. Durch diesen Effekt wirken sich verbleibende Jahre der Restnutzungsdauer, die noch in weiterer Zukunft liegen, so gut wie nicht auf den Barwertfaktor aus. Dies gilt insbesondere bei hohen Liegenschaftszinssätzen, da hier über eine lange Laufzeit und einen hohen Zinssatz abgezinst wird. Die größte Minderung des Vervielfältigers ergibt sich erst in den letzten Jahren vor Ablauf der Gesamtnutzungsdauer, so dass die **Mindestrestnutzungsdauer zu einem hohen Mindest-Vervielfältiger** führt.

90 Im Vergleich zum Sachwertverfahren (30 % Mindestrestwert, vgl. § 259 Abs. 4 Satz 3 BewG) verbleibt im Ertragswertverfahren somit ein deutlich **höherer Gebäudeanteil** als Mindestwert. Dabei ist zu beachten, dass bei älteren Gebäuden ein **niedrigerer pauschaler Mietwert** gem. Anlage 39 zum BewG anzusetzen ist, so dass die dargestellten Prozentsätze nicht mit dem verbleibenden Gebäudewert gleichzusetzen sind. Ebenso führt eine geringere Restnutzungsdauer bei der Wahl der **Bewirtschaftungskosten** gem. Anlage 40 zum BewG zu einem **höheren Kostensatz**, was sich ebenfalls mindernd auf den Gebäudewert bemerkbar macht. Auch unter Berücksichtigung dieser gegenläufigen Effekte verbleibt der Restwert jeweils deutlich über 30 % des Wertes eines Neubauobjekts.

91 Im Ergebnis ist festzuhalten, dass die Mindestrestwertregelung zu **hohen Restwerten für alte Gebäude** mit geringer tatsächlicher Nutzungsdauer führt und diese somit in Relation höher bewertet werden als neue Gebäude (wegen der verfassungsrechtlichen Problematik der **relationsgerechten Bewertung** vgl. Grootens in Grootens, BewG § 252 Rz. 146 ff.).

92–100 *(Einstweilen frei)*

5. Begrenzung der Restnutzungsdauer bei einer Abbruchverpflichtung (§ 252 Abs. 2 Satz 6 BewG)

101 § 252 Abs. 2 Satz 6 BewG regelt als Ausnahme die Berücksichtigung einer **kürzeren tatsächlichen Restnutzungsdauer** in den Fällen einer bestehenden **Abbruchverpflichtung**. Bei einer bestehenden Abbruchverpflichtung für das Gebäude ist die Restnutzungsdauer abweichend auf den Unterschiedsbetrag zwischen der tatsächlichen Gesamtnutzungsdauer und dem Alter des Gebäudes im Hauptfeststellungszeitpunkt begrenzt. In diesen Fällen ist zudem die Regelung der **Mindestrestnutzungsdauer** nicht zu beachten, da die Regelung des § 253 Abs. 3 Satz 6 zur Abrissverpflichtung abweichend von den übrigen Regelungen zur Ermittlung der Nutzungsdauer in den vorangegangenen Sätzen anzuwenden ist.

102 **BEISPIEL:** Baujahr 1982, Abbruchverpflichtung 2030, wirtschaftliche Gesamtnutzungsdauer 80 Jahre.

Gesamtnutzungsdauer aufgrund der Abbruchverpflichtung:

Gesamtnutzungsdauer: Jahr der Abbruchverpflichtung 2030./. Baujahr 1982 = 48 Jahre

Restnutzungsdauer unter Berücksichtigung der Abbruchverpflichtung:

48 Jahre./. Alter im Hauptfeststellungszeitpunkt 1.1.2022 (2022./. 1982 = 40 Jahre) = 8 Jahre

Die Mindest-Restnutzungsdauer von 24 Jahren (30 % von 80 Jahren) ist unbeachtlich. Im Ergebnis wird die Restnutzungsdauer auf die tatsächliche Restnutzungsdauer im Hauptfeststellungszeitpunkt begrenzt.

103 Eine erst nach dem Hauptfeststellungszeitpunkt vereinbarte Abbruchverpflichtung (z. B. bei Gebäuden auf fremdem Grund und Boden ist als eine **Änderung der tatsächlichen Verhältnisse** nach § 228 Abs. 2 BewG dem Finanzamt anzuzeigen und kann unter den weiteren Voraussetzungen des § 222 Abs. 1 BewG zu einer Wertfortschreibung führen. M. E. ist wegen des Abstellens auf das Alter am Hauptfeststellungsstichtag auch bei der Wertfortschreibung die tatsächliche Restnutzungsdauer am Hauptfeststellungszeitpunkt zugrunde zu legen.

104 Wie auch bei der Grundbesitzbewertung für Zwecke der Erbschaft- und Schenkungsteuer werden **Baumängel** und **Bauschäden** bei der Ermittlung der Restnutzungsdauer nicht berücksichtigt.[1] Dies gilt auch für nicht behebbare Baumängel oder Bauschäden (z. B. Gründungsmängel, Kriegsschäden, Bergschäden), die selbst durch Ausbesserung nicht auf Dauer beseitigt werden können.[2] Dem Steuerpflichtigen steht in diesen Fällen bei der Grundsteuerwertermittlung allerdings **kein Nachweis des niedrigeren gemeinen Werts** für die gesamte wirtschaftliche Einheit offen, wie ihn § 198 BewG für die Grundbesitzwertermittlung ermöglicht (wegen der grundsätzlichen Problematik der fehlenden **Öffnungsklausel** und des **Übermaßverbotes** vgl. Grootens in Grootens, BewG § 252 Rz. 96 ff.).

105 Diese Vorgehensweise des Gesetzgebers ist insofern zweifelhaft, als eine Verbesserung der Bausubstanz im Gegenzug zu einer Verlängerung der Restnutzungsdauer führen soll. Der Gesetzgeber dokumentiert damit, dass die nach § 253 Abs. 2 Satz 4 BewG für die Annahme einer abweichenden Restnutzungsdauer notwendigen „Veränderungen" auch die **Bausubstanz** betreffen können. Warum dies aber nur zugunsten der Kommunen gelten soll, ist nicht nachvollziehbar.

§ 254 BewG Rohertrag des Grundstücks

Der jährliche Rohertrag des Grundstücks ergibt sich aus den in Anlage 39 nach Land, Gebäudeart, Wohnfläche und Baujahr des Gebäudes angegebenen monatlichen Nettokaltmieten je Quadratmeter Wohnfläche einschließlich der in Abhängigkeit der Mietniveaustufen festgelegten Zu- und Abschläge.

Inhaltsübersicht	Rz.
A. Allgemeine Erläuterungen zu § 254 BewG	1 - 30
I. Normzweck und wirtschaftliche Bedeutung der Vorschrift	1 - 5
II. Entstehung und Entwicklung der Vorschrift	6 - 10
III. Geltungsbereich	11 - 20
IV. Verhältnis zu anderen Vorschriften	21 - 30
B. Systematische Kommentierung	31 - 69
I. Grundlage der Ermittlung des jährlichen Rohertrags des Grundstücks	31 - 45
II. Ermittlung des jährlichen Rohertrags in besonderen Einzelfällen	46 - 60
III. Zu- und Abschläge zum Rohertrag aufgrund des kommunalen Mietniveaus	61 - 69

LITERATUR:

Eisele, Grundsteuerreform-Umsetzungsgesetz - Änderungen beim reformierten Bewertungs- und Grundsteuerrecht sowie bei der Grundbesitzbewertung, NWB 29/2021 S. 2903, NWB OAAAH-89905; *Grootens*, Die Reform der Grundsteuer – Eine erste Analyse des Gesetzentwurfs der Bundesregierung v. 21.6.2019, NWB-EV 7/2019 S. 228, NWB IAAAH-21201; *Grootens*, Reform der Grundsteuer – (K)eine Einigung in Sicht?, NWB-EV 3/2019 S. 82, NWB VAAAH-06667; *Löhr*, Entwurf zum Grundsteuer-Reformgesetz: Die große Unvollendete, DStR 28/2019 S. 1433; *Schmidt*, Reform der Grundsteuer – Eine erste Analyse der Wertermittlung nach dem Ertragswertverfahren, NWB 50/2019 S. 3719, NWB BAAAH-36269; *Seer*, Reform der Grundsteuer nach dem Entwurf der Bundesregierung, FR 2019 S. 941; *Wünsche*, Grundsteuerreform: Es währt schon lange, wird es auch gut?, BB 32/2019 S. 1821.

ARBEITSHILFEN UND GRUNDLAGEN ONLINE:

Grundsteuer: Grundbesitzbewertung ab 2022/2025 (Sach- und Ertragswertverfahren) – Checkliste mit Berechnungen, NWB NAAAH-93792.

---

1 Vgl. R B 185.3 Abs. 5 ErbStR 2019 sowie A 253.1 Abs. 5 AEBewGrSt.
2 Vgl. A 253.1 Abs. 5 Satz 3 AEBewGrSt.

VERWALTUNGSANWEISUNGEN:

Koordinierte Erlasse der obersten Finanzbehörden der Länder v. 9.11.2021 – Anwendung des Siebenten Abschnitts des Zweiten Teils des Bewertungsgesetzes zur Bewertung des Grundbesitzes (allgemeiner Teil und Grundvermögen) für die Grundsteuer ab 1.1.2022 (AEBewGrSt), BStBl I 2021 S. 2334.

A. Allgemeine Erläuterungen zu § 254 BewG

I. Normzweck und wirtschaftliche Bedeutung der Vorschrift

1   § 254 BewG regelt die **Ermittlung Rohertrags des Grundstücks** als Ausgangspunkt der Bewertung im vereinfachten Ertragswertverfahren gem. § 252 BewG. Der jährliche Rohertrag wird aus Vereinfachungsgründen **nicht** aus den **tatsächlich vereinbarten Mieten**, sondern auf der Grundlage von aus dem **Mikrozensus** des Statistischen Bundesamtes abgeleiteten **durchschnittlichen Nettokaltmieten** je Quadratmeter Wohnfläche ermittelt. Die durchschnittlichen Nettokaltmieten sind in **Anlage 39 zum BewG** niedergelegt.

2–5   *(Einstweilen frei)*

II. Entstehung und Entwicklung der Vorschrift

6   § 254 BewG wurde mit dem **GrStRefG** v. 26.11.2019[1] in das BewG eingefügt und ist erstmals für den **Hauptfeststellungszeitpunkt 1.1.2022** anzuwenden (vgl. § 266 BewG). Mit dem GrStRefUG[2] v. 16.7.2021 wurde die für die Ermittlung des Rohertrags benötigte Anlage 39 zum BewG neu gefasst. Die neu gefasste Anlage ist bereits für den Hauptfeststellungszeitpunkt 1.1.2022 anzuwenden.

7–10   *(Einstweilen frei)*

III. Geltungsbereich

11   Der **Anwendungsbereich** des Ertragswertverfahrens ist gem. § 250 Abs. 2 BewG in Abhängigkeit der festgestellten **Grundstücksart** festgelegt worden. **Bewertungsgegenstand** ist das Grundstück i. S. des § 244 Abs. 1 BewG.

12   Die Vorschriften gelten gem. § 231 BewG nur für die Bewertung des **inländischen** zu bewertenden Vermögens. Dabei sind auch die inländischen Teile einer wirtschaftlichen Einheit zu bewerten, die sich sowohl auf das Inland als auch auf das Ausland erstrecken.

13–20   *(Einstweilen frei)*

IV. Verhältnis zu anderen Vorschriften

21   Der Rohertrag gem. § 254 BewG ist Ausgangspunkt der Ermittlung des **Reinertrags des Grundstücks (§ 253 BewG)**. Von diesem Rohertrag werden die **Bewirtschaftungskosten (§ 255 BewG)** abgezogen.

22–30   *(Einstweilen frei)*

---

[1] GrStRefG v. 26.11.2019, BGBl 2019 I S. 1794.
[2] GrStRefUG v. 16.7.2021, BGBl 2021 I S. 2931.

B. Systematische Kommentierung

I. Grundlage der Ermittlung des jährlichen Rohertrags des Grundstücks

Ausgangsgröße der Bewertung im Ertragswertverfahren gem. § 252 BewG ist der jährliche Rohertrag des Grundstücks. Bei Wohngebäuden (Ein- und Zweifamilienhäusern, Mietwohngrundstücke und Wohnungseigentum) wird der jährliche Rohertrag aus Vereinfachungsgründen auf der Grundlage von aus dem **Mikrozensus des Statistischen Bundesamtes** abgeleiteten durchschnittlichen Nettokaltmieten je Quadratmeter Wohnfläche, die in

- drei **Grundstücksarten** (Einfamilienhaus, Zweifamilienhaus, Mietwohngrundstück),
- drei **Wohnflächengruppen** (unter 60 m², 60–100 m² und über 100 m²) sowie
- fünf **Baujahrgruppen** (bis 1948, 1949–1978, 1979–1990, 1991–2000 und ab 2001)

unterschieden werden, ermittelt. Diese Mieten werden des Weiteren nach

- sieben gemeindescharfen **Mietniveaustufen**[1]

differenziert und sind in **Anlage 39 zum BewG** niedergelegt worden. Die Erklärung der **tatsächlichen Mieteinnahmen** durch den Steuerpflichtigen oder die Ermittlung einer **üblichen Miete** ist **ausgeschlossen** (vgl. dazu auch → Rz. 68). Zur Berechnung der **Wohnfläche** ist die WoFlV[2] heranzuziehen. Wurde sie bis zum 31.12.2003 nach der II. BV[3] ermittelt, ist der entsprechende Wert der Berechnung zugrunde zu legen, sofern nach dem 31.12.2003 keine baulichen Änderungen an dem Wohnraum vorgenommen worden sind, die eine Neuberechnung erforderlich machen (vgl. § 5 WoFlV).

Diese Auffächerung der Mietwerte wird für jedes **Bundesland** separat vorgenommen. Die Unterschiede innerhalb des Bundeslandes werden über einen Zu- oder Abschlag auf den jeweiligen Wert für das Bundesland nach Maßgabe einer **Mietniveaueinstufung** vorgenommen (vgl. → Rz. 61 ff.). De facto handelt es sich nach zutreffendem Hinweis von Löhr bei dem einheitlichen Mietansatz um einen Kompromiss zwischen dem wertabhängigen und dem wertunabhängigen Modell.[4] Beiden Modellen lägen aber ganz unterschiedliche Bewertungsziele und Belastungsgründe zu Grunde, weswegen ein solcher Kompromiss systemfremd sei.

Die Anwendung einer durchschnittlichen Miete auf statistischer Grundlage vereinfacht in einem Massenverfahren nach Ansicht des Gesetzgebers[5] insbesondere die Fälle, in denen Grundstücke **eigengenutzt, ungenutzt, zu vorübergehendem Gebrauch** oder **unentgeltlich** überlassen werden. Die Erklärung der **tatsächlichen Mieteinnahmen** durch den Steuerpflichtigen und die Ermittlung einer üblichen Miete i. S. des § 79 Abs. 2 BewG ist dadurch **entbehrlich**.

Die der Anlage 39 zum BewG i. d. F. des GrStRefG zu Grunde liegenden Daten entstammen dem **Mikrozensus 2014**. Sie wurden auf den Bewertungsstichtag 1.1.2022 hochgerechnet und sollten so als aktuelle Werte der ersten **Hauptfeststellung am 1.1.2022** zu Grund gelegt werden. Mittlerweile liegen aktuellere statistische Daten – insbesondere der **Mikrozensus 2018** – vor. Darüber hinaus hat sich auch die Zuordnung der Gemeinden zu den Mietniveaustufen unter anderem durch die Einführung einer neuen Mietniveaustufe 7 verändert. Die Neuberech-

---

[1] Anmerkung: in der Anlage 39 zum BewG i. d. F. des GrStRefG waren zunächst nur 6 Mietniveaustufen vorgesehen (vgl. → Rz. 34).
[2] Wohnflächenverordnung v. 25.11.2003, BGBl I 2003 S. 2346.
[3] Zweite Berechnungsverordnung i. d. F. v. 12.10.1990, BGBl I 1990 S. 2178.
[4] Löhr, DStR 28/2019 S. 1433.
[5] BT-Drucks. 19/11085 S. 115.

nung der maßgeblichen Nettokaltmieten hat im Ergebnis zu veränderten und vielfach **höheren Wertansätzen** geführt. Die zur Ermittlung des Rohertrags nach § 254 BewG erforderlichen Nettokaltmieten nach **Anlage 39** zu § 254 BewG wurden daher mit dem **GrStRefUG**[1] v. 16.7.2021 durch die **neu berechneten Werte** ersetzt und eine Mietniveaustufe 7 nebst Zuschlag neu eingeführt. Mit den Änderungen soll sichergestellt werden, dass das Bewertungsziel eines objektiviert-realen Grundsteuerwerts als Bemessungsgrundlage für eine relations- und realitätsgerechte Besteuerung erreicht wird.[2] Um in Anbetracht der höheren Mietansätze der neugefassten Anlagen 39 zum BewG keine versteckte Erhöhung der Grundsteuer für die Wohngrundstücke zu verursachen, wurde gleichzeitig die Steuermesszahl für die Wohngrundstücke von 0,34 Promille auf 0,31 Promille gesenkt (vgl. § 15 Abs. 1 Nr. 2a GrStG i. d. F. des GrStRefUG).

35 **PRAXISHINWEIS:**
Diese Absenkung wird im Einzelfall die mit der Neufassung der Anlage 39 zum BewG einhergehenden Mietsteigerungen nur teilweise kompensieren können. So ist in Berlin der Mietansatz für Wohnungen mit einer Wohnfläche von unter 60 m² in Mietwohngrundstücken mit Baujahr ab 2001 von 8,23 €/m² auf 14,83 €/m² gestiegen. Dieser prozentualen **Steigerung von 80,19 % beim Mietansatz** steht eine Absenkung der Messzahl für Wohngrundstücke um 8,82 % gegenüber. Im Ergebnis bedeutet dies eine deutliche Mehrbelastung dieser Wohnungen mit Grundsteuer durch die Anpassung der Mietansätze.

36–45 *(Einstweilen frei)*

II. Ermittlung des jährlichen Rohertrags in besonderen Einzelfällen

46 Für **Wohnungseigentum** gelten die Nettokaltmieten für **Mietwohngrundstücke**. Gleichwohl unterscheiden sich die Bewertungsergebnisse für Wohnungseigentum und Mietwohngrundstücke, da die für Wohnungseigentum und Mietwohngrundstücke unterschiedliche **Bewirtschaftungskosten** (vgl. § 255 BewG und Anlage 40 zum BewG) abzuziehen und unterschiedliche **Liegenschaftszinssätze** (vgl. § 256 BewG) anzuwenden sind. Besonders hohe Wertunterschiede ergeben sich in besonders **hochwertigen Lagen**, da in diesen Gebieten für das Wohnungseigentum ein **abweichender niedrigerer Liegenschaftszinssatz** anzuwenden ist (vgl. wegen der dadurch entstehenden Wertverzerrungen Grootens in Grootens, BewG § 256 Rz. 54 ff.).

47 Bei Wohngrundstücken mit mehr als einer Wohnung (Zweifamilienhaus, Mietwohngrundstück) ist jede Wohnung in eine der drei **Wohnflächengruppen** einzuordnen. Handelt es sich bei dem zu bewertenden Grundstück um ein Mietwohngrundstück, ein Einfamilienhaus oder ein Zweifamilienhaus, können sich neben den zu Wohnzwecken genutzten Gebäudeflächen auch zu eigenen oder fremden **betrieblichen** oder **öffentlichen** Zwecken dienende **Nutzflächen** befinden (vgl. § 249 Abs. 2, 3 und 4 BewG). Solche Flächen, die zu **anderen als Wohnzwecken** genutzt werden, gelten aus Vereinfachungsgründen als **Wohnfläche**.[3] Für diese Flächen ist bei **Mietwohngrundstücken** die für Wohnungen mit einer **Fläche unter 60 m²** geltende monatliche Nettokaltmiete in € je m² Nutzfläche (ohne Zubehörräume) anzusetzen. Bei **Ein- und Zweifamilienhäusern** sind diese Flächen zu der jeweiligen Wohnfläche zu addieren. Lassen sich die Nutzflächen bei einem Zweifamilienhaus nicht zweifelsfrei einer Wohnung zuordnen, bestehen nach Verwaltungsauffassung keine Bedenken, die Flächen zu der Wohnung mit dem niedrigeren Mietwert zu addieren.[4] **Zubehörräume** wie z. B. Kellerräume, Abstellräume und Keller-

---

[1] GrStRefUG v. 16.7.2021, BGBl 2021 I S. 2931.
[2] Vgl. BT-Drucks. 19/28902 S. 25.
[3] Vgl. A 254 Abs. 3 S. 1-3 AEBewGrSt.
[4] Vgl. A 254 Abs. 3 S. 4 AEBewGrSt.

ersatzräume außerhalb der Wohnung, Waschküchen und Trockenräume, Bodenräume und Heizungsräume bleiben außer Ansatz. Räume, die zum **dauernden Aufenthalt für Wohnzwecke** ausgebaut wurden, sind keine Zubehörräume. Für Wohnräume, die den **Wohnungsbegriff** des § 249 Abs. 10 BewG nicht erfüllen (z. B. Wohnräume in einem Studentenwohnheim in Gestalt eines Appartementhauses, vgl. Bock in Grootens, § 249 BewG Rz. 76 ff.), sind die für Wohnungen bis zu einer Größe von 60 m² maßgebenden Mieten anzusetzen.

BEISPIEL: Ein Mietwohngrundstück in Berlin (Baujahr 1970) weist folgende Flächennutzung auf: Ein Ladenlokal im Erdgeschoss (200 m² Nutzfläche), vier kleine Wohnungen (je 50 m² Wohnfläche) und acht große Wohnungen (je 140 m² Wohnfläche). 48

	Mietansatz lt. Anlage 39 zum BewG	Jahresrohertrag	
Ladenlokal	8,07 €/m²	1 x 8,07 €/m² x 200 m² x 12 =	19.368 €
Kleine Wohnungen	8,07 €/m²	4 x 8,07 €/m² x 50 m² x 12 =	19.368 €
Große Wohnungen	5,65 € m²	8 x 5,65 €/m² x 140 m² x 12 =	75.936 €
		Summe Jahresrohertrag =	103.862 €

Wegen des noch fehlenden Zuschlags auf die Miete wegen des Mietniveaus der Stadt Berlin vgl. → Rz. 61 ff.

Garagenstellplätze sind bundesweit mit einem Festwert von 35 € monatlich anzusetzen. Auch dieser Festwert unterliegt der gemeindebezogenen Anpassung durch die Mietniveaustufen (vgl. → Rz. 61 ff. sowie wegen eines Beispiels Grootens in Grootens, § 252 BewG Rz. 86). Es ist dennoch fraglich, ob dadurch eine relationsgerechte Bewertung von Garagen in ländlichen Regionen und in Ballungsräumen erreicht wird. Für sonstige Außenstellplätze und Carports erfolgt kein gesonderter Ansatz. 49

Die typisierten Nettokaltmieten sind nach Baujahrgruppen differenziert. Bei einem kernsanierten Gebäude ist zur Einordnung des Gebäudes in die jeweilige Baujahrgruppe auf ein fiktives Baujahr abzustellen, das sich aus dem Jahr der **Kernsanierung** abzüglich 8 Jahre (= 10 % der wirtschaftlichen Gesamtnutzungsdauer) ergibt.[1] 50

(Einstweilen frei) 51–60

III. Zu- und Abschläge zum Rohertrag aufgrund des kommunalen Mietniveaus

Um dem unterschiedlichen **Mietpreisniveau** innerhalb eines Bundeslandes gerecht zu werden, sieht die Anlage 39 zum BewG in Teil II einen **Zu-** oder **Abschlag** auf die in Teil I der Anlage 39 zum BewG angegebene für das jeweilige Bundesland geltende **Nettokaltmiete** vor. Die anzusetzenden Sollmieten erhöhen oder vermindern sich in Abhängigkeit davon, wie die Gemeinde, in der das Grundstück gelegen ist, nach § 12 Abs. 3 Wohngeldgesetz einzuordnen ist. Die Einordnung der Gemeinde und der dafür maßgebliche Gebietsstand ergibt sich aus der MietNEinV[2] v. 18.8.2021.[3] Die Zuschlagsätze der Anlage 39 Teil II i. d. F. des GrStRefG v. 26.11.2019 61

---

1 Vgl. für ein Beispiel Grootens in Grootens, § 253 BewG Rz. 75.
2 Mietniveau-Einstufungsverordnung – MietNEinV v. 18.8.2021, BGBl I 2021 S. 3738.
3 Vgl. zur Ermächtigung des BMF zum Erlass der MietNEinV Grootens in Grootens, BewG § 263 Rz. 36 ff. sowie → Rz. 63.

wurden durch das GrStRefUG v. 16.7.2021 geändert sowie eine zusätzliche Mietniveaustufe 7 eingeführt (vgl. → Rz. 34).

Mietniveaustufe 1	– 20,0 %
Mietniveaustufe 2	– 10,0 %
Mietniveaustufe 3	+/– 0 %
Mietniveaustufe 4	+ 10,0 %
Mietniveaustufe 5	+ 20,0 %
Mietniveaustufe 6	+ 30,0 %
Mietniveaustufe 7	+ 40,0 %

62 **BEISPIEL:** In NRW sind Köln in die Mietniveaustufe 6, Dortmund in die Mietniveaustufe 3 und Brilon in die Mietniveaustufe 1 einzusortieren. Daher ist für Grundstücke in Köln auf die jeweilige Nettokaltmiete lt. Teil I der Anlage 39 zum BewG ein Zuschlag von 30,0 % vorzunehmen. Für Grundstücke in Dortmund kann die angegebene Nettokaltmiete ohne Anpassungen übernommen werden. Die Nettokaltmiete für Grundstücke in Brilon ist um 20,0 % zu ermäßigen.

63 Das Bundesministerium der Finanzen wird in § 263 Abs. 2 BewG ermächtigt, durch **Rechtsverordnung** mit Zustimmung des Bundesrats die **gemeindebezogene Einordnung in die jeweilige Mietniveaustufe** nach § 254 BewG zur Ermittlung der Zu- und Abschläge nach Anlage 39 auf der Grundlage der Einordnung nach § 12 Abs. 3 des Wohngeldgesetzes in der jeweils gültigen Fassung in Verbindung mit § 1 Abs. 3 und Anlage 1 der Wohngeldverordnung in der jeweils gültigen Fassung für steuerliche Zwecke herzuleiten.[1]

64 **PRAXISHINWEIS:**
Beim Wohngeld spielen die Mietstufen insofern eine Rolle, als dass sie Auswirkungen auf die Bemessung der maximal zu bezuschussenden Miete oder Belastung (bei Wohneigentum) sowie zur Ermittlung des Höchsteinkommens des Wohngeldhaushalts haben.

65 Die **unterschiedlichen Miethöhen** in den verschiedenen Wohnlagen **innerhalb einer Gemeinde** bleiben unberücksichtigt. So wird für ein Einfamilienhaus in der schlechtesten Lage der jeweiligen Gemeinde der gleiche Mietwert angesetzt wie für das Einfamilienhaus in bester Lage, das zudem noch deutlich hochwertiger ausgestattet sein wird als das Einfamilienhaus in schlechter Lage. Somit ergibt sich durch die Verwendung eines kommunalen Durchschnittsmietansatzes eine **strukturelle Überbewertung der schlechten Lagen** einer Gemeinde und eine **strukturelle Unterbewertung der besten Lagen** einer Gemeinde. Letzteres gilt vor allem für hochwertige Villengrundstücke neueren Baujahrs, bei denen sich der höhere **Bodenrichtwert** durch den langen **Abzinsungszeitraum** nur sehr gering auswirkt (vgl. zur Auswirkung des abgezinsten Bodenwerts bei langen Restlaufzeiten Grootens in Grootens, BewG § 256 Rz. 45 sowie ausführlich mit Berechnungsbeispielen Schmidt, NWB 50/2019 S. 3719, NWB BAAAH-36269).

66 Es ist m.E. äußerst zweifelhaft, ob durch diese Vorgehensweise die Wohngrundstücke insbesondere in größeren Städten mit heterogenem Grundstücksmarkt in verfassungsrechtlich ausreichendem Maße **realitäts- und relationsgerecht** bewertet werden (wegen der verfassungsrechtlichen Kritik am Ertragswertverfahren vgl. Grootens in Grootens, BewG § 252 Rz. 146 ff.).[2] Die Bevorzugung besserer Lagen bei der Grundsteuer lässt sich auch durch die Ver-

---

[1] Vgl. Grootens in Grootens, BewG § 263 Rz. 36 ff.
[2] Gl. A. Wünsche, BB 32/2019 S. 1821.

änderung des **Hebesatzes** durch die Gemeinde nicht beheben, weil die Bevorzugung in der gesetzlichen Regelung systematisch so angelegt ist.[1] Diese systematisch regressive Belastungswirkung verstößt nach m. E. zutreffender Ansicht von Seer gegen den **Grundsatz der realitätsgerechten Wertrelation** und damit gegen Art. 3 Abs. 1 GG.[2]

Die **Mietniveaustufen** wirken sich auf alle Grundstücke in der Gemeinde aus. Es ist nach überzeugendem Einwand von Schmidt zu erwarten, dass Gemeinden mit einer **niedrigen Mietniveaustufe** insgesamt geringere Grundsteuerwerte ausweisen werden.[3] Hier werde zur Sicherstellung des Grundsteueraufkommens eine **Erhöhung des Hebesatzes** erforderlich werden, während in Gemeinden mit einer **hohen Mietniveaustufe** eher eine **Senkung** erforderlich sein könnte, um die Bürger nicht über Gebühr mit Grundsteuer zu belasten. Für die Gemeinden sei es deshalb wichtig, bereits vor dem 1.1.2025 die Summe der Grundsteuermessbeträge in der Gemeinde zu erfahren, um entsprechend die **Hebesätze anpassen** zu können. Ob die Finanzverwaltung in der Lage sein wird, den Gemeinden diese Daten rechtzeitig zur Verfügung zu stellen, bleibe abzuwarten.

PRAXISHINWEIS:

Eine **Korrekturkomponente für besonders niedrige Mieten** ist im BewG nicht enthalten. Diese Korrekturkomponente war Bestandteil des Eckpunktepapiers, welches am 1.2.2019 auf der Internetseite des BMF veröffentlicht worden ist. Ist die Miete bis zu 30 % niedriger als die Durchschnittsmiete, sollte nach dem Eckpunktepapier die tatsächlich vereinbarte Nettokaltmiete angesetzt werden, mindestens jedoch 70 % der statistischen Miete.[4] Diese Regelung hätte eine Einzelfallprüfung der Miethöhe in zahlreichen Fällen zur Folge gehabt und ist daher wohl aus Gründen der Verwaltungsvereinfachung zu Lasten der Einzelfallgerechtigkeit aufgegeben worden.[5]

Neben der Differenzierung der aus statistischen Grundlagen abgeleiteten durchschnittlichen Nettokaltmieten nach Mietniveauunterschieden zwischen den Gemeinden eines Landes (Anlage 39 zum BewG-E, Teil I und II) war im Referentenentwurf v. 3.4.2019 nach Maßgabe der Anlage 39 zum BewG-E, Teil III, des Weiteren Mietniveauunterschiede in den Großstädten ab 600.000 Einwohner zu berücksichtigen (sogenannter **Ballungsraumzuschlag**). Auf Bewertungsebene sollte deshalb für diese Städte

- bei Ein- und Zweifamilienhäusern in einer Lage mit einem Bodenrichtwert von über 1.800 €/m² und
- bei Wohnungseigentum und Mietwohngrundstücken in einer Lage mit einem Bodenrichtwert von über 3.600 €/m²

zusätzlich ein Mietniveauzuschlag auf die gemeindebezogenen Nettokaltmieten i. H. von jeweils 10 % vorgenommen werden. Dieser Zuschlag ist im schlussendlich verabschiedeten Gesetz nicht mehr vorgesehen. Diese Vorgehensweise hätte zu einer Erhöhung der Grundsteuer und damit der umlagefähigen Nebenkosten in den ohnehin besonders teuren Wohnlagen in diesen Städten geführt und wurde daher angesichts der Debatte um bezahlbaren Wohnraum zum Teil scharf kritisiert. Der Verzicht auf diesen Zuschlag ist zu begrüßen, da er als willkürlich bemessener Zuschlag ohnehin nur sehr eingeschränkt zur Bewertungsgenauigkeit beigetragen hätte.

§ 255 BewG Bewirtschaftungskosten

[1]Als Bewirtschaftungskosten werden die bei ordnungsgemäßer Bewirtschaftung und zulässiger Nutzung marktüblich entstehenden jährlichen Verwaltungskosten, Betriebskosten, Instandhaltungskosten und das

---

1 Gl. A. Schmidt, NWB 50/2019 S. 3719, NWB BAAAH-36269.
2 Vgl. Seer, FR 2019 S. 941.
3 Vgl. Schmidt, NWB 50/2019 S. 3719, NWB BAAAH-36269.
4 Vgl. Grootens, NWB-EV 3/2019 S. 82, NWB VAAAH-06667.
5 Vgl. Grootens, NWB-EV 7/2019 S. 228, NWB IAAAH-21201.

Mietausfallwagnis berücksichtigt, die nicht durch Umlagen oder sonstige Kostenübernahmen gedeckt sind. ²Sie ergeben sich aus den pauschalierten Erfahrungssätzen nach Anlage 40.

Inhaltsübersicht	Rz.
A. Allgemeine Erläuterungen zu § 255 BewG	1 – 20
I. Normzweck und wirtschaftliche Bedeutung der Vorschrift	1 – 5
II. Entstehung und Entwicklung der Vorschrift	6 – 10
III. Geltungsbereich	11 – 15
IV. Verhältnis zu anderen Vorschriften	16 – 20
B. Systematische Kommentierung	21 – 39
I. Definition der Bewirtschaftungskosten (§ 255 Satz 1 BewG)	21 – 35
II. Ermittlung der pauschalierten Bewirtschaftungskosten nach Anlage 40 zum BewG (§ 255 Satz 2 BewG)	36 – 39

ARBEITSHILFEN UND GRUNDLAGEN ONLINE:

Grundsteuer: Grundbesitzbewertung ab 2022/2025 (Sach- und Ertragswertverfahren) – Checkliste mit Berechnungen, NWB NAAAH-93792.

VERWALTUNGSANWEISUNGEN:

Koordinierte Erlasse der obersten Finanzbehörden der Länder v. 9.11.2021 – Anwendung des Siebenten Abschnitts des Zweiten Teils des Bewertungsgesetzes zur Bewertung des Grundbesitzes (allgemeiner Teil und Grundvermögen) für die Grundsteuer ab 1.1.2022 (AEBewGrSt), BStBl 2021 I S. 2334.

A. Allgemeine Erläuterungen zu § 255 BewG

I. Normzweck und wirtschaftliche Bedeutung der Vorschrift

1 Zur Ermittlung des **jährlichen Reinertrags des Grundstücks** (§ 253 BewG) im vereinfachten Ertragswertverfahren (§ 252 BewG) sind vom jährlichen **Rohertrag** des Grundstücks (§ 254 BewG) die nicht umlagefähigen **Bewirtschaftungskosten** (§ 255 BewG) abzuziehen.

2 § 255 BewG regelt die **Definition und die Ermittlung** der abzuziehenden **Bewirtschaftungskosten**. Die Bewirtschaftungskosten sind mit pauschalierten Erfahrungssätzen anzusetzen und ergeben sich aus der **Anlage 40 zum BewG**.

3–5 *(Einstweilen frei)*

II. Entstehung und Entwicklung der Vorschrift

6 § 255 BewG wurde mit dem **GrStRefG** v. 26.11.2019[1] in das BewG eingefügt und ist erstmals für den **Hauptfeststellungszeitpunkt 1.1.2022** anzuwenden (vgl. § 266 BewG).

7–10 *(Einstweilen frei)*

III. Geltungsbereich

11 Der **Anwendungsbereich** des Ertragswertverfahrens ist gem. § 250 Abs. 2 BewG in Abhängigkeit der festgestellten **Grundstücksart** festgelegt worden. **Bewertungsgegenstand** ist das Grundstück i. S. des § 244 Abs. 1 BewG.

---

[1] GrStRefG v. 26.11.2019, BGBl 2019 I S. 1794.

Die Vorschriften gelten gem. § 231 BewG nur für die Bewertung des **inländischen** zu bewertenden Vermögens. Dabei sind auch die inländischen Teile einer wirtschaftlichen Einheit zu bewerten, die sich sowohl auf das Inland als auch auf das Ausland erstrecken.

(Einstweilen frei)

IV. Verhältnis zu anderen Vorschriften

§ 253 Abs. 1 BewG regelt die **Ermittlung des jährlichen Reinertrags des Grundstücks** als erste Stufe der Wertermittlung im vereinfachten Ertragswertverfahren. Hierzu sind vom jährlichen **Rohertrag** des Grundstücks (**§ 254 BewG**) die nicht umlagefähigen **Bewirtschaftungskosten** (§ 255 BewG) abzuziehen.

(Einstweilen frei)

B. Systematische Kommentierung

I. Definition der Bewirtschaftungskosten (§ 255 Satz 1 BewG)

Bewirtschaftungskosten sind nach § 255 Satz 1 BewG die bei ordnungsgemäßer Bewirtschaftung und zulässiger Nutzung marktüblich entstehenden jährlichen

- Verwaltungskosten,
- Betriebskosten,
- Instandhaltungskosten und das
- Mietausfallwagnis,

die nicht durch Umlagen oder sonstige Kostenübernahmen gedeckt sind. Zinsen für Hypothekendarlehen und Grundschulden oder sonstige Zahlungen für auf dem Grundstück lastende privatrechtliche Verpflichtungen bleiben ebenfalls außer Ansatz. Die Regelung entspricht den Grundsätzen des **§ 19 Abs. 1 ImmoWertV 2010**.

Verwaltungskosten sind

- die Kosten der zur Verwaltung des Grundstücks erforderlichen **Arbeitskräfte** und **Einrichtungen**,
- die Kosten der **Aufsicht** sowie
- den Wert der vom Eigentümer persönlich geleisteten **Verwaltungsarbeit** sowie
- die Kosten der **Geschäftsführung**.

Betriebskosten sind die Kosten, die durch das Eigentum am Grundstück oder durch den **bestimmungsgemäßen Gebrauch** des Grundstücks sowie seiner baulichen und sonstigen Anlagen laufend entstehen. Da derartige Kosten in der Praxis regelmäßig auf den Mieter umgelegt werden, sind die Kosten durch Umlagen gedeckt und in diesem Fall nicht mehr zur Ermittlung des Reinertrags vom Rohertrag des Grundstücks abzuziehen.[1]

Instandhaltungskosten sind Kosten, die infolge von **Abnutzung oder Alterung** zur Erhaltung des der Wertermittlung zugrunde gelegten Ertragsniveaus der baulichen Anlage während ihrer Restnutzungsdauer aufgewendet werden müssen.

---

1 Vgl. Mannek in Stenger/Loose, BewG § 187 Rz. 42.

25 Das **Mietausfallwagnis** ist das Wagnis einer Ertragsminderung, die durch **uneinbringliche Rückstände** von Mieten, Pachten und sonstigen Einnahmen oder durch vorübergehenden **Leerstand** von Raum entstehen, der zur Vermietung, Verpachtung oder sonstigen Nutzung bestimmt ist; es umfasst auch das Risiko von uneinbringlichen **Kosten einer Rechtsverfolgung** auf Zahlung, Aufhebung eines Mietverhältnisses oder Räumung.

26 Die bisher in den Vervielfältigern nach § 80 BewG enthaltenen Bewirtschaftungskosten werden gem. § 255 Satz 2 BewG i.V. mit der **Anlage 40 zum BewG pauschaliert berücksichtigt**. Aus Vereinfachungsgründen werden die anzusetzenden Bewirtschaftungskosten nach Erfahrungssätzen bestimmt. Ein Ansatz in tatsächlicher Höhe kommt im typisierten Massenverfahren nicht in Betracht. Dies führt vor allem bei **denkmalgeschützten Gebäuden**, aber auch bei **Brennpunktimmobilien mit hohem Mietausfall** zu einer strukturellen Überbewertung.

> **PRAXISHINWEIS:**
>
> Für denkmalgeschützte Gebäude hat der Gesetzgeber daher in § 15 Abs. 5 GrStG eine **Ermäßigung** vorgesehen. Bei Immobilien mit hohem Mietausfall kommt ein **Erlass wegen wesentlicher Ertragsminderungen** nach § 34 GrStG in Betracht.

27–35 *(Einstweilen frei)*

II. Ermittlung der pauschalierten Bewirtschaftungskosten nach Anlage 40 zum BewG (§ 255 Satz 2 BewG)

36 Die Bewirtschaftungskosten werden gem. § 255 Satz 2 BewG i.V. mit der **Anlage 40 zum BewG pauschaliert berücksichtigt** und in Abhängigkeit von den unterschiedlichen **Grundstücksarten** und nach der jeweiligen **Restnutzungsdauer** der Gebäude differenziert. Eine **verlängerte, verkürzte oder gewogene Restnutzungsdauer** sowie die **Mindest-Restnutzungsdauer** nach § 253 Abs. 2 Satz 5 BewG sind hierbei zu berücksichtigen.[1] Ein Ansatz der Bewirtschaftungskosten in tatsächlicher Höhe ist ausgeschlossen.[2]

> **PRAXISHINWEIS:**
>
> Aufgrund der Regelungen zur **Mindestrestnutzungsdauer** kommt die letzte Zeile der Anlage 40 (Restnutzungsdauer < 20 Jahre) für alle genannten Grundstücksarten nur in Fällen der **Abrissverpflichtung** (vgl. § 253 Abs. 2 Satz 6 BewG) in Betracht (Die Mindestrestnutzungsdauer beträgt für alle in der Anlage 40 genannten Grundstücksarten 24 Jahre). Es handelt sich bei den Fällen der Abrissverpflichtung um seltene Ausnahmefälle, die vor allem im Bereich der Erbbaurechte und Gebäude auf fremdem Grund und Boden anzutreffen sind.

37 Diese Regelung ist nach Auffassung von Mannek[3] zumindest auf den ersten Blick nicht überzeugend. Instandhaltungskosten dürften bei älteren Gebäuden tendenziell höher sein als bei Gebäuden, die zum Abbruch vorgesehen sind. In der Praxis werde ein Grundstückseigentümer von Instandhaltungsmaßnahmen absehen, wenn ein Gebäude kurz vor dem Abbruch steht. Ob die insoweit niedrigeren Kosten bei derartigen Bauten durch ein höheres Mietausfallwagnis kompensiert werden, dürfte allenfalls im Einzelfall beantwortet werden können. Angesichts einer Pauschalierung der Bewirtschaftungskosten wäre es wohl auch vertretbar gewesen, auf eine nur für Ausnahmefälle vorgesehene Pauschalierung zumindest dann zu verzich-

---

1 Vgl. Grootens in Grootens, BewG § 253 Rz. 56 ff.
2 Vgl. A 255 Abs. 2 S. 4 AEBewGrSt.
3 Vgl. Mannek in von Oertzen/Loose, BewG § 187 Rz. 18.

ten, wenn die Auswirkung nicht gravierend ist und sich Fragestellungen ergeben, die nicht in allen Fällen plausibel beantwortet werden können.

Die Kostensätze für **Mietwohngrundstücke** sind identisch mit der für die Grundbesitzbewertung für Zwecke der Erbschaft-, Schenkung- und Grunderwerbsteuer geltenden Anlage 23 zum BewG. Die in Anlage 40 zum BewG niedergelegten Kostensätze für die **Ein- und Zweifamilienhäuser** und das **Wohnungseigentum** sind in der Anlage 23 zum BewG nicht enthalten, da diese Grundstücksarten bei der Grundbesitzbewertung nicht nach dem Ertragswertverfahren bewertet werden können.

PRAXISHINWEIS:

In der Anlage 40 i. d. F. des GrStRefG sind auch Bewirtschaftungskosten für das Teileigentum aufgeführt. Da Teileigentum nicht im Ertragswertverfahren, sondern im Sachwertverfahren zu bewerten ist (vgl. § 250 Abs. 3 Nr. 3 BewG), ist die Angabe ohne praktische Bedeutung. Es handelte sich um ein redaktionelles Versehen, das im Rahmen des JStG 2020 durch Streichung des Wortes „Teileigentum" korrigiert worden ist.

§ 256 BewG Liegenschaftszinssätze

(1) ¹Liegenschaftszinssätze sind die Zinssätze, mit denen der Wert von Grundstücken abhängig von der Grundstücksart durchschnittlich und marktüblich verzinst wird. ²Bei der Bewertung bebauter Grundstücke gelten die folgenden Zinssätze:

1. 2,5 Prozent für Ein- und Zweifamilienhäuser,
2. 3,0 Prozent für Wohnungseigentum,
3. 4,0 Prozent für Mietwohngrundstücke mit bis zu sechs Wohnungen,
4. 4,5 Prozent für Mietwohngrundstücke mit mehr als sechs Wohnungen.

(2) ¹Bei der Bewertung von Ein- und Zweifamilienhäusern im Sinne des § 249 Absatz 2 und 3 verringert sich der Zinssatz nach Absatz 1 Satz 2 Nummer 1 um jeweils 0,1 Prozentpunkte für jede vollen 100 Euro, die der Bodenrichtwert oder der Bodenwert nach § 247 Absatz 3 je Quadratmeter den Betrag von 500 Euro je Quadratmeter übersteigt. ²Ab einem Bodenrichtwert oder Bodenwert nach § 247 Absatz 3 je Quadratmeter in Höhe von 1 500 Euro je Quadratmeter beträgt der Zinssatz für Ein- und Zweifamilienhäuser einheitlich 1,5 Prozent.

(3) ¹Bei der Bewertung von Wohnungseigentum im Sinne des § 249 Absatz 5 verringert sich der Zinssatz nach Absatz 1 Satz 2 Nummer 1 um jeweils 0,1 Prozentpunkte für jede vollen 100 Euro, die der Bodenrichtwert oder der Bodenwert nach § 247 Absatz 3 je Quadratmeter den Betrag von 2 000 Euro je Quadratmeter übersteigt. ²Ab einem Bodenrichtwert oder Bodenwert nach § 247 Absatz 3 je Quadratmeter in Höhe von 3 000 Euro je Quadratmeter beträgt der Zinssatz für Wohnungseigentum einheitlich 2 Prozent.

Inhaltsübersicht	Rz.
A. Allgemeine Erläuterungen zu § 256 BewG	1 - 18
I. Normzweck und wirtschaftliche Bedeutung der Vorschrift	1 - 5
II. Entstehung und Entwicklung der Vorschrift	6 - 9
III. Geltungsbereich	10 - 14
IV. Verhältnis zu anderen Vorschriften	15 - 18
B. Systematische Kommentierung	19 - 59
I. Definition und Ermittlung des Liegenschaftszinssatzes (§ 256 Abs. 1 BewG)	19 - 34
1. Definition des Liegenschaftszinssatzes (§ 256 Abs. 1 Satz 1 BewG)	19 - 25
2. Festlegung der Liegenschaftszinssätze für das Ertragswertverfahren (§ 256 Abs. 1 Satz 2 BewG)	26 - 34

II. Besondere Liegenschaftszinssätze für Ein- und Zweifamilienhäuser in hochwertigen Lagen (§ 256 Abs. 2 BewG)	35 - 50
III. Besondere Liegenschaftszinssätze für Wohnungseigentum in hochwertigen Lagen (§ 256 Abs. 3 BewG)	51 - 59

LITERATUR:

Eisele, Reform der Grundsteuer – Gesetzentwurf liegt vor! Teil I: Kernaussagen/Verfahrensfragen/Bewertung des Grundvermögens für Zwecke der Grundsteuer B, NWB 28/2019 S. 2043, NWB ZAAAH-21376; *Eisele*, Reform der Grundsteuer – Gesetzentwurf liegt vor! Teil III – Baulandmobilisierung durch Einführung einer optionalen Grundsteuer C, NWB 30/2019 S. 2204, NWB PAAAH-22603; *Grootens*, Diskussionsbedarf bei der Reform der Grundsteuer - Änderungsvorschläge des Bundesrates und Verabschiedung des Gesetzentwurfs durch den Bundestag, NWB-EV 11/2019 S. 381, NWB CAAAH-33629; *Jarass/Trautvetter*, Grundsteuerreform – Wer gewinnt, wer verliert?, BB 31/2019, S. 1751; *Marx*, Ökonomische Analyse des Grundsteuer-Reformgesetzentwurfs, DStZ 2019 S. 372; *Nagel*, Steuerliche Immobilienbewertung: Vom Einheitswert - zum Verkehrswert - Teil IV: Verfahren zur Wertermittlung für Ertragsteuern und Grundsteuer im Bundesmodell ab 1.1.2022, NWB 36/2021 S. 2688, NWB AAAAH-88177; *Schmidt*, Reform der Grundsteuer - Eine erste Analyse der Wertermittlung nach dem Ertragswertverfahren, NWB 50/2019 S. 3719, NWB BAAAH-36269; *Seer*, Reform der Grundsteuer nach dem Entwurf der Bundesregierung, FR 2019 S. 941.

ARBEITSHILFEN UND GRUNDLAGEN ONLINE:

Grundsteuer: Grundbesitzbewertung ab 2022/2025 (Sach- und Ertragswertverfahren) – Checkliste mit Berechnungen, NWB NAAAH-93792.

VERWALTUNGSANWEISUNGEN:

Koordinierte Erlasse der obersten Finanzbehörden der Länder v. 9.11.2021 - Anwendung des Siebenten Abschnitts des Zweiten Teils des Bewertungsgesetzes zur Bewertung des Grundbesitzes (allgemeiner Teil und Grundvermögen) für die Grundsteuer ab 1.1.2022 (AEBewGrSt), BStBl 2021 I S. 2334.

A. Allgemeine Erläuterungen zu § 256 BewG

I. Normzweck und wirtschaftliche Bedeutung der Vorschrift

1 § 256 BewG enthält die **Definition des Liegenschaftszinssatzes**. Die Definition entspricht § 14 Abs. 3 Satz 1 ImmoWertV 2010. In § 256 BewG sind zudem die für die Grundsteuerwertermittlung im Ertragswertverfahren anzuwendenden Liegenschaftszinssätze verbindlich festgelegt. Die Festlegung des Liegenschaftszinssatzes ist für das Bewertungsergebnis von entscheidender Bedeutung, da sowohl die Ermittlung des **Vervielfältigers** für die Kapitalisierung des Grundstücksreinertrags als auch die Ermittlung des **Abzinsungsfaktors** für den Bodenwert vom anzuwendenden Liegenschaftszinssatz abhängt. Je niedriger ein Liegenschaftszinssatz, desto höher das Bewertungsergebnis.[1]

2 Für Ein- und Zweifamilienhäuser und für das Wohneigentum ordnet § 256 BewG zur Erzielung höherer Grundsteuerwerte die **Anwendung verminderter Liegenschaftszinssätze** an, wenn die Bodenrichtwerte jeweils bestimmte Grenzwerte überschreiten.

3–5 *(Einstweilen frei)*

---

[1] Vgl. Halaczinsky in Rössler/Troll, BewG §§ 184–188, Rz. 20.

II. Entstehung und Entwicklung der Vorschrift

§ 256 BewG wurde mit dem **GrStRefG** v. 26.11.2019[1] in das BewG eingefügt und ist erstmals für den **Hauptfeststellungszeitpunkt 1.1.2022** anzuwenden (vgl. § 266 BewG).

(Einstweilen frei)

III. Geltungsbereich

Die in § 256 BewG festgelegten Liegenschaftszinssätze sind bei der Bewertung des Grundvermögens i. S. des § 218 Satz 1 Nr. 2 BewG im **Ertragswertverfahren** gem. § 252 BewG anzuwenden. Bewertungsgegenstand ist das Grundstück i. S. des § 244 Abs. 1 BewG.

Die Vorschriften gelten gem. § 231 BewG nur für die Bewertung des **inländischen** zu bewertenden Vermögens. Dabei sind auch die inländischen Teile einer wirtschaftlichen Einheit zu bewerten, die sich sowohl auf das Inland als auch auf das Ausland erstrecken.

(Einstweilen frei)

IV. Verhältnis zu anderen Vorschriften

§ 253 Abs. 2 Satz 2 BewG ordnet die Kapitalisierung des **Grundstücksreinertrags** in Abhängigkeit des Liegenschaftszinssatzes und der Restnutzungsdauer an. Die Vervielfältiger zur Kapitalisierung sind in **Anlage 37 zum BewG** niedergelegt. Zur Ermittlung des **abgezinsten Bodenwerts** ordnet § 257 Abs. 2 Satz 2 BewG die Ermittlung des Abzinsungsfaktors in Abhängigkeit des Liegenschaftszinssatzes und der Restnutzungsdauer an. Die Abzinsungsfaktoren sind in **Anlage 41 zum BewG** niedergelegt.

(Einstweilen frei)

B. Systematische Kommentierung

I. Definition und Ermittlung des Liegenschaftszinssatzes (§ 256 Abs. 1 BewG)

1. Definition des Liegenschaftszinssatzes (§ 256 Abs. 1 Satz 1 BewG)

Die Regelung in § 256 Abs. 1 Satz 1 BewG enthält die Definition des Liegenschaftszinssatzes. Sie entspricht § 14 Abs. 3 Satz 1 ImmoWertV 2010. Die Verwendung des angemessenen und nutzungstypischen Liegenschaftszinssatzes dient insbesondere der **Marktanpassung** (vgl. § 14 Abs. 1 und 3 ImmoWertV 2010).

Der Liegenschaftszinssatz ist der **Zinssatz**, mit dem sich das im **Verkehrswert des Grundstücks** gebundene Kapital **verzinst**.[2] Der Zinssatz bemisst sich nach dem aus der Liegenschaft marktüblich erzielbaren Reinertrag im Verhältnis zum Verkehrswert. Mit dem Liegenschaftszinssatz werden die allgemein vom Grundstücksmarkt erwarteten künftigen Entwicklungen, insb. die der **Ertrags- und Wertverhältnisse** sowie der üblichen steuerlichen Rahmenbedingungen, be-

---

[1] GrStRefG v. 26.11.2019, BGBl 2019 I S. 1794.
[2] Vgl. Eisele, NWB 28/2019 S. 2043, NWB ZAAAH-21376.

rücksichtigt. Besondere Ertragsverhältnisse aufgrund wohnungs- und mietrechtlicher Bindungen werden hingegen nicht berücksichtigt.[1]

21 Die Liegenschaftszinssätze werden üblicherweise nach § 193 Abs. 5 Satz 2 Nr. 1 BauGB von den **Gutachterausschüssen** für Grundstückswerte auf Grundlage der am Markt erzielten Kaufpreise ermittelt und veröffentlicht.[2]

22 **PRAXISHINWEIS:**

Der Liegenschaftszinssatz hat insb. bei langen **Restnutzungsdauern** erheblichen Einfluss auf die Höhe des Grundsteuerwerts. Dabei wird der Grundsteuerwert umso höher, je niedriger der anzusetzende Liegenschaftszinssatz ausfällt. Dies ist auf die mit sinkendem Liegenschaftszinssatz gleichzeitig steigende Höhe der Vervielfältiger nach Anlage 37 zum BewG und auf die gleichzeitig steigende Höhe der Abzinsungsfaktoren nach Anlage 41 zum BewG zurückzuführen.

Diese mathematische Konsequenz ergibt sich daraus, dass den Formeln zur Ermittlung der Vervielfältiger und Abzinsungsfaktoren eine **Abzinsung über die Restnutzungsdauer des Gebäudes** zu Grunde liegt. Finanzmathematisch handelt es sich bei den Vervielfältigern um einen **Zeitrentenbarwertfaktor** einer jährlich nachschüssig zahlbaren Rente. Eine lange Restnutzungsdauer verstärkt den Effekt, weil der Abzinsungszeitraum größer ausfällt. Wegen der anzuwendenden Berechnungsformeln vgl. die Erläuterungen unter den Anlagen 37 und 41 zum BewG.

23–25 *(Einstweilen frei)*

2. Festlegung der Liegenschaftszinssätze für das Ertragswertverfahren (§ 256 Abs. 1 Satz 2 BewG)

26 Im typisierten Ertragswertverfahren nach §§ 252–257 BewG werden die von den örtlichen Gutachterausschüssen für Grundstückswerte ermittelten und veröffentlichten Liegenschaftszinssätze aus Vereinfachungs- und Automationsgründen[3] nicht unmittelbar herangezogen, sondern es werden **grundstücksartbezogen marktübliche Liegenschaftszinssätze** gesetzlich normiert. Im Einzelnen sind folgende Liegenschaftszinssätze anzuwenden:

1. 2,5 % für Ein- und Zweifamilienhäuser,
2. 3,0 % für Wohnungseigentum,
3. 4,0 % für Mietwohngrundstücke mit bis zu sechs Wohnungen,
4. 4,5 % für Mietwohngrundstücke mit mehr als sechs Wohnungen.

27 Wegen der Definition der **Wohnung** vgl. § 249 Abs. 10 BewG.[4] Der Liegenschaftszinssatz gilt stets für die gesamte wirtschaftliche Einheit. Dies gilt auch für wirtschaftliche Einheiten, die mit mehreren Gebäuden bebaut sind, die für sich genommen einer abweichenden Grundstücksart zuzuordnen wären.

28 Die im Ertragswertverfahren zur **Grundsteuerwertermittlung** gem. § 256 Abs. 1 Satz 2 BewG anzusetzenden Liegenschaftszinssätze unterscheiden sich von den im Ertragswertverfahren zur **Grundbesitzwertermittlung** für Zwecke der Erbschaft- und Schenkungsteuer sowie der Grunderwerbsteuer gem. § 188 BewG bzw. § 193 BewG anzusetzenden Liegenschaftszinssätzen. Letztere fallen höher aus und führen damit zu niedrigeren Bewertungsergebnissen.

---

[1] Vgl. Mannek in Stenger/Loose, BewG § 188 Rz. 7.
[2] Vgl. Bock in Viskorf/Schuck/Wälzholz, BewG § 188 Rz. 3.
[3] Vgl. BT-Drucks. 19/11085 S. 115.
[4] Bock in Grootens, BewG § 249 Rz. 76 ff.

Diese Abweichung lässt sich nicht durch die Unterschiede der Bewertungsverfahren begründen, sondern ist m. E. allein dem Umstand geschuldet, dass die seit der Reform der Grundbesitzbewertung 2009 in Deutschland vielfach **gestiegenen Immobilienpreise** im Bundesdurchschnitt zu sinkenden Liegenschaftszinssätzen geführt haben. Insofern ist eine **Aktualisierung** der Liegenschaftszinssätze zur Grundbesitzbewertung angezeigt. Es ist gegenüber dem Steuerpflichtigen nicht vermittelbar, warum bei der Bewertung eines Mietwohngrundstücks mit bis zu sechs Wohnungen bei der Grundsteuerwertermittlung ein Liegenschaftszinssatz von 4 % und bei der Grundbesitzwertermittlung ein Liegenschaftszinssatz von 5 % zur Anwendung kommt. Der **gemeine Wert** kann auf Basis dieser unterschiedlichen Liegenschaftszinssätze jedenfalls nicht von beiden Bewertungsverfahren abgebildet werden.

Da der Liegenschaftszinssatz erheblichen regionalen Schwankungen unterliegt und zudem entscheidenden Einfluss auf die Höhe des Bewertungsergebnisses hat, ist die Begründung des Gesetzgebers zum Verzicht auf örtliche Liegenschaftszinssätze des Gutachterausschusses wenig überzeugend.[1] Ohne erheblichen Aufwand denkbar wäre es m. E. gewesen, von den Gutachterausschüssen **örtlich typisierte Liegenschaftszinssätze** als zusätzliche Angabe zu den jeweiligen Bodenrichtwertzonen zu fordern oder zumindest eine Angabe eines kommunalen Mittelwertes bei der ohnehin geforderten Übermittlung der Bodenrichtwertdaten zu verlangen.

Dies gilt umso mehr, als eine **Öffnungsklausel** zum Nachweis eines niedrigeren Wertes bei der Ermittlung der Grundsteuerwerte nicht vorgesehen ist und es daher in Regionen mit marktüblich höheren Liegenschaftszinssätzen als den in § 256 Abs. 1 BewG festgelegten Liegenschaftszinssätzen zu strukturellen Überbewertungen kommt.[2] Wegen der Nachweismöglichkeit aufgrund des **Verbots der Übermaßbesteuerung** vgl. Grootens in Grootens, BewG § 252 Rz. 96 ff.

(Einstweilen frei)

II. Besondere Liegenschaftszinssätze für Ein- und Zweifamilienhäuser in hochwertigen Lagen (§ 256 Abs. 2 BewG)

Zur Gewährleistung einer relations- und realitätsgerechten Bewertung von Ein- und Zweifamilienhäusern im Ertragswertverfahren ist nach Auffassung des Gesetzgebers eine **Abstufung der gesetzlich normierten Liegenschaftszinssätze** in Korrelation zu den Bodenrichtwerten erforderlich.[3] § 256 Abs. 2 BewG bestimmt daher, dass der Liegenschaftszinssatz sich um jeweils **0,1 Prozentpunkte je volle 100 €** verringert, die der Bodenrichtwert oder Bodenwert nach § 247 Abs. 3 BewG je m² die Grenze von **500 € je m²** übersteigt. Die Kürzung des Liegenschaftszinssatzes ist regelmäßig anhand des für die Lagequalität **prägenden Bodenrichtwerts** vorzunehmen.[4] Dies dürfte in der Regel der Bodenrichtwert der Bodenrichtwertzone sein, in welcher das Gebäude belegen ist (in der Regel höherer Bodenrichtwert). Zulässig ist auch, einen nach Flächenanteilen **gewichteten Bodenrichtwert** anzusetzen.[5] Dies gilt für den von der Fi-

---

[1] Gl. A. Marx, DStZ 2019 S. 372.
[2] Vgl. Seer, FR 2019 S. 941.
[3] Vgl. BT-Drucks. 19/11085 S. 115
[4] Vgl. A 256 Abs. 2 Satz 3 AEBewGrSt.
[5] Vgl. A 256 Abs. 2 Satz 5 AEBewGrSt.

nanzverwaltung abgeleiteten Bodenwert nach § 247 Abs. 3 BewG umgerechnet in Euro je Quadratmeter entsprechend.

36 Ab einem Bodenrichtwert oder Bodenwert nach § 247 Abs. 3 BewG von **1.500 € je m²** wird ein einheitlicher Liegenschaftszinssatz von 1,5 % angewendet. Damit wird eine **Gleitzone** eingeführt, in der der Liegenschaftszinssatz in Stufen je 100 € Bodenrichtwert von 2,5 % (bis 599 € Bodenrichtwert) auf 1,5 % (ab 1.500 € Bodenrichtwert) absinkt und ab diesem Bodenrichtwert konstant bleibt.

BEISPIEL: Der Bodenrichtwert eines EFH-Grundstücks beträgt 750 €/m². Der Betrag von 500 €/m² ist um volle 200 € überschritten, so dass der Liegenschaftszinssatz von 2,5 % um 0,2 % auf 2,3 % zu mindern ist.

37 Im Einzelnen ergibt sich somit folgender Verlauf:

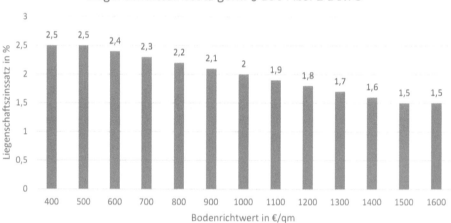

38 Eine solche Verminderung des Liegenschaftszinssatzes führt zu **steigenden Ertragswerten**. Dies gilt insbesondere bei **langen Restlaufzeiten**, weil sich die Abzinsungseffekte in diesem Fall besonders stark niederschlagen (vgl. → Rz. 22).

39 Unter Zugrundelegung der **maximalen Restnutzungsdauer** von 80 Jahren ergeben sich folgende Vervielfältiger für Ein- und Zweifamilienhäuser:

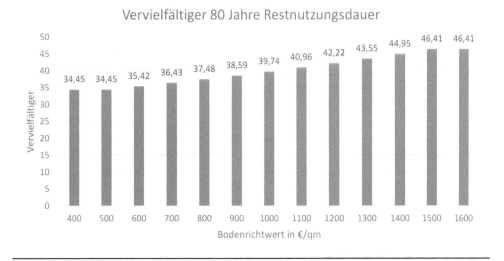

Im Ergebnis führt die Sonderregelung zur Ermittlung des Liegenschaftszinssatzes für Ein- und Zweifamilienhäuser bei langen Restnutzungsdauern zu **Vervielfältigern, die um ca. ¹/₃ höher** liegen als bei Anwendung des allgemeingültigen Liegenschaftszinssatzes gem. § 256 Abs. 1 Satz 2 Nr. 1 BewG und somit zu um ca. ¹/₃ erhöhten Barwerten des Reinertrages.[1]

40

Die Steigerung fällt bei **kürzeren Restnutzungsdauern** geringer aus, da der Abzinsungseffekt bei kürzeren Restnutzungsdauern weniger ins Gewicht fällt:

41

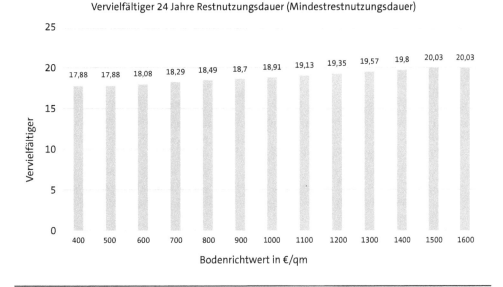

In den **Empfehlungen der Ausschüsse des Bundesrates** vom 9.9.2019 zum Gesetzentwurf des GrStRefG war die Regelung der § 256 Abs. 2 und 3 BewG kritisiert und deren Streichung emp-

42

---

1 Vgl. Grootens, NWB-EV 11/2019 S. 381, NWB CAAAH-33629.

fohlen worden.[1] Die Empfehlung ist nicht in die Stellungnahme des Bundesrates zum Gesetzentwurf aufgenommen worden.[2] Da der Bundesrat der Empfehlung der Ausschüsse nicht gefolgt ist, hat die Bundesregierung zu diesen Fragen nicht Stellung genommen.

43 Nach Ansicht der empfehlenden Ausschüsse des Bundesrates bedarf es für eine **relations- und realitätsgerechte Bewertung** von Einfamilienhäusern, Zweifamilienhäusern und Wohnungseigentum für Zwecke der Grundsteuer **keiner Reduzierung** der gesetzlich typisierten Liegenschaftszinssätze für Grundstücke mit höheren Bodenrichtwerten. Die an die jeweilige Mietniveaustufe angepassten Listen-Mieten, die Bodenrichtwerte und die je nach Grundstücksart unterschiedlich hohen Liegenschaftszinssätze bewirkten bereits eine **hinreichende Differenzierung** nach wesentlichen Wertmerkmalen zwischen den Grundstücken verschiedener Grundstücksarten und innerhalb der Grundstücksarten. Auch ohne die im Gesetzentwurf vorgesehene Verringerung der Liegenschaftszinssätze ergebe sich für Ein- und Zweifamilienhäuser sowie für Wohnungseigentum grundsätzlich ein **höheres Wertniveau** als für nach Lage, Alter und Größe identische Mietwohnungen. Die Verringerung der Zinssätze erschwere die **Verständlichkeit** des Bewertungssystems und würde zu zahlreichen Rückfragen der Betroffenen führen. Sie würde auch **Gerechtigkeitsdiskussionen** schüren.

44 **BEISPIEL:** Der Besitzer eines Einfamilienhauses in einer Lage mit einem Bodenrichtwert von z. B. 800 €/m² könnte – m. E. berechtigt – einwenden, dass die Besitzer benachbarter Mietwohnungen trotz gleicher Wohnlage nicht von der Zinssatzverringerung mit werterhöhender Auswirkung betroffen sind.

45 Nimmt man die **Abzinsungsfaktoren** aus Anlage 41 zum BewG zur Abzinsung des Bodenwerts hinzu, wird deutlich, dass die niedrigeren Liegenschaftszinssätze auch hier eine deutlich **werterhöhende Auswirkung** haben. Dabei fällt auch hier die prozentuale Abweichung umso höher aus, je länger die **Restnutzungsdauer** des Objektes ist:

	Abzinsungsfaktor 24 Jahre Restnutzungsdauer	Abzinsungsfaktor 80 Jahre Restnutzungsdauer
Liegenschaftszinssatz 2,5 %	0,5529	0,1387
Liegenschaftszinssatz 1,5 %	0,6995	0,3039
Steigerung in %	26,51 %	119,10 %

46 Insgesamt ist somit festzuhalten, dass die Regelung zum **verminderten Liegenschaftszinssatz** insbesondere bei jungen Ein- und Zweifamilienhäusern zu **deutlich höheren Werten** führt. Während der Barwert des Reinertrags um ca. $1/3$ steigt, wird der Abzinsungsfaktor für den Bodenwert im Vergleich zur Anwendung des Liegenschaftszinssatzes ohne Sonderregelung mehr als verdoppelt. Nicht eingerechnet in das Endergebnis ist dabei die ohnehin eintretende Verdreifachung des abgezinsten Bodenwerts bei einer Verdreifachung des anzusetzenden Bodenrichtwerts (1.500 € statt 500 €).

47 Auch wenn hier entgegenzuhalten ist, dass die unter die Regelung des verminderten Liegenschaftszinssatz fallenden Objekte vom **pauschalen Mietansatz für die jeweilige Kommune** profitieren, weil die tatsächlich erzielte bzw. erzielbare Miete in diesen Bestlagen regelmäßig deutlich oberhalb der jeweils landesweit gültigen Miete gem. Anlage 39 zum BewG zzgl. Zuschlag i. H. von 30 % für Mietniveaustufe sechs liegen wird, kann m. E. insgesamt von einer

---

[1] BR-Drucks. 354/1/19 S. 13.
[2] BR-Drucks. 354/19.

überkompensierenden Regelung bei jungen Gebäuden ausgegangen werden.[1] Neubauten in Bestlagen besonders hoch zu besteuern, steht aber dem Gesetz zur Mobilisierung baureifer Grundstücke[2] entgegen, mit dem der Gesetzgeber die **Schließung von Baulücken** fördern will.[3]

(Einstweilen frei) 48–50

III. Besondere Liegenschaftszinssätze für Wohnungseigentum in hochwertigen Lagen (§ 256 Abs. 3 BewG)

Wie bei Ein- und Zweifamilienhäusern (vgl. § 256 Abs. 2 BewG) ist nach Auffassung des Gesetzgebers zur Gewährleistung einer relations- und realitätsgerechten Bewertung von Wohnungseigentum im Ertragswertverfahren eine **Abstufung der gesetzlich normierten Liegenschaftszinssätze** in Korrelation zu den Bodenrichtwerten erforderlich.[4] § 256 Abs. 3 BewG bestimmt daher, dass der Liegenschaftszinssatz sich um jeweils **0,1 Prozentpunkte je volle 100 €** verringert, die der Bodenrichtwert oder der Bodenwert nach § 247 Abs. 3 BewG je m² die Grenze von **2.000 € je m²** übersteigt (der gesetzliche Verweis in § 256 Abs. 3 Satz 1 BewG auf § 256 Abs. 1 Satz 2 Nr. 1 BewG dürfte ein redaktioneller Fehler sein und müsste m. E. richtigerweise auf § 256 Abs. 1 Satz 2 Nr. 2 BewG lauten).[5] Die Kürzung des Liegenschaftszinssatzes ist regelmäßig anhand des für die Lagequalität **prägenden Bodenrichtwerts** vorzunehmen.[6] Dies dürfte in der Regel der Bodenrichtwert der Bodenrichtwertzone sein, in welcher das Gebäude belegen ist (in der Regel höherer Bodenrichtwert). Zulässig ist auch, einen nach Flächenanteilen **gewichteten Bodenrichtwert** anzusetzen.[7] Dies gilt für den von der Finanzverwaltung abgeleiteten Bodenwert nach § 247 Abs. 3 BewG umgerechnet in Euro je Quadratmeter entsprechend. 51

Ab einem Bodenrichtwert oder Bodenwert nach § 247 Abs. 3 BewG von **3.000 € je m²** wird ein einheitlicher Liegenschaftszinssatz von 2 % angewendet. Damit wird auch für das Wohnungseigentum eine **Gleitzone** eingeführt, in der der Liegenschaftszinssatz in Stufen je 100 € Bodenrichtwert von 3 % (bis 2.099 € Bodenrichtwert) auf 2 % (ab 3.000 € Bodenrichtwert) absinkt und ab diesem Bodenrichtwert konstant bleibt. 52

Im Einzelnen ergibt sich somit folgender **Verlauf**: 53

---

[1] Vgl. wegen der Verschiebungen aufgrund der pauschalen Mietansätze ausführlich Schmidt, NWB 50/2019 S. 3719, NWB BAAAH-36269 sowie Seer, FR 2019 S. 941.
[2] Vgl. BT-Drucks. 19/11086.
[3] Vgl. Grootens in Grootens, GrStG § 25 Rz. 121 ff. Vgl. zur Änderung des § 25 GrStG und des damit verfolgten Ziels ausführlich Eisele, NWB 30/2019 S. 2204, NWB PAAAH-22603.
[4] Vgl. BT-Drucks. 19/11085 S. 116.
[5] Vgl. Nagel, NWB 36/2021 S. 2688 NWB AAAAH-88177.
[6] Vgl. A 256 Abs. 2 Satz 3 AEBewGrSt.
[7] Vgl. A 256 Abs. 2 Satz 5 AEBewGrSt.

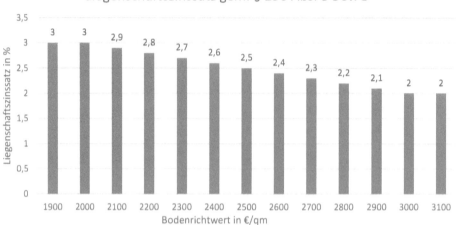

Liegenschaftszinssatz gem. § 256 Abs. 3 BewG

54 Unverständlich ist m. E., warum diese **Sonderregelung** – wenn man sie denn überhaupt für erforderlich und zweckdienlich hält – **nicht** auch **für Mietwohngrundstücke** eingeführt wurde.[1] Für Wohnungseigentum gelten gem. Anlage 37 zum BewG die **Nettokaltmieten** für Mietwohngrundstücke. Auch die **Bewirtschaftungskosten** für Wohnungseigentum sind gem. Anlage 40 zum BewG nur zwei Prozentpunkte höher als die Bewirtschaftungskosten für Mietwohngrundstücke.

55 Das **Bewertungsergebnis** verändert sich gleichwohl signifikant, wenn ein neu gebautes Mietwohngrundstück mit vier Wohnungen in einer Lage mit sehr hohem Bodenrichtwert (Bodenrichtwert > 3.000 €/m²) in Wohnungseigentum aufgeteilt wird, während das unmittelbarer räumlicher Nähe gelegene baugleiche Schwestergrundstück ungeteilt bleibt. Für in das in Wohnungseigentum aufgeteilte Grundstück gelten nunmehr die **besonderen Liegenschaftszinssätze**, so dass für das Mietwohngrundstück weiterhin ein Liegenschaftszinssatz von 4 % angewendet wird, während bei der Bewertung der vier wirtschaftlichen Einheiten des Wohnungseigentums gem. § 256 Abs. 3 BewG ein Liegenschaftszinssatz von 2 % zur Anwendung kommt. Bei 80 Jahren Restnutzungsdauer ergibt sich für das Mietwohngrundstück gem. Anlage 37 zum BewG ein Vervielfältiger von 23,92 und für die wirtschaftlichen Einheiten des Wohnungseigentums ein Vervielfältiger von 39,74. Es ist m. E. äußerst fraglich, ob durch diese Vorgehensweise eine vom BVerfG[2] geforderte **relationsgerechte Bewertung** zwischen Mietwohnungen und Wohnungseigentum in hochwertigen Lagen erreicht wird (vgl. zu den verfassungsrechtlichen Anforderungen an die Bewertungsverfahren Grootens in Grootens, BewG § 252 Rz. 126 ff.).[3] Wegen der Kritik der Ausschüsse des Bundesrates zur Regelung der verminderten Liegenschaftszinssätze vgl. → Rz. 42 f.

---

1 Vgl. kritisch auch Jarass/Trautvetter, BB 31/2019 S. 1751 sowie Nagel, NWB 36/2021 S. 2688 NWB AAAAH-88177, die eine Ausweitung auf Mietwohngrundstücke anregt..
2 BVerfG, Urteil v. 10.4.2018 - 1 BvL 11/14, 1 BvL 12/14, 1 BvL 1/15, 1 BvR 639/11, 1 BvR 889/12, BVerfGE 2018 S. 148, Rz. 98, NWB MAAAG-80435.
3 Gl. A. Schmidt, NWB 50/2019 S. 3719, NWB BAAAH-36269.

PRAXISHINWEIS:

Wird ein Zweifamilienhaus durch Umbau der Räumlichkeiten zu einem Dreifamilienhaus, ändert sich die **Grundstücksart** von Zweifamilienhaus zu Mietwohngrundstück. Insbesondere in hochwertigen Lagen mit Bodenrichtwerten über 1.500 €/m² führt dies zu einem deutlich niedrigeren Bewertungsergebnis. Statt eines Liegenschaftszinssatzes von 1,5 % gem. § 256 Abs. 2 BewG kommt ein Liegenschaftszinssatz von 4 % gem. § 256 Abs. 1 Satz 2 Nr. 3 BewG zur Anwendung, der im Vergleich zu einem deutlich niedrigeren Bewertungsergebnis führt. Dies gilt insbesondere, wenn es sich bei dem Gebäude um ein junges Objekt mit langer Restnutzungsdauer handelt. Wegen der Definition der Wohnung vgl. § 249 Abs. 10 BewG.[1]

Unter Zugrundelegung der **maximalen Restnutzungsdauer** von 80 Jahren ergeben sich folgende Vervielfältiger für das Wohnungseigentum:

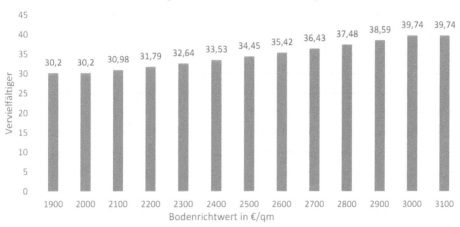

Im Ergebnis führt die Sonderregelung zur Ermittlung des Liegenschaftszinssatzes für das Wohnungseigentum bei langen Restnutzungsdauern zu **Vervielfältigern**, die um **ca. 1/3 höher** liegen als bei Anwendung des allgemeingültigen Liegenschaftszinssatzes gem. § 256 Abs. 1 Satz 2 Nr. 2 BewG und somit zu um ca. 1/3 erhöhten Barwerten des Reinertrages.

Dieser Effekt fällt bei **kürzeren Restnutzungsdauern** geringer aus, da der Abzinsungseffekt bei kürzeren Restnutzungsdauern weniger ins Gewicht fällt:

---

1 Vgl. Bock in Grootens, BewG § 249 Rz. 76 ff.

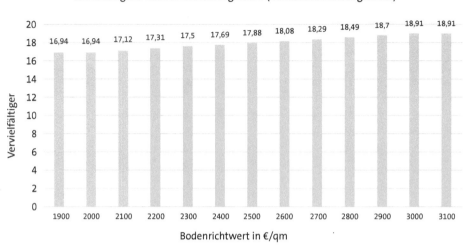

Vervielfältiger 24 Jahre Restnutzungsdauer (Mindestrestnutzungsdauer)

§ 257 BewG Ermittlung des abgezinsten Bodenwerts

(1) ¹Zur Ermittlung des abgezinsten Bodenwerts ist vom Bodenwert nach § 247 auszugehen. ²Bei der Bewertung von Ein- und Zweifamilienhäusern im Sinne des § 249 Absatz 2 und 3 sind zur Berücksichtigung abweichender Grundstücksgrößen beim Bodenwert die Umrechnungskoeffizienten nach Anlage 36 anzuwenden.

(2) ¹Der Bodenwert nach Absatz 1 ist mit Ausnahme des Werts von selbständig nutzbaren Teilflächen nach Absatz 3 mit dem sich aus Anlage 41 ergebenden Abzinsungsfaktor abzuzinsen. ²Der jeweilige Abzinsungsfaktor bestimmt sich nach dem Liegenschaftszinssatz nach § 256 und der Restnutzungsdauer des Gebäudes nach § 253 Absatz 2 Satz 3 bis 6.

(3) Eine selbständig nutzbare Teilfläche ist ein Teil eines Grundstücks, der für die angemessene Nutzung der Gebäude nicht benötigt wird und selbständig genutzt oder verwertet werden kann.

Inhaltsübersicht	Rz.
A. Allgemeine Erläuterungen zu § 257 BewG	1 - 35
I. Normzweck und wirtschaftliche Bedeutung der Vorschrift	1 - 10
II. Entstehung und Entwicklung der Vorschrift	11 - 15
III. Geltungsbereich	16 - 25
IV. Verhältnis zu anderen Vorschriften	26 - 35
B. Systematische Kommentierung	36 - 99
I. Ermittlung des Bodenwertes als Ausgangswert (§ 257 Abs. 1 BewG)	36 - 65
1. Wert des unbebauten Grundstücks (§ 257 Abs. 1 Satz 1 BewG)	36 - 45
2. Anpassung des Bodenwerts bei Ein- und Zweifamilienhäusern (§ 257 Abs. 1 Satz 2 BewG)	46 - 65
II. Abzinsung des Bodenwerts (§ 257 Abs. 2 BewG)	66 - 80
III. Definition der selbständig nutzbaren Teilfläche (§ 257 Abs. 3 BewG)	81 - 99
1. Ziel der Regelung und Bedeutung in der Praxis	
2. Definition der Teilflächen nach Auffassung der Finanzverwaltung	93 - 99

LITERATUR:

Eisele, Update Reform der Grundsteuer (I) - Bundesrat äußert sich zum Gesetzespaket der Bundesregierung, NWB 42/2019 S. 3060, NWB LAAAH-31831; *Grootens*, Diskussionsbedarf bei der Reform der Grundsteuer - Änderungsvorschläge des Bundesrates und Verabschiedung des Gesetzentwurfs durch den Bundestag, NWB-EV 11/2019 S. 381, NWB CAAAH-33629; *Grootens*, Die Reform der Grundsteuer - Eine erste Analyse des Gesetzentwurfs der Bundesregierung v. 21.6.2019, NWB-EV 7/2019 S. 228, NWB IAAAH-21201.

ARBEITSHILFEN UND GRUNDLAGEN ONLINE:

Grundsteuer: Grundbesitzbewertung ab 2022/2025 (Sach- und Ertragswertverfahren) – Checkliste mit Berechnungen NWB NAAAH-93792.

VERWALTUNGSANWEISUNGEN:

Koordinierte Erlasse der obersten Finanzbehörden der Länder v. 9.11.2021 – Anwendung des Siebenten Abschnitts des Zweiten Teils des Bewertungsgesetzes zur Bewertung des Grundbesitzes (allgemeiner Teil und Grundvermögen) für die Grundsteuer ab 1.1.2022 (AEBewGrSt), BStBl 2021 I S. 2334.

A. Allgemeine Erläuterungen zu § 257 BewG

I. Normzweck und wirtschaftliche Bedeutung der Vorschrift

§ 257 Abs. 1 BewG bestimmt den Ausgangswert für die Ermittlung des **abgezinsten Bodenwerts** auf der Grundlage des Werts für ein unbebautes Grundstücks (vgl. § 247 BewG). Der Bodenwert ist bei **Ein- und Zweifamilienhäusern** vor der Abzinsung mit einem Umrechnungskoeffizient gem. **Anlage 36 zum BewG** zur Berücksichtigung **abweichender Grundstücksgrößen** anzupassen. 1

§ 257 Abs. 2 BewG regelt die **Abzinsung** des Bodenwertes i. S. des § 257 Abs. 1 BewG. Der Abzinsungsfaktor ist der **Anlage 41 zum BewG** zu entnehmen. Bei der Abzinsung sind **selbständig nutzbare Teilflächen** außen vor zu lassen. Selbständig nutzbare Teilflächen sind in § 257 Abs. 3 BewG definiert, haben in der Praxis aber m. E. nur wenig Bedeutung. 2

(Einstweilen frei) 3–10

II. Entstehung und Entwicklung der Vorschrift

§ 257 BewG wurde mit dem **GrStRefG** v. 26.11.2019[1] in das BewG eingefügt und ist erstmals für den **Hauptfeststellungszeitpunkt 1.1.2022** anzuwenden (vgl. § 266 BewG). 11

(Einstweilen frei) 12–15

III. Geltungsbereich

Der nach § 257 BewG **abgezinste Bodenwert** ist ein **Baustein** bei der Bewertung im **Ertragswertverfahren** gem. § 252 BewG. Bewertungsgegenstand ist das Grundstück i. S. des § 244 Abs. 1 BewG. 16

Die Vorschriften gelten gem. § 231 BewG nur für die Bewertung des **inländischen** zu bewertenden Vermögens. Dabei sind auch die inländischen Teile einer wirtschaftlichen Einheit zu bewerten, die sich sowohl auf das Inland als auch auf das Ausland erstrecken. 17

(Einstweilen frei) 18–25

---

[1] GrStRefG v. 26.11.2019, BGBl 2019 I S. 1794.

IV. Verhältnis zu anderen Vorschriften

26 § 252 Satz 1 BewG regelt die Ermittlung des **Ertragswerts** als **Summe** aus dem **kapitalisierten Reinertrag des Grundstücks** nach § 253 BewG und dem **abgezinsten Bodenwert** nach § 257 BewG an. § 257 Abs. 1 Satz 1 BewG ordnet zur Ermittlung des abgezinsten Bodenwerts den **Rückgriff auf den Bodenwert eines unbebauten Grundstücks** gem. § 247 BewG an. Die Abzinsung ist in Abhängigkeit des **Liegenschaftszinssatzes** gem. § 256 BewG und der **Restnutzungsdauer** des Gebäudes nach § 253 Abs. 2 Satz 3–6 BewG vorzunehmen.

27–35 *(Einstweilen frei)*

B. Systematische Kommentierung

I. Ermittlung des Bodenwertes als Ausgangswert (§ 257 Abs. 1 BewG)

1. Wert des unbebauten Grundstücks (§ 257 Abs. 1 Satz 1 BewG)

36 § 257 Abs. 1 Satz 1 BewG regelt die Ermittlung des abgezinsten Bodenwerts auf der Grundlage des Werts für ein **unbebautes Grundstück** nach § 247 BewG (**Ausgangswert**). Wegen der Ermittlung dieses Bodenwerts und der Bewertungsunschärfen vgl. Bock in Grootens, BewG § 247 Rz. 46 und Rz. 56.

37–45 *(Einstweilen frei)*

2. Anpassung des Bodenwerts bei Ein- und Zweifamilienhäusern (§ 257 Abs. 1 Satz 2 BewG)

46 Nach § 257 Abs. 1 Satz 2 BewG ist der Bodenwert bei der Bewertung eines Ein- oder Zweifamilienhauses i.S. des § 249 Abs. 2 und 3 BewG zur **Berücksichtigung abweichender Grundstücksgrößen** mit Hilfe eines **Umrechnungskoeffizienten** aus **Anlage 36 zum BewG** anzupassen. Dabei ist eine Grundstücksgröße von **500–549 m²** als **Standardgröße** definiert worden (**Umrechnungskoeffizient 1,0**). Das gilt nach Vorgabe der Finanzverwaltung ausdrücklich auch dann, wenn sich die Festlegung des Bodenrichtwerts durch den **Gutachterausschuss** nicht auf ein Bodenrichtwertgrundstück mit einer Größe von 500 m² bezieht.[1] Bei Abweichungen der Größe des zu bewertenden Grundstücks von dieser Standardgröße werden jeweils in **50 m² Schritten** abweichende Umrechnungskoeffizienten festgelegt. Eine **Interpolation** erfolgt nicht. Der Umrechnungskoeffizient ist grundsätzlich auf die gleiche Flächengröße anzuwenden, die auch zur Ermittlung des abgezinsten Bodenwerts herangezogen wird (vgl. →Rz. 66). **Selbständig nutzbare Teilflächen** sind folglich **grundsätzlich nicht** in die Bestimmung des Umrechnungskoeffizienten **einzubeziehen** (wegen einer Ausnahme vgl. →Rz. 98). Bei Grundstücken mit einer Größe von **weniger als 250 m²** ist ein maximaler Umrechnungskoeffizient von **1,24** anzuwenden (= Zuschlag 24 %). Ist die Grundstücksfläche des Grundstücks **2.000 m²** oder größer, kommt ein (minimaler) Umrechnungskoeffizient von **0,64** zum Tragen (= Abschlag 36 %).

47 Zur Begründung dieser Vorgehensweise führt der Gesetzgeber[2] aus, dass der **Bodenwert** bei **kleiner werdenden Grundstücken** ab einer Grundstücksgröße von ca. 500 m² regelmäßig **überproportional** ansteigt. Bei **größer werdenden Grundstücken** gehe die **Minderung** des Quadratmeterpreises im Verhältnis zur Fläche hingegen **zurück** und vermindere sich bei einer Grund-

---

[1] Vgl. A 257.2 Abs. 1 Satz 3 AEBewGrSt.
[2] Vgl. BT-Drucks. 19/11085 S. 116.

stücksgröße von über 2.000 m² nur noch marginal. Diese Wertabhängigkeit des Bodenrichtwerts in Relation zur Fläche sei insbesondere bei **Ein- und Zweifamilienhausgrundstücken** gegeben. Im typisierten Ertragswertverfahren würden für die Bewertung von Ein- und Zweifamilienhäusern aus Vereinfachungsgründen **Umrechnungskoeffizienten** in **Anlage 36 zum BewG** zur Berücksichtigung abweichender Grundstücksgrößen beim Bodenwert vorgegeben. Veröffentlichungen der **örtlichen Gutachterausschüsse** zu entsprechenden Umrechnungskoeffizienten seien insoweit aus Typisierungsüberlegungen für Zwecke der Ermittlung von Grundsteuerwerten **nicht zu berücksichtigen**.

Der **Bundesrat** hatte die Regelung im Gesetzgebungsverfahren **kritisiert**.[1] Nach Ansicht des Bundesrates sollen bei den Bodenrichtwerten die sogenannten „Zonen-Werte" gelten, d. h. die **unangepassten Bodenrichtwerte der jeweiligen Bodenrichtwertzone** (vgl. zur Problematik der Wertschwankungen innerhalb der Bodenrichtwertzone Bock in Grootens, BewG § 249 Rz. 56). Eine Anpassung des ausgewiesenen „Zonen-Wertes" an individuelle, von den Eigenschaften der Richtwert-Referenzgrundstücke abweichende Merkmale des zu bewertenden Grundstücks sollte nach Auffassung des Bundesrates nicht erfolgen. Solche Anpassungen sind in der gutachtlichen Immobilienwertermittlung z. B. bei Abweichungen hinsichtlich des Erschließungszustands, der Art und des Maßes der baulichen Nutzung, des beitrags- und abgabenrechtlichen Zustands oder der Grundstücksgröße vorzunehmen. 48

Mit den in § 257 Abs. 1 Satz 2 BewG angeordneten Umrechnungskoeffizienten für Ein- und Zweifamilienhäuser in Abhängigkeit von der Grundstücksgröße werde nur einer dieser Umstände für Anpassungen bei der Grundstücksbewertung für Zwecke der Grundsteuer typisierend berücksichtigt. Dies führe zu einem **ungleichen Ausmaß an Typisierung zwischen Ein-/Zweifamilienhäusern und anderen Grundstücksarten**. Der Bundesrat sprach sich daher für den Verzicht auf die Berücksichtigung der Umrechnungskoeffizienten aus.[2] 49

Die **Bundesregierung** folgte dem nicht und **lehnte** die vorgeschlagene **Streichung der Umrechnungskoeffizienten ab**.[3] Der Vorschlag des Bundesrates schränke die **realitäts- und relationsgerechte** Bewertung ein. Abweichungen zwischen der **Grundstücksgröße** des zu **bewertenden Grundstücks** und des **Bodenrichtwertgrundstücks** seien bei Ein- und Zweifamilienhausgrundstücken regelmäßig wertrelevant. Da die Umrechnungskoeffizienten pauschalierend in der Anlage 36 des Gesetzes vorgegeben würden, sei der **Verwaltungs- und Bürokratieaufwand gering**. Bei größeren Ein- und Zweifamilienhausgrundstücken werde die Nichtberücksichtigung der Umrechnungskoeffizienten häufig zu Überbewertungen führen. Der Bundestag hat den Gesetzentwurf aufgrund dieser Stellungnahme unter Beibehaltung der Umrechnungskoeffizienten beschlossen. 50

Da die **Umrechnungskoeffizienten** bundesweit gelten sollen, können sie die **örtlichen Wertverhältnisse** m. E. ohnehin nur eingeschränkt abbilden. Insofern ist fraglich, ob durch die im Gesetz vorgesehenen Umrechnungskoeffizienten nicht ohnehin nur eine **scheinbare Bewertungsgenauigkeit** abgebildet wird, die mit dem örtlichen Grundstücksmarkt – wenn überhaupt – nur zufällig übereinstimmen wird. 51

---

1 Vgl. die Stellungnahme des Bundesrates v. 20.9.2019, BR-Drucks 354/19 (Beschluss) S. 8.
2 Vgl. zur Diskussion zwischen Bundesrat und Bundesregierung Grootens, NWB-EV 11/2019 S. 381, NWB CAAAH-33629.
3 Vgl. die Stellungnahme der Bundesregierung v. 2.10.2019, BT-Drucks. 19/13713 (Unterrichtung).

52 Die Anlage 36 zum BewG sieht für ein **500–549 m² großes Grundstück** den **Umrechnungskoeffizienten 1,0** vor. Dies bedeutet, dass nur bei zu bewertenden Ein- und Zweifamilienhausgrundstücken mit einer derartigen Grundstücksgröße der **Bodenrichtwert** des Gutachterausschusses **ohne Anpassungen** übernommen wird. Dies unterstellt, dass auch der Gutachterausschuss 500–549 m² als **Standardgröße** für ein solche Grundstück annimmt und demzufolge bei Größenabweichungen des zu bewertenden Grundstücks Anpassungen des Bodenrichtwerts notwendig sind. Gleichwohl ist sich die Verwaltung bewusst, dass dies nicht zwingend den Vorgaben des Gutachterausschusses entspricht.[1]

53 Diese Vorgehensweise verkennt, dass sich die Gutachterausschüsse in der Wahl der **Größe des Bodenrichtwertgrundstücks** an den **örtlichen Gegebenheiten** orientieren und die Bodenrichtwerte daher in der Praxis auch für deutlich kleinere oder größere Grundstücke festgestellt werden. Es sind gem. § 196 Abs. 1 Satz 3 BauGB Richtwertzonen zu bilden, die jeweils Gebiete umfassen, die nach **Art und Maß der Nutzung** weitgehend übereinstimmen. Die wertbeeinflussenden Merkmale des Bodenrichtwertgrundstücks sind darzustellen. Aus diesem Grund ist gem. § 10 Abs. 2 Nr. 2 ImmoWertV 2010 die **Grundstücksgröße des Bodenrichtwertgrundstücks** darzustellen.

54 **BEISPIEL:**[2] Der Gutachterausschuss **Wuppertal** hat für die Bodenrichtwertgrundstücke für den individuellen Wohnungsbau drei verschiedene Grundstücksgrößen vorgesehen (250 m², 500 m² und 800 m²). Der Gutachterausschuss **Münster** hat für Einfamilienhäuser u. a. 600 m² als Größe des Bodenrichtwertgrundstücks vorgesehen. Der Gutachterausschuss **Köln** hat für Einfamilienhäuser u. a. 300 m² als Grundstücksgröße vorgesehen.

55 Die Gutachterausschüsse haben mit der **Festlegung des Bodenrichtwertes** für die jeweilige Grundstücksgröße bereits den **Wert für ein Grundstück** mit einer derartigen **Grundstücksgröße sachkundig** ermittelt. Einer **Anpassung** des Bodenrichtwerts für gleich große zu bewertende Grundstücke Bedarf es daher nicht. Wird dennoch ein Umrechnungskoeffizient gem. Anlage 36 zum BewG auf den zutreffend für diese Grundstücksgröße ermittelten Bodenrichtwert angewendet, ergibt sich ein **unzutreffendes Bewertungsergebnis**, das zu einer **nicht realitäts- und relationsgerechten Bewertung** der Grundstücke im Gemeindegebiet führt.[3] Die **Begründung des Gesetzgebers** zur Notwendigkeit der Einführung von Umrechnungskoeffizienten (vgl. → Rz. 47), dass die Grundstücksgröße des zu bewertenden Grundstücks vom Bodenrichtwertgrundstück abweicht und daher angepasst werden müsse, trifft in diesen Fällen sachlich nicht zu.

56 **BEISPIELE:** Für Grundstücke in **Wuppertal** wären Umrechnungskoeffizienten von **1,19** (250 m² Grundstücksgröße) und **0,89** (800 m² Grundstücksgröße), für Grundstücke in **Münster** u. a. ein Umrechnungskoeffizient von **0,95** und für Grundstücke in **Köln** u. a. ein Umrechnungskoeffizient von **1,14** auf den Bodenrichtwert anzuwenden, obwohl der Gutachterausschuss den Bodenrichtwert jeweils für diese Grundstücksgröße sachkundig bestimmt hat.

57 Liegen keine **selbständig nutzbaren Teilflächen** (vgl. zu Definition dieser Flächen → Rz. 93 ff.) vor, ist die gesamte Grundstücksfläche bei der Ermittlung des abgezinsten Bodenwerts und der Anpassung aufgrund abweichender Grundstücksgröße bei einem mit einem **Ein- oder Zweifamilienhaus** bebauten Grundstück zu berücksichtigen.

---

1 Vgl. A 257.2 Abs. 1 Satz 3 AEBewGrSt.
2 Quelle: Bodenrichtwertkarte für NRW unter www.boris.nrw.de.
3 Vgl. zur Kritik am Ertragswertverfahren Grootens in Grootens, BewG § 252 Rz. 146 ff.

BEISPIEL:

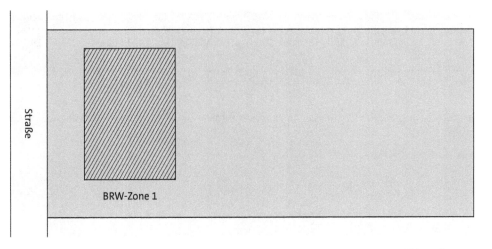

Die Grundstücksgröße des zu bewertenden Grundstücks beträgt 1.200 m². Das Grundstück liegt in einer Bodenrichtwertzone, in der BRW 1 für eine Baufläche ausgewiesen wird. Der Bodenwert ermittelt sich wie folgt:

Abgezinster Bodenwert = BRW 1 x 1.200 m² x 0,80 (vgl. Anlage 36 zum BewG) x Abzinsungsfaktor (vgl. Anlage 41 zum BewG).

Liegt das Grundstück mit dem Ein- oder Zweifamilienhaus in **mehr als einer Bodenrichtwertzone,** sind alle Bodenrichtwerte für die Ermittlung des Bodenwerts nach § 247 BewG zugrunde zu legen und der Umrechnungskoeffizient nach Anlage 36 zum BewG ist i. d. R. auf **die gesamte Grundstücksfläche ohne selbständig nutzbare Teilflächen** anzuwenden. Maßgebend ist regelmäßig der Umrechnungskoeffizient, der sich für die gesamte Grundstücksfläche ohne selbständig nutzbare Teilflächen und einschließlich in anderen Bodenrichtwertzonen liegenden Flächen ergibt.[1] Da die Gutachterausschüsse die Bodenrichtwertzonen regelmäßig nach Flurstücken sowie den örtlichen Gegebenheiten abgrenzen, bleibt diese Regelung in der Praxis zumeist auf **wirtschaftliche Einheiten mit mehreren Flurstücken** beschränkt.

(Einstweilen frei)

II. Abzinsung des Bodenwerts (§ 257 Abs. 2 BewG)

Der Bodenwert nach § 257 Abs. 1 BewG ist vor der **Abzinsung** über die wirtschaftliche Restnutzungsdauer des Gebäudes zunächst um den Wert **selbständig nutzbarer Teilflächen** i. S. des § 257 Abs. 3 BewG zu korrigieren, soweit diese nicht ohnehin eine **gesonderte wirtschaftliche Einheit** bilden und gesondert bewertet werden.

Auf den ggf. korrigierten Bodenwert ist der **Abzinsungsfaktor** gem. **Anlage 41 zum BewG** anzuwenden, für dessen Höhe der gesetzlich normierte **Liegenschaftszinssatz** (§ 256 BewG) und die **wirtschaftliche Restnutzungsdauer** i. S. des § 253 Abs. 2 BewG bestimmend sind.

---

1 Vgl. A257.3 AEBewGrSt.

68 **BEISPIEL:** Ein zu bewertendes Grundstück (500 m²) ist mit einem Einfamilienhaus bebaut. Das Gebäude wurde 1992 bezugsfertig (Baujahr). Zum Hauptfeststellungszeitpunkt beträgt das Alter somit 30 Jahre (2022 - 1992). Die Restnutzungsdauer des Gebäudes ergibt sich aus der Differenz zwischen der wirtschaftlichen Gesamtnutzungsdauer (vgl. Anlage 38 zum BewG) und dem Alter des Gebäudes im Hauptfeststellungszeitpunkt: 80 Jahre - 30 Jahre (Alter) = 50 Jahre. Der Liegenschaftszinssatz für das Einfamilienhaus beträgt gem. § 256 BewG 2,5 %. Aus der Restnutzungsdauer von 50 Jahren und dem Liegenschaftszinssatz von 2,5 % ergibt sich gem. Anlage 41 zum BewG ein Abzinsungsfaktor von 0,2909. Der abgezinste Bodenwert ermittelt sich wie folgt: Bodenwert = BRW x 500 m² x 0,2909.

69 Die Berechnungsvorschrift für die Abzinsungsfaktoren (Barwertfaktoren für die Abzinsung) lautet:

$$\text{Abzinsungsfaktor} = \frac{1}{q^n}$$

$$q = 1 + LZ \qquad \text{wobei } LZ = \frac{p}{100}$$

LZ = Zinssatz (Liegenschaftszinssatz)
n = Restnutzungsdauer
p = Zinsfuß

70 Der Bodenwert der **selbstständig nutzbaren Teilflächen** ist anschließend zu addieren. Durch diese Vorgehensweise werden die selbstständig nutzbaren Teilflächen wie ein voll ertragsfähiges unbebautes Grundstück bewertet, da sie ungeachtet der Bebauung der übrigen Fläche für eine **anderweitige Verwendung** zur Verfügung stehen.

71 Im Unterschied hierzu ist der zum Gebäude gehörende Bodenwert erst mit Ablauf der Restnutzungsdauer des Gebäudes sowie nach Freilegung des Grund und Bodens wieder vollumfänglich nutzbar.[1] Diese Vereinfachung berücksichtigt nicht, dass vor einer **Folgenutzung** des Grund und Bodens **Freilegungskosten** anfallen, um den Grund und Boden von dem nicht mehr nutzbaren Gebäude zu befreien.[2] Freilegungskosten werden lediglich bei der Festlegung des **Mindestwertes** für bebaute Grundstücke pauschal durch den **Abschlag von 25 %** vom Wert des unbebauten Grundstücks berücksichtigt.[3]

72 Wegen der grundsätzlichen Systematik der Abzinsung des Bodenwerts im Ertragswertverfahren vgl. auch ausführlich Grootens in Grootens, BewG § 252 Rz. 52 ff. Wegen der Auswirkung des Liegenschaftszinssatzes auf die Abzinsung des Bodenwerts vgl. Grootens in Grootens, BewG § 256 Rz. 45.

73–80 *(Einstweilen frei)*

III. Definition der selbständig nutzbaren Teilfläche (§ 257 Abs. 3 BewG)

1. Ziel der Regelung und Bedeutung in der Praxis

81 § 257 Abs. 3 definiert die selbständig nutzbaren Teilflächen innerhalb einer wirtschaftlichen Einheit Grundstück entsprechend des **§ 17 Abs. 2 Satz 2 ImmoWertV 2010**. Da sich der Umfang der zu bewertenden Grundstückseinheit bei der **Verkehrswertermittlung** der Sachverständigen

---

[1] Vgl. Eisele, NWB 42/2019 S. 3060, NWB LAAAH-31831.
[2] Vgl. Grootens, NWB-EV 7/2019 S. 228, NWB IAAAH-21201.
[3] Vgl. Bock in Grootens, BewG § 251 Rz. 20.

nicht nach dem Begriff der wirtschaftlichen Einheit i. S. des § 2 BewG richtet, hat dort die Kürzung des Bodenwerts in der Praxis seine Berechtigung.[1]

Mithin ist bei der Ermittlung der für die Abzinsung zu Grunde zulegenden Fläche nur die der jeweiligen Bebauung zurechenbare Grundstücksfläche anzusetzen. Diese zurechenbare Grundstücksfläche entspricht regelmäßig der bebauten Fläche einschließlich der sog. **Umgriffsfläche**.[2] Dabei ist nicht entscheidend, ob die selbstständig nutzbaren Teilflächen **baulich nutzbar** sind. Vielmehr wird unter einer selbstständig nutzbaren Teilfläche jede sinnvolle Nutzung verstanden (**Lagerfläche, Abstellfläche, Gartenfläche, Schrebergarten** usw.). Die selbstständig nutzbare Teilfläche muss hinreichend groß und so gestaltet sein, dass eine entsprechende Nutzung oder Verwertung möglich ist.

Der **Bundesrat** hatte die Regelung zu den selbständig nutzbaren Teilflächen im Gesetzgebungsverfahren m. E. zurecht als **nicht praxistauglich** kritisiert.[3] Die im Gesetzentwurf vorgesehene Abgrenzung und gesonderte Behandlung von selbständig nutzbaren Teilflächen eines Grundstücks führe bei der Bewertung der betreffenden Grundstücke zu erheblichen **Schwierigkeiten und Streitpotenzial**. Dies schon deshalb, weil weder der Gesetzestext noch die Gesetzesbegründung die **Kriterien** für die Annahme einer **selbständig nutzbaren oder verwertbaren Teilfläche** eines Grundstücks benennen würden. Die Regelung sei für die Rechtsanwender **zu unbestimmt**.

Sie sei aber auch vor dem Hintergrund entbehrlich, als die **Mindestwertregelung** nach § 251 BewG gewährleiste, dass bei bebauten Grundstücken der Wert des Grund und Bodens abzüglich der Freilegungskosten nicht unterschritten werde. Es bedürfe keiner zusätzlichen, schwer handhabbaren mindestwertähnlichen Regelung für Teilflächen im vereinfachten Ertragswertverfahren. Diesem Argument ist entgegen zu halten, dass bei einer hochwertigen Bebauung der **Mindestwert regelmäßig nicht zum Ansatz** kommt und die überschießende Teilfläche somit wertmäßig unberücksichtigt bleibt.

PRAXISHINWEIS:
Die Norm zu selbständig nutzbaren Teilflächen wird in der Bewertungspraxis nur selten einen Anwendungsbereich haben, da die in Rede stehenden Flächen im Regelfall ohnehin eine **gesonderte wirtschaftliche Einheit** bilden dürften mit der Folge, dass diese separat als unbebautes Grundstück zu bewerten wären.[4] Dieser Auffassung war auch die Bundesregierung[5] in ihrer Antwort auf die Kritik des Bundesrates an der Regelung zu den selbständig verwertbaren Teilflächen: Da diese Fallgestaltungen nur in einer **geringen Anzahl** auftreten, sei der entstehende **Verwaltungs- und Bürokratieaufwand** vertretbar.

Es stellt sich allerdings die Frage, wie in einem **automatisierten Massenverfahren** eine solche schwer abgrenzbare Teilfläche von der Finanzverwaltung identifiziert werden soll. Es ist m. E. vielmehr davon auszugehen, dass sich im Hinblick auf diese Vorschrift ein **strukturelles Vollzugsdefizit** ergeben wird. Eine vergleichbare Regelung findet sich in § 185 Abs. 2 Satz 3 BewG für die Grundbesitzbewertung im Ertragswertverfahren. Die recht abstrakte Definition in R B 185.1 Abs. 3 ErbStR 2019 führt aber dazu, dass ein Anwendungsfall dieser Sonderregelung in der Praxis nur selten klar erkennbar ist. Wenn dies schon im Bedarfswertfall gilt, ist der Effekt im Massenverfahren Grundsteuerwertermittlung erst recht zu erwarten.

(Einstweilen frei)

---

1 Vgl. Mannek in Stenger/Loose, BewG § 185 Rz. 12.
2 Vgl. R B 185.1 Abs. 3 ErbStR 2019.
3 Vgl. die Stellungnahme des Bundesrates v. 20.9.2019, BR-Drucks 354/19 S. 10.
4 Vgl. Eisele, NWB 42/2019 S. 3060, NWB LAAAH-31831 sowie Grootens, NWB-EV 7/2019 S. 228, NWB IAAAH-21201.
5 Vgl. die Stellungnahme der Bundesregierung v. 2.10.2019, BT-Drucks. 19/13713 S. 3.

2. Definition der Teilflächen nach Auffassung der Finanzverwaltung

93 Ist das Grundstück wesentlich größer, als es einer den Gebäuden angemessenen Nutzung entspricht, und ist eine **zusätzliche Nutzung oder Verwertung einer Teilfläche** (= selbständig nutzbare Teilfläche) zulässig und möglich, ohne dass **mehrere wirtschaftliche Einheiten i. S. des § 2 BewG** vorliegen, ist diese Teilfläche bei der Abzinsung des Bodenwerts nicht zu berücksichtigen (§ 257 Abs. 2 Satz 1 BewG). Die **Finanzverwaltung** hat zum Vorliegen dieser Flächen im AEBewGrSt[1] näher Stellung bezogen: Für die Annahme einer selbständig nutzbaren Teilfläche sei **nicht entscheidend**, ob diese selbständig **baulich** nutzbar ist. Vielmehr werde unter einer selbständig nutzbaren Teilfläche **jede sinnvolle Nutzung** verstanden (Lagerfläche, Abstellfläche, zusätzliche Gartenfläche, Schrebergarten usw.). Die selbständig nutzbare Teilfläche müsse lediglich hinreichend groß und so gestaltet sein, dass eine entsprechende Nutzung oder Verwertung möglich ist. Eine Abgrenzung dieser Flächen wird sich in der Praxis m. E. regelmäßig äußerst schwierig darstellen und **nach Aktenlage** ohne umfangreiche Ermittlungen **nicht möglich** sein. Dies gilt umso mehr, als Steuerpflichtige aufgrund der werterhöhenden Wirkung der Annahme einer selbständig nutzbaren Teilfläche wenig Interesse daran haben werden, solche Flächen zu identifizieren.

94 Bei **bebaubaren selbständig nutzbaren Teilflächen** ergibt sich der Wert der selbständig nutzbaren Teilfläche nach Auffassung der Finanzverwaltung i. d. R. aus dem **Produkt** dieser **Fläche** und dem jeweiligen **Bodenrichtwert**. Von einer bebaubaren selbständig nutzbaren Teilfläche sei auszugehen, wenn eine Aufteilung des Grundstücks in eine bebaute und eine bebaubare Teilfläche sowie eine separate Nutz- und Verwertbarkeit gegeben ist und die **selbständige Nutzung** oder Verwertung dem **üblichen Marktverhalten** entspricht. Der **Vorrang des § 2 BewG** (= zweite wirtschaftliche Einheit „unbebautes Grundstück") sei auch in diesen Fällen zu berücksichtigen, was m. E. die in der Praxis stattdessen regelmäßig zur Anwendung kommende Fallgestaltung darstellt.

---

[1] A.257.4 AEBewGrSt.

BEISPIEL (NACH A 257.4 ABS. 2 AEBEWGRST):

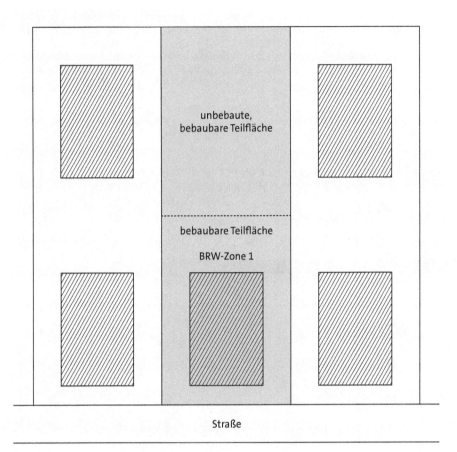

Die Grundstücksgröße des mit einem Einfamilienhaus bebauten Grundstücks beträgt 1.200 m². Eine Aufteilung des Grundstücks in ein bebautes und ein eigenständiges, bebaubares Baugrundstück mit einer jeweiligen Grundstücksgröße von 600 m² ist möglich. Eine selbständige Verwertbarkeit ist gegeben. Der Bodenwert ermittelt sich wie folgt:

Abgezinster Bodenwert der bebauten Teilfläche:

BRW 1 x 600 m² x 0,95 (vgl. Anlage 36 zum BewG) x Abzinsungsfaktor (vgl. Anlage 41 zum BewG).

Bodenwert der bebaubaren selbständig nutzbaren Teilfläche:

BRW 1 x 600 m². Dieser Bodenwert ist bei der Abzinsung nicht zu berücksichtigen. Der Umrechnungskoeffizient ist in diesem Fall auf diese Teilfläche nicht anzuwenden.

Anmerkung: M. E. ist diese Baulücke (= unbebaute, bebaubare Teilfläche) aufgrund der selbständigen Verwertbarkeit und der üblichen Bebauung in der Nachbarschaft des Grundstücks nach der Verkehrsanschauung als selbständige wirtschaftliche Einheit anzusetzen, so dass wegen des Vorrangs dieser Regelung keine selbständig nutzbare Teilfläche vorliegt.[1] Eine an ein Einfamilienhausgrundstück an-

---

1 Vgl. zur Definition der wirtschaftlichen Einheit ausführlich Viskorf in Viskorf/Schuck/Wälzholz, § 2 BewG Rz. 10 ff. sowie zur Abgrenzung einer Baulücke das Urteil des FG des Saarlandes v. 23.10.1981 - II 83/79.

grenzende unbebaute Fläche kann auch bei sog. offener Bauweise eine selbständige wirtschaftliche Einheit bilden.[1]

Der Wertansatz für diese Teilfläche ist bei der Einstufung als unbebautes Grundstück (= selbständige wirtschaftliche Einheit) gleichwohl identisch gegenüber der Einstufung als selbständig nutzbare Teilfläche (= Bestandteil der wirtschaftlichen Einheit „Einfamilienhaus"). In beiden Fällen würde die Fläche wertmäßig als unbebautes Grundstück (ohne Abzinsung) berücksichtigt. Da für die Wohngrundstücke aber abweichende Grundsteuermesszahlen gelten (vgl. § 15 Abs. 1 GrStG) und zudem für Wohngrundstücke Ermäßigungen in § 15 Abs. 2–5 GrStG vorgesehen sind, ist eine Einstufung als selbständig nutzbare Teilfläche für Steuerpflichtige i. d. R. günstiger als eine Einstufung als unbebautes Grundstück. Lediglich die Einstufung als eine wirtschaftliche Einheit ohne selbständig nutzbare Teilfläche würde zu einem besseren Bewertungsergebnis führen, weil die hintere Grundstücksfläche in diesem Fall in die Abzinsung des Bodenwerts mit einbezogen werden würde.

96 Der Wert einer **nicht bebaubaren selbständig nutzbaren Teilfläche** ergibt sich nach Auffassung der Finanzverwaltung[2] i. d. R. aus dem Produkt der Fläche und dem **Bodenrichtwert für eine nicht bauliche Nutzung**. Von einer nicht bebaubaren selbständig nutzbaren Teilfläche sei insbesondere auszugehen, wenn die Grundstücksteilfläche in einer **Bodenrichtwertzone** liegt, in der ein von einer **baulichen Nutzung abweichender Bodenrichtwert** ausgewiesen wird.

97 **BEISPIEL (NACH A 257.4 ABS. 3 AEBEWGRST, BEISPIEL 1):**

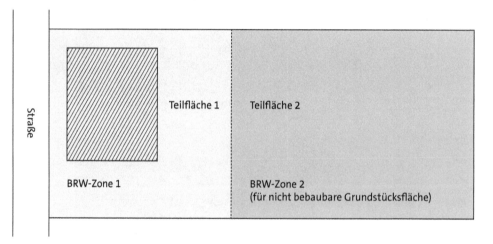

Die Grundstücksgröße des mit einem Einfamilienhaus bebauten Grundstücks beträgt 3.600 m². Die Fläche des bebauten Grundstücksteils beträgt 1.200 m² und liegt in einer Bodenrichtwertzone, in der BRW 1 für eine Baufläche ausgewiesen wird. Die nicht bebaubare Teilfläche befindet sich in einer Bodenrichtwertzone, in der BRW 2 für eine nicht bebaubare Fläche (z. B. Grünland, private Grünfläche, Kleingartenfläche, Lagerfläche) ausgewiesen wird.

Der Bodenwert ermittelt sich wie folgt:

Abgezinster Bodenwert der bebauten Teilfläche 1:

BRW 1 x 1.200 m² x 0,80 (vgl. Anlage 36 zum BewG) x Abzinsungsfaktor (vgl. Anlage 41 zum BewG).

Bodenwert der nicht bebaubaren selbständig nutzbaren Teilfläche 2:

---

[1] BFH v. 16.2.1979 - III R 67/76, BStBl 1979 II S. 279–281.
[2] Vgl. A 257.4 Abs. 3 AEBewGrSt.

BRW 2 x 2.400 m². Dieser Bodenwert ist bei der Abzinsung nicht zu berücksichtigen. Der Umrechnungskoeffizient ist in diesem Fall auf diese Teilfläche nicht anzuwenden.

Anmerkung: Die Fallgestaltung der Festlegung zweier Bodenrichtwertzonen für ein Flurstück wird m. E. einen Ausnahmefall bilden. Regelmäßig wird der Gutachterausschuss stattdessen Vorgaben machen, derartige Flächen mit einem anteiligen Wert des für das Grundstück grds. insgesamt anzuwendenden Bodenrichtwerts anzusetzen.[1] Derartigen Anpassungen des Bodenrichtwerts hat der Gesetzgeber aber im Bereich der Grundsteuerwertermittlung durch die Klarstellung im FoStoG[2] eine Absage erteilt.[3] Im Vordruck „Anlage Grundstück – GW-2" (online abrufbar unter NWB UAAAI-01349) ist daher auch keine Möglichkeit vorgesehen, derartige Flächen und entsprechende Abschläge zu erklären. Im Ergebnis bleibt es in diesen Fällen daher - vorbehaltlich der Anpassung durch Umrechnungskoeffizienten nach Anlage 36 zum BewG - beim Ansatz des ungeminderten Bodenrichtwerts für die gesamte Fläche des Grundstücks.

Wenn **kein gesonderter Bodenrichtwert** vorliegt, der die geringere Nutzbarkeit dieser Fläche berücksichtigt, ist der **Umrechnungskoeffizient nach Anlage 36 zum BewG auf die Gesamtfläche** einschließlich der selbständig nutzbaren Teilfläche anzuwenden.

BEISPIEL (NACH A 257.4 ABS. 3 AEBEWGRST, BEISPIEL 2):

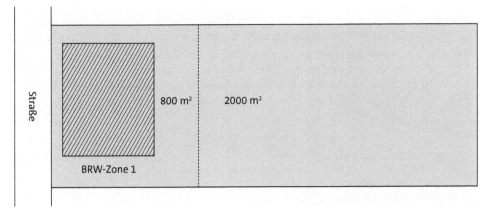

Die Grundstücksgröße des mit einem Einfamilienhaus bebauten Grundstücks beträgt 2.800 m². Das Grundstück liegt in einer Bodenrichtwertzone, in der BRW 1 für eine Baufläche ausgewiesen wird. Der Bodenwert ermittelt sich wie folgt:

Abgezinster Bodenwert der bebauten Teilfläche:

BRW 1 x 800 m² x 0,64 (vgl. Anlage 36 zum BewG) x Abzinsungsfaktor (vgl. Anlage 41 zum BewG).

Bodenwert der nicht bebaubaren selbständig nutzbaren Teilfläche:

BRW 1 x 2.000 m² x 0,64 (vgl. Anlage 36 zum BewG). Dieser Bodenwert ist bei der Abzinsung nicht zu berücksichtigen.

Anmerkung: Nach der Verkehrsauffassung wird in diesem Fall regelmäßig eine wirtschaftliche Einheit anzunehmen sein. Eine zusätzliche Bebaubarkeit ist nicht gegeben und die Fläche wird einheitlich genutzt. Die Verwaltung bleibt in diesem Beispiel den Grund schuldig, aufgrund welcher abweichenden Nutzungsmöglichkeit die Fläche von 2.000 m² als selbständig nutzbare Teilfläche anzusehen ist. Insbesondere wenn die Gesamtfläche als Garten genutzt wird, wird in der Praxis die flächenmäßige Abgrenzung in „zum Gebäude gehörige Gartenfläche" und „zusätzliche Gartenfläche" (vgl. →Rz. 93) nur

---

1 Vgl. dazu auch →Rz. 98 f.
2 FoStoG v. 3.6.2021, BGBl 2021 I S. 1498.
3 Vgl. Bock in Grootens, § 247 BewG Rz 56 ff.

schwer vorzunehmen sein. Dies gilt umso mehr, als in einem typisierten Massenverfahren umfassende Prüfungen oder gar Ortsbesichtigungen nur schwerlich vorstellbar sind. Hinzu kommt die hohe Streitanfälligkeit für derartige nicht eindeutig und zwingend vorzunehmende Abgrenzungen. Es ist in diesen Fällen daher m.E. eine strukturelles Vollzugsdefizit zu erwarten. Regelmäßig wird der Gutachterausschuss Vorgaben machen, derartige Hinterlandflächen mit einem anteiligen Wert des für das Grundstück grds. anzuwendenden Bodenrichtwerts anzusetzen (z. B. 25 % des anzusetzenden BRW). Derartigen Anpassungen des Bodenrichtwerts hat der Gesetzgeber aber im Bereich der Grundsteuerwertermittlung durch die Klarstellung im FoStoG[1] eine Absage erteilt.[2] Im Vordruck „Anlage Grundstück – GW-2" (online abrufbar unter NWB UAAAI-01349) ist daher auch keine Möglichkeit vorgesehen, derartige Flächen und entsprechende Abschläge zu erklären. Im Ergebnis bleibt es in diesen Fällen daher – vorbehaltlich der nur teilweise kompensierenden Anpassung durch Umrechnungskoeffizienten nach Anlage 36 zum BewG - beim Ansatz des ungeminderten Bodenrichtwerts für die gesamte Fläche des Grundstücks.

§ 258 BewG Bewertung im Sachwertverfahren

(1) Bei Anwendung des Sachwertverfahrens ist der Wert der Gebäude (Gebäudesachwert) getrennt vom Bodenwert zu ermitteln.

(2) Der Bodenwert ist der Wert des unbebauten Grundstücks nach § 247.

(3) [1]Die Summe aus Bodenwert (§ 247) und Gebäudesachwert (§ 259) ergibt den vorläufigen Sachwert des Grundstücks. [2]Dieser ist zur Ermittlung des Grundsteuerwerts im Sachwertverfahren mit der Wertzahl nach § 260 zu multiplizieren. [3]Mit dem Grundsteuerwert sind die Werte für den Grund und Boden, die Gebäude, die baulichen Anlagen, insbesondere Außenanlagen, und die sonstigen Anlagen abgegolten.

Inhaltsübersicht   Rz.

A. Allgemeine Erläuterungen zu § 258 BewG   1 - 35
   I. Normzweck und wirtschaftliche Bedeutung der Vorschrift   1 - 10
   II. Entstehung und Entwicklung der Vorschrift   11 - 15
   III. Geltungsbereich   16 - 25
   IV. Verhältnis zu anderen Vorschriften   26 - 35
B. Systematische Kommentierung   36 - 144
   I. Ermittlung des Grundsteuerwerts im Sachwertverfahren (§ 258 Abs. 1 BewG)   36 - 70
     1. Entstehungsgeschichte und Grundlage des Sachwertverfahrens   36 - 50
     2. Systematik des Sachwertverfahrens   51 - 70
   II. Ermittlung des Bodenwertes (§ 258 Abs. 2 BewG)   71 - 80
   III. Ermittlung des vorläufigen Sachwerts und Marktanpassung (§ 258 Abs. 3 BewG)   81 - 120
     1. Ermittlung des vorläufigen Sachwerts (§ 258 Abs. 3 Satz 1 BewG)   81 - 95
     2. Marktanpassung - Wertzahl (§ 258 Abs. 3 Satz 2 BewG)   96 - 105
     3. Abgeltung der Grundstücksbestandteile durch den Sachwert (§ 258 Abs. 3 Satz 3 BewG)   106 - 120
   IV. Berechnungsbeispiel Sachwertverfahren   121 - 130
   V. Fehlende Öffnungsklausel zum Nachweis eines niedrigeren Werts - Übermaßverbot   131 - 140
   VI. Umsetzung der verfassungsrechtlichen Vorgaben – Kritische Würdigung des Sachwertverfahrens   141 - 144

---

[1] FoStoG v. 3.6.2021, BGBl 2021 I S. 1498.
[2] Vgl. Bock in Grootens, § 247 BewG Rz 56 ff.

LITERATUR:

Marx, Ökonomische Analyse des Grundsteuer-Reformgesetzentwurfs, DStZ 2019 S. 372; *Nagel*, Steuerliche Immobilienbewertung: vom Einheitswert - zum Verkehrswert - Teil IV: Verfahren zur Wertermittlung für Ertragsteuern und Grundsteuer im Bundesmodell ab 1.1.2022, NWB 36/2021 S. 2688 NWB AAAAH-88177; *Seer*, Reform der Grundsteuer nach dem Entwurf der Bundesregierung, FR 2019 S. 941; *Stöckel*, Grundsteuerreform: Auswirkungen der Einführung einer Öffnungsklausel - Rückholung der Gesetzgebungskompetenz auf Umwegen, NWB 12/2020 S. 850 NWB YAAAH-44237; *Wünnemann/Koller*, Die Grundsteuerreform – ein Resümee aus Sicht der Industrie, BB 5/2020 S. 215.

ARBEITSHILFEN UND GRUNDLAGEN ONLINE:

Grundsteuer: Grundbesitzbewertung ab 2022/2025 (Sach- und Ertragswertverfahren) – Checkliste mit Berechnungen NWB NAAAH-93792.

VERWALTUNGSANWEISUNGEN:

Koordinierte Erlasse der obersten Finanzbehörden der Länder v. 9.11.2021 – Anwendung des Siebenten Abschnitts des Zweiten Teils des Bewertungsgesetzes zur Bewertung des Grundbesitzes (allgemeiner Teil und Grundvermögen) für die Grundsteuer ab 1.1.2022 (AEBewGrSt), BStBl 2021 I S. 2334.

A. Allgemeine Erläuterungen zu § 258 BewG

I. Normzweck und wirtschaftliche Bedeutung der Vorschrift

Als zweite Bewertungsmethode kommt für die Bewertung des Grundvermögens für Zwecke der Grundsteuer neben dem vereinfachten Ertragswertverfahren (vgl. § 252 BewG) ein typisiertes **vereinfachtes Sachwertverfahren** zur Anwendung. Gemäß § 250 Abs. 3 BewG ist das Sachwertverfahren nur für bestimmte **Grundstücksarten** (Nichtwohngrundstücke) anzuwenden.[1] Das Sachwertverfahren nach § 258 ff. BewG wurde in Anlehnung an das **Sachwertverfahren nach den §§ 21 ff. ImmoWertV 2010** geregelt. 1

§ 258 Abs. 2 BewG ordnet die **getrennte Ermittlung des Bodenwerts und des Gebäudewerts an.** Der Bodenwert ist gem. § 258 Abs. 2 BewG der Wert des unbebauten Grundstücks gem. § 247 BewG. 2

§ 258 Abs. 3 Satz 2 BewG ordnet die Anwendung einer **Wertzahl** auf den vorläufigen Sachwert (Summe aus Bodenwert und Gebäudewert) an, um eine **Marktanpassung** durchzuführen. Mit dem Bewertungsergebnis sind gem. § 258 Abs. 3 Satz 3 BewG die Werte für den Grund und Boden, die Gebäude, die baulichen Anlagen, insbesondere **Außenanlagen**, und die sonstigen Anlagen **abgegolten**. 3

(Einstweilen frei) 4–10

II. Entstehung und Entwicklung der Vorschrift

§ 258 BewG wurde mit dem **GrStRefG** v. 26.11.2019[2] in das BewG eingefügt und ist erstmals für den **Hauptfeststellungszeitpunkt 1.1.2022** anzuwenden (vgl. § 266 BewG). 11

(Einstweilen frei) 12–15

---

1 Vgl. Bock in Grootens, BewG § 250 Rz. 25.
2 GrStRefG v. 26.11.2019, BGBl 2019 I S. 1794.

III. Geltungsbereich

16 Der **Anwendungsbereich** des Sachwertverfahrens ist gem. § 250 Abs. 3 BewG in Abhängigkeit der festgestellten **Grundstücksart** festgelegt worden. **Bewertungsgegenstand** ist das Grundstück i. S. des § 244 Abs. 1 BewG.

17 Die Vorschriften gelten gem. § 231 BewG nur für die Bewertung des **inländischen** zu bewertenden Vermögens. Dabei sind auch die inländischen Teile einer wirtschaftlichen Einheit zu bewerten, die sich sowohl auf das Inland als auch auf das Ausland erstrecken.

18–25 *(Einstweilen frei)*

IV. Verhältnis zu anderen Vorschriften

26 § 258 Abs. 2 BewG ordnet den Rückgriff auf den **Wert des unbebauten Grundstücks** gem. § 247 BewG als Bodenwert an. Die Summe aus **Bodenwert** und **Gebäudesachwert** nach § 259 BewG bilden den vorläufigen Sachwert, der mit einer **Wertzahl** gem. § 260 BewG zu multiplizieren ist. Die **Bestandteile des Grundstücks**, auf die sich die Abgeltungsanordnung des § 258 Abs. 3 Satz 3 BewG bezieht, ergeben sich aus § 243 BewG. Der **Mindestwert** nach § 251 BewG darf bei der Grundsteuerwertfeststellung nicht unterschritten werden.

27–35 *(Einstweilen frei)*

B. Systematische Kommentierung

I. Ermittlung des Grundsteuerwerts im Sachwertverfahren (§ 258 Abs. 1 BewG)

1. Entstehungsgeschichte und Grundlage des Sachwertverfahrens

36 Die Bemessungsgrundlage der Grundsteuer knüpfte vor Einführung der Grundsteuerwerte nach dem Siebten Abschnitt des Zweiten Teils des BewG durch das GrStRefG[1] an die **Einheitswerte** des Ersten Abschnitts des Zweiten Teils des BewG an. Der Gesetzgeber verfolgte damit ursprünglich ein Konzept einer **mehrfachen Verwendung der Bewertungsgrundlagen** für verschiedene Steuern durch turnusmäßige Neubewertungen des Grundbesitzes (Hauptfeststellungen). Die Bewertung des Grundbesitzes gewährleistete das allgemeine Bewertungsziel des § 9 Abs. 1 BewG.

37 Der nach § 21 Abs. 1 BewG normierte **Turnus von sechs Jahren** für eine neue **Hauptfeststellung** wurde jedoch durch Art. 2 Abs. 1 Satz 3 des Gesetzes zur Änderung des Bewertungsgesetzes (BewÄndG 1965) in der Fassung des Art. 2 des Gesetzes zur Änderung und Ergänzung bewertungsrechtlicher Vorschriften und des Einkommensteuergesetzes vom 22.7.1970[2] **ausgesetzt**. Infolgedessen lagen den Einheitswerten in den alten Ländern weiterhin die Wertverhältnisse der letzten Hauptfeststellung auf den **1.1.1964** zugrunde. Für Grundstücke in den neuen Ländern galten gem. § 129 Abs. 1 BewG weiterhin die Einheitswerte, die nach den Wertverhältnissen zum **1.1.1935** festgestellt worden sind oder noch festgestellt werden. Daneben kam für Mietwohngrundstücke und Einfamilienhäuser, für die ein im Veranlagungszeitpunkt für die

---

[1] GrStRefG v. 26.11.2019, BGBl 2019 I S. 1794.
[2] BGBl 1970 I S. 1118.

Grundsteuer maßgebender Einheitswert 1935 nicht festgestellt wurde oder festzustellen ist, eine **Ersatzbemessungsgrundlage** nach § 42 GrStG zur Anwendung.

Für Fortschreibungen und Nachfeststellungen im laufenden Hauptfeststellungszeitraum sind gem. § 27 BewG weiterhin die **Wertverhältnisse der vorgenannten Hauptfeststellungszeitpunkte** zugrunde zu legen. Das Abstellen auf die unterschiedlichen Hauptfeststellungszeitpunkte und Bemessungsgrundlagen bei der Grundsteuer schloss eine Nutzung der **elektronisch vorhandenen Daten des Immobilienmarkts** und der **Geodateninfrastruktur** bisher weitgehend aus. Die Notwendigkeit einer Reform des Bewertungsrechts war deshalb seit Jahren unbestritten. 38

Das **Sachwertverfahren** des bisherigen Systems der Einheitsbewertung auf der Grundlage der §§ 83–90 BewG wurde auf der Grundlage des aktuellen Stands des Wertermittlungsrechts und der aktuellen Datenlage **fortentwickelt**. Das Sachwertverfahren nach § 258 ff. BewG wurde hierzu in Anlehnung an das Sachwertverfahren nach den **§§ 21 ff. ImmoWertV 2010** geregelt. **Besondere objektspezifische Grundstücksmerkmale** (vgl. § 8 Abs. 3 ImmoWertV 2010) werden im Rahmen der typisierenden steuerrechtlichen Wertermittlung aus **Vereinfachungs- und Automationsgründen** nicht gesondert ermittelt.[1] 39

(Einstweilen frei) 40–50

2. Systematik des Sachwertverfahrens

Das Sachwertverfahren dient für **Nichtwohngrundstücke** als **Auffangverfahren**, da sich für diese nach den vorhandenen statistischen Quellen derzeit **keine** für die gesamte Nutzung durchschnittlichen **Nettokaltmieten** ermitteln lassen.[2] Anders als bei der Grundbesitzbewertung (vgl. § 182 BewG) ist das Sachwertverfahren für die in § 250 Abs. 3 BewG genannten Grundstücksarten das einzige in Betracht kommende Bewertungsverfahren. Die **parallele Anwendung** von **Ertrags- und Sachwertverfahren** im Rahmen der steuerlichen Bewertung des Grundbesitzes wurde durch das BVerfG ausdrücklich **anerkannt**.[3] 51

Auch **vermietete Geschäftsgrundstücke** und **vermietete gemischt genutzte Grundstücke** werden im Sachwertverfahren bewertet, obwohl für diese Grundstücke am Immobilienmarkt Ertragswerte angesetzt werden.[4] Es ist m. E. fraglich, ob sich durch diese Vorgehensweise überhaupt zutreffende Werte für die genannten Grundstücke ermitteln lassen. Besonders bemerkenswert ist, dass die Bewertungsergebnisse für gemischt genutzte Grundstücke zumindest in einfachen und normalen Lagen deutlich unter den **Bewertungsergebnissen für Mietwohngrundstücke** im Ertragswertverfahren zurückbleiben, auch wenn in manchen Fällen nur wenige Quadratmeter Unterschied zwischen den jeweils zu Wohnzwecken und anderen Zwecken genutzten Flächen liegen.[5] 52

Die Bewertung des Grundvermögens mittels eines typisierenden Sachwertverfahrens soll der **Belastungsentscheidung** durch Anknüpfung an den **Sollertrag des Grundbesitzes** Rechnung tragen.[6] Beim Sachwertverfahren erfolgt die **Wertermittlung** für den **Grund und Boden** sowie 53

---

1 Vgl. A 258 Abs. 1 Satz 5 AEBewGrSt.
2 Vgl. BT-Drucks. 19/11085 S. 86.
3 BVerfG, Urteil v. 10.4.2018 - 1 BvL 11/14, 1 BvL 12/14, 1 BvL 1/15, 1 BvR 639/11, 1 BvR 889/12, NWB MAAAG-80435.
4 Vgl. Seer, FR 2019 S. 941.
5 Vgl. für eine entsprechende Vergleichsrechnung Stöckel, NWB 45/2020 S. 3324, NWB PAAAH-62449.
6 Vgl. BT-Drucks. 19/11085 S. 87.

der **Gebäude** gesondert. Die **Summe** aus **Bodenwert** und **Gebäudewert** bildet den **vorläufigen Sachwert**, der mittels einer **Wertzahl** (Marktanpassungsfaktor) an die **objektiv-realen Marktbedingungen** angepasst werden soll.

54 Zur Ermittlung des Gebäudesachwerts ist nicht von den tatsächlichen, sondern von den **gewöhnlichen Herstellungskosten** für die jeweilige Gebäudeart und Flächeneinheit auszugehen (vgl. § 22 ImmoWertV 2010). Die unter Fortentwicklung des § 85 BewG ermittelten **Normalherstellungskosten** ergeben sich aus der **Anlage 42 zum BewG**. Einzelheiten der Ermittlung des Gebäudesachwerts ergeben sich aus § 259 BewG.

55 Zur Berücksichtigung der **Lage auf dem Grundstücksmarkt** einschließlich der regionalen Baupreisverhältnisse ist der im Wesentlichen nur kostenorientierte vorläufige Sachwert an die **allgemeinen Wertverhältnisse auf dem örtlichen Grundstücksmarkt** anzupassen (**Marktanpassung**). Im typisierten – vereinfachten – Sachwertverfahren nach §§ 258–260 BewG werden marktübliche Sachwertfaktoren als **Wertzahlen** gesetzlich vorgegeben (**Anlage 43 zum BewG**). Einzelheiten der Ermittlung der anzuwendenden Wertzahl ergeben sich aus § 260 BewG.

56 Das typisierte – vereinfachte – Sachwertverfahren nach den §§ 258–260 BewG stellt sich schematisch wie folgt dar:

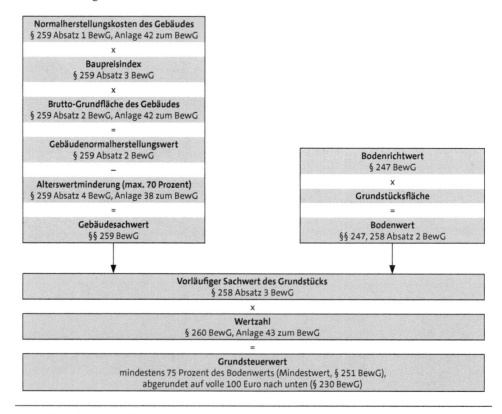

57 **Besondere objektspezifische Grundstücksmerkmale** (vgl. § 8 Abs. 3 ImmoWertV 2010) werden im Rahmen dieser typisierenden Wertermittlung nicht gesondert ermittelt.[1] Solche besonde-

---

[1] Vgl. A 258 Abs. 1 Satz 5 AEBewGrSt.

ren objektspezifischen Grundstücksmerkmale können, soweit dies dem gewöhnlichen Geschäftsverkehr entspricht, bei der **Verkehrswertermittlung** durch marktgerechte **Zu- oder Abschläge** oder in anderer geeigneter Weise berücksichtigt werden. Vgl. für die Berücksichtigung von besonderen objektspezifischen Grundstücksmerkmalen im Sachwertverfahren auch Tz. 6 der Sachwertrichtlinie.[1]

BEISPIEL: Besondere objektspezifische Grundstücksmerkmale sind beispielsweise eine wirtschaftliche Überalterung, ein überdurchschnittlicher Erhaltungszustand, Baumängel oder Bauschäden sowie von den marktüblich erzielbaren Erträgen erheblich abweichende Erträge.

(Einstweilen frei)

II. Ermittlung des Bodenwertes (§ 258 Abs. 2 BewG)

§ 258 Abs. 2 BewG entspricht § 84 BewG und bestimmt, dass der Bodenwert mit dem **Wert des unbebauten Grundstücks** nach § 247 BewG anzusetzen ist. Wegen der Ermittlung dieses Bodenwerts und der Bewertungsunschärfen vgl. Bock in Grootens, BewG § 247 Rz. 46 und Rz. 56.

Wünnemann/Koller befürchten, dass gerade für **Industriegrundstücke** der Ansatz der Bodenrichtwerte zu nicht realitätsgerechten Bewertungen führen könnten.[2] Dies läge zum einen daran, dass die **Bodenrichtwerte** wertbeeinflussende Faktoren und besondere Eigenschaften von Grundstücken (z. B. Altlasten, Bodenbelastungen, Bodenversiegelungen) nicht berücksichtigen. Zum anderen überstiegen die Bodenrichtwerte bei großen Flächen (z. B. **Produktionsstandorten**) den tatsächlichen Bodenwert deutlich. Letzteres Problem entsteht m. E. durch den fehlenden Bezug zu **den Anpassungsvorgaben des Gutachterausschuss** zur Grundstücksgröße bei der Bodenwertermittlung nach § 247 BewG, wodurch den Abweichungen des zu bewertenden Grundstücks vom Modelgrundstück der Bodenrichtwertkarte nicht ausreichend Rechnung getragen wird. Dies geschieht lediglich in typisierte Form bei den Ein- und Zweifamilienhäusern durch **Umrechnungsfaktoren** beim abgezinsten Bodenwert im Ertragswertverfahren.[3]

Die von Wünnemann/Koller[4] vorgeschlagene **Berücksichtigung** von wertbeeinflussenden Faktoren **auf Antrag des Steuerpflichtigen** würde m. E. zu einer nicht zu beherrschenden **Antragsflut** bei den Finanzämtern führen. Darüber hinaus ist eine Berücksichtigung von Umrechnungsfaktoren nur zugunsten des Steuerpflichtigen auch aus **Gerechtigkeitsgründen** abzulehnen. Wegen der fehlenden Öffnungsklausel zum Nachweis eines niedrigeren gemeinen Werts und dem **Übermaßverbot** vgl. Grootens in Grootens, BewG § 252 Rz. 96 ff.

(Einstweilen frei)

III. Ermittlung des vorläufigen Sachwerts und Marktanpassung (§ 258 Abs. 3 BewG)

1. Ermittlung des vorläufigen Sachwerts (§ 258 Abs. 3 Satz 1 BewG)

§ 258 Abs. 3 Satz 1 beschreibt die Ermittlung des **Grundsteuerwerts** (Sachwerts) im Sachwertverfahren und entspricht im Wesentlichen § 83 BewG. Die Summe aus dem gesondert zu er-

---

1 Sachwertrichtlinie v. 5.9.2012, BAnz AT 18.10.2012 B1.
2 Vgl. Wünnemann/Koller, BB 5/2020 S. 215.
3 Vgl. Grootens in Grootens, BewG § 257 Rz. 46 ff.
4 Vgl. Wünnemann/Koller, BB 5/2020 S. 215.

mittelnden **Bodenwert** (§§ 258 Abs. 2, 247 BewG) und dem gesondert zu ermittelnden **Gebäudesachwert** (§ 259 BewG) ergibt den **vorläufigen Sachwert**, der mittels einer **Wertzahl** (§ 260 BewG) an die allgemeinen Wertverhältnisse auf dem Grundstücksmarkt angepasst wird.

82 Besteht eine wirtschaftliche Einheit aus **mehreren Gebäuden oder Gebäudeteilen** von einer gewissen Selbständigkeit, die

- eine **verschiedene Bauart** aufweisen,
- **unterschiedlich genutzt** werden
- oder die in **verschiedenen Jahren bezugsfertig** geworden sind,

ist jedes Gebäude und jeder Gebäudeteil nach den Vorgaben des § 259 BewG **für sich zu bewerten**.

83 **BEISPIEL:** Ist z. B. ein Grundstück mit einem Verwaltungsgebäude und einer Produktionshalle bebaut, ergibt die Summe aus dem Gebäudesachwert des Verwaltungsgebäudes und dem Gebäudesachwert der Produktionshalle den Gebäudewert. Die anzusetzenden **Regelherstellungskosten**, die **Brutto-Grundfläche** und die **Alterswertminderung** sind jeweils **gesondert** zu ermitteln.

84–95 *(Einstweilen frei)*

2. Marktanpassung - Wertzahl (§ 258 Abs. 3 Satz 2 BewG)

96 Der vorläufige Sachwert ist gem. § 258 Abs. 3 Satz 2 BewG zur Ermittlung des Grundsteuerwerts mit der **Wertzahl nach § 260 BewG** zu multiplizieren. Wegen der Einzelheiten der Ermittlung der Wertzahl und des damit verfolgten Zwecks vgl. Grootens in Grootens, BewG § 260 Rz. 31 ff.

97–105 *(Einstweilen frei)*

3. Abgeltung der Grundstücksbestandteile durch den Sachwert (§ 258 Abs. 3 Satz 3 BewG)

106 § 258 Abs. 3 Satz 3 BewG bestimmt, dass die Werte für den **Grund und Boden**, die **Gebäude**, die **baulichen Anlagen**, insbesondere **Außenanlagen**, und die **sonstigen Anlagen** durch den Ansatz des Grundsteuerwerts abgegolten sind. Diese **Grundstücksbestandteile** gehören gem. § 243 Abs. 1 Nr. 1 BewG zum **Grundvermögen**.[1] Nach der Aufzählung des § 243 Abs. 1 Nr. 1 BewG gehören der Grund und Boden, die Gebäude, die sonstigen Bestandteile und das **Zubehör** zum Grundvermögen. Auch wenn das Zubehör in der Aufzählung des § 258 Abs. 3 Satz 3 BewG nicht ausdrücklich genannt ist, kann m. E. davon ausgegangen werden, dass auch das **Zubehör** mit dem Grundsteuerwert im Sachwertverfahren **abgegolten** ist. Es kann m. E. die Intention des Gesetzgebers unterstellt werden, dass die Abgeltungsanordnung allumfassend sein soll.

107 § 21 Abs. 1 ImmoWertV 2010 unterscheidet zwischen **baulichen** und **sonstigen Anlagen**. Die Außenanlagen werden wiederum in § 21 Abs. 3 ImmoWertV 2010 nach den **baulichen** und **sonstigen Außenanlagen** untergliedert. Hieraus folgt, dass mit „sonstigen Anlagen" i. S. dieser Vorschrift insbesondere der auf einem Grundstück vorhandene **Aufwuchs** angesprochen ist.[2]

---

[1] Vgl. Bock in Grootens, BewG § 243 Rz. 60 ff.
[2] Vgl. Kleiber, Verkehrswertermittlung von Grundstücken, Teil IV – ImmoWertV, Rz. 47.

BEISPIELE: Zu den baulichen **Außenanlagen** zählen z.B. befestigte Wege und Plätze, Ver- und Entsorgungseinrichtungen auf dem Grundstück und Einfriedungen. Zu den **sonstigen Anlagen** zählen insbesondere Gartenanlagen. 108

Zur wertmäßigen Berücksichtigung von baulichen Anlagen, insbesondere **Außenanlagen**, und sonstigen Anlagen wurden die **Normalherstellungskosten pauschal um 3% erhöht**. (Wegen der Einzelheiten vgl. Grootens in Grootens, BewG § 259 Rz. 45). 109

(Einstweilen frei) 110–120

IV. Berechnungsbeispiel Sachwertverfahren

BEISPIEL Sachverhalt: 121

Ein gemischt genutztes Grundstück in Köln, NRW, ist auf den Stichtag 1.1.2022 zu bewerten. Das Grundstück weist folgende Eigenschaften auf:
- Grundstück: 1.500 m^2
- Bodenrichtwert: 450 €/m^2
- Nutzfläche/Wohnfläche: 1.200 m^2
- Bruttogrundfläche: 1.400 m^2
- Baujahr: 1990

LÖSUNG:

Normalherstellungskosten (lt. Anlage 42, Baujahrgruppe vor 1995) =	695 €/m^2
Baupreisindex (1.1.2022) =	148,6
Brutto-Grundfläche	1.400 m^2
Gebäudenormalherstellungswert = (695 €/m^2 x 148,6/100 x 1.400 m^2)	1.445.878 €
Alterswertminderung = (Gesamtnutzungsdauer 80 Jahre gem. Anlage 37, Gebäudealter 32 Jahre) (1.445.878 € x 32/80)	- 578.351 €
Gebäudesachwert =	867.527 €
Bodenwert = (1.500 m^2 x 450 €/m^2)	675.000 €
Vorläufiger Sachwert (867.527 + 675.000 €) =	1.542.527 €
Wertzahl (gem. Anlage 43)	0,80
Grundsteuerwert (§ 258 BewG) =	1.234.000 €
Mindestwert (§ 251 BewG, Bodenwert 675.000 € x 75 %) (Kein Ansatz, da niedriger als Grundsteuerwert)	506.250 €

(Einstweilen frei) 122–130

V. Fehlende Öffnungsklausel zum Nachweis eines niedrigeren Werts - Übermaßverbot

Eine Öffnungsklausel zum **Nachweis des niedrigeren gemeinen Werts** ist im System der Grundsteuerwertermittlung nach dem Siebten Abschnitt des Zweiten Teils des BewG vom Ge- 131

132 Im Rahmen der Grundsteuerwertermittlung geht der **Gesetzgeber** offenbar davon aus, dass die aufgrund der Typisierungen bei den Bewertungsverfahren **systemimmanenten Wertverzerrungen durch den Steuerpflichtigen hinzunehmen** sind. In der Gesetzesbegründung zum GrStRefG[1] geht der Gesetzgeber auf die Problematik einer unzutreffend hohen Bewertung nicht ein. Wegen der **Kritik am Fehlen einer Öffnungsklausel** und eines möglichen **Verkehrswertnachweises** aufgrund der **Verletzung des Übermaßverbotes** vgl. ausführlich Grootens in Grootens, BewG § 252 Rz. 96 ff.

133–140 *(Einstweilen frei)*

VI. Umsetzung der verfassungsrechtlichen Vorgaben – Kritische Würdigung des Sachwertverfahrens

141 Das **BVerfG** hat dem Gesetzgeber für die Reform der Bewertung für Zwecke der Grundsteuer zahlreiche Vorgaben gemacht. Wegen der **Einzelheiten der Vorgaben des BVerfG** vgl. Grootens in Grootens, BewG § 252 Rz. 126 ff. und wegen der **Auffassung des Gesetzgebers** zur Umsetzung der Vorgaben vgl. Grootens in Grootens, BewG § 252 Rz. 136 ff.

142 Die Feststellung der Bewertungsgrundlagen ist bei **Gewerbeimmobilien** mit zahlreichen vom Gesetz nicht abgebildeten Anwendungsfragen verbunden, so dass die vorgesehenen **Typisierungen** im steuerlichen Massenbewertungsverfahren nach m. E. zutreffender Ansicht von Marx vor allem durch die Gebäudekomponente zu systematisch **verzerrten** und damit **gleichheitswidrigen Ergebnissen** führen werden.[2] Alte Gebäude in einem schlechten Instandhaltungszustand werden nach zutreffendem Hinweis von Nagel durch den Mindestrestwertansatz und die Nichtberücksichtigung der besonderen objektspezifischen Grundstücksmerkmale tendenziell zu hoch bewertet.[3]

143 Im Einzelnen ergeben sich Fehlbewertungen insbesondere aus

- der nicht marktkonformen Anwendung des Sachwertverfahrens für **Renditeobjekte** (vgl. → Rz. 52),
- der Unterstellung des **Ausstattungsstandards** in Abhängigkeit des Baujahrs,[4]
- dem Rückgriff auf typisierte **Gesamtnutzungsdauern** unter Verwendung von **Verlängerungsmodellen** und **Mindestrestwerten**,[5]
- der Verwendung von **bundeseinheitlichen Wertzahlen** ohne Berücksichtigung des örtlichen Grundstücksmarkts.[6]

144 Die an dieser Stelle aufgezeigten **strukturellen Wertverzerrungen des Sachwertverfahrens** sprechen m. E. für eine **Verfassungswidrigkeit** der Grundsteuerwerte.[7] Dies gilt insbesondere wegen der verfehlten Marktanpassung aufgrund der bundeseinheitlichen Wertzahlen. Wegen

---

1 GrStRefG v. 26.11.2019, BGBl 2019 I S. 1794.
2 Vgl. Marx, DStZ 2019 S. 372.
3 Vgl. Nagel, NWB 36/2021 S. 2688, NWB AAAAH-88177.
4 Vgl. Grootens in Grootens, BewG § 259 Rz. 34.
5 Vgl. Grootens in Grootens, BewG § 259 Rz. 86 ff.
6 Vgl. Grootens in Grootens, BewG § 260 Rz. 43 ff.
7 A. A. Schnitter in GrStG - eKommentar, § 258 BewG Rz. 14, der eine realitätsgerechte Abbildung der Verkehrswerte im Verhältnis der Grundstücke zueinander gegeben sieht.

der ähnlich gelagerten Problematik des Ertragswertverfahrens vgl. Grootens in Grootens, BewG § 252 Rz. 146 ff.

§ 259 BewG Ermittlung des Gebäudesachwerts

(1) Bei der Ermittlung des Gebäudesachwerts ist von den Normalherstellungskosten des Gebäudes in Anlage 42 auszugehen.

(2) Der Gebäudenormalherstellungswert ergibt sich durch Multiplikation der jeweiligen nach Absatz 3 an den Hauptfeststellungszeitpunkt angepassten Normalherstellungskosten mit der Brutto-Grundfläche des Gebäudes.

(3) [1]Die Anpassung der Normalherstellungskosten erfolgt anhand der vom Statistischen Bundesamt veröffentlichten Baupreisindizes. [2]Dabei ist auf die Preisindizes für die Bauwirtschaft abzustellen, die das Statistische Bundesamt für den Neubau in konventioneller Bauart von Wohn- und Nichtwohngebäuden jeweils für das Vierteljahr vor dem Hauptfeststellungzeitpunkt ermittelt hat. [3]Diese Preisindizes sind für alle Bewertungsstichtage des folgenden Hauptfeststellungszeitraums anzuwenden. [4]Das Bundesministerium der Finanzen veröffentlicht die maßgebenden Baupreisindizes im Bundessteuerblatt.

(4) [1]Vom Gebäudenormalherstellungswert ist eine Alterswertminderung abzuziehen. [2]Die Alterswertminderung ergibt sich durch Multiplikation des Gebäudenormalherstellungswerts mit dem Verhältnis des Alters des Gebäudes im Hauptfeststellungszeitpunkt zur wirtschaftlichen Gesamtnutzungsdauer nach Anlage 38. [3]Sind nach Bezugsfertigkeit des Gebäudes Veränderungen eingetreten, die die wirtschaftliche Gesamtnutzungsdauer des Gebäudes wesentlich verlängert haben, ist von einem der Verlängerung entsprechenden späteren Baujahr auszugehen. [4]Der nach Abzug der Alterswertminderung verbleibende Gebäudewert ist mit mindestens 30 % des Gebäudenormalherstellungswerts anzusetzen. [5]Bei bestehender Abbruchverpflichtung für das Gebäude ist die Alterswertminderung abweichend von den Sätzen 2 bis 4 auf das Verhältnis des Alters des Gebäudes im Hauptfeststellungszeitpunkt zur tatsächlichen Gesamtnutzungsdauer begrenzt.

Inhaltsübersicht

	Rz.
A. Allgemeine Erläuterungen zu § 259 BewG	1 - 30
I. Normzweck und wirtschaftliche Bedeutung der Vorschrift	1 - 5
II. Entstehung und Entwicklung der Vorschrift	6 - 10
III. Geltungsbereich	11 - 20
IV. Verhältnis zu anderen Vorschriften	21 - 30
B. Systematische Kommentierung	31 - 124
I. Verwendung der Normalherstellungskosten aus Anlage 42 zum BewG (§ 259 Abs. 1 BewG)	31 - 50
II. Ermittlung des Gebäudenormalherstellungswerts (§ 259 Abs. 2 BewG)	51 - 70
1. Ermittlung des Gebäudewertes bei wirtschaftlichen Einheiten mit einem Gebäude	51 - 62
a) Maßgebliche Bewertungsfaktoren	51 - 52
b) Ermittlung der Brutto-Grundfläche	53 - 62
2. Ermittlung des Gebäudewertes bei wirtschaftlichen Einheiten mit mehreren Gebäuden oder Gebäudeteilen	63 - 70
III. Indizierung der Normalherstellungskosten anhand des Baupreisindex (§ 259 Abs. 3 BewG)	71 - 85
IV. Ermittlung der Alterswertminderung und des Gebäudesachwerts (§ 259 Abs. 4 BewG)	86 - 124
1. Abzug der Alterswertminderung (§ 259 Abs. 4 Satz 1 und 2 BewG)	86 - 100
2. Verlängerung der Nutzungsdauer (§ 259 Abs. 4 Satz 3 BewG)	101 - 110
3. Mindestrestwert (§ 259 Abs. 4 Satz 4 BewG)	111 - 120
4. Begrenzung der Nutzungsdauer bei einer Abbruchverpflichtung (§ 259 Abs. 4 Satz 5 BewG)	121 - 124

LITERATUR:

Eisele, Fondsstandortgesetz: Nachjustierungen beim reformierten grundsteuerlichen Bewertungsrecht - Änderungen schon zum Stichtag 1.1.2022 von Bedeutung, NWB 28/2021 S. 2031 NWB XAAAH-83094; *Nagel*, Steuerliche Immobilienbewertung: Vom Einheitswert - zum Verkehrswert - Teil IV: Verfahren zur Wertermittlung für Ertragsteuern und Grundsteuer im Bundesmodell ab 1.1.2022, NWB 36/2021 S. 2688 NWB AAAAH-88177; *Wünnemann/Koller*, Die Grundsteuerreform – ein Resümee aus Sicht der Industrie, BB 5/2020 S. 215; *Wünsche*, Grundsteuerreform: Es währt schon lange, wird es auch gut?, BB 32/2019 S. 1821.

ARBEITSHILFEN UND GRUNDLAGEN ONLINE:

Grundsteuer: Grundbesitzbewertung ab 2022/2025 (Sach- und Ertragswertverfahren) – Checkliste mit Berechnungen NWB NAAAH-93792.

VERWALTUNGSANWEISUNGEN:

Koordinierte Erlasse der obersten Finanzbehörden der Länder v. 9.11.2021 – Anwendung des Siebenten Abschnitts des Zweiten Teils des Bewertungsgesetzes zur Bewertung des Grundbesitzes (allgemeiner Teil und Grundvermögen) für die Grundsteuer ab 1.1.2022 (AEBewGrSt), BStBl 2021 I S. 2334.

A. Allgemeine Erläuterungen zu § 259 BewG

I. Normzweck und wirtschaftliche Bedeutung der Vorschrift

1   § 259 BewG regelt die Ermittlung des **Gebäudesachwerts**. Zu diesem Zweck wird auf **Normalherstellungskosten** gem. **Anlage 42 zum BewG** zurückgegriffen. Die Normalherstellungskosten sind nach Maßgabe des § 259 Abs. 3 BewG mithilfe eines **Baupreisindizes** auf den Hauptfeststellungszeitpunkt zu indizieren. Der so ermittelte Gebäudenormalherstellungswert ist in einem letzten Schritt um eine **lineare Alterswertminderung** zu mindern, um den Gebäudesachwert zu erhalten.

2–5   *(Einstweilen frei)*

II. Entstehung und Entwicklung der Vorschrift

6   § 259 BewG wurde mit dem GrStRefG v. 26.11.2019[1] in das BewG eingefügt und ist erstmals für den **Hauptfeststellungszeitpunkt 1.1.2022** anzuwenden (vgl. § 266 BewG). In § 259 Abs. 4 Satz 2 und Satz 5 BewG wurden durch das FoStoG v. 3.6.2021[2] jeweils die Wörter „am Bewertungsstichtag" durch die Wörter „im Hauptfeststellungszeitpunkt" ersetzt. Mit der Änderung in § 259 Abs. 4 Satz 2 BewG soll klargestellt werden, dass im Rahmen der Ermittlung der **Alterswertminderung** im Sachwertverfahren das Alter des Gebäudes im Hauptfeststellungszeitpunkt maßgeblich ist. Dies gilt nach § 259 Abs. 4 Satz 5 BewG auch bei bestehender Abbruchverpflichtung. Die Klarstellung ist bereits für die erste Hauptfeststellung am 1.1.2022 zu berücksichtigen (vgl. Art. 19 FoStoG: Geltung ab 1.7.2021).

7–10   *(Einstweilen frei)*

---

[1] GrStRefG v. 26.11.2019, BGBl 2019 I S. 1794.
[2] FoStoG v. 3.6.2021, BGBl 2021 I S. 1498.

III. Geltungsbereich

Der **Anwendungsbereich** des Sachwertverfahrens ist gem. **§ 250 Abs. 3 BewG** in Abhängigkeit der festgestellten **Grundstücksart** festgelegt worden. **Bewertungsgegenstand** ist das Grundstück i. S. des § 244 Abs. 1 BewG. 11

Die Vorschriften gelten gem. § 231 BewG nur für die Bewertung des **inländischen** zu bewertenden Vermögens. Dabei sind auch die inländischen Teile einer wirtschaftlichen Einheit zu bewerten, die sich sowohl auf das Inland als auch auf das Ausland erstrecken. 12

(Einstweilen frei) 13–20

IV. Verhältnis zu anderen Vorschriften

Gemäß **§ 258 Abs. 3 Satz 1 BewG** bildet die Summe aus **Bodenwert** nach § 247 BewG und **Gebäudesachwert** nach § 259 BewG den vorläufigen Sachwert, der mit einer **Wertzahl** gem. § 260 BewG zu multiplizieren ist. Das Gebäude ist aufgrund der **Abgeltungsanordnung** des § 258 Abs. 3 Satz 3 BewG mit dem im Sachwertverfahren ermittelten Grundsteuerwert abgegolten. 21

(Einstweilen frei) 22–30

B. Systematische Kommentierung

I. Verwendung der Normalherstellungskosten aus Anlage 42 zum BewG (§ 259 Abs. 1 BewG)

Zur Ermittlung des Gebäudesachwerts ist nicht von den tatsächlichen, sondern von den **gewöhnlichen Herstellungskosten** für die jeweilige Gebäudeart und Flächeneinheit auszugehen (vgl. § 22 ImmoWertV 2010). Die unter Fortentwicklung des § 85 BewG ermittelten Normalherstellungskosten ergeben sich aus der **Anlage 42 zum BewG**. 31

Die Normalherstellungskosten sind aus dem **arithmetischen Mittelwert der Regelherstellungskosten** von vergleichbaren Gebäudearten für die **Standardstufen 2–4 lt. Anlage 24 zum BewG** i. d. F. des Steueränderungsgesetzes 2015[1] abgeleitet worden. Die Regelherstellungskosten in der Anlage 24 zum BewG wurden in Anlehnung an die **Normalherstellungskosten 2010 der Sachwert-Richtlinie**[2] zur Ermittlung des Sachwerts nach den §§ 21–23 ImmoWertV 2010 ermittelt. 32

Bei der Ableitung sind vergleichbare **Gebäudearten** mit annähernd gleichen Normalherstellungskosten **zusammengefasst** worden. Zur verwaltungsökonomischen Bewältigung eines Massenverfahrens zur Grundstücksbewertung wird zwischen möglichst eindeutig identifizierbaren **Bauweisen und Nutzungstypen** unterschieden. Wünsche bezweifelt zurecht, ob mit den in Summe 25 Gebäudearten stets eine zutreffende Einordnung gewährleistest werden kann.[3] Ob das vom Gesetzgeber avisierte Ziel einer **realitätsgerechten Bewertung** erreicht werden kann, dürfe daher an dieser Stelle ebenso bezweifelt werden. 33

---

1 Steueränderungsgesetz 2015 (StÄndG 2015) v. 2.11.2015, BGBl 2015 I S. 1834.
2 Sachwert-Richtlinie (SW-RL) v. 5.9.2012, BAnz AT 18.10.2012 B1.
3 Vgl. Wünsche, BB 32/2019 S. 1821.

34 Die Differenzierung der Normalherstellungskosten erfolgt entsprechend der Unterteilung der Regelherstellungskosten in **Standardstufen** nach der Anlage 24 zum BewG, wobei die Einordung in Abhängigkeit der **Baujahre** in **drei Gruppen** durchgeführt wurde. Bei Gebäuden mit **Baujahren vor 1995** kann nach Auffassung des Gesetzgebers[1] im Allgemeinen von einem geringeren Standard, insbesondere hinsichtlich der energetischen Eigenschaften, ausgegangen werden. Dagegen könne bei **Baujahren ab 2005** eine höhere Standardstufe unterstellt werden. Auf eine Eingruppierung entsprechend der **Standardstufe 1 und 5** gem. Anlage 24 zum BewG sei hinsichtlich der typisierenden Betrachtungsweise verzichtet worden. Dies entspreche insgesamt der Grundkonzeption der Sachwert-Richtlinie 2012 zur Berücksichtigung der unterschiedlichen Ausstattungsstandards und ermögliche eine **automationsunterstützte typisierende Berücksichtigung** der **baujahrtypischen Ausstattung**.

35 Zu dieser Vorgehensweise ist kritisch anzumerken, dass infolge von **umfangreichen Sanierungen** auch ältere Gebäude einen vergleichbaren Standard wie jüngere Gebäude aufweisen können. Zwar sieht § 259 Abs. 4 Satz 3 BewG eine **Verschiebung des Baujahres** bei Kernsanierungen vor (vgl. → Rz. 101 ff.), die praktische Umsetzung dessen ist gleichwohl problematisch. Es ist zu vermuten, dass über einen **längeren Zeitraum gestreckte Modernisierungen** bei der Verschiebung des Baujahres nicht berücksichtigt werden.

36 Bei der Ermittlung der nach Anlage 42 zum BewG für die NHK und nach Anlage 38 zum BewG für die wirtschaftliche Gesamtnutzungsdauer anzunehmenden Gebäudeart ist nach Vorgabe der Finanzverwaltung[2] auf das gesamte Gebäude oder einen baulich selbständig abgrenzbaren Teil eines Gebäudes (bzw. Gebäudeteil, siehe →Rz. 63) abzustellen. Entscheidend für die Einstufung des Gebäudes oder Gebäudeteils ist allein das durch die **Hauptnutzung** entstandene **Gesamtgepräge**. Zur Hauptnutzung gehörende übliche **Nebenräume** (z. B. Lager- und Verwaltungsräume bei Warenhäusern oder separater Büroraum im Autohaus) sind entsprechend dem Gesamtgepräge der Hauptnutzung zuzurechnen.

37 Nach Tz. 20 der Anlage 42 Teil II zum BewG und nach der Anlage 38 zum BewG sind für nicht aufgeführte Gebäudearten die NHK sowie die wirtschaftliche Gesamtnutzungsdauer aus vergleichbaren Gebäudearten abzuleiten **(Auffangklausel)**. Zu diesem Zweck ist nach Vorgabe der Finanzverwaltung[3] bei Geschäftsgrundstücken, dem Teileigentum, bei gemischt genutzten Grundstücken mit mehreren Gebäuden und bei sonstigen bebauten Grundstücken auf die Gebäudeart abzustellen, die mit der **Hauptnutzung** des Gebäudes die größten Übereinstimmungen aufweist. Damit stellt die Finanzverwaltung auf die Vergleichbarkeit der Nutzung und nicht auf die Vergleichbarkeit der baulichen Ausgestaltung ab. M. E. muss der **Vergleichbarkeit der baulichen Ausgestaltung** in den Fällen der Vorrang eingeräumt werden, in denen eine Nutzungsänderung ohne große bauliche Veränderungen stattgefunden hat.

38 **BEISPIEL** Räumlichkeiten in einem alten eingeschossigen industriellen Produktionsgebäude wurden ohne größere bauliche Veränderungen für den Verkauf von hochwertiger Kleidung hergerichtet, um den industriellen Charakter des Gebäudes zu bewahren. Die größte Übereinstimmung mit der Hauptnutzung ergäbe sich in diesem Fall aus der Anwendung der Gebäudeart „Kauf- und Warenhäuser - 10.3". Aufgrund der Vergleichbarkeit der unveränderten baulichen Ausgestaltung wäre der Ansatz der Gebäudeart „industrielle Produktionsgebäude - 11.1" gleichwohl sachgerechter.

---

[1] BT-Drucks. 19/11085 S. 118.
[2] Vgl. A 259.2 Abs. 1 AEBewGrSt.
[3] Vgl. A 259.2 Abs. 2 AEBewGrSt.

Zur Orientierung hat die Finanzverwaltung im AEBewGrSt eine Liste mit vergleichbaren Gebäudearten eingefügt.[1] Es ist m. E. zu erwarten, dass die Bediensteten der Finanzverwaltung dieser Auflistung eng folgen werden.

Nicht aufgeführte Gebäudeart	Vergleichbar mit Gebäudeart	Gesamt-Nutzungsdauer	Gebäudeart
Abfertigungsgebäude, Terminal, Bahnhofshalle	Betriebs- und Werkstätten, mehrgeschossig, hoher Hallenanteil; industrielle Produktionsgebäude, überwiegend Skelettbauweise	40 Jahre	11.2
Apotheke, Boutique, Laden	Kauf- und Warenhäuser	50 Jahre	10.2
Baumarkt, Discountermarkt, Gartenzentrum	Verbrauchermärkte	30 Jahre	10.1
Bürgerhaus	Gemeindezentren, Saalbauten, Veranstaltungsgebäude, Vereinsheime	40 Jahre	4
Einkaufszentrum (Shopping-Center, Shopping-Mall)	Kauf- und Warenhäuser	50 Jahre	10.2
Gewerblich genutzte freistehende Überdachung	Lagergebäude ohne Mischnutzung, Kaltlager	40 Jahre	12.1
Indoor-Spielplatz, Kletter-, Kart-, Skihalle	Sporthallen	40 Jahre	9.1
Jugendheim, Tagesstätte	Wohnheime, Internate, Alten- und Pflegeheime	50 Jahre	6
Logistikzentrum (Lagerung, Verwaltung, Kommissionierung, Verteilung und Umschlag), soweit keine Abgrenzung eigener Gebäudeteile möglich ist	Lagergebäude	40 Jahre	12.1, 12.2 oder 12.3
Markthalle, Großmarkthalle	Verbrauchermärkte	30 Jahre	10.1
Mehrfamilienhaus, Wohnhaus auf gemischt genutzten Grundstücken (vgl. Beispiel 3, A 259.6 Abs. 1 AEBewGrSt)	Gemischt genutzte Grundstücke (Wohnhäuser mit Mischnutzung)	80 Jahre	1
Möbelhaus, eingeschossig	Verbrauchermärkte	30 Jahre	10.1
Möbelhaus, mehrgeschossig	Kauf- und Warenhäuser	50 Jahre	10.2
Parkhaus	Hochgaragen, Tiefgaragen und Nutzfahrzeuggaragen	40 Jahre	16
Pferdestall	Gesamtnutzungsdauer: Reithallen, ehemalige landwirtschaftliche Mehrzweckhallen, Scheunen und Ähnliches, NHK: Stallbauten	30 Jahre	15
Restaurant	Beherbergungsstätten, Hotels, Verpflegungseinrichtungen	40 Jahre	8
Waschstraße	Betriebs- und Werkstätten, Industrie- und Produktionsgebäude, eingeschossig oder mehrgeschossig, ohne Hallenanteil; industrielle Produktionsgebäude, Massivbauweise	40 Jahre	11.1

---

[1] Vgl. A 259.2 Abs. 2 AEBewGrSt.

Therme, Saunalandschaft	Freizeitbäder, Kur- und Heilbäder	40 Jahre	9.3
Großraumdisco, Kino, Konzertsaalbau	Gemeindezentren, Saalbauten, Veranstaltungsgebäude, Vereinsheime	40 Jahre	4
Bar, Tanzbar, Nachtclub	Beherbergungsstätten, Hotels, Verpflegungseinrichtungen	40 Jahre	8
Wochenendhaus i.S.v. A 249.9 Satz 4 AEBewGrSt (= nicht ganzjährig bewohnbar) (kein Fall des A 249.2 Satz 7 AEBewGrSt = Einfamilienhäuser)	Gemischt genutzte Grundstücke (Wohnhäuser mit Mischnutzung)	80 Jahre	1

40   Bei einem **gemischt genutzten Gebäude** beträgt die wirtschaftliche Gesamtnutzungsdauer einheitlich 80 Jahre, die NHK ergeben sich unabhängig von der konkreten Nutzung aus der **Gebäudeart 1 der Anlage 42 zum BewG.**

41   **BEISPIEL:** In einem Gebäude (Baujahr 1987) befindet sich im Erdgeschoss eine Apotheke, die darüber liegenden drei Etagen sind zu Wohnzwecken vermietet. Es liegt ein gemischt genutztes Grundstück vor. Die noch nicht indizierten NHK nach Anlage 42 zum BewG für die gesamte Bruttogrundfläche betragen 695 €/m², die wirtschaftliche Gesamtnutzungsdauer beträgt für das gesamte Gebäude einheitlich 80 Jahre.

42   Bei der Bewertung von **Teileigentum** ist nach Vorgabe der Finanzverwaltung[1] zur Bestimmung der Gebäudeart auf die bauliche Gestaltung des Teileigentums abzustellen.

43   **BEISPIEL:** Discountermarkt unterhalb eines Wohnhauses mit Eigentumswohnungen: Der Discountermarkt als Teileigentum bildet eine eigene wirtschaftliche Einheit und ist im Sachwertverfahren mit den NHK der Gebäudeart 10.1 (entsprechend Verbrauchermärkte) zu bewerten. Die Eigentumswohnungen bilden jede für sich ebenfalls eine eigene wirtschaftliche Einheit, die im Ertragswertverfahren zu bewerten ist.

44   Unterscheiden sich die bauliche Gestaltung des Teileigentums und des übrigen Gesamtgebäudes nicht voneinander, soll i.d.R. das Gesamtgepräge des Gebäudes maßgebend sein.

BEISPIEL: Zur Bewertung eines Teileigentums als Rechtsanwalts-, Notar- oder Arztpraxis in einem mehrgeschossigen Wohnhaus, welches baulich wie ein vergleichbares Wohnungseigentum gestaltet ist, ist es sachgerecht, die NHK der Gebäudeart 1 (gemischt genutzte Grundstücke (Wohnhäuser mit Mischnutzung)) heranzuziehen. Befindet sich ein solches Teileigentum z.B. in einem Büro- und Geschäftsgebäude, können die NHK der Gebäudeart 3 (Bürogebäude, Verwaltungsgebäude) zugrunde gelegt werden.

45   Insbesondere zur Berücksichtigung von baulichen Anlagen, insbesondere **Außenanlagen**, wie beispielsweise Außenstellplätze, Erschließung und Einfriedung, sowie sonstigen Anlagen wurden die **Normalherstellungskosten pauschal um 3% erhöht** (vgl. zur Abgeltung dieser Grundstücksbestandteile mit dem Grundsteuerwert Grootens in Grootens, BewG § 258 Rz. 106 ff.). Ob diese pauschale Bewertung sachgerecht ist, kann nur im **Einzelfall** beantwortet werden. Es ist nicht auszuschließen, dass in Einzelfällen der pauschale Wertansatz deutlich unter dem tatsächlichen Wert der vorhandenen Außenanlagen zurückbleibt (z.B. bei Schwimmbädern oder

---

[1] Vgl. A 259.2 Abs. 3 Satz 1 AEBewGrSt.

Saunalandschaften mit Außenschwimmbecken). Dies ist im Rahmen einer typisierten Bewertung m. E. aus Gründen der **Verwaltungsvereinfachung** hinzunehmen.

(Einstweilen frei) 46–50

II. Ermittlung des Gebäudenormalherstellungswerts (§ 259 Abs. 2 BewG)

1. Ermittlung des Gebäudewertes bei wirtschaftlichen Einheiten mit einem Gebäude

a) Maßgebliche Bewertungsfaktoren

Der Gebäudenormalherstellungswert entspricht dem **Produkt** aus der **Brutto-Grundfläche** und den am Hauptfeststellungszeitpunkt maßgebenden **Normalherstellungskosten**. Die maßgebenden Normalherstellungskosten sind durch **Indizierung der Normalherstellungskosten** aus Anlage 42 Teil II zum BewG anhand des **Baupreisindex** gem. § 259 Abs. 3 BewG zu ermitteln. Wegen der Ermittlung der Normalherstellungskosten vgl. → Rz. 36 ff. und wegen der Ermittlung des maßgebenden Indexfaktors vgl. → Rz. 71 ff.

Teileigentum ist in Abhängigkeit von der baulichen Gestaltung den Gebäudearten der Anlage 42 zum BewG zuzuordnen (vgl. → Rz. 42 ff.). Normalherstellungskosten für **nicht aufgeführte Gebäudearten** sind aus den Normalherstellungskosten vergleichbarer Gebäudearten abzuleiten (**Auffangklausel**, vgl. → Rz. 37).

b) Ermittlung der Brutto-Grundfläche

Die **Definition der Brutto-Grundfläche** (BGF) ergibt sich aus Anlage 42 Teil I zum BewG. Die BGF ist die Summe der bezogen auf die jeweilige Gebäudeart marktüblich nutzbaren **Grundflächen aller Grundrissebenen eines Bauwerks**. In Anlehnung an die DIN 277-1:2005-02 sind bei den Grundflächen folgende Bereiche zu unterscheiden:

- **Bereich a:** überdeckt und allseitig in voller Höhe umschlossen,
- **Bereich b:** überdeckt, jedoch nicht allseitig in voller Höhe umschlossen,
- **Bereich c:** nicht überdeckt.

Für die Anwendung der Normalherstellungskosten (NHK) sind im Rahmen der Ermittlung der BGF nur die Grundflächen der **Bereiche a und b** zugrunde zu legen. **Balkone**, auch wenn sie überdeckt sind, sind dem **Bereich c** zuzuordnen (vgl. zur Veranschaulichung auch → Rz. 57). Flächen des Bereiches b sind an Stellen, an denen sie nicht umschlossen sind, bis zur vertikalen Projektion ihrer Überdeckung zu ermitteln. BGF von Bauteilen (Konstruktions-Grundflächen), die zwischen den Bereichen a und b liegen, sind dem Bereich a zuzuordnen.

Für die Ermittlung der BGF sind die **äußeren Maße der Bauteile** einschließlich Bekleidung, z. B. Putz und Außenschalen mehrschaliger Wandkonstruktionen, in Höhe der Bodenbelagsoberkanten anzusetzen. Grundflächen von waagerechten Flächen sind aus ihren tatsächlichen Maßen, Grundflächen von schräg liegenden Flächen (z. B. Tribünen, Zuschauerräumen, Treppen und Rampen) aus ihrer vertikalen Projektion zu ermitteln. Die BGF ist in Quadratmeter anzugeben.

> **PRAXISHINWEIS:**
> Nicht zur BGF gehören z. B. Flächen von Spitzböden und Kriechkellern, Flächen, die ausschließlich der Wartung, Inspektion und Instandsetzung von Baukonstruktionen und technischen Anlagen dienen (z. B. nicht nutzbare Dachflächen, fest installierte Dachleitern und -stege, Wartungsstege in abgehängten Decken), sowie Flächen unter konstruktiven Hohlräumen, z. B. über abgehängten Decken.

57 Im Einzelnen sind folgende Flächen in die Brutto-Grundfläche einzubeziehen:

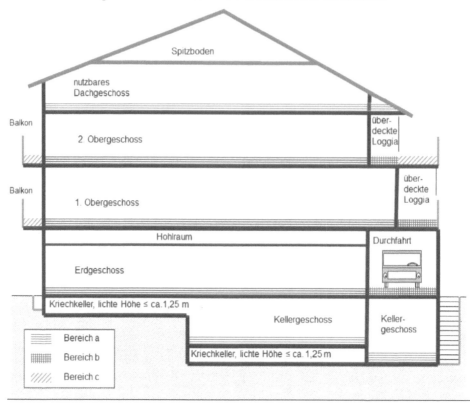

58 Auf die BGF anzurechnen sind auch nutzbare Dachgeschossflächen. Zur Vereinheitlichung der Rechtsanwendung hat die Finanzverwaltung im AEBewGrSt Vorgaben[1] gemacht, in welchen Fällen nutzbare Dachgeschosse vorliegen sollen:

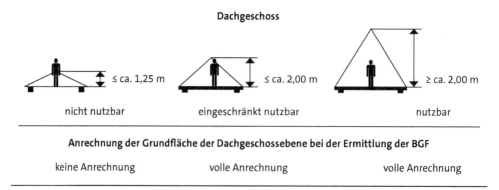

---

[1] Vgl. A 259.4 Abs. 3 AEBewGrSt.

In der betrieblichen Praxis kommt es nach zutreffendem Hinweis von Wünnemann/Koller[1] gerade bei älteren Gebäuden vor, dass die **Brutto-Grundflächen** nicht oder nicht digital verfügbar sind und daher erst durch **Berechnungen** oder **Vermessungen** ermittelt werden müssten. Dies könne mit einem erheblichen Aufwand verbunden sein, der m. E. eine **fristgerechte Erklärungsabgabe** erschwert. Dies gilt umso mehr, wenn zum Hauptfeststellungszeitpunkt 1.1.2022 Vermessungsbüros und Sachverständige durch zahlreiche gleichlautende Anfragen überlastet sind. Eine vereinfachte Überleitung der Kubikmeterzahl in die Brutto-Grundfläche, wie Wünnemann/Koller als sachgerecht vorschlagen, ist wegen der dadurch entstehenden großen Typisierungen und damit einhergehenden Wertverzerrungen gleichwohl ebenso abzulehnen wie vereinfachte Berechnungen anhand der Umrechnungsfaktoren des Baukosteninformationszentrum Deutscher Architektenkammern (BKI), wie sie Nagel vorschlägt.[2] Eine **einmalige Ermittlung** der Brutto-Grundfläche ist dem Steuerpflichtigen m. E. zuzumuten. An den folgenden Hauptfeststellungszeitpunkten kann die ermittelte Brutto-Grundfläche übernommen werden, sofern keine baulichen Veränderungen vorgenommen worden sind.   59

(Einstweilen frei)   60-62

2. Ermittlung des Gebäudewertes bei wirtschaftlichen Einheiten mit mehreren Gebäuden oder Gebäudeteilen

Besteht eine wirtschaftliche Einheit aus **mehreren Gebäuden oder Gebäudeteilen** von einer gewissen Selbständigkeit, die   63

- eine **verschiedene Bauart** aufweisen,
- **unterschiedlich genutzt** werden
- oder die in **verschiedenen Jahren bezugsfertig** geworden sind,

ist jedes Gebäude und jeder Gebäudeteil **für sich zu bewerten**. Normalherstellungskostensatz, Brutto-Grundfläche und Alterswertminderung sind jeweils gesondert zu ermitteln.

BEISPIEL: ▸ Ist z. B. ein Grundstück mit einem Verwaltungsgebäude und einer Produktionshalle bebaut, ergibt die Summe aus dem Gebäudesachwert des Verwaltungsgebäudes und dem Gebäudesachwert der Produktionshalle den Gebäudewert. Die anzusetzenden **Normalherstellungskosten**, die **Brutto-Grundfläche** und die **Alterswertminderung** sind für die beiden Gebäude jeweils **gesondert** zu ermitteln.   64

Für selbständige Gebäude oder Gebäudeteile, für die in den Anlagen zum BewG keine Gebäudeart ausgewiesen ist, sind die Gesamtnutzungsdauer aus der Gesamtnutzungsdauer vergleichbarer Gebäudearten und die NHK aus den NHK vergleichbarer Gebäudearten abzuleiten (**Auffangklausel**, vgl. →Rz. 37 ff.). Bei Geschäftsgrundstücken und gemischt genutzten Grundstücken mit **mehreren selbständigen Gebäuden oder Gebäudeteilen** können sich – je nach Nutzung – **unterschiedliche Gesamtnutzungsdauern** ergeben.   65

BEISPIELE (NACH A 259.6 ABS. 1 AEBEWGRST): ▸   66

BEISPIEL 1 ▸ In einem Gebäude (Baujahr 2020) werden die unteren Etagen von einem Warenhaus genutzt. In den darüber liegenden Etagen wird ein Hotel betrieben. Außerdem befindet sich in dem Gebäude eine Tiefgarage, die von den Warenhauskunden und den Hotelgästen genutzt wird. Warenhaus, Hotel und Tiefgarage sind jeweils baulich selbständig abgrenzbare Gebäudeteile, die gesondert zu bewerten sind.

---

[1] Wünnemann/Koller, BB 5/2020 S. 215.
[2] Vgl. Wünnemann/Koller, BB 5/2020 S. 215 sowie Nagel, NWB 36/2021 S. 2688, NWB AAAAH-88177.

	Wirtschaftliche Gesamtnutzungsdauer gem. Anlage 38 zum BewG	NHK in € /m² BGF (Gebäudeart) gem. Anlage 42, Teil II zum BewG
Warenhaus	50 Jahre	1.633 (10.2)
Hotel	40 Jahre	1.859 (8)
Tiefgarage	40 Jahre	623 (16)

Anmerkung: Eine Hauptnutzung, die dem Gebäude ein Gesamtgepräge gibt, ist im vorliegenden Fall nicht zu erkennen.

BEISPIEL 2 In einem Gebäude (Baujahr 2005) befindet sich ein Autohaus mit angeschlossener Werkstatt.

Da sich der Ausstellungsteil des Autohauses aufgrund der höherwertigen Bauart und der Schaufensterfront baulich von der Werkstatt (einfache, zweckmäßige, industrielle Bauart) unterscheidet, sind beide Gebäudeteile gesondert zu bewerten.

	Wirtschaftliche Gesamtnutzungsdauer gem. Anlage 38 zum BewG	NHK in € /m² BGF (Gebäudeart) gem. Anlage 42, Teil II zum BewG
Gebäudeteil Ausstellung/Beratung/Verkauf	30 Jahre	1.277 (10.3)
Werkstatt	40 Jahre	1.200 (11.1)

BEISPIEL 3 Zu einer wirtschaftlichen Einheit gehören zwei Gebäude: das 1970 errichtete Wohnhaus eines Künstlers sowie ein 2005 errichtetes Atelier mit Werkstatt. Die Ermittlung der Grundstücksart nach dem Verhältnis von Wohn- und Nutzflächen führt zu einem im Sachwertverfahren zu bewertenden gemischt genutzten Grundstück. Die NHK für das Wohnhaus sind aus den NHK einer vergleichbaren Gebäudeart abzuleiten, da ein (reines) Wohngebäude in Anlage 42, Teil II zum BewG nicht genannt wird. Im vorliegenden Fall ist es sachgerecht, für das Wohnhaus die NHK der Gebäudeart 1 „Gemischt genutzte Grundstücke (Wohnhäuser mit Mischnutzung)" zugrunde zu legen, da diese am ehesten den NHK des zu bewertenden Gebäudes entsprechen (vgl. Tabelle in →Rz. 39).

	Wirtschaftliche Gesamtnutzungsdauer gem. Anlage 38 zum BewG	NHK in € /m² BGF (Gebäudeart) gem. Anlage 42, Teil II zum BewG
Wohnhaus	80 Jahre	695 (1)
Atelier/Werkstatt	40 Jahre	1.200 (11.1)

67 **Anbauten** teilen grds. auf Grund ihrer Bauart oder Nutzung das **Schicksal des Hauptgebäudes**. Ist dagegen anzunehmen, dass ein Erweiterungsbau nach Größe, Bauart oder Nutzung eine andere Alterswertminderung als das Hauptgebäude haben wird, ist der **Anbau als selbständiger Gebäudeteil** anzusehen und die vorgenannten Ausführungen gelten entsprechend.

68–70 *(Einstweilen frei)*

III. Indizierung der Normalherstellungskosten anhand des Baupreisindex (§ 259 Abs. 3 BewG)

71 Die Normalherstellungskosten sind auf dem **Kostenstand 2010** ermittelt worden. Sie müssen nach Maßgabe der zum Hauptfeststellungszeitpunkt maßgebenden **Baupreisindizes** angepasst werden. Dabei ist auf die Preisindizes für die Bauwirtschaft abzustellen, die das **Statistische Bundesamt** für den Neubau in konventioneller Bauart von Wohn- und Nichtwohngebäuden jeweils für das **Vierteljahr vor dem Hauptfeststellungszeitpunkt** ermittelt hat. Diese Preisindizes sind für **alle Bewertungsstichtage des folgenden Hauptfeststellungszeitraums** anzuwenden. Auf diese Weise wird vermieden, dass in jedem Einzelfall eine Umrechnung der Pau-

schalherstellungskosten für die verschiedenen Gebäudearten in Normalherstellungskosten erfolgen muss.

Das BMF veröffentlicht die maßgebenden Baupreisindizes im **Bundessteuerblatt**. Im Ergebnis ist für die **Hauptfeststellung** und alle **Fortschreibungen** und **Nachfeststellungen** innerhalb des siebenjährigen **Hauptfeststellungszeitraums** somit nur der eine Baupreisindex für Nichtwohngrundstücke zu verwenden, der vom BMF für den **Hauptfeststellungszeitpunkt 1.1.2022** bekannt gegeben wird. Das BMF hat mit Schreiben v. 11.2.2022 den Baupreisindex für den Hauptfeststellungszeitpunkt 1.1.2022 bekannt gegeben.[1] Danach beträgt der anzuwendende **Baupreisindex 148,6**. Somit werden die Normalherstellungskostensätze der Anlage 42 zum BewG um 48,6 % erhöht. 72

Auch im Sachwertverfahren bei der **Grundbesitzbewertung** erfolgt eine Indizierung der Normalherstellungskosten auf den Bewertungsstichtag. Dabei ist abweichend von der Vorgehensweise bei der Grundsteuerbewertung auf den **Durchschnitt der Indexwerte für die vier Vorjahresquartale** abzustellen (vgl. § 190 Abs. 2 BewG). 73

(Einstweilen frei) 74–85

IV. Ermittlung der Alterswertminderung und des Gebäudesachwerts (§ 259 Abs. 4 BewG)

1. Abzug der Alterswertminderung (§ 259 Abs. 4 Satz 1 und 2 BewG)

Der Gebäudenormalherstellungswert ist in Abhängigkeit des **Alters des Gebäudes** zu mindern. Es bestehen aus Vereinfachungsgründen keine Bedenken, das Alter des Gebäudes durch Abzug des Jahres der Bezugsfertigkeit des Gebäudes (Baujahr) vom Jahr des Hauptfeststellungszeitpunkts zu bestimmen.[2] Die Alterswertminderung wird regelmäßig nach dem Verhältnis des Alters des Gebäudes im Hauptfeststellungszeitpunkt und einer **typisierten wirtschaftlichen Gesamtnutzungsdauer** bestimmt. Die typisierte Gesamtnutzungsdauer ist der **Anlage 38 zum BewG** zu entnehmen. Sie richtet sich nach der Grundstücksart i. S. des § 250 BewG und den in der Anlage 38 zum BewG ausgewiesenen Gebäudearten. Die **Gesamtnutzungsdauer für nicht aufgeführte Gebäudearten** ist aus der Gesamtnutzungsdauer vergleichbarer Gebäudearten abzuleiten. Hier ist regelmäßig der **Wahl der Gebäudeart** bei der Ermittlung der **Normalherstellungskosten** zu folgen (vgl. →Rz. 37 ff.). Bei der Alterswertminderung wird von einer **linearen jährlichen Wertminderung** ausgegangen (vgl. § 23 Satz 2 ImmoWertV 2010). Die Alterswertminderung ist auf maximal 70 % des Gebäudenormalherstellungswerts begrenzt (**Mindestrestwert**, vgl. →Rz. 111 ff.). 86

Anbauten teilen im Allgemeinen auf Grund ihrer Bauart oder Nutzung das Schicksal des Hauptgebäudes. Ist dagegen anzunehmen, dass ein Erweiterungsbau nach Größe, Bauart oder Nutzung eine andere Nutzungsdauer als das Hauptgebäude haben wird, ist für den Anbau ein separater Gebäudesachwert zu ermitteln. Für **Aufstockungen** ist grds. das Baujahr der unteren Geschosse zu Grunde zu legen. Es ist jedoch zu prüfen, ob durch die baulichen Maßnahmen die Nutzungsdauer des Gebäudes verlängert worden ist. 87

---

[1] BMF v. 11.2.2022, BStBl 2022 I S. 182.
[2] Vgl. A 259.5 Abs. 1 Satz 3 AEBewGrSt.

88 Wird ein **Gebäude mit nichtselbständigen Gebäudeteilen** unterschiedlich genutzt, ist die Wahl der maßgeblichen wirtschaftlichen Gesamtnutzungsdauer entsprechend der Grundstücksart des § 250 BewG nach Auffassung der Finanzverwaltung[1] wie folgt vorzunehmen:

1. Handelt es sich bei der zu bewertenden wirtschaftlichen Einheit um ein **Geschäftsgrundstück,** das aus einem **Gebäude mit nicht selbständigen Gebäudeteilen verschiedener Bauart oder Nutzung** (z. B. geschossweise unterschiedliche Bauart) besteht, soll zur Ermittlung einer einheitlichen Alterswertminderung im Hauptfeststellungszeitpunkt die typisierte wirtschaftliche Gesamtnutzungsdauer für Geschäftsgrundstücke laut Anlage 38 zum BewG anzunehmen sein, die dem durch die **Hauptnutzung** bestimmten **Gesamtgepräge** des Gebäudes entspricht. Dies soll unabhängig davon gelten, ob im Gebäude enthaltene Räume (z. B. Wohnungen) für Zwecke genutzt werden, für die eine abweichende wirtschaftliche Gesamtnutzungsdauer anzunehmen wäre. Ist keine der Nutzungen des Gebäudes prägend, ist m. E. für dieses Gebäude bei der Ermittlung der Gesamtnutzungsdauer von **durchschnittlichen Gesamtnutzungsdauern** der jeweiligen Gebäudeklassen der Anlage 22 BewG auszugehen.

2. Handelt es sich bei der zu bewertenden wirtschaftlichen Einheit um ein **gemischt genutztes Grundstück,** ist die typisierte wirtschaftliche Gesamtnutzungsdauer für gemischt genutzte Grundstücke i. H. von **80 Jahren** anzunehmen.

89–100 *(Einstweilen frei)*

2. Verlängerung der Nutzungsdauer (§ 259 Abs. 4 Satz 3 BewG)

101 Sind nach der Bezugsfertigkeit des Gebäudes, beispielsweise im Rahmen einer Kernsanierung oder Entkernung, bauliche Maßnahmen durchgeführt worden, die zu einer **wesentlichen Verlängerung der wirtschaftlichen Gesamtnutzungsdauer** des Gebäudes geführt haben, ist von einem der Verlängerung entsprechenden späteren Baujahr auszugehen. Von einer solchen wesentlichen Verlängerung der Nutzungsdauer ist nach Verwaltungsauffassung[2] wie beim Ertragswertverfahren nur bei einer **Kernsanierung** auszugehen (vgl. zur Definition und zur gleichlautenden Regelung im Ertragswertverfahren ausführlich Grootens in Grootens, § 253 BewG Rz. 71 ff.).

102 **BEISPIEL:** Eine Kernsanierung kann beispielsweise vorliegen, wenn nicht nur der Ausbau (u. a. Heizung, Fenster und Sanitäreinrichtungen) umfassend modernisiert, sondern auch der Rohbau (u. a. Fundamente, tragende Innen- und Außenwände, Treppen, Dachkonstruktion sowie Geschossdecken) teilweise erneuert worden ist.

103 Das **fiktive Baujahr** ermittelt sich in den Fällen der Kernsanierung aus Vereinfachungsgründen aus dem Jahr der Kernsanierung abzüglich 10 % der wirtschaftlichen Gesamtnutzungsdauer des Gebäudes. Mit dem pauschalen Abschlag i. H. von 10 % wird die teilweise noch verbliebene alte Bausubstanz berücksichtigt.

104 **BEISPIEL:** Baujahr 1970, Kernsanierung 2008, wirtschaftliche Gesamtnutzungsdauer 50 Jahre.
10 % der wirtschaftlichen Gesamtnutzungsdauer (50 Jahre) = 5 Jahre
Fiktives Baujahr: 2008 ./. 5 Jahre = 2003

---

[1] Vgl. A 259.5 Abs. 2 Satz 4 AEBewGrSt.
[2] Vgl. A. 259.5 Abs. 5 Satz 4 AEBewGrSt.

Wegen der Kritik an der gleichlautenden Regelung im Ertragswertverfahren vgl. Grootens in Grootens, BewG § 253 Rz. 76 f.

(Einstweilen frei) 106–110

3. Mindestrestwert (§ 259 Abs. 4 Satz 4 BewG)

Der nach Abzug der Alterswertminderung verbleibende Gebäudewert ist regelmäßig mit **mindestens 30 % des Gebäudenormalherstellungswerts** anzusetzen. Diese Restwertregelung berücksichtigt, dass auch ein älteres Gebäude, das laufend instandgehalten wird und daher noch benutzbar ist, ggf. trotz **Ablauf der typisierten wirtschaftlichen Gesamtnutzungsdauer** einen verbleibenden Wert hat.

Die Annahme eines Restwerts macht in vielen Fällen die Prüfung entbehrlich, ob die restliche Lebensdauer des Gebäudes infolge baulicher Maßnahmen wesentlich verlängert wurde. Bei älteren, noch nutzbaren Gebäuden schließt die Begrenzung der Alterswertminderung in typisierender Weise eine **Verlängerung der Restnutzungsdauer** durch **geringfügige Modernisierungen** ein. Der Ansatz eines Restwerts entspricht den Regelungen des § 86 Abs. 3 Satz 1 BewG und § 190 Abs. 4 Satz 5 BewG.

Im Vergleich zum Sachwertverfahren verbleibt im Ertragswertverfahren ein deutlich **höherer Gebäudeanteil** als Mindestwert.[1]

(Einstweilen frei) 114–120

4. Begrenzung der Nutzungsdauer bei einer Abbruchverpflichtung (§ 259 Abs. 4 Satz 5 BewG)

Eine Verkürzung der Restnutzungsdauer kommt in Betracht, wenn am Bewertungsstichtag eine **Abbruchverpflichtung** für das Gebäude besteht. In diesem Fall ist die **tatsächliche Restnutzungsdauer** in Abhängigkeit des Abbruchzeitpunkts anzusetzen. Zu diesem Zweck ist das **Baujahr** des Gebäudes entsprechend **vorzuverlegen**. Bei bestehender Abbruchverpflichtung für das Gebäude wird dies erreicht, indem die Alterswertminderung abweichend von den Sätzen 2–4 auf das Verhältnis des Alters des Gebäudes im Hauptfeststellungszeitpunkt zur tatsächlichen Gesamtnutzungsdauer begrenzt wird. Daraus ergibt sich folgende Formel:

$$\text{Alterswertminderung (\%)} = \frac{\text{Gebäudealter im Hauptfeststellungszeitpunkt}}{\text{tatsächliche Gesamtnutzungsdauer}} \times 100$$
$$\text{(Jahr der Abbruchverpflichtung ./. Baujahr)}$$

Der **Mindestrestwert** (vgl. § 259 Abs. 4 Satz 4 BewG) kommt in Fällen der Abrissverpflichtung nicht zum Tragen, da die Regelung des § 259 Abs. 4 Satz 5 abweichend von den übrigen Regelungen zur Ermittlung der Nutzungsdauer anzuwenden ist. Zu einer erst **nach dem Hauptfeststellungszeitpunkt vereinbarten Abbruchverpflichtung** siehe Grootens in Grootens, BewG § 253 Rz. 103.

Wie auch bei der Grundbesitzbewertung für Zwecke der Erbschaft- und Schenkungsteuer werden **Baumängel** und **Bauschäden** bei der Ermittlung der Restnutzungsdauer nicht berücksich-

---

[1] Vgl. Grootens in Grootens, BewG § 253 Rz. 88 f.

tigt.[1] Dem Steuerpflichtigen steht in diesen Fällen bei der Grundsteuerwertermittlung **kein Nachweis des niedrigeren gemeinen Werts** für die gesamte wirtschaftliche Einheit, wie ihn § 198 BewG für die Grundbesitzwertermittlung ermöglicht, offen (wegen der grundsätzlichen Problematik der fehlenden **Öffnungsklausel** und des **Übermaßverbotes** vgl. Grootens in Grootens, BewG § 252 Rz. 96 ff.).

124 Diese Vorgehensweise des Gesetzgebers ist insofern zweifelhaft, als eine **Verbesserung der Bausubstanz** im Gegenzug zu einer **Verlängerung der Nutzungsdauer** führen soll. Der Gesetzgeber dokumentiert damit, dass die nach § 253 Abs. 2 Satz 4 BewG für die Annahme einer abweichenden Restnutzungsdauer notwendigen „**Veränderungen**" auch die **Bausubstanz** betreffen können. Warum dies aber nur zugunsten der Kommunen gelten soll, ist nicht nachvollziehbar.

§ 260 BewG Wertzahlen

Zur Ermittlung des Grundsteuerwerts ist der vorläufige Sachwert des Grundstücks im Sinne des § 258 Absatz 3 mit der sich aus Anlage 43 ergebenden Wertzahl zu multiplizieren.

Inhaltsübersicht	Rz.
A. Allgemeine Erläuterungen zu § 260 BewG	1 - 30
I. Normzweck und wirtschaftliche Bedeutung der Vorschrift	1 - 5
II. Entstehung und Entwicklung der Vorschrift	6 - 10
III. Geltungsbereich	11 - 20
IV. Verhältnis zu anderen Vorschriften	21 - 30
B. Systematische Kommentierung	31 - 44
I. Marktanpassung durch Anwendung einer Wertzahl	31 - 40
II. Typisierte Wertzahlen gem. Anlage 43 zum BewG	41 - 44

LITERATUR:

Nagel, Steuerliche Immobilienbewertung: vom Einheitswert - zum Verkehrswert - Teil IV: Verfahren zur Wertermittlung für Ertragsteuern und Grundsteuer im Bundesmodell ab 1.1.2022, NWB 36/2021 S. 2688 NWB AAAAH-88177.

ARBEITSHILFEN UND GRUNDLAGEN ONLINE:

Grundsteuer: Grundbesitzbewertung ab 2022/2025 (Sach- und Ertragswertverfahren) – Checkliste mit Berechnungen NWB NAAAH-93792.

VERWALTUNGSANWEISUNGEN:

Koordinierte Erlasse der obersten Finanzbehörden der Länder v. 9.11.2021 – Anwendung des Siebenten Abschnitts des Zweiten Teils des Bewertungsgesetzes zur Bewertung des Grundbesitzes (allgemeiner Teil und Grundvermögen) für die Grundsteuer ab 1.1.2022 (AEBewGrSt), BStBl 2021 I S. 2334.

A. Allgemeine Erläuterungen zu § 260 BewG

I. Normzweck und wirtschaftliche Bedeutung der Vorschrift

1 § 260 BewG regelt die Ermittlung der auf den **vorläufigen Sachwert** anzuwendenden **Wertzahl**. Zu diesem Zweck wird auf Wertzahlen gem. **Anlage 43 zum BewG** zurückgegriffen. Mit der An-

---

[1] Vgl. R B 185.3 Abs. 5 ErbStR 2019.

wendung einer Wertzahl auf den vorläufigen Sachwert erfolgt eine **Marktanpassung** der typisierten Baukosten.

(Einstweilen frei) 2–5

II. Entstehung und Entwicklung der Vorschrift

§ 260 BewG wurde mit dem **GrStRefG** v. 26.11.2019[1] in das BewG eingefügt und ist erstmals für den **Hauptfeststellungszeitpunkt 1.1.2022** anzuwenden (vgl. § 266 BewG). 6

(Einstweilen frei) 7–10

III. Geltungsbereich

Der **Anwendungsbereich** des Sachwertverfahrens ist gem. § 250 Abs. 3 BewG in Abhängigkeit der festgestellten **Grundstücksart** festgelegt worden. **Bewertungsgegenstand** ist das Grundstück i. S. des § 244 Abs. 1 BewG. 11

Die Vorschriften gelten gem. § 231 BewG nur für die Bewertung des **inländischen** zu bewertenden Vermögens. Dabei sind auch die inländischen Teile einer wirtschaftlichen Einheit zu bewerten, die sich sowohl auf das Inland als auch auf das Ausland erstrecken. 12

(Einstweilen frei) 13–20

IV. Verhältnis zu anderen Vorschriften

Gemäß **§ 258 Abs. 3 Satz 1 BewG** bildet die Summe aus **Bodenwert** nach § 247 BewG und **Gebäudesachwert** nach § 259 BewG den **vorläufigen Sachwert**, der mit einer **Wertzahl** gem. § 260 BewG zu multiplizieren ist. 21

(Einstweilen frei) 22–30

B. Systematische Kommentierung

I. Marktanpassung durch Anwendung einer Wertzahl

Zur Berücksichtigung der **Lage auf dem Grundstücksmarkt** einschließlich der **regionalen Baupreisverhältnisse** ist der im Wesentlichen nur kostenorientierte vorläufige Sachwert an die **allgemeinen Wertverhältnisse auf dem örtlichen Grundstücksmarkt** anzupassen (**Marktanpassung**).[2] Hierzu ist der vorläufige Sachwert bei der **Verkehrswertermittlung** mit dem zutreffenden **Sachwertfaktor** zu multiplizieren, der von den Gutachterausschüssen für Grundstückswerte aus dem Verhältnis geeigneter Kaufpreise zu entsprechenden vorläufigen Sachwerten ermittelt wird (§ 193 Abs. 5 Satz 2 Nr. 2 BauGB i.V. mit § 14 Abs. 2 Nr. 1 ImmoWertV 2010). Bei der **Grundsteuerwertermittlung** wird zu diesem Zweck auf typisierte Wertzahlen zurückgegriffen. 31

(Einstweilen frei) 32–40

---

[1] GrStRefG v. 26.11.2019, BGBl 2019 I S. 1794.
[2] Vgl. BT-Drucks. 19/11085 S. 119.

II. Typisierte Wertzahlen gem. Anlage 43 zum BewG

41 Im typisierten – vereinfachten – Sachwertverfahren nach §§ 258–260 BewG werden marktübliche Sachwertfaktoren als Wertzahlen in Anlage 43 zum BewG gesetzlich vorgegeben. Die Wertzahlen sind zu diesem Zweck in Abhängigkeit des

- ▶ **vorläufigen Sachwerts** (sieben Stufen) und
- ▶ der **Bodenrichtwerte** (drei Stufen)

zu bestimmen. Wird eine Wertgrenze durch den vorläufigen Sachwert überschritten, findet die diesbezügliche Wertzahl auf den gesamten vorläufigen Sachwert und nicht nur auf den übersteigenden Teil Anwendung. Eine **Interpolation** zwischen den einzelnen Wertzahlen erfolgt nicht. Erstreckt sich die wirtschaftliche Einheit über **mehrere Bodenrichtwertzonen,** ist die Bestimmung der Wertzahl nach Auffassung der Finanzverwaltung[1] regelmäßig anhand des für die Lagequalität prägenden Bodenrichtwerts vorzunehmen. Dies dürfte i. d. R. der Bodenrichtwert der Bodenrichtwertzone sein, in welcher das Gebäude belegen ist (i. d. R. höherer Bodenrichtwert). Zulässig ist auch, einen nach Flächenanteilen gewichteten Bodenrichtwert anzusetzen. Dies gilt für den von der Finanzverwaltung abgeleiteten Bodenwert i. S. des § 247 Abs. 3 BewG umgerechnet in Euro je Quadratmeter entsprechend.

42 Da keine Wertzahl der Anlage 43 zum BewG den Faktor 1,0 übersteigt, kommt durch die Anwendung einer Wertzahl im Ergebnis nur ein **Abschlag auf den vorläufigen Sachwert** in Betracht. Der Festlegung der Wertzahlen liegt offenbar ebenso wie beim Sachwertverfahren der Grundbesitzbewertung (vgl. Anlage 25 zum BewG) die Erwägung zugrunde, dass zur Abbildung des gemeinen Werts mit **zunehmender Höhe der Grundstücksinvestitionen** ein **wachsender Abschlag vom vorläufigen Sachwert** vorgenommen werden muss.[2]

43 Durch die Reduzierung der Abhängigkeit auf den vorläufigen Sachwert in sieben Stufen, den Bodenrichtwert in drei Stufen und die sich daraus ergebende geringe Anzahl der Wertzahlen ist m. E. insbesondere im Bereich der **höherwertigen Geschäftsgrundstücke** eine **starke Streuung** der ermittelten Grundsteuerwerte um den tatsächlichen Verkehrswert zu erwarten.[3] Dies gilt insbesondere in **Innenstadtlagen der Großstädte** mit besonders hohen Bodenrichtwerten. In diesen Lagen ist m. E. davon auszugehen, dass Grundstücksinvestitionen aufgrund der hohen Immobilienpreise regelmäßig mehr als vollumfänglich vergütet werden. Aufgrund besonders hoher **Baupreise** in Ballungsräumen und der dortigen hohen Nachfrage nach Immobilien in Bestlage ist damit zu rechnen, dass zur Erreichung eines zutreffenden Bewertungsergebnisses statt eines Abschlags ein deutlicher **Zuschlag zum vorläufigen Sachwert** bis hin zur Verdoppelung des vorläufigen Sachwerts vorzunehmen sein müsste.[4] In der Praxis können in vielen kleineren Städten gleichwohl mangels einer ausreichenden Zahl an Kauffällen keine Sachwertfaktoren für die Grundstücksart der Geschäftsgrundstücke ermittelt werden.

44 Es ist bemerkenswert, dass der Gesetzgeber in seiner Begründung zu § 160 BewG einerseits die Wichtigkeit einer **Anpassung des bundeseinheitlichen vorläufigen Sachwerts an die örtlichen Gegebenheiten** zur Ermittlung eines zutreffenden Werts betont (vgl. → Rz. 31), gleichzei-

---

1 Vgl. A 260 Satz 4 AEBewGrSt.
2 Vgl. Grootens in Lippross/Seibel, BewG § 191 Rz. 18 sowie Roscher, 360° GrStG eKommentar, BewG § 260 Rz. 277.
3 Vgl. zur vergleichbaren Problematik bei der Grundbesitzbewertung Mannek/Krause in Stenger/Loose, BewG § 191 Rz. 32 und 34.3.
4 Gl. A. Nagel, NWB 36/2021 S. 2688, NWB AAAAH-88177, die exemplarisch Düsseldorf mit einem marktüblichen Sachwertfaktor von bis zu 2,0 anführt (vgl. auch Grundstücksmarktbericht Düsseldorf 2021, S. 24).

tig aber dieses Ziel durch Verwendung **bundeseinheitlicher Wertzahlen** unerreichbar werden lässt. Wegen der grundsätzlichen Kritik am Sachwertverfahren vgl. Grootens in Grootens, BewG § 258 Rz. 141 ff.

IV. Sonderfälle
§ 261 BewG   Erbbaurecht

¹Bei Erbbaurechten ist für das Erbbaurecht und das Erbbaurechtsgrundstück ein Gesamtwert nach den §§ 243 bis 260 zu ermitteln, der festzustellen wäre, wenn die Belastung mit dem Erbbaurecht nicht bestünde. ²Der ermittelte Wert ist dem Erbbauberechtigten zuzurechnen. ³Für Wohnungserbbaurechte und Teilerbbaurechte gelten die Sätze 1 und 2 entsprechend.

Inhaltsübersicht	Rz.
A. Allgemeine Erläuterungen zu § 261 BewG	1 - 30
I. Normzweck und wirtschaftliche Bedeutung der Vorschrift	1 - 5
II. Entstehung und Entwicklung der Vorschrift	6 - 10
III. Geltungsbereich	11 - 20
IV. Verhältnis zu anderen Vorschriften	21 - 30
B. Systematische Kommentierung	31 - 48
I. Ermittlung des Grundsteuerwerts in Erbbaurechtsfällen (§ 261 Satz 1 BewG)	31 - 40
II. Zurechnung des Grundsteuerwerts in Erbbaurechtsfällen (§ 261 Satz 2 BewG)	41 - 46
III. Wohnungserbbaurechte und Teilerbbaurechte (§ 261 Satz 3 BewG)	47 - 48

ARBEITSHILFEN UND GRUNDLAGEN ONLINE:

Grundsteuer: Grundbesitzbewertung ab 2022/2025 (Sach- und Ertragswertverfahren) – Checkliste mit Berechnungen NWB NAAAH-93792.

VERWALTUNGSANWEISUNGEN:

Koordinierte Erlasse der obersten Finanzbehörden der Länder v. 9.11.2021 – Anwendung des Siebenten Abschnitts des Zweiten Teils des Bewertungsgesetzes zur Bewertung des Grundbesitzes (allgemeiner Teil und Grundvermögen) für die Grundsteuer ab 1.1.2022 (AEBewGrSt), BStBl 2021 I S. 2334.

A. Allgemeine Erläuterungen zu § 261 BewG

I. Normzweck und wirtschaftliche Bedeutung der Vorschrift

§ 261 BewG regelt die Ermittlung der Grundsteuerwerte in **Erbbaurechtsfällen**. Zu diesem Zweck ist ein **Gesamtwert** für das Grundstück **ohne Berücksichtigung der Erbbaurechtssituation** zu ermitteln und dem **Erbbauberechtigten** als **Steuerschuldner** der Grundsteuer für das **belastete Grundstück und** das **Erbbaurecht** zuzurechnen. Für Wohnungserbbaurechte und Teilerbbaurechte gilt dies entsprechend.

(Einstweilen frei)   2–5

II. Entstehung und Entwicklung der Vorschrift

6 § 261 BewG wurde mit dem GrStRefG v. 26.11.2019[1] in das BewG eingefügt und ist erstmals für den **Hauptfeststellungszeitpunkt 1.1.2022** anzuwenden (vgl. § 266 BewG). Durch das JStG 2020 v. 21.12.2020[2] wurde der Satz 3 in den § 261 BewG eingefügt. Mit dem neu angefügten Satz wird klargestellt, dass die Sonderregelungen zur wirtschaftlichen Einheit, Bewertung und Zuordnung für das Erbbaurecht und dem mit dem Erbbaurecht belasteten Grundstück entsprechend für das **Wohnungserbbaurecht** und **Teilerbbaurecht** gelten.

7–10 *(Einstweilen frei)*

III. Geltungsbereich

11 § 261 BewG ist zur Bewertung von Erbbaurechtsfällen und belasteten Grundstücken im **Grundvermögen** anzuwenden. **Bewertungsgegenstand** ist das Grundstück i. S. des § 244 Abs. 3 Nr. 1 und Nr. 4 BewG.

12 Die Vorschriften gelten gem. § 231 BewG nur für die Bewertung des **inländischen** zu bewertenden Vermögens. Dabei sind auch die inländischen Teile einer wirtschaftlichen Einheit zu bewerten, die sich sowohl auf das Inland als auch auf das Ausland erstrecken.

13–20 *(Einstweilen frei)*

IV. Verhältnis zu anderen Vorschriften

21 Die Ermittlung des Grundsteuerwerts erfolgt in Erbbaurechtsfällen nach **§§ 243–260 BewG** und sieht eine Zurechnung des auf diese Weise ermittelten Gesamtwerts für das Grundstück auf den Erbbauberechtigten vor. Die bisherige Regelung zur **Steuerschuldnerschaft** in **§ 10 Abs. 2 GrStG** a. F., wonach derjenige, dem ein Erbbaurecht, ein Wohnungserbbaurecht oder ein Teilerbbaurecht zugerechnet ist, auch Schuldner der Grundsteuer für die wirtschaftliche Einheit des belasteten Grundstücks ist, konnte daher entfallen.[3]

22 Wegen der **Mitwirkungspflichten** des Erbbauverpflichteten bei den **Erklärungs- und Anzeigepflichten** vgl. Wredenhagen in Grootens, BewG § 228 Rz. 156.

23–30 *(Einstweilen frei)*

B. Systematische Kommentierung

I. Ermittlung des Grundsteuerwerts in Erbbaurechtsfällen (§ 261 Satz 1 BewG)

31 Das Erbbaurecht ist das veräußerliche und vererbliche Recht an einem Grundstück, auf oder unter der Oberfläche des Grundstücks ein Bauwerk zu haben. Bei Grundstücken, die mit einem Erbbaurecht belastet sind, bildet das **Erbbaurecht zusammen mit dem belasteten Grundstück eine wirtschaftliche Einheit** (vgl. § 244 Abs. 3 Nr. 1 BewG). Das gilt auch, wenn der Eigentümer des belasteten Grundstücks das Erbbaurecht oder der Erbbauberechtigte das belastete Grundstück erwirbt **(Eigentümererbbaurecht)**. Das belastete Grundstück ist das Grundstück, an dem

---

[1] GrStRefG v. 26.11.2019, BGBl 2019 I S. 1794.
[2] JStG 2020 v. 21.12.2020, BGBl 2020 I S. 3096.
[3] Vgl. zum Wegfall des § 10 Abs. 2 GrStG a. F. Schmidt in Grootens, GrStG § 10 Rz. 7.

das Erbbaurecht bestellt ist. Das Erbbaurecht erstreckt sich im Allgemeinen auf das ganze Grundstück. Erstreckt es sich jedoch nur auf einen Teil des Grundstücks i. S. des Zivilrechts, bildet dieser Teil zusammen mit dem anteiligen belasteten Grund und Boden eine wirtschaftliche Einheit. Für den restlichen Teil des Grundstücks ist die Bewertung nach den allgemeinen Grundsätzen durchzuführen. Wegen der unterschiedlichen **Fallgestaltungen des Erbbaurechts** vgl. ausführlich Bock in Grootens, BewG § 243 Rz. 47 ff.

Das Erbbaurecht entsteht zivilrechtlich mit der **Eintragung in das Grundbuch** (§ 11 ErbbauRG i.V. mit § 873 BGB). Bewertungsrechtlich gilt das Erbbaurecht bereits dann als entstanden, wenn die **dingliche Einigung** über die Bestellung eines Erbbaurechts erfolgt ist und der zukünftige Erbbauberechtigte in der Lage ist, die **Eintragung in das Grundbuch** zu bewirken. 32

Das **Erbbaurecht** wird zur Ermittlung der Bemessungsgrundlage für die Grundsteuer mit dem belasteten **Grund und Boden zu einer wirtschaftlichen Einheit zusammengefasst**.[1] § 261 BewG entwickelt § 92 BewG unter Berücksichtigung des typisierenden Massenverfahrens fort und bestimmt, dass in den Fällen, in denen ein Grundstück mit einem Erbbaurecht belastet ist, für den Grund und Boden sowie für ggf. vorhandene Gebäude ein **Gesamtwert nach den §§ 246 – 260 BewG** zu ermitteln ist. Festgestellt wird der Wert, der festzustellen wäre, wenn die Belastung mit dem Erbbaurecht nicht bestünde.[2] Da die Ermittlung des Gesamtwerts so vorzunehmen ist, als wenn die Belastung mit dem Erbbaurecht nicht bestünde, ist weder das Recht auf den Erbbauzins noch die Verpflichtung zur Zahlung des Erbbauzinses bei der Bewertung der wirtschaftlichen Einheit zu berücksichtigen.[3] 33

Errichtet der Erbbauberechtigte ein Gebäude auf einem erbbaurechtsbelasteten und einem ihm gehörenden angrenzenden Grundstück, ist das Gebäude gemeinsam mit dem gesamten Grund und Boden als eine **wirtschaftliche Einheit** zu bewerten. Wenn das angrenzende Grundstück auf Grund eines Pachtvertrags vom Erbbauberechtigten bebaut worden ist und es sich bei diesem Gebäudeteil um ein **Gebäude auf fremdem Grund und Boden** i. S. von § 262 BewG handelt, sind zwei wirtschaftliche Einheiten zu bilden und entsprechend zu bewerten. 34

Ein **Nachweis eines niedrigeren gemeinen Werts**, wie ihn § 198 BewG für die Grundbesitzbewertung vorsieht, ist bei der Grundsteuerwertermittlung nicht vorgesehen. Gleichwohl ist es denkbar, sich auf das **Übermaßverbot** zu berufen und auf diesem Wege einen niedrigeren tatsächlichen Wert des Grundstücks geltend zu machen (vgl. zur fehlenden **Öffnungsklausel** und zum Übermaßverbot ausführlich Grootens in Grootens, § 252 BewG Rz. 96 ff.).[4] 35

(Einstweilen frei) 36–40

II. Zurechnung des Grundsteuerwerts in Erbbaurechtsfällen (§ 261 Satz 2 BewG)

Der Gesamtwert von Grund und Boden sowie Gebäude wird dem **Erbbauberechtigten** zugerechnet. Ihm gegenüber ergeht der Feststellungsbescheid über den Grundsteuerwert. Dem **Erbbauberechtigten** wird abweichend von der bisherigen Bewertungssystematik (vgl. § 92 Abs. 1 Satz 1 BewG) der **Gesamtwert** von Grund und Boden und Gebäude zugerechnet, da er sich durch die Vereinbarung eines Erbbaurechtes und der damit einhergehenden Zahlung des 41

---
1 § 244 Abs. 3 Nr. 1 BewG, vgl. Bock in Grootens, BewG § 244 Rz. 47 ff.
2 Vgl. A 261.2 Abs. 1 Satz 2 AEBewGrSt.
3 Vgl. Krause in Stenger/Loose, § 261 BewG Rz. 50.
4 Gl. A. Krause in Stenger/Loose, § 261 BewG Rz. 90.

Erbbauzinses eine **Rechtsposition** verschafft, die es rechtfertigt, ihn für die Dauer des Erbbaurechts für Zwecke der Bewertung im Rahmen der Grundsteuer dem **Eigentümer** des Grund und Bodens **gleichzustellen**.

42 Die bisherige Regelung zur **Steuerschuldnerschaft** in § 10 Abs. 2 GrStG a. F., wonach derjenige, dem ein Erbbaurecht, ein Wohnungserbbaurecht oder ein Teilerbbaurecht zugerechnet ist, auch Schuldner der Grundsteuer für die wirtschaftliche Einheit des belasteten Grundstücks ist, konnte daher entfallen.[1] Wer endgültig mit der Grundsteuer belastet werden soll, unterliegt der **Privatautonomie** (vgl. § 2 Nr. 3 ErbbauRG).

43 Wechselt das Eigentum am Erbbaurecht, ist auf den nächsten Feststellungszeitpunkt eine **Zurechnungsfortschreibung** auf den neuen Eigentümer vorzunehmen. Wechselt hingegen das Eigentum am Erbbaugrundstück, hat dies für die Zurechnung und die Bewertung der wirtschaftlichen Einheit Erbbaurecht keine Konsequenzen. Wird das **Erbbaurecht aufgehoben** oder erlischt es durch **Zeitablauf**, ist auf den Beginn des Kalenderjahres, das auf die Änderung folgt, gegenüber dem Grundstückseigentümer eine **Zurechnungsfortschreibung** vorzunehmen.

44–46 *(Einstweilen frei)*

III. Wohnungserbbaurechte und Teilerbbaurechte (§ 261 Satz 3 BewG)

47 § 261 Satz 3 BewG wurde durch das JStG 2020 v. 21.12.2020[2] nachträglich in den § 261 BewG eingefügt. Mit dem neu angefügten Satz wird klargestellt, dass die **Sonderregelungen** zur wirtschaftlichen Einheit, Bewertung und Zuordnung für das Erbbaurecht und dem mit dem Erbbaurecht belasteten Grundstück entsprechend für das Wohnungserbbaurecht und Teilerbbaurecht gelten. In diesem Zusammenhang wurde auch der § 244 Abs. 3 Nr. 4 BewG dahingehend umformuliert, dass als Grundstück jedes Wohnungserbbaurecht und Teilerbbaurecht zusammen mit dem **anteiligen** belasteten Grund und Boden gilt.

48 Die Änderung durch das JStG 2020 ist eine Reaktion auf das Urteil des BFH v. 26.8.2020 BFH, Urteil v. 26.8.2020 - II R 43/18, wonach die wirtschaftliche Einheit des Erbbaugrundstücks nach der Verkehrsauffassung in eine entsprechende Anzahl wirtschaftlicher Einheiten zerfällt, wenn auf einem Grundstück mehrere Wohnungs- oder Teilbaurechte lasten. Durch die Ergänzung des § 261 BewG um einen Satz 3 wird klargestellt, dass die Grundsätze für das Erbbaurecht auch für diese einzelnen wirtschaftlichen Einheiten gelten. Folglich wird für jedes Wohnerbbaurecht und Teilerbbaurecht ein Grundsteuerwert nach den Grundsätzen für das Wohnungs- und Teileigentum ermittelt und dem jeweiligen Erbbauberechtigten zugerechnet.

§ 262 BewG Gebäude auf fremdem Grund und Boden

[1]Bei einem Gebäude auf fremdem Grund und Boden ist für den Grund und Boden sowie für das Gebäude auf fremdem Grund und Boden ein Gesamtwert nach den §§ 243 bis 260 zu ermitteln. [2]Der ermittelte Wert ist dem Eigentümer des Grund und Bodens zuzurechnen.

---

1 Vgl. zum Wegfall des § 10 Abs. 2 GrStG a. F. Schmidt in Grootens, GrStG § 10 Rz. 7.
2 JStG 2020 v. 21.12.2020, BGBl 2020 I S. 3096.

Inhaltsübersicht	Rz.
A. Allgemeine Erläuterungen zu § 262 BewG	1 – 30
I. Normzweck und wirtschaftliche Bedeutung der Vorschrift	1 – 5
II. Entstehung und Entwicklung der Vorschrift	6 – 10
III. Geltungsbereich	11 – 20
IV. Verhältnis zu anderen Vorschriften	21 – 30
B. Systematische Kommentierung	31 – 42
I. Ermittlung des Grundsteuerwerts in Fällen von Gebäuden auf fremdem Grund und Boden (§ 262 Satz 1 BewG)	31 – 40
II. Zurechnung des Grundsteuerwerts in Fällen von Gebäuden auf fremdem Grund und Boden (§ 262 Satz 2 BewG)	41 – 42

ARBEITSHILFEN UND GRUNDLAGEN ONLINE:

Grundsteuer: Grundbesitzbewertung ab 2022/2025 (Sach- und Ertragswertverfahren) – Checkliste mit Berechnungen NWB NAAAH-93792.

VERWALTUNGSANWEISUNGEN:

Koordinierte Erlasse der obersten Finanzbehörden der Länder v. 9.11.2021 – Anwendung des Siebenten Abschnitts des Zweiten Teils des Bewertungsgesetzes zur Bewertung des Grundbesitzes (allgemeiner Teil und Grundvermögen) für die Grundsteuer ab 1.1.2022 (AEBewGrSt), BStBl 2021 I S. 2334.

A. Allgemeine Erläuterungen zu § 262 BewG

I. Normzweck und wirtschaftliche Bedeutung der Vorschrift

§ 262 BewG regelt die Ermittlung der Grundsteuerwerte bei **Gebäuden auf fremdem Grund und Boden**. Zu diesem Zweck ist ein **Gesamtwert** für das Grundstück **ohne Berücksichtigung** der **Sondersituation** zu ermitteln und dem **Eigentümer des Grund und Bodens** als **Steuerschuldner** der Grundsteuer für das **belastete Grundstück** und das **Gebäude auf fremdem Grund und Boden** zuzurechnen. 1

(Einstweilen frei) 2–5

II. Entstehung und Entwicklung der Vorschrift

§ 262 BewG wurde mit dem GrStRefG v. 26.11.2019[1] in das BewG eingefügt und ist erstmals für den **Hauptfeststellungszeitpunkt 1.1.2022** anzuwenden (vgl. § 266 BewG). 6

(Einstweilen frei) 7–10

III. Geltungsbereich

§ 262 BewG ist für Fälle von Gebäuden auf fremdem Grund und Boden im **Grundvermögen** anzuwenden. **Bewertungsgegenstand** ist das Grundstück i. S. des § 244 Abs. 3 Nr. 2 BewG. 11

Die Vorschriften gelten gem. § 231 BewG nur für die Bewertung des **inländischen** zu bewertenden Vermögens. Dabei sind auch die inländischen Teile einer wirtschaftlichen Einheit zu bewerten, die sich sowohl auf das Inland als auch auf das Ausland erstrecken. 12

(Einstweilen frei) 13–20

---

[1] GrStRefG v. 26.11.2019, BGBl 2019 I S. 1794.

IV. Verhältnis zu anderen Vorschriften

21 Die Ermittlung des Grundsteuerwerts erfolgt in Fällen von Gebäuden auf fremdem Grund und Boden nach §§ 243–260 BewG und sieht eine Zurechnung des auf diese Weise ermittelten Gesamtwerts für das Grundstück auf Eigentümer des belasteten Grundstücks vor. Wegen der **Mitwirkungspflichten** des Eigentümers oder wirtschaftlichen Eigentümers des Gebäudes bei den **Erklärungs- und Anzeigepflichten** vgl. Wredenhagen in Grootens, BewG § 228 Rz. 156.

22–30 *(Einstweilen frei)*

B. Systematische Kommentierung

I. Ermittlung des Grundsteuerwerts in Fällen von Gebäuden auf fremdem Grund und Boden (§ 262 Satz 1 BewG)

31 Ein Gebäude auf fremdem Grund und Boden liegt vor, wenn ein anderer als der Eigentümer des Grund und Bodens darauf ein Gebäude[1] errichtet hat und ihm das Gebäude bewertungsrechtlich zuzurechnen ist. Das Gebäude wird insb. dann einem anderen als dem Eigentümer des Grund und Bodens zugerechnet, wenn ein anderer an dem Gebäude das zivilrechtliche (Gebäude als **Scheinbestandteil, § 95 BGB**) oder **wirtschaftliche Eigentum** innehat. Sofern dem Nutzungsberechtigten für den Fall der Nutzungsbeendigung gegenüber dem Eigentümer des Grund und Bodens ein Anspruch auf Ersatz des Verkehrswerts des Gebäudes zusteht, ist bewertungsrechtlich von einem Gebäude auf fremdem Grund und Boden auszugehen.[2] Ein solcher Anspruch kann sich aus einer vertraglichen Vereinbarung oder aus dem Gesetz ergeben. Wegen der unterschiedlichen **Fallgestaltungen eines Gebäudes auf fremdem Grund und Boden** und zur **Abgrenzung von anderen Flächen des Grundstückseigentümers** vgl. ausführlich Bock in Grootens, BewG § 244 Rz. 73 ff.

32 Nach § 262 BewG werden das Gebäude auf fremdem Grund und Boden und das damit belastete Grundstück aus **Vereinfachungs- und automationstechnischen Gründen** unter Fortentwicklung der Regelungen des § 94 BewG und unter Berücksichtigung des typisierenden Massenverfahrens als **eine wirtschaftliche Einheit** des Grundvermögens nach den §§ 243–260 BewG bewertet.

33 Hierzu wird das Gebäude auf fremdem Grund und Boden mit dem dazu gehörenden Grund und Boden zu **einer wirtschaftlichen Einheit zusammengefasst.**[3] Festgestellt wird der Wert, der festzustellen wäre, wenn die Sondersituation bei den Eigentumsverhältnissen nicht bestünde. Besondere Bedeutung kommt dabei einer vertraglich geregelten **Abrissverpflichtung** für das Gebäude zu, da sich diese verkürzend auf die Nutzungsdauer auswirkt.[4] Als Gebäude auf fremdem Grund und Boden werden

- ▶ das **Gebäude** (vgl. zum Gebäudebegriff ausführlich Bock in Grootens, BewG § 243 Rz. 27 ff.),
- ▶ die **sonstigen Bestandteile,** wie die vom Nutzungsberechtigten errichteten **Außenanlagen** (vgl. zur Definition ausführlich Bock in Grootens, BewG § 243 Rz. 60 ff.), und

---

1 Vgl. zum Gebäudebegriff ausführlich Bock in Grootens, BewG § 243 Rz. 27 ff.
2 Vgl. A 262 Abs. 2 Satz 2 AEBewGrSt.
3 § 244 Abs. 3 Nr. 2 BewG, vgl. Bock in Grootens, BewG § 244 Rz. 73 ff.
4 Vgl. zur Auswirkung einer Abrissverpflichtung im Ertragswertverfahren Grootens in Grootens, BewG § 253 Rz. 101 ff. und im Sachwertverfahren Grootens in Grootens, § 259 BewG Rz. 121 ff.

- das **Zubehör** (vgl. zur Definition ausführlich Bock in Grootens, BewG § 243 Rz. 67 ff.)

erfasst. Werden auf einem Grundstück nur **Betriebsvorrichtungen** (§ 243 Abs. 2 Nr. 2 BewG) oder **Außenanlagen** errichtet, liegt kein Gebäude auf fremdem Grund und Boden, sondern ein **unbebautes Grundstück** vor.

Ein **Nachweis eines niedrigeren gemeinen Werts,** wie ihn § 198 BewG für die Grundbesitzbewertung vorsieht, ist bei der Grundsteuerwertermittlung nicht vorgesehen. Gleichwohl ist es denkbar, sich auf das **Übermaßverbot** zu berufen und auf diesem Wege einen niedrigeren tatsächlichen Wert des Grundstücks geltend zu machen (vgl. zur fehlenden **Öffnungsklausel** und zum Übermaßverbot ausführlich Grootens in Grootens, BewG § 252 Rz. 96 ff.).[1] 34

(Einstweilen frei) 35–40

II. Zurechnung des Grundsteuerwerts in Fällen von Gebäuden auf fremdem Grund und Boden (§ 262 Satz 2 BewG)

Für die wirtschaftliche Einheit ist ein Gesamtwert festzustellen, der dem **Eigentümer des Grund und Bodens** zuzurechnen ist. Ihm gegenüber ergeht der Feststellungsbescheid über den Grundsteuerwert. Dieser ist trotz abweichender wirtschaftlicher Vereinbarung grds. **zivilrechtlich Eigentümer des Gebäudes** (Ausnahme: Gebäude als **Scheinbestandteil**). Er kann auf einfachem Weg aufgrund amtlicher Grundstücksinformationen im automatisierten Verfahren ermittelt werden und wird Steuerschuldner für das gesamte belastete Grundstück inklusive Gebäude. Eine **Beendigung des Pachtvertrags** und eine Übergabe des Gebäudes gegen Entschädigung an den Eigentümer des Grund und Bodens führt nicht zu einer Fortschreibung des Grundsteuerwerts, da sich weder in Bezug auf die Zurechnung der wirtschaftlichen Einheit noch auf den Wert des Grundstücks Änderungen ergeben haben. Wird das Gebäude aufgrund einer **Abrissverpflichtung** bei Auslaufen des Pachtvertrages beseitigt, ist regelmäßig eine Wert- und Artfortschreibung nach § 222 Abs. 1 und 2 BewG auf ein unbebautes Grundstück vorzunehmen. 41

Gleichwohl soll diese Vereinfachung nach Auffassung des Gesetzgebers[2] im Ergebnis zu keiner tatsächlichen **Belastungsverschiebung** führen, wenn nach den üblichen vertraglichen Vereinbarungen die Grundsteuer schon bisher auf den Eigentümer des Gebäudes auf fremdem Grund und Boden abgewälzt wurde. Wer die Grundsteuer endgültig tragen soll, unterliegt der **Privatautonomie**. 42

V. Ermächtigungen
§ 263 BewG   Ermächtigungen

(1) ¹Das Bundesministerium der Finanzen wird ermächtigt, durch Rechtsverordnung mit Zustimmung des Bundesrates die folgenden Anlagen zu ändern:

1. die Anlagen 27 bis 33 durch Anpassung der darin aufgeführten Bewertungsfaktoren und Zuschläge zum Reinertrag an die Ergebnisse der Erhebungen nach § 2 des Landwirtschaftsgesetzes oder an die Erhebungen der Finanzverwaltung zum nächsten Feststellungszeitpunkt,

---

[1] Gl. A. Krause in Stenger/Loose, § 262 BewG Rz. 106 f.
[2] Vgl. BT-Drucks. 19/11085 S. 120

2. im Einvernehmen mit dem Bundesministerium für Ernährung und Landwirtschaft die Anlagen 34 und 35 durch Anpassung des darin aufgeführten Umrechnungsschlüssels und der Gruppen der Zweige eines Tierbestands an geänderte wirtschaftliche oder technische Entwicklungen und

3. die Anlagen 36 bis 43 durch Anpassung der darin aufgeführten Bewertungsfaktoren des Ertrags- und Sachwertverfahrens an geänderte wirtschaftliche oder technische Verhältnisse.

²In der jeweiligen Rechtsverordnung kann das Bundesministerium der Finanzen zur Sicherstellung der Gleichmäßigkeit der Besteuerung, insbesondere zur Sicherstellung einer relations- und realitätsgerechten Abbildung der Grundsteuerwerte, anordnen, dass ab dem nächsten Feststellungszeitpunkt Grundsteuerwerte unter Berücksichtigung der tatsächlichen Verhältnisse und der geänderten Wertverhältnisse durch Anwendung der jeweils angepassten Anlagen 27 bis 43 festgestellt werden.

(2) Das Bundesministerium der Finanzen wird ermächtigt, durch Rechtsverordnung mit Zustimmung des Bundesrates die gemeindebezogene Einordnung in die jeweilige Mietniveaustufe zur Ermittlung der Zu- und Abschläge nach § 254 in Verbindung mit Anlage 39 Teil II auf der Grundlage der Einordnung nach § 12 des Wohngeldgesetzes in Verbindung mit § 1 Absatz 3 und der Anlage der Wohngeldverordnung für steuerliche Zwecke herzuleiten und den dafür maßgeblichen Gebietsstand festzulegen.

Inhaltsübersicht	Rz.
A. Allgemeine Erläuterungen zu § 263 BewG	1 - 20
I. Normzweck und wirtschaftliche Bedeutung der Vorschrift	1 - 5
II. Entstehung und Entwicklung der Vorschrift	6 - 10
III. Geltungsbereich	11 - 15
IV. Verhältnis zu anderen Vorschriften	16 - 20
B. Systematische Kommentierung	21 - 38
I. Ermächtigung zur Änderung der Anlagen 27–43 zum BewG (§ 263 Abs. 1 BewG)	21 - 35
1. Umfang der Verordnungsermächtigung	21 - 26
2. Anpassung der Anlage 39 zum BewG durch das GrStRefUG	27 - 28
3. Anpassung der Anlagen 27–33 zum BewG durch Rechtsverordnung vom 29.6.2021	29 - 35
II. Ermächtigung zur Änderung der gemeindebezogenen Mietstufeneinordnung (§ 263 Abs. 2 BewG)	36 - 38

A. Allgemeine Erläuterungen zu § 263 BewG

I. Normzweck und wirtschaftliche Bedeutung der Vorschrift

1 § 263 BewG ermächtigt das **BMF**, mit Zustimmung des Bundesrates die **Anlagen 27–43 zum BewG** sowie die gemeindebezogene **Einordnung in die jeweilige Mietstufe** zur Ermittlung der Zu- und Abschläge bei der Ermittlung des **Rohertrages** nach § 254 BewG zu ändern. Die Ermächtigung soll eine **realitäts- und relationsgerechte Bewertung** für die Zukunft sicherstellen.

2–5 *(Einstweilen frei)*

II. Entstehung und Entwicklung der Vorschrift

§ 263 BewG wurde mit dem GrStRefG v. 26.11.2019[1] in das BewG eingefügt. In § 263 Abs. 2 BewG wurden durch das GrStRefUG[2] v. 16.7.2021 nach dem Wort „herzuleiten" die Wörter „und den dafür maßgeblichen Gebietsstand festzulegen" eingefügt. Mit der Ergänzung hat der Gesetzgeber das BMF ermächtigt, neben der gemeindebezogenen Einstufung in die jeweilige Mietniveaustufe auch den Gebietsstand für steuerliche Zwecke festzulegen. Die Erweiterung der Ermächtigung gilt ab dem 23.7.2021 (vgl. Art. 7 Abs. 1 GrStRefUG).

(Einstweilen frei)

III. Geltungsbereich

Die Ermächtigungen des § 263 BewG betreffen sowohl die Bewertung des **land- und forstwirtschaftlichen Vermögens** (Anlagen 27–35 zum BewG) als auch die Bewertung des **Grundvermögens** (Anlagen 36–43 zum BewG und gemeindebezogene Mietstufeneinordnung zu § 254 BewG).

(Einstweilen frei)

IV. Verhältnis zu anderen Vorschriften

Die durch **Rechtsverordnung** änderbaren Anlagen betreffen

- die **Bewertungsfaktoren** gem. § 237 BewG (Anlagen 27–32 zum BewG),
- die **Zuschläge** zum **Reinertrag** gem. § 238 BewG (Anlage 33 zum BewG),
- die **Abgrenzung** der **Tierbestände** gem. § 241 BewG (Anlagen 34 und 35 zum BewG),
- die **Umrechnungsfaktoren** bei der **Bodenwertermittlung** gem. § 251 BewG und § 257 BewG (Anlage 36 zum BewG),
- die **Vervielfältiger** zur **Kapitalisierung** gem. § 253 BewG (Anlage 37 zum BewG),
- die **Gesamtnutzungsdauern** gem. § 253 BewG und § 259 BewG (Anlage 38 zum BewG),
- den **Rohertrag** gem. § 254 BewG (Anlage 39 und gemeindebezogene Mietstufeneinordnung),
- die **Bewirtschaftungskosten** gem. § 255 BewG (Anlage 40 zum BewG),
- die **Abzinsungsfaktoren** zur Bodenwertermittlung gem. § 257 BewG (Anlage 41 zum BewG),
- die **Normalherstellungskosten** gem. § 259 BewG (Anlage 42 zum BewG) und
- die **Wertzahlen** gem. § 260 BewG (Anlage 43 zum BewG).

(Einstweilen frei)

---

[1] GrStRefG v. 26.11.2019, BGBl 2019 I S. 1794.
[2] GrStRefUG v. 16.7.2021, BGBl 2021 I S. 2931.

B. Systematische Kommentierung

I. Ermächtigung zur Änderung der Anlagen 27–43 zum BewG (§ 263 Abs. 1 BewG)

1. Umfang der Verordnungsermächtigung

21 § 263 Abs. 1 BewG ermächtigt das **BMF**, durch **Rechtsverordnung** mit Zustimmung des **Bundesrates** die Anlagen 27–43 zum BewG an

- die Ergebnisse der Erhebungen nach § 2 des **Landwirtschaftsgesetzes**,
- an die Erhebungen der **Finanzverwaltung** oder
- an geänderte **wirtschaftliche** oder **technische Entwicklungen**

anzupassen.

22 Die Ermächtigung soll eine **realitäts- und relationsgerechte Bewertung** für die Zukunft sicherstellen. In der jeweiligen Rechtsverordnung kann das BMF daher zur Sicherstellung der Gleichmäßigkeit der Besteuerung anordnen, dass ab dem nächsten Feststellungszeitpunkt Grundsteuerwerte unter Berücksichtigung der tatsächlichen Verhältnisse und der geänderten Wertverhältnisse durch Anwendung der jeweils **angepassten Anlagen 27–43 zum BewG** festgestellt werden. Eine Anpassung der Anlagen 34 und 35 erfolgt im Einvernehmen mit dem **Bundesministerium für Ernährung und Landwirtschaft** (vgl. § 263 Abs. 1 Nr. 2 BewG).

23 M. E. kann mit dem Begriff „**Feststellungszeitpunkt**" in § 263 Abs. 1 Satz 2 BewG nur der **Hauptfeststellungszeitpunkt** i. S. des § 221 Abs. 2 BewG[1] und nicht die **Feststellungzeitpunkte innerhalb eines Hauptfeststellungszeitraums** (z. B. bei Wertfortschreibungen, vgl. Wredenhagen in Grootens, BewG § 222 Rz. 171) gemeint sein, da andernfalls zur Sicherung der Gleichmäßigkeit der Besteuerung auch **innerhalb** eines **Hauptfeststellungszeitraums** (vgl. § 221 Abs. 1 BewG) **Neubewertungen** aller wirtschaftlichen Einheiten vorzunehmen wären, bei deren Bewertung auf die geänderten Anlagen zurückgegriffen werden muss.

24 Es würde dem **Typisierungsgedanken** eines Systems von **Hauptfeststellungszeitpunkten** mit gleichbleibenden **Wertverhältnissen** innerhalb des **Hauptfeststellungszeitraums** widersprechen, wenn auch innerhalb eines Hauptfeststellungszeitraums Veränderungen an den Bewertungsgrundlagen vorgenommen werden könnten. Insofern ist der Begriff „Feststellungszeitpunkt" m. E. **teleologisch** auf den **Hauptfeststellungszeitpunkt zu reduzieren**.[2]

25–26 *(Einstweilen frei)*

2. Anpassung der Anlage 39 zum BewG durch das GrStRefUG

27 Die **Anlage 39 zum BewG** wurde zwischenzeitlich durch das **GrStRefUG**[3] geändert. Die Änderung erfolgte somit nicht durch Rechtsverordnung im Rahmen der Ermächtigung des § 263 BewG, sondern wegen zeitgleicher weiterer gesetzlich notwendiger Schritte durch ein **Bundesgesetz**. Im Zuge der Anhebung der Mietansätze in der Anlage 39 ist mit dem GrStRefUG gleichzeitig die **Grundsteuermesszahl für die Wohngrundstücke** herabgesetzt worden (vgl. § 15 Abs. 1 Nr. 2a GrStG), um dem durch die Anpassung der Anlage 39 zum BewG zu erwartenden

---

[1] Vgl. Wredenhagen in Grootens, BewG § 221 Rz. 71 ff.
[2] Gl. A. Schnitter in GrStG - eKommentar, § 263 BewG Rz. 11.
[3] GrStRefUG v. 16.7.2021, BGBl 2021 I S. 2931.

Anstieg der Grundsteuerbelastung entgegenzuwirken (vgl. zur Neufassung der Anlage 39 zum BewG vertiefend Grootens in Grootens, BewG § 254 Rz. 34). Soll die Fortschreibung der Anlagen 36–43 zum BewG an aktuelle Wertverhältnisse nicht mit einer Erhöhung der Grundsteuerbelastung einhergehen, so ist m.E. stets eine gleichzeitige gesetzliche Anpassung der Grundsteuermesszahlen für die jeweiligen Grundstücksgruppe notwendig. Andernfalls würde das Ziel der **Aufkommensneutralität** der Grundsteuerreform durch die Wertsteigerungen der Grundstücke gefährdet werden. Es ergäbe sich eine **kalte Progression** bei jeder neuen Hauptfeststellung. Die Anpassung der Grundsteuermesszahlen ist aber nicht durch eine Rechtsverordnung möglich, da es an einer entsprechenden Ermächtigungsnorm im GrStG mangelt. Unterstellt man die Notwendigkeit der gleichzeitigen Anpassung von Anlagen und Messzahlen, läuft die **Ermächtigungsregelung** des § 263 Abs. 2 Nr. 3 BewG m.E. zumindest im Grundvermögen im Ergebnis leer, da die Änderungen an den Anlagen zum BewG – wie beim GrStRefUG geschehen – regelmäßig in einem Zug mit der Anpassung der Messzahlen durch ein Bundesgesetz durchgeführt werden kann.

(Einstweilen frei)

3. Anpassung der Anlagen 27–33 zum BewG durch Rechtsverordnung vom 29.6.2021

Das Bundesfinanzministerium hat von der Ermächtigung in § 263 Abs. 1 Nr. 1 BewG durch Erlass der **Verordnung**[1] **zur Neufassung der Anlagen 27–33 zum BewG** vom 29.6.2021 Gebrauch gemacht. Da bei der Ermittlung der unterschiedlichen land- und forstwirtschaftlichen Reinerträge ein Durchschnitt aus den letzten zehn vorliegenden Wirtschaftsjahren zu bilden ist, die vor dem Hauptfeststellungszeitpunkt geendet haben (vgl. § 236 Abs. 3 BewG) und sich die Betrachtungszeiträume für die zehnjährigen Durchschnittswerte seit dem Entwurf und der Verkündung des Gesetzes zur Reform des Grundsteuer- und Bewertungsrechts (GrStRefG[2] v. 26.11.2019) verändert haben, war eine **Aktualisierung nach § 236 Abs. 3 BewG** zwingend erforderlich und soll einer auf veralteten Grundlagen beruhenden Bewertung entgegenwirken. Eine Anpassung der **Steuermesszahl** für das land- und forstwirtschaftliche Vermögen zur Wahrung der Aufkommensneutralität auf Ebene des Grundsteuermessbetragsvolumens war aufgrund der Anpassung der Bewertungsfaktoren nach einer Modellberechnung nicht erforderlich.[3]

Nach diesen Grundsätzen wurden die Anlagen 27–33 wie folgt angepasst:[4]

Zu Anlage 27 (Landwirtschaftliche Nutzung)

Die Bewertungsfaktoren Grundbetrag und Ertragsmesszahl der landwirtschaftlichen Nutzung wurden angepasst. Außerdem wurde der Zuschlag für die verstärkte Tierhaltung aktualisiert.

Zu Anlage 28 (Forstwirtschaftliche Nutzung)

Die Bewertungsfaktoren der 82 Wuchsgebiete der forstwirtschaftlichen Nutzung wurden angepasst.

Zu Anlage 29 (Weinbauliche Nutzung)

Der Bewertungsfaktor Traubenerzeugung der weinbaulichen Nutzung wurde angepasst.

---

1 BGBl 2021 I S. 2290.
2 BGBl 2019 I S. 1794.
3 Vgl. BR-Drucks. 275/21 S. 2.
4 Vgl. BR-Drucks. 275/21 S. 14.

Zu Anlage 30 (Gärtnerische Nutzung)

Die Bewertungsfaktoren für Flächen der Nutzungsteile Gemüsebau, Blumen-/Zierpflanzenbau, Obstbau und Baumschulen der gärtnerischen Nutzung wurden angepasst. Außerdem wurden die Zuschläge für Flächen unter Glas und Kunststoff für die Nutzungsteile Gemüsebau, Blumen-/Zierpflanzenbau, Obstbau und Baumschulen aktualisiert.

Zu Anlage 31 (Übrige land- und forstwirtschaftliche Nutzungen sowie Abbauland, Geringstland und Unland)

Die Bewertungsfaktoren für die Sondernutzungen Hopfen und Spargel sowie für die Nutzungsart Geringstland wurden angepasst. Außerdem wurde der Zuschlag für stehende Gewässer bei Fischerträgen zwischen 1 und 4 kg/a und über 4 kg/a aktualisiert. Für die anderen Bewertungsfaktoren und Zuschläge der übrigen land- und forstwirtschaftlichen Nutzungen sowie Abbauland und Unland hat sich kein Anpassungsbedarf ergeben.

Zu Anlage 32 (Nutzungsart Hofstelle)

Der Bewertungsfaktor für die Hoffläche der Nutzungsart Hofstelle wurde angepasst. Für die Zuschläge der Wirtschaftsgebäude hat sich kein Anpassungsbedarf ergeben.

Zu Anlage 33 (Weitere den Ertragswert erhöhende Umstände)

Der Bewertungsfaktor für die abgegrenzte Standortfläche der Windenergieanlagen wurde angepasst.

31 Zur **Beseitigung eines redaktionellen Versehens** ist die Verordnung zur Neufassung der Anlagen 27–33 zum BewG vom 29.6.2021 wie folgt berichtigt[1] worden: „In der Anlage 31 (Übrige land- und forstwirtschaftliche Nutzungen sowie Abbauland, Geringstland und Unland) ist unter Zuschläge für fließende Gewässer für beide Bewertungsklassen jeweils die Angabe „Binnenfischerei, Teichwirtschaft und Fischzucht für Binnenfischerei und Teichwirtschaft" durch die Angabe „Teichwirtschaft und Fischzucht für Binnenfischerei und Teichwirtschaft" zu ersetzen."

32-35 *(Einstweilen frei)*

II. Ermächtigung zur Änderung der gemeindebezogenen Mietstufeneinordnung (§ 263 Abs. 2 BewG)

36 § 263 Abs. 2 BewG ermächtigt das **BMF**, durch **Rechtsverordnung** mit Zustimmung des **Bundesrates** die gemeindebezogene Einordnung in die jeweilige **Mietniveaustufe** zur Ermittlung der Zu- und Abschläge nach § 254 Abs. 2 BewG i.V. mit der Anlage 39 zum BewG auf der Grundlage der Einordnung nach **§ 12 des Wohngeldgesetzes** in der jeweils gültigen Fassung in Verbindung mit § 1 Abs. 3 und der Anlage der **Wohngeldverordnung** in der jeweils gültigen Fassung für steuerliche Zwecke herzuleiten. Von dieser Ermächtigung hat das BMF durch den Erlass der **MietNEinV**[2] v. 18.8.2021 Gebrauch gemacht. Maßgeblicher Gebietsstand ist der 25.1.2021. Eine Zuordnung erfolgt flächendeckend für das gesamte Bundesgebiet, unabhängig davon, ob ein Land von der Ermächtigung zur Schaffung von abweichenden Länderregelungen nach Art. 72 Abs. 3 Satz 1 Nr. 7 GG Gebrauch gemacht hat. Zum einen setzt ein Abweichen der Länder von der bundesgesetzlich geregelten Grundsteuer eine entsprechende landesgesetzliche

---

[1] Vgl. Berichtigung der Verordnung zur Neufassung der Anlagen 27–33 zum BewG v. 12.10.2021, BGBl 2021 I S. 4831.
[2] Mietniveau-Einstufungsverordnung – MietNEinV v. 18.8.2021, BGBl I 2021 S. 3738.

Regelung voraus, zum anderen soll für den Fall vorgesorgt werden, dass eine vorhandene landesrechtliche Regelung wieder aufgehoben wird.

Durch die Anpassung der Mietniveaueinstufungen können Verschiebungen des **Mietniveaus** innerhalb eines **Bundeslandes** abgebildet werden. Eine Anpassung der **Anlage 39 zum BewG** wäre für diese Zwecke nicht zielführend, da die dortigen Tabellenwerte jeweils nur den **Landesdurchschnitt** abbilden. 37

Mit der Ergänzung der Formulierung des § 263 Abs. 2 BewG durch das GrStRefUG[1] (vgl. → Rz. 6) wird das BMF zudem ermächtigt, in der Rechtsverordnung zur gemeindebezogenen Einordnung in die jeweilige Mietniveaustufe auch den dafür **maßgeblichen Gebietsstand** für steuerliche Zwecke festzulegen. Damit wird sichergestellt, dass auch im Zeitraum zwischen dem Zeitpunkt des Erlasses der Rechtsverordnung und dem Feststellungszeitpunkt (z. B. durch **Zusammenlegung mehrerer Gemeinden**) neu gegründete Gemeinden, die in der Rechtsverordnung nicht aufgeführt werden (konnten), einer Mietniveaustufe zugeordnet werden. 38

Dritter Teil: Schlussbestimmungen

§ 264 BewG Bekanntmachung

Das Bundesministerium der Finanzen wird ermächtigt, den Wortlaut dieses Gesetzes und der zu diesem Gesetz erlassenen Rechtsverordnungen in der jeweils geltenden Fassung satzweise nummeriert bekannt zu machen.

Zu § 264 BewG wurde an dieser Stelle auf eine Kommentierung verzichtet. Für eine ausführliche Kommentierung vgl. Bock in Viskorf/Schuck/Wälzholz, Erbschaftsteuer- und Schenkungsteuergesetz, Bewertungsgesetz, § 264 BewG Rz. 1 ff.

§ 265 BewG Anwendungsvorschriften

(1) Dieses Gesetz in der Fassung des Artikels 7 des Gesetzes vom 1. November 2011 (BGBl I S. 2131) ist auf Bewertungsstichtage nach dem 30. Juni 2011 anzuwenden.

(2) Soweit die §§ 40, 41, 44, 55 und 125 Beträge in Deutscher Mark enthalten, gelten diese nach dem 31. Dezember 2001 als Berechnungsgrößen fort.

(3) § 145 Absatz 3 Satz 1 und 4, § 166 Absatz 2 Nummer 1, § 179 Satz 4 und § 192 Satz 2 in der Fassung des Artikels 10 des Gesetzes vom 7. Dezember 2011 (BGBl I S. 2592) sind auf Bewertungsstichtage nach dem 13. Dezember 2011 anzuwenden.

(4) Anlage 1, Anlage 19 und Teil II der Anlage 24 in der Fassung des Artikels 10 des Gesetzes vom 7. Dezember 2011 (BGBl I S. 2592) sind auf Bewertungsstichtage nach dem 31. Dezember 2011 anzuwenden.

(5) § 11 Absatz 4 in der Fassung des Artikels 3 des Gesetzes vom 18. Dezember 2013 (BGBl I S. 4318) ist auf Bewertungsstichtage ab dem 22. Juli 2013 anzuwenden.

(6) § 48a in der Fassung des Artikels 20 des Gesetzes vom 26. Juni 2013 (BGBl I S. 1809) ist auf Bewertungsstichtage ab dem 1. Januar 2014 anzuwenden.

(7) § 26 in der Fassung des Artikels 6 des Gesetzes vom 18. Juli 2014 (BGBl I S. 1042) ist auf Bewertungsstichtage ab dem 1. August 2001 anzuwenden, soweit Feststellungsbescheide noch nicht bestandskräftig sind.

---

1 GrStRefUG v. 16.7.2021, BGBl 2021 I S. 2931.

(8) § 97 Absatz 1b Satz 4 in der am 6. November 2015 geltenden Fassung ist auf Bewertungsstichtage nach dem 31. Dezember 2015 anzuwenden.

(9) § 154 Absatz 1 Satz 1 Nummer 3 und Satz 2 in der am 6. November 2015 geltenden Fassung ist auf Bewertungsstichtage nach dem 31. Dezember 2015 anzuwenden.

(10) Die §§ 190, 195 Absatz 2 Satz 4 und 5 sowie die Anlagen 22, 24 und 25 in der am 6. November 2015 geltenden Fassung sind auf Bewertungsstichtage nach dem 31. Dezember 2015 anzuwenden.

(11) § 203 in der Fassung des Artikels 2 des Gesetzes vom 4. November 2016 (BGBl I S. 2464) ist auf Bewertungsstichtage nach dem 31. Dezember 2015 anzuwenden.

(12) § 177 Absatz 1 und 2, § 179 Satz 3, § 183 Absatz 2 Satz 3, § 187 Absatz 2 Satz 2 und 3, § 188 Absatz 2 Satz 1, § 191 Absatz 1 Satz 2, § 193 Absatz 4 Satz 1 und § 198 Absatz 1 bis 3 in der Fassung des Artikels 1 des Gesetzes vom 16. Juli 2021 (BGBl I S. 2931) sind auf Bewertungsstichtage nach dem 22. Juli 2021 anzuwenden.

Zu § 265 BewG wurde an dieser Stelle auf eine Kommentierung verzichtet. Für eine ausführliche Kommentierung vgl. Bock in Viskorf/Schuck/Wälzholz, Erbschaftsteuer- und Schenkungsteuergesetz, Bewertungsgesetz, § 265 BewG Rz. 1 ff.

§ 266 BewG Erstmalige Anwendung des Siebenten Abschnitts des Zweiten Teils

(1) Die erste Hauptfeststellung für die Grundsteuerwerte nach § 221 wird auf den 1. Januar 2022 für die Hauptveranlagung auf den 1. Januar 2025 durchgeführt.

(2) ¹Für die Anwendung des § 219 Absatz 3 bei der Hauptfeststellung nach Absatz 1 ist zu unterstellen, dass anstelle von Einheitswerten Grundsteuerwerte für die Besteuerung nach dem Grundsteuergesetz in der am 1. Januar 2022 geltenden Fassung von Bedeutung sind. ²Die Steuerbefreiungen des Grundsteuergesetzes in der am 1. Januar 2022 gültigen Fassung sind bei der Hauptfeststellung nach Absatz 1 zu beachten. ³Bei Artfortschreibungen und Zurechnungsfortschreibungen nach § 222 Absatz 2 ist von der Hauptfeststellung auf den 1. Januar 2022 bis zum 1. Januar 2025 zu unterstellen, dass anstelle von Einheitswerten Grundsteuerwerte nach dem Grundsteuergesetz in der jeweils geltenden Fassung von Bedeutung sind.

(3) Werden der Finanzbehörde durch eine Erklärung im Sinne des § 228 auf den 1. Januar 2022 für die Bewertung eines Betriebs der Land- und Forstwirtschaft oder eines Grundstücks vor dem 1. Januar 2022 eingetretene Änderungen der tatsächlichen Verhältnisse erstmals bekannt, sind diese bei Fortschreibungen nach § 22 und Nachfeststellungen nach § 23 auf Feststellungszeitpunkte vor dem 1. Januar 2022 nicht zu berücksichtigen.

(4) ¹Einheitswertbescheide, Grundsteuermessbescheide und Grundsteuerbescheide, die vor dem 1. Januar 2025 erlassen wurden, werden kraft Gesetzes zum 31. Dezember 2024 mit Wirkung für die Zukunft aufgehoben, soweit sie auf den §§ 19 bis 23, 27, 76, 79 Absatz 5, § 93 Absatz 1 Satz 2 des Bewertungsgesetzes in Verbindung mit Artikel 2 Absatz 1 Satz 1 und 3 des Gesetzes zur Änderung des Bewertungsgesetzes in der Fassung des Artikels 2 des Gesetzes vom 22. Juli 1970 (BGBl I S. 1118) beruhen. ²Gleiches gilt für Einheitswertbescheide, Grundsteuermessbescheide und Grundsteuerbescheide, die vor dem 1. Januar 2025 erlassen wurden, soweit sie auf den §§ 33, 34, 125, 129 des Bewertungsgesetzes in der Fassung vom 1. Februar 1991 (BGBl I S. 230), das zuletzt durch Artikel 2 des Gesetzes vom 4. November 2016 (BGBl I S. 2464) und § 42 des Grundsteuergesetzes vom 7. August 1973 (BGBl I S. 965), das zuletzt durch Artikel 38 des Gesetzes vom 19. Dezember 2008 (BGBl I S. 2794) geändert worden ist, beruhen. ³Für die Bewertung des inländischen Grundbesitzes (§ 19 Absatz 1 in der Fassung vom 31. Dezember 2024) für Zwecke der Grundsteuer bis einschließlich zum Kalenderjahr 2024 ist das Bewertungsgesetz in der Fassung vom 1. Februar

1991 (BGBl I S. 230), das zuletzt durch Artikel 2 des Gesetzes vom 4. November 2016 (BGBl I S. 2464) geändert worden ist, weiter anzuwenden.

(5) Bestehende wirtschaftliche Einheiten, die für Zwecke der Einheitsbewertung unter Anwendung der §§ 26 oder 34 Absatz 4 bis 6 in der bis zum 31. Dezember 2024 gültigen Fassung gebildet wurden, können weiterhin für Zwecke der Feststellung von Grundsteuerwerten nach den Regelungen des Siebenten Abschnitts zugrunde gelegt werden.

Inhaltsübersicht

		Rz.
A.	Allgemeine Erläuterungen zu § 266 BewG	1 – 35
I.	Normzweck und wirtschaftliche Bedeutung der Vorschrift	1 – 10
II.	Entstehung und Entwicklung der Vorschrift	11 – 15
III.	Geltungsbereich	16 – 25
IV.	Verhältnis zu anderen Vorschriften	26 – 35
B.	Systematische Kommentierung	36 – 117
I.	Erstmaliger Hauptfeststellungszeitpunkt (§ 266 Abs. 1 BewG)	36 – 55
II.	Anwendung der Bewertungsvorschriften für die Grundsteuer vor dem 1.1.2025 (§ 266 Abs. 2 BewG)	56 – 90
1.	Anwendung der Bewertungsvorschriften für die Grundsteuer vor dem 1.1.2025 (§ 266 Abs. 2 Satz 1 BewG)	56 – 70
2.	Anwendung der Steuerbefreiungsvorschriften der Grundsteuer vor dem 1.1.2025 (§ 266 Abs. 2 Satz 2 BewG)	71 – 80
3.	Art- und Zurechnungsfortschreibungen vor dem 1.1.2025 (§ 266 Abs. 2 Satz 3 BewG)	81 – 90
III.	Amnestieregelung für aus den Feststellungserklärungen gewonnene Erkenntnisse (§ 266 Abs. 3 BewG)	91 – 100
IV.	Aufhebung der nicht mehr benötigten Einheitswert-, Grundsteuermessbetrags- und Grundsteuerbescheide (§ 266 Abs. 4 BewG)	101 – 110
V.	Fortbestehen der für die Einheitsbewertung gebildeten wirtschaftlichen Einheiten für die Hauptfeststellung 2021 (§ 266 Abs. 5 BewG)	111 – 117

LITERATUR:

Eichholz, Novellierung der Grundsteuer – Überblick über die wesentlichen Änderungen und Konsequenzen der Grundsteuer-Reform sowie kritische Beurteilung ausgewählter Aspekte (Teil I), DStR 23/2020 S. 1158; *Eisele*, Grundsteuerreform-Umsetzungsgesetz - Änderungen beim reformierten Bewertungs- und Grundsteuerrecht sowie bei der Grundbesitzbewertung, NWB 29/2021 S. 2903 NWB OAAAH-89905; *Eisele*, Fondsstandortgesetz: Nachjustierungen beim reformierten grundsteuerlichen Bewertungsrecht- Änderungen schon zum Stichtag 1.1.2022 von Bedeutung, NWB 28/2021 S. 2031 NWB XAAAH-83094;*Eisele*, Reform der Grundsteuer – Gesetzentwurf liegt vor! Teil II – Bewertung des land- und forstwirtschaftlichen Vermögens für Zwecke der Grundsteuer A/Änderungen des Grundsteuergesetzes, NWB 29/2019 S. 2127 NWB AAAAH-22096; *Grootens*, Diskussionsbedarf bei der Reform der Grundsteuer – Änderungsvorschläge des Bundesrates und Verabschiedung des Gesetzentwurfs durch den Bundestag, NWB-EV 11/2019 S. 381 NWB CAAAH-33629; *Hubert*, Zur Reform der Grundsteuer im Überblick – Die Gesetzentwürfe der Bundesregierung v. 21.6.2019, StuB 14/2019 S. 533 NWB RAAAH-22504; *Löhr*, Entwurf zum Grundsteuer-Reformgesetz: Die große Unvollendete, DStR 28/2019 S. 1433; *Stöckel*, Grundsteuerreform: Auswirkungen der Einführung einer Öffnungsklausel – Rückholung der Gesetzgebungskompetenz auf Umwegen, NWB 12/2020 S. 850 NWB YAAAH-44237.

VERWALTUNGSANWEISUNGEN:

Koordinierte Erlasse der obersten Finanzbehörden der Länder v. 9.11.2021 – Anwendung des Siebenten Abschnitts des Zweiten Teils des Bewertungsgesetzes zur Bewertung des Grundbesitzes (allgemeiner Teil und Grundvermögen) für die Grundsteuer ab 1.1.2022 (AEBewGrSt), BStBl 2021 I S. 2334.

A. Allgemeine Erläuterungen zu § 266 BewG

I. Normzweck und wirtschaftliche Bedeutung der Vorschrift

1 § 266 BewG regelt die **erstmalige Anwendung** des Siebten Abschnitts des Zweiten Teils des BewG für Zwecke der Ermittlung der Grundsteuerwerte. Eine erste **Hauptfeststellung** wird auf den **1.1.2022**, die erste **Hauptveranlagung** auf den **1.1.2025** durchgeführt (vgl. § 36 Abs. 1 GrStG).

2 § 266 Abs. 2 regelt die **Unterstellung** der **Bedeutung** der **Grundsteuerwerte** auch vor dem Hauptveranlagungszeitpunkt 1.1.2025. Ebenso sind die **Steuerbefreiungen** des GrStG in der am 1.1.2022 geltenden Fassung zu berücksichtigen.

3 Eine **Amnestieregelung** in § 266 Abs. 3 BewG bestimmt, dass aus den Grundsteuerwertfeststellungserklärungen gewonnene Erkenntnisse erst ab dem 1.1.2022 bei der **Einheitsbewertung** berücksichtigt werden dürfen.

4 Schließlich regelt § 266 Abs. 4 BewG die **Aufhebung** der dann nicht mehr benötigten **Einheitswertbescheide** und die als Folgebescheide erlassenen **Grundsteuermessbescheide und Grundsteuerbescheide** auf Basis der Einheitswerte zum 31.12.2024 mit Wirkung für die Zukunft.

5 Die nachträglich eingefügte Regelung des § 266 Abs. 5 BewG stellt sicher, dass bestimmte **wirtschaftliche Einheiten im Eigentum mehrerer Personen** weiterhin für Zwecke der Feststellung von Grundsteuerwerten nach den Regelungen des Siebenten Abschnitts zugrunde gelegt werden können. Die Regelung gilt nur für den ersten Hauptfeststellungszeitpunkt und tritt mit Ablauf des 31.12.2028 außer Kraft.[1]

6–10 *(Einstweilen frei)*

II. Entstehung und Entwicklung der Vorschrift

11 § 266 BewG wurde mit dem **GrStRefG** v. 26.11.2019[2] in das BewG eingefügt. Durch das **FoStoG** v. 3.6.2021[3] wurde dem § 266 Abs. 4 BewG ein Satz 2 angefügt. Dieser Satz 2 wurde durch das **GrStRefUG**[4] v. 16.7.2021 inhaltsgleich zu Satz 3 (vgl. → Rz. 13). Mit der durch das FoStoG eingefügten Regelung wird klargestellt, dass für Einheitswertbescheide mit Wirkung für Grundsteuerzeiträume vor dem 1.1.2025 das Bewertungsgesetz i.d.F. vor dem GrStRefG auch nach dem 1.1.2025 weiterhin gilt. Damit wird ermöglicht, dass für noch nicht abgeschlossene **Altfälle** Einheitswertbescheide mit Wirkung für Zeiträume vor dem 1.1.2025 noch erlassen, geändert oder aufgehoben werden können. Zudem wird sichergestellt, dass die Feststellungsfrist für Sachverhalte, die bereits abgeschlossen sind und Einheitswertbescheide mit Wirkung vor dem 1.1.2025 betreffen, nicht verkürzt wird.

12 Ebenfalls mit dem **FoStoG**[5] v. 3.6.2021 wurde zudem ein Abs. 5 in den § 266 BewG eingefügt. Demnach können bestehende **wirtschaftliche Einheiten,** die für Zwecke der Einheitsbewertung unter Anwendung der §§ 26 oder 34 Abs. 4–6 BewG nach altem Recht gebildet wurden, weiter-

---

1 Vgl. Art. 2 GrStRefUG v. 16.7.2021, BGBl 2021 I S. 2931.
2 GrStRefG v. 26.11.2019, BGBl 2019 I S. 1794.
3 FoStoG v. 3.6.2021, BGBl 2021 I S. 1498.
4 GrStRefUG v. 16.7.2021, BGBl 2021 I S. 2931.
5 FoStoG v. 3.6.2021, BGBl 2021 I S. 1498.

hin für Zwecke der Feststellung von Grundsteuerwerten nach den Regelungen des Siebenten Abschnitts zugrunde gelegt werden.

Mit dem **GrStRefUG**[1] v. 3.6.2021 wurde zudem eine klarstellende Erweiterung des Regelungsinhaltes des § 266 Abs. 4 Satz 1 BewG vorgenommen (vgl. → Rz. 102). Der durch das FoStoG eingefügte bisherige § 266 Abs. 4 Satz 2 BewG (vgl. → Rz. 11) wurde durch die Einfügung zu Satz 3. Die durch das GrStRefUG eingefügte Neuregelung gilt ab dem 23.7.2021 (vgl. Art. 7 Abs. 1 GrStRefUG). 13

(Einstweilen frei) 14–15

III. Geltungsbereich

Die Regelungen zur Hauptfeststellung des § 266 BewG betreffen sowohl die Bewertung des **land- und forstwirtschaftlichen Vermögens** als auch die Bewertung des **Grundvermögens**. 16

Die Vorschriften gelten gem. § 231 BewG nur für die Bewertung des **inländischen** zu bewertenden Vermögens. Dabei sind auch die inländischen Teile einer wirtschaftlichen Einheit zu bewerten, die sich sowohl auf das Inland als auch auf das Ausland erstrecken. 17

(Einstweilen frei) 18–25

IV. Verhältnis zu anderen Vorschriften

Die Notwendigkeit einer **Hauptfeststellung** ergibt sich aus **§ 221 BewG**. Die Unterstellung der Bedeutung für die Grundsteuer am 1.1.2022 hat insbesondere für die **Feststellung von Grundsteuerwerten** gem. **§ 219 BewG** und die Art- und Zurechnungsfortschreibung gem. **§ 222 Abs. 2 BewG** Bedeutung. Die **Erklärungspflichten**, auf die sich die **Amnestieregelung** des § 266 Abs. 3 BewG bezieht, ergibt sich aus **§ 228 BewG**. § 266 Abs. 4 BewG weist für die **Aufhebung** der nicht mehr benötigten Bescheide auf die Vorschriften der Einheitsbewertung im Ersten Abschnitt des Zweiten Teils des BewG hin. 26

(Einstweilen frei) 27–35

B. Systematische Kommentierung

I. Erstmaliger Hauptfeststellungszeitpunkt (§ 266 Abs. 1 BewG)

Durch das GrStRefG[2] wurde im Zweiten Teil des Bewertungsgesetzes ein Siebter Abschnitt eingefügt. Damit wird dem Erfordernis Rechnung getragen, dass die neuen **Bewertungsverfahren** neben den bisherigen Bewertungsverfahren des Ersten Abschnitts des Zweiten Teils des Bewertungsgesetzes **parallel** angewandt werden und erst nach einer Übergangszeit das Bewertungsverfahren nach dem Ersten Abschnitt des Zweiten Teils abgelöst werden kann. 36

Die neu in das BewG eingefügte Norm § 266 Abs. 1 BewG bestimmt, dass die erste **Hauptfeststellung** für die Grundsteuerwerte nach § 221 BewG auf den **1.1.2022** durchgeführt wird. Ab diesem Zeitpunkt können **Feststellungsbescheide** über die neuen Grundsteuerwerte ergehen. Die Grundsteuer stützt sich erst ab 2025 auf diese Grundsteuerwerte (vgl. § 36 GrStG). Eine 37

---

[1] GrStRefUG v. 16.7.2021, BGBl 2021 I S. 2931.
[2] GrStRefG v. 26.11.2019, BGBl 2019 I S. 1794.

Festsetzung des **Grundsteuermessbetrags** mit Wirkung zum 1.1.2025 zeitgleich mit der Feststellung des Grundsteuerwerts bleibt dennoch möglich.[1]

38 Durch die parallele Geltung von altem und neuem Recht wird es temporär zu einer **deutlichen Mehrbelastung der Finanzverwaltung**, aber auch der Stpfl. bzw. deren Berater kommen.[2] Es kann nach nicht von der Hand zu weisendem Einwand von Stöckel nur gehofft werden, dass es gelingt, bis zum 31.12.2024 für alle wirtschaftlichen Einheiten Grundsteuermessbescheide bekannt zu geben.[3] Nach zutreffendem Hinweis von Löhr dürfte die Umsetzung des Zeitplans von den Fortschritten bei der **Digitalisierung** abhängen.[4]

39 Ob die **Fristen** des § 266 Abs. 1 BewG eingehalten werden können, erscheint auch nach Auffassung von Hubert fraglich.[5] Zum einen werde eine Neubewertung von ca. **36 Mio. Grundstücken** in Deutschland notwendig. Erschwerend komme die nicht zu unterschätzende Komplexität der neuen Bewertungsvorschriften hinzu. Der Verwaltungsaufwand könne auch durch eine mögliche **Digitalisierung der Gesetzesanwendung** nicht maßgeblich reduziert werden, weil diese Digitalisierung nur dann gelingen könne, wenn die Gesetze auf die rechnergestützte Anwendung des Steuerrechts ausgerichtet sind. Dazu hätten die neuen Regelungen einfacher ausgestaltet sein müssen. Dies birgt m. E. **verfassungsrechtliches Konfliktpotential**, da noch einfachere Bewertungsregelungen erst recht nicht geeignet sind, die Vorgaben des BVerfG zur **relations- und realitätsgerechten Bewertung** zu erfüllen.[6]

40 Als besonderes Risiko bei der Festlegung des Hauptfeststellungszeitpunkts auf den 1.1.2022 sah der Bundesrat, dass die **Bodenrichtwerte** zum Stichtag 1.1.2022 den Grundstückseigentümern beim geplanten Beginn der **Erklärungsannahme ab Mitte 2022** (nach den Planungen der Bereiche IT und Organisation) möglicherweise noch nicht flächendeckend zur Verfügung stehen könnten. Erklärungen würden dann später abgegeben und somit die Zeitspanne für die **Bearbeitung der Wertfeststellungen in den Finanzämtern** verkürzt.[7]

41 Der Bundesrat hatte daher im Gesetzgebungsverfahren vorgeschlagen, den **Hauptfeststellungszeitpunkt auf den 1.1.2021** vorzuziehen.[8] Eine Festlegung des Hauptfeststellungszeitpunktes auf den 1.1.2021 hätte nach Auffassung des Bundesrates diese Risiken vermieden, weil die maßgeblichen Bodenrichtwerte bei Beginn der Erklärungsannahme ab 2022 vorliegen. Der Vorschlag wurde im GrStRefG[9] nicht umgesetzt, da nach damaligem Kenntnisstand eine automationsgestützte Erklärungsannahme frühestens ab dem 1.1.2022 möglich ist.

42 Aufgrund der mit dem GrStRefG[10] verknüpften Änderung des Grundgesetzes wurde zunächst zur Beseitigung von Zweifeln durch das Gesetz zur Änderung des Grundgesetzes[11] v. 15.11.2019 dem Bund die **konkurrierende Gesetzgebungskompetenz** eingeräumt. Gleichzeitig wurde den Ländern im Rahmen einer **Öffnungsklausel** das Recht zur Ausgestaltung eigener

---

1 Vgl. Eisele, NWB 29/2019 S. 2127, NWB AAAAH-22096.
2 Gl. A. Eichholz, DStR 23/2020 S. 1158 sowie Hubert, StuB 14/2019 S. 533, NWB RAAAH-22504.
3 Vgl. Stöckel, NWB 12/2020 S. 850, NWB YAAAH-44237.
4 Vgl. Löhr, DStR 28/2019 S. 1433.
5 Vgl. Hubert, StuB 14/2019 S. 533, NWB RAAAH-22504.
6 Vgl. Grootens in Grootens, BewG § 252 Rz. 126 ff.
7 Vgl. zur Kritik des Bundesrates Grootens, NWB-EV 11/2019 S. 381, NWB CAAAH-33629.
8 Vgl. BR-Drucks. 354/19 S. 3.
9 GrStRefG v. 26.11.2019, BGBl 2019 I S. 1794.
10 GrStRefG v. 26.11.2019, BGBl 2019 I S. 1794.
11 Gesetz zur Änderung des Grundgesetzes (Art. 72, 105 und 125b) v. 15.11.2019, BGBl 2019 I S. 1546.

Grundsteuergesetze und Bewertungsvorschriften gegeben. Sollten die Bundesländer von dieser Öffnungsklausel Gebrauch machen, so sind sie ebenfalls an die **Fortgeltungsfristen** des BVerfG gebunden. Somit muss **abweichendes Landesrecht ab 2025** angewendet werden, da eine Fortgeltung der Einheitsbewertung über diesen Stichtag hinaus ausgeschlossen wurde (vgl. → Rz 101 ff.).

Gleichzeitig darf gem. Art. 125b Abs. 3 GG abweichendes Landesrecht der Erhebung der Grundsteuer **frühestens** für Zeiträume ab dem **1.1.2025** zugrunde gelegt werden. Auf diese Weise soll ausweislich der Gesetzesbegründung sichergestellt werden, dass zu einem einheitlichen Zeitpunkt (1.1.2025) in allen Ländern die Grundsteuer nach neuem Recht – bundesgesetzlich oder landesgesetzlich geregelt – erhoben wird.[1] Eine vorherige **Diversifizierung der Grundsteuererhebung** soll steuerpolitisch vermieden werden. Diese Begründung ist m. E. wenig überzeugend. Die Öffnungsklausel schafft Unterschiede zwischen den Bundesländern in der Grundsteuererhebung. Warum diese Unterschiede aber ab 2025 wünschenswert sein sollen, vorher jedoch zu vermeiden sind, ist nicht nachvollziehbar. So wird in derselben Gesetzesbegründung angeführt: *Zugleich bietet sich gerade die Grundsteuer aufgrund der Immobilität des Steuerobjekts und des bereits in der Verfassung vorhandenen kommunalen Hebesatzrechts dafür an, die Steuerautonomie der Länder zu stärken.*[2]

Als Begründung lässt sich gleichwohl anführen, dass die durch das BVerfG ausgesprochene **Fortgeltungsanordnung**[3] für das alte Recht möglicherweise in ihrem Fortbestand gefährdet wäre, wenn einzelne Länder vorab abweichendes Landesrecht zur Anwendung bringen.

(Einstweilen frei) 44–55

II. Anwendung der Bewertungsvorschriften für die Grundsteuer vor dem 1.1.2025 (§ 266 Abs. 2 BewG)

1. Anwendung der Bewertungsvorschriften für die Grundsteuer vor dem 1.1.2025 (§ 266 Abs. 2 Satz 1 BewG)

§ 219 Abs. 3 BewG bestimmt, dass Grundsteuerwerte festgestellt werden, soweit diese für die Besteuerung relevant sind. Da das derzeitige GrStG für die Bemessung der Grundsteuer auf die **Einheitswerte** verweist, sind die Grundsteuerwerte bis zu der mit Art. 3 des GrStRefG[4] vorgesehenen Anwendung des GrStG für die **Grundsteuer 2025** für die Besteuerung noch nicht von Relevanz. Dies könnte dazu führen, dass die Grundsteuerwerte solange nicht festgestellt werden können, bis Art. 3 des GrStRefG Anwendung findet, das wiederum für die Bemessung der Grundsteuer auf die Grundsteuerwerte verweist.

Eine frühere Anwendung des GrStG i. S. des Art. 3 ist nicht möglich, da die **automationstechnischen Umstellungen** erst eine Erhebung der Grundsteuer auf Grundlage der Grundsteuerwerte zum 1.1.2025 ermöglichen und daher bis dahin die Grundsteuer auf den bisherigen Einheitswerten beruhen soll.[5]

---

1 Vgl. BR-Drucks. 327/19 S. 4.
2 Vgl. BR-Drucks. 327/19 S. 2.
3 BVerfG, Urteil v. 10.4.2018 - 1 BvL 11/14, 1 BvL 12/14, 1 BvL 1/15, 1 BvR 639/11, 1 BvR 889/12, NWB MAAAG-80435.
4 GrStRefG v. 26.11.2019, BGBl 2019 I S. 1794.
5 Vgl. BT-Drucks. 19/11085 S. 121.

58 Um einen **lückenlosen Übergang** vom alten Grundsteuerrecht auf Grundlage der Einheitswerte zum neuen Grundsteuerrecht auf Grundlage der Grundsteuerwerte zu ermöglichen, müssen die Grundsteuerwerte bereits festgestellt worden sein, bevor Art. 3 des GrStRefG Anwendung findet. § 266 Abs. 2 BewG bestimmt daher, bei der Feststellung der Grundsteuerwerte in der **Übergangszeit** (2022–2024) für § 219 Abs. 3 BewG zu unterstellen, dass anstelle von Einheitswerten Grundsteuerwerte maßgebend für die Besteuerung nach dem Grundsteuergesetz sind. Damit wird eine **Relevanz** der Grundsteuerwerte für die Bemessung der Grundsteuer bereits **zum ersten Hauptfeststellungszeitpunkt fingiert.**

59–70 *(Einstweilen frei)*

2. Anwendung der Steuerbefreiungsvorschriften der Grundsteuer vor dem 1.1.2025 (§ 266 Abs. 2 Satz 2 BewG)

71 Derzeit werden für **steuerbefreite Grundstücke** keine Einheitswerte festgestellt. Es ist nach Auffassung des Gesetzgebers[1] anzunehmen, dass im Zeitpunkt der erstmaligen Veranlagung zur Grundsteuer zum 1.1.2025 (vgl. § 36 GrStG) jedenfalls ein Großteil der derzeitigen im Grundsteuerrecht vorgesehenen Steuerbefreiungen bestehen. Auch dem wird in der Übergangsregelung Rechnung getragen. Im Ergebnis werden bei der Anwendung von § 219 Abs. 3 BewG die im **Hauptfeststellungszeitpunkt 1.1.2022 geltenden Steuerbefreiungsvorschriften** des GrStG zugrunde gelegt.

72 Sollte bis zum 31.12.2024 eine **Steuerbefreiungsvorschrift** aufgehoben werden, kann eine **Nachfeststellung** der Grundsteuerwerte nach § 223 Abs. 1 Nr. 2 BewG erfolgen.[2] Wird eine neue Steuerbefreiungsvorschrift bis zum 31.12.2024 in das GrStG aufgenommen, sind die **Grundsteuerwerte** nach § 224 Abs. 1 Nr. 2 BewG **aufzuheben.**[3]

73–80 *(Einstweilen frei)*

3. Art- und Zurechnungsfortschreibungen vor dem 1.1.2025 (§ 266 Abs. 2 Satz 3 BewG)

81 Bei **Art- und Zurechnungsfortschreibungen** ist bei der Anwendung von § 222 Abs. 2 BewG ab dem ersten Hauptfeststellungszeitpunkt und der Anwendung von Art. 3 ebenfalls zu unterstellen, dass anstelle von Einheitswerten Grundsteuerwerte maßgebend für die Bemessung der Grundsteuer sind. Somit können solche Fortschreibungen auch bereits auf die Stichtage 1.1.2023 und 1.1.2024 durchgeführt werden. Da der für die **Wertfortschreibungen** geltende § 222 Abs. 1 BewG anders als § 222 Abs. 2 BewG nicht die Bedeutung für die Besteuerung verlangt, war eine gleichlautende Regelung für die Wertfortschreibungen entbehrlich. Gleiches gilt für **Nachfeststellungen** (§ 223 BewG) und **Aufhebungen** (§ 224 BewG). Wegen der grundsätzlichen Problematik der parallelen Anwendung der Einheitsbewertung und der Grundsteuerwerte vgl. die Ausführungen zu § 266 Abs. 2 Satz 1 BewG unter →Rz. 36.

82–90 *(Einstweilen frei)*

---

1 Vgl. BT-Drucks. 19/11085 S. 121.
2 Vgl. Wredenhagen in Grootens, BewG § 223 Rz. 81 ff.
3 Vgl. Wredenhagen in Grootens, BewG § 224 Rz. 81 ff.

III. Amnestieregelung für aus den Feststellungserklärungen gewonnene Erkenntnisse (§ 266 Abs. 3 BewG)

Die **Amnestieregelung** in § 266 Abs. 3 BewG bestimmt, dass Finanzbehörden vor dem 1.1.2022 eingetretene Änderungen der tatsächlichen Verhältnisse, die ihnen im Rahmen der erstmaligen Erklärung nach § 228 BewG für Zwecke der Grundsteuerwerte erstmals bekannt werden, nicht für die zurückliegenden Jahre zur **Fortschreibung** oder **Nachfeststellung** der **Einheitswerte** verwenden dürfen. Somit könnten diese Erkenntnisse frühestens für den Feststellungszeitpunkt 1.1.2022 berücksichtigt werden und zu einer Fortschreibung oder Nachfeststellung des Einheitswertes auf diesen Stichtag führen. Eine solche Änderung hat demnach nur für die Jahre 2022, 2023 und 2024 eine Auswirkung auf die Grundsteuer, da die Einheitswerte mit Ablauf des 31.12.2024 mit Wirkung für die Zukunft aufgehoben werden (vgl. →Rz. 101). Ab dem 1.1.2025 dürfen spätestens auch auf bereits bestandskräftige Bescheide, die auf den vom BVerfG mit seinem Urteil[1] v. 10.4.2018 zur Grundsteuer als verfassungswidrig festgestellten Bestimmungen des Bewertungsgesetzes beruhen, keine Belastungen mehr gestützt werden. Spätestens ab dem 1.1.2025 sind daher nach Auffassung des Gesetzgebers[2] in keinem Fall **Fortschreibungen** und **Nachfeststellungen** der **Einheitswerte** mehr möglich (vgl. → zur nachträglichen Durchführung von Feststellungen aber →Rz. 103). Die Sperrwirkung des § 266 Abs. 3 BewG gilt nach Auffassung der Finanzverwaltung ohne Ermessen sowohl bei Änderungen **zugunsten** als auch bei Änderungen **zuungunsten** des Steuerpflichtigen.[3] Diese Auffassung ist zwar vom Wortlaut der Vorschrift gedeckt, verliert aber die Zielsetzung der Regelung (vgl. →Rz. 92) aus den Augen.[4] **Aufhebungen** von Einheitswerten sind im § 266 Abs. 3 BewG nicht aufgeführt. Sie sind somit von der Sperregelung unberührt und können auch auf Stichtage vor dem 1.1.2022 erfolgen.[5] Auch diese Auslassung zugunsten des Steuerpflichtigen spricht dafür, Änderungen zugunsten des Steuerpflichtigen generell nicht der Sperrwirkung zu unterwerfen.

Die Amnestieregelung soll die **wahrheitsgemäße Abgabe der Feststellungserklärung** nach § 228 BewG und damit eine realitätsgerechte Bewertung sicherstellen.[6] Anlass für das Verwertungsverbot war somit die Vorstellung, dass Steuerpflichtige die tatsächlichen Verhältnisse nicht wahrheitsgemäß offenlegen könnten, weil sie eine entsprechende rückwirkende Auswertung bei der Einheitsbewertung befürchten.[7] In diesem Zusammenhang ist von besonderer Bedeutung, dass es im System der Einheitsbewertung **keine Anzeige- oder Erklärungspflicht** bei baulichen Veränderungen gab.[8] Sofern das Finanzamt nicht aus anderen Quellen von baulichen Veränderungen erfahren hat (z. B. Mitteilungen der Bauämter), wurden **An- und Ausbauten** daher mangels Kenntnis der Finanzverwaltung regelmäßig nicht im Wege einer Fortschreibung des Einheitswerts berücksichtigt. Insofern hat die Amnestieregelung mangels Pflichtverstoß des Steuerpflichtigen **keinen strafbefreienden Charakter,** sondern normiert lediglich eine **Sperrwirkung** für die Verwendung der im Rahmen der Erklärungsabgabe auf den Hauptfeststellungszeitpunkt erstmalig gewonnenen Erkenntnisse. Insoweit Mannek gleichwohl von der

---

1 BVerfG, Urteil v. 10.4.2018 - 1 BvL 11/14, 1 BvL 12/14, 1 BvL 1/15, 1 BvR 639/11, 1 BvR 889/12, NWB MAAAG-80435.
2 Vgl. BT-Drucks. 19/11085 S. 121.
3 Vgl. A 266.2 Abs. 1 Satz 2 AEBewGrSt.
4 Gl. A. Mannek in Stenger/Loose, § 266 BewG Rz. 44 ff. sowie Schnitter in GrStG - eKommentar, § 266 BewG Rz. 14.
5 Vgl. A 266.2 Abs. 1 Satz 1 AEBewGrSt.
6 Vgl. BT-Drucks. 19/11085 S. 121.
7 Vgl. Mannek in Stenger/Loose, § 266 BewG Rz. 30.
8 Vgl. Wredenhagen in Grootens, BewG § 228 Rz. 25.

Verpflichtung des Finanzamtes ausgeht, in entsprechenden Fällen die **Straf- und Bußgeldstelle** hinzuziehen, dürfte sich dies auf die deutlich selteneren Fälle der Falschangaben in auf Aufforderung des Finanzamts eingereichten Feststellungserklärungen zur Feststellung des Einheitswerts beschränken.[1]

93 Die Sperrwirkung des § 266 Abs. 3 BewG greift auch dann, wenn der Steuerpflichtige einer bestehenden **Anzeigepflicht nach § 19 GrStG** nicht nachgekommen ist und geänderte Nutzungs- und/oder Eigentumsverhältnisse mit Einfluss auf eine Grundsteuerbefreiung erstmals im Rahmen der Erklärung zur Feststellung des Grundsteuerwerts auf den ersten Hauptfeststellungszeitpunkt 1.1.2022 bekannt werden.[2] Eine eventuelle **straf- oder bußgeldrechtliche Würdigung** eines Verstoßes gegen die Anzeigepflicht nach § 19 GrStG bleibt davon unberührt.

94 Die Amnestieregelung gilt nach Auffassung der Finanzverwaltung[3] hingegen nicht für **Änderungen der tatsächlichen Verhältnisse**, die

1. den **Finanzbehörden vor dem Eingang der Erklärung** i. S. des § 228 BewG auf den ersten Hauptfeststellungszeitpunkt 1.1.2022 **bekannt geworden** sind oder

2. in der **Erklärung** i. S. des § 228 BewG auf den ersten Hauptfeststellungszeitpunkt 1.1.**2022 nicht angegeben** wurden und daher den Finanzbehörden erst **nach dem Eingang der vorgenannten Erklärung bekannt geworden** sind oder

3. in **2021** eingetreten sind, und infolgedessen bei Fortschreibungen nach § 22 BewG und Nachfeststellungen nach § 23 BewG **auf den 1.1.2022** zu berücksichtigen sind.

95 Diese Auslegung ist m. E. vom Wortlaut des § 266 Abs. 3 BewG eindeutig gedeckt. Im Hinblick auf die dem Grunde nach ungerechtfertigte Begünstigung des Steuerpflichtigen wird der Anwendungsbereich der Vorschrift von der Verwaltung zurecht eng gehalten. Die enge Auslegung unterläuft zudem nicht den Zweck der Amnestieregelung, die **Vollständigkeit und Richtigkeit der Feststellungserklärung** auf den Hauptfeststellungszeitpunkt nicht durch Sorgen des Steuerpflichtigen vor rückwirkender steuerlicher Belastung zu gefährden.

96 Zu den **Stichtagen 1.1.2023 und 1.1.2024** können sowohl Fortschreibungen, Nachfeststellungen und Aufhebungen des Einheitswerts als auch Fortschreibungen, Nachfeststellungen und Aufhebungen des Grundsteuerwerts durchzuführen sein. Hierbei sind nach Vorgabe der Finanzverwaltung jeweils Rückschlüsse für die Feststellung der Einheitswerte und der Grundsteuerwerte zu ziehen.[4]

97–100 *(Einstweilen frei)*

IV. Aufhebung der nicht mehr benötigten Einheitswert-, Grundsteuermessbetrags- und Grundsteuerbescheide (§ 266 Abs. 4 BewG)

101 In Nr. 4 des Tenors des Urteils[5] des BVerfG v. 10.4.2018 zur Grundsteuer hat das BVerfG bestimmt, dass für Kalenderjahre nach **Ablauf der Fortgeltungsfristen** auch auf bereits **bestands-**

---

1 Vgl. Mannek in Stenger/Loose, § 266 BewG Rz. 34.
2 Vgl. A 266.2 Abs. 2 AEBewGrSt.
3 Vgl. A 266.2 Abs. 3 AEBewGrSt.
4 Vgl. A 266.2 Abs. 4 AEBewGrSt.
5 BVerfG, Urteil v. 10.4.2018 - 1 BvL 11/14, 1 BvL 12/14, 1 BvL 1/15, 1 BvR 639/11, 1 BvR 889/12, NWB MAAAG-80435.

kräftige Bescheide, die auf den als verfassungswidrig festgestellten Bestimmungen des Bewertungsgesetzes beruhen, keine **Belastungen** mehr gestützt werden dürfen.

Nach § 31 Abs. 2 Satz 1 und 2 i.V. mit § 13 Nr. 8a und 11 BVerfGG kommt der Entscheidung des BVerfG zur Grundsteuer **Gesetzeskraft** zu. § 266 Abs. 4 Satz 1 BewG hebt daher **klarstellend** kraft Gesetzes die **Einheitswertbescheide**, **Grundsteuermessbescheide** und **Grundsteuerbescheide**, die vor dem 1.1.2025 erlassen wurden und soweit sie auf den §§ 19, 20, 21, 22, 23, 27, 76, 79 Abs. 5, 93 Abs. 1 Satz 2 BewG i.V. mit Art. 2 Abs. 1 Satz 1 und Satz 3 des Gesetzes zur Änderung des Bewertungsgesetzes i.d.F. des Art. 2 des Gesetzes[1] v. 22.7.1970 beruhen, **zum 31.12.2024** mit **Wirkung für die Zukunft** auf. Mit der Ergänzung des § 266 Abs. 4 Satz 2 BewG durch das GrStRefUG[2] v. 3.6.2021 (vgl. → Rz. 13) wird klarstellend bestimmt, dass auch

102

- Einheitswertbescheide, mit denen ein Einheitswert auf Grundlage der §§ 33, 34 BewG für land- und forstwirtschaftliches Vermögen festgestellt wurde,
- Grundsteuermessbescheide, in denen der Grundsteuermessbetrag auf Grundlage des Ersatzwirtschaftswerts (§ 125 BewG) ermittelt wurde,
- und Grundsteuerbescheide, in denen die Grundsteuer nach der Ersatzbemessungsgrundlage (§ 42 GrStG) bemessen wurde,

kraft Gesetzes zum 31.12.2024 mit Wirkung für die Zukunft aufgehoben werden.

M. E. bedeutet dies nicht, dass nach dem 1.1.2025 keine Einheitswertfeststellungen für **Feststellungszeitpunkte vor dem 1.1.2025** mehr durchgeführt werden dürfen. Die Beschränkung der Fortgeltung der Einheitsbewertung durch das BVerfG verfolgte den Zweck, dem Gesetzgeber ausreichend **Zeit zur gesetzgeberischen Neuregelung** und zur flächendeckenden Umsetzung der Bewertungsregeln zu geben. Diese Fortgeltungsbeschränkung gilt jedoch m.E. nur für die Belastungswirkung, nicht aber für die **Bescheiderteilung für vorherige Feststellungszeitpunkte**. Eine Sperrwirkung für Bescheiderteilungen nach dem 31.12.2024 würde zu verfassungswidrigen Ungleichbehandlungen führen. Zudem könnten laufende **Einspruchs- und Klageverfahren** nicht mehr abgeschlossen werden, da keine Änderungsbescheide mehr ergehen könnten.

103

BEISPIEL: Im Juni 2025 erlässt das FA nach umfangreichen Sachverhaltsermittlungen einen Einheitswertbescheid auf den 1.1.2024 für ein bebautes Geschäftsgrundstück. Es handelt sich um eine Art- und Wertfortschreibung aufgrund der im Dezember 2023 fertig gestellten Bebauung des Grundstücks. Der Erlass dieses Bescheides ist m. E. auch in 2025 zulässig, da er sich auf einen Feststellungszeitpunkt und damit einen Grundsteuererhebungszeitraum innerhalb der Fortgeltungsfristen des BVerfG bezieht.

104

Der Einheitswertbescheid wird durch § 266 Abs. 4 BewG zum 31.12.2024 mit Wirkung für die Zukunft aufgehoben. Es ist davon auszugehen, dass das FA neben dem Einheitswertbescheid auf den 1.1.2024 auch einen Grundsteuerwertbescheid auf den 1.1.2024 im Wege der Art- und Wertfortschreibung (unter Anwendung der Fiktion des § 266 Abs. 2 BewG) erlässt, welcher der Grundsteuer ab dem Hauptveranlagungszeitpunkt 1.1.2025 zu Grunde gelegt wird.

Der **Gesetzgeber** hat die in dieser Frage bestehende **Unsicherheit** durch die Einfügung eines Satzes 2 in den § 266 Abs. 4 BewG mit dem FoStoG[3] v. 3.6.2021 **beseitigt.** Mit der eingefügten Regelung wird klargestellt, dass für Einheitswertbescheide mit Wirkung für Grundsteuerzeiträume vor dem 1.1.2025 das Bewertungsgesetz in der bisherigen Fassung vor dem GrStRefG

105

---

1 BGBl 1970 I S. 1118.
2 GrStRefUG v. 16.7.2021, BGBl 2021 I S. 2931.
3 FoStoG v. 3.6.2021, BGBl 2021 I S. 1498.

auch nach dem 1.1.2025 gilt. In diesem Fall soll in den Bescheid eine Erläuterung aufgenommen werden, dass dessen Wirkung bis zum 31.12.2024 begrenzt ist.[1] Damit wird ermöglicht, dass für noch nicht abgeschlossene **Altfälle** Einheitswertbescheide mit Wirkung für Zeiträume vor dem 1.1.2025 auch nach der Umstellung auf die neuen Grundsteuerwerte ab dem 1.1.2025 noch **erlassen, geändert oder aufgehoben werden können**. Zudem wird sichergestellt, dass die **Feststellungsfrist** für Sachverhalte, die bereits abgeschlossen sind und Einheitswertbescheide mit Wirkung vor dem 1.1.2025 betreffen, **nicht verkürzt** wird.[2]

106–110 *(Einstweilen frei)*

V. Fortbestehen der für die Einheitsbewertung gebildeten wirtschaftlichen Einheiten für die Hauptfeststellung 2021 (§ 266 Abs. 5 BewG)

111 Nach § 2 Abs. 2 des BewG dürfen grds. nur solche **Wirtschaftsgüter** zu einer **wirtschaftlichen Einheit** zusammengefasst werden, die **demselben Eigentümer** gehören. Abweichend davon werden bei der Einheitsbewertung Flurstücke (insbesondere bei der Bewertung von land- und forstwirtschaftlichem Vermögen) gem. **§ 26 BewG** in einer wirtschaftlichen Einheit zusammengefasst, unabhängig davon, ob diese zivilrechtlich allein einem Ehepartner oder eingetragenen Lebenspartner zuzuordnen wären oder anteilig beiden. Hintergrund ist, dass insbesondere land- und forstwirtschaftliche Betriebe häufig aus einer Fülle von Wirtschaftsgütern bestehen, die teilweise dem einen, teilweise dem anderen Ehepartner bzw. eingetragenen Lebenspartner gehören. Eine § 26 BewG entsprechende Regelung wurde mit dem GrStRefG[3] nicht in die Vorschriften über die Ermittlung der Grundsteuerwerte für die Grundsteuer ab 1.1.2022 übernommen. Dem liegen automationstechnische Gründe durch die zukünftige Anknüpfung an das Liegenschaftskataster zugrunde.

112 Aus Sicht des Bundesrats[4] sind die erforderlichen Arbeiten bei Wegfall der Regelung des § 26 BewG im Rahmen der ersten Hauptfeststellung zum 1.1.2022 jedoch nicht zu leisten. Die Regelung des § 26 BewG soll daher jedenfalls **für den ersten Hauptfeststellungszeitraum** fortgeführt werden, um eine Umsetzung der Grundsteuerreform nicht zu gefährden. Ohne die bisherige Regelung des § 26 BewG wären insbesondere im Bereich des land- und forstwirtschaftlichen Vermögens erhebliche personelle Tätigkeiten im Rahmen der Grundsteuerreform in den Finanzämtern zusätzlich zu erledigen.

113 Dies sind insbesondere:

- Sichtung aller betroffenen Fälle bei Betrieben der Land- und Forstwirtschaft
- Treffen einer fachlichen Zuordnung über das Eigentum für jedes einzelne Flurstück (wirtschaftliche Einheiten können mehrere hundert Flurstücke umfassen);
- Neuaufnahmen mit Erfassung aller Grunddaten;
- Mitteilung der neuen Aktenzeichen und der fachlichen Hintergründe der getrennten Erfassung an die Steuerpflichtigen;
- Erlass eines Bescheids über die Grundsteuerwertfeststellung/Festsetzung des Grundsteuermessbetrags für jedes neue Aktenzeichen;

---

[1] Vgl. A 266.1 Abs. 5 Satz 2 AEBewGrSt.
[2] Vgl. Eisele, NWB 28/2021 S. 2031, NWB XAAAH-83094.
[3] GrStRefG v. 26.11.2019.
[4] Vgl. BT-Drucks. 19/27631 S. 133.

▶ Mitteilung der neuen Aktenzeichen und der Grundsteuermessbeträge an die Kommunen.

In der Folge müssten auch die Kommunen für jede neue wirtschaftliche Einheit einen Grundsteuerbescheid erlassen.

Die Regelung des § 266 Abs. 5 BewG ermöglicht in Bezug auf § 26 BewG in den drei nachstehend dargestellten Konstellationen **„gemischter" Eigentumsverhältnisse** entgegen der allgemeinen Regelung des § 2 Abs. 2 BewG die Zusammenfassung zu einer wirtschaftlichen Einheit:

	Wirtschaftsgüter im Alleineigentum		Wirtschaftsgüter im gemeinsamen Eigentum
Variante 1	Alleineigentum A	Alleineigentum B	
Variante 2	Alleineigentum A oder B		Gemeinsames Eigentum A und B
Variante 3	Alleineigentum A	Alleineigentum B	Gemeinsames Eigentum A und B

Ohne die neu eingefügte Regelung des § 266 Abs. 5 BewG müsste in diesen Fällen im Zuge der Grundsteuerreform in den genannten Varianten jeweils eine Aufteilung in mindestens zwei, womöglich sogar drei wirtschaftliche Einheiten stattfinden. Das hätte zur Folge, dass sich die Anzahl der wirtschaftlichen Einheiten erhöht. Dieser zusätzliche **Verwaltungsaufwand** ist nach Auffassung des Gesetzgebers[1] im Rahmen der ersten Hauptfeststellung weder i. S. der Verwaltungsökonomie noch der Bürgerfreundlichkeit darstellbar. Die Beibehaltungsanordnung gilt jedoch nicht für nach dem 31.12.2021 neu entstehende wirtschaftliche Einheiten.[2]

Mit der Bezugnahme auf § 34 Abs. 4–6 BewG im § 266 Abs. 5 BewG wird sichergestellt, dass die Wirtschaftsgüter, die bisher im Rahmen der Einheitsbewertung des land- und forstwirtschaftlichen Betriebs insbesondere bei **Gesellschaften und Gemeinschaften** mit einbezogen worden sind, ebenfalls weiterhin als zu dieser wirtschaftlichen Einheit gehörig betrachtet werden. Dies vermeidet einen zusätzlichen Verwaltungsaufwand durch die Ausgliederung von Grundstücken, die einem oder mehreren Beteiligten gehören und dem land- und forstwirtschaftlichen Betrieb der Gesellschaft zu dienen bestimmt sind.[3]

Um zukünftigen Aufwand bei der Entstehung neuer wirtschaftlicher Einheiten zu vermeiden, ist ein **Außerkrafttreten** des § 266 Abs. 5 zum 31.12.2028 vorgesehen (vgl. Art. 19 Abs 3 i.V. mit Art. 8 FoStoG[4]), da zum 1.1.2029 die zweite Hauptfeststellung nach reformiertem Recht stattfindet. Bis dahin soll verwaltungsseitig die KONSENS-Datenbank LANGUSTE fertiggestellt sein und damit die Zuordnung der Flächen anhand der Liegenschaftskataster automatisiert erfolgen. Das Fortbestehen einer Regelung, welche die Zuordnung von Flurstücken verschiedener Eigentümer zu einer wirtschaftlichen Einheit anordnet, erfordert zur Umsetzung personellen Aufwand (Prüfung der Tatbestandsvoraussetzungen des § 26 BewG) und widerspräche damit dem mittelfristigen Ziel, die Feststellung der Grundsteuerwerte weitgehend zu automatisieren.

---

1 Vgl. BT-Drucks. 19/27631 S. 134.
2 Vgl. A 266.2 Abs. 5 Satz 3 AEBewGrSt.
3 Vgl. zu den einzelnen betroffenen Fallgestaltungen ausführlich Eisele, NWB 28/2021 S. 2031, NWB XAAAH-83094.
4 FoStoG v. 3.6.2021, BGBl 2021 I S. 1498.

Anhang BewG

Anlage 27 (zu § 237 Abs. 2 BewG)

Landwirtschaftliche Nutzung

Bewertungsfaktoren	Bezugseinheit	in EUR
Grundbetrag	pro Ar	2,52
Ertragsmesszahl	pro Ertragsmesszahl (Produkt aus Acker-/Grünlandzahl und Ar)	0,041
Zuschläge für	**Bezugseinheit**	**in EUR**
Verstärkte Tierhaltung	je Vieheinheit über einem Besatz von 2,0 VE je Hektar selbst bewirtschafteter Fläche der landwirtschaftlichen Nutzung	79,00

Anlage 28 (zu § 237 Abs. 3 BewG)

Forstwirtschaftliche Nutzung

	Bewertungsfaktor für Wuchsgebiet	in EUR/ha
1	Schleswig-Holstein Nordwest	86,17
2	Jungmoränenlandschaft Schleswig-Holstein Ost/Nordwest-Mecklenburg	80,53
3	Schleswig-Holstein Südwest	90,24
4	Mecklenburg-Westvorpommersches Küstenland	64,57
5	Ostholsteinisch-Westmecklenburger Jungmoränenland	73,13
6	(Mittel-)Mecklenburger Jungmoränenland	62,38
7	Ostmecklenburg-Vorpommersches Jungmoränenland	78,03
8	Ostvorpommersches Küstenland	56,36
9	Nordostbrandenburger Jungmoränenland (Mittelbrandenburger Jungmoränenland)	53,83
10	Ostmecklenburg-Nordbrandenburger Jungmoränenland (Nordbrandenburger Jungmoränenland)	55,09
11	Ostniedersächsisch-Altmärkisches Altmoränenland (Westprignitz-Altmärkisches Altmoränenland)	46,03
12	Südost-Holsteinisch-Südwestmecklenburger Altmoränenland	57,31
13	Ostniedersächsisches Tiefland	66,34
14	Niedersächsischer Küstenraum	79,05
15	Mittelwestniedersächsisches Tiefland	67,41
16	Westfälische Bucht	70,03
17	Weserbergland	101,93
18	Nordwestdeutsche Berglandschwelle	73,10
19	Nordwestliches Harzvorland	65,70
20	Nordöstliche Harzvorländer	43,24
21	Sachsen-Anhaltinische Löss-Ebene	51,09
22	Mittleres nordostdeutsches Altmoränenland	38,39
23	Hoher Fläming	47,69
24	Mittelbrandenburger Talsand-und Moränenland	37,53

Bewertungsfaktor für Wuchsgebiet		in EUR/ha
25	Düben-Niederlausitzer Altmoränenland	37,65
26	Lausitzer Löss-Hügelland	84,73
27	Zittauer Gebirge	163,92
28	Oberlausitzer Bergland	155,56
29	Elbsandsteingebirge	123,19
30	Westlausitzer Platte und Elbtalzone	68,56
31	Sächsisch-Thüringisches Löss-Hügelland	63,80
32	Leipziger Sandlöss-Ebene	50,58
33	Ostthüringisches Trias-Hügelland	72,24
34	Thüringer Becken	64,12
35	Nordthüringisches Trias-Hügelland	60,06
36	Harz	142,70
37	Mitteldeutsches Trias-Berg-und Hügelland	98,77
38	Nordwesthessisches Bergland	88,55
39	Nördliches hessisches Schiefergebirge	99,86
40	Sauerland	145,62
41	Bergisches Land	113,51
42	Niederrheinisches Tiefland	68,33
43	Niederrheinische Bucht	68,27
44	Nordwesteifel	135,51
45	Osteifel	99,15
46	Mittelrheintal	62,52
47	Westerwald	112,73
48	Taunus	94,94
49	Wetterau und Gießener Becken	73,66
50	Vogelsberg und östlich angrenzende Sandsteingebiete	102,75
51	Rhön	97,18
52	Südthüringisches-Oberfränkisches Trias-Hügelland	106,95
53	Thüringer Gebirge	162,51
54	Vogtland	140,47
55	Erzgebirgsvorland	93,22
56	Erzgebirge	171,75
57	Frankenwald, Fichtelgebirge und Steinwald	183,51
58	Oberpfälzer Wald	147,30
59	Oberpfälzer Becken-und Hügelland	78,21
60	Frankenalb und Oberpfälzer Jura	106,82
61	Fränkischer Keuper und Albvorland	73,44
62	Fränkische Platte	67,76
63	Spessart	105,47
64	Odenwald	124,93

Bewertungsfaktor für Wuchsgebiet		in EUR/ha
65	Oberrheinisches Tiefland und Rhein-Main-Ebene	64,13
66	Hunsrück	116,75
67	Moseltal	87,42
68	Gutland	97,81
69	Saarländisch-Pfälzisches Muschelkalkgebiet	78,64
70	Saar-Nahe-Bergland	75,52
71	Westricher Moorniederung	79,49
72	Pfälzerwald	78,67
73	Schwarzwald	181,38
74	Baar-Wutach	172,51
75	Neckarland	117,23
76	Schwäbische Alb	123,63
77	Südwestdeutsches Alpenvorland	177,56
78	Tertiäres Hügelland	166,59
79	Bayerischer Wald	160,79
80	Schwäbisch-Bayerische Schotterplatten-und Altmoränenlandschaft	165,45
81	Schwäbisch-Bayerische Jungmoräne und Molassevorberge	157,93
82	Bayerische Alpen	135,61

Anlage 29 (zu § 237 Abs. 4 BewG)

Weinbauliche Nutzung

Bewertungsfaktor für	Flächeneinheit	in EUR
Traubenerzeugung	pro Ar	11,70

Anlage 30 (zu § 237 Abs. 5 BewG)

Gärtnerische Nutzung

Nutzungsteil Gemüsebau		
Bewertungsfaktor für	Flächeneinheit	in EUR
Flächen im Freiland und für Kleingarten- und Dauerkleingartenland	pro Ar	12,35
Zuschläge für	Flächeneinheit	in EUR
Flächen unter Glas und Kunststoffen	pro Ar	45,00

Nutzungsteil Blumen-/Zierpflanzenbau		
Bewertungsfaktor für	Flächeneinheit	in EUR
Flächen im Freiland	pro Ar	27,60

Zuschläge für	Flächeneinheit	in EUR
Flächen unter Glas und Kunststoffen	pro Ar	65,15

Nutzungsteil Obstbau

Bewertungsfaktor für	Flächeneinheit	in EUR
Flächen im Freiland	pro Ar	9,53
Zuschläge für	Flächeneinheit	in EUR
Flächen unter Glas und Kunststoffen	pro Ar	45,00

Nutzungsteil Baumschulen

Bewertungsfaktor für	Flächeneinheit	in EUR
Flächen im Freiland	pro Ar	22,29
Zuschläge für	Flächeneinheit	in EUR
Flächen unter Glas und Kunststoffen	pro Ar	65,15

Anlage 31 (zu § 237 Abs. 6 und 7 BewG)
Übrige land- und forstwirtschaftliche Nutzungen sowie Abbauland, Geringstland und Unland

Sondernutzungen		
Bewertungsfaktor für	Flächeneinheit	in EUR
Hopfen	pro Ar	13,75
Spargel	pro Ar	12,69
Sonstige land- und forstwirtschaftliche Nutzungen		
Bewertungsfaktor für	Bezugseinheit	in EUR
Wasserflächen	pro Ar	1,00
Zuschläge für stehende Gewässer		
Wasserflächen für Binnenfischerei, Teichwirtschaft und Fischzucht für Binnenfischerei und Teichwirtschaft	ab 1,00 kg bis 4,00 kg Fischertrag/Ar pro Ar	2,00
Wasserflächen für Binnenfischerei, Teichwirtschaft und Fischzucht für Binnenfischerei und Teichwirtschaft	über 4,00 kg Fischertrag/Ar pro Ar	2,50
Zuschläge für fließende Gewässer		
Teichwirtschaft und Fischzucht für Binnenfischerei und Teichwirtschaft	bis 500 Liter/Sekunde Durchfluss pro Liter/Sekunde	12,50
Teichwirtschaft und Fischzucht für Binnenfischerei und Teichwirtschaft	über 500 Liter/Sekunde Durchfluss pro Liter/Sekunde	15,00
Saatzucht	pro Ar	Anlage 27
Weihnachtsbaumkulturen	pro Ar	19,40

Kurzumtriebsplantagen	pro Ar	Anlage 27
Sonstige land-und forstwirtschaftliche Nutzungen, für die kein Bewertungsfaktor festgelegt wurde		
Wirtschaftsgebäude	pro Quadratmeter Bruttogrundfläche und Monat	1,23
Nutzungsarten Abbauland, Geringstland und Unland		
Bewertungsfaktor für	Flächeneinheit	in EUR
Abbauland	pro Ar	1,00
Geringstland	pro Ar	0,38
Unland	pro Ar	0,00

Anlage 32 (zu § 237 Abs. 8 BewG)

Nutzungsart Hofstelle

Bewertungsfaktor für	Flächeneinheit	in EUR
Hofflächen	pro Ar	6,62
Zuschläge für	Flächeneinheit	in EUR
Wirtschaftsgebäude der weinbaulichen Nutzung bei Fass- und Flaschenweinerzeugung	pro Quadratmeter Bruttogrundfläche und Monat	1,23
Wirtschaftsgebäude der Nebenbetriebe	pro Quadratmeter Bruttogrundfläche und Monat	1,23

Anlage 33 (zu § 238 Abs. 2 BewG)

Weitere den Ertragswert erhöhende Umstände

Bewertungsfaktor für	Flächeneinheit	in EUR
Abgegrenzte Standortfläche der Windenergieanlage	pro Ar	59,58

Anlage 34 (zu § 241 Abs. 5 BewG)

Umrechnungsschlüssel für Tierbestände in Vieheinheiten (VE) nach dem Futterbedarf

Tierart Nach dem Durchschnittsbestand in Stück:	1 Tier	
Alpakas	0,08	VE
Damtiere		
Damtiere unter 1 Jahr	0,04	VE
Damtiere 1 Jahr und älter	0,08	VE
Geflügel		
Legehennen (einschließlich einer normalen Aufzucht zur Ergänzung des Bestandes)	0,02	VE
Legehennen aus zugekauften Junghennen	0,0183	VE
Zuchtputen, -enten, -gänse	0,04	VE

Anlage 34 **Anhang BewG**

Tierart Nach dem Durchschnittsbestand in Stück:	1 Tier	
Kaninchen		
Zucht- und Angorakaninchen	0,025	VE
Lamas	0,1	VE
Pferde		
Pferde unter 3 Jahren und Kleinpferde	0,7	VE
Pferde 3 Jahre und älter	1,1	VE
Rindvieh		
Kälber und Jungvieh unter 1 Jahr (einschließlich Mastkälber, Starterkälber und Fresser)	0,3	VE
Jungvieh 1 bis 2 Jahre alt	0,7	VE
Färsen (älter als 2 Jahre)	1	VE
Masttiere (Mastdauer weniger als 1 Jahr)	1	VE
Kühe (einschließlich Mutter- und Ammenkühe mit den dazugehörigen Saugkälbern)	1	VE
Zuchtbullen, Zugochsen	1,2	VE
Schafe		
Schafe unter 1 Jahr einschließlich Mastlämmer	0,05	VE
Schafe 1 Jahr und älter	0,1	VE
Schweine		
Zuchtschweine (einschließlich Jungzuchtschweine über etwa 90 kg)	0,33	VE
Strauße		
Zuchttiere 14 Monate und älter	0,32	VE
Jungtiere/Masttiere unter 14 Monate	0,25	VE
Ziegen	0,08	VE
Nach der Erzeugung in Stück:		
Geflügel		
Jungmasthühner		
(bis zu 6 Durchgänge je Jahr – schwere Tiere)	0,0017	VE
(mehr als 6 Durchgänge je Jahr – leichte Tiere)	0,0013	VE
Junghennen	0,0017	VE
Mastenten	0,0033	VE
Mastenten in der Aufzuchtphase	0,0011	VE
Mastenten in der Mastphase	0,0022	VE
Mastputen aus selbst erzeugten Jungputen	0,0067	VE
Mastputen aus zugekauften Jungputen	0,005	VE
Jungputen (bis etwa 8 Wochen)	0,0017	VE
Mastgänse	0,0067	VE

| Tierart | 1 Tier | |
Nach dem Durchschnittsbestand in Stück:		
Kaninchen		
Mastkaninchen	0,0025	VE
Rindvieh		
Masttiere (Mastdauer 1 Jahr und mehr)	1	VE
Schweine		
Leichte Ferkel (bis etwa 12 kg)	0,01	VE
Ferkel (über etwa 12 bis etwa 20 kg)	0,02	VE
Schwere Ferkel und leichte Läufer (über etwa 20 bis etwa 30 kg)	0,04	VE
Läufer (über etwa 30 bis etwa 45 kg)	0,06	VE
Schwere Läufer (über etwa 45 bis etwa 60 kg)	0,08	VE
Mastschweine	0,16	VE
Jungzuchtschweine bis etwa 90 kg	0,12	VE

Anlage 35 (zu § 241 Abs. 5 BewG)

Gruppen der Zweige des Tierbestands nach der Flächenabhängigkeit

1. Mehr flächenabhängige Zweige des Tierbestands:

    Pferdehaltung,   Rindviehzucht,
    Pferdezucht,   Milchviehhaltung,
    Schafzucht,   Rindviehmast.
    Schafhaltung,

2. Weniger flächenabhängige Zweige des Tierbestands:

    Schweinezucht,   Legehennenhaltung,
    Schweinemast,   Junghühnermast,
    Hühnerzucht,   Entenmast,
    Entenzucht,   Gänsemast,
    Gänsezucht,   Putenmast.
    Putenzucht,

Anlage 36 (zu § 251 und § 257 Abs. 1 BewG)

Umrechnungskoeffizienten zur Berücksichtigung abweichender Grundstücksgrößen beim Bodenwert von Ein-und Zweifamilienhäusern

Grundstücksgröße	Umrechnungskoeffizient
< 250 m²	1,24
≥ 250 m²	1,19
≥ 300 m²	1,14
≥ 350 m²	1,10
≥ 400 m²	1,06
≥ 450 m²	1,03
≥ 500 m²	1,00
≥ 550 m²	0,98
≥ 600 m²	0,95
≥ 650 m²	0,94
≥ 700 m²	0,92
≥ 750 m²	0,90
≥ 800 m²	0,89
≥ 850 m²	0,87
≥ 900 m²	0,86
≥ 950 m²	0,85
≥ 1.000 m²	0,84
≥ 1.050 m²	0,83
≥ 1.100 m²	0,82
≥ 1.150 m²	0,81
≥ 1.200 m²	0,80
≥ 1.250 m²	0,79
≥ 1.300 m²	0,78
≥ 1.350 m²	0,77
≥ 1.400 m²	0,76
≥ 1.450 m²	0,75
≥ 1.500 m²	0,74
≥ 1.550 m²	0,73
≥ 1.600 m²	0,72
≥ 1.650 m²	0,71
≥ 1.700 m²	0,70
≥ 1.750 m²	0,69
≥ 1.800 m²	0,68
≥ 1.850 m²	0,67
≥ 1.900 m²	0,66
≥ 1.950 m²	0,65
≥ 2.000 m²	0,64

Anlage 37 (zu § 253 Abs. 2 BewG)

Vervielfältiger

Restnutzungsdauer (Jahre)	Zinssatz									
	1,5 %	1,6 %	1,7 %	1,8 %	1,9 %	2,0 %	2,1 %	2,2 %	2,3 %	2,4 %	2,5 %
1	0,99	0,98	0,98	0,98	0,98	0,98	0,98	0,98	0,98	0,98
2	1,96	1,95	1,95	1,95	1,94	1,94	1,94	1,94	1,93	1,93	1,93
3	2,91	2,91	2,90	2,90	2,89	2,88	2,88	2,87	2,87	2,86	2,86
4	3,85	3,84	3,84	3,83	3,82	3,81	3,80	3,79	3,78	3,77	3,76
5	4,78	4,77	4,75	4,74	4,73	4,71	4,70	4,69	4,67	4,66	4,65
6	5,70	5,68	5,66	5,64	5,62	5,60	5,58	5,56	5,55	5,53	5,51
7	6,60	6,57	6,55	6,52	6,50	6,47	6,45	6,42	6,40	6,37	6,35
8	7,49	7,45	7,42	7,39	7,36	7,33	7,29	7,26	7,23	7,20	7,17
9	8,36	8,32	8,28	8,24	8,20	8,16	8,12	8,08	8,05	8,01	7,97
10	9,22	9,17	9,13	9,08	9,03	8,98	8,94	8,89	8,84	8,80	8,75
11	10,07	10,01	9,96	9,90	9,84	9,79	9,73	9,68	9,62	9,57	9,51
12	10,91	10,84	10,77	10,71	10,64	10,58	10,51	10,45	10,38	10,32	10,26
13	11,73	11,65	11,58	11,50	11,42	11,35	11,27	11,20	11,13	11,05	10,98
14	12,54	12,45	12,37	12,28	12,19	12,11	12,02	11,94	11,85	11,77	11,69
15	13,34	13,24	13,14	13,04	12,95	12,85	12,75	12,66	12,57	12,47	12,38
16	14,13	14,02	13,91	13,80	13,69	13,58	13,47	13,37	13,26	13,16	13,06
17	14,91	14,78	14,66	14,53	14,41	14,29	14,17	14,06	13,94	13,83	13,71
18	15,67	15,53	15,40	15,26	15,12	14,99	14,86	14,73	14,60	14,48	14,35
19	16,43	16,27	16,12	15,97	15,82	15,68	15,53	15,39	15,25	15,12	14,98
20	17,17	17,00	16,83	16,67	16,51	16,35	16,19	16,04	15,89	15,74	15,59
21	17,90	17,72	17,54	17,36	17,18	17,01	16,84	16,67	16,51	16,35	16,18
22	18,62	18,42	18,23	18,03	17,84	17,66	17,47	17,29	17,11	16,94	16,77
23	19,33	19,12	18,91	18,70	18,49	18,29	18,09	17,90	17,71	17,52	17,33
24	20,03	19,80	19,57	19,35	19,13	18,91	18,70	18,49	18,29	18,08	17,88
25	20,72	20,47	20,23	19,99	19,75	19,52	19,30	19,07	18,85	18,64	18,42
26	21,40	21,13	20,87	20,62	20,37	20,12	19,88	19,64	19,41	19,18	18,95
27	22,07	21,79	21,51	21,24	20,97	20,71	20,45	20,20	19,95	19,70	19,46
28	22,73	22,43	22,13	21,84	21,56	21,28	21,01	20,74	20,48	20,22	19,96
29	23,38	23,06	22,75	22,44	22,14	21,84	21,56	21,27	20,99	20,72	20,45
30	24,02	23,68	23,35	23,02	22,71	22,40	22,09	21,79	21,50	21,21	20,93
31	24,65	24,29	23,94	23,60	23,27	22,94	22,62	22,30	21,99	21,69	21,40
32	25,27	24,89	24,52	24,17	23,81	23,47	23,13	22,80	22,48	22,16	21,85
33	25,88	25,48	25,10	24,72	24,35	23,99	23,63	23,29	22,95	22,62	22,29
34	26,48	26,07	25,66	25,27	24,88	24,50	24,13	23,77	23,41	23,06	22,72
35	27,08	26,64	26,22	25,80	25,40	25,00	24,61	24,23	23,86	23,50	23,15
36	27,66	27,21	26,76	26,33	25,90	25,49	25,08	24,69	24,30	23,93	23,56
37	28,24	27,76	27,30	26,84	26,40	25,97	25,55	25,14	24,73	24,34	23,96

Anlage 37 Anhang BewG

Restnutzungsdauer (Jahre)	Zinssatz										
	1,5 %	1,6 %	1,7 %	1,8 %	1,9 %	2,0 %	2,1 %	2,2 %	2,3 %	2,4 %	2,5 %
38	28,81	28,31	27,82	27,35	26,89	26,44	26,00	25,57	25,16	24,75	24,35
39	29,36	28,85	28,34	27,85	27,37	26,90	26,45	26,00	25,57	25,14	24,73
40	29,92	29,38	28,85	28,34	27,84	27,36	26,88	26,42	25,97	25,53	25,10
41	30,46	29,90	29,35	28,82	28,30	27,80	27,31	26,83	26,36	25,91	25,47
42	30,99	30,41	29,85	29,29	28,76	28,23	27,73	27,23	26,75	26,28	25,82
43	31,52	30,92	30,33	29,76	29,20	28,66	28,14	27,62	27,12	26,64	26,17
44	32,04	31,41	30,81	30,21	29,64	29,08	28,54	28,01	27,49	26,99	26,50
45	32,55	31,90	31,27	30,66	30,07	29,49	28,93	28,38	27,85	27,34	26,83
46	33,06	32,39	31,73	31,10	30,49	29,89	29,31	28,75	28,20	27,67	27,15
47	33,55	32,86	32,19	31,54	30,90	30,29	29,69	29,11	28,55	28,00	27,47
48	34,04	33,33	32,63	31,96	31,31	30,67	30,06	29,46	28,88	28,32	27,77
49	34,52	33,79	33,07	32,38	31,70	31,05	30,42	29,81	29,21	28,63	28,07
50	35,00	34,24	33,50	32,79	32,09	31,42	30,77	30,14	29,53	28,94	28,36
51	35,47	34,68	33,92	33,19	32,48	31,79	31,12	30,47	29,84	29,24	28,65
52	35,93	35,12	34,34	33,58	32,85	32,14	31,46	30,79	30,15	29,53	28,92
53	36,38	35,55	34,75	33,97	33,22	32,50	31,79	31,11	30,45	29,81	29,19
54	36,83	35,98	35,15	34,35	33,58	32,84	32,12	31,42	30,74	30,09	29,46
55	37,27	36,39	35,55	34,73	33,94	33,17	32,44	31,72	31,03	30,36	29,71
56	37,71	36,81	35,94	35,10	34,29	33,50	32,75	32,02	31,31	30,63	29,96
57	38,13	37,21	36,32	35,46	34,63	33,83	33,05	32,31	31,58	30,88	30,21
58	38,56	37,61	36,70	35,82	34,97	34,15	33,35	32,59	31,85	31,14	30,45
59	38,97	38,00	37,07	36,16	35,29	34,46	33,65	32,87	32,11	31,38	30,68
60	39,38	38,39	37,43	36,51	35,62	34,76	33,93	33,14	32,37	31,63	30,91
61	39,78	38,77	37,79	36,84	35,94	35,06	34,22	33,40	32,62	31,86	31,13
62	40,18	39,14	38,14	37,17	36,25	35,35	34,49	33,66	32,86	32,09	31,35
63	40,57	39,51	38,48	37,50	36,55	35,64	34,76	33,92	33,10	32,31	31,56
64	40,96	39,87	38,82	37,82	36,85	35,92	35,03	34,16	33,33	32,53	31,76
65	41,34	40,23	39,16	38,13	37,15	36,20	35,28	34,41	33,56	32,75	31,96
66	41,71	40,58	39,49	38,44	37,43	36,47	35,54	34,64	33,78	32,96	32,16
67	42,08	40,92	39,81	38,74	37,72	36,73	35,79	34,88	34,00	33,16	32,35
68	42,44	41,26	40,13	39,04	38,00	36,99	36,03	35,11	34,22	33,36	32,54
69	42,80	41,60	40,44	39,33	38,27	37,25	36,27	35,33	34,42	33,56	32,72
70	43,15	41,93	40,75	39,62	38,54	37,50	36,50	35,55	34,63	33,75	32,90
71	43,50	42,25	41,05	39,90	38,80	37,74	36,73	35,76	34,83	33,93	33,07
72	43,84	42,57	41,35	40,18	39,06	37,98	36,95	35,97	35,02	34,11	33,24
73	44,18	42,88	41,64	40,45	39,31	38,22	37,17	36,17	35,21	34,29	33,40
74	44,51	43,19	41,93	40,72	39,56	38,45	37,39	36,37	35,40	34,46	33,57
75	44,84	43,50	42,21	40,98	39,80	38,68	37,60	36,57	35,58	34,63	33,72
76	45,16	43,79	42,49	41,24	40,04	38,90	37,81	36,76	35,76	34,80	33,88

BewG Anhang Anlage 37

Restnutzungsdauer (Jahre)	Zinssatz										
	1,5 %	1,6 %	1,7 %	1,8 %	1,9 %	2,0 %	2,1 %	2,2 %	2,3 %	2,4 %	2,5 %
77	45,48	44,09	42,76	41,49	40,28	39,12	38,01	36,95	35,93	34,96	34,03
78	45,79	44,38	43,03	41,74	40,51	39,33	38,21	37,13	36,10	35,11	34,17
79	46,10	44,66	43,29	41,98	40,73	39,54	38,40	37,31	36,27	35,27	34,31
80	46,41	44,95	43,55	42,22	40,96	39,74	38,59	37,48	36,43	35,42	34,45
81	46,71	45,22	43,81	42,46	41,17	39,95	38,77	37,66	36,59	35,56	34,59
82	47,00	45,49	44,06	42,69	41,39	40,14	38,96	37,82	36,74	35,71	34,72
83	47,29	45,76	44,31	42,92	41,60	40,34	39,13	37,99	36,89	35,85	34,85
84	47,58	46,03	44,55	43,14	41,80	40,53	39,31	38,15	37,04	35,98	34,97
85	47,86	46,29	44,79	43,36	42,00	40,71	39,48	38,31	37,19	36,12	35,10
86	48,14	46,54	45,02	43,58	42,20	40,89	39,65	38,46	37,33	36,25	35,22
87	48,41	46,79	45,25	43,79	42,40	41,07	39,81	38,61	37,47	36,37	35,33
88	48,68	47,04	45,48	44,00	42,59	41,25	39,97	38,76	37,60	36,50	35,45
89	48,95	47,28	45,70	44,20	42,77	41,42	40,13	38,90	37,73	36,62	35,56
90	49,21	47,52	45,92	44,40	42,96	41,59	40,28	39,04	37,86	36,74	35,67
91	49,47	47,76	46,14	44,60	43,14	41,75	40,43	39,18	37,99	36,85	35,77
92	49,72	47,99	46,35	44,79	43,32	41,91	40,58	39,32	38,11	36,97	35,87
93	49,97	48,22	46,56	44,98	43,49	42,07	40,73	39,45	38,23	37,08	35,98
94	50,22	48,44	46,76	45,17	43,66	42,23	40,87	39,58	38,35	37,18	36,07
95	50,46	48,67	46,96	45,35	43,83	42,38	41,01	39,70	38,47	37,29	36,17
96	50,70	48,88	47,16	45,53	43,99	42,53	41,14	39,83	38,58	37,39	36,26
97	50,94	49,10	47,36	45,71	44,15	42,68	41,28	39,95	38,69	37,49	36,35
98	51,17	49,31	47,55	45,89	44,31	42,82	41,41	40,07	38,80	37,59	36,44
99	51,40	49,52	47,74	46,06	44,47	42,96	41,53	40,18	38,90	37,68	36,53
100	51,62	49,72	47,92	46,22	44,62	43,10	41,66	40,30	39,00	37,78	36,61

Restnutzungsdauer (Jahre)	Zinssatz							
	2,6 %	2,7 %	2,8 %	2,9 %	3,0 %	3,5 %	4 %	4,5 %
1	0,97	0,97	0,97	0,97	0,97	0,97	0,96	0,96
2	1,92	1,92	1,92	1,92	1,91	1,90	1,89	1,87
3	2,85	2,85	2,84	2,83	2,83	2,80	2,78	2,75
4	3,75	3,74	3,73	3,73	3,72	3,67	3,63	3,59
5	4,63	4,62	4,61	4,59	4,58	4,52	4,45	4,39
6	5,49	5,47	5,45	5,44	5,42	5,33	5,24	5,16
7	6,33	6,30	6,28	6,25	6,23	6,11	6,00	5,89
8	7,14	7,11	7,08	7,05	7,02	6,87	6,73	6,60
9	7,93	7,90	7,86	7,82	7,79	7,61	7,44	7,27
10	8,71	8,66	8,62	8,57	8,53	8,32	8,11	7,91
11	9,46	9,41	9,36	9,30	9,25	9,00	8,76	8,53
12	10,20	10,13	10,07	10,01	9,95	9,66	9,39	9,12

Restnutzungsdauer (Jahre)	Zinssatz							
	2,6 %	2,7 %	2,8 %	2,9 %	3,0 %	3,5 %	4 %	4,5 %
13	10,91	10,84	10,77	10,70	10,63	10,30	9,99	9,68
14	11,61	11,53	11,45	11,37	11,30	10,92	10,56	10,22
15	12,29	12,20	12,11	12,02	11,94	11,52	11,12	10,74
16	12,95	12,85	12,76	12,66	12,56	12,09	11,65	11,23
17	13,60	13,49	13,38	13,27	13,17	12,65	12,17	11,71
18	14,23	14,11	13,99	13,87	13,75	13,19	12,66	12,16
19	14,84	14,71	14,58	14,45	14,32	13,71	13,13	12,59
20	15,44	15,30	15,16	15,02	14,88	14,21	13,59	13,01
21	16,03	15,87	15,72	15,56	15,42	14,70	14,03	13,40
22	16,59	16,43	16,26	16,10	15,94	15,17	14,45	13,78
23	17,15	16,97	16,79	16,62	16,44	15,62	14,86	14,15
24	17,69	17,50	17,31	17,12	16,94	16,06	15,25	14,50
25	18,22	18,01	17,81	17,61	17,41	16,48	15,62	14,83
26	18,73	18,51	18,30	18,08	17,88	16,89	15,98	15,15
27	19,23	19,00	18,77	18,55	18,33	17,29	16,33	15,45
28	19,72	19,47	19,23	19,00	18,76	17,67	16,66	15,74
29	20,19	19,93	19,68	19,43	19,19	18,04	16,98	16,02
30	20,65	20,38	20,12	19,86	19,60	18,39	17,29	16,29
31	21,11	20,82	20,54	20,27	20,00	18,74	17,59	16,54
32	21,55	21,25	20,96	20,67	20,39	19,07	17,87	16,79
33	21,97	21,66	21,36	21,06	20,77	19,39	18,15	17,02
34	22,39	22,07	21,75	21,44	21,13	19,70	18,41	17,25
35	22,80	22,46	22,13	21,80	21,49	20,00	18,66	17,46
36	23,20	22,84	22,50	22,16	21,83	20,29	18,91	17,67
37	23,58	23,22	22,86	22,51	22,17	20,57	19,14	17,86
38	23,96	23,58	23,21	22,85	22,49	20,84	19,37	18,05
39	24,33	23,93	23,55	23,17	22,81	21,10	19,58	18,23
40	24,69	24,28	23,88	23,49	23,11	21,36	19,79	18,40
41	25,03	24,61	24,20	23,80	23,41	21,60	19,99	18,57
42	25,37	24,94	24,52	24,10	23,70	21,83	20,19	18,72
43	25,71	25,26	24,82	24,40	23,98	22,06	20,37	18,87
44	26,03	25,57	25,12	24,68	24,25	22,28	20,55	19,02
45	26,34	25,87	25,41	24,96	24,52	22,50	20,72	19,16
46	26,65	26,16	25,69	25,23	24,78	22,70	20,88	19,29
47	26,95	26,45	25,96	25,49	25,02	22,90	21,04	19,41
48	27,24	26,73	26,23	25,74	25,27	23,09	21,20	19,54
49	27,53	27,00	26,48	25,99	25,50	23,28	21,34	19,65
50	27,80	27,26	26,74	26,23	25,73	23,46	21,48	19,76
51	28,07	27,52	26,98	26,46	25,95	23,63	21,62	19,87

BewG Anhang Anlage 37

Restnutzungsdauer (Jahre)	\multicolumn{8}{c}{Zinssatz}
	2,6 %	2,7 %	2,8 %	2,9 %	3,0 %	3,5 %	4 %	4,5 %
52	28,34	27,77	27,22	26,68	26,17	23,80	21,75	19,97
53	28,59	28,01	27,45	26,90	26,37	23,96	21,87	20,07
54	28,84	28,25	27,68	27,12	26,58	24,11	21,99	20,16
55	29,09	28,48	27,89	27,33	26,77	24,26	22,11	20,25
56	29,33	28,71	28,11	27,53	26,97	24,41	22,22	20,33
57	29,56	28,93	28,31	27,72	27,15	24,55	22,33	20,41
58	29,78	29,14	28,52	27,91	27,33	24,69	22,43	20,49
59	30,00	29,35	28,71	28,10	27,51	24,82	22,53	20,57
60	30,22	29,55	28,90	28,28	27,68	24,94	22,62	20,64
61	30,43	29,75	29,09	28,45	27,84	25,07	22,71	20,71
62	30,63	29,94	29,27	28,62	28,00	25,19	22,80	20,77
63	30,83	30,12	29,44	28,79	28,16	25,30	22,89	20,83
64	31,02	30,31	29,61	28,95	28,31	25,41	22,97	20,89
65	31,21	30,48	29,78	29,10	28,45	25,52	23,05	20,95
66	31,39	30,65	29,94	29,26	28,60	25,62	23,12	21,01
67	31,57	30,82	30,10	29,40	28,73	25,72	23,19	21,06
68	31,75	30,99	30,25	29,55	28,87	25,82	23,26	21,11
69	31,92	31,14	30,40	29,69	29,00	25,91	23,33	21,16
70	32,08	31,30	30,55	29,82	29,12	26,00	23,39	21,20
71	32,24	31,45	30,69	29,95	29,25	26,09	23,46	21,25
72	32,40	31,60	30,82	30,08	29,37	26,17	23,52	21,29
73	32,56	31,74	30,96	30,20	29,48	26,25	23,57	21,33
74	32,71	31,88	31,09	30,32	29,59	26,33	23,63	21,37
75	32,85	32,02	31,21	30,44	29,70	26,41	23,68	21,40
76	32,99	32,15	31,34	30,56	29,81	26,48	23,73	21,44
77	33,13	32,28	31,45	30,67	29,91	26,55	23,78	21,47
78	33,27	32,40	31,57	30,77	30,01	26,62	23,83	21,50
79	33,40	32,52	31,68	30,88	30,11	26,68	23,87	21,54
80	33,53	32,64	31,79	30,98	30,20	26,75	23,92	21,57
81	33,65	32,76	31,90	31,08	30,29	26,81	23,96	21,59
82	33,77	32,87	32,00	31,17	30,38	26,87	24,00	21,62
83	33,89	32,98	32,11	31,27	30,47	26,93	24,04	21,65
84	34,01	33,09	32,20	31,36	30,55	26,98	24,07	21,67
85	34,12	33,19	32,30	31,45	30,63	27,04	24,11	21,70
86	34,23	33,29	32,39	31,53	30,71	27,09	24,14	21,72
87	34,34	33,39	32,48	31,62	30,79	27,14	24,18	21,74
88	34,44	33,49	32,57	31,70	30,86	27,19	24,21	21,76
89	34,54	33,58	32,66	31,77	30,93	27,23	24,24	21,78
90	34,64	33,67	32,74	31,85	31,00	27,28	24,27	21,80

Restnutzungsdauer	Zinssatz							
(Jahre)	2,6 %	2,7 %	2,8 %	2,9 %	3,0 %	3,5 %	4 %	4,5 %
91	34,74	33,76	32,82	31,93	31,07	27,32	24,30	21,82
92	34,84	33,84	32,90	32,00	31,14	27,37	24,32	21,83
93	34,93	33,93	32,98	32,07	31,20	27,41	24,35	21,85
94	35,02	34,01	33,05	32,14	31,26	27,45	24,37	21,87
95	35,10	34,09	33,12	32,20	31,32	27,48	24,40	21,88
96	35,19	34,17	33,19	32,27	31,38	27,52	24,42	21,90
97	35,27	34,24	33,26	32,33	31,44	27,56	24,44	21,91
98	35,35	34,32	33,33	32,39	31,49	27,59	24,46	21,92
99	35,43	34,39	33,39	32,45	31,55	27,62	24,49	21,94
100	35,51	34,46	33,46	32,51	31,60	27,66	24,50	21,95

Berechnungsvorschrift für die Vervielfältiger (Barwertfaktoren für die Kapitalisierung):

$$\text{Vervielfältiger} = \frac{q^n - 1}{q^n \times (q - 1)}$$

$q = 1 + LZ$ wobei $LZ = \frac{p}{100}$

LZ = Zinssatz (Liegenschaftszinssatz)

n = Restnutzungsdauer

p = Zinsfuß

Anlage 38 (zu § 253 Abs. 2 und § 259 Abs. 4 BewG)

Wirtschaftliche Gesamtnutzungsdauer

Ein- und Zweifamilienhäuser	80 Jahre
Mietwohngrundstücke, Mehrfamilienhäuser	80 Jahre
Wohnungseigentum	80 Jahre
Geschäftsgrundstücke, gemischt genutzte Grundstücke und sonstige bebaute Grundstücke:	
Gemischt genutzte Grundstücke (Wohnhäuser mit Mischnutzung)	80 Jahre
Museen, Theater, Sakralbauten	70 Jahre
Bürogebäude, Verwaltungsgebäude	60 Jahre
Banken und ähnliche Geschäftshäuser	60 Jahre
Einzelgaragen und Mehrfachgaragen	60 Jahre
Kindergärten (Kindertagesstätten), allgemeinbildende Schulen und berufsbildende Schulen, Hochschulen, Sonderschulen	50 Jahre
Wohnheime, Internate, Alten- und Pflegeheime	50 Jahre
Kauf-/Warenhäuser	50 Jahre
Krankenhäuser, Kliniken, Tageskliniken, Ärztehäuser	40 Jahre
Gemeindezentren, Saalbauten, Veranstaltungsgebäude, Vereinsheime	40 Jahre
Beherbergungsstätten, Hotels, Verpflegungseinrichtungen	40 Jahre
Sport- und Tennishallen, Freizeitbäder, Kur- und Heilbäder	40 Jahre
Tief-, Hoch- und Nutzfahrzeuggaragen als Einzelbauwerke, Carports	40 Jahre

Betriebs- und Werkstätten, Industrie- und Produktionsgebäude			40 Jahre
Lager- und Versandgebäude			40 Jahre
Verbrauchermärkte, Autohäuser			30 Jahre
Reithallen, ehemalige landwirtschaftliche Mehrzweckhallen, Scheunen und Ähnliches			30 Jahre

Teileigentum ist in Abhängigkeit von der baulichen Gestaltung den vorstehenden Gebäudearten zuzuordnen.

Auffangklausel
Für nicht aufgeführte Gebäudearten ist die wirtschaftliche Gesamtnutzungsdauer aus der wirtschaftlichen Gesamtnutzungsdauer vergleichbarer Gebäudearten abzuleiten.

Anlage 39 (zu § 254 BewG)

Ermittlung des Rohertrags

I. Monatliche Nettokaltmieten in EUR/Quadratmeter Wohnfläche* (Wertverhältnisse/Stand 1. Januar 2022)

Land	Gebäudeart**	Wohnfläche*** (je Wohnung)	Baujahr des Gebäudes				
			bis 1948	1949 bis 1978	1979 bis 1990	1991 bis 2000	ab 2001
Baden-Württemberg	Einfamilienhaus	unter 60 m²	7,13	6,88	7,01	8,73	9,40
		von 60 m² bis unter 100 m²	6,24	6,41	6,62	7,58	7,51
		100 m² und mehr	5,53	6,10	6,37	6,61	7,78
	Zweifamilienhaus	unter 60 m²	7,63	8,16	8,15	8,56	8,89
		von 60 m² bis unter 100 m²	5,60	6,06	6,11	6,55	7,60
		100 m² und mehr	5,10	5,38	5,45	6,20	7,31
	Mietwohngrundstück	unter 60 m²	8,60	9,17	9,11	10,10	12,44
		von 60 m² bis unter 100 m²	6,78	7,09	7,33	7,82	8,97
		100 m² und mehr	6,84	6,42	6,82	7,27	8,97

---

* **Amtl. Anm.:** Flächen, die zu anderen als Wohnzwecken genutzt werden, gelten als Wohnfläche. Für diese Flächen ist bei Mietwohngrundstücken die für Wohnungen mit einer Fläche unter 60 m² geltende monatliche Nettokaltmiete in Euro je Quadratmeter Nutzfläche (ohne Zubehörräume) anzusetzen. Bei Ein-und Zweifamilienhäusern sind diese Flächen zu der jeweiligen Wohnfläche zu addieren.

** **Amtl. Anm.:** Für Wohnungseigentum gelten die Nettokaltmieten für Mietwohngrundstücke.

*** **Amtl. Anm.:** Flächen, die zu anderen als Wohnzwecken genutzt werden, gelten als Wohnfläche. Für diese Flächen ist bei Mietwohngrundstücken die für Wohnungen mit einer Fläche unter 60 m² geltende monatliche Nettokaltmiete in Euro je Quadratmeter Nutzfläche (ohne Zubehörräume) anzusetzen. Bei Ein-und Zweifamilienhäusern sind diese Flächen zu der jeweiligen Wohnfläche zu addieren.

Anlage 39 Anhang BewG

Land	Gebäudeart*	Wohnfläche** (je Wohnung)	Baujahr des Gebäudes				
			bis 1948	1949 bis 1978	1979 bis 1990	1991 bis 2000	ab 2001
Bayern	Einfamilienhaus	unter 60 m²	7,86	7,54	7,76	9,28	10,64
		von 60 m² bis unter 100 m²	6,89	7,04	7,34	8,07	8,50
		100 m² und mehr	6,09	6,69	7,06	7,03	8,80
	Zweifamilienhaus	unter 60 m²	6,91	7,35	7,41	7,48	8,25
		von 60 m² bis unter 100 m²	5,06	5,45	5,57	5,72	7,07
		100 m² und mehr	4,61	4,85	4,96	5,42	6,79
	Mietwohngrundstück	unter 60 m²	9,82	10,41	10,44	11,12	14,56
		von 60 m² bis unter 100 m²	7,74	8,04	8,40	8,61	10,50
		100 m² und mehr	7,80	7,29	7,81	8,00	10,50
Berlin	Einfamilienhaus	unter 60 m²	9,04	7,79	7,28	10,70	14,45
		von 60 m² bis unter 100 m²	7,92	7,25	6,89	9,28	11,56
		100 m² und mehr	7,01	6,91	6,63	8,09	11,96
	Zweifamilienhaus	unter 60 m²	8,95	8,55	7,83	9,70	12,62
		von 60 m² bis unter 100 m²	6,56	6,33	5,87	7,43	10,79
		100 m² und mehr	5,97	5,64	5,23	7,02	10,37
	Mietwohngrundstück	unter 60 m²	8,47	8,07	7,34	9,60	14,83
		von 60 m² bis unter 100 m²	6,68	6,23	5,91	7,44	10,70
		100 m² und mehr	6,73	5,65	5,50	6,91	10,70
Brandenburg	Einfamilienhaus	unter 60 m²	8,34	7,20	7,28	10,66	12,20
		von 60 m² bis unter 100 m²	7,31	6,71	6,88	9,26	9,75
		100 m² und mehr	6,47	6,39	6,62	8,07	10,09
	Zweifamilienhaus	unter 60 m²	7,50	7,17	7,10	8,79	9,68
		von 60 m² bis unter 100 m²	5,50	5,31	5,32	6,72	8,28
		100 m² und mehr	5,00	4,73	4,75	6,36	7,96
	Mietwohngrundstück	unter 60 m²	7,45	7,11	7,00	9,13	11,94
		von 60 m² bis unter 100 m²	5,88	5,49	5,63	7,07	8,61
		100 m² und mehr	5,92	4,98	5,24	6,58	8,61

* Amtl. Anm.: Für Wohnungseigentum gelten die Nettokaltmieten für Mietwohngrundstücke.

** Amtl. Anm.: Flächen, die zu anderen als Wohnzwecken genutzt werden, gelten als Wohnfläche. Für diese Flächen ist bei Mietwohngrundstücken die für Wohnungen mit einer Fläche unter 60 m² geltende monatliche Nettokaltmiete in Euro je Quadratmeter Nutzfläche (ohne Zubehörräume) anzusetzen. Bei Ein-und Zweifamilienhäusern sind diese Flächen zu der jeweiligen Wohnfläche zu addieren.

BewG Anhang Anlage 39

Land	Gebäudeart*	Wohnfläche** (je Wohnung)	Baujahr des Gebäudes			
			bis 1948	1949 bis 1978	1979 bis 1990	1991 bis 2000	ab 2001
Bremen	Einfamilienhaus	unter 60 m²	7,03	6,49	6,73	7,62	9,00
		von 60 m² bis unter 100 m²	6,16	6,06	6,36	6,62	7,19
		100 m² und mehr	5,45	5,77	6,11	5,77	7,44
	Zweifamilienhaus	unter 60 m²	7,88	8,09	8,19	7,84	8,91
		von 60 m² bis unter 100 m²	5,78	6,00	6,15	6,00	7,62
		100 m² und mehr	5,26	5,33	5,48	5,67	7,33
	Mietwohngrundstück	unter 60 m²	8,08	8,26	8,33	8,38	11,33
		von 60 m² bis unter 100 m²	6,38	6,38	6,71	6,49	8,17
		100 m² und mehr	6,42	5,79	6,24	6,04	8,17
Hamburg	Einfamilienhaus	unter 60 m²	8,69	7,01	7,52	9,56	10,26
		von 60 m² bis unter 100 m²	7,62	6,53	7,11	8,31	8,20
		100 m² und mehr	6,74	6,22	6,84	7,24	8,49
	Zweifamilienhaus	unter 60 m²	10,45	9,34	9,82	10,55	10,89
		von 60 m² bis unter 100 m²	7,67	6,92	7,37	8,07	9,31
		100 m² und mehr	6,97	6,16	6,57	7,64	8,96
	Mietwohngrundstück	unter 60 m²	9,18	8,19	8,57	9,70	11,89
		von 60 m² bis unter 100 m²	7,23	6,32	6,89	7,51	8,58
		100 m² und mehr	7,30	5,73	6,42	6,98	8,58
Hessen	Einfamilienhaus	unter 60 m²	7,96	6,97	6,91	7,83	10,02
		von 60 m² bis unter 100 m²	6,97	6,50	6,54	6,80	8,00
		100 m² und mehr	6,17	6,18	6,29	5,93	8,29
	Zweifamilienhaus	unter 60 m²	7,45	7,23	7,02	6,72	8,27
		von 60 m² bis unter 100 m²	5,46	5,36	5,26	5,15	7,08
		100 m² und mehr	4,97	4,77	4,70	4,87	6,81
	Mietwohngrundstück	unter 60 m²	9,44	9,13	8,81	8,90	13,01
		von 60 m² bis unter 100 m²	7,45	7,05	7,10	6,89	9,39
		100 m² und mehr	7,50	6,39	6,60	6,40	9,39

*   Amtl. Anm.: Für Wohnungseigentum gelten die Nettokaltmieten für Mietwohngrundstücke.

** Amtl. Anm.: Flächen, die zu anderen als Wohnzwecken genutzt werden, gelten als Wohnfläche. Für diese Flächen ist bei Mietwohngrundstücken die für Wohnungen mit einer Fläche unter 60 m² geltende monatliche Nettokaltmiete in Euro je Quadratmeter Nutzfläche (ohne Zubehörräume) anzusetzen. Bei Ein-und Zweifamilienhäusern sind diese Flächen zu der jeweiligen Wohnfläche zu addieren.

Anlage 39 **Anhang BewG**

Land	Gebäudeart[*]	Wohnfläche[**] (je Wohnung)	Baujahr des Gebäudes			
			bis 1948	1949 bis 1978	1979 bis 1990	1991 bis 2000	ab 2001
Mecklenburg-Vorpommern	Einfamilienhaus	unter 60 m²	7,02	5,75	5,50	8,12	8,77
		von 60 m² bis unter 100 m²	6,15	5,37	5,20	7,05	7,01
		100 m² und mehr	5,44	5,11	5,01	6,14	7,26
	Zweifamilienhaus	unter 60 m²	7,48	6,80	6,35	7,92	8,24
		von 60 m² bis unter 100 m²	5,48	5,05	4,77	6,07	7,05
		100 m² und mehr	4,99	4,49	4,25	5,74	6,78
	Mietwohngrundstück	unter 60 m²	8,20	7,44	6,92	9,09	11,22
		von 60 m² bis unter 100 m²	6,48	5,74	5,57	7,04	8,10
		100 m² und mehr	6,52	5,21	5,18	6,55	8,10
Niedersachsen	Einfamilienhaus	unter 60 m²	6,62	6,36	6,31	7,72	8,40
		von 60 m² bis unter 100 m²	5,80	5,93	5,97	6,70	6,71
		100 m² und mehr	5,13	5,64	5,74	5,84	6,95
	Zweifamilienhaus	unter 60 m²	6,78	7,21	7,00	7,23	7,58
		von 60 m² bis unter 100 m²	4,98	5,34	5,25	5,53	6,48
		100 m² und mehr	4,52	4,76	4,68	5,24	6,24
	Mietwohngrundstück	unter 60 m²	8,07	8,57	8,28	9,00	11,22
		von 60 m² bis unter 100 m²	6,36	6,62	6,67	6,98	8,10
		100 m² und mehr	6,42	6,01	6,20	6,48	8,10
Nordrhein-Westfalen	Einfamilienhaus	unter 60 m²	6,97	6,56	6,82	8,30	8,32
		von 60 m² bis unter 100 m²	6,10	6,11	6,44	7,20	6,65
		100 m² und mehr	5,40	5,82	6,19	6,28	6,88
	Zweifamilienhaus	unter 60 m²	7,07	7,38	7,50	7,70	7,44
		von 60 m² bis unter 100 m²	5,19	5,47	5,62	5,89	6,37
		100 m² und mehr	4,71	4,87	5,02	5,57	6,12
	Mietwohngrundstück	unter 60 m²	7,83	8,13	8,23	8,90	10,22
		von 60 m² bis unter 100 m²	6,17	6,29	6,62	6,90	7,38
		100 m² und mehr	6,22	5,69	6,15	6,41	7,38

[*]   Amtl. Anm.: Für Wohnungseigentum gelten die Nettokaltmieten für Mietwohngrundstücke.
[**] Amtl. Anm.: Flächen, die zu anderen als Wohnzwecken genutzt werden, gelten als Wohnfläche. Für diese Flächen ist bei Mietwohngrundstücken die für Wohnungen mit einer Fläche unter 60 m² geltende monatliche Nettokaltmiete in Euro je Quadratmeter Nutzfläche (ohne Zubehörräume) anzusetzen. Bei Ein-und Zweifamilienhäusern sind diese Flächen zu der jeweiligen Wohnfläche zu addieren.

BewG Anhang Anlage 39

Land	Gebäudeart*	Wohnfläche** (je Wohnung)	bis 1948	1949 bis 1978	1979 bis 1990	1991 bis 2000	ab 2001
Rheinland-Pfalz	Einfamilienhaus	unter 60 m²	7,12	6,81	6,88	8,13	9,32
		von 60 m² bis unter 100 m²	6,23	6,36	6,50	7,06	7,45
		100 m² und mehr	5,52	6,05	6,25	6,15	7,72
	Zweifamilienhaus	unter 60 m²	7,30	7,77	7,66	7,64	8,44
		von 60 m² bis unter 100 m²	5,35	5,76	5,75	5,85	7,22
		100 m² und mehr	4,87	5,13	5,13	5,53	6,94
	Mietwohngrundstück	unter 60 m²	8,33	8,82	8,67	9,11	11,95
		von 60 m² bis unter 100 m²	6,57	6,81	6,98	7,06	8,62
		100 m² und mehr	6,62	6,18	6,49	6,57	8,62
Saarland	Einfamilienhaus	unter 60 m²	6,07	6,18	6,13	8,39	9,03
		von 60 m² bis unter 100 m²	5,32	5,76	5,79	7,29	7,21
		100 m² und mehr	4,71	5,48	5,57	6,35	7,47
	Zweifamilienhaus	unter 60 m²	6,33	7,13	6,93	8,00	8,30
		von 60 m² bis unter 100 m²	4,63	5,28	5,19	6,13	7,09
		100 m² und mehr	4,22	4,71	4,63	5,80	6,82
	Mietwohngrundstück	unter 60 m²	7,74	8,70	8,41	10,24	12,62
		von 60 m² bis unter 100 m²	6,10	6,73	6,77	7,94	9,10
		100 m² und mehr	6,15	6,10	6,30	7,37	9,10
Sachsen	Einfamilienhaus	unter 60 m²	6,70	6,21	5,71	8,23	8,97
		von 60 m² bis unter 100 m²	5,87	5,79	5,39	7,15	7,17
		100 m² und mehr	5,19	5,52	5,19	6,23	7,43
	Zweifamilienhaus	unter 60 m²	5,92	6,09	5,47	6,67	7,00
		von 60 m² bis unter 100 m²	4,34	4,51	4,11	5,11	5,99
		100 m² und mehr	3,94	4,01	3,67	4,83	5,75
	Mietwohngrundstück	unter 60 m²	7,57	7,77	6,95	8,93	11,12
		von 60 m² bis unter 100 m²	5,98	6,01	5,60	6,92	8,02
		100 m² und mehr	6,02	5,44	5,20	6,42	8,02

* Amtl. Anm.: Für Wohnungseigentum gelten die Nettokaltmieten für Mietwohngrundstücke.
** Amtl. Anm.: Flächen, die zu anderen als Wohnzwecken genutzt werden, gelten als Wohnfläche. Für diese Flächen ist bei Mietwohngrundstücken die für Wohnungen mit einer Fläche unter 60 m² geltende monatliche Nettokaltmiete in Euro je Quadratmeter Nutzfläche (ohne Zubehörräume) anzusetzen. Bei Ein-und Zweifamilienhäusern sind diese Flächen zu der jeweiligen Wohnfläche zu addieren.

Anlage 39 **Anhang BewG**

Land	Gebäudeart*	Wohnfläche** (je Wohnung)	Baujahr des Gebäudes				
			bis 1948	1949 bis 1978	1979 bis 1990	1991 bis 2000	ab 2001
Sachsen-Anhalt	Einfamilienhaus	unter 60 m²	6,23	5,78	5,53	7,43	7,79
		von 60 m² bis unter 100 m²	5,45	5,39	5,22	6,45	6,23
		100 m² und mehr	4,83	5,14	5,02	5,62	6,45
	Zweifamilienhaus	unter 60 m²	6,19	6,37	5,96	6,75	6,83
		von 60 m² bis unter 100 m²	4,54	4,72	4,47	5,17	5,85
		100 m² und mehr	4,13	4,20	3,98	4,89	5,62
	Mietwohngrundstück	unter 60 m²	7,22	7,41	6,90	8,24	9,90
		von 60 m² bis unter 100 m²	5,69	5,72	5,55	6,38	7,14
		100 m² und mehr	5,74	5,19	5,16	5,93	7,14
Schleswig-Holstein	Einfamilienhaus	unter 60 m²	7,16	6,92	6,87	8,47	9,24
		von 60 m² bis unter 100 m²	6,28	6,45	6,49	7,35	7,37
		100 m² und mehr	5,55	6,14	6,24	6,41	7,64
	Zweifamilienhaus	unter 60 m²	7,55	8,10	7,86	8,18	8,58
		von 60 m² bis unter 100 m²	5,54	6,01	5,90	6,27	7,34
		100 m² und mehr	5,03	5,34	5,26	5,92	7,06
	Mietwohngrundstück	unter 60 m²	7,85	8,39	8,10	8,89	11,09
		von 60 m² bis unter 100 m²	6,19	6,47	6,52	6,89	7,99
		100 m² und mehr	6,24	5,87	6,06	6,40	7,99
Thüringen	Einfamilienhaus	unter 60 m²	7,36	6,58	6,41	8,31	9,59
		von 60 m² bis unter 100 m²	6,45	6,13	6,05	7,22	7,66
		100 m² und mehr	5,71	5,83	5,82	6,29	7,94
	Zweifamilienhaus	unter 60 m²	7,07	7,00	6,67	7,30	8,12
		von 60 m² bis unter 100 m²	5,19	5,19	5,00	5,59	6,95
		100 m² und mehr	4,71	4,62	4,45	5,29	6,68
	Mietwohngrundstück	unter 60 m²	7,70	7,61	7,22	8,33	11,00
		von 60 m² bis unter 100 m²	6,08	5,88	5,81	6,45	7,94
		100 m² und mehr	6,12	5,33	5,40	6,00	7,94
Nettokaltmiete –Festwert – für einen Garagenstellplatz (Einzelgarage/Tiefgarage)			35 EUR/Monat				

* Amtl. Anm.: Für Wohnungseigentum gelten die Nettokaltmieten für Mietwohngrundstücke.
** Amtl. Anm.: Flächen, die zu anderen als Wohnzwecken genutzt werden, gelten als Wohnfläche. Für diese Flächen ist bei Mietwohngrundstücken die für Wohnungen mit einer Fläche unter 60 m² geltende monatliche Nettokaltmiete in Euro je Quadratmeter Nutzfläche (ohne Zubehörräume) anzusetzen. Bei Ein-und Zweifamilienhäusern sind diese Flächen zu der jeweiligen Wohnfläche zu addieren.

II. Mietniveaustufen

Zur Berücksichtigung von Mietniveauunterschieden zwischen Gemeinden eines Landes sind die Nettokaltmieten zu I. durch folgende Ab- oder Zuschläge anzupassen:

Mietniveaustufe 1
Mietniveaustufe 2
Mietniveaustufe 3
Mietniveaustufe 4
Mietniveaustufe 5
Mietniveaustufe 6
Mietniveaustufe 7

Die gemeindebezogene Einordnung in die Mietniveaustufen und der dafür maßgebliche Gebietsstand ergibt sich aus der Rechtsverordnung zur Durchführung des § 254 Abs. 2 des Bewertungsgesetzes in der jeweils aktuellen Fassung.

Anlage 40 (zu § 255 BewG)

Bewirtschaftungskosten

Pauschalierte Bewirtschaftungskosten für Verwaltung, Instandhaltung und Mietausfallwagnis in Prozent des Rohertrags des Grundstücks nach § 254 BewG

Restnutzungsdauer	Grundstücksart		
	1	2	3
	Ein- und Zweifamilienhäuser	Wohnungseigentum	Mietwohngrundstück
≥ 60 Jahre	18	23	21
40 bis 59 Jahre	21	25	23
20 bis 39 Jahre	25	29	27
< 20 Jahre	27	31	29

Anlage 41 (zu § 257 Abs. 2 BewG)

Abzinsungsfaktoren

Restnutzungsdauer (Jahre)	Zinssatz									
	1,5 %	1,6 %	1,7 %	1,8 %	1,9 %	2,0 %	2,1 %	2,2 %	2,3 %	2,4 %	2,5 %
1	0,9852	0,9843	0,9833	0,9823	0,9814	0,9804	0,9794	0,9785	0,9775	0,9766	0,9756
2	0,9707	0,9688	0,9668	0,9649	0,9631	0,9612	0,9593	0,9574	0,9555	0,9537	0,9518
3	0,9563	0,9535	0,9507	0,9479	0,9451	0,9423	0,9396	0,9368	0,9341	0,9313	0,9286
4	0,9422	0,9385	0,9348	0,9311	0,9275	0,9238	0,9202	0,9166	0,9131	0,9095	0,9060
5	0,9283	0,9237	0,9192	0,9147	0,9102	0,9057	0,9013	0,8969	0,8925	0,8882	0,8839
6	0,9145	0,9092	0,9038	0,8985	0,8932	0,8880	0,8828	0,8776	0,8725	0,8674	0,8623
7	0,9010	0,8948	0,8887	0,8826	0,8766	0,8706	0,8646	0,8587	0,8528	0,8470	0,8413
8	0,8877	0,8807	0,8738	0,8670	0,8602	0,8535	0,8468	0,8402	0,8337	0,8272	0,8207

Anlage 41 **Anhang BewG**

Restnut-zungsdauer (Jahre)	Zinssatz										
	1,5 %	1,6 %	1,7 %	1,8 %	1,9 %	2,0 %	2,1 %	2,2 %	2,3 %	2,4 %	2,5 %
9	0,8746	0,8669	0,8592	0,8517	0,8442	0,8368	0,8294	0,8221	0,8149	0,8078	0,8007
10	0,8617	0,8532	0,8449	0,8366	0,8284	0,8203	0,8123	0,8044	0,7966	0,7889	0,7812
11	0,8489	0,8398	0,8307	0,8218	0,8130	0,8043	0,7956	0,7871	0,7787	0,7704	0,7621
12	0,8364	0,8266	0,8169	0,8073	0,7978	0,7885	0,7793	0,7702	0,7612	0,7523	0,7436
13	0,8240	0,8135	0,8032	0,7930	0,7830	0,7730	0,7632	0,7536	0,7441	0,7347	0,7254
14	0,8118	0,8007	0,7898	0,7790	0,7684	0,7579	0,7475	0,7374	0,7273	0,7175	0,7077
15	0,7999	0,7881	0,7766	0,7652	0,7540	0,7430	0,7322	0,7215	0,7110	0,7006	0,6905
16	0,7880	0,7757	0,7636	0,7517	0,7400	0,7284	0,7171	0,7060	0,6950	0,6842	0,6736
17	0,7764	0,7635	0,7508	0,7384	0,7262	0,7142	0,7024	0,6908	0,6794	0,6682	0,6572
18	0,7649	0,7515	0,7383	0,7253	0,7126	0,7002	0,6879	0,6759	0,6641	0,6525	0,6412
19	0,7536	0,7396	0,7259	0,7125	0,6993	0,6864	0,6738	0,6614	0,6492	0,6372	0,6255
20	0,7425	0,7280	0,7138	0,6999	0,6863	0,6730	0,6599	0,6471	0,6346	0,6223	0,6103
21	0,7315	0,7165	0,7019	0,6875	0,6735	0,6598	0,6463	0,6332	0,6203	0,6077	0,5954
22	0,7207	0,7052	0,6901	0,6754	0,6609	0,6468	0,6330	0,6196	0,6064	0,5935	0,5809
23	0,7100	0,6941	0,6786	0,6634	0,6486	0,6342	0,6200	0,6062	0,5927	0,5796	0,5667
24	0,6995	0,6832	0,6673	0,6517	0,6365	0,6217	0,6073	0,5932	0,5794	0,5660	0,5529
25	0,6892	0,6724	0,6561	0,6402	0,6247	0,6095	0,5948	0,5804	0,5664	0,5527	0,5394
26	0,6790	0,6619	0,6451	0,6289	0,6130	0,5976	0,5825	0,5679	0,5536	0,5398	0,5262
27	0,6690	0,6514	0,6344	0,6177	0,6016	0,5859	0,5706	0,5557	0,5412	0,5271	0,5134
28	0,6591	0,6412	0,6238	0,6068	0,5904	0,5744	0,5588	0,5437	0,5290	0,5148	0,5009
29	0,6494	0,6311	0,6133	0,5961	0,5794	0,5631	0,5473	0,5320	0,5171	0,5027	0,4887
30	0,6398	0,6211	0,6031	0,5856	0,5686	0,5521	0,5361	0,5206	0,5055	0,4909	0,4767
31	0,6303	0,6114	0,5930	0,5752	0,5580	0,5412	0,5251	0,5094	0,4941	0,4794	0,4651
32	0,6210	0,6017	0,5831	0,5650	0,5476	0,5306	0,5143	0,4984	0,4830	0,4682	0,4538
33	0,6118	0,5923	0,5733	0,5550	0,5373	0,5202	0,5037	0,4877	0,4722	0,4572	0,4427
34	0,6028	0,5829	0,5638	0,5452	0,5273	0,5100	0,4933	0,4772	0,4616	0,4465	0,4319
35	0,5939	0,5737	0,5543	0,5356	0,5175	0,5000	0,4832	0,4669	0,4512	0,4360	0,4214
36	0,5851	0,5647	0,5451	0,5261	0,5078	0,4902	0,4732	0,4568	0,4410	0,4258	0,4111
37	0,5764	0,5558	0,5360	0,5168	0,4984	0,4806	0,4635	0,4470	0,4311	0,4158	0,4011
38	0,5679	0,5471	0,5270	0,5077	0,4891	0,4712	0,4540	0,4374	0,4214	0,4061	0,3913
39	0,5595	0,5385	0,5182	0,4987	0,4800	0,4619	0,4446	0,4280	0,4120	0,3966	0,3817
40	0,5513	0,5300	0,5095	0,4899	0,4710	0,4529	0,4355	0,4188	0,4027	0,3873	0,3724
41	0,5431	0,5216	0,5010	0,4812	0,4622	0,4440	0,4265	0,4097	0,3936	0,3782	0,3633
42	0,5351	0,5134	0,4926	0,4727	0,4536	0,4353	0,4178	0,4009	0,3848	0,3693	0,3545
43	0,5272	0,5053	0,4844	0,4644	0,4452	0,4268	0,4092	0,3923	0,3761	0,3607	0,3458

BewG Anhang Anlage 41

Restnutzungsdauer (Jahre)	Zinssatz									
	1,5 %	1,6 %	1,7 %	1,8 %	1,9 %	2,0 %	2,1 %	2,2 %	2,3 %	2,4 %	2,5 %
44	0,5194	0,4974	0,4763	0,4561	0,4369	0,4184	0,4007	0,3838	0,3677	0,3522	0,3374
45	0,5117	0,4895	0,4683	0,4481	0,4287	0,4102	0,3925	0,3756	0,3594	0,3440	0,3292
46	0,5042	0,4818	0,4605	0,4402	0,4207	0,4022	0,3844	0,3675	0,3513	0,3359	0,3211
47	0,4967	0,4742	0,4528	0,4324	0,4129	0,3943	0,3765	0,3596	0,3434	0,3280	0,3133
48	0,4894	0,4668	0,4452	0,4247	0,4052	0,3865	0,3688	0,3518	0,3357	0,3203	0,3057
49	0,4821	0,4594	0,4378	0,4172	0,3976	0,3790	0,3612	0,3443	0,3282	0,3128	0,2982
50	0,4750	0,4522	0,4305	0,4098	0,3902	0,3715	0,3538	0,3369	0,3208	0,3055	0,2909
51	0,4680	0,4451	0,4233	0,4026	0,3829	0,3642	0,3465	0,3296	0,3136	0,2983	0,2838
52	0,4611	0,4381	0,4162	0,3955	0,3758	0,3571	0,3394	0,3225	0,3065	0,2913	0,2769
53	0,4543	0,4312	0,4093	0,3885	0,3688	0,3501	0,3324	0,3156	0,2996	0,2845	0,2702
54	0,4475	0,4244	0,4024	0,3816	0,3619	0,3432	0,3255	0,3088	0,2929	0,2778	0,2636
55	0,4409	0,4177	0,3957	0,3749	0,3552	0,3365	0,3188	0,3021	0,2863	0,2713	0,2572
56	0,4344	0,4111	0,3891	0,3682	0,3485	0,3299	0,3123	0,2956	0,2799	0,2650	0,2509
57	0,4280	0,4046	0,3826	0,3617	0,3420	0,3234	0,3059	0,2893	0,2736	0,2588	0,2448
58	0,4217	0,3983	0,3762	0,3553	0,3357	0,3171	0,2996	0,2830	0,2674	0,2527	0,2388
59	0,4154	0,3920	0,3699	0,3490	0,3294	0,3109	0,2934	0,2769	0,2614	0,2468	0,2330
60	0,4093	0,3858	0,3637	0,3429	0,3233	0,3048	0,2874	0,2710	0,2555	0,2410	0,2273
61	0,4032	0,3797	0,3576	0,3368	0,3172	0,2988	0,2815	0,2652	0,2498	0,2353	0,2217
62	0,3973	0,3738	0,3516	0,3309	0,3113	0,2929	0,2757	0,2594	0,2442	0,2298	0,2163
63	0,3914	0,3679	0,3458	0,3250	0,3055	0,2872	0,2700	0,2539	0,2387	0,2244	0,2111
64	0,3856	0,3621	0,3400	0,3193	0,2998	0,2816	0,2645	0,2484	0,2333	0,2192	0,2059
65	0,3799	0,3564	0,3343	0,3136	0,2942	0,2761	0,2590	0,2430	0,2281	0,2140	0,2009
66	0,3743	0,3508	0,3287	0,3081	0,2887	0,2706	0,2537	0,2378	0,2230	0,2090	0,1960
67	0,3688	0,3452	0,3232	0,3026	0,2834	0,2653	0,2485	0,2327	0,2179	0,2041	0,1912
68	0,3633	0,3398	0,3178	0,2973	0,2781	0,2601	0,2434	0,2277	0,2130	0,1993	0,1865
69	0,3580	0,3345	0,3125	0,2920	0,2729	0,2550	0,2384	0,2228	0,2082	0,1947	0,1820
70	0,3527	0,3292	0,3073	0,2869	0,2678	0,2500	0,2335	0,2180	0,2036	0,1901	0,1776
71	0,3475	0,3240	0,3021	0,2818	0,2628	0,2451	0,2287	0,2133	0,1990	0,1857	0,1732
72	0,3423	0,3189	0,2971	0,2768	0,2579	0,2403	0,2239	0,2087	0,1945	0,1813	0,1690
73	0,3373	0,3139	0,2921	0,2719	0,2531	0,2356	0,2193	0,2042	0,1901	0,1771	0,1649
74	0,3323	0,3089	0,2872	0,2671	0,2484	0,2310	0,2148	0,1998	0,1859	0,1729	0,1609
75	0,3274	0,3041	0,2824	0,2624	0,2437	0,2265	0,2104	0,1955	0,1817	0,1689	0,1569
76	0,3225	0,2993	0,2777	0,2577	0,2392	0,2220	0,2061	0,1913	0,1776	0,1649	0,1531
77	0,3178	0,2946	0,2731	0,2532	0,2347	0,2177	0,2018	0,1872	0,1736	0,1610	0,1494
78	0,3131	0,2899	0,2685	0,2487	0,2304	0,2134	0,1977	0,1832	0,1697	0,1573	0,1457

Anlage 41 **Anhang BewG**

Restnutzungsdauer (Jahre)	Zinssatz										
	1,5 %	1,6 %	1,7 %	1,8 %	1,9 %	2,0 %	2,1 %	2,2 %	2,3 %	2,4 %	2,5 %
79	0,3084	0,2854	0,2640	0,2443	0,2261	0,2092	0,1936	0,1792	0,1659	0,1536	0,1422
80	0,3039	0,2809	0,2596	0,2400	0,2219	0,2051	0,1896	0,1754	0,1622	0,1500	0,1387
81	0,2994	0,2764	0,2553	0,2357	0,2177	0,2011	0,1857	0,1716	0,1585	0,1465	0,1353
82	0,2950	0,2721	0,2510	0,2316	0,2137	0,1971	0,1819	0,1679	0,1550	0,1430	0,1320
83	0,2906	0,2678	0,2468	0,2275	0,2097	0,1933	0,1782	0,1643	0,1515	0,1397	0,1288
84	0,2863	0,2636	0,2427	0,2235	0,2058	0,1895	0,1745	0,1607	0,1481	0,1364	0,1257
85	0,2821	0,2594	0,2386	0,2195	0,2019	0,1858	0,1709	0,1573	0,1447	0,1332	0,1226
86	0,2779	0,2554	0,2346	0,2156	0,1982	0,1821	0,1674	0,1539	0,1415	0,1301	0,1196
87	0,2738	0,2513	0,2307	0,2118	0,1945	0,1786	0,1640	0,1506	0,1383	0,1270	0,1167
88	0,2698	0,2474	0,2269	0,2081	0,1908	0,1751	0,1606	0,1473	0,1352	0,1241	0,1138
89	0,2658	0,2435	0,2231	0,2044	0,1873	0,1716	0,1573	0,1442	0,1322	0,1211	0,1111
90	0,2619	0,2396	0,2193	0,2008	0,1838	0,1683	0,1541	0,1411	0,1292	0,1183	0,1084
91	0,2580	0,2359	0,2157	0,1972	0,1804	0,1650	0,1509	0,1380	0,1263	0,1155	0,1057
92	0,2542	0,2322	0,2121	0,1937	0,1770	0,1617	0,1478	0,1351	0,1234	0,1128	0,1031
93	0,2504	0,2285	0,2085	0,1903	0,1737	0,1586	0,1447	0,1321	0,1207	0,1102	0,1006
94	0,2467	0,2249	0,2050	0,1869	0,1705	0,1554	0,1418	0,1293	0,1179	0,1076	0,0982
95	0,2431	0,2214	0,2016	0,1836	0,1673	0,1524	0,1389	0,1265	0,1153	0,1051	0,0958
96	0,2395	0,2179	0,1982	0,1804	0,1642	0,1494	0,1360	0,1238	0,1127	0,1026	0,0934
97	0,2359	0,2144	0,1949	0,1772	0,1611	0,1465	0,1332	0,1211	0,1102	0,1002	0,0912
98	0,2324	0,2111	0,1917	0,1741	0,1581	0,1436	0,1305	0,1185	0,1077	0,0979	0,0889
99	0,2290	0,2077	0,1885	0,1710	0,1552	0,1408	0,1278	0,1160	0,1053	0,0956	0,0868
100	0,2256	0,2045	0,1853	0,1680	0,1523	0,1380	0,1251	0,1135	0,1029	0,0933	0,0846

Restnutzungsdauer (Jahre)	Zinssatz							
	2,6 %	2,7 %	2,8 %	2,9 %	3,0 %	3,5 %	4 %	4,5 %
1	0,9747	0,9737	0,9728	0,9718	0,9709	0,9662	0,9615	0,9569
2	0,9500	0,9481	0,9463	0,9444	0,9426	0,9335	0,9246	0,9157
3	0,9259	0,9232	0,9205	0,9178	0,9151	0,9019	0,8890	0,8763
4	0,9024	0,8989	0,8954	0,8919	0,8885	0,8714	0,8548	0,8386
5	0,8796	0,8753	0,8710	0,8668	0,8626	0,8420	0,8219	0,8025
6	0,8573	0,8523	0,8473	0,8424	0,8375	0,8135	0,7903	0,7679
7	0,8355	0,8299	0,8242	0,8186	0,8131	0,7860	0,7599	0,7348
8	0,8144	0,8080	0,8018	0,7956	0,7894	0,7594	0,7307	0,7032
9	0,7937	0,7868	0,7799	0,7731	0,7664	0,7337	0,7026	0,6729
10	0,7736	0,7661	0,7587	0,7514	0,7441	0,7089	0,6756	0,6439

BewG Anhang Anlage 41

Restnutzungsdauer (Jahre)	Zinssatz							
	2,6 %	2,7 %	2,8 %	2,9 %	3,0 %	3,5 %	4 %	4,5 %
11	0,7540	0,7460	0,7380	0,7302	0,7224	0,6849	0,6496	0,6162
12	0,7349	0,7264	0,7179	0,7096	0,7014	0,6618	0,6246	0,5897
13	0,7163	0,7073	0,6984	0,6896	0,6810	0,6394	0,6006	0,5643
14	0,6981	0,6887	0,6794	0,6702	0,6611	0,6178	0,5775	0,5400
15	0,6804	0,6706	0,6609	0,6513	0,6419	0,5969	0,5553	0,5167
16	0,6632	0,6529	0,6429	0,6329	0,6232	0,5767	0,5339	0,4945
17	0,6464	0,6358	0,6253	0,6151	0,6050	0,5572	0,5134	0,4732
18	0,6300	0,6191	0,6083	0,5978	0,5874	0,5384	0,4936	0,4528
19	0,6140	0,6028	0,5917	0,5809	0,5703	0,5202	0,4746	0,4333
20	0,5985	0,5869	0,5756	0,5645	0,5537	0,5026	0,4564	0,4146
21	0,5833	0,5715	0,5599	0,5486	0,5375	0,4856	0,4388	0,3968
22	0,5685	0,5565	0,5447	0,5332	0,5219	0,4692	0,4220	0,3797
23	0,5541	0,5419	0,5299	0,5181	0,5067	0,4533	0,4057	0,3634
24	0,5401	0,5276	0,5154	0,5035	0,4919	0,4380	0,3901	0,3477
25	0,5264	0,5137	0,5014	0,4893	0,4776	0,4231	0,3751	0,3327
26	0,5131	0,5002	0,4877	0,4756	0,4637	0,4088	0,3607	0,3184
27	0,5001	0,4871	0,4744	0,4622	0,4502	0,3950	0,3468	0,3047
28	0,4874	0,4743	0,4615	0,4491	0,4371	0,3817	0,3335	0,2916
29	0,4750	0,4618	0,4490	0,4365	0,4243	0,3687	0,3207	0,2790
30	0,4630	0,4497	0,4367	0,4242	0,4120	0,3563	0,3083	0,2670
31	0,4513	0,4378	0,4248	0,4122	0,4000	0,3442	0,2965	0,2555
32	0,4398	0,4263	0,4133	0,4006	0,3883	0,3326	0,2851	0,2445
33	0,4287	0,4151	0,4020	0,3893	0,3770	0,3213	0,2741	0,2340
34	0,4178	0,4042	0,3911	0,3783	0,3660	0,3105	0,2636	0,2239
35	0,4072	0,3936	0,3804	0,3677	0,3554	0,3000	0,2534	0,2143
36	0,3969	0,3832	0,3700	0,3573	0,3450	0,2898	0,2437	0,2050
37	0,3869	0,3732	0,3600	0,3472	0,3350	0,2800	0,2343	0,1962
38	0,3771	0,3633	0,3502	0,3375	0,3252	0,2706	0,2253	0,1878
39	0,3675	0,3538	0,3406	0,3279	0,3158	0,2614	0,2166	0,1797
40	0,3582	0,3445	0,3313	0,3187	0,3066	0,2526	0,2083	0,1719
41	0,3491	0,3354	0,3223	0,3097	0,2976	0,2440	0,2003	0,1645
42	0,3403	0,3266	0,3135	0,3010	0,2890	0,2358	0,1926	0,1574
43	0,3316	0,3180	0,3050	0,2925	0,2805	0,2278	0,1852	0,1507
44	0,3232	0,3097	0,2967	0,2843	0,2724	0,2201	0,1780	0,1442
45	0,3150	0,3015	0,2886	0,2763	0,2644	0,2127	0,1712	0,1380

Anlage 41   **Anhang BewG**

Restnut-zungsdauer (Jahre)	Zinssatz							
	2,6 %	2,7 %	2,8 %	2,9 %	3,0 %	3,5 %	4 %	4,5 %
46	0,3071	0,2936	0,2807	0,2685	0,2567	0,2055	0,1646	0,1320
47	0,2993	0,2859	0,2731	0,2609	0,2493	0,1985	0,1583	0,1263
48	0,2917	0,2784	0,2657	0,2535	0,2420	0,1918	0,1522	0,1209
49	0,2843	0,2710	0,2584	0,2464	0,2350	0,1853	0,1463	0,1157
50	0,2771	0,2639	0,2514	0,2395	0,2281	0,1791	0,1407	0,1107
51	0,2701	0,2570	0,2445	0,2327	0,2215	0,1730	0,1353	0,1059
52	0,2632	0,2502	0,2379	0,2262	0,2150	0,1671	0,1301	0,1014
53	0,2566	0,2437	0,2314	0,2198	0,2088	0,1615	0,1251	0,0970
54	0,2501	0,2372	0,2251	0,2136	0,2027	0,1560	0,1203	0,0928
55	0,2437	0,2310	0,2190	0,2076	0,1968	0,1508	0,1157	0,0888
56	0,2375	0,2249	0,2130	0,2017	0,1910	0,1457	0,1112	0,0850
57	0,2315	0,2190	0,2072	0,1960	0,1855	0,1407	0,1069	0,0814
58	0,2257	0,2133	0,2016	0,1905	0,1801	0,1360	0,1028	0,0778
59	0,2199	0,2077	0,1961	0,1851	0,1748	0,1314	0,0989	0,0745
60	0,2144	0,2022	0,1907	0,1799	0,1697	0,1269	0,0951	0,0713
61	0,2089	0,1969	0,1855	0,1748	0,1648	0,1226	0,0914	0,0682
62	0,2036	0,1917	0,1805	0,1699	0,1600	0,1185	0,0879	0,0653
63	0,1985	0,1867	0,1756	0,1651	0,1553	0,1145	0,0845	0,0625
64	0,1935	0,1818	0,1708	0,1605	0,1508	0,1106	0,0813	0,0598
65	0,1885	0,1770	0,1661	0,1560	0,1464	0,1069	0,0781	0,0572
66	0,1838	0,1723	0,1616	0,1516	0,1421	0,1033	0,0751	0,0547
67	0,1791	0,1678	0,1572	0,1473	0,1380	0,0998	0,0722	0,0524
68	0,1746	0,1634	0,1529	0,1431	0,1340	0,0964	0,0695	0,0501
69	0,1702	0,1591	0,1488	0,1391	0,1301	0,0931	0,0668	0,0480
70	0,1658	0,1549	0,1447	0,1352	0,1263	0,0900	0,0642	0,0459
71	0,1616	0,1508	0,1408	0,1314	0,1226	0,0869	0,0617	0,0439
72	0,1575	0,1469	0,1369	0,1277	0,1190	0,0840	0,0594	0,0420
73	0,1535	0,1430	0,1332	0,1241	0,1156	0,0812	0,0571	0,0402
74	0,1497	0,1392	0,1296	0,1206	0,1122	0,0784	0,0549	0,0385
75	0,1459	0,1356	0,1260	0,1172	0,1089	0,0758	0,0528	0,0368
76	0,1422	0,1320	0,1226	0,1139	0,1058	0,0732	0,0508	0,0353
77	0,1386	0,1286	0,1193	0,1107	0,1027	0,0707	0,0488	0,0337
78	0,1351	0,1252	0,1160	0,1075	0,0997	0,0683	0,0469	0,0323
79	0,1316	0,1219	0,1129	0,1045	0,0968	0,0660	0,0451	0,0309
80	0,1283	0,1187	0,1098	0,1016	0,0940	0,0638	0,0434	0,0296

Restnut- zungsdauer	Zinssatz							
(Jahre)	2,6 %	2,7 %	2,8 %	2,9 %	3,0 %	3,5 %	4 %	4,5 %
81	0,1250	0,1156	0,1068	0,0987	0,0912	0,0616	0,0417	0,0283
82	0,1219	0,1125	0,1039	0,0959	0,0886	0,0596	0,0401	0,0271
83	0,1188	0,1096	0,1011	0,0932	0,0860	0,0575	0,0386	0,0259
84	0,1158	0,1067	0,0983	0,0906	0,0835	0,0556	0,0371	0,0248
85	0,1128	0,1039	0,0956	0,0880	0,0811	0,0537	0,0357	0,0237
86	0,1100	0,1011	0,0930	0,0856	0,0787	0,0519	0,0343	0,0227
87	0,1072	0,0985	0,0905	0,0832	0,0764	0,0501	0,0330	0,0217
88	0,1045	0,0959	0,0880	0,0808	0,0742	0,0484	0,0317	0,0208
89	0,1018	0,0934	0,0856	0,0785	0,0720	0,0468	0,0305	0,0199
90	0,0993	0,0909	0,0833	0,0763	0,0699	0,0452	0,0293	0,0190
91	0,0967	0,0885	0,0810	0,0742	0,0679	0,0437	0,0282	0,0182
92	0,0943	0,0862	0,0788	0,0721	0,0659	0,0422	0,0271	0,0174
93	0,0919	0,0839	0,0767	0,0700	0,0640	0,0408	0,0261	0,0167
94	0,0896	0,0817	0,0746	0,0681	0,0621	0,0394	0,0251	0,0160
95	0,0873	0,0796	0,0726	0,0662	0,0603	0,0381	0,0241	0,0153
96	0,0851	0,0775	0,0706	0,0643	0,0586	0,0368	0,0232	0,0146
97	0,0829	0,0755	0,0687	0,0625	0,0569	0,0355	0,0223	0,0140
98	0,0808	0,0735	0,0668	0,0607	0,0552	0,0343	0,0214	0,0134
99	0,0788	0,0715	0,0650	0,0590	0,0536	0,0332	0,0206	0,0128
100	0,0768	0,0697	0,0632	0,0573	0,0520	0,0321	0,0198	0,0123

Berechnungsvorschrift für die Abzinsungsfaktoren (Barwertfaktoren für die Abzinsung):

$$\text{Abzinsungsfaktor} = \frac{1}{q^n}$$

$q = 1 + LZ$ wobei $LZ = \frac{p}{100}$

LZ = Zinssatz (Liegenschaftszinssatz)

n = Restnutzungsdauer

p = Zinsfuß

Anlage 42 (zu § 259 Abs. 1 BewG)

I. Begriff der Brutto-Grundfläche (BGF)

1. Die BGF ist die Summe der bezogen auf die jeweilige Gebäudeart marktüblich nutzbaren Grundflächen aller Grundrissebenen eines Bauwerks. In Anlehnung an die DIN 277-1:2005-02 sind bei den Grundflächen folgende Bereiche zu unterscheiden:

    Bereich a: überdeckt und allseitig in voller Höhe umschlossen,

    Bereich b: überdeckt, jedoch nicht allseitig in voller Höhe umschlossen,

Bereich c: nicht überdeckt.

Für die Anwendung der Normalherstellungskosten (NHK) sind im Rahmen der Ermittlung der BGF nur die Grundflächen der Bereiche a und b zugrunde zu legen. Balkone, auch wenn sie überdeckt sind, sind dem Bereich c zuzuordnen.

Für die Ermittlung der BGF sind die äußeren Maße der Bauteile einschließlich Bekleidung, z. B. Putz und Außenschalen mehrschaliger Wandkonstruktionen, in Höhe der Bodenbelagsoberkanten anzusetzen.

2. Nicht zur BGF gehören z. B. Flächen von Spitzböden und Kriechkellern, Flächen, die ausschließlich der Wartung, Inspektion und Instandsetzung von Baukonstruktionen und technischen Anlagen dienen, sowie Flächen unter konstruktiven Hohlräumen, z. B. über abgehängten Decken.

II. Normalherstellungskosten (NHK)

Normalherstellungskosten in €/m² BGF auf der Grundlage der Normalherstellungskosten 2010 (NHK 2010), einschließlich Baunebenkosten und Umsatzsteuer für die jeweilige Gebäudeart (Kostenstand 2010) sowie eines pauschalen Zuschlages für bauliche Anlagen, insbesondere Außenanlagen, und sonstige Anlagen (3 %).

	Gebäudeart	Baujahrgruppe		
		vor 1995	1995 bis 2004	ab 2005
1	Gemischt genutzte Grundstücke (Wohnhäuser mit Mischnutzung)	695	886	1118
2	Banken und ähnliche Geschäftshäuser	736	937	1494
3	Bürogebäude, Verwaltungsgebäude	839	1071	1736
4	Gemeindezentren, Vereinsheime, Saalbauten, Veranstaltungsgebäude	1004	1282	1555
5	Kindergärten (Kindertagesstätten), allgemeinbildende Schulen, berufsbildende Schulen, Hochschulen, Sonderschulen	1164	1488	1710
6	Wohnheime, Internate, Alten-, Pflegeheime	876	1118	1370
7	Krankenhäuser, Kliniken, Tageskliniken, Ärztehäuser	1334	1705	2075
8	Beherbergungsstätten, Hotels, Verpflegungseinrichtungen	1118	1427	1859
9.1	Sporthallen	1133	1447	1777
9.2	Tennishallen	814	1040	1226
9.3	Freizeitbäder, Kur-und Heilbäder	1978	2524	3075
10.1	Verbrauchermärkte	582	742	896
10.2	Kauf-und Warenhäuser	1066	1360	1633
10.3	Autohäuser ohne Werkstatt	757	968	1277
11.1	Betriebs-und Werkstätten eingeschossig oder mehrgeschossig ohne Hallenanteil; Industrielle Produktionsgebäude, Massivbauweise	762	973	1200
11.2	Betriebs-und Werkstätten, mehrgeschossig, hoher Hallenanteil; Industrielle Produktionsgebäude, überwiegend Skelettbauweise	536	680	942
12.1	Lagergebäude ohne Mischnutzung, Kaltlager	283	361	505
12.2	Lagergebäude mit bis zu 25 Prozent Mischnutzung	443	567	711
12.3	Lagergebäude mit mehr als 25 Prozent Mischnutzung	716	917	1128
13	Museen, Theater, Sakralbauten	1514	1875	2395
14	Reithallen, ehemalige landwirtschaftliche Mehrzweckhallen, Scheunen und Ähnliches		263	

	Gebäudeart	Baujahrgruppe		
		vor 1995	1995 bis 2004	ab 2005
15	Stallbauten		422	
16	Hochgaragen, Tiefgaragen und Nutzfahrzeuggaragen		623	
17	Einzelgaragen, Mehrfachgaragen		500	
18	Carports und Ähnliches		196	
19	Teileigentum Teileigentum ist in Abhängigkeit von der baulichen Gestaltung den vorstehenden Gebäudearten zuzuordnen.			
20	Auffangklausel Normalherstellungskosten für nicht aufgeführte Gebäudearten sind aus den Normalherstellungskosten vergleichbarer Gebäudearten abzuleiten.			

Anlage 43 (zu § 260 BewG)

Wertzahlen

für Teileigentum, Geschäftsgrundstücke, gemischt genutzte Grundstücke und sonstige bebaute Grundstücke nach § 249 Abs. 1 Nr. 5–8 BewG

Vorläufiger Sachwert		Bodenrichtwert		
		bis 100 EUR/m²	bis 300 EUR/m²	über 300 EUR/m²
bis	500 000 EUR	0,80	0,90	1,00
	750 000 EUR	0,75	0,85	0,95
	1 000 000 EUR	0,70	0,80	0,90
	1 500 000 EUR	0,65	0,75	0,85
	2 000 000 EUR	0,60	0,70	0,80
	3 000 000 EUR	0,55	0,65	0,75
über	3 000 000 EUR	0,50	0,60	0,70

C. Kommentierung der abweichenden Länderregelungen

Einführung zu den abweichenden Länderregelungen

A. Verfassungsrechtlicher Rahmen für die Einführung von abweichenden Ländermodellen

Die Frage der Gesetzgebungskompetenz des Bundes für die notwendige Reform des Grundsteuergesetzes und des Bewertungsgesetzes wurde im Rahmen des Reformprozesses nicht einheitlich beantwortet.[1] Gemäß Art. 105 Abs. 2 GG hat der Bund für die Grundsteuer die konkurrierende Gesetzgebungskompetenz unter den Voraussetzungen des Art. 72 Abs. 2 GG. Es werden unterschiedliche Auffassungen zur Frage des Erfordernisses einer bundeseinheitlichen Regelung der Grundsteuer zur Herstellung gleichwertiger Lebensverhältnisse oder zur Wahrung der Rechts- oder Wirtschaftseinheit im Bundesgebiet nach der seit dem 16.11.1994 geltenden Fassung des Art. 72 Abs. 2 GG vertreten. Darauf hat das Bundesverfassungsgericht in seinem Urteil vom 10.4.2018 hingewiesen, ohne dass es dazu einer Entscheidung bedurfte.[2] Art. 125a Abs. 2 GG räumt dem Bund lediglich eine begrenzte Änderungskompetenz des fortgeltenden Bundesrechts unter Beibehaltung der wesentlichen Elemente ein, erlaubt aber keine grundlegende Neukonzeption der Materie.

Da die Gesetzgebungskompetenz des Bundes in der Wissenschaft nicht einheitlich beurteilt wird, sollte diese unzweifelhaft abgesichert werden.[3] Dazu erhält der Bund mit einer Grundgesetzänderung uneingeschränkt die konkurrierende Gesetzgebungskompetenz zur Regelung der Grundsteuer. Zeitgleich wird den Ländern über eine Ergänzung in Art. 72 Abs. 3 GG eine umfassende abweichende Regelungskompetenz eröffnet. Die Einführung der Öffnungsklausel für abweichendes Landesrecht geht auf eine Initiative der CSU zurück.[4] Dafür bestehen gute Gründe mit Blick auf das Ziel einer bundesgesetzlichen Grundlage.[5] Denn die Grundsteuer wird aufgrund ihrer historisch gewachsenen Funktion als unverzichtbare Finanzierungsquelle für die Kommunen bundesweit erhoben. Darüber hinaus bestehen Querbezüge zwischen Grund- und Gewerbebesteuerung insbesondere im Bereich der Land- und Forstwirtschaft, die Vorkehrungen zur Vermeidung von Doppelbesteuerungen erfordern.

Dies entspricht zudem der bisherigen Systematik bundeseinheitlicher Steuergegenstände und Bemessungsgrundlagen auf der einen und Hebesatzautonomie der Gemeinden auf der anderen Seite bei Grund- und Gewerbesteuer. Zugleich bietet sich gerade die Grundsteuer aufgrund der Immobilität des Steuerobjekts und des bereits in der Verfassung vorhandenen kommunalen Hebesatzrechts dafür an, die Steuerautonomie der Länder zu stärken.[6]

---

1 Vgl. BT-Drucks. 19/11084 S. 1 sowie Krause in Stenger/Loose, Landesgrundsteuergesetz Niedersachsen Rz. 118 ff.
2 BVerfG, Urteil v. 10.4.2018 - 1 BvL 11/14, 1 BvL 12/14, 1 BvL 1/15, 1 BvR 639/11, 1 BvR 889/12, NWB MAAAG-80435.
3 Vgl. BT-Drucks. 19/11084 S. 1.
4 Krause in Stenger/Loose, Landesgrundsteuergesetz Niedersachsen Rz. 11.
5 Vgl. BT-Ducks.S 19/11084 S. 4.
6 Vgl. BT-Drucks. 19/11084 S. 4.

Einführung 4–12

4   Mit der Ergänzung des Art. 125b GG um einen Absatz 3 wird bestimmt, dass auf dem Gebiet des Art. 72 Abs. 3 Satz 1 Nr. 7 GG abweichendes Landesrecht der Erhebung der Grundsteuer frühestens für Zeiträume ab dem 1.1.2025 zugrunde gelegt werden darf. Mit der Erweiterung wird sichergestellt, dass zu einem einheitlichen Zeitpunkt (1.1.2025) in allen Ländern die Grundsteuer nach neuem Recht – bundesgesetzlich oder landesgesetzlich geregelt – erhoben wird. Eine vorherige Diversifizierung der Grundsteuererhebung soll steuerpolitisch vermieden werden.[1] Diese Begründung ist m. E. wenig überzeugend. Die Öffnungsklausel schafft Unterschiede zwischen den Bundesländern in der Grundsteuererhebung. Warum diese Unterschiede aber ab 2025 wünschenswert sein sollen, vorher jedoch zu vermeiden sind, ist nicht nachvollziehbar. Als Begründung lässt sich gleichwohl anführen, dass die durch das BVerfG ausgesprochene Fortgeltungsanordnung[2] für das alte Recht möglicherweise in ihrem Fortbestand gefährdet wäre, wenn einzelne Länder vorab abweichendes Landesrecht zur Anwendung bringen.

5   Mit der Ergänzung des Art. 125b GG wird den Ländern zudem die Möglichkeit eingeräumt, bereits frühzeitig und parallel zur Fortgeltung bisherigen Bundesrechts bis zum 31.12.2024 mit den erforderlichen Maßnahmen zur verfahrensmäßigen Umsetzung abweichenden Landesrechts zu beginnen. In diesem Kontext ist z. B. an die Anforderung der Steuererklärungen (Feststellungserklärungen) oder den Erlass von Steuermessbescheiden zu denken.

6–10   *(Einstweilen frei)*

B. Überblick über die Ländermodelle:

11   Als erstes Bundesland hat Baden-Württemberg am 4.11.2020 sein LGrStG BW in Form einer Bodenwertsteuer verabschiedet. Das im LGrStG BW gewählte Modell sieht vor, bei Grundstücken des Grundvermögens nur noch den Wert des Grund und Bodens zu besteuern. Zu diesem Zweck werden Grundstücke anhand ihrer Fläche und dem jeweiligen Bodenrichtwert auf den Hauptfeststellungszeitpunkt bewertet. Die Bebauung wirkt sich in Baden-Württemberg nicht mehr auf den Wert, sondern nur noch auf die Wahl der Steuermesszahl aus.

12   Das Modell **Bayerns** basiert nicht auf dem Leistungsfähigkeitsprinzip, sondern auf dem Äquivalenzprinzip. Dahinter steht der Gedanke, dass Bürger und Unternehmen über die Grundsteuer an den Kosten beteiligt werden, die der Kommune durch das Vorhalten von Infrastruktur (z. B. Räumdienste, Brandschutz, Spielplätze, kulturelle Einrichtungen etc.) entstehen und die nicht über Beiträge oder Gebühren direkt und individuell von den Nutzern erhoben werden können. Die Grundsteuer soll nach Vorstellung des bayrischen Gesetzgebers konzeptionell diesem Belastungsgrund und damit dem kommunalen Beitragsrecht folgen und demzufolge wertunabhängig ausgestaltet sein. Gleichwohl behält sie ihren Steuercharakter nach § 3 AO, da sie ohne konkreten Anspruch auf Gegenleistung von den Grundstücksnutzern erhoben wird. In Bayern kommt es folglich nicht mehr auf den Wert einer Immobilie, sondern lediglich auf die Grundstücks- und Gebäudeflächen an. Die Äquivalenzzahl für Gebäudeflächen beträgt stets 0,50 € je Quadratmeter. Die Nutzungsart der Gebäudefläche hat für die Äquivalenzzahl keine Bedeutung. Diese wird erst auf Stufe der Messzahlen und damit des gesetzlichen Tarifs relevant.

---

1 Vgl. BT-Drucks. 19/11084 S. 6.
2 BVerfG, Urteil v. 10.4.2018 - 1 BvL 11/14, 1 BvL 12/14, 1 BvL 1/15, 1 BvR 639/11, 1 BvR 889/12, NWB MAAAG-80435.

Die Bundesländer **Hessen und Niedersachsen** ergänzen das bayrische Modell zusätzlich um einen bodenrichtwertabhängigen Lagefaktor, der abhängig vom Bodenrichtwert des zu bewertenden Grundstücks und dem durchschnittlichen Bodenrichtwert der Kommune ist und Grundstücke in besserer Lage somit höher besteuert als Grundstücke in schlechter Lage. Der lageabhängige Faktor ermittelt sich aus dem Verhältnis des jeweiligen Zonen-Bodenrichtwerts zum Durchschnittsbodenrichtwert der Gemeinde potenziert mit 0,3. Durch die Einführung dieses Faktors soll die unterschiedliche Lagequalität des zu bewertenden Grundstücks im Verhältnis zu der durchschnittlichen Lage der Gemeinde berücksichtigt werden, wobei die Potenzierung mit 0,3 im Hinblick auf das Verhältnis vom jeweiligen für das Grundstück maßgeblichen Bodenrichtwert zum durchschnittlichen Bodenrichtwert dämpfend wirkt.

Das Bundesland **Hamburg** verwendet ebenfalls das bayrische Modell als Grundlage, verzichtet aber auf einen bodenrichtwertabhängigen Lagefaktor und stellt stattdessen ausschließlich bei den Wohngrundstücken auf einen nach weichen Kriterien („Hamburger Wohnlageverzeichnis") ermittelten Wohnlagefaktor ab. Dazu wird eine Ursprungsmesszahl für Wohnen von 0,7 (gegenüber 1,0 für Nichtwohnzwecke) bei normalen Wohnlagen im Gegensatz zu guten Wohnlagen durch den Faktor 0,75, d. h. um eine Ermäßigung von 25 % zusätzlich begünstigt (= Messzahl 0,525), um Stadtentwicklungsgesichtspunkte zu berücksichtigen und um das Ziel des bezahlbaren Wohnraums zu fördern. Die Lageermäßigung orientiert sich dabei am Hamburger Wohnlageverzeichnis. Das Wohnlageverzeichnis zeichnet sich dadurch aus, dass es nicht nur die Bodenrichtwerte, sondern auch andere Komponenten (wie z. B. die Erreichbarkeit des ÖPNV, dem Grünflächenanteil und die Entfernung zum Einzelhandel, den Statusindex) berücksichtigt und damit ein genaues Bild der Lage und der Förderungswürdigkeit hin zu einer guten Wohnlage bildet.

Sachsen und das **Saarland** hingegen übernehmen das Bundesmodell mit der Abweichung, dass für Wohngrundstücke und Nichtwohngrundstücke abweichende Messzahlen gelten. Mit den geänderten Messzahlen verfolgen die Landesgesetzgeber das Ziel, die Grundsteuerlast zu den Nichtwohngrundstücken hin zu verschieben. Gleichzeitig bleibt es beim Ziel der aufkommensneutralen Reform. Die bei Anwendung der bundesgesetzlich geregelten Steuermesszahlen erwartete starke Belastung der Wohnnutzung soll so deutlich abgemildert werden. Mit der im Vergleich zur Nichtwohnnutzung niedrigeren Steuermesszahl für die Wohnnutzung wird diese gegenüber der geschäftlichen Nutzung gezielt geringer belastet. Diese Belastungsentscheidung gründet auf einer angestrebten Förderung von Wohnraum.

Abschnitt I: Baden-Württemberg

Vorwort zur Kommentierung des Landesgrundsteuergesetzes Baden-Württemberg

Inhaltsübersicht	Rz.
A. Besonderheiten der Landesregelung in Abgrenzung zur Bundesregelung	1 - 64
I. Ziele der landesrechtlichen Sonderregelung	2 - 5
II. Verfahren der Grundsteuererhebung	6 - 9
III. Bewertung des Grundvermögens	10 - 18
IV. Steuermesszahlen	19 - 37
1. Ermäßigung für Grundstücke, die nach dem Landeswohnraumförderungsgesetz gefördert werden	21 - 24
2. Ermäßigung für Grundstücke bestimmter Rechtsträger	25 - 28
3. Ermäßigung für Kulturdenkmale	29 - 31
4. Kumulierung der Begünstigungen	32 - 37
V. Folgen der Reform für die Grundstückeigentümer	38 - 41
VI. Verfassungsrechtliche Überlegungen	42 - 64
1. Lenkungsfunktion	45 - 52
2. Verstoß gegen das Äquivalenzprinzip	53 - 56
3. Verletzung des Leistungsfähigkeitsprinzips	57 - 59
4. Verletzung des Gleichbehandlungsgebots des Art. 3 GG wegen ungenauer Bodenrichtwerte	60 - 63
5. Zusammenfassung	64

LITERATUR:

Bräutigam/Spengel/Winter, GrSt-Reform – eine analytische Betrachtung der bundesgesetzlichen Regelung sowie weiterer Bewertungsverfahren, Der Betrieb 40/2020 S. 2090; *Gregor Kirchhof,* Der Belastungsgrund von Steuern – zum verfassungsrechtlichen Auftrag, die Grundsteuer zu reformieren; DStR 21-22/20 S. 1073; *ders.,* Bodenwertsteuer und Grundgesetz: Das aktuelle Grundsteuergesetz Baden-Württembergs verletzt die Verfassung, Der Betrieb 49/20 S. 2600-2605; *Löhr/Kempny,* Zur Grundsteuerreform: Grundzüge eines Bodenwertsteuergesetzes; DStR 2019/11 S. 537; *Schmidt,* Reform der Grundsteuer - Eine erste Analyse der Wertermittlung nach dem Ertragswertverfahren, NWB 50/2019 S. 3719, NWB BAAAH-36269.

A. Besonderheiten der Landesregelung in Abgrenzung zur Bundesregelung

1 Durch das „Gesetz zur Änderung des Grundgesetzes" v. 15.11.2019 ist es den Bundesländern nach Art. 72 Abs. 3 Satz 1 Nr. 7 des Grundgesetzes möglich, ganz oder zum Teil von einem Bundesgesetz zur Grundsteuer abzuweichen. Als erstes Bundesland hat Baden-Württemberg diese Möglichkeit genutzt und am 4.11.2020 ein eigenständiges Grundsteuergesetz (LGrStG BW)[1] verabschiedet. Mit dem am 22.12.2021 verabschiedeten Gesetz zur Änderung des Landesgrundsteuergesetzes und zur Einführung eines gesonderten Hebesatzrechts zur Mobilisierung von Bauland (ÄndGLGrStG)[2] wurden Änderungen am LGrStG BW vorgenommen, die klarstellenden Charakter haben, der Verwaltungsvereinfachung dienen und mit der Einführung einer Grundsteuer C den Kommunen die Möglichkeit einer aktiveren Steuerung eröffnen sollen.

---
[1] Verkündet als Art. 1 des Gesetzes zur Regelung einer Landesgrundsteuer v. 4. 11.2020 (GBl S. 974).
[2] GBl S. 1029.

I. Ziele der landesrechtlichen Sonderregelung

Mit dem Landesgesetz soll in Abgrenzung zum Bundesgesetz eine **möglichst einfache Ermittlung der Besteuerungsgrundlagen** bei **realitätsgerechter Darstellung der Wertverhältnisse innerhalb der Kommune** erreicht werden. Diese Ziele sollen durch das Heranziehen der **Bodenrichtwerte als zentrales Bewertungskriterium** erreicht werden. Innerhalb der Bodenrichtwertzone wird durch das zweite Bewertungskriterium, die „Fläche", eine weitere Differenzierung zwischen den wirtschaftlichen Einheiten vorgenommen.

Weitere **Ziele** der Reform[1] sind,
- den Flächenverbrauch im Außenbereich zu reduzieren,
- Boden als natürliche Ressource zu schützen und
- die Innenentwicklung zu stärken.

Dies soll durch die **geringere Besteuerung von bebauten Wohngrundstücken** gegenüber unbebauten Grundstücken erreicht werden.

Durch die **Grundsteuer C** soll den Kommunen die Möglichkeit gegeben werden, durch die Erhebung eines höheren Hebesatzes für bestimmte baureife Grundstücke diese einer Bebauung zuzuführen und damit die städtebauliche Situation zu verbessern.

(Einstweilen frei)

II. Verfahren der Grundsteuererhebung

Es bleibt bei dem bisher schon bekannten Verfahren der Grundsteuererhebung. Von den Finanzämtern werden zunächst die **Grundsteuerwerte** (früher Einheitswerte) ermittelt. Diese Grundsteuerwerte werden mit den entsprechenden Steuermesszahlen multipliziert. Das Ergebnis dieser Multiplikation ist der **Grundsteuermessbetrag**, der im Grundsteuermessbescheid dem Steuerpflichtigen und der Gemeinde bekannt gemacht wird.

Die Gemeinden wenden dann auf den Wert aus dem Grundsteuermessbescheid ihren Hebesatz an und erlassen daraufhin den **Grundsteuerbescheid**. Wie bisher legen die Gemeinden die Höhe des Hebesatzes selbständig fest.

(Einstweilen frei)

III. Bewertung des Grundvermögens

Wie im Bundesrecht werden die beiden Vermögensarten **land- und forstwirtschaftliches Vermögen** und das **Grundvermögen** unterschieden. Die **Bewertung des land- und forstwirtschaftlichen Vermögens** erfolgt **entsprechend dem Bundesgesetz**; eine eigenständige landesspezifische Bewertung gibt es hier nicht, auch die Steuermesszahl entspricht der im Bundesrecht. Deshalb soll hier nicht weiter auf das land- und forstwirtschaftliche Vermögen eingegangen werden. Für eine ausführliche Kommentierung vgl. Müller in Grootens, BewG § 232 Rz. 1 ff.

Die Bewertung des Grundvermögens erfolgt mit dem **Bodenwert**, der sich aus der **Multiplikation der Fläche** des zu bewertenden Grundstücks **mit dem Bodenrichtwert** der entsprechenden Bodenrichtwertzone ergibt (§ 38 Abs. 1 LGrStG BW). Eine Differenzierung nach verschiedenen Grundstücksarten i. S. des § 249 BewG innerhalb des Grundvermögens erfolgt nicht. Die Bebau-

---
[1] Drucks. 16/8907 S. 3 F Nachhaltigkeitscheck.

ung bzw. die Art der Bebauung des Grundstücks spielt für die Bewertung damit keine Rolle, **unbebaute und bebaute Grundstücke werden gleich bewertet.**

12 Weist das zu bewertende Grundstück erhebliche **wertbeeinflussende Merkmale** auf, die vom **Richtwertgrundstück abweichen**, kann auf Antrag des Steuerpflichtigen ein niedrigerer Wert angesetzt werden. Voraussetzung hierfür ist, dass der Wert des zu bewertenden Grundstücks um mehr als 30 % vom Richtwertgrundstück abweicht und der niedrigere Wert durch ein Sachverständigengutachten nachgewiesen wird. Abzuheben ist hierbei lediglich auf den Wert des (fiktiv) unbebauten Grundstücks, wobei es hier allein auf den Wert des Grund und Bodens ankommt, gebäudespezifische Anpassungsfaktoren sind nicht zu berücksichtigen. Der **Gutachter** muss gewisse fachliche Voraussetzungen erfüllen, damit das Gutachten anerkannt werden kann.[1] Die **Kosten des Gutachtens** hat der Steuerpflichtige zu tragen. Häufig werden die Kosten des Sachverständigengutachtens höher sein als die damit zu erreichende Verminderung der Grundsteuer, insbesondere wenn ein Bewertungsgutachten für jeden Hauptfeststellungszeitpunkt einzuholen ist. In Fällen des § 15 Abs. 2 ImmoWert V (vgl. Schmidt in Grootens LGrStG BW § 38 Rz. 27, 33) ist ein solcher Antrag nicht zu stellen, da hier ja gerade kein Bodenrichtwert vom Gutachterausschuss festgestellt wurde.

13 Die **Fläche des Grundstücks** dürfte den Steuerpflichtigen bekannt sein bzw. kann aus dem **Grundbuch oder BORIS-BW (gutachterausschuesse-bw.de)** entnommen werden. Zur anzusetzenden Fläche siehe auch Bock in Grootens, BewG § 247 Rz. 47.

14 Der **Bodenrichtwert** ist ein aus Kaufpreisen ermittelter durchschnittlicher Wert für ein Gebiet mit im Wesentlichen gleichen Nutzungs- und Wertverhältnissen (Bodenrichtwertzone) und ist auf ein Grundstück bezogen, dessen Eigenschaften für dieses Gebiet typisch sind (Richtwertgrundstück). Die **Bodenrichtwertzonen** sind so abzugrenzen, dass lagebedingte **Wertunterschiede** zwischen den Grundstücken und dem **Richtwertgrundstück grds. nicht mehr als +/- 30 %** betragen (§ 15 Abs. 1 ImmoWertV). Die Bodenrichtwerte sind mit dem Wert zu ermitteln, der sich für den unbebauten Boden ergeben würde (§ 196 Abs. 1 Satz 2 BauGB), auch wenn die Grundstücke bebaut sind. Bestehen in einer Richtwertzone ganz unterschiedliche Bebauungen (z. B. Geschosswohnungsbau und Einfamilienhäuser oder Gewerbeobjekte) können sich bei diesen Sachverhalten nach § 15 Abs. 3 ImmoWertV mehrere Bodenrichtwertzonen deckungsgleich überlagern (**überlagernde Bodenrichtwertzonen**). Es sind dann vom Gutachterausschuss mehrere Bodenrichtwerte für diese Richtwertzone zu ermitteln.

15 Wesentliches Problem der bisherigen Einheitsbewertung war die mangelhafte Administrierbarkeit einer Neubewertung aufgrund der Komplexität der Wertermittlung. Durch die deutlich vereinfachte Struktur des Wertermittlungsverfahrens erscheint die alle sieben Jahre erfolgende Neubewertung besser handhabbar, dafür werden Unschärfen bei der Bewertung bewusst in Kauf genommen.

16 Auch wenn es bei der Bewertung der Grundstücke keine Differenzierungen nach den verschiedenen Grundstücksarten gibt, so sollen doch bestimmte Grundstücke (z. B. Wohngrundstücke) und Rechtsträger begünstigt werden. Diese **Begünstigungen** erfolgen nicht über die Bewertung, sondern auf der **Ebene der Grundsteuermesszahlen.**

17–18 *(Einstweilen frei)*

---

1 Schmidt in Grootens LGrStG BW § 38 Rz. 45.

IV. Steuermesszahlen

Grundsätzlich beträgt die **Steuermesszahl für Grundstücke 1,3 v. T.** und für das **landwirtschaftliche Vermögen 0,55 v. T.**

Die Grundsteuermesszahl für Grundstücke **ermäßigt** sich um 30 %, wenn das Grundstück überwiegend (> 50 %) **Wohnzwecken** dient. Neben dieser Ermäßigung bestehen aber noch weitere Ermäßigungen:

1. Ermäßigung für Grundstücke, die nach dem Landeswohnraumförderungsgesetz gefördert werden

Eine **zusätzliche Ermäßigung** von 25 % ergibt sich nach § 40 Abs. 4 LGrStG BW für Wohngrundstücke, die eine **Förderung nach dem Landeswohnraumförderungsgesetz (LWoFG)** oder dem Wohnraumförderungsgesetz des Bundes (WoFG) erhalten. Eine Förderung nach dem WoFG ist in Baden-Württemberg eigentlich gar nicht mehr möglich, weil auch in Bezug auf die Wohnraumförderung Baden-Württemberg seine Gesetzgebungskompetenz genutzt hat und bereits 2007 das LWoFG-BW verabschiedet hat, das auch Übergangsregelungen für das bis dahin auch in Baden-Württemberg geltende WoFG enthält. **Voraussetzung** für die Ermäßigung ist, dass die sich aus der Förderzusage ergebenden **Bindungen bestehen**; nicht erforderlich ist, dass diese Bindungen auch eingehalten werden. Läuft die Förderung aus, besteht nach § 44 Abs. 1 Satz 2 LGrStG BW eine **Anzeigepflicht**, die innerhalb von drei Monaten nach Eintritt der Änderung gegenüber dem Finanzamt zu erfüllen ist und es kommt zu einer Neuveranlagung nach § 42 LGrStG BW.

Sind – wie es in Baden-Württemberg häufig der Fall ist – in einem Gebäude einige Wohnungen gefördert, andere aber nicht, stellt das Landesgesetz klar, dass sich die Ermäßigung bei der Steuermesszahl nur auf die geförderten Wohnungen und nicht auf alle Wohnungen im Gebäude erstreckt. Dazu ist es dann aber notwendig, dass der für das Gesamtgrundstück ermittelte Grundsteuerwert aufgeteilt wird. Diese Aufteilung soll in den Grundsteuermessbescheiden erfolgen.

(Einstweilen frei)

2. Ermäßigung für Grundstücke bestimmter Rechtsträger

Nach § 40 Abs. 5 LGrStG BW können wie in § 15 GrStG **gemeinnützige Wohnungsunternehmen** und **Wohnungsunternehmen von Gebietskörperschaften, die mit der Gebietskörperschaft einen Ergebnisabführungsvertrag abgeschlossen haben,** auf Antrag eine Ermäßigung der Steuermesszahl um 25 % für ihren gesamten Grundbesitz erhalten, nicht nur für ihre Wohngrundstücke. Auch **Vermietungsgenossenschaften (§ 5 Abs. 1 Nr. 10 KStG)** erhalten diese Ermäßigung, allerdings nur für **ihren ertragsteuerlich steuerbefreiten Grundbesitz**.

Soweit bereits eine Ermäßigung nach Abs. 4 (Ermäßigung für nach dem LWoFG geförderte Wohngrundstücke) gewährt wird, wird die Ermäßigung nach Abs. 5 nicht zusätzlich gewährt.

Da im Katalog des § 52 AO die Wohnungsvermietung nicht als gemeinnützige Tätigkeit aufgeführt ist, kann es nach heutiger Rechtslage keine gemeinnützigen Wohnungsunternehmen geben. Aus Gründen des Ertragsteuerrechts, aber auch der Kommunalordnung (§ 102 Abs. 1 Nr. 1 GemO-BW), wird es in Baden-Württemberg kein Wohnungsunternehmen einer Gebietskörperschaft geben, das die Begünstigung in Anspruch nehmen kann. Damit wird die Ermäßigung nach Abs. 5 nur für nach § 5 Abs. 1 Nr. 10 KStG steuerbefreiten Vermietungsgenossenschaften in Frage kommen. Es stellt sich aber die Frage, ob § 40 Abs. 5 LGrStG BW verfassungsgemäß sein kann, weil voll steuerpflichtige Wohnungsgenossenschaften oder Wohnungsunternehmen von Gebietskörperschaften ohne Gewinnabführungsvertrag die Begünstigung nicht in Anspruch nehmen können. Nach der Gesetzesbegründung ist Ziel der Ermäßigung des § 40 Abs. 5 LGrStG BW, Unternehmen zu begünstigen, bei denen die günstige Versorgung der Bevölkerung mit Wohnraum Hauptzweck ist. Auch kommunale Wohnungsunternehmen und unbeschränkt steuerpflichtige Wohnungsgenossenschaften verfolgen diesen Hauptzweck. Damit könnte eine sachlich nicht begründete und damit verfassungswidrige Ungleichbehandlung gegenüber diesen Unternehmen vorliegen.

27–28   *(Einstweilen frei)*

3. Ermäßigung für Kulturdenkmale

29 Die **Steuermesszahl wird um 10% ermäßigt,** wenn sich auf dem Grundstück Gebäude befinden, die **Kulturdenkmale** i.S. des Gesetzes zum Schutz der Kulturdenkmale (Denkmalschutzgesetz) sind (§ 40 Abs. 6 LGrStG BW). Soweit nur räumlich abgrenzbare Teile eines Grundstücks ein Kulturdenkmal sind, ist nur dieser Teil des Grundstücks begünstigt.

30–31   *(Einstweilen frei)*

4. Kumulierung der Begünstigungen

32 Erfüllt ein Grundstück mehrere der oben genannten Vergünstigungstatbestände, ergibt sich die Ermäßigung der Steuermesszahl aus der Summe der zu berücksichtigenden Prozentsätze.

33 Für eine verfahrensrechtlich „saubere" Feststellung der Ermäßigungstatbestände bei den Steuermesszahlen wäre eine Artfeststellung für jedes Grundstück erforderlich. Eine Feststellung der Grundstücksart ist im Landesgrundsteuergesetz bisher nicht vorgesehen. Man ging wohl davon aus, dass dies nicht erforderlich ist, weil ja alle Grundstücke gleich bewertet werden. Es bleibt abzuwarten, wie die Verwaltung und die Rechtsprechung mit diesem Mangel des Gesetzes umgehen werden oder ob der Gesetzgeber hier noch eine Nachbesserung vornimmt.

34 Es können sich damit ausgehend von den möglichen Ermäßigungstatbeständen folgende Steuermesszahlen ergeben:

35 Wohngebäude

Meßzahl vor Abzug v. T.	1,3	1,3	1,3	1,3	1,3	1,3
Wohngrundstück	30,00%	30,00%	30,00%	30,00%	30,00%	30,00%
Förderung LWoFG			25,00%			25,00%
Rechtsträger				25,00%	25,00%	
Kulturdenkmal		10,00%			10,00%	10,00%
Summe Abzüge	30,00%	40,00%	55,00%	55,00%	65,00%	65,00%
Meßzahl nach Abzügen v. T.	0,91	0,78	0,585	0,585	0,455	0,455

Nichtwohngebäude 36

Meßzahl vor Abzug v. T.	1,3	1,3	1,3	1,3
Wohngrundstück	0			0
Förderung LWoFG	0			0
Rechtsträger	0	25,00 %	25,00 %	0
Kulturdenkmal	0		10,00 %	10,00 %
Summe Abzüge	0	25,00 %	35,00 %	10,00 %
Meßzahl nach Abzügen v. T.	1,3	0,975	0,845	1,17

(Einstweilen frei) 37

V. Folgen der Reform für die Grundstückeigentümer

Proberechnungen für die verschiedenen Regionen des Landes haben gezeigt, dass die **Grundsteuermessbeträge** nach dem alten und dem neuen Recht sehr stark voneinander abweichen. Die Ergebnisse sind dabei diffus. Es gab in fast jeder Region Grundstücke, bei denen die neuen Grundsteuermessbeträge deutlich über oder unter den bisherigen Messbeträgen lagen. Man kann aber folgende Tendenzaussage treffen: 38

1. Im **ländlichen Raum** liegen die neuen Grundsteuermessbeträge deutlich unter den bisherigen, während in den Ballungsräumen (vor allem in Stuttgart) die Grundsteuermessbeträge deutlich über den bisherigen Ansätzen liegen.

2. Grundstücke mit einer **guten Flächenausnutzung** werden eher profitieren von der Reform. Das bedeutet aber auch, dass für Ein- und Zweifamilienhäuser nach der Reform eher höhere Grundsteuern zu bezahlen sein werden. Auch bei ehemals landwirtschaftlich genutzten Grundstücken kann es zu erheblichen Verwerfungen kommen, weil diese Grundstücke häufig über Scheunen, Stallungen und große Gärten verfügen und diese Gebäudeteile heute nicht mehr sinnvoll genutzt werden können.

3. Da neuere Wohngebäude im Verhältnis zur Wohnfläche eher kleinere Grundstücksflächen haben, werden sie tendenziell von der Reform profitieren.

Soweit die Werte sich regional unterscheiden, kann die Gemeinde durch die **Änderung des Hebesatzes** gegensteuern. Durch die Reform wird es aber zwingend zu **Belastungsverschiebungen innerhalb einer Gemeinde** kommen. Diesen Belastungsverschiebungen kann weder durch die Veränderung der Steuermesszahl noch des Hebesatzes begegnet werden. Die Belastungsverschiebungen sind einerseits durch den neuen Ansatz begründet, der den Flächenverbrauch besteuert aber auch dadurch, dass die Einheitswerte mittlerweile über 50 Jahre alt sind und damit eine realitätsgerechte Bewertung überhaupt nicht mehr darstellen können. 39

(Einstweilen frei) 40–41

VI. Verfassungsrechtliche Überlegungen

Baden-Württemberg hat sich bei der Wahl der Bemessungsgrundlage und bei der Ausgestaltung der Bewertungsregeln für das Grundvermögen vor allem vom 1. Leitsatz des Urteils des BVG v. 10.4.2018[1] leiten lassen. Danach hat der Gesetzgeber bei der Wahl der Bemessungs- 42

---

[1] BVerfG Beschluss v. 11.2.2020 - 1 BvL 11/14, BGBl I 2018 S. 531.

grundlage der Grundsteuer einen großen Spielraum, solange sichergestellt ist, den Belastungsgrund der Steuer zu erfassen und die Relation der Wirtschaftsgüter zueinander realitätsgerecht abzubilden. Auch wenn im LGrStG BW keine Bewertung der Gebäude erfolgt, so wird durch die Bodenwertsteuer doch die **Relation der Grundstückswerte** innerhalb der Gemeinde besser berücksichtigt als im Bundesrecht. Schmidt[1] und auch Bräutigam/Spengel/Winter[2] haben gezeigt, dass im Bundesgesetz aufgrund der Kombination von standardisierten Nettokaltmieten, die einheitlich für die gesamte Gemeinde gelten, und der relativ geringen Berücksichtigung des Bodenwerts eine nahezu lageunabhängige Bewertung erfolgt und insofern das Leistungsfähigkeitsprinzip verletzt ist. Das baden-württembergische Bodenwertmodell trägt diesen Lage- und Bewertungsunterschieden deutlich besser Rechnung, weil schlechtere Lagen regelmäßig einen niedrigeren Bodenrichtwert haben und entsprechend geringer besteuert werden.

43 Nach Rz. 98 des BVG-Urteils[3] darf sich der Gesetzgeber bei der Wahl des geeigneten Maßstabs auch von **Praktikabilitätserwägungen** leiten lassen, die abhängig von der Zahl der Bewertungsvorgänge an Bedeutung gewinnen und so auch in größerem Umfang Typisierungen und Pauschalierungen rechtfertigen können. Der Gesetzgeber kann dabei den Praktikabilitätserwägungen Vorrang vor Gesichtspunkten der Ermittlungsgenauigkeit einräumen und dabei auch beträchtliche **Bewertungs- und Ermittlungsunschärfen** in Kauf nehmen, um die darauf beruhende Festsetzung und Erhebung der Steuer handhabbar zu halten. Begrenzt wird sein Spielraum dadurch, dass die von ihm geschaffenen Bemessungsregeln grds. in der Lage sein müssen, den mit der Steuer verfolgten Belastungsgrund in der Relation realitätsgerecht abzubilden (Rz. 131 des BVG-Urteils). Auch wenn das LGrStG BW auf die Einbeziehung der Bebauung in die Bewertung verzichtet, erscheinen die Vorgaben des BVerfG erfüllt.

44 Dagegen behauptet Kirchhof,[4] dass das baden-württembergische Grundsteuergesetz insgesamt verfassungswidrig sei. Seine Auffassung begründet er mit folgenden Überlegungen:

1. Lenkungsfunktion

45 Durch die höhere Besteuerung unbebauter Grundstücke soll der Grund und Boden ressourcenschonender genutzt werden. Kirchhof äußert Bedenken dahin gehend, dass zwar die Eigentümer von unbebauten Baugrundstücken oder von Hausgrundstücken mit Erweiterungsmöglichkeiten der Lenkungsfunktion nachkommen können, indem sie ihre Grundstücke einer Bebauung zuführen. Andere Grundbesitzer müssten aber eine höhere Grundsteuer entrichten, obwohl sie keine Möglichkeit hätten, sich entsprechend dem Lenkungsziel zu verhalten. In diesen Fällen sei die Bodenwertsteuer ein ungeeignetes und damit unverhältnismäßiges Steuerungsmittel. Auch könnten die Grundstückseigentümer der Lenkungsfunktion nur durch den Bau oder die Erweiterung eines Gebäudes nachkommen, was aber eine beträchtliche Investition erfordern würde. Sofern die Eigentümer dem Lenkungsimpuls aus finanziellen Gründen nicht folgen könnten, seien die Wirkungen unzumutbar und freiheitswidrig.

46 Dagegen kann argumentiert werden, dass die Grundsteuer in der Regel nicht so hoch sein wird, dass jemand gezwungen sein wird, sein unbebautes Grundstück zu verkaufen. Es erscheint auch verfassungsrechtlich zumutbar, unbebaute Grundstücke aus Lenkungszielen he-

---

[1] NWB 50/2019 S. 3719 NWB BAAAH-36269.
[2] Bräutigam/Spengel/Winter, Der Betrieb 40/2020 S. 2090–2096.
[3] BVerfG Beschluss v. 11.2.2020 - 1 BvL 11/14, BGBl I 2018 S. 531.
[4] Kirchhof, Der Betrieb 49/2020 S. 2600–2605.

raus mit einer höheren Steuer zu belegen. Im Gegensatz zur selbst genutzten Wohnung ist hier kein Grundbedürfnis tangiert, so dass es dem Eigentümer jederzeit möglich ist, sein unbebautes Grundstück zu verkaufen. Zu bedenken ist in diesem Zusammenhang auch, dass für die Gemeinde und damit für alle anderen Steuerzahler (Grundstückseigentümer) sich bei unbebauten baureifen Grundstücken das Problem stellt, dass für diese Grundstücke und ihre potentiellen Bewohner die kommunale Infrastruktur bereits heute bereitgestellt werden muss, weil ja diese Grundstücke jederzeit bebaut werden könnten. Die Kosten für die Erhaltung dieser Infrastruktur müssten dann vor allem die anderen Grundstückseigentümer durch höhere Grundsteuern aufbringen. Ist ein baureifes Grundstück keiner Bebauung zugeführt worden, gehen der Gemeinde auch Zuweisungen, die an die Einwohnerzahl gekoppelt sind, verloren. Insofern gibt es hinreichende sachliche Gründe dafür, solche Grundstücke höher zu besteuern.

Letztlich ist die mit der Bodenwertsteuer erhoffte **Lenkungsfunktion nur ein Teilaspekt** der Reform. Eine Rechtfertigung der höheren Belastung unbebauter Wohngrundstücke ergibt sich auch aus Art. 14 Abs. 2 GG „Sozialbindung des Eigentums", dies sollte nicht vergessen werden, wenn man den Blick auf die Freiheitsrechte der Grundstückseigentümer lenkt.

(Einstweilen frei)

2. Verstoß gegen das Äquivalenzprinzip

Nach dem **Äquivalenzprinzip** sollen Steuerpflichtige entsprechend dem Vorteil, den sie durch eine staatliche Leistung erhalten, zur Finanzierung dieser Leistung herangezogen werden. Die Kommunen erhalten die Abgabe hiernach für die von ihnen bereitgestellte Infrastruktur, die dem Grundbesitz zugutekommt und durch Gebühren und Beiträge nicht vollständig abgegolten wird. Kirchhof sieht in der Bodenwertsteuer dieses Prinzip verletzt, weil die kommunale Infrastruktur darauf ausgerichtet sei, ob ein Grundstück bewohnbar sei, und ob auf den Grundstücken Einfamilienhäuser, Doppelhaushälften oder Hochhäuser stehen.

Allerdings vertritt Kirchhof[1] in Bezug auf das Flächenmodell auch die Ansicht, dass die Grundsteuer nicht ein individuelles Äquivalent für den Nutzen oder die Kosten von Grund und Boden bietet, sondern einen allgemeinen Ausgleich für die Möglichkeit schafft, die von der Gemeinde angebotenen Leistungen anzunehmen (Allgemeinäquivalenz). Werden diese nicht durch Gebühren und Beiträge entgolten und auch nicht in einem kommunalen Finanzausgleich und einer staatlichen Finanzzuwendung berücksichtigt, solle eine Typisierung nach der Größe des Grundbesitzes sachgerecht sein. Warum dann aber die Typisierung nach Bodenrichtwert und Fläche gegen das Äquivalenzprinzip verstoßen soll, bleibt unklar.

(Einstweilen frei)

3. Verletzung des Leistungsfähigkeitsprinzips

Kirchhof sieht in der Bodenwertsteuer auch das Leistungsfähigkeitsprinzip verletzt, weil sie Gebäude bei der steuerlichen Bemessung nicht berücksichtigt. Die durch Grund und Boden vermittelte Leistungskraft hänge zwar von der Lage, aber auch entscheidend von der Bebauung ab. Dieser Einwand müsste dann aber in gleicher Weise für das von Kirchhof präferierte Flächenmodell gelten. Kirchhof lässt bei seiner Argumentation im Übrigen unberücksichtigt, dass durch die Bewertung der Grundstücke mit dem Bodenrichtwert die Leistungsfähigkeit

---

1 Kirchhof, DStR 21–22/2020 S. 1073.

stärker als beim reinen Flächenmodell berücksichtigt wird. Schlechtere Lagen weisen gegenüber guten Lagen einen niedrigeren Bodenrichtwert auf und werden entsprechend geringer besteuert. Wie bereits dargestellt, weist das Bundesmodell in dieser Hinsicht auch erhebliche Mängel auf.

58–59 *(Einstweilen frei)*

4. Verletzung des Gleichbehandlungsgebots des Art. 3 GG wegen ungenauer Bodenrichtwerte

60 Bei der Bodenwertsteuer spielen die Bodenrichtwerte eine wesentliche Rolle. Sofern die Bodenrichtwerte ungenau sind, z. B. in Gebieten mit wenigen Verkaufsfällen, könnte dies zur Verfassungswidrigkeit führen, weil dadurch das Gleichbehandlungsgebot des Art. 3 GG verletzt würde. Erschwerend kommt hinzu, dass gegen den von einem Gutachterausschusses festgestellten Bodenrichtwert kein Rechtsmittel eingelegt werden kann. Nach ständiger höchstrichterlicher Rechtsprechung[1] sind die von den Gutachterausschüssen ermittelten Bodenrichtwerte für die Beteiligten im Steuerrechtsverhältnis verbindlich. Dem Gesetzgeber steht es frei, bestimmte Bewertungsparameter typisierend festzulegen und deren Rechtsverbindlichkeit bei der Bewertung von Grundbesitz anzuordnen, solange die Grenzen der Typisierung eingehalten sind. Die Ermittlung der Bodenrichtwerte erfolgt durch Gutachterausschüsse, also von außerhalb der Finanzverwaltung stehenden Stellen. Diese haben aufgrund ihrer besonderen Sach- und Fachkenntnis und ihrer größeren Ortsnähe eine vorgreifliche Kompetenz bei der Feststellung der Bodenrichtwerte.

61 Selbst wenn der festgestellte Bodenrichtwert zutreffend und aus einer hinreichenden Anzahl von Verkäufen valide ermittelt ist, bleiben Fragen zur Qualität der Bodenrichtwerte offen, da nach § 10 Abs. 3 ImmoWertV die Werte der zu einer Bodenrichtwertzone zusammengefassten Grundstücke um +/- 30 % vom Richtwertgrundstück abweichen können. Da im Landesgesetz die Bodenrichtwerte eine viel bedeutendere Rolle als im Bundesgesetz spielen, könnte dieser Umstand zur Verfassungswidrigkeit des LGrStG BW führen. Andererseits ergibt sich aus dem Flächenmodell oder dem Flächenmodell mit Lagefaktoren wohl auch keine realitätsgerechtere Abbildung der Relation der Wirtschaftsgüter zueinander.

62–63 *(Einstweilen frei)*

5. Zusammenfassung

64 Die gegenüber dem LGrStG BW geäußerte Kritik gilt in vielen Punkte gleichermaßen für das Bundesgesetz, wobei das LGrStG BW im Vergleich zum Bundesgesetz eine realitätsgerechtere Abbildung der Relation der Grundstückswerte innerhalb der Gemeinde zu gewährleisten scheint. Alle bisher umgesetzten Modelle zur Grundsteuerreform werfen in dem ein oder anderen Aspekt verfassungsrechtliche Fragen auf. Klarheit darüber, ob die nun getroffenen gesetzlichen Regelungen der verfassungsrechtlichen Prüfung in allen Punkten standhalten, wird es erst nach erneuten Urteilen des BVerfG geben.

---

1 Vgl. BFH, Urteil v. 26.4.2006 - II R 58/04, BStBl II S. 793; BFH, Urteil v. 12.7.2006 - II R 1/04, BStBl II S. 742; BFH, Urteil v. 25.8.2010 - II R 42/09, BStBl 2011 II S. 205.

Erster Teil: Allgemeine Vorschriften

§ 1 LGrStG BW Entstehung der Grundsteuer

(1) ¹Grundbesitz unterliegt der Grundsteuer. ²Die Grundsteuer wird nach den tatsächlichen Verhältnissen zu Beginn des Kalenderjahres festgesetzt. ³Die Steuer entsteht mit dem Beginn des Kalenderjahres, für das die Steuer festzusetzen ist.

(2) Die Gemeinde bestimmt durch ihren Hebesatz, ob und in welcher Höhe von dem in ihrem Gebiet liegenden Grundbesitz Grundsteuer zu erheben ist.

(3) Für den in gemeindefreien Gebieten liegenden Grundbesitz bestimmt die Landesregierung durch Rechtsverordnung, wer die nach diesem Gesetz den Gemeinden zustehenden Befugnisse ausübt.

Inhaltsübersicht	Rz.
A. Allgemeine Erläuterungen	1 – 5
I. Entstehung und Entwicklung der Vorschrift	1 – 2
II. Geltungsbereich	3 – 5
B. Systematische Kommentierung	6 – 18
I. Grundbesitz als Gegenstand der Grundsteuer (§ 1 Abs. 1 Satz 1 LGrStG BW)	6 – 8
II. Stichtagsprinzip (§ 1 Abs. 1 Satz 2 LGrStG BW)	9 – 11
III. Entstehung der Steuerschuld (§ 1 Abs. 1 Satz 3 LGrStG BW)	12 – 14
IV. Heberecht der Gemeinde (§ 1 Abs. 2 LGrStG BW)	15 – 17
V. Grundbesitz in gemeindefreien Gebieten (§ 1 Abs. 3 LGrStG BW)	18

A. Allgemeine Erläuterungen

I. Entstehung und Entwicklung der Vorschrift

Die Vorschrift wurde erstmalig im Jahr 2020 in das LGrStG BW aufgenommen. 1

In der **Gesetzesbegründung** heißt es hierzu: 2

Gegenstand der Grundsteuer ist das Innehaben von Grundbesitz als Steuerobjekt. Hierdurch tritt die Eigenschaft der Grundsteuer als Real- bzw. Objektsteuer deutlich hervor. Damit behält die Grundsteuer auch für die Landeslösung ihre historisch gewachsene Eigenschaft, mit der verfassungsrechtlichen Konsequenz der grundsätzlichen Schonung der Substanz durch beschränkten Zugriff auf den potenziellen (Soll-)Ertrag des Objekts. Der Grundcharakter der Grundsteuer bleibt somit im Ergebnis unverändert. Darüber hinaus wird auch das bisher geltende Stichtagsprinzip für die Wertverhältnisse und den Entstehungszeitraum übernommen.
Zu Absatz 2 und 3:
Die Abs. 2 und 3 stellen klar, dass die Grundsteuer als Realsteuer den Gemeinden zusteht (Art. 106 Abs. 6 GG). Im Rahmen ihrer in Art. 28 Abs. 2 GG verfassungsrechtlich festgeschriebenen Hebesatz-Autonomie obliegt ihnen die Entscheidung, ob die Grundsteuer erhoben werden soll. Zur Sicherstellung einer Erfassung von gemeindefreiem Grundbesitz eröffnet Abs. 3 eine entsprechende Regelung. Im Übrigen setzt § 1 die bisherige Bundesregelung fort.

II. Geltungsbereich

Das LGrStG BW gilt für in Baden-Württemberg belegene Grundstücke. 3

(Einstweilen frei) 4–5

B. Systematische Kommentierung

I. Grundbesitz als Gegenstand der Grundsteuer (§ 1 Abs. 1 Satz 1 LGrStG BW)

6 Während in § 1 Abs. 1 GrStG geregelt ist, dass die Gemeinde bestimmt, ob von dem in ihrem Gebiet liegenden Grundbesitz Grundsteuer zu erheben ist, wird in § 1 Abs. 1 Satz 1 LGrStG BW geregelt, dass **Grundbesitz der Grundsteuer unterliegt**. Zu der Frage, ob nach § 1 Abs. 1 LGrStG BW aus dem Recht zur Erhebung der Grundsteuer eine Pflicht wird, finden sich in der Gesetzesbegründung allerdings zu Abs. 2 Hinweise. Danach obliegt es der Entscheidung der Gemeinde, ob die Grundsteuer erhoben werden soll. Damit besteht auch in Baden-Württemberg weiterhin das Recht der Gemeinde, auf die Erhebung der Grundsteuer zu verzichten.

7–8 *(Einstweilen frei)*

II. Stichtagsprinzip (§ 1 Abs. 1 Satz 2 LGrStG BW)

9 Die Vorschrift entspricht § 9 Abs. 1 GrStG. Auf die Kommentierung von Schmidt in Grootens, GrStG § 9 Rz. 14 ff. wird verwiesen.

10–11 *(Einstweilen frei)*

III. Entstehung der Steuerschuld (§ 1 Abs. 1 Satz 3 LGrStG BW)

12 Die Vorschrift entspricht § 9 Abs. 2 GrStG. Auf die Kommentierung von Schmidt in Grootens, GrStG § 9 Rz. 21 ff. wird verwiesen.

13–14 *(Einstweilen frei)*

IV. Heberecht der Gemeinde (§ 1 Abs. 2 LGrStG BW)

15 Die Vorschrift entspricht inhaltlich § 1 Abs. 2 GrStG. Auf die Kommentierung von Lange in Grootens, GrStG § 1 Rz. 16–35 wird verwiesen.

16–17 *(Einstweilen frei)*

V. Grundbesitz in gemeindefreien Gebieten (§ 1 Abs. 3 LGrStG BW)

18 Die Vorschrift entspricht inhaltlich § 1 Abs. 3 GrStG. Auf die Kommentierung von Lange in Grootens, GrStG § 1 Rz. 42–46 wird verwiesen.

§ 2 LGrStG BW Anwendung der Abgabenordnung und Rechtsweg

(1) ¹Für Handlungen und Entscheidungen der Landesfinanzbehörden im Zusammenhang mit der Bewertung, der Feststellung und dem Steuermessbetragsverfahren sind die Vorschriften der Abgabenordnung (AO) und des Finanzverwaltungsgesetzes entsprechend anzuwenden, soweit dieses Gesetz keine abweichende Regelung enthält. ²Für die Verwaltung der Grundsteuer durch die Gemeinden gilt § 1 Absatz 2 und 3 AO entsprechend.

(2) ¹Gegen Entscheidungen der Landesfinanzbehörden ist der Finanzrechtsweg eröffnet. ²Die Vorschriften der Finanzgerichtsordnung sind entsprechend anzuwenden, soweit dieses Gesetz keine abweichende Re-

gelung enthält. ³In einem gerichtlichen Verfahren kann die Revision auch darauf gestützt werden, dass das angefochtene Urteil auf der Verletzung dieses Gesetzes beruht.

Inhaltsübersicht	Rz.
A. Allgemeine Erläuterungen	1 - 15
I. Normzweck und wirtschaftliche Bedeutung der Vorschrift	1 - 6
II. Entstehung und Entwicklung der Vorschrift	7 - 8
III. Geltungsbereich	9 - 10
IV. Verhältnis zu anderen Vorschriften	11 - 15
B. Systematische Kommentierung	16 - 39
I. Anwendung der Abgabenordnung durch die Landesfinanzbehörden (§ 2 Abs. 1 Satz 1 LGrStG BW)	16 - 25
1. Anwendung der Abgabenordnung	16 - 20
2. Keine Anwendung der AO (§ 2 Abs. 1 Satz 1 Halbsatz 2 LGrStG BW)	21 - 22
3. Landesbehörden mit Zuständigkeit für die Grundsteuer	23 - 25
II. Anwendung der Abgabenordnung durch die Gemeinden (§ 2 Abs. 1 Satz 2 LGrStG BW)	26 - 35
1. Anwendung von § 1 Abs. 2 AO	26 - 30
2. Anwendung von § 1 Abs. 3 AO	31 - 35
III. Finanzrechtsweg (§ 2 Abs. 2 LGrStG BW)	36 - 38
IV. Revision (§ 2 Abs. 3 LGrStG BW)	39

LITERATUR:

Gräber, FGO, 9. Aufl.

A. Allgemeine Erläuterungen

I. Normzweck und wirtschaftliche Bedeutung der Vorschrift

Nach § 1 Abs. 1 AO ist die Abgabenordnung nur für Steuern, die durch Bundesrecht oder Recht der Europäischen Union geregelt sind anzuwenden. Damit wäre die AO nicht auf das Landesgrundsteuergesetz anzuwenden. Durch die gesetzliche Regelung in § 2 Abs. 1 AO wird die AO wieder für die Landesfinanzbehörden anwendbar. Ohne diesen Verweis wären in das Landesgesetz eigene verfahrensrechtliche Vorschriften aufzunehmen gewesen. Der Verweis auf die AO führt zur Vereinfachung des Verwaltungsvollzugs, weil die Landesfinanzverwaltung mit den Vorschriften der AO vertraut ist. 1

Für Handlungen und Entscheidungen der Gemeinden ergibt sich bereits aus § 1 Abs. 2 AO, welche Teile der Abgabenordnung bei der Erhebung der Grundsteuer anzuwenden sind. Der in § 2 Abs. 1 LGrStG BW aufgenommene Verweis auf § 1 Abs. 2 AO erfolgte lediglich aus Gründen der Klarstellung. 2

Nach § 33 Nr. 1 FGO ist der Finanzrechtsweg eröffnet, soweit die Abgaben der Gesetzgebung des Bundes unterliegen. Durch den Verweis in § 2 Abs. 2 LGrStG BW wird für die Entscheidungen der Landesfinanzbehörden in Grundsteuerangelegenheiten der Finanzrechtsweg eröffnet. Auch dies dient der Vereinfachung des Verwaltungsvollzugs, weil die Landesfinanzbehörden mit den Regelungen der FGO vertraut sind. 3

Durch die ausdrücklich gesetzliche Zuweisung in § 2 Abs. 2 Satz 3 LGrStG BW ist für die Überprüfung der Entscheidungen der Finanzgerichte die Revision vor dem Bundesfinanzhof mög- 4 lich. Ohne diesen Verweis wäre nach § 118 Abs. 1 FGO eine Revision vor dem Bundesfinanzhof nicht möglich.

5–6 *(Einstweilen frei)*

II. Entstehung und Entwicklung der Vorschrift

7 Die Vorschrift wurde erstmalig im Jahr 2020 in das LGrStG BW aufgenommen.

8 In der **Gesetzesbegründung** heißt es hierzu:

Die Landesfinanzbehörden verwalten gemäß Artikel 108 Absatz 2 Satz 1 GG die übrigen Steuern und daher weiterhin auch die Grundsteuer als Realsteuer. Daher ist die entsprechende Anordnung der Verfahrensvorschriften der Abgabenordnung im Grundsatz in Absatz 1 angezeigt. Im Übrigen bedarf es für das Verfahren bei den Gemeinden keiner Sonderregeln, worauf klarstellend verwiesen wird. § 1 Absatz 2 AO bestimmt für Realsteuern, deren Verwaltung den Gemeinden übertragen worden ist, die entsprechende Anwendung der in § 1 Absatz 2 AO genannten Vorschriften. Aus Gründen der Klarstellung wird ein Verweis auf § 1 Absatz 2 AO in das Landesgrundsteuergesetz aufgenommen.

Um die gerichtliche Überprüfung zu gewährleisten, ist die ausdrückliche Zuordnung des Rechtsweges in Absatz 2 gegen Entscheidungen der Landesfinanzbehörde im Rahmen des Finanzrechtswegs notwendig. Dabei ist die Finanzgerichtsordnung (FGO) grundsätzlich anzuwenden. Zur Klarstellung, dass die Revision und damit die Überprüfbarkeit der Entscheidung des Finanzgerichtes ermöglicht wird, erfolgt im Sinne von § 118 Absatz 1 Satz 2 FGO für dieses Landesgesetz eine ausdrückliche gesetzliche Zuweisung in Absatz 2 Satz 3. In Verbindung mit Satz 2 wird zudem deutlich, dass der gesamte Regelungsbereich der Revision in der FGO erfasst wird.

III. Geltungsbereich

9 Der Geltungsbereich erstreckt sich auf in Baden-Württemberg belegene Grundstücke.

10 *(Einstweilen frei)*

IV. Verhältnis zu anderen Vorschriften

11 Die Landesfinanzbehörden haben bei ihren Entscheidungen aufgrund des Verweises in § 2 Abs. 1 Satz 1 LGrStG BW die Abgabenordnung und das Finanzverwaltungsgesetz zu beachten, allerdings nur im Zusammenhang mit der Bewertung, der Feststellung und dem Steuermessbetragsverfahren. Für Entscheidungen der Gemeinden sind die in § 1 Abs. 2 und 3 AO genannten Teile der Abgabenordnung anzuwenden.

12 Gegen die Entscheidungen der Landesfinanzbehörden ist der Finanzrechtsweg eröffnet, entsprechend ist die Finanzgerichtsordnung (FGO) zu beachten. Der Verwaltungsgerichtsweg ist für die Entscheidungen der Gemeinden eröffnet, entsprechend ist hier die Verwaltungsgerichtsordnung (VwGO) einschlägig.

13–15 *(Einstweilen frei)*

B. Systematische Kommentierung

I. Anwendung der Abgabenordnung durch die Landesfinanzbehörden (§ 2 Abs. 1 Satz 1 LGrStG BW)

1. Anwendung der Abgabenordnung

Nach § 1 Abs. 1 AO ist die Abgabenordnung nur für Steuern, die durch Bundesrecht oder Recht der Europäischen Union geregelt sind anzuwenden. Durch das „Gesetz zur Änderung des Grundgesetzes" v. 15.11.2019 (BGBl I S. 1546) wurde den Ländern ermöglicht, eigene Grundsteuergesetze zu verabschieden. Da Baden-Württemberg von dieser Möglichkeit Gebrauch machte, ist die Grundsteuer in Baden-Württemberg keine Steuer, die durch Bundesrecht oder dem Recht der Europäischen Union geregelt ist. Von daher wäre für die Entscheidungen der Landesfinanzbehörden in Bezug auf die Grundsteuer die Abgabenordnung nicht anzuwenden. Durch § 2 Abs. 1 LGrStG BW wird bestimmt, dass die Landesfinanzbehörden bei ihren Entscheidungen die Abgabenordnung zu beachten haben.

Nach dem Gesetzeswortlaut ist für die Handlungen und Entscheidungen der Landesfinanzbehörden die Abgabenordnung nur im Zusammenhang mit der Bewertung, der Feststellung und dem Steuermessbetragsverfahren anzuwenden. Die Tätigkeit der Landesfinanzbehörden bei der Erhebung der Grundsteuer beschränkt sich auf die Bewertung, Feststellung und Ermittlung der Grundsteuermessbeträge. Letztlich werden die Finanzbehörden nur die Teile der Abgabenordnung anwenden, die im Zusammenhang mit ihren Aufgaben bei der Erhebung der Grundsteuer stehen, so dass diese Einschränkung in § 1 Abs. 1 Satz 1 LGrStG BW entbehrlich erscheint.

(Einstweilen frei)

2. Keine Anwendung der AO (§ 2 Abs. 1 Satz 1 Halbsatz 2 LGrStG BW)

Wie § 220 BewG bestimmt auch § 14 LGrStG BW, dass § 163 AO bei der Ermittlung der Grundsteuerwerte nicht anzuwenden ist. Dies ist die einzige Vorschrift im LGrStG BW, durch welche die AO für nicht anwendbar erklärt wird. Nach § 220 Satz 2 Halbsatz 2 BewG wären Erleichterungen nach Landesrecht in Bezug auf § 163 AO zulässig gewesen. Der Landesgesetzgeber hat hiervon keinen Gebrauch gemacht. Zur Nichtanwendung von § 163 AO vgl. Schmidt in Grootens, LGrStG BW § 58 Rz. 18–31.

(Einstweilen frei)

3. Landesbehörden mit Zuständigkeit für die Grundsteuer

Nach § 2 Finanzverwaltungsgesetz (FVG) sind für die **Grundsteuer folgende Behörden** zuständig:

1. als oberste Behörde das **Landesfinanzministerium**
2. als Mittelbehörden die **Oberfinanzdirektion**
3. und als örtliche Behörde das jeweilige **Lagefinanzamt**.

(Einstweilen frei)

II. Anwendung der Abgabenordnung durch die Gemeinden (§ 2 Abs. 1 Satz 2 LGrStG BW)

1. Anwendung von § 1 Abs. 2 AO

26 Durch § 1 Abs. 2 AO haben bei den Realsteuern die Gemeinden bis auf wenige Ausnahmen die Vorschriften der AO anzuwenden.

Keine Anwendung finden:

- §§ 15–29 (Zuständigkeit der Finanzbehörden)
- § 32 (Haftungsbeschränkung der Amtsträger)
- §§ 82–84 (Ablehnung und Ausschließung von Amtsträgern und anderer Personen)
- §§ 249–346 (Vollstreckung)
- §§ 347–368 (außergerichtliches Rechtsbehelfsverfahren) mit Ausnahme von § 351 (Bindungswirkung anderer Verwaltungsakte) und § 361 Abs. 1 Satz 2 und Abs. 3 (Aussetzung der Vollziehung der Folgebescheide bei Anfechtung von Grundlagenbescheiden).

27 Insbesondere sind die Regelungen der AO zur Vollstreckung durch die Gemeinden nicht anzuwenden, es **gelten** die **Landesvorschriften für die Vollstreckung.** Hintergrund dieser Regelung ist, dass die Gemeinden für die Realsteuern keine anderen Vollstreckungsvorschriften zu beachten haben sollen, als die ihnen bereits in ihrer übrigen Tätigkeit bekannten landesrechtlichen Vorschriften.

28–30 *(Einstweilen frei)*

2. Anwendung von § 1 Abs. 3 AO

31 Durch § 2 Abs. 1 Satz 2 LGrStG BW haben Gemeinden auch die Regelungen der Abgabenordnung zu den steuerlichen Nebenleistungen anzuwenden. Vom Katalog der steuerlichen Nebenleistungen des § 3 Abs. 4 AO haben **Bedeutung für die Grundsteuer:**

- Verspätungszuschläge nach § 152 AO
- Stundungszinsen nach § 234 AO
- Hinterziehungszinsen nach § 235 AO
- Prozesszinsen auf Erstattungsbeträge nach § 236 AO
- Zinsen bei Aussetzung der Vollziehung nach § 237 AO
- Die Berechnung der Zinsen erfolgt nach den §§ 238 und 239 AO
- Säumniszuschläge nach § 240 AO
- Zwangsgelder nach § 329 AO
- Kosten im Zusammenhang mit der Vollstreckung nach §§ 337–345 AO

32 Bis auf die Erhebung von Zwangsgeldern nach § 329 AO sind die oben beschriebenen Nebenleistungen bereits aus § 1 Abs. 2 AO von den Gemeinden anzuwenden. Insoweit war mit dem Verweis auf § 1 Abs. 3 AO wohl im Wesentlichen eine Klarstellung gewollt. Durch den ausdrücklichen Verweis auf § 1 Abs. 3 AO in § 2 Abs. 1 Satz 2 LGrStG BW ist nun aber die Regelung zum Zwangsgeld in § 329 AO als einzige Vorschrift des 6. Teils der AO (Vollstreckung) von den Gemeinden anzuwenden. Nach § 1 Abs. 2 AO haben die Gemeinden den 6. Teil der AO aber gerade nicht anzuwenden, weil sie für die Realsteuern die ihnen bekannten Vollstreckungsvorschriften des Verwaltungsvollstreckungsgesetzes anzuwenden haben. Aufgrund des ausdrück-

lichen Verweises auf § 1 Abs. 3 AO im Landesgrundsteuergesetz ist von den Gemeinden bei der Erhebung von Zwangsgeld deshalb nicht § 23 Verwaltungsvollstreckungsgesetz für Baden-Württemberg (LVwVG-BW), sondern § 329 AO anzuwenden. Nach § 23 LVwVG-BW beträgt das Zwangsgeld mindestens zehn und höchstens 50.000 €, während nach § 329 AO das Zwangsgeld 25.000 € nicht übersteigen darf. Dass über § 2 Abs. 3 AO für Zwangsgelder nun § 329 AO anzuwenden sein soll, erscheint ein gesetzgeberisches Versehen zu sein. Ob sich in der Verwaltungspraxis der Kommunen daraus Probleme ergeben, bleibt abzuwarten.

Auch nach dem LGrStG BW führt der Rechtsweg in Realsteuersachen, soweit die Gemeinden zuständig sind, zu den Verwaltungsgerichten. Damit sind für das Widerspruchsverfahren gegen die von der Gemeinde festgesetzten Grundsteuern die Vorschriften der Verwaltungsgerichtsordnung über das Widerspruchsverfahren anzuwenden. Diese Rechtsstreitigkeiten werden in der Praxis eher selten sein, da das Rechtsschutzinteresse des Steuerpflichtigen sich i. d. R. auf die Höhe des Grundsteuerwertes und die Erfüllung der Voraussetzungen für die Ermäßigung der Steuermesszahl gem. § 40 LGrStG BW richten wird.

(Einstweilen frei)

III. Finanzrechtsweg (§ 2 Abs. 2 LGrStG BW)

Nach § 33 Nr. 1 FGO ist der Finanzrechtsweg in öffentlich-rechtlichen Streitigkeiten über Abgabenangelegenheiten, soweit die Abgaben der Gesetzgebung des Bundes unterliegen und durch Bundesfinanzbehörden oder Landesfinanzbehörden verwaltet werden, gegeben. Da Baden-Württemberg von seiner Gesetzgebungskompetenz bei der Grundsteuer Gebrauch machte, beruht das LGrStG BW nicht mehr auf der Gesetzgebung des Bundes. Nach § 33 Nr. 4 FGO kann der Finanzrechtsweg durch Bundes- oder Landesgesetze eröffnet werden. Baden-Württemberg eröffnet durch § 2 Abs. 2 LGrStG BW für Streitigkeiten der Landesfinanzbehörden in Grundsteuersachen den Finanzrechtsweg.

(Einstweilen frei)

IV. Revision (§ 2 Abs. 3 LGrStG BW)

Nach § 118 Abs. 1 FGO kann die Revision nur darauf gestützt werden, dass das angefochtene Urteil des Finanzgerichts Bundesrecht verletze. Damit wäre die Revision vor dem Bundesfinanzhof nicht möglich, weil das Landesgrundsteuergesetz kein Bundesrecht ist. Nach § 118 Abs. 1 Satz 2 FGO kann die Revision auch darauf gestützt werden, dass das angefochtene Urteil auf der Verletzung von Landesrecht beruhe. Die Revision kann nur dann auf die Verletzung von Landesrecht gestützt werden, wenn und soweit der Landesgesetzgeber die FGO insgesamt oder die Vorschriften des Unterabschnitts der FGO über die Revision ausdrücklich für anwendbar erklärt hat.[1] Durch § 2 Abs. 2 Satz 3 LGrStG BW wird für das LGrStG BW die Revision vor dem BFH unter Berufung auf die Verletzung des LGrStG BW möglich.

---

[1] Ratschow in Gräber, FGO, 9. Aufl., Rz. 18.

1. Abschnitt: Steuergegenstand und Steuerbefreiung

§ 3 LGrStG BW Steuergegenstand

Steuergegenstand sind folgende Arten des Grundbesitzes:
1. Land- und forstwirtschaftliches Vermögen (§ 26),
2. Grundvermögen (§ 37).

Inhaltsübersicht	Rz.
A. Allgemeine Erläuterungen zu § 3 LGrStG BW	1 - 10
I. Normzweck und wirtschaftliche Bedeutung der Vorschrift	1 - 3
II. Entstehung und Entwicklung der Vorschrift	4 - 6
III. Geltungsbereich	7 - 8
IV. Verhältnis zu anderen Vorschriften	9 - 10
B. Systematische Kommentierung	11 - 17
I. Land- und forstwirtschaftliches Vermögen	12 - 15
II. Grundvermögen	16 - 17

A. Allgemeine Erläuterungen zu § 3 LGrStG BW

I. Normzweck und wirtschaftliche Bedeutung der Vorschrift

1 Zunächst legt die Norm das Objekt der Besteuerung fest, dies ist der Grundbesitz. Dieser wird in **zwei Arten** untergliedert, das **Grundvermögen** und das **land- und forstwirtschaftliche Vermögen**. Die Unterscheidung ist erforderlich, weil wie im Bundesrecht auch im Landesrecht die Arten des Grundbesitzes unterschiedlich behandelt werden.

2–3 *(Einstweilen frei)*

II. Entstehung und Entwicklung der Vorschrift

4 Die Vorschrift wurde erstmalig im Jahr 2020 in das LGrStG BW aufgenommen. Die bereits bei der Einheitsbewertung getroffene Unterscheidung zwischen Grundvermögen und land- und forstwirtschaftlichem Vermögen bleibt auch im Landesgrundsteuergesetz bestehen. In der **Gesetzesbegründung** heißt es hierzu:

Die Norm legt das Objekt der Besteuerung fest. Die Landesgrundsteuer ist eine klassische Grundsteuer im Sinne des Grundgesetzes und bezieht sich auf den Grundbesitz. Dieser ist wiederum in zwei Arten zu untergliedern, die unterschiedlich zu definieren und zu behandeln sind. Im Grundsatz wird hierdurch die bisherige Unterscheidung fortgesetzt. Dies ist aufgrund der abgeltenden Wirkung der Grundsteuer mit Blick auf die Gewerbesteuer für Betriebe der Land- und Forstwirtschaft, die sich aus dem land- und forstwirtschaftlichen Vermögen ableiten, auch weiterhin notwendig und gerechtfertigt.

5–6 *(Einstweilen frei)*

III. Geltungsbereich

7 Der Geltungsbereich erstreckt sich auf in Baden-Württemberg belegene Grundstücke.

8 *(Einstweilen frei)*

IV. Verhältnis zu anderen Vorschriften

§ 3 LGrStG BW verweist für das land- und forstwirtschaftlich Vermögen auf § 26 LGrStG BW und für das Grundvermögen auf § 37 LGrStG BW. § 26 LGrStG BW entspricht inhaltlich § 232 BewG. § 37 LGrStG BW entspricht inhaltlich § 244 Abs. 1 und 2 BewG. 9

(Einstweilen frei) 10

B. Systematische Kommentierung

In § 3 wird zunächst als Steuergegenstand der Grundbesitz definiert. 11

I. Land- und forstwirtschaftliches Vermögen

Eine Definition des land- und forstwirtschaftlichen Vermögens und Abgrenzungen zum Grundvermögen finden sich in § 26 GrStG. 12

Die landesrechtliche Regelung entspricht inhaltlich § 2 GrStG, auf die Kommentierung zum land- und forstwirtschaftlichen Vermögen von Lange in Grootens, GrStG § 2 Rz. 24–56 wird verwiesen. 13

(Einstweilen frei) 14–15

II. Grundvermögen

Nach § 37 gehören zum Grundvermögen alle Grundstücke soweit sie nicht zum land- und forstwirtschaftlichen Vermögen gehören. 16

Die landesrechtliche Regelung entspricht inhaltlich § 2 GrStG, auf die Kommentierung zu Grundstücken von Lange in Grootens, GrStG § 2 Rz. 57–78 wird verwiesen. 17

§ 4 LGrStG BW Steuerbefreiung für Grundbesitz bestimmter Rechtsträger

(1) ¹Von der Grundsteuer ist befreit

1. Grundbesitz, der von einer inländischen juristischen Person des öffentlichen Rechts für einen öffentlichen Dienst oder Gebrauch benutzt wird; ausgenommen ist der Grundbesitz, der von Berufsvertretungen und Berufsverbänden sowie von Kassenärztlichen Vereinigungen und Kassenärztlichen Bundesvereinigungen benutzt wird;
2. Grundbesitz, der vom Bundeseisenbahnvermögen für Verwaltungszwecke benutzt wird;
3. Grundbesitz, der von
   a) einer inländischen juristischen Person des öffentlichen Rechts,
   b) einer inländischen Körperschaft, Personenvereinigung oder Vermögensmasse, die nach der Satzung, dem Stiftungsgeschäft oder der sonstigen Verfassung und nach ihrer tatsächlichen Geschäftsführung ausschließlich und unmittelbar gemeinnützigen oder mildtätigen Zwecken dient, für gemeinnützige oder mildtätige Zwecke benutzt wird;
4. Grundbesitz, der von einer Religionsgesellschaft, die Körperschaft des öffentlichen Rechts ist, einem ihrer Orden, einer ihrer religiösen Genossenschaften oder einem ihrer Verbände für Zwecke der religiösen Unterweisung, der Wissenschaft, des Unterrichts, der Erziehung oder für Zwecke der eigenen

Verwaltung benutzt wird; den Religionsgesellschaften stehen die jüdischen Kultusgemeinden gleich, die nicht Körperschaften des öffentlichen Rechts sind;

5. Grundbesitz, der zur Beherbergung der Geistlichen und Kirchendiener der Religionsgesellschaften, die Körperschaften des öffentlichen Rechts sind, und der jüdischen Kultusgemeinden dient; § 6 ist insoweit nicht anzuwenden;

6. Grundbesitz der Religionsgesellschaften, die Körperschaften des öffentlichen Rechts sind, und der jüdischen Kultusgemeinden, der am 1. Januar 1987 und im Veranlagungszeitpunkt zu einem nach Kirchenrecht gesonderten Vermögen, insbesondere einem Stellenfonds gehört, dessen Erträge ausschließlich für die Besoldung und Versorgung der Geistlichen und Kirchendiener sowie ihrer Hinterbliebenen bestimmt sind; die §§ 6 und 7 sind insoweit nicht anzuwenden.

²Der Grundbesitz muss ausschließlich demjenigen, der ihn für die begünstigten Zwecke benutzt, oder einem anderen nach den Nummern 1 bis 6 begünstigten Rechtsträger zuzurechnen sein. ³Satz 2 gilt nicht, wenn der Grundbesitz von einem nicht begünstigten Rechtsträger im Rahmen einer Öffentlich Privaten Partnerschaft einer juristischen Person des öffentlichen Rechts für einen öffentlichen Dienst oder Gebrauch überlassen wird und die Übertragung auf den Nutzer am Ende des Vertragszeitraums vereinbart ist.

(2) ¹Öffentlicher Dienst oder Gebrauch im Sinne dieses Gesetzes ist die hoheitliche Tätigkeit oder der bestimmungsgemäße Gebrauch durch die Allgemeinheit. ²Ein Entgelt für den Gebrauch durch die Allgemeinheit darf nicht in der Absicht, Gewinn zu erzielen, gefordert werden.

(3) Öffentlicher Dienst oder Gebrauch im Sinne dieses Gesetzes ist nicht anzunehmen bei Betrieben gewerblicher Art von juristischen Personen des öffentlichen Rechts im Sinne des Körperschaftsteuergesetzes.

Inhaltsübersicht	Rz.
A. Allgemeine Erläuterungen	1 - 5
I. Entstehung und Entwicklung der Vorschrift	1 - 2
II. Geltungsbereich	3 - 5
B. Systematische Kommentierung	6 - 15
I. Steuerbefreiung für Grundbesitz bestimmter Rechtsträger (§ 4 Abs. 1 Nr. 1–4 LGrStG BW)	6 - 8
II. Dem Gottesdienst gewidmeter Grundbesitz (§ 4 Abs. 1 Nr. 5 LGrStG BW)	9 - 11
III. Grundbesitz bestimmter Religionsgemeinschaften und jüdischer Kultusgemeinden (§ 4 Abs. 1 Nr. 6 LGrStG BW)	12 - 14
IV. Öffentlicher Dienst (§ 4 Abs. 2 und 3 LGrStG BW)	15

A. Allgemeine Erläuterungen

I. Entstehung und Entwicklung der Vorschrift

1 Die Vorschrift wurde erstmalig im Jahr 2020 in das LGrStG BW aufgenommen.

2 In der **Gesetzesbegründung** heißt es hierzu:

Die Norm führt die bisherigen Befreiungstatbestände fort. Dies ist auch im neuen System sachgerecht. Die Befreiungen beziehen sich auf Grundbesitz, der den wesentlichen Grundlagen des täglichen Zusammenlebens, insbesondere auch im gesellschaftlichen Kontext, dient. Sie sind damit Bestandteil des außerkommunalen, regionalen Angebots für das tägliche Leben.

II. Geltungsbereich

Das LGrStG BW gilt für in Baden-Württemberg belegene Grundstücke. 3

(Einstweilen frei) 4–5

B. Systematische Kommentierung

I. Steuerbefreiung für Grundbesitz bestimmter Rechtsträger (§ 4 Abs. 1 Nr. 1–4 LGrStG BW)

Die Vorschrift entspricht § 3 Abs. 1 Nr. 1–4 GrStG. Auf die Kommentierung von Kunz in Grootens, GrStG § 3 Rz. 31 ff. wird verwiesen. 6

(Einstweilen frei) 7–8

II. Dem Gottesdienst gewidmeter Grundbesitz (§ 4 Abs. 1 Nr. 5 LGrStG BW)

Die Landesregelung befreit den Grundbesitz, der zur Beherbergung der Geistlichen und Kirchendiener der Religionsgesellschaften, die Körperschaften des öffentlichen Rechts sind, und der jüdischen Kultusgemeinden von der Grundsteuer. Im Bundesgesetz erstreckt sich die Steuerbefreiung auf die Dienstwohnungen. In der **Gesetzesbegründung** heißt es: *„Die Norm führt die bisherigen Befreiungstatbestände fort."* Inhaltlich dürfte sich aus der Verwendung des Begriffs „Beherbergung" statt „Dienstwohnung" keine Veränderung in Bezug auf die Voraussetzungen und auch den Umfang der Steuerbefreiung ergeben. Auf die Kommentierung von Kunz in Grootens GrStG § 3 Rz. 86 ff. wird verwiesen. 9

(Einstweilen frei) 10–11

III. Grundbesitz bestimmter Religionsgemeinschaften und jüdischer Kultusgemeinden (§ 4 Abs. 1 Nr. 6 LGrStG BW)

Die Vorschrift entspricht inhaltlich § 3 Abs. 1 Nr. 6 GrStG. § 3 Abs. 1 Nr. 6 Satz 2 GrStG kann im Landesgesetz entfallen, weil sich Satz 2 auf Regelungen im Einigungsvertrag bezieht. Da sich der Geltungsbereich des LGrStG BW nur auf Grundstücke in Baden-Württemberg erstreckt, sind die Regelungen für die neuen Bundesländer nicht in das Landesgesetz zu übernehmen. Auf die Kommentierung von Kunz in Grootens, GrStG § 3 Rz. 86 ff. wird verwiesen. 12

(Einstweilen frei) 13–14

IV. Öffentlicher Dienst (§ 4 Abs. 2 und 3 LGrStG BW)

Die Absätze entsprechen § 3 Abs. 2 und 3 GrStG. Auf die Kommentierung von Kunz in Grootens, GrStG § 3 Rz. 39–62 wird verwiesen. 15

§ 5 LGrStG BW Sonstige Steuerbefreiungen

Soweit sich nicht bereits eine Befreiung nach § 4 ergibt, sind von der Grundsteuer befreit

1. Grundbesitz, der dem Gottesdienst einer Religionsgesellschaft, die Körperschaft des öffentlichen Rechts ist, oder einer jüdischen Kultusgemeinde gewidmet ist;
2. Bestattungsplätze;

3. a) die dem öffentlichen Verkehr dienenden Straßen, Wege, Plätze, Wasserstraßen, Häfen und Schienenwege sowie die Grundflächen mit den diesem Verkehr unmittelbar dienenden Bauwerken und Einrichtungen, zum Beispiel Brücken, Schleuseneinrichtungen, Signalstationen, Stellwerke, Blockstellen;

   b) auf Verkehrsflughäfen und Verkehrslandeplätzen alle Flächen, die unmittelbar zur Gewährleistung eines ordnungsgemäßen Flugbetriebes notwendig sind und von Hochbauten und sonstigen Luftfahrthindernissen freigehalten werden müssen, die Grundflächen mit den Bauwerken und Einrichtungen, die unmittelbar diesem Betrieb dienen, sowie die Grundflächen ortsfester Flugsicherungsanlagen einschließlich der Flächen, die für einen einwandfreien Betrieb dieser Anlagen erforderlich sind;

   c) die fließenden Gewässer und die ihren Abfluss regelnden Sammelbecken, soweit sie nicht unter Buchstabe a fallen;

4. die Grundflächen mit den im Interesse der Ordnung und Verbesserung der Wasser- und Bodenverhältnisse unterhaltenen Einrichtungen der öffentlich-rechtlichen Wasser- und Bodenverbände und die im öffentlichen Interesse staatlich unter Schau gestellten Privatdeiche;

5. Grundbesitz, der für Zwecke der Wissenschaft, des Unterrichts oder der Erziehung benutzt wird, wenn durch die Landesregierung oder die von ihr beauftragte Stelle anerkannt ist, dass der Benutzungszweck im Rahmen der öffentlichen Aufgaben liegt; der Grundbesitz muss ausschließlich demjenigen, der ihn benutzt, oder einer juristischen Person des öffentlichen Rechts zuzurechnen sein;

6. Grundbesitz, der für die Zwecke eines Krankenhauses benutzt wird, wenn das Krankenhaus in dem Kalenderjahr, das dem Veranlagungszeitpunkt (§ 41 Absatz 1, § 42 Absatz 3 und § 43 Absatz 3) vorangeht, die Voraussetzungen des § 67 Absatz 1 oder 2 der AO erfüllt hat; der Grundbesitz muss ausschließlich demjenigen, der ihn benutzt, oder einer juristischen Person des öffentlichen Rechts zuzurechnen sein.

Inhaltsübersicht	Rz.
A. Allgemeine Erläuterungen	1 - 5
I. Entstehung und Entwicklung der Vorschrift	1 - 2
II. Geltungsbereich	3 - 5
B. Systematische Kommentierung	6

A. Allgemeine Erläuterungen

I. Entstehung und Entwicklung der Vorschrift

1 Die Vorschrift wurde erstmalig im Jahr 2020 in das LGrStG BW aufgenommen.

2 In der **Gesetzesbegründung** heißt es hierzu:

Die Vorschrift ergänzt die Befreiungen des § 4 Nummer 1 für den Fall der Nutzung des Grundbesitzes, sobald eine Widmung für den Gottesdienst vorliegt, ohne dass dabei die Eigentumsverhältnisse relevant sind. Die übrigen Nummern beziehen sich auf die wesentlichen Einrichtungen der täglichen Daseinsfürsorge und Infrastruktur, die gerade auch den Wert des Grundstücks maßgeblich beeinflussen. Im Umkehrschluss ist es im neuen System konsistent, wenn gerade diese wesentlichen und wertbeeinflussenden Komponenten von der Besteuerung ausgenommen werden.

II. Geltungsbereich

Das LGrStG BW gilt für in Baden-Württemberg belegene Grundstücke. 3

(Einstweilen frei) 4–5

B. Systematische Kommentierung

Die Vorschrift entspricht § 4 GrStG. Auf die Kommentierung von Kunz in Grootens, GrStG § 4 Rz. 1 ff. wird verwiesen. 6

§ 6 LGrStG BW Zu Wohnzwecken genutzter Grundbesitz

(1) Dient Grundbesitz, der für steuerbegünstigte Zwecke im Sinne der §§ 4 und 5 benutzt wird, zugleich Wohnzwecken, gilt die Befreiung nur für

1. Gemeinschaftsunterkünfte der Bundeswehr, der ausländischen Streitkräfte, der internationalen militärischen Hauptquartiere, der Bundespolizei, der Polizei und des sonstigen Schutzdienstes des Bundes und der Gebietskörperschaften sowie ihrer Zusammenschlüsse;

2. Wohnräume in Schulheimen, Ausbildungs- und Erziehungsheimen sowie Prediger- und Priesterseminaren, wenn die Unterbringung in ihnen für die Zwecke des Unterrichts, der Ausbildung oder der Erziehung erforderlich ist; wird das Heim oder Seminar nicht von einem der nach § 4 Absatz 1 Satz 1 Nummer 1, 3 oder 4 begünstigten Rechtsträger unterhalten, so bedarf es einer Anerkennung der Landesregierung oder der von ihr beauftragten Stelle, dass die Unterhaltung des Heims oder Seminars im Rahmen der öffentlichen Aufgaben liegt;

3. Wohnräume, wenn der steuerbegünstigte Zweck im Sinne des § 4 Absatz 1 Satz 1 Nummer 1, 3 oder 4 nur durch ihre Überlassung erreicht werden kann;

4. Räume, in denen sich Personen für die Erfüllung der steuerbegünstigten Zwecke ständig bereithalten müssen (Bereitschaftsräume), wenn sie nicht zugleich die Wohnung des Inhabers darstellen.

(2) Die Befreiung nach Absatz 1 gilt nicht für eine von anderen Räumen baulich getrennte Zusammenfassung einer Mehrheit von Räumen, die über einen selbständigen Zugang verfügt und in ihrer Gesamtheit so beschaffen ist, dass die Führung eines selbständigen Haushalts möglich ist; für die Führung eines selbständigen Haushalts sind notwendige Nebenräume wie Küche, Bad oder Dusche sowie Toilette und eine Mindestwohnfläche von 20 Quadratmetern erforderlich.

Inhaltsübersicht	Rz.
A. Allgemeine Erläuterungen	1 - 8
I. Entstehung und Entwicklung der Vorschrift	1 - 2
II. Geltungsbereich	3 - 5
III. Verhältnis zu anderen Vorschriften	6 - 8
B. Systematische Kommentierung	9 - 14
I. Von der Grundsteuer befreite Grundstücke, die Wohnzwecken dienen (§ 6 Abs. 1 LGrStG BW)	9 - 11
II. Definition Wohnung und Wohnzwecke (§ 6 Abs. 2 LGrStG BW)	12 - 14

A. Allgemeine Erläuterungen

I. Entstehung und Entwicklung der Vorschrift

1 Die Vorschrift wurde erstmalig im Jahr 2020 in das LGrStG BW aufgenommen.

2 In der **Gesetzesbegründung** heißt es hierzu:

Diese Norm stellt klar, dass die Befreiungen im neuen System nur dann gerechtfertigt sind, wenn der Grundbesitz im Sinne und zum Wohle der Allgemeinheit genutzt wird. Eine Nutzung in diesem Sinne erfolgt daher abschließend nur in den Fällen des Absatzes 1. Im Übrigen ist dies bei einer Nutzung zu Wohnzwecken nicht zwingend der Fall. Diesen Gedanken nimmt Absatz 2 auf, der die Nutzung des Grundbesitzes zu Wohnzwecken dann als schädlich ansieht, wenn sie zu rein individuellen Zwecken stattfindet und damit nicht der Allgemeinheit dient. Halbsatz 2 des Absatz 2 lehnt sich dabei an die bereits bekannten Definitionen an.

II. Geltungsbereich

3 Das LGrStG BW gilt für in Baden-Württemberg belegene Grundstücke.

4–5 *(Einstweilen frei)*

III. Verhältnis zu anderen Vorschriften

6 In § 6 Abs. 2 LGrStG BW wird eine Definition der Wohnung und damit der Wohnzwecke gegeben, die § 249 Abs. 10 BewG angenähert ist. Die in § 6 Abs. 2 LGrStG BW vorgenommene Definition der Wohnung und der Wohnzwecke ist auch für die §§ 26 und 40 LGrStG BW **nicht** anzuwenden.

7–8 *(Einstweilen frei)*

B. Systematische Kommentierung

I. Von der Grundsteuer befreite Grundstücke, die Wohnzwecken dienen (§ 6 Abs. 1 LGrStG BW)

9 Die Vorschrift entspricht § 5 Abs. 1 GrStG. Auf die Kommentierung von Lange in Grootens, GrStG § 5 Rz. 22–53 wird verwiesen.

10–11 *(Einstweilen frei)*

II. Definition Wohnung und Wohnzwecke (§ 6 Abs. 2 LGrStG BW)

12 Nach § 5 Abs. 2 GrStG sind individuell genutzte Wohnungen stets steuerpflichtig, auch wenn die Voraussetzungen des § 5 Abs. 1 GrStG vorliegen. Auch nach dem Landesgesetz sind die Befreiungen nach § 6 Abs. 1 LGrStG BW nicht anwendbar, wenn die Nutzung individuellen Wohnzwecken dient. Insofern entspricht der Regelungsinhalt von § 6 Abs. 2 LGrStG BW demjenigen von § 5 Abs. 2 GrStG. Auf die Kommentierung von Lange in Grootens, GrStG § 5 Rz. 27–35 wird verwiesen.

13 Die Definition der Wohnung im Landesgesetz entspricht weitgehend § 249 Abs. 10 BewG. Nach § 249 Abs. 10 Satz 2 BewG „soll" die Wohnfläche 20 m² betragen, so dass auch im Einzelfall eine Wohnung vorliegen kann, wenn diese Fläche nicht erreicht wird. Nach dem LGrStG

BW ist das Vorhandensein einer Mindestwohnfläche von 20 m² zwingend erforderlich, damit eine Wohnung vorliegt. Abgesehen von den Anforderungen an die Wohnfläche entspricht die Landesvorschrift § 249 Abs. 10 BewG, auf die ausführliche Kommentierung von Bock in Grootens, BewG § 249 Rz. 76–106 wird verwiesen.

Der Begriff der Wohnung in § 6 Abs. 2 LGrStG BW ist nicht auf den in den §§ 26 und 40 LGrStG BW verwendeten Begriff der Wohnzwecke anzuwenden. 14

§ 7 LGrStG BW Land- und forstwirtschaftlich genutzter Grundbesitz

Wird Grundbesitz, der für steuerbegünstigte Zwecke im Sinne der §§ 4 und 5 genutzt wird, zugleich land- und forstwirtschaftlich genutzt, so gilt die Befreiung nur für

1. Grundbesitz, der Lehr- oder Versuchszwecken dient;
2. Grundbesitz, der von der Bundeswehr, den ausländischen Streitkräften, den internationalen militärischen Hauptquartieren oder den in § 6 Absatz 1 Nummer 1 bezeichneten Schutzdiensten als Übungsplatz oder Flugplatz genutzt wird;
3. Grundbesitz, der unter § 5 Nummer 1 bis 4 fällt.

Inhaltsübersicht	Rz.
A. Allgemeine Erläuterungen	1 - 4
I. Entstehung und Entwicklung der Vorschrift	1 - 2
II. Geltungsbereich	3 - 4
B. Systematische Kommentierung	5
I. § 7 LGrStG BW	5

A. Allgemeine Erläuterungen

I. Entstehung und Entwicklung der Vorschrift

Die Vorschrift wurde erstmalig im Jahr 2020 in das LGrStG BW aufgenommen. 1

In der **Gesetzesbegründung** heißt es hierzu: 2

Die Regelung regelt den Kollisionsfall, dass die Befreiungen der §§ 4 und 5 mit der grundsätzlichen Absicht, Einkommen mittels eines land- und forstwirtschaftlichen Betriebs zu erzielen, zusammenfallen. Eine Privilegierung durch eine Befreiung ist nur dann noch gerechtfertigt, wenn das Interesse der Allgemeinheit daran überwiegt. Dies ist nur in den abschließend aufgezählten Anwendungsgebieten der Fall. Im Falle der Nummer 1 besteht eine Nähe zum Zwecke der Wissenschaft. Die Erweiterung der Fähigkeiten zur wissenschaftlichen Forschung und die Vermittlung von Erkenntnissen und Fähigkeiten erfolgt im Sinne der Allgemeinheit, weshalb eine ähnliche Ausgangslage besteht. Nummer 2 bezieht sich auf die Fähigkeit der nationalen Verteidigung. Im Falle von Nummer 3 kann entsprechend auf die Begründung des § 5 verwiesen werden.

II. Geltungsbereich

Das LGrStG BW gilt für in Baden-Württemberg belegene Grundstücke. 3

(Einstweilen frei) 4

B. Systematische Kommentierung

I. § 7 LGrStG BW

5 Die Vorschrift entspricht § 6 GrStG. Auf die Kommentierung von Lange in Grootens, GrStG § 6 Rz. 1 ff. wird verwiesen.

§ 8 LGrStG BW Unmittelbare Benutzung für einen steuerbegünstigten Zweck

¹Die Befreiung nach den §§ 4 und 5 tritt nur ein, wenn der Steuergegenstand für den steuerbegünstigten Zweck unmittelbar benutzt wird. ²Unmittelbare Benutzung liegt vor, sobald der Steuergegenstand für den steuerbegünstigten Zweck hergerichtet wird.

Inhaltsübersicht	Rz.
A. Allgemeine Erläuterungen	1 - 5
I. Entstehung und Entwicklung der Vorschrift	1 - 2
II. Geltungsbereich	3 - 5
B. Systematische Kommentierung	6

A. Allgemeine Erläuterungen

I. Entstehung und Entwicklung der Vorschrift

1 Die Vorschrift wurde erstmalig im Jahr 2020 in das LGrStG BW aufgenommen.

2 In der **Gesetzesbegründung** heißt es hierzu:

Eine Privilegierung ist nur dann gerechtfertigt, wenn die Nutzung des Grundbesitzes tatsächlich nur im Sinne der Befreiungstatbestände erfolgen kann. Dies ist der Fall, wenn eine klare Ausrichtung in diesem Sinne erfolgt ist, indem der Steuergegenstand zur Erfüllung des begünstigten Zwecks eindeutig hergerichtet wird und genutzt werden kann.

II. Geltungsbereich

3 Das LGrStG BW gilt für in Baden-Württemberg belegene Grundstücke.

4–5 *(Einstweilen frei)*

B. Systematische Kommentierung

6 Die Vorschrift entspricht § 7 GrStG. Auf die Kommentierung von Lange in Grootens, GrStG § 7 Rz. 1 ff. wird verwiesen.

§ 9 LGrStG BW Anwendung der Steuerbefreiung

(1) Wird ein abgrenzbarer Teil des Steuergegenstandes für steuerbegünstigte Zwecke im Sinne der §§ 4 und 5 genutzt, so ist nur dieser Teil des Steuergegenstandes steuerfrei.

(2) Dient der Steuergegenstand oder ein Teil des Steuergegenstandes sowohl steuerbegünstigten Zwecken im Sinne der §§ 4 und 5 als auch anderen Zwecken, ohne dass eine eindeutige Abgrenzung für die verschiedenen Zwecke möglich ist, so ist der Steuergegenstand oder der Teil des Steuergegenstandes nur befreit, wenn die steuerbegünstigten Zwecke überwiegen.

Inhaltsübersicht	Rz.
A. Allgemeine Erläuterungen	1 - 5
I. Entstehung und Entwicklung der Vorschrift	1 - 2
II. Geltungsbereich	3 - 5
B. Systematische Kommentierung	6

A. Allgemeine Erläuterungen

I. Entstehung und Entwicklung der Vorschrift

Die Vorschrift wurde erstmalig im Jahr 2020 in das LGrStG BW aufgenommen.   1

In der Gesetzesbegründung heißt es hierzu: 2

Die Vorschrift regelt den Fall, dass nur ein Teil des Grundbesitzes für steuerbegünstigte Zwecke (§§ 4 und 5) benutzt wird. Um einen Härteausgleich zu schaffen, wird für den Fall, dass für die steuerbegünstigte Nutzung ein eindeutig räumlich abgrenzbarer Teil des Steuergegenstandes ermittelt werden kann, eine Aufteilung in einen steuerfreien und steuerpflichtigen Teil vorgenommen. Durch den Bezug auf die räumliche Abgrenzbarkeit wird ein klarer Bezug zum Grundbesitz geschaffen. Entscheidend ist daher, dass das Grundstück theoretisch in einen steuerbefreiten und einen nicht steuerbefreiten Teil geteilt werden könnte. Hier ist vorrangig auf eine Abgrenzung anhand der tatsächlichen Nutzung der Grundstücksfläche abzustellen. Hilfsweise ist eine Abgrenzung mit Hilfe des Verhältnisses der anteiligen steuerbegünstigten und der nicht steuerbegünstigten Gebäudeflächen zur gesamten Gebäudefläche vorzunehmen. Ist dies auch nicht möglich, so ordnet Absatz 2 an, dass die Befreiung nur dann eintritt, wenn der steuerbegünstigte Zweck überwiegt.

II. Geltungsbereich

Das LGrStG BW gilt für in Baden-Württemberg belegene Grundstücke.   3

(Einstweilen frei)   4–5

B. Systematische Kommentierung

Die Vorschrift entspricht § 8 GrStG. Auf die Kommentierung von Lange in Grootens, GrStG § 8 Rz. 1 ff. wird verwiesen.   6

2. Abschnitt: Steuerschuldner und Haftung

§ 10 LGrStG BW   Steuerschuldner

(1) Schuldner der Grundsteuer ist derjenige, dem der Steuergegenstand bei der Feststellung des Grundsteuerwerts zugerechnet wird.

(2) Wird der Steuergegenstand mehreren Personen zugerechnet, so sind sie Gesamtschuldner.

(3) ¹Bei Erbbaurechten ist für das Erbbaurecht und das Erbbaurechtsgrundstück ein einheitlicher Wert nach § 38 zu ermitteln, der festzustellen wäre, wenn die Belastung mit dem Erbbaurecht nicht bestünde. ²Der ermittelte Wert ist dem Erbbauberechtigten zuzurechnen. ³Gleiches gilt für das Wohnungserbbaurecht und das Teilerbbaurecht nach dem Wohnungseigentumsgesetz. ⁴Der Wert für jedes Wohnungserbbaurecht und Teilerbbaurecht ist entsprechend dem Miteigentumsanteil am Grundstück nach § 38 zu ermitteln.

Inhaltsübersicht	Rz.
A. Allgemeine Erläuterungen	1 - 10
I. Normzweck und wirtschaftliche Bedeutung der Vorschrift	1 - 5
II. Entstehung und Entwicklung der Vorschrift	6 - 7
III. Geltungsbereich	8 - 10
B. Systematische Kommentierung	11 - 18
I. Steuerschuldner und Gesamtschuldnerische Haftung (§ 10 Abs. 1 und Abs. 2 LGrStG BW)	11 - 13
II. Erbbaurechte (§ 10 Abs. 3 Satz 1 und 2 LGrStG BW)	14 - 16
III. Wohnungs- und Teilerbbaurecht (§ 10 Abs. 3 Satz 3 und 4 LGrStG BW)	17 - 18

A. Allgemeine Erläuterungen

I. Normzweck und wirtschaftliche Bedeutung der Vorschrift

1 Die Vorschrift regelt in den Abs. 1 und 2 die Steuerschuldnerschaft wie in § 10 GrStG.

2 In Abs. 3 Satz 1 und 2 ist wie im Bundesrecht geregelt, dass bei Erbbaurechten der Erbbauberechtigte Steuerschuldner ist. Für die Sonderfälle des Wohnungserbbaurechts und des Teilerbbaurechts wird in den Sätzen 3 und 4 geregelt, dass der für das Grundstück festgestellte Grundsteuerwert auf die Sondereigentümer entsprechend der Miteigentumsanteile aufzuteilen ist.

3–5 *(Einstweilen frei)*

II. Entstehung und Entwicklung der Vorschrift

6 Die Vorschrift wurde erstmalig im Jahr 2020 in das LGrStG BW aufgenommen.

7 In der **Gesetzesbegründung** heißt es hierzu:

Zu § 10:
Die Vorschrift bestimmt den Steuerschuldner für die Grundsteuer.
Zu Absatz 1 und 2:
Aufgrund der Anwendbarkeit der Abgabenordnung bestimmt sich dies grundsätzlich nach § 39 AO, sodass der Eigentümer primär Steuerschuldner ist (§ 39 Absatz 1 AO).
Sollten demnach mehrere Personen Steuerschuldner sein, so ordnet Absatz 2 die Gesamtschuldnerschaft an.
Zu Absatz 3:
Aufgrund der gebäudeunabhängigen Bewertung der Grundsteuer, würde in den Fällen des Erbbaurechts, statt wie bisher der Grundstückseigentümer (Erbbaurechtsverpflichteter) und der Erbbaurechtsberechtigte, ausschließlich der Eigentümer herangezogen. Dies wäre aber aufgrund der besonders gesicherten Rechtsposition und insbesondere im Hinblick auf die tatsächliche Nutzung

der Infrastruktur und des grundstücksimmanenten Potenzials nicht gerechtfertigt. Daher ordnet Absatz 3 abweichend die Zurechnung und damit die Steuerschuldnerschaft im Falle des Erbbaurechts beim Erbbauberechtigten an. Die Sätze 3 und 4 regeln den Sonderfall des Wohnungs- und Teilerbbaurechts und stellen klar, dass die bei Wohnungseigentum geltende Berechnung nach dem Miteigentumsanteil am Grundstück in diesem Fall analog anzuwenden ist.

III. Geltungsbereich

Das LGrStG BW gilt für in Baden-Württemberg belegene Grundstücke. 8

(Einstweilen frei) 9–10

B. Systematische Kommentierung

I. Steuerschuldner und Gesamtschuldnerische Haftung (§ 10 Abs. 1 und Abs. 2 LGrStG BW)

Die Abs. 1 und 2 entsprechen § 10 Abs. 1 und 2 GrStG. Auf die Kommentierung von Schmidt in Grootens, GrStG § 10 Rz. 1 ff. wird verwiesen. 11

(Einstweilen frei) 12–13

II. Erbbaurechte (§ 10 Abs. 3 Satz 1 und 2 LGrStG BW)

Die Sätze 1 und 2 entsprechen inhaltlich § 261 BewG. Auf die Kommentierung von Grootens in Grootens, BewG § 261 Rz. 31 ff. wird verwiesen. Auch im Landesgrundsteuergesetz ist Steuerschuldner der Erbbauberechtigte. 14

(Einstweilen frei) 15–16

III. Wohnungs- und Teilerbbaurecht (§ 10 Abs. 3 Satz 3 und 4 LGrStG BW)

Satz 3 präzisiert, dass auch beim Wohnungserbbaurecht und dem Teilerbbaurecht nach dem Wohnungseigentumsgesetz der Erbbauberechtigte Steuerschuldner ist. 17

Zu den Begriffen „Wohnungserbbaurecht" und „Teilerbbaurecht" vergleiche Lange in Grootens, GrStG § 2 Rz. 61.

Obwohl die Überschrift „Steuerschuldner" heißt, werden in Satz 4 Festlegungen zur Aufteilung des einheitlichen Grundsteuerwertes für das Grundstück gemacht. Nach der Vorschrift ist zunächst der Gesamtwert des Grundstücks zu ermitteln und dann entsprechend der Miteigentumsanteilsanteile auf die Sondereigentümer zu verteilen. 18

> **BEISPIEL:** Grundstücksgröße 500 m², Bodenrichtwert 200 € je m², Miteigentumsanteile: Sondereigentümer A und B jeweils 300/1000, Sondereigentümer C 400/1000.
>
> Der Grundsteuerwert des Gesamtgrundstücks beträgt 100.000 €, dieser wird entsprechend der Miteigentumsanteile aufgeteilt, so dass auf A und B jeweils 30.000 € und auf C 40.000 € entfallen.

§ 11 LGrStG BW   Persönliche Haftung

(1) Neben dem Steuerschuldner haften der Nießbraucher des Steuergegenstandes und derjenige, dem ein dem Nießbrauch ähnliches Recht zusteht.

(2) ¹Wird ein Steuergegenstand ganz oder zu einem Teil einer anderen Person übereignet, so haftet der Erwerber neben dem früheren Eigentümer für die auf den Steuergegenstand oder Teil des Steuergegenstandes entfallende Grundsteuer, die für die Zeit seit dem Beginn des letzten vor der Übereignung liegenden Kalenderjahres zu entrichten ist. ²Das gilt nicht für Erwerbe aus einer Insolvenzmasse und für Erwerbe im Vollstreckungsverfahren.

Inhaltsübersicht	Rz.
A. Allgemeine Erläuterungen	1 – 5
I. Entstehung und Entwicklung der Vorschrift	1 – 2
II. Geltungsbereich	3 – 5
B. Systematische Kommentierung	6

A. Allgemeine Erläuterungen

I. Entstehung und Entwicklung der Vorschrift

1 Die Vorschrift wurde erstmalig im Jahr 2020 in das LGrStG BW aufgenommen.

2 In der **Gesetzesbegründung** heißt es hierzu:

Die Norm regelt die Haftungsfälle und damit die Frage, wer neben dem Steuerschuldner als Steuerverpflichteter in Frage kommt. Für einen Nießbraucher, der tatsächlich ein sehr weitreichendes Nutzungsrecht am Grundbesitz hat, ist die Anordnung einer Haftung neben dem Eigentümer gerechtfertigt. Die Haftung des Erwerbers wird in Absatz 2 geregelt, wobei im Einklang mit den Insolvenz- und Vollstreckungsvorschriften und um eine Durchbrechung der dort geltenden Prinzipien zu verhindern klargestellt wird, dass die Haftung in diesem Fall gerade nicht eintritt.

II. Geltungsbereich

3 Das LGrStG BW gilt für in Baden-Württemberg belegene Grundstücke.

4–5 *(Einstweilen frei)*

B. Systematische Kommentierung

6 Die Vorschrift entspricht § 11 GrStG. Auf die Kommentierung von Schmidt in Grootens, GrStG § 11 Rz. 21 ff. wird verwiesen.

§ 12 LGrStG BW   Dingliche Haftung

Die Grundsteuer ruht auf dem Steuergegenstand als öffentliche Last.

Inhaltsübersicht	Rz.
A. Allgemeine Erläuterungen	1 – 5
I. Entstehung und Entwicklung der Vorschrift	1 – 2
II. Geltungsbereich	3 – 5
B. Systematische Kommentierung	6

A. Allgemeine Erläuterungen

I. Entstehung und Entwicklung der Vorschrift

Die Vorschrift wurde erstmalig im Jahr 2020 in das LGrStG BW aufgenommen. 1

In der **Gesetzesbegründung** heißt es hierzu: 2

Durch die Anordnung der Grundsteuer als öffentliche Last wird es der Verwaltung ermöglicht, sich unmittelbar aus dem haftenden Gegenstand zu befriedigen. Zudem erfolgt eine Privilegierung der Gemeinde gegenüber anderen Gläubigern durch die vorrangige Befriedigung aus der öffentlichen Last.

II. Geltungsbereich

Das LGrStG BW gilt für in Baden-Württemberg belegene Grundstücke. 3

(Einstweilen frei) 4–5

B. Systematische Kommentierung

Die Vorschrift entspricht § 12 GrStG. Auf die Kommentierung von Schmidt in Grootens, GrStG § 12 Rz. 23 ff. wird verwiesen. 6

Zweiter Teil: Bewertungsverfahren

§ 13 LGrStG BW Feststellung von Grundsteuerwerten

(1) Grundsteuerwerte werden für die jeweilige Art des Grundbesitzes im Landesgebiet gesondert festgestellt (§ 180 Absatz 1 Satz 1 Nummer 1 AO).

(2) In dem Feststellungsbescheid (§ 179 AO) sind für land- und forstwirtschaftliches Vermögen nach § 3 Nummer 1 auch Feststellungen zu treffen über:

1. die Vermögensart sowie
2. die Zurechnung der wirtschaftlichen Einheit und bei mehreren Beteiligten über die Höhe ihrer Anteile.

(3) In dem Feststellungsbescheid (§ 179 AO) sind für Grundvermögen nach § 3 Nummer 2 Feststellungen für die Zurechnung der wirtschaftlichen Einheit und bei mehreren Beteiligten über die Höhe ihrer Anteile zu treffen.

(4) Die Feststellungen nach den vorherigen Absätzen erfolgen nur, soweit sie für die Besteuerung von Bedeutung sind.

Inhaltsübersicht	Rz.
A. Allgemeine Erläuterungen	1 - 5
I. Entstehung und Entwicklung der Vorschrift	1 - 2
II. Geltungsbereich	3 - 5
B. Systematische Kommentierung	6 - 17
I. Feststellung von Grundsteuerwerten (§ 13 Abs. 1 LGrStG BW)	6 - 9
II. Feststellungsbescheide für land- und forstwirtschaftliches Vermögen (§ 13 Abs. 2 LGrStG BW)	10 - 12
III. Feststellungsbescheide für Grundvermögen (§ 13 Abs. 3 LGrStG BW)	13 - 16
IV. Voraussetzung zur Feststellung (§ 13 Abs. 4 LGrStG BW)	17

A. Allgemeine Erläuterungen

I. Entstehung und Entwicklung der Vorschrift

1 Die Vorschrift wurde erstmalig im Jahr 2020 in das LGrStG BW aufgenommen.

2 In der **Gesetzesbegründung** heißt es hierzu:

Die Norm bestimmt, für welches Vermögen Grundsteuerwerte gesondert festzustellen sind. Sie entspricht im Wesentlichen dem bisherigen Recht unter Anpassung an die neuen Begrifflichkeiten. Statt Einheitswerten sind nunmehr Werte für Betriebe der Land- und Forstwirtschaft und für Grundstücke gesondert festzustellen. Im Feststellungsbescheid sind darüber hinaus für die Grundsteuerwertfeststellung bei land- und forstwirtschaftlichen Grundvermögen Feststellungen über die Vermögensart und die Zurechnung der wirtschaftlichen Einheit sowie der Höhe der Anteile bei mehreren Beteiligten zu treffen. Für das Grundvermögen wird indes die Vermögensart nicht benötigt (Absatz 3). Absatz 4 der Norm sieht vor, dass eine Feststellung nur zu erfolgen hat, wenn sie für die Besteuerung von Bedeutung ist.

II. Geltungsbereich

3 Das LGrStG BW gilt für in Baden-Württemberg belegene Grundstücke.

4–5 *(Einstweilen frei)*

B. Systematische Kommentierung

I. Feststellung von Grundsteuerwerten (§ 13 Abs. 1 LGrStG BW)

6 Die Vorschrift entspricht inhaltlich § 219 Abs. 1 BewG. Auf die Kommentierung von Wredenhagen in Grootens, GrStG § 219 Rz. 61 ff. wird verwiesen.

7 Während § 219 Abs. 1 BewG auf inländischem Grundgesetz abhebt, stellt § 13 Abs. 1 LGrStG BW klar, dass das LGrStG BW nur für Grundbesitz auf dem Gebiet des Landes Baden-Württemberg anzuwenden ist.

8–9 *(Einstweilen frei)*

II. Feststellungsbescheide für land- und forstwirtschaftliches Vermögen (§ 13 Abs. 2 LGrStG BW)

10 Die Regelung entspricht inhaltlich § 219 Abs. 2 BewG, allerdings wird in § 13 Abs. 2 LGrStG BW nur auf das land- und forstwirtschaftliche Vermögen abgehoben, das Grundvermögen wird in § 13 Abs. 3 LGrStG BW behandelt. Das Bundesrecht behandelt in § 219 Abs. 2 BewG beide Vermögensarten. Auf die Kommentierung von Wredenhagen in Grootens, BewG § 219 Rz. 211 ff. wird verwiesen.

11–12 *(Einstweilen frei)*

III. Feststellungsbescheide für Grundvermögen (§ 13 Abs. 3 LGrStG BW)

Während im Bundesrecht beim Grundvermögen auch die Grundstücksart festgestellt wird, kann dies im Landesgesetz unterbleiben, weil bei der Bewertung des Grundvermögens keine Differenzierungen nach den verschiedenen Vermögensarten des Grundvermögens vorgenommen werden. 13

Die Vorschrift behandelt die Feststellungen beim Grundvermögen und entspricht inhaltlich § 219 Abs. 2 BewG. Auf die Kommentierung von Wredenhagen in Grootens, BewG § 219 Rz. 211 ff. wird verwiesen. 14

(Einstweilen frei) 15–16

IV. Voraussetzung zur Feststellung (§ 13 Abs. 4 LGrStG BW)

Die Vorschrift entspricht inhaltlich § 219 Abs. 3 BewG. Auf die Kommentierung von Wredenhagen in Grootens, BewG § 219 Rz. 271 ff. wird verwiesen. 17

§ 14 LGrStG BW   Ermittlung der Grundsteuerwerte

¹Die Grundsteuerwerte werden nach den Vorschriften des dritten Teils ermittelt. ²Bei der Ermittlung der Grundsteuerwerte ist § 163 AO nicht anzuwenden; hiervon unberührt bleiben Übergangsregelungen, die die oberste Finanzbehörde trifft.

Inhaltsübersicht	Rz.
A. Allgemeine Erläuterungen	1 - 5
I. Entstehung und Entwicklung der Vorschrift	1 - 2
II. Geltungsbereich	3 - 5
B. Systematische Kommentierung	6 - 7

A. Allgemeine Erläuterungen

I. Entstehung und Entwicklung der Vorschrift

Die Vorschrift wurde erstmalig im Jahr 2020 in das LGrStG BW aufgenommen. 1

In der **Gesetzesbegründung** heißt es hierzu: 2

Die Norm entspricht im Wesentlichen der bisherigen Regelung. Sie bestimmt allgemein, dass die Grundsteuerwerte nach den Vorschriften des dritten Teils ermittelt werden. Eine abweichende Feststellung aus Billigkeitsgründen kommt nach Satz 2 nicht in Betracht. Hiervon unberührt bleiben Übergangsregelungen möglich, die die oberste Finanzbehörde trifft.

II. Geltungsbereich

Das LGrStG BW gilt für in Baden-Württemberg belegene Grundstücke. 3

(Einstweilen frei) 4–5

B. Systematische Kommentierung

6 Sollte sich der Steuerpflichtige durch die Höhe des festgestellten Grundsteuerwertes unbillig beschwert sehen, kann er einen Billigkeitserlass der Grundsteuer nur bei der Gemeinde beantragen; ein Antrag beim Finanzamt auf die Feststellung eines niedrigeren Grundsteuerwertes ist unzulässig.

7 Die Vorschrift entspricht § 220 BewG. Auf die Kommentierung von Wredenhagen in Grootens, BewG § 220 Rz. 1 ff. wird verwiesen.

§ 15 LGrStG BW   Hauptfeststellung

(1) Die Grundsteuerwerte werden in Zeitabständen von je sieben Jahren allgemein festgestellt (Hauptfeststellung).

(2) Der Hauptfeststellung werden die Verhältnisse zu Beginn des Kalenderjahres (Hauptfeststellungszeitpunkt) zugrunde gelegt.

(3) Die erste Hauptfeststellung für die Grundsteuerwerte wird auf den 1. Januar 2022 für die Hauptveranlagung auf den 1. Januar 2025 durchgeführt.

Inhaltsübersicht	Rz.
A. Allgemeine Erläuterungen	1 - 5
I. Entstehung und Entwicklung der Vorschrift	1 - 2
II. Geltungsbereich	3 - 5
B. Systematische Kommentierung	6 - 12
I. Festlegung der Hauptfeststellungsperiode (§ 15 Abs. 1 LGrStG BW)	6 - 8
II. Hauptfeststellungszeitpunkt als Bewertungsstichtag (§ 15 Abs. 2 LGrStG BW)	9 - 11
III. Erstmaliger Hauptfeststellungszeitpunkt (§ 15 Abs. 3 LGrStG BW)	12

A. Allgemeine Erläuterungen

I. Entstehung und Entwicklung der Vorschrift

1 Die Vorschrift wurde erstmalig im Jahr 2020 in das LGrStG BW aufgenommen.

2 In der **Gesetzesbegründung** heißt es hierzu:

Die Norm regelt die Durchführung von Hauptfeststellungen. Absatz 1 normiert, dass die Grundsteuerwerte bei Hauptfeststellungen allgemein festgestellt werden, und bestimmt für die Hauptfeststellungen einen siebenjährigen Hauptfeststellungsturnus. Nach Absatz 2 sind den Hauptfeststellungen die jeweiligen Verhältnisse am Hauptfeststellungzeitpunkt und damit zu Beginn des Kalenderjahres zugrunde zu legen.

Da die Wertverhältnisse während der folgenden Jahre eines Hauptfeststellungszeitraums typischerweise wertrelevanten Veränderungen unterliegen, bedarf es nach dem Urteil des Bundesverfassungsgerichts vom 10. April 2018 zur Einheitsbewertung in regelmäßigen und nicht zu weit auseinanderliegenden Abständen einer neuen Hauptfeststellung. Mit der Festlegung eines siebenjährigen Hauptfeststellungsturnus wird das ursprüngliche Konzept einer regelmäßig mitschreitenden Bewertung wiederaufgenommen und es werden damit die in diesem Zusammenhang bestehenden verfassungsrechtlichen Vorgaben umgesetzt.

Absatz 3 bestimmt, dass die erste Hauptfeststellung für die Grundsteuerwerte nach §15 Absatz 1 auf den 1. Januar 2022 durchgeführt wird. Ab diesem Zeitpunkt können Feststellungsbescheide über die neuen Grundsteuerwerte ergehen.

II. Geltungsbereich

Das LGrStG BW gilt für in Baden-Württemberg belegene Grundstücke. 3

(Einstweilen frei) 4–5

B. Systematische Kommentierung

I. Festlegung der Hauptfeststellungsperiode (§ 15 Abs. 1 LGrStG BW)

Die Vorschrift entspricht § 221 Abs. 1 BewG. Auf die Kommentierung von Wredenhagen in Grootens, BewG § 221 Rz. 61–70 wird verwiesen. 6

(Einstweilen frei) 7–8

II. Hauptfeststellungszeitpunkt als Bewertungsstichtag (§ 15 Abs. 2 LGrStG BW)

Die Vorschrift entspricht § 221 Abs. 2 BewG. Auf die Kommentierung von Wredenhagen in Grootens, BewG § 221 Rz. 71–79 wird verwiesen. 9

(Einstweilen frei) 10–11

III. Erstmaliger Hauptfeststellungszeitpunkt (§ 15 Abs. 3 LGrStG BW)

Die Vorschrift entspricht § 266 Abs. 1 BewG. Auf die Kommentierung von Grootens in Grootens, BewG § 266 Rz. 36–55 wird verwiesen. 12

§ 16 LGrStG BW Fortschreibungen

(1) Der Grundsteuerwert wird neu festgestellt (Wertfortschreibung), wenn der in Euro ermittelte und auf volle hundert Euro abgerundete Wert, der sich für den Beginn eines Kalenderjahres ergibt, von dem entsprechenden Wert des letzten Feststellungszeitpunkts nach oben oder unten um mehr als 15 000 Euro abweicht.

(2) [1]Über die Zurechnung der wirtschaftlichen Einheit gemäß § 13 Absatz 2 Nummer 2 und Absatz 3 wird eine neue Feststellung getroffen (Zurechnungsfortschreibung), wenn sie von der zuletzt getroffenen Feststellung abweicht und dies für die Besteuerung von Bedeutung ist. [2]Wechsel in der Vermögensart einer wirtschaftlichen Einheit führen zu einer Aufhebung und einer Nachfeststellung.

(3) [1]Eine Fortschreibung nach den Absätzen 1 oder 2 findet auch zur Beseitigung eines Fehlers der letzten Feststellung statt. [2]§ 176 AO ist entsprechend anzuwenden. [3]Satz 2 gilt nur für die Feststellungszeitpunkte, die vor der Verkündung der maßgeblichen Entscheidung eines der in § 176 der AO genannten Gerichte liegen.

(4) [1]Eine Fortschreibung ist vorzunehmen, wenn dem Finanzamt bekannt wird, dass die Voraussetzungen für sie vorliegen. [2]Der Fortschreibung werden vorbehaltlich des § 21 die Verhältnisse im Fortschreibungszeitpunkt zugrunde gelegt. [3]Fortschreibungszeitpunkt ist:

1. bei einer Änderung der tatsächlichen Verhältnisse der Beginn des Kalenderjahres, das auf die Änderung folgt, und

2. in den Fällen des Absatzes 3 der Beginn des Kalenderjahres, in dem der Fehler dem Finanzamt bekannt wird, bei einer Erhöhung des Grundsteuerwerts jedoch frühestens der Beginn des Kalenderjahres, in dem der Feststellungsbescheid erteilt wird.

Inhaltsübersicht | Rz.

		Rz.
A.	Allgemeine Erläuterungen	1 - 5
I.	Entstehung und Entwicklung der Vorschrift	1 - 2
II.	Geltungsbereich	3 - 5
B.	Systematische Kommentierung	6 - 19
I.	Durchführung einer Wertfortschreibung (§ 16 Abs. 1 LGrStG BW)	6 - 8
II.	Durchführung einer Zurechnungsfortschreibung (§ 16 Abs. 2 LGrStG BW Satz 1)	9 - 11
III.	Änderung der Vermögensart (§ 16 Abs. 2 LGrStG BW Satz 2)	12 - 15
IV.	Fortschreibung zur Fehlerbeseitigung (§ 16 Abs. 3 LGrStG BW)	16 - 18
V.	Feststellungs- und Ermittlungszeitpunkt (§ 16 Abs. 4 LGrStG BW)	19

A. Allgemeine Erläuterungen

I. Entstehung und Entwicklung der Vorschrift

1 Die Vorschrift wurde erstmalig im Jahr 2020 in das LGrStG BW aufgenommen.

2 In der **Gesetzesbegründung** heißt es hierzu:

Die Norm ist an die bisherige Regelung angelehnt und regelt, wann es zwischen zwei Hauptfeststellungen zu Fortschreibungen kommt.

Zu Absatz 1

Die Wertfortschreibungsgrenzen in Absatz 1 wurden auf Euro umgestellt und die Höhe angepasst. Eine Neufeststellung der Grundsteuerwerte ist nunmehr vorzunehmen, wenn der in Euro ermittelte und auf volle hundert Euro abgerundete Wert, der sich für den Beginn eines Kalenderjahres ergibt, von dem entsprechenden Wert des letzten Feststellungszeitpunkts nach oben oder nach unten um mehr als 15000 Euro abweicht. Bis zu einer Abweichung von 15000 Euro beim Grundsteuerwert ist regelmäßig nur eine untergeordnete Differenz in der Höhe der Grundsteuer gegeben.

Die Höhe der Wertfortschreibungsgrenzen berücksichtigt, dass eine Änderung der tatsächlichen Verhältnisse stets in vollem Umfang geprüft werden muss. Sie nehmen den Gedanken der Kleinbetragsverordnung auf, orientieren sich an einem verwaltungseffizienten Handeln und berücksichtigen, dass die Bescheiderteilung automationsgestützt erfolgt.

Aus diesen Gründen wurde auf unterschiedliche Wertfortschreibungsgrenzen in Abhängigkeit danach, ob es sich um eine Abweichung zu Gunsten oder zu Lasten des Steuerpflichtigen handelt, verzichtet und erheblicher Verwaltungsaufwand vermieden. Damit wird nicht nur dem Grundsatz eines effizienten Verwaltungshandelns Rechnung getragen, sondern insbesondere das Prinzip der Gleichmäßigkeit der Besteuerung durch Wahrung einer realitäts- und relationsgerechten Bewertung mittels nicht zu hoher Wertfortschreibungsgrenzen gewahrt.

Zu Absatz 2

Absatz 2 betrifft die Zurechnungsfortschreibung, wenn sich zu den zuletzt getroffenen Feststellungen für die Besteuerung relevante Abweichungen ergeben. Die Regelung fügt die notwendigen Anpassungen durch die neue Systematik in das Landesgrundsteuergesetz ein.

Zu Absatz 3

Absatz 3 ist mit einer geringfügigen redaktionellen Änderung wortlautidentisch mit dem bisherigen § 22 Absatz 3 BewG und normiert, dass eine Fortschreibung auch zur Beseitigung von einer fehlerhaften Feststellung erfolgt.

Zu Absatz 4

Absatz 4 bestimmt, wann eine Fortschreibung vorzunehmen ist und welche Verhältnisse der Fortschreibung zugrunde zu legen sind. Die Vorschrift des § 29 Absatz 2 über die Zugrundelegung eines anderen Zeitpunkts sowie § 21, wonach die Wertverhältnisse im Hauptfeststellungszeitpunkt zugrunde zu legen sind, bleiben als lex specialis von Absatz 4 unberührt.

II. Geltungsbereich

Das LGrStG BW gilt für in Baden-Württemberg belegene Grundstücke. 3

(Einstweilen frei) 4–5

B. Systematische Kommentierung

I. Durchführung einer Wertfortschreibung (§ 16 Abs. 1 LGrStG BW)

Die Vorschrift entspricht inhaltlich § 222 Abs. 1 BewG. Auf die Kommentierung von Wredenhagen in Grootens, BewG § 222 Rz. 71–90 wird verwiesen. 6

(Einstweilen frei) 7–8

II. Durchführung einer Zurechnungsfortschreibung (§ 16 Abs. 2 Satz 1 LGrStG BW)

Die Vorschrift entspricht inhaltlich § 222 Abs. 2 BewG. Da im Landesrecht die Grundstücksart ohne Bedeutung ist, wird die Grundstücksart nicht festgestellt, entbehrlich ist damit auch eine Regelung zur Fortschreibung bei einer Änderung der Grundstücksart. Nach dem Landesrecht erfolgt eine Fortschreibung damit nur bei der Änderung der Zurechnung der wirtschaftlichen Einheit. Auf die Kommentierung von Wredenhagen in Grootens, BewG § 222 Rz. 101–120 zur Zurechnungsfortschreibung wird verwiesen. 9

(Einstweilen frei) 10–11

III. Änderung der Vermögensart (§ 16 Abs. 2 LGrStG BW Satz 2)

Ändert sich die Vermögensart einer wirtschaftlichen Einheit, führt dies zur Aufhebung der bisherigen Veranlagung und zu einer Nachfeststellung. Dies ist vor allem dann der Fall, wenn bisher land- und forstwirtschaftlich genutzte Flächen nunmehr dem Grundvermögen zuzurechnen sind. Nach § 27 Abs. 2 GrStG ist dies – wie im Bundesrecht (§ 233 Abs. 2 BewG) – dann der Fall, wenn am Bewertungsstichtag anzunehmen ist, dass diese Fläche innerhalb eines Zeit- 12 raums von sieben Jahren als Bau-, Gewerbe- oder Industrieland bzw. als Land für Verkehrszwecke genutzt wird.[1]

13 Grundsätzlich ist auch denkbar, dass Flächen des Grundvermögens zukünftig land- und forstwirtschaftlich genutzt werden. Diese Fälle dürften eher theoretischer Natur sein.

14–15 *(Einstweilen frei)*

IV. Fortschreibung zur Fehlerbeseitigung (§ 16 Abs. 3 LGrStG BW)

16 Die Vorschrift entspricht inhaltlich § 222 Abs. 3 BewG. Auf die Kommentierung von Wredenhagen in Grootens, BewG § 222 Rz. 121–150 wird verwiesen.

17–18 *(Einstweilen frei)*

V. Feststellungs- und Ermittlungszeitpunkt (§ 16 Abs. 4 LGrStG BW)

19 Die Vorschrift entspricht inhaltlich § 222 Abs. 4 BewG. Auf die Kommentierung von Wredenhagen in Grootens, BewG § 222 Rz. 151–182 wird verwiesen.

§ 17 LGrStG BW Nachfeststellung

(1) Für wirtschaftliche Einheiten, für die ein Grundsteuerwert festzustellen ist, wird der Grundsteuerwert nachträglich festgestellt (Nachfeststellung), wenn nach dem Hauptfeststellungszeitpunkt:

1. die wirtschaftliche Einheit neu entsteht oder
2. eine bereits bestehende wirtschaftliche Einheit erstmals zur Grundsteuer herangezogen werden soll.

(2) [1]Der Nachfeststellung werden vorbehaltlich des § 21 die Verhältnisse im Nachfeststellungszeitpunkt zugrunde gelegt. [2]Nachfeststellungszeitpunkt ist:

1. in den Fällen des Absatzes 1 Nummer 1 der Beginn des Kalenderjahres, das auf die Entstehung der wirtschaftlichen Einheit folgt, und
2. in den Fällen des Absatzes 1 Nummer 2 der Beginn des Kalenderjahres, in dem der Grundsteuerwert erstmals der Besteuerung zugrunde gelegt wird.

Inhaltsübersicht	Rz.
A. Allgemeine Erläuterungen	1 - 5
I. Entstehung und Entwicklung der Vorschrift	1 - 2
II. Geltungsbereich	3 - 5
B. Systematische Kommentierung	6 - 9
I. Fälle der Nachfeststellung (§ 17 Abs. 1 LGrStG BW)	6 - 8
II. Nachfeststellungszeitpunkt (§ 17 Abs. 2 LGrStG BW)	9

A. Allgemeine Erläuterungen

I. Entstehung und Entwicklung der Vorschrift

1 Die Vorschrift wurde erstmalig im Jahr 2020 in das LGrStG BW aufgenommen.

---

[1] Zu Einzelheiten vgl. Müller in Grootens, BewG § 233 Rz. 20–25.

In der **Gesetzesbegründung** heißt es hierzu: 2

§ 17 entspricht im Wesentlichen der bisherigen Regelung des § 23 BewG und regelt, wann Nachfeststellungen vorzunehmen sind.

Zu Absatz 1

Nachfeststellungen sind durchzuführen, wenn nach dem Hauptfeststellungszeitpunkt (§ 15 Absatz 2) eine wirtschaftliche Einheit neu entsteht (Nummer 1) oder eine bereits bestehende wirtschaftliche Einheit erstmals zu einer Steuer herangezogen werden soll (Nummer 2). Eine neue wirtschaftliche Einheit entsteht beispielsweise, wenn Wohn- oder Teileigentum neu begründet wird. Eine bereits bestehende wirtschaftliche Einheit wird etwa dann erstmals zu einer Steuer herangezogen, wenn eine Steuerbefreiung für die Grundsteuer wegfällt. In den Fällen einer Grundsteuerbefreiung wird ein festgestellter Grundsteuerwert regelmäßig nicht vorliegen, da eine Feststellung mangels Relevanz für die Grundsteuer nach § 13 Absatz 4 nicht vorzunehmen ist. Fällt nun zwischen zwei Hauptfeststellungszeitpunkten die Steuerbefreiung weg, ist nach § 17 eine Nachfeststellung vorzunehmen.

Zu Absatz 2

Absatz 2 regelt den Nachfeststellungszeitpunkt. Nachfeststellungszeitpunkt ist danach der Beginn des Kalenderjahres, das auf die Entstehung der wirtschaftlichen Einheit folgt beziehungsweise in dem der Grundsteuerwert erstmals der Besteuerung zugrunde gelegt wird. Die Vorschrift des § 29 Absatz 2 über die Zugrundelegung eines anderen Zeitpunkts bleibt unberührt.

II. Geltungsbereich

Das LGrStG BW gilt für in Baden-Württemberg belegene Grundstücke. 3

(Einstweilen frei) 4–5

B. Systematische Kommentierung

I. Fälle der Nachfeststellung (§ 17 Abs. 1 LGrStG BW)

Die Vorschrift entspricht inhaltlich § 223 Abs. 1 BewG. Auf die Kommentierung von Wredenhagen in Grootens, BewG § 223 Rz. 61–90 wird verwiesen. 6

(Einstweilen frei) 7–8

II. Nachfeststellungszeitpunkt (§ 17 Abs. 2 LGrStG BW)

Die Vorschrift entspricht inhaltlich § 223 Abs. 2 BewG. Auf die Kommentierung von Wredenhagen in Grootens, BewG § 223 Rz. 91–113 wird verwiesen. 9

§ 18 LGrStG BW   Aufhebung des Grundsteuerwerts

(1) Der Grundsteuerwert wird aufgehoben, wenn dem Finanzamt bekannt wird, dass

1. die wirtschaftliche Einheit wegfällt oder
2. der Grundsteuerwert der wirtschaftlichen Einheit infolge von Befreiungsgründen der Besteuerung nicht mehr zugrunde gelegt wird.

(2) Aufhebungszeitpunkt ist:
1. in den Fällen des Absatzes 1 Nummer 1 der Beginn des Kalenderjahres, das auf den Wegfall der wirtschaftlichen Einheit folgt, und
2. in den Fällen des Absatzes 1 Nummer 2 der Beginn des Kalenderjahres, in dem der Grundsteuerwert erstmals der Besteuerung nicht mehr zugrunde gelegt wird.

Inhaltsübersicht	Rz.
A. Allgemeine Erläuterungen	1 - 5
I. Entstehung und Entwicklung der Vorschrift	1 - 2
II. Geltungsbereich	3 - 5
B. Systematische Kommentierung	6

A. Allgemeine Erläuterungen

I. Entstehung und Entwicklung der Vorschrift

1 Die Vorschrift wurde erstmalig im Jahr 2020 in das LGrStG BW aufgenommen.

2 In der **Gesetzesbegründung** heißt es hierzu:

§ 18 entspricht im Wesentlichen dem bisherigen § 24 BewG und regelt, wann ein Grundsteuerwert aufgehoben wird.

Zu Absatz 1

Dies ist wie bisher der Fall, wenn eine wirtschaftliche Einheit wegfällt (Absatz 1 Nummer 1) oder der Grundsteuerwert der wirtschaftlichen Einheit infolge von Befreiungsgründen der Besteuerung nicht mehr zugrunde gelegt wird (Absatz 1 Nummer 2). Eine wirtschaftliche Einheit kann beispielsweise dann wegfallen, wenn zwei wirtschaftliche Einheiten zu einer neuen wirtschaftlichen Einheit zusammengefasst werden. Werden neue Steuerbefreiungsvorschriften eingeführt, entfällt die Bedeutung der Grundsteuerwerte für die Besteuerung und die Grundsteuerwerte sind folglich ebenfalls aufzuheben.

Zu Absatz 2

Absatz 2 regelt den Aufhebungszeitpunkt. Die Grundsteuerwerte sind im Fall des Absatzes 1 Nummer 1 auf den Beginn des Kalenderjahres aufzuheben, das auf den Wegfall der wirtschaftlichen Einheit folgt. Im Fall des Absatzes 1 Nummer 2 sind die Grundsteuerwerte auf den Beginn des Kalenderjahres aufzuheben, in dem der Grundsteuerwert erstmals der Besteuerung nicht mehr zugrunde gelegt wird.

II. Geltungsbereich

3 Das LGrStG BW gilt für in Baden-Württemberg belegene Grundstücke.

4–5 *(Einstweilen frei)*

B. Systematische Kommentierung

6 Die Vorschrift entspricht § 224 BewG. Auf die Kommentierung von Wredenhagen in Grootens, BewG § 224 Rz. 61 ff. wird verwiesen.

§ 19 LGrStG BW Änderung von Feststellungsbescheiden

[1]Bescheide über die Feststellung von Grundsteuerwerten können schon vor dem maßgeblichen Feststellungszeitpunkt erteilt werden. [2]Sie sind zu ändern oder aufzuheben, wenn sich bis zu diesem Zeitpunkt Änderungen ergeben, die zu einer abweichenden Feststellung führen.

Inhaltsübersicht	Rz.
A. Allgemeine Erläuterungen	1 - 5
I. Entstehung und Entwicklung der Vorschrift	1 - 2
II. Geltungsbereich	3 - 5
B. Systematische Kommentierung	6

A. Allgemeine Erläuterungen

I. Entstehung und Entwicklung der Vorschrift

Die Vorschrift wurde erstmalig im Jahr 2020 in das LGrStG BW aufgenommen.   1

In der **Gesetzesbegründung** heißt es hierzu: 2

§ 19 entspricht dem bisherigen § 24a BewG und ist an die neuen Begrifflichkeiten redaktionell angepasst worden. Die Norm regelt, dass Bescheide über Fortschreibungen oder Nachfeststellungen von Grundsteuerwerten bereits vor den maßgeblichen Feststellungszeitpunkten ergehen können. Ergeben sich bis zu den Feststellungszeitpunkten Änderungen, die zu einer abweichenden Feststellung führen würden, sind die Bescheide an die Änderungen anzupassen.

II. Geltungsbereich

Das LGrStG BW gilt für in Baden-Württemberg belegene Grundstücke.   3

(Einstweilen frei)   4–5

B. Systematische Kommentierung

Die Vorschrift entspricht § 225 BewG. Die Landesregelung spricht allgemein von Feststellungen. Nach der Gesetzesbegründung soll der Begriff „Feststellungen" auch Fortschreibungen oder Nachfeststellungen umfassen. Auf die Kommentierung von Wredenhagen in Grootens, BewG § 225 Rz. 61 ff. wird verwiesen.   6

§ 20 LGrStG BW Nachholung einer Feststellung

(1) [1]Ist die Feststellungsfrist gemäß § 181 AO abgelaufen, kann eine Fortschreibung oder Nachfeststellung unter Zugrundelegung der Verhältnisse vom Fortschreibungs- oder Nachfeststellungszeitpunkt mit Wirkung für einen späteren Feststellungszeitpunkt vorgenommen werden, für den diese Frist noch nicht abgelaufen ist. [2]§ 181 Absatz 5 der AO bleibt hiervon unberührt.

(2) Absatz 1 ist bei der Aufhebung des Grundsteuerwerts entsprechend anzuwenden.

Inhaltsübersicht	Rz.
A. Allgemeine Erläuterungen	1 - 5
I. Entstehung und Entwicklung der Vorschrift	1 - 2
II. Geltungsbereich	3 - 5
B. Systematische Kommentierung	6 - 9
I. Erhalt von Besteuerungsgrundlagen trotz Verjährung (§ 20 Abs. 1 LGrStG BW)	6 - 8
II. Nachholung der Aufhebung des Grundsteuerwerts (§ 20 Abs. 2 LGrStG BW)	9

A. Allgemeine Erläuterungen

I. Entstehung und Entwicklung der Vorschrift

1 Die Vorschrift wurde erstmalig im Jahr 2020 in das LGrStG BW aufgenommen.

2 In der **Gesetzesbegründung** heißt es hierzu:

§ 20 entspricht dem bisherigen § 25 BewG und ist an die neuen Begrifflichkeiten redaktionell angepasst worden. Die Norm bestimmt, dass Fortschreibungen oder Nachfeststellungen bei Ablauf der Feststellungsfrist mit Wirkung auf einen späteren Feststellungszeitpunkt möglich sind, für den die Feststellungsfrist noch nicht abgelaufen ist.

II. Geltungsbereich

3 Das LGrStG BW gilt für in Baden-Württemberg belegene Grundstücke.

4–5 *(Einstweilen frei)*

B. Systematische Kommentierung

I. Erhalt von Besteuerungsgrundlagen trotz Verjährung (§ 20 Abs. 1 LGrStG BW)

6 Die Vorschrift entspricht inhaltlich § 226 Abs. 1 BewG. Auf die Kommentierung von Wredenhagen in Grootens, BewG § 226 Rz. 61–90 wird verwiesen.

7–8 *(Einstweilen frei)*

II. Nachholung der Aufhebung des Grundsteuerwerts (§ 20 Abs. 2 LGrStG BW)

9 Die Vorschrift entspricht inhaltlich § 226 Abs. 2 BewG. Auf die Kommentierung von Wredenhagen in Grootens, BewG § 226 Rz. 91 wird verwiesen.

§ 21 LGrStG BW   Wertverhältnisse bei einer Fortschreibung und Nachfeststellung

Bei einer Fortschreibung und bei einer Nachfeststellung der Grundsteuerwerte sind die Wertverhältnisse im Hauptfeststellungszeitpunkt zugrunde zu legen.

§ 22 LGrStG BW   Erklärungs- und Anzeigepflicht

Inhaltsübersicht	Rz.
A. Allgemeine Erläuterungen	1 – 5
I. Entstehung und Entwicklung der Vorschrift	1 – 2
II. Geltungsbereich	3 – 5
B. Systematische Kommentierung	6

A. Allgemeine Erläuterungen

I. Entstehung und Entwicklung der Vorschrift

Die Vorschrift wurde erstmalig im Jahr 2020 in das LGrStG BW aufgenommen. 1

In der **Gesetzesbegründung** heißt es hierzu: 2

§ 21 entspricht dem bisherigen § 27 BewG und ist an die neuen Begrifflichkeiten redaktionell angepasst worden. Die Norm bestimmt, dass bei Fortschreibungen und Nachfeststellungen der Grundsteuerwerte die Wertverhältnisse im Hauptfeststellungszeitpunkt zugrunde zu legen sind.

II. Geltungsbereich

Das LGrStG BW gilt für in Baden-Württemberg belegene Grundstücke. 3

(Einstweilen frei) 4–5

B. Systematische Kommentierung

Die Vorschrift entspricht § 227 BewG. Auf die Kommentierung von Wredenhagen in Grootens, BewG § 227 Rz. 61 ff. wird verwiesen. 6

§ 22 LGrStG BW   Erklärungs- und Anzeigepflicht

(1) ¹Die Steuerpflichtigen haben Erklärungen zur Feststellung der Grundsteuerwerte für den Hauptfeststellungszeitpunkt oder einen anderen Feststellungszeitpunkt abzugeben, wenn sie hierzu durch die Finanzbehörde gemäß § 149 Absatz 1 Satz 2 AO aufgefordert werden. ²Fordert die Finanzbehörde zur Abgabe einer Erklärung auf, hat sie eine Frist zur Abgabe der Erklärung zu bestimmen, die mindestens einen Monat betragen soll. ³Die Aufforderung zur Abgabe einer Erklärung kann von der obersten Finanzbehörde durch öffentliche Bekanntmachung erfolgen.

(2) ¹Eine Änderung der tatsächlichen Verhältnisse, die sich auf die Höhe des Grundsteuerwertes oder die Vermögensart auswirken oder zu einer erstmaligen Feststellung führen kann, ist auf den Beginn des folgenden Kalenderjahres anzuzeigen. ²Die Frist für die Abgabe dieser Anzeige beträgt einen Monat und beginnt mit Ablauf des Kalenderjahres, in dem sich die tatsächlichen Verhältnisse geändert haben.

(3) Die Erklärung nach Absatz 1 und die Anzeige nach Absatz 2 sind abzugeben

1. von dem Steuerpflichtigen, dem das Grundstück zuzurechnen ist,
2. bei einem Grundstück, das mit einem Erbbaurecht belastet ist, vom Erbbauberechtigten; der Erbbauverpflichtete ist zur Mitwirkung verpflichtet, soweit dies zur Erfüllung der Erklärungspflicht des Erbbauberechtigten erforderlich ist.

(4) Die Erklärung nach Absatz 1 und die Anzeige nach Absatz 2 sind bei dem für die gesonderte Feststellung zuständigen Finanzamt abzugeben.

(5) Die Erklärung nach Absatz 1 und die Anzeige nach Absatz 2 sind Steuererklärungen im Sinne der Abgabenordnung, die eigenhändig zu unterschreiben sind.

(6) ¹Die Erklärung nach Absatz 1 und die Anzeige nach Absatz 2 sind nach amtlich vorgeschriebenem Datensatz durch Datenfernübertragung zu übermitteln. ²Auf Antrag kann die Finanzbehörde zur Vermeidung unbilliger Härten auf eine Übermittlung durch Datenfernübertragung verzichten. ³Für die Entscheidung über den Antrag gilt § 150 Absatz 8 AO.

Inhaltsübersicht

	Rz.
A. Allgemeine Erläuterungen	1 – 5
I. Entstehung und Entwicklung der Vorschrift	1 – 2
II. Geltungsbereich	3 – 5
B. Systematische Kommentierung	6 – 29
I. Abgabepflicht bei Aufforderung (§ 22 Abs. 1 LGrStG BW)	6 – 9
II. Anzeigepflicht bei Änderung der tatsächlichen Verhältnisse (§ 22 Abs. 2 LGrStG BW)	10 – 14
III. Erklärungs- und Anzeigepflichtige Personen (§ 22 Abs. 3 LGrStG BW)	15 – 19
IV. Erklärungs- und Anzeigenempfänger (§ 22 Abs. 4 LGrStG BW)	20 – 23
V. Unterschrift und Gleichstellung zur Steuererklärung (§ 22 Abs. 5 LGrStG BW)	24 – 27
VI. Form der Erklärungen und Anzeigen (§ 22 Abs. 6 LGrStG BW)	28 – 29

A. Allgemeine Erläuterungen

I. Entstehung und Entwicklung der Vorschrift

1 Die Vorschrift wurde erstmalig im Jahr 2020 in das LGrStG BW aufgenommen.

2 In der **Gesetzesbegründung** heißt es hierzu:

§ 22 ist an den bisherigen § 28 BewG angelehnt.

Zu Absatz 1

Zur Durchführung der Feststellung von Grundsteuerwerten bedarf es am jeweiligen Hauptfeststellungszeitpunkt stets einer Erklärung des Steuerpflichtigen zur Feststellung von Grundsteuerwerten. Haben sich bei einer wirtschaftlichen Einheit die tatsächlichen Verhältnisse grundlegend geändert oder ist eine grundlegende Änderung bei den Wertverhältnissen eingetreten, so kann das Finanzamt den Steuerpflichtigen zum nächsten Nachfeststellungs- oder Fortschreibungszeitpunkt zur Abgabe einer Feststellungserklärung auffordern. Zur Verwaltungsvereinfachung kann dies im Wege der öffentlichen Bekanntmachung erfolgen. Fordert die Finanzbehörde zu einer Erklärung auf, hat sie eine Frist zur Abgabe zu bestimmen, die mindestens einen Monat betragen soll.

Zu Absatz 2

Nach Absatz 2 hat der Steuerpflichtige bei einer Änderung der tatsächlichen Verhältnisse, die den Wert oder die Art (Vermögensart) beeinflussen oder zu einer erstmaligen Feststellung führen können, auf den Beginn des folgenden Kalenderjahres eine Erklärung (Anzeige) abzugeben. Eine Anzeige ist auch bei dem Übergang des Eigentums oder des wirtschaftlichen Eigentums an einem auf fremden Grund und Boden errichteten Gebäudes abzugeben. Andere Änderungen, die zu einer Zurechnungsfortschreibung führen, wie beispielsweise der Eigentumsübergang an einem Grundstück, bedürfen keiner Erklärung des Steuerpflichtigen, weil die Finanzverwaltung ins-

besondere durch Mitteilung anderer Behörden hiervon erfährt (vergleiche etwa § 23 Absatz 2). Die Abgabefrist für die Erklärungen beträgt einen Monat und beginnt mit Ablauf des Kalenderjahres, in dem sich die tatsächlichen Verhältnisse geändert haben beziehungsweise das wirtschaftliche Eigentum übergegangen ist.

Zu Absatz 3

Absatz 3 bestimmt, von wem die Anzeige abzugeben ist. Sie ist im Regelfall von demjenigen abzugeben, dem das Grundstück zuzurechnen ist.

Anders als bei den Einheitswerten wird bei den Grundsteuerwerten dem Erbbauberechtigten das Grundstück zugerechnet (vergleiche § 10 Absatz 3). Folgerichtig ist auch der Erbbauberechtigte verpflichtet, die Feststellungserklärung abzugeben. Dies ist sachdienlich, da anzunehmen ist, dass der Erbbauberechtigte als Nutzungsberechtigter des Grundstücks die entsprechenden Kenntnisse für die Feststellungserklärung besitzt. Der Erbbauverpflichtete hat an der Erklärung mitzuwirken, da im Einzelfall nicht auszuschließen ist, dass bestimmte Tatsachen nur vom Erbbauverpflichteten erlangt werden können.

Zu Absatz 4

Absatz 4 bestimmt, dass die Erklärung nach Absatz 1 und die Anzeige nach Absatz 2 bei dem für die gesonderte Feststellung zuständigen Finanzamt abzugeben und, sofern keine elektronische Übermittlung erfolgt (vergleiche Absatz 6), zu unterzeichnen sind (vergleiche Absatz 5). Örtlich zuständig für die gesonderte Feststellung ist aufgrund der Anwendbarkeit der Abgabenordnung nach der allgemeinen abgabenrechtlichen Zuständigkeitsverteilung das Lagefinanzamt (§ 18 Absatz 1 Nummer 1 AO).

Zu Absatz 5

Die Vorschrift regelt, dass die Erklärungen nach Absatz 1 und die Anzeigen nach Absatz 2 Steuererklärungen im Sinne der für anwendbar erklärten Abgabenordnung sind. Dies hat zur Folge, dass die Erfüllung sowohl der Erklärungs- als auch der Anzeigepflicht erzwingbar ist (§§ 328 AO) und dass bei Nichterfüllung oder bei nicht fristgerechter Erfüllung der Erklärungs- und Anzeigepflicht grundsätzlich ein Verspätungszuschlag festgesetzt werden muss (§ 152 Absatz 2 AO). Schließlich folgt daraus, dass den Erklärungs- und Anzeigepflichtigen sowie seinen Gesamtrechtsnachfolger die Pflicht zur Berichtigung seiner Erklärung beziehungsweise Anzeige aus § 153 Absatz 1 AO trifft.

Zu Absatz 6

Absatz 6 bestimmt, dass die Erklärungen nach Absatz 1 und die Anzeigen nach Absatz 2 im Sinne der Abgabenordnung auf elektronischem Wege zu übermitteln sind. Zur Vermeidung unbilliger Härten ist auf Antrag des Steuerpflichtigen unter den Voraussetzungen des § 150 Absatz 8 AO die Abgabe der Steuererklärung oder der Anzeige auf Papier zulässig. Bei der Entscheidung zur Befreiung von der Verpflichtung zur elektronischen Abgabe soll eine großzügigere Verwaltungspraxis gelten als beispielsweise bei Unternehmen für die Abgabe von Unternehmenssteuererklärungen. Als Befreiungsgründe kommen insbesondere in Betracht, wenn Steuerpflichtige einen nicht unerheblichen finanziellen Aufwand geltend machen (Beispiel: erforderliche Anschaffung eines PC) oder wenn der Steuerpflichtige nach seinen individuellen Kenntnissen und Fähigkeiten nicht oder nur eingeschränkt zur Abgabe von elektronischen Erklärungen in der Lage ist. Persönliche Unzumutbarkeit liegt beispielsweise vor, wenn der Steuerpflichtige über keinerlei Medienkompetenz verfügt und aufgrund der Umstände auch nicht zu erwarten ist, dass er zukünftig und zeitnah Zugang zur Computertechnik findet.

II. Geltungsbereich

3 Das LGrStG BW gilt für in Baden-Württemberg belegene Grundstücke.

4–5 *(Einstweilen frei)*

B. Systematische Kommentierung

I. Abgabepflicht bei Aufforderung (§ 22 Abs. 1 LGrStG BW)

6 Die Vorschrift entspricht inhaltlich § 228 Abs. 1 BewG. Die Aufforderung zur Abgabe einer Erklärung kann von der obersten Finanzbehörde des Landes durch öffentliche Bekanntmachung erfolgen, während im Bundesrecht diese Bekanntmachung vom Bundesministerium der Finanzen im Einvernehmen mit den obersten Finanzbehörden der Länder erfolgen kann. Auf die Kommentierung von Wredenhagen in Grootens, BewG § 228 Rz. 61–110 wird verwiesen.

7 Zur obersten Finanzbehörde siehe Schmidt in Grootens, LGrStG BW § 2 Rz. 23.

8–9 *(Einstweilen frei)*

II. Anzeigepflicht bei Änderung der tatsächlichen Verhältnisse (§ 22 Abs. 2 LGrStG BW)

10 Die Vorschrift entspricht inhaltlich § 228 Abs. 2 BewG. Da im Landesrecht die Grundstücksart für die Bewertung ohne Bedeutung ist, kann im Gegensatz zum Bundesrecht eine Meldung entfallen, wenn sich die Grundstücksart ändert. Im Bundesrecht ist auch anzuzeigen, wenn sich das Eigentum oder das wirtschaftliche Eigentum an einem auf fremdem Grund und Boden errichteten Gebäude ändert. Da im Landesrecht bei der Bewertung nur auf den Grund und Boden abgehoben wird, ist diese Anzeigepflicht im Landesrecht entbehrlich und im Gesetzestext auch nicht enthalten. Dagegen wird in der **Gesetzesbegründung** geschrieben:

Eine Anzeige ist auch bei dem Übergang des Eigentums oder des wirtschaftlichen Eigentums an einem auf fremden Grund und Boden errichteten Gebäudes abzugeben.

Diese Aussage ist nicht nachvollziehbar, insbesondere da nach dem Gesetzeswortlaut keine Meldepflicht besteht und nach der Systematik des Landesrechts auch nicht erforderlich ist, da ja nur der Boden bewertet wird, die Bebauung ist hierfür ohne Bedeutung.

11 Sachverhalte, die nach dem LGrStG BW zu einer Meldepflicht führen können sind bspw:

a) Teilung eines Grundstücks

b) Vereinigung von Grundstücken

c) Neubildung von Grundstücken im Rahmen einer Baulandumlegung

d) Änderung der Vermögensart[1]

e) Verkauf von Teilflächen eines Grundstücks, z. B. für den Straßenbau oder die Arrondierung mit einem bestehenden Nachbargrundstück

f) Nutzungsänderungen bei der Land- und Forstwirtschaft (z. B. Gemüsebau statt Ackerbau)

---

1 Vgl. Schmidt in Grootens, LGrStG BW § 16 Rz. 12–13.

Zum Umfang der Anzeigepflicht siehe Wredenhagen in Grootens, BewG § 228 Rz. 111–120, zum Erklärungsinhalt vgl. Wredenhagen in Grootens, BewG § 228 Rz. 121–130 und zu den einzuhaltenden Fristen vgl. Wredenhagen in Grootens, BewG § 228 Rz. 131–140.

(Einstweilen frei) 13–14

III. Erklärungs- und Anzeigepflichtige Personen (§ 22 Abs. 3 LGrStG BW)

Die Vorschrift entspricht weitgehend § 228 Abs. 3 BewG. Die in § 228 Abs. 3 Nr. 3 BewG normierte Meldepflicht des Eigentümers eines Gebäudes auf fremden Grund und Boden ist im Landesrecht entbehrlich, da nach der landesrechtlichen Regelung das Gebäude für die Bewertung der Bewertungseinheit Grundstück keine Rolle spielt.

Nach dem Landesrecht bestehen die Meldepflichten für denjenigen, dem das Grundstück zuzurechnen ist, während das Bundesrecht von der wirtschaftlichen Einheit spricht. Nach § 37 LGrStG BW ist wirtschaftliche Einheit des Grundvermögens das Grundstück. Die wirtschaftliche Einheit des land- und forstwirtschaftlichen Vermögens ist nach § 26 Abs. 1 LGrStG BW der Betrieb der Land- und Forstwirtschaft. Danach bestehen die Erklärungs- und Anzeigepflichten nach dem Wortlaut nur für das Grundvermögen, nicht aber für das land- und forstwirtschaftliche Vermögen. Da sich aus der Gesetzesbegründung nicht ergibt, dass dies so gewollt ist, ist davon auszugehen, dass es sich um ein Versehen des Gesetzgebers handelt.

Bei Erbbaurechten ist der Erbbauberechtigte zur Abgabe der Erklärungen verpflichtet. Für den Erbbaurechtsverpflichteten besteht Mitwirkungspflicht, soweit dies zur Erfüllung der Erklärungspflicht des Erbbauberechtigten erforderlich ist. Nach dem Bundesrecht erfolgt die Erklärung des Erbbauberechtigten „unter Mitwirkung des Erbbauverpflichteten". Es ist nicht zu erwarten, dass die Einschränkung im Landesrecht in der praktischen Umsetzung zu Abweichungen gegenüber dem Bundesrecht führt.[1]

(Einstweilen frei) 18–19

IV. Erklärungs- und Anzeigenempfänger (§ 22 Abs. 4 LGrStG BW)

Die Vorschrift entspricht inhaltlich § 228 Abs. 4 BewG. Auf die Kommentierung von Wredenhagen in Grootens, BewG § 228 Rz. 171–180 wird verwiesen.

Das Landesrecht spricht von Erklärung und Anzeige, während das Bundesrecht von Erklärungen und Anzeigen spricht. Es handelt sich dabei um eine redaktionelle Änderung ohne Auswirkungen auf den Besteuerungsprozess.

(Einstweilen frei) 22–23

V. Unterschrift und Gleichstellung zur Steuererklärung (§ 22 Abs. 5 LGrStG BW)

Die Vorschrift entspricht inhaltlich § 228 Abs. 5 BewG. Auf die Kommentierung von Wredenhagen in Grootens, BewG § 228 Rz. 181–190 wird verwiesen.

---

1 Vgl. Wredenhagen in Grootens, BewG § 228 Rz. 156.

25 Das Landesrecht spricht von Erklärung und Anzeige, während das Bundesrecht von Erklärungen und Anzeigen spricht. Es handelt sich dabei um eine redaktionelle Änderung ohne Auswirkungen auf den Besteuerungsprozess.

26–27 *(Einstweilen frei)*

VI. Form der Erklärungen und Anzeigen (§ 22 Abs. 6 LGrStG BW)

28 Die Vorschrift entspricht inhaltlich § 228 Abs. 6 BewG. Auf die Kommentierung von Wredenhagen in Grootens, BewG § 228 Rz. 191–195 wird verwiesen.

29 Das Landesrecht spricht von Erklärung und Anzeige, während das Bundesrecht von Erklärungen und Anzeigen spricht. Es handelt sich dabei um eine redaktionelle Änderung ohne Auswirkungen auf den Besteuerungsprozess.

§ 23 LGrStG BW Auskünfte, Erhebungen und Mitteilungen

(1) Die nach Bundes- oder Landesrecht zuständigen Behörden haben den Finanzbehörden die rechtlichen und tatsächlichen Umstände mitzuteilen, die ihnen im Rahmen ihrer Aufgabenerfüllung bekannt geworden sind und die für die Feststellung von Grundsteuerwerten oder für die Grundsteuer von Bedeutung sein können.

(2) ¹Die Grundbuchämter haben den für die Feststellung des Grundsteuerwerts zuständigen Finanzbehörden mitzuteilen:

1. die Eintragung eines neuen Eigentümers oder Erbbauberechtigten sowie bei einem anderen als einem rechtsgeschäftlichen Erwerb zusätzlich die Anschrift des neuen Eigentümers oder Erbbauberechtigten; dies gilt nicht für die Fälle des Erwerbs nach den Vorschriften des Zuordnungsrechts,
2. die Eintragung der Begründung von Wohnungseigentum oder Teileigentum,
3. die Eintragung der Begründung eines Erbbaurechts, Wohnungserbbaurechts oder Teilerbbaurechts.

²In den Fällen des Satzes 1 Nummern 2 und 3 ist gleichzeitig der Tag des Eingangs des Eintragungsantrags beim Grundbuchamt mitzuteilen. ³Bei einer Eintragung aufgrund Erbfolge ist das Jahr anzugeben, in dem der Erblasser verstorben ist. ⁴Die Mitteilungen sollen der Finanzbehörde über die für die Führung des Liegenschaftskatasters zuständige Behörde oder über eine sonstige Behörde, die das Liegenschaftskataster gemäß § 2 Absatz 2 der Grundbuchordnung führt, zugeleitet werden.

(3) ¹Die nach den Absätzen 1 oder 2 mitteilungspflichtigen Stellen unterrichten die betroffenen Personen vom Inhalt der Mitteilung. ²Eine Unterrichtung kann unterbleiben, soweit den Finanzbehörden Umstände aus dem Grundbuch, den Grundakten oder aus dem Liegenschaftskataster mitgeteilt werden.

(4) ¹Die nach den Absätzen 1 oder 2 mitteilungspflichtigen Stellen übermitteln die Mitteilungen den Finanzbehörden nach amtlich vorgeschriebenem Datensatz über die amtlich bestimmte Schnittstelle. ²Die Grundbuchämter und die für die Führung des Liegenschaftskatasters zuständigen Behörden übermitteln die bei ihnen geführten Daten laufend, mindestens alle drei Monate. ³Die oberste Finanzbehörde legt im Einvernehmen mit den obersten Vermessungs- und Katasterbehörden die Einzelheiten der elektronischen Übermittlung und deren Beginn in einem Schreiben fest. ⁴Dieses Schreiben ist im Gemeinsamen Amtsblatt des Landes Baden-Württemberg zu veröffentlichen.

Inhaltsübersicht	Rz.
A. Allgemeine Erläuterungen	1 - 5
I. Entstehung und Entwicklung der Vorschrift	1 - 2
II. Geltungsbereich	3 - 5
B. Systematische Kommentierung	6 - 17
I. Mitteilungspflicht der zuständigen Bundes- oder Landesbehörden (§ 23 Abs. 1 LGrStG BW)	6 - 8
II. Mitteilungspflicht der Grundbuchämter (§ 23 Abs. 2 LGrStG BW)	9 - 11
III. Unterrichtungspflicht des Feststellungsbeteiligten bei erfolgter Mitteilung (§ 23 Abs. 3 LGrStG BW)	12 - 14
IV. Form der Mitteilung durch die mitteilungspflichtigen Stellen (§ 23 Abs. 4 LGrStG BW)	15
V. Keine Erhebung von Kauf-, Miet- und Pachtsammlungen und örtlichen Erhebungen zur Vorbereitung von Feststellungen	16 - 17

A. Allgemeine Erläuterungen

I. Entstehung und Entwicklung der Vorschrift

Die Vorschrift wurde erstmalig im Jahr 2020 in das LGrStG BW aufgenommen.

In der **Gesetzesbegründung** heißt es hierzu:

§ 23 entspricht inhaltlich weitgehend dem bisherigen § 29 BewG. Er ist insbesondere hinsichtlich der neuen Begrifflichkeiten redaktionell angepasst. § 23 regelt, welche Erhebungsmöglichkeiten über Besteuerungsgrundlagen und Auskunfts- rechte das Finanzamt hat sowie welche Mitteilungspflichten andere Behörden gegenüber dem Finanzamt haben.

Insbesondere regelt § 23 Absatz 1 die Anzeige- und Mitteilungspflichten der nach Bundes- oder Landesrecht zuständigen Behörden. Diese haben alle ihnen bekannt gewordenen Umstände, die für die Feststellung von Grundsteuerwerten oder die Festsetzung der Grundsteuer von Bedeutung sind, mitzuteilen. Dazu gehören insbesondere die in § 23 Absatz 2 festgelegten Daten der Grundbuchämter. Darüber hinaus gehören hierzu insbesondere Daten, die bei der Vermessungs- und Katasterverwaltung im amtlichen Liegenschaftskatasterinformationssystem technisch geführt werden.

§ 23 Absatz 3 regelt, dass die mitteilungspflichtigen Stellen grundsätzlich verpflichtet sind, die betroffenen Personen von dem Inhalt der Mitteilung zu unterrichten. Eine Unterrichtung kann jedoch in Übereinstimmung mit Artikel 13 Absatz 4 der Verordnung (EU) 2016/679 des Europäischen Parlaments und des Rates vom 27. April 2016 zum Schutz natürlicher Personen bei der Verarbeitung personenbezogener Daten, zum freien Datenverkehr und zur Aufhebung der Richtlinie 95/46/EG (Datenschutz-Grundverordnung) (ABl. L 119 vom 4.5.2016, S. 1, zuletzt ber. ABl. L 127 vom 23.5.2018, S. 2) in seiner jeweils geltenden Fassung unterbleiben, soweit den Finanzbehörden Umstände aus dem Grundbuch, den Grundakten oder aus dem Liegenschaftskataster mitgeteilt werden. Es kann davon ausgegangen werden, dass die betroffenen Personen nicht nur die betroffenen Daten kennen, sondern auch - nicht zuletzt aufgrund der gesetzlichen Mitteilungspflicht - wissen, dass diese Daten (wie bereits nach früherem Recht) den Finanzbehörden zu Besteuerungszwecken mitgeteilt werden. Insoweit ist § 23 Absatz 3 als Klarstellung zu verstehen (vergleiche dazu auch den in § 2a Absatz 3 AO klarstellend zum Ausdruck kommenden Anwendungsvorrang der Datenschutzgrundverordnung). Nach Artikel 23 Absatz 1 Buchstabe e der Datenschutzgrundverordnung können bestehende Informationspflichten zudem durch Rechtsvorschriften eines Mitgliedstaats, denen der Verantwortliche oder der Auftragsverarbeiter unterliegt,

eingeschränkt werden. Voraussetzung ist, dass die Beschränkung den Wesensgehalt der Grundrechte und Grundfreiheiten achtet und in einer demokratischen Gesellschaft eine notwendige und verhältnismäßige Maßnahme darstellt, um den Schutz sonstiger wichtiger Ziele des allgemeinen öffentlichen Interesses des Mitgliedstaats, insbesondere eines wichtigen finanziellen Interesses, etwa im Steuerbereich, wie hier das Aufkommen der Grundsteuer durch Schaffung der Möglichkeit einer weitgehend automatisiert und flächendeckenden Erhebung, sicherzustellen.

Übersteigen die Interessen der betroffenen Person den Aufwand für die Informationserteilung, zum Beispiel anlässlich eines erforderlichen schriftlichen Kontakts mit dem Betroffenen, ihn von der Mitteilung nach § 23 Absatz 1 oder 2 zu informieren, hat in diesen Fällen eine Information von der Mitteilung zu erfolgen.

Die in Absatz 4 normierte Verpflichtung zur elektronischen Datenübermittlung an die Finanzbehörden nach vorgeschriebenem Datensatz über die amtlich bestimmte Schnittstelle ist Grundvoraussetzung für eine weitgehend automationsgestützte Neubewertung aller etwa 5,6 Millionen wirtschaftlichen Einheiten. Da der genaue Zeitpunkt der Umsetzung noch nicht feststeht, erfolgt eine gesonderte Aufforderung durch die oberste Finanzbehörde, sobald die Voraussetzungen gegeben sind.

II. Geltungsbereich

3   Das LGrStG BW gilt für in Baden-Württemberg belegene Grundstücke.

4–5   *(Einstweilen frei)*

B. Systematische Kommentierung

I. Mitteilungspflicht der zuständigen Bundes- oder Landesbehörden (§ 23 Abs. 1 LGrStG BW)

6   Die Vorschrift entspricht § 229 Abs. 3 BewG. Auf die Kommentierung von Wredenhagen in Grootens, BewG § 229 Rz. 91–100 wird verwiesen.

7–8   *(Einstweilen frei)*

II. Mitteilungspflicht der Grundbuchämter (§ 23 Abs. 2 LGrStG BW)

9   Die Vorschrift entspricht § 229 Abs. 4 BewG. Auf die Kommentierung von Wredenhagen in Grootens, BewG § 229 Rz. 101–110 wird verwiesen.

10–11   *(Einstweilen frei)*

III. Unterrichtungspflicht des Feststellungsbeteiligten bei erfolgter Mitteilung (§ 23 Abs. 3 LGrStG BW)

12   Die Vorschrift entspricht § 229 Abs. 5 BewG. Auf die Kommentierung von Wredenhagen in Grootens, BewG § 229 Rz. 111–120 wird verwiesen.

13–14   *(Einstweilen frei)*

IV. Form der Mitteilung durch die mitteilungspflichtigen Stellen (§ 23 Abs. 4 LGrStG BW)

15   Die Vorschrift entspricht § 229 Abs. 6 BewG. Die Einzelheiten zur elektronischen Übermittlung der Daten werden aufgrund der Landesregelung im Gemeinsamen Amtsblatt des Landes

Baden-Württemberg veröffentlicht, während nach der Bundesregelung die Veröffentlichung im Bundesanzeiger und im Bundessteuerblatt erfolgt. Auf die Kommentierung von Wredenhagen in Grootens, BewG § 229 Rz. 121–123 wird verwiesen.

V. Keine Erhebung von Kauf-, Miet- und Pachtsammlungen und örtlichen Erhebungen zur Vorbereitung von Feststellungen

Der Landesgesetzgeber hat die Abs. 1 und 2 des § 229 BewG nicht in das Landesrecht übernommen. Auf die Sammlung von Kauf-, Miet- und Pachtdaten kann verzichtet werden, da nur der Grund- und Boden in die Bewertung einfließt. Von daher kann auf die Sammlung von Miet- und Pachtdaten verzichtet werden, da diese für die Bewertung keine Rolle spielen. Kaufpreissammlungen werden von den Gutachterausschüssen geführt (vgl. § 192 ff. BauGB), so dass es für die Finanzverwaltung nicht erforderlich ist, eigene Kaufpreissammlungen zu führen. 16

Nach § 229 Abs. 2 BewG kann die Finanzverwaltung auch Ortsbesichtigungen vornehmen, dafür wird in Satz 2 die Unverletzlichkeit der Wohnung (Art. 13 GG) eingeschränkt. Da die Bebauung für die Bewertung ohne Bedeutung ist, kann nach dem LGrStG BW auf Wohnungsbesichtigungen verzichtet werden. Auch wenn eine Regelung entsprechend § 229 Abs. 2 BewG im LGrStG BW fehlt, so kann wegen der Ermäßigungstatbestände für die Steuermesszahl nach § 40 Abs. 3–6 LGrStG BW[1] eine Augenscheinnahme erforderlich sein. Über die Regelungen in den §§ 98 und 99 AO ist eine Augenscheinnahme weiterhin möglich.[2] 17

Dritter Teil: Bewertungsvorschriften
§ 24 LGrStG BW   Bewertungsgrundsätze

(1) Bezugsgröße für die Bewertung ist die jeweilige wirtschaftliche Einheit (§ 25) des Grundbesitzes (§ 3).

(2) Der Bewertung des land- und forstwirtschaftlichen Vermögens (§ 3 Nummer 1) ist der Ertragswert gemäß §§ 26 bis 36 zugrunde zu legen.

(3) Der Bewertung des Grundvermögens (§ 3 Nummer 2) ist der Bodenwert gemäß § 38 zugrunde zu legen.

(4) Der Grundsteuerwert wird auf volle hundert Euro nach unten abgerundet.

Inhaltsübersicht	Rz.
A. Allgemeine Erläuterungen	1 - 5
I. Entstehung und Entwicklung der Vorschrift	1 - 2
II. Geltungsbereich	3 - 5
B. Systematische Kommentierung	6 - 16
I. Wirtschaftliche Einheit als Bezugsgröße (§ 24 Abs. 1 LGrStG BW)	6 - 8
II. Ertragswert als Bewertungsmaßstab des land- und forstwirtschaftlichen Vermögens (§ 24 Abs. 2 LGrStG BW)	9 - 11
III. Bodenwert als Bewertungsmaßstab des Grundvermögens (§ 24 Abs. 3 LGrStG BW)	12 - 15
IV. Abrundung des Bewertungsergebnisses (§ 24 Abs. 4 LGrStG BW)	16

---

[1] Vgl. Schmidt in Grootens LGrStG BW, § 40 Rz. 37 ff.
[2] Zu Einzelheiten vgl. Krüger in Zugmaier, Nöcker - AO-Kommentar - Die wichtigsten Vorschriften Online, §§ 98 und 99.

A. Allgemeine Erläuterungen

I. Entstehung und Entwicklung der Vorschrift

1 Die Vorschrift wurde erstmalig im Jahr 2020 in das LGrStG BW[1] aufgenommen.

2 In der Gesetzesbegründung heißt es hierzu:

Die Norm bestimmt, nach welchen Grundsätzen die Steuergegenstände des § 3 zu bewerten sind.

Zu Absatz 1

Absatz 1 gibt die genaue Bezugsgröße für die konkrete Bewertung vor. Dabei wird an der Grundsystematik der wirtschaftlichen Einheiten festgehalten. Dies ist nicht nur beim land- und forstwirtschaftlichen Vermögen von Bedeutung, welches in der Regel aus einem Bündel von Wirtschaftsgütern besteht, sondern auch beim Grundvermögen. Auch dort ist es aufgrund der tatsächlichen oder rechtlichen Verhältnisse geboten, die Wirtschaftsgüter abweichend von der privatrechtlichen Ausgangslage zum Zwecke der Grundsteuer zu behandeln.

Zu Absatz 2 und 3

Dabei bestimmt Absatz 2, dass land- und forstwirtschaftliches Vermögen mit einem Ertragswert bewertet wird und Grundvermögen gemäß Absatz 3 mit dem Bodenwert. Es erfolgt dadurch eine unterschiedliche Behandlung dieser beiden Vermögensarten. Dies ist jedoch aufgrund der spezifischen Besonderheiten und im Hinblick auf das Verhältnis zur Gewerbesteuer auch gerechtfertigt.

Für die Bewertung des Grundvermögens, und damit den größten Teil der zu bewertenden wirtschaftlichen Einheiten, wird als abstraktes und neues Bewertungsverfahren eine Ausrichtung nach dem Bodenwert normiert. Dieser Wert richtet sich nach dem im Bodenrichtwert eines Grundstücks stehenden Potenzial des Grundstücks und ist daher unabhängig vom Gebäude.

Der Wert des land- und forstwirtschaftlichen Betriebs bestimmt sich in erster Linie nach dem Ertragspotenzial und wird weniger von dem durch Bereitstellung der kommunalen Infrastruktur geprägten und aufgewerteten Innenbereich der Kommune beeinflusst. Zudem liegen für land- und forstwirtschaftliche Flächen aufgrund der statischen Marktlage nur unzureichend Daten zur Bewertung durch die Gutachterausschüsse vor. Bei der Ermittlung des Ertragswerts wird davon ausgegangen, dass der Eigentümer den zu bewertenden Betrieb der Land- und Forstwirtschaft behält, fortlaufend nutzt und hieraus Erträge erzielt. Sinn und Zweck des Ertragswerts ist es somit, außer landwirtschaftliche Faktoren auszuscheiden, die zwar den Veräußerungspreis eines Betriebs beeinflussen, jedoch in keinem ökonomischen Zusammenhang mit der objektiven Ertragsfähigkeit einer land- und forstwirtschaftlichen Urproduktion stehen. Im Sinne einer realitätsgerechten und relationsgerechten Besteuerung ist daher die Anwendung eines spezifischen Ertragswertverfahrens für land- und forstwirtschaftliches Vermögen gerechtfertigt.

Zu Absatz 4

Absatz 4 entspricht im Wesentlichen der bisherigen Regelung in § 30 BewG und bestimmt, dass die in Euro ermittelten Grundsteuerwerte auf volle hundert Euro abgerundet werden.

---

[1] LGrStG BW vom 4.11.2020 Gbl S. 974.

II. Geltungsbereich

Das LGrStG BW gilt für in Baden-Württemberg belegene Grundstücke. 3

(Einstweilen frei) 4–5

B. Systematische Kommentierung

I. Wirtschaftliche Einheit als Bezugsgröße (§ 24 Abs. 1 LGrStG BW)

Bezugsgröße für die konkrete Bewertung ist wie im Bundesrecht die **wirtschaftliche Einheit**. 6
Auch wenn die Gebäude bei der Bewertung unberücksichtigt bleiben, werden sie bei der Bestimmung der wirtschaftlichen Einheit einbezogen, da hier die **Verkehrsanschauung** entscheidend ist.[1]

Zur wirtschaftlichen Einheit bei Grundstücken siehe Bock in Grootens, BewG § 244 Rz. 18–39.

Beim land- und forstwirtschaftlichen Vermögen besteht die wirtschaftliche Einheit i.d.R. aus einem Bündel von Wirtschaftsgütern. Inhaltliche Abweichungen zum Bundesrecht bestehen nicht.[2]

(Einstweilen frei) 7–8

II. Ertragswert als Bewertungsmaßstab des land- und forstwirtschaftlichen Vermögens (§ 24 Abs. 2 LGrStG BW)

Wie im Bundesrecht wird das **land- und forstwirtschaftliche Vermögen** mit dem **Ertragswert** 9
bewertet. Bis auf redaktionelle Ergänzungen entspricht die landesrechtliche Vorschrift § 236 Abs. 1 BewG. Auf die Kommentierung von Müller in Grootens, BewG § 236 Rz. 19–22 wird verwiesen.

(Einstweilen frei) 10–11

III. Bodenwert als Bewertungsmaßstab des Grundvermögens (§ 24 Abs. 3 LGrStG BW)

Für die **Bewertung des Grundvermögens** wird in Baden-Württemberg als Bewertungsmaßstab 12
der **Bodenwert** normiert. Dieser Wert ergibt sich aus der Fläche und dem Bodenrichtwert. Der Bodenwert zeigt das Potenzial des Grundstücks und ist unabhängig vom aufstehenden Gebäude. Zur Bewertung im Einzelnen siehe Schmidt in Grootens, LGrStG BW § 38 Rz. 16 ff. und zu verfassungsrechtlichen Fragen im Zusammenhang mit der Bewertungsmethode siehe Schmidt in Grootens, LGrStG BW, Vorwort Rz. 42-63.

(Einstweilen frei) 13–15

---

[1] Vgl. Schmidt in Grootens, LGrStG BW § 25 Tz. 12.
[2] Vgl. Müller in Grootens, BewG § 232 Rz. 33–44.

IV. Abrundung des Bewertungsergebnisses (§ 24 Abs. 4 LGrStG BW)

16 Die Vorschrift entspricht § 230 BewG. Auf die Kommentierung von Wredenhagen in Grootens, BewG 230 Rz. 61 ff. wird verwiesen.

§ 25 LGrStG BW   Wirtschaftliche Einheit

(1) ¹Jede wirtschaftliche Einheit ist für sich zu bewerten. ²Ihr Wert ist im Ganzen festzustellen. ³Was als wirtschaftliche Einheit zu gelten hat, ist grundsätzlich nach den Anschauungen des Verkehrs zu entscheiden. ⁴Die örtliche Gewohnheit, die tatsächliche Übung, die Zweckbestimmung, die tatsächliche, unabhängige Nutzungsmöglichkeit und die wirtschaftliche Zusammengehörigkeit der einzelnen Wirtschaftsgüter sind zu berücksichtigen. ⁵Mehrere Wirtschaftsgüter kommen als wirtschaftliche Einheit nur insoweit in Betracht, als sie demselben Eigentümer gehören. ⁶Die Zurechnung zu einer wirtschaftlichen Einheit wird beim Grundbesitz im Sinne der §§ 26 bis 38 jedoch nicht dadurch ausgeschlossen, dass die Wirtschaftsgüter zum Teil dem einen, zum Teil dem anderen Ehegatten oder Lebenspartner gehören. ⁷In einen Betrieb der Land- und Forstwirtschaft im Sinne der §§ 26 bis 36, der von einer Gesellschaft oder Gemeinschaft des bürgerlichen Rechts betrieben wird, sind auch die Wirtschaftsgüter einzubeziehen, die einem oder mehreren Beteiligten gehören und dem Betrieb zu dienen bestimmt sind. ⁸In den Betrieb der Land- und Forstwirtschaft im Sinne der §§ 26 bis 36 sind auch einzubeziehen

1. dem Eigentümer des Grund und Bodens nicht gehörende Gebäude, die auf dem Grund und Boden des Betriebs stehen und der Bewirtschaftung des Betriebs dienen,

2. dem Eigentümer des Grund und Bodens nicht gehörende Betriebsmittel, die der Bewirtschaftung des Betriebs dienen, und

3. ein Anteil des Eigentümers des Betriebs der Land- und Forstwirtschaft an einem Wirtschaftsgut, wenn es mit dem Betrieb zusammen genutzt wird.

(2) ¹Für jedes Wohnungseigentum und Teileigentum nach dem Wohnungseigentumsgesetz ist entsprechend dem Miteigentumsanteil am Grundstück ein Wert nach § 38 zu ermitteln. ²Der ermittelte Wert ist dem Wohnungs- oder Teileigentümer zuzurechnen.

(3) ¹Bei wirtschaftlichen Einheiten des Grundvermögens, die sich über die Landesgrenze hinaus erstrecken, wird nur der sich innerhalb der Landesgrenzen befindliche Teil bewertet. ²Für den anderen Teil erfolgt keine gesonderte Feststellung nach § 13. ³Wenn sich Teile einer wirtschaftlichen Einheit des land- und forstwirtschaftlichen Vermögens im Ausland befinden, gelten die Sätze 1 und 2 entsprechend.

Inhaltsübersicht   Rz.

A. Allgemeine Erläuterungen	1 - 11
I. Normzweck und wirtschaftliche Bedeutung der Vorschrift	1 - 5
II. Entstehung und Entwicklung der Vorschrift	6 - 8
II. Geltungsbereich	9 - 11
B. Systematische Kommentierung	12 - 40
I. Bestimmung der wirtschaftlichen Einheit (§ 25 Abs. 1 Sätze 1–5 LGrStG BW)	12 - 14
II. Keine abweichende Zurechnung bei Ehegatten (§ 25 Abs. 1 Satz 6 LGrStG BW)	15 - 17
III. Betrieb der Land- und Forstwirtschaft i. S. der §§ 26–36, der von einer Gesellschaft oder Gemeinschaft des bürgerlichen Rechts betrieben wird (§ 25 Abs. 1 Satz 4 LGrStG BW)	18 - 20

IV. Einbeziehung in den Betrieb der Land- und Forstwirtschaft von Gebäuden und Betriebsmitteln, die dem Eigentümer des Grund und Bodens nicht gehören, die auf dem Grund und Boden des Betriebs stehen und der Bewirtschaftung des Betriebs dienen (§ 25 Abs. 1 Satz 5 Nr. 1)	21 - 25
V. Einbeziehung in den Betrieb der Land- und Forstwirtschaft eines Anteils an einem Wirtschaftsgut, wenn es mit dem Betrieb zusammen genutzt wird (§ 25 Abs. 1 Satz 5 Nr. 2)	26 - 28
VI. Wohnungs- und Teileigentum (§ 25 Abs. 2 LGrStG BW)	29 - 34
VII. Bewertung nur des in Baden-Württemberg belegenen Grundbesitzes (§ 25 Abs. 3 LGrStG BW)	35 - 40

LITERATUR:

Viskorf, Schuck, Wälzholz - Erbschaftsteuer- und Schenkungsteuergesetz, Bewertungsgesetz - Kommentar Online, NWB OAAAH-14713. *Rössler/Troll*, BewG.

A. Allgemeine Erläuterungen

I. Normzweck und wirtschaftliche Bedeutung der Vorschrift

Abs. 1 regelt den Umfang der **wirtschaftlichen Einheit**. Es kommen auch mehrere Wirtschaftsgüter als wirtschaftliche Einheit in Betracht, wenn sie demselben Eigentümer bzw. dessen Ehegatten oder Lebenspartner gehören. Durch die Systematik des LGrStG BW kann die Abgrenzung der wirtschaftlichen Einheit besondere Bedeutung gewinnen, da für überwiegend zu Wohnzwecken genutzte Gebäude die Steuermesszahl nach § 40 Abs. 3 LGrStG BW um 30 % gekürzt wird. Für die Steuerpflichtigen können sich deshalb Vorteile ergeben, wenn z. B. **Garagengrundstücke, die im engen Zusammenhang mit Wohngrundstücken** stehen, in die wirtschaftliche Einheit des Wohngrundstücks einbezogen werden. § 25 Abs. 1 Satz 4 und 5 LGrStG regeln die **wirtschaftliche Einheit des land- und forstwirtschaftlichen Vermögens** in gleicher Weise wie § 34 BewG beim Betrieb der Land- und Forstwirtschaft durch eine Gesellschaft bürgerlichen Rechts bzw. bei abweichenden Eigentumsverhältnissen (Pachtverhältnisse). 1

Abs. 2 stellt klar, dass beim **Wohnungs- bzw. Teileigentum** der Grundsteuerwert des Gesamtgrundstücks entsprechend der Miteigentumsanteile auf die einzelne Wohnungs- und Teileigentumseinheit aufzuteilen ist. 2

Nach Abs. 3 werden nur die auf dem **Gebiet des Landes Baden-Württemberg** belegenen Teile einer wirtschaftlichen Einheit bewertet, auch wenn sich die wirtschaftliche Einheit auf Gebiete außerhalb des Gebiets des Landes erstreckt. Diese Regelung ist insbesondere für die Bewertung von Betrieben der Land- und Forstwirtschaft von Bedeutung, sofern diese über die Landesgrenzen hinweg betrieben werden. 3

(Einstweilen frei) 4-5

II. Entstehung und Entwicklung der Vorschrift

Die Vorschrift wurde erstmalig im Jahr 2020 in das LGrStG BW (verkündet als Artikel 1 des Gesetzes zur Regelung einer Landesgrundsteuer vom 4.11.2020, GBl S. 974) aufgenommen. 6

7   In der Gesetzesbegründung (Drucks. 16/8907) heißt es:

Zu Absatz 1

Absatz 1 definiert den Begriff der wirtschaftlichen Einheit zum Zwecke der Bewertung. Dieser lehnt sich an die bisherigen in § 2 BewG verwendeten Begrifflichkeiten an. Auch wenn das neue Bewertungsverfahren für Grundstücke keine Gebäude mehr direkt in die Bewertung einbezieht, soll trotzdem die Verkehrsanschauung für die Bestimmung der wirtschaftlichen Einheiten weiterhin bestimmend sein. Werden etwa zwei Grundstücke durch eine dauerhafte, flurstücksübergreifende Nutzung so eng miteinander verknüpft, sodass eine isolierte Betrachtung der Grundstücke nicht angezeigt ist, muss von einer wirtschaftlichen Einheit ausgegangen werden.

Grundsätzlich ist jedoch zu beachten, dass für die Grundsteuer die grundlegende Wertung des § 39 AO gilt. Auf die Ausführungen im Rahmen von § 10 wird daher verwiesen.

8   Durch das Gesetz zur Änderung des Landesgrundsteuergesetzes und zur Einführung eines gesonderten Hebesatzrechts zur Mobilisierung von Bauland (ÄndGLGrStG)[1] wurden die Sätze 7 und 8 eingefügt. In der Gesetzesbegründung heißt es hierzu:

Die Änderung führt die bisherigen und bewährten Regelungen aus § 34 Abs. 4–6 des Bewertungsgesetzes für das land- und forstwirtschaftliche Vermögen bei Gesellschaften und Gemeinschaften fort. Dadurch wird eine Aufspaltung der bisherigen und bekannten wirtschaftlichen Einheiten in zahlreiche neu anzulegende wirtschaftliche Einheiten vermieden und zudem die Umsetzung der Grundsteuerreform insgesamt erleichtert.

Zu Absatz 2

Absatz 2 benennt dabei ausdrücklich die Miteigentumsanteile als Berechnungsgrundlage für den Grundstücksanteil. Im neuen Bewertungssystem sind die Gebäude grundsätzlich irrelevant. Um jedoch eine genaue und abgeltende Besteuerung von Grundstücken mit einer Aufteilung nach dem Wohnungseigentumsgesetz zu erreichen und die genaue Zurechnung festzulegen, wurde diese Regelung zur Ermittlung der Grundstücksgröße in diesen Fällen aufgenommen.

Zu Absatz 3

Die bisherige Regelung des § 32 BewG findet sich ähnlich in Absatz 3 wieder. Sie bestimmt, dass für die Bewertung des auf dem Gebiet des Landes belegenen und nach diesem Teil zu bewertenden Vermögens die Vorschriften der §§ 26 bis 38 gelten. Nach diesen Vorschriften sind auch die auf dem Gebiet des Landes belegenen Teile einer wirtschaftlichen Einheit zu bewerten, die sich sowohl auf das Gebiet des Landes als auch auf Gebiete außerhalb des Gebiets des Landes erstreckt. Diese Regelung ist insbesondere für die Bewertung von Betrieben der Land- und Forstwirtschaft von praktischer Bedeutung, da diese teilweise über Landesgrenzen hinweg betrieben werden. Bewertet für Zwecke der Grundsteuer wird in diesen Fällen nur der auf dem Gebiet des Landes belegene Teil der wirtschaftlichen Einheit. Zudem wird klargestellt, dass der außerhalb belegene Teil einer wirtschaftlichen Einheit nicht der gesonderten Feststellung nach § 13 unterliegt.

---

1   GBl S. 1029

II. Geltungsbereich

Das LGrStG BW gilt für in Baden-Württemberg belegene Grundstücke. 9

(Einstweilen frei) 10–11

B. Systematische Kommentierung

I. Bestimmung der wirtschaftlichen Einheit (§ 25 Abs. 1 Sätze 1–5 LGrStG BW)

In das Bewertungsverfahren des § 38 LGrStG BW werden **Gebäude nicht einbezogen**. Für die **Bestimmung der wirtschaftlichen Einheit** soll nach der Gesetzesbegründung trotzdem die **Verkehrsanschauung** weiterhin bestimmend sein. Werden also zwei Grundstücke durch eine dauerhafte, flurstücksübergreifende Nutzung so eng miteinander verknüpft, dass eine isolierte Betrachtung der Grundstücke nicht angezeigt ist, werden diese Grundstücke zu einer wirtschaftlichen Einheit zusammengefasst. Da die Nutzung i. d. R. an der Bebauung hängt, ist die Bebauung auch im LGrStG BW für die Bestimmung der wirtschaftlichen Einheit von Bedeutung. Der Umfang der wirtschaftlichen Einheit unterscheidet sich damit nicht vom Bundesrecht.[1] § 25 Abs. 1 Satz 1 bis 4 LGrStG BW entspricht § 2 Abs. 1 Satz 1–4 BewG, Satz 5 entspricht § 2 Abs. 2 BewG. Auf die Kommentierung von Bock in Grootens, BewG § 244 Rz. 23–38 wird verwiesen. 12

Durch die Systematik des LGrStG BW kann die Abgrenzung der wirtschaftlichen Einheit besondere Bedeutung gewinnen, da für **überwiegend zu Wohnzwecken genutzte Gebäude** die Steuermesszahl nach § 40 Abs. 3 LGrStG BW um 30 % gekürzt wird. Für die Steuerpflichtigen können sich deshalb Vorteile ergeben, wenn z. B. **Garagengrundstücke,** die im engen Zusammenhang mit Wohngrundstücken stehen, in die wirtschaftliche Einheit des Wohngrundstücks einbezogen werden, weil dann auch für diese Garagengrundstücke die Ermäßigung der Grundsteuermesszahl greift. Werden dagegen diese Garagengrundstücke als eigene wirtschaftliche Einheit angesehen, wird die Ermäßigung der Steuermesszahl nicht gewährt. Ähnlich gelagert sind Fälle, in denen unbebaute Grundstücke als Gartengrundstücke für ein Wohngrundstück dienen. Sollten diese Grundstücke nicht in die wirtschaftliche Einheit des Wohngrundstücks einbezogen werden können, so kann für diese Grundstücke ggf. ein niedrigerer Wert nach § 38 Abs. 3 LGrStG BW nachgewiesen werden. 13

(Einstweilen frei) 14

II. Keine abweichende Zurechnung bei Ehegatten (§ 25 Abs. 1 Satz 6 LGrStG BW)

Satz 6 entspricht § 26 BewG. Auf die Kommentierung von Bock in Grootens, BewG § 244 Rz. 39 wird verwiesen. 15

Die **Definition der wirtschaftlichen Einheit** des Grundvermögens erfährt in § 37 LGrStG BW eine weitere Präzisierung.[2] 16

(Einstweilen frei) 17

---

1 Vgl. auch Viskorf/Viskorf, BewG § 2 Rz. 1 ff.
2 Vgl. Schmidt in Grootens, LGrStG BW § 37 Rz. 7.

III. Betrieb der Land- und Forstwirtschaft i. S. der §§ 26–36, der von einer Gesellschaft oder Gemeinschaft des bürgerlichen Rechts betrieben wird (§ 25 Abs. 1 Satz 4 LGrStG BW)

18 Die Vorschrift entspricht § 34 Abs. 6 BewG. Wird ein **Betrieb der Land- und Forstwirtschaft** entweder von einer **Gesellschaft bürgerlichen Rechts** oder von einer **Bruchteilsgemeinschaft** betrieben, sind in den einheitlichen Betrieb auch die Wirtschaftsgüter einzubeziehen, die einem oder mehreren Beteiligten gehören und dem Betrieb zu dienen bestimmt sind. Ein Gesellschaftsverhältnis i. S. des § 25 Abs. 1 Satz 4 LGrStG BW kann durch mündliche Vereinbarung oder stillschweigend entstehen, Schriftform ist nicht erforderlich. Häufig sind solche Gesellschaftsverhältnisse bei Landwirtschaftseheleuten anzutreffen, wenn sie den landwirtschaftlichen Hof zur Hälfte als Miteigentümer zu Bruchteilen erwerben oder jeweils landwirtschaftliche Grundstücke einbringen und den Hof dann gemeinschaftlich betreiben.

19-20 *(Einstweilen frei)*

IV. Einbeziehung in den Betrieb der Land- und Forstwirtschaft von Gebäuden und Betriebsmitteln, die dem Eigentümer des Grund und Bodens nicht gehören, die auf dem Grund und Boden des Betriebs stehen und der Bewirtschaftung des Betriebs dienen (§ 25 Abs. 1 Satz 5 Nr. 1)

21 Die Vorschrift entspricht § 34 Abs. 4 BewG. Zum Betrieb der Land- und Forstwirtschaft gehören **alle land- und forstwirtschaftlichen Nutzungen als Gesamtheit** aller hierzu gehörenden Wirtschaftsgüter (vgl. Müller in Grootens, BewG § 234 Rz. 15 ff). Anwendungsfall der Regelung ist die Nutzung von Gebäuden oder Betriebsmitteln des landwirtschaftlichen Betriebs durch Pacht oder Nießbrauch.

22 Die Vorschrift betrifft den Sachverhalt, dass der **Pächter des landwirtschaftlichen Betriebs** den Grund und Boden von der mitgepachteten Hofstelle des Pachtbetriebs aus mit eigenem oder mit vom Verpächter übernommenem **Inventar** bewirtschaftet. Durch die gesetzliche Regelung wird auch das dem Pächter gehörende Inventar in die wirtschaftliche Einheit des verpachteten Betriebs einbezogen. Errichtet der Pächter auf dem gepachteten Grund und Boden vorübergehend Gebäude, die dem Betrieb dienen (z. B. Schuppen oder Feldscheunen), sind auch diese dem landwirtschaftlichen Betrieb zuzurechnen. Vom Pächter errichtete Dauerbauten stehen als wesentliche Bestandteile des Grund und Bodens im zivilrechtlichen Eigentum des Verpächters und sind bereits deshalb schon in die wirtschaftliche Einheit des Betriebs einbezogen.

23 Nutzt ein selbstwirtschaftender Eigentümer des Grund und Bodens für den Betrieb **Betriebsmittel**, die einem anderen gehören, sind auch diese Betriebsmittel dem Betrieb zuzuordnen. Der Begriff der Betriebsmittel umfasst stehende Betriebsmittel (Maschinen oder Milchkühe) und umlaufende Betriebsmittel (Saatgut oder Futtervorräte). Eine Auswirkung dieser Regelung auf die Grundsteuer ist nicht ersichtlich.

24-25 *(Einstweilen frei)*

V. Einbeziehung in den Betrieb der Land- und Forstwirtschaft eines Anteils an einem Wirtschaftsgut, wenn es mit dem Betrieb zusammen genutzt wird (§ 25 Abs. 1 Satz 5 Nr. 2)

Die Vorschrift entspricht § 34 Abs. 5 BewG. Anwendungsfälle der Vorschrift sind Anteile an Gemeinschaftsweiden bei Almwirtschaften oder Anteile des Betriebsinhabers an Gebäuden, die einer Gesellschaft oder Gemeinschaft des bürgerlichen Rechts gehören, z. B. gemeinschaftliche Gefrier- oder Trocknungsanlagen oder Lagerhäuser. Es ist dabei nicht erforderlich, dass alle Gesellschafter oder Gemeinschafter Inhaber von Betrieben der Land- und Forstwirtschaft sind. 26

(Einstweilen frei) 27-28

VI. Wohnungs- und Teileigentum (§ 25 Abs. 2 LGrStG BW)

Zum Begriff des Wohnungs- und Teileigentums siehe Lange in Grootens, GrStG § 2 Rz. 61 unter c und Bock in Grootens, BewG § 243 Rz. 77 ff. 29

Im Bundesrecht wird jede Eigentumswohnung bzw. Teileigentumseinheit nach dem Ertragswertverfahren gesondert bewertet. Dies ist nach der Systematik des Landesrechts nicht möglich, da hier der **Bodenwert des Gesamtgrundstücks** bewertet wird. Entsprechend ist eine **Aufteilungsvorschrift** erforderlich. Das Gesetz benennt als Maßstab für die Aufteilung die **Miteigentumsanteile**. 30

Nach dem Wohnungseigentumsrecht gebührt dem Wohnungseigentümer entsprechend seinem Miteigentumsanteil ein Bruchteil der Früchte des gemeinschaftlichen Eigentums und des Gemeinschaftsvermögens (§ 16 Abs. 1 WEG). Daher ist es sachgerecht, den Bodenwert entsprechend der Miteigentumsanteile auf die verschiedenen Wohnungseigentümer aufzuteilen. 31

> **BEISPIEL** ▶ Der Bodenwert des Grundstücks einer Wohnungseigentumsgemeinschaft beträgt 200.000 €. Eigentümer sind A mit einem Miteigentumsanteil von 300/1000, B mit einem Miteigentumsanteil von 500/1000 und C mit einem Miteigentumsanteil von 200/1000.
> Dementsprechend betragen die ihnen zuzurechnenden Bodenwertanteile
>
> A (200.000 € x 300/1000)   60.000 €
>
> B (200.000 € x 500/1000)   100.000 €
>
> C (200.000 € x 200/1000)   40.000 €

32

(Einstweilen frei) 33-34

VII. Bewertung nur des in Baden-Württemberg belegenen Grundbesitzes (§ 25 Abs. 3 LGrStG BW)

Da Baden-Württemberg von der Öffnungsklausel in Art. 72 Abs. 3 Satz 1 Nr. 7 GG Gebrauch gemacht und ein eigenes Landesgrundsteuergesetz verabschiedet hat, kann es für **wirtschaftliche Einheiten, die sich über die Landesgrenzen erstrecken**, unterschiedliche Bewertungsvorschriften geben. § 25 Abs. 3 LGrStG-BW stellt klar, dass nur der Grundbesitz, der auf dem Gebiet des Landes belegen ist, in die Bewertung einzubeziehen ist. Für diesen Grundbesitz sind die Vorschriften der §§ 26–38 LGrStG BW anzuwenden. Bedeutung dürfte die Regelung ins- 35 besondere für die Bewertung von Betrieben der Land- und Forstwirtschaft entfalten, da diese teilweise über die Grenzen von Baden-Württemberg hinweg betrieben werden. Da für die Bewertung des land- und forstwirtschaftlichen Vermögens keine landesspezifischen Bewertungsregelungen bestehen, sondern die Bewertung in gleicher Weise wie im Bundesrecht erfolgt und auch die anderen Bundesländer, die von der Öffnungsklausel Gebrauch machen, bei der Bewertung des land- und forstwirtschaftlichen Vermögens nicht von der Bundesregelung abweichen werden, erscheint die getroffene gesetzliche Regelung nicht zwingend.

36 Beim Grundvermögen könnte die Regelung nur dann praktische Bedeutung haben, wenn eine **wirtschaftliche Einheit sich über mehrere Bundesländer** erstrecken sollte. Diese Fälle dürften eher selten sein.

37 Zudem wird in § 25 Abs. 3 Satz 2 LGrStG BW klargestellt, dass für den **außerhalb der Landesgrenzen** belegenen Teil einer wirtschaftlichen Einheit von den baden-württembergischen Finanzbehörden keine gesonderten Feststellung nach § 13 LGrStG BW erfolgt. Satz 2 dient nur der Klarstellung, da eine Bewertung für den Teil der wirtschaftlichen Einheit, der außerhalb der Landesgrenzen belegen ist, nicht erforderlich und auch nicht notwendig ist.

38 Soweit ein Nachbarland das LGrStG Bund anwendet ergibt sich dann verfahrenstechnisch für land- und forstwirtschaftliche Betriebe, die sich über **mehrere Bundesländer** erstrecken folgende **Vorgehensweise**:

1. Die baden-württembergischen Finanzbehörden erlassen einen Bescheid für den in Baden-Württemberg belegenen Grundbesitz.
2. Das Nachbarland (z. B. Rheinland-Pfalz) stellt für den inländischen Teil (und damit auch für den in Baden-Württemberg belegenen Teil) einen Gesamtwert fest. Bei der Zerlegung wird dann nur für die Gemeinde in Rheinland-Pfalz ein Anteil festgestellt. Das bedeutet aber, dass der Steuerpflichtige für seine Grundsteuererklärung im Nachbarland die Angaben über seinen gesamten Betrieb machen muss (also auch für den baden-württembergischen Teil).

39 Soweit das Nachbarland auch ein eigenes Grundsteuergesetz erlässt, ergibt sich ggf. eine Vereinfachung, wenn die Landesregelung entsprechend der baden-württembergischen Landesregelung ausgestaltet ist. In diesem Fall würde dann jedes Land für den in seinem Gebiet belegenen Grundbesitz einen Bescheid erlassen.

40 Abs. 3 Satz 3 stellt klar, dass für Teile einer wirtschaftlichen Einheit des land- und forstwirtschaftlichen Vermögens, die sich im Ausland, also z. B. in der Schweiz befinden, ebenfalls keine gesonderte Feststellung nach § 13 LGrStG BW erfolgt.

1. Abschnitt: Land- und forstwirtschaftliches Vermögen

§ 26 LGrStG BW   Begriff des land- und forstwirtschaftlichen Vermögens

(1) ¹Die wirtschaftliche Einheit des land- und forstwirtschaftlichen Vermögens ist der Betrieb der Land- und Forstwirtschaft. ²Wird der Betrieb der Land- und Forstwirtschaft oder werden Teile davon einem anderen Berechtigten zur Erzeugung von Pflanzen und Tieren sowie zur Verwertung der dadurch selbst gewonnenen Erzeugnisse überlassen, so gilt dies als Fortsetzung der land- und forstwirtschaftlichen Tätigkeit des Überlassenden.

(2) ¹Land- und Forstwirtschaft ist die planmäßige Nutzung der natürlichen Kräfte des Bodens zur Erzeugung von Pflanzen und Tieren sowie die Verwertung der dadurch selbst gewonnenen Erzeugnisse. ²Zum land- und forstwirtschaftlichen Vermögen gehören alle Wirtschaftsgüter, die einem Betrieb der Land- und Forstwirtschaft dauernd zu dienen bestimmt sind.

(3) ¹Zu den Wirtschaftsgütern, die dem Betrieb der Land- und Forstwirtschaft dauernd zu dienen bestimmt sind, gehören insbesondere:

1. der Grund und Boden,
2. die Wirtschaftsgebäude,
3. die stehenden Betriebsmittel,
4. der normale Bestand an umlaufenden Betriebsmitteln,
5. die immateriellen Wirtschaftsgüter.

²Als normaler Bestand an umlaufenden Betriebsmitteln gilt ein Bestand, der zur gesicherten Fortführung des Betriebs erforderlich ist.

(4) Nicht zum land- und forstwirtschaftlichen Vermögen gehören:

1. Grund und Boden sowie Gebäude und Gebäudeteile, die Wohnzwecken oder anderen nicht land- und forstwirtschaftlichen Zwecken dienen,
2. Tierbestände oder Zweige des Tierbestands und die hiermit zusammenhängenden Wirtschaftsgüter (zum Beispiel Gebäude und abgrenzbare Gebäudeteile mit den dazugehörenden Flächen, stehende und umlaufende Betriebsmittel), wenn die Tiere weder nach § 35 zur landwirtschaftlichen Nutzung noch nach § 36 Absatz 2 zu den sonstigen land- und forstwirtschaftlichen Nutzungen gehören; die Zugehörigkeit der landwirtschaftlich genutzten Flächen zum land- und forstwirtschaftlichen Vermögen wird hierdurch nicht berührt,
3. Zahlungsmittel, Geldforderungen, Geschäftsguthaben, Wertpapiere und Beteiligungen sowie
4. Geldschulden und Pensionsverpflichtungen.

Inhaltsübersicht

	Rz.
A. Allgemeine Erläuterungen	1 - 5
I. Entstehung und Entwicklung der Vorschrift	1 - 3
II. Geltungsbereich	4 - 5
B. Systematische Kommentierung	6 - 15
I. Betrieb der Land- und Forstwirtschaft als wirtschaftliche Einheit (§ 26 Abs. 1 LGrStG BW)	6 - 8
II. Definition Land- und Forstwirtschaft (§ 26 Abs. 2 LGrStG BW)	9 - 11
III. Wirtschaftsgüter eines Betriebs der Land- und Forstwirtschaft (§ 26 Abs. 3 LGrStG BW)	12 - 14
IV. Besonderheiten des land- und forstwirtschaftlichen Vermögens (§ 26 Abs. 4 LGrStG BW)	15

A. Allgemeine Erläuterungen

I. Entstehung und Entwicklung der Vorschrift

Die Vorschrift wurde erstmalig im Jahr 2020 in das LGrStG BW aufgenommen. Sie entspricht den Regelungen für die Land- und Forstwirtschaft im Bundesrecht.

1

2 In der **Gesetzesbegründung** für das Landesgesetz heißt es:

1. Einführung

Die Bewertung des land- und forstwirtschaftlichen Vermögens erfolgt bislang im Rahmen einer Betriebsbewertung (Gesamtbewertung) mit dem Ertragswert. Für die alten Länder wird die Bewertung bisher in Form der Eigentümerbesteuerung und für die neuen Bundesländer in Form der Nutzerbesteuerung jeweils einheitlich nach den Wertverhältnissen zum 1. Januar 1964 vorgenommen. In den alten Ländern gehört der Wohnteil einschließlich der Altenteilerwohnung zum land- und forstwirtschaftlichen Vermögen, während die Wohngebäude in den neuen Ländern dem Grundvermögen zugerechnet werden. Durch die Übertragung der Agrarpolitik auf die Europäische Union und nach mehrfachen Strukturveränderungen innerhalb der letzten 50 Jahre haben sich die für einen Ertragswert maßgebenden Verhältnisse in der Land- und Forstwirtschaft grundlegend geändert. Zur Weiterentwicklung des Bewertungsverfahrens der Betriebe der Land- und Forstwirtschaft für Zwecke der Grundsteuer ist deshalb auf die jüngeren Erfahrungen im Bereich der Erbschaft- und Schenkungsteuer zurückzugreifen.

Die Bewertung des Grund und Bodens mittels Pachtpreisen ist aus Sicht der Wissen- schaft und der land- und forstwirtschaftlichen Sachverständigen nur im Fall der Verpachtung einzelner Flächen zielführend. Dagegen muss der wirtschaftende Betrieb regelmäßig Flächen zupachten, was statistisch in einer hohen Pachtquote und einem gesteigerten Ertrag zum Ausdruck kommt. Die Bewertung des land- und forstwirtschaftlichen Vermögens für die Erbschaft- und Schenkungsteuer erfolgt deshalb durch ein Reingewinn- und ein Mindestwertverfahren. Im Rahmen einer einmaligen Bewertung für Zwecke der Erbschaft- und Schenkungsteuer muss eine solche sachliche Differenzierung und der damit verbundene Aufwand einer nachträglichen Liquidationsbewertung im Verhältnis zur realitätsgerechten Abbildung anderer Wirtschaftsgüter hingenommen werden. Bei der jährlich wiederkehrend zu erhebenden Grundsteuer ist ein solches Verfahren sowohl mit Blick auf die rückwirkende Korrektur der Bemessungsgrundlage als auch mit Blick auf die monetären und bürokratischen Belastungen sowohl für die Land- und Forstwirtschaft als auch für die Finanzverwaltung nicht zielführend.

2. Folgerungen für das Bewertungsverfahren

Um in einem steuerlichen Massenverfahren die Bewertung des land- und forstwirtschaftlichen Vermögens transparent und effizient gestalten zu können, muss die Bewertungssystematik für den Grundbesitz weitgehend vereinfacht und aufgrund zur Verfügung stehender Datengrundlagen mittelfristig möglichst vollautomatisiert abgewickelt werden. Dies kann im Einzelnen durch eine automationsfreundliche Ausgestaltung des Bewertungsverfahrens wie folgt erreicht werden:

- *Die wirtschaftliche Einheit Betrieb der Land- und Forstwirtschaft erstreckt sich künftig nicht mehr auf den Wohnteil.*

- *Die übrigen Grundstrukturen des bisherigen Rechts in Form der Vermögensart, die Definition der wirtschaftlichen Einheit Betrieb der Land- und Forstwirtschaft, die Abgrenzungskriterien hierzu und die bewährte Gliederung des Betriebs in Nutzungen bleiben erhalten. Eine Änderung erfolgt nur dergestalt, dass die Gliederung des Betriebs (sogenannte gesetzliche Klassifizierung) über eine Grundstücksdatenbank für das voll automationsgestützte Bewertungsverfahren zur Verfügung gestellt wird.*

- *Die Bewertung der wirtschaftlichen Einheit Betrieb der Land- und Forstwirtschaft erfolgt nach dem Eigentümerprinzip auf der Basis des amtlichen Liegenschaftskatasters in Form einer standardisierten Bewertung der Flächen und gegebenenfalls der vorhandenen Hofstellen mit einem typisierenden Ertragswert.*

▶ *Die Ableitung der Ertragswertansätze erfolgt soweit als möglich aus den durchschnittlichen Ertragsverhältnissen der Testbetriebe beim Bundesministerium für Er- nährung und Landwirtschaft für Deutschland. Dadurch kann bei jeder Hauptfeststellung auf kontinuierliche Daten zurückgegriffen werden.*

3. Änderungen gegenüber der bisherigen Rechtslage

Nach der bisherigen Rechtslage gehen die land- und forstwirtschaftlichen Flächen, die Hofflächen, die Wirtschaftsgebäude und die Betriebsmittel allgemein im Ertragswert eines Betriebs der Land- und Forstwirtschaft auf und beeinflussen über das jeweilige Ertrags- und Aufwandsgefüge den entsprechenden Hektarwert der einzelnen Nutzungen oder den unmittelbaren Vergleichswert. Deshalb ist bisher geregelt, dass bei aktiv wirtschaftenden Betrieben die gegendüblichen Abweichungen gegenüber den unterstellten Ertragsverhältnissen durch Zu- oder Abrechnungen und die betriebsindividuellen Abweichungen insbesondere für Wirtschaftsgebäude und Vieh als Betriebsmittel durch Zu- oder Abschläge erfolgen. Dagegen sind in den Fällen einer Stückländerei beim Eigentümer des Grund und Bodens keine Abschläge wegen fehlender Betriebsmittel und dementsprechend keine Zuschläge für den Überbestand an Betriebsmitteln bei deren Eigentümer zulässig.

Aufgrund der Notwendigkeit einer weitgehend vollautomatisierten Bewertung der land- und forstwirtschaftlichen Flächen wird auf eine vergleichende Bewertung und deren umfangreiche Ermittlungen verzichtet. Stattdessen wird unmittelbar für jede Nutzung ein Reinertrag ermittelt. Die neue Rechtslage unterstellt, dass der Reinertrag der gesondert zu bewertenden Nutzungen das jeweilige Ertragswertpotential des bewirtschafteten Grund und Bodens abbildet und mit dessen Ansatz die hierfür unmittelbar erforderlichen Betriebsmittel ideell abgegolten werden. Dabei kommt es entsprechend dem Charakter einer objektiven Flächenbewertung zunächst nicht darauf an, ob der Eigentümer oder der Pächter den Grund und Boden selbst bewirtschaftet. Auf die Unterscheidung zwischen aktiv wirtschaftenden Betrieben einschließlich etwaiger Ertragswertsteigerungen durch Zupachtflächen einerseits und Stückländereien sowie verpachteten Betrieben einschließlich etwaiger Ertragswertminderungen andererseits sowie den damit verbundenen Abgrenzungsschwierigkeiten und Korrekturrechnungen bei besonders intensiven Nutzungen wird deshalb verzichtet. Dennoch wird den im bisherigen Recht berücksichtigten Umständen dem Grunde nach auf vereinfachte Weise dadurch Rechnung getragen, dass die typischerweise von aktiv wirtschaftenden Betrieben unterhaltenen Hofstellen eigenständig bewertet werden. Durch die gesonderte Erfassung von Viehzuschlägen oder aufgrund der Bewertung der Wirtschaftsgebäude werden weitere ertragswertsteigernde Umstände ersatzweise pauschal erfasst, die wesentlich und fachlich unbestritten sind.

Zu Absatz 1

Bewertungsgegenstand für Zwecke der Grundsteuer ist innerhalb des land- und forst- wirtschaftlichen Vermögens die wirtschaftliche Einheit des Betriebs der Land- und Forstwirtschaft. Die wirtschaftliche Einheit bestimmt sich nach den wirtschaftlichen Eigentumsverhältnissen beim Grund und Boden am Bewertungsstichtag und umfasst die damit in engem sachlichen Zusammenhang stehenden Wirtschaftsgüter, die in Absatz 3 konkretisiert werden.

Zu Absatz 2

Die Regelung definiert den tätigkeitsbezogenen Begriff der Land- und Forstwirtschaft. Der Sammelbegriff umfasst neben der Landwirtschaft und der Forstwirtschaft auch den Weinbau, den Gartenbau und die sonstigen Betriebszweige. Zugleich regelt § 26 Absatz 1 den Umfang des land-

und forstwirtschaftlichen Vermögens. Dienen Wirtschaftsgüter nach ihrer Zweckbestimmung einer land- und forstwirtschaftlichen Tätigkeit dauerhaft zur planmäßigen und ständigen Bewirtschaftung, werden sie unter objektiven Gesichtspunkten dieser Vermögensart zugerechnet.

Zu Absatz 3

Absatz 3 bestimmt enumerativ die Wirtschaftsgüter, die dem Betrieb der Land- und Forstwirtschaft dauernd zu dienen bestimmt sind. Zu diesen Wirtschaftsgütern gehören insbesondere der Grund und Boden, die Wirtschaftsgebäude, die stehenden Betriebsmittel, der normale Bestand an umlaufenden Betriebsmitteln und die immateriellen Wirtschaftsgüter. Zum Grund und Boden gehören alle Flächen, die nicht als Grundvermögen zu erfassen sind. Wirtschaftsgebäude sind Gebäude oder Gebäudeteile, die ausschließlich der unmittelbaren Bewirtschaftung des Betriebs und nicht Wohnzwecken dienen. Stehende Betriebsmittel wie zum Beispiel das lebende und tote Inventar dienen einem Betrieb längerfristig. Dagegen sind umlaufende Betriebsmittel zum Verbrauch im eigenen Betrieb oder zum Verkauf bestimmt. Zu den immateriellen Wirtschaftsgütern gehören insbesondere Lieferrechte und von staatlicher Seite gewährte Vorteile, die die Voraussetzungen eines Wirtschaftsguts erfüllen. Ein normaler Bestand an umlaufenden Betriebsmitteln stellt sicher, dass eine ordnungsgemäße Bewirtschaftung im Sinne des definierten Reinertrags möglich ist.

Zu Absatz 4

Die Vorschrift entspricht im Wesentlichen dem bisherigen § 33 Absatz 3 BewG. Sie berücksichtigt jedoch, dass zu Wohnzwecken, gewerblichen und beziehungsweise oder öffentlichen Zwecken dienende Gebäude und Gebäudeteile stets dem Grundvermögen zuzurechnen sind. Letzteres unterliegt konsequent der Bewertung mit dem Bodenwert (§ 24 Absatz 3).

Da der Betrieb der Land- und Forstwirtschaft künftig nicht mehr die Wohngebäude und den dazugehörenden Grund und Boden umfasst (zum Beispiel Wohnteil ein- schließlich Altenteilerwohnung und Wohnungen der Arbeitnehmer), ist insoweit eine Abgrenzung zwischen dem land- und forstwirtschaftlichen Vermögen und dem Grundvermögen geboten. Zum Grundvermögen der Wohngebäude zählen neben der bebauten Fläche auch die Nebenflächen wie zum Beispiel Stellplätze und Gärten. Bei Betrieben, die vor dem 31. Dezember 1998 bereits bestanden haben, ist eine Abgrenzung nach § 13 Absatz 4 und 5 EStG erfolgt, die grundsätzlich zu übernehmen ist.

Im Übrigen wird die traditionelle Verkehrsanschauung in Absatz 4 Nummer 2 bis 4 im Bereich der Land- und Forstwirtschaft fortgeführt, wonach der Betriebsinhabende im Falle einer Veräußerung seines Betriebs die abschließend aufgeführten Wirtschaftsgüter nicht zwangsläufig mitveräußert oder dem Erwerber besonders in Rechnung stellt. Eine Änderung dieser Rechtslage hätte zur Folge, dass auch für diese Wirtschaftsgüter Grundsteuer zu entrichten wäre.

3 *(Einstweilen frei)*

II. Geltungsbereich

4 § 26 LGrStG BW gilt für in Baden-Württemberg belegenes land- und forstwirtschaftliches Vermögen.

5 *(Einstweilen frei)*

B. Systematische Kommentierung

I. Betrieb der Land- und Forstwirtschaft als wirtschaftliche Einheit (§ 26 Abs. 1 LGrStG BW)

Die Vorschrift entspricht inhaltlich § 232 Abs. 2 BewG. Auf die Kommentierung von Müller in Grootens, BewG § 232 Rz. 33–44 wird verwiesen. 6

(Einstweilen frei) 7–8

II. Definition Land- und Forstwirtschaft (§ 26 Abs. 2 LGrStG BW)

Die Vorschrift entspricht inhaltlich § 232 Abs. 1 BewG. Auf die Kommentierung von Müller in Grootens, BewG § 232 Rz. 15–32 wird verwiesen. 9

(Einstweilen frei) 10–11

III. Wirtschaftsgüter eines Betriebs der Land- und Forstwirtschaft (§ 26 Abs. 3 LGrStG BW)

Die Vorschrift entspricht inhaltlich § 232 Abs. 3 BewG. Auf die Kommentierung von Müller in Grootens, BewG § 232 Rz. 46–69 wird verwiesen. 12

(Einstweilen frei) 13–14

IV. Besonderheiten des land- und forstwirtschaftlichen Vermögens (§ 26 Abs. 4 LGrStG BW)

Die Vorschrift entspricht inhaltlich § 232 Abs. 4 BewG. Auf die Kommentierung von Müller in Grootens, BewG § 232 Rz. 70–81 wird verwiesen. 15

§ 27 LGrStG BW Abgrenzung des land- und forstwirtschaftlichen Vermögens vom Grundvermögen in Sonderfällen

(1) Dienen im Umgriff einer Windenergieanlage Flächen einem Betrieb der Land- und Forstwirtschaft, sind abweichend von § 26 Absatz 4 Nummer 1 die Standortflächen der Windenergieanlage und der dazugehörenden Betriebsvorrichtungen (abgegrenzte Standortfläche der Windenergieanlage) dem land- und forstwirtschaftlichen Vermögen zuzurechnen.

(2) Land- und forstwirtschaftlich genutzte Flächen sind dem Grundvermögen zuzurechnen, wenn nach ihrer Lage, den am Feststellungszeitpunkt bestehenden Verwertungsmöglichkeiten oder den sonstigen Umständen anzunehmen ist, dass sie innerhalb eines Zeitraums von sieben Jahren anderen als land- und forstwirtschaftlichen Zwecken, insbesondere als Bau-, Gewerbe- oder Industrieland oder als Land für Verkehrszwecke, dienen werden.

(3) [1]Flächen sind stets dem Grundvermögen zuzurechnen, wenn sie in einem Bebauungsplan als Bauland festgesetzt sind, ihre sofortige Bebauung möglich ist und die Bebauung innerhalb des Plangebiets in benachbarten Bereichen begonnen hat oder schon durchgeführt ist. [2]Satz 1 gilt nicht für die Hofstelle.

Inhaltsübersicht	Rz.
A. Allgemeine Erläuterungen	1 – 5
I. Entstehung und Entwicklung der Vorschrift	1 – 2
II. Geltungsbereich	3 – 5
B. Systematische Kommentierung	6

A. Allgemeine Erläuterungen

I. Entstehung und Entwicklung der Vorschrift

1 Die Vorschrift wurde erstmalig im Jahr 2020 in das LGrStG BW aufgenommen.

2 In der **Gesetzesbegründung** heißt es hierzu:

Nach der bisherigen Rechtslage sind die Standortflächen von Windkraftanlagen auf land- und forstwirtschaftlich genutzten Flächen dem Grundvermögen zuzurechnen. Nach der neueren Rechtsprechung des Bundesfinanzhofs hierzu sind bei bestellten Grunddienstbarkeiten und einer weiteren land- und forstwirtschaftlichen Nutzung der Flächen (einschließlich einer Unternutzung der Umgriffsflächen) nur die eigentlichen Standortflächen aus dem land- und forstwirtschaftlichen Vermögen auszuscheiden. In Folge dessen muss jeweils für kleinste wirtschaftliche Einheiten des Grundvermögens eine Wertermittlung erfolgen, ohne dass in der Regel die eigentliche Betriebsvorrichtung Windkraftanlage der Grundsteuer unterliegt.

Neben den Schwierigkeiten bei der Abgrenzung der Standortflächen ergeben sich solche auch bei der Bewertung dieser Flächen, da den Gutachterausschüssen hierfür keine ausreichende Zahl von Kauffällen zur Ermittlung entsprechender Bodenrichtwerte zur Verfügung stehen. Aus diesen Gründen regelt die Vorschrift, dass land- und forstwirtschaftlich genutzte Flächen in Sondergebieten für Windenergieanlagen aus Vereinfachungsgründen stets und im vollen Umfang dem land- und forstwirtschaftlichen Vermögen zugerechnet werden. Dabei werden aus Klarstellungsgründen neben den eigentlichen Standortflächen auch die dazugehörigen Betriebsvorrichtungen (abgegrenzte Standortflächen der Windenergieanlagen) umfasst. Alle übrigen Energieerzeugungsflächen werden weiterhin über § 26 Absatz 4 Nummer 1 dem Grundvermögen zugerechnet.

Zu Absatz 2

Die Vorschrift entspricht inhaltlich dem bisherigen § 69 Absatz 1 BewG. Sie ersetzt jedoch das nach bisherigem Recht gültige Tatbestandsmerkmal „auf absehbare Zeit", das durch die hierzu ergangene höchstrichterliche Rechtsprechung mit sechs Jahren konkretisiert wurde, in Übereinstimmung mit dem Hauptfeststellungszeitraum durch sieben Jahre.

Zu Absatz 3

Die Vorschrift entspricht inhaltlich dem bisherigen § 69 Absatz 3 BewG unter Berücksichtigung der Abgrenzung und Bewertung von land- und forstwirtschaftlichen Hofstellen.

II. Geltungsbereich

3 Das LGrStG BW gilt für in Baden-Württemberg belegene Grundstücke.

4–5 *(Einstweilen frei)*

B. Systematische Kommentierung

Die Vorschrift entspricht inhaltlich § 233 BewG. Auf die Kommentierung von Müller in Grootens, BewG § 233 Rz. 10 ff. wird verwiesen. 6

§ 28 LGrStG BW   Betrieb der Land- und Forstwirtschaft

(1) Ein Betrieb der Land- und Forstwirtschaft umfasst:
1. die land- und forstwirtschaftlichen Nutzungen:
   a) die landwirtschaftliche Nutzung,
   b) die forstwirtschaftliche Nutzung,
   c) die weinbauliche Nutzung,
   d) die gärtnerische Nutzung,
      aa) Nutzungsteil Gemüsebau,
      bb) Nutzungsteil Blumen- und Zierpflanzenbau,
      cc) Nutzungsteil Obstbau,
      dd) Nutzungsteil Baumschulen,
   e) die übrigen land- und forstwirtschaftlichen Nutzungen,
2. die Nutzungsarten:
   a) Abbauland,
   b) Geringstland,
   c) Unland,
   d) Hofstelle,
3. die Nebenbetriebe.

(2) Die land- und forstwirtschaftlichen Betriebsflächen sind einer Nutzung, innerhalb der gärtnerischen Nutzung einem Nutzungsteil oder einer Nutzungsart zuzuordnen (gesetzliche Klassifizierung).

(3) Zum Abbauland gehören die Betriebsflächen, die durch Abbau der Bodensubstanz überwiegend für den Betrieb der Land- und Forstwirtschaft nutzbar gemacht werden, zum Beispiel Steinbrüche, Torfstiche, Sand-, Kies- und Lehmgruben.

(4) Zum Geringstland gehören die Betriebsflächen geringster Ertragsfähigkeit, für die nach dem Bodenschätzungsgesetz keine Wertzahlen festzustellen sind.

(5) Zum Unland gehören die Betriebsflächen, die auch bei geordneter Wirtschaftsweise keinen Ertrag abwerfen können.

(6) Zur Hofstelle gehören alle Hof- und Wirtschaftsgebäudeflächen einschließlich der Nebenflächen, wenn von dort land- und forstwirtschaftliche Flächen nachhaltig bewirtschaftet werden.

(7) Als Nebenbetrieb gilt ein Betrieb, der dem Hauptbetrieb zu dienen bestimmt ist und nicht einen selbständigen gewerblichen Betrieb darstellt.

Inhaltsübersicht	Rz.
A. Allgemeine Erläuterungen	1 - 9
I. Entstehung und Entwicklung der Vorschrift	1 - 5
II. Geltungsbereich	6 - 9
B. Systematische Kommentierung	10

Schmidt

A. Allgemeine Erläuterungen

I. Entstehung und Entwicklung der Vorschrift

1 Die Vorschrift wurde erstmalig im Jahr 2020 in das LGrStG-BW aufgenommen. Sie entspricht den Regelungen für die Land- und Forstwirtschaft im Bundesrecht.

2 In der **Gesetzesbegründung** für das Landesgesetz heißt es:

Zu Absatz 1

Die Vorschrift greift auf die bewährten Regelungen des § 34 Absatz 1 und 2 BewG zurück. Sie enthält eine Beschreibung des Betriebs der Land- und Forstwirtschaft und gliedert diesen für Zwecke der Wertermittlung auf.

Der Begriff der Nutzung umfasst grundsätzlich die Gesamtheit aller jeweils hierzu gehörenden Wirtschaftsgüter, die einem Betriebszweig oder mehreren Betriebszweigen der Urproduktion dienen. Dies hat den Vorteil, dass mehreren Nutzungen dienende Wirtschaftsgüter nicht im Einzelnen quotal aufgeteilt werden müssen. Die Definitionen des Abbaulands, Geringstlands und Unlands entsprechen dem bisherigen § 34 Absatz 2 Nummer 2 BewG, werden jedoch aus automationstechnischen Gründen künftig als Nutzungsart bezeichnet.

Neu ist die Nutzungsart Hofstelle, die zur weiteren Vereinfachung des Bewertungsverfahrens eingeführt wird. Die Nutzungsart ergänzt die jeweiligen Nutzungen um die Hofflächen, die dadurch unmittelbar bewertet werden können. Gleiches gilt für die auf einer Hofstelle befindlichen Wirtschaftsgebäude und Betriebsmittel, soweit hierfür eine gesonderte Erfassung angeordnet ist.

Nebenbetriebe werden wie bisher dem Betrieb der Land- und Forstwirtschaft zugeordnet und gesondert erfasst. Für die Abgrenzung des Nebenbetriebs zum Gewerbebetrieb gelten die bisherigen Grundsätze.

Zu Absatz 2

Um eine möglichst weitgehende Automation des Bewertungsverfahrens zu gewährleisten, werden die land- und forstwirtschaftlichen Flächen auf der Grundlage von Mitteilungen anderer Behörden, von Steuererklärungen, von Außenprüfungen oder anlässlich der Durchführung einer land- und forstwirtschaftlichen Sachverständigentätigkeit den entsprechenden Nutzungen, Nutzungsteilen sowie Nutzungsarten zugeordnet. Die Angaben zu den klassifizierten Flächen sind im amtlichen Liegenschaftskatasterinformationssystem auf der Rechtsgrundlage des § 23 Absatz 1 in Verbindung mit Absatz 2 der Finanzverwaltung zur Verfügung zu stellen.

Zu Absatz 3

Die Vorschrift grenzt das Abbauland von den Nutzungen ab. Sie entspricht inhaltlich dem bisherigen § 43 Absatz 1 BewG.

Zu Absatz 4

Die Vorschrift grenzt das Geringstland von den Nutzungen ab. Sie entspricht inhaltlich dem bisherigen § 44 Absatz 1 BewG.

Zu Absatz 5

Die Vorschrift grenzt das Unland von den Nutzungen ab. Sie entspricht inhaltlich dem bisherigen § 45 Absatz 1 BewG.

Allgemeine Erläuterungen 3–1 § 29 LGrStG BW

Zu Absatz 6

Die Vorschrift definiert die vom Grundvermögen abgegrenzten Hofstellen, die zur Vereinfachung der Bewertung gesondert zu erfassen sind. Umfang und Ausstattung der jeweiligen Hofstelle richten sich grundsätzlich nach den Erfordernissen und der Größe der von dieser Stelle aus bewirtschafteten Flächen. Die Hofflächen werden unabhängig davon, ob sie bebaut oder unbebaut sind, dem Betrieb der Land- und Forstwirtschaft zugerechnet, wenn sie zumindest teilweise der Bewirtschaftung der übrigen land- und forstwirtschaftlichen Flächen dienen. Die sich auf den Hofflächen befindlichen Wirtschaftsgebäude werden mit ihren jeweiligen Brutto-Grundflächen ebenfalls der Hofstelle zugerechnet.

Zu Absatz 7

Die Vorschrift negiert die Nebenbetriebe als Nutzungsart. Inhaltlich entspricht die Definition dem bisherigen § 42 Absatz 1 BewG.

(Einstweilen frei) 3–5

II. Geltungsbereich

Das LGrStG BW gilt für den in Baden-Württemberg belegenen Grundbesitz land- und forstwirtschaftlicher Betriebe. 6

(Einstweilen frei) 7–9

B. Systematische Kommentierung

Die Vorschrift entspricht § 234 BewG. Auf die Kommentierung von Müller in Grootens, BewG § 234 Rz. 12 ff. wird verwiesen. 10

§ 29 LGrStG BW   Bewertungsstichtag

(1) Für die Größe des Betriebs sowie für den Umfang und den Zustand der Gebäude sind die Verhältnisse im Feststellungszeitpunkt maßgebend.

(2) Für die stehenden und umlaufenden Betriebsmittel ist der Stand am Ende des Wirtschaftsjahres maßgebend, das dem Feststellungszeitpunkt vorangegangen ist.

Inhaltsübersicht	Rz.
A. Allgemeine Erläuterungen	1 - 5
I. Entstehung und Entwicklung der Vorschrift	1 - 2
II. Geltungsbereich	3 - 5
B. Systematische Kommentierung	6

A. Allgemeine Erläuterungen

I. Entstehung und Entwicklung der Vorschrift

Die Vorschrift wurde erstmalig im Jahr 2020 in das LGrStG BW aufgenommen. 1

2   In der **Gesetzesbegründung** heißt es hierzu:

Zu Absatz 1

Die Vorschrift regelt, dass für die Feststellung des Grundsteuerwerts allgemein die Verhältnisse zum Feststellungszeitpunkt (das heißt zum Stichtag 1. Januar eines Jahres) maßgebend sind, auch wenn in der Land- und Forstwirtschaft regelmäßig abweichende Wirtschaftsjahre bestehen.

Zu Absatz 2

Abweichend von der Regelung des Absatzes 1 und damit abweichend von § 15 Absatz 2, § 16 Absatz 4 Satz 2 und § 17 Absatz 2 Satz 1 wird aus Zweckmäßigkeitsgründen auf die Bestände zum Schluss des vorangegangenen Wirtschaftsjahres abgestellt. Grundsätzlich erleichtert dies die Ermittlung der umlaufenden Betriebsmittel und die Abgrenzung der Überbestände. Bedeutung erlangt die Vorschrift bei der Ermittlung der Tierbestände für die Abgrenzung der landwirtschaftlichen von der gewerblichen Tierhaltung.

II. Geltungsbereich

3   Das LGrStG BW gilt für in Baden-Württemberg belegene Grundstücke.

4–5   *(Einstweilen frei)*

B. Systematische Kommentierung

6   Die Vorschrift entspricht § 235 BewG. Auf die Kommentierung von Müller in Grootens, BewG § 235 Rz. 11 ff. wird verwiesen.

§ 30 LGrStG BW   Ermittlung des Ertragswerts

(1) ¹Bei der Ermittlung des Ertragswerts (§ 24 Absatz 2) eines Betriebs der Land- und Forstwirtschaft ist von der Ertragsfähigkeit auszugehen. ²Ertragsfähigkeit ist der bei ordnungsmäßiger Bewirtschaftung gemeinhin und nachhaltig erzielbare Reinertrag eines pacht- und schuldenfreien Betriebs mit entlohnten fremden Arbeitskräften (Reinertrag). ³Er ermittelt sich aus dem Betriebseinkommen abzüglich des Lohnaufwands für die entlohnten Arbeitskräfte und des angemessenen Anteils für die Arbeitsleistung des Betriebsleiters sowie der nicht entlohnten Arbeitskräfte. ⁴Hierbei sind alle Umstände zu berücksichtigen, die bei einer Selbstbewirtschaftung des Betriebs den Wirtschaftserfolg beeinflussen.

(2) ¹Der Reinertrag wird aus den Erhebungen nach § 2 des Landwirtschaftsgesetzes oder aus Erhebungen der Finanzverwaltung für jede gesetzliche Klassifizierung gesondert ermittelt. ²Bei der Ermittlung des jeweiligen Reinertrags ist zur Berücksichtigung der nachhaltigen Ertragsfähigkeit ein Durchschnitt aus den letzten zehn vorliegenden Wirtschaftsjahren zu bilden, die vor dem Hauptfeststellungszeitpunkt geendet haben.

(3) Der Ertragswert ist das 18,6-fache der Summe der Reinerträge des Betriebs.

Inhaltsübersicht	Rz.
A. Allgemeine Erläuterungen	1 - 4
I. Entstehung und Entwicklung der Vorschrift	1 - 2
II. Geltungsbereich	3 - 4
B. Systematische Kommentierung	5 - 10
I. Begriff der Ertragsfähigkeit (§ 30 Abs. 1 LGrStG BW)	5 - 6
II. Ermittlung des Reinertrags (§ 30 Abs. 2 LGrStG BW)	7 - 9
III. Der Ertragswert (§ 30 Abs. 3 LGrStG BW)	10

A. Allgemeine Erläuterungen

I. Entstehung und Entwicklung der Vorschrift

Die Vorschrift wurde erstmalig im Jahr 2020 in das LGrStG BW aufgenommen.

In der **Gesetzesbegründung** heißt es hierzu:

Zu Absatz 1

Bei der Bewertung der Wirtschaftsgüter im Sinne des § 26 Absatz 3 durch Kapitalisierung des Reinertrags ist nicht auf das individuell durch den Land- und Forstwirt erwirtschaftete Ergebnis abzustellen, sondern auf den gemeinhin und nachhaltig erzielbaren Reinertrag eines pacht- und schuldenfreien Betriebs (Sollertrag).

Bei der Beurteilung dieser Grundsätze ist nicht auf Muster- oder Spitzenbetriebe sondern auf durchschnittliche Betriebsergebnisse abzustellen, die anhand der gesetzlich normierten Gliederung eines Betriebs üblicherweise erzielt werden. Dabei sind alle wesentlichen Umstände, die auf den Wirtschaftserfolg Einfluss nehmen oder von denen die Verwertung der gewonnenen Erzeugnisse abhängig ist, zu berücksichtigen. Außerdem ist zu unterstellen, dass der Betrieb schuldenfrei und mit einem für die ordnungsgemäße, gemeinhin übliche Bewirtschaftung notwendigen Bestand an Wirtschaftsgebäuden und Betriebsmitteln ausgestattet ist.

Die Ableitung der Reinerträge erfolgt zur Umsetzung der gesetzlichen Vorgaben soweit als möglich aus den durchschnittlichen Ertragsverhältnissen der Testbetriebe beim Bundesministerium für Ernährung und Landwirtschaft. Zur realitätsgerechten Abbildung der nachhaltigen Ertragsfähigkeit wurden die notwendigen Kennzahlen für jede Nutzung gesondert als Durchschnittswerte aus zehn Wirtschaftsjahren ermittelt. Ausgangspunkt ist das durchschnittliche Betriebseinkommen der Betriebe, das die gemeinhin erzielbare Entlohnung der Produktionsfaktoren Boden, (Besatz-)Kapital und Arbeit repräsentiert. Der Reinertrag ergibt sich aus dem Betriebseinkommen abzüglich des Lohnaufwands für fremde Arbeitskräfte und dem angemessenen Anteil für die Arbeit des Betriebsleiters sowie der nicht entlohnten Arbeitskräfte (nAK).

Zu Absatz 2

Zur Vereinfachung des Bewertungsverfahrens wird der Reinertrag für jede gesetzliche Klassifizierung gesondert ermittelt. Das Ergebnis ist der standardisierte Reinertrag für den Grund und Boden. Er bildet das Ertragswertpotenzial des Grund und Bodens und der zur Bewirtschaftung erforderlichen Betriebsmittel ab. Daraus ergibt sich für den standardisierten Reinertrag des Grund und Bodens das folgende Schema:

Durchschnittliches Betriebseinkommen der Betriebe geteilt durch die durchschnittlich bewirtschaftete Landwirtschaftsfläche (LF) in Hektar = Betriebseinkommen/ha LF abzüglich Lohnaufwand für fremde Arbeitskräfte/ha LF abzüglich angemessener Lohnansatz für Betriebsleiter und nicht entlohnte AK/ha LF abzüglich anteiliger Reinertrag für die Wirtschaftsgebäude/ha LF = anteiliger Reinertrag des Grund und Bodens einschließlich der Betriebsmittel zur LuF Erzeugung/ha LF.

Bei der Ermittlung des angemessenen Lohnansatzes der nicht entlohnten Arbeitskräfte (einschließlich der Betriebsleiter) wurde wie folgt vorgegangen. In Wirtschaftsjahren, in denen die Nettorentabilität des Betriebs 100 Prozent erreichte und somit eine volle Entlohnung aller Produktionsfaktoren möglich war, wird der Lohnansatz der nicht entlohnten Arbeitskräfte in vollem Umfang abgezogen. In Wirtschaftsjahren, in denen die Nettorentabilität unter 100 Prozent lag, wird nur der Anteil des Lohnansatzes abgezogen, der dem Prozentsatz der ermittelten Nettorentabilität entspricht.

Zu Absatz 3

Der Ertragswert ermittelt sich nach Absatz 3 aus dem 18,6-fachen des Reinertrages, den der Betrieb der Land- und Forstwirtschaft gemäß seiner wirtschaftlichen Bestimmung im Durchschnitt der Jahre nachhaltig erbringen kann. Der Kapitalisierungsfaktor unterstellt eine immerwährende Verzinsung der Reinerträge von 5,5 Prozent.

II. Geltungsbereich

3   Das LGrStG BW gilt für in Baden-Württemberg belegene Grundstücke.

4   *(Einstweilen frei)*

B. Systematische Kommentierung

I. Begriff der Ertragsfähigkeit (§ 30 Abs. 1 LGrStG BW)

5   Die Vorschrift entspricht inhaltlich § 236 Abs. 2 BewG. In Satz 1 wurden redaktionelle Ergänzungen vorgenommen (Verweis auf § 24 Abs. 2 LGrStG BW), die daraus resultieren, dass § 236 Abs. 1 BewG nicht in § 30 LGrStG BW übernommen wurde. Auf die Kommentierung von Müller in Grootens, BewG § 236 Rz. 23 ff. wird verwiesen.

6   *(Einstweilen frei)*

II. Ermittlung des Reinertrags (§ 30 Abs. 2 LGrStG BW)

7   Die Vorschrift entspricht inhaltlich § 236 Abs. 3 BewG. Auf die Kommentierung von Müller in Grootens, BewG § 236 Rz. 39 ff. wird verwiesen.

8–9   *(Einstweilen frei)*

III. Der Ertragswert (§ 30 Abs. 3 LGrStG BW)

10   Die Vorschrift entspricht inhaltlich § 236 Abs. 4 BewG. Auf die Kommentierung von Müller in Grootens, BewG § 236 Rz. 44 ff. wird verwiesen.

§ 31 LGrStG BW   Bewertung des Betriebs der Land- und Forstwirtschaft

(1) ¹Bei der Ermittlung des Ertragswerts für einen Betrieb der Land- und Forstwirtschaft sind die land- und forstwirtschaftlichen Nutzungen, Nutzungsarten und die Nebenbetriebe (§ 28 Absatz 1) mit ihrem jeweiligen Reinertrag nach den Absätzen 2 bis 8 zu bewerten. ²Mit dem Ansatz des jeweiligen Reinertrags sind auch dem Eigentümer des Grund und Bodens nicht gehörende stehende und umlaufende Betriebsmittel, die der Bewirtschaftung des Betriebs dienen, abgegolten.

(2) ¹Der Reinertrag der landwirtschaftlichen Nutzung ermittelt sich aus der Summe der Flächenwerte. ²Der jeweilige Flächenwert ist das Produkt aus der Größe der gesetzlich klassifizierten Eigentumsfläche des Betriebs und den Bewertungsfaktoren der Anlage 1. ³Die Bewertungsfaktoren Grundbetrag und Ertragsmesszahl nach § 9 des Gesetzes zur Schätzung des landwirtschaftlichen Kulturbodens (Bodenschätzungsgesetzes) sind für jede Eigentumsfläche gesondert zu ermitteln.

(3) ¹Der Reinertrag der forstwirtschaftlichen Nutzung ermittelt sich aus der Summe der Flächenwerte. ²Der jeweilige Flächenwert ist das Produkt aus der Größe der gesetzlich klassifizierten Eigentumsfläche des Betriebs und dem jeweiligen gegendüblichen Bewertungsfaktor gemäß Anlage 2. ³Die gegendüblichen Bewertungsfaktoren bestimmen sich nach den forstwirtschaftlichen Wuchsgebieten und deren Baumartenanteilen nach der zuletzt vor dem Hauptfeststellungszeitpunkt durchgeführten Bundeswaldinventur (§ 41a des Bundeswaldgesetzes). ⁴Abweichend hiervon werden klassifizierte Eigentumsflächen mit katastermäßig nachgewiesenen Bewirtschaftungsbeschränkungen als Geringstland bewertet, wenn infolge der Bewirtschaftungsbeschränkungen eine nachhaltige forstwirtschaftliche Nutzung unterbleibt.

(4) ¹Der Reinertrag der weinbaulichen Nutzung ermittelt sich aus der Summe der Flächenwerte. ²Der jeweilige Flächenwert ist das Produkt aus der Größe der gesetzlich klassifizierten Eigentumsfläche des Betriebs und dem Bewertungsfaktor für die Verwertungsform Traubenerzeugung gemäß Anlage 3.

(5) ¹Der Reinertrag der gärtnerischen Nutzung ist gegliedert nach den Nutzungsteilen zu ermitteln. ²Der Reinertrag eines Nutzungsteils ermittelt sich aus der Summe der Flächenwerte. ³Der jeweilige Flächenwert ist das Produkt aus der gesetzlich klassifizierten Eigentumsfläche des Betriebs und dem jeweiligen Bewertungsfaktor gemäß Anlage 4. ⁴Abweichend hiervon wird der Nutzungsteil Gemüsebau wie eine landwirtschaftliche Nutzung bewertet, wenn im Wechsel landwirtschaftliche und gärtnerische Erzeugnisse gewonnen werden und keine Bewässerungsmöglichkeiten bestehen.

(6) ¹Der Reinertrag für die übrigen land- und forstwirtschaftlichen Nutzungen ist für jede Nutzung nach § 36 gesondert zu ermitteln. ²Der Reinertrag einer übrigen land- und forstwirtschaftlichen Nutzung ermittelt sich aus der Summe der Flächenwerte. ³Der jeweilige Flächenwert ist das Produkt aus der Größe der gesetzlich klassifizierten Eigentumsfläche des Betriebs und dem jeweiligen Bewertungsfaktor einschließlich des Zuschlags gemäß Anlage 5. ⁴Für die sonstigen land- und forstwirtschaftlichen Nutzungen, für die kein Bewertungsfaktor festgelegt wurde, ist der Reinertrag der jeweiligen Nutzung durch Multiplikation der Bruttogrundflächen der nachhaltig genutzten Wirtschaftsgebäude mit dem Zwölffachen des Werts gemäß Anlage 5 und für den dazu gehörenden Grund und Boden nach Absatz 8 zu ermitteln; dies gilt unabhängig von einer gesetzlichen Klassifizierung als Hofstelle.

(7) ¹Der Reinertrag für die Nutzungsarten Abbauland, Geringstland und Unland ermittelt sich aus der Summe der Flächenwerte der jeweiligen Nutzungsart. ²Der jeweilige Flächenwert ist das Produkt aus der Größe der gesetzlich klassifizierten Eigentumsfläche des Betriebs und dem jeweiligen Bewertungsfaktor gemäß Anlage 5.

(8) ¹Der Reinertrag für die Hofflächen und die Nebenbetriebe ermittelt sich aus der Summe der Flächenwerte. ²Der Flächenwert ist das Produkt aus der jeweils als Hofstelle gesetzlich klassifizierten Eigentumsfläche des Betriebs und dem dreifachen Bewertungsfaktor gemäß Anlage 6.

Inhaltsübersicht

	Rz.
A. Allgemeine Erläuterungen	1 - 5
I. Entstehung und Entwicklung der Vorschrift	1 - 2
II. Geltungsbereich	3 - 5
B. Systematische Kommentierung	6 - 7

A. Allgemeine Erläuterungen

I. Entstehung und Entwicklung der Vorschrift

Die Vorschrift wurde erstmalig im Jahr 2020 in das LGrStG BW aufgenommen.   1

2 In der **Gesetzesbegründung** heißt es hierzu:

Zu Absatz 1

Die Vorschrift regelt, dass die Gesamtbewertung eines Betriebs der Land- und Forstwirtschaft zur Vereinfachung des Bewertungsverfahrens nach dessen Gliederung erfolgt. Hierzu sind für jede der land- und forstwirtschaftlichen Nutzungen, Nutzungsteile sowie für die Nutzungsarten die entsprechenden Eigentumsflächen des Betriebs der Land- und Forstwirtschaft mit dem nach § 30 ermittelten standardisierten Reinertrag zu multiplizieren. Der standardisierte Reinertrag ergibt sich aus den jeweiligen Bewertungsfaktoren, die in den Anlagen 1 bis 6 festgelegt sind.

Die Bewertung der wirtschaftlichen Einheit Betrieb der Land- und Forstwirtschaft erfolgt über die dem Eigentümer zuzurechnenden Flächen, unabhängig davon, ob er diese im Rahmen seines aktiv wirtschaftenden Betriebs bewirtschaftet oder ob diese einem anderen aktiv wirtschaftenden Betrieb dienen oder zur Nutzung überlassen sind. Gleiches gilt wegen des nachhaltig erzielbaren Reinertrags für den Fall, dass die Flächen am Bewertungsstichtag nur vorübergehend nicht bewirtschaftet werden oder einer entsprechenden Stilllegungsverpflichtung unterliegen (Ansatz des Sollertrags). Aus diesen Gründen müssen im Rahmen eines Ertragswerts diejenigen Wirtschaftsgüter, die dem Eigentümer des Grund und Bodens nicht gehören, jedoch den Ertrag eines Betriebs beeinflussen, der wirtschaftlichen Einheit zugerechnet werden. Dieses Prinzip entspricht im Wesentlichen dem bisherigen § 34 Absatz 4 BewG, wonach die Wirtschaftsgüter ideell zugerechnet und bewertet werden. Neu ist, dass die einem Eigentümer nicht gehörenden Betriebsmittel sich ausdrücklich auf die jeweiligen land- und forstwirtschaftlichen Eigentumsflächen erstrecken und damit fiktiv abgegolten werden. Folglich kommt es nicht darauf an, ob der Eigentümer die Flächen tatsächlich selbst bewirtschaftet oder diese zur Nutzung überlässt. Eine Unterscheidung zwischen aktiv wirtschaftenden Betrieben, verpachteten Betrieben und Stückländereien kann deshalb im Rahmen des Massenverfahrens entfallen. Dies dient der grundlegenden Vereinfachung und ermöglicht zugleich eine weitgehende und rechtssichere Bewertung der Flächen im vollautomatisierten Verfahren.

Zu Absatz 2

Die Vorschrift konkretisiert die Ermittlung des standardisierten Reinertrags für die Nutzung von Ackerland und Grünland sowie einer damit verbundenen Tierhaltung nach Maßgabe des § 35. Die Einstufung in Acker- oder Grünland erfolgt nach dem Bodenschätzungsgesetz. Sie ist im amtlichen Liegenschaftskataster zur Berechnung der Ertragsmesszahlen nachzuweisen. Die Ertragsmesszahl ist das Produkt einer Fläche in Ar und der Acker- oder Grünlandzahl (Wertzahlen). Die Bewertungsfaktoren Grundbetrag und Ertragsmesszahl sind deshalb von der im Kataster ausgewiesenen amtlichen Flächengröße abhängig und müssen folgerichtig für jede Fläche gesondert ermittelt werden, die gegebenenfalls um Zuschläge nach § 32 Absatz 1 Nummer 1 und Absatz 2 zu erhöhen ist.

Die summierten Ergebnisse aus der Vervielfältigung der jeweiligen Eigentumsflächen des Betriebs mit deren individuell ermitteltem Reinertrag ergeben den zu kapitalisierenden Reinertrag der landwirtschaftlichen Nutzung. Wirtschaftsgebäude und weitere den Ertragswert steigernde Betriebsmittel werden nach Absatz 8 erfasst.

Zu Absatz 3

Die Vorschrift konkretisiert die Ermittlung des standardisierten Reinertrags für die Nutzung von forstwirtschaftlichen Flächen (Holzbodenflächen und Nichtholzbodenflächen).

Zur grundlegenden Vereinfachung des Bewertungsverfahrens gegenüber der bisherigen Rechtslage werden nicht mehr betriebsindividuelle Waldzustandsdaten erhoben, sondern es werden für naturräumlich homogen gegliederte Einheiten gegendübliche Verhältnisse normiert, die aus den forstwirtschaftlichen Wuchsgebieten und deren Baumartenanteilen gemäß § 41a Bundeswaldgesetz abgeleitet werden. Abweichend hiervon werden forstwirtschaftliche Flächen in Naturschutzgebieten mit weitgehenden Bewirtschaftungsbeschränkungen als Geringstland bewertet, wenn dies katastermäßig nachgewiesen ist.

Die summierten Ergebnisse aus der Vervielfältigung der jeweigen Eigentumsflächen des Betriebs mit deren individuell ermitteltem Reinertrag in Abhängigkeit von den gegendüblichen Verhältnissen ergeben den zu kapitalisierenden Reinertrag der forstwirtschaftlichen Nutzung.

Zu Absatz 4

Die Vorschrift konkretisiert die Ermittlung des standardisierten Reinertrags für die Nutzung von Weinbauflächen (das heißt von vorübergehend nicht bestockten Flächen, noch nicht ertragsfähigen Jungfeldern und im Ertrag stehenden Rebanlagen). Zur grundlegenden Vereinfachung des Bewertungsverfahrens gegenüber der bisherigen Rechtslage wird der Reinertrag für die Verwertungsform Traubenerzeugung gesetzlich normiert.

Die summierten Ergebnisse aus der Vervielfältigung der jeweigen Eigentumsflächen des Betriebs mit dem ermittelten Reinertrag für die Verwertungsform Traubenerzeugung ergeben den zu kapitalisierenden Reinertrag der weinbaulichen Nutzung. Wirtschaftsgebäude und weitere den Ertragswert steigernde Umstände werden nach Absatz 8 und gegebenenfalls durch Zuschläge nach § 32 Absatz 1 Nummer 3 und Absatz 2 erfasst.

Zu Absatz 5

Die Vorschrift konkretisiert die Ermittlung des standardisierten Reinertrags für die unterschiedliche Nutzung von Flächen des Gemüse-, des Blumen- und Zierpflanzenbaus, des Obstbaus sowie von Baumschulflächen. Zur grundlegenden Vereinfachung des Bewertungsverfahrens gegenüber der bisherigen Rechtslage wird der Gemüsebau im Wechsel mit landwirtschaftlichen Kulturen wie eine landwirtschaftliche Nutzung bewertet. Die summierten Ergebnisse aus der Vervielfältigung der jeweigen Eigentumsflächen des Betriebs mit dem hierzu ermittelten Reinertrag eines Nutzungsteils einschließlich einer etwaigen Ertragssteigerung bei der Erzeugung unter Glas und Kunststoffen ergeben den zu kapitalisierenden Reinertrag des gärtnerischen Nutzungsteils. Wirtschaftsgebäude (z. B. Verkaufsräume) und weitere den Ertragswert steigernde Umstände werden nach Absatz 8 und durch Zuschläge nach § 32 Absatz 1 Nummer 2 und Absatz 2 erfasst.

Zu Absatz 6

Die Vorschrift konkretisiert die Ermittlung des standardisierten Reinertrags für die in § 36 beispielhaft aufgeführten übrigen land- und forstwirtschaftlichen Nutzungen.

Die bisherigen Sonderkulturen Hopfen und Spargel werden wegen des von der landwirtschaftlichen Nutzung abweichenden Ertrags- und Aufwandsgefüges als Sondernutzungen erfasst. Für die sonstigen land- und forstwirtschaftlichen Nutzungen werden für die flächengebundenen Nutzungen wie bisher Reinerträge ausgewiesen.

Die summierten Ergebnisse aus der Vervielfältigung der jeweigen Eigentumsflächen des Betriebs mit dem hierzu ermittelten Bewertungsfaktor ergeben den Reinertrag der übrigen land- und forstwirtschaftlichen Nutzungen.

Bei nicht flächengebundenen Nutzungen (zum Beispiel der Imkerei, der Wanderschäferei und der Pilzzucht) werden – unabhängig von einer gesetzlichen Klassifizierung als Hofstelle – die gegebenenfalls genutzten Grundflächen nach Absatz 8 und gegebenenfalls vorhandene Wirtschaftsgebäude nach Anlage 5 ermittelt, jedoch bei der jeweiligen Nutzung erfasst.

Zu Absatz 7

Die Vorschrift bestimmt, dass die gesetzlich klassifizierten Flächen Abbauland, Geringstland und Unland mit einem standardisierten Reinertrag gemäß Anlage 5 zu erfassen sind. Auch wenn den Flächen regelmäßig keine größere Bedeutung zukommt, muss die Erfassung und Bewertung von Abbauland, Geringstland und Unland entsprechend dem Gebot der vollständigen Erfassung der Flächen des Betriebs für Zwecke einer relationsgerechten Besteuerung und aus automationstechnischen Gründen erfolgen.

Zu Absatz 8

Die Vorschrift regelt die Bewertung der Hofstelle und konkretisiert die Ermittlung des standardisierten Reinertrags.

Nach der bisherigen Rechtslage werden Hausgärten bis zu 10 Ar zur Hof- und Gebäudefläche gerechnet. Ferner wird die gesamte Hof- und Gebäudefläche für Zwecke der Bewertung in eine Nutzung oder bei Vorliegen mehrerer Nutzungen in diese anteilig einbezogen, soweit sie ihr dienen. Zur grundlegenden Vereinfachung des Bewertungsverfahrens gegenüber der bisherigen Rechtslage werden nunmehr die Hof- und Wirtschaftsgebäudeflächen gesondert bewertet.

Der Grund und Boden der Hofstelle wird anhand der zuvor gegenüber dem Grundvermögen abgegrenzten Hoffläche typisierend mit dem höchsten Reinertrag der landwirtschaftlichen Nutzung bewertet (Annahme einer Acker-/Grünlandzahl von 100). Der entsprechende Reinertrag ist in Anlage 6 als Bewertungsfaktor für die Hofflächen ausgewiesen. Damit wird die bisher mittelbar erfolgte Bewertung der Hofstelle dem Grunde nach praxisgerecht fortgeführt und für Zwecke einer vollautomatischen Bewertung nutzbar gemacht. Zugleich wird dadurch gewährleistet, dass Flächenänderungen bei den Nutzungen sich folgerichtig nicht auf die Bewertung der Hofstelle auswirken. Ferner wird der höchste Reinertrag zur Abgeltung ertragswerterhöhender Umstände einer Hofstelle in Relation zu den land- und forstwirtschaftlich nutzbaren Flächen verdreifacht. Damit wird auf eine tatsächliche Erfassung von Wirtschaftsgebäuden in der Masse der Fälle verzichtet.

II. Geltungsbereich

3   Das LGrStG BW gilt für in Baden-Württemberg belegene Grundstücke.

4–5 *(Einstweilen frei)*

B. Systematische Kommentierung

6   Die Vorschrift entspricht inhaltlich § 237 BewG. Auf die Kommentierung von Müller in Grootens, BewG § 237 Rz. 23 ff. wird verwiesen.

7   Im Landesgesetz wird auf Anlagen zu diesem Gesetz verwiesen. Inhaltlich sind die Anlagen des GrStG-BW mit den Anlagen des BewG identisch, wobei

- ▶ Anlage 1 des LGrStG BW der Anlage 27 des BewG
- ▶ Anlage 2 des LGrStG BW der Anlage 28 des BewG
- ▶ Anlage 3 des LGrStG BW der Anlage 29 des BewG
- ▶ Anlage 4 des LGrStG BW der Anlage 30 des BewG
- ▶ Anlage 5 des LGrStG BW der Anlage 31 des BewG
- ▶ Anlage 6 des LGrStG BW der Anlage 32 des BewG

entspricht. Die Anlage 2 (forstwirtschaftliche Nutzung) wurde wegen des eingeschränkten Geltungsbereichs des GrStG-BW auf die sieben Wuchsgebiete Baden-Württembergs gekürzt.

§ 32 LGrStG BW   Zuschläge zum Reinertrag

(1) Ein Zuschlag zum Reinertrag einer Nutzung oder Nutzungsart ist vorzunehmen,

1. bei der landwirtschaftlichen Nutzung gemäß Anlage 1, wenn der tatsächliche Tierbestand am maßgeblichen Bewertungsstichtag (§ 29) die in Anlage 1 genannte Grenze nachhaltig überschreitet,
2. bei der gärtnerischen Nutzung gemäß Anlage 4, wenn in einem Nutzungsteil Flächen unter Glas und Kunststoffen dem Betrieb zu dienen bestimmt sind; zu den Flächen unter Glas und Kunststoffen gehören insbesondere mit Gewächshäusern, begehbaren Folientunneln, Foliengewächshäusern und anderen Kulturräumen überbaute Bruttogrundflächen; unerheblich ist, ob die Flächen unter Glas und Kunststoffen neben der Erzeugung auch zur Lagerung oder zum Vertrieb der Erzeugnisse zu dienen bestimmt sind,
3. bei der Nutzungsart Hofstelle gemäß Anlage 6 für die weinbauliche Nutzung und für Nebenbetriebe; der Zuschlag ermittelt sich durch Multiplikation der Bruttogrundflächen der nachhaltig genutzten Wirtschaftsgebäude mit dem Zwölffachen des jeweiligen Bewertungsfaktors; unerheblich ist, ob die Wirtschaftsgebäude neben der Erzeugung auch zur Lagerung oder zum Vertrieb der Erzeugnisse zu dienen bestimmt sind.

(2) ¹Der Reinertrag einer Nutzung oder Nutzungsart ist um einen Zuschlag zu erhöhen, wenn die Eigentumsflächen des Betriebs zugleich der Stromerzeugung aus Windenergie dienen. ²Der Zuschlag ermittelt sich aus dem Produkt der abgegrenzten Standortfläche der Windenergieanlage und dem Bewertungsfaktor gemäß Anlage 7.

Inhaltsübersicht	Rz.
A. Allgemeine Erläuterungen	1 - 5
I. Entstehung und Entwicklung der Vorschrift	1 - 2
II. Geltungsbereich	3 - 5
B. Systematische Kommentierung	6 - 7

A. Allgemeine Erläuterungen

I. Entstehung und Entwicklung der Vorschrift

Die Vorschrift wurde erstmalig im Jahr 2020 in das LGrStG BW aufgenommen.   1

In der **Gesetzesbegründung** heißt es hierzu: 2

Zu Absatz 1

Zur Abgeltung ertragswerterhöhender Umstände werden

bei verstärkter Tierhaltung auf der Grundlage der selbst bewirtschafteten Flächen der landwirtschaftlichen Nutzung Viehzuschläge erfasst. Mit den Viehzuschlägen werden der erhöhte Tierbestand und die dazu notwendigen Wirtschaftsgebäude abgegolten,

bei den gärtnerischen Nutzungsteilen Zuschläge für die Ertragssteigerung bei Flächen unter Glas und Kunststoffen erfasst. Zur Beibehaltung des Vereinfachungseffekts wird dabei nicht zwischen Gebäuden und Betriebsvorrichtungen sowie zwischen beheizbaren und nicht beheizbaren Flächen unterschieden und der Begriff klargestellt, bei der weinbaulichen Nutzung und bei Nebenbetrieben nachhaltig genutzte Wirtschaftsgebäude mit einem typisierenden Ertragswert gemäß Anlage 6 erfasst.

Zu Absatz 2

Für land- und forstwirtschaftliche Flächen, die als Sondergebiet der Windenergieerzeugung dienen, regelt § 27 Absatz 1 die Zuordnung zur Land- und Forstwirtschaft. Folgerichtig sind diese werterhöhenden Umstände, die auch den Ertragswert einer Fläche steigern, bei der Bewertung der Standortfläche zu berücksichtigen. Für das zusätzliche Ertragswertpotenzial des Grund und Bodens ist ein Zuschlag gemäß Anlage 7 zu erfassen.

II. Geltungsbereich

3 Das LGrStG BW gilt für in Baden-Württemberg belegene Grundstücke.

4–5 *(Einstweilen frei)*

B. Systematische Kommentierung

6 Die Vorschrift entspricht inhaltlich § 238 BewG. Auf die Kommentierung von Müller in Grootens, BewG § 238 Rz. 14 ff. wird verwiesen.

7 Im LGrStG BW wird auf Anlagen zu diesem Gesetz verwiesen. Inhaltlich sind die Anlagen des LGrStG BW mit den Anlagen des BewG identisch.[1]

§ 33 LGrStG BW Grundsteuerwert des Betriebs der Land- und Forstwirtschaft

(1) Die Summe der Reinerträge des Betriebs einschließlich der Zuschläge (§§ 31 und 32) ist zur Ermittlung des Ertragswerts mit dem Faktor 18,6 zu kapitalisieren und ergibt den Grundsteuerwert des Betriebs der Land- und Forstwirtschaft.

(2) ¹Die Summe der Reinerträge einschließlich der Zuschläge (§§ 31 und 32) eines Betriebs der Land- und Forstwirtschaft ist für jede Gemeinde gesondert zu ermitteln, wenn sich die wirtschaftliche Einheit über mehrere Gemeinden erstreckt. ²Der auf eine Gemeinde entfallende Anteil am Grundsteuerwert berechnet sich aus der jeweils für eine Gemeinde gesondert ermittelten Summe der Reinerträge im Verhältnis zur Gesamtsumme der Reinerträge des Betriebs der Land- und Forstwirtschaft.

Inhaltsübersicht	Rz.
A. Allgemeine Erläuterungen	1 - 5
I. Entstehung und Entwicklung der Vorschrift	1 - 2
II. Geltungsbereich	3 - 5
B. Systematische Kommentierung	6

---

1 Vgl. Schmidt in Grootens, LGrStG BW § 31 Rz. 7.

A. Allgemeine Erläuterungen

I. Entstehung und Entwicklung der Vorschrift

Die Vorschrift wurde erstmalig im Jahr 2020 in das LGrStG BW aufgenommen. 1

In der **Gesetzesbegründung** heißt es hierzu: 2

Zu Absatz 1

Die Vorschrift fasst die zur Vereinfachung der Bewertung jeweils gesondert ermittelten Reinerträge als Reinertragsanteile zu einem Gesamtwert für den Betrieb der Land- und Forstwirtschaft (Summe der Reinerträge) zusammen.

Die Summe der Reinerträge bildet die Grundlage für die vorgeschriebene Kapitalisierung des Reinertrags mit dem Faktor 18,6 und ergibt den gesondert festzustellenden Grundsteuerwert des Betriebs der Land- und Forstwirtschaft.

Zu Absatz 2

Bei Betrieben der Land- und Forstwirtschaft, die sich über mehrere Gemeinden erstrecken, ist die gesonderte Ermittlung der Reinerträge die Grundlage für ein vereinfachtes Zerlegungsverfahren. Zur Bestimmung des Zerlegungsmaßstabs wird aufgrund der standardisierten Flächenbewertung jeweils der in einer Gemeinde erzielte Reinertrag in Abhängigkeit von den Nutzungen ermittelt. Dadurch kann der anteilige Grundsteuerwert der jeweiligen Gemeinde im Zerlegungsverfahren zielgenau und folgerichtig zugewiesen werden.

II. Geltungsbereich

Das LGrStG BW gilt für in Baden-Württemberg belegene Grundstücke. 3

(Einstweilen frei) 4–5

B. Systematische Kommentierung

Die Vorschrift entspricht inhaltlich § 239 BewG. Auf die Kommentierung von Müller in Grootens, BewG § 239 Rz. 17 ff. wird verwiesen. 6

§ 34 LGrStG Kleingartenland und Dauerkleingartenland

(1) Als Betrieb der Land- und Forstwirtschaft gelten auch Kleingartenland und Dauerkleingartenland im Sinne des Bundeskleingartengesetzes.

(2) ¹Bei der Ermittlung des Ertragswerts für Kleingartenland- und Dauerkleingartenland ist abweichend von § 31 der Reinertrag für den Nutzungsteil Gemüsebau anzusetzen. ²Der Reinertrag ergibt sich aus der Summe der Produkte der jeweils gesetzlich klassifizierten Eigentumsfläche und dem Reinertrag für das Freiland gemäß Anlage 4.

(3) ¹Gartenlauben von mehr als 30 Quadratmetern Brutto-Grundfläche gelten als Wirtschaftsgebäude. ²§ 31 Absatz 8 findet entsprechende Anwendung.

(4) Die Summe der Reinerträge nach den Absätzen 2 und 3 ist zur Ermittlung des Ertragswerts mit dem Faktor 18,6 zu kapitalisieren und ergibt den Grundsteuerwert des Betriebs der Land- und Forstwirtschaft.

Inhaltsübersicht	Rz.
A. Allgemeine Erläuterungen	1 – 5
I. Entstehung und Entwicklung der Vorschrift	1 – 2
II. Geltungsbereich	3 – 5
B. Systematische Kommentierung	6 – 16
I. Klein- und Dauerkleingartenland als Betrieb der Land- und Forstwirtschaft (§ 34 Abs. 1 LGrStG BW)	6 – 9
II. Ertragswert des Klein- und Dauerkleingartenlands (§ 34 Abs. 2 LGrStG BW)	10 – 12
III. Berücksichtigung von Gartenlauben (§ 34 Abs. 3 LGrStG BW)	13 – 15
IV. Grundsteuerwerte für Klein- und Dauerkleingartenland (§ 34 Abs. 4 LGrStG BW)	16

A. Allgemeine Erläuterungen

I. Entstehung und Entwicklung der Vorschrift

1 Die Vorschrift wurde erstmalig im Jahr 2020 in das LGrStG BW aufgenommen.

2 In der **Gesetzesbegründung** heißt es hierzu:

Nach den bisherigen Verwaltungsregelungen gehören selbständige Kleingärten zur gärtnerischen Nutzung und werden mit einem vereinfacht ermittelten Reinertrag für Gemüsebau bewertet.

Zu Absatz 1

Die Vorschrift sichert die bisherige Rechtspraxis ab. Sie fingiert, dass Kleingärten und Dauerkleingartenland im Sinne des Bundeskleingartengesetzes als Betriebe der Land- und Forstwirtschaft zu qualifizieren sind.

Zu Absatz 2

Die Vorschrift regelt, dass Kleingärten und Dauerkleingartenland entsprechend der bisherigen Rechtspraxis in einem vereinfachten Verfahren mit dem Reinertrag für Gemüsebau im Freiland gemäß Anlage 4 bewertet werden.

Zu Absatz 3

Die Vorschrift fingiert, dass Gartenlauben von mehr als 30 Quadratmetern Brutto-Grundfläche als Wirtschaftsgebäude anzusehen sind und entsprechend § 31 Absatz 8 bewertet werden.

Zu Absatz 4

Die Vorschrift entspricht § 33 Absatz 1.

II. Geltungsbereich

3 Das LGrStG BW gilt für in Baden-Württemberg belegene Grundstücke.

4–5 *(Einstweilen frei)*

B. Systematische Kommentierung

I. Klein- und Dauerkleingartenland als Betrieb der Land- und Forstwirtschaft (§ 34 Abs. 1 LGrStG BW)

Die Vorschrift fingiert, dass Klein- und Dauerkleingartenland als Betriebe der Land- und Forstwirtschaft zu behandeln sind, obwohl die in § 31 LGrStG BW genannten Voraussetzungen für Betriebe der Land- und Forstwirtschaft nicht erfüllt sind. 6

Die Vorschrift entspricht § 240 Abs. 1 BewG.[1] 7

(Einstweilen frei) 8–9

II. Ertragswert des Klein- und Dauerkleingartenlands (§ 34 Abs. 2 LGrStG BW)

Der Reinertrag ergibt sich aus der Summe der Produkte der jeweils gesetzlich klassifizierten Eigentumsfläche und dem Reinertrag für das Freiland gem. Anlage 4 zum LGrStG BW. Die Anlage 4 entspricht der Anlage 30 im Bundesgesetz. § 34 Abs. 2 LGrStG BW entspricht § 240 Abs. 2 BewG.[2] 10

(Einstweilen frei) 11–12

III. Berücksichtigung von Gartenlauben (§ 34 Abs. 3 LGrStG BW)

Die Regelung entspricht § 240 Abs. 3 BewG.[3] 13

(Einstweilen frei) 14–15

IV. Grundsteuerwerte für Klein- und Dauerkleingartenland (§ 34 Abs. 4 LGrStG BW)

Die Regelung entspricht § 240 Abs. 4 BewG.[4] 16

§ 35 LGrStG BW Tierbestände

(1) ¹Tierbestände gehören in vollem Umfang zur landwirtschaftlichen Nutzung, wenn im Wirtschaftsjahr

für die ersten 20 Hektar	nicht mehr als	10	Vieheinheiten,
für die nächsten 10 Hektar	nicht mehr als	7	Vieheinheiten,
für die nächsten 20 Hektar	nicht mehr als	6	Vieheinheiten,
für die nächsten 50 Hektar	nicht mehr als	3	Vieheinheiten,
und für die weitere Fläche	nicht mehr als	1,5	Vieheinheiten

---

1 Vgl. Müller in Grootens, BewG § 240 Rz.11–14.
2 Vgl. Müller in Grootens, BewG § 240 Rz. 15–19.
3 Vgl. Müller in Grootens, BewG § 240 Rz. 20–22.
4 Vgl. Müller in Grootens, BewG § 240 Rz. 23.

je Hektar der vom Inhaber des Betriebs selbst bewirtschafteten Flächen der landwirtschaftlichen Nutzung erzeugt oder gehalten werden. ²Zu den selbst bewirtschafteten Flächen gehören die Eigentumsflächen und die zur Nutzung überlassenen Flächen. ³Die Tierbestände sind nach dem Futterbedarf in Vieheinheiten umzurechnen.

(2) ¹Übersteigt die Anzahl der Vieheinheiten nachhaltig die in Absatz 1 bezeichnete Grenze, so gehören nur die Zweige des Tierbestands zur landwirtschaftlichen Nutzung, deren Vieheinheiten zusammen diese Grenze nicht überschreiten. ²Zunächst sind mehr flächenabhängige Zweige des Tierbestands und danach weniger flächenabhängige Zweige des Tierbestands zur landwirtschaftlichen Nutzung zu rechnen. ³Innerhalb jeder dieser Gruppen sind zuerst Zweige des Tierbestands mit der geringeren Anzahl von Vieheinheiten und dann Zweige mit der größeren Anzahl von Vieheinheiten zur landwirtschaftlichen Nutzung zu rechnen. ⁴Der Tierbestand des einzelnen Zweiges wird nicht aufgeteilt.

(3) ¹Als Zweig des Tierbestands gilt bei jeder Tierart für sich:

1. das Zugvieh,
2. das Zuchtvieh,
3. das Mastvieh,
4. das übrige Nutzvieh.

²Das Zuchtvieh einer Tierart gilt nur dann als besonderer Zweig des Tierbestands, wenn die erzeugten Jungtiere überwiegend zum Verkauf bestimmt sind. ³Ist das nicht der Fall, so ist das Zuchtvieh dem Zweig des Tierbestands zuzurechnen, dem es überwiegend dient.

(4) ¹Die Absätze 1 bis 3 gelten nicht für Pelztiere. ²Pelztiere gehören nur dann zur landwirtschaftlichen Nutzung, wenn die erforderlichen Futtermittel überwiegend von den vom Inhaber des Betriebs landwirtschaftlich genutzten Flächen gewonnen werden.

(5) Der Umrechnungsschlüssel für Tierbestände in Vieheinheiten sowie die Gruppen der mehr oder weniger flächenabhängigen Zweige des Tierbestands sind den Anlagen 8 und 9 zu entnehmen.

Inhaltsübersicht	Rz.
A. Allgemeine Erläuterungen	1 – 5
I. Entstehung und Entwicklung der Vorschrift	1 – 2
II. Geltungsbereich	3 – 5
B. Systematische Kommentierung	6 – 7

A. Allgemeine Erläuterungen

I. Entstehung und Entwicklung der Vorschrift

1 Die Vorschrift wurde erstmalig im Jahr 2020 in das LGrStG BW aufgenommen.

2 In der **Gesetzesbegründung** heißt es hierzu:

Die besonderen Vorschriften zur Abgrenzung der landwirtschaftlichen Tierhaltung von der gewerblichen Tierhaltung entsprechen den bisherigen bewertungsrechtlichen und ertragsteuerlichen Grundsätzen.

Zu Absatz 1

Die Vorschrift entspricht dem bisherigen § 51 Absatz 1a BewG.

Zu Absatz 2

Die Vorschrift übernimmt den Wortlaut des bisherigen § 51 Absatz 2 BewG.

Zu Absatz 3

Die Vorschrift übernimmt den Wortlaut des bisherigen § 51 Absatz 3 BewG.

Zu Absatz 4

Die Vorschrift übernimmt den Wortlaut des bisherigen § 51 Absatz 5 BewG.

Zu Absatz 5

Die Vorschrift entspricht inhaltlich dem bisherigen § 51 Absatz 4 BewG.

II. Geltungsbereich

Das LGrStG BW gilt für in Baden-Württemberg belegene Grundstücke. 3

(Einstweilen frei) 4–5

B. Systematische Kommentierung

Die Vorschrift entspricht inhaltlich § 241 BewG. Auf die Kommentierung von Müller in Grootens, BewG § 241 Rz. 11 ff. wird verwiesen. 6

Im LGrStG BW wird auf Anlagen zu diesem Gesetz verwiesen. 7

Inhaltlich sind die Anlagen des LGrStG BW mit den Anlagen des BewG identisch, wobei

Anlage 8 des LGrStG BW der Anlage 34 BewG

Anlage 9 des LGrStG BW der Anlage 35 BewG

entspricht.[1]

§ 36 LGrStG BW Übrige land- und forstwirtschaftliche Nutzungen

(1) Zu den übrigen land- und forstwirtschaftlichen Nutzungen gehören:
1. Hopfen, Spargel und andere Sonderkulturen,
2. die sonstigen land- und forstwirtschaftlichen Nutzungen.

(2) Zu den sonstigen land- und forstwirtschaftlichen Nutzungen gehören insbesondere:
1. die Binnenfischerei,
2. die Teichwirtschaft,
3. die Fischzucht für Binnenfischerei und Teichwirtschaft,
4. die Imkerei,
5. die Wanderschäferei,
6. die Saatzucht,
7. der Pilzanbau,

---

1 Vgl. hierzu auch Schmidt in Grootens, LGrStG BW § 31 Rz. 7.

8. die Produktion von Nützlingen,
9. die Weihnachtsbaumkulturen,
10. die Kurzumtriebsplantagen.

Inhaltsübersicht	Rz.
A. Allgemeine Erläuterungen	1-5
I. Entstehung und Entwicklung der Vorschrift	1-2
II. Geltungsbereich	3-5
B. Systematische Kommentierung	6

A. Allgemeine Erläuterungen

I. Entstehung und Entwicklung der Vorschrift

1 Die Vorschrift wurde erstmalig im Jahr 2020 in das LGrStG BW aufgenommen.

2 In der **Gesetzesbegründung** heißt es hierzu:

Zu Absatz 1

Die Vorschrift entspricht § 175 Absatz 1 BewG-aF (Anmerkung der Redaktion, jetzt § 242 Abs. 1 BewG). Sie gliedert die übrigen land- und forstwirtschaftlichen Nutzungen auf und definiert die Sonderkulturen.

Die Vorschrift dient der besseren Abgrenzung von der landwirtschaftlichen Nutzung und ermöglicht eine zielgenauere Ermittlung der Reinerträge, da bei Sonderkulturen sowohl hinsichtlich der Erträge als auch der Aufwendungen besondere Verhältnisse vorliegen. Weil die Bedeutung des Tabakanbaus in Deutschland weiter abnimmt und es sich nicht um eine Dauerkultur handelt, wurde zwecks eindeutiger gesetzlicher Klassifzierung der Flächen der Tabakanbau nicht mehr den Sondernutzungen zugeordnet.

Zu Absatz 2

Die Vorschrift entspricht dem bisherigen § 62 Absatz 1 BewG-aF (jetzt § 242 Abs. 2 BewG) und ist um weitere Nutzungen erweitert worden.

II. Geltungsbereich

3 Das LGrStG BW gilt für in Baden-Württemberg belegene Grundstücke.

4–5 *(Einstweilen frei)*

B. Systematische Kommentierung

6 Die Vorschrift entspricht inhaltlich § 242 BewG. Auf die Kommentierung von Müller in Grootens, BewG § 242 Rz. 15 ff. wird verwiesen.

2. Abschnitt: Grundvermögen
§ 37 LGrStG BW Grundstück

(1) ¹Wirtschaftliche Einheit des Grundvermögens ist das Grundstück im Sinne dieses Abschnitts. ²Hierzu gehört der ganze oder anteilige Grund und Boden, soweit es sich hierbei nicht um land- und forstwirtschaftliches Vermögen handelt. ³Bodenschätze sind nicht einzubeziehen.

(2) ¹Ein Anteil des Eigentümers eines Grundstücks an anderem Grundvermögen ist in die wirtschaftliche Einheit Grundstück einzubeziehen, wenn der Anteil zusammen mit dem Grundstück genutzt wird. ²Das gilt nicht, wenn das gemeinschaftliche Grundvermögen nach den Anschauungen des Verkehrs als selbständige wirtschaftliche Einheit anzusehen ist.

Inhaltsübersicht	Rz.
A. Allgemeine Erläuterungen	1 - 6
I. Entstehung und Entwicklung der Vorschrift	1 - 4
II. Geltungsbereich	5 - 6
B. Systematische Kommentierung	7 - 17
I. Wirtschaftliche Einheit (§ 37 Abs. 1 Satz 1 LGrStG BW)	7 - 9
II. Abgrenzung der Wirtschaftlichen Einheit (§ 37 Abs. 1 Satz 2 LGrStG BW)	10 - 13
III. Keine Einbeziehung von Bodenschätzen (§ 37 Abs. 1 Satz 3 LGrStG BW)	14 - 16
IV. Einbeziehen von Anteilen an anderen Grundstücken in die wirtschaftliche Einheit (§ 37 Abs. 2 LGrStG BW)	17

A. Allgemeine Erläuterungen

I. Entstehung und Entwicklung der Vorschrift

Die Vorschrift wurde erstmalig im Jahr 2020 in das LGrStG BW aufgenommen. (Verkündet als Artikel 1 des Gesetzes zur Regelung einer Landesgrundsteuer vom 4.11.2020, GBl S. 974)   **1**

In der Gesetzesbegründung (Drucks. 16/8907) für das Landesgesetz heißt es: **2**

Zu Absatz 1

Die Definition der wirtschaftlichen Einheit des Grundvermögens in Absatz 1 entspricht derjenigen im bisherigen § 70 BewG. Danach bildet jede wirtschaftliche Einheit (§ 25) des Grundvermögens ein Grundstück im Sinne des zweiten Abschnitts.

Zu Absatz 2

Entsprechend der Grundbesitzbewertung für Zwecke der Erbschaft- und Schenkungsteuer (§ 157 BewG) ist ein Anteil des Eigentümers eines Grundstücks an anderem Grundvermögen in die wirtschaftliche Einheit einzubeziehen, wenn der Eigentümer seinen Anteil zusammen mit seinem Grundstück nutzt. Diese Vorschrift ermöglicht es, mehrere Grundstücksteile auch dann zu einer wirtschaftlichen Einheit zusammenzufassen, wenn sie unterschiedlichen Eigentümern gehören.

Ein Anwendungsfall ist beispielsweise ein Garagengrundstück, das einer Vielzahl von Eigentümern gehört, und von einzelnen Eigentümern gemeinsam mit ihren in räumlicher Nähe liegenden Reihenhäusern genutzt wird. Der Anteil des Eigentümers an dem Garagengrundstück zusammen mit seinem Reihenhaus bilden in diesem Fall eine wirtschaftliche Einheit. Hierbei ist anders als bei der Einheitsbewertung nicht erforderlich, dass alle Miteigentümer des Garagengrundstücks ihren Anteil jeweils zusammen mit einem Reihenhaus nutzen.

3–4 *(Einstweilen frei)*

II. Geltungsbereich

5 Das LGrStG BW gilt für in Baden-Württemberg belegene Grundstücke.

6 *(Einstweilen frei)*

B. Systematische Kommentierung

I. Wirtschaftliche Einheit (§ 37 Abs. 1 Satz 1 LGrStG BW)

7 Satz 1 entspricht inhaltlich § 244 Abs. 1 BewG. Auf die Kommentierung von Bock in Grootens, BewG § 244 Rz. 18–39 wird verwiesen.

8–9 *(Einstweilen frei)*

II. Abgrenzung der Wirtschaftlichen Einheit (§ 37 Abs. 1 Satz 2 LGrStG BW)

10 Satz 2 entspricht inhaltlich § 243 Abs. 1 Nr. 1 BewG.[1]

11 In § 37 Abs. 1 Satz 2 LGrStG BW wird im Unterschied zu § 243 Abs. 1 Nr. 1 BewG für den **Begriff des Grundvermögens** nur auf den **Grund und Boden** abgehoben, da Gebäude, sonstige Bestandteile und das Zubehör für die Bewertung unbeachtlich sind. Andererseits soll nach § 25 LGrStG BW bei der Bestimmung der wirtschaftlichen Einheit die Bebauung eine Rolle spielen.[2] § 37 Abs. 1 Satz 2 LGrStG BW verzichtet im Unterschied zu § 243 Abs. 1 Nr. 2–4 BewG auf die enumerative Aufzählung von Vermögensgegenständen, die ebenfalls unter das Grundvermögen fallen. Da § 37 LGrStG BW keine Bewertungsvorschrift ist, sondern nur den Umfang des Grundvermögens aufzeigen soll, wäre die Aufführung dieser Vermögensgegenstände ohne weiteres möglich gewesen, ohne dass dies Konsequenzen für die Bewertung dieser Vermögensgegenstände nach sich gezogen hätte. Aus dem Weglassen dieser enumerativen Aufzählung ergeben sich aber keine Auswirkungen auf den Umfang und den Begriff des Grundvermögens, der nach dem LGrStG BW demjenigen des BewG entspricht.[3]

12–13 *(Einstweilen frei)*

III. Keine Einbeziehung von Bodenschätzen (§ 37 Abs. 1 Satz 3 LGrStG BW)

14 Wie in § 243 Abs. 2 Nr. 1 BewG wird in § 37 Abs. 1 Satz 3 LGrStG BW klargestellt, dass **Bodenschätze** nicht zum Grundvermögen gehören.[4] In § 243 Abs. 2 Nr. 2 BewG wird auch noch ausgeführt, dass **Betriebsvorrichtungen** nicht zum Grundvermögen gehören. Das LGrStG BW kann auf diese Abgrenzung verzichten, da Gebäude bei der Bewertung unbeachtlich sind und es daher **keine Abgrenzungsfragen** zwischen Gebäuden und Betriebsvorrichtungen gibt.

15–16 *(Einstweilen frei)*

---

[1] Vgl. hierzu Bock in Grootens, BewG § 243 Rz. 23–26.
[2] Vgl Schmidt in Grootens, LGrStG BW § 25 Rz. 12 f.
[3] Vgl. Schmidt in Grootens, LGrStG BW § 25 Rz. 12 f.
[4] Vgl. Bock in Grootens, BewG § 243 Rz. 85–88.

IV. Einbeziehen von Anteilen an anderen Grundstücken in die wirtschaftliche Einheit (§ 37 Abs. 2 LGrStG BW)

Die Vorschrift entspricht inhaltlich § 244 Abs. 2 BewG. Auf die Kommentierung von Bock in Grootens, BewG § 244 Rz. 40–46 wird verwiesen. 17

§ 38 LGrStG BW Bewertung von Grundstücken

(1) ¹Der Grundsteuerwert der Grundstücke ermittelt sich durch Multiplikation ihrer Fläche des Grund und Bodens mit dem jeweiligen Bodenrichtwert gemäß § 196 des Baugesetzbuchs (BauGB). ²Maßgebend ist der Bodenrichtwert des Richtwertgrundstücks in der Bodenrichtwertzone, in der sich das zu bewertende Grundstück befindet.

(2) ¹Die Bodenrichtwerte sind von den Gutachterausschüssen im Sinne des ersten Teils des dritten Kapitels des Baugesetzbuches (§§ 192 ff. BauGB) auf den Hauptfeststellungszeitpunkt zu ermitteln, zu veröffentlichen und nach amtlich vorgeschriebenem Datensatz durch Datenfernübertragung an die zuständigen Finanzbehörden bis spätestens zum 30. Juni des Jahres in dem die Hauptfeststellung stattfindet zu übermitteln. ²Die nach Satz 1 an die Finanzbehörden zu übermittelnden Daten können auch an eine nach Satz 3 zu bestimmende Stelle zur Weiterleitung an die Finanzbehörden übermittelt werden. ³Das Ministerium für Finanzen wird ermächtigt, im Einvernehmen mit der zuständigen obersten Landesbehörde diese Stelle zu bestimmen, zu beauftragen und soweit erforderlich zu beleihen.

(3) Wird von den Gutachterausschüssen im Sinne des ersten Teils des dritten Kapitels des Baugesetzbuches (§§ 192 ff. BauGB) kein Bodenrichtwert ermittelt, ist der Wert des Grundstücks aus den Werten vergleichbarer Flächen abzuleiten.

(4) ¹Ein anderer Wert des Grundstücks kann auf Antrag angesetzt werden, wenn der durch ein qualifiziertes Gutachten nachgewiesene tatsächliche Wert des Grund und Bodens zum Zeitpunkt der Hauptfeststellung mehr als 30 Prozent von dem Wert nach Absatz 1 oder 3 abweicht. ²Qualifiziert ist ein Gutachten, wenn dieses durch den zuständigen Gutachterausschuss im Sinne der §§ 192 ff. des Baugesetzbuchs oder von Personen, die von einer staatlichen, staatlich anerkannten oder nach DIN EN ISO/IEC 17024 akkreditierten Stelle als Sachverständige oder Gutachter für die Wertermittlung von Grund und Boden bestellt oder zertifiziert worden sind, erstellt worden ist.

Inhaltsübersicht

	Rz.
A. Allgemeine Erläuterungen	1 - 15
I. Normzweck und wirtschaftliche Bedeutung der Vorschrift	1 - 6
II. Entstehung und Entwicklung der Vorschrift	7 - 9
III. Geltungsbereich	10 - 11
IV. Verhältnis zu anderen Vorschriften	12 - 15
B. Systematische Kommentierung	16 - 54
I. Allgemeines zur Bewertung nach dem LGrStG BW	16 - 20
II. Ermittlung des Bodenwerts aus Fläche und Bodenrichtwert (§ 38 Abs. 1 Satz 1 LGrStG BW)	21 - 26
III. Bodenwert des Richtwertgrundstücks als maßgeblicher Bodenrichtwert (§ 38 Abs. 1 Satz 2 LGrStG BW)	27 - 30
IV. Ermittlung, Veröffentlichung und Übermittlung der Bodenrichtwerte durch die Gutachterausschüsse (§ 38 Abs. 2 LGrStG BW)	31 - 32
V. Ableitung des Bodenwerts durch die Finanzverwaltung (§ 38 Abs. 3 LGrStG BW)	33 - 34
VI. Berücksichtigung von Wertabweichung des zu bewertenden Grundstücks vom Richtwertgrundstück (§ 38 Abs. 4 LGrStG BW)	35 - 47
1. Ursachen von Abweichungen zwischen dem zu bewertenden Grundstück und dem Richtwertgrundstück	35 - 37
2. Ansatz eines niedrigeren Wertes	38 - 41

3.	Antragsverfahren und Nachweis	42
4.	Qualifikation des Gutachters	45 – 47
VII.	Verfassungsrechtliche Bedenken	48 – 54
	a) Lenkungsfunktion	50
	b) Verstoß gegen das Äquivalenzprinzip	51
	c) Verletzung des Leistungsfähigkeitsprinzips	52
	d) Verletzung des Gleichbehandlungsgebots des Art. 3 GG wegen ungenauer Bodenrichtwerte	53 – 54

A. Allgemeine Erläuterungen

I. Normzweck und wirtschaftliche Bedeutung der Vorschrift

1 § 38 LGrStG BW regelt die **Bewertung der wirtschaftlichen Einheiten des Grundvermögens**. Aus dem Gesichtspunkt der Praktikabilität der Bewertung im Massenverfahren erfolgt keine Differenzierung der Grundstücke nach unbebauten und bebauten Grundstücken oder der Art der Bebauung.

2 Der **Grundsteuerwert** ergibt sich aus der **Multiplikation der Fläche mit dem Bodenrichtwert**. **Abweichungen** des zu bewertenden Grundstücks von den Merkmalen des Richtwertgrundstücks bleiben aus den geschilderten Praktikabilitätserwägungen im Bewertungsverfahren zunächst **unberücksichtigt**. Auf **Antrag** des Steuerpflichtigen kann aber unter bestimmten Voraussetzungen ein **niedrigerer Wert** angesetzt werden. Ziel der Regelung ist ein leicht administrierbares Bewertungsverfahren, das im Idealfall automatisiert erfolgen kann und bei der zweiten Hauptfeststellung auf den 1.1.2029 auch automatisiert erfolgen soll.

3 Nach § 38 Abs. 2 LGrStG BW haben die **Gutachterausschüsse** die Bodenrichtwerte auf den Hauptfeststellungszeitpunkt zu ermitteln, zu veröffentlichen und nach amtlich vorgeschriebenem Datensatz durch Datenfernübertragung an die Finanzbehörden bzw. an die von diesen benannte Stelle zu übermitteln. Durch die elektronische Übermittlung soll für Hauptfeststellungszeitpunkte nach dem 1.1.2022 eine automatisierte Festsetzung der Grundsteuerwerte ermöglicht werden. Für die Hauptfeststellung auf den 1.1.2022 haben die Steuerpflichtigen noch die Bodenrichtwerte zu erklären. § 38 Abs. 2 LGrStG BW entspricht § 247 Abs. 2 BewG.[1]

4 Sollte von den Gutachterausschüssen **kein Bodenrichtwert** ermittelt werden, kann die Finanzverwaltung nach § 38 Abs. 3 LGrStG BW einen Bodenwert aus den Werten vergleichbarer Flächen ableiten. Durch diese Regelung wird die flächendeckende Bewertung sämtlicher Grundstücke ermöglicht. § 38 Abs. 3 LGrStG BW entspricht inhaltlich § 247 Abs. 3 BewG.[2]

5 Einer der verfassungsrechtlichen Schwachpunkte des LGrStG BW war, dass **vom Richtwertgrundstück abweichende Grundstückswerte** unberücksichtigt bleiben sollten. Durch das ÄndGLGrStG wurde § 38 um einen Abs. 4 ergänzt. Sofern der Wert eines Grundstücks um **mehr als 30% vom Richtwertgrundstück abweicht**, ist auf Antrag des Steuerpflichtigen der durch ein Gutachten nachgewiesene niedrigere Wert anzusetzen. Abzuheben ist hierbei auf den Wert des (fiktiv) unbebauten Grundstücks, wobei es hier allein auf den Wert des Grund

---

[1] Vgl. Bock in Grootens, BewG § 247 Rz. 86 ff.
[2] Vgl. Bock in Grootens, BewG § 247 Rz. 116 ff.

und Bodens ankommt, gebäudespezifische Anpassungsfaktoren sind nicht zu berücksichtigen. Der Gutachter muss gewisse fachliche Voraussetzungen erfüllen, damit das Gutachten anerkannt werden kann. Die Kosten des Gutachtens trägt der Steuerpflichtige. Häufig werden in diesen Fällen aber die Kosten des Gutachtens höher als die dadurch ersparte Grundsteuer sein.

(Einstweilen frei)

II. Entstehung und Entwicklung der Vorschrift

Die Vorschrift wurde erstmalig im Jahr 2020 in das LGrStG BW aufgenommen. (Verkündet als Art. 1 des Gesetzes zur Regelung einer Landesgrundsteuer v. 4.11.2020, GBl S. 974).

In der **Gesetzesbegründung (Drucks. 16/8907)** heißt es hierzu:

Zu Absatz 1

Bei der Bewertung des Grundvermögens für Zwecke der Grundsteuer wird bei Grundstücken der Grundsteuerwert aus dem Produkt der Grundstücksfläche und dem Bodenrichtwert ermittelt.

Der Bodenrichtwert ist der durchschnittliche Lagewert des Bodens für eine Mehrheit von Grundstücken innerhalb eines abgegrenzten Gebiets (Bodenrichtwertzone), die nach ihren Grundstücksmerkmalen weitgehend übereinstimmen und für die im Wesentlichen gleiche allgemeine Wertverhältnisse vorliegen. In bebauten Gebieten sind die Bodenrichtwerte mit dem Wert zu ermitteln, der sich ergeben würde, wenn der Boden unbebaut wäre (§ 196 Absatz 1 Satz 2 BauGB).

Die Heranziehung von Bodenrichtwerten hat sich sowohl im Rahmen der Grundbesitzbewertung für Zwecke der Erbschaft- und Schenkungsteuer sowie der Grunderwerbsteuer als auch anlässlich ertragsteuerrechtlicher Wertermittlungsanlässe, wie zum Beispiel der Kaufpreisaufteilung, in langjähriger Praxis bewährt. Bei der Wertermittlungsmethode für Grundstücke unter Heranziehung der Bodenrichtwerte handelt es sich um eine verfassungsrechtlich unbedenkliche typisierende Bewertungsmethode in einem neuen System.

Die von den Gutachterausschüssen zu bildenden Bodenrichtwertzonen im Sinne des § 196 Absatz 1 Satz 3 BauGB sind so abzugrenzen, dass lagebedingte Wertunterschiede zwischen der Mehrzahl der Grundstücke und dem Bodenrichtwertgrundstück nicht mehr als +/- 30 % betragen.

Nach ständiger höchstrichterlicher Rechtsprechung sind die von den Gutachterausschüssen ermittelten und den Finanzämtern mitzuteilenden Bodenrichtwerte für die Beteiligten im Steuerrechtsverhältnis verbindlich. Dem Gesetzgeber steht es frei, bestimmte Bewertungsparameter typisierend festzulegen und deren Rechtsverbindlichkeit bei der Bewertung von Grundbesitz anzuordnen, solange die Grenzen der Typisierung eingehalten sind. Die Ermittlung von Bodenrichtwerten wurde explizit einer außerhalb der Finanzverwaltung stehenden Stelle, den Gutachterausschüssen, aufgegeben, da diesen aufgrund ihrer besonderen Sach- und Fachkenntnis und ihrer größeren Ortsnähe sowie der von Beurteilungs- und Ermessenserwägungen abhängigen Wertfindung eine vorgreifliche Kompetenz bei der Feststellung von Bodenrichtwerten zukommt (vergleiche ständige höchstrichterliche Rechtsprechung BFH, Urteil v. 26.4.2006 - II R 58/04, BFHE 213 S. 207, BStBl II S. 793; v. 12.7.2006 - II R 1/04, BFHE 213, 387, BStBl II S. 742; BFH, Urteil v. 25.8.2010 - II R 42/09, BFHE 230 S. 570, BStBl II 2011 S. 205).

Maßgebend für die Bewertung ist der Bodenrichtwert des Richtwertgrundstücks. Mit diesem Ansatz wird eine für den typischen Fall sachgerechte und vor allem leicht administrierbare Bewertung sichergestellt. Individuelle Wertanpassungen erfolgen daher nicht.

Zu Absatz 2

Bodenrichtwerte sind von den Gutachterausschüssen für Grundstückswerte mindestens zum 31. Dezember eines jeden zweiten Kalenderjahres flächendeckend zu ermitteln (§196 Absatz 1 BauGB). Für Zwecke der steuerlichen Bewertung des Grundbesitzes sind Bodenrichtwerte nach ergänzenden Vorgaben der Finanzverwaltung zum jeweiligen Hauptfeststellungszeitpunkt oder sonstigen Feststellungszeitpunkt zu ermitteln (§ 196 Absatz 1 Satz 6 BauGB).

Die Etablierung einer elektronischen Übermittlung der Bodenrichtwerte von den Gutachterausschüssen an die Finanzbehörden nach amtlich vorgeschriebenem Datensatz, wie es von Absatz 2 vorgegeben wird, ist Voraussetzung für ein vollautomationsgestütztes Bewertungsverfahren.

Unabhängig davon ist es grundsätzlich angezeigt, dass die Bürgerinnen und Bürgern die Möglichkeit erhalten, die für die Bewertung wichtigen Bodenrichtwerte bequem und einfach von einer landesweit einheitlichen und leicht verständlichen Plattform wie BORIS-BW abrufen zu können. Eine gute Datenstruktur, die auch eine entsprechende Qualität der Steuererklärung gewährleistet, bildet den Grundstein für ein möglichst vollautomatisiertes, modernes Bewertungsverfahren.

Zu Absatz 3

Die Befugnis zur Ableitung des Werts des Grundstücks aus den Werten vergleichbarer Flächen, wenn die Gutachterausschüsse in Ausnahmefällen keine Bodenrichtwerte ermittelt haben, stellt – wie in § 179 Satz 4 BewG – eine vollständige Bewertung aller wirtschaftlichen Einheiten sicher.

8   Durch das Gesetz zur Änderung des Landesgrundsteuergesetzes und zur Einführung eines gesonderten Hebesatzrechts zur Mobilisierung von Bauland (ÄndGLGrStG)[1] ergaben sich insbesondere durch die Einfügung des 4. Abs. wesentliche Änderungen. In der Gesetzesbegründung heißt es hierzu:

§ 38 Absatz 2 Satz 1

Klarstellend wird im Landesgrundsteuergesetz das Datum genannt, bis wann spätestens die Bodenrichtwerte für den Hauptfeststellungszeitpunkt vorliegen müssen. Es entspricht zeitlich der bisherigen Frist zur Veröffentlichung der Bodenrichtwerte von sechs Monaten nach § 12 der Verordnung der Landesregierung über die Gutachterausschüsse, Kaufpreissammlungen und Bodenrichtwerte nach dem Baugesetzbuch (Gutachterausschussverordnung – GuAVO).

Zu Buchstabe b

§ 38 Absatz 2

Durch die Ergänzung des Absatzes 2 soll die Grundlage für ein effizientes Verwaltungsverfahren zur digitalen Übertragung der Bodenrichtwerte geschaffen werden. Zudem wird dadurch eine hinreichende Qualität der Daten gewährleistet. Satz 3 regelt das Verfahren zur Bestimmung der alternativen Stelle zur Entgegennahme der Bodenrichtwerte.

Zu Buchstabe c

§ 38 Absatz 4

§ 38 des Landesgrundsteuergesetzes sieht aktuell bei der Bewertung für das Grundvermögen vor, dass ausschließlich der Bodenrichtwert des Richtwertgrundstücks der Zone, in der das zu bewertende Grundstück liegt, und die Grundstücksgröße für die Bewertung maßgeblich sind. Im Grund-

---

[1] GBl S. 1029

satz gilt, dass der Wert des Grund und Bodens nicht durch individuelle Leistung der Grundstückseigentümer, sondern durch die Leistungen der Allgemeinheit geschaffen wird. Diesem Ansatz folgt das Landesgrundsteuergesetz und orientiert sich dabei grundsätzlich an dem Bodenrichtwert gemäß § 38. Dieser Bodenrichtwert gibt dabei typisierend wieder, wie hoch der durch den Grund und Boden vermittelte potenzielle wirtschaftliche Nutzen der Leistungen und Ressourcenverwendungen der Kommunen ist, die nicht oder nur teilweise durch Gebühren und Beiträge finanziert werden. Hierzu zählen neben der Zurverfügungstellung etwa der kommunalen Infrastruktur, der Grünanlagen, der Spielplätze, vor allem auch die allgemeine Daseinsvorsorge. Die dadurch dargestellte sogenannte Nutzenäquivalenz ist einer der zwei Belastungsgründe des Landesgrundsteuergesetzes. Dabei gilt, dass mit der Höhe der Nutzenäquivalenz auch eine Erhöhung des Wertes des Grund und Bodens einhergeht. Dadurch wird zugleich eine Verbindung zu dem tatsächlichen Wert geschaffen. Durch den Bezug auf den konkreten Wert des Grund und Bodens wird folglich die durch den Grund und Boden vermittelte Leistungsfähigkeit berücksichtigt und damit dem zweiten Belastungsgrund Rechnung getragen. Teurer Grund und Boden wird höher belastet als günstigerer.

Der Bezug auf die Bodenrichtwertzone ist dabei essentiell, um die Administrierbarkeit der Grundsteuer in einem Masseverfahren überhaupt herzustellen. Eine individuelle Verkehrswertermittlung des Grund und Bodens für über 4,5 Millionen wirtschaftliche Einheiten des Grundvermögens ist trotz hohem Digitalisierungsgrad in dem vorgegebenen Zeitfenster nicht möglich.

Aus diesem Grund sieht § 38 des Landesgrundsteuergesetzes bisher vor, dass allein der Bodenrichtwert der Richtwertzone für die Grundstücke innerhalb dieser Zone relevant ist und keine Anpassungsfaktoren berücksichtigt werden. Diese Typisierung ist im Massenverfahren der Grundsteuer angezeigt und notwendig, um die Administrierbarkeit der Grundsteuer überhaupt zu gewährleisten. Andernfalls wären die rechtzeitige Umsetzung und damit die wichtigen, konjunkturunabhängigen Einnahmequellen der Kommunen gefährdet.

Durch die zulässige Typisierung hätten nach alter Rechtslage die lagebedingten Wertunterschiede innerhalb der Bodenrichtwertzone gemäß der Immobilienwertermittlungsverordnung 2019 für die Mehrheit der Grundstücke nicht mehr als plus/minus 30 % betragen dürfen. Für Extremfälle hätte es bisher schon im Wege der Billigkeitsmaßnahmen nach der Abgabenordnung und aufgrund der Rechtsprechung des Bundesfinanzhofs zur Wertermittlung Möglichkeiten der Berücksichtigung eines niedrigeren Werts gegeben.

Durch die kürzlich vorgenommene Änderung der für die Bodenrichtwertzonen bedeutenden Immobilienwertermittlungsverordnung (in der Fassung vom 14.7.2021, BGBl I S. 2805) – diese regelt die Ermittlung der Bodenrichtwerte – wurden die Bewertungskriterien weiter verschärft, sodass die zuvor genannte Spanne von plus/minus 30 % nicht mehr nur für eine Mehrheit der Grundstücke eingehalten werden muss, sondern grundsätzlich. Durch diese Anpassung werden die zukünftigen Bodenrichtwertzonen homogener und es wird innerhalb der Bodenrichtwertzone – wenn überhaupt – nur noch wenige Einzelfälle geben, die außerhalb dieser Spanne liegen.

Aufgrund dessen erscheint es sinnvoll, die zuvor genannten Einzelfälle bereits auf Bewertungsebene zu berücksichtigen und hierfür eine eingeschränkte Nachweismöglichkeit anzubieten: Für die außerhalb der Spanne liegenden Fälle kann damit ein abweichender Wert angesetzt werden. Im Rahmen dieser Lösung ist auch die Administrierbarkeit im Masseverfahren noch gewährleistet.

Im Übrigen bleibt es aber im Sinne des verwaltungsökonomischen Handelns geboten, die im Rahmen der Typisierung möglichen Spanne der Immobilienwertermittlungsverordnung weiterhin zu *berücksichtigen. Für Grundstücke innerhalb dieser Wertspanne ist daher keine Nachweismöglichkeit erforderlich. Dies ist aufgrund der verhältnismäßig geringen Abweichung bei den Grundstücken innerhalb der Spanne auch nicht angezeigt.*

Durch eine so ausgestaltete Nachweismöglichkeit wird beiden Belastungsgründen zutreffend entsprochen, ohne die Administrierbarkeit zu gefährden: Liegt ein Grundstückswert ausnahmsweise außerhalb der Spanne der Immobilienwertermittlungsverordnung, so ist der wirtschaftliche Nutzen des Grundstücks durch die kommunalen Leistungen erheblich geringer, als bei den übrigen Grundstücken der Bodenrichtwertzone. Gleichzeitig ist die durch das Grundstück vermittelte Leistungsfähigkeit entsprechend gemindert. Die von der Nachweismöglichkeit erfassten Fälle dürften insgesamt eher selten sein.

Zur Neuregelung im Einzelnen: Der neue Absatz 4 greift die Grenze der lagebedingten Wertunterschiede aus der Immobilienwertermittlungsverordnung auf und ermöglicht eine abweichende Wertfeststellung erst ab einer Überschreitung der 30-Prozent-Grenze. Bezugsgröße hierfür ist der typische, nach Absatz 1 oder 3 ermittelte Wert für das (fiktiv) unbebaute Grundstück und damit den Grund und Boden im Sinne des Landesgrundsteuergesetzes zum Zeitpunkt der jeweiligen Hauptfeststellung. Entscheidend ist dabei allein der Wert des Grund und Bodens. Gebäudespezifische Anpassungsfaktoren sind nicht zu berücksichtigen. Die Berücksichtigung eines anderen Wertes kann dabei grundsätzlich nur erfolgen, wenn dies im Wege eines Antragsverfahrens mit Hilfe eines Gutachtens geltend gemacht wird. An das Gutachten werden gewisse Voraussetzungen geknüpft, die sich aus Satz 2 ergeben und in einem entsprechenden Antragsverfahren leicht überprüft werden können. Durch die Beschränkung auf diese qualifizierten Gutachten wird sichergestellt, dass eine hinreichende Qualität gegeben ist.

Demnach können Steuerpflichtige den Nachweis des tatsächlichen Wertes durch ein Gutachten des zuständigen Gutachterausschusses oder eines Sachverständigen, der über besondere Kenntnisse und Erfahrungen auf dem Gebiet der Bewertung von Grund und Boden verfügt, erbringen. An den letzteren Personenkreis sind besondere Qualitätsanforderungen zu stellen, die Satz 2 entsprechend normiert und aus der Bedarfsbewertung bekannt sind. Die Kosten für das Gutachten sind von demjenigen zu tragen, der einen abweichenden Wert zu dem sich aus Absatz 1 ergebenden nachweisen möchte. Der durch das Gutachten ermittelte Wert kann grundsätzlich für die weitere Bearbeitung angesetzt werden.

9 *(Einstweilen frei)*

III. Geltungsbereich

10 Das LGrStG BW gilt für in Baden-Württemberg belegene Grundstücke.

11 *(Einstweilen frei)*

IV. Verhältnis zu anderen Vorschriften

12 Aus dem nach § 38 LGrStG BW ermittelten **Grundsteuerwert** wird durch Multiplikation mit der Steuermesszahl der **Steuermessbetrag** ermittelt (§ 39 LGrStG BW), aus dem sich dann durch Multiplikation mit dem **Hebesatz der Gemeinde** (vgl. § 50 LGrStG BW) die Grundsteuer ergibt.

13 Die Aufgaben, Zusammensetzung und organisatorische Verfassung der Gutachterausschüsse ergeben sich aus § 192 BauGB. Die Grundsätze für die Ermittlung des Bodenrichtwerts durch die Gutachterausschüsse sind in § 196 BauGB geregelt. Eine Präzisierung erhält das BauGB durch § 10 ImmoWertV und der hierzu ergangenen Richtlinie zur Ermittlung von Bodenricht-

werten (BRW-RL).[1] Soll ein gegenüber dem Richtwertgrundstück niedrigerer Bodenwert nachgewiesen werden, ist das hierfür erforderliche Gutachten durch den zuständigen Gutachterausschuss (§§ 192 f. BauGB) oder von Personen, die von einer staatlichen, staatlich anerkannten oder nach DIN EN ISO/IEC 17024 akkreditierten Stelle als Sachverständige oder Gutachter für die Wertermittlung von Grund und Boden bestellt oder zertifiziert worden sind, zu erstellen.

(Einstweilen frei)

B. Systematische Kommentierung

I. Allgemeines zur Bewertung nach dem LGrStG BW

Kernpunkt des LGrStG BW ist die vom Bundesgesetz abweichende **Bewertung des Grundvermögens**. Die Bewertung des Grundvermögens erfolgt mit dem „Bodenwert". Der Bodenwert ergibt sich aus der Multiplikation der Fläche des zu bewertenden Grundstücks mit dem Bodenrichtwert der entsprechenden Bodenrichtwertzone. Eine Differenzierung nach verschiedenen Grundstücksarten i. S. des § 249 BewG innerhalb des Grundvermögens erfolgt bei der Bewertung nicht. Die Bebauung bzw. die Art der Bebauung des Grundstücks spielt für die Bewertung damit keine Rolle, unbebaute und bebaute Grundstücke werden gleich bewertet.

Wesentliches Problem der bisherigen Einheitsbewertung war die mangelhafte **Administrierbarkeit** einer Neubewertung aufgrund der Komplexität der Wertermittlung. Durch die deutlich vereinfachte Struktur des Wertermittlungsverfahrens erscheint die alle sieben Jahre zu erfolgende Neubewertung besser handhabbar, dafür werden Unschärfen bei der Bewertung bewusst in Kauf genommen.

Auch wenn es bei der Bewertung der Grundstücke keine Differenzierungen nach den verschiedenen Grundstücksarten gibt, so sollen doch bestimmte Grundstücke (z. B. Wohngrundstücke) und Rechtsträger begünstigt werden. Diese **Begünstigungen** erfolgen nicht über die Bewertung, sondern auf der **Ebene der Grundsteuermesszahlen**.[2]

(Einstweilen frei)

II. Ermittlung des Bodenwerts aus Fläche und Bodenrichtwert (§ 38 Abs. 1 Satz 1 LGrStG BW)

Nach § 38 Abs. 1 Satz 1 LGrStG BW ermittelt sich der **Grundsteuerwert** durch die Multiplikation der Fläche des Grund und Bodens mit dem jeweiligen Bodenrichtwert. Der Wortlaut des § 38 Abs. 1 Satz 1 LGrStG BW entspricht dem Wortlaut von § 247 Abs. 1 Satz 1 BewG – bis auf das Wort „regelmäßig" im Wortlaut von § 247 Abs. 1 Satz 1 BewG. Dieses eine Wort ist aber entscheidend. „Regelmäßig" bedeutet, dass es von der Regelung auch Ausnahmen gibt. Diese Ausnahmen kommen im Bundesgesetz zum Tragen, wenn das zu bewertende Grundstück vom Richtwertgrundstück abweichende wertbeeinflussende Merkmale aufweist. Auch wenn das LGrStG BW auf das Wort „regelmäßig" verzichtet, können unter den Voraussetzungen des Abs. 4 niedrigere Grundsteuerwerte durch die Steuerpflichtigen nachgewiesen werden, vgl. →Rz. 35–45.

(Einstweilen frei)

---

1 BAnz 2011 S. 597.
2 Vgl. Schmidt in Grootens, LGrStG BW § 40 Rz. 37 ff.

24 Die **Fläche des Grundstücks** kann aus dem Grundbuch oder BORIS-BW (gutachterausschuesse-bw.de) entnommen werden. Zur anzusetzenden Fläche siehe auch Bock in Grootens, BewG § 247 Rz. 46–48.

25–26 *(Einstweilen frei)*

III. Bodenwert des Richtwertgrundstücks als maßgeblicher Bodenrichtwert (§ 38 Abs. 1 Satz 2 LGrStG BW)

27 Der Bodenrichtwert ist ein aus Kaufpreisen ermittelter durchschnittlicher Wert für ein Gebiet mit im Wesentlichen gleichen Nutzungs- und Wertverhältnissen (Bodenrichtwertzone) und ist auf ein Grundstück bezogen, dessen Eigenschaften für dieses Gebiet typisch sind (Richtwertgrundstück). Die Bodenrichtwertzonen sind so abzugrenzen, dass lagebedingte Wertunterschiede zwischen den Grundstücken und dem Richtwertgrundstück grds. nicht mehr als +/- 30 % betragen (§ 15 Abs. 1 ImmoWertV). Die **Grundstücke innerhalb einer Richtwertzone** stimmen nach ihren Grundstücksmerkmalen weitgehend überein und weisen im Wesentlichen gleiche allgemeine Wertverhältnisse auf. Bestehen in einer Richtwertzone ganz unterschiedliche Bebauungen (z. B. Geschosswohnungsbau und Einfamilienhäuser oder Gewerbeobjekte) können sich bei diesen Sachverhalten nach § 15 Abs. 3 ImmoWertV mehrere Bodenrichtwertzonen deckungsgleich überlagern (**überlagernde Bodenrichtwertzonen**).[1] Nach den Vorgaben der ImmoWertV muss auch in diesen Fällen eine eindeutige Zuordnung der Grundstücke zu einem Bodenrichtwertgrundstück möglich sein. In einer Bodenrichtwertzone können auch einzelne Grundstücke liegen, die eine vom Bodenrichtwertgrundstück abweichende Art der Nutzung haben, z. B. Grünflächen, Waldflächen, Wasserflächen, Verkehrsflächen und Gemeinbedarfsflächen. Nach § 15 Abs. 2 ImmoWertV soll dann der für die Richtwertzone angegebene Bodenrichtwert nicht für diese Grundstücke gelten. In bebauten Gebieten sind die Bodenrichtwerte mit dem Wert zu ermitteln, der sich für den **unbebauten Boden** ergeben würde (§ 13 Abs. 1 ImmoWertV). Einzelheiten zur Ermittlung der Bodenrichtwerte vgl. Bock in Grootens, BewG § 247 Rz. 46 ff. Soweit der Wert des zu bewertenden Grundstücks vom Richtwertgrundstück abweicht, kann der Steuerpflichtige den niedrigeren Wert durch ein Sachverständigengutachten nachweisen. Gründe für Abweichungen zwischen Bewertungs- und Richtwertgrundstück, vgl. →Rz. 35–45).

28–30 *(Einstweilen frei)*

IV. Ermittlung, Veröffentlichung und Übermittlung der Bodenrichtwerte durch die Gutachterausschüsse (§ 38 Abs. 2 LGrStG BW)

31 Die Vorschrift entspricht § 247 Abs. 2 BewG; auf die Kommentierung von Bock in Grootens, BewG § 247 Rz. 86–115 wird verwiesen. Im Bundesgesetz ist keine Frist festgelegt, innerhalb derer die Bodenrichtwerte durch die Gutachterausschüsse an die Finanzverwaltung zu übermitteln sind. Baden-Württemberg hat in Abs. 2 klar gestellt, dass die Bodenrichtwerte **spätestens bis zum 30. Juni des Jahres in dem die Hauptfeststellung** stattfindet, von den Gutachterausschüssen zu übermitteln sind. Die **Übermittlungsfrist** von sechs Monaten entspricht der bisher schon bestehenden Frist aus § 12 der Verordnung der Landesregierung über die Gutach-

---

[1] Siehe auch Bock in Grootens, BewG § 247 Rz. 76 ff.

terausschüsse, Kaufpreissammlungen und Bodenrichtwerte nach dem Baugesetzbuch (Gutachterausschussverordnung – GuAVO).

Durch die Sätze 3 und 4 des Abs. 2 wird die Möglichkeit eröffnet, dass die Weiterleitung der Daten der Gutachterausschüsse auch an eine von der Finanzverwaltung zu bestimmende Stelle zu erfolgen hat. Ob damit die Veröffentlichung in BORIS-BW (gutachterausschuesse-bw.de) gemeint ist, ist unklar. Wichtig für die Steuerpflichtigen ist, dass sie die Bodenrichtwerte und Flächen aus dieser Datenbank entnehmen können.

V. Ableitung des Bodenwerts durch die Finanzverwaltung (§ 38 Abs. 3 LGrStG BW)

Die Vorschrift entspricht § 247 Abs. 3 BewG, auf die Kommentierung von Bock in Grootens § 247 BewG Rz. 116 f. wird verwiesen. Relevanz hat die Vorschrift, wenn in einer Bodenrichtwertzone einzelne Grundstücke liegen, die eine vom Bodenrichtwertgrundstück abweichende Art der Nutzung haben (Grünflächen, Waldflächen, Wasserflächen, Verkehrsflächen und Gemeinbedarfsflächen), vgl. Schmidt in Grootens LGrStG BW § 38 →Rz. 35 e) Anpassung hinsichtlich der Frei- und Verkehrsflächen.

(Einstweilen frei)

VI. Berücksichtigung von Wertabweichung des zu bewertenden Grundstücks vom Richtwertgrundstück (§ 38 Abs. 4 LGrStG BW)

1. Ursachen von Abweichungen zwischen dem zu bewertenden Grundstück und dem Richtwertgrundstück

Grundsätzlich sieht § 38 LGrStG BW für die Bewertung des Grundvermögens vor, dass ausschließlich der Bodenrichtwert des **Richtwertgrundstücks der Richtwertzone,** in der das zu bewertende Grundstück liegt, und die Grundstücksgröße für die Bewertung maßgeblich sind. Dennoch kann es aus folgenden Gründen zu Abweichungen des zu bewertenden Grundstücks von den Merkmalen des Richtwertgrundstücks kommen:

a) Abweichender Erschließungszustand

Der Bodenrichtwert ist vom Gutachterausschuss aus erschließungsbeitragsfreien Grundstücken abgeleitet worden, bei dem zu bewertenden Grundstück handelt es sich aber um ein erschließungsbeitragspflichtiges Grundstück, vgl. Bock in Grootens, BewG § 247 Rz. 66–75.

b) Abweichende wertrelevante Geschossflächenzahl (GFZ)
Die GFZ gibt an, wieviel m^2 Wohnfläche je m^2 Grundstücksfläche zulässig sind. Je höher die GFZ desto besser ist die Ausnutzung des Grundstücks und entsprechend höher ist der Wert des Grund und Bodens. Weicht die GFZ des zu bewertenden Grundstücks nach oben (bessere Bebauungsmöglichkeit) bzw. nach unten (schlechtere Bebauungsmöglichkeit) vom Richtwertgrundstück ab, ergeben sich für das zu bewertende Grundstück höhere bzw. niedrigere Bodenwerte. Durch die Festlegung überlagernder Bodenrichtwertzonen kann diese Problematik gelöst werden, vgl. → Rz. 27.

c) Abweichende Grundstücksgröße

Der Gutachterausschuss hat die Umrechnungskoeffizienten in Abhängigkeit von der Grundstücksgröße angegeben und die Grundstücksgröße des zu bewertenden Grundstücks weicht hiervon ab.

d) Abweichende Grundstückstiefe

Vom Gutachterausschuss wurden die Bodenrichtwerte in Abhängigkeit von der Grundstückstiefe ermittelt und die Grundstückstiefe des Bewertungsgrundstücks weicht hiervon ab.

e) Anpassung hinsichtlich der Frei- und Verkehrsflächen

In privater Hand befinden sich Frei- und Verkehrsflächen (z. B. Straßen). Da diese Flächen nicht bebaut werden können, weicht ihr Wert vom Bodenrichtwert ab. Nach § 15 Abs. 2 ImmoWertV gilt der Bodenrichtwert der Richtwertzone für diese Grundstücke nicht, vgl. →Rz. 27. Sofern der Gutachterausschuss von sich aus nicht gesonderte Werte für diese Grundstücke ermittelt und veröffentlicht, greift § 38 Abs. 3 LGrStG BW und die Finanzverwaltung hat den Wert des Grundstücks aus den Werten vergleichbare Flächen abzuleiten, vgl. →Rz. 33.

36–37 *(Einstweilen frei)*

2. Ansatz eines niedrigeren Wertes

38 Nach § 15 Abs. 1 ImmoWertV dürfen die **lagebedingten Wertunterschiede innerhalb der Bodenrichtwertzone** grds. nicht mehr als +/- 30 % betragen. Dennoch können die Bodenwerte einzelner Grundstücke innerhalb der Richtwertzone um mehr als 30 % vom Richtwertgrundstück abweichen. Für diese Fälle eröffnet Abs. 4 die Möglichkeit eines niedrigeren Wertansatzes.

39 Maßgeblich ist der fiktive Wert des unbebauten Grundstücks im Hauptfeststellungszeitpunkt, gebäudespezifische Anpassungsfaktoren sind nicht zu berücksichtigen.

> **BEISPIEL:** ▸ Ein Grundstück ist mit einem Einfamilienhaus bebaut, obwohl das Richtwertgrundstück ein Mehrfamilienhaus ist.
>
> a) Kann das Grundstück des Einfamilienhauses aufgrund der Grundstücksgröße oder des -zuschnitts nur mit einem Einfamilienhaus bebaut werden und hat dementsprechend das Grundstück eine geringere Geschossflächenzahl als das Richtwertgrundstück, ist dieser Umstand bei der Bewertung des Grund und Bodens zu berücksichtigen.
>
> b) Hätte das Einfamilienhausgrundstück von den Grundstücksgegebenheiten her mit einem Mehrfamilienhaus bebaut werden können, bleibt es bei der Bewertung entsprechend dem Richtwertgrundstück, da gebäudespezifische Besonderheiten nach der Systematik des LGrStG BW unberücksichtigt bleiben.

40–41 *(Einstweilen frei)*

3. Antragsverfahren und Nachweis

42 Ein niedrigerer Wert ist nur aufgrund eines Antrags des Steuerpflichtigen zu berücksichtigen. Dabei ist der niedrigere Wert durch ein Gutachten nachzuweisen. Die Kosten für das Gutachten sind vom Steuerpflichtigen zu tragen. Häufig werden die **Kosten des Gutachtens** höher als die **Ersparnis an Grundsteuer** sein, insbesondere wenn ein Gutachten für jeden Hauptfeststellungszeitpunkt einzuholen ist. In Fällen des § 15 Abs. 2 ImmoWert V (vgl. LGrStG BW § 38→Rz. 27, 33) ist ein solcher Antrag nicht zustellen, da hier ja gerade kein Bodenrichtwert vom Gutachterausschuss festgestellt wurde.

43–44 *(Einstweilen frei)*

4. Qualifikation des Gutachters

Zur **Anerkennung des Gutachtens** ist erforderlich, dass es vom zuständigen Gutachterausschuss oder von Personen, die von einer staatlichen, staatlich anerkannten oder nach DIN EN ISO/IEC 17024 akkreditierten Stelle als Sachverständige oder Gutachter für die Wertermittlung von Grund und Boden bestellt oder zertifiziert worden sind, erstellt worden ist.[1]

(Einstweilen frei)

VII. Verfassungsrechtliche Bedenken

Baden-Württemberg hat sich bei der Wahl der Bemessungsgrundlage und bei der Ausgestaltung der Bewertungsregeln zunächst vor allem von Praktikabilitätsgesichtspunkten leiten lassen und Bewertungs- und Ermittlungsunschärfen in Kauf genommen. Deshalb wurden gegen das LGrStG BW verfassungsrechtliche Bedenken geäußert.[2]

Diese Bedenken lassen sich wie folgt zusammenfassen:

a) Lenkungsfunktion

Durch die höhere Besteuerung unbebauter Grundstücke soll der Grund und Boden ressourcenschonender genutzt werden. Sofern die Eigentümer dem Lenkungsimpuls aus finanziellen Gründen nicht folgen können, seien die **Wirkungen unzumutbar und freiheitswidrig**. Dagegen kann eingewandt werden, dass die höhere Belastung unbebauter Wohngrundstücke aus Art. 14 Abs. 2 GG „**Sozialbindung des Eigentums**" gerechtfertigt sein kann.

b) Verstoß gegen das Äquivalenzprinzip

Nach dem Äquivalenzprinzip sollen Steuerpflichtige entsprechend dem **Vorteil**, den sie durch eine **staatliche Leistung** erhalten, zur **Finanzierung dieser Leistung** herangezogen werden. Da bei der Bewertung nach dem LGrStG BW die Bebauung nicht berücksichtigt wird, sei das Äquivalenzprinzip verletzt.

c) Verletzung des Leistungsfähigkeitsprinzips

Durch die Nichtberücksichtigung der Bebauung bei der Bewertung sei auch das Leistungsfähigkeitsprinzip verletzt. Nach der Gesetzesbegründung soll durch die Bewertung der Grundstücke mit dem Bodenrichtwert die Leistungsfähigkeit hinreichend berücksichtigt sein, weil schlechtere Lagen gegenüber guten Lagen einen niedrigeren Bodenrichtwert aufweisen und damit geringer besteuert werden.

d) Verletzung des Gleichbehandlungsgebots des Art. 3 GG wegen ungenauer Bodenrichtwerte

Bei der Bodenwertsteuer spielen die Bodenrichtwerte eine wesentliche Rolle. Sofern die **Bodenrichtwerte ungenau** sind, z. B. in Gebieten mit wenigen Verkaufsfällen, könnte dies zur Verfassungswidrigkeit führen, weil dadurch das Gleichbehandlungsgebot des Art. 3 GG verletzt würde.

---

1 Bock in Viskorf/Schuck/Wälzholz, BewG § 198 Rz. 21–22.
2 Kirchhof, Der Betrieb 49/2020 S. 2600–2605.

54 Die gegenüber dem LGrStG BW geäußerte Kritik gilt in vielen Punkte gleichermaßen für das Bundesgesetz, wobei das LGrStG BW im Vergleich zum Bundesgesetz eine **realitätsgerechtere** Abbildung der **Relation der Grundstückswerte** innerhalb der Gemeinde zu gewährleisten scheint.[1] Alle bisher umgesetzten Modelle zur Grundsteuerreform werfen in dem ein oder anderen Aspekt verfassungsrechtliche Fragen auf. Klarheit darüber, ob die nun getroffenen gesetzlichen Regelungen der verfassungsrechtlichen Prüfung in allen Punkten standhalten, wird es erst nach erneuten Urteilen des BVerfG geben.

Zur verfassungsrechtlichen Problematik im Einzelnen, vgl. Schmidt in Grootens, LGrStG BW Vorwort Rz. 42–64.

Vierter Teil: Bemessung der Grundsteuer

§ 39 LGrStG BW   Steuermesszahl und Steuermessbetrag

[1]Bemessungsgrundlage der Grundsteuer ist der Steuermessbetrag. [2]Dieser ist durch Anwendung eines Promillesatzes (Steuermesszahl) auf den Grundsteuerwert oder seinen steuerpflichtigen Teil zu ermitteln, der im Veranlagungszeitpunkt (§ 41 Absatz 1, § 42 Absatz 3 und § 43 Absatz 3) für den Steuergegenstand maßgebend ist.

Inhaltsübersicht	Rz.
A. Allgemeine Erläuterungen	1 - 5
I. Entstehung und Entwicklung der Vorschrift	1 - 2
II. Geltungsbereich	3 - 5
B. Systematische Kommentierung	6 - 9
I. Steuermessbetrag (§ 39 Satz 1 LGrStG BW)	6 - 8
II. Ermittlung des Steuermessbetrags (§ 39 Satz 2 LGrStG BW)	9

A. Allgemeine Erläuterungen

I. Entstehung und Entwicklung der Vorschrift

1 Die Vorschrift wurde erstmalig im Jahr 2020 in das LGrStG BW aufgenommen.

2 In der **Gesetzesbegründung** heißt es hierzu:
Die Vorschrift übernimmt die bisherige Berechnungsmethode des Steuermessbetrages mittels einer Steuermesszahl.

II. Geltungsbereich

3 Das LGrStG BW gilt für in Baden-Württemberg belegene Grundstücke.

4–5 *(Einstweilen frei)*

---

1 Schmidt NWB 50/2019 S. 3719 NWB BAAAH-36269; Bräutigam/Spengel/Winter, Der Betrieb 40/2020 S. 2090–2096.

B. Systematische Kommentierung

I. Steuermessbetrag (§ 39 Satz 1 LGrStG BW)

Das Landesgesetz normiert: „Bemessungsgrundlage der Grundsteuer ist der Steuermessbetrag." In § 13 Satz 1 GrStG heißt es: Bei der Berechnung der Grundsteuer ist von einem Steuermessbetrag auszugehen. Inhaltlich sind beide Vorschriften damit gleich. Auf die Kommentierung von Bock in Grootens, GrStG § 13 Rz. 20–24 wird verwiesen. 6

(Einstweilen frei) 7–8

II. Ermittlung des Steuermessbetrags (§ 39 Satz 2 LGrStG BW)

Die Vorschrift entspricht § 13 Satz 2 GrStG. Auf die Kommentierung von Bock in Grootens, GrStG § 13 Rz. 25 ff. wird verwiesen. 9

§ 40 LGrStG BW Steuermesszahlen

(1) Für Betriebe der Land- und Forstwirtschaft beträgt die Steuermesszahl 0,55 Promille.

(2) Für Grundstücke beträgt die Steuermesszahl 1,30 Promille.

(3) ¹Die Steuermesszahl nach Absatz 2 wird um 30 Prozent ermäßigt, wenn das Grundstück überwiegend zu Wohnzwecken dient. ²Überwiegend dient ein Grundstück zu Wohnzwecken, wenn der Anteil der Wohnnutzung an der gesamten Wohn- und Nutzfläche den Anteil der wohnfremden Nutzung übersteigt.

(4) ¹Die Steuermesszahl nach Absatz 2 wird um 25 Prozent ermäßigt, wenn

1. für das Grundstück eine Förderung nach dem Landeswohnraumförderungsgesetz (LWoFG) durch schriftlichen Verwaltungsakt zugesagt wurde und

2. die sich aus der Förderzusage im Sinne des LWoFG ergebenden Bindungen für jeden Erhebungszeitraum innerhalb des Hauptveranlagungszeitraums bestehen, oder

3. für das Grundstück nach § 13 Absatz 3 des Wohnraumförderungsgesetzes (WoFG) vom 13. September 2001 (BGBl I S. 2376), das zuletzt durch Artikel 42 des Gesetzes vom 20. November 2019 (BGBl I S. 1626, 1652) geändert worden ist, oder nach Maßgabe des Ersten Wohnungsbaugesetzes (Wohnungsbau- und Familienheimgesetz – WoBauG) vom 26. April 1950 (BGBl I S. 83) oder des Zweiten Wohnungsbaugesetzes (Wohnungsbau- und Familienheimgesetz – II. WoBauG) vom 27. Juni 1956 (BGBl I S. 523), zuletzt geändert am 19. August 1994 (BGBl I S. 2137), eine Förderzusage erteilt wurde und

4. die sich aus der Förderzusage im Sinne des WoFG, des WoBauG oder des II. WoBauG ergebenden Bindungen für jeden Erhebungszeitraum innerhalb des Hauptveranlagungszeitraums bestehen.

²Wird ein abgrenzbarer Teil des Steuergegenstandes zu diesem Zwecke genutzt, so ist nur dieser Teil des Grundstücks begünstigt.

(5) ¹Liegen für ein Grundstück die Voraussetzungen des Absatzes 4 nicht vor, wird die Steuermesszahl nach Absatz 2 um 25 Prozent ermäßigt, wenn das jeweilige Grundstück

1. einer Wohnungsbaugesellschaft zugerechnet wird, deren Anteile mehrheitlich von einer oder mehreren Gebietskörperschaften gehalten werden und zwischen der Wohnungsbaugesellschaft und der Gebietskörperschaft oder den Gebietskörperschaften ein Gewinnabführungsvertrag besteht,

2. einer Wohnungsbaugesellschaft zugerechnet wird, die als gemeinnützig im Sinne des § 52 der AO anerkannt ist, oder

3. einer Genossenschaft oder einem Verein zugerechnet wird, der seine Geschäftstätigkeit auf die in § 5 Absatz 1 Nummer 10 Satz 1 Buchstabe a und b des Körperschaftsteuergesetzes genannten Bereiche beschränkt und von der Körperschaftsteuer befreit ist.

²Wird ein abgrenzbarer Teil des Grundstücks zu diesem Zwecke genutzt, so ist nur dieser Teil des Grundstücks begünstigt.³Der Abschlag auf die Steuermesszahl nach Satz 1 wird auf Antrag für jeden Erhebungszeitraum innerhalb des Hauptveranlagungszeitraums gewährt, wenn nachgewiesen wird, dass die jeweiligen Voraussetzungen am Hauptveranlagungsstichtag vorlagen. ⁴Entfallen die Voraussetzungen des Satzes 1 während des Hauptveranlagungszeitraums, ist dies anzuzeigen.

(6) ¹Die Steuermesszahl nach Absatz 2 wird um 10 Prozent ermäßigt, wenn sich auf dem Grundstück Gebäude befinden, die Kulturdenkmale im Sinne des Gesetzes zum Schutz der Kulturdenkmale (Denkmalschutzgesetz) sind. ²Wird ein abgrenzbarer Teil des Grundstücks zu diesem Zwecke genutzt, so ist nur dieser Teil des Steuergegenstandes begünstigt.

(7) Erfüllt ein Grundstück mehrere Vergünstigungstatbestände im Sinne der Absätze 3 bis 6, ergibt sich die Ermäßigung der Steuermesszahl nach Absatz 2 aus der Summe der zu berücksichtigenden Prozentsätze.

Inhaltsübersicht

	Rz.
A. Allgemeine Erläuterungen	1 - 26
I. Normzweck und wirtschaftliche Bedeutung der Vorschrift	1 - 9
II. Entstehung und Entwicklung der Vorschrift	10 - 12
III. Geltungsbereich	13 - 15
IV. Verhältnis zu anderen Vorschriften	16 - 26
B. Systematische Kommentierung	27 - 178
I. Steuermesszahl für land- und forstwirtschaftliche Betriebe (§ 40 Abs. 1 LGrStG BW)	27 - 32
II. Allgemeine Steuermesszahl für Grundstücke (§ 40 Abs. 2 LGrStG BW)	33 - 36
III. Ermäßigung der Steuermesszahl für Wohngrundstücke (§ 40 Abs. 3 LGrStG BW)	37 - 46
1. Wohnzwecke	38 - 40
2. Überwiegende Nutzung für Wohnzwecke	41 - 46
IV. Zusätzliche Ermäßigung für geförderte Wohngrundstücke nach LWoFG und WoFG (§ 40 Abs. 4 LGrStG BW)	47 - 103
1. Förderung nach dem LWoFG BW bzw. dem WoFG	48 - 56
2. Nachweis der Förderung	57 - 61
3. Bestehen der Bindungen nach dem LWoFG bzw. dem WoFG	62 - 86
a) Bei Mietobjekten	65 - 78
aa) Belegungs-, Benennungs- oder Besetzungsrechte	65 - 72
ab) Mietpreisbindungen	73 - 78
b) Bei selbst genutzten Immobilien	79 - 81
c) Bei Modernisierungen	82 - 86
4. Bestehen der Bindungen im Hauptfeststellungszeitpunkt und für jeden Erhebungszeitraum innerhalb des Hauptveranlagungszeitraums	87 - 89
5. Anzeigepflichten	90 - 97
6. Berücksichtigung der ermäßigten Grundsteuer in der Betriebskostenabrechnung	98 - 100
7. Ermäßigung der Steuermesszahl nur für den abgrenzbaren Teil des Steuergegenstandes (§ 40 Abs. 4 Satz 2)	101 - 103
V. Ermäßigung der Steuermesszahl für Grundstücke bestimmter Rechtsträger (§ 40 Abs. 5 LGrStG BW)	104 - 153
1. Begünstigung von Wohnungsbaugesellschaften von Gebietskörperschaften, die mit diesen Gebietskörperschaften einen Gewinnabführungsvertrag geschlossen haben	108 - 113

2. Begünstigung gemeinnütziger Wohnungsbaugesellschaften
(§ 40 Abs. 5 Nr. 2 LGrStG BW) ... 114 - 116
3. Steuerbefreite Vermietungsgenossenschaften nach § 5 Abs. 1 Nr. 10 KStG (§ 40 Abs. 5 Nr. 3 LGrStG BW) ... 117 - 147
   a) Steuerbefreite Geschäftsbereiche ... 118 - 124
   b) Steuerpflichtige Geschäftsbereiche ... 125 - 128
   c) Ermäßigung der Steuermesszahl nur für steuerfreie Geschäfte (§ 40 Abs. 5 Nr. 3 Satz 2 LGrStG BW) ... 129 - 136
   d) Vorrang von § 40 Abs. 4 LGrStG BW vor § 40 Abs. 5 LGrStG BW? ... 137 - 139
   e) Ist § 40 Abs. 5 Nr. 3 LGrStG BW verfassungswidrig?
4. Antragspflicht und Nachweis der Voraussetzungen ... 148 - 153
5. Anzeigepflicht bei Änderungen der Voraussetzungen im Hauptfeststellungszeitraum ... 154
VI. Ermäßigung für Kulturdenkmale (§ 40 Abs. 6 LGrStG BW) ... 155 - 163
   1. Voraussetzungen für die Ermäßigung (§ 40 Abs. 6 Satz 1 LGrStG BW) ... 155 - 160
   2. Ermäßigung der Steuermesszahl nur für Grundstücksteile, die Kulturdenkmale sind (§ 40 Abs. 6 Satz 2 LGrStG BW) ... 161 - 163
VII. Ermäßigung der Steuermesszahl nur für den abgrenzbaren Teil des Grundstücks, der die Fördertatbestände erfüllt (§ 40 Abs. 4 Satz 2, Abs. 5 Satz 2, Abs. 6 Satz 2 LGrStG BW) ... 164 - 173
   1. Aufteilung bei Förderung nach dem LWoFG ... 166
   2. Bei Vermietungsgenossenschaften ... 167
      a) Kfz-Stellplätze ... 167
      b) Photovoltaikanlagen/Blockheizkraftwerke ... 168
      c) Kulturdenkmale ... 169 - 170
   3. Kulturdenkmäler ... 171 - 173
VIII. Zusammentreffen mehrerer Ermäßigungstatbestände in einem Grundstück (§ 40 Abs. 7 LGrStG BW) ... 174 - 178

LITERATUR:

GdW Bundesverband deutscher Wohnungs- und Immobilienunternehmen e.V., Die Vermietungsgenossenschaft, 2020; *Gosch*, Körperschaftsteuergesetz: KStG, 4. Aufl. 2020; *Eisele*, Grundsteuerreform-Umsetzungsgesetz, NWB 39/2021 S. 2903; Koordinierter Erlass der obersten Finanzbehörden der Länder v. 9.11.2021, AEBewGrSt, BStBl 2021 S. 2334.

A. Allgemeine Erläuterungen

I. Normzweck und wirtschaftliche Bedeutung der Vorschrift

Für die Höhe des **Grundsteuermessbetrags** gibt es zwei Stellschrauben: Die Bewertung der Grundstücke und die **Höhe der Steuermesszahl.** Bei der Landesgrundsteuer Baden-Württemberg werden alle nichtlandwirtschaftlichen Grundstücke nach der gleichen Methode bewertet, **Differenzierungen nach der Grundstücksart** erfolgen bei der Bewertung nicht. Dennoch soll es bei der Höhe der Grundsteuer für bestimmte Grundstücke und Eigentümer Ermäßigungen geben. Diese Ermäßigung wird durch die Senkung der Steuermesszahl erreicht. Die Ermäßigungen sind einerseits Ausfluss des Sozialstaatsprinzips, das eine angemessene Berücksichtigung des Wohnbedarfs gebietet; hieraus folgt die allgemeine Ermäßigung für Wohngrundstücke und die zusätzliche Ermäßigung für Wohngrundstücke, die nach dem Landeswohnraumförderungsgesetz (LWoFG) bzw. dem Wohnungsraumförderungsgesetz des Bundes (WoFG) gefördert werden. 1

Mit den Ermäßigungen werden auch **Lenkungszwecke** verfolgt. Deshalb wird unbebautes Wohnbauland höher besteuert als bebaute Wohngrundstücke. Dadurch soll ein Anreiz ge- 2 schaffen werden, mehr Flächen der Wohnnutzung zuzuführen. Auch die **Ermäßigung** für die Grundstücke (nicht nur der Wohngrundstücke) von **bestimmten Unternehmen** der Wohnungswirtschaft dient Lenkungszwecken. Bei diesen Unternehmen, deren Hauptzweck die günstige Versorgung der Bevölkerung mit Wohnraum ist, soll auf deren Antrag hin eine zusätzliche Ermäßigung auf den Grundsteuermessbetrag gewährt werden. Nach der Gesetzesbegründung sollen dadurch zusätzliche Investitionsanreize zur Schaffung von Wohnraum gesetzt werden. Dieses Ziel wird durch das Gesetz nicht erreicht, da diese Unternehmen nicht von der Grundsteuermäßigung profitieren, denn die Grundsteuer wird regelmäßig im Rahmen der Betriebskostenumlage auf die Mieter überwälzt. Insofern profitieren die Mieter solcher Unternehmen und nicht die Unternehmen selbst. Der verfolgte Zweck der Ermäßigung, einen Anreiz für Investitionen durch diese Unternehmen zu schaffen, wird damit nicht erreicht, so dass die Ermäßigung verfassungsrechtlich kritisch zu bewerten ist. Außerdem ist der Kreis der Unternehmen, die von der Ermäßigung profitieren, kritisch zu sehen. Von den in § 40 Abs. 5 LGrStG BW genannten drei Arten von Unternehmen, die die Ermäßigung beantragen können, kann es aus Gründen des Steuerrechts und der Gemeindeordnung nach aktueller Rechtslage zwei Arten überhaupt nicht geben. Von den Wohnungsgenossenschaften profitieren nur die steuerbefreiten Vermietungsgenossenschaften (§ 5 Abs. 1 Nr. 10 KStG). Voll steuerpflichtige Wohnungsgenossenschaften oder Wohnungsunternehmen der Gebietskörperschaften, die keinen Gewinnabführungsvertrag mit der Kommune abgeschlossen haben, sind von der Ermäßigung ausgeschlossen. Selbst wenn ein Wohnungsunternehmen einen Gewinnabführungsvertrag mit seinen Eigentümern abschließen könnte, würde damit der Sinn der Ermäßigung konterkariert. Das Wohnungsunternehmen hätte dann seinen gesamten handelsrechtlichen Jahresüberschuss an die Gebietskörperschaft abzuführen. Wohnungsunternehmen benötigen zur Finanzierung von Investitionen Eigenkapital, das sie vor allem durch die Gewinne aus ihrer Geschäftstätigkeit erwirtschaften müssen. Besteht nun ein Gewinnabführungsvertrag, haben diese Unternehmen ihre erwirtschafteten Gewinne an die Gebietskörperschaft abzuführen. Dadurch wird ihnen aber gerade das für Investitionen erforderliche Eigenkapital entzogen. Der mit § 40 Abs. 5 Nr. 1 LGrStG BW verfolgte Zweck wird damit gerade nicht erreicht.

3 **Kulturdenkmäler** umfassen oft große Grundflächen und sind häufig Einschränkungen bei der Nutzung und den Refinanzierungsmöglichkeiten unterworfen. Zum Ausgleich dieser Nachteile wird eine Ermäßigung auf die Steuermesszahl i. H. von 10 % gewährt, unabhängig davon, ob die Nutzung für Wohn- oder sonstige Zwecke erfolgt.

4 Abs. 7 stellt klar, dass die **Ermäßigungen aufsummiert** werden, wenn ein Grundstück mehrere Ermäßigungstatbestände i. S. der Abs. 3–6 erfüllt (z. B. wenn ein Wohngrundstück gleichzeitig ein Kulturdenkmal ist).

5 Die Ermäßigungen nach den Absätzen 4, 5 Nr. 3 und 6 werden nur für die Grundstücksteile gewährt, die die Voraussetzungen für die Ermäßigungen erfüllen. Wird nur ein **abgrenzbarer Teil** des Grundstücks für die begünstigten Zwecke genutzt, ist nur dieser Teil des Grundstücks begünstigt. Damit hat eine Aufteilung zu erfolgen. Die Gesetzesbegründung geht von einer **räumlichen Aufteilung** aus. Ist eine räumliche Aufteilung nicht möglich, erstreckt sich die Ermäßigung auf das gesamte Grundstück.

6–9 *(Einstweilen frei)*

II. Entstehung und Entwicklung der Vorschrift

Die Vorschrift orientiert sich an § 15 GrStG. Die Regelung zu den Steuermesszahlen (§ 15 Abs. 1 GrStG) sind schon lange Bestandteil des GrStG, entsprechend der erwarteten Veränderungen bei den Grundsteuerwerten wurden die Steuermesszahlen angepasst. Erstmals mit dem GrStRefG[1] wurden die Ermäßigungen für Grundstücke, die der Wohnraumförderung dienen (§ 15 Abs. 2 und 3 GrStG), für Grundstücke bestimmter Rechtsträger (§ 15 Abs. 4 GrStG) und für Baudenkmäler eingeführt. Diese Ermäßigungen wurden auch in das LGrStG BW übernommen.

In der **Gesetzesbegründung des Landesgesetzes (Drucks. 16/8907)** heißt es:

Zu Absatz 1 und 2

Die Steuermesszahlen werden an die geänderten bewertungsrechtlichen Vorschriften und deren steuerliche Auswirkungen angepasst.

Zu Absatz 3

Wohnen ist ein Grundbedürfnis des Menschen, welches gerade in Zeiten angespannter Wohnungsmärkte und Wohnungsnot uneingeschränkt förderwürdig und förderbedürftig ist. Gerade das Sozialstaatsprinzip gebietet eine angemessene Berücksichtigung des Wohnbedarfs. Eine teilweise Verschonung der überwiegend zu Wohnzwecken genutzten Grundstücke durch einen Abschlag bei der Steuermesszahl setzt dieses Anliegen konsequent um. Darüber hinaus soll ein Anreiz geschaffen werden, mehr Flächen der Wohnnutzung zuzuführen, um das Grundbedürfnis besser befriedigen zu können. Die dadurch erfolgte Berücksichtigung von außerfiskalischen Lenkungs- und Förderzwecken wurde vom Bundesverfassungsgericht auch für die Grundsteuer ausdrücklich gebilligt.

Die gleichmäßige Freistellung ist in der Art und der Höhe angezeigt, da das Bedürfnis der Freistellung mit dem Wert korreliert und in der Gesamtschau der wirtschaftlichen Einheiten des Grundvermögens angemessen ist. Dabei wird auf die überwiegende Nutzung des Grundstücks im Sinne von § 37 zu Wohnzwecken abgestellt. Diese Typisierung ist nicht nur in einem Massenverfahren grundsätzlich zulässig, sondern auch aus verwaltungsökonomischer Sicht geboten. Eine mehr als hälftige Nutzung zu Wohnzwecken kann in den meisten Fällen anhand der allgemein geläufigen Wohnflächenverordnung und der Nutzfläche nach DIN 277-1 (Ausgabedatum: 2016-01) eindeutig zugeordnet und vom Steuerpflichtigen ermittelt, wie auch von der Verwaltung gut nachvollzogen werden. Die vorgenommene Grenzziehung einer überwiegenden Nutzung ist leicht verständlich und auch im Hinblick auf die Belastungsgründe gerechtfertigt: Überwiegt die Wohnnutzung nicht, verdrängt die anderweitige Nutzung etwa zu gewerblichen Zwecken die Notwendigkeit der Freistellung des Grundbedürfnisses „Wohnen" auf dem Grundstück. Die zur Herleitung der Typisierung und des Abschlags vorgenommenen Berechnungen zeigen, dass der typische Fall unter Berücksichtigung der Typisierung innerhalb des zulässigen Korridors sachgerecht geregelt wird, ohne dass es dabei zu einer erheblichen Verkomplizierung des Verwaltungsverfahrens kommt. Gerade letzteres muss in einem Masseverfahren aufgrund der Gefahr eines strukturellen Vollzugsdefizits, welches durch ein kompliziertes, schwer administrierbares Verfahren unweigerlich droht, vermieden werden. Eine Beschränkung der Privilegierung auf eine überwiegende Nutzung zu Wohnzwecken ist daher sachgerecht, verständlich und im Sinne der Gleichheit der Besteuerung leicht überprüfbar.

---

1 GrStRefG v. 26.11.2019 (BGBl 2019 I S. 1875).

Zu Absatz 4

Über die allgemeine Privilegierung des Grundbedürfnisses ‚Wohnen' hinaus, wie sie in Absatz 3 vorgesehen ist, sollte gerade zu Gunsten einkommensschwächerer Bevölkerungsgruppen eine (weitere) Förderung des sozialen Wohnungsbaus erfolgen. Absatz 4 bestimmt daher, dass eine weitere Ermäßigung der Steuermesszahl um 25 Prozent für nach Landesrecht oder Bundesrecht entsprechend geförderte Grundstücke erfolgt.

Es ist allgemein anerkannt, dass es sich bei der Schaffung und Verfügbarmachung von ausreichendem Wohnraum für sozial schwächere Bevölkerungsgruppen um einen überragenden Gemeinwohlbelang handelt. Das Sozialstaatsprinzip gebietet insbesondere die Bereitstellung von ausreichendem bezahlbaren sozialen Wohnraum. Die Begünstigung des sozialen Wohnungsbaus bei der Grundsteuerbelastung greift dieses Erfordernis auf und setzt es konsequent durch einen weiteren Abschlag auf die Steuermesszahl um.

Um eine ausdrückliche Förderung des sozialen Wohnungsbaus zu erreichen, knüpft die Grundsteuervergünstigung für den Steuergegenstand Grundstück an das Vorliegen eines Förderbescheides und die Einhaltung der Förderkriterien nach dem Landeswohnraumförderungsgesetz, nach dem Wohnraumförderungsgesetz des Bundes oder der vorherigen Regelung durch das Erste oder Zweite Wohnungsbaugesetz (Wohnungsbau- und Familienheimgesetz – WoBauG) an.

Durch den Rückgriff auf die räumliche Abgrenzbarkeit wird ein klarer Bezug zum Grundbesitz geschaffen. Entscheidend ist daher, dass das Grundstück theoretisch in einen steuerbegünstigten und einen nicht steuerbegünstigten Teil geteilt werden könnte. Hier ist vorrangig auf eine Abgrenzung anhand der tatsächlichen Grundstücksfläche abzustellen. Hilfsweise ist eine Abgrenzung mit Hilfe des Verhältnisses der anteiligen steuerbegünstigten und der nicht steuerbegünstigten Gebäudeflächen zur gesamten Gebäudefläche vorzunehmen.

Zu Absatz 5

Die Vorschrift greift den Grundgedanken des Absatzes 4 auf. Sie berücksichtigt die Belange der Bau- und insbesondere der Wohnungswirtschaft, indem der Lenkungszweck Schaffung und Verfügbarmachung von Wohnraum normenklar für die in Nummer 1 bis 3 abschließend aufgezählten Wohnungsbaugesellschaften, Wohnungsbaugenossenschaften und -vereine auf deren Antrag hin gewährt wird. Mit der Grundsteuervergünstigung sollen zusätzliche Investitionsanreize zur Schaffung von Wohnraum gesetzt werden und zielgenau die Bau- und Wohnungswirtschaft in denjenigen Fällen positiv beeinflussen, bei denen die günstige Versorgung der Bevölkerung mit Wohnraum Hauptzweck ist. Aus diesen Gründen umfasst die Grundsteuervergünstigung nur Wohnungsbaugesellschaften, die mehrheitlich von Gebietskörperschaften beherrscht werden und bei denen ein Gewinn durch Abführung an die jeweiligen Gebietskörperschaften der kommunalen Daseinsfürsorge zu Gute kommt. Entsprechendes gilt für Wohnungsbaugesellschaften, die im Dienste der Allgemeinheit tätig werden und deshalb als gemeinnützig im Sinne des § 52 der Abgabenordnung anerkannt werden oder nach § 5 Absatz 1 Nummer 10 des Körperschaftsteuergesetzes steuerbefreit sind.

Zu Absatz 6

Kulturdenkmäler umfassen oft große Grundflächen mit häufig gleichzeitig vorhandenen Einschränkungen bei der Nutzung und den Refinanzierungsmöglichkeiten. Die Erhaltung von Kulturdenkmälern liegt im öffentlichem Interesse und ist daher zuvorderst eine Aufgabe der öffentlichen Hand. Diese im öffentlichen Interesse liegende Wahrnehmung der Aufgabe durch Private bei gleichzeitig vorliegenden Einschränkungen, die von den privaten Eigentümern im Interesse der Allgemeinheit hinzunehmen sind, sollen bei der Erhebung der Grundsteuer berücksichtigt werden. Durch die Gewährung eines Abschlags auf die Steuermesszahl in Höhe von 10 Prozent wird den besonderen Belangen der Eigentümerinnen und Eigentümer von Baudenkmalen unbürokratisch Rechnung getragen, ohne dabei in die Bewertung der wirtschaftlichen Einheiten für Zwecke der Grundsteuer einzugreifen. Durch den Rückgriff auf die räumliche Abgrenzbarkeit wird ein klarer Bezug zum Grundbesitz geschaffen. Entscheidend ist daher, dass das Grundstück theoretisch in einen steuerbegünstigten und einen nicht steuerbegünstigten Teil geteilt werden könnte. Hier ist vorrangig auf eine Abgrenzung anhand der tatsächlichen Grundstücksfläche abzustellen. Hilfsweise ist eine Abgrenzung mit Hilfe des Verhältnisses der anteiligen steuerbegünstigten und der nicht steuerbegünstigten Gebäudeflächen zur gesamten Gebäudefläche vorzunehmen.

Zu Absatz 7

Absatz 7 regelt die Berechnung der Steuermesszahl nach Absatz 2 bei einem Aufeinandertreffen mehrerer Vergünstigungstatbestände.

Durch das Gesetz zur Änderung des Landesgrundsteuergesetzes und zur Einführung eines gesonderten Hebesatzrechts zur Mobilisierung von Bauland (ÄndGLGrStG)[1] ergaben sich Änderungen in Abs. 4 und 5:

Zu Absatz 4

Aus Doppelbuchstabe aa folgt die Streichung der Voraussetzung des schriftlichen Verwaltungsaktes, wodurch ohne Einschränkung nunmehr alle Fälle der Förderzusage erfasst werden. Dadurch wird eine Ungleichbehandlung in Fällen vermieden, in denen die Förderzusage etwa durch öffentlich-rechtlichen Vertrag erfolgte.

Doppelbuchstaben bb und cc bestimmen, dass für die Gewährung der Ermäßigung der Steuermesszahl die sich aus der Förderzusage ergebenden Bindungen für jeden Erhebungszeitraum innerhalb des Hauptveranlagungszeitraums bestehen müssen. Damit erfolgt eine Klarstellung gegenüber der bisherigen Formulierung.

§ 40 Absatz 4 Satz 2 und Absatz 6 Satz 2

Die Änderung dient der Vereinheitlichung und Klarstellung hinsichtlich der erfassten und begünstigten Art des Grundbesitzes.

§ 40 Absatz 5

Die Spezifizierung bezüglich nur teilweise begünstigen Grundstücken entspricht der Regelung aus den anderen Absätzen und ist nur klarstellend.

(Einstweilen frei)

III. Geltungsbereich

Das LGrStG BW gilt für in Baden-Württemberg belegene Grundstücke.

(Einstweilen frei)

---

1 GBl S. 1029.

IV. Verhältnis zu anderen Vorschriften

16 Bemessungsgrundlage der Grundsteuer ist der **Steuermessbetrag** (§ 39 Satz 1 LGrStG BW). Dieser berechnet sich durch Multiplikation der Steuermesszahl mit dem maßgeblichen Grundsteuerwert. Der Grundsteuerwert für das Grundvermögen ergibt sich aus § 38 LGrStG BW und für Betriebe der Land- und Forstwirtschaft aus § 33 LGrStG BW.

17 Die Bewertung des **land- und forstwirtschaftlichen Vermögens** entspricht derjenigen des Bundesgesetzes. Damit ist es sachgerecht, dass auch die Steuermesszahl derjenigen in § 14 GrStG entspricht.

18 Eine **Ermäßigung** der Steuermesszahl besteht für Grundstücke, die **überwiegend Wohnzwecken** dienen. Die Definition der Wohnung in § 6 Abs. 2 LGrStG BW findet keine Anwendung für § 40 LGrStG BW. Dient ein Grundstück auch anderen als Wohnzwecken, soll die Berechnung der entsprechenden Flächen nach der Wohnflächenverordnung (WFlV) bzw. der DIN 277-01 vorgenommen werden.

19 Bei Grundstücken, für die eine **Bindung nach dem LWoFG oder WoFG** (§ 40 Abs. 4 LGrStG BW) besteht, erhalten nur die geförderten Grundstücksteile eine Ermäßigung von 25 % auf die Steuermesszahl. Auch hier stellt sich ggf. die **Frage der Aufteilung** des Grundstücks in solche Flächen, die nach LWoFG oder WoFG gefördert werden und den nicht geförderten Grundstücksteilen. Die Aufteilung kann nach DIN 277-01 vorgenommen werden.[1] Bei reinen Wohngrundstücken erscheint die Berechnung der entsprechenden Flächen nach der Wohnflächenverordnung (WoFlV) sinnvoll. Besteht die Bindung nicht mehr, greift die Meldepflicht nach § 44 Abs. 2 LGrStG BW und es kann zu einer Neuveranlagung nach § 42 Abs. 2 Nr. 1 LGrStG BW kommen.

20 Nach § 40 Abs. 5 LGrStG BW erfolgt eine Ermäßigung der Steuermesszahl für die **Grundstücke bestimmter Rechtsträger.** Die Ermäßigung für Wohngrundstücke von Wohnungsbaugesellschaften der Gebietskörperschaften (§ 40 Abs. 5 Nr. 1 LGrStG BW) ist vom Abschluss eines Gewinnabführungsvertrages mit der Gebietskörperschaft abhängig. Die einschlägigen gesellschaftsrechtlichen Vorschriften (§§ 291, 302 AktG) für die Anerkennung eines Gewinnabführungsvertrages sind einzuhalten. Für Rechtsträger nach § 40 Abs. 5 Nr. 2 LGrStG BW ist die Verfolgung gemeinnütziger Zwecke nach § 52 der Abgabenordnung erforderlich, wobei es schwer vorstellbar ist, dass Wohnungsunternehmen gemeinnützige Zwecke i.S. des § 52 AO verfolgen können, weil die Tätigkeit eines Wohnungsunternehmens nicht in den Katalog der gemeinnützigen Tätigkeiten nach § 52 AO eingeordnet werden kann. Vermietungsgenossenschaften erhalten die Ermäßigung nur für die Grundstücksteile, die ertragsteuerlich unter die Steuerbefreiung des § 5 Abs. 1 Nr. 10 KStG fallen. Sofern die Genossenschaft voll steuerpflichtig wird, weil die Einnahmen aus nicht begünstigten Geschäften mehr als 10 % der Gesamteinnahmen ausmachen, entfällt für sie die Ermäßigung. Sofern in einem Grundstück Grundstücksteile nach § 5 Abs. 1 Nr. 10 KStG steuerbefreit sind und auch ertragsteuerlich steuerpflichtige Grundstücksteile vorhanden sind, ist eine Aufteilung vorzunehmen. Eine Aufteilung ist nach der Gesetzesbegründung nur vorzunehmen, wenn diese räumlich möglich ist.

21 In den Genuss der ermäßigten Grundsteuermesszahl kommen nur **Kulturdenkmale** i.S. des baden-württembergischen Gesetzes zum Schutz der Kulturdenkmale (DSchG-BW). Auch hier er-

---

[1] Zu Einzelheiten der Berechnung der Bruttogrundfläche siehe Koordinierter Erlass der obersten Finanzbehörden der Länder v. 9.11.2021, AEBewGrSt, BStBl 2021 I S. 2362 ff.

halten nur die Grundstücksteile die Ermäßigung, die diesen Zwecken dienen, und es ist ggf. eine **Aufteilung** auf die verschiedenen Grundstücksteile vorzunehmen.

(Einstweilen frei) 22–26

B. Systematische Kommentierung

I. Steuermesszahl für land- und forstwirtschaftliche Betriebe (§ 40 Abs. 1 LGrStG BW)

Die Vorschrift entspricht § 14 GrStG. Da die Bewertung für **land- und forstwirtschaftliche Betriebe** mit den Regelungen des Bundesgesetzes übereinstimmt, ergibt sich keine Notwendigkeit, die Steuermesszahl anzupassen; sie ist dieselbe wie im Bundesrecht. 27

Auf die Kommentierung von Bock in Grootens, GrStG § 14 Rz. 18–23 wird verwiesen. 28

(Einstweilen frei) 29–32

II. Allgemeine Steuermesszahl für Grundstücke (§ 40 Abs. 2 LGrStG BW)

Aufgrund der abweichenden Bewertung des Grundvermögens im Landesrecht kann die **Steuermesszahl des Bundesrechts nicht übernommen** werden. Häufig ergeben sich nach dem LGrStG BW geringere Grundsteuerwerte als nach dem Bundesrecht, so dass die Steuermesszahl im LGrStG BW höher festgelegt wurde. Erste Berechnungen der Grundsteuerwerte nach dem Landesrecht zeigen aber, dass in den Ballungsräumen teilweise deutlich höhere Grundsteuerwerte anfallen als die bisherigen Einheitswerte. Dagegen liegen in ländlichen Gebieten die Grundsteuerwerte deutlich unter den bisherigen Werten. Ein Ausgleich kann durch den Gesetzgeber nicht erfolgen, vielmehr werden trotz der geänderten Steuermesszahl vor allem ländliche Kommunen gezwungen sein, ihre **Hebesätze** drastisch zu erhöhen, während in den Ballungsräumen die Hebesätze gesenkt werden müssen, um für die Kommunen das gleiche Grundsteueraufkommen wie vor der Reform sicherzustellen. Selbst wenn von der Kommune die Grundsteuerreform aufkommensneutral umgesetzt werden sollte, wird es **innerhalb der Gemeinde** in Bezug auf die Belastung einzelner Grundstücke zu **erheblichen Verschiebungen** kommen. Dies ist gewollt und bedingt durch die neue Bewertung unvermeidlich. 33

Abgesehen von der Höhe der Steuermesszahl entspricht § 40 Abs. 2 LGrStG BW den Regelungen in § 15 Abs. 2 GrStG. Auf die Kommentierung von Bock in Grootens, GrStG § 15 Rz. 22–56 wird verwiesen. 34

(Einstweilen frei) 35–36

III. Ermäßigung der Steuermesszahl für Wohngrundstücke (§ 40 Abs. 3 LGrStG BW)

Für alle Grundstücke, die **überwiegend Wohnzwecken** dienen, wird die Steuermesszahl nach Abs. 2 um 30 % ermäßigt. 37

1. Wohnzwecke

Der Begriff der Wohnung § 6 Abs. 2 LGrStG BW findet keine Anwendung in § 40 LGrStG BW. Eine Definition der Wohnzwecke findet sich nicht in § 40 LGrStG BW. Eine Verwaltungsanweisung bleibt abzuwarten. 38

(Einstweilen frei) 39–40

2. Überwiegende Nutzung für Wohnzwecke

41 Um die ermäßigte Steuermesszahl zu erhalten, muss der Anteil der Wohnnutzung an der gesamten Wohn- und Nutzfläche den Anteil der wohnfremden Nutzung übersteigen. Für die Erlangung der Ermäßigung ist also eine Wohnnutzung von mehr als 50 % der Nutzfläche erforderlich. Nach der Gesetzesbegründung kann die Erfüllung dieser Voraussetzung durch Vorlage einer **Berechnung der Nutzfläche** nach der Wohnflächenverordnung (WoFlV) oder der DIN 277-1 nachgewiesen werden.

42 Nach § 2 WoFlV umfasst die Wohnfläche einer Wohnung die Grundflächen der Räume, die ausschließlich zu dieser Wohnung gehören. Zur Wohnfläche gehören auch die Grundflächen von Wintergärten, Schwimmbädern und ähnlichen nach allen Seiten geschlossenen Räumen sowie Balkonen, Loggien, Dachgärten und Terrassen, wenn sie ausschließlich zu der Wohnung gehören. Nicht zur Wohnfläche gehören die Grundflächen der Zubehörräume, wie Keller, Abstellräume und Kellerersatzräume, Waschküchen, Trockenräume, Bodenräume und Garagen außerhalb der Wohnung. Aufgrund der Nichtberücksichtigung bestimmter Räume erscheint die Verwendung der WoFlV zur Flächenaufteilung nicht geeignet, wenn in dem Gebäude auch Gewerbeflächen vorhanden sind oder die Zubehörflächen nicht gleichmäßig von allen Bewohnern genutzt werden. In diesen Fällen sollte die Berechnung nach der DIN 277-1 erfolgen. Vgl. hierzu → Rz. 166.

43 Die **DIN 277-1** dient zur Ermittlung von Grundflächen und Rauminhalten von Bauwerken im Hochbau. Die DIN regelt z. B. die Berechnung der Nutzfläche, diese umfasst die Grundflächen, die der Nutzung des Bauwerks aufgrund seiner Zweckbestimmung dienen. Die Nettoraumfläche ergibt sich aus der Nutzungsfläche zuzüglich Technik- und Verkehrsflächen. Die Verkehrsfläche umfasst die Flächen, die der horizontalen und vertikalen Verkehrserschließung oder der Verkehrssicherung des Bauwerks dienen, also vor allem Treppenhäuser, Flure und Aufzugsschächte oder die Fahrbahnen und Rangierflächen zwischen den Stellplätzen einer Garage. Zur Technikfläche gehören die Flächen der technischen Anlagen zur Versorgung und Entsorgung, wie z. B. Lagerflächen für Brennstoffe oder der Heizungsraum. Ob die Technik- und Verkehrsflächen bei einem Wohngebäude zur „Wohnfläche" gehören, ergibt sich aus der DIN 277 allerdings nicht. Insofern besteht hier entgegen der Auffassung in der Gesetzesbegründung ein Spielraum bei der Ermittlung. Ob die Finanzverwaltung durch eine Verwaltungsanweisung diesen Spielraum einengt, bleibt abzuwarten.

44 Zum **zeitlichen Aspekt,** ab wann von einer Nutzung zu Wohnzwecken auszugehen ist, vgl. Schmidt in Grootens, LGrStG BW § 44 Rz. 50–54.

45–46 *(Einstweilen frei)*

IV. Zusätzliche Ermäßigung für geförderte Wohngrundstücke nach LWoFG und WoFG (§ 40 Abs. 4 LGrStG BW)

47 Die allgemeine Steuermesszahl nach Abs. 2 wird für die Teile des Grundstücks, die nach dem LWoFG oder nach § 13 Abs. 3 des WoFG gefördert werden, um 25 % ermäßigt. Zur Aufteilung, wenn nur einzelne Grundstücksteile für die nach Abs. 4 geförderten Zwecke verwendet werden, vgl. Schmidt in Grootens, LGrStG BW § 44 Rz. 166.

1. Förderung nach dem LWoFG BW bzw. dem WoFG

Durch die Föderalismusreform im Jahr 2006 ging die Kompetenz für die Wohnraumförderung vom Bund auf die Länder über. Das Wohnraumförderungsgesetz (WoFG) des Bundes war damit nur so lange Rechtsgrundlage der sozialen Wohnraumförderung in Baden-Württemberg, bis es durch das Landeswohnraumförderungsgesetz (LWoFG) v. 11.12.2007 abgelöst wurde. Da Baden-Württemberg ein eigenes Wohnraumfördergesetz erlassen hat, ist das LWoFG die **ausschließliche Rechtsgrundlage für die Wohnraumförderung in Baden-Württemberg**. In den §§ 29–35 LWoFG sind Übergangs- und Überleitungsregelungen vom WoFG auf das LWoFG enthalten. Der Verweis in § 40 Abs. 4 Nr. 3 und Nr. 4 LGrStG BW auf das WoFG dient wohl der Klarstellung, da die Förderbescheide, die vor Inkrafttreten des LWoFG erlassen wurden, sich auf das WoFG beziehen und die Bescheide nicht geändert wurden. Im Folgenden wird deshalb nur auf die für § 40 Abs. 4 LGrStG BW wichtigen Regelungen im LWoFG eingegangen.

Nach § 6 Abs. 1 LWoFG bestehen folgende **Fördertatbestände**, die für die Grundsteuerermäßigung von Bedeutung sein können:

1. der Bau von Wohnraum (§ 4 Abs. 9 LWoFG),
2. der Erwerb neuen Wohnraums (§ 4 Abs. 11 LWoFG),
3. der Erwerb von Belegungsrechten (§ 4 Abs. 13 LWoFG).

Nach § 6 Abs. 2 LWoFG erfolgen die Förderungen nur mit Begründung von Belegungs- und Mietbindungen oder **Bindungen** zum Zwecke der Selbstnutzung (Erwerb von Wohnraum zur Selbstnutzung).

Nach § 22 LWoFG ist auch die **mittelbare Belegung** von Wohnungen möglich. Danach können Belegungs- und Mietbindungen an Ersatzwohnungen begründet werden. Mit dem Zeitpunkt des Übergangs der Belegungsbindung auf die Ersatzwohnungen gelten diese als geförderte Wohnungen i. S. der Förderzusage. Damit erstreckt sich dann die Bindung auf diese Ersatzwohnungen und die Ermäßigung der Steuermesszahl ist nur auf diese Ersatzwohnungen anzuwenden. Die ursprünglich gebundenen Wohnungen kommen dann nicht mehr in den Genuss der Ermäßigung des Steuermessbetrags, da für sie keine Bindung nach dem LWoFG mehr besteht.

Teilweise fördern auch Kommunen den Wohnungsbau durch eigene Förderprogramme außerhalb des LWoFG. Diese **kommunalen Förderprogramme** führen nicht zu einer Ermäßigung der Steuermesszahl, da nur Förderungen nach dem LWoFG begünstigt sind.

(Einstweilen frei) 53–56

2. Nachweis der Förderung

Voraussetzung für die Ermäßigung nach § 40 Abs. 4 LGrStG BW ist das **Bestehen einer Bindung** nach dem LWoFG oder dem WoFG. Nach § 13 Abs. 1 LWoFG wird die Förderung durch einen **schriftlichen Zuwendungsbescheid** der Bewilligungsstelle gewährt (Förderzusage). In der **Förderzusage** sind der Verwendungszweck, die Art, die Höhe und die Bedingungen der Förderung geregelt. Auch der Beginn und das Ende der Bindungsdauer, der Inhalt und der Umfang der Bindungen sowie die höchstzulässige Miete werden in der Förderzusage bestimmt. Während nach dem LGrStG BW i. d. F. vom 4.11.2020 die schriftliche Förderzusage konstitutiv für die Ermäßigung war, ist diese Voraussetzung im ÄndGLGrStG entfallen. Begründet wird der Wegfall des Vorliegens eines schriftlichen Förderbescheids damit, dass nach der Bundesregelung in § 13 Abs. 3 WoFG die Förderzusage auch in Form eines öffentlich-rechtlichen Vertrages erfolgen kann. In Baden-Württemberg erfolgt die Förderzusage ausschließlich in Form eines schriftlichen Zuwendungsbescheid (vgl. § 13 Abs. 1 Satz 1 LWoFG). Insofern wäre die Anpassung an das Bundesgesetz nicht erforderlich gewesen. Bedeutung kann diese klarstellende Regelung allenfalls für alte öffentlich-rechtliche Fördervereinbarungen vor in Kraft treten des LWoFG haben. Diese Fälle dürften in der Praxis sehr selten vorkommen und durch die Übergangsregelungen im LWoFG abgedeckt sein.

58 Ob die Finanzverwaltung Nachweise über das Vorliegen einer Förderzusage bereits bei der Abgabe der Erklärungen zum Grundsteuerwert in jedem Einzelfall anfordern wird, ist noch nicht bekannt. Steuerpflichtigen mit geförderten Wohnungsbeständen ist dennoch zu empfehlen, zu prüfen, ob die schriftlichen Förderzusagen für alle infrage kommenden Wohnungsbestände vorhanden sind, um diese Nachweise dann auf Anforderung der Finanzverwaltung zügig vorlegen zu können.

59 Das Vorliegen einer Förderzusage ist konstitutiv für die Ermäßigung der Steuermesszahl, weil dadurch die Bindung begründet wird. Mit dem Ende der Bindung endet auch die Ermäßigung der Steuermesszahl und es werden Anzeigepflichten ausgelöst (vgl. Schmidt in Grootens § 44 LGrStG BW).

60-61 *(Einstweilen frei)*

3. Bestehen der Bindungen nach dem LWoFG bzw. dem WoFG

62 Ausschließliche Voraussetzung für die Ermäßigung ist, dass Bindungen nach dem LWoFG bestehen. Nach den Durchführungshinweisen des Wirtschaftsministeriums zum Landeswohnraumförderungsgesetz (DH-LWoFG) Ziffer 13 finden die Bindungen mit der vollständigen Rückzahlung des Förderdarlehens bzw. der gewährten Zuschüsse ihr Ende. Damit bestehen nach der **Rückzahlung der Förderdarlehen** bzw. Zuschüsse keine Bindungen mehr und die Voraussetzung für die Ermäßigung des Steuermessbetrags sind nicht mehr gegeben. Dieser Grundsatz des LWoFG kann jedoch durchbrochen werden, wenn wie in § 16 LWoFG geregelt, trotz vollständiger Rückzahlung des Darlehens die **Bindungen** für einen gewissen Zeitraum fortbestehen **(Nachwirkungsfrist)**. § 16 LWoFG betrifft beispielsweise folgende Fälle:

1. Kündigung des Förderdarlehns durch die Bewilligungsstelle wegen Verstoßes gegen die Bestimmungen der Förderzusage. Hier bestehen dann die Bindungen bis zum in der Förderzusage bestimmten Ende der Bindungen fort, längstens jedoch bis zum Ablauf des zehnten Kalenderjahres nach dem Jahr der Rückzahlung.

2. Der Darlehensnehmer zahlt das Förderdarlehen freiwillig vorzeitig vollständig zurück. Hier enden die Bindungen zum Ablauf des achten Kalenderjahres nach dem Jahr der Rückzahlung, sofern nicht das Ende der Bindungen nach der Förderzusage bereits vorher eintritt.

63 Nach dem Wortlaut von § 40 Abs. 4 Nr. 2 und Nr. 4 GrStG, wird in diesen Fällen die **Ermäßigung noch bis zum Ende der Nachwirkungsfrist** gewährt, weil nach § 16 Abs. 1 Satz 1 LWoFG die Bindungen weiterhin bestehen. Die Behandlung dieser Fälle in einer Verwaltungsanweisung zum LGrStG BW bleibt abzuwarten.

64 Die Förderbedingungen hängen davon ab, ob es sich um ein Objekt handelt, das für fremde Wohnzwecke (Vermietung) oder eigene Wohnzwecke genutzt wird, oder ob die Förderung für eine Modernisierungsmaßnahme erfolgt.

a) Bei Mietobjekten

aa) Belegungs-, Benennungs- oder Besetzungsrechte

Förderbedingungen bei Mietwohnungen sind i. d. R. Belegungs- und Preisbindungen. Belegungsbindung ist die öffentlich-rechtliche Verpflichtung des Eigentümers, eine Mietwohnung nur Wohnberechtigten zu überlassen. Die Ausgestaltung der Belegungsbindung kann als allgemeines Belegungsrecht, Benennungsrecht oder Besetzungsrecht ausgestaltet werden. Benennungs- und Besetzungsrechte sind Beschränkungen des Auswahlrechts des Vermieters bei der Neuvermietung der Wohnung. Ein Belegungsrecht ist die Verpflichtung des Eigentümers eine belegungsgebundene Wohnung nur einem Wohnungssuchenden zu überlassen, dessen Wohnberechtigung sich aus einem Wohnberechtigungsschein nach § 15 LWoFG ergibt. Bei einem Benennungsrecht hat die zuständige Stelle (i. d. R. die Gemeinde) das Recht, bei der Neuvermietung einer so gebundenen Wohnung, dem Vermieter mindestens drei Wohnungssuchende zur Auswahl zu benennen. Besetzungsrecht ist das Recht der zuständigen Stelle, einen Wohnungssuchenden zu bestimmen, dem eine bestimmte gebundene Wohnung zu überlassen ist. 65

Aus dem **Wohnberechtigungsschein** ergibt sich, welche maßgebliche Einkommensgrenze vom Wohnungssuchenden eingehalten wird und welche Wohnungsgröße (Wohnfläche) bzw. Raumzahl dem Wohnungssuchenden zusteht (§ 15 Abs. 2 LWoFG). Teilweise sind Wohnungen nach der Förderzusage auch bestimmten Haushalten vorbehalten (z. B. Schwerbehinderten), auch diese Angaben ergeben sich aus dem Wohnberechtigungsschein. 66

Maßgeblich sind die Verhältnisse beim Einzug, spätere Änderungen in der Person des Berechtigten (z. B. Überschreiten der Einkommensgrenzen) führen nicht dazu, dass die Förderbedingungen nicht mehr eingehalten werden. 67

(Einstweilen frei) 68–72

ab) Mietpreisbindungen

Mietpreisbindung ist die öffentlich-rechtliche Verpflichtung des Vermieters, eine Mietwohnung einem Wohnberechtigten nicht zu einer höheren als der nach den Förderbestimmungen **höchstzulässigen Miete** zu überlassen. 73

Ist der Inhaber des Wohnberechtigungsscheins aus der Wohnung ausgezogen, kann die Wohnung den Haushaltsangehörigen zum Gebrauch überlassen werden, auch wenn diese über keinen entsprechenden Wohnberechtigungsschein verfügen. Voraussetzung ist aber, dass der Ehegatte oder der Lebenspartner in der Wohnung verbleibt oder nach dem Tod des Wohnberechtigten Haushaltsangehörige (Personen nach § 563 Abs. 1 und 2 BGB) in das Mietverhältnis eingetreten sind (§ 15 Abs. 6 LWoFG). 74

(Einstweilen frei) 75–78

b) Bei selbst genutzten Immobilien

Nach § 6 Abs. 2 LWoFG bestehen bei der Förderung selbstgenutzter Immobilien **Bindungen zum Zwecke der Selbstnutzung**. Zieht also der Eigentümer innerhalb der Bindungsfrist aus der Wohnung aus, entfällt die Ermäßigung der Steuermesszahl. 79

(Einstweilen frei) 80–81

c) Bei Modernisierungen

82 Nach dem LWoFG wird auch die **Modernisierung** von Wohnraum gefördert. Diese Förderungen können **bindungsfrei** erfolgen. Ob diese Förderungen auch in den Regelungsumfang des § 40 Abs. 4 LGrStG BW einbezogen werden sollen, ist unklar. Nach der Gesetzesbegründung sollen nach § 40 Abs. 4 LGrStG BW einkommensschwächere Bevölkerungsgruppen eine (weitere) Förderung erfahren. Die Förderprogramme zur Modernisierung verlangen Modernisierungsmaßnahmen i. d. R. an Wohngebäuden, die bereits einer Bindung unterliegen. In der Regel wird die Modernisierungsförderung für solche Wohngebäude gewährt, für die bereits eine Bindung besteht, so dass sich hieraus keine neuen Bindung ergibt, die zu einer Ermäßigung der Steuermesszahl führt.

83–86 *(Einstweilen frei)*

4. Bestehen der Bindungen im Hauptfeststellungszeitpunkt und für jeden Erhebungszeitraum innerhalb des Hauptveranlagungszeitraums

87 Voraussetzung für die Ermäßigung der Steuermesszahl ist, dass die sich aus der Förderzusage ergebenden **Bindungen im Hauptfeststellungszeitpunkt** und auch für jeden Erhebungszeitraum innerhalb des Hauptveranlagungszeitraums bestehen (§ 40 Abs. 4 Nr. 2 LGrStG BW) – eine **Einhaltung der Bindungen ist nicht erforderlich.** Die Regelung könnte so verstanden werden, dass die Ermäßigung nicht gewährt wird, wenn bereits im Hauptfeststellungszeitpunkt feststeht, dass die Bindungen nicht in jedem Erhebungszeitraum innerhalb des Hauptfeststellungszeitraums bestehen werden, z. B. weil der Förderzeitraum planmäßig innerhalb des Hauptfeststellungszeitraums endet. Dies würde aber zu einer Ungleichbehandlung mit den Fällen führen, bei denen erst im Laufe des Hauptfeststellungszeitraums die Förderdarlehen außerplanmäßig getilgt werden und dies im Hauptfeststellungszeitpunkt noch nicht absehbar war. Diese Ungleichbehandlung wäre nur zu lösen gewesen, wenn die Ermäßigung bei außerplanmäßigen Tilgungen der Förderdarlehen rückwirkend bis zum Hauptfeststellungszeitpunkt entfallen wäre. Entsprechende Bedenken wurden in einer Stellungnahme zum Gesetzesentwurf geäußert. In der Landtagsdrucksache 16/8907 S. 104 wird hierauf entgegnet, dass es nach § 42 LGrStG BW zu einer rückwirkenden Aufhebung der Ermäßigung nicht kommt. Die Regelung ist damit so zu verstehen, dass im Hauptfeststellungszeitpunkt nur zu prüfen ist, ob jetzt eine Bindung besteht. Maßgebend für die Ermäßigung während des gesamten Hauptfeststellungszeitraums sind zunächst die Verhältnisse im Hauptfeststellungszeitpunkt. Erst wenn im Laufe des Hauptfeststellungszeitraums die Bindungen nicht mehr bestehen sollten, entfällt die Ermäßigung und es besteht eine Anzeigepflicht und die Ermäßigung entfällt.[1]

88 Während im LGrStG BW vom 4.11.2020 die Bedingungen aus der Förderzusage noch in jedem Veranlagungszeitraum des Hauptveranlagungszeitraums einzuhalten waren, ist dies durch das ÄndGLGrStG nicht mehr Voraussetzung für die Ermäßigung der Steuermesszahl; es genügt nun – wie im Bundesgesetz, dass die Bindungen während des Hauptfeststellungszeitraums bestehen. Eine **Einhaltung der Förderbedingungen** ist nun **nicht mehr erforderlich**. Nach der Gesetzesbegründung des ÄndGLGrStG soll die Neuregelung lediglich eine Klarstellung gegenüber der bisherigen Formulierung sein. Die Regelung geht aber über eine Klarstellung weit hinaus. Deutlicher ist hier die Gesetzesbegründung zum Grundsteuerreform-Umsetzungsgesetz. Danach wurde die Regelung geändert, weil im Hinblick auf die Vielzahl der Förderbestimmun-

---

[1] Vgl. Schmidt in Grootens, LGrStG BW § 44.

gen nach dem WoBindG oder den entsprechenden Landesgesetzen die Finanzverwaltung nicht sicher überprüfen kann, ob tatsächlich jede Förderbedingung für jeden Erhebungszeitraum innerhalb des Hauptveranlagungszeitraums auch tatsächlich eingehalten worden ist.

(Einstweilen frei) 89

5. Anzeigepflichten

Sofern die Bindungen nicht mehr bestehen, wird die Ermäßigung nicht mehr gewährt. Es besteht nach § 44 Abs. 2 LGrStG BW eine **Meldepflicht**.[1] 90

(Einstweilen frei) 91–97

6. Berücksichtigung der ermäßigten Grundsteuer in der Betriebskostenabrechnung

Für den Vermieter stellt sich die Frage, wie die **unterschiedlich hohen Grundsteuern für die geförderten und freifinanzierten Wohnungen in der Betriebskostenabrechnung** zu berücksichtigen sind. Nach der Gesetzesbegründung sollen nur die Mieter der sozialgebundenen Wohnungen von der Grundsteuerermäßigung des Abs. 4 profitieren. Die **Betriebskostenverordnung** enthält lediglich eine Aufzählung der umlagefähigen Betriebskosten, jedoch keine Hinweise, wie bei einem solchen Sachverhalt zu verfahren ist. Nach § 20 Abs. 1 Neubaumietenverordnung (NMV) dürfen nur solche Betriebskosten umgelegt werden, die bei gewissenhafter Abwägung aller Umstände und bei ordentlicher Geschäftsführung gerechtfertigt sind. Dies könnte so interpretiert werden, dass auf die geförderten und die freifinanzierten Wohnungen nur die Grundsteuer umgelegt werden darf, die jeweils für sie entstanden ist. Die Umlage der Grundsteuer getrennt nach geförderten und frei finanzierten Wohnungen könnte auch aus § 556 Abs. 1 Satz 2 BGB begründet werden. Dort heißt es: Betriebskosten sind die Kosten, die dem Eigentümer oder Erbbauberechtigten durch das Eigentum oder das Erbbaurecht am Grundstück oder durch den bestimmungsmäßigen Gebrauch des Gebäudes, der Nebengebäude, Anlagen, Einrichtungen und des Grundstücks laufend entstehen. Bei der Umlage muss es sich um konkrete Kosten handeln, welche der Höhe nach feststehen müssen. Wenn nun die Grundsteuer bei gefördertem und bei frei finanziertem Wohnraum unterschiedlich hoch ist, können lediglich die Kosten gegenüber den Mietern abgerechnet werden, die durch den bestimmungsgemäßen Gebrauch des Gebäudes anfallen, eben die aufgrund der Eigenschaft „gefördert" oder „frei finanziert" geringeren oder höheren Grundsteuern, so dass eine Trennung vorzunehmen ist. 98

(Einstweilen frei) 99–100

7. Ermäßigung der Steuermesszahl nur für den abgrenzbaren Teil des Steuergegenstandes (§ 40 Abs. 4 Satz 2)

Die zusätzliche Ermäßigung erhalten nur die **Teile des Grundstücks** die nach dem LWoFG bzw. dem WoFG gefördert sind. Zu Einzelheiten der Aufteilung vgl. → Rz. 164. 101

(Einstweilen frei) 102-103

---

1 Vgl. Schmidt in Grootens, LGrStG BW § 44 Rz. 30.

V. Ermäßigung der Steuermesszahl für Grundstücke bestimmter Rechtsträger (§ 40 Abs. 5 LGrStG BW)

104 Nach der Gesetzesbegründung sollen durch die Grundsteuervergünstigung zusätzliche Investitionsanreize zur Schaffung von Wohnraum gesetzt werden und zielgenau die Bau- und Wohnungswirtschaft in denjenigen Fällen positiv beeinflusst werden, bei denen die günstige Versorgung der Bevölkerung mit Wohnraum Hauptzweck ist. Unglücklicherweise hat der Landesgesetzgeber die vollkommen missglückte Regelung in § 15 Abs. 4 GrStG in § 40 Abs. 5 LGrStG BW übernommen.

105 Die **Grundsteuerermäßigung** erscheint aber **nicht geeignet, Investitionsanreize** für den Wohnungsbau **zu schaffen**. Die Grundsteuer wird im preisgebundenen Wohnraum nach der Betriebskostenverordnung (BetrKV) und beim freifinanzierten Wohnraum nach § 556 Abs. 1 Satz 1 BGB **auf die Mieter umgelegt.** Insofern kommt die Ermäßigung bei der Grundsteuer den Mietern zu Gute, für die Vermieter ergeben sich daraus keine zusätzlichen Investitionsanreize, so dass damit der Gesetzeszweck nicht erreicht werden kann und diese Privilegierung verfassungsrechtlich kritisch zu werten ist. Eine andere Beurteilung könnte sich nur für die (wenigen) Fälle ergeben, in denen keine Umlage der Grundsteuer als Betriebskosten erfolgt.

106–107 *(Einstweilen frei)*

1. Begünstigung von Wohnungsbaugesellschaften von Gebietskörperschaften, die mit diesen Gebietskörperschaften einen Gewinnabführungsvertrag geschlossen haben

108 Zum Begriff der Gebietskörperschaft vgl. Bock in Grootens, GrStG § 15 Rz. 83.

109 Bei einem **Gewinnabführungsvertrag** verpflichtet sich ein Unternehmen, seinen ganzen Gewinn an ein anderes Unternehmen abzuführen (§ 291 AktG). Obwohl die Gebietskörperschaft kein Unternehmen ist, soll sie nach den zivilrechtlichen Regelungen doch Obergesellschaft sein können[1]. Obwohl § 291 AktG eine aktienrechtliche Regelung ist, soll nach dem Beschluss des BGH v. 24.10.1988[2] auch zwischen GmbHs ein Gewinnabführungsvertrag abgeschlossen werden können. Erforderlich ist, dass die Gesellschafterversammlung der herrschenden Gesellschaft dem Vertrag mit einer Mehrheit von mindestens 3/4 der bei der Beschlussfassung abgegebenen Stimmen zustimmt. Abgesehen davon, dass die Gebietskörperschaft kein Unternehmen ist, wie es das AktG fordert, ist die Frage der Willensbildung in der Gemeinde nur schwer mit der Willensbildung in einer GmbH vergleichbar. Von daher bestehen erhebliche Zweifel, ob eine Gemeinde überhaupt mit gesellschaftsrechtlicher Wirkung einen solchen Vertrag abschließen könnte.

110 Ein Gewinnabführungsvertrag mit der Kommune könnte ertragsteuerlich nur bestehen, wenn die Beteiligung an der Wohnungsbaugesellschaft von der Gebietskörperschaft in einem Betrieb gewerblicher Art gehalten würde. Regelmäßig werden diese Beteiligungen aber im vermögensverwaltenden Bereich der Kommune gehalten und es kann kein ertragsteuerlich anzuerkennendes Organschaftsverhältnis zwischen Gebietskörperschaft und Wohnungsbaugesellschaft vorliegen. § 40 Abs. 5 Nr. 1 LGrStG BW verlangt allerdings nur, dass ein Gewinnabführungsvertrag besteht, es wird nicht verlangt, dass dieser Gewinnabführungsvertrag auch steuerlich anzuerkennen ist. Das Erfordernis einen Gewinnabführungsvertrag abzuschließen ergibt

---

[1] Vgl. Neumann in Gosch, KStG § 14 Rz. 183.
[2] BGH, Beschluss v. 24.10.1988 – II ZB 7/88 NWB DAAAB-03175.

sich nach der Gesetzesbegründung nur daher, weil der erwirtschaftete Gewinn der kommunalen Daseinsfürsorge zu Gute kommen soll. Dafür ist es ausreichend, dass die zivilrechtlichen Voraussetzungen für einen Gewinnabführungsvertrag vorliegen, ein ertragsteuerlich anzuerkennendes Organschaftsverhältnis erscheint deshalb nicht erforderlich.

Dem Abschluss eines Gewinnabführungsvertrags mit einer Gemeinde stehen auch die **Regelungen der Gemeindeordnung Baden-Württemberg (GemO BW)** entgegen. So muss nach § 102 Abs. 1 Nr. 1 GemO BW das kommunale Unternehmen nach Art und Umfang in einem angemessenen Verhältnis zur Leistungsfähigkeit der Gemeinde und zum voraussichtlichen Bedarf stehen. Durch einen Gewinnabführungsvertrag hätte die Gemeinde nach § 302 AktG Verluste des Tochterunternehmens in unbegrenzter Höhe zu übernehmen, so dass auch im Hinblick auf die GemO der Abschluss eines Gewinnabführungsvertrags nicht möglich erscheint. Damit geht die Regelung ins Leere, weil es solche Konstellationen, die die Voraussetzungen erfüllen, bei Beachtung der GemO nicht geben kann.

Die Regelung lässt außer Acht, dass auch Kommunen in ihrem vermögensverwaltenden Bereich über Wohnungen verfügen. Teilweise werden diese Wohnungsbestände auch in Eigenbetrieben geführt. Die von der Kommune direkt oder in einem Eigenbetrieb geführten Wohnungen sollen nicht begünstigt sein, obwohl die erwirtschafteten Mittel ebenfalls unmittelbar der kommunalen Daseinsfürsorge dienen. Die ausschließliche Privilegierung der privaten Rechtsform ist nicht nachvollziehbar, damit stellt sich die Frage der Verfassungsmäßigkeit der Regelung.

(Einstweilen frei)

2. Begünstigung gemeinnütziger Wohnungsbaugesellschaften (§ 40 Abs. 5 Nr. 2 LGrStG BW)

Das Wohnungsgemeinnützigkeitsgesetz wurde zum 1.1.1990 abgeschafft. Gemeinnützig sind seither nur Unternehmen, die die in § 52 Abs. 2 AO aufgeführten gemeinnützigen Zwecke erfüllen. Die **Wohnungsvermietung** findet sich **nicht im Katalog der gemeinnützigen Zwecke** in § 52 Abs. 2 AO. Von daher kann es nach heutiger Rechtslage keine gemeinnützigen Wohnungsunternehmen geben.

(Einstweilen frei)

3. Steuerbefreite Vermietungsgenossenschaften nach § 5 Abs. 1 Nr. 10 KStG (§ 40 Abs. 5 Nr. 3 LGrStG BW)

Nach § 5 Abs. 1 Nr. 10 KStG sind Genossenschaften sowie Vereine steuerbefreit von der Körperschaft- uns Gewerbesteuer, soweit sie Wohnungen herstellen oder erwerben und sie den Mitgliedern aufgrund eines Mietvertrags oder aufgrund eines genossenschaftlichen Nutzungsvertrags zum Gebrauch überlassen. Soweit andere Tätigkeiten betrieben werden, sind diese Tätigkeiten steuerpflichtig. Die Steuerbefreiung ist ausgeschlossen, wenn die Einnahmen der Genossenschaft aus den steuerpflichtigen Tätigkeiten 10 % der gesamten Einnahmen übersteigen.

a) Steuerbefreite Geschäftsbereiche

Nach § 40 Abs. 5 Nr. 3 KStG können die Ermäßigung nur Genossenschaften und Vereine beantragen, deren Tätigkeit sich auf § 5 Abs. 1 Nr. 10 Satz 1 Buchst. a und b KStG beschränken und von der Körperschaftsteuer befreit sind. Das KStG spricht auch von Vereinen, meint aber in diesem Zusammenhang Unternehmen, die schon vor Verabschiedung des Genossenschaftsgesetzes gegründet wurden und die damals (nur) mögliche Rechtsform des Vereins gewählt hatten. Im Folgenden wird vereinfachend nur noch von Genossenschaften gesprochen.

119 § 5 Abs. 1 Nr. 10 Satz 1 Buchst. a KStG umfasst die Vermietung eigener Wohnungen an die Mitglieder auf Grund eines Mietvertrags oder auf Grund eines genossenschaftlichen Nutzungsvertrags.

Vermietungsgenossenschaften unterstützen die Kommunen bei der **Unterbringung von Bürgerkriegsflüchtlingen/Asylbewerbern und Obdachlosen.** Dabei ergibt sich dann regelmäßig das Problem, dass wegen der nur vorübergehenden Unterbringung diese Personen nicht Genossenschaftsmitglied werden sollen, sondern die Kommune für diese Personen die entsprechende Anzahl von Genossenschaftsanteilen zeichnet. Damit wären diese Vermietungen nicht mehr steuerfrei möglich. Seit den 1990er Jahren hatte deshalb das BMF Billigkeitsregelungen erlassen, damit auch diese vorübergehenden Unterbringungen steuerfrei erfolgen konnten. Mit dem Jahressteuergesetz 2020 wurde die bislang zeitlich befristete Billigkeitsregelung auf eine dauerhafte gesetzliche Grundlage gestellt und allgemein auf „**Wohnungslose**" ausgeweitet. Dazu wurde § 5 Abs. 1 Nr. 10 KStG um die Sätze 6 und 7 ergänzt. Danach sind diese Vermietungen auch nach § 5 Abs. 1 Nr. 10 Buchst. a und b begünstigt. Dies gilt auch, wenn eine Einweisungsverfügung nach den Ordnungsbehördengesetzen der Länder vorliegt.

120 Nach § 5 Abs. 1 Nr. 10 Satz 1 Buchst. b KStG ist auch das Herstellen oder Erwerben und das Betreiben von Gemeinschaftsanlagen oder Folgeeinrichtungen im Zusammenhang mit der Wohnungsvermietung an Mitglieder begünstigt, wenn diese Einrichtungen überwiegend für Mitglieder bestimmt sind und der Betrieb durch die Genossenschaft notwendig ist. „**Gemeinschaftsanlagen**" und „**Folgeeinrichtungen**" sind noch Begrifflichkeiten aus dem zum 1.1.1990 abgeschafften Wohnungsgemeinnützigkeitsgesetz.

121 **Folgeeinrichtungen** sind bauliche Anlagen, die für eine größere Anzahl von zusammenhängenden Wohnungen notwendig sind, um die bildungsmäßige, soziale oder verwaltungsmäßige Betreuung zu gewährleisten.[1] Beispiele hierfür sind Kindertagesstätten, Kindergärten, Altentagesstätten, Jugendzentren oder Sozialstationen, nicht aber Alten- und Pflegeheime.

122 **Gemeinschaftsanlagen** sind bauliche Anlagen, die für Wohnungen errichtet werden und anstelle der üblicherweise zur Wohnungsnutzung gehörenden Einzelanlagen den Wohnungsberechtigten zur gemeinsamen Benutzung dienen. Dazu gehören gemeinsame Heizungsanlagen oder Tiefgaragen. Nach Rz. 28 des BMF Schreibens v. 22.11.1991[2] wird die Steuerbefreiung nicht dadurch ausgeschlossen, dass Folgeeinrichtungen und Gemeinschaftsanlagen auch von Nichtmitgliedern genutzt werden, sofern die Nutzung durch Mitglieder überwiegt. So können auch Sammel- oder Tiefgaragen Gemeinschaftsanlagen sein, wenn die Nutzung durch die Wohnungsmieter der Genossenschaft überwiegt.

123 Eine **Fortentwicklung des Begriffs der Gemeinschaftsanlagen** ist seit Ende der Wohnungsgemeinnützigkeit, also seit über 30 Jahren nicht mehr erfolgt, so dass noch nicht abschließend geklärt ist, ob der Betrieb von Blockheizkraftwerken (die letztlich nur eine spezielle Heizungs-

---

[1] GdW, Die Vermietungsgenossenschaft S. 52.
[2] BMF Schreiben v. 22.11.1991, Aufhebung der Steuerbefreiung für gemeinnützige Wohnungsunternehmen und Einführung der Steuerbefreiung für Vermietungsgenossenschaften sowie –vereine durch das Steuerreformgesetz 1990, BStBl 1991 I S. 1014.

anlage sein könnten) oder E-Ladesäulen unter den Begriff der Gemeinschaftsanlagen zu fassen sind.

(Einstweilen frei)

b) Steuerpflichtige Geschäftsbereiche

Übt eine Genossenschaft auch andere Tätigkeiten als die in § 5 Abs. 1 Nr. 10 Buchst. a und b KStG genannten aus, sind diese Geschäfte nicht steuerbefreit. Soweit die Einnahmen aus diesen steuerpflichtigen Geschäften 10 % der Gesamteinnahmen übersteigen, wird die Genossenschaft zur Gänze steuerpflichtig.

Zu den nicht begünstigten Tätigkeiten nach § 5 Abs. 1 Nr. 10 KStG Satz 2–5, die die Ermäßigung des Grundsteuermessbetrags ausschließen, zählen z. B.

1. die Wohnungsvermietung an Nichtmitglieder (sofern kein Fall der Vermietung an Wohnungslose vorliegt)
2. die Vermietung angemieteter Wohnungen,
3. die Vermietung von Gewerbeeinheiten,
4. die Einräumung von Erbbaurechten,
5. der Verkauf von in Photovoltaikanlagen oder Blockheizkraftwerken erzeugtem Strom.

(Einstweilen frei)

c) Ermäßigung der Steuermesszahl nur für steuerfreie Geschäfte (§ 40 Abs. 5 Nr. 3 Satz 2 LGrStG BW)

Nach § 40 Abs. 5 Nr. 3 Satz 2 LGrStG BW wird die **Ermäßigung der Steuermesszahl** nur für den abgrenzbaren Teil eines Grundstücks gewährt, der für die nach § 5 Abs. 1 Nr. 10 Satz 1 Buchst. a und b KStG steuerfreien Zwecke verwendet wird. Zur Aufteilung im Einzelnen vgl. → Rz. 167–170.

(Einstweilen frei)

d) Vorrang von § 40 Abs. 4 LGrStG BW vor § 40 Abs. 5 LGrStG BW?

Liegen für ein Grundstück die Voraussetzungen des Abs. 4 (Förderung nach dem LWoFG) nicht vor, erhalten die begünstigten Eigentümer nach § 40 Abs. 5 LGrStG BW ebenfalls eine Ermäßigung der Steuermesszahl um 25 %. Die Vorschrift könnte so gelesen werden, dass die in § 40 Abs. 5 LGrStG BW genannten Rechtsträger zunächst die Erfüllung der Voraussetzungen für die Ermäßigung nach § 40 Abs. 4 LGrStG BW nachzuweisen hätten und erst in einem nächsten Schritt für alle anderen Grundstücke die Ermäßigung nach § 40 Abs. 5 LGrStG BW beantragen könnten. Insbesondere bei Grundstücken, in denen sich geförderte und frei finanzierte Wohnungen befinden, würde dies zu einem erheblichen zusätzlichen Verwaltungsaufwand führen, weil zunächst für die geförderten Wohnungen der Nachweis der Förderung zu führen wäre und zusätzlich dann für die frei finanzierten Wohnungen nachzuweisen wäre, dass die Voraussetzungen des § 40 Abs. 5 LGrStG BW erfüllt sind. Letztlich umfasst die Ermäßigung nach § 40 Abs. 5 LGrStG BW alle Grundstücke der begünstigten Eigentümer und damit auch auch die nach dem LWoFG geförderten Grundstücke. Der Nachweis für das Vorliegen der Voraussetzungen des § 40 Abs. 5 LGrStG BW dürfte deutlich einfacher zu führen sein, als die nach § 40 Abs. 4 LGrStG BW geforderten Nachweise. Von daher ist § 40 Abs. 5 Satz 1 LGrStG BW nur so zu verstehen, dass die Ermäßigung nach § 40 Abs. 4 LGrStG BW nicht zusätzlich zur Ermäßigung nach § 40 Abs. 5 LGrStG BW gewährt wird, es aber nicht erforderlich ist, vorrangig die Einhaltung der Voraussetzungen des § 40 Abs. 4 LGrStG BW darzulegen.

138–139   *(Einstweilen frei)*

e) Ist § 40 Abs. 5 Nr. 3 LGrStG BW verfassungswidrig?

140   Wie bereits vorangehend gezeigt wurde, fehlt es der Regelung des § 40 Abs. 5 LGrStG BW an der erforderlichen **Zielgenauigkeit** und es stellt sich damit die Frage, ob die Regelung in dieser Form **verfassungsgemäß** ist. Letztlich können nach der Ausgestaltung der Regelung tatsächlich nur Vermietungsgenossenschaften in den Genuss der Ermäßigung kommen. Von der Ermäßigung sind voll steuerpflichtige Genossenschaften, Wohnungsbaugesellschaften der Gebietskörperschaften (ohne Gewinnabführungsvertrag) und die Gebietskörperschaften selbst mit ihren Wohnungsbeständen ausgeschlossen.

141   Der BFH hat sich in seinem Urteil v. 10.12.2014[1] mit der Frage der **Gleichbehandlung** von Steuerpflichtigen beschäftigt. Sachverhalt des Urteils war die Begünstigung steuerbefreiter Vermietungsgenossenschaften sowie bestimmter Körperschaften (voll steuerpflichtige Wohnungsgenossenschaften, Wohnungsbaugesellschaften der Gebietskörperschaften, Stiftungen, etc. aus dem Bereich der Wohnungswirtschaft) bei der Nachversteuerung des Endbestandes des EK 02 (§ 38 Abs. 5 und 6 KStG 2002 i.d.F. des JStG 2008). Nach dem BFH-Urteil war diese Besserstellung von sachlichen Gründen getragen und verstieß damit nicht gegen den Gleichheitssatz des Art. 3 Abs. 1 GG. Nach den vom BFH zierten Urteilen des BVerfG bedürfen Differenzierungen stets der Rechtfertigung durch Sachgründe, die dem Ziel und dem Ausmaß der Ungleichbehandlung angemessen sind. Durch § 40 Abs. 5 Nr. 3 LGrStG BW knüpft die Differenzierung bei der Grundsteuer an eine körperschaftsteuerrechtliche Regelung an. Dies ist kritisch zu sehen, weil voll steuerpflichtige Genossenschaften, Kommunen oder Wohnungsunternehmen der Gebietskörperschaften überwiegend keine andere Mietenpolitik als steuerbefreite Vermietungsgenossenschaften betreiben.

142   Im Übrigen wird auch der **Zweck der Vorschrift verfehlt,** der nach der Gesetzesbegründung darin bestehen soll, die Belange der Bau- und insbesondere der Wohnungswirtschaft zu berücksichtigen und dadurch Investitionsanreize zur Schaffung von Wohnraum zu setzen und zielgenau die Bau- und Wohnungswirtschaft in denjenigen Fällen positiv zu beeinflussen, bei denen die günstige Versorgung der Bevölkerung mit Wohnraum Hauptzweck ist. Da voll steuerpflichtige Baugenossenschaften und auch kommunale Wohnungsunternehmen keine andere Mietenpolitik als steuerbefreite Vermietungsgenossenschaften betreiben, entspringt die Privilegierung der Vermietungsgenossenschaften keinem Sachgrund und im Übrigen setzt der ertragsteuerliche Status der steuerfreien Vermietungsgenossenschaft auch nicht voraus, dass eine moderate Mietenpolitik betrieben wird.

143   Nach der Rechtsprechung des BVerfG[2] darf ein Steuergesetz zwar zu einer steuerlichen Verschonung führen, die einer gleichmäßigen Belastung der jeweiligen Steuergegenstände innerhalb einer Steuerart widerspricht, wenn der Gesetzgeber das Verhalten der Steuerpflichtigen aus Gründen des Gemeinwohls fördern oder lenken will. Das bedeutet zunächst aber nur, dass er seine Leistungen nicht nach unsachlichen Gesichtspunkten, also nicht willkürlich verteilen

---
1 BFH, Urteil v. 10.12.2014 - I R 76/12, BStBl II 2016 S. 237.
2 Ausführlich dargestellt im BFH, Urteil v. 10.12.2014 - I R 76/12, BStBl II 2016 S. 237.

darf. Sachbezogene Gesichtspunkte stehen ihm in weitem Umfang zu Gebote, solange die Regelung sich nicht auf eine der Lebenserfahrung geradezu widersprechende Würdigung der jeweiligen Umstände stützt und insbesondere der Kreis der von der Maßnahme Begünstigten sachgerecht abgegrenzt ist. Wie bereits dargestellt, ist die Abgrenzung nicht sachgerecht, da ein Teil der durch § 40 Abs. 5 LGrStG BW begünstigten Unternehmen überhaupt nicht existiert und Unternehmen, die nach der Gesetzesbegründung ebenfalls gefördert werden sollen, nicht in die Förderung einbezogen sind.

Die **Verfassungswidrigkeit** könnte auch darauf beruhen, dass die Zwecke, wegen derer die in § 40 Abs. 5 KStG genannten Unternehmen privilegiert werden sollen, mit der Privilegierung überhaupt nicht erreicht werden können. Die Grundsteuer wird i. d. R. im Rahmen der Betriebskostenabrechnung auf die Mieter umgelegt und ist damit bei diesen Unternehmen ein durchlaufender Posten, einen wirtschaftlichen Vorteil haben diese Unternehmen aus der ermäßigten Steuermesszahl nicht und es können dadurch auch keine Investitionsanreize geschaffen werden. 144

Die Gesetzesbegründung für die Privilegierung von Wohnungsunternehmen der Gebietskörperschaften mit Gewinnabführungsvertrag lautet, dass die Gewinnabführung an die jeweiligen Gebietskörperschaften der kommunalen Daseinsfürsorge zu Gute komme. In diesem Zusammenhang ist dann zu fragen, warum die Wohnungsbestände der Kommunen, welche diese in ihrem vermögensverwaltenden Bereich halten, nicht auch in die Privilegierung einbezogen werden. Die Einnahmen aus diesen Beständen dienen unzweifelhaft ebenso der kommunalen Daseinsvorsorge. 145

(Einstweilen frei) 146–147

4. Antragspflicht und Nachweis der Voraussetzungen

Entgegen den Regelungen in den Abs. 3, 4 und 6, bei denen die Ermäßigung von Amts wegen zu berücksichtigen ist ("wird ermäßigt"), ergibt sich die **Ermäßigung der Steuermesszahl nach Abs. 5 nur auf Antrag** des Steuerpflichtigen. Vorschriften, in welcher Weise oder welchem Zeitraum der Antrag zu stellen ist, bestehen nicht. Liegen die Voraussetzungen für die Ermäßigung am Hauptveranlagungsstichtag vor, wird die Ermäßigung für den gesamten Hauptveranlagungszeitraum gewährt. Ein Zwang, diesen Antrag zu stellen, besteht nicht. Faktisch hat das Unternehmen aber bei Umlage der Grundsteuer als Betriebskosten auf die Mieter einen solchen Antrag zu stellen, da nach § 556 BGB bei den Betriebskosten der Grundsatz der Wirtschaftlichkeit zu beachten ist. Sollte das Unternehmen aus welchen Gründen auch immer einen Antrag nicht stellen, könnten die Mieter die Zahlung der Grundsteuer bei der Betriebskostenabrechnung verweigern, soweit eine Ermäßigung in Betracht gekommen wäre. Da im Gesetz keine Antragsfristen genannt sind, kann der Antrag bis zur Unanfechtbarkeit der Veranlagung gestellt werden. 148

Wie der **Nachweis** zu führen ist, dass das Unternehmen den Ermäßigungstatbestand erfüllt, ergibt sich aus der Gesetzesbegründung nicht. Aus den Körperschaftsteuerbescheiden ergibt sich der Status der **steuerbefreiten Vermietungsgenossenschaft** nicht unmittelbar. In Baden-Württemberg ist dem Köperschaftsteuerbescheid der Vermietungsgenossenschaften seit dem Veranlagungszeitraum 2019 eine Anlage zum Bescheid beigefügt. In der Anlage wird festgestellt: „Die Körperschaft ist teilweise nach § 5 Abs. 1 Nr. 10 von der Körperschaftsteuer befreit." Zwar ist diese Bescheinigung eigentlich zur Vorlage bei Kreditinstituten zum Zwecke der 149

Freistellung von der Kapitalertragsteuer gedacht, doch dürfte diese Bescheinigung auch für die Grundsteuer ein hinreichender Nachweis der Steuerbefreiung sein.

150   Da es Baugesellschaften der Gebietskörperschaften mit Gewinnabführungsvertrag und gemeinnützige Wohnungsunternehmen nicht gibt, braucht auf die Möglichkeit des Nachweises bei diesen Unternehmen nicht weiter eingegangen zu werden.

151–153   *(Einstweilen frei)*

5. Anzeigepflicht bei Änderungen der Voraussetzungen im Hauptfeststellungszeitraum

154   Die Ermäßigung der Steuermesszahl wird für den gesamten Hauptveranlagungszeitraum gewährt. Sind die in § 40 Abs. 5 LGrStG BW genannten Voraussetzungen für die Ermäßigung der Steuermesszahl während eines Veranlagungszeitraums im Hauptfeststellungszeitraums nicht mehr erfüllt, besteht nach § 40 Abs. 5 Satz 3 LGrStG BW eine Anzeigepflicht. Daneben besteht auch noch eine **Anzeigepflicht** nach § 44 Abs. 5 Satz 3 LGrStG BW.[1]

VI. Ermäßigung für Kulturdenkmale (§ 40 Abs. 6 LGrStG BW)

1. Voraussetzungen für die Ermäßigung (§ 40 Abs. 6 Satz 1 LGrStG BW)

155   Wie im Bundesrecht (§ 15 Abs. 5 GrStG)[2] wird bei Gebäuden, die **Kulturdenkmale** darstellen, die Steuermesszahl um 10 % gesenkt. Sofern neben der Ermäßigung für Kulturdenkmale noch weitere Ermäßigungen greifen, z. B. nach § 40 Abs. 4 oder 5 LGrStG BW, werden die Ermäßigungen kumuliert gewährt. Vgl. → Rz. 174–178.

156   In den Genuss der Ermäßigung kommen Kulturdenkmale i. S. des Gesetzes zum Schutz der Kulturdenkmale (DSchG-BW). Nach § 2 Abs. 1 DSchG BW sind Gebäude dann Kulturdenkmale, wenn an deren Erhaltung aus wissenschaftlichen, künstlerischen oder heimatgeschichtlichen Gründen ein öffentliches Interesse besteht. Nach § 3a Nr. 3 DSchG BW erfasst das Landesamt für Denkmalpflege die Kulturgüter in Listen. Kulturdenkmale von besonderer Bedeutung genießen zusätzlichen Schutz und werden in das Denkmalbuch eingetragen (§ 12 DSchG BW). Ohne die Eintragung in die **Liste der Kulturdenkmale** oder in das **Denkmalbuch** erfolgt keine Ermäßigung der Steuermesszahl.

157   Alle Kulturdenkmale des Landes Baden-Württemberg sind in der zentralen Denkmaldatenbank ADABweb verzeichnet. Die Datenbank ist nicht für die Allgemeinheit verfügbar. Es würde die Arbeit der Verwaltung und der Steuerpflichtigen deutlich erleichtern, wenn diese Datenbank im Zuge der Grundsteuerreform der Öffentlichkeit zugänglich gemacht würde. Aus Gründen des Datenschutzes soll dies aber nicht erfolgen.

158–160   *(Einstweilen frei)*

---

[1] Vgl. Schmidt in Grootens, GrStG § 44 LGrStG BW, Rz. 36–38.
[2] Vgl. Bock in Grootens, GrStG § 15 Rz. 100–130.

2. Ermäßigung der Steuermesszahl nur für Grundstücksteile, die Kulturdenkmale sind (§ 40 Abs. 6 Satz 2 LGrStG BW)

Nach § 40 Abs. 6 Satz 2 LGrStG BW wird die Ermäßigung der Steuermesszahl nur für den abgrenzbaren Teil eines Grundstück gewährt, der ein Kulturdenkmal ist. Zur **Aufteilung** von begünstigten und nicht begünstigten Grundstücksteilen vgl. → Rz. 171.

(Einstweilen frei) 162–163

VII. Ermäßigung der Steuermesszahl nur für den abgrenzbaren Teil des Grundstücks, der die Fördertatbestände erfüllt (§ 40 Abs. 4 Satz 2, Abs. 5 Satz 2, Abs. 6 Satz 2 LGrStG BW)

Gemeinsam ist den Absätzen 4, 5 Nr. 3 und 6, dass nur die **Teile von Grundstücken** die Ermäßigung erhalten, die entsprechend der **Begünstigungszwecke verwendet** werden. Sofern das Grundstück räumlich abgrenzbare Teile enthält, die nicht begünstigt sind, ist eine Aufteilung vorzunehmen. Der Begriff „**abgrenzbar**" ist in diesem Zusammenhang bisher im Steuerrecht nicht definiert. Nach der Gesetzesbegründung wird auf die räumliche Abgrenzbarkeit abgehoben. Entscheidend ist daher, dass die Grundstücksfläche theoretisch in einen steuerbegünstigten und einen nicht steuerbegünstigten Teil geteilt werden könnte. Hier ist nach der Gesetzesbegründung vorrangig auf eine Abgrenzung anhand der tatsächlichen Grundstücksfläche abzustellen. Hilfsweise ist eine Abgrenzung mithilfe des Verhältnisses der anteiligen begünstigten und der nicht begünstigten Gebäudeflächen zur gesamten Gebäudefläche vorzunehmen. Eine Aufteilung nach den Grundstücksflächen wird nur in wenigen Fällen möglich sein, der weit häufigere Fall dürfte sein, dass die Abgrenzung anhand der Gebäudeflächen vorzunehmen ist.

Sofern auf einem Grundstück zwei Gebäude stehen, von denen eines vollständig für die begünstigten Zwecke und das andere für nicht begünstigten Zwecke verwendet wird, ist die Abgrenzung nach der tatsächlichen Grundstückfläche relativ leicht und eindeutig und auch vom Ergebnis her zutreffend zu bewerkstelligen. Häufig wird dies aber gerade nicht der Fall sein, weil in dem Baukörper nur ein Teil den geförderten Zwecken dient. Die **Aufteilung** kann in diesen Fällen nach der **Wohnflächenverordnung** (vgl. → Rz. 42) oder nach der **DIN 277-1** erfolgen (vgl. → Rz. 43).

Für die einzelnen Fördertatbestände der Abs. 4–6 ergeben sich folgende Besonderheiten:

1. Aufteilung bei Förderung nach dem LWoFG

In der Praxis des geförderten Geschosswohnungsbaus – insbesondere in Baden-Württemberg – besteht häufig die Konstellation, dass in einem Wohngebäude neben geförderten auch Wohnungen ohne Förderung vorhanden sind. Nur für den **räumlich abgrenzbaren Teil des Grundstücks/Gebäudes**, für den eine Förderzusage vorliegt, wird die Steuermesszahl ermäßigt. Da in solchen Fällen in den Förderbescheiden die geförderten Wohnungen ausdrücklich genannt sind, ist das Erfordernis der räumlichen Abgrenzbarkeit der geförderten Wohnungen regelmäßig erfüllt.

BEISPIEL: Die Wohnfläche gemäß der WoFlV beträgt 1.826 m^2, davon entfallen 342 m^2 auf die geförderten Wohnungen. Damit ergibt sich ein Anteil der geförderten Wohnungen nach der WoFlV von 18,7 %.

Neben der Wohnfläche bestehen in dem Gebäude folgende weitere Flächen mit insgesamt 651 m², die in die Berechnung nach der DIN 277 einbezogen werden, aber nicht bei der Flächenberechnung nach der WoFlV berücksichtigt werden.

1.	Verkehrsflächen des Treppenhauses	93 m²
2.	Fahrrad-, Trocken- und Kinderwagenräume	174 m²
3.	Verkehrsflächen im Untergeschoss	114 m²
4.	Technikräume	123 m²
5.	Kellerräume der Mieter	147 m²
		651 m²

Einschließlich dieser Räume ergibt sich nach der DIN 277 eine Fläche von 2.477 m². Die unter 1.–4. genannten Räume werden im gleichen Umfang von allen Mietern genutzt. Die Kellerräume werden im Beispielsfall von den nach dem LWoFG geförderten Mietern nicht genutzt. Es ergibt sich damit nach der DIN 277 folgende Aufteilung:

Von den Räumen nach 1.–4. mit insgesamt 504 m² entfallen auf die Sozialmieter 18,7 %, also 94 m². Damit ergibt sich folgende Flächenaufteilung:

	Sozialmieter	andere Mieter
Wohnfläche	342 m²	1.484 m²
Verkehrsflächen etc.	94 m²	410 m²
Kellerräume	0 m²	147 m²
gesamter Anteil	436 m²	2.041 m²
Prozentualer Anteil	17,6 %	82,4 %

Das Beispiel zeigt auch, dass die Unterschiede nach den verschiedenen Möglichkeiten der Flächenberechnung häufig gering sind.

Beträgt der Grundsteuerwert 125.000 €, so entfallen davon bei Berechnung nach der WoFlV 23.250 € auf die geförderten Wohnungen und bei Berechnung nach der DIN 277 22.000 €.

2. Bei Vermietungsgenossenschaften

a) Kfz-Stellplätze

167 Ein in der Praxis häufig anzutreffender Fall bei Vermietungsgenossenschaften ist, dass Stellplätze an Nichtmitglieder vermietet werden. Hier ist dann zu unterscheiden, ob diese Stellplätze in einer Tiefgarage oder im Freien vermietet werden. Nach der Gesetzesbegründung könnte es hier zu unterschiedlichen Aufteilungsmaßstäben kommen. Eine **Aufteilung** wäre nach der Gesetzesbegründung **grds. anhand der Grundstücksflächen** vorzunehmen, weil eine räumliche Aufteilung möglich ist. Dies kann dann aber zu u. E. unzutreffenden Ergebnissen führen, wie das folgende Beispiel zeigt:

BEISPIEL: Ein Grundstück mit einer Fläche von 1.000 m² hat einen Grundsteuerwert von 500.000 €.

a) Auf dem Grundstück befindet sich ein Wohnhaus mit einer überbauten Fläche von 400 m² und 6 Stellplätzen im Freien, von denen jeder eine Fläche von 10 m² einnimmt. Damit ist insgesamt eine Fläche von 460 m² überbaut. Von den Stellplätzen ist einer an ein Nichtmitglied vermietet. Bei Durchführung einer grundstücksbezogenen Aufteilung ergäbe sich ein Anteil des steuerpflichtig vermieteten Stellplatzes von 10 m²/460 m², so dass ein Anteil des Grundsteuerwertes von 2,17 % nicht in die Ermäßigung einzubeziehen wäre, also ein Grundsteuerwert von 10.850 € (2,17 % von 500.000 €).

b) Die 6 Stellplätze (vgl. a) befinden sich in einer Tiefgarage, die Nutzfläche des Hauses beträgt inklusive Tiefgarage 1.500 m². Damit wäre bei Vermietung eines Stellplatzes in der Tiefgarage ein Anteil von

10 m²/1.500 m², also 0,67 % mit einem Grundsteuerwert von 3.350 € nicht in die Ermäßigung des § 40 Abs. 5 Nr. 3 einzubeziehen.

Das Beispiel zeigt, dass es hier zu erheblichen Verwerfungen kommen kann, je nach dem, ob sich der Stellplatz im Freien oder in einer Tiefgarage befindet. Hinzu kommt, dass die Mieter von Stellplätzen häufig wechseln, so dass hier relativ häufig Anzeigen zu erstatten sein werden, wenn die Stellplatznutzung zwischen Mitgliedern und Nichtmitgliedern hin und her wechselt. Vgl. Schmidt in Grootens LGrStG BW § 44 Rz. 36–38.

b) Photovoltaikanlagen/Blockheizkraftwerke

Erzeugt die Genossenschaft über eine **Photovoltaikanlage** oder ein **Blockheizkraftwerk** Strom und verkauft diesen entweder an die Mieter oder an den Netzbetreiber gehören die Einnahmen daraus zu den steuerpflichtigen Geschäften der Genossenschaft. Befindet sich die Photovoltaikanlage auf dem Dach des Wohngebäudes, ist eine **räumliche Abgrenzung nicht möglich,** so dass die Photovoltaikanlage bei der Aufteilung unberücksichtigt bleibt. Würde es sich um eine Freiflächenanlage handeln, so wäre die Abgrenzung anhand der Grundstücksnutzung vorzunehmen. Bei Blockheizkraftwerken dürfte mangels eindeutiger räumlicher Abtrennung ebenfalls keine Aufteilung vorzunehmen sein, da das Blockheizkraftwerk neben Strom auch Wärme zur Beheizung des Hauses produziert. Eine Positionierung der Finanzverwaltung bleibt abzuwarten.

c) Kulturdenkmale

Abgrenzungsprobleme ergeben sich auch bei **Kulturdenkmälern, die im Eigentum einer Vermietungsgenossenschaft** stehen und neben steuerfreien Wohnzwecken auch steuerpflichtigen Zwecken dienen.

Durch das **Zusammentreffen verschiedener Ermäßigungstatbestände** und solchen Tatbeständen in einem Grundstück, die eine Ermäßigung ausschließen, können sich komplexe Situationen ergeben. Es bleibt abzuwarten, wie dies in den Erklärungsvordrucken und auch den späteren Bescheiden abgebildet werden kann. Diese Sachverhalte werden in der Praxis nur sehr selten anzutreffen sein, dennoch empfiehlt sich beim Vorliegen solcher Sachverhalte eine gründliche Prüfung der Steuerbescheide.

Ein Beispiel soll das verdeutlichen:

BEISPIEL: Ein Wohngebäude steht im Eigentum einer Vermietungsgenossenschaft. Der Grundsteuerwert beträgt 350.000 €. Von der Gesamtfläche des Gebäudes (1.000 m²) sind 700 m² in das Denkmalbuch eingetragen. Von der Fläche, die nicht als Kulturdenkmal ausgewiesen ist, werden 100 m² an Mitglieder und 200 m² an Nichtmitglieder (also steuerpflichtig) vermietet. Von der Fläche des Denkmals sind 150 m² dem steuerbefreiten und 550 m² dem steuerpflichtigen Geschäftsbereich der Vermietungsgenossenschaft zuzurechnen.

Die Ermittlung der Steuermesszahl hat deshalb in mehreren Schritten zu erfolgen.

1. Schritt Aufteilung des Grundsteuerwerts auf den nach § 40 Abs. 6 LGrStG BW begünstigten (Kulturdenkmal) Bereich und den nicht begünstigten Bereich

Vom Grundsteuerwert von insgesamt	350.000 €
entfallen auf den nach § 40 Abs. 6 LGrStG begünstigten Teil 700 m²/1.000 m²	245.000 €
entsprechend auf den nicht begünstigten Bereich (300 m²/1.000 m²)	105.000 €

2. Schritt Aufteilung der anteiligen Grundsteuerwerte auf den nach § 40 Abs. 5 Nr. 3 LGrStG BW begünstigten (steuerfrei nach § 5 Abs. 1 Nr. 10 KStG) Zweck und die nicht begünstigten Zwecke

a)	Vom nach § 40 Abs. 6 LGrStG BW begünstigten Teil von	245.000 €
	entfallen auf den steuerpflichtigen Bereich (550 m²/700 m²)	192.500 €
	und auf den steuerbefreiten Bereich (150 m²/700 m²)	52.500 €
b)	Vom nicht nach § 40 Abs. 6 LGrStG BW begünstigten Bereich	105.000 €
	entfallen auf den steuerpflichtigen Bereich (200 m²/300 m²)	70.000 €
	und auf den steuerbefreiten Bereich (100 m²/300 m²)	35.000 €

Darauf sind dann die einschlägigen Ermäßigungstatbestände anzuwenden:

	KEIN DENKMAL		DENKMAL (§ 40 Abs. 6)	
	steuerbefreit	steuerpflichtig	steuerbefreit	steuerpflichtig
Anteiliger Grundsteuerwert	35.000,00 €	70.000,00 €	52.500,00 €	192.500,00 €
Steuermesszahl	1,3 v. T.	1,3 v. T.	1,3 v. T.	1,3 v. T.
Ermäßigung Wohngebäude	30,00 %	30,00 %	30,00 %	30,00 %
Ermäßigung Vermietungsgenossenschaft (§ 40 Abs. 5 Nr. 3)	25,00 %		25,00 %	
Ermäßigung Kulturdenkmal (§ 40 Abs. 6)			10,00 %	10,00 %
Maßgebliche Steuermesszahl nach Abzügen	0.585 v. T	0,91 v. T.	0,455 v. T.	0,78 v. T.
Anteiliger Grundsteuermessbetrag	20,00 €	64,00 €	24,00 €	150,00 €
Einheitlicher Grundsteuermessbetrag für das Grundstück	258,00 €			

3. Kulturdenkmäler

171 Ist nur ein abgrenzbarer Teil des Steuergegenstandes ein Kulturdenkmal, so ist nur dieser Teil des Steuergegenstandes begünstigt. Bei der Einstufung nur eines Gewölbekellers in einem Gebäude als Kulturdenkmal, ergeben sich daraus **komplexe Abgrenzungsfragen und Aufteilungsrechnungen.** Ist allerdings nur die Fassade eines Gebäudes ein Denkmal, so ist das gesamte Gebäude als Kulturdenkmal begünstigt, weil eine räumliche Abgrenzung nicht erfolgen kann. Eine diesbezügliche Verwaltungsanweisung bleibt allerdings abzuwarten.

172–173 *(Einstweilen frei)*

VIII. Zusammentreffen mehrerer Ermäßigungstatbestände in einem Grundstück (§ 40 Abs. 7 LGrStG BW)

174 Erfüllt ein **Grundstück mehrere** der in § 40 Abs. 3–6 LGrStG BW genannten **Vergünstigungstatbestände**, ergibt sich die Ermäßigung der Steuermesszahl aus der Summe der zu berücksichtigenden Prozentsätze. Dabei ist zu berücksichtigen, dass die Kumulierung der Ermäßigung nach Abs. 4 und 5 nicht möglich ist, da diese Ermäßigungen sich tatbestandlich (Abs. 5 Satz 1) ausschließen.

Für eine verfahrensrechtlich „saubere" Feststellung der Ermäßigungstatbestände bei den Steuermesszahlen wäre eine Artfeststellung für jedes Grundstück sinnvoll. Eine Artfeststellung ist im Landesgrundsteuergesetz bisher nicht vorgesehen, weil man wohl davon ausgegangen ist, dass dies nicht erforderlich ist, weil ja alle Grundstücke gleich bewertet werden. Es bleibt abzuwarten, wie die Verwaltung und die Rechtsprechung mit diesem Mangel des Gesetzes umgehen werden, oder ob der Gesetzgeber hier eine Nachbesserung vornimmt.

Es können sich damit ausgehend von den möglichen Ermäßigungstatbeständen folgende Steuermesszahlen ergeben:

Wohngebäude

Messzahl vor Abzug v. T.	1,3	1,3	1,3	1,3	1,3	1,3
Wohngrundstück Förderung LWoFG Rechtsträger Kulturdenkmal	30 %	30 % 25 % 10 %	30 % 25 %	30 % 25 %	30 % 25 % 10 %	30 % 25 % 10 %
Summe der Abzüge	30 %	40 %	55 %	55 %	65 %	65 %
Messzahl nach den Abzüge	0,91	0,78	0,585	0,585	0,455	0,455

Nichtwohngebäude

Messzahl vor Abzug v. T.	1,3	1,3	1,3	1,3
Wohngrundstück Förderung LWoFG Rechtsträger Kulturdenkmal		25 %	25 % 10 %	10 %
Summe der Abzüge		25 %	35 %	10 %
Messzahl nach den Abzügen v. T.	1,3	0,975	0,845	1,17

Es können in einem Grundstück auch abweichende Ermäßigungssätze zum Tragen kommen, z. B. wenn sich auf einem Grundstück neben freifinanzierten auch nach dem LWoFG geförderte Wohnungen befinden (vgl. → Rz. 166), nur ein Teil eines Grundstücks ein Kulturdenkmal ist (vgl. → Rz. 171) oder bei einer Vermietungsgenossenschaft auf einem Grundstück abgrenzbare steuerpflichtige und steuerfreie Tätigkeiten erfolgen (vgl. → Rz. 167–170). Es ist dann erforderlich, den für das Gesamtgrundstück ermittelten Grundsteuerwert aufzuteilen. Die Feststellung dieser Aufteilung erfolgt bei der Ermittlung des Grundsteuerwertes.

§ 41 LGrStG BW Hauptveranlagung

(1) ¹Die Steuermessbeträge werden auf den Hauptfeststellungszeitpunkt (§ 15) allgemein festgesetzt (Hauptveranlagung). ²Dieser Zeitpunkt ist der Hauptveranlagungszeitpunkt.

(2) ¹Der bei der Hauptveranlagung festgesetzte Steuermessbetrag gilt vorbehaltlich der §§ 42 und 45 von dem Kalenderjahr an, das zwei Jahre nach dem Hauptveranlagungszeitpunkt beginnt. ²Dieser Steuermessbetrag bleibt unbeschadet der §§ 42 und 45 bis zu dem Zeitpunkt maßgebend, von dem an die Steuermessbeträge der nächsten Hauptveranlagung wirksam werden. ³Der sich nach den Sätzen 1 und 2 ergebende Geltungszeitraum ist der Hauptveranlagungszeitraum.

(3) Ist die Festsetzungsfrist nach § 169 AO bereits abgelaufen, so kann die Hauptveranlagung unter Zugrundelegung der Verhältnisse im Hauptveranlagungszeitpunkt mit Wirkung für einen späteren Veranlagungszeitpunkt vorgenommen werden, für den diese Frist noch nicht abgelaufen ist.

Inhaltsübersicht	Rz.
A. Allgemeine Erläuterungen	1 - 5
I. Entstehung und Entwicklung der Vorschrift	1 - 2
II. Geltungsbereich	3 - 5
B. Systematische Kommentierung	6 - 12
I. Hauptveranlagung und Hauptveranlagungszeitpunkt (§ 41 Abs. 1 LGrStG BW)	6 - 8
II. Hauptveranlagungszeitraum (§ 41 Abs. 2 LGrStG BW)	9 - 11
III. Nachholung der Hauptveranlagung bei abgelaufener Festsetzungsfrist (§ 41 Abs. 3 LGrStG BW)	12

A. Allgemeine Erläuterungen

I. Entstehung und Entwicklung der Vorschrift

1 Die Vorschrift wurde erstmalig im Jahr 2020 in das LGrStG BW aufgenommen.

2 In der **Gesetzesbegründung** heißt es hierzu:
Die Norm entspricht dem bisherigen § 16 GrStG und regelt das Steuermessbetragsverfahren.

II. Geltungsbereich

3 Das LGrStG BW gilt für in Baden-Württemberg belegene Grundstücke.

4–5 *(Einstweilen frei)*

B. Systematische Kommentierung

I. Hauptveranlagung und Hauptveranlagungszeitpunkt (§ 41 Abs. 1 LGrStG BW)

6 Die Vorschrift entspricht § 16 Abs. 1 GrStG. Während § 16 Abs. 1 GrStG bezüglich des Hauptfeststellungszeitpunkts lediglich auf § 221 Abs. 2 BewG verweist, verweist § 41 Abs. 1 LGrStG BW auf § 15 LGrStG BW; dieser entspricht § 221 Abs. 1 und 2 BewG und in seinem Abs. 3 auch § 266 Abs. 1 BewG. Hierbei handelt es sich um einen weitergehenden Verweis auf die Regelungen zum Hauptfeststellungszeitpunkt, materiell-rechtliche Auswirkungen ergeben sich daraus nicht. Auf die Kommentierung von Bock in Grootens, GrStG § 16 Rz. 19–32 wird verwiesen.

7–8 *(Einstweilen frei)*

II. Hauptveranlagungszeitraum (§ 41 Abs. 2 LGrStG BW)

9 Die Vorschrift entspricht § 16 Abs. 2 GrStG. § 41 Abs. 2 LGrStG BW verweist auf die §§ 42 und 45 LGrStG BW, während § 16 Abs. 2 GrStG auf die §§ 17 und 20 GrStG verweist. Der Inhalt von § 42 LGrStG BW entspricht § 17 GrStG; § 45 LGrStG BW entspricht § 20 GrStG. Auf die Kommentierung von Bock in Grootens, GrStG § 16 Rz. 33–39 wird verwiesen.

10–11 *(Einstweilen frei)*

III. Nachholung der Hauptveranlagung bei abgelaufener Festsetzungsfrist (§ 41 Abs. 3 LGrStG BW)

Die Vorschrift entspricht § 16 Abs. 3 GrStG. Auf die Kommentierung von Bock in Grootens, GrStG § 16 Rz. 40–41 wird verwiesen. 12

§ 42 LGrStG BW Neuveranlagung

(1) Wird eine Wertfortschreibung (§ 16 Absatz 1) oder eine Zurechnungsfortschreibung (§ 16 Absatz 2) durchgeführt, so wird der Steuermessbetrag auf den Fortschreibungszeitpunkt neu festgesetzt (Neuveranlagung).

(2) Der Steuermessbetrag wird auch dann neu festgesetzt, wenn dem Finanzamt bekannt wird, dass

1. Gründe, die im Feststellungsverfahren über den Grundsteuerwert nicht zu berücksichtigen sind, zu einem anderen als dem für den letzten Veranlagungszeitpunkt festgesetzten Steuermessbetrag führen oder
2. die letzte Veranlagung fehlerhaft ist; § 176 der AO ist hierbei entsprechend anzuwenden; das gilt jedoch nur für Veranlagungszeitpunkte, die vor der Verkündung der maßgeblichen Entscheidung eines obersten Gerichts des Bundes liegen.

(3) ¹Der Neuveranlagung werden die Verhältnisse im Neuveranlagungszeitpunkt zugrunde gelegt. ²Neuveranlagungszeitpunkt ist

1. in den Fällen des Absatzes 1 der Beginn des Kalenderjahres, auf den die Fortschreibung durchgeführt wird;
2. in den Fällen des Absatzes 2 Nummer 1 der Beginn des Kalenderjahres, auf den sich erstmals ein abweichender Steuermessbetrag ergibt. ³§ 41 Absatz 3 ist entsprechend anzuwenden;
3. in den Fällen des Absatzes 2 Nummer 2 der Beginn des Kalenderjahres, in dem der Fehler dem Finanzamt bekannt wird, bei einer Erhöhung des Steuermessbetrags jedoch frühestens der Beginn des Kalenderjahres, in dem der Steuermessbescheid erteilt wird.

(4) Treten die Voraussetzungen für eine Neuveranlagung zwischen dem Hauptveranlagungszeitpunkt und dem Zeitpunkt des Wirksamwerdens der Steuermessbeträge (§ 41 Absatz 2) ein, so wird die Neuveranlagung auf den Zeitpunkt des Wirksamwerdens der Steuermessbeträge vorgenommen.

Inhaltsübersicht	Rz.
A. Allgemeine Erläuterungen	1 - 5
I. Entstehung und Entwicklung der Vorschrift	1 - 2
II. Geltungsbereich	3 - 5
B. Systematische Kommentierung	6 - 17
I. Neuveranlagung bei Fortschreibung des Grundsteuerwerts (§ 42 Abs. 1 LGrStG BW)	6 - 9
II. Neuveranlagung ohne Fortschreibung des Grundsteuerwerts (§ 42 Abs. 2 LGrStG BW)	10 - 13
III. Neuveranlagungszeitpunkt (§ 42 Abs. 3 LGrStG BW)	14 - 16
IV. Neuveranlagungszeitpunkt bei einer Neuveranlagung zwischen Hauptveranlagungszeitpunkt und Wirksamwerden der Steuermessbeträge (§ 42 Abs. 4 LGrStG BW)	17

A. Allgemeine Erläuterungen

I. Entstehung und Entwicklung der Vorschrift

1 Die Vorschrift wurde erstmalig im Jahr 2020 in das LGrStG BW aufgenommen.

2 In der **Gesetzesbegründung** heißt es hierzu:

Die Norm entspricht dem bisherigen § 17 GrStG und regelt korrespondierend zu den Regelungen über die Feststellung eines aktualisierten Besteuerungswertes das Erfordernis einer Neuveranlagung.

II. Geltungsbereich

3 Das LGrStG BW gilt für in Baden-Württemberg belegene Grundstücke.

4–5 *(Einstweilen frei)*

B. Systematische Kommentierung

I. Neuveranlagung bei Fortschreibung des Grundsteuerwerts (§ 42 Abs. 1 LGrStG BW)

6 § 42 Abs. 1 LGrStG BW regelt **Neuveranlagungen** wegen Wert- oder Zurechnungsfortschreibungen. Im GrStG erfolgt auch eine Neuveranlagung bei einer Artfortschreibung; da im LGrStG BW keine Artfeststellung vorgesehen ist, hat hier auch keine Artfortschreibung zu erfolgen. Ein Wechsel der Vermögensart wird regelmäßig auch eine Wertfortschreibung auslösen, so dass auch in diesen Fällen eine Neuveranlagung notwendig wird. Wertfortschreibungen innerhalb des Hauptveranlagungszeitraums werden im LGrStG BW eine deutlich geringere Rolle spielen als im GrStG, weil es im LGrStG BW zu einer Wertfortschreibung nur kommen kann, wenn sich die Grundstücksfläche ändert, z. B. weil Teilflächen veräußert werden. Änderungen in der Bebauung oder der Art der Bebauung bzw. Nutzung bleiben bei der Bewertung unberücksichtigt und können damit auch nicht zu einer Neuveranlagung wegen Änderung des Grundsteuerwertes führen. Diese Änderungen können sich auf die Ermäßigung der Steuermesszahl auswirken und dann zu einer Neuveranlagung nach § 42 Abs. 2 LGrStG BW führen.

7 § 42 Abs. 1 LGrStG BW entspricht § 17 Abs. 1 GrStG, auf die Kommentierung von Bock in Grootens, GrStG § 17 Rz. 22–30 wird verwiesen.

8–9 *(Einstweilen frei)*

II. Neuveranlagung ohne Fortschreibung des Grundsteuerwerts (§ 42 Abs. 2 LGrStG BW)

10 In § 40 LGrStG BW sind zahlreiche Ermäßigungen der Steuermesszahl vorgesehen. Fallen die Gründe für die Ermäßigung weg, kommt es zur Neuveranlagung und es besteht eine Anzeigepflicht der Steuerpflichtigen.[1] Liegen in den Fällen des § 40 Abs. 3, 4 und 6 erstmals die Gründe für eine Ermäßigung der Steuermesszahl vor, so reicht eine Mitteilung des Steuerpflichtigen an das Finanzamt, da die Neuveranlagung von Amts wegen vorzunehmen ist[2]. Im Fall des § 40

---

[1] Vgl. Schmidt in Grootens, LGrStG BW § 44 Rz. 17 ff.
[2] Schmidt in Grootens, LGrStG BW § 44 Rz. 72–75.

Abs. 5 LGrStG BW ist ein Antrag des Steuerpflichtigen auf Neuveranlagung erforderlich, wenn die Voraussetzungen für die Ermäßigung erstmals gegeben sind.

§ 42 Abs. 2 LGrStG BW entspricht § 17 Abs. 2 GrStG, auf die Kommentierung von Bock in Grootens, GrStG § 17 Rz. 31–44 wird verwiesen. 11

(Einstweilen frei) 12–13

III. Neuveranlagungszeitpunkt (§ 42 Abs. 3 LGrStG BW)

§ 42 Abs. 3 LGrStG BW entspricht § 17 Abs. 3 GrStG, auf die Kommentierung von Bock in Grootens, GrStG § 17 Rz. 45–52 wird verwiesen. 14

(Einstweilen frei) 15–16

IV. Neuveranlagungszeitpunkt bei einer Neuveranlagung zwischen Hauptveranlagungszeitpunkt und Wirksamwerden der Steuermessbeträge (§ 42 Abs. 4 LGrStG BW)

§ 42 Abs. 4 LGrStG BW entspricht inhaltlich § 17 Abs. 4 GrStG. Nach dem Gesetzeswortlaut des § 42 Abs. 4 LGrStG BW müssen die Voraussetzungen für die Neuveranlagung „**zwischen**" dem Hauptveranlagungszeitpunkt und dem Zeitpunkt des Wirksamwerdens der Steuermessbeträge eintreten. In der Bundesregelung wird statt dem Wort „zwischen" das Wort „während" verwendet. Materiell-rechtliche Unterschiede ergeben sich daraus nicht. Auf die Kommentierung von Bock in Grootens, GrStG § 17 Rz. 53–54 wird verwiesen. 17

§ 43 LGrStG BW Nachveranlagung

(1) Wird eine Nachfeststellung (§ 17 Absatz 1) durchgeführt, so wird der Steuermessbetrag auf den Nachfeststellungszeitpunkt festgesetzt (Nachveranlagung).

(2) Der Steuermessbetrag wird auch dann nachträglich festgesetzt, wenn der Grund für die Befreiung des Steuergegenstandes von der Grundsteuer wegfällt, der für die Berechnung der Grundsteuer maßgebende Grundsteuerwert (§ 38 Absatz 1) aber bereits festgestellt ist.

(3) ¹Der Nachveranlagung werden die Verhältnisse im Nachveranlagungszeitpunkt zugrunde gelegt. ²Nachveranlagungszeitpunkt ist

1. in den Fällen des Absatzes 1 der Beginn des Kalenderjahres, auf den der Grundsteuerwert nachträglich festgestellt wird;

2. in den Fällen des Absatzes 2 der Beginn des Kalenderjahres, der auf den Wegfall des Befreiungsgrundes folgt; § 41 Absatz 3 ist entsprechend anzuwenden.

(4) Treten die Voraussetzungen für eine Nachveranlagung zwischen dem Hauptveranlagungszeitpunkt und dem Zeitpunkt des Wirksamwerdens der Steuermessbeträge (§ 41 Absatz 2) ein, so wird die Nachveranlagung auf den Zeitpunkt des Wirksamwerdens der Steuermessbeträge vorgenommen.

Inhaltsübersicht	Rz.
A. Allgemeine Erläuterungen	1 - 5
I. Entstehung und Entwicklung der Vorschrift	1 - 2
II. Geltungsbereich	3 - 5

B. Systematische Kommentierung	6 - 15
I. Nachveranlagung bei Nachfeststellung des Grundsteuerwerts (§ 43 Abs. 1 LGrStG BW)	6 - 8
II. Nachveranlagung bei Wegfall einer Steuerbefreiung (§ 43 Abs. 2 LGrStG BW)	9 - 11
III. Nachveranlagungszeitpunkt (§ 43 Abs. 3 LGrStG BW)	12 - 14
IV. Nachveranlagungszeitpunkt bei einer Nachveranlagung zwischen Hauptveranlagungszeitpunkt und Wirksamwerden der Steuermessbeträge (§ 43 Abs. 4 LGrStG BW)	15

A. Allgemeine Erläuterungen

I. Entstehung und Entwicklung der Vorschrift

1   Die Vorschrift wurde erstmalig im Jahr 2020 in das LGrStG BW aufgenommen.

2   In der **Gesetzesbegründung** heißt es hierzu:
Die Norm entspricht dem bisherigen § 18 GrStG und regelt korrespondierend zu den Regelungen über die Feststellung eines neuen Besteuerungswertes das Erfordernis einer Nachveranlagung.

II. Geltungsbereich

3   Das LGrStG BW gilt für in Baden-Württemberg belegene Grundstücke.

4–5   *(Einstweilen frei)*

B. Systematische Kommentierung

I. Nachveranlagung bei Nachfeststellung des Grundsteuerwerts (§ 43 Abs. 1 LGrStG BW)

6   § 43 Abs. 1 LGrStG BW entspricht § 18 Abs. 1 GrStG, auf die Kommentierung von Bock in Grootens, GrStG § 18 Rz. 20–26 wird verwiesen.

7–8   *(Einstweilen frei)*

II. Nachveranlagung bei Wegfall einer Steuerbefreiung (§ 43 Abs. 2 LGrStG BW)

9   § 43 Abs. 2 LGrStG BW entspricht § 18 Abs. 2 GrStG, auf die Kommentierung von Bock in Grootens, GrStG § 18 Rz. 27–31 wird verwiesen.

10–11   *(Einstweilen frei)*

III. Nachveranlagungszeitpunkt (§ 43 Abs. 3 LGrStG BW)

12   § 43 Abs. 3 LGrStG BW entspricht § 18 Abs. 3 GrStG, auf die Kommentierung von Bock in Grootens, GrStG § 18 Rz. 32–38 wird verwiesen.

13–14   *(Einstweilen frei)*

IV. Nachveranlagungszeitpunkt bei einer Nachveranlagung zwischen Hauptveranlagungszeitpunkt und Wirksamwerden der Steuermessbeträge (§ 43 Abs. 4 LGrStG BW)

§ 43 Abs. 4 LGrStG BW entspricht inhaltlich § 18 Abs. 4 GrStG. Nach dem Gesetzeswortlaut des § 43 Abs. 4 LGrStG BW müssen die Voraussetzungen für die Neuveranlagung „zwischen" dem Hauptveranlagungszeitpunkt und dem Zeitpunkt des Wirksamwerdens der Steuermessbeträge eintreten. In der Bundesregelung wird statt dem Wort „zwischen" das Wort „während" verwendet. Materiell rechtliche Unterschiede ergeben sich daraus nicht. Auf die Kommentierung von Bock in Grootens, GrStG § 18 Rz. 39–40 wird verwiesen. 15

§ 44 LGrStG BW Anzeigepflicht

(1) ¹Jede Änderung in der Nutzung oder in den Eigentumsverhältnissen eines ganz oder teilweise von der Grundsteuer befreiten Steuergegenstandes hat derjenige anzuzeigen, der nach § 10 als Steuerschuldner in Betracht kommt. ²Die Anzeige ist innerhalb von drei Monaten nach Eintritt der Änderung bei dem Finanzamt zu erstatten, das für die Festsetzung des Steuermessbetrags zuständig ist.

(2) ¹Den Wegfall der Voraussetzungen für die ermäßigte Steuermesszahl nach § 40 Absatz 3 bis 6 hat derjenige anzuzeigen, der nach § 10 als Steuerschuldner in Betracht kommt. ²Die Anzeige ist innerhalb von drei Monaten nach dem Wegfall der Voraussetzungen bei dem Finanzamt zu erstatten, das für die Festsetzung des Steuermessbetrags zuständig ist.

Inhaltsübersicht	Rz.
A. Allgemeine Erläuterungen	1 - 16
I. Normzweck und wirtschaftliche Bedeutung der Vorschrift	1 - 5
II. Entstehung und Entwicklung der Vorschrift	6 - 8
III. Geltungsbereich	9 - 10
IV. Verhältnis zu anderen Vorschriften	11 - 16
B. Systematische Kommentierung	17 - 81
I. Form der Anzeige	17 - 19
II. Anzeigepflicht aufgrund gewährter Grundsteuerbefreiung (§ 44 Abs. 1 LGrStG BW)	20 - 22
III. Anzeigepflichten bei Wegfall der Voraussetzungen für die ermäßigte Steuermesszahl (§ 44 Abs. 2 LGrStG BW)	23 - 65
1. Ermäßigung der Steuermesszahl bei Grundstücken, die überwiegend Wohnzwecken dienen (§ 40 Abs. 3 LGrStG BW)	26 - 29
2. Ermäßigung der Steuermesszahl bei Grundstücken, die nach dem LWoFG oder dem WoFG gefördert werden (§ 40 Abs. 4 LGrStG BW)	30 - 35
3. Ermäßigung der Steuermesszahl für bestimmte Eigentümer (§ 40 Abs. 5 LGrStG BW)	36 - 40
4. Ermäßigung der Steuermesszahl für Kulturdenkmäler (§ 40 Abs. 6 LGrStG BW)	41 - 44
5. Folgen der Anzeige	45 - 47
6. Anzeige nur bei Wegfall der Voraussetzungen für die ermäßigte Steuermesszahl	48 - 65
a) Fälle bei überwiegender Nutzung zu Wohnzwecken (§ 40 Abs. 3 LGrStG BW)	50 - 54
b) Fälle bei Vermietungsgenossenschaften § 40 Abs. 5 Nr. 3 LGrStG BW	55 - 65
ba) Änderungen im steuerpflichtigen Bereich der Vermietungsgenossenschaft	55 - 60
bb) Vollständiger Wegfall der ertragsteuerlichen Steuerfreiheit der Vermietungsgenossenschaft	61 - 65

IV. Anzeigepflichtiger	66 - 68
V. Zuständiges Finanzamt	69 - 71
VI. Keine Anzeigepflicht, wenn die Voraussetzungen für die Ermäßigung des Steuermessbetrages erstmals erfüllt sind	72 - 75
VII. Folgen einer unterlassenen oder verspäteten Anzeige	76 - 80
VIII. Anzeigepflicht im Übergangszeitraum bis 31.12.2024	81

A. Allgemeine Erläuterungen

I. Normzweck und wirtschaftliche Bedeutung der Vorschrift

1   Abs. 1 enthält die **Mitteilungspflicht** für **Änderungen in der Nutzung** oder in den Eigentumsverhältnissen eines ganz oder teilweise von der Grundsteuer befreiten Grundstücks.

2   Sofern die **Voraussetzungen** für die ermäßigte Steuermesszahl nach § 40 Abs. 3–6 LGrStG BW **entfallen** sind, hat der Steuerschuldner dies anzuzeigen. Weiter enthält die Vorschrift eine **Frist** für die Meldung und den **Adressaten** der Meldung.

3   Die Anzeigepflicht soll sicherstellen, dass die **Finanzbehörde Kenntnis beim Wegfall der Voraussetzungen** für die Steuerbefreiung bzw. die Ermäßigung der Steuermesszahl erlangt und dies im Wege einer **Neuveranlagung** berücksichtigen kann.

4–5   *(Einstweilen frei)*

II. Entstehung und Entwicklung der Vorschrift

6   Die Vorschrift wurde erstmalig im Jahr 2020 in das LGrStG BW (verkündet als Art. 1 des Gesetzes zur Regelung einer Landesgrundsteuer vom 4.11.2020, GBl S. 974) aufgenommen.

7   In der **Gesetzesbegründung (Drucks. 16/8907)** für das Landesgesetz heißt es hierzu:

Die Vorschrift stellt strukturell sicher, dass die zuständige Finanzbehörde beim Wegfall der Voraussetzungen für die Steuerbefreiung Kenntnis erlangt und dies im Wege einer Neuveranlagung berücksichtigen kann. Gleiches gilt für den Wegfall eines privilegierenden Tatbestands im Sinne von § 40 Absatz 3 bis 6.

8   *(Einstweilen frei)*

III. Geltungsbereich

9   Das LGrStG BW gilt für in Baden-Württemberg belegene Grundstücke.

10   *(Einstweilen frei)*

IV. Verhältnis zu anderen Vorschriften

11   Die Anzeigepflicht nach Abs. 1 betrifft jede **Änderung** in der **Nutzung** oder in den Eigentumsverhältnissen eines ganz oder teilweise nach den §§ 4–6 LGrStG BW von der **Grundsteuer befreiten Grundstücks**.

12   Nach Abs. 2 besteht die Anzeigepflicht, wenn die **Voraussetzungen für die Ermäßigung der Steuermesszahl** nach § 40 Abs. 3–6 LGrStG BW **nicht mehr gegeben** sind. Die Anzeigepflicht

nach § 44 Abs. 2 LGrStG BW besteht neben der Anzeigepflicht aus § 40 Abs. 5 Satz 3 LGrStG BW.

Aufgrund der Anzeige kommt es gegebenenfalls zur **Neuveranlagung** gem. § 42 Abs. 2 Nr. 1 LGrStG BW. 13

Beim **Unterlassen** der Anzeige oder **verspäteter Anzeige** sind **Verspätungszuschläge** (§ 152 AO) zu verhängen. Weiter kann das Versäumen der Anzeigepflicht eine **leichtfertige Steuerverkürzung** (§ 378 AO) oder eine **Steuerhinterziehung** (§ 370 AO) sein, woraus sich dann eine **Verlängerung der Festsetzungsfrist** ergibt (§ 169 Abs. 2 AO). Beim Unterlassen der Anzeige kommt es zur **Anlaufhemmung** nach § 170 Abs. 2 AO. Zusätzlich werden bei einer Steuerhinterziehung Hinterziehungszinsen festgesetzt (§ 235 AO) 14

Die **Frist für die Anzeige** berechnet sich nach § 108 AO entsprechend der §§ 187 ff. BGB. 15

(Einstweilen frei) 16

B. Systematische Kommentierung

I. Form der Anzeige

Das LGrStG BW macht keine Vorgaben zur **Form der Anzeige**. Der BFH hat zur Anzeigepflicht nach § 19 GrEStG, die vergleichbar mit der Anzeigepflicht nach § 44 LGrStG BW ist, verlangt, dass – übertragen auf die Grundsteuer – die Anzeige grds. an die Bewertungsstelle des zuständigen Finanzamts übermittelt werden muss. Es genügt aber auch, wenn sich eine nicht ausdrücklich an die Bewertungsstelle des Finanzamts adressierte Anzeige nach ihrem Inhalt eindeutig an die Bewertungsstelle richtet. Dazu ist erforderlich, dass die Anzeige als eine solche nach dem LGrStG BW gekennzeichnet ist und ihrem Inhalt nach ohne weitere Sachprüfung – insbesondere ohne, dass es insoweit einer näheren Aufklärung über den Anlass der Anzeige und ihre grundsteuerrechtliche Relevanz bedürfte – erkennbar an die Bewertungsstelle gerichtet ist. 17

(Einstweilen frei) 18–19

II. Anzeigepflicht aufgrund gewährter Grundsteuerbefreiung (§ 44 Abs. 1 LGrStG BW)

§ 44 Abs. 1 LGrStG BW entspricht inhaltlich § 19 Abs. 1 GrStG.[1] 20

(Einstweilen frei) 21–22

III. Anzeigepflichten bei Wegfall der Voraussetzungen für die ermäßigte Steuermesszahl (§ 44 Abs. 2 LGrStG BW)

Die Vorschrift entspricht inhaltlich weitgehend § 19 Abs. 2 GrStG. 23

(Einstweilen frei) 24–25

---

1 Vgl. Bock in Grootens, GrStG § 19 Rz. 19–26.

1. Ermäßigung der Steuermesszahl bei Grundstücken, die überwiegend Wohnzwecken dienen (§ 40 Abs. 3 LGrStG BW)

26 Das LGrStG BW enthält anders als das GrStG eine generelle Ermäßigung der Steuermesszahl für Wohngrundstücke, daher wird diesbezüglich eine Anzeigepflicht eingeführt. Anzeigepflichtig sind Vorgänge, die zum **Wegfall der Ermäßigung** führen. Damit setzt die Anzeigepflicht erst ein, wenn die Wohnnutzung nicht mehr überwiegt. Zu den zeitlichen Aspekten der Anzeige bei Änderungen der Nutzung, vgl. → Rz. 48–64.

27 **BEISPIEL** Es besteht die **Meldepflicht**,
- wenn bisher für Wohnzwecke genutzte Räume für gewerbliche Zwecke genutzt werden und deshalb die überwiegende Nutzung des Grundstücks für Wohnzwecke nicht mehr gegeben ist
- wenn das aufstehende Wohngebäude abgerissen wird und das Grundstück dann unbebaut ist und damit nicht mehr Wohnzwecken dient.

28–29 *(Einstweilen frei)*

2. Ermäßigung der Steuermesszahl bei Grundstücken, die nach dem LWoFG oder dem WoFG gefördert werden (§ 40 Abs. 4 LGrStG BW)

30 Die **Anzeigepflicht** greift, wenn die **Förderung und die damit verbundenen Bindungen geendet** haben. Nach § 18 LWoFG kann in folgenden Fällen die Erlaubnis erteilt werden, die Bindungen teilweise oder vollständig aufzuheben:

1. Selbstnutzung von gebundenem Mietwohnraum durch den Eigentümer (§ 18 Abs. 1 Nr. 1 LWoFG)
2. zur Selbstnutzung gebundener Wohnraum wird vermietet (§ 18 Abs. 1 Nr. 2 LWoFG)
3. Mietwohnraum wird an den Inhaber eines Wohnberechtigungsscheins vermietet, allerdings ist die Wohnung größer als dem Inhaber nach seinem Wohnberechtigungsschein zustehen würde (§ 18 Abs. 1 Nr. 3a LWoFG)
4. Nach den Förderbedingungen bestehen Sonderbedingungen zur Belegung der Wohnung mit bestimmten Personengruppen (z.B. Gehbehinderte) oder bestimmten Haushalten; diese Sonderbedingungen können durch den neuen Mieter nicht eingehalten werden, der aber auch einen Wohnberechtigungsschein vorlegen kann (§ 18 Abs. 1 Nr. 3b LWoFG)
5. Vermietung von gebundenem Mietwohnraum an eine Person ohne Wohnberechtigungsschein oder einen Zwischenmieter (§ 18 Abs. 1 Nr. 4 LWoFG)
6. nicht nur vorübergehender, mehr als sechs Monate andauernder Leerstand (§ 18 Abs. 1 Nr. 6 LWoFG)
7. es besteht kein öffentliches Interesse an der Belegungsbindung mehr (§ 18 Abs. 3 Nr. 1 LWoFG)
8. zur Schaffung oder Erhaltung sozial stabiler Bewohnerstrukturen ist eine Vermietung an Bewerber ohne entsprechenden Wohnberechtigungsschein erforderlich (§ 18 Abs. 3 Nr. 2 LWoFG)
9. dem Eigentümer ist ein Festhalten (z.B. wegen fehlender Nachfrage) an der bindungsgerechten Nutzung nicht mehr zumutbar (§ 18 Abs. 3 Nr. 3 LWoFG).

Die Erlaubnis zur Freistellung von den Bindungen bedarf der Schriftform und soll nur befristet erteilt werden (§ 18 Abs. 4 LWoFG). Teilweise werden die ursprünglichen Bindungen durch andere Bindungen ersetzt. Damit würde allerdings die Bindung nicht enden, so dass die Ermäßigung weiter zu gewähren wäre. Eine Verwaltungsanweisung, wie in diesen Fällen verfahren werden soll, liegt noch nicht vor. Da in der Regel in diesen Fällen die Bindungen modifiziert werden, aber im Kern bestehen bleiben, steht zu erwarten, dass auch in diesen Fällen die Grundsteuerermäßigung erhalten bleibt. Damit besteht dann auch keine Anzeigepflicht.

(Einstweilen frei) 31–35

3. Ermäßigung der Steuermesszahl für bestimmte Eigentümer (§ 40 Abs. 5 LGrStG BW)

Die Anzeigepflicht nach § 44 Abs. 2 LGrStG BW besteht neben der Anzeigepflicht aus § 40 Abs. 5 Satz 3 LGrStG BW.

Diese Anzeigepflicht besteht auch nach § 19 Abs. 2 GrStG. Zu den Sachverhalten, die die Anzeigepflicht auslösen können, vgl. Bock in Grootens, GrStG § 19 Rz. 27.

Zu den Problemen im Zusammenhang mit dem Zeitpunkt der Anzeigepflicht bei Vermietungsgenossenschaften, siehe → Rz. 61–65.

(Einstweilen frei) 39–40

4. Ermäßigung der Steuermesszahl für Kulturdenkmäler (§ 40 Abs. 6 LGrStG BW)

Eine Anzeigepflicht besteht nach § 44 Abs. 2 LGrStG BW nur bei Wegfall der Voraussetzungen für die ermäßigte Steuermesszahl. Damit besteht eindeutig eine Anzeigepflicht, wenn auf dem Grundstück keine Gebäude mehr sind, die Kulturdenkmale sind.

BEISPIEL: ▶ Ein Gebäude, das bisher als Kulturdenkmal eingestuft war, wurde abgerissen oder wegen baulicher Veränderungen aus der Liste der Kulturdenkmäler gestrichen.

Wird nur der **abgrenzbare Teil eines Grundstücks als Kulturdenkmal** genutzt, so ist nur dieser Teil des Steuergegenstandes begünstigt (§ 40 Abs. 6 Satz 2 LGrStG BW). In diesen Fällen ist dann der Grundsteuermessbetrag in den Teil aufzuteilen, für den die Ermäßigung nach Abs. 6 gewährt wird, und den Teil, für den diese Ermäßigung nicht gewährt wird, zur Aufteilung vgl. Schmidt in Grootens, LGrStG BW § 40 Rz. 164–171. Durch bauliche Veränderungen (Anbauten, Aufstockungen) kann sich die anteilige Fläche der nach Abs. 6 begünstigten Grundstücksteile vermindern. Da sich nach dem Gesetzestext die Anzeigepflicht nur auf den Wegfall der Voraussetzungen erstreckt, würde bei enger Auslegung des Begriffs „Wegfall der Voraussetzungen" keine Meldepflicht bestehen, weil die Voraussetzungen nicht insgesamt weggefallen sind. Nach dem Zweck der Vorschrift, sollen die Finanzbehörden über Sachverhalte informiert werden, die zu einer Verminderung der Steuerermäßigung führen. Von daher ist davon auszugehen, dass auch Sachverhalte anzuzeigen sind, die zu einer Verminderung der Ermäßigung führen.

(Einstweilen frei) 43–44

5. Folgen der Anzeige

Aufgrund der Anzeige erfolgt auf den 1.1. des Jahres, das auf das Jahr folgt, in dem die Voraussetzungen für die Ermäßigung des Grundsteuermessbetrags erstmals nicht mehr vorliegen, eine **Neuveranlagung** (§ 42 Abs. 2 Nr. 1 LGrStG BW). Für die Neuveranlagung werden die Verhältnisse im Neuveranlagungszeitpunkt zugrunde gelegt (§ 42 Abs. 3 LGrStG BW), also nicht diejenigen des Jahres, in dem Voraussetzungen für die Ermäßigung nicht mehr vorliegen. Dies ist für die Fälle von Bedeutung, in denen im Neuveranlagungszeitpunkt die Voraussetzungen für die Ermäßigung wieder erfüllt sind.

46–47 *(Einstweilen frei)*

6. Anzeige nur bei Wegfall der Voraussetzungen für die ermäßigte Steuermesszahl

48 Die Anzeige ist **innerhalb** von drei Monaten **nach dem Wegfall der Voraussetzungen** für die Ermäßigung der Steuermesszahl zu erstatten. Die Berechnung der Frist erfolgt nach § 108 AO entsprechend den Vorschriften des BGB; damit ist für die Berechnung des Fristablaufs § 188 Abs. 2 BGB einschlägig. In der Gesetzesbegründung wird erläutert, dass die Voraussetzungen entfallen, wenn der privilegierende Tatbestand entfallen ist. Dies kann zu erheblichen Problemen bei der Abgrenzung führen, **wann** die Voraussetzungen weggefallen sind.

49 Bei den Vergünstigungen des Messbetrags sind Fälle denkbar, bei denen zwar eine Anzeige zu erstatten wäre, weil im Erhebungszeitraum vor dem Neuveranlagungszeitpunkt die Voraussetzungen für den Wegfall der Steuerermäßigung gegeben sind, aber bis zum Neuveranlagungszeitpunkt die Voraussetzungen für die Ermäßigung wieder gegeben sind. In diesen Fällen kommt es nicht zu einer Neuveranlagung. Da für die Neuveranlagung auf die Verhältnisse im Neuveranlagungszeitpunkt und damit auf den Beginn des Kalenderjahres der Neuveranlagung abzustellen ist (§ 42 Abs. 2 Nr. 1 LGrStG BW i.V. mit § 43 Abs. 3 Nr. 1 LGrStG BW), kommt es nicht zur Neuveranlagung. Da die Anzeigepflicht nur besteht, wenn die Voraussetzungen für die Steuerermäßigung entfallen sind (§ 44 Abs. 2 Satz 1 LGrStG BW), ist dies im Neuveranlagungszeitpunkt aber nicht mehr der Fall, besteht in diesen Fällen m. E. keine Anzeigepflicht.

a) Fälle bei überwiegender Nutzung zu Wohnzwecken (§ 40 Abs. 3 LGrStG BW)

50 Wird ein **Gebäude**, das bisher überwiegend Wohnzwecken diente, **abgerissen**, so beginnt die Anzeigepflicht mit dem Beginn des Abbruchs zu laufen, weil ein unbebautes Grundstück bereits in dem Zeitpunkt vorliegt, wenn sich darauf keine benutzbaren Gebäude mehr befinden.[1] Dieser Maßstab könnte man auch für die **Umnutzung von Wohnungen in Gewerbeeinheiten** anwenden. Wird eine Wohnung in eine Gewerbeeinheit umgebaut, so könnte argumentiert werden, dass die Wohnung ab dem Beginn der Bauarbeiten nicht mehr als Wohnung, aber auch noch nicht als Gewerbeeinheit genutzt werden kann. Damit würde sie bei der Berechnung der Gesamt- und der Gewerbe- bzw. Wohnflächen nicht mehr mitgezählt werden. Es könnte aber auch argumentiert werden, dass der Begriff „Zweck" ein zielgerichtetes Handeln oder die Absicht beinhaltet. Insofern könnte man auch die Auffassung vertreten, dass sich mit dem Beginn der Umbauarbeiten der Zweck konkretisiert hat und sich damit der Tatbestand der Nutzung für gewerbliche Zwecke konkretisiert hat. Da aber während des Umbaus eine Nutzung nicht möglich ist, überwiegt das „Nicht-nutzen-können" den Zweck, so dass bei Umbaumaßnahmen die im Umbau befindlichen Flächen weder bei der Gesamt- noch bei den Gewerbeflächen zu berücksichtigen sind (vgl. folgendes Beispiel 1). Davon zu unterscheiden ist der Fall einer geänderten Nutzungsabsicht, ohne dass hier aber Umbauarbeiten erforderlich wären. In diesem Fall konkretisiert sich die andere Nutzungsabsicht bereits im Zeitpunkt des Mietvertragsabschlusses (vgl. folgendes Beispiel 2), auch wenn die Nutzung ggf. erst zu einem späteren Zeitpunkt beginnt. Weil sich bereits im Zeitpunkt des Mietvertragsabschlusses der

---

[1] Vgl. Bock in Grootens, BewG § 246 Rz. 17 und Rz. 29.

Zweck der Nutzung geändert hat, beginnt die Anzeigefrist mit dem Abschluss des Mietvertrages zu laufen.

BEISPIEL 1: UMBAU VON WOHNUNGEN IN GEWERBE ▸ Die Gesamtfläche eines Gebäudes beträgt 500 m², davon werden 150 m² gewerblich und 350 m² für Wohnzwecke genutzt. Eine Wohnung, ebenfalls mit einer Fläche von 150 m², soll ab dem 1.2.02 als Gewerbeeinheit genutzt werden. Am 15.11.01 beginnen Bauarbeiten (Entfernen der Bäder und Zwischenwände), um sie für die gewerblichen Zwecke herzurichten. Die Bauarbeiten enden am 16.1.02 und die ehemalige Wohnung könnte als Gewerbeeinheit genutzt werden. 51

Somit ergeben sich folgende Verhältnisse von Wohn- und Gewerbeflächen:

Bis 14.11.01

Gesamtfläche 500 m², davon für Wohnzwecke genutzt 350 m², d. h. (350 m²/500 m²) **70 %**.

Die Wohnnutzung überwiegt und das Grundstück bekommt die Ermäßigung nach § 40 Abs. 2 LGrStG BW.

15.11.01–15.1.02

Auf dem Grundstück befindet sich während des Umbaus nur noch eine nutzbare Fläche von 350 m², weil während des Umbaus eine Fläche von 150 m² weder für Wohn- noch Gewerbezwecke nutzbar ist. Die für Wohnzwecke genutzte Fläche beträgt nur noch 200 m².

Gesamtfläche 350 m², davon für Wohnzwecke genutzt 200 m², d. h. (200 m²/350 m²) **57 %**.

Damit überwiegt die Wohnnutzung weiterhin und eine Anzeige ist nicht zu erstatten.

Ab dem 16.1.02

Die Gesamtfläche beträgt nun wieder 500 m², davon werden 200 m² für Wohnzwecke genutzt.

Der Anteil der Wohnnutzung beträgt nun 200 m², d. h. (200 m²/500 m²) **40 %**.

Die Anzeige ist innerhalb von drei Monaten nach der vollzogenen Nutzungsänderung zu erstatten. Die Frist endet damit mit Ablauf des 16.4.02, es kommt zur Neuveranlagung zum 1.1.03.

BEISPIEL 2: VERMIETUNG VON WOHNUNGEN ALS GEWERBEEINHEIT ▸ Die Gesamtfläche eines Gebäudes beträgt 500 m², davon werden 150 m² gewerblich und 350 m² für Wohnzwecke genutzt. Eine Wohnung wird zum 15.11.01 gekündigt und steht dann leer. Am 20.12.01 wird ein Gewerbemietvertrag abgeschlossen, Mietbeginn ist der 1.2.02. Der Mieter nutzt die ehemalige Wohnung für gewerbliche Zwecke. 52

Bis 19.12.01.

Die Wohnung steht leer und könnte für Wohnzwecke genutzt werden. Vorübergehender Leerstand bei Mieterwechsel führt nicht zum Wegfall der Voraussetzungen.

Gesamtfläche 500 m², davon für Wohnzwecke nutzbar 350 m², d. h. (350 m²/500 m²) **70 %**.

Vom 20.12.01–31.1.02

Durch den Abschluss des Mietvertrags hat sich konkretisiert, dass die ehemalige Wohnung nun gewerblichen Zwecken dienen soll.

Gesamtfläche 500 m², davon für Wohnzwecke genutzt 200 m², d. h. (200 m²/500 m²) **40 %**.

Die Anzeigefrist endet mit Ablauf des 20.3.02. Vgl. → Rz. 48.

Ab dem 1.2.02

Mit dem Beginn des Mietverhältnisses konkretisiert sich der Zweck weiter. Da der Nutzungszweck aber bereits mit dem Abschluss des Mietvertrags konkretisiert war, ergeben sich aus dem Vollzug des Mietvertrages keine weiteren Folgen für die Anzeigepflicht.

(Einstweilen frei)   53–54

b) Fälle bei Vermietungsgenossenschaften § 40 Abs. 5 Nr. 3 LGrStG BW

ba) Änderungen im steuerpflichtigen Bereich der Vermietungsgenossenschaft

55 Die **Ermäßigung des Steuermessbetrages** wird nur für den abgrenzbaren Teil eines Grundstücks gewährt, der für die nach § 5 Abs. 1 Nr. 10 Satz 1 Buchst. a und b KStG **steuerfreien Zwecke** verwendet wird. **Ändert sich die Verwendung** von Grundstücksteilen von einer bisher ertragsteuerlich steuerbefreiten zu einer steuerpflichtigen Nutzung, z. B. weil eine Vermietung an Nichtmitglieder vorgenommen wird, so besteht eine Anzeigepflicht. Zu den Einzelheiten der steuerbefreiten und steuerpflichtigen Verwendung siehe Schmidt in Grootens, LGrStG BW § 40 Rz. 117 und Rz. 129. Sollte innerhalb des Veranlagungszeitraums gegen die Förderbedingungen verstoßen werden, aber spätestens zum Neuveranlagungszeitpunkt die Förderbedingungen wieder eingehalten werden, kommt es nicht zur Neuveranlagung, da im Neuveranlagungszeitpunkt die Voraussetzungen für die Ermäßigung der Steuermesszahl nicht weggefallen sind. Es besteht dann m. E. auch keine Anzeigepflicht.

56–60 *(Einstweilen frei)*

bb) Vollständiger Wegfall der ertragsteuerlichen Steuerfreiheit der Vermietungsgenossenschaft

61 Eine Vermietungsgenossenschaft hat anzuzeigen, wenn sie **nicht mehr** den **ertragsteuerlichen Status einer Vermietungsgenossenschaft** hat, weil dann für die bisher von der Ertragsteuer befreiten Immobilien die Ermäßigung der Grundsteuermesszahl nicht mehr gewährt wird. Hierbei ergibt sich dann die Besonderheit, dass die Grundsteuer auf den 1.1. eines Kalenderjahres veranlagt (vgl. §§ 41, 42 LGrStG BW) wird, die Ertragsteuererklärungen aber regelmäßig auf den 31.12. abzugeben sind. Die Entscheidung, ob die Genossenschaft steuerbefreit ist, wird für jeden Veranlagungszeitraum gesondert getroffen. Sofern in einem Veranlagungszeitraum die nicht begünstigten Einnahmen nicht mehr als 10 % der Gesamteinnahmen betragen, ist die Genossenschaft wieder steuerbefreit, auch wenn im vorangegangenen Veranlagungszeitraum die Voraussetzungen für die Steuerfreiheit nicht vorgelegen haben. Insofern steht es immer erst am Ende des Veranlagungszeitraums fest, welchen Status die Genossenschaft hat. Hieraus ergeben sich in Bezug auf die Anzeigepflicht erhebliche Probleme.

62 **BEISPIEL** Eine steuerbefreite Vermietungsgenossenschaft kauft zum 1.6.01 eine Wohnanlage. Zunächst wollen die Mieter nicht Mitglied der Genossenschaft werden, die Einnahmen aus der Vermietung der Wohnanlage sind deshalb ertragsteuerlich im steuerpflichtigen Bereich der Genossenschaft zu erfassen.

Die Einnahmen aus der Vermietung an Mitglieder (steuerbefreit) betragen monatlich 10.000 €, für das Gesamtjahr 01 also **120.000 €**.

Die monatlichen Einnahmen aus der Vermietung der neuen Wohnanlage (steuerpflichtig) betragen monatlich 1.200 €. Für den Zeitraum 1.6.01–31.12.01 (sieben Monate) hat die Genossenschaft steuerpflichtige Einnahmen von **8.400 €**.

Damit betragen die Gesamteinnahmen (steuerfrei und -pflichtig) im Jahr 01 **128.400 €**.

Die steuerpflichtigen Einnahmen von 8.400 € machen einen Anteil von 6,5 % an den Gesamteinnahmen aus. Damit ist die Genossenschaft im Jahr 01 von der Körperschaftsteuer befreit, weil die steuerpflichtigen Einnahmen 10 % der Gesamteinnahmen nicht übersteigen. Eine Anzeigepflicht wegen Wegfall der Steuerbefreiung würde dementsprechend nicht bestehen.

a) Kein Eintritt in die Genossenschaft

Treten auch im Jahr 02 die Mieter der Wohnanlage nicht der Genossenschaft bei, wirken sich die steuerpflichtigen Einnahmen aus dem Kauf der Wohnanlage für das ganze Jahr 02 aus, so dass die steuerpflichtigen Einnahmen nun **14.400 €** betragen.

Die Gesamteinnahmen betragen dann bei unveränderten steuerfreien Einnahmen (120.000 € steuerfrei und 14.400 € steuerpflichtig) **134.400 €**.

Da der steuerpflichtige Anteil (14.400 € / 134.400 €) nun 10,7 % beträgt, ist die Genossenschaft im Jahr 02 nicht mehr von der Körperschaftsteuer befreit.

b) Eintritt von Mietern der Wohnanlage in die Genossenschaft

Einige Mieter treten im 2. Halbjahr des Jahres 02 der Genossenschaft bei. Mieten i. H. von 1.000 € wandern nun vom steuerpflichtigen in den steuerfreien Bereich.

Damit betragen die steuerpflichtigen Einnahmen nur noch **13.400 €**. Die Gesamteinnahmen der Genossenschaft betragen damit unverändert (steuerfrei 101.000 €, steuerpflichtig 13.400 €) **134.400 €**.

Davon entfallen **13.400 €**, also 9,97 % auf den steuerpflichtigen Bereich. Die steuerpflichtigen Einnahmen betragen damit nicht mehr als 10 % der Gesamteinnahmen und die Genossenschaft ist weiterhin steuerbefreit.

Das Beispiel zeigt, wie komplex die Anzeigepflicht bei Vermietungsgenossenschaften sein kann. Anhand dieses Beispiels kann diskutiert werden, wann bei Vermietungsgesellschaften der Wegfall der Ermäßigung der Steuermesszahl eintritt und die Frist für die Anzeige zu laufen beginnt. Frühester Beginn der Anzeigepflicht könnte der Neuveranlagungszeitpunkt sein. Im Beispiel wären, betrachtet auf die **Einnahmen des Monats Januar**, tatsächlich die Voraussetzungen für die Neuveranlagung gegeben. Für die Frage, ob die Genossenschaft steuerpflichtig wird, sind aber die Verhältnisse des **gesamten Veranlagungszeitraums** 02 maßgeblich. Von daher kann die Anzeigefrist frühestens mit Ablauf des Jahres 02 beginnen, wenn feststeht, dass die Genossenschaft tatsächlich steuerpflichtig geworden ist. Da es aber in der Regel dauert, bis die Steuererklärungen eingereicht sind und damit feststeht, dass die Genossenschaft nicht mehr von der Körperschaftsteuer befreit ist, könnte die Anzeigefrist auch erst mit Einreichung der Steuererklärungen für den Veranlagungszeitraum 02 beginnen, dies wäre dann frühestens im Laufe des Jahres 03. Gleichwohl würde die Neuveranlagung der Grundsteuer auf den 1.1.02 erfolgen.

Da auch Vermietungsgenossenschaften i. d. R. die Grundsteuern als Betriebskosten umlegen und im Beispielsfall die Grundsteuer des Jahres 02 im Laufe des Jahres 03 mit den Mietern abgerechnet werden, wird es nach der Anzeige im Jahr 03 frühestens im Jahre 03 oder erst 04 zu einer Neuveranlagung der Grundsteuer kommen. Sofern absehbar ist, dass es zu einer Nachbelastung mit Grundsteuer kommen kann, sollte in der Betriebskostenabrechnung vorgesorgt werden.[1]

(Einstweilen frei)

IV. Anzeigepflichtiger

Zur Anzeige ist jeder verpflichtet, der als **Schuldner der Grundsteuer** in Betracht kommt. Damit ist der Kreis der Anzeigepflichtigen sehr weit gefasst. Ob sich aus dem weit gefassten Kreis der Anzeigepflichtigen negative Folgen (vgl. → Rz. 78) in Bezug auf die Festsetzungsfrist oder ein Steuerstrafverfahren ergeben können, hängt vom konkret verwirklichten Einzelfall ab. Zum

---

[1] Vgl. Schmidt in Grootens, LGrStG BW § 58 Rz. 28–29.

Schuldner der Grundsteuer siehe Schmidt in Grootens, GrStG § 10 Rz. 20–78 und Bock in Grootens, GrStG § 19 Rz. 29.

67–68 *(Einstweilen frei)*

V. Zuständiges Finanzamt

69 Siehe hierzu Bock in Grootens, GrStG § 19 Rz. 28.

70–71 *(Einstweilen frei)*

VI. Keine Anzeigepflicht, wenn die Voraussetzungen für die Ermäßigung des Steuermessbetrages erstmals erfüllt sind

72 Es ist nur eine **Anzeigepflicht** vorgesehen, wenn die **Voraussetzungen für die Ermäßigung der Steuermesszahl nicht mehr vorliegen,** obwohl die Ermäßigungen nach § 40 Abs. 3, 4 und 6 LGrStG BW von Amts wegen zu berücksichtigen sind („wird ermäßigt"). Nur bei § 40 Abs. 5 LGrStG BW erfolgt die Ermäßigung nicht von Amts wegen, sondern nur auf Antrag des Steuerpflichtigen. Der Gesetzgeber geht aber zu Recht davon aus, dass der Steuerpflichtige aus eigenem Interesse anzeigen wird, wenn die Voraussetzungen für die Ermäßigung der Steuermesszahl vorliegen.

73 Liegen **erstmals die Voraussetzungen für die Ermäßigung** nach § 40 Abs. 3, 4 und 6 LGrStG BW vor, wird dies der Steuerpflichtige dem zuständigen Finanzamt melden und es erfolgt dann – sofern noch keine Festsetzungsverjährung eingetreten ist – von Amts wegen eine Neuveranlagung auf das Kalenderjahr, zu dessen Beginn erstmals die Voraussetzungen für die Ermäßigung vorliegen (§ 42 Abs. 2 Nr. 1 i.V. mit § 42 Abs. 3 Nr. 2 LGrStG BW). Sofern die Ermäßigungsgründe nach § 40 Abs. 5 LGrStG BW erstmals vorliegen, hat der Steuerpflichtige einen Antrag auf eine geänderte Veranlagung zu stellen. Faktisch und vom Verfahren her besteht hier kein Unterschied zur Behandlung der Fälle des § 40 Abs. 3, 4 und 6 LGrStG BW.

74–75 *(Einstweilen frei)*

VII. Folgen einer unterlassenen oder verspäteten Anzeige

76 Unmittelbare Sanktionen aus der unterlassenen oder verspäteten Anzeige ergeben sich aus dem LGrStG BW nicht. Bei Nichterfüllung oder nicht fristgerechter Erfüllung der Anzeigepflicht ist ein **Verspätungszuschlag** festzusetzen (§ 152 Abs. 2 AO).[1] Da für die Grundsteuer **keine Verzinsung nach § 233a AO** erfolgt, könnten allenfalls Hinterziehungszinsen (§ 235 AO) anfallen, hierzu wäre aber notwendig, dass eine Steuerhinterziehung vorliegt. (Dies wird i.d.R. nicht gegeben sein, vgl. → Rz. 78.) Das Unterlassen der Anzeige kann zur Verlängerung der Festsetzungsfrist und ggf. zu einem Verfahren wegen leichtfertiger Steuerverkürzung oder Steuerhinterziehung führen.

77 Grundsätzlich beträgt die **Festsetzungsfrist** für die Grundsteuer **vier Jahre**. Wird die Anzeigepflicht nicht beachtet, beginnt die Festsetzungsfrist mit Ablauf des Kalenderjahres, in dem die Anzeige eingereicht wird. Wird keine Anzeige eingereicht, spätestens mit Ablauf des dritten Kalenderjahres, das auf das Kalenderjahr folgt, in dem die Grundsteuer entstanden ist (§ 170

---

[1] Landtag von Baden-Württemberg, Drucks. 16/8907 S. 66.

Abs. 2 AO). Liegt eine leichtfertige Steuerverkürzung vor, verlängert sich die Festsetzungsfrist auf fünf Jahre und bei einer Steuerhinterziehung auf zehn Jahre (§ 169 Abs. 2 Satz 2 AO).

Eine **Steuerverkürzung** liegt dann vor, wenn Steuern nicht, nicht in voller Höhe oder nicht rechtzeitig festgesetzt werden. Eine Steuerverkürzung kann auch darin liegen, dass die Finanzbehörden pflichtwidrig über steuerlich erhebliche Tatsachen in Unkenntnis gelassen werden. Bloße Untätigkeit schließt somit Leichtfertigkeit nicht ohne Weiteres aus. Leichtfertigkeit i. S. des § 378 Abs. 1 AO bedeutet einen erheblichen Grad an Fahrlässigkeit, der etwa der groben Fahrlässigkeit des bürgerlichen Rechts entspricht, aber im Gegensatz hierzu auf die persönlichen Fähigkeiten des Täters abstellt. Ein derartiges Verschulden liegt vor, wenn ein Steuerpflichtiger nach den Gegebenheiten des Einzelfalls und seinen individuellen Fähigkeiten in der Lage gewesen wäre, den aus den einschlägigen gesetzlichen Regelungen sich im konkreten Fall ergebenden Sorgfaltspflichten zu genügen. Hierzu ist eine Gesamtbewertung des Verhaltens des Steuerpflichtigen erforderlich. Bei der Prüfung, ob Leichtfertigkeit gegeben ist, ist zu berücksichtigen, dass es dem Steuerpflichtigen obliegt, sich bei rechtlichen Zweifeln über seine steuerlichen Pflichten einschließlich der an die Steuerpflicht anknüpfenden Verfahrenspflichten bei qualifizierten Auskunftspersonen zu erkundigen. Dabei sind auch die Ausbildung, Tätigkeit und Stellung des Steuerpflichtigen zu beachten. So sind an Kaufleute bei Rechtsgeschäften, die zu ihrer kaufmännischen Tätigkeit gehören, höhere Anforderungen zu stellen als bei anderen Steuerpflichtigen.[1] Da die Kenntnis der Regelungen LGrStG BW wie auch des GrStG zu den Anzeigepflichten in Beraterkreisen ist, kann man erst recht nicht davon ausgehen, dass die Mehrzahl der **steuerlich nicht beratenen** Grundstückseigentümer Kenntnis von den bestehenden Anzeigepflichten hat. Im Regelfall dürfte deshalb davon auszugehen sein, dass keine leichtfertige Steuerverkürzung vorliegt. Noch weniger wird man dann von einer Steuerhinterziehung (§ 370 AO) ausgehen können, die ja nur vorsätzlich begangen werden kann (§ 15 StGB). Dafür muss der Täter, den nach Grund und Höhe bestimmten Steueranspruch kennen oder wenigstens für möglich halten und ihn auch verkürzen wollen.[2] Davon ist wohl im Regelfall bei den unterlassenen Anzeigepflichten nicht auszugehen.

(Einstweilen frei) 79–80

VIII. Anzeigepflicht im Übergangszeitraum bis 31.12.2024

Nach § 60 Abs. 1 LGrStG BW sind die Regelungen des § 44 LGrStG BW erstmals für die Grundsteuer des Jahres 2025 anzuwenden. Damit ist der Erlass von Grundsteuermessbescheiden auf den 1.1.2025 bereits vor dem 1.1.2025 zulässig. Entsprechend sind bereits **vor dem 1.1.2025 Anzeigen zu erstatten,** wenn sich die **Verhältnisse** gegenüber dem Hauptfeststellungszeitpunkt zum 1.1.2022 bis zum 1.1.2025 **ändern.**

§ 45 LGrStG BW   Aufhebung des Steuermessbetrags

(1) Der Steuermessbetrag wird aufgehoben,
1. wenn der Grundsteuerwert aufgehoben wird oder
2. wenn dem Finanzamt bekannt wird, dass
    a) für den ganzen Steuergegenstand ein Befreiungsgrund eingetreten ist oder
    b) der Steuermessbetrag fehlerhaft festgesetzt worden ist.

---

[1] BFH, Urteil v. 3.3.2015 - II R 30/13, BStBl II 2015 S. 777.
[2] OLG München, Beschluss v. 15.2.2011 - 4St RR 167/10, NJW 2009 S. 1984.

(2) Der Steuermessbetrag wird aufgehoben

1. in den Fällen des Absatzes 1 Nummer 1 mit Wirkung vom Aufhebungszeitpunkt (§ 18 Absatz 2) an;
2. in den Fällen des Absatzes 1 Nummer 2 Buchstabe a mit Wirkung vom Beginn des Kalenderjahres an, der auf den Eintritt des Befreiungsgrundes folgt; § 41 Absatz 3 ist entsprechend anzuwenden;
3. in den Fällen des Absatzes 1 Nummer 2 Buchstabe b mit Wirkung vom Beginn des Kalenderjahres an, in dem der Fehler dem Finanzamt bekannt wird.

(3) Treten die Voraussetzungen für eine Aufhebung zwischen dem Hauptveranlagungszeitpunkt und dem Zeitpunkt des Wirksamwerdens der Steuermessbeträge (§ 41 Absatz 2) ein, so wird die Aufhebung auf den Zeitpunkt des Wirksamwerdens der Steuermessbeträge vorgenommen.

Inhaltsübersicht	Rz.
A. Allgemeine Erläuterungen	1 - 5
I. Entstehung und Entwicklung der Vorschrift	1 - 2
II. Geltungsbereich	3 - 5
B. Systematische Kommentierung	6 - 12
I. Aufhebung des Grundsteuermessbetrags (§ 45 Abs. 1 LGrStG BW)	6 - 8
II. Zeitpunkt der Wirkung der Aufhebung (§ 45 Abs. 2 LGrStG BW)	9 - 11
III. Zeitpunkt der Wirkung bei Aufhebung zwischen Hauptveranlagungszeitpunkt und Wirksamwerden der Steuermessbeträge (§ 45 Abs. 3 LGrStG BW)	12

A. Allgemeine Erläuterungen

I. Entstehung und Entwicklung der Vorschrift

1 Die Vorschrift wurde erstmalig im Jahr 2020 in das LGrStG BW aufgenommen.

2 In der **Gesetzesbegründung** heißt es hierzu:
Die Norm entspricht dem bisherigen § 20 GrStG und regelt die Aufhebung des Steuermessbetrags, insbesondere wenn der Steuergegenstand wegfällt oder infolge von Befreiungsgründen nicht mehr der Besteuerung zugrunde gelegt wird.

II. Geltungsbereich

3 Das LGrStG BW gilt für in Baden-Württemberg belegene Grundstücke.

4–5 *(Einstweilen frei)*

B. Systematische Kommentierung

I. Aufhebung des Grundsteuermessbetrags (§ 45 Abs. 1 LGrStG BW)

6 § 45 Abs. 1 LGrStG BW entspricht § 20 Abs. 1 GrStG, auf die Kommentierung von Bock in Grootens, GrStG § 20 Rz. 20–25 wird verwiesen.

7–8 *(Einstweilen frei)*

II. Zeitpunkt der Wirkung der Aufhebung (§ 45 Abs. 2 LGrStG BW)

§ 45 Abs. 2 LGrStG BW entspricht § 20 Abs. 2 GrStG, auf die Kommentierung von Bock in Grootens, GrStG § 20 Rz. 26–31 wird verwiesen. 9

(Einstweilen frei) 10–11

III. Zeitpunkt der Wirkung bei Aufhebung zwischen Hauptveranlagungszeitpunkt und Wirksamwerden der Steuermessbeträge (§ 45 Abs. 3 LGrStG BW)

§ 45 Abs. 3 LGrStG BW entspricht inhaltlich § 20 Abs. 3 GrStG. Nach dem Gesetzeswortlaut des § 45 Abs. 3 LGrStG BW müssen die Voraussetzungen für die Neuveranlagung „zwischen" dem Hauptveranlagungszeitpunkt und dem Zeitpunkt des Wirksamwerdens der Steuermessbeträge eintreten. In der Bundesregelung wird statt dem Wort „zwischen" das Wort „während" verwendet. Materiell rechtliche Unterschiede ergeben sich daraus nicht. Auf die Kommentierung von Bock in Grootens, GrStG § 20 Rz. 32–33 wird verwiesen. 12

§ 46 LGrStG BW Änderung von Steuermessbescheiden

¹Bescheide über die Neuveranlagung oder die Nachveranlagung von Steuermessbeträgen können schon vor dem maßgebenden Veranlagungszeitpunkt erteilt werden. ²Sie sind zu ändern oder aufzuheben, wenn sich bis zu diesem Zeitpunkt Änderungen ergeben, die zu einer abweichenden Festsetzung führen.

Inhaltsübersicht	Rz.
A. Allgemeine Erläuterungen	1 - 5
I. Entstehung und Entwicklung der Vorschrift	1 - 2
II. Geltungsbereich	3 - 5
B. Systematische Kommentierung	6

A. Allgemeine Erläuterungen

I. Entstehung und Entwicklung der Vorschrift

Die Vorschrift wurde erstmalig im Jahr 2020 in das LGrStG BW aufgenommen. 1

In der **Gesetzesbegründung** heißt es hierzu: 2
Die Norm entspricht dem bisherigen § 21 GrStG und regelt das Verfahren für Änderung oder Aufhebung von Neu- oder Nachveranlagungsbescheiden, die vor dem maßgebenden Veranlagungszeitpunkt erteilt worden sind.

II. Geltungsbereich

Das LGrStG BW gilt für in Baden-Württemberg belegene Grundstücke. 3

(Einstweilen frei) 4–5

B. Systematische Kommentierung

6 Die Vorschrift entspricht § 21 GrStG. Auf die Kommentierung von Bock in Grootens, GrStG § 21 Rz. 18–24 wird verwiesen.

§ 47 LGrStG BW   Zerlegung des Steuermessbetrags

(1) Erstreckt sich der Steuergegenstand über mehrere Gemeinden, so ist der Steuermessbetrag vorbehaltlich des § 49 anteilig in die auf die einzelnen Gemeinden entfallenden Anteile zu zerlegen (Zerlegungsanteile).

(2) Zerlegungsmaßstab ist bei Betrieben der Land- und Forstwirtschaft der nach § 33 Absatz 2 ermittelte Gemeindeanteil am Grundsteuerwert des Betriebs der Land- und Forstwirtschaft.

(3) ¹Zerlegungsmaßstab ist bei Grundstücken das Verhältnis, in dem die auf die einzelnen Gemeinden entfallenden Flächengrößen zueinanderstehen. ²Führt die Zerlegung nach Flächengrößen zu einem offenbar unbilligen Ergebnis, sind die Zerlegungsanteile maßgebend, auf die sich die Gemeinden mit dem Steuerschuldner einigen.

(4) Entfällt auf eine Gemeinde ein Zerlegungsanteil von weniger als 25 Euro, so ist dieser Anteil der Gemeinde zuzuweisen, der nach Absatz 2 oder 3 der größte Zerlegungsanteil zusteht.

Inhaltsübersicht

	Rz.
A. Allgemeine Erläuterungen	1 - 5
I. Entstehung und Entwicklung der Vorschrift	1 - 2
II. Geltungsbereich	3 - 5
B. Systematische Kommentierung	6 - 21
I. Begriff und Voraussetzung der Zerlegung (§ 47 Abs. 1 LGrStG BW)	6 - 9
II. Zerlegungsmaßstab bei den Betrieben der Land- und Forstwirtschaft (§ 47 Abs. 2 LGrStG BW)	10 - 13
III. Zerlegungsmaßstab bei den Grundstücken (§ 47 Abs. 3 LGrStG BW)	14 - 16
IV. Mindestzerlegungsanteil (§ 47 Abs. 4 LGrStG BW)	17 - 19
V. Zerlegungsverfahren, Zuteilungsverfahren	20 - 21

A. Allgemeine Erläuterungen

I. Entstehung und Entwicklung der Vorschrift

1 Die Vorschrift wurde erstmalig im Jahr 2020 in das GrStG BW aufgenommen.

2 In der **Gesetzesbegründung (Drucks. 16/8907)** heißt es hierzu:

Zu Absatz 1
Die Vorschrift bestimmt wie die bisherige Regelung in § 22 GrStG die Grundsätze der Zerlegung von Steuermessbeträgen.

Zu Absatz 2
Die Vorschrift bestimmt den Zerlegungsmaßstab bei Betrieben der Land- und Forstwirtschaft. Als Zerlegungsmaßstab werden die Reinertragsverhältnisse zugrunde gelegt, die gemäß § 33 Absatz 2 für jede Gemeinde im Rahmen der Bewertung eines Betriebs der Land- und Forstwirtschaft ermittelt und ausgewiesen werden.

Zu Absatz 3
Die Vorschrift bestimmt den Zerlegungsmaßstab bei Grundstücken. Als Zerlegungsmaßstab ist das Verhältnis der steuerpflichtigen Grundstücksflächen maßgeblich. Um unbeabsichtigte Härten zu vermeiden wird für den Fall, dass die Zerlegung nach Flächengrößen zu einem offenbar unbilligen Ergebnis führt, bestimmt, dass die Zerlegungsanteile maßgebend sind, auf die sich die Gemeinden mit dem Steuerschuldner einigen.

Zu Absatz 4
Die Vorschrift entspricht inhaltlich den Regelungen des Absatzes 2 der bisherigen Vorschrift.

II. Geltungsbereich

Das LGrStG BW gilt für in Baden-Württemberg belegene Grundstücke. 3

(Einstweilen frei) 4–5

B. Systematische Kommentierung

I. Begriff und Voraussetzung der Zerlegung (§ 47 Abs. 1 LGrStG BW)

Die Vorschrift entspricht § 22 Abs. 1 GrStG. Im LGrStG BW wird auf § 49 LGrStG BW verwiesen, während § 22 Abs. 1 GrStG auf § 24 GrStG verweist. Die Vorschriften von § 49 LGrStG BW und § 24 GrStG sind inhaltsgleich. Auf die Kommentierung von Bock in Grootens, GrStG § 22 Rz. 24–30 wird verwiesen. 6

Es ergibt sich aber die **Besonderheit**, dass sich die **Zerlegung nur auf Gemeinden in Baden-Württemberg** erstrecken kann, da nach § 25 Abs. 3 LGrStG BW bei wirtschaftlichen Einheiten des Grundbesitzes, die sich über die Landesgrenzen hinaus erstrecken, nur der innerhalb der Landesgrenzen befindliche Teil bewertet wird.[1] 7

(Einstweilen frei) 8–9

II. Zerlegungsmaßstab bei den Betrieben der Land- und Forstwirtschaft (§ 47 Abs. 2 LGrStG BW)

Die Vorschrift entspricht § 22 Abs. 2 GrStG. Im LGrStG BW wird auf § 33 Abs. 2 LGrStG BW verwiesen, während § 22 Abs. 2 GrStG auf § 239 Abs. 2 BewG verweist. Die Vorschriften von § 33 Abs. 2 LGrStG BW und § 239 Abs. 2 BewG sind inhaltsgleich. Auf die Kommentierung von Bock in Grootens, GrStG § 22 Rz. 31–37 wird verwiesen. 10

Die Zerlegung erstreckt sich nur auf Gemeinden in Baden-Württemberg, da nach § 25 Abs. 3 LGrStG BW bei wirtschaftlichen Einheiten des Grundbesitzes, die sich über die Landesgrenzen hinaus erstrecken, nur der innerhalb der Landesgrenzen befindliche Teil bewertet wird.[2] 11

(Einstweilen frei) 12–13

---

[1] Vgl. Schmidt in Grootens, LGrStG BW § 25 Rz. 35–39.
[2] Vgl. Schmidt in Grootens, LGrStG BW § 25 Rz. 18–22.

III. Zerlegungsmaßstab bei den Grundstücken (§ 47 Abs. 3 LGrStG BW)

14   Die Vorschrift entspricht § 22 Abs. 3 GrStG. Auf die Kommentierung von Bock in Grootens, GrStG § 22 Rz. 38–54 wird verwiesen.

15–16   *(Einstweilen frei)*

IV. Mindestzerlegungsanteil (§ 47 Abs. 4 LGrStG BW)

17   Die Vorschrift entspricht § 22 Abs. 4 GrStG. Auf die Kommentierung von Bock in Grootens, GrStG § 22 Rz. 55–58 wird verwiesen.

18–19   *(Einstweilen frei)*

V. Zerlegungsverfahren, Zuteilungsverfahren

20   Zum Zerlegungsverfahren siehe Bock in Grootens, GrStG § 22 Rz. 59–121.

21   Zum Zuteilungsverfahren siehe Bock in Grootens, GrStG § 22 Rz. 122–125.

§ 48 LGrStG BW   Zerlegungsstichtag

(1) Der Zerlegung des Steuermessbetrags werden die Verhältnisse in dem Feststellungszeitpunkt zugrunde gelegt, auf den der für die Festsetzung des Steuermessbetrags maßgebende Grundsteuerwert festgestellt worden ist.

(2) Ändern sich die Grundlagen für die Zerlegung, ohne dass der Grundsteuerwert fortgeschrieben oder nachträglich festgestellt wird, so sind die Zerlegungsanteile nach dem Stand vom 1. Januar des folgenden Jahres neu zu ermitteln, wenn wenigstens bei einer Gemeinde der neue Anteil um mehr als ein Zehntel, mindestens aber um 10 Euro von ihrem bisherigen Anteil abweicht.

Inhaltsübersicht

	Rz.
A. Allgemeine Erläuterungen	1 - 5
I. Entstehung und Entwicklung der Vorschrift	1 - 2
II. Geltungsbereich	3 - 5
B. Systematische Kommentierung	6 - 7

A. Allgemeine Erläuterungen

I. Entstehung und Entwicklung der Vorschrift

1   Die Vorschrift wurde erstmalig im Jahr 2020 in das LGrStG BW (verkündet als Art. 1 des Gesetzes zur Regelung einer Landesgrundsteuer vom 4.11.2020, GBl S. 974) aufgenommen.

2   In der Gesetzesbegründung (Drucks. 16/8907) heißt es:
Die Norm entspricht dem bisherigen § 23 GrStG und regelt den Zerlegungsstichtag.

II. Geltungsbereich

3   Das LGrStG BW gilt für in Baden-Württemberg belegene Grundstücke.

4–5   *(Einstweilen frei)*

B. Systematische Kommentierung

Nach § 25 Abs. 3 LGrStG BW wird bei **wirtschaftlichen Einheiten des Grundbesitzes,** die sich **über die Landesgrenzen** hinaus erstrecken, nur der sich innerhalb der Landesgrenzen befindliche Teil bewertet.[1] Die Vorschrift erstreckt sich damit nur auf in Baden-Württemberg belegenen Grundbesitz.

6

Inhaltlich entspricht die Vorschrift § 23 GrStG. Auf die Kommentierung von Bock in Grootens, GrStG § 23 Rz. 18–27 wird verwiesen.

7

§ 49 LGrStG BW Ersatz der Zerlegung durch Steuerausgleich

¹Die Landesregierung kann durch Rechtsverordnung bestimmen, dass bei Betrieben der Land- und Forstwirtschaft, die sich über mehrere Gemeinden erstrecken, aus Vereinfachungsgründen an Stelle der Zerlegung ein Steuerausgleich stattfindet. ²Beim Steuerausgleich wird der gesamte Steuermessbetrag der Gemeinde zugeteilt, in der der wertvollste Teil des Steuergegenstandes liegt (Sitzgemeinde); an dem Steueraufkommen der Sitzgemeinde werden die übrigen Gemeinden beteiligt. ³Die Beteiligung soll annähernd zu dem Ergebnis führen, das bei einer Zerlegung einträte.

Inhaltsübersicht	Rz.
A. Allgemeine Erläuterungen	1 - 5
I. Entstehung und Entwicklung der Vorschrift	1 - 2
II. Geltungsbereich	3 - 5
B. Systematische Kommentierung	6 - 7

A. Allgemeine Erläuterungen

I. Entstehung und Entwicklung der Vorschrift

Die Vorschrift wurde erstmalig im Jahr 2020 in das LGrStG BW (verkündet als Art. 1 des Gesetzes zur Regelung einer Landesgrundsteuer vom 4.11.2020, GBl. S. 974) aufgenommen.

1

In der Gesetzesbegründung (Drucks. 16/8907) heißt es:
Die Norm entspricht dem bisherigen § 24 GrStG und regelt bei Betrieben der Land- und Forstwirtschaft die Alternative der Zerlegung durch Steuerausgleich.

2

II. Geltungsbereich

Das LGrStG BW gilt für in Baden-Württemberg belegene Grundstücke.

3

(Einstweilen frei)

4–5

B. Systematische Kommentierung

Die Gemeinden müssen in Baden-Württemberg liegen, denn nach § 25 Abs. 3 LGrStG BW wird bei **wirtschaftlichen Einheiten des Grundbesitzes,** die sich über die Landesgrenzen hinaus er-

6

---

1 Vgl. Schmidt in Grootens, LGrStG BW § 25 Rz. 35–39.

strecken, nur der sich innerhalb der Landesgrenzen befindliche Teil bewertet.[1] Die Vorschrift erstreckt sich damit nur auf den in Baden-Württemberg belegenen Grundbesitz von **Betrieben der Land- und Forstwirtschaft**.

7   Inhaltlich entspricht die Vorschrift entspricht § 24 GrStG Bund. Auf die Kommentierung von Bock in Grootens, GrStG § 24 Rz. 18–20 wird verwiesen.

Fünfter Teil: Festsetzung und Entrichtung der Grundsteuer

§ 50 LGrStG BW   Festsetzung des Hebesatzes

(1) Die Gemeinde bestimmt, mit welchem Hundertsatz des Steuermessbetrags oder des Zerlegungsanteils die Grundsteuer zu erheben ist (Hebesatz).

(2) Der Hebesatz ist für ein oder mehrere Kalenderjahre, höchstens jedoch für den Hauptveranlagungszeitraum der Steuermessbeträge festzusetzen.

(3) [1]Der Beschluss über die Festsetzung oder Änderung des Hebesatzes ist bis zum 30. Juni eines Kalenderjahres mit Wirkung vom Beginn dieses Kalenderjahres zu fassen. [2]Nach diesem Zeitpunkt kann der Beschluss über die Festsetzung des Hebesatzes gefasst werden, wenn der Hebesatz die Höhe der letzten Festsetzung nicht überschreitet.

(4) [1]Der Hebesatz muss vorbehaltlich des § 50a jeweils einheitlich sein

1. für die in einer Gemeinde liegenden Betriebe der Land- und Forstwirtschaft;
2. für die in einer Gemeinde liegenden Grundstücke.

[2]Wird das Gebiet von Gemeinden geändert, so kann die Landesregierung oder die von ihr bestimmte Stelle für die von der Änderung betroffenen Gebietsteile auf eine bestimmte Zeit verschiedene Hebesätze zulassen.

Inhaltsübersicht	Rz.
A. Allgemeine Erläuterungen	1 - 5
I. Entstehung und Entwicklung der Vorschrift	1 - 2
II. Geltungsbereich	3 - 5
B. Systematische Kommentierung	6 - 7
I. Festsetzung des Hebesatzes	6
II. Koppelungsvorschriften und Höchsthebesatz	7

A. Allgemeine Erläuterungen

I. Entstehung und Entwicklung der Vorschrift

1   Die Vorschrift wurde erstmalig im Jahr 2020 in das LGrStG BW (Verkündet als Art. 1 des Gesetzes zur Regelung einer Landesgrundsteuer v. 4.11.2020, GBl S. 974) aufgenommen. Mit dem ÄndGLGrStG[2] wurde in Abs. 4 Satz 1 LGrStG BW „vorbehaltlich des § 50a" eingefügt. Hierbei

---

1 Vgl. Schmidt in Grootens, LGrStG BW § 25 Rz. 35–40.
2 GBl S. 1029.

handelt es sich um eine redaktionelle Änderung die durch die Einführung einer Grundsteuer C erforderlich war.

In der **Gesetzesbegründung zum LGrStG BW** heißt es hierzu: 2
Die Norm entspricht dem bisherigen § 25 GrStG und regelt die Festsetzung der Hebesätze durch die Gemeinde. Diese üben dadurch ihr in Artikel 106 Absatz 6 Satz 2 GG verfassungsrechtlich garantiertes Hebesatzrecht aus. Für die Frist ist der Zeitpunkt des Beschlusses relevant.

In der **Gesetzesbegründung zum ÄndGLGrStG (Drucks. 17/1076)** heißt es hierzu:
Der Hebesatz für das Grundvermögen muss innerhalb der Kommune grundsätzlich einheitlich sein. Eine Ausnahme hiervon ist jedoch der erhöhte Hebesatz zur Mobilisierung von baureifen, unbebauten Grundstücken gemäß § 50a. Die mögliche Ausnahme wird somit im allgemeinen Hebesatzrecht ausdrücklich benannt.

II. Geltungsbereich

Das LGrStG BW gilt für in Baden-Württemberg belegene Grundstücke. 3

(Einstweilen frei) 4–5

B. Systematische Kommentierung

I. Festsetzung des Hebesatzes

Die Vorschrift entspricht § 25 GrStG. Auf die Kommentierung von Grootens in Grootens, GrStG 6
§ 25 Rz. 31–192 wird verwiesen.

II. Koppelungsvorschriften und Höchsthebesatz

Nach § 26 GrStG kann den Gemeinden durch Landesgesetze vorgegeben werden, in welchem 7
Verhältnis der Hebesatz der Grundsteuer für land- und forstwirtschaftliche Betriebe und der Hebesatz der Gewerbesteuer zueinander stehen müssen und welche Höchsthebesätze nicht überschritten werden dürfen. Bisher macht kein Bundesland von dieser Ermächtigung Gebrauch.[1] Auch Baden-Württemberg hat keinen Höchsthebesatz in das LGrStG BW aufgenommen.

§ 50a LGrStG BW Gesonderter Hebesatz für baureife Grundstücke

(1) Die Gemeinde kann aus städtebaulichen Gründen baureife Grundstücke bestimmen und abweichend von § 50 Absatz 4 Satz 1 Nummer 2 für die Grundstücksgruppe der baureifen Grundstücke einen gesonderten Hebesatz festsetzen.

(2) ¹Baureife Grundstücke sind unbebaute Grundstücke, die nach Lage, Form und Größe und ihrem sonstigen tatsächlichen Zustand sowie nach öffentlich- rechtlichen Vorschriften sofort bebaut werden könnten. ²Eine erforderliche, aber noch nicht erteilte Baugenehmigung sowie zivilrechtliche Gründe, die einer sofortigen Bebauung entgegenstehen, sind unbeachtlich.

---

1 Vgl. Grootens in Grootens, GrStG § 26 Rz. 36.

(3) Als städtebauliche Gründe kommen insbesondere die Deckung eines erhöhten Bedarfs an Wohn- und Arbeitsstätten sowie an Gemeinbedarfs- und Folgeeinrichtungen, die Nachverdichtung bestehender Siedlungsstrukturen oder die Stärkung der Innenentwicklung in Betracht.

(4) ¹Die Gemeinde hat den gesonderten Hebesatz auf einen bestimmten Gemeindeteil zu beschränken, wenn nur für diesen Gemeindeteil die städtebaulichen Gründe vorliegen. ²In dem Gemeindeteil müssen mehrere baureife Grundstücke belegen sein.

(5) ¹Die genaue Bezeichnung der baureifen Grundstücke, deren Lage sowie das Gemeindegebiet, auf das sich der gesonderte Hebesatz bezieht, sind jeweils nach den Verhältnissen zu Beginn eines Kalenderjahres von der Gemeinde zu bestimmen, in einer Karte auszuweisen und im Wege einer Allgemeinverfügung öffentlich bekannt zu geben. ²In der Allgemeinverfügung sind die städtebaulichen Erwägungen nachvollziehbar darzulegen und die Wahl des Gemeindegebiets, auf das sich der gesonderte Hebesatz beziehen soll, zu begründen.

(6) Hat eine Gemeinde die baureifen Grundstücke bestimmt und hierfür einen gesonderten Hebesatz festgesetzt, muss dieser Hebesatz für alle in der Gemeinde oder dem Gemeindeteil liegenden baureifen Grundstücke einheitlich und höher als der einheitliche Hebesatz für die übrigen in der Gemeinde liegenden Grundstücke sein.

Inhaltsübersicht	Rz.
A. Allgemeine Erläuterungen	1 - 6
I. Normzweck und wirtschaftliche Bedeutung der Vorschrift	1
II. Entstehung und Entwicklung der Vorschrift	2 - 3
III. Geltungsbereich	4 - 6
B. Systematische Kommentierung	7 - 26
I. Recht zur Festlegung eines gesonderten Hebesatzes für baureife Grundstücke (§ 50a Abs. 1 LGrStG BW)	7 - 9
II. Definition der baureifen Grundstücke (§ 50a Abs. 2 LGrStG BW)	10 - 12
III. Definition der städtebaulichen Gründe (§ 50a Abs. 3 LGrStG BW)	13 - 15
IV. Beschränkung des gesonderten Hebesatzes auf Teile des Gemeindegebiets (§ 50a Abs. 4 LGrStG BW)	16 - 19
V. Bekanntgabe der baureifen Grundstücke in einer Allgemeinverfügung (§ 50a Abs. 5 LGrStG BW)	20 - 22
VI. Hebesatzeinheitlichkeit und Höhe des gesonderten Hebesatzes (§ 50a Abs. 6 LGrStG BW)	23 - 26

A. Allgemeine Erläuterungen

I. Normzweck und wirtschaftliche Bedeutung der Vorschrift

1 Unbebaute Grundstücke, die für Wohnzwecke[1] genutzt werden könnten, werden höher besteuert als bebaute Wohngrundstücke, weil für bebaute Grundstücke, die Wohnzwecken dienen, die Steuermesszahl um 30 % ermäßigt wird.[2] Eine entsprechende Vorschrift, die **baureife Gewerbegrundstücke** höher besteuert, fehlt im LGrStG BW. Durch § 50a LGrStG BW wird es den Kommunen jedoch ermöglicht, wie im Bundesrecht in § 25 Abs. 5 GrStG geregelt[3] einen **höheren Hebesatz** (Grundsteuer C) auf baureife Wohn- und Gewerbegrundstücke zu erheben. Durch den **höheren Hebesatz** für diese **baureifen Grundstücke** soll erreicht werden, dass diese

---

[1] Vgl. Schmidt in Grootens, LGrStG BW § 40 Rz. 37–46.
[2] Vgl. Schmidt in Grootens, LGrStG BW § 40 Rz. 37–44.
[3] Vgl. Grootens in Grootens, GrStG § 25 Rz. 121–192.

einer **Bebauung zugeführt** werden; zu den Lenkungszwecken der Grundsteuer C vgl. Grootens in Grootens, GrStG § 25 Rz. 121–128. Sollte eine Grundsteuer C erhoben werden, werden in vielen Fällen die betroffenen Grundstückseigentümer dagegen klagen. Ob die Erhebung der Grundsteuer C dann einer gerichtlichen Prüfung Stand hält, ist wegen der von der Gemeinde zu erbringenden Nachweise und der auftretenden Abgrenzungsfragen ungewiss. Wegen dieser Unwägbarkeiten bleibt es abzuwarten, ob die Gemeinden dieses Instrument überhaupt nutzen werden.

II. Entstehung und Entwicklung der Vorschrift

§ 50a LGrStG BW wurde durch das Gesetz zur Änderung des Landesgrundsteuergesetzes und zur Einführung eines gesonderten Hebesatzrechts zur Mobilisierung von Bauland (ÄndGLGrStG)[1] in das LGrStG BW aufgenommen.

In der **Gesetzesbegründung** heißt es hierzu:

Die Gemeinde kann aus städtebaulichen Gründen für baureife Grundstücke einen gesonderten Hebesatz festsetzen.

Aus Gründen der Verhältnismäßigkeit und Bestimmtheit erfolgt eine tatbestandliche Beschränkung auf bestimmte städtebauliche Gründe. Insbesondere kann ein dringender Wohnbedarf der Bevölkerung einschließlich der Gemeinbedarfs- und Folgeeinrichtungen im Rahmen städtebaulicher Gründe berücksichtigt werden. Eine weitere maßgebliche Richtschnur ist die in § 1a Absatz 2 Satz 1 BauGB enthaltene „Bodenschutzklausel", wonach mit Grund und Boden sparsam und schonend umzugehen ist. Zur Verringerung der zusätzlichen Inanspruchnahme von Flächen für bauliche Nutzungen sind die Möglichkeiten der Entwicklung der Gemeinde insbesondere durch Wiedernutzbarmachung von Flächen, Nachverdichtungen der Siedlungsstrukturen und andere Maßnahmen zur Innenentwicklung zu nutzen.

Die Beschränkung des gesonderten Hebesatzrechts nur auf einen Gemeindeteil ermöglicht den Städten und Gemeinden, den gesonderten Hebesatz nur in den Teilen des Gemeindegebiets zu erheben, in denen die bestimmten städtebaulichen Gründe vorliegen, um die Erhebung des gesonderten Hebesatzes zielgenau vornehmen zu können. Dies kann beispielsweise nur auf den Ortskern, das Sanierungsgebiet oder das neue Baugebiet zutreffen. In dem Gemeindeteil müssen jedoch mehrere baureife, unbebaute Grundstücke belegen sein.

In einer Allgemeinverfügung sind die städtebaulichen Erwägungen und die Wahl des Gemeindegebiets, auf das sich der gesonderte Hebesatz beziehen soll, von der Gemeinde begründet darzulegen.

III. Geltungsbereich

Das LGrStG BW gilt für in Baden-Württemberg belegene Grundstücke.

(Einstweilen frei)

---

1 GBl S. 1029.

B. Systematische Kommentierung

I. Recht zur Festlegung eines gesonderten Hebesatzes für baureife Grundstücke (§ 50a Abs. 1 LGrStG BW)

7 Die Vorschrift entspricht inhaltlich § 25 Abs. 5 Satz 1 GrStG. Auf die Kommentierung von Grootens in Grootens, GrStG § 25 Rz. 136–150 wird verwiesen.

8–9 *(Einstweilen frei)*

II. Definition der baureifen Grundstücke (§ 50a Abs. 2 LGrStG BW)

10 Die Vorschrift entspricht § 25 Abs. 5 Satz 2 und 3 GrStG. Auf die Kommentierung von Grootens in Grootens, GrStG § 25 Rz. 151–160 wird verwiesen.

11–12 *(Einstweilen frei)*

III. Definition der städtebaulichen Gründe (§ 50a Abs. 3 LGrStG BW)

13 Die Vorschrift entspricht § 25 Abs. 5 Satz 4 GrStG. Auf die Kommentierung von Grootens in Grootens, GrStG § 25 Rz. 161–170 wird verwiesen.

14–15 *(Einstweilen frei)*

IV. Beschränkung des gesonderten Hebesatzes auf Teile des Gemeindegebiets (§ 50a Abs. 4 LGrStG BW)

16 § 50a Abs. 4 Satz 1 LGrStG BW entspricht § 25 Abs. 5 Satz 5 GrStG. Auf die Kommentierung von Grootens in Grootens, GrStG § 25 Rz. 171–180 wird verwiesen.

17 Während in § 25 Abs. 5 Satz 6 GrStG die Gemeinde bei der Erhebung der Grundsteuer C auf einen Gemeindeteil beschränkt ist, der mindestens 10 % des gesamten Gemeindegebiets umfasst, fehlt in § 50a Abs. 4 Satz 2 LGrStG BW diese flächenmäßige Beschränkung. Durch das **Fehlen des Mindestumfangs des Gemeindeteils im Landesgesetz** kann die Gemeinde zielgenau nur für bestimmte Gemeindeteile wie den Ortskern, ein Sanierungsgebiet oder ein neues Baugebiet die Grundsteuer C erheben. Wie im Bundesrecht müssen in dem Gemeindeteil aber mehrere baureife Grundstücke belegen sein.

18–19 *(Einstweilen frei)*

V. Bekanntgabe der baureifen Grundstücke in einer Allgemeinverfügung (§ 50a Abs. 5 LGrStG BW)

20 Die Vorschrift entspricht § 25 Abs. 5 Satz 7 und 8 GrStG. Auf die Kommentierung von Grootens in Grootens, GrStG § 25 Rz. 181–190 wird verwiesen.

21–22 *(Einstweilen frei)*

VI. Hebesatzeinheitlichkeit und Höhe des gesonderten Hebesatzes (§ 50a Abs. 6 LGrStG BW)

23 Die Vorschrift entspricht § 25 Abs. 5 Satz 9 GrStG. Auf die Kommentierung von Grootens in Grootens, GrStG § 25 Rz. 191–192 wird verwiesen.

24–26 *(Einstweilen frei)*

§ 51 LGrStG BW   Festsetzung der Grundsteuer

(1) ¹Die Grundsteuer wird für das Kalenderjahr festgesetzt. ²Ist der Hebesatz für mehr als ein Kalenderjahr festgesetzt, kann auch die jährlich zu erhebende Grundsteuer für die einzelnen Kalenderjahre dieses Zeitraums festgesetzt werden.

(2) Wird der Hebesatz gemäß § 50 Absatz 3 geändert, so ist die Festsetzung nach Absatz 1 zu ändern.

(3) ¹Für diejenigen Steuerschuldner, die für das Kalenderjahr die gleiche Grundsteuer wie im Vorjahr zu entrichten haben, kann die Grundsteuer durch öffentliche Bekanntmachung festgesetzt werden. ²Für die Steuerschuldner treten mit dem Tag der öffentlichen Bekanntmachung die gleichen Rechtswirkungen ein, wie wenn ihnen an diesem Tag ein schriftlicher Steuerbescheid zugegangen wäre.

Inhaltsübersicht	Rz.
A. Allgemeine Erläuterungen	1 - 5
I. Entstehung und Entwicklung der Vorschrift	1 - 2
II. Geltungsbereich	3 - 5
B. Systematische Kommentierung	6

A. Allgemeine Erläuterungen

I. Entstehung und Entwicklung der Vorschrift

Die Vorschrift wurde erstmalig im Jahr 2020 in das LGrStG BW aufgenommen. 1

In der **Gesetzesbegründung** heißt es hierzu: 2
Die Norm entspricht dem bisherigen § 27 GrStG und regelt die endgültige Festsetzung der Grundsteuer durch die Gemeinde. Entsprechend dem im Grundsatz beibehaltenen System der dreigliedrigen Grundsteuer hat auch im neuen System die Gemeinde damit die endgültige Ertragshoheit und entscheidet somit über die mögliche Aufkommensneutralität.

II. Geltungsbereich

Das LGrStG BW gilt für in Baden-Württemberg belegene Grundstücke. 3

(Einstweilen frei) 4–5

B. Systematische Kommentierung

Das Landesgesetz verweist auf § 50 Abs. 3 LGrStG BW, der mit § 25 Abs. 3 GrStG identisch ist. Damit bestehen keine inhaltlichen Unterschiede zwischen § 51 LGrStG BW und § 27 GrStG. Auf die Kommentierung von Grootens in Grootens, GrStG § 27 Rz. 36–94 wird verwiesen. 6

§ 52 LGrStG BW   Fälligkeit

(1) Die Grundsteuer wird zu je einem Viertel ihres Jahresbetrags am 15. Februar, 15. Mai, 15. August und 15. November fällig.

(2) Die Gemeinden können bestimmen, dass Kleinbeträge wie folgt fällig werden:
1. am 15. August mit ihrem Jahresbetrag, wenn dieser 15 Euro nicht übersteigt;
2. am 15. Februar und 15. August zu je einer Hälfte ihres Jahresbetrags, wenn dieser 30 Euro nicht übersteigt.

(3) ¹Auf Antrag des Steuerschuldners kann die Grundsteuer abweichend von Absatz 1 oder Absatz 2 Nummer 2 am 1. Juli in einem Jahresbetrag entrichtet werden. ²Der Antrag muss spätestens bis zum 30. September des vorangehenden Kalenderjahres gestellt werden. ³Die beantragte Zahlungsweise bleibt so lange maßgebend, bis ihre Änderung beantragt wird; die Änderung muss spätestens bis zum 30. September des vorangehenden Jahres beantragt werden.

Inhaltsübersicht	Rz.
A. Allgemeine Erläuterungen	1 - 5
I. Entstehung und Entwicklung der Vorschrift	1 - 2
II. Geltungsbereich	3 - 5
B. Systematische Kommentierung	6

A. Allgemeine Erläuterungen

I. Entstehung und Entwicklung der Vorschrift

1 Die Vorschrift wurde erstmalig im Jahr 2020 in das LGrStG BW aufgenommen.

2 In der **Gesetzesbegründung** heißt es hierzu:
Die Norm entspricht dem bisherigen § 28 GrStG und regelt den Fälligkeitszeitpunkt der Grundsteuer.

II. Geltungsbereich

3 Das LGrStG BW gilt für in Baden-Württemberg belegene Grundstücke.

4–5 *(Einstweilen frei)*

B. Systematische Kommentierung

6 Die Vorschrift entspricht § 28 GrStG. Auf die Kommentierung von Grootens in Grootens, GrStG § 28 Rz. 36–72 wird verwiesen.

§ 53 LGrStG BW Vorauszahlungen

Der Steuerschuldner hat bis zur Bekanntgabe eines neuen Steuerbescheids zu den bisherigen Fälligkeitstagen Vorauszahlungen unter Zugrundelegung der zuletzt festgesetzten Jahressteuer zu entrichten.

Inhaltsübersicht	Rz.
A. Allgemeine Erläuterungen	1 - 6
I. Entstehung und Entwicklung der Vorschrift	1 - 2
II. Geltungsbereich	3 - 6
B. Systematische Kommentierung	7

A. Allgemeine Erläuterungen

I. Entstehung und Entwicklung der Vorschrift

Die Vorschrift wurde erstmalig im Jahr 2020 in das LGrStG BW aufgenommen.

In der **Gesetzesbegründung** heißt es hierzu:
Die Norm entspricht dem bisherigen § 29 GrStG und ordnet die Beachtung des letzten Steuerbescheids durch Anordnung einer Vorauszahlung auf den zu ergehenden Bescheid an, bis dieser ergangen ist. Aufgrund der klaren Anordnung des Bundesverfassungsgerichts können auf die Steuerbescheide nach altem Bundesrecht, nach Ablauf der Umsetzungsfrist Ende 2024, keine weiteren Belastungen mehr gestützt werden. Daher gilt § 53 nur für Steuerbescheide, die aufgrund dieses Gesetzes ergangen sind.

II. Geltungsbereich

In örtlicher Hinsicht gilt § 53 LGrStG BW für in Baden-Württemberg belegene Grundstücke.

In zeitlicher Hinsicht ist § 53 LGrStG BW nach der Gesetzesbegründung nur für Steuerbescheide anzuwenden, die nach dem LGrStG BW ergangen sind. D. h. mit Ablauf des 31.12.2024 sind Vorauszahlungen aus nach dem alten (verfassungswidrigen) Recht ergangenen Bescheiden nicht mehr zu leisten. Die Gemeinden müssten deshalb bereits im Laufe des Jahres 2024 Grundsteuerfestsetzungen auf den 1.1.2025 vornehmen (ggf. im Wege einer Schätzung) um auch 2025 Zahlungen aus der Grundsteuer zu erhalten. Andernfalls kann die Gemeinde erst im Rahmen der Festsetzung der Grundsteuer nach dem LGrStG BW eine Nachentrichtung der Grundsteuer verlangen.[1]

(Einstweilen frei)

B. Systematische Kommentierung

Die Vorschrift entspricht § 29 GrStG. Auf die Kommentierung von Grootens in Grootens, GrStG § 29 Rz. 36–43 wird verwiesen.

§ 54 LGrStG BW Abrechnung über die Vorauszahlungen

(1) ¹Ist die Summe der Vorauszahlungen, die bis zur Bekanntgabe des neuen Steuerbescheids zu entrichten waren, kleiner als die Steuer, die sich nach dem bekanntgegebenen Steuerbescheid für die vorausgegangenen Fälligkeitstage ergibt, so ist der Unterschiedsbetrag innerhalb eines Monats nach Bekanntgabe des Steuerbescheids zu entrichten. ²Die Verpflichtung, rückständige Vorauszahlungen schon früher zu entrichten, bleibt unberührt.

(2) Ist die Summe der Vorauszahlungen, die bis zur Bekanntgabe des neuen Steuerbescheids entrichtet worden sind, größer als die Steuer, die sich nach dem bekanntgegebenen Steuerbescheid für die vorangegangenen Fälligkeitstage ergibt, so wird der Unterschiedsbetrag nach Bekanntgabe des Steuerbescheids durch Aufrechnung oder Rückzahlung ausgeglichen.

(3) Die Absätze 1 und 2 gelten entsprechend, wenn der Steuerbescheid aufgehoben oder geändert wird.

---

1 Vgl. § 55 LGrStG BW.

Inhaltsübersicht	Rz.
A. Allgemeine Erläuterungen	1 - 5
I. Entstehung und Entwicklung der Vorschrift	1 - 2
II. Geltungsbereich	3 - 5
B. Systematische Kommentierung	6

A. Allgemeine Erläuterungen

I. Entstehung und Entwicklung der Vorschrift

1 Die Vorschrift wurde erstmalig im Jahr 2020 in das LGrStG BW aufgenommen.

2 In der **Gesetzesbegründung** heißt es hierzu:
Die Norm entspricht dem bisherigen § 30 GrStG und legt die Modalitäten für die Abrechnung der nach § 53 entrichteten Vorauszahlung fest, sobald ein neuer Bescheid ergangen ist.

II. Geltungsbereich

3 Das LGrStG BW gilt für in Baden-Württemberg belegene Grundstücke.

4–5 *(Einstweilen frei)*

B. Systematische Kommentierung

6 § 54 GrStG BW ist identisch mit § 30 GrStG. § 54 Abs. 1 LGrStG BW verweist auf die §§ 52 und 53 LGrStG BW, diese Paragraphen entsprechen den in § 30 GrStG vorgenommenen Verweisen auf die §§ 28 und 29 GrStG. Auf die Kommentierung von Grootens in Grootens, GrStG § 30 Rz. 36–62 wird verwiesen.

§ 55 LGrStG BW   Nachentrichtung der Steuer

Hatte der Steuerschuldner bis zur Bekanntgabe der Jahressteuer keine Vorauszahlungen nach § 53 zu entrichten, so hat er die Steuer, die sich nach dem bekanntgegebenen Steuerbescheid für die vorangegangenen Fälligkeitstage gemäß § 52 ergibt, innerhalb eines Monats nach Bekanntgabe des Steuerbescheids zu entrichten.

Inhaltsübersicht	Rz.
A. Allgemeine Erläuterungen	1 - 5
I. Entstehung und Entwicklung der Vorschrift	1 - 2
II. Geltungsbereich	3 - 5
B. Systematische Kommentierung	6

A. Allgemeine Erläuterungen

I. Entstehung und Entwicklung der Vorschrift

1 Die Vorschrift wurde erstmalig im Jahr 2020 in das LGrStG BW aufgenommen.

In der **Gesetzesbegründung** heißt es hierzu: 2
Die Norm entspricht dem bisherigen § 31 GrStG und legt die für den bereits abgelaufenen Zeitraum fällige Zahlung fest, wenn etwa eine Nachveranlagung durchgeführt worden ist.

II. Geltungsbereich
Das LGrStG BW gilt für in Baden-Württemberg belegene Grundstücke. 3

(Einstweilen frei) 4–5

B. Systematische Kommentierung
§ 55 LGrStG BW ist identisch mit § 31 GrStG. Das Landesgesetz verweist zwar auf die §§ 52 und 53 LGrStG BW, diese §§ entsprechen den in § 31 GrStG vorgenommenen Verweisen auf die §§ 28 und 29 GrStG. Auf die Kommentierung von Grootens in Grootens, GrStG § 31 Rz. 36–39 wird verwiesen. 6

Sechster Teil: Erlass der Grundsteuer
§ 56 LGrStG BW Erlass für Kulturgut und Grünanlagen

(1) Die Grundsteuer kann erlassen werden
1. für Grundbesitz, dessen Erhaltung wegen seiner Bedeutung für Kunst, Geschichte, Wissenschaft oder Naturschutz im öffentlichen Interesse liegt, wenn die erzielten Einnahmen und die sonstigen Vorteile (Rohertrag) in der Regel unter den jährlichen Kosten liegen; bei Park- und Gartenanlagen von geschichtlichem Wert ist der Erlass von der weiteren Voraussetzung abhängig, dass sie in dem billigerweise zu fordernden Umfang der Öffentlichkeit zugänglich gemacht sind;
2. für öffentliche Grünanlagen, Spiel- und Sportplätze, wenn die jährlichen Kosten in der Regel den Rohertrag übersteigen.

(2) ¹Für Grundbesitz, welcher von wissenschaftlicher, künstlerischer oder geschichtlicher Bedeutung ist und dem Zweck der Forschung oder Volksbildung nutzbar gemacht wird, kann von der Grundsteuer ein angemessener Teil erlassen werden. ²Das gilt nur, wenn die wissenschaftliche, künstlerische oder geschichtliche Bedeutung durch die Landesregierung oder die von ihr beauftragte Stelle anerkannt ist. ³Grundbesitz ist insbesondere dann von wissenschaftlicher, künstlerischer oder geschichtlicher Bedeutung, wenn er der Beherbergung von Sammlungen oder Bibliotheken dient.

Inhaltsübersicht	Rz.
A. Allgemeine Erläuterungen	1 - 15
I. Normzweck und wirtschaftliche Bedeutung der Vorschrift	1 - 4
II. Entstehung und Entwicklung der Vorschrift	5 - 8
III. Geltungsbereich	9 - 11
IV. Verhältnis zu anderen Vorschriften	12 - 15
B. Systematische Kommentierung	16 - 33
I. Grundsteuererlass als Ermessensentscheidung der Gemeinde	16 - 18
II. Erlass für Grundbesitz im öffentlichen Interesse (§ 56 Abs. 1 Nr. 1 LGrStG BW)	19 - 22
III. Erlass für öffentliche Grünanlagen, Spiel- und Sportplätze (§ 56 Abs. 1 Nr. 2 LGrStG BW)	23 - 25
IV. Erlass für Grundbesitz von wissenschaftlicher, künstlerischer oder geschichtlicher Bedeutung (§ 56 Abs. 2 LGrStG BW)	26 - 31
V. Verfahrensfragen	32 - 33

A. Allgemeine Erläuterungen

I. Normzweck und wirtschaftliche Bedeutung der Vorschrift

1 Nach § 56 LGrStG BW kann die Grundsteuer erlassen werden, soweit bestimmte Voraussetzungen erfüllt sind. Ein Rechtsanspruch auf Erlass besteht nur in den Grenzen des § 5 AO.

2 Die Vorschrift ist nur von Bedeutung, soweit keine Befreiung von der Grundsteuer z. B. nach § 4 oder 5 LGrStG BW vorliegt.

3–4 *(Einstweilen frei)*

II. Entstehung und Entwicklung der Vorschrift

5 Die Vorschrift wurde erstmalig im Jahr 2020 in das LGrStG BW aufgenommen.

6 In der **Gesetzesbegründung** heißt es hierzu:
Die Norm ist an den bisherigen § 32 GrStG angelehnt. Bei Vorliegen der Voraussetzungen kann die Gemeinde im Rahmen des pflichtgemäßen Ermessens über einen (teilweisen) Erlass der Grundsteuer entscheiden.
Auch im neuen System ist der Erlass systemgerecht, da die Grundsteuer im Sinne dieses Gesetzes an der grundlegenden Systematik festhält. Die Grundsteuer greift beim Grundvermögen nach §§ 37, 38 auf das im Grundstück verkörperte Potenzial zu. Dies ist grundsätzlich auch zulässig, wobei die Grundsteuer nicht zu einer unangemessenen Überbelastung führen darf, insbesondere in Fällen der Dienlichkeit des Grundbesitzes für die Allgemeinheit. Dieser Ansatz entspricht auch dem Sollertragscharakter der Steuer. Darüber hinaus unterstützten die vom Erlass nach § 56 erfassten Anlagen und Güter des allgemeinen Interesses das kommunale Angebot beziehungsweise die kommunale Infrastruktur.

7–8 *(Einstweilen frei)*

III. Geltungsbereich

9 Das LGrStG BW gilt für in Baden-Württemberg belegene Grundstücke.

10–11 *(Einstweilen frei)*

IV. Verhältnis zu anderen Vorschriften

12 Nach § 56 LGrStG BW besteht entgegen § 32 GrStG kein Anspruch auf Erlass. Die Gemeinde hat bei ihrer Ermessensausübung § 5 AO zu beachten.

13 Die nach § 56 Abs. 2 Satz 2 LGrStG BW geforderte Anerkennung der wissenschaftlichen, künstlerischen oder geschichtlichen Bedeutung ist in der Grundsteuer-Anerkennungsverordnung v. 9.11.1976, zuletzt geändert am 19.3.1984[1] geregelt.

14–15 *(Einstweilen frei)*

---

[1] GBl 1984 S. 281.

B. Systematische Kommentierung

I. Grundsteuererlass als Ermessensentscheidung der Gemeinde

§ 56 LGrStG BW ist in wesentlichen Punkten § 32 GrStG nachgebildet. Es besteht aber der erhebliche Unterschied, dass im Gegensatz zu § 32 GrStG die Steuerpflichtigen keinen Rechtsanspruch auf Erlass der Grundsteuer haben, da nach dem LGrStG BW die Grundsteuer erlassen werden „kann", während sie nach § 32 GrStG zu erlassen „ist". Im Rahmen einer pflichtgemäßen Ermessensausübung (§ 5 AO) hat die Gemeinde zu entscheiden, ob und in welcher Höhe die Grundsteuer erlassen wird. Anhaltspunkte dafür, wie das Ermessen konkret auszuüben ist, ergeben sich aus der Gesetzesbegründung nicht. Da es sich bei den Tatbestandsmerkmalen um objektiv nachprüfbare Voraussetzungen handelt, ist das Ermessen bei einer Verlustsituation stark eingeschränkt. Insbesondere dürfen auch subjektive Tatbestände in Person des Eigentümers keine Rolle spielen.

(Einstweilen frei)

II. Erlass für Grundbesitz im öffentlichen Interesse (§ 56 Abs. 1 Nr. 1 LGrStG BW)

§ 56 Abs. 1 Nr. 1 LGrStG BW ist im weitgehend identisch mit § 32 Abs. 1 Nr. 1 GrStG. Zum öffentlichen Interesse an der Erhaltung des Grundbesitzes siehe Lehmann in Grootens, GrStG § 32 Rz. 15–22, zur Ermittlung der Unrentabilität des Grundbesitzes vgl. Lehmann in Grootens, GrStG § 32 Rz. 23–39 und zur Kausalität zwischen der Unrentabilität und dem öffentlichen Interesse siehe Lehmann in Grootens, GrStG § 32 Rz. 40–50.

Wie im GrStG ist **Voraussetzung für den Erlass** der Grundsteuer eine **Verlustsituation**. Durch die Einfügung des Halbsatzes „und damit ein negativer Ist-Ertrag entsteht" wird dies im LGrStG BW nochmals deutlich hervorgehoben. Dieser im GrStG nicht enthaltene Passus dient der Klarstellung.

Nach § 32 Abs. 1 Nr. 1 Satz 1 GrStG erstreckt sich die Bundesregelung auch auf Teile von Grundbesitz, während das LGrStG BW nur von Grundbesitz spricht. Ob im LGrStG BW gewollt ist, dass nur Grundbesitz, der im vollen Umfang dem öffentlichen Interesse dient befreit werden soll, ergibt sich aus der Gesetzesbegründung nicht.

(Einstweilen frei)

III. Erlass für öffentliche Grünanlagen, Spiel- und Sportplätze (§ 56 Abs. 1 Nr. 2 LGrStG BW)

Die Regelung in § 56 Abs. 1 Nr. 2 LGrStG BW entspricht derjenigen in § 32 Abs. 1 Nr. 2 GrStG; auf die Kommentierung von Lehmann in Grootens, GrStG § 32 Rz. 59–64 wird verwiesen.

(Einstweilen frei)

IV. Erlass für Grundbesitz von wissenschaftlicher, künstlerischer oder geschichtlicher Bedeutung (§ 56 Abs. 2 LGrStG BW)

26 Begünstigt ist nach dem LGrStG BW Grundbesitz, der von wissenschaftlicher, künstlerischer oder geschichtlicher Bedeutung ist und dem Zweck der Forschung oder Volksbildung nutzbar gemacht ist. Dagegen spricht § 32 Abs. 2 GrStG von Grundbesitz in dessen Gebäuden, Gegenstände von wissenschaftlicher, künstlerischer oder geschichtlicher Bedeutung aufbewahrt und dem Zweck der Forschung oder Volksbildung nutzbar gemacht sind. Nach dem GrStG soll dies insbesondere bei Sammlungen und Bibliotheken der Fall sein. Auch § 56 Abs. 2 Satz 3 LGrStG BW stellt klar, dass die Voraussetzungen der wissenschaftlichen, künstlerischen oder geschichtlichen Bedeutung insbesondere dann erfüllt sind, wenn der Grundbesitz der Beherbergung von Sammlungen oder Bibliotheken dient. Die Ermäßigung nach dem GrStG des Bundes erstreckt sich damit vor allem auf Museen und Bibliotheken, während das Landesgesetz den begünstigten Grundbesitz formal weiter fasst, da keine Gebäude erwähnt werden und auch nicht zwingend ist, dass in diesem Grundbesitz Gegenstände wissenschaftlicher, künstlerischer oder geschichtlicher Bedeutung aufbewahrt werden („insbesondere"). Aus der Gesetzesbegründung ist nicht zu entnehmen, welche weiteren Anwendungsbereiche für die Regelung im LGrStG BW angedacht sind. Für den Erlass der Grundsteuer könnte nach dem LGrStG BW z. B. auch Grundbesitz in Frage kommen, bei dem im Rahmen von Experimentalarchäologie Klöster, Burgen oder ähnliche historische Anlagen neu errichtet werden oder Freilichtkunstausstellungen von Skulpturen. Häufig wird für diese Einrichtungen aber auch die Befreiung von der Grundsteuer nach § 4 Abs. 1 Nr. 3b LGrStG BW in Frage kommen. Im Wesentlichen wird es wohl auch im LGrStG BW beim Grundsteuererlass für Bibliotheken und Sammlungen bleiben.

27 Die Erfüllung der Voraussetzung der wissenschaftlichen, künstlerischen oder geschichtlichen Bedeutung muss – wie im GrStG – durch die Landesregierung oder die von ihr beauftragte Stelle anerkannt sein. Diese Anerkennung ist in der Grundsteuer-Anerkennungsverordnung v. 9.11.1976, zuletzt geändert am 19.3.1984[1] geregelt. Nach § 2 der Verordnung sind die Regierungspräsidien für die Anerkennung zuständig.

28 Eine nachhaltige Minderung des Rohertrags durch die Benutzung zu den genannten Zwecken ist im Unterschied zu § 32 Abs. 2 Satz 1 GrStG im LGrStG BW keine Voraussetzung für den Grundsteuererlass. Ausreichend ist die wissenschaftliche, künstlerische oder geschichtliche Bedeutung des Grundbesitzes und seine Nutzung zu wissenschaftlichen Zwecken oder der Volksbildung. Das Vorliegen einer Rohertragsminderung, könnte aber ein maßgeblicher Gesichtspunkt für die Ermessensausübung sein.

29 Das LGrStG BW gibt im Unterschied zum Bundesgesetz nicht vor, in welcher Höhe konkret die Grundsteuer zu erlassen ist. Nach dem Gesetzeswortlaut des LGrStG BW ist ein **„angemessener Teil"** der Grundsteuer zu erlassen. Es ist zu erwarten, dass dieser unbestimmte Rechtsbegriff im Rahmen eines Anwendungserlasses eine nähere Erläuterung erfahren wird, und es sollte nicht überraschen, wenn man sich bei der Definition der Angemessenheit an § 32 Abs. 2 GrStG Bund anlehnen würde.

30–31 *(Einstweilen frei)*

---

[1] GBl 1984 S. 281.

V. Verfahrensfragen

Zur Form und Frist des Erlassantrags, siehe Lehmann in Grootens, GrStG § 35 Rz. 24–40. 32

Zu außergerichtlichen und gerichtlichen Rechtsbehelfen gegen eine Ablehnung des Erlassantrags siehe Schmidt in Grootens, LGrStG BW § 58 Rz. 32. 33

§ 57 LGrStG BW Erlass wegen wesentlicher Reinertragsminderung bei Betrieben der Land- und Forstwirtschaft

(1) ¹Die Grundsteuer wird in Höhe von 25 Prozent erlassen, wenn bei Betrieben der Land- und Forstwirtschaft der tatsächliche Reinertrag des Steuergegenstandes um mehr als 50 Prozent gemindert ist und der Steuerschuldner die Minderung des tatsächlichen Reinertrags nicht zu vertreten hat. ²Beträgt die vom Steuerschuldner nicht zu vertretende Minderung des tatsächlichen Reinertrags 100 Prozent, ist die Grundsteuer abweichend von Satz 1 in Höhe von 50 Prozent zu erlassen. ³Der tatsächliche Reinertrag eines Betriebs der Land- und Forstwirtschaft ermittelt sich nach den Grundsätzen des § 31 Absatz 2 für ein Wirtschaftsjahr. ⁴Er gilt als in dem Erlasszeitraum bezogen, in dem das für den Betrieb der Land- und Forstwirtschaft maßgebliche Wirtschaftsjahr endet.

(2) ¹Der Erlass nach Absatz 1 wird nur gewährt, wenn die Einziehung der Grundsteuer nach den wirtschaftlichen Verhältnissen des Betriebs unbillig wäre. ²Ein Erlass nach Absatz 1 ist insbesondere ausgeschlossen, wenn für den Betrieb der Land- und Forstwirtschaft nach § 4 Absatz 1, 3 oder § 13 a des Einkommensteuergesetzes für dasjenige Wirtschaftsjahr ein Gewinn ermittelt wurde, das im Erlasszeitraum bei der Ermittlung des tatsächlichen Reinertrags nach Absatz 1 zugrunde zu legen ist.

(3) Eine Ertragsminderung ist kein Erlassgrund, wenn sie für den Erlasszeitraum durch Fortschreibung des Grundsteuerwerts berücksichtigt werden kann oder bei rechtzeitiger Stellung des Antrags auf Fortschreibung hätte berücksichtigt werden können.

Inhaltsübersicht	Rz.
A. Allgemeine Erläuterungen	1 - 5
I. Entstehung und Entwicklung der Vorschrift	1 - 2
II. Geltungsbereich	3 - 5
B. Systematische Kommentierung	6 - 12
I. Grundvoraussetzungen für den Erlass bei Betrieben der Land- und Forstwirtschaft (§ 57 Abs. 1 LGrStG BW)	6 - 8
II. Unbilligkeit der Einziehung der Grundsteuer (§ 57 Abs. 2 LGrStG BW)	9 - 11
III. Kein Erlassgrund bei Wertfortschreibung (§ 57 Abs. 3 LGrStG BW)	12

A. Allgemeine Erläuterungen

I. Entstehung und Entwicklung der Vorschrift

Die Vorschrift wurde erstmalig im Jahr 2020 in das LGrStG BW aufgenommen. 1

In der **Gesetzesbegründung** heißt es hierzu: 2

Zu Absatz 1:
Die Vorschrift bestimmt in Satz 1 die Grundsätze für den Erlass der Grundsteuer bei Betrieben der Land- und Forstwirtschaft, die eine Reinertragsminderung erlitten haben. Der Begriff des Rein-

ertrags wird in Satz 3 unter Rückgriff auf die bewertungsrechtliche Definition in § 30 Absatz 1 konkretisiert. Aufgrund des regelmäßig abweichenden Wirtschaftsjahres in der Land- und Forstwirtschaft fingiert Satz 4 die Zuordnung des steuerrechtlich maßgebenden Wirtschaftsjahres zum Erlasszeitraum.

Zu Absatz 2:
Die Vorschrift bestimmt die weiteren Voraussetzungen für den Erlass der Grundsteuer und konkretisiert die Prüfung der wirtschaftlichen Verhältnisse anhand der steuerrechtlichen Gewinnermittlung.

Zu Absatz 3:
Die Vorschrift berücksichtigt den neuen bewertungsrechtlichen Begriff des Grundsteuerwerts.

II. Geltungsbereich

3   Das LGrStG BW gilt für in Baden-Württemberg belegene Grundstücke.

4–5 *(Einstweilen frei)*

B. Systematische Kommentierung

I. Grundvoraussetzungen für den Erlass bei Betrieben der Land- und Forstwirtschaft (§ 57 Abs. 1 LGrStG BW)

6   Grundsätzlich ist der Inhalt des § 57 Abs. 1 LGrStG BW identisch mit § 33 Abs. 1 GrStG. Allerdings verweist § 57 Abs. 1 Satz 3 LGrStG BW für die Ermittlung des tatsächlichen Reinertrags auf die Grundsätze des § 31 Abs. 2 LGrStG BW. § 31 Abs. 2 LGrStG BW ist identisch mit § 237 Abs. 2 BewG. In § 237 BewG geht es um die Bewertung der Betriebszweige land- und forstwirtschaftlicher Betriebe, in Abs. 2 um landwirtschaftliche Nutzungen. Es ist davon auszugehen, dass der Verweis auf § 31 Abs. 2 GrStG ein Versehen des Gesetzgebers ist und der Verweis auf § 30 Abs. 2 LGrStG BW gewollt war. § 30 Abs. 2 LGrStG BW ist identisch mit § 236 Abs. 2 BewG. Auf diese Vorschrift verweist auch § 33 Abs. 1 Satz 3 GrStG.

Auch die **Gesetzesbegründung** gibt einen Hinweis darauf, dass ein gesetzgeberisches Versehen vorliegt, da es hier heißt:
Der Begriff des Reinertrags wird in Satz 3 unter Rückgriff auf die bewertungsrechtliche Definition in § 30 Absatz 1 konkretisiert.

Zwar ist § 30 Abs. 1 LGrStG BW auch nicht die einschlägige Vorschrift, aber immerhin ein Indiz, dass der Gesetzgeber auf § 30 LGrStG BW verweisen wollte.

§ 57 Abs. 1 LGrStG BW entspricht abgesehen von diesem gesetzgeberischen Versehen § 33 Abs. 1 GrStG. Auf die Kommentierung von Lehmann in Grootens, GrStG § 33 Rz. 21–57 wird verwiesen.

7–8   *(Einstweilen frei)*

II. Unbilligkeit der Einziehung der Grundsteuer (§ 57 Abs. 2 LGrStG BW)

§ 57 Abs. 2 LGrStG BW entspricht § 33 Abs. 2 GrStG. Auf die Kommentierung von Lehmann in Grootens, GrStG § 33 Rz. 58–65 wird verwiesen.

(Einstweilen frei)

III. Kein Erlassgrund bei Wertfortschreibung (§ 57 Abs. 3 LGrStG BW)

§ 57 Abs. 3 LGrStG BW entspricht § 33 Abs. 3 GrStG. Auf die Kommentierung von Lehmann in Grootens, GrStG § 33 Rz. 66–68 wird verwiesen.

§ 58 LGrStG BW   Verfahren

(1) ¹Der Erlass wird jeweils nach Ablauf eines Kalenderjahres für die Grundsteuer ausgesprochen, die für das Kalenderjahr festgesetzt worden ist (Erlasszeitraum). ²Maßgebend für die Entscheidung über den Erlass sind die Verhältnisse des Erlasszeitraums.

(2) ¹Der Erlass wird nur auf Antrag gewährt. ²Der Antrag ist bis zu dem auf den Erlasszeitraum folgenden 31. März zu stellen.

(3) ¹In den Fällen des § 56 bedarf es keiner jährlichen Wiederholung des Antrags. ²Der Steuerschuldner ist verpflichtet, eine Änderung der maßgeblichen Verhältnisse der Gemeinde binnen drei Monaten nach Eintritt der Änderung anzuzeigen.

Inhaltsübersicht	Rz.
A. Allgemeine Erläuterungen	1 - 5
I. Entstehung und Entwicklung der Vorschrift	1 - 2
II. Geltungsbereich	3 - 5
B. Systematische Kommentierung	6 - 32
I. Definition des Erlasszeitraums (§ 58 Abs. 1 LGrStG BW)	6 - 8
II. Form und Frist für den Erlass der Grundsteuer (§ 58 Abs. 2 LGrStG BW)	9
III. Besonderes Verfahren für den Erlass der Grundsteuer bei nach § 56 LGrStG BW begünstigten Grünanlagen und Kulturgütern (§ 58 Abs. 3 LGrStG BW)	10 - 12
IV. Kein Grundsteuererlass wegen Rohertragsminderung bei bebauten Grundstücken	13 - 17
V. Grundsteuererlassanträge nach den §§ 163, 227 AO	18 - 31
VI. Rechtsbehelfsverfahren gegen die Ablehnung des Erlassantrags	32

A. Allgemeine Erläuterungen

I. Entstehung und Entwicklung der Vorschrift

Die Vorschrift wurde erstmalig im Jahr 2020 in das LGrStG BW (Verkündet als Art. 1 des Gesetzes zur Regelung einer Landesgrundsteuer v. 4.11.2020, GBl S. 974) aufgenommen.

In der **Gesetzesbegründung (Drucks. 16/8907)** heißt es hierzu:
Die Norm entspricht dem bisherigen § 35 GrStG und regelt das Verfahren für den Erlass nach diesem Gesetz. Aufgrund der systematischen Ausrichtung ausschließlich an dem im Bodenrichtwert verkörperten Potenzial, bedarf es keiner Erlassregelung mehr, die sich auf die Ertragsminderung bebauter Grundstücke (Land- und Forstwirtschaft sowie Kulturgüter ausgenommen) bezieht. Für

Sonderfälle, bei denen die Steuer eine unangemessene Härte darstellt, verbleibt es bei den allgemeinen Billigkeitsmaßnahmen der Abgabenordnung.

II. Geltungsbereich

3   Das LGrStG BW gilt für in Baden-Württemberg belegene Grundstücke.

4–5   *(Einstweilen frei)*

B. Systematische Kommentierung

I. Definition des Erlasszeitraums (§ 58 Abs. 1 LGrStG BW)

6   Die Vorschrift entspricht § 35 Abs. 1 GrStG. Auf die Kommentierung von Lehmann in Grootens, GrStG § 35 Rz. 15–23 wird verwiesen.

7–8   *(Einstweilen frei)*

II. Form und Frist für den Erlass der Grundsteuer (§ 58 Abs. 2 LGrStG BW)

9   Die Vorschrift entspricht § 35 Abs. 2 GrStG. Zur Form des Erlassantrags vgl. Lehmann in Grootens, GrStG § 35 Rz. 24–29 und zur Frist vgl. Lehmann in Grootens, GrStG § 35 Rz. 30–40.

III. Besonderes Verfahren für den Erlass der Grundsteuer bei nach § 56 LGrStG BW begünstigten Grünanlagen und Kulturgütern (§ 58 Abs. 3 LGrStG BW)

10   Die Vorschrift entspricht § 35 Abs. 3 GrStG. Auf die Kommentierung von Lehmann in Grootens, GrStG § 35 Rz. 41–43 wird verwiesen.

11–12   *(Einstweilen frei)*

IV. Kein Grundsteuerlass wegen Rohertragsminderung bei bebauten Grundstücken

13   Ein Erlass der Grundsteuer wegen wesentlicher Ertragsminderung bei bebauten Grundstücken ähnlich der Regelung in § 34 GrStG ist im LGrStG BW nicht vorgesehen. Aufgrund der systematischen Ausrichtung ausschließlich am Bodenwert bedarf es einer solchen Erlassregelung nicht und sie wäre auch systemfremd. Für Ertragsminderungen bei Betrieben der Land- und Forstwirtschaft besteht in § 57 LGrStG BW und für Kulturgüter in § 56 GrStG weiterhin eine Erlassregelung. Für Sonderfälle, bei denen die Grundsteuer eine unangemessene Härte darstellt, können die Billigkeitsmaßnahmen nach der Abgabenordnung in Frage kommen.

14–17   *(Einstweilen frei)*

V. Grundsteuererlassanträge nach den §§ 163, 227 AO

18   Grundsätzlich kommen **Billigkeitsmaßnahmen auch nach § 163 bzw. § 227 AO** in Betracht, da diese Vorschriften nach § 2 GrStG BW i.V. mit § 1 Abs. 2 AO auch von den Gemeinden anzuwenden sind. Nach § 163 AO kann die Billigkeitsmaßnahme bereits bei der Steuerfestsetzung berücksichtigt werden. Festgesetzte Ansprüche aus dem Steuerschuldverhältnis können nach § 227 AO ganz oder zum Teil erlassen werden, wenn deren Einziehung nach Lage des Einzelfal-

les unbillig wäre. Die Voraussetzungen für die Unbilligkeit sind nach § 163 und § 227 AO gleich, sie kann sich sowohl aus sachlichen als auch aus persönlichen Gründen ergeben.

Persönliche Unbilligkeit liegt vor, wenn die Steuererhebung die wirtschaftliche oder persönliche Existenz des Steuerpflichtigen vernichten oder ernstlich gefährden würde. Eine derartige Gefährdung ist gegeben, wenn ohne Billigkeitsmaßnahme der notwendige Lebensunterhalt vorübergehend oder dauernd nicht mehr bestritten werden kann.[1] Dies wird bei der Grundsteuer in der Regel nicht der Fall sein, so dass vor allem sachliche Billigkeitsgründe von Bedeutung sind. 19

Eine **sachliche Unbilligkeit** ist gegeben, wenn die Einziehung der Steuer zwar dem Gesetz entspricht, aber infolge eines Gesetzesüberhangs den Wertungen des Gesetzgebers derart zuwiderläuft, dass sie unbillig erscheint[2]. Dies setzt voraus, dass der Gesetzgeber die mit der Einziehung der Steuer verbundene Härte nicht bewusst in Kauf genommen hat. § 227 AO stellt keine Ermächtigung zur Korrektur eines Gesetzes dar. Die Billigkeitsmaßnahme darf nicht auf Erwägungen gestützt werden, die die vorgesehene Besteuerung allgemein oder für bestimmte Fallgruppen außer Kraft setzen würde. Ein Erlass wegen sachlicher Unbilligkeit ist nur insoweit durch die Vorschrift gedeckt, wie angenommen werden kann, der Gesetzgeber würde die im Billigkeitswege zu entscheidende Frage – hätte er sie geregelt – i. S. des vorgesehenen Erlasses entscheiden.[3] 20

(Einstweilen frei) 21–22

Durch die Typisierungen bei der Bewertung kann es zu überhöhten Grundsteuerwerten kommen. Auf Antrag des Steuerpflichtigen kann unter den Voraussetzungen des § 38 Abs. 4 LGrStG BW ein niedrigerer Grundsteuerwert angesetzt werden.[4] Insofern ist der **Ansatz eines niedrigeren Grundsteuerwertes aus Billigkeitsgründen ausgeschlossen,** da der Gesetzesgeber diese Schwäche des typisierenden Massenverfahrens erkannt hat und dem durch die Möglichkeit des Nachweises eines niedrigeren Grundsteuerwertes abgeholfen hat. 23

(Einstweilen frei) 24–27

Eine **Beschwerde** könnte sich für die Steuerpflichtigen auch daraus ergeben, dass die **Grundsteuer verspätet festgesetzt** wird und deshalb nicht mehr auf die Mieter umgelegt werden kann, weil die Abrechnung der Betriebskosten dem Mieter spätestens bis zum Ablauf des 12. Monats nach dem Ende des Abrechnungszeitraums mitzuteilen ist. Nach Ablauf dieser Frist ist die Geltendmachung einer Nachforderung durch den Vermieter ausgeschlossen, es sei denn, der Vermieter hat die verspätete Geltendmachung nicht zu vertreten (§ 556 Abs. 3 BGB). Bei verspäteter Festsetzung der Grundsteuer hat der Vermieter dies nicht zu vertreten und kann dann nach Zugang des Grundsteuerbescheids die erhöhte Grundsteuer mit dem Mieter abrechnen. Die Ansprüche aus der Nebenkostenabrechnung verjähren nach § 195 BGB nach drei Jahren. Die Verjährungsfrist beginnt mit dem Zugang einer nachvollziehbaren Abrechnung und dem Ablauf einer angemessenen Zeit zur Nachprüfung.[5] Die Festsetzungsfrist für die Grundsteuer beträgt vier Jahre (§ 169 Abs. 2 Nr. 2 AO) und beginnt mit Ablauf des Kalenderjahres, in dem die Steuer entstanden ist (§ 170 Abs. 1 AO), zu laufen. Abweichend hiervon beginnt 28

---

1 BFH, Urteil v. 27.2.1991 - XI R 23/88 NWB KAAAB-32710.
2 BFH, Urteil v. 23.3.1998 - II R 41/96, BStBl 1998 II S. 396.
3 BFH, Urteil v. 23.3.1998 - II R 41/96, BStBl 1998 II S. 396; NJW 1982 S. 2682.
4 Vgl. Schmidt in Grootens, LGrStG BW § 38 Rz. 35–47.
5 BGH, Beschluss v. 19.12.1990 - VIII ARZ 5/90, NJW 1991 S. 836.

die Festsetzungsfrist, sofern eine Anzeige zu erstatten ist, mit Ablauf des Kalenderjahrs, in dem die Anzeige eingereicht wird, spätestens jedoch mit Ablauf des dritten Kalenderjahrs, das auf das Kalenderjahr folgt, in dem die Steuer entstanden ist (§ 170 Abs. 2 AO). Versäumt also ein Steuerpflichtiger die Anzeige nach § 44 Abs. 2 GrStG (Wegfall der Voraussetzungen für die ermäßigte Steuermesszahl nach § 40 Abs. 3–6 LGrStG BW), verlängert sich die Festsetzungsfrist für die Grundsteuer deutlich und es kann der Fall eintreten, dass die erhöhte Grundsteuer nicht mehr auf den Mieter umgelegt werden kann, weil diese Ansprüche nach bürgerlichem Recht inzwischen verjährt sind. Ein Grundsteuererlass aus Billigkeitsgründen ist nach dem Urteil des Bundesverwaltungsgerichts v. 4.6.1982 in diesem Fall ausgeschlossen, weil der Gesetzgeber für solche Fälle in Kauf genommen hat, dass die Abwälzung der nachveranlagten Grundsteuer am Fristablauf scheitern kann.

29 Sollte sich abzeichnen, dass die **Festsetzung der Grundsteuer sich verzögert,** sollte deshalb **zivilrechtlich Vorsorge** getroffen werden, damit keine Verjährung der Ansprüche des Vermieters eintritt. Dazu kann der Vermieter in der Betriebskostenabrechnung einen Vermerk anbringen, dass er sich die Nachberechnung einzelner Positionen vorbehält, soweit er ohne Verschulden an einer rechtzeitigen Abrechnung gehindert ist. Die Verjährung der Nachforderung gegenüber dem Mieter beginnt dann nicht vor Kenntnis des Vermieters von den anspruchsbegründenden Umständen, also der rückwirkenden Festsetzung der Grundsteuer, zu laufen.[1]

30–31 *(Einstweilen frei)*

VI. Rechtsbehelfsverfahren gegen die Ablehnung des Erlassantrags

32 Durch die Ausgestaltung des § 56 LGrStG BW, der im Unterschied zum Bundesgesetz **keinen Rechtsanspruch auf Erlass der Grundsteuer,** sondern nur eine Billigkeitsmaßnahme im Ermessen der Gemeinde gewährt, und auch wegen der in § 38 LGrStG BW vorgenommenen Typisierung bei der Bewertung des Grundvermögens ist verstärkt mit Erlassanträgen und bei Ablehnung der Anträge mit Rechtsbehelfen dagegen zu rechnen. Über den Erlassantrag entscheidet die Gemeinde mit Bescheid. Die vollständige oder teilweise **Ablehnung des Antrags** ist zu begründen. Gegen den ablehnenden Bescheid kann bei der Gemeinde Widerspruch gem. § 69 VwGO eingelegt werden, da nach § 2 LGrStG BW § 347 AO nicht anzuwenden ist.[2] Der Widerspruch ist innerhalb eines Monats nach Bekanntgabe der Ablehnung des Erlassantrags schriftlich, in elektronischer Form (§ 3a Abs. 2 VwVfG) oder zur Niederschrift bei der Gemeinde zu erheben. Hilft die Gemeinde dem Widerspruch nicht ab, kann innerhalb eines Monats nach Bekanntgabe der Widerspruchsentscheidung eine Verpflichtungsklage beim Verwaltungsgericht erhoben werden (§ 42 VwGO). Gegen das Urteil des Verwaltungsgerichts kann nach § 46 VwGO innerhalb eines Monats Berufung vor dem Verwaltungsgerichtshof Baden-Württemberg (VGH) eingelegt werden. Sofern der VGH oder das Bundesverwaltungsgericht (BVerwG) im Rahmen einer Nichtzulassungsbeschwerde die Revision zulässt (§ 132 VwGO), kann gegen das Urteil des VGH Revision beim BVerwG eingereicht werden. Da nach § 137 Abs. 1 Nr. 1 VwGO die Revision vor dem BVerwG nur darauf gestützt werden kann, dass Bundesrecht verletzt sei, kann nur bei Erlassanträgen, die sich auf die §§ 163, 227 AO stützen, Revision vor dem BVerwG eingelegt werden. Bei Erlassanträgen nach §§ 56, 57 LGrStG BW ist eine Revision vor dem BVerwG ausgeschlossen, da es sich hierbei um Landesrecht handelt und kei-

---

1 BGH, Urteil v. 12.12.2012 - VIII ZR 264/12 NWB TAAAE-27054, NJW 2013 S. 456.
2 Vgl. Schmidt in Grootens, LGrStG BW § 2 Rz. 26.

ne Ermächtigung analog § 2 Abs. 2 LGrStG BW bezüglich der Entscheidungen der Gemeinden im LGrStG BW enthalten ist. Vor dem VGH und dem BVerwG besteht Vertretungszwang durch einen Rechtsanwalt, für Abgabeangelegenheiten wie die Grundsteuer sind auch Steuerberater und Wirtschaftsprüfer als Prozessbevollmächtigte zugelassen (§ 67 Abs. 1 VwGO).

Siebter Teil: Ermächtigungs- und Schlussvorschriften

§ 59 LGrStG BW Hauptveranlagung 2025

(1) Auf den 1. Januar 2025 findet eine Hauptveranlagung der Grundsteuermessbeträge statt (Hauptveranlagung 2025).

(2) [1]Die in der Hauptveranlagung 2025 festgesetzten Steuermessbeträge gelten abweichend von § 41 Absatz 2 und vorbehaltlich der §§ 42 bis 45 ab dem zum 1. Januar 2025 beginnenden Kalenderjahr. [2]Der Beginn dieses Kalenderjahres ist der Hauptveranlagungszeitpunkt.

(3) [1]Bescheide über die Hauptveranlagung können schon vor dem Hauptveranlagungszeitpunkt erteilt werden. [2]§ 46 Satz 2 ist entsprechend anzuwenden.

(4) [1]Für die Anwendung des § 13 Absatz 4 bei der Hauptfeststellung nach § 15 Absatz 3 ist zu unterstellen, dass anstelle von Einheitswerten Grundsteuerwerte für die Besteuerung nach dem Grundsteuergesetz in der am 1. Januar 2022 geltenden Fassung von Bedeutung sind. [2]Die Steuerbefreiungen des Grundsteuergesetzes in der am 1. Januar 2022 geltenden Fassung sind bei der Hauptfeststellung nach Absatz 1 zu beachten. [3]Bei Zurechnungsfortschreibungen nach § 16 Absatz 2 ist von der Hauptfeststellung auf den 1. Januar 2022 bis zum 1. Januar 2025 zu unterstellen, dass anstelle von Einheitswerten Grundsteuerwerte nach dem Grundsteuergesetz in der jeweils gültigen Fassung von Bedeutung sind.

(5) Werden der Finanzbehörde durch eine Erklärung im Sinne des § 22 auf den 1. Januar 2022 für die Bewertung eines Betriebs der Land- und Forstwirtschaft vor dem 1. Januar 2022 eingetretene Änderungen der tatsächlichen Verhältnisse erstmals bekannt, sind diese bei Fortschreibungen nach § 16 und Nachfeststellungen nach § 17 auf Feststellungszeitpunkte vor dem 1. Januar 2022 nicht zu berücksichtigen.

(6) [1]Einheitswertbescheide, Grundsteuermessbescheide und Grundsteuerbescheide, die vor dem 1. Januar 2025 erlassen wurden, werden kraft Gesetzes zum 31. Dezember 2024 mit Wirkung für die Zukunft aufgehoben, soweit sie auf den §§ 19, 20, 21, 22, 23, 27, 33, 34, 76, 79 Absatz 5 oder § 93 Absatz 1 Satz 2 des Bewertungsgesetzes in Verbindung mit Artikel 2 Absatz 1 Satz 1 und 3 des Gesetzes zur Änderung des Bewertungsgesetzes in der Fassung des Artikels 2 des Gesetzes vom 22. Juli 1970 (BGBl I S. 1118) beruhen. [2]Für die Bewertung des inländischen Grundbesitzes (§ 19 Absatz 1 in der Fassung vom 31. Dezember 2024) für Zwecke der Grundsteuer bis einschließlich zum Kalenderjahr 2024 ist das Bewertungsgesetz in der Fassung vom 1. Februar 1991 (BGBl I S. 230), das zuletzt durch Artikel 2 des Gesetzes vom 4. November 2016 (BGBl I S. 2464) geändert worden ist, weiter anzuwenden.

Inhaltsübersicht	Rz.
A. Allgemeine Erläuterungen	1 - 7
I. Entstehung und Entwicklung der Vorschrift	1 - 4
II. Geltungsbereich	5 - 7
B. Systematische Kommentierung	8 - 20
I. Hauptveranlagung der Grundsteuermessbeträge (§ 59 Abs. 1 LGrStG BW)	8 - 10
II. Zeitlicher Anwendungsbereich der Steuermessbeträge (§ 59 Abs. 2 LGrStG BW)	11 - 13
III. Anwendung der Bewertungsvorschriften für die Grundsteuer vor dem 1.1.2025 (§ 59 Abs. 3 LGrStG BW)	14 - 16

IV. Amnestieregelung für aus den Feststellungserklärungen gewonnene Erkenntnisse (§ 59 Abs. 4 LGrStG BW)	17 – 19
V. Aufhebung der nicht mehr benötigten Einheitswert-, Grundsteuermessbetrags- und Grundsteuerbescheide (§ 59 Abs. 5 LGrStG BW)	20

A. Allgemeine Erläuterungen

I. Entstehung und Entwicklung der Vorschrift

1   Die Vorschrift wurde erstmalig im Jahr 2020 in das LGrStG BW (Verkündet als Art. 1 des Gesetzes zur Regelung einer Landesgrundsteuer v. 4.11.2020, GBl S. 974) aufgenommen.

2   In der **Gesetzesbegründung (Drucksache 16/8907)** heißt es hierzu:

Die Hauptfeststellung der Grundsteuerwerte muss aus administrativen Gründen zum 1. Januar 2022 erfolgen, ohne dass die Hauptveranlagung der Steuermessbeträge durchgeführt wird. Aus diesen Gründen wird in zeitlicher Hinsicht die Nachholung der Hauptveranlagung der Steuermessbeträge auf den 1. Januar 2025 gesetzlich angeordnet. Eine Festsetzung des Steuermessbetrags mit Wirkung zum 1. Januar 2025 zeitgleich mit der Feststellung des Grundsteuerwerts bleibt dennoch nach § 46 möglich.

Zu Absatz 2

Die Vorschrift bestimmt materiell-rechtlich als Hauptveranlagungszeitpunkt den 1. Januar 2025, um dem Urteil des Bundesverfassungsgerichts vom 10. April 2018 (BGBl I S. 531) und dem Steuerentstehungszeitpunkt Rechnung zu tragen. Auf diesen Zeitpunkt erfolgt auch die Grundsteuerveranlagung durch die Gemeinde.

Zu Absatz 3

In § 59 Absatz 3 Satz 1 GrStG wird klargestellt, dass wie bei Nach- und Neuveranlagungen nach § 46 GrStG Hauptveranlagungsbescheide bereits vor dem Hauptveranlagungszeitpunkt erlassen werden können. Mit der entsprechenden Anwendung von § 46 Satz 2 GrStG nach § 59 Absatz 3 Satz 2 GrStG wird sichergestellt, dass die Hauptveranlagungsbescheide zu ändern oder aufzuheben sind, wenn sich bis zum Hauptveranlagungszeitpunkt Änderungen ergeben, die zu einer abweichenden Festsetzung führen.

Zu Absatz 4

§ 13 Absatz 4 bestimmt, dass Grundsteuerwerte festgestellt werden, soweit diese für die Besteuerung relevant sind. Da das derzeitige Grundsteuergesetz für die Bemessung der Grundsteuer auf die Einheitswerte verweist, sind die Grundsteuerwerte bis zu der vorgesehenen Anwendung des Landesgrundsteuergesetzes für die Grundsteuer 2025 für die Besteuerung noch nicht von Relevanz. Dies könnte dazu führen, dass die Grundsteuerwerte so lange nicht festgestellt werden könnten, bis dieses Gesetz Anwendung findet, das wiederum für die Bemessung der Grundsteuer auf die Grundsteuerwerte verweist. Eine frühere Anwendung des Landesgrundsteuergesetzes ist nicht möglich, da die automationstechnischen Umstellungen erst eine Erhebung der Grundsteuer auf Grundlage der Grundsteuerwerte zum 1. Januar 2025 ermöglichen und daher bis dahin die Grundsteuer auf den bisherigen Einheitswerten beruhen soll. Um einen lückenlosen Übergang vom alten Grundsteuerrecht auf Grundlage der Einheitswerte zum neuen Grundsteuerrecht auf Grundlage der Grundsteuerwerte zu ermöglichen, müssen die Grundsteuerwerte bereits vorher

festgestellt worden sein, bevor dieses Gesetz Anwendung findet. Absatz 4 bestimmt daher, bei der Feststellung der Grundsteuerwerte in der Übergangszeit für § 13 Absatz 4 zu unterstellen, dass anstelle von Einheitswerten Grundsteuerwerte maßgebend für die Besteuerung nach dem Grundsteuergesetz sind. Damit wird eine Relevanz der Grundsteuerwerte für die Bemessung der Grundsteuer bereits zum ersten Hauptfeststellungszeitpunkt fingiert.

Derzeit werden für steuerbefreite Grundstücke keine Einheitswerte festgestellt. Es ist anzunehmen, dass im Zeitpunkt der erstmaligen Veranlagung zur Grundsteuer zum 1. Januar 2025 (vergleiche Begründung zu Absatz 1 und 2) jedenfalls ein Großteil der derzeitigen im Grundsteuerrecht vorgesehenen Steuerbefreiungen fortbesteht. Auch dem wird in der Übergangsregelung Rechnung getragen. Im Ergebnis werden bei der Anwendung von § 13 Absatz 4 das im ersten Hauptfeststellungszeitpunkt geltende Grundsteuerrecht und damit auch die Steuerbefreiungsvorschriften zugrunde gelegt.

Sollte bis zum 31. Dezember 2024 eine Steuerbefreiungsvorschrift aufgehoben werden, kann eine Nachfeststellung der Grundsteuerwerte nach § 17 Absatz 1 Nummer 2 erfolgen. Wird eine neue Steuerbefreiungsvorschrift bis zum 31. Dezember 2024 in das Grundsteuergesetz aufgenommen, sind die Grundsteuerwerte nach § 18 Absatz 1 Nummer 2 aufzuheben.

Bei Art- und Zurechnungsfortschreibungen ist bei der Anwendung von § 16 Absatz 2 ab dem ersten Hauptfeststellungszeitpunkt und der Anwendung dieses Gesetzes ebenfalls zu unterstellen, dass anstelle von Einheitswerten Grundsteuerwerte maßgebend für die Bemessung der Grundsteuer sind.

Zu Absatz 5

Absatz 4 bestimmt, dass Finanzbehörden vor dem 1. Januar 2022 eingetretene Änderungen der tatsächlichen Verhältnisse, die ihr im Rahmen der erstmaligen Erklärung nach § 22 erstmals bekannt werden, nicht für die zurückliegenden Jahre zur Fortschreibung oder Nachfeststellung der Einheitswerte verwenden dürfen. Dies soll die wahrheitsgemäße Abgabe der Erklärung nach § 22 und damit eine realitätsgerechte Bewertung sicherstellen. Ab dem 1. Januar 2025 dürfen spätestens auch auf bereits bestandskräftige Bescheide, die auf den vom Bundesverfassungsgericht mit seinem Urteil vom 10. April 2018 zur Grundsteuer als verfassungswidrig festgestellten Bestimmungen des Bewertungsgesetzes beruhen, keine Belastungen mehr gestützt werden. Spätestens ab dem 1. Januar 2025 sind daher in jedem Fall keine Fortschreibungen und Nachfeststellungen der Einheitswerte mehr möglich (vergleiche auch Begründung zu Absatz 6).

Zu Absatz 6

In Nummer 4 des Tenors des Urteils des Bundesverfassungsgerichts vom 10. April 2018 zur Grundsteuer (BGBl I S. 531) hat das Bundesverfassungsgericht bestimmt, dass für Kalenderjahre nach Ablauf der Fortgeltungsfristen auch auf bereits bestandskräftige Bescheide, die auf den als verfassungswidrig festgestellten Bestimmungen des Bewertungsgesetzes beruhen, keine Belastungen mehr gestützt werden dürfen. Nach § 31 Absatz 2 Satz 1 und 2 in Verbindung mit § 13 Nummer 8a und 11 des Bundesverfassungsgerichtsgesetzes kommt der Entscheidung des Bundesverfassungsgerichts vom 10. April 2018 zur Grundsteuer Gesetzeskraft zu. Absatz 6 hebt daher klarstellend kraft Gesetzes die Einheitswertbescheide, Grundsteuermessbescheide und Grundsteuerbescheide, die vor dem 1. Januar 2025 erlassen wurden und soweit sie auf den §§ 19, 20, 21, 22, 23, 27, 76, 79 Absatz 5, 93 Absatz 1 Satz 2 BewG in Verbindung mit Artikel 2 Absatz 1 Satz 1 und Satz 3 des Gesetzes zur Änderung des Bewertungsgesetzes in der Fassung des Artikels 2 des Gesetzes vom 22. Juli 1970 (BGlB I S. 1118) beruhen, zum 31. Dezember 2024 mit Wirkung für die Zukunft auf.

3　In der Gesetzesbegründung[1] für die Änderungen durch das Gesetz zur Änderung des Landesgrundsteuergesetzes und zur Einführung eines gesonderten Hebesatzrechts zur Mobilisierung von Bauland (ÄndGLGrStG)[2] heißt es:

§ 59 Absatz 6 Satz 1

Gegenstand des Urteils des Bundesverfassungsgerichts waren nur die Regelungen der Einheitsbewertung zum Grundvermögen. Durch die Neuregelung der Grundsteuer im Landesgrundsteuergesetz wurden aber auch die bewertungsrechtlichen Vorschriften bezüglich des land- und forstwirtschaftlichen Vermögens neu geregelt. Die Ergänzung der gesetzlichen Aufhebung um die Vorschriften der Einheitsbewertung zur Bewertung des land- und forstwirtschaftlichen Vermögens hat daher klarstellende Wirkung.

§ 59 Absatz 6 Satz 2

Der Satz hat klarstellende Bedeutung. Damit wird verdeutlicht, dass für bundesgesetzliche Einheitswertbescheide für Zeiträume vor dem 1. Januar 2025 das bisherige bundesgesetzliche Bewertungsgesetz in der Fassung vom 1. Februar 1991 (BGBl I S. 230), das zuletzt durch Artikel 2 des Gesetzes vom 4. November 2016 (BGBl I S. 2464) geändert worden ist, weiterhin gilt. Noch nicht abgeschlossene Altfälle der Einheitsbewertung mit Wirkung für Zeiträume vor dem 1. Januar 2025 können somit noch erlassen, geändert oder aufgehoben werden.

4　*(Einstweilen frei)*

II. Geltungsbereich

5　Das LGrStG BW gilt für in Baden-Württemberg belegene Grundstücke.

6–7　*(Einstweilen frei)*

B. Systematische Kommentierung

I. Hauptveranlagung der Grundsteuermessbeträge (§ 59 Abs. 1 LGrStG BW)

8　§ 59 Abs. 1 LGrStG BW entspricht § 36 Abs. 1 GrStG. Auf die Kommentierung von Lehmann in Grootens, GrStG § 36 Rz. 13–21 wird verwiesen.

9–10　*(Einstweilen frei)*

II. Zeitlicher Anwendungsbereich der Steuermessbeträge (§ 59 Abs. 2 LGrStG BW)

11　§ 59 Abs. 2 LGrStG BW entspricht § 36 Abs. 2 GrStG. Das LGrStG BW verweist auf die §§ 41 Abs. 2 und §§ 42–45 LGrStG BW während das GrStG auf die §§ 16 Abs. 2 GrStG und § 17–20 GrStG verweist. § 41 Abs. 2 LGrStG BW entspricht inhaltlich § 16 Abs. 2 GrStG. Auch die Verweise auf die §§ 42 und 45 LGrStG BW entsprechen inhaltlich den Verweisen auf die §§ 17–20 im GrStG. Auf die Kommentierung von Lehmann in Grootens, GrStG § 36 Rz. 22–25 wird verwiesen.

12–13　*(Einstweilen frei)*

---

[1] Drucks. 17/1076.
[2] GBl S. 1029.

III. Anwendung der Bewertungsvorschriften für die Grundsteuer vor dem 1.1.2025 (§ 59 Abs. 3 LGrStG BW)

§ 59 Abs. 3 LGrStG BW entspricht § 266 Abs. 2 BewG. Das LGrStG BW verweist auf die §§ 13 Abs. 2 und 15 Abs. 3 LGrStG BW, während das GrStG auf die §§ 219 Abs. 3 und § 266 Abs. 1 BewG verweist. Die Verweise entsprechen sich inhaltlich. Auf die Kommentierung von Grootens in Grootens, GrStG § 266 Rz. 56–90 wird verwiesen. 14

(Einstweilen frei) 15–16

IV. Amnestieregelung für aus den Feststellungserklärungen gewonnene Erkenntnisse (§ 59 Abs. 4 LGrStG BW)

§ 59 Abs. 4 LGrStG BW entspricht § 266 Abs. 3 BewG. Auf die Kommentierung von Grootens in Grootens, GrStG § 266 Rz. 91–100 wird verwiesen. 17

Das LGrStG BW verweist auf die §§ 22, 16 und 17 LGrStG BW, während das GrStG auf die §§ 228 BewG und 22, 23 GrStG verweist. Die Verweise entsprechen sich inhaltlich. Zu den Besonderheiten des § 22 LGrStG BW vgl. Schmidt in Grootens, LGrStG BW § 22 Rz. 6–29 und LGrStG BW § 23 Rz. 6–17.

(Einstweilen frei) 18–19

V. Aufhebung der nicht mehr benötigten Einheitswert-, Grundsteuermessbetrags- und Grundsteuerbescheide (§ 59 Abs. 5 LGrStG BW)

§ 59 Abs. 5 LGrStG BW entspricht § 266 Abs. 4 BewG. Auf die Kommentierung von Grootens in Grootens, GrStG § 266 Rz. 101–110 wird verwiesen. 20

§ 60 LGrStG BW Übergangsvorschriften

(1) ¹§§ 2 und 3, 10 und 12, sowie der zweite, dritte und siebte Teil sind ab dem Zeitpunkt des Inkrafttretens dieses Gesetzes anzuwenden. ²Die übrigen Vorschriften sind erstmals für die Grundsteuer des Kalenderjahres 2025 anzuwenden.

(2) Für die Grundsteuer bis einschließlich zum Kalenderjahr 2024 findet das Grundsteuergesetz vom 7. August 1973 (BGBl I S. 965) in der Fassung der Änderung durch Artikel 38 des Gesetzes vom 19. Dezember 2008 (BGBl I S. 2794, 2844) weiter Anwendung.

Inhaltsübersicht	Rz.
A. Allgemeine Erläuterungen	1 - 9
I. Normzweck und wirtschaftliche Bedeutung der Vorschrift	1 - 4
II. Entstehung und Entwicklung der Vorschrift	5 - 6
III. Geltungsbereich	7 - 9
B. Systematische Kommentierung	10 - 16
I. Gestaffeltes Inkrafttreten des LGrStG BW (§ 60 Abs. 1 LGrStG BW)	10 - 15
II. Zeitliche Anwendung der Altregelung (§ 60 Abs. 2 LGrStG BW)	16

A. Allgemeine Erläuterungen

I. Normzweck und wirtschaftliche Bedeutung der Vorschrift

1 § 60 LGrStG BW regelt die erstmalige Anwendung des LGrStG BW und die weitere Anwendbarkeit des GrStG v. 7.8.1973. Die Festlegung der zeitlichen Anwendung des LGrStG BW ist von entscheidender Bedeutung, da nach Art. 125b Abs. 3 GG dem Land erst für die Grundsteuer des Kalenderjahres 2025 die Gesetzgebungskompetenz zusteht. Das GrStG v. 7.8.1973 ist nach dem Urteil des BVerfG v. 10.4.2018[1] letztmals für die Grundsteuer des Kalenderjahres 2024 anzuwenden.

2 Nach § 60 Abs. 1 LGrStG BW sind die Vorschriften des LGrStG BW zum Bewertungsverfahren (§§ 13–23 LGrStG BW) und zu den Bewertungsvorschriften (§§ 24–38 LGrStG BW) bereits vor dem Kalenderjahr 2025 anzuwenden. Damit soll sichergestellt, werden dass die Neubewertung bereits im Übergangszeitraum bis 2025 durchgeführt werden kann. Aus der Anwendung dieser Vorschriften ergibt sich aber keine unmittelbare Belastung mit der Grundsteuer, da die Vorschriften zur Bemessung der Grundsteuer (§§ 39–49 LGrStG BW) und zur Festsetzung und Entrichtung der Grundsteuer (§§ 50–58 LGrStG BW) erstmals für die Grundsteuer des Jahres 2025 anzuwenden sind.

3–4 *(Einstweilen frei)*

II. Entstehung und Entwicklung der Vorschrift

5 Die Vorschrift wurde erstmalig im Jahr 2020 in das LGrStG BW aufgenommen.

6 In der **Gesetzesbegründung** heißt es hierzu:

Zu Absatz 1
Die Vorschrift regelt die sofortige Anwendung der §§ 2 und 3, 10 und 12 sowie des ersten, zweiten, dritten und siebten Teils mit Inkrafttreten des Landesgrundsteuergesetzes. Die übrigen Vorschriften gelten erst für die Grundsteuer ab dem Kalenderjahr 2025. Damit wird sichergestellt, dass die Neubewertung im Übergangszeitraum durchgeführt werden kann, jedoch die Regelungen für die Festsetzung und Erhebung erst für den Zeitraum ab 2025 angewandt werden können.

Zu Absatz 2
Der neue Absatz 2 regelt explizit, dass für die Grundsteuer bis zum Kalenderjahr 2024 weiterhin das Grundsteuergesetz vom 7. August 1973 (BGBl. I S. 965), welches zuletzt durch Artikel 38 des Gesetzes vom 19. Dezember 2008 (BGBl. I S. 2794) geändert worden ist, Anwendung findet. Damit wird gewährleistet, dass in der Zeit zwischen dem Inkrafttreten dieses Gesetzes und der ersten Hauptveranlagung der Grundsteuerwerte auf Basis der Einheitswerte Grundsteuermessbeträge und Grundsteuer festgesetzt werden kann.

III. Geltungsbereich

7 Das LGrStG BW gilt für in Baden-Württemberg belegene Grundstücke.

8–9 *(Einstweilen frei)*

---

[1] BverfG, Urteil v. 10.4.2018 - 1BvL11/14, 1BvL12/14, 1BvL1/15, 1BvR639/11, 1BvR889/12 NWB MAAAG-80435.

B. Systematische Kommentierung

I. Gestaffeltes Inkrafttreten des LGrStG BW (§ 60 Abs. 1 LGrStG BW)

Durch das „Gesetz zur Änderung des Grundgesetzes" v. 15.11.2019 ist es den Bundesländern nach Art. 72 Abs. 3 Satz 1 Nr. 7 GG möglich, ganz oder zum Teil von einem Bundesgesetz zur Grundsteuer abzuweichen. Dabei ist aber in zeitlicher Hinsicht Art. 125b Abs. 3 GG zu beachten, wonach abweichendes Landesrecht zur Erhebung der Grundsteuer frühestens für Zeiträume ab dem 1.1.2025 zugrunde gelegt werden darf. Nach Art. 3 des Gesetzes zur Regelung einer Landesgrundsteuer (Landesgrundsteuergesetz – LGrStG) tritt das LGrStG BW am Tag nach der Verkündung in Kraft, also vor dem 1.1.2025. Durch die Übergangsregelung in § 60 Abs. 1 LGrStG BW wird diese – im Lichte des § 125b Abs. 3 GG verfassungswidrige Regelung – wieder aufgehoben.

Folgende §§ des LGrStG BW sollen nach dem Tag der Verkündung Inkrafttreten:

- § 2 Anwendung der Abgabenordnung und Rechtsweg
- § 3 Steuergegenstand
- § 10 Steuerschuldner
- § 12 Dingliche Haftung
- §§ 13–23 LGrStG BW Regelungen zum Bewertungsverfahren
- §§ 24–38 LGrStG BW Bewertungsvorschriften
- §§ 59–62 LGrStG BW Ermächtigungs- und Schlussvorschriften

Die übrigen Regelungen des LGrStG BW sollen – ähnlich wie in § 37 Abs. 1 GrStG geregelt, erstmals für die Grundsteuer des Jahres 2025 anzuwenden sein (§ 60 Abs. 1 Satz 2 LGrStG BW). Die Regelung enthält damit kein fixiertes Datum ab dem die Neuregelung anzuwenden ist, sondern es wird allgemein festgelegt, dass die Neuregelung **für** die Grundsteuer im Jahre 2025 anzuwenden ist. Damit sind auch Vorbereitungshandlungen (z. B. Feststellung der Grundsteuerwerte und der Grundsteuermessbescheide) vor dem 1.1.2025 zulässig, nur die Steuererhebung darf erst ab dem Kalenderjahr 2025 nach dem LGrStG BW erfolgen. Damit ist sichergestellt, dass das LGrStG BW nicht gegen § 125b Abs. 3 GG verstößt, weil die Grundsteuern, die ihre Rechtsgrundlage im LGrStG BW haben, erst ab dem Kalenderjahr 2025 erhoben werden.

Mit dem gestaffelten Inkrafttreten will der Gesetzgeber sicherstellen, dass die Neubewertung der Grundstücke bereits im Übergangszeitraum durchgeführt werden kann. Diese Regelung hat wohl nur klarstellenden Charakter. Aufgrund der Regelung „für die Grundsteuer des Kalenderjahres 2025" ist sichergestellt, dass Vorbereitungshandlungen zur Erhebung der Grundsteuer des Kalenderjahres 2025 auch vor dem 1.1.2025 erfolgen können. Es sollen auch die §§ 2, 3, 10 und 12 bereits vor dem 1.1.2025 anwendbar sein. Es erschließt sich nicht, warum § 12 LGrStG BW schon vor 2025 anwendbar sein soll, da es sich hier um eine Regelung handelt, die sicherstellen soll, dass die Gemeinde ihre Ansprüche aus der Grundsteuer dinglich sichern kann. Die Grundsteuer des Jahres 2025 darf erst ab dem Kalenderjahr 2025 erhoben werden, von daher ist kein Raum für eine dingliche Sicherung der Ansprüche der Gemeinde vor Fälligkeit der Grundsteuer, die aber erst im Jahr 2025 fällig werden kann.

(Einstweilen frei)

II. Zeitliche Anwendung der Altregelung (§ 60 Abs. 2 LGrStG BW)

16 Die Vorschrift entspricht § 37 Abs. 2 GrStG. Auf die Kommentierung von Lehmann in Grootens, GrStG § 37 Rz. 27 wird verwiesen.

§ 61 LGrStG BW Ermächtigungen und datenschutzrechtliche Bestimmungen

(1) ¹Das Ministerium für Finanzen wird ermächtigt, durch Rechtsverordnung im Einvernehmen mit dem Ministerium Ländlicher Raum die Anlagen zu diesem Gesetz zu ändern. ²In der jeweiligen Rechtsverordnung kann das Ministerium für Finanzen zur Sicherstellung der Gleichmäßigkeit der Besteuerung, insbesondere zur Sicherstellung einer relations- und realitätsgerechten Abbildung der Grundsteuerwerte, anordnen, dass ab dem nächsten Feststellungszeitpunkt Grundsteuerwerte unter Berücksichtigung der tatsächlichen Verhältnisse und der geänderten Wertverhältnisse durch Anwendung der jeweils angepassten Anlagen festgestellt werden.

(2) ¹Das Ministerium für Finanzen wird zur Sicherstellung der elektronischen Datenübermittlung an die Finanzbehörden im Sinne dieses Gesetzes zudem ermächtigt, den amtlich vorgeschriebenen Datensatz und die weiteren technischen Einzelheiten, insbesondere die amtlich bestimmte Schnittstelle, zu bestimmen. ²Durch Rechtsverordnung des Ministeriums für Finanzen im Einvernehmen mit dem Ministerium des Inneren, für Digitalisierung und Kommunen kann das Verfahren zur Übermittlung der Daten der Messbescheide an die Gemeinden durch Datenfernübertragung bestimmt werden.

(3) ¹Die Finanzbehörden werden ermächtigt, die für die Erklärungs- und Anzeigepflicht notwendigen flurstückbezogenen Daten nach § 23 Absatz 1, § 31 sowie § 38 Absatz 2 den Steuerpflichtigen elektronisch und öffentlich abrufbar bereitzustellen. ²Dabei können auch die Daten der zu einer wirtschaftlichen Einheit gehörenden Flurstücke zusammengefasst werden. ³Das Ministerium für Finanzen wird ermächtigt, die Einzelheiten durch Rechtsverordnung zu regeln.

Inhaltsübersicht	Rz.
A. Allgemeine Erläuterungen	1 - 5
I. Entstehung und Entwicklung der Vorschrift	1 - 3
II. Geltungsbereich	4 - 5
B. Systematische Kommentierung	6 - 20
I. Ermächtigung zur Änderung der Anlagen LGrStG BW (§ 61 Abs. 1 LGrStG BW)	6 - 10
II. Ermächtigung zum Erlass von Bestimmungen bei der elektronischen Datenübermittlung von Grundbuchämtern und Gutachterausschüssen an die Finanzverwaltung (§ 61 Abs. 2 LGrStG BW Satz 1)	11 - 13
III. Übermittlung der Daten der Messbescheide an die Gemeinden durch die Finanzverwaltung per Datenfernübertragung (§ 61 Abs. 2 Satz 2 LGrStG BW)	14 - 16
IV. Datenbereitstellung durch die Finanzverwaltung (§ 61 Abs. 3 LGrStG BW)	17 - 20

A. Allgemeine Erläuterungen

I. Entstehung und Entwicklung der Vorschrift

1 Die Vorschrift wurde erstmalig im Jahr 2020 in das LGrStG BW (verkündet als Art. 1 des Gesetzes zur Regelung einer Landesgrundsteuer v. 4.11.2020, GBl S. 974) aufgenommen.

In der **Gesetzesbegründung (Drucks. 16/8907)** heißt es hierzu:

Die Regelung ermächtigt das Ministerium für Finanzen, durch Rechtsverordnung im Einvernehmen mit dem Ministerium für Ländlichen Raum und Verbraucherschutz die Anlagen 1 bis 9 an die Ergebnisse der Erhebungen nach § 2 des Landwirtschaftsgesetzes, an die Erhebungen der Finanzverwaltung oder an geänderte wirtschaftliche oder technische Entwicklungen anzupassen. Die Ermächtigung soll eine realitäts- und relationsgerechte Bewertung für die Zukunft sicherstellen. Die weitere Ermächtigung regelt in Anlehnung an die Vorschriften der Abgabenordnung die Befugnis des Ministeriums für Finanzen die technische Ausgestaltung der elektronischen Datenübermittlung festzulegen.

In der Gesetzesbegründung für die Änderungen durch das Gesetz zur Änderung des Landesgrundsteuergesetzes und zur Einführung eines gesonderten Hebesatzrechts zur Mobilisierung von Bauland (ÄndGLGrStG) heißt es:

§ 61 Absatz 2 Satz 2
Durch die Neufassung des § 184 Absatz 3 AO im Rahmen des „Jahressteuergesetzes 2020" vom 21. Dezember 2020 (BGBl. I, S. 3096) wird die Bereitstellung der Daten für die Kommunen durch Abruf geregelt. Durch die Ergänzung der Regelung soll sichergestellt werden, dass die damit verbundenen Modalitäten auch im Land festgelegt werden können.

§ 61 Absatz 3
Die Grundsteuer nach dem Landesgrundsteuergesetz soll in einem umfangreich digitalisierten Verfahren ermittelt werden. Hierfür ist es sinnvoll, dass die betroffenen Bürgerinnen und Bürger soweit wie möglich bei der Ergänzung der Angaben für ihre Erklärungs- und Anzeigepflicht unterstützt werden. Der neue Absatz 3 soll daher die rechtliche Grundlage für ein bürgerfreundliches Portal schaffen. Dabei wird den datenschutzrechtlichen Anforderungen Rechnung getragen, indem die dort zur Verfügung gestellten Daten von vornherein auf die für die Erklärung notwendigen Parameter beschränkt werden. Dies wird durch den Bezug auf das Flurstück und die jeweilige Vorschrift innerhalb des Landesgrundsteuergesetzes sichergestellt. Die Steuerpflichtigen benötigen aus dem Liegenschaftskataster insbesondere die flurstücksbezogenen Daten zu Gemeinde, Gemarkungsnummer, Flur, Flurstücknummer (Stammnummer oder Bruchnummer mit Stammnummer und Unternummer), Flurstücksfläche (Buchfläche), Lagebezeichnung des Liegenschaftskatasters (für bebaute Flurstücke der Straßenname und die Hausnummer, außerhalb der Ortslage in der Regel die Gewannbezeichnung). Für den Bereich der Land- und Forstwirtschaft sind als Daten für die Steuerpflichtigen zusätzlich die Bodenschätzung mit zugehöriger Flächenangabe und die Ertragsmesszahl (hilfsweise die durchschnittliche Ertragsmesszahl der Gemarkung) sowie die tatsächliche Nutzung mit zugehöriger Flächenangabe von Relevanz. Im Bereich des Grundvermögens wird neben den Daten des Liegenschaftskatasters nur noch der Bodenrichtwert benötigt.

Die Zweckbindung der Datenverwendung für eine Unterstützung der Bürgerinnen und Bürger zur Erfüllung ihrer Erklärungs- und Anzeigepflicht, die erstmals für die Hauptfeststellung 2022 von Relevanz sein wird, wird ebenfalls ausdrücklich festgeschrieben.

Nach derzeitigen Planungen sollen nur öffentlich zugängliche Daten der Vermessungsverwaltung und Bodenrichtwerte nach § 38 Absatz 2 LGrStG veröffentlicht werden. Die Einzelheiten mit datenschutzrechtlicher Relevanz werden in einer Rechtsverordnung geregelt.

II. Geltungsbereich

4 Das LGrStG BW gilt für in Baden-Württemberg belegene Grundstücke.

5 *(Einstweilen frei)*

B. Systematische Kommentierung

I. Ermächtigung zur Änderung der Anlagen LGrStG BW (§ 61 Abs. 1 LGrStG BW)

6 Nach dem LGrStG BW ist **keine Gebäudebewertung** bei der Feststellung des Grundsteuerwerts vorzunehmen, entsprechend können im LGrStG BW die Anlagen 36–43 zum BewG und eine Regelung entsprechend § 263 Abs. 2 BewG entfallen. Das LGrStG BW enthält lediglich die Anlagen 1–9. Diese Anlagen betreffen die Bewertung des land- und forstwirtschaftlichen Vermögens und entsprechen den Anlagen 27–35 zum BewG, da die Bewertung des land- und forstwirtschaftlichen Vermögens im LGrStG BW wie im Bundesrecht erfolgt.

7 Die im LGrStG BW aufgeführten Anlagen können nach der Ermächtigung in § 61 Abs. 1 LGrStG BW vom Landesfinanzministerium durch Rechtsverordnung im Einvernehmen dem Ministerium für Ländlichen Raum und Verbraucherschutz geändert werden. Im Unterschied zu § 263 Abs. 1 BewG ist die Zustimmung des Bundesrates nicht erforderlich, da es sich beim LGrStG BW um ein Landesgesetz handelt. Die **Anlagen 1–9 betreffen die Bewertung des land- und forstwirtschaftlichen Vermögens,** es ist deshalb sinnvoll, bei der Änderung der Anlagen Einvernehmen mit dem Ministerium für Ländlichen Raum und Verbraucherschutz herzustellen, in dessen Zuständigkeitsbereich die Landwirtschaft liegt. Wie im BewG soll die Ermächtigung eine realitäts- und relationsgerechte Bewertung für die Zukunft sicherstellen.

8 Zum Zeitpunkt der Änderung vgl. Grootens in Grootens, BewG § 263 Rz. 23.

9–10 *(Einstweilen frei)*

II. Ermächtigung zum Erlass von Bestimmungen bei der elektronischen Datenübermittlung von Grundbuchämtern und Gutachterausschüssen an die Finanzverwaltung (§ 61 Abs. 2 LGrStG BW Satz 1)

11 Bereits nach § 23 Abs. 2 und 3 LGrStG BW besteht für die **Grundbuchämter und Gutachterausschüsse** die Verpflichtung, ihre **Mitteilungen nach amtlich vorgeschriebenem Datensatz** über die amtlich bestimmte Schnittstelle an die Finanzbehörden zu übermitteln. Durch die Ermächtigung in § 61 Abs. 2 LGrStG BW wird das Landesfinanzministerium ermächtigt, die technische Ausgestaltung der elektronischen Datenüberrmittlung festzulegen.

12–13 *(Einstweilen frei)*

III. Übermittlung der Daten der Messbescheide an die Gemeinden durch die Finanzverwaltung per Datenfernübertragung (§ 61 Abs. 2 Satz 2 LGrStG BW)

14 Bereits durch die Neufassung des § 184 Abs. 3 AO ist die **Bereitstellung der Daten der Steuermessbescheide durch die Finanzverwaltung an die Gemeinden** geregelt. Nach der Gesetzesbegründung soll durch § 61 Abs. 2 Satz 2 LGrStG BW sichergestellt werden, dass die damit verbundenen Modalitäten auch im Land festgelegt werden können.

15–16 *(Einstweilen frei)*

IV. Datenbereitstellung durch die Finanzverwaltung (§ 61 Abs. 3 LGrStG BW)

Die Finanzbehörden werden ermächtigt, die für die Erklärungs- und Anzeigepflicht notwendigen **flurstückbezogenen Daten den Steuerpflichtigen elektronisch und öffentlich abrufbar** bereitzustellen. Eine Verpflichtung für die Datenbereitstellung besteht für die Finanzverwaltung nicht. 17

Die Datenbereitstellung wird aufgrund datenschutzrechtlicher Bestimmungen auf die für die Steuererklärung notwendigen Parameter beschränkt. Nach der Gesetzesbegründung benötigen die Steuerpflichtigen aus dem Liegenschaftskataster folgende Daten: 18

- Flurstücksbezogene Daten zur Gemeinde
- Gemarkungsnummer
- Flur
- Flurstücknummer
- Flurstücksfläche (Buchfläche)
- Lagebezeichnung des Liegenschaftskatasters (für bebaute Flurstücke der Straßenname und die Hausnummer, außerhalb der Ortslage in der Regel die Gewannbezeichnung).

Zusätzlich wird noch der **Bodenrichtwert** benötigt, der von den Gutachterausschüssen bereit zu stellen ist. 19

Für den Bereich der **Land- und Forstwirtschaft** sind als Daten für die Steuerpflichtigen zusätzlich die Bodenschätzung mit zugehöriger Flächenangabe und die Ertragsmesszahl (hilfsweise die durchschnittliche Ertragsmesszahl der Gemarkung) sowie die tatsächliche Nutzung mit zugehöriger Flächenangabe von Relevanz und deshalb bereitzustellen. 20

§ 62 LGrStG BW Bekanntmachung

Das Ministerium für Finanzen wird ermächtigt, den Wortlaut dieses Gesetzes in der jeweils geltenden Fassung bekannt zu machen.

Inhaltsübersicht	Rz.
A. Allgemeine Erläuterungen	1 - 3
I. Normzweck und wirtschaftliche Bedeutung der Vorschrift	1
II. Entstehung und Entwicklung der Vorschrift	2 - 3

A. Allgemeine Erläuterungen

I. Normzweck und wirtschaftliche Bedeutung der Vorschrift

Da es sich beim LGrStG BW um ein Landesgesetz handelt, ist das Landesfinanzministerium als oberste Finanzbehörde ermächtigt, das LGrStG BW in der jeweils gültigen Fassung bekannt zu machen. Die Zuständigkeit für die Bekanntmachung des GrStG liegt beim BMF. Im Übrigen entspricht § 62 LGrStG BW inhaltlich § 38 GrStG, siehe auch Lehmann in Grootens, GrStG § 38 Rz. 1 f. 1

II. Entstehung und Entwicklung der Vorschrift

2 Die Vorschrift wurde erstmalig im Jahr 2020 in das LGrStG BW aufgenommen.

3 In der **Gesetzesbegründung** heißt es hierzu:

Die Vorschrift ermächtigt das Ministerium für Finanzen das Landesgrundsteuergesetz in der jeweils gültigen Fassung neu bekannt zu machen.

Anhang LGrStG BW

Anlage 2 (zu § 31 Abs. 3)

Forstwirtschaftliche Nutzung		
Bewertungsfaktor für Wuchsgebiet		in EUR/ha
1	Odenwald	124,93
2	Oberrheinisches Tiefland und Rhein-Main-Ebene	64,13
3	Schwarzwald	181,38
4	Baar-Wutach	172,51
5	Neckarland	117,23
6	Schwäbische Alb	123,63
7	Südwestdeutsches Alpenvorland	177,56

Anlage 3 (zu § 31 Abs. 4)

Weinbauliche Nutzung		
Bewertungsfaktor für	Flächeneinheit	in EUR
Traubenerzeugung	pro Ar	11,70

Anlage 4 (zu § 31 Abs. 5)

Gärtnerische Nutzung		
Nutzungsteil Gemüsebau		
Bewertungsfaktor für	Flächeneinheit	in EUR
Flächen im Freiland und für Kleingarten- und Dauerkleingartenland	pro Ar	12,35
Zuschläge für	Flächeneinheit	in EUR
Flächen unter Glas und Kunststoffen	pro Ar	45,00
Nutzungsteil Blumen-/Zierpflanzenbau		
Bewertungsfaktor für	Flächeneinheit	in EUR
Flächen im Freiland	pro Ar	27,60
Zuschläge für	Flächeneinheit	in EUR
Flächen unter Glas und Kunststoffen	pro Ar	65,15

Nutzungsteil Obstbau

Bewertungsfaktor für	Flächeneinheit	in EUR
Flächen im Freiland	pro Ar	9,53

Zuschläge für	Flächeneinheit	in EUR
Flächen unter Glas und Kunststoffen	pro Ar	45,00

Nutzungsteil Baumschulen

Bewertungsfaktor für	Flächeneinheit	in EUR
Flächen im Freiland	pro Ar	22,29

Zuschläge für	Flächeneinheit	in EUR
Flächen unter Glas und Kunststoffen	pro Ar	65,15

Anlage 5 (zu § 31 Abs. 6 und 7)

Übrige land- und forstwirtschaftliche Nutzungen sowie Abbauland, Geringstland und Unland

Sondernutzungen

Bewertungsfaktor für	Flächeneinheit	in EUR
Hopfen	pro Ar	13,75
Spargel	pro Ar	12,69

Sonstige land- und forstwirtschaftliche Nutzungen

Bewertungsfaktor für	Bezugseinheit	in EUR
Wasserflächen	pro Ar	1,00
Zuschläge für stehende Gewässer		
Wasserflächen für Binnenfischerei, Teichwirtschaft und Fischzucht für Binnenfischerei und Teichwirtschaft	ab 1,00 kg bis 4,00 kg Fischertrag/Ar pro Ar	2,00
Wasserflächen für Binnenfischerei, Teichwirtschaft und Fischzucht für Binnenfischerei und Teichwirtschaft	über 4,00 kg Fischertrag/Ar pro Ar	2,50
Zuschläge für fließende Gewässer		
Binnenfischerei, Teichwirtschaft und Fischzucht für Binnenfischerei und Teichwirtschaft	bis 500 Liter/Sekunde Durchfluss pro Liter/Sekunde	12,50
Binnenfischerei, Teichwirtschaft und Fischzucht für Binnenfischerei und Teichwirtschaft	über 500 Liter/Sekunde Durchfluss pro Liter/Sekunde	15,00
Saatzucht	pro Ar	Anlage 1
Weihnachtsbaumkulturen	pro Ar	19,40
Kurzumtriebsplantagen	pro Ar	Anlage 1

Sonstige land- und forstwirtschaftliche Nutzungen, für die kein Bewertungsfaktor festgelegt wurde

Wirtschaftsgebäude	pro Quadratmeter Bruttogrundfläche und Monat	1,23

Nutzungsarten Abbauland, Geringstland und Unland

Bewertungsfaktor für	Flächeneinheit	in EUR
Abbauland	pro Ar	1,00
Geringstland	pro Ar	0,38
Unland	pro Ar	0,00

Anlage 6 (zu § 31 Abs. 8)

Nutzungsart Hofstelle		
Bewertungsfaktor für	Flächeneinheit	in EUR
Hofflächen	pro Ar	6,62
Zuschläge für	Flächeneinheit	in EUR
Wirtschaftsgebäude der weinbaulichen Nutzung bei Fass- und Flaschenweinerzeugung	pro Quadratmeter Bruttogrundfläche und Monat	1,23
Wirtschaftsgebäude der Nebenbetriebe	pro Quadratmeter Bruttogrundfläche und Monat	1,23

Anlage 7 (zu § 32 Abs. 2)

Weitere den Ertragswert erhöhende Umstände		
Bewertungsfaktor für	Flächeneinheit	in EUR
Abgegrenzte Standortfläche der Windenergieanlage	pro Ar	59,58

Anlage 8 (zu § 35 Abs. 5)

Umrechnungsschlüssel für Tierbestände in Vieheinheiten (VE) nach dem Futterbedarf		
Tierart	1 Tier	
Nach dem Durchschnittsbestand in Stück:		
Alpakas	0,08	VE
Damtiere		
Damtiere unter 1 Jahr	0,04	VE
Damtiere 1 Jahr und älter	0,08	VE
Geflügel		
Legehennen (einschließlich einer normalen Aufzucht zur Ergänzung des Bestandes)	0,02	VE
Legehennen aus zugekauften Junghennen	0,0183	VE
Zuchtputen, -enten, -gänse	0,04	VE

Umrechnungsschlüssel für Tierbestände in Vieheinheiten (VE) nach dem Futterbedarf		
Tierart	1 Tier	
Kaninchen		
Zucht- und Angorakaninchen	0,025	VE
Lamas	0,1	VE
Pferde		
Pferde unter 3 Jahren und Kleinpferde	0,7	VE
Pferde 3 Jahre und älter	1,1	VE
Rindvieh		
Kälber und Jungvieh unter 1 Jahr (einschließlich Mastkälber, Starterkälber und Fresser)	0,3	VE
Jungvieh 1 bis 2 Jahre alt	0,7	VE
Färsen (älter als 2 Jahre)	1	VE
Masttiere (Mastdauer weniger als 1 Jahr)	1	VE
Kühe (einschließlich Mutter- und Ammenkühe mit den dazugehörigen Saugkälbern)	1	VE
Zuchtbullen, Zugochsen	1,2	VE
Schafe		
Schafe unter 1 Jahr (einschließlich Mastlämmer)	0,05	VE
Schafe 1 Jahr und älter	0,1	VE
Schweine		
Zuchtschweine	0,33	VE
(einschließlich Jungzuchtschweine über etwa 90 kg)		
Strauße		
Zuchttiere 14 Monate und älter	0,32	VE
Jungtiere/Masttiere unter 14 Monate	0,25	VE
Ziegen	0,08	VE
Nach der Erzeugung in Stück:		
Geflügel		
Jungmasthühner (bis zu 6 Durchgänge je Jahr – schwere Tiere)	0,0017	VE
(mehr als 6 Durchgänge je Jahr – leichte Tiere)	0,0013	VE
Junghennen	0,0017	VE
Mastenten	0,0033	VE
Mastenten in der Aufzuchtphase	0,0011	VE
Mastenten in der Mastphase	0,0022	VE
Mastputen aus selbst erzeugten Jungputen	0,0067	VE
Mastputen aus zugekauften Jungputen	0,005	VE
Jungputen (bis etwa 8 Wochen)	0,0017	VE
Mastgänse	0,0067	VE

Umrechnungsschlüssel für Tierbestände in Vieheinheiten (VE) nach dem Futterbedarf		
Tierart	1 Tier	
Kaninchen		
Mastkaninchen	0,0025	VE
Rindvieh		
Masttiere (Mastdauer 1 Jahr und mehr)	1	VE
Schweine		
Leichte Ferkel (bis etwa 12 kg)	0,01	VE
Ferkel (über etwa 12 bis etwa 20 kg)	0,02	VE
Schwere Ferkel und leichte Läufer (über etwa 20 bis etwa 30 kg)	0,04	VE
Läufer (über etwa 30 bis etwa 45 kg)	0,06	VE
Schwere Läufer (über etwa 45 bis etwa 60 kg)	0,08	VE
Mastschweine	0,16	VE
Jungzuchtschweine bis etwa 90 kg	0,12	VE

Anlage 9 (zu § 35 Abs. 5)

Gruppen der Zweige des Tierbestands nach der Flächenabhängigkeit

1. Mehr flächenabhängige Zweige des Tierbestands:

    Pferdehaltung,

    Pferdezucht,

    Schafzucht,

    Schafhaltung,

    Rindviehzucht,

    Milchviehhaltung,

    Rindviehmast.

2. Weniger flächenabhängige Zweige des Tierbestands:

    Schweinezucht,

    Schweinemast,

    Hühnerzucht,

    Entenzucht,

    Gänsezucht,

    Putenzucht,

    Legehennenhaltung,

    Junghühnermast,

    Entenmast,

    Gänsemast,

    Putenmast.

Abschnitt II: Bayern

Vorwort zur Kommentierung des Bayerischen Grundsteuergesetzes (BayGrStG)

Inhaltsübersicht	Rz.
A. Besonderheiten der Landesregelung in Abgrenzung zur Bundesregelung	1 - 63
I. Ziele der landesrechtlichen Regelung	2 - 7
II. Verfahren der Grundsteuererhebung	8 - 10
III. Bewertung des Grundvermögens	11 - 19
IV. Steuermesszahlen	20 - 43
1. Ermäßigung für Wohnflächen in Verbindung mit dem Betrieb der Land- und Forstwirtschaft	22 - 27
2. Ermäßigung für Gebäudeflächen bei Baudenkmälern	28 - 32
3. Ermäßigung für Zwecke der Wohnraumförderung	33 - 35
4. Kumulierung der Begünstigungen	36 - 43
V. Besonderheiten beim Hebesatz	44 - 52
VI. Erweiterte Erlassregelungen	53 - 58
VII. Folgen der Reform für die Grundstückseigentümer	59 - 63
B. Verfassungsrechtliche Überlegungen	64 - 82
I. Formelle Verfassungsmäßigkeit	64 - 66
II. Materielle Verfassungsmäßigkeit	67 - 81
1. Steuerliche Prinzipien	72 - 75
2. Verstoß gegen den allgemeinen Gleichheitsgrundsatz	76 - 81
III. Zusammenfassung	82

LITERATUR:

Bräutigam/Spengler/Winter, GrSt-Reform – eine analytische Betrachtung der bundesgesetzlichen Regelung sowie weiterer Bewertungsverfahren, Der Betrieb, 40/2020 S. 2090–2096; *Grootens*, Umsetzung der Grundsteuerreform in den Ländern – Der Flickenteppich kommt!, ErbStB 3-2021 S. 80–85; *Kirchhof*, Der Belastungsgrund von Steuern – zum verfassungsrechtlichen Auftrag, die Grundsteuer zu reformieren, DStR 2020 S. 1073; *Löhr/Kempny*: Zur Grundsteuerreform: Grundzüge eines Bodenwertsteuergesetzes; DStR 2019 S. 587; *Schmidt*, Reform der Grundsteuer – Eine erste Analyse der Wertermittlung nach dem Ertragswertverwahren, NWB 50/2019 S. 3719, NWB BAAAH-36269; *Schmidt*, Verfassungswidrigkeit der Grundsteuer als Flächensteuer, DStR 2020 S. 249; *Stöckel*, Hauptfeststellung der Grundsteuerwerte auf den 1.1.2022 – Keine gleich lautenden Erlasse, keine Richtlinien und jede Menge offene Fragen, NWB 45/2020 S. 3324, NWB PAAAH-62449.

A. Besonderheiten der Landesregelung in Abgrenzung zur Bundesregelung

Mit Sitzung v. 23.11.2021 hat der bayerische Landtag das **Bayerische Grundsteuergesetz** (im Folgenden BayGrStG) offiziell verabschiedet und das Gesetz v. 10.12.2021 im Bayerischen Gesetz- und Verordnungsblatt v. 17.12.2021, Nr. 23/2021 S. 638–642 veröffentlicht. Der Freistaat hat damit seine von Beginn an vorgetragenen Pläne zu einer länderspezifische Regelung umgesetzt und macht von der im Rahmen des Gesetzespakets zur Reform der Grundsteuer beschlossenen Öffnungsklausel zur Änderung des Grundgesetzes v. 15.11.2019[1] durch Anwen-

---
[1] Gesetz zur Änderung des Grundgesetzes (Art. 72, 105 und 125b) v. 15.11.2019, BGBl I S. 1546.

dung des Art. 72 Abs. 3 Satz 1 Nr. 7 GG umfassend Gebrauch. Dabei ergeben sich jedoch nur für die Grundstücke des Grundvermögens (Grundsteuer B) landesspezifische Bewertungsregelungen. Für Betriebe der Land- und Forstwirtschaft (Grundsteuer A) bleibt es im Wesentlichen bei der bundesgesetzlichen Regelung.

I. Ziele der landesrechtlichen Regelung

2   Durch das BayGrStG und die Abweichung von der bundesgesetzlichen Regelung soll vor allem eine **Entbürokratisierung** und **zeitgemäße Fortentwicklung der gesetzlichen Regelungen zur Grundsteuer** erreicht werden. Durch die Anwendung des **Äquivalenzprinzips** und die Berücksichtigung von Grundstücks- und Gebäudeflächen soll die Ermittlung der Grundsteuer zukünftig für die Bürgerinnen und Bürger nachvollziehbar sein.

3   Ebenfalls soll durch das BayGrStG die Grundsteuer als konjunkturunabhängige und sichere Einnahmequelle der Gemeinden fortbestehen. Das Volumen der Grundsteuer B in Bayern von 1,81 Milliarden € im Jahr 2019 soll auch durch die Reform beibehalten werden. Auch durch die kommunale Option zur Festlegung **ermäßigter Hebesätze für bestimmte Grundstücke** innerhalb einer Gemeinde, wurden neue Gestaltungsmöglichkeiten geschaffen, welche den Gemeinden eine noch größere Einflussnahme auf die Höhe des Grundsteueraufkommens ermöglichen.

4   Nicht zuletzt durch die Anwendung geringerer Grundsteuermesszahlen für Wohngrundstücke gegenüber nicht zu Wohnzecken genutzten Grundstücken, soll auch der **Wohnungsmarkt geschützt und gestärkt** werden.

5–7   *(Einstweilen frei)*

II. Verfahren der Grundsteuererhebung

8   Wie beim Bundesmodell bleibt es auch in Bayern bei dem bekannten, **dreistufigen Besteuerungsverfahren**:

1. Ermittlung der **Äquivalenzbeträge des Grund und Bodens und der Gebäudeflächen** (früher Einheitswert, nach Bundesmodell zukünftig Grundsteuerwert) durch die Finanzämter.
2. Feststellung der **Grundsteuermessbeträge** durch Multiplikation der Summe aus den Äquivalenzbeträgen des Grund und Bodens und der Gebäudeflächen mit der anwendbaren Steuermesszahl, ebenfalls durch die Finanzämter.
3. Ermittlung und Festsetzung der Grundsteuer durch die jeweiligen Gemeinden unter Anwendung des **gemeindespezifischen Hebesatzes**.

9–10   *(Einstweilen frei)*

III. Bewertung des Grundvermögens

11   Bei der **Bewertung des Grundvermögens** bleibt es wie beim Bundesmodell bei der Differenzierung zwischen dem land- und forstwirtschaftlichen Vermögen und dem Grundvermögen. Die Bewertung des land- und forstwirtschaftlichen Vermögens erfolgt grundsätzlich entsprechend

dem Bundesmodell. **Abweichend** dazu regelt das bayerische Landesmodell lediglich die Berücksichtigung vom bestimmten Hof- und Wirtschaftsgebäudeflächen zur **Hofstelle** nach § 234 Abs. 6 BewG.

Die Bewertung des Grundvermögens basiert auf einem **Flächenmodell**. Die zu ermittelnden Äquivalenzbeträge des Grund und Bodens und der Gebäudeflächen ergeben sich durch die Addition zweier Summanden, welche sich durch die Multiplikation einer **Äquivalenzzahl** mit der **Fläche des Grund und Bodens** bzw. mit der **Wohn-/Nutzfläche der Gebäude** ergeben. Eine Differenzierung nach verschiedenen Grundstückarten i. S. des § 249 BewG erfolgt nicht. Vielmehr wird lediglich zwischen der **Nutzung zu Wohnzwecken und Nichtwohnzwecken** differenziert, für welche das BayGrStG unterschiedliche **Grundsteuermesszahlen** vorsieht.

Die **Äquivalenzzahl** für die Gebäudeflächenflächen beträgt **0,50 €/m²**. Eine Differenzierung nach der Art des Grundstücks, Nutzung, des Alters oder der Ausstattung der Gebäude erfolgt nicht. Für die Fläche des Grund und Bodens beträgt die Äquivalenzzahl **0,04 €/m²**, wobei das Landesmodell hier zwei Ermäßigungen für **übergroße Grundstücksflächen** vorsieht.

Die **Fläche des Grundstücks** sollte durch den Steuerpflichtigen leicht zu ermitteln sein. Diese kann dem **Grundbuchblatt** oder dem **Kataster** bzw. den **bisherigen Einheitswertbescheiden** entnommen werden. Zur anzusetzenden Fläche vgl. auch Bock in Grootens, BewG § 247 Rz. 29.

Für die Ermittlung der **Gebäudeflächen** werden die **Wohn- oder Nutzflächen** benötigt. Die **Wohnfläche** ist dabei nach der **Wohnflächenverordnung** (WoFlV[1]) zu ermitteln. Die **Nutzflächen** sind nach einer geeigneten Methode zu ermitteln. Die Gesetzesbegründung sieht hier insbesondere die Berechnung der **Nutzflächen nach DIN 277** vor. Jedoch soll eine rein **mathematische Berechnung** bei unverhältnismäßigem Aufwand ebenfalls möglich sein. Abzuwarten bleibt jedoch, wie die Finanzverwaltung in der Praxis darauf reagieren wird. Hierzu sind weitere Klarstellungen und Anwendungsbeispiele notwendig, um Rechtssicherheit für den Steuerpflichtigen zu gewährleisten.

Vereinfachungen gibt es für **Garagen bis 50 m²** sowie für **Nebengebäude mit einer Nutzfläche von unter 30 m²**, wenn diese in einem räumlichen Zusammenhang zur Wohnnutzung stehen. In beiden Fällen bleiben die Flächen für die Bewertung **außer Ansatz**.

Da die Bewertung nach dem Landesmodell keine annähernde Verkehrswertermittlung zum Ziel hat, werden nur sehr wenige Informationen vom Steuerpflichtigen benötigt. Dies vereinfacht die Bewertung gegenüber der bisherigen Einheitsbewertung deutlich. Weiterer Vorteil der Bewertung nach dem Landesmodell ist, dass eine **turnusmäßige Hauptfeststellung** wie im Bundesrecht nach § 221 BewG **nicht mehr notwendig** ist, da sich die Grundstücks- bzw. Gebäudeflächen sowie die Äquivalenzzahlen grundsätzlich nicht ändern.

(Einstweilen frei)

IV. Steuermesszahlen

Grundsätzlich beträgt die Grundsteuermesszahl für Grundstücke des Grundvermögens 100 %.

Die Grundsteuermesszahl ermäßigt sich für Wohnflächen um 30 % auf **70 %**. Daneben bestehen weiterhin folgende **Ermäßigungen der Grundsteuermesszahl**:

---

[1] Vgl. Wohnflächenverordnung v. 25.11.2003, BGBl I S. 2346, NWB IAAAB-52356.

- Ermäßigung der Grundsteuermesszahl von 25 % für den Äquivalenzbetrag der Wohnflächen in Verbindung mit dem Betrieb der Land- und Forstwirtschaft (vgl. → Rz. 22–27),
- Ermäßigung der Grundsteuermesszahl von 25 % für den Äquivalenzbetrag der Gebäudeflächen bei bestimmten Baudenkmälern (vgl. → Rz. 28–32),
- Ermäßigung der Grundsteuermesszahl von 25 % für den Äquivalenzbetrag der Wohnflächen für Zwecke der Wohnraumförderung (vgl. → Rz. 33–35).

1. Ermäßigung für Wohnflächen in Verbindung mit dem Betrieb der Land- und Forstwirtschaft

22 Art. 4 Abs. 2 BayGrStG sieht eine weitere **Ermäßigung der Grundsteuermesszahl von 25 %** für die Wohnflächen vor, soweit diese in einer **engen räumlichen Verbindung mit dem Betrieb der Land- und Forstwirtschaft** des Steuerschuldners stehen. Die Ermäßigung wird zusätzlich auf die bereits ermäßigte Grundsteuermesszahl von 70 % für Wohnflächen gewährt, sodass sich im Endeffekt eine Grundsteuermesszahl von **52,5 %** für diese Flächen ergibt.

23 Mit der Vorschrift wird der **Wohnteil**, welcher dem Betrieb Land- und Forstwirtschaft zugeordnet ist, weiter privilegiert. Die in Bayern ländliche Siedlungsstruktur und die Vielzahl kleiner ländlicher Betriebe soll so entsprechend gestärkt werden.

24 Voraussetzung für die Ermäßigung ist weiterhin, dass die Wohnflächen dem **Betriebsinhaber**, den **zum Haushalt gehörenden Familienangehörigen** und den **Altenteilern** zu Wohnzwecken dienen sowie mindestens ein Bewohner eine mehr als nur gelegentliche Tätigkeit in dem Betrieb ausübt.

25 Die Ermäßigung gilt daneben auf für Flächen, die **Arbeitnehmern des Betriebes** zu Wohnzwecken dienen.

26–27 *(Einstweilen frei)*

2. Ermäßigung für Gebäudeflächen bei Baudenkmälern

28 Die Grundsteuermesszahl ermäßigt sich um **25 %**, wenn es sich bei den Gebäuden um **Baudenkmäler** nach Art. 1 Abs. 2 oder Abs. 3 des Bayerischen Denkmalschutzgesetzes handelt.

29 Die Ermäßigung wird **zusätzlich zu den Ermäßigungen** nach den Art. 4 Abs. 1 und Abs. 2 BayGrStG gewährt. Entsprechend ist zu differenzieren, wie die Gebäudeflächen genutzt werden (Wohnzwecke oder Nichtwohnzwecke).

30 Besonderheit des bayerischen Landesmodells ist hierbei, dass – im Gegensatz zur bundesgesetzlichen Regelung[1] – keine Aufteilung erfolgt, wenn nur Teile eines Gebäudes als Baudenkmäler gelten. Auch bei nur teilweisem Bestehen eines Baudenkmals verbleibt es bei der Ermäßigung für die gesamte Gebäudefläche.

31–32 *(Einstweilen frei)*

3. Ermäßigung für Zwecke der Wohnraumförderung

33 Zusätzlich besteht eine Ermäßigung der Grundsteuermesszahl für den Äquivalenzbetrag der Wohnflächen von **25 %** für bestimmte Grundstücke und Eigentümer, die der **Wohnraumför-**

---

[1] Vgl. Bock in Grootens, GrStG § 15 Rz. 118–124.

derung dienen. Art. 4 Abs. 3 BayGrStG verweist dazu auf die bundesgesetzlichen Regelungen nach § 15 Abs. 2–4 GrStG.[1]

(Einstweilen frei)

4. Kumulierung der Begünstigungen

Die Gewährung der Ermäßigungen unter 1.–3. sind möglich, soweit die Vorsetzungen zu Beginn der Veranlagungszeitpunktes – folglich zum 1.1. eines Jahres – vorlagen.

Die o. g. **Ermäßigungen** schließen sich jedoch gegenseitig nicht aus. Vielmehr können diese nebeneinander bestehen, sofern ein Grundstück mehrere Voraussetzungen erfüllt. Da bei der Ermittlung der Äquivalenzbeträge die Art der Gebäudeflächen festgestellt wird, sollte die Prüfung der einzelnen Ermäßigungen in der Praxis keine besonders großen Schwierigkeiten bereiten.

Etwas komplizierter gestaltet sich die **Berechnung der gesamten Ermäßigung** beim Vorliegen mehrere **Ermäßigungstatbestände**. Für die Berechnung der **Gesamtermäßigung** ist dabei jeweils von der vorangegangenen Grundsteuermesszahl nach Anwendung der Ermäßigung auszugehen.

Es können sich damit ausgehend von den möglichen Ermäßigungen **folgende Steuermesszahlen** ergeben (aus Vereinfachungsgründen wurde auf eine Nachkommastelle gerundet):

Grundsteuermesszahlen für Wohngebäude

Messzahl vor Abzug	70 %	70 %	70 %	70 %	70 %	70 %	70%
Wohnteil LuF		-25 %		-25 %		-25 %	
Bezugsgröße		52,5 %		52,5 %		52,5 %	
Baudenkmal			-25 %	-25 %			-25 %
Bezugsgröße			52,5 %	39,4 %			52,5 %
Wohnraumförderung					-25 %	-25 %	-25 %
Bezugsgröße					52,5 %	39,4 %	39,4 %
Messzahl nach Abzug	70 %	52,5 %	52,5 %	39,4 %	52,5 %	39,4 %	39,4 %

Grundsteuermesszahlen Nichtwohngebäude

Messzahl vor Abzug		100 %		100 %
Baudenkmal				-25 %
Messzahl nach Abzügen		100 %		75 %

(Einstweilen frei)

V. Besonderheiten beim Hebesatz

Abweichend zum Bundesmodell ermöglicht das bayerische Landesmodell den Gemeinden weitere **umfassende Gestaltungsmöglichkeiten zu Festlegung der Hebesätze** für die Grundsteuer B. Danach erhalten die Gemeinden die zusätzliche Möglichkeit, die Hebesätze aktiv zu beeinflussen, sofern die Voraussetzungen zur Ermäßigung der Grundsteuermesszahl nach Art. 4

---

1 Vgl. Bock in Grootens, GrStG § 15 Rz. 57–99.

Abs. 2, 3 und 4 BayGrStG vorliegen. Für diese Fälle können die Gemeinden nochmals **reduzierte Hebesätze** festlegen und so bestimmte Grundstücke weiter begünstigen.

45 Im Gesetzesentwurf v. 10.5.2021[1] gab es ursprünglich noch eine weitere Möglichkeit für die Gemeinden zur Festlegung verschiedener Hebesätze. Danach wären die Gemeinden ab einer Einwohnerzahl von **5.000 Einwohnern im Gemeindegebiet** berechtigt gewesen, im Gemeindegebiet eine **angemessene Anzahl von Hebesatzgebieten** festzulegen.

Diese **Möglichkeit zur Bildung mehrerer Hebesatzzonen innerhalb einer Gemeinde** hätte eine völlig neue Möglichkeit für die Gemeinden dargestellt, die Grundsteuereinnahmen aktiv zu beeinflussen. Voraussetzung für die Bildung mehrere Hebesatzzonen bei Gemeinden mit einer Einwohnerzahl ab 5.000 wäre gewesen, dass die Hebesatzzonen die **Unterschiede in der infrastrukturmäßigen Erschließung des Gemeindegebiets** oder **zur Verfolgung städtebaulicher Ziele** abbilden müssen.

46 Diese Hebesatzoption wurde in Gesetzgebungsverfahren jedoch kontrovers diskutiert. Zum einen stellte sich die Frage, inwieweit diese Gestaltungsmöglichkeit dem erklärten Ziel der wesentlichen Vereinfachung und der besseren Verständlichkeit des Grundsteuergesetzes dienlich gewesen wäre. Hinzu kommt, dass die Möglichkeit mehrerer Hebesatzgebiete innerhalb einer Gemeinde m. E. teilweise die grundsätzliche Intention des Flächenmodells verwässert hätte. Denn grundsätzlich führt das bayerischen Flächenmodell dazu, dass **zwei Grundstücke mit identischen Flächenmerkmalen und gleicher Nutzung innerhalb einer Gemeinde gleich hoch besteuert werden**. Die Lage des Grundstücks und die tatsächlichen Wertfaktoren des Gebäudes (z. B. Baujahr, Ausstattung) spielen grundsätzlich keine Rolle für die Höhe der Grundsteuer. Grund dafür ist die Annahme, dass diese Grundstücke ähnliche Kosten für die Gemeinde verursachen. Gegensätzlich dazu ist jedoch auch die Ansicht zutreffend, dass im dörflichen Vorort die Infrastruktur in der Gemeinde nicht so gut ausgebaut sein wird wie in der Kernstadt. Insofern wäre es auch sachgerecht, im Vorort weniger Grundsteuer zu verlangen.

47 Letztendlich konnte sich der Vorschlag aus dem Gesetzesentwurf v. 10.5.2021 nicht durchsetzen, da m. E. die Auffassungen über diese Regelung zu weit auseinander dividierten und die Regelung an sich politisch nur schwer durchsetzbar bzw. den Steuerpflichtigen nur schwer zu vermitteln gewesen sei. Hinzu kommt, dass eine zeitnahe Einigung über das Gesetz getroffen werden musste, da die Äquivalenzbeträge bereits auf den 1.1.2022 allgemein festgestellt werden. Somit wurde diese zweite Hebesatzoption verworfen und findet sich nicht mehr im finalen Gesetzeswortlaut wieder.

48 Zu beachten ist ferner, dass es für in Bayern belegene Grundstücke aufgrund der o. g. Sonderregelung ebenfalls **keine Grundsteuer C** (vgl. § 25 Abs. 5 GrStG) geben wird, welche wiederum z. B. im Bundesrecht eingeführt wurde. Auch hierzu gab es große Meinungsverschiedenheiten im Gesetzgebungsverfahren und ebenso keinen gemeinsamen Konsens.

49–52 *(Einstweilen frei)*

VI. Erweiterte Erlassregelungen

53 Im verabschiedeten Gesetz findet sich in Art. 8 BayGrStG erstmalig auch eine **erweiterte Erlassregelung zu Ansprüchen aus dem Grundsteuerschuldverhältnis**. Danach soll für in Bayern bele-

---

[1] Gesetzesentwurf der Staatsregierung – Bayerisches Grundsteuergesetz (BayGrStG); Drucksache 18/15755 v. 10.5.2021.

gene Grundstücke abweichend zu den allgemeinen Billigkeitsmaßnahmen nach §§ 163 und 227 AO sowie den Erlassregelungen nach §§ 32–34 GrStG die Grundsteuer auch erlassen werden, **wenn durch die neuen Gesetzesregelung nach Lage des einzelnen Falls eine unangemessene hohe Steuerbelastung eintritt.**

Als **Beispiel für eine unangemessen hohe Steuerbelastung** aufgrund des „neuen" BayGrStG nennt das Gesetz folgende Beispiele:

- wenn die Lage erheblich von den in der Gemeinde ortsüblichen Verhältnissen abweicht,
- wenn die Gesamtnutzungsdauer des Gebäudes überschritten ist oder
- bei einer Übergröße des nicht zu Wohnzwecken genutzten Gebäudes, sofern dieses eine einfache Ausstattung aufweist und entweder einen Hallenanteil aufweist oder auf Dauer nicht genutzt wird.

Weitere Ausführungen lässt der Gesetzeswortlaut vermissen, sodass die tatsächliche Anwendung der Regelung in der Praxis mehr als fraglich bleibt. Zum einen sind die Voraussetzungen sehr vage formuliert und ist bisher m. E. nicht eindeutig, welche Voraussetzungen genau erfüllt sein müssen, um in den Genuss der Erlassvorschrift zu kommen. Zum anderen werden die Gemeinden sicherlich, wie die Erfahrung aus der Praxis bei den bisherigen Erlassregelungen nach §§ 32–33 GrStG a. F. zeigt, nicht ohne Weiteres bzw. nur in sehr seltenen Ausnahmefällen oder nach Erfüllung besonders hoher Nachweis- und Begründungspflichten einem Erlassantrag zustimmen.

(Einstweilen frei)

VII. Folgen der Reform für die Grundstückseigentümer

Durch das bayerische Landesmodell wird es zu gänzlich neuen Grundsteuermessbeträgen als bei der bisherigen Einheitsbewertung kommen. Wie genau sich die Grundsteuerbeträge für einzelnen Grundstücksarten verändern werden, bleibt abzuwarten. In jedem Fall wird es Gewinner und Verlierer geben, was zum einen an dem neuen Bewertungsansatz mittels Flächen und Äquivalenzzahlen, sowie zum anderen an den veralteten Wertverhältnissen bei der bisherigen Einheitsbewertung liegt. Anhand der gesetzlichen Regelungen ergeben sich jedoch bereits folgende **Tendenzen**:

1. Die Grundsteuermessbeträge für alte Grundstücke im ländlichen Raum werden vermutlich steigen, da diese Grundstücke flächenmäßig oft größer und bisher eher niedrig bewertet sind.
2. Mangels Ermäßigung der Grundsteuermesszahl wird die gesamte Grundsteuerlast für gewerbliche Grundstücke eher steigen.

Ob es regional zu großen Unterschieden in der Grundsteuerbelastung kommen wird, bleibt abzuwarten. In jeden Fall wird es auf die einzelnen Gemeinden ankommen, welche letztendlich durch die Festlegung der Hebesätze die Höhe der Grundsteuer beeinflussen. Spannend wird insbesondere hier sein, ob Gemeinden ihre Hebesätze auch nach unten anpassen werden, sollte sich durch die Neuregelungen eine höhere Grundsteuer ergeben.

(Einstweilen frei)

B. Verfassungsrechtliche Überlegungen

I. Formelle Verfassungsmäßigkeit

64 Durch Geltendmachung der **Gesetzgebungskompetenz** nach Art. 72 Abs. 3 Nr. 7 GG für die bayerische Landesregelung, hat der Freistatt die **formellen Voraussetzungen zur Einführung einer länderspezifischen Regelung** erfüllt. Die landesgesetzlichen Regelungen sind **ab dem 1.1.2025 wirksam**. Entsprechend wurde auch der „**Anlaufhemmung**" des Art. 125b Abs. 3 GG Rechnung getragen.

65–66 *(Einstweilen frei)*

II. Materielle Verfassungsmäßigkeit

67 Bereits in dem Urteil des BVerfG v. 10.4.2018[1] wurden verschiedene Punkte und Voraussetzungen für eine **verfassungsgemäße Ausgestaltung** der gesetzlichen Neuregelungen betreffend der Grundsteuer erläutert. So ist es nicht verwunderlich, dass bereits mehrere Meinungen und Analysen über die Verfassungsmäßigkeit der diskutieren gesetzlichen Neuregelungen vorliegen.

68 Nach dem BVerfG muss die Grundsteuer so ausgestaltet sein, dass diese den **steuerlichen Belastungsgrund** maßgeblich erkennen lassen muss.[2] Für die Umsetzung dazu hat der Gesetzgeber jedoch einen großen Spielraum und darf sich auch **Typisierungen und Pauschalierungen** bedienen, soweit diese verfassungsrechtlich gerechtfertigt sind und in der Gesamtheit die gleichheitsgerechte Bemessung des steuerlichen Belastungsgrundes sicherstellen.[3]

69 Dabei gibt es bereits unterschiedlich Meinungen, ob das bayerisches Flächenmodell den verfassungsrechtlichen Voraussetzungen Rechnung trägt. Während Kirchhof[4] ein Flächenmodell für geeignet hält, ist Schmidt[5] der Auffassung, dass die Grundsteuer als Flächensteuer verfassungswidrig ist. Dabei werden mehre Aspekte diskutiert.

70–71 *(Einstweilen frei)*

1. Steuerliche Prinzipien

72 Kirchhof sieht den **Belastungsgrund der Grundsteuer** beim Flächenmodell insbesondere im **Äquivalenzprinzip**. Die Grundsteuer wäre danach als eine **Äquivalenzabgabe für Leistungen zwischen der Gemeinde und dem Grundstückseigentümer** zu betrachten, welche dem Grundbesitz zugutekommen. Die Leistungen der Gemeinde sind dabei insbesondere in der zur **Verfügungstellung der kommunalen Infrastruktur** zu verstehen. Der Objektcharakter der Grundsteuer bleibt dabei gewahrt, da sich die Bemessung der Grundsteuer lediglich auf den Grundbesitz erstreckt. Entsprechend sieht Kirchhof die Grundsteuer als Äquivalenzabgabe als verfassungsmäßig an.

---

[1] BVerfG, Urteil v. 10.4.2018 - 1 BvL 11/14, 1 BvL 12/14, 1 BvL 1/15, 1 BvR 639/11, 1 BvR 889/12, NWB MAAAG-80435.

[2] BVerfG, Urteil v. 10.4.2018 - 1 BvL 11/14, 1 BvL 12/14, 1 BvL 1/15, 1 BvR 639/11, 1 BvR 889/12, Rz. 97, NWB MAAAG-80435.

[3] BVerfG, Urteil v. 10.4.2018 - 1 BvL 11/14, 1 BvL 12/14, 1 BvL 1/15, 1 BvR 639/11, 1 BvR 889/12, Rz. 98, NWB MAAAG-80435.

[4] Kirchhof, DStR 21-22/2020 S. 1073.

[5] Schmidt, DStR 6/2020 S. 249

Nach der Auffassung von Schmidt kann die Ausgestaltung der Grundsteuer als Flächensteuer jedoch weder mit dem **Leistungsfähigkeitsprinzip** noch mit dem **Äquivalenzprinzip** legitimiert werden. Durch die gleiche Besteuerung zweier Grundstücke mit gleichen Flächengrößen, die jedoch weitere wertbeeinflussende Merkmale wie die Beschaffenheit, Art und Lage außer Betracht lassen, wird gerade nicht auf die Leistungsfähigkeit abgestellt. Gegen das Äquivalenzprinzip spricht nach Ansicht von Schmidt, dass zum einen die gemeindliche Leistung und vermeintliche Gegenleistung nicht synchron erfolgen sowie viele Leistungen personenbezogen sind und zum anderen, kein nachweisbarer Zusammenhang zwischen der Größe des Grundstücks und des Gebäudes und der Inanspruchnahme gemeindlicher Infrastruktur besteht.

(Einstweilen frei)

2. Verstoß gegen den allgemeinen Gleichheitsgrundsatz

Ein wesentlicher Kritikpunkt an dem Flächenmodell ist die Tatsache, dass zwei Grundstücke mit denselben Flächen gleich besteuert werden, auch wenn sich diese in unterschiedlich guten Lagen befinden oder die Gebäude von unterschiedlich guter Beschaffenheit sind. Schmidt sieht hierbei einen **Verstoß gegen den allgemeinen Gleichheitsgrundsatz** nach Art. 3 Abs. 1 GG, welcher sich auch nicht durch die Verwaltungsvereinfachung als sachlichen Grund rechtfertigen lässt.

Auch Kirchhoff sieht diesen Kritikpunkt, begegnet diesem jedoch mit dem Vorschlag eines **pauschalierten Lagefaktors oder Regionalwert**, welcher beispielsweise in den Ländermodellen von Niedersachen, Hessen und Hamburg vorkommt.

Durch die Möglichkeit der Bildung reduzierter Hebesatzzonen innerhalb der Gemeinde für bestimmte Grundstücke, ermöglicht auch Bayern zumindest eine selektive Einflussnahme auf die Höhe der Grundsteuer. Da es sich dabei jedoch nur um ein Wahlrecht der Gemeinden handelt, welches zudem nur für bereits vorher definierte Grundstücke anwendbar sein wird, lässt sich damit m. E. der Kritikpunkt nicht überzeugend entkräften.

(Einstweilen frei)

III. Zusammenfassung

Allein die oben gemachten Ausführungen lassen erkennen, wie unterschiedlich die Meinungen zur Verfassungsmäßigkeit der bayerischen Regelung sind. Einige geäußerte Kritikpunkte gelten gleichermaßen auf für das Bundesmodell oder für andere Ländermodelle, wie z. B. dem Landesmodell Baden-Württemberg.[1] Positiv zu bewerten ist m. E., dass es sich bei dem Flächenmodell um ein „relativ" einfaches Bewertungsmodell handelt, welches die Ermittlung der Grundsteuer unter Begründung des Äquivalenzgedanken ermittelt und welches durch die nur einmalige Hauptfeststellung auch den Verwaltungsaufwand für Bürger, Verwaltung und Wirtschaft begrenzt. Abschließende Rechtssicherheit zu der Frage der Verfassungswidrigkeit des Gesetzes wird es jedoch erst nach erneuten Urteilen von Gerichten geben.

---

[1] Vgl. Schmidt in Grootens, LGrStG BW Vorwort, Rz. 1–64.

Teil 1: Grundstücke / Grundsteuer B

Kapitel 1: Ermittlung der Grundsteuer

Art. 1 BayGrStG Steuergegenstand, Berechnungsformel

(1) ¹Steuergegenstand der Grundsteuer B sind die Grundstücke als wirtschaftliche Einheiten des Grundvermögens. ²Die Grundsteuer ergibt sich durch eine Multiplikation des Grundsteuermessbetrags des Grundstücks und des von der Gemeinde bestimmten jeweiligen Hebesatzes. ³Sie ist ein Jahresbetrag und auf volle Cent nach unten abzurunden.

(2) ¹Der Grundsteuermessbetrag des Grundstücks ist die Summe aus

1. dem Produkt aus dem Äquivalenzbetrag des Grund und Bodens nach Abs. 3 Satz 1 und der Grundsteuermesszahl nach Art. 4 und
2. dem Produkt aus den Äquivalenzbeträgen von Wohn- und Nutzflächen nach Abs. 3 Satz 2 und der jeweiligen Grundsteuermesszahl nach Art. 4.

²Der Grundsteuermessbetrag des Grundstücks ist auf volle Cent nach unten abzurunden.

(3) ¹Der Äquivalenzbetrag des Grund und Bodens ergibt sich durch eine Multiplikation der Fläche des Grund und Bodens mit der jeweiligen Äquivalenzzahl nach Art. 3 Abs. 1; er wird auf volle Cent nach unten abgerundet. ²Die Äquivalenzbeträge von Wohn- und Nutzflächen der Gebäude ergeben sich durch eine Multiplikation der maßgeblichen Gebäudeflächen mit der Äquivalenzzahl nach Art. 3 Abs. 2.

(4) ¹Die Zurechnung mehrerer Wirtschaftsgüter zu einer wirtschaftlichen Einheit wird nicht dadurch ausgeschlossen, dass die Wirtschaftsgüter zum Teil dem einen, zum Teil dem anderen Ehegatten oder Lebenspartner gehören. ²Bei Gebäuden auf fremdem Grund und Boden sind der Grund und Boden dem Eigentümer des Grund und Bodens und die Gebäude dem wirtschaftlichen Eigentümer der Gebäude zuzurechnen.

(5) ¹Erstreckt sich der Steuergegenstand auch auf ein anderes Land oder das Ausland, ist nur für das im Gebiet des Freistaates Bayern gelegene Grundvermögen Grundsteuer nach diesem Gesetz zu ermitteln und zu erheben. ²Dieses bildet eine eigenständige wirtschaftliche Einheit.

Inhaltsübersicht	Rz.
A. Allgemeine Erläuterungen zu Art. 1 BayGrStG	1 - 19
I. Normzweck und wirtschaftliche Bedeutung der Vorschrift	1 - 6
II. Entstehung und Entwicklung der Vorschrift	7 - 10
III. Geltungsbereich	11 - 13
IV. Verhältnis zu anderen Vorschriften	14 - 19
B. Systematische Kommentierung	20 - 71
I. Definition des Steuergegenstandes (Art. 1 Abs. 1 Satz 1 BayGrStG)	20 - 25
II. Ermittlung der Grundsteuer (Art. 1 Abs. 1 Satz 2 und 3 BayGrStG)	26 - 33
III. Ermittlung des Grundsteuermessbetrags (Art. 1 Abs. 2 BayGrStG)	34 - 41
IV. Ermittlung der Äquivalenzbeträge (Art. 1 Abs. 3 BayGrStG)	42 - 52
1. Äquivalenzbetrag für den Grund und Boden	43 - 47
2. Äquivalenzbetrag für die Gebäudeflächen	48 - 52
V. Berechnungsschema zur Ermittlung der Grundsteuer nach dem BayGrStG	53
VI. Besonderheiten bei der Zurechnung von wirtschaftlichen Einheiten (Art. 1 Abs. 4 BayGrStG)	54 - 68
1. Zurechnung mehrere Wirtschaftsgüter	55 - 61
2. Zurechnung bei Gebäuden auf fremden Grund und Boden und bei Erbbaurechten	62 - 68
a) Gebäude auf fremdem Grund und Boden	62 - 65
b) Erbbaurechte	66 - 68
VII. Besonderheiten des Steuergegenstandes bei länderübergreifenden wirtschaftlichen Einheiten (Art. 1 Abs. 5 BayGrStG)	69 - 71

LITERATUR:

Eisele, Fondstandortgesetz: Nachjustierungen beim reformierten grundsteuerlichen Bewertungsrecht – Änderungen schon zum Stichtag 1.1.2022 von Bedeutung – V. Fortführung von einheitswertrechtlichen Zuordnungsvorschriften, NWB 28/2021 S. 2031–2040, NWB XAAAH-83094.

A. Allgemeine Erläuterungen zu Art. 1 BayGrStG

I. Normzweck und wirtschaftliche Bedeutung der Vorschrift

Art. 1 BayGrStG definiert bzw. regelt 1

- den **Steuergegenstand der Grundsteuer B**,
- die **Berechnung der Grundsteuer**,
- den **Grundsteuermessbetrag** und
- die **Äquivalenzbeträge des Grund und Bodens sowie der Wohn- und Nutzflächen der Gebäude**.

Aufgrund der verschiedenen Berechnungen stellt Art. 1 BayGrStG ebenfalls die **Rundungsregelungen für die Grundsteuer, den Grundsteuermessbetrag und Äquivalenzbeträge** fest.

In Art. 1 Abs. 4 BayGrStG regelt das Landesgesetz die **Zurechnung von wirtschaftlichen Einheiten** bei Eheleuten und Lebenspartnerschaften sowie die Zurechnung für Gebäude auf fremden Grund und Boden und trifft hier abweichende Regelungen zum Bundesgesetz. 2

Art. 1 Abs. 5 BayGrStG definiert den **Steuergegenstand** bei wirtschaftlichen Einheiten, welche sich bisher auch auf ein anderes Bundesland oder das Ausland erstreckt haben. 3

(Einstweilen frei) 4–6

II. Entstehung und Entwicklung der Vorschrift

Art. 1 BayGrStG wurde mit dem Bayrischen Grundsteuergesetz (BayGrStG) v. 10.12.2021[1] in das BayGrStG aufgenommen und tritt ab dem 1.1.2022 in Kraft (vgl. Art. 11 BayGrStG). 7

(Einstweilen frei) 8–10

III. Geltungsbereich

Das BayGrStG gilt für in Bayern belegende Grundstücke. 11

(Einstweilen frei) 12–13

IV. Verhältnis zu anderen Vorschriften

Für die Definition der **wirtschaftlichen Einheit** und die Unterteilung der **Vermögensarten** werden die Regelungen des BewG in § 2 und § 218 BewG übernommen. 14

---

[1] Bayerisches Grundsteuergesetz (BayGrStG) v. 10.12.2021 (Bayerisches Gesetz- und Verordnungsblatt Nr. 23/2021 S. 638).

15 Für die **Berechnung des Grundsteuermessbetrags** ist die Grundsteuermesszahl erforderlich. Art. 1 Abs. 2 Satz 1 BayGrStG verweist diesbezüglich auf die speziellen Regelungen zur Grundsteuermesszahl in Art. 4 BayGrStG. Des Weiteren wird für die **Ermittlung der Äquivalenzbeträge** auf die Regelungen zu der Äquivalenzzahlen in Art. 3 BayGrStG verwiesen.

16 Die Regelungen zur **Zurechnung von wirtschaftlichen Einheiten bei Eheleuten und Lebenspartnerschaften** stimmen mit den bereits durch das FoStG[1] angepassten Regelungen des Bundesgesetzes im § 266 Abs. 5 BewG[2] überein. Die **Zurechnung für Gebäude auf fremden Grund und Boden** stehen hingegen im Gegensatz zu den Regelungen des Bundesgesetzes in § 2 Abs 2 BewG und § 244 Abs. 3 Nr. 2 i.V. mit § 262 BewG. Beim Erbbaurecht folgt das Landesgesetz wieder den Regelungen im Bundesgesetz, wonach dem Erbbauberechtigten nach § 261 BewG auch der Grund und Boden zuzurechnen ist.

17–19 *(Einstweilen frei)*

B. Systematische Kommentierung

I. Definition des Steuergegenstandes (Art. 1 Abs. 1 Satz 1 BayGrStG)

20 Art. 1 Abs. 1 Satz 1 BayGrStG definiert den **Steuergegenstand der Grundsteuer B**. Steuergegenstand der Grundsteuer B sind danach die Grundstücke als wirtschaftliche Einheiten des Grundvermögens. Für den Begriff der wirtschaftlichen Einheit gilt weiterhin die Regelungen des § 2 BewG, wonach sich die wirtschaftliche Einheit im Allgemeinen nach der **Verkehrsanschauung unter Berücksichtigung der örtlichen Gewohnheiten und den objektiven Merkmalen** bestimmt. Zur Bestimmung der wirtschaftlichen Einheit vgl. auch die Kommentierung von Bock in Grootens, BewG § 244 Rz. 23–37.

21 Auch für die **Abgrenzung der wirtschaftlichen Einheiten des Betriebsvermögens** gelten die Regelungen des BewG. Danach ist nach § 99 Abs. 1 BewG maßgeblich, ob diese losgelöst von ihrer Zugehörigkeit zu

- einem Betrieb i. S. der §§ 15, 18 EStG,
- einer in § 1 KStG genannten Körperschaft, Personenvereinigung oder Vermögensmasse,
- land- und forstwirtschaftlichem Vermögen

gehören würden.

22 Für die Unterteilung der einzelnen Vermögensarten des land- und forstwirtschaftlichen Vermögens und des Grundvermögens gilt § 218 BewG. Siehe dazu die Kommentierung von Wredenhagen in Grootens, BewG § 218 Rz. 61 ff.

23–25 *(Einstweilen frei)*

II. Ermittlung der Grundsteuer (Art. 1 Abs. 1 Satz 2 und 3 BayGrStG)

26 Für die Steuergegenstände in Bayern wird die Grundsteuer zukünftig zwar anders ermittelt als im Bundesgesetz, jedoch bleibt es auch im BayGrStG bei dem bisher und auch zukünftig im

---

1 Gesetz zur Stärkung des Fondsstandorts Deutschland und zur Umsetzung der Richtlinie (EU) 2019/1160 zur Änderung der Richtlinien 2009/65/EG und 2011/61/EU im Hinblick auf den grenzüberschreitenden Vertrieb von Organismen für gemeinsame Anlagen (Fondstandortgesetz/FoStoG) v. 3.6.2021 (BGBl 2021 I S. 1498).

2 Vgl. dazu Grootens in Grootens, BewG § 266 Rz. 111–117.

Bundesgesetz vorgesehenen **dreistufigen Besteuerungsverfahren**. Aufgrund der abweichenden Bewertungsregelungen im Landesgesetz sind jedoch andere bzw. neue Zwischenberechnungen und Begriffe vorzufinden.

Das **dreistufige Besteuerungsverfahren zur Ermittlung der Grundsteuer** nach dem BayGrStG setzt sich wie folgt zusammen:

1. Feststellung der **Äquivalenzbeträge** für den Grund und Boden sowie der Wohn- und Nutzflächen der Gebäude,
2. Festsetzung der **Grundsteuermessbeträge**,
3. Festsetzung der **Grundsteuer**.

Die Grundsteuer steht gem. Art. 106 Abs. 6 Satz 2 GG den Städten und Gemeinden zu. Die **Ermittlung und Festsetzung der Grundsteuer** erfolgt daher wie bisher durch die jeweils zuständigen Gemeinden:

Folglich bleibt es dabei, dass die Gemeinden durch die Festlegung der **Hebesätze** direkt die Höhe des Grundsteueraufkommens beeinflussen und steuern können. Die Deckung des Finanzbedarfs der Gemeinde kann so auch mithilfe der Grundsteuer aktiv gestaltet werden.

Die Grundsteuer ist eine **Jahressteuer** und wird **auf volle Cent nach unten abgerundet** (Art. 4 Abs. 1 Satz 3 BayGrStG). Für die **Fälligkeit** der Grundsteuer sowie für die **Vorauszahlungen** gelten mangels landesspezifischer Regelungen die Vorschriften des Bundesgesetzes nach den §§ 28 und 29 GrStG. Insoweit wird auf die Kommentierung von Grootens in Grootens, GrStG § 28 Rz. 36 ff. und Grootens in Grootens, GrStG § 29 Rz. 36 ff. verwiesen.

(Einstweilen frei)

III. Ermittlung des Grundsteuermessbetrags (Art. 1 Abs. 2 BayGrStG)

Art. 1 Abs. 2 definiert die **Berechnung des Grundsteuermessbetrags** des Grundstücks. Der Grundsteuermessbetrag berechnet sich wie folgt:

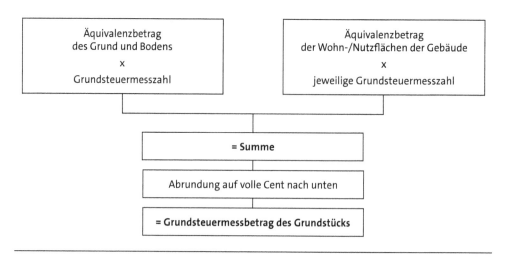

35 Der **Grundsteuermessbetrag** ist die Summe aus den Produkten der Äquivalenzbeträge des Grund und Bodens sowie der Wohn-/Nutzflächen der Gebäude und der entsprechenden Grundsteuermesszahl. Zu den verschiedenen Grundsteuermesszahlen.[1]

36 Die sich ergebende **Grundsteuermesszahl** aus den beiden Äquivalenzbeträgen bei **bebauten Grundstücken** ist auf **volle Cent nach unten abzurunden**. Bei **unbebauten Grundstücken** entfällt der Äquivalenzbetrag für die Wohn-/Nutzflächen der Gebäude entsprechend.

37 Die Begrifflichkeiten im BayGrStG weichen dabei geringfügig von denen des GrStG ab. Während im GrStG allgemein die Begriffe Steuermesszahl und Steuermessbetrag verwendet werden, nennt das BayGrStG die Begriffe **Grundsteuermesszahl und Grundsteuermessbetrag**. Nach der Gesetzesbegründung zum Gesetzesentwurf vom 10.5.2021[2] soll dies der Konkretisierung des Landesgesetzes dienen. In der Praxis dürfte für den Steuerpflichtigen die genaue Bezeichnung der beiden Begriffe jedoch irrelevant sein. Vielmehr führt dies m. E. zu unnötigen Verkomplizierungen für Berater und Steuerpflichtige mit Grundbesitz im Anwendungsbereich des BayGrStG und dem Bundesrecht.

38 Die **Festsetzung der Grundsteuermessbeträge** erfolgt wie bisher und wie im Bundesrecht durch die zuständigen **Lagefinanzämter** (vgl. §§ 18, 22 AO).

39–41 *(Einstweilen frei)*

IV. Ermittlung der Äquivalenzbeträge (Art. 1 Abs. 3 BayGrStG)

42 Die für die Berechnung des Grundsteuermessbetrags erforderlichen **Äquivalenzbeträge** sind getrennt für den Grund und Boden und für die Wohn-/Nutzflächen der Gebäude zu ermitteln. Grund dafür sind zum einen **unterschiedliche Äquivalenzzahlen** (vgl. dazu Art. 3 BayGrStG) für die Ermittlung des Äquivalenzbetrags des Grund und Bodens und des Gebäudes und zum anderen die **Grundsteuermesszahlen**, welche für die Flächen des Grund und Bodens und der Wohn- und Nutzflächen der Gebäude ebenfalls unterschiedlich sein können.

---

[1] Vgl. Lehmann in Grootens, BayGrStG Art. 4 Rz. 23 ff.
[2] Vgl. Drucksache 18/15755 v. 10.5.2021, Gesetzesentwurf der Staatsregierung – Bayerisches Grundsteuergesetz (BayGrStG).

1. Äquivalenzbetrag für den Grund und Boden

Der **Äquivalenzbetrag für den Grund und Boden** ermittelt sich wie folgt:

Der so errechnete **Äquivalenzbetrag** wird ebenfalls auf volle Cent nach unten **abgerundet**. Zur Bestimmung der maßgeblichen Flächen vgl. dazu Art. 2 BayGrStG. Die Höhe der Äquivalenzzahl ergibt sich aus Art. 3 Abs. 1 BayGrStG.

(Einstweilen frei)

2. Äquivalenzbetrag für die Gebäudeflächen

Der **Äquivalenzbetrag für die Gebäudeflächen** ermittelt sich wie folgt:

Beim Äquivalenzbetrag für die Gebäudeflächen ist eine Rundungsregelung nicht vorhanden, da die Äquivalenzzahl für die Gebäudeflächen nach Art. 3 Abs. 2 BayGrStG stets 0,50 €/m² beträgt. Eine Rundung ist somit rechnerisch nicht notwendig. Zur Bestimmung der maßgeblichen Flächen vgl. Art. 2 BayGrStG und zur Höhe der Äquivalenzzahl vgl. Art. 3 Abs. 2 BayGrStG.

(Einstweilen frei)

V. Berechnungsschema zur Ermittlung der Grundsteuer nach dem BayGrStG

Die einzelnen Berechnungsschritte lassen sich vereinfacht zu folgendem Berechnungsschema zusammenfassen:

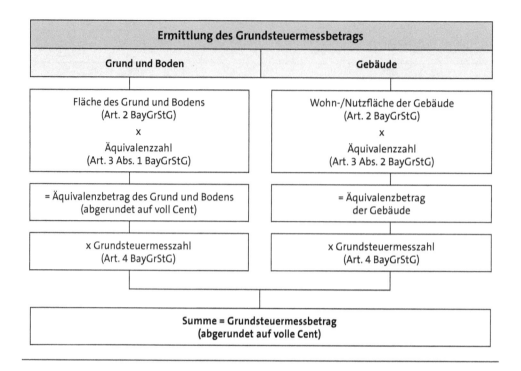

VI. Besonderheiten bei der Zurechnung von wirtschaftlichen Einheiten (Art. 1 Abs. 4 BayGrStG)

54 Art. 1 Abs. 4 enthält Besonderheiten bezüglich der **Zurechnung von mehreren Wirtschaftsgütern** zu einer wirtschaftlichen Einheit und für **Gebäude auf fremden Grund und Boden**. Insoweit weicht das BayGrStG von den Regelungen des Bundesgesetzes ab.

1. Zurechnung mehrere Wirtschaftsgüter

55 Nach Art. 1 Abs. 4 Satz 1 BayGrStG ist eine **Zurechnung mehrerer Wirtschaftsgüter zu einer wirtschaftlichen Einheit bei Eheleuten und Lebenspartnerschaften** nach dem Lebenspartnerschaftsgesetz im BayGrStG möglich. Die Regelung im Landesgesetz führt somit die bisherige **Regelung des § 26 BewG** fort, nach dem eine Zurechnung mehrerer Wirtschaftsgüter zu einer wirtschaftlichen Einheit bei Ehegatten oder Lebenspartnern möglich war.

56 Damit weicht die Regelung grds. vom Bundesgesetz ab, in dem nach § 2 Abs. 2 BewG mehrere Wirtschaftsgüter nur einer wirtschaftlichen Einheit zugerechnet werden können, soweit diese **demselben Eigentümer** gehören. § 26 BewG wird im Zuge der Grundsteuerreform mit Wirkung v. 1.1.2025 durch das GrStRefG[1] v. 26.11.2019 aufgehoben, sodass es im Landesgesetz einer gesonderten Regelung bedurfte.

57 Im Bundesrecht wurde § 26 BewG durch das GrStRefG[2] v. 26.11.2019 nicht in das neue Bewertungssystem übernommen. Dies hätte jedoch für die Finanzverwaltung zu erheblichem zu-

---

[1] BGBl 2019 I S. 1794.
[2] BGBl 2019 I S. 1794.

sätzlichem Mehraufwand geführt, da für die bisher nach §§ 26 und 34 Abs. 4–6 BewG gebildeten **wirtschaftlichen Einheiten bei gemischten Eigentumsverhältnissen** eine Teilung und entsprechende Neubewertung hätte erfolgen müssen. Dazu hätten sämtliche erforderlichen Daten über die neu entstehenden wirtschaftlichen Einheiten bei den Eigentümern abgefragt und aufgenommen werden müssen. Dieser Aufwand ist jedoch im Zuge der ersten Hauptfeststellung zu umfangreich, weshalb mit dem Fondsstandortgesetz/FoStoG v. 3.6.2021[1] der **§ 266 Abs. 5 BewG** im Bundesrecht hinzugefügt wurde. Durch diese Vorschrift können nach den bisherigen gesetzlichen Regelungen bestehende wirtschaftliche Einheiten auch im Bundesgesetz weiterhin für Zwecke der Grundsteuerwertermittlung nach den neuen Regelungen zugrunde gelegt werden. Dies umfasst auch die bisher nach den §§ 26, 34 Abs. 4 und 6 BewG gebildeten wirtschaftlichen Einheiten. **Folglich sind auch im Bundesrecht noch abweichend zu § 2 Abs. 2 BewG wirtschaftliche Einheiten bei getrennten Eigentumsverhältnissen möglich.**[2] Zu den Regelungen des Bundesrechts vgl. Grootens in Grootens, BewG § 266 Rz. 111–117.

Die Vorschrift des § 266 Abs. 5 BewG soll jedoch nur eine **Übergangsvorschrift** darstellen. Nach Art. 19 Abs. 3 FoStoG soll die Regelung **zum 31.12.2028 außer Kraft** treten. Sofern dies in Zukunft nicht geändert wird, sind die entsprechenden wirtschaftlichen Einheiten im Bundesrecht dann zur zweiten Hauptfeststellung auf den 1.1.2029 in Übereinstimmung mit § 2 Abs. 2 BewG entsprechend aufzuteilen, wodurch sich Abweichungen zum BayGrStG ergeben.

(Einstweilen frei)

2. Zurechnung bei Gebäuden auf fremden Grund und Boden und bei Erbbaurechten

a) Gebäude auf fremdem Grund und Boden

Auch **Gebäude auf fremden Grund und Boden** werden abweichend von Bundesgesetz zugeordnet. So führt das BayGrStG den bisherigen Regelungsinhalt des § 94 Abs. 1 Satz 1 BewG fort, sodass in diesen Fällen immer **zwei separate wirtschaftliche Einheiten** zu bilden sind. Die wirtschaftliche Einheit des Grund und Bodens ist dem Eigentümer des Grund und Bodens und die wirtschaftliche Einheit des Gebäudes dem wirtschaftlichen Eigentümer des Gebäudes zuzurechnen.

Im Bundesgesetz hingegen wird die bisherige Regelung des § 94 BewG zum 1.1.2025 aufgehoben und durch die Neuregelungen des § 244 Abs. 3 Nr. 2 i.V. mit § 262 BewG abgelöst. Danach existiert dort zukünftig nur noch **eine wirtschaftliche Einheit für das Gebäude auf fremden Grund und Boden**, welche den Grund und Boden und das Gebäude umfasst und dem Eigentümer des Grund und Bodens zuzurechnen ist. Zu den Regelungen des Bundesgesetzes vgl. die Kommentierung von Bock in Grootens, BewG § 244 Rz. 73–84 und Grootens in Grootens, BewG § 262 Rz. 31 ff.

Durch die vereinfachte Berechnung im Landesgesetz nach dem Flächenmodell stellt die Bildung von zwei wirtschaftlichen Einheiten für die Berechnung der Grundsteuermessbeträge und der Grundsteuer keine besondere Schwierigkeit dar, da die Ermittlung der Äquivalenzbeträge ohnehin gesondert für die Flächen des Grund und Bodens und für die Wohn- und Nutzflächen der Gebäude erfolgt (vgl. → Rz. 53). Dennoch kann die **unterschiedliche Behand-**

---

1 Gesetz zur Stärkung des Fondsstandorts Deutschland und zur Umsetzung der Richtlinie (EU) 2019/1160 zur Änderung der Richtlinien 2009/65/EG und 2011/61/EU im Hinblick auf den grenzüberschreitenden Vertrieb von Organismen für gemeinsame Anlagen (Fondstandortgesetz/FoStoG) v. 3.6.2021 (BGBl 2021 I S. 1498).
2 Vgl. auch Eisele, NWB 28/2021 S. 2031–2040, NWB XAAAH-83094.

lung der Zuordnung der wirtschaftlichen Einheit bei Gebäuden auf fremden Grund und Boden zwischen dem Landes- und Bundesrecht zu Verwirrungen in der Praxis führen und muss entsprechend beachtet werden. Ungeachtet der verschiedenen Gesetzesbegründungen und Hintergründe für die unterschiedlichen Regelungen, wäre es m. E. wünschenswert gewesen, zumindest die Bestimmung der wirtschaftlichen Einheiten einheitlich zu gestalten.

65 *(Einstweilen frei)*

b) Erbbaurechte

66 Eine weitere Besonderheit neben den Gebäuden auf fremden Grund und Boden stellen die **Erbbaurechte** sowie die **Wohnungs- und Teilerbbaurechte** dar. Hierzu beinhaltet Art. 1 BayGrStG keine gesonderte Regelung, sodass nach Art. 10 Abs. 1 Satz 1 BayGrStG die Regelungen des Bundesgesetzes nach § 244 Abs. 3 Nr. 1 und 4 BewG anzuwenden sind. Danach umfasst die wirtschaftliche Einheit jeweils **das Erbbaurecht und das Erbbaurechtsgrundstück** bzw. das **Wohnungs-/Teilerbbaurecht und das anteilige belastete Grundstück**. Zugerechnet wird die wirtschaftliche Einheit, bestehend aus dem belasteten Grund und Boden und dem Erbbaurecht, dem Erbbauberechtigten. Grund für die abweichende Beurteilung zwischen Gebäuden auf fremden Grund und Boden und den Erbbaurechten im BayGrStG ist nach der Gesetzesbegründung zum Gesetzesentwurf,[1] dass beim Erbbaurecht als Sonderfall der Erbbauberechtigten eine grundbuchrechtlich gesicherte Position gegenüber den Erbbauverpflichteten hat. Es wird dazu weiterhin auf die Kommentierung des Bundesgesetzes von Bock in Grootens, BewG § 244 Rz. 47–72 verwiesen.

67–68 *(Einstweilen frei)*

VII. Besonderheiten des Steuergegenstandes bei länderübergreifenden wirtschaftlichen Einheiten (Art. 1 Abs. 5 BayGrStG)

69 Das BayGrStG ist nur für Grundstücke des Grundvermögens sowie für Betriebe der Land- und Forstwirtschaft gültig, welche **räumlich auf dem Gebiet des Freistaats Bayern belegen** sind. Wirtschaftliche Einheiten können jedoch sowohl über die Bundeslandgrenzen des Freistaats als auch die Landesgrenzen der Bundesrepublik Deutschland hinausreichen. Entsprechend bedarf es bei diesen wirtschaftlichen Einheiten einer Definition des Steuergegenstands.

70 Nach Art. 1 Abs. 5 BayGrStG wird bei wirtschaftlichen Einheiten, welche sich auf **länderübergreifenden Gebieten** befinden, nur der im Freistaat Bayern belegene Teil der wirtschaftlichen Einheit der Grundsteuer nach dem BayGrStG unterworfen. Dieser Teil des Grundstücks bildet sogleich eine eigene wirtschaftlichen Einheit und folglich den Steuergegenstand zur Ermittlung der Grundsteuer.

71 Durch die Vorschrift des Art. 1 Abs. 5 BayGrStG kann es dazu kommen, dass **bisherige wirtschaftliche Einheiten des Grundstückseigentümers zukünftig getrennt** werden müssen, wenn sich die wirtschaftliche Einheit bisher auf Bayern und mindestens ein angrenzendes Bundesland bezog. Für das Bundesgesetz wäre bei wirtschaftlichen Einheiten über zwei Bundesländer, gleichwohl die gesamte wirtschaftliche Einheit nach dem Bundesgesetz zu bewerten und das Problem über die Zerlegung zu lösen. Zumindest gilt dies für Sachsen und Sachsen-Anhalt, da

---

[1] Vgl. Drucksache 18/15755 v. 10.5.2021, Gesetzesentwurf der Staatsregierung – Bayerisches Grundsteuergesetz (BayGrStG).

diese Länder das Bundesmodell anwenden. Für Baden-Württemberg gilt, dass dort nur das Vermögen, welches in Baden-Württemberg liegt, bewertet wird. Da Hessen im Wesentlichen das BayGrStG kopiert, müsste dort auch nur der hessische Teil bewertet werden.

Art. 2 BayGrStG   Maßgebliche Flächen

(1) ¹Gebäudefläche bei Wohnnutzung ist die Wohnfläche im Sinne der Wohnflächenverordnung. ²Als Wohnnutzung gilt auch die Nutzung als häusliches Arbeitszimmer. ³Im Übrigen ist die Nutzfläche des Gebäudes maßgeblich. ⁴Die Gebäudefläche ist durch eine geeignete Methode zu ermitteln.

(2) ¹Nutzflächen von Garagen, die in räumlichem Zusammenhang zu der Wohnnutzung stehen, der sie rechtlich zugeordnet sind, bleiben bis zu einer Fläche von insgesamt 50 m² außer Ansatz. ²Dies gilt unter den Voraussetzungen des Satzes 1 auch für Garagen, die eine eigene wirtschaftliche Einheit bilden.

(3) ¹Im Übrigen bleiben die Nutzflächen von Nebengebäuden von untergeordneter Bedeutung, die in räumlichem Zusammenhang zu der Wohnnutzung stehen, der sie zu dienen bestimmt sind, bis zu einer Fläche von insgesamt 30 m² außer Ansatz. ²Dies gilt unter den Voraussetzungen des Satzes 1 auch für Nebengebäude, die eine eigene wirtschaftliche Einheit bilden.

(4) ¹Ein Grundstück gilt als unbebaut, wenn die darauf errichteten Gebäude, mit Ausnahme der Fälle des Abs. 2 Satz 2, eine Gesamtgebäudefläche von insgesamt weniger als 30 m² haben. ²Besteht ein Bauwerk aus mehreren wirtschaftlichen Einheiten, ist die Gesamtgebäudefläche des Bauwerks anzusetzen. ³Die Gebäudefläche bleibt in der Folge außer Ansatz. ⁴§ 246 des Bewertungsgesetzes (BewG) bleibt im Übrigen unberührt.

(5) Die für dieses Gesetz maßgeblichen Flächen von Grund und Boden sowie die Wohn- und Nutzflächen der Gebäude sind jeweils auf volle Quadratmeter nach unten abzurunden.

Inhaltsübersicht	Rz.
A. Allgemeine Erläuterungen zu Art. 2 BayGrStG	1 – 19
I. Normzweck und wirtschaftliche Bedeutung der Vorschrift	1 – 7
II. Entstehung und Entwicklung der Vorschrift	8 – 12
III. Geltungsbereich	13 – 15
IV. Verhältnis zu anderen Vorschriften	16 – 19
B. Systematische Kommentierung	20 – 102
I. Bestimmung der Gebäudeflächen als Berechnungsgrundlage der Grundsteuer (Art. 2 Abs. 1 BayGrStG)	20 – 65
1. Gebäudeflächen bei Wohnnutzung	26 – 33
2. Einzelheiten zur Ermittlung der Wohnfläche	34 – 49
a) Ermittlung der Wohnfläche nach der Wohnflächenverordnung	34 – 40
b) Das häusliche Arbeitszimmer als Wohnnutzung	41 – 43
c) Besonderheiten bei ungenutzten Flächen	44 – 49
3. Gebäudeflächen bei Nichtwohnnutzung	50 – 56
4. Abweichende Ermittlungsmethoden der Gebäudeflächen	57 – 65
II. Sonderegeln zur Berücksichtigung von Garagen (Art. 2 Abs. 2 BayGrStG)	66 – 75
III. Sonderegeln zur Berücksichtigung von Nebengebäuden von untergeordneter Bedeutung (Art. 2 Abs. 3 BayGrStG)	76 – 86
IV. Kumulative Anwendung der Vereinfachungsregelungen	87 – 91
V. Sonderregeln zur Nichtberücksichtigung von Gebäuden von untergeordneter Bedeutung (Art. 2 Abs. 4 BayGrStG)	92 – 101
VI. Rundungsregelungen	102

LITERATUR:

Dörschner, Neue Wohnflächenberechnung und Aufstellung von Betriebskosten im Mietrecht, NWB 11/2004 S. 2311, NWB UAAAB-16858; *Schaper*, Basiswissen Wertermittlungsverfahren – 1. Einführung und Grundbegriffe – 1.8 Flächendefinitionen – 1.8.1 Wohnfläche, 1. Aufl., Stand Oktober 2016.

A. Allgemeine Erläuterungen zu Art. 2 BayGrStG

I. Normzweck und wirtschaftliche Bedeutung der Vorschrift

1   Art. 2 BayGrStG bestimmt die maßgeblichen **Gebäudeflächen** als Berechnungsgrundlage der **Grundsteuer** im Landesrecht. Dabei regelt die Vorschrift in Abs. 1 die **Ermittlung der Wohn- und Nutzflächen für die Gebäudeflächen**.

2   Die Abs. 2–4 BayGrStG regeln verschiedenen **Sonderregeln und Vereinfachungen**. So werden **Garagen** und **Nebengebäude von untergeordneter Bedeutung** und **Gebäude mit geringen Gebäudeflächen** unter bestimmten Voraussetzungen bei der Ermittlung der Gebäudeflächen nicht berücksichtig und bleiben bei der Grundsteuer außer Ansatz.

3   Art. 2 Abs. 5 BayGrStG bestimmt die **Rundungsregeln** für die im Landesgesetz maßgeblichen Flächen des Grund und Bodens und der Gebäudeflächen.

4–7   *(Einstweilen frei)*

II. Entstehung und Entwicklung der Vorschrift

8   Art. 2 BayGrStG wurde mit dem Bayrischen GrStG (BayGrStG) v. 10.12.2021[1] in das BayGrStG aufgenommen und tritt ab dem 1.1.2022 in Kraft.[2]

9-12   *(Einstweilen frei)*

III. Geltungsbereich

13   Das BayGrStG gilt für in Bayern belegende Grundstücke.

14–15   *(Einstweilen frei)*

IV. Verhältnis zu anderen Vorschriften

16   Die ermittelten **Gebäudeflächen** nach Art. 2 BayGrStG sind Ausgangspunkt für die Ermittlung der **Äquivalenzbeträge** (Art. 1 Abs. 3 BayGrStG). Diese sind wiederum Berechnungsgrundlage für den **Grundsteuermessbetrag**.[3]

17–19   *(Einstweilen frei)*

---

[1] Bayerisches Grundsteuergesetz (BayGrStG) v. 10.12.2021 (Bayerisches Gesetz- und Verordnungsblatt Nr. 23/2021 S. 638).
[2] Vgl. Art. 11 BayGrStG.
[3] Art. 1 Abs. 2 BayGrStG.

B. Systematische Kommentierung

I. Bestimmung der Gebäudeflächen als Berechnungsgrundlage der Grundsteuer (Art. 2 Abs. 1 BayGrStG)

Der **Ermittlung der Gebäudeflächen** kommt im Landesgesetz eine besondere Bedeutung zu, da diese die **Berechnungsgrundlage** für alle weiteren Ausgangsbeträge zur Ermittlung der Grundsteuer darstellen. Bei den Gebäudeflächen handelt es sich somit um die Ausgangsgröße. Bei dem bayerischen Grundsteuermodell spricht man daher von einem „Flächenmodell". 20

Die richtige **Ermittlung der Gebäudeflächen** ist für den Grundstückseigentümer in zweierlei Hinsicht von wichtiger Bedeutung. Zum einen haben die Gebäudeflächen direkten Einfluss auf die Höhe der Grundsteuer, da pro m² Gebäudefläche die entsprechende Äquivalenzzahl angewandt wird. Zum anderen sind die Gebäudeflächen die einzigen Werte, welche noch vom Grundstückseigentümer selbst zu ermitteln sind und daher Fehler oder Ungenauigkeiten bei der Ermittlung auftreten könnten. Alle anderen Angaben und Werte zur Ermittlung der Grundsteuer sind grds. im Gesetz normiert und stehen somit fest. Auch die **Flächen für den Grund und Boden** sind i. d. R. bereits durch die Hinterlegung im Grundbuch bzw. im Kataster final erfasst. Dabei kann es aber zu Abgrenzungsschwierigkeiten der wirtschaftlichen Einheit bei mehreren Flurstücken kommen. 21

Für die Ermittlung der Gebäudeflächen ist zwischen **Wohnflächen und Nichtwohnflächen** – der sog. **Nutzflächen** – zu unterscheiden. Grund dafür sind die Differenzierungen bei den Grundsteuermesszahlen zwischen Wohn- und Nichtwohnflächen. 22

(Einstweilen frei) 23–25

1. Gebäudeflächen bei Wohnnutzung

Für zur Wohnzwecken genutzten Gebäuden ist die **Wohnfläche nach der Wohnflächenverordnung** (WoFlV) v. 25.11.2003[1] zu ermitteln. Im BayGrStG wurde die Ermittlung der Wohnflächen anhand der Wohnflächenverordnung gewählt, da diese Methode in der Praxis in verschiedenen Bereichen zur Bestimmung der Wohnfläche herangezogen wird und heutzutage die am häufigsten angewendete Methode darstellt. Gesetzlich vorgeschrieben ist die Anwendung der WoFlV jedoch nur für Wohnflächen nach dem **Wohnraumförderungsgesetz**. Für **freifinanzierte Wohnflächen** gibt es keine gesetzliche Bestimmung zur Ermittlung der Wohnfläche. Andere **Methoden zur Wohnflächenberechnung** sind z. B. die II. **Berechnungsverordnung** (II. BV) sowie die Berechnungen nach **DIN 283** und **DIN 277**. 26

Die II. BV galt bis zum 31.12.2003 zwingend für preisgebundenen Wohnraum, wurde jedoch mit in Kraft treten der WoFlV zum 1.4.2004 von dieser abgelöst und wird daher heutzutage grds. nicht mehr angewandt. Lediglich für bis zum 31.12.2013 berechnete Wohnflächen, die seither keine baulichen Veränderungen erfahren haben, ist die II. BV in der Praxis noch gültig. 27

Ebenfalls in der Praxis häufig anzutreffen ist die Berechnung der Wohnfläche nach **DIN 277**. Diese Berechnungsmethode ist vor allem zur Kostenplanung von Wohnungsbauprojekten weit verbreitet. Bei der DIN 277 wird an sich keine Wohnfläche ermittelt, sondern vielmehr Funktions-, Nutz- und Verkehrsflächen. Aufgrund dieser differenzierten Berechnungslogik führt die 28

---

[1] Wohnflächenverordnung v. 25.11.2003, BGBl I S. 2346.

Berechnung der Wohnfläche nach DIN 277 häufig zu einer größeren Wohnfläche als die Berechnung der Wohnfläche nach der WoFlV.

29 Berechnungen nach **DIN 283** sind heutzutage nur noch selten anzutreffen. Die Regelung stammt bereits aus dem Jahre 1951, wurde bereits im Jahr 1983 (Blatt 2) bzw. 1989 (Blatt 1) zurückgezogen, um keine Überschneidung mit der Methode nach DIN 277 zu erzeugen. Dennoch kann in der Praxis die Methode weiterhin durch die Vereinbarung beider zwischen Vermieter und Mieter zur Wohnflächenberechnung anwendbar sein.

30 Aufgrund der unterschiedlichen Methoden zur Ermittlung von Wohnflächen ist in der Praxis vom Grundstückseigentümer zu prüfen, auf welcher Berechnungsgrundlage eine ggf. bisher existierende Wohnfläche (z. B. aus Mietverträgen oder Kaufverträgen) beruht. Ggf. ist dann **eine Neuberechnung nach der WoFlV** notwendig. Insbesondere bei umfangreichem Grundbesitz oder großen Wohnflächen sollte die Berechnung ausführlich geprüft bzw. dieser eine angemessene Bedeutung zugemessen werden.

31–33 *(Einstweilen frei)*

2. Einzelheiten zur Ermittlung der Wohnfläche

a) Ermittlung der Wohnfläche nach der Wohnflächenverordnung

34 Bei der **Ermittlung der Wohnfläche nach WoFlV** werden alle Räume innerhalb der Wohnung in die Berechnung miteinbezogen. Dazu zählen insbesondere neben den Wohnräumen auch die **Toiletten, Bäder, Flure oder z. B. Abstell-/Hauswirtschaftsräume**. Weitere Räume, die nicht innerhalb der Wohnung liegen, sind nicht in Teil der Wohnfläche. Dies können z. B. **Kellerräume oder Garagen** sein. **Terrassen, Loggien oder Balkone** sind i. d. R. mit $1/4$, höchstens jedoch mit $1/2$ der Fläche anzurechnen.

35 Die **Ermittlung der Grundflächen** erfolgt nach den lichten Maßen, also von Wand zu Wand. Dies bedeutet, dass z. B. **Heizkörper** für die Berechnung ignoriert werden. Flächen mit einer Höhe von mehr als 1 m Höhe und weniger als 2 m Höhe, wie z. B. **Dachschrägen**, sind nur zur Hälfte zu berücksichtigen.

36 Die **Wohnflächenverordnung** v. 25.11.2003 in der aktuell gültigen Fassung lautet:

§ 1 Anwendungsbereich, Berechnung der Wohnfläche

(1) Wird nach dem Wohnraumförderungsgesetz die Wohnfläche berechnet, sind die Vorschriften dieser Verordnung anzuwenden.

(2) Zur Berechnung der Wohnfläche sind die nach § 2 zur Wohnfläche gehörenden Grundflächen nach § 3 zu ermitteln und nach § 4 auf die Wohnfläche anzurechnen.

§ 2 Zur Wohnfläche gehörende Grundflächen

(1) Die Wohnfläche einer Wohnung umfasst die Grundflächen der Räume, die ausschließlich zu dieser Wohnung gehören. Die Wohnfläche eines Wohnheims umfasst die Grundflächen der Räume, die zur alleinigen und gemeinschaftlichen Nutzung durch die Bewohner bestimmt sind.

(2) Zur Wohnfläche gehören auch die Grundflächen von

1. *Wintergärten, Schwimmbädern und ähnlichen nach allen Seiten geschlossenen Räumen sowie*
2. *Balkonen, Loggien, Dachgärten und Terrassen,*

wenn sie ausschließlich zu der Wohnung oder dem Wohnheim gehören.

(3) Zur Wohnfläche gehören nicht die Grundflächen folgender Räume:
1. *Zubehörräume, insbesondere:*
    a) *Kellerräume,*
    b) *Abstellräume und Kellerersatzräume außerhalb der Wohnung,*
    c) *Waschküchen,*
    d) *Bodenräume,*
    e) *Trockenräume,*
    f) *Heizungsräume und*
    g) *Garagen,*
2. *Räume, die nicht den an ihre Nutzung zu stellenden Anforderungen des Bauordnungsrechts der Länder genügen, sowie*
3. *Geschäftsräume.*

§ 3 Ermittlung der Grundfläche

(1) Die Grundfläche ist nach den lichten Maßen zwischen den Bauteilen zu ermitteln; dabei ist von der Vorderkante der Bekleidung der Bauteile auszugehen. Bei fehlenden begrenzenden Bauteilen ist der bauliche Abschluss zu Grunde zu legen.

(2) Bei der Ermittlung der Grundfläche sind namentlich einzubeziehen die Grundflächen von
1. *Tür- und Fensterbekleidungen sowie Tür- und Fensterumrahmungen,*
2. *Fuß-, Sockel- und Schrammleisten,*
3. *fest eingebauten Gegenständen, wie z. B. Öfen, Heiz- und Klimageräten, Herden, Bade- oder Duschwannen,*
4. *freiliegenden Installationen,*
5. *Einbaumöbeln und*
6. *nicht ortsgebundenen, versetzbaren Raumteilern.*

(3) Bei der Ermittlung der Grundflächen bleiben außer Betracht die Grundflächen von
1. *Schornsteinen, Vormauerungen, Bekleidungen, freistehenden Pfeilern und Säulen, wenn sie eine Höhe von mehr als 1,50 Meter aufweisen und ihre Grundfläche mehr als 0,1 Quadratmeter beträgt,*
2. *Treppen mit über drei Steigungen und deren Treppenabsätze,*
3. *Türnischen und*
4. *Fenster- und offenen Wandnischen, die nicht bis zum Fußboden herunterreichen oder bis zum Fußboden herunterreichen und 0,13 Meter oder weniger tief sind.*

(4) Die Grundfläche ist durch Ausmessung im fertig gestellten Wohnraum oder auf Grund einer Bauzeichnung zu ermitteln. Wird die Grundfläche auf Grund einer Bauzeichnung ermittelt, muss diese
1. *für ein Genehmigungs-, Anzeige-, Genehmigungsfreistellungs- oder ähnliches Verfahren nach dem Bauordnungsrecht der Länder gefertigt oder, wenn ein bauordnungsrechtliches Verfahren nicht erforderlich ist, für ein solches geeignet sein und*
2. *die Ermittlung der lichten Maße zwischen den Bauteilen im Sinne des Absatzes 1 ermöglichen.*

Ist die Grundfläche nach einer Bauzeichnung ermittelt worden und ist abweichend von dieser Bauzeichnung gebaut worden, ist die Grundfläche durch Ausmessung im fertig gestellten Wohnraum oder auf Grund einer berichtigten Bauzeichnung neu zu ermitteln.

§ 4 Anrechnung der Grundflächen

Die Grundflächen

1. *von Räumen und Raumteilen mit einer lichten Höhe von mindestens zwei Metern sind vollständig,*
2. *von Räumen und Raumteilen mit einer lichten Höhe von mindestens einem Meter und weniger als zwei Metern sind zur Hälfte,*
3. *von unbeheizbaren Wintergärten, Schwimmbädern und ähnlichen nach allen Seiten geschlossenen Räumen sind zur Hälfte,*
4. *von Balkonen, Loggien, Dachgärten und Terrassen sind in der Regel zu einem Viertel, höchstens jedoch zur Hälfte*

anzurechnen.

§ 5 Überleitungsvorschrift

Ist die Wohnfläche bis zum 31. Dezember 2003 nach der Zweiten Berechnungsverordnung in der Fassung der Bekanntmachung vom 12. Oktober 1990 (BGBl. I S. 2178), zuletzt geändert durch Artikel 3 der Verordnung vom 25. November 2003 (BGBl. I S. 2346), in der jeweils geltenden Fassung berechnet worden, bleibt es bei dieser Berechnung. Soweit in den in Satz 1 genannten Fällen nach dem 31. Dezember 2003 bauliche Änderungen an dem Wohnraum vorgenommen werden, die eine Neuberechnung der Wohnfläche erforderlich machen, sind die Vorschriften dieser Verordnung anzuwenden.

37–40 *(Einstweilen frei)*

b) Das häusliche Arbeitszimmer als Wohnnutzung

41 Zu der Wohnfläche gehört auch ein **häusliches Arbeitszimmer** (Art. 2 Abs. 1 Satz 2 BayGrStG). Die Einbeziehung des häuslichen Arbeitszimmers in die Wohnfläche dient in erster Linie der Verfahrenserleichterung sowohl für den Steuerpflichtigen als auch für die Finanzverwaltung. Eine gesonderte Berechnung der Nutzfläche für das Arbeitszimmer, welches eigentlich keinen Wohnzecken dient, scheidet dann aus. Eine Einschränkung zur Nutzung des häuslichen Arbeitszimmers macht das Landesgesetz nicht. Entsprechend sollte auch die **Nutzung des häuslichen Arbeitszimmers** für z. B. freiberufliche Zwecke zu einer Zurechnung zur Wohnfläche führen. Ob das häusliche Arbeitszimmer baulich in der Wohnung liegen muss oder auch ein baulich abgetrenntes Arbeitszimmer Teil der Wohnfläche sein kann, lässt das Gesetz offen.[2] Eine Abgrenzung kann sich daher in der Praxis schwierig gestalten.

42–43 *(Einstweilen frei)*

c) Besonderheiten bei ungenutzten Flächen

44 **Ungenutzte oder leerstehende Flächen** gelten als zu Wohnzwecken genutzt, wenn diese vorher Wohnzwecken dienten. Dies gilt solange, bis die Flächen zu einer anderen Nutzung ge-

---

1 Vgl. auch Bock in Grootens, BewG § 249 Rz. 37.
2 Vgl. auch Bock in Viskorf/Schuck/Wälzholz, BewG § 181 Rz. 13, Stand: 25.5.2021, NWB ZAAAH-14449.

nutzt werden. Der Zeitpunkt der anderen Nutzung beginnt, wenn dies objektiv erkennbar ist. Objektiv erkennbar ist die **geänderte Nutzungsabsicht** grundsätzlich dann, wenn nach außen hin erkennbare Handlungen zur Nutzungsänderung vorgenommen werden. Dies sind nach der Gesetzesbegründung z. B.:

- Nachhaltige Vermietungsbemühungen,
- Baugenehmigung,
- Genehmigung einer Nutzungsänderung,
- Beginn von Umbauarbeiten.

Bei **Nutzungsänderungen** sollte der Grundstückseigentümer daher zukünftig den Zeitpunkt mit entsprechenden Unterlagen und Nachweisen dokumentieren, um diese bei Nachfrage durch das Finanzamt bereitstellen zu können.

Nicht zur Wohnnutzung gehören Wohn- und Schlafräume, welche zur **kurzfristigen Beherbergung an Personen** vermietet werden. Dazu zählen z. B. Beherbergungsstätten aber auch Ferienwohnungen.

(Einstweilen frei) 47–49

3. Gebäudeflächen bei Nichtwohnnutzung

Für **Gebäudeflächen, die nicht der Wohnnutzung dienen**, bestimmt sich die Fläche nach der **Nutzfläche** (Art. 2 Abs. 1 Satz 3 BayGrStG). Das Gesetz enthält dabei keine Bestimmung, wie genau die Nutzfläche zu berechnen ist. Nach der Gesetzesbegründung bezieht sich die Nutzfläche dabei auf die nach **DIN 277** ermittelte Nutzfläche. Dabei soll insbesondere die Nutzfläche nach DIN 277-1: 2005-02 und bei Bauten mit Baujahren ab dem Kalenderjahr 2016 die Nutzfläche nach DIN 277-1: 2016-01 angesetzt werden.

Unter der **Nutzungsfläche (NUF)** – ab 2016 bzw. **Nutzfläche (NF)** – vor 2016 nach DIN 277 sind alle Geschossflächen zu verstehen, welche entsprechend der Zweckbestimmung des Bauwerks genutzt werden. Nicht Teil der NUF / NF sind die **Konstruktionsfläche (KGF)**, die **Technische Funktionsfläche (TF)** und die **Verkehrsfläche (VF)**.

Die **NUF / NUF** wird nach DIN 277 in sieben **Nutzungsgruppen** unterteilt:

- Wohnen und Aufenthalt,
- Büroarbeit,
- Produktion, Hand- und Maschinenarbeit, Experimente,
- Lagern Verteilen, Verkaufen,
- Bildung, Unterricht, Kultur,
- Heilen und Pflegen,
- Sonstige Nutzflächen.

Zu den **nicht zur NUF / NF zählen Flächen** gehören z. B. bei der:

- Konstruktionsfläche (KGF):
    - Wände, Stützen, Pfeiler, Wandöffnungen
- Technischen Funktionsfläche (TF):
    - Betriebstechnische Anlage wie Wasseraufbereitung, Ver- und Entsorgung, Heizung, Elektrische Stromversorgung, Aufzugsanlagen

▶ Verkehrsfläche (VF):
- Flure, Hallen, Treppen, sonstige Verkehrsflächen

54–56 *(Einstweilen frei)*

4. Abweichende Ermittlungsmethoden der Gebäudeflächen

57 Die **Flächenermittlung** kann in der Praxis sehr komplex und aufwendig für den Grundstückseigentümer werden. Insbesondere bei alten und historisch gewachsenen Bauwerken und Gebäudekomplexen sind die Daten zur Wohn- oder Nutzfläche gegebenenfalls nicht mehr vorhanden und müssen neu ermittelt werden. Dies wird vor allem die bisher im **Sachwertverfahren** bewerteten wirtschaftlichen Einheiten betreffen, da für diese nach den „alten" Regelungen zum Einheitswert nur der umbaute Raum für die Ermittlung der Einheitswerte benötigt wurde. Angaben zur Wohn-/Nutzfläche sind entsprechend nicht in den Erklärungen zur Feststellung der Einheitswerte enthalten und aus den Einheitswertbescheiden auch nicht ersichtlich.

58 Nach Art. 2 Abs. 1 Satz 4 BayGrStG ist die **Gebäudefläche durch eine geeignete Methode** zu ermitteln. Die Vorschrift kann m. E. als **Auffangklausel** verstanden werden, welche in der Praxis z. B. für die in vorstehender Rz. 57 genannten Fälle genutzt werden kann. Denn nach Art. 2. Abs. 1 Satz 4 BayGrStG ist auch eine Ermittlung der Wohnfläche abweichend nach der WoFlV bzw. eine Ermittlung der Nutzfläche abweichend nach DIN 277 gestattet. Eine genaue Methode ist dabei nicht vorgeschrieben. Es muss sich nach dem Gesetz lediglich um eine **geeignete Methode zur Ermittlung der Gebäudeflächen** handeln.

59 Was als **geeignete Methode** anzusehen ist, definiert das Gesetz nicht weiter und lässt damit viel Spielraum zu. Hierzu wären genauere Vorgaben durch den Gesetzgeber zu begrüßen, um in der Praxis Rechtssicherheit für den Steuerpflichtigen zu gewährleisten und ggf. Auseinandersetzungen mit der Finanzverwaltung zu vermeiden. Nach der Gesetzesbegründung soll aber eine „Vermessung der Räumlichkeiten und eine daraus abgeleitete Berechnung der Flächengröße" das vorrangig geeignete Mittel sein. Es ist aber auch bei Vorhandensein des umbauten Raumes eine Umrechnung auf Basis hinreichend gesicherter Erkenntnisse und Methoden gestattet. Hinreichend gesicherte Erkenntnisse und Methoden könnten dabei z. B. veröffentlichte **Umrechnungskoeffizienten** durch z. B. Gutachterausschüsse oder Sachverständige sein. Nach diesen Grundsätzen sollte m. E. auch die **Umrechnung der Bruttogrundfläche** mittels einschlägiger Umrechnungskoeffizienten in die Wohn-/Nutzfläche gestattet sein.

60 **PRAXISHINWEIS:**

Inwieweit die Vorschrift des Art. 2 Abs. 1 Satz 4 BayGrStG den Aufwand für den Steuerpflichtigen tatsächlich vereinfachen und reduzieren wird, muss sich in der Praxis zeigen. Dieses wird vor allem an der Auslegung und Anwendung durch die Finanzverwaltung hängen und welche sie als geeignete Methode zur Ermittlung der Gebäudefläche tatsächlich zulässt. Insbesondere eine Umrechnung durch Koeffizienten von der Bruttogrundfläche oder des umbauten Raumes kann dabei den Aufwand für den Steuerpflichten deutlich reduzieren, da solche Umrechnungskoeffizienten für viele Gebäudearten und Gebiete vorliegen. Aufgrund der Rechtsunsicherheit über die Anerkennung solcher Vereinfachungen, sollte der Steuerpflichtige die Anwendung vorher mit dem zuständigen Finanzamt abstimmen – zumindest solange noch keine klaren Aussagen seitens des Gesetzgebers vorhanden sind.

Ebenfalls ist zu beachten, dass die Anwendung von Vereinfachungen immer auf Pauschalierungen beruht und damit Unschärfen enthält, welche auch zuungunsten und folglich zu einer evtl. höheren Grundsteuer für den Steuerpflichtigen führen können als eine genaue Berechnung der Gebäudefläche nach der WoFlV oder z. B. DIN 277. Entsprechend ist vorher abzuwägen, ob die Anwendung von Umrechnungskoeffizienten auch wirtschaftlich sinnvoll ist. Bei umfangreichem Grundbesitz kann sich im Vorhinein eine Stichprobe zum Vergleich zwischen vereinfachender Umrechnung und detaillierter Flächenberechnung anbieten.

Nach der Gesetzesbegründung zum Gesetzesentwurf v. 10.5.2021[1] ist die Vorschrift des § 245 BewG auch im Landesgesetz anzuwenden, wonach **Gebäude, Gebäudeteile und Anlagen für den Zivilschutz** unberührt bleiben. Dies ergibt sich daraus, dass das BayGrStG keine abweichende Regelung zum Bundesgesetz enthält und die Vorschrift des § 245 BewG mithin auch in Bayern Anwendung findet (vgl. Art. 10 BayGrStG). Die Gebäudeflächen der Bauwerke für den Zivilschutz bleiben daher für die Ermittlung der Äquivalenzbeträge außer Ansatz.[2]

(Einstweilen frei)

II. Sonderregeln zur Berücksichtigung von Garagen (Art. 2 Abs. 2 BayGrStG)

Art. 2 Abs. 2 BayGrStG enthält **Vereinfachungsregelungen für Garagen**. Danach bleiben **Garagen mit einer Fläche bis zu 50 m² außer Ansatz**, wenn diese im **räumlichen Zusammenhang zu der Wohnung** stehen, der sie rechtlich zugeordnet sind. Grund für diese Vereinfachung ist, dass bei der Wohnnutzung die Wohnfläche vorrangig ist und sich insbesondere anhand der Wohnfläche die Inanspruchnahme der Infrastrukturleistungen der Gemeinde durch den Grundstückseigentümer orientiert. Eine Garage ist dabei eher als ein notwendiges Bauwerk, das mit der Wohnnutzung einhergeht, zu verstehen, durch der sich aber keine Inanspruchnahme von besonderen oder zusätzlichen Leistungen durch den Grundstückseigentümer ergibt.

Die Garage muss dabei in **räumlichen Zusammenhang mit der Wohnnutzung** stehen, der sie rechtlich zugeordnet ist. **Rechtlich zugeordnet** ist die Garage zur Wohnnutzung, wenn diese dinglich mit der Wohnfläche verknüpft ist. Dies ist grds. gegeben, wenn die Wohnnutzung und die Garage eine wirtschaftliche Einheit bilden (z.B. Ein-/Zweifamilienhaus mit Garage, Wohnungseigentum mit Sondernutzungsrecht an einem Stellplatz). Eine wirtschaftliche Einheit setzt dabei nicht voraus, dass sich die Garage und die Wohnfläche auf demselben Grundstück befinden.

Eine rechtliche Zuordnung der Garage zur Wohnnutzung liegt auch bei einer **vertraglichen Verknüpfung** vor. Dies kann z.B. der Fall sein, wenn eine Garage im Zusammenhang mit einer Wohnung durch denselben Vermieter im Rahmen eines Mietvertrages überlassen wird. Die rechtliche Zuordnung der Garage zur Wohnnutzung ist folglich auch möglich, soweit die Garage eine eigene wirtschaftliche Einheit darstellt (Art. 2 Abs. 2 Satz 2 BayGrStG).

Ist eine rechtliche Zuordnung zwischen Garage und Wohnnutzung nicht möglich, so ist die **Vereinfachungsregelung** des Art. 2 Abs. 2 Satz 1 BayGrStG **nicht anwendbar** mit der Folge, dass die Fläche der Garage entsprechend zu ermitteln und bei der Berechnung des Äquivalenzbetrags zu berücksichtigen ist.

Bei Vorliegen eines räumlichen Zusammenhangs mit der Wohnung wird die Fläche für die Garage bis zu 50 m² nicht berücksichtigt. Die Fläche der Garage ist die **Nutzfläche**, welche nach den Vorschriften des Art. 2 Abs. 1 Satz 3 und 4 BayGrStG nach DIN 277 oder einer geeigneten Methode zu ermitteln ist (vgl. → Rz. 50–59). Bei der Flächengrenze handelt es sich um einen

---

[1] Vgl. Drucksache 18/15755 v. 10.5.2021, Gesetzesentwurf der Staatsregierung – Bayerisches Grundsteuergesetz (BayGrStG).
[2] Vgl. dazu auch die Kommentierung von Bock in Grootens, BewG § 245.

Freibetrag, sodass bei größeren Garagen nur der 50 m² übersteigende Anteil der Fläche zu berücksichtigen ist.

71 **BEISPIEL 1:** ▶ Der Grundstückseigentümer ist Besitzer eines EFH mit auf dem Grundstück befindlicher Garage. Die Garage hat eine Nutzfläche von 65 m².

Lösung: Das EFH und die Garage bilden eine wirtschaftliche Einheit. Die Garage ist der Wohnnutzung rechtlich zugeordnet. Für die Ermittlung des Äquivalenzbetrags bleiben 50 m² Nutzfläche der Garage außer Ansatz. Entsprechend beträgt die anzusetzende Fläche für die Garage nur 15 m².

72–75 *(Einstweilen frei)*

III. Sonderegeln zur Berücksichtigung von Nebengebäuden von untergeordneter Bedeutung (Art. 2 Abs. 3 BayGrStG)

76 Art. 2 Abs. 3 BayGrStG enthält **Vereinfachungsregelungen für Nebengebäude von untergeordneter Bedeutung**. Diese bleiben danach **bis zu einer Fläche von 30 m² außer Betracht**, wenn diese in einem **räumlichen Zusammenhang zu der Wohnnutzung** stehen und dieser zu dienen bestimmt sind. Auch diese Vereinfachungsregelung beruht auf dem Gedanken, dass durch diese kleinen Nebengebäude keine zusätzliche Inanspruchnahme von infrastrukturellen Dienstleistungen der Gemeinde durch den Grundstückseigentümer begründet werden.

77 Die Nebengebäude müssen von **untergeordneter Bedeutung** sein und der Wohnnutzung dienen. Dazu zählen insbesondere **Schuppen** oder **Gartenhäuschen**. Andere Nebengebäude von untergeordneter Bedeutung könnten m. E. auch z. B. eine **kleine für private Zwecke genutzte Werkstatt, eine Sauna oder eine Grillhütte** sein.

78 Zu beachten ist, dass die Nebengebäude der Wohnnutzung dienen müssen. Es muss folglich ein **Nutzungs- und Funktionszusammenhang mit der Wohnnutzung** bestehen. Entsprechend sind Nebengebäude, welche z. B. der Ausübung einer gewerblichen Tätigkeit dienen, nicht begünstigt.

79 **BEISPIEL:** ▶ Auf dem Grundstück des A steht neben seinem Einfamilienhaus noch eine kleine KfZ-Werkstatt, in der kleinere Kundenaufträge abwickelt.

Die KfZ-Werkstatt ist nicht begünstigt nach Art. 2 Abs. 3 BayGrStG, da das Nebengebäude nicht der Wohnnutzung dient, sondern der gewerblichen Tätigkeit des A. Entsprechend ist die Nutzfläche des Gebäudes vollständig zu berücksichtigen.

80 Die räumliche Zuordnung der **Nebengebäude** zur Wohnnutzung ist auch möglich, soweit diese eine **eigene wirtschaftliche Einheit** darstellen (Art. 2 Abs. 3 Satz 2 BayGrStG).

81 Bei Vorliegen der o. g. Voraussetzungen wird die **Fläche für die Nebengebäude bis zu 30 m²** nicht berücksichtigt. Die Fläche der Nebengebäude ist die Nutzfläche, welche nach den Vorschriften des Art. 2 Abs. 1 Satz 3 und 4 BayGrStG nach DIN 277 oder einer geeigneten Methode zu ermitteln ist (vgl. → Rz. 50–59). Bei der Fläche handelt es sich um einen **Freibetrag**, sodass bei größeren Nebengebäuden nur der 30 m² übersteigende Anteil der Fläche zu berücksichtigen ist.

82 Die Vorschrift orientiert sich nur an der Fläche der Nebengebäude und nicht an der Anzahl. Entsprechend sollten, soweit die übrigen Voraussetzungen erfüllt sind, auch mehrere Nebengebäude von der Vereinfachungsregelung erfasst sein.

BEISPIEL: Auf dem Grundstück des A stehen neben seinem Einfamilienhaus noch ein Gartenhaus mit 15 m² Nutzfläche und ein Schuppen mit 10 m² Nutzfläche.

LÖSUNG: Bei beiden Bauwerken handelt es sich um Nebengebäude von untergeordneter Bedeutung in räumlichen Zusammenhang zur Wohnnutzung. Die Nutzfläche der Nebengebäude beträgt insgesamt 25 m². Durch den Freibetrag von bis zu 30 m² bleiben die Flächen beider Nebengebäude außer Ansatz.

(Einstweilen frei)

IV. Kumulative Anwendung der Vereinfachungsregelungen

Die **Vereinfachungsregelungen** des Art. 2 Abs. 2 und 3 BayGrStG bedingen sich nicht gegenseitig bzw. **schließen sich gegenseitig nicht aus**. Entsprechend können beide Vereinfachungsregelungen kumulativ für den Steuerpflichtigen zur Anwendung kommen.

BEISPIEL: A ist Eigentümer eines Grundstücks, welches mit folgenden Bauwerken bebaut ist:
- EFH mit 200 m² Wohnfläche
- Garage mit 55 m² Nutzfläche
- Gartenhaus mit 15 m² Nutzfläche
- Schuppen mit 10 m² Nutzfläche

Sämtliche Bauwerke stehen in unmittelbaren Zusammenhang mit der Wohnnutzung und dienen dieser. Es ist sind die maßgeblichen Flächen zur Ermittlung der Äquivalenzzahl der Gebäude zu ermitteln.

LÖSUNG: Die Gebäudeflächen sind wie folgt zu berücksichtigen:

Gebäudeflächen	nach dem BayGrStG	ohne Vereinfachung
EFH	200 m²	200 m²
Garage	55 m²	55 m²
Freibetrag gem. Art. 2 Abs. 2 Satz 1 BayGrStG	-50 m²	
Gartenhaus	15 m²	15 m²
Schuppen	10 m²	10 m²
Freibetrag gem. Art. 2 Abs. 3 Satz 1 BayGrStG	-25 m²	
Gesamtsumme	**205 m²**	**280 m²**

Aus dem Beispiel lässt sich erkennen, dass durch die Anwendung der Vereinfachungsregeln im Beispiel eine Fläche von 75 m² nicht der Grundsteuer unterworfen wird. In dem Beispiel wäre das ein Anteil vom mehr als ¼ der Gesamtfläche.

Im besten Falle können durch die beiden Vereinfachungen sogar 80 m² Nutzfläche unberücksichtigt bleiben, was je nach Hebesatz der Gemeinde eine nicht unerhebliche Entlastung für den Grundstückseigentümer bzw. durch die Möglichkeit der Umlage der Grundsteuer für den Mieter bedeuten kann.

(Einstweilen frei)

V. Sonderregeln zur Nichtberücksichtigung von Gebäuden von untergeordneter Bedeutung (Art. 2 Abs. 4 BayGrStG)

Mit Art. 2 Abs. 4 BayGrStG wird der **Begriff des unbebauten Grundstücks** durch das Landesgesetz abweichend zum Bundesgesetz definiert. Nach dem Bundesgesetz liegt ein unbebautes Grundstück gem. § 246 Abs. 1 BewG vor, wenn sich auf dem Grundstück keine benutzbaren

Gebäude befinden. Nach dem Landesgesetz liegt ein unbebautes Grundstück jedoch auch vor, wenn sich auf dem Grundstück zwar **benutzbare Gebäude** befinden, diese jedoch eine **Fläche von weniger als 30 m²** besitzen. In diesem Fall werden die Gebäude und deren Flächen nicht berücksichtigt und das Grundstück wird als unbebautes Grundstück für Zwecke der Grundsteuer behandelt. Die Regelung soll der Vereinfachung dienen und ist sowohl für Grundstücke mit Wohnnutzung als auch mit Nichtwohnnutzung anwendbar.

93   Bei der Flächenangabe handelt es sich um eine **Bagatellgrenze** und nicht um einen Freibetrag. Betragen die Gebäudeflächen 30 m² oder mehr, so ist die Gesamtfläche der Gebäude zu berücksichtigen. In diesem Fall erfolgt kein Abzug von der Fläche. Zu beachten ist bei der Prüfung der Flächengrenze der Wortlaut „*weniger als 30 m²*". Bei einer Fläche von genau 30 m² ist die Vereinfachung nicht anwendbar und die Gebäudefläche voll anzusetzen.

94   Die Fläche ist je nach Nutzungsart (Wohn- oder Nichtwohnnutzung) nach Art. 2 Abs. 1 BayGrStG zu ermitteln. Für die **Bagatellgrenze** ist dabei stets auf die **Gesamtsumme der Flächen** abzustellen. Dies bedeutet, dass die Bagatellgrenze auch bei mehreren Gebäuden anzuwenden ist.

95   **BEISPIEL 1:** Auf einem Grundstück stehen zwei kleine Wartungshäuschen mit je 14 m² Nutzfläche. Da die Gesamtgebäudeflächen des Grundstücks mit 28 m² weniger als 30 m² betragen, gilt das Grundstück als unbebautes Grundstück. Die Gebäudeflächen sind nicht zu berücksichtigen.

96   **BEISPIEL 2:** Auf einem Grundstück stehen zwei kleine Wartungshäuschen mit je 15 m² Nutzfläche. Da die Gesamtgebäudeflächen des Grundstücks mit 30 m² nicht weniger als 30 m² betragen, gilt das Grundstück als bebautes Grundstück. Die Gebäudeflächen sind vollständig mit 30 m² zu berücksichtigen.

97   Sofern ein **Bauwerk aus mehreren wirtschaftlichen Einheiten** besteht, ist für die Prüfung der Bagatellgrenze dennoch auf das gesamte Bauwerk abzustellen (Art. 2 Abs. 4 Satz 2 BayGrStG). Die Reglung dürfte vor allem für Wohnungs-/Teileigentum von Bedeutung sein. Ohne diese Regelung könnten ansonsten ggf. ganze Gebäudekomplexe oder Teile davon von der Besteuerung ausgenommen sein.

98   **BEISPIEL:** Auf einem Grundstück steht ein Gebäude mit 30 Wohnungen, welche jeweils Wohnungseigentum darstellen. Bei den Wohnungen handelt es sich um 15 Einzimmerwohnungen mit jeweils 28 m² und 15 Zweizimmerwohnungen mit jeweils 60 m² Wohnfläche.

Da es sich bei allen Wohnungen um Wohnungseigentum handelt, bildet jede Wohnung eine eigene wirtschaftliche Einheit. Ohne die Regelung des Art. 2 Abs. 4 Satz 2 BayGrStG, würden die 15 Einzimmerwohnungen jeweils als unbebaute Grundstücke gelten, da die Gebäudefläche jeweils kleiner 30 m² betragen würde. Durch Art. 2 Abs. 4 Satz 2 BayGrStG wird für die Betrachtung der Bagatellgrenze jedoch auf das gesamte Bauwerk abgestellt. Im Beispielsfall bedeutet dies, dass die Gesamtgebäudefläche 1.320 m² und daher nicht weniger als 30 m² beträgt. Es handelt somit bei allen 60 wirtschaftlichen Einheiten um bebaute Grundstücke und die Gebäudeflächen sind jeweils vollständig zu berücksichtigen.

99–101   *(Einstweilen frei)*

VI. Rundungsregelungen

102   In Art. 2 Abs. 5 BayGrStG wird die **Rundungsreglung** festgelegt. Danach sind die Fläche des Grund und Bodens sowie die Gebäudeflächen (Wohn-/Nutzflächen) im Rahmen des Landesgesetzes stets auf **volle Quadratmeter nach unten abzurunden**. Die Rundungsregelung dient der Vereinfachung und ist zu begrüßen.

Art. 3 BayGrStG Äquivalenzzahlen

(1) ¹Für die Fläche des Grund und Bodens beträgt die Äquivalenzzahl 0,04 € je Quadratmeter. ²Abweichend von Satz 1 gilt:

1. Dienen die Gebäude mindestens zu 90 % der Wohnnutzung, wird die Äquivalenzzahl für die das Zehnfache der Wohnfläche übersteigende Fläche des Grund und Bodens nur zu 50 % angesetzt.

2. Ist die Fläche des Grund und Bodens zu mindestens 90 % weder bebaut noch befestigt, wird der Äquivalenzbetrag für die 10 000 m² übersteigende Fläche insgesamt wie folgt angesetzt: (übersteigende Fläche des Grund und Bodens x 0,04 /m²)^{0,7} €, höchstens jedoch eine Äquivalenzzahl von 0,04 €/m².

3. Sind sowohl die Voraussetzungen von Nr. 1 als auch von Nr. 2 erfüllt, wird

   a) für die Fläche bis zum Zehnfachen der Wohnfläche Satz 1,

   b) für die Fläche, die das Zehnfache der Wohnfläche übersteigt und 10 000 m² nicht überschreitet, Nr. 1, höchstens jedoch eine Äquivalenzzahl von 0,02 €/m², und

   c) im Übrigen Nr. 2

   angewendet.

(2) Die Äquivalenzzahl für Gebäudeflächen beträgt stets 0,50 € je Quadratmeter.

Inhaltsübersicht

	Rz.
A. Allgemeine Erläuterungen zu Art. 3 BayGrStG	1 - 19
I. Normzweck und wirtschaftliche Bedeutung der Vorschrift	1 - 6
II. Entstehung und Entwicklung der Vorschrift	7 - 11
III. Geltungsbereich	12 - 15
IV. Verhältnis zu anderen Vorschriften	16 - 19
B. Systematische Kommentierung	20 - 84
I. Äquivalenzzahl für Flächen des Grund und Bodens (Art. 3 Abs. 1 Satz 1 BayGrStG)	20 - 28
II. Sonderregelungen für übergroße Grundstücke (Art. 3 Abs. 1 Satz 2 BayGrStG)	29 - 82
1. Kürzung bei Wohngrundstücken (Art. 3 Abs. 1 Satz 2 Nr. 1 BayGrStG)	32 - 49
a) Grundvoraussetzungen der Kürzungsregelung	32 - 35
b) Bebautes Grundstück	36 - 38
c) Wohnnutzung zu mindestens 90 %	39 - 42
d) Grundstücksfläche übersteigt das Zehnfache der Wohnfläche	43 - 44
e) Rechtsfolgen	45 - 49
2. Kürzung bei übergroßen Grundstücken mit geringer Bebauung (Art. 3 Abs. 1 Satz 2 Nr. 2 BayGrStG)	50 - 73
a) Grundvoraussetzungen der Kürzungsregelung	50 - 54
b) Geringfügig bebautes oder befestigtes Grundstück	55 - 65
c) Größe des Grundstücks	66 - 69
d) Rechtsfolgen	70 - 73
3. Rangverhältnis und Kombinationen der Sonderregelungen für übergroße Grundstücke (Art. 3 Abs. 1 Satz 2 Nr. 3 BayGrStG)	74 - 82
III. Äquivalenzzahl für Gebäudeflächen (Art. 3 Abs. 2 BayGrStG)	83 - 84

A. Allgemeine Erläuterungen zu Art. 3 BayGrStG

I. Normzweck und wirtschaftliche Bedeutung der Vorschrift

1 Art. 3 BayGrStG bestimmt die **Höhe der Äquivalenzzahlen** für die Flächen des Grund und Bodens sowie für die Gebäudeflächen. Die **Äquivalenzzahlen dienen als reine Rechengröße** der Bepreisung der durch die Grundstücks- und Gebäudeflächen in Anspruch genommenen Infrastrukturleistungen der Gemeinde. Sie bilden den zentralen Wertanknüpfungspunkt im Landesgesetz.

2 Des Weiteren beinhaltet die Vorschrift bestimmte **Sondervorschriften für die Berücksichtigung übergroßer Grundstücke**. Mit den Sonderregelungen soll eine realitätsgerechte Umsetzung des im Landesgesetz verankerten Äquivalenzprinzips sichergestellt werden. Dies wird durch die Durchbrechung der linearen Fortschreibung der Äquivalenzzahl für Grundstücksflächen ab bestimmten Größen zugunsten einer **Kürzung der Äquivalenzzahl** sichergestellt.

3-6 *(Einstweilen frei)*

II. Entstehung und Entwicklung der Vorschrift

7 Art. 3 BayGrStG wurde mit dem **Bayrischen Grundsteuergesetz** (BayGrStG) v. 10.12.2021[1] in das BayGrStG aufgenommen und tritt ab dem 1.1.2022 in Kraft.[2]

8–11 *(Einstweilen frei)*

III. Geltungsbereich

12 Das BayGrStG gilt für in Bayern belegende Grundstücke.

13–15 *(Einstweilen frei)*

IV. Verhältnis zu anderen Vorschriften

16 Die **Äquivalenzzahlen sind** zusammen mit den Grundstücks- und Gebäudeflächen nach Art. 2 BayGrStG **für die Berechnung der Äquivalenzbeträge maßgebend** (Art. 1 Abs. 3 BayGrStG). Diese sind wiederum Berechnungsgrundlage für den Grundsteuermessbetrag (Art. 1 Abs. 2 BayGrStG).

17–19 *(Einstweilen frei)*

B. Systematische Kommentierung

I. Äquivalenzzahl für Flächen des Grund und Bodens (Art. 3 Abs. 1 Satz 1 BayGrStG)

20 Die im Landesgesetz geregelten **Äquivalenzzahlen** sind zur Berechnung der Äquivalenzbeträge und Grundsteuermessbeträge notwendig. Diese sind dabei lediglich **als reine Rechengröße** zu verstehen. Die Höhe der Äquivalenzzahlen ist entsprechend im Gesetz bestimmt und festgeschrieben.

---

[1] Bayerisches Grundsteuergesetz (BayGrStG) v. 10.12.2021 (Bayerisches Gesetz- und Verordnungsblatt Nr. 23/2021 S. 638).
[2] Vgl. Art. 11 BayGrStG.

Bei der **Höhe der Äquivalenzbeträge** ist zwischen den Flächen des Grund und Bodens und den Gebäudeflächen zu unterscheiden. Die **Äquivalenzzahl für die Fläche des Grund und Bodens** beträgt in Grundfall **0,04 €/m²**. Dabei spielt grds. weder der Zustand des Grund und Bodens (bebaut oder unbebaut) noch die Nutzung des Grund und Bodens oder die darauf befindliche Gebäudefläche eine Rolle.

Eine Definition zur **Ermittlung der Fläche des Grund und Bodens** enthält des Landesgesetz nicht. Nach der Gesetzesbegründung zum Gesetzesentwurf ist die Definition der Fläche des Grund und Bodens im Sprachgebrauch allgemein bekannt und regelmäßig als Synonym für die **Fläche des Flurstücks** zu verstehen. Auch wenn dies für die meisten Grundstückseigentümer zutreffen wird, so hätte eine kurze Definition zur Bestimmung der Fläche des Grund und Bodens im Landesgesetz sicher nicht geschadet und wäre leicht umzusetzen gewesen.

Die **Größe des Flurstücks** kann der Grundstückseigentümer regelmäßig dem **Grundbuchauszug** entnehmen. Auch mittels Auszugs aus dem amtlichen **Liegenschaftskataster** kann die Fläche der Flurstücke ermittelt werden. Beide Auszüge – sowohl der Grundbuchauszug als auch der Auszug aus dem Liegenschaftskataster – kann der Grundstückseigentümer als berechige Person bei den zuständigen Behörden beantragen, sollten keine Auszüge vorhanden sein. Alternativ kann die Grundstücksfläche auch dem bisherigen **Einheitswertbescheid** entnommen werden, sofern sich seit der letzten Einheitswertfeststellung keine Änderungen an der Fläche des Grund und Bodens ergeben haben und die wirtschaftliche Einheit identisch ist. Zu beachten ist jedoch, dass im Einheitswertbescheid regelmäßig nur die Gesamtfläche des Grund und Bodens für die wirtschaftliche Einheit enthalten ist. Bei mehreren Flurstücken ist grds. keine Aufteilung der Fläche des Grund und Bodens im Einheitswertbescheid enthalten.

BEISPIEL: Die Fläche des unbebauten Grundstücks beträgt 1.000 m².
Der Äquivalenzbetrag für das Grundstück beträgt nach Art. 3 BayGrStG: 1.000 m² x 0,04 €/m² = 40 €

(Einstweilen frei)

II. Sonderregelungen für übergroße Grundstücke (Art. 3 Abs. 1 Satz 2 BayGrStG)

Abweichend von der o. g. Äquivalenzzahl i. H. von 0,04 €/m² für die Fläche des Grund und Bodens enthält Satz 2 verschiedenen Möglichkeiten zur **Kürzung der Äquivalenzzahl** für bestimmte **übergroße Grundstücke**. Die Kürzungen wurden im Landesgesetz verankert, um dem Äquivalenzgedanken Rechnung zu tragen. Denn bei steigender Grundstücksgröße kann nicht davon ausgegangen werden, dass auch die Infrastrukturleistungen der Gemeinde, welche der Grundstückseigentümer in Anspruch nimmt und welche durch die Grundsteuer abgegolten werden sollen, auch bis ins unendliche linear gleich steigen. Vielmehr nimmt ab einer bestimmten Grundstücksgröße die Inanspruchnahme im Verhältnis pro Quadratmeter ab. Um eine überproportionale Belastung der Grundstückseigentümer mit großen Grundstücken zu verhindern, wurden entsprechende **Sonderregelungen zur Kürzung der Äquivalenzzahlen** berücksichtigt.

(Einstweilen frei)

1. Kürzung bei Wohngrundstücken (Art. 3 Abs. 1 Satz 2 Nr. 1 BayGrStG)

a) Grundvoraussetzungen der Kürzungsregelung

32 Nach Art. 3 Abs. 1 Satz 2 Nr. 1 BayGrStG wird die **Äquivalenzzahl um 50 % ermäßigt**, wenn die Fläche des Grund und Bodens das **Zehnfache der Wohnfläche überschreitet und das Gebäude zu mindestens 90 % der Wohnnutzung dient**. Die Äquivalenzzahl ermäßigt sich für den das Zehnfache der Wohnfläche **übersteigenden** Teil des Grund und Bodens dann auf 0,02 €/m².

33 Für die Kürzungsregelung nach Satz 2 Nr. 1 müssen entsprechend folgende **Voraussetzungen** erfüllt sein:

- Es muss sich um ein **bebautes Grundstück** handeln,
- bei dem die Gebäudefläche zu **mindestens 90 % der Wohnnutzung** dient, und
- die Grundstücksfläche das **Zehnfache der Wohnfläche** übersteigt.

34–35 *(Einstweilen frei)*

b) Bebautes Grundstück

36 Die Kürzungsvorschrift ist nur für **bebaute Grundstücke** anzuwenden. Ein Grundstück gilt als bebautes Grundstück, wenn sich darauf ein **benutzbares Gebäude** befindet und kein Ausnahmefall des Art. 2 Abs. 4 BayGrStG vorliegt.[1] Zur grundsätzlichen Abgrenzung eines unbebauten von einem bebauten Grundstück vgl. auch die Kommentierung von Bock in Grootens, BewG § 246 Rz. 17 ff.

37–38 *(Einstweilen frei)*

c) Wohnnutzung zu mindestens 90 %

39 Das auf dem Grundstück befindliche Gebäude muss zu **mindestens 90 % Wohnzwecken** dienen. Die Ermittlung des Verhältnisses der Wohnnutzung erfolgt anhand der Gebäudeflächen. Diese sind nach den Vorschriften des Art. 2 Abs. 1 BayGrStG zu ermitteln und ins Verhältnis zu setzen.

40 **BEISPIEL:** Die Gebäudeflächen betragen: 200 m² Wohnfläche und 10 m² Nutzfläche.
Der Anteil der Wohnfläche des Gebäudes beträgt: 200 m² / 210 m² x 100 = 95,24 %

41–42 *(Einstweilen frei)*

d) Grundstücksfläche übersteigt das Zehnfache der Wohnfläche

43 Die Fläche des Grund und Bodens muss darüber hinaus das **Zehnfache der Wohnfläche** übersteigen. Zu beachten ist, dass nur auf die Wohnfläche abzustellen ist und nicht auf die Gesamtgebäudefläche, z. B. in Fällen, in denen das Gebäude nicht ausschließlich zu Wohnzwecken genutzt wird.

44 **BEISPIEL:** Die Flächen eines bebauten Grundstücks betragen:
Grundstücksfläche: 4.000 m²
Wohnfläche des Gebäudes: 200 m²

---

[1] Vgl. Lehmann in Grootens, BayGrStG Art. 2 Rz. 92–99.

Nutzfläche des Gebäudes: 10 m²

Ermittlung des Verhältnisses von Grundstücksfläche zu Wohnfläche: 4.000 m² / 200 m² = Faktor 20

e) Rechtsfolgen

Sind die Voraussetzungen erfüllt, so ist die **Äquivalenzzahl um 50 % auf dann 0,02 €/m² zu kürzen**. Die Kürzung ist dabei **nur auf den Teil der Grundstücksfläche anzuwenden, welcher das Zehnfache der Gebäudefläche übersteigt und soweit nicht aufgrund der Regelung in Nr. 3 eine abweichende Berechnung zu erfolgen hat**. In Fällen, in denen die Voraussetzungen nach Nr. 1 und nach Nr. 2 erfüllt sind, ist die Äquivalenzzahl für die Fläche des Grund und Bodens bis zum Zehnfachen der Wohnfläche nicht nach Nr. 1 um 50 % zu kürzen (vgl. → Rz. 72–80). Vielmehr ist für diesen Teil dann wiederum die Äquivalenzzahl von 0,04 €/m² anzusetzen.

45

BEISPIEL: Die Flächen eines bebauten Grundstücks betragen:

46

Grundstücksfläche: 4.000 m²

Wohnfläche des Gebäudes: 200 m²

Nutzfläche des Gebäudes: 10 m²

LÖSUNG: Die Voraussetzungen nach Nr. 1 sind erfüllt, da die Grundstücksfläche das Zehnfache der Wohnfläche übersteigt (4.000 m² / 200 m² = 20-fache) und das Gebäude dient zu mindestens 90 % der Wohnnutzung (200 m² / 210 m² x 100 = 95,24 %). Außerdem liegt kein Fall der Nr. 2 vor, da die Grundstücksfläche nicht 10.000 m² übersteigt. Für das Zehnfache der Wohnfläche von 2.000 m² (200 m² x 10) beträgt die Äquivalenzzahl nach Abs. 1 Satz 1 somit 0,04 €/m² und für die das Zehnfache der Wohnfläche übersteigende Grundstücksfläche von 2.000 m² (4.000 m² - 2.000 m²) nach Abs. 1 Satz 2 Nr. 1 somit 0,02 €/m².

(Einstweilen frei) 47–49

2. Kürzung bei übergroßen Grundstücken mit geringer Bebauung (Art. 3 Abs. 1 Satz 2 Nr. 2 BayGrStG)

a) Grundvoraussetzungen der Kürzungsregelung

Die zweite Sonderregelung für übergroße Grundstücke bezieht sich auf **große Grundstücke, welche nur geringfügig bebaut oder befestigt sind**. Nach Art. 3 Abs. 1 Satz 2 Nr. 2 BayGrStG wird der Äquivalenzbetrag für die gesamte, **10.000 m² übersteigende Fläche** ermäßigt, wenn das Grundstück zu **mindestens 90 % weder bebaut noch befestigt** ist. Die Ermäßigung der Äquivalenzzahl ermittelt sich dann anhand einer mathematischen, **degressiven Formel**. Die Ermäßigung wurde eingeführt, da bei den Grundstücken, welche die Voraussetzungen erfüllen, davon ausgegangen wird, dass kommunale Leistungen für die unbebaute und unbefestigte Fläche in geringerem Ausmaß oder nur vorübergehend in Anspruch genommen werden.

50

Für die Kürzungsregelung nach Nr. 2 müssen die folgenden **Voraussetzungen** erfüllt sein:

51

▶ Die Fläche des Grundstücks ist zu **mindestens 90 % weder bebaut noch befestigt** und

▶ die **Grundstücksgröße ist größer als 10.000 m²**.

(Einstweilen frei) 52–54

b) Geringfügig bebautes oder befestigtes Grundstück

55 Das Grundstück muss für die Anwendung der Kürzungsvorschrift **zu mindestens 90 % weder bebaut oder befestigt** sein. Im Umkehrschluss bedeutet dies, dass das Grundstück weniger als 10 % bebaut oder befestigt sein darf.

56 Der **Grenzwert von 90 % richtet sich nach der Grundstücksfläche in m²**. Ob die Grundstücksfläche bebaut oder befestigt ist, bestimmt sich in Anlehnung an **DIN 277-1: 2016-01**. Danach ist die **bebaute Fläche** der Teil der Grundstücksfläche, welche **durch Bauwerke überbaut, überdeckt oder unterbaut** ist. Danach müssen die Flächen nicht unmittelbar bebaut sein, um als bebaute Fläche zu gelten. Es reicht vielmehr aus, dass die Grundstücksfläche überdeckt (z. B. Carport) oder unterbaut (z. B. Keller oder Tiefgarage) ist.

57 **Als befestigt gilt die Fläche**, wenn die Oberfläche „*durch Walzen, Stampfen, Rütteln, oder Aufbringung von Baustoffen so verändert wurde, dass sie auch bei schlechter Witterung mit schweren Fahrzeugen befahren werden kann oder Niederschlagswasser nicht bzw. unter erschwerten Bedingungen versickern/vom Boden aufgenommen werden kann. Darunter fallen beispielsweise Wege, Straßen, Plätze, Höfe, Stellplätze und Gleisanlagen, deren Grundstücksflächen insbesondere mit Asphaltdecken, Betondecken, bituminösen Decken, Plattenbelägen, Pflasterungen (auch Rasenfugenpflaster, Porenpflaster, Basaltpflaster), Rasengittersteinen oder wassergebundenen Decken (aus Kies, Splitt, Schotter, Schlacke, o. ä.) bedeckt sind.*"[1]

58 Allein die vielen Aufzählungen verdeutlichen, dass der **Begriff der befestigten Fläche weit auszulegen** ist. Des Weiteren sind die vorstehend genannten Aufzählungen nicht abschließend.

59 Auch die **Ermittlung der Größe der befestigten Fläche** kann in der Praxis kompliziert werden, insbesondere, da z. B. Wege selten gerade verlaufen und oft keine konkrete Berechnung der befestigten Fläche vorliegen wird. Ferner definiert das Gesetz nicht, wie die befestigte Fläche genau zu ermitteln ist. Somit hat der Grundstückseigentümer im Zweifel die befestige Fläche selbst auszumessen oder zu ermitteln. Hierbei sollte darauf geachtet werden, das Ergebnis möglichst genau zu dokumentieren, um bei Nachfragen seitens des Finanzamtes auskunftsfähig zu sein. Auch sollte die Flächenermittlung anhand einer nachvollziehbaren und geeigneten Methode erfolgen.

60 **PRAXISHINWEIS:**
Aufgrund der weiten Auslegung der befestigen Fläche, kann es in der Praxis zu Abgrenzungsfragen kommen, ob eine Fläche als befestigt gilt oder nicht. Sollte der Teil der fraglichen Fläche zu einem Unterschreiten der Grenze von 90% führen, ist zu empfehlen, eine detaillierte Prüfung vorzunehmen. Ferner empfiehlt es sich, den Sachverhalt mit Beschreibungen und geeigneten Nachweisen dem Finanzamt zu erläutern.

61 Die bebaute und die befestigte Fläche sind bei der Berechnung der Grenze zusammen zu betrachten. Es ist die **Summe der beiden Flächen ins Verhältnis zur gesamten Grundstücksfläche** zu setzen. Für die Anwendung der Kürzungsvorschrift muss der **Anteil der nicht bebauten oder befestigen Fläche mindestens 90 %** betragen.

62 **BEISPIEL:** Das Grundstück hat eine Gesamtfläche von 12.000 m². Auf dem Grundstück befindet sich eine Lagerhalle mit 600 m² und ein Parkplatz mit Zufahrt mit einer befestigten Fläche von insgesamt 400 m².

---

[1] Vgl. Drucksache 18/15755 v. 10.5.2021, Gesetzesentwurf der Staatsregierung – Bayerisches Grundsteuergesetz (BayGrStG).

Die nicht bebaute und befestigte Teil des Grundstücks beträgt:

Bebaute oder befestigte Fläche:	600 m² + 400 m² = 1.000 m²
Gesamtfläche des Grundstücks:	12.000 m²
Anteil:	(12.000 m² - 1.000 m²) / 12.000 m² x 100 = 91,67 %

(Einstweilen frei) 63–65

c) Größe des Grundstücks

Die Ermäßigung der Äquivalenzzahl nach Nr. 2 gilt nur für die 10.000 m² übersteigende Grundstücksfläche. Entsprechend muss die **Gesamtfläche des Grundstücks größer als 10.000 m²** sein. Zwar kann auch bei kleineren Grundstücken die bebaute oder befestigte Fläche zu mehr als 90 % nicht bebaut oder befestigt sein, in diesem Fall würde aber keine Fläche mehr übrigbleiben, für die der Äquivalenzbetrag zu ermäßigen wäre. Die Vorschrift muss bei Grundstücken, welche nicht größer als 10.000 m² sind, daher nicht weiter geprüft werden.

(Einstweilen frei) 67–69

d) Rechtsfolgen

Sind die Voraussetzungen der Vorschrift in Nr. 2 erfüllt, ermäßigt sich nur der Teil der Grundstücksfläche, **welcher 10.000 m² übersteigt**. Die Kürzung des Äquivalenzbetrags ermittelt sich dann anhand einer **degressiven Formel** wie folgt:

(übersteigende Fläche des Grund und Bodens x $0,04/m^2)^{0,7}$ €

BEISPIEL: Das Grundstück hat eine Gesamtfläche von 12.000 m². Auf dem Grundstück befindet sich eine Lagerhalle mit 600 m² und ein Parkplatz mit Zufahrt mit einer befestigten Fläche von insgesamt 400 m².

Wie hoch ist der Äquivalenzbetrag des Grund und Bodens?

LÖSUNG: 1. Prüfung der Ermäßigung nach Art. 3 Abs. 1 Satz 2 BayGrStG:

Eine Ermäßigung nach Art. 3 Abs. 1 Satz 2 Nr. 1 BayGrStG scheidet aus, da das errichtete Gebäude nicht Wohnzwecken dient.

Eine Ermäßigung nach Art. 3 Abs. 1 Satz 2 Nr. 2 BayGrStG kommt in Betracht, da die nicht bebaute und befestigte Teil des Grundstücks mindestens 90 % beträgt:

Bebaute oder befestigte Fläche:	600 m² + 400 m² = 1.000 m²
Gesamtfläche:	12.000 m²
Anteil:	(12.000 m² - 1.000 m²) / 12.000 m² x 100 = 91,67 %

2. Berechnung des ermäßigten Äquivalenzbetrages:

Übersteigende Fläche des Grund und Bodens:	12.000 m² - 10.000 m² = 2.000 m²
Ermäßigter Äquivalenzbetrag:	(2.000 m² x $0,04/m^2)^{0,7}$ € = 21,48 €

3. Berechnung des Äquivalenzbetrag des Grund und Bodens:

„Regulärer" Äquivalenzbetrag:	10.000 m² x 0,04 €/m² = 400,00 €
+ „ermäßigter" Äquivalenzbetrag:	21,48 €
Äquivalenzbetrag des Grund und Bodens:	421,48 €

(Einstweilen frei) 72–73

3. Rangverhältnis und Kombinationen der Sonderregelungen für übergroße Grundstücke (Art. 3 Abs. 1 Satz 2 Nr. 3 BayGrStG)

74 Die Tatbestandsvoraussetzungen der Nr. 1 und Nr. 2 schließen sich gegenseitig nicht aus. Daher ist es möglich, dass Grundstücke die **Voraussetzungen beider Ermäßigungsregelungen** erfüllen. Für diesen Fall, dass sowohl die Voraussetzungen der Nr. 1 also auch der Nr. 2 erfüllt sind, stehen die Vorschriften in folgendem **Rangverhältnis** zueinander:

- **Bis zum Zehnfachen der Wohnfläche** ist die Äquivalenzzahl stets voll anzusetzen. Es gilt somit die Regelung des Art. 3 Abs. 1 Satz 1 BayGrStG (vgl. Art. 3 Abs. 1 Satz 2 Nr. 3 Buchst. a BayGrStG).

- Für die Fläche, welche das **Zehnfache der Wohnfläche übersteigt** und **10.000 m² nicht überschreitet**, findet Art. 3 Abs. 1 Satz 2 Nr. 1 BayGrStG Anwendung, höchstens jedoch eine Äquivalenzzahl von 0,02 €/m² (vgl. Art. 3 Abs. 1 Satz 2 Nr. 3 Buchst. b BayGrStG).

- Im Übrigen wird die Berechnung nach Art. 3 Abs. 1 Satz 2 Nr. 2 BayGrStG angewendet (vgl. Art. 3 Abs. 1 Satz 2 Nr. 3 Buchst. c BayGrStG). Dies gilt insbesondere dann, wenn das Zehnfache der Wohnfläche 10.000 m² übersteigt. Dann ist für die über das Zehnfache der Wohnfläche hinausgehende Fläche des Grund und Bodens die **reduzierte Äquivalenzzahl mittels degressiver Formel** zu ermitteln.

75 Dadurch ergeben sich für den Steuerpflichtigen je nach **Sachverhaltskonstellation verschiedene Kombinationsmöglichkeiten der beiden Ermäßigungsvorschriften**. Diese sind teilweise recht komplex und anhand des Gesetzeswortlauts nicht einfach nachzuvollziehen. Dies hat auch der Gesetzgeber bereits im Gesetzgebungsverfahren erkannt und daher in der Gesetzesbegründung zum Gesetzesentwurf vom 10.5.2021[1] für die o.g. Rangverhältnisse und die unterschiedlichen Kombinationsmöglichkeiten verschieden Beispielsfälle zur Erläuterung aufgenommen:

76 **Beispiele aus der Gesetzesbegründung** vom 10.5.2021,[2] jeweils ergänzt um die Berechnung des Äquivalenzbetrags):

1. **BEISPIEL:** Flächenbegrenzung für Wohngebäude (Fläche Grund und Boden < 10.000 m²)

Wohnfläche	200 m²
Nutzfläche	100 m²
Grund und Boden	9.000 m²

   LÖSUNG: Der Grund und Boden für die ersten 2.000 m² wird mit 0,04 €/m² angesetzt (vgl. Abs. 1 Satz 1). Die darüber hinaus gehende Fläche von insgesamt noch 7.000 m² wird nach Nr. 1 mit der Äquivalenzzahl von 0,02 €/m² angesetzt. Die Flächenbegrenzung nach Nr. 2 ist nicht betroffen, da der Grund und Boden nicht größer als 10.000 m² ist.

   Berechnung des Äquivalenzbetrags:

Grund und Boden:	
2.000 m² x 0,04 €/m²	= 80 €
7.000 m² x 0,02 €/m²	= 140 €

---

[1] Vgl. Drucksache 18/15755 v. 10.5.2021, Gesetzesentwurf der Staatsregierung – Bayerisches Grundsteuergesetz (BayGrStG).
[2] Vgl. Drucksache 18/15755 v. 10.5.2021, Gesetzesentwurf der Staatsregierung – Bayerisches Grundsteuergesetz (BayGrStG).

Gebäudeflächen:	
200 m² x 0,50 /m²	= 100 €
Äquivalenzbetrag:	= 320 €

2. **BEISPIEL:** Flächenbegrenzung bei keiner / geringfügiger Bebauung

Wohnfläche	100 m²
Nutzfläche	300 m²
Bebaute Fläche	200 m²
Grund und Boden	30.000 m²

LÖSUNG: Der Grund und Boden bis 1.000 m² wird nach Abs. 1 Satz 1 mit 0,04 €/m² angesetzt. Für die darüber hinaus gehende Fläche gilt nicht bereits Nr. 1, da die Gebäudeflächen nicht zu mindestens 90 % der Wohnnutzung dienen. Auch Nr. 2 trifft für die Fläche des Grund und Bodens bis 10.000 m² (d. h. für die weiteren 9.000 m²) keine Aussage. Nach Abs. 1 Satz 1 gilt daher auch für diese Fläche eine Äquivalenzzahl von 0,04 €/m². Nur für die übrigen 20.000 m², die die Grenze von 10.000 m² übersteigen, gilt die im Tarif nach Nr. 2 enthaltene degressive Formel.

Berechnung des Äquivalenzbetrags:

Grund und Boden:	
10.000 m² x 0,04 €/m²	= 400 €
(20.000 m² x 0,04 €/m²)^{0,7}	= 107,68 €
Gebäudeflächen:	
400 m² x 0,50 /m²	= 200 €
Äquivalenzbetrag:	= 707,68 €

3. Kombinationsfälle (Fläche Grund und Boden > 10.000 m²)

BEISPIEL 1 (10FACHE DER WOHNFLÄCHE > 10.000 M²)

Wohnfläche	1.500 m²
Bebaute Fläche	300 m²
Grund und Boden	30.000 m²

LÖSUNG: Der Grund und Boden für die ersten 15.000 m² wird nach Nr. 3 Buchst. a) i.V. mit Abs. 1 Satz 1 stets mit 0,04 €/m² angesetzt. Der Äquivalenzbetrag für die verbleibenden 15.000 m² wird dagegen anhand der in Nr. 2 enthaltenen degressiven Formel ermittelt, da Nr. 1 insoweit verdrängt wird durch Nr. 3 Buchst. c).

Berechnung des Äquivalenzbetrags:

Grund und Boden:	
15.000 m² x 0,04 €/m²	= 600 €
(15.000 m² x 0,04 €/m²)^{0,7}	= 88,04 €
Gebäudeflächen:	
1.500 m² x 0,50 €/m²	750 €
Äquivalenzbetrag:	= 1.438,04 €

BEISPIEL 2 (10FACHE DER WOHNFLÄCHE < 10.000 M²)

Wohnfläche	300 m²
Bebaute Fläche	300 m²
Grund und Boden	30.000 m²

LÖSUNG: Der Grund und Boden für die ersten 3.000 m² wird mit 0,04 €/m² angesetzt gem. Nr. 3 Buchst. a i.V. mit Abs. 1 Satz 1. Die weiteren 7.000 m² des Grund und Bodens, d. h. bis zur Grenze von 10.000 m², werden mit einer Äquivalenzzahl von 0,02 €/m² angesetzt nach Nr. 3 Buchst. b i.V. mit Nr. 1. Der Äquivalenzbetrag für die über 10.000 m² hinausgehenden 20.000 m² wird gem. Nr. 3 Buchst. c dagegen der Formel nach Nr. 2 unterworfen.

Berechnung des Äquivalenzbetrags:

Grund und Boden:

3.000 m² x 0,04 €/m²	= 120 €
7.000 m² x 0,02 €/m²	= 140 €
$(20.000 \text{ m}^2 \times 0{,}04 \text{ €/m}^2)^{0{,}7}$	= 107,68 €

Gebäudeflächen:

300 m² x 0,50 €/m²	150 €
Äquivalenzbetrag:	= 517,68 €

BEISPIEL 3 (10 FACHE DER WOHNFLÄCHE = 10.000 M²)

Wohnfläche	1.000 m²
Bebaute Fläche	300 m²
Grund und Boden	30.000 m²

LÖSUNG: Der Grund und Boden für die ersten 10.000 m² wird mit 0,04 €/m² angesetzt gem. Nr. 3 Buchst. a i.V. mit Abs. 1 Satz 1. Eine Fläche nach Nr. 1 besteht nicht, da das Zehnfache der Wohnfläche genau 10.000 m² entspricht. Der Äquivalenzbetrag für die über 10.000 m² hinausgehenden 20.000 m² wird gem. Nr. 3 Buchst. c nach Nr. 2 angesetzt.

Berechnung des Äquivalenzbetrags:

Grund und Boden:

10.000 m² x 0,04 €/m²	= 400 €
$(20.000 \text{ m}^2 \times 0{,}04 \text{ €/m}^2)^{0{,}7}$	= 107,68 €

Gebäudeflächen:

1.000 m² x 0,50 €/m²	500 €
Äquivalenzbetrag:	= 1.007,68 €

77 PRAXISHINWEIS:
Die Sonderregelungen für übergroße Grundstücke sind zwar zu Gunsten des Grundstückseigentümers, da sie die Grundsteuer mindern, jedoch sind die Regelungen nicht anwenderfreundlich gestaltet worden. Durch die möglichen Kombinationsmöglichkeiten der Nr. 1 und Nr. 2 und deren Rangverhältnis sowie die teilweisen Ausschlussbedingungen in Nr. 3 ist es für einen nicht fachkundigen Steuerpflichtigen m. E. so gut wie unmöglich, die Regelungen durch Lesen des Gesetzestextes zu verstehen und richtig anzuwenden. Selbst für Berater, welche nur gelegentlich solche Fälle betreuen, ist es m. E. schwierig, den Gesetzestext - selbst unter Hinzunahme der Gesetzesbegründung inkl. Beispiele aus dem Gesetzesentwurf - ohne weiteres in der Praxis auf konkrete Fälle und Beispiele anzuwenden. Der Gesetzgeber hätte hier eine einfachere Regelung oder klarere Formulierung anstreben sollen. Entsprechend ist Steuerpflichtigen, welche durch übergroßen Grundbesitz in den Regelungsinhalt des Art. 3 Abs. 1 Satz 2 BayGrStG kommen, eine genaue und detaillierte Prüfung der Voraussetzungen und des Bescheides zu empfehlen.

78–82 *(Einstweilen frei)*

III. Äquivalenzzahl für Gebäudeflächen (Art. 3 Abs. 2 BayGrStG)

Nach Art. 3 Abs. 2 BayGrStG beträgt die **Äquivalenzzahl der Gebäudeflächen 0,50 €/m²**. Die **Nutzungsarten der Gebäudeflächen** – Wohnflächen bei Wohnnutzung oder Nutzflächen bei Nichtwohnnutzung – **sind für die Äquivalenzzahl irrelevant**. Die Nutzungsart ist erst auf Ebene der Ermittlung der Grundsteuermesszahlen von Bedeutung. 83

Zu beachten ist, dass nur die i. S. des Art. 2 BayGrStG zu berücksichtigen Flächen mit der Äquivalenzzahl zu multiplizieren sind. **Die Gebäudeflächen für bestimmte Gebäude (vgl. Art. 2 BayGrStG) bleiben außer Betracht** und sind im Schritt bei der Ermittlung des Äquivalenzbetrages nicht mehr relevant. 84

Art. 4 BayGrStG   Grundsteuermesszahlen

(1) ¹Die Grundsteuermesszahl beträgt 100 %. ²Für den Äquivalenzbetrag der Wohnflächen wird die Grundsteuermesszahl auf 70 % ermäßigt.

(2) ¹Die Grundsteuermesszahl für den Äquivalenzbetrag der Wohnflächen wird um 25 % ermäßigt, soweit eine enge räumliche Verbindung mit dem Betrieb der Land- und Forstwirtschaft des Steuerschuldners besteht. ²Dies gilt nur, soweit Wohnflächen dem Inhaber des Betriebs der Land- und Forstwirtschaft, den zu seinem Haushalt gehörenden Familienangehörigen oder den Altenteilern zu Wohnzwecken dienen und mindestens einer der Bewohner durch eine mehr als nur gelegentliche Tätigkeit in dem Betrieb an ihn gebunden ist. ³Für Flächen, die den Angestellten des Betriebs zu Wohnzwecken dienen, gilt Satz 1 entsprechend.

(3) Die Grundsteuermesszahlen für die Äquivalenzbeträge der Gebäudeflächen werden um 25 % ermäßigt, wenn ein Baudenkmal nach Art. 1 Abs. 2 Satz 1 oder Abs. 3 des Bayerischen Denkmalschutzgesetzes vorliegt.

(4) Die Grundsteuermesszahl für den Äquivalenzbetrag der Wohnflächen wird um 25 % ermäßigt, soweit

1. die Wohnflächen den Bindungen des sozialen Wohnungsbaus aufgrund einer staatlichen oder kommunalen Wohnraumförderung unterliegen oder
2. die Voraussetzungen des § 15 Abs. 4 des Grundsteuergesetzes (GrStG) in der am 1. Januar 2025 geltenden Fassung vorliegen.

(5) ¹Eine Ermäßigung der Grundsteuermesszahlen nach Abs. 2 bis 4 wird gewährt, wenn die jeweiligen Voraussetzungen zum Veranlagungszeitpunkt vorlagen. ²Sind mehrere Ermäßigungstatbestände erfüllt, sind die Ermäßigungen nacheinander anzuwenden. ³Den Bezugspunkt der Berechnung der ermäßigten Grundsteuermesszahl bildet jeweils die vorangegangene ermäßigte Grundsteuermesszahl.

Inhaltsübersicht	Rz.
A. Allgemeine Erläuterungen zu Art. 4 BayGrStG	1 – 22
I. Normzweck und wirtschaftliche Bedeutung der Vorschrift	1 – 6
II. Entstehung und Entwicklung der Vorschrift	7 – 12
III. Geltungsbereich	13 – 15
IV. Verhältnis zu anderen Vorschriften	16 – 22
B. Systematische Kommentierung	23 – 110
I. Allgemeine Grundsteuermesszahlen für Grundstücke (Art. 4 Abs. 1 BayGrStG)	23 – 31
1. Allgemeine Grundsteuermesszahl für die Grundstücksfläche und Nichtwohnflächen	23 – 24
2. Allgemeine Grundsteuermesszahl für Wohnflächen	25 – 31

II.	Ermäßigung der Grundsteuermesszahl für Wohnflächen in Verbindung mit dem Betrieb der Land- und Forstwirtschaft (Art. 4 Abs. 2 BayGrStG)	32 - 38
III.	Ermäßigung der Grundsteuermesszahl für Baudenkmäler (Art. 4 Abs. 3 BayGrStG)	39 - 48
IV.	Zusätzliche Ermäßigung der Grundsteuermesszahl für Wohnflächen (Art. 4 Abs. 4 BayGrStG)	49 - 99
	1. Förderung des sozialen Wohnungsbaus	49 - 53
	2. Förderung nach dem Wohnraumförderungsgesetz WoFG bzw. dem Bayerischen Wohnraumförderungsgesetz (BayWoFG)	54 - 90
	a) Rechtliche Grundlagen	54 - 61
	b) Nachweis der Förderung (Förderentscheidung)	62 - 64
	c) Einhaltung der Förderbedingungen	65 - 80
	aa) Bindung der Förderzusage	65 - 68
	bb) Objekte für fremde Wohnzwecke	69 - 74
	cc) Objekte für eigene Wohnzwecke	75 - 77
	dd) Modernisierungen	78 - 80
	d) Anzeigepflichten	81 - 83
	e) Abgrenzbarer Teil des Steuergegenstandes	84 - 87
	f) Berücksichtigung der ermäßigten Grundsteuer in der Betriebskostenabrechnung	88 - 90
	3. Förderung nach dem Zweiten Wohnungsbaugesetz (II. WoBauG) bzw. dem Bayerischen Wohnungsbindungsgesetz (BayWoBindG)	91 - 93
	4. Förderung bestimmter Rechtsträger	94 - 99
V.	Voraussetzungen zur Gewährung der Ermäßigungen und Berechnung der Grundsteuermesszahl (Art. 4 Abs. 5 BayGrStG)	100 - 110
	1. Ermäßigung bei Vorliegen der Voraussetzungen	100 - 104
	2. Zusammentreffen mehrere Ermäßigungstatbestände	105 - 110

A. Allgemeine Erläuterungen zu Art. 4 BayGrStG

I. Normzweck und wirtschaftliche Bedeutung der Vorschrift

1   Art. 4 BayGrStG definiert die **landesspezifischen Grundsteuermesszahlen für die Steuergegenstände der Grundsteuer B**. Dabei differenziert Art. 4 Abs. 1 BayGrStG zwischen den Wohnflächen und Nichtwohnflächen. Während **für Nichtwohnflächen die Grundsteuermesszahl 100 % beträgt, ermäßigt sich die Grundsteuermesszahl für Wohnflächen um 30 % auf 70 %**. Die Grundsteuermesszahl wird mit dem zuvor ermittelten Äquivalenzbetrag multipliziert. Daraus ergibt sich der Grundsteuermessbetrag der jeweiligen wirtschaftlichen Einheit des Grundvermögens, welcher wiederum Bemessungsgrundlage für die Ermittlung der Grundsteuer B durch Multiplikation mit dem gemeindespezifischen Hebesatz ist.

2   Die Art. 4 Abs. 2–4 BayGrStG regeln weitere mögliche **Ermäßigungen der Grundsteuermesszahlen für Wohnflächen in enger räumlicher Verbindung mit dem Betrieb der Land- und Forstwirtschaft** (Art. 4 Abs. 2 BayGrStG), für **Gebäudeflächen von Baudenkmälern** (Art. 4 Abs. 3 BayGrStG) und für **bestimmte Wohnflächen** (Art. 4 Abs. 4 BayGrStG).

3   Art. 4 Abs. 5 BayGrStG regelt die **Voraussetzungen zur Inanspruchnahme der Ermäßigungen nach Art. 4 Abs. 2–4 BayGrStG** sowie die Berechnung der anzuwendenden Grundsteuermesszahl, z. B. beim Vorliegen mehrerer Ermäßigungen.

4–6   *(Einstweilen frei)*

II. Entstehung und Entwicklung der Vorschrift

Art. 4 BayGrStG wurde mit dem **Bayrischen Grundsteuergesetz (BayGrStG)** v. 10.12.2021[1] in das BayGrStG aufgenommen und tritt ab dem 1.1.2022 in Kraft (vgl. Art. 11 BayGrStG). 7

Die Vorschrift des Art. 4 BayGrStG ist an den § 15 GrStG angelehnt. Aufgrund der abweichenden Wertermittlung der Ausgangsbeträge im bayerischen Landesmodell auf Basis des **Flächenprinzips mittels Äquivalenzzahlen**, wurde durch Art. 4 BayGrStG die bundesgesetzliche Regelung des § 15 Abs. 1 GrStG entsprechend verändert und angepasst. Auch die erstmals im Bundesgesetz durch die Grundsteuerreform eingeführten **Ermäßigungen für Grundstücke, die der Wohnraumförderung** dienen (§ 15 Abs. 2 und 3 GrStG), **bestimmten Rechtsträgern** zuzurechnen sind (§ 15 Abs. 4 GrStG) und für bestimmte **Baudenkmäler** (§ 15 Abs. 5 GrStG) Anwendung finden, wurden durch das BayGrStG nicht vollständig übernommen. Vielmehr werden eigene, landesspezifische Regelungen zu den Voraussetzungen und der Höhe von Ermäßigungen für Wohnraum und Baudenkmäler mit Art. 4 BayGrStG eingeführt. 8

(Einstweilen frei) 9–12

III. Geltungsbereich

Das BayGrStG gilt für in **Bayern** belegene Grundstücke. 13

(Einstweilen frei) 14–15

IV. Verhältnis zu anderen Vorschriften

Die **Grundsteuermesszahl** dient der Ermittlung des **Grundsteuermessbetrags** durch Multiplikation des **Äquivalenzbetrages** mit der Grundsteuermesszahl (Art. 1 Abs. 2 BayGrStG). 16

Die Bewertung für das **land- und forstwirtschaftliche Grundvermögen** entspricht im Wesentlichen der bundesgesetzlichen Regelung. Die **Steuermesszahl** entspricht daher der in § 14 GrStG. 17

Nach Art. 4 Abs. 3 BayGrStG ermäßigt sich die **Grundsteuermesszahl für Gebäudeflächen von Baudenkmälern** soweit dies die Voraussetzungen des Art. 1 Abs. 2 Satz 1 oder Abs. 3 des Bayerischen Denkmalschutzgesetzes (BayDSchG) erfüllen. 18

Die **Ermäßigungen der Wohnflächen des sozialen Wohnungsbaus** sind an die Bestimmungen **der Fördergesetze** geknüpft. Des Weiteren verweist Art. 4 Abs. 4 Nr. 2 BayGrStG auf die Voraussetzungen des Bundesgesetzes in § 15 Abs. 2–4 GrStG. 19

(Einstweilen frei) 20–22

---

[1] Bayerisches Grundsteuergesetz (BayGrStG) v. 10.12.2021 (Bayerisches Gesetz- und Verordnungsblatt Nr. 23/2021 S. 638).

B. Systematische Kommentierung

I. Allgemeine Grundsteuermesszahlen für Grundstücke (Art. 4 Abs. 1 BayGrStG)

1. Allgemeine Grundsteuermesszahl für die Grundstücksfläche und Nichtwohnflächen

23   Durch die zum Bundesgesetz abweichenden Bewertungsregelungen des bayerischen Grundsteuergesetzes, sind **abweichende Grundsteuermesszahlen nach dem Landesrecht** notwendig. Dies ist vor allem durch die abweichende Bewertungssystematik begründet. Durch das verankerte Flächenprinzip ergibt sich bereits nach Anwendung der **Äquivalenzbeträge** ein Ausgangsbetrag, der dem Grundsteuermessbetrag im Bundesrecht nahekommt. Entsprechend beträgt die **Grundsteuermesszahl für die Grundstücke des Grundvermögens grundsätzlich 100 %** (Art. 4 Abs. 1 Satz 1 BayGrStG). Dies gilt sowohl für die Fläche des Grund und Bodens als auch für die Nutzfläche der Gebäude (zum Umfang und Berechnung der Nutzfläche siehe Art. 2 BayGrStG). Die Grundsteuermesszahl von 100 % auf den Äquivalenzbetrag gilt nicht für die Wohnflächen der Gebäude.

24   **BEISPIEL:** Die Daten des mit einem Bürohaus bebauten Grundstücks sind:

Grundstücksfläche:	1.000 m²
Nutzfläche des Gebäudes:	2.000 m²

Es soll der Grundsteuermessbetrag festgesetzt werden.

LÖSUNG: Nach Anwendung der Äquivalenzbeträge aus Art. 3 BayGrStG ergibt sich folgender Ausgangsbetrag:

Äquivalenzbetrag des Grund und Bodens:	1.000 m² x 0,04 €/m² = 40 €
Äquivalenzbetrag der Gebäudeflächen:	2.000 m² x 0,50 €/m² = 1.000 €

Die Grundsteuermesszahl beträgt gem. Art. 4 Abs. 1 Satz 1 BayGrStG 100 %. Der Grundsteuermessbetrag für das Grundstück entspricht mithin: 1.040 €

2. Allgemeine Grundsteuermesszahl für Wohnflächen

25   Nach Art. 4 Abs. 1 Satz 2 BayGrStG **ermäßigt sich die Grundsteuermesszahl für die Gebäudeflächen, welche der Wohnnutzung dienen, auf 70 %.** Durch die pauschale Ermäßigung der Grundsteuermesszahl für Wohnflächen soll bezahlbarer Wohnraum gefördert werden. Die sich daraus ergebene niedrigere Grundsteuerbelastung der Wohnnutzung wird damit bewusst in Kauf genommen.

26   **BEISPIEL:** Sachverhalt wie → Rz. 24, jedoch handelt es sich um ein Gebäude mit Mietwohnungen.

LÖSUNG: Die Grundsteuermesszahl beträgt nunmehr gem. Art. 4 Abs. 1 Satz 2 BayGrStG 70 %. Der Grundsteuermessbetrag für das Grundstück entspricht mithin:

Äquivalenzbetrag des Grund und Bodens von 40 € x Grundsteuermesszahl 100 % =	40 €
Äquivalenzbetrag der Gebäudeflächen von 1.000 € x Grundsteuermesszahl 70 % =	700 €
Grundsteuermessbetrag:	740 €

27   Spannend bleibt insbesondere die Frage, wie sich die **pauschale Ermäßigung der Wohnflächen** auf die gesamte Grundsteuerbelastung im Bundesland Bayern auswirkt. Da auch beim BayGrStG das Ziel sein wird, die Grundsteuerreform in Summe möglichst aufkommensneutral

zu gestalten, dürfte das im Umkehrschluss bedeuten, dass durch die Begünstigung der Wohnnutzung und die niedrigere Belastung, diese durch die Grundsteuer für Gebäude mit Nichtwohnnutzung ausgeglichen werden muss. Folglich ist damit zu rechnen, dass die **Grundsteuer nach der Reform für Nichtwohngrundstücke steigen, währen die Grundsteuer für Wohngrundstücke vermutlich sinken wird.** Inwieweit sich dies auf das Grundsteueraufkommen der einzelnen Gemeinden auswirken wird, bleibt abzuwarten. Durch das Hebesatzrecht der Gemeinden sind diese jedoch bereits mit dem passenden Instrument ausgestattet, das Grundsteueraufkommen entsprechend anzupassen, wenn und soweit sich durch die unterschiedlichen Grundsteuermesszahlen für Wohn- und Nichtwohnflächen erhebliche Unterschiede zum bisherigen Recht ergeben sollten.

(Einstweilen frei) 28–31

II. Ermäßigung der Grundsteuermesszahl für Wohnflächen in Verbindung mit dem Betrieb der Land- und Forstwirtschaft (Art. 4 Abs. 2 BayGrStG)

Besteht zwischen Wohnflächen und dem Betrieb der Land- und Forstwirtschaft eine **enge räumliche Verbindung,** so ermäßigt sich die Grundsteuermesszahl für diese Wohnflächen um weitere 25 % auf sodann **52,50 %.** In der Gesetzesbegründung zum Gesetzesentwurf von 5.10.2021[1] heißt es hierzu:

„Diese Ermäßigung privilegiert den bisher dem Betrieb der Land- und Forstwirtschaft zugeordneten Wohnteil zur Förderung und zum Erhalt der ländlichen Siedlungsstruktur."

Eine **enge räumliche Verbindung der Wohnflächen mit dem Betrieb der Land- und Forstwirtschaft** liegt vor, wenn die **Wohnflächen dem Inhaber oder der Inhaberin des Betriebs der Land- und Forstwirtschaft, einem zum Haushalt gehörenden Familienangehörigen oder den Altenteilern dienen.** Weiterhin muss mindestens einer der Bewohner **durch eine mehr als gelegentliche Tätigkeit in dem Betrieb der Land- und Forstwirtschaft gebunden** sein.

Nach der Gesetzesbegründung kann eine **mehr als nur gelegentliche Tätigkeit** bereits bei einem **Arbeitsaufwand von vier Wochen im Jahr** vorliegen. Hierbei sind jedoch die Nutzung und Größe der Betriebsflächen in die Beurteilung einzubeziehen. **Die Anforderungen an eine mehr als nur gelegentliche Tätigkeit sind dennoch gering.** Im Zweifel ist jedoch der Einzelfall zu prüfen und das Vorliegen der Voraussetzungen dem Finanzamt nachzuweisen und zu begründen.

Die **Ermäßigung gilt** dabei weiterhin **für die Flächen, welche den Angestellten des Betriebs** der Land- und Forstwirtschaft **zu Wohnzwecken dienen.**

(Einstweilen frei) 36–38

III. Ermäßigung der Grundsteuermesszahl für Baudenkmäler (Art. 4 Abs. 3 BayGrStG)

Art. 4 Abs. 3 BayGrStG ist angelehnt an die Regelung des Bundesrechts in § 15 Abs. 5 GrStG, wonach die **Grundsteuermesszahlen für die Gebäudeflächen von Baudenkmälern zusätzlich ermäßigt werden.** Abweichend von Bundesrecht, in dem die Steuermesszahl um 10 % ermä-

---

[1] Vgl. Drucksache 18/15755 v. 10.5.2021, Gesetzesentwurf der Staatsregierung – Bayerisches Grundsteuergesetz (BayGrStG).

ßigt wird, **beträgt die Ermäßigung der Grundsteuermesszahl im Landesrecht 25 % auf die ursprüngliche Grundsteuermesszahl.**

40 Voraussetzung ist, dass es sich bei den Gebäuden um **Baudenkmäler nach Art. 1 Abs. 2 Satz 1 oder Abs. 3 des Bayerischen Denkmalschutzgesetzes (BayDSchG)** handelt. Dies sind:

Art. 1 Abs. 2 Satz 1 BayDSchG

„Baudenkmäler sind bauliche Anlagen oder Teile davon aus vergangener Zeit, soweit sie nicht unter Absatz 4 fallen, einschließlich dafür bestimmter historischer Ausstattungsstücke und mit der in Absatz 1 bezeichneten Bedeutung."

Art. 1 Abs. 3 BayDSchG

„Zu den Baudenkmälern kann auch eine Mehrheit von baulichen Anlagen (Ensemble) gehören, und zwar auch dann, wenn keine oder nur einzelne dazugehörige bauliche Anlagen die Voraussetzungen des Abs. 1 erfüllen, das Orts-, Platz- oder Straßenbild aber insgesamt erhaltenswürdig ist."

41 Die **Ermäßigung bezieht sich nur auf die Gebäudeflächen, welche die denkmalschutzgesetzlichen Voraussetzungen erfüllen**. Sind daneben Gebäudeflächen vorhanden, welche diese Voraussetzungen nicht erfüllen, so findet die Ermäßigung keine Anwendung. Eine gesonderte Regelung dazu wie im Bundesrecht nach § 15 Abs. 5 Satz 2 GrStG, wonach die Ermäßigung der Steuermesszahl anteilig zu gewähren ist, wenn auf einem Grundstück nur ein Teil der Gebäude oder nur Teile eines Gebäudes i. S. des jeweiligen Landesdenkmalschutzgesetzes unter Denkmalschutz stehen,[1] ist im bayerischen Landesrecht jedoch nicht notwendig, da sich dies bereits automatisch aus der speziellen Berechnungssystematik des Landesrechts anhand der Gebäudeflächen ergibt. Durch die Anknüpfung der Gebäudefläche im BayGrStG kann eine Aufteilung der Flächen auf den Anteil, welcher unter Denkmalschutz steht und folglich weiter begünstigt ist, grundsätzlich ohne großen Aufwand erfolgen.

42 Dennoch kann es in der Praxis in besonderen Fallkonstellationen ebenfalls zu **Abgrenzungsfragen und komplexen Aufteilungen** kommen. Auch müssten bereits in den Fällen, bei denen nur ein Teil der Gebäudeflächen unter Denkmalschutz stehen, die Äquivalenzbeträge gesondert für die einzelnen Teilflächen berechnet werden. Da die Ermäßigung zusätzlich zu den anderen Ermäßigungen des Art. 4 BayGrStG gewährt wird, sollten ebenfalls bereits die Äquivalenzbeträge für die Wohn- und Nutzflächen gesondert ermittelt werden, um die Ermäßigung für die Wohnflächen entsprechend berücksichtigen zu können.

43 **BEISPIEL:** Das bebaute Grundstück weist folgende Merkmale auf:
- Grundstücksfläche: 1.500 m²
- Wohnfläche: 300 m², davon 200 m² unter Denkmalschutz nach Art. 1 Abs. 2 Satz 1 BayDschG
- Nutzfläche: 100 m²

Für eine korrekte und nachvollziehbare Berechnung der Grundsteuermesszahl sollten bereits die Äquivalenzbeträge gesondert für die einzelnen Teilflächen berechnet werden:

1. Ermittlung des Äquivalenzbetrags der Grundstücksfläche

   Grundstücksfläche 1.500 m² x 0,04 €/m²   = 60 €
2. Ermittlung des Äquivalenzbetrags der Gebäudeflächen

   a) Wohnfläche ohne Denkmalschutz 100 m² x 0,50 €/m²   = 50 €

---

[1] Vgl. dazu auch Bock in Grootens, GrStG § 15 Rz. 118–124.

b)	Wohnfläche unter Denkmalschutz 200 m² x 0,50 €/m²	= 100 €
c)	Nutzfläche: 100 m² x 0,50 €/m²	= 50 €
= Summe der Äquivalenzbeträge		= 260 €

3. Berechnung der Grundsteuermesszahl (Äquivalenzbetrag x Grundsteuermesszahl)

a)	Grundstücksfläche: 100 %	60 € x = 60 €
b)	Wohnfläche ohne Denkmalschutz: 70 %	50 € x = 35 €
c)	Wohnfläche unter Denkmalschutz: 52,50 %	100 € x = 52,50 €
d)	Nutzfläche: 100 %	50 € x 50 €
= Summe Grundsteuermesszahl:		= 197,50 €

(Einstweilen frei) 44–48

IV. Zusätzliche Ermäßigung der Grundsteuermesszahl für Wohnflächen (Art. 4 Abs. 4 BayGrStG)

1. Förderung des sozialen Wohnungsbaus

Die allgemeine, bereits ermäßigte Grundsteuermesszahl für Wohnflächen i. H. von 70 % wird nach Art. 4 Abs. 4 BayGrStG **um weitere 25 %** ermäßigt, wenn die Wohnflächen den rechtlichen Bindungen des sozialen Wohnungsbaus im Freistatt unterliegen oder die Grundstücke bestimmten Rechtsträgern zuzuordnen sind. Das Landesgesetz privilegiert folglich die Überlassung von Wohnraum aus sozialen Gründen nochmals zusätzlich zur ohnehin schon privilegierten Wohnnutzung. 49

Unterliegen **Wohnflächen den Bindungen des sozialen Wohnungsbaus aufgrund einer staatlichen oder kommunalen Wohnraumförderung**, so ist die Grundsteuermesszahl dieser Wohnflächen, **um weitere 25 % zu ermäßigen** (Art. 4 Abs. 4 Nr. 1 BayGrStG). Die Regelung entspricht im Wesentlichen der Regelung des Bundesgesetzes nach § 15 Abs. 2 und 3 GrStG, ist jedoch sehr allgemein formuliert, um *„sicherzustellen, dass alle Fälle, die den besonderen rechtlichen Bindungen des sozialen Wohnungsbaus unterliegen, von der Ermäßigungsregelung erfasst werden."*[1] Dazu gehören insbesondere die folgenden Gesetze: 50

- ▶ Wohnraumförderungsgesetz (WoFG),
- ▶ Bayerisches Wohnraumförderungsgesetz (BayWoFG),
- ▶ Bayerisches Wohnungsbindungsgesetz (BayWoBindG),
- ▶ Zweites Wohnungsbaugesetz (Wohnungsbau- und Familienheimgesetz – II. WoBauG).

In der Gesetzesbegründung zum Gesetzesentwurf wird jedoch ausdrücklich darauf hingewiesen, dass diese **Aufzählung nicht abschließend** ist. Entsprechend können danach auch weitere Gesetze in Betracht kommen. Durch diese nicht abschließende Aufzählung wird gewährleistet,

---

[1] Vgl. Drucksache 18/15755 v. 10.5.2021, Gesetzesentwurf der Staatsregierung – Bayerisches Grundsteuergesetz (BayGrStG).

dass ggf. in der Zukunft neu erlassene Gesetze zur Förderung des sozialen Wohnungsbaus automatisch dem Regelungsinhalt des Art. 4 BayGrStG unterfallen.

51–53 *(Einstweilen frei)*

2. Förderung nach dem Wohnraumförderungsgesetz WoFG bzw. dem Bayerischen Wohnraumförderungsgesetz (BayWoFG)

a) Rechtliche Grundlagen

54 Das **WoFG des Bundes** regelt die **soziale Wohnraumförderung** (§ 1 Abs. 1 WoFG) und zielt auf Haushalte ab, die sich am Markt nicht angemessen mit Wohnraum versorgen können und auf Unterstützung angewiesen sind (§ 1 Abs. 2 WoFG). Die Ermäßigung für die entsprechenden Grundstücke findet sich bereits im Bundesgesetz in § 15 Abs. 2 GrStG wieder und gilt auch für das bayerische Landesgesetz. Danach ermäßigt sich die Grundsteuermesszahl, wenn eine **Förderzusage durch schriftlichen Verwaltungsakt** nach § 13 Abs. 3 WoFG erteilt wurde bzw. nach dem GrStRefUG[1] wenn ein **öffentlich-rechtlicher Vertrag** vorliegt.[2] Da das WoFG des Bundes für Grundstücke in Bayern jedoch bereits durch das landesspezifische BayWoFG abgelöst wurde (siehe → Rz. 58 ff.), handelt es sich bei der Aufzählung des WoFG in der Gesetzesbegründung wohl nur um eine Klarstellung, welche sich auf die entsprechenden Förderbescheide nach dem WoFG bezieht, welche noch vor dem BayWoFG erlassen wurden, weiterhin gültig sind und nicht geändert wurden.

55 Zu den genauen Ausführungen zur Förderung nach dem WoFG wird auf die Kommentierung von Bock in Grootens, GrStG § 15 Rz. 57–69 verwiesen.

56 Das eigene **Wohnraumförderungsgesetz Bayerns** v. 10.4.2007[3] trat am 1.5.2007 in Kraft und löst damit das WoFG des Bundes ab. Die Überleitungsregelungen sind in Art. 24 BayWoFG geregelt. Ziel des Gesetzes ist die soziale Wohnraumförderung in Bayern durch die Bereitstellung von Mitteln aus dem Staatshaushalt, durch Übernahme von Bürgschaften, durch Bereitstellung von Mitteln der bayerischen Landesbodenkreditanstalt sowie durch Mitteln von Gemeinden und Gemeindeverbänden.

57 Nach Art. 10 Abs. 1 BayWoFG werden folgende Zwecke gefördert:
- ▶ der Wohnungsbau,
- ▶ der Erwerb von Wohnraum,
- ▶ die Modernisierung von Wohnraum,
- ▶ die Einräumung von Belegungs- und Mietbindungen an bestehendem Wohnraum.

58 Neben Mietwohnungen werden auch selbstgenutzte Wohnungen und Modernisierungen gefördert **Die Förderung ist an verschieden Voraussetzungen geknüpft**. So sind nach Art. 11 BayWoFG bestimmte **Einkommensgrenzen** einzuhalten und nach Art. 12 BayWoFG muss die **Größe des Wohnraums entsprechend seiner Zweckbestimmung angemessen** sein, wobei hier jedoch auch Besonderheiten Rechnung zu tragen ist. Ebenfalls sind **Belegungs- und Mietbindungen** nachzuweisen und einzuhalten (Art. 14–16 BayWoFG).

59–61 *(Einstweilen frei)*

---

[1] Gesetz zur erleichterten Umsetzung der Reform zur Grundsteuer und zur Änderung weiterer steuerrechtlicher Vorschriften (GrStRefUG) v. 16.7.2021, BGBl 2021 I S. 2931.
[2] Vgl. dazu auch Bock in Grootens, GrStG § 15 Rz. 65–69.
[3] Bayerisches Wohnraumförderungsgesetz (BayWoFG) v. 10.4.2007 (GVBl S. 260, BayRS 2330-2-B), das zuletzt durch § 1 Abs. 266 der Verordnung v. 26.3.2019 (GVBl S. 98) geändert worden ist.

b) Nachweis der Förderung (Förderentscheidung)

Art. 4 Abs. 4 BayGrStG enthält keine konkreten **Voraussetzungen zur Nachweiserbringung**. Es ist jedoch davon auszugehen, dass als **Nachweis** regelmäßig der nach Art. 13 Abs. 1 Satz 1 BayWoFG von der zuständigen Stelle **erlassene Förderentscheidung durch schriftlichen Verwaltungsakt oder vertragliche Gewährung** benötigt wird. In der Förderentscheidung sind insbesondere die Bestimmungen über Ziel und Gegenstand der Förderung, Art, Höhe, Dauer, Verzinsung und Tilgung der Fördermittel, Art und Dauer der Bindungen sowie Rechtsfolgen eines Eigentumswechsels an dem geförderten Objekt zu treffen. 62

(Einstweilen frei) 63–64

c) Einhaltung der Förderbedingungen

aa) Bindung der Förderzusage

Die Wohnflächen müssen den Bindungen der Förderzusage **zum jeweiligen Veranlagungszeitpunkt** unterliegen. Im Landesgesetz muss daher in jedem Erhebungszeitraum geprüft werden, ob die Voraussetzungen für die Ermäßigung noch erfüllt sind. Auf den Hauptveranlagungszeitpunkt wird nicht abgestellt, da es durch das Landesgesetz nur einen Hauptveranlagungszeitunkt auf den 1.1.2025 gibt. Nach dem Gesetzeswortlaut erfolgt die **Ermäßigung, wenn die jeweiligen Voraussetzungen zum Veranlagungszeitpunkt vorlagen**. Entfällt die Förderung nach dem BayWoFG, so entfällt für die Zukunft auch die Ermäßigung der Grundsteuermesszahl. 65

Grundsätzlich **enden die Bindungen mit der vollständigen Rückzahlung des Förderdarlehens bzw. des gewährten Zuschusses**. In bestimmten Fällen können jedoch auch nach der vollständigen Rückzahlung noch Bindungen fortbestehen: 66

▶ Bei **vorzeitiger Rückzahlung des Förderdarlehens durch den Darlehnsnehmer** gelten die Bindungen bis zu den in der Förderentscheidung getroffen Bestimmungen zur Dauer der Bindungen fort.

▶ **Kündigung des Förderdarlehens durch die Bewilligungsstelle** wegen Verstoßes gegen die Bestimmungen der Förderentscheidung. Dabei bleiben die Bindungen bis zu dem in der Förderentscheidung bestimmten Ende der Bindungsdauer, längstens jedoch bis zum Ablauf des zehnten Kalenderjahres nach dem Jahr der Rückzahlung bzw. bei Zuschüssen längstens bis zum Ablauf des zehnten Kalenderjahres nach dem Jahr der Rückzahlung.

▶ Im Fall der der **Zwangsversteigerung** enden die Bindungen bei Darlehen zu dem in der Förderentscheidung bestimmten Zeitpunkt, spätestens jedoch mit dem Ablauf des dritten Kalenderjahres nach dem Kalenderjahr, in dem der Zuschlag erteilt worden ist und die auf Grund der Darlehensförderung begründeten Grundpfandrechte mit dem Zuschlag erloschen sind bzw. bei Zuschüssen mit dem Zuschlag.

Nach dem Wortlaut des Art. 4 Abs. 1 Nr. 1 BayGrStG, müsste in diesen Fällen **die Ermäßigung noch bis zum Wegfall der Bindungen gewährt** werden, sofern die Bindungen auch weiterhin eingehalten werden. 67

Die unterschiedlichen Bindungen unterscheiden sich außerdem nach **den verschiedenen Gegenständen der Förderung**. 68

bb) Objekte für fremde Wohnzwecke

69 Die Förderung für **vermietete Immobilien (sog. Mietraumförderung)** ist nach Art. 13 Abs. 2 BayWoFG an **Belegungs- und Mietbindungen** geknüpft.

70 Als Belegungsbindung darf der Förderberechtigte den Wohnraum nur Mietern überlassen, die eine Wohnberechtigung durch einen **Wohnungsberechtigungsschein** nachweisen können oder sich die **Wohnberechtigung durch die Benennung** der zuständigen Stelle ergibt (Art. 14 Abs. 1 BayWoFG). Vorsetzung für die Erteilung eines Wohnungsberechtigungsscheins oder die Benennung ist die **Einhaltung der Einkommensgrößen** des Art. 11 BayWoFG und die **angemessene Größe des Wohnraums**.

71 Die **Mietbindung des Förderberechtigten** besteht darin, dass dieser den Wohnraum nicht gegen eine höhere als in der Förderentscheidung **festgelegte höchstzulässige Miete** überlassen darf (Art. 15 Abs. 1 Satz 1 BayWoFG). Zum einen hat der Vermieter die Förderbedingungen im Mietvertrag auszuweisen, zum anderen darf er die Miete bis zur zulässigen Höchstmiete der Förderentscheidung und den allgemeinen mietrechtlichen Vorschriften erhöhen (Art. 15 Abs. 2 BayWoFG).

72–74 *(Einstweilen frei)*

cc) Objekte für eigene Wohnzwecke

75 Eine Förderung ist ebenfalls bei **selbstgenutzten Immobilien** möglich (Art. 13 Abs. 2 Nr. 2 i.V. mit Art. 16 Abs. 6 BayWoFG). Voraussetzung ist hierbei, dass der Haushalt die entsprechenden **Einkommensgrenze** nach Art. 11 BayWoFG nicht überschreitet und die **Größe des Wohnraumes** angemessen ist (Art. 14 Abs. 3 BayWoFG).

76–77 *(Einstweilen frei)*

dd) Modernisierungen

78 Ebenfalls werden **Modernisierungen von Wohnraum** gefördert. Die **Modernisierungsförderung** kann bei bereits geförderten, vermieteten oder selbstgenutzten Immobilien erfolgen. Es gelten die ursprünglichen Bindungen entsprechend fort (Art. 13 Abs. 2 Nr. 3 BayWoFG).

79–80 *(Einstweilen frei)*

d) Anzeigepflichten

81 Liegen die **Förderbestimmungen** zu einem Veranlagungszeitpunkt nicht mehr vor, so hat der Steuerpflichtige den **Wegfall der Förderung** nach Art. 7 Abs. 2 Satz 1 und 2 BayGrStG **anzuzeigen**. Daraufhin wird der Grundsteuermessbetrag für die wirtschaftliche Einheit neu festgestellt. Zu den ggf. negativen Folgen bei der Betriebskostenabrechnung bei unterlassener Anzeige.[1]

82–83 *(Einstweilen frei)*

---

[1] Vgl. auch Schmidt in Grootens, LGrStG BW § 58 Rz. 28–31.

e) Abgrenzbarer Teil des Steuergegenstandes

In den Fällen des **Geschosswohnungsbaus**, liegen in einer wirtschaftlichen Einheit sowohl freifinanzierte als auch geförderte Wohnungen vor. Entsprechen sind für die Wohnflächen unterschiedlich hohe Grundsteuermesszahlen anzuwenden. Durch das Äquivalenz- und Flächenprinzip des Landesmodells lässt sich der Grundsteuermessbetrag für diese Fälle jedoch recht einfach ermitteln. Die zusätzlich ermäßigte Grundsteuermesszahl für die geförderten Wohnungen ermittelt sich aus dem Äquivalenzbetrag der entsprechenden Wohnflächen. In der erteilten Förderentscheidung ist die geförderte Wohnung jeweils ausdrücklich benannt, sodass eine Abgrenzung regelmäßig keine Probleme darstellen dürfte.

BEISPIEL: Ein Mietwohngrundstück enthält sowohl freifinanzierte als auch geförderte Wohnungen. Die Grundstücksfläche beträgt 600 m². Die Wohnfläche beträgt nach der WoFlV für die freifinanzierten Wohnungen 450 m² und für die geförderten Wohnungen 230 m².
Der Grundsteuermessbetrag ermittelt sich wie folgt:

1. Ermittlung der Äquivalenzbeträge:

	Fläche	Äquivalenzbetrag	Äquivalenzzahl
Grundstücksfläche	600 m²		0,04 €/m²
		24 €	
freifinanzierte Wohnflächen	450 m²		0,50 €/m²
		225 €	
geförderte Wohnflächen	230 m²		0,50 €/m²
		115 €	

2. Ermittlung des Grundsteuermessbetrags:

	Äquivalenzbetrag	GrSt-Messbetrag	GrSt-Messzahl
Grundstücksfläche	24 €		100 %
		24 €	
freifinanzierte Wohnflächen	225 €		70 %
		157,50 €	
geförderte Wohnflächen	115 €		52,50 %
		60,37 €	
Summe		241,87 €	

(Einstweilen frei) 86–87

f) Berücksichtigung der ermäßigten Grundsteuer in der Betriebskostenabrechnung

Die Grundsteuer wird grundsätzlich als Teil der **Betriebskostenabrechnung** bei Mietwohnobjekten auf den Mieter umgelegt. Entsprechend ist bei Mietobjekten schlussendlich der Mieter Begünstigter der zusätzlich ermäßigten Grundsteuermesszahl. Für den Vermieter stellt sich die Frage, wie dieser die Grundsteuer in Fällen der Betriebskostenabrechnung zu berücksichtigen hat, wenn die wirtschaftliche Einheit **sowohl freifinanzierte als auch geförderte Wohnflächen** enthält. Die Gesetzesbegründung enthält hierzu keine Klarstellungen. Vermutlich ist hier jedoch eine **spezifische Aufteilung der Grundsteuer auf die freifinanzierten und die geförderten Wohnflächen notwendig**, sodass dem Mieter in der Betriebskostenabrechnung jeweils die Kosten weiterbelastet werden, die durch den tatsächlichen Gebrauch der Wohnung anfallen. Siehe dazu auch die ausführlichen Erläuterungen der Kommentierung von Schmidt in Grootens, LGrStG BW § 40 Rz. 98.

(Einstweilen frei) 89–90

3. Förderung nach dem Zweiten Wohnungsbaugesetz (II. WoBauG) bzw. dem Bayerischen Wohnungsbindungsgesetz (BayWoBindG)

91 Eine Ermäßigung der Grundsteuermesszahl nach Art. 4 Abs. 4 Nr. 1 BayGrStG gilt auch für ursprünglich **nach dem II. WoBauG**[1] **geförderte Grundstücke** bzw. seit dem Inkrafttreten des bayerischen Landesgesetzes zum 1.5.2007 **für nach dem BayWoBindG**[2] **geförderte Grundstücke**.

92–93 *(Einstweilen frei)*

4. Förderung bestimmter Rechtsträger

94 Nach Art. 4 Abs. 2 Nr. 2 BayGrStG kommt eine zusätzliche Ermäßigung auch für Wohnflächen in Betracht, die **bestimmten Rechtsträgern** zuzuordnen sind. Die Regelung verweist auf die Anwendung der Regelung des Bundesgesetzes in § 15 Abs. 4 GrStG. Begünstige Rechtsträger sind danach:

- **Wohnungsbaugesellschaften** von **Gebietskörperschaften**,
- **Gemeinnützige Wohnungsbaugesellschaften**,
- **Körperschaftsteuerbefreite Genossenschaften und Vereine**.

95 Zu den genauen Voraussetzungen wird auf die Kommentierung von Bock in Grootens, GrStG § 15 Rz. 78–99 verwiesen.

96 Abweichend von der Regelung des Bundesgesetz, bei der nach § 15 Abs. 4 Satz 2 GrStG die Voraussetzungen für die Ermäßigung zum jeweiligen Hauptveranlagungsstichtag vorliegen müssen, kommt es im Landesgesetz auf das **Vorliegen der Voraussetzungen zum Veranlagungszeitpunkt – dem Beginn des Kalenderjahres als Erhebungszeitraum –** an, da es nach Art. 7 Abs. 1 Satz 1 BayGrStG keine weitere Hauptveranlagung nach der ersten zum 1.1.2025 gibt.

97 Weitere Besonderheit ist, dass in Bayern die **Ermäßigung nur auf die Wohnflächen der begünstigten Rechtsträger** gewährt wird. Hier besteht ein Unterschied zum Bundesgesetz und dem LGrStG BW, in denen auch die Nichtwohngrundstücke der begünstigten Rechtsträger in den Genuss der ermäßigten Grundsteuermesszahlen kommen können, weil dort insoweit nicht auf Wohngrundstücke abgestellt wird.[3]

98–99 *(Einstweilen frei)*

V. Voraussetzungen zur Gewährung der Ermäßigungen und Berechnung der Grundsteuermesszahl (Art. 4 Abs. 5 BayGrStG)

1. Ermäßigung bei Vorliegen der Voraussetzungen

100 Die (zusätzlichen) Ermäßigungen der Grundsteuermesszahl nach Art. 4 Abs. 2–4 BayGrStG sind **bei Vorliegen der Voraussetzungen zum Veranlagungszeitpunkt** zu gewähren (Art. 4 Abs. 5 Satz 1 BayGrStG). Der Steuerpflichtige hat danach einen **Rechtsanspruch auf die Ermäßigun-**

---

1 WoBauG v. 19.8.1994, BGBl 1994 I S. 2137.
2 BayWoBindG v. 23.7.2007 (GVBl S. 562, 781; 2011 S. 115, BayRS 2330-3-B), zuletzt durch § 1 Abs. 267 der Verordnung v. 26.3.2019 (GVBl S. 98) geändert.
3 Vgl. Kommentierung von Schmidt in Grootens, LGrStG BW § 40 Rz. 137.

gen, welche dann von Amts wegen zu gewähren sind. Die im ursprünglichen Gesetzesentwurf v. 10.5.2021[1] geplante Antragspflicht für die Gewährung der Ermäßigungen wurde verworfen und ist nicht mehr Voraussetzung. Wie genau die Nachweiserbringung der Ermäßigungsvoraussetzungen und die Prüfung in der Praxis in Bayern genau erfolgen wird, ist noch nicht endgültig geklärt. Vermutlich werden entsprechende Abfragen oder Angaben in den Erklärungsvordrucken, wie im Bundesrecht im Vordruck GW-4 – Anlage Grundsteuerbefreiung/-vergünstigung, vorhanden sein.

Im Landesgesetz findet abweichend vom Bundesgesetz nur eine erstmalige Hauptveranlagung der Grundsteuermessbeträge auf den 1.1.2025 statt (Art. 7 Abs. 1 Satz 1 BayGrStG). Weitere Hauptveranlagungen sind ausgeschlossen und aufgrund der Bewertungssystematik auch nicht notwendig. Die Voraussetzungen für die Ermäßigungen nach Art. 4 BayGrStG müssen daher zu **Beginn des Veranlagungszeitpunktes** vorliegen. **Veranlagungszeitpunkt der Grundsteuer ist das Kalenderjahr.** Entsprechend müssen die Voraussetzungen jeweils zum Beginn des Kalenderjahres – dem 1.1. eines Jahres – vorliegen. **Entfällt die Voraussetzung für eine Ermäßigung der Grundsteuermesszahl im Laufe eines Kalenderjahres, so hat der Steuerpflichtige dies nunmehr nach Art. 7 Abs. 2 Satz 2 i.V. mit Satz 1 BayGrStG anzuzeigen.** Daraufhin findet eine Neufeststellung des Grundsteuermessbetrags auf den **nachfolgenden Veranlagungszeitpunkt** statt. Die Änderung wird dann für das Folgejahr wirksam.   101

(Einstweilen frei)   102–104

2. Zusammentreffen mehrere Ermäßigungstatbestände

Erfüllt eine wirtschaftliche Einheit des Grundvermögens **mehrere Ermäßigungstatbestände** des Art. 4 Abs. 1–4 BayGrStG, so sind die **Ermäßigungstatbestände nacheinander anzuwenden**. Dabei ist zu beachten, dass die **Ausgangsgröße für die Berechnung jeweils die vorangegangene ermäßigte Grundsteuermesszahl** ist. Die Berechnung erfolgt somit entsprechend der Reihenfolge der Ermäßigungstatbestände des Art. 4 Abs. 1–4 BayGrStG.   105

Da sich grundsätzlich keine der Ermäßigungen des Art. 4 BayGrStG tatbestandlich ausschließen, können **eine Vielzahl von Ermäßigung gleichzeitig zutreffen**, was zum einen die Berechnung in der Praxis komplex gestalten kann, zum anderen aber auch Anreiz für den Steuerpflichtigen sein wird, die verschiedenen Ermäßigungstatbestände sorgfältig zu prüfen, da sich die Grundsteuermesszahl so teilweise erheblich senken kann. Auch ist bei komplexeren Fällen der Bescheid detailliert dahingehend zu prüfen, ob alle Ermäßigungen korrekt berücksichtigt wurden und die Grundsteuermesszahl richtig berechnet wurde.   106

Ausgehend von den verschiedenen Ermäßigungstatbeständen können sich **folgende Grundsteuermesszahlen** ergeben (aus Vereinfachungsgründen auf eine Nachkommastelle gerundet):   107

Wohnflächen   108

Messzahl vor Abzug	70%	70%	70%	70%	70%	70%	70%
Wohnteil LuF		-25%	-25%		-25%		
Bezugsgröße		52,5%		52,5%		52,5%	
Baudenkmal			-25%	-25%			-25%
Bezugsgröße			52,5%	39,4%			52,5%

---

[1] Vgl. Drucksache 18/15755 v. 10.5.2021, Gesetzesentwurf der Staatsregierung – Bayerisches Grundsteuergesetz (BayGrStG).

Wohnraumförderung					-25 %	-25 %	-25 %
Bezugsgröße					52,5 %	39,4 %	39,4 %
Messzahl nach Abzug	70 %	52,5 %	52,5 %	39,4 %	52,5 %	39,4 %	39,4 %

109 Nutzflächen

Messzahl vor Abzug	100 %	100 %
Baudenkmal		-25 %
Messzahl nach Abzügen	100 %	75 %

110 Sehr komplex kann es werden, wenn für eine wirtschaftliche Einheit **verschiedene Ermäßigungen für einzelne Teilflächen** zutreffend sind. Zwar sollte durch die Anknüpfung der Äquivalenzbeträge an die Wohn- bzw. Nutzfläche eine Aufteilung durchführbar sein, jedoch sind so im Zweifel bereits die Äquivalenzbeträge mehrfach aufzuteilen, um dem Grundsteuermessbetrag berechnen zu können. Hier bleibt es abzuwarten, wie komplexe Fälle in den Bescheiden dargestellt werden und ob der Steuerpflichtige die Berechnung leicht nachvollziehen kann.

Art. 5 BayGrStG   Hebesatz

(1) Abweichend von § 25 Abs. 4 Satz 1 Nr. 2 GrStG können Gemeinden für die Fälle einer nach Art. 4 Abs. 2, 3 und 4 ermäßigten Grundsteuermesszahl reduzierte Hebesätze auf den jeweiligen Anteil des Grundsteuermessbetrags vorsehen.

(2) § 25 Abs. 5 GrStG findet keine Anwendung.

Inhaltsübersicht	Rz.
A. Allgemeine Erläuterungen zu Art. 5 BayGrStG	1 - 25
I. Normzweck und wirtschaftliche Bedeutung der Vorschrift	1 - 7
II. Entstehung und Entwicklung der Vorschrift	8 - 12
III. Geltungsbereich	13 - 16
IV. Verhältnis zu anderen Vorschriften	17 - 25
B. Systematische Kommentierung	26 - 54
I. Art. 5 Abs. 1 BayGrStG als Sondervorschrift zum Bundesgesetz	26 - 40
II. Bildung reduzierter Hebesätze für bestimmte Sachverhalte (Art. 5 Abs. 1 BayGrStG)	41 - 53
III. Keine Grundsteuer C in Bayern (Art. 5 Abs. 2 BayGrStG)	54

A. Allgemeine Erläuterungen zu Art. 5 BayGrStG

I. Normzweck und wirtschaftliche Bedeutung der Vorschrift

1 Art. 5 BayGrStG bezieht sich auf den **Hebesatz der Grundsteuer** und gewährt den Gemeinden im Freistaat Bayern unter bestimmten Voraussetzungen die Möglichkeit, **besondere Hebesätze innerhalb der Gemeinde** festzulegen. Durch die Vorschrift wird die kommunale Tarifautonomie der Gemeinden bei der Grundsteuer weiter gestärkt und die Gemeinden können die für sie konkreten, örtlichen Umstände und Gegebenheiten im besonderen Maße berücksichtigen.

Art. 5 Abs. 1 BayGrStG bietet den Gemeinden die Möglichkeit, **besondere Hebesätze für Fälle** festzulegen, **in den eine ermäßigte Grundsteuermesszahl nach Art. 4 Abs. 2–4 BayGrStG** vorliegt. 2

Art. 5 Abs. 2 BayGrStG schließt die Möglichkeit der Einführung einer **Grundsteuer C** in Bayern aus. 3

(Einstweilen frei) 4–7

II. Entstehung und Entwicklung der Vorschrift

Art. 5 BayGrStG wurde mit dem BayGrStG v. 10.12.2021[1] in das BayGrStG aufgenommen und tritt ab dem 1.1.2022 in Kraft (vgl. Art. 11 BayGrStG). 8

(Einstweilen frei) 9-12

III. Geltungsbereich

Das BayGrStG gilt für in Bayern belegende Grundstücke. 13

(Einstweilen frei) 14–16

IV. Verhältnis zu anderen Vorschriften

Art. 5 BayGrStG ist eine **Sondervorschrift des Landesgesetzes** in Bezug auf die bundesgesetzliche Regelung des § 25 GrStG. Konkret erweitert die Vorschrift durch Art. 5 Abs. 1 BayGrStG den Entscheidungsspielraum der Gemeinden nach § 25 Abs. 4 Satz 1 Nr. 2 GrStG und gewährt diesen die Möglichkeit zur Festlegung verschiedener Hebesätze in Abweichung zu der Regelung im Bundesgesetz. 17

Die Regelung des Art. 5 Abs. 1 BayGrStG ist nur möglich, soweit ein Fall der Ermäßigung der Grundsteuermesszahl nach Art. 4 Abs. 2, 3 und 4 BayGrStG vorliegt. Insoweit ist die Regelung von bestimmten Ermäßigungstatbeständen zur Grundsteuermesszahl abhängig. 18

Durch Art. 5 Abs. 2 BayGrStG wird die Anwendung des § 25 Abs. 5 GrStG ausgeschlossen und damit die Einführung einer **Grundsteuer C** in Bayern verhindert. 19

(Einstweilen frei) 20–25

B. Systematische Kommentierung

I. Art. 5 Abs. 1 BayGrStG als Sondervorschrift zum Bundesgesetz

Die im Zuge der Grundsteuerreform erlassenen, bundesgesetzlichen Vorschriften des Grundsteuergesetzes und des Bewertungsgesetzes sind grds. auch für in Bayern liegende Grundstücke anzuwenden, soweit nach dem BayGrStG nicht etwas anderes gilt.[2] Art. 5. Abs. 1 BayGrStG regelt die **spezifische Abweichung des Landesgesetzes** von der Regelung im Bundesgesetz nach § 25 Abs. 4 Satz 1 Nr. 2 GrStG. Im Umkehrschluss bedeutet dies, dass die vorstehenden 26

---

[1] Bayerisches Grundsteuergesetz (BayGrStG) v. 10.12.2021 (Bayerisches Gesetz- und Verordnungsblatt Nr. 23/2021 S. 638).
[2] Vgl. Art. 10 Abs. 1 BayGrStG.

Regelungen des Bundesgesetzes nach § 25 Abs. 1–3 und 4 Satz 1 Nr. 1 GrStG weiterhin auch in Bayern gelten.

27 **Für die Festsetzung des Hebesatzes gilt somit auch in Bayern**, dass:
- Das Recht zur Festlegung des Hebesatzes für die Grundsteuer ausschließlich den Gemeinden zusteht (§ 25 Abs. 1 GrStG).
- Der Hebesatz für ein oder mehrere Jahre von der Gemeinde festzusetzen ist (§ 25 Abs. 2 GrStG).
- Der Hebesatz grds. bis zum 30.6. eines Kalenderjahres mit Wirkung von Beginn dieses Kalenderjahres von der Gemeinde festzustellen ist (§ 25 Abs. 3 Satz 1 GrStG). Eine spätere Festsetzung ist nur zulässig, wenn der Hebesatz die Höhe der letzten Festsetzung nicht überschreitet (§ 25 Abs. 3 Satz 2 GrStG).
- Der Hebesatz für die in einer Gemeinde liegenden Betriebe der Land- und Forstwirtschaft muss einheitlich sein (§ 25 Abs. 4 Satz 1 Nr. 1 GrStG).

Zur den o.g. bundesgesetzlichen Regelungen, welche auch in Bayern gelten, wird auf die Kommentierung des Bundesgesetzes durch Grootens in Grootens, GrStG § 25 Rz. 31 ff. verwiesen.

28 Die landesspezifischen Regelungen des Art. 5 Abs. 1 BayGrStG ersetzen lediglich die Regelung des Bundesgesetzes in § 25 Abs. 4 Satz 1 Nr. 2 GrStG. Danach muss nach dem Bundesgesetz der Hebesatz für in einer Gemeinde liegende Grundstücke gleich sein. Die Gemeinden können somit nur einen Hebesatz für alle im Gemeindegebiet belegenden Grundstücke festlegen. Dass Bundesgesetz führt damit die bisherige Regelung des Grundsteuergesetzes weiter, da auch nach den bisherigen Regelungen die Gemeinden nur einen einheitlichen Hebesatz für Grundstücke bestimmen konnten. Für die ausführlichen Erläuterungen zu § 25 Abs. 4 Satz 1 Nr. 2 GrStG wird auf die Kommentierung von Grootens in Grootens, GrStG § 25 Rz. 101–120 verwiesen.

29 In Bayern wird den Gemeinden nunmehr gestattet, **mehrere verschiedene Hebesätze innerhalb der Gemeinde** für Grundstücke festzulegen, sofern die Voraussetzungen in Abs. 1 erfüllt sind. Damit stellt die Regelung eine absolute **Sondervorschrift** im Grundsteuerrecht da. Neben dem Bundesrecht enthält auch kein anderes Landesmodell, welches bisher verabschiedet oder im Entwurf vorliegt, solch eine Regelung.

30 Der Hintergrund für die Sonderregelung ist m. E. vor allem im fehlenden Anknüpfungspunkt des Landesgesetzes an den tatsächlichen Wert der Grundstücke begründet. Im BayGrStG werden zur Bestimmung der Grundsteuermesszahl und der Grundsteuer im Wesentlichen nur die reinen Flächen der Grundstücke und Gebäude herangezogen (sog. „**Flächenmodell**"). Die zur Berechnung anzuwenden Äquivalenzzahlen haben hingegen keinerlei Wertbezug, sondern lediglich Berechnungscharakter. Dadurch werden **Grundstücke in Bayern, welche innerhalb einer Gemeinde liegen und die gleichen Flächengrößen** (Grundstücksflächen und Gebäudeflächen) aufweisen **sowie gleich genutzt werden, grundsätzlich auch gleich hoch besteuert**.

31 **BEISPIEL:** Im konkreten Fall heißt dies, dass für die Neubau-Villa im Zentrum von München mit 1.000 m² Grundstücksfläche und 200 m² Wohnfläche eine genauso hohe Grundsteuer anfällt, wie für ein Einfamilienhaus aus dem Jahre 1960 in Stadtrandlage, welches die gleichen Flächen aufweist.

32 Durch die Möglichkeit der Gemeinden, **verschiedene Hebesätze innerhalb der Gemeinde für bestimmte Grundstücke** festzulegen, wird eine Möglichkeit geschaffen, bestimmte **gemeindepolitische Ziele und Vorstellungen** zu verfolgen. Dies geschieht, indem Anreize durch eine ge-

ringere Grundsteuer geschaffen werden, ohne weitere Angaben zum Gebäude zu benötigen oder eine genaue Wertermittlung durchführen zu müssen.

Vorteil dieser Regelung ist, dass das **Verfahren zur Ermittlung der Grundsteuer für den Grundstückseigentümer einfach und nachvollziehbar bleibt** und Gemeinden selbst bestimmen können, wie oder ob sie von der Regelung Gebrauch machen. Jede Gemeinde kann somit die für sie konkret vorherrschenden Bedingungen im Entscheidungsprozess berücksichtigen. Im o.g. Beispiel (vgl. → Rz. 31) könnte die Gemeinde München z. B. zur Förderung des bezahlbaren Wohnraums für Wohnflächen des sozialen Wohnungsbaus einen besonders niedrigeren Grundsteuerhebesatz festlegen. So kann dem gemeindespezifischen Bedürfnissen Rechnung getragen werden. 33

Mit den Regelungen sind aber auch Nachteile verbunden. Zum einen führen die Reglungen bei den Gemeinden grundsätzlich zu **mehr Verwaltungsaufwand**, sofern diese die Regelungen anwenden wollen, da diese an bestimmte Voraussetzungen anknüpfen. Diese müssen von den Gemeinden geprüft und nachvollziehbar umgesetzt werden. Zum anderen gibt es bereits **verfassungsrechtliche Zweifel** sowie Kritik an den Regelungen. So wurde bereits im Gesetzgebungsverfahren teils kontrovers über diese Möglichkeiten diskutiert. Deswegen wurde z. B. auch die erst geplante Einführung der Zonierungsoption für Gemeinden ab 5.000 Einwohnern[1] verworfen. Auch vertreten einige Experten die Meinung, dass der Grundsteuermessbetrag generell zu niedrig sei und die Gemeinden daher zur Anhebung der Hebesätze gezwungen seien, was wiederum zu Diskussionen führen würde.[2][3] 34

Zu beachten ist weiterhin, dass die Regelungen nur ein **Wahlrecht** für die Gemeinden darstellen. Jede Gemeinde kann folglich selbst entscheiden, ob sie die Regelungen wahrnimmt oder auf die Bildung gesonderter Hebesätze verzichtet. Dadurch kann es zu vielen **regionalen Unterschieden** kommen, was für den Grundstückseigentümer ggf. nicht nachvollziehbar erscheint. Auch die Empfindung darüber, welche unterschiedlichen Hebesätze ggf. „gerecht" sind, kann in der Praxis zu Diskussionen führen. In jedem Fall hat sich der Gesetzgeber m. E. nicht unbedingt einen Gefallen getan. Hier wäre m. E. auch eine andere Regelung wie z. B. das Einfügen einer Wertkomponente wie in den Landesmodellen von Hamburg oder Niedersachsen praktikabler und nachvollziehbarer gewesen. Sehr wahrscheinlich wird die Regelung durch die Gerichte überprüft werden müssen und so bleibt abzuwarten, ob die Regelung Bestand haben wird. Auch bleibt es abzuwarten, wie die Gemeinden die Regelungen praktisch umsetzen werden. 35

(Einstweilen frei) 36–40

II. Bildung reduzierter Hebesätze für bestimmte Sachverhalte (Art. 5 Abs. 1 BayGrStG)

Nach Art. 5 Abs. 1 BayGrStG können Gemeinden **reduzierte Grundsteuerhebesätze** für die Fälle einer nach Art. 4 Abs. 2, 3 und 4 BayGrStG ermäßigten Grundsteuermesszahl festlegen. 41

Bei dieser Sonderregelung handelt es sich wiederum um ein **Wahlrecht**. Jede Gemeinde kann unabhängig entscheiden, ob Sie davon Gebrauch machen möchte oder nicht. Auch kann eine 42

---

1 Vgl. dazu Lehmann in Grootens, BayGrStG Vorwort Rz. 45–47.
2 Vgl. Redaktion beck-aktuell v. 4.10.2021 – Grundsteuer: Experten-Kritik an geplantem bayerischem Flächenmodell.
3 Vgl. Beitrag des Bayerischen Landtags v. 1.10.2021 – Haushaltsausschuss diskutiert Grundsteuer.

Gemeinde **nur reduzierte Hebesätze** für einen der Fälle des Art. 4 Abs. 2, 3 und 4 BayGrStG bilden. Ebenfalls ist nicht Voraussetzung, dass die Gemeinde bei Anwendung der Vorschrift für alle drei Fällen reduzierte Hebesätze festlegt.

43 **BEISPIEL:** ▶ In einer Gemeinde gilt ein Hebesatz für die Grundsteuer B von 500 %. Die Gemeinde mit historischem Stadtkern möchte zukünftig pauschal Baudenkmäler in Ihren Gemeindegebiet nochmals besonders begünstigen, um z. B. den Erhalt solcher Gebäude zu fördern. Dazu kann die Gemeinde gem. Art. 5 Abs. 1 BayGrStG den Grundsteuerhebesatz für Baudenkmäler nach Art. 1 Abs. 2 Satz 1 oder Abs. 3 des bayerischen Denkmalschutzgesetzes auf z. B. 200 % reduzieren.

44 Die Regelung des Abs. 1 BayGrStG bietet sich daher insbesondere an, wenn eine Gemeinde eine oder alle drei Ermäßigungstatbestände des Art. 4 Abs. 2, 3 und 4 BayGrStG **zusätzlich begünstigen** möchte, unabhängig von den Regelungen des Abs. 1 Nr. 1 BayGrStG. Da die Regelung **nicht an besondere Voraussetzungen innerhalb der Gemeinde anknüpft, kann sie von jeder Gemeinde in Anspruch genommen werden**. Auch muss die Gemeinde dazu keine Begründungen abgeben. Einzig die Voraussetzung des Erfüllens der begünstigen Ermäßigungstatbestände des Art. 4 Abs. 2, 3 und 4 BayGrStG müssen vorliegen.

45 Es muss sich bei den besonderen Hebesätzen der Vorschrift **jeweils um reduzierte Hebesätze** handeln. Die Gemeinde kann die entsprechenden wirtschaftlichen Einheiten somit nur zusätzlich begünstigen. Damit wird vermieden, dass Gemeinden die nach dem Landesgesetz in Art. 4 Abs. 2, 3, und 4 BayGrStG einheitlich begünstigenden Regelungen für bestimmte wirtschaftlichen Einheiten durch eine Erhöhung der Hebesätze wieder torpedieren.

46 Bis auf die Bildung und Festlegung der reduzierten Hebesätze hat die Gemeinde keinen größeren Aufwand aufgrund der Vorschrift. Die Feststellung, ob eine ermäßigte Grundsteuermesszahl nach Art. 4 Abs. 2, 3 oder 4 BayGrStG vorliegt, wird bereits durch das Finanzamt im Wege der Feststellung der Grundsteuermessbeträge getroffen. Die Gemeinde muss zur Ermittlung der Grundsteuer dann die korrekten Grundsteuerhebesätze auf die Grundsteuermessbeträge anwenden.

47 Der von der Gemeinde gebildete, **ermäßigte Hebesatz ist nur auf den jeweiligen Anteil des Grundsteuermessbetrags, welcher die Voraussetzung des Art. 4 Abs. 2, 3 oder 4 BayGrStG erfüllt, anzuwenden**. Der ermäßigte Hebesatz kann somit auch bei vollumfänglicher Zuordnung des Gebäudes zu den Ermäßigungstatbeständen des Art. 4 Abs. 2–4 BayGrStG **nicht** auf den **Äquivalenzbetrag des Grund und Bodens** angewendet werden, da dieser Teilbetrag nicht von der Ermäßigung des Art. 4 BayGrStG umfasst wird. Nutzt die Gemeinde die Möglichkeit der Festsetzung ermäßigter Hebesätze, kommen damit für die betroffenen Grundstücke stets zwei unterschiedliche Hebesätze zur Anwendung. Damit die Gemeinde die Grundsteuer korrekt berechnen kann, sollten in dem Grundsteuermessbescheid die entsprechenden Anteile am Grundsteuermessbetrag entsprechend gesondert ausgewiesen werden.

48 **BEISPIEL:** ▶ Gemeinde A hat einen allgemeinen Hebesatz zur Grundsteuer B von 500 %. Des Weiteren wurden folgende reduzierte Hebesätze festgelegt:
- ▶ Hebesatz für Fälle des Art. 4 Abs. 2 BayGrStG: 400 %
- ▶ Hebesatz für Fälle des Art. 4 Abs. 3 BayGrStG: 300 %
- ▶ Hebesatz für Fälle des Art. 4 Abs. 4 BayGrStG: 200 %

Der Grundstückseigentümer B hat ein Grundstück in der Gemeinde mit folgenden Daten:
- ▶ Grundstücksfläche: 1.500 m^2
- ▶ Wohnfläche des 1. Gebäudes: 150 m^2
- ▶ Wohnfläche des 2. Gebäudes: 100 m^2

Bei dem 1. Gebäude handelt es sich um ein Baudenkmal nach Art. 1 Abs. 2 Satz 1 BayDSchG. Das 2. Gebäude erfüllt die Voraussetzung des sozialen Wohnungsbaus nach Art. 4 Abs. 4 BayGrStG.

Die Grundsteuer ermittelt sich wie folgt:

1. **Berechnung der Äquivalenzbeträge:**
   (Fläche x Äquivalenzzahl nach Art. 3 BayGrStG = Äquivalenzbetrag)

Grund und Boden:	1.500 m² x 0,04 €/m²	= 60,00 €
Gebäude 1:	150 m² x 0,50 €/m²	= 75,00 €
Gebäude 2:	100 m² x 0,50 €/m²	= 50,00 €

2. **Berechnung des Grundsteuermessbetrags:**
   (Äquivalenzbetrag x Grundsteuermesszahl nach Art. 4 BayGrStG = Grundsteuermessbetrag)

Grund und Boden:	60,00 € x 100 %	= 60,00 €
Gebäude 1:	75,00 € x (52,50 %)	= 39,37 €
Gebäude 2:	50,00 € x (52,50 %)	= 26,25 €
Grundsteuermessbetrag des Grundstücks:		125,52 €

3. **Ermittlung der Grundsteuer**
   (Grundsteuermessbetrag x Grundsteuerhebesatz)

Grund und Boden:	60,00 € x 400 %	= 240,00 €
Gebäude 1:	39,37 € x 300 %	= 118,11 €
Gebäude 2:	26,25 € x 200 %	= 52,50 €
Grundsteuer:		410,61 €

(Einstweilen frei) 49–53

III. Keine Grundsteuer C in Bayern (Art. 5 Abs. 2 BayGrStG)

Nach Art. 5 Abs. 2 BayGrStG findet die bundesgesetzliche Regelung des § 25 Abs. 5 GrStG in Bayern keine Anwendung. § 25 Abs. 5 GrStG regelt die Möglichkeit zur Einführung eines gesonderten Hebesatzes für unbebaute baureife Grundstücke – die sog. Grundsteuer C. Zur ausführlichen Kommentierung des § 25 Abs. 5 GrStG.[1] Folglich ist die Einführung der **Grundsteuer C in Bayern nicht gestattet**.

Kapitel 2: Verfahren

Art. 6 BayGrStG Feststellung der Äquivalenzbeträge

(1) ¹Die Äquivalenzbeträge werden auf den 1. Januar 2022 allgemein festgestellt (Hauptfeststellung). ²Abweichend von § 221 BewG findet keine turnusmäßige Hauptfeststellung statt. ³Bei der Ermittlung der Äquivalenzbeträge ist § 163 der Abgabenordnung (AO) nicht anzuwenden.

(2) ¹In dem Feststellungsbescheid für die Äquivalenzbeträge der Grundstücke sind auch Feststellungen zu treffen über die Fläche von Grund und Boden und die Gebäudeflächen. ²Abweichend von § 219 Abs. 2 Nr. 1 BewG wird die Grundstücksart der wirtschaftlichen Einheit nicht festgestellt. ³Feststellungen erfolgen nur, wenn und soweit sie für die Besteuerung von Bedeutung sind. ⁴Der Feststellungsbescheid kann mit dem nachfolgenden Grundsteuermessbescheid verbunden und zusammengefasst bekannt gegeben werden.

---

1 Vgl. Grootens in Grootens, GrStG § 25 Rz. 121–192.

(3) ¹Die Äquivalenzbeträge (Betragsfortschreibung) und die Flächen (Flächenfortschreibung) werden neu festgestellt, wenn ein Äquivalenzbetrag oder eine Fläche von der zuletzt getroffenen Feststellung abweicht und es für die Besteuerung von Bedeutung ist. ²Eine Fortschreibung nach Satz 1 findet auch zur Beseitigung eines Fehlers der letzten Feststellung statt.

(4) Für die Äquivalenzbeträge nach diesem Gesetz gelten die Vorschriften des Bewertungsgesetzes über die Fortschreibung, Nachfeststellung, Aufhebung, Änderung und Nachholung der Feststellung im Übrigen sinngemäß.

(5) ¹Die Aufforderung zur Abgabe einer Erklärung mittels Allgemeinverfügung durch öffentliche Bekanntmachung nach § 228 Abs. 1 Satz 3 BewG erfolgt durch das Bayerische Landesamt für Steuern. ²Abweichend von § 228 Abs. 2 BewG sind die Änderungen der tatsächlichen Verhältnisse, die sich auf die Höhe der Flächen oder der Äquivalenzbeträge auswirken oder zu einer Nachfeststellung oder der Aufhebung der Flächen oder der Äquivalenzbeträge führen können, auf den Beginn des folgenden Kalenderjahres zusammengefasst anzuzeigen. ³Die Anzeige ist bis zum 31. März des Jahres abzugeben, das auf das Jahr folgt, in dem sich die tatsächlichen Verhältnisse geändert haben. ⁴In den Fällen des Art. 1 Abs. 4 Satz 2 ist § 228 Abs. 3 Nr. 1 BewG anzuwenden.

(6) Die Erklärung und die Anzeige nach Abs. 5 sind Steuererklärungen im Sinne der Abgabenordnung, die nach amtlich vorgeschriebenem Datensatz durch Datenfernübertragung übermittelt werden sollen.

Inhaltsübersicht	Rz.
A. Allgemeine Erläuterungen zu Art. 6 BayGrStG	1 – 30
I. Normzweck und wirtschaftliche Bedeutung der Vorschrift	1 – 11
II. Entstehung und Entwicklung der Vorschrift	12 – 14
III. Geltungsbereich	15 – 17
IV. Verhältnis zu anderen Vorschriften	18 – 30
B. Systematische Kommentierung	31 – 99
I. Allgemeine Regelungen zur Hauptfeststellung (Art. 6 Abs. 1 BayGrStG)	31 – 38
II. Feststellungen im Feststellungsbescheid (Art. 6 Abs. 2 BayGrStG)	39 – 47
III. Fortschreibungsarten (Art. 6 Abs. 3 BayGrStG)	48 – 57
1. Betragsfortschreibung	49
2. Flächenfortschreibung	50 – 57
IV. Sinngemäße Anwendung der §§ 222–226 BewG (Art. 6 Abs. 4 BayGrStG)	58 – 63
V. Erklärungen und Anzeigenpflichten (Art. 6 Abs. 5 BayGrStG)	64 – 91
1. Erklärungsaufforderung per Allgemeinverfügung	65 – 75
2. Anzeigepflichten	76 – 91
VI. Verfahrensrechtliche Vorgaben (Art. 6 Abs. 6 BayGrStG)	92 – 99
1. Einordnung	92 – 96
2. Form der Erklärungen und Anzeigen	97 – 99

A. Allgemeine Erläuterungen zu Art. 6 BayGrStG

I. Normzweck und wirtschaftliche Bedeutung der Vorschrift

1 Art. 6 BayGrStG regelt verschieden **Grundsätze über die Feststellung der Äquivalenzbeträge und die Anwendung oder Nichtanwendung bundesgesetzlicher Regelungen des BewG**. Des Weiteren finden sich in Art. 6 BayGrStG Regelungen zu den **Erklärungs- und Anzeigepflichten**.

2 Art 6 Abs. 1 BayGrStG definiert **die Hauptfeststellung der Äquivalenzbeträge auf den 1.1.2022**.

3 In Art. 6 Abs. 2 BayGrStG wird geregelt, **welche Feststellungen im Feststellungsbescheid über die Äquivalenzbeträge zu treffen** sind.

Art. 6 Abs. 3 BayGrStG bestimmt, **wann neue oder abweichende Feststellungen**, welche über die Hauptfeststellung zum 1.1.2022 hinausgehen, vorzunehmen sind. Die Vorschrift ist folglich in der Praxis für alle Fälle nach der erstmaligen Neubewertung von Bedeutung. 4

Nach Art. 6 Abs. 4 BayGrStG finden die **bundesgesetzlichen Regelungen über die Fortschreibung, Nachfeststellung Aufhebung, Änderung und Nachholung der Feststellung auch in Bayern Anwendung**. 5

Nach Art. 6 Abs. 5 BayGrStG erfolgt die **öffentliche Bekanntmachung der Aufforderung zur Abgabe der erstmaligen Erklärung mittels Allgemeinverfügung** durch das Bayerische Landesfinanzamt für Steuern. Des Weiteren werden in der Vorschrift **Regelungen zu den Anzeigepflichten bei Änderungen der tatsächlichen Verhältnisse** an der wirtschaftlichen Einheit getroffen. 6

Nach Art. 6 Abs. 6 BayGrStG gelten sowohl die Erklärungen als auch die Anzeigen als **Steuererklärungen im Sinne der Abgabenordnung**. Insoweit stellt die Vorschrift die verfahrensrechtlichen Einordnungen sicher. Weiterhin wird die **Form der Erklärungen und Anzeigen** festgelegt. 7

(Einstweilen frei) 8–11

II. Entstehung und Entwicklung der Vorschrift

Art. 6 BayGrStG wurde mit dem BayGrStG v. 10.12.2021[1] in das BayGrStG aufgenommen und tritt ab dem 1.1.2022 in Kraft (vgl. Art. 11 BayGrStG). 12

(Einstweilen frei) 13–14

III. Geltungsbereich

Das BayGrStG gilt für in Bayern belegene Grundstücke. 15

(Einstweilen frei) 16–17

IV. Verhältnis zu anderen Vorschriften

Art. 6 BayGrStG stellt klar, welche **Regelungen des Bundesgesetzes** ebenfalls in Bayern anzuwenden sind, bzw. welche Regelungen im Landesgesetz nicht zu Anwendung kommen. So finden nach Art. 6 BayGrStG in Bayern z. B. die Regelungen der §§ 222–226 BewG und der § 228 BewG sinngemäß Anwendung. 18

Daneben finden die folgenden Regelungen in Bayern **keine Anwendung bzw. es gelten abweichende Regelungen**: 19

- § 221 BewG (Hauptfeststellung),
- § 163 AO (Billigkeitsmaßnahmen),
- § 219 Abs. 2 Nr. 1 BewG (Feststellungsinhalte).

Die **Feststellung der Äquivalenzbeträge** erfolgt durch eine gesonderte Feststellung. Diese beruht auf den allgemeinen Regelungen des § 180 Abs. 1 Nr. 1 AO. 20

---

[1] Bayerisches Grundsteuergesetz (BayGrStG) v. 10.12.2021 (Bayerisches Gesetz- und Verordnungsblatt Nr. 23/2021 S. 638).

21 Die in Art. 6 Abs. 3 definierten **Fortschreibungsarten** differenzieren sich terminologisch von den des Bundesgesetzes in § 222 Abs. 1 BewG. Die **fehlerbeseitigenden Wertfortschreibung** in Art. 6 Abs. 3 Satz 2 BayGrStG entspricht sinngemäß der Regelung des Bundesgesetzes in § 222 Abs. 3 BewG.

22 Für die **Einzelheiten zu den Erklärungen oder Anzeigen des Steuerpflichtigen** finden auch in Bayern größtenteils die Regelungen des § 228 BewG Anwendung. Lediglich bei einigen Punkten (z. B. die Frist zur Einreichung von Anzeigen oder die Form der Erklärungen und Anzeigen) weicht das Landesgesetz ab.

23 Durch die Einordnung der Erklärungen und Anzeigen als Steuererklärungen im Sinne der Abgabenordnung finden die entsprechenden Reglungen der AO Anwendung. So sind insbesondere **bei Nichterfüllung oder nicht fristgerechter Erfüllung die Regelungen zum Verspätungszuschlag nach § 152 Abs. 6 i. V. mit Abs. 2 AO zu beachten.**

24–30 *(Einstweilen frei)*

B. Systematische Kommentierung

I. Allgemeine Regelungen zur Hauptfeststellung (Art. 6 Abs. 1 BayGrStG)

31 Art. 6 Abs. 1 Satz 1 BayGrStG definiert der **Zeitpunkt der Hauptfeststellung** für die Neubewertung aller wirtschaftlichen Einheiten in Bayern. Danach werden die **Äquivalenzbeträge auf den 1.1.2022 allgemein festgestellt.**

32 Abweichend von § 221 BewG im Bundesrecht findet in Bayern **keine turnusmäßige Hauptfeststellung** statt (Art. 6 Abs. 1 Satz 2 BayGrStG). Anstatt wie im Bundesrecht alle sieben Jahre die Grundsteuerwerte neu festzustellen, bleibt es in Bayern bei der **einmaligen Feststellung der Äquivalenzbeträge auf den 1.1.2022**. Die Abweichung resultiert aus der Bewertungssystematik. Durch das Abstellen auf wertunabhängige Grundstücks- und Gebäudeflächen sowie Äquivalenzzahlen ist keine turnusmäßige Hauptfeststellung notwendig, da sich die Grundstücks- und Gebäudeflächen sowie die Äquivalenzzahlen grds. nicht ändern und die Ausgangswerte in Bayern keine angenäherte Ermittlung der Verkehrswerte zum Ziel haben. Dadurch wird der Verwaltungsaufwand der Behörden als auch der Grundstückseigentümer im Vergleich zum Bundesrecht erheblich vermindert.

33 Durch Art. 6 Abs. 1 Satz 3 BayGrStG wird die **Anwendung des § 163 AO bei der Ermittlung der Äquivalenzbeträge ausgeschlossen**. Dadurch kann die Billigkeitsmaßnahme für die Äquivalenzbeträge nicht angewendet werden.

34–38 *(Einstweilen frei)*

II. Feststellungen im Feststellungsbescheid (Art. 6 Abs. 2 BayGrStG)

39 Art. 6 Abs. 2 BayGrStG definiert den **Inhalt des Feststellungsbescheids der Äquivalenzbeträge**. Die Feststellung der Äquivalenzbeträge bildet dabei die erste Stufe innerhalb des dreistufigen Besteuerungsverfahrens und wird durch die zuständigen Finanzämter (Lagefinanzämter) durchgeführt. Die gesonderte Feststellung erfolgt dabei auf Grundlage des § 180 Abs. 1 Nr. 1 AO. Zwar nennt der Gesetzeswortlauf des § 180 Abs. 1 Nr. 1 AO nur die Begriffe „Einheitswerte" und „Grundsteuerwerte", jedoch erfolgt mangels abweichender Regelung im BayGrStG eine sinngemäße Anwendung.

Im dem Feststellungsbescheid für die Äquivalenzbeträge sind ebenfalls **Feststellungen über die Fläche von Grund und Boden und die Gebäudeflächen zu treffen** (Art. 6 Abs. 2 Satz 1 BayGrStG). Dies beinhaltet zum einen die entsprechenden **Flächengrößen in m²** als auch **für die Gebäudeflächen die Unterscheidung zwischen Wohn- und Nutzflächen**, da diese Angaben für die weitere Berechnung der Grundsteuer benötigt werden. Bei diesen Feststellungen handelt es sich um **eigenständige Besteuerungsgrundlagen**, welche Bindungswirkung für die nachfolgenden Verfahrensstufen haben. Verfahrensrechtlich bedeutet dies, dass der Grundstückseigentümer bei einer fehlerhaften Feststellung den Feststellungsbescheid für die Äquivalenzbeträge anfechten muss und nicht z. B. den Grundsteuerbescheid. Ansonsten gelten grds. die Regelungen zur Feststellung des Bundesgesetzes im § 219 BewG. Dazu wird auf die Kommentierung von Wredenhagen in Grootens, BewG § 219 Rz. 61 ff. verwiesen. 40

Abweichend von § 219 Abs 2 Nr. 1 BewG erfolgt im Feststellungsbescheid für die Äquivalenzbeträge **keine Feststellung über die Grundstücksart der wirtschaftlichen Einheit** (Art. 6 Abs. 2 Satz 2 BayGrStG). Die unterschiedlichen Grundstücksarten sind in § 249 BewG geregelt, werden aber für die Ermittlung der Grundsteuer in Bayern nicht benötigt. Entsprechend bedarf es auch keiner Feststellung in Bayern. 41

Nach Art. 6 Abs. 2 Satz 3 BayGrStG **erfolgen Feststellungen im Bescheid nur, wenn und soweit sie für die Besteuerung von Bedeutung sind**. Die vorstehend genannten Feststellungen müssen somit nicht in jedem Feststellungsbescheid enthalten sein. So können beispielsweise bei unbebauten Grundstücken im Bescheid die Feststellungen zu den Gebäudeflächen unterbleiben. Diese Regelung dient der Vereinfachung und führt in den jeweiligen Fällen zu übersichtlicheren Bescheiden. 42

Bei der bisherigen Feststellung der Einheitswerte und Grundsteuermessbeträge war üblich, dass es zwei gesonderte Bescheide über die Feststellung des Einheitswerts und des Grundsteuermessbetrags gab, auch wenn diese regelmäßig in unmittelbaren zeitlichen Zusammenhang erlassen wurden. In Bayern kann zukünftig der **Bescheid über die Feststellung der Äquivalenzbeträge mit dem nachfolgenden Grundsteuermessbescheid verbunden und zusammengefasst bekanntgegeben werden** (Art. 6 Abs. 2 Satz 4 BayGrStG). Danach würde dann nur noch ein Bescheid ergehen, als der bisherigen zwei. Auch dies dient der Verfahrenserleichterung sowie -vereinfachung und ist zu begrüßen. 43

(Einstweilen frei) 44–47

III. Fortschreibungsarten (Art. 6 Abs. 3 BayGrStG)

Nach Art. 6 Abs. 3 Satz 1 BayGrStG werden die **Äquivalenzbeträge und die Flächen neu festgestellt**, wenn ein Äquivalenzbetrag oder eine Fläche von der zuletzt getroffenen Feststellung abweicht und es für die Besteuerung von Bedeutung ist. Aufgrund der besonderen Bewertungssystematik in Bayern unterscheidet das BayGrStG zwei Fortschreibungen: 48

- Fortschreibung der Äquivalenzbeträge (Betragsfortschreibung) und die
- Fortschreibung der Flächen (Flächenfortschreibung).

1. Betragsfortschreibung

Die **Fortschreibung der Äquivalenzbeträge** ist inhaltlich der sog. Wertfortschreibung gem. § 221 Abs. 1 BewG gleichzusetzen. Aufgrund des Flächenmodells wurde der Begriff terminolo- 49 gisch angepasst. Die Betragsfortschreibung umfasst somit grds. alle **Veränderungen der wirtschaftlichen Einheit, welche eine Auswirkung auf den Äquivalenzbetrag** haben.

2. Flächenfortschreibung

50 Die **Fortschreibung der Flächen** ist notwendig, wenn sich die Flächen verändern. So können durch z. B. eine Erweiterung neue Flächen geschaffen werden. Gleichzeitig könnten durch z. B. einen Abriss Flächen wegfallen. Die Flächenfortschreibung umfasst sowohl die Grundstücksfläche als auch die Gebäudeflächen. Eine Fortschreibung der Grundstücksfläche kommt z. B. in den Fällen einer Neuvermessung in Betracht.

51 Zu beachten ist, dass eine Fortschreibung nur stattfindet, wenn diese von der letzten Feststellung abweicht und es **für die Besteuerung von Bedeutung** ist. Wann die Fortschreibung für die Besteuerung von Bedeutung ist richtet sich nach Art. 7 Abs. 1 BayGrStG. Danach werden zwischen **Auswirkungen der Änderung zugunsten und zulasten des Steuerpflichtigen** sowie zwischen **Tatsachenänderungen** differenziert (vgl. dazu Art. 7 BayGrStG). Der Verzicht auf eine Fortschreibung in jedem Fall dient vor allem der Verfahrenserleichterung und soll sowohl den Steuerpflichtigen als auch die Verwaltung entlasten.

52 Sind die Voraussetzungen für eine Fortschreibung erfüllt, so wird diese auch durchgeführt, wenn die **Feststellung des Äquivalenzbetrags oder der Grundstücks-/Gebäudeflächen mit Null durchzuführen ist**. Damit wird festgestellt, dass ab diesem Zeitpunkt eine bestimmte Tatsache wegfällt und nicht mehr länger von Bedeutung ist.

53 **BEISPIEL:** Auf dem Grundstück befinden sich ein Wohnhaus und eine Lagerhalle. Die Lagerhalle wird abgerissen.

Durch den Abriss der Lagerhalle ändern sich die Gebäudeflächen, welche für die Besteuerung von Bedeutung sind. Die Änderung der tatsächlichen Verhältnisse erfolgt durch eine Fortschreibung der Gebäudefläche für Nichtwohngebäude auf 0 m^2.

54 Art. 6 Abs. 3 Satz 2 BayGrStG regelt, dass die o.g. **Fortschreibungen auch zur Beseitigung einer fehlerhaften Feststellung** durchgeführt werden. Damit ist die sog. „fehlerbeseitigende Wertfortschreibung" gem. § 222 Abs. 3 BewG auch im Bayern anwendbar.[1]

55–57 *(Einstweilen frei)*

IV. Sinngemäße Anwendung der §§ 222–226 BewG (Art. 6 Abs. 4 BayGrStG)

58 In Bayern erfolgt aufgrund des Flächenmodells nur eine einmalige Hauptfeststellung der Äquivalenzbeträge (vgl. → Rz. 31–32). Um **Änderungen bei den wirtschaftlichen Einheiten** dennoch auch in Bayern nach der Hauptfeststellung berücksichtigen zu können, finden gem. Art. 6 Abs. 4 BayGrStG die **bundesgesetzlichen Regelungen der §§ 222–226 BewG sinngemäß Anwendung**.

59 Diese umfassen die folgenden **Feststellungsarten**:
- Fortschreibung (§ 222 BewG)
- Nachfeststellung (§ 223 BewG)
- Aufhebung (§ 224 BewG)

---

[1] Vgl. dazu vertiefend auch die Kommentierung von Wredenhagen in Grootens, BewG § 222 Rz. 121–127.

- Änderung (§ 225 BewG) und
- Nachholung (§ 226 BewG).

Zu den einzelnen Voraussetzungen und Anwendungsbeispielen der verschiedenen Feststellungsarten vgl. die Kommentierungen von Wredenhagen in Grootens, BewG §§ 222–226.

(Einstweilen frei) 61–63

V. Erklärungen und Anzeigenpflichten (Art. 6 Abs. 5 BayGrStG)

Art. 6 Abs. 5 BayGrStG regelt die **öffentliche Bekanntmachung der Aufforderung zur Abgabe der erstmaligen Erklärung mittels Allgemeinverfügung** und enthält die Vorschriften **zu den Anzeigepflichten** bei Änderungen der tatsächlichen Verhältnisse an der wirtschaftlichen Einheit.

1. Erklärungsaufforderung per Allgemeinverfügung

Zur erstmaligen Feststellung der Äquivalenzbeträge auf den Hauptfeststellungszeitpunkt 1.1.2022 sind für alle wirtschaftlichen Einheiten **durch die jeweiligen Steuerpflichtigen Erklärungen zu erstellen und einzureichen.**

Die Erklärung sind bei dem **zuständigen Finanzamt** einzureichen. Das zuständige Finanzamt ist dabei regelmäßig das jeweilige **Lagefinanzamt**, also das Finanzamt, in dessen Bezirk die wirtschaftliche Einheit belegen ist, § 6 Abs. 2 Nr. 4a AO i.V. mit § 18 Abs. 1 Nr. 1 Alternative 1 AO, soweit keine abweichenden Zuständigkeitsvereinbarungen getroffen wurden. Erstreckt sich eine wirtschaftliche Einheit **über mehrere Finanzamtsbezirke**, ist das zuständige Finanzamt regelmäßig jenes, in dem der **wertvollste Teil der wirtschaftlichen Einheit** belegen ist, vgl. § 18 Abs. 1 Nr. 1 Alternative 1 AO. Ist der wertvollste Teil nicht eindeutig bestimmbar, sollte im Vorhinein eine Abstimmung mit den Finanzämtern erfolgen.

Die **allgemeinen Erklärungspflichten** ergeben sich aus den bundesgesetzlichen Regelungen des **§ 228 Abs. 1 BewG**, welche mangels abweichender Regelungen sinngemäß auch in Bayern gelten.[1] Danach sind die Erklärungen auf den Hauptfeststellungszeitpunkt oder einen anderen Feststellungszeitpunkt durch den Steuerpflichtigen abzugeben, sofern er hierzu **durch die Finanzverwaltung aufgefordert** wird (§ 149 Abs. 1 Satz 2 AO).

Um bei der Hauptfeststellung nicht jeden Grundstückseigentümer gesondert anschreiben zu müssen, was mit einem enormen Verwaltungs- und Kostenaufwand verbunden wäre, kann die Aufforderung zur Abgabe der Erklärung im Bundesrecht vom Bundesministerium der Finanzen im Einvernehmen mit den obersten Finanzbehörden der Länder durch **öffentliche Bekanntmachung** erfolgen (§ 228 Abs. 1 Satz 3 BewG). In Bayern erfolgt die Aufforderung zur Abgabe der Erklärungen mittels **Allgemeinverfügung durch das Bayerische Landesamt für Steuern** (Art 6 Abs. 5 Satz 1 BayGrStG).

Für die Abgabe der Erklärungen haben die Finanzbehörden weiterhin eine **Frist** zu bestimmen, welche **mindestens einen Monat** betragen soll. Für die **erste Hauptfeststellung** ist aufgrund der Aufforderung per Allgemeinverfügung und der besonders hohen Anzahl an Erklärungen eine längere **Frist** vorgesehen.

---

1 Vgl. dazu auch die Kommentierungen von Wredenhagen in Grootens, BewG § 228 Rz. 61–104.

70 Die **Aufforderung zur Abgabe der Feststellungserklärungen soll Ende März 2022** durch die öffentliche Bekanntmachung erfolgen. Die Erklärungen selbst können dann **ab dem 1.7.2022 elektronisch** z. B. über das ELSTER-Portal übermittelt werden. Die **Frist zu Abgabe der erstmaligen Feststellungserklärung läuft bis zum 31.10.2022.**

71 Ausgehend von den Erfahrungen aus der Einheitsbewertung könnte für nachfolgende Erklärungsaufforderungen die Mindestfrist von einen Monat der Regelfall sein. Insofern ändert sich bei den Erklärungspflichten zukünftig vom Verfahrensablauf nichts Grundlegendes im Vergleich zu den bisherigen Erklärungspflichten im Rahmen der alten Einheitsbewertung.

72 **PRAXISHINWEIS:**
Bei den bisherigen Erklärungen zur Feststellung der Einheitswerte konnten erfahrungsgemäß regelmäßig Fristverlängerungen zur Abgabe an die Erklärungen beim Finanzamt beantragt werden. Auch wurden keine hohen Anforderungen an die Begründung zur Fristverlängerung gestellt. Ob sich dies in Zukunft ändern wird, bleibt abzuwarten. Da bisher bereits eine allgemeine Fristverlängerung für die steuerberatenden Berufe abgelehnt wurde, ist zumindest für die Frist am 31.10.2022 für die Hauptfeststellung der Äquivalenzbeträge ist mit strengen Regelungen durch die Finanzverwaltung zu rechnen. Die Frist sollte also stets im Auge behalten werden und Anträge auf Fristverlängerungen nur bei Vorliegen entsprechender Begründungen gestellt werden.

73–75 *(Einstweilen frei)*

2. Anzeigepflichten

76 Gänzlich neu durch die Grundsteuerreform sind die den Steuerpflichtigen zukünftig auferlegten **Anzeigepflichten**. Bestanden bisher für die Steuerpflichtigen keine Pflichten, dem zuständigen Finanzamt Veränderungen an den wirtschaftlichen Einheiten mitzuteilen, welche zu einer neuen Feststellung der bisherigen Einheitswerte geführt hätten, so haben diese **zukünftig aktiv Anzeigepflichten zu erfüllen.**

77 Treten eine oder mehrere **Änderungen der tatsächlichen Verhältnisse an der wirtschaftlichen Einheit auf, die sich auf die Höhe der Flächen oder des Äquivalenzbetrages auswirken** (vgl. Art. 6 Abs. 3 BayGrStG) oder zu einer **Nachfeststellung oder Aufhebung der Äquivalenzbeträge** führen können, so hat der Steuerpflichtige diese Veränderungen **dem zuständigen Finanzamt anzuzeigen** (Art. 6 Abs. 5 Satz 2 BayGrStG). Die **Änderung ist dabei auf den Beginn des folgenden Kalenderjahres** anzuzeigen. Dies bedeutet, dass die anzeigepflichtigen Veränderungen innerhalb eines Jahres **jeweils zum 1.1. des Folgejahres anzuzeigen** sind, da die Veränderungen erst zum 1.1. eines Jahres Wirkung für die Grundsteuer entfalten.

78 **BEISPIEL:** Der Ausbau eines Dachgeschosses zu Wohnraum im Juni 01 ist aufgrund der geränderten Wohnfläche durch den Steuerpflichtigen zum 1.1.02 anzuzeigen.

79 Über den genauen Inhalt der Anzeigen können mangels vorliegender Anzeigenvordrucke oder Erläuterungen noch keine abschließenden Beurteilungen getroffen werden.

80 Die **Frist zur Abgabe der Anzeigen** ist in Bayern jeweils der **31.3. des Jahres, welcher auf das Jahr folgt, in dem sich die tatsächlichen Verhältnisse geändert haben** (Art. 6 Abs. 5 Satz 3 BayGrStG). Hierbei unterscheidet sich das BayGrStG von der bundesgesetzlichen Regelung in § 228 Abs. 2 BewG. Die Frist nach dem Bundesgesetz zur Abgabe der Anzeigen beträgt lediglich einen Monat. Bei der Frist handelt es ich um eine **gesetzliche Frist**, welche als Steuererklärungsfrist i. S. des § 149 Abs. 1 Satz 1 AO gilt. Insoweit findet die **Fristverlängerungsvorschrift des § 109 Abs. 1 AO** Anwendung.

BEISPIEL: ▶ Der Ausbau eines Dachgeschosses zu Wohnraum im Juni 01 ist bis spätestens zum 31.3.02 anzuzeigen.

Treten **innerhalb eines Jahres bei einer wirtschaftlichen Einheit mehrere Veränderungen** auf, so sind diese in einer **gemeinsamen Anzeige** zusammenzufassen. Es müssen folglich nicht mehrere Anzeigen für dieselbe wirtschaftliche Einheit erstellt werden.

BEISPIEL: ▶ Der Ausbau eines Dachgeschosses zu Wohnraum erfolgte im Juni 01. Des Weiteren wurde die Fläche im Erdgeschoss im November 01 von Wohnraum in eine Bürofläche umgewandelt.
Beide Maßnahmen haben Auswirkungen auf die Höhe der Flächen oder des Äquivalenzbetrages und sind in einer gemeinsamen Anzeige bis spätestens zum 31.3.02 anzuzeigen.

Nach der Gesetzesbegründung zum Gesetzesentwurf vom 10.5.2021[1] bedürfen **Änderungen, die zu einer Zurechnungsfortschreibung führen**, wie beispielsweise der **Eigentumsübergang an einem Grundstück, nicht zwingend einer Erklärung der Grundstückseigentümer**. Die Finanzverwaltung erfährt von diesen Sachverhalten bereits durch die Mitteilung anderer Behörden (vgl. § 229 BewG).

Weitere Besonderheiten bestehen bei **Gebäuden auf fremden Grund und Boden**. Bei diesen wirtschaftlichen Einheiten bestehen Unterschiede bei der Zurechnung zwischen Landes- und Bundesgesetz. Im Bayern erfolgt die **Zurechnung der wirtschaftlichen Einheit** des Grund und Bodens und des Gebäudes **einheitlich auf den wirtschaftlichen Eigentümer des Gebäudes.**[2] Im Bundesgesetz hingegen wird die wirtschaftliche Einheit dem Eigentümer des Grund und Bodens zugerechnet (vgl. § 244 Abs. 3 Nr. 2 i.V. mit § 262 BewG). Für die **Anzeige- und Erklärungspflichten gilt** in Bayern daher nicht der im Bundesgesetz eigentlich für Gebäude auf fremden Grund und Boden anzuwendende § 228 Abs. 3 Nr. 3 BewG sondern der **§ 228 Abs. 3 Nr. 1 BewG**. Danach sind die Anzeige- und Erklärungspflichten durch den Steuerpflichtigen, welchem die wirtschaftliche Einheit zuzurechnen ist – **in Bayern folglich dem wirtschaftlichen Eigentümer des Gebäudes** – zu erfüllen (Art. 6 Abs. 5 Satz 4 BayGrStG).

Für **Erbbaurechte** gilt die bundesgesetzliche Regelung des § 228 Abs. 3 Nr. 2 BewG entsprechend, wonach die **Anzeige- und Erklärungspflichten bei Erbbaurechten vom Erbbauberechtigten unter Mitwirkung des Erbbauverpflichteten** zu erfüllen sind. Dies geht damit einher, dass die Zurechnung bei Erbbaurechten in Bayern der Zurechnung des Bundesgesetzes folgt.[3]

Im Übrigen gelten die Regelungen des Bundesgesetzes – vgl. dazu die Kommentierung von Wredenhagen in Grootens, BewG, § 228 Rz. 111 ff.

PRAXISHINWEIS:
Die zukünftigen Anzeigepflichten wurden vor allem im Grundsteuergesetz aufgenommen, um die bisherige Problematik bei der Einheitsbewertung zu lösen. Zwar haben die Finanzämter auch bisher durch die Mitteilung von Behörden (z. B. Bauämter) Kenntnis von Veränderungen an den wirtschaftlichen Einheiten bekommen, jedoch waren diese nicht danach ausgewertet, ob die Veränderungen auch Auswirkung auf den Einheitswert haben. Da auch die Finanzämter aus den Mitteilungen oft keine finalen Schlüsse ziehen konnten, mussten die Steuerpflichtigen erst angeschrieben und zur Abgabe einer Einheitswerterklärung aufgefordert werden. Folge des umständlichen Prozesses waren teils sehr langwierige und verzögerte Verfahren. Dies soll zukünftig durch die Anzeigepflichten effizienter gestaltet werden. Damit geht aber

---

1 Vgl. Drucksache 18/15755 v. 10.5.2021, Gesetzesentwurf der Staatsregierung – Bayerisches Grundsteuergesetz (BayGrStG).
2 Vgl. Art. 1 Abs. 4 Satz 2 BayGrStG und Lehmann in Grootens, BayGrStG Art. 1 Rz. 62–64.
3 Vgl. Lehmann in Grootens, BayGrStG Art. 1 Rz. 65.

auch einher, dass die Steuerpflichtigen zukünftig die Änderungen an den wirtschaftlichen Einheiten aktiv überwachen müssen, um die Anzeigepflichten zu erfüllen. Insbesondere Steuerpflichtigen mit umfangreichem Grundbesitz wird dies vor Schwierigkeiten stellen. Zum einen sollten deshalb frühzeitig personelle Ressourcen geschaffen werden und zum anderen sollte ein geeigneter Überwachungsprozess implementiert werden, um alle Fristen und Anzeigen zu erfüllen und einzuhalten. Abzuwarten bleibt m. E. jedoch, wie schnell die Finanzämter die Anzeigen zukünftig bearbeiten werden. Durch die Neubewertung kann es bereits zu Beginn zu Kapazitätsengpässen und damit ebenfalls zu langen Bearbeitungszeiten kommen.

89–91 *(Einstweilen frei)*

VI. Verfahrensrechtliche Vorgaben (Art. 6 Abs. 6 BayGrStG)

1. Einordnung

92 Sowohl die Erklärungen zur Ermittlung und Feststellung der Äquivalenzbeträge als auch die Anzeigen über die Änderungen der tatsächlichen Verhältnisse sind **Steuererklärungen i. S. der Abgabenordnung i. S. der §§ 149 ff. AO**. Daraus folgt, dass zur Abgabe der Steuererklärungen und Anzeigen eine **gesetzliche Pflicht** besteht.

93 Ferner sind sämtliche **verfahrensrechtliche Vorschriften für Steuererklärungen** auch für die Erklärungen und Anzeigen im Rahmen des BayGrStG anzuwenden. Dazu zählt insbesondere, dass bei Nichterfüllung der Erklärungs- und Anzeigenpflichten ein **Verspätungszuschlag** i. S. des § 152 Abs. 6 i.V. mit Abs. 2 AO festgesetzt werden kann. Auch sind die Erklärungen und Anzeigen **eigenhändig durch den Steuerpflichtigen zu unterschreiben**. Dies gilt nicht, sofern eine **elektronische Übermittlung** der Erklärungen oder Anzeigen an das Finanzamt erfolgt. Hier kann die Unterschrift durch eine **Übermittlung im authentifizierten Verfahren** ersetzt werden.[1]

94–96 *(Einstweilen frei)*

2. Form der Erklärungen und Anzeigen

97 Nach dem Gesetzeswortlaut des Art. 6 Abs. 5 BayGrStG **sollen die Erklärungen und Anzeigen nach amtlich vorgeschriebenen Datensatz durch Datenfernübertragung übermittelt** werden. Die elektronische Übermittlung soll vor allem ein **zeitgemäßes, digitales und automationsgestütztes Verfahren** ermöglichen und damit insbesondere den bisher sehr umständlichen und manuellen Prozess bei den Einheitswerterklärungen ersetzen. Voraussetzung dafür ist, dass eine Übermittlung im Rahmen des **ELSTER-Verfahrens**, welches bereits aus anderen Steuererklärungen bekannt ist, ermöglicht wird (§ 87a Abs. 1 Satz 2 BewG). Die Übermittlung der Erklärung über das ELSTER-Portal soll ab 1.7.2022 freigeschaltet werden.[2]

98 Die **elektronische Übermittlung ist in Bayern keine „Muss-Vorschrift"**. Nach dem Gesetzeswortlaut „soll" lediglich eine elektronische Übermittlung erfolgen. In Zukunft sind in Bayern folglich auch **Erklärungen und Anzeigen in Papierform möglich und zulässig**. Dies erfolgt laut der Gesetzesbegründung zum Gesetzesentwurf von 10.5.2021[3] aus Gründen der Bürgerfreundlichkeit.

---

1 Vgl. zu den weiteren verfahrensrechtlichen Vorschriften auch Wredenhagen in Grootens, BewG § 228 Rz. 171–190.
2 Vgl. Internetseite des Bayerischen Landesamtes für Steuern unter https://www.finanzamt.bayern.de/Informationen/Steuerinfos/Steuerarten/Grundsteuer/.
3 Vgl. Drucksache 18/15755 v. 10.5.2021, Gesetzesentwurf der Staatsregierung – Bayerisches Grundsteuergesetz (BayGrStG).

Damit unterscheidet sich das Landesgesetz vom Bundesgesetz, in dem eine elektronische Übermittlung vorgeschrieben ist und Abgaben in Papierform nur in besonderen Härtefällen möglich sein sollen.[1] M. E. hat man sich der Gesetzgeber mit der Regelung in Bayern, auch Erklärungen und Anzeigen in Papierform zuzulassen, keinen Gefallen getan. Zwar mag dies auf Zustimmung bei den Steuerpflichtigen treffen, jedoch verpasst man m. E. damit die Möglichkeit, im Rahmen der Grundsteuerreform auch eine **zeitgemäße Umsetzung und Abwicklung des Prozesses** einzuführen. Durch die Abgabe von Papiererklärungen wird enormer Aufwand in den Verwaltungen produziert, da die eingereichten Formulare über spezielle Geräte gescannt oder händisch ins System übernommen werden müssen. Immer da, wo manuelle Übertragungen stattfinden, können weiterhin auch Fehler passieren, die wiederum das Verfahren unnötig erschweren sowie zusätzliche Kosten verursachen. Hier hätte aus Gründen der **Effizienzsteigerung und Automatisierung** eine identische Regelung wie im Bundesgesetz einen deutlichen Mehrwert geboten, zumal auch bei anderen Steuerarten (z. B. Einkommensteuer, E-Bilanzen, Umsatzsteuer, etc.) die elektronischen Abgabeverpflichtungen längst in der breiten Praxis akzeptiert und positiv beurteilt werden.

99

Art. 7 BayGrStG   Veranlagungsverfahren

(1) ¹Die Grundsteuermessbeträge werden auf den 1. Januar 2025 allgemein festgesetzt (Hauptveranlagung). ²Der Grundsteuermessbetrag wird auch dann neu festgesetzt, wenn dem Finanzamt bekannt wird, dass die letzte Veranlagung fehlerhaft ist. ³Der Grundsteuermessbetrag wird auch dann neu festgesetzt, wenn der Grundsteuermessbetrag, der sich für den Beginn eines Kalenderjahres ergibt, von dem entsprechenden Betrag des letzten Festsetzungszeitpunkts nach unten abweicht. ⁴Dasselbe gilt, wenn sein auf den Grund und Boden entfallender Anteil abweicht oder sein auf das Gebäude entfallender Anteil um mehr als 5 € nach oben abweicht. ⁵Im Übrigen gelten die Vorschriften des Grundsteuergesetzes über die Neuveranlagung, Nachveranlagung, Aufhebung und Zerlegung des Grundsteuermessbetrags und die Änderung des Grundsteuermessbescheids sinngemäß.

(2) ¹Änderungen der Nutzung hat derjenige anzuzeigen, dem der Steuergegenstand zuzurechnen ist. ²Satz 1 gilt für den Wegfall der Voraussetzungen für die ermäßigten Grundsteuermesszahlen nach Art. 4 Abs. 2 bis 4 entsprechend. ³§ 19 Abs. 1 Satz 1 GrStG bleibt unberührt. ⁴Abweichend von § 19 Abs. 1 Satz 2 und Abs. 2 Satz 2 GrStG ist die Anzeige nach den Sätzen 1 bis 3 bis zum 31. März des Jahres abzugeben, das auf das Jahr folgt, in dem sich die Verhältnisse geändert haben. ⁵Art. 6 Abs. 6 gilt entsprechend.

Inhaltsübersicht	Rz.
A. Allgemeine Erläuterungen zu Art. 7 BayGrStG	1 - 20
I. Normzweck und wirtschaftliche Bedeutung der Vorschrift	1 - 5
II. Entstehung und Entwicklung der Vorschrift	6 - 10
III. Geltungsbereich	11 - 13
IV. Verhältnis zu anderen Vorschriften	14 - 20
B. Systematische Kommentierung	21 - 46
I. Hauptveranlagung der Grundsteuermessbeträge	21 - 25
II. Neufestsetzungen der Grundsteuermessbeträge	26 - 40
III. Anzeigepflichten über Änderungen	41 - 46

---

1 Vgl. dazu die Kommentierung von Wredenhagen in Grootens, BewG § 228 Rz. 191–195.

A. Allgemeine Erläuterungen zu Art. 7 BayGrStG

I. Normzweck und wirtschaftliche Bedeutung der Vorschrift

1 Art. 7 BayGrStG regelt die gesetzlichen Bestimmungen zum **Veranlagungsverfahren der Grundsteuermessbeträge**. Die Vorschrift terminiert die **Hauptveranlagung der Grundsteuermessbeträge auf den 1.1.2025** und bestimmt Regelungen, in welchen Fällen die Grundsteuermessbeträge neu festgestellt werden.

2 Durch Art. 6 Abs. 2 BayGrStG werden die **Fristen für die Anzeigen zu Nutzungsänderungen und den Wegfall der Voraussetzungen einer ermäßigten Grundsteuermesszahl** sowie die verfahrensrechtliche Einordnung der **Anzeigen als Steuererklärungen im Sinne der Abgabenordnung** festgelegt. Die **Form der Anzeigen** soll auf **elektronischen Weg** erfolgen.

3–5 *(Einstweilen frei)*

II. Entstehung und Entwicklung der Vorschrift

6 Art. 7 BayGrStG wurde mit dem **BayGrStG** v. 10.12.2021[1] in das BayGrStG aufgenommen und tritt ab dem 1.1.2022 in Kraft (vgl. Art. 11 BayGrStG).

7–10 *(Einstweilen frei)*

III. Geltungsbereich

11 Das BayGrStG gilt für in Bayern belegene Grundstücke.

12–13 *(Einstweilen frei)*

IV. Verhältnis zu anderen Vorschriften

14 Mit Ausnahme der speziellen Regelungen zur Neufeststellung der Grundsteuermessbeträge in Art. 6 Abs. 1 Satz 2–4 BayGrStG, stellt Satz 5 BayGrStG klar, dass die Vorschriften des GrStG über die **Neuveranlagung, Nachveranlagung, Aufhebung und Zerlegung des Grundsteuermessbetrags und die Änderung des Grundsteuermessbescheids** sinngemäß gelten. Dies betrifft die §§ 17 ff. GrStG.

15 Für die **verfahrensrechtliche Einordnung** der Anzeigen zu Nutzungsänderungen und den Wegfall der Voraussetzungen einer ermäßigten Grundsteuermesszahl als Steuererklärungen i. S. der Abgabenordnung wird auf die Vorschrift des Art. 6 Abs. 6 BayGrStG verwiesen.

16 Der Wegfall der Voraussetzungen einer ermäßigten Grundsteuermesszahl richtet sich nach den Regelungen zu den **Ermäßigungstatbeständen** des Art. 4 Abs. 2–4 BayGrStG.

17–20 *(Einstweilen frei)*

---

[1] Bayerisches Grundsteuergesetz (BayGrStG) v. 10.12.2021 (Bayerisches Gesetz- und Verordnungsblatt Nr. 23/2021 S. 638).

B. Systematische Kommentierung

I. Hauptveranlagung der Grundsteuermessbeträge

Art. 7 Abs. 1 Satz 1 BayGrStG definiert den **Zeitpunkt der Hauptveranlagung für die Grundsteuermessbeträge**. Danach werden die Grundsteuermessbeträge auf den **1.1.2025** allgemein festgestellt. Der Zeitpunkt der Hauptveranlagung auf den 1.1.2025 ist dabei der erstmalige Anwendungszeitpunkt der „neuen Grundsteuer", da die Grundsteuer auf den bisherigen Einheitswerten nach dem Urteil des BVerfG v. 10.4.2018[1] noch bis zum 31.12.2024 erhoben werden darf.

Abweichend von § 221 BewG und § 16 GrStG findet folgerichtig auch für den Grundsteuermessbetrag in Bayern **keine turnusmäßige Hauptfeststellung** statt.[2]

(Einstweilen frei)

II. Neufestsetzungen der Grundsteuermessbeträge

Für die **Neufeststellung der Grundsteuermessbeträge** enthält das Landesrecht zum einen eigene, spezifischen Regelungen und zum anderen den Verweis auf die sinngemäße Anwendung der bundesgesetzlichen Regelungen.

Nach Art. 7 Abs. 1 Satz 2 BayGrStG wird der **Grundsteuermessbetrag neu festgesetzt**, wenn dem Finanzamt bekannt wird, dass die **letzte Veranlagung fehlerhaft** ist. Die Vorschrift korrespondiert mit der identischen Regelung zu den Äquivalenzbeträgen in Art. 6 Abs. 3 Satz 2 BayGrStG.[3]

Eine **Neuveranlagung der Grundsteuermessbeträge** findet nicht in allen Fällen statt. Aus Gründen der Verwaltungsvereinfachung enthalten Art. 7 Abs. 1 Satz 3 und 4 BayGrStG **Bagatellgrenzen** für die Neuveranlagung sowie **Unterscheidungen zwischen Auswirkungen der wertmäßigen Änderungen nach unten oder oben**.

Weicht der sich zum 1.1. eines Kalenderjahres ergebende Grundsteuermessbetrag vom Grundsteuermessbetrag des letzten Feststellungszeitpunktes **nach unten** ab, so ist der Grundsteuermessbetrag neu festzusetzen (Art. 7 Abs. 1 Satz 3 BayGrStG). In Fällen einer **Veränderung des Grundsteuermessbetrags zu Gunsten** des Steuerpflichtigen, findet eine Neuveranlagung folglich **immer** statt.

> **BEISPIEL:** Der Steuerpflichtige ist Eigentümer eines bebauten Grundstücks. Der Grundsteuermessbetrag auf den 1.1.01 beträgt 50 €. Aufgrund eines Teilabrisses in 02 verringert sich der Grundsteuermessbetrag auf 40 €. Die Neuveranlagung ist auf den 1.1.03 durchzuführen.

Weicht der Grundsteuermessbetrag, der sich zum 1.1. eines Kalenderjahres ergibt von dem Grundsteuermessbetrag des letzten Feststellungszeitpunktes **nach oben** ab, so ist **zu unterscheiden**, ob die **Abweichung auf den Anteil des Grund und Bodens oder auf den Anteil am Gebäude** entfällt.

Entfällt die Abweichung auf den **Anteil des Grundsteuermessbetrags am Grund und Boden**, so ist **bei Abweichungen nach oben stets der Grundsteuermessbetrag neu festzusetzen**. Eine Ab-

---

1 BVerfG, Urteil v. 10.4.2018 - 1 BvL 11/14, 1 BvL 12/14, 1 BvL 1/15, 1 BvR 639/11, 1 BvR 889/12, NWB MAAAG-80435.
2 Vgl. auch Lehmann in Grootens, BayGrStG Art. 6 Rz. 32.
3 Vgl. dazu Lehmann in Grootens, BayGrStG Art. 6 Rz. 54.

weichung nach oben beim Anteil am Grund und Boden kommt insbesondere bei der **Vergrößerung der Grundstücksfläche** der wirtschaftlichen Einheit, sei es durch Zukauf oder Neuvermessung, in Betracht. Nach der Gesetzesbegründung zum Gesetzesentwurf v. 10.5.2021[1] ist Grund für diese Regelung, dass mittelfristig die Grundstücksflächen automatisiert mit den Daten der Vermessungsverwaltung abgeglichen werden sollen.

33 Entfällt die Abweichung auf den **Anteil des Grundsteuermessbetrages am Gebäude**, wird der Grundsteuermessbetrag nur neu festgesetzt, wenn die **Abweichung nach oben mehr als 5 €** beträgt. Dies soll der Bürgerfreundlichkeit und Verwaltungsvereinfachung dienen.

34 Die vorstehend genannten Reglungen lassen sich wie folgt zusammenfassen:

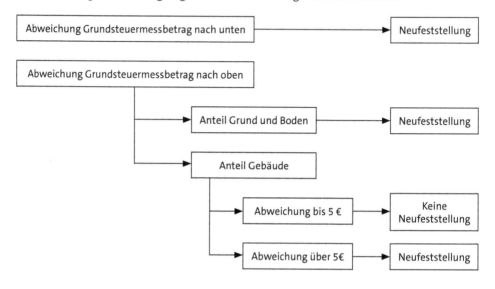

35 Neben den landesspezifischen Regelungen gelten die übrigen bundesgesetzlichen Regelungen über die **Neuveranlagung, Nachveranlagung, Aufhebung und Zerlegung des Grundsteuermessbetrags** und die Änderung des Grundsteuermessbescheids sinngemäß. Dies umfasst im Einzelnen die folgenden gesetzlichen Regelungen:

- § 17 GrStG – **Neuveranlagung**,
- § 18 GrStG – **Nachveranlagung**,
- § 20 GrStG – **Aufhebung des Steuermessbetrags**,
- § 22 GrStG – **Zerlegung des Steuermessbetrags**.

36 Zu den einzelnen Voraussetzungen und Anwendungsbeispielen der verschiedenen bundesgesetzlichen Regelungen vgl. die Kommentierungen von Bock in Grootens, GrStG §§ 17, 18, 20 und 22.

37–40 *(Einstweilen frei)*

---

[1] Vgl. Drucksache 18/15755 v. 10.5.2021, Gesetzesentwurf der Staatsregierung – Bayerisches Grundsteuergesetz (BayGrStG).

III. Anzeigepflichten über Änderungen

Art. 7 Abs. 2 BayGrStG regelt die **Anzeigepflichten** für bestimmte Sachverhalte. Neben den Anzeigepflichten in Art. 6 Abs. 5 BayGrStG, welche sich auf die Äquivalenzbeträge beziehen, sind **Nutzungsänderungen, die Auswirkungen auf den Grundsteuermessbetrag**, nicht aber auf den Äquivalenzbetrag haben, zukünftig ebenfalls anzuzeigen (Art. 7 Abs. 2 Satz 1 BayGrStG). Das gilt auch für die Fälle, bei denen eine **ermäßigte Grundsteuermesszahl** nach Art. 4 Abs. 2–4 BayGrStG zur Anwendung kommt und bei denen die **Voraussetzungen** für einen oder mehrere **Ermäßigungstatbestände wegfällt** (Art. 7 Abs. 2 Satz 2 BayGrStG). 41

> **BEISPIEL:** Ein Gebäude wird zu Wohnzwecken genutzt. Die Wohnflächen unterliegen den Bindungen des sozialen Wohnungsbaus. Die Wohnraumförderung läuft aus und die Wohnflächen werden fortan frei zu Wohnzwecken genutzt.
>
> Der Wegfall der Wohnraumförderung hat weder eine Auswirkung auf die Höhe der Grundstücks- oder Gebäudeflächen noch auf den Äquivalenzbetrag. Eine Fortschreibung des Äquivalenzbetrags kommt daher nicht in Betracht. Auch ist keine Anzeige nach Art. 6 Abs. 5 BayGrStG einzureichen.
>
> Der Wegfall der Wohnraumförderung führt jedoch zum Wegfall der zusätzlichen Ermäßigung der Grundsteuermesszahl nach Art. 4 Abs. 4 Nr. 1 BayGrStG i. H. von 25 %. Damit das Finanzamt Kenntnis von dieser Änderung erlangt und diese bei der Messbetragsfestsetzung berücksichtigen kann, ist eine Anzeige über den Wegfall der Begünstigungsvoraussetzung einzureichen. 42

Eine Anzeige ist ebenfalls einzureichen, sofern eine **Änderung in der Nutzung oder in den Eigentumsverhältnissen eines ganz oder teilweise von der Grundsteuer befreiten Steuergegenstandes** eintritt. Art. 7 Abs. Satz 3 BayGrStG verweist hierzu auf die Anwendung des § 19 Abs. 1 Satz 1 GrStG. Diesbezüglich wird auf die Kommentierung von Bock in Grootens, GrStG § 19 Rz. 19–23, verwiesen. 43

Die Anzeige ist **durch den Steuerschuldner** einzureichen. Dies ist regelmäßig derjenige, welchem die wirtschaftliche Einheit zuzurechnen ist.[1] Die Anzeige ist beim zuständigen **Lagefinanzamt** einzureichen.[2] 44

Die Anzeigen sind in Übereinstimmung mit den Anzeigen zu den Äquivalenzbeträgen **bis zum 31.3. des Folgejahres einzureichen**, das auf das Jahr folgt, in dem sich die Verhältnisse geändert haben. Insoweit besteht ein zu begrüßender Gleichlauf mit Art. 6 Abs. 5 Satz 3 BayGrStG.[3] 45

In Übereinstimmung mit den Regelungen zu den Erklärungen und Anzeigen betreffend die Äquivalenzbeträge i. S. des Art. 6 Abs. 6 BayGrStG, sollen die **Anzeigen elektronisch eingereicht** werden. Eine **Abgabe in Papierform** ist aber ebenfalls **zulässig**. Verfahrensrechtlich gelten die Anzeigen als **Steuererklärungen im Sinne der Abgabenordnung**. Wegen der Konsequenzen dieser Einordnung wird auf die Kommentierung von Lehmann in Grootens BayGrStG, Art. 6 Rz. 97–99, verwiesen. 46

Art. 8 BayGrStG Erweiterter Erlass

(1) ¹Ansprüche aus dem Grundsteuerschuldverhältnis können erlassen werden, soweit nach dem durch dieses Gesetz vorgeschriebenen Systemwechsel nach Lage des einzelnen Falles eine unangemessen hohe Steuerbelastung eintritt. ²Die §§ 163 und 227 AO sowie §§ 32 bis 34 GrStG bleiben unberührt.

---

1 Vgl. dazu die Kommentierung von Schmidt in Grootens, GrStG § 10 Rz. 20 ff.
2 Vgl. dazu Bock in Grootens, GrStG § 13 Rz. 33.
3 Vgl. dazu Lehmann in Grootens, BayGrStG Art. 6 Rz. 80 ff.

(2) Ein Fall des Abs. 1 Satz 1 kann insbesondere vorliegen bei wirtschaftlichen Einheiten des Grundvermögens,

1. wenn die Lage erheblich von den in der Gemeinde ortsüblichen Verhältnissen abweicht,
2. wenn die Gesamtnutzungsdauer des Gebäudes überschritten ist oder
3. bei einer Übergröße des nicht zu Wohnzwecken genutzten Gebäudes, sofern dieses eine einfache Ausstattung aufweist und entweder einen Hallenanteil aufweist oder auf Dauer nicht genutzt wird.

(3) § 35 GrStG gilt entsprechend.

Inhaltsübersicht

	Rz.
A. Allgemeine Erläuterungen zu Art. 8 BayGrStG	1 - 18
I. Normzweck und wirtschaftliche Bedeutung der Vorschrift	1 - 5
II. Entstehung und Entwicklung der Vorschrift	6 - 10
III. Geltungsbereich	11 - 13
IV. Verhältnis zu anderen Vorschriften	14 - 18
B. Systematische Kommentierung	19 - 82
I. Erlass bei unangemessen hoher Steuerbelastung (Art. 8 Abs. 1 BayGrStG)	19 - 52
Allgemeine Einordnung	19 - 25
Voraussetzungen für den Erlass	26 - 52
1. Höhe des Erlasses	40 - 45
2. Ermessensspielraum	46 - 52
II. Beispiele für den Grundsteuererlass (Art. 8 Abs. 2 BayGrStG)	53 - 75
III. Verfahren zur Grundsteuererlass (Art. 8 Abs. 3 BayGrStG)	76 - 80
IV. Zusammenfassung	81 - 82

A. Allgemeine Erläuterungen zu Art. 8 BayGrStG

I. Normzweck und wirtschaftliche Bedeutung der Vorschrift

1 Art. 8 BayGrStG regelt landesspezifisch den **Erlass der Grundsteuer in besonderen Fällen**, bei denen durch die Grundsteuerreform eine **unangemessen hohe Steuerbelastung** eintritt, und gibt Beispiele für das Vorliegen der Voraussetzungen.

2 Die Vorschrift zum erweiterten Erlass der Grundsteuer begründet bei Vorliegen der Voraussetzungen nach dem Gesetzeswortlaut einen **Ermessensspielraum** für die Gemeinden und kann den Steuerpflichtigen in besonderen Situationen entlasten.

3–5 *(Einstweilen frei)*

II. Entstehung und Entwicklung der Vorschrift

6 Art. 8 BayGrStG wurde mit dem **BayGrStG** v. 10.12.2021[1] in das BayGrStG aufgenommen und tritt ab dem 1.1.2022 in Kraft (vgl. Art. 11 BayGrStG).

7–10 *(Einstweilen frei)*

---

[1] Bayerisches Grundsteuergesetz (BayGrStG) v. 10.12.2021 (Bayerisches Gesetz- und Verordnungsblatt Nr. 23/2021 S. 638).

III. Geltungsbereich

Das BayGrStG gilt für in Bayern belegene Grundstücke.   11

(Einstweilen frei)   12–13

IV. Verhältnis zu anderen Vorschriften

Die erweiterten Erlassvorschriften gelten zusätzlich zu den **allgemeinen Billigkeitsmaßnahmen** der §§ 163 und 227 AO sowie der besonderen **Erlassvorschriften zur Grundsteuer im Bundesgesetz** nach §§ 32–34 GrStG.   14

Weiterhin wird das **Verfahren zum Erlass der Grundsteuer** i. S. des § 35 GrStG übernommen.   15

(Einstweilen frei)   16–18

B. Systematische Kommentierung

I. Erlass bei unangemessen hoher Steuerbelastung (Art. 8 Abs. 1 BayGrStG)

Allgemeine Einordnung

Nach Art. 8 Abs. 1 BayGrStG **können die Ansprüche aus dem Grundsteuerschuldverhältnis erlassen werden**, soweit nach dem durch das BayGrStG vorgeschriebenen Systemwechsel nach Lage des einzelnen Falls eine **unangemessen hohe Steuerbelastung** eintritt (Art. 8 Abs. 1 Satz 1 BayGrStG)   19

Die Regelung stellt eine **zusätzliche Erlassvorschrift** in Landesgesetz zu den allgemein gültigen Billigkeits- und Erlassregelungen dar. So finden zum einen die Regelungen des §§ 163 und 227 AO und zum anderen die §§ 32–34 GrStG für das Grundsteuerschuldverhältnis auch in Bayern Anwendung (Art. 8 Abs. 1 Satz 2 BayGrStG).   20

Bei den Regelungen des §§ 163 und 227 AO handelt es sich um **allgemeine Billigkeitsregelungen** in der Abgabenordnung, welche nicht speziell für die Grundsteuer gelten. Danach kann die **Grundsteuer niedriger festgesetzt** werden oder einzelne Besteuerungsgrundlagen, die die Steuer erhöhen, können bei der Festsetzung unberücksichtigt bleiben, wenn die Erhebung der Steuer nach der Lage des Einzelfalls **unbillig** wäre (§ 163 Abs. 1 Satz 1 AO). Weiterhin können Ansprüche aus dem Steuerverhältnis **ganz oder zum Teil erlassen** werden, wenn die Einziehung nach Lage des Einzelfalls unbillig wäre (§ 227 AO).   21

Die §§ 32–34 GrStG sind die **besonderen Erlassvorschriften der Grundsteuer** im Bundesgesetz. Diese sind nur für bestimmte Steuergegenstände und bei Vorliegen bestimmter Voraussetzungen möglich. Die Regelungen gelten auch in Bayern weiterhin. Für die Reglungen der §§ 32–34 GrStG wird auf die Kommentierungen von Lehmann in Grootens, GrStG §§ 32–34 verwiesen.   22

(Einstweilen frei)   23–25

Voraussetzungen für den Erlass

Ein Erlass der Grundsteuer nach Art. 8 BayGrStG ist nur unter bestimmten Voraussetzungen möglich. Zum einen muss sich für den Steuerpflichtigen eine **unangemessen hohe Steuerbelastung** ergeben, und zum anderen muss diese unangemessen hohe Steuerbelastung auf dem durch das BayGrStG vollzogenen **Systemwechsel** beruhen.   26

27 Wann eine **unangemessen hohe Steuerbelastung des Einzelfalls** vorliegt, wird im Gesetz nicht genau bestimmt. Vielmehr gibt Art. 8 Abs. 2 BayGrStG dazu lediglich Anwendungsbeispiele vor (vgl. → Rz. 53 ff.). Durch die positive Anwendung auf den Einzelfall werden an die unangemessen hohe Steuerbelastung m. E. jedoch **sehr hohe Voraussetzungen** geknüpft sein.

28 Die unangemessen hohe Steuerbelastung muss auf dem durch das BayGrStG vorgeschriebenen **Systemwechsel** beruhen. Dies bedeutet, dass ein **Vergleich zwischen der bisherigen Grundsteuer auf Basis der Einheitswerte und der Grundsteuer nach Neuberechnung auf Basis der Äquivalenzbeträge** zu erfolgen hat. Da nach dem Gesetzeswortlaut die Regelung zeitlich unbeschränkt gilt, ist es m. E. fraglich, was in Fällen geschieht, in denen die wirtschaftliche Einheit nach dem BayGrStG von der bisherigen wirtschaftlichen Einheit nach dem alten GrStG abweicht (z. B. bei Fortschreibungen aufgrund der Änderung der tatsächlichen Verhältnisse). In diesem Fall könnte kein Vergleich zwischen der Grundsteuer vor und nach Systemwechsel mehr erfolgen. Dennoch kann weiterhin eine unangemessen hohe Steuerbelastung aufgrund des Systemwechsels vorliegen. Hierzu bedarf es weiterer Klarstellungen. Eine Schattenrechnung der Grundsteuer nach altem Recht als Vergleichswert kann nicht gewollt sein.

29–39 *(Einstweilen frei)*

1. Höhe des Erlasses

40 Bei Vorliegen der Voraussetzungen können nach dem Gesetzeswortlaut die **Ansprüche aus dem Grundsteuerschuldverhältnis erlassen** werden. Der Anspruch aus dem Grundsteuerschuldverhältnis umfasst den gesamten Grundsteuerbetrag, sodass **die volle Grundsteuer zu erlassen** wäre. Ob auch ein **Teilerlass** möglich ist, z. B. nur in Höhe eines unangemessenen Teils der Grundsteuerschuld im Verhältnis zur Grundsteuer für andere vergleichbare wirtschaftliche Einheiten, lässt sich dem Gesetzeswortlaut nicht entnehmen.

41 M. E. ist Sinn der Vorschrift, bei **unbilligen Härten aufgrund des Systemwechsels** einen Grundsteuererlass zu gewähren. Eine unbillige Härte kann sich z. B. bei **alten Grundstücken oder Grundstücken in Hanglage** ergeben, da durch das wertunabhängige BayGrStG die Grundsteuer für diese Grundstücke stark steigen kann.[1] Da bei diesen Grundstücken auch eine Grundsteuer nach altem Recht anfallen würde, sollte sich die Höhe des Grundsteuererlasses nach Art. 8 BayGrStG teleologisch auf den **Vergleichs(mehr)betrag** beziehen. Gleichwohl gilt es hierzu die zukünftige Praxis und evtl. Gesetzeskonkretisierungen und Verwaltungsanweisungen abzuwarten.

42–45 *(Einstweilen frei)*

2. Ermessensspielraum

46 Besonderheit der Erlassregelung nach Art. 8 BayGrStG ist, dass die Gemeinden die Grundsteuer bei Vorliegen der Vorschrift **erlassen können**. Entgegen der Vorschriften des Bundesgesetzes i. S. der §§ 32–34 GrStG, bei welchen beim Vorliegen der Voraussetzungen ein Rechtsanspruch auf vollen oder teilweisen Grundsteuererlass besteht, haben die Gemeinden hier einen **Ermessensspielraum**. Jede Gemeinde kann danach nach **pflichtgemäßem Ermessen** entscheiden, ob sie die Grundsteuer nach Art. 8 BayGrStG erlässt.

---

[1] Vgl. Drucksache 18/16068 v. 2.6.2021, Änderungsantrag zum Gesetzesentwurf der Staatsregierung für ein bayerisches Grundsteuergesetz (BayGrStG).

Der **Ermessensspielraum** kann meines Erachtens in der Praxis zu Meinungsverschiedenheiten zwischen den Gemeinden und den Steuerpflichtigen führen. Da die in Art. 8 BayGrStG genannten Voraussetzungen und Beispiele m. E. nicht eindeutig und nur sehr vage formuliert sind, wird die Anwendung der Regelungen jeweils von der **Auslegung durch die Gemeinde abhängen**. Hierzu bedarf es m. E. zwingend einer Klarstellung durch den Gesetzgeber.

(Einstweilen frei)

II. Beispiele für den Grundsteuererlass (Art. 8 Abs. 2 BayGrStG)

Nach Art. 8 Abs. 2 BayGrStG liegt **ein Fall einer unangemessen hohen Steuerbelastung** insbesondere in den folgenden Fällen vor:

- wenn die **Lage** der wirtschaftlichen Einheit erheblich von den **in der Gemeinde ortsüblichen Verhältnissen** abweicht (Art. 8 Abs. 2 Nr. 1 BayGrStG),
- wenn die **Gesamtnutzungsdauer** des Gebäudes überschritten ist (Art. 8 Abs. 2 Nr. 2 BayGrStG) oder
- bei einer Übergröße des nicht zu Wohnzwecken genutzten Gebäudes, sofern dieses eine **einfache Ausstattung** aufweist **und** entweder einen **Hallenanteil** aufweist **oder auf Dauer nicht genutzt** wird (Art. 8 Abs. 2 Nr. 3 BayGrStG).

Die **Aufzählung enthält nur Beispiele und ist damit nicht abschließend**. Vielmehr können auch **andere Sachverhalte einen Erlassantrag rechtfertigen**.

Über die genauen Voraussetzungen und Nachweise für das Vorliegen der Erlassgründe nach Art. 8 Abs. 2 BayGrStG können mangels vorliegender Erläuterungen, Anwendungserlassen oder Praxiserfahrungen noch keine konkreten Ausführungen gemacht oder abschließende Beurteilungen getroffen werden.

(Einstweilen frei)

III. Verfahren zur Grundsteuererlass (Art. 8 Abs. 3 BayGrStG)

Nach Art. 8 Abs. 3 BayGrStG gelten die bundesgesetzlichen Vorschriften des § 35 GrStG entsprechend auch in Bayern. § 35 GrStG regelt dabei den **Erlasszeitraum** sowie das **Verfahren zum Erlass der Grundsteuer**.

Der **Erlasszeitraum** für die Grundsteuer ist das **Kalenderjahr**, für welches die Grundsteuer festgesetzt wird (§ 35 Abs, 1 Satz 1 GrStG).

Der Erlass der Grundsteuer bei Vorliegen der o. g. Voraussetzungen ist nur **auf Antrag** des Steuerpflichtigen möglich. Mangels Formvorschrift ist der **Antrag formlos** möglich. In der Praxis empfiehlt sich jedoch in jedem Fall die **Schriftform**. Zuständig für die Entgegennahme und Bearbeitung des Antrags auf Grundsteuererlass sind die **Gemeinden**.

Zu beachten ist darüber hinaus die **Antragsfrist** auf Erlass der Grundsteuer bis zu dem auf den Erlasszeitraum folgenden **31.3. eines Jahres**. Dabei handelt es sich um ein **Ausschlussfrist**, die nicht verlängert werden kann. Ausnahme bildet die **Wiedereinsetzung in den Vorherigen Stand** nach § 110 AO. Ferner reicht es aus, den **Antrag auf Erlass fristwahrend** einzureichen. Eine Begründung des Antrags kann auch nach Fristablauf noch eingereicht werden.

Des Weiteren wird auf die Kommentierung der Regelung im Bundesgesetz von Lehmann in Grootens, GrStG § 35 Rz. 15 ff. verwiesen.

IV. Zusammenfassung

81 Zusammenfassend bestehen damit nach dem Gesetz in Bayern vielfältige **Erlassvorschriften**:

- Allgemeine **Billigkeitsmaßnahmen** i. S. der §§ 163 und 227 AO,
- Besondere **Erlassregelungen für Kulturgüter und Grünanlagen**, Land- und Forstwirtschaft und bei **bebauten Grundstücken** i. S. der §§ 32–34 GrStG,
- Erweiterte **Erlassregelungen durch das Landesgesetz** i. S. des Art. 8 BayGrStG.

82 Inwieweit diese umfangreichen Erlassvorschriften jedoch in der Praxis Relevanz haben werden, wird sich zeigen müssen und von der Auslegung der Vorschriften durch die Gemeinden abhängen. Aus den bisherigen Erfahrungen mit dem Umgang der Erlassvorschriften nach dem GrStG ist auch zukünftig mit einer sehr engen Auslegung durch die Gemeinden zu rechnen. Die Grundsteuer als Objektsteuer stellt eine wesentliche Einnahmequelle der Gemeinden dar, sodass der Erlass der Grundsteuer die Ausnahme darstellen wird.

Teil 2: Betriebe der Land- und Forstwirtschaft / Grundsteuer A

Art. 9 BayGrStG   Ergänzende Regelungen

(1) Zur Hofstelle nach § 234 Abs. 6 BewG gehören auch Hof- und Wirtschaftsgebäudeflächen einschließlich der Nebenflächen, von denen aus keine Flächen eines Betriebs der Land- und Forstwirtschaft mehr nachhaltig bewirtschaftet werden, wenn sie keine Zweckbestimmung erhalten haben, die zu einer zwingenden Zuordnung zum Grundvermögen führt.

(2) ¹Art. 1 Abs. 4 Satz 1 gilt für Betriebe der Land- und Forstwirtschaft entsprechend. ²In einen Betrieb der Land- und Forstwirtschaft, der von einer Gesellschaft oder Gemeinschaft des bürgerlichen Rechts betrieben wird, sind auch die Wirtschaftsgüter einzubeziehen, die einem oder mehreren Beteiligten gehören und dem Betrieb zu dienen bestimmt sind. ³In den Betrieb der Land- und Forstwirtschaft sind auch einzubeziehen

1. der Eigentümerin oder dem Eigentümer des Grund und Bodens nicht gehörende Gebäude, die auf dem Grund und Boden des Betriebs stehen,
2. der Eigentümerin oder dem Eigentümer des Grund und Bodens nicht gehörende Betriebsmittel, die der Bewirtschaftung des Betriebs dienen, und
3. ein Anteil der Eigentümerin oder des Eigentümers des Betriebs der Land- und Forstwirtschaft an einem Wirtschaftsgut, wenn es mit dem Betrieb zusammen genutzt wird.

(3) Art. 6 Abs. 5 und 6, Art. 7 Abs. 2 Satz 3 bis 5 gelten für Betriebe der Land- und Forstwirtschaft entsprechend.

Inhaltsübersicht	Rz.
A. Allgemeine Erläuterungen zu Art. 9 BayGrStG	1 - 22
I. Normzweck und wirtschaftliche Bedeutung der Vorschrift	1 - 5
II. Entstehung und Entwicklung der Vorschrift	6 - 10
III. Geltungsbereich	11 - 14
IV. Verhältnis zu anderen Vorschriften	15 - 22
B. Systematische Kommentierung	23 - 57
I. Ergänzende Regelungen zur Hofstelle (Art. 9 Abs. 1 BayGrStG)	23 - 32

II.	Umfang der wirtschaftlichen Einheit des Betriebs der Land- und Forstwirtschaft (Art. 9 Abs. 2 BayGrStG)	33 - 55
	1. Abgrenzungsgrundsätze	33 - 37
	2. Zu Art. 9 Abs. 2 Satz 2 BayGrStG	38 - 42
	3. Zu Art. 9 Abs. 2 Satz 3 Nr. 1 und 2 BayGrStG	43 - 50
	4. Zu Art. 9 Abs. 2 Satz 3 Nr. 3 BayGrStG	51 - 55
III.	Entsprechende Anwendung besonderer Regelungen des BayGrStG (Art. 9 Abs. 3 BayGrStG)	56 - 57

A. Allgemeine Erläuterungen zu Art. 9 BayGrStG

I. Normzweck und wirtschaftliche Bedeutung der Vorschrift

Art. 9 BayGrStG regelt landesspezifische Besonderheiten zu den **Betrieben der Land- und Forstwirtschaft**, die über die bundesgesetzlichen Regelungen hinausgehen oder von diesen abweichen auf Grund der Besonderheiten des BayGrStG. **1**

Die Vorschrift ist somit nur für **Steuergegenstände der Grundsteuer A** – die **Betriebe der Land- und Fortwirtschaft** von Bedeutung. **2**

(Einstweilen frei) **3–5**

II. Entstehung und Entwicklung der Vorschrift

Art. 9 BayGrStG wurde mit dem **BayGrStG** v. 10.12.2021[1] in das BayGrStG aufgenommen und tritt ab dem 1.1.2022 in Kraft (vgl. Art. 11 BayGrStG). **6**

(Einstweilen frei) **7–10**

III. Geltungsbereich

Das BayGrStG gilt für in Bayern belegene Grundstücke. Die Vorschrift des Art. 9 BayGrStG bezieht sich nur auf die wirtschaftlichen Einheiten der Betriebe der Land- und Forstwirtschaft. **11**

(Einstweilen frei) **12–14**

IV. Verhältnis zu anderen Vorschriften

Art. 9 Abs. 1 BayGrStG trifft ergänzende Regelungen zur **Hofstelle** nach § 234 Abs. 6 BewG. **15**

Art. 9 Abs. 3 BayGrStG verweist zur entsprechenden Anwendung der Regelungen zur **Anzeigepflicht** und der **Übermittlung von Steuererklärungen** bei der Grundsteuer B auf die entsprechenden Vorschriften der Art. 6 und 7 BayGrStG. **16**

(Einstweilen frei) **17–22**

---

[1] Bayerisches Grundsteuergesetz (BayGrStG) v. 10.12.2021 (Bayerisches Gesetz- und Verordnungsblatt Nr. 23/2021 S. 638).

B. Systematische Kommentierung

I. Ergänzende Regelungen zur Hofstelle (Art. 9 Abs. 1 BayGrStG)

23 Art. 9 BayGrStG enthält ausschließlich **Regelungen zu den Betrieben der Land- und Forstwirtschaft**, welche die Steuergegenstände für die Grundsteuer A darstellen. Die Bewertung der Betriebe der Land- und Forstwirtschaft für Zwecke der Grundsteuerermittlung erfolgt anhand einer **Ertragswertermittlung**, bei der von **der Ertragsfähigkeit des Betriebs der Land- und Fortwirtschaft** ausgegangen wird. Die entsprechenden Regelungen zu den Betrieben der Land- und Forstwirtschaft finden sich im Bundesgesetz in den Vorschriften zum BewG und GrStG wieder. Dies sind im BewG insbesondere die **§§ 232–242 BewG**. Das Bewertungsverfahren für die Betriebe der Land- und Forstwirtschaft nach dem Bundesrecht wird auch für das Landesgesetz Bayern übernommen. Entsprechend gelten die bundesgesetzlichen Regelungen im BewG und GrStG entsprechend, soweit keine besonderen Regelungen im Art. 9 BayGrStG vorzufinden sind.

24 Bis auf die nachstehend genannten Besonderheiten wird für die Betriebe der Land- und Forstwirtschaft daher auf die Kommentierungen der bundesgesetzlichen Regelungen des BewG und GrStG, insbesondere auf die Kommentierungen von Müller in Grootens, BewG §§ 232–242, verwiesen.

25 § 246 BewG definiert den **Begriff der Hofstelle bei Betrieben der Land- und Fortwirtschaft**. Danach gehören zur Hofstelle alle **Hof- und Wirtschaftsgebäudeflächen** einschließlich der **Nebenflächen**, wenn dort **land- und forstwirtschaftliche Flächen nachhaltig bewirtschaftet** werden.[1] Nach Art. 9 Abs. 1 BayGrStG wird der Begriff der Hofstelle in Bayern noch erweitert.

26 Zu der Hofstelle in Bayern gehören ebenfalls **Hof- und Wirtschaftsgebäudeflächen einschließlich der Nebenflächen**, von denen aus **keine Flächen** eines Betriebs der Land- und Forstwirtschaft **mehr nachhaltig bewirtschaftet werden**, wenn sie **keine Zweckbestimmung** erhalten haben, die zu einer zwingenden Zuordnung zum Grundvermögen führt.

27 Durch diese Erweiterung des Begriffs der Hofstelle soll sich der Lastenverteilungsmaßstab in Fällen der **Betriebsverpachtung** auch weiterhin nach der Ertragskraft des Betriebs der Land- und Forstwirtschaft richten.[2] Ohne diese Regelung könnten ggf. in Fällen der Betriebsverpachtung, bei denen der Verpächter keinen Betrieb der Land- und Forstwirtschaft mehr selbst betreibt, eine Umqualifizierung der wirtschaftlichen Einheit zum Grundvermögen und damit zur Grundsteuer B erfolgen. Dies ist jedoch nicht gewollt. Bei dem verpachteten Betrieb der Land- und Forstwirtschaft soll es sich weiterhin um einen Steuergegenstand der Grundsteuer A handeln, da die wirtschaftliche Einheit auch tatsächlich durch den Pächter als Betrieb der Land- und Forstwirtschaft genutzt und betrieben wird. Andernfalls würde die tatsächliche Nutzung des Grundstücks von der grundsteuerlichen Einordnung und Bewertung abweichen.

28–32 *(Einstweilen frei)*

---

[1] Vgl. dazu auch die Kommentierungen von Müller in Grootens, BewG § 234 Rz. 83–86.
[2] Vgl. Drucksache 18/15755 v. 10.5.2021, Gesetzesentwurf der Staatsregierung – Bayerisches Grundsteuergesetz (BayGrStG), Begründung, C) Zu den einzelnen Bestimmungen, Zu Art. 8.

II. Umfang der wirtschaftlichen Einheit des Betriebs der Land- und Forstwirtschaft (Art. 9 Abs. 2 BayGrStG)

1. Abgrenzungsgrundsätze

33 Die für die Grundsteuer B geltende Vorschrift des Art. 1 Abs. 4 Satz 1 BayGrStG gilt auch für die Betriebe der Land- und Forstwirtschaft (Art. 9 Abs. 2 Satz 2 BayGrStG). Danach können im BayGrStG auch bei den Betrieben der Land- und Forstwirtschaft **mehrere Wirtschaftsgüter zu einer wirtschaftlichen Einheit bei Eheleuten und Lebenspartnerschaften** nach dem Lebenspartnerschaftsgesetz **zusammengefasst werden**. Insoweit wird ein Gleichlauf zwischen der Grundsteuer A und B gewährleistet.[1]

34 Durch Art. 9 Abs. 2 Satz 2 und 3 BayGrStG wird der **Umfang der wirtschaftlichen Einheit des Betriebs der Land- und Forstwirtschaft** weiter ausgeführt. Dabei werden im Wesentlichen die für die Einheitsbewertung bisher gelten Regelungen des § 34 Abs. 4–6 BewG a. F. fortgeführt. Danach sind **in die wirtschaftliche Einheit** des Betriebs der Land- und Fortwirtschaft auch **einzubeziehen**:

- Wirtschaftsgüter, die einem oder mehreren Beteiligten gehören und dem Betrieb zu dienen bestimmen sind, wenn der Betrieb der Land- und Forstwirtschaft von einer **Gesellschaft oder Gemeinschaft bürgerlichen Rechts** betrieben wird (Art. 9 Abs. 2 Satz 2 BayGrStG – inhaltsgleich mit § 34 Abs. 6 BewG a. F.),
- der Eigentümerin oder dem **Eigentümer des Grund und Bodens nicht gehörende Gebäude**, die auf dem Grund und Boden des Betriebs stehen (Art. 9 Abs. 2 Satz 3 Nr. 1 BayGrStG – inhaltsgleich mit § 34 Abs. 4 1. Halbsatz BewG a. F.),
- der Eigentümerin oder dem Eigentümer des Grund und Bodens nicht gehörende **Betriebsmittel**, die der Bewirtschaftung des Betriebs dienen (Art. 9 Abs. 2 Satz 3 Nr. 2 BayGrStG – inhaltsgleich mit § 34 Abs. 4 2. Halbsatz BewG a. F.), und
- ein Anteil der Eigentümerin oder des Eigentümers des Betriebs der Land- und Forstwirtschaft an einem **Wirtschaftsgut**, wenn es mit dem Betrieb zusammen genutzt wird (Art. 9 Abs. 2 Satz 3 Nr. 3 BayGrStG – inhaltsgleich mit § 34 Abs. 5 BewG a. F.).

35 Die Regelungen zum Umfang der wirtschaftlichen Einheit des Betriebs der Land- und Fortwirtschaft sind entgegen den bundesgesetzlichen Regelungen in § 266 Abs. 5 nicht nur vorübergehend,[2] sondern gelten **ohne Befristung** und auch für nach den 1.1.2025 gebildete wirtschaftliche Einheiten.[3]

36–37 *(Einstweilen frei)*

2. Zu Art. 9 Abs. 2 Satz 2 BayGrStG

38 Art. 9 Abs. 2 Satz 2 BayGrStG bezieht sich auf Betriebe der Land- und Forstwirtschaft, welche von **Gesellschaften** (§§ 705–740 BGB) oder **Gemeinschaften** (§§ 741–758 BGB) bürgerlichen Rechts betrieben werden. Die Prüfung, ob die Bewirtschaftung des Betriebs der Land- und Forstwirtschaft durch eine **bewertungsrechtliche Gesellschaft oder Gemeinschaft** erfolgt, hat

---

1 Vgl. dazu auch die Kommentierungen von Lehmann in Grootens, BayGrStG Art. 1 Rz. 55–58.
2 Vgl. Grootens in Grootens, BewG § 266 Rz. 116–117.
3 Vgl. Drucksache 18/15755 v. 10.5.2021, Gesetzesentwurf der Staatsregierung – Bayerisches Grundsteuergesetz (BayGrStG), Begründung, C) Zu den einzelnen Bestimmungen, Zu Art. 8.

aufgrund der nicht pauschalen Anerkennung regelmäßig durch die **Prüfung aller Umstände des Einzelfalls** zu erfolgen.

39 Wird die wirtschaftliche Einheit durch eine Gesellschaft oder Gemeinschaft bürgerlichen Rechts betrieben, so sind in den Betrieb der Land- und Forstwirtschaft auch die **Wirtschaftsgüter einzubeziehen, die einem oder mehreren Beteiligten gehören und dem Betrieb zu dienen bestimmt sind.**

40 Stehen Wirtschaftsgüter im **Einzeleigentum eines Mitglieds der Gesellschaft oder Gemeinschaft**, wird der Grundsatz des § 2 Abs. 2 BewG somit durchbrochen, dass mehrere Wirtschaftsgüter nur zu einer wirtschaftlichen Einheit zusammengefasst werden dürfen, sofern sie demselben Eigentümer gehören.[1] Die Einzelwirtschaftsgüter des Gesellschafters sind dann in die wirtschaftliche Einheit der Gesellschaft oder Gemeinschaft einzubeziehen, immer unter Beachtung der Voraussetzung das sie dem Betrieb der Land- und Forstwirtschaft zu dienen bestimmt sind.

41–42 *(Einstweilen frei)*

3. Zu Art. 9 Abs. 2 Satz 3 Nr. 1 und 2 BayGrStG

43 Durch die Vorschriften des Art. 9 Abs. 2 Satz 3 Nr. 1 und 2 BayGrStG wird die Besonderheit geregelt, dass **Gebäude oder Betriebsmittel**, welche einem **anderen Eigentümer** als dem der wirtschaftlichen Einheit des Betriebs der Land- und Forstwirtschaft gehören, dennoch dem Betrieb der Land- und Forstwirtschaft zuzurechnen sind. Voraussetzung dafür ist, dass die Gebäude auf dem Grund und Boden des Betriebs stehen bzw. die Betriebsmittel auch tatsächlich der Bewirtschaftung des Betriebs dienen. Zweck ist es, den Ertragswert des Betriebs der Land- und Forstwirtschaft zu berechnen, welcher sich aus allen zugehörigen Betriebsteilen ergibt.[2]

44 Regelmäßig Anwendung finden wird die Vorschrift in Fällen der **Betriebsverpachtung** oder des **Nießbrauchs** (§§ 1080 ff. BewG). Bei land- und forstwirtschaftlichen Betrieben wird regelmäßig der Betrieb auf dem gepachteten Grund und Boden durch den Pächter mit in seinem Eigentum stehenden Betriebsmitteln oder teilweise in seinem und teilweise im Eigentum des Verpächters stehenden Betriebsmitteln betrieben.[3] Für die wirtschaftliche Einheit spielt das **zivilrechtliche Eigentum** dann jedoch keine Rolle. Die dem **Pächter gehörenden Betriebsmittel oder errichteten Gebäude** werden in der **wirtschaftlichen Einheit des verpachteten Betriebs** mit einbezogen.

45 **BEISPIEL:** ▶ A verpachtet seinen landwirtschaftlichen Grund- und Boden zur Bewirtschaftung an B. B errichtet auf dem Grund und Boden vorübergehend eine Scheune und erwirbt das zum Betrieb notwendige Inventar an stehenden und umlaufenden Betriebsmitteln.

Der Grund und Boden bleibt im Eigentum des A. Das Gebäude und das Inventar gehören B. Trotz unterschiedlicher Eigentumsverhältnisse besteht nur eine wirtschaftliche Einheit für die Grundsteuer A. Diese ist dem A zuzurechnen und umfasst neben dem Grund und Boden auch das von B errichtete Gebäude und die zur Bewirtschaftung des Betriebs genutzten Betriebsmittel.

46 Die einzubeziehenden **Betriebsmittel** des fremden Eigentümers **müssen zwingend der Bewirtschaftung des Betriebs der Land- und Forstwirtschaft dienen.** Dies sind regelmäßig die **stehen-**

---

1 Vgl. BFH Urteil v. 14.5.2004 - II R 50/01 BStBl 2004 II S. 818, NWB PAAAB-26263.
2 Vgl. Wiegand in Rössler/Troll, BewG, 33. Erg.-Lfg. Januar 2021, Rz. 36.
3 Vgl. Wiegand in Rössler/Troll, BewG, 33. Erg.-Lfg. Januar 2021, Rz. 37.

den Betriebsmittel und der normale **Bestand an umlaufenden Betriebsmitteln**. Zum Begriff der Betriebsmittel vgl. Müller in Grootens, BewG § 232 Rz. 61–65.

Die in die wirtschaftliche Einheit einzubeziehenden Gebäude beziehen sich nur auf **vorübergehend errichtete Gebäude**. Dauerhaft durch den Pächter errichtete Gebäude sind bereits nach § 232 BewG dem Verpächter und dem Betrieb der Land- und Forstwirtschaft zuzurechnen. Zu beachten ist, dass die Gebäude des Pächters nicht auf dem Pächter selbst gehörenden Grund und Boden stehen dürfen. Ansonsten handelt es sich um eine eigene wirtschaftliche Einheit des Pächters und das Gebäude ist nicht in die wirtschaftliche Einheit des Pachtbetriebes einzubeziehen.[1]

(Einstweilen frei)

4. Zu Art. 9 Abs. 2 Satz 3 Nr. 3 BayGrStG

Nach Art. 9 Abs. 2 Satz 3 Nr. 3 BayGrStG sind auch **Miteigentumsrechte an einem Wirtschaftsgut** in den Betrieb der Land- und Forstwirtschaft einzubeziehen. Voraussetzung dafür ist, dass das das Wirtschaftsgut mit dem Betrieb zusammen genutzt wird.

Anwendungsfälle der Vorschrift können **Anteile an Gemeinschaftsweiden** bei Almwirtschaften sein, bei denen verschiedene Miteigentümer jeweils Vieh zur Bewirtschaftung auf das Gemeinschaftseigentum der Weide geben.[2]

(Einstweilen frei)

III. Entsprechende Anwendung besonderer Regelungen des BayGrStG (Art. 9 Abs. 3 BayGrStG)

Durch Art. 9 Abs. 3 BayGrStG werden die in Bayern geltenden Vorschriften zu den **Erklärungen und Anzeigen für die Äquivalenzbeträge und Grundsteuermessbeträge** auch für die Grundsteuer A angewendet. Es gelten danach die Art. 6 Abs. 5 und 6 sowie Art. 7 Abs. 2 Satz 3–5 BayGrStG entsprechend.

Auch für die Betriebe der Land- und Forstwirtschaft **gilt danach**:

- die **Aufforderung zur Abgabe der Erklärungen auf den 1.1.2022 mittels Allgemeinverfügung** erfolgt durch das Bayerische Landesfinanzamt für Steuern,
- die **Frist zu den anzeigepflichtigen Vorgängen ist jeweils der 31.3.** des Jahres, welcher auf das Jahr folgt, in dem der anzeigepflichtige Vorgang stattfand,
- die **Fortschreibungsgrenzen** für die Grundsteuermessbeträge der Grundsteuer B gelten auch für die Grundsteuer A,
- die **Erklärungen und Anzeigen sind Steuererklärungen** i. S. der Abgabenordnung mit den entsprechenden verfahrensrechtlichen Konsequenzen.

Vertiefend wird auf die entsprechenden Kommentierungen von Lehmanns in Grootens, BayGrStG §§ 6 und 7 verwiesen.

---

[1] Vgl. Wiegand in Rössler/Troll, BewG, 33. Erg.-Lfg. Januar 2021, Rz. 43.
[2] Vgl. Wiegand in Rössler/Troll, BewG, 33. Erg.-Lfg. Januar 2021, Rz. 50.

Teil 3: Übergangs- und Schlussvorschriften

Art. 10 BayGrStG   Anwendung von Bundesrecht

(1) ¹Die Bestimmungen des Grundsteuergesetzes und des Bewertungsgesetzes sind für Zwecke der Festsetzung und Erhebung der Grundsteuer ab dem Kalenderjahr 2025 nur anzuwenden, soweit sich aus diesem Gesetz nichts anderes ergibt. ²Die Grundsteuer der Kalenderjahre bis einschließlich 2024 bemisst sich ausschließlich nach den bundesgesetzlichen Regelungen.

(2) ¹Die Vorschriften der Abgabenordnung sind entsprechend anzuwenden, soweit in diesem Gesetz nichts anderes bestimmt ist. ²§ 32h AO gilt mit der Maßgabe, dass der Landesbeauftragte für den Datenschutz zuständig und das Bayerische Datenschutzgesetz einschlägig ist.

(3) ¹Die im Grundsteuergesetz enthaltenen Verordnungsermächtigungen finden in Bezug auf die in diesem Gesetz geregelten Sachverhalte mit der Maßgabe Anwendung, dass die entsprechenden Rechtsverordnungen durch das Staatsministerium der Finanzen und für Heimat (Staatsministerium) erlassen werden. ²Die darauf gestützten Rechtsverordnungen des Bundes finden diesbezüglich nur Anwendung, wenn und soweit das durch Rechtsverordnung des Staatsministeriums angeordnet ist.

Inhaltsübersicht	Rz.
A. Allgemeine Erläuterungen zu Art. 10 BayGrStG	1 - 18
I. Normzweck und wirtschaftliche Bedeutung der Vorschrift	1 - 5
II. Entstehung und Entwicklung der Vorschrift	6 - 10
III. Geltungsbereich	11 - 13
IV. Verhältnis zu anderen Vorschriften	14 - 18
B. Systematische Kommentierung	19 - 37
I. Anwendung der Regelungen zum GrStG und BewG	19 - 28
II. Anwendung der Abgabenordnung	29 - 34
III. Zugriff auf des Verordnungsrecht des Bundes	35 - 37

A. Allgemeine Erläuterungen zu Art. 10 BayGrStG

I. Normzweck und wirtschaftliche Bedeutung der Vorschrift

1   Art. 10 BayGrStG regelt die **Anwendung der bundesgesetzlichen Regelungen des GrStG und BewG sowie der AO in Bayern**, sofern das BayGrStG keine gesonderten Regelungen enthält.

2   Des Weiteren legt Art. 10 BayGrStG fest, dass die bisher geltenden Regelungen zur **Einheitsbewertung ab 2024 nicht mehr anwendbar** sind und auf die bis dahin geltenden Grundsteuerbescheide nach 2024 keine Belastung mehr gestützt werden darf.

3–5   *(Einstweilen frei)*

II. Entstehung und Entwicklung der Vorschrift

6   Art. 10 BayGrStG wurde mit dem BayGrStG v. 10.12.2021[1] in das BayGrStG aufgenommen und tritt ab dem 1.1.2022 in Kraft (vgl. Art. 11 BayGrStG).

7–10   *(Einstweilen frei)*

---

[1] Bayerisches Grundsteuergesetz (BayGrStG) v. 10.12.2021 (Bayerisches Gesetz- und Verordnungsblatt Nr. 23/2021 S. 638).

III. Geltungsbereich

Das BayGrStG gilt für in Bayern belegene Grundstücke. 11

(Einstweilen frei) 12–13

IV. Verhältnis zu anderen Vorschriften

Durch Art. 10 BayGrStG finden die gesetzlichen Vorschriften des GrStG, BewG und der AO ausdrücklich auch in Bayern Anwendung. 14

(Einstweilen frei) 15–18

B. Systematische Kommentierung

I. Anwendung der Regelungen zum GrStG und BewG

Durch die Verabschiedung des BayGrStG v. 10.12.2021[1] durch den Bayerischen Landtag hat der Freistatt von der **Öffnungsklausel** im Grundgesetz gem. Art. 72 Abs. 3 Satz 1 Nr. 7 GG Gebrauch gemacht und sich für eine länderspezifische Regelung zur Ermittlung der Grundsteuer entschlossen. Das der Freistaat diesen Weg einschlagen würde, war von Beginn an bei den Bemühungen zur Neuregelung der Grundsteuer zu erkennen, da Bayern als einer der Hauptbefürworter für eine einfachere Gesetzesregelung als der des Bundes galt. Das BayGrStG setzt somit die Pläne der bayerischen Landesregierung zur Grundsteuer um. 19

Das BayGrStG ist gleichwohl nicht gänzlich von den Regelungen des Bundesgesetzes zu unterscheiden. Vielmehr wird nur **in einigen Bereichen von Bundesgesetz abgewichen**. Insbesondere im Bereich der wirtschaftlichen Einheiten des Grundvermögens – der Grundsteuer B – wird weitreichend von der Abweichungsgesetzgebungskompetenz des GG Gebrauch gemacht. Währenddessen bleibt es bei den Betrieben der Land- und Fortwirtschaft – der Grundsteuer A – grundsätzlich bei den Reglungen des Bundesgesetzes. Das BayGrStG enthält hierzu nur punktuelle Abweichungen und Besonderheiten (vgl. Art. 9 BayGrStG). 20

Durch Art. 10 Abs. 1 Satz 1 BayGrStG wird festgelegt, dass die **bundesgesetzlichen Regelungen** des GrStG und des BewG auch in Bayern gelten, sofern das BayGrStG keine abweichenden Regelungen enthält. Das BayGrStG ist somit als „lex specialis" zu sehen. Enthält das BayGrStG eine Regelung, welche auch im Bundesetz geregelt ist, so ist in diesem Fall immer das BayGrStG maßgebend und anzuwenden. Für den Steuerpflichtigen bedeutet dies jedoch auch, dass er sich bei der Ermittlung der Grundsteuer für wirtschaftliche Einheiten in Bayern auch mit den bundesgesetzlichen Regelungen auseinandersetzen muss. 21

Die bundesgesetzlichen Regelungen des GrStG und BewG nach der Grundsteuerreform sind dabei für Zwecke der Festsetzung und Erhebung der Grundsteuer **ab dem Kalenderjahr 2025** anzuwenden. Für Kalenderjahre bis 2024 verbleibt es bei der ausschließlichen Anwendung der bisherigen bundesgesetzlichen Regelungen zur Einheitsbewertung. 22

Für die **Übergangsvorschriften** aufgrund der Gesetzesänderungen gilt dabei die bundesgesetzliche Regelung des § 266 BewG. Dazu wird auf die Kommentierungen von Grootens in Grootens, BewG § 266 Rz. 36 ff. verwiesen. 23

(Einstweilen frei) 24–28

---

[1] Bayerisches Grundsteuergesetz (BayGrStG) v. 10.12.2021 (Bayerisches Gesetz- und Verordnungsblatt Nr. 23/2021 S. 638).

II. Anwendung der Abgabenordnung

29   Neben der grundsätzlichen Anwendung des GrStG und BewG sind nach Art. 10 Abs. 2 Satz 1 BayGrStG auch die **Regelungen der AO** in Bayern anzuwenden, soweit des BayGrStG nichts anderes regelt. Die Reglung bzw. Klarstellung wurde für notwendig erachtet, da sich die automatische Anwendung der Regelungen der AO nicht unmittelbar aus § 1 Abs. 1 AO ergibt, da danach die Reglungen nur für Steuern und Steuervergütungen gelten, die durch Bundesrecht oder Recht der Europäischen Union geregelt worden sind.

30   Nach Art. 10 Abs. 2 Satz 2 BayGrStG gilt § 32h AO in Bayern mit der Maßgabe, dass der **Landesbeauftragte für den Datenschutz** zuständig und das **Bayerische Datenschutzgesetz** einschlägig ist. In den Bundesländern, welche die bundesgesetzlichen Regelungen anwenden, ist hingegen der Bundesbeauftrage für den Datenschutz zuständig und es gilt das Bundesdatenschutzgesetz.

31   Darüber hinaus sind auch für die Regelungen der § 29b Abs. 2 Satz 2 Halbsatz 2, § 31c Abs. 1 Satz 2 Halbsatz 2, § 32g und 32j AO, welche im Bundesrecht ebenfalls auf das Bundesdatenschutzgesetz verweisen, in Bayern die **entsprechenden Regelungen des bayerischen Datenschutzgesetzes** anzuwenden.

32–34   *(Einstweilen frei)*

III. Zugriff auf des Verordnungsrecht des Bundes

35   Durch die teilweise Anwendung der bundesgesetzlichen Regelungen sind auch Regelungen über die **Verordnungsermächtigungen** zu treffen. Nach Art. 10 Abs. 3 Satz 1 BayGrStG finden die im GrStG enthaltenen Verordnungsermächtigungen in Bayern mit der Maßgabe Anwendung, dass die entsprechenden **Rechtsverordnungen durch das Staatsministerium der Finanzen und für Heimat** erlassen werden. Das BayGrStG erhält folglich durch Art. 10 Abs. 3 Satz 1 BayGrStG die erforderliche **Rechtssetzungsbefugnis und -pflicht**.

36   **BEISPIEL:** Schreibt das GrStG z. B. wie in § 24 GrStG vor, dass die Landesregierung durch Rechtverordnung bestimmen kann, dass bei Betrieben der Land- und Fortwirtschaft, die sich über mehrere Gemeinden erstrecken, aus Vereinfachungsgründen an Stelle der Zerlegung ein Steuerausgleich stattfindet, so ist in Bayern die Rechtsverordnung zum Steuerausgleich durch das Staatsministerium der Finanzen und für Heimat zu erlassen.

37   Das Staatsministerium der Finanzen und für Heimat muss jedoch **nicht immer eigene Rechtsverordnungen erlassen**. Soll beispielsweise eine erlassene Rechtsverordnung des Bundes auch in Bayern gelten, so kann das Staatsministerium der Finanzen und für Heimat die Anwendung dieser gleichwohl **durch eigene Rechtsverordnung anordnen**. Dies erspart die ansonsten notwendige Kopie der Rechtsverordnung des Bundes durch das Staatsministerium der Finanzen und für Heimat. Es ist jedoch zu beachten, dass die Rechtsverordnungen des Bundes nur durch eine Rechtsverordnung des Staatsministeriums der Finanzen und für Heimat Anwendung finden. Diese gelten also nicht automatisch. Es bedarf vielmehr immer noch eines zusätzlichen Akts des Staatsministeriums.

Art. 10a BayGrStG Übergangsregelungen

(1) Für die Anwendung des Art. 6 Abs. 2 Satz 3 und Abs. 3 Satz 1 dieses Gesetzes sowie der §§ 223 und 224 BewG ist für Feststellungszeitpunkte zwischen dem 1. Januar 2022 und dem 31. Dezember 2024 zu unterstellen, dass die Feststellungen für die Besteuerung nach diesem Gesetz von Bedeutung sind und die wirtschaftlichen Einheiten zur Besteuerung nach diesem Gesetz herangezogen oder nicht mehr herangezogen werden.

(2) ¹Die Vermessungsverwaltung stellt ab dem 1. Juli 2022 befristet bis zum 31. Dezember 2022 folgende Daten der Flurstücke zum Hauptfeststellungszeitpunkt kostenlos über eine allgemein zugängliche Internetanwendung zur Verfügung:

1. die Flurstücksnummer,
2. die amtliche Fläche,
3. den Gemeindenamen,
4. den Gemarkungsnamen und die Gemarkungsnummer,
5. die tatsächliche Nutzung mit den zugehörigen Flächenanteilen, und
6. soweit vorhanden die einzelnen Flächenanteile mit der zugehörigen Ertragsmesszahl und die Gesamtertragsmesszahl.

²Der Eigentümer hat das Recht, jederzeit ohne Angabe von Gründen gegen die Veröffentlichung der in Satz 1 Nr. 6 genannten Daten seines Flurstücks Widerspruch einzulegen. ³Widerspricht der Eigentümer, hat eine Veröffentlichung der entsprechenden Daten des Eigentümers durch die Vermessungsverwaltung in der Internetanwendung für die Zukunft zu unterbleiben.

Inhaltsübersicht

	Rz.
A. Allgemeine Erläuterungen zu Art. 10a BayGrStG	1 - 13
I. Normzweck und wirtschaftliche Bedeutung der Vorschrift	1 - 5
II. Entstehung und Entwicklung der Vorschrift	6 - 10
III. Geltungsbereich	11 - 13
B. Systematische Kommentierung	14 - 28
I. Amnestierung für aus den Feststellungserklärungen gewonnene Erkenntnisse (Art. 10a Abs. 1 BayGrStG)	14 - 21
II. Befristete Veröffentlichung von Grundstücksdaten (Art. 10a Abs. 2 BayGrStG)	22 - 28

A. Allgemeine Erläuterungen zu Art. 10a BayGrStG

I. Normzweck und wirtschaftliche Bedeutung der Vorschrift

Art. 10a BayGrStG regelt die Berücksichtigung der Änderung der tatsächlichen Verhältnisse im Übergangszeitraum zwischen dem 1.1.2022 und dem 31.12.2024 durch **Nachveranlagungen, Fortschreibungen und Aufhebungen**. Der Gesetzgeber schließt mit dem Art. 10a BayGrStG eine Regelungslücke, um Änderungen bei den tatsächlichen Verhältnissen bereits vor dem Inkrafttreten des Bayerischen Grundsteuergesetzes zum 1.1.2025 berücksichtigen zu können. Ohne diese Regelung hätten diese nämlich erst ab dem 1.1.2025 berücksichtigt werden können, da die bundesgesetzlichen Regelungen erst am 31.12.2024 außer Kraft treten. 1

Des Weiteren regelt Art 10a Abs. 2 BayGrStG die **Veröffentlichung bestimmter Grundstücksdaten** mittels einer kostenlosen Internetanwendung für einen befristeten Zeitraum. 2

(Einstweilen frei) 3–5

II. Entstehung und Entwicklung der Vorschrift

6   Art. 10a BayGrStG wurde mit dem BayGrStG v. 10.12.2021[1] in das BayGrStG aufgenommen und tritt ab dem 1.1.2022 in Kraft (vgl. Art. 11 BayGrStG).

7–10   *(Einstweilen frei)*

III. Geltungsbereich

11   Das BayGrStG gilt für in Bayern belegene Grundstücke.

12–13   *(Einstweilen frei)*

B. Systematische Kommentierung

I. Amnestierung für aus den Feststellungserklärungen gewonnene Erkenntnisse (Art. 10a Abs. 1 BayGrStG)

14   Die **Feststellung der Grundsteuermessbeträge** erfolgt nach dem Art. 7 Abs. 1 Satz 1 BayGrStG auf den 1.1.2025, während die **Äquivalenzbeträge** bereits auf den 1.1.2022 nach Art. 6 Abs. 1 Satz 1 BayGrStG allgemein festgestellt werden. Zwischen diesen beiden Feststellungszeitpunkten liegen zwei weitere Veranlagungszeitpunkte für die Grundsteuer – der 1.1.2023 und 1.1.2024, in denen die Grundsteuerfestsetzung noch auf der am 31.12.2024 außer Kraft tretenden, bisherigen bundesgesetzlichen Regelung zu den Einheitswerten beruht. Entsprechend kann es dazu kommen, dass nach der Feststellung der Äquivalenzbeträge auf den Hauptfeststellungszeitpunkt 1.1.2022 nach den BayGrStG, bereits **Änderungen bei den tatsächlichen Verhältnissen** für Grundstücke eingetreten sind, die wiederum Auswirkungen auf die Grundsteuermessbeträge auf den 1.1.2025 haben.

15   Diese Änderungen sind durch **Nachveranlagungen, Fortschreibungen und Aufhebungen** nach den bisherigen Regelungen über die Einheitswerte zu berücksichtigen. Ohne Art. 10a BayGrStG wäre die Änderungen aber nicht nach den „neuen" landesgesetzlichen Regelungen des BayGrStG zu berücksichtigen, da in den Jahren 2022–2024 die Grundsteuerfestsetzung weiterhin auf den Einheitswerten nach Bundesrecht beruht. Somit bestünde für die Finanzverwaltung das Risiko, dass bei der **Ermittlung der Grundsteuermessbeträge auf den 1.1.2025** die zugrunde liegenden Äquivalenzbeträge auf den 1.1.2022 nicht mehr aktuell sind. Entsprechend müssten bereits zum 1.1.2025 die Äquivalenzbeträge erneut auf deren Aktualität überprüft werden, was aufgrund des ohnehin schon großen Aufwands im Zuge der Grundsteuerreform durchzuführenden Neubewertung aller wirtschaftlichen Einheiten, zu einer schier unlösbaren Aufgabe für die Finanzverwaltung führen würde.

16   Zur Vermeidung dieses Problems gelten für die Anwendung des Art. 6 Abs. 2 Satz 2 und Abs. 3 Satz 1 BayGrStG sowie der § 223 Abs. 1 Nr. 2 und § 224 Abs. 1 Nr. 2 BewG für die **Feststellungszeitpunkte zwischen dem 1.1.2022 und dem 31.12.2024**, dass die **Feststellungen für die Besteuerung nach dem BayGrStG von Bedeutung** sind und die wirtschaftlichen Einheiten **zur Besteuerung nach dem Landesgesetz** herangezogen oder nicht mehr herangezogen werden. Da-

---

[1] Bayerisches Grundsteuergesetz (BayGrStG) v. 10.12.2021 (Bayerisches Gesetz- und Verordnungsblatt Nr. 23/2021 S. 638).

mit wird die **Bedeutung für die Besteuerung bereits im Übergangszeitraum fingiert** und gewährleistet, dass die Finanzverwaltung Veränderungen bereits vor dem 1.1.2025 durch **Nachveranlagungen, Fortschreibungen und Aufhebungen der Grundsteuermessbeträge** nachvollziehen kann.

Art. 10a BayGrStG entspricht inhaltlich im Wesentlichen der **bundesgesetzlichen Regelung** des § 225 BewG. Diesbezüglich wird vertiefend auf die Kommentierung von Wredenhagen in Grootens, BewG § 225 Rz. 71–77 verwiesen. 17

BEISPIEL: Sachverhalt: Der Steuerpflichtige besitzt ein unbebautes Grundstück in Bayern. Im Jahr 2023 wird darauf ein EFH errichtet. 18

LÖSUNG OHNE ART. 10A BAYGRSTG:

1. Auf den 1.1.2022 wird der Äquivalenzbetrag für das unbebaute Grundstück nach dem BayGrStG festgestellt.
2. Die Bebauung des Grundstücks stellt eine Änderung der tatsächlichen Verhältnisse dar, welche zu einer Fortschreibung des bisherigen Einheitswertes und einer neuen Ermittlung des Grundsteuermessbetrags nach den bundesgesetzlichen Regelungen auf den 1.1.2024 führt.
3. Zum 1.1.2025 ist der Grundsteuermessbetrag nach dem BayGrStG festzustellen. Basis dafür ist der Feststellungsbescheid über den Äquivalenzbetrags auf den 1.1.2022. Die zwischenzeitliche Bebauung des Grundstücks durfte bisher (bis zum 31.12.2024) noch nicht berücksichtigt werden, da die Grundsteuerfestsetzung bis zum 31.12.2024 noch auf den Einheitswerten nach Bundesrecht beruht. Entsprechend müsste zuerst ein neuer Äquivalenzbetrag auf den 1.1.2025 festgestellt werden, um den richtigen Grundsteuermessbetrag ermitteln zu können.

LÖSUNG MIT ART. 10A BAYGRSTG:

1. Auf den 1.1.2022 wird der Äquivalenzbetrag für das unbebaute Grundstück nach dem BayGrStG festgestellt.
2. Die Bebauung des Grundstücks stellt eine Änderung der tatsächlichen Verhältnisse dar, welche zu einer Fortschreibung des bisherigen Einheitswertes und einer neuen Ermittlung des Grundsteuermessbetrags nach den bundesgesetzlichen Regelungen auf den 1.1.2024 führt.
3. Gleichzeitig wird für die Änderung der tatsächlichen Verhältnisse fingiert, dass diese bereits in diesem Zeitraum auch für die Besteuerung nach dem BayGrStG von Bedeutung ist. Entsprechend kann bereits eine Fortschreibung des Äquivalenzbetrags nach dem BayGrStG auf den 1.1.2024 erfolgen.
4. Zum 1.1.2025 ist der Grundsteuermessbetrag nach dem BayGrStG festzustellen. Grundlage dafür ist bereits der neue Feststellungsbescheid über den Äquivalenzbetrags auf den 1.1.2024.

(Einstweilen frei) 19–21

II. Befristete Veröffentlichung von Grundstücksdaten (Art. 10a Abs. 2 BayGrStG)

Art. 10a Abs. 2 BayGrStG regelt die **Einführung einer allgemeinen Internetanwendung durch die Vermessungsverwaltung über allgemeine Grundstücksdaten zum Hauptfeststellungszeitpunkt**. Konkret sollen für einen **befristeten Zeitraum v. 1.7.2022 bis zum 31.12.2022** die folgenden Daten kostenlos über eine allgemein zugängliche Internetanwendung zu Verfügung gestellt werden (Art. 10a Abs. 2 Satz 1 BayGrStG): 22

- die Flurstücksnummer,
- die amtliche Fläche,
- den Gemeindenamen,
- den Gemarkungsnamen und die Gemarkungsnummer,

- die tatsächliche Nutzung mit den zugehörigen Flächenanteilen, und
- soweit vorhanden die einzelnen mit der zugehörigen Ertragsmesszahl und die Gesamtertragszahl.

23 Diese Daten sollen durch die Vermessungsverwaltung bereitgestellt werden. Dies ist in Bayern die **Bayerische Vermessungsverwaltung (BVV)**. Diese ist wiederum dem Bayerischen Staatsministerium der Finanzen und für Heimat als oberste Dienstbehörde unterstellt. Zuständig ist die BVV für die flächendeckende Erfassung der amtlichen Geodaten in Bayern, der Grundstücksvermessung und Gebäudevermessung sowie der Führung des Liegenschaftskatasters. Die BVV präsentiert außerdem die Geodaten in der bereits existierenden Internetanwendung des BayernAtlas. Ob die zu veröffentlichen Daten ebenfalls im BayernAtlas dargestellt werden oder ob es eine eigenständige Anwendung geben wird, muss abgewartet werden.

24 Die Veröffentlichung der Daten soll nur für einen **befristete Zeitraum vom 1.7.2022 bis zum 31.12.2022** erfolgen. Hintergrund der befristeten Veröffentlichung der Daten wird sein, dass die Steuerpflichtigen zur Abgabe der Erklärungen auf den Hauptfeststellungszeitpunkt, die benötigen Grunddaten zu den Grundstücken einfach abrufen können, anstatt andernfalls kostenpflichtig Auszüge aus dem **Liegenschaftskataster** oder Abrufe bei **Grundbuchamt** tätigen zu müssen. Dies könnte zu Kapazitätsengpässen bei den Behörden führen.

25 Mithilfe der **kostenlosen Internetanwendung** kann jeder schnell und einfach auf die Daten zugreifen und in die Erklärungen übernehmen. Der Beginn der **Veröffentlichung am 1.7.2022** entspricht dem Beginn der Abgabemöglichkeit der Erklärungen zur Feststellung der Äquivalenzbeträge. Warum die **Veröffentlichung der Daten bis zum 31.12.2022** beschränkt ist, erschließt sich hingegen nicht zwangsläufig. Zwar endet die Frist zur Abgabe der Erklärungen am 31.10.2022, jedoch gelten die Regelungen der AO zu Fristverlängerung, sodass bei berechtigten Gründen auch Fristverlängerungen über den 31.12.2022 hinaus gewährt werden könnten. Auch werden in späteren Erklärungen und Anzeigen die Daten ggf. wieder benötigt. Grund für die Befristung wird sein, dass die Daten nur auf den Hauptfeststellungszeitpunkt 1.1.2022 bereitgestellt werden sollen. Eine weitergehende Aktualisierung der Daten über den Hauptfeststellungszeitpunkt 1.1.2022 durch das BVV lässt sich dem Gesetzeswortlaut nicht entnehmen. Dies wird mutmaßlich an den begrenzten Kapazitäten und Ressourcen des BVV hängen.

26 Nach dem Gesetzeswortlaut ist die **Einsichtnahme der Daten nicht beschränkt auf bestimmte Personen** und daher grds. von jedem möglich. Zur Begegnung datenschutzrechtlicher Bedenken hinsichtlich der Veröffentlichung der Ertragsmesszahl, deren Höhe einen gewissen Rückschluss auf den Wert des Flurstücks zulässt, kann der Grundstückseigentümer **der Veröffentlichung der Daten jederzeit widersprechen** (Art. 10a Abs. 2 Satz 2 BayGrStG).[1] Legt der Grundstückseigentümer diesen Widerspruch ein, so darf die Vermessungsverwaltung die Daten **für die Zukunft** nicht mehr veröffentlichen (Art. 10a Abs. 2 Satz 3 BayGrStG). Der Widerspruch kann somit auch noch nach der erstmaligen Veröffentlichung zum 1.7.2022 erfolgen.

27 PRAXISHINWEIS:
Wünscht der Grundstückseigentümer von dem Widerspruchsrecht Gebrauch zu machen, sollte der Widerspruch rechtzeitig, bestenfalls mit einiger Vorlaufzeit vor dem 1.7.2022, bei der Vermessungsverwaltung eingereicht werden. Derzeit ist ungewiss, wie schnell der Widerspruch bearbeitet werden wird. Dies wird insbesondere davon abhängen, wie viele Eigentümer generell von dem Widerspruchsrecht Gebrauch machen werden.

---

[1] Vgl. Drucksache 18/18504 v. 20.10.2021, Änderungsantrag zum Gesetzesentwurf der Staatsregierung für ein Bayerisches Grundsteuergesetz (BayGrStG).

Der Gesetzeswortlaut schreibt keine bestimmte Form für den Widerspruch vor. Entsprechend ist der **Widerspruch formlos möglich**. In der Praxis ist jedoch **aus Nachweisgründen ein schriftlicher Widerspruch** an die Vermessungsverwaltung zu empfehlen. Der Eigentümer muss für den Widerspruch **keine Begründung** angeben. 28

Art. 10b BayGrStG Änderung des Kommunalabgabengesetzes

In Art. 18 des Kommunalabgabengesetzes (KAG) in der Fassung der Bekanntmachung vom 4. April 1993 (GVBl S. 264, BayRS 2024-1-I), das zuletzt durch § 1 des Gesetzes vom 19. Februar 2021 (GVBl S. 40) geändert worden ist, werden nach dem Wort „Ausnahme" die Wörter „des Äquivalenzbetrags-," eingefügt.

Inhaltsübersicht	Rz.
A. Allgemeine Erläuterungen zu Art. 10b BayGrStG	1 - 10
I. Normzweck und wirtschaftliche Bedeutung der Vorschrift	1 - 3
II. Entstehung und Entwicklung der Vorschrift	4 - 7
III. Geltungsbereich	8 - 10
B. Systematische Kommentierung	11 - 12
I. Ergänzung des Kommunalabgabegesetzes	11 - 12

A. Allgemeine Erläuterungen zu Art. 10b BayGrStG

I. Normzweck und wirtschaftliche Bedeutung der Vorschrift

Art 10b BayGrStG regelt die **Zuständigkeit** der bayerischen Steuerverwaltung für die Feststellung und Ermittlung der Äquivalenzbeträge. 1

(Einstweilen frei) 2–3

II. Entstehung und Entwicklung der Vorschrift

Art. 10b BayGrStG wurde mit dem BayGrStG v. 10.12.2021[1] in das BayGrStG aufgenommen und tritt ab dem 1.1.2022 in Kraft (vgl. Art. 11 BayGrStG). 4

(Einstweilen frei) 5–7

III. Geltungsbereich

Das BayGrStG gilt für in Bayern belegene Grundstücke. 8

(Einstweilen frei) 9–10

---

[1] Bayerisches Grundsteuergesetz (BayGrStG) v. 10.12.2021 (Bayerisches Gesetz- und Verordnungsblatt Nr. 23/2021 S. 638).

B. Systematische Kommentierung

I. Ergänzung des Kommunalabgabegesetzes

11 Art. 18 des Bayrischen Kommunalabgabengesetzes (KAG) regelt die **Zuständigkeit der Realsteuern**. Danach sind grds. die Gemeinden für die Verwaltung der Realsteuern, zu der auch die Grundsteuer gehört, zuständig. Ausgenommen davon sind derzeit jedoch das **Messbetrags- und Zerlegungsverfahren**, welches durch die Steuerverwaltung durchgeführt wird, indem die Finanzämter die Steuermess- und Zerlegungsbescheide erlassen.

12 Diese **Aufgabenverteilung** zwischen Gemeinden und Steuerverwaltung soll weiterhin beibehalten werden. Die aufgrund der Grundsteuerreform notwendige Feststellung der Äquivalenzbeträge soll ebenfalls durch die Steuerverwaltung durchgeführt werden. Dafür wird das bayerische KAG um den neuen Begriff des „Äquivalenzbetrags" ergänzt und lautet zukünftig wie folgt:

Art. 18 Zuständigkeit:

*Die Verwaltung der Realsteuern mit Ausnahmen **des Äquivalenzbetrags-**, des Meßbetrags- und des Zerlegungsverfahrens und die Verwaltung der örtlichen Verbrauchssteuern und Aufwandsteuern obliegen den steuerberechtigen Gemeinden und Landkreisen.*

Art. 11 BayGrStG Inkrafttreten, Außerkrafttreten

(1) Dieses Gesetz tritt am 1. Januar 2022 in Kraft.

(2) ¹Art. 10b tritt am 1. Juli 2022 außer Kraft. ²Art. 10a tritt am 31. Dezember 2029 außer Kraft.

Inhaltsübersicht	Rz.
A. Allgemeine Erläuterungen zu Art. 11 BayGrStG	1 - 10
I. Normzweck und wirtschaftliche Bedeutung der Vorschrift	1 - 3
II. Entstehung und Entwicklung der Vorschrift	4 - 7
III. Geltungsbereich	8 - 10
B. Systematische Kommentierung	11 - 17
I. Inkrafttreten des BayGrStG (Art. 11 Abs. 1 BayGrStG)	11 - 13
II. Sonderregelungen der Art. 10a und 10b BayGrStG (Art. 11 Abs. 2 BayGrStG)	14 - 17

A. Allgemeine Erläuterungen zu Art. 11 BayGrStG

I. Normzweck und wirtschaftliche Bedeutung der Vorschrift

1 Art. 11 BayGrStG regelt das **Inkrafttreten** des BayGrStG sowie das **Außerkrafttreten** der Art. 10a und 10b BayGrStG.

2–3 *(Einstweilen frei)*

II. Entstehung und Entwicklung der Vorschrift

Art. 11 BayGrStG wurde mit dem BayGrStG v. 10.12.2021[1] in das BayGrStG aufgenommen und tritt ab dem 1.1.2022 in Kraft. 4

In der **Gesetzesbegründung** zum Gesetzesentwurf von 10.5.2021[2] heißt es hierzu: 5

„Geregelt ist der Zeitpunkt des Inkrafttretens des Bayerischen Grundsteuergesetzes. Nach Abs. 1 tritt das Gesetz aufgrund der für die Systemumstellung zum Jahr 2025 nötigen vorbereitenden Tätigkeiten bereits zum 01.01.2022 in Kraft. Die Übergangsregelungen nach Art. 10a und 10b werden dabei nur vorübergehend benötigt, wobei der vollständige Abschluss der Systemumstellung einige Zeit in Anspruch nehmen wird."

(Einstweilen frei) 6–7

III. Geltungsbereich

Das BayGrStG gilt für in Bayern belegene Grundstücke. 8

(Einstweilen frei) 9–10

B. Systematische Kommentierung

I. Inkrafttreten des BayGrStG (Art. 11 Abs. 1 BayGrStG)

Das BayGrStG und die darin vereinbarten Regelungen treten nach Art. 11 Abs. 1 BayGrStG bereits **zum 1.1.2022** in Kraft, also vor der erstmaligen Festsetzung der Grundsteuern nach den neuen landesgesetzlichen Regelungen für das Jahr 2025. 11

Grund für das zeitlich frühere Inkrafttreten ist, dass damit genügend Zeit für die **Systemumstellung** und die dafür benötigen Tätigkeiten und Vorbereitungshandlungen durch die Finanzverwaltung vorhanden ist. Insbesondere die Neubewertung und Feststellung der Äquivalenzbeträge soll so bereits im **Übergangszeitraum** sichergestellt werden. Der zeitliche Vorlauf ist dabei im Hinblick auf die rund **5,3 Mio. wirtschaftlichen Einheiten** in Bayern zwingend notwendig.

(Einstweilen frei) 12–13

II. Sonderregelungen der Art. 10a und 10b BayGrStG (Art. 11 Abs. 2 BayGrStG)

Besonderheiten sind in Art. 11 Abs. 2 BayGrStG für die Art. 10a und 10b BayGrStG geregelt. Danach **tritt Art. 10b BayGrStG am 1.7.2022 außer Kraft** (Art. 11 Abs. 2 Satz 1 BayGrStG). Außerdem **tritt Art. 10a BayGrStG am 31.12.2029 außer Kraft** (Art. 11 Abs. 2 Satz 2 BayGrStG). 14

Art. 10b BayGrStG tritt am 11.7.2022 außer Kraft, da die Vorschrift über die **Änderung des Kommunalabgabengesetzes** nur für das Inkrafttreten des BayGrStG von Bedeutung ist. Das Kommunalabgabengesetz muss nur einmalig geändert werden, um die **Zuständigkeit der Fest-** 15

---

1 Bayerisches Grundsteuergesetz (BayGrStG) v. 10.12.2021 (Bayerisches Gesetz- und Verordnungsblatt Nr. 23/2021 S. 638).
2 Vgl. Drucksache 18/15755 v. 10.5.2021, Gesetzesentwurf der Staatsregierung – Bayerisches Grundsteuergesetz (BayGrStG).

stellung der Äquivalenzbeträge der Steuerverwaltung beizumessen.[1] Danach bedarf es der Vorschrift des Art. 10b entsprechend nicht mehr.

16 Grund für das Außerkrafttreten des Art. 10a BayGrStG ist, dass sich die Vorschrift des Art. 10a BayGrStG inhaltlich nur auf den **Übergangszeitraum zwischen dem 1.1.2022 und 31.12.2024** bezieht.[2]

17 Die Vorschrift ist **für den Zeitraum danach** entsprechend **inhaltlich gegenstandslos** und wird daher **zum 31.12.2029 aufgehoben**. Für die vollständige Systemumstellung plant der Gesetzgeber bereits einen längeren Zeitraum ein, sodass das Außerkrafttreten der Vorschrift sicherheitshalber „relativ" spät festgelegt wurde.

▶ Die Kommentierung des Landesgesetzes finden Sie zeitnah an dieser Stelle.

---

[1] Vgl. Lehmann in Grootens, BayGrStG Art. 10b Rz. 11 ff.
[2] Vgl. Lehmann in Grootens, BayGrStG Art. 10a Rz. 14–18.

Abschnitt III: Hamburg

Kommentierung des Landesgrundsteuergesetzes Hamburg

Teil 1: Grundstücke; Grundsteuer B/Grundsteuer C

Abschnitt 1: Bemessung der Grundsteuer

§ 1 HmbGrStG   Steuergegenstand, Berechnungsformel

(1) ¹Steuergegenstand der Grundsteuer B sind die Grundstücke als wirtschaftliche Einheiten des Grundvermögens. ²Die Grundsteuer ergibt sich durch eine Multiplikation des Grundsteuermessbetrags des Grundstücks und des durch ein Gesetz bestimmten Hebesatzes. ³Sie ist ein Jahresbetrag und auf volle Cent nach unten abzurunden.

(2) ¹Der Grundsteuermessbetrag des Grundstücks ist die Summe

1. aus dem Produkt des Grundsteuerwerts des Grund und Bodens nach Absatz 3 Satz 1 und der Grundsteuermesszahl nach § 4 und
2. aus den jeweiligen Produkten der Grundsteuerwerte von Wohn- und Nutzflächen nach Absatz 3 Satz 2 und der jeweiligen Grundsteuermesszahl nach § 4.

²Der Grundsteuermessbetrag des Grundstücks ist auf volle Cent nach unten abzurunden.

(3) ¹Der Grundsteuerwert des Grund und Bodens ist der Äquivalenzbetrag, der sich durch eine Multiplikation der Fläche des Grund und Bodens mit der Äquivalenzzahl nach § 3 Absatz 1 ergibt; er wird auf eine Nachkommastelle nach unten abgerundet. ²Die Grundsteuerwerte von Wohn- und Nutzflächen der Gebäude sind die Äquivalenzbeträge, die sich durch eine Multiplikation der maßgeblichen Gebäudeflächen mit der Äquivalenzzahl nach § 3 Absatz 2 ergeben.

(4) ¹Die Zurechnung mehrerer Wirtschaftsgüter zu einer wirtschaftlichen Einheit wird nicht dadurch ausgeschlossen, dass die Wirtschaftsgüter zum Teil der oder dem einen, zum Teil der anderen Ehegattin, dem anderen Ehegatten, der anderen Lebenspartnerin oder dem Lebenspartner zuzurechnen sind. ²Bei Gebäuden auf fremdem Grund und Boden sind der Grund und Boden der Eigentümerin oder dem Eigentümer des Grund und Bodens und die Gebäude der wirtschaftlichen Eigentümerin oder dem wirtschaftlichen Eigentümer der Gebäude zuzurechnen.

(5) ¹Erstreckt sich der Steuergegenstand auch auf ein anderes Land, ist nur für das im Gebiet der Freien und Hansestadt Hamburg gelegene Grundvermögen Grundsteuer nach diesem Gesetz zu ermitteln und zu erheben. ²Dieses bildet eine eigenständige wirtschaftliche Einheit.

▶ Die Kommentierung des HmbGrStG wird zeitnah in der Online-Fassung dieses Kommentars veröffentlicht.

§ 2 HmbGrStG   Maßgebliche Flächen

(1) ¹Gebäudefläche bei Wohnnutzung ist die Wohnfläche im Sinne der Wohnflächenverordnung vom 25. November 2003 (BGBl I S. 2346) in der jeweils geltenden Fassung. ²Als Wohnnutzung gelten auch häusliche Arbeitszimmer. ³Im Übrigen ist die Nutzfläche des Gebäudes maßgeblich. ⁴Die Gebäudefläche ist durch eine geeignete Methode zu ermitteln.

(2) ¹Nutzflächen von Garagen, die in räumlichem Zusammenhang zu der Wohnnutzung stehen, der sie rechtlich zugeordnet sind, bleiben bis zu einer Fläche von insgesamt 50 m² außer Ansatz. ²Dies gilt unter den Voraussetzungen des Satzes 1 auch für Garagen, die eine eigene wirtschaftliche Einheit bilden.

(3) ¹Im Übrigen bleiben die Nutzflächen von Nebengebäuden von untergeordneter Bedeutung bis zu einer Fläche von 30 m² außer Ansatz, sofern sie in räumlichem Zusammenhang zur Wohnnutzung stehen, der sie zu dienen bestimmt sind. ²Dies gilt unter den Voraussetzungen des Satzes 1 auch für Nebengebäude, die eine eigene wirtschaftliche Einheit bilden.

(4) ¹Ein Grundstück gilt als unbebaut, wenn die darauf errichteten Gebäude, mit Ausnahme der Fälle des Absatzes 2 Satz 2, eine Gebäudefläche von insgesamt weniger als 30 m² haben. ²Besteht ein Gebäude aus mehreren wirtschaftlichen Einheiten, ist die Gesamtgebäudefläche des Gebäudes anzusetzen. ³Die Gebäudefläche bleibt in der Folge außer Ansatz. ⁴§ 246 des Bewertungsgesetzes in der Fassung vom 1. Februar 1991 (BGBl I S. 231), zuletzt geändert am 21. Dezember 2020 (BGBl I S. 3096, 3129), in der jeweils geltenden Fassung bleibt im Übrigen unberührt.

(5) Die für dieses Gesetz maßgeblichen Flächen von Grund und Boden und Gebäuden sind auf volle Quadratmeter nach unten abzurunden.

▶ Die Kommentierung des HmbGrStG wird zeitnah in der Online-Fassung dieses Kommentars veröffentlicht.

§ 3 HmbGrStG   Äquivalenzzahlen

(1) ¹Die Äquivalenzzahl für die Fläche des Grund und Bodens beträgt 0,04 Euro je Quadratmeter. ²Abweichend von Satz 1 gilt:

1. Übersteigt die Fläche des Grund und Bodens das Zehnfache der Wohnfläche, wird die Äquivalenzzahl für den darüber hinaus gehenden Teil der Fläche nur zu 50 vom Hundert (v.H.) angesetzt, wenn die Gebäude mindestens zu 90 v.H. der Wohnnutzung dienen und soweit kein Fall nach Nummer 2 erster Halbsatz vorliegt,

2. ist die Fläche des Grund und Bodens zu mindestens 90 v.H. nicht bebaut, wird der Äquivalenzbetrag in Euro für die 10.000 m² übersteigende Fläche insgesamt wie folgt angesetzt: (übersteigende Grund- und Bodenfläche x 0,04 Euro/m²)^{0,7}; in den Fällen nach Nummer 1 wird die Äquivalenzzahl für die Fläche des Grund und Bodens bis zum Zehnfachen der Wohnfläche stets zu 100 v.H. angesetzt.

(2) Die Äquivalenzzahl für Gebäudeflächen beträgt 0,50 Euro je Quadratmeter.

▶ Die Kommentierung des HmbGrStG wird zeitnah in der Online-Fassung dieses Kommentars veröffentlicht.

§ 4 HmbGrStG   Grundsteuermesszahlen

(1) ¹Die Grundsteuermesszahl beträgt 100 v.H. ²Für den Äquivalenzbetrag der Wohnflächen wird die Grundsteuermesszahl auf 70 v.H. ermäßigt.

(2) ¹Die Grundsteuermesszahl für den Äquivalenzbetrag der Wohnflächen wird um 25 v.H. ermäßigt, soweit eine normale Wohnlage vorliegt. ²Der Senat wird ermächtigt, durch Rechtsverordnung für Zwecke der Grundsteuer ein Verzeichnis für gute und normale Wohnlagen zu erlassen. ³Weisen Steuerpflichtige eine andere Wohnlage nach, so ist diese anzusetzen. ⁴Sofern keine Wohnlage aus der Rechtsverordnung nach Satz 2 ermittelbar ist, wird eine normale Wohnlage vermutet.

(3) Die Grundsteuermesszahlen für die Äquivalenzbeträge der Gebäudeflächen werden um 25 v.H. ermäßigt, wenn ein Baudenkmal nach § 4 Absatz 2 Satz 1 oder ein Ensemble nach § 4 Absatz 3 des Denkmalschutzgesetzes vom 5. April 2013 (HmbGVBl S. 142), geändert am 26. Juni 2020 (HmbGVBl S. 380, 384), in der jeweils geltenden Fassung vorliegt.

(4) Die Grundsteuermesszahl für den Äquivalenzbetrag der Wohnflächen wird um 25 v.H. ermäßigt, soweit die Wohnflächen

1. den Bindungen nach § 10 Absatz 3 in Verbindung mit § 10 Absätze 2 und 4 des Hamburgischen Wohnraumförderungsgesetzes vom 19. Februar 2008 (HmbGVBl S. 74), zuletzt geändert am 21. Mai 2013 (HmbGVBl S. 244),
2. den Bindungen nach § 25 in Verbindung mit § 13 Absätze 2 und 3 des Wohnraumförderungsgesetzes vom 13. September 2001 (BGBl I S. 2376), zuletzt geändert am 20. November 2019 (BGBl I S. 1626, 1652),
3. den Bindungen einer Förderung nach § 88d des Zweiten Wohnungsbaugesetzes in der Fassung vom 19. August 1994 (BGBl I S. 2138) in der bis zum 31. Dezember 2001 geltenden Fassung unterliegen oder
4. nach dem Hamburgischen Wohnungsbindungsgesetz als öffentlich gefördert gelten.

(5) ¹Eine Ermäßigung der Grundsteuermesszahlen nach den Absätzen 3 und 4 wird auf Antrag gewährt, wenn die jeweiligen Voraussetzungen zum Veranlagungszeitpunkt vorlagen. ²Sind mehrere Ermäßigungstatbestände erfüllt, sind die Ermäßigungen nacheinander anzuwenden. ³Bezugspunkt der Berechnung ist jeweils die vorangegangene Grundsteuermesszahlermäßigung. ⁴Die Ermäßigungen nach § 15 des Grundsteuergesetzes vom 7. August 1973 (BGBl I S. 965), zuletzt geändert am 21. Dezember 2020 (BGBl I S. 3096, 3129), in der jeweils geltenden Fassung gelten nicht.

▶ Die Kommentierung des HmbGrStG wird zeitnah in der Online-Fassung dieses Kommentars veröffentlicht.

§ 5 HmbGrStG Gesonderter Hebesatz bei unbebauten und baureifen Grundstücken (Grundsteuer C)

¹Für unbebaute und baureife Grundstücke im Sinne des § 1 Absatz 1 Satz 1 kann ein abweichender Hebesatz (Grundsteuer C) bestimmt werden. ²§ 25 Absatz 5 Sätze 1 bis 4 und 7 bis 9 des Grundsteuergesetzes finden Anwendung.

▶ Die Kommentierung des HmbGrStG wird zeitnah in der Online-Fassung dieses Kommentars veröffentlicht.

Abschnitt 2: Verfahren

§ 6 HmbGrStG Feststellungsverfahren

(1) ¹Die jeweiligen Grundsteuerwerte werden auf den 1. Januar 2022 allgemein festgestellt (Hauptfeststellung). ²Abweichend von § 221 des Bewertungsgesetzes findet keine turnusmäßige Hauptfeststellung statt. ³Bei der Ermittlung des Grundsteuerwerts ist § 163 der Abgabenordnung nicht anzuwenden.

(2) ¹In dem Feststellungsbescheid für die Grundsteuerwerte der Grundstücke sind auch Feststellungen über die Fläche von Grund und Boden und die Gebäudeflächen zu treffen. ²Abweichend von § 219 Absatz 2 Nummer 1 des Bewertungsgesetzes wird die Grundstücksart der wirtschaftlichen Einheit nicht festgestellt. ³Feststellungen erfolgen nur, wenn und soweit sie für die Besteuerung von Bedeutung sind. ⁴Der Feststellungsbescheid kann mit dem nachfolgenden Grundsteuermessbescheid verbunden und zusammengefasst bekannt gegeben werden.

(3) ¹Die Grundsteuerwerte (Wertfortschreibung) und die Flächen (Flächenfortschreibung) werden neu festgestellt, wenn ein Äquivalenzbetrag oder eine Fläche von der zuletzt getroffenen Feststellung abweicht und es für die Besteuerung von Bedeutung ist. ²Eine Fortschreibung nach Satz 1 findet auch zur Beseitigung eines Fehlers der letzten Feststellung statt.

(4) Für die Grundsteuerwerte nach diesem Gesetz gelten die Vorschriften des Bewertungsgesetzes über die Fortschreibung, Nachfeststellung, Aufhebung, Änderung und Nachholung der Feststellung im Übrigen sinngemäß.

(5) ¹Die Aufforderung zur Abgabe einer Erklärung durch öffentliche Bekanntmachung nach § 228 Absatz 1 Satz 3 des Bewertungsgesetzes erfolgt durch das zuständige Finanzamt mittels Allgemeinverfügung. ²Abweichend von § 228 Absatz 2 des Bewertungsgesetzes sind die Änderungen der tatsächlichen Verhältnisse, die sich auf die Höhe des Grundsteuerwerts auswirken oder zu einer Nachfeststellung oder der Aufhebung des Grundsteuerwerts führen können, auf den Beginn des folgenden Kalenderjahres zusammengefasst anzuzeigen. ³Die Anzeige ist bis zum 31. März des Jahres abzugeben, das auf das Jahr folgt, in dem sich die tatsächlichen Verhältnisse geändert haben. ⁴In den Fällen des § 1 Absatz 4 Satz 2 ist § 228 Absatz 3 Nummer 1 des Bewertungsgesetzes anzuwenden.

(6) Die Erklärung und die Anzeige nach Absatz 5 sind Steuererklärungen im Sinne der Abgabenordnung, die nach amtlich vorgeschriebenem Datensatz durch Datenfernübertragung übermittelt werden sollen.

▶ Die Kommentierung des HmbGrStG wird zeitnah in der Online-Fassung dieses Kommentars veröffentlicht.

§ 7 HmbGrStG Veranlagungsverfahren

(1) ¹Die Grundsteuermessbeträge werden auf den 1. Januar 2025 allgemein festgesetzt (Hauptveranlagung). ²Der Grundsteuermessbetrag wird auch neu festgesetzt, wenn der Grundsteuermessbetrag, der sich für den Beginn eines Kalenderjahres ergibt, von dem entsprechenden Betrag des letzten Festsetzungszeitpunkts nach unten abweicht. ³Dasselbe gilt, wenn sein auf den Grund und Boden entfallender Anteil nach oben abweicht oder wenn sein auf das Gebäude entfallender Anteil um mehr als 5 Euro nach oben abweicht. ⁴Der Grundsteuermessbetrag wird auch dann neu festgesetzt, wenn dem Finanzamt bekannt wird, dass die letzte Veranlagung fehlerhaft ist.

(2) Im Übrigen gelten die Vorschriften des Grundsteuergesetzes über die Neuveranlagung, Nachveranlagung, Aufhebung und Zerlegung des Grundsteuermessbetrags und die Änderung des Grundsteuermessbescheids sinngemäß.

(3) ¹Änderungen der Nutzung hat diejenige Person anzuzeigen, welcher der Steuergegenstand zuzurechnen ist. ²Satz 1 gilt für den Wegfall der Voraussetzungen für die ermäßigten Grundsteuermesszahlen nach § 4 Absätze 3 und 5 entsprechend. ³§ 19 Absatz 1 Satz 1 des Grundsteuergesetzes bleibt unberührt. ⁴Abweichend von § 19 Absatz 1 Satz 2 und Absatz 2 Satz 2 des Grundsteuergesetzes ist die Anzeige nach den Sätzen 1 bis 3 bis zum 31. März des Jahres abzugeben, das auf das Jahr folgt, in dem sich die Verhältnisse geändert haben. ⁵§ 6 Absatz 6 gilt entsprechend.

▶ Die Kommentierung des HmbGrStG wird zeitnah in der Online-Fassung dieses Kommentars veröffentlicht.

Abschnitt 3: Erlass

§ 8 HmbGrStG Erlass im Härtefall

(1) ¹In einem besonders gelagerten, nicht rohertragsbedingten Härtefall kann der Anteil der Grundsteuer B, der auf den Grundsteuermessbetrag eines nicht für Wohnzwecke genutzten Gebäudes entfällt, teilweise erlassen werden. ²Der Erlass wird nur auf Antrag gewährt. ³Der Antrag ist bis zu dem auf den Erlasszeitraum folgenden 31. März zu stellen. ⁴Einer jährlichen Wiederholung des Antrags bedarf es nicht. ⁵Die Steuerschuldnerin oder der Steuerschuldner ist verpflichtet, eine Änderung der maßgeblichen Verhältnisse dem zuständigen Finanzamt binnen drei Monaten nach Eintritt der Änderung anzuzeigen.

(2) ¹Sofern in einem Fall des Absatzes 1 weitere Erlasstatbestände vorliegen, gilt die Grundsteuer nach Anwendung des Absatzes 1 als Ausgangswert für die Berechnung. ²Die Erlassregelungen des Grundsteuergesetzes bleiben ansonsten unberührt.

▶ Die Kommentierung des HmbGrStG wird zeitnah in der Online-Fassung dieses Kommentars veröffentlicht.

Teil 2: Betriebe der Land- und Forstwirtschaft; Grundsteuer A

§ 9 HmbGrStG Abweichende Regelungen

(1) Zur Hofstelle nach § 234 Absatz 6 des Bewertungsgesetzes gehören auch Hof- und Wirtschaftsgebäudeflächen einschließlich der Nebenflächen, von denen aus keine land- und forstwirtschaftliche Betriebsflächen mehr nachhaltig bewirtschaftet werden, wenn sie keine Zweckbestimmung erhalten haben, die zu einer zwingenden Zuordnung zum Grundvermögen führt.

(2) ¹§ 1 Absatz 4 Satz 1 gilt für Betriebe der Land- und Forstwirtschaft entsprechend. ²In einen Betrieb der Land- und Forstwirtschaft, der von einer Gesellschaft oder Gemeinschaft des bürgerlichen Rechts betrieben wird, sind auch die Wirtschaftsgüter einzubeziehen, die einem oder mehreren Beteiligten gehören und dem Betrieb zu dienen bestimmt sind. ³In den Betrieb der Land- und Forstwirtschaft sind auch einzubeziehen

1. der Eigentümerin oder dem Eigentümer des Grund und Bodens nicht gehörende Gebäude, die auf dem Grund und Boden des Betriebs stehen,

2. der Eigentümerin oder dem Eigentümer des Grund und Bodens nicht gehörende Betriebsmittel, die der Bewirtschaftung des Betriebs dienen, und

3. ein Anteil an einem Wirtschaftsgut der Eigentümerin oder des Eigentümers des Betriebs der Land- und Forstwirtschaft, wenn es mit dem Betrieb zusammen genutzt wird.

(3) § 1 Absatz 4, § 6 Absätze 5 und 6 sowie § 7 Absatz 3 Sätze 3 bis 5 gelten für Betriebe der Land- und Forstwirtschaft entsprechend.

▶ Die Kommentierung des HmbGrStG wird zeitnah in der Online-Fassung dieses Kommentars veröffentlicht.

Teil 3: Erhebung der Grundsteuer

§ 10 HmbGrStG Fälligkeit bei Kleinbeträgen

Die Grundsteuer wird fällig

1. am 15. August mit ihrem Jahresbetrag, wenn dieser 15 Euro nicht übersteigt,

2. am 15. Februar und am 15. August mit je einer Hälfte ihres Jahresbetrags, wenn dieser 30 Euro nicht übersteigt.

▶ Die Kommentierung des HmbGrStG wird zeitnah in der Online-Fassung dieses Kommentars veröffentlicht.

Teil 4: Anwendung von Bundesrecht; Übergangs- und Schlussvorschriften

§ 11 HmbGrStG Anwendung von Bundesrecht

(1) ¹Die Bestimmungen des Grundsteuergesetzes und des Bewertungsgesetzes sind für Zwecke der Festsetzung und Erhebung der Grundsteuer ab dem Kalenderjahr 2025 nur anzuwenden, soweit sich aus diesem Gesetz nichts anderes ergibt. ²Auf die Festsetzung und Erhebung der Grundsteuer der Kalenderjahre bis einschließlich 2024 findet dieses Gesetz keine Anwendung.

(2) ¹Die Vorschriften der Abgabenordnung sind entsprechend anzuwenden, soweit in diesem Gesetz nichts anderes bestimmt ist. ²§ 32h der Abgabenordnung gilt mit der Maßgabe, dass die oder der Hamburgische Beauftragte für Datenschutz und Informationsfreiheit zuständig und das Hamburgische Datenschutzgesetz vom 18. Mai 2018 (HmbGVBl S. 145) in der jeweils geltenden Fassung einschlägig ist.

(3) Rechtsverordnungen des Bundes finden für die Grundsteuer B und C keine Anwendung.

▶ Die Kommentierung des HmbGrStG wird zeitnah in der Online-Fassung dieses Kommentars veröffentlicht.

§ 12 HmbGrStG Übergangsregelungen

(1) ¹Die Grundsteuerwerte werden auf den 1. Januar 2022 allgemein festgestellt. ²Die Grundsteuermessbeträge nach diesem Gesetz werden auf den 1. Januar 2025 allgemein festgesetzt.

(2) Für die Anwendung des § 6 Absatz 1 Satz 2 und des § 6 Absatz 3 Satz 1 dieses Gesetzes sowie der § 223 Absatz 1 Nummer 2 und § 224 Absatz 1 Nummer 2 des Bewertungsgesetzes ist für Feststellungszeitpunkte zwischen dem 1. Januar 2022 und dem 31. Dezember 2024 zu unterstellen, dass die Feststellungen für die Besteuerung nach diesem Gesetz von Bedeutung sind und hinsichtlich der Besteuerung der wirtschaftlichen Einheiten die Regelungen dieses Gesetzes gelten.

▶ Die Kommentierung des HmbGrStG wird zeitnah in der Online-Fassung dieses Kommentars veröffentlicht.

§ 13 HmbGrStG Außerkrafttreten

Mit Ablauf des 31. Dezember 2024 tritt das Gesetz über die Erhebung der Grundsteuer vom 21. Januar 1974 (HmbGVBl S. 8) in der geltenden Fassung außer Kraft.

▶ Die Kommentierung des HmbGrStG wird zeitnah in der Online-Fassung dieses Kommentars veröffentlicht.

Abschnitt IV: Hessen

Vorwort zur Kommentierung des Hessischen Grundsteuergesetzes (HGrStG)

Inhaltsübersicht	Rz.
A. Gesetzgebungsverfahren zum HGrStG	1 - 10
B. Überblick über das HGrStG	11 - 30
I. Bewertung des land- und forstwirtschaftlichen Vermögens	11 - 15
II. Bewertung des Grundvermögens	16 - 20
III. Grundsteuer C	21 - 25
IV. Steuermesszahlen	26 - 30
C. Regelungsziele des HGrStG	31 - 40
D. Verfahrensvorschriften	41 - 50
I. Grundsteuer B: Zweistufiges Verfahren	41 - 45
II. Erklärungs- und Anzeigepflichten	46 - 50
E. Verfassungsrechtliche Bewertung	51

LITERATUR:

Kirchhoff, Die grundgesetzlichen Grenzen der Grundsteuerreform, DStR 2018 S. 2661; *Seer*, Grundsteuer nach dem Urteil des BVerfG v. 10.4.2018 – Analyse und Folgerungen, DB 2018 S. 1488; *Löhr*, Flächensteuer: Eine Mogelpackung?, BB 2019 S. 2589; *Freund*, Der Belastungsgrund der Grundsteuer – von Leistungsfähigkeit und Äquivalenz, FR 2019 S. 931; *Hubert*, Nach ist vor der Grundsteuerreform, StuB 2020 S. 552; *Schmidt*, Verfassungswidrigkeit der Grundsteuer als Flächensteuer, DStR 2020 S. 249; *Hubert*, Nach ist vor der Grundsteuerreform, StuB 2020 S. 552; *Löhr*, Das neue hessische Landesgrundsteuer-Modell – Königsweg oder Sackgasse, BB 2020 S. 1687; *Grootens*, Umsetzung der Grundsteuerreform in den Ländern – Der Flickenteppich kommt!, ErbStB 2021 S. 80; *Bräutigam*, Grundsteuerreform – von der künftigen Diversität einer Steuerart, DStR 2021 S. 1330; *Scheffler/Feldner*, Umsetzung der Grundsteuerreform in den Bundesländern – Auswirkungen und verfassungsrechtliche Beurteilung, ifst-Schrift Nr. 542.

A. Gesetzgebungsverfahren zum HGrStG

Bereits am 11.5.2020 stellte der hessische Finanzminister Michael Boddenberg die Eckpunkte einer geplanten **Neuregelung** der **Grundsteuer in Hessen** vor.[1] Nach Prüfung des Vorschlags kam die hessische Landesregierung zu der Einschätzung, dass landesgesetzliche Regelungen zur Besteuerung des Grundvermögens erforderlich seien. Die bundesgesetzlichen Regelungen wurden für zu aufwändig, komplex und nur mit unverhältnismäßigem Aufwand administrierbar gehalten.[2] Die im Schrifttum vorgetragenen möglichen verfassungsrechtlichen Risiken bei Anwendung der bundesgesetzlichen Regelungen seien auch mit Unsicherheiten für die kommunalen Haushalte verbunden.[3] Mehr als ein Jahr nach der ersten Vorstellung des hessischen Grundsteuer-Modells im Mai 2020 wurde am 13.9.2021 schließlich von der Landesregierung ein Gesetzentwurf in den Landtag[4] eingebracht.

1

---

1 Gerecht, einfach und verständlich: „Hessen möchte die Grundsteuer mit einem eigenen Modell neu berechnen." – Pressemitteilung des Hessischen Ministeriums der Finanzen v. 11.5.2020.
2 Gesetzentwurf der Koalitionsfraktionen für ein Hessisches Grundsteuergesetz, Hessische LT-Drucks. 20/6379 S. 2.
3 Gesetzentwurf der Koalitionsfraktionen für ein Hessisches Grundsteuergesetz, Hessische LT-Drucks. 20/6379 S. 2.
4 Gesetzentwurf der Koalitionsfraktionen für ein Hessisches Grundsteuergesetz, Hessische LT-Drucks. 20/6379 S. 1.

2   Im laufenden Gesetzgebungsverfahren haben sich keine inhaltlichen Änderungen am Gesetzentwurf ergeben. Ein Antrag der Fraktion der AfD, im Rahmen der Neuregelung der Grundsteuer einen Mechanismus für eine **Grundsteuerbremse** zu erarbeiten und **Höchsthebesätze** einzuführen,[1] fand im hessischen Landtag **keine Mehrheit**.[2] Auch ein Änderungsantrag der Partei DIE LINKE, mit dem diese die Einführung einer **ermäßigten Steuermesszahl** für selbstverwaltete **gemeinschaftliche Wohnprojekte**, deren Zweck dem genossenschaftlichen Wohnen gleichkomme, forderte,[3] wurde im hessischen Landtag **abgelehnt**.[4] Die hessische FDP legte während der laufenden Überlegungen zur Einführung eines Flächen-Faktor-Verfahrens einen eigenen Gesetzentwurf vor, mit dem sie die Einführung des **bayerischen Flächenmodells** auch in Hessen bezweckte.[5] Auch dieser fand im hessischen Landtag **keine Mehrheit**.[6]

3   Der hessische Landtag hat das HGrStG am 15.12.2021 beschlossen[7] und damit die durch das Gesetz zur Änderung des Grundgesetzes (Art. 72, 105 und 125b) v. 15.11.2019[8] in Art. 72 Abs. 3 Satz 1 Nr. 7 GG geschaffene Möglichkeit genutzt, ganz oder zum Teil von einem Bundesgesetz zur Grundsteuer abzuweichen. Während das Saarland und Sachsen diese Möglichkeit zu einer lediglich punktuellen Abweichung vom Bundesrecht im Bereich der Steuermesszahlen genutzt haben, führt Hessen nach Baden-Württemberg, Bayern, Hamburg und Niedersachsen als fünftes Bundesland insbesondere im Bereich der Bewertung des Grundvermögens für Zwecke der Grundsteuer mit einem **Flächen-Faktor-Verfahren** eigenständige Regelungen ein. Auch die Möglichkeit der Gemeinden, einen erhöhten Hebesatz auf baureife Grundstücke festzusetzen (sog. Grundsteuer C, siehe hierzu → Rz. 21), wird in Hessen zukünftig landesgesetzlich geregelt.

4   Die Einführung der sog. **Grundsteuer C** war im politischen Gesetzgebungsverfahren nicht unumstritten. Im Rahmen der Anhörung zum Entwurf des HGrStG haben sich mehrere Verbände gegen deren Einführung ausgesprochen. Wie die frühere Grundsteuer C der 1960er-Jahre würde sie ihre Lenkungswirkung verfehlen, Unternehmen bestrafen, die Flächen für Investitionen bereithielten, finanzschwache Eigentümer stärker treffen, Bodenspekulationen eher befeuern als bekämpfen und das Konfliktpotenzial erhöhen.[9] Insbesondere die hessische FDP hat die Einführung der Grundsteuer C abgelehnt. Der von ihr vorgelegte Gesetzesentwurf zur Einführung eines Flächenmodells sah die Möglichkeit der Erhebung eines erhöhten Hebesatzes für baureife, unbebaute Grundstücke ausdrücklich nicht vor, fand jedoch im hessischen Landtag keine Mehrheit (siehe bereits oben → Rz. 2).

5–10   *(Einstweilen frei)*

---

1 Dringlicher Antrag der Fraktion der AfD, Hessische LT-Drucks. 20/6447.
2 Beschlussempfehlung des Haushaltsausschusses, Hessische LT-Drucks. 20/6641 und 87. Sitzung des hessischen Landtags am 10.11.2021, Plenarprotokoll 20/87 S. 7035.
3 Änderungsantrag der Fraktion DIE LINKE zum Entwurf eines Hessischen Grundsteuergesetzes, Hessische LT-Drucks. 20/6931.
4 Beschlussempfehlung und Zweiter Bericht Haushaltsausschuss zu Gesetzentwurf Landesregierung für ein Hessisches Grundsteuergesetz, Hessische LT-Drucks. 20/6944 und 92. Sitzung des Hessischen Landtags am 14.12.2021, Plenarprotokoll 20/92 S. 7528.
5 Gesetzentwurf der Fraktion der Freien Demokraten Hessen für ein Hessisches Grundsteuergesetz, hessische LT-Drucks. 20/5538.
6 92. Sitzung des Hessischen Landtags am 14.12.2021, Plenarprotokoll 20/92 S. 7528.
7 92. Sitzung des Hessischen Landtags am 14.12.2021, Plenarprotokoll 20/92 S. 7528.
8 BGBl I 2019 S. 1546.
9 Vgl. eingegangene Stellungnahmen zu der öffentlichen mündlichen Anhörung des Haushaltsausschusses (Ausschussvorlage HHA 20/44); Stellungnahmen des Hessischen Industrie- und Handelskammertags (S. 29 f., und 36 f.), Haus und Grund Hessen/Haus und Grund Frankfurt am Main (S. 41 f.), Verband Wohneigentum Hessen (S. 44), Vereinigung der Hessischen Unternehmerverbände (S. 49 u. S. 52), ZIA Zentraler Immobilien Ausschuss e.V. (S. 58, 60, 69), Die FAMILIENUNTERNEHMER (S. 76 f.).

B. Überblick über das HGrStG

I. Bewertung des land- und forstwirtschaftlichen Vermögens

Für **Betriebe der Land- und Forstwirtschaft** (sog. Grundsteuer A) finden in Hessen auch künftig uneingeschränkt die **Regelungen des Bundesgesetzes** (§§ 232–242 BewG[1]) zur Ermittlung der Bemessungsgrundlage für Zwecke der Grundsteuer Anwendung. Im Gegensatz zu Niedersachsen (§ 11 NGrStG[2]) trifft Hessen insoweit keine – auch nicht nur punktuelle – Abweichungen zum Bundesgesetz.

(Einstweilen frei) 12–15

II. Bewertung des Grundvermögens

Bei der Grundsteuer für das **Grundvermögen** (sog. Grundsteuer B) wird dagegen abweichend vom Bundesgesetz das sogenannte **Flächen-Faktor-Verfahren** eingeführt. Dieses ist vergleichbar mit dem niedersächsischen Fläche-Lage-Verfahren. Es basiert auf dem bayerischen Flächenverfahren, erweitert dieses jedoch um einen zusätzlichen Faktor, der abhängig von dem Bodenrichtwert des zu bewertenden Grundstücks und dem durchschnittlichen Bodenrichtwert der Gemeinde ist. Anders als im niedersächsischen Fläche-Lage-Verfahren verzichtet Hessen allerdings auf die erste Stufe der gesonderten Feststellung von Äquivalenzbeträgen und führt zur Ermittlung der festzusetzenden Grundsteuer ein zweistufiges Verfahren ein (siehe hierzu → Rz. 41 ff.).

Ausgangspunkt des Flächen-Faktor-Verfahrens ist der nach dem **bayerischen Flächenmodell** ermittelte Wert (Boden- und Gebäudefläche x jeweiliger Flächenbetrag [in Bayern und Niedersachsen: Äquivalenzbetrag] x jeweilige Grundsteuermesszahl). Auf die Summe dieser Beträge (sog. Ausgangsbetrag, § 4 Abs. 1 HGrStG[3]) wird ein lageabhängiger Faktor angewendet, der sich aus dem Verhältnis des jeweiligen Zonen-Bodenrichtwerts zum Durchschnittsbodenrichtwert der Gemeinde, potenziert mit 0,3, ermittelt. Durch die Einführung dieses Faktors soll die unterschiedliche Lagequalität des zu bewertenden Grundstücks im Verhältnis zu der durchschnittlichen Lage der Gemeinde berücksichtigt werden, wobei die Potenzierung mit 0,3 im Hinblick auf das Verhältnis vom jeweiligen für das Grundstück maßgeblichen Bodenrichtwert zum durchschnittlichen Bodenrichtwert dämpfend wirkt. Im Gegensatz zu dem bayerischen Flächenmodell, in dem die Belegenheit des Grundstücks für die Bewertung keine Rolle spielt, beeinflusst die Lage eines Grundstücks im Flächen-Faktor-Verfahren folglich die Bemessungsgrundlage für die Grundsteuer.

---

1 Siehe hierzu die Kommentierung Müller in Grootens, GrStG § 232–§ 242.
2 Siehe hierzu vertiefend Bock/Lapp in Grootens, NGrStG § 11 Rz. 1 ff.
3 Siehe hierzu Bock/Lapp in Grootens, HGrStG § 4 Rz. 26 f.

18 Schematisch stellt sich das hessische Flächen-Faktor-Verfahren wie folgt dar:

Fläche des Grund und Bodens § 5 Abs. 1 HGrStG[1]	Wohnflächen § 5 Abs. 2 HGrStG[2]	Nutzflächen § 5 Abs. 3 HGrStG[3]
x	x	x
Flächenbetrag Grund und Boden § 5 Abs. 1 HGrStG[4] 0,04 €/m²	Flächenbetrag Gebäude § 5 Abs. 2 HGrStG[5] 0,50 €/m²	Flächenbetrag Gebäude § 5 Abs. 3 HGrStG[6] 0,50 €/m²
x	x	x
Grundsteuermesszahl § 6 Abs. 1 HGrStG[7] 100 %	Grundsteuermesszahl § 6 Abs. 2 HGrStG[8] 70 % (ggf. Ermäßigung nach § 6 Abs. 3 HGrStG[9] und/oder § 4 HGrStG[10] i. V. mit § 15 Abs. 2–4 GrStG[11])	Grundsteuermesszahl § 6 Abs. 1 HGrStG[12] 100 % (ggf. Ermäßigung nach § 6 Abs. 3 HGrStG[13] und/oder § 4 HGrStG[14] i. V. mit § 15 Abs. 2–4 GrStG[15])

▼

Ausgangsbetrag
§ 4 Abs. 1 HGrStG[16]

x

Faktor
§ 7 HGrStG[17]

$$\left(\frac{\text{Bodenrichtwert}}{\text{durchschn. Bodenrichtwert}}\right)^{0,3}$$

▼

Grundsteuermessbetrag
(Abrundung auf volle Euro)
§ 4 Abs. 1 HGrStG[18]

x

Hebesatz
§ 25 Abs. 1–4 GrStG,[19] § 13 HGrStG[20]

▼

Jahresbetrag der Grundsteuer
§ 27 GrStG[21]

---

[1] Siehe hierzu Bock/Lapp in Grootens, HGrStG § 5 Rz. 36 ff.
[2] Siehe hierzu Bock/Lapp in Grootens, HGrStG § 5 Rz. 46 ff.
[3] Siehe hierzu Bock/Lapp in Grootens, HGrStG § 5 Rz. 86 ff.
[4] Siehe hierzu Bock/Lapp in Grootens, HGrStG § 5 Rz. 36 ff.
[5] Siehe hierzu Bock/Lapp in Grootens, HGrStG § 5 Rz. 46 ff.
[6] Siehe hierzu Bock/Lapp in Grootens, HGrStG § 5 Rz. 86 ff.
[7] Siehe hierzu Bock/Lapp in Grootens, HGrStG § 6 Rz. 26 f.
[8] Siehe hierzu Bock/Lapp in Grootens, HGrStG § 6 Rz. 31 f.
[9] Siehe hierzu Bock/Lapp in Grootens, HGrStG § 6 Rz. 36 f.
[10] Siehe hierzu Bock/Lapp in Grootens, HGrStG § 4 Rz. 26 ff.
[11] Siehe hierzu Bock in Grootens, GrStG § 15 Rz. 22 ff.
[12] Siehe hierzu Bock/Lapp in Grootens, HGrStG § 6 Rz. 26 f.
[13] Siehe hierzu Bock/Lapp in Grootens, HGrStG § 6 Rz. 36 f.
[14] Siehe hierzu Bock/Lapp in Grootens, HGrStG § 4 Rz. 26 ff.
[15] Siehe hierzu Bock in Grootens, GrStG § 15 Rz. 22 ff.
[16] Siehe hierzu Bock/Lapp in Grootens, HGrStG § 4 Rz. 26 f.
[17] Siehe hierzu Bock/Lapp in Grootens, HGrStG § 7 Rz. 26 ff.
[18] Siehe hierzu Bock/Lapp in Grootens, HGrStG § 4 Rz. 26 ff.
[19] Siehe hierzu Grootens in Grootens, GrStG § 25 Rz. 31 ff.
[20] Siehe hierzu Bock/Lapp in Grootens, HGrStG § 13 Rz. 26 ff.
[21] Siehe hierzu Grootens in Grootens, GrStG § 27 Rz. 1 ff.

(Einstweilen frei) 19–20

III. Grundsteuer C

Die sog. Grundsteuer C, mit der den Gemeinden gem. § 25 Abs. 5 GrStG[1] die Möglichkeit geboten wird, auf **unbebaute, baureife Grundstücke** einen **erhöhten Hebesatz** anzuwenden, wird in Hessen künftig landesgesetzlich geregelt und soll den Gemeinden nach Aussage der hessischen Landesregierung einen größeren Entscheidungsspielraum bieten.[2] So sollen die hessischen Gemeinden zukünftig auch mehrere Hebesätze festlegen können, deren Höhe sie nach der Dauer der Baureife und Nichtbebauung abstufen können.[3] Im Gegensatz zur bundesgesetzlich geregelten Grundsteuer C muss der Gemeindeteil, für den der erhöhte Hebesatz gelten soll, nicht mindestens 10 % des Gemeindegebiets (§ 25 Abs. 5 Satz 6 GrStG[4]), sondern 10 % der Siedlungsfläche des Gemeindegebiets umfassen (§ 13 Abs. 4 Satz 2 HGrStG[5]).[6] Die bundesgesetzliche Regelung wäre nach Auffassung der hessischen Landesregierung für viele Kommunen nicht umsetzbar, da zum Gemeindegebiet auch Wald- und Ackerbauflächen gehören und bei vielen Kommunen, insbesondere bei Flächenkommunen, die gesamte Siedlungsfläche weniger als 10 % des Gemeindegebiets ausmache.[7] 21

(Einstweilen frei) 22–25

IV. Steuermesszahlen

Gem. § 6 Abs. 1 HGrStG[8] i.V. mit § 5 Abs. 1 und 3 HGrStG[9] beträgt die **Steuermesszahl** für den **Grund und Boden** und für **nicht zu Wohnzwecken** genutzte Flächen **100 %**. Für zu **Wohnzwecken** genutzte Flächen beträgt die Steuermesszahl gem. § 6 Abs. 2 HGrStG[10] i.V. mit § 5 Abs. 2 HGrStG[11] **70 %**, wird also gegenüber der Grundsteuermesszahlen für den Grund und Boden und für Nutzflächen um 30 % ermäßigt. 26

Die Regelungen des Bundesgesetzes zur **Ermäßigung der Steuermesszahl** für geförderten Wohnraum und für den Grundbesitz bestimmter Rechtsträger (§ 15 Abs. 2–4 GrStG[12]) sind gem. § 6 Abs. 4 HGrStG[13] auch für im Land Hessen belegenes Grundvermögen anzuwenden. Die in § 15 Abs. 5 GrStG[14] bundesgesetzlich geregelte Ermäßigung der Steuermesszahl, wenn sich auf dem Grundstück ein Baudenkmal befindet, wird durch die vergleichbare landesgesetzliche Regelung in § 6 Abs. 3 HGrStG[15] als lex posterior verdrängt. Im Gegensatz zur bundes- 27

---

1 Siehe hierzu Grootens in Grootens, GrStG § 25 Rz. 121 ff.
2 Gesetzentwurf der Koalitionsfraktionen für ein Hessisches Grundsteuergesetz, Hessische LT-Drucks. 20/6379 S. 2.
3 Gesetzentwurf der Koalitionsfraktionen für ein Hessisches Grundsteuergesetz, Hessische LT-Drucks. 20/6379 S. 23.
4 Siehe hierzu Grootens in Grootens, GrStG § 25 Rz. 171 ff.
5 Siehe hierzu Bock/Lapp in Grootens, HGrStG § 13 Rz. 47.
6 Siehe hierzu vertiefend Bock/Lapp in Grootens, HGrStG § 13 Rz. 47 ff.
7 Vgl. Reul, Plenarprotokoll 20/83 zur 83. Sitzung des hessischen Landtags, S. 6658 f.
8 Siehe hierzu Bock/Lapp in Grootens, HGrStG § 6 Rz. 26 f.
9 Siehe hierzu Bock/Lapp in Grootens, HGrStG § 5 Rz. 36 ff. und 86 ff.
10 Siehe hierzu Bock/Lapp in Grootens, HGrStG § 6 Rz. 31 f.
11 Siehe hierzu Bock/Lapp in Grootens, HGrStG § 5 Rz. 46 f.
12 Siehe hierzu vertiefend Bock in Grootens, GrStG § 15 Rz. 57 ff.
13 Siehe hierzu Bock/Lapp in Grootens, HGrStG § 6 Rz. 71 ff.
14 Siehe hierzu vertiefend Bock in Grootens, GrStG, § 15, Rz. 100 ff.
15 Siehe hierzu Bock/Lapp in Grootens, HGrStG § 6 Rz. 36 ff.

gesetzlichen Regelung wird die Steuermesszahl bei einer Bebauung mit einem Baudenkmal nicht um zehn, sondern um 25 % gemindert.

28–30 *(Einstweilen frei)*

C. Regelungsziele des HGrStG

31 Mit der **Inanspruchnahme** der **Öffnungsklausel** verfolgt der hessische Gesetzgeber im Wesentlichen folgende **Ziele**:[1]

- Vermeidung der mit den seines Erachtens mit den bundesgesetzlichen Regelungen verbundenen Nachteile (siehe hierzu → Rz. 32 f.),
- Sicherung der Grundsteuer als konjunkturunabhängige und verlässliche Einnahmequelle der Kommunen (siehe hierzu → Rz. 34),
- für die Bürgerinnen und Bürger gerechte, einfache und verständliche Lösung (siehe hierzu → Rz. 35),
- für die Verwaltung leicht administrierbare Lösung (siehe hierzu → Rz. 36),
- Aufkommensneutralität (siehe hierzu → Rz. 37 f.).

32 Übersicht über die Nachteile des Bundesmodells nach Auffassung der hessischen Landesregierung und wie diese im hessischen Modell vermieden werden sollen:[2]

vermeintlicher Nachteil des Bundesmodells	Vermeidung im hessischen Modell
▶ höherer Erhebungsaufwand, da deutlich mehr Parameter zu beachten seien	▶ geringerer Erhebungsaufwand, da Angaben zur Grundstücksgröße und Gebäudefläche (Wohnen/Nichtwohnen) ausreichend seien
▶ Konfliktpotential hinsichtlich Bodenrichtwerten und Baujahren (z. B. Frage der Kernsanierung)	▶ Bodenrichtwerte stünden automatisiert zur Verfügung und Baujahr spiele für die Berechnung keine Rolle
▶ Kapitalisierungsfaktoren, Vervielfältiger und Abzinsungsfaktoren machten das Recht schwer verständlich, ▶ erhöhe dadurch (auch den personellen) Verwaltungsaufwand und ▶ führe zu geringerer Akzeptanz des Modells in der Bevölkerung	▶ Irrelevanz solcher Parameter vereinfache das Recht, ▶ vermindere den Verwaltungsaufwand und Personalbedarf und ▶ steigere die Akzeptanz des Modells in der Bevölkerung
▶ automatisch steigenden Grundsteuern bei Anstieg der Grundstückspreise und gleichbleibendem Hebesatz	▶ Anstieg der Bodenpreise führe zu keiner automatischen Steuererhöhung, da gleichzeitig die Vergleichsgröße (durchschnittlicher Bodenrichtwert der Gemeinde) mitwachse

33 Zur unbürokratischen und zeitgemäßen Fortentwicklung der Grundsteuer wird die Belastungsgrundentscheidung bei der Bewertung des Grundvermögens zukünftig in Hessen auf den **Äquivalenzgedanken** gestützt. Dabei orientiert sich das hessische Bewertungsmodell nicht an dem Marktwert des Grundbesitzes, sondern an sog. Flächenbeträgen für die Boden- und Gebäudeflächen sowie der Lage.[3]

34 Das sich aus Art. 28 Abs. 2 Satz 3 GG ergebende **kommunale Hebesatzrecht** bleibt vom HGrStG unberührt, die tatsächliche Höhe der Steuerbelastung wird in Hessen auch weiterhin durch

---

1 Gesetzentwurf der Koalitionsfraktionen für ein Hessisches Grundsteuergesetz, Hessische LT-Drucks. 20/6379 S. 2 f.
2 Vgl. Reul, Plenarprotokoll 20/83 zur 83. Sitzung des hessischen Landtags S. 6659.
3 Vgl. Gesetzentwurf der Koalitionsfraktionen zum Hessischen Grundsteuergesetz, Hessische LT-Drucks. 20/6379 S. 12.

den kommunalen Hebesatz bestimmt. Das HGrStG zielt darauf ab, den Kommunen das Aufkommen aus der Grundsteuer (ca. 1,2 Mrd. € im Jahr 2020) zu erhalten.[1] In den Medien wurden neben dem Vorwurf, der Landesgesetzgeber würde hierdurch die Verantwortung auf die Kommunen abwälzen, auch vereinzelt Bedenken geäußert, die Kommunen könnten die Reform für eine Erhöhung der Grundsteuer nutzen.[2] Die hessische Landesregierung hat betont, dass es nicht ihre Aufgabe sei, in die verfassungsrechtlich geschützte Hebesatzautonomie einzugreifen, um ein bestimmtes Ergebnis sicherzustellen – sollten Gemeinden Hebesätze beschließen, die zu einem höheren Steueraufkommen als nach altem Recht führen, müssen sie dies – wie auch gegenwärtig bei einer Erhöhung der Grundsteuer – gegenüber den Bürgerinnen und Bürgern verantworten.[3]

Die Berechnung der **Bemessungsgrundlage** nach dem HGrStG soll nach Ansicht des Landesgesetzgebers **gerecht, einfach und verständlich** sein – gerecht, weil sich die Größe, die Lage und die Nutzung der Immobilien auf die Steuerhöhe auswirke, einfach, weil nur wenige Parameter angegeben werden müssten und verständlich, weil die Berechnung kurz und der Einfluss der Parameter auf das Ergebnis klar sei.[4] Lediglich zur Bodenfläche und zur Gebäudefläche, unterschieden nach Wohnen und Nicht-Wohnen, sollen Angaben erforderlich sein, die anderen für die Berechnung der Bemessungsgrundlage notwendigen Angaben sollen der hessischen Finanzverwaltung vorliegen.[5]

Neben der besseren Nachvollziehbarkeit für die Bürgerinnen und Bürger wird mit dem HGrStG auch eine **einfachere Administrierbarkeit** für die Verwaltung und eine Reduzierung des Personalaufwands im Vergleich zum Bundesgesetz angestrebt.[6] Abweichend von den bundesgesetzlichen Regelungen werden Hauptfeststellungen in Hessen zukünftig nicht alle sieben, sondern nur noch alle 14 Jahre durchgeführt (§ 8 Abs. 1 HGrStG[7]). Im Gegensatz zu dem dreistufigen Verfahren im Bundesmodell oder niedersächsischen Grundsteuermodell (Feststellung des Grundsteuerwerts bzw. Äquivalenzbetrags – Festsetzung des Grundsteuermessbetrags – Festsetzung der Grundsteuer) ist das **Verfahren** zur Ermittlung der Grundsteuer für das Grundvermögen in Hessen zukünftig **zweistufig** aufgebaut. Auf der ersten Stufe werden direkt die Grundsteuermessbeträge festgesetzt (§ 4 Abs. 1 HGrStG[8]). Auf der zweiten Stufe setzen die Gemeinden durch Anwendung des Hebesatzes hierauf die zu zahlende Grundsteuer fest (mangels abweichender landesgesetzlicher Regelungen gelten hier § 25 Abs. 1–4 GrStG[9] und § 27 GrStG[10]). Die erste Stufe der Feststellung von Grundsteuerwerten wie im Bundesmodell bzw. Äquivalenzbeträgen wie im niedersächsischen Grundsteuermodell entfällt.

---

1 Gesetzentwurf der Koalitionsfraktionen zum Hessischen Grundsteuergesetz, Hessische LT-Drucks. 20/6379 S. 3.
2 Köhler, „Der Ball liegt bei den Kommunen", in Frankfurter Allgemeine Zeitung v. 15.12.2021, https://www.faz.net/aktuell/rhein-main/neuregelung-der-grundsteuer-der-ball-liegt-bei-den-kommunen-17686382.html, abgerufen am 25.12.2021.
3 Antwort der Landesregierung auf die Kleine Anfrage von Dr. Dr. Rainer Rahn (AfD) v. 4.1.2021 zur Neuregelung der Grundsteuer, Hessische LT-Drucks. 20/4339 S. 2.
4 Vgl. Reul, Plenarprotokoll 20/83 zur 83. Sitzung des hessischen Landtags S. 6658.
5 Vgl. Reul, Plenarprotokoll 20/83 zur 83. Sitzung des hessischen Landtags S. 6658.
6 Gesetzentwurf der Koalitionsfraktionen zum Hessischen Grundsteuergesetz, Hessische LT-Drucks. 20/6379 S. 2 f.
7 Siehe hierzu Bock/Lapp in Grootens, HGrStG § 8 Rz. 26 ff.
8 Siehe hierzu Bock/Lapp in Grootens, HGrStG § 4 Rz. 26 ff.
9 Siehe hierzu Grootens in Grootens, GrStG § 25 Rz. 31 ff.
10 Siehe hierzu Grootens in Grootens, GrStG § 27 Rz. 1 ff.

37 Wie der Bundesgesetzgeber und andere abweichende Länder strebt auch Hessen eine insgesamt **aufkommensneutrale Reform** der Grundsteuer an.[1] Dabei wurde nicht verkannt, dass es zwischen den einzelnen wirtschaftlichen Einheiten zu Belastungsverschiebungen kommen wird, die Grundsteuer sich also für einige wirtschaftliche Einheiten erhöhen wird, während es bei anderen zu Senkungen kommt.[2] Diese Belastungsverschiebungen sind der Reform immanent und zwingende Konsequenz der Umsetzung des Bundesverfassungsgerichts-Urteils vom 10.4.2018.[3] Inwieweit es tatsächlich zu Belastungsverschiebungen kommen wird, kann derzeit noch nicht abgeschätzt werden. Die Einführung eines Exponenten kleiner 1 zur Dämpfung des Faktors könnte allerdings eine Privilegierung von Grundstücken in teureren Lagen indizieren, da sich der Faktor verhältnismäßig weniger stark verändert, je stärker der Zonen-Bodenrichtwert vom durchschnittlichen Bodenrichtwert abweicht.

38 Um das Ziel der Aufkommensneutralität zu erreichen, wird an die Gemeinden **appelliert**, die aus der Neuregelung resultierenden Belastungsverschiebungen durch eine **Anpassung des Hebesatzes** so auszugleichen, dass ein konstantes Grundsteueraufkommen gesichert wird.[4] Die hessische Landesregierung hat zugesagt, die Städte und Gemeinden bei der Findung der aufkommensneutralen Hebesätze zu unterstützen, indem sie die für die Aufkommensneutralität notwendigen Hebesatzanpassungen ermittelt und bekannt gibt.[5] Da die Bemessungsgrundlage beim Äquivalenzmodell mit den vorgesehenen Flächenbeträgen erheblich geringer sein dürfte als bei einem marktwertorientierten Modell, ist in Hessen damit zu rechnen, dass die Gemeinden ihre Hebesätze entsprechend erhöhen müssen. Der Faktor dürfte die Bemessungsgrundlage weiter drücken, da sich die Potenz von 0,3 bei Zahlen über 1 verhältnismäßig mehr dämpfend als sie sich bei Zahlen unter 1 hebend auswirkt.

39–40 *(Einstweilen frei)*

D. Verfahrensvorschriften

I. Grundsteuer B: Zweistufiges Verfahren

41 Anders als nach dem Bundesgesetz oder dem Niedersächsischen Grundsteuergesetz (NGrStG) erfolgt bei der Ermittlung der Grundsteuer für das Grundvermögen in Hessen keine gesonderte Feststellung von Grundsteuerwerten wie im Bundesmodell oder Äquivalenzbeträgen wie im niedersächsischen Grundsteuermodell. Bei der Berechnung der Grundsteuer für Zwecke des Grundvermögens ist (ohne vorherige Ermittlung eines Grundsteuerwerts bzw. Äquivalenzbetrags) von einem **Grundsteuermessbetrag** auszugehen (§ 4 Abs. 1 Satz 1 HGrStG[6]). Der Grundsteuermessbetrag ist die Bemessungsgrundlage für die Ermittlung der Grundsteuer. Bei dem nach § 4 Abs. 1 HGrStG[7] ermittelten **Ausgangsbetrag** (Summe der Produkte aus der jeweiligen Fläche und der jeweiligen Steuermesszahl) handelt es sich lediglich um eine Rechengrö-

---

[1] Gesetzentwurf der Koalitionsfraktionen zum Hessischen Grundsteuergesetz, Hessische LT-Drucks. 20/6379 S. 3 u. 15.
[2] Vgl. Reul, Plenarprotokoll 20/83 zur 83. Sitzung des hessischen Landtags S. 6659.
[3] BVerfG, Urteil v. 10.4.2018 - 1 BvL 11/14, 1 BvL 12/14, 1 BvL 1/15, 1 BvR 639/11, 1 BvR 889/12, NWB MAAAG-80435.
[4] Gesetzentwurf der Koalitionsfraktionen zum Hessischen Grundsteuergesetz, Hessische LT-Drucks. 15.
[5] Gesetzentwurf der Koalitionsfraktionen zum Hessischen Grundsteuergesetz, Hessische LT-Drucks. 15.
[6] Siehe hierzu Bock/Lapp in Grootens, HGrStG § 4 Rz. 26.
[7] Siehe hierzu Bock/Lapp in Grootens, HGrStG § 4 Rz. 27.

ße, die nicht förmlich festgestellt und auf die direkt der Faktor nach § 7 HGrStG[1] zur Ermittlung des Steuermessbetrags angewendet wird.

Auf der **ersten Ermittlungsstufe** wird der **Grundsteuermessbetrag** ermittelt (§ 4 Abs. 1 Satz 1 HGrStG[2]) und im Wege der Veranlagung festgesetzt (§ 2 Abs. 5 HGrStG[3] und §§ 8 ff. HGrStG[4] i.V. mit § 184 Abs. 1 AO). Der Grundsteuermessbetrag ist der verfahrensrechtlich bindende Ausgangspunkt zur Festsetzung der Grundsteuer durch die hebeberechtigte Gemeinde (§ 2 Abs. 5 HGrStG[5] i.V. mit § 184 Abs. 1 Satz 4, § 182 Abs. 1 Satz 1 AO). Mangels abweichender landesgesetzlicher Regelung wird der Grundsteuermessbetrag auch in Hessen den Gemeinden ausschließlich elektronisch zum Datenabruf bereitgestellt (§ 184 Abs. 3 Satz 2 AO). 42

Auf der **zweiten Ermittlungsstufe** setzt die hebeberechtigte hessische Gemeinde (Art. 108 Abs. 4 Satz 2 GG i.V. mit § 1 des Gesetzes über die Zuständigkeit der Gemeinden für die Festsetzung und Erhebung der Realsteuern vom 3.12.1981[6]) die **Grundsteuer** durch Anwendung ihres satzungsmäßigen Hebesatzes auf den bindenden Grundsteuermessbetrag fest (§ 25 Abs. 1 GrStG,[7] § 27 Abs. 1 GrStG[8]). 43

(Einstweilen frei) 44–45

II. Erklärungs- und Anzeigepflichten

Die in § 228 BewG[9] und § 19 GrStG[10] bundesgesetzlich geregelten **Erklärungs- und Anzeigepflichten** gelten mangels abweichender spezieller landesgesetzlicher Vorschriften in Hessen für die Festsetzung der Grundsteuermessbeträge grundsätzlich entsprechend (§ 2 Abs. 4 Satz 1 HGrStG[11]). Für die Steuerpflichtigen bedeutet dies: 46

- Zum ersten Hauptfeststellungszeitpunkt auf den 1.1.2022 und danach möglicherweise im Turnus von 14 Jahren ist eine **Erklärung zur Festsetzung des Grundsteuermessbetrags** elektronisch nach amtlich vorgeschriebenem Datensatz an die Finanzbehörde zu übermitteln. Die Abgabe der Erklärung auf einem Papiervordruck ist auch im hessischen Modell in Härtefällen möglich (§ 228 Abs. 1 BewG[12]).

- Dem Finanzamt müssen jeweils durch elektronische Übermittlung nach amtlich vorgeschriebenem Datensatz, wobei auch die Abgabe der **Anzeige** auf einem Papiervordruck in Härtefällen auf Antrag möglich bleibt, folgende **Änderungen** angezeigt werden (§ 228 Abs. 2 BewG[13]):

    - Änderungen der tatsächlichen Verhältnisse, die sich auf die Höhe der Grundsteuermessbeträge auswirken oder zu deren erstmaliger Festsetzung führen können und

---

1 Siehe hierzu Bock/Lapp in Grootens, HGrStG § 7 Rz. 26 ff.
2 Siehe hierzu Bock/Lapp in Grootens, HGrStG § 4 Rz. 26.
3 Siehe hierzu Bock/Lapp in Grootens, HGrStG § 2 Rz. 66 ff.
4 Siehe hierzu die Kommentierungen bei Bock/Lapp in Grootens, HGrStG §§ 8–12.
5 Siehe hierzu Bock/Lapp in Grootens, HGrStG § 2 Rz. 66 ff.
6 Hessisches GVBl I 1981 S. 413.
7 Siehe hierzu Grootens in Grootens, GrStG § 25 Rz. 31 ff.
8 Siehe hierzu Grootens in Grootens, GrStG § 27 Rz. 36 ff.
9 Siehe hierzu Wredenhagen in Grootens, BewG § 228 Rz. 1 ff.
10 Siehe hierzu Bock in Grootens, GrStG § 19 Rz. 1 ff.
11 Siehe hierzu Bock/Lapp in Grootens, HGrStG § 2 Rz. 56 ff.
12 Siehe hierzu Wredenhagen in Grootens, BewG, § 228 Rz. 61 ff.
13 Siehe hierzu Wredenhagen in Grootens, BewG § 228 Rz. 111 ff.

- ein Wechsel des (wirtschaftlichen) Eigentümers bei einem Gebäude auf fremdem Grund und Boden.

▶ Die nachfolgenden Änderungen können formlos angezeigt werden (§ 19 GrStG[1]):

- Jede Änderung in der Nutzung oder in den Eigentumsverhältnissen eines ganz oder teilweise von der Grundsteuer befreiten Grundstücks und
- der Wegfall der Voraussetzungen für eine ermäßigte Steuermesszahl.

47 Das HGrStG trifft hinsichtlich der Vorschriften zu den Erklärungs- und Anzeigepflichten lediglich zwei **punktuelle Abweichungen** vom Bundesrecht:

▶ Nach der bundesgesetzlichen Regelung des § 228 Abs. 1 Satz 3 BewG[2] ist die öffentliche Aufforderung zur Erklärungsabgabe mittels Allgemeinverfügung durch öffentliche Bekanntmachung des Bundesministeriums der Finanzen im Einvernehmen mit den obersten Finanzbehörden der Länder möglich. Nach der insoweit abweichenden Regelung in § 2 Abs. 4 Satz 1 Nr. 1 HGrStG[3] hat diese Möglichkeit in Hessen das Hessische Ministerium der Finanzen, wobei die Befugnis auf nachgeordnete Dienststellen übertragen werden kann.

▶ § 228 Abs. 4 BewG[4] regelt bundesgesetzlich, dass die Erklärung zur Feststellung des Grundsteuerwerts i. S. von § 228 Abs. 1 BewG[5] und die Anzeigen nach § 228 Abs. 2 BewG[6] bei dem für die gesonderte Feststellung zuständigen Finanzamt (Lagefinanzamt, § 18 Abs. 1 Nr. 1 AO) abzugeben sind. Da in dem hessischen Modell die erste Stufe der gesonderten Feststellung eines Grundsteuerwerts oder Äquivalenzbetrags entfällt (siehe bereits → Rz. 41 ff.), regelt § 2 Abs. 4 Satz 1 Nr. 2 HGrStG,[7] dass die Erklärung zur Feststellung des Grundsteuermessbetrags und die Anzeigen nach § 228 Abs. 2 BewG[8] bei dem für die Festsetzung des Grundsteuermessbetrags zuständigen Finanzamt (Lagefinanzamt, § 22 Abs. 1 Satz 1 AO i. V. mit § 18 Abs. 1 Nr. 1 AO) abzugeben sind.

48–50 *(Einstweilen frei)*

E. Verfassungsrechtliche Bewertung

51 Für das hessische Modell gilt aufgrund des vergleichbaren Verfahrens und der identischen Belastungsgrundentscheidung die verfassungsrechtliche Bewertung des **niedersächsischen Flächen-Lage-Modells** entsprechend.[9]

---

1 Siehe hierzu Bock in Grootens, GrStG § 19 Rz. 1 ff.
2 Siehe hierzu Wredenhagen in Grootens, BewG § 228 Rz. 66 f.
3 Siehe hierzu Bock/Lapp in Grootens, HGrStG § 2 Rz. 57.
4 Siehe hierzu Wredenhagen in Grootens, BewG § 228 Rz. 171 ff.
5 Siehe hierzu Wredenhagen in Grootens, BewG § 228 Rz. 61 ff.
6 Siehe hierzu Wredenhagen in Grootens, BewG § 228 Rz. 111 ff.
7 Siehe hierzu Bock/Lapp in Grootens, HGrStG § 2 Rz. 58.
8 Siehe hierzu Wredenhagen in Grootens, BewG § 228 Rz. 111 ff.
9 Siehe hierzu Bock/Lapp in Grootens, NGrStG Vorwort Rz. 42 ff.

§ 1 HGrStG Geltungsbereich

Dieses Gesetz gilt für wirtschaftliche Einheiten des Grundvermögens (Grundstücke) nach den §§ 2, 218 Satz 1 Nr. 2 und Satz 3 in Verbindung mit § 99 Abs. 1 Nr. 1, sowie den §§ 243 und 244 des Bewertungsgesetzes in der Fassung der Bekanntmachung vom 1. Februar 1991 (BGBl I S. 230), zuletzt geändert durch Gesetz vom 16. Juli 2021 (BGBl I S. 2931), in der am 24. Dezember 2021 geltenden Fassung.

Inhaltsübersicht	Rz.
A. Allgemeine Erläuterungen	1 - 25
I. Normzweck und wirtschaftliche Bedeutung der Vorschrift	1 - 5
II. Entstehung und Entwicklung der Vorschrift	6 - 10
III. Geltungsbereich	11 - 15
IV. Vereinbarkeit der Vorschrift mit höherrangigem Recht	16 - 20
V. Verhältnis zu anderen Vorschriften	21 - 25
B. Systematische Kommentierung	26 - 35
I. HGrStG als partielles Abweichungsgesetz	26 - 30
II. Abweichung vom Bundesrecht für das Grundvermögen	31 - 35

A. Allgemeine Erläuterungen

I. Normzweck und wirtschaftliche Bedeutung der Vorschrift

§ 1 HGrStG regelt den sachlichen Anwendungsbereich des HGrStG und bestimmt, dass für wirtschaftliche Einheiten des Grundvermögens (§ 2 BewG, § 218 Satz 1 Nr. 2 und Satz 3 BewG i.V. mit § 99 Abs. 1 Nr. 1 BewG, §§ 243 und 244 BewG) vom Bewertungsrecht des Bundes für Zwecke der Grundsteuer abgewichen wird.   1

(Einstweilen frei)   2–5

II. Entstehung und Entwicklung der Vorschrift

Die Vorschrift wurde im Jahr 2021 mit dem **Stammgesetz** in das HGrStG aufgenommen.[1]   6

(Einstweilen frei)   7–10

III. Geltungsbereich

§ 1 HGrStG bestimmt, dass das HGrStG **sachlich** ausschließlich für **wirtschaftliche Einheiten des Grundvermögens** (Grundstücke) Anwendung findet. Das HGrStG gilt damit **nicht** für **wirtschaftliche Einheiten des land- und forstwirtschaftlichen Vermögens**.   11

§ 1 HGrStG wie das gesamte HGrStG enthält keine Regelung, die den Anwendungsbereich des Gesetzes **räumlich** ausschließlich auf **im Land Hessen belegenes Grundvermögen** begrenzt. Diese Begrenzung ergibt sich mittelbar aus der auf das Gebiet des Landes Hessen beschränkten Gesetzgebungskompetenz des hessischen Landesgesetzgebers.[2]   12

Aussagen zum **zeitlichen Anwendungsbereich** werden in § 1 HGrStG nicht getroffen. Nach § 17 HGrStG tritt das HGrStG nach dem Tag seiner Verkündung in Kraft. Nach Art. 125b Abs. 3 GG darf abweichendes Landesrecht der Erhebung der Grundsteuer jedoch frühestens für Zeit-   13

---

[1] Hessisches Grundsteuergesetz v. 15.12.2021, Hessisches GVBl 2021 S. 906.
[2] Gesetzentwurf der Koalitionsfraktionen für ein Hessisches Grundsteuergesetz, Hessische LT-Drucks. 20/6379 S. 15.

räume ab dem 1.1.2025 zugrunde gelegt werden. Dem trägt § 8 Abs. 2 Satz 1 HGrStG[1] Rechnung, wonach die in der Hauptveranlagung festgesetzten Steuermessbeträge frühestens vom Kalenderjahr 2025 an gelten. Die Regelungen des HGrStG und damit auch § 1 HGrStG sind daher erst für die Erhebung der **Grundsteuer** ab dem **Kalenderjahr 2025** von Bedeutung.

14–15 *(Einstweilen frei)*

IV. Vereinbarkeit der Vorschrift mit höherrangigem Recht

16 § 1 HGrStG begegnet keinen verfassungsrechtlichen Bedenken. Insbesondere besteht eine **Abweichungskompetenz** des Landesgesetzgebers nach Art. 72 Abs. 3 Satz 1 Nr. 7 GG für die Grundsteuer. § 1 HGrStG bestimmt im Hinblick auf den Steuergegenstand, inwieweit von der Abweichungsbefugnis Gebrauch gemacht wurde (siehe vertiefend → Rz. 26 f.).

17 Ob der jeweilige Landesgesetzgeber über die **bloße Inanspruchnahme** seiner **Abweichungsbefugnis** nach Art. 72 Abs. 3 Satz 1 Nr. 7 GG hinaus im Abweichungsgesetz deutlich machen muss, von welchen Bundesnormen abgewichen wird, ist zweifelhaft. Das Bundesverfassungsgericht hat mit Urteil v. 19.12.2017[2] entschieden, dass im Rahmen der Abweichungskompetenz nach Art. 125b Abs. 1 Satz 3 GG ein besonderer, über die inhaltliche Inanspruchnahme der Abweichungsbefugnis hinausgehender Ausdruck gesetzgeberischen Abweichungswillens oder die Zitierung derjenigen bundesrechtlichen Vorschriften, von denen abgewichen werden soll, verfassungsrechtlich nicht erforderlich ist. Es hat allerdings ausdrücklich offengelassen, ob dies auch für die Abweichungskompetenz nach Art. 72 Abs. 3 GG, auf deren Grundlage das Hessische Grundsteuergesetz erlassen wurde, gilt. Mit § 1 HGrStG i.V. mit § 2 HGrStG[3] sichert der hessische Gesetzgeber vorsorglich die Verfassungsmäßigkeit des HGrStG im Hinblick auf diese Rechtsprechung des BVerfG ab.

18–20 *(Einstweilen frei)*

V. Verhältnis zu anderen Vorschriften

21 Die Gesetzgebungskompetenz des Landesgesetzgebers ergibt sich aus der Abweichungskompetenz nach **Art. 72 Abs. 3 Satz 1 Nr. 7 GG**.

22 § 1 HGrStG nimmt Bezug auf die Definition der wirtschaftlichen Einheit des Grundvermögens in den **§§ 2, 218 Satz 1 Nr. 2 und Satz 3 BewG** i.V. mit **§ 99 Abs. 1 Nr. 1 BewG**[4] sowie **§§ 243, 244 BewG**[5] (siehe hierzu → Rz. 29 ff.) und bestimmt, dass für diese das HGrStG gilt.

23–25 *(Einstweilen frei)*

B. Systematische Kommentierung

I. HGrStG als partielles Abweichungsgesetz

26 Das hessische Grundsteuergesetz ist als **partielles Abweichungsgesetz**[6] ausgestaltet. Hessen weicht bei der Bewertung des Grundvermögens für Zwecke der Grundsteuer sowie bei den Re-

---

1 Siehe hierzu vertiefend Bock/Lapp in Grootens, HGrStG § 8 Rz. 36.
2 BVerfG, Urteil v. 19.12.2017 - 1 BvL 3/14, 1 BvL 4/14, Rz. 236 NWB AAAAG-70074.
3 Siehe dazu vertiefend Bock/Lapp in Grootens, HGrStG § 2 Rz. 1 ff.
4 Siehe hierzu vertiefend Wredenhagen in Grootens, BewG § 218 Rz. 111 ff.
5 Siehe hierzu vertiefend die Kommentierung Bock in Grootens, BewG § 243 und § 244.
6 Gesetzentwurf der Koalitionsfraktionen für ein Hessisches Grundsteuergesetz, Hessische LT-Drucks. 20/6379 S. 17.

gelungen zur sog. Grundsteuer C von den bundesgesetzlichen Vorschriften ab, wendet diese im Übrigen, insbesondere für den Bereich der Bewertung des land- und forstwirtschaftlichen Vermögens, uneingeschränkt an. Diese Gesetzestechnik findet ihren Ausdruck in § 1 HGrStG, der den Anwendungsbereich des Gesetzes auf die wirtschaftlichen Einheiten des Grundvermögens nach den §§ 2 BewG, 218 Satz 1 Nr. 2 und Satz 3 BewG i.V. mit § 99 Abs. 1 Nr. 1 BewG, sowie den §§ 243 und 244 BewG beschränkt. Anders als Baden-Württemberg regelt der hessische Gesetzgeber das Grundsteuerrecht in Hessen nicht komplett eigenständig (sog. Vollgesetz) unter ggf. erforderlicher Wiederholung der Bundesnormen, die inhaltlich ebenfalls angewendet werden sollen (sog. Kombinationsgesetz), sondern beschränkt das HGrStG auf die gesetzliche Festlegung der vom Bundesrecht abweichenden Regelungen.

Hintergrund dieser Vorgehensweise sind in der Literatur[1] mitunter vertretene verfassungsrechtliche Zweifel, ob eine teilweise unveränderte Übernahme bundesgesetzlicher Regelungen in ein eigenes Landesgesetz und ein daraus resultierendes Kombinationsgesetz mit eigenen und zum Bundesgesetz identischen Regelungen noch eine verfassungsrechtlich zulässige Inanspruchnahme der Öffnungsklausel zu vom Bundesrecht abweichenden Regelungen darstellt.[2] Mit der Ausgestaltung als partielles Änderungsgesetz sichert der hessische Gesetzgeber vorsorglich die Verfassungsmäßigkeit des HGrStG insoweit ab.

(Einstweilen frei)

II. Abweichung vom Bundesrecht für das Grundvermögen

§ 1 HGrStG bestimmt, dass das HGrStG für wirtschaftliche Einheiten des Grundvermögens (Grundstücke) nach den §§ 2, 218 Satz 1 Nr. 2 und Satz 3 BewG i.V. mit § 99 Abs. 1 Nr. 1 BewG sowie §§ 243, 244 BewG gilt.

Der von § 1 HGrStG in Bezug genommene § 2 BewG enthält Regelungen zur **Bestimmung der wirtschaftlichen Einheiten**. Nach § 2 Abs. 1 BewG ist jede wirtschaftliche Einheit für sich zu bewerten und ihr **Wert im Ganzen festzustellen**. Was als wirtschaftliche Einheit zu gelten hat, ist nach den **Anschauungen des Verkehrs** zu entscheiden, wobei die örtliche Gewohnheit, die tatsächliche Übung, die Zweckbestimmung und die wirtschaftliche Zusammengehörigkeit der einzelnen Wirtschaftsgüter zu berücksichtigen sind. § 2 Abs. 2 BewG regelt, dass **mehrere Wirtschaftsgüter als eine wirtschaftliche Einheit** nur insoweit in Betracht kommen, als sie **demselben Eigentümer gehören**. Die Vorschriften des § 2 Abs. 1 und 2 BewG gelten nach § 2 Abs. 3 BewG nicht, soweit eine Bewertung der einzelnen Wirtschaftsgüter vorgeschrieben ist. Bei der Anwendung von § 2 BewG ist § 2 Abs. 2 Satz 2 HGrStG[3] zu beachten, wonach mehrere Wirtschaftsgüter als eine wirtschaftliche Einheit nur insoweit in Betracht kommen, als sie im Gebiet derselben Gemeinde nach § 15 der Hessischen Gemeindeordnung belegen sind.

Der in § 1 HGrStG in Bezug genommene § 218 Satz 1 Nr. 2 BewG[4] bestimmt das **Grundvermögen** i.S. von § 243 BewG als eine nach den bundesgesetzlichen Regelungen für Zwecke der Grundsteuer zu bewertende **Vermögensart**. Nach § 218 Satz 3 BewG werden Betriebsgrundstücke i.S. des § 99 Abs. 1 Nr. 1 BewG dem Grundvermögen zugeordnet und wie Grundvermögen

---

1 Siehe zum Streitstand vertiefend Uhle in Dürig/Herzog/Scholz, GG Art. 72 Rz. 283 m.w.N.
2 Vgl. Gesetzentwurf der Koalitionsfraktionen für ein Hessisches Grundsteuergesetz, Hessische LT-Drucks. 20/6379 S. 10 f.
3 Siehe hierzu vertiefend Bock/Lapp in Grootens, HGrStG § 2 Rz. 43 f.
4 Siehe vertiefend Wredenhagen in Grootens, BewG § 218 Rz. 61 ff.

bewertet.[1] Ein **Betriebsgrundstück** i. S. des § 99 Abs. 1 Nr. 1 BewG ist der zu einem Gewerbebetrieb gehörige Grundbesitz, soweit er, losgelöst von seiner Zugehörigkeit zu dem Gewerbebetrieb, zum Grundvermögen gehören würde.

34 Der in § 1 HGrStG in Bezug genommene § 243 BewG[2] definiert den **Begriff des Grundvermögens** für die bundesgesetzlich geregelte Bewertung für Zwecke der Grundsteuer. Zum Grundvermögen gehören nach § 243 Abs. 1 BewG,[3] soweit es sich nicht um land- und forstwirtschaftliches Vermögen (§§ 232–242 BewG) handelt, der Grund und Boden, die Gebäude, die sonstigen Bestandteile und das Zubehör, das Erbbaurecht, das Wohnungseigentum und das Teileigentum, das Wohnungserbbaurecht und das Teilerbbaurecht nach § 30 Abs. 1 des Wohnungseigentumsgesetzes. Gemäß § 243 Abs. 2 BewG[4] sind in das Grundvermögen Bodenschätze und Betriebsvorrichtungen, auch wenn sie wesentliche Bestandteile sind, nicht einzubeziehen. Einzubeziehen sind jedoch nach § 243 Abs. 3 BewG[5] die Verstärkungen von Decken und die nicht ausschließlich zu einer Betriebsanlage gehörenden Stützen und sonstigen Bauteile wie Mauervorlagen und Verstrebungen.

35 Der in § 1 HGrStG in Bezug genommene § 244 BewG[6] enthält die bundesgesetzliche **Definition des Grundstücks**. Danach bildet jede wirtschaftliche Einheit des Grundvermögens ein Grundstück i. S. des Bewertungsrechts. Nach § 244 Abs. 2 BewG ist ein Anteil des Eigentümers eines Grundstücks an anderem Grundvermögen (z. B. an **gemeinschaftlichen Hofflächen oder Garagen**) in die wirtschaftliche Einheit Grundstück einzubeziehen, wenn der Anteil zusammen mit dem Grundstück genutzt wird. Das gilt nicht, wenn das gemeinschaftliche Grundvermögen nach den Anschauungen des Verkehrs als selbständige wirtschaftliche Einheit anzusehen ist (§ 2 Abs. 1 Satz 3 und 4 BewG). Als Grundstück gelten gem. § 244 Abs. 3 BewG auch das **Erbbaurecht** zusammen mit dem Erbbaurechtsgrundstück, ein **Gebäude auf fremdem Grund und Boden** zusammen mit dem dazugehörenden Grund und Boden, jedes Wohnungseigentum und Teileigentum nach dem Wohnungseigentumsgesetz sowie jedes Wohnungserbbaurecht und Teilerbbaurecht zusammen mit dem anteiligen belasteten Grund und Boden. Die Regelung des § 244 Abs. 3 BewG hat der **hessische Gesetzgeber** auch in § 4 Abs. 3 Satz 2 und 3 HGrStG[7] **aufgegriffen**, wonach bei Erbbaurechten (einschließlich Wohnungs- und Teilerbbaurechten) für das Erbbaurecht und das Erbbaurechtsgrundstück und bei Gebäuden auf fremdem Grund und Boden für das Gebäude und den Grund und Boden nur ein Steuermessbetrag zu ermitteln ist.

§ 2 HGrStG Abweichende Regelungen vom Grundsteuergesetz, Anwendung des Bewertungsgesetzes, der Abgabenordnung und des Finanzverwaltungsgesetzes

(1) Es gelten
1. § 3 anstelle des § 10 des Grundsteuergesetzes,
2. die §§ 4, 5 und 7 anstelle des § 13 des Grundsteuergesetzes,

---

[1] Siehe vertiefend Wredenhagen in Grootens, BewG § 218 Rz. 101 ff.
[2] Siehe vertiefend Bock in Grootens, BewG § 243 Rz. 1 ff.
[3] Siehe vertiefend Bock in Grootens, BewG § 243 Rz. 19 ff.
[4] Siehe vertiefend Bock in Grootens, BewG § 243 Rz. 85 ff.
[5] Siehe vertiefend Bock in Grootens, BewG § 243 Rz. 104 ff.
[6] Siehe vertiefend Bock in Grootens, BewG § 244 Rz. 18 ff.
[7] Siehe vertiefend Bock/Lapp in Grootens, HGrStG § 4 Rz. 43.

3. § 6 anstelle des § 15 Abs. 1 und 5 des Grundsteuergesetzes,
4. § 8 anstelle der §§ 16 und 36 des Grundsteuergesetzes,
5. § 9 anstelle des § 17 des Grundsteuergesetzes,
6. § 10 anstelle des § 18 des Grundsteuergesetzes,
7. § 11 anstelle des § 20 des Grundsteuergesetzes,
8. § 12 anstelle des § 17 Abs. 4, § 18 Abs. 4, § 20 Abs. 3 und § 21 des Grundsteuergesetzes und
9. § 13 anstelle des § 25 Abs. 5 des Grundsteuergesetzes

vom 7. August 1973 (BGBl I S. 965), zuletzt geändert durch Gesetz vom 16. Juli 2021 (BGBl I S. 2931), in der am 24. Dezember 2021 geltenden Fassung.

(2) ¹Die allgemeinen Bewertungsvorschriften der §§ 2 bis 16 des Bewertungsgesetzes in der am 24. Dezember 2021 geltenden Fassung sind anwendbar, soweit sie zur Anwendung dieses Gesetzes erforderlich sind. ²Bei der Anwendung von § 2 des Bewertungsgesetzes in der am 24. Dezember 2021 geltenden Fassung kommen mehrere Wirtschaftsgüter als eine wirtschaftliche Einheit nur insoweit in Betracht, als sie im Gebiet derselben Gemeinde nach § 15 der Hessischen Gemeindeordnung belegen sind.

(3) Für Zwecke dieses Gesetzes sind die besonderen Bewertungsvorschriften und Schlussbestimmungen nach

1. § 218 Satz 1 Nr. 2 und Satz 3 in Verbindung mit § 99 Abs. 1 Nr. 1,
2. den §§ 243 bis 246 und 248,
3. § 249 Abs. 5, 6 und 10 und
4. § 266 Abs. 3 und 5

des Bewertungsgesetzes in der am 24. Dezember 2021 geltenden Fassung entsprechend anwendbar.

(4) ¹Die §§ 228 und 229 des Bewertungsgesetzes in der am 24. Dezember 2021 geltenden Fassung gelten für die Festsetzung von Steuermessbeträgen nach diesem Gesetz entsprechend mit der Maßgabe, dass

1. die Aufforderung zur Abgabe der Erklärung nach § 228 Abs. 1 Satz 3 des Bewertungsgesetzes in der am 24. Dezember 2021 geltenden Fassung durch das Ministerium der Finanzen durch öffentliche Bekanntmachung erfolgen kann; es kann die Befugnis durch Erlass auf nachgeordnete Dienststellen übertragen,
2. in den Fällen des § 228 Abs. 4 des Bewertungsgesetzes in der am 24. Dezember 2021 geltenden Fassung an die Stelle des für die gesonderte Feststellung zuständigen Finanzamts das für die Festsetzung des Steuermessbetrags zuständige Finanzamt tritt.

²Das Grundrecht der Unverletzlichkeit der Wohnung (Art. 13 des Grundgesetzes, Art. 8 der Verfassung des Landes Hessen) wird durch die Befugnis für örtliche Erhebungen über die Bewertungsgrundlagen nach § 229 Abs. 2 Satz 1 des Bewertungsgesetzes in der am 24. Dezember 2021 geltenden Fassung eingeschränkt.

(5) Für Handlungen und Entscheidungen der Landesfinanzbehörden im Zusammenhang mit den Regelungen dieses Gesetzes gelten die Vorschriften

1. der Abgabenordnung in der Fassung der Bekanntmachung vom 1. Oktober 2002 (BGBl I S. 3866; 2003 I S. 61), zuletzt geändert durch Gesetz vom 25. Juni 2021 (BGBl I S. 2154), entsprechend mit der Maßgabe, dass in den Fällen des § 182 Abs. 2 Satz 1 der Abgabenordnung an die Stelle des Feststellungsbescheides über einen Grundsteuerwert der Feststellungsbescheid über einen Steuermessbetrag tritt,
2. des Finanzverwaltungsgesetzes in der Fassung der Bekanntmachung vom 4. April 2006 (BGBl I S. 846, 1202), zuletzt geändert durch Gesetz vom 25. Juni 2021 (BGBl I S. 2056), entsprechend, soweit dieses Gesetz keine abweichende Regelung enthält.

Inhaltsübersicht	Rz.
A. Allgemeine Erläuterungen	1 - 35
I. Normzweck und wirtschaftliche Bedeutung der Vorschrift	1 - 10
II. Entstehung und Entwicklung der Vorschrift	11 - 15
III. Geltungsbereich	16 - 20
IV. Vereinbarkeit der Vorschrift mit höherrangigem Recht	21 - 25
V. Verhältnis zu anderen Vorschriften	26 - 35
B. Systematische Kommentierung	36 - 81
I. Abweichende Regelungen vom Grundsteuergesetz (§ 2 Abs. 1 HGrStG)	36 - 40
II. Anwendung der allgemeinen Bewertungsvorschriften des Bewertungsgesetzes (§ 2 Abs. 2 HGrStG)	41 - 45
III. Anwendung der besonderen Bewertungsvorschriften und Schlussbestimmungen (§ 2 Abs. 3 HGrStG)	46 - 55
IV. Erklärungs- und Anzeigepflichten, Auskünfte, Erhebungen und Mitteilungen (§ 2 Abs. 4 HGrStG)	56 - 65
V. Anwendbarkeit der Abgabenordnung (§ 2 Abs. 5 Nr. 1 HGrStG)	66 - 75
VI. Anwendung des Finanzverwaltungsgesetzes (§ 2 Abs. 5 Nr. 2 HGrStG)	76 - 80
VII. Anwendung der Finanzgerichtsordnung, Finanzrechtsweg	81
C. Anlage zur Kommentierung von § 2 HGrStG	
I. Zusammenstellung geltender Vorschriften des Grundsteuergesetzes	

A. Allgemeine Erläuterungen

I. Normzweck und wirtschaftliche Bedeutung der Vorschrift

1 § 2 Abs. 1 HGrStG nennt die Vorschriften des Grundsteuergesetzes, die durch landesrechtliche Regelungen des HGrStG ersetzt werden (siehe → Rz. 36 und ergänzend → Anlage zur Kommentierung von § 2 HGrStG). Die Vorschrift wirkt nur **deklaratorisch**. Die konstitutiv wirkende Abweichung vom Bundesrecht erfolgt durch die jeweilige landesrechtliche Einzelnorm.[1] Die Norm hilft allerdings bei der Auslegung der einzelnen Normen, inwieweit diese Bundesnormen verdrängen.

2 § 2 Abs. 2 Satz 1 HGrStG erklärt die allgemeinen Bewertungsvorschriften (§§ 2–16 BewG) für anwendbar, (nur) soweit sie für die Anwendung des HGrStG erforderlich sind. Die Regelung in § 2 Abs. 2 Satz 2 HGrStG, wonach bei der Anwendung von § 2 BewG mehrere Wirtschaftsgüter als eine wirtschaftliche Einheit nur insoweit in Betracht kommen, als sie im Gebiet derselben Gemeinde nach § 15 der Hessischen Gemeindeordnung belegen sind, soll bewirken (siehe aber → Rz. 43 f.), dass die **Vorschriften zur Zerlegung** des Grundsteuermessbetrags (§§ 22–24 GrStG) bei in Hessen belegenem **Grundvermögen** zukünftig **gegenstandslos** sind.[2]

3 Nach § 2 Abs. 3 HGrStG sind die besonderen Bewertungsvorschriften des Bewertungsgesetzes entsprechend anwendbar. Dies betrifft insbesondere die Bestimmung der Begriffe Grundvermögen, Grundstück, unbebautes und bebautes Grundstück, Wohnungs- und Teileigentum und Wohnung, für die jeweils auf die bundesgesetzliche Regelung zurückgegriffen wird. Auch die in § 266 Abs. 3 und Abs. 5 BewG geregelten Schlussbestimmungen – die **Amnestieregelung** des § 266 Abs. 3 BewG[3] und die **Übergangsregelung** zur Beibehaltung bestimmter, nach bisheri-

---

[1] Gesetzentwurf der Koalitionsfraktionen für ein Hessisches Grundsteuergesetz, Hessische LT-Drucks. 20/6379 S. 15.
[2] Gesetzentwurf der Koalitionsfraktionen für ein Hessisches Grundsteuergesetz, Hessische LT-Drucks. 20/6379 S. 15.
[3] Siehe hierzu vertiefend Grootens in Grootens, BewG § 266 Rz. 91 f.

gem Recht in der Einheitsbewertung gebildeter wirtschaftlicher Einheiten (§ 266 Abs. 5 BewG),[1] sind **entsprechend anwendbar.**

§ 2 Abs. 4 HGrStG regelt insbesondere die **Erklärungs- und Anzeigepflichten** des Steuerpflichtigen.

§ 2 Abs. 5 HGrStG regelt die **Anwendbarkeit der Abgabenordnung** und des **Finanzverwaltungsgesetzes.**

(Einstweilen frei)

II. Entstehung und Entwicklung der Vorschrift

Die Vorschrift wurde im Jahr 2021 mit dem **Stammgesetz** in das HGrStG aufgenommen.[2]

(Einstweilen frei)

III. Geltungsbereich

§ 2 HGrStG gilt für in Hessen belegene Grundstücke des Grundvermögens und gilt damit nicht für Betriebe der Land- und Forstwirtschaft.[3] § 2 HGrStG ist mit dem Stammgesetz gem. § 17 HGrStG **am 24.12.2021 in Kraft getreten.**[4] Aus Art. 125b Abs. 3 GG ergibt sich, dass die Gesetzgebungskompetenz den Ländern für ein vom Bundesrecht abweichendes Grundsteuerrecht erst für die Erhebung der **Grundsteuer** ab dem **Kalenderjahr 2025** zusteht. Dem trägt § 8 Abs. 2 Satz 1 HGrStG[5] Rechnung, wonach die in der Hauptveranlagung festgesetzten Steuermessbeträge frühestens vom Kalenderjahr 2025 an gelten. Die Regelungen des HGrStG und damit auch § 2 HGrStG sind daher erst für die Erhebung der **Grundsteuer** ab dem **Kalenderjahr 2025** von Bedeutung.

(Einstweilen frei)

IV. Vereinbarkeit der Vorschrift mit höherrangigem Recht

§ 2 HGrStG begegnet **keinen verfassungsrechtlichen Bedenken**, insbesondere wird das Grundrecht auf Unverletzlichkeit der Wohnung nicht durch die von § 2 Abs. 4 Satz 1 HGrStG i.V. mit § 229 Abs. 2 BewG geschaffene Befugnis der Finanzbehörden zu örtlichen Erhebungen verletzt.

(Einstweilen frei)

V. Verhältnis zu anderen Vorschriften

§ 2 Abs. 1 HGrStG listet die Vorschriften des **Grundsteuergesetzes** auf, die in Hessen von abweichenden landesrechtlichen Vorschriften verdrängt werden (siehe hierzu → Rz. 36 und ergänzend → Anlage zur Kommentierung von § 2 HGrStG).

§ 2 Abs. 2–4 HGrStG erklären bestimmte Vorschriften des **Bewertungsgesetzes** für entsprechend anwendbar, teilweise mit bestimmten Maßgaben. Zusammenfassend handelt es sich hierbei um

---

1 Siehe hierzu vertiefend Grootens in Grootens, BewG § 266 Rz. 111 ff.
2 Hessisches Grundsteuergesetz v. 15.12.2021, Hessisches GVBl 2021 S. 906.
3 Vgl. hierzu Bock/Lapp in Grootens, HGrStG § 1 Rz. 11.
4 Hessisches GVBl 2021 S. 906.
5 Siehe hierzu vertiefend Bock/Lapp in Grootens, HGrStG § 8 Rz. 36.

- die in §§ 2–16 BewG geregelten allgemeinen Vorschriften des Bewertungsgesetzes (§ 2 Abs. 2 HGrStG, siehe hierzu → Rz. 41 ff.),
- die **besonderen Bewertungsvorschriften** und **Schlussbestimmungen** (§ 2 Abs. 3 HGrStG, siehe hierzu → Rz. 46 ff.),
- die in **§§ 228, 229 BewG**[1] geregelten Erklärungs-, Anzeige- und Auskunftspflichten (§ 2 Abs. 4 HGrStG, siehe hierzu → Rz. 56 ff.).

28 § 2 Abs. 2 Satz 2 HGrStG nimmt Bezug auf **§ 15 der Hessischen Gemeindeordnung (HGO)**. § 15 HGO regelt den Gebietsbestand. Nach **§ 15 Abs. 1 Satz 1 HGO** bilden die Grundstücke, die nach geltendem Recht zu einer Gemeinde gehören (Gemarkung) das Gebiet der Gemeinde. Grenzstreitigkeiten entscheidet gem. **§ 15 Abs. 1 Satz 2 HGO** die Aufsichtsbehörde. **§ 15 Abs. 2 HGO** bestimmt, dass jedes Grundstück zu einer Gemeinde gehören soll. Bei Vorliegen besonderer Gründe können Grundstücke außerhalb einer Gemeinde verbleiben (gemeindefreie Grundstücke oder Gebiete). Die Verwaltung der gemeindefreien Grundstücke und Gebiete wird durch Verordnung geregelt. Nach **§ 153 Abs. 1 Buchst. c HGO** ist dies die **Verordnung über gemeindefreie Grundstücke und Gutsbezirke v. 15.11.1938**.[2]

29 Mit der durch § 2 Abs. 4 Satz 1 HGrStG i.V. mit **§ 229 Abs. 2 Satz 1 BewG**[3] geschaffenen Befugnis der Finanzbehörden zu örtlichen Erhebungen wird, wie sich aus § 2 Abs. 4 Satz 2 HGrStG, der dem Zitiergebot Rechnung trägt, ergibt, das Grundrecht der Unverletzlichkeit der Wohnung (**Art. 13 GG, Art. 8 der Verfassung des Landes Hessen**) eingeschränkt (siehe hierzu → Rz. 59).

30 § 2 Abs. 5 HGrStG erklärt die Vorschriften der **Abgabenordnung** und des **Finanzverwaltungsgesetzes** für entsprechend anwendbar (siehe hierzu → Rz. 66 ff.).

31–35 *(Einstweilen frei)*

B. Systematische Kommentierung

I. Abweichende Regelungen vom Grundsteuergesetz (§ 2 Abs. 1 HGrStG)

36 § 2 Abs. 1 HGrStG bestimmt klarstellend, welche Vorschriften des Grundsteuergesetzes aufgrund abweichender landesgesetzlicher Regelungen in Hessen nicht gelten (siehe ergänzend → Anlage zur Kommentierung von § 2 HGrStG). In Hessen finden demnach die folgenden bundesgesetzlichen Regelungen in Bezug auf das Grundvermögen **keine Anwendung**:

- zur **Steuerschuldnerschaft** (§ 10 GrStG,[4] verdrängt durch § 3 HGrStG),[5]
- zum Ausgangspunkt der **Berechnung** der Grundsteuer mittels **Steuermesszahl** und **Steuermessbetrag** (§ 13 GrStG,[6] verdrängt durch §§ 4, 5 und 7 HGrStG),[7]
- zur Höhe der **Steuermesszahl** (§ 15 Abs. 1 GrStG,[8] verdrängt durch § 6 HGrStG),[9]

---

1 Siehe hierzu die Kommentierung Wredenhagen in Grootens, BewG §§ 228–229.
2 RGBl 1938 I S. 1631.
3 Siehe hierzu vertiefend Wredenhagen in Grootens, BewG § 229 Rz. 53, 71 ff.
4 Siehe hierzu vertiefend Schmidt in Grootens, GrStG § 10 Rz. 1 ff.
5 Siehe hierzu vertiefend Bock/Lapp in Grootens, HGrStG § 3 Rz. 1 ff.
6 Siehe hierzu vertiefend Bock in Grootens, GrStG § 13 Rz. 1 ff.
7 Siehe hierzu vertiefend die Kommentierung Bock/Lapp in Grootens, HGrStG §§ 4, 5 und 7.
8 Siehe hierzu vertiefend Bock in Grootens, GrStG § 15 Rz. 22 ff.
9 Siehe hierzu vertiefend Bock/Lapp in Grootens, HGrStG § 6 Rz. 1 ff.

- zur **Ermäßigung der Steuermesszahl** bei Bebauung mit einem Baudenkmal (§ 15 Abs. 5 GrStG,[1] verdrängt durch § 6 HGrStG),[2]
- zur **Hauptveranlagung** (§ 16 GrStG,[3] verdrängt durch § 8 HGrStG)[4] und zu den **Sondervorschriften zur Hauptveranlagung** 2025 (§ 36 GrStG, verdrängt durch § 8 HGrStG),[5]
- zur **Neuveranlagung** (§ 17 GrStG,[6] verdrängt durch § 9 HGrStG[7] und § 12 HGrStG),[8]
- zur **Nachveranlagung** (§ 18 GrStG,[9] verdrängt durch § 10 HGrStG[10] und § 12 HGrStG),[11]
- zur **Aufhebung des Steuermessbetrags** (§ 20 GrStG,[12] verdrängt durch § 11 HGrStG[13] und § 12 HGrStG),[14]
- zur **Änderung von Steuermessbescheiden** (§ 21 GrStG,[15] verdrängt durch § 12 HGrStG),[16]
- zur sog. **Grundsteuer C** (§ 25 Abs. 5 GrStG,[17] verdrängt durch § 13 HGrStG).[18]

(Einstweilen frei) 37–40

II. Anwendung der allgemeinen Bewertungsvorschriften des Bewertungsgesetzes (§ 2 Abs. 2 HGrStG)

Nach § 2 Abs. 2 Satz 1 HGrStG sind die **allgemeinen Bewertungsvorschriften** der §§ 2–16 BewG anwendbar, soweit sie zur Anwendung des HGrStG **erforderlich** sind. Dies dürfte bei folgenden Vorschriften der Fall sein (siehe ergänzend → Anlage zur Kommentierung von § 2 HGrStG): 41

- Definition der wirtschaftlichen Einheit (§ 2 BewG, siehe aber einschränkend → Rz. 43),
- Wertermittlung bei mehreren Beteiligten (§ 3 BewG),
- Aufschiebend bedingter Erwerb (§ 4 BewG),
- Auflösend bedingter Erwerb (§ 5 BewG),
- Aufschiebend bedingte Lasten (§ 6 BewG),
- Auflösend bedingte Lasten (§ 7 BewG),
- Befristung auf einen unbestimmten Zeitpunkt (§ 8 BewG).

Nicht erforderlich für die Anwendung des HGrStG dürften dagegen die **allgemeinen Bewertungsvorschriften** 42

- zum Bewertungsgrundsatz und gemeinen Wert (§ 9 BewG),

---

1 Siehe hierzu vertiefend Bock in Grootens, GrStG § 15 Rz. 100 ff.
2 Siehe hierzu vertiefend Bock/Lapp in Grootens, HGrStG § 6 Rz. 1 ff.
3 Siehe hierzu vertiefend Bock in Grootens, GrStG § 16 Rz. 1 ff.
4 Siehe hierzu vertiefend Bock/Lapp in Grootens, HGrStG § 8 Rz. 1 ff.
5 Siehe hierzu vertiefend Bock/Lapp in Grootens, HGrStG § 8 Rz. 1 ff.
6 Siehe hierzu vertiefend Bock in Grootens, GrStG § 17 Rz. 1 ff.
7 Siehe hierzu vertiefend Bock/Lapp in Grootens, HGrStG § 9 Rz. 1 ff.
8 Siehe hierzu vertiefend Bock/Lapp in Grootens, HGrStG § 11 Rz. 1 ff.
9 Siehe hierzu vertiefend Bock in Grootens, GrStG § 18 Rz. 1 ff.
10 Siehe hierzu vertiefend Bock/Lapp in Grootens, HGrStG § 10 Rz. 1 ff.
11 Siehe hierzu vertiefend Bock/Lapp in Grootens, HGrStG § 11 Rz. 1 ff.
12 Siehe hierzu vertiefend Bock in Grootens, GrStG § 20 Rz. 1 ff.
13 Siehe hierzu vertiefend Bock/Lapp in Grootens, HGrStG § 12 Rz. 1 ff.
14 Siehe hierzu vertiefend Bock/Lapp in Grootens, HGrStG § 12 Rz. 1 ff.
15 Siehe hierzu vertiefend Bock in Grootens, GrStG § 21 Rz. 1 ff.
16 Siehe hierzu vertiefend Bock/Lapp in Grootens, HGrStG § 12 Rz. 1 ff.
17 Siehe hierzu vertiefend Grootens in Grootens, GrStG § 25 Rz. 1 ff.
18 Siehe hierzu vertiefend Bock/Lapp in Grootens, HGrStG § 13 Rz. 1 ff.

- zum Begriff des Teilwerts (§ 10 BewG),
- zu Wertpapiere und Anteilen (§ 11 BewG),
- zu Kapitalforderungen und Schulden (§ 12 BewG),
- zum Kapitalwert von wiederkehrenden Nutzungen und Leistungen (§ 13 BewG),
- zu lebenslänglichen Nutzungen und Leistungen (§ 14 BewG),
- zum Jahreswert von Nutzungen und Leistungen (§ 15 BewG) und
- zur Begrenzung des Jahreswerts von Nutzungen (§ 16 BewG) sein.

43 § 2 Abs. 2 Satz 2 HGrStG bestimmt, dass § 2 BewG mit der Maßgabe Anwendung findet, dass mehrere Wirtschaftsgüter als eine wirtschaftliche Einheit nur insoweit in Betracht kommen, als sie im **Gebiet derselben Gemeinde** nach § 15 HGO belegen sind. Der Steuergegenstand Grundstück (§ 2 Nr. 2 GrStG) soll sich damit stets ausschließlich auf das Gebiet einer Gemeinde erstrecken. Folglich bedürfe es **keiner Zerlegungen** von Steuermessbeträgen gem. der §§ 22–24 GrStG. Für diese Vorschriften wird es nach Ansicht des hessischen Gesetzgebers in Hessen für die Grundsteuer auf das Grundvermögen ab dem Jahr 2025 keine Anwendungsfälle mehr geben.[1]

44 Ob dies zutreffend ist, ist zweifelhaft. Die Norm schließt lediglich aus, mehrere Wirtschaftsgüter auf dem Gebiet mehrerer Gemeinden zu einer wirtschaftlichen Einheit zusammenzurechnen. Erstreckt sich allerdings **ein Wirtschaftsgut über das Gebiet mehrerer Gemeinden**, ist § 2 Abs. 2 Satz 2 HGrStG dem Wortlaut nach nicht einschlägig. Für ein solches Wirtschaftsgut müsste weiterhin ein Steuermessbetrag festgesetzt werden und diese wie üblich auf die Gemeinden zerlegt werden. Häufig dürften allerdings mehrere Wirtschaftsgüter vorliegen (beispielsweise zwei Flurstücke, die ohne § 2 Abs. 2 Satz 2 HGrStG zu einer wirtschaftlichen Einheit zusammengefasst werden würden).

45 *(Einstweilen frei)*

III. Anwendung der besonderen Bewertungsvorschriften und Schlussbestimmungen (§ 2 Abs. 3 HGrStG)

46 § 2 Abs. 3 HGrStG bestimmt, dass die besonderen Bewertungsvorschriften und die Schlussbestimmungen des Bewertungsgesetzes entsprechend anzuwenden sind. Im Einzelnen handelt es sich hierbei um folgende Vorschriften:
- § 218 Satz 1 Nr. 2 und Satz 3 BewG i.V. mit § 99 Abs. 1 Nr. 1 BewG[2] (§ 2 Abs. 3 Nr. 1 HGrStG, siehe hierzu → Rz. 47),
- §§ 243–246 und 248 BewG[3] (§ 2 Abs. 3 Nr. 2 HGrStG, siehe hierzu → Rz. 48),
- § 249 Abs. 5, 6 und 10 BewG[4] (§ 2 Abs. 3 Nr. 3 HGrStG, siehe hierzu → Rz. 49) und
- § 266 Abs. 3–5 BewG[5] (§ 2 Abs. 3 Nr. 4 HGrStG, siehe hierzu → Rz. 50 f.).

47 § 218 Satz 1 Nr. 2 und Satz 3 BewG i.V. mit § 99 Abs. 1 Nr. 1 BewG bestimmen die **Vermögensart Grundvermögen** und legen fest, dass Betriebsgrundstücke i. S. des § 99 Abs. 1 Nr. 1 BewG

---

[1] Gesetzentwurf der Koalitionsfraktionen für ein Hessisches Grundsteuergesetz, Hessische LT-Drucks. 20/6379 S. 15.
[2] Siehe vertiefend hierzu Wredenhagen in Grootens, BewG § 218 Rz. 111 ff.
[3] Siehe vertiefend hierzu die Kommentierung Bock in Grootens, BewG §§ 243–246 und 248.
[4] Siehe vertiefend hierzu Bock in Grootens, BewG § 249 Rz. 56, 60 und 76 ff.
[5] Siehe vertiefend hierzu Grootens in Grootens, BewG § 266 Rz. 91 ff.

dem Grundvermögen zugeordnet werden und wie Grundvermögen zu bewerten sind. **Betriebsgrundstücke** i.S. des § 99 Abs. 1 Nr. 1 BewG ist der zu einem Gewerbebetrieb gehörige Grundbesitz, soweit er, losgelöst von seiner Zugehörigkeit zu dem Gewerbebetrieb, zum Grundvermögen gehören würde.

Mit den über § 2 Abs. 3 Nr. 2 HGrStG entsprechend anwendbaren §§ 243–246 BewG und § 248 BewG greift der hessische Landesgesetzgeber auf grundlegende bundesgesetzlich geregelte Definitionen zurück. Die Vorschriften

- bestimmen den Begriff des **Grundvermögens** (§ 243 BewG)[1] und des **Grundstücks** (§ 244 BewG),[2]
- treffen Regelungen zu Gebäuden, Gebäudeteilen und Anlagen für den **Zivilschutz** (§ 245 BewG)[3] und
- definieren die Begriffe der **unbebauten** (§ 246 BewG)[4] und **bebauten Grundstücke** (§ 248 BewG).[5]

Die zum Niedersächsischen Grundsteuergesetz vorgetragene Kritik zur entsprechenden Anwendbarkeit des § 245 BewG in einem Flächenmodell[6] gilt auch für das hessische Grundsteuermodell. § 247 BewG[7] zur Bewertung unbebauter Grundstücke findet in Hessen aufgrund der abweichenden Regelungen in §§ 5–7 HGrStG keine Anwendung.

§ 249 Abs. 5 BewG definiert das **Wohnungseigentum** als das Sondereigentum an einer Wohnung in Verbindung mit dem Miteigentumsanteil an dem gemeinschaftlichen Eigentum, zu dem es gehört.[8] § 249 Abs. 6 BewG definiert das **Teileigentum** als das Sondereigentum an nicht zu Wohnzwecken dienenden Räumen eines Gebäudes in Verbindung mit dem Miteigentum an dem gemeinschaftlichen Eigentum, zu dem es gehört.[9] Die maßgebliche Definition der **Wohnung** ergibt sich aus § 249 Abs. 10 BewG.[10]

§ 266 Abs. 3 BewG normiert eine **Amnestieregelung**, nach welcher vor dem 1.1.2022 eingetretene Änderungen der tatsächlichen Verhältnisse bei Fortschreibungen und Nachfeststellungen des Einheitswerts (§§ 22, 23 BewG) auf Feststellungszeitpunkte vor dem 1.1.2022 nicht zu berücksichtigen sind, wenn sie der Finanzbehörde durch eine Erklärung zur Feststellung des Grundsteuerwerts auf den 1.1.2022 für die Bewertung eines Betriebs der Land- und Forstwirtschaft oder eines Grundstücks erstmals bekannt werden.[11] Über § 2 Abs. 3 Nr. 4 HGrStG gilt die Amnestieregelung in Hessen entsprechend, wenn die Änderungen der tatsächlichen Verhältnisse der Finanzbehörde durch eine Erklärung zur Festsetzung des Grundsteuermessbetrags erstmals bekannt werden.

Über § 2 Abs. 3 Nr. 4 HGrStG findet § 266 Abs. 5 BewG in Hessen entsprechend Anwendung. Diese bundesgesetzliche Übergangsregelung wurde mit dem Gesetz zur erleichterten Umset-

---

1 Siehe vertiefend hierzu Bock in Grootens, BewG § 243 Rz. 19 ff.
2 Siehe vertiefend hierzu Bock in Grootens, BewG § 244 Rz. 18 ff.
3 Siehe vertiefend hierzu Bock in Grootens, BewG § 245 Rz. 18 ff.
4 Siehe vertiefend hierzu Bock in Grootens, BewG § 246 Rz. 17 ff.
5 Siehe vertiefend hierzu Bock in Grootens, BewG § 248 Rz. 19 ff.
6 Vgl. hierzu Bock/Lapp in Grootens, NGrStG § 3 Rz. 106 f.
7 Siehe vertiefend hierzu Bock in Grootens, BewG § 247 Rz. 1 ff.
8 Siehe vertiefend hierzu Bock in Grootens, BewG § 249 Rz. 56.
9 Siehe vertiefend hierzu Bock in Grootens, BewG § 249 Rz. 60.
10 Siehe vertiefend hierzu Bock in Grootens, BewG § 249 Rz. 76 ff.
11 Siehe vertiefend hierzu Grootens in Grootens, BewG § 266 Rz. 91 ff.

zung der Reform der Grundsteuer und Änderung weiterer steuerrechtlicher Vorschriften[1] eingeführt und bewirkt, dass **bestehende wirtschaftliche Einheiten**, welche für Zwecke der Einheitsbewertung unter Anwendung des §§ 26 oder 34 Abs. 4–6 BewG gebildet wurden, weiterhin für Zwecke der Feststellung von Grundsteuerwerten nach den Regelungen des Siebenten Abschnitts des Zweiten Teils des Bewertungsgesetzes (in Hessen: der Festsetzung von Grundsteuermessbeträgen) **zugrunde gelegt** werden können.[2]

52 Bei § 266 Abs. 5 BewG handelt es sich um eine auslaufende Regelung, welche am 31.12.2028 aufgehoben wird und ab der auf den 1.1.2029 durchzuführenden Hauptfeststellung der Grundsteuerwerte keine Anwendung mehr findet.[3] Auch in Hessen dürfen damit bei der ersten Hauptveranlagung der Steuermessbeträge auf den 1.1.2022 (§ 8 Abs. 1 HGrStG) die nach §§ 26 oder 34 Abs. 4–6 BewG gebildeten wirtschaftlichen Einheiten zugrunde gelegt werden. Anders als Niedersachsen (§ 2 Abs. 4 Satz 1 NGrStG,[4] § 11 Abs. 2–4 NGrStG)[5] hat der hessische Landesgesetzgeber **keine mit §§ 26 oder 34 Abs. 4–6 BewG vergleichbaren dauerhaft wirkenden Regelungen** in das HGrStG aufgenommen. Für neu zu bildende wirtschaftliche Einheiten finden damit die dem Eigentümerprinzip folgenden bundesgesetzlich geltenden Regelungen zur Bildung der wirtschaftlichen Einheiten Anwendung. § 266 Abs. 5 BewG normiert lediglich die Übergangsregelung und nicht die Bildung der wirtschaftlichen Einheit an sich. Da § 2 Abs. 3 Nr. 4 HGrStG explizit auf § 266 Abs. 5 BewG **in der am 24.12.2021 gültigen Fassung** Bezug nimmt und nicht zum 31.12.2028 aufgehoben wird, dürften trotz des anstehenden Wegfalls des § 266 Abs. 5 BewG auch bei weiteren Hauptveranlagungen der Steuermessbeträge in Hessen die für Zwecke der Einheitsbewertung unter Anwendung der §§ 26 oder 34 Abs. 4–6 BewG gebildeten wirtschaftlichen Einheiten zugrunde gelegt werden können.

53–55 *(Einstweilen frei)*

IV. Erklärungs- und Anzeigepflichten, Auskünfte, Erhebungen und Mitteilungen (§ 2 Abs. 4 HGrStG)

56 Nach § 2 Abs. 4 HGrStG gelten die in §§ 228, 229 BewG[6] geregelten Erklärungs-, Anzeige- und Auskunftspflichten unter bestimmten Maßgaben entsprechend.

57 Für die entsprechende Anwendung des § 228 Abs. 1 Satz 3 BewG,[7] welcher die öffentliche **Aufforderung zur Erklärungsabgabe** regelt, gilt nach § 2 Abs. 4 Satz 1 Nr. 1 HGrStG die Maßgabe, dass diese Aufforderung durch öffentliche Bekanntmachung des Hessischen Ministeriums der Finanzen erfolgen kann, wobei dieses die Befugnis auch durch Erlass auf nachgeordnete Dienststellen – in Hessen z. B. die Oberfinanzdirektion Frankfurt am Main – übertragen kann.

---

1 BGBl 2021 I S. 2931 ff.
2 Vgl. RegE eines Gesetzes zur erleichterten Umsetzung der Reform der Grundsteuer und Änderung weiterer steuerrechtlicher Vorschriften (Grundsteuerreform-Umsetzungsgesetz – GrStRefUG), BT-Drucks. 19/28902 S. 23 f. sowie vertiefend Grootens in Grootens, BewG § 266 Rz. 111 ff.
3 Vgl. Art. 2 i.V. mit Art. 7 Abs. 2 Grundsteuerreform-Umsetzungsgesetz, BGBl 2021 I S. 2936 und S. 2938.
4 Siehe vertiefend hierzu Bock/Lapp in Grootens, NGrStG § 2 Rz. 73 ff.
5 Siehe vertiefend hierzu Bock/Lapp in Grootens, NGrStG § 11 Rz. 46 ff.
6 Siehe vertiefend hierzu die Kommentierung Wredenhagen in Grootens, BewG §§ 228, 229.
7 Siehe vertiefend hierzu Wredenhagen in Grootens, BewG § 228 Rz. 66 f.

Bundesgesetzlich regelt § 228 Abs. 4 BewG,[1] dass die Erklärungen zur Feststellung des Grundsteuerwerts und die Änderungsanzeigen nach § 228 Abs. 2 BewG[2] bei dem für die gesonderte Feststellung des Grundsteuerwerts zuständigen Finanzamt abzugeben sind. § 2 Abs. 4 Satz 1 Nr. 2 HGrStG bestimmt, dass diese Regelung in Hessen entsprechend gilt, mit der Maßgabe, dass die Erklärung bzw. Anzeige bei dem für die **Festsetzung des Steuermessbetrags zuständigen Finanzamt** einzureichen ist. Dies ist folgerichtig, da es in dem hessischen Grundsteuermodell keine gesonderten Feststellungen (von Grundsteuerwerten oder Äquivalenzbeträgen) gibt, sondern auf der ersten Stufe der Ermittlung der zu zahlenden Grundsteuer direkt von einem Grundsteuermessbetrag auszugehen ist (§ 4 Abs. 1 Satz 1 HGrStG).[3]

§ 229 Abs. 2 Satz 1 BewG,[4] welcher über § 2 Abs. 4 Satz 1 HGrStG in Hessen entsprechend Anwendung findet, bestimmt, dass die Finanzbehörden zur Vorbereitung einer Hauptfeststellung und zur Durchführung von Feststellungen der Grundsteuerwerte örtliche Erhebungen über die Bewertungsgrundlagen anstellen können. § 229 Abs. 2 Satz 2 BewG[5] weist – dem Zitiergebot Rechnung tragend – insoweit auf eine **Einschränkung des Grundrechts der Unverletzlichkeit der Wohnung** (Art. 13 GG) hin. Die gleichlautende Regelung in § 2 Abs. 4 Satz 2 HGrStG weist ergänzend auf eine Einschränkung des Rechts auf Unverletzlichkeit der Wohnung nach Art. 8 der Verfassung des Landes Hessen hin.

(Einstweilen frei)

V. Anwendbarkeit der Abgabenordnung (§ 2 Abs. 5 Nr. 1 HGrStG)

Nach § 2 Abs. 5 Nr. 1 HGrStG gelten für Handlungen und Entscheidungen der Landesfinanzbehörden im Zusammenhang mit den Regelungen des HGrStG die **Vorschriften der Abgabenordnung entsprechend** mit der Maßgabe, dass in den Fällen des § 182 Abs. 2 Satz 1 AO an die Stelle des Feststellungsbescheides über einen Grundsteuerwert der **Feststellungsbescheid über einen Steuermessbetrag** tritt.

Nach § 182 Abs. 2 Satz 1 AO **wirkt ein Feststellungsbescheid** über einen Einheitswert oder einen Grundsteuerwert auch gegenüber dem **Rechtsnachfolger**, auf den der Gegenstand der Feststellung nach dem Feststellungszeitpunkt mit steuerlicher Wirkung übergeht. Ausweislich § 4 Abs. 2 Satz 1 HGrStG[6] wird der Steuermessbetrag in dem hessischen Grundsteuermodell für den steuerpflichtigen Teil des Steuergegenstands ermittelt und **festgesetzt.** Auf der ersten Stufe der Ermittlung der zu zahlenden Grundsteuer erfolgt eine Festsetzung und keine gesonderte Feststellung (von Grundsteuerwerten, Äquivalenzbeträgen oder Ähnlichem).

Vermutlich handelt es sich bei der Verwendung des Wortes Feststellungsbescheid um ein **gesetzgeberisches Versehen**, dessen Folgen jedoch gering bleiben dürften. So normiert § 9 Abs. 1 Nr. 1 HGrStG,[7] dass der Steuermessbetrag neu festgesetzt wird, wenn während des Hauptveranlagungszeitraums Änderungen eintreten, die sich auf die Steuerschuldnerschaft auswirken. Infolgedessen erfolgt gegenüber einem Rechtsnachfolger, dem der Steuergegenstand erst-

---

1 Siehe vertiefend hierzu Wredenhagen in Grootens, BewG § 228 Rz. 171 ff.
2 Siehe vertiefend hierzu Wredenhagen in Grootens, BewG § 228 Rz. 111 ff.
3 Siehe hierzu vertiefend Bock/Lapp in Grootens, HGrStG § 4 Rz. 26 ff.
4 Siehe vertiefend hierzu Wredenhagen in Grootens, BewG § 229 Rz. 71 ff.
5 Siehe vertiefend hierzu Wredenhagen in Grootens, BewG § 229 Rz. 73 f.
6 Siehe hierzu vertiefend Bock/Lapp in Grootens, HGrStG § 4 Rz. 26 ff
7 Siehe hierzu vertiefend Bock/Lapp in Grootens, HGrStG § 9 Rz. 26 ff.

malig zuzurechnen ist und der infolgedessen nach § 3 HGrStG[1] Schuldner der Grundsteuer wird, eine neue Festsetzung des Steuermessbetrags, die gegenüber diesem mit dem bekanntgegebenen Inhalt Wirkung entfaltet (§ 124 Abs. 1 Satz 2 AO, der über § 2 Abs. 5 Nr. 1 HGrStG in Hessen entsprechend Anwendung findet).

69 § 2 Abs. 5 Nr. 1 HGrStG erklärt im Übrigen die **Vorschriften der Abgabenordnung** für **uneingeschränkt anwendbar**, da sich insoweit aus dem HGrStG nichts anderes ergibt. Dieser Anwendungsbefehl ist erforderlich, da gem. § 1 Abs. 1 AO die Abgabenordnung nur für Steuern gilt, die durch Bundesrecht oder Recht der Europäischen Union geregelt sind. Die Abgabenordnung gilt damit nicht für landesrechtlich geregelte Steuern, wenn die Abgabenordnung nicht landesrechtlich für anwendbar erklärt wurde. § 2 Abs. 5 Nr. 1 HGrStG entspricht im Wesentlichen § 2 Abs. 1 Satz 1 LGrStG BW[2] und § 12 Abs. 2 Satz 1 NGrStG.[3]

70–75 *(Einstweilen frei)*

VI. Anwendung des Finanzverwaltungsgesetzes (§ 2 Abs. 5 Nr. 2 HGrStG)

76 Nach § 2 Abs. 5 Nr. 2 HGrStG gelten für Handlungen und Entscheidungen der Landesfinanzbehörden im Zusammenhang mit den Regelungen des HGrStG die Vorschriften des **Finanzverwaltungsgesetzes** entsprechend, soweit das HGrStG keine abweichende Regelung enthält.

77 Die Vorschrift entspricht im Ergebnis § 2 Abs. 1 Satz 1 LGrStG BW.[4] Relevant ist insbesondere § 2 Abs. 1 des Finanzverwaltungsgesetzes, der die **zuständigen Landesfinanzbehörden** normiert. Bei der Grundsteuer werden als oberste Behörde das für die Finanzverwaltung zuständige Hessische Ministerium der Finanzen, als Mittelbehörde die Oberfinanzdirektion Frankfurt am Main und als örtliche Behörden, die für die Festsetzung der Steuermessbeträge zuständigen Finanzämter bestimmt. Hessen beabsichtigt, die für die Festsetzung der Steuermessbeträge zuständigen Finanzämter an sieben Standorten zu zentralisieren).[5]

78–80 *(Einstweilen frei)*

VII. Anwendung der Finanzgerichtsordnung, Finanzrechtsweg

81 § 2 Abs. 5 HGrStG enthält keine Regelung zur entsprechenden Anwendbarkeit der Vorschriften der **Finanzgerichtsordnung** und zur **Eröffnung des Finanzrechtswegs**. Eine entsprechende Vorschrift wurde in § 15 HGrStG aufgenommen.[6]

C. Anlage zur Kommentierung von § 2 HGrStG

I. Zusammenstellung geltender Vorschriften des Grundsteuergesetzes

GrStG	HGrStG
§ 1 Heberecht	
§ 2 Steuergegenstand	

---

[1] Siehe hierzu vertiefend Bock/Lapp in Grootens, HGrStG § 3 Rz. 1 ff.
[2] Siehe vertiefend hierzu Schmidt in Grootens, LGrStG BW § 2 Rz. 16 f.
[3] Vgl. Bock/Lapp in Grootens, NGrStG § 12 Rz. 37.
[4] Siehe vertiefend hierzu Schmidt in Grootens, LGrStG BW § 2 Rz. 16 f.
[5] Vgl. Hessische LT-Drucks. 20/2882.
[6] Siehe vertiefend hierzu Bock/Lapp in Grootens, HGrStG § 15 Rz. 1 ff.

GrStG	HGrStG
§ 3 Steuerbefreiung für Grundbesitz bestimmter Rechtsträger	
§ 4 Sonstige Steuerbefreiungen	
§ 5 Zu Wohnzwecken benutzter Grundbesitz	
§ 6 Land- und forstwirtschaftlich genutzter Grundbesitz	
§ 7 Unmittelbare Benutzung für einen steuerbegünstigten Zweck	
§ 8 Teilweise Benutzung für einen steuerbegünstigten Zweck	
§ 9 Stichtag für die Festsetzung der Grundsteuer, Entstehung der Steuer	
~~§ 10 Steuerschuldner~~	§ 3 Steuerschuldner
§ 11 Persönliche Haftung	
§ 12 Dingliche Haftung	
~~§ 13 Steuermesszahl und Steuermessbetrag~~	§ 4 Steuermessbetrag
	§ 5 Flächenbeträge
	§ 7 Faktor
§ 14 Steuermesszahl für Betriebe der Land- und Forstwirtschaft	
§ 15 Abs. 2 bis 4 Steuermesszahl für Grundstücke	§ 6 Steuermesszahlen
~~§ 15 Abs. 1 und 5 Steuermesszahl für Grundstücke~~	
~~§ 16 Hauptveranlagung~~	§ 8 Hauptveranlagung
~~§ 17 Neuveranlagung~~	§ 9 Neuveranlagung
~~§ 18 Nachveranlagung~~	§ 10 Nachveranlagung
§ 19 Anzeigepflicht	
~~§ 20 Aufhebung des Steuermessbetrags~~	§ 11 Aufhebung des Steuermessbetrags
~~§ 21 Änderung von Steuermessbescheiden~~	§ 12 Gemeinsame Vorschriften zur Neuveranlagung, Nachveranlagung und Aufhebung des Steuermessbetrags
§ 22 Zerlegung des Steuermessbetrags[1]	
§ 23 Zerlegungsstichtag[2]	
§ 24 Ersatz der Zerlegung durch Steuerausgleich	
§ 25 Abs. 1 bis 4 Festsetzung des Hebesatzes	§ 13 Hebesatz für baureife Grundstücke
~~§ 25 Abs. 5 Festsetzung des Hebesatzes~~	
§ 26 Koppelungsvorschriften und Höchsthebesätze	
§ 27 Festsetzung der Grundsteuer	
§ 28 Fälligkeit	
§ 29 Vorauszahlungen	

[1] Mögliche Fälle insbesondere bei in Hessen belegenen Betrieben der Land- und Forstwirtschaft. Für in Hessen belegenes Grundvermögen aufgrund der Regelung in § 2 Abs. 2 Satz 2 HGrStG weitgehend keine Fälle mehr.
[2] Relevant insbesondere bei in Hessen belegenen Betrieben der Land- und Forstwirtschaft. Für in Hessen belegenes Grundvermögen aufgrund der Regelung in § 2 Abs. 2 Satz 2 HGrStG weitgehend keine Fälle mehr.

GrStG	HGrStG
§ 30 Abrechnung über die Vorauszahlungen	
§ 31 Nachentrichtung der Steuer	
§ 32 Erlass für Kulturgut und Grünanlagen	
§ 33 Erlass wegen wesentlicher Reinertragsminderung bei Betrieben der Land- und Forstwirtschaft	
§ 34 Erlass wegen wesentlicher Ertragsminderung bei bebauten Grundstücken	§ 14 Erlass wegen wesentlicher Ertragsminderung
§ 35 Verfahren	
~~§ 36 Sondervorschriften für die Hauptveranlagung 2025~~	[s.o. § 8 HGrStG]
§ 37 Anwendung des Gesetzes	
~~§ 38 Bekanntmachung~~	
	§ 15 Rechtsweg und Revisibilität des Landesrechts
	§ 16 Ermächtigungen

§ 3 HGrStG Steuerschuldner (ersetzt den § 10 des Grundsteuergesetzes)

(1) ¹Schuldner der Grundsteuer ist derjenige, dem der Steuergegenstand nach § 2 Nr. 2 des Grundsteuergesetzes in der am 24. Dezember 2021 geltenden Fassung bei der Festsetzung des Steuermessbetrags zuzurechnen ist. ²Ist der Steuergegenstand mehreren Personen zuzurechnen, so sind sie Gesamtschuldner.

(2) ¹Soweit nichts anderes bestimmt ist, richtet sich die Zurechnung des Steuergegenstands nach § 39 Abs. 1 und 2 Nr. 1 der Abgabenordnung. ²Im Falle eines Erbbaurechts, eines Wohnungserbbaurechts oder Teilerbbaurechts ist der Steuermessbetrag dem Erbbauberechtigten, im Falle eines Gebäudes auf fremdem Grund und Boden dem Eigentümer des Grund und Bodens zuzurechnen.

Inhaltsübersicht

	Rz.
A. Allgemeine Erläuterungen zu § 3 HGrStG	1 – 30
I. Normzweck und wirtschaftliche Bedeutung der Vorschrift	1 – 5
Entstehung und Entwicklung der Vorschrift	6 – 10
III. Geltungsbereich	11 – 15
IV. Vereinbarkeit der Vorschrift mit höherrangigem Recht	16 – 20
V. Verhältnis zu anderen Vorschriften	21 – 30
B. Systematische Kommentierung	31 – 44
I. Bestimmung des Steuerschuldners (§ 3 Abs. 1 HGrStG)	31 – 40
II. Zurechnung des Steuergegenstands (§ 3 Abs. 2 HGrStG)	41 – 44

A. Allgemeine Erläuterungen zu § 3 HGrStG

I. Normzweck und wirtschaftliche Bedeutung der Vorschrift

1 § 3 HGrStG ersetzt die bundesrechtliche Vorschrift zum **Schuldner** der **Grundsteuer** (§ 10 GrStG) und trifft für Hessen eine eigene landesgesetzliche Regelung. Die Regelung ist erforderlich, da § 10 GrStG für die Bestimmung des Steuerschuldners auf die Person Bezug nimmt, der der Grundsteuerwert zugerechnet wird, den es im hessischen Grundsteuermodell nicht gibt.

§ 3 Abs. 1 HGrStG bestimmt daher, dass Schuldner der Grundsteuer derjenige ist, dem der Steuergegenstand i. S. des § 2 Nr. 2 GrStG bei der Festsetzung des Steuermessbetrags **zugerechnet wird**. Wem der Steuergegenstand bei der Festsetzung des Steuermessbetrags zugerechnet wird, bestimmt wiederum § 3 Abs. 2 HGrStG und richtet sich nach § 39 Abs. 1 AO und § 39 Abs. 2 Nr. 1 AO. 2

(Einstweilen frei) 3–5

Entstehung und Entwicklung der Vorschrift

Die Vorschrift wurde im Jahr 2021 mit dem **Stammgesetz** in das HGrStG aufgenommen.[1] 6

(Einstweilen frei) 7–10

III. Geltungsbereich

§ 3 HGrStG gilt für in Hessen belegene Grundstücke des Grundvermögens und gilt damit nicht für Betriebe der Land- und Forstwirtschaft.[2] § 3 HGrStG ist mit dem Stammgesetz gem. § 17 HGrStG **am 24.12.2021 in Kraft getreten**.[3] Aus Art. 125b Abs. 3 GG ergibt sich, dass die Gesetzgebungskompetenz den Ländern für ein vom Bundesrecht abweichendes Grundsteuerrecht erst für die Erhebung der **Grundsteuer** ab dem **Kalenderjahr 2025** zusteht. Dem trägt § 8 Abs. 2 Satz 1 HGrStG[4] Rechnung, wonach die in der Hauptveranlagung festgesetzten Steuermessbeträge frühestens vom Kalenderjahr 2025 an gelten. Die Regelungen des HGrStG und damit auch § 3 HGrStG sind daher erst für die Erhebung der **Grundsteuer** ab dem **Kalenderjahr 2025** von Bedeutung. 11

(Einstweilen frei) 12–15

IV. Vereinbarkeit der Vorschrift mit höherrangigem Recht

§ 3 HGrStG begegnet keinen verfassungsrechtlichen Bedenken. 16

(Einstweilen frei) 17–20

V. Verhältnis zu anderen Vorschriften

§ 3 HGrStG verdrängt als lex posterior **§ 10 GrStG**,[5] der damit in Hessen derzeit **keine Anwendung** findet. 21

§ 3 Abs. 1 Satz 1 HGrStG nimmt Bezug auf **§ 2 Nr. 2 GrStG**,[6] wodurch die Grundstücke i. S. von **§§ 243, 244 BewG**[7] sowie die in **§ 218 Satz 3 BewG**[8] bezeichneten und diesen gleichstehenden Betriebsgrundstücke als Steuergegenstand definiert werden. 22

---

1 Hessisches Grundsteuergesetz v. 15.12.2021, Hessisches GVBl Nr. 55/2021 S. 906.
2 Vgl. hierzu Bock/Lapp in Grootens, HGrStG § 1 Rz. 11.
3 Hessisches GVBl Nr. 55/2021 S. 906.
4 Siehe hierzu vertiefend Bock/Lapp in Grootens, HGrStG § 8 Rz. 36.
5 Siehe hierzu vertiefend Schmidt in Grootens, GrStG § 10 Rz. 1 ff.
6 Siehe hierzu vertiefend Lange in Grootens, GrStG § 2 Rz. 57 ff.
7 Siehe hierzu vertiefend die Kommentierung Bock in Grootens, BewG § 243 Rz. 1 ff. und § 244 Rz. 1 ff.
8 Siehe hierzu vertiefend Wredenhagen in Grootens, BewG § 218 Rz. 101 ff.

23 Die Zurechnung des Steuergegenstandes soll sich gem. § 3 Abs. 2 Satz 1 HGrStG grundsätzlich nach **§ 39 Abs. 1 und Abs. 2 Nr. 1 AO** richten (siehe hierzu → Rz. 41). Die Rechtsfolgen der Gesamtschuldnerschaft sind in **§ 44 AO** geregelt (siehe hierzu → Rz. 34)

24 § 3 Abs. 2 Satz 2 HGrStG greift die bundesgesetzlichen Regelungen zum Erbbaurecht (**§ 261 BewG**)[1] und zum Gebäude auf fremdem Grund und Boden (**§ 262 BewG**)[2] auf (siehe hierzu → Rz. 42).

25–30 *(Einstweilen frei)*

B. Systematische Kommentierung

I. Bestimmung des Steuerschuldners (§ 3 Abs. 1 HGrStG)

31 § 3 Abs. 1 Satz 1 HGrStG entspricht im Wesentlichen der bundesgesetzlichen Regelung zum Steuerschuldner in § 10 Abs. 1 GrStG. Insoweit wird auf die dortige Kommentierung verwiesen.[3] Da in Hessen abweichend vom Bundesmodell keine Grundsteuerwerte festgestellt, sondern auf der ersten Stufe direkt die Grundsteuermessbeträge festgesetzt werden, stellt die Norm folgerichtig und abweichend von § 10 Abs. 1 GrStG darauf ab, wem der Steuergegenstand bei der Festsetzung des Steuermessbetrags zuzurechnen ist. Im Ergebnis sind damit keine Abweichungen von der bundesrechtlichen **Bestimmung der Steuerschuldnerschaft** verbunden. Wem der Steuergegenstand bei der Festsetzung der Grundsteuermessbeträge zuzurechnen ist, ist in § 3 Abs. 2 HGrStG geregelt (siehe hierzu → Rz. 41).

32 Mit einem über den Wortlaut der bundesgesetzlichen Norm hinausgehenden Verweis auf § 2 Nr. 2 GrStG wird in § 3 Abs. 1 Satz 1 HGrStG verdeutlicht, dass der Steuergegenstand i. S. der Norm das Grundstück i. S. des § 2 Nr. 2 GrStG ist, also Grundstücke i. S. der §§ 243, 244 BewG[4] (**wirtschaftliche Einheiten des Grundvermögens**) und diesen gleichstehende Betriebsgrundstücke i. S. des § 218 Satz 3 BewG.[5] Die Norm findet damit keine Anwendung auf Betriebe der Land- und Forstwirtschaft (siehe bereits → Rz. 11).

33 Ist der Steuergegenstand mehreren Personen zuzurechnen, sind diese gem. § 3 Abs. 1 Satz 2 HGrStG **Gesamtschuldner** der Grundsteuer. Die Vorschrift entspricht im Wesentlichen § 10 Abs. 2 GrStG. Insoweit wird auf die dortige Kommentierung verwiesen.[6] Abweichend von der bundesgesetzlichen Regelung kommt es für die Annahme der Gesamtschuldnerschaft nach dem Wortlaut der Norm allerdings nicht auf die tatsächliche Zurechnung an. Während nach § 10 Abs. 2 GrStG der Steuergegenstand zur Annahme einer Gesamtschuldnerschaft mehreren Personen (tatsächlich) zugerechnet werden muss, ist es nach der hessischen landesgesetzlichen Regelung ausreichend, wenn der Steuergegenstand mehreren Personen (nach den gesetzlichen Vorschriften) zuzurechnen ist.

34 **Gesamtschuldner** sind gem. § 44 AO, der über § 2 Abs. 5 Nr. 1 HGrStG auch in Hessen Anwendung findet, Personen, die nebeneinander dieselbe Leistung aus dem Steuerschuldverhältnis schulden oder für sie haften oder die zusammen zu einer Steuer zu veranlagen sind. Soweit

---

1 Siehe hierzu vertiefend Grootens in Grootens, BewG § 261 Rz. 1 ff.
2 Siehe hierzu vertiefend Grootens in Grootens, BewG § 262 Rz. 1 ff.
3 Siehe hierzu vertiefend Schmidt in Grootens, GrStG § 10 Rz. 20 ff.
4 Siehe hierzu vertiefend Bock in Grootens, BewG § 243 Rz. 19 ff. und § 244 Rz. 18 ff.
5 Siehe hierzu vertiefend Wredenhagen in Grootens, BewG § 218 Rz. 101 f.
6 Siehe hierzu vertiefend Schmidt in Grootens, GrStG § 10 Rz. 79 ff.

nichts anderes bestimmt ist, schuldet jeder Gesamtschuldner die gesamte Leistung. Die Erfüllung durch einen Gesamtschuldner wirkt auch für die übrigen Schuldner (§ 44 Abs. 2 Satz 1 AO).

(Einstweilen frei) 35–40

II. Zurechnung des Steuergegenstands (§ 3 Abs. 2 HGrStG)

Nach § 3 Abs. 2 Satz 1 HGrStG richtet sich die Zurechnung des Steuergegenstands, soweit nichts anderes bestimmt ist (siehe hierzu → Rz. 42), nach § 39 Abs. 1 AO (**zivilrechtliches Eigentum**) und § 39 Abs. 2 Nr. 1 AO (**wirtschaftliches Eigentum**). 41

Ausnahmen von diesem **Grundsatz** werden in § 3 Abs. 2 Satz 2 HGrStG zu **Erbbaurechten** und **Gebäuden auf fremdem Grund und Boden** getroffen. Nach den bundesgesetzlichen Regelungen in § 244 Abs. 3 BewG,[1] der über § 2 Abs. 3 Nr. 2 HGrStG[2] auch auf in Hessen belegenes Grundvermögen anwendbar ist, gelten 42

- das Erbbaurecht zusammen mit dem Erbbaurechtsgrundstück (§ 244 Abs. 3 Nr. 1 BewG),[3]
- ein Gebäude auf fremdem Grund und Boden zusammen mit dem dazugehörenden Grund und Boden (§ 244 Abs. 3 Nr. 2 BewG)[4] und
- jedes Wohnungserbbaurecht und Teilerbbaurecht zusammen mit dem anteiligen belasteten Grund und Boden (§ 244 Abs. 3 Nr. 4 BewG)[5]

als ein Grundstück. Hierfür ist jeweils ein Gesamtwert zu ermitteln (§ 261 Satz 1 BewG[6] und § 262 Satz 1 BewG[7]) und dieser dem Erbbauberechtigten (§ 261 Satz 2 und 3 BewG)[8] bzw. dem Eigentümer des Grund und Bodens (§ 262 Satz 2 BewG)[9] zuzurechnen. § 3 Abs. 2 Satz 2 HGrStG greift diese Vorschriften auf und bestimmt, dass bei Erbbaurechten, Wohnungserbbaurechten oder Teilerbbaurechten der Steuermessbetrag dem **Erbbauberechtigten** und bei Gebäuden auf fremdem Grund und Boden dem **Eigentümer des Grund und Bodens zuzurechnen** ist.

Der hessische Gesetzgeber begründet die vom Grundsatz der Zurechnung nach § 3 Abs. 2 Satz 1 HGrStG abweichende Zurechnung bei Erbbaurechten, Wohnungserbbaurechten oder Teilerbbaurechten nicht mit einer beabsichtigten analogen Regelung zum Bundesmodell, sondern verweist auf die **Belastungsgrundentscheidung** des hessischen Grundsteuermodells. Diese liege in der Schaffung eines Ausgleichs dafür, Nutzen aus kommunal bereitgestellter Infrastruktur ziehen zu können (z. B. kommunale Straßen, allgemeine Straßenreinigung, kulturelle Angebote, öffentliche Parks und Spielplätze), die nicht bereits individuell zugeordnet und damit durch Gebühren oder Beiträge abgegolten werden.[10] In Fällen eines Erbbaurechtes werde der Steuergegenstand Grundstück dem Erbbauberechtigten zugerechnet, da er derjenige sei, der als **Nutzer** des erbbaubelasteten Grundstücks und des aufstehenden Gebäudes die kom- 43

---

[1] Siehe hierzu vertiefend Bock in Grootens, BewG § 244 Rz. 47 ff.
[2] Siehe hierzu Bock/Lapp in Grootens, HGrStG § 2 Rz. 48.
[3] Siehe hierzu vertiefend Bock in Grootens, BewG § 244 Rz. 47 ff.
[4] Siehe hierzu vertiefend Bock in Grootens, BewG § 244 Rz. 73 ff.
[5] Siehe hierzu vertiefend Bock in Grootens, BewG § 244 Rz. 88 ff.
[6] Siehe hierzu vertiefend Grootens in Grootens, BewG § 261 Rz. 31.
[7] Siehe hierzu vertiefend Grootens in Grootens, BewG § 262 Rz. 31 ff.
[8] Siehe hierzu vertiefend Grootens in Grootens, BewG § 261 Rz. 41 ff.
[9] Siehe hierzu vertiefend Grootens in Grootens, BewG § 262 Rz. 41 f.
[10] Gesetzentwurf der Koalitionsfraktionen für ein Hessisches Grundsteuergesetz, Hessische LT-Drucks. 20/6379 S. 12.

munale Infrastruktur in Anspruch nehmen** könne. Entsprechendes gelte beim Wohnungserbbaurecht und beim Teilerbbaurecht.[1]

44 Zieht man die Belastungsgrundentscheidung des hessischen Modells zur Begründung einer von § 3 Abs. 2 Satz 1 HGrStG abweichenden Zurechnung des Steuergegenstands heran, hätte insbesondere auch in Fällen mit Gebäuden auf fremdem Grund und Boden konsequenterweise der Steuergegenstand dem (wirtschaftlichen) Eigentümer des Gebäudes zugerechnet werden müssen, da dieser regelmäßig derjenige sein dürfte, der die kommunale Infrastruktur in Anspruch nimmt. Die Heranziehung der Nutzenäquivalenz spricht dafür, den Steuergegenstand generell jedenfalls teilweise den Nutzenden zuzurechnen. Die Umlagefähigkeit der Grundsteuer auf den Mieter nach § 556 Abs. 1 BGB führt zu keiner anderen Beurteilung, da § 556 Abs. 1 BGB eine disponible zivilrechtliche Regelung ist, die keine Aussage über die Belastungswirkung der Grundsteuer trifft. Diese ergibt sich allein aus dem Steuerrecht.[2] Nach Auffassung des hessischen Landesgesetzgebers soll dagegen in Fällen mit Gebäuden auf fremdem Grund und Boden der Steuergegenstand – wie im Bundesmodell – dem **Eigentümer des Grund und Bodens zugerechnet** werden. Eine andere Handhabung würde in den Fällen, in denen ein Grundstück mit mehreren Gebäuden unterschiedlicher wirtschaftlicher Eigentümer bebaut ist, zu problematischen Zurechnungskonkurrenzen führen. Die Zurechnung beim Eigentümer des Grund und Bodens soll solche **Zurechnungskonkurrenzen vermeiden** und eine **verwaltungspraktikable Lösung** darstellen.[3]

§ 4 HGrStG Steuermessbetrag (ersetzt den § 13 des Grundsteuergesetzes)

(1) ¹Bei der Berechnung der Grundsteuer ist von einem Steuermessbetrag auszugehen. ²Dieser ermittelt sich, indem die Flächenbeträge nach § 5 jeweils mit den Steuermesszahlen nach § 6 multipliziert werden, die Summe dieser Produkte (Ausgangsbetrag) wiederum mit dem Faktor nach § 7 multipliziert wird und das daraus resultierende Ergebnis auf volle Euro abgerundet wird.

(2) ¹Ist der Steuergegenstand zum Teil steuerbefreit, wird der Steuermessbetrag für den steuerpflichtigen Teil ermittelt und festgesetzt. ²Ist der Steuergegenstand vollständig steuerbefreit, wird kein Steuermessbetrag ermittelt und festgesetzt.

(3) ¹Bei der Ermittlung des Steuermessbetrags ist § 2 Abs. 1 und 2 des Bewertungsgesetzes in der am 24. Dezember 2021 geltenden Fassung sinngemäß anzuwenden. ²Bei Erbbaurechten ist für das Erbbaurecht und das Erbbaurechtsgrundstück nur ein Steuermessbetrag zu ermitteln; dieser entspricht dem Betrag, der festzusetzen wäre, wenn die Belastung mit dem Erbbaurecht nicht bestünde. ³Satz 2 gilt entsprechend für Wohnungserbbaurechte und Teilerbbaurechte. ⁴Bei Gebäuden auf fremdem Grund und Boden ist für den Grund und Boden sowie für das Gebäude auf fremdem Grund und Boden nur ein Steuermessbetrag zu ermitteln.

Inhaltsübersicht	Rz.
A. Allgemeine Erläuterungen	1 – 25
I. Normzweck und wirtschaftliche Bedeutung der Vorschrift	1 – 5
II. Entstehung und Entwicklung der Vorschrift	6 – 10

---

1 Gesetzentwurf der Koalitionsfraktionen für ein Hessisches Grundsteuergesetz, Hessische LT-Drucks. 20/6379 S. 16.
2 Siehe dazu vertiefend Bock in Grootens, BewG § 250 Rz. 41.
3 Gesetzentwurf der Koalitionsfraktionen für ein Hessisches Grundsteuergesetz, Hessische LT-Drucks. 20/6379 S. 16.

III. Geltungsbereich	11 - 15
IV. Vereinbarkeit der Vorschrift mit höherrangigem Recht	16 - 20
V. Verhältnis zu anderen Vorschriften	21 - 25
B. Systematische Kommentierung	26 - 44
I. Systematik der Grundsteuerberechnung (§ 4 Abs. 1 HGrStG)	26 - 30
II. Steuermessbeträge bei Steuerbefreiungen (§ 4 Abs. 2 HGrStG)	31 - 40
III. Bildung der wirtschaftlichen Einheiten (§ 4 Abs. 3 HGrStG)	41 - 44

A. Allgemeine Erläuterungen

I. Normzweck und wirtschaftliche Bedeutung der Vorschrift

§ 4 Abs. 1 HGrStG normiert den **Steuermessbetrag** als **Ausgangspunkt** für die Berechnung der für wirtschaftliche Einheiten des Grundvermögens festzusetzenden Grundsteuer in Hessen. Die Vorschrift legt damit das in dem hessischen Grundsteuermodell geltende **zweistufige Verfahren** fest. Anders als im Bundesmodell oder anderen abweichenden Ländermodellen verzichtet Hessen auf die erste Stufe der Feststellung von Grundsteuerwerten, Äquivalenzbeträgen oder Ähnlichem. 1

§ 4 Abs. 2 HGrStG trifft Regelungen für Fälle, in denen das Grundvermögen vollständig oder teilweise von der **Grundsteuer befreit** ist. 2

§ 4 Abs. 3 HGrStG enthält Regelungen zur Bildung der **wirtschaftlichen Einheiten**. 3

(Einstweilen frei) 4–5

II. Entstehung und Entwicklung der Vorschrift

Die Vorschrift wurde im Jahr 2021 mit dem **Stammgesetz** in das HGrStG aufgenommen.[1] 6

(Einstweilen frei) 7–10

III. Geltungsbereich

§ 4 HGrStG gilt für in Hessen belegene Grundstücke des Grundvermögens und gilt damit nicht für Betriebe der Land- und Forstwirtschaft.[2] § 4 HGrStG ist mit dem Stammgesetz gem. § 17 HGrStG **am 24.12.2021 in Kraft getreten**.[3] Aus Art. 125b Abs. 3 GG ergibt sich, dass die Gesetzgebungskompetenz den Ländern für ein vom Bundesrecht abweichendes Grundsteuerrecht erst für die Erhebung der **Grundsteuer** ab dem **Kalenderjahr 2025** zusteht. Dem trägt § 8 Abs. 2 Satz 1 HGrStG[4] Rechnung, wonach die in der Hauptveranlagung festgesetzten Steuermessbeträge frühestens vom Kalenderjahr 2025 an gelten. Die Regelungen des HGrStG und damit auch § 4 HGrStG sind daher erst für die Erhebung der **Grundsteuer** ab dem **Kalenderjahr 2025** von Bedeutung. 11

(Einstweilen frei) 12–15

---

1 Hessisches Grundsteuergesetz v. 15.12.2021, Hessisches GVBl 2021 S. 906.
2 Vgl. hierzu Bock/Lapp in Grootens, HGrStG § 1 Rz. 11.
3 Hessisches GVBl 2021 S. 906.
4 Siehe hierzu vertiefend Bock/Lapp in Grootens, HGrStG § 8 Rz. 36 ff.

IV. Vereinbarkeit der Vorschrift mit höherrangigem Recht

16 § 4 HGrStG begegnet an sich keinen verfassungsrechtlichen Bedenken. Zur Frage, ob das in § 4 HGrStG normierte Verfahren zur Ermittlung der festzusetzenden Grundsteuer folgerichtig i. S. der Rechtsprechung des Bundesverfassungsgerichts umgesetzt wurde, gilt aufgrund des vergleichbaren Verfahrens und der identischen Belastungsgrundentscheidung die verfassungsrechtliche Bewertung des **niedersächsischen Flächen-Lage-Modells** entsprechend.[1]

17–20 *(Einstweilen frei)*

V. Verhältnis zu anderen Vorschriften

21 § 4 HGrStG verdrängt als lex posterior **§ 13 GrStG**, der damit in Hessen derzeit **keine Anwendung** findet.

22 Der Steuermessbetrag ist das auf volle Euro abgerundete Produkt aus Flächenbetrag, Steuermesszahl und Faktor. Die Flächenbeträge ergeben sich dabei aus **§ 5 HGrStG**,[2] die Steuermesszahl aus **§ 6 HGrStG**[3] und der Faktor aus **§ 7 HGrStG**[4].

23 § 4 Abs. 3 HGrStG erklärt zur Bildung der wirtschaftlichen Einheit **§ 2 Abs. 1 und 2 BewG**[5] für entsprechend anwendbar. Bei Erbbaurechten greift die Vorschrift die bundesgesetzliche Regelung des **§ 261 BewG**[6] und bei Gebäuden auf fremdem Grund und Boden die Regelung des **§ 262 BewG**[7] auf. Bei der Bildung der wirtschaftlichen Einheit sind ergänzend die **besonderen Bewertungsvorschriften und Schlussbestimmungen des Bewertungsgesetzes** zu beachten, die gem. **§ 2 Abs. 3 HGrStG**[8] entsprechend Anwendung finden.

24–25 *(Einstweilen frei)*

B. Systematische Kommentierung

I. Systematik der Grundsteuerberechnung (§ 4 Abs. 1 HGrStG)

26 Nach § 4 Abs. 1 Satz 1 HGrStG ist bei der Berechnung der Grundsteuer von einem **Steuermessbetrag** auszugehen. Dieser ermittelt sich gem. § 4 Abs. 1 Satz 2 HGrStG, indem die Flächenbeträge nach § 5 HGrStG[9] jeweils mit den Steuermesszahlen nach § 6 HGrStG[10] multipliziert werden und die Summe dieser Produkte (Ausgangsbetrag) wiederum mit dem Faktor nach § 7 HGrStG[11] multipliziert wird. Das daraus resultierende Ergebnis wird auf volle Euro abgerundet.

27 Hessen führt damit als erstes und bislang einziges Land ein **zweistufiges Verfahren** zur Ermittlung der festzusetzenden Grundsteuer für wirtschaftliche Einheiten des Grundvermögens

---

1 Siehe hierzu Bock/Lapp in Grootens, NGrStG Vorwort Rz. 42 ff.
2 Siehe vertiefend hierzu Bock/Lapp in Grootens, HGrStG § 5 Rz. 1 ff.
3 Siehe vertiefend hierzu Bock/Lapp in Grootens, HGrStG § 6 Rz. 1 ff.
4 Siehe vertiefend hierzu Bock/Lapp in Grootens, HGrStG § 7 Rz. 1 ff.
5 Siehe vertiefend hierzu Bock/Lapp in Grootens, HGrStG § 2 Rz. 36 ff.
6 Siehe vertiefend hierzu Grootens in Grootens, BewG § 261 Rz. 31 ff.
7 Siehe vertiefend hierzu Grootens in Grootens, BewG § 262 Rz. 31 ff.
8 Siehe vertiefend hierzu Bock/Lapp in Grootens, HGrStG § 2 Rz. 46 ff.
9 Siehe vertiefend hierzu Bock/Lapp in Grootens, HGrStG § 5 Rz. 1 ff.
10 Siehe vertiefend hierzu Bock/Lapp in Grootens, HGrStG § 6 Rz. 1 ff.
11 Siehe vertiefend hierzu Bock/Lapp in Grootens, HGrStG § 7 Rz. 1 ff.

ein.[1] Bei dem Ausgangsbetrag, der sich aus der Multiplikation der Flächenbeträge mit den Steuermesszahlen ergibt, handelt es sich lediglich um eine Rechengröße, die nicht förmlich festgestellt und auf welche direkt der Faktor nach § 7 HGrStG[2] zur Ermittlung des Steuermessbetrags angewendet wird. Es werden keine Grundsteuerwerte, Äquivalenzbeträge oder Ähnliches gesondert festgestellt.

Mangels abweichender landesgesetzlicher Regelung wird der Steuermessbetrag auch in Hessen den Gemeinden ausschließlich elektronisch zum **Datenabruf** bereitgestellt (§ 2 Abs. 5 Nr. 1 HGrStG i.V. mit § 184 Abs. 3 Satz 2 AO).[3] 28

(Einstweilen frei) 29–30

II. Steuermessbeträge bei Steuerbefreiungen (§ 4 Abs. 2 HGrStG)

§ 4 Abs. 2 Satz 1 HGrStG bestimmt, dass der Steuermessbetrag (nur) für den steuerpflichtigen Teil ermittelt und festgesetzt wird, wenn der Steuergegenstand zum Teil steuerbefreit ist. Ist der Steuergegenstand vollständig steuerbefreit, wird gem. § 4 Abs. 2 Satz 2 HGrStG kein Steuermessbetrag ermittelt und festgesetzt. Das Vorliegen einer Steuerbefreiung bestimmt sich auch im hessischen Grundsteuermodell nach §§ 3–8 GrStG,[4] die in Hessen mangels abweichender landesgesetzlicher Regelung anzuwenden sind. 31

§ 4 Abs. 2 GrStG greift den Gedanken des § 219 Abs. 3 BewG[5] und des § 184 Abs. 2 Satz 2 AO[6] auf. Nach § 219 Abs. 3 BewG erfolgen u.a. Feststellungen des Grundsteuerwerts nur, soweit diese **für die Besteuerung von Bedeutung** sind. Dies ist dann nicht der Fall, soweit der Steuergegenstand steuerbefreit ist. Nach § 184 Abs. 2 Satz 2 AO ist spätestens im Rahmen der Grundsteuermessbetragsfestsetzung auch über die sachliche und persönliche Steuerpflicht zu entscheiden. Eine Festsetzung des Steuermessbetrags erfolgt auch im Bundesmodell nur, soweit der Steuergegenstand nicht steuerbefreit ist. 32

Bei dem vollständigen **Wegfall einer Steuerbefreiung** für den gesamten Grundbesitz ist nach § 10 Abs. 1 Nr. 2 i.V. mit Abs. 2 Satz 2 HGrStG auf den Beginn des Kalenderjahres, das dem Wegfall der Steuerbefreiung folgt, eine nachträgliche Festsetzung (Nachveranlagung) des Steuermessbetrags durchzuführen.[7] Entfallen die Voraussetzungen für eine Steuerbefreiung nur für einen Teil des Grundbesitzes, ist nur für den nicht von der Grundsteuer befreiten Teil der wirtschaftlichen Einheit eine Nachveranlagung durchzuführen. 33

Bei der erstmaligen **Gewährung einer Steuerbefreiung** für den gesamten Grundbesitz ist der Steuermessbetrag gem. § 11 Abs. 1 Nr. 2 i.V. mit Abs. 2 HGrStG auf den Beginn des Kalenderjahres, das dem Eintritt der Voraussetzungen für die Steuerbefreiung folgt, aufzuheben.[8] Wird eine Steuerbefreiung erstmalig nur für einen Teil des Grundbesitzes gewährt, wird der bereits festgesetzte Steuermessbetrag der wirtschaftlichen Einheit nach § 9 Abs. 1 Nr. 1 i.V. mit Abs. 2 34

---

1 Siehe auch die Übersicht von Bock/Lapp in Grootens, HGrStG Vorwort Rz. 18.
2 Siehe vertiefend hierzu Bock/Lapp in Grootens, HGrStG § 7 Rz. 1 ff.
3 Siehe vertiefend hierzu Bock/Lapp in Grootens, HGrStG § 2 Rz. 66.
4 Siehe hierzu vertiefend die Kommentierung Kunz in Grootens, GrStG §§ 3–5 und bei Lange in Grootens, GrStG §§ 6–8.
5 Siehe vertiefend hierzu Wredenhagen in Grootens, BewG § 219 Rz. 271 ff.
6 Siehe hierzu vertiefend Bock in Grootens, GrStG § 13 Rz. 40.
7 Siehe vertiefend hierzu Bock/Lapp in Grootens, HGrStG § 10 Rz. 26 und 32.
8 Siehe vertiefend hierzu Bock/Lapp in Grootens, HGrStG § 11 Rz. 26 f.

Satz 2 HGrStG auf den Beginn des Kalenderjahres, das dem Eintritt der Voraussetzungen für die Steuerbefreiung folgt, neu festgesetzt (Neuveranlagung).[1]

35–40 *(Einstweilen frei)*

III. Bildung der wirtschaftlichen Einheiten (§ 4 Abs. 3 HGrStG)

41 Nach § 4 Abs. 3 Satz 1 HGrStG ist § 2 Abs. 1 und 2 BewG sinngemäß anwendbar. Die Vorschrift trifft Regelungen zur Bildung der wirtschaftlichen Einheit. Nach § 2 Abs. 1 BewG ist jede wirtschaftliche Einheit für sich zu bewerten und ihr Wert im Ganzen festzustellen. Was als wirtschaftliche Einheit zu gelten hat, ist nach den **Anschauungen des Verkehrs** zu entscheiden, wobei die örtliche Gewohnheit, die tatsächliche Übung, die Zweckbestimmung und die wirtschaftliche Zusammengehörigkeit der einzelnen Wirtschaftsgüter zu berücksichtigen sind. § 2 Abs. 2 BewG bestimmt, dass mehrere Wirtschaftsgüter als wirtschaftliche Einheit nur insoweit in Betracht kommen, als sie **demselben Eigentümer** gehören.

42 **Ausnahmen** von diesem Grundsatz gibt es bei den **Erbbaurechten** (§ 4 Abs. 3 Satz 2 und 3 HGrStG, siehe hierzu → Rz. 43) und **Gebäuden auf fremdem Grund und Boden** (§ 4 Abs. 3 Satz 4 HGrStG, siehe hierzu → Rz. 44). Die in Hessen über § 2 Abs. 3 Nr. 4 HGrStG entsprechend anwendbare **Übergangsregelung** des § 266 Abs. 5 BewG, wonach bestimmte, für Zwecke der Einheitsbewertung gebildete wirtschaftliche Einheiten weiterhin der Festsetzung der Grundsteuermessbeträge zugrunde gelegt werden können, ist zu beachten.[2]

43 Bei **Erbbaurechten**, **Wohnungserbbaurechten** und **Teilerbbaurechten** ist für das Erbbaurecht und das Erbbaurechtsgrundstück gem. § 4 Abs. 3 Satz 2 und 3 HGrStG nur ein Steuermessbetrag zu ermitteln. Dieser Steuermessbetrag entspricht dem Betrag, der festzusetzen wäre, wenn die Belastung mit dem Erbbaurecht nicht bestünde. Das Erbbaurecht und der mit dem Erbbaurecht belastete Grund und Boden sind damit zu einer wirtschaftlichen Einheit zusammenzufassen. Die Regelung knüpft folgerichtig an § 3 Abs. 2 Satz 2 HGrStG[3] an, wonach im Falle eines Erbbaurechts, Wohnungserbbaurechts oder Teilerbbaurechts der Steuermessbetrag dem Erbbauberechtigten zuzurechnen ist. Im Ergebnis entspricht die Regelung § 261 BewG.[4]

44 Bei **Gebäuden auf fremdem Grund und Boden** ist gem. § 4 Abs. 3 Satz 4 HGrStG für den Grund und Boden sowie für das Gebäude auf fremdem Grund und Boden nur ein Steuermessbetrag zu ermitteln. Das Gebäude und der mit dem fremden Gebäude bebaute Grund und Boden sind damit zu einer wirtschaftlichen Einheit zusammenzufassen. Die Regelung knüpft folgerichtig an § 3 Abs. 2 Satz 2 HGrStG[5] an, wonach bei Gebäuden auf fremdem Grund und Boden der Steuermessbetrag dem Eigentümer des Grund und Bodens zuzurechnen ist. Im Ergebnis entspricht die Regelung § 262 BewG.[6]

---

1 Siehe vertiefend hierzu Bock/Lapp in Grootens, HGrStG § 9 Rz. 26 ff. und 47 ff.
2 Siehe vertiefend hierzu Bock/Lapp in Grootens, HGrStG § 2 Rz. 51 f.
3 Siehe vertiefend hierzu Bock/Lapp in Grootens, HGrStG, § 3 Rz. 42 ff.
4 Siehe vertiefend hierzu Grootens in Grootens, BewG § 261 Rz. 31 ff.
5 Siehe vertiefend hierzu Bock/Lapp in Grootens, HGrStG § 3 Rz. 42 ff.
6 Siehe vertiefend hierzu Grootens in Grootens, BewG § 262 Rz. 31 ff.

§ 5 HGrStG Flächenbeträge (ersetzt den § 13 des Grundsteuergesetzes)

(1) Der Flächenbetrag für den Grund und Boden ist das Produkt aus der Fläche des zum Grundstück gehörenden Grund und Bodens in Quadratmetern und einem Ansatz von 0,04 Euro je Quadratmeter.

(2) ¹Der Flächenbetrag für den zu Wohnzwecken genutzten Teil eines zum Grundstück gehörenden benutzbaren Gebäudes nach § 248 Bewertungsgesetz in der am 24. Dezember 2021 geltenden Fassung ist das Produkt aus der Wohnfläche in Quadratmetern und einem Ansatz von 0,50 Euro je Quadratmeter. ²Nicht genutzte Flächen nach Satz 1, die zuvor zu Wohnzwecken genutzt wurden, gelten bis zu einer Nutzung zu anderen Zwecken weiterhin als zu Wohnzwecken genutzt. ³Die Vermietung von Wohn- und Schlafräumen zur kurzfristigen Beherbergung von Personen ist kein Wohnzweck. ⁴Ein häusliches Arbeitszimmer gilt ungeachtet der ertragsteuerlichen Würdigung als zu Wohnzwecken genutzt. ⁵Garagen, die zu Wohnzwecken genutzten Gebäuden oder Gebäudeteilen zu dienen bestimmt sind, bleiben außer Ansatz, wenn sie in räumlichem Zusammenhang zum Gebäude oder Gebäudeteil stehen oder wenn sie eine eigene wirtschaftliche Einheit bilden und ihre Nutzungsfläche 100 Quadratmeter nicht überschreitet. ⁶Nebengebäude, die zu Wohnzwecken genutzten Gebäuden oder Gebäudeteilen zu dienen bestimmt und von untergeordneter Bedeutung sind, bleiben außer Ansatz, wenn sie in räumlichem Zusammenhang zum Gebäude oder Gebäudeteil stehen oder eine eigene wirtschaftliche Einheit bilden. ⁷Von einer untergeordneten Bedeutung ist auszugehen, wenn die Gebäudefläche jeweils weniger als 30 Quadratmeter beträgt. ⁸Die Nutzungsfläche von Garagen und Nebengebäuden, die nach Satz 5 bis 7 nicht außer Ansatz bleiben, gilt als Wohnfläche im Sinne des Satzes 1.

(3) ¹Der Flächenbetrag für den zu anderen Zwecken als Wohnzwecken genutzten Teil eines zum Grundstück gehörenden benutzbaren Gebäudes nach § 248 Bewertungsgesetz in der am 24. Dezember 2021 geltenden Fassung ist das Produkt aus der Nutzungsfläche in Quadratmetern und einem Ansatz von 0,50 Euro je Quadratmeter. ²Nicht genutzte Flächen nach Satz 1, die zuvor zu anderen Zwecken als Wohnzwecken genutzt wurden, gelten bis zu einer Nutzung zu Wohnzwecken weiterhin als zu anderen Zwecken als Wohnzwecken genutzt.

(4) ¹Bei der Berechnung nach den Abs. 1 bis 3 sind für Wohnungseigentum und Teileigentum § 249 Abs. 5 und 6 des Bewertungsgesetzes in der am 24. Dezember 2021 geltenden Fassung entsprechend anzuwenden. ²Für Garagenstellplätze und Nebengebäude im Wohnungseigentum gilt Abs. 2 Satz 5 bis 8 entsprechend.

(5) ¹Beträgt die Gebäudefläche der auf einem Grundstück errichteten Gebäude insgesamt weniger als 30 Quadratmeter, bleibt diese für die Ermittlung der Flächenbeträge nach Abs. 1 bis 3 außer Ansatz. ²Außer Ansatz bleiben auch Gebäude oder Gebäudeteile für den Zivilschutz nach § 245 Bewertungsgesetz in der am 24. Dezember 2021 geltenden Fassung.

(6) ¹Bei der Anwendung der Abs. 1 bis 5 ist stets von vollen Quadratmetern auszugehen. ²Hierfür sind Nachkommastellen abzurunden.

Inhaltsübersicht

	Rz.
A. Allgemeine Erläuterungen	1 – 35
I. Normzweck und wirtschaftliche Bedeutung der Vorschrift	1 – 15
II. Entstehung und Entwicklung der Vorschrift	16 – 20
III. Geltungsbereich	21 – 25
IV. Vereinbarkeit der Vorschrift mit höherrangigem Recht	26 – 30
V. Verhältnis zu anderen Vorschriften	31 – 35
B. Systematische Kommentierung	36 – 111
I. Flächenbetrag für den Grund und Boden (§ 5 Abs. 1 HGrStG)	36 – 45
1. Allgemeines	36 – 40
2. Sonderfall Wohnteil eines land- und forstwirtschaftlichen Betriebs	41 – 45

II.	Flächenbetrag für Wohnflächen (§ 5 Abs. 2 HGrStG)	46 – 85
	1. Zu Wohnzwecken genutzte Flächen (§ 5 Abs. 2 Satz 1 und 2 HGrStG)	46 – 55
	2. Kurzfristige Vermietung von Wohn- und Schlafräumen (§ 5 Abs. 2 Satz 3 HGrStG)	56 – 60
	3. Häusliches Arbeitszimmer (§ 5 Abs. 2 Satz 4 HGrStG)	61 – 65
	4. Garagen (§ 5 Abs. 2 Satz 5 und 8 HGrStG)	66 – 75
	5. Nebengebäude von untergeordneter Bedeutung (§ 5 Abs. 2 Satz 6 und 7 HGrStG)	76 – 80
	6. Zurechnung von Garagen und Nebengebäuden zur Wohnfläche (§ 5 Abs. 2 Satz 8 HGrStG)	81 – 85
III.	Flächenbetrag für Nutzflächen (§ 5 Abs. 3 HGrStG)	86 – 95
IV.	Flächenberechnung bei Wohnungs- und Teileigentum (§ 5 Abs. 4 HGrStG)	96 – 100
V.	Nichtansatz bestimmter Gebäude und Gebäudeteile (§ 5 Abs. 5 HGrStG)	101 – 110
	1. Geringfügigkeitsregel bei Nebengebäuden (§ 5 Abs. 5 Satz 1 HGrStG)	101 – 105
	2. Gebäude oder Gebäudeteile für den Zivilschutz (§ 5 Abs. 5 Satz 2 HGrStG)	106 – 110
VI.	Rundungsregel (§ 5 Abs. 6 HGrStG)	111

A. Allgemeine Erläuterungen

I. Normzweck und wirtschaftliche Bedeutung der Vorschrift

1 § 5 NGrStG bestimmt die Ermittlung der **Flächenbeträge** für Gebäudeflächen und für Flächen des Grund und Bodens. § 5 HGrStG trifft darüber hinaus Regelungen zu der für die Ermittlung der Flächenbeträge notwendigen Bestimmung der **Wohn- und Nutzflächen in Sonderfällen**. Bei den Flächenbeträgen soll es sich um eine reine Rechengröße ohne Wertbezug zur Bestimmung der relativen Lastenverteilung zwischen dem Grund und Boden und den Gebäudeflächen handeln.[1]

2 Die maßgeblichen Flächen nach § 5 Abs. 1, 2 und 3 HGrStG sind mit der jeweiligen Äquivalenzzahl zu multiplizieren und ergeben so den Flächenbetrag. Die Flächenbeträge werden mit den Steuermesszahlen nach § 6 HGrStG[2] multipliziert und ergeben in der Summe den Ausgangsbetrag. Dieser ist Ausgangsgröße nach § 4 Abs. 1 Satz 2 HGrStG[3] für die Ermittlung des Steuermessbetrags durch Multiplikation mit den jeweiligen Faktor nach § 7 HGrStG[4]. Der Steuermessbetrag ergibt durch Anwendung des jeweiligen Hebesatzes der Gemeinde nach § 25 GrStG[5] oder ggf. nach § 13 HGrStG[6] die Grundsteuerzahllast. Mit der Festlegung der **Flächenbeträge** in § 5 HGrStG wird daher maßgeblich die Höhe der Grundsteuer bestimmt. § 5 HGrStG hat damit **erhebliche Bedeutung für** die endgültige **Grundsteuerbelastung**.

3 In einem Flächenmodell, wie dem hessischen Grundsteuermodell, kommt der **Flächenbestimmung** eine **ganz erhebliche Bedeutung** zu. Die Fläche ist im hessischen Grundsteuermodell neben dem Faktor die einzige objektbezogene Größe, die Einfluss auf die Höhe der Grundsteuer nimmt. Die Flächenbestimmung dürfte im hessischen Modell entsprechend streitanfällig sein.

---

1 Gesetzentwurf der Koalitionsfraktionen zum Hessischen Grundsteuergesetz, Hessische LT-Drucks. 20/6379 S. 17.
2 Vgl. vertiefend Bock/Lapp in Grootens, HGrStG § 6 Rz. 26 ff.
3 Vgl. vertiefend Bock/Lapp in Grootens, HGrStG § 4 Rz. 26.
4 Vgl. vertiefend Bock/Lapp in Grootens, HGrStG § 7 Rz. 26 ff.
5 Vgl. hierzu Grootens in Grootens, GrStG § 25 Rz. 31 ff.
6 Vgl. vertiefend Bock/Lapp in Grootens, HGrStG § 13 Rz. 26 ff.

Dies gilt aufgrund der unterschiedlich hohen Steuermesszahlen auch für die Abgrenzung von der Wohn- zur Nutzfläche.

Wie bereits § 3 NGrStG[1] in dem vergleichbaren niedersächsischen Grundsteuermodell, wird auch § 5 HGrStG der **Bedeutung der Flächenbestimmung** nicht vollends gerecht. In § 5 HGrStG werden überwiegend bestimmte Sonderfälle behandelt. Die Norm lässt insbesondere offen, nach welcher Methode die Flächen zu ermitteln sind. Anders als in § 3 NGrStG[2] ist die Abgrenzung von Wohn- und Nutzungsfläche sowie die Zurechnung von Garagen und Nebengebäuden besser gelungen. Die Zurechnung von Neben- und Zubehörräumen bleibt hingegen auch im hessischen Grundsteuermodell offen (siehe vertiefend → Rz. 82).[3]

§ 5 Abs. 1 HGrStG regelt die Ermittlung des Flächenbetrags für den Grund und Boden.

§ 5 Abs. 2 HGrStG regelt die Ermittlung des Flächenbetrags für den zu Wohnzwecken genutzten Teil eines Gebäudes. Daneben werden in § 5 Abs. 2 HGrStG die Behandlung einiger Spezialfälle geregelt, wie die Behandlung eines häuslichen Arbeitszimmers, der Leerstand vormals zu Wohnzwecken genutzter Gebäudeflächen sowie die kurzfristige Vermietung von Wohnraum. Darüber hinaus trifft § 5 Abs. 2 HGrStG Regelungen zur Behandlung von Garagen und Nebenräumen.

§ 5 Abs. 3 HGrStG regelt die Ermittlung des Flächenbetrags für den zu anderen Zwecken als Wohnzwecken genutzten Teil eines Gebäudes. Darüber hinaus wird der Leerstand von vormals zu anderen als Wohnzwecken genutzten Gebäudeteilen geregelt.

§ 5 Abs. 4 HGrStG trifft Regelungen für Wohnungs- und Teileigentum.

§ 5 Abs. 5 HGrStG enthält eine Bagatellregelung, nach der Gebäude von untergeordneter Bedeutung bei der Ermittlung der Flächenbeträge nicht berücksichtigt werden. Geregelt wird außerdem die Behandlung von Gebäuden oder Gebäudeteilen für den Zivilschutz, die bei der Ermittlung der Flächenbeträge ebenfalls nicht berücksichtigt werden.

§ 5 Abs. 6 HGrStG enthält eine Abrundungsregel für die Flächenbestimmung.

(Einstweilen frei)

II. Entstehung und Entwicklung der Vorschrift

Die Vorschrift wurde im Jahr 2021 mit dem **Stammgesetz** in das HGrStG aufgenommen.[4] In einem früheren Gesetzentwurf der hessischen Landesregierung (Stand 7.6.2021)[5] wurde die Flächengrenze für Gebäude von untergeordneter Bedeutung nach § 5 Abs. 2 Satz 7 HGrStG und § 5 Abs. 5 HGrStG noch mit 23 m² angegeben. Der von der hessischen Landesregierung am 13.9.2021 in den Landtag eingebrachte Gesetzentwurf[6] enthielt bereits die heutige Flächengrenze von 30 m².

(Einstweilen frei)

---

1 Siehe vertiefend Bock/Lapp in Grootens, NGrStG § 3 Rz. 3 und Rz. 26 ff.
2 Vgl. hierzu vertiefend Bock/Lapp in Grootens, NGrStG § 3 Rz. 46 f.
3 Vgl. hierzu vertiefend Bock/Lapp in Grootens, NGrStG § 3 Rz. 48.
4 Hessisches Grundsteuergesetz v. 15.12.2021, Hessisches GVBl 2021 S. 906.
5 https://www.hsgb.de/finanzen-gemeindewirtschaftsrecht/regierungsentwurf-eines-hessischen-grundsteuergesetzes-1623748553/2021/06/15, aufgerufen am 17.2.2022.
6 Gesetzentwurf der Koalitionsfraktionen für ein Hessisches Grundsteuergesetz, Hessische LT-Drucks. 20/6379 S. 1.

III. Geltungsbereich

21 § 5 HGrStG gilt für in Hessen belegene Grundstücke des Grundvermögens und gilt damit nicht für Betriebe der Land- und Forstwirtschaft.[1] § 5 HGrStG ist mit dem Stammgesetz gem. § 17 HGrStG **am 24.12.2021 in Kraft getreten**.[2] Aus Art. 125b Abs. 3 GG ergibt sich, dass die Gesetzgebungskompetenz den Ländern für ein vom Bundesrecht abweichendes Grundsteuerrecht erst für die Erhebung der **Grundsteuer** ab dem **Kalenderjahr 2025** zusteht. Dem trägt § 8 Abs. 2 Satz 1 HGrStG[3] Rechnung, wonach die in der Hauptveranlagung festgesetzten Steuermessbeträge frühestens vom Kalenderjahr 2025 an gelten. Die Regelungen des HGrStG und damit auch § 5 HGrStG sind daher erst für die Erhebung der **Grundsteuer** ab dem **Kalenderjahr 2025** von Bedeutung.

22–25 *(Einstweilen frei)*

IV. Vereinbarkeit der Vorschrift mit höherrangigem Recht

26 § 5 HGrStG könnte im Hinblick auf die Flächenbestimmung zu unbestimmt sein und gegen den Bestimmtheitsgrundsatz und die Gleichmäßigkeit der Besteuerung verstoßen. Auch die teilweise **Nichtberücksichtigung von Nutzflächen von Garagen und Nebengebäuden** im Zusammenhang mit der Wohnnutzung in § 5 Abs. 2 und 3 HGrStG könnte **gleichheitsrechtlichen Bedenken** unterliegen, da diese Flächen bei Nichtwohnnutzung berücksichtigt werden.[4] Die Kritik zu § 3 NGrStG gilt insoweit für das hessische Modell entsprechend.[5]

27 Zu Zweifeln hinsichtlich der **verfassungsrechtlichen Rechtfertigung der Äquivalenzzahlen** wird auf die Erläuterungen im Vorwort zum Niedersächsischen Grundsteuergesetz,[6] nach dem im niedersächsischen Grundsteuermodell die gleichen Äquivalenzzahlen wie im hessischen Grundsteuermodell zur Anwendung kommen, verwiesen.[7]

28–30 *(Einstweilen frei)*

V. Verhältnis zu anderen Vorschriften

31 § 5 HGrStG verdrängt als lex posterior **§ 13 GrStG**,[8] der damit in Hessen derzeit keine Anwendung findet.

32 Die maßgeblichen Flächen nach § 5 Abs. 1, 2 und 3 HGrStG sind mit der jeweiligen Äquivalenzzahl zu multiplizieren und ergeben so den Flächenbetrag. Die Flächenbeträge werden mit den Steuermesszahlen nach **§ 6 HGrStG**[9] multipliziert und ergeben in der Summe den Ausgangsbetrag. Dieser ist Ausgangsgröße nach **§ 4 Abs. 1 Satz 2 HGrStG**[10] für die Ermittlung des Steuermessbetrags durch Multiplikation mit dem jeweiligen Faktor nach **§ 7 HGrStG**.[11] Der Steuer-

---

[1] Vgl. hierzu Bock/Lapp in Grootens, HGrStG § 1 Rz. 11.
[2] Hessisches GVBl 2021 S. 906.
[3] Siehe hierzu vertiefend Bock/Lapp in Grootens, HGrStG § 8 Rz. 36 f.
[4] Zweifel auch Krause in Stenger/Loose, NGrStG Grundaussagen Rz. 41.
[5] Siehe hierzu Bock/Lapp in Grootens, NGrStG § 3 Rz. 26 ff.
[6] Bock/Lapp in Grootens, NGrStG Vorwort Rz. 48.
[7] Vgl. zur Kritik an den Äquivalenzzahlen auch Löhr, Das neue hessische Landesgrundsteuer-Modell – Königsweg oder Sackgasse, BB 2020 S. 1687, 1689.
[8] Vgl. hierzu Bock in Grootens, GrStG § 13 Rz. 20 ff.
[9] Vgl. vertiefend Bock/Lapp in Grootens, HGrStG § 6 Rz. 26 ff.
[10] Vgl. vertiefend Bock/Lapp in Grootens, HGrStG § 4 Rz. 26.
[11] Vgl. vertiefend Bock/Lapp in Grootens, HGrStG § 7 Rz. 26 ff.

messbetrag ergibt durch Anwendung des jeweiligen Hebesatzes der Gemeinde **nach § 25 GrStG**[1] oder ggf. nach **§ 13 HGrStG**[2] die Grundsteuerzahllast.

Die Vorschrift nimmt zur Definition bestimmter Begriffe teilweise Bezug auf die bundesgesetzlichen Vorschriften zur Bewertung des Grundvermögens für Zwecke der Grundsteuer. Im Einzelnen nehmen

▶ § 5 Abs. 2 und 3 HGrStG zur Definition des benutzbaren Gebäudes i. S. der Vorschrift Bezug auf **§ 248 BewG**,[3]

▶ § 5 Abs. 4 Satz 1 HGrStG zur Definition des Wohnungs- und Teileigentums Bezug auf **§ 249 Abs. 5 und 6 BewG**[4] und

▶ § 5 Abs. 5 Satz 2 HGrStG zur Definition der Gebäude und Gebäudeteile für den Zivilschutz Bezug auf **§ 245 BewG**.[5]

33

(Einstweilen frei)   34–35

B. Systematische Kommentierung

I. Flächenbetrag für den Grund und Boden (§ 5 Abs. 1 HGrStG)

1. Allgemeines

Nach § 5 Abs. 1 HGrStG ist der Flächenbetrag für den Grund und Boden das Produkt aus der Fläche des zum Grundstück gehörenden Grund und Bodens in Quadratmetern und einem Ansatz von 0,04 € je m². Eine Regelung, wie die Fläche des Grund und Bodens zu ermitteln und anzusetzen ist, fehlt wie auch im Bewertungsgesetz im HGrStG. Die zur Ermittlung des Steuermessbetrags anzusetzende maßgebliche Fläche des Grund und Bodens dürfte nach denselben Maßstäben wie im Bundesrecht erfolgen.[6] Maßgeblich ist grundsätzlich das amtliche Vermessungsergebnis, das in der Regel dem **Grundbuch** oder den **Katasterunterlagen** entnommen werden kann.[7]

36

(Einstweilen frei)   37–40

2. Sonderfall Wohnteil eines land- und forstwirtschaftlichen Betriebs

Bei dem zum Grundvermögen gehörenden Wohnteil eines Betriebs der Land- und Forstwirtschaft (§ 232 Abs. 4 Nr. 1 BewG) kann es zu **Abgrenzungsschwierigkeiten** bei der Bestimmung des zu diesem Gebäude gehörenden Anteils am Grund und Boden kommen, da die Gebäude oft im räumlichen Zusammenhang zum Beispiel mit den Wirtschaftsgebäuden des Betriebs stehen.[8] Aus Vereinfachungsgründen soll nach dem Willen des hessischen Gesetzgebers die zu den Wohngebäuden gehörende Bodenfläche anhand des **Verhältnisses der Wohn- und Nutz-**

41

---

1 Vgl. hierzu Grootens in Grootens, GrStG § 25 Rz. 31 ff.
2 Vgl. vertiefend Bock/Lapp in Grootens, HGrStG § 13 Rz. 26 ff.
3 Vgl. hierzu Bock in Grootens, BewG § 248 Rz. 19 ff.
4 Vgl. hierzu Bock in Grootens, BewG § 249 Rz. 56 und Rz. 60.
5 Vgl. hierzu Bock in Grootens, BewG § 245 Rz. 18 ff.
6 Siehe hierzu vertiefend Bock in Grootens, BewG § 247 Rz. 29.
7 Vgl. auch Gesetzentwurf der Koalitionsfraktionen zum Hessischen Grundsteuergesetz, Hessische LT-Drucks. 20/6379 S. 17.
8 Siehe auch Gesetzentwurf der Koalitionsfraktionen zum Hessischen Grundsteuergesetz, Hessische LT-Drucks. 20/6379 S. 17.

flächen aller Gebäude und Gebäudeteile auf dem Grundstück bestimmt werden oder eine etwaige **ertragsteuerliche Abgrenzung** übernommen werden können.[1] Auch die **Vereinfachungsregelung** des § 167 Abs. 2 BewG soll angewendet werden dürfen.[2] Hiernach beträgt der zugehörige Grund und Boden maximal das Fünffache der mit den Wohngebäuden bebauten Fläche. Ob Hessen bei der Bewertung des land- und forstwirtschaftlichen Vermögens die Vereinfachungsregelung in A 237.24 Abs. 7 Satz 4 AEBewGrSt übernimmt, bleibt abzuwarten. Danach kann in Fällen mit einer **hohen Anzahl** von zu berücksichtigenden **Gebäuden** und/oder Gebäudeteilen, bei Gebäuden mit **mehreren Geschossen** sowie **bei fehlender Datengrundlage** der dem Grundvermögen zugehörige Grund und Boden hilfsweise mit dem **Dreifachen der Wohn- und Nutzfläche** der jeweils zu bewertenden Gebäude und/oder Gebäudeteile angesetzt werden.[3]

42 **Beispiel:**[4]

Die Hofstelle eines Landwirts (1500 m^2) umfasst die Wohnung des Landwirts (bebaute Fläche: 125 m^2), ein Wirtschaftsgebäude (bebaute Fläche: 375 m^2) und eine unbebaute Restfläche von 1000 m^2. Die restliche Fläche (1000 m^2) kann den einzelnen Gebäuden unter Berücksichtigung der Verkehrsauffassung nicht zugeordnet werden. Eine Abgrenzung nach ertragsteuerlichen Grundsätzen ist nicht erfolgt. Es liegt kein Fall des A 237.24 Abs. 7 Satz 4 AEBewGrSt (Vielzahl von Gebäuden, Gebäude mit mehreren Geschossen oder unklare Datenlage) vor.

Lösung: Das Wirtschaftsgebäude gehört zu dem nach den bundesrechtlichen Vorschriften (§ 232 ff. BewG) zu bewertenden Betrieb der Land- und Forstwirtschaft. Der Wert des Gebäudes ist über den Ansatz als Hofstelle sowie dem Zuschlag nach § 238 BewG ertragsmäßig abgegolten. Die Fläche der Hofstelle umfasst dabei nicht die dem Grundvermögen zuzurechnenden Flächenanteile. Das Wohngebäude stellt eine eigenständige wirtschaftliche Einheit des Grundvermögens dar, für die nach den Vorschriften des HGrStG ein Steuermessbetrag zu ermitteln und festzusetzen ist.

Die restliche Fläche (1000 m^2) kann zur Ermittlung des dem Grundvermögen zuzuordnenden Anteils am Grund und Boden im Verhältnis der jeweils bebauten Fläche zur gesamten bebauten Fläche aufgeteilt werden. Demzufolge entfallen von der restlichen Fläche (1000 m^2)

- auf das Wohngebäude 125 m^2/500 m^2 von 1000 m^2 = 250 m^2
- auf das Wirtschaftsgebäude 375 m^2/500 m^2 von 1000 m^2 = 750 m^2.

Der auf das Wohngebäude entfallende Flächenanteil übersteigt nicht das Fünffache der bebauten Fläche (5 x 125 m^2 = 625 m^2). Für das Wohngebäude ist demnach eine Fläche von 250 m^2 + 125 m^2 = 375 m^2 zugrunde zu legen.

Der Flächenbetrag für den Grund und Boden nach § 5 Abs. 1 HGrStG beträgt 375 m^2 x 0,04 €/m^2 = 15 €.

43–45 *(Einstweilen frei)*

II. Flächenbetrag für Wohnflächen (§ 5 Abs. 2 HGrStG)

1. Zu Wohnzwecken genutzte Flächen (§ 5 Abs. 2 Satz 1 und 2 HGrStG)

46 Nach § 5 Abs. 2 Satz 1 HGrStG ermittelt sich der Flächenbetrag für den zu Wohnzwecken genutzten Teil eines zum Grundstück gehörenden benutzbaren Gebäudes i. S. des § 248 BewG[5] durch Multiplikation der **Wohnfläche** in m^2 mit einem Betrag von 0,50 € je m^2.

---

[1] Gesetzentwurf der Koalitionsfraktionen zum Hessischen Grundsteuergesetz, Hessische LT-Drucks. 20/6379 S. 17.
[2] Gesetzentwurf der Koalitionsfraktionen zum Hessischen Grundsteuergesetz, Hessische LT-Drucks. 20/6379 S. 17.
[3] Siehe vertiefend Bock in Grootens, BewG § 243 Rz. 20.
[4] Vgl. auch Beispiel 1 in A 237.24 Abs. 7 AEBewGrSt, NWB TAAAI-01157.
[5] Vgl. hierzu Bock in Grootens, BewG § 248 Rz. 19 ff.

Die **Ermittlung** der Wohnfläche wird **nicht geregelt** (siehe zur Kritik → Rz. 3). Der hessische Landesgesetzgeber verweist insoweit auf bereits normierte Berechnungsvorschriften, insbesondere auf die **Wohnflächenverordnung**[1] v. 25.11.2003.[2] Sei eine solche Wohnflächenberechnung bislang nicht erfolgt, soll aus Vereinfachungsgründen nicht beanstandet werden, wenn stattdessen eine nach der **Zweiten Berechnungsverordnung** v. 12.10.1990[3] ermittelte Wohnfläche verwendet wird, die sich aus geeigneten Unterlagen ergibt (z. B. Berechnung eines Architekten, Mietvertrag, etc.).[4]

Nach § 5 Abs. 2 Satz 2 HGrStG gelten **nicht genutzte Flächen**, die zuvor zu Wohnzwecken genutzt wurden, bis zu einer Nutzung zu anderen Zwecken weiterhin als zu Wohnzwecken genutzt. Die Regelung entspricht im Ergebnis § 3 Abs. 1 Satz 4 NGrStG, so dass ergänzend auf die dortige Kommentierung verwiesen wird.[5] Nach der Intention des hessischen Landesgesetzgebers soll mit dieser Regelung vermieden werden, dass sich z. B. durch den Leerstand einer Mietwohnung die bisherige grundsteuerliche Einordnung ändert.[6]

(Einstweilen frei) 49–55

2. Kurzfristige Vermietung von Wohn- und Schlafräumen (§ 5 Abs. 2 Satz 3 HGrStG)

Nach § 5 Abs. 2 Satz 3 HGrStG ist die Vermietung von Wohn- und Schlafräumen zur kurzfristigen Beherbergung von Personen kein Wohnzweck. Nach der Gesetzesbegründung zielt die Regelung auf Hotels und Ferienwohnungen ab.[7] Die Vorschrift entspricht § 3 Abs. 1 Satz 5 NGrStG, so dass insbesondere in Bezug auf die Abgrenzungsschwierigkeiten ergänzend auf die dortige Kommentierung verwiesen wird.[8]

(Einstweilen frei) 57–60

3. Häusliches Arbeitszimmer (§ 5 Abs. 2 Satz 4 HGrStG)

Ein häusliches Arbeitszimmer gilt nach § 5 Abs. 2 Satz 4 HGrStG ungeachtet der ertragsteuerlichen Würdigung als zu Wohnzwecken genutzt. Der hessische Landesgesetzgeber greift hierbei die Rechtsprechung des Bundesfinanzhofs[9] auf und sieht hierin eine Vereinfachungsmöglichkeit bei der Ermittlung der Steuermessbeträge.[10] Eine entsprechende Regelung ist im niedersächsischen Grundsteuermodell in § 3 Abs. 1 Satz 2 NGrStG enthalten, auf dessen Kommentierung ergänzend verwiesen wird.[11]

(Einstweilen frei) 62–65

---

[1] Vgl. zur Kritik an der Heranziehung der Wohnflächenverordnung Bock in Grootens, BewG § 249 Rz. 27.
[2] BGBl I S. 2346.
[3] BGBl I S. 2178 und BGBl 2007 I S. 2614.
[4] Gesetzentwurf der Koalitionsfraktionen zum Hessischen Grundsteuergesetz, Hessische LT-Drucks. 20/6379 S. 17.
[5] Siehe hierzu vertiefend Bock/Lapp in Grootens, NGrStG § 3 Rz. 91 f.
[6] Gesetzentwurf der Koalitionsfraktionen zum Hessischen Grundsteuergesetz, Hessische LT-Drucks. 20/6379 S. 17.
[7] Gesetzentwurf der Koalitionsfraktionen zum Hessischen Grundsteuergesetz, Hessische LT-Drucks. 20/6379 S. 17.
[8] Siehe hierzu vertiefend Bock/Lapp in Grootens, NGrStG § 3 Rz. 96 ff.
[9] BFH, Urteil v. 9.11.1988 - II R 61/87, BStBl 1989 II S. 135.
[10] Gesetzentwurf der Koalitionsfraktionen zum Hessischen Grundsteuergesetz, Hessische LT-Drucks. 20/6379 S. 17 f.
[11] Siehe hierzu vertiefend Bock/Lapp in Grootens, NGrStG § 3 Rz. 76 ff.

4. Garagen (§ 5 Abs. 2 Satz 5 und 8 HGrStG)

66 Garagen, die zu Wohnzwecken genutzten Gebäuden oder Gebäudeteilen zu dienen bestimmt sind, bleiben nach § 5 Abs. 2 Satz 5 HGrStG **außer Ansatz**, wenn sie in räumlichem Zusammenhang zum Gebäude oder Gebäudeteil stehen oder wenn sie eine eigene wirtschaftliche Einheit bilden und zusätzlich ihre Nutzungsfläche 100 m² nicht überschreitet.

67 Die Regelung soll der **Verwaltungsökonomie** dienen.[1] Der hessische Gesetzgeber geht davon aus, dass bei der Ermittlung der Wohnfläche nach der Wohnflächenverordnung Garagen nicht zum Ansatz kommen (vgl. § 2 Abs. 3 WoFlV). Abweichend von einer vergleichbaren Regelung im niedersächsischen Grundsteuermodell, nach welcher Garagen im räumlichen Zusammenhang zur Wohnnutzung bis zu einer Nutzfläche von 50 m² außer Ansatz bleiben (§ 3 Abs. 2 Satz 1 NGrStG),[2] bleiben diese in dem hessischen Grundsteuermodell vollständig außer Ansatz. Dies gilt nicht für

▶ Garagen, die einem nicht zu Wohnzwecken genutzten Gebäude oder Gebäudeteil zu dienen bestimmt sind und

▶ Garagen, die eine eigene wirtschaftliche Einheit bilden, wenn die Nutzungsfläche 100 m² überschreitet.

68–75 *(Einstweilen frei)*

5. Nebengebäude von untergeordneter Bedeutung (§ 5 Abs. 2 Satz 6 und 7 HGrStG)

76 **Nebengebäude**, die zu Wohnzwecken genutzten Gebäuden oder Gebäudeteilen zu dienen bestimmt und von **untergeordneter Bedeutung** sind, bleiben nach § 5 Abs. 2 Satz 6 HGrStG außer Ansatz, wenn sie in räumlichem Zusammenhang zum Gebäude oder Gebäudeteil stehen oder eine eigene wirtschaftliche Einheit bilden. Von einer untergeordneten Bedeutung ist nach § 5 Abs. 2 Satz 7 HGrStG auszugehen, wenn die **Gebäudefläche jeweils weniger als 30 m²** beträgt.

77 Die Regelung soll der **Verwaltungsökonomie** dienen und zielt insbesondere auf Schuppen und Gartenhäuser ab.[3] Eine vergleichbare Regelung findet sich auch im niedersächsischen Grundsteuermodell in § 3 Abs. 3 Satz 1 NGrStG, auf dessen Kommentierung ergänzend verwiesen wird.[4] Die Formulierung, dass von einer untergeordneten Bedeutung auszugehen ist, lässt offen, ob Steuerpflichtige der Finanzverwaltung eine etwaige untergeordnete Bedeutung eines Nebengebäudes mit mehr als 30 m² Gebäudefläche nachweisen können.

78–80 *(Einstweilen frei)*

6. Zurechnung von Garagen und Nebengebäuden zur Wohnfläche (§ 5 Abs. 2 Satz 8 HGrStG)

81 § 5 Abs. 2 Satz 8 HGrStG trifft eine **Zurechnungsregel** für **Garagen- und Nebengebäudeflächen**, die die Flächenbegrenzungen nach § 5 Abs. 2 Satz 5 HGrStG bzw. § 5 Abs. 2 Satz 6 und 7 HGrStG überschreiten. Diese sind nach § 5 Abs. 2 Satz 8 HGrStG **als Wohnfläche** anzusetzen. Die Norm ist als Fiktion ausgestaltet. Einer Fiktion hätte es nicht bedurft, da Neben- und Zube-

---

[1] Gesetzentwurf der Koalitionsfraktionen zum Hessischen Grundsteuergesetz, Hessische LT-Drucks. 20/6379 S. 18.
[2] Siehe hierzu vertiefend Bock/Lapp in Grootens, NGrStG § 3 Rz. 111 ff.
[3] Gesetzentwurf der Koalitionsfraktionen zum Hessischen Grundsteuergesetz, Hessische LT-Drucks. 20/6379 S. 18.
[4] Siehe hierzu vertiefend Bock/Lapp in Grootens, NGrStG § 3 Rz. 141.

hörräume, wie Keller, außerhalb der Wohnung befindliche Abstellräume usw., nach hiesiger Auffassung zum Bundesmodell eigentlich das Schicksal der Haupträume teilen.[1]

Eine entsprechende Zurechnungsregelung fehlt für **Neben- und Zubehörräume**, die keine Garagen sind und den Gebäudebegriff nicht erfüllen. Für diese Flächen stellt sich die Frage, ob sie im hessischen Grundsteuermodell der Wohnfläche oder der Nutzungsfläche eines Gebäudes zuzurechnen sind (vgl. bereits → Rz. 3). Neben- und Zubehörräume teilen nach hiesiger Auffassung zum Bundesmodell eigentlich das Schicksal der Haupträume.[2] Durch die vom hessischen Gesetzgeber intendierte Anwendung der **Wohnflächenverordnung** zur Ermittlung der Wohnfläche würden diese Flächen allerdings nicht erfasst werden, was mit einer gleichmäßigen Besteuerung im Verhältnis zu nicht für Wohnzwecke genutzten Flächen und einem Flächenmodell schwer zu vereinbaren ist. 82

(Einstweilen frei) 83–85

III. Flächenbetrag für Nutzflächen (§ 5 Abs. 3 HGrStG)

Nach § 5 Abs. 3 HGrStG ist der **Flächenbetrag** für den **zu anderen Zwecken als Wohnzwecken** genutzten Teil eines zum Grundstück gehörenden benutzbaren Gebäudes (§ 248 BewG[3]) das Produkt aus der Nutzungsfläche in m^2 und einem Ansatz von 0,50 € je m^2. Die Regelung ist unglücklich formuliert, da sie nur Teile von Gebäuden und nicht auch Gebäude im Ganzen in Bezug nimmt. Nach Sinn und Zweck der Regelung findet sie auch auf Gebäude Anwendung, die insgesamt zu anderen als Wohnzwecken genutzt werden. 86

Die Nutzungsfläche soll nach den Vorstellungen des hessischen Gesetzgebers nach **DIN 277** ermittelt werden, z.B. DIN 277-1: 2005-02 oder DIN 277-1: 2016-01.[4] Aber auch andere Methoden zur Flächenermittlung sollen zulässig sein, wenn sie geeignet sind, die Nutzungsfläche nach DIN 277 zutreffend abzubilden. Z.B. könne ein vorhandener **Rauminhalt** in Kubikmeter mit Hilfe einer geeigneten Methode in einen Flächenwert in m^2 **umgerechnet** werden. In diesem Fall könnten geringfügige Unschärfen hingenommen werden. Anders als bei der vergleichbaren Regelung im niedersächsischen Grundsteuermodell in § 3 Abs. 1 Satz 3 NGrStG[5] wird nach der Intention des hessischen Gesetzgebers die Auswahl der Methode zur Ermittlung der Nutzfläche nicht vollständig dem Steuerpflichtigen überlassen, da die gewählte Berechnungsmethode die Nutzfläche nach DIN 277 von gewissen Unschärfen abgesehen jedenfalls sachgerecht abbilden muss. 87

Nicht genutzte Flächen, die zuvor zu anderen Zwecken als Wohnzwecken genutzt wurden, gelten nach § 5 Abs. 3 Satz 2 HGrStG bis zu einer Nutzung zu Wohnzwecken weiterhin als zu anderen Zwecken als Wohnzwecken genutzt. Die Vorschrift korrespondiert mit § 5 Abs. 2 Satz 2 HGrStG (siehe hierzu → Rz. 48). 88

(Einstweilen frei) 89–95

---

[1] Vgl. st. Rspr. BFH, Urteil v. 6.11.1991 - II R 91/87 NWB NAAAB-32265 zur Einheitsbewertung sowie Bock in Grootens, BewG § 249 Rz. 23 m.w.N.
[2] Vgl. st. Rspr. BFH, Urteil v. 6.11.1991 - II R 91/87 NWB NAAAB-32265 zur Einheitsbewertung sowie Bock in Grootens, BewG § 249 Rz. 23 m.w.N.
[3] Vgl. hierzu Bock in Grootens, BewG § 248 Rz. 19 ff.
[4] Gesetzentwurf der Koalitionsfraktionen zum Hessischen Grundsteuergesetz, Hessische LT-Drucks. 20/6379 S. 18.
[5] Siehe hierzu vertiefend Bock/Lapp in Grootens, NGrStG § 3 Rz. 57 ff. und Rz. 81 ff.

IV. Flächenberechnung bei Wohnungs- und Teileigentum (§ 5 Abs. 4 HGrStG)

96 § 5 Abs. 4 Satz 1 HGrStG bestimmt, dass bei der Berechnung der Wohn- und Nutzflächen für **Wohnungseigentum und Teileigentum** nach § 5 Abs. 1–3 HGrStG die Definitionen von Wohnungs- und Teileigentum nach § 249 Abs. 5 und 6 BewG entsprechend anzuwenden sind. Insoweit wird auf die dortige Kommentierung verwiesen.[1]

97 Nach § 5 Abs. 4 Satz 2 HGrStG gelten für **Garagenstellplätze und Nebengebäude** im Wohnungseigentum § 5 Abs. 2 Satz 5–8 HGrStG (siehe → Rz. 66 ff.) entsprechend.

98–100 *(Einstweilen frei)*

V. Nichtansatz bestimmter Gebäude und Gebäudeteile (§ 5 Abs. 5 HGrStG)

1. Geringfügigkeitsregel bei Nebengebäuden (§ 5 Abs. 5 Satz 1 HGrStG)

101 § 5 Abs. 5 Satz 1 HGrStG enthält eine Geringfügigkeitsregel, nach der die Flächen von auf einem Grundstück errichteten Gebäuden außer Ansatz bleiben, wenn diese insgesamt weniger als 30 m² betragen. Die Regelung soll der Vereinfachung dienen.[2] Sie entspricht weitgehend der Regelung im niedersächsischen Modell in § 3 Abs. 4 NGrStG, auf dessen Kommentierung ergänzend verwiesen wird.[3]

102–105 *(Einstweilen frei)*

2. Gebäude oder Gebäudeteile für den Zivilschutz (§ 5 Abs. 5 Satz 2 HGrStG)

106 Nach § 5 Abs. 5 Satz 2 HGrStG bleiben Gebäude oder Gebäudeteile für den Zivilschutz nach § 245 BewG[4] außer Ansatz. Nach der Gesetzesbegründung soll der Nichtansatz aus Gemeinwohlgründen erfolgen.[5] Die zum niedersächsischen Modell vorgetragene Kritik zur Nichterfassung dieser Flächen in einem Flächenmodell gilt hier entsprechend.[6]

107–110 *(Einstweilen frei)*

VI. Rundungsregel (§ 5 Abs. 6 HGrStG)

111 § 5 Abs. 6 HGrStG enthält eine Rundungsregel und bestimmt, dass bei der Ermittlung der Flächenbeträge immer von vollen m² auszugehen ist und Nachkommastellen abzurunden sind.

§ 6 HGrStG Steuermesszahlen (ersetzt den § 15 Abs. 1 und 5 des Grundsteuergesetzes)

(1) Die Steuermesszahl für die Flächenbeträge nach § 5 Abs. 1 und 3 beträgt 100 Prozent.

(2) Die Steuermesszahl für den Flächenbetrag nach § 5 Abs. 2 beträgt 70 Prozent.

---

1 Vgl. hierzu Bock in Grootens, BewG § 249 Rz. 56 und Rz. 60.
2 Gesetzentwurf der Koalitionsfraktionen zum Hessischen Grundsteuergesetz, Hessische LT-Drucks. 20/6379 S. 18.
3 Siehe Bock/Lapp in Grootens, NGrStG § 3 Rz. 171 ff.
4 Vgl. hierzu Bock in Grootens, BewG § 245 Rz. 18 ff.
5 Gesetzentwurf der Koalitionsfraktionen zum Hessischen Grundsteuergesetz, Hessische LT-Drucks. 20/6379 S. 18.
6 Siehe hierzu vertiefend Bock/Lapp in Grootens, NGrStG § 3 Rz. 107.

(3) Für Kulturdenkmäler im Sinne des Hessischen Denkmalschutzgesetzes vom 28. November 2016 (GVBl S. 211) werden die Steuermesszahlen nach den Abs. 1 und 2 für die Flächenbeträge nach § 5 Abs. 2 und 3 auf Antrag um 25 Prozent ermäßigt, wenn die Voraussetzungen zum Veranlagungszeitpunkt vorliegen.

(4) § 15 Abs. 2 bis 4 des Grundsteuergesetzes in der am 24. Dezember 2021 geltenden Fassung sind anzuwenden.

Inhaltsübersicht

	Rz.
A. Allgemeine Erläuterungen	1 - 25
I. Normzweck und wirtschaftliche Bedeutung der Vorschrift	1 - 5
II. Entstehung und Entwicklung der Vorschrift	6 - 10
III. Geltungsbereich	11 - 15
IV. Vereinbarkeit der Vorschrift mit höherrangigem Recht	16 - 20
V. Verhältnis zu anderen Vorschriften	21 - 25
B. Systematische Kommentierung	26 - 77
I. Steuermesszahl für Grund und Boden und Nutzflächen (§ 6 Abs. 1 HGrStG)	26 - 30
II. Steuermesszahl für Wohnflächen (§ 6 Abs. 2 HGrStG)	31 - 35
III. Ermäßigung für Kulturdenkmäler (§ 6 Abs. 3 HGrStG)	36 - 70
1. Allgemeines	36 - 40
2. Begriff des Kulturdenkmals	41 - 50
3. Voraussetzungen für die Gewährung der Ermäßigung	51 - 55
4. Wegfall der Voraussetzungen für die Ermäßigung	56 - 65
5. Ermäßigung bei teilweise denkmalgeschützten Gebäuden	66 - 70
IV. Ermäßigung für geförderten Wohnraum und begünstigte Rechtsträger (§ 6 Abs. 4 HGrStG)	71 - 75
V. Kumulative Erfüllung mehrerer Ermäßigungstatbestände	76 - 77

A. Allgemeine Erläuterungen

I. Normzweck und wirtschaftliche Bedeutung der Vorschrift

§ 6 HGrStG regelt die Höhe der **Steuermesszahlen** einschließlich ihrer **Ermäßigungen**. Insbesondere in den Ermäßigungen der Steuermesszahl kommen **politische Förder- und Lenkungszwecke** zum Ausdruck:

▶ Die 30%ige Ermäßigung der Steuermesszahl für Wohnflächen (**§ 6 Abs. 2 HGrStG**) erfolgt aus Gründen des mit dem Wohnen zusammenhängenden Gemeinwohlinteresses.[1]

▶ Die 25%ige Ermäßigung der Steuermesszahl für die Flächenbeträge des Gebäudes bei Vorliegen eines Kulturdenkmals (**§ 6 Abs. 3 HGrStG**) dient der Förderung der Kulturlandschaft.[2]

▶ Mit der Ermäßigung der Steuermesszahl um 25 % für geförderten Wohnraum oder für den Grundbesitz bestimmter Wohnungsunternehmen (**§ 6 Abs. 4 HGrStG**) macht sich die Hessische Landesregierung die Lenkungszwecke des Bundesgesetzgebers zu eigen.[3] Mit der Ermäßigung sollen demnach insbesondere Investitionsanreize zur Schaffung von Wohnraum gesetzt und die Bau- und Wohnungswirtschaft positiv beeinflusst werden.[4]

1

---

[1] Gesetzentwurf der Koalitionsfraktionen zum Hessischen Grundsteuergesetz, Hessische LT-Drucks. 20/6379 S. 18.
[2] Gesetzentwurf der Koalitionsfraktionen zum Hessischen Grundsteuergesetz, Hessische LT-Drucks. 20/6379 S. 18.
[3] Gesetzentwurf der Koalitionsfraktionen zum Hessischen Grundsteuergesetz, Hessische LT-Drucks. 20/6379 S. 19.
[4] Gesetzentwurf der Bundesregierung zur Reform des Grundsteuer- und Bewertungsrechts, BT-Drucks. 19/11085 S. 124.

2 Die **Flächenbeträge** werden nach § 4 Abs. 1 Satz 2 HGrStG mit der **Steuermesszahl multipliziert** und ergeben den Ausgangsbetrag, welcher – multipliziert mit dem Faktor nach § 7 HGrStG – den Steuermessbetrag ergibt. Auf den Steuermessbetrag wird anschließend gem. § 25 GrStG, der mangels abweichender landesgesetzlicher Regelung in Hessen entsprechend Anwendung findet, der Hebesatz oder gem. § 13 HGrStG der gesonderte Hebesatz der jeweilgen Gemeinde angewendet, woraus sich die konkret zu zahlende Grundsteuer ergibt. Mit der Steuermesszahl beeinflusst der Gesetzgeber die Grundsteuerbelastung für bestimmte Grundstücksgruppen im Verhältnis zu anderen Grundstücksgruppen. § 6 HGrStG hat daher **erhebliche Bedeutung** für die konkrete **Höhe der Grundsteuer** bei der jeweiligen wirtschaftlichen Einheit.

3–5 *(Einstweilen frei)*

II. Entstehung und Entwicklung der Vorschrift

6 Die Vorschrift wurde im Jahr 2021 mit dem **Stammgesetz** in das HGrStG aufgenommen.[1] Änderungen im Gesetzgebungsverfahren haben sich nicht ergeben. Ein Änderungsantrag der Partei DIE LINKE, mit dem diese die Einführung einer ermäßigten Steuermesszahl für selbstverwaltete gemeinschaftliche Wohnprojekte, deren Zweck dem genossenschaftlichen Wohnen gleichkomme, bezweckte,[2] wurde im hessischen Landtag abgelehnt.[3]

7–10 *(Einstweilen frei)*

III. Geltungsbereich

11 § 6 HGrStG gilt für in Hessen belegene Grundstücke des Grundvermögens und gilt damit nicht für Betriebe der Land- und Forstwirtschaft.[4] § 6 HGrStG ist mit dem Stammgesetz gem. § 17 HGrStG **am 24.12.2021 in Kraft getreten**.[5] Aus Art. 125b Abs. 3 GG ergibt sich, dass die Gesetzgebungskompetenz den Ländern für ein vom Bundesrecht abweichendes Grundsteuerrecht erst für die Erhebung der **Grundsteuer** ab dem **Kalenderjahr 2025** zusteht. Dem trägt § 8 Abs. 2 Satz 1 HGrStG[6] Rechnung, wonach die in der Hauptveranlagung festgesetzten Steuermessbeträge frühestens vom Kalenderjahr 2025 an gelten. Die Regelungen des HGrStG und damit auch § 6 HGrStG sind daher erst für die Erhebung der **Grundsteuer** ab dem **Kalenderjahr 2025** von Bedeutung.

12–15 *(Einstweilen frei)*

IV. Vereinbarkeit der Vorschrift mit höherrangigem Recht

16 § 6 HGrStG begegnet als solcher **keinen durchgreifenden verfassungsrechtlichen Bedenken**. Nach der Rechtsprechung des BVerfG kann der Gesetzgeber bei den weiteren, sich an die Bewertung (hier: Ermittlung des Steuermessbetrags) anschließenden Schritten zur Bestimmung der Steuerbelastung auf den so ermittelten Wert aufbauen und Lenkungszwecke, etwa in

---

[1] Hessisches Grundsteuergesetz v. 15.12.2021, Hessisches GVBl 2021 S. 906.
[2] Änderungsantrag der Fraktion DIE LINKE zum Entwurf eines Hessischen Grundsteuergesetzes, Hessische LT-Drucks. 20/6931.
[3] Hessische LT-Drucks. 20/6944 und Plenarprotokoll 20/92 über die 92. Sitzung des Hessischen Landtags S. 7529.
[4] Vgl. hierzu Bock/Lapp in Grootens, HGrStG § 1 Rz. 11.
[5] Hessisches GVBl 2021 S. 906.
[6] Siehe hierzu vertiefend Bock/Lapp in Grootens, HGrStG § 8 Rz. 36.

Form **zielgenauer und normenklarer steuerlicher Verschonungsregelungen**, ausgestalten.[1] Die mit den Ermäßigungen verfolgten Lenkungszwecke der Förderung des Wohnens und des Denkmalschutzes sind legitime Zwecke von ganz erheblicher Bedeutung.[2]

(Einstweilen frei) 17–20

V. Verhältnis zu anderen Vorschriften

§ 6 HGrStG verdrängt als lex posterior die Regelungen des **§ 15 Abs. 1 und 5 GrStG**, die insoweit in Hessen derzeit **keine Anwendung** finden. 21

Die Steuermesszahlen werden auf die sich nach **§ 5 HGrStG**[3] ergebenden Flächenbeträge angewendet und ergeben nach Multiplikation mit dem Faktor (**§ 7 HGrStG**)[4] gem. **§ 4 Abs. 1 Satz 2 HGrStG**[5] den Steuermessbetrag. Auf den Steuermessbetrag wird gem. **§ 25 GrStG**[6] oder ggf. gem. **§ 13 HGrStG**[7] der Hebesatz der jeweiligen Gemeinde angewendet, um die konkret zu zahlende Grundsteuer zu erhalten. Der Steuermessbetrag wird im Veranlagungsverfahren nach den **§§ 8–10 NGrStG**[8] festgesetzt (Hauptveranlagung, Neuveranlagung oder Nachveranlagung). 22

§ 6 Abs. 3 HGrStG nimmt hinsichtlich des Vorliegens eines Baudenkmals Bezug auf **das Hessische Denkmalschutzgesetz (HDSchG)**. § 6 Abs. 4 HGrStG nimmt bei der Ermäßigung der Steuermesszahl bei Wohnraumförderung hinsichtlich der erforderlichen Voraussetzungen Bezug auf § 15 Abs. 2–4 GrStG.[9] 23

(Einstweilen frei) 24–25

B. Systematische Kommentierung

I. Steuermesszahl für Grund und Boden und Nutzflächen (§ 6 Abs. 1 HGrStG)

Nach § 6 Abs. 1 HGrStG beträgt die Grundsteuermesszahl für die Flächenbeträge nach § 5 Abs. 1 und 3 HGrStG – dies sind die Flächen des **Grund und Bodens** und die zu **anderen als Wohnzwecken** genutzten Gebäudeflächen[10] – **100 %**. 26

BEISPIEL: Auf einem 2.000 m² großen, ausschließlich gewerblich genutzten Grundstück befindet sich ein Gebäude mit 840 m² Gebäudeflächen. Der Bodenrichtwert des zu bewertenden Grundstücks entspricht dem durchschnittlichen Bodenrichtwert der Gemeinde (Faktor nach § 7 HGrStG = 1). 27

---

1 Vgl. BVerfG, Beschluss v. 7.11.2006 - 1 BvL 10/02, BStBl 2007 II S. 192.
2 Vgl. auch Gesetzentwurf der Bundesregierung zur Reform des Grundsteuer- und Bewertungsrechts, BT-Drucks. 19/11085 S. 123 f.
3 Siehe hierzu Bock/Lapp in Grootens, HGrStG § 5 Rz. 36 ff.
4 Siehe hierzu Bock/Lapp in Grootens, HGrStG § 7 Rz. 26 ff.
5 Siehe hierzu Bock/Lapp in Grootens, HGrStG § 4 Rz. 26 ff.
6 Siehe hierzu Grootens in Grootens, GrStG § 25 Rz. 31 ff.
7 Siehe hierzu Bock/Lapp in Grootens, HGrStG § 13 Rz. 26 ff.
8 Siehe hierzu Bock/Lapp in Grootens, HGrStG § 8 Rz. 26 ff., § 9 Rz. 26 ff. und § 10 Rz. 26 ff.
9 Siehe hierzu vertiefend Bock in Grootens, GrStG § 15 Rz. 57 ff.
10 Siehe hierzu vertiefend Bock/Lapp in Grootens, HGrStG § 5 Rz. 36 ff. und 86 ff.

LÖSUNG: Der Grundsteuermessbetrag ermittelt sich wie folgt:

Äquivalenzbetrag des Grund und Bodens: 2.000 m² x 0,04 €/m²	=	80,00 €
x Grundsteuermesszahl 100 %	=	80,00 €
Äquivalenzbetrag des Gebäudes: 840 m² x 0,50 €/m²	=	420,00 €
x Grundsteuermesszahl 100 %	=	420,00 €
Summe dieser Beträge = Ausgangsbetrag	=	500,00 €
x Faktor (§ 7 HGrStG)		1
Grundsteuermessbetrag	=	**500,00 €**

28–30 *(Einstweilen frei)*

II. Steuermesszahl für Wohnflächen (§ 6 Abs. 2 HGrStG)

31 Nach § 6 Abs. 2 HGrStG beträgt die Grundsteuermesszahl für den Flächenbetrag nach § 5 Abs. 2 HGrStG – dies sind die zu **Wohnzwecken** genutzten Gebäudeflächen[1] – **70 %**. Die Grundsteuermesszahl wird damit im Vergleich zur Grundsteuermesszahl für den Grund und Boden und nicht zu Wohnzwecken genutzten Gebäudeflächen **um 30 % ermäßigt**.

32 **BEISPIEL:** Auf einem 2.000 m² großen Grundstück befindet sich ein ausschließlich Wohnzwecken dienendes Gebäude mit 840 m² Gebäudeflächen. Der Bodenrichtwert des zu bewertenden Grundstücks entspricht dem durchschnittlichen Bodenrichtwert der Gemeinde (Faktor nach § 7 HGrStG = 1).

LÖSUNG: Der Grundsteuermessbetrag ermittelt sich wie folgt:

Äquivalenzbetrag des Grund und Bodens: 2.000 m² x 0,04 €/m²	=	80,00 €
x Grundsteuermesszahl 100 %	=	80,00 €
Äquivalenzbetrag der Wohnflächen: 840 m² x 0,50 €/m²	=	420,00 €
x Grundsteuermesszahl 70 %	=	294,00 €
Summe dieser Beträge = Ausgangsbetrag	=	374,00 €
x Faktor (§ 7 HGrStG)		1
Grundsteuermessbetrag	=	**374,00 €**

33–35 *(Einstweilen frei)*

III. Ermäßigung für Kulturdenkmäler (§ 6 Abs. 3 HGrStG)

1. Allgemeines

36 § 6 Abs. 3 HGrStG bestimmt, dass für Kulturdenkmäler **i. S. des Hessischen Denkmalschutzgesetzes** (HDSchG) die Steuermesszahlen nach § 6 Abs. 1 und 2 HGrStG für die Flächenbeträge nach § 5 Abs. 2 und 3 HGrStG auf Antrag **um 25 % ermäßigt** werden, wenn die Voraussetzungen zum Veranlagungszeitpunkt vorliegen. Die Vorschrift greift den Gedanken des § 15 Abs. 5 GrStG[2] auf, ermäßigt die Steuermesszahl jedoch abweichend vom Bundesmodell nicht um zehn, sondern um 25 %.

37–40 *(Einstweilen frei)*

---

[1] Siehe hierzu vertiefend Bock/Lapp in Grootens, HGrStG § 5 Rz. 46 ff.
[2] Siehe dazu Bock in Grootens, GrStG § 15 Rz. 100 ff.

2. Begriff des Kulturdenkmals

Kulturdenkmäler i. S. des HDSchG sind gem. § 2 Abs. 1 HDSchG bewegliche und unbewegliche Sachen, Sachgesamtheiten und Sachteile einschließlich Grünanlagen, an deren Erhalt aus **künstlerischen, wissenschaftlichen, technischen, geschichtlichen oder städtebaulichen Gründen ein öffentliches Interesse** besteht. Nach § 2 Abs. 2 Satz 1 HDSchG sind zwar **auch Bodendenkmäler** Kulturdenkmäler, jedoch findet § 6 Abs. 3 HGrStG nur auf die Flächenbeträge nach § 5 Abs. 2 und 3 HGrStG Anwendung und damit nicht auf die Flächenbeträge für den Grund und Boden nach § 5 Abs. 1 HGrStG.

§ 2 Abs. 3 HDSchG definiert auch **Gesamtanlagen** als Kulturdenkmäler, die aus baulichen Anlagen einschließlich der mit ihnen verbundenen Grün-, Frei- und Wasserflächen bestehen und an deren Erhalt im Ganzen aus künstlerischen oder geschichtlichen Gründen ein öffentliches Interesse besteht, wobei es nicht erforderlich ist, dass jeder einzelne Teil der Gesamtanlage ein Kulturdenkmal darstellt (sog. Ensembleschutz). Darüber hinaus gehören gem. § 2 Abs. 5 HDSchG auch die nach dem Kulturgutschutzgesetz vom 31.7.2016 (BGBl I S. 1914) im hessischen **Verzeichnis national wertvollen Kulturgutes** eingetragenen Kulturgüter zu den Kulturdenkmälern. Bei Letzteren handelt es sich weit überwiegend um Kunstwerke, die nicht in den Anwendungsbereich des § 6 Abs. 3 HGrStG fallen.[1]

Unbewegliche Kulturdenkmäler werden gem. § 11 Abs. 1 Satz 1 HDSchG im Benehmen mit der Gemeinde erfasst und nachrichtlich in ein **Denkmalverzeichnis eingetragen**. Der Schutz unbeweglicher Kulturdenkmäler ist gem. § 11 Abs. 1 Satz 4 HDSchG von der Eintragung im Denkmalverzeichnis unabhängig, die Eintragung wirkt folglich nur **deklaratorisch**.

Bewegliche Kulturdenkmäler sind gem. § 12 Abs. 1 HDSchG

▶ das Zubehör eines unbeweglichen Kulturdenkmals, das mit diesem eine Sachgesamtheit bildet (§ 12 Abs. 1 Nr. 1 HDSchG),

▶ Gegenstände, deren Zugehörigkeit zu einem bestimmten Ort historisch begründet ist und deren Verbleib an Ort und Stelle im öffentlichen Interesse liegt (§ 12 Abs. 1 Nr. 2 HDSchG) und

▶ Dokumente und Sammlungen, die die Kriterien des § 2 Abs. 1 HDSchG (siehe hierzu → Rz. 41) erfüllen (§ 12 Abs. 1 Nr. 3 HDSchG).

Eine bewegliche Sache wird gem. § 12 Abs. 2 Satz 1 HDSchG durch Eintragung in das Denkmalverzeichnis Kulturdenkmal, die **Eintragung** wirkt in diesem Fall **konstitutiv**. Die Bedeutung von beweglichen Kulturdenkmälern für die hessische Grundsteuer dürfte gering sein. Zwar wird von der Grundsteuer auch das Zubehör eines Grundstücks erfasst, dieses dürfte sich allerdings in aller Regel nicht flächenerhöhend und damit nicht auf die hessische Grundsteuer betragsmäßig auswirken.

Die Fortschreibung und Aktualisierung des Denkmalverzeichnisses soll nach dem Landesamt für Denkmalpflege Hessen künftig über das digitalisierte Geoinformationssystem DenkXweb erfolgen.[2] Dabei handelt es sich um ein **digitales Auskunfts- und Recherchesystem**, welches die im Rahmen der Denkmalinventarisation ermittelten Daten in Hessen mit Geoinformationen verbindet. Das System ist unter https://denkxweb.denkmalpflege-hessen.de/ öffentlich

---

1 Vgl. hessisches Verzeichnis national wertvollen Kulturgutes, abrufbar unter https://www.kulturgutschutz-deutschland.de/DE/3_Datenbank/Kulturgut/Hessen/_function/liste_node.html, aufgerufen am 30.1.2022.
2 https://lfd.hessen.de/bau-kunst/inventarisation/denkxweb, aufgerufen am 30.1.2022.

über das Internet zugänglich, gibt Auskunft über die Bedeutung der ausgewiesenen Kulturdenkmäler und erlaubt die detaillierte räumliche Einordnung von Lage und Ausdehnung eines Kulturdenkmals oder einer Gesamtanlage.

46–50 *(Einstweilen frei)*

3. Voraussetzungen für die Gewährung der Ermäßigung

51 Die Ermäßigung der Steuermesszahl für Kulturdenkmäler wird **nur auf Antrag gewährt**. Besondere **Formvorschriften** für den Antrag sieht § 6 Abs. 3 HGrStG nicht vor, sodass der Antrag auch formlos (schriftlich, mündlich, elektronisch per E-Mail u. a.) gestellt werden kann. Bis wann der Antrag gestellt werden muss, wird nicht geregelt. Zulässig dürfte jedenfalls die Antragstellung bis zur Bestandskraft des betreffenden Steuermessbescheids sein. Nach Bestandskraft dürfte eine Antragstellung gem. § 172 Abs. 1 Satz 1 Nr. 2 Buchst. a Halbsatz 2 AO nicht mehr zu berücksichtigen sein. Wird ein Antrag erst nach Bestandskraft des Bescheids oder nach Ablauf der Festsetzungsfrist gestellt, kann die Ermäßigung der Steuermesszahl nur noch mit einer Neuveranlagung (§ 9 Abs. 1 Nr. 1 HGrStG)[1] ab dem nächsten (nicht festsetzungsverjährten) Stichtag gewährt werden.

52 Weitere Voraussetzung für die Gewährung der Ermäßigung des Grundsteuermessbetrags für Kulturdenkmäler ist, dass die jeweiligen Voraussetzungen zum **Veranlagungszeitpunkt** vorliegen. Veranlagungszeitpunkt für die Hauptveranlagung der Steuermessbeträge ist der 1.1.2022 (§ 8 Abs. 1 Satz 1 HGrStG)[2] Bei späteren Neufestsetzungen des Grundsteuermessbetrags ist der Veranlagungszeitpunkt jeweils der 1.1. des Jahres der auf das Kalenderjahr folgt, in dem die Änderungen eingetreten sind (§ 9 Abs. 2 HGrStG)[3].

53–55 *(Einstweilen frei)*

4. Wegfall der Voraussetzungen für die Ermäßigung

56 Abweichend vom Bundesmodell gibt es in dem hessischen Grundsteuermodell **keine** dem § 19 Abs. 2 GrStG[4] entsprechende **Anzeigepflicht** bei Wegfall der Voraussetzungen für die nach § 6 Abs. 3 HGrStG ermäßigte Steuermesszahl. § 19 GrStG findet grundsätzlich in Hessen mangels abweichender landesgesetzlicher Regelung entsprechend Anwendung. Da § 19 Abs. 2 GrStG allerdings Bezug auf § 15 Abs. 2–5 GrStG nimmt und § 6 Abs. 3 HGrStG zumindest § 15 Abs. 5 GrStG verdrängen soll, dürfte eine Anzeigepflicht nach § 19 Abs. 2 GrStG insoweit nicht bestehen.

57 Mangels Anzeigepflicht der Eigentümerinnen und Eigentümer von Kulturdenkmälern wird der **Auskunftspflicht der zuständigen Denkmalschutzbehörde** in Hessen zukünftig eine größere Bedeutung zukommen. Nach § 229 Abs. 3 BewG[5] haben die nach Landesrecht zuständigen Behörden den Finanzbehörden die **rechtlichen und tatsächlichen Umstände** mitzuteilen, die ihnen im Rahmen ihrer Aufgabenerfüllung bekannt geworden sind und die für die Feststellung von Grundsteuerwerten (in Hessen entsprechend von Steuermessbeträgen) oder **für die**

---

[1] Vgl. Bock/Lapp in Grootens, HGrStG § 9 Rz. 26 ff.
[2] Vgl. auch Bock/Lapp in Grootens, HGrStG § 8 Rz. 28.
[3] Vgl. Bock/Lapp in Grootens, HGrStG § 9 Rz. 46 ff.
[4] Vgl. Bock in Grootens, GrStG § 19 Rz. 27 ff.
[5] Siehe hierzu Wredenhagen in Grootens, BewG § 229 Rz. 81 ff. und 91 ff.

Grundsteuer von Bedeutung sein können. Die Mitteilungen an die Finanzbehörden erfolgen nach amtlich vorgeschriebenem Datensatz über eine amtlich bestimmte Schnittstelle (§ 229 Abs. 6 BewG)[1] Die Vorschriften finden über § 2 Abs. 4 Satz 1 HGrStG in Hessen entsprechend Anwendung.

Zu den rechtlichen und tatsächlichen Umständen, die Auswirkungen auf die Höhe des Steuermessbetrags (und damit auf die Grundsteuer) haben und die der zuständigen Denkmalschutzbehörde im Rahmen ihrer Aufgabenerfüllung bekannt werden, gehören auch

▶ die nach § 18 Abs. 1 Nr. 1–3 HDSchG genehmigungspflichtige **Zerstörung, Beseitigung, Umgestaltung oder Verbringung** eines Kulturdenkmals an einen anderen Ort und

▶ die nach § 12 Abs. 4 Satz 1 HDSchG von Amts wegen vorzunehmende und konstitutiv wirkende **Löschung** (siehe hierzu → Rz. 44) eines beweglichen Kulturdenkmals aus dem Denkmalverzeichnis, wenn die Voraussetzungen für eine Eintragung nicht mehr vorliegen.

Entfallen die Voraussetzungen für die Ermäßigung der Steuermesszahl während des Hauptveranlagungszeitraums (§ 8 Abs. 1 Satz 3 HGrStG)[2] oder treten sie erstmalig ein, ist der Steuermessbetrag nach § 9 Abs. 1 Nr. 1 und Abs. 2 HGrStG[3] auf den Beginn des Kalenderjahres, das dem Wegfall bzw. dem Eintritt der Voraussetzungen folgt, **neu zu veranlagen**.

(Einstweilen frei) 60–65

5. Ermäßigung bei teilweise denkmalgeschützten Gebäuden

§ 6 Abs. 3 HGrStG trifft abweichend von der bundesgesetzlichen Regelung in § 15 Abs. 5 Satz 2 GrStG keine Regelungen für den Fall, dass nur **ein Teil der Gebäude** oder nur **Teile eines Gebäudes** i. S. des Hessischen Denkmalschutzgesetzes unter Denkmalschutz stehen. Der hessische Gesetzgeber hat die im Bundesmodell bestehende Notwendigkeit für eine anteilige Ermäßigung der Steuermesszahl, wenn z. B. nur ein Teil eines Gebäudes baudenkmalrechtlich geschützt ist, erkannt. Nach Auffassung des hessischen Gesetzgebers ermögliche die Grundsteuer nach dem HGrStG jedoch einen einfacheren Ansatz, da sie flächenbezogen erfolge. Daher sei es folgerichtig, die Messzahlenermäßigung von vornherein nur bei den Flächenbeträgen der Gebäude zu berücksichtigen, die unter Denkmalschutz stehen.[4]

Es ist **zweifelhaft**, ob der Gesetzgeber dieses beabsichtigte Ziel mit dem derzeitigen Wortlaut des § 6 Abs. 3 HGrStG erreicht. Nach dem Wortlaut der Vorschrift erfolgt die Ermäßigung der Steuermesszahl für Kulturdenkmäler, unabhängig davon, ob das gesamte Gebäude oder nur ein Teil des Gebäudes ein Kulturdenkmal darstellt. Die **Ermäßigung** erfolgt zudem für die Flächenbeträge nach § 5 Abs. 2 und 3 HGrStG, und damit auch für die Flächenbeträge der Teile eines Gebäudes, die **nicht unter Denkmalschutz stehen**. Ausgenommen werden lediglich die Flächenbeträge für den Grund und Boden. Zudem sind die einzelnen Regelungen auf die gesamte wirtschaftliche Einheit anzuwenden, da diese den vorher definierten Bezugspunkt für die jeweilige Norm darstellt, es sei denn es ist etwas anderes bestimmt. Der Wille des Gesetz-

---

1 Siehe hierzu Wredenhagen in Grootens, BewG § 229 Rz. 121 ff.
2 Siehe hierzu Bock/Lapp in Grootens, HGrStG § 8 Rz. 26.
3 Vgl. auch Bock/Lapp in Grootens, HGrStG § 9 Rz. 26 ff.
4 Gesetzentwurf der Koalitionsfraktionen zum Hessischen Grundsteuergesetz, Hessische LT-Drucks. 20/6379 S. 18 f.

gebers, die Grundsteuermesszahlermäßigung nur auf denjenigen Teil einer wirtschaftlichen Einheit anzuwenden, der die Voraussetzungen für die Grundsteuermesszahlermäßigung erfüllt, hätte daher gesetzlich ausdrücklich normiert werden müssen.

68–70 *(Einstweilen frei)*

IV. Ermäßigung für geförderten Wohnraum und begünstigte Rechtsträger (§ 6 Abs. 4 HGrStG)

71 § 6 Abs. 4 HGrStG bestimmt, dass **§ 15 Abs. 2–4 GrStG** in der am 24.12.2021 geltenden Fassung **anzuwenden** sind. Bereits in der Überschrift der Vorschrift wird zum Ausdruck gebracht, dass § 6 HGrStG die § 15 Abs. 1 und 5 GrStG – nicht jedoch § 15 Abs. 2–4 GrStG – ersetzt. Auf die Kommentierung zu §15 Abs. 2–4 GrStG[1] wird ergänzend verwiesen.

72 Die Ermäßigungen nach § 15 Abs. 2–4 GrStG werden bundesgesetzlich nur für Grundstücke i. S. des § 249 Abs. 1 Nr. 1–4 BewG – also **nur für Wohngrundstücke**, d. h., Ein- und Zweifamilienhäuser, Mietwohngrundstücke und Wohnungseigentum – gewährt. Nach dem Wortlaut des § 6 Abs. 4 HGrStG sind die § 15 Abs. 2–4 GrStG anzuwenden. Der Wortlaut lässt keinen Raum für eine lediglich sinngemäße oder entsprechende Anwendung der § 15 Abs. 2–4 GrStG, sondern schreibt die Anwendung wie im Bundesmodell vor. Da die Grundstücksart in dem hessischen Grundsteuermodell für die Ermittlung des Steuermessbetrags im Übrigen nicht von Bedeutung ist, müsste in dem hessischen Modell (nur) für Zwecke der Ermäßigung der Steuermesszahl nach § 6 Abs. 4 HGrStG i.V. mit § 15 Abs. 2–4 GrStG die Grundstücksart ermittelt werden. Von Bedeutung kann dies insbesondere in Fällen mit **gemischt genutzten Grundstücken** i. S. des § 249 Abs. 1 Nr. 7 BewG sein, für die bundesgesetzlich auch bei Vorliegen von gefördertem Wohnraum **keine Ermäßigung** der Steuermesszahl nach § 15 Abs. 2–4 GrStG gewährt werden kann.[2]

73 Die **Ermäßigung** der Steuermesszahl nach § 6 Abs. 4 HGrStG i.V. mit § 15 Abs. 2–4 GrStG dürfte **auch für die Steuermesszahl für die Fläche des Grund und Bodens** gewährt werden. Bundesgesetzlich wird die ermäßigte Steuermesszahl auf den gesamten Grundsteuerwert angewendet, welcher den Grund und Boden und das Gebäude umfasst. § 15 Abs. 2–4 GrStG unterscheiden bei der Ermäßigung der Steuermesszahl nicht zwischen Flächen des Grund und Bodens und Gebäudeflächen.

74–75 *(Einstweilen frei)*

V. Kumulative Erfüllung mehrerer Ermäßigungstatbestände

76 § 6 HGrStG trifft keine Regelungen für den Fall, dass mehrere **Ermäßigungstatbestände** gleichzeitig zusammentreffen. Dem Wortlaut der Vorschrift folgend, dürften daher die einschlägigen Ermäßigungen **additiv zu gewähren** sein.

77 **BEISPIEL:** Ein 1000 m² großes Grundstück ist mit einem denkmalgeschützten Wohngebäude bebaut. Von der Gebäudefläche dienen 120 m² Wohnzwecken und 80 m² anderen Zwecken. Die Voraussetzungen des § 15 Abs. 2 GrStG liegen vor. Der für das Grundstück maßgebliche Bodenrichtwert entspricht dem durchschnittlichen Bodenrichtwert der Gemeinde (Faktor nach § 7 HGrStG = 1).

---

[1] Bock in Grootens, GrStG § 15 Rz. 57 ff.
[2] Siehe Bock in Grootens, GrStG § 15 Rz. 57.

Faktor (ersetzt den § 13 des Grundsteuergesetzes) **§ 7 HGrStG**

LÖSUNG: Steuermesszahl für den Grund und Boden:

§ 6 Abs. 1 HGrStG, § 5 Abs. 1 HGrStG	100 %
25%ige Ermäßigung nach	
§ 6 Abs. 4 HGrStG i.V. mit § 15 Abs. 2 GrStG (Wohnraumförderung)	./. 25 %
= Steuermesszahl für den Grund und Boden	75 %
Steuermesszahl für die Wohnzwecken dienenden Flächen:	
§§ 6 Abs. 2, 5 Abs. 2 HGrStG	70 %
25%ige Ermäßigung nach § 6 Abs. 3 HGrStG (Denkmalschutz)	./. 17,5 %
25%ige Ermäßigung nach	
§ 6 Abs. 4 HGrStG i.V. mit § 15 Abs. 2 GrStG (Wohnraumförderung)	./. 17,5 %
= Steuermesszahl für die Wohnzwecken dienenden Flächen	35 %
Steuermesszahl für die anderen Zwecken dienenden Flächen:	
§§ 6 Abs. 1, 5 Abs. 3 HGrStG	100 %
25%ige Ermäßigung nach § 6 Abs. 3 HGrStG (Denkmalschutz)	25 %
25%ige Ermäßigung nach	
§ 6 Abs. 4 i.V. mit § 15 Abs. 2 GrStG (Wohnraumförderung)	25 %
= Steuermesszahl für die anderen Zwecken dienenden Flächen	50 %

Ermittlung der Flächenbeträge:
Fläche Grund und Boden 1000 m² x Flächenbetrag 0,04 €/m² = 40 € (§ 5 Abs. 1 HGrStG)
Wohnflächen 120 m² x Flächenbetrag 0,50 €/m² = 60 € (§ 5 Abs. 2 HGrStG)
sonstige Flächen 80 m² x Flächenbetrag 0,50 €/m² = 40 € (§ 5 Abs. 3 HGrStG)

Ermittlung des Steuermessbetrags:	
Flächenbetrag Grund und Boden 40 € x Steuermesszahl 75 %	30 €
Flächenbetrag Wohnflächen 60 € x Steuermesszahl 35 %	21 €
Flächenbetrag sonstige Flächen 40 € x Steuermesszahl 50 %	20 €
= Ausgangsbetrag	71 €
x Faktor (§ 7 HGrStG)	1
= Steuermessbetrag (§ 4 Abs. 1 Satz 1 HGrStG)	71 €

§ 7 HGrStG Faktor (ersetzt den § 13 des Grundsteuergesetzes)

(1) ¹Der Faktor ergibt sich nach folgender Formel:

Faktor = $[\text{Bodenrichtwert nach Abs. 2}/\text{durchschnittlicher Bodenrichtwert nach Abs. 3}]^{0,3}$

²Der Faktor wird auf zwei Nachkommastellen abgerundet.

(2) ¹Der Bodenrichtwert ist der zum jeweiligen Hauptveranlagungszeitpunkt nach § 8 Abs. 1 Satz 2 ermittelte Bodenrichtwert nach § 196 Baugesetzbuch der Bodenrichtwertzone, in der das Grundstück liegt. ²Erstreckt sich das Grundstück über mehr als eine Bodenrichtwertzone, wird für jede in einer Bodenrichtwertzone gelegene Grundstücksteilfläche der jeweilige Bodenrichtwert mit dem Quotienten aus der Grundstücksteilfläche und der Fläche des Grundstücks (jeweils in Quadratmetern) multipliziert; die Summe dieser Produkte ist als Bodenrichtwert der wirtschaftlichen Einheit anzusetzen. ³In deckungsgleichen Bodenrichtwertzonen ist jeweils der niedrigste der Bodenrichtwerte anzusetzen. ⁴Für Zonen ohne festgestellten Bodenrichtwert (symbolischer Bodenrichtwert) oder wenn für das Grundstück zum jeweiligen Hauptveranla-

gungszeitpunkt kein Bodenrichtwert für baureifes Land vorliegt, wird der durchschnittliche Bodenrichtwert in der Gemeinde nach Abs. 3 angesetzt. ⁵Für bebaute oder bebaubare Grundstücke im Außenbereich nach § 35 Baugesetzbuch werden zehn Prozent des durchschnittlichen Bodenrichtwertes nach Abs. 3 angesetzt.

(3) ¹Der durchschnittliche Bodenrichtwert ist der auf den jeweiligen Hauptveranlagungszeitpunkt nach § 8 Abs. 1 Satz 2 ermittelte durchschnittliche Bodenrichtwert in der Gemeinde. ²Er wird durch die Zentrale Geschäftsstelle der Gutachterausschüsse für Immobilienwerte des Landes Hessen aus den Bodenrichtwerten für baureifes Land in der jeweiligen Gemeinde zum jeweiligen Hauptveranlagungszeitpunkt als flächengewichteter Mittelwert berechnet und auf volle Euro gerundet. ³Bei deckungsgleichen Bodenrichtwertzonen ist jeweils der niedrigste der Bodenrichtwerte in die Ermittlung einzubeziehen. ⁴Bodenrichtwerte im Außenbereich nach § 35 Baugesetzbuch sowie Zonen ohne festgestellten Bodenrichtwert (symbolischer Bodenrichtwert) werden nicht berücksichtigt. ⁵Die für alle Gemeinden berechneten durchschnittlichen Bodenrichtwerte werden im Staatsanzeiger für das Land Hessen veröffentlicht.

Inhaltsübersicht	Rz.
A. Allgemeine Erläuterungen	1 - 25
I. Normzweck und wirtschaftliche Bedeutung der Vorschrift	1 - 5
II. Entstehung und Entwicklung der Vorschrift	6 - 10
III. Geltungsbereich	11 - 15
IV. Vereinbarkeit der Vorschrift mit höherrangigem Recht	16 - 20
V. Verhältnis zu anderen Vorschriften	21 - 25
B. Systematische Kommentierung	26 - 46
I. Formel des Faktors, Abrundung (§ 7 Abs. 1 HGrStG)	26 - 30
II. Bodenrichtwert; Zähler des Faktors (§ 7 Abs. 2 HGrStG)	31 - 40
III. Durchschnittlicher Bodenrichtwert; Nenner des Faktors (§ 7 Abs. 3 HGrStG)	41 - 46

A. Allgemeine Erläuterungen

I. Normzweck und wirtschaftliche Bedeutung der Vorschrift

1   Vergleichbar mit dem Lage-Faktor im niedersächsischen Grundsteuermodell[1] stellt auch der in § 7 HGrStG geregelte **Faktor** ein Kernelement des hessischen Flächen-Faktor-Verfahrens dar. Mit ihm wird das von der Lage des Grundstücks völlig unabhängige bayerische Flächenmodell um eine Komponente erweitert, welche gleich große, gleich genutzte Grundstücke innerhalb einer Gemeinde anhand ihrer Lage differenziert. Die Steuerpflichtigen müssen zur Bestimmung des Faktors nichts beitragen. Die in Hessen flächendeckend elektronisch verfügbaren Bodenrichtwerte (Zonenwerte) können automatisiert in das Berechnungsverfahren einbezogen werden und müssen in der Erklärung zur Festsetzung des Steuermessbetrags nicht von den Steuerpflichtigen angegeben werden.[2]

2   Im Gesamtgefüge des hessischen Grundsteuermodells kommt dem **Faktor** eine **zentrale Bedeutung** zu. Durch ihn wird der nach dem bayerischen Flächenmodell ermittelte und von der Lage des Grundstücks unabhängige Wert um eine Lagekomponente erweitert, die den Äquivalenzbetrag entweder erhöht oder vermindert. Gegenüber einem reinen (lageunabhängigen) Flächenmodell ist für Grundstücke in unterdurchschnittlich teuren Lagen weniger und für Grundstücke in überdurchschnittlich teuren Lagen mehr Grundsteuer zu zahlen. Durch die Anwendung des Exponenten von 0,3 wird die Erhöhung oder Minderung allerdings gedämpft.

---

[1] Vgl. hierzu Bock/Lapp in Grootens, NGrStG § 5 Rz. 1 ff.
[2] Gesetzentwurf der Koalitionsfraktionen für ein Hessisches Grundsteuergesetz, Hessische LT-Drucks. 20/6379 S. 15.

Anknüpfungspunkt des Faktors sind die von den Geschäftsstellen der Gutachterausschüsse auf den Hauptveranlagungszeitpunkt 1.1.2022 ermittelten **Bodenrichtwerte** nach § 196 Baugesetzbuch. Diese sollen der hessischen Finanzverwaltung flächendeckend elektronisch zur Verfügung stehen und **automationsgestützt berücksichtigt** werden können.[1]

(Einstweilen frei) 4–5

II. Entstehung und Entwicklung der Vorschrift

Die Vorschrift wurde im Jahr 2021 mit dem **Stammgesetz** in das HGrStG aufgenommen.[2]

Das **Hessische Ministerium der Finanzen** hat das Bundesmodell früh als zu kompliziert und aufwändig kritisiert und bereits am 11.5.2020 das hessische **Flächen-Faktor-Verfahren** vorgestellt, das gerechter, einfacher, transparenter und verständlicher als das Bundesmodell sein solle.[3] Gleichwohl wurde das Modell in der Folge intensiv geprüft, sodass bis zur Einbringung eines Gesetzentwurfs in den Landtag im September 2021[4] noch über ein Jahr verging. Während dieser Zeit hat Niedersachsen den Faktor als zentrales Element des Flächen-Faktor-Verfahrens in sein eigenes Grundsteuermodell übernommen (§ 5 NGrStG[5]).

(Einstweilen frei) 8–10

III. Geltungsbereich

§ 7 HGrStG gilt für in Hessen belegene Grundstücke des Grundvermögens und gilt damit nicht für Betriebe der Land- und Forstwirtschaft.[6] § 7 HGrStG ist mit dem Stammgesetz gem. § 17 HGrStG **am 24.12.2021 in Kraft getreten**.[7] Aus Art. 125b Abs. 3 GG ergibt sich, dass die Gesetzgebungskompetenz den Ländern für ein vom Bundesrecht abweichendes Grundsteuerrecht erst für die Erhebung der **Grundsteuer** ab dem **Kalenderjahr 2025** zusteht. Dem trägt § 8 Abs. 2 Satz 1 HGrStG[8] Rechnung, wonach die in der Hauptveranlagung festgesetzten Steuermessbeträge frühestens vom Kalenderjahr 2025 an gelten. Die Regelungen des HGrStG und damit auch § 7 HGrStG sind daher erst für die Erhebung der **Grundsteuer** ab dem **Kalenderjahr 2025** von Bedeutung.

(Einstweilen frei) 12–15

IV. Vereinbarkeit der Vorschrift mit höherrangigem Recht

In der Anknüpfung an den Bodenrichtwert bei dem Faktor könnte eine **nicht folgerichtige Umsetzung** der **Belastungsgrundentscheidung** gesehen werden. Die verfassungsrechtliche Bewertung zum Niedersächsischen Grundsteuergesetz gilt insoweit für das Hessische Grundsteuer-

---

[1] Gesetzentwurf der Koalitionsfraktionen für ein Hessisches Grundsteuergesetz, Hessische LT-Drucks. 20/6379 S. 15.
[2] Hessisches Grundsteuergesetz v. 15.12.2021, Hessisches GVBl 2021 S. 906.
[3] Pressemitteilung des Hessischen Ministeriums der Finanzen v. 11.5.2020, Finanzminister Boddenberg stellt Eckpunkte der geplanten Neuregelung in Hessen vor, https://finanzen.hessen.de/node/87 (aufgerufen am 13.2.2022).
[4] Gesetzentwurf der Koalitionsfraktionen für ein Hessisches Grundsteuergesetz, Hessische LT-Drucks. 20/6379 S. 1.
[5] Niedersächsisches Grundsteuergesetz v. 7.7.2021, Nds. GVBl 2021 S. 502 ff., siehe hierzu vertiefend Bock/Lapp in Grootens, NGrStG § 5 Rz. 41 ff.
[6] Vgl. hierzu Bock/Lapp in Grootens, HGrStG § 1 Rz. 11.
[7] Hessisches GVBl 2021 S. 906.
[8] Siehe hierzu vertiefend Bock/Lapp in Grootens, HGrStG § 8 Rz. 36.

gesetz entsprechend.[1] Ob der hessische Gesetzgeber mit der Anknüpfung an den Bodenrichtwert seinen Typisierungsspielraum überschritten hat, ist jedenfalls zweifelhaft.

17 § 7 Abs. 3 Satz 2 HGrStG weist die **Aufgabe der Ermittlung der durchschnittlichen Bodenrichtwerte** der Zentralen Geschäftsstelle der **Gutachterausschüsse** für Immobilienwerte des Landes Hessen zu. Zweifelhaft ist, ob der hessische Landesgesetzgeber insoweit die Gesetzgebungsbefugnis hat. Der Bundesgesetzgeber könnte von der konkurrierenden Gesetzgebungskompetenz nach Art. 74 Abs. 1 Nr. 18 GG durch die Regelungen zu den Gutachterausschüssen in §§ 192 ff. BauGB abschließend Gebrauch gemacht haben, sodass den Ländern eine eigenständige Regelung in derselben Sachmaterie versperrt sein könnte. Der Bundesgesetzgeber sieht lediglich in § 199 Abs. 2 Nr. 3 BauGB eine Ermächtigung an die Landesregierung vor, durch Rechtsverordnung die Aufgaben der Geschäftsstelle der Gutachterausschüsse zu regeln. Das HGrStG ist allerdings ein Gesetz und keine Rechtsverordnung und wird vom hessischen Gesetzgeber erlassen und nicht von der Landesregierung. Der hessische Gesetzgeber ist auch nicht derjenige Gesetzgeber, der die Ermächtigungsgrundlage für die Rechtsverordnung erlassen hat.[2]

18–20 *(Einstweilen frei)*

V. Verhältnis zu anderen Vorschriften

21 § 7 HGrStG verdrängt als lex posterior § 13 GrStG, der damit in Hessen derzeit **keine Anwendung** findet.

22 Die maßgebliche Fläche des Grundstücks wird mit dem Flächenbetrag nach **§ 5 HGrStG**[3] und mit der Steuermesszahl nach **§ 6 HGrStG**[4] multipliziert und ergibt den Ausgangsbetrag. Dieser wird wiederum mit dem Faktor nach § 7 HGrStG multipliziert, was nach **§ 4 Abs. 1 Satz 2 HGrStG**[5] den Steuermessbetrag ergibt. Auf den Steuermessbetrag ist der Hebesatz nach **§ 25 GrStG** oder ggf. der gesonderte Hebesatz nach **§ 13 HGrStG** anzuwenden, um die zu zahlende Grundsteuer zu erhalten.

23 Für die Ermittlung des Faktors sind nach § 7 Abs. 2 und Abs. 3 HGrStG die Bodenrichtwerte i. S. von **§ 196 BauGB** unter Berücksichtigung der **ImmoWertV** heranzuziehen. Den durchschnittlichen Bodenrichtwert hat der Gutachterausschuss i. S. des **§ 192 BauGB** zu ermitteln. Die Bodenrichtwerte und durchschnittlichen Bodenrichtwerte werden nach § 7 Abs. 2 Satz 1 HGrStG der Hauptveranlagung nach **§ 8 Abs. 1 Satz 1 HGrStG**[6] zugrunde gelegt. Zugrunde zu legen ist der Bodenrichtwert und durchschnittliche Bodenrichtwert, der für den jeweiligen Stichtag nach **§ 8 Abs. 1 Satz 2 HGrStG**[7] (Hauptveranlagungszeitpunkt) maßgeblich ist. Die Koordinierung der Bereitstellung der für die Ermittlung des Faktors erforderlichen Merkmale erfolgt durch das Hessische Ministerium der Finanzen und das Hessische Ministerium für Wirtschaft, Energie, Verkehr und Wohnen, die hierzu von dem hessischen Gesetzgeber in **§ 16 HGrStG** ermächtigt werden.[8]

24–25 *(Einstweilen frei)*

---

[1] Siehe vertiefend hierzu Bock/Lapp, NGrStG Vorwort Rz. 46 ff.
[2] Vgl. auch zur entsprechenden Regelung im NGrStG, Bock/Lapp in Grootens, NGrStG § 5 Rz. 30.
[3] Siehe hierzu Bock/Lapp in Grootens, HGrStG § 5 Rz. 1 ff.
[4] Siehe hierzu Bock/Lapp in Grootens, HGrStG § 6 Rz. 1 ff.
[5] Siehe hierzu Bock/Lapp in Grootens, HGrStG § 4 Rz. 26 ff.
[6] Siehe hierzu Bock/Lapp in Grootens, HGrStG § 8 Rz. 26.
[7] Siehe hierzu Bock/Lapp in Grootens, HGrStG § 8 Rz. 26.
[8] Siehe hierzu Bock/Lapp in Grootens, HGrStG § 16 Rz. 1 ff.

B. Systematische Kommentierung

I. Formel des Faktors, Abrundung (§ 7 Abs. 1 HGrStG)

§ 7 Abs. 1 HGrStG normiert die **Formel des Faktors** und dessen Abrundung. Die Vorschrift entspricht § 5 Abs. 1 Satz 2 und 3 NGrStG, sodass insoweit auf die dortige Kommentierung verwiesen wird.[1]

Nach **Auffassung der hessischen Landesregierung** nehme das Flächen-Faktor-Verfahren auf die Gegebenheiten vor Ort Rücksicht. In Gemeinden mit keinen oder nur sehr geringen Unterschieden im Bodenrichtwertniveau führe es zu gleichen oder fast gleichen Ergebnissen wie ein reines Flächenmodell. Weichen jedoch Bodenrichtwerte vom kommunalen Durchschnitt in stärkerem Maße ab, finde dies – bewusst in abgeschwächter Form – Niederschlag in der Bemessungsgrundlage der Grundsteuer.[2]

BEISPIEL:[3] Auf einem 500 m² großen Grundstück befindet sich ein Einfamilienhaus mit 150 m² Wohnfläche. Der durchschnittliche Bodenrichtwert der Gemeinde beträgt 150 €/m². Der für das Grundstück maßgebliche Bodenrichtwert beträgt
- a) 60 € (mäßige Lage)
- b) 150 € (mittlere Lage)
- c) 490 € (gute Lage)

LÖSUNG: Die Steuermessbeträge im reinen Flächenmodell betragen jeweils 72 €.

Berechnung: (500 m² x 0,04 € x 100%) + (150 m² x 0,50 € x 70%) = 72 €.

Die Faktoren im hessischen Modell betragen (gem. § 7 Abs. 1 Satz 2 HGrStG auf zwei Nachkommastellen abgerundet)
- a) $(60 / 150)^{0,3} = 0,75$
- b) $(150 / 150)^{0,3} = 1,00$
- c) $(490 / 150)^{0,3} = 1,42$

Die Steuermessbeträge (Wert nach dem reinen Flächenmodell x Faktor) betragen damit
- a) 72 € x 0,75 = 54 €
- b) 72 € x 1,00 = 72 €
- c) 72 € x 1,42 = 102 €

Die lagebedingte Spreizung der Steuermessbeträge beträgt 102 €/54 € = rund 1,9. Die Spreizung der Bodenrichtwerte (490 €/60 € = rund 8,2) wirkt sich bewusst nur in abgeschwächter Form auf die Steuermessbeträge aus.

(Einstweilen frei)

II. Bodenrichtwert; Zähler des Faktors (§ 7 Abs. 2 HGrStG)

Nach § 7 Abs. 2 Satz 1 HGrStG ist als Bodenrichtwert im Zähler des Faktors der zum jeweiligen Hauptveranlagungszeitpunkt nach § 8 Abs. 1 Satz 2 HGrStG[4] ermittelte Bodenrichtwert nach § 196 Baugesetzbuch der Bodenrichtwertzone, in der das Grundstück liegt, zugrunde zu legen.

---

[1] Bock/Lapp in Grootens, NGrStG § 5 Rz. 41 ff.
[2] Gesetzentwurf der Koalitionsfraktionen für ein Hessisches Grundsteuergesetz, Hessische LT-Drucks. 20/6379 S. 20.
[3] Gesetzentwurf der Koalitionsfraktionen für ein Hessisches Grundsteuergesetz, Hessische LT-Drucks. 20/6379 S. 20.
[4] Siehe hierzu Bock/Lapp in Grootens, HGrStG § 8 Rz. 26.

Die Vorschrift entspricht im Ergebnis § 5 Abs. 2 Satz 1 NGrStG, sodass ergänzend auf die dortige Kommentierung verwiesen wird.[1]

32 Erstreckt sich das Grundstück über **mehr als eine Bodenrichtwertzone**, wird gem. § 7 Abs. 2 Satz 2 HGrStG für jede in einer Bodenrichtwertzone gelegene Grundstücksteilfläche der jeweilige Bodenrichtwert mit dem Quotienten aus der Grundstücksteilfläche und der Fläche des Grundstücks (jeweils in Quadratmetern) multipliziert und die Summe dieser Produkte als Bodenrichtwert der wirtschaftlichen Einheit angesetzt. Die Vorschrift entspricht im Ergebnis § 5 Abs. 2 Satz 2 NGrStG, sodass ergänzend auf die dortige Kommentierung verwiesen wird.[2] Eine mit § 5 Abs. 2 Satz 3 NGrStG vergleichbare **Bagatellregelung**, nach welcher die Bodenrichtwerte bestimmter **Kleinstflächen** bei der Ermittlung des Zählers des Faktors nicht berücksichtigt werden,[3] wurde vom hessischen Gesetzgeber **nicht übernommen**.

33 In **deckungsgleichen Bodenrichtwertzonen** ist gem. § 7 Abs. 2 Satz 3 HGrStG jeweils der **niedrigste** der Bodenrichtwerte anzusetzen. Die Vorschrift entspricht im Ergebnis § 5 Abs. 2 Satz 4 NGrStG, sodass ergänzend auf die dortige Kommentierung verwiesen wird.[4]

34 Für Zonen **ohne festgestellten Bodenrichtwert** (sog. symbolischer Bodenrichtwert) oder wenn für das Grundstück zum jeweiligen Hauptveranlagungszeitpunkt kein Bodenrichtwert für baureifes Land vorliegt, wird gem. § 7 Abs. 2 Satz 4 HGrStG der durchschnittliche Bodenrichtwert in der Gemeinde nach § 7 Abs. 3 HGrStG angesetzt, sodass in diesen Fällen **ein Faktor von 1** zugrunde zu legen ist. Das hessische Modell weicht insoweit von dem vergleichbaren niedersächsischen Modell ab, in welchem nach § 5 Abs. 2 Satz 5 NGrStG in Fällen, in denen für Bauflächen kein Bodenrichtwert vorliegt, der Bodenrichtwert für Sonstige Flächen gem. Anlage 1 der BRW-RL[5] (zwischenzeitlich weitgehend in die ImmoWertV[6] überführt) anzusetzen sind.[7]

35 Für bebaute oder bebaubare Grundstücke des Grundvermögens im **Außenbereich** (z. B. der Wohnteil eines landwirtschaftlichen Betriebs) nach § 35 Baugesetzbuch werden nach § 7 Abs. 2 Satz 5 HGrStG **10 % des durchschnittlichen Bodenrichtwertes** nach § 7 Abs. 3 HGrStG angesetzt. Damit trägt der hessische Gesetzgeber dem Umstand Rechnung, dass es im Außenbereich nach § 35 Baugesetzbuch in der Regel nur Bodenrichtwerte für land- und forstwirtschaftlich genutzte Flächen, nicht jedoch für Baulandnutzungen gibt.[8] Der Ansatz von 10 % des durchschnittlichen Bodenrichtwerts der Gemeinde führt im Ergebnis zu einem Faktor von $0{,}50$ $((0.1/1)^{0,3} = 0{,}50)$, also zu einer Minderung des Steuermessbetrags um die Hälfte im Vergleich zu einer durchschnittlichen Lage in der Gemeinde. Die Regelung soll **typisierend** die bei einem Wohngrundstück im Außenbereich gegenüber dem Innenbereich stark **eingeschränkte Erreichbarkeit und Nutzbarkeit** der bereitgestellten kommunalen Infrastruktur berücksichtigen.[9]

36–40 *(Einstweilen frei)*

---

[1] Siehe hierzu Bock/Lapp in Grootens, NGrStG § 5 Rz. 51.
[2] Siehe hierzu Bock/Lapp in Grootens, NGrStG § 5 Rz. 54 f.
[3] Siehe hierzu Bock/Lapp in Grootens, NGrStG § 5 Rz. 56 f.
[4] Siehe hierzu Bock/Lapp in Grootens, NGrStG § 5 Rz. 58.
[5] Bodenrichtwertrichtlinie v. 11.1.2011, BAnz 2011 S. 597.
[6] Immobilienwertermittlungsverordnung v. 14.7.2021, BGBl 2021 I S. 2805.
[7] Siehe hierzu Bock/Lapp in Grootens, NGrStG § 5 Rz. 59.
[8] Gesetzentwurf der Koalitionsfraktionen für ein Hessisches Grundsteuergesetz, Hessische LT-Drucks. 20/6379 S. 20; vgl. aber auch zur anderen Sachlage in NGrStG Bock/Lapp in Grootens, NGrStG § 5 Rz. 29.
[9] Gesetzentwurf der Koalitionsfraktionen für ein Hessisches Grundsteuergesetz, Hessische LT-Drucks. 20/6379 S. 20.

III. Durchschnittlicher Bodenrichtwert; Nenner des Faktors (§ 7 Abs. 3 HGrStG)

Nach § 7 Abs. 3 Satz 1 HGrStG ist der im Nenner des Faktors zugrunde zu legende durchschnittliche Bodenrichtwert der auf den jeweiligen Hauptveranlagungszeitpunkt nach § 8 Abs. 1 Satz 2 HGrStG[1] ermittelte durchschnittliche Bodenrichtwert in der Gemeinde. Die Vorschrift entspricht im Ergebnis § 5 Abs. 3 Satz 1 NGrStG, sodass ergänzend auf die dortige Kommentierung verwiesen wird.[2]

41

Der durchschnittliche Bodenrichtwert wird gem. § 7 Abs. 3 Satz 2 HGrStG durch die Zentrale Geschäftsstelle der Gutachterausschüsse für Immobilienwerte des Landes Hessen aus den Bodenrichtwerten für baureifes Land in der jeweiligen Gemeinde zum jeweiligen Hauptveranlagungszeitpunkt als **flächengewichteter Mittelwert** berechnet und **auf volle Euro gerundet**. Das hessische Grundsteuermodell weicht insoweit von dem vergleichbaren niedersächsischen Modell ab. In diesem ist im Nenner des Lage-Faktors gem. § 5 Abs. 3 Satz 2 NGrStG der Median aller in der Gemeinde liegenden Bodenrichtwerte zugrunde zu legen.[3] Mit der vorgesehenen (wohl kaufmännischen) Rundung auf volle Euro weicht der hessische Gesetzgeber auch hinsichtlich der Rundungsregel von der niedersächsischen Regelung ab. Diese sieht in § 5 Abs. 3 Satz 4 NGrStG eine Abrundung auf volle Euro vor.

42

BEISPIEL: In einer Gemeinde (43 km²) gibt es drei Bodenrichtwertzonen:

43

Zone 1 mit einem Bodenrichtwert von 85 €/m² erstreckt sich über eine Fläche von 12 km².

Zone 2 mit einem Bodenrichtwert von 100 €/m² erstreckt sich über eine Fläche von 23 km².

Zone 3 mit einem Bodenrichtwert von 150 €/m² erstreckt sich über eine Fläche von 8 km².

LÖSUNG: Der im Nenner des Faktors zugrunde zu legende durchschnittliche Bodenrichtwert ermittelt sich wie folgt:

$$\frac{\text{Fläche Zone 1}}{\text{Gesamtfläche}} \times \text{BRW Zone 1} + \frac{\text{Fläche Zone 2}}{\text{Gesamtfläche}} \times \text{BRW Zone 2} + \frac{\text{Fläche Zone 3}}{\text{Gesamtfläche}} \times \text{BRW Zone 3}$$

$$\frac{12 \text{ km}^2}{43 \text{ km}^2} \times 85 \text{ €/m}^2 + \frac{23 \text{ km}^2}{43 \text{ km}^2} \times 100 \text{ €/m}^2 + \frac{8 \text{ km}^2}{43 \text{ km}^2} \times 150 \text{ €/m}^2 = \text{rund } 105 \text{ €/m}^2$$

Im niedersächsischen Grundsteuermodell würde in diesem Beispiel gem. § 5 Abs. 3 Satz 3 NGrStG der Median aus den drei Bodenrichtwerten 85 €/m², 100 €/m² und 150 €/m² – also ein Bodenrichtwert von 100 €/m² – im Nenner des niedersächsischen Lage-Faktors berücksichtigt werden.[4]

Bei sich **deckungsgleich überlagernden Bodenrichtwertzonen** bestimmt § 7 Abs. 3 Satz 3 HGrStG, dass jeweils der **niedrigste der Bodenrichtwerte** in die Ermittlung des durchschnittlichen Bodenrichtwerts einzubeziehen ist. Die Vorschrift entspricht im Ergebnis § 5 Abs. 3 Satz 6 NGrStG, sodass ergänzend auf die dortige Kommentierung verwiesen wird.[5]

44

---

1 Siehe hierzu Bock/Lapp in Grootens, HGrStG § 8 Rz. 26.
2 Siehe hierzu Bock/Lapp in Grootens, NGrStG § 5 Rz. 66.
3 Zur Kritik an diesem Vorgehen siehe Bock/Lapp in Grootens, NGrStG § 5 Rz. 27 ff.
4 Vgl. das Beispiel bei Bock/Lapp in Grootens, NGrStG § 5 Rz. 28.
5 Siehe hierzu Bock/Lapp in Grootens, NGrStG § 5 Rz. 70.

45 Bodenrichtwerte im **Außenbereich** nach § 35 Baugesetzbuch sowie Zonen ohne festgestellten Bodenrichtwert (**symbolischer Bodenrichtwert**) werden gem. § 7 Abs. 3 Satz 4 HGrStG bei der Ermittlung des durchschnittlichen Bodenrichtwerts **nicht berücksichtigt**. Die Vorschrift korrespondiert mit § 7 Abs. 2 Satz 5 HGrStG, wonach für diese Flächen im Zähler des Quotienten typisierend 10 % des durchschnittlichen Bodenrichtwerts der Gemeinde zugrunde gelegt werden sollen (siehe bereits → Rz. 35).

46 Nach § 7 Abs. 3 Satz 5 HGrStG werden die für alle Gemeinden berechneten durchschnittlichen Bodenrichtwerte im **Staatsanzeiger** für das Land Hessen **veröffentlicht**. Die Ausgaben des Staatsanzeigers für das Land Hessen sind öffentlich zugänglich und im Internet unter https://www.staatsanzeiger-hessen.de/ abrufbar.

§ 8 HGrStG Hauptveranlagung (ersetzt die §§ 16 und 36 des Grundsteuergesetzes)

(1) ¹Steuermessbeträge werden erstmalig auf den 1. Januar 2022 und danach in Zeitabständen von vierzehn Jahren jeweils auf den 1. Januar allgemein festgesetzt (Hauptveranlagung). ²Die in Satz 1 bezeichneten Zeitpunkte sind Hauptveranlagungszeitpunkte. ³Der Zeitraum zwischen zwei Hauptveranlagungszeitpunkten ist der Hauptveranlagungszeitraum. ⁴Der Hauptveranlagung werden die Verhältnisse zum Hauptveranlagungszeitpunkt zugrunde gelegt.

(2) ¹Die bei einer Hauptveranlagung festgesetzten Steuermessbeträge gelten vorbehaltlich der §§ 9 und 11 von dem Kalenderjahr an, das ein Jahr nach dem Hauptveranlagungszeitpunkt beginnt, frühestens vom Kalenderjahr 2025 an. ²Die durch Hauptveranlagung festgesetzten Steuermessbeträge bleiben unbeschadet der §§ 9 und 11 bis zu dem Zeitpunkt maßgebend, von dem an die Steuermessbeträge der nächsten Hauptveranlagung wirksam werden.

(3) Ist die Festsetzungsfrist nach § 169 Abgabenordnung bereits abgelaufen, kann die Hauptveranlagung unter Zugrundelegung der Verhältnisse vom Hauptveranlagungszeitpunkt mit Wirkung für einen späteren Veranlagungszeitpunkt vorgenommen werden, für den diese Frist noch nicht abgelaufen ist.

Inhaltsübersicht	Rz.
A. Allgemeine Erläuterungen	1 - 25
I. Normzweck und wirtschaftliche Bedeutung der Vorschrift	1 - 5
II. Entstehung und Entwicklung der Vorschrift	6 - 10
III. Geltungsbereich	11 - 15
IV. Vereinbarkeit der Vorschrift mit höherrangigem Recht	16 - 20
V. Verhältnis zu anderen Vorschriften	21 - 25
B. Systematische Kommentierung	26 - 47
I. Turnusmäßige Hauptveranlagung (§ 8 Abs. 1 HGrStG)	26 - 35
II. Geltungsdauer der Steuermessbeträge (§ 8 Abs. 2 HGrStG)	36 - 45
III. Hauptveranlagung bei abgelaufener Festsetzungsfrist (§ 8 Abs. 3 HGrStG)	46 - 47

A. Allgemeine Erläuterungen

I. Normzweck und wirtschaftliche Bedeutung der Vorschrift

1 § 8 HGrStG normiert die **Hauptveranlagung** (§ 8 Abs. 1 Satz 1 HGrStG) der Steuermessbeträge und definiert die **Hauptveranlagungszeitpunkte** (§ 8 Abs. 1 Satz 2 HGrStG) und die **Hauptveranlagungszeiträume** (§ 8 Abs. 1 Satz 3 HGrStG). Geregelt werden außerdem die der Hauptver-

anlagung zugrunde zu legenden **Verhältnisse** (§ 8 Abs. 1 Satz 4 HGrStG) und die **Geltungsdauer** der Steuermessbeträge (§ 8 Abs. 2 HGrStG). Darüber hinaus trifft die Vorschrift eine Regelung für Fälle, in denen eine Hauptveranlagung wegen **Ablaufs der Festsetzungsfrist** nicht mehr auf den Hauptveranlagungszeitpunkt vorgenommen werden kann (§ 8 Abs. 3 HGrStG).

(Einstweilen frei) 2–5

II. Entstehung und Entwicklung der Vorschrift

Die Vorschrift wurde im Jahr 2021 mit dem **Stammgesetz** in das HGrStG aufgenommen.[1] 6

(Einstweilen frei) 7–10

III. Geltungsbereich

§ 8 HGrStG gilt für in Hessen belegene Grundstücke des Grundvermögens und damit nicht für Betriebe der Land- und Forstwirtschaft.[2] § 8 HGrStG ist mit dem Stammgesetz gem. § 17 HGrStG **am 24.12.2021 in Kraft getreten**.[3] Aus Art. 125b Abs. 3 GG ergibt sich, dass die Gesetzgebungskompetenz den Ländern für ein vom Bundesrecht abweichendes Grundsteuerrecht erst für die Erhebung der **Grundsteuer** ab dem **Kalenderjahr 2025** zusteht. Dem trägt § 8 Abs. 2 Satz 1 HGrStG[4] Rechnung, wonach die in der Hauptveranlagung festgesetzten Steuermessbeträge frühestens vom Kalenderjahr 2025 an gelten. Die Regelungen des HGrStG und damit auch die übrigen Regelungen des § 8 HGrStG sind daher erst für die Erhebung der **Grundsteuer** ab dem **Kalenderjahr 2025** von Bedeutung. 11

(Einstweilen frei) 12–15

IV. Vereinbarkeit der Vorschrift mit höherrangigem Recht

Die Verlängerung des Hauptveranlagungszeitraums auf 14 Jahre könnte insoweit verfassungsrechtlichen Bedenken begegnen, als die Wertverhältnisse in Bezug auf den Faktor nach § 7 HGrStG[5] über eine zu lange Zeit verfestigt werden und damit jedenfalls wegen Zeitablaufs keine relationsgerechte Bemessungsgrundlage mehr erreicht wird. Die vergleichsweise lange Dauer des Hauptveranlagungszeitraums ist nach Ansicht des hessischen Gesetzgebers **gerechtfertigt**, da es im Flächen-Faktor-Verfahren **weniger Berechnungsparameter** als im Bundesmodell gebe, die einer turnusmäßigen Aktualisierung bedürfen (z. B. keine statistischen Mieten, Herstellungskosten, Baujahre oder Kernsanierungsmaßnahmen). Zudem ist der hessische Gesetzgeber der Auffassung, dass allgemeine **Veränderungen der Bodenrichtwerte** wegen des Abstellens auf die Relation der Bodenrichtwerte zum Durchschnittsbodenrichtwert auch über einen längeren Zeitraum hinweg zu **keinen signifikanten Änderungen** der Steuermessbeträge führen würden. Im Übrigen würden Veränderungen am Grundstück innerhalb eines Hauptveranlagungszeitraums infolge von baulichen Maßnahmen oder Nutzungsänderun- 16

---

[1] Hessisches Grundsteuergesetz v. 15.12.2021, Hessisches GVBl Nr. 55/2021 S. 906.
[2] Vgl. hierzu Bock/Lapp in Grootens, HGrStG § 1 Rz. 11.
[3] Hessisches GVBl Nr. 55/2021 S. 906.
[4] Siehe hierzu vertiefend Bock/Lapp in Grootens, HGrStG § 8 Rz. 36.
[5] Siehe hierzu Bock/Lapp in Grootens, HGrStG § 7 Rz. 1 ff.

gen durch Neuveranlagungen, Nachveranlagungen oder Aufhebungen anlassbezogen berücksichtigt. Im Übrigen begegnet § 8 HGrStG keinen verfassungsrechtlichen Bedenken.

17–20 *(Einstweilen frei)*

V. Verhältnis zu anderen Vorschriften

21 § 8 HGrStG verdrängt als lex posterior die **§§ 16 und 36 GrStG**,[1] die damit in Hessen derzeit **keine Anwendung** finden.

22 Führen Änderungen der tatsächlichen Verhältnisse im Jahr vor der Hauptveranlagung zu einer Änderung des Steuermessbetrags, wird § 8 Abs. 1 HGrStG **von § 12 Abs. 2 HGrStG**[2] verdrängt und anstelle einer Hauptveranlagung auf den 1.1. des Jahres der Hauptveranlagung eine **Neuveranlagung**, **Nachveranlagung** oder **Aufhebung** des Steuermessbetrags durchgeführt (siehe hierzu → Rz. 30).

23–25 *(Einstweilen frei)*

B. Systematische Kommentierung

I. Turnusmäßige Hauptveranlagung (§ 8 Abs. 1 HGrStG)

26 Nach § 8 Abs. 1 Satz 1 HGrStG werden die Steuermessbeträge **erstmalig auf den 1.1.2022** und danach in **Zeitabständen** von **14 Jahren** jeweils auf den 1.1. allgemein festgesetzt (Hauptveranlagung). § 8 Abs. 1 Satz 2 HGrStG definiert diese Zeitpunkte als **Hauptveranlagungszeitpunkte**, § 8 Abs. 1 Satz 3 HGrStG den Zeitraum zwischen zwei Hauptveranlagungszeitpunkten als **Hauptveranlagungszeitraum**. Der Hauptveranlagung werden gem. § 8 Abs. 1 Satz 4 HGrStG die Verhältnisse zum Hauptveranlagungszeitpunkt zugrunde gelegt. Die Regelungen entsprechen im Wesentlichen den Regelungen in §§ 16 und 36 GrStG. Insoweit wird ergänzend auf die dortige Kommentierung verwiesen.[3]

27 Die Hauptveranlagung erfolgt allgemein für alle in Hessen belegenen **steuerpflichtigen Grundstücke**.[4] Für von der Grundsteuer befreite Grundstücke wird kein Steuermessbetrag ermittelt und festgesetzt (§ 4 Abs. 2 Satz 2 HGrStG).[5]

28 Erster Hauptveranlagungszeitpunkt der Steuermessbeträge ist gem. § 8 Abs. 1 Satz 1 HGrStG der **1.1.2022**. Die Vorschrift weicht damit von § 36 Abs. 1 GrStG ab, welche (bundesgesetzlich) den 1.1.2025 als ersten Hauptveranlagungszeitpunkt der Grundsteuermessbeträge nach dem Bundesmodell vorsieht. Da die auf den 1.1.2022 festgesetzten Steuermessbeträge gem. § 8 Abs. 2 Satz 1 HGrStG frühestens **vom Kalenderjahr 2025 an gelten** (siehe hierzu → Rz. 36), ist hiermit keine Abweichung von den bundesgesetzlichen Regelungen verbunden. Im Übrigen wird auf die Kommentierung zu § 36 Abs. 1 GrStG verwiesen.[6]

---

1 Siehe hierzu vertiefend Bock in Grootens, GrStG § 16 Rz. 1 ff. und Lehmann in Grootens, GrStG § 36 Rz. 1 ff.
2 Siehe hierzu vertiefend Bock/Lapp in Grootens, HGrStG § 12 Rz. 36 ff.
3 Siehe hierzu vertiefend Bock in Grootens, GrStG § 16 Rz. 1 ff. und Lehmann in Grootens, GrStG § 36 Rz. 1 ff.
4 Gesetzentwurf der Koalitionsfraktionen für ein Hessisches Grundsteuergesetz, Hessische LT-Drucks. 20/6379 S. 21.
5 Siehe hierzu vertiefend Bock/Lapp in Grootens, HGrStG § 4 Rz. 31 ff.
6 Siehe hierzu vertiefend Lehmann in Grootens, GrStG § 36 Rz. 13 ff.

§ 8 Abs. 1 HGrStG greift den in § 16 Abs. 1 GrStG bundesgesetzlich normierten Gedanken einer turnusmäßigen Hauptveranlagung der Grundsteuerwerte zur Vermeidung eines Bewertungsstaus auf. Insoweit wird ergänzend auf die dortige Kommentierung verwiesen.[1] Mit der Regelung soll ein „Erstarren" der stichtagsbezogenen Lageabstufungen mittels Faktoren vermieden werden.[2] Hessen weicht hinsichtlich der Häufigkeit der Hauptfeststellungen entscheidend vom Bundesmodell ab und **verdoppelt** die Länge des Hauptveranlagungszeitraums im Vergleich zum Bundesmodell (sieben Jahre, vgl. § 221 Abs. 1 BewG)[3]. 29

Bei den Hauptveranlagungen werden gem. § 8 Abs. 1 Satz 4 HGrStG die **Verhältnisse zum 1.1.** des jeweiligen Kalenderjahres zugrunde gelegt. Verhältnisse sind die **Wertverhältnisse** und die **tatsächlichen Verhältnisse**. Eine Abweichung von der bundesgesetzlichen Regelung ist hiermit nicht verbunden, die Regelung entspricht im Ergebnis § 221 Abs. 2 BewG. Insoweit wird auf die dortige Kommentierung verwiesen.[4] 30

Eine **Ausnahme** von der turnusmäßigen Hauptveranlagung gibt es, wenn Änderungen der tatsächlichen Verhältnisse im Jahr vor der Hauptveranlagung zu einer Änderung des Steuermessbetrags führen. In diesem Fall wird gem. **§ 12 Abs. 2 HGrStG**[5] anstelle einer Hauptveranlagung auf den 1.1. des Jahres der Hauptveranlagung eine **Neuveranlagung**, **Nachveranlagung** oder **Aufhebung** des Steuermessbetrags durchgeführt. 31

(Einstweilen frei) 32–35

II. Geltungsdauer der Steuermessbeträge (§ 8 Abs. 2 HGrStG)

§ 8 Abs. 2 Satz 1 HGrStG bestimmt die **Geltungsdauer** der **Steuermessbeträge**. Die bei einer Hauptveranlagung festgesetzten Steuermessbeträge gelten demnach vorbehaltlich der §§ 9 und 11 HGrStG[6] von dem Kalenderjahr an, das ein Jahr nach dem Hauptveranlagungszeitpunkt beginnt, jedoch frühestens vom Kalenderjahr 2025 an. Damit trägt § 8 Abs. 2 Satz 1 HGrStG dem Art. 125b Abs. 3 GG Rechnung, nach dem die Gesetzgebungskompetenz den Ländern für ein vom Bundesrecht abweichendes Grundsteuerrecht erst für die Erhebung der Grundsteuer ab dem Kalenderjahr 2025 zusteht (siehe → Rz. 11). 36

Abweichend von § 16 Abs. 2 Satz 1 GrStG führt der hessische Gesetzgeber damit nicht die bundesgesetzliche zweijährige Aufschubzeit fort. Um den **verwaltungstechnischen Abläufen** Rechnung zu tragen, ist nach Ansicht des hessischen Gesetzgebers eine **einjährige Aufschubzeit** ausreichend. In dieser Zeit (in der Regel wenige Monate nach dem Hauptveranlagungszeitpunkt) sollen die für die Durchführung der Hauptveranlagung maßgebenden Bodenrichtwerte vorliegen und der Ermittlung der Steuermessbeträge zugrunde gelegt werden können. Mit der Regelung sollen nachträgliche Änderungen der in einem laufenden Jahr bereits erhobenen Grundsteuerzahlungen vermieden werden.[7] Im Übrigen wird auf die Kommentierung zu § 16 Abs. 2 Satz 1 GrStG verwiesen.[8] 37

---

1 Siehe hierzu vertiefend Bock in Grootens, GrStG § 16 Rz. 33 ff.
2 Gesetzentwurf der Koalitionsfraktionen für ein Hessisches Grundsteuergesetz, Hessische LT-Drucks. 20/6379 S. 21.
3 Siehe dazu Wredenhagen in Grootens, BewG § 221 Rz. 61 ff.
4 Siehe hierzu vertiefend Wredenhagen in Grootens, BewG § 221 Rz. 71 ff.
5 Siehe hierzu vertiefend Bock/Lapp in Grootens, HGrStG § 12 Rz. 36 ff.
6 Siehe hierzu Bock/Lapp in Grootens, HGrStG § 9 Rz 1 ff. und § 11 Rz. 1 ff.
7 Gesetzentwurf der Koalitionsfraktionen für ein Hessisches Grundsteuergesetz, Hessische LT-Drucks. 20/6379 S. 21.
8 Siehe hierzu vertiefend Bock in Grootens, GrStG § 16 Rz. 19 f.

38 Gemäß § 8 Abs. 2 Satz 2 HGrStG **bleiben** die durch Hauptveranlagung festgesetzten **Steuermessbeträge** bis zu dem Zeitpunkt **maßgebend**, von dem an die Steuermessbeträge der nächsten Hauptveranlagung wirksam werden, es sei denn, sie wurden nach den §§ 9 oder 11 HGrStG[1] zwischenzeitlich neuveranlagt oder aufgehoben.

39 § 8 Abs. 2 Satz 2 HGrStG entspricht im Ergebnis **§ 16 Abs. 2 Satz 2 GrStG**. Insoweit wird auf die dortige Kommentierung verwiesen.[2]

40–45 *(Einstweilen frei)*

III. Hauptveranlagung bei abgelaufener Festsetzungsfrist (§ 8 Abs. 3 HGrStG)

46 § 8 Abs. 3 HGrStG trifft eine Regelung für den Fall, dass die Festsetzungsfrist nach § 169 AO für die Hauptveranlagung bereits abgelaufen ist. In diesem Fall kann die Hauptveranlagung unter Zugrundelegung der Verhältnisse vom Hauptveranlagungszeitpunkt mit **Wirkung für einen späteren Veranlagungszeitpunkt** vorgenommen werden, für den diese Frist noch nicht abgelaufen ist.

47 Die Vorschrift entspricht § 16 Abs. 3 GrStG. Insoweit wird auf die dortige Kommentierung verwiesen.[3]

§ 9 HGrStG Neuveranlagung (ersetzt den § 17 des Grundsteuergesetzes)

(1) Der Steuermessbetrag wird neu festgesetzt (Neuveranlagung), wenn

1. während des Hauptveranlagungszeitraumes nach § 8 Abs. 1 Satz 3 Änderungen in den tatsächlichen Verhältnissen eintreten, die sich auf die Höhe des Steuermessbetrages nach § 4 oder auf die Steuerschuldnerschaft nach § 3 auswirken, oder

2. die letzte Veranlagung fehlerhaft ist; § 176 der Abgabenordnung ist hierbei entsprechend anzuwenden; das gilt jedoch nur für Veranlagungszeitpunkte, die vor der Verkündung der maßgeblichen Entscheidung eines obersten Gerichts liegen.

(2) ¹Der Neuveranlagung werden die tatsächlichen Verhältnisse im Neuveranlagungszeitpunkt zugrunde gelegt. ²Neuveranlagungszeitpunkt ist der Beginn des Kalenderjahres, das auf das Kalenderjahr folgt, in dem die Änderungen eingetreten oder der Fehler dem Finanzamt bekannt geworden ist. ³Für die Berechnung des Faktors nach § 7 sind die Verhältnisse im Hauptveranlagungszeitpunkt maßgebend.

Inhaltsübersicht	Rz.
A. Allgemeine Erläuterungen	1 - 25
I. Normzweck und wirtschaftliche Bedeutung der Vorschrift	1 - 5
II. Entstehung und Entwicklung der Vorschrift	6 - 10
III. Geltungsbereich	11 - 15
IV. Vereinbarkeit der Vorschrift mit höherrangigem Recht	16 - 20
V. Verhältnis zu anderen Vorschriften	21 - 25

---

[1] Siehe hierzu Bock/Lapp in Grootens, HGrStG § 9 Rz. 1 ff. und § 11 Rz. 1 ff.
[2] Siehe hierzu vertiefend Bock in Grootens, GrStG § 16 Rz. 36.
[3] Siehe hierzu vertiefend Bock in Grootens, GrStG § 16 Rz. 40 f.

B. Systematische Kommentierung	26 – 50
I. Gründe für eine Neuveranlagung des Steuermessbetrags (§ 9 Abs. 1 HGrStG)	26 – 45
1. Änderungen der tatsächlichen Verhältnisse mit Auswirkungen auf den Steuermessbetrag (§ 9 Abs. 1 Nr. 1 Alt. 1 HGrStG)	26 – 35
2. Änderungen der tatsächlichen Verhältnisse mit Auswirkungen auf die Steuerschuldnerschaft (§ 9 Abs. 1 Nr. 1 Alt. 2 HGrStG)	36 – 40
3. Fehlerhafte letzte Veranlagung (§ 9 Abs. 1 Nr. 2 HGrStG)	41 – 45
II. Maßgebende Verhältnisse und Neuveranlagungszeitpunkt (§ 9 Abs. 2 HGrStG)	46 – 50

A. Allgemeine Erläuterungen

I. Normzweck und wirtschaftliche Bedeutung der Vorschrift

§ 9 HGrStG regelt abschließend die Fälle, in denen der **Steuermessbetrag neu festgesetzt** wird (Neuveranlagung), bestimmt die für die Neuveranlagung **maßgebenden Verhältnisse** und den **Neuveranlagungszeitpunkt**.   1

(Einstweilen frei)   2–5

II. Entstehung und Entwicklung der Vorschrift

Die Vorschrift wurde im Jahr 2021 mit dem **Stammgesetz** in das HGrStG aufgenommen.[1]   6

(Einstweilen frei)   7–10

III. Geltungsbereich

§ 9 HGrStG gilt für in Hessen belegene Grundstücke des Grundvermögens und nicht für land- und forstwirtschaftliches Vermögen.[2] § 9 HGrStG ist mit dem Stammgesetz gem. § 17 HGrStG **am 24.12.2021 in Kraft getreten**.[3] Aus Art. 125b Abs. 3 GG ergibt sich, dass die Gesetzgebungskompetenz den Ländern für ein vom Bundesrecht abweichendes Grundsteuerrecht erst für die Erhebung der **Grundsteuer** ab dem **Kalenderjahr 2025** zusteht. Dem trägt § 8 Abs. 2 Satz 1 HGrStG[4] Rechnung, wonach die in der Hauptveranlagung festgesetzten Steuermessbeträge frühestens vom Kalenderjahr 2025 an gelten. Die Regelungen des HGrStG und damit auch § 9 HGrStG sind daher erst für die Erhebung der **Grundsteuer** ab dem **Kalenderjahr 2025** von Bedeutung.   11

(Einstweilen frei)   12–15

---

1 Hessisches Grundsteuergesetz v. 15.12.2021, Hessisches GVBl 2021 S. 906.
2 Vgl. hierzu Bock/Lapp in Grootens, HGrStG § 1 Rz. 11.
3 Hessisches GVBl 2021 S. 906.
4 Siehe hierzu vertiefend Bock/Lapp in Grootens, HGrStG § 8 Rz. 36.

IV. Vereinbarkeit der Vorschrift mit höherrangigem Recht

16 § 9 HGrStG begegnet keinen verfassungsrechtlichen Bedenken.

17–20 *(Einstweilen frei)*

V. Verhältnis zu anderen Vorschriften

21 § 9 HGrStG verdrängt als lex posterior **§ 17 GrStG**,[1] der damit in Hessen derzeit **keine Anwendung** findet. Die wesentlichen Inhalte des § 17 GrStG werden aufgegriffen und in § 9 HGrStG landesgesetzlich geregelt, allerdings fehlt eine zu § 17 Abs. 2 Nr. 1 GrStG[2] analoge Regelung. Hiernach wird der Grundsteuermessbetrag neu festgesetzt, wenn Gründe, die im Feststellungsverfahren über den Grundsteuerwert nicht zu berücksichtigen sind, zu einem anderen als dem für den letzten Veranlagungszeitpunkt festgesetzten Steuermessbetrag führen. Da Hessen bei der Ermittlung der Grundsteuer für das Grundvermögen ein zweistufiges Verfahren anwendet und auf die erste Stufe – die gesonderte Feststellung von Grundsteuerwerten, Äquivalenzbeträgen oder Ähnlichem – verzichtet,[3] würde eine solche Regelung ins Leere laufen und ist daher folgerichtig nicht in das HGrStG aufgenommen worden.

22 Der Steuermessbetrag wird u. a. neu festgesetzt, wenn sich Änderungen der tatsächlichen Verhältnisse auf die Höhe des Steuermessbetrags oder die Steuerschuldnerschaft auswirken (siehe hierzu → Rz. 26 ff.). Die Norm wird durch die Anzeigepflicht nach § 19 GrStG[4] ergänzt. Die Höhe des Steuermessbetrags ermittelt sich nach **§ 4 HGrStG**,[5] der Steuerschuldner wird nach **§ 3 HGrStG**[6] bestimmt.

23 Ergänzt wird die Vorschrift um die in **§ 12 HGrStG**[7] enthaltenen gemeinsamen Regelungen zu den Zeitpunkten des Wirksamwerdens und der Erteilung von Messbetragsbescheiden, die für die Neuveranlagung, Nachveranlagung und Aufhebung von Steuermessbeträgen gleichermaßen gelten.

24–25 *(Einstweilen frei)*

B. Systematische Kommentierung

I. Gründe für eine Neuveranlagung des Steuermessbetrags (§ 9 Abs. 1 HGrStG)

1. Änderungen der tatsächlichen Verhältnisse mit Auswirkungen auf den Steuermessbetrag (§ 9 Abs. 1 Nr. 1 Alt. 1 HGrStG)

26 § 9 Abs. 1 Nr. 1 Alt. 1 HGrStG regelt, dass der Steuermessbetrag neu festgesetzt wird, wenn während des Hauptveranlagungszeitraums Änderungen bei den **tatsächlichen Verhältnissen** eintreten, die sich auf die **Höhe des Steuermessbetrags** auswirken.

---

1 Siehe hierzu vertiefend Bock in Grootens, GrStG § 17 Rz. 1 ff.
2 Siehe hierzu vertiefend Bock in Grootens, GrStG § 17 Rz. 31 f.
3 Siehe hierzu vertiefend Bock/Lapp in Grootens, HGrStG Vorwort Rz. 41 ff.
4 Siehe hierzu vertiefend Bock in Grootens, GrStG § 19 Rz. 1 ff.
5 Siehe hierzu vertiefend Bock/Lapp in Grootens, HGrStG § 4 Rz. 1 ff.
6 Siehe hierzu vertiefend Bock/Lapp in Grootens, HGrStG § 3 Rz. 1 ff.
7 Siehe hierzu vertiefend Bock/Lapp in Grootens, HGrStG § 12 Rz. 1 ff.

Die Vorschrift greift die Regelung des §222 Abs.1 BewG[1] zur Neufeststellung des Grundsteuerwerts (Wertfortschreibung) auf und entspricht im Ergebnis §17 Abs.1 GrStG[2] zur Neuveranlagung des Grundsteuermessbetrags.

27

Zu den tatsächlichen Verhältnissen, die zu einer Neufestsetzung des Grundsteuermessbetrags führen können, gehören z.B. Flächenerweiterungen durch **Neubau**, **Anbau** oder **Ausbau**; Flächenreduzierungen durch **Abriss** sowie **Änderungen der Nutzungsart** von Wohnen zu Nicht-Wohnen oder umgekehrt.[3]

28

Abweichend von der bundesgesetzlichen Regelung zur Neufeststellung des Grundsteuerwerts in §222 Abs.1 BewG[4] und der niedersächsischen Regelung zur Neufestsetzung des Grundsteuermessbetrags in §9 Abs.2 NGrStG[5] enthält §9 HGrStG **keine Wertfortschreibungsgrenzen**. Während bundesgesetzlich eine Wertfortschreibung des Grundsteuerwerts erst bei einer Abweichung nach oben oder unten um mehr als 15.000 € von dem bisherigen Wert (§222 Abs.1 BewG) und im niedersächsischen Grundsteuermodell bei einer Neuveranlagung des Grundsteuermessbetrags eine Grenze i.H. von 5 € für Abweichungen zuungunsten des Steuerpflichtigen bezogen auf den Gebäudeanteil des Grundsteuermessbetrags vorgesehen ist, führt in dem hessischen Modell jede Veränderung des Steuermessbetrags (bereits bei einer Abweichung ab 1 €) zu einer Neuveranlagung.

29

(Einstweilen frei) 30–35

2. Änderungen der tatsächlichen Verhältnisse mit Auswirkungen auf die Steuerschuldnerschaft (§9 Abs.1 Nr.1 Alt.2 HGrStG)

§9 Abs.1 Nr.1 Alt.2 HGrStG regelt, dass der Steuermessbetrag neu festgesetzt wird, wenn während des Hauptveranlagungszeitraums Änderungen in den **tatsächlichen Verhältnissen** eintreten, die sich auf die **Steuerschuldnerschaft** auswirken (z.B. ein **Eigentumswechsel**). Wer Schuldner der Grundsteuer ist, ergibt sich aus §3 HGrStG.[6]

36

Nach den **bundesgesetzlichen Regelungen** wird in Fällen, in denen der Grundbesitz einer anderen Person zuzurechnen ist und sich damit die Steuerschuldnerschaft der Grundsteuer ändert (§10 Abs.1 GrStG, §219 Abs.2 Nr.2 BewG), eine Zurechnungsfortschreibung auf den neuen Eigentümer vorgenommen (§222 Abs.2 BewG). Anders als im Bundesmodell wird in dem hessischen Modell in diesen Fällen der Steuermessbetrag nach §9 Abs.1 Nr.2 HGrStG neu festgesetzt. Eine vom Bundesmodell abweichende Regelung ist hiermit im Wesentlichen nicht verbunden. In beiden Grundsteuermodellen wird die Grundsteuer ab dem Kalenderjahr, das dem Eigentumswechsel folgt (siehe hierzu → Rz.47), zu Lasten des neuen Eigentümers erhoben. Im hessischen Modell dürfte allerdings anders als nach der h.M. im Bundesmodell beim Eigentümerwechsel auch über die Höhe der Steuermessbetragsfestsetzung beim neuen Eigentümer zu entscheiden sein und nicht nur über eine neue Zurechnung.[7]

37

(Einstweilen frei) 38–40

---

1 Siehe hierzu vertiefend Wredenhagen in Grootens, BewG §222 Rz.71ff.
2 Siehe hierzu vertiefend Bock in Grootens, GrStG §17 Rz.22ff.
3 Gesetzentwurf der Koalitionsfraktionen für ein Hessisches Grundsteuergesetz, Hessische LT-Drucks. 20/6379 S.22.
4 Siehe hierzu vertiefend Wredenhagen in Grootens, BewG §222 Rz.71ff.
5 Siehe hierzu Bock/Lapp in Grootens, NGrStG §9 Rz.41ff.
6 Siehe hierzu vertiefend Bock/Lapp in Grootens, HGrStG §3 Rz.1ff.
7 Siehe zur Kritik an der h.M. vertiefend Bock in Grootens, GrStG §13 Rz.55f.

3. Fehlerhafte letzte Veranlagung (§ 9 Abs. 1 Nr. 2 HGrStG)

41 Nach § 9 Abs. 1 Nr. 2 HGrStG wird der Steuermessbetrag neu festgesetzt, wenn die **letzte Veranlagung fehlerhaft** ist. § 176 AO ist hierbei entsprechend anzuwenden. Das gilt jedoch nur für Veranlagungszeitpunkte, die vor der Verkündung der maßgeblichen Entscheidung eines obersten Gerichts liegen.

42 Die Vorschrift entspricht § 17 Abs. 2 Nr. 2 GrStG, insoweit wird ergänzend auf die dortige Kommentierung verwiesen.[1]

43–45 *(Einstweilen frei)*

II. Maßgebende Verhältnisse und Neuveranlagungszeitpunkt (§ 9 Abs. 2 HGrStG)

46 Nach § 9 Abs. 2 Satz 1 HGrStG werden der Neuveranlagung die **tatsächlichen Verhältnisse im Neuveranlagungszeitpunkt** zugrunde gelegt. Die Vorschrift entspricht im Wesentlichen § 222 Abs. 4 Satz 2 BewG zur Neufeststellung des Grundsteuerwerts.[2]

47 Neuveranlagungszeitpunkt ist gem. § 9 Abs. 2 Satz 2 HGrStG der Beginn des Kalenderjahres, das auf das Kalenderjahr folgt, in dem die **Änderung eingetreten** oder der **Fehler** dem Finanzamt **bekannt geworden** ist. Die Vorschrift entspricht § 222 Abs. 4 Satz 3 BewG zum Neufeststellungszeitpunkt des Grundsteuerwerts[3] und im Wesentlichen § 17 Abs. 3 GrStG zum Neuveranlagungszeitpunkt des Grundsteuermessbetrags im Bundesmodell.[4]

48 In § 9 Abs. 2 HGrStG wurde allerdings keine zu § 17 Abs. 3 Nr. 3 Alt. 2 GrStG[5] analoge Regelung aufgenommen. Nach § 17 Abs. 3 Nr. 3 Alt. 2 GrStG ist (bundesgesetzlich) der Neuveranlagungszeitpunkt bei Korrektur einer fehlerhaften Veranlagung bei einer Erhöhung des Steuermessbetrags frühestens der Beginn des Kalenderjahres, in dem der Steuermessbescheid erteilt wird. In Hessen ist abweichend hiervon eine fehlerbeseitigende Neuveranlagung immer auf den Beginn des Kalenderjahres durchzuführen, das auf das Kalenderjahr folgt, in dem der Fehler dem Finanzamt bekannt geworden ist, und zwar sowohl, wenn sich die Korrektur des Fehlers **zugunsten**, als auch wenn sie sich **zuungunsten** des Steuerpflichtigen auswirkt.

49 Für die Ermittlung des Faktors nach § 7 HGrStG[6] gelten bei einer Neuveranlagung des Steuermessbetrags die **Wertverhältnisse der Bodenrichtwerte im Hauptveranlagungszeitpunkt** (§ 9 Abs. 2 Satz 3 HGrStG). Veränderungen des Bodenrichtwerts während des Hauptveranlagungszeitraums führen damit nicht zu einer Neuveranlagung des Grundsteuermessbetrags. Die Regelung entspricht der Zugrundelegung der wirtschaftlichen Verhältnisse im Hauptfeststellungszeitpunkt bei Fortschreibungen und Nachfeststellungen nach § 227 BewG.[7]

50 Treten die Voraussetzungen für eine Neuveranlagung im **Jahr vor einem Hauptveranlagungszeitpunkt** ein, wird die Neuveranlagung anstelle der Hauptveranlagung durchgeführt (§ 12

---

[1] Siehe hierzu vertiefend Bock in Grootens, GrStG § 17 Rz. 36 ff.
[2] Siehe hierzu vertiefend Wredenhagen in Grootens, BewG § 222 Rz. 161 ff.
[3] siehe hierzu vertiefend Wredenhagen in Grootens, BewG § 222 Rz. 171 f.
[4] siehe hierzu vertiefend Bock in Grootens, GrStG § 17 Rz. 47 f.
[5] Siehe hierzu vertiefend Bock in Grootens, GrStG § 17 Rz. 48.
[6] Siehe hierzu Bock/Lapp in Grootens, HGrStG § 7 Rz. 1 ff.
[7] Siehe hierzu vertiefend Wredenhagen in Grootens, BewG § 227 Rz. 1 ff. Vgl. auch A 227 Abs. 1 und Abs. 3 Satz 2 Nr. 1 AEBewGrSt, Koordinierte Erlasse der obersten Finanzbehörden der Länder v. 9.11.2021 - S 3017 BStBl 2021 I S. 2334 NWB JAAAI-01156.

Abs. 2 Satz 1 HGrStG[1]). Abweichend von § 9 Abs. 2 Satz 3 HGrStG sind in diesem Fall bei der Berechnung des Faktors die **Wertverhältnisse der Bodenrichtwerte dieses Hauptveranlagungszeitpunkts** maßgebend (§ 12 Abs. 2 Satz 2 HGrStG).[2]

§ 10 HGrStG Nachveranlagung (ersetzt den § 18 des Grundsteuergesetzes)

(1) Der Steuermessbetrag wird nachträglich festgesetzt (Nachveranlagung), wenn
1. eine wirtschaftliche Einheit neu entsteht oder
2. der Grund für eine vollständige Steuerbefreiung des Steuergegenstands weggefallen ist.

(2) ¹Der Nachveranlagung werden die tatsächlichen Verhältnisse im Nachveranlagungszeitpunkt zugrunde gelegt. ²Nachveranlagungszeitpunkt ist der Beginn des Kalenderjahres, das auf das Kalenderjahr folgt, in dem die wirtschaftliche Einheit neu entstanden oder der Befreiungsgrund weggefallen ist. ³Für die Berechnung des Faktors nach § 7 sind die Verhältnisse im Hauptveranlagungszeitpunkt maßgebend.

Inhaltsübersicht	Rz.
A. Allgemeine Erläuterungen	1 - 25
I. Normzweck und wirtschaftliche Bedeutung der Vorschrift	1 - 5
II. Entstehung und Entwicklung der Vorschrift	6 - 10
III. Geltungsbereich	11 - 15
IV. Vereinbarkeit der Vorschrift mit höherrangigem Recht	16 - 20
V. Verhältnis zu anderen Vorschriften	21 - 25
B. Systematische Kommentierung	26 - 34
I. Gründe für eine Nachveranlagung des Steuermessbetrags (§ 10 Abs. 1 HGrStG)	26 - 30
II. Maßgebende Verhältnisse und Nachveranlagungszeitpunkt (§ 10 Abs. 2 HGrStG)	31 - 34

A. Allgemeine Erläuterungen

I. Normzweck und wirtschaftliche Bedeutung der Vorschrift

§ 10 HGrStG regelt abschließend die Fälle, in denen der **Steuermessbetrag nachträglich festgesetzt** wird (Nachveranlagung), bestimmt die für die Nachveranlagung **maßgebenden Verhältnisse** und den **Nachveranlagungszeitpunkt**.   1

(Einstweilen frei)   2–5

II. Entstehung und Entwicklung der Vorschrift

Die Vorschrift wurde im Jahr 2021 mit dem **Stammgesetz** in das HGrStG aufgenommen.[3]   6

(Einstweilen frei)   7–10

---

1 Siehe hierzu vertiefend Bock/Lapp, HGrStG § 12 Rz. 36 ff.
2 Siehe hierzu vertiefend Bock/Lapp, HGrStG § 12 Rz. 36 ff.
3 Hessisches Grundsteuergesetz v. 15.12.2021, Hessisches GVBl 2021 S. 906.

III. Geltungsbereich

11 § 10 HGrStG gilt für in Hessen belegene Grundstücke des Grundvermögens und nicht für land- und forstwirtschaftliches Vermögen.[1] § 10 HGrStG ist mit dem Stammgesetz gem. § 17 HGrStG **am 24.12.2021 in Kraft getreten**.[2] Aus Art. 125b Abs. 3 GG ergibt sich, dass die Gesetzgebungskompetenz den Ländern für ein vom Bundesrecht abweichendes Grundsteuerrecht erst für die Erhebung der **Grundsteuer** ab dem **Kalenderjahr 2025** zusteht. Dem trägt § 8 Abs. 2 Satz 1 HGrStG[3] Rechnung, wonach die in der Hauptveranlagung festgesetzten Steuermessbeträge frühestens vom Kalenderjahr 2025 an gelten. Die Regelungen des HGrStG und damit auch § 10 HGrStG sind daher erst für die Erhebung der **Grundsteuer** ab dem **Kalenderjahr 2025** von Bedeutung.

12–15 *(Einstweilen frei)*

IV. Vereinbarkeit der Vorschrift mit höherrangigem Recht

16 § 10 HGrStG begegnet keinen verfassungsrechtlichen Bedenken.

17–20 *(Einstweilen frei)*

V. Verhältnis zu anderen Vorschriften

21 § 10 HGrStG verdrängt als lex posterior **§ 18 GrStG**,[4] der damit in Hessen derzeit **keine Anwendung** findet.

22 Ergänzt wird die Vorschrift um die in **§ 12 HGrStG**[5] enthaltenen gemeinsamen Regelungen zu den Zeitpunkten des Wirksamwerdens und der Erteilung von Grundsteuermessbetragsbescheiden, die für die Neuveranlagung, Nachveranlagung und Aufhebung von Steuermessbeträgen gleichermaßen gelten.

23–25 *(Einstweilen frei)*

B. Systematische Kommentierung

I. Gründe für eine Nachveranlagung des Steuermessbetrags (§ 10 Abs. 1 HGrStG)

26 § 10 Abs. 1 HGrStG regelt, dass der Steuermessbetrag nachträglich festgesetzt wird, wenn eine wirtschaftliche Einheit **neu entsteht** (§ 10 Abs. 1 Nr. 1 HGrStG) oder der Grund für eine vollständige **Steuerbefreiung** des Steuergegenstandes **weggefallen** ist (§ 10 Abs. 1 Nr. 2 HGrStG).

27 Die Vorschrift greift die Regelung des **§ 223 Abs. 1 BewG** zur nachträglichen Feststellung (Nachfeststellung) des Grundsteuerwerts[6] auf und entspricht im Ergebnis **§ 18 Abs. 1 und 2 GrStG** zur Nachveranlagung des Grundsteuermessbetrags.[7]

28–30 *(Einstweilen frei)*

---

1 Vgl. hierzu Bock/Lapp in Grootens, HGrStG § 1 Rz. 11.
2 Hessisches GVBl 2021 S. 906.
3 Siehe hierzu vertiefend Bock/Lapp in Grootens, HGrStG § 8 Rz. 36.
4 Siehe hierzu vertiefend Bock in Grootens, GrStG § 18 Rz. 1 ff.
5 Siehe hierzu vertiefend Bock/Lapp in Grootens, HGrStG § 12 Rz. 1 ff.
6 Siehe hierzu vertiefend Wredenhagen in Grootens, BewG § 223 Rz. 61 ff.
7 Siehe hierzu vertiefend Bock in Grootens, GrStG § 18 Rz. 20 ff.

II. Maßgebende Verhältnisse und Nachveranlagungszeitpunkt (§ 10 Abs. 2 HGrStG)

Nach § 10 Abs. 2 Satz 1 HGrStG werden der Nachveranlagung die **tatsächlichen Verhältnisse im Nachveranlagungszeitpunkt** zugrunde gelegt. Die Vorschrift entspricht § 223 Abs. 2 Satz 1 BewG zur Nachfeststellung des Grundsteuerwerts.[1]

Nachveranlagungszeitpunkt ist gem. § 10 Abs. 2 Satz 2 HGrStG der Beginn des Kalenderjahres, das auf das Kalenderjahr folgt, in dem die wirtschaftliche Einheit neu entstanden oder der Befreiungsgrund weggefallen ist. Die Vorschrift greift die Regelung des § 223 Abs. 2 Satz 2 BewG zum Nachfeststellungszeitpunkt des Grundsteuerwerts[2] auf und entspricht im Ergebnis § 18 Abs. 3 Satz 2 GrStG zum Nachveranlagungszeitpunkt des Grundsteuermessbetrags im Bundesmodell.[3]

Für die Ermittlung des Faktors nach § 7 HGrStG[4] gelten bei einer Nachveranlagung des Steuermessbetrags die **Wertverhältnisse der Bodenrichtwerte im Hauptveranlagungszeitpunkt** (§ 10 Abs. 2 Satz 3 HGrStG). Veränderungen des Bodenrichtwerts während des Hauptveranlagungszeitraums führen damit nicht zu einer Nachveranlagung des Grundsteuermessbetrags. Die Regelung entspricht der Zugrundelegung der wirtschaftlichen Verhältnisse im Hauptfeststellungszeitpunkt bei Fortschreibungen und Nachfeststellungen nach § 227 BewG.[5]

Treten die Voraussetzungen für eine Nachveranlagung im **Jahr vor einem Hauptveranlagungszeitpunkt** ein, wird die Nachveranlagung anstelle der Hauptveranlagung durchgeführt (§ 12 Abs. 2 Satz 1 HGrStG)[6]. Abweichend von § 10 Abs. 2 Satz 3 HGrStG sind in diesem Fall bei der Berechnung des Faktors die **Wertverhältnisse der Bodenrichtwerte dieses Hauptveranlagungszeitpunkts** maßgebend (§ 12 Abs. 2 Satz 2 HGrStG).[7]

§ 11 HGrStG Aufhebung des Steuermessbetrags (ersetzt den § 20 des Grundsteuergesetzes)

(1) Der Steuermessbetrag wird aufgehoben, wenn

1. eine wirtschaftliche Einheit wegfällt oder
2. für den gesamten Steuergegenstand nach § 2 Nr. 2 Grundsteuergesetz in der am 24. Dezember 2021 geltenden Fassung ein Steuerbefreiungsgrund eintritt.

(2) Die Aufhebung erfolgt mit Wirkung vom Beginn des Kalenderjahres, das auf das Kalenderjahr folgt, in dem die wirtschaftliche Einheit weggefallen oder der Befreiungsgrund eingetreten ist.

---

1 Siehe hierzu vertiefend Wredenhagen in Grootens, BewG § 223 Rz. 91 ff.
2 Siehe hierzu vertiefend Wredenhagen in Grootens, BewG § 223 Rz. 101 ff.
3 Siehe hierzu vertiefend Bock in Grootens, GrStG § 18 Rz. 33 f.
4 Siehe hierzu Bock/Lapp in Grootens, HGrStG § 7 Rz. 1 ff.
5 Siehe hierzu vertiefend Wredenhagen in Grootens, BewG § 227 Rz. 1 ff. Vgl. auch A 227 Abs. 1 und Abs. 3 Satz 2 Nr. 1 AEBewGrSt, Koordinierte Erlasse der obersten Finanzbehörden der Länder v. 9.11.2021 - S 3017 BStBl 2021 I S. 2334 NWB JAAAI-01156.
6 Siehe hierzu Bock/Lapp in Grootens, HGrStG § 12 Rz. 36 ff.
7 Siehe hierzu vertiefend Bock/Lapp, HGrStG § 12 Rz. 38.

Inhaltsübersicht	Rz.
A. Allgemeine Erläuterungen	1 – 25
I. Normzweck und wirtschaftliche Bedeutung der Vorschrift	1 – 5
II. Entstehung und Entwicklung der Vorschrift	6 – 10
III. Geltungsbereich	11 – 15
IV. Vereinbarkeit der Vorschrift mit höherrangigem Recht	16 – 20
V. Verhältnis zu anderen Vorschriften	21 – 25
B. Systematische Kommentierung	26 – 32
I. Gründe für eine Aufhebung des Steuermessbetrags (§ 11 Abs. 1 HGrStG)	26 – 30
II. Aufhebungszeitpunkt (§ 11 Abs. 2 HGrStG)	31 – 32

A. Allgemeine Erläuterungen

I. Normzweck und wirtschaftliche Bedeutung der Vorschrift

1 § 11 HGrStG regelt abschließend die Fälle, in denen der **Steuermessbetrag aufgehoben** wird und bestimmt den maßgeblichen **Aufhebungszeitpunkt**.

2–5 *(Einstweilen frei)*

II. Entstehung und Entwicklung der Vorschrift

6 Die Vorschrift wurde im Jahr 2021 mit dem **Stammgesetz** in das HGrStG aufgenommen.[1]

7–10 *(Einstweilen frei)*

III. Geltungsbereich

11 § 11 HGrStG gilt für in Hessen belegene Grundstücke des Grundvermögens und nicht für land- und forstwirtschaftliches Vermögen.[2] § 11 HGrStG ist mit dem Stammgesetz gem. § 17 HGrStG **am 24.12.2021 in Kraft getreten**.[3] Aus Art. 125b Abs. 3 GG ergibt sich, dass die Gesetzgebungskompetenz den Ländern für ein vom Bundesrecht abweichendes Grundsteuerrecht erst für die Erhebung der **Grundsteuer** ab dem **Kalenderjahr 2025** zusteht. Dem trägt § 8 Abs. 2 Satz 1 HGrStG[4] Rechnung, wonach die in der Hauptveranlagung festgesetzten Steuermessbeträge frühestens vom Kalenderjahr 2025 an gelten. Die Regelungen des HGrStG und damit auch § 11 HGrStG sind daher erst für die Erhebung der **Grundsteuer** ab dem **Kalenderjahr 2025** von Bedeutung.

12–15 *(Einstweilen frei)*

IV. Vereinbarkeit der Vorschrift mit höherrangigem Recht

16 Die Vorschrift begegnet keinen verfassungsrechtlichen Bedenken.

17–20 *(Einstweilen frei)*

---

1 Hessisches Grundsteuergesetz v. 15.12.2021, Hessisches GVBl 2021 S. 906.
2 Vgl. hierzu Bock/Lapp in Grootens, HGrStG § 1 Rz. 11.
3 Hessisches GVBl 2021 S. 906.
4 Siehe hierzu vertiefend Bock/Lapp in Grootens, HGrStG § 8 Rz. 36.

V. Verhältnis zu anderen Vorschriften

§ 11 HGrStG verdrängt als lex posterior § 20 GrStG,[1] der damit in Hessen derzeit **keine Anwendung** findet.

Ergänzt wird die Vorschrift um die in **§ 12 HGrStG**[2] enthaltenen gemeinsamen Regelungen zu den Zeitpunkten des Wirksamwerdens und der Erteilung von Messbetragsbescheiden, die für die Neuveranlagung, Nachveranlagung und Aufhebung von Steuermessbeträgen gleichermaßen gelten.

(Einstweilen frei)

B. Systematische Kommentierung

I. Gründe für eine Aufhebung des Steuermessbetrags (§ 11 Abs. 1 HGrStG)

§ 11 Abs. 1 HGrStG regelt, dass der Steuermessbetrag aufgehoben wird, wenn die **wirtschaftliche Einheit wegfällt** (§ 11 Abs. 1 Nr. 1 HGrStG) oder wenn für den gesamten Steuergegenstand i. S. von § 2 Nr. 2 GrStG ein **Steuerbefreiungsgrund** eintritt (§ 11 Abs. 1 Nr. 2 HGrStG).

Die Vorschrift greift die Regelung des § 224 Abs. 1 BewG[3] zur Aufhebung des Grundsteuerwerts auf und entspricht im Ergebnis § 20 Abs. 1 Nr. 1 GrStG i.V. mit § 224 Abs. 1 BewG und § 20 Abs. 1 Nr. 2 Buchst. a GrStG zur Aufhebung des Grundsteuermessbetrags.[4] Die Aufhebung des Steuermessbetrags, wenn dieser **fehlerhaft festgesetzt** worden ist (§ 20 Abs. 1 Nr. 2 Buchst. b GrStG), wird von der Regelung **nicht aufgegriffen**. Da § 20 GrStG von § 11 HGrStG vollständig verdrängt wird, kann der Steuermessbetrag bei einer fehlerhaften Festsetzung nicht nach § 11 Abs. 1 HGrStG aufgehoben werden, sondern nur nach § 9 Abs. 1 Nr. 2 HGrStG[5] neu veranlagt werden. Wenn bei einer fehlerhaften Festsetzung, richtigerweise kein Steuermessbetrag festzusetzen wäre, beispielsweise bei einer übersehenen Steuerbefreiung, dürfte eine Neuveranlagung auf 0 € nach § 4 Abs. 2 Satz 2 HGrStG unzulässig sein. Ist eine Aufhebung des Steuermessbetrags nach der AO wegen Ablaufs der Festsetzungsfrist nicht zulässig, ist fraglich, ob eine Aufhebung nach § 11 HGrStG analog zum Aufhebungszeitpunkt in Frage kommt.

(Einstweilen frei)

II. Aufhebungszeitpunkt (§ 11 Abs. 2 HGrStG)

§ 11 Abs. 2 HGrStG bestimmt den **Zeitpunkt**, auf welchen eine **Aufhebung** des Steuermessbetrags vorzunehmen ist. Die Aufhebung erfolgt demnach mit Wirkung vom 1.1. des Kalenderjahres, das dem Kalenderjahr folgt, in dem die wirtschaftliche Einheit weggefallen oder der Befreiungsgrund eingetreten ist.

Die Vorschrift greift die **bundesgesetzliche Regelung** des § 224 Abs. 2 BewG[6] zum Aufhebungszeitpunkt des Grundsteuerwerts auf und entspricht im Ergebnis § 20 Abs. 2 Nr. 1 GrStG i.V. mit

---

1 Siehe hierzu Bock in Grootens, GrStG § 20 Rz. 1 ff.
2 Siehe hierzu vertiefend Bock/Lapp in Grootens, HGrStG § 12 Rz. 1 ff.
3 Siehe hierzu vertiefend Wredenhagen in Grootens, BewG § 224 Rz. 61 ff.
4 Siehe hierzu vertiefend Bock in Grootens, GrStG § 20 Rz. 20 ff.
5 Siehe hierzu vertiefend Bock/Lapp in Grootens, HGrStG § 9 Rz. 41.
6 Siehe hierzu vertiefend Wredenhagen in Grootens, BewG § 224 Rz. 91 ff.

§ 224 Abs. 2 BewG und § 20 Abs. 2 Nr. 2 GrStG.[1] Da § 11 HGrStG die Aufhebung des Steuermessbetrags bei einer fehlerhaften Festsetzung nicht umfasst (siehe bereits → Rz. 27), werden in § 11 Abs. 2 HGrStG folgerichtig keine zu § 20 Abs. 2 Nr. 3 GrStG analogen Ausführungen zum Aufhebungszeitpunkt in diesen Fällen getroffen.

§ 12 HGrStG Gemeinsame Vorschriften zur Neuveranlagung, Nachveranlagung und Aufhebung des Steuermessbetrags (ersetzt die §§ 17 Abs. 4, 18 Abs. 4, 20 Abs. 3 und 21 des Grundsteuergesetzes)

(1) Treten die Voraussetzungen für eine Neuveranlagung, Nachveranlagung oder Aufhebung des Steuermessbetrags während des Zeitraums zwischen dem ersten Hauptveranlagungszeitpunkt nach § 8 Abs. 1 Satz 2, dem 1. Januar 2022, und dem frühesten Zeitpunkt des Wirksamwerdens der Steuermessbeträge nach § 8 Abs. 2, dem 1. Januar 2025, ein, werden die Neuveranlagung, Nachveranlagung oder Aufhebung des Steuermessbetrags auf den Zeitpunkt des Wirksamwerdens der Steuermessbeträge vorgenommen.

(2) [1]Sind zu einem nachfolgenden Hauptveranlagungszeitpunkt nach § 8 Abs. 1 Satz 2 tatsächliche Verhältnisse zu berücksichtigen, welche die Voraussetzungen einer Neuveranlagung, Nachveranlagung oder Aufhebung des Steuermessbetrags erfüllen, ist für den Steuermessbetrag eine Neuveranlagung, Nachveranlagung oder Aufhebung anstelle der Hauptveranlagung durchzuführen. [2]Für die Berechnung des Faktors nach § 7 sind dabei die Verhältnisse in diesem Hauptveranlagungszeitpunkt maßgebend.

(3) [1]Bescheide über die Neuveranlagung, Nachveranlagung oder Aufhebung von Steuermessbeträgen können schon vor dem maßgebenden Veranlagungszeitpunkt erteilt werden. [2]Sie sind zu ändern oder aufzuheben, wenn sich bis zu diesem Zeitpunkt Änderungen ergeben, die zu einer abweichenden Festsetzung führen.

(4) Ist die Festsetzungsfrist nach § 169 der Abgabenordnung bereits abgelaufen, können die Neuveranlagung, Nachveranlagung oder Aufhebung unter Zugrundelegung der Verhältnisse vom Hauptveranlagungszeitpunkt mit Wirkung für einen späteren Veranlagungszeitpunkt vorgenommen werden, für den diese Frist noch nicht abgelaufen ist.

Inhaltsübersicht	Rz.
A. Allgemeine Erläuterungen	1 - 25
I. Normzweck und wirtschaftliche Bedeutung der Vorschrift	1 - 5
II. Entstehung und Entwicklung der Vorschrift	6 - 10
III. Geltungsbereich	11 - 15
IV. Vereinbarkeit der Vorschrift mit höherrangigem Recht	16 - 20
V. Verhältnis zu anderen Vorschriften	21 - 25
B. Systematische Kommentierung	26 - 52
I. Änderungen vor Wirksamwerden des Steuermessbetrags (§ 12 Abs. 1 HGrStG)	26 - 35
II. Ersatz der Hauptveranlagung (§ 12 Abs. 2 HGrStG)	36 - 45
III. Erlass der Bescheide vor dem maßgebenden Veranlagungszeitpunkt (§ 12 Abs. 3 HGrStG)	46 - 50
IV. Abgelaufene Festsetzungsfrist (§ 12 Abs. 4 HGrStG)	51 - 52

---

1 Siehe hierzu vertiefend Bock in Grootens, GrStG § 20 Rz. 26 ff.

A. Allgemeine Erläuterungen

I. Normzweck und wirtschaftliche Bedeutung der Vorschrift

§ 12 HGrStG enthält **gemeinsame Regelungen** zu den Zeitpunkten des Wirksamwerdens und der Erteilung von Messbetragsbescheiden für die **Neuveranlagung**, **Nachveranlagung** und **Aufhebung** von Steuermessbeträgen.[1] Vorschriften, die für die Neuveranlagung, Nachveranlagung und Aufhebung von Steuermessbeträgen gleichermaßen gelten, werden unter § 12 HGrStG zusammengefasst und eine wort- und inhaltsgleiche Wiederholung bei den jeweiligen Einzelvorschriften vermieden. 1

(Einstweilen frei) 2–5

II. Entstehung und Entwicklung der Vorschrift

Die Vorschrift wurde im Jahr 2021 mit dem **Stammgesetz** in das HGrStG aufgenommen.[2] 6

(Einstweilen frei) 7–10

III. Geltungsbereich

§ 12 HGrStG gilt für in Hessen belegene Grundstücke des Grundvermögens und nicht für land- und forstwirtschaftliches Vermögen.[3] § 12 HGrStG ist mit dem Stammgesetz gem. § 17 HGrStG **am 24.12.2021 in Kraft getreten**.[4] Aus Art. 125b Abs. 3 GG ergibt sich, dass die Gesetzgebungskompetenz den Ländern für ein vom Bundesrecht abweichendes Grundsteuerrecht erst für die Erhebung der **Grundsteuer** ab dem **Kalenderjahr 2025** zusteht. Dem trägt § 8 Abs. 2 Satz 1 HGrStG[5] Rechnung, wonach die in der Hauptveranlagung festgesetzten Steuermessbeträge frühestens vom Kalenderjahr 2025 an gelten. Die Regelungen des HGrStG und damit auch § 12 HGrStG sind daher erst für die Erhebung der **Grundsteuer** ab dem **Kalenderjahr 2025** von Bedeutung. 11

(Einstweilen frei) 12–15

IV. Vereinbarkeit der Vorschrift mit höherrangigem Recht

§ 12 HGrStG begegnet keinen verfassungsrechtlichen Bedenken. 16

(Einstweilen frei) 17–20

V. Verhältnis zu anderen Vorschriften

§ 12 HGrStG verdrängt als lex posterior die **§§ 17 Abs. 4,**[6] **18 Abs. 4,**[7] **20 Abs. 3**[8] **und 21 GrStG,**[9] die damit in Hessen derzeit **keine Anwendung** finden. 21

---

1 Gesetzentwurf der Koalitionsfraktionen für ein Hessisches Grundsteuergesetz, Hessische LT-Drucks. 20/6379 S. 22.
2 Hessisches Grundsteuergesetz v. 15.12.2021, Hessisches GVBl Nr. 55 /2021 S. 906.
3 Vgl. hierzu Bock/Lapp in Grootens, HGrStG § 1 Rz. 11.
4 Hessisches GVBl Nr. 55 /2021 S. 906.
5 Siehe hierzu vertiefend Bock/Lapp in Grootens, HGrStG § 8 Rz. 36.
6 Siehe hierzu vertiefend Bock in Grootens, GrStG § 17 Rz. 53 f.
7 Siehe hierzu vertiefend Bock in Grootens, GrStG § 18 Rz. 39 f.
8 Siehe hierzu vertiefend Bock in Grootens, GrStG § 20 Rz. 32 f.
9 Siehe hierzu vertiefend Bock in Grootens, GrStG § 21 Rz. 1 ff.

22 Die Vorschrift **ergänzt** die Regelungen zur Neuveranlagung (**§ 9 HGrStG**)[1], Nachveranlagung (**§ 10 HGrStG**)[2] und Aufhebung (**§ 11 HGrStG**)[3] des Grundsteuermessbetrags. § 12 Abs. 1 HGrStG nimmt den Hauptveranlagungszeitpunkt nach **§ 8 Abs. 1 HGrStG**[4] und den Zeitpunkt des Wirksamwerdens der Steuermessbeträge nach **§ 8 Abs. 2 HGrStG**[5] in Bezug. § 12 Abs. 2 HGrStG verdrängt in den Fällen, in denen anstelle der Hauptveranlagung eine Neuveranlagung, Nachveranlagung oder Aufhebung des Steuermessbetrags vorzunehmen ist, insoweit **§ 8 Abs. 1 HGrStG**[6]. § 12 Abs. 4 HGrStG regelt für den Fall, dass die Festsetzungsfrist nach **§ 169 AO** bereits abgelaufen ist, dass die Neuveranlagung, Nachveranlagung oder Aufhebung unter Zugrundelegung der Verhältnisse vom Hauptveranlagungszeitpunkt mit Wirkung für einen späteren Veranlagungszeitpunkt vorgenommen werden können, für den die Festsetzungsfrist noch nicht abgelaufen ist. Die Regelung entspricht der Regelung zur Nachholung der Hauptveranlagung nach **§ 16 Abs. 3 GrStG**.[7]

23–25 *(Einstweilen frei)*

B. Systematische Kommentierung

I. Änderungen vor Wirksamwerden des Steuermessbetrags (§ 12 Abs. 1 HGrStG)

26 § 12 Abs. 1 HGrStG bestimmt, dass eine Neuveranlagung, Nachveranlagung oder Aufhebung des Steuermessbetrags auf den Zeitpunkt des Wirksamwerdens der Steuermessbeträge vorgenommen wird, wenn die Voraussetzungen hierfür **zwischen** dem ersten Hauptveranlagungszeitpunkt (**1.1.2022**) und dem frühesten Zeitpunkt des Wirksamwerdens der Steuermessbeträge (**1.1.2025**) eintreten. Die Vorschrift entspricht den Regelungen in §§ 17 Abs. 4,[8] 18 Abs. 4,[9] 20 Abs. 3[10] GrStG und verhindert, dass eine Neuveranlagung, Nachveranlagung oder Aufhebung auf einen Zeitpunkt vorgenommen wird, der vor dem Wirksamwerden der Steuermessbeträge der Hauptveranlagung liegt. Für Zeiträume vor dem Wirksamwerden der Steuermessbeträge haben diese ohnehin keine Relevanz für die nach landesgesetzlichen Regelungen erhobene Grundsteuer (siehe bereits → Rz. 11). Erforderliche Fortschreibungen der noch bis 31.12.2024 für die Grundsteuer maßgeblichen **Einheitswertfeststellungen** bleiben hierdurch **unberührt**.[11]

27 § 12 Abs. 1 HGrStG erfasst in zeitlicher Hinsicht den Zeitraum zwischen dem ersten Hauptveranlagungszeitpunkt (1.1.2022) und dem frühesten Zeitpunkt des Wirksamwerdens der Steuermessbeträge (1.1.2025). Die Vorschrift findet damit keine Anwendung, wenn die Voraussetzungen für eine Neuveranlagung, Nachveranlagung oder Aufhebung nach dem 1.1.2025 ein-

---

1 Siehe hierzu vertiefend Bock/Lapp in Grootens, HGrStG § 9 Rz. 1 ff.
2 Siehe hierzu vertiefend Bock/Lapp in Grootens, HGrStG § 10 Rz. 1 ff.
3 Siehe hierzu vertiefend Bock/Lapp in Grootens, HGrStG § 11 Rz. 1 ff.
4 Siehe hierzu vertiefend Bock/Lapp in Grootens, HGrStG § 8 Rz. 26 ff.
5 Siehe hierzu vertiefend Bock/Lapp in Grootens, HGrStG § 8 Rz. 36 ff.
6 Siehe hierzu vertiefend Bock/Lapp in Grootens, HGrStG § 8 Rz. 26 ff.
7 Siehe hierzu vertiefend Bock in Grootens, GrStG § 16 Rz. 40 f.
8 Siehe hierzu vertiefend Bock in Grootens, GrStG § 17 Rz. 53 f.
9 Siehe hierzu vertiefend Bock in Grootens, GrStG § 18 Rz. 39 f.
10 Siehe hierzu vertiefend Bock in Grootens, GrStG § 20 Rz. 32 f.
11 Gesetzentwurf der Koalitionsfraktionen für ein Hessisches Grundsteuergesetz, Hessische LT-Drucks. 20/6379 S. 22.

treten. In diesen Fällen ist eine Neuveranlagung (§ 9 HGrStG)[1], Nachveranlagung (§ 10 HGrStG)[2] oder Aufhebung (§ 11 HGrStG)[3] nach den allgemeinen Grundsätzen vorzunehmen. **Ab 1.1.2025** wird § 12 Abs. 1 HGrStG daher **keine Anwendungsfälle** mehr haben.

BEISPIEL: Abriss eines Gebäudes am 1.7.2023. 28

LÖSUNG: Auf den 1.1.2022 wird im Rahmen der Hauptveranlagung der Grundsteuermessbetrag für das mit dem Gebäude bebaute Grundstück festgesetzt (§ 8 Abs. 1 Satz 1 HGrStG)[4]. Der festgesetzte Grundsteuermessbetrag gilt gem. § 8 Abs. 2 Satz 1 Alt. 2 HGrStG[5] frühestens vom Kalenderjahr 2025 an. Durch den Abriss des Gebäudes ändern sich die tatsächlichen Verhältnisse, die sich auf die Höhe des Grundsteuermessbetrags auswirken, sodass gem. § 9 Abs. 1 Nr. 1 HGrStG[6] eine Neuveranlagung durchzuführen ist. Da der Abriss zwischen dem Hauptveranlagungszeitpunkt 1.1.2022 und dem Zeitpunkt des Wirksamwerdens des Grundsteuermessbetrags 1.1.2025 eintritt, ist die Neuveranlagung abweichend von § 9 Abs. 2 Satz 2 HGrStG[7] nicht auf den Beginn des der Änderung folgenden Kalenderjahres (hier: 1.1.2024), sondern auf den Zeitpunkt des Wirksamwerdens des Grundsteuermessbetrags 1.1.2025 vorzunehmen (§ 12 Abs. 1 HGrStG). Werden die Wertfortschreibungsgrenzen überschritten, ist nach dem bisher geltenden Recht auf den 1.1.2024 eine Wertfortschreibung des Einheitswerts (§ 22 Abs. 1 und Abs. 4 Satz 3 Nr. 1 BewG) und eine Neuveranlagung des Grundsteuermessbetrags (§ 17 Abs. 1 und Abs. 3 Satz 2 Nr. 1 GrStG) durchzuführen.

(Einstweilen frei) 29–35

II. Ersatz der Hauptveranlagung (§ 12 Abs. 2 HGrStG)

Sind zu einem nachfolgenden Hauptveranlagungszeitpunkt nach § 8 Abs. 1 Satz 2 HGrStG[8] tatsächliche Verhältnisse zu berücksichtigen, welche die Voraussetzungen einer Neuveranlagung, Nachveranlagung oder Aufhebung des Steuermessbetrags erfüllen, ist für den Steuermessbetrag gem. § 12 Abs. 2 Satz 1 HGrStG eine **Neuveranlagung, Nachveranlagung oder Aufhebung anstelle der Hauptveranlagung** durchzuführen. § 8 Abs. 1 HGrStG wird insoweit von § 12 Abs. 2 Satz 1 HGrStG verdrängt. Für die Berechnung des Faktors nach § 7 HGrStG[9] sind in einem solchen Fall gem. § 12 Abs. 2 Satz 2 HGrStG die Verhältnisse in diesem Hauptveranlagungszeitpunkt maßgebend. 36

Die Vorschrift regelt Fälle, in denen tatsächliche **Veränderungen** am Grundstück **auf einen nachfolgenden Hauptveranlagungszeitpunkt** (z. B. 1.1.2036) zu berücksichtigen sind.[10] Ohne die Regelung in § 12 Abs. 2 HGrStG wäre in einem solchen Fall nach den allgemeinen Grundsätzen eine Neuveranlagung, Nachveranlagung oder Aufhebung auf den 1.1.2036 vorzunehmen, wobei für die Berechnung des Faktors (§ 7 HGrStG)[11] die Verhältnisse im Hauptveranlagungszeitpunkt (1.1.2022) maßgebend wären. Ebenfalls auf den 1.1.2036 würde sodann eine Hauptveranlagung des Steuermessbetrags durchgeführt werden (§ 8 Abs. 1 HGrStG)[12], wobei 37

---

1 Siehe hierzu vertiefend Bock/Lapp in Grootens, HGrStG § 9 Rz. 26 ff.
2 Siehe hierzu vertiefend Bock/Lapp in Grootens, HGrStG § 10 Rz. 26 ff.
3 Siehe hierzu vertiefend Bock/Lapp in Grootens, HGrStG § 11 Rz. 26 ff.
4 Siehe hierzu vertiefend Bock/Lapp in Grootens, HGrStG § 8 Rz. 26 ff.
5 Siehe hierzu vertiefend Bock/Lapp in Grootens, HGrStG § 8 Rz. 36 f.
6 Siehe hierzu vertiefend Bock/Lapp in Grootens, HGrStG § 9 Rz. 27 ff.
7 Siehe hierzu vertiefend Bock/Lapp in Grootens, HGrStG § 9 Rz. 47 ff.
8 Siehe hierzu Bock/Lapp in Grootens, HGrStG § 8 Rz. 26 ff.
9 Siehe hierzu Bock/Lapp in Grootens, HGrStG § 7 Rz. 1 ff.
10 Gesetzentwurf der Koalitionsfraktionen für ein Hessisches Grundsteuergesetz, Hessische LT-Drucks. 20/6379 S. 22.
11 Siehe hierzu Bock/Lapp in Grootens, HGrStG § 7 Rz. 1 ff.
12 Siehe hierzu Bock/Lapp in Grootens, HGrStG § 8 Rz. 26 ff.

insbesondere für die Berechnung des Faktors (§ 7 HGrStG) die Verhältnisse in diesem Hauptveranlagungszeitpunkt (1.1.2036) maßgebend wären. Der im Rahmen der Hauptveranlagung festgesetzte Steuermessbetrag würde ab 1.1.2037 gelten (§ 8 Abs. 2 Satz 1 HGrStG).

38 § 12 Abs. 2 HGrStG bewirkt, dass sich z. B. ein im Jahr 2035 errichtetes Gebäude bereits ab dem Jahr 2036 – und nicht erst ab dem Jahr 2037 – mit den dann aktuellen tatsächlichen Verhältnissen in der Grundsteuer niederschlägt. Bei der Ermittlung des Faktors (§ 7 HGrStG) sind die **Bodenrichtwertverhältnisse im Hauptveranlagungszeitpunkt** 1.1.2036 zu berücksichtigen (§ 12 Abs. 2 Satz 2 HGrStG). Demnach kommen diese bereits für die Grundsteuerfestsetzung des Jahres 2036 (und nicht erst ab 2037) zur Anwendung. Die bei einer Hauptveranlagung vorgesehene einjährige Aufschubzeit zur Anwendung der neuen Messbeträge (§ 8 Abs. 2 Satz 1 HGrStG) kommt nicht zur Anwendung.[1]

39 Dem hessischen Gesetzgeber war bewusst, dass diese verfahrensrechtliche Besonderheit für das Kalenderjahr der Hauptveranlagung – je nach Entwicklung des konkreten Bodenrichtwertes zum durchschnittlichen Bodenrichtwert – sowohl zu einer **temporären Besserstellung** als auch zu einer **temporären Schlechterstellung** gegenüber einer – erst ein Jahr später Wirkung entfaltenden – Hauptveranlagung führen kann. Er hat die Abweichungen jedoch als geringfügig angesehen und diese im Hinblick auf das Ziel einer **Verwaltungsvereinfachung** hingenommen.[2]

40–45 *(Einstweilen frei)*

III. Erlass der Bescheide vor dem maßgebenden Veranlagungszeitpunkt (§ 12 Abs. 3 HGrStG)

46 Nach § 12 Abs. 3 Satz 1 HGrStG können **Bescheide** über die Neuveranlagung, Nachveranlagung oder Aufhebung von Steuermessbeträgen schon **vor dem maßgebenden Veranlagungszeitpunkt** erteilt werden. Sie sind gem. § 12 Abs. 3 Satz 2 HGrStG zu ändern oder aufzuheben, wenn sich bis zu diesem Zeitpunkt Änderungen ergeben, die zu einer abweichenden Festsetzung führen.

47 Die Vorschrift entspricht im Wesentlichen § 21 GrStG[3] und soll der **Verfahrensökonomie** dienen.[4] Abweichend von § 21 Satz 1 GrStG erfasst § 12 Abs. 3 Satz 1 HGrStG auch Aufhebungen, die demzufolge schon vor dem maßgebenden Aufhebungszeitpunkt erteilt werden können. Wird z. B. aufgrund einer Steuerbefreiung ein Aufhebungsbescheid vor dem maßgebenden Aufhebungszeitpunkt erlassen und entfallen die Voraussetzungen für die Steuerbefreiung noch vor dem Aufhebungszeitpunkt, ist der Aufhebungsbescheid nach § 12 Abs. 3 Satz 2 HGrStG seinerseits aufzuheben. Nach den bundesgesetzlichen Regelungen würde in einem solchen Fall eine Nachfeststellung des Grundsteuerwerts (§ 223 Abs. 1 BewG)[5] und eine Nachveranlagung des Grundsteuermessbetrags (§ 18 Abs. 1 GrStG[6]) durchgeführt werden.

48–50 *(Einstweilen frei)*

---

1 Gesetzentwurf der Koalitionsfraktionen für ein Hessisches Grundsteuergesetz, Hessische LT-Drucks. 20/6379 S. 23.
2 Gesetzentwurf der Koalitionsfraktionen für ein Hessisches Grundsteuergesetz, Hessische LT-Drucks. 20/6379 S. 23.
3 Siehe vertiefend hierzu Bock in Grootens, GrStG § 21 Rz. 18 ff.
4 Gesetzentwurf der Koalitionsfraktionen für ein Hessisches Grundsteuergesetz, Hessische LT-Drucks. 20/6379 S. 23.
5 Siehe hierzu vertiefend Wredenhagen in Grootens, BewG § 222 Rz. 71 ff.
6 Siehe hierzu vertiefend Bock in Grootens, GrStG § 18 Rz. 20 ff.

IV. Abgelaufene Festsetzungsfrist (§ 12 Abs. 4 HGrStG)

Ist die **Festsetzungsfrist** nach § 169 AO bereits **abgelaufen**, ermöglicht § 12 Abs. 4 HGrStG, die Neuveranlagung, Nachveranlagung oder Aufhebung von Steuermessbeträgen unter Zugrundelegung der **Verhältnisse vom Hauptveranlagungszeitpunkt** mit Wirkung für einen späteren Veranlagungszeitpunkt vorzunehmen, für den diese Frist noch nicht abgelaufen ist.

51

Die Vorschrift greift den mit **§ 16 Abs. 3 GrStG** verfolgten Gedanken der Nachholung einer Hauptveranlagung[1] auf, der für Neuveranlagungen, Nachveranlagungen und Aufhebungen gleichfalls Anwendung finden soll. Die Erforderlichkeit einer solchen Regelung kann bezweifelt werden. Folgerichtig hätte jedenfalls auf die Wertverhältnisse im Hauptveranlagungszeitpunkt und die tatsächlichen Verhältnisse im Nachfestsetzungs-, Neufestsetzungs- bzw. Aufhebungszeitpunkts abgestellt werden müssen.

52

§ 13 HGrStG Hebesatz für baureife Grundstücke (ersetzt den § 25 Abs. 5 des Grundsteuergesetzes)

(1) ¹Die Gemeinde kann aus städtebaulichen Gründen baureife Grundstücke als besondere Grundstücksgruppe innerhalb der unbebauten Grundstücke im Sinne des § 246 des Bewertungsgesetzes in der am 24. Dezember 2021 geltenden Fassung bestimmen und hierfür einen gesonderten Hebesatz festsetzen oder mehrere, nach der Dauer der Baureife der Grundstücke abgestufte, gesonderte Hebesätze festsetzen. ²Für die Dauer der Baureife bleiben Zeiträume vor dem 24. Dezember 2021 unberücksichtigt.

(2) Als städtebauliche Gründe im Sinne des Abs. 1 Satz 1 kommen insbesondere die Deckung eines erhöhten Bedarfs an Wohn- und Arbeitsstätten sowie Gemeinbedarfs- und Folgeeinrichtungen, die Nachverdichtung bestehender Siedlungsstrukturen oder die Stärkung der Innenentwicklung in Betracht.

(3) ¹Baureife Grundstücke im Sinne des Abs. 1 Satz 1 sind unbebaute Grundstücke nach § 246 des Bewertungsgesetzes in der am 24. Dezember 2021 geltenden Fassung, die nach Lage, Form und Größe und ihrem sonstigen tatsächlichen Zustand sowie nach öffentlich-rechtlichen Vorschriften sofort bebaut werden könnten. ²Eine erforderliche, aber noch nicht erteilte Baugenehmigung sowie zivilrechtliche Gründe, die einer sofortigen Bebauung entgegenstehen, sind unbeachtlich.

(4) ¹Die Gemeinde hat den gesonderten Hebesatz oder die gesonderten Hebesätze nach Abs. 1 Satz 1 auf einen bestimmten Gemeindeteil zu beschränken, wenn nur für diesen Gemeindeteil die städtebaulichen Gründe vorliegen. ²Der Gemeindeteil muss mindestens 10 Prozent der Siedlungsfläche des Gemeindegebiets nach der Gemeindestatistik des Hessischen Statistischen Landesamtes umfassen und in ihm müssen mehrere baureife Grundstücke belegen sein.

(5) ¹Die genaue Bezeichnung der baureifen Grundstücke, deren Lage sowie das Gemeindegebiet, auf das sich der gesonderte Hebesatz oder die gesonderten Hebesätze beziehen, sind jeweils nach den Verhältnissen zu Beginn eines Kalenderjahres von der Gemeinde zu bestimmen, in einer Karte nachzuweisen und öffentlich bekannt zu geben. ²Die städtebaulichen Erwägungen sind nachvollziehbar darzulegen und die Wahl des Gemeindegebiets, auf das sich der gesonderte Hebesatz oder die gesonderten Hebesätze beziehen sollen, ist zu begründen.

(6) ¹Der gesonderte Hebesatz oder die gesonderten Hebesätze nach Abs. 1 Satz 1 müssen höher sein als der einheitliche Hebesatz für die übrigen in der Gemeinde liegenden Grundstücke, dürfen jedoch das Fünffache des einheitlichen Hebesatzes nicht überschreiten. ²Die Gemeinde kann eine Karenzzeit bestimmen,

---

1 Siehe hierzu vertiefend Bock in Grootens, GrStG § 16 Rz. 40 f.

innerhalb der ein gesonderter Hebesatz nach Abs. 1 Satz 1 noch nicht gilt, sondern stattdessen der einheitliche Hebesatz für die übrigen in der Gemeinde liegenden Grundstücke.

Inhaltsübersicht	Rz.
A. Allgemeine Erläuterungen	1 - 25
I. Normzweck und wirtschaftliche Bedeutung der Vorschrift	1 - 5
II. Entstehung und Entwicklung der Vorschrift	6 - 10
III. Geltungsbereich	11 - 15
IV. Vereinbarkeit der Vorschrift mit höherrangigem Recht	16 - 20
V. Verhältnis zu anderen Vorschriften	21 - 25
B. Systematische Kommentierung	26 - 61
I. Landesgesetzliche Regelung der sog. Grundsteuer C (§ 13 Abs. 1 HGrStG)	26 - 35
II. Städtebauliche Gründe (§ 13 Abs. 2 HGrStG)	36 - 40
III. Begriff baureife Grundstücke (§ 13 Abs. 3 HGrStG)	41 - 45
IV. Reichweite des gesonderten Hebesatzes (§ 13 Abs. 4 HGrStG)	46 - 50
V. Bezeichnung der betroffenen Grundstücke (§ 13 Abs. 5 HGrStG)	51 - 55
VI. Höhe des gesonderten Hebesatzes (§ 13 Abs. 6 Satz 1 HGrStG)	56 - 60
VII. Karenzzeit (§ 13 Abs. 6 Satz 2 HGrStG)	61

A. Allgemeine Erläuterungen

I. Normzweck und wirtschaftliche Bedeutung der Vorschrift

1   Mit § 13 HGrStG, der die bundesgesetzliche Regelung des § 25 Abs. 5 GrStG ersetzt, wird die sog. **Grundsteuer C** für baureife Grundstücke in Anlehnung an die Vorschriften des Bundes mit **größerem Entscheidungsspielraum** für die Kommunen in Hessen **landesgesetzlich geregelt**.[1]

2–5   *(Einstweilen frei)*

II. Entstehung und Entwicklung der Vorschrift

6   Die Vorschrift wurde im Jahr 2021 mit dem **Stammgesetz** in das HGrStG aufgenommen.[2]

7   Die Einführung der sog. Grundsteuer C war im politischen Gesetzgebungsverfahren **nicht unumstritten**. Im Rahmen der Anhörung zum Entwurf des HGrStG haben sich mehrere Verbände gegen deren Einführung ausgesprochen. Wie die frühere Grundsteuer C der 1960er-Jahre würde sie ihre Lenkungswirkung verfehlen, Unternehmen bestrafen, die Flächen für Investitionen bereithielten, finanzschwache Eigentümer stärker treffen, Bodenspekulationen eher befeuern als bekämpfen und das Konfliktpotenzial erhöhen.[3] Insbesondere die hessische FDP lehnte die Einführung der Grundsteuer C ab. Der von ihr vorgelegte Gesetzentwurf zur Einführung eines Flächenmodells sah die Möglichkeit der Erhebung eines erhöhten Hebesatzes für baureife, un-

---

[1] Gesetzentwurf der Koalitionsfraktionen für ein Hessisches Grundsteuergesetz, Hessische LT-Drucks. 20/6379 S. 2.
[2] Hessisches Grundsteuergesetz v. 15.12.2021, Hessisches GVBl 2021 S. 906.
[3] Vgl. die eingegangenen Stellungnahmen zu der öffentlichen mündlichen Anhörung des Haushaltsausschusses, Ausschussvorlage HHA 20/44: Hessischer Industrie- und Handelskammertag, Ausschussvorlage HHA 20/24 S. 29 f., und 36 f.; Haus und Grund Hessen/Haus und Grund Frankfurt am Main, Ausschussvorlage HHA 20/24 S. 41 f.; Verband Wohneigentum Hessen, Ausschussvorlage HHA 20/24 S. 44; Vereinigung der Hessischen Unternehmerverbände, Ausschussvorlage HHA 20/24 S. 49 u. 52; ZIA Zentraler Immobilien Ausschuss e.V., Ausschussvorlage HHA 20/24 S. 58, 60, 69; Die FAMILIENUNTERNEHMER, Ausschussvorlage HHA 20/24 S. 76 f.

bebaute Grundstücke ausdrücklich nicht vor, fand jedoch im hessischen Landtag keine Mehrheit.[1]

(Einstweilen frei) 8–10

III. Geltungsbereich

§ 13 HGrStG gilt für in Hessen belegene Grundstücke des Grundvermögens und nicht für land- und forstwirtschaftliches Vermögen.[2] § 13 HGrStG ist mit dem Stammgesetz gem. § 17 HGrStG **am 24.12.2021 in Kraft getreten**.[3] Aus Art. 125b Abs. 3 GG ergibt sich, dass die Gesetzgebungskompetenz den Ländern für ein vom Bundesrecht abweichendes Grundsteuerrecht erst für die Erhebung der **Grundsteuer** ab dem **Kalenderjahr 2025** zusteht. Dem trägt § 8 Abs. 2 Satz 1 HGrStG[4] Rechnung, wonach die in der Hauptveranlagung festgesetzten Steuermessbeträge frühestens vom Kalenderjahr 2025 an gelten. Die Regelungen des HGrStG und damit auch § 13 HGrStG sind daher erst für die Erhebung der **Grundsteuer** ab dem **Kalenderjahr 2025** von Bedeutung.

11

(Einstweilen frei) 12–15

IV. Vereinbarkeit der Vorschrift mit höherrangigem Recht

Die Vorschrift begegnet **keinen durchgreifenden verfassungsrechtlichen Bedenken**. Insbesondere bleibt das sich aus Art. 28 Abs. 2 Satz 3 GG ergebende kommunale Hebesatzrecht von § 13 HGrStG unberührt und wird im Vergleich zur bundesgesetzlichen Regelung sogar erweitert. Die tatsächliche Höhe der Steuerbelastung wird in Hessen auch weiterhin durch den kommunalen Hebesatz bestimmt. Da die Gemeinde zur Festsetzung des gesonderten Hebesatzes besondere Grundstücksgruppen bilden muss (§ 13 Abs. 1 Satz 1 HGrStG, siehe hierzu Rz. → 29), ist eine verfassungsrechtlich bedenkliche gesonderte (höhere) Besteuerung eines einzelnen Grundstücks (sog. „Strafsteuer") ausgeschlossen.

16

(Einstweilen frei) 17–20

V. Verhältnis zu anderen Vorschriften

§ 13 HGrStG verdrängt als lex posterior § 25 Abs. 5 GrStG,[5] der damit in Hessen derzeit **keine Anwendung** findet.

21

(Einstweilen frei) 22–25

B. Systematische Kommentierung

I. Landesgesetzliche Regelung der sog. Grundsteuer C (§ 13 Abs. 1 HGrStG)

§ 13 Abs. 1 Satz 1 **Alt. 1** HGrStG ermöglicht den Gemeinden aus städtebaulichen Gründen baureife Grundstücke als besondere Grundstücksgruppe innerhalb der unbebauten Grundstücke

26

---

1 92. Sitzung des Hessischen Landtags am 14.12.2021, Plenarprotokoll 20/92 v. 14.12.2021 S. 7528.
2 Vgl. hierzu Bock/Lapp in Grootens, HGrStG § 1 Rz. 11.
3 Hessisches GVBl 2021 S. 906.
4 Siehe hierzu vertiefend Bock/Lapp in Grootens, HGrStG § 8 Rz. 36.
5 Siehe hierzu vertiefend Grootens in Grootens, GrStG § 25 Rz. 121 ff.

im Sine des § 246 BewG[1] zu bestimmen und hierfür einen gesonderten Hebesatz festzusetzen. Die Norm **entspricht** im Wesentlichen **der bundesgesetzlichen Regelung** in § 25 Abs. 5 GrStG (sog. Grundsteuer C), sodass ergänzend auf die dortige Kommentierung verwiesen wird.[2]

27 § 13 Abs. 1 Satz 1 **Alt. 2** HGrStG soll den Gemeinden einen größeren Entscheidungsspielraum bei der Festsetzung des gesonderten Hebesatzes bieten.[3] Die Vorschrift ermöglicht den Gemeinden abweichend von der bundesgesetzlichen Regelung **mehrere** nach der Dauer der Baureife **abgestufte gesonderte Hebesätze** festzusetzen. Welches Grundstück als baureifes Grundstück im Sinne der Vorschrift gilt, richtet sich nach § 13 Abs. 3 HGrStG (siehe hierzu → Rz. 41).

28 Zeiträume vor Inkrafttreten des HGrStG am 24.12.2021 bleiben für die Ermittlung der Dauer der Baureife unberücksichtigt (§ 13 Abs. 1 Satz 2 HGrStG). Die Regelung ist dem **Vertrauensschutz** geschuldet, da Eigentümerinnen und Eigentümer unbebauter, baureifer Grundstücke i. S. des § 13 Abs. 3 HGrStG ihre in der Vergangenheit getroffene Entscheidung zur Nichtbebauung dieser Grundstücke nicht rückwirkend ändern können.[4]

29 Mehrere Grundstücke mit der gleichen Dauer der Baureife sind zu einer **Grundstücksgruppe** innerhalb der unbebauten Grundstücke i. S. des § 246 BewG zusammenzufassen. Die gezielte Belastung eines einzelnen unbebauten baureifen Grundstücks mit einem gesonderten (erhöhten) Hebesatz ist nicht möglich.

30 **BEISPIEL 1:** Fünf unbebaute Grundstücke sind seit dem 1.12.2013 (Grundstück 1), 1.1.2024 (Grundstück 2), 1.1.2025 (Grundstück 3), 1.2.2025 (Grundstück 4) und 1.1.2026 (Grundstück 5) baureif im Sinne des § 13 Abs. 3 HGrStG. Eine Gemeinde möchte aus städtebaulichen Gründen zum 1.1.2027 mehrere, nach der Dauer der Baureife abgestufte, gesonderte Hebesätze auf baureife Grundstücke festsetzen.

LÖSUNG: Am 1.1.2027 sind die o. g. Grundstücke seit 11, 12, 23, 24 bzw. 36 Monaten baureif i. S. des § 13 Abs. 3 HGrStG. Nach § 13 Abs. 1 Satz 1 Alt. 2 HGrStG könnte die Gemeinde für die Grundstücke differenziert nach der Dauer der Baureife von beispielsweise mind. 12 Monaten und mind. 24 Monaten unterschiedliche gesonderte Hebesätze für baureife Grundstücke festsetzen, da in diesem Fall jeweils mindestens zwei der Grundstücke in eine Grundstücksgruppe fiele. Das Grundstück 1 mit einer Baureife von 11 Monaten unterfiele noch nicht dem erhöhten Hebesatz. Im darauffolgenden Jahr müsste die Gemeinde bei unveränderter Bebauung jedoch den erhöhten Hebesatz für Grundstücke mit einer Dauer der Baureife von mind. 12 Monaten wieder aufheben, da in diese Gruppe dann nur noch ein Grundstück fiele (Grundstück 1; die Grundstücke 2 und 3 würden dann in die Grundstücksgruppe mit einer Baureife von mind. 24 Monaten fallen).

31–35 *(Einstweilen frei)*

II. Städtebauliche Gründe (§ 13 Abs. 2 HGrStG)

36 § 13 Abs. 2 HGrStG nennt Beispiele für **städtebauliche Gründe** i. S. des § 13 Abs. 1 Satz 1 HGrStG, aus denen die Festsetzung eines gesonderten Hebesatzes in Betracht kommen kann. Hierzu gehören die **Deckung eines erhöhten Bedarfs an Wohn- und Arbeitsstätten sowie Gemeinbedarfs- und Folgeeinrichtungen**, die **Nachverdichtung bestehender Siedlungsstrukturen** oder die **Stärkung der Innenentwicklung**. Die Norm entspricht damit § 25 Abs. 5 Satz 4 GrStG, auf dessen Kommentierung ergänzend verwiesen wird.[5]

---

1 Siehe hierzu Bock in Grootens, BewG § 246 Rz. 17.
2 Siehe hierzu vertiefend Grootens in Grootens, GrStG § 25 Rz. 121 ff.
3 Gesetzentwurf der Koalitionsfraktionen für ein Hessisches Grundsteuergesetz, Hessische LT-Drucks. 20/6379 S. 2.
4 Gesetzentwurf der Koalitionsfraktionen für ein Hessisches Grundsteuergesetz, Hessische LT-Drucks. 20/6379 S. 23.
5 Siehe hierzu vertiefend Grootens in Grootens, GrStG § 25 Rz. 161 ff.

(Einstweilen frei) 37–40

III. Begriff baureife Grundstücke (§ 13 Abs. 3 HGrStG)

§ 13 Abs. 3 HGrStG definiert den Begriff der baureifen Grundstücke i. S. des § 13 Abs. 1 HGrStG. Baureife Grundstücke i. S. des § 13 Abs. 1 Satz 1 HGrStG sind gem. § 13 Abs. 3 Satz 1 HGrStG **unbebaute Grundstücke** nach § 246 BewG,[1] die nach Lage, Form und Größe und ihrem sonstigen tatsächlichen Zustand sowie nach öffentlich-rechtlichen Vorschriften **sofort bebaut werden könnten**. Eine erforderliche, aber noch nicht erteilte Baugenehmigung sowie zivilrechtliche Gründe, die einer sofortigen Bebauung entgegenstehen, sind nach § 13 Abs. 3 Satz 2 HGrStG unbeachtlich. Die Vorschrift entspricht § 25 Abs. 5 Satz 2 und 3 GrStG, auf dessen Kommentierung ergänzend verwiesen wird.[2] 41

(Einstweilen frei) 42–45

IV. Reichweite des gesonderten Hebesatzes (§ 13 Abs. 4 HGrStG)

Nach § 13 Abs. 4 Satz 1 HGrStG hat die Gemeinde den gesonderten Hebesatz oder die gesonderten Hebesätze auf einen **bestimmten Gemeindeteil zu beschränken**, wenn nur für diesen Gemeindeteil die städtebaulichen Gründe vorliegen. Die Vorschrift entspricht im Wesentlichen § 25 Abs. 5 Satz 5 GrStG, auf dessen Kommentierung ergänzend verwiesen wird.[3] 46

Der Gemeindeteil, für den der gesonderte Hebesatz gelten soll, muss nach § 13 Abs. 4 Satz 2 HGrStG mindestens **10 %** der **Siedlungsfläche des Gemeindegebiets** nach der Gemeindestatistik des Hessischen Statistischen Landesamtes umfassen und in ihm müssen mehrere baureife Grundstücke belegen sein. Hier weicht der hessische Landesgesetzgeber punktuell von der bundesgesetzlich geregelten sog. Grundsteuer C ab. Nach § 25 Abs. 5 Satz 6 GrStG[4] muss der Gemeindeteil, für den der gesonderte Hebesatz gelten soll, mindestens 10 % des (gesamten) Gemeindegebiets umfassen. Nach Auffassung der hessischen Landesregierung wäre die bundesgesetzliche Regelung für viele Kommunen nicht umsetzbar, da zum Gemeindegebiet auch Wald- und Ackerbauflächen gehören und bei vielen Kommunen (ausweislich der Gesetzesbegründung[5] bei etwa 60 % der hessischen Kommunen), die gesamte Siedlungsfläche weniger als 10 % des Gemeindegebiets ausmache.[6] 47

Das **Hessische Statistische Landesamt** veröffentlicht jährlich die Hessische Gemeindestatistik,[7] aus der sich u. a. Informationen zur Siedlungsfläche des Gemeindegebiets entnehmen lassen. Zur Ermittlung der Siedlungsfläche wird das Amtliche Liegenschaftskataster-Informationssystem ALKIS® ausgewertet, das von den Vermessungs- und Katasterverwaltungen der Länder geführt wird. Zur Nutzungsart Siedlung gehören insbesondere Wohnbauflächen, Industrie- und Gewerbeflächen, Halden, Bergbaubetriebe, Tagebauten, Gruben, Steinbrüche, Flächen ge- 48

---

1 Siehe dazu vertiefend, Bock in Grootens, BewG § 246 Rz. 17.
2 Siehe hierzu vertiefend Grootens in Grootens, GrStG § 25 Rz. 151 ff.
3 Siehe hierzu vertiefend Grootens in Grootens, GrStG § 25 Rz. 171 ff.
4 Siehe hierzu vertiefend Grootens in Grootens, GrStG § 25 Rz. 171 ff.
5 Gesetzentwurf der Koalitionsfraktionen für ein Hessisches Grundsteuergesetz, Hessische LT-Drucks. 20/6379 S. 23.
6 Vgl. Reul, Plenarprotokoll 20/83 zur 83. Sitzung des hessischen Landtags S. 6658 f.
7 Siehe https://statistik.hessen.de/publikationen/thematische-veroeffentlichungen/gemeinden-hessen.

mischter Nutzung, Flächen besonderer funktionaler Prägung, Sport-, Freizeit und Erholungsflächen sowie Friedhöfe.[1]

49 **BEISPIEL:** Auszug aus der Hessischen Gemeindestatistik 2021:[2]

Gebiet	Bodenfläche am 31.12.2020 in Hektar	Siedlung		darunter Wohnbaufläche		Verkehr		Vegetation		davon Landwirtschaft		darunter Waldfläche		Gewässer		Nachrichtlich Siedlungs- und Verkehrsfläche	
	1	Hektar 2	% 3	Hektar 4	% 5	Hektar 6	% 7	Hektar 8	% 9	Hektar 10	% 11	Hektar 12	% 13	Hektar 14	% 15	Hektar 16	% 17
Land Hessen	2 111 564	198 322	9,4	92 383	4,4	144 053	6,8	1 739 951	82,4	876 284	41,5	840 985	39,8	29 237	1,4	338 070	16,0
Kreisfreie Städte	72 593	24 969	34,4	10 104	13,9	10 796	14,9	35 295	48,6	16 367	22,5	18 243	25,1	1 514	2,1	35 618	49,1
Landkreise	2 038 970	173 333	8,5	82 279	4,0	133 257	6,5	1 704 657	83,6	859 918	42,2	822 741	40,4	27 724	1,4	302 452	14,8
Regierungsbezirk Darmstadt	744 425	95 192	12,8	45 576	6,1	56 115	7,5	580 687	78,0	279 887	37,6	293 214	39,4	12 431	1,7	149 834	20,1
Darmstadt, Wissenschaftsstadt	12 207	3 015	24,7	1 255	10,3	1 280	10,5	7 817	64,0	2 331	19,1	5 418	44,4	96	0,8	4 280	35,1
Frankfurt am Main, Stadt	24 831	9 376	37,8	3 677	14,8	5 160	20,8	9 766	39,3	5 945	23,9	3 658	14,7	529	2,1	14 526	58,5
Offenbach am Main, Stadt	4 488	1 607	36,8	744	16,6	599	13,4	2 163	48,2	631	14,1	1 470	32,7	118	2,6	2 206	49,2
Wiesbaden, Landeshauptstadt	20 387	5 852	28,9	2 259	11,1	2 306	11,3	11 650	57,1	5 955	29,2	5 408	26,5	539	2,6	8 072	39,6
Landkreis Bergstraße	71 947	8 148	11,3	4 190	5,8	4 033	5,6	58 112	80,8	28 720	39,9	28 776	40,0	1 664	2,3	12 027	16,7
Abtsteinach	1 102	102	9,3	56	5,1	41	3,8	957	86,8	452	41,0	500	45,3	2	0,2	137	12,4
Bensheim, Stadt	5 763	1 100	19,1	575	10,0	456	7,9	4 077	70,5	2 478	42,8	1 518	26,3	149	2,6	1 533	26,5
Biblis	4 047	580	14,3	158	3,9	229	5,7	2 869	70,9	2 440	60,3	382	9,7	369	9,1	797	19,7
Birkenau	2 454	285	11,6	217	7,7	128	5,2	2 026	82,6	1 218	49,6	765	32,0	15	0,6	410	16,7
Bürstadt, Stadt	3 446	451	13,1	217	6,3	260	7,5	2 696	78,2	1 744	50,6	941	27,3	40	1,2	704	20,4
Einhausen	2 667	161	6,0	109	4,1	120	4,5	2 356	88,4	1 777	66,6	577	29,1	29	1,1	280	10,5
Fürth	3 841	386	10,0	221	5,8	152	4,0	3 284	85,5	1 889	49,2	1 377	35,9	19	0,5	526	13,7
Gorxheimertal	1 045	101	9,7	78	7,5	45	4,3	896	85,8	378	36,1	511	48,9	2	0,2	146	14,0
Groß-Rohrheim	2 268	170	7,4	90	4,0	78	3,4	2 037	89,8	626	27,6	1 260	55,6	0	0,0	245	10,7
Heppenheim (Bergstraße), Kreisstadt	5 212	697	13,4	347	6,7	364	7,0	3 949	77,8	1 248	23,9	2 276	43,6	123	2,4	1 033	19,8
Hirschhorn (Neckar), Stadt	1 956	189	9,7	67	3,4	118	6,0	1 549	79,2	238	12,2	1 221	62,4	95	4,8	263	13,4
Lampertheim, Stadt	7 227	954	13,2	438	6,1	471	6,5	5 337	73,9	3 433	47,5	1 659	22,9	68	0,9	1 414	19,6
Lautertal (Odenwald)	3 075	278	9,0	159	5,2	126	4,1	2 663	86,6	236	7,7	2 475	80,5	8	0,3	398	13,0
Lindenfels, Stadt	2 109	190	9,0	106	5,0	117	5,5	1 796	85,1	961	45,6	813	38,6	7	0,3	301	14,3
Lorsch, Kardinalstadt	2 524	363	14,4	188	7,5	232	9,2	1 823	72,2	911	36,1	906	35,9	81	3,2	619	24,5
Mörlenbach	2 722	322	11,8	211	7,8	158	5,8	2 223	81,7	1 403	51,5	803	29,5	19	0,7	476	17,5

50 *(Einstweilen frei)*

---

[1] Vgl. Erläuterungen zur Flächennutzung, Hessische Gemeindestatistik, Ausgabe 2021, Hessisches Statistisches Landesamt, Wiesbaden, 2021, https://statistik.hessen.de/sites/statistik.hessen.de/files/HGSt_j2021.xlsx.

[2] Hessische Gemeindestatistik, Ausgabe 2021, Hessisches Statistisches Landesamt, Wiesbaden, 2021, https://statistik.hessen.de/sites/statistik.hessen.de/files/HGSt_j2021.xlsx. Hervorhebungen nur hier.

V. Bezeichnung der betroffenen Grundstücke (§ 13 Abs. 5 HGrStG)

Nach § 13 Abs. 5 Satz 1 HGrStG ist die **genaue Bezeichnung** der baureifen Grundstücke, deren **Lage** sowie das **Gemeindegebiet**, auf das sich der gesonderte Hebesatz oder die gesonderten Hebesätze beziehen, jeweils nach den Verhältnissen zu Beginn eines Kalenderjahres von der Gemeinde zu **bestimmen**, in einer **Karte** nachzuweisen und **öffentlich bekannt zu geben**. Die städtebaulichen Erwägungen sind gem. § 13 Abs. 5 Satz 2 HGrStG nachvollziehbar darzulegen und die Wahl des Gemeindegebiets, auf das sich der gesonderte Hebesatz oder die gesonderten Hebesätze beziehen sollen, ist zu **begründen**.

§ 13 Abs. 5 HGrStG entspricht im Wesentlichen § 25 Abs. 5 Satz 7 und 8 GrStG, auf dessen Kommentierung ergänzend verwiesen wird.[1] Abweichend von der bundesgesetzlichen Regelung macht § 13 Abs. 5 HGrStG **keine Vorgaben zur Form** der öffentlichen Bekanntmachung. Während nach der bundesgesetzlichen Regelung die Bezeichnung der baureifen Grundstücke, deren Lage sowie das betroffene Gemeindegebiet in einer Allgemeinverfügung bekannt zu machen sind, ist nach § 13 Abs. 5 HGrStG eine **formlose öffentliche Bekanntmachung ausreichend**.

Eine Allgemeinverfügung ist nach § 118 Satz 2 AO ein Verwaltungsakt, der sich an einen nach allgemeinen Merkmalen bestimmten oder bestimmbaren Personenkreis richtet oder die öffentlich-rechtliche Eigenschaft einer Sache oder ihre Benutzung durch die Allgemeinheit betrifft. Als Verwaltungsakt kann die Allgemeinverfügung nach den allgemeinen Grundsätzen mit Rechtsbehelf angefochten werden und eine rechtliche Überprüfung zur Zulässigkeit der Heranziehung eines baureifen Grundstücks zur sog. Grundsteuer C auf Ebene der Gemeinden gewährleistet werden.[2] Verzichtet eine Gemeinde auf den Erlass einer Allgemeinverfügung, etwa, weil sie die betroffenen Grundstücke auf eine andere Art und Weise öffentlich bekannt macht, und fehlt es damit an einem solchen Verwaltungsakt, dürfte gleichwohl das **Rechtsschutzinteresse** betroffener Grundstückseigentümerinnen und -eigentümer **gewahrt** sein. In diesem Fall bleibt die Möglichkeit, Rechtsmittel gegen den Grundsteuerbescheid einzulegen und die Heranziehung des Grundstücks zur sog. Grundsteuer C im diesbezüglichen Einspruchsverfahren anzufechten.

(Einstweilen frei)

VI. Höhe des gesonderten Hebesatzes (§ 13 Abs. 6 Satz 1 HGrStG)

§ 13 Abs. 6 Satz 1 HGrStG bestimmt, dass der gesonderte Hebesatz oder die gesonderten Hebesätze **höher** sein müssen **als der einheitliche Hebesatz** für die übrigen in der Gemeinde liegenden Grundstücke. Insoweit entspricht die Regelung der bundesgesetzlichen Norm nach § 25 Abs. 5 GrStG, auf dessen Kommentierung ergänzend verwiesen wird.[3] Abweichend von der bundesgesetzlichen Regelung dürfen die gesonderten Hebesätze zusätzlich **nicht mehr als das Fünffache** des einheitlichen Hebesatzes betragen.

Bei der **Bemessung der Obergrenze** ist der hessische Gesetzgeber von der Überlegung ausgegangen, dass die die sog. Grundsteuer C bei Nichtbebauung eines baureifen Grundstücks grundsätzlich nicht höher sein solle als die Grundsteuer B bei einer Bebauung.[4] Damit soll nach dem Willen des hessischen Gesetzgebers einer übermäßigen Besteuerung baureifer

---

1 Siehe hierzu vertiefend Grootens in Grootens, GrStG § 25 Rz. 181 ff.
2 Vgl. auch Grootens in Grootens, GrStG § 25 Rz. 183.
3 Siehe hierzu Grootens in Grootens, GrStG § 25 Rz. 191 f.
4 Gesetzentwurf der Koalitionsfraktionen für ein Hessisches Grundsteuergesetz, Hessische LT-Drucks. 20/6379 S. 24.

Grundstücke durch die sog. Grundsteuer C entgegengewirkt werden.[1] Dass bei einer Bebauung die Grundsteuer grds. das Fünffache der Grundsteuer im unbebauten Zustand nicht übersteigt, ist statistisch nicht belegt. Gerade im innerstädtischen Bereich ist häufig eine Bebauung mit einem Vielfachen der Grundstücksfläche möglich. Das in der Gesetzesbegründung bemühte fiktive Beispiel,[2] das die Grenze des Fünffachen belegen soll und eine grds. Bebauung mit der Hälfte der Grundstücksfläche suggeriert, kann die Obergrenze der Höhe nach nicht begründen.

58–60 *(Einstweilen frei)*

VII. Karenzzeit (§ 13 Abs. 6 Satz 2 HGrStG)

61 Nach § 13 Abs. 6 Satz 2 HGrStG kann die Gemeinde eine Karenzzeit bestimmen, innerhalb der ein gesonderter Hebesatz **noch nicht gelten** soll, sondern stattdessen der einheitliche Hebesatz für die übrigen in der Gemeinde liegenden Grundstücke. Hierdurch soll eine Gemeinde die sog. Grundsteuer C besser auf **baurechtliche Vorgaben** hin abstimmen können, z. B. auf eine Bebauungsverpflichtung für neu ausgewiesene Baugrundstücke innerhalb gewisser Fristen.[3]

§ 14 HGrStG   Erlass wegen wesentlicher Ertragsminderung

§ 34 des Grundsteuergesetzes in der am 24. Dezember 2021 geltenden Fassung gilt entsprechend mit der Maßgabe, dass

1. in Abs. 3 Satz 2 an die Stelle des Grundsteuerwerts der Steuermessbetrag und
2. in Abs. 4 an die Stelle der Fortschreibung des Grundsteuerwerts die Festsetzung des Steuermessbetrags tritt.

Inhaltsübersicht

	Rz.
A. Allgemeine Erläuterungen	1 - 25
I. Normzweck und wirtschaftliche Bedeutung der Vorschrift	1 - 5
II. Entstehung und Entwicklung der Vorschrift	6 - 10
III. Geltungsbereich	11 - 15
IV. Vereinbarkeit der Vorschrift mit höherrangigem Recht	16 - 20
V. Verhältnis zu anderen Vorschriften	21 - 25
B. Systematische Kommentierung	26

A. Allgemeine Erläuterungen

I. Normzweck und wirtschaftliche Bedeutung der Vorschrift

1 § 14 HGrStG bestimmt, dass die Regelungen des § 34 GrStG[4] zum **Erlass** der Grundsteuer **wegen wesentlicher Ertragsminderung bei bebauten Grundstücken** für im Land Hessen belegene Grundstücke entsprechend anzuwenden sind und an die Stelle des Grundsteuerwerts in § 34

---

[1] Gesetzentwurf der Koalitionsfraktionen für ein Hessisches Grundsteuergesetz, Hessische LT-Drucks. 20/6379 S. 24.
[2] Gesetzentwurf der Koalitionsfraktionen für ein Hessisches Grundsteuergesetz, Hessische LT-Drucks. 20/6379 S. 24.
[3] Gesetzentwurf der Koalitionsfraktionen für ein Hessisches Grundsteuergesetz, Hessische LT-Drucks. 20/6379 S. 24.
[4] Siehe hierzu vertiefend Lehmann in Grootens, GrStG § 34 Rz. 1 ff.

Abs. 3 GrStG[1] der Steuermessbetrag und an die Stelle der Fortschreibung des Grundsteuerwerts in § 34 Abs. 4 GrStG[2] die Festsetzung des Steuermessbetrags tritt. Mit letzterem wird berücksichtigt, dass nach dem HGrStG kein Grundsteuerwert festgestellt wird und dennoch bei teilweiser eigengewerblicher Nutzung des Grundstücks die prozentuale Ertragsminderung einheitlich für den gesamten Steuergegenstand zu bestimmen ist. Dabei bestimmt sich die Ertragsminderung abweichend vom Bundesrecht nicht am Anteil des eigengewerblich genutzten Teils des Grundstücks am Grundsteuerwert, sondern am Anteil des eigengewerblich genutzten Teils des Grundstücks am Grundsteuermessbetrag.

Aus § 14 HGrStG ergibt sich zudem, dass **§ 34 Abs. 4 GrStG**[3] ebenfalls Anwendung findet. § 34 Abs. 4 GrStG schließt den Erlass wegen Ertragsminderung aus, wenn die Ertragsminderung für den Erlasszeitraum durch eine **Fortschreibung** oder bei rechtzeitiger Stellung des Antrags auf Fortschreibung hätte berücksichtigt werden können. § 34 Abs. 4 GrStG setzt voraus, dass eine Ertragsminderung bei der Festsetzung des Grundsteuermessbetrags berücksichtigt werden kann. Dies ist jedoch im hessischen Grundsteuermodell nicht möglich, da der Ertrag eines Grundstücks im hessischen Regelungssystem zur Ermittlung der Grundsteuer B keine maßgebliche Größe ist. Anders als der niedersächsische Gesetzgeber[4] hat der hessische Gesetzgeber im Laufe des Gesetzgebungsverfahrens darauf verzichtet, diesen ins Leere laufenden Verweis zu korrigieren.

2

Die übrigen Erlassvorschriften des GrStG, also der Erlass für Kulturgut und Grünanlagen nach **§ 32 GrStG**[5] sowie wegen wesentlicher Reinertragsminderung bei Betrieben der Land- und Forstwirtschaft nach **§ 33 GrStG**,[6] und die Verfahrensvorschrift **§ 35 GrStG**[7] finden auch für in Hessen belegenen Grundbesitz Anwendung, da insoweit vom HGrStG keine abweichende Regelung getroffen wird.[8]

3

(Einstweilen frei) 4–5

II. Entstehung und Entwicklung der Vorschrift

Die Vorschrift wurde im Jahr 2021 mit dem **Stammgesetz** in das HGrStG aufgenommen.[9]

6

(Einstweilen frei) 7–10

III. Geltungsbereich

§ 14 HGrStG gilt für in Hessen belegene Grundstücke des Grundvermögens und nicht für land- und forstwirtschaftliches Vermögen.[10] § 14 HGrStG ist mit dem Stammgesetz gem. § 17 HGrStG **am 24.12.2021 in Kraft getreten**.[11] Aus Art. 125b Abs. 3 GG ergibt sich, dass die Gesetzgebungskompetenz den Ländern für ein vom Bundesrecht abweichendes Grundsteuerrecht erst für die Erhebung der **Grundsteuer** ab dem **Kalenderjahr 2025** zusteht. Dem trägt § 8 Abs. 2 Satz 1

11

---

1 Siehe hierzu vertiefend Lehmann in Grootens, GrStG § 34 Rz. 226 ff.
2 Siehe hierzu vertiefend Lehmann in Grootens, GrStG § 34 Rz. 235 ff.
3 Siehe hierzu vertiefend Lehmann in Grootens, GrStG § 34 Rz. 235 ff.
4 Vgl. Bock/Lapp in Grootens, NGrStG § 10 Rz. 2 und 7.
5 Siehe hierzu vertiefend Lehmann in Grootens, GrStG § 32 Rz. 1 ff.
6 Siehe hierzu vertiefend Lehmann in Grootens, GrStG § 33 Rz. 1 ff.
7 Siehe hierzu vertiefend Lehmann in Grootens, GrStG § 35 Rz. 1 ff.
8 Siehe auch die tabellarische Übersicht bei Bock/Lapp in Grootens, Anlage zur Kommentierung von § 2 HGrStG.
9 Hessisches Grundsteuergesetz v. 15.12.2021, Hessisches GVBl 2021 S. 906.
10 Siehe hierzu Bock in Grootens, BewG § 246 Rz. 17.
11 Hessisches GVBl 2021 S. 906.

HGrStG[1] Rechnung, wonach die in der Hauptveranlagung festgesetzten Steuermessbeträge frühestens vom Kalenderjahr 2025 an gelten. Die Regelungen des HGrStG und damit auch § 14 HGrStG sind daher erst für die Erhebung der **Grundsteuer** ab dem **Kalenderjahr 2025** von Bedeutung.

12–15 *(Einstweilen frei)*

IV. Vereinbarkeit der Vorschrift mit höherrangigem Recht

16 Vergleichbar mit dem niedersächsischen Grundsteuermodell, führt die Anwendbarkeit der ertragsbezogenen Erlassregelungen des § 32 GrStG[2] für Kulturgut und Grünanlagen sowie des § 34 GrStG[3] wegen wesentlicher Ertragsminderung bei bebauten Grundstücken in einem nicht am (Soll-)Ertrag ausgerichteten Äquivalenzmodell wie dem HGrStG zu **Zweifeln an der folgerichtigen Umsetzung der Belastungsgrundentscheidung**.[4]

17 Der **hessische Gesetzgeber** teilt diese Bedenken nicht. Nach seiner Auffassung steht die Erlassregelung im Einklang mit dem Gedanken des Äquivalenzprinzips, wonach die Grundsteuer einen Beitrag zur Finanzierung der kommunal bereitgestellten Infrastruktur leiste. Die Nutzung dieser Infrastruktur erschließe sich in typisierender Weise durch die Nutzung des Grundstücks. Sei die Grundstücksnutzung jedoch stark eingeschränkt, was sich in einer wesentlichen Ertragsminderung eines bebauten Grundstücks ausdrücke, sei ein Teilerlass der Grundsteuer nach diesem Gedanken gerechtfertigt. Der nicht zu erlassende Teil der Grundsteuer finanziere demnach Infrastrukturkosten, die typischerweise unabhängig von einer Grundstücksnutzung anfallen würden.[5]

18–20 *(Einstweilen frei)*

V. Verhältnis zu anderen Vorschriften

21 § 14 HGrStG erklärt **§ 34 GrStG**[6] für entsprechend anwendbar und schließt damit den **ins Leere laufenden § 34 Abs. 4 GrStG**[7] ebenfalls ein. Da § 14 HGrStG keine abweichenden Regelungen trifft, finden **§§ 32, 33, 35 GrStG**[8] uneingeschränkt Anwendung.

22 Die **§§ 32–34 GrStG** sind auch im HGrStG **lex specialis** zu den allgemeinen Erlassvorschriften der Abgabenordnung. Liegen die Voraussetzungen der §§ 32–34 GrStG nicht vor, kann dennoch ein Erlass nach den **§§ 163, 227 AO** in Betracht kommen.[9]

23–25 *(Einstweilen frei)*

B. Systematische Kommentierung

26 § 14 HGrStG entspricht im Wesentlichen § 10 NGrStG, so dass auf dessen Kommentierung verwiesen wird.[10]

---

1 Siehe hierzu vertiefend Bock/Lapp in Grootens, HGrStG § 8 Rz. 36.
2 Siehe hierzu vertiefend Lehmann in Grootens, GrStG § 32 Rz. 1 ff.
3 Siehe hierzu vertiefend Lehmann in Grootens, GrStG § 34 Rz. 1 ff.
4 Siehe hierzu Bock/Lapp in Grootens, NGrSt § 10 Rz. 16.
5 Gesetzentwurf der Koalitionsfraktionen für ein Hessisches Grundsteuergesetz, Hessische LT-Drucks. 20/6379 S. 24.
6 Siehe hierzu vertiefend Lehmann in Grootens, GrStG § 34 Rz. 1 ff.
7 Siehe hierzu vertiefend Lehmann in Grootens, GrStG § 34 Rz. 235 ff.
8 Siehe hierzu vertiefend die Kommentierungen Lehmann in Grootens, GrStG § 32, § 33 und § 35.
9 Lehmann in Grootens, GrStG § 32 Rz. 11, § 33 Rz. 16, § 34 Rz. 16.
10 Siehe hierzu Bock/Lapp in Grootens, NGrStG § 10 Rz. 26 ff.

§ 15 HGrStG Rechtsweg und Revisibilität des Landesrechts

¹Gegen Entscheidungen der Landesfinanzbehörden nach diesem Gesetz ist der Finanzrechtsweg nach § 4 Abs. 1 des Hessischen Ausführungsgesetzes zur Finanzgerichtsordnung vom 17. Dezember 1965 (GVBl I S. 347), zuletzt geändert durch Gesetz vom 21. Dezember 1976 (GVBl I S. 532), eröffnet. ²Die Vorschriften der Finanzgerichtsordnung sind entsprechend anzuwenden, soweit dieses Gesetz keine abweichende Regelung enthält. ³Die Revision an den Bundesfinanzhof kann auch darauf gestützt werden, dass das angefochtene Urteil des Finanzgerichts auf der Verletzung dieses Gesetzes beruhe.

Inhaltsübersicht	Rz.
A. Allgemeine Erläuterungen	1 - 25
I. Normzweck und wirtschaftliche Bedeutung der Vorschrift	1 - 5
II. Entstehung und Entwicklung der Vorschrift	6 - 10
III. Geltungsbereich	11 - 15
IV. Vereinbarkeit der Vorschrift mit höherrangigem Recht	16 - 20
V. Verhältnis zu anderen Vorschriften	21 - 25
B. Systematische Kommentierung	26 - 28

A. Allgemeine Erläuterungen

I. Normzweck und wirtschaftliche Bedeutung der Vorschrift

§ 15 Satz 1 HGrStG eröffnet den **Finanzrechtsweg** gegen Entscheidungen der Landesfinanzbehörden nach dem HGrStG. § 15 Satz 2 HGrStG erklärt hierfür die Vorschriften der **Finanzgerichtsordnung** (FGO) für entsprechend anwendbar.   1

§ 15 Satz 3 HGrStG ermöglicht zur Überprüfung der Entscheidungen des Finanzgerichts die **Revision vor dem Bundesfinanzhof**.   2

(Einstweilen frei)   3–5

II. Entstehung und Entwicklung der Vorschrift

Die Vorschrift wurde im Jahr 2021 mit dem **Stammgesetz** in das HGrStG aufgenommen.[1]   6

(Einstweilen frei)   7–10

III. Geltungsbereich

§ 15 HGrStG gilt für Entscheidungen der Landesfinanzbehörden in Bezug auf in Hessen belegene Grundstücke des Grundvermögens und damit nicht für Entscheidungen in Bezug auf land- und forstwirtschaftliches Vermögen.[2] § 15 HGrStG ist mit dem Stammgesetz gem. § 17 HGrStG **am 24.12.2021 in Kraft getreten**.[3] Aus Art. 125b Abs. 3 GG ergibt sich, dass die Gesetzgebungskompetenz den Ländern für ein vom Bundesrecht abweichendes Grundsteuerrecht erst für die Erhebung der **Grundsteuer** ab dem **Kalenderjahr 2025** zusteht. Dem trägt § 8 Abs. 2 Satz 1   11

---

[1] Hessisches Grundsteuergesetz v. 15.12.2021, Hessisches GVBl Nr. 55/2021 S. 906.
[2] Vgl. hierzu Bock/Lapp in Grootens, HGrStG § 1 Rz. 11.
[3] Hessisches GVBl Nr. 55/2021 S. 906.

HGrStG[1] Rechnung, wonach die in der Hauptveranlagung festgesetzten Steuermessbeträge frühestens vom Kalenderjahr 2025 an gelten. Die Regelungen des HGrStG und damit auch § 15 HGrStG sind daher erst für die Erhebung der **Grundsteuer** ab dem **Kalenderjahr 2025** von Bedeutung.

12–15 *(Einstweilen frei)*

IV. Vereinbarkeit der Vorschrift mit höherrangigem Recht

16 Die Vorschrift begegnet keinen verfassungsrechtlichen Bedenken, insbesondere steht die ausschließliche Gesetzgebungsbefugnis des Bundes für das Finanzgerichtsverfahren nach Art. 108 Abs. 6 GG den Regelungen in § 15 HGrStG nicht entgegen. Art. 108 Abs. 6 GG gilt nach h. M. nur für bundesgesetzlich geregelte Steuern und schließt eine Zuweisung durch Landesrecht bei den landesgesetzlich geregelten Steuern nicht aus.[2] Art. 108 Abs. 6 GG steht auch nicht der Zuweisung der letzten Instanz an den BFH durch § 15 Satz 3 HGrStG entgegen. Eine solche Zuweisung ist in Art. 99 Alt. 2 GG i.V. mit Art. 95 Abs. 1 GG ausdrücklich vorgesehen.[3]

17–20 *(Einstweilen frei)*

V. Verhältnis zu anderen Vorschriften

21 § 15 Satz 2 HGrStG erklärt die Vorschriften der **FGO** für entsprechend anwendbar, soweit das HGrStG keine abweichenden Regelungen enthält. Die Regelung ermöglicht damit insbesondere die Anwendung der **§§ 33 ff. FGO**, welche den Finanzrechtsweg und die diesbezügliche Zuständigkeit regeln.

22–25 *(Einstweilen frei)*

B. Systematische Kommentierung

26 § 15 Satz 1 HGrStG eröffnet für die Entscheidungen der Landesfinanzbehörden in Grundsteuerangelegenheiten den **Finanzrechtsweg** nach § 4 Abs. 1 des Hessischen Ausführungsgesetzes zur Finanzgerichtsordnung (HessAGFGO) v. 17.12.1965.[4] Diese Regelung ist erforderlich, da erst durch diese i.V. mit § 33 Abs. 1 Nr. 4 FGO der Finanzrechtsweg eröffnet wird. Der Finanzrechtsweg wäre andernfalls ausgeschlossen.

27 § 15 Satz 2 HGrStG erklärt die **Vorschriften der FGO** für entsprechend anwendbar, soweit das HGrStG keine abweichenden Regelungen enthält. In seiner derzeitigen Fassung enthält das HGrStG keine solchen abweichenden Regelungen.

28 Eine **Revision vor dem Bundesfinanzhof** kann gem. § 118 Abs. 1 Satz 1 FGO grundsätzlich nur darauf gestützt werden, dass das angefochtene Urteil auf der Verletzung von Bundesrecht beruhe. Eine auf die Verletzung der landesrechtlich geregelten Grundsteuer gestützte Revision wäre damit in Hessen nicht zulässig. Durch die ausdrücklich gesetzliche Regelung in § 15 Satz 3 HGrStG i.V. mit § 118 Abs. 1 Satz 2 FGO wird für die Überprüfung der Entscheidungen des Finanzgerichts die Revision vor dem Bundesfinanzhof ermöglicht. Eine solche letztinstanzliche Zuweisung an den BFH durch Landesrecht ist in Art. 99 Alt. 2 GG ausdrücklich vorgesehen (siehe dazu bereits → Rz. 16).

---

1 Siehe hierzu vertiefend Bock/Lapp in Grootens, HGrStG § 8 Rz. 36.
2 Siehe vertiefend Schwarz in Dürig/Herzog/Scholz, GG Art. 108 Rz. 64 m.w.N.; Heintzen in von Münch/Kunig, GG Art. 108 Rz. 48; krit. Siekmann in Sachs, GG Art. 108 Rz. 81.
3 Siehe vertiefend Schwarz in Dürig/Herzog/Scholz, GG Art. 108 Rz. 66.
4 Hessisches GVBl Nr. 1965 S. 347.

§ 16 HGrStG Ermächtigungen

¹Das Ministerium der Finanzen und das Ministerium für Wirtschaft, Energie, Verkehr und Wohnen werden ermächtigt, die automatisierte Bereitstellung der für die Ermittlung des Faktors nach § 7 erforderlichen Merkmale auf der Grundlage des § 17 der Ausführungsverordnung zum Baugesetzbuch vom 15. Juni 2018 (GVBl S. 258), geändert durch Gesetz vom 16. März 2021 (GVBl S. 195), zu koordinieren. ²§ 229 Abs. 5 des Bewertungsgesetzes in der am 24. Dezember 2021 geltenden Fassung ist insoweit nicht anzuwenden.

Inhaltsübersicht	Rz.
A. Allgemeine Erläuterungen	1 - 30
I. Normzweck und wirtschaftliche Bedeutung der Vorschrift	1 - 5
II. Entstehung und Entwicklung der Vorschrift	6 - 10
III. Geltungsbereich	11 - 15
IV. Vereinbarkeit der Vorschrift mit höherrangigem Recht	16 - 20
V. Verhältnis zu anderen Vorschriften	21 - 30
B. Systematische Kommentierung	31 - 34

A. Allgemeine Erläuterungen

I. Normzweck und wirtschaftliche Bedeutung der Vorschrift

§ 16 HGrStG **ermächtigt** das Hessische Ministerium der Finanzen und das Hessische Ministerium für Wirtschaft, Energie, Verkehr und Wohnen, die **automatisierte Bereitstellung** der für die Ermittlung des Faktors erforderlichen Merkmale zu koordinieren. Damit soll erreicht werden, dass diese Merkmale der Finanzverwaltung automatisiert nutzbar zur Verfügung gestellt werden. **1**

Die Vorschrift soll der **Steuervereinfachung** und der **Reduzierung des Erfüllungsaufwands** für grundsteuerliche Erklärungspflichten dienen. Mit der automatisierten Bereitstellung der besteuerungsrelevanten Daten soll vermieden werden, dass Steuererklärungspflichtige die Bodenrichtwerte im digitalen Bodenrichtwertinformationssystem (BORIS) abfragen und in die Steuererklärungen eintragen müssen sowie die Finanzverwaltung diese Angaben dem Verifikationsgebot entsprechend in Zweifelsfällen überprüfen muss.[1] **2**

(Einstweilen frei) 3–5

II. Entstehung und Entwicklung der Vorschrift

Die Vorschrift wurde im Jahr 2021 mit dem **Stammgesetz** in das HGrStG aufgenommen.[2] **6**

(Einstweilen frei) 7–10

III. Geltungsbereich

§ 16 HGrStG gilt für in Hessen belegene Grundstücke des Grundvermögens und nicht für land- und forstwirtschaftliches Vermögen.[3] § 16 HGrStG ist mit dem Stammgesetz gem. § 17 HGrStG **am 24.12.2021 in Kraft getreten**.[4] Aus Art. 125b Abs. 3 GG ergibt sich, dass die Gesetz- **11**

---

1 Gesetzentwurf der Koalitionsfraktionen für ein Hessisches Grundsteuergesetz, Hessische LT-Drucks. 20/6379 S. 25.
2 Hessisches Grundsteuergesetz v. 15.12.2021, Hessisches GVBl 2021 S. 906.
3 Vgl. hierzu Bock/Lapp in Grootens, HGrStG § 1 Rz. 11.
4 Hessisches GVBl 2021 S. 906.

gebungskompetenz den Ländern für ein vom Bundesrecht abweichendes Grundsteuerrecht erst für die Erhebung der **Grundsteuer** ab dem **Kalenderjahr 2025** zusteht. Dem trägt § 8 Abs. 2 Satz 1 HGrStG[1] Rechnung, wonach die in der Hauptveranlagung festgesetzten Steuermessbeträge frühestens vom Kalenderjahr 2025 an gelten. Die Regelungen des HGrStG und damit auch § 16 HGrStG sind daher erst für die Erhebung der **Grundsteuer** ab dem **Kalenderjahr 2025** von Bedeutung.

12–15 *(Einstweilen frei)*

IV. Vereinbarkeit der Vorschrift mit höherrangigem Recht

16   Die Vorschrift begegnet keinen verfassungsrechtlichen Bedenken.

17   Die Verschneidung soll für jeden individuellen Steuerfall unter Wahrung des **Steuergeheimnisses** (§ 30 AO) und des **Datenschutzes** (insbesondere Datenschutz-Grundverordnung) erfolgen.[2]

18–20   *(Einstweilen frei)*

V. Verhältnis zu anderen Vorschriften

21   Die vom Hessischen Ministerium der Finanzen und dem Hessischen Ministerium für Wirtschaft, Energie, Verkehr und Wohnen zu koordinierenden erforderlichen Merkmale des Faktors ergeben sich aus **§ 7 HGrStG**.[3] Bei den erforderlichen Merkmalen handelt es sich um den auf den jeweiligen Hauptveranlagungszeitpunkt nach § 8 Abs. 1 Satz 2 HGrStG[4] ermittelten Bodenrichtwert nach **§ 196 BauGB** der Bodenrichtwertzone, in der das Grundstück liegt (§ 7 Abs. 1 HGrStG[5]) und um den durchschnittlichen Bodenrichtwert der Gemeinde (§ 7 Abs. 2 HGrStG[6]).

22   Die automatisierte Bereitstellung des Bodenrichtwerts und des durchschnittlichen Bodenrichtwerts erfolgt auf Grundlage des **§ 17 der Ausführungsverordnung zum Baugesetzbuch** v. 15.6.2018 (BauGB-AV[7]), in der zuletzt durch Gesetz vom 16.3.2021[8] geänderten Fassung (siehe hierzu → Rz. 32 f.).

23   Nach § 16 Satz 2 HGrStG ist **§ 229 Abs. 5 BewG**[9] nicht anwendbar, soweit das Hessische Ministerium der Finanzen und das Hessische Ministerium für Wirtschaft, Energie, Verkehr und Wohnen die automatisierte Bereitstellung der Bodenrichtwerte und der durchschnittlichen Bodenrichtwerte koordinieren (siehe hierzu → Rz. 34).

24   Die Vorschriften zum **Steuergeheimnis (§ 30 AO)** und zum **Datenschutz** (insbesondere die **Datenschutz-Grundverordnung**) sollen bei der Koordinierung der automatisierten Bereitstellung der für die Ermittlung des Faktors[10] erforderlichen Merkmale gewahrt werden.[11]

---

1 Siehe hierzu vertiefend Bock/Lapp in Grootens, HGrStG § 8 Rz. 36.
2 Gesetzentwurf der Koalitionsfraktionen für ein Hessisches Grundsteuergesetz, Hessische LT-Drucks. 20/6379 S. 25.
3 Siehe vertiefend hierzu Bock/Lapp in Grootens, HGrStG § 7 Rz. 1 ff.
4 Siehe hierzu Bock/Lapp in Grootens, HGrStG § 8 Rz. 26 ff.
5 Siehe vertiefend hierzu Bock/Lapp in Grootens, HGrStG § 7 Rz. 26 ff.
6 Siehe vertiefend hierzu Bock/Lapp in Grootens, HGrStG § 7 Rz. 31 ff.
7 Hessisches GVBl 2018 S. 258.
8 Hessisches GVBl 2021 S. 195.
9 Siehe vertiefend hierzu Wredenhagen in Grootens, BewG § 229 Rz. 111 f.
10 Siehe hierzu Bock/Lapp in Grootens, HGrStG § 7 Rz. 1 ff.
11 Gesetzentwurf der Koalitionsfraktionen für ein Hessisches Grundsteuergesetz, Hessische LT-Drucks. 20/6379 S. 25.

Die elektronische Bereitstellung der für den Faktor nach § 7 HGrStG[1] erforderlichen Parameter lässt das Recht des Steuerpflichtigen unberührt, gegen die Messbetragsfestsetzung Rechtsmittel (insbesondere **Einspruch, § 357 AO**) einzulegen, wenn nach seiner Auffassung die automatisch zugrunde gelegten Daten fehlerhaft sind.[2]

(Einstweilen frei) 26–30

B. Systematische Kommentierung

§ 16 Satz 1 HGrStG ermächtigt das Hessische Ministerium der Finanzen und das Hessische Ministerium für Wirtschaft, Energie, Verkehr und Wohnen, die automatisierte Bereitstellung der für die Ermittlung des Faktors erforderlichen Merkmale zu koordinieren. Die zur Ermittlung des Faktors erforderlichen Merkmale ergeben sich aus § 7 HGrStG.[3] Bei den erforderlichen Merkmalen handelt es sich um den auf den jeweiligen Hauptveranlagungszeitpunkt nach § 8 Abs. 1 Satz 2 HGrStG[4] ermittelten Bodenrichtwert nach § 196 BauGB der Bodenrichtwertzone, in der das Grundstück liegt (§ 7 Abs. 1 HGrStG)[5] und um den durchschnittlichen Bodenrichtwert der Gemeinde (§ 7 Abs. 2 HGrStG).[6] Bei der Koordinierung der automatisierten Bereitstellung der für die Ermittlung des Faktors erforderlichen Merkmale sollen öffentliche Daten des Liegenschaftskatasters (Lage und Zuschnitt der Flurstücke) mit öffentlichen Daten des digitalen Bodenrichtwertinformationssystems (Bodenrichtwerte) mittels **Verschneidung** für die Finanzverwaltung nutzbar gemacht werden.[7]

Die automatisierte Bereitstellung des Bodenrichtwerts und des durchschnittlichen Bodenrichtwerts soll auf Grundlage des **§ 17 der Ausführungsverordnung zum Baugesetzbuch** v. 15.6.2018 (BauGB-AV[8]) erfolgen. § 17 BauGB-AV enthält hauptsächlich Vorgaben zur Bereitstellung des Bodenrichtwerts. Die Vorgaben dürften dann auch entsprechend für die Bereitstellung des durchschnittlichen Bodenrichtwerts gelten. § 17 Abs. 1 BauGB-AV regelt, dass die Bodenrichtwerte landesweit zentral in einem **digitalen Bodenrichtwertinformationssystem** geführt werden. Nach § 17 Abs. 2 BauGB-AV ermittelt der Gutachterausschuss zu Beginn jedes geraden Kalenderjahres die Bodenrichtwerte nach § 196 Abs. 1 Satz 1 des Baugesetzbuches und stellt die Bodenrichtwerte spätestens zwei Monate nach diesem Zeitpunkt der Zentralen Geschäftsstelle zur Fortführung des Bodenrichtwertinformationssystems bereit. § 17 Abs. 3 BauGB-AV in der von § 16 Satz 1 HGrStG in Bezug genommenen, zuletzt durch Gesetz v. 16.3.2021[9] geänderten Fassung, bestimmt, dass die Bodenrichtwerte, die wertbeeinflussenden Merkmale der Bodenrichtwertgrundstücke und die Bodenrichtwertzonen von der Zentralen Geschäftsstelle auf der Grundlage des Liegenschaftskatasters in Form einer **digitalen Bodenrichtwertkarte** über öffentlich zugängliche Netze veröffentlicht werden. Dabei kann die Präsentation der Bodenrichtwertkarte in einer Form geschehen, die eine Weiterverwendung zu

---

[1] Siehe hierzu Bock/Lapp in Grootens, HGrStG § 7 Rz. 1 ff.
[2] Gesetzentwurf der Koalitionsfraktionen für ein Hessisches Grundsteuergesetz, Hessische LT-Drucks. 20/6379 S. 25.
[3] Siehe vertiefend hierzu Bock/Lapp in Grootens, HGrStG § 7 Rz. 1 ff.
[4] Siehe vertiefend hierzu Bock/Lapp in Grootens, HGrStG § 8 Rz. 26 ff.
[5] Siehe vertiefend hierzu Bock/Lapp in Grootens, HGrStG § 7 Rz. 26 ff.
[6] Siehe vertiefend hierzu Bock/Lapp in Grootens, HGrStG § 7 Rz. 31 ff.
[7] Gesetzentwurf der Koalitionsfraktionen für ein Hessisches Grundsteuergesetz, Hessische LT-Drucks. 20/6379 S. 25.
[8] Hessisches GVBl 2018 S. 258.
[9] Hessisches GVBl 2021 S. 195.

33 **§ 17 BauGB-AV** wurde mittlerweile durch Art. 10 des Gesetzes v. 30.9.2021[1] **geändert**. Während § 17 Abs. 1 und 2 BauGB-AV unverändert blieben, bestimmt § 17 Abs. 3 BauGB-AV in der **ab 1.2.2022** geltenden Fassung, dass die Bodenrichtwerte und zugehörige Metadaten über öffentlich zugängliche Netze zum automatisierten Abruf bereitgestellt werden. Nach dem neu eingefügten § 17 Abs. 4 BauGB-AV ist jede Nutzung der Bodenrichtwerte und der zugehörigen Metadaten ohne Einschränkung oder Bedingung erlaubt. Der Hinweis auf die Kostenfreiheit der Nutzung der Bodenrichtwerte ist in der Neuregelung nicht mehr enthalten. Es bleibt abzuwarten, ob der hessische Gesetzgeber im Hinblick auf diese Änderung tätig wird und in § 16 Satz 1 HGrStG bspw. einen dynamischen Verweis auf § 17 BauGB-AV in der jeweils geltenden Fassung aufnimmt.

34 § 16 Satz 2 HGrStG schränkt **die Anwendbarkeit von § 229 Abs. 5 BewG**[2] ein, soweit das Hessische Ministerium der Finanzen und das Hessische Ministerium für Wirtschaft, Energie, Verkehr und Wohnen die automatisierte Bereitstellung der Bodenrichtwerte und der durchschnittlichen Bodenrichtwerte koordinieren. § 229 Abs. 5 Satz 1 BewG[3] bestimmt, dass die betroffenen Personen vom Inhalt der Mitteilung nach § 229 Abs. 3 und 4 BewG[4] zu unterrichten sind. Dies umfasst insbesondere die Mitteilungen der rechtlichen oder tatsächlichen Umstände, die für die Feststellung des Grundsteuerwerts von Bedeutung sein können, durch die jeweils zuständige Stelle (z. B. die Landes-Katasterverwaltung) oder die Mitteilungen der Grundbuchämter an die Finanzverwaltung (z. B. über die Eintragung eines neuen Eigentümers). Eine Unterrichtung kann gem. § 229 Abs. 5 Satz 2 BewG[5] unterbleiben, soweit den Finanzbehörden Umstände aus dem Grundbuch, den Grundakten oder aus dem Liegenschaftskataster mitgeteilt werden. Nach Auffassung des hessischen Landesgesetzgebers sei eine solche **Unterrichtung** aufgrund der öffentlichen und leichten Zugänglichkeit der Bodenrichtwerte über das digitale Informationssystem **entbehrlich**.[6]

§ 17 HGrStG   Inkrafttreten

Dieses Gesetz tritt am Tag nach der Verkündung in Kraft.

Inhaltsübersicht	Rz.
A. Allgemeine Erläuterungen	1 - 15
I. Normzweck und wirtschaftliche Bedeutung der Vorschrift	1
II. Entstehung und Entwicklung der Vorschrift	2
III. Geltungsbereich	3 - 5
IV. Vereinbarkeit der Vorschrift mit höherrangigem Recht	6 - 10
V. Verhältnis zu anderen Vorschriften	11 - 15
B. Systematische Kommentierung	16

---

1 Hessisches GVBl 2021 S. 602, ber. S. 701.
2 Siehe hierzu Wredenhagen in Grootens, BewG § 229 Rz. 111 f.
3 Siehe Wredenhagen in Grootens, BewG § 229 Rz. 111.
4 Siehe hierzu Wredenhagen in Grootens, BewG § 229 Rz. 91 ff. und Rz. 101 ff.
5 Siehe hierzu Wredenhagen in Grootens, BewG § 229 Rz. 112.
6 Gesetzentwurf der Koalitionsfraktionen für ein Hessisches Grundsteuergesetz, Hessische LT-Drucks. 20/6379 S. 25.

A. Allgemeine Erläuterungen

I. Normzweck und wirtschaftliche Bedeutung der Vorschrift

§ 17 HGrStG regelt den Zeitpunkt des Inkrafttretens des HGrStG. 1

II. Entstehung und Entwicklung der Vorschrift

Die Vorschrift wurde im Jahr 2021 mit dem **Stammgesetz** in das HGrStG aufgenommen.[1] 2

III. Geltungsbereich

§ 17 HGrStG setzt das HGrStG in Kraft, das für die im Gebiet des Landes Hessen belegenen wirtschaftlichen Einheiten des Grundvermögens (Grundstücke) gilt und damit nicht für das land- und forstwirtschaftliche Vermögen.[2] Aus Art. 125b Abs. 3 GG ergibt sich, dass die Gesetzgebungskompetenz den Ländern für ein vom Bundesrecht abweichendes Grundsteuerrecht erst für die Erhebung der **Grundsteuer** ab dem **Kalenderjahr 2025** zusteht. Dem trägt § 8 Abs. 2 Satz 1 HGrStG[3] Rechnung, wonach die in der Hauptveranlagung festgesetzten Steuermessbeträge frühestens vom Kalenderjahr 2025 an gelten. Die Regelungen des HGrStG sind daher trotz des vorherigen Inkrafttretens nach § 17 HGrStG erst für die Erhebung der **Grundsteuer** ab dem **Kalenderjahr 2025** von Bedeutung. 3

(Einstweilen frei) 4–5

IV. Vereinbarkeit der Vorschrift mit höherrangigem Recht

§ 17 HGrStG begegnet keinen verfassungsrechtlichen Bedenken. 6

(Einstweilen frei) 7–10

V. Verhältnis zu anderen Vorschriften

§ 17 HGrStG setzt die **§§ 1–16 HGrStG** in Kraft. 11

(Einstweilen frei) 12–15

B. Systematische Kommentierung

§ 17 HGrStG bestimmt, dass das Gesetz **am Tag nach der Verkündung** in Kraft tritt. Das HGrStG wurde am 23.12.2021 im Hessischen Gesetz- und Verordnungsblatt verkündet[4] und ist damit am 24.12.2021 in Kraft getreten. Nach Art. 125b Abs. 3 GG darf das abweichende Landesrecht der **Erhebung** der Grundsteuer jedoch frühestens für Zeiträume **ab dem 1.1.2025** zugrunde gelegt werden. Dem trägt § 8 Abs. 2 Satz 1 HGrStG[5] Rechnung, wonach die in der Hauptveranlagung festgesetzten Steuermessbeträge frühestens vom Kalenderjahr 2025 an gelten. 16

---

[1] Hessisches Grundsteuergesetz v. 15.12.2021, Hessisches GVBl 2021 S. 906.
[2] Vgl. hierzu Bock/Lapp in Grootens, HGrStG § 1 Rz. 11.
[3] Siehe hierzu vertiefend Bock/Lapp in Grootens, HGrStG § 8 Rz. 36.
[4] Hessisches GVBl 2021 S. 906.
[5] Siehe hierzu vertiefend Bock/Lapp in Grootens, HGrStG § 8 Rz. 36.

Abschnitt V: Niedersachsen

Vorwort zur Kommentierung zum Niedersächsischen Grundsteuergesetzes (NGrStG)

Inhaltsübersicht

	Rz.
A. Gesetzgebungsverfahren zum NGrStG	1 - 7
B. Überblick über das NGrStG	8 - 22
I. Bewertung des land- und forstwirtschaftlichen Vermögens	8
II. Bewertung des Grundvermögens	9 - 15
III. Grundsteuer C	16
IV. Steuermesszahlen	17 - 22
C. Regelungsziele des NGrStG	23 - 32
D. Verfahrensvorschriften	33 - 41
I. Grundsteuer B: Dreistufiges Verfahren	33 - 35
II. Erklärungs- und Anzeigepflichten	36 - 41
E. Verfassungsrechtliche Bewertung	42 - 49

LITERATUR:

Kirchhoff, Die grundgesetzlichen Grenzen der Grundsteuerreform, DStR 2018 S. 2661; *Seer*, Grundsteuer nach dem Urteil des BVerfG v. 10.4.2018 – Analyse und Folgerungen, DB 2018 S. 1488; *Löhr*, Flächensteuer: Eine Mogelpackung?, BB 2019 S. 2589; *Freund*, Der Belastungsgrund der Grundsteuer – von Leistungsfähigkeit und Äquivalenz, FR 2019 S. 931; *Ronnecker*, Niedersächsisches Flächen-Lage-Modell für die Grundsteuer – Ein Diskussionsbeitrag aus städtischer Sicht, ZKF 2019 S. 265; *Hubert*, Nach ist vor der Grundsteuerreform, StuB 2020 S. 552; *Schmidt*, Verfassungswidrigkeit der Grundsteuer als Flächensteuer, DStR 2020 S. 249; *Grootens*, Umsetzung der Grundsteuerreform in den Ländern – Der Flickenteppich kommt!, ErbStB 2021 S. 80; *Rose*, Neues Recht zur Grundsteuer in Niedersachsen, ZKF 2021 S. 270; *Bräutigam*, Grundsteuerreform – von der künftigen Diversität einer Steuerart, DStR 2021 S. 1330; *Scheffler/Feldner*, Umsetzung der Grundsteuerreform in den Bundesländern – Auswirkungen und verfassungsrechtliche Beurteilung, ifst-Schrift Nr. 542; *Löhr*, Niedersächsisches Grundsteuergesetz: Auf unsicheren Pfaden, BB 2022 S. 87; siehe ergänzend auch die Literaturangaben beim hessischen Grundsteuergesetz.

HINWEISE:

Niedersächsisches Finanzministerium, Anwendung des Niedersächsischen Grundsteuergesetzes (NGrStG) zur Bewertung des Grundvermögens für die Grundsteuer ab 1.1.2022 (AENGrStG), RdErl. d. MF v. 22.2.2022 - G 1002-6 - 62100.

A. Gesetzgebungsverfahren zum NGrStG

1 Die **Niedersächsische Landesregierung** hat bereits kurze Zeit nach Einführung der Öffnungsklausel mit der Erarbeitung eines **eigenen Grundsteuer-Modells** begonnen. Dabei wurde das vom Land Bayern favorisierte reine Flächenmodell hinsichtlich der Belastungsverteilung kritisch gesehen. Es sei ungerecht und schwer vermittelbar, dass Grundstücke gleicher Größe in derselben Gemeinde unabhängig von ihrer Lage stets dieselbe Grundsteuer zahlen müssten.[1] Das niedersächsische Modell sollte diesen Kritikpunkt beseitigen und das bayerische Modell um einen lageabhängigen Faktor erweitern.

---

1 Niebuhr, Tagungsbericht zum Abendsymposium „Grundsteuerreform – der niedersächsische Weg" v. 25.2.2020, https://go.nwb.de/p463d; siehe auch Gesetzentwurf der Koalitionsfraktionen zum Niedersächsischen Grundsteuergesetz, Niedersächsische LT-Drucks. 18/8995 S. 2.

Ursprünglich sah das niedersächsische Modell in einem Arbeitspapier des Finanzministeriums[1] noch vor, dass die jeweiligen Gemeinden in Abhängigkeit der Streuung der Bodenrichtwerte im Verhältnis zum durchschnittlichen Bodenrichtwert der Gemeinde in Lagekategorien eingeteilt werden sollten. Je nachdem, in welcher **Lagekategorie** sich ein Grundstück befindet, sollte der Äquivalenzwert mit einem entsprechenden Faktor in Abhängigkeit der Anzahl der Lagekategorien zwischen 0,4 und 2,0 (später zwischen 0,6 und 1,4) multipliziert werden. Von diesem Modell wurde schließlich Abstand genommen[2] und im Kern das hessische Modell[3] im Niedersächsischen Grundsteuergesetz (im Folgenden: NGrStG) übernommen. Danach wird der Äquivalenzwert mit einem Lage-Faktor multipliziert, der den jeweiligen für das Grundstück maßgeblichen Bodenrichtwert ins Verhältnis zum durchschnittlichen Bodenrichtwert der Gemeinde setzt und um den Wert 0,3 potenziert.

Der Gesetzentwurf zum NGrStG wurde von der Niedersächsischen Landesregierung am 14.4.2021 in den Landtag eingebracht.[4] Im laufenden Gesetzgebungsverfahren haben sich insbesondere aufgrund der **Empfehlungen** des **federführenden Ausschusses** für Haushalt und Finanzen[5] die nachfolgend dargestellten wesentlichen inhaltlichen Änderungen ergeben:

▶ Auf die ursprünglich geplante Ermittlung eines Grundsteuerausgangsbetrags als Summe der einzelnen Äquivalenzbeträge wurde verzichtet. Stattdessen wird direkt auf die jeweiligen Äquivalenzbeträge als Bemessungsgrundlage für den Grundsteuermessbetrag abgestellt.[6]

▶ Die im Gesetzentwurf vorgesehenen gesetzlichen Vorgaben, dass die Wohnfläche i. S. der Wohnflächenverordnung und die Nutzfläche nach DIN 277 maßgeblich sei, wurden nicht in das Gesetz aufgenommen.[7]

▶ Eine Freigrenze, nach welcher Garagen mit einer Nutzfläche bis zu 100 m² außer Ansatz bleiben sollten, wurde durch einen „Garagenfreibetrag" von 50 m² ersetzt. Darüber hinaus wurden die Bagatellgrenzen, bis zu denen (Neben-)gebäude von untergeordneter Bedeutung außer Ansatz bleiben, von ursprünglich 23 m² auf nunmehr 30 m² angehoben.[8]

Der **Niedersächsische Landtag** hat das NGrStG in seiner Sitzung am 7.7.2021 verabschiedet.[9] Niedersachsen hat damit im Eiltempo (von der Einbringung des Gesetzentwurfs am 14.4.2021[10] bis zur Verabschiedung des Gesetzes vergingen keine drei Monate) die durch das Gesetz zur Änderung des Grundgesetzes (Art. 72, 105 und 125b) v. 15.11.2019[11] in Art. 72 Abs. 3 Satz 1 Nr. 7 GG geschaffene Möglichkeit, ganz oder zum Teil von den bundesgesetzli-

---

1 Das ursprüngliche Arbeitspapier ist nicht mehr abrufbar. Vgl. die Darstellung des Modells bei Ronnecker, ZKF 2019 S. 265. Zu den später angepassten Faktoren vgl. Hüdepohl, Reform des Grundsteuer- und Bewertungsrechts – Plädoyer für das niedersächsische Flächen-Lage-Modell, https://go.nwb.de/u3bnx.
2 Vgl. zur Kritik an diesem Modell, Ronnecker, ZKF 2019 S. 265.
3 Vgl. hierzu Bock/Lapp in Grootens, HGrStG, Kommentierung wird in Kürze online gestellt.
4 Siehe Gesetzentwurf der Koalitionsfraktionen zum Niedersächsischen Grundsteuergesetz, Niedersächsische LT-Drucks. 18/8995 S. 1.
5 Niedersächsische LT-Drucks. 18/9632.
6 Vgl. hierzu Bock/Lapp in Grootens, NGrStG § 2 Rz. 12 und 61 ff., siehe auch Niedersächsische LT-Drucks. 18/9632 S. 6.
7 Vgl. hierzu Bock/Lapp in Grootens, NGrStG § 3 Rz. 12, siehe auch Niedersächsische LT-Drucks. 18/9632 S. 13.
8 Vgl. hierzu Bock/Lapp in Grootens, NGrStG § 3 Rz. 13, siehe auch Niedersächsische LT-Drucks. 18/9632 S. 13 ff.
9 Siehe stenografischer Bericht über die 114. Sitzung des Niedersächsischen Landtags v. 7.7.2021 S. 10812.
10 Siehe Gesetzentwurf der Koalitionsfraktionen zum Niedersächsischen Grundsteuergesetz, Niedersächsische LT-Drucks. 18/8995 S. 1.
11 BGBl I 2019 S. 1546.

chen Regelungen zur Grundsteuer abzuweichen, genutzt. Während das Saarland und Sachsen lediglich punktuell im Bereich der Steuermesszahlen vom Bundesrecht abweichen, führt Niedersachsen nach Baden-Württemberg als zweites Land insbesondere im Bereich der Bewertung des Grundvermögens für Zwecke der Grundsteuer mit einem Flächen-Lage-Modell eigenständige Regelungen ein.

5 In Niedersachsen findet ebenfalls die bundesgesetzliche Regelung des § 25 Abs. 5 GrStG (sog. Grundsteuer C) Anwendung. Die **Einführung der Grundsteuer C** war im politischen Gesetzgebungsverfahren nicht unumstritten. Mit einem Änderungsantrag zum NGrStG bezweckte die oppositionelle FDP[1] die Anwendung der Grundsteuer C in Niedersachsen auszuschließen. Die Grundsteuer C hätte Mehrbelastungen der Bürgerinnen und Bürger zur Folge, anstatt Bautätigkeiten zu fördern. Der Antrag fand im Niedersächsischen Landtag keine Mehrheit.[2] Auch im Rahmen der öffentlichen Anhörung zum NGrStG wurde die Grundsteuer C kritisiert. Wie die frühere Grundsteuer C der 1960er-Jahre würde sie ihre Lenkungswirkung verfehlen und als „Strafsteuer" zu einem ungünstigen Zeitpunkt eingeführt werden, zu dem die Unternehmen aufgrund der Corona-Pandemie ohnehin bereits geplante Investitionen zurückstellen würden.[3] Den Gemeinden werde die Verantwortung aufgebürdet und das Versprechen der Aufkommensneutralität werde mit der Grundsteuer C gebrochen.[4] Ob und inwieweit Gemeinden von der Möglichkeit der Erhebung der Grundsteuer C Gebrauch machen werden, bleibt – wie auch in Ländern, die bei der Grundsteuer das Bundesmodell anwenden – abzuwarten.

6–7 *(Einstweilen frei)*

B. Überblick über das NGrStG

I. Bewertung des land- und forstwirtschaftlichen Vermögens

8 Bei der Grundsteuer für **land- und forstwirtschaftliches Vermögen** (sog. Grundsteuer A) finden in Niedersachen auch künftig grds. die **Regelungen des Bundesgesetzes** (§§ 232–242 BewG) zur Ermittlung der Bemessungsgrundlage für Zwecke der Grundsteuer Anwendung. Niedersachsen trifft in § 11 NGrStG lediglich punktuell abweichende Regelungen zur Bewertung von Betrieben der Land- und Forstwirtschaft.[5]

II. Bewertung des Grundvermögens

9 Bei der **Grundsteuer für das Grundvermögen** (sog. Grundsteuer B) wird dagegen abweichend vom Bundesgesetz das sogenannte **Flächen-Lage-Modell** eingeführt. Dieses basiert – vergleichbar mit dem hessischen Flächen-Faktor-Verfahren[6] – auf dem bayerischen Flächenverfahren,[7] erweitert dieses jedoch um einen zusätzlichen Lage-Faktor, der abhängig von dem Bodenricht-

---

[1] Niedersächsische LT-Drucks. 18/9641.
[2] Vgl. Stenografischer Bericht der 114. Plenarsitzung des Niedersächsischen Landtags am 7.7.2021 S. 10811.
[3] Vgl. Röckendorf, Niederschrift über die 125. – öffentliche – Sitzung des Ausschusses für Haushalt und Finanzen des Niedersächsischen Landtags am 19.5.2021 in Hannover S. 15.
[4] Vgl. Röckendorf, Niederschrift über die 125. - öffentliche - Sitzung des Ausschusses für Haushalt und Finanzen des Niedersächsischen Landtags am 19.5.2021 in Hannover S. 15.
[5] Siehe hierzu vertiefend Bock/Lapp in Grootens, NGrStG § 11 Rz. 36 ff.
[6] Vgl. hierzu Bock/Lapp in Grootens, HGrStG.
[7] Vgl. hierzu Lehmann in Grootens, BayGrStG.

wert des zu bewertenden Grundstücks und dem durchschnittlichen Bodenrichtwert der Gemeinde ist.

Ausgangspunkt des Flächen-Lage-Modells ist der nach dem **bayerischen Flächenmodell** ermittelte Wert (Boden- und Gebäudefläche x jeweilige Äquivalenzzahl x jeweilige Steuermesszahl). Hierauf wird ein lageabhängiger Faktor angewendet, der sich aus dem Verhältnis des jeweiligen Zonen-Bodenrichtwerts zum Durchschnittsbodenrichtwert der Gemeinde potenziert mit 0,3 ermittelt. Durch die Einführung dieses Faktors soll die unterschiedliche Lagequalität des zu bewertenden Grundstücks im Verhältnis zu der durchschnittlichen Lage der Gemeinde berücksichtigt werden, wobei die Potenzierung mit 0,3 im Hinblick auf das Verhältnis vom jeweiligen für das Grundstück maßgeblichen Bodenrichtwert zum durchschnittlichen Bodenrichtwert dämpfend wirkt. Im Gegensatz zu dem bayerischen Flächenmodell, in dem die Belegenheit des Grundstücks für die Bewertung keine Rolle spielt, beeinflusst die Lage eines Grundstücks im Flächen-Lage-Verfahren folglich die Bemessungsgrundlage für die Grundsteuer.

Schematisch stellt sich das niedersächsische Flächen-Lage-Modell wie folgt dar:

Fläche des Grund und Bodens § 3 NGrStG	Wohnflächen § 3 NGrStG	Nutzflächen § 3 NGrStG
x	x	x
Äquivalenzzahl Grund und Boden § 4 Abs. 2 Satz 1 NGrStG 0,04 €/m² (ggf. Minderung nach § 4 Abs. 2 Satz 2 NGrStG)	Äquivalenzzahl Gebäude § 4 Abs. 1 NGrStG 0,50 €/m²	Äquivalenzzahl Gebäude § 4 Abs. 1 NGrStG 0,50 €/m²
x	x	x
Lage-Faktor § 5 NGrStG $\left(\dfrac{\text{Bodenrichtwert}}{\text{durchschn. Bodenrichtwert}}\right)^{0,3}$	Lage-Faktor § 5 NGrStG $\left(\dfrac{\text{Bodenrichtwert}}{\text{durchschn. Bodenrichtwert}}\right)^{0,3}$	Lage-Faktor § 5 NGrStG $\left(\dfrac{\text{Bodenrichtwert}}{\text{durchschn. Bodenrichtwert}}\right)^{0,3}$
Äquivalenzbetrag Grund und Boden § 2 Abs. 3 Satz 1 und 3 NGrStG	Äquivalenzbetrag Wohnflächen § 2 Abs. 3 Satz 2 und 3 NGrStG	Äquivalenzbetrag Nutzflächen § 2 Abs. 3 Satz 2 und 3 NGrStG
x	x	x
Grundsteuermesszahl § 6 Abs. 1 Satz 1 NGrStG 100 %	Grundsteuermesszahl § 6 Abs. 1 Satz 2 NGrStG 70 % (ggf. Ermäßigung nach § 6 Abs. 2, 3 und/oder 4 NGrStG)	Grundsteuermesszahl § 6 Abs. 1 Satz 1 NGrStG 100 % (ggf. Ermäßigung nach § 6 Abs. 3 NGrStG)

▼

Grundsteuermessbetrag
§ 2 Abs. 2 NGrStG

x

Hebesatz
§ 7 NGrStG

▼

Jahresbetrag der Grundsteuer
§ 2 Abs. 1 Satz 2 und 3 NGrStG

(Einstweilen frei)

III. Grundsteuer C

16 Die bundesgesetzlichen Regelungen zum gesonderten Hebesatz für baureife, unbebaute Grundstücke (sog. Grundsteuer C, § 25 Abs. 5 GrStG)[1] finden über § 7 Abs. 3 NGrStG auch in Niedersachsen entsprechend Anwendung. Während die **Grundsteuer C** im bayerischen Modell explizit ausgeschlossen wird[2] und ihr Anwendungsbereich im hessischen Modell durch landesspezifische Regelungen sogar erweitert wird,[3] wendet Niedersachsen die bundesgesetzlichen Regelungen zur Grundsteuer C unverändert an.

IV. Steuermesszahlen

17 Gemäß § 6 Abs. 1 Satz 1 NGrStG beträgt die **Steuermesszahl für den Grund und Boden** und für nicht zu Wohnzwecken genutzte Flächen 100 %. Für zu Wohnzwecken genutzte Flächen beträgt gem. § 6 Abs. 1 Satz 2 NGrStG die Steuermesszahl 70 %, wird also gegenüber der Grundsteuermesszahlen für den Grund und Boden und für Nutzflächen um 30 % ermäßigt.

18 Auf Antrag kann die **Steuermesszahl** nach § 6 Abs. 2, Abs. 3 und/oder Abs. 4 NGrStG bis zu drei Mal um jeweils 25 % auf dann maximal 29,53125 % gesenkt werden. In Betracht kommt eine **Ermäßigung** bei

- enger räumlicher Verbindung mit einem Betrieb der Land- und Forstwirtschaft (§ 6 Abs. 2 Satz 1 NGrStG),[4]
- Bebauung mit einem Baudenkmal (§ 6 Abs. 3 NGrStG),[5]
- gefördertem Wohnraum (§ 6 Abs. 4 Nr. 1 NGrStG)[6] und
- dem Grundbesitz bestimmter Rechtsträger (z. B. bestimmter Wohnungsbaugesellschaften; § 6 Abs. 4 Nr. 2 NGrStG i.V. mit § 15 Abs. 4 Satz 1 Nr. 1, 2 oder 3 GrStG).[7]

19–22 *(Einstweilen frei)*

C. Regelungsziele des NGrStG

23 Mit der Inanspruchnahme der Öffnungsklausel verfolgt der niedersächsische Gesetzgeber im Wesentlichen folgende **Ziele:**[8]

- Unbürokratische und zeitgemäße Fortentwicklung der Grundsteuer für das Grundvermögen (sog. Grundsteuer B) (siehe hierzu → Rz. 24),
- Sicherung der Grundsteuer als konjunkturunabhängige und verlässliche Einnahmequelle der Kommunen (siehe hierzu → Rz. 25),
- einfach nachvollziehbare, weniger streitanfällige und weitgehend automatisiert mögliche Berechnung der Grundsteuer (siehe hierzu → Rz. 26),
- Reduzierung des Bürokratie- und Verwaltungsaufwands (siehe hierzu → Rz. 27),
- Aufkommensneutralität (siehe hierzu → Rz. 28).

---

1 Siehe vertiefend Grootens in Grootens, GrStG § 25 Rz. 1 ff.
2 Siehe hierzu Lehmann in Grootens, BayGrStG Art. 5 Rz. 54,
3 Siehe hierzu Bock/Lapp in Grootens, HGrStG § 13 Rz. 27,
4 Siehe vertiefend Bock/Lapp in Grootens, NGrStG § 6 Rz. 36 ff.
5 Siehe vertiefend Bock/Lapp in Grootens, NGrStG § 6 Rz. 51 ff.
6 Siehe vertiefend Bock/Lapp in Grootens, NGrStG § 6 Rz. 61.
7 Siehe hierzu Bock in Grootens, NGrStG § 15 Rz. 78 ff.
8 Vgl. Gesetzentwurf der Koalitionsfraktionen zum Niedersächsischen Grundsteuergesetz, Niedersächsische LT-Drucks. 18/8995 S. 1.

Zur unbürokratischen und zeitgemäßen Fortentwicklung der Grundsteuer wird die **Belastungsgrundentscheidung** bei der Bewertung des Grundvermögens zukünftig in Niedersachsen auf den **Äquivalenzgedanken** gestützt. Dabei orientiert sich das niedersächsische Bewertungsmodell nicht an dem Marktwert des Grundbesitzes, sondern an sog. Äquivalenzzahlen für die Boden- und Gebäudeflächen sowie der Lage.[1] Zu der verfassungsrechtlichen Bewertung des niedersächsischen Modells und der Belastungsgrundentscheidung siehe → Rz. 42 ff.

Das sich aus Art. 28 Abs. 2 Satz 3 GG ergebende **kommunale Hebesatzrecht** bleibt vom NGrStG unberührt, die tatsächliche Höhe der Steuerbelastung wird in Niedersachsen auch weiterhin durch den kommunalen Hebesatz bestimmt. Das NGrStG zielt darauf ab, den Gemeinden das Aufkommen aus der Grundsteuer (ca. 1,4 Mrd. € im Jahr 2019) zu erhalten.[2]

In dem niedersächsischen Modell soll die Bemessungsgrundlage für die Grundsteuer nur **wenige Angaben der Steuerpflichtigen** erfordern. Lediglich zu den Flächen und deren Nutzung sollen Angaben erforderlich sein, die anderen für die Berechnung der Bemessungsgrundlage notwendigen Angaben sollen der niedersächsischen Finanzverwaltung vorliegen.[3] Die Berechnung der Bemessungsgrundlage soll nach Ansicht des Landesgesetzgebers in wenigen Schritten und weitgehend automatisiert erfolgen, einfach nachzuvollziehen und weniger streitanfällig als das Bundesmodell sein.[4]

Neben der besseren Nachvollziehbarkeit wird mit dem NGrStG eine erhebliche **Reduzierung des Bürokratie- und Personalaufwands** im Vergleich zum Bundesgesetz angestrebt. Abweichend von den bundesgesetzlichen Regelungen sind in Niedersachsen zukünftig keine weiteren Hauptfeststellungen, sondern lediglich noch anlassbezogene Betrags- und Flächenfortschreibungen erforderlich. Daneben werden die Lage-Faktoren in Abständen von sieben Jahren automatisiert überprüft, was bei Veränderungen im Einzelfall zu Betragsfortschreibungen führen kann.[5] Im Vergleich zum Bundesmodell schätzt die Niedersächsische Landesregierung einen um rund 34 % geringeren Personalbedarf zur Umsetzung der Reform in den Jahren 2021–2024.[6]

Wie der Bundesgesetzgeber und andere abweichende Länder strebt auch Niedersachsen eine insgesamt **aufkommensneutrale Reform** der Grundsteuer an.[7] Dabei wurde nicht verkannt, dass es zwischen den einzelnen wirtschaftlichen Einheiten zu Belastungsverschiebungen kommen wird, die Grundsteuer sich also für einige wirtschaftliche Einheiten erhöhen wird, während es bei anderen zu Senkungen kommt.[8] Diese Belastungsverschiebungen sind der Reform

---

[1] Vgl. Gesetzentwurf der Koalitionsfraktionen zum Niedersächsischen Grundsteuergesetz, Niedersächsische LT-Drucks. 18/8995 S. 1.
[2] Gesetzentwurf der Koalitionsfraktionen zum Niedersächsischen Grundsteuergesetz, Niedersächsische LT-Drucks. 18/8995 S. 2.
[3] Vgl. Hilbers, Niederschrift über den öffentlichen Teil der 124. Sitzung des Ausschusses für Haushalt und Finanzen im niedersächsischen Landtag am 5.5.2021 S. 19.
[4] Gesetzentwurf der Koalitionsfraktionen zum Niedersächsischen Grundsteuergesetz, Niedersächsische LT-Drucks. 18/8995 S. 1.
[5] Siehe hierzu vertiefend Bock/Lapp in Grootens, NGrStG § 8 Rz. 52.
[6] Vgl. Gesetzentwurf der Koalitionsfraktionen zum Niedersächsischen Grundsteuergesetz, Niedersächsische LT-Drucks. 18/8995 S. 3.
[7] Gesetzentwurf der Koalitionsfraktionen zum Niedersächsischen Grundsteuergesetz, Niedersächsische LT-Drucks. 18/8995 S. 2.
[8] Vgl. Hilbers, Niederschrift über den öffentlichen Teil der 124. Sitzung des Ausschusses für Haushalt und Finanzen im Niedersächsischen Landtag am 5.5.2021 S. 22.

allerdings immanent und zwingende Konsequenz der Umsetzung des Bundesverfassungsgerichts-Urteils v. 10.4.2018.[1] Die Landesregierung ist der Ansicht, dass die Belastungsverschiebung nach oben und unten bei dem niedersächsischen Modell mitunter sehr viel geringer seien als bei anderen Modellen.[2] Inwieweit es tatsächlich zu Belastungsverschiebungen kommen wird, kann derzeit noch nicht abgeschätzt werden. Die Einführung eines Exponenten kleiner 1 zur Dämpfung des Lage-Faktors könnte allerdings eine Privilegierung von Grundstücken in teureren Lagen indizieren, da sich der Lage-Faktor verhältnismäßig weniger stark verändert, je stärker der Zonen-Bodenrichtwert vom durchschnittlichen Bodenrichtwert abweicht.[3]

29 Um das Ziel der Aufkommensneutralität zu erreichen, wird an die **Gemeinden** appelliert, die aus der Neuregelung resultierenden Belastungsverschiebungen durch eine **Anpassung des Hebesatzes** so auszugleichen, dass ein konstantes Grundsteueraufkommen gesichert wird.[4] Darüber hinaus wurde in § 7 Abs. 1 NGrStG gesetzlich normiert, dass die jeweilige Gemeinde bei der Hauptveranlagung einen aufkommensneutralen Hebesatz ermitteln muss. Dieser und etwaige Abweichungen hiervon sind auf geeignete Art und Weise zu veröffentlichen.[5] Da die Bemessungsgrundlage beim Äquivalenzmodell mit den vorgesehenen Äquivalenzzahlen erheblich geringer sein dürfte als bei einem marktwertorientierten Modell, ist in Niedersachsen damit zu rechnen, dass die Gemeinden ihre Hebesätze entsprechend erhöhen müssen. Der Lagefaktor dürfte die Bemessungsgrundlage weiter drücken, da sich die Potenz von 0,3 bei Zahlen über 1 verhältnismäßig mehr dämpfend als sie sich bei Zahlen unter 1 hebend auswirkt.[6]

30–32 *(Einstweilen frei)*

D. Verfahrensvorschriften

I. Grundsteuer B: Dreistufiges Verfahren

33 Das **niedersächsische Grundsteuerrecht** ist auch beim Grundvermögen weiterhin **dreistufig aufgebaut.** Abweichend vom Bundesmodell werden auf der ersten Stufe keine Grundsteuerwerte, sondern Äquivalenzbeträge festgestellt (§§ 2 Abs. 3, 8 Abs. 2 Satz 2, 8 Abs. 3 NGrStG). Hierauf aufbauend wird zur Ermittlung der Grundsteuer ein Grundsteuermessbetrag festgesetzt (§§ 2 Abs. 2, 9 Abs. 1, 9 Abs. 2 NGrStG).[7] Dieser ist die Bemessungsgrundlage, auf welche die jeweilige Gemeinde zur Ermittlung der zu zahlenden Grundsteuer ihren Hebesatz anwendet (§ 2 Abs. 1 Satz 2 NGrStG).

34–35 *(Einstweilen frei)*

---

1 BVerfG, Urteil v. 10.4.2018 - 1 BvL 11/14, 1 BvL 12/14, 1 BvL 1/15, 1 BvR 639/11, 1 BvR 889/12 NWB MAAAG-80435.
2 Hilbers, Niederschrift über den öffentlichen Teil der 124. Sitzung des Ausschusses für Haushalt und Finanzen im Niedersächsischen Landtag am 5.5.2021 S. 22.
3 Vgl. Grafik in der Begründung zum Gesetzentwurf der Koalitionsfraktionen zum Niedersächsischen Grundsteuergesetz, Niedersächsische LT-Drucks. 18/8995 S. 23.
4 Gesetzentwurf der Koalitionsfraktionen zum Niedersächsischen Grundsteuergesetz, Niedersächsische LT-Drucks. 18/8995 S. 1.
5 Siehe vertiefend Bock/Lapp in Grootens, NGrStG § 7 Rz. 41 f.
6 Vgl. Grafik in der Begründung zum Gesetzentwurf der Koalitionsfraktionen zum Niedersächsischen Grundsteuergesetz, Niedersächsische LT-Drucks. 18/8995 S. 23. Das dort ausgewählte Beispiel zeigt, dass die Dämpfung bei der Hälfte des durchschnittlichen Bodenrichtwerts ca. 30 Prozentpunkte (von Faktor 0,5 zu Faktor 0,8) beträgt, während eine Verdopplung des Bodenrichtwert zu einer Dämpfung um 80 Prozentpunkte (von Faktor 2,0 zu Faktor 1,2) führt.
7 Siehe hierzu vertiefend Bock/Lapp in Grootens, NGrStG § 2 61 f.

II. Erklärungs- und Anzeigepflichten

Die in § 228 BewG[1] und § 19 GrStG[2] **bundesgesetzlich geregelten Erklärungs- und Anzeigepflichten** gelten mangels abweichender landesgesetzlicher Regelung grds. auch in Niedersachsen. Für die Steuerpflichtigen bedeutet dies:

▶ Zum ersten Hauptfeststellungszeitpunkt auf den 1.1.2022 ist eine Erklärung zur Feststellung der Äquivalenzbeträge elektronisch nach amtlich vorgeschriebenem Datensatz an die Finanzbehörde zu übermitteln. Die Abgabe der Erklärung auf einem amtlichen Papiervordruck ist auch im niedersächsischen Modell in Härtefällen möglich. Da Niedersachsen keine weitere Hauptfeststellung durchführt, wird keine weitere Erklärung zur Feststellung der Äquivalenzbeträge in den Folgejahren erforderlich werden.[3]

▶ Dem Finanzamt müssen jeweils durch elektronische Übermittlung nach amtlich vorgeschriebenem Datensatz, wobei auch hier die Abgabe der Anzeige auf einem amtlichen Papiervordruck in Härtefällen auf Antrag möglich bleibt, folgende Änderungen angezeigt werden:

  – Änderungen der tatsächlichen Verhältnisse, die sich auf die Höhe der Äquivalenzbeträge auswirken oder zu deren Aufhebung oder Nachfeststellung führen können,

  – ein Wechsel des (wirtschaftlichen) Eigentümers bei einem Gebäude auf fremdem Grund und Boden,

  – jede Änderung in der Nutzung oder in den Eigentumsverhältnissen eines ganz oder teilweise von der Grundsteuer befreiten Grundstücks,

  – der Wegfall der Voraussetzungen für eine ermäßigte Steuermesszahl.

Das NGrStG trifft hinsichtlich der Erklärungs- und Anzeigepflichten in §§ 8 Abs. 5, 9 Abs. 4 NGrStG[4] lediglich folgende **punktuelle Abweichungen vom Bundesrecht:**

	NGrStG	BewG/GrStG
Öffentliche Aufforderung zur Erklärungsabgabe mittels Allgemeinverfügung	zwingend durch öffentliche Bekanntmachung durch die für Steuern in Niedersachsen zuständige Mittelbehörde (Landesamt für Steuern Niedersachsen) § 8 Abs. 5 Satz 1 NGrStG[5]	durch öffentliche Bekanntmachung des Bundesministeriums der Finanzen im Einvernehmen mit den obersten Finanzbehörden der Länder möglich § 228 Abs. 1 Satz 3 BewG[6]
Anzeigefrist bei Änderungen der tatsächlichen Verhältnisse	Zusammenfassung auf den Beginn des folgenden Kalenderjahres und Anzeige bis zum 31.3. des folgenden Jahres § 8 Abs. 5 Satz 2 und 3 NGrStG[7]	Anzeige der Änderungen auf den Beginn des folgenden Kalenderjahres bis zum 31.1. des folgenden Jahres § 228 Abs. 2 Satz 1 und 3 BewG[8]

---

1 Siehe hierzu Wredenhagen in Grootens, BewG § 228 Rz. 1 ff.
2 Siehe hierzu Bock in Grootens, GrStG § 19 Rz. 1 ff.
3 Siehe vertiefend Bock/Lapp in Grootens NGrStG § 8 Rz. 46 und NGrStG § 9 Rz. 36.
4 Siehe vertiefend Bock/Lapp in Grootens, NGrStG § 8 Rz. 71 ff., und NGrStG § 9 Rz. 56 ff.
5 Siehe vertiefend Bock/Lapp in Grootens, NGrStG § 8 Rz. 72.
6 Siehe vertiefend Wredenhagen in Grootens, BewG § 228 Rz. 66 f.
7 Siehe vertiefend Bock/Lapp in Grootens, NGrStG § 8 Rz. 73.
8 Siehe vertiefend Wredenhagen in Grootens, BewG § 228 Rz. 131 ff.

	NGrStG	BewG/GrStG
Anzeigepflichtige/r bei Eigentumswechsel eines Gebäudes auf fremdem Grund und Boden	(wirtschaftliche/r) Eigentümer/in des Gebäudes § 8 Abs. 5 Satz 4 NGrStG[1]	Eigentümer/in des Grund und Bodens § 228 Abs. 3 Nr. 3 BewG[2]
Anzeigefrist bei Wegfall einer Steuerbefreiung/-ermäßigung	Anzeige bis zum 31.3. des Folgejahres § 9 Abs. 4 Satz 4 NGrStG[3]	Anzeige innerhalb von drei Monaten nach dem Eintritt der Änderung oder dem Wegfall der Voraussetzungen § 19 Abs. 1 Satz 2 und Abs. 2 Satz 2 GrStG[4]
Form der Anzeige bei Wegfall einer Steuerbefreiung/-ermäßigung	grds. Übermittlung mit amtlich vorgeschriebenem Datensatz an das Finanzamt § 9 Abs. 4 Satz 5 NGrStG[5], § 8 Abs. 6 NGrStG[6]	formlos keine elektronische Übermittlungspflicht in § 19 GrStG[7]

38–41 *(Einstweilen frei)*

E. Verfassungsrechtliche Bewertung

42 Auch das NGrStG muss die verfassungsrechtlichen Vorgaben, insbesondere aus dem **Urteil des Bundesverfassungsgerichts** vom 10.4.2018[8] zur Verfassungsmäßigkeit der Einheitsbewertung erfüllen. Demzufolge hat der Gesetzgeber bei der Wahl der Bemessungsgrundlage und bei der Ausgestaltung der Bewertungsregeln einer Steuer einen großen Spielraum, solange sie geeignet sind, den Belastungsgrund der Steuer zu erfassen und dabei die Relation der Wirtschaftsgüter zueinander realitätsgerecht abzubilden.[9]

43 Das niedersächsische Grundsteuermodell bemüht wie das bayerische Flächenmodell den Äquivalenzgedanken zur Formulierung der Belastungsgrundentscheidung.[10] Die **Kritik am Äquivalenzgedanken**[11] gilt daher auch für das NGrStG. Insbesondere aus der Aussage, dass mit der Grundsteuer diejenigen Ausgaben der Gemeinde abgedeckt werden sollen, die dem Grundstückseigentümer zugutekommen und nicht über Gebühren und Beiträge gedeckt sind,[12] lässt sich nichts Gewinnbringendes für die konkrete Ausgestaltung der Grundsteuer schlussfolgern. Jede Steuer soll Ausgaben des Staates abdecken, die nicht über Gebühren und Beiträge gedeckt werden. Diese Kritik gilt unabhängig davon, ob man eine Gruppenäquivalenz und keine Individualäquivalenz annimmt und ob man den Äquivalenzgedanken nutzenorientiert oder kostenorientiert interpretiert.[13]

---

1 Siehe vertiefend Bock/Lapp in Grootens, NGrStG § 8 Rz. 75.
2 Siehe vertiefend Wredenhagen in Grootens, BewG § 228 Rz. 152 ff.
3 Siehe vertiefend Bock/Lapp in Grootens, NGrStG § 9 Rz. 59.
4 Siehe vertiefend Bock in Grootens, GrStG § 19 Rz. 28.
5 Siehe vertiefend Bock/Lapp in Grootens, NGrStG § 9 Rz. 60.
6 Siehe vertiefend Bock/Lapp in Grootens, NGrStG § 8 Rz. 76.
7 Siehe vertiefend Bock in Grootens, GrStG § 19 Rz. 28.
8 BVerfG, Urteil v. 10.4.2018 - 1 BvL 11/14, 1 BvL 12/14, 1 BvL 1/15, 1 BvR 639/11, 1 BvR 889/12, NWB MAAAG-80435.
9 BVerfG, Urteil v. 10.4.2018 - 1 BvL 11/14, 1 BvL 12/14, 1 BvL 1/15, 1 BvR 639/11, 1 BvR 889/12, Rz. 97 f., NWB MAAAG-80435.
10 Vgl. Gesetzentwurf der Koalitionsfraktionen zum Niedersächsischen Grundsteuergesetz, Niedersächsische LT-Drucks. 18/8995 S. 11 f.
11 Vgl. hierzu bereits Bock in Grootens, BewG § 250 Rz. 40 ff. m. w. N.
12 Vgl. etwa Kirchhoff, DStR 2018 S. 2661 oder Freund, FR 2019 S. 931.
13 Vgl. dazu eingehend Scheffler/Feldner, ifst-Schriften Nr. 542 S. 15 ff.; zur Kritik an der Anknüpfung an die Kostenäquivalenz vgl. Löhr, BB 2022 S. 87 f.

Als zwingende Folge aus dem **Äquivalenzgedanken** wird auch im niedersächsischen Grundsteuermodell die Anwendung des **Flächenmodells** geschlussfolgert.[1] Die Kritik am Flächenmodell,[2] insbesondere dass die Fläche kein Indikator für die Möglichkeit der Inanspruchnahme von Gemeindeleistungen ist,[3] die nicht folgerichtige Berücksichtigung von Leerstand, die Inanspruchnahme des Eigentümers statt der Nutzer gilt auch für das NGrStG.

Das niedersächsische Grundsteuermodell weicht von dem Bundesmodell beim Grundvermögen ab, wohingegen beim land- und forstwirtschaftlichen Vermögen das Bundesmodell angewendet wird. Das Bundesmodell beruht anders als das niedersächsische Modell auf dem Leistungsfähigkeitsprinzip. Damit stellt das niedersächsische Grundsteuermodell ein **Mischmodell** dar. Ob diese Ungleichbehandlung zwischen den beiden Vermögensarten gerechtfertigt werden kann und ein solches Mischmodell den verfassungsrechtlichen Vorgaben des Bundesverfassungsgerichts genügt, eine einmal getroffene Belastungsgrundentscheidung für eine Steuer folgerichtig umzusetzen, ist zweifelhaft.[4]

Neben der Vermischung von verkehrswertabhängigen und verkehrswertunabhängigen Modellen bei den beiden von der Grundsteuer erfassten Vermögensarten, enthält das niedersächsische Modell durch die **Anknüpfung** an den **Bodenrichtwert beim Lagefaktor** eine weitere Komponente der Verkehrswertermittlung. Hierin könnte ebenfalls eine nicht folgerichtige Umsetzung der Belastungsgrundentscheidung gesehen werden.[5] Die Anknüpfung an den Bodenrichtwert wird vom niedersächsischen Gesetzgeber typisierend damit begründet, dass in teureren Lagen die Quantität und Qualität der gemeindlichen Infrastrukturausgaben höher seien.[6] Die örtliche Infrastruktur ist allerdings nur ein wertbildender Faktor, der Einfluss auf das Wertniveau einer Gegend hat und sich im Bodenrichtwert widerspiegelt.[7] Ein Seegrundstück beispielsweise hat im Vergleich einen höheren Wert, weil es ein Seegrundstück ist und nicht weil die Gemeinde höhere Leistungen erbracht hat. Dass sich die vom niedersächsischen Gesetzgeber angenommenen lagebedingten Gemeindeausgaben zutreffend aus dem Verhältnis von Bodenrichtwert und durchschnittlichem Bodenrichtwert der Gemeinde potenziert um 0,3 ergibt, ist ebenfalls bisher nicht schlüssig begründet worden. Ob der niedersächsische Gesetzgeber mit der Anknüpfung an den Bodenrichtwert seinen Typisierungsspielraum überschritten hat, bleibt abzuwarten.

Aus der Belastungsgrundentscheidung des Gesetzgebers lässt sich das zutreffende **Bewertungsziel** ableiten. Anhand des Bewertungsziels wird überprüft, ob die Bewertungsmethoden folgerichtig ausgestaltet sind. Wenn die Belastungsgrundentscheidung des niedersächsischen

---

1 Vgl. Gesetzentwurf der Koalitionsfraktionen zum Niedersächsischen Grundsteuergesetz, Niedersächsische LT-Drucks. 18/8995 S. 11 f.
2 Vgl. hierzu bereits Bock in Grootens, BewG § 250 Rz. 40 ff. m. w. N.
3 Kritisch auch Arning, Niederschrift über die 125. - öffentliche – Sitzung des Ausschusses für Haushalt und Finanzen des niedersächsischen Landtags am 19.5.2021 in Hannover, S. 6; vgl. auch Scheffler/Feldner, ifst-Schriften Nr. 542 S. 163 f. zum bayerischen Modell; Löhr, BB 2019 S. 2589; Schmidt, DStR 2021 S. 1330; Seer, DB 2018 S. 1488; a. A. Bräutigam, DStR 2021 S. 1330; Freund, FR 2019 S. 831; Kirchhof, DStR 2020 S. 1080; Löhr, BB 2022 S. 87 f.
4 Siehe vertiefend Niedersächsische LT-Drucks. 18/9632 S. 29 f. sowie Bock/Lapp in Grootens, NGrStG § 11 Rz. 21 ff.; vgl. auch Löhr, BB 2020 S. 1687, S. 1692 zum hessischen Grundsteuermodell.
5 So wohl Arning, Niederschrift über die 125. - öffentliche – Sitzung des Ausschusses für Haushalt und Finanzen des Niedersächsischen Landtags am 19.5.2021 in Hannover, S. 6; Löhr, BB 2020 S. 1687, S. 1692 zum hessischen Grundsteuermodell; siehe auch Niedersächsische LT-Drucks. 18/9632 S. 17; a. A. Hubert, StuB 2020 S. 552, S. 556 zum hessischen Grundsteuermodell; Krause in Stenger/Loose, NGrStG, Vergleich zur bundeseinheitlichen Regelung, Rz. 84.
6 Gesetzentwurf der Koalitionsfraktionen zum Niedersächsischen Grundsteuergesetz, Niedersächsische LT-Drucks. 18/8995 S. 12.
7 Kritisch auch Arning, Niederschrift über die 125. - öffentliche – Sitzung des Ausschusses für Haushalt und Finanzen des Niedersächsischen Landtags am 19.5.2021 in Hannover, S. 5 f.

Gesetzgebers darin liegen soll, die von der örtlichen Gemeinde erbrachten sonstigen öffentlichen Leistungen und die Intensität der jeweiligen Nutzung der kommunalen Infrastruktur (Aufwandsäquivalenz) sowie die Qualität und Quantität der Nutzungsmöglichkeit (Nutzenäquivalenz) zu besteuern,[1] muss das Bewertungsziel folgerichtig der Wert dieser sonstigen öffentlichen Leistungen, der Intensität der jeweiligen Nutzung und die Nutzungsmöglichkeit der kommunalen Infrastruktur und Leistungen in Bezug auf das Grundstück sein. Ein solcher Wert existiert in der Realität bezogen auf ein Grundstück jedoch nicht, da diese Leistungen der Gemeinde unabhängig vom Grundstückswert am Markt nicht gehandelt werden.[2] Damit existiert kein tauglicher Vergleichsmaßstab, um das nach dem NGrStG gefundene Bewertungsergebnis im konkreten Einzelfall auf seine Richtigkeit hin überprüfen zu können. Im Bundesmodell können die nach dem Siebenten Abschnitt des BewG ermittelten Bewertungsergebnisse mit dem jeweiligen Verkehrswert des Grundstücks verglichen werden und damit überprüft werden, ob mit den Bewertungsmethoden des Siebenten Abschnitts des BewG das Bewertungsziel erreicht und die Belastungsgrundentscheidung folgerichtig umgesetzt wird. Im niedersächsischen Modell ist dies wegen der Unklarheit im Bewertungsziel nicht möglich.[3]

48 Erklärungsbedürftig ist zudem, dass in allen Gemeinden der Länder, die auf das Flächenmodell zurückgreifen (Bayern, Hamburg, Hessen und Niedersachsen), die **Äquivalenzzahlen** gleich hoch sind. Die Äquivalenzzahlen wurden nicht aus der Belastungsgrundentscheidung heraus kalkuliert.[4] Dieselben Äquivalenzzahlen in diesen Ländern bedeutet nach dem zugrunde liegenden Äquivalenzgedanken, dass in jeder Gemeinde in diesen Ländern die erbrachten sonstigen öffentlichen Leistungen, die Intensität der jeweiligen Nutzung der kommunalen Infrastruktur sowie die Qualität und Quantität der Nutzungsmöglichkeit bezogen auf einen Quadratmeter Grundstücksfläche und Gebäudefläche identisch sind. Mit dem im niedersächsischen Modell vorgesehenen Lagefaktor wird dieser Wertungswiderspruch etwas abgemildert, es bleibt allerdings die Grundfrage, ob die Äquivalenzzahlen die korrekten Ausgangswerte zur folgerichtigen Ausgestaltung der Belastungsgrundentscheidung sind.[5]

49 Eine **tragfähige verfassungsrechtliche Begründung** für ein Flächenmodell ließe sich finden, wenn die Belastungsgrundentscheidung in der Inanspruchnahme von Fläche in der Gemeinde erblickt werden würde. In diesem Fall wäre das Bewertungsziel die Fläche selbst. Richtiger Steuerschuldner wäre bei dieser Auslegung der Eigentümer des Grundbesitzes. Die Äquivalenzzahlen wären dann Teil des Steuersatzes und die Festlegung der Höhe der Äquivalenzzahlen liege weitgehend im Ermessen des Gesetzgebers. Es bleibt abzuwarten, ob es vor einem Verfassungsgericht gelingen wird, darzulegen, dass die Bemessungsgrundlage mit dem NGrStG so ausgestaltet ist, dass sie den mit der Steuer verfolgten Belastungsgrund in der Relation der Wirtschaftsgüter zueinander realitätsgerecht abbildet.[6]

---

[1] Gesetzentwurf der Koalitionsfraktionen zum Niedersächsischen Grundsteuergesetz, Niedersächsische LT-Drucks. 18/8995 S. 12 f.
[2] Vgl. bereits Bock in Grootens, BewG § 250 Rz. 42 und Ronnecker, ZKF 2019 S. 265 zum ursprünglichen niedersächsischen Modell (siehe hierzu Rz. 2); Kritisch auch Arning, Niederschrift über die 125. - öffentliche - Sitzung des Ausschusses für Haushalt und Finanzen des Niedersächsischen Landtags am 19.5.2021 in Hannover, S. 5.
[3] Siehe auch Löhr, BB 2022 S. 87, S. 93; Löhr, BB 2020 S. 1687, S. 1692 zum hessischen Grundsteuermodell.
[4] Kritisch auch Arning, Niederschrift über die 125. - öffentliche - Sitzung des Ausschusses für Haushalt und Finanzen des Niedersächsischen Landtags am 19.5.2021 in Hannover, S. 6.
[5] Krit. auch Löhr, BB 2022 S. 87, S. 90 f.
[6] So die Vorgabe des BVerfG, Urteil v. 10.4.2018 - 1 BvL 11/14, 1 BvL 12/14, 1 BvL 1/15, 1 BvR 639/11, 1 BvR 889/12, Rz. 97, NWB MAAAG-80435; vgl. auch Arning, Niederschrift über die 125. - öffentliche - Sitzung des Ausschusses für Haushalt und Finanzen des Niedersächsischen Landtags am 19.5.2021 in Hannover, S. 8.

§ 1 NGrStG Regelungszweck

(1) ¹Dieses Gesetz trifft für Zwecke der Ermittlung, Festsetzung und Erhebung der Grundsteuer für Zeiträume ab dem Kalenderjahr 2025 von den Bestimmungen des Grundsteuergesetzes (GrStG) und des Bewertungsgesetzes (BewG) abweichende Regelungen für Niedersachsen. ²Die Bestimmungen des Grundsteuergesetzes und des Bewertungsgesetzes sind für Zwecke der Ermittlung, Festsetzung und Erhebung der Grundsteuer für die in Satz 1 genannten Zeiträume nur anzuwenden, soweit sich aus diesem Gesetz nichts anderes ergibt. ³Soweit diese Bestimmungen den Grundsteuerwert betreffen, sind sie für Zwecke der Ermittlung, Festsetzung und Erhebung der Grundsteuer B entsprechend auf die Äquivalenzbeträge nach § 2 Abs. 3 anzuwenden, soweit sich aus diesem Gesetz nichts anderes ergibt.

Inhaltsübersicht	Rz.
A. Allgemeine Erläuterungen	1 - 25
I. Normzweck und wirtschaftliche Bedeutung der Vorschrift	1 - 3
II. Entstehung und Entwicklung der Vorschrift	4 - 7
III. Geltungsbereich	8 - 10
IV. Vereinbarkeit der Vorschrift mit höherrangigem Recht	11 - 15
V. Verhältnis zu anderen Vorschriften	16 - 25
B. Systematische Kommentierung	26 - 39
I. Bestimmung des Regelungszweck des NGrStG (§ 1 Satz 1 NGrStG)	26 - 35
II. Bestimmung des Anwendungsverhältnisses von Bundesrecht zum NGrStG (§ 1 Satz 2 und 3 NGrStG)	36 - 39

HINWEISE:

A 1.1 - A 1.4 des Runderlasses des Niedersächsischen Finanzministeriums, Anwendung des Niedersächsischen Grundsteuergesetzes (NGrStG) zur Bewertung des Grundvermögens für die Grundsteuer ab 1.1.2022 (AENGrStG), RdErl. d. MF v. 22.2.2022 - G 1002-6 - 62100.

A. Allgemeine Erläuterungen

I. Normzweck und wirtschaftliche Bedeutung der Vorschrift

§ 1 NGrStG verdeutlicht einleitend den **Regelungszweck** des Gesetzes und bestimmt das **Verhältnis zu den bundesgesetzlichen Regelungen** zur Bewertung des Grundbesitzes für Zwecke der Grundsteuer ab dem Kalenderjahr 2025. Das einleitende Voranstellen einer den Regelungszweck bestimmenden Norm entspricht dem Vorgehen des niedersächsischen Landesgesetzgebers bei anderen niedersächsischen Gesetzen, bei denen der Landesgesetzgeber von seiner Abweichungskompetenz nach Art. 72 Abs. 3 GG Gebrauch gemacht hat.[1] Zudem wird im niedersächsischen Landesrecht im Rahmen der Abweichungsgesetzgebung üblicherweise im Regelungstext deutlich gemacht, dass und von welcher bundesrechtlichen Regelung insoweit durch Landesgesetz abgewichen wird.[2] § 1 NGrStG ist damit von erheblicher Bedeutung für die Bestimmung und Auslegung der Normen, die für in Niedersachsen belegenen Grundbesitz anzuwenden sind.

1

(Einstweilen frei)   2–3

---

[1] Niedersächsische LT-Drucks. 18/9632 S. 4, vgl. § 1 Abs. 1 des Niedersächsischen Raumordnungsgesetzes (NROG), § 1 Satz 1 des Niedersächsischen Ausführungsgesetzes zum Bundesnaturschutzgesetz (NAGBNatSchG).

[2] Vgl. z. B. § 5 Abs. 1 Satz 2, Abs. 2 NROG, § 6 Abs. 1 Satz 1 und 2 NAGBNatSchG, § 18 Abs. 2 Niedersächsisches Jagdgesetz.

II. Entstehung und Entwicklung der Vorschrift

4 Die Vorschrift wurde im Jahr 2021 mit dem **Stammgesetz** in das NGrStG aufgenommen.[1]

5 § 1 NGrStG in der vorliegenden Fassung war in dem ursprünglichen Gesetzentwurf der Regierungskoalition[2] nicht enthalten und wurde erst im parlamentarischen Verfahren aufgrund einer **Empfehlung des federführenden Ausschusses für Haushalt und Finanzen** zur Klarstellung und Präzisierung in das Gesetz aufgenommen.[3] Die Einfügung des § 1 NGrStG führte dazu, dass sich im Verhältnis zum Gesetzentwurf der Koalitionsfraktionen alle Paragraphen bis § 8 NGrStG-E um eine Stelle nach hinten verschoben haben.

6–7 *(Einstweilen frei)*

III. Geltungsbereich

8 § 1 NGrStG gilt für **Grundbesitz**, d. h. sowohl für das **land- und forstwirtschaftliche Vermögen** als auch das **Grundvermögen**, der bzw. das in Niedersachsen belegen ist.

9 § 1 NGrStG ist mit dem Stammgesetz gem. § 15 Abs. 1 NGrStG **am 14.7.2021 in Kraft getreten**. Wie sich aus § 1 Satz 1 NGrStG und § 12 Abs. 1 NGrStG[4] ergibt, sollen die Regelungen des NGrStG und damit auch § 1 NGrStG erst für die Erhebung der **Grundsteuer** ab dem **Kalenderjahr 2025** von Bedeutung sein. Dies entspricht der Vorgabe des Art. 125b Abs. 3 GG, wonach abweichendes Landesrecht der Erhebung der Grundsteuer frühestens für Zeiträume ab dem 1.1.2025 zugrunde gelegt werden darf. Für davor liegende Kalenderjahre gelten die bundesgesetzlichen Regelungen für Zwecke der Grundsteuer, insbesondere die Einheitsbewertung, fort.

10 *(Einstweilen frei)*

IV. Vereinbarkeit der Vorschrift mit höherrangigem Recht

11 § 1 NGrStG begegnet keinen verfassungsrechtlichen Bedenken. Insbesondere besteht eine **Abweichungskompetenz** des Landesgesetzgebers nach Art. 72 Abs. 3 Satz 1 Nr. 7 GG für die Grundsteuer. § 1 Satz 2 und 3 NGrStG bestimmen, inwieweit von der Abweichungsbefugnis Gebrauch gemacht wurde.

12 Ob der jeweilige Landesgesetzgeber über die **bloße Inanspruchnahme** seiner **Abweichungsbefugnis** nach Art. 72 Abs. 3 Satz 1 Nr. 7 GG hinaus im Abweichungsgesetz deutlich machen muss, von welchen Bundesnormen abgewichen wird, ist zweifelhaft. Das Bundesverfassungsgericht hat mit Urteil v. 19.12.2017[5] entschieden, dass im Rahmen der Abweichungskompetenz nach Art. 125b Abs. 1 Satz 3 GG ein besonderer, über die inhaltliche Inanspruchnahme der Abweichungsbefugnis hinausgehender Ausdruck gesetzgeberischen Abweichungswillens oder die Zitierung derjenigen bundesrechtlichen Vorschriften, von denen abgewichen werden soll, verfassungsrechtlich nicht erforderlich ist. Es hat allerdings ausdrücklich offengelassen,

---

1 Niedersächsisches Grundsteuergesetz v. 7.7.2021, Nds. GVBl. Nr. 27/2021 S. 502 ff.
2 Gesetzentwurf der Koalitionsfraktionen zum Niedersächsischen Grundsteuergesetz, Niedersächsische LT-Drucks. 18/8995.
3 Gesetzentwurf der Koalitionsfraktionen zum Niedersächsischen Grundsteuergesetz, Niedersächsische LT-Drucks. 18/8995 S. 4 f.
4 Siehe Bock/Lapp in Grootens, NGrStG § 12 Rz. 31 ff.
5 BVerfG, Urteil v. 19.12.2017 - 1 BvL 3/14, 1 BvL 4/14, Rz. 236, NWB AAAAG-70074.

ob dies auch für die Abweichungskompetenz nach Art. 72 Abs. 3 GG, auf deren Grundlage das Niedersächsische Grundsteuergesetz erlassen wurde, gilt. Mit § 1 NGrStG sichert der niedersächsische Gesetzgeber vorsorglich die Verfassungsmäßigkeit des NGrStG im Hinblick auf diese Rechtsprechung des BVerfG ab.

(Einstweilen frei) 13–15

V. Verhältnis zu anderen Vorschriften

§ 1 Satz 1 NGrStG beruht im Hinblick auf den zeitlichen Anwendungsbereich auf **Art. 125b Abs. 3 GG**, wonach abweichendes Landesrecht der Erhebung der Grundsteuer frühestens für Zeiträume ab dem 1.1.2025 zugrunde gelegt werden darf. Die Gesetzgebungskompetenz des Landesgesetzgebers ergibt sich aus der Abweichungskompetenz nach **Art. 72 Abs. 3 Satz 1 Nr. 7 GG**.

§ 1 Satz 2 NGrStG bestimmt, dass das NGrStG insoweit das **Bewertungsgesetz** und das **Grundsteuergesetz** für Zwecke der Ermittlung, Festsetzung und Erhebung der Grundsteuer verdrängt, soweit nicht etwas anderes im NGrStG geregelt ist. Es gilt allerdings der Grundsatz lex posterior derogat legis priori, d.h., dasjenige Landes- oder Bundesrecht geht vor, das später erlassen wurde.[1]

§ 1 Satz 3 NGrStG nimmt Regelungen des **Bewertungsgesetzes** und des **Grundsteuergesetzes** für das in Niedersachsen belegene Grundvermögen in Bezug und erklärt diese in Bezug auf den Begriff des Grundsteuerwerts für sinngemäß anwendbar, soweit sich aus dem NGrStG nichts anderes ergibt. Die in § 1 Satz 3 NGrStG angesprochene Grundsteuer B wird in **§ 2 Abs. 1 Satz 1 NGrStG** und die angesprochenen Äquivalenzbeträge in **§ 2 Abs. 3 NGrStG** definiert.

Nach § 1 Satz 2 und 3 NGrStG ergibt sich folgendes **Anwendungsverhältnis** der Regelungen des Bewertungsgesetzes und des Grundsteuergesetzes zum NGrStG:

Regelung	Anwendung in Niedersachsen	Bemerkung
Siebenter Abschnitt des Zweiten Teils des Bewertungsgesetzes		
A. Allgemeines		
§ 218 Vermögensarten	ja	keine abweichende landesgesetzliche Regelung
§ 219 Feststellung von Grundsteuerwerten	sinngemäß	siehe § 1 Satz 3 NGrStG zusätzlich sind Feststellungen über die Fläche von Grund und Boden und Gebäudeflächen sowie ihre Einordnung als Wohnfläche oder Nutzfläche zu treffen, siehe § 8 Abs. 1 Satz 1 NGrStG keine Feststellung der Grundstücksart (§ 219 Abs. 2 Nr. 1 GrStG; Umkehrschluss aus § 8 Abs. 1 Satz 2 NGrStG, siehe auch Landtags-Drucks. 18/8995 S. 27)

---

[1] Missverständlich Krause in Stenger/Loose, NGrStG § 1 Rz. 133; siehe hierzu vertiefend und zur sog. Ping-Pong-Gesetzgebung Uhle in Dürig/Herzog/Scholz, GG Art. 72 Rz. 301 ff.; Dreier in Dreier, GG Art. 31 Rz. 26 und Art. 72 Rz. 32; Kmentin in Jarass/Pieroth, GG Art. 72 Rz. 32.

§ 220 Ermittlung der Grundsteuerwerte	teilweise	§ 220 Satz 1 und Satz 2 Halbsatz 1 BewG nein (landesgesetzliche Regelungen im ersten Kapitel des ersten Teils des NGrStG und in § 8 Abs. 2 Satz 4 NGrStG) § 220 Satz 2 Halbsatz 2 BewG (Übergangsregelungen) grds. ja, aber für nicht erforderlich gehalten (vgl. Begründung zu § 7 Abs. 2 NGrStG-E, Landtags-Drucks. 18/8995 S. 27)
§ 221 Hauptfeststellung	nein	siehe § 8 Abs. 2 NGrStG
§ 222 Fortschreibungen	teilweise	§ 222 Abs. 1 BewG nein (abweichende landesgesetzliche Regelung in § 8 Abs. 3 Satz 1 NGrStG) im Übrigen sinngemäß, siehe § 8 Abs. 4 Satz 1 NGrStG
§ 223 Nachfeststellung	sinngemäß	siehe § 8 Abs. 4 Satz 1 NGrStG
§ 224 Aufhebung des Grundsteuerwerts	sinngemäß	siehe § 8 Abs. 4 Satz 1 NGrStG
§ 225 Änderung von Feststellungsbescheiden	sinngemäß	siehe § 8 Abs. 4 Satz 1 NGrStG
§ 226 Nachholung einer Feststellung	sinngemäß	siehe § 8 Abs. 4 Satz 1 NGrStG
§ 227 Wertverhältnisse bei Fortschreibungen und Nachfeststellungen	sinngemäß	für den Lage-Faktor gilt ergänzend die landesgesetzliche Regelung in § 8 Abs. 4 Satz 2 NGrStG
§ 228 Erklärungs- und Anzeigepflicht	teilweise/ sinngemäß	abweichende landesgesetzliche Regelungen in § 8 Abs. 5 NGrStG - Öffentliche Bekanntmachung erfolgt abweichend von § 228 Abs. 1 Satz 3 BewG durch die für Steuern in Niedersachsen zuständige Mittelbehörde. - Änderungen der tatsächlichen Verhältnisse, die sich auf die Höhe der Äquivalenzbeträge auswirken oder zu einer Nachfeststellung oder Aufhebung führen können, sind abweichend von § 228 Abs. 2 BewG auf den Beginn des folgenden Kalenderjahres zusammengefasst anzuzeigen. - Von § 228 Abs. 2 Satz 3 BewG abweichender Abgabetermin für die Anzeige: 31.3. des Folgejahres der Änderung der Verhältnisse. - Erklärungspflicht derjenigen oder desjenigen, der oder dem die wirtschaftliche Einheit zuzurechnen ist, bei Gebäuden auf fremdem Grund und Boden.
§ 229 Auskünfte, Erhebungen und Mitteilungen	ja	keine abweichende landesgesetzliche Regelung zusätzliche Mitteilungspflichten der niedersächsischen Katasterverwaltung in § 5 Abs. 4 NGrStG
§ 230 Abrundung	nein	landesgesetzliche Regelung in § 2 Abs. 2 Satz 2 NGrStG
§ 231 Abgrenzung von in- und ausländischem Vermögen	nein	landesgesetzliche Regelung in § 2 Abs. 5 NGrStG

B. Land- und forstwirtschaftliches Vermögen		
I. Allgemeines		
§ 232 Begriff des land- und forstwirtschaftlichen Vermögens	grds. ja	aber Regelung in § 11 Abs. 1 NGrStG, welche die Anwendung des § 232 Abs. 4 Nr. 1 BewG einschränkt, und ergänzende Regelungen in § 11 Abs. 24 NGrStG
§ 233 Abgrenzung des land- und forstwirtschaftlichen Vermögens vom Grundvermögen in Sonderfällen	ja	keine abweichende landesgesetzliche Regelung
§ 234 Betrieb der Land- und Forstwirtschaft	grds. ja	siehe aber § 11 Abs. 1 NGrStG, wonach zusätzlich auch bestimmte Hof- und Wirtschaftsgebäudeflächen einschließlich der Nebenflächen, von denen aus keine land- und forstwirtschaftlichen Flächen mehr nachhaltig bewirtschaftet werden, zur Hofstelle gehören
§ 235 Bewertungsstichtag	ja	keine abweichende landesgesetzliche Regelung
§ 236 Bewertungsgrundsätze	ja	keine abweichende landesgesetzliche Regelung
§ 237 Bewertung des Betriebs der Land- und Forstwirtschaft	ja	keine abweichende landesgesetzliche Regelung
§ 238 Zuschläge zum Reinertrag	ja	keine abweichende landesgesetzliche Regelung
§ 239 Grundsteuerwert des Betriebs der Land- und Forstwirtschaft	ja	keine abweichende landesgesetzliche Regelung
§ 240 Kleingartenland und Dauerkleingartenland	ja	keine abweichende landesgesetzliche Regelung
II. Besondere Vorschriften		
§ 241 Tierbestände	ja	keine abweichende landesgesetzliche Regelung
§ 242 Übrige land- und forstwirtschaftliche Nutzungen	ja	keine abweichende landesgesetzliche Regelung
C. Grundvermögen		
I. Allgemeines		
§ 243 Begriff des Grundvermögens	ja	siehe § 2 Abs. 1 Satz 1 NGrStG
§ 244 Grundstück	teilweise	siehe § 2 Abs. 1 Satz 1 NGrStG § 244 Abs. 3 Nr. 2 BewG nein, siehe § 2 Abs. 4 Satz 2 NGrStG
§ 245 Gebäude, Gebäudeteile und Anlagen für den Zivilschutz	sinngemäß	siehe § 1 Satz 3 NGrStG und Begründung zu § 2 Abs. 1 NGrStG-E (Landtags-Drucks. 18/8995 S. 19) keine abweichende landesgesetzliche Regelung

II. Unbebaute Grundstücke		
§ 246 Begriff der unbebauten Grundstücke	grds. ja	siehe aber ergänzende landesrechtliche Regelung in § 3 Abs. 4 NGrStG, wonach ein Grundstück auch als unbebaut gilt, wenn die darauf errichteten Gebäude eine Gesamtgebäudefläche von weniger als 30 m² haben
§ 247 Bewertung der unbebauten Grundstücke	nein	abweichende landesgesetzliche Regelungen, siehe §§ 2-6 NGrStG
III. Bebaute Grundstücke		
§ 248 Begriff der bebauten Grundstücke	grds. ja	siehe aber ergänzende landesrechtliche Regelung in § 3 Abs. 4 NGrStG, wonach ein Grundstück auch als unbebaut gilt, wenn die darauf errichteten Gebäude eine Gesamtgebäudefläche von weniger als 30 m² haben
§ 249 Grundstücksarten	nein	Abweichende landesgesetzliche Bewertungsmethode im ersten Kapitel des ersten Teils des NGrStG. Die Unterscheidung in verschiedene Grundstücksarten ist nicht erforderlich, da bei allen Grundstücksarten lediglich auf die Fläche des Grund und Bodens sowie die Wohn- und Nutzfläche abgestellt wird (§§ 8, 9 NGrStG).
§ 250 Bewertung der bebauten Grundstücke	nein	abweichende landesgesetzliche Regelungen, siehe §§ 2-6 NGrStG
§ 251 Mindestwert	nein	abweichende landesgesetzliche Regelungen, siehe §§ 2-6 NGrStG
§ 252 Bewertung im Ertragswertverfahren	nein	abweichende landesgesetzliche Regelungen, siehe §§ 2-6 NGrStG
§ 253 Ermittlung des kapitalisierten Reinertrags	nein	abweichende landesgesetzliche Regelungen, siehe §§ 2-6 NGrStG
§ 254 Rohertrag des Grundstücks	nein	abweichende landesgesetzliche Regelungen, siehe §§ 2-6 NGrStG
§ 255 Bewirtschaftungskosten	nein	abweichende landesgesetzliche Regelungen, siehe §§ 2-6 NGrStG
§ 256 Liegenschaftszinssätze	nein	abweichende landesgesetzliche Regelungen, siehe §§ 2-6 NGrStG
§ 257 Ermittlung des abgezinsten Bodenwerts	nein	abweichende landesgesetzliche Regelungen, siehe §§ 2-6 NGrStG
§ 258 Bewertung im Sachwertverfahren	nein	abweichende landesgesetzliche Regelungen, siehe §§ 2-6 NGrStG
§ 259 Ermittlung des Gebäudesachwerts	nein	abweichende landesgesetzliche Regelungen, siehe §§ 2-6 NGrStG
§ 260 Wertzahlen	nein	abweichende landesgesetzliche Regelungen, siehe §§ 2-6 NGrStG
IV. Sonderfälle		
§ 261 Erbbaurecht	ja	siehe § 2 Abs. 4 Satz 3 NGrStG
§ 262 Gebäude auf fremdem Grund und Boden	nein	siehe § 2 Abs. 4 Satz 2 NGrStG

V. Ermächtigungen		
§ 263 Ermächtigungen	ja	keine abweichende landesgesetzliche Regelung
Grundsteuergesetz		
Abschnitt I Steuerpflicht		
§ 1 Heberecht	ja	keine abweichende landesgesetzliche Regelung, § 1 Abs. 3 GrStG findet mit der Maßgabe Anwendung, dass das Niedersächsische Finanzministerium Verordnungsgeber ist (siehe § 12 Abs. 3 NGrStG)
§ 2 Steuergegenstand	ja	keine abweichende landesgesetzliche Regelung
§ 3 Steuerbefreiung für Grundbesitz bestimmter Rechtsträger	ja	keine abweichende landesgesetzliche Regelung
§ 4 Sonstige Steuerbefreiungen	ja	keine abweichende landesgesetzliche Regelung
§ 5 Zu Wohnzwecken benutzter Grundbesitz	ja	keine abweichende landesgesetzliche Regelung
§ 6 Land- und forstwirtschaftlich genutzter Grundbesitz	ja	keine abweichende landesgesetzliche Regelung
§ 7 Unmittelbare Benutzung für einen steuerbegünstigten Zweck	ja	keine abweichende landesgesetzliche Regelung
§ 8 Teilweise Benutzung für einen steuerbegünstigten Zweck	ja	keine abweichende landesgesetzliche Regelung
§ 9 Stichtag für die Festsetzung der Grundsteuer, Entstehung der Steuer	ja	keine abweichende landesgesetzliche Regelung
§ 10 Steuerschuldner	ja	keine abweichende landesgesetzliche Regelung
§ 11 Persönliche Haftung	ja	keine abweichende landesgesetzliche Regelung
§ 12 Dingliche Haftung	ja	keine abweichende landesgesetzliche Regelung
Abschnitt II Bemessung der Grundsteuer		
§ 13 Steuermesszahl und Steuermessbetrag	nein	landesgesetzliche Regelung in § 6 NGrStG
§ 14 Steuermesszahl für Betriebe der Land- und Forstwirtschaft	ja	keine abweichende landesgesetzliche Regelung
§ 15 Steuermesszahl für Grundstücke	nein	landesgesetzliche Regelung in § 6 NGrStG (beachte aber Bezug auf die Voraussetzungen des § 15 Abs. 4 Satz 1 Nr. 1, 2 oder 3 GrStG in § 6 Abs. 4 Nr. 2 NGrStG)
§ 16 Hauptveranlagung	teilweise	§ 16 Abs. 1 GrStG nein (im Ergebnis inhaltsgleiche Regelung in § 9 Abs. 1 NGrStG) § 16 Abs. 2 und 3 GrStG ja
§ 17 Neuveranlagung	sinngemäß	siehe § 9 Abs. 3 NGrStG
§ 18 Nachveranlagung	sinngemäß	siehe § 9 Abs. 3 NGrStG

§ 19 Anzeigepflicht	teilweise	§ 19 Abs. 1 Satz 1 GrStG ja abweichende Regelungen zu § 19 Abs. 1 Satz 2 und Abs. 2 Satz 2 GrStG, siehe § 9 Abs. 4 NGrStG
§ 20 Aufhebung des Steuermessbetrags	sinngemäß	siehe § 9 Abs. 3 NGrStG
§ 21 Änderung von Steuermessbescheiden	sinngemäß	siehe § 9 Abs. 3 NGrStG
§ 22 Zerlegung des Steuermessbetrags	sinngemäß	siehe § 9 Abs. 3 NGrStG
§ 23 Zerlegungsstichtag	sinngemäß	siehe § 9 Abs. 3 NGrStG
§ 24 Ersatz der Zerlegung durch Steuerausgleich	sinngemäß	siehe § 9 Abs. 3 NGrStG § 24 Satz 1 GrStG findet mit der Maßgabe Anwendung, dass das Niedersächsische Finanzministerium Verordnungsgeber ist (siehe § 12 Abs. 3 NGrStG)
Abschnitt III Festsetzung und Entrichtung der Grundsteuer		
§ 25 Festsetzung des Hebesatzes	ja	keine abweichende landesgesetzliche Regelung, siehe ausdrückliche Regelung in § 7 Abs. 3 NGrStG
§ 26 Koppelungsvorschriften und Höchsthebesätze	ja	keine abweichende landesgesetzliche Regelung
§ 27 Festsetzung der Grundsteuer	ja	keine abweichende landesgesetzliche Regelung
§ 28 Fälligkeit	ja	keine abweichende landesgesetzliche Regelung
§ 29 Vorauszahlungen	ja	keine abweichende landesgesetzliche Regelung
§ 30 Abrechnung über die Vorauszahlungen	ja	keine abweichende landesgesetzliche Regelung
§ 31 Nachentrichtung der Steuer	ja	keine abweichende landesgesetzliche Regelung
Abschnitt IV Erlass der Grundsteuer		
§ 32 Erlass für Kulturgut und Grünanlagen	ja	keine abweichende landesgesetzliche Regelung
§ 33 Erlass wegen wesentlicher Reinertragsminderung bei Betrieben der Land- und Forstwirtschaft	ja	keine abweichende landesgesetzliche Regelung
§ 34 Erlass wegen wesentlicher Ertragsminderung bei bebauten Grundstücken	teilweise	§ 34 Abs. 1-3 GrStG ja, siehe § 10 NGrStG § 34 Abs. 4 GrStG nein (vgl. auch Landtags-Drucks. 18/9632 S. 28)
§ 35 Verfahren	ja	keine abweichende landesgesetzliche Regelung
Abschnitt V Übergangs- und Schlussvorschriften		
§ 36 Sondervorschriften für die Hauptveranlagung 2025	teilweise	§ 36 Abs. 1 GrStG nein (inhaltsgleiche landesgesetzliche Regelung in § 9 Abs. 1 NGrStG)
§ 37 Anwendung des Gesetzes	teilweise	§ 37 Abs. 1 GrStG nein, siehe § 1 NGrStG
§ 38 Bekanntmachung	nein	betrifft nur das Bundesgesetz

(Einstweilen frei)

B. Systematische Kommentierung

I. Bestimmung des Regelungszweck des NGrStG (§ 1 Satz 1 NGrStG)

§ 1 Satz 1 NGrStG bestimmt einleitend und klarstellend den Regelungszweck des Gesetzes und verdeutlicht, dass für Zwecke der **Ermittlung, Festsetzung und Erhebung der Grundsteuer** für Zeiträume ab dem Kalenderjahr 2025 für Niedersachsen vom Bewertungs- und Grundsteuergesetz **abweichende Regelungen** getroffen werden. Die Regelung bezieht sich unausgesprochen auf Grundbesitz, der ausschließlich in Niedersachsen belegen ist. Klargestellt wird des Weiteren, dass in allen Verfahrensabschnitten (Ermittlung, Festsetzung und Erhebung) Abweichungen getroffen werden.

Implizit wird mit § 1 Satz 1 NGrStG der **zeitliche Anwendungsbereich** des NGrStG bestimmt. Nach Art. 125b Abs. 3 GG darf auf Grundlage von Art. 72 Abs. 3 Satz 1 Nr. 7 GG abweichendes Landesrecht bei der Grundsteuer der Erhebung der Grundsteuer frühestens für Zeiträume ab dem 1.1.2025 zugrunde gelegt werden. Dem trägt § 1 Satz 1 NGrStG Rechnung.

(Einstweilen frei)

II. Bestimmung des Anwendungsverhältnisses von Bundesrecht zum NGrStG (§ 1 Satz 2 und 3 NGrStG)

§ 1 Satz 2 NGrStG bestimmt, dass die Regelungen des **Bewertungs- und Grundsteuergesetzes** für Zwecke der Ermittlung, Festsetzung und Erhebung der Grundsteuer für Zeiträume ab dem Kalenderjahr 2025 nur **anzuwenden** sind, soweit sich aus dem NGrStG **nichts anderes ergibt**. Es gilt allerdings der Grundsatz lex posterior derogat legis priori, d.h., dasjenige Landes- oder Bundesrecht geht vor, das später erlassen wurde.[1]

Mit § 1 Satz 2 NGrStG wird etwas klausuliert zum Ausdruck gebracht, dass das Bundesrecht weiterhin Anwendung findet, soweit mit dem NGrStG keine abweichenden Regelungen getroffen werden. Anders als Baden-Württemberg nutzt Niedersachsen die Abweichungskompetenz des Art. 72 Abs. 3 Satz 1 Nr. 7 GG nicht zum Erlass eines umfassenden eigenen Gesetzes in Bezug auf die Grundsteuer, sondern beschränkt die Vorschriften im NGrStG auf vom Bewertungs- und Grundsteuergesetz abweichende Regelungen. Insoweit wird nur **punktuell von der Abweichungsbefugnis** des Art. 72 Abs. 3 Satz 1 Nr. 7 GG Gebrauch gemacht.[2] Zu den einzelnen Normen des Bewertungsgesetzes und des Grundsteuergesetzes, von denen mit dem NGrStG abgewichen wird, vgl. → Rz. 19.

Soweit eine Regelung des Bewertungsgesetzes oder des Grundsteuergesetzes den **Grundsteuerwert** betrifft, bestimmt § 1 Satz 3 NGrStG, dass die Regelung entsprechend auf den **Äquivalenzbetrag** (§ 2 Abs. 3 NGrStG) anzuwenden ist, es sei denn, aus dem NGrStG ergibt sich ausdrücklich etwas anderes. Damit wird durch § 1 Satz 3 NGrStG klargestellt, dass die Ermittlung von Grundsteuerwerten nach dem Bundesrecht einerseits und die Ermittlung von Äquivalenz-

---

[1] Missverständlich Krause in Stenger/Loose, NGrStG § 1 Rz. 133; siehe hierzu vertiefend und zur sog. Ping-Pong-Gesetzgebung Uhle in Dürig/Herzog/Scholz, GG Art. 72 Rz. 301 ff.; Dreier in Dreier, GG Art. 31 Rz. 26 und Art. 72 Rz. 32; Kmentin in Jarass/Pieroth, GG Art. 72 Rz. 32.
[2] Krause in Stenger/Loose, NGrStG § 1 Rz. 132.

beträgen nach dem NGrStG andererseits allein nicht ausreichen, um von einer abweichenden Bestimmung durch das NGrStG auszugehen. Die jeweiligen bundesrechtlichen Normen sind daher auf ihren Sinngehalt hin zu überprüfen, ob sie bei der Ermittlung der Äquivalenzbeträge **Regelungslücken auffüllend Anwendung finden**. Da eine solche Prüfung häufig nicht zu zweifelsfreien Ergebnissen führt, wäre wünschenswert gewesen, wenn die entsprechend anzuwendenden Normen enumerativ genannt worden wären.[1]

39 **BEISPIEL:** Das NGrStG enthält keine Regelung zur Berücksichtigung von **Gebäuden, Gebäudeteilen und Anlagen für den Zivilschutz**. Damit findet die Regelung des § 245 BewG, wonach Gebäude, Gebäudeteile und Anlagen, die wegen der in § 1 des Zivilschutz- und Katastrophenhilfegesetzes bezeichneten Zwecke geschaffen worden sind und im Frieden nicht oder nur gelegentlich oder geringfügig für andere Zwecke benutzt werden, bei der Ermittlung des Grundsteuerwerts außer Betracht bleiben, mit der Maßgabe auch beim Grundvermögen in Niedersachsen Anwendung, dass die Flächen bei der Ermittlung der Äquivalenzbeträge außer Betracht bleiben.

Erster Teil: Grundstücke, Grundsteuer B
Erstes Kapitel: Ermittlung der Grundsteuer
§ 2 NGrStG Steuergegenstand, Berechnungsformel

(1) ¹Steuergegenstand der Grundsteuer B nach diesem Gesetz sind vorbehaltlich des Absatzes 4 Satz 2 die Grundstücke im Sinne des § 2 Nr. 2 GrStG als wirtschaftliche Einheiten des Grundvermögens. ²Die Grundsteuer B ergibt sich durch eine Multiplikation des Grundsteuermessbetrags des Grundstücks nach Absatz 2 mit dem von der Gemeinde bestimmten jeweiligen Hebesatz. ³Sie ist ein Jahresbetrag und auf volle Cent nach unten abzurunden.

(2) ¹Der Grundsteuermessbetrag des Grundstücks ist durch Anwendung der jeweiligen Grundsteuermesszahl nach § 6 auf den Äquivalenzbetrag des Grund und Bodens nach Absatz 3 Satz 1 und den jeweiligen Äquivalenzbetrag der Wohnfläche oder der Nutzfläche etwaiger Gebäude des Grundstücks nach Absatz 3 Satz 2 zu ermitteln. ²Die Summe dieser Ergebnisse ist als Grundsteuermessbetrag des Grundstücks auf volle Cent nach unten abzurunden.

(3) ¹Der Äquivalenzbetrag des Grund und Bodens ergibt sich durch eine Multiplikation der nach § 3 maßgeblichen Fläche des Grund und Bodens mit der jeweiligen nach § 4 Abs. 2 zu ermittelnden Äquivalenzzahl und dem Lage-Faktor nach § 5. ²Die Äquivalenzbeträge von Wohn- oder Nutzfläche der Gebäude ergeben sich durch eine Multiplikation der jeweiligen nach § 3 maßgeblichen Gebäudeflächen mit der Äquivalenzzahl nach § 4 Abs. 1 und dem Lage-Faktor nach § 5. ³Der Äquivalenzbetrag des Grund und Bodens sowie die Äquivalenzbeträge der Wohn- und Nutzfläche der Gebäude werden jeweils auf volle Cent nach unten abgerundet.

(4) ¹Die Zurechnung mehrerer Wirtschaftsgüter zu einer wirtschaftlichen Einheit wird abweichend von § 2 Abs. 2 BewG nicht dadurch ausgeschlossen, dass die Wirtschaftsgüter zum Teil der einen Ehegattin oder Lebenspartnerin oder dem einen Ehegatten oder Lebenspartner, zum Teil der anderen Ehegattin oder Lebenspartnerin oder dem anderen Ehegatten oder Lebenspartner gehören. ²Bei Gebäuden auf fremdem Grund und Boden sind abweichend von § 244 Abs. 3 Nr. 2 und § 262 BewG der Grund und Boden der Eigentümerin oder dem Eigentümer des Grund und Bodens und die Gebäude der wirtschaftlichen Eigentümerin oder dem wirtschaftlichen Eigentümer der Gebäude zuzurechnen. ³Bei Erbbaurechten ist § 261 BewG entsprechend anzuwenden.

---

1 Vgl. etwa das andere Vorgehen in § 2 HGrStG.

(5) ¹Erstreckt sich der Steuergegenstand auch auf ein anderes Land oder das Ausland, so ist nur für das im Gebiet des Landes Niedersachsen gelegene Grundvermögen Grundsteuer nach diesem Gesetz zu ermitteln, festzusetzen und zu erheben. ²Dieses Grundvermögen bildet eine eigenständige wirtschaftliche Einheit.

Inhaltsübersicht   Rz.

- **A. Allgemeine Erläuterungen**   1 - 41
  - I. Normzweck und wirtschaftliche Bedeutung der Vorschrift   1 - 10
  - II. Entstehung und Entwicklung der Vorschrift   11 - 20
  - III. Geltungsbereich   21 - 26
  - IV. Vereinbarkeit der Vorschrift mit höherrangigem Recht   27 - 30
  - V. Verhältnis zu anderen Vorschriften   31 - 41
- **B. Systematische Kommentierung**   42 - 90
  - I. Steuergegenstand und Berechnung der Grundsteuer B (§ 2 Abs. 1 NGrStG)   42 - 60
    1. Steuergegenstand der sog. Grundsteuer B und Grundstücksbegriff (§ 2 Abs. 1 Satz 1 NGrStG)   42 - 51
    2. Berechnung der Grundsteuer (§ 2 Abs. 1 Satz 2 NGrStG)   52 - 55
    3. Grundsteuer als Jahresbetrag, Rundung (§ 2 Abs. 1 Satz 3 NGrStG)   56 - 60
  - II. Ermittlung des Grundsteuermessbetrags (§ 2 Abs. 2 NGrStG)   61 - 66
  - III. Ermittlung der Äquivalenzbeträge (§ 2 Abs. 3 NGrStG)   67 - 72
  - IV. Sonderregelungen zur Bildung wirtschaftlicher Einheiten (§ 2 Abs. 4 NGrStG)   73 - 87
    1. Wirtschaftliche Einheit bei Ehegatten und Lebenspartnern (§ 2 Abs. 4 Satz 1 NGrStG)   73 - 77
    2. Wirtschaftliche Einheit bei Gebäuden auf fremdem Grund und Boden sowie Erbbaurechten (§ 2 Abs. 4 Satz 2 und 3 NGrStG)   78 - 87
  - V. Die niedersächsische Landesgrenze überschreitende wirtschaftliche Einheiten (§ 2 Abs. 5 NGrStG)   88 - 90

HINWEISE:

A 2 des Runderlasses des Niedersächsischen Finanzministeriums, Anwendung des Niedersächsischen Grundsteuergesetzes (NGrStG) zur Bewertung des Grundvermögens für die Grundsteuer ab 1.1.2022 (AENGrStG), RdErl. d. MF v. 22.2.2022 - G 1002-6 - 62100.

A. Allgemeine Erläuterungen

I. Normzweck und wirtschaftliche Bedeutung der Vorschrift

§ 2 ist die **Eingangsnorm** zur Berechnung der Grundsteuer für das Grundvermögen im niedersächsischen Grundsteuermodell. § 2 NGrStG definiert insbesondere die Grundstücke (wirtschaftliche Einheiten des Grundvermögens) als Steuergegenstand der sog. Grundsteuer B und gibt für diese einen Überblick über die Berechnungsformel zur Ermittlung der Grundsteuer. Darüber hinaus enthält § 2 NGrStG grundlegende Regelungen z. B. zur Rundung, zur Bildung der wirtschaftlichen Einheiten und zu grenzüberschreitendem Grundvermögen.   1

§ 2 Abs. 1 Satz 1 NGrStG bestimmt die wirtschaftlichen Einheiten des Grundvermögens als den Steuergegenstand der sog. Grundsteuer B. Zugleich wird in § 2 Abs. 1 Satz 1 NGrStG das Grundstück als wirtschaftliche Einheit der Grundsteuer B definiert (siehe → Rz. 42 ff.). **§ 2 Abs. 1 Satz 2 NGrStG** regelt die Ermittlung der Grundsteuer durch Anwendung des Hebesatzes auf   2 den Grundsteuermessbetrag (siehe → Rz. 52 ff.). **§ 2 Abs. 1 Satz 3 NGrStG** bestimmt die Grundsteuer als Jahresbetrag, der auf volle Cent nach unten abzurunden ist (siehe → Rz. 56 ff.).

3 **§ 2 Abs. 2 NGrStG** regelt die Ermittlung des Grundsteuermessbetrags durch Anwendung der jeweiligen Grundsteuermesszahlen auf die jeweiligen Äquivalenzbeträge. **§ 2 Abs. 3 NGrStG** regelt wiederum die Ermittlung der Äquivalenzbeträge (siehe → Rz. 67 ff.).

4 **§ 2 Abs. 4 Satz 1 NGrStG** regelt, dass die Zuordnung mehrerer Wirtschaftsgüter zu einer wirtschaftlichen Einheit abweichend von **§ 2 Abs. 2 BewG**, nach dem mehrere Wirtschaftsgüter als eine wirtschaftliche Einheit nur insoweit in Betracht kommen, als sie demselben Eigentümer gehören, nicht dadurch ausgeschlossen wird, dass die Wirtschaftsgüter zum Teil der einen Ehegattin oder Lebenspartnerin oder dem einen Ehegatten oder Lebenspartner, zum Teil der anderen Ehegattin oder Lebenspartnerin oder dem anderen Ehegatten oder Lebenspartner gehören. § 2 Abs. 4 Satz 1 NGrStG übernimmt anders als im Bundesmodell[1] die Regelung aus der Einheitsbewertung nach § 26 BewG dauerhaft (siehe → Rz. 73 ff.).

5 **§ 2 Abs. 4 Satz 2 NGrStG** regelt im Vergleich zum Bundesmodell eine abweichende Zurechnung der wirtschaftlichen Einheiten bei Gebäuden auf fremdem Grund und Boden (siehe → Rz. 87 ff.). Der mit einem fremden Gebäude belastete Grund und Boden wird der Eigentümerin oder dem Eigentümer des Grund und Bodens und die Gebäude auf fremdem Grund und Boden der wirtschaftlichen Eigentümerin oder dem wirtschaftlichen Eigentümer der Gebäude zugerechnet. **§ 2 Abs. 4 Satz 3 NGrStG** stellt klar, dass bei Erbbaurechten § 261 BewG,[2] nach dem bei einem mit einem Erbbaurecht belasteten Grundstück für das Erbbaurecht und den Grund und Boden eine wirtschaftliche Einheit zu bilden ist, die dem Erbbauberechtigten zugerechnet wird, im niedersächsischen Grundsteuermodell entsprechend anzuwenden ist (siehe → Rz. 81 ff.).

6 Aus § 2 NGrStG ergibt sich der **dreistufige Aufbau** der Ermittlung der Grundsteuer B im niedersächsischen Grundsteuermodell. Auf der **ersten Stufe** sind zunächst **Äquivalenzbeträge** nach § 2 Abs. 3 NGrStG zu ermitteln und nach § 8 Abs. 2 Satz 2 NGrStG festzustellen. Auf der **zweiten Stufe** sind nach § 2 Abs. 2 NGrStG die Äquivalenzbeträge mit den Grundsteuermesszahlen zu multiplizieren, sodass sich auf der **zweiten Stufe** die **Grundsteuermessbeträge** ergeben, die nach § 9 Abs. 1 Satz 1 NGrStG festgesetzt werden. Auf die Grundsteuermessbeträge sind in der **dritten Stufe** zur Ermittlung der **konkreten Grundsteuerschuld** nach § 2 Abs. 1 Satz 2 NGrStG die von der jeweiligen Gemeinde festgesetzten Hebesätze anzuwenden.

7–10 *(Einstweilen frei)*

II. Entstehung und Entwicklung der Vorschrift

11 Die Vorschrift wurde im Jahr 2021 mit dem **Stammgesetz** in das NGrStG aufgenommen.[3] Im Gesetzentwurf der Koalitionsfraktionen war die Regelung noch in § 1 NGrStG verortet.[4]

---

[1] Vgl. § 266 Abs. 5 BewG und vertiefend Grootens in Grootens, BewG § 266 Rz. 111 ff.
[2] Grootens in Grootens, BewG § 261 Rz. 1 ff.
[3] Niedersächsisches Grundsteuergesetz v. 7.7.2021, Nds. GVBl Nr. 27/2021 S. 502 ff.
[4] Vgl. Gesetzentwurf der Koalitionsfraktionen zum Niedersächsischen Grundsteuergesetz, Niedersächsische LT-Drucks. 18/8995 S. 4 f. und S. 17 f.

In dem ursprünglichen Gesetzentwurf der Regierungskoalition[1] sollte auf der ersten Stufe des dreistufigen Verfahrens aus der Summe der Äquivalenzbeträge für den Grund und Boden, die Wohnflächen und die Nutzflächen zunächst ein **Grundsteuerausgangsbetrag** ermittelt werden, welcher – multipliziert mit einer Steuermesszahl – den Grundsteuermessbetrag ergeben sollte. Aufgrund einer Empfehlung des federführenden Ausschusses für Haushalt und Finanzen wurde auf die Ermittlung des Grundsteuerausgangsbetrags verzichtet, da dieser keine eigenständige inhaltliche Bedeutung habe und als funktionslose Zwischenstufe entbehrlich sei.[2] Stattdessen wird nunmehr unmittelbar auf die jeweiligen Äquivalenzbeträge abgestellt. Damit wurde die Vorschrift auch an den seinerzeitigen Entwurf eines Bayerischen Grundsteuergesetzes[3] angeglichen.

12

Nach dem ursprünglichen Gesetzentwurf der Regierungskoalition[4] sollten die Äquivalenzbeträge des Grund und Bodens auf eine Nachkommastelle nach unten, hingegen die Äquivalenzbeträge von Wohn- und Nutzflächen auf volle Euro nach unten abgerundet werden. An diesen **unterschiedlichen Abrundungsregeln** wurde im parlamentarischen Verfahren nicht festgehalten und in § 2 Abs. 3 Satz 3 NGrStG die Abrundung der Äquivalenzbeträge auf volle Cent nach unten gesetzlich normiert, um die Abrundungsregeln zu vereinheitlichen.[5]

13

§ 2 Abs. 4 Satz 2 und 3 NGrStG wurden im parlamentarischen Verfahren in das NGrStG aufgenommen. § 2 Abs. 4 Satz 2 NGrStG regelt abweichend von § 244 Abs. 3 Nr. 2 BewG und § 262 BewG, dass bei einem **Gebäude auf fremdem Grund und Boden,** der Grund und Boden dem Eigentümer sowie das Gebäude dem wirtschaftlichen Eigentümer zugerechnet wird. Beide bilden damit jeweils eine eigene wirtschaftliche Einheit. § 2 Abs. 4 Satz 3 NGrStG dient der Klarstellung, dass bei **Erbbaurechten** die bundesgesetzliche Regelung des § 261 BewG entsprechend anzuwenden ist.

14

(Einstweilen frei) 15–20

III. Geltungsbereich

§ 2 NGrStG gilt für in Niedersachsen belegene Grundstücke des Grundvermögens. § 2 Abs. 4 NGrStG findet gem. § 11 Abs. 5 NGrStG auf Betriebe der Land- und Forstwirtschaft entsprechend Anwendung.[6] Im Übrigen findet die Norm auf land- und forstwirtschaftliches Vermögen keine Anwendung. § 2 NGrStG ist mit dem Stammgesetz gem. § 15 Abs. 1 NGrStG **am 14.7.2021 in Kraft getreten.** Wie sich aus § 1 Satz 1 NGrStG[7] und § 12 Abs. 1 NGrStG[8] ergibt, sollen die Regelungen des NGrStG und damit auch § 2 NGrStG erst für die Erhebung der **Grundsteuer** ab dem **Kalenderjahr 2025** von Bedeutung sein.[9]

21

(Einstweilen frei) 22–26

---

[1] Gesetzentwurf der Koalitionsfraktionen zum Niedersächsischen Grundsteuergesetz, Niedersächsische LT-Drucks. 18/8995.
[2] Niedersächsische LT-Drucks. 18/9632 S. 6.
[3] Bayerische LT-Drucks. 18/15755 S. 5.
[4] Gesetzentwurf der Koalitionsfraktionen zum Niedersächsischen Grundsteuergesetz, Niedersächsische LT-Drucks. 18/8995 S. 18.
[5] Niedersächsische LT-Drucks. 18/9632 S. 6 f.
[6] Vgl. vertiefend Bock/Lapp in Grootens, NGrStG § 11 Rz. 56 ff.
[7] Vgl. vertiefend Bock/Lapp in Grootens, NGrStG § 1 Rz. 9.
[8] Siehe Bock/Lapp in Grootens, NGrStG § 12 Rz. 31 ff.
[9] Vgl. Beschlussempfehlung des Ausschusses für Haushalt und Finanzen, Niedersächsische LT-Drucks. 18/9603 S. 3 und Niedersächsische LT-Drucks. 18/9632 S. 12.

IV. Vereinbarkeit der Vorschrift mit höherrangigem Recht

27 § 2 NGrStG als Ausgangsnorm für die Berechnung der Grundsteuer für das Grundvermögen unterliegt denselben Bedenken, die gegen das **niedersächsische Grundsteuermodell** vorgebracht werden.[1] Im Übrigen, auch soweit die Regelungen in § 2 NGrStG vom Bundesmodell, wie in § 2 Abs. 4 NGrStG, abweichen, begegnet die Vorschrift keinen verfassungsrechtlichen Bedenken.

28–30 *(Einstweilen frei)*

V. Verhältnis zu anderen Vorschriften

31 § 2 Abs. 1 Satz 1 NGrStG bestimmt den Steuergegenstand der sog. Grundsteuer B und ergänzt damit **§ 2 Nr. 2 GrStG**.[2] Zugleich wird in § 2 Abs. 1 Satz 1 NGrStG das Grundstück als wirtschaftliche Einheit der Grundsteuer B definiert und damit als lex posterior **§ 244 Abs. 1 BewG**[3] ersetzt. An der Unterteilung der Vermögensarten (Grundvermögen – land- und forstwirtschaftliches Vermögen, **§ 218 BewG**)[4] und der Definition der wirtschaftlichen Einheit (**§ 2 BewG**) nach den Vorschriften des Bewertungsgesetzes wird grundsätzlich festgehalten. Für wirtschaftliche Einheiten des Betriebsvermögens ist weiterhin nach **§ 99 Abs. 1 BewG**[5] maßgeblich, ob sie losgelöst von ihrer Zugehörigkeit zu einem Betrieb i. S. der **§§ 15, 18 EStG** oder einer in **§ 1 KStG** genannten Körperschaft, Personenvereinigung oder Vermögensmasse zum Grundvermögen oder zum land- und forstwirtschaftlichen Vermögen gehören würden.[6]

32 § 2 Abs. 1 Satz 2 NGrStG regelt wie **§ 25 Abs. 1 GrStG**,[7] der durch § 2 Abs. 1 Satz 2 NGrStG als lex posterior verdrängt wird, die Ermittlung der Grundsteuer durch Anwendung des Hebesatzes auf den Grundsteuermessbetrag. **§ 7 NGrStG**[8] enthält ergänzende Regelungen zur Bestimmung des Hebesatzes. § 2 Abs. 1 Satz 3 NGrStG bestimmt die Grundsteuer als Jahresbetrag und verdrängt als lex posterior insoweit teilweise **§ 27 Abs. 1 GrStG**,[9] nach dem die Grundsteuer im Bundesmodell für das Kalenderjahr festgesetzt wird.

33 § 2 Abs. 2 NGrStG regelt die Ermittlung des Grundsteuermessbetrags, der nach **§ 9 Abs. 1 Satz 1 NGrStG**[10] festgesetzt wird, durch Anwendung der Grundsteuermesszahlen auf die Äquivalenzbeträge und verdrängt als lex posterior **§ 13 GrStG**.[11] Die Grundsteuermesszahlen ergeben sich aus **§ 6 NGrStG**.[12]

34 Die Ermittlung der nach **§ 8 Abs. 2 Satz 2 NGrStG**[13] festzustellenden Äquivalenzbeträge regelt wiederum § 2 Abs. 3 NGrStG. Die Äquivalenzbeträge ergeben sich durch Multiplikation der maßgeblichen Fläche des Grund und Bodens und der maßgeblichen Gebäudefläche mit der

---

1 Vgl. hierzu vertiefend Bock/Lapp, NGrStG, Vorwort Rz. 42 ff.
2 Siehe hierzu vertiefend Lange in Grootens, GrStG § 2 Rz. 57 ff.
3 Siehe hierzu vertiefend Bock in Grootens, BewG § 244 Rz. 18 ff.
4 Siehe hierzu vertiefend Wredenhagen in Grootens, BewG § 218 Rz. 61 ff.
5 Siehe hierzu vertiefend Wredenhagen in Grootens, BewG § 218 Rz. 101 ff.
6 Gesetzentwurf der Koalitionsfraktionen zum Niedersächsischen Grundsteuergesetz, Niedersächsische LT-Drucks. 18/8995 S. 17.
7 Siehe hierzu vertiefend Grootens in Grootens, GrStG § 25 Rz. 31 ff.
8 Siehe hierzu vertiefend Bock/Lapp, NGrStG § 7 Rz. 36 ff.
9 Siehe hierzu vertiefend Grootens in Grootens, GrStG § 27 Rz. 36 ff.
10 Siehe hierzu vertiefend Bock/Lapp, NGrStG § 9 Rz. 36 f.
11 Siehe hierzu vertiefend Bock in Grootens, GrStG § 13 Rz. 20 ff.
12 Siehe hierzu vertiefend Bock/Lapp in Grootens, NGrStG § 6 Rz. 1 ff.
13 Siehe hierzu vertiefend Bock/Lapp, NGrStG § 8 Rz. 46.

jeweiligen Äquivalenzzahl und einem Lagefaktor. Die maßgeblichen Flächen ergeben sich aus § 3 NGrStG,[1] die jeweilige Äquivalenzzahl aus § 4 NGrStG[2] und der Lagefaktor aus § 5 NGrStG.[3] § 2 Abs. 3 NGrStG verdrängt damit die Bewertungsregelungen für das Grundvermögen nach den §§ 246 ff. BewG.[4]

§ 2 Abs. 4 Satz 1 NGrStG regelt, dass die Zuordnung mehrerer Wirtschaftsgüter zu einer wirtschaftlichen Einheit abweichend von **§ 2 Abs. 2 BewG**, nach dem mehrere Wirtschaftsgüter als eine wirtschaftliche Einheit nur insoweit in Betracht kommen, als sie demselben Eigentümer gehören, nicht dadurch ausgeschlossen wird, dass die Wirtschaftsgüter zum Teil der einen Ehegattin oder Lebenspartnerin oder dem einen Ehegatten oder Lebenspartner, zum Teil der anderen Ehegattin oder Lebenspartnerin oder dem anderen Ehegatten oder Lebenspartner gehören. Eine entsprechende Regelung gab es für die Einheitsbewertung in **§ 26 BewG**. Die Beibehaltung von nach § 26 BewG gebildeten wirtschaftlichen Einheiten wurde im Bundesmodell für einen Übergangszeitraum nach **§ 266 Abs. 5 BewG**[5] zugelassen. § 2 Abs. 4 Satz 1 NGrStG verdrängt § 266 Abs. 5 BewG und übernimmt die Regelung aus der Einheitsbewertung nach § 26 BewG dauerhaft. 35

§ 2 Abs. 4 Satz 2 NGrStG regelt eine abweichende Zurechnung der wirtschaftlichen Einheiten bei Gebäuden auf fremdem Grund und Boden. Im Bundesmodell wird in diesen Fällen das Gebäude auf fremdem Grund und Boden sowie der mit dem Gebäude bebaute Grund und Boden gem. **§ 244 Abs. 3 Nr. 2 BewG**[6] und **§ 262 BewG**[7] zu einer wirtschaftlichen Einheit zusammengefasst und diese der Grundstückseigentümerin oder dem Grundstückseigentümer zugerechnet. § 2 Abs. 4 Satz 2 NGrStG regelt insoweit abweichend, dass der Grund und Boden der Eigentümerin oder dem Eigentümer des Grund und Bodens und die Gebäude der wirtschaftlichen Eigentümerin oder dem wirtschaftlichen Eigentümer der Gebäude zuzurechnen ist. 36

§ 2 Abs. 4 Satz 3 NGrStG stellt klar, dass bei Erbbaurechten **§ 261 BewG**[8] im niedersächsischen Grundsteuermodell entsprechend anzuwenden ist. 37

(Einstweilen frei) 38–41

B. Systematische Kommentierung

I. Steuergegenstand und Berechnung der Grundsteuer B (§ 2 Abs. 1 NGrStG)

1. Steuergegenstand der sog. Grundsteuer B und Grundstücksbegriff (§ 2 Abs. 1 Satz 1 NGrStG)

§ 2 Abs. 1 Satz 1 NGrStG bestimmt den Steuergegenstand für das Grundvermögen. **Steuergegenstand** des Grundvermögens, in § 2 Abs. 1 Satz 1 NGrStG **Grundsteuer B** genannt, sind nach § 2 Abs. 1 Satz 1 NGrStG die **Grundstücke** i. S. des § 2 Nr. 2 GrStG[9] als wirtschaftliche Ein- 42

---

1 Siehe hierzu vertiefend Bock/Lapp, NGrStG § 3 Rz. 41 ff.
2 Siehe hierzu vertiefend Bock/Lapp, NGrStG § 4 Rz. 24 ff.
3 Siehe hierzu vertiefend Bock/Lapp, NGrStG § 5 Rz. 41 ff.
4 Siehe hierzu vertiefend die Kommentierungen Bock bzw. Grootens in Grootens, BewG §§ 246–262.
5 Siehe hierzu vertiefend Grootens in Grootens, BewG § 266 Rz. 111 ff.
6 Siehe hierzu vertiefend Bock in Grootens, BewG § 244 Rz. 73 ff.
7 Siehe hierzu vertiefend Grootens in Grootens, BewG § 262 Rz. 31 ff.
8 Siehe hierzu vertiefend Grootens in Grootens, BewG § 261 Rz. 31 ff.
9 Vgl. vertiefend Lange in Grootens, GrStG § 2 Rz. 57 ff.

heiten des Grundvermögens. Durch den Verweis auf §§ 243, 244 BewG[1] in § 2 Nr. 2 GrStG findet grundsätzlich die bundesgesetzlich geregelte Definition des Grundvermögens und des Grundstücks Anwendung. Nicht Gegenstand der Grundsteuer auf das Grundvermögen sind wie auch im Bundesmodell[2] die Betriebe der Land- und Forstwirtschaft (§ 2 Nr. 1 GrStG,[3] §§ 232 bis 234, 240 BewG).[4] Für diese finden in Niedersachsen grundsätzlich die bundesgesetzlichen Regelungen Anwendung (siehe aber in § 11 NGrStG geregelte punktuelle Abweichungen für Betriebe der Land- und Forstwirtschaft).[5]

43 § 2 Abs. 1 Satz 1 NGrStG übernimmt die **Definition des Grundstücks** als wirtschaftliche Einheit des Grundvermögens nach § 244 Abs. 1 BewG. Beim Begriff des Grundstücks handelt es sich um ein Substitut.[6] Der Begriff des Grundstücks ist nicht gleichbedeutend mit dem bürgerrechtlichen Grundstücksbegriff.[7] Zum **Grundvermögen** gehören auch im niedersächsischen Grundsteuermodell der Grund und Boden,[8] die Gebäude,[9] die sonstigen Bestandteile[10] und das Zubehör,[11] das Erbbaurecht,[12] das Wohnungseigentum und das Teileigentum,[13] das Wohnungserbbaurecht und das Teilerbbaurecht.[14] In das Grundvermögen sind nicht die Bodenschätze[15] sowie Betriebsvorrichtungen[16] einzubeziehen.

44 An der **Unterteilung und Abgrenzung der Vermögensarten** (Grundvermögen sowie land- und forstwirtschaftliches Vermögen, § 218 BewG)[17] und der **Definition und Bestimmung der wirtschaftlichen Einheit** des Grundvermögens[18] nach den Vorschriften des Bewertungsgesetzes, insbesondere nach § 2 BewG, wird im NGrStG grundsätzlich festgehalten. Für wirtschaftliche Einheiten des **Betriebsvermögens** ist insbesondere weiterhin nach § 99 Abs. 1 BewG[19] maßgeblich, ob sie losgelöst von ihrer Zugehörigkeit zu einem Betrieb i. S. der §§ 15, 18 EStG oder einer in § 1 KStG genannten Körperschaft, Personenvereinigung oder Vermögensmasse zum Grundvermögen oder zum land- und forstwirtschaftlichen Vermögen gehören würden.[20] Ausnahmen von der Bestimmung der wirtschaftlichen Einheit gelten nach § 2 Abs. 4 NGrStG für Grundstücke von **Ehegatten und Lebenspartnern** und bei **Gebäuden auf fremdem Grund und Boden** (siehe → Rz. 73 ff. bzw. → Rz. 78 ff.). Unklar ist, warum in § 2 Abs. 1 Satz 1 NGrStG lediglich § 2 Abs. 4 Satz 2 NGrStG (abweichende Regelung bei **Gebäude auf fremdem Grund und Boden**) als

---

1 Siehe vertiefend die Kommentierung bei Bock in Grootens, BewG §§ 243–244.
2 Vgl. vertiefend Bock in Grootens, BewG § 243 Rz. 19 ff.
3 Vgl. vertiefend Lange in Grootens, GrStG § 2 Rz. 24 ff.
4 Vgl. vertiefend hierzu die Kommentierung Müller in Grootens, BewG §§ 232–234.
5 Siehe vertiefend Bock/Lapp in Grootens, NGrStG § 11 Rz. 1 ff.
6 Vgl. vertiefend Bock in Grootens, BewG § 244 Rz. 18.
7 Vgl. vertiefend Bock in Grootens, BewG § 244 Rz. 19.
8 Vgl. vertiefend Bock in Grootens, BewG § 243 Rz. 23 ff.
9 Vgl. vertiefend Bock in Grootens, BewG § 243 Rz. 27 ff.
10 Vgl. vertiefend Bock in Grootens, BewG § 243 Rz. 60 ff.
11 Vgl. vertiefend Bock in Grootens, BewG § 243 Rz. 67 ff.
12 Vgl. vertiefend Bock in Grootens, BewG § 243 Rz. 71 ff.
13 Vgl. vertiefend Bock in Grootens, BewG § 243 Rz. 77 ff.
14 Vgl. vertiefend Bock in Grootens, BewG § 243 Rz. 81 ff.
15 Vgl. vertiefend Bock in Grootens, BewG § 243 Rz. 85 ff.
16 Vgl. vertiefend Bock in Grootens, BewG § 243 Rz. 89 ff.
17 Siehe vertiefend Wredenhagen in Grootens, BewG § 218 Rz. 61 ff.
18 Vgl. vertiefend Bock in Grootens, BewG § 244 Rz. 23 ff.
19 Siehe hierzu vertiefend Wredenhagen in Grootens, BewG § 218 Rz. 101 ff.
20 Gesetzentwurf der Koalitionsfraktionen zum Niedersächsischen Grundsteuergesetz, Niedersächsische LT-Drucks. 18/8995 S. 17.

abweichende Bestimmungsnorm für die wirtschaftliche Einheit in Bezug genommen wurde. Auch in § 2 Abs. 4 Satz 1 NGrStG wird für Wirtschaftsgüter von Ehegatten und Lebenspartnern insoweit eine von den Grundsätzen des Bewertungsgesetzes abweichende Regelung getroffen.

Anders als im Bundesmodell nach § 249 BewG[1] ist in dem niedersächsischen Modell keine Unterscheidung nach **Grundstücksarten** und **Wertermittlungsverfahren** (Ertragswertverfahren/Sachwertverfahren) vorgesehen. Bei dem – wertunabhängigen – äquivalenzbasierten Grundsteuermodell gilt für alle Grundstücksarten ein einheitlicher Rechenweg, sodass eine Unterscheidung nach Grundstücksarten nicht erforderlich ist.[2] 45

Das NGrStG definiert die Grundsteuer auf das Grundvermögen als **Grundsteuer B**. Der Begriff der Grundsteuer B ist kein rechtlich feststehender Begriff. Er wird umgangssprachlich bereits heute für die Grundsteuer auf das Grundvermögen verwendet, wohingegen die Grundsteuer auf das land- und forstwirtschaftliche Vermögen umgangssprachlich als **Grundsteuer A** bezeichnet wird. 46

In § 2 Abs. 1 Satz 1 NGrStG wird nicht geregelt, dass nur **in Niedersachsen belegener Grundbesitz** der Grundsteuer nach dem NGrStG unterliegt. Dies ergibt sich erst aus der systematischen Gesamtschau, etwa aus der Sonderregelung des § 2 Abs. 5 NGrStG für über die niedersächsische Landesgrenze hinausreichende wirtschaftliche Einheiten (siehe → Rz. 88 ff.), sowie der Tatsache, dass das Land Niedersachsen als Gebietskörperschaft verfassungskonform nur Regelungen für Gegenstände treffen kann, die in seinem Hoheitsgebiet liegen. 47

(Einstweilen frei) 48–51

2. Berechnung der Grundsteuer (§ 2 Abs. 1 Satz 2 NGrStG)

§ 2 Abs. 1 Satz 2 NGrStG enthält die **Berechnungsformel** zur Ermittlung der sog. Grundsteuer B. Für wirtschaftliche Einheiten des Grundvermögens ermittelt sich die **Grundsteuer** durch Multiplikation des Grundsteuermessbetrags (siehe → Rz. 61 ff.) mit dem von der Gemeinde festgelegten Hebesatz.[3] Die Ermittlung der Grundsteuer aus Grundsteuermessbetrag multipliziert mit dem Hebesatz entspricht der Berechnung im Bundesmodell nach § 25 Abs. 1 GrStG.[4] Auch in Niedersachsen wird die Grundsteuer nach § 27 GrStG[5] durch die Gemeinden festgesetzt. 52

(Einstweilen frei) 53–55

3. Grundsteuer als Jahresbetrag, Rundung (§ 2 Abs. 1 Satz 3 NGrStG)

§ 2 Abs. 1 Satz 3 NGrStG bestimmt, dass die **Grundsteuer** ein **Jahresbetrag** ist. Die Festsetzung der Grundsteuer als Jahresbetrag entspricht der bundesgesetzlichen Regelung, wonach die Grundsteuer nach § 27 Abs. 1 Satz 1 GrStG[6] für das Kalenderjahr festzusetzen ist. 56

Nach § 2 Abs. 1 Satz 3 NGrStG ist der sich nach dem NGrStG für die Grundsteuer B ergebende Grundsteuerbetrag auf **volle Cent abzurunden**. Eine entsprechende bundesgesetzliche Run- 57

---

1 Bock in Grootens, BewG § 249 Rz. 1 ff.
2 Gesetzentwurf der Koalitionsfraktionen zum Niedersächsischen Grundsteuergesetz, Niedersächsische LT-Drucks. 18/8995 S. 18.
3 Siehe zu ergänzenden Regelungen zur Festlegung des Hebesatzes in Bock/Lapp in Grootens, NGrStG § 7 Rz. 1 ff.
4 Siehe vertiefend Grootens in Grootens, GrStG § 25 Rz. 31 ff.
5 Siehe vertiefend Grootens in Grootens, GrStG § 27 Rz. 36 ff.
6 Vgl. vertiefend Grootens in Grootens, GrStG § 27 Rz. 36 ff.

dungsvorschrift für die Grundsteuer existiert nicht.[1] In Niedersachsen ist dagegen aufgrund der eindeutigen gesetzlichen Regelung in § 2 Abs. 1 Satz 3 NGrStG der Grundsteuerbetrag bei der Grundsteuer B auf volle Cent abzurunden. Aufgrund der in der Regel vierteljährlich zu entrichtenden Grundsteuer kann es trotz der Abrundungsregel in § 2 Abs. 1 Satz 3 NGrStG auch in Niedersachsen rechnerisch zu Teil-Centbeträgen kommen. Da Teil-Centbeträge mangels Zahlbarkeit nicht erhoben werden, dürfte die Rundungsregel überflüssig sein. Die Regelung gilt nur für das Grundvermögen. Beim land- und forstwirtschaftlichen Vermögen verbleibt es hinsichtlich der Rundung der Beträge beim Bundesrecht.

58–60 *(Einstweilen frei)*

II. Ermittlung des Grundsteuermessbetrags (§ 2 Abs. 2 NGrStG)

61 § 2 Abs. 2 Satz 1 NGrStG enthält die **Berechnungsformel auf der zweiten Stufe** zur Ermittlung des Grundsteuermessbetrags im niedersächsischen Grundsteuermodell. Der **Grundsteuermessbetrag** ergibt sich durch die Anwendung einer **Grundsteuermesszahl** auf den sog. **Äquivalenzbetrag**. Die Berechnung des Äquivalenzbetrags ergibt sich aus § 2 Abs. 3 NGrStG und die jeweils anzuwendende Grundsteuermesszahl aus § 6 NGrStG.[2]

62 Bei der Ermittlung des Grundsteuermessbetrags für eine wirtschaftliche Einheit ist **getrennt** in Bezug auf den **Grund und Boden** sowie das **Gebäude** vorzugehen. Zunächst ist die sich aus § 6 NGrStG ergebende Grundsteuermesszahl auf den Äquivalenzbetrag für den Grund und Boden, wie er sich aus § 2 Abs. 3 Satz 1 NGrStG ergibt, und anschließend die sich aus § 6 NGrStG ergebende Grundsteuermesszahl auf den Äquivalenzbetrag der Wohnfläche oder Nutzfläche etwaiger Gebäude des Grundstücks, wie er sich aus § 2 Abs. 3 Satz 2 NGrStG ergibt, anzuwenden. Die Ergebnisse dieser Ermittlung sind zu summieren und ergeben nach § 2 Abs. 2 Satz 2 NGrStG auf volle Cent abgerundet den Grundsteuermessbetrag. Die Flächenermittlung richtet sich nach § 3 NGrStG.[3]

63 Danach ergibt sich für die Ermittlung des Grundsteuermessbetrags folgendes **Berechnungsschema**:

	Äquivalenzbetrag des Grund und Bodens (§ 2 Abs. 3 Satz 1 NGrStG; siehe → Rz. 67 f.)	x	Grundsteuermesszahl (§ 6 NGrStG)[4]
+	Ggf. Äquivalenzbetrag der Wohnfläche (§ 2 Abs. 3 Satz 2 NGrStG siehe → Rz. 67 f.)	x	Grundsteuermesszahl (§ 6 NGrStG)[5]
+	Ggf. Äquivalenzbetrag der Nutzfläche (§ 2 Abs. 3 Satz 2 NGrStG siehe → Rz. 67 f.)	x	Grundsteuermesszahl (§ 6 NGrStG)[6]

---

1 Siehe vertiefend Grootens in Grootens, GrStG § 27 Rz. 45.
2 Siehe vertiefend Bock/Lapp in Grootens, NGrStG § 6 Rz. 26 ff.
3 Siehe hierzu Bock/Lapp in Grootens, NGrStG § 3 Rz. 42 ff.
4 Siehe Bock/Lapp in Grootens, NGrStG § 6 Rz. 26 ff.
5 Siehe Bock/Lapp in Grootens, NGrStG § 6 Rz. 26 ff.
6 Siehe Bock/Lapp in Grootens, NGrStG § 6 Rz. 26 ff.

=	Grundsteuermessbetrag (Abrundung auf volle Cent nach unten gem. § 2 Abs. 2 Satz 2 NGrStG)

(Einstweilen frei) 64–66

III. Ermittlung der Äquivalenzbeträge (§ 2 Abs. 3 NGrStG)

§ 2 Abs. 3 NGrStG enthält die **Berechnungsformel** zur Ermittlung der **Äquivalenzbeträge**. Dabei sind getrennte Äquivalenzbeträge für den **Grund und Boden** nach § 2 Abs. 3 Satz 1 NGrStG und soweit vorhanden für die **Wohnflächen** einerseits sowie die **Nutzflächen** andererseits der auf dem Grund und Boden befindlichen Gebäude nach § 2 Abs. 3 Satz 2 NGrStG zu ermitteln. Die Äquivalenzbeträge ergeben sich aus den jeweiligen Flächen multipliziert mit den jeweiligen Äquivalenzzahlen nach § 4 NGrStG[1] sowie dem Lage-Faktor nach § 5 NGrStG[2]. Die Ermittlung der Flächen ist in § 3 NGrStG[3] geregelt. Die Äquivalenzbeträge sind gem. § 2 Abs. 2 Satz 3 NGrStG auf volle Cent abzurunden. 67

Danach ergeben sich folgende Berechnungsschemata zur Ermittlung der Äquivalenzbeträge: 68

	Fläche des Grund und Bodens (insbes. § 3 Abs. 5 NGrStG[4])
x	Äquivalenzzahl für den Grund und Boden (§ 4 Abs. 2 NGrStG[5])
x	Lage-Faktor (§ 5 NGrStG[6])
=	Äquivalenzbetrag des Grund und Bodens (Abrundung auf volle Cent nach unten gem. § 2 Abs. 3 Satz 3 NGrStG)
	Wohnflächen der Gebäude (insbes. § 3 Abs. 1 und Abs. 5 NGrStG[7])
x	Äquivalenzzahl für Gebäude (§ 4 Abs. 1 NGrStG[8])
x	Lage-Faktor (§ 5 NGrStG[9])
=	Äquivalenzbetrag der Wohnflächen der Gebäude (Abrundung auf volle Cent nach unten gem. § 2 Abs. 3 Satz 3 NGrStG)
	Nutzfläche der Gebäude (insbes. § 3 Abs. 2, 3 und 5 NGrStG[10])
x	Äquivalenzzahl für Gebäude (§ 4 Abs. 1 NGrStG[11])
x	Lage-Faktor (§ 5 NGrStG[12])
=	Äquivalenzbetrag der Nutzflächen der Gebäude (Abrundung auf volle Cent nach unten gem. § 2 Abs. 3 Satz 3 NGrStG)

(Einstweilen frei) 69–72

---

1 Siehe hierzu Bock/Lapp in Grootens, NGrStG § 4 Rz. 31 ff.
2 Siehe hierzu Bock/Lapp in Grootens, NGrStG § 5 Rz. 41 ff.
3 Siehe hierzu Bock/Lapp in Grootens, NGrStG § 3 Rz. 42 ff.
4 Siehe hierzu Bock/Lapp in Grootens, NGrStG § 3 Rz. 41.
5 Siehe hierzu Bock/Lapp in Grootens, NGrStG § 4 Rz. 31.
6 Siehe hierzu Bock/Lapp in Grootens, NGrStG § 5 Rz. 41 ff.
7 Siehe hierzu Bock/Lapp in Grootens, NGrStG § 3 Rz. 46 ff.
8 Siehe hierzu Bock/Lapp in Grootens, NGrStG § 4 Rz. 26.
9 Siehe hierzu Bock/Lapp in Grootens, NGrStG § 5 Rz. 41 ff.
10 Siehe hierzu Bock/Lapp in Grootens, NGrStG § 3 Rz. 81 ff.
11 Siehe hierzu Bock/Lapp in Grootens, NGrStG § 4 Rz. 26.
12 Siehe hierzu Bock/Lapp in Grootens, NGrStG § 5 Rz. 41 ff.

IV. Sonderregelungen zur Bildung wirtschaftlicher Einheiten (§ 2 Abs. 4 NGrStG)

1. Wirtschaftliche Einheit bei Ehegatten und Lebenspartnern (§ 2 Abs. 4 Satz 1 NGrStG)

73 § 2 Abs. 4 Satz 1 NGrStG greift die Regelung des § 26 BewG auf, wonach eine Zurechnung mehrerer Wirtschaftsgüter zu einer **wirtschaftlichen Einheit bei Ehegatten und Lebenspartnern** nach dem Lebenspartnerschaftsgesetz ermöglicht wird. § 26 BewG findet nach dem Gesetz zur Reform des Grundsteuer- und Bewertungsrechts[1] für die Bewertung für Zwecke der Grundsteuer nach dem Siebenten Abschnitt des Zweiten Teils des Bewertungsgesetzes grundsätzlich keine Anwendung mehr. Bundesgesetzlich wurde zwar mit dem Gesetz zur erleichterten Umsetzung der Reform der Grundsteuer und Änderung weiterer steuerrechtlicher Vorschriften[2] in § 266 Abs. 5 BewG eine Übergangsregelung eingeführt, wonach bestehende wirtschaftliche Einheiten, welche für Zwecke der Einheitsbewertung unter Anwendung des § 26 BewG gebildet wurden, weiterhin für Zwecke der Feststellung von Grundsteuerwerten nach den Regelungen des Siebenten Abschnitts des Zweiten Teils des Bewertungsgesetzes zugrunde gelegt werden können.[3] Hierbei handelt es sich allerdings um eine auslaufende Regelung, welche am 31.12.2028 aufgehoben wird und für die auf den 1.1.2029 durchzuführende Hauptfeststellung keine Anwendung mehr findet.[4] In Niedersachsen soll dagegen die mit § 26 BewG vergleichbare Regelung aufgrund der gesetzlichen Normierung in § 2 Abs. 4 Satz 1 NGrStG **dauerhaft Anwendung** finden.

74 In Zukunft soll über die **Grundstücksdatenbank LANGUSTE** die Ermittlung der Grundsteuer weiter automatisiert werden. Anknüpfungspunkt für die Bildung von wirtschaftlichen Einheiten soll unter Nutzung des Liegenschaftskatasters streng das Eigentümerprinzip sein. Zu diesem Zweck laufen im Bundesmodell diejenigen Regelungen zur Bildung und Zurechnung von wirtschaftlichen Einheiten aus, die dem Eigentümerprinzip widersprechen.[5] In Zukunft wird in Niedersachsen zu prüfen sein, ob an der dem **Automatisierungsziel widersprechenden** Zusammenfassung von Wirtschaftsgütern zu einer wirtschaftlichen Einheit nach § 2 Abs. 4 Satz 1 NGrStG festgehalten werden soll.

75 § 2 Abs. 4 Satz 1 NGrStG geht als **spezielle Zurechnungsnorm** anderen Zurechnungsnormen vor.[6] Dies gilt insbesondere für die Zurechnung bei Gebäuden auf fremdem Grund und Boden[7] sowie bei Erbbaurechten.[8] Dem Eigentümer der wirtschaftlichen Einheit werden auch die Wirtschaftsgüter des Ehegatten oder Lebenspartners zugerechnet, wenn diese zur wirtschaftlichen Einheit gehören.[9] Die Norm hat insbesondere beim **land- und forstwirtschaftlichen Vermögen** erhebliche Bedeutung, da dort häufiger Wirtschaftsgüter des einen Ehegatten oder Lebenspartners (beispielsweise ein einzelnes Flurstück) im Betrieb des anderen Ehegatten oder Le-

---

1 BGBl 2019 I S. 1794 ff.
2 BGBl 2021 I S. 2931 ff.
3 Vgl. RegE eines Gesetzes zur erleichterten Umsetzung der Reform der Grundsteuer und Änderung weiterer steuerrechtlicher Vorschriften (Grundsteuerreform-Umsetzungsgesetz – GrStRefUG), BT-Drucks. 19/28902 S. 23 f. sowie vertiefend Grootens in Grootens, BewG § 266 Rz. 111 ff.
4 Vgl. Art. 2 i.V. mit Art. 7 Abs. 2 Grundsteuerreform-Umsetzungsgesetz, BGBl I 2021 S. 2936 und 2938.
5 Vgl. RegE eines Gesetzes zur erleichterten Umsetzung der Reform der Grundsteuer und Änderung weiterer steuerrechtlicher Vorschriften (Grundsteuerreform-Umsetzungsgesetz – GrStRefUG), BT-Drucks. 19/28902 S. 24.
6 Vgl. Halaczinsky in Rössler/Troll, BewG § 26 Rz. 5.
7 Vgl. BFH, Urteil v. 13.6.1984 - III R 131/80, BStBl 1984 II S. 816 NWB NAAAA-91792.
8 Vgl. Halaczinsky in Rössler/Troll, BewG § 26 Rz. 6.
9 Vgl. Halaczinsky in Rössler/Troll, BewG § 26 Rz. 5.

benspartners genutzt werden.[1] § 2 Abs. 4 NGrStG findet gem. § 11 Abs. 5 NGrStG auch auf land- und forstwirtschaftliches Vermögen entsprechende Anwendung (siehe bereits → Rz. 21).[2] Die Zurechnung kann auch erfolgen, wenn der Ehegatte oder Lebenspartner den Betrieb mit einer anderen Person gemeinsam führt.[3] Weitere das Eigentümerprinzip durchbrechende Zurechnungsregelungen bei Betrieben der Land- und Forstwirtschaft sind in § 11 NGrStG geregelt.[4]

(Einstweilen frei) 76–77

2. Wirtschaftliche Einheit bei Gebäuden auf fremdem Grund und Boden sowie Erbbaurechten (§ 2 Abs. 4 Satz 2 und 3 NGrStG)

§ 2 Abs. 4 Satz 2 NGrStG bestimmt, dass bei Gebäuden auf fremdem Grund und Boden der Grund und Boden der Eigentümerin oder dem Eigentümer des Grund und Bodens und die Gebäude der wirtschaftlichen Eigentümerin oder dem wirtschaftlichen Eigentümer des Gebäudes zuzurechnen sind. Im Gegensatz zu den bundesgesetzlichen Regelungen in § 244 Abs. 3 Nr. 2 BewG[5] und § 262 BewG,[6] wonach das Gebäude auf fremdem Grund und Boden gemeinsam mit dem zugehörigen Grund und Boden eine wirtschaftliche Einheit bildet, wird damit im NGrStG die in der Einheitsbewertung geltende Regelung der Bildung separater wirtschaftlicher Einheiten bei Gebäuden auf fremdem Grund und Boden nach § 94 Abs. 1 Satz 1 BewG beibehalten.

Die Bildung von zwei wirtschaftlichen Einheiten bei einem Gebäude auf fremden Grund und Boden **widerspricht** der angestrebten **Automatisierung** der Grundsteuer durch Anknüpfung an das Liegenschaftskataster (siehe bereits → Rz. 74). Diesem ist in der Regel nicht zu entnehmen, dass sich auf einem Grundstück ein Gebäude auf fremdem Grund und Boden befindet. Im Bundesrecht wird daher bei Gebäuden auf fremdem Grund und Boden eine wirtschaftliche Einheit gebildet, die nach § 262 BewG dem Grundstückseigentümer zugeordnet wird.

Die Formulierung wirtschaftliche Eigentümerin und wirtschaftlicher Eigentümer des Gebäudes in § 2 Abs. 4 Satz 2 NGrStG suggeriert, dass das zivilrechtliche Eigentum am Gebäude einer anderen Person, in der Regel dem Grundstückseigentümer, zusteht. Es existieren allerdings auch Fälle von Gebäuden auf fremdem Grund und Boden, in denen das zivilrechtliche Eigentum am Gebäude einer anderen Person als dem Eigentümer des Grund und Bodens zuzurechnen ist. Dies ist der Fall, wenn das Gebäude **Scheinbestandteil** des Grundstücks ist.[7]

§ 2 Abs. 4 Satz 3 NGrStG bestimmt, dass bei **Erbbaurechten** § 261 BewG[8] entsprechend anzuwenden ist. Nach § 261 BewG ist bei Erbbaurechten für das Erbbaurecht und das Erbbaurechtsgrundstück ein Gesamtwert zu ermitteln, der dem Erbbauberechtigten zugerechnet wird und der festzustellen wäre, wenn die Belastung mit dem Erbbaurecht nicht bestünde.[9]

---

1 Vgl. Halaczinsky in Rössler/Troll, BewG § 26 Rz. 7.
2 Siehe vertiefend Bock/Lapp in Grootens, NGrStG § 11 Rz. 56 ff.
3 Vgl. Halaczinsky in Rössler/Troll, BewG § 26 Rz. 7.
4 Siehe vertiefend Bock/Lapp in Grootens, NGrStG § 11 Rz. 46 ff.
5 Vgl. Bock in Grootens, BewG § 244 Rz. 73 ff.
6 Vgl. Grootens in Grootens, BewG § 262 Rz. 31 ff.
7 Vgl. vertiefend Bock in Grootens, BewG § 244 Rz. 78 sowie vertiefend Bock in Viskorf/Schuck/Wälzholz, BewG § 195 Rz. 6 ff.
8 Siehe hierzu vertiefend Grootens in Grootens, BewG § 261 Rz. 1 ff.
9 Siehe vertiefend hierzu Grootens in Grootens, BewG § 261 Rz. 31 ff.

Entsprechendes gilt bei Wohnungs- und Teilerbbaurechten. § 2 Abs. 4 Satz 3 NGrStG sieht klarstellend eine nur sinngemäße Anwendung des § 261 BewG vor, weil im NGrStG kein Gesamtwert nach §§ 243–260 BewG zu ermitteln ist, sondern die Äquivalenzbeträge der wirtschaftlichen Einheit insgesamt dem Erbbauberechtigen so zugewiesen werden, als ob die Belastung mit dem Erbbaurecht nicht bestünde.[1]

82–87 *(Einstweilen frei)*

V. Die niedersächsische Landesgrenze überschreitende wirtschaftliche Einheiten (§ 2 Abs. 5 NGrStG)

88 Das Vorhandensein verschiedener Grundsteuermodelle und die Beschränkung der Regelungsbefugnis der einzelnen Länder auf ihr Hoheitsgebiet macht es insbesondere zur **Vermeidung einer Doppelerfassung** erforderlich, bei grenzüberschreitenden wirtschaftlichen Einheiten zu bestimmen, wie mit diesen wirtschaftlichen Einheiten umzugehen ist. Denkbare Überschneidungen gibt es in Niedersachsen mit Brandenburg, Bremen, Mecklenburg-Vorpommern, Nordrhein-Westfalen, Sachsen-Anhalt, Schleswig-Holstein, Thüringen (alle Bundesmodell) sowie Hamburg, Hessen (jeweils abweichende Landes-Grundsteuergesetze) und dem Ausland (Niederlande). § 2 Abs. 5 Satz 1 NGrStG bestimmt zu diesem Zweck, dass bei Grundstücken, die sich auch auf ein anderes Land oder das Ausland erstrecken, nur für den im Gebiet des Landes **Niedersachsen belegenen Teil des Grundvermögens** Grundsteuer zu ermitteln, festzusetzen und zu erheben ist. Dieser Teil des jeweiligen Grundstücks bildet eine eigenständige wirtschaftliche Einheit.

89 Systematisch ergibt sich aus § 2 Abs. 5 NGrStG insgesamt für das niedersächsische Grundsteuermodell, dass nur für das auf dem Gebiet des Landes Niedersachsen belegene Grundvermögen die Grundsteuer nach dem NGrStG zu ermitteln, festzusetzen und zu erheben ist (siehe bereits → Rz. 21). Da bei der Bewertung der Betriebe der Land- und Forstwirtschaft die bundesgesetzlichen Regelungen weitgehend Anwendung finden (siehe aber die punktuellen Abweichungen in § 11 NGrStG[2]), beschränkt sich der Anwendungsbereich der Vorschrift auf die Bildung wirtschaftlicher Einheiten des Grundvermögens. Soweit sich ein Betrieb der Land- und Forstwirtschaft über die Landesgrenze Niedersachsens hinaus erstreckt, finden hierfür weiterhin die bundesgesetzlichen Regelungen zur Bildung der wirtschaftlichen Einheit[3] Anwendung.

90 Die Norm dürfte nur geringe Bedeutung haben, da es nicht viele Grundstücke geben dürfte, die sich über Landesgrenzen hinweg erstrecken. Zumindest im Hinblick auf Schleswig-Holstein, Mecklenburg-Vorpommern und Brandenburg dürften grenzüberschreitende wirtschaftliche Einheiten aufgrund der Elbe als überwiegende natürliche Landesgrenze kaum vorkommen.

§ 3 NGrStG Maßgebliche Flächen

(1) [1]Maßgebliche Gebäudefläche bei Wohnnutzung ist, soweit sich aus den Absätzen 2 und 3 nichts anderes ergibt, die Wohnfläche. [2]Als Wohnnutzung gilt auch ein häusliches Arbeitszimmer. [3]Im Übrigen ist die Nutzfläche des Gebäudes maßgeblich. [4]Nicht genutzte Gebäudeflächen, die zuvor Wohnzwecken gedient

---

1 Niedersächsische LT-Drucks. 18/9632 S. 12.
2 Siehe vertiefend Bock/Lapp in Grootens, NGrStG § 11 Rz. 1 ff.
3 Siehe hierzu Müller in Grootens, BewG § 232 Rz. 33 ff. und Müller in Grootens, BewG § 233 Rz. 10 ff.

haben, gelten bis zu einer Nutzung zu anderen Zwecken weiterhin als zu Wohnzwecken genutzt. ⁵Die Vermietung von Wohn- und Schlafräumen zur kurzfristigen Beherbergung von Personen ist kein Wohnzweck.

(2) ¹Nutzflächen von Garagen, die in räumlichem Zusammenhang zur Wohnnutzung stehen, der sie auch rechtlich zuzuordnen sind, bleiben bei der Ermittlung der maßgeblichen Gebäudeflächen bis zu einer Fläche von 50 m² außer Ansatz. ²Dies gilt unter den Voraussetzungen des Satzes 1 auch für Garagen, die eine eigene wirtschaftliche Einheit bilden.

(3) ¹Im Übrigen bleiben die Nutzflächen von Nebengebäuden, die in räumlichem Zusammenhang zur Wohnnutzung stehen, der sie zu dienen bestimmt sind, bis zu einer Fläche von 30 m² bei der Ermittlung der maßgeblichen Gebäudeflächen außer Ansatz. ²Dies gilt unter den Voraussetzungen des Satzes 1 auch für Nebengebäude, die eine eigene wirtschaftliche Einheit bilden.

(4) ¹Ein Grundstück gilt als unbebaut, wenn die darauf errichteten Gebäude eine Gesamtgebäudefläche von weniger als 30 m² haben; bei der Berechnung bleiben die Regelungen des Absatzes 2 oder 3 unberücksichtigt. ²Besteht ein Bauwerk aus mehreren wirtschaftlichen Einheiten, so ist für die Berechnung die Gesamtgebäudefläche des Bauwerks anzusetzen. ³Die Gebäudefläche bleibt in der Folge außer Ansatz. ⁴§ 246 BewG bleibt im Übrigen unberührt.

(5) Die ermittelten Flächen von Grund und Boden und Gebäuden sind als für dieses Gesetz maßgebliche Flächen auf volle Quadratmeter nach unten abzurunden.

Inhaltsübersicht

	Rz.
A. Allgemeine Erläuterungen zu § 3 NGrStG	1 – 40
I. Normzweck und wirtschaftliche Bedeutung der Vorschrift	1 – 10
I. Entstehung und Entwicklung der Vorschrift	11 – 20
III. Geltungsbereich	21 – 25
IV. Vereinbarkeit der Vorschrift mit höherrangigem Recht	26 – 35
V. Verhältnis zu anderen Vorschriften	36 – 40
B. Systematische Kommentierung	41 – 176
I. Abgrenzung und Ermittlung von Wohn- und Nutzflächen (§ 3 Abs. 1 NGrStG)	41 – 110
1. Fläche des Grund und Bodens	41 – 42
2. Gebäudeflächen	43 – 45
3. Wohnfläche	46 – 75
a) Begriff der Wohnfläche	46 – 55
b) Ermittlung der Wohnfläche	56 – 65
c) Berücksichtigung von Neben- und Zubehörräumen bei der Wohnfläche	66 – 75
4. Häusliches Arbeitszimmer (§ 3 Abs. 1 Satz 2 NGrStG)	76 – 80
5. Nutzflächen (§ 3 Abs. 1 Satz 3 NGrStG)	81 – 90
6. Leerstehende Gebäudeflächen (§ 3 Abs. 1 Satz 4 NGrStG)	91 – 95
7. Vermietete Wohn- und Schlafräume zur kurzfristigen Beherbergung von Personen (§ 3 Abs. 1 Satz 5 NGrStG)	96 – 105
8. Gebäude, Gebäudeteile und Anlagen für den Zivilschutz (§ 245 BewG)	106 – 110
II. Garagen im Zusammenhang mit Wohnnutzung (§ 3 Abs. 2 NGrStG)	111 – 140
1. Geringfügigkeitsregel bei Garagen (§ 3 Abs. 2 Satz 1 NGrStG)	111 – 135
a) Allgemeines	111 – 114
b) Freibetrag oder Freigrenze	115 – 120
c) Begriff der Garage	121 – 125
d) Räumlicher Zusammenhang mit Wohnnutzung	126 – 130
e) Rechtliche Zuordnung zur Wohnnutzung	131 – 135
2. Garage als eigene wirtschaftliche Einheit (§ 3 Abs. 2 Satz 2 NGrStG)	136 – 140
III. Nebengebäude im Zusammenhang mit Wohnnutzung (§ 3 Abs. 3 NGrStG)	141 – 170
1. Geringfügigkeitsregel bei Nebengebäuden (§ 3 Abs. 3 Satz 1 NGrStG)	141 – 165
a) Allgemeines	141 – 145
b) Freibetrag oder Freigrenze	146 – 150

	c) Begriff Nebengebäude	151 - 155
	d) Zweckbestimmung des Nebengebäudes	156 - 160
	e) Räumlicher Zusammenhang	161 - 165
	2. Nebengebäude als eigene wirtschaftliche Einheit (§ 3 Abs. 3 Satz 2 NGrStG)	166 - 170
IV.	Grundstücke mit Gebäuden von untergeordneter Bedeutung (§ 3 Abs. 4 NGrStG)	171 - 175
V.	Rundungsregel (§ 3 Abs. 5 NGrStG)	176

HINWEISE:

A 3 des Runderlasses des Niedersächsischen Finanzministeriums, Anwendung des Niedersächsischen Grundsteuergesetzes (NGrStG) zur Bewertung des Grundvermögens für die Grundsteuer ab 1.1.2022 (AENGrStG), RdErl. d. MF v. 22.2.2022 - G 1002-6 - 62100.

A. Allgemeine Erläuterungen zu § 3 NGrStG

I. Normzweck und wirtschaftliche Bedeutung der Vorschrift

1 § 3 NGrStG trifft Regelungen zur Ermittlung der für die Feststellung der Äquivalenzbeträge notwendigen **Wohn- und Nutzflächen**. Die maßgeblichen Flächen werden mit den Äquivalenzzahlen nach § 4 NGrStG multipliziert und ergeben den Äquivalenzbetrag. Der Äquivalenzbetrag ist Ausgangsgröße zur Ermittlung des Grundsteuermessbetrags. Der Grundsteuermessbetrag ergibt sich durch Multiplikation der Grundsteuermesszahlen mit dem Äquivalenzbetrag. Durch Anwendung des Hebesatzes der jeweiligen Gemeinde auf den Grundsteuermessbetrag ergibt sich die zu zahlende Grundsteuer.

2 In einem Flächenmodell, wie dem niedersächsischen Grundsteuermodell, kommt der **Flächenbestimmung** eine **ganz erhebliche Bedeutung** zu. Die Fläche ist im niedersächsischen Grundsteuermodell neben dem Lage-Faktor die einzige objektbezogene Größe, die Einfluss auf die Höhe der Grundsteuer nimmt. Die Flächenbestimmung dürfte im niedersächsischen Modell entsprechend streitanfällig sein. Dies gilt aufgrund der unterschiedlich hohen Steuermesszahlen auch für die Abgrenzung von der Wohn- zur Nutzfläche.

3 Der Bedeutung der Flächenbestimmung für das niedersächsische Grundsteuermodell wird § 3 NGrStG nicht gerecht. In § 3 NGrStG werden überwiegend bestimmte Sonderfälle behandelt. **Grundlegende Fragen**, wie die Abgrenzung der Wohn- zur Nutzfläche, die Zugehörigkeit von Neben- und Zubehörräumen sowie die Methode der Flächenermittlung werden **nicht geregelt**.

4 **§ 3 Abs. 1 NGrStG** bestimmt als maßgebliche Gebäudefläche bei Wohnnutzung die Wohnfläche und im Übrigen die Nutzfläche. Daneben werden in § 3 Abs. 1 NGrStG die Behandlung einiger Spezialfälle geregelt, wie die Behandlung eines häuslichen Arbeitszimmers, der Leerstand sowie die kurzfristige Vermietung von Wohnraum.

5 **§ 3 Abs. 2 NGrStG** regelt die Behandlung von Garagen, die im Zusammenhang mit der Wohnnutzung stehen. Diese bleiben bis zu einer Fläche von 50 m² außer Ansatz. **§ 3 Abs. 3 NGrStG** regelt die Behandlung von den übrigen Nutzflächen, die im Zusammenhang mit der Wohnnutzung stehen. Diese bleiben bis zu einer Fläche von 30 m² außer Ansatz.

6 **§ 3 Abs. 4 NGrStG** erweitert die Definition des unbebauten Grundstücks in § 246 BewG. Ein Grundstück gilt im niedersächsischen Grundsteuermodell auch dann als unbebaut und die Gebäudeflächen werden entsprechend nicht angesetzt, wenn die Gesamtgebäudefläche der da-

rauf errichteten Gebäude weniger als 30 m² beträgt. **§ 3 Abs. 5 NGrStG** enthält schließlich eine Abrundungsregel für die Flächenbestimmung.

(Einstweilen frei) 7–10

I. Entstehung und Entwicklung der Vorschrift

Die Vorschrift wurde im Jahr 2021 mit dem **Stammgesetz** in das NGrStG aufgenommen.[1] Im Gesetzentwurf der Koalitionsfraktionen war die Regelung noch in § 2 NGrStG verortet.[2] 11

Der ursprüngliche Gesetzentwurf der Regierungskoalition[3] sah in § 3 Abs. 1 Satz 1 NGrStG noch vor, dass die Gebäudefläche bei Wohnnutzung die Wohnfläche i. S. der **Wohnflächenverordnung** (WoFlV) ist und in § 3 Abs. 1 Satz 3 NGrStG, dass die Nutzfläche des Gebäudes nach **DIN 277** zu bestimmen ist. Diese Vorgaben wurden im parlamentarischen Verfahren nach einer Empfehlung des federführenden Ausschusses für Haushalt und Finanzen nicht in das Gesetz aufgenommen, um Eigentümerinnen und Eigentümern zu ermöglichen, zur Ermittlung der jeweiligen Flächen auf vorhandene Unterlagen zurückgreifen zu können, auch wenn die darin verwendeten Berechnungsmethoden nicht genau den Berechnungen nach der WoFlV bzw. DIN 277 entsprechen.[4] Zudem wurde die in § 3 Abs. 2 NGrStG zunächst enthaltene **Freigrenze** von 100 m² für nicht zu berücksichtigende **Garagen** durch 50 m² ersetzt. Nach Ansicht des niedersächsischen Gesetzgebers soll zudem mit der Formulierung ein **Freibetrag** eingeführt worden sein, der die unterschiedlichen Sachverhalte besser abbildet und einen Fallbeileffekt beim Überschreiten der Freigrenze vermeidet.[5] 12

Darüber hinaus wurden in § 3 Abs. 3 und 4 NGrStG die **Bagatellgrenzen,** nach welcher **(Neben-)gebäude** von untergeordneter Bedeutung außer Ansatz bleiben, von ursprünglich 23 m² auf nunmehr 30 m² angehoben. Damit wurde die Vorschrift an den seinerzeitigen Entwurf eines Bayerischen Grundsteuergesetzes[6] angeglichen, um die Anwendung der Äquivalenzmodelle im Bundesgebiet zu vereinheitlichen.[7] Zudem wurden im Gesetzgebungsverfahren geringfügige sprachliche Anpassungen vorgenommen.[8] 13

(Einstweilen frei) 14–20

III. Geltungsbereich

§ 3 NGrStG gilt für in Niedersachsen belegenes Grundvermögen und nicht für das land- und forstwirtschaftliche Vermögen. § 3 NGrStG ist mit dem Stammgesetz gem. § 15 Abs. 1 NGrStG **am 14.7.2021 in Kraft getreten**. Wie sich aus § 1 Satz 1 NGrStG[9] und § 12 Abs. 1 NGrStG[10] er- 21

---

1 Niedersächsisches Grundsteuergesetz v. 7.7.2021, Nds. GVBl Nr. 27/2021 S. 502 ff.
2 Vgl. Gesetzentwurf der Koalitionsfraktionen zum Niedersächsischen Grundsteuergesetz, Niedersächsische LT-Drucks. 18/8995 S. 5 und S. 18 ff.
3 Gesetzentwurf der Koalitionsfraktionen zum Niedersächsischen Grundsteuergesetz, Niedersächsische LT-Drucks. 18/8995.
4 Niedersächsische LT-Drucks. 18/9632 S. 13.
5 Niedersächsische LT-Drucks. 18/9632 S. 13.
6 Bayerische LT-Drucks. 18/15755 S. 6.
7 Niedersächsische LT-Drucks. 18/9632 S. 14.
8 Vgl. Beschlussempfehlung des Ausschusses für Haushalt und Finanzen, Niedersächsische LT-Drucks. 18/9603 S. 3 f. und Niedersächsische LT-Drucks. 18/9632 S. 13 ff.
9 Vgl. vertiefend Bock/Lapp in Grootens, NGrStG § 1 Rz. 9.
10 Siehe Bock/Lapp in Grootens, NGrStG § 12 Rz. 31 ff.

gibt, sollen die Regelungen des NGrStG und damit auch § 3 NGrStG erst für die Erhebung der **Grundsteuer** ab dem **Kalenderjahr 2025** von Bedeutung sein.

22–25 *(Einstweilen frei)*

IV. Vereinbarkeit der Vorschrift mit höherrangigem Recht

26 § 3 NGrStG könnte im Hinblick auf die Flächenbestimmung zu unbestimmt sein und gegen den **Bestimmtheitsgrundsatz** und die **Gleichmäßigkeit der Besteuerung** verstoßen. In einem Flächenmodell, wie dem niedersächsischen Grundsteuermodell, ist die Fläche neben dem rechnerisch ermittelten Lage-Faktor die einzige objektbezogene Größe, die Einfluss auf die Höhe der Grundsteuer nimmt. Die Bestimmung der anzusetzenden Fläche, insbesondere die Methodik der Flächenbestimmung und die Abgrenzung von der Wohn- zur Nutzfläche, hat damit eine entscheidende Bedeutung. Sie kann nicht ins Belieben des Steuerpflichtigen gestellt werden.

27 Nach der **Rechtsprechung des BVerfG** müssen steuerrechtliche Normen so bestimmt sein, dass **klare Maßstäbe** bereitgestellt werden, um die Verwaltung zu binden und ihr Verhalten nach Inhalt, Zweck und Ausmaß zu begrenzen.[1] Dies gilt in besonderem Maße, wenn dem Steuerpflichtigen durch das Steuergesetz Erklärungspflichten auferlegt werden (hier: Erklärung der maßgeblichen Fläche). Der Steuerpflichtige muss in die Lage versetzt werden, dass er anhand der gesetzlichen Regelung ggf. in Verbindung mit Verwaltungsanweisungen die von ihm verlangte Handlung erkennen, sein Verhalten danach ausrichten und der Handlungspflicht rechtssicher nachkommen kann.[2] Das Bestimmtheitsgebot verbietet nicht von vornherein die Verwendung von unbestimmten Rechtsbegriffen (wie hier der Wohnfläche).[3] Zu fordern ist jedoch, dass sich unbestimmte Rechtsbegriffe durch eine Auslegung der betreffenden Normen **nach den Regeln der juristischen Methodik hinreichend konkretisieren** lassen und verbleibende Ungewissheiten nicht so weit gehen, dass die Vorhersehbarkeit und Justiziabilität des Handelns der durch die Normen ermächtigten staatlichen Stellen gefährdet sind.[4] Indem der niedersächsische Gesetzgeber die Methodenauswahl zur Bestimmung der Fläche weitgehend ins Belieben der Steuerpflichtigen stellen will, bleibt ungewiss, an welchem Maßstab die Flächenermittlung zu messen ist. Hinreichende Anhaltspunkte lassen sich insoweit auch nicht im Gesetz finden.

28 Die teilweise **Nichtberücksichtigung von Nutzflächen von Garagen und Nebengebäuden** im Zusammenhang mit der Wohnnutzung in § 3 Abs. 2 und 3 NGrStG könnte **gleichheitsrechtlichen Bedenken** unterliegen, indem die Nichtberücksichtigung bei Nichtwohnnutzung nicht gewährt wird.[5] Nach der Rechtsprechung des BVerfG muss die erste Ebene der Ermittlung der Bemessungsgrundlage – hier die Flächenbestimmung – bei den einzelnen Nutzungsarten einheitlich erfolgen.[6] Abweichungen hiervon bedürfen der Rechtfertigung. Nach Auffassung des niedersächsischen Gesetzgebers sei diese Ungleichbehandlung sachlich gerechtfertigt, da das

---

[1] Vgl. BVerfG, Beschluss v. 13.6.2007 - 1 BvR 1550/03, 1 BvR 2357/04, 1 BvR 603/05, BStBl 2007 II S. 896 Rz.95 NWB JAAAC-50763.
[2] Vgl. BVerfG, Beschluss v. 3.3.2004 - 1 BvF 3/92, BGBl 2004 I S. 543 Rz. 103 NWB EAAAB-85006.
[3] Vgl. BVerfG, Beschluss v. 13.6.2007 - 1 BvR 1550/03, 1 BvR 2357/04, 1 BvR 603/05, BStBl 2007 II S. 896 Rz.100 NWB JAAAC-50763.
[4] Vgl. BVerfG, Beschluss v. 13.6.2007 -1 BvR 1550/03, 1 BvR 2357/04, 1 BvR 603/05, BStBl 2007 II S. 896 Rz.100 NWB JAAAC-50763.
[5] Zweifel auch Krause in Stenger/Loose, NGrStG, Grundaussagen Rz. 41.
[6] Vgl. BVerfG, Beschluss v. 7.11.2006 - 1 BvL 10/02, BStBl 2007 II S. 192 NWB GAAAC-36599.

Äquivalenzprinzip von einem Zusammenhang zwischen Quadratmeter Fläche und Anzahl der Nutzenden ausgehe. Im Fall der Wohnnutzung lasse ein untergeordnetes Nebengebäude nicht auf weitere Nutzende schließen. Bei anderen Nutzungen könne dieser Schluss aufgrund der vielfältigen Gestaltungen nicht gezogen werden, sodass eine großzügigere Regelung hier nicht gerechtfertigt sei.[1] Dieser Grund überzeugt nicht. Unterstellt er sei richtig, hätte ein Ansatz von Garagen und Nebengebäuden insgesamt nicht erfolgen dürfen. Darüber hinaus ist kein Grund ersichtlich, warum bei anderen Nutzungen die Fläche der Nebengebäude ein tauglicher Indikator für die Anzahl der Nutzenden sein soll. Die Regelungen in § 3 Abs. 2 und 3 NGrStG sollen nach dem an anderer Stelle erklärten Willen des Gesetzgebers vor allem der Verwaltungsvereinfachung dienen.[2] Das Bedürfnis nach Verwaltungsvereinfachung besteht allerdings in gleichem Maße auch bei der Nichtwohnnutzung.

(Einstweilen frei) 29–35

V. Verhältnis zu anderen Vorschriften

Die maßgeblichen Flächen nach § 3 NGrStG sind nach **§ 2 Abs. 3 NGrStG**[3] mit den Äquivalenzzahlen nach **§ 4 NGrStG**[4] zu multiplizieren und ergeben so den Äquivalenzbetrag. Dieser ist Ausgangsgröße nach **§ 2 Abs. 2 NGrStG**[5] für die Ermittlung des Grundsteuermessbetrags durch Multiplikation mit den jeweiligen Grundsteuermesszahlen nach **§ 6 NGrStG**[6]. Der Grundsteuermessbetrag ergibt durch Anwendung des jeweiligen Hebesatzes der Gemeinde **nach § 2 Abs. 1 Satz 2 NGrStG**[7] die Grundsteuerzahllast.

Die maßgeblichen Flächen einer wirtschaftlichen Einheit des Grundvermögens werden nach **§ 8 Abs. 1 Satz 1 NGrStG**[8] gesondert festgestellt. Die entsprechende Feststellung kann nach **§§ 347, 352 AO** mit dem Einspruch angefochten werden.

§ 3 Abs. 4 NGrStG erweitert die Definition eines unbebauten Grundstücks nach **§ 246 BewG**,[9] indem es Gebäude von flächenmäßig untergeordneter Bedeutung für die Frage der Bebauung eines Grundstücks ausnimmt, sodass diese Gebäudeflächen im niedersächsischen Grundsteuermodell nicht angesetzt werden.

(Einstweilen frei) 39–40

---

1 Niedersächsische LT-Drucks. 18/9632 S. 14.
2 Gesetzentwurf der Koalitionsfraktionen zum Niedersächsischen Grundsteuergesetz, Niedersächsische LT-Drucks. 18/8995 S. 19.
3 Vgl. vertiefend Bock/Lapp in Grootens, NGrStG § 2 Rz. 51 f.
4 Vgl. vertiefend Bock/Lapp in Grootens, NGrStG § 4 Rz. 26 ff.
5 Vgl. vertiefend Bock/Lapp in Grootens, NGrStG § 2 Rz. 46 ff.
6 Vgl. vertiefend Bock/Lapp in Grootens, NGrStG § 6 Rz. 26 ff.
7 Vgl. vertiefend Bock/Lapp in Grootens, NGrStG § 2 Rz. 36.
8 Vgl. vertiefend Bock/Lapp in Grootens, NGrStG § 8 Rz. 36 ff.
9 Vgl. hierzu vertiefend Bock in Grootens, BewG § 246 Rz. 17 ff.

B. Systematische Kommentierung

I. Abgrenzung und Ermittlung von Wohn- und Nutzflächen (§ 3 Abs. 1 NGrStG)

1. Fläche des Grund und Bodens

41 Eine Regelung, wie die **Fläche des Grund und Bodens** zu ermitteln und anzusetzen ist, fehlt wie auch im Bewertungsgesetz im NGrStG. Die zur Ermittlung des Äquivalenzbetrags anzusetzende maßgebliche Fläche des Grund und Bodens dürfte nach denselben Maßstäben wie im Bundesrecht erfolgen.[1] Maßgeblich ist grundsätzlich das **amtliche Vermessungsergebnis**, das in der Regel dem Grundbuch oder den Katasterunterlagen entnommen werden kann.[2]

42 *(Einstweilen frei)*

2. Gebäudeflächen

43 Das niedersächsische Grundsteuermodell erfasst neben der Fläche für den Grund und Boden die **Gebäudeflächen**. Ein **Gebäude** ist ein Bauwerk, das Menschen oder Sachen durch räumliche Umschließung Schutz gegen Witterungseinflüsse gewährt, den Aufenthalt von Menschen gestattet, fest mit dem Grund und Boden verbunden, von einiger Beständigkeit und ausreichend standfest ist.[3] Im niedersächsischen Grundsteuermodell und so auch in § 3 NGrStG werden die Gebäudeflächen in Wohnflächen und Nutzflächen unterschieden. Für diese gelten unterschiedliche Grundsteuermesszahlen nach § 6 NGrStG. Die Bagatellgrenzen nach § 3 Abs. 2 und 3 NGrStG finden zudem nur auf Nutzflächen im Zusammenhang mit Wohnnutzung Anwendung.

44–45 *(Einstweilen frei)*

3. Wohnfläche

a) Begriff der Wohnfläche

46 § 3 Abs. 1 Satz 1 NGrStG bestimmt bei Wohnnutzung die Wohnfläche als maßgebliche Gebäudefläche zur Berechnung des Grundsteuermessbetrags. Die Wohnfläche wird nach § 8 Abs. 1 Satz 1 NGrStG gesondert festgestellt und kann damit auch mit einem Rechtsbehelf angefochten werden.

47 § 3 Abs. 1 Satz 1 NGrStG ist aufgrund der Streichung des Zusatzes Wohnfläche im Sinne der Wohnflächenverordnung (siehe bereits → Rz. 12) **inhaltsleer** geworden, da er einen bisher im NGrStG nicht verwendeten und damit unbestimmten Begriff (Wohnnutzung) durch einen zwar im NGrStG verwendeten, aber ebenfalls unbestimmten Rechtsbegriff (Wohnfläche) ersetzt. Es hätte einer Definition des durchgängig verwendeten Begriffs der Wohnfläche bedurft und nicht einer Definition des Begriffs der Wohnnutzung durch den durchgängig verwendeten Begriff der Wohnfläche.

---

1 Siehe hierzu vertiefend Bock in Grootens, BewG § 247 Rz. 29.
2 Vgl. auch Gesetzentwurf der Koalitionsfraktionen zum Niedersächsischen Grundsteuergesetz, Niedersächsische LT-Drucks. 18/8995 S. 20.
3 Siehe zum Gebäudebegriff vertiefend Bock in Grootens, BewG § 243 Rz. 27 ff.

Zur Ermittlung der konkret anzusetzenden Wohnfläche wäre in einem **ersten Schritt** zunächst zu bestimmen, welche **Fläche als Wohnfläche** i. S. des NGrStG **einzuordnen** ist (Ansatz dem Grunde nach). Dies dürfte nach Sinn und Zweck der Regelungen zur Wohnfläche im NGrStG jede Gebäudefläche sein, die Wohnzwecken oder Wohnbedürfnissen dient.[1] Alle Flächen, die anderen Zwecken dienen, wie gewerblichen, freiberuflichen, öffentlich-rechtlichen oder sonstigen Zwecken, gehören zu den Nutzflächen (beachte allerdings die Regelung zum häuslichen Arbeitszimmer in § 3 Abs. 1 Satz 2 NGrStG; siehe hierzu → Rz. 76 ff.). Neben- und Zubehörräume, wie Keller, außerhalb der Wohnung befindliche Abstellräume usw., teilen nach hiesiger Auffassung zum Bundesmodell das Schicksal der Haupträume.[2] Dasselbe gilt für Balkone und Loggien. Nach dem niedersächsischen Grundsteuermodell dürften diese Flächen jedoch als Nutzflächen zu erfassen sein. Für diese Auslegung spricht insbesondere § 3 Abs. 2 Satz 1 und Abs. 3 Satz 1 NGrStG, die jeweils den Begriff der Nutzfläche von Garagen und Nebengebäuden im Zusammenhang mit Wohnnutzung verwenden.

48

(Einstweilen frei)

49–55

b) Ermittlung der Wohnfläche

In einem **zweiten Schritt** wäre dann zu bestimmen, inwieweit die zur **Wohnfläche** zählenden Flächen **angesetzt** werden müssen (Ansatz der Höhe nach). Anders als noch im ursprünglichen Gesetzentwurf (siehe hierzu → Rz. 12) gibt das Gesetz keine feste Vorgabe zur Ermittlung der Wohnfläche mehr vor. Nach der Gesetzesbegründung[3] soll die Wohnfläche nach einer sachgerechten und anerkannten Methode ermittelt werden. Vorrangiges geeignetes Mittel ist die Vermessung der Räumlichkeiten und eine daraus abgeleitete Berechnung der Flächengröße.[4] Ist dies mit einem unverhältnismäßigen Aufwand verbunden, darf hilfsweise eine ausschließlich mathematische Berechnung der Fläche erfolgen, wenn dies hinreichend geeignet erscheint, wobei Unschärfen in geringfügigen Umfang gestattet sind.[5] Zulässig soll sogar die Umrechnung des Rauminhalts von Kubikmetern in eine Flächengröße in Quadratmetern auf Basis hinreichend gesicherter Erkenntnisse und Methoden sein, solange weiterhin die Fläche als Bezugsgröße zugrunde gelegt werde.[6] Die Ermittlung der Wohnfläche soll auch nach der Wohnflächenverordnung[7] (siehe hierzu vertiefend → Rz. 68) oder deren Vorgängerregelungen erfolgen können. Der Steuerpflichtige soll auf vorhandene Unterlagen zurückgreifen dürfen, selbst wenn die dortige Berechnung nicht exakt der Wohnflächenberechnung entspricht.[8] In Betracht kommen zum Beispiel die Bauunterlagen.

56

Diese **Beliebigkeit** bei der Bestimmung der Wohnfläche ist mit einer **gleichmäßigen Besteuerung** schwer zu vereinbaren (siehe bereits → Rz. 26 f.). Die Fläche ist eine objektive Größe, die

57

---

1 Vgl. bereits RFH, Urteil v. 14.3.1940 - III 282/38, RStBl 1940 S. 589 zur Einheitsbewertung.
2 Vgl. st. Rspr. BFH, Urteil v. 6.11.1991 - II R 91/87 NWB NAAAB-32265 zur Einheitsbewertung sowie Bock in Grootens, BewG § 249 Rz. 23 m. w. N.
3 Niedersächsische LT-Drucks. 18/9632 S. 13.
4 Gesetzentwurf der Koalitionsfraktionen zum Niedersächsischen Grundsteuergesetz, Niedersächsische LT-Drucks. 18/8995 S. 19.
5 Gesetzentwurf der Koalitionsfraktionen zum Niedersächsischen Grundsteuergesetz, Niedersächsische LT-Drucks. 18/8995 S. 19.
6 Gesetzentwurf der Koalitionsfraktionen zum Niedersächsischen Grundsteuergesetz, Niedersächsische LT-Drucks. 18/8995 S. 19.
7 Vgl. auch Krause in Stenger/Loose, NGrStG § 3 Rz. 190, der ebenfalls die WoFlV zur Ermittlung der Wohnfläche anwenden will.
8 Niedersächsische LT-Drucks. 18/9632 S. 13.

durch Nachmessen objektiv sicher bestimmt werden kann. Gerade in einem Flächenmodell, wie dem niedersächsischen Grundsteuermodell, in dem die Fläche neben dem rechnerisch ermittelten Lage-Faktor die einzige und damit maßgebliche objektbezogene Größe zur Bestimmung der Grundsteuerlast ist, muss diese zur Wahrung der Gleichmäßigkeit der Besteuerung möglichst präzise bestimmt werden. Es kann nicht im Belieben des Steuerpflichtigen liegen, welche Methode er zur Bestimmung der Wohnfläche anwendet, um die Steuerlast möglichst gering zu halten.

58–65   *(Einstweilen frei)*

c) Berücksichtigung von Neben- und Zubehörräumen bei der Wohnfläche

66   Aus § 3 NGrStG ergibt sich bis auf die Bagatellregelungen in § 3 Abs. 2 und 3 NGrStG (siehe hierzu → Rz. 111 ff. und → Rz. 141 ff.) nicht, ob **Neben- und Zubehörräume**, sofern man sie der Wohnfläche zuordnet (siehe hierzu → Rz. 48), voll anzusetzen sind. Aus Sinn und Zweck der Norm, eine gleichmäßige Ermittlung der Flächen unabhängig von der Nutzungsart zu gewährleisten, dürfte gleichheitskonform wie bei den Nutzflächen (siehe hierzu → Rz. 82) eine vollständige Erfassung dieser Flächen erforderlich sein.

67   Der **niedersächsische Gesetzgeber**[1] geht hingegen wohl davon aus, dass eine Ermittlung der Wohnfläche nach der Wohnflächenverordnung dazu führt, dass die Flächen von **Neben- und Zubehörräumen** (insbesondere von Kellerräumen, Abstellräumen und Kellerersatzräumen außerhalb der Wohnung, Waschküchen, Bodenräumen, Trockenräumen, Heizungsräumen und Garagen), (vgl. § 2 Abs. 3 WoFlV) **unberücksichtigt bleiben.**

68   Die **Wohnflächenverordnung** ist nur **bedingt dazu geeignet** als taugliche Grundlage für die Ermittlung der Wohnfläche in einem Flächenmodell herangezogen zu werden.[2] In einem Flächenmodell geht es um die gleichmäßige Ermittlung der maßgeblichen Flächen unabhängig von der Nutzungsart. Die Herausnahme bestimmter Flächen erfolgt bei Heranziehung der Wohnflächenverordnung nur bei der Wohnnutzung und nicht bei den sonstigen Nutzflächen. Die Wohnflächenverordnung zielt zudem darauf ab, die Anforderung an eine angemessene den Wohnzwecken entsprechende Wohnungsgröße im Rahmen der sozialen Wohnraumförderung vorzugeben. Dem Sinn und Zweck entsprechend werden nach der Wohnflächenverordnung bestimmte Flächen (Flächen mit einer lichten Höhe unter zwei Metern, Balkone, Loggien, Neben- und Zubehörräume etc.) nicht oder nur teilweise angerechnet, da diese für die Frage nach einer angemessenen Wohnungsgröße nicht erheblich sind bzw. nicht im gleichen Maße beitragen. Bei der Ermittlung der maßgeblichen Fläche in einem Flächenmodell ist kein Grund ersichtlich, diese Flächen bei einer Wohnnutzung auszunehmen, bei jeder anderen Nutzung jedoch zu erfassen. Wenn die jeweilige Fläche bei der Bestimmung der Nutzfläche dem Äquivalenzgedanken entsprechend insbesondere die Nutzungsmöglichkeit der kommunalen Infrastrukturleistungen abbildet, wird diese Fläche auch bei der Wohnnutzung dem Äquivalenzgedanken entsprechend die Nutzungsäquivalenz abbilden und müsste daher erfasst werden. Geeigneter wäre die Nutzfläche eines Gebäudes i. S. der DIN 277 (siehe zum Begriff → Rz. 84) auch bei der Wohnfläche anzusetzen.

69–75   *(Einstweilen frei)*

---

1 Vgl. Niedersächsische LT-Drucks. 18/9632 S. 13 zu Abs. 2.
2 Vgl. zur Kritik, die WoFlV zur Ermittlung der Wohnfläche heranzuziehen beim Bundesmodell Bock in Grootens, BewG § 249 Rz. 25.

4. Häusliches Arbeitszimmer (§ 3 Abs. 1 Satz 2 NGrStG)

§ 3 Abs. 1 Satz 2 NGrStG bestimmt, dass ein **häusliches Arbeitszimmer** als **Wohnnutzung** gilt. Die Regelung dient der Verwaltungsvereinfachung,[1] da damit klargestellt wird, dass sich eine Änderung der Nutzung eines Raums hin zu einem häuslichen Arbeitszimmer nicht auf die Höhe des Äquivalenzbetrags auswirkt und keine neue Festsetzung des Grundsteuermessbetrags erfolgt.

Was ein **häusliches Arbeitszimmer** i. S. der Norm ist, wird im NGrStG **nicht definiert**. Für die Frage, ob ein häusliches Arbeitszimmer vorliegt, kommt es auf die einkommensteuerrechtlich getroffene Entscheidung nicht an. Erfasst werden Räume innerhalb einer abgeschlossenen Wohnung, die zu Zwecken der Einkünfteerzielung genutzt werden. Nach der ständigen Rechtsprechung des BFH[2] zur Einheitsbewertung führt ein zur Einkünfteerzielung genutztes Arbeitszimmer innerhalb einer abgeschlossenen Wohnung nicht dazu, dass dieses seine Einordnung als Wohnraum und damit die Zuordnung zur Wohnnutzung verliert. Diese Rechtsprechung wollte der niedersächsische Gesetzgeber übernehmen. Ob dies auch noch gilt, wenn das Zimmer einen eigenen, vom Hauptzugang zur Wohnung getrennten Zugang hat, ist zweifelhaft.

(Einstweilen frei)

5. Nutzflächen (§ 3 Abs. 1 Satz 3 NGrStG)

§ 3 Abs. 1 Satz 3 NGrStG bestimmt, dass die **Nutzfläche des Gebäudes** maßgeblich ist, soweit diese Fläche nicht der Wohnnutzung zuzuordnen ist (Ansatz dem Grunde nach). Die Ermittlung der Nutzfläche soll nach Vorstellung des **niedersächsischen Gesetzgebers** – vergleichbar mit der Ermittlung der Wohnfläche – nach einer **sachgerechten und anerkannten Methode** erfolgen (Ansatz der Höhe nach).[3] Hierfür soll die DIN 277 in Betracht kommen, aber auch jede andere geeignete Methode.[4] An der gesetzlich vorgeschriebenen Ermittlung der Nutzfläche nach der DIN 277 wurde im parlamentarischen Verfahren nicht festgehalten (siehe hierzu → Rz. 12). Die Kritik, die Auswahl der Methode zur Ermittlung der Nutzfläche dem Steuerpflichtigen zu überlassen (siehe hierzu → Rz. 57), gilt auch hier.

Eine **Definition**, was Nutzfläche i. S. des NGrStG ist, **fehlt** in § 3 NGrStG. Als Nutzfläche dürfte jede Gebäudefläche anzusehen sein, die anderen als Wohnzwecken dient. Dient die Fläche mithin **gewerblichen, freiberuflichen, öffentlich-rechtlichen oder sonstigen Zwecken**, die keine Wohnzwecke sind, sind die Flächen als Nutzflächen anzusetzen. Es dürften auch **Neben- und Zubehörräume** sowie **Balkone** und **Loggien** als Nutzfläche anzusetzen sein.[5]

Wie Flächen anzusetzen sind, die eine **lichte Höhe von unter zwei Metern** haben, bleibt abzuwarten. Jedenfalls **nicht begehbare** oder für eine dauerhafte Begehung nicht geeignete Flächen, wie **Kriechkeller** oder abgehängte **Versorgungsdecken**, dürften außer Ansatz bleiben. Soweit Flächen zu **Betriebsvorrichtungen** gehören, sind diese grds. nach § 243 Abs. 2 Nr. 2 BewG,

---

[1] Gesetzentwurf der Koalitionsfraktionen zum Niedersächsischen Grundsteuergesetz, Niedersächsische LT-Drucks. 18/8995 S. 18.
[2] BFH, Urteil v. 9.11.1988 - II R 61/87, BStBl 1989 II S. 135 NWB AAAAA-92737.
[3] Gesetzentwurf der Koalitionsfraktionen zum Niedersächsischen Grundsteuergesetz, Niedersächsische LT-Drucks. 18/8995 S. 19.
[4] Gesetzentwurf der Koalitionsfraktionen zum Niedersächsischen Grundsteuergesetz, Niedersächsische LT-Drucks. 18/8995 S. 19.
[5] So auch Niedersächsische LT-Drucks. 18/9632 S. 13 zu § 3 Abs. 2.

der über § 2 Abs. 1 Satz 1 NGrStG, § 2 Nr. 2 GrStG auch für die niedersächsische Grundsteuer Anwendung findet, ebenfalls nicht anzusetzen.[1]

84 Sollte die **Nutzfläche nach der DIN 277** angesetzt werden, ist nach Tz. 3.5 der DIN 277 derjenige Anteil der Geschossfläche anzusetzen, der entsprechend der Zweckbestimmung des Gebäudes genutzt wird. Nicht zur Nutzfläche gehören Verkehrsflächen wie Eingangsbereiche, Treppenräume, innere Rampen, Aufzüge und Flure, Rolltreppen, Technikflächen (Heizungsraum, Maschinenräume, technische Betriebsräume) und die sog. Konstruktions-Grundflächen des Gebäudes wie Wände und Stützen.

85–90 *(Einstweilen frei)*

6. Leerstehende Gebäudeflächen (§ 3 Abs. 1 Satz 4 NGrStG)

91 § 3 Abs. 1 Satz 4 NGrStG bestimmt, dass nicht genutzte **Gebäudeflächen**, die zuvor Wohnzwecken gedient haben, **bis zu einer Nutzung zu anderen Zwecken** weiterhin als zu Wohnzwecken genutzt gelten. Die Regelung dient der Verwaltungsvereinfachung, damit insbesondere in Fällen des Leerstandes einer Mietwohnung keine geänderte Feststellung der Äquivalenzbeträge und/oder Festsetzung des Grundsteuermessbetrags wegen einer Nutzungsartänderung erforderlich wird.[2] Dies dürfte nach dem eindeutigen Wortlaut der Norm auch dann gelten, wenn bereits mit **Umbauarbeiten** zur Herrichtung für eine andere Nutzung als zu Wohnzwecken begonnen wurde. Erst wenn die Nutzung zu anderen Zwecken tatsächlich erfolgt, dürfte eine Einordnung als Nutzfläche zu erfolgen haben. Eine zeitliche Einschränkung trifft § 3 Abs. 1 Satz 4 NGrStG nicht. Die jeweiligen Flächen gelten sowohl bei vorübergehendem als auch bei mehreren Jahren andauerndem Leerstand einer Wohnung weiterhin als zu Wohnzwecken genutzt.

92 Nicht geregelt ist der Fall, dass **Nutzflächen**, die bisher zu anderen als Wohnzwecken genutzt werden, **leer stehen**, aber als Wohnung genutzt werden könnten und in Zukunft auch sollen (bspw. bisher als Arztpraxis genutzte Räume sollen zukünftig als Wohnung genutzt werden). Jedenfalls wenn die Nutzung als Wohnung sofort möglich ist und entsprechende werbende Maßnahme ergriffen wurden, sollte eine Einordnung als Wohnnutzung möglich sein.

93–95 *(Einstweilen frei)*

7. Vermietete Wohn- und Schlafräume zur kurzfristigen Beherbergung von Personen (§ 3 Abs. 1 Satz 5 NGrStG)

96 § 3 Abs. 1 Satz 5 NGrStG bestimmt, dass die **Vermietung** von Wohn- und Schlafräumen **zur kurzfristigen Beherbergung** von Personen **keinen Wohnzweck** darstellen. Nach der Gesetzesbegründung[3] zielt die Vorschrift auf Hotels und Ferienwohnungen ab.

97 Nach dem Wortlaut des Gesetzes umfasst die Regelung auch Wohnräume, die (z. B. über ein einschlägiges Internetportal) ggf. nur einmalig vorübergehend vermietet werden. Darüber hinaus ergibt sich auch keine Einschränkung hinsichtlich der Anzahl der vermieteten Wohnräume. Die Vermietung einzelner Wohnräume dürfte damit ebenso wie die kurzfristige Vermie-

---

[1] Vgl. vertiefend Bock in Grootens, BewG § 243 Rz. 89 ff.
[2] Gesetzentwurf der Koalitionsfraktionen zum Niedersächsischen Grundsteuergesetz, Niedersächsische LT-Drucks. 18/8995 S. 18.
[3] Gesetzentwurf der Koalitionsfraktionen zum Niedersächsischen Grundsteuergesetz, Niedersächsische LT-Drucks. 18/8995 S. 19.

tung einer ganzen Wohnung oder eines Hauses (als Zusammenfassung mehrerer Wohnräume) als nicht zu Wohnzwecken genutzt gelten. Dieser Lesart folgend, kann eine kurzfristige private Vermietung eine Betragsfortschreibung der Äquivalenzbeträge, eine Flächenfortschreibung der Wohn- und Nutzflächen und eine neue Festsetzung des Grundsteuermessbetrags zur Folge haben.[1] Zumal eine der bundesgesetzlichen Regelung des § 222 Abs. 4 Satz 2 BewG[2] zur Bestimmung des maßgeblichen Zeitpunkts für die zugrunde zu legenden Verhältnisse fehlt. Die Norm hätte damit eine das Verwaltungsverfahren erschwerende Wirkung. Um der Regelung einen sinnvollen Gehalt zu geben, sollte sie nur Anwendung finden, wenn die Vermietung zur kurzfristigen Beherbergung mit dem jeweiligen Wohnraum **dauerhaft an wechselnde Personen** erfolgen soll oder jedenfalls auf Wiederholung angelegt ist.

Weder aus dem Gesetzeswortlaut noch aus der Gesetzesbegründung ist ersichtlich, welcher Zeitraum als **kurzfristig** i.S. des § 3 Abs. 1 Satz 5 NGrStG gelten soll. Aus Sinn und Zweck der Norm dürfte dies ein Zeitraum sein, für den üblicherweise eine nicht auf Dauer angelegte Übernachtungsmöglichkeit gesucht wird. Dies dürften in der Regel **zwei bis drei Wochen** sein und sechs Wochen nicht übersteigen.

(Einstweilen frei)

8. Gebäude, Gebäudeteile und Anlagen für den Zivilschutz (§ 245 BewG)

§ 3 NGrStG trifft hinsichtlich der **Nutzflächen** keine Aussagen zu Gebäuden, Gebäudeteilen und Anlagen **für den Zivilschutz**. Über § 1 Satz 2 und 3 NGrStG findet allerdings § 245 BewG entsprechend Anwendung. Gebäude, Gebäudeteile und Anlagen, die wegen der in § 1 des Zivilschutz- und Katastrophenhilfegesetzes bezeichneten Zwecke geschaffen worden sind und im Frieden nicht oder nur gelegentlich oder geringfügig für andere Zwecke benutzt werden, bleiben demzufolge bei der Ermittlung der Äquivalenzbeträge außer Betracht.[3]

Auch hier stellt sich die Frage, ob die Nichterfassung dieser Flächen mit dem **Sinn und Zweck** eines **Flächenmodells** vereinbar ist. Wenn die Fläche ein Indikator für die Nutzenäquivalenz ist, gilt dies auch für Flächen, die dem Zivilschutz dienen. In Betracht käme eine Steuerbefreiung für diese Flächen. Diese Steuerbefreiung wäre jedoch im Anschluss an die Flächenermittlung normenklar zu regeln. Im Bundesmodell spiegelt der Nichtansatz dieser Flächen die Ertraglosigkeit wider[4] und stellt damit keine Steuerbefreiung auf Bewertungsebene dar. Dieser Gesichtspunkt kann in einem Flächenmodell jedoch nicht herangezogen werden.

(Einstweilen frei)

---

1 Siehe hierzu Bock/Lapp in Grootens, NGrStG § 8 Rz. 53.
2 Siehe hierzu vertiefend Wredenhagen in Grootens, BewG § 222 Rz. 161 ff.
3 Vgl. auch Gesetzentwurf der Koalitionsfraktionen zum Niedersächsischen Grundsteuergesetz, Niedersächsische LT-Drucks. 18/8995 S. 19; siehe vertiefend Bock in Grootens, BewG § 245 Rz. 18 ff.
4 Str., vgl. vertiefend Bock in Grootens, BewG § 245 Rz. 3.

II. Garagen im Zusammenhang mit Wohnnutzung (§ 3 Abs. 2 NGrStG)

1. Geringfügigkeitsregel bei Garagen (§ 3 Abs. 2 Satz 1 NGrStG)

a) Allgemeines

111 Nach § 3 Abs. 2 NGrStG bleiben **Nutzflächen von Garagen**, die in räumlichem Zusammenhang zur Wohnnutzung stehen, der sie rechtlich zuzuordnen sind (siehe hierzu → Rz. 131), bis zu einer Fläche von 50 m² außer Ansatz, auch wenn es sich um eine eigene wirtschaftliche Einheit handeln sollte. Die Geringfügigkeitsregelung soll nach Ansicht des niedersächsischen Gesetzgebers der Verfahrensökonomie dienen.[1] Der niedersächsische Gesetzgeber geht davon aus, dass bei der Ermittlung der Wohnfläche nach der Wohnflächenverordnung Garagen nicht zum Ansatz kommen (vgl. § 2 Abs. 3 WoFlV). Dies hält er bei großen Garagen für unangemessen, sodass er mit § 3 Abs. 2 NGrStG lediglich Nutzflächen von Garagen bis zu einer Fläche von 50 m² vom Ansatz ausnimmt.[2] Diese Ansicht dürfte allerdings unzutreffend sein. Wenn die Garagenflächen Nutzflächen i. S. von § 3 Abs. 1 Satz 3 NGrStG sind und nicht zu den Wohnflächen zählen, richtet sich der Ansatz der Höhe nach nach der Methode für Nutzflächen. § 3 Abs. 2 NGrStG würde einen Nichtansatz der Flächen bis 50 m² dann erst begründen und nicht den generellen Nichtansatz auf Flächen bis zu 50 m² beschränken.

112 Zweifelhaft ist, zu welcher **Nutzungsart** die Flächen über 50 m² zu zählen sind. Nach der hier vertretenen Auffassung teilen Neben- und Zubehörräume das Schicksal der Haupträume, zu denen sie gehören (siehe → Rz. 48). Dies würde auch für Garagenflächen gelten. Die über 50 m² liegenden Flächen der Garage wären dann zur Wohnfläche zu addieren. In § 3 Abs. 2 Satz 1 NGrStG heißt es allerdings Nutzflächen von Garagen, sodass viel dafürspricht, die übersteigende Fläche als **Nutzfläche** i. S. von § 3 Abs. 1 Satz 3 NGrStG zuzuordnen. Dies entspricht auch dem Willen des niedersächsischen Gesetzgebers.[3] Die Fläche der Garage ist dann ebenso wie die Nutzflächen des Gebäudes (siehe hierzu → Rz. 82 f.) zu ermitteln.

113–114 *(Einstweilen frei)*

b) Freibetrag oder Freigrenze

115 Bei der nicht anzusetzenden Fläche von 50 m² handelt es sich aus Sicht des niedersächsischen Gesetzgebers um einen **Freibetrag**, d. h., in die Berechnung des Äquivalenzbetrags der Nutzflächen wird nur die 50 m² übersteigende Fläche einbezogen.[4] Im ursprünglichen Gesetzentwurf sollte die Reglung noch als **Freigrenze** ausgestaltet sein.[5] Auch der jetzige Wortlaut der Norm spricht entgegen der Intention des niedersächsischen Gesetzgebers eher für eine Freigrenze (vgl. etwa den ähnlichen Wortlaut der Freigrenze in § 8 Abs. 2 Satz 11 EStG). Für die Ausgestaltung als Freibetrag hätte rechtsklarer formuliert werden können, dass ein Ansatz von Garagenflächen nur erfolgt, soweit sie eine Fläche von 50 m² übersteigen.

---

[1] Gesetzentwurf der Koalitionsfraktionen zum Niedersächsischen Grundsteuergesetz, Niedersächsische LT-Drucks. 18/8995 S. 19.
[2] Vgl. Niedersächsische LT-Drucks. 18/9632 S. 13.
[3] So ausdrücklich in Niedersächsische LT-Drucks. 18/9632 S. 13.
[4] Vgl. Niedersächsische LT-Drucks. 18/9632 S. 13.
[5] Vgl. Niedersächsische LT-Drucks. 18/9632 S. 13.

Der Freibetrag von 50 m² bezieht sich auf **jede einzelne wirtschaftliche Einheit**, sodass für jede Wohnung einer wirtschaftlichen Einheit bis zu 50 m² Garagenfläche unberücksichtigt bleiben.[1]

BEISPIEL: Auf einem Einfamilienhausgrundstück befindet sich eine 60 m² große Garage.

LÖSUNG: Die Garagenfläche wird bis 50 m² nicht angesetzt. Die übersteigenden 10 m² sind hingegen als Nutzfläche anzusetzen.

(Einstweilen frei)

c) Begriff der Garage

Garagen sind **Gebäude** (zum Gebäudebegriff siehe → Rz. 43) oder **Gebäudeteile**, die vorrangig dem Schutz von **Kraftfahrzeugen** dienen. Ob die Garage tatsächlich für ein Kraftfahrzeug genutzt wird, dürfte grundsätzlich genauso unerheblich sein wie eine Mischnutzung der Garage für weitere Zwecke (als Werkstatt oder Abstellfläche). Die Grenze dürfte erst überschritten sein, wenn die Garage baulich so hergerichtet ist, dass sie als vollwertiger (ggf. in die Wohnung integrierter) Wohnraum genutzt werden kann (insbesondere Isolierung, Heizung, eingebaute Sanitäranlagen), auch wenn die Garage ihrer Größe und Ausstattung nach nicht zum dauerhaften Wohnen geeignet ist. Unerheblich ist, ob sich die Garage als selbständiges Gebäude außerhalb der Haupträume befindet oder Teil des Hauptgebäudes ist (bspw. integrierte Garage bei einem Einfamilienhaus, Tiefgaragenstellplatz in einem Mehrfamilienhaus). Vom Wortlaut der Vorschrift umfasst sind (nur) Garagen, nicht also PKW-Stellplätze auf dem Grundstück, Carports u. Ä. Diese erfüllen bereits den Gebäudebegriff nicht (siehe hierzu → Rz. 43).

(Einstweilen frei)

d) Räumlicher Zusammenhang mit Wohnnutzung

Die Garage muss **zur Wohnnutzung** in einem **räumlichen Zusammenhang** stehen. Dies ist unzweifelhaft gegeben, wenn sich die Garage auf derselben wirtschaftlichen Einheit befindet. Das Tatbestandsmerkmal dürfte vor allem dann eine Rolle spielen, wenn die Garage eine eigene wirtschaftliche Einheit bildet oder sich auf einer anderen wirtschaftlichen Einheit befindet. Gedacht ist an Garagengrundstücke, die von der wirtschaftlichen Einheit bspw. durch eine Straße getrennt sind, bei denen die einzelnen Garagen allerdings im Zusammenhang mit einer Wohnung genutzt werden.

(Einstweilen frei)

e) Rechtliche Zuordnung zur Wohnnutzung

Voraussetzung für die Inanspruchnahme des Garagenfreibetrags ist, dass die Garage der **Wohnnutzung rechtlich zuzuordnen** ist. Eine rechtliche Zuordnung liegt bei einer dinglichen Verknüpfung zwischen Wohnfläche und Garagenfläche vor.[2] Diese ist gegeben, wenn die Garage nach § 97 BGB wesentlicher Bestandteil des Grundstücks wird oder bei Wohnungseigentum ein Sondernutzungsrecht für einen Tiefgaragenstellplatz besteht.[3] In diesen Fällen liegt in

---

1 Niedersächsische LT-Drucks. 18/9632 S. 14.
2 Niedersächsische LT-Drucks. 18/9632 S. 13.
3 Vgl. Niedersächsische LT-Drucks. 18/9632 S. 13 f.

aller Regel eine einheitliche wirtschaftliche Einheit vor. Die rechtliche Zuordnung kann auch bei einer lediglich vertraglichen Verknüpfung gegeben sein, wenn also die Vermietung der Garagenfläche im Zusammenhang mit der Vermietung der Wohnfläche von demselben Überlassenden erfolgt.[1] Für Garagenflächen, die in keinem rechtlichen Zusammenhang mit einer Wohnnutzung stehen, ist die Norm nicht anwendbar.[2]

132 Von § 3 Abs. 2 NGrStG **nicht erfasst** werden **Garagen eines Mieters,** die dieser auf einem nahegelegenen Garagengrundstück erworben hat, da zwischen Garage und Mietwohnung kein rechtlicher Zusammenhang besteht.

133 Anders als Nebengebäude (siehe hierzu → Rz. 151) ist es **nicht erforderlich,** dass die Garage der **Wohnnutzung zu dienen bestimmt** ist. Der niedersächsische Gesetzgeber vertritt diesbezüglich die Auffassung, dass Garagen üblicherweise nur den Zweck hätten, ein Fahrzeug unterzustellen und damit grundsätzlich der Wohnnutzung dienten, weswegen insoweit die rechtliche Verknüpfung ausreiche.[3] Sonstige Nebengebäude könnten hingegen auch Nutzungen anderer Art enthalten, die nicht mit der Wohnnutzung im Zusammenhang stünden, wie bspw. einen Kiosk.[4] Diese Einschätzung dürfte verfehlt sein. Insbesondere größere Garagen können auch zu anderen Zwecken, bspw. als Kfz-Werkstatt, genutzt werden.

134–135 *(Einstweilen frei)*

2. Garage als eigene wirtschaftliche Einheit (§ 3 Abs. 2 Satz 2 NGrStG)

136 Die Garage dürfte in der Regel mit dem Gebäude und dem zugehörigen Grund und Boden zu einer wirtschaftlichen Einheit gehören (z. B. Einfamilienhaus mit einer darauf befindlichen Garage).[5] Nach § 3 Abs. 2 Satz 2 NGrStG kann der Freibetrag allerdings auch für **Garagen,** die eine **eigene wirtschaftliche Einheit** bilden, aber gleichwohl im räumlichen Zusammenhang zur Wohnnutzung stehen, der sie rechtlich zuzuordnen sind, in Anspruch genommen werden. Praktische Bedeutung dürfte diese Regelung in Fällen haben, in denen ein Garagengrundstück zwar noch in räumlicher Nähe zum Wohngrundstück steht, aber (z. B. durch eine Straße) von diesem getrennt wird (siehe bereits → Rz. 126 und → Rz. 132).

137–140 *(Einstweilen frei)*

III. Nebengebäude im Zusammenhang mit Wohnnutzung (§ 3 Abs. 3 NGrStG)

1. Geringfügigkeitsregel bei Nebengebäuden (§ 3 Abs. 3 Satz 1 NGrStG)

a) Allgemeines

141 § 3 Abs. 3 NGrStG bestimmt in Anlehnung an § 3 Abs. 2 NGrStG, dass **Nutzflächen von Nebengebäuden,** die in räumlichem Zusammenhang zur Wohnnutzung stehen, der sie zu dienen bestimmt sind, bis zu einer Fläche von 30 m² außer Ansatz bleiben, auch wenn das Nebengebäude eine eigenständige wirtschaftliche Einheit bilden sollte. Die **Geringfügigkeitsregelung** soll

---

[1] Niedersächsische LT-Drucks. 18/9632 S. 13 f.
[2] Niedersächsische LT-Drucks. 18/9632 S. 14.
[3] Niedersächsische LT-Drucks. 18/9632 S. 14 zu Abs. 3.
[4] Vgl. Niedersächsische LT-Drucks. 18/9632 S. 14 zu Abs. 3.
[5] Niedersächsische LT-Drucks. 18/9632 S. 13.

nach Ansicht des niedersächsischen Gesetzgebers der **Verfahrensökonomie** dienen.[1] Der niedersächsische Gesetzgeber geht davon aus, dass bei der Ermittlung der Wohnfläche nach der Wohnflächenverordnung Grundflächen von Abstellräumen und Kellerersatzräumen außerhalb der Wohnung nicht zum Ansatz kommen (vgl. § 2 Abs. 3 WoFlV). Dies hält er bei großen Nebengebäuden für unangemessen, sodass er mit § 3 Abs. 2 NGrStG eine Begrenzung des Nichtansatzes auf Nutzflächen von Nebengebäuden bis zu einer Fläche von 30 m² für erforderlich hält.[2] Diese Ansicht dürfte allerdings unzutreffend sein. Wenn die Flächen der Nebengebäude Nutzflächen i. S. von § 3 Abs. 1 Satz 3 NGrStG sind und nicht zu den Wohnflächen zählen, richtet sich der Ansatz der Höhe nach nach der Methode für Nutzflächen. § 3 Abs. 2 NGrStG würde dann einen Nichtansatz der Flächen bis 30 m² erst begründen und nicht den generellen Nichtansatz auf Flächen bis zu 30 m² beschränken.

Zweifelhaft ist, zu welcher **Nutzungsart** die Flächen über 30 m² zu zählen sind. Nach der hier vertretenen Auffassung teilen Neben- und Zubehörräume das Schicksal der Haupträume, zu denen sie gehören (siehe → Rz. 48). Dies würde auch für Flächen von Nebengebäuden gelten. Die über 30 m² liegenden Flächen der Nebengebäude wären dann zur Wohnfläche zu addieren. In § 3 Abs. 3 Satz 1 NGrStG heißt es allerdings Nutzflächen von Nebengebäuden, sodass viel dafürspricht, die übersteigende Fläche als **Nutzfläche** i. S. von § 3 Abs. 1 Satz 3 NGrStG zuzuordnen. Dies entspricht auch dem Willen des niedersächsischen Gesetzgebers.[3] Die Ermittlung der Nutzflächen der Nebengebäude erfolgt ebenso wie die Ermittlung der Nutzflächen des Gebäudes (siehe hierzu → Rz. 82 f.).

142

(Einstweilen frei)   143–145

b) Freibetrag oder Freigrenze

Bei der nicht anzusetzenden Fläche von 30 m² handelt es sich nach Ansicht des niedersächsischen Gesetzgebers um einen **Freibetrag**, d. h., in die Berechnung des Äquivalenzbetrags der Nutzflächen wird nur die 30 m² übersteigende Fläche einbezogen.[4] Im ursprünglichen Gesetzentwurf sollte die Reglung noch als **Freigrenze** ausgestaltet sein.[5] Auch der jetzige Wortlaut der Norm spricht entgegen der Intention des niedersächsischen Gesetzgebers eher für eine Freigrenze (vgl. etwa den ähnlichen Wortlaut der Freigrenze in § 8 Abs. 2 Satz 11 EStG). Für die Ausgestaltung als Freibetrag hätte rechtsklarer formuliert werden können, dass ein Ansatz der Nutzflächen von Nebengebäuden nur erfolgt, soweit sie eine Fläche von 30 m² übersteigen.

146

BEISPIEL: Auf einem Einfamilienhausgrundstück befindet sich ein Geräteschuppen von 20 m² sowie ein Gewächshaus von 15 m². Beide erfüllen den Gebäudebegriff.

147

LÖSUNG: Die Flächen der Nebengebäude werden bis 30 m² nicht angesetzt. Die übersteigenden 5 m² sind hingegen als Nutzfläche anzusetzen.

(Einstweilen frei)   148–150

---

[1] Gesetzentwurf der Koalitionsfraktionen zum Niedersächsischen Grundsteuergesetz, Niedersächsische LT-Drucks. 18/8995 S. 19.
[2] Vgl. Niedersächsische LT-Drucks. 18/9632 S. 14.
[3] Vgl. so ausdrücklich in Niedersächsische LT-Drucks. 18/9632 S. 13 zu Abs. 2.
[4] Vgl. Niedersächsische LT-Drucks. 18/9632 S. 14.
[5] Vgl. Niedersächsische LT-Drucks. 18/9632 S. 14.

c) Begriff Nebengebäude

151 Ein **Nebengebäude** ist ein **Gebäude** (zum Gebäudebegriff siehe → Rz. 43), das den **Zwecken des Hauptgebäudes** dient und diesem in der Regel in Größe und baulicher Ausstattung untergeordnet ist. § 3 Abs. 2 NGrStG erfasst nur Nebengebäude und nicht sonstige Nutzflächen eines Gebäudes, auch wenn sie im Zusammenhang mit einer Wohnnutzung stehen. Keine Nebengebäude sind Gebäude, die baulich so hergerichtet sind (insbesondere Isolierung, Heizung und Sanitäranlagen), dass sie als **vollwertiger Wohnraum** genutzt werden können, auch wenn sie ihrer Größe und Ausstattung nach nicht zum dauerhaften Wohnen geeignet sind (bspw. Wohnung in einem Poolhaus für Gäste). Von der Vorschrift sollen insbesondere Schuppen und Gartenhäuschen erfasst werden.[1]

152–155 *(Einstweilen frei)*

d) Zweckbestimmung des Nebengebäudes

156 Voraussetzung für die Inanspruchnahme des Freibetrags ist, dass das Nebengebäude der **Wohnnutzung zu dienen bestimmt** ist. Nebengebäude können auch Nutzungen anderer Art enthalten, die nicht mit der Wohnnutzung im Zusammenhang stehen, wie bspw. einen Kiosk. Solche eigenständigen anderweitigen Nutzungen sollten nach dem Willen des niedersächsischen Gesetzgebers vom Freibetrag nicht erfasst werden. Dies werde durch die Voraussetzung, dass die Nutzflächen der Nebengebäude der Wohnnutzung zu dienen bestimmt sein müssen, sichergestellt.[2]

157 Die Nutzflächen von Nebengebäuden, die nicht der Wohnnutzung zu dienen bestimmt sind (z. B. Kioskhäuschen), sind voll in die Ermittlung des Äquivalenzbetrags der Nutzflächen einzubeziehen. Gleiches gilt, wenn das Nebengebäude zwar dem Hauptgebäude zu dienen bestimmt ist, das Hauptgebäude aber **nicht Wohnzwecken** dient (z. B. Lagergebäude zu einer Werkstatt).

158 In **Mischfällen**, wenn also das Hauptgebäude sowohl zu Wohn- als auch zu anderen Zwecken genutzt wird, ist zu prüfen, ob das Nebengebäude **ausschließlich** der Wohnnutzung oder den anderen Nutzungen des Hauptgebäudes zu dienen bestimmt ist. Zweifelhaft ist, ob § 3 Abs. 2 NGrStG auch in den Fällen Anwendung findet, wenn eine solche eindeutige Zuordnung nicht möglich ist, das Nebengebäude also dem gemischt genutzten Gebäude als Ganzem dient. Eine entsprechende Regelung wie in § 8 Abs. 2 GrStG[3] für den Fall, wenn eine **räumliche Abgrenzung** nicht möglich ist, fehlt im NGrStG jedenfalls. Eine Zuordnung je nachdem, ob das Nebengebäude überwiegend im Zusammenhang zur Wohnnutzung oder zur übrigen Nutzung steht, dürfte daher nicht möglich sein. Möglich wäre eine Aufteilung der Fläche, wenn diese abgrenzbar zum Teil der Wohnfläche und zum Teil den anderen Nutzungen dient. Eine solche Aufteilung könnte sowohl nach Flächen als auch nach Nutzungszeiten erfolgen. Ist eine solche Aufteilung auch nicht möglich, könnte eine Aufteilung entsprechend dem Verhältnis der Wohnflächen zu den Nutzungsflächen des Hauptgebäudes vorgenommen werden.

159–160 *(Einstweilen frei)*

---

[1] Gesetzentwurf der Koalitionsfraktionen zum Niedersächsischen Grundsteuergesetz, Niedersächsische LT-Drucks. 18/8995 S. 19.
[2] Niedersächsische LT-Drucks. 18/9632 S. 14.
[3] Siehe hierzu Lange in Grootens, NGrStG § 8 Rz. 28 ff.

e) Räumlicher Zusammenhang

Das Nebengebäude muss zur Wohnnutzung in einem **räumlichen Zusammenhang** stehen. Dies ist unzweifelhaft gegeben, wenn sich das Nebengebäude auf derselben wirtschaftlichen Einheit befindet. Das Tatbestandsmerkmal dürfte vor allem dann eine Rolle spielen, wenn das **Nebengebäude** eine **eigene wirtschaftliche Einheit** bildet oder sich auf einer anderen wirtschaftlichen Einheit befindet. Dies ist bspw. bei in der Nähe der Wohnung befindlichen Lagergebäuden der Fall, wenn diese den Gebäudebegriff erfüllen und zur Wohnung gehören. Die **praktische Bedeutung** dieses Tatbestandsmerkmals dürfte anders als bei den Garagen allerdings **gering** sein. 161

(Einstweilen frei) 162–165

2. Nebengebäude als eigene wirtschaftliche Einheit (§ 3 Abs. 3 Satz 2 NGrStG)

Neben- und Hauptgebäude bilden in der Regel gemeinsam mit dem zugehörigen Grund und Boden eine wirtschaftliche Einheit. Nach § 3 Abs. 3 Satz 2 NGrStG kann der Freibetrag aber auch für Nebengebäude, die eine eigene wirtschaftliche Einheit bilden, aber gleichwohl im räumlichen Zusammenhang zur Wohnnutzung stehen, der sie zu dienen bestimmt sind, in Anspruch genommen werden. Praktische Bedeutung dürfte diese Regelung allemal in Fällen haben, in denen das Nebengebäude zwar noch in räumlicher Nähe zum Wohngrundstück steht, aber (z. B. durch eine Straße) von diesem getrennt wird (siehe auch → Rz. 161). 166

(Einstweilen frei) 167–170

IV. Grundstücke mit Gebäuden von untergeordneter Bedeutung (§ 3 Abs. 4 NGrStG)

§ 3 Abs. 4 NGrStG erweitert die Definition eines **unbebauten Grundstücks** nach § 246 BewG.[1] § 3 Abs. 4 Satz 1 Halbsatz 1 NGrStG bestimmt, dass ein Grundstück als unbebaut gilt, wenn die auf dem Grundstück errichteten Gebäude eine **Gesamtgebäudefläche** von **weniger als 30 m²** haben. In diesem Fall bleibt gem. § 3 Abs. 4 Satz 3 NGrStG die Gebäudefläche außer Ansatz und es bleibt beim Ansatz der Fläche des Grund und Bodens. Die Regelung dient der Verwaltungsvereinfachung.[2] Die bundesgesetzlich in § 246 BewG getroffenen Bestimmungen zum Begriff des unbebauten Grundstücks[3] bleiben im Übrigen unberührt (§ 3 Abs. 4 Satz 4 NGrStG). 171

Bei der Prüfung, ob die Gesamtgebäudefläche unter 30 m² liegt, sind alle Wohn- und Nutzflächen zu addieren, auch wenn ein Freibetrag nach § 3 Abs. 2 NGrStG für Garagen oder nach § 3 Abs. 3 NGrStG für Nutzflächen von Nebengebäuden zu gewähren ist (§ 3 Abs. 4 Satz 1 Halbsatz 2 NGrStG). Wenn ein Bauwerk aus mehreren wirtschaftlichen Einheiten (bspw. ein Mehrfamilienhaus mit mehreren Eigentumswohnungen) besteht, ist zur Prüfung, ob ein Gebäude von untergeordneter Bedeutung vorliegt, nach § 3 Abs. 4 Satz 2 NGrStG die Wohn- und Nutzfläche des gesamten Bauwerks zu ermitteln. 172

---

[1] Siehe hierzu Bock in Grootens, BewG § 246 Rz. 1 ff.
[2] Gesetzentwurf der Koalitionsfraktionen zum Niedersächsischen Grundsteuergesetz, Niedersächsische LT-Drucks. 18/8995 S. 19.
[3] Siehe hierzu Bock in Grootens, BewG § 246 Rz. 17 ff.

173 **BEISPIEL:** Ein speziell für studentische Bedürfnisse errichtetes Gebäude besteht aus 10 Wohneinheiten zu je 25 m² Wohnfläche, die jeweils Wohnungseigentum im Sinne des Wohnungseigentumsgesetzes sind.

LÖSUNG: Die Wohneinheiten als Wohnungseigentum stellen jeweils eine wirtschaftliche Einheit des Grundvermögens und damit ein Grundstück im Sinne des NGrStG dar. Für die Frage, ob die wirtschaftliche Einheit Wohnungseigentum unbebaut ist, sind nicht die einzelnen wirtschaftlichen Einheiten zu betrachten, sondern das gesamte Bauwerk. Das Bauwerk hat eine Gesamtgebäudefläche von weit mehr als 30 m². Die einzelnen wirtschaftlichen Einheiten des Wohnungseigentums gelten daher nicht nach § 3 Abs. 4 NGrStG als unbebaut.

174 Grundstücke, die nach Anwendung des § 3 Abs. 4 Satz 1 NGrStG als unbebaut gelten, fallen nicht in den Anwendungsbereich des – im Übrigen auch in Niedersachsen Anwendung findenden – § 25 Abs. 5 GrStG (sog. **Grundsteuer C**). § 25 Abs. 5 GrStG findet nur Anwendung für bestimmte unbebaute Grundstücke i. S. des § 246 BewG.[1] Ein Grundstück, auf dem sich ein benutzbares Gebäude mit einer Gesamtgebäudefläche von bis zu 30 m² befindet, gilt zwar in Niedersachsen nach § 3 Abs. 4 Satz 1 NGrStG als unbebautes Grundstück. Die Gemeinde dürfte hierauf allerdings nicht den erhöhten Hebesatz des § 25 Abs. 5 GrStG (sog. Grundsteuer C) anwenden, da es sich nicht um ein unbebautes Grundstück i. S. des § 246 BewG handelt.

175 *(Einstweilen frei)*

V. Rundungsregel (§ 3 Abs. 5 NGrStG)

176 § 3 Abs. 5 NGrStG enthält eine Rundungsregel, die bestimmt, dass die ermittelten Flächen des Grund und Bodens sowie des Gebäudes als maßgebliche Flächen auf volle Quadratmeter abzurunden sind. Abzurunden sind jeweils separat die Wohnflächen und Nutzflächen bei einem gemischt genutzten Gebäude.

§ 4 NGrStG Äquivalenzzahlen

(1) Für Gebäudeflächen wird eine Äquivalenzzahl von 0,50 Euro je Quadratmeter angesetzt.

(2) ¹Für die Fläche des Grund und Bodens wird eine Äquivalenzzahl von 0,04 Euro je Quadratmeter angesetzt. ²Abweichend von Satz 1 gilt:
1. Übersteigt die Fläche des Grund und Bodens das Zehnfache der Wohnfläche, so wird die Äquivalenzzahl nach Satz 1 für den das Zehnfache der Wohnfläche übersteigenden Teil der Fläche nur zu 50 Prozent angesetzt, wenn die Gebäude mindestens zu 90 Prozent ihrer Fläche der Wohnnutzung dienen und soweit kein Fall der Nummer 2 Halbsatz 1 vorliegt.
2. Ist die Fläche des Grund und Bodens zu mindestens 90 Prozent weder bebaut noch befestigt, wird der Äquivalenzbetrag für die 10 000 m² übersteigende Fläche insgesamt wie folgt angesetzt: (übersteigende Fläche des Grund und Bodens in Quadratmetern x 0,04 Euro je Quadratmeter)^{0,7}; in den Fällen der Nummer 1 wird die Äquivalenzzahl für die Fläche des Grund und Bodens bis zum Zehnfachen der Wohnfläche stets zu 100 Prozent angesetzt.

Inhaltsübersicht	Rz.
A. Allgemeine Erläuterungen	1 - 25
I. Normzweck und wirtschaftliche Bedeutung der Vorschrift	1 - 5

---

[1] Bock in Grootens, BewG § 246 Rz. 1 ff.

II. Entstehung und Entwicklung der Vorschrift	6 - 10
III. Geltungsbereich	11 - 15
IV. Vereinbarkeit der Vorschrift mit höherrangigem Recht	16 - 20
V. Verhältnis zu anderen Vorschriften	21 - 25
B. Systematische Kommentierung	26 - 64
I. Äquivalenzzahl für Gebäudeflächen (§ 4 Abs. 1 NGrStG)	26 - 30
II. Äquivalenzzahl beim Grund und Boden (§ 4 Abs. 2 NGrStG)	31 - 64
1. Äquivalenzzahl für die Fläche des Grund und Bodens (§ 4 Abs. 2 Satz 1 NGrStG)	31 - 35
2. Verminderung der Äquivalenzzahl bei übergroßen Grundstücken (§ 4 Abs. 2 Satz 2 NGrStG)	36 - 64
a) Grund und Boden mehr als das Zehnfache der Wohnfläche (§ 4 Abs. 2 Satz 2 Nr. 1 NGrStG)	36 - 45
b) Grund und Boden über 10.000 m² (§ 4 Abs. 2 Satz 2 Nr. 2 NGrStG)	46 - 55
c) Kombinationsfälle von § 4 Abs. 2 Satz 2 Nr. 1 und Nr. 2 NGrStG	56 - 63

HINWEISE:

A 4 des Runderlasses des Niedersächsischen Finanzministeriums, Anwendung des Niedersächsischen Grundsteuergesetzes (NGrStG) zur Bewertung des Grundvermögens für die Grundsteuer ab 1.1.2022 (AENGrStG), RdErl. d. MF v. 22.2.2022 - G 1002-6 - 62100.

A. Allgemeine Erläuterungen

I. Normzweck und wirtschaftliche Bedeutung der Vorschrift

§ 4 NGrStG bestimmt die **Äquivalenzzahlen für Gebäudeflächen** und für **Flächen des Grund und Bodens** und trifft Anpassungsregelungen bei übergroßen Grundstücken. Bei den Äquivalenzzahlen soll es sich um eine **reine Rechengröße** ohne Wertbezug zur Bestimmung der relativen Lastenverteilung zwischen dem Grund und Boden und den Gebäudeflächen handeln.[1] Die nach § 4 Abs. 2 NGrStG vorzunehmenden Anpassungen bei übergroßen Grundstücken sollen der realitätsgerechten Umsetzung des Äquivalenzgedankens dienen und Missverhältnisse zwischen der Inanspruchnahme gemeindlicher Infrastruktur und der Kostenanlastung gegenüber dem Grundstückseigentümer vermeiden.[2]

1

Mit der Festlegung der Äquivalenzzahlen in § 4 NGrStG wird maßgeblich die Höhe der Grundsteuer bestimmt. § 4 NGrStG hat damit **erhebliche Bedeutung** für die endgültige Grundsteuerbelastung.

2

(Einstweilen frei)   3–5

II. Entstehung und Entwicklung der Vorschrift

Die Vorschrift wurde im Jahr 2021 mit dem **Stammgesetz** in das NGrStG aufgenommen.[3] Im Gesetzentwurf war die Regelung noch in § 3 NGrStG verortet.[4] Im Gesetzgebungsverfahren

6

---

1 Gesetzentwurf der Koalitionsfraktionen zum Niedersächsischen Grundsteuergesetz, Niedersächsische LT-Drucks. 18/8995 S. 20.
2 Gesetzentwurf der Koalitionsfraktionen zum Niedersächsischen Grundsteuergesetz, Niedersächsische LT-Drucks. 18/8995 S. 20.
3 Niedersächsisches Grundsteuergesetz v. 7.7.2021, Nds. GVBl Nr. 27/2021 S. 502 ff.
4 Vgl. Gesetzentwurf der Koalitionsfraktionen zum Niedersächsischen Grundsteuergesetz, Niedersächsische LT-Drucks. 18/8995 S. 4 f. und S. 17 ff.

wurden systematische Umstrukturierungen sowie geringfügige sprachliche Anpassungen und Klarstellungen an der Norm vorgenommen.[1]

7–10 *(Einstweilen frei)*

III. Geltungsbereich

11 § 4 NGrStG gilt für in Niedersachsen belegenes Grundvermögen und nicht für land- und forstwirtschaftliches Vermögen. § 4 NGrStG ist mit dem Stammgesetz gem. § 15 Abs. 1 NGrStG **am 14.7.2021 in Kraft getreten**. Wie sich aus § 1 Satz 1 NGrStG[2] und § 12 Abs. 1 NGrStG[3] ergibt, sollen die Regelungen des NGrStG und damit auch § 4 NGrStG erst für die Erhebung der **Grundsteuer** ab dem **Kalenderjahr 2025** von Bedeutung sein.

12–15 *(Einstweilen frei)*

IV. Vereinbarkeit der Vorschrift mit höherrangigem Recht

16 Zu **Zweifeln** hinsichtlich der **verfassungsrechtlichen Rechtfertigung** der Äquivalenzzahlen wird auf die Erläuterungen im Vorwort[4] verwiesen.

17 Die **Ungleichbehandlung** zwischen **Wohngrundstücken** und **Nichtwohngrundstücken** bei der Anwendung der geminderten Äquivalenzzahl in **§ 4 Abs. 2 Satz 2 Nr. 1 NGrStG** wird im Wesentlichen damit begründet, dass bei Wohngrundstücken ab einer gewissen Grundstücksgröße im Verhältnis zur Bebauung die Anzahl der Nutzenden (Bewohner und Gäste) nicht mehr proportional steige.[5] Für übergroße Grundstücke anderer Nutzungen hingegen könne typisierend davon ausgegangen werden, dass jeder zusätzliche Quadratmeter auch aus unternehmerischen oder beruflichen Gründen gehalten werde und somit ohne Reduzierung einfließen müsse. Erst im Rahmen des § 4 Abs. 2 Satz 2 Nr. 2 NGrStG unter dem weiteren Tatbestandsmerkmal der zu mind. 90 % fehlenden Befestigung und Bebauung sei auch im gewerblichen und sonstigen Bereich typisierend von weniger weiteren Nutzern auszugehen.[6] Dem dürfte die Überlegung zugrunde liegen, dass jedenfalls bei übergroßen Wohngrundstücken mit steigender Fläche des Grund und Bodens nicht mehr die Anzahl der Nutzer, welche Gemeindeleistungen in Anspruch nehmen, sondern nur noch die Grenzballungskosten des Grundstücks steigen.

18–20 *(Einstweilen frei)*

V. Verhältnis zu anderen Vorschriften

21 Die nach **§ 3 NGrStG**[7] ermittelten maßgeblichen Flächen werden mit den Äquivalenzzahlen sowie dem Lage-Faktor nach § 4 NGrStG multipliziert und ergeben nach **§ 2 Abs. 2 NGrStG**[8] den Äquivalenzbetrag. Auf den Äquivalenzbetrag werden wiederum die Grundsteuermesszahlen

---

[1] Vgl. Beschlussempfehlung des Ausschusses für Haushalt und Finanzen, LT-Drucks. 18/9603 S. 4 f. und Niedersächsische LT-Drucks. 18/9632 S. 17 ff.
[2] Vgl. vertiefend Bock/Lapp in Grootens, NGrStG § 1 Rz. 9.
[3] Siehe Bock/Lapp in Grootens, NGrStG § 12 Rz. 31 ff.
[4] Bock/Lapp in Grootens, NGrStG, Vorwort Rz. 48.
[5] Niedersächsische LT-Drucks. 18/9632 S. 16.
[6] Niedersächsische LT-Drucks. 18/9632 S. 16.
[7] Siehe hierzu vertiefend Bock/Lapp in Grootens, NGrStG § 3 Rz. 41 ff.
[8] Siehe hierzu vertiefend Bock/Lapp in Grootens, NGrStG § 2 Rz. 61 ff.

nach § 6 NGrStG[1] angewendet. Das Ergebnis ergibt den Grundsteuermessbetrag, auf den nach § 2 Abs. 1 Satz 2 NGrStG[2] der Hebesatz der jeweiligen Gemeinde angewendet wird. Dies ergibt die konkret zu zahlende Grundsteuer.

(Einstweilen frei) 22–25

B. Systematische Kommentierung

I. Äquivalenzzahl für Gebäudeflächen (§ 4 Abs. 1 NGrStG)

§ 4 Abs. 1 NGrStG bestimmt, dass für **Gebäudeflächen** – also sowohl für Wohn- als auch für Nutzflächen – eine Äquivalenzzahl von 0,50 €/m^2 angesetzt wird. Die Ermittlung der **Wohn- und Nutzflächen** erfolgt nach § 3 NGrStG.

(Einstweilen frei) 27–30

II. Äquivalenzzahl beim Grund und Boden (§ 4 Abs. 2 NGrStG)

1. Äquivalenzzahl für die Fläche des Grund und Bodens (§ 4 Abs. 2 Satz 1 NGrStG)

§ 4 Abs. 2 Satz 1 NGrStG bestimmt, dass für die Fläche des Grund und Bodens[3] eine Äquivalenzzahl von 0,04 €/m^2 angesetzt wird.

(Einstweilen frei) 32–35

2. Verminderung der Äquivalenzzahl bei übergroßen Grundstücken (§ 4 Abs. 2 Satz 2 NGrStG)

a) Grund und Boden mehr als das Zehnfache der Wohnfläche (§ 4 Abs. 2 Satz 2 Nr. 1 NGrStG)

§ 4 Abs. 2 Satz 2 Nr. 1 NGrStG trifft von Satz 1 **abweichende Regelungen** für die Ermittlung der **Äquivalenzzahl** bei übergroßen Grundstücken. Beträgt die Fläche des Grund und Bodens **mehr als das Zehnfache** der Wohnfläche, wird die Äquivalenzzahl für die das Zehnfache übersteigende Fläche um die Hälfte ermäßigt. Zur Ungleichbehandlung zwischen Wohngrundstücken und Nichtwohngrundstücken siehe → Rz. 17. § 4 Abs. 2 Satz 2 Nr. 1 NGrStG findet nur Anwendung, soweit nicht § 4 Abs. 2 Satz 2 Nr. 2 NGrStG greift. § 4 Abs. 2 Satz 2 Nr. 2 NGrStG geht daher § 4 Abs. 2 Satz 2 Nr. 1 NGrStG vor und ist vorrangig zu prüfen.

Die Regelung des § 4 Abs. 2 Satz 2 Nr. 1 NGrStG findet Anwendung, wenn

- ▶ die auf dem Grundstück befindlichen Gebäude mindestens zu 90 % der Gesamtgebäudefläche der Wohnnutzung dienen,
- ▶ die Fläche des Grund und Bodens das Zehnfache der Wohnfläche übersteigt und
- ▶ soweit nicht § 4 Abs. 2 Satz 2 Nr. 2 NGrStG vorliegt, also insbesondere soweit die Fläche des Grund und Bodens 10.000 m^2 nicht übersteigt.[4]

---

1 Siehe hierzu vertiefend Bock/Lapp in Grootens, NGrStG § 6 Rz. 26 ff.
2 Siehe hierzu vertiefend Bock/Lapp in Grootens, NGrStG § 2 Rz. 52.
3 Zur Ermittlung der Fläche des Grund und Bodens vgl. Bock/Lapp in Grootens, NGrStG § 3 Rz. 41.
4 Der Wortlaut des Gesetzes ist in § 4 Abs. 2 Satz 2 Nr. 1 letzter Halbsatz NGrStG („soweit kein Fall der Nummer 2 Halbsatz 1 vorliegt") nicht ganz eindeutig. Nach Lesart der Beispiele in der Niedersächsischen LT-Drucks. 18/8995 S. 21 f., soll sich der zitierte Verweis auf „Nummer 2 Halbsatz 1" aber wohl auf § 4 Abs. 2 Satz 2 Nr. 2 NGrStG bis einschließlich zum Semikolon (nicht etwa bis „befestigt" oder „angesetzt") beziehen. Nach dem Willen des Gesetzgebers kann § 4 Abs. 2 Satz 2 Nr. 1 NGrStG damit auch Anwendung finden, wenn der Grund und Boden nicht zu mehr als 10 % bebaut oder befestigt ist (vgl. Beispiel 1 in Rz. 39).

38 Liegen die tatbestandlichen Voraussetzungen von § 4 Abs. 2 Satz 2 Nr. 1 NGrStG vor, wird für die das Zehnfache übersteigende Fläche des Grund und Bodens eine Äquivalenzzahl von 0,02 €/m² angesetzt. Der Äquivalenzbetrag des Grund und Bodens ermittelt sich zusammengefasst in diesen Fällen wie folgt:

	10 x Wohnfläche in m²	x	0,04 €/m²
+	(Fläche des Grund und Bodens - 10 x Wohnfläche in m²)	x	0,02 €/m²
=	Äquivalenzbetrag des Grund und Bodens		

39 **BEISPIEL:**[1] Ein Grundstück mit einem Wohngebäude weist folgende Flächen auf:

Wohnfläche	150 m²
Nutzfläche	0 m²
Grund und Boden	2.000 m²

LÖSUNG: Prüfung der Voraussetzungen des § 4 Abs. 2 Satz 2 Nr. 1 NGrStG:
- ▶ Die Fläche des Grund und Bodens (2.000 m²) übersteigt das Zehnfache der Wohnfläche (1.500 m²).
- ▶ Das Gebäude dient zu mindestens 90 % seiner Fläche der Wohnnutzung (hier: 100 %).
- ▶ Die Fläche des Grund und Bodens übersteigt nicht 10.000 m² (§ 4 Abs. 2 Satz 2 Nr. 2 NGrStG findet keine Anwendung).

Der Grund und Boden wird mit einer Fläche von 1.500 m² und einer Äquivalenzzahl von 0,04 €/m² angesetzt (§ 4 Abs. 2 Satz 1 NGrStG). Die darüber hinaus gehende Fläche von insgesamt noch 500 m² wird nach § 4 Abs. 2 Satz 2 Nr. 1 NGrStG mit einer Äquivalenzzahl von 0,02 €/m² angesetzt. Danach ergibt sich folgender Äquivalenzbetrag für den Grund und Boden:

	10 x 150 m²	x	0,04 €/m²	=	60 €
+	(2.000 m² - 10 x 150 m²)	x	0,02 €/m²	=	10 €
=	Äquivalenzbetrag des Grund und Bodens			=	**70 €**

40–45 *(Einstweilen frei)*

b) Grund und Boden über 10.000 m² (§ 4 Abs. 2 Satz 2 Nr. 2 NGrStG)

46 § 4 Abs. 2 Satz 2 Nr. 2 NGrStG trifft von § 4 Abs. 4 Satz 1 NGrStG abweichende Regelungen für die Ermittlung der Äquivalenzzahl und damit des Äquivalenzbetrags bei **übergroßen**, weitgehend **unbebauten Grundstücken**. Die Regelung findet Anwendung, wenn die Fläche des Grund und Bodens zu mindestens 90 % weder bebaut noch befestigt ist und das Grundstück eine Fläche von 10.000 m² übersteigt. Die Äquivalenzzahl wird in diesen Fällen durch Potenzierung mit 0,7 gedämpft. Nach § 4 Abs. 2 Satz 2 Nr. 2 Halbsatz 2 NGrStG ist in den Fällen des § 4 Abs. 2 Satz 2 Nr. 1 NGrStG die Äquivalenzzahl für die Fläche des Grund und Bodens bis zum Zehnfachen der Wohnfläche stets zu 100 % anzusetzen.

47 Ausweislich der Gesetzesbegründung[2] sollen nur solche **besonders flächenextensive Grundstücke** der Regelung unterliegen, bei denen die nicht bebaute und nicht versiegelte Fläche in pau-

---
1 Vgl. auch das Beispiel in Gesetzentwurf der Koalitionsfraktionen zum Niedersächsischen Grundsteuergesetz, Niedersächsische LT-Drucks. 18/8995 S. 21 f.
2 Gesetzentwurf der Koalitionsfraktionen zum Niedersächsischen Grundsteuergesetz, Niedersächsische LT-Drucks. 18/8995 S. 20.

schalierender Weise nahelegt, dass kommunale Leistungen im Vergleich zu einem linearen Ansatz nur in erheblich geringerem Umfang und gegebenenfalls nur zeitweise benötigt werden. Eine Fläche soll nach dem Willen des Gesetzgebers entsprechend der Eingliederung der **DIN 277-1: 201601** als bebaut eingeordnet werden.[1] Mangels abweichender gesetzlicher Regelung dürfte sich die Einordnung als bebautes Grundstück vielmehr nach **§ 248 BewG** richten.[2] Als **befestigt** soll nach der Gesetzesbegründung jeder Teil der Grundstücksfläche, dessen Oberfläche so beschaffen ist, dass **Niederschlagswasser** vom Boden nicht oder nur unwesentlich aufgenommen werden kann, angenommen werden.[3] Dies sind beispielsweise Wege, Straßen, Plätze, Höfe, Stellplätze und Gleisanlagen, deren Grundstücksflächen insbesondere mit Betondecken, bituminösen Decken, Pflasterungen oder Plattenbelägen bedeckt sind.[4]

Liegen die tatbestandlichen Voraussetzungen von § 4 Abs. 2 Satz 2 Nr. 2 NGrStG vor, ist der **Äquivalenzbetrag des Grund und Bodens** wie folgt zu ermitteln:[5]

	10.000 m²	x	0,04 €/m²
+	((Fläche des Grund und Bodens − 10.000 m²)	x	0,04 €/m²)^{0,7}
=	Äquivalenzbetrag des Grund und Bodens		

BEISPIEL:[6] Ein Grundstück mit einem gemischt genutzten Gebäude weist folgende Flächen auf:

Wohnfläche	100 m²
Nutzfläche	300 m²
Bebaute Fläche	200 m²
Befestige Fläche	100 m²
Grund und Boden	30.000 m²

LÖSUNG: Prüfung der Voraussetzungen des § 4 Abs. 2 Satz 2 Nr. 1 NGrStG:

- ▶ Die Fläche des Grund und Bodens (30.000 m²) übersteigt das Zehnfache der Wohnfläche (1.000 m²).
- ▶ Das Gebäude dient nur zu 100 m²/400 m² = 25 %, und damit nicht zu mindestens 90 % seiner Fläche der Wohnnutzung. § 4 Abs. 2 Satz 2 Nr. 1 NGrStG findet aus diesem Grund keine Anwendung.

Prüfung der Voraussetzungen des § 4 Abs. 2 Satz 2 Nr. 2 NGrStG:

- ▶ Die Fläche des Grund und Bodens ist zu 99 % (29.700 m²/30.000 m²) unbebaut und unbefestigt.
- ▶ Die Fläche des Grund und Bodens übersteigt 10.000 m².

Der Grund und Boden wird mit 10.000 m² nach § 4 Abs. 2 Satz 1 NGrStG und der Äquivalenzzahl von 0,04 €/m² angesetzt. Für die übrigen 20.000 m², die die Grenze von 10.000 m² übersteigen, gilt die nach § 4 Abs. 2 Satz 2 Nr. 2 Halbsatz 1 NGrStG enthaltene Formel.

---

[1] Gesetzentwurf der Koalitionsfraktionen zum Niedersächsischen Grundsteuergesetz, Niedersächsische LT-Drucks. 18/8995 S. 20.
[2] So auch der GBD im Gesetzgebungsverfahren; vgl. Gesetzentwurf der Koalitionsfraktionen zum Niedersächsischen Grundsteuergesetz, Niedersächsische LT-Drucks. 18/8995 S. 20; siehe zu § 248 Bock in Grootens, BewG § 243 Rz. 19 ff.
[3] Gesetzentwurf der Koalitionsfraktionen zum Niedersächsischen Grundsteuergesetz, Niedersächsische LT-Drucks. 18/8995 S. 20.
[4] Siehe auch Gesetzentwurf der Koalitionsfraktionen zum Niedersächsischen Grundsteuergesetz, Niedersächsische LT-Drucks. 18/8995 S. 20.
[5] Vgl. auch Gesetzentwurf der Koalitionsfraktionen zum Niedersächsischen Grundsteuergesetz, Niedersächsische LT-Drucks. 18/8995 S. 20.
[6] Vgl. auch die Beispiele in Gesetzentwurf der Koalitionsfraktionen zum Niedersächsischen Grundsteuergesetz, Niedersächsische LT-Drucks. 18/8995 S. 21 f.

	10.000 m²	x	0,04 €/m²	=	400 €
+	((30.000 m² - 10.000 m²)	x	0,04 €/m²)^{0,7}	=	107,68 €
=	Äquivalenzbetrag des Grund und Bodens			=	**507,68 €**

50–55 *(Einstweilen frei)*

c) Kombinationsfälle von § 4 Abs. 2 Satz 2 Nr. 1 und Nr. 2 NGrStG

56 Liegen sowohl die tatbestandlichen Voraussetzungen von § 4 Abs. 2 Satz 2 Nr. 1 NGrStG als auch von § 4 Abs. 2 Satz 2 Nr. 2 NGrStG vor, wird § 4 Abs. 2 Satz 2 Nr. 1 NGrStG verdrängt, soweit § 4 Abs. 2 Satz 2 Nr. 2 NGrStG Anwendung findet. Nur wenn die Fläche des Grund und Bodens über 10.000 m² liegt und das **Zehnfache der Wohnfläche die Grenze von 10.000 m²** nicht überschreitet, kann es zu dem Fall kommen, dass sowohl die Ermäßigung der Äquivalenzzahl nach § 4 Abs. 2 Satz 2 Nr. 1 NGrStG als auch nach § 4 Abs. 2 Satz 2 Nr. 2 NGrStG greift.

57 Liegt das Zehnfache der Wohnfläche über der Grenze von 10.000 m², kann § 4 Abs. 2 Satz 2 Nr. 1 NGrStG nicht greifen, da bis zum Zehnfachen der Wohnfläche stets 0,04 €/m² anzusetzen sind (§ 4 Abs. 2 Satz 2 Nr. 1 NGrStG greift erst ab dem Zehnfachen der Wohnfläche; vgl. auch § 4 Abs. 2 Satz 2 Nr. 2 Halbsatz 2 NGrStG) und über 10.000 m² Fläche des Grund und Bodens bereits § 4 Abs. 2 Satz 2 Nr. 2 NGrStG greift.

58 Übersteigt das Zehnfache der Wohnfläche die Grenze von 10.000 m², ist für die über das Zehnfache der Wohnfläche hinausgehende Fläche des Grund und Bodens die reduzierte Äquivalenzzahl nach § 4 Abs. 2 Satz 2 Nr. 2 Halbsatz 1 NGrStG anzuwenden.[1] Es ergibt sich folgendes Berechnungsschema:

	10 x Wohnfläche in m²	x	0,04 €/m²
+	((Fläche des Grund und Bodens – 10 x Wohnfläche in m²)	x	0,04 €/m²)^{0,7}
=	Äquivalenzbetrag des Grund und Bodens		

59 **BEISPIEL:**[2] Ein Grundstück mit einem Wohngebäude weist folgende Flächen auf:

Wohnfläche	1.500 m²
Nutzfläche:	0 m²
Bebaute Fläche	200 m²
Befestigte Fläche:	100 m²
Grund und Boden	30.000 m²

LÖSUNG: Prüfung der Voraussetzungen des § 4 Abs. 2 Satz 2 Nr. 2 NGrStG:

▶ Die Fläche des Grund und Bodens ist zu 29.700 m²/30.000 m², also zu 99 % unbebaut.

▶ Die Fläche des Grund und Bodens übersteigt 10.000 m².

---

1 Gesetzentwurf der Koalitionsfraktionen zum Niedersächsischen Grundsteuergesetz, Niedersächsische LT-Drucks. 18/8995 S. 20.
2 Vgl. auch die Beispiele in Gesetzentwurf der Koalitionsfraktionen zum Niedersächsischen Grundsteuergesetz, Niedersächsische LT-Drucks. 18/8995 S. 21 f.

Prüfung der Voraussetzungen des § 4 Abs. 2 Satz 2 Nr. 1 NGrStG:
- ▶ Die Fläche des Grund und Bodens (30.000 m²) übersteigt das Zehnfache der Wohnfläche (1.500 m²).
- ▶ Das Gebäude dient zu mindestens 90 % seiner Fläche der Wohnnutzung (hier: 100 %).

Es liegt ein Fall des § 4 Abs. 2 Satz 2 Nr. 2 NGrStG vor. § 4 Abs. 2 Satz 2 Nr. 1 NGrStG wird insoweit verdrängt.

Der Grund und Boden bis zum Zehnfachen der Wohnfläche, also eine Fläche von 15.000 m², wird nach § 4 Abs. 2 Satz 2 Nr. 2 Halbsatz 2 NGrStG mit der Äquivalenzzahl von 0,04 €/m² angesetzt. Der Äquivalenzbetrag für die verbleibende Fläche von 15.000 m² wird anhand der in § 4 Abs. 2 Satz 2 Nr. 2 Halbsatz 1 NGrStG enthaltenen Formel ermittelt, da § 4 Abs. 2 Satz 2 Nr. 1 NGrStG vollständig verdrängt wird.

	10 x 1.500 m²	x	0,04 €/m²	=	600 €
+	((30.000 m² - 10 x 1.500 m²))	x	$0{,}04\ €/m^{2})^{0{,}7}$	=	88,04 €
=	Äquivalenzbetrag des Grund und Bodens				**688,04 €**

Übersteigt das Zehnfache der Wohnfläche die **Grenze von 10.000 m²** nicht, wird für die das Zehnfache der Wohnfläche **übersteigende Fläche** des Grund und Bodens bis zur Grenze von 10.000 m² die nach § 4 Abs. 2 Satz 2 Nr. 1 NGrStG reduzierte Äquivalenzzahl von 50 % angesetzt. Für die über 10.000 m² hinausgehende Fläche des Grund und Bodens ist § 4 Abs. 2 Satz 2 Nr. 2 Halbsatz 1 NGrStG anzuwenden.[1] Es ergibt sich folgendes Berechnungsschema:

	10 x Wohnfläche in m²	x	0,04 €/m²
+	10.000 m² -10 x Wohnfläche in m²	x	0,02 €/m²
+	((Fläche des Grund und Bodens - 10.000 m²)	x	$0{,}04\ €/m^{2})^{0{,}7}$
=	Äquivalenzbetrag des Grund und Bodens		

BEISPIEL:[2] ▶ Ein Grundstück mit einem Wohngebäude weist folgende Flächen auf:

Wohnfläche	300 m²
Nutzfläche	0 m²
Bebaute Fläche	200 m²
Befestigte Fläche	100 m²
Grund und Boden	30.000 m²

Prüfung der Voraussetzungen des § 4 Abs. 2 Satz 2 Nr. 2 NGrStG:
- ▶ Die Fläche des Grund und Bodens ist zu 99 % (29.700 m²/30.000 m²) unbebaut und unbefestigt.
- ▶ Die Fläche des Grund und Bodens übersteigt 10.000 m².

Prüfung der Voraussetzungen des § 4 Abs. 2 Satz 2 Nr. 1 NGrStG:
- ▶ Die Fläche des Grund und Bodens (30.000 m²) übersteigt das Zehnfache der Wohnfläche (3.000 m²).
- ▶ Das Gebäude dient zu mindestens 90 % seiner Fläche der Wohnnutzung (hier: 100 %).

Es liegt ein Fall des § 4 Abs. 2 Satz 2 Nr. 2 NGrStG vor. § 4 Abs. 2 Satz 2 Nr. 1 NGrStG wird insoweit verdrängt, wie § 4 Abs. 2 Satz 2 Nr. 2 NGrStG greift.

---

[1] Gesetzentwurf der Koalitionsfraktionen zum Niedersächsischen Grundsteuergesetz, Niedersächsische LT-Drucks. 18/8995 S. 20.

[2] Vgl. auch das Beispiel in Gesetzentwurf der Koalitionsfraktionen zum Niedersächsischen Grundsteuergesetz, Niedersächsische LT-Drucks. 18/8995 S. 21 f.

LÖSUNG: Der Grund und Boden bis zum Zehnfachen der Wohnfläche, also mit einer Fläche von 3.000 m², wird mit der Äquivalenzzahl von 0,04 €/m² angesetzt (vgl. § 4 Abs. 2 Satz 1 NGrStG). Bis zur Grenze von 10.000 m², also eine weitere Fläche des Grund und Bodens von 7.000 m², wird mit einer Äquivalenzzahl von 0,02 €/m² angesetzt (vgl. § 4 Abs. 2 Satz 2 Nr. 1 NGrStG). Der Äquivalenzbetrag für die über 10.000 m² hinausgehende Fläche von 20.000 m² ergibt sich aus der Formel nach § 4 Abs. 2 Satz 2 Nr. 2 Halbsatz 1 NGrStG. § 4 Abs. 2 Satz 2 Nr. 2 Halbsatz 2 NGrStG hat in diesem Beispiel keinen über § 4 Abs. 2 Satz 1 NGrStG hinausgehenden Regelungsbefehl.

	10 x 300 m²	x	0,04 €/m²	=	120 €
+	10.000 m² - 10 x 300 m²	x	0,02 €/m²	=	140 €
+	((30.000 m² - 10.000 m²))	x	$0,04\ €/m²)^{0,7}$	=	107,68 €
=	Äquivalenzbetrag des Grund und Bodens			=	**367,68 €**

62 Beträgt die Wohnfläche 1.000 m² und ist damit das Zehnfache der **Wohnfläche genau 10.000 m²**, verbleibt es bei der Anwendung von § 4 Abs. 2 Satz 2 Nr. 2 NGrStG.

63 **BEISPIEL:**[1] Ein Grundstück mit einem Wohngebäude weist folgende Flächen auf:

Wohnfläche	1.000 m²
Nutzfläche	0 m²
Bebaute Fläche	200 m²
Befestigte Fläche	100 m²
Grund und Boden	30.000 m²

LÖSUNG: Prüfung der Voraussetzungen des § 4 Abs. 2 Satz 2 Nr. 2 NGrStG:

▶ Die Fläche des Grund und Bodens ist zu 99 % (29.700 m²/30.000 m²) unbebaut und unbefestigt.

▶ Die Fläche des Grund und Bodens übersteigt 10.000 m².

Prüfung der Voraussetzungen des § 4 Abs. 2 Satz 2 Nr. 1 NGrStG:

▶ Die Fläche des Grund und Bodens (30.000 m²) übersteigt das Zehnfache der Wohnfläche (10.000 m²).

▶ Das Gebäude dient zu mindestens 90 % seiner Fläche der Wohnnutzung (hier: 100 %).

Es liegt ein Fall des § 4 Abs. 2 Satz 2 Nr. 2 NGrStG vor. § 4 Abs. 2 Satz 2 Nr. 1 NGrStG findet insoweit keine Anwendung.

Der Grund und Boden bis zum Zehnfachen der Wohnfläche, also für 10.000 m², wird mit der Äquivalenzzahl von 0,04 €/m² angesetzt (vgl. § 4 Abs. 2 Nr. 1 und Nr. 2 Halbsatz 2 NGrStG). Die um 50 % ermäßigte Steuermesszahl nach § 4 Abs. 2 Satz 2 Nr. 1 NGrStG ist auf keine Fläche anzuwenden, da das Zehnfache der Wohnfläche bereits 10.000 m² entspricht und ab dieser Grenze § 4 Abs. 2 Satz 2 Nr. 2 NGrStG greift. Der Äquivalenzbetrag für die über 10.000 m² hinausgehenden 20.000 m² wird mit der Äquivalenzzahl nach § 4 Abs. 2 Nr. 2 Halbsatz 1 NGrStG angesetzt:

	10 x 1.000 m²	x	0,04 €/m²	=	400 €
+	((30.000 m² - 10 x 1.000 m²))	x	$0,04\ €/m²)^{0,7}$	=	107,68 €
=	Äquivalenzbetrag des Grund und Bodens				**507,68 €**

---

1 Vgl. auch das Beispiel in Gesetzentwurf der Koalitionsfraktionen zum Niedersächsischen Grundsteuergesetz, Niedersächsische LT-Drucks. 18/8995 S. 21 f.

§ 5 NGrStG Lage-Faktor

(1) ¹Zur Ermittlung des Lagefaktors wird der Bodenrichtwert des betreffenden Grundstücks nach Absatz 2 zu dem Durchschnittsbodenwert der Gemeinde nach Absatz 3 ins Verhältnis gesetzt und auf dieses Verhältnis ein Exponent von 0,3 angewendet. ²Der Lage-Faktor ergibt sich damit aus der folgenden Formel:

Lage-Faktor = (BRW ÷ dBRW)^{0,3}.

³Er wird auf zwei Nachkommastellen abgerundet.

(2) ¹Die Größe „BRW" ist der nach Absatz 4 Satz 2 oder nach § 8 Abs. 4 Satz 2 für den jeweiligen Stichtag maßgebliche Bodenrichtwert nach § 196 des Baugesetzbuchs (BauGB) für Bauflächen gemäß Anlage 1 der Bodenrichtwertrichtlinie (BRW-RL) vom 11. Januar 2011 (BAnz S. 597) der Bodenrichtwertzone, in der das Grundstück liegt. ²Erstreckt sich das Grundstück über mehr als eine Bodenrichtwertzone, so wird für jede in einer Bodenrichtwertzone gelegene Grundstücksteilfläche der jeweilige Bodenrichtwert mit dem Quotienten aus der Grundstücksteilfläche und der Fläche des Grundstücks (jeweils in Quadratmetern) multipliziert; die Summe dieser Produkte ist als Bodenrichtwert der wirtschaftlichen Einheit Grundstück anzusetzen. ³Bei der Ermittlung des Bodenrichtwerts des Grundstücks nach Satz 2 bleibt jedoch die Bodenrichtwertzone einer dem Grundstück zugehörigen Flurstücksteilfläche, die weniger als fünf Prozent der Gesamtfläche eines Flurstücks ausmacht oder kleiner als 10 m² ist, unberücksichtigt; diese Flurstücksteilfläche wird flächengewichtet auf die übrigen Flurstücksteilflächen verteilt. ⁴In deckungsgleichen Bodenrichtwertzonen im Sinne der Nummer 5 Abs. 2 BRW-RL ist der jeweils niedrigste der Bodenrichtwerte anzusetzen. ⁵Liegt kein Bodenrichtwert für Bauflächen gemäß Satz 1 vor, so findet der Bodenrichtwert nach § 196 BauGB für Sonstige Flächen gemäß Anlage 1 der BRW-RL der Bodenrichtwertzone, in der das Grundstück liegt, Anwendung.

(3) ¹Die Größe „dBRW" ist der nach den Sätzen 2 bis 6 ermittelte durchschnittliche Bodenrichtwert in der Gemeinde (Durchschnittsbodenwert für Zwecke der Grundsteuer), der nach Absatz 4 Satz 2 oder nach § 8 Abs. 4 Satz 2 für den jeweiligen Stichtag maßgeblich ist. ²Zur Ermittlung des Durchschnittsbodenwerts für Zwecke der Grundsteuer wird für jede Gemeinde aus den Bodenrichtwerten nach § 196 BauGB in Verbindung mit Anlage 1 der BRW-RL für Wohnbauflächen, gewerbliche Bauflächen, gemischte Bauflächen und Sonderbauflächen der Gemeinde ein Durchschnittsbodenwert gebildet. ³Dieser ergibt sich als Median aller dieser in der Gemeinde liegenden Bodenrichtwerte. ⁴Er wird auf volle Euro abgerundet. ⁵Es wird nur ein Durchschnittsbodenwert über alle Nutzungen hinweg gebildet. ⁶Bei deckungsgleichen Bodenrichtwertzonen im Sinne der Nummer 5 Abs. 2 BRW-RL ist der jeweils niedrigste der Bodenrichtwerte in die Ermittlung einzubeziehen. ⁷Die Aufgabe der Ermittlung des Durchschnittsbodenwerts für Zwecke der Grundsteuer wird aufgrund des § 199 Abs. 2 Nr. 3 BauGB den Geschäftsstellen der Gutachterausschüsse zugewiesen.

(4) ¹Die Vermessungs- und Katasterverwaltung stellt die für Zwecke der Grundsteuer erzeugten Geodaten für den Hauptfeststellungszeitpunkt der Finanzverwaltung spätestens bis zum 31. Mai 2022 zur Verfügung. ²Sie werden der Hauptfeststellung nach § 8 Abs. 2 Satz 2 und der Hauptveranlagung nach § 9 Abs. 1 Satz 1 zugrunde gelegt. ³Aus diesen Geodaten sind für das jeweilige Flurstück die Bezeichnung des Flurstücks, die amtlichen Flächen und gegebenenfalls Teilflächen sowie die Bodenrichtwerte nach § 196 BauGB für Bauflächen oder für Sonstige Flächen gemäß Anlage 1 der BRW-RL des Flurstücks oder der Flurstücksteilflächen und der dBRW ersichtlich. ⁴Die in Satz 3 genannten Geodaten werden danach jährlich auf den 1. Januar erzeugt und der Finanzverwaltung bis zum 31. Mai des betreffenden Jahres zur Verfügung gestellt, wobei die Bodenrichtwerte nach § 196 BauGB für Bauflächen und für Sonstige Flächen gemäß Anlage 1 der BRW-RL der Flurstücke oder der Flurstücksteilflächen und der dBRW nur alle sieben Jahre aktualisiert werden. ⁵Auf ihrer Grundlage erfolgt jeweils eine Neuberechnung des Lage-Faktors.

(5) ¹Für Zwecke der Grundsteuer stellt die Finanzverwaltung mit einem Grundsteuer-Viewer die für die Steuererklärung erforderlichen Geodaten im Internet kostenfrei über eine Karte zur Verfügung. ²Aus diesem Grundsteuer-Viewer sind für das jeweilige Grundstück die Bezeichnung der Flurstücke und die amtliche Fläche der Flurstücke oder Flurstücksteilflächen sowie zum Zweck der Information der für den jeweiligen Stichtag maßgebliche Bodenrichtwert nach § 196 BauGB für Bauflächen oder für Sonstige Flächen der

Flurstücke oder Flurstücksteilflächen, der Durchschnittsbodenwert der Gemeinde für Zwecke der Grundsteuer und der Lage-Faktor ersichtlich.

Inhaltsübersicht   Rz.

A. Allgemeine Erläuterungen   1 - 40
   I. Normzweck und wirtschaftliche Bedeutung der Vorschrift   1 - 10
   II. Entstehung und Entwicklung der Vorschrift   11 - 20
   III. Geltungsbereich   21 - 25
   IV. Vereinbarkeit der Vorschrift mit höherrangigem Recht   26 - 35
   V. Verhältnis zu anderen Vorschriften   36 - 40
B. Systematische Kommentierung   41 - 87
   I. Formel des Lage-Faktors (§ 5 Abs. 1 NGrStG)   41 - 50
   II. Bodenrichtwert (BRW); Zähler des Lage-Faktors (§ 5 Abs. 2 NGrStG)   51 - 65
   III. Durchschnittlicher Bodenrichtwert (dBRW); Nenner des Lage-Faktors
      (§ 5 Abs. 3 NGrStG)   66 - 75
   IV. Aufgaben der Vermessungs- und Katasterverwaltung (§ 5 Abs. 4 NGrStG)   76 - 85
   V. Grundsteuer-Viewer der Finanzverwaltung (§ 5 Abs. 5 NGrStG)   86 - 87

HINWEISE:

A 5 des Runderlasses des Niedersächsischen Finanzministeriums, Anwendung des Niedersächsischen Grundsteuergesetzes (NGrStG) zur Bewertung des Grundvermögens für die Grundsteuer ab 1.1.2022 (AENGrStG), RdErl. d. MF v. 22.2.2022 - G 1002-6 - 62100.

A. Allgemeine Erläuterungen

I. Normzweck und wirtschaftliche Bedeutung der Vorschrift

1 Der in § 5 NGrStG geregelte **Lage-Faktor** stellt ein Kernelement des niedersächsischen Flächen-Lage-Modells dar. Mit ihm wird das von der Lage des Grundstücks unabhängige bayerische Flächenmodell um eine Komponente erweitert, welche gleich große, gleich genutzte Grundstücke innerhalb einer Gemeinde anhand ihrer Lage differenziert. Die Steuerpflichtigen müssen zur Bestimmung des Lage-Faktors nichts beitragen. Die Lage-Faktoren werden von der Finanzverwaltung ermittelt und der Steuererklärung zugesteuert.[1]

2 Im Gesamtgefüge des niedersächsischen Grundsteuermodells kommt dem **Lage-Faktor** eine **zentrale Bedeutung** zu. Durch ihn wird der nach dem bayerischen Flächenmodell ermittelte und von der Lage des Grundstücks unabhängige Wert um eine Lagekomponente erweitert, die den Äquivalenzbetrag entweder erhöht oder vermindert. Gegenüber einem reinen (lageunabhängigen) Flächenmodell ist für Grundstücke in unterdurchschnittlich teuren Lagen weniger und für Grundstücke in überdurchschnittlich teuren Lagen mehr Grundsteuer zu zahlen. Durch die Anwendung des Exponenten von 0,3 wird die Erhöhung oder Minderung allerdings gedämpft.

3 Anknüpfungspunkt des Lage-Faktors sind die von den Geschäftsstellen der Gutachterausschüsse auf den Hauptfeststellungszeitpunkt 1.1.2022 ermittelten **Bodenrichtwerte** nach § 196

---

[1] Gesetzentwurf der Koalitionsfraktionen zum Niedersächsischen Grundsteuergesetz, Niedersächsische LT-Drucks. 18/8995 S. 22.

BauGB für Wohnbauflächen, gewerbliche Bauflächen, gemischte Bauflächen und Sonderbauflächen für jedes Flurstück.[1] Diese sollen der Finanzverwaltung nach § 5 Abs. 4 NGrStG (→ Rz. 76 ff.) zur Verfügung gestellt werden. Der Lage-Faktor soll sodann von der Finanzverwaltung berechnet und bei der Feststellung der Äquivalenzbeträge automationsgestützt berücksichtigt werden.[2] Um die **automationsgestützte Ermittlung** der Lage-Faktoren zu unterstützen, wurde eine Bagatellregelung zur Nichtberücksichtigung des Bodenrichtwerts bestimmter Kleinstflächen eingeführt (§ 5 Abs. 2 Satz 3 NGrStG, siehe hierzu → Rz. 56 f.).

§ 5 Abs. 4 NGrStG regelt die Aufgabenverteilung innerhalb der niedersächsischen Landesverwaltung und verpflichtet insbesondere die **Vermessungs- und Katasterverwaltung**, der Finanzverwaltung die für die Berechnung des Lage-Faktors erforderlichen **Geodaten** zur Verfügung zu stellen (siehe hierzu → Rz. 76 ff.).

Die Lage-Faktoren sollen im **Turnus von sieben Jahren** überprüft werden, um ein „Erstarren" der stichtagsbezogenen Lageabstufungen zu vermeiden.[3] Die niedersächsische Landesregierung geht dabei davon aus, dass allgemeine Veränderungen bei den Bodenrichtwerten wegen des Abstellens auf die Relation der Bodenrichtwerte zum Durchschnittsbodenrichtwert auch über einen längeren Zeitraum hinweg nicht zu signifikanten Änderungen der Steuermessbeträge führen.[4] Darüber hinaus würden Veränderungen am Grundstück infolge von baulichen Maßnahmen oder Nutzungsänderungen durch Neu- oder Nachveranlagungen oder Aufhebungen anlassbezogen berücksichtigt, sodass ein 7-Jahres-Zeitraum für eine allgemeine turnusmäßige Aktualisierung als ausreichend angesehen wird.[5]

Nach § 5 Abs. 5 NGrStG sollen die Geodaten auch den Steuerpflichtigen mit Hilfe eines sog. **Grundsteuer-Viewers** anwenderfreundlich in Form einer Kartendarstellung zugänglich gemacht werden (siehe hierzu → Rz. 86 ff.).

(Einstweilen frei)

II. Entstehung und Entwicklung der Vorschrift

Die Vorschrift wurde im Jahr 2021 mit dem **Stammgesetz** in das NGrStG aufgenommen.[6] Im Gesetzentwurf der Koalitionsfraktionen war die Regelung noch in § 4 NGrStG verortet.[7]

Das **niedersächsische Finanzministerium** hat früh Zweifel an der Vermittelbarkeit und Gerechtigkeit des bayerischen Modells geäußert, da in diesem die Grundsteuer für Grundstücke gleicher Größe in derselben Gemeinde stets gleich hoch sei, unabhängig davon, ob sich das Grundstück in einer guten, gehobenen oder sehr guten Wohnlage befinde und bereits am 25.2.2020 die Idee eines Lage-Faktors vorgestellt, welcher im Einklang mit dem Äquivalenzprinzip das

---

[1] Gesetzentwurf der Koalitionsfraktionen zum Niedersächsischen Grundsteuergesetz, Niedersächsische LT-Drucks. 18/8995 S. 24.
[2] Gesetzentwurf der Koalitionsfraktionen zum Niedersächsischen Grundsteuergesetz, Niedersächsische LT-Drucks. 18/8995 S. 24 f.
[3] Gesetzentwurf der Koalitionsfraktionen zum Niedersächsischen Grundsteuergesetz, Niedersächsische LT-Drucks. 18/8995 S. 25.
[4] Gesetzentwurf der Koalitionsfraktionen zum Niedersächsischen Grundsteuergesetz, Niedersächsische LT-Drucks. 18/8995 S. 25.
[5] Gesetzentwurf der Koalitionsfraktionen zum Niedersächsischen Grundsteuergesetz, Niedersächsische LT-Drucks. 18/8995 S. 25.
[6] Niedersächsisches Grundsteuergesetz v. 7.7.2021, Nds. GVBl Nr. 27/2021 S. 502 ff.
[7] Vgl. Gesetzentwurf der Koalitionsfraktionen zum Niedersächsischen Grundsteuergesetz, Niedersächsische LT-Drucks. 18/8995 S. 5 f. und S. 22 ff.

kommunale Leistungsangebot typisierend erfassen und abbilden sollte.[1] Nach diesen **ersten Überlegungen** sollten je Gemeinde ein, drei, fünf, sieben oder neun von dem durchschnittlichen (steuerlichen) Bodenrichtwert und der Spreizung aller Bodenrichtwerte abhängige Lage-Faktoren gesetzlich vorgegeben werden.[2] Nachdem Hessen am 11.5.2020 das hessische Flächen-Faktor-Verfahren vorgestellt hatte,[3] wurde dieser Plan nicht weiter verfolgt und der Lage-Faktor aus dem Entwurf für ein Hessisches Grundsteuergesetz in das NGrStG übernommen.[4]

13 Die in **§ 5 Abs. 2 Satz 3 NGrStG** enthaltene **Bagatellregelung**, wonach eine Flurstücksteilfläche, die weniger als fünf Prozent der Gesamtfläche eines Flurstücks ausmacht oder kleiner als zehn Quadratmeter ist, flächengewichtet auf die übrigen Flurstücksteilflächen verteilt wird, war in dem ursprünglichen Gesetzentwurf der Regierungskoalition[5] noch nicht enthalten. Diese Vorgabe wurde erst im parlamentarischen Verfahren nach einer Empfehlung des federführenden Ausschusses für Haushalt und Finanzen in das Gesetz aufgenommen, um klarzustellen, wie die betreffende Kleinstfläche zu berücksichtigen ist (siehe hierzu → Rz. 56 f.).[6] Daneben wurde § 5 NGrStG geringfügig umstrukturiert und umformuliert.[7]

14 § 5 Abs. 2 Satz 1 NGrStG nimmt noch Bezug auf Anlage 1 der **BRW-RL**[8]. Die wesentlichen Grundsätze u. a. der BRW-RL wurden zwischenzeitlich mit der **ImmoWertV**[9] in eine vollständig überarbeitete Verordnung integriert. Anlage 1 der BRW-RL wurde im Wesentlichen in Anlage 5 der ImmoWertV mit gewissen Abweichungen übernommen.[10] Dies macht bereits eine zeitnahe Anpassung des § 5 NGrStG durch den niedersächsischen Gesetzgeber erforderlich.

15–20 *(Einstweilen frei)*

III. Geltungsbereich

21 § 5 NGrStG gilt für in Niedersachsen belegenes Grundvermögen und nicht für land- und forstwirtschaftliches Vermögen. § 5 NGrStG ist mit dem Stammgesetz gem. § 15 Abs. 1 NGrStG **am 14.7.2021 in Kraft getreten**. Wie sich aus § 1 Satz 1 NGrStG[11] und § 12 Abs. 1 NGrStG[12] ergibt, sollen die Regelungen des NGrStG und damit auch § 5 NGrStG erst für die Erhebung der **Grundsteuer** ab dem **Kalenderjahr 2025** von Bedeutung sein.

22–25 *(Einstweilen frei)*

---

1 Abendsymposium „Grundsteuerreform – der niedersächsische Weg" am 25.2.2020 in Hannover, https://vfs-hannover.de/2020/02/28/abendsymposium-grundsteuerreform/
2 Das ursprüngliche Arbeitspapier ist nicht mehr abrufbar. Vgl. die Darstellung des Modells bei Ronnecker, ZKF 2019 S. 265. Zu den später angepassten Faktoren vgl. Hüdepohl, Präsentation Reform des Grundsteuer- und Bewertungsrechts - Plädoyer für das niedersächsische Flächen-Lage-Modell https://vfs-hannover.de/wp-content/uploads/2020/02/Pr%C3%A4sentation-Fl%C3%A4chen-Lage-Modell-zur-Reform-des-Grundsteuer-und-Bewertungsrechts_Stand-12.2.2020_Langfassu-ng.pptx
3 Pressemitteilung des Hessischen Ministeriums der Finanzen v. 11.5.2020, Finanzminister Boddenberg stellt Eckpunkte der geplanten Neuregelung in Hessen vor.
4 Siehe Bock/Lapp in Grootens, HGrStG Vorwort Rz. 1 ff.
5 Gesetzentwurf der Koalitionsfraktionen zum Niedersächsischen Grundsteuergesetz, Niedersächsische LT-Drucks. 18/8995.
6 Niedersächsische LT-Drucks. 18/9632 S. 19.
7 Vgl. Beschlussempfehlung des Ausschusses für Haushalt und Finanzen, LT-Drucks. 18/9603 S. 4 f. sowie Niedersächsische LT-Drucks. 18/9632 S. 17 ff.
8 Bodenrichtwert-Richtlinie v. 11.1.2011, BAnz. 2011 S. 597.
9 Immobilienwertermittlungsverordnung v. 14.7.2021, BGBl 2021 I S. 2805.
10 BR-Drucks. 407/21 S. 133 f.
11 Vgl. vertiefend Bock/Lapp in Grootens, NGrStG § 1 Rz. 9.
12 Siehe Bock/Lapp in Grootens, NGrStG § 12 Rz. 31 ff.

IV. Vereinbarkeit der Vorschrift mit höherrangigem Recht

In der Anknüpfung an den Bodenrichtwert beim Lage-Faktor könnte eine **nicht folgerichtige Umsetzung** der **Belastungsgrundentscheidung** gesehen werden. Diesbezüglich wird auf die Ausführungen im Vorwort verwiesen.[1]

26

Ebenfalls **Zweifel** an einer **folgerichtigen Umsetzung** und einer gleichmäßigen Besteuerung im NGrStG kommen durch die bloße **Medianbildung** aller in einer Gemeinde liegenden Bodenrichtwerte zur Ermittlung des durchschnittlichen Bodenwerts auf. Bei der Bildung des Medians bleibt unberücksichtigt, für welches Gebiet ein Bodenrichtwert flächenmäßig gilt. Ein Bodenrichtwert, der nur auf ein kleines Gebiet in der Gemeinde Anwendung findet, hat dabei denselben Einfluss, wie ein Bodenrichtwert, der für ein wesentlich größeres Gebiet gilt. Bei der Medianbildung bleiben auch die konkreten Werte unberücksichtigt, da der Median nach der Anzahl der Bodenrichtwerte der in der Mitte liegende Bodenrichtwert ist. Die Anzahl der Bodenrichtwertzonen innerhalb einer Gemeinde ist nicht festgeschrieben, sondern hängt davon ab, welche Vorgaben der Gutachterausschuss an die wertbeeinflussenden Faktoren bei der Bildung der Bodenrichtwertzone bestimmt. Darin liegt begründet, warum beispielsweise in Hamburg sehr viele Bodenrichtwertzonen existieren und in anderen Gebieten im Verhältnis sehr wenige. Damit unterliegt das Ergebnis durch Medianbildung einer gewissen Zufälligkeit, die mit einer gleichmäßigen Besteuerung schwer zu vereinbaren ist. Sachgerechter wäre die Ermittlung des durchschnittlichen Bodenrichtwerts als **flächenmäßig gewichtetes arithmetisches Mittel** der in der jeweiligen Gemeinde vorliegenden Bodenrichtwerte.

27

BEISPIEL: In der Gemeinde A (Gesamtfläche: 50 km²) befinden sich drei Bodenrichtwertzonen:

28

- Bodenrichtwertzone 1 auf 10 km² mit einem Bodenrichtwert von 20 €/m²,
- Bodenrichtwertzone 2 auf 35 km² mit einem Bodenrichtwert von 50 €/m² und die
- Bodenrichtwertzone 3 auf 5 km² mit einem Bodenrichtwert von 140 €/m².

Der Median ist der Bodenrichtwert 2, und das unabhängig davon, wie hoch der Bodenrichtwert 2 konkret ist, solange der Bodenrichtwert 1 kleiner und der Bodenrichtwert 3 größer ist, da der Bodenrichtwert 2 nach Sortierung der Größe nach in der Mitte liegt. Das arithmetische Mittel aus allen Bodenrichtwerten ist 70 €/m² ((20 €/m² + 50 €/m² + 140 €/m²)/3). Das arithmetische Mittel verändert sich, wenn beispielsweise die Bodenrichtwertzone 3 in zwei Bodenrichtwertzonen zu je 2,5 km² und 140 €/m² aufgeteilt wird, obwohl sich am Bodenwertniveau der Gemeinde nichts ändert. Der nach der Fläche gewichtete Bodenrichtwert ist 53 €/m² ((10 km² x 20 €/km² + 35 km² x 50 €/km² + 5 km² x 140 €/km²)/ 50 km²).

Der niedersächsische Gesetzgeber begründet die Ausrichtung an dem Median damit, dass andernfalls die Bodenrichtwerte der **Außenbereiche** einen zu starken Einfluss auf den durchschnittlichen Bodenrichtwert nehmen würden.[2] Das Argument überzeugt nicht, da für die Bildung des durchschnittlichen Bodenrichtwerts nach § 5 Abs. 3 Satz 2 NGrStG nur die Bodenrichtwerte für Bauland verwendet werden sollen, die es im Außenbereich eigentlich gar nicht gibt. Die niedersächsischen Gutachterausschüsse erstrecken die Bodenrichtwertzonen für baureifes Land allerdings in der Regel auch auf den Außenbereich, um auf diese Weise sämtliche Baugrundstücke abzudecken. Um den Einfluss dieser Bodenrichtwertzonen abzumildern, hät-

29

---

[1] Siehe vertiefend hierzu Bock/Lapp, NGrStG Vorwort Rz. 46.
[2] Gesetzentwurf der Koalitionsfraktionen zum Niedersächsischen Grundsteuergesetz, Niedersächsische LT-Drucks. 18/8995 S. 24.

ten diese bei einer flächengewichteten Ermittlung des durchschnittlichen Bodenrichtwerts auch ausgenommen werden können.

30 § 5 Abs. 3 Satz 7 NGrStG weist die **Aufgabe der Ermittlung der durchschnittlichen Bodenrichtwerte** den Geschäftsstellen der **Gutachterausschüsse** zu. Der Gesetzgeber stützt sich hierbei auf § 199 Abs. 2 Nr. 3 BauGB, welcher die Landesregierung ermächtigt, durch Rechtsverordnung die Aufgaben der Geschäftsstelle zu regeln.[1] Es bestehen insofern Zweifel an der Gesetzgebungskompetenz, da das NGrStG ein Gesetz und keine Rechtsverordnung ist und vom niedersächsischen Gesetzgeber erlassen wird und nicht von der Landesregierung. Der niedersächsische Gesetzgeber ist auch nicht derjenige Gesetzgeber, der die Ermächtigungsgrundlage für die Rechtsverordnung erlassen hat.

31–35 *(Einstweilen frei)*

V. Verhältnis zu anderen Vorschriften

36 Die maßgebliche Fläche des Grundstücks nach **§ 3 NGrStG**[2] wird mit der Äquivalenzzahl nach **§ 4 NGrStG**[3] und dem Lage-Faktor nach § 5 NGrStG multipliziert und ergibt nach **§ 2 Abs. 3 NGrStG**[4] den Äquivalenzbetrag. Dieser wird wiederum mit der Grundsteuermesszahl nach **§ 6 NGrStG**[5] multipliziert, was nach **§ 2 Abs. 2 Satz 1 NGrStG**[6] den Grundsteuermessbetrag ergibt. Auf den Grundsteuermessbetrag ist der Hebesatz anzuwenden, um die zu zahlende Grundsteuer zu erhalten.

37 Für die Ermittlung des Lage-Faktors sind nach § 5 Abs. 2 und Abs. 3 NGrStG die Bodenrichtwerte i. S. von **§ 196 BauGB** und unter Berücksichtigung der **BRW-RL** heranzuziehen. Die BRW-RL ist mittlerweile in die **ImmoWertV** integriert. Den durchschnittlichen Bodenrichtwert hat der Gutachterausschuss i. S. des **§ 192 BauGB** zu ermitteln. Die Bodenrichtwerte und durchschnittlichen Bodenrichtwerte werden nach § 5 Abs. 4 Satz 2 NGrStG der Hauptfeststellung nach **§ 8 Abs. 2 Satz 2 NGrStG** und der Hauptveranlagung nach **§ 9 Abs. 1 Satz 1 NGrStG** zugrunde gelegt. Zugrunde zu legen ist der Bodenrichtwert und durchschnittliche Bodenrichtwert, der für den jeweiligen Stichtag nach § 5 Abs. 4 Satz 2 NGrStG (Hauptfeststellung und Hauptveranlagung) oder nach **§ 8 Abs. 4 Satz 2 NGrStG** (Neuberechnung nach § 5 Abs. 4 Satz 5 NGrStG) maßgeblich ist. § 5 Abs. 3 Satz 7 NGrStG weist die Aufgabe der Ermittlung der durchschnittlichen Bodenrichtwerte den Geschäftsstellen der Gutachterausschüsse zu. Der Gesetzgeber stützt sich hierbei auf **§ 199 Abs. 2 Nr. 3 BauGB**, welcher die Landesregierung ermächtigt, durch Rechtsverordnung die Aufgaben der Geschäftsstelle zu regeln (siehe auch → Rz. 30).

38–40 *(Einstweilen frei)*

---

1 Siehe Niedersächsische LT-Drucks. 18/9632 S. 20.
2 Siehe hierzu Bock/Lapp in Grootens, § 3 Rz. 42 ff.
3 Siehe hierzu Bock/Lapp in Grootens, § 4 Rz. 31 ff.
4 Siehe hierzu Bock/Lapp in Grootens, § 2 Rz. 67 ff.
5 Siehe hierzu Bock/Lapp in Grootens, § 6 Rz. 26 ff.
6 Siehe hierzu Bock/Lapp in Grootens, § 2 Rz. 61 ff.

B. Systematische Kommentierung

I. Formel des Lage-Faktors (§ 5 Abs. 1 NGrStG)

§ 5 Abs. 1 NGrStG bestimmt die **Formel zur Berechnung des Lage-Faktors.** Der Bodenrichtwert des betreffenden Grundstücks wird ins Verhältnis zum Durchschnittsbodenwert der Gemeinde gesetzt und auf den so ermittelten Quotienten ein Exponent von 0,3 angewendet. Das Ergebnis ist gem. § 5 Abs. 1 Satz 3 NGrStG auf zwei Nachkommastellen abzurunden. Der Lage-Faktor lässt sich damit nach folgender Formel berechnen (§ 5 Abs. 1 Satz 2 NGrStG): 41

$$\text{Lage-Faktor} = \left[\frac{BRW}{dBRW}\right]^{0,3}$$

BRW = Bodenrichtwert i. S. von § 5 Abs. 2 NGrStG; siehe hierzu → Rz. 51 ff.

dBRW = durchschnittlicher Bodenrichtwert i. S. von § 5 Abs. 3 NGrStG, siehe hierzu → Rz. 66 ff.

Der Anwendung des Exponenten in Höhe von 0,3 liegen folgende Überlegungen des niedersächsischen Gesetzgebers zugrunde:[1] 42

- Ist der Bodenrichtwert gleich dem Durchschnittswert, beträgt der Lage-Faktor 1;
- Ist der Bodenrichtwert doppelt so hoch wie der Durchschnittswert, beträgt der Lage-Faktor rund 1,2 (Erhöhung um 20 %);
- Ist der Bodenrichtwert halb so hoch wie der Durchschnittswert, beträgt der Lage-Faktor rund 0,8 (Minderung um 20 %).

In einer Gemeinde mit unterschiedlich hohen Bodenrichtwerten ergeben die Faktoren - vom niedrigsten bis zum höchsten - eine nach oben abflachende Kurve.[2]

Da die Bemessungsgrundlage beim Äquivalenzmodell mit den vorgesehenen Äquivalenzzahlen erheblich geringer sein dürfte als bei einem marktwertorientierten Modell, ist in Niedersachsen damit zu rechnen, dass die Gemeinden ihre Hebesätze entsprechend erhöhen müssen. Der **Lage-Faktor** dürfte die **Bemessungsgrundlage weiter drücken,** da sich die Potenz von 0,3 bei Zahlen über 1 verhältnismäßig mehr dämpfend als sie sich bei Zahlen unter 1 hebend auswirkt. 43

---

[1] Gesetzentwurf der Koalitionsfraktionen zum Niedersächsischen Grundsteuergesetz, Niedersächsische LT-Drucks. 18/8995 S. 22 f.
[2] Gesetzentwurf der Koalitionsfraktionen zum Niedersächsischen Grundsteuergesetz, Niedersächsische LT-Drucks. 18/8995 S. 23.

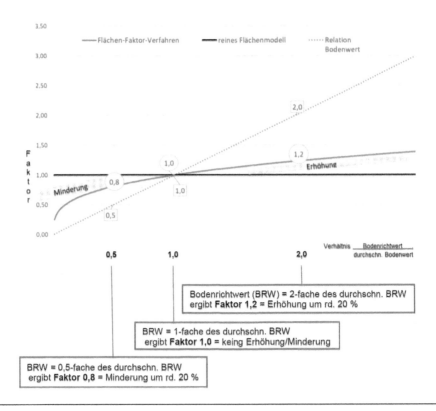

Quelle: Gesetzentwurf der Koalitionsfraktionen zum Niedersächsischen Grundsteuergesetz, Niedersächsische LT-Drucks. 18/8995 S. 23.

44 Die Niedersächsische Landesregierung ist der Ansicht, dass die Belastungsverschiebung zwischen den einzelnen wirtschaftlichen Einheiten des Grundvermögens durch den Lage-Faktor nach oben und unten bei dem niedersächsischen Modell mitunter sehr viel geringer seien als bei anderen Modellen.[1] Inwieweit es tatsächlich zu Belastungsverschiebungen kommen wird, kann derzeit noch nicht abgeschätzt werden. Die Einführung eines Exponenten kleiner 1 zur Dämpfung des Lage-Faktors könnte allerdings eine **Privilegierung** von **Grundstücken in teureren Lagen** indizieren, da sich der Lage-Faktor verhältnismäßig weniger stark verändert, je stärker der Zonen-Bodenrichtwert vom durchschnittlichen Bodenrichtwert abweicht.

45–50 *(Einstweilen frei)*

II. Bodenrichtwert (BRW); Zähler des Lage-Faktors (§ 5 Abs. 2 NGrStG)

51 Grundlage des im **Zähler des Lage-Faktors** zugrunde zu legenden (steuerlichen) Bodenrichtwerts ist gem. § 5 Abs. 2 Satz 1 NGrStG der nach § 196 BauGB vom **Gutachterausschuss ermittelte Bodenrichtwert**, wie er sich für Bauflächen gem. Anlage 1 der Bodenrichtwertrichtlinie[2]

---

1 Hilbers, Niederschrift über den öffentlichen Teil der 124. Sitzung des Ausschusses für Haushalt und Finanzen im niedersächsischen Landtag am 5.5.2021 S. 22.

2 Bundesanzeiger 2011 S. 597. Zur überholten Rechtslage siehe → Rz. 14.

(BRW-RL) für die Bodenrichtwertzone, in der das Grundstück liegt, ergibt.[1] Zugrunde zu legen ist der Bodenrichtwert, der für den jeweiligen Stichtag nach § 5 Abs. 4 Satz 2 NGrStG (Hauptfeststellung und Hauptveranlagung) oder nach § 8 Abs. 4 Satz 2 NGrStG (Neuberechnung nach § 5 Abs. 4 Satz 5 NGrStG) maßgeblich ist. Dies ist der Bodenrichtwert zum Hauptfeststellungszeitpunkt 1.1.2022 oder zum Zeitpunkt der im Turnus von sieben Jahren erfolgenden Neuberechnung der Lage-Faktoren (1.1.2029, 1.1.2036 usw.).[2] Die Vorschrift nimmt Bezug auf die BRW-RL, welche zwischenzeitlich weitgehend in die ImmoWertV überführt wurde (siehe hierzu → Rz. 14).

Die **Ermittlung der Bodenrichtwerte** für jedes Flurstück wird den – außerhalb der Finanzverwaltung stehenden – **Geschäftsstellen der Gutachterausschüsse** aufgegeben, da diesen aufgrund ihrer besonderen Sach- und Fachkenntnis und ihrer größeren Ortsnähe sowie der von Beurteilungs- und Ermessenserwägungen abhängigen Wertfindung eine vorgreifliche Kompetenz bei der Feststellung von Bodenrichtwerten zukommt.[3] Es entspricht der ständigen höchstrichterlichen Rechtsprechung,[4] dass die Bodenrichtwerte für die Beteiligten im Steuerrechtsverhältnis verbindlich und einer gerichtlichen Überprüfung regelmäßig nicht zugänglich sind.[5] Dies gilt auch im niedersächsischen Grundsteuermodell.

Anpassungen des Bodenrichtwerts wie in der Verkehrswertermittlung bei abweichenden wertbestimmenden Merkmalen des zu bewertenden Grundstücks vom Richtwertgrundstück (beispielsweise bei der Geschossflächenzahl) sind nicht vorzunehmen.[6] Der Bodenrichtwert dient bei der Ermittlung des Lage-Faktors nicht der Wertermittlung, sondern als Indikator für die **Lagequalität** des Grundstücks.[7]

Erstreckt sich das **Grundstück** über **mehrere Bodenrichtwertzonen**, wird bei der Ermittlung des für das Grundstück maßgebenden Bodenrichtwerts nach § 5 Abs. 2 Satz 2 NGrStG jeder Bodenrichtwert flächenanteilig anhand der jeweiligen Teilflächen berücksichtigt. Der im Zähler des Lage-Faktors anzusetzende Bodenrichtwert des Grundstücks ermittelt sich damit nach folgender Formel:

$$\text{BRW 1} \times \frac{\text{Teilfläche 1}}{\text{Gesamtfläche}} + \text{BRW 2} \times \frac{\text{Teilfläche 2}}{\text{Gesamtfläche}} + \ldots + \text{BRW n} \times \frac{\text{Teilfläche n}}{\text{Gesamtfläche}}$$

BEISPIEL: Ein 500 m² großes Grundstück liegt in zwei Bodenrichtwertzonen. Für die Fläche des Vorderlandes (200 m²) gilt ein Bodenrichtwert von 250,- €/m². Für die Fläche des Hinterlandes (300 m²) gilt ein Bodenrichtwert von 50,- €/m².

LÖSUNG: Der für das Grundstück maßgebende Bodenrichtwert ermittelt sich wie folgt.

$$250\,\text{€/m}^2 \times \frac{200\,\text{m}^2}{500\,\text{m}^2} + 50\,\text{€/m}^2 \times \frac{300\,\text{m}^2}{500\,\text{m}^2} = 130\,\text{€/m}^2$$

---

1 Gesetzentwurf der Koalitionsfraktionen zum Niedersächsischen Grundsteuergesetz, Niedersächsische LT-Drucks. 18/8995 S. 24.
2 Gesetzentwurf der Koalitionsfraktionen zum Niedersächsischen Grundsteuergesetz, Niedersächsische LT-Drucks. 18/8995 S. 24.
3 Vgl. Gesetzentwurf der Koalitionsfraktionen zum Niedersächsischen Grundsteuergesetz, Niedersächsische LT-Drucks. 18/8995 S. 24 zu Abs. 4.
4 BFH-Urteil v. 26.4.2006 - II R 58/04 u. a. NWB MAAAB-90533.
5 Vgl. vertiefend Bock in Grootens, BewG § 247 Rz. 43 ff.; kritisch Schmitt, Niederschrift über die 125. - öffentliche – Sitzung des Ausschusses für Haushalt und Finanzen des niedersächsischen Landtags am 19.5.2021 in Hannover, S. 12.
6 So auch Gesetzentwurf der Koalitionsfraktionen zum Niedersächsischen Grundsteuergesetz, Niedersächsische LT-Drucks. 18/8995 S. 24.
7 Gesetzentwurf der Koalitionsfraktionen zum Niedersächsischen Grundsteuergesetz, Niedersächsische LT-Drucks. 18/8995 S. 24.

56 Erstreckt sich das Grundstück über mehrere Bodenrichtwertzonen und macht eine Grundstücksteilfläche weniger als fünf Prozent der Gesamtfläche eines Flurstücks aus oder ist kleiner als zehn Quadratmeter, wird diese Teilfläche nach § 5 Abs. 2 Satz 3 NGrStG flächengewichtet auf die übrigen Flurstücksteilflächen verteilt. Diese **Bagatellregelung** soll insbesondere für **Kleinstflächen**, die entstehen, wenn die Grenzen der Bodenrichtwertzonen aus technischen Gründen nicht mit den Flurstücksgrenzen übereinstimmen, Anwendung finden und die automationsgestützte Ermittlung der Lage-Faktoren ermöglichen.[1]

57 **BEISPIEL:** Ein 500 m² großes Grundstück liegt in drei Bodenrichtwertzonen. Für die Fläche des Vorderlandes (200 m²) gilt ein Bodenrichtwert von 250 €/m². Für die Fläche des Hinterlandes (280 m²) gilt ein Bodenrichtwert von 50 €/m². Eine Fläche von 20 m² liegt in einer Bodenrichtwertzone mit einem maßgebenden Bodenrichtwert von 75 €/m².

LÖSUNG: Der für das Grundstück maßgebende Bodenrichtwert ermittelt sich wie folgt.

Die Teilfläche von 20 m² übersteigt zwar die Fläche von zehn Quadratmetern, macht mit 4 % jedoch weniger als 5 % der Gesamtfläche des Grundstücks aus. Sie ist also flächengewichtet auf die anderen beiden Teilflächen zu verteilen. Dies erfolgt im Verhältnis der verbleibenden Teilflächen zur Gesamtfläche ohne die Teilfläche von 20 m². Auf die Teilfläche Vorderland entfallen demnach 200 m²/480 m², also 8,33 m². Auf die Teilfläche Hinterland entfallen 280 m²/480 m², also 11,67 m².

Damit ergibt sich für das gesamte Grundstück ein maßgebender Bodenrichtwert von

$$250 \text{ €/m}^2 \times \frac{208,33 \text{ m}^2}{500 \text{ m}^2} + 50 \text{ €/m}^2 \times \frac{291,67 \text{ m}^2}{500 \text{ m}^2} = 133,33 \text{ €/m}^2$$

58 Für Fälle mit sich **deckungsgleich überlagernden Bodenrichtwertzonen** bestimmt § 5 Abs. 2 Satz 4 NGrStG, dass der jeweils niedrigste der Bodenrichtwerte anzusetzen ist. Zweck der Regelung ist, dass der Lage-Faktor in diesen Fällen automationsgestützt ermittelt werden kann, ohne den Steuerpflichtigen einzubeziehen.[2] Nach Auffassung der Niedersächsischen Landesregierung handelt es sich dabei um einen Ausnahmefall, der nur wenige niedersächsische Bodenrichtwertzonen betreffe (weniger als 50 von ca. 27.000).[3] Die Vorschrift nimmt Bezug auf Nr. 5 Abs. 2 BRW-RL, welche zwischenzeitlich weitgehend in die ImmoWertV überführt wurde (siehe hierzu → Rz. 14).

59 § 5 Abs. 2 Satz 5 NGrStG trifft eine Regelung für die Fälle, in denen **für Bauflächen kein Bodenrichtwert** vorliegt. In diesen – nach Auffassung der Niedersächsischen Landesregierung seltenen[4] – Fällen soll der Bodenrichtwert für Sonstige Flächen nach Anlage 1 der BRW-RL der Bodenrichtwertzone, in der das Grundstück liegt, Anwendung finden. Die Vorschrift nimmt Bezug auf Anlage 1 der BRW-RL, welche zwischenzeitlich weitgehend in die ImmoWertV überführt wurde (siehe hierzu → Rz. 14). Die in Anlage 1 BRW-RL aufgeführten Sonstigen Flächen wurden unverändert in die Anlage 5 zu § 16 Abs. 3 ImmoWertV übernommen. In § 5 NGrStG nicht geregelt werden Fälle, in denen für Flächen, die keine Bauflächen und keine land- und forstwirtschaftlichen Flächen sind, kein Bodenrichtwert vorliegt. Ob diese Fälle in Niedersachsen vorkommen, ist nicht bekannt. Nach § 247 Abs. 3 BewG ist im Bundesmodell in diesen Fäl-

---

1 Gesetzentwurf der Koalitionsfraktionen zum Niedersächsischen Grundsteuergesetz, Niedersächsische LT-Drucks. 18/8995 S. 24.
2 Gesetzentwurf der Koalitionsfraktionen zum Niedersächsischen Grundsteuergesetz, Niedersächsische LT-Drucks. 18/8995 S. 24.
3 Gesetzentwurf der Koalitionsfraktionen zum Niedersächsischen Grundsteuergesetz, Niedersächsische LT-Drucks. 18/8995 S. 24.
4 Gesetzentwurf der Koalitionsfraktionen zum Niedersächsischen Grundsteuergesetz, Niedersächsische LT-Drucks. 18/8995 S. 24.

len der Wert des unbebauten Grundstücks aus den Werten vergleichbarer Flächen durch die Finanzverwaltung abzuleiten. Durch §§ 3 ff. NGrStG dürfte allerdings der gesamte § 247 BewG verdrängt sein.

(Einstweilen frei) 60–65

III. Durchschnittlicher Bodenrichtwert (dBRW); Nenner des Lage-Faktors (§ 5 Abs. 3 NGrStG)

§ 5 Abs. 3 Satz 1 NGrStG bestimmt die **Bezugsgröße**, zu der der Bodenrichtwert des betroffenen Grundstücks ins Verhältnis gesetzt wird. Dies ist der nach § 5 Abs. 3 Satz 2–6 NGrStG ermittelte **durchschnittliche Bodenrichtwert (dBRW)** der Gemeinde, der auch als Durchschnittsbodenwert für Zwecke der Grundsteuer bezeichnet wird. Zugrunde zu legen ist der durchschnittliche Bodenrichtwert, der für den jeweiligen Stichtag nach § 5 Abs. 4 Satz 2 NGrStG (Hauptfeststellung und Hauptveranlagung) oder nach § 8 Abs. 4 Satz 2 NGrStG (Neuberechnung nach § 5 Abs. 4 Satz 5 NGrStG) maßgeblich ist. Die Gutachterausschüsse ermitteln den durchschnittlichen Bodenrichtwert auf den Hauptfeststellungszeitpunkt (erstmals auf den 1.1.2022) und sodann auf den jeweiligen Zeitpunkt der im Turnus von sieben Jahren erfolgenden Neuberechnung der Lage-Faktoren (1.1.2029, 1.1.2036 usw.).[1] Der durchschnittliche Bodenrichtwert soll im Internet auf der Seite der Gutachterausschüsse für Grundstückswerte in Niedersachsen bei den Grundstücksmarktdaten („Immobilienmarkt.NI") veröffentlicht werden.[2]

Nach § 5 Abs. 3 Satz 2–4 NGrStG ermittelt sich der durchschnittliche Bodenrichtwert aus dem auf volle Euro abgerundeten Median aller in der Gemeinde liegenden Bodenrichtwerte für

▶ Wohnbauflächen
▶ gewerbliche Bauflächen
▶ gemischte Bauflächen und
▶ Sonderbauflächen.

Zur Ermittlung des durchschnittlichen Bodenrichtwerts sind mithin sämtliche Bodenrichtwerte der Gemeinde für Bauflächen der Größe nach zu sortieren. Ist die **Anzahl** der Bodenrichtwerte in der Gemeinde **ungerade**, ist der in der Mitte befindliche Bodenrichtwert nach § 5 Abs. 3 Satz 3 NGrStG der Median und damit als durchschnittlicher Bodenrichtwert der Gemeinde festzulegen. Lautet dieser nicht auf volle Euro, ist er gem. § 5 Abs. 3 Satz 4 NGrStG abzurunden. Ist die **Anzahl** der Bodenrichtwerte in der Gemeinde **gerade**, sind die zwei in der Mitte befindlichen Bodenrichtwerte zu addieren und das Ergebnis durch zwei zu teilen. Das Ergebnis ist auf volle Euro nach § 5 Abs. 3 Satz 4 NGrStG abzurunden und nach § 5 Abs. 3 Satz 3 NGrStG als durchschnittlicher Bodenrichtwert der Gemeinde festzulegen. Die Ermittlung des durchschnittlichen Bodenrichtwerts dürfte anders als die Ermittlung der Bodenrichtwerte selbst voll justiziabel sein, da den Gutachterausschüssen insofern keine vorgreifliche Kompetenz zukommt (siehe hierzu → Rz. 52). Zur Kritik an dem Vorgehen der Medianbildung siehe → Rz. 27 ff. § 5 Abs. 3 Satz 7 NGrStG weist die **Aufgabe** der Ermittlung des durchschnittlichen Bodenrichtwerts der Gemeinde den **Geschäftsstellen der Gutachterausschüsse** zu.

---

[1] Gesetzentwurf der Koalitionsfraktionen zum Niedersächsischen Grundsteuergesetz, Niedersächsische LT-Drucks. 18/8995 S. 24.
[2] Gesetzentwurf der Koalitionsfraktionen zum Niedersächsischen Grundsteuergesetz, Niedersächsische LT-Drucks. 18/8995 S. 24.

69 **BEISPIEL:** Eine Gemeinde in Niedersachsen besteht aus den im folgenden Bild ersichtlichen 14 Bodenrichtwertzonen.

Quelle: https://immobilienmarkt.niedersachsen.de/ (BORIS.NI)

LÖSUNG: Der durchschnittliche Bodenrichtwert der Gemeinde ergibt sich durch Bildung des Medians dieser Bodenrichtwerte. Sie sind der Größe nach zu sortieren: 15 €/m², 15 €/m², 20 €/m², 23 €/m², 35 €/m², 55 €/m², **55 €/m², 60 €/m²**, 60 €/m², 60 €/m², 65 €/m², 70 €/m², 75 €/m², 83 €/m². Die Anzahl der Bodenrichtwerte ist gerade, sodass die zwei Beträge der Datenreihe, die sich in der Mitte befinden, zu addieren und durch zwei zu teilen sind. Dies sind hier die fett markierten Bodenrichtwerte 55 €/m² und 60 €/m². Daraus ergibt sich ein Median von 57,50 €/m². Nach § 5 Abs. 3 Satz 4 NGrStG ist dieser auf volle Euro nach unten abzurunden: 57 €/m² ist der durchschnittliche Bodenrichtwert dieser Gemeinde i. S. des § 5 Abs. 2 NGrStG.

70 Bei der Ermittlung des durchschnittlichen Bodenrichtwerts der Gemeinde spielt es keine Rolle für welche Nutzungen die jeweiligen Bodenrichtwerte ausgegeben werden. Nach § 5 Abs. 3 Satz 5 NGrStG wird nur ein **Durchschnittsbodenwert über alle Nutzungen hinweg** gebildet. Wenn sich **Bodenrichtwertzonen deckungsgleich überlagern**, ist nach § 5 Abs. 3 Satz 6 NGrStG der niedrigste der Bodenrichtwerte in die Ermittlung des durchschnittlichen Bodenrichtwerts einzubeziehen (siehe insbesondere zur Häufigkeit → Rz. 58).

71 Die Norm nimmt dabei noch Bezug auf die **Nr. 1–4 der Anlage 1 der BRW-RL**, welche im Wesentlichen inhaltsgleich in Anlage 5 zu § 16 Abs. 3 **ImmoWertV** übernommen wurde (siehe hierzu auch → Rz. 14). Im Vergleich zu Anlage 1 der BRW-RL wurde in Anlage 5 zu § 16 Abs. 3

ImmoWertV zu den gemischten Bauflächen allerdings auch das dörfliche Wohngebiet und das urbane Gebiet aufgenommen. Bei den Bauflächen für Gemeinbedarf handelt es sich nach Anlage 5 zu § 16 Abs. 3 ImmoWertV nicht mehr um Sonderbauflächen; diese Bauflächen bilden stattdessen nunmehr eine eigene Kategorie. Eine entsprechende Gesetzesanpassung des NGrStG bleibt abzuwarten.

(Einstweilen frei) 72–75

IV. Aufgaben der Vermessungs- und Katasterverwaltung (§ 5 Abs. 4 NGrStG)

§ 5 Abs. 4 Satz 1 NGrStG verpflichtet die Vermessungs- und Katasterverwaltung, also das **Landesamt für Geoinformation und Landesvermessung Niedersachsen** in Hannover, die für Zwecke der Grundsteuerdaten erzeugten Geodaten auf den Hauptfeststellungszeitpunkt 1.1.2022 der Finanzverwaltung bis spätestens 31.5.2022 zur Verfügung zu stellen. Die Vorschrift beinhaltet grundsätzlich keine Vorgabe, in welcher Form die Daten zur Verfügung gestellt werden müssen. Nach der Gesetzesbegründung[1] soll die Norm die Finanzverwaltung in die Lage versetzen, für jedes Grundstück einen Lage-Faktor zu ermitteln. Da der Lage-Faktor durch die Finanzverwaltung automationsgestützt bei der Berechnung des Äquivalenzbetrags berücksichtigt werden soll,[2] erwartet die Finanzverwaltung voraussichtlich eine elektronische Zurverfügungstellung der erforderlichen Daten.

§ 5 Abs. 4 Satz 2 NGrStG regelt, dass diese Daten der **Hauptfeststellung** der Äquivalenzbeträge auf den 1.1.2022 (§ 8 Abs. 2 Satz 2 NGrStG) und der **Hauptveranlagung** der Grundsteuermessbeträge auf den 1.1.2025 (§ 9 Abs. 1 Satz 1 NGrStG) zugrunde gelegt werden.[3]

§ 5 Abs. 4 Satz 3 NGrStG bestimmt den **Inhalt der Geodaten** näher. Hiernach gehören zu den von der Vermessungs- und Katasterverwaltung zur Verfügung zu stellenden Geodaten

▶ die Bezeichnung des Flurstücks,

▶ die amtlichen Flächen und ggf. Teilflächen,

▶ die nach § 196 BauGB ermittelten Bodenrichtwerte für Bauflächen oder für Sonstige Flächen der Anlage 1 der BRW-RL und

▶ der durchschnittliche Bodenrichtwert in der Gemeinde.

Nach § 5 Abs. 4 Satz 4 NGrStG werden diese Daten jährlich auf den 1.1. des jeweiligen Jahres erzeugt und der Finanzverwaltung bis zum 31.5. des Jahres zur Verfügung gestellt. Für die im Lage-Faktor nach § 5 Abs. 2 und 3 NGrStG zugrunde zu legenden Bodenrichtwerte gilt die Besonderheit, dass diese nur **alle sieben Jahre aktualisiert** werden. Die in Niedersachsen üblicherweise jährlich erfolgende Ermittlung der Bodenrichtwerte für Bauland sowie land- und forstwirtschaftliche Flächen aus gezahlten Kaufpreisen bleibt hiervon unberührt. Änderungen des Bodenrichtwerts innerhalb des siebenjährigen Zeitraums führen nicht zu einer Neuberechnung des Lage-Faktors. Die Höhe des Lage-Faktors verändert sich auch bei einer Nachfeststellung nicht – in diesem Fall ist der Lage-Faktor nach den Verhältnissen des Hauptfeststellungs-

---

[1] Gesetzentwurf der Koalitionsfraktionen zum Niedersächsischen Grundsteuergesetz, Niedersächsische LT-Drucks. 18/8995 S. 25.
[2] Gesetzentwurf der Koalitionsfraktionen zum Niedersächsischen Grundsteuergesetz, Niedersächsische LT-Drucks. 18/8995 S. 25.
[3] Gesetzentwurf der Koalitionsfraktionen zum Niedersächsischen Grundsteuergesetz, Niedersächsische LT-Drucks. 18/8995 S. 25.

80 Die **Neuberechnung des Lage-Faktors** erfolgt gem. § 5 Abs. 4 Satz 5 NGrStG jeweils – also alle sieben Jahre – auf Grundlage der nach § 5 Abs. 4 Satz 4 NGrStG aktualisierten Daten. Führt die turnusmäßige Neuberechnung des Lage-Faktors zu einer Änderung der Äquivalenzbeträge, ist nach § 8 Abs. 3 Satz 2 NGrStG eine Betragsfortschreibung und bei Vorliegen der Voraussetzungen des § 9 Abs. 2 Satz 1 oder 2 NGrStG eine Neufestsetzung des Grundsteuermessbetrags durchzuführen.

81–85 *(Einstweilen frei)*

V. Grundsteuer-Viewer der Finanzverwaltung (§ 5 Abs. 5 NGrStG)

86 § 5 Abs. 5 NGrStG verpflichtet die niedersächsische Finanzverwaltung, einen sog. **Grundsteuer-Viewer** zu entwickeln, über den die Bürgerinnen und Bürger die für die Steuererklärung erforderlichen Daten über das Internet kostenfrei abrufen können. Aus diesem sollen

- die Bezeichnung des Flurstücks,
- die amtlichen Flächen und ggf. Teilflächen,
- die nach § 196 BauGB ermittelten Bodenrichtwerte für Bauflächen oder für Sonstige Flächen der Anlage 1 der BRW-RL und
- der durchschnittliche Bodenrichtwert in der Gemeinde

ersichtlich sein. Die Bereitstellung des Bodenrichtwerts und des durchschnittlichen Bodenrichtwerts der Gemeinde erfolgt lediglich zur Information und Kontrolle des Bescheids. Diese Daten müssen von den Bürgerinnen und Bürgern nicht in der Steuererklärung angegeben werden. Der niedersächsische Grundsteuer-Viewer soll rechtzeitig über das Internet abrufbar sein.

87 Ziele der von der Finanzverwaltung betriebenen kostenlosen Webanwendung sind:[1]

- Schaffung von Transparenz: Die Steuerpflichtigen sollen alle erforderlichen Geodaten (Adresse, Flurstücksnummer u. a.) für das jeweilige Grundstück finden, die in der Steuererklärung abgefragt werden. Gleichzeitig soll es möglich sein, aus den weiter angezeigten Parametern (Bodenrichtwert, durchschnittlicher Bodenrichtwert) einen Lage-Faktor zu ermitteln und ihn mit dem vom Finanzamt angesetzten Wert zu vergleichen.[2]
- Erhöhung der Qualität der Steuererklärungen,
- Beschränkung von Rückfragen auf besonders gelagerte Einzelfälle,
- Entlastung der Finanzverwaltung,
- Absicherung der Abwicklung der Grundsteuerreform.

---

1 Gesetzentwurf der Koalitionsfraktionen zum Niedersächsischen Grundsteuergesetz, Niedersächsische LT-Drucks. 18/8995 S. 25.
2 Gesetzentwurf der Koalitionsfraktionen zum Niedersächsischen Grundsteuergesetz, Niedersächsische LT-Drucks. 18/8995 S. 25.

§ 6 NGrStG Grundsteuermesszahlen

(1) ¹Die Grundsteuermesszahl beträgt 100 Prozent. ²Für den Äquivalenzbetrag der Wohnflächen wird die Grundsteuermesszahl auf 70 Prozent ermäßigt.

(2) ¹Die Grundsteuermesszahl für den Äquivalenzbetrag der Wohnflächen nach Absatz 1 Satz 2 wird nochmals um 25 Prozent ermäßigt, soweit eine enge räumliche Verbindung mit dem Betrieb der Land- und Forstwirtschaft des Steuerschuldners besteht. ²Dies gilt nur, soweit die Wohnfläche der Inhaberin oder dem Inhaber des Betriebs der Land- und Forstwirtschaft, den zu ihrem oder seinem Haushalt gehörenden Familienangehörigen und den Altenteilern zu Wohnzwecken dient und mindestens eine Bewohnerin oder ein Bewohner durch eine mehr als nur gelegentliche Tätigkeit in dem Betrieb an ihn gebunden ist. ³Für Flächen, die den Arbeitnehmerinnen und Arbeitnehmern des Betriebs zu Wohnzwecken dienen, gilt Satz 1 entsprechend.

(3) Die Grundsteuermesszahlen für die Äquivalenzbeträge der Gebäudeflächen nach Absatz 1 Satz 1 oder nach Absatz 1 Satz 2, auch in Verbindung mit Absatz 2, werden um 25 Prozent ermäßigt, wenn ein Baudenkmal nach § 3 Abs. 1 bis 3 des Niedersächsischen Denkmalschutzgesetzes vorliegt.

(4) Die Grundsteuermesszahl für den Äquivalenzbetrag der Wohnflächen nach Absatz 1 Satz 2, auch in Verbindung mit Absatz 2 oder 3, wird um 25 Prozent ermäßigt, soweit

1. die Wohnflächen den Bindungen des sozialen Wohnungsbaus aufgrund einer staatlichen oder kommunalen Wohnraumförderung unterliegen oder

2. die Voraussetzungen des § 15 Abs. 4 Satz 1 Nr. 1, 2 oder 3 GrStG in der am 1. Januar 2025 geltenden Fassung vorliegen.

(5) Eine Ermäßigung der Grundsteuermesszahlen nach Absatz 2, 3 oder 4 wird auf Antrag gewährt, wenn die jeweiligen Voraussetzungen zum Veranlagungszeitpunkt vorlagen.

Inhaltsübersicht

	Rz.
A. Allgemeine Erläuterungen	1 - 25
I. Normzweck und wirtschaftliche Bedeutung der Vorschrift	1 - 5
II. Entstehung und Entwicklung der Vorschrift	6 - 10
III. Geltungsbereich	11 - 15
IV. Vereinbarkeit der Vorschrift mit höherrangigem Recht	16 - 20
V. Verhältnis zu anderen Vorschriften	21 - 25
B. Systematische Kommentierung	26 - 73
I. Grundsteuermesszahl für das Grundvermögen und Ermäßigung bei Wohnflächen (§ 6 Abs. 1 NGrStG)	26 - 35
II. Ermäßigung der Grundsteuermesszahl bei Wohnflächen mit enger räumlicher Verbindung zu einem Betrieb der Land- und Forstwirtschaft (§ 6 Abs. 2 NGrStG)	36 - 50
III. Ermäßigung für Baudenkmale (§ 6 Abs. 3 NGrStG)	51 - 60
IV. Ermäßigung für Wohnungen der Wohnraumförderung (§ 6 Abs. 4 NGrStG)	61 - 70
V. Antragserfordernis (§ 6 Abs. 5 NGrStG)	71 - 73

HINWEISE:

A 6 des Runderlasses des Niedersächsischen Finanzministeriums, Anwendung des Niedersächsischen Grundsteuergesetzes (NGrStG) zur Bewertung des Grundvermögens für die Grundsteuer ab 1.1.2022 (AENGrStG), RdErl. d. MF v. 22.2.2022 - G 1002-6 - 62100.

A. Allgemeine Erläuterungen

I. Normzweck und wirtschaftliche Bedeutung der Vorschrift

1 § 6 NGrStG regelt die Höhe der **Grundsteuermesszahlen** einschließlich ihrer **Ermäßigungen**. Insbesondere in den Ermäßigungen der Steuermesszahl kommen **politische Förder- und Lenkungszwecke** zum Ausdruck:

- Die um 30 % ermäßigte Steuermesszahl für Wohnflächen (**§ 6 Abs. 1 Satz 2 NGrStG**) ist sozialpolitisch motiviert und soll der Förderung von Wohnraum dienen. Durch eine Entlastung bei der Grundsteuer soll das Recht auf Wohnen steuerpolitisch unterstützt und dem grundlegenden Bedürfnis am Gut Wohnen angemessen Rechnung getragen werden.[1]
- Die Ermäßigung der Steuermesszahl für den Äquivalenzbetrag der Wohnflächen um 25 % soweit eine enge räumliche Verbindung mit dem Betrieb der Land- und Forstwirtschaft des Steuerschuldners besteht (**§ 6 Abs. 2 NGrStG**) privilegiert den bisher dem Betrieb der Land- und Forstwirtschaft zugeordneten Wohnteil und soll ausweislich der Gesetzesbegründung die ländliche Siedlungsstruktur fördern und erhalten.[2]
- Die 25%ige Ermäßigung der Steuermesszahl für die Äquivalenzbeträge der Gebäudeflächen bei Vorliegen eines Baudenkmals (**§ 6 Abs. 3 NGrStG**) dient der Förderung der Kulturlandschaft.[3]
- Mit der Ermäßigung der Steuermesszahl um 25 % für geförderten Wohnraum oder für den Grundbesitz bestimmter Wohnungsunternehmen (**§ 6 Abs. 4 NGrStG**) macht sich die Niedersächsische Landesregierung die Lenkungszwecke des Bundesgesetzgebers zu eigen.[4] Mit der Ermäßigung sollen demnach insbesondere Investitionsanreize zur Schaffung von Wohnraum gesetzt und die Bau- und Wohnungswirtschaft positiv beeinflusst werden.[5]

2 Der **Äquivalenzbetrag** wird nach § 2 Abs. 2 Satz 1 NGrStG mit der **Grundsteuermesszahl multipliziert** und ergibt den Grundsteuermessbetrag. Auf den Grundsteuermessbetrag wird anschließend gem. § 2 Abs. 1 Satz 2 NGrStG der Hebesatz der jeweiligen Gemeinde angewendet und ergibt die konkret zu zahlende Grundsteuer. Mit der Grundsteuermesszahl wird mithin die Höhe der Grundsteuer beeinflusst. § 6 GrStG hat daher **erhebliche Bedeutung** für die konkrete **Höhe der Grundsteuer** bei der jeweiligen wirtschaftlichen Einheit.

3–5 *(Einstweilen frei)*

II. Entstehung und Entwicklung der Vorschrift

6 Die Vorschrift wurde im Jahr 2021 mit dem **Stammgesetz** in das NGrStG aufgenommen.[6] Im Gesetzentwurf der Koalitionsfraktionen war die Regelung noch in § 5 NGrStG verortet.[7]

---

[1] Gesetzentwurf der Koalitionsfraktionen zum Niedersächsischen Grundsteuergesetz, Niedersächsische LT-Drucks. 18/8995 S. 15 und 26.
[2] Gesetzentwurf der Koalitionsfraktionen zum Niedersächsischen Grundsteuergesetz, Niedersächsische LT-Drucks. 18/8995 S. 26.
[3] Gesetzentwurf der Koalitionsfraktionen zum Niedersächsischen Grundsteuergesetz, Niedersächsische LT-Drucks. 18/8995 S. 26.
[4] Gesetzentwurf der Koalitionsfraktionen zum Niedersächsischen Grundsteuergesetz, Niedersächsische LT-Drucks. 18/8995 S. 26.
[5] Gesetzentwurf der Bundesregierung zur Reform des Grundsteuer- und Bewertungsrechts, BT-Drucks. 19/11085 S. 124.
[6] Niedersächsisches Grundsteuergesetz v. 7.7.2021, Nds. GVBl Nr. 27 /2021 S. 502 ff.
[7] Vgl. Gesetzentwurf der Koalitionsfraktionen zum Niedersächsischen Grundsteuergesetz, Niedersächsische LT-Drucks. 18/8995 S. 6 f. und S. 26.

Im Gesetzgebungsverfahren wurde der **ursprüngliche Verweis auf § 15 Abs. 2–4 GrStG** durch eine eigene Regelung in **§ 6 Abs. 4 NGrStG** ersetzt. Im Übrigen wurden **geringfügige Änderungen** am Wortlaut der Norm vorgenommen.[1]   7

(Einstweilen frei)   8–10

III. Geltungsbereich

§ 6 NGrStG gilt für in Niedersachsen belegenes Grundvermögen und nicht für land- und forstwirtschaftliches Vermögen. § 6 NGrStG ist mit dem Stammgesetz gem. § 15 Abs. 1 NGrStG **am 14.7.2021 in Kraft getreten**. Wie sich aus § 1 Satz 1 NGrStG[2] und § 12 Abs. 1 NGrStG[3] ergibt, sollen die Regelungen des NGrStG und damit auch § 6 NGrStG erst für die Erhebung der **Grundsteuer** ab dem **Kalenderjahr 2025** von Bedeutung sein.   11

(Einstweilen frei)   12–15

IV. Vereinbarkeit der Vorschrift mit höherrangigem Recht

§ 6 NGrStG begegnet als solcher **keinen verfassungsrechtlichen Bedenken**. Nach der Rechtsprechung des BVerfG kann der Gesetzgeber bei den weiteren, sich an die Bewertung (hier: Ermittlung des Äquivalenzbetrags) anschließenden Schritten zur Bestimmung der Steuerbelastung auf den so ermittelten Wert aufbauen und Lenkungszwecke, etwa in Form **zielgenauer und normenklarer steuerlicher Verschonungsregelungen**, ausgestalten.[4] Die mit den Ermäßigungen verfolgten Lenkungszwecke der Förderung des Wohnens und des Denkmalschutzes sind legitime Zwecke von ganz erheblicher Bedeutung.[5]   16

(Einstweilen frei)   17–20

V. Verhältnis zu anderen Vorschriften

Die Grundsteuermesszahlen werden auf die sich nach **§ 2 Abs. 3 NGrStG**[6] ergebenden Äquivalenzbeträge angewendet und ergeben nach **§ 2 Abs. 2 Satz 1 NGrStG**[7] den Grundsteuermessbetrag. Auf den Grundsteuermessbetrag werden gem. **§ 2 Abs. 1 Satz 2 NGrStG**[8] die Hebesätze der jeweiligen Gemeinde angewendet, um die konkret zu zahlende Grundsteuer zu erhalten. Der Grundsteuermessbetrag wird im Veranlagungsverfahren nach **§ 9 NGrStG**[9] festgesetzt.   21

§ 6 Abs. 3 NGrStG nimmt hinsichtlich des Vorliegens eines Baudenkmals Bezug auf **§ 3 Abs. 1– 3 des Niedersächsischen Denkmalschutzgesetzes**. § 6 Abs. 4 Nr. 2 NGrStG nimmt bei der Ermäßigung der Grundsteuermesszahl bei Wohnraumförderung hinsichtlich der erforderlichen Voraussetzungen Bezug auf **§ 15 Abs. 4 Satz 1 Nr. 1, 2 oder 3 GrStG**.[10]   22

(Einstweilen frei)   23–25

---

1 Vgl. Beschlussempfehlung des Ausschusses für Haushalt und Finanzen, LT-Drucks. 18/9603 S. 7 f. und Niedersächsische LT-Drucks. 18/9632 S. 22 ff.
2 Vgl. vertiefend Bock/Lapp in Grootens, NGrStG § 1 Rz. 9.
3 Siehe Bock/Lapp in Grootens, NGrStG § 12 Rz. 31 ff.
4 Vgl. BVerfG, Beschluss v. 7.11.2006 - 1 BvL 10/02, BStBl 2007 II S. 192.
5 Vgl. auch Gesetzentwurf der Bundesregierung zur Reform des Grundsteuer- und Bewertungsrechts, BT-Drucks. 19/11085 S. 123 f.
6 Siehe hierzu Bock/Lapp in Grootens, NGrStG § 2 Rz. 67 ff.
7 Siehe hierzu Bock/Lapp in Grootens, NGrStG § 2 Rz. 61 ff.
8 Siehe hierzu Bock/Lapp in Grootens, NGrStG § 2 Rz. 42 ff.
9 Siehe hierzu Bock/Lapp in Grootens, NGrStG § 9 Rz. 36 ff.
10 Siehe hierzu vertiefend Bock in Grootens, GrStG § 15 Rz. 78 ff.

B. Systematische Kommentierung

I. Grundsteuermesszahl für das Grundvermögen und Ermäßigung bei Wohnflächen (§ 6 Abs. 1 NGrStG)

26 § 6 Abs. 1 Satz 1 NGrStG regelt die grundsätzliche Höhe der Grundsteuermesszahl. Demzufolge beträgt die Grundsteuermesszahl grundsätzlich 100 %.

27 **BEISPIEL:** Auf einem 2.000 m² großen, ausschließlich gewerblich genutzten Grundstück befindet sich ein Gebäude mit 840 m² Gebäudeflächen.

LÖSUNG: Der Grundsteuermessbetrag ermittelt sich wie folgt:

Äquivalenzbetrag des Grund und Bodens:	2.000 m² x 0,04 €/m²	=	80,00 €
x Grundsteuermesszahl 100 %		=	80,00 €
Äquivalenzbetrag des Gebäudes:	840 m² x 0,50 €/m²	=	420,00 €
x Grundsteuermesszahl 100 %		=	420,00 €
Summe dieser Beträge			
= Grundsteuermessbetrag		=	500,00 €

28 Für den **Äquivalenzbetrag der Wohnflächen**[1] wird die Grundsteuermesszahl gem. § 6 Abs. 1 Satz 2 NGrStG auf 70 % ermäßigt. Die Ermäßigung der Steuermesszahl erfolgt von Amts wegen. Ein Antrag ist nicht erforderlich, allerdings müssen die Wohnflächen vom Steuerschuldner auch wegen der Ermäßigung bei der Grundsteuermesszahl gesondert erklärt werden. Die um 30 % ermäßigte Steuermesszahl für Wohnflächen (§ 6 Abs. 1 Satz 2 NGrStG) ist sozialpolitisch motiviert und soll der Förderung von Wohnraum dienen. Durch eine Entlastung bei der Grundsteuer soll das Recht auf Wohnen steuerpolitisch unterstützt werden und dem grundlegenden Bedürfnis am Gut Wohnen angemessen Rechnung getragen werden.[2]

29 **BEISPIEL:** Auf einem 2.000 m² großen Grundstück befindet sich ein ausschließlich Wohnzwecken dienendes Gebäude mit 840 m² Gebäudeflächen.

LÖSUNG: Der Grundsteuermessbetrag ermittelt sich wie folgt:

Äquivalenzbetrag des Grund und Bodens:	2.000 m² x 0,04 €/m²	=	80,00 €
x Grundsteuermesszahl 100 %		=	80,00 €
Äquivalenzbetrag des Wohnflächen	840 m² x 0,50 €/m²	=	420,00 €
x Grundsteuermesszahl 70 %		=	294,00 €
Summe dieser Beträge			
= Grundsteuermessbetrag		=	374,00 €

30–35 *(Einstweilen frei)*

---

[1] Siehe hierzu Bock/Lapp in Grootens, NGrStG § 3 Rz. 46 ff.,
[2] Gesetzentwurf der Koalitionsfraktionen zum Niedersächsischen Grundsteuergesetz, Niedersächsische LT-Drucks. 18/8995 S. 15 und S. 26.

II. Ermäßigung der Grundsteuermesszahl bei Wohnflächen mit enger räumlicher Verbindung zu einem Betrieb der Land- und Forstwirtschaft (§ 6 Abs. 2 NGrStG)

§ 6 Abs. 2 NGrStG regelt eine **Ermäßigung der Grundsteuermesszahl** für den Äquivalenzbetrag der Wohnflächen um weitere 25 % auf dann 52,5 % für **Wohnflächen mit einer engen räumlichen Verbindung mit einem Betrieb der Land- und Forstwirtschaft**. Die Ermäßigung der Steuermesszahl für den Äquivalenzbetrag der Wohnflächen um 25 %, soweit eine enge räumliche Verbindung mit dem Betrieb der Land- und Forstwirtschaft des Steuerschuldners besteht (§ 6 Abs. 2 NGrStG), privilegiert den bisher dem Betrieb der Land- und Forstwirtschaft zugeordneten Wohnteil und soll ausweislich der Gesetzesbegründung die ländliche Siedlungsstruktur fördern und erhalten.[1]

36

Die Ermäßigung wird **nur auf Antrag** gewährt, wenn folgende **Voraussetzungen** erfüllt sind:

37

- Wohnflächen i.S. von § 3 Abs. 1 NGrStG (siehe hierzu → Rz. 38),
- mit einer engen räumlichen Verbindung zu dem Betrieb der Land- und Forstwirtschaft des Steuerschuldners (siehe hierzu → Rz. 39), die entweder
- gem. § 6 Abs. 2 Satz 2 NGrStG
  - der Inhaberin oder dem Inhaber des Betriebs der Land- und Forstwirtschaft,
  - den zum Haushalt gehörenden Familienangehörigen und
  - den Altenteilern zu Wohnzwecken dienen (siehe hierzu → Rz. 40) oder
- gem. § 6 Abs. 2 Satz 3 NGrStG den Arbeitnehmerinnen und Arbeitnehmern des Betriebs zu Wohnzwecken dienen (siehe hierzu → Rz. 43).

Die Ermäßigung wird nach § 6 Abs. 2 Satz 1 NGrStG nur für den **Äquivalenzbetrag der Wohnflächen** nach § 3 Abs. 1 NGrStG[2] gewährt. Eine Ermäßigung der Grundsteuermesszahl auf Nutzflächen innerhalb des Wohnteils des land- und forstwirtschaftlichen Betriebs erfolgt nicht.

38

Die Wohnflächen müssen nach § 6 Abs. 2 Satz 1 NGrStG eine **enge räumliche Verbindung zu dem Betrieb der Land- und Forstwirtschaft** des Steuerschuldners aufweisen. Ausweislich der Gesetzesbegründung soll der im bisherigen Recht der Einheitsbewertung dem Betrieb der Land- und Forstwirtschaft zugeordnete Wohnteil, der im reformierten Bewertungs- und Grundsteuerrecht auch in Niedersachsen dem Grundvermögen zugeordnet wird, ermäßigt werden.[3] Eine enge räumliche Verbindung ist jedenfalls dann gegeben, wenn sich das Wohngebäude auf demselben Grundstück wie die Hofstelle befindet. Ist dies nicht der Fall, dürfte eine Ermäßigung der Grundsteuermesszahl nach § 6 Abs. 2 NGrStG regelmäßig nicht in Betracht kommen.

39

§ 6 Abs. 2 Satz 2 NGrStG greift die Regelung des R B 160.22 Abs. 1 Satz 1 ErbStR 2019 auf. Da müssen die Wohnflächen der **Inhaberin oder dem Inhaber des Betriebs der Land- und Forst-**

40

---

[1] Gesetzentwurf der Koalitionsfraktionen zum Niedersächsischen Grundsteuergesetz, Niedersächsische LT-Drucks. 18/8995 S. 26.

[2] Siehe hierzu Bock/Lapp in Grootens, NGrStG § 3 Rz. 46 ff.,

[3] Gesetzentwurf der Koalitionsfraktionen zum Niedersächsischen Grundsteuergesetz, Niedersächsische LT-Drucks. 18/8995 S. 26.

wirtschaft, ggf. den **zum Haushalt gehörenden Angehörigen** und ggf. den **Altenteilern** zunächst zu Wohnzwecken dienen. Insoweit entspricht die Vorschrift dem in § 34 Abs. 3 BewG definierten Begriffs des Wohnteils. Stehen die Wohnflächen leer und gelten noch als Wohnfläche i. S. von § 3 Abs. 1 Satz 4 NGrStG, dürfte eine Ermäßigung der Steuermesszahl nach § 6 Abs. 2 NGrStG ausgeschlossen sein. Dienen die Wohnflächen anderen als den o. g. Personen zu Wohnzwecken, wird die Ermäßigung der Grundsteuermesszahl grundsätzlich nicht gewährt (siehe aber auch → Rz. 43 zu Arbeitnehmern des Betriebs).

41 Weitere Voraussetzung für die Ermäßigung der Steuermesszahl ist, dass mindestens eine Bewohnerin oder ein Bewohner durch eine **mehr als nur gelegentliche Tätigkeit** in dem Betrieb an ihn gebunden ist. Ausweislich der Gesetzesbegründung[1], die hier R B 160.22 Abs. 3 Satz 2 und 3 ErbStR 2019 wiederholt, kann eine mehr als nur gelegentliche Tätigkeit schon bei einem jährlichen Arbeitsaufwand von insgesamt vier Wochen gegeben sein.[2] Zur Beurteilung der Frage, ob eine mehr als nur gelegentliche Tätigkeit ausgeübt wird, soll die Nutzung und die Größe der Betriebsflächen zu berücksichtigen sein.[3]

42 Aus der Gesetzesbegründung ergeben sich keine Anhaltspunkte, auf welche Art und Weise und inwieweit diese Berücksichtigung erfolgen soll. Denkbar wäre, dass eine **sehr umfangreiche Tätigkeit** von weniger als vier Wochen in einem großen Betrieb noch als nicht nur gelegentliche Tätigkeit angesehen werden kann, eine **kleinere Aushilfstätigkeit** von mehr als vier Wochen Dauer auf einem kleinen Hof dagegen noch nicht. Bei aktiv bewirtschafteten land- und forstwirtschaftlichen Betrieben dürfte das Tatbestandsmerkmal in aller Regel erfüllt sein.

43 Nach dem Wortlaut des § 6 Abs. 2 Satz 3 NGrStG wird die Ermäßigung der Steuermesszahl auf Antrag für Flächen gewährt, die den **Arbeitnehmerinnen und Arbeitnehmern des Betriebs** zu Wohnzwecken dienen. Zweifelhaft ist, ob die Arbeitnehmerinnen und Arbeitnehmer mehr als nur gelegentlich in dem Betrieb tätig sein müssen. § 6 Abs. 2 Satz 3 NGrStG hatte ursprünglich den Wortlaut: „Für Flächen, die den Arbeitnehmern des Betriebs zu Wohnzwecken dienen, gilt dies entsprechend."[4] Dies hätte – ebenso wie die Gesetzesbegründung zu § 5 Abs. 2 NGrStG-E[5] – darauf hingedeutet, dass für diese Flächen ebenfalls die Voraussetzungen des § 6 Abs. 2 Satz 2 NGrStG erfüllt sein müssen. Im parlamentarischen Gesetzgebungsverfahren wurde allerdings das Wort „dies" auf Empfehlung des Ausschusses für Haushalt und Finanzen durch „Satz 1" (und nicht etwa „Sätze 1 und 2") ersetzt. Im Hinblick auf die Begründung der Ersetzung, dass damit sprachlich verdeutlicht werden sollte, was entsprechend gelte,[6] ist davon auszugehen, dass der niedersächsische Gesetzgeber bewusst darauf verzichtet hat, weitere Voraussetzungen für die Ermäßigung der Steuermesszahl für von Arbeitnehmerinnen und Arbeitnehmern zu Wohnzwecken genutzten Flächen zu formulieren. Damit ist der Umfang der Tätigkeit der Arbeitnehmerinnen und Arbeitnehmer für den Betrieb für die Gewährung der Ermäßigung der Steuermesszahl nicht relevant. Insbesondere dürfte ein **Minijob** genügen.

---

[1] Gesetzentwurf der Koalitionsfraktionen zum Niedersächsischen Grundsteuergesetz, Niedersächsische LT-Drucks. 18/8995 S. 26.
[2] Vgl. auch BFH, Urteil v. 28.3.1990 - II R 125/87, BStBl 1990 II S. 727 NWB ZAAAA-93355.
[3] Gesetzentwurf der Koalitionsfraktionen zum Niedersächsischen Grundsteuergesetz, Niedersächsische LT-Drucks. 18/8995 S. 26.
[4] Vgl. Gesetzentwurf der Koalitionsfraktionen zum Niedersächsischen Grundsteuergesetz, Niedersächsische LT-Drucks. 18/8995 S. 6.
[5] Vgl. Gesetzentwurf der Koalitionsfraktionen zum Niedersächsischen Grundsteuergesetz, Niedersächsische LT-Drucks. 18/8995 S. 26.
[6] Vgl. Gesetzentwurf der Koalitionsfraktionen zum Niedersächsischen Grundsteuergesetz, Niedersächsische LT-Drucks. 18/8995 S. 22.

BEISPIEL: Auf einem 2.000 m² großen Grundstück eines Betriebs der Land- und Forstwirtschaft befindet sich ein dem Betriebsinhaber zu Wohnzwecken dienendes Gebäude mit 840 m² Gebäudeflächen.

44

LÖSUNG: Der Grundsteuermessbetrag ermittelt sich wie folgt:

Äquivalenzbetrag des Grund und Bodens:	2.000 m² x 0,04 €/m²	=	80,00 €
x Grundsteuermesszahl 100 %		=	80,00 €
Äquivalenzbetrag der Wohnflächen	840 m² x 0,50 €/m²	=	420,00 €
x Grundsteuermesszahl nach § 6 Abs. 1 Satz 2 NGrStG	70 %		
ermäßigt um 25 % nach § 6 Abs. 2 NGrStG	52.5 %	=	220,50 €
Summe dieser Beträge			
= Grundsteuermessbetrag		=	300,50 €.

(Einstweilen frei) 45–50

III. Ermäßigung für Baudenkmale (§ 6 Abs. 3 NGrStG)

§ 6 Abs. 3 NGrStG greift die in § 15 Abs. 5 GrStG[1] bundesgesetzlich geregelte Ermäßigung der Steuermesszahl bei einer Bebauung des **Grundstücks mit einem Baudenkmal** auf. Die 25 %ige Ermäßigung der Steuermesszahl für die Äquivalenzbeträge der Gebäudeflächen bei Vorliegen eines Baudenkmals (§ 6 Abs. 3 NGrStG) dient der Förderung der Kulturlandschaft.[2] Anders als beim Bundesmodell wird die Steuermesszahl in Niedersachsen allerdings nicht um 10 %, sondern um 25 % ermäßigt. Im Gegensatz zu § 15 Abs. 5 GrStG trifft § 6 Abs. 3 NGrStG darüber hinaus keine Regelung für Fälle, in denen nur einzelne Gebäude oder Teile eines Gebäudes unter Denkmalschutz stehen. Einzige Voraussetzung für die Ermäßigung der Steuermesszahl ist das Vorliegen eines Baudenkmals i. S. von § 3 Abs. 1–3 des Niedersächsischen Denkmalschutzgesetzes. Die Ermäßigung wird gewährt, wenn und nicht soweit ein entsprechendes Baudenkmal vorliegt. Ausweislich der Gesetzesbegründung soll dies der Verfahrens- und Vollzugsvereinfachung dienen und erhebliche Sachverhaltsermittlungen und erweiterte Erklärungspflichten vermeiden.[3]

51

Baudenkmale sind nach § 3 Abs. 2 des Niedersächsischen Denkmalschutzgesetzes **bauliche Anlagen** (§ 2 Abs. 1 der Niedersächsischen Bauordnung), Teile baulicher Anlagen, Grünanlagen und Friedhofsanlagen, an deren Erhaltung wegen ihrer **geschichtlichen, künstlerischen, wissenschaftlichen oder städtebaulichen Bedeutung** ein öffentliches Interesse besteht. Nach § 3 Abs. 3 des Niedersächsischen Denkmalschutzgesetzes ist ein Baudenkmal auch eine **Gruppe baulicher Anlagen**, die aus den o. g. genannten Gründen erhaltenswert ist, unabhängig davon, ob die einzelnen baulichen Anlagen für sich Baudenkmale sind (sog. Ensembleschutz). Pflanzen, Frei- und Wasserflächen in der Umgebung eines Baudenkmals und Zubehör eines Baudenkmals gelten dabei als Teile des Baudenkmals, wenn sie mit diesem eine Einheit bilden, die aus den genannten Gründen erhaltenswert ist.

52

---

[1] Vgl. hierzu vertiefend Bock in Grootens, GrStG Rz. 100 ff.
[2] Gesetzentwurf der Koalitionsfraktionen zum Niedersächsischen Grundsteuergesetz, Niedersächsische LT-Drucks. 18/8995 S. 26.
[3] Vgl. Gesetzentwurf der Koalitionsfraktionen zum Niedersächsischen Grundsteuergesetz, Niedersächsische LT-Drucks. 18/8995 S. 26.

53 In Niedersachsen wird durch das **Landesamt für Denkmalpflege** ein Verzeichnis der Bau- und Kunstdenkmale geführt. Auskünfte hierzu erteilen die regional zuständigen unteren Denkmalschutzbehörden sowie das Landesamt für Denkmalpflege. Die Eintragung des Baudenkmals in das Denkmalverzeichnis hat gem. § 5 Abs. 1 Satz 1 des Niedersächsischen Denkmalschutzgesetzes nur **deklaratorischen Charakter**. Derzeit wird an einer Veröffentlichung der **Denkmalverzeichnisse** auf der Homepage des Landesamts für Denkmalpflege[1] gearbeitet. Darüber hinaus wird derzeit mit dem Denkmalatlas Niedersachsen eine Wissens- und Kommunikationsplattform geschaffen, auf der das Niedersächsische Landesamt für Denkmalpflege Informationen über die Kulturdenkmale des Landes zur Verfügung stellt. Im Rahmen des bis 2023 angelegten Projekts soll das Verzeichnis der Kulturdenkmale geprüft, aktualisiert und schrittweise online veröffentlicht werden.[2]

54 Die Ermäßigung der Steuermesszahl für Baudenkmale wird nach den Ermäßigungen für Wohnflächen nach § 6 Abs. 1 Satz 2 NGrStG und § 6 Abs. 3 NGrStG gewährt. Wurde also die Steuermesszahl nach § 6 Abs. 1 Satz 2 NGrStG um 30 % und nach § 6 Abs. 2 NGrStG um 25 % von 100 % auf 52,5 % gesenkt, erfolgt, sofern ein Baudenkmal i. S. des Niedersächsischen Denkmalschutzgesetzes vorliegt, eine weitere Ermäßigung der Steuermesszahl um 25 % von 52,5 % (13,125 %) auf dann 39,375 %.

55 **BEISPIEL:** Auf einem 2.000 m² großen Grundstück eines Betriebs der Land- und Forstwirtschaft befindet sich ein dem Betriebsinhaber zu Wohnzwecken dienendes, i. S. von § 3 Abs. 1–3 des Niedersächsischen Landesdenkmalschutzgesetzes denkmalgeschütztes Gebäude mit 840 m² Gebäudeflächen.

LÖSUNG: Der Grundsteuermessbetrag ermittelt sich wie folgt:

Äquivalenzbetrag des Grund und Bodens:	2.000 m² x 0,04 €/m²	=	80,00 €
x Grundsteuermesszahl 100 %		=	80,00 €
Äquivalenzbetrag der Wohnflächen:	840 m² x 0,50 €/m²	=	420,00 €
x Grundsteuermesszahl nach § 6 Abs. 1 Satz 2 NGrStG:	70 %		
ermäßigt um 25 % nach § 6 Abs. 2 NGrStG	52,5 %		
ermäßigt um 25 % nach § 6 Abs. 3 NGrStG	39,375 %	=	165,38 €
Summe dieser Beträge			
= Grundsteuermessbetrag		=	245,38 €.

56–60 *(Einstweilen frei)*

IV. Ermäßigung für Wohnungen der Wohnraumförderung (§ 6 Abs. 4 NGrStG)

61 § 6 Abs. 4 Nr. 1 NGrStG greift die Gedanken des § 15 Abs. 2 und 3 GrStG[3] auf und gewährt eine **Ermäßigung der Steuermesszahlen** für den Äquivalenzbetrag der Wohnflächen um **25 %**, soweit die Wohnflächen den Bindungen des sozialen Wohnungsbaus aufgrund einer staatlichen oder kommunalen **Wohnraumförderung** unterliegen. Im Gegensatz zur bundesgesetzlichen

---

1 https://denkmalpflege.niedersachsen.de/startseite/.
2 https://denkmalatlas.niedersachsen.de/viewer/.
3 Siehe hierzu vertiefend Bock in Grootens, GrStG § 15 Rz. 57 ff.

Regelung in § 15 Abs. 2 Satz 1 Nr. 1 GrStG wird in § 6 Abs. 4 Nr. 1 NGrStG nicht an die Förderzusage für die Gewährung der Ermäßigung angeknüpft. Damit dürfte keine rechtliche Abweichung verbunden sein, da auch in Niedersachsen für das Unterliegen der Wohnraumförderung eine Förderzusage erforderlich ist. Die Ermäßigung der Grundsteuermesszahl wird nur gewährt, soweit die Flächen der Wohnraumförderung unterliegen. Dies entspricht der Regelung des § 15 Abs. 2 Satz 2 GrStG[1] zur anteiligen Gewährung der Ermäßigung bei teilweise der Wohnraumförderung unterliegenden wirtschaftlichen Einheiten.

Nach § 6 Abs. 4 Nr. 2 NGrStG wird eine Ermäßigung der Steuermesszahlen für den Äquivalenzbetrag der Wohnflächen um 25 % gewährt, soweit die Voraussetzungen des § 15 Abs. 4 Satz 1 Nr. 1, 2 oder 3 GrStG in der am 1.1.2025 geltenden Fassung[2] vorliegen. Die Ermäßigungstatbestände des § 15 Abs. 4 Satz 1 Nr. 1 – 3 GrStG betreffen bestimmte Eigentümer von Grundstücken. Dies sind **Wohnungsbaugesellschaften von Gebietskörperschaften, gemeinnützige Wohnungsbaugesellschaften** i.S. des § 52 AO und **Genossenschaften und Vereine**, die nach § 5 Abs. 1 Nr. 10 KStG von der Körperschaftsteuer befreit sind.

Die Ermäßigung der Steuermesszahl für der Wohnraumförderung unterliegende Wohnflächen wird nach den Ermäßigungen für Wohnflächen nach § 6 Abs. 1 Satz 2 NGrStG und § 6 Abs. 2 und 3 NGrStG gewährt. Wurde also die Steuermesszahl nach § 6 Abs. 1 Satz 2 NGrStG um 30 %, nach § 6 Abs. 2 NGrStG um 25 % und nach § 6 Abs. 3 um weitere 25 % auf 39,375 % gesenkt, erfolgt für der Wohnraumförderung unterliegende Wohnflächen eine weitere Ermäßigung der Steuermesszahl um 25 % von 39,375 % (um 9,84375 Prozentpunkte) auf dann 29,53125 %. Das Zusammentreffen all dieser Ermäßigungstatbestände dürfte eher theoretischer Natur sein.

BEISPIEL: Auf einem 2.000 m² großen Grundstück eines Betriebs der Land- und Forstwirtschaft befindet sich ein den Arbeitnehmern des Betriebs zu Wohnzwecken dienendes, i.S. von § 3 Abs. 1–3 des Niedersächsischen Landesdenkmalschutzgesetzes denkmalgeschütztes Gebäude mit 840 m² Gebäudeflächen. Die Wohnflächen unterliegen den Bindungen des sozialen Wohnungsbaus aufgrund einer kommunalen Wohnraumförderung.

LÖSUNG: Der Grundsteuermessbetrag ermittelt sich wie folgt:

Äquivalenzbetrag des Grund und Bodens:	2.000 m² x 0,04 €/m²	=	80,00 €
x Grundsteuermesszahl 100 %		=	80,00 €
Äquivalenzbetrag der Wohnflächen:	840 m² x 0,50 €/m²	=	420,00 €
x Grundsteuermesszahl nach § 6 Abs. 1 Satz 2 NGrStG:	70 %		
ermäßigt um 25 % nach § 6 Abs. 2 NGrStG	52,5 %		
ermäßigt um 25 % nach § 6 Abs. 3 NGrStG	39,375 %	=	165,38 €
ermäßigt um 25 % nach § 6 Abs. 4 Nr. 2 NGrStG	29,53125 %		
		=	124,03 €
Summe dieser Beträge			
= **Grundsteuermessbetrag**		=	204,03 €.

(Einstweilen frei) 65–70

---

[1] Siehe hierzu vertiefend Bock in Grootens, GrStG § 15 Rz. 71 ff.
[2] Siehe vertiefend hierzu Bock in Grootens, GrStG § 15 Rz. 78 ff.

V. Antragserfordernis (§ 6 Abs. 5 NGrStG)

71 § 6 Abs. 5 NGrStG bestimmt, dass die Ermäßigung der **Grundsteuermesszahl** nach § 6 Abs. 2, 3 oder 4 NGrStG **nur auf Antrag gewährt** wird. Besondere **Formvorschriften** für den Antrag sieht § 6 Abs. 5 NGrStG nicht vor, sodass der Antrag auch formlos (schriftlich, mündlich, elektronisch per E-Mail u. a.) gestellt werden kann. Bis wann der Antrag gestellt werden muss, wird nicht geregelt. Zulässig dürfte jedenfalls die Antragstellung bis zur Bestandskraft des betreffenden Grundsteuermessbescheids sein. Nach Bestandskraft dürfte eine Antragstellung gem. § 172 Abs. 1 Satz 1 Nr. 2 Buchst. a Halbsatz 2 AO nicht mehr zu berücksichtigen sein. Wird ein Antrag erst nach Bestandskraft des Bescheids oder nach Ablauf der Festsetzungsfrist gestellt, kann die Ermäßigung der Grundsteuermesszahl nur noch mit einer Neufestsetzung (§ 9 Abs. 2 Satz 1 NGrStG) oder Neuveranlagung nach § 9 Abs. 3 NGrStG i.V. m. § 17 Abs. 2 Nr. 1 GrStG ab dem nächsten (nicht festsetzungsverjährten) Stichtag gewährt werden.

72 Weitere Voraussetzung für die Gewährung der Ermäßigung ist, dass die jeweiligen Voraussetzungen zum **Veranlagungszeitpunkt** vorliegen. Veranlagungszeitpunkt für die Hauptveranlagung der Grundsteuermessbeträge ist der 1.1.2025 (§ 9 Abs. 1 NGrStG[1]). Da die Grundsteuermessbescheide bereits vor dem 1.1.2025 erlassen werden können, bedarf es für das Vorliegen der Tatbestandsvoraussetzungen einer Ermäßigung der Steuermesszahl einer Prognoseentscheidung. Ergeben sich bis zum 1.1.2025 Änderungen, die zu einer abweichenden Festsetzung führen, sind die Bescheide gem. § 9 Abs. 3 NGrStG i.V. mit § 36 Abs. 3 GrStG und § 21 Satz 2 GrStG zu ändern oder aufzuheben.

73 Bei späteren **Neufestsetzungen des Grundsteuermessbetrags** ist der Veranlagungszeitpunkt jeweils der 1.1. des Jahres (§ 6 Abs. 3 NGrStG i.V. mit – sinngemäß – § 17 Abs. 1 GrStG[2]). Entfallen die Voraussetzungen für eine Ermäßigung der Steuermesszahl im laufenden Jahr, wird dies durch eine **Neuveranlagung des Grundsteuermessbetrags** auf den 1.1. des Folgejahres berücksichtigt, wenn die Abweichung vom bisherigen Grundsteuermessbetrag mindestens fünf Euro beträgt (§ 9 Abs. 2 Satz 2[3] und Abs. 3 NGrStG[4] i.V. mit – sinngemäß – § 17 Abs. 2 Nr. 1 GrStG[5]). Der **Wegfall der Voraussetzungen** für eine ermäßigte Steuermesszahl ist dem Finanzamt **anzuzeigen** (§ 9 Abs. 4 Satz 2 NGrStG[6]). Treten die Voraussetzungen für eine Ermäßigung der Steuermesszahl erst im laufenden Jahr ein, wird dies nach § 9 Abs. 2 Satz 1 NGrStG[7] – ohne betragliche Begrenzung der Abweichung vom bisherigen Grundsteuermessbetrag – durch eine Neuveranlagung des Grundsteuermessbetrags auf den 1.1. des Folgejahres berücksichtigt.

§ 7 NGrStG Hebesatz

(1) [1]Bei der Hauptveranlagung nach § 9 Abs. 1 Satz 1 ist durch die Gemeinde ein aufkommensneutraler Hebesatz zu ermitteln. [2]Dazu ist das Grundsteueraufkommen der Gemeinde, das aus den Grundsteuermessbeträgen nach den für die Grundsteuer ab dem Kalenderjahr 2025 geltenden Regelungen zu erwarten ist, dem Grundsteueraufkommen gegenüberzustellen, das im Haushaltsplan der Gemeinde für das Ka-

---

1 Vgl. auch Bock/Lapp in Grootens, NGrStG § 9 Rz. 41 ff.
2 Siehe hierzu vertiefend Bock in Grootens, GrStG § 17 Rz. 22 ff.
3 Vgl. auch Bock/Lapp in Grootens, NGrStG § 9 Rz. 43 ff.
4 Vgl. auch Bock/Lapp in Grootens, NGrStG § 9 Rz. 51 ff.
5 Siehe hierzu vertiefend Bock in Grootens, GrStG § 17 Rz. 31 f.
6 Vgl. auch Bock/Lapp in Grootens, NGrStG § 9 Rz. 57.
7 Vgl. auch Bock/Lapp in Grootens, NGrStG § 9 Rz. 42.

lenderjahr 2024 veranschlagt worden ist. ³Der aufkommensneutrale Hebesatz ist der Hebesatz, der sich ergäbe, wenn die Höhe des Grundsteueraufkommens gleich bliebe.

(2) Die Gemeinde muss den aufkommensneutralen Hebesatz und die Abweichung des von der Gemeinde bei der Hauptveranlagung bestimmten Hebesatzes von dem aufkommensneutralen Hebesatz in geeigneter Art und Weise veröffentlichen.

(3) § 25 GrStG bleibt unberührt.

Inhaltsübersicht	Rz.
A. Allgemeine Erläuterungen	1 - 35
I. Normzweck und wirtschaftliche Bedeutung der Vorschrift	1 - 5
II. Entstehung und Entwicklung der Vorschrift	6 - 10
III. Geltungsbereich	11 - 15
IV. Vereinbarkeit der Vorschrift mit höherrangigem Recht	16 - 20
V. Verhältnis zu anderen Vorschriften	21 - 35
B. Systematische Kommentierung	36 - 46
I. Ermittlung eines aufkommensneutralen Hebesatzes für das Grundvermögen (§ 7 Abs. 1 NGrStG)	36 - 40
II. Veröffentlichungspflicht (§ 7 Abs. 2 NGrStG)	41 - 45
III. Festsetzung des Hebesatzes nach § 25 GrStG (§ 7 Abs. 3 NGrStG)	46

HINWEISE:

A 7 des Runderlasses des Niedersächsischen Finanzministeriums, Anwendung des Niedersächsischen Grundsteuergesetzes (NGrStG) zur Bewertung des Grundvermögens für die Grundsteuer ab 1.1.2022 (AENGrStG), RdErl. d. MF v. 22.2.2022 - G 1002-6 - 62100.

A. Allgemeine Erläuterungen

I. Normzweck und wirtschaftliche Bedeutung der Vorschrift

§ 7 NGrStG enthält besondere Regelungen zum **Hebesatzrecht der Gemeinden**. § 7 Abs. 1 NGrStG verpflichtet die Gemeinden, bei der Hauptveranlagung auf den 1.1.2025 anhand des bisherigen und des künftig erwarteten Grundsteueraufkommens aufgrund der neuen Grundsteuermessbeträge einen **aufkommensneutralen Hebesatz** zu ermitteln und diesen nach § 7 Abs. 2 NGrStG zu veröffentlichen.[1] Das Hebesatzrecht der Gemeinden bleibt von dieser Pflicht im Übrigen, wie § 7 Abs. 3 NGrStG klarstellt, unberührt. Die Vorschrift ermöglicht den Gemeinden darüber hinaus, nach § 7 Abs. 3 NGrStG i.V. mit § 25 Abs. 5 GrStG für **unbebaute, baureife Grundstücke** aus städtebaulichen Gründen einen erhöhten Hebesatz (sog. **Grundsteuer C**) festzusetzen.

(Einstweilen frei)   2–5

---

1 Gesetzentwurf der Koalitionsfraktionen zum Niedersächsischen Grundsteuergesetz, Niedersächsische LT-Drucks. 18/8995 S. 27.

II. Entstehung und Entwicklung der Vorschrift

6 Die Vorschrift wurde im Jahr 2021 mit dem **Stammgesetz** in das NGrStG aufgenommen.[1] Im Gesetzentwurf der Koalitionsfraktionen war die Regelung noch in § 6 NGrStG verortet.[2]

7 **§ 7 Abs. 3 NGrStG** in der vorliegenden Fassung war in dem ursprünglichen Gesetzentwurf der Regierungskoalition[3] nicht enthalten und wurde erst im parlamentarischen Verfahren aufgrund einer Empfehlung des federführenden Ausschusses für Haushalt und Finanzen in das Gesetz aufgenommen, um klarzustellen, dass das Recht der Gemeinden, den Hebesatz für die Grundsteuer selbst zu bestimmen, unberührt bleibe und der aufkommensneutrale Hebesatz lediglich zur Information und aus Gründen der Transparenz ermittelt und veröffentlicht werden solle.[4] Darüber hinaus wurden geringfügige Änderungen am Wortlaut der Norm vorgenommen.[5]

8–10 *(Einstweilen frei)*

III. Geltungsbereich

11 § 7 NGrStG gilt, wie sich aus der systematischen Verortung im Ersten Teil unter Grundstücke, Grundsteuer B ergibt, für in Niedersachsen belegenes Grundvermögen und nicht für land- und forstwirtschaftliches Vermögen. Dies dürfte auch für die Pflicht der Gemeinde gelten, einen aufkommensneutralen Hebesatz nach § 7 Abs. 1 Satz 1 NGrStG zu ermitteln, da § 11 Abs. 5 NGrStG insoweit keine entsprechende Anwendung regelt. § 7 NGrStG ist mit dem Stammgesetz gem. § 15 Abs. 1 NGrStG **am 14.7.2021 in Kraft getreten**. Wie sich aus § 1 Satz 1 NGrStG[6] und § 12 Abs. 1 NGrStG[7] ergibt, sollen die Regelungen des NGrStG und damit auch § 7 NGrStG erst für die Erhebung der **Grundsteuer** ab dem **Kalenderjahr 2025** von Bedeutung sein.

12–15 *(Einstweilen frei)*

IV. Vereinbarkeit der Vorschrift mit höherrangigem Recht

16 § 7 NGrStG begegnet nach hiesiger Auffassung keinen durchgreifenden verfassungsrechtlichen Bedenken. Insbesondere wird das **kommunale Selbstverwaltungsrecht** und das **Hebesatzrecht** der Gemeinden nach **Art. 28 Abs. 2 GG** nicht verletzt.[8] § 7 NGrStG verpflichtet die Gemeinden nicht, einen aufkommensneutralen Hebesatz festzusetzen, sondern nur zu ermitteln. Dies dient der Transparenz und dem Ziel, dass die neue Ermittlung der Bemessungsgrundlage nicht der Erhöhung des Grundsteueraufkommens dient. Die Gemeinden können daher nicht aus Anlass der Neuermittlung im Grunde unbemerkt das Grundsteueraufkommen erhöhen, sondern müssen eine solche Erhöhung wie üblich vor ihren Gemeindebürgern transparent verantwor-

---

1 Niedersächsisches Grundsteuergesetz v. 7.7.2021, Nds. GVBl Nr. 27/2021 S. 502 ff.
2 Vgl. Gesetzentwurf der Koalitionsfraktionen zum Niedersächsischen Grundsteuergesetz, Niedersächsische LT-Drucks. 18/8995 S. 7 und S. 27.
3 Gesetzentwurf der Koalitionsfraktionen zum Niedersächsischen Grundsteuergesetz, Niedersächsische LT-Drucks. 18/8995.
4 Niedersächsische LT-Drucks. 18/9632 S. 25.
5 Vgl. Beschlussempfehlung des Ausschusses für Haushalt und Finanzen, LT-Drucks. 18/9603 S. 8 und Niedersächsische LT-Drucks 18/9632 S. 24.
6 Vgl. vertiefend Bock/Lapp in Grootens, NGrStG § 1 Rz. 9.
7 Siehe Bock/Lapp in Grootens, NGrStG § 12 Rz. 31 ff.
8 A. A. Schmidt, Niederschrift über die 125. – öffentliche – Sitzung des Ausschusses für Haushalt und Finanzen des niedersächsischen Landtags am 19.5.2021 in Hannover, S. 6.

ten. Die Pflicht zur Ermittlung eines aufkommensneutralen Hebesatzes stellt damit lediglich eine neue Aufgabenzuweisung dar, für die der Landesgesetzgeber die Regelungsbefugnis hat.[1]

(Einstweilen frei)   17–20

V. Verhältnis zu anderen Vorschriften

Der Hebesatz der jeweiligen Gemeinde wird nach **§ 2 Abs. 1 Satz 2 NGrStG**[2] auf den Grundsteuermessbetrag angewendet. Der Grundsteuermessbetrag ergibt sich nach **§ 2 Abs. 2 Satz 1 NGrStG**[3] durch Anwendung der Grundsteuermesszahlen nach **§ 6 NGrStG**[4] auf die Äquivalenzbeträge, deren Ermittlung sich wiederum aus **§ 2 Abs. 3 NGrStG**[5] ergibt. 21

§ 7 Abs. 1 und 2 NGrStG lässt nach § 7 Abs. 3 NGrStG das in **Art. 28 Abs. 2 GG** verfassungsrechtlich geschützte und in **§ 25 GrStG**[6] konkretisierte Hebesatzrecht der Gemeinden für die Grundsteuer unberührt. 22

(Einstweilen frei)   23–35

B. Systematische Kommentierung

I. Ermittlung eines aufkommensneutralen Hebesatzes für das Grundvermögen (§ 7 Abs. 1 NGrStG)

§ 7 NGrStG verankert das Ziel des niedersächsischen Gesetzgebers, die **Reform der Grundsteuer aufkommensneutral** durchzuführen. § 7 Abs. 1 Satz 1 NGrStG verpflichtet die Gemeinden, bei der Hauptveranlagung der Grundsteuermessbeträge auf den 1.1.2025 einen **aufkommensneutralen Hebesatz** zu ermitteln. Die Berechnung des aufkommensneutralen Hebesatzes ergibt sich aus § 7 Abs. 1 Satz 2 und 3 NGrStG. Das aus den Steuermessbeträgen nach den ab dem Kalenderjahr 2025 geltenden Regelungen zu erwartende Grundsteueraufkommen ist mit dem Grundsteueraufkommen zu vergleichen, das im Haushaltsplan der Gemeinde für das Kalenderjahr 2024 veranschlagt worden ist. Da zum Zeitpunkt der Ermittlung des aufkommensneutralen Hebesatzes noch nicht sämtliche Grundsteuermessbeträge einer Gemeinde festgesetzt sein werden, wird es genügen aus den vorhandenen Festsetzungen, die zu erwartende Grundsteuer durch Hochrechnung zu ermitteln. Der aufkommensneutrale Hebesatz ist der Hebesatz, der sich ergäbe, wenn die Höhe des Grundsteueraufkommens gleich bliebe. Nach § 25 Abs. 4 GrStG, der auch im niedersächsischen Grundsteuermodell Anwendung findet, muss der Hebesatz jeweils für die in einer Gemeinde liegenden Grundstücke des Grundvermögens einerseits und die in der Gemeinde liegenden Betriebe der Land- und Forstwirtschaft andererseits einheitlich sein. In den jeweiligen Gemeinden existieren mithin zwei in der Regel der Höhe nach verschiedene Hebesätze. Die Norm differenziert nicht nach den jeweiligen Vermögensarten, da auf den Hebesatz für das land- und forstwirtschaftliche Vermögen § 7 Abs. 1 NGrStG aufgrund seiner systematischen Stellung im Ersten Teil des NGrStG und der fehlenden Regelung in § 11 Abs. 5 NGrStG keine Anwendung findet (siehe bereits → Rz. 11). 36

---

1 Vgl. etwa Burghart in Leibholz/Rinck, GG, Art. 28 Rz. 353 m.w.N.
2 Vgl. vertiefend Bock/Lapp in Grootens, NGrStG § 2 Rz. 42 ff.
3 Siehe hierzu Bock/Lapp in Grootens, NGrStG § 2 Rz. 61 ff.
4 Vgl. vertiefend Bock/Lapp in Grootens, NGrStG § 6 Rz. 26 ff.
5 Siehe hierzu Bock/Lapp in Grootens, NGrStG § 2 Rz. 67 ff.
6 Siehe hierzu vertiefend Grootens in Grootens, GrStG § 25 Rz. 31 ff.

37 **BEISPIEL:**

- Für das Jahr 2024 veranschlagtes Grundsteueraufkommen bei einem Hebesatz von 340 %: 3,4 Mio. € (= Messbetragsvolumen: 1 Mio. €).
- Grundsteueraufkommen nach den ab dem Kalenderjahr 2025 geltenden Regelungen bei gleichbleibendem Hebesatz: 5,1 Mio. € (= Messebetragsvolumen 1,5 Mio. €).
- Aufkommensneutraler Hebesatz: rund 227 %
- Grundsteueraufkommen mit aufkommensneutralem Hebesatz: 3.405.000 €.

38–40 *(Einstweilen frei)*

II. Veröffentlichungspflicht (§ 7 Abs. 2 NGrStG)

41 § 7 Abs. 2 NGrStG verpflichtet die Gemeinden, den **aufkommensneutralen Hebesatz** in geeigneter Art und Weise zu **veröffentlichen**. Der niedersächsische Gesetzgeber hat allerdings keine Möglichkeit, die Gemeinden gesetzlich dazu zu verpflichten, den aufkommensneutralen Hebesatz auch tatsächlich ab dem Kalenderjahr 2025 der Grundsteuererhebung zugrunde zu legen. Dies wäre ein verfassungsrechtlich unzulässiger Eingriff in das kommunale Selbstverwaltungsrecht und ein Verstoß gegen das in Art. 28 Abs. 2 Satz 3 GG verfassungsrechtlich abgesicherte kommunale Hebesatzrecht. Eine geeignete Art und Weise der Veröffentlichung dürfte insbesondere in der Veröffentlichung in einer üblicherweise veröffentlichten Satzung oder in einem **kommunalen Amtsblatt** zu erblicken sein.

42 Um das Ziel der **aufkommensneutralen Umsetzung** der Grundsteuerreform zu erreichen, **appelliert** der niedersächsische Gesetzgeber nicht nur **an die Gemeinden**, die Hebesätze der Grundsteuer entsprechend anzupassen,[1] sondern verpflichtet diese in § 7 Abs. 2 NGrStG, auch etwaige **Abweichungen** des **tatsächlich festgesetzten Hebesatzes** vom aufkommensneutralen Hebesatz in geeigneter Art und Weise zu veröffentlichen. Eine etwaige Abweichung vom aufkommensneutralen Hebesatz muss allerdings nach § 7 NGrStG nicht begründet werden, sodass abzuwarten bleibt, inwieweit diese Veröffentlichungspflicht Gemeinden von einer Beibehaltung des bisherigen Hebesatzes abhalten kann.

43–45 *(Einstweilen frei)*

III. Festsetzung des Hebesatzes nach § 25 GrStG (§ 7 Abs. 3 NGrStG)

46 § 7 Abs. 3 NGrStG bestimmt klarstellend, dass die Regelungen in **§ 25 GrStG** zur Festsetzung des Hebesatzes[2] unberührt bleiben. Damit finden in Niedersachsen insbesondere die Regelungen des § 25 Abs. 5 GrStG zur sog. **Grundsteuer C**[3] Anwendung, allerdings nur für die dort genannten unbebauten, baureifen Grundstücke i. S. des § 246 BewG. Grundstücke, die nach Anwendung des § 3 Abs. 4 Satz 1 NGrStG als unbebaut gelten, fallen nicht in den Anwendungsbereich des § 25 Abs. 5 GrStG.[4]

---

[1] Gesetzentwurf der Koalitionsfraktionen zum Niedersächsischen Grundsteuergesetz, Niedersächsische LT-Drucks. 18/8995 S. 1 und 11.
[2] Siehe hierzu Grootens in Grootens, § 25 GrStG Rz. 31 ff.
[3] Siehe dazu vertiefend Grootens in Grootens, § 25 GrStG Rz. 121 ff.
[4] Siehe dazu vertiefend Bock/Lapp in Grootens, NGrStG § 3 Rz. 174.

Zweites Kapitel: Verfahren

§ 8 NGrStG Feststellungsverfahren

(1) ¹In dem Feststellungsbescheid für Grundstücke sind ergänzend zu § 219 Abs. 2 BewG auch Feststellungen zu treffen über die Fläche von Grund und Boden und die Gebäudeflächen sowie ihre Einordnung als Wohnfläche oder Nutzfläche. ²Feststellungen erfolgen nur, wenn und soweit sie für die Besteuerung von Bedeutung sind. ³Der Feststellungsbescheid kann mit dem nachfolgenden Grundsteuermessbescheid verbunden und zusammengefasst bekannt gegeben werden.

(2) ¹Abweichend von § 221 BewG findet keine turnusmäßige Hauptfeststellung statt. ²Die Äquivalenzbeträge werden auf den 1. Januar 2022 allgemein festgestellt (Hauptfeststellung). ³Der Hauptfeststellung werden die Verhältnisse zu Beginn des Kalenderjahres (Hauptfeststellungszeitpunkt) zugrunde gelegt. ⁴Bei der Ermittlung der jeweiligen Äquivalenzbeträge ist § 163 der Abgabenordnung (AO) nicht anzuwenden.

(3) ¹Neu festgestellt werden die Äquivalenzbeträge (Betragsfortschreibung) oder die Flächen des Grundstücks (Flächenfortschreibung), wenn ein Äquivalenzbetrag oder eine Fläche von der zuletzt getroffenen Feststellung abweicht und es für die Besteuerung von Bedeutung ist. ²Eine Betragsfortschreibung ist auch durchzuführen, wenn die turnusmäßige Neuberechnung der Lage-Faktoren alle sieben Jahre zu einer Änderung der Äquivalenzbeträge führt. ³Der Fortschreibungszeitpunkt ist der Beginn des Kalenderjahres, das auf das Jahr der Änderung folgt. ⁴Eine Fortschreibung nach Satz 1 findet auch zur Beseitigung eines Fehlers der letzten Feststellung statt.

(4) ¹Für die Äquivalenzbeträge nach diesem Gesetz gelten die Vorschriften des Bewertungsgesetzes über die Fortschreibung, Nachfeststellung, Aufhebung, Änderung und Nachholung der Feststellung im Übrigen sinngemäß. ²Dabei gilt die Maßgabe, dass der Lage-Faktor zunächst nach den Verhältnissen des Hauptfeststellungszeitpunkts, nach dem Zeitpunkt der ersten Neuberechnung nach § 5 Abs. 4 Satz 5 jedoch nach den Verhältnissen des Zeitpunktes der jeweils letzten Neuberechnung zugrunde gelegt wird.

(5) ¹Die Aufforderung zur Abgabe einer Erklärung mittels Allgemeinverfügung durch öffentliche Bekanntmachung erfolgt abweichend von § 228 Abs. 1 Satz 3 BewG durch die für Steuern in Niedersachsen zuständige Mittelbehörde. ²Änderungen der tatsächlichen Verhältnisse, die sich auf die Höhe der Äquivalenzbeträge auswirken oder zu einer Nachfeststellung oder der Aufhebung der Äquivalenzbeträge führen können, sind abweichend von § 228 Abs. 2 BewG auf den Beginn des folgenden Kalenderjahres zusammengefasst anzuzeigen. ³Die Anzeige ist abweichend von § 228 Abs. 2 Satz 3 BewG bis zum 31. März des Jahres abzugeben, das auf das Jahr folgt, in dem sich die tatsächlichen Verhältnisse geändert haben. ⁴Bei Gebäuden auf fremdem Grund und Boden sind die Erklärung und die Anzeige von derjenigen oder demjenigen abzugeben, der oder dem die wirtschaftliche Einheit jeweils zuzurechnen ist.

(6) Die Erklärung und die Anzeige nach Absatz 5 sind Steuererklärungen im Sinne der Abgabenordnung, die nach amtlich vorgeschriebenem Datensatz durch Datenfernübertragung zu übermitteln sind; § 228 Abs. 6 Sätze 2 und 3 BewG bleibt unberührt.

Inhaltsübersicht	Rz.
A. Allgemeine Erläuterungen	1 - 35
I. Normzweck und wirtschaftliche Bedeutung der Vorschrift	1 - 10
II. Entstehung und Entwicklung der Vorschrift	11 - 15
III. Geltungsbereich	16 - 20
IV. Vereinbarkeit der Vorschrift mit höherrangigem Recht	21 - 25
V. Verhältnis zu anderen Vorschriften	26 - 35
B. Systematische Kommentierung	36 - 76
I. Sonderregelungen zum Feststellungsbescheid (§ 8 Abs. 1 NGrStG)	36 - 45
II. Sonderreglungen zur Hauptfeststellung (§ 8 Abs. 2 NGrStG)	46 - 50

III.	Betrags- und Flächenfortschreibungen (§ 8 Abs. 3 NGrStG)	51 - 60
IV.	Maßgebende Verhältnisse bei der Feststellung (§ 8 Abs. 4 NGrStG)	61 - 70
V.	Sonderregelungen zu den Erklärungs- und Anzeigepflichten (§ 8 Abs. 5 und 6 NGrStG)	71 - 76

HINWEISE:

A 8 des Runderlasses des Niedersächsischen Finanzministeriums, Anwendung des Niedersächsischen Grundsteuergesetzes (NGrStG) zur Bewertung des Grundvermögens für die Grundsteuer ab 1.1.2022 (AENGrStG), RdErl. d. MF v. 22.2.2022 - G 1002-6 - 62100.

A. Allgemeine Erläuterungen

I. Normzweck und wirtschaftliche Bedeutung der Vorschrift

1 § 8 NGrStG trifft ergänzende **verfahrensrechtliche Regelungen** zu den Inhalten des **Feststellungsbescheides** i. S. des sinngemäß anwendbaren § 219 Abs. 2 BewG,[1] zur Durchführung der Hauptfeststellung sowie von Flächen- und Betragsfortschreibungen. Abweichungen und Ergänzungen zum Feststellungsverfahren nach dem Bewertungsgesetz werden aus Gründen der besseren Verständlichkeit und Nachvollziehbarkeit in einer Norm zusammengefasst.[2] Die Vorschrift regelt darüber hinaus die Erklärungs- und Anzeigepflichten der Bürgerinnen und Bürger.

2 **§ 8 Abs. 1 NGrStG** regelt die auf der ersten Stufe des dreistufigen Verfahrens erfolgende Feststellung der Äquivalenzbeträge. Ergänzend zu der bundesgesetzlichen Regelung in § 219 BewG wird bestimmt, dass die Flächen von Grund und Boden, Gebäuden sowie deren Einordnung als Wohn- oder Nutzfläche durch Feststellungsverwaltungsakt i. S. des § 180 Abs. 1 Nr. 1 AO gesondert festzustellen sind. Verfahrensrechtlich wird gesetzlich sichergestellt, dass der Feststellungsbescheid mit dem nachfolgenden Grundsteuermessbescheid verbunden und zusammengefasst bekannt gegeben werden kann.[3]

3 **§ 8 Abs. 2 NGrStG** bestimmt, dass die Hauptfeststellung nach den Verhältnissen auf den 1.1.2022 erfolgt. Da das niedersächsische Grundsteuermodell nicht die Ermittlung eines angenäherten Verkehrswerts zum Ziel hat, ist abweichend von § 221 BewG keine weitere turnusmäßige Hauptfeststellung erforderlich, sondern es werden lediglich die Lage-Faktoren im Turnus von sieben Jahren überprüft und ggf. neuberechnet. Die Billigkeitsregel des § 163 AO wird im Rahmen der Ermittlung des Äquivalenzbetrags ausgeschlossen.[4]

4 **§ 8 Abs. 3 NGrStG** trifft Regelungen zur Neufeststellung der Äquivalenzbeträge oder der Flächen des Grundstücks, wenn sie von der zuletzt getroffenen Feststellung abweichen und es für die Besteuerung von Bedeutung ist. Dabei soll nach dem Willen des Gesetzgebers aus Gründen des Rechtsstaatsprinzips, aber auch mit Blick auf einen bürgerfreundlichen und unbürokratischen Gesetzesvollzug, nach der Auswirkung der Änderung zugunsten oder zulasten des Steu-

---

1 Wredenhagen in Grootens, BewG § 219 Rz. 211 ff.
2 Gesetzentwurf der Koalitionsfraktionen zum Niedersächsischen Grundsteuergesetz, Niedersächsische LT-Drucks. 18/8995 S. 27.
3 Gesetzentwurf der Koalitionsfraktionen zum Niedersächsischen Grundsteuergesetz, Niedersächsische LT-Drucks. 18/8995 S. 27.
4 Gesetzentwurf der Koalitionsfraktionen zum Niedersächsischen Grundsteuergesetz, Niedersächsische LT-Drucks. 18/8995 S. 27.

erpflichtigen einerseits und zwischen Tatsachenänderungen bezüglich des Grund und Bodens sowie der Gebäudeflächen andererseits differenziert werden.[1]

§ 8 Abs. 4 NGrStG regelt, dass für Grundstücke des Grundvermögens die §§ 222–226 BewG für die Fortschreibung, Nachfeststellung, Aufhebung, Änderung und Nachholung des Äquivalenzbetrags sinngemäß angewendet werden.[2]

§ 8 Abs. 5 NGrStG regelt insbesondere die Erklärungs- und Anzeigepflichten der Steuerpflichtigen.

§ 8 Abs. 6 NGrStG bestimmt, dass die Erklärungen und Anzeigen nach § 8 Abs. 5 NGrStG Steuererklärungen i. S. der Abgabenordnung sind. Dies hat unter anderem zur Folge, dass bei Nichterfüllung oder bei nicht fristgerechter Erfüllung der Erklärungs- und Anzeigepflicht grundsätzlich ein Verspätungszuschlag festgesetzt werden kann (§ 152 Abs. 1 AO). § 8 Abs. 6 NGrStG normiert darüber hinaus die elektronische Übermittlungspflicht der Erklärungen und Anzeigen, wobei die Abgabe einer Erklärung oder Anzeige in Papierform in Härtefällen möglich bleibt (§ 150 Abs. 8 AO).

(Einstweilen frei)

II. Entstehung und Entwicklung der Vorschrift

Die Vorschrift wurde im Jahr 2021 mit dem **Stammgesetz** in das NGrStG aufgenommen.[3] Im Gesetzentwurf der Koalitionsfraktionen war die Regelung noch in § 7 NGrStG verortet.[4]

Im Gesetzgebungsverfahren wurde neben **geringfügigen Klarstellungen** insbesondere **§ 8 Abs. 4 Satz 2 NGrStG** zum Zeitpunkt der maßgeblichen Verhältnisse beim Lage-Faktor und **§ 8 Abs. 5 Satz 4 NGrStG** zur Anzeigepflicht bei Gebäuden auf fremdem Grund und Boden ergänzt.[5]

(Einstweilen frei)

III. Geltungsbereich

§ 8 NGrStG gilt, wie sich aus der systematischen Stellung im Ersten Teil unter Grundstücke, Grundsteuer B ergibt, **ganz überwiegend** für in Niedersachsen belegenes **Grundvermögen**. Lediglich § 8 Abs. 5 und 6 NGrStG gelten gem. **§ 11 Abs. 5 NGrStG** auch für in Niedersachsen belegenes **land- und forstwirtschaftliches Vermögen**. § 8 NGrStG ist mit dem Stammgesetz gem. § 15 Abs. 1 NGrStG **am 14.7.2021 in Kraft getreten**. Wie sich aus § 1 Satz 1 NGrStG[6] und § 12 Abs. 1 NGrStG[7] ergibt, sollen die Regelungen des NGrStG und damit auch § 8 NGrStG erst für die Erhebung der **Grundsteuer** ab dem **Kalenderjahr 2025** von Bedeutung sein.

(Einstweilen frei)

---

[1] Gesetzentwurf der Koalitionsfraktionen zum Niedersächsischen Grundsteuergesetz, Niedersächsische LT-Drucks. 18/8995 S. 27 f.
[2] Gesetzentwurf der Koalitionsfraktionen zum Niedersächsischen Grundsteuergesetz, Niedersächsische LT-Drucks. 18/8995 S. 28.
[3] Niedersächsisches Grundsteuergesetz vom 7.7.2021, Nds. GVBl Nr. 27/2021 S. 502 ff.
[4] Vgl. Gesetzentwurf der Koalitionsfraktionen zum Niedersächsischen Grundsteuergesetz, Niedersächsische LT-Drucks. 18/8995 S. 7 f. und S. 27 f.
[5] Vgl. Beschlussempfehlung des Ausschusses für Haushalt und Finanzen, LT-Drucks. 18/9603 S. 9 f.; LT-Drucks. 18/9632 S. 25 f.
[6] Vgl. vertiefend Bock/Lapp in Grootens, NGrStG § 1 Rz. 9.
[7] Siehe Bock/Lapp in Grootens, NGrStG § 12 Rz. 31 ff.

IV. Vereinbarkeit der Vorschrift mit höherrangigem Recht

21 Zweifel an der Vereinbarkeit der abweichenden verfahrensrechtlichen Vorschriften von den bundesgesetzlich geregelten verfahrensrechtlichen Vorschriften im Bewertungsgesetz und im Grundsteuergesetz mit dem Grundgesetz könnten aufkommen, da **Art. 108 Abs. 5 Satz 2 GG** dem Bund die konkurrierende Gesetzgebungsbefugnis[1] über das von den Landesfinanzbehörden und in den Fällen des Art. 108 Abs. 4 Satz 2 GG von den Gemeinden (Gemeindeverbänden) anzuwendende Verfahren durch Bundesgesetz mit Zustimmung des Bundesrates überträgt, sodass die Regelung von Verfahrensvorschriften für die Länder gesperrt sein könnte. Die Gesetzgebungsbefugnis nach Art. 108 Abs. 5 Satz 2 GG ist umfassend und erfasst auch das Verfahren zur Umsetzung von Landesrecht.[2] Der Wille des Verfassungsgesetzgebers, den Ländern eine umfassende Abweichungskompetenz bei der Grundsteuer einzuräumen,[3] spricht dafür, dass Art. 108 Abs. 5 Satz 2 GG gegenüber Art. 72 Abs. 3 Satz 1 Nr. 7 GG subsidiär sein könnte. Denn andernfalls müssten die Länder das abweichende materielle Recht in das vom Bewertungsgesetz und Grundsteuergesetz vorgegebene Verfahrensrecht einbetten, was die Abweichungsbefugnis nach Art. 72 Abs. 3 Satz 1 Nr. 7 GG erheblich einschränken könnte. Zudem hat der Gesetzgeber die verfahrensrechtlichen Regelungen wie bei der AO nicht allgemeingültig vor die Klammer gezogen, sondern in das materielle Recht in den Siebenten Abschnitt des Bewertungsgesetzes und in das Grundsteuergesetz integriert. Damit könnte der Gesetzgeber zum Ausdruck gebracht haben, dass die verfahrensrechtlichen Regelungen nur im Zusammenhang mit den bundesgesetzlich geregelten materiellen Recht gelten sollen.

22–25 *(Einstweilen frei)*

V. Verhältnis zu anderen Vorschriften

26 § 8 Abs. 1 NGrStG ergänzt im Hinblick auf den Inhalt des Feststellungsbescheids für das Grundvermögen **§ 219 Abs. 2 BewG**[4] und verdrängt diesen als lex posterior insoweit. Die nach § 8 Abs. 1 Satz 1 NGrStG im Feststellungsbescheid zu treffenden Feststellungen über die Fläche von Grund und Boden, die Gebäudeflächen sowie ihre Einordnung als Wohn- oder Nutzfläche richten sich nach **§ 3 NGrStG**.[5] Die in § 8 Abs. 2–4 NGrStG in Bezug genommenen Äquivalenzbeträge ergeben sich gem. **§ 2 Abs. 3 NGrStG**[6] aus der maßgeblichen Fläche nach **§ 3 NGrStG**, der Äquivalenzzahl nach **§ 4 NGrStG**[7] und dem Lage-Faktor nach **§ 5 NGrStG**.[8]

27 § 8 Abs. 2 Satz 1 NGrStG legt fest, dass es keine turnusmäßige Hauptfeststellung gibt und verdrängt **§ 221 BewG**.[9] § 8 Abs. 2 Satz 4 NGrStG schließt für die Ermittlung der Äquivalenzbeträge die Anwendung der Billigkeitsregelung des **§ 163 AO** aus. Dies entspricht weitgehend der bundesgesetzlichen Regelung des **§ 220 Satz 2 BewG**.[10]

---

1 Kirchhoff in v. Mangold/Klein/Starck, GG Art. 108 Rz. 74.
2 Kienemund in Hömig/Wolff, GG Art. 108 Rz. 13.
3 Siehe Gesetzentwurf zur Änderung des Grundgesetzes (Art. 72, 105 und 125b), BT-Drucks. 19/11084 S. 4.
4 Wredenhagen in Grootens, BewG § 219 Rz. 211 ff.
5 Siehe hierzu Bock/Lapp in Grootens, NGrStG § 3 Rz. 41 ff.
6 Siehe hierzu Bock/Lapp in Grootens, NGrStG § 2 Rz. 67 ff.
7 Siehe hierzu Bock/Lapp in Grootens, NGrStG § 4 Rz. 26 ff.
8 Siehe hierzu Bock/Lapp in Grootens, NGrStG § 5 Rz. 36 ff.
9 Wredenhagen in Grootens, BewG § 221 Rz. 61 ff.
10 Wredenhagen in Grootens, BewG § 220 Rz. 61 ff.

§ 8 Abs. 3 NGrStG regelt die Fortschreibung der Äquivalenzbeträge und verdrängt als lex posterior insoweit § 222 BewG.[1] 28

§ 8 Abs. 4 Satz 1 NGrStG bestimmt, dass im Übrigen die §§ 222–226 BewG[2] sinngemäß anzuwenden sind. § 8 Abs. 4 Satz 2 NGrStG bestimmt u. a. den Zeitpunkt der maßgeblichen Verhältnisse, die einer Neuberechnung der Äquivalenzbeträge nach § 5 Abs. 4 Satz 5 NGrStG[3] zugrunde zu legen sind. 29

§ 8 Abs. 5 und 6 NGrStG treffen abweichende Regelungen zur Erklärungs- und Anzeigepflicht nach § 228 BewG[4] und verdrängen als lex posterior diesen insoweit. 30

(Einstweilen frei) 31–35

B. Systematische Kommentierung

I. Sonderregelungen zum Feststellungsbescheid (§ 8 Abs. 1 NGrStG)

§ 8 Abs. 1 Satz 1 NGrStG ergänzt § 219 Abs. 2 BewG,[5] welcher im Übrigen in Niedersachsen über § 1 Satz 2 und 3 NGrStG sinngemäß Anwendung findet. Nach § 8 Abs. 1 Satz 1 NGrStG sind in dem Feststellungsbescheid für Grundstücke auch Feststellungen über die Fläche von Grund und Boden, Gebäuden sowie deren Einordnung als Wohn- oder Nutzfläche zu treffen. In Verbindung mit § 219 BewG ergehen damit insgesamt folgende **Feststellungen**: 36

► Vermögensart

► die Zurechnung der wirtschaftlichen Einheit und bei mehreren Beteiligten über die Höhe ihrer Anteile

► Fläche von Grund und Boden

► Gebäudefläche und

► Einordnung der Gebäudefläche als Wohn- oder Nutzfläche.

---

1 Wredenhagen in Grootens, BewG § 222 Rz. 61 ff.
2 Siehe hierzu die Kommentierung Wredenhagen in Grootens, BewG §§ 221–226.
3 Siehe hierzu Bock/Lapp in Grootens, NGrStG § 5 Rz. 80.
4 Wredenhagen in Grootens, BewG § 228 Rz. 61 ff.
5 Wredenhagen in Grootens, BewG § 219 Rz. 211 ff.

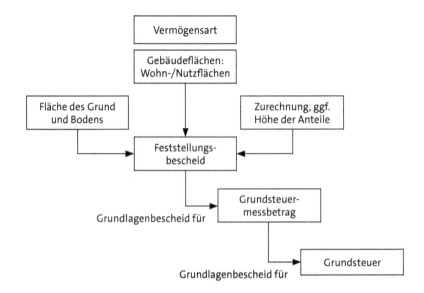

37 Feststellungen erfolgen nach § 8 Abs. 1 Satz 2 NGrStG nur, wenn und soweit sie **für die Besteuerung von Bedeutung** sind. Ob eine Bedeutung für die Besteuerung besteht, richtet sich betragsmäßig nach § 9 Abs. 2 NGrStG.[1] § 8 Abs. 1 Satz 2 NGrStG entspricht fast wortgleich der Regelung des § 219 Abs. 3 BewG. Aus § 8 Abs. 1 Satz 2 NGrStG folgt auch, dass für in Niedersachsen belegenes Grundvermögen keine Feststellungen über die **Grundstücksart** getroffen werden.[2] Nach dem NGrStG werden die Äquivalenzbeträge zur Ermittlung der Bemessungsgrundlage für die Grundsteuer für das Grundvermögen unabhängig von der Grundstücksart lediglich auf Grundlage der Wohn- und Nutzflächen festgestellt. Die Grundstücksart hat damit keine Auswirkung auf die Höhe der Grundsteuer und ist für die Besteuerung ohne Bedeutung.

38 § 8 Abs. 1 Satz 3 NGrStG bestimmt, dass der **Feststellungsbescheid** mit dem **Grundsteuermessbescheid verbunden** und zusammen bekannt gegeben werden kann. Die Regelung hat deklaratorischen Charakter. Auch im Bundesrecht kann der Feststellungsbescheid mit dem Grundsteuermessbescheid verbunden werden.[3]

39–45 *(Einstweilen frei)*

II. Sonderreglungen zur Hauptfeststellung (§ 8 Abs. 2 NGrStG)

46 § 8 Abs. 2 Satz 1–3 NGrStG bestimmen, dass – abweichend zu der bundesgesetzlichen Regelung in § 221 Abs. 1 BewG,[4] welche eine erneute Hauptfeststellung der Grundsteuerwerte im Turnus von sieben Jahren vorsieht, – die **Äquivalenzbeträge** unter Zugrundelegung der Verhältnisse zu Beginn des Kalenderjahres lediglich ein Mal **auf den 1.1.2022 allgemein fest-**

---

[1] Siehe auch Gesetzentwurf der Koalitionsfraktionen zum Niedersächsischen Grundsteuergesetz, Niedersächsische LT-Drucks. 18/8995 S. 27 zu Abs. 3.
[2] Siehe auch Gesetzentwurf der Koalitionsfraktionen zum Niedersächsischen Grundsteuergesetz, Niedersächsische LT-Drucks. 18/8995 S. 27 zu Abs. 1.
[3] Siehe hierzu Bock in Grootens, GrStG § 13 Rz. 41.
[4] Wredenhagen in Grootens, BewG § 221 Rz. 61 ff.

gestellt werden. Es erfolgt **keine** weitere **turnusmäßige Hauptfeststellung** der Äquivalenzbeträge. Allerdings werden die Lage-Faktoren im Abstand von sieben Jahren nach § 5 Abs. 4 Satz 4 und 5 NGrStG neu berechnet. Ändern sich hierdurch die Äquivalenzbeträge, wird nach § 8 Abs. 3 Satz 2 NGrStG eine Betragsfortschreibung durchgeführt.

§ 8 Abs. 2 Satz 4 NGrStG greift die Regelung des § 220 Satz 2 Halbsatz 1 BewG[1] auf und bestimmt, dass bei der Ermittlung der Äquivalenzbeträge **keine abweichende Feststellung aus Billigkeitsgründen** nach § 163 AO in Betracht kommt. Im Gegensatz zu § 220 Satz 2 BewG wurde in § 8 Abs. 2 Satz 4 NGrStG nicht bestimmt, Billigkeitsregelungen von der obersten Finanzbehörde Niedersachsens (dem Finanzministerium) im Einvernehmen mit den obersten Finanzbehörden der übrigen Länder in einer Übergangszeit zu treffen. Der niedersächsische Gesetzgeber hält solche Billigkeitsregelungen in der Übergangszeit für nicht erforderlich.[2]

(Einstweilen frei) 48–50

III. Betrags- und Flächenfortschreibungen (§ 8 Abs. 3 NGrStG)

§ 8 Abs. 3 Satz 1 NGrStG bestimmt, dass **Äquivalenzbeträge** oder maßgebliche **Flächen des Grundstücks** durch eine Betrags- und/oder Flächenfortschreibung **neu festgestellt** werden, wenn diese von der zuletzt getroffenen Feststellung abweichen und es für die Besteuerung von Bedeutung ist (siehe hierzu → Rz. 37). Eine Abweichung kann sich z. B. daraus ergeben, dass Flächen nachträglich durch einen Anbau hinzukommen oder durch einen Abriss wegfallen.[3]

Nach § 8 Abs. 3 Satz 2 NGrStG ist eine **Betragsfortschreibung** auch dann durchzuführen, wenn der nach § 5 Abs. 4 Satz 4 und 5 NGrStG **neu berechnete Lage-Faktor** zu einer Änderung des Äquivalenzbetrags führt. § 8 Abs. 3 Satz 2 NGrStG dient im Ergebnis lediglich der Klarstellung. Auch bei der turnusmäßigen Neuberechnung des Lage-Faktors erfolgt eine Änderung des Äquivalenzbetrags und es wäre bereits nach § 8 Abs. 3 Satz 1 NGrStG eine Betragsfortschreibung durchzuführen.

Die Fortschreibungen werden nach § 8 Abs. 3 Satz 3 NGrStG **auf den Beginn des Kalenderjahres**, das auf das Jahr **der Änderung folgt**, durchgeführt. Dies gilt auch für Fortschreibungen der Äquivalenzbeträge aufgrund der turnusmäßigen Neuberechnung des Lage-Faktors im Rhythmus von sieben Jahren. Soweit also aufgrund der Neuberechnung des Lage-Faktors auf den 1.1.2029 eine Betragsfortschreibung der Äquivalenzbeträge erforderlich wird, wird diese auf den 1.1.2030 durchgeführt. Der Norm fehlt eine Regelung zur Bestimmung welche Verhältnisse für die Fortschreibung maßgeblich sind. Nach der Bundesregelung sind dies die Verhältnisse zum Feststellungszeitpunkt also zum 1.1. des auf die Änderung folgenden Jahres.

§ 8 Abs. 3 Satz 4 NGrStG greift die Regelung des § 222 Abs. 3 Satz 1 BewG[4] auf und ermöglicht der Finanzverwaltung mit einer Flächen- oder Betragsfortschreibung einen **Fehler** der letzten Feststellung zu **korrigieren**. Bundesgesetzlich sieht § 222 Abs. 3 Satz 2 BewG in diesen Fällen die Anwendung des § 176 AO zum Vertrauensschutz vor. Mangels ausdrücklicher abweichen-

---

[1] Wredenhagen in Grootens, BewG § 220 Rz. 61 ff.
[2] Vgl. Gesetzentwurf der Koalitionsfraktionen zum Niedersächsischen Grundsteuergesetz, Niedersächsische LT-Drucks. 18/8995 S. 27 zu Abs. 2.
[3] Vgl. Gesetzentwurf der Koalitionsfraktionen zum Niedersächsischen Grundsteuergesetz, Niedersächsische LT-Drucks. 18/8995 S. 27 zu Abs. 3.
[4] Wredenhagen in Grootens, BewG § 222 Rz. 121 ff.

der landesgesetzlicher Regelung gilt dies gem. § 8 Abs. 4 Satz 1 NGrStG (siehe hierzu auch → Rz. 61) gleichermaßen in Niedersachsen. Die **Korrekturmöglichkeiten** nach der **Abgabenordnung** (§§ 172 ff. AO) bleiben im Übrigen unberührt (§ 12 Abs. 2 Satz 1 NGrStG[1]). Die Korrektur des Fehlers erfolgt nach § 8 Abs. 4 Satz 1 NGrStG i.V. mit § 222 Abs. 3 und Abs. 4 Nr. 2 BewG auf den Beginn des Kalenderjahres, in dem der Fehler dem Finanzamt bekannt wird, bei einer Erhöhung des Äquivalenzbetrags jedoch frühestens auf den Beginn des Kalenderjahres, in dem der Feststellungsbescheid erteilt wird.

55 Mit § 8 Abs. 3 Satz 1 NGrStG hat der niedersächsische Gesetzgeber eine von § 222 Abs. 1 BewG abweichende landesgesetzliche Regelung getroffen, unter welchen Voraussetzungen eine Fortschreibung des Äquivalenzbetrags erfolgt. Die in § 222 Abs. 1 BewG genannte Wertfortschreibungsgrenze von 15.000 € findet aufgrund der spezielleren landesgesetzlichen Regelung in § 8 Abs. 3 Satz 1 NGrStG in Niedersachsen keine Anwendung. § 8 Abs. 4 NGrStG nimmt keinen Bezug auf § 9 Abs. 2 Satz 2 NGrStG. Zweifelhaft könnte daher sein, ob Äquivalenzbeträge bei Vorliegen der gesetzlichen Voraussetzungen auch dann neu festgestellt und/oder Flächen fortgeschrieben werden, wenn die in **§ 9 Abs. 2 Satz 2 NGrStG**[2] genannte **Betragsgrenze** nicht überschritten sind. Dies wird im Ergebnis zu verneinen sein. Führt eine mögliche Betrags- oder Flächenfortschreibung nicht auch zu einer Neufestsetzung des Grundsteuermessbetrags, ist sie für die Besteuerung nicht von Bedeutung.

56–60 *(Einstweilen frei)*

IV. Maßgebende Verhältnisse bei der Feststellung (§ 8 Abs. 4 NGrStG)

61 § 8 Abs. 4 Satz 1 NGrStG bestimmt, dass für die Äquivalenzbeträge die Vorschriften des Bewertungsgesetzes über die **Fortschreibung** (§ 222 BewG[3]), **Nachfeststellung** (§ 223 BewG[4]), **Aufhebung** (§ 224 BewG[5]), **Änderung** (§ 225 BewG[6]) und **Nachholung** (§ 226 BewG[7]) der Feststellung im Übrigen, also soweit in § 8 NGrStG keine abweichenden Regelungen getroffen wurden, sinngemäß gelten.

62 Unabhängig von dem Stichtag, auf den eine Betrags- oder Flächenfortschreibung oder eine Nachfeststellung durchgeführt wird, wird der Lage-Faktor nach § 8 Abs. 4 Satz 2 NGrStG nach den **Verhältnissen zum Hauptfeststellungszeitpunkt** 1.1.2022 und falls erforderlich nach der turnusmäßigen Neuberechnung des Lage-Faktors nach den Verhältnissen zum **Neuberechnungszeitpunkt**, also dem 1.1.2029, 1.1.2036, 1.1.2043 usw. zugrunde gelegt.

63 **BEISPIEL:** Fertigstellung eines Wohnhauses auf einem zuvor unbebauten Grundstück im Jahr 2028.

LÖSUNG: Auf den Stichtag 1.1.2029 erfolgt eine Betrags- und Flächenfortschreibung der Äquivalenzbeträge nach § 8 Abs. 3 Satz 1 NGrStG, wobei der auf den 1.1.2022 ermittelte Lage-Faktor zugrunde gelegt wird. Auf den 1.1.2029 wird der Lage-Faktor turnusmäßig neu berechnet. Wenn diese Neuberechnung zu einer Änderung der Äquivalenzbeträge führt, wird nach § 8 Abs. 3 Satz 2 NGrStG eine Betragsfortschreibung auf den 1.1.2030 durchgeführt.

---

1 Siehe hierzu Bock/Lapp in Grootens, NGrStG § 12 Rz. 37 ff.
2 Siehe hierzu vertiefend Bock/Lapp in Grootens, NGrStG § 9 Rz. 43 ff.
3 Siehe hierzu ergänzend Wredenhagen in Grootens, BewG § 222 Rz. 61 ff.
4 Siehe hierzu ergänzend Wredenhagen in Grootens, BewG § 223 Rz. 61 ff.
5 Siehe hierzu ergänzend Wredenhagen in Grootens, BewG § 224 Rz. 61 ff.
6 Siehe hierzu ergänzend Wredenhagen in Grootens, BewG § 225 Rz. 61 ff.
7 Siehe hierzu ergänzend Wredenhagen in Grootens, BewG § 226 Rz. 61 ff.

Soweit der **Äquivalenzbetrag** für die Besteuerung **nicht mehr von Bedeutung** ist, wird dieser nach § 8 Abs. 4 Satz 1 NGrStG i.V. mit § 224 BewG aufgehoben und hierfür keine turnusmäßige Neuberechnung des Lage-Faktors durchgeführt. 64

(Einstweilen frei) 65–70

V. Sonderregelungen zu den Erklärungs- und Anzeigepflichten (§ 8 Abs. 5 und 6 NGrStG)

§ 8 Abs. 5 NGrStG trifft von § 228 BewG abweichende landesgesetzliche Regelungen zu den **Erklärungs- und Anzeigepflichten** im Rahmen der Ermittlung der erforderlichen Bemessungsgrundlage bei der Grundsteuer. Soweit sich aus § 8 Abs. 5 NGrStG nichts anderes ergibt, sind die Regelungen des § 228 BewG sinngemäß anwendbar (§ 1 Satz 2 und 3 NGrStG). Dies betrifft zum Beispiel die **grundsätzliche Möglichkeit**, durch öffentliche Bekanntmachung mittels Allgemeinverfügung zur Abgabe einer Steuererklärung aufzufordern (§ 228 Abs. 1 Satz 3 BewG; siehe zur Abweichung, wer diese Aufforderung erlässt → Rz. 72). 71

Nach § 8 Abs. 5 Satz 1 NGrStG erfolgt die **Aufforderung zur Abgabe einer Erklärung** mittels Allgemeinverfügung durch öffentliche Bekanntmachung durch die für Steuern in Niedersachsen zuständige Mittelbehörde, also das **Landesamt für Steuern Niedersachsen**. Die Aufforderung zur Erklärungsabgabe begründet die Steuererklärungspflicht mit allen verfahrensrechtlichen Konsequenzen (z. B. Anlaufhemmung nach § 170 Abs. 2 Satz 1 Nr. 1 AO, Möglichkeit der Festsetzung eines Verspätungszuschlags nach § 152 AO).[1] 72

Vergleichbar mit der bundesgesetzlichen Regelung in § 228 Abs. 2 BewG[2] sind auch in Niedersachsen **Änderungen der tatsächlichen Verhältnisse**, die sich auf die Höhe der Äquivalenzbeträge auswirken oder zu deren Nachfeststellung oder Aufhebung führen können, dem Finanzamt nach § 8 Abs. 5 Satz 2 NGrStG **anzuzeigen**. Unter Änderungen der tatsächlichen Verhältnisse fallen auch Änderungen, die sich auf die Gewährung einer Steuerbefreiung auswirken.[3] Anders als in § 228 Abs. 2 BewG geregelt, sind gem. § 8 Abs. 5 Satz 2 und 3 NGrStG alle im Laufe eines Jahres eintretenden Änderungen auf den 1.1. des folgenden Jahres zusammenzufassen und bis zum 31.3. des folgenden Jahres grundsätzlich auf elektronischem Wege[4] anzuzeigen. Relevante Änderungen, die sich auf die Höhe der Äquivalenzbeträge auswirken oder zu deren Nachfeststellung oder Aufhebung führen können, sind zum Beispiel: 73

▶ Aus-, An-, Um- oder Neubauten,

▶ Nutzungsartänderungen (einschließlich Änderung der Vermögensart),

▶ Abriss eines Gebäudes oder Gebäudeteils.

Von der **Anzeigepflicht** nach § 8 Abs. 5 Satz 2 und 3 NGrStG **nicht umfasst** sind **Eigentümerwechsel**, die zu einer Zurechnungsfortschreibung führen. Hiervon erfährt die Finanzverwaltung aus anderen Quellen, sodass diese auch im niedersächsischen Grundsteuermodell nicht angezeigt werden müssen.[5] Dies gilt nach § 228 Abs. 2 Satz 2 BewG nicht bei dem Eigentümer- 74

---

1 Siehe hierzu Wredenhagen in Grootens, BewG § 228 Rz. 62.
2 Siehe vertiefend hierzu Wredenhagen in Grootens, BewG § 228 Rz. 111 ff.
3 Vgl. Gesetzentwurf der Koalitionsfraktionen zum Niedersächsischen Grundsteuergesetz, Niedersächsische LT-Drucks. 18/8995 S. 28 zu Abs. 3.
4 Vgl. § 8 Abs. 6 NGrStG.
5 Vgl. Gesetzentwurf der Koalitionsfraktionen zum Niedersächsischen Grundsteuergesetz, Niedersächsische LT-Drucks. 18/8995 S. 28 zu Abs. 5.

wechsel eines Gebäudes auf fremdem Grund und Boden, da § 8 Abs. 5 NGrStG keine von § 228 Abs. 2 Satz 2 BewG abweichende Regelung trifft.

75 Nach § 2 Abs. 4 Satz 2 NGrStG wird ein **Gebäude auf fremdem Grund und Boden** – abweichend von der bundesgesetzlichen Regelung in § 262 Satz 2 BewG[1] – der wirtschaftlichen Eigentümerin oder dem wirtschaftlichen Eigentümer des Gebäudes zugerechnet.[2] Infolge dieser abweichenden Regelung wird konsequenterweise in § 8 Abs. 5 Satz 4 NGrStG die Erklärungs- und Anzeigepflicht der- oder demjenigen auferlegt, der oder dem die wirtschaftliche Einheit zuzurechnen ist. Die bundesgesetzliche Regelung in § 228 Abs. 3 Nr. 3 BewG, wonach die Erklärungs- und Anzeigepflicht von der Eigentümerin oder dem Eigentümer des Grund und Bodens unter Mitwirkung der (wirtschaftlichen) Eigentümerin oder des (wirtschaftlichen) Eigentümers des Gebäudes zu erfüllen ist, findet damit in Niedersachsen keine Anwendung.

76 § 8 Abs. 6 Halbsatz 1 NGrStG entspricht im Wesentlichen § 228 Abs. 6 Satz 1 BewG[3] und bestimmt, dass die Erklärungen und Anzeigen nach § 8 Abs. 5 NGrStG nach **amtlich vorgeschriebenem Datensatz** durch Datenfernübertragung zu übermitteln sind. Die Härtefallregelung des § 228 Abs. 6 Satz 2 und 3 BewG findet nach § 8 Abs. 6 Halbsatz 2 NGrStG auch im niedersächsischen Grundsteuermodell Anwendung.

§ 9 NGrStG Veranlagungsverfahren

(1) ¹Die Grundsteuermessbeträge werden auf den 1. Januar 2025 allgemein festgesetzt (Hauptveranlagung). ²Dieser Zeitpunkt ist der Hauptveranlagungszeitpunkt.

(2) ¹Der Grundsteuermessbetrag wird auch neu festgesetzt, wenn der Grundsteuermessbetrag, der sich für den Beginn eines Kalenderjahres ergibt, von dem entsprechenden Betrag des letzten Veranlagungszeitpunkts nach unten abweicht. ²Dasselbe gilt, wenn sein auf den Grund und Boden entfallender Anteil nach oben abweicht oder wenn sein auf Gebäude entfallender Anteil um mehr als 5 Euro nach oben abweicht. ³Der Grundsteuermessbetrag wird auch dann neu festgesetzt, wenn dem Finanzamt bekannt wird, dass die letzte Veranlagung fehlerhaft ist.

(3) Im Übrigen gelten die Vorschriften des Grundsteuergesetzes über die Neuveranlagung, Nachveranlagung, Aufhebung und Zerlegung des Steuermessbetrags und die Änderung von Steuermessbescheiden sinngemäß.

(4) ¹Änderungen der Nutzung hat diejenige oder derjenige anzuzeigen, der oder dem der Steuergegenstand zuzurechnen ist. ²Satz 1 gilt für den Wegfall der Voraussetzungen für die ermäßigten Grundsteuermesszahlen nach § 6 Abs. 2 bis 4 entsprechend. ³§ 19 Abs. 1 Satz 1 GrStG bleibt unberührt. ⁴Abweichend von § 19 Abs. 1 Satz 2 und Abs. 2 Satz 2 GrStG ist die Anzeige nach den Sätzen 1 bis 3 bis zum 31. März des Jahres zu erstatten, das auf das Jahr folgt, in dem sich die Verhältnisse geändert haben. ⁵§ 8 Abs. 6 gilt entsprechend.

Inhaltsübersicht	Rz.
A. Allgemeine Erläuterungen	1 - 35
I. Normzweck und wirtschaftliche Bedeutung der Vorschrift	1 - 10
II. Entstehung und Entwicklung der Vorschrift	11 - 15
III. Geltungsbereich	16 - 20
IV. Vereinbarkeit der Vorschrift mit höherrangigem Recht	21 - 25

---

1 Siehe hierzu vertiefend Grootens in Grootens, BewG § 262 Rz. 41 f.
2 Siehe hierzu vertiefend Bock/Lapp in Grootens, NGrStG § 2 Rz. 78 ff.
3 Siehe hierzu Wredenhagen in Grootens, BewG § 228 Rz. 191 ff.

V. Verhältnis zu anderen Vorschriften	26 - 35
B. Systematische Kommentierung	36 - 60
I. Einmalige Hauptveranlagung auf den 1.1.2025 (§ 9 Abs. 1 NGrStG)	36 - 40
II. Neuveranlagung des Grundsteuermessbetrags (§ 9 Abs. 2 NGrStG)	41 - 50
III. Sinngemäß geltende Vorschriften des Grundsteuergesetzes (§ 9 Abs. 3 NGrStG)	51 - 55
IV. Anzeigepflicht bei Änderungen (§ 9 Abs. 4 NGrStG)	56 - 60

HINWEISE:

A 9 des Runderlasses des Niedersächsischen Finanzministeriums, Anwendung des Niedersächsischen Grundsteuergesetzes (NGrStG) zur Bewertung des Grundvermögens für die Grundsteuer ab 1.1.2022 (AENGrStG), RdErl. d. MF v. 22.2.2022 - G 1002-6 - 62100.

A. Allgemeine Erläuterungen

I. Normzweck und wirtschaftliche Bedeutung der Vorschrift

§ 9 NGrStG trifft **verfahrensrechtliche Vorschriften** hinsichtlich der Festsetzung des Grundsteuermessbetrags, dem sog. **Veranlagungsverfahren**, und regelt Anzeigepflichten der Bürgerinnen und Bürger bei Änderungen, die sich auf die Höhe des Grundsteuermessbetrags auswirken können. Abweichungen und Ergänzungen zum Veranlagungsverfahren nach dem Grundsteuergesetz werden zur besseren Verständlichkeit und Nachvollziehbarkeit in einer Norm zusammengefasst.[1]

§ 9 Abs. 1 NGrStG normiert die **Hauptveranlagung** der Grundsteuermessbeträge auf den 1.1.2025 und bestimmt den 1.1.2025 als **Hauptveranlagungszeitpunkt**.

§ 9 Abs. 2 NGrStG steht i.V. mit § 8 Abs. 3 NGrStG und regelt die Neuveranlagung des Grundsteuermessbetrags.[2] Mit § 9 Abs. 2 NGrStG wird es verfahrensrechtlich ermöglicht, im Fall der **Fortschreibung des Äquivalenzbetrags** auch eine Neuveranlagung des **Grundsteuermessbetrags** vorzunehmen.[3] Die Norm differenziert bei der Neuveranlagung nach der Flächenart und führt hinsichtlich des auf das Gebäude entfallenden Anteils am Grundsteuermessbetrag eine absolute Wertgrenze bei Veränderungen nach oben ein.

§ 9 Abs. 3 NGrStG regelt die sinngemäße Anwendung der bundesgesetzlichen Vorschriften zur **Neuveranlagung** (§ 17 GrStG),[4] **Nachveranlagung** (§ 18 GrStG),[5] **Aufhebung** (§ 20 GrStG)[6] und **Änderung des Grundsteuermessbescheids** (§ 21 GrStG)[7] und zur **Zerlegung des Grundsteuermessbetrags** (§§ 22 ff. GrStG).[8]

---

1 Gesetzentwurf der Koalitionsfraktionen zum Niedersächsischen Grundsteuergesetz, Niedersächsische LT-Drucks. 18/8995 S. 28.
2 Gesetzentwurf der Koalitionsfraktionen zum Niedersächsischen Grundsteuergesetz, Niedersächsische LT-Drucks. 18/8995 S. 29.
3 Gesetzentwurf der Koalitionsfraktionen zum Niedersächsischen Grundsteuergesetz, Niedersächsische LT-Drucks. 18/8995 S. 29.
4 Siehe vertiefend Bock in Grootens, GrStG § 17 Rz. 22 ff.
5 Siehe vertiefend Bock in Grootens, GrStG § 18 Rz. 20 ff.
6 Siehe vertiefend Bock in Grootens, GrStG § 20 Rz. 20 ff.
7 Siehe vertiefend Bock in Grootens, GrStG § 21 Rz. 18 ff.
8 Siehe vertiefend die Kommentierungen Bock in Grootens, GrStG §§ 22–24.

5 Die Festsetzung des Grundsteuermessbetrags erfolgt grundsätzlich von Amts wegen, sodass hierfür keine gesonderte Steuererklärung eingereicht werden muss.[1] Da bestimmte Nutzungsänderungen aber Auswirkungen auf die zu gewährende Grundsteuermesszahl und damit auf den Grundsteuermessbetrag haben können, sichert **§ 9 Abs. 4 NGrStG** die Neuveranlagung des Grundsteuermessbetrags verfahrensrechtlich durch **Anzeigepflichten** ab.[2]

6–10 *(Einstweilen frei)*

II. Entstehung und Entwicklung der Vorschrift

11 Die Vorschrift wurde im Jahr 2021 mit dem **Stammgesetz** in das NGrStG aufgenommen.[3] Im Gesetzentwurf der Koalitionsfraktionen war die Regelung noch in § 8 NGrStG verortet.[4]

12 **§ 9 Abs. 1 NGrStG** in der vorliegenden Fassung war in dem ursprünglichen **Gesetzentwurf** der Regierungskoalition[5] **nicht enthalten** und wurde erst im parlamentarischen Verfahren aufgrund einer Empfehlung des federführenden Ausschusses für Haushalt und Finanzen in das Gesetz aufgenommen. Die Ergänzung soll systematische Gründe gehabt haben, da andernfalls gesetzliche Regelungen zur Hauptveranlagung und zum Hauptveranlagungszeitpunkt gefehlt hätten.[6]

13 Im parlamentarischen Verfahren wurde darüber hinaus eine in dem ursprünglichen Gesetzentwurf der Regierungskoalition[7] bei Änderungen des Anteils am Grundsteuermessbetrag nach oben, der auf die Gebäudefläche entfällt, enthaltene **kombinierte absolute** (mehr als 10 €) und **relative Wertgrenze** (mehr als 5 % und mindestens 5 €) für eine **Neuveranlagung** durch eine rein **absolute Wertgrenze** von 5 €, ersetzt. Dies soll der besseren Transparenz und der Verwaltungsvereinfachung dienen.[8] Darüber hinaus wurden im Gesetzgebungsverfahren geringfügige sprachliche Anpassungen vorgenommen.[9]

14–15 *(Einstweilen frei)*

III. Geltungsbereich

16 § 9 NGrStG gilt ganz überwiegend für in Niedersachsen belegenes **Grundvermögen** wie sich aus der systematischen Stellung im Ersten Teil unter Grundstücke, Grundsteuer B ergibt. Lediglich § 9 Abs. 4 Satz 4 NGrStG findet gem. **§ 11 Abs. 5 NGrStG** auch für das in Niedersachsen belegene **land- und forstwirtschaftliche Vermögen** Anwendung. § 9 NGrStG ist mit dem Stamm-

---

[1] Gesetzentwurf der Koalitionsfraktionen zum Niedersächsischen Grundsteuergesetz, Niedersächsische LT-Drucks. 18/8995 S. 29.
[2] Gesetzentwurf der Koalitionsfraktionen zum Niedersächsischen Grundsteuergesetz, Niedersächsische LT-Drucks. 18/8995 S. 29.
[3] Niedersächsisches Grundsteuergesetz v. 7.7.2021, Nds. GVBl Nr. 27/2021 S. 502 ff.
[4] Vgl. Gesetzentwurf der Koalitionsfraktionen zum Niedersächsischen Grundsteuergesetz, Niedersächsische LT-Drucks. 18/8995 S. 8 und S. 28.
[5] Gesetzentwurf der Koalitionsfraktionen zum Niedersächsischen Grundsteuergesetz, Niedersächsische LT-Drucks. 18/8995.
[6] Niedersächsische LT-Drucks. 18/9632 S. 27. § 9 Abs. 1 Satz 1 NGrStG war in dem Gesetzentwurf der Koalitionsfraktionen zum Niedersächsischen Grundsteuergesetz, Niedersächsische LT-Drucks. 18/8995, als § 13 Abs. 1 NGrStG-E enthalten. Diese Regelung wäre jedoch am 31.12.2029 außer Kraft getreten (§ 15 Abs. 2 NGrStG).
[7] Gesetzentwurf der Koalitionsfraktionen zum Niedersächsischen Grundsteuergesetz, Niedersächsische LT-Drucks. 18/8995.
[8] Niedersächsische LT-Drucks. 18/9632 S. 27.
[9] Vgl. Beschlussempfehlung des Ausschusses für Haushalt und Finanzen, Niedersächsische LT-Drucks. 18/9603 S. 10 f. und Niedersächsische LT-Drucks 18/9632 S. 27.

gesetz gem. § 15 Abs. 1 NGrStG **am 14.7.2021 in Kraft getreten**. Wie sich aus § 1 Satz 1 NGrStG[1] und § 12 Abs. 1 NGrStG[2] ergibt, sollen die Regelungen des NGrStG und damit auch § 9 NGrStG erst für die Erhebung der **Grundsteuer** ab dem **Kalenderjahr 2025** von Bedeutung sein.

(Einstweilen frei) 17–20

IV. Vereinbarkeit der Vorschrift mit höherrangigem Recht

Zu einer möglicherweise **fehlenden Gesetzgebungsbefugnis** für verfahrensrechtliche Vorschriften aufgrund von Art. 108 Abs. 5 Satz 2 GG siehe die Kommentierung zu § 8 NGrStG.[3] 21

(Einstweilen frei) 22–25

V. Verhältnis zu anderen Vorschriften

§ 9 Abs. 1 NGrStG fasst die Regelungen des **§ 16 Abs. 1 GrStG**[4] und des **§ 36 GrStG**[5] zusammen, da das niedersächsische Grundsteuermodell lediglich eine Hauptveranlagung zum 1.1.2025 vorsieht. 26

§ 9 Abs. 2 NGrStG trifft abweichende Regelungen zur Neuveranlagung des Grundsteuermessbetrags nach **§ 17 GrStG**.[6] Die Änderungsmöglichkeiten nach der AO (**§§ 172 ff. AO**) bestehen neben § 9 Abs. 2 NGrStG und § 17 GrStG.[7] 27

§ 9 Abs. 3 NGrStG regelt die sinngemäße Anwendung von **§ 17 GrStG** (Neuveranlagung von Grundsteuermessbeträgen),[8] **§ 18 GrStG** (Nachveranlagung von Grundsteuermessbeträgen),[9] **§ 20 GrStG** (Aufhebung des Grundsteuermessbetrags),[10] **§ 21 GrStG** (Änderung des Grundsteuermessbescheids)[11] und **§§ 22 ff. GrStG** (Zerlegung des Grundsteuermessbetrags).[12] 28

§ 9 Abs. 4 NGrStG trifft abweichende Regelungen zur Anzeigepflicht nach **§ 19 GrStG**,[13] insbesondere wird die Anzeigefrist im Vergleich zu **§ 19 Abs. 1 Satz 2 GrStG**[14] und **§ 19 Abs. 2 Satz 2 GrStG**[15] für die meisten Fälle verlängert. Nach § 9 Abs. 4 Satz 2 NGrStG sind Änderungen, die zum Wegfall der Voraussetzungen für die ermäßigten Grundsteuermesszahlen nach **§ 6 Abs. 2–4 NGrStG**[16] führen, ebenfalls anzuzeigen. Nach § 9 Abs. 4 Satz 5 NGrStG gelten die Formvorschriften nach **§ 8 Abs. 6 NGrStG**[17] für die Anzeige nach § 9 Abs. 4 Satz 1 und 2 NGrStG entsprechend. 29

(Einstweilen frei) 30–35

---

1 Vgl. vertiefend Bock/Lapp in Grootens, NGrStG § 1 Rz. 9.
2 Siehe Bock/Lapp in Grootens, NGrStG § 12 Rz. 31 ff.
3 Vgl. vertiefend Bock/Lapp in Grootens, NGrStG § 8 Rz. 21.
4 Vgl. hierzu vertiefend Bock in Grootens, GrStG § 16 Rz. 19 ff.
5 Vgl. hierzu vertiefend Lehmann in Grootens, GrStG § 36 Rz. 13 ff.
6 Siehe vertiefend Bock in Grootens, GrStG § 17 Rz. 22 ff.
7 Siehe Bock in Grootens, GrStG § 17 Rz. 18.
8 Siehe vertiefend Bock in Grootens, GrStG § 17 Rz. 22 ff.
9 Siehe vertiefend Bock in Grootens, GrStG § 18 Rz. 20 ff.
10 Siehe vertiefend Bock in Grootens, GrStG § 20 Rz. 20 ff.
11 Siehe vertiefend Bock in Grootens, GrStG § 21 Rz. 18 ff.
12 Siehe vertiefend die Kommentierungen Bock in Grootens, GrStG §§ 22–24.
13 Siehe vertiefend Bock in Grootens, GrStG § 19 Rz. 19 ff.
14 Siehe vertiefend Bock in Grootens, GrStG § 19 Rz. 20.
15 Siehe vertiefend Bock in Grootens, GrStG § 19 Rz. 28.
16 Vgl. vertiefend Bock/Lapp in Grootens, NGrStG § 6 Rz. 36 ff.
17 Vgl. vertiefend Bock/Lapp in Grootens, NGrStG § 8 Rz. 76.

B. Systematische Kommentierung

I. Einmalige Hauptveranlagung auf den 1.1.2025 (§ 9 Abs. 1 NGrStG)

36 § 9 Abs. 1 NGrStG fasst im Wesentlichen die Regelungen des § 16 Abs. 1 GrStG[1] und § 36 GrStG[2] zusammen und bestimmt den 1.1.2025 als **Hauptveranlagungszeitpunkt**, auf den (einmalig) Grundsteuermessbeträge festgesetzt werden. Mangels weiterer Hauptfeststellungen (vgl. § 8 Abs. 2 Satz 1 NGrStG[3]) wird in Niedersachsen auch **keine weitere Hauptveranlagung** der Grundsteuermessbeträge mehr durchgeführt. Grundsteuermessbeträge werden lediglich unter Berücksichtigung von § 9 Abs. 2 und 3 NGrStG neu festgesetzt, geändert, aufgehoben oder zerlegt.

37 § 9 NGrStG enthält keine abweichende landesgesetzliche Regelung zu **§ 36 Abs. 3 Satz 1 GrStG**,[4] sodass Bescheide über die Hauptveranlagung des Grundsteuermessbetrags auch schon vor dem Hauptveranlagungszeitpunkt erteilt werden können.

38–40 *(Einstweilen frei)*

II. Neuveranlagung des Grundsteuermessbetrags (§ 9 Abs. 2 NGrStG)

41 § 9 Abs. 2 NGrStG regelt neben § 17 GrStG[5] die Fälle, in denen der Grundsteuermessbetrag neu festgesetzt wird (sog. **Neuveranlagung**):

- Der **Grundsteuermessbetrag** weicht **nach unten** von dem Grundsteuermessbetrag des letzten Veranlagungszeitpunkts ab (§ 9 Abs. 2 Satz 1 NGrStG; siehe hierzu → Rz. 42).
- Der auf den **Grund und Boden** entfallende Anteil am Grundsteuermessbetrag weicht **nach oben** von dem entsprechenden Anteil des letzten Veranlagungszeitpunkts ab (§ 9 Abs. 2 Satz 1 1. Alt. NGrStG, siehe hierzu → Rz. 43 f.).
- Der auf das **Gebäude** entfallende Anteil am Grundsteuermessbetrag weicht **nach oben** um mehr als 5 € von dem entsprechenden Anteil des letzten Veranlagungszeitpunkts ab (§ 9 Abs. 2 Satz 1 2. Alt. NGrStG, siehe hierzu → Rz. 43, → Rz. 45).
- Dem Finanzamt wird bekannt, dass die letzte **Veranlagung fehlerhaft** ist (§ 9 Abs. 2 Satz 3 NGrStG, siehe hierzu → Rz. 46).

42 § 9 Abs. 2 Satz 1 NGrStG bestimmt, dass der Grundsteuermessbetrag **ohne betragliche Begrenzung** in jedem Fall, in dem dieser von der vorherigen Festsetzung **nach unten** abweicht, neu festzusetzen ist. Da der Grundsteuermessbetrag nicht auf volle €, sondern auf volle Cent nach unten abgerundet wird (§ 2 Abs. 2 Satz 2 NGrStG),[6] führt bereits eine Abweichung um 0,01 € nach unten im Vergleich zu dem bisherigen Grundsteuermessbetrag zu einer Neuveranlagung.

43 Weicht der Grundsteuermessbetrag im Vergleich zum zuletzt festgesetzten Grundsteuermessbetrag **nach oben** ab, **differenziert** § 9 Abs. 2 Satz 2 NGrStG nach dem Anteil am Grundsteuermessbetrag, der auf den **Grund und Boden** einerseits und auf das **Gebäude** andererseits entfällt.

---

[1] Vgl. hierzu vertiefend Bock in Grootens, GrStG § 16 Rz. 19 ff.
[2] Vgl. hierzu vertiefend Lehmann in Grootens, GrStG § 36 Rz. 13 ff.
[3] Vgl. vertiefend Bock/Lapp in Grootens, NGrStG § 8 Rz. 46 ff.
[4] Vgl. hierzu vertiefend Lehmann in Grootens, GrStG § 36 Rz. 29 f.
[5] Siehe vertiefend Bock in Grootens, GrStG § 17 Rz. 22 ff.
[6] Vgl. vertiefend Bock/Lapp in Grootens, NGrStG § 2 Rz. 62.

44 Weicht der auf den **Grund und Boden** entfallende Anteil – **unabhängig von der Höhe** – nach oben ab, ist in jedem Fall eine Neuveranlagung des Grundsteuermessbetrags vorzunehmen. Dies gilt auch dann, wenn – aus welchen Gründen auch immer – gleichzeitig der auf das Gebäude entfallende Anteil am Grundsteuermessbetrag um weniger als 5 € nach oben abweicht.

45 Weicht der auf das **Gebäude** entfallende Anteil **nach oben** ab, ist eine Neuveranlagung des Grundsteuermessbetrags vorzunehmen, sofern die Abweichung mehr als 5 € beträgt. Für diese Differenzierung zwischen dem Anteil am Grundsteuermessbetrag, der auf den Grund und Boden einerseits und dem Gebäude andererseits entfällt, ist kein vernünftiger Grund ersichtlich.

46 § 9 Abs. 2 Satz 3 NGrStG greift die Regelung des § 17 Abs. 2 Nr. 2 GrStG[1] auf, korrespondiert mit § 8 Abs. 3 Satz 4 NGrStG[2] und ermöglicht dem Finanzamt die Neuveranlagung des Grundsteuermessbetrags in Fällen, in denen die **vorherige Festsetzung fehlerhaft** ist (sog. **fehlerbeseitigende Neuveranlagung**). Bundesgesetzlich sieht § 17 Abs. 2 Nr. 2 GrStG[3] in diesen Fällen die Anwendung des § 176 AO zum Vertrauensschutz vor. Mangels abweichender landesgesetzlicher Regelung gilt dies gleichermaßen in Niedersachsen (vgl. auch § 9 Abs. 3 NGrStG, siehe hierzu → Rz. 51). Zweifelhaft ist, ob die Betragsbegrenzungen in § 9 Abs. 2 Satz 2 NGrStG mangels Bezugnahme auch für eine Neuveranlagung nach § 9 Abs. 2 Satz 3 NGrStG gelten. Die Korrekturmöglichkeiten nach der Abgabenordnung (§§ 172 ff. AO) bleiben von § 9 Abs. 2 NGrStG wie auch von § 17 GrStG[4] unberührt (vgl. auch → Rz. 27 und § 12 Abs. 2 Satz 1 NGrStG).[5] Die Korrektur des Fehlers erfolgt auf den Beginn des Kalenderjahres, in dem der Fehler dem Finanzamt bekannt wird, bei einer Erhöhung des Grundsteuermessbetrags jedoch frühestens auf den Beginn des Kalenderjahres, in dem der Grundsteuermessbescheid erteilt wird (§ 9 Abs. 3 NGrStG i. V. mit § 17 Abs. 2 Nr. 2 und Abs. 3 Satz 2 Nr. 3 GrStG).[6]

(Einstweilen frei) 47–50

III. Sinngemäß geltende Vorschriften des Grundsteuergesetzes (§ 9 Abs. 3 NGrStG)

51 § 9 Abs. 3 NGrStG stellt klar, dass die Vorschriften des Grundsteuergesetzes über die **Neuveranlagung** (§ 17 GrStG),[7] **Nachveranlagung** (§ 18 GrStG),[8] **Aufhebung** (§ 20 GrStG),[9] **Zerlegung** (§§ 22–24 GrStG)[10] des Grundsteuermessbetrags und die **Änderung von Grundsteuermessbescheiden** (§ 21 GrStG)[11] im Übrigen sinngemäß gelten. Dies umfasst insbesondere die ge-

---

1 Siehe vertiefend Bock in Grootens, GrStG § 17 Rz. 36 ff.
2 Vgl. vertiefend Bock/Lapp in Grootens, NGrStG § 8 Rz. 54.
3 Siehe Bock in Grootens, GrStG § 17 Rz. 39.
4 Siehe vertiefend Bock in Grootens, GrStG § 17 Rz. 18.
5 Vgl. vertiefend Bock/Lapp in Grootens, NGrStG § 12 Rz. 37 ff.
6 Siehe vertiefend Bock in Grootens, GrStG § 17 Rz. 49.
7 Siehe vertiefend Bock in Grootens, GrStG § 17 Rz. 18 ff.
8 Siehe vertiefend Bock in Grootens, GrStG § 18 Rz. 20 ff.
9 Siehe vertiefend Bock in Grootens, GrStG § 20 Rz. 20 ff.
10 Siehe vertiefend die Kommentierungen Bock in Grootens, GrStG §§ 22–24.
11 Siehe vertiefend Bock in Grootens, GrStG § 21 Rz. 22 ff.

setzlichen Vorgaben zu dem jeweils maßgeblichen **Stichtag** und den zugrunde zu legenden **Verhältnissen**.

52–55 *(Einstweilen frei)*

IV. Anzeigepflicht bei Änderungen (§ 9 Abs. 4 NGrStG)

56 § 9 Abs. 4 NGrStG ist angelehnt an die in § 19 GrStG[1] geregelten **Anzeigepflichten**. § 9 Abs. 4 Satz 1 NGrStG regelt, dass Änderungen der Nutzung diejenige oder derjenige anzuzeigen hat, der oder dem der Steuergegenstand zuzurechnen ist. Ziel der in § 9 Abs. 4 Satz 1 NGrStG geregelten Anzeigepflicht ist die Erfassung der Fälle, in denen sich die Nutzung in der Weise ändert, dass dies **Auswirkungen auf den Grundsteuermessbetrag**, nicht aber auf den Äquivalenzbetrag hat.[2] § 9 Abs. 4 Satz 1 NGrStG ist vor diesem Hintergrund nicht dahingehend auszulegen, dass pauschal jede Änderung der Nutzung anzeigepflichtig ist. Der Fokus der Regelung liegt wohl auf der Person des Anzeigepflichtigen und nicht auf einer im Vergleich zum Bundesmodell erweiterten Anzeigepflicht sämtlicher Nutzungsänderungen. Eine abweichende Bestimmung des Anzeigepflichtigen – diejenige oder derjenige, der oder dem der Steuergegenstand zuzurechnen ist – von § 19 Abs. 2 Satz 1 GrStG,[3] liegt im Ergebnis grundsätzlich nicht vor (Ausnahme beim Gebäude auf fremdem Grund und Boden), da der Steuerschuldner nach § 10 GrStG ebenfalls derjenige ist, dem der Steuergegenstand bei der Feststellung des Grundsteuerwerts zugerechnet wird.

57 § 9 Abs. 4 Satz 2 NGrStG regelt eine mit § 19 Abs. 2 GrStG vergleichbare **Anzeigepflicht** für Fälle, in denen die Voraussetzungen für die **Ermäßigung** der Steuermesszahl **entfallen**. Die Norm soll auch dem Umstand Rechnung tragen, dass die Ermäßigungen der Grundsteuermesszahlen nach § 6 Abs. 2–4 NGrStG[4] nicht ausschließlich auf der Nutzungsart beruhen, sondern gegebenenfalls weitere Tatbestandsvoraussetzungen vorgesehen sind.[5] Daher löst der Wegfall einer oder mehrerer Voraussetzungen eines Ermäßigungstatbestands der Grundsteuermesszahl ebenfalls eine Anzeigepflicht gem. § 9 Abs. 4 Satz 2 NGrStG aus.[6]

58 § 19 Abs. 1 Satz 1 GrStG[7] – die **Anzeigepflicht bei einer Änderung der Nutzung oder der Eigentumsverhältnisse** eines ganz oder teilweise von der Grundsteuer befreiten Grundstücks – bleibt nach § 9 Abs. 4 Satz 3 NGrStG unberührt.

59 § 9 Abs. 4 Satz 4 NGrStG legt – korrespondierend zu der Anzeigepflicht nach § 8 Abs. 5 Satz 3 NGrStG[8] – fest, dass die **Anzeige bis zum 31.3.** des Jahres zu erstatten ist, das auf das Jahr folgt, in dem sich die Verhältnisse geändert haben. Niedersachsen weicht damit von der bundesgesetzlichen Regelung in § 19 Abs. 2 Satz 2 GrStG[9] ab, welche eine Anzeigepflicht innerhalb

---

1 Siehe vertiefend Bock in Grootens, GrStG § 19 Rz. 19 ff.
2 Vgl. Gesetzentwurf der Koalitionsfraktionen zum Niedersächsischen Grundsteuergesetz, Niedersächsische LT-Drucks. 18/8995 S. 29.
3 Siehe vertiefend Bock in Grootens, GrStG § 19 Rz. 19 ff.
4 Vgl. vertiefend Bock/Lapp in Grootens, NGrStG § 6 Rz. 36 ff.
5 Vgl. Gesetzentwurf der Koalitionsfraktionen zum Niedersächsischen Grundsteuergesetz, Niedersächsische LT-Drucks. 18/8995 S. 29.
6 Vgl. Gesetzentwurf der Koalitionsfraktionen zum Niedersächsischen Grundsteuergesetz, Niedersächsische LT-Drucks. 18/8995 S. 29.
7 Siehe vertiefend Bock in Grootens, GrStG § 19 Rz. 19 ff.
8 Vgl. vertiefend Bock/Lapp in Grootens, NGrStG § 8 Rz. 74.
9 Siehe vertiefend Bock in Grootens, GrStG § 19 Rz. 20 und Rz. 28.

von drei Monaten nach Eintritt der Änderung vorsieht. In den meisten Fällen wird damit die **Anzeigefrist** im Vergleich zum Bundesrecht auf bis zu 15 Monate **verlängert**.

Über § 9 Abs. 4 Satz 5 NGrStG findet § 8 Abs. 6 NGrStG[1] entsprechende Anwendung. Demzufolge sind auch die Änderungsanzeigen nach § 9 Abs. 4 NGrStG **Steuererklärungen** i.S. der Abgabenordnung, die nach **amtlich vorgeschriebenem Datensatz** durch Datenfernübertragung an die Finanzverwaltung zu übermitteln sind. In **Härtefällen** bleibt eine Anzeige mittels Papiervordruck möglich (§§ 9 Abs. 4 Satz 5, 8 Abs. 6 Halbsatz 2 NGrStG, § 228 Abs. 6 Satz 2 und 3 BewG, § 150 Abs. 8 AO).[2] Niedersachsen stellt an entsprechende Änderungsanzeigen damit höhere formale Anforderungen als bundesgesetzlich vorgegeben. § 19 GrStG enthält keine Formvorschriften, sodass diese Anzeige in Ländern, die das Bundesmodell anwenden, – wie bisher – formlos eingereicht werden kann.[3]

§ 10 NGrStG Erlass wegen wesentlicher Ertragsminderung

§ 34 Abs. 1 bis 3 des Grundsteuergesetzes gilt entsprechend mit der Maßgabe, dass in Absatz 3 an die Stelle des Grundsteuerwerts der Grundsteuermessbetrag tritt.

Inhaltsübersicht

	Rz.
A. Allgemeine Erläuterungen	1 - 25
I. Normzweck und wirtschaftliche Bedeutung der Vorschrift	1 - 5
II. Entstehung und Entwicklung der Vorschrift	6 - 10
III. Geltungsbereich	11 - 15
IV. Vereinbarkeit der Vorschrift mit höherrangigem Recht	16 - 20
V. Verhältnis zu anderen Vorschriften	21 - 25
B. Systematische Kommentierung	26 - 41
I. Entsprechende Anwendung von § 34 Abs. 1–3 GrStG (§ 10 NGrStG)	26 - 36
II. Anwendung von §§ 32, 33, 35 GrStG	37 - 41

HINWEISE:

A 10 des Runderlasses des Niedersächsischen Finanzministeriums, Anwendung des Niedersächsischen Grundsteuergesetzes (NGrStG) zur Bewertung des Grundvermögens für die Grundsteuer ab 1.1.2022 (AENGrStG), RdErl. d. MF v. 22.2.2022 - G 1002-6 - 62100.

A. Allgemeine Erläuterungen

I. Normzweck und wirtschaftliche Bedeutung der Vorschrift

§ 10 NGrStG bestimmt, dass die Regelungen des § 34 Abs. 1–3 GrStG[4] zum **Erlass** der Grundsteuer **wegen wesentlicher Ertragsminderung bei bebauten Grundstücken** für im Land Niedersachsen belegene Grundstücke entsprechend anzuwenden sind und an die Stelle des Grundsteuerwerts in § 34 Abs. 3 GrStG[5] der Grundsteuermessbetrag tritt. Mit Letzterem wird berück-

---

1 Vgl. vertiefend Bock/Lapp in Grootens, NGrStG § 8 Rz. 76.
2 Siehe vertiefend Wredenhagen in Grootens, BewG § 228 Rz. 193 f.
3 Siehe Bock in Grootens, GrStG § 19 Rz. 20 und Rz. 28.
4 Vgl. dazu vertiefend Lehmann in Grootens, GrStG § 34 Rz. 21 ff.
5 Vgl. vertiefend Lehmann in Grootens, GrStG § 34 Rz. 226 ff.

sichtigt, dass nach dem NGrStG kein Grundsteuerwert festgestellt wird und dennoch bei teilweiser eigengewerblicher Nutzung des Grundstücks die prozentuale Ertragsminderung einheitlich für den gesamten Steuergegenstand zu bestimmen ist. Dabei bestimmt sich die Ertragsminderung abweichend vom Bundesrecht nicht am Anteil des eigengewerblich genutzten Teils des Grundstücks am Grundsteuerwert, sondern am Anteil des eigengewerblich genutzten Teils des Grundstücks am Grundsteuermessbetrag.

2 Aus § 10 NGrStG ergibt sich zudem, dass **§ 34 Abs. 4 GrStG**[1] keine Anwendung findet. § 34 Abs. 4 GrStG schließt den Erlass wegen Ertragsminderung aus, wenn die Ertragsminderung für den Erlasszeitraum durch eine **Fortschreibung** oder bei rechtzeitiger Stellung des Antrags auf Fortschreibung hätte berücksichtigt werden können. Da die Erträge aus dem Grundstück im niedersächsischen Modell bei der Ermittlung des Äquivalenzbetrags keine Rolle spielen, kann eine Ertragsminderung nicht bei einer Fortschreibung berücksichtigt werden.

3 Die übrigen Erlassvorschriften des GrStG, also der **Erlass für Kulturgut und Grünanlagen** nach § 32 GrStG,[2] sowie wegen wesentlicher **Reinertragsminderung bei Betrieben der Land- und Forstwirtschaft** nach § 33 GrStG,[3] und die Verfahrensvorschrift § 35 GrStG[4] finden auch für in Niedersachsen belegenen Grundbesitz Anwendung, da insoweit vom NGrStG keine abweichende Regelung getroffen wird.[5]

4–5 *(Einstweilen frei)*

II. Entstehung und Entwicklung der Vorschrift

6 Die Vorschrift wurde im Jahr 2021 mit dem **Stammgesetz** in das NGrStG aufgenommen.[6]

7 In § 9 NGrStG-E des ursprünglichen Gesetzentwurfs der Koalitionsfraktionen[7] war zunächst eine weitere Erlassregelung bei Gebäuden auf fremdem Grund und Boden vorgesehen. Diese wurde nicht in das NGrStG aufgenommen, da sie aufgrund der im parlamentarischen Verfahren aufgenommenen Regelung zur Bildung wirtschaftlicher Einheiten bei Gebäuden auf fremdem Grund und Boden in § 2 Abs. 4 Satz 2 NGrStG[8] gegenstandslos geworden ist.[9]

8 § 10 NGrStG in der vorliegenden Fassung wurde im parlamentarischen Verfahren aufgrund einer Empfehlung des federführenden Ausschusses für Haushalt und Finanzen konkretisiert und der **Anwendungsbereich des § 34 GrStG auf die Abs. 1–3 beschränkt.** § 34 Abs. 4 GrStG setzt voraus, dass eine Ertragsminderung bei der Festsetzung des Grundsteuermessbetrags berücksichtigt werden kann. Dies ist im niedersächsischen Grundsteuermodell nicht möglich, da der Ertrag eines Grundstücks im niedersächsischen Regelungssystem zur Ermittlung der Grund-

---

[1] Vgl. vertiefend Lehmann in Grootens, GrStG § 34 Rz. 235 ff.
[2] Vgl hierzu vertiefend Lehmann in Grootens, GrStG § 32 Rz. 1 ff.
[3] Vgl. hierzu vertiefend Lehmann in Grootens, GrStG § 33 Rz. 1 ff.
[4] Vgl. hierzu vertiefend Lehmann in Grootens, GrStG § 35 Rz. 1 ff.
[5] Siehe auch die tabellarische Übersicht bei Bock/Lapp in Grootens, § 1 NGrStG Rz. 19.
[6] Niedersächsisches Grundsteuergesetz v. 7.7.2021, Nds. GVBl Nr. 27/2021 S. 502 ff.
[7] Gesetzentwurf der Koalitionsfraktionen zum Niedersächsischen Grundsteuergesetz, Niedersächsische LT-Drucks. 18/8995 S. 8.
[8] Siehe hierzu vertiefend Bock/Lapp in Grootens, NGrstG, § 2 Rz. 14 und 78 ff.
[9] Vgl. Niedersächsische LT-Drucks. 18/9632 S. 12 und 27 f.

steuer B keine maßgebliche Größe ist (siehe bereits → Rz. 2).[1] Darüber hinaus wurden geringfügige sprachliche Änderungen an der Norm vorgenommen.[2]

(Einstweilen frei) 9–10

III. Geltungsbereich

§ 10 NGrStG gilt für in Niedersachsen belegene Grundstücke des Grundvermögens. § 10 NGrStG ist mit dem Stammgesetz gem. § 15 Abs. 1 NGrStG **am 14.7.2021 in Kraft getreten**. Wie sich aus § 1 Satz 1 NGrStG[3] und § 12 Abs. 1 NGrStG[4] ergibt, sollen die Regelungen des NGrStG und damit auch § 10 NGrStG erst für die Erhebung der **Grundsteuer** ab dem **Kalenderjahr 2025** von Bedeutung sein. 11

(Einstweilen frei) 12–15

IV. Vereinbarkeit der Vorschrift mit höherrangigem Recht

Der Einbezug der ertragsbezogenen **Erlassregelungen des § 32 GrStG** für Kulturgut und Grünanlagen sowie des **§ 34 GrStG** wegen wesentlicher Ertragsminderung bei bebauten Grundstücken im NGrStG hat zu **erheblichen Bedenken** geführt. Da sich im Äquivalenzmodell die Bemessungsgrundlage eines Grundstücks nicht am (Soll-)Ertrag ausrichte, sondern anhand der Parameter Fläche und Lage, welche die Möglichkeit der Inanspruchnahme gemeindlicher Infrastruktur und zur Teilhabe an Leistungen der Gemeinde abgelten solle, wirkten die Erlassregelungen nach §§ 32, 34 GrStG im niedersächsischen Grundsteuermodell systemfremd.[5] Mehr noch könnte sich das NGrStG aufgrund der Geltung dieser Normen dem Vorwurf der Verletzung des gleichheitsrechtlichen Prinzips der Folgerichtigkeit aussetzen, wonach der Gesetzgeber die einmal getroffene Belastungsgrundentscheidung folgerichtig i. S. der Belastungsgleichheit umzusetzen habe.[6] 16

Nach **Ansicht des niedersächsischen Gesetzgebers** hingegen handele es sich bei der vorliegend betroffenen Ebene um diejenige der Erhebung der Grundsteuer durch die Gemeinden, nicht aber um diejenige der Bewertung der Grundstücke nach dem Belastungsgrund durch die Finanzverwaltung. Es könne daher sachgerecht sein, wenn der Gesetzgeber die Frage des Erlasses an andere Kriterien knüpfe als die der Bewertung. Der Erlass nach § 34 GrStG für Grundstücke, deren Ertrag wesentlich gemindert sei, stehe zudem auch nicht in Widerspruch mit dem Äquivalenzprinzip. In seiner vorliegend als Belastungsgrund gewählten Ausprägung solle die Grundsteuer die Nutzungsmöglichkeit gemeindlicher Infrastruktur abgelten und entsprechend einen Beitrag zur Finanzierung der kommunal bereitgestellten Infrastruktur leisten. Die Nutzung dieser Infrastruktur erschließe sich in typisierender Weise aber durch die Nutzung des Grundstücks. Sei die Grundstücksnutzung jedoch stark eingeschränkt, was sich in einer wesentlichen Ertragsminderung eines bebauten Grundstücks ausdrücke, sei ein Teilerlass der Grundsteuer nach diesem Gedanken gerechtfertigt. Der nicht zu erlassende Teil der Grundsteuer finanziere demnach Infrastrukturkosten, die typischerweise unabhängig von einer 17

---

1 Niedersächsische LT-Drucks. 18/9632 S. 28.
2 Vgl. Beschlussempfehlung des Ausschusses für Haushalt und Finanzen, Niedersächsische LT-Drucks. 18/9603 S. 11 und Niedersächsische LT-Drucks 18/9632 S. 28 ff.
3 Vgl. vertiefend Bock/Lapp in Grootens, NGrStG § 1 Rz. 9.
4 Siehe Bock/Lapp in Grootens, NGrStG § 12 Rz. 31 ff.
5 So GBD (Gesetzgebungs- und Beratungsdienst), Niedersächsische LT-Drucks. 18/9632 S. 28 f.
6 Vgl. zur Folgerichtigkeit Hey in: Tipke/Lang, Steuerrecht, Kapitel 3 Rz. 3.118, Rz. 3.122.

Grundstücksnutzung anfielen. § 32 GrStG wiederum gewähre einen Grundsteuererlass für Kulturgüter, Parks, Spiel- und Sportplätze u. ä. Im Referenzsystem des Äquivalenzprinzips seien diese Grundstücke typischerweise Teil der gemeindlichen Infrastruktur, des Nutzungsangebots, und nicht Teil der Nachfrageseite (potenzielle Bewohner, Beschäftigte, Kundschaft), die die Grundsteuer tragen solle. Die betreffenden Grundstücke würden lediglich dann nicht (oder nur teilweise) begünstigt, wenn sie – eher untypisch – mehr Erträge abwerfen als Kosten verursachen würden. Nur dann sei es geboten, sie wie andere gewerbliche Nutzungen der Grundsteuer ohne Erlass zu unterwerfen.[1]

18 Die durch § 10 NGrStG angeordnete entsprechende Anwendung von § 34 GrStG dürfte **mit dem Äquivalenzprinzip schwer zu vereinbaren** sein. Im Bundesmodell soll §§ 32 ff. GrStG die in bestimmten Fällen mit der Belastungsgrundentscheidung einhergehende Besteuerung nach Sollertragsgesichtspunkten aus sachlichen Erlassgründen wieder zurücknehmen.[2] In einem Äquivalenzmodell spielt der Sollertrag, den man aus einem Grundstück ziehen kann, jedoch keine Rolle. Den im Bundesmodell vorgesehenen verschuldensabhängigen Erlassnormen wegen Ertragsminderung bedarf es systematisch daher in einem Äquivalenzmodell nicht. Mit dem Äquivalenzprinzip zu vereinbaren wären vielmehr verschuldensunabhängige **Erlassnormen wegen Leerstands**, da in diesem Fall die mit dem Äquivalenzprinzip unterstellte Nutzenäquivalenz nicht gegeben ist.

19–20 *(Einstweilen frei)*

V. Verhältnis zu anderen Vorschriften

21 § 10 NGrStG erklärt **§ 34 Abs. 1–3 GrStG**[3] für entsprechend anwendbar und nimmt damit **§ 34 Abs. 4 GrStG**[4] von der Anwendbarkeit im Rahmen des niedersächsischen Grundsteuermodells aus. Da § 10 NGrStG keine abweichenden Regelungen trifft, finden **§§ 32, 33, 35 GrStG**[5] uneingeschränkt Anwendung.

22 Die §§ 32–34 GrStG sind auch im NGrStG **lex specialis** zu den allgemeinen Erlassvorschriften der Abgabenordnung. Liegen die Voraussetzungen der §§ 32–34 GrStG nicht vor, kann dennoch ein Erlass nach den **§§ 163, 227 AO** in Betracht kommen.[6]

23–25 *(Einstweilen frei)*

B. Systematische Kommentierung

I. Entsprechende Anwendung von § 34 Abs. 1–3 GrStG (§ 10 NGrStG)

26 § 10 NGrStG regelt, dass § 34 Abs. 1–3 GrStG[7] zum **Erlass** der Grundsteuer **wegen wesentlicher Ertragsminderung** bei bebauten Grundstücken mit der Maßgabe gelten, dass an Stelle des

---

[1] Vgl. Niedersächsische LT-Drucks. 18/9632 S. 28 f.
[2] Vgl. FG Hamburg, Urteil v. 18.2.2014 - 3 K 257/13 NWB GAAAE-69580; VG Kassel, Urteil v. 23.2.2016 - 6 K 19/13.KS, HGZ 2016 S. 286 Rz. 97; VG Wiesbaden, Urteil v. 27.1.2017 - 1 K 684/15.WI, ZKF 2017 S. 96 Rz. 32; Troll/Eisele, GrStG § 33 Rz. 6.
[3] Vgl. dazu vertiefend Lehmann in Grootens, GrStG § 34 Rz. 21 ff.
[4] Vgl. vertiefend Lehmann in Grootens, GrStG § 34 Rz. 235 ff.
[5] Vgl. vertiefend die Kommentierung bei Lehmann in Grootens, GrStG §§ 32, 33, 35.
[6] Lehmann in Grootens, GrStG § 32 Rz. 11, GrStG § 33 Rz. 16, GrStG § 34 Rz. 16.
[7] Vgl. dazu vertiefend Lehmann in Grootens, GrStG § 34 Rz. 21 ff.

Grundsteuerwerts in § 34 Abs. 3 GrStG[1] der Grundsteuermessbetrag tritt (zur Kritik an der entsprechenden Anwendung siehe → Rz. 16 ff.).

Nach **§ 34 Abs. 1 GrStG**,[2] der nach § 10 NGrStG entsprechend anzuwenden ist, wird die Grundsteuer i. H. von 25 % erlassen, wenn **bei bebauten Grundstücken** der normale Rohertrag des Steuergegenstandes um mehr als 50 % gemindert ist und der Steuerschuldner die **Minderung des normalen Rohertrags** nicht zu vertreten hat sowie um 50 % erlassen, wenn die vom Steuerschuldner nicht zu vertretende Minderung des normalen Rohertrags 100 % beträgt.

Nach **§ 34 Abs. 2 GrStG**,[3] der nach § 10 NGrStG entsprechend anzuwenden ist, wird bei **eigengewerblich genutzten bebauten Grundstücken** die Grundsteuer der Höhe nach unter den nämlichen Voraussetzungen erlassen, wobei als Minderung des normalen Rohertrags die Minderung der Ausnutzung des Grundstücks gilt. Hinzutritt, dass in den Fällen der eigengewerblichen Nutzung der Erlass nach § 34 Abs. 2 Satz 2 GrStG nur gewährt wird, wenn die Einziehung der Grundsteuer nach den wirtschaftlichen Verhältnissen des Betriebs unbillig wäre.

Nach **§ 34 Abs. 3 Satz 1 GrStG**,[4] der nach § 10 NGrStG entsprechend anzuwenden ist, wird bei **teilweise eigengewerblich** genutzten bebauten Grundstücken die Ertragsminderung für den eigengewerblich genutzten Teil nach § 34 Abs. 2 GrStG und für den übrigen Teil nach § 34 Abs. 1 GrStG bestimmt. Nach **§ 34 Abs. 3 Satz 2 GrStG**, der nach § 10 NGrStG mit der Maßgabe entsprechend anzuwenden ist, dass anstelle des Grundsteuerwerts der Grundsteuermessbetrag tritt, ist in diesen Fällen für den **ganzen Steuergegenstand ein einheitlicher Prozentsatz** der Ertragsminderung nach dem Anteil der einzelnen Teile am Grundsteuerwert (NGrStG: am Grundsteuermessbetrag) des Grundstücks zu ermitteln.

BEISPIEL:[5] Auf einem gemischt genutzten Grundstück befindet sich ein Gebäude mit drei baugleichen Wohnungen (Anteil am Grundsteuermessbetrag: 75 %) und ein vom Eigentümer gewerblich selbstgenutzter Geschäftsraum (Anteil am Grundsteuermessbetrag: 25 %).

Im Erlasszeitraum konnten zwei Wohnungen unverschuldet nicht vermietet werden, sodass sich eine Minderung des normalen Rohertrages um 66 % ergibt. Für den eigengewerblich genutzten Geschäftsraum ergibt sich wegen Krankheit des Eigentümers eine Minderung der normalen Ausnutzung um 40 %.

LÖSUNG: Bezogen auf das gesamte gemischt genutzte Grundstück ergibt sich eine Ertragsminderung in Höhe von:
66 % x 75/100 + 40 % x 25/100 = 49,5 % + 10 % = 59,5 %.
Die Ertragsminderung beträgt über 50 %, sodass die Grundsteuer für das gemischt genutzte Grundstück um 25 % erlassen wird.

Durch die Bezugnahme nur auf § 34 Abs. 1–3 GrStG ergibt sich, dass § 34 Abs. 4 GrStG keine Anwendung findet. Nach **§ 34 Abs. 4 GrStG** ist eine Ertragsminderung kein Erlassgrund, wenn sie für den Erlasszeitraum durch Fortschreibung oder bei rechtzeitiger Stellung des Antrags auf Fortschreibung hätte berücksichtigt werden können. Da die Erträge aus dem Grundstück im niedersächsischen Grundsteuermodell bei der Ermittlung des Äquivalenzbetrags keine Rolle spielen, kann eine Ertragsminderung nicht bei einer **Fortschreibung** berücksichtigt werden. Be-

---

[1] Vgl. vertiefend Lehmann in Grootens, GrStG § 34 Rz. 226 ff.
[2] Siehe vertiefend Lehmann in Grootens, GrStG § 34 Rz. 21 ff.
[3] Siehe vertiefend Lehmann in Grootens, GrStG § 34 Rz. 173 ff.
[4] Siehe vertiefend Lehmann in Grootens, GrStG § 34 Rz. 226 ff.
[5] Vgl. auch das Beispiel bei Roscher, GrStG-Reform, Erstkommentierung 2020, § 34 GrStG Rz. 59.

trags- oder Flächenfortschreibungen werden im niedersächsischen Grundsteuermodell nur vorgenommen, wenn ein Äquivalenzbetrag oder eine Fläche von der zuletzt getroffenen Feststellung abweicht und es für die Besteuerung von Bedeutung ist (§ 8 Abs. 3 NGrStG). § 34 Abs. 4 GrStG würde daher ins Leere gehen.

32–36 *(Einstweilen frei)*

II. Anwendung von §§ 32, 33, 35 GrStG

37 Da im NGrStG insoweit keine abweichenden Regelungen getroffen werden, finden die §§ 32, 33, 35 GrStG[1] ebenfalls Anwendung.

38 Nach § 32 Abs. 1 GrStG,[2] der auch für die niedersächsische Grundsteuer Anwendung findet, wird die Grundsteuer für bestimmten Grundbesitz oder Teile davon, dessen Erhalt im öffentlichen Interesse liegt, erlassen. Von § 32 GrStG werden öffentliche **Grünanlagen, Spiel- und Sportplätze sowie für Kunst, Geschichte, Wissenschaft oder Naturschutz** bedeutender Grundbesitz erfasst. Voraussetzung für den Erlass ist, dass die jährlichen Kosten für den Grundbesitz den jährlichen Rohertrag, also die mit ihm erzielten Einnahmen und sonstigen Vorteile übersteigen.

39 Nach **§ 32 Abs. 2 GrStG**,[3] der auch für die niedersächsische Grundsteuer Anwendung findet, wird die Grundsteuer für Grundbesitz, der **Gegenstände von wissenschaftlicher, künstlerischer oder geschichtlicher Bedeutung** enthält (insbesondere **Sammlungen** oder **Bibliotheken**), die dem Zweck der Forschung oder Volksbildung nutzbar gemacht sind, insoweit prozentual erlassen, als der Rohertrag durch die Benutzung zu den genannten Zwecken nachhaltig gemindert ist. Voraussetzung ist die Anerkennung der wissenschaftlichen, künstlerischen oder geschichtlichen Bedeutung der untergebrachten Gegenstände durch die Landesregierung oder die von ihr beauftragte Stelle.

40 Nach **§ 33 GrStG**,[4] der auch für die niedersächsische Grundsteuer Anwendung findet, wird die Grundsteuer i. H. von 25 % erlassen, wenn bei **Betrieben der Land- und Forstwirtschaft** der tatsächliche Reinertrag des Steuergegenstandes um mehr als 50 % gemindert ist sowie um 50 %, wenn der tatsächliche Reinertrag um 100 % gemindert ist. Voraussetzung ist, dass der Steuerschuldner die **Minderung des tatsächlichen Reinertrags** nicht zu vertreten hat und die Einziehung der Grundsteuer nach den wirtschaftlichen Verhältnissen des Betriebs unbillig wäre. Eine Ertragsminderung ist kein Erlassgrund, wenn sie für den Erlasszeitraum durch Fortschreibung des Grundsteuerwerts berücksichtigt werden kann oder bei rechtzeitiger Stellung des Antrags auf Fortschreibung hätte berücksichtigt werden können. Die Anwendung von § 33 GrStG im Rahmen des niedersächsischen Grundsteuermodell ist konsequent, da für das land- und forstwirtschaftliche Vermögen ganz überwiegend die bundesgesetzlichen Regelungen nach den §§ 232 ff. BewG gelten.

41 **§ 35 GrStG**,[5] der auch für die niedersächsische Grundsteuer Anwendung findet, regelt das **Erlassverfahren**. Danach wird der Erlass jeweils nach Ablauf eines Kalenderjahres für die Grundsteuer ausgesprochen, die für das Kalenderjahr festgesetzt worden ist. Dies ist der sog. Erlass-

---

1 Vgl. vertiefend die Kommentierung bei Lehmann in Grootens, GrStG §§ 32, 33, 35.
2 Siehe vertiefend Lehmann in Grootens, GrStG § 32 Rz. 15 ff.
3 Siehe vertiefend Lehmann in Grootens, GrStG § 32 Rz. 65 ff.
4 Siehe vertiefend Lehmann in Grootens, GrStG § 33 Rz. 21 ff.
5 Siehe vertiefend Lehmann in Grootens, GrStG § 35 Rz. 15 ff.

zeitraum. Der Erlass wird nur auf Antrag, der bis zu dem auf den Erlasszeitraum folgenden 31. März zu stellen ist, gewährt. In den Fällen des § 32 GrStG bedarf es keiner jährlichen Wiederholung des Antrags. Der Steuerschuldner ist verpflichtet, eine Änderung der maßgeblichen Verhältnisse der Gemeinde binnen drei Monaten nach Eintritt der Änderung anzuzeigen.

Zweiter Teil: Betriebe der Land- und Forstwirtschaft, Grundsteuer A

§ 11 NGrStG Abweichende Regelungen

(1) Abweichend von § 234 Abs. 6 BewG gehören zur Hofstelle auch Hof- und Wirtschaftsgebäudeflächen einschließlich der Nebenflächen, von denen aus keine land- und forstwirtschaftlichen Flächen mehr nachhaltig bewirtschaftet werden, soweit sie keine Zweckbestimmung erhalten haben, die zu einer zwingenden Zuordnung zum Grundvermögen führt.

(2) In den Betrieb sind abweichend von § 2 Abs. 2 BewG auch der Eigentümerin oder dem Eigentümer des Grund und Bodens nicht gehörende Gebäude, die auf dem Grund und Boden des Betriebs stehen, und der Eigentümerin oder dem Eigentümer des Grund und Bodens nicht gehörende Betriebsmittel, die der Bewirtschaftung des Betriebs dienen, einzubeziehen.

(3) Ein Anteil der Eigentümerin oder des Eigentümers eines Betriebs der Land- und Forstwirtschaft an einem Wirtschaftsgut ist in den Betrieb einzubeziehen, wenn es mit dem Betrieb zusammen genutzt wird.

(4) In einen Betrieb der Land- und Forstwirtschaft, der von einer Gesellschaft oder Gemeinschaft des bürgerlichen Rechts betrieben wird, sind abweichend von § 2 Abs. 2 BewG auch die Wirtschaftsgüter einzubeziehen, die einer oder einem oder mehreren Beteiligten gehören und dem Betrieb zu dienen bestimmt sind.

(5) § 2 Abs. 4, § 8 Abs. 5 und 6 sowie § 9 Abs. 4 Satz 4 gelten für Betriebe der Land- und Forstwirtschaft entsprechend.

Inhaltsübersicht	Rz.
A. Allgemeine Erläuterungen	1 - 35
I. Normzweck und wirtschaftliche Bedeutung der Vorschrift	1 - 10
II. Entstehung und Entwicklung der Vorschrift	11 - 15
III. Geltungsbereich	16 - 20
IV. Vereinbarkeit der Vorschrift mit höherrangigem Recht	21 - 30
V. Verhältnis zu anderen Vorschriften	31 - 35
B. Systematische Kommentierung	36 - 59
I. Erweiterung des Begriffs der Hofstelle (§ 11 Abs. 1 NGrStG)	36 - 45
II. Fortführung der Regelungen des § 34 Abs. 4–6 BewG (§ 11 Abs. 2–4 NGrStG)	46 - 55
III. Entsprechend geltende Regelungen des NGrStG zum Grundvermögen (§ 11 Abs. 5 NGrStG)	56 - 59

HINWEISE:

A 11 des Runderlasses des Niedersächsischen Finanzministeriums, Anwendung des Niedersächsischen Grundsteuergesetzes (NGrStG) zur Bewertung des Grundvermögens für die Grundsteuer ab 1.1.2022 (AENGrStG), RdErl. d. MF v. 22.2.2022 - G 1002-6 - 62100.

A. Allgemeine Erläuterungen

I. Normzweck und wirtschaftliche Bedeutung der Vorschrift

1   Niedersachsen wendet bei der **Bewertung der Betriebe der Land- und Forstwirtschaft** grundsätzlich die **bundesgesetzlichen Regelungen** der §§ 232–242 BewG an. In § 11 NGrStG werden hiervon lediglich **punktuelle Abweichungen** geregelt. Insbesondere bei der Bildung der wirtschaftlichen Einheit des Betriebs der Land- und Forstwirtschaft wird es künftig zu Abweichungen im Vergleich zu Ländern kommen, welche die bundesgesetzlichen Regelungen anwenden (siehe hierzu → Rz. 57).

2   Nach der Gesetzesbegründung[1] bezweckt die Regelung des § 11 Abs. 1 NGrStG (siehe hierzu → Rz. 36 ff.), dass sich der **Lastenverteilungsmaßstab** insbesondere in Fällen der Betriebsverpachtung auch weiterhin nach der **Ertragskraft des Betriebs der Land- und Forstwirtschaft** richten soll.

3   § 11 Abs. 2–4 NGrStG (siehe hierzu → Rz. 46 ff.) führen den Regelungsinhalt von **§ 34 Abs. 4–6 BewG** bei der Bildung von wirtschaftlichen Einheiten beim land- und forstwirtschaftlichen Vermögen fort. § 11 Abs. 2–4 NGrStG, wie auch § 34 Abs. 4–6 BewG, durchbrechen das strenge Eigentümerprinzip nach § 2 Abs. 2 BewG. Mit § 11 Abs. 2–4 NGrStG will der niedersächsische Gesetzgeber Verwaltungsaufwand bei der Bildung der wirtschaftlichen Einheiten vermeiden und sicherstellen, dass die Wirtschaftsgüter, die bisher im Rahmen der Bewertung des land- und forstwirtschaftlichen Betriebs insbesondere bei **Gesellschaften und Gemeinschaften** mit einbezogen worden sind, weiterhin als zu dieser wirtschaftlichen Einheit gehörig betrachtet werden.[2] Damit soll gewährleistet werden, dass i.S. des Ertragswertverfahrens bei der Bewertung alle Wirtschaftsgüter, die wirtschaftlich zusammengehören und somit gemeinsam den Ertrag des Betriebes beeinflussen, der wirtschaftlichen Einheit zugerechnet werden.[3]

4   § 11 Abs. 5 NGrStG (siehe hierzu → Rz. 56 ff.) bewirkt einen Gleichlauf bei der **Bildung einer wirtschaftlichen Einheit** bei der Grundsteuer auf land- und forstwirtschaftliches Vermögen (sog. Grundsteuer A) und der Grundsteuer auf Grundvermögen (sog. Grundsteuer B), indem § 2 Abs. 4 NGrStG für entsprechend anwendbar erklärt wird und damit auch bei der Grundsteuer A die Zusammenfassung von mehreren Wirtschaftsgütern zu einer wirtschaftlichen Einheit nicht dadurch ausgeschlossen wird, dass die Wirtschaftsgüter teilweise dem einen und teilweise dem anderen **Ehegatten oder Lebenspartner** gehören. Darüber hinaus sind nach § 11 Abs. 5 NGrStG die Regelungen zur Aufforderung zur Erklärungsabgabe durch eine öffentlich bekannt zu machende Allgemeinverfügung (§ 8 Abs. 5 und 6 NGrStG) und die Regelungen zur Anzeigepflicht (§ 9 Abs. 4 Satz 4 NGrStG) für Betriebe der Land- und Forstwirtschaft entsprechend anwendbar.[4]

5–10   *(Einstweilen frei)*

---

[1] Gesetzentwurf der Koalitionsfraktionen zum Niedersächsischen Grundsteuergesetz, Niedersächsische LT-Drucks. 18/8995 S. 30.
[2] Gesetzentwurf der Koalitionsfraktionen zum Niedersächsischen Grundsteuergesetz, Niedersächsische LT-Drucks. 18/8995 S. 30.
[3] Gesetzentwurf der Koalitionsfraktionen zum Niedersächsischen Grundsteuergesetz, Niedersächsische LT-Drucks. 18/8995 S. 30.
[4] Gesetzentwurf der Koalitionsfraktionen zum Niedersächsischen Grundsteuergesetz, Niedersächsische LT-Drucks. 18/8995 S. 30 f.

II. Entstehung und Entwicklung der Vorschrift

Die Vorschrift wurde im Jahr 2021 mit dem **Stammgesetz** in das NGrStG aufgenommen.[1]

Die entsprechende Geltung des **§ 9 Abs. 4 Satz 4 NGrStG** war in § 11 Abs. 5 NGrStG des ursprünglichen Gesetzentwurfs[2] wohl versehentlich nicht enthalten und wurde erst im parlamentarischen Verfahren aufgrund einer Empfehlung des federführenden Ausschusses für Haushalt und Finanzen auf Anregung des Niedersächsischen Finanzministeriums in das Gesetz aufgenommen.[3] Darüber hinaus wurden im Gesetzgebungsverfahren **geringfügige sprachliche Anpassungen** vorgenommen.[4]

(Einstweilen frei)

III. Geltungsbereich

§ 11 NGrStG gilt für in Niedersachsen belegenes **land- und forstwirtschaftliches Vermögen**. § 11 NGrStG findet **nicht** auf in Niedersachsen belegenes **Grundvermögen** Anwendung. § 11 NGrStG ist mit dem Stammgesetz gem. § 15 Abs. 1 NGrStG **am 14.7.2021 in Kraft getreten**. Wie sich aus § 1 Satz 1 NGrStG[5] und § 12 Abs. 1 NGrStG[6] ergibt, sollen die Regelungen des NGrStG und damit auch § 11 NGrStG erst für die Erhebung der **Grundsteuer** ab dem **Kalenderjahr 2025** von Bedeutung sein.

(Einstweilen frei)

IV. Vereinbarkeit der Vorschrift mit höherrangigem Recht

Im niedersächsischen Grundsteuermodell werden in Abhängigkeit der Vermögensart verschiedene Belastungsgründe herangezogen. Niedersachsen wendet die bundesgesetzlichen Regelungen der §§ 232–242 BewG grundsätzlich uneingeschränkt an und trifft in § 11 NGrStG lediglich punktuelle Abweichungen bei der Bildung der wirtschaftlichen Einheiten von Betrieben der Land- und Forstwirtschaft. Aus diesem Umstand folgt, dass sich im niedersächsischen Grundsteuermodell bei der Grundsteuer für das **Grundvermögen** ein **anderer Belastungsgrund ergibt als** bei der Grundsteuer für das **land- und forstwirtschaftliche Vermögen**. Bei der Bewertung des Grundvermögens wird der Belastungsgrund im niedersächsischen Grundsteuermodell auf das Äquivalenzprinzip gestützt,[7] bei der Bewertung des land- und forstwirtschaftlichen Vermögens liegt hingegen die bundesgesetzliche Belastungsentscheidung zugrunde, die sich auf die aus der Ertragsfähigkeit des Grund und Bodens vermittelte objektive Leistungsfähigkeit[8] stützt.

---

1 Niedersächsisches Grundsteuergesetz v. 7.7.2021, Nds. GVBl Nr. 27/2021 S. 502 ff.
2 Gesetzentwurf der Koalitionsfraktionen zum Niedersächsischen Grundsteuergesetz, Niedersächsische LT-Drucks. 18/8995.
3 Niedersächsische LT-Drucks. 18/9632 S. 30.
4 Vgl. Beschlussempfehlung des Ausschusses für Haushalt und Finanzen, LT-Drucks. 18/9603 S. 11 f. und LT-Drucks. 18/9632 S. 30.
5 Vgl. vertiefend Bock/Lapp in Grootens, NGrStG § 1 Rz. 9.
6 Siehe Bock/Lapp in Grootens, NGrStG § 12 Rz. 31 ff.
7 Siehe zu den verfassungsrechtlichen Bedenken hierzu vertiefend Bock/Lapp in Grootens, NGrStG Vorwort Rz. 42 ff.
8 Siehe zur verfassungsrechtlichen Bewertung des Bundesmodells Bock in Grootens, BewG § 250 Rz. 29 ff. und Grootens in Grootens, BewG § 252 Rz. 126 ff.

22 Ein solches **Mischmodell** könnte gegen die Vorgaben des Bundesverfassungsgerichts an eine **gleichmäßige Besteuerung** nach **Art. 3 GG** verstoßen.[1] Das Bundesverfassungsgericht führt in seinem Urteil v. 10.4.2018 aus, dass Abweichungen von der mit der Wahl des Steuergegenstandes einmal getroffenen **Belastungsentscheidung** sich ihrerseits am Gleichheitssatz messen lassen müssen (Gebot der **folgerichtigen Ausgestaltung** des steuerrechtlichen Ausgangstatbestands) und demgemäß eines besonderen sachlichen Grundes bedürften, der die Ungleichbehandlung zu rechtfertigen vermöge.[2] Dabei steigen die Anforderungen an den Rechtfertigungsgrund mit dem Ausmaß der Abweichung und ihrer Bedeutung für die Verteilung der Steuerlast insgesamt.[3]

23 Im parlamentarischen Gesetzgebungsverfahren hat sich auch der **Gesetzgebungs- und Beratungsdienst (GBD)** im niedersächsischen Landtag kritisch zu den unterschiedlichen Belastungsgründen bei der Bewertung des Grundvermögens einerseits und des land- und forstwirtschaftlichen Vermögens andererseits geäußert.[4] Der Wechsel des Belastungsgrundes innerhalb einer Steuerart bewirke eine Ungleichbehandlung des Steuergegenstandes inländischer Grundbesitz i.S. von § 2 GrStG, könne im Fall einer verfassungsrechtlichen Überprüfung als problematisch angesehen und müsse gerechtfertigt werden.

24 Das **Finanzministerium Niedersachsen** hat die Bedenken des GBD im Gesetzgebungsverfahren nicht geteilt.[5] Die Grundsteuer auf das land- und forstwirtschaftliche Vermögen würde sich traditionell deutlich von der Grundsteuer auf das Grundvermögen unterscheiden. Gegenstand und wirtschaftliche Einheit der Grundsteuer auf das land- und forstwirtschaftliche Vermögen sei der land- und forstwirtschaftliche Betrieb, nicht das Grundstück. Maßgeblich für das Verhältnis der Gemeinde zu den land- und forstwirtschaftlichen Betrieben sei dabei nicht die potenzielle Nutzung der Infrastruktur, sondern die Ertragskraft des Bodens als prägendes Element der land- und forstwirtschaftlichen Nutzung. Das Festhalten an der tradierten, nicht auf dem Äquivalenzprinzip beruhenden Bemessung der Grundsteuer auf das land- und forstwirtschaftliche Vermögen sei daher gerechtfertigt. Das Urteil des BVerfG fordere keine Anpassung der Grundsteuer auf das land- und forstwirtschaftliche Vermögen, sie solle daher weder vom Prinzip noch von der Belastungshöhe grundsätzlich verändert werden.

25 Soweit ersichtlich musste das Bundesverfassungsgericht noch nicht über eine Steuer befinden, deren Steuergegenständen bewusst **zwei unterschiedliche Belastungsentscheidungen** zugrunde liegen. Nach der Rechtsprechung des Bundesverfassungsgerichts hat der Gesetzgeber bei der Wahl der Bemessungsgrundlage und bei der Ausgestaltung der Bewertungsregeln einer Steuer einen großen Spielraum, solange sie geeignet sind, **den Belastungsgrund** der Steuer zu erfassen und dabei die Relation der Wirtschaftsgüter zueinander realitätsgerecht abzubilden. Die Rechtsprechung des Bundesverfassungsgerichts, dass bei der Ausgestaltung des steuerrechtlichen Ausgangstatbestands der Gesetzgeber die **einmal getroffene Belastungsentscheidung** folgerichtig i.S. dieser Belastungsgleichheit umzusetzen hat,[6] spricht sehr dafür, dass die Belastungsentscheidung innerhalb eines Steuergesetzes **nicht zweimal** getroffen werden kann. Anhand der **Belastungsentscheidung** soll die **gleichmäßige Besteuerung** der der jeweili-

---

[1] Siehe bereits Bock/Lapp in Grootens, NGrStG Vorwort Rz. 45.
[2] BVerfG, Urteil v. 10.4.2018 - 1 BvL 11/14, 1 BvL 12/14, 1 BvL 1/15, 1 BvR 639/11, 1 BvR 889/12 NWB MAAAG-80435.
[3] BVerfG, Urteil v. 10.4.2018 - 1 BvL 11/14, 1 BvL 12/14, 1 BvL 1/15, 1 BvR 639/11, 1 BvR 889/12 NWB MAAAG-80435.
[4] Vgl. Niedersächsische LT-Drucks. 18/9632 S. 29 f.
[5] Vgl. Niedersächsische LT-Drucks. 18/9632 S. 29.
[6] BVerfG, Beschluss v. 7.11.2006 - 1 BvL 10/02, BStBl 2007 II S. 192 Rz. 97 m.w.N.

gen Steuer unterworfenen Steuergegenstände überprüfbar werden. Diese Prüfung kann anhand unterschiedlicher Belastungsentscheidungen der einzelnen Steuergegenstände und entsprechend unterschiedlichen Regeln folgenden Bemessungsgrundlagen nicht sinnvoll durchgeführt werden. Erst im Anschluss an die getroffene Belastungsentscheidung und der sich daraus ergebenden folgerichtigen Umsetzung, bedürfen Ausnahmen von einer solchen folgerichtigen Umsetzung eines besonderen sachlichen Grundes.[1]

(Einstweilen frei) 26–30

V. Verhältnis zu anderen Vorschriften

§ 11 Abs. 1 NGrStG regelt abweichend von **§ 234 Abs. 6 BewG**,[2] welche Wirtschaftsgüter zur Hofstelle gehören. § 234 Abs. 6 BewG wird insoweit als lex posterior verdrängt. 31

§ 11 Abs. 2–4 NGrStG treffen vom strengen Eigentümerprinzip nach **§ 2 Abs. 2 BewG** abweichende Regelungen zur Bildung der wirtschaftlichen Einheit beim land- und forstwirtschaftlichen Vermögen. § 2 Abs. 2 BewG wird insoweit als lex posterior verdrängt. Die Regelungen entsprechen den in der Einheitsbewertung geltenden **§ 34 Abs. 4–6 BewG**. Nach **§ 266 Abs. 5 BewG**[3] finden § 34 Abs. 4–6 BewG für bereits gebildete wirtschaftliche Einheiten in einer Übergangszeit weiter Anwendung. Im niedersächsischen Grundsteuermodell sind die Regelungen dauerhaft implementiert. 32

Nach § 11 Abs. 5 NGrStG finden die Regelungen des **§ 2 Abs. 4 NGrStG**,[4] **§ 8 Abs. 5 und 6 NGrStG**[5] sowie **§ 9 Abs. 4 Satz 4 NGrStG**[6] auf land- und forstwirtschaftliches Vermögen entsprechend Anwendung. 33

(Einstweilen frei) 34–35

B. Systematische Kommentierung

I. Erweiterung des Begriffs der Hofstelle (§ 11 Abs. 1 NGrStG)

§ 11 Abs. 1 NGrStG bestimmt, dass zur Hofstelle auch **Hof- und Wirtschaftsgebäudeflächen** einschließlich der **Nebenflächen** gehören, von denen aus **keine land- und forstwirtschaftlichen Flächen** mehr **nachhaltig bewirtschaftet** werden, soweit sie keine Zweckbestimmung erhalten haben, die zu einer zwingenden Zuordnung zum Grundvermögen führt. Die Norm soll insbesondere, beispielsweise aufgrund von Betriebsverpachtung, nicht mehr bewirtschaftete Gebäudeflächen erfassen und diese weiterhin dem land- und forstwirtschaftlichen Vermögen zuordnen.[7] Diese Sichtweise wird ohne besondere gesetzliche Regelung teilweise auch für das Bundesmodell im Auslegungswege vertreten.[8] Die Norm ist nach der hier vertretenen Auffassung allerdings verfehlt. Es wäre sachgerechter und würde zu weniger Abgrenzungsschwierigkeiten führen, diese Flächen dem Grundvermögen zuzuordnen. Werden von der Hofstelle aus 36

---

1 BVerfG, Beschluss v. 7.11.2006 - 1 BvL 10/02, BStBl 2007 II S. 192, Rz. 97.
2 Müller in Grootens, BewG § 234 Rz. 83 ff.
3 Grootens in Grootens, BewG § 266 Rz. 111 ff.
4 Siehe hierzu vertiefend Bock/Lapp in Grootens, NGrStG § 2 Rz. 73 ff.
5 Siehe hierzu vertiefend Bock/Lapp in Grootens, NGrStG § 8 Rz. 71 ff.
6 Siehe hierzu vertiefend Bock/Lapp in Grootens, NGrStG § 9 Rz. 59.
7 Gesetzentwurf der Koalitionsfraktionen zum Niedersächsischen Grundsteuergesetz, Niedersächsische LT-Drucks. 18/8995 S. 30.
8 Müller in Grootens, BewG § 232 Rz. 55 und BewG § 234 Rz. 85 f.

keine land- und forstwirtschaftlichen Flächen mehr bewirtschaftet, sind die entsprechenden Gebäudeflächen nichts anderes als leerstehende Nebengebäude eines Ein- oder ggf. Zweifamilienhauses. Zu prüfen bliebe, ob für diese Flächen ein Erlass nach § 34 GrStG in Betracht käme.

37 Die einleitenden Worte („Abweichend von § 234 Abs. 6 ...") bedeuten **keine vollständige Verdrängung** der Regelung **des § 234 Abs. 6 BewG**, wonach zur Hofstelle alle Hof- und Wirtschaftsgebäudeflächen einschließlich der Nebenflächen gehören, wenn von dort land- und forstwirtschaftliche Flächen nachhaltig bewirtschaftet werden. Nach der Gesetzesbegründung[1] ist die Regelung vielmehr als Ergänzung des § 234 Abs. 6 BewG zu verstehen. Insoweit erscheint das Wort „abweichend" in § 11 Abs. 1 NGrStG möglicherweise zunächst widersprüchlich.

38 § 11 Abs. 1 NGrStG trifft **keine zeitliche Einschränkung**, sondern bestimmt, dass eine Fläche so lange einem Betrieb der Land- und Forstwirtschaft zugeordnet wird, bis sie aufgrund von §§ 232, 243 BewG[2] dem Grundvermögen zuzuordnen ist. Unerheblich ist daher, ob die fehlende nachhaltige Bewirtschaftung auf bestimmte oder unbestimmte Zeit erfolgt.[3]

39 Die Zuordnung zum land- und forstwirtschaftlichen Vermögen dürfte nach § 232 Abs. 4 Nr. 1 BewG auch im niedersächsischen Grundsteuermodell in dem Zeitpunkt enden, in dem die betreffenden Gebäudeflächen eine **andere Zweckbestimmung** erhalten. Daraus folgt, dass eine Zuordnung zum land- und forstwirtschaftlichen Vermögen nur bei Leerstand der betreffenden Gebäudeteile erfolgen kann. Ob eine andere Zweckbestimmung für die Gebäudeflächen dauerhaft sein muss oder eine vorübergehende andere Nutzung bereits zur Zuordnung zum Grundvermögen führt, ist zweifelhaft.

40–45 *(Einstweilen frei)*

II. Fortführung der Regelungen des § 34 Abs. 4–6 BewG (§ 11 Abs. 2–4 NGrStG)

46 § 11 Abs. 2–4 NGrStG regeln die **Bildung von wirtschaftlichen Einheiten** unter **Durchbrechung** des strengen **Eigentümerprinzips** nach § 2 Abs. 2 BewG bei land- und forstwirtschaftlichem Vermögen. § 11 Abs. 2–4 NGrStG greifen die Regelung der **§ 34 Abs. 4–6 BewG** aus der Einheitsbewertung auf, die nach dem Gesetz zur Reform des Grundsteuer- und Bewertungsrechts[4] für die Bewertung für Zwecke der Grundsteuer nach dem Siebenten Abschnitt des Zweiten Teils des Bewertungsgesetzes nicht übernommen wurden. **Bundesgesetzlich** wurde lediglich mit dem Gesetz zur erleichterten Umsetzung der Reform der Grundsteuer und Änderung weiterer steuerrechtlicher Vorschriften[5] in § 266 Abs. 5 BewG[6] eine **Übergangsregelung** eingeführt, wonach bestehende wirtschaftliche Einheiten, welche für Zwecke der Einheitsbewertung unter Anwendung der § 34 Abs. 4–6 BewG gebildet wurde, weiterhin für Zwecke der Feststellung von Grundsteuerwerten nach den Regelungen des Siebenten Abschnitts des Zweiten Teils des Bewertungsgesetzes zugrunde gelegt werden können. Die bundesgesetzliche

---

1 Gesetzentwurf der Koalitionsfraktionen zum Niedersächsischen Grundsteuergesetz, Niedersächsische LT-Drucks. 18/8995 S. 30, siehe hierzu → Rz. 5.
2 Siehe hierzu vertiefend Müller in Grootens, BewG § 232 Rz. 15 ff. und Bock in Grootens, BewG § 243 Rz. 19 ff.
3 Gesetzentwurf der Koalitionsfraktionen zum Niedersächsischen Grundsteuergesetz, Niedersächsische LT-Drucks. 18/8995 S. 30.
4 BGBl 2019 I Nr. 43 S. 1794 ff.
5 BGBl 2021 I Nr. 46 S. 2931 ff.
6 Siehe hierzu Grootens in Grootens, BewG § 266 Rz. 111 ff.

Regelung gilt nicht für neu zu bildende wirtschaftliche Einheiten und tritt am 31.12.2028 wieder außer Kraft.[1] In Niedersachsen finden dagegen die mit § 34 Abs. 4–6 BewG vergleichbaren Regelungen aufgrund der gesetzlichen Normierung in § 11 Abs. 2–4 NGrStG dauerhaft Anwendung.

In Zukunft soll über die **Grundstücksdatenbank LANGUSTE** die Ermittlung der Grundsteuer weiter automatisiert werden. Anknüpfungspunkt für die Bildung von wirtschaftlichen Einheiten soll unter Nutzung des Liegenschaftskatasters streng das Eigentümerprinzip sein. Zu diesem Zweck laufen im Bundesmodell diejenigen Regelungen zur Bildung und Zurechnung von wirtschaftlichen Einheiten aus, die dem Eigentümerprinzip widersprechen.[2] In Zukunft wird in Niedersachsen zu prüfen sein, ob an der dem **Automatisierungsziel widersprechenden** Zusammenfassung von Wirtschaftsgütern zu einer wirtschaftlichen Einheit nach § 11 Abs. 2–4 NGrStG festgehalten werden soll.

Nach § 11 Abs. 2 NGrStG sind in den Betrieb abweichend von § 2 Abs. 2 BewG auch dem **Eigentümer des Grund und Bodens nicht gehörende Gebäude**, die auf dem Grund und Boden des Betriebs stehen, und ihm **nicht gehörende Betriebsmittel**, die der Bewirtschaftung des Betriebs dienen, **einzubeziehen**. Die Norm hat nur in Bezug auf die Gebäude, die andernfalls Gebäude auf fremdem Grund und Boden darstellen würden, Auswirkungen auf den Wert des Betriebs der Land- und Forstwirtschaft, indem sie diesem zugeordnet werden und dort mit der Bruttogrundfläche werterhöhend anzusetzen sind (nur bei der Hofstelle,[3] Weinbau[4] und den Sondernutzungen[5] der Fall[6]). Die Betriebsmittel sind mit Ausnahme der Tierbestände nach §§ 241, 242 Abs. 2 BewG mit dem nach §§ 232 ff. BewG angesetzten Grundsteuerwert abgegolten.[7] Die **praktische Bedeutung** der Norm dürfte daher **gering** sein.

Nach § 11 Abs. 3 NGrStG ist ein Anteil des Eigentümers eines Betriebs der Land- und Forstwirtschaft an einem **Wirtschaftsgut** in den Betrieb **einzubeziehen**, wenn es **mit dem Betrieb zusammen genutzt** wird. Voraussetzung ist, dass das Wirtschaftsgut unmittelbar im Rahmen des Betriebs der Land- und Forstwirtschaft genutzt wird, also nicht auf Rechnung der Miteigentümergemeinschaft.[8] Die Norm kommt vor allem bei Gemeinschaftsweiden der Almwirtschaft zur Anwendung.[9]

Nach § 11 Abs. 4 NGrStG sind abweichend von § 2 Abs. 2 BewG in einen Betrieb der Land- und Forstwirtschaft, der von einer **Gesellschaft** oder **Gemeinschaft des bürgerlichen Rechts** betrieben wird, auch die **Wirtschaftsgüter einzubeziehen**, die einer oder einem oder mehreren Beteiligten gehören und **dem Betrieb zu dienen bestimmt sind**. Ertragsteuerrechtlich wird es sich in der Regel um **Sonderbetriebsvermögen** handeln. Die tatsächliche Auswirkung der Norm dürfte gering sein. Handelt es sich bei den Wirtschaftsgütern um land- und forstwirtschaftliche Flächen, führt die Norm dazu, dass diese Flächen dem Betrieb der Gesellschaft oder Gemeinschaft zugeordnet werden und dort den Grundsteuerwert erhöhen. Im Bundesmodell würden diese

---

[1] Vgl. Art. 2 i.V. mit Art. 7 Abs. 2 Grundsteuerreform-Umsetzungsgesetz, BGBl 2021 I S. 2936 und S. 2938.
[2] Vgl. RegE eines Gesetzes zur erleichterten Umsetzung der Reform der Grundsteuer und Änderung weiterer steuerrechtlicher Vorschriften (Grundsteuerreform-Umsetzungsgesetz – GrStRefUG), BT-Drucks. 19/28902 S. 24.
[3] Siehe A 237.24 Abs. 1 Satz 1 AEBewGrSt.
[4] Siehe A 237.4 Abs. 3 Satz 3 AEBewGrSt.
[5] Siehe § 237 Abs. 6 Satz 3 BewG.
[6] Vgl. beispielsweise auch A 237.3 Abs. 3 Satz 6 AEBewGrSt.
[7] Siehe A 237.1 Abs. 2 Satz 2 AEBewGrSt.
[8] Halaczinsky in Rössler/Troll, BewG § 34 Rz. 49.
[9] Halaczinsky in Rössler/Troll, BewG § 34 Rz. 49.

Flächen als land- und forstwirtschaftliches Vermögen nach dem Eigentümerprinzip dem jeweiligen Eigentümer oder den jeweiligen Eigentümern zugerechnet. Handelt es sich um Gebäude, erhöht sich dadurch der Grundsteuerwert des land- und forstwirtschaftlichen Vermögens, wenn die Bruttogrundfläche dieser Gebäude werterhöhend angesetzt werden muss (nur bei der Hofstelle,[1] Weinbau[2] und bei den Sondernutzungen[3] der Fall[4]). Handelt es sich hingegen um Betriebsmittel, hat die Zuordnung zum Betrieb der Land- und Forstwirtschaft der Gesellschaft oder der Gemeinschaft keine werterhöhende Auswirkung, da Betriebsmittel mit Ausnahme des Tierbestandes nach §§ 240, 241 Abs. 2 BewG mit dem Grundsteuerwert abgegolten sind.[5]

51–55 *(Einstweilen frei)*

III. Entsprechend geltende Regelungen des NGrStG zum Grundvermögen (§ 11 Abs. 5 NGrStG)

56 § 11 Abs. 5 NGrStG bestimmt, welche Vorschriften des Ersten Teils des NGrStG bei der Bewertung von **Betrieben der Land- und Forstwirtschaft** entsprechend gelten. Im Einzelnen sind dies:

- § 2 Abs. 4 NGrStG[6] zur Zurechnung von Wirtschaftsgütern zu einer **wirtschaftlichen Einheit** bei **Ehegatten und Lebenspartnern**,
- § 8 Abs. 5 und 6 NGrStG[7] zur **Erklärungs- und Anzeigepflicht** im **Feststellungsverfahren**,
- § 9 Abs. 4 Satz 4 NGrStG[8] zur **Anzeigepflicht** im **Veranlagungsverfahren**.

57 § 2 Abs. 4 NGrStG bestimmt, dass die Zurechnung mehrerer Wirtschaftsgüter zu einer **wirtschaftlichen Einheit** abweichend von § 2 Abs. 2 BewG nicht dadurch ausgeschlossen wird, dass die Wirtschaftsgüter **zum Teil dem einen Ehegatten oder Lebenspartner, zum Teil dem anderen** Ehegatten oder Lebenspartner gehören. Die Anwendbarkeit des § 2 Abs. 4 NGrStG, der die Regelungen des § 26 BewG fortführt, wird aufgrund der auslaufenden analogen bundesgesetzlichen Regelung in § 266 Abs. 5 BewG[9] perspektivisch zu unterschiedlichen Umfängen eines Betriebs der Land- und Forstwirtschaft führen, abhängig davon, ob der Betrieb der Land- und Forstwirtschaft in Niedersachsen oder in einem Land, welches das Bundesmodell anwendet, belegen ist.

58 **BEISPIEL 1:** In einem Betrieb der Land- und Forstwirtschaft werden drei Flächen bewirtschaftet, eine steht im Eigentum des Ehemanns, eine im Eigentum der Ehefrau und eine im Miteigentum beider Eheleute.

LÖSUNG:
Nach § 11 Abs. 5 NGrStG i.V. mit § 2 Abs. 4 NGrStG können alle Flächen zu einer wirtschaftlichen Einheit zusammengefasst werden. Bundesgesetzlich sind spätestens für die kommende Hauptfeststellung am 1.1.2029 aufgrund des Wegfalls von §§ 26, 266 Abs. 5 BewG mindestens drei gesonderte wirt-

---

1 Siehe A 237.24 Abs. 1 Satz 1 AEBewGrSt.
2 Siehe A 237.4 Abs. 3 Satz 3 AEBewGrSt.
3 Siehe § 237 Abs. 6 Satz 3 BewG.
4 Vgl. beispielsweise auch A 237.3 Abs. 3 Satz 6 AEBewGrSt.
5 A 237.1 Abs. 2 Satz 2 AEBewGrSt.
6 Siehe hierzu vertiefend Bock/Lapp in Grootens, NGrStG § 2 Rz. 73 ff.
7 Siehe hierzu vertiefend Bock/Lapp in Grootens, NGrStG § 8 Rz. 71 ff.
8 Siehe hierzu vertiefend Bock/Lapp in Grootens, NGrStG § 9 Rz. 59.
9 Vgl. Art. 2 i.V. mit Art. 7 Abs. 2 Grundsteuerreform-Umsetzungsgesetz, BGBl 2021 I S. 2936 und S. 2938; siehe vertiefend Grootens in Grootens, BewG § 266 Rz. 111.

schaftliche Einheiten zu bilden, soweit dies noch nicht erfolgt ist (§ 266 Abs. 5 BewG findet nur für bereits bestehende wirtschaftliche Einheiten Anwendung).

BEISPIEL 2: Fortführung des Beispiels 1: Im Jahr 2024 erwirbt die Ehefrau landwirtschaftliche Flächen zum Betrieb des Ehemannes hinzu.

LÖSUNG: Sind die neu hinzuerworbenen Flächen im Land Niedersachsen belegen, werden sie dem bereits bestehenden Betrieb der Land- und Forstwirtschaft zugerechnet. Ggf. ist eine Wertfortschreibung des Grundsteuerwerts durchzuführen. Sind die hinzuerworbenen Flächen in einem anderen Land belegen, richtete sich die Zuordnung nach dem jeweiligen dort geltenden Recht. Wendet das Land auch in diesem Punkt das Bundesmodell an, ist hierfür nach den bundesgesetzlichen Regelungen eine eigene wirtschaftliche Einheit zu bilden, da § 266 Abs. 5 BewG nur für bereits bestehende wirtschaftliche Einheiten Anwendung findet. Es wäre je nach Sachverhaltslage entweder eine Zurechnungsfortschreibung nach § 222 Abs. 2 BewG oder eine Nachfeststellung des Grundsteuerwerts nach § 223 Abs. 1 Nr. 1 BewG durchzuführen.

Dritter Teil: Übergangs- und Schlussvorschriften
§ 12 NGrStG Anwendung von Bundesrecht

(1) Die Ermittlung, Festsetzung und Erhebung der Grundsteuer für Zeiträume der Kalenderjahre bis einschließlich 2024 bemisst sich ausschließlich nach den Bestimmungen des Grundsteuergesetzes und des Bewertungsgesetzes.

(2) ¹Die Vorschriften der Abgabenordnung sind entsprechend anzuwenden, soweit in diesem Gesetz nichts anderes bestimmt ist. ²§ 32h AO gilt mit der Maßgabe, dass der oder die Landesbeauftragte für den Datenschutz zuständig ist und hinsichtlich ihrer oder seiner Rechte und Pflichten, Aufgaben und Befugnisse und ihres oder seines Tätigkeitsberichts die Bestimmungen des Niedersächsischen Datenschutzgesetzes einschlägig sind.

(3) Die im Grundsteuergesetz enthaltenen Verordnungsermächtigungen finden in Bezug auf die in diesem Gesetz geregelten Sachverhalte mit der Maßgabe Anwendung, dass für den Erlass der entsprechenden Verordnungen das für Finanzen zuständige Ministerium zuständig ist.

Inhaltsübersicht

	Rz.
A. Allgemeine Erläuterungen	1 - 30
I. Normzweck und wirtschaftliche Bedeutung der Vorschrift	1 - 10
II. Entstehung und Entwicklung der Vorschrift	11 - 15
III. Geltungsbereich	16 - 20
IV. Vereinbarkeit der Vorschrift mit höherrangigem Recht	21 - 25
V. Verhältnis zu anderen Vorschriften	26 - 30
B. Systematische Kommentierung	31 - 49
I. Ermittlung der Grundsteuer bis zum Kalenderjahr 2024 nach Bundesrecht (§ 12 Abs. 1 NGrStG)	31 - 35
II. Anwendung der Abgabenordnung, Finanzrechtsweg (§ 12 Abs. 2 NGrStG)	36 - 45
III. Verordnungsgeber bei den Verordnungsermächtigungen des Grundsteuergesetzes (§ 12 Abs. 3 NGrStG)	46 - 49

HINWEISE:

A 12 des Runderlasses des Niedersächsischen Finanzministeriums, Anwendung des Niedersächsischen Grundsteuergesetzes (NGrStG) zur Bewertung des Grundvermögens für die Grundsteuer ab 1.1.2022 (AENGrStG), RdErl. d. MF v. 22.2.2022 - G 1002-6 - 62100.

A. Allgemeine Erläuterungen

I. Normzweck und wirtschaftliche Bedeutung der Vorschrift

1 § 12 NGrStG trifft Regelungen zum **Verhältnis** des **NGrStG** zu bestimmten **bundesgesetzlichen Regelungen**.

2 **§ 12 Abs. 1 NGrStG** stellt klar, dass die **Grundsteuer bis einschließlich dem Kalenderjahr 2024** nach den Vorschriften des **Bewertungs- und Grundsteuergesetzes** ermittelt, festgesetzt und erhoben wird. Die Vorschrift entspricht damit den Vorgaben nach **Art. 125b Abs. 3 GG**, wonach auf dem Gebiet des Art. 72 Abs. 3 Satz 1 Nr. 7 GG (Grundsteuer) abweichendes Landesrecht der Erhebung der Grundsteuer frühestens für Zeiträume ab dem 1.1.2025 zugrunde gelegt werden darf.

3 **§ 12 Abs. 2 Satz 1 NGrStG** erklärt die Abgabenordnung für anwendbar, soweit im NGrStG nichts anderes bestimmt wird. Für die Anwendbarkeit von § 32h AO wurde in **§ 12 Abs. 2 Satz 2 NGrStG** eine spezielle landesgesetzliche Regelung aufgenommen, um die Zuständigkeit des Landesbeauftragten für Datenschutz und die Geltung des Niedersächsischen Datenschutzgesetzes sowohl für das finanzbehördliche Feststellungs- und Veranlagungsverfahren als auch für das kommunale Verfahren zur Festsetzung der Grundsteuer festzuschreiben.

4 Darüber hinaus regelt **§ 12 Abs. 3 NGrStG**, dass die Verordnungsermächtigungen des Grundsteuergesetzes mit der Maßgabe Anwendung finden, dass der Verordnungsgeber für Niedersachsen das Niedersächsische Finanzministerium ist.

5–10 *(Einstweilen frei)*

II. Entstehung und Entwicklung der Vorschrift

11 Die Vorschrift wurde im Jahr 2021 mit dem **Stammgesetz** in das NGrStG aufgenommen.[1]

12 Die Vorschrift hat im Laufe des **Gesetzgebungsverfahrens geringfügige** sprachliche **Anpassungen** und Ergänzungen erfahren.[2]

13–15 *(Einstweilen frei)*

III. Geltungsbereich

16 § 12 NGrStG gilt sowohl für in Niedersachsen belegenes land- und forstwirtschaftliches Vermögen als auch für in Niedersachsen belegenes Grundvermögen. § 12 NGrStG ist mit dem Stammgesetz gem. § 15 Abs. 1 NGrStG **am 14.7.2021 in Kraft getreten**. Wie sich aus § 1 Satz 1 NGrStG[3] ergibt, sollen die Regelungen des NGrStG und damit grundsätzlich auch § 12 NGrStG mit Ausnahme von § 12 Abs. 1 NGrStG erst für die Erhebung der **Grundsteuer** ab dem **Kalenderjahr 2025** von Bedeutung sein. § 12 Abs. 1 NGrStG trifft eine Regelung für die Grundsteuer der **Kalenderjahre bis einschließlich 2024**.

17–20 *(Einstweilen frei)*

---

[1] Niedersächsisches Grundsteuergesetz v. 7.7.2021, Nds. GVBl Nr. 27/2021 S. 502 ff.
[2] Vgl. Beschlussempfehlung des Ausschusses für Haushalt und Finanzen, Niedersächsische LT-Drucks. 18/9603 S. 12 und LT-Drucks. 18/9632 S. 31.
[3] Vgl. vertiefend Bock/Lapp in Grootens, NGrStG § 1 Rz. 9.

IV. Vereinbarkeit der Vorschrift mit höherrangigem Recht

Die Vorschrift begegnet **keinen verfassungsrechtlichen Bedenken**, insbesondere § 12 Abs. 1 NGrStG entspricht den Vorgaben des **Art. 125b Abs. 3 GG**, wonach auf dem Gebiet des Art. 72 Abs. 3 Satz 1 Nr. 7 GG (Grundsteuer) abweichendes Landesrecht der Erhebung der Grundsteuer frühestens für Zeiträume ab dem 1.1.2025 zugrunde gelegt werden darf.

(Einstweilen frei)

V. Verhältnis zu anderen Vorschriften

§ 12 Abs. 1 NGrStG beruht auf den Vorgaben des **Art. 125b Abs. 3 GG** (siehe bereits → Rz. 2 und → Rz. 21). § 12 Abs. 2 Satz 1 NGrStG erklärt die Vorschriften der **Abgabenordnung** für anwendbar und nimmt damit Bezug auf **§ 1 Abs. 1 AO**, nach dem die Abgabenordnung nur für durch Bundesrecht oder Recht der Europäischen Union geregelte Steuern gilt. § 12 Abs. 2 Satz 2 NGrStG passt **§ 32h AO** auf das niedersächsische Datenschutzrecht an. § 12 Abs. 3 NGrStG nimmt Bezug auf die Verordnungsermächtigungen des Grundsteuergesetzes nach **§ 1 Abs. 3 GrStG**[1] und nach **§ 24 Satz 1 GrStG**.[2]

(Einstweilen frei)

B. Systematische Kommentierung

I. Ermittlung der Grundsteuer bis zum Kalenderjahr 2024 nach Bundesrecht (§ 12 Abs. 1 NGrStG)

§ 12 Abs. 1 NGrStG dient – auch i.V. mit § 1 Satz 1 NGrStG – der **Umsetzung** der sich aus Art. 125b Abs. 3 GG ergebenden **verfassungsrechtlichen zeitlichen Anwendungsvoraussetzungen** für ein nach Art. 72 Abs. 3 Satz 1 Nr. 7 GG von der bundesgesetzlich geregelten Grundsteuer einschließlich der zu diesem Zwecke ergangenen Bewertungsregelungen abweichendes Landesrecht. Art. 125b Abs. 3 GG bestimmt, dass auf dem Gebiet des Art. 72 Abs. 3 Satz 1 Nr. 7 GG (Grundsteuer) abweichendes Landesrecht der Erhebung der Grundsteuer frühestens für Zeiträume ab dem 1.1.2025 zugrunde gelegt werden darf. § 12 Abs. 1 NGrStG normiert entsprechend, dass sich die Ermittlung, Festsetzung und Erhebung der Grundsteuer bis einschließlich dem Kalenderjahr 2024 nach den Bestimmungen des Grundsteuergesetzes und des Bewertungsgesetzes richtet.

Die zum zeitlichen Anwendungsbereich getroffenen einfachgesetzlichen Regelungen im Bewertungsgesetz und Grundsteuergesetz greifen ebenfalls lückenlos ineinander über:

▶ Nach § 266 Abs. 4 Satz 3 BewG ist für die Bewertung des inländischen Grundbesitzes (§ 19 Abs. 1 BewG i. d. Fassung v. 31.12.2024) für Zwecke der Grundsteuer bis einschließlich zum Kalenderjahr 2024 das Bewertungsgesetz i. d. Fassung v. 1.2.1991,[3] das zuletzt durch Art. 2 des Gesetzes v. 4.11.2016[4] geändert worden ist, weiter anzuwenden. Damit werden die Regelungen zur Einheitsbewertung für die Grundsteuer für Zeiträume bis einschließlich 31.12.2024 weiter angewandt.[5]

---

[1] Siehe hierzu vertiefend Lange in Grootens, GrStG § 1 Rz. 42 ff.
[2] Siehe hierzu vertiefend Bock in Grootens, GrStG § 24 Rz. 18 ff.
[3] BGBl I S. 230.
[4] BGBl I S. 2464.
[5] Verfassungsrechtlich zulässig, vgl. BVerfG-Urteil v. 10.4.2018 - 1 BvL 11/14 u. a., Rz. 177 NWB IAAAH-44170.

▶ Gemäß § 37 Abs. 2 GrStG findet für die Grundsteuer bis einschließlich zum Kalenderjahr 2024 das Grundsteuergesetz i. d. Fassung v. 7.8.1973,[1] das zuletzt durch Art. 38 des Gesetzes v. 19.12.2008[2] geändert worden ist, weiter Anwendung.

33–35 *(Einstweilen frei)*

II. Anwendung der Abgabenordnung, Finanzrechtsweg (§ 12 Abs. 2 NGrStG)

36 § 12 Abs. 2 Satz 1 NGrStG erklärt die Vorschriften der **Abgabenordnung** für anwendbar, soweit sich aus dem NGrStG nichts anderes ergibt. Dieser Anwendungsbefehl ist erforderlich, da gem. § 1 Abs. 1 AO die Abgabenordnung nur für Steuern gilt, die durch Bundesrecht oder Recht der Europäischen Union geregelt sind.

37 Die Vorschrift entspricht damit im Wesentlichen § 2 LGrStG BW,[3] wenngleich – abweichend von § 2 LGrStG BW – die Vorschriften des **Finanzverwaltungsgesetzes** und der **Finanzgerichtsordnung** nicht explizit für anwendbar erklärt werden. Nach der Gesetzesbegründung sei aufgrund der Verweisung in § 12 Abs. 2 NGrStG und i. V. mit § 5 Satz 1 Nr. 1 des Gesetzes zur Ausführung der Finanzgerichtsordnung (AGFGO) der Finanzgerichtsweg über den Äquivalenzbetrag und den Grundsteuermessbetrag im entsprechenden Umfang wie bisher eröffnet.[4] In Niedersachsen gibt es allerdings keine AGFGO. Möglicherweise wurde hier die Begründung zum bayerischen Grundsteuergesetz ungeprüft übernommen.[5] Mit § 91 Satz 1 des Niedersächsischen Justizgesetzes (NJG) v. 16.12.2014[6] gibt es allerdings eine mit Art. 5 Satz 1 Nr. 1 AGFGO-BY vergleichbare Regelung, sodass auch über den Äquivalenzbetrag und den Grundsteuermessbetrag in Niedersachsen der Finanzrechtsweg eröffnet ist.

38 § 12 Abs. 2 Satz 2 NGrStG bestimmt, dass die Regelungen in **§ 32h AO** zur **datenschutzrechtlichen Aufsicht** und zur Datenschutz-Folgenabschätzung mit der Maßgabe gelten, dass der oder die Landesbeauftragte für den Datenschutz zuständig ist und hinsichtlich ihrer oder seiner Rechte und Pflichten, Aufgaben und Befugnisse und ihres oder seines Tätigkeitsberichts die Bestimmungen des Niedersächsischen Datenschutzgesetzes einschlägig sind. Nach dem Willen des Landesgesetzgebers ist die Regelung dahingehend zu verstehen, dass statt der in § 32h Abs. 1 Satz 2 AO aufgeführten §§ 13–16 Bundesdatenschutzgesetz die entsprechenden Regelungen des **Niedersächsischen Datenschutzgesetzes** gelten sollen. Soweit in anderen Vorschriften der Abgabenordnung, die nach § 12 Abs. 2 Satz 1 NGrStG für anwendbar erklärt werden, die Anwendung des Bundesdatenschutzgesetzes angeordnet wird, solle hiervon nicht abgewichen werden. Die Regelung ist nicht dahingehend zu verstehen, dass die oder der niedersächsische Landesbeauftragte für Datenschutz ihrer oder seiner Tätigkeit insgesamt die Regelungen des Niedersächsischen Datenschutzgesetzes zugrunde legen soll.[7]

39–45 *(Einstweilen frei)*

---

1 BGBl I S. 965.
2 BGBl I S. 2794.
3 Siehe hierzu Schmidt in Grootens, LGrStG BW § 2 Rz. 16 ff.
4 Gesetzentwurf der Koalitionsfraktionen zum Niedersächsischen Grundsteuergesetz, Niedersächsische LT-Drucks. 18/8995 S. 31.
5 Siehe Gesetzentwurf der Staatsregierung zum Bayerischen Grundsteuergesetz, LT-Drucks. 18/15755 S. 41.
6 Nds. GVBl 2014 S. 436.
7 Niedersächsische LT-Drucks. 18/9632 S. 31.

III. Verordnungsgeber bei den Verordnungsermächtigungen des Grundsteuergesetzes (§ 12 Abs. 3 NGrStG)

Nach § 12 Abs. 3 NGrStG finden die im Grundsteuergesetz enthaltenen Verordnungsermächtigungen mit der Maßgabe Anwendung, dass das Finanzministerium Niedersachsen Verordnungsgeber ist. Die Vorschrift beschränkt sich ausdrücklich auf die Verordnungsermächtigungen des Grundsteuergesetzes. Abweichende Regelungen zu den Verordnungsermächtigungen des Bewertungsgesetzes (insbesondere § 263 BewG) werden in § 12 NGrStG nicht getroffen.

46

Im Grundsteuergesetz finden sich derzeit zwei Verordnungsermächtigungen der Landesregierungen:

47

- Gemäß § 1 Abs. 3 GrStG[1] bestimmt die Landesregierung für den in gemeindefreien Gebieten liegenden Grundbesitz durch Rechtsverordnung, wer die den Gemeinden nach dem GrStG zustehenden Befugnisse ausübt.
- Gemäß § 24 Satz 1 GrStG[2] kann die Landesregierung durch Rechtsverordnung bestimmen, dass bei Betrieben der Land- und Forstwirtschaft, die sich über mehrere Gemeinden erstrecken, aus Vereinfachungsgründen an Stelle der Zerlegung ein Steuerausgleich stattfindet.

In Niedersachsen befinden sich derzeit **23 unbewohnte gemeindefreie Gebiete** sowie weitere **zwei bewohnte** gemeindefreie Bezirke (Lohheide und Osterheide) mit einer Einwohnerzahl von ca. 2870.[3] In der Vergangenheit hat die niedersächsische Landesregierung mit der Verordnung über die Erhebung der Gewerbe- und der Grundsteuer in gemeindefreien Gebieten v. 2.10.2008[4] von der Verordnungsermächtigung in § 1 Abs. 3 GrStG Gebrauch gemacht. Die Gültigkeit dieser Verordnung dürfte von § 12 Abs. 3 NGrStG unberührt bleiben. Die Verordnungsermächtigung geht zukünftig auf das Niedersächsische Finanzministerium über.

48

Von der Verordnungsermächtigung in § 24 Satz 1 GrStG hat bislang noch keine Landesregierung Gebrauch gemacht.[5]

49

§ 13 NGrStG Übergangsregelungen

Für die Anwendung des § 8 Abs. 1 Satz 2 und Abs. 3 Satz 1 dieses Gesetzes sowie des § 223 Abs. 1 Nr. 2 und des § 224 Abs. 1 Nr. 2 BewG ist für Feststellungszeitpunkte zwischen dem 1. Januar 2022 und dem 31. Dezember 2024 zu unterstellen, dass die Feststellungen für die Besteuerung nach diesem Gesetz von Bedeutung sind und die wirtschaftlichen Einheiten zur Besteuerung nach diesem Gesetz herangezogen oder nicht mehr herangezogen werden.

---

1 Siehe vertiefend Lange in Grootens, GrStG § 1 Rz. 42 ff.
2 Siehe vertiefend Bock in Grootens, GrStG § 24 Rz. 18.
3 Landesamt für Statistik Niedersachsen, https://www.statistik.niedersachsen.de/startseite/themen/gebiet_flachennutzung/gebiet_niedersachsens/gebiet-niedersachsens-191889.html; siehe auch Lange in Grootens, GrStG § 1 Rz. 42.
4 Nds. GVBl 2008 S. 304.
5 Bock in Grootens, GrStG § 24 Rz. 2.

Inhaltsübersicht	Rz.
A. Allgemeine Erläuterungen	1 - 25
I. Normzweck und wirtschaftliche Bedeutung der Vorschrift	1 - 5
II. Entstehung und Entwicklung der Vorschrift	6 - 10
III. Geltungsbereich	11 - 15
IV. Vereinbarkeit der Vorschrift mit höherrangigem Recht	16 - 20
V. Verhältnis zu anderen Vorschriften	21 - 25
B. Systematische Kommentierung	26 - 28

HINWEISE:

A 13 des Runderlasses des Niedersächsischen Finanzministeriums, Anwendung des Niedersächsischen Grundsteuergesetzes (NGrStG) zur Bewertung des Grundvermögens für die Grundsteuer ab 1.1.2022 (AENGrStG), RdErl. d. MF v. 22.2.2022 - G 1002-6 - 62100.

A. Allgemeine Erläuterungen

I. Normzweck und wirtschaftliche Bedeutung der Vorschrift

1   Die Vorschrift trifft **Übergangsregelungen** für **Feststellungszeitpunkte** zwischen dem 1.1.2022 und dem 31.12.2024.

2–5   *(Einstweilen frei)*

II. Entstehung und Entwicklung der Vorschrift

6   Die Vorschrift wurde im Jahr 2021 mit dem **Stammgesetz** in das NGrStG aufgenommen.[1] Der ursprünglich im Gesetzentwurf noch enthaltene § 13 Abs. 1 Satz 1 NGrStG wurde in **§ 8 Abs. 2 Satz 2 NGrStG** und § 13 Abs. 1 Satz 2 NGrStG wurde in **§ 9 Abs. 1 Satz 1 NGrStG** überführt.[2]

7–10   *(Einstweilen frei)*

III. Geltungsbereich

11   § 13 NGrStG betrifft Feststellungen für in Niedersachsen belegenes land- und forstwirtschaftliches Vermögen sowie in Niedersachsen belegenes Grundvermögen. § 13 NGrStG ist mit dem Stammgesetz gem. § 15 Abs. 1 NGrStG **am 14.7.2021 in Kraft getreten**. Wie sich aus § 1 Satz 1 NGrStG[3] und § 12 Abs. 1 NGrStG[4] ergibt, sollen die Regelungen des NGrStG und damit auch § 13 NGrStG erst für die Erhebung der **Grundsteuer** ab dem **Kalenderjahr 2025** von Bedeutung sein. § 13 NGrStG **tritt** gem. § 15 Abs. 2 NGrStG **am 31.12.2029** wieder **außer Kraft**.

12–15   *(Einstweilen frei)*

---

[1] Niedersächsisches Grundsteuergesetz v. 7.7.2021, Nds. GVBl Nr. 27/2021 S. 502 ff.
[2] Vgl. Beschlussempfehlung des Ausschusses für Haushalt und Finanzen, LT-Drucks. 18/9603 S. 13 und Niedersächsische LT-Drucks. 18/9632 S. 31.
[3] Vgl. vertiefend Bock/Lapp in Grootens, NGrStG § 1 Rz. 9.
[4] Siehe Bock/Lapp in Grootens, NGrStG § 12 Rz. 31 ff.

IV. Vereinbarkeit der Vorschrift mit höherrangigem Recht

Zu einer möglicherweise fehlenden Gesetzgebungsbefugnis für verfahrensrechtliche Vorschriften aufgrund von Art. 108 Abs. 5 Satz 2 GG siehe die Kommentierung zu § 8 NGrStG.[1]

(Einstweilen frei) 17–20

V. Verhältnis zu anderen Vorschriften

§ 13 NGrStG nimmt die Normen **§ 8 Abs. 1 Satz 2 NGrStG,**[2] **§ 8 Abs. 3 Satz 1 NGrStG,**[3] **§ 223 Abs. 1 Nr. 2 BewG**[4] und **§ 224 Abs. 1 Nr. 2 BewG**[5] in Bezug, nach denen Feststellungen nur zu treffen sind, wenn sie für die Besteuerung von Bedeutung sind. **§ 15 Abs. 2 NGrStG**[6] bestimmt, dass § 13 NGrStG am 31.12.2029 wieder außer Kraft tritt.

(Einstweilen frei) 22–25

B. Systematische Kommentierung

§ 13 NGrStG entspricht seiner Intention nach § 266 Abs. 2 BewG und trifft **Regelungen** für die **Übergangszeit** von der Einheitsbewertung für Zwecke der Grundsteuer hin zum niedersächsischen Grundsteuermodell.[7] Diese sind erforderlich, da im Zeitraum vom 1.1.2022–31.12.2024 die Bewertung nach **altem und neuem Recht parallel** gelten. Feststellungen nach dem NGrStG haben für die Grundsteuer der Kalenderjahre 2022–2024 keine Bedeutung, da diese weiterhin auf Einheitswerten nach Bundesrecht basieren. Feststellungen sind nach § 8 Abs. 1 Satz 2 NGrStG, § 8 Abs. 3 Satz 1 NGrStG, § 223 Abs. 1 Nr. 2 BewG und § 224 Abs. 1 Nr. 2 BewG jedoch nur zu treffen, soweit sie für die Steuer von Bedeutung sind. Aus diesem Grund wird in § 13 NGrStG klargestellt, dass die wirtschaftlichen Einheiten und die Feststellungen nach dem NGrStG für Feststellungszeitpunkte zwischen dem 1.1.2022 und dem 31.12.2024 bereits in diesem Zeitraum von Bedeutung sind.

Damit sollen auch **Veränderungen zwischen dem 1.1.2022 und dem 31.12.2024** bereits vor dem 1.1.2025 durch Nachfeststellungen, Fortschreibungen oder Aufhebungen der Grundsteuermessbeträge nachvollzogen werden können. Ohne eine vergleichbare Regelung wäre es nach Ansicht des niedersächsischen Gesetzgebers erforderlich, eine Vielzahl der im Wege der Hauptfeststellung ermittelten Grundsteuermessbeträge auf den 1.1.2025 erneut auf ihre Aktualität hin überprüfen zu müssen.[8]

Abweichend von der **bundesgesetzlichen Übergangsregelung** in § 266 Abs. 2 Satz 1 BewG fingiert § 13 NGrStG die Bedeutung der nach dem NGrStG ermittelten Grundsteuermessbeträge ausdrücklich nur für Feststellungszeitpunkte zwischen dem 1.1.2022 und dem 31.12.2024. Erfasst werden mithin Feststellungszeitpunkte vom 2.1.2022, 0:00 Uhr bis zum 30.12.2024, 24:00 Uhr. Die Zeitpunkte 1.1.2022 und 31.12.2024 liegen nicht zwischen dem 1.1.2022 und

---

1 Siehe hierzu Bock/Lapp in Grootens, NGrStG § 8 Rz. 21.
2 Siehe hierzu vertiefend Bock/Lapp in Grootens, NGrStG § 8 Rz. 46.
3 Siehe hierzu vertiefend Bock/Lapp in Grootens, NGrStG § 8 Rz. 51.
4 Siehe hierzu vertiefend Wredenhagen in Grootens, BewG § 223 Rz. 81 ff.
5 Siehe hierzu vertiefend Wredenhagen in Grootens, BewG § 224 Rz. 81 ff.
6 Siehe hierzu vertiefend Bock/Lapp in Grootens, NGrStG § 15 Rz. 31.
7 Siehe hierzu Grootens in Grootens, BewG § 266 Rz. 56 ff.
8 Gesetzentwurf der Koalitionsfraktionen zum Niedersächsischen Grundsteuergesetz, Niedersächsische LT-Drucks. 18/8995 S. 31 f.

dem 31.12.2024. Dieses gesetzgeberische Versehen dürfte allerdings unschädlich sein, da Flächen- oder Betragsfortschreibungen nach dem NGrStG stets auf den 1.1. eines Jahres und frühestens auf den Stichtag 1.1.2023 durchgeführt werden können (§ 8 Abs. 4 Satz 1 NGrStG i.V. mit §§ 222–226 BewG). Auf den Feststellungszeitpunkt 1.1.2022 werden ausschließlich Hauptfeststellungen der Äquivalenzbeträge durchgeführt (§ 8 Abs. 2 Satz 2 NGrStG).

§ 14 NGrStG Evaluation

Nach Abschluss der Hauptfeststellung evaluiert das für Finanzen zuständige Ministerium die Belastungsverteilung der Grundsteuer nach diesem Gesetz zum 31. Dezember 2027.

Inhaltsübersicht	Rz.
A. Allgemeine Erläuterungen	1 - 25
I. Normzweck und wirtschaftliche Bedeutung der Vorschrift	1 - 5
II. Entstehung und Entwicklung der Vorschrift	6 - 10
III. Geltungsbereich	11 - 15
IV. Vereinbarkeit der Vorschrift mit höherrangigem Recht	16 - 20
V. Verhältnis zu anderen Vorschriften	21 - 25
B. Systematische Kommentierung	26 - 28

HINWEISE:

A 14 des Runderlasses des Niedersächsischen Finanzministeriums, Anwendung des Niedersächsischen Grundsteuergesetzes (NGrStG) zur Bewertung des Grundvermögens für die Grundsteuer ab 1.1.2022 (AENGrStG), RdErl. d. MF v. 22.2.2022 - G 1002-6 - 62100.

A. Allgemeine Erläuterungen

I. Normzweck und wirtschaftliche Bedeutung der Vorschrift

1 § 14 NGrStG verpflichtet das Niedersächsische Finanzministerium, die **Belastungsverteilung** der nach dem NGrStG ermittelten Grundsteuer zum 31.12.2027 zu **evaluieren**. Dabei sollen ausschließlich die Belastungsauswirkungen durch das NGrStG berücksichtigt und keine Vergleiche mit dem bisherigen, als verfassungswidrig eingestuften Verfahren vorgenommen werden.[1]

2–5 *(Einstweilen frei)*

II. Entstehung und Entwicklung der Vorschrift

6 Die Vorschrift wurde im Jahr 2021 mit dem **Stammgesetz** in das NGrStG aufgenommen.[2] Im Gesetzgebungsverfahren wurden **geringfügige Änderungen** am Wortlaut der Norm vorgenommen.[3]

7–10 *(Einstweilen frei)*

---

1 Gesetzentwurf der Koalitionsfraktionen zum Niedersächsischen Grundsteuergesetz, Niedersächsische LT-Drucks. 18/8995 S. 32.
2 Niedersächsisches Grundsteuergesetz v. 7.7.2021, Nds. GVBl Nr. 27/2021 S. 502 ff.
3 Vgl. Beschlussempfehlung des Ausschusses für Haushalt und Finanzen, LT-Drucks. 18/9603 S. 13 und Niedersächsische LT-Drucks. 18/9632 S. 32.

III. Geltungsbereich

Die Evaluation soll sowohl für die Grundsteuer auf das in Niedersachsen belegene Grundvermögen als auch für das in Niedersachsen belegene land- und forstwirtschaftliche Vermögen erfolgen. § 14 NGrStG ist mit dem Stammgesetz gem. § 15 Abs. 1 NGrStG **am 14.7.2021 in Kraft getreten**. Wie sich aus § 1 Satz 1 NGrStG[1] und § 12 Abs. 1 NGrStG[2] ergibt, sollen die Regelungen des NGrStG erst für die Erhebung der **Grundsteuer** ab dem **Kalenderjahr 2025** von Bedeutung sein und damit die Evaluierung nach § 14 NGrStG die nach dem NGrStG erhobene Grundsteuer ab dem Kalenderjahr 2025 betrachten.

(Einstweilen frei)

IV. Vereinbarkeit der Vorschrift mit höherrangigem Recht

Die Vorschrift ist **mit höherrangigem Recht vereinbar** und begegnet insbesondere keinen verfassungsrechtlichen Bedenken.

(Einstweilen frei)

V. Verhältnis zu anderen Vorschriften

Die Evaluierung bezieht sich auf die Belastungsverschiebung durch die nach den **§§ 1–13 NGrStG**[3] ermittelte Grundsteuer.

(Einstweilen frei)

B. Systematische Kommentierung

§ 14 NGrStG verpflichtet das in Niedersachsen für Finanzen zuständige Ministerium, nach Abschluss der Hauptfeststellung die Belastungsverteilung der Grundsteuer nach dem NGrStG zum 31.12.2027 zu evaluieren. Das niedersächsische Grundsteuermodell bemüht wie das bayerische Flächenmodell den **Äquivalenzgedanken** zur Formulierung der **Belastungsgrundentscheidung**.[4] Inwieweit es tatsächlich konkret zu Belastungsverschiebungen kommen wird, kann derzeit noch nicht abgeschätzt werden.[5] Eine Evaluation der Belastungsverschiebungen ist zur Abschätzung der Auswirkung der Grundsteuerreform daher sinnvoll. **Belastungsverschiebungen** sind der **Reform immanent** und zwingende Konsequenz der Umsetzung des Bundesverfassungsgerichtsurteils v. 10.4.2018.[6]

Bei der Evaluation wird das Niedersächsische Finanzministerium die im Gesetzentwurf des NGrStG der Fraktionen der SPD und der CDU[7] zur Belastungsentscheidung getroffenen Aussagen und Annahmen zu überprüfen haben, insbesondere:

---

1 Vgl. vertiefend Bock/Lapp in Grootens, NGrStG § 1 Rz. 9.
2 Siehe Bock/Lapp in Grootens, NGrStG § 12 Rz. 31 ff.
3 Siehe hierzu die Kommentierungen bei Bock/Lapp in Grootens, NGrStG §§ 1–13.
4 Vgl. Gesetzentwurf der Koalitionsfraktionen zum Niedersächsischen Grundsteuergesetz, Niedersächsische LT-Drucks. 18/8995 S. 11 f.
5 Zu möglichen Belastungsverschiebungen siehe Bock/Lapp in Grootens, NGrStG Vorwort Rz. 28.
6 BVerfG, Urteil v. 10.4.2018 - 1 BvL 11/14, 1 BvL 12/14, 1 BvL 1/15, 1 BvR 639/11, 1 BvR 889/12, NWB MAAAG-80435.
7 Gesetzentwurf der Koalitionsfraktionen zum Niedersächsischen Grundsteuergesetz, Niedersächsische LT-Drucks. 18/8995 S. 12 f.

- ▶ Die Grundsteuer stelle auch im niedersächsischen Modell eine Objektsteuer dar, die ohne Berücksichtigung der persönlichen Verhältnisse und der subjektiven Leistungsfähigkeit des Steuerschuldners am Grundbesitz anknüpfe und der Finanzierung des allgemeinen kommunalen Finanzbedarfs diene.
- ▶ Das NGrStG verfolge bei der Besteuerung von Grundstücken des Grundvermögens den Äquivalenzgedanken. Dabei seien sowohl Aufwands- als auch Nutzenäquivalenz zu berücksichtigen.
- ▶ Aufwandsäquivalenz:
  - Bei einer an den Grundbesitz anknüpfenden kommunalen Steuer bestehe zwischen den öffentlichen Leistungen der Gemeinden und dem Steueraufkommen ein enger Zusammenhang, wobei bestimmte Leistungen der Gemeinde den jeweiligen Begünstigten direkt und individuell zugeordnet und durch Gebühren und Beiträge abgegolten werden könnten, andere Verbesserungen der kommunalen Infrastruktur jedoch allen Grundstücken zugutekämen.
  - Mit der Grundsteuer B sollen diejenigen Ausgaben der Gemeinde abgedeckt werden, die allen Grundstückseigentümern zugutekommen und nicht über Gebühren und Beiträge gedeckt sind.
  - Die Fläche bilde einen geeigneten Anknüpfungspunkt, da solche Leistungen dem Grund und Boden zugutekämen, aber auch gebäude- und personenbezogen erbracht würden. Nach dem Äquivalenzgedanken sei dem Grundstück mehr Aufwand für bestimmte lokale öffentliche Leistungen zuordenbar, je größer die Flächen (Grund und Boden einschließlich Gebäude) seien. Als Beispiele nennt die niedersächsische Landesregierung den Schutz des Privateigentums durch Brandschutz oder Räumungsdienste, Infrastrukturausgaben, Ausgaben für Kinderbetreuung und Spielplätze, Aufwand für kulturelle Einrichtungen oder zugunsten der Wirtschaftsförderung.
- ▶ Nutzenäquivalenz:
  - Die Lage des Grundstücks sei ein Indikator für die Qualität und Quantität des kommunalen Nutzungsangebots. Diese werde durch den Lage-Faktor sachgerecht berücksichtigt.
  - Dem Lage-Faktor liegt der Gedanke zugrunde, dass sich das kommunale Infrastrukturangebot typischerweise zu einem gewissen Grad in den Grundstückspreisen und folglich in den daraus abgeleiteten Bodenrichtwerten niederschlage. Bei einem über dem kommunalen Durchschnitt liegenden Wert erfordere eine lastengleiche Besteuerung daher eine Erhöhung, bei einem darunterliegenden Wert eine Minderung des Ergebnisses des reinen Flächenmodells.
  - Mit der Wertrelation des Bodenrichtwerts des einzelnen Grundstücks im Vergleich zum durchschnittlichen Bodenrichtwert der Gemeinde werde die Lagequalität in geeigneter Weise typisierend abgebildet. Das Abstellen auf die Relation zum kommunalen Durchschnitt und nicht auf die absolute Höhe des Bodenrichtwerts zeige, dass es sich beim Flächen-Lage-Modell nicht etwa um ein Äquivalenzmodell mit einer gesonderten Wertkomponente (sogenanntes Mischmodell), sondern um ein reines Äquivalenzmodell handele. Es stelle dem Flächenmodell ein weiteres sachgerechtes Indiz für das Ausmaß der möglichen Inanspruchnahme kommunaler Leistungen zur Seite.

- Weil nicht alle Wertdifferenzen auf Infrastrukturleistungen der Kommunen zurückzuführen seien, sondern auch andere Umstände eine Rolle spielen, folge die Anpassung der Bemessungsgrundlage nicht in vollem Umfang den Bodenrichtwertunterschieden, sondern lediglich gedämpft.

Ob und inwieweit das **Belastungsziel** des NGrStG erreicht werden konnte, welche **Belastungsverschiebungen** sich ergeben haben und ob **ggf. gesetzgeberischer Nachbesserungsbedarf** durch den Landesgesetzgeber besteht, bleibt der **Evaluation** des zuständigen Finanzministeriums Niedersachsen nach § 14 NGrStG nach Abschluss der Hauptfeststellung zum 31.12.2027 vorbehalten. 28

§ 15 NGrStG Inkrafttreten, Außerkrafttreten

(1) Dieses Gesetz tritt am Tag nach seiner Verkündung in Kraft.

(2) § 13 tritt am 31. Dezember 2029 außer Kraft.

Inhaltsübersicht	Rz.
A. Allgemeine Erläuterungen	1 - 25
I. Normzweck und wirtschaftliche Bedeutung der Vorschrift	1 - 5
II. Entstehung und Entwicklung der Vorschrift	6 - 10
III. Geltungsbereich	11 - 15
IV. Vereinbarkeit der Vorschrift mit höherrangigem Recht	16 - 20
V. Verhältnis zu anderen Vorschriften	21 - 25
B. Systematische Kommentierung	26 - 31
I. Inkrafttreten des NGrStG (§ 15 Abs. 1 NGrStG)	26 - 30
II. Außerkrafttreten des § 13 NGrStG (§ 15 Abs. 2 NGrStG)	31

HINWEISE:

A 15 des Runderlasses des Niedersächsischen Finanzministeriums, Anwendung des Niedersächsischen Grundsteuergesetzes (NGrStG) zur Bewertung des Grundvermögens für die Grundsteuer ab 1.1.2022 (AENGrStG), RdErl. d. MF v. 22.2.2022 - G 1002-6 - 62100.

A. Allgemeine Erläuterungen

I. Normzweck und wirtschaftliche Bedeutung der Vorschrift

§ 15 Abs. 1 NGrStG regelt den Zeitpunkt des Inkrafttretens des Gesetzes und § 15 Abs. 2 NGrStG das Außerkrafttreten von § 13 NGrStG. 1

(Einstweilen frei) 2–5

II. Entstehung und Entwicklung der Vorschrift

Die Vorschrift wurde im Jahr 2021 mit dem **Stammgesetz** in das NGrStG aufgenommen.[1] 6

---

[1] Niedersächsisches Grundsteuergesetz v. 7.7.2021, Nds. GVBl Nr. 27/2021 S. 502 ff.

7   Auf Anregung des Finanzministeriums Niedersachsen wurde das Inkrafttreten des NGrStG im parlamentarischen Verfahren nicht auf einen bestimmten Zeitpunkt, sondern auf den Tag nach der Verkündung des Gesetzes festgelegt.[1]

8–10   *(Einstweilen frei)*

III. Geltungsbereich

11   Das NGrStG trifft überwiegend für **in Niedersachsen belegenes Grundvermögen** abweichende Regelungen zum Grundvermögen und vor allem in § 11 NGrStG punktuell vom Bundesrecht abweichende Regelungen für in Niedersachsen belegenes **land- und forstwirtschaftliches Vermögen**. § 15 NGrStG bestimmt, wann diese Regelungen in Kraft treten und wann § 13 NGrStG außer Kraft tritt. Wie sich aus § 1 Satz 1 NGrStG[2] und § 12 Abs. 1 NGrStG[3] ergibt, sollen die Regelungen des NGrStG allerdings erst für die Erhebung der **Grundsteuer** ab dem **Kalenderjahr 2025** von Bedeutung sein.

12–15   *(Einstweilen frei)*

IV. Vereinbarkeit der Vorschrift mit höherrangigem Recht

16   Die Norm begegnet als solche keinen verfassungsrechtlichen Bedenken. Soweit mit ihr Normen in Kraft gesetzt werden, die ihrerseits verfassungsrechtlichen Bedenken unterliegen, wird auf die Kommentierung der jeweiligen Normen verwiesen.[4]

17–20   *(Einstweilen frei)*

V. Verhältnis zu anderen Vorschriften

21   § 15 Abs. 1 NGrStG setzt die **§§ 1–14 NGrStG**[5] am Tag nach der Verkündung in Kraft. § 15 Abs. 2 NGrStG setzt die Übergangsregelungen des **§ 13 NGrStG** am 31.12.2029 außer Kraft.

22–25   *(Einstweilen frei)*

B. Systematische Kommentierung

I. Inkrafttreten des NGrStG (§ 15 Abs. 1 NGrStG)

26   § 15 Abs. 1 NGrStG regelt, dass das NGrStG **am Tag nach seiner Verkündung in Kraft tritt**. Das NGrStG wurde am 7.7.2021 vom Niedersächsischen Landtag beschlossen[6] und am 13.7.2021 im Niedersächsischen Gesetz- und Verordnungsblatt verkündet.[7] Es ist damit am 14.7.2021 in Kraft getreten. Wie sich aus § 1 Satz 1 NGrStG[8] und § 12 Abs. 1 NGrStG[9] ergibt, sollen die Rege-

---

[1] Niedersächsische LT-Drucks. 18/9632 S. 32.
[2] Vgl. vertiefend Bock/Lapp in Grootens, NGrStG § 1 Rz. 9.
[3] Siehe Bock/Lapp in Grootens, NGrStG § 12 Rz. 31 ff.
[4] Siehe allgemein zum Äquivalenzmodell Bock/Lapp in Grootens, NGrStG Vorwort Rz. 42 ff.
[5] Siehe hierzu die Kommentierungen bei Bock/Lapp in Grootens, NGrStG §§ 1–14.
[6] Siehe stenografischer Bericht über die 114. Sitzung des niedersächsischen Landtags v. 7.7.2021 S. 10812.
[7] Nds. GVBl Nr. 27/2021, ausgegeben am 13.7.2021 S. 502 ff.
[8] Vgl. vertiefend Bock/Lapp in Grootens, NGrStG § 1 Rz. 9.
[9] Siehe Bock/Lapp in Grootens, NGrStG § 12 Rz. 31 ff.

lungen des NGrStG allerdings erst für die Erhebung der **Grundsteuer** ab dem **Kalenderjahr 2025** von Bedeutung sein.

(Einstweilen frei) 27–30

II. Außerkrafttreten des § 13 NGrStG (§ 15 Abs. 2 NGrStG)

§ 15 Abs. 2 NGrStG regelt, dass **§ 13 NGrStG** am 31.12.2029 **außer Kraft tritt**. § 13 NGrStG trifft Übergangsregelungen in Bezug auf den Wechsel von der Einheitsbewertung für Zwecke der Grundsteuer hin zum niedersächsischen Grundsteuermodell. Dabei ist nach § 13 NGrStG für die Anwendung bestimmter Vorschriften zu unterstellen, dass die zu treffenden Feststellungen nach dem NGrStG bereits vor dem 1.1.2025 von Bedeutung sind. Nach Auslaufen der Einheitsbewertung zum 1.1.2025 hätte auch auf die Übergangsregelung verzichtet werden können. Ein Außerkrafttreten des § 13 NGrStG mit Auslaufen der Einheitsbewertung bereits zum 1.1.2025 wäre damit wohl unschädlich gewesen. Der niedersächsische Gesetzgeber hält einen weitergehenden Bestand der Regelung wegen des späteren vollständigen Abschlusses der Systemumstellung, insbesondere aufgrund möglicher langjähriger verfassungsrechtlicher Überprüfungen für erforderlich.[1] Zudem dürfte mit Ablauf des 31.12.2029 in Bezug auf die Grundsteuerbescheide des Jahres 2025 die übliche Feststellungsverjährung eingetreten sein. 31

---

1 Vgl. Niedersächsische LT-Drucks. 18/9632 S. 32.

Abschnitt VI: Saarland

Vorwort zur Kommentierung des LGrStG Saar

Inhaltsübersicht	Rz.
A. Besonderheiten der Landesregelung in Abgrenzung zur Bundesregelung	1 - 30
I. Öffnungsklausel für abweichendes Landesrecht	1 - 3
II. Ziele der landesrechtlichen Sonderregelung	4 - 10
III. Festlegung der abweichenden Messzahlen	11 - 20
IV. Folgen der Reform für die Grundstückeigentümer	21 - 30
B. Verfassungsrechtliche Überlegungen	31 - 46
I. Formelle Verfassungsmäßigkeit	31 - 35
II. Materielle Verfassungsmäßigkeit	36 - 45
III. Zusammenfassung	46

A. Besonderheiten der Landesregelung in Abgrenzung zur Bundesregelung

I. Öffnungsklausel für abweichendes Landesrecht

1 Durch das „Gesetz zur Änderung des Grundgesetzes" v. 15.11.2019 ist es den Bundesländern nach Art. 72 Abs. 3 Satz 1 Nr. 7 GG möglich, ganz oder zum Teil von einem Bundesgesetz zur Grundsteuer abzuweichen. Diese Möglichkeit hat das Saarland genutzt und abweichendes Grundsteuerrecht geschaffen. Hierzu hat der Landtag des Saarlandes in seiner Sitzung am 15.9.2021 das **Gesetz zur Einführung einer Landesgrundsteuer (Saarländisches Grundsteuergesetz, GrStG-Saar)**[1] verabschiedet. Das Gesetz ist am 29.10.2021 in Kraft getreten.

2 Mit dem Gesetz zur Einführung einer Landesgrundsteuer wird punktuell die in Art. 105 Abs. 2 GG i.V. mit Art. 72 Abs. 3 Satz 1 Nr. 7 GG eingeräumte **Befugnis zur Schaffung landesrechtlicher Regelungen** für die Bewertung des Grundvermögens für Zwecke der Grundsteuer wahrgenommen. Der Erhebung der Grundsteuer werden die Werte entsprechend Art. 125b Abs. 3 GG **ab dem 1.1.2025** zugrunde gelegt.

3 *(Einstweilen frei)*

II. Ziele der landesrechtlichen Sonderregelung

4 Ziel des GrStG-Saar ist es, den **regionalen Besonderheiten im Saarland** durch eine zwischen den Grundstücksarten differenzierende Festlegung von Steuermesszahlen Rechnung zu tragen. Eine durch das Bundesmodell zu erwartende starke Belastung von wohnlich genutzten Grundstücken im Saarland werde damit abgemildert.[2]

5 Das Recht auf menschenwürdiges Wohnen ist in der Bundesrepublik Deutschland ein allgemein anerkanntes existenzielles Grundbedürfnis (Art. 1 und Art. 20 GG, Art. 1 und Art. 60 der Verfassung des Saarlandes), welches auch international verankert ist. Bei der **Schaffung und**

---

[1] Amtsblatt des Saarlandes I 2021 S. 2372.
[2] Vgl. Drucks. 16/1653 des Saarländischen Landtags, S. 6.

Verfügbarmachung von ausreichendem Wohnraum handelt es sich um einen bedeutenden **Gemeinwohlbelang**. Dieser werde durch die **steuerliche Privilegierung** unterstützt.[1]

Durch das GrStG-Saar wird **keine strukturelle Erhöhung des Grundsteueraufkommens** verfolgt. An die Gemeinden wird im Rahmen ihrer kommunalen Selbstverwaltungshoheit appelliert, das aus der Neubewertung des Grundbesitzes resultierende Grundsteueraufkommen zu evaluieren und unter dem Ziel der **Aufkommensneutralität der Grundsteuerreform** die Festlegung der kommunalen Hebesätze zu prüfen.[2]

Ungeachtet der Etablierung landesspezifischer Steuermesszahlen wird das **Bundesmodell dem Grunde nach unverändert** umgesetzt. Dadurch werde ein Gleichlauf mit vielen anderen Ländern, wie beispielsweise dem benachbarten Bundesland Rheinland-Pfalz, hergestellt und eine intensive Zusammenarbeit im Bereich der Fortbildung, der Entwicklung und Nutzung von Programmen und der organisatorischen und fachlichen Arbeit, gewährleistet.[3] Die partielle Inanspruchnahme der Länderöffnungsklausel sichere die **Berücksichtigung lokaler Gegebenheiten** bei gleichzeitig geringer Abweichung vom Bundesmodell. Es bleibt insbesondere bei der im Bundesrecht vorgesehenen wertorientierten Besteuerung des Grundbesitzes.

§ 1 Abs. 2 GrStG-Saar dient der gesetzlichen Klarstellung, dass **Bezugsgröße für die bundesgesetzlichen Ermäßigungstatbestände in § 15 Abs. 2–5 GrStG** die landesspezifischen Messzahlen sind. Damit wird sichergestellt, dass die bundesgesetzliche Förderung im gleichen Verhältnis auch im Saarland gilt.[4]

(Einstweilen frei) 9–10

III. Festlegung der abweichenden Messzahlen

Die **Steuermesszahl** beträgt abweichend von § 15 Abs. 1 Nr. 1 und 2 GrStG für im Saarland belegene

1. **unbebaute Grundstücke** i. S. des § 246 BewG 0,64 Promille,
2. **bebaute Grundstücke** i. S. des § 249 Absatz 1 Nr. 1 bis 4 BewG (Wohngrundstücke) **0,34 Promille** und
3. **bebaute Grundstücke** i. S. des § 249 Absatz 1 Nr. 5 bis 8 BewG (Nichtwohngrundstücke) **0,64 Promille.**

Im Gegensatz zur Regelung des Landes **Sachsen** (SächsGrStMG) bezieht der **saarländische Gesetzgeber die unbebauten Grundstücke nicht** in die Festlegung einer gegenüber den Nichtwohngrundstücken abgesenkten Messzahl ein (vgl. zur Festlegung der Messzahlen für die einzelnen Grundstücksgruppen in Sachsen Grootens in Grootens, Vorwort SächsGrStMG Rz. 9).

Im Ergebnis erfolgt im Saarland gegenüber dem Bundesmodell eine deutliche **Abweichung** bei der Festlegung **der Höhe der Steuermesszahl für unbebaute Grundstücke und für nicht überwiegend wohnlich genutzte Grundstücke** des Grundvermögens. Die Messzahl für die Wohngrundstücke entspricht der Höhe der Messzahl des § 15 Abs. 1 Nr. 2a GrStG i. d. F. des GrStRefG.[5] Damit wird die - im Bundesrecht bereits angelegte - Möglichkeit **abweichender Messzahlen differenziert nach Grundstücksarten** im Landesrecht zur Förderung des Wohn-

---

[1] Vgl. Drucks. 16/1653 des Saarländischen Landtags, S. 6.
[2] Vgl. Drucks. 16/1653 des Saarländischen Landtags, S. 6.
[3] Vgl. Drucks. 16/1653 des Saarländischen Landtags, S. 2.
[4] Vgl. Drucks. 16/1653 des Saarländischen Landtags, S. 7.
[5] Vgl. zur zwischenzeitlichen Anpassung des § 15 GrStG durch das GrStRefUG Rz. 14.

raums genutzt. Im Bereich der Land- und Forstwirtschaft wird kein Bedarf für eine abweichende Steuermesszahl gesehen.[1]

13 Mit der Festlegung einer gegenüber den anderen Messzahlen geringeren Messzahl für sogenannte **Wohngrundstücke** werden diese **zielgerichtet geringer** als im Bundesmodell **belastet**. Um eine deutliche Anhebung der Hebesätze der Kommunen zu vermeiden, wird der Weg über eine Erhöhung der Messzahlen für unbebaute Grundstücke und im Sachwertverfahren zu bewertende Nichtwohngrundstücke gewählt.[2]

14 Mit dem GrStRefUG[3] wurde in der bundesgesetzlichen Regelung die Steuermesszahl für die im Ertragswertverfahren bewerteten Wohngrundstücke von 0,34 Promille auf 0,31 Promille abgesenkt (§ 15 Abs. 1 Nr. 2a GrStG i. d. F. des GrStRefUG). Die Anpassung war notwendig geworden, weil mit dem GrStRefUG gleichzeitig die Anlage 39 zum BewG (Ermittlung des Rohertrages) an die Ergebnisse des Mikrozensus 2018 angepasst wurde und damit eine Erhöhung der dem Bewertungsverfahren zu Grunde zu legenden Mietansätze einherging (vgl. zur Anhebung der Mietansätze durch das GrStRefUG und der kompensierenden Absenkung der Messzahl für die Wohngrundstücke vertiefend Grootens in Grootens, BewG § 254 Rz. 34). Eine gesonderte Reaktion des saarländischen Gesetzgebers auf die auch für das Saarland angehobenen Mietansätze erfolgte (bisher) nicht. Es ist aus der Gesetzesbegründung zum GrStG-Saar nicht erkennbar, ob der saarländische Gesetzgeber diese Anpassung der Anlage 39 bereits bei seiner Messzahlenfestlegung antizipiert hat. Da in der Gesetzesbegründung[4] noch die Messzahl von 0,34 Promille für Wohngrundstücke als Referenz angeführt wird, ist davon wohl nicht auszugehen. In diesem Fall wäre ein Teil der berechneten Entlastungswirkung aufgrund der niedrigeren Messzahl durch die angehobenen Mietansätze in der Anlage 39 zum BewG wieder aufgehoben worden.

15–20 *(Einstweilen frei)*

IV. Folgen der Reform für die Grundstückeigentümer

21 Die Grundsteuerreform soll im Grundsatz **aufkommensneutral** durchgeführt werden. Dabei wird nicht auf die Änderungen beim einzelnen Steuerpflichtigen, sondern auf das jeweilige **kommunale Gesamtaufkommen** der Grundsteuer abgestellt.

22 Durch die Festlegung der abweichenden Messzahlen wird im Saarland eine **Verschiebung des Messbetragsvolumens** von den Wohngrundstücken hin zu den Nichtwohngrundstücken und den unbebauten Grundstücken erzielt. Passt die jeweilige Gemeinde ihren Hebesatz entsprechend der durch die Reform verursachten Veränderungen im Gesamtmessbetragsvolumen an, wird dadurch eine **Verschiebung des Grundsteueraufkommens zulasten der Nichtwohngrundstücke und der unbebauten Grundstücke** erreicht. Dies ist das erklärte Ziel des Gesetzgebers.[5]

23–30 *(Einstweilen frei)*

---

[1] Vgl. Drucks. 16/1653 des Saarländischen Landtags, S. 3.
[2] Vgl. Drucks. 16/1653 des Saarländischen Landtags, S. 3.
[3] GrStRefUG v. 16.7.2021, BGBl 2021 I S. 2931.
[4] Vgl. Drucks. 16/1653 des Saarländischen Landtags, S. 2.
[5] Vgl. →Rz. 4 ff.

B. Verfassungsrechtliche Überlegungen

I. Formelle Verfassungsmäßigkeit

Aus **formeller Sicht** ist die abweichende Regelung des Saarlands verfassungsrechtlich nicht zu beanstanden. Das Land hat von seiner in Art 72 Abs. 3 Nr. 7 GG normierten **Gesetzgebungskompetenz** zulässigerweise Gebrauch gemacht. Die Änderung wird zusammen mit den übrigen Vorschriften des GrStG **ab dem 1.1.2025** wirksam, so dass auch der in Art. 125b Abs. 3 GG normierten „**Anlaufhemmung**" bezüglich der eingeräumten Gesetzgebungskompetenz Rechnung getragen wurde. 31

(Einstweilen frei) 32–35

II. Materielle Verfassungsmäßigkeit

Aus **materieller Sicht** stellt sich die Frage nach der **Folgerichtigkeit** der Regelung und der ausreichenden Begründung für das gewünschte **Lenkungsziel**. Das Recht auf menschenwürdiges **Wohnen** ist in der Bundesrepublik Deutschland ein allgemein **anerkanntes existenzielles Grundbedürfnis** (Art. 1 und Art. 20 GG, Art. 1 und Art. 60 der Verfassung des Saarlandes), welches auch international verankert ist. Bei der Schaffung und Verfügbarmachung von ausreichendem Wohnraum handelt es sich um einen bedeutenden **Gemeinwohlbelang**. 36

Der **Bedarf der Förderung von Wohnraum**, der über die Ermäßigungstatbestände in § 15 Abs. 2–4 GrStG hinausgeht, wurde im Saarland im Rahmen von **Probeberechnungen** anhand des Bundesmodells festgestellt.[1] Aus den Beispielsrechnungen kristallisierte sich ein Absinken des **Anteils** der im **Sachwertverfahren bewerteten Grundstücke am Gesamtmessbetragsvolumen** auf tendenziell nur noch rund die **Hälfte des bisherigen Anteils** heraus. Dies hätte zur Folge, dass insbesondere Kommunen, deren Grundsteueraufkommen von umfangreichen Industrie- und Geschäftsgrundstücken dominiert wird, ihre Grundsteuerhebesätze deutlich anheben müssten, um ihr bisheriges Grundsteueraufkommen beizubehalten. Durch die Anhebung der Hebesätze würde eine **Mehrbelastung der Grundstücke**, die im **Ertragswertverfahren** bewertet werden, erfolgen. Als letzte Konsequenz würden die im Saarland besonders stark vertretenen Eigentümer von Ein- und Zweifamilienhäusern diese Belastung tragen müssen. Diese Mehrbelastung der wohnlichen Nutzung ist ein nicht gewünschter Effekt, dem gezielt durch eine niedrigere Messzahl entgegengewirkt wird. 37

(Einstweilen frei) 38–45

III. Zusammenfassung

Das GrStG-Saar ist aus **verfassungsrechtlicher Sicht** m. E. **nicht zu beanstanden**. Klarheit darüber, ob die nun getroffenen gesetzlichen Regelungen der verfassungsrechtlichen Prüfung in allen Punkten standhalten, wird es erst nach einer erneuten gerichtlichen Überprüfung geben. 46

---

1 Vgl. Drucks. 16/1653 des Saarländischen Landtags, S. 3.

§ 1 GrStG-Saar Steuermesszahlen für Grundstücke des Grundvermögens

(1) Die Steuermesszahlen für im Saarland belegene Grundstücke des Grundvermögens betragen abweichend von § 15 Absatz 1 des Grundsteuergesetzes in der Fassung der Bekanntmachung vom 7. August 1973 (BGBl I S. 965), zuletzt geändert durch Artikel 3 des Gesetzes vom 16. Juli 2021 (BGBl I S. 2931),

1. 0,64 Promille für unbebaute Grundstücke im Sinne des § 246 des Bewertungsgesetzes in der Fassung der Bekanntmachung vom 1. Februar 1991 (BGBl I S. 230), zuletzt geändert durch Artikel 1 und 2 des Gesetzes vom 16. Juli 2021 (BGBl I S. 2931),
2. 0,34 Promille für bebaute Grundstücke im Sinne des § 249 Absatz 1 Nummer 1 bis 4 des Bewertungsgesetzes und
3. 0,64 Promille für bebaute Grundstücke im Sinne des § 249 Absatz 1 Nummer 5 bis 8 des Bewertungsgesetzes.

(2) Für § 15 Absatz 2 bis Absatz 5 des Grundsteuergesetzes sind die Steuermesszahlen nach § 1 Absatz 1 maßgeblich.

Inhaltsübersicht

	Rz.
A. Allgemeine Erläuterungen zum GrStG-Saar	1 - 21
I. Normzweck und wirtschaftliche Bedeutung der Vorschrift	1 - 6
II. Entstehung und Entwicklung der Vorschrift	7 - 11
III. Geltungsbereich	12 - 16
IV. Verhältnis zu anderen Vorschriften	17 - 21
B. Systematische Kommentierung	22 - 36
I. Steuermesszahl für Grundstücke (§ 1 Abs. 1 GrStG-Saar)	22 - 35
1. Steuermesszahl für unbebaute Grundstücke (§ 1 Abs. 1 Nr. 1 GrStG-Saar)	22 - 26
2. Steuermesszahl für bebaute Grundstücke (§ 1 Abs. 1 Nr. 2 und 3 GrStG-Saar)	27 - 35
a) Steuermesszahl für die Wohngrundstücke (§ 1 Abs. 1 Nr. 2 GrStG-Saar)	27 - 30
b) Steuermesszahl für die Nichtwohngrundstücke und gemischt genutzten Grundstücke (§ 1 Abs. 1 Nr. 3 GrStG-Saar)	31 - 35
II. Bemessungsgrundlage für die Ermäßigung der Messzahlen (§ 1 Abs. 2 GrStG-Saar)	36

LITERATUR:

Hubert, Nach ist vor der Grundsteuerreform, StuB 2020 S. 552; *Grootens*, Umsetzung der Grundsteuerreform in den Ländern – Der Flickenteppich kommt!, ErbStB 2021 S. 80; *Bräutigam*, Grundsteuerreform – von der künftigen Diversität einer Steuerart, DStR 2021 S. 1330; *Scheffler/Feldner*, Umsetzung der Grundsteuerreform in den Bundesländern – Auswirkungen und verfassungsrechtliche Beurteilung, ifst-Schrift Nr. 542.

A. Allgemeine Erläuterungen zum GrStG-Saar

I. Normzweck und wirtschaftliche Bedeutung der Vorschrift

1 § 15 GrStG bestimmt zunächst bundeseinheitlich die **Steuermesszahlen** für die Grundstücksarten **des Grundvermögens**. Die Steuermesszahl wird auf den festgestellten Grundsteuerwert für das jeweilige Grundstück angewendet und ergibt den Grundsteuermessbetrag der jeweili-

gen wirtschaftlichen Einheit des Grundvermögens. Dabei differenziert § 15 Abs. 1 GrStG dem Grunde nach zwischen den unbebauten Grundstücken und den Grundstücksarten der Wohngrundstücke und der Nichtwohngrundstücke einschließlich der gemischt genutzten Grundstücke. Der Höhe nach beträgt die Steuermesszahl nach Bundesrecht **0,34 Promille** für die Nichtwohngrundstücke und die unbebauten Grundstücke und **0,31 Promille** für Wohngrundstücke.[1] Auf den Steuermessbetrag findet der jeweilige Hebesatz der Gemeinde für das Grundvermögen Anwendung (sog. **Grundsteuer B**) und ergibt die Grundsteuer für das jeweilige Grundstück.

Nach Art. 72 Abs. 3 Nr. 7 GG können die **Länder** von der bundesgesetzlich geregelten Grundsteuer **abweichende Regelungen** treffen. Dies gilt auch für die Steuermesszahlen. Die Länder können daher auch nur abweichende Steuermesszahlen festlegen und im Übrigen das Bundesmodell anwenden. Auf diese Weise können die Länder ein **aufkommensneutrales Steuermessbetragsvolumen** beispielsweise in Bezug auf das Grundvermögen auf Landesebene herstellen.

Das Saarland hat diese Möglichkeit genutzt und abweichende Grundsteuermesszahlen für das Saarland festgelegt.[2] Hierzu hat der Landtag des Saarlands in seiner Sitzung am 15.9.2021 das **Gesetz zur Einführung einer Landesgrundsteuer (Saarländisches Grundsteuergesetz, GrStG-Saar)**[3] verabschiedet.

(Einstweilen frei) 4–6

II. Entstehung und Entwicklung der Vorschrift

Das **GrStG-Saar**[4] wurde am 15.9.2021 vom Saarländischen Landtag verabschiedet. Es tritt nach § 2 GrStG-Saar am Tag nach der Verkündung in Kraft, mithin am **29.10.2021**. Die abweichenden Messzahlen des GrStG-Saar sind somit bereits für die erste **Hauptveranlagung der Grundsteuermessbeträge auf den 1.1.2025** anzuwenden.[5]

(Einstweilen frei) 8–11

III. Geltungsbereich

Das GrStG-Saar[6] legt für alle im Gebiet des Saarlands belegene wirtschaftliche Einheiten des **Grundvermögens** (Grundstücke und diesen gleichgestellte Betriebsgrundstücke) vom Bundesrecht **abweichende Messzahlen** fest. Das GrStG-Saar gilt hingegen **nicht für das land- und forstwirtschaftliche Vermögen**, da die Steuermesszahl für das land- und forstwirtschaftliche Vermögen in § 14 GrStG geregelt wird. Da die Wohngebäude eines land- und forstwirtschaftlichen Betriebs nunmehr dem Grundvermögen zugeordnet werden, findet das GrStG-Saar auf diese uneingeschränkte Anwendung.

Das **GrStG-Saar** findet gem. § 2 GrStG-Saar i.V. mit § 37 Abs. 1 GrStG für die Grundsteuer **ab dem Kalenderjahr 2025** Anwendung. **§ 15 GrStG i.d.F. des Grundsteuerreformgesetzes v. 7.8.1973** mit der letzten Änderung durch Art. 38 des Gesetzes v. 19.12.2008 (BGBl I S. 2794)

---

[1] Vgl. zu den Messzahlen im Bundesrecht Bock in Grootens, GrStG § 15 Rz. 1 ff.
[2] Vgl. hierzu auch ausführlich Grootens in Grootens, Vorwort GrStG-Saar Rz. 1 ff.
[3] Saarländisches Grundsteuergesetz (GrStG-Saar) v. 15.9.2021, Amtsblatt des Saarlandes I 2021 S. 2372.
[4] Saarländisches Grundsteuergesetz (GrStG-Saar) v. 15.9.2021, Amtsblatt des Saarlandes I 2021 S. 2372.
[5] Vgl. § 16 GrStG i.V. mit § 36 GrStG.
[6] Saarländisches Grundsteuergesetz (GrStG-Saar) v. 15.9.2021, Amtsblatt des Saarlandes I 2021 S. 2372.

findet nach § 37 Abs. 2 GrStG für die Grundsteuer **bis einschließlich des Kalenderjahres 2024** Anwendung.

14–16 *(Einstweilen frei)*

IV. Verhältnis zu anderen Vorschriften

17   Die Steuermesszahl für das Grundvermögen ist nach **§ 13 Satz 2 GrStG** auf den nach **§ 219 Abs. 1 BewG** festgestellten Grundsteuerwert der jeweiligen wirtschaftlichen Einheit des Grundvermögens anzuwenden und ergibt den Steuermessbetrag. Die Ermittlung des Grundsteuerwerts des jeweiligen Grundstücks richtet sich nach **§§ 243 ff. BewG**. Das GrStG-Saar differenziert zwischen den unbebauten Grundstücken nach **§ 246 BewG** und innerhalb der bebauten Grundstücke zwischen den Wohngrundstücken nach **§ 249 Abs. 1 Nr. 1–4 BewG** und den Nichtwohngrundstücken einschließlich der gemischt genutzten Grundstücke nach **§ 249 Abs. 1 Nr. 5–8 BewG**. Die Einordnung in eine der Grundstücksarten ergibt sich aus **§ 249 Abs. 2–10 BewG**.

18   **§ 25 Abs. 5 GrStG** i. d. F. des Gesetzes zur Mobilisierung baureifer Grundstücke für die Bebauung sieht ab dem 1.1.2025 zudem die Möglichkeit für die Gemeinden vor, für baureife unbebaute Grundstücke i. S. von § 15 Abs. 1 Nr. 1 GrStG einen erhöhten Hebesatz festzulegen (sog. **Grundsteuer C**).[1]

19–21 *(Einstweilen frei)*

B. Systematische Kommentierung

I. Steuermesszahl für Grundstücke (§ 1 Abs. 1 GrStG-Saar)

1. Steuermesszahl für unbebaute Grundstücke (§ 1 Abs. 1 Nr. 1 GrStG-Saar)

22   Die in § 15 Abs. 1 Nr. 1 GrStG bundesgesetzlich geregelte **Steuermesszahl** für unbebaute Grundstücke beträgt nach § 15 Abs. 1 Nr. 1 GrStG einheitlich **0,34 Promille**. Wann ein unbebautes Grundstück vorliegt, richtet sich nach § 246 BewG.[2] Zur Ermittlung des Steuermessbetrags ist die Steuermesszahl mit dem festgestellten Grundsteuerwert des jeweiligen unbebauten Grundstücks zu multiplizieren.[3]

23   Durch **§ 1 Abs. 1 Nr. 1 GrStG-Saar** wird die Messzahl für im Saarland belegene unbebaute Grundstücke i. S. des § 246 BewG **abweichend von der bundesgesetzlichen Regelung auf 0,64 Promille** festgelegt. Damit werden **unbebaute Grundstücke** im Saarland ebenso wie die Nichtwohngrundstücke (vgl. →Rz. 32) gegenüber den Wohngrundstücken (Messzahl 0,34 Promille, vgl. →Rz. 28) **höher mit Grundsteuer belastet** (vgl. zur Intention des Gesetzgebers ausführlich Grootens in Grootens, Vorwort GrStG-Saar Rz. 4 ff. und zur Auswirkung der abweichenden Messzahlenfestlegung Grootens in Grootens, Vorwort GrStG-Saar Rz. 21 f.).

24   Die im Rahmen des GrStG-Saar vorgenommene **Regelung für unbebaute Grundstücke** bewirkt, dass bei unbebauten Grundstücken dieselbe Steuermesszahl wie bei Nichtwohngrundstücken

---

[1] Siehe hierzu vertiefend Grootens in Grootens, GrStG § 25 Rz. 121 ff.
[2] Siehe dazu vertiefend Bock in Grootens, BewG § 246 Rz. 17 ff.
[3] Vgl. vertiefend dazu Bock in Grootens, GrStG § 15 Rz. 22.

zur Anwendung kommt. Damit sollen unbebaute Grundstücke ungeachtet ihrer möglichen Nutzbarkeit für Wohnbebauung höher belastet werden.[1]

(Einstweilen frei) 25–26

2. Steuermesszahl für bebaute Grundstücke (§ 1 Abs. 1 Nr. 2 und 3 GrStG-Saar)

a) Steuermesszahl für die Wohngrundstücke (§ 1 Abs. 1 Nr. 2 GrStG-Saar)

Die bundesgesetzlich geregelte **Steuermesszahl** für die Wohngrundstücke i. S. des § 249 Abs. 1 Nr. 1–4 BewG beträgt nach § 15 Abs. 1 Nr. 1 GrStG i. d. F. des GrStRefUG[2] einheitlich **0,31 Promille**. Wohngrundstücke i. S. des § 249 Abs. 1 Nr. 1–4 BewG sind Ein- und Zweifamilienhäuser, Mietwohngrundstücke und das Wohnungseigentum. Die Einordnung in eine dieser Grundstücksarten richtet sich nach § 246 Abs. 2–5 und Abs. 10 BewG.[3] Zur Ermittlung des Steuermessbetrags ist der festgestellte Grundsteuerwert des jeweiligen bebauten Grundstücks i. S. des § 249 Abs. 1 Nr. 1–4 BewG mit der Steuermesszahl zu multiplizieren.[4] 27

Durch **§ 1 Abs. 1 Nr. 2 GrStG-Saar** wird die Messzahl für im Saarland belegene **Wohngrundstücke** i. S. des § 249 Abs. 1 Nr. 1–4 BewG **abweichend von der bundesgesetzlichen Regelung auf 0,34 Promille** festgelegt. Damit werden **Wohngrundstücke** im Saarland gegenüber den Nichtwohngrundstücken (Messzahl 0,64 Promille, vgl. →Rz. 32) und den unbebauten Grundstücken (Messzahl 0,64 Promille, vgl. Rz. →22) **geringer mit Grundsteuer belastet** (vgl. zur Intention des Gesetzgebers ausführlich Grootens in Grootens, Vorwort GrStG-Saar Rz. 4 ff. und zur Auswirkung der abweichenden Messzahlenfestlegung Grootens in Grootens, Vorwort GrStG-Saar Rz. 21 f.). Auf die Absenkung der Messzahl für die Wohngrundstücke in § 15 Abs. 1 Nr. 2a GrStG von 0,34 Promille auf 0,31 Promille durch GrStRefUG[5] hat der saarländische Gesetzgeber soweit erkennbar nicht durch eine entsprechende Absenkung der Messzahlen für die Wohngrundstücke im GrStG-Saar reagiert (vgl. zur Änderung der Messzahlen durch das GrStRefUG und dem Einfluss auf die Festlegung der Messzahlen im Saarland Grootens in Grootens, Vorwort GrStG-Saar Rz. 14). 28

(Einstweilen frei) 29–30

b) Steuermesszahl für die Nichtwohngrundstücke und gemischt genutzten Grundstücke (§ 1 Abs. 1 Nr. 3 GrStG-Saar)

Die bundesgesetzlich geregelte **Steuermesszahl** für die Nichtwohngrundstücke und gemischt genutzten bebauten Grundstücke i. S. des § 249 Abs. 1 Nr. 5–8 BewG beträgt nach § 15 Abs. 1 Nr. 1 GrStG einheitlich **0,34 Promille**. Nichtwohngrundstücke i. S. des § 249 Abs. 1 Nr. 5, Nr. 6 und Nr. 8 BewG sind Teileigentum, die Geschäftsgrundstücke und sonstige bebaute Grundstücke. Die Einordnung in eine dieser Grundstücksarten richtet sich nach § 246 Abs. 6–9 BewG.[6] Zur Ermittlung des Steuermessbetrags ist der festgestellte Grundsteuerwert des jeweiligen bebauten Grundstücks i. S. des § 249 Abs. 1 Nr. 5–8 BewG zu multiplizieren.[7] 31

---

1 Vgl. Drucks. 16/1653 des Saarländischen Landtags, S. 3.
2 GrStRefUG v. 16.7.2021, BGBl 2021 I S. 2931.
3 Siehe dazu vertiefend Bock in Grootens, BewG § 249 Rz. 19 ff.
4 Vgl. Bock in Grootens, GrStG § 15 Rz. 23.
5 GrStRefUG v. 16.7.2021, BGBl 2021 I S. 2931.
6 Siehe dazu vertiefend Bock in Grootens, BewG § 249 Rz. 64 ff.
7 Vgl. Bock in Grootens, GrStG § 15 Rz. 23.

32 Durch § 1 Abs. 1 Nr. 3 GrStG-Saar wird die Messzahl für im Saarland belegene **Nichtwohngrundstücke** und gemischt genutzte bebaute Grundstücke i. S. des § 249 Abs. 1 Nr. 5–8 BewG **abweichend von der bundesgesetzlichen Regelung auf 0,64 Promille** festgelegt. Damit werden **Nichtwohngrundstücke** und unbebaute Grundstücke (vgl. →Rz. 22) im Saarland gegenüber den Wohngrundstücken (Messzahl 0,34 Promille) **höher mit Grundsteuer belastet.** Dies entspricht der gesetzgeberischen Intention (vgl. zur Intention des Gesetzgebers ausführlich Grootens in Grootens, Vorwort GrStG-Saar Rz. 4 ff. und zur Auswirkung der abweichenden Messzahlenfestlegung Grootens in Grootens, Vorwort GrStG-Saar Rz. 21 f.).

33–35 *(Einstweilen frei)*

II. Bemessungsgrundlage für die Ermäßigung der Messzahlen (§ 1 Abs. 2 GrStG-Saar)

36 § 1 Abs. 2 GrStG-Saar dient der gesetzlichen Klarstellung, dass die **landesspezifischen Messzahlen Bezugsgröße für die bundesgesetzlichen Ermäßigungstatbestände in § 15 Abs. 2–5 GrStG** sind. Damit wird sichergestellt, dass die bundesgesetzliche Förderung im gleichen Verhältnis auch im Saarland gilt. Die Norm dient somit allein der Rechtsklarheit und -eindeutigkeit. Im Sächsischen GrStMG[1] wurde auf eine derartige Klarstellung verzichtet, ohne dass sich in Sachsen daraus eine andere Rechtslage gegenüber dem Saarland ergibt.

---

[1] Sächsisches Grundsteuermesszahlengesetz v. 3.2.2021, SächsGVBl 2021 S. 242.

Abschnitt VII: Sachsen

Vorwort zur Kommentierung des Sächsischen Gesetzes über die Festsetzung der Steuermesszahlen bei der Grundsteuer

Inhaltsübersicht	Rz.
A. Besonderheiten der Landesregelung in Abgrenzung zur Bundesregelung	1 - 30
I. Öffnungsklausel für abweichendes Landesrecht	1 - 3
II. Ziele der landesrechtlichen Sonderregelung	4 - 8
III. Festlegung der abweichenden Messzahlen	9 - 20
IV. Folgen der Reform für die Grundstückeigentümer	21 - 30
B. Verfassungsrechtliche Überlegungen	31 - 46
I. Formelle Verfassungsmäßigkeit	31 - 35
II. Materielle Verfassungsmäßigkeit	36 - 45
III. Zusammenfassung	46

A. Besonderheiten der Landesregelung in Abgrenzung zur Bundesregelung

I. Öffnungsklausel für abweichendes Landesrecht

Durch das „Gesetz zur Änderung des Grundgesetzes"[1] v. 15.11.2019 ist es den Bundesländern nach Art. 72 Abs. 3 Satz 1 Nr. 7 GG möglich, ganz oder zum Teil von einem Bundesgesetz zur Grundsteuer abzuweichen. Als zweites Bundesland hat Sachsen diese Möglichkeit genutzt und abweichendes Grundsteuerrecht geschaffen. Hierzu hat der Landtag von Sachsen in seiner Sitzung am **3.2.2021** das **Sächsische Gesetz zur Umsetzung der Grundsteuerreform** verabschiedet.[2] Kern dieses Gesetzes war die Einführung eines Sächsischen Gesetzes über die Festsetzung der Steuermesszahlen bei der Grundsteuer (Sächsisches Grundsteuermesszahlengesetz – **SächsGrStMG**).

Mit dem „Gesetz zur Bestätigung des Grundsteuermesszahlengesetzes und zur redaktionellen Anpassung des Gesetzes zur Finanzierung des Ausbildungsverkehrs im Öffentlichen Personennahverkehr"[3] v. 21.12.2021 wurde das SächsGrStMG nochmals bestätigt. Es handelt sich um eine **gesetzestechnisch erforderliche Bestätigung des bisherigen Rechtszustandes,** die keine inhaltlichen Änderungen mit sich bringt. Nach Art. 72 Abs. 3 Satz 3 GG gilt das zuletzt beschlossene Gesetz (Grundsatz lex posterior derogat legi priori). Durch das GrStRefUG[4] v. 16.7.2021 hatte der Bundesgesetzgeber die Messzahlen in § 15 GrStG angepasst und damit die abweichenden Messzahlen des SächsGrStMG v. 3.2.2021 überschrieben. Es bedurfte deshalb der erneuten Verabschiedung des Sächsischen Grundsteuermesszahlengesetzes, um den vom sächsischen Gesetzgeber bereits verabschiedeten Grundsteuermesszahlen (erneut) vorrangige Gel-

---

[1] Gesetz zur Änderung des Grundgesetzes (Art. 72, 105 und 125b) v. 15.11.2019, BGBl 2019 I S. 1546.
[2] Sächsisches Gesetz zur Umsetzung der Grundsteuerreform v. 3.2.2021, SächsGVBl 2021 S. 242.
[3] Gesetz zur Bestätigung des Grundsteuermesszahlengesetzes und zur redaktionellen Anpassung des Gesetzes zur Finanzierung des Ausbildungsverkehrs im Öffentlichen Personennahverkehr, SächsGVBl 2022 S. 9.
[4] GrStRefUG v. 16.7.2021, BGBl 2021 I S. 2931.

tung zu verschaffen.[1] Eine inhaltliche Anpassung der sächsischen Messzahlen auf die ebenfalls mit dem GrStRefUG durchgeführte Aktualisierung der Anlage 39 zum BewG (vgl. → Rz. 12) erfolgte in diesem Zuge nicht. Das SächsGrStMG tritt in bestätigter Fassung am Tag nach der Verkündung des Gesetzes am 5.1.2022 in Kraft. Gleichzeitig tritt das SächsGrStMG vom 3.2.2021 außer Kraft.

3 *(Einstweilen frei)*

II. Ziele der landesrechtlichen Sonderregelung

4 Ziel des SächsGrStMG ist es, bei der Bewertung des Grundvermögens den **regionalen Besonderheiten** in Sachsen hinreichend Rechnung zu tragen.[2] Um diesen regionalen Besonderheiten in Sachsen bei der Bewertung des Grundvermögens angemessen zu berücksichtigen, sollen anstelle der einheitlichen Grundsteuermesszahlen von 0,34 Promille in § 15 Abs. 1 GrStG sowohl für die Wohn- als auch für die Geschäftsgrundstücke **unterschiedliche Messzahlen** normiert werden. Die bei Anwendung der bundesgesetzlich geregelten Steuermesszahlen erwartete starke Belastung der Wohnnutzung, insbesondere in den Ballungszentren, soll so deutlich abgemildert werden. Mit der **niedrigeren Steuermesszahl für die Wohnnutzung** wird diese gegenüber der geschäftlichen Nutzung gezielt geringer belastet. Diese Belastungsentscheidung gründet auf einer angestrebten **Förderung von Wohnraum.**

5 Für das **land- und forstwirtschaftliche Vermögen** werden keine eigenständigen sächsischen Regelungen normiert. Hierfür verbleibt es bei der Anwendung des Bundesrechts. Darüber hinaus ist mit dem sächsischen Gesetz zur Umsetzung der Grundsteuerreform eine **Aktualisierung des Sächsischen Vermessungs- und Katastergesetzes** durchgeführt worden, um perspektivisch dem Steuerpflichtigen weitere Angaben zu seinem Grundbesitz automatisiert zur Verfügung stellen zu können.

6–8 *(Einstweilen frei)*

III. Festlegung der abweichenden Messzahlen

9 Die Steuermesszahl beträgt, abweichend von § 15 Abs. 1 Nr. 1 und 2 GrStG für im Freistaat Sachsen belegene

1. **unbebaute Grundstücke** i. S. des **§ 246 BewG 0,36 Promille**,
2. **bebaute Grundstücke** i. S. des **§ 249 Abs. 1 Nr. 1–4 BewG 0,36 Promille** und
3. **bebaute Grundstücke** i. S. des **§ 249 Abs. 1 Nr. 5–8 BewG 0,72 Promille**.

Diese Regelung ersetzt gem. Art. 125b Abs. 3 GG in seinem Geltungsbereich § 15 Abs. 1 Nr. 2 des GrStG.

10 Im ursprünglichen Gesetzentwurf der Landesregierung waren nur für bebaute Grundstücke (aufgeteilt in Wohngrundstücke und Nichtwohngrundstücke) abweichende Messzahlen festgelegt.[3] Die im Rahmen des Gesetzgebungsverfahren vorgenommene **Ergänzung der Regelung für unbebaute Grundstücke** bewirkt, dass bei unbebauten Grundstücken dieselbe Steuermesszahl wie bei Wohngrundstücken zur Anwendung kommt. Damit sollen unbebaute Grundstü-

---

1 Vgl. Drucks. 7/7820 des Sächsischen Landtags S. 2.
2 Vgl. Drucks. 7/4095 des Sächsischen Landtags, S. 2.
3 Vgl. Drucks. 7/4095 des Sächsischen Landtags, S. 7.

cke ungeachtet ihres Nutzungszwecks geringer belastet werden, um auch insoweit den regionalen, sächsischen Besonderheiten hinreichend Rechnung zu tragen.

Diese Belastungsentscheidung gründet nach der Begründung des Landesgesetzgebers zum einen darauf, dass unbebaute Grundstücke – insbesondere im Vergleich zu geschäftlich genutzten Grundstücken – **Infrastrukturleistungen** einer Gemeinde **in einem deutlich geringeren Maß** in Anspruch nehmen bzw. erforderlich machen.[1] Zum anderen leiste das Vorhandensein unbebauter Grundstücke z. B. durch die **Nutzung als Grün- bzw. Freiflächen** oder für **Gemeinschaftsgärten** einen wertvollen Beitrag zur Verbesserung der Lebens- und Luftqualität sowohl im innerstädtischen als auch im ländlichen Bereich und trage dazu bei, negativen Folgewirkungen, die durch **Flächenversiegelung** entstehen können, entgegenzuwirken bzw. diese abzumildern. Gleichzeitig bleibe den Kommunen das deutlich zielgenauere Instrument der **Grundsteuer C** erhalten, wonach diese aus städtebaulichen Gründen einen besonderen Hebesatz für **baureife Grundstücke** in bestimmten Gemeindeteilen festlegen können (§ 25 Abs. 5 GrStG), um erforderlichenfalls Bebauungsanreize zu setzen, ohne dass eine konfiskatorische Besteuerung befürchtet werden müsste.

11

Mit dem **GrStRefUG**[2] wurde in der bundesgesetzlichen Regelung die Steuermesszahl für die im Ertragswertverfahren bewerteten Wohngrundstücke von 0,34 Promille auf 0,31 Promille abgesenkt.[3] Die Anpassung war nötig, weil mit dem GrStRefUG gleichzeitig die Anlage 39 zum BewG (Ermittlung des Rohertrages) an die Ergebnisse des **Mikrozensus 2018** angepasst wurde und damit eine Erhöhung der dem Bewertungsverfahren zu Grunde zu legenden Mietansätze einherging (vgl. zur Anhebung der Mietansätze durch das GrStRefUG und der kompensierenden Absenkung der Messzahl für die Wohngrundstücke vertiefend Grootens in Grootens, § 254 GrStG Rz. 34). Eine gesonderte Reaktion des sächsischen Gesetzgebers auf die Anhebung der auch für das Land Sachsen angehobenen Mietansätze erfolgte (bisher) nicht. Auch im Rahmen des Gesetzes zur Bestätigung des Grundsteuermesszahlengesetzes und zur redaktionellen Anpassung des Gesetzes zur Finanzierung des Ausbildungsverkehrs im Öffentlichen Personennahverkehr"[4] v. 21.12.2021 (vgl. → Rz. 2) wurde **keine Anpassung der Messzahlen** vorgenommen. Es ist aus der Gesetzesbegründung zum SächsGrStMG nicht erkennbar, ob der sächsische Gesetzgeber diese Anpassung der Anlage 39 bereits bei seiner Messzahlenfestlegung antizipiert hat. Da in der Gesetzesbegründung[5] noch die Messzahl von 0,34 Promille für Wohngrundstücke als Referenz angeführt wird, ist davon wohl nicht auszugehen. In diesem Fall wäre ein Teil der berechneten Entlastungswirkung aufgrund der niedrigeren Messzahl durch die angehobenen Mietansätze in der Anlage 39 zum BewG wieder aufgehoben worden.

12

(Einstweilen frei) 13–20

IV. Folgen der Reform für die Grundstückeigentümer

Die Grundsteuerreform soll im Grundsatz **aufkommensneutral** durchgeführt werden. Dabei wird nicht auf die Änderungen beim einzelnen Steuerpflichtigen, sondern auf das kommunale Gesamtaufkommen der Grundsteuer abgestellt.[6] Bei gemieteten und vermieteten Immobilien

21

---

1 Vgl. Drucks. 7/5395 des Sächsischen Landtags, S. 2.
2 GrStRefUG v. 16.7.2021, BGBl 2021 I S. 2931.
3 § 15 Abs. 1 Nr. 2 a GrStG i. d. F. des GrStRefUG.
4 Gesetz zur Bestätigung des Grundsteuermesszahlengesetzes und zur redaktionellen Anpassung des Gesetzes zur Finanzierung des Ausbildungsverkehrs im Öffentlichen Personennahverkehr, SächsGVBl 2022 S. 9.
5 Vgl. Drucks. 7/4095 des Sächsischen Landtags S. 9.
6 Vgl. Drucks. 7/4095 des Sächsischen Landtags, S. 3.

können zu zahlende Mieten bzw. Mieteinnahmen (aufgrund der Umlagefähigkeit der Grundsteuer auf die Miete nach der Betriebskostenverordnung) von der bisherigen Höhe abweichen.

22 Durch die Festlegung der abweichenden Messzahlen wird in Sachsen eine **Verschiebung des Messbetragsvolumens** von den Wohngrundstücken und unbebauten Grundstücken hin zu den Nichtwohngrundstücken erzielt. Passt die jeweilige Gemeinde ihren Hebesatz entsprechend der durch die Reform verursachten Veränderungen im Gesamtmessbetragsvolumen an, wird dadurch eine **Verschiebung des Grundsteueraufkommens zulasten der Nichtwohngrundstücke** erreicht. Dies ist erklärtes Ziel des Gesetzgebers (vgl. → Rz. 4).

23–30 *(Einstweilen frei)*

B. Verfassungsrechtliche Überlegungen

I. Formelle Verfassungsmäßigkeit

31 Aus **formeller Sicht** ist die abweichende Regelung des Landes Sachsen verfassungsrechtlich nicht zu beanstanden. Das Land hat von seiner in Art. 72 Abs. 3 Nr. 7 GG normierten **Gesetzgebungskompetenz** zulässigerweise Gebrauch gemacht. Die Änderung wird zusammen mit den übrigen Vorschriften des GrStG **ab dem 1.1.2025** wirksam, so dass auch der in Art. 125b Abs. 3 GG normierten „**Anlaufhemmung**" bezüglich der eingeräumten Gesetzgebungskompetenz Rechnung getragen wurde.

32–35 *(Einstweilen frei)*

II. Materielle Verfassungsmäßigkeit

36 Aus **materieller Sicht** stellt sich die Frage nach der **Folgerichtigkeit** der Regelung und der ausreichenden Begründung für das gewünschte **Lenkungsziel**. Menschenwürdiges Wohnen ist ein allgemeines Gut, das international verankert ist. Auch das Grundgesetz (Art. 1, Art. 20 GG) sowie die Verfassung des Freistaats Sachsen (Art. 7 SächsVerf) sichert dies und damit letztlich **bezahlbaren Wohnraum** ab.

37 Das Wohnen, sei es in Eigentum oder zur Miete, ist im Verlauf der letzten Jahre in begehrten Gebieten wie Großstädten zu einem immer knapperen und teureren Gut geworden, während in weniger nachgefragten, meist ländlichen Gegenden vermehrt Leerstände oder Preisverfall zu verzeichnen sind. In beiden Situationen ist eine **Entlastung bei der Grundsteuer** ein Beitrag zur **Förderung des Gemeinwohls**. Um diese Staatszielbestimmungen auch steuerpolitisch zu unterstützen, wird daher die Steuermesszahl für Wohnnutzung gegenüber der Nicht-Wohnnutzung geringer belastet.[1] Das Lenkungsziel der abweichenden Regelung ist damit nach Auffassung des Gesetzgebers klar umrissen und sachlich begründet. Überzeugende Gegenargumente zu dieser Auffassung sind nicht ersichtlich.

38 Die Einbeziehung der **unbebauten Grundstücke** (vgl. zur Begründung des Gesetzgebers → Rz. 11) in die gegenüber den Nichtwohngrundstücken niedrigere Messzahl ist deutlich schwächer begründet. Ein Baulandgrundstück im Industriegebiet wird die in der Gesetzesbegründung angeführten positiven Effekte wohl kaum bzw. nur sehr geringfügig erreichen. Gleichzeitig sind die meisten Infrastrukturaufwendungen Einmalaufwendungen (insbesondere Erschließungskosten und Bereitstellung von Versorgungskapazitäten), die ungeachtet einer

---

[1] Vgl. Drucks. 7/4095 des Sächsischen Landtags, S. 9.

vorhandenen Bebauung anfallen. Insofern wäre es m. E. sachgerechter und folgerichtig gewesen, zwischen **Bauland für Wohnzwecke und Nichtwohnzwecke** zu unterscheiden und nur für erstere die niedrigere Messzahl zu gewähren.

(Einstweilen frei) 39–45

III. Zusammenfassung

Das SächsGrStMG ist aus **verfassungsrechtlicher Sicht** grundsätzlich **nicht zu beanstanden**. Allenfalls im Bereich der **unbebauten Grundstücke** ergeben sich m. E. **Schwächen in der Begründung** des Lenkungsziels. Klarheit darüber, ob die nun getroffenen gesetzlichen Regelungen der verfassungsrechtlichen Prüfung in allen Punkten standhalten, wird es erst nach einer erneuten gerichtlichen Überprüfung geben. 46

§ 1 SächsGrStMG[1]

Die Steuermesszahl beträgt, abweichend von § 15 Absatz 1 Nummer 1 und 2 des Grundsteuergesetzes vom 7. August 1973 (BGBl I S. 965), das zuletzt durch Artikel 3 des Gesetzes vom 16. Juli 2021 (BGBl I S. 2931) geändert worden ist, für im Freistaat Sachsen belegene

1. unbebaute Grundstücke im Sinne des § 246 des Bewertungsgesetzes in der Fassung der Bekanntmachung vom 1. Februar 1991 (BGBl I S. 230), das zuletzt durch Artikel 2 des Gesetzes vom 16. Juli 2021 (BGBl I S. 2931) geändert worden ist, 0,36 Promille,
2. bebaute Grundstücke im Sinne des § 249 Absatz 1 Nummer 1 bis 4 des Bewertungsgesetzes 0,36 Promille und
3. bebaute Grundstücke im Sinne des § 249 Absatz 1 Nummer 5 bis 8 des Bewertungsgesetzes 0,72 Promille.

Inhaltsübersicht	Rz.
A. Allgemeine Erläuterungen zum SächsGrStMG	1 - 21
I. Normzweck und wirtschaftliche Bedeutung der Vorschrift	1 - 6
II. Entstehung und Entwicklung der Vorschrift	7 - 11
III. Geltungsbereich	12 - 16
IV. Verhältnis zu anderen Vorschriften	17 - 21
B. Systematische Kommentierung	22 - 31
I. Steuermesszahl für Grundstücke	22 - 31
1. Steuermesszahl für unbebaute Grundstücke	22 - 26
2. Steuermesszahl für bebaute Grundstücke	27 - 31
a) Steuermesszahl für die Wohngrundstücke	27 - 30
b) Steuermesszahl für die Nichtwohngrundstücke und gemischt genutzten Grundstücke	31

LITERATUR:

Hubert, Nach ist vor der Grundsteuerreform, StuB 2020 S. 552; *Grootens*, Umsetzung der Grundsteuerreform in den Ländern – Der Flickenteppich kommt!, ErbStB 2021 S. 80; *Bräutigam*, Grundsteuerreform – von der künftigen Diversität einer Steuerart, DStR 2021 S. 1330; *Scheffler/Feldner*, Umsetzung der Grundsteuerreform in den Bundesländern – Auswirkungen und verfassungsrechtliche Beurteilung, ifst-Schrift Nr. 542.

---

1 **Anm. d. Red.:** Paragrafenzählung von der Redaktion hinzugefügt; die amtliche Fassung des Gesetzes ist ohne Paragrafenzählung verkündet worden.

> **ARBEITSHILFEN UND GRUNDLAGEN ONLINE:**
> Grundsteuer: Grundbesitzbewertung ab 2022/2025 (Sach- und Ertragswertverfahren) – Checkliste mit Berechnungen, NWB NAAAH-93792.

A. Allgemeine Erläuterungen zum SächsGrStMG

I. Normzweck und wirtschaftliche Bedeutung der Vorschrift

1 § 15 GrStG bestimmt zunächst bundeseinheitlich die **Steuermesszahlen** für die Grundstücksarten **des Grundvermögens**. Die Steuermesszahl wird auf den festgestellten Grundsteuerwert für das jeweilige Grundstück angewendet und ergibt den Grundsteuermessbetrag der jeweiligen wirtschaftlichen Einheit des Grundvermögens. Dabei differenziert § 15 Abs. 1 GrStG dem Grunde nach zwischen den unbebauten Grundstücken und den Grundstücksarten der Wohngrundstücke und der Nichtwohngrundstücke einschließlich der gemischt genutzten Grundstücke. Der Höhe nach beträgt die Steuermesszahl nach Bundesrecht **0,34 Promille** für die Nichtwohngrundstücke und die unbebauten Grundstücke und **0,31 Promille** für Wohngrundstücke.[1] Auf den Steuermessbetrag findet der jeweilige Hebesatz der Gemeinde für das Grundvermögen Anwendung (sog. **Grundsteuer B**) und ergibt die Grundsteuer für das jeweilige Grundstück.

2 Nach Art. 72 Abs. 3 Nr. 7 GG können die **Länder** von der bundesgesetzlich geregelten Grundsteuer **abweichende Regelungen** treffen. Dies gilt auch für die Steuermesszahlen. Die Länder können daher auch nur abweichende Steuermesszahlen festlegen und im Übrigen das Bundesmodell anwenden. Auf diese Weise können die Länder ein **aufkommensneutrales Steuermessbetragsvolumen** beispielsweise in Bezug auf das Grundvermögen auf Landesebene herstellen.

3 Sachsen hat diese Möglichkeit genutzt und abweichende Grundsteuermesszahlen festgelegt.[2] Hierzu hat der Landtag von Sachsen in seiner Sitzung am 3.2.2021 das **Sächsische Gesetz zur Umsetzung der Grundsteuerreform**[3] verabschiedet. Kern dieses Gesetzes war die Einführung eines Sächsischen Gesetzes über die Festsetzung der Steuermesszahlen bei der Grundsteuer (**Sächsisches Grundsteuermesszahlengesetz – SächsGrStMG**[4]).

4–6 *(Einstweilen frei)*

II. Entstehung und Entwicklung der Vorschrift

7 Das **Sächsische Gesetz zur Umsetzung der Grundsteuerreform**[5] wurde am 3.2.2021 vom Landtag des Freistaates Sachsen verabschiedet. Es tritt nach Art. 3 des Gesetzes am Tag nach der Verkündung in Kraft, mithin am **27.2.2021**. Die abweichenden Messzahlen des Sächsischen Grundsteuermesszahlengesetzes (**SächsGrStMG**)[6] sind somit bereits für die erste **Hauptveranlagung der Grundsteuermessbeträge auf den 1.1.2025** anzuwenden.[7] Mit dem „Gesetz zur Bestätigung des Grundsteuermesszahlengesetzes und zur redaktionellen Anpassung des Ge-

---

[1] Vgl. zu den Messzahlen im Bundesrecht Bock in Grootens, GrStG § 15 Rz. 1 ff.
[2] Vgl. hierzu auch ausführlich Grootens in Grootens, Vorwort SächsGrStMG Rz. 1 ff.
[3] Sächsisches Gesetz zur Umsetzung der Grundsteuerreform v. 3.2.2021, SächsGVBl 2021 S. 242.
[4] Sächsisches Grundsteuermesszahlengesetz v. 3.2.2021, SächsGVBl 2021 S. 242.
[5] Sächsisches Gesetz zur Umsetzung der Grundsteuerreform v. 3.2.2021, SächsGVBl 2021 S. 242.
[6] Sächsisches Grundsteuermesszahlengesetz v. 3.2.2021, SächsGVBl 2021 S. 242.
[7] Vgl. § 16 GrStG i.V. mit § 36 GrStG.

setzes zur Finanzierung des Ausbildungsverkehrs im Öffentlichen Personennahverkehr"[1] v. 21.12.2021 wurde das SächsGrStMG nochmals bestätigt. Es handelt sich um eine gesetzestechnisch erforderliche Bestätigung des bisherigen Rechtszustandes, die keine inhaltlichen Änderungen mit sich bringt.[2]

(Einstweilen frei)

III. Geltungsbereich

Das Sächsische Grundsteuermesszahlengesetz (**SächsGrStMG**)[3] legt für alle im Gebiet des Freistaates Sachsen belegene wirtschaftliche Einheiten des **Grundvermögens** (Grundstücke und diesen gleichgestellte Betriebsgrundstücke) vom Bundesrecht **abweichende Messzahlen** fest. Das SächsGrStMG gilt hingegen **nicht für das land- und forstwirtschaftliche Vermögen**, da die Steuermesszahl für das land- und forstwirtschaftliche Vermögen in § 14 GrStG geregelt wird. Da die Wohngebäude eines land- und forstwirtschaftlichen Betriebs nunmehr dem Grundvermögen zugeordnet werden, findet das SächsGrStMG auf diese uneingeschränkte Anwendung.

Das **SächsGrStMG** findet gem. Art. 3 des Sächsischen Gesetzes zur Umsetzung der Grundsteuerreform[4] i.V. mit § 37 Abs. 1 GrStG für die Grundsteuer **ab dem Kalenderjahr 2025** Anwendung. § 15 GrStG i.d.F. des **Grundsteuerreformgesetzes v. 7.8.1973** mit der letzten Änderung durch Art. 38 des Gesetzes v. 19.12.2008 (BGBl I S. 2794) findet nach § 37 Abs. 2 GrStG für die Grundsteuer **bis einschließlich des Kalenderjahres 2024** Anwendung.

(Einstweilen frei)

IV. Verhältnis zu anderen Vorschriften

Die Steuermesszahl für das Grundvermögen ist nach **§ 13 Satz 2 GrStG** auf den nach **§ 219 Abs. 1 BewG** festgestellten Grundsteuerwert der jeweiligen wirtschaftlichen Einheit des Grundvermögens anzuwenden und ergibt den Steuermessbetrag. Die Ermittlung des Grundsteuerwerts des jeweiligen Grundstücks richtet sich nach **§§ 243 ff. BewG**. Das SächsGrStMG differenziert zwischen den unbebauten Grundstücken nach **§ 246 BewG** und innerhalb der bebauten Grundstücke zwischen den Wohngrundstücken nach **§ 249 Abs. 1 Nr. 1–4 BewG** und den Nichtwohngrundstücken einschließlich der gemischt genutzten Grundstücke nach **§ 249 Abs. 1 Nr. 5–8 BewG**. Die Einordnung in eine der Grundstücksarten ergibt sich aus **§ 249 Abs. 2–10 BewG**.

§ 25 Abs. 5 GrStG i.d.F. des Gesetzes zur Mobilisierung baureifer Grundstücke für die Bebauung sieht ab dem 1.1.2025 zudem die Möglichkeit für die Gemeinden vor, für baureife unbebaute Grundstücke i.S. von § 15 Abs. 1 Nr. 1 GrStG einen erhöhten Hebesatz festzulegen (sog. **Grundsteuer C**).[5]

(Einstweilen frei)

---

[1] Gesetz zur Bestätigung des Grundsteuermesszahlengesetzes und zur redaktionellen Anpassung des Gesetzes zur Finanzierung des Ausbildungsverkehrs im Öffentlichen Personennahverkehr, SächsGVBl 2022 S. 9. GrStRefUG v. 16.7.2021, BGBl 2021 I S. 2931.
[2] Vgl. vertiefend Grootens in Grootens, Vorwort zum SächsGrStMG Rz. 2.
[3] Sächsisches Grundsteuermesszahlengesetz v. 3.2.2021, SächsGVBl 2021 S. 242.
[4] Sächsisches Gesetz zur Umsetzung der Grundsteuerreform v. 3.2.2021, SächsGVBl 2021 S. 242.
[5] Siehe hierzu vertiefend Grootens in Grootens, GrStG § 25 Rz. 121 ff.

B. Systematische Kommentierung

I. Steuermesszahl für Grundstücke

1. Steuermesszahl für unbebaute Grundstücke

22 Die in § 15 Abs. 1 Nr. 1 GrStG bundesgesetzlich geregelte **Steuermesszahl** für unbebaute Grundstücke beträgt nach § 15 Abs. 1 Nr. 1 GrStG einheitlich **0,34 Promille**. Wann ein unbebautes Grundstück vorliegt, richtet sich nach § 246 BewG.[1] Mit ihr ist zur Ermittlung des Steuermessbetrags der festgestellte Grundsteuerwert des jeweiligen unbebauten Grundstücks zu multiplizieren,[2]

23 Durch das **SächsGrStMG** wird die Messzahl für im Freistaat Sachsen belegene **unbebaute Grundstücke** i. S. des § 246 BewG abweichend von der bundesgesetzlichen Regelung auf **0,36 Promille** festgelegt. Damit werden **unbebaute Grundstücke** in Sachsen ebenso wie die Wohngrundstücke (vgl. → Rz. 28) gegenüber den Nichtwohngrundstücken (Messzahl 0,72 Promille, vgl. → Rz. 32) **geringer mit Grundsteuer belastet** (vgl. zur Intention des Gesetzgebers ausführlich Grootens in Grootens, Vorwort SächsGrStMG Rz. 4 ff. und zur Auswirkung der abweichenden Messzahlenfestlegung Grootens in Grootens, Vorwort SächsGrStMG Rz. 21 f.).

24 Im ursprünglichen Gesetzentwurf der Landesregierung waren nur für bebaute Grundstücke (aufgeteilt in Wohngrundstücke und Nichtwohngrundstücke) abweichende Messzahlen festgelegt.[3] Die im Rahmen des Gesetzgebungsverfahren vorgenommene **Ergänzung der Regelung für unbebaute Grundstücke** bewirkt, dass bei unbebauten Grundstücken dieselbe Steuermesszahl wie bei Wohngrundstücken zur Anwendung kommt. Damit sollen unbebaute Grundstücke ungeachtet ihres Nutzungszwecks geringer belastet werden, um auch insoweit den regionalen, sächsischen Besonderheiten hinreichend Rechnung zu tragen.[4]

25–26 *(Einstweilen frei)*

2. Steuermesszahl für bebaute Grundstücke

a) Steuermesszahl für die Wohngrundstücke

27 Die bundesgesetzlich geregelte **Steuermesszahl** für die Wohngrundstücke i. S. des § 249 Abs. 1 Nr. 1–4 BewG beträgt nach § 15 Abs. 1 Nr. 1 GrStG i. d. F. des GrStRefUG[5] einheitlich **0,31 Promille**. Wohngrundstücke i. S. des § 249 Abs. 1 Nr. 1–4 BewG sind Ein- und Zweifamilienhäuser, Mietwohngrundstücke und das Wohnungseigentum. Die Einordnung in eine dieser Grundstücksarten richtet sich nach § 246 Abs. 2–5 BewG und § 246 Abs. 10 BewG.[6] Mit der Steuermesszahl ist zur Ermittlung des Steuermessbetrags der festgestellte Grundsteuerwert des jeweiligen bebauten Grundstücks i. S. des § 249 Abs. 1 Nr. 1–4 BewG zu multiplizieren.[7]

28 Durch das **SächsGrStMG** wird die Messzahl für im Freistaat Sachsen belegene **Wohngrundstücke** i. S. des § 249 Abs. 1 Nr. 1–4 BewG abweichend von der bundesgesetzlichen Regelung auf

---

[1] Siehe dazu vertiefend Bock in Grootens, BewG § 246 Rz. 17 ff.
[2] Vgl. vertiefend dazu Bock in Grootens, GrStG § 15 Rz. 22.
[3] Vgl. Drucks. 7/4095 des Sächsischen Landtags S. 7.
[4] Vgl. zur Belastungsentscheidung des Gesetzgebers Grootens in Grootens, Vorwort SächsGrStMG Rz. 11 und Rz. 38.
[5] GrStRefUG v. 16.7.2021, BGBl 2021 I S. 2931.
[6] Siehe dazu vertiefend Bock in Grootens, BewG § 249 Rz. 19 ff.
[7] Vgl. Bock in Grootens, GrStG § 15 Rz. 23.

0,36 Promille festgelegt. Damit werden **Wohngrundstücke** in Sachsen ebenso wie die unbebauten Grundstücke (vgl. →Rz. 22) gegenüber den Nichtwohngrundstücken (Messzahl 0,72 Promille, vgl. →Rz. 32) **geringer mit Grundsteuer belastet** (vgl. zur Intention des Gesetzgebers ausführlich Grootens in Grootens, Vorwort SächsGrStMG Rz. 4 ff. und zur Auswirkung der abweichenden Messzahlenfestlegung Grootens in Grootens, Vorwort SächsGrStMG Rz. 21 f.). Auf die Absenkung der Messzahl für die Wohngrundstücke in § 15 Abs. 1 Nr. 2a GrStG von 0,34 Promille auf 0,31 Promille durch GrStRefUG hat der sächsische Gesetzgeber soweit erkennbar nicht durch eine entsprechende Absenkung der Messzahlen für die Wohngrundstücke im SächsGrStMG reagiert (vgl. zur Änderung der Messzahlen durch das GrStRefUG und dem Einfluss auf die Festlegung der Messzahlen in Sachsen Grootens in Grootens, Vorwort SächsGrStMG Rz. 12).

(Einstweilen frei) 29–30

b) Steuermesszahl für die Nichtwohngrundstücke und gemischt genutzten Grundstücke

Die bundesgesetzlich geregelte **Steuermesszahl** für die Nichtwohngrundstücke und gemischt genutzten bebauten Grundstücke i.S. des § 249 Abs. 1 Nr. 5–8 BewG beträgt nach § 15 Abs. 1 Nr. 1 GrStG einheitlich **0,34 Promille**. Nichtwohngrundstücke i.S. des § 249 Abs. 1 Nr. 5, Nr. 6 und Nr. 8 BewG sind Teileigentum, die Geschäftsgrundstücke und sonstige bebaute Grundstücke. Die Einordnung in eine dieser Grundstücksarten richtet sich nach § 246 Abs. 6–9 BewG.[1] Mit der Steuermesszahl ist zur Ermittlung des Steuermessbetrags der festgestellte Grundsteuerwert des jeweiligen bebauten Grundstücks i.S. des § 249 Abs. 1 Nr. 5–8 BewG zu multiplizieren.[2]

31

Durch das **SächsGrStMG** wird die Messzahl für im Freistaat Sachsen belegene **Nichtwohngrundstücke** und gemischt genutzte bebaute Grundstücke i.S. des § 249 Abs. 1 Nr. 5–8 BewG **abweichend von der bundesgesetzlichen Regelung auf 0,72 Promille** festgelegt. Damit werden **Nichtwohngrundstücke** in Sachsen gegenüber den Wohngrundstücken (Messzahl 0,36 Promille) und den unbebauten Grundstücken (Messzahl 0,36 Promille) **höher mit Grundsteuer belastet**. Dies entspricht der gesetzgeberischen Intention (vgl. zur Intention des Gesetzgebers ausführlich Grootens in Grootens, Vorwort SächsGrStMG Rz. 4 ff. und zur Auswirkung der abweichenden Messzahlenfestlegung Grootens in Grootens, Vorwort SächsGrStMG Rz. 21 f.).

---

[1] Siehe dazu vertiefend Bock in Grootens, BewG § 249 Rz. 64 ff.
[2] Vgl. Bock in Grootens, GrStG § 15 Rz. 23.

STICHWORTVERZEICHNIS

Die Verweise beziehen sich auf das GrStG, abweichende Länderregelungen (LGrStG BW, BayGrStG, HGrStG, HmbGrStG, NGrStG, GrStG-Saar, SächsGrStMG) und das BewG; die Ziffern bezeichnen die Paragraphen, in Klammern gesetzt die Randziffern der Kommentierung.
Beispiel: BewG 232 (49) = Hinweis auf § 232 BewG Rz. 49.

A

Abbauland   BewG 232 (49), 234 (1, 15, 65 ff.), 237 (68 ff.)
Abbruchverpflichtung   BewG 253 (101 ff.), 259 (121 ff.)
Abgabenordnung   NGrStG 12 (36)
– Anwendbarkeit   HGrStG 2 (66 ff.)
Abgrenzung, Gewerbebetrieb, Land- und Forstwirtschaft   GrStG 2 (34)
– Grundvermögen, Betriebsvorrichtungen   GrStG 2 (62)
Abrechnung   GrStG 30 (36)
Abriss   HGrStG 9 (28); NGrStG 8 (51, 73)
Abrissverpflichtung   BewG 259 (121 ff.)
Abrundung, Grundsteuerwert   BewG 230 (61 ff.)
Abstellräume   NGrStG 3 (48, 67)
Abweichungen, zum Grundsteuergesetz   HGrStG 2 (36)
Ackerland   BewG 234 (22)
Änderung, Grundsteuermessbescheid   GrStG 13 (63 f.)
– Zerlegungsbescheid   GrStG 22 (93 ff.)
– – ohne Änderung Grundsteuerwertbescheid   GrStG 23 (22 ff.)
Änderung der tatsächlichen Verhältnisse   GrstG 33 (67)
Änderung von Messbescheiden   LGrStG BW 46 (6)
Änderungsanzeige, zuständiges Finanzamt   HGrStG 2 (58)
Äquivalenzbetrag, abweichende Feststellung aus Billigkeitsgründen   NGrStG 8 (47)
– der Nutzflächen   NGrStG 2 (67 f.)
– der Wohnflächen   NGrStG 2 (67 f.)

Äquivalenzprinzip   NGrStG 14 (26 ff.)
Äquivalenzzahl, bei übergroßen Grundstücken   NGrStG 4 (36 ff.)
– beim Grund und Boden   NGrStG 4 (31)
– für Gebäudeflächen   NGrStG 4 (26)
Äquivalenzzahlen   BayGrStG 3 (20 ff.)
– Gebäudeflächen   BayGrStG 3 (83 f.)
– Grund und Boden   BayGrStG 3 (21)
Akteneinsicht, Zerlegungsverfahren   GrStG 22 (73 ff.)
Allgemeine Feststellungsklage, Grundsteuermessbescheid   GrStG 13 (78)
Allgemeinheit, Gebrauch   GrStG 3 (55)
Altenheim   BewG 243 (96)
Altenteil   BewG 234 (12)
Altenteiler   BewG 232 (73)
Altlasten   BewG 247 (24, 59)
Amnestieregelung   BewG 266 (91 ff.); HGrStG 2 (50)
Amnestierung   BayGrStG 10a (14 ff.)
Anbau   HGrStG 9 (28); NGrStG 8 (51, 73)
Anbauten   BewG 244 (26)
Anfechtungsklage, Grundsteuermessbescheid   GrStG 13 (77)
– Zerlegungsbescheid   GrStG 22 (108)
Anlagen, heizbar   BewG 238 (23 f.)
– nicht heizbar   BewG 238 (23 f.)
Anstalten des öffentlichen Rechts   GrStG 3 (43)
Anteil, an Grundvermögen   HGrStG 1 (35)
Antragsfrist   GrstG 35 (30)
Anwendung, räumlich   NGrStG 2 (47)
– von Bundesrecht   BayGrstG 10 (26 ff.); NGrStG 12 (31 f.)
– zeitlich   NGrStG 1 (27)

Anwendung der Abgabenordnung
  BayGrstG 10 (34 ff.)
– durch die Gemeinden   LGrStG BW 2 (23 ff.)
– durch die Landesbehörden
  LGrStG BW 2 (16 ff.)
Anzeige- und Erklärungspflichten, Änderung
  tatsächlicher Verhältnisse
  LGrStG BW 22 (10 ff.)
– anzeigepflichtige Sachverhalte
  LGrStG BW 22 (11)
– Empfänger   LGrStG BW 22 (20 ff.)
– Erbbaurechte   BayGrstG 6 (86)
– Form   BayGrstG 6 (97 ff.); LGrStG BW 22 (28 f.)
– Gebäude auf fremden Grund und Boden
  BayGrstG 6 (85)
– gesetzliche Einordnung   BayGrstG 6 (92 f.)
– verpflichtete Personen   LGrStG BW 22 (15 ff.)
Anzeigepflicht, ~ über Änderung tatsächlicher
  Verhältnisse   BewG 228 (111 ff.)
– – Abgabefrist   BewG 228 (131 ff.)
– – als Steuererklärung   BewG 228 (181 ff.)
– – Ausnahmen   BewG 228 (116 f.)
– – Form   BewG 228 (191 ff.)
– – Fristverlängerung   BewG 228 (141 ff.)
– – Gründe   BewG 228 (112 f.)
– – Inhalt   BewG 228 (121 ff.)
– – Umfang   BewG 228 (111 ff.)
– – Unterschriftspflicht   BewG 228 (183 ff.)
– – Verpflichtete   BewG 228 (151 ff.)
– – Verpflichtete/Erbbaurechte
  BewG 228 (154 ff.)
– – Verpflichtete/Gebäude auf fremdem Grund
  und Boden   BewG 228 (157 ff.)
– – Zuständigkeit   BewG 228 (171 ff.)
–   HGrStG 2 (56 ff.); NGrStG 8 (73 ff.), 9 (56 ff.),
  11 (56)
– Anzeigepflichtiger   LGrStG BW 44 (66 ff.)
– bei Grundsteuerbefreiung
  LGrStG BW 44 (20 ff.)
– Eigentümer   GrStG 19 (19 ff.)
– elektronische   NGrStG 8 (76), 9 (60)
– ermäßigte Steuermesszahl   GrStG 19 (27 ff.)
– Folgen unterlassener oder verspäteter Anzeige
  LGrStG BW 44 (76 ff.)
– Form   LGrStG BW 44 (17 ff.)
– im Übergangszeitraum   LGrStG BW 44 (81)
– Steuerbefreiung   GrStG 19 (19 ff.)

– Steuermessbetrag   GrStG 19 (1 ff., 19 ff.)
– Verspätungszuschlag   BewG 219 (161 ff.)
– Wegfall der Voraussetzungen für ermäßigte
  Steuermesszahl, bestimmte Eigentümer
  LGrStG BW 44 (36 ff.)
– – Förderung nach LWoFG
  LGrStG BW 44 (30 ff.)
– – Folgen der Anzeige   LGrStG BW 44 (45 ff.)
– – Kulturdenkmäler   LGrStG BW 44 (41 ff.)
– – überwiegende Wohnzwecke
  LGrStG BW 44 (26 ff.)
– – vorübergehender Wegfall der
  Ermäßigungsvoraussetzungen
  LGrStG BW 44 (48 ff.)
– zuständiges Finanzamt   LGrStG BW 44 (69 ff.)
– Zwangsmittel   BewG 219 (168 f.)
Anzeigepflichten   BayGrstG 6 (76 ff.)
– Frist   BayGrstG 6 (80)
Arbeitnehmer, Wohnung des   BewG 232 (73)
Arbeitsbühne   BewG 243 (39)
Arbeitszimmer   BewG 249 (24, 32)
Artfortschreibung, Neuveranlagung des
  Steuermessbetrags   GrStG 17 (22 ff.)
Aufhebung, bei abgelaufener Festsetzungsfrist
  HGrStG 12 (51 f.)
– Gründe   HGrStG 11 (26 ff.)
– vor Wirksamwerden des
  Grundsteuermessbetrags   HGrStG 12 (26 f.)
– Zeitpunkt   HGrStG 11 (31 f.)
Aufhebung Grundsteuermessbetrag
  LGrStG BW 45 (6 ff.)
– Zeitpunkt der Wirkung   LGrStG BW 45 (9 ff.)
Aufhebung des Steuermessbetrags, Aufhebung
  Grundsteuerwert   GrStG 20 (20 ff.)
– Steuermessbetrag   GrStG 20 (1 ff., 20 ff.)
Aufhebungszeitpunkt, Aufhebung zwischen
  Hauptveranlagungszeitpunkt und
  Wirksamwerden Steuermessbeträge
  GrStG 20 (32 ff.)
– Steuermessbetrag   GrStG 20 (26 ff.)
Aufkommensneutralität   NGrStG 7 (36 ff.)
Aufzüchter   BewG 241 (25)
Aufzug   NGrStG 3 (84)
Ausbau   HGrStG 9 (28); NGrStG 8 (73)
Auskünfte, Inhalt   BewG 229 (62 ff.)
– Verpflichtete   BewG 229 (68)

Auskünfte, Erhebungen, Mitteilungen, Mitteilungspflicht Grundbuchämter LGrStG BW 23 (9 ff.)
– Mitteilungspflichtige Behörden LGrStG BW 23 (6 ff.)
Ausschlussfrist GrStG 35 (32)
Außenanlagen BewG 243 (64), 244 (26); GrStG 34 (25)
– Abgrenzung zu Betriebsvorrichtungen BewG 243 (100)
– Abgrenzung zu Gebäude
– bei bebauten Grundstücken BewG 248 (21)
Außenprüfung, zum Feststellungsverfahren BewG 219 (171 f.)
Außerkrafttreten BayGrStG 11 (14 ff.); NGrStG 15 (31)
Autoaufzug BewG 243 (96)
Autowaschanlage BewG 243 (39)
Azaleen BewG 234 (44)

B

Balkon NGrStG 3 (48, 68, 82)
Baracke BewG 243 (44)
Barwert BewG 252 (53)
Bau,- Gewerbe- oder Industrieland BewG 233 (22)
Bauabschnitte GrStG 34 (23)
Baudenkmal, Begriff NGrStG 6 (52)
– Ermäßigung der Grundsteuermesszahl NGrStG 6 (51 ff.)
Bauerwartungsland BewG 243 (10), 247 (66 ff., 117)
Bauflächen NGrStG 5 (67 f.)
Baugrund BewG 247 (24)
Bauland BewG 233 (26 f.); GrStG 2 (44)
Baumängel BewG 246 (43), 252 (62), 258 (58), 259 (122a)
Baumschulen BewG 234 (44), 237 (54 ff.)
Baupreisindex BewG 259 (71 ff.)
Baureife Grundstücke GrStG 25 (151 ff.)
Baureifes Land BewG 247 (66 ff.)
Bauschäden BewG 252 (62), 258 (58), 259 (122a)
Baustellencontainer BewG 243 (50)
Bebaute Grundstücke GrStG 34 (1, 22 ff.)
– Außenanlage BewG 248 (21)
– Begriff BewG 248 (1 ff., 19 ff.)
– Bewertung BewG 250 (1 ff.)
– Bewertungsmethode BewG 250 (17 ff.)
– eigengewerblich genutzte GrStG 34 (1)
– eigengewerblich genutzte Grundstücke GrStG 34 (13)
– eigengewerblich genutzte und teilweise vermietete Grundstücke GrStG 34 (13)
– Eigenleistung BewG 248 (27)
– Errichtung in Bauabschnitten BewG 248 (25 ff.)
– Ertragswertverfahren, siehe auch Ertragswertverfahren BewG 250 (21)
– gemischt genutztes Grundstück BewG 249 (68)
– Geschäftsgrundstück BewG 249 (64)
– Grund und Boden BewG 248 (21)
– Mietwohngrundstück BewG 249 (52 f.)
– Mindestwert, siehe auch Mindestwert BewG 251 (1 ff.)
– Nebengebäude BewG 248 (21)
– Sachwertverfahren, siehe auch Sachwertverfahren BewG 250 (25)
– Sondereigentum an einer Wohnung BewG 249 (56)
– sonstige - BewG 249 (72)
– Steuermesszahl GrStG 15 (27 ff.)
– Teileigentum BewG 249 (60)
– verfassungsrechtliche Anforderungen an die Bewertung BewG 250 (29 ff.)
– vermiete Grundstücke GrStG 34 (13)
– wesentliche Bestandteile BewG 248 (21)
– wirtschaftliche Einheit BewG 248 (21)
– Wohnungseigentum BewG 249 (56)
– Zubehör BewG 248 (21)
– Zweifamilienhaus BewG 249 (48)
Bebauungsplan BewG 233 (26)
Bedeutung GrStG 1 (3)
Beeren und Pilze BewG 234 (29)
Beerenobststräucher BewG 234 (44)
Begriffsdefinitionen, Grundsteuermessbetrag BayGrStG 1 (35)
– Steuergegenstand der Grundsteuer B BayGrStG 1 (20)
– wirtschaftliche Einheit BayGrStG 1 (20 ff.)
Bekanntgabe, Grundsteuermessbescheid GrStG 13 (47)

Belastungsgrundentscheidung   HGrStG 3 (43); NGrStG 14 (26 ff.)
Belastungsverschiebungen   NGrStG 14 (26)
Berechnung der Äquivalenzbeträge BayGrstG 1 (42 ff.)
– Äquivalenzbetrag für den Grund und Boden BayGrstG 1 (43 f.)
– Äquivalenzbetrag für die Gebäudeflächen BayGrstG 1 (48 f.)
Berechnung des Grundsteuermessbetrags BayGrstG 1 (34 ff.)
Bereitschaftsräume   GrStG 5 (52 f.)
– Hauptwohnsitz   GrStG 5 (53)
Berlin   GrStG 1 (36 ff.)
Berufsvertretungen/ -verbände   GrStG 3 (46)
Besatz, land- und forstwirtschaftliche, vollen BewG 232 (35)
Bescheinigung   GrStG 32 (17)
Beschwer, Grundsteuermessbescheid GrStG 13 (82 ff.)
– – der Gemeinde   GrStG 13 (86 ff.)
– Zerlegungsbescheid   GrStG 22 (112)
Besondere objektspezifische Grundstücksmerkmale   BewG 252 (61), 258 (39)
Besonderer Liegenschaftszinssatz, Ein- und Zweifamilienhäuser   BewG 256 (35 ff.)
– Wohnungseigentum   BewG 256 (51 ff.)
Bestandteile   BewG 243 (61); GrStG 2 (61)
– sonstige   GrStG 2 (62)
Bestattungsplätze   GrStG 4 (36 ff.)
– private Familiengräber   GrStG 4 (36)
Beteiligtenfähigkeit, Grundsteuermessbescheid GrStG 13 (73)
– Zerlegungsverfahren   GrStG 22 (68 f.)
Betragsfortschreibung   NGrStG 8 (51 ff.)
Betrieb, aktiv wirtschaftend   BewG 236 (30), 237 (4 ff.)
– Größe   BewG 235 (4)
– Neugründung   BewG 235 (16)
– selbst bewirtschaftet   BewG 237 (4 ff.)
– verpachtet   BewG 236 (30)
– zur Nutzung überlassen   BewG 237 (5 ff.)
Betrieb der Land- und Forstwirtschaft GrStG 32 (8), 33 (1, 13, 22 ff.)
– Erklärungen und Anzeigen   BayGrstG 9 (56 f.)
– Umfang der wirtschaflichen Einheit BayGrstG 9 (33 ff.)
– unterschiedliche Nutzungen   GrStG 33 (35)
Betrieb gewerblicher Art   GrStG 3 (53)
Betriebseinkommen, durchschnittliches BewG 236 (36)
Betriebsergebnis   GrStG 33 (61)
– durchschnittliches   BewG 236 (24)
Betriebsgrundstück, Abgrenzung zu Grundvermögen   HGrStG 1 (33)
– als Grundvermögen   HGrStG 2 (47)
– Begriff   HGrStG 1 (33)
Betriebsgrundstücke   BewG 243 (10); GrStG 32 (8)
– Grundstücke   GrStG 2 (76 ff.)
– Land- und Forstwirtschaft   GrStG 2 (53 ff.)
Betriebsmittel, stehende   BewG 232 (61); GrStG 2 (28)
– umlaufende   BewG 232 (63); GrStG 2 (28)
– – normaler Bestand   BewG 232 (64)
Betriebsvorrichtung   BewG 243 (89 ff.), 244 (27); GrStG 2 (62), 34 (25); NGrStG 3 (83)
– Abgrenzung zu Gebäude   BewG 243 (55)
– Abgrenzung zu Grundvermögen   BewG 243 (2, 94 ff.); HGrStG 1 (34)
Bewässerungsmöglichkeiten   BewG 237 (55)
Bewegliche Sachen   BewG 243 (68)
Bewertung, bebaute Grundstücke, siehe bebaute Grundstücke
– unbebaute Grundstücke, siehe unbebaute Grundstücke
– vergleichende   BewG 236 (28)
Bewertungsfaktoren   BewG 237 (1 ff.)
Bewertungsgesetz, Anwendbarkeit HGrStG 2 (41 ff., 46 ff.); NGrStG 1 (36 ff.)
Bewertungsgrundsätze, Bodenwert Grundvermögen   LGrStG BW 24 (12 ff.)
– Ertragswert Land- und Forstwirtschaft LGrStG BW 24 (9 ff.)
– wirtschaftliche Einheit   LGrStG BW 24 (6 ff.)
Bewertungsmaßstab   BewG 236 (1 ff.)
Bewertungsmethode   BewG 250 (17 ff.)
Bewertungsstichtag   BewG 235 (1)
Bewirtschaftungsbeschränkungen, katastermäßig nachgewiesen   BewG 237 (43)

Bewirtschaftungskosten   BewG 255 (21 ff.)
– Betriebskosten   BewG 255 (23)
– Instandhaltungskosten   BewG 255 (24)
– Mietausfallwagnis   BewG 255 (25)
– Verwaltungskosten   BewG 255 (22)
Bezugsfertigkeit   BewG 246 (21 ff.); GrStG 34 (23)
– Innenausbau   BewG 246 (28)
– Restarbeiten   BewG 246 (26)
– wesentliche Bauarbeiten   BewG 246 (24 ff.)
Bibliothek   NGrStG 10 (38)
Billigkeitsgründe   BewG 252 (111)
Billigkeitsmaßnahmen, bei Wertfeststellung
   BewG 220 (81 ff.)
– Grundsteuermessbescheid   GrStG 13 (68 f.)
– Verbot der -   BewG 220 (71 ff.)
Bindegrün   BewG 234 (42)
Binnenfischerei   BewG 242 (24 f.)
Biotop   GrStG 6 (19)
Blöße   BewG 234 (27)
Blumen- und Zierpflanzenbau   BewG 237 (54 ff.)
Bodendenkmäler, Steuermesszahl
   GrStG 15 (113)
Bodenrichtwert, Aktualisierung   NGrStG 5 (79)
– Anpassung des -   BewG 247 (56 ff.)
– automatisierte Bereitstellung   HGrStG 16 (32)
– Begriff   NGrStG 5 (51)
– bei Nachveranlagung   HGrStG 10 (33 f.)
– bei Neuveranlagung   HGrStG 9 (49 f.)
– beitrags- und abgabenrechtlicher Zustand
   BewG 247 (58)
– durchschnittlicher   HGrStG 7 (41 ff.)
– – Begriff   NGrStG 5 (66 ff.)
– – Ermittlung   NGrStG 5 (68 ff.)
– Entwicklungszustände   BewG 247 (66 ff.)
– Ermittlung   BewG 247 (86 ff.);
   HGrStG 7 (31 ff.); NGrStG 5 (52 ff.)
– Erschließungszustand   BewG 247 (58)
– fehlender   HGrStG 7 (34); NGrStG 5 (59)
– Geschossflächenzahl   BewG 247 (58)
– Grundstücksgröße   BewG 247 (58)
– Grundstückstiefe   BewG 247 (58)
– Gutachterausschüsse   BewG 247 (89 f.)
– im Außenbereich   HGrStG 7 (35, 45)
– im Jahr vor der Hauptveranlagung
   HGrStG 12 (38)
– Informationssystem   HGrStG 16 (32)
– Karte   HGrStG 16 (32)

– Kleinstflächen   HGrStG 7 (32)
– mehrere   HGrStG 7 (32 f., 44); NGrStG 5 (54 ff.)
– Übermittlung an Finanzbehörde
   BewG 247 (111)
– Umrechnungskoeffizient   BewG 247 (57)
– verfassungsrechtliche Anforderungen an die
   Bewertung   BewG 247 (21 ff.)
– Veröffentlichung   BewG 247 (106 ff.);
   HGrStG 7 (46)
– wertbeeinflussende Merkmale
   BewG 247 (58 ff.)
– wertrelevante Geschossflächenzahl
   BewG 247 (58)
– Zonenwert   BewG 247 (12)
– Zu- und Abschläge   BewG 247 (97)
Bodenrichtwertzone   BewG 247 (40)
Bodenrichtwertzonen, sich deckungsgleich
   überlagernde -   BewG 247 (76 ff.)
Bodenschätze   BewG 243 (85); GrStG 2 (62)
Bodenschätzungsgesetz   BewG 237 (31)
Bodenwert, siehe unbebaute Grundstücke,
   Bewertung
– Ableitung durch Finanzverwaltung
   BewG 247 (116 f.)
– Abzinsung   BewG 252 (52), 257 (66)
– – selbständig nutzbare Teilfläche
   BewG 257 (81 ff.)
– Umrechnungskoeffizienten   BewG 257 (46 ff.)
Bootshaus   BewG 249 (72)
Botanischer Garten   GrStG 6 (37)
Brachflächen   BewG 232 (49), 237 (4 ff.),
   241 (17)
Bremen   GrStG 1 (36 ff.)
Brutto-Grundfläche   BewG 259 (53 ff.)
Bude   BewG 243 (44)
Bürocontainer   BewG 243 (46, 46, 48, 48)
Büsingen   GrStG 1 (24)
Bundeseisenbahnvermögen   GrStG 3 (63 ff.)
– Betriebszwecke   GrStG 3 (67)
– Verwaltungszwecke   GrStG 3 (67)
Bundeskleingartengesetz   BewG 240 (11 f.)
Bundeswaldinventur   BewG 237 (41)

C

Clubhaus   BewG 249 (72)
Container   BewG 243 (44, 48)

D

Dachboden   NGrStG 3 (67)
Datenschutz   NGrStG 12 (38)
Dauerkleingartenland   BewG 240 (1, 11); GrstG 33 (23)
Dauerwohnrecht   BewG 243 (80)
Deckenverstärkungen   BewG 243 (91, 104)
Definition Erlasszeitraum   GrStG 35 (15)
Deiche   GrStG 6 (55)
Denkmaleigenschaft, Anerkennung   GrstG 32 (75)
Denkmalgeschützte Gebäude, Steuermesszahl   GrStG 15 (100 ff.)
Denkmalliste   GrStG 32 (17)
Denkmalverzeichnis   NGrStG 6 (53)
Dienstwohnung   GrStG 3 (103)
Dingliche Haftung   LGrStG BW 12 (6)
– Absicherung des Erwerbers   GrStG 12 (59)
– Duldungsbescheid, Auswahlermessen   GrStG 12 (37)
– – Einwendungen dagegen   GrStG 12 (45)
– – Einwendungen gegen Primärbescheid   GrStG 12 (41)
– – Verjährung   GrStG 12 (38)
– Erbbaurecht   GrStG 12 (30)
– Geltendmachung   GrStG 12 (33)
– – Vollstreckbarkeit   GrStG 12 (35)
– – Voraussetzungen für Duldungsbescheid   GrStG 12 (34)
– Grundstück   GrStG 12 (29)
– Normzweck   GrStG 12 (1)
– öffentliche Last   GrStG 12 (23)
– – Insolvenzverfahren   GrStG 12 (56)
– – Zwangsversteigerung   GrStG 12 (49, 50)
– wirtschaftliche Bedeutung   GrStG 12 (1)
– Wirtschaftliche Einheit LuF   GrStG 12 (29)
Dingliche Rechte   BewG 243 (61)
dingliche Wirkung, Grundsteuermessbescheid   GrStG 13 (55 f.)
Doppelhaushälfte   BewG 244 (31)
Dreijahreszeitraum   GrStG 32 (34), 35 (19)
Durchflussmenge   BewG 242 (29)

E

Ecklage   BewG 247 (24, 59)
Eigenbedarf   BewG 240 (11 f.)

Eigengenutzter Grundbesitz   GrstG 32 (71)
Eigengewerbliche Nutzung, Begriff   GrStG 34 (173 ff.)
– – Gewerbesteuerpflicht   GrStG 34 (178)
– – Wohnungsbaugesellschaften   GrStG 34 (176)
– Minderung der Ausnutzung   GrStG 34 (185 ff.)
– – Anlaufschwierigkeiten   GrStG 34 (206)
– – Ermittlung   GrStG 34 (192 ff.)
– – Fabrikations-, Handwerks- und Handelsbetriebe   GrStG 34 (189)
– – Fehlentscheidungen   GrStG 34 (206)
– – Hotels, Sanatorien und Kurheime   GrStG 34 (189)
– – Kapazitätserweiterungen   GrStG 34 (205)
– – Kinos und Theatern   GrStG 34 (189)
– – Kurzarbeit   GrStG 34 (187)
– – Merkmale   GrStG 34 (186)
– – Naturkatastrophen   GrStG 34 (207)
– – Neugründungen   GrStG 34 (205)
– – Pandemien   GrStG 34 (209)
– – Umsatz   GrStG 34
– – vertreten müssen   GrStG 34 (201 ff.)
– – vollständiger Leerstand   GrStG 34 (187)
– – wirtschaftliche Gesichtspunkte   GrStG 34 (189)
Eigentümer, Anzeigepflicht   GrStG 19 (19 ff.)
Eigentümerwechsel   NGrStG 8 (74)
Eigentumsflächen   BewG 239 (13 ff.)
Eigentumsverhältnisse, wirtschaftliche   BewG 232 (25)
Einfamilienhaus   BewG 244 (32), 249 (29, 34 ff.)
– Mindestwert   BewG 251 (31 ff.)
Einheit, wirtschaftliche   BewG 232 (25)
Einheitswertbescheide, Aufhebung   BewG 266 (101 ff.)
Einrichtungen der öffentlichen Wasser- und Bodenverbände   GrStG 4 (20, 66 ff.)
Einspruchsfrist, Grundsteuermessbescheid   GrStG 13 (73)
Einspruchsverfahren, siehe Rechtsbehelfsverfahren
Einzelertragswertverfahren   BewG 237 (10, 70 f.)
Energieerzeugungsfläche   BewG 233 (13)
Entkernung   GrStG 34 (25)
Entstehung der Steuerschuld   LGrStG BW 2 (12)
Entwicklungszustand   BewG 247 (24, 59, 66 ff.)

Stichwörter VERZEICHNIS

Erbbaurecht   BewG 243 (71 ff.); GrStG 2 (61)
- als Grundstück   HGrStG 1 (35)
- Ausübung des -   BewG 243 (73), 244 (55)
- Bestimmung der wirtschaftlichen Einheit   NGrStG 2 (75, 81)
- Bildung der wirtschaftlichen Einheit   HGrStG 4 (42 f.)
- Erbbaurechtsbelastung   BewG 243 (73), 244 (53 f.)
- Erstreckung des -   BewG 243 (73), 244 (56 f.)
- Gesamterbbaurecht   BewG 244 (63)
- Mindestwert   BewG 251 (25)
- Miterbbaurecht   BewG 244 (72)
- Nachbarerbbaurecht   BewG 244 (67 ff.)
- Obererbbaurecht   BewG 244 (59)
- Teileigentum   BewG 243 (81 f.)
- Überlassung   GrStG 3 (79)
- Untererbbaurecht   BewG 244 (59)
- Wertermittlung   BewG 261 (30)
- wirtschaftliche Einheit   BewG 244 (47 ff.)
- – Erbbaugrundstück   BewG 244 (47 ff.)
- – Erbbaurecht   BewG 244 (47 ff.)
- – Reichweite   BewG 244 (49)
- Wohnungserbbaurecht   BewG 243 (81 f.), 261 (47 ff.)
- Zurechnung   BewG 261 (41 ff.); HGrStG 3 (42 ff.)

Ergänzungsbescheid, ~ zum Feststellungsbescheid   BewG 219 (183)

Erhebung, Grund   BewG 229 (75 ff.)
- Verpflichtete   BewG 229 (76)
- zur Vorbereitung der Feststellungen   BewG 229 (71 ff.)

Erhebung der Grundsteuer, Abrechnung   GrStG 30 (36 ff.)
- Antrag auf jährliche Entrichtung   GrStG 28 (66)
- Aufrechnung   GrStG 30 (54)
- Erstattung   GrStG 30 (51)
- Fälligkeit   GrStG 28 (36 ff.), 30 (36)
- Kleinbeträge   GrStG 28 (56 ff.)
- Nachentrichtung   GrStG 31 (36)
- Nachzahlung   GrStG 30 (36)
- Vierteljahresbeträge   GrStG 28 (36 ff.)
- Vorauszahlungen   GrStG 29 (36)

Erhebungszeitraum   GrStG 35 (16)
Erholung   BewG 240 (11 f.)

Erklärungen, Abgabe, siehe Feststellungserklärung   BewG 228 (25)

Erklärungspflicht   BayGrstG 6 (64 ff.); HGrStG 2 (56 ff.)
- Frist   BayGrstG 6 (69 ff.)
- Zuständigkeit   BayGrstG 6 (66)

Erklärungspflichten, Abgabe bei Aufforderung   LGrStG BW 22 (6 ff.)

Erlass   NGrStG 10 (26 ff.)
- Betriebe der Land- und Forstwirtschaft, Unbilligkeit   LGrStG BW 57 (9 ff.)
- – Voraussetzungen   LGrStG BW 57 (6 ff.)
- – Wertfortschreibung   LGrStG BW (12)
- Grundstücke, Ermessensentscheidung   LGrStG BW 56 (16)
- – Grünanlagen   LGrStG BW 56 (23 ff.)
- – Kulturgüter   LGrStG BW 56 (26 ff.)
- – Verfahren   LGrStG BW 56 (32)
- Verfahren, Erlasszeitraum   LGrStG BW 58 (6 ff.)
- – Form   LGrStG BW 58 (9)
- – Frist   LGrStG BW 58 (9)
- – Grünanlagen und Kulturgüter   LGrStG BW 58 (10 ff.)
- – Rechtsbehelfsverfahren   LGrStG BW 58 (32)
- – Rohertragsminderung bebaute Grundstücke   LGrStG BW 58 (13 ff.)
- wesentliche Ertragsminderung   HGrStG 14 (26)

Erlassantrag   GrStG 35 (24 ff.)
- Begründung   GrStG 35 (36)
- Grünanlagen und Kulturgüter   GrStG 35 (41 ff.)

Erlassvorschriften   BayGrstG 8 (19 ff.)
- allgemeine Billigkeitsregelungen   BayGrstG 8 (21)
- besondere Erlassvorschriften der Grundsteuer   BayGrstG 8 (22)

Erlasszeitraum   GrStG 35 (1)
Ermächtigungen   BewG 263 (21 ff.); HGrStG 16 (31 ff.)
Ermäßigung, siehe Grundsteuermesszahl
Ermittlung der Fläche des Grund und Bodens   BayGrstG 3 (22 f.)
Ermittlung der Gebäudeflächen   BayGrstG 2 (20 ff.)
- abweichende Ermittlungsmethoden   BayGrstG 2 (57 ff.)

1259

- häusliches Arbeitszimmer   BayGrstG 2 (41)
- kurzfristige Beherbergung   BayGrstG 2 (46)
- Nutzfläche   BayGrstG 2 (50 ff.)
- ungenutzte oder leerstehende Flächen
  BayGrstG 2 (44 f.)
- Wohnfläche   BayGrstG 2 (34 ff.)
Ermittlung der Grundsteuer   BayGrstG 1 (26 ff.)
Ermittlung der Minderung des tatsächlichen
  Reinertrags   GrStG 33 (31)
Errichtung in Bauabschnitten   BewG 248 (25 ff.)
Erschließungsbeitragspflicht   BewG 247 (58)
Ertragsfähigkeit   BewG 236 (1, 23 ff.)
Ertragsmesszahl   BewG 236 (35), 237 (31)
Ertragswert   BewG 236 (1, 19 ff., 44), 239 (13 ff.)
Ertragswertpotential   BewG 238 (33)
Ertragswertverfahren   BewG 250 (21)
- Berechnungsbeispiel   BewG 252 (86, 87)
- Bewirtschaftungskosten   BewG 255 (21 ff.)
- Bodenwert   BewG 257 (36 ff.)
- Entstehungsgeschichte   BewG 252 (36 ff.)
- Ermittlungsschema   BewG 252 (60)
- Formel   BewG 252 (59)
- Liegenschaftszinssatz   BewG 256 (19 ff.)
- Mindestrestnutzungsdauer   BewG 253 (86 ff.)
- Reinertrag   BewG 253 (46 ff.)
- Restnutzungsdauer   BewG 253 (56 ff.)
- - Abbruchverpflichtung   BewG 253 (101 ff.)
- - Mindestrestnutzungsdauer
    BewG 253 (86 ff.)
- - Verlängerung   BewG 253 (71 ff.)
- Rohertrag   BewG 254 (31 ff.)
- Typisierungen   BewG 252 (150)
erweiterter Erlass, Antragsfrist
  BayGrstG 8 (78 f.)
- Erlasszeitraum   BayGrstG 8 (77)
- Ermessensspielraum   BayGrstG 8 (46 f.)
- Höhe   BayGrstG 8 (40 f.)
- Verfahren   BayGrstG 8 (76 ff.)
- Voraussetzungen   BayGrstG 8 (26 ff.)
Erzeugnisse   BewG 243 (64)
- tierische, pflanzliche   BewG 232 (16)
Erziehung, Nutzung für -   GrStG 4 (73, 77 ff.)
Escape-Klausel   BewG 252 (96 ff.), 258 (132)
Evaluation   NGrStG 14 (26 ff.)
Ewige Rente   BewG 252 (51)

F

Fälligkeit   GrStG 28 (36); LGrStG BW 52 (6)
Fahrstuhl   BewG 243 (65, 96)
Faktor, Bereitstellung der Merkmale
  HGrStG 16 (31)
- Formel   HGrStG 7 (26)
Fassweinerzeugung   BewG 237 (48)
Fehlerbeseitigende Neuveranlagung,
  Steuermessbetrag   GrStG 17 (36 ff.)
Ferkelproduktion, arbeitsteilige   BewG 241 (23)
Fernsehturm   BewG 244 (37)
Festsetzung   LGrStG BW 51 (6)
- der Grundsteuer, Fälligkeit   GrStG 28 (36 ff.)
- - für ein Jahr   GrStG 27 (36 ff.)
- - für mehrere Jahre   GrStG 27 (51 ff.)
- - Hebesatzänderung   GrStG 27 (61 ff.)
- - Öffentliche Bekanntmachung
    GrStG 27 (71 ff.)
- - Verfahrensrecht   GrStG 27 (91 ff.)
- - Vorauszahlungen   GrStG 29 (36)
Festsetzungsfrist, Grundsteuermessbescheid
  GrStG 13 (58 f.)
- Zerlegungsbescheid   GrStG 22 (60, 87 ff.)
Festsetzungsverjährung,
  Grundsteuermessbescheid   GrStG 13 (58 f.)
- Zerlegungsbescheid   GrStG 22 (60, 87 ff.)
Feststellung, Änderung bei vorzeitiger ~
  BewG 225 (71 ff.)
- Beteiligte   BewG 219 (111 ff.)
- der Anteile mehrerer Beteiligter
  BewG 219 (231 ff.)
- der Grundstücksart   BewG 219 (201 f.)
- der Vermögensart   BewG 219 (191 ff.)
- der Zurechnung   BewG 219 (211 ff.)
- des Bebauungszustands   BewG 219 (203 f.)
- Erheblichkeit, Inlandsbezug   BewG 224 (71 ff.)
- - Neuentstehen   BewG 223 (101 ff.)
- - Vorliegen   BewG 219 (241 ff.)
- - Wegfall   BewG 224 (81 ff.)
- Ermessen zur ~   BewG 219 (92 ff.)
- gegenüber Ehegatten   BewG 219 (114)
- gegenüber Gesellschaften   BewG 219 (113)
- gegenüber Kindern   BewG 219 (116)
- Nachholung   BewG 226 (61 ff.)

– Umfang der ~   BewG 219 (82 f.)
– Vorzeitige ~   BewG 225 (61 ff.)
– Zuständigkeit   BewG 219 (101 ff.)
Feststellungsarten   BayGrstG 6 (58 ff.)
Feststellungsaufhebung, Gründe
   BewG 224 (61 ff.)
– Nachholung   BewG 226 (91)
– Zeitpunkt   BewG 224 (91 ff.)
Feststellungsbescheid, als Grundlagenbescheid
   BewG 219 (154)
– Bekanntgabe des ~   BewG 219 (141 ff.)
– Inhalt des ~   BewG 219 (152 ff.)
– über die Äquivalenzbeträge
   BayGrstG 6 (39 ff.)
– Wirkung des ~   BewG 219 (151 ff.)
Feststellungserklärung, Abgabe   BewG 228 (25)
– Abgabepflicht   BewG 228 (61 ff.)
– als Steuererklärung   BewG 228 (181 ff.)
– Befreiung von der ~pflicht   BewG 219 (130)
– behördliche Abgabefrist   BewG 228 (91 ff.)
– Form   BewG 228 (191 ff.)
– Fristverlängerung   BewG 228 (101 ff.)
– Inhalt   BewG 228 (75 ff.)
– Mindestabgabefrist   BewG 228 (81 ff.)
– Nichtigkeit der ~   BewG 219 (127)
– Unterschriftspflicht   BewG 228 (183 ff.)
– Verspätungszuschlag   BewG 219 (161 ff.)
– vorgefertigte ~   BewG 228 (73 f.)
– Wirksamkeit der ~   BewG 219 (127)
– Zuständigkeit   BewG 228 (171 ff.)
– Zwangsmittel   BewG 219 (168 f.)
Feststellungsfrist   BewG 219 (121 ff.)
– Ablaufhemmung der ~   BewG 219 (133 f.)
– Anlaufhemmung zur ~   BewG 219 (123 ff.)
– Beginn der ~   BewG 219 (122 ff.)
– Dauer der ~   BewG 219 (131)
– Ende der ~   BewG 219 (132 ff.)
Feststellungspflicht   BewG 219 (91 ff.)
Feststellungsverfahrensarten   BewG 219 (52)
Feucht- und Trockenbiotope   BewG 232 (49),
   241 (18)
Finanzgerichtsordnung   HGrStG 15 (27);
   NGrStG 12 (37)
Finanzrechtsweg   HGrStG 2 (81), 15 (26 ff.);
   LGrStG BW 2 (36 ff.); NGrStG 12 (37)
– Grundsteuermessbescheid   GrStG 13 (73)
– Zerlegungsbescheid   GrStG 22 (103)

Finanzverwaltungsgesetz   NGrStG 12 (37)
– Anwendbarkeit   HGrStG 2 (76)
Fischertrag   BewG 242 (29)
Fischzucht, für Binnenfischerei und
   Teichwirtschaft   BewG 242 (27)
Fläche, bodengeschätzt   BewG 234 (22)
– des Gebäudes   NGrStG 3 (43)
– des Grund und Bodens   NGrStG 3 (41)
– maßgebliche   BewG 238 (17)
Flächen, stillgelegt   BewG 241 (18)
– unter Glas und Kunststoffen   BewG 234 (37),
   238 (22 f.)
– vorübergehend nicht bestockt   BewG 237 (47)
Flächen-Lage-Modell   NGrStG Vorwort (1 ff.)
– Verfassungsmäßigkeit
   NGrStG Vorwort (42 ff.)
Flächenabhängigkeit   BewG 241 (31)
Flächenbetrag, Begriff   HGrStG 5 (36)
– für Nutzflächen   HGrStG 5 (86)
– für Wohnflächen   HGrStG 5 (46)
– Rundung   HGrStG 5 (111)
Flächenfortschreibung   NGrStG 8 (51 ff.)
Flächengrundlage   BewG 241 (17)
Flächenwerte, Summe der -   BewG 237 (34)
Flaschenweinerzeugung   BewG 237 (48)
Fliesen   BewG 243 (104)
Fließende Gewässer   GrStG 4 (61 f.)
Flur   NGrStG 3 (84)
Folgebescheid, Grundsteuermessbescheid
   GrStG 13 (52 f.)
– Zerlegungsbescheid   GrStG 22 (82)
Forschung oder Volksbildung   GrStG 32 (75)
Forstbetrieb   GrStG 6 (20)
Forstwirtschaft   BewG 232 (17)
Fortschreibung, Art der ~   BewG 222 (91 ff.)
– – Gründe   BewG 222 (92 ff.)
– – Verbindung mit anderen Fortschreibungen
   BewG 222 (95)
– der Äquivalenzbeträge   NGrStG 8 (51 ff.)
– der Flächen   NGrStG 8 (51 ff.)
– Einordnung   BewG 222 (61 ff.)
– Ermittlungszeitpunkt   BewG 222 (161 ff.)
– fehlerbeseitigende ~   BewG 222 (121 ff.)
– – Vertrauensschutz   BewG 222 (131 ff.)
– – Zeitpunkt   BewG 222
– Nachholung   BewG 226 (61 ff.)

– Wert der~   BewG 222 (71 ff.)
– – Bagatellgrenze   BewG 222 (86 f.)
– – Gründe   BewG 222 (73 ff.)
– – Verbindung mit anderen Fortschreibungen
    BewG 222 (85)
– Wertfortschreibungsgrenze   NGrStG 8 (55)
– Zeitpunkt   BewG 222 (151 ff.)
– – bei Änderung der Verhältnisse
    BewG 222 (171 ff.)
– – bei Fehlerbeseitigung   BewG 222 (181 ff.)
– zur Fehlerkorrektur   NGrStG 8 (54)
– Zurechnungs~   BewG 222 (101 ff.)
– – Drittwirkung   BewG 222 (111 ff.)
– – Gründe   BewG 222 (103 ff.)
– – Verbindung mit anderen Fortschreibungen
    BewG 222 (104)
Fortschreibungsarten   BayGrstG 6 (48 ff.)
– Betragsfortschreibung   BayGrstG 6 (49)
– fehlerbeseitigende Wertfortschreibung
    BayGrstG 6 (54)
– Flächenfortschreibung   BayGrstG 6 (50 ff.)
Fortsetzungsfeststellungsklage,
    Grundsteuermessbescheid   GrStG 13 (78)
Freilandfläche   BewG 234 (37)
Freilegungskosten   BewG 252 (56)
Fremde Tiere   BewG 241 (25)
Fundament   BewG 243 (44 ff., 104)
Futterbedarf   BewG 241 (16)
Futtergrundlage   BewG 241 (19)

G

Gärtnerei   GrStG 6 (13)
Gärtnerische Nutzung   BewG 234 (36 f.),
    237 (54 ff.)
Garage, als eigene wirtschaftliche Einheit
    NGrStG 3 (136)
– gemietete   NGrStG 3 (132)
– rechtliche Zuordnung zur Wohnnutzung
    NGrStG 3 (131 ff.)
Garagen   BewG 244 (28, 40 ff.), 249 (72);
    HGrStG 5 (66 f., 81)
– bei Wohnungseigentum   HGrStG 5 (97)
Gartenhaus   HGrStG 5 (77); NGrStG 3 (151)
Gartenlaube   BewG 240 (20), 249 (72)

Gebäude   BewG 243 (27 ff.); GrStG 2 (61)
– Arbeitsbühne   BewG 243 (39)
– auf fremdem Grund und Boden
    BewG 243 (30)
– – als Grundstück   HGrStG 1 (35)
– – Bestimmung der wirtschaftlichen Einheit
    NGrStG 2 (44, 75, 78 ff.)
– – Bildung der wirtschaftlichen Einheit
    HGrStG 4 (42, 44)
– – Entschädigungsanspruch   BewG 244 (78)
– – Erklärungs- und Anzeigepflicht
    NGrStG 8 (75)
– – Mindestwert   BewG 251 (25)
– – Scheinbestandteile   BewG 244 (78)
– – Wertermittlung   BewG 262 (31)
– – wirtschaftliche Einheit   BewG 244 (84 ff.)
– – wirtschaftliches Eigentum   BewG 244 (78)
– – Zurechnung   BewG 262 (41 ff.);
    HGrStG 3 (42 ff.); NGrStG 8 (75)
– Aufenthalt von Menschen   BewG 243 (37 ff.)
– Außenanlage, Abgrenzung zu -   BewG 243 (30)
– Autowaschanlage   BewG 243 (39)
– Baracke   BewG 243 (44)
– Baumängel   BewG 246 (43)
– Baustellencontainer   BewG 243 (50)
– Begriff   BewG 243 (27 ff.)
– – funktionaler   BewG 243 (48)
– Beständigkeit   BewG 243 (51)
– Betriebsgebäude   BewG 243 (96)
– Betriebsvorrichtung, Abgrenzung zu -
    BewG 243 (30 f., 55)
– Bezugsfertigkeit, siehe auch Bezugsfertigkeit
    BewG 246 (21 ff.)
– Bude   BewG 243 (44)
– Bürocontainer   BewG 243 (46, 48)
– Container   BewG 243 (44, 48)
– für den Zivilschutz   BewG 245 (1 ff.);
    HGrStG 5 (106)
– Fundament   BewG 243 (44 ff.)
– Gartenhaus   HGrStG 5 (76 f.)
– Gebäudebestandteil   BewG 243 (30, 94)
– Hochregallager   BewG 243 (39)
– keiner Nutzung zuführbar   BewG 246 (33 ff.)
– leerstehende   BewG 246 (22); NGrStG 3 (91 f.)
– Modulbauweise   BewG 243 (44)
– Musterhaus   BewG 243 (51)

– Nebengebäude   NGrStG 3 (133)
– – als eigene wirtschaftliche Einheit   NGrStG 3 (161 ff.)
– – Begriff   NGrStG 3 (151)
– – Freibetrag   NGrStG 3 (146 f.)
– – Geringfügigkeitsregel   NGrStG 3 (141 f.)
– – in räumlichem Zusammenhang zur Wohnnutzung   NGrStG 3 (161)
– – Zweckbestimmung   NGrStG 3 (156)
– Ortsfestigkeit   BewG 243 (44 ff.)
– Pavillon   BewG 243 (44)
– räumliche Umschließung   BewG 243 (33)
– Räumung, sofortige   BewG 246 (41)
– Raumzelle   BewG 243 (44)
– Reparaturbedarf   BewG 246 (43)
– Scheinbestandteil   BewG 243 (30)
– Schuppen   HGrStG 5 (76 f.)
– Standfestigkeit   BewG 243 (55 ff.)
– Standzeit   BewG 243 (49)
– Stewing-Hallen   BewG 243 (39)
– Tiny-Haus   BewG 243 (44)
– Traglufthalle   BewG 243 (55)
– Umfang und Zustand   BewG 235 (4)
– unnutzbarer Raum   BewG 246 (39 ff.)
– Unzumutbarkeit der Nutzung   BewG 246 (29)
– Verbindung mit Grund und Boden   BewG 243 (44 ff.)
– Verfall   BewG 246 (40)
– von untergeordneter Bedeutung   HGrStG 5 (76 f.); NGrStG 3 (171 ff.)
– Wasserturm   BewG 243 (40)
– Wohncontainer   BewG 243 (48)
– Wohnzwecke   GrStG 2 (31)
– Zelt   BewG 243 (51)
– Zerstörung   BewG 246 (39, 42)
– Zustand der Bebbauung   BewG 246 (24)
Gebäude von untergeordneter Bedeutung   BayGrStG 2 (92 ff.)
Gebäude, Gebäudeteile und Anlagen für den Zivilschutz   BayGrstG 2 (61)
Gebäudenormalherstellungswert   BewG 259 (51 ff.)
Gebiete, gemeindefreie   GrStG 1 (42 ff.)
Gegenstände, Sammlungen und Bibliotheken   GrStG 32 (65)
– von wissenschaftlicher, künstlerischer oder geschichtlicher Bedeutung   GrStG 32 (65)

Geistlicher/ Kirchendiener   GrStG 3 (104)
Gemeindefreies Gebiet   NGrStG 12 (47 f.)
Gemeinnützige Zwecke   GrStG 3 (71 ff.)
– Geschäftsführung   GrStG 3 (73)
Gemeinnützigkeit, Religionsgemeinschaften   GrStG 3 (93)
Gemeinschaftsunterkünfte   GrStG 5 (36 ff.)
– Dienstbetrieb   GrStG 5 (37)
– Einzelnutzung   GrStG 5 (37)
– Hilfsflächen   GrStG 5 (38)
Gemischt genutztes Grundstück   BewG 249 (68)
Gemüsebau   BewG 234 (40 ff.), 237 (54 ff.)
Geodaten   NGrStG 5 (78 f.)
Geringstland   BewG 232 (49), 234 (1, 15, 71 ff.), 237 (68 ff.)
Geruchsbelästigung   BewG 247 (24, 59)
Gesamterbbaurecht   BewG 244 (63)
Gesamtschuldner   HGrStG 3 (33 f.)
Gesamtschuldnerische Haftung, Erbengemeinschaft   GrStG 10 (81)
– Folgen   GrStG 10 (86)
– Wohnungseigentümergemeinschaft   GrStG 10 (80)
– Zivil- und Gesellschaftsrecht   GrStG 10 (79)
– Zurechnung auf mehrere Personen   GrStG 10 (78)
Gesamtunternehmen   GrStG 33 (63)
Geschäftsgrundstück   BewG 249 (64)
Geschossflächenzahl   BewG 247 (58)
Gesellschaft, Gründung einer -   BewG 241 (37)
Gesetz zur Mobilisierung baureifer Grundstücke   GrStG 37 (32 f.)
gesonderte Feststellung   NGrStG 8 (36 ff.)
– maßgebende Verhältnisse   NGrStG 8 (61 ff.)
Gewichtung der Grundsteuer   GrStG 33 (63)
Gewürz- und Heilkräuter   BewG 234 (41)
Gottesdienste, Widmung   GrStG 4 (28 ff.)
Gräben   BewG 232 (49), 234 (16, 23)
Grenzraine   BewG 232 (49), 234 (16, 23)
Grünanlagen   NGrStG 10 (38)
Grünland   BewG 234 (22)
Grund und Boden   BewG 232 (49), 243 (23), 244 (26, 28); GrStG 2 (28, 61)
– bei bebauten Grundstücken   BewG 248 (21)
Grundbesitz   BewG 243 (15, 19); GrStG 2 (16 ff.)
– Bestattungsplätze   GrStG 6 (55)
– Gottesdienst   GrStG 6 (55)

- inländischer GrStG 2 (21), 32 (8), 33 (13)
- – bebauter - GrStG 34 (13)
- Lehr- und Versuchszwecke GrStG 6 (35 ff.)
- militärische Nutzung GrStG 6 (51)

Grundbesitz oder Teile vom Grundbesitz GrstG 32 (1)

Grundbetrag BewG 237 (34)

Grunddienstbarkeiten BewG 232 (52), 243 (61)

Grundlagenbescheid, Grundsteuermessbescheid GrStG 13 (52 f.)
- Zerlegungsbescheid GrStG 22 (82)

Grundsteuer, als Jahresbetrag NGrStG 2 (56)
- Belastungsgrundentscheidung NGrStG 14 (26 ff.)
- dreistufiges Verfahren GrStG 13 (1, 21); NGrStG 2 (6)
- Entscheidung über Steuerpflicht GrStG 13 (40)
- Erlass NGrStG 10 (26 ff.)
- Niedersachsen NGrStG Vorwort (1 ff.)
- Öffnungsklausel, Steuermesszahl GrStG 13 (2)

Grundsteuer A GrStG 25 (101 ff.); NGrStG 11 (36 ff.)

Grundsteuer B GrStG 25 (101 ff.)
- Begriff NGrStG 2 (46)
- Berechnung NGrStG 2 (52)
- Steuergegenstand NGrStG 2 (42)
- Wertermittlungsverfahren NGrStG 2 (45)

Grundsteuer C BayGrstG 5 (54); GrStG 25 (121 ff.), 37 (32 f.); NGrStG 3 (174), 7 (46)
- abgestufte Hebesätze HGrStG 13 (27)
- Allgemeinverfügung GrStG 25 (181 ff.)
- baureife Grundstücke GrStG 25 (151 ff.); LGrStG BW 50a (10 ff.)
- Begriff HGrStG 13 (26)
- Bekanntgabe durch Allgemeinverfügung LGrStG BW 50a (20 ff.)
- Beschränkung auf Teile des Gemeindegebiets LGrStG BW 50a (16 ff.)
- betroffene Grundstücke HGrStG 13 (51 ff.)
- Gemeindegebiet GrStG 25 (171 ff.)
- gesonderter Hebesatz LGrStG BW 50a (7 ff.)
- Hebesatzeinheitlichkeit GrStG 25 (191 ff.); LGrStG BW 50a (23 ff.)
- Höhe des gesonderten Hebesatzes LGrStG BW 50a (23 ff.)
- höherer Hebesatz HGrStG 13 (56 f.)
- Karenzzeit HGrStG 13 (61)
- Lenkungszweck GrStG 25 (121 ff.)
- Rechtsschutz HGrStG 13 (53)
- Reichweite HGrStG 13 (46 ff.)
- städtebauliche Gründe GrStG 25 (161 ff.); HGrStG 13 (36); LGrStG BW 50a (13 ff.)
- Veröffentlichungspflicht HGrStG 13 (51 ff.)

Grundsteuer-Viewer NGrStG 8 (86 f.)

Grundsteueraufkommen GrStG 37 (21)

Grundsteuerbefreiung, siehe Steuerbefreiung
- Einschränkung, land- und forstwirtschaftliche Nutzung GrStG 6 (1)

Grundsteuergesetz, Anwendbarkeit NGrStG 1 (36 ff.), 9 (51)

Grundsteuermessbescheid GrStG 13 (37 ff.)
- Änderung des - GrStG 13 (63 f.)
- Bekanntgabe GrStG 13 (47)
- Billigkeitsmaßnahme GrStG 13 (68 f.)
- Bindungswirkung GrStG 13 (52 ff.)
- – dingliche Wirkung GrStG 13 (55 f.)
- – Grundsteuerbescheid GrStG 13 (52)
- – Grundsteuerwertbescheid GrStG 13 (52)
- – Rechtsnachfolger GrStG 13 (54)
- Festsetzungsfrist GrStG 13 (58 f.)
- Festsetzungsverjährung GrStG 13 (58 f.)
- Folgebescheid GrStG 13 (52 f.)
- Grundlagenbescheid GrStG 13 (52 f.)
- Inhaltsadressat GrStG 13 (46)
- Klageverfahren GrStG 13 (73 ff.)
- – allgemeine Feststellungsklage GrStG 13 (78)
- – Anfechtungsklage GrStG 13 (77)
- – Beschwer GrStG 13 (82 ff.)
- – Beschwer der Gemeinde GrStG 13 (86 ff.)
- – Beteiligtenfähigkeit GrStG 13 (73)
- – Finanzrechtsweg GrStG 13 (73)
- – Fortsetzungsfeststellungsklage GrStG 13 (78)
- – Handlungsfähigkeit GrStG 13 (73)
- – Klagearten GrStG 13 (77 f.)
- – Klagebefugnis GrStG 13 (82 ff.)
- – Klagebefugnis der Gemeinde GrStG 13 (86 ff.)
- – Klagefrist GrStG 13 (73)

- – Postulationsfähigkeit   GrStG 13 (73)
- – Rechtsschutzbedürfnis   GrStG 13 (73)
- – Streitwert   GrStG 13 (93)
- – Verpflichtungsklage   GrStG 13 (77)
- Rechtsbehelfsverfahren   GrStG 13 (73 ff.)
- – Beschwer   GrStG 13 (82 ff.)
- – Beschwer der Gemeinde   GrStG 13 (86 ff.)
- – Beteiligtenfähigkeit   GrStG 13 (73)
- – Einspruchsfrist   GrStG 13 (73)
- – Handlungsfähigkeit   GrStG 13 (73)
- – Rechtsbehelfsbefugnis   GrStG 13 (82 ff.)
- – Rechtsbehelfsbefugnis der Gemeinde   GrStG 13 (86 ff.)
- – Rechtsschutzbedürfnis   GrStG 13 (73)
- Regelungsinhalt   GrStG 13 (39)

Grundsteuermessbetrag, Änderung im Jahr vor der Hauptveranlagung   HGrStG 8 (31)
- Anzeigepflichten   BayGrstG 7 (41 ff.)
- Aufhebung   BayGrstG 7 (35 f.); HGrStG 4 (34), 11 (26 ff.)
- bei abgelaufener Festsetzungsfrist HGrStG 12 (51 f.)
- bei Erbbaurechten   HGrStG 1 (35), 4 (43)
- bei Gebäude auf fremdem Grund und Boden HGrStG 1 (35), 4 (44)
- bei Steuerbefreiung   HGrStG 4 (31 ff.)
- Berechnung   NGrStG 2 (61)
- Bereitstellung zum Datenabruf   HGrStG 4 (28)
- Bescheid   HGrStG 12 (46)
- Ermittlung   HGrStG 4 (26)
- fehlerhafter   HGrStG 9 (41 f.), 11 (27)
- für das Gebäude   NGrStG 2 (62)
- für den Grund und Boden   NGrStG 2 (62)
- Geltungsdauer   HGrStG 8 (36 ff.), 12 (37)
- Hauptveranlagung   HGrStG 8 (26 ff.)
- Nachveranlagung   BayGrstG 7 (35 f.); HGrStG 4 (33)
- Wirksamwerden   HGrStG 8 (36 f.), 12 (26)
- Wirkung gegen Rechtsnachfolger HGrStG 2 (67 f.)
- Zerlegung   BayGrstG 7 (35 f.); HGrStG 2 (43 f.)
- zweistufiges Verfahren   HGrStG 4 (27)

Grundsteuermesszahl, Ermäßigung, Änderungen NGrStG 6 (72 f.)
- – anteilige   HGrStG 6 (66 f.)
- – Antrag   NGrStG 6 (71 ff.)
- – Antragserfordernis   HGrStG 6 (51)
- – Anzeigepflicht bei Wegfall der Voraussetzungen   NGrStG 6 (73)
- – begünstigte Rechtsträger   HGrStG 6 (71 ff.)
- – bei räumlicher Verbindung zu einem Betrieb der Land- und Forstwirtschaft NGrStG 6 (36 ff.)
- – bei Wohnflächen   HGrStG 6 (31); NGrStG 6 (28 ff.)
- – für Baudenkmale   NGrStG 6 (51 ff.)
- – für geförderten Wohnraum NGrStG 6 (61 ff.)
- – für Kulturdenkmäler   HGrStG 6 (36 ff.)
- – geförderter Wohnraum   HGrStG 6 (71 ff.)
- – kumulative   NGrStG 6 (54, 63)
- – mehrere Ermäßigungstatbestände HGrStG 6 (76 f.)
- – Wegfall der Voraussetzungen HGrStG 6 (56 ff.)
- Ermäßigungen   BayGrstG 4 (32 ff.)
- – Baudenkmäler   BayGrstG 4 (39 ff.)
- – bestimmte Rechtsträger   BayGrstG 4 (94 ff.)
- – sozialer Wohnungsbau   BayGrstG 4 (49 ff.)
- – Wohnflächen   BayGrstG 4 (49 ff.)
- – Wohnflächen in Verbindung mit dem Betrieb der Land- und Fortstwirtschaft BayGrstG 4 (32 ff.)
- für das Grundvermögen   NGrStG 6 (26 f.)
- für Grund und Boden   HGrStG 6 (26)
- für Nutzflächen   HGrStG 6 (26)
- für Wohnflächen   HGrStG 6 (31)
- Grundstücke des Grundvermögens BayGrstG 4 (23 f.)
- Wohnflächen   BayGrstG 4 (25 ff.)

Grundsteuerwert   BewG 239 (13 ff.)
- Artfortschreibung, Neuveranlagung des Steuermessbetrags   GrStG 17 (22 ff.)
- Aufhebung, Aufhebung des Steuermessbetrags GrStG 20 (20 ff.)
- Nachfeststellung, Nachveranlagung des Steuermessbetrags   GrStG 18 (20 ff.)
- Wertfortschreibung, Neuveranlagung des Steuermessbetrags   GrStG 17 (22 ff.)
- Zerlegung des   BewG 239 (24 ff.)
- Zurechnungsfortschreibung, Neuveranlagung des Steuermessbetrags   GrStG 17 (22 ff.)

Grundsteuerwerte, Änderung von
 Feststellungsbescheiden   LGrStG BW 19 (6)
– Aufhebung   LGrStG BW 18 (6)
– Ermittlung   LGrStG BW 14 (6 f.)
– Feststellung   LGrStG BW 13 (6 ff.)
– Feststellungsbescheide, Grundvermögen
 LGrStG BW 13 (13 ff.)
– – Land- und Forstwirtschaft
 LGrStG BW 13 (10 ff.)
– Fortschreibung   LGrStG BW 16 (6 ff.)
– – Änderung der Vermögensart
 LGrStG BW 16 (12 ff.)
– – Fehlerbeseitigung   LGrStG BW 16 (16 ff.)
– – Feststellungs- und Ermittlungszeitpunkt
 LGrStG BW 16 (19)
– Hauptfeststellung   LGrStG BW 15 (6 ff.)
– Nachfeststellung   LGrStG BW 17 (6 ff.)
– Nachholung von Feststellungen
 LGrStG BW 20 (6 ff.)
– Voraussetzungen   LGrStG BW 13 (17)
– Wertverhältnisse bei Fortschreibung und
 Nachfeststellung   LGrStG BW 21 (6)
Grundstück   GrStG 2 (66)
– Abgrenzung wirtschaftliche Einheit
 LGrStG BW 37 (10 ff.)
– Ableitung Bodenwert durch Finanzverwaltung
 BewG 247 (116 f.)
– Anteile an anderen Grundstücken
 LGrStG BW 37 (17)
– Arten, siehe Grundstücksarten
– baureifes, Begriff   HGrStG 13 (41)
– – Dauer der Baureife   HGrStG 13 (28 ff.)
– bebaut, siehe bebaute Grundstücke
– bebaute, Begriff   HGrStG 2 (48)
– Begriff   BewG 244 (19); HGrStG 1 (35), 2 (48);
 NGrStG 2 (43)
– Belastung   BewG 243 (61)
– Bewertung   LGrStG BW 38 (16 ff.)
– – siehe bebaute Grundstücke
– – siehe unbebaute Grundstücke
– Bodenschätze   LGrStG BW 37 (14 ff.)
– Bodenwertermittlung durch Finanzverwaltung
 LGrStG BW 38 (33 f.)
– Erbbaurecht   HGrStG 1 (35)
– Ermittlung Bodenwert   LGrStG BW 38 (21 ff.)
– Garagen   BewG 249 (72); HGrStG 1 (35)
– gemeindeübergreifende   HGrStG 2 (43 f.)
– gemeinschaftliche Hofflächen   HGrStG 1 (35)
– Gutachterausschuss   LGrStG BW 38 (31 f.)
– in mehreren Bodenrichtwertzonen
 HGrStG 7 (32)
– Richtwertgrundstück   LGrStG BW 38 (27 ff.)
– – abweichende Nutzungen
 LGrStG BW 38 (27)
– – überlagernde Bodenrichtwertzonen
 LGrStG BW 38 (27)
– steuerfreies   HGrStG 8 (27)
– Teileigentum   HGrStG 1 (35)
– Teilerbbaurecht   HGrStG 1 (35)
– Tiny-Haus   BewG 249 (78)
– unbebaut, siehe unbebaute Grundstücke
– unbebaute   HGrStG 13 (41)
– – Begriff   HGrStG 2 (48)
– Wert, siehe bebaute Grundstücke, Bewertung
– – siehe unbebaute Grundstücke, Bewertung
– Wertabweichungen vom Richtwertgrundstück
 LGrStG BW 38 (35 ff.)
– – Antragsverfahren und Nachweis
 LGrStG BW 38 (42)
– – niedrigerer Wert   LGrStG BW 38 (38 ff.)
– – Qualifikation des Gutachters
 LGrStG BW 38 (45 ff.)
– wirtschaftliche Einheit   LGrStG BW 37 (7 ff.)
– Wohnungseigentum   HGrStG 1 (35)
– Wohnungserbbaurecht   HGrStG 1 (35)
– Zustand der Bebauung   BewG 246 (24)
Grundstücke   GrStG 32 (8)
Grundstücksarten   BewG 249 (1 ff.)
– Bootshaus   BewG 249 (72)
– Clubhaus   BewG 249 (72)
– Einfamilienhaus   BewG 249 (29 f.)
– – äußeres Erscheinungsbild   BewG 249 (41 ff.)
– – Beeinträchtigung der Eigenart
 BewG 249 (41 ff.)
– – Mitbenutzung zu anderen als Wohnzwecken
 BewG 249 (34 ff.)
– – Nebenräume   BewG 249 (35)
– – Typusbegriff   BewG 249 (44)
– – Zubehörräume   BewG 249 (35)
– Gartenlaube   BewG 249 (72)
– gemischt genutztes Grundstück
 BewG 249 (68)
– Geschäftsgrundstück   BewG 249 (64)
– Jagdhütte   BewG 249 (72)

- Mietwohngrundstück BewG 249 (52 f.)
- Prüfungsreihenfolge BewG 249 (20 ff.)
- Schützenhalle BewG 249 (72)
- Sondereigentum an einer Wohnung
  BewG 249 (56)
- sonstiges bebautes Grundstück
  BewG 249 (72)
- Sportverein BewG 249 (72)
- Teileigentum BewG 249 (60)
- Turnhalle BewG 249 (72)
- Verbindungshaus, studentisches
  BewG 249 (72)
- Vereinshaus BewG 249 (72)
- Wochenendgrundstück BewG 249 (72)
- Wohnfläche BewG 249 (25)
- Wohnung BewG 249 (29)
- Wohnungsbegriff, siehe Wohnungsbegriff
- Wohnungseigentum BewG 249 (56)
- Zweifamilienhaus BewG 249 (48)

Grundstücksbelastung BewG 243 (61)
Grundstücksbestandteile, Außenanlagen
  BewG 252 (76), 258 (106 ff.)
- Rechte BewG 243 (61)
- sonstige Anlagen BewG 252 (76), 258 (107)
- Zubehör BewG 252 (76), 258 (106)

Grundstücksbewertung, verfassungsrechtliche
  Bedenken, Äquivalenzprinzip
  LGrStG BW 38 (51)
- – Gleichbehandlungsgrundsatz
  LGrStG BW 38 (53 f.)
- – Leistungsfähigkeitsprinzip
  LGrStG BW 38 (52)
- – Lenkungsfunktion LGrStG BW 38 (50)

Grundstücksdatenbank NGrStG 2 (74), 11 (47)
Grundstücksfläche BewG 247 (46 f.)
Grundvermögen BewG 232 (10), 244 (18 ff.);
  GrStG 2 (69)
- Abgrenzung zu Betriebsvermögen
  NGrStG 2 (44)
- Abgrenzung zu land- und forstwirtschaftlichen
  Vermögen NGrStG 2 (44)
- Ableitung Bodenwert durch Finanzverwaltung
  BewG 247 (116 f.)
- abweichende landesrechtliche Steuermesszahl
  beim - GrStG 15 (35 ff.)
- Altenheim BewG 243 (96)
- Anteile GrStG 2 (69)

- ausländisches BewG 243 (11)
- Außenanlage, Abgrenzung zu BewG 243 (100)
- Außenanlagen BewG 243 (64)
- Autoaufzug BewG 243 (96)
- Bauerwartungsland BewG 243 (10)
- bebaute Grundstücke, siehe bebaute
  Grundstücke
- Begriff BewG 243 (1 ff.); HGrStG 1 (33 ff.),
  2 (48); NGrStG 2 (42 f.)
- Bestandteile BewG 243 (61)
- betriebliche Anlage BewG 243 (92)
- Betriebsgebäude BewG 243 (96)
- Betriebsgrundstück BewG 243 (10);
  HGrStG 1 (33), 2 (47)
- Betriebsvorrichtung, Abgrenzung zu
  BewG 243 (2, 89 ff., 94 ff.)
- Betriebsvorrichtungen HGrStG 1 (34)
- bewegliche Sachen BewG 243 (68)
- Bodenschätze BewG 243 (85); HGrStG 1 (34)
- Dauerwohnrecht BewG 243 (80)
- Deckenverstärkungen BewG 243 (91, 104)
- Erbbaurecht HGrStG 1 (34)
- – siehe auch Erbbaurecht BewG 243 (71 ff.)
- Erzeugnisse BewG 243 (64)
- Fahrstuhl BewG 243 (65, 96)
- Fliesen BewG 243 (104)
- Fundament BewG 243 (104)
- Gebäude HGrStG 1 (34)
- – siehe Gebäude
- Gebäude auf fremdem Grund und Boden, siehe
  auch Gebäude auf fremdem Grund und Boden
  BewG 244 (73 ff.)
- Gebäudebestandteil BewG 243 (94)
- Grund und Boden BewG 243 (23);
  HGrStG 1 (34)
- Grundbesitz BewG 243 (15, 19)
- Grundstücksarten, siehe Grundstücksarten
- Grundstücksbegriff BewG 244 (19)
- Grundstücksfiktion BewG 244 (47 ff.)
- inländisches BewG 243 (11)
- land- und forstwirtschaftliches Vermögen,
  Abgrenzung zu BewG 243 (19)
- Lastenaufzug BewG 243 (96)
- Maschinen, Abgrenzung zu BewG 243 (89 ff.)
- Mauervorlagen BewG 243 (91, 104);
  HGrStG 1 (34)

- Nachweis des niedrigen gemeinen Werts BewG 243 (2)
- Parkhaus   BewG 243 (96)
- Rohbauland   BewG 243 (10)
- Scheinbestandteil   BewG 243 (65)
- sonstige Bestandteile   BewG 243 (2, 60 ff.); HGrStG 1 (34)
- – unwesentliche   BewG 243 (63 f.)
- – wesentliche   BewG 243 (61 f.)
- Steuermesszahl   GrStG 15 (1 ff.)
- Stützen   BewG 243 (91); HGrStG 1 (34)
- Teileigentum   BewG 243 (3, 77 ff.); HGrStG 1 (34)
- Teilerbbaurecht   BewG 243 (3, 81 f.); HGrStG 1 (34)
- Transformatorenhäuschen   BewG 243 (95)
- Treppe   BewG 243 (65, 96)
- Umfang   BewG 243 (1 ff.)
- unbebaute Grundstücke, siehe unbebaute Grundstücke
- Verstärkungen von Decken   HGrStG 1 (34)
- Verstrebungen   BewG 243 (91); HGrStG 1 (34)
- Windenergieanlange   BewG 243 (10)
- wirtschaftliche Einheit   BewG 244 (1 ff.)
- – Anbauten   BewG 244 (26)
- – Außenanlage   BewG 244 (26)
- – Bestimmung   BewG 244 (23 ff.)
- – Betriebsvorrichtung   BewG 244 (27)
- – Doppelhaushälfte   BewG 244 (31)
- – Einbeziehung von Anteilen anderer wirtschaftlichen Einheiten BewG 244 (40 ff.)
- – Einfamilienhaus   BewG 244 (32)
- – Erbbaugrundstück   BewG 244 (47 ff.)
- – Erbbaurecht   BewG 244 (47 ff.)
- – Fernsehturm   BewG 244 (37)
- – Garagen   BewG 244 (28, 40 ff.)
- – Grund und Boden   BewG 244 (26, 28)
- – Hofraum   BewG 244 (28)
- – Maschinen   BewG 244 (28)
- – Mietshaus   BewG 244 (33 ff.)
- – Nebengebäude   BewG 244 (28)
- – Scheinbestandteile   BewG 244 (27)
- – Teileigentum   BewG 244 (88 f.)
- – Teilerbbaurecht   BewG 244 (94 ff.)
- – Vorgarten   BewG 244 (28)
- – wesentliche Bestandteile   BewG 244 (26)
- – Wohngebäude   BewG 244 (29)
- – Wohnungseigentum   BewG 244 (88 f.)
- – Wohnungserbbaurecht   BewG 244 (94 ff.)
- – Zubehör   BewG 244 (26)
- Wohnungseigentum   BewG 243 (3, 77 ff.); HGrStG 1 (34)
- Wohnungserbbaurecht   BewG 243 (3, 81 f.); HGrStG 1 (34)
- Zerlegung des Steuermessbetrags GrStG 22 (38 ff.)
- Zubehör   BewG 243 (2, 67 ff.); HGrStG 1 (34)

Gutachterausschüsse   BewG 247 (89)
Gutachterausschuss   NGrStG 5 (52, 68)

H

Häusliches Arbeitszimmer   HGrStG 5 (61); NGrStG 3 (48)
- als Wohnnutzung   NGrStG 3 (76)
- Begriff   NGrStG 3 (77)

Halbprodukte, nicht marktgängig BewG 241 (23)
Hamburg   GrStG 1 (36 ff.)
Handlungsfähigkeit, Grundsteuermessbescheid GrStG 13 (73)
Hauptfeststellung   BayGrStG 6 (31 f.)
- einmalige   NGrStG 8 (46)
- maßgebende Verhältnisse   NGrStG 8 (46)
- Stichtag   NGrStG 8 (46)
- Wertverhältnisse   BewG 221 (72 ff.)

Hauptfeststellungsperiode   BewG 221 (61 ff.)
Hauptfeststellungszeitpunkt   BewG 221 (71 ff.); GrStG 36 (14 ff.)
- erstmaliger   BewG 266 (36 ff.)

Hauptveranlagung   BayGrStG 7 (21 ff.); GrStG 16 (1 ff., 19 ff.), 36 (1, 9, 13 ff.); HGrStG 8 (26 ff.); LGrStG BW 41 (6); NGrStG 9 (36 f.)
- bei abgelaufener Festsetzungsfrist HGrStG 8 (46 f.)
- Ersatz durch Neuveranlagung/Nachveranlagung/Aufhebung HGrStG 12 (36)
- Nachholung der –   GrStG 16 (40 ff.)
- Nachholung der Veranlagung LGrStG BW 41 (12)

Hauptveranlagung 2025, Amnestieregelung
LGrStG BW 59 (17 ff.)
– Anwendung der Bewertungsvorschriften
LGrStG BW 59 (14 ff.)
– Aufhebung nicht mehr benötigter,
Einheitswertbescheide LGrStG BW 59 (20)
– – Grundsteuerbescheide LGrStG BW 59 (20)
– – Grundsteuermessbeträge
LGrStG BW 59 (20)
– zeitlicher Anwendungsbereich
LGrStG BW 59 (11 ff.)
Hauptveranlagungszeitpunkt GrStG 16 (24 ff.),
36 (1); LGrStG BW 41 (6)
Hauptveranlagungszeitraum GrStG 16 (33 ff.);
HGrStG 8 (29); LGrStG BW 41 (9 ff.)
– Verfassungsmäßigkeit HGrStG 8 (16)
Hausgärten BewG 237 (77)
Heberecht, örtlicher Umfang GrStG 1 (24)
– sachlicher Umfang GrStG 1 (21)
Hebesätze GrStG 37 (22)
– innerhalb der Gemeinde, verschiedene
BayGrstG 5 (29 ff.)
Hebesatz BayGrstG 5 (26 ff.)
– abgestufter HGrStG 13 (27)
– aufkommensneutraler NGrStG 7 (36 ff.)
– Ermessen GrStG 25 (46 ff.)
– Festsetzung GrStG 25 (61 ff.);
LGrStG BW 50 (6); NGrStG 7 (46)
– Festsetzung für mehrere Jahre
GrStG 25 (61 ff.)
– Festsetzungsfrist GrStG 25 (76 ff.)
– für unbebaute, baureife Grundstücke
NGrStG 7 (46)
– gesonderter HGrStG 13 (26)
– – Höhe HGrStG 13 (56 f.)
– – Reichweite HGrStG 13 (46 ff.)
– Grundsteuer A GrStG 25 (101 ff.)
– Grundsteuer B GrStG 25 (101 ff.)
– Grundsteuer C GrStG 25 (121 ff.)
– Hauptveranlagungszeitpunkt GrStG 25 (91 ff.)
– Hebesatzeinheitlichkeit GrStG 25 (101 ff.)
– Höchsthebesatz GrStG 26 (36);
LGrStG BW 50 (7)
– Koppelungsvorschrift LGrStG BW 50 (7)
– Koppelungsvorschriften GrStG 26 (36)
Hebesatzautonomie GrStG 25 (31 ff.)
Hebesatzeinheitlichkeit GrStG 25 (101 ff.)

Hebesatzrecht, kommunales HGrStG 13 (16)
Hecken BewG 232 (49), 234 (16, 23)
Heizungsraum NGrStG 3 (67, 84)
Hektarwert BewG 236 (28)
Helgoland GrStG 1 (24)
Hilfsflächen GrStG 3 (57, 81), 4 (31, 38)
Hilfstätigkeiten GrStG 3 (57, 81)
Hochregallager BewG 243 (39)
Höchsthebesatz GrStG 26 (36)
Höhe des Grundsteuererlasses
GrStG 34 (161 ff.)
Hof- und Wirtschaftsgebäudefläche
BewG 234 (83)
Hofraum BewG 244 (28)
Hofstelle BayGrstG 9 (23 ff.); BewG 233 (31 f.),
234 (83 ff.), 237 (76 ff.); NGrStG 11 (36 f.)
Hoheitliche Tätigkeit GrStG 3 (54)
Holzbodenfläche BewG 234 (27)
Hopfen BewG 234 (22), 237 (61)

I

Imkerei BewG 242 (31 f.)
Inkrafttreten BayGrstG 11 (11); HGrStG 17 (16);
NGrStG 15 (26)
Inland BewG 219 (61 ff.)

J

Jagd BewG 234 (29)
Jagdhütte BewG 249 (72)
Jüdische Kultusgemeinden GrStG 3 (91 ff.)
Jungfelder BewG 234 (32), 237 (46)
Juristische Personen des öffentlichen Rechts,
inländische GrStG 3 (39, 71 f.)

K

Kantinenräume GrStG 7 (23)
Kausalzusammenhang GrstG 32 (40)
Keller BewG 249 (25); NGrStG 3 (48, 67, 83)
Kiosk NGrStG 3 (133, 157)
Kirchlich genutzter Grundbesitz GrStG 4 (26 ff.)
Klagearten, Grundsteuermessbescheid
GrStG 13 (77 f.)
– Zerlegungsbescheid GrStG 22 (108)

Klagebefugnis, Grundsteuermessbescheid
  GrStG 13 (82 ff.)
– Zerlegungsbescheid   GrStG 22 (112)
Klagebefugnis der Gemeinde,
  Grundsteuermessbescheid   GrStG 13 (86 ff.)
Klagefrist, Grundsteuermessbescheid
  GrStG 13 (73)
Klageverfahren, Grundsteuermessbescheid, siehe
  auch Grundsteuermessbescheid
  GrStG 13 (73 ff.)
– Zerlegungsbescheid, siehe auch
  Zerlegungsbescheid   GrStG 22 (103 ff.)
Klassifizierung, gesetzliche   BewG 234 (19)
Klein- und Dauerkleingartenland, als Betrieb der
  Land- und Forstwirtschaft
  LGrStG BW 34 (6 ff.)
– Ertragswert   LGrStG BW 34 (10 ff.)
– Gartenlauben   LGrStG BW 34 (13 ff.)
– Grundsteuerwert   LGrStG BW 34 (16)
Kleingärtner   BewG 240 (11 f.)
Kleingartenland   BewG 240 (1, 11); GrStG 2 (47),
  33 (23)
Kleinstflächen   NGrStG 5 (56)
Körperschaften des öffentlichen Rechts
  GrStG 3 (41, 72)
– Gebietskörperschaften   GrStG 3 (41)
– Personalkörperschaften   GrStG 3 (42)
– Realkörperschaften   GrStG 3 (42)
– Religionsgesellschaften   GrStG 3 (91)
– Verbandskörperschaften   GrStG 3 (42)
Kommunalabgabengesetz   BayGrStG 10b (11 f.)
Konversionsflächen   GrStG 2 (41)
Kopfkohl   BewG 234 (22)
Kosten, Abschreibungen für Abnutzungen
  GrStG 32 (31)
– Rückstellungen   GrStG 32 (31)
– Sonderabschreibungen   GrStG 32 (31)
– Versicherungsbeiträge   GrStG 32 (31)
– Verwaltungs und Betriebsausgaben
  GrStG 32 (30)
Kostenvergleich   GrStG 32 (46)
Krankenhaus   GrStG 4 (83 ff.)
– Hilfsflächen   GrStG 4 (85)
– Verwaltungsräume   GrStG 4 (85)
Kulturdenkmal, Begriff   HGrStG 6 (41 ff.)
– Ermäßigung der Steuermesszahl
  HGrStG 6 (36)

Kulturgüter, Steuermesszahl   GrStG 15 (114)
Kulturgüter und Grünanlagen   GrStG 35 (2)
Kummulierte Anwendung der
  Vereinfachungsregelungen   BayGrstG 2 (87 ff.)
Kunst   NGrStG 10 (38)
Kurzumtriebsplantagen   BewG 242 (54 ff.)

L

länderübergreifende wirtschaftliche Einheiten
  BayGrstG 1 (69 ff.)
Lärm   BewG 247 (24, 59)
Lage-Faktor, automationsgestützte
  Berücksichtigung   NGrStG 5 (76)
– Berechnung   NGrStG 5 (41 ff.)
– Neuberechnung   NGrStG 5 (80), 8 (52)
Lagefinanzamt   GrStG 3 (73, 77)
Land- und Forstwirtschaft   GrStG 2 (27);
  NGrStG 11 (36 ff.)
– Betrieb der -   GrStG 2 (24 ff.)
– Betrieb über Gemeindegrenzen
  NGrStG 12 (47, 49)
– Wohngebäude   BewG 248 (22)
– Wohnteil   BewG 243 (20); HGrStG 5 (41 f.);
  NGrStG 6 (39)
Land- und forstwirtschaftliche Nutzungen,
  Abgrenzung zu Grundvermögen   BewG 243 (19)
– abweichende landesrechtliche Steuermesszahl
  beim -   GrStG 14 (24 f.)
– forstwirtschaftliche Nutzung   GrStG 33 (22)
– gärtnerische Nutzung   GrStG 33 (22)
– Hopfenanbau   GrStG 33 (22)
– landwirtschaftliche Nutzung   GrStG 33 (22)
– Spargelanbau   GrStG 33 (22)
– Steuermesszahl   GrStG 14 (1 ff.)
– weinbauliche Nutzung   GrStG 33 (22)
– Zerlegung Steuermessbetrag   GrStG 22 (31 ff.)
Land- und Forstwirtschaftliches Vermögen,
  Abgrenzungen   LGrStG BW 27 (6)
– Betrieb   LGrStG BW 28 (10)
– Bewertung   LGrStG BW 31 (6)
– Bewertungsstichtag   LGrStG BW 29 (6)
– Definition Land- und Forstwirtschaft
  LGrStG BW 26 (9 ff.)
– Ertragswert   LGrStG BW 30 (10)
– – Ertragsfähigkeit   LGrStG BW 30 (5 f.)
– – Reinertrag   LGrStG BW 30 (7 ff.)

– Grundsteuerwert LGrStG BW 33 (6)
– Tierbestände LGrStG BW 35 (6 f.)
– übrige Nutzungen LGrStG BW 36 (6)
– wirtschaftliche Einheit LGrStG BW 26 (6 ff.)
– Wirtschaftsgüter der Land- und Forstwirtschaft LGrStG BW 26 (12 ff.)
– Zuschläge zum Reinertrag LGrStG BW 32 (6 f.)
LANGUSTE NGrStG 2 (74), 11 (47)
Lastenaufzug BewG 243 (96)
Lebenspartner*innen BewG 232 (34)
Leerstand BewG 232 (56); NGrStG 3 (91 f.)
Liegenschaftskataster BewG 237 (31)
Liegenschaftszinssatz BewG 256 (19 ff.)
– Gleitzone BewG 256 (34 ff.)
Liquiditätsschwierigkeiten GrStG 33 (63)
Loggia NGrStG 3 (48, 68, 82)

M

Maschinen BewG 244 (28); GrStG 2 (62)
– Abgrenzung zu BewG 243 (89 ff.)
Maschinenraum NGrStG 3 (84)
Mastvieh BewG 241 (33)
Materielle Grundsteuerpflicht GrStG 32 (12)
Mauervorlagen BewG 243 (91, 104)
mehrere Ermäßigungstatbestände BayGrstG 4 (105 ff.)
– mehrere Ermäßigungstatbestände, Nutzflächen BayGrstG 4 (109)
– – Wohnflächen BayGrstG 4 (108)
Miet- und Pachteinnahmen, Kaltmieten GrStG 32 (25)
– umlagefähige Betriebskosten GrStG 32 (25)
Mietshaus BewG 244 (33 ff.)
Mietwohngrundstück BewG 249 (52 f._N)
Minderung des Reinertrags GrStG 33 (31)
Mindestgröße BewG 232 (35)
Mindestrestnutzungsdauer BewG 253 (86 ff.)
Mindestwert, Abriss- und Freilegungskosten BewG 251 (20)
– bebaute Grundstücke BewG 251 (1 ff.)
– Einfamilienhaus BewG 251 (31 ff.)
– Erbbaurecht BewG 251 (25)
– Gebäude auf fremdem Grund und Boden BewG 251 (25)
– Zweifamilienhaus BewG 251 (31 ff.)
Mindestwohnfläche BewG 249 (104 ff.)

Mindestzerlegungsanteil GrStG 22 (55 ff.)
Miterbbaurecht BewG 244 (72)
Mitteilung, durch Bundes-/Landesbehörden BewG 229 (81 ff.)
– durch Grundbuchämter BewG 229 (101 ff.)
– Form BewG 229 (121 ff.)
– Pflicht BewG 229 (91 ff.)
– Unterrichtung BewG 229 (111 ff.)
Modulbauweise BewG 243 (44)
Muster- oder Spitzenbetrieb BewG 236 (24)
Musterhaus BewG 243 (51)

N

Nachbarerbbaurecht BewG 244 (67 ff.)
Nachentrichtung GrStG 31 (36)
Nachentrichtung der Steuer LGrStG BW 55 (6)
Nachfeststellung, Ermittlungszeitpunkt BewG 223 (91 ff.)
– Gründe BewG 223 (71 ff.)
– Nachholung BewG 226 (91 ff.)
– Nachveranlagung des Steuermessbetrags GrStG 18 (20 ff.)
Nachfeststellungszeitpunkt BewG 223 (101 ff.)
Nachveranlagung HGrStG 4 (33), 10 (26 ff.)
– bei abgelaufener Festsetzungsfrist HGrStG 12 (51 f.)
– bei Nachfeststellung des Grundsteuerwertes LGrStG BW 43 (6 ff.)
– bei Wegfall einer Steuerbefreiung LGrStG BW 43 (9 ff.)
– des Steuermessbetrags GrStG 18 (1 ff., 20 ff.)
– – Nachfeststellung des Grundsteuerwerts GrStG 18 (20 ff.)
– – Wegfall Steuerbefreiung GrStG 18 (27 ff.)
– im Jahr vor der Hauptveranlagung HGrStG 10 (34)
– maßgebende Verhältnisse HGrStG 10 (31)
– Nachveranlagungszeitpunkt LGrStG BW 43 (12 ff.)
– vor Wirksamwerden des Grundsteuermessbetrags HGrStG 12 (26 f.)

Nachveranlagungszeitpunkt   GrStG 18 (32 ff.); HGrStG 10 (32)
– Nachveranlagung zwischen Hauptveranlagungszeitpunkt und Wirksamwerden Steuermessbeträge   GrStG 18 (39 ff.)
Nachweis des niedrigen gemeinen Werts   BewG 247 (22)
– Grundvermögen   BewG 243 (2)
Naturdenkmäler, Steuermesszahl   GrStG 15 (113)
Naturschutz   NGrStG 10 (38)
Naturschutzgebiet   BewG 237 (42); GrStG 6 (19)
Nebenbetrieb   BewG 234 (51 ff.)
Nebenbetriebe   BewG 237 (75 ff.); GrStG 33 (22)
Nebenfläche   BewG 234 (83)
Nebenflächen   BewG 237 (75)
Nebengebäude   BewG 244 (28), 248 (21); HGrStG 5 (76 f.)
– siehe Gebäude
– bei Wohnungseigentum   HGrStG 5 (97)
– Geringfügigkeitsregel   HGrStG 5 (101)
Nebennutzung   BewG 234 (29)
Nebenräume   BewG 249 (25); HGrStG 5 (82); NGrStG 3 (48, 66 ff., 82)
– Einfamilienhaus   BewG 249 (35)
– Wohnung   BewG 249 (100)
Nettorentabilität   BewG 236 (43)
Neubau   HGrStG 9 (28); NGrStG 8 (73)
Neufeststellung, der Grundsteuermessbeträge   BayGrstG 7 (26 ff.)
– – Abweichung nach oben   BayGrstG 7 (31 ff.)
– – Abweichung nach unten   BayGrstG 7 (29)
Neuveranlagung   HGrStG 4 (34), 6 (59); NGrStG 9 (41 ff.)
– bei abgelaufener Festsetzungsfrist   HGrStG 12 (51 f.)
– bei Fortschreibung   LGrStG BW 42 (6 ff.)
– des Steuermessbetrags   GrStG 17 (1 ff., 22 ff.)
– – Artfortschreibung des Grundsteuerwerts   GrStG 17 (22 ff.)
– – Fehlerbeseitigung   GrStG 17 (36 ff.)
– – ohne Fortschreibung des Grundsteuerwerts   GrStG 17 (31 ff.)
– – Wertfortschreibung des Grundsteuerwerts   GrStG 17 (22 ff.)
– – Zurechnungsfortschreibung des Grundsteuerwerts   GrStG 17 (22 ff.)
– fehlerbeseitigende   HGrStG 9 (48); NGrStG 9 (46)
– Gründe   HGrStG 9 (26 ff.)
– im Jahr vor der Hauptveranlagung   HGrStG 9 (50)
– maßgebende Verhältnisse   HGrStG 9 (46, 49)
– Neuveranlagungszeitpunkt   LGrStG BW 42 (14 ff.)
– ohne Fortschreibung   LGrStG BW 42 (10 ff.)
– vor Wirksamwerden des Grundsteuermessbetrags   HGrStG 12 (26 f.)
Neuveranlagungszeitpunkt   GrStG 17 (45 ff.); HGrStG 9 (47)
– Änderung zwischen Hauptveranlagungszeitpunkt und Wirksamwerden Steuermessbeträge   GrStG 17 (53 ff.)
Nichtholzbodenfläche   BewG 234 (27)
Nichtigkeitsfeststellungsklage, Zerlegungsbescheid   GrStG 22 (108)
Nichtwohngrundstücke, Steuermesszahl   GrStG 15 (31 ff.); GrStG-Saar 1 (32); SächsGrStMG 1 (31)
Niederglasanlagen   BewG 238 (23)
Normaler Rohertrag   GrStG 34 (3, 21, 33)
Normalherstellungskosten, Auffangklausel   BewG 259 (37 ff.)
– Ermittlung   BewG 259 (31 ff.)
Nutzfläche   BewG 249 (24)
– Abgrenzung zur Wohnfläche   NGrStG 3 (48)
– Begriff   NGrStG 3 (82)
– bei Leerstand   NGrStG 3 (92)
– Ermittlung   HGrStG 5 (87); NGrStG 3 (81 ff.)
– gesonderte Feststellung   NGrStG 8 (36 ff.)
– nicht genutzte Flächen   HGrStG 5 (88)
– von Garagen   NGrStG 3 (111 ff.)
– von Nebengebäuden   NGrStG 3 (141)
Nutzflächen, bei Wohnungseigentum   HGrStG 5 (96 f.)
Nutzung   BewG 234 (1, 15), 237 (1 ff.)
– land- und forstwirtschaftliche, sonstige   BewG 232 (19)

Nutzungen, land- und forstwirtschaftliche, sonstige BewG 234 (48)
– – übrige BewG 234 (48)
– land- und forstwirtschaftliche übrige BewG 242 (1)
Nutzungsänderung NGrStG 8 (73), 9 (56)
Nutzungsart BewG 234 (1, 15), 237 (1 ff.)
– Abbauland GrStG 33 (22)
– Geringstland GrStG 33 (22)
– Hofstellen GrStG 33 (22)
– Unland GrStG 33 (22)
Nutzungsteil BewG 234 (1, 15), 237 (1 ff.)
Nutzungsüberlassung BewG 232 (42), 234 (85)
Nutzvieh, übriges BewG 241 (33)

O

Obererbbaurecht BewG 244 (59)
Objektcharakter GrStG 32 (1)
Obstbau BewG 234 (43), 237 (54 ff.)
Öffentliche Aufgaben, Wissenschaft, Unterricht, Erziehung GrStG 4 (74)
Öffentliche Bekanntmachung GrStG 27 (71 ff.)
Öffentliche Grünanlagen GrStG 32 (59)
Öffentliche Nutzung GrStG 3 (39 ff.)
Öffentliche private Partnerschaften GrStG 3 (48)
Öffentliche Zugänglichkeit GrStG 32 (67)
Öffentlicher Verkehr GrStG 4 (43 ff.)
– Öffentlichkeit GrStG 4 (45)
– Privatstraßen/ Mautstraßen GrStG 4 (46)
– Schienenwege GrStG 4 (51)
– Selbstzweck GrStG 4 (45)
– Wasserstraßen/ Häfen GrStG 4 (50)
– Widmung GrStG 4 (47)
Öffentliches Interesse, Bedeutung für Kunst, Geschichte, Wissenschaft oder Natuzschutz GrStG 32 (15)
– Denkmaleigenschaft, Baudenkmal, Gartendenkmal, Bodendenkmal GrStG 32 (16)
– – Naturdenkmal GrStG 32 (16)
– – Naturschutz GrStG 32 (16, 18)
Öffnungsklausel BewG 252 (96 ff.), 258 (132)
Orden GrStG 3 (94)
Ortsfestigkeit BewG 243 (44 ff.)
Ortsübliche Vermietung GrStG 34 (136 ff.)
– Anlaufschwierigkeiten GrStG 34 (141)

– Fremdvergleichsgrundsatz GrStG 34 (137)
– marktübliche Miete GrStG 34 (136)
– Überangebot GrStG 34 (138)

P

Pachtflächen BewG 241 (20)
Park- und Gartenanlagen von geschichtlichem Wert GrStG 32 (52)
Parkanlagen BewG 234 (29)
Parkflächen BewG 232 (49)
Parkhaus BewG 243 (96)
Pavillion BewG 243 (44)
Pelztiere BewG 241 (45)
Pensionstiere BewG 241 (25)
Persönliche Haftung LGrStG BW 11 (6)
– bei dem Nießbrauch ähnlichen Rechten, Dauerwohnrecht GrStG 11 (36)
– – dingliches Wohnrecht GrStG 11 (33)
– – Gebäude auf fremdem Grund und Boden GrStG 11 (32)
– – Grunddienstbarkeit GrStG 11 (38)
– – Höfeordnung GrStG 11 (31)
– Erwerb im Insolvenzverfahren GrStG 11 (48)
– Erwerb im Vollstreckungsverfahren, Zwangsversteigerung GrStG 11 (49)
– – Zwangsverwaltung GrStG 11 (49)
– Haftung des Erwerbers GrStG 11 (39)
– – Bürgerlich-rechtlicher Eigentümer GrStG 11 (43)
– – wirtschaftlicher Eigentümer GrStG 11 (42)
– Haftung nach der Abgabenordnung, Betreuer GrStG 11 (59)
– – Betriebsübernehmers GrStG 11 (65)
– – Haftung des Vertreters GrStG 11 (57)
– – Zwangsverwalter GrStG 11 (58)
– Inanspruchnahme des Haftenden, Einwendungen gegen Haftungsbscheid GrStG 11 (85)
– – Einwendungen gegen Primärbescheid GrStG 11 (82)
– – Haftungsbescheid GrStG 11 (73)
– – Rechtsbehelf gegen Haftungsbescheid GrStG 11 (80)
– Nießbrauch GrStG 11 (26)
– Normzweck und wirtschaftliche Bedeutung GrStG 11 (1)

VERZEICHNIS Stichwörter

– Zivil- und Gesellschaftsrecht, eheliche
  Gütergemeinschaft   GrStG 11 (69)
– – Erbengemeinschaft   GrStG 11 (69)
– – Firmenfortführer   GrStG 11 (71)
– – Grundstücksgemeinschaft   GrStG 11 (69)
– – nicht rechtsfähiger Verein   GrStG 11 (69)
Personengemeinschaften   BewG 232 (31)
Personengesellschaften   BewG 232 (31)
Pflanzen- und Tierproduktion   BewG 234 (19)
Pflanzenzuchtanstalten   GrStG 6 (48)
Pflückbohnen   BewG 234 (22)
Pflückerbsen   BewG 234 (22)
Pilzanbau   BewG 242 (43)
Postulationsfähigkeit, Grundsteuermessbescheid
  GrStG 13 (73)
Privatdeiche   GrStG 4 (69)
Privatschulen   GrStG 4 (74)
Produktion von Nützlingen   BewG 242 (46)
Produktionseinheiten   BewG 241 (28)
Prozesszinsen   GrStG 34 (18)

R

Räumung, sofortige   BewG 246 (41)
Rampe   NGrStG 3 (84)
Raumzelle   BewG 243 (44)
Rebanlage, im Ertrag stehend   BewG 234 (32)
Rebmuttergärten   BewG 234 (32)
Rechtsbehelfsbefugnis,
  Grundsteuermessbescheid   GrStG 13 (82 ff.)
– – der Gemeinde   GrStG 13 (86 ff.)
– Zerlegungsbescheid   GrStG 22 (112)
Rechtsbehelfsverfahren,
  Grundsteuermessbescheid, siehe auch
  Grundsteuermessbescheid   GrStG 13 (73 ff.)
– Zerlegungsbescheid, siehe auch
  Zerlegungsbescheid   GrStG 22 (103 ff.)
Rechtsschutzbedürfnis,
  Grundsteuermessbescheid   GrStG 13 (73)
– Zerlegungsbescheid   GrStG 22 (104)
Rechtsverordnung   BewG 263 (21 ff.);
  NGrStG 12 (46 ff.)
Reform der Grundsteuer   GrStG 3 (6, 8), 4 (6, 11)
Regelungszweck   NGrStG 1 (26)
Reinertrag   BewG 236 (1, 13 ff.), 253 (46 ff.);
  GrstG 33 (9)
– Barwert   BewG 252 (51)

– Ermittlung des -   BewG 236 (39 ff.)
– nachhaltig erzielbar   BewG 236 (33 f.)
– nachhaltig erzielbarer Reinertrag
  BewG 252 (51)
Reinertragsanteile   BewG 239 (1)
Reitpferde   BewG 241 (40 ff.)
Religionsgesellschaften   GrStG 3 (86 ff.)
– Nutzung Grundbesitz   GrStG 3 (101)
Reparaturbedarf   BewG 246 (43)
Resthofstelle   BewG 234 (83)
Restnutzungsdauer   BewG 252 (52)
– Verlängerung   BewG 253 (71 ff.)
Revision   HGrStG 15 (28); LGrStG BW 2 (39)
Rhododendron   BewG 234 (44)
Rohbauland   BewG 243 (10), 247 (70, 117)
Rohertrag   BewG 232 (26), 254 (31 ff.);
  GrStG 32 (15, 68)
– Einnahmen   GrStG 32 (23)
– – Besichtigungen und Führungen
  GrStG 32 (24)
– – Miet- und Pachteinnahmen   GrStG 32 (24)
– – Umsatzsteuer   GrStG 32 (25)
– Kernsanierung   BewG 254 (50)
– Mietniveaustufe   BewG 254 (61 ff.)
– Mikrozensus   BewG 254 (31)
– sonstige Vorteile   GrStG 32 (23)
– – Nutzungswert   GrStG 32 (27)
Rohertragsminderung, Ermittlung
  GrStG 34 (56 ff.)
Rohholz   BewG 232 (17), 234 (26)
– nachhaltige Produktion von -   BewG 237 (39)
Rollrasen   BewG 234 (42)
Rundung, der Äquivalenzbeträge   NGrStG 2 (67)
– der Flächen   NGrStG 3 (176)
– der Grundsteuer   NGrStG 2 (57)
– des Grundsteuermessbetrags   NGrStG 2 (62)
Rundungsregelung   BayGrStG 2 (102)

S

Saat- und Pflanzkämpe   BewG 232 (17)
– forstliche   BewG 234 (45)
Saatzucht   BewG 242 (38 ff.)
Sachwertverfahren   BewG 250 (25)
– Alterswertminderung   BewG 259 (86 ff.)
– Baupreisindex   BewG 259 (71 ff.)
– Berechnungsbeispiel   BewG 258 (121 ff.)

Stichwörter

- Bodenwert   BewG 258 (71 ff.)
- Brutto-Grundfläche   BewG 259 (53 ff.)
- Entstehungsgeschichte   BewG 258 (36 ff.)
- Ermittlungsschema   BewG 258 (56)
- Gebäudenormalherstellungswert   BewG 259 (51 ff.)
- Kernsanierung   BewG 259 (101 ff.)
- Marktanpassung   BewG 258 (96), 260 (31)
- Mindestrestwert   BewG 259 (111 ff.)
- Normalherstellungskosten   BewG 259 (31 ff.)
- vorläufiger Sachwert   BewG 258 (81 ff.)
- Wertzahl   BewG 258 (96), 260 (31)

Säumniszuschläge   GrStG 29 (42)
Samenplantage   BewG 232 (17)
Samenplantagen   BewG 234 (27)
Sammelbecken   GrStG 4 (62)
Scheinbestandteil   BewG 243 (65), 244 (27, 78), 262 (31); NGrStG 2 (80)
Schmuckreisig   BewG 234 (42)
Schneisen   BewG 232 (49)
Schützenhalle   BewG 249 (72)
Schulden   GrStG 2 (30)
Schuppen   HGrStG 5 (77); NGrStG 3 (151)
Selbständig nutzbare Teilflächen   BewG 257 (81 ff.)
Sollertrag   BewG 237 (4 ff.)
Sonderbetriebsvermögen   NGrStG 11 (50)
Sondereffekte   GrStG 33 (62)
Sondereigentum, an einer Wohnung   BewG 249 (56)
Sonderkulturen   BewG 234 (48), 237 (61), 242 (5, 18 ff.)
Sondernutzungen   BewG 237 (62), 242 (15)
Sondervermögen, nicht rechtsfähiges -   GrStG 3 (63)
Sonstige Bestandteile   BewG 243 (2, 60 ff.)
- unwesentliche   BewG 243 (63 f.)
- wesentliche   BewG 243 (61 f.)
Sonstiges bebautes Grundstück   BewG 249 (72)
Spargel   BewG 234 (22), 237 (61)
Spiel- und Sportplätze   GrStG 32 (59)
- Spielplätze   GrStG 32 (60)
- Sportplätze   GrStG 32 (60)
Spielplatz   NGrStG 10 (38)
Sportfischerverein   GrStG 6 (13)
Sportplatz   NGrStG 10 (38)
Sportverein   BewG 249 (72)

Stadthalle   GrStG 8 (35)
Standardwerte, bundeseinheitliche   BewG 236 (35)
Standortfläche, abgrenzbare   BewG 233 (14)
Stellenfonds   GrStG 3 (95 f.)
Steuerausgleich   LGrStG BW 49 (6 f.)
- als Ersatz der Zerlegung   GrStG 24 (1 ff., 18 ff.)
Steuerbefreiung, abgegrenzte Teile   GrStG 8 (15 ff.)
- Anzeigepflicht   GrStG 19 (19 ff.)
- erstmalige   HGrStG 4 (34), 11 (26)
- gemischte Nutzung   GrStG 8 (28 ff.)
- mittelbare Benutzung, Eigentümer   GrStG 7 (22 f.)
- Nachweisbarkeit   GrStG 4 (1)
- unmittelbare Benutzung   GrStG 7 (14 ff.)
- - Beginn   GrStG 7 (27 ff.)
- - Eigentümer   GrStG 7 (17 f.)
- Wegfall   HGrStG 4 (33), 10 (26)
- Wirtschaftliche Bedeutung   GrStG 4 (2)
Steuerbefreiungen, abgrenzbarer Teil des Grundbesitzes   LGrStG BW 9 (6)
- allgemein   LGrStG BW 4 (6 ff.)
- Gottesdienst   LGrStG BW 4 (9 ff.)
- land- und forstwirtschaftlich genutzter Grundbesitz   LGrStG BW 7 (5)
- Öffentlicher Dienst   LGrStG BW 4 (15)
- Religionsgemeinschaften   LGrStG BW 4 (12 ff.)
- Sonstige   LGrStG BW 5 (1 ff.)
- Wohnzwecke   LGrStG BW 6 (9 ff.)
Steuerentstehung, Normzweck   GrStG 9 (2)
- wirtschaftliche Bedeutung   GrStG 9 (2, 21 ff.)
Steuererklärung   NGrStG 8 (86 f.)
- elektronische   NGrStG 8 (76)
- Erklärungspflicht   NGrStG 8 (71 f.), 11 (56)
Steuerfreigrenze   GrStG 3 (80)
Steuergegenstand   GrStG 2 (15)
Steuermessbetrag   GrStG 13 (1 ff., 20); GrstG 36 (1, 15); LGrStG BW 39 (6 ff.)
- siehe Grundsteuermessbetrag   HGrStG
- Änderung vor Veranlagungszeitpunkt   GrStG 21 (1 ff., 18 ff.)
- Allgemeine Verfahrensvorschriften   GrStG 13 (37 ff.)
- Anzeigepflicht   GrStG 19 (1 ff., 19 ff.)
- Aufhebung   GrStG 20 (1 ff., 20 ff.)
- Aufhebungszeitpunkt   GrStG 20 (26 ff.)

- Ermittlung   GrStG 13 (25 f.)
- Hauptveranlagung   GrStG 16 (1 ff., 19 ff.)
- Hauptveranlagungszeitpunkt   GrStG 16 (24 ff.)
- Hauptveranlagungszeitraum   GrStG 16 (33 ff.)
- Mitteilung an die Gemeinde   GrStG 13 (42)
- Nachholung der Hauptveranlagung
  GrStG 16 (40 ff.)
- Nachveranlagung   GrStG 18 (1 ff., 20 ff.)
- Nachveranlagungszeitpunkt   GrStG 18 (32 ff.)
- Neuveranlagung   GrStG 17 (1 ff., 22 ff.)
- Neuveranlagung zur Fehlerbeseitigung
  GrStG 17 (36 ff.)
- Neuveranlagungszeitpunkt   GrStG 17 (45 ff.)
- Rechtsbehelfsverfahren, Steuerpflicht
  GrStG 13 (29, 82)
- steuerpflichtiger Teil   GrStG 13 (27 ff.)
- Veranlagungszeitpunkt   GrStG 13 (30)
- Verfahren   GrStG 13 (33 ff.)
- Zerlegung   GrStG 22 (1 ff., 24 ff.)
- Zuständigkeit   GrStG 13 (33)
- Zuteilungsverfahren   GrStG 22 (122)

Steuermessbetragsverfahren   GrStG 13 (33 ff.)
- Allgemeine Verfahrensvorschriften
  GrStG 13 (37 ff.)
- Zuständigkeit   GrStG 13 (33)

Steuermesszahl, siehe Grundsteuermesszahl HGrStG
- abweichende landesrechtliche Steuermesszahl, beim Grundvermögen   GrStG 15 (35 ff.)
- – beim land- und forstwirtschaftlichen
    Vermögen   GrStG 14 (24 f.)
- Allgemein   GrStG 13 (1 ff.)
- bebaute Grundstücke   GrStG 15 (27 ff.)
- Ermäßigung, Saarland   GrStG-Saar 1 (36)
- Ermäßigung für bestimmte Eigentümer
  GrStG 15 (78 ff.)
- Ermäßigung für bestimmte Rechtsträger,
  Anzeigepflichten   LGrStG BW 40 (154)
- – gemeinnützige Wohnungsbaugesellschaften
    LGrStG BW 40 (114 ff.)
- – Vermietungsgenossenschaften
    LGrStG BW 40 (117 ff.)
- – Wohnbaugesellschaften der
    Gebietskörperschaften
    LGrStG BW 40 (108 ff.)
- Ermäßigung für Bodendenkmäler
  GrStG 15 (113)

- Ermäßigung für denkmalgeschütze Gebäude
  GrStG 15 (100 ff.)
- Ermäßigung für geförderte Grundstücksteile,
  Aufteilung bei LWoFG   LGrStG BW 40 (166)
- – Kfz-Stellplätze   LGrStG BW 40 (167)
- – Kulturdenkmäler   LGrStG BW 40 (169 ff.)
- – PV-Anlage/Blockheizkraftwerk
    LGrStG BW 40 (168)
- – Zusammentreffen mehrerer
    Ermäßigungstatbestände
    LGrStG BW 40 (174 ff.)
- Ermäßigung für körperschaftsteuerbefreite
  Genossenschaften und Vereine
  GrStG 15 (94 ff.)
- Ermäßigung für Kulturdenkmale
  LGrStG BW 40 (155 ff.)
- – nur für geförderte Grundstücksteile
    LGrStG BW 40 (161 ff.)
- – Voraussetzungen   LGrStG BW 40 (155 ff.)
- Ermäßigung für Kulturgüter   GrStG 15 (113)
- Ermäßigung für Naturdenkmäler
  GrStG 15 (114)
- Ermäßigung für teilweise denkmalgeschützte
  Gebäude   GrStG 15 (118 ff.)
- Ermäßigung für Wohnungsbaugesellschaften
  GrStG 15 (78 ff.)
- Ermäßigung für Zwecke der
  Wohnraumförderung   GrStG 15 (57 ff.)
- Ermäßigung LWoFG und WoFG
  LGrStG BW 40 (47 ff.)
- – Anzeigepflichten   LGrStG BW 40 (90 ff.)
- – bei der Bertriebskostenabrechnung
    LGrStG BW 40 (98 ff.)
- – Belegungs-, Benennungs-, Besetzungsrechte
    LGrStG BW 40 (65)
- – Bindungen   LGrStG BW 40 (62 ff.)
- – DIN 277-1   LGrStG BW 40 (43)
- – im Hauptfeststellungszeitpunkt
    LGrStG BW 40 (87 ff.)
- – Mietpreisbindungen   LGrStG BW 40 (73 f.)
- – mittelbare Belegung   LGrStG BW 40 (51)
- – Nachweis der Förderung
    LGrStG BW 40 (57 ff.)
- – Nachwirkungsfrist   LGrStG BW 40 (63)
- – nur für abgrenzbare Grundstücksteile
    LGrStG BW 40 (101 ff.)

– – Wohnberechtigungsschein
  LGrStG BW 40 (66)
– – Wohnflächenverordnung
  LGrStG BW 40 (42)
– Grundstücke LGrStG BW 40 (33 ff.)
– – Ermäßigung Wohngrundstücke
  LGrStG BW 40 (37 ff.)
– Grundvermögen GrStG 15 (1 ff.)
– Land- und Forstwirtschaft
  LGrStG BW 40 (27 ff.)
– land- und forstwirtschaftliches Vermögen
  GrStG 14 (1 ff.)
– Nichtwohngrundstrücke GrStG 15 (31 ff.)
– Öffnungsklausel GrStG 13 (2)
– Saarland GrStG-Saar 1 (22 ff.)
– Sachsen SächsGrStMG 1 (22 ff.)
– unbebaute Grundstücke GrStG 15 (22 f.)
– Wohngrundstücke GrStG 15 (27 ff.)
Steuerordnungswidrigkeit,
  Feststellungsfristdauer bei ~ BewG 219 (131)
Steuerpflicht, Entscheidung über–
  GrStG 13 (40)
– Rechtbehelfsverfahren GrStG 13 (28, 82)
Steuerschuldner HGrStG 3 (31);
  LGrStG BW 10 (11)
– Bauten auf fremden Grundstücken
  GrStG 10 (75)
– Eintragung ins Grundbuch GrStG 10 (14)
– Erbaugrundstücke GrStG 10 (59)
– – Regelung zur Tragung der GrSt
  GrStG 10 (60)
– Erbbaurecht LGrStG BW 10 (14)
– herrenlose Grundstücke GrStG 10 (56)
– Land und Forstwirtschaft, aktive LuF Betriebe
  GrStG 10 (62)
– – verpachtete LuF Betriebe GrStG 10 (64)
– – Wohnteil/Betriebswohnungen
  GrStG 10 (68)
– mehrere Personen HGrStG 3 (33 f.)
– Nießbrauch GrStG 10 (70)
– Normzweck GrStG 10 (1)
– Umlage der Grundsteuer GrStG 10 (39)
– Wechsel HGrStG 9 (36 f.)
– wirtschaftliche Bedeutung GrStG 10 (1)
– wirtschaftliches Eigentum GrStG 10 (14)
– – Übergang von Nutzen und Lasten
  GrStG 10 (48 f.)

– – zivilrechtliche Vereinbarung zur Tragung der
  Grundsteuer GrStG 10 (50 f.)
– Wohnungs- und Teilerbbaurecht
  LGrStG BW 10 (17 f.)
– zivilrechtlicher Eigentümer GrStG 10 (21)
– – eingetragener Kaufmann GrStG 10 (37)
– – Einzelkaufmann GrStG 10 (37)
– – Erbengemeinschaft GrStG 10 (35)
– – Erblasser GrStG 10 (35)
– – Gesellschaft bürgerlichen Rechts
  GrStG 10 (25)
– – Kapitalgesellschaften GrStG 10 (30)
– – Kommanditgesellschaft GrStG 10 (23)
– – Offene Handelsgesellschaft GrStG 10 (23)
– – Partnerschaften nach dem
  Partnerschaftsgesellschaftsgesetz
  GrStG 10 (23)
– – Vereine GrStG 10 (28)
– – Wohnungseigentümer GrStG 10 (33)
– – Wohnungseigentümergemeinschaft
  GrStG 10 (32)
– Zwangsversteigerungsverfahren
  GrStG 10 (73)
Steuerstraftat, Feststellungsfristdauer bei ~
  BewG 219 (131)
Stewing-Hallen BewG 243 (39)
Stichtagsprinzip GrStG 9 (33); LGrStG BW 1 (9)
– Normzweck GrStG 9 (1)
– wirtschaftliche Bedeutung GrStG 9 (1)
Stiftungen des öffentlichen Rechts GrStG 3 (44)
Stilllegungsverpflichtung BewG 237 (4 ff.)
Streitwert, Grundsteuermessbescheid
  GrStG 13 (93)
– Zerlegungsbescheid GrStG 22 (117 f.)
Strukturwandel BewG 241 (28)
Stückländerei BewG 232 (43), 236 (28)
Stützen BewG 243 (91)

T

Tatsächlicher Reinertrag GrStG 33 (3, 31)
Tatsächlicher Rohertrag, Baukostenzuschüsse
  GrStG 34 (60)
– Betriebsvorrichtungen GrStG 34 (61)
– Ermittlung GrStG 34 (59 ff.)
– Grundstücksflächen GrStG 34 (60)
– Mietsicherheit GrStG 34 (67)

- Mietvorauszahlungen   GrStG 34 (60)
- Nebengebäude   GrStG 34 (60)
- vertraglich vereinbarte Miete   GrStG 34 (63)
- Vertragsstrafe   GrStG 34 (67)
- Zahlungsunfähigkeit   GrStG 34 (65)

Tee   BewG 234 (41)
Teichwirtschaft   BewG 242 (27)
Teil des Grundbesitzes   GrStG 32 (53)
Teileigentum   BewG 243 (3, 77 ff.), 249 (60); GrStG 2 (61)
- als Grundstück   HGrStG 1 (35)
- Begriff   HGrStG 2 (49)
- Flächenberechnung   HGrStG 5 (96 f.)
- wirtschaftliche Einheit   BewG 244 (88 f.)
- Zubehörräume   BewG 244 (92)
Teilerbbaurecht   BewG 243 (3, 81 f.); GrStG 2 (61)
- als Grundstück   HGrStG 1 (35)
- wirtschaftliche Einheit   BewG 244 (94 ff.)
Teilerlass   GrStG 32 (69)
Tierbestände   BewG 232 (78); GrStG 2 (30, 50)
- Höchstgrenze der   BewG 241 (14, 21)
Tierbestand, tatsächlich   BewG 238 (15)
Tierhaltung, gemeinschaftliche   BewG 241 (53 f.)
- gewerbliche   BewG 241 (1 ff., 36)
- landwirtschaftliche   BewG 241 (1 ff.)
- übernormale   BewG 237 (35)
Tierhaltung und Tierzucht   BewG 234 (20), 237 (31)
- verstärkte   BewG 234 (20)
Tiny-Haus   BewG 243 (44), 249 (78)
Traglufthalle   BewG 243 (55)
Transformatorenhäuschen   BewG 243 (95)
Traubenerzeugung   BewG 237 (48)
Treppe   BewG 243 (65, 96); NGrStG 3 (84)
Trockenraum   NGrStG 3 (67)
Truppenübungsplätze   GrStG 1 (42)
Türen   BewG 243 (65)
Turnhalle   BewG 249 (72)
Typusbegriff, Einfamilienhaus   BewG 249 (44)

U

Überbaurecht   BewG 243 (61)
Übergangsregelungen   NGrStG 13 (26 ff.)

Übergangsvorschriften   BayGrstG 10 (30)
- Gestaffeltes Inkrafttreten LGrStG BW 60 (10 ff.)
- Zeitliche Anwendung Altregelungen LGrStG BW 60 (16)
übergroße Grundstücke   BayGrstG 3 (29 ff.)
- Kürzung bei Wohngrundstücken BayGrstG 3 (32 ff.)
- mit geringer Bebauung   BayGrstG 3 (50 ff.)
- Rangverhältnis und Kombinationen BayGrstG 3 (74 ff.)
Übermaßverbot   BewG 252 (100 ff.)
Übliche Jahresmiete   GrStG 34 (3, 33 ff.)
- Betriebskosten   GrStG 34 (34)
- Vergleichsmiete   GrStG 34 (36)
Übliche Miete   GrStG 34 (38 ff.)
- Anzeigen in Zeitungen oder Internetportalen GrStG 34 (45)
- Gewerbemietspiegel   GrStG 34 (42)
- Immobilienmarktberichte   GrStG 34 (45)
- Mietpreisspiegel   GrStG 34 (40)
- Mietspanne   GrStG 34 (40)
- Mittelwert der Mietspanne   GrStG 34 (40)
- Modernisierung   GrStG 34 (49)
- Nutzungsänderung   GrStG 34 (49)
Übrige land- und forstwirtschaftliche Nutzung BewG 237 (61 ff.)
Umbau   NGrStG 8 (73)
Umgriffsfläche   BewG 233 (10)
Umrechnungsschlüssel   BewG 238 (16), 241 (33, 48-49, 55 ff.)
Umstände, ertragswerterhöhend BewG 238 (14)
Unbebaute Grundstücke   GrStG 34 (22 ff.)
- Abgrenzung zu bebaute Grundstücke BewG 246 (21 ff.)
- Altlasten   BewG 247 (24, 59)
- Baugrund   BewG 247 (24, 59)
- baureife   GrStG 37 (32 f.)
- Begriff   BewG 246 (1 ff.)
- Bewertung   BewG 247 (1 ff.)
- - Grundstücksfläche   BewG 247 (46 ff.)
- - Wertverhältnisse   BewG 247 (46)
- Bodenrichtwert, siehe Bodenrichtwert
- Ecklage   BewG 247 (24, 59)
- Geruchsbelästigung   BewG 247 (24, 59)
- Lärm   BewG 247 (24, 59)

- Nachweis des niedrigen gemeinen Werts BewG 247 (22)
- Steuermesszahl GrStG 15 (22 f.)
unbebaute Grundstücke, Steuermesszahl GrStG-Saar 1 (23)
Unbebaute Grundstücke, Steuermesszahl SächsGrStMG 1 (23)
- wertmindernde Umstände BewG 247 (24, 59)
- Zuschnitt BewG 247 (24, 59)
Unbilligkeit der Einziehung der Grundsteuer GrStG 33 (58 ff.), 34 (214 ff.)
- wirtschaftliche Verhältnisse GrStG 34 (215)
- - Betriebsergebnis GrStG 34 (218)
- - erhöhte Abschreibung GrStG 34 (219)
- - Gesamtunternehmen GrStG 34 (216)
- - Liquiditätsschwierigkeiten GrStG 34 (220)
- - Organschaft GrStG 34 (217)
- - Sonderabschreibung GrStG 34 (219)
Unland BewG 232 (49), 234 (1, 15, 79 f.), 237 (68 ff.)
Unrentabilität GrstG 32 (33)
Untätigkeitsklage, Zerlegungsbescheid GrStG 22 (108)
Untererbbaurecht BewG 244 (59)
Unterricht, Nutzung für - GrStG 4 (73, 76 ff.)
Unterschiedlich genutzter Grundbesitz GrStG 34 (226 ff.)
- selbständige Grundstücksteile GrStG 34 (226)
Unterstützende Tätigkeit GrStG 3 (56)

V

Vegetationsmatten BewG 234 (42)
Veranlagung, fehlerhafte NGrStG 9 (46)
- Hauptveranlagung NGrStG 9 (36 f.)
- Neuveranlagung NGrStG 9 (41 ff.)
Veranlagungszeitpunkt, Haupt- GrStG 16 (24 ff.)
- Nach- GrStG 18 (32 ff.)
- Nachveranlagung vor - GrStG 21 (18 ff.)
- Neu- GrStG 17 (45 ff.)
- Neuveranlagung vor - GrStG 21 (18 ff.)
- Steuermessbetrag GrStG 13 (30)
Verbindungshaus, studentisches BewG 249 (72)
Vereinfachtes Ertragswertverfahren BewG 252 (52)
Vereinfachtes Sachwertverfahren BewG 258 (51 ff.)

Vereinfachungsregelungen für Garagen BayGrstG 2 (66 ff.)
Vereinfachungsregelungen für Nebengebäude BayGrstG 2 (76 ff.)
Vereinigungen der Kassenärzte GrStG 3 (47)
Vereinshaus BewG 249 (72)
Verfall GrStG 34 (25)
Verfall von Gebäuden BewG 246 (40)
Verfassungsmäßigkeit, Abweichungskompetenz HGrStG 1 (16 f.); NGrStG 1 (11 f.)
- der Äquivalenzzahlen NGrStG 4 (16)
- der Anknüpfung an den Bodenrichtwert HGrStG 7 (16); NGrStG 5 (26 ff.)
- der Erlassregelung HGrStG 14 (16 f.)
- der Erlassregelungen NGrStG 10 (16 ff.)
- der Ermäßigungen HGrStG 6 (16); NGrStG 6 (16)
- der Flächenbestimmung HGrStG 5 (26); NGrStG 3 (26 ff.)
- des Hauptveranlagungszeitraums HGrStG 8 (16)
- Flächen-Lage-Modell NGrStG Vorwort (42 ff.)
- Folgerichtigkeit HGrStG 4 (16)
- partielles Abweichungsgesetz HGrStG 1 (26 f.)
- unterschiedlicher Belastungsgründe NGrStG 11 (21 ff.)
Verfassungsrechtliche Anforderungen BewG 252 (127 ff.)
- Bewertung bebauter Grundstücke BewG 250 (29 ff.)
- Bodenrichtwert BewG 247 (21 ff.)
Verfassungswidrigkeit der Einheitsbewertung GrStG 37 (9 ff.)
Vergleichsrechnung GrStG 32 (46)
Vergleichswert BewG 236 (28)
Verhältnisse, ertragswertsteigernd BewG 237 (35)
Verkaufsreife BewG 241 (22)
Verkehrsanschuung BewG 232 (36)
Verkehrsflächen NGrStG 3 (84)
Verkehrsflughäfen/ -landeplätze GrStG 4 (55 ff.)
- Flugsicherungsanlagen GrStG 4 (57)
Verkehrsflughafen GrStG 6 (32, 55)
Verkehrsgebäude GrStG 4 (44)
- Hilfsgebäude GrStG 4 (49)
Verkehrswert BewG 252 (98, 148)

Verkehrswertnachweis BewG 252 (96 ff.), 258 (131 f.)
Verkehrszwecke BewG 233 (22)
Vermessungs- und Katasterverwaltung NGrStG 5 (76)
Vermietung NGrStG 3 (96 ff.)
Vermietungsbemühungen GrStG 34 (144 ff.)
– Alibi-Vermietungsbemühungen GrStG 34 (144)
– Announcen GrStG 34 (147)
– Anzeigen GrStG 34 (147)
– Gewerbeobjekte GrStG 34 (152)
– Interessenkreis GrStG 34 (149)
– Internetportale GrStG 34 (148)
– Makler GrStG 34 (147)
– marktgerechte Vermietung GrStG 34 (145)
– Nachweis GrStG 34 (155 f.)
– Offerieren GrStG 34 (146)
– Zeitungsinserate GrStG 34 (148)
Vermögen, Betriebs~ BewG 218 (101 ff.)
– Grund~ BewG 218 (91 ff.)
– land- und forstwirtschaftliches, Bewertung BewG 232 (10)
– – Umfang BewG 232 (2)
– land- und forstwirtschaftliches ~ BewG 218 (81 ff.)
Vermögensart BewG 218 (61 ff.)
– Abgrenzung der ~ BewG 218 (81 ff.)
– gesonderte Feststellung NGrStG 8 (36 ff.)
Vermögensverwaltung GrStG 3 (58)
Veröffentlichung von Grundstücksdaten BayGrstG 10a (22 ff.)
– Widerspruch BayGrstG 10a (26 ff.)
Verordnungsermächtigungen BayGrstG 10 (40 ff.)
Verpachtung BewG 232 (42)
Verpächter BewG 234 (85)
Verpflichtungsklage, Grundsteuermessbescheid GrStG 13 (77)
– Zerlegungsbescheid GrStG 22 (108)
Verschneidung HGrStG 16 (31)
Versorgungsdecke NGrStG 3 (83)
Verspätungszuschlag, zu Anzeigen BewG 219 (165 ff.)
– zur Feststellungserklärung BewG 219 (161 ff.)
Verstrebungen BewG 243 (91)

Vertreten müssen GrStG 33 (43 ff.), 34 (74 ff.)
– Abriss GrStG 34 (105 ff.)
– – baurechtliche Anordnung GrStG 34 (107)
– Epidemien GrStG 34 (125 f.)
– fehlende Mietnachfrage GrStG 34 (84 ff.)
– – Konjunkturschwäche GrStG 34 (86)
– – Überangebot GrStG 34 (85)
– Ferienwohnungen GrStG 34 (129)
– getrennt vermietete Räumlichkeiten GrStG 34 (77)
– Leerstand GrStG 34 (84 ff.)
– Mietfreie Zeit GrStG 34 (132 ff.)
– Nährstoffmangel GrStG 33 (49)
– Naturkatastrophen GrStG 33 (45), 34 (120 ff.)
– – Naturereignisse GrStG 34 (121)
– Sanierung oder Renovierung GrStG 34 (97 ff.)
– – Abnutzung GrStG 34 (98)
– – Abriss GrStG 34 (100)
– – Sanierungsbedürftigkeit GrStG 34 (97 ff.)
– – Sanierungsgebiet GrStG 34 (101)
– – Zuwendungen GrStG 34 (100)
– Verfall GrStG 34 (105 ff.)
– Verkaufsverhandlungen GrStG 34 (112 ff.)
– – Verkaufsabsicht GrStG 34 (115 f.)
– – Vermietungsbemühungen GrStG 34 (114 ff.)
– Wettererscheinungen GrStG 33 (45)
– Witterungsbedingungen GrStG 33 (45)
– Zahlungsunfähigkeit GrStG 34 (91 ff.)
– – Auswahl des Mieters GrStG 34 (93)
– – Beitreibungsversuche GrStG 34 (92)
– – Gerichtsverfahren GrStG 34 (92)
– – Räumung GrStG 34 (92)
– – versäumte Mietzahlungen GrStG 34 (92)
Verwertungsform BewG 237 (48)
Verwertungsmöglichkeiten BewG 233 (7, 22)
Verzicht GrStG 1 (17)
Vieheinheiten BewG 232 (78), 238 (15), 241 (16)
Vorauszahlungen GrStG 29 (36); LGrStG BW 53 (7)
– Abrechnung LGrStG BW 54 (6)
Vorgarten BewG 244 (28)
Vorgewende BewG 234 (37)

W

Wanderschäferei BewG 237 (65), 242 (34 ff.)
Waschküche NGrStG 3 (67)

Wasser- und Bodenverbände GrStG 6 (55)
Wasserfläche BewG 242 (29)
Wasserturm BewG 243 (40)
Wegfall, Anzeige GrStG 3 (24)
Weihnachtsbäume BewG 234 (29)
Weihnachtsbaumkulturen BewG 242 (49 ff.)
Wein, Ausbau, Lagerung BewG 234 (32)
Weinbau, Ausbau BewG 232 (18)
Weinbauliche Nutzung BewG 234 (32), 237 (47)
Wertbeeinflussende Merkmale des Bodenrichtwerts BewG 247 (58 ff.)
Wertermittlungsverfahren BewG 220 (61 ff.)
Wertfortschreibung GrStG 33 (66), 34 (235 ff.)
– Leerstand GrStG 34 (238)
– Mietausfall GrStG 34 (238)
– Neuveranlagung des Steuermessbetrags GrStG 17 (22 ff.)
– tatsächliche Verhältnisse GrStG 34 (237)
– Verfall oder Zerstörung GrStG 34 (239)
Wertfortschreibungsgrenze HGrStG 9 (29); NGrStG 8 (55)
Wertmindernde Umstände BewG 247 (24, 59)
Wertverhältnisse, abweichende - BewG 221 (74 ff.)
– der Fortschreibung BewG 227 (61 ff.)
– der Hauptfeststellung BewG 221 (72 ff.)
– der Nachfeststellung BewG 227 (61 ff.)
– unbebaute Grundstücke BewG 247 (46)
Wertzahl BewG 260 (31)
Wesentliche Bestandteile BewG 244 (26)
– bei bebauten Grundstücken BewG 248 (21)
Wesentliche Ertragsminderung GrStG 34 (1)
wesentliche Ertragsminderung NGrStG 10 (26 ff.)
Wesentlichkeitsgrenze GrStG 3 (80)
Widmung GrStG 32 (60)
Wiedereinsetzung in den vorherigen Stand GrStG 35 (32)
Wildäcker BewG 232 (17), 234 (27)
Wildgehege GrStG 6 (37)
Wildwiesen BewG 232 (17), 234 (27)
Windenergieanlage BewG 233 (1 ff.), 243 (10); GrStG 2 (38)
Windenergieerzeugung, Sondergebiete der - BewG 233 (13), 238 (33 f.)
Wirtschaftgebäude, leerstehend BewG 232 (35)
Wirtschaftgüter, Gesamtheit der BewG 232 (33)

Wirtschaftliche Einheit, Abweichende Zurechnung bei Ehegatten LGrStG BW 25 (15 ff.)
– bebaute Grundstücke BewG 248 (21)
– Begriff HGrStG 1 (32), 2 (41, 43), 4 (41 f.); NGrStG 2 (44)
– bei Ehegatten/Lebenspartnern NGrStG 2 (73), 11 (57)
– bei Erbbaurechten NGrStG 2 (81)
– bei Gebäude auf fremdem Grund und Boden NGrStG 2 (44, 78 ff.)
– bei Land- und Forstwirtschaft NGrStG 11 (46 ff.)
– Bestimmung LGrStG BW 25 (12 ff.)
– des Grundvermögens BewG 218 (91 ff.); HGrStG 1 (35)
– des land- und forstwirtschaftlichen Vermögens BewG 218 (81 f.)
– Einordnung BewG 218 (65 f.)
– Flächen verschiedener Eigentümer BewG 266 (111 ff.)
– Fortgeltungsanordnung BewG 266 (111 ff.)
– Gebäude auf fremdem Grund und Boden BewG 244 (84 ff.)
– grenzüberschreitende NGrStG 2 (88 ff.), 11 (57 ff.)
– Grundvermögen, siehe auch Grundvermögen BewG 244 (1 ff.)
– im Ausland BewG 231 (81 ff.)
– land- und forstwirtschaftliche Betriebe LGrStG BW 25 (18 ff.)
– Neuentstehen BewG 223 (101 ff.)
– Neuentstehung HGrStG 10 (26)
– Teileigentum BewG 244 (88 f.)
– Teilerbbaurecht BewG 244 (94 ff.)
– Übergangsregelung HGrStG 2 (51 f.)
– Umfang BewG 218 (63 ff.)
– Wegfall BewG 224 (71 ff.); HGrStG 11 (26)
– Wohnungs- und Teileigentum LGrStG BW 25 (29 ff.)
– Wohnungseigentum BewG 244 (88 f.)
– Wohnungserbbaurecht BewG 244 (94 ff.)
Wirtschaftliche Verhältnisse GrStG 33 (59)
Wirtschaftlicher Geschäftsbetrieb GrStG 3 (80)
– Zweckbetrieb GrStG 3 (80)

Wirtschaftliches Eigentum   BewG 219 (213 ff.), 244 (78)
– bei Treuhandverhältnissen   BewG 219 (217)
Wirtschaftsgebäude   BewG 232 (55); GrStG 2 (28)
Wirtschaftsgüter, immaterielle   BewG 232 (67); GrStG 2 (28)
Wirtschaftsjahr   BewG 235 (13 ff.)
Wirtschaftsweg   BewG 232 (49), 234 (23)
Wissenschaft   NGrStG 10 (38)
– Nutzung für -   GrStG 4 (73, 45 ff.)
Wochenendhäuser   BewG 249 (72)
Wohncontainer   BewG 243 (48)
Wohnfläche   BewG 249 (21 ff.)
– Abgrenzung zur Nutzfläche   NGrStG 3 (48)
– Begriff   NGrStG 3 (46 ff.)
– bei Leerstand   NGrStG 3 (91)
– Ermittlung   HGrStG 5 (47); NGrStG 3 (56 f.)
– Garagen   HGrStG 5 (81)
– gesonderte Feststellung   NGrStG 3 (46), 8 (36 ff.)
– häusliches Arbeitszimmer   HGrStG 5 (61)
– mit räumlicher Verbindung zu einem Betrieb der Land- und Forstwirtschaft   NGrStG 6 (39)
– Nebenräume   HGrStG 5 (82)
– nicht genutzte Flächen   HGrStG 5 (48)
– vermietete   HGrStG 5 (56); NGrStG 3 (96 ff.)
– Zubehörräume   HGrStG 5 (82)
Wohnflächen, bei Wohnungseigentum   HGrStG 5 (96 f.)
Wohnflächenverordnung   BayGrstG 2 (36); BewG 249 (27); HGrStG 5 (82); NGrStG 3 (56, 68)
Wohngebäude   BewG 232 (73), 244 (29); GrstG 33 (24)
– Land- und Forstwirtschaft   BewG 248 (22)
– Lehr- und Versuchszwecke   GrStG 6 (35)
Wohngrundstück, Ermäßigung der Steuermesszahl   HGrStG 6 (72)
Wohngrundstücke, Steuermesszahl   GrStG 15 (27 ff.); GrStG-Saar 1 (28); SächsGrStMG 1 (28)
Wohnräume   GrStG 5 (28)
– Arbeitszimmer   BewG 249 (24, 32)
– Steuerbegünstigte Zwecke   GrStG 5 (47 f.)
Wohnräume von Heimen   GrStG 5 (42 f.)
Wohnräume von Seminaren   GrStG 5 (42 f.)

Wohnraumförderung   NGrStG 6 (61)
Wohnteil   BewG 234 (12), 243 (20)
Wohnung   GrStG 5 (28 f.)
– Arbeitnehmer für die   BewG 234 (12)
– Begriff   HGrStG 2 (49)
– Betriebsinhaber der   BewG 234 (2)
– Dienstwohnung, Geistliche und Kirchendiener   GrStG 3 (92, 102)
Wohnungsbaugesellschaft   NGrStG 6 (62)
Wohnungsbegriff   BewG 249 (76 ff.)
– bauliche Trennung   BewG 249 (92 ff.)
– Führung eines selbstständigen Haushalts   BewG 249 (83 ff.)
– Mindestwohnfläche   BewG 249 (104 ff.)
– Nebenräume   BewG 249 (100)
Wohnungseigentum   BewG 243 (3, 77 ff.), 249 (56); GrStG 2 (62)
– als Grundstück   HGrStG 1 (35)
– Begriff   HGrStG 2 (49)
– Dauerwohnrecht   BewG 243 (80)
– Flächenberechnung   HGrStG 5 (96 f.)
– unbebaute Grundstücke   BewG 243 (78)
– wirtschaftliche Einheit   BewG 244 (88 f.)
– Zubehörräume   BewG 244 (92)
Wohnungserbbaurecht   BewG 243 (3, 81 f.); GrStG 2 (62)
– als Grundstück   HGrStG 1 (35)
– wirtschaftliche Einheit   BewG 244 (94 ff.)
Wohnzwecke   BewG 234 (2); GrStG 5 (27)

Z

Zeit, auf absehbare   BewG 233 (20)
Zeitliche Anwendung des Grundsteuergesetzes   GrStG 37 (1, 26 ff.)
Zeitpunkt der Ermäßigung   BayGrstG 4 (100 f.)
Zelt   BewG 243 (51)
Zerlegung   HGrStG 2 (43 f.)
Zerlegung des Steuermessbetrags   GrStG 22 (1 ff., 24 ff.)
– Änderung ohne Änderung Grundsteuerwertbescheid   GrStG 23 (22 ff.)
– Begriff   LGrStG BW 47 (6)
– Bescheid, siehe Zerlegungsbescheid
– Einigung der Beteiligten   GrStG 22 (44 ff.)
– Ersatz durch Steuerausgleich   GrStG 24 (1 ff., 18 ff.)

- Grundvermögen GrStG 22 (38 ff.)
- land- und forstwirtschaftliches Vermögen GrStG 22 (31 ff.)
- Mindestzerlegungsanteil GrStG 22 (55 ff.); LGrStG BW 47 (17)
- Verfahren, siehe Zerlegungsverfahren
- Voraussetzung der Zerlegung LGrStG BW 47 (7)
- Zerlegungsbescheid, siehe Zerlegungsverfahren
- Zerlegungsmaßstab bei Grundstücken LGrStG BW 47 (14)
- Zerlegungsmaßstab bei Land- und Forstwirtschaft LGrStG BW 47 (10 f.)
- Zerlegungsstichtag GrStG 23 (1 ff., 18 ff.)
- Zerlegungsverfahren LGrStG BW 47 (20)
- – siehe Zerlegungsverfahren
- Zuteilungsverfahren LGrStG BW 47 (21)

Zerlegungsbescheid GrStG 22 (59, 79 ff.)
- Änderung des - GrStG 22 (93 ff.)
- Bindungswirkung GrStG 22 (82)
- Festsetzungsfrist GrStG 22 (60, 87 ff.)
- Festsetzungsverjährung GrStG 22 (60, 87 ff.)
- Folgebescheid GrStG 22 (82)
- Grundlagenbescheid GrStG 22 (82)
- Klageverfahren GrStG 22 (103 ff.)
- – Anfechtungsklage GrStG 22 (108)
- – Beschwer GrStG 22 (112)
- – Finanzrechtsweg GrStG 22 (103)
- – Klagearten GrStG 22 (108)
- – Klagebefugnis GrStG 22 (112)
- – Nichtigkeitsfeststellungsklage GrStG 22 (108)
- – Streitwert GrStG 22 (117 f.)
- – Untätigkeitsklage GrStG 22 (108)
- – Verpflichtungsklage GrStG 22 (108)
- Rechtsbehelfsverfahren GrStG 22 (103)
- – Beschwer GrStG 22 (112)
- – Rechtsbehelfsbefugnis GrStG 22 (112)
- – Rechtsschutzbedürfnis GrStG 22 (104)

Zerlegungsmaßstab, Grundvermögen GrStG 22 (38 ff.)
- land- und forstwirtschaftliches Vermögen GrStG 22 (31 ff.)

Zerlegungsstichtag GrStG 23 (1 ff., 18 ff.); LGrStG BW 48 (6 f.)

Zerlegungsverfahren GrStG 22 (59 ff.)
- Akteneinsicht GrStG 22 (73 ff.)
- Allgemeine Verfahrensvorschriften GrStG 22 (59 ff.)
- Beteiligtenfähigkeit GrStG 22 (68 f.)
- Zerlegungsbescheid GrStG 22 (59 f., 79 ff.)
- Zuständigkeit GrStG 22 (61 ff.)

Zerstörung BewG 246 (39, 42)
Zivilschutz HGrStG 2 (48), 5 (106); NGrStG 1 (39), 3 (106 f.)
- Gebäude für den - BewG 245 (1 ff.)
Zubehör BewG 243 (2, 67 ff.), 244 (26), 252 (76); GrStG 2 (61)
- bei bebauten Grundstücken BewG 248 (21)
Zubehörräume BewG 249 (25); HGrStG 5 (82); NGrStG 3 (48, 66 ff., 82)
- Einfamilienhaus BewG 249 (35)
- Wohnung BewG 249 (100)
Zuchtvieh BewG 241 (33)
Zugvieh BewG 241 (33)
Zurechnung, bei Erbbaurechten HGrStG 3 (42 ff.)
- bei Gebäude auf fremdem Grund und Boden HGrStG 3 (42 ff.)
- Erbbraurechte BayGrstG 1 (66)
- Feststellung BewG 219 (211 ff.)
- Gebäude auf fremden Grund und Boden BayGrstG 1 (62 ff.)
- gesonderte Feststellung NGrStG 8 (36 ff.)
- mehrere Wirtschaftsgüter BayGrstG 1 (54 ff.)
- wirtschaftlicher Eigentümer HGrStG 3 (41)
- zivilrechtlicher Eigentümer HGrStG 3 (41)
Zurechnungsanteile BewG 219 (231 ff.)
Zurechnungsfortschreibung NGrStG 8 (74)
- Neuveranlagung des Steuermessbetrags GrStG 17 (22 ff.)
Zuschläge, Ermittlung von BewG 238 (1 ff.)
- wegen verstärkter Tierhaltung BewG 237 (35)
- weinbauliche Nutzung BewG 238 (28 f.)
Zuschnitt BewG 247 (24, 59)
Zuständigkeit GrStG 1 (31)
- Ermittlung der ~ BewG 219 (105)
- örtliche ~ BewG 219 (102 ff.)
- sachliche ~ BewG 219 (101)
Zustand der Bebauung BewG 246 (24)
Zuteilungsverfahren, Steuermessbetrag GrStG 22 (122)

Zwangsmittel, Ersatzzwangshaft
 BewG 219 (168)
– zur Feststellungserklärung   BewG 219 (168 f.)
– Zwangsgeld   BewG 219 (168)
Zweckbestimmung   BewG 232 (35)

Zweifamilienhaus   BewG 249 (48)
– Mindestwert   BewG 251 (31 ff.)
Zweige, mehr flächenabhängig   BewG 241 (29)
– weniger flächenabhängig   BewG 241 (29)
Zwischenflächen   BewG 234 (37)